KB064121

통합기본서 2015년 대비

변리사 · 사법 · 변호사시험

포인트 민법

오양균 저

고시계사

사법 · 변리사 · 변호사시험대비 『포인트 민법』을 출간하면서….

통합기본서인 "포인트 민법"은 수험용 전문서적입니다. 수험생의 민법공부 방법으로는 종래 논문식 「민법교과서」를 바탕으로 하는 공부를 생각할 수 있을 것이나 이러한 논문식 「민법교과서」를 본다는 것은 다시 수험생이 별도 정리하는 등의 각별한 노력이 필요하여 많은 시간과 고통이 따를 것입니다. 특히 그 방대한 양에 압도당하고 있는 실정입니다. 따라서 지엽적인 부분에 몰두하면 민법전체의 맥을 잡는데 많은 시간이 필요하게 되며 투자한 만큼의 경제성도 의문입니다. 따라서 본 교재는 이러한 문제의식을 토대로 하여 기본서의 방대한 양의 중요논점은 빠짐없이 정리하되, 시험적합성이 없는 난해한 이론과 학설은 간단히 정리하여 여러 종류의 기본서를 통합하여 "통합민법기본서"의 역할을 하고자 하였습니다. 본 교재의 특징은 아래와 같습니다.

첫째, 2013년 7월 1일부터 시행되는 개정법률에 따른 "민법조문"에 맞추어 그 내용을 서술하였다(특히 성년후견제도는 청주대 법학과 백승흠 교수의 논문을 인용하였음).

둘째, 종전 민법과 현행민법의 개정내용을 비교 "도표화" 하여 이해를 증진시켰으며, "목차 중심"의 서술을 체계화하여 민법 전체를 조망할 수 있도록 하였다. 한편 학설대립은 통설적 입장에서 대표적이고 이해하기 쉬운 이론을 선별하여 정리하였다.

셋째, 사법 · 변리사 · 변호사시험 등 각종 기출문제를 참조하여 시험범위를 획정하여 불필요한 부분은 과감히 삭제 및 명료하게 정리하였다.

넷째, 근래 모든 민법시험은 판례가 당락을 좌우한다고 해도 과언이 아니다. 따라서 조문과 판례의 중요성을 늘 염두에 두고, 출제 가능한 판례를 이해하고, 반복 학습 할 수 있도록 하였다.

다섯번째, "총정리자료"로 사용할 수 있도록 각 대학의 출제위원들의 출제문제를 "관련사례연습"으로 정리하였다.

이번 2014년 「포인트 민법」은 종전 2013년도 「포인트 민법」의 체계를 되도록 유지하면서 청주대 백승흠 교수의 성년후견제도의 원고를 첨가하였고, 종래 이종훈 선생이 수험생의 입장에서 정리한 도표 등을 다시 인용하여 활용하였습니다.

다시 지면을 빌어 두 분께 깊은 감사를 드립니다.

이제 포인트 민법이 "통합민법기본서"로서 수험생 여러분의 합격에 도움이 되길 진심으로 기원드립니다.

2014년 1월

저자 오양균

제1편 민법총칙

제2편 물권법

포인트 민법

제15장 비전형담보물권

제3편 채권총칙

제1장 채권법 일반

제2장 채권의 목적

제3장 채권의 효력

제4편 채권각칙

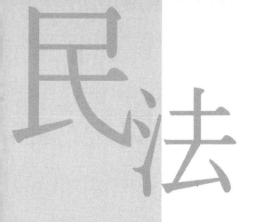

제1편 민법총칙

제1장 민법일반

사회규범에는 법 이외에 도덕·종교 등이 있다. 도덕과 종교규범 등은 강제성이 없는 점에서 법규범과 대비되며, 법은 국가권력에 의하여 강제성이 뒷받침되는 사회규범이다. 그리고 인간의 사회생활은 크게 둘로 나누어진다고 볼 수 있다. 하나는 공법적인 생활이고, 하나는 공법적인 것 이외의 하나의 인간으로서 생활하는 것이다. 민법은 사법(私法)이며, 사람·장소·사항 등에 관계없이, 즉 특별한 제한 없이 일반적으로 적용되는 사법으로서, 일반사법이다. 일반사법으로서의 민법과 대비되는 특별사법으로는 상법이 있다. 상법은 "상사에 관하여 상법에 규정이 없으면 상관습법에 의하고 상관습법이 없으면 민법의 규정에 의한다(상법 제1조)"라고 되어 있어 상법이 특별사법으로 민법에 우선한다.

I. 우리 민법전의 구성과 법적 성격

『민법전』이란 1958년 제정하여 1960년 1월 1일부터 시행되고 있는 현행민법으로서 형식적 의미의 민법(국회가 제정한 법)을 말한다.

민법전	제1편 민법총칙(제1조~제184조)	법률관계로서 법률규정 또는 법률행위의 주체·객체·변동 기타 일반법으로서의 민법의 전반의 원리적 규정을 말한다.
	제2편 물권법(제185조~제372조)	사람이 특정한 물건을 직접 지배하여 이익을 얻는 배타적이고 관념적 권리를 물권이라 하는데, 이러한 물권관계를 규율하는 법을 물권법이라 한다.
	제3편 채권법(제373조~제766조)	일방(채권자)이 상대방(채무자)에 대하여 일정한 급부를 청구하는 것을 내용으로 하는 권리를 채권이라 하는데, 이러한 채권관계를 규율하는 법을 채권법이라 한다.
	제4편 친족법(제767조~제996조)	친족간의 신분질서 및 그에 따르는 권리와 의무에 관하여 규율하는 법을 친족법이라 한다.
	제5편 상속법(제997조~제1118조)	자연인의 사망에 따르는 재산의 이전관계인 상속에 관한 법률관계를 규율하는 법을 상속법이라 한다.

1. 일반사법으로서의 민법

(1) 의의

인간의 사회생활은 크게 둘로 나누어진다고 볼 수 있다. 하나는 공법적인 생활이고, 하나는 공법적인 것 이외의 인간으로서 생활하는 것이다. 민법은 사법(私法)이며, 사람·장소·사항 등에 관계없이, 즉 특별한 제한 없이 일반적으로 적용되는 사법으로서, 일반사법(一般私法)이다. 일반사법으로서의 민법과 대비되는 특별사법으로는 상법이 있다.

(2) 공법과 사법의 구별

1) 실익

민법은 특별사법이 아닌 일반사법을 의미한다. 법을 공법과 사법으로 나누어 파악하여야 하는 것은 공법과 사법은 그 지도원리가 상이하다는 점, 권리구제절차가 다르다는 점에서 중요한 실익을 가진다. 가령 어떤 법률관계에 적용되어야 하는 법이 공법이라면, 즉 공법적 법률관계라면 사적자치원칙이 관철되지 않을 뿐만 아니라 사법, 특히 민법이 규정하는 여러 제도들이 적용되지 않는다. 또한 그 법률관계에서 발생하는 권리침해 등은 민사소송이 아닌 행정소송 등에 의하여 구제받게 된다.

2) 공사법 구별기준

이익설, 성질설, 주체설, 생활관계설, 사적자치기준설, 절충설 등이 있다.

(ㄱ) 이익설 : 보호의 대상이 공익인 경우에는 공법, 사익인 경우에는 사법이라는 설이다.

(ㄴ) 성질설 : 법률관계가 복종관계인 경우에는 공법, 평등관계인 경우에는 사법이라는 설이다.

(ㄷ) 주체설 : 국가 상호간 내지는 국가와 개인 간의 법률관계를 규율하면 공법이며, 개인 상호간의 관계를 규율하면 사법이라는 설(독일의 다수설)이다.

(ㄹ) 생활관계설 : 국민으로서의 생활관계를 규율하면 공법, 인간으로서의 생활관계를 규율하면 사법이라는 설로서 한편 공법관계소송은 민사소송이 아닌 행정소송의 절차를 거치게 하도록 되어 있어 실정법 내에도 이의 구별을 전제로 하고 있는 경우도 있다.

(ㅁ) 사적자치 기준설 : 사적자치가능여부를 기준으로 하는 설로서, 즉 기속적인 결정을 내용으로 하는 법을 공법이라고 하고, 자유로운 결정을 내용으로 하는 법을 사법이라 하는데, '이유강제원칙'은 전자에 대해서만 적용되고 '사적 자치원칙'은 후자에게만 적용된다고 한다(이영준).

3) 통설적 견해로서의 절충설

통설적 견해인 절충설은 주체설을 기본으로 하여 다른 설의 입장을 어느 정도 고려한다. 예컨대 공법은 국가 기타의 공공단체와 개인과의 관계 및 공공단체 상호간의 관계를 규율하는 법이며, 원칙적으로 수직관계 내지 상하관계에 있으며, 사법은 사인 상호간의 관계를 규율하는 법으로 원칙적으로 수평관계에 있다고 한다.

4) 판례의 입장(김형배 3인공저 민법학강의 제10판 p.4)

주체설을 기본으로 하는 절충설로 이해되고 있다.

판례

㉠〈아무런 권원 없이 국유재산에 설치한 시설물에 대하여 행정청이 행정대집행을 할 수 있음에도 민사소송의 방법으로 그 시설물의 철거를 구하는 것이 허용되는지 여부(소극)〉 피고들이 아무런 권원 없이 이 사건 시설물을 설치함으로써 이 사건 토지를 불법점유 하고 있는 이상, 특별한 사정이 없는 한, 국가로서는 소유권에 기한 방해배제청구권을 행사하여 피고들에 대하여 이 사건 시설물의 철거 및 이 사건 토지의 인도를 구할 수 있다고 할 것이나, 이 사건 토지는 잡종재산(=일반재산)인 국유재산(행정재산+보존재산+일반재산)으로서, 국유재산법 제52조는 "정당한 사유 없이 국유재산을 점유하거나 이에 시설물을 설치한 때에는 행정대집행법을 준용하여 철거 기타 필요한 조치를 할 수 있다."고 규정하고 있으므로, 관리권자인 보령시장으로서는 행정대집행의 방법으로 이 사건 시설물을 철거할 수 있고, 이러한 행정대집행의 절차가 인정되는 경우에는 따로 민사소송의 방법으로 피고들에 대하여 이 사건 시설물의 철거를 구하는 것은 허용되지 않는다고 할 것이다(대판 2000.5.12. 99다18909; 대판 2009.6.11. 2009다1122)

㉡〈지방자치단체가 사경제주체가 되어 체결한 계약의 법적 성질〉 지방재정법에 의하여 준용되는 '국가를 당사자로 하는 계약에 관한 법률'에 따라 지방자치단체가 당사자가 되는 이른바 공공계약은 지방자치단체가 사경제의 주체로서 상대방과 대등한 위치에서 체결하는 사법상(私法上)의 계약으로 법령에 특별한 정함이 있는 경우를 제외하고는 사적자치와 계약자유의 원칙 등 사법의 원리가 그대로 적용된다고 한다(대결 2006. 6. 19, 2006마117).

㉢〈잡종재산대부행위의 성질〉 (i) 국가나 지방자치단체가 사경제 주체로서 상대방과 대등한 위치에서 행하는 사법상의 계약이고, 따라서 국·공유 잡종재산의 대부 등 권리관계에 대하여는 사법의 규정이 적용됨이 원칙이지만, 계약당사자의 일방이 국가나 지방자치단체이고 그 목적물이 국·공유재산이라는 공적 특성 때문에 국유재산법, 공유재산 및 물품관리법, 산림법 등 특별법의 규제를 받게 된다. (ii) 그런데 특별법에 아무런 규정이 없는 경우, 예컨대 대부계약의 기간만료로 인한 종료와 관련한 법적 효과에 관하여는 일반법인 민법의 규정(예 : 임대차 지상물매수청구권)이 적용되게 된다(대법원 2011.5.26. 선고 2011다1231 판결).

2. 실체법으로서의 민법

민법은 당사자의 권리·의무를 규정하고 있는 실체법에 속한다. 이러한 법의 실체적 권리·의무는 주로 민사소송법 및 민사집행법을 비롯한 절차법을 통하여 실현된다.

3. 행위규범 및 재판규범

실체법인 민법은 사인간의 법적 행위를 지도하는 행위규범이면서 재판관의 재판의 기준으로서 재판규범이다.

판례 〈친일재산은 취득·증여 등 원인행위 시에 국가의 소유로 한다고 정한 '친일반민족행위자 재산의 국가귀속에 관한 특별법' 제3조 제1항 본문이 소급입법금지 원칙 등을 위반하여 위헌인지 여부(소극)〉 친일재산은 취득·증여 등 원인행위 시에 국가의 소유로 한다고 규정하고 있는 '친일반민족행위자 재산의 국가귀속에 관한 특별법' 귀속조항이 헌법 제13조 제2항(소급입법에 의한 재산권박탈)에 위배된다고 할 수 없다(대판 2011.5.13, 2009다26831,26848,26855,26862).

Ⅱ. 민법의 법원

> **제1조 (법원)**
> 민사에 관하여 법률에 규정이 없으면 관습법에 의하고 관습법이 없으면 조리에 의한다.

1. 의 의

㈀ 법원(法源)이란 재판관이 재판을 할 때 '재판의 기준'이다. 즉 민사에 관한 적용법규를 말한다. 한편 법원(法源)이라 함은 실질적 민법의 존재형식을 의미한다.

㈁ 제1조의 법원은 제185조의 물권법정주의에서 말하는 법률 중 형식적 의미의 민법과 구별된다(물권법에서 다시 설명함). 즉 실질적 의미의 법률은 법률·명령·규칙을 포함하지만, 형식적 의미의 법률은 국회가 제정한 법률을 의미하기 때문이다.

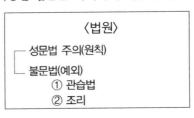

```
〈법원〉
┌ 성문법 주의(원칙)
└ 불문법(예외)
     ① 관습법
     ② 조리
```

2. 법 률(실질적 의미의 법률)

(1) 법률

민법전과 민법전 이외의 법률 가운데도 민사에 관련되면 법원이 된다. 공법 중에도 농지법 등은 법원이 될 수 있다.

(2) 명령·규칙 등

법률 이외의 대통령이나 행정각부 장관의 명령, 대법원규칙, 지방자치단체의 조례 등도 법원이 된다. 대통령의 긴급명령은 법률과 같은 효력이 있다. 따라서 당연히 법원이 된다.

(3) 조약

헌법에 의하여 체결·공포된 조약과 일반적으로 승인된 국제법규는 국내법과 같은 효력이 있기 때문에 법원이 된다.

판례 〈'대한민국과 일본국 간의 재산 및 청구권에 관한 문제의 해결과 경제협력에 관한 협정'으로 대한민국 국민 개인의 청구권이 소멸하였는지 여부(소극)〉 '대한민국과 일본국 간의 재산 및 청구권에 관한 문제의 해결과 경제협력에 관한 협정'은 일본의 식민지배 배상을 청구하기 위한 협상이 아니라 샌프란시스코 조약 제4조에 근거하여 한일 양국 간의 재정적·민사적 채권·채무관계를 정치적 합의에 의하여 해결하기 위한 것으로서, <u>국가가 조약을 체결하여 외교적 보호권을 포기함에 그치지 않고 국가와는 별개의 법인격을 가진 국민 개인의 동의 없이 국민의 개인청구권을 직접적으로 소멸시킬 수 있다고 보는 것은 근대법의 원리와 상충되는 점</u> 등 구 미쓰비시와 실질적으로 동일한 법적 지위에 있는 <u>미쓰비시가 소멸시효의 완성을 주장하여 갑 등에 대한 불법행위로 인한 손해배상채무 또는 임금지급채무의 이행을 거절하는 것은 현저히 부당하여 신의성실의 원칙에 반하는 권리남용으로서 허용될 수 없다</u>(대법원 2012.5.24. 선고 2009다22549 판결).

(4) 헌법재판소의 결정

법률에 대한 헌법재판소의 위헌결정은 법원 기타 국가기관 및 지방자치단체를 기속하므로 그 결정내용이 민사에 관한 것이면 민법의 법원이 된다. 대표적으로 민법 제764조 "명예회복에 적당한 처분"을 사죄광고의 의미로 해석하는 한도에서는 위헌이라고 본 결정이 그러하다 (헌재 1991.4.1, 89헌마160 참조).

3. 관습법

(1) 관습법의 성립요건

관습법이 성립하기 위하여는 일정한 관행이 존재할 것과 구성원들이 그 관행에 따르는 것이 옳다고 생각하는 확신이 있어야 한다(관행+법적 확신). 따라서 부당·불법한 관행은 관습법으로 될 수 없다.

판례 [1] 관습법 : ① 사회의 거듭된 관행으로 생성한 어떤 사회생활규범이 법적 규범으로 승인되기에 이르렀다고 하기 위하여는 헌법을 최상위 규범으로 하는 전체 법질서에 반하지 아니하는 것으로서 정당성과 합리성이 있다고 인정될 수 있는 것이어야 한다. 종중은 공동선조의 분묘수호와 봉제사 및 종원 상호간의 친목을 목적으로 형성되는 종족단체로서 공동선조의 사망과 동시에 그 후손에 의하여 자연발생적으로 성립하는 것임에도, 공동선조의 후손 중 성년 남자만을 종중의 구성원으로 하고 여성은 종중의 구성원이 될 수 없다는 종래의 관습은, 우리의 전체 법질서에 부합하지 아니하여 정당성과 합리성이 있다고 할 수 없다〔대판(전합) 2005. 7. 21. 2002다1178〕. ② 법령과 같은 효력을 갖는 관습법은 당사자의 주장 입증을 기다림이 없이 법원이 직권으로 이를 확정하여야 하고 사실인 관습은 그 존재를 당사자가 주장 입증하여야 함을 원칙으로 한다(대판 1983.6.14. 80다3231).

판례 [2] ① **상속회복청구권** : 민법 시행이전에 존재하던 상속회복청구권(제999조)은 상속이 개시된 날로부터 20년이 경과하면 소멸한다는 내용의 관습은 관습법으로서의 효력을 인정할 수 없다(대판 2003.7.24, 2001다48781). ② **제사주재자** : 제사주재자는 우선적으로 망인의 공동상속인들 사이의 협의에 의해 정하되, 협의가 이루어지지 않는 경우에는 제사주재자의 지위를 유지할 수 없는 특별한 사정이 있지 않은 한 망인의 장남(장남이 이미 사망한 경우에는 장남의 아들, 즉 장손자)이 제사주재자가 되고, 공동상속인들 중 아들이 없는 경우에는 망인의 장녀가 제사주재자가 된다〔대판(전합) 2008.11.20. 2007다27670〕.

(2) 관습법의 효력

1) 관습법 효력에 대한 학설의 대립

(ㄱ) 보충적 효력

다수설과 판례는 성문법에 대한 관습법의 보충적 효력을 인정하고 있다. 즉 "법률에 규정이 없으면 관습법에 의하고"라는 민법 제1조의 규정에 비추어 볼 때 관습법은 성문법에 규정이 없는 경우에만 보충적으로 적용된다는 견해이다. 이 설에 대해서는 관습법의 성문법에 대한 변경적 효력을 인정하려는 최근의 세계적 입법추세에 비추어 볼 때 보충적 효력설은 시대낙후적이라는 비판이 있다.

판례 〈대판 1983.6.14, 80다3231〉 가정의례준칙 제13조의 규정(성문법)과 배치되는 관습법의 효력을 인정하는 것은 관습법의 제정법에 대한 열후적, 보충적 성격에 비추어 민법 제1조의 취지에 어긋나는 것이다.

(ㄴ) 변경적 효력설

민법 제1조의 규정에도 불구하고 성문법에 의한 관습법의 변경 내지 개폐가 인정되듯이 관습법도 성문법을 변경 내지 개폐하는 효력이 있다는 견해이다. 그 근거로는 성문법이 경화(고정화)하여 사회발전에 대응하지 못할 때 사회의 수요에 응하여 자연히 발생하는 관습법의 성립을 막을 수 없기 때문이라고 한다.

2) 직권고려

관습법은 법원이기 때문에 법원은 소송당사자가 이를 원용하지 않더라도 당연히 고려해야 한다(직권고려).

3) 소급효

관습법은 법원의 판결에 의해서 비로소 그 존재가 인정되지만 그 성립시기는 그 관습이 법적 확신을 획득한 때로 소급한다(통설).

(3) 판례에 의해 확인된 관습법(관련된 부분에서 후술)

명인방법·관습법상의 법정지상권·분묘기지권·동산의 양도담보· 사실혼 등이 있다. 아래에서는 간단히 개념만을 고찰한다.

1) 명인방법

수목의 집단이나 미분리의 과실을 토지와는 독립하여 거래하고자 할 때, 그 공시방법으로 인정된다.

2) 관습상 법정지상권

토지와 건물이 동일한 소유자에게 속하였다가 건물 또는 토지가 매매 기타의 원인으로 양자의 소유자가 다르게 된 때에 그 건물을 철거하기로 하는 합의가 있었다는 등 특별한 사정이 없는 한 건물소유자는 토지소유자에 대하여 그 건물을 위한 관습상의 지상권을 취득한다고 한다. 이는 건물과 토지가 별개인 우리 법제의 흠결, 즉 건물의 철거를 막기 위함으로 건물소유자는 토지를 사용할 권리가 관습법에 의하여 주어진다.

3) 분묘기지권

타인의 토지에 분묘를 설치한 자는 일정한 경우에 그 분묘기지에 대하여 지상권에 유사한 분묘기지권을 취득한다.

4) 동산의 양도담보

담보의 목적으로 권리이전의 형태를 취하는 것으로서 민법이 규정하고 있지 않은 담보제도에 속한다.

5) 사실혼

사실상 혼인생활을 하고 있으면서 단지 혼인신고가 없기 때문에 법률상 혼인으로 인정되지 않는 부부관계이다.

⑷ 관습법(제1조)과 사실인 관습(제106조)의 구별

관습법이란 사회의 거듭된 관행으로 생성한 사회생활규범이 사회의 법적 확신과 인식에 의하여 법적 규범으로 승인·강행되기에 이른 것을 말하고, 사실인 관습은 사회의 관행에 의하여 발생한 사회생활규범인 점에서 관습법과 같으나 사회의 법적 확신이나 인식에 의하여 법적 규범으로서 승인된 정도에 이르지 않은 것을 말한다(대판 1983.6.14. 80다3231; 제106조에서 후술함).

Tip

◎ 제1조 관습법과 사실인 관습 비교

- 관 행 〈 일반인의 법적 확신 구비 ⇒ 관습법 ⇒ 직권고려
  (×) ⇒ 사실인 관습 ⇒ 주장필요

4. 조 리(=신의칙)

㈀ 조리의 법원성에 대하여는 논란이 있다. 조리란 사물의 도리 또는 법의 일반원리를 말하며, 경험칙(=신의칙)·사회통념 등으로 표현되기도 한다. "재판관은 법적 분쟁에 관하여 법률이 없음을 이유로 재판을 거부할 수 없다" 따라서 조리는 마지막 법원이 된다고 봄이 다수설이다(이설 있음).

㈁ 판례는 "종중원의 후손은 성별의 구별 없이 성년이 되면 당연히 그 구성원이 된다고 보는 것이 조리(條理)에 합당하다"고 한다(대판 2007.9.6. 2007다34982).

5. 판례의 법원성

⑴ 의의

판례란 상급법원의 판결로서 법해석 및 법적용에 지침이 될 만한 성질의 것을 말한다. 특정 사건에 대한 판결이 그 사건에 그치지 않고 유사한 사건에 반복되어 인용되면서 이러한 유형의 사건에는 이러한 법리가 적용되어야 한다는 재판적 관행이 생기게 되는 경우에 이러한 법리를 담은 상급법원의 판결은 판례로서 인정된다.

⑵ 판례의 법원성 긍정여부

법원성 부정설이 통설적 견해이다. 단, 사실상 구속력은 인정한다. 즉 통설에서 판례는 그 자체로서 법규범이 아니므로 민법의 법원이 될 수 없다고 하는바, 그 근거로 판례를 법규범이라고 하면 삼권분립의 정신에 어긋난다는 것이다. 입법부가 재판을 할 수 없듯이 사법부도 입법할 수 없다. 만약 판례가 법규범성을 가진다고 하면 결과적으로 사법부가 입법하는 것으로 되기 때문에 부당하다는 것이다. 한편 법원조직법에서는 "상급법원의 재판에 있어서의 판단은 당해 사건에 관하여 하급심을 기속한다"라고 규정하고 있지만 이것은 당해 사건에 한정되는 것이고 일반적으로 하급심을 구속하는 뜻은 아니기 때문에 상급심이 판단한 법해석은 장래 하급심이 이와 유사한 다른 사건을 재판함에 영향을 미치지만, 이것은 상급심판결의 사실적 효과이지 법적 효과는 아닌 것이다.

Ⅲ. 민법의 기본원리

1. 사적자치원칙

(1) 인격보호의 원칙 내지 인격평등의 원칙(헌법 제10조, 민법 제751조, 제752조 참조)

민법전은 이에 대한 보호에 있어서 불법행위와 관련하여 그 중에서 생명, 건강, 명예에 대한 침해를 그 한 모습으로 정하고 있을 뿐이나(제751조·제752조 참조), 그 이외의 인격적 법익에 대한 침해도 불법행위가 됨은 물론이다. 나아가 남성과 여성은 그 성(性)에 의하여 차별을 받아서는 안 된다.

(2) 법률행위자유의 원칙 중 계약자유의 원칙

개인의 의사를 요소로 하는 법률요건이 법률행위이므로 결국 법률행위는 사적 자치를 실현하는 수단이 되고 따라서 여기서 법률행위의 자유원칙이 나오게 된다. 법률행위의 자유는 계약의 자유·유언의 자유·단체설립의 자유를 포함한다. 그러나 유언의 자유는 엄격한 방식을 요구하고(제1060조 이하), 단체설립의 자유는 일정한 제한을 받으므로(허가주의 : 제32조), 결국 계약의 자유가 그 중심을 이루게 된다. 이러한 계약은 자유인 동시에 사회생활의 유지·발전에 불가결한 의무들의 1차적인 발생원인이 된다.

(3) 재산권(특히 소유권) 존중의 원칙(민법 제211조 이하)

재산, 그 중에서도 소유권은 인격이 자유롭게 존립하고 각자가 자신의 인간성을 건전하게 전개하여 가기 위한 물질적 기초로서 강한 보호를 받는다. 그리하여 소유자가 그 소유물로부터 이익을 얻는 것이 제3자로부터 방해를 받으면 그 방해가 소유자 자신의 의사에 의하여 설정된 권리에 기한 것이 아닌 한 이를 언제든지 배제할 수 있다(물권법에서 물권적 청구권 등이 대표적이다). 또 소유권의 내용을 해치는 것은 그 침해자에게 과실이 없어도 일단 위법하다고 평가된다.

(4) 과실책임의 원칙(민법 제390조, 제750조)

자기의 행위로 인하여 타인에게 재산적 손실 기타의 불이익을 주었을 때에 그 불이익이 자신의 행위에 의하여 야기되었다는 사실만으로는 그 불이익을 상대방에게 전보해 주어야 할 책임이 발생하지 않는다. 민법은 자기가 의욕하지 아니한 의무의 부담 기타 불이익한 법적 효과가 발생하려면 그에게 귀책사유가 있을 것을 원칙적으로 요구한다. 예를 들면 불법행위로 인한 손해배상책임이 인정되려면 '고의 또는 과실로 인한 위법행위'로 인하여 그 손해가 발생하였어야 하는 것이 원칙이다 (제750조). 채무불이행과 관련하여서는 "채무자가 채무의 내용에 좇은 이행을 하지 아니한 때에는 채권자는 손해배상을 청구할 수 있다. 그러나 채무자의 고의나 과실 없이 이행할 수 없게 된 때에는 그러하지 아니하다" (제390조)고 하여 고의 또는 과실을 요구한다.

2. 사적자치의 수정

(1) 의의

예컨대, 국가는 인간의 평등한 생활을 실질적으로 확보하기 위하여 계약자유원칙에 적극적으로 간섭하여 토지거래허가제를 만들거나, 과실책임에 대한 수정으로 공작물의 소유자에게 무과실책임(제758조)을 인정하는 규정이 이에 해당한다. 특히 신의성실원칙(제2조)과 관련된 권리남용금지의 원칙·실효의 원칙·금반언의 원칙·사정변경의 원칙 등은 사적자치의 원칙을 수정하는 면이 있다.

(2) 민법상 과실책임의 원칙의 수정

1) 무과실책임

① 무권대리인의 책임(제135조)

② 금전채무불이행으로 인한 손해배상책임(제397조 제2항)

③ 매도인의 담보책임(제569조~제584조)

④ 수급인의 담보책임(제667조~제672조)

⑤ 공작물의 소유자책임(제758조)

⑥ 수임인이 위임사무의 처리를 위하여 과실없이 받은 손해에 대한 위임인의 책임(제688조 제3항).

⑦ 임치인의 임치물의 성질·하자로 인한 수치인에 대한 책임(제697조)

⑧ 법정대리인의 복임권 행사로 인한 본인에 대한 책임(제122조)

2) 중간책임

① 책임무능력자의 행위에 대한 감독자의 책임(제755조)

② 피용자의 행위에 대한 사용자의 책임(제756조)

③ 공작물, 수목의 설치·보존의 하자에 대한 점유자의 책임(제758조)

④ 동물의 점유자·보관자의 책임(제759조)

3) 각종 특별법에 근거한 경우(채권법의 불법행위 편에서 상술)

① 제조물책임법

② 자동차손해배상보장법

③ 원자력손해배상보험법

④ 환경정책기본법

제2장 권리 · 의무(법률관계)

Ⅰ. 법률관계

1. 법률관계와 호의관계의 구별

(1) 의의

법률관계란 통설(법적 생활관계설)에 따른다면, '법규범에 의하여 규율되는 생활관계'를 말한다. 법률관계의 내용은 구체적인 권리와 의무이며, 주된 권리 · 의무뿐만 아니라 부수적 권리 · 의무도 포함한다. 반면에 호의관계는 호의를 갖고 상대방을 도와주는 관계로 강제력 있는 법률관계로 보기는 어렵고 원칙적으로 인간관계로서 단순한 인간관계에서는 기한 약속을 어겨도 그 이행을 청구한다든가 손해배상을 청구할 수 없다. 다만 단순한 인관관계와는 달리 그 중간에 속하는 관계이다. 따라서 예외적으로 자동차에 호의동승했다가 사고가 생겨 손해가 발생하면 법률관계(=법률문제)가 문제될 수 있다.

(2) 구별

호의관계가 법률문제로 인정되기 위해서는 법적 구속의 의사가 있어야 한다. 그러한 의사가 있는가의 여부는 의사표시해석의 문제이다.

(3) 관련문제

따라서 호의 · 무상이라고 하여 항상 법적 문제가 발생하지 않는 것은 아니며, 대가관계가 호의관계와 법률관계의 구별기준이 되는 것도 아니다.

> **판례 〈호의동승〉** 가해자에게 일반 교통사고와 동일한 책임을 지우는 것이 신의법칙이나 형평의 원칙으로 보아 매우 불합리하다고 인정될 때에는 그 배상액을 경감할 수 있으나, 사고 차량에 단순히 호의로 동승하였다는 사실만 가지고 바로 이를 배상액 경감사유로 삼을 수 있는 것은 아니다(대판 1999.2.9, 98다53141).

2. 권리의 종류

(1) 내용에 의한 분류

권리를 그 내용이 되는 사회적 생활이익을 기준으로 하여 분류할 때, 인격권, 재산권, 가족권, 사원권으로 구분해 볼 수 있다.

1) 인격권

권리의 주체와 분리할 수 없는 인격적 이익의 향수를 내용으로 하는 권리로서 생명 · 신체 · 정신의 자유에 대한 권리가 이에 속한다. 인격의 주체로서 개인이 갖는 권리이다. 민법은 인격권에 관하여 명문의 규정을 두고 있지 않으나, 헌법이나 민법 제3조 · 제751조로부터 당연히 도출되는 권리이다. 이는 절대권의 일종으로서 이를 침해하면 당연히 불법행위가 된다(제

750조 참조). 인격권은 인격과 결합되어 있으므로 이와 분리하여 양도할 수 없다고 하는 특질을 갖는다. 법인이나 권리능력 없는 사단·재단도 명예권 등의 인격권을 갖는다.

2) 재산권

경제적 가치 있는 이익의 향수를 목적으로 하는, 즉 금전으로 평가될 수 있는 권리가 재산권이다. 물권·채권·지식재산권(무체재산권)이 재산권에 속한다.

(ㄱ) 물권

권리자가 물건을 직접 지배해서 이익을 얻는 배타적인 권리로서 민법에는 8가지의 물권을 인정하고 있다.

(ㄴ) 채권

특정인이 상대방에 대하여 일정한 행위를 요구하는 권리로서 물권이 절대권적이라면 채권은 특정인 사이에서 문제되는 상대권이다.

(ㄷ) 지식재산권

저작·발명 등의 정신적 창조물을 독점적으로 이용하는 것을 내용으로 하는 권리로서 특허권·실용신안권·의장권·저작권 등이 이에 속한다.

3) 가족권

이에는 친족권과 상속권의 두 가지가 있다. 친족권은 일정한 친족상의 신분으로부터 발생하는 권리이다. 친족권이 침해되는 경우에는 물권적 청구권과 유사한 신분적 청구권이 발생한다. 이에 대하여 상속권은 상속인이 상속재산에 관한 권리를 말한다.

4) 사원권

단체의 구성원이 그 구성원이라는 지위에 기하여 단체에 대하여 가지는 포괄적 권리를 말한다. 사원권에는 의결권·소수사원권 등과 같은 공익권(共益權)과 이익배당청구권·잔여재산분배청구권과 같은 자익권(自益權)이 있다.

(2) 효력(작용)에 의한 분류

권리를 효력(작용)에 의하여 분류하면 지배권·청구권·형성권·항변권으로 구분해 볼 수 있다.

1) 지배권(=절대권)

타인의 협력을 필요로 하지 않고 일정한 객체를 직접 지배할 수 있는 권리로서 물권·지식재산권·인격권·친권·후견권 등이 이에 속한다. 지배권에 대한 침해는 불법행위를 구성하고(제750조 참조), 지배상태에 대한 방해를 제거할 수 있는 효력이 있다. 지배권은 절대권이다. 절대권이라 함은 권리자가 모든 사람에 대하여 주장할 수 있는 권리로서 특정인이 특정인에 대하여만 일정한 행위를 청구하는 채권인 상대권과 대비된다.

2) 청구권

특정인이 다른 특정인에 대하여 일정한 행위, 즉 작위 또는 부작위를 요구하는 권리가 청구권이며, 청구권은 모두 어떤 권리를 기초로 하여 존재한다(채권·물권·가족관계 등에 기해 발생). 그 중 전형적인 권리가 채권이다. 그러나 채권은 청구권을 본체로 하지만 그 이외에도 급부를 수령하여 보유할 수 있는 효력 등이 있으므로 청구권과 동일한 것은 아니다.

3) 형성권(=가능권)

권리자의 일방적인 의사표시만으로 권리의 변동을 생기게 하는 권리로서 이러한 권리는 누구의 협력 없이도 법률관계를 발생·변경·소멸시키는데 그 특질이 있다. 따라서 형성권(形成權)은 반드시 상당한 근거가 있어야만 인정되는 것이다. 그 근거는 당사자의 약정(약정에 의하여 해제권을 보류할 수도 있다)이나 또는 법률의 규정이다. 여기에는 두 가지 유형이 있다(제543조 참조).

(ㄱ) 권리자의 의사표시만으로써 효과를 발생하는 것이다. 이에 속하는 것으로, 법률행위의 동의권(제5조, 제10조)·취소권(제140조)·추인권(제143조)·계약의 해제권 및 해지권(제543조)·상계권(제492조) 등이 있다.

(ㄴ) 법원의 판결에 의하여 비로소 효과를 발생하는 것이 있다. 채권자취소권(제406조)·혼인취소권(제816조) 등이다.

4) 항변권

거절권이라고도 한다. 청구권의 행사에 대하여 그 작용을 저지할 수 있는 효력을 가지는 권리를 항변권이라고 한다. 항변권에는 청구권의 행사를 일시적으로 저지할 수 있는 '연기적 항변권(延期的 抗辯權)'과 영구적으로 저지할 수 있는 '영구적 항변권(永久的 抗辯權)'이 있다. 동시이행의 항변권(제536조)·보증인의 최고 및 검색의 항변권(제437조)은 전자의 예이고, 상속인의 한정승인 항변권(제1028조)은 후자의 예이다. 이들은 모두 실체법적 항변권으로서 소송법적 항변권과는 구별되는 개념이다. 소송법적 항변권은 소송절차에서 무효사유 등을 주장하는 것을 말한다.

3. 권리의 순위와 경합

(1) 권리의 충돌과 순위

1) 권리의 충돌

동일한 객체에 대하여 수 개의 권리가 존재하는 경우에는 그 객체가 모든 권리를 만족시킬 수 없는 현상이 일어날 수 있다. 이것을 '권리의 충돌'이라고 한다.

2) 물권에서 순위의 원칙과 채권에서 선행의 원칙

시간적 관계에 있어서 앞서 성립한 물권이 뒤에 성립한 물권에 우선한다. 즉 '순위의 원칙'이 적용되며, 제한물권이 소유권보다 항상 우선한다. 이에 대하여 채권에 있어서는 순위의 원칙이 적용되지 않고 '선행의 원칙'이 지배한다. 즉 먼저 채권을 행사한 자가 우선한다. 예컨대 이중매매에 있어서는 먼저 매수한 자가 나중 매수한 자에 우선하는 것이 아니라 먼저 등기 또는 인도로서 이행(즉 변제를 받는 것)을 받은 자가 우선하는 것이다.

3) 구체적 내용

(ㄱ) 동일물에 대하여 물권과 채권이 병존하는 경우에는 그 성립시기를 불문하고 물권이 우선한다. 물권은 물건에 대한 직접의 지배권인 데 반해, 채권은 채무자의 행위를 통해 간접적으로 지배를 미치는 성격상의 차이에서 연유한다. 다만 채권도 등기를 갖춘 채권(임차권·환매권 등)은 예외이다.

(ㄴ) 채권 상호간에 있어서는 '채권자평등의 원칙'에 의해, 동일인 채무자에 대한 수 개의 채권은 그 발생원인·발생시기·채권액을 불문하고 평등하게 다루어진다. 다만 이러한 원칙이 그대로 나타나는 것은 파산의 경우이며, 파산 이외에 있어서는 채권자 상호간에 우선 순위가 없기 때문에 각 채권자는 임의로 그의 채권을 실행할 수 있고, 따라서 먼저 채권을 행사한 자가 이익을 받는 결과가 된다. 이것을 위에서 설명한 '선행주의'라 한다.

(2) 권리의 경합과 법규의 경합

1) 권리의 경합

권리의 경합이란 권리 자체는 여러 개가 발생하지만 그 중 하나를 행사하면 다른 권리가 배제되는 것을 말한다. 예컨대 임대차기간 만료 후에 임차인이 임차물을 반환하지 않을 때에는 임대인은 소유권에 기한 반환청구권과 임대차에 기한 반환청구권을 갖게 되는 경우, 이 양 청구권은 동일한 것을 목적으로 하기 때문에 한쪽의 청구권을 행사함으로써 만족을 얻게 되면 다른 쪽의 청구권은 자동으로 소멸한다.

2) 법규의 경합(=법조경합)

법규의 경합(=법조경합)이란 하나의 권리규정이 다른 권리규정을 배제하여 원래부터 권리는 하나만이 발생한다는 것이다. 예컨대 공무원이 그 직무집행에 따른 고의 또는 과실로 위법하게 타인에게 손해를 입힌 경우, 국가배상법 규정이 민법 제750조의 특별법으로서 우선 적용되는 경우라든가, 매매에서 매도인의 하자담보책임의 규정(제580조)은 착오에 의한 취소규정(제109조)의 특별규정이므로 매수인은 숨은 하자를 이유로 하여 매도인에 대하여 하자담보책임을 물을 수 있을 뿐 매매계약을 취소하지 못한다는 통설에 따르면 제580조는 제109조의 특별규정이 된다.

Ⅱ. 신의성실원칙

> **제2조 (신의성실)**
> ① 권리의 행사와 의무의 이행은 신의에 좇아 성실히 하여야 한다.
> ② 권리는 남용하지 못한다.

1. 일반론

(1) 의 의

(ㄱ) 신의칙이라 함은 계약관계와 같이 일정한 법률관계에 있는 자는 서로 상대방의 신뢰에 어긋나지 않도록 성실하게 행동해야 한다는 원칙을 말한다(제2조 참조). 통칙에 규정을 둠으로써 신의칙은 채권관계 뿐 아니라, 물권관계나 가족관계에서도 적용된다.

(ㄴ) 신의성실원칙은 권리의 발생 면(제535조)에서, 권리의 변경 면(사정변경원칙)에서, 권리의 소멸 면(실효의 원칙이나 권리남용금지의 원칙) 기타 모순행위금지의 원칙(제452조 제1항) 등에서 문제된다.

〈신의성실원칙의 파생법리〉

적용국면	내 용
1. 권리의 발생	계약체결상의 과실책임(제535조)
2. 권리의 변경	사정변경의 원칙(계약의 해제와 해지)
3. 권리의 소멸	권리남용금지의 원칙
	실효의 원칙
4. 기 타	모순행위의 금지의 원칙(금반언의 법리)

(2) 신의칙의 기능

신의칙의 기능은, 첫째 당사자간 계약내용의 결함·내지는 법규의 흠결을 보충하는 기능과, 둘째 구체적 사건에서 어떤 법규를 그대로 형식적으로 적용하면 도저히 타당한 결과를 얻을 수 없는 경우에 타당한 결과를 얻기 위해 신의칙이 원용되는 경우가 있다(구체적 타당성). 예컨대 임차인이 토지를 대지로 조성함으로써 그 가치를 증가시켰다면 당초 임대차계약서에서 토지에 관한 유익비의 상환을 청구하지 않기로 약정하였다고 하여도 임대인이 이를 이유로 대지조성비용의 상환을 거부하는 것은 신의칙에 반한다(제626조 참조: 대판 1998.10.20, 98다31462). 따라서 임대차계약서 중 유익비 포기에 관한 약정은 이미 대지로 조성된 이 사건 토지에 다시 유익비를 지출할 경우 이를 포기한다는 취지라고 할 것이므로 이 사건 대지조성비용과는 무관하다고 봄이 상당하다라는 대법원판결도 구체적 타당성을 도출하기 위한 판결이라고 볼 수 있다.

2. 신의칙 적용요건

(1) 신의칙 적용요건

㈀ 일반적 조항으로의 도피를 방지하고, 법관의 자의적 법률효과의 위험을 내포하고 있으므로 신의칙의 적용은 <u>개별적 규정을 우선 적용하여야 하고, 그 다음에 여의치 않을 때 하여야 한다.</u>

㈁ 또한 신의칙은 강행규정으로서 <u>법원이 직권으로 고려할 수 있다</u>(대판 1989. 9. 29, 88다카 17181). 결국 신의칙 위반에 해당하는가의 여부는 당해 구체적 사건에서 법원이 개별적으로 판단할 수밖에 없는 것이다.

(2) 판례가 적시하는 요건

판례는 여러 표현을 쓰지만 일반적으로 <u>신의성실의 원칙에 위배된다는 이유로 그 권리행사를 부정하기 위하여는 상대방에게 신의를 공여하였다거나, 객관적으로 보아 상대방이 신의를 가짐이 정당한 상태에 이르러야 하고, 이와 같은 상대방의 신의에 반하여 권리를 행사하는 것이 정의관념에 비추어 용인될 수 없는 정도의 상태에 이르러야 한다고 한다.</u>

3. 모순행위의 금지의 원칙(금반언의 법리-제452조 제1항)

(1) 의 의

자신의 선행행위와 모순되는 후행행위는 허용되지 않는다는 원칙이다(제452조 제1항).

(2) 판례고찰

㈀ 지방자치단체가 그 행정재산인 토지를 매도하였더라도 그 후 공용폐지가 되었다면 처분행위 후 20년 가까이 경과한 당해 토지를 매매당시에 행정재산임을 내세워 무효라고 주장하는 것은 신의칙에 반하는 권리행사에 해당되어 허용될 수 없다(대판 1986.10.14, 86다카204).

㈁ <u>경매목적이 된 부동산의 소유자가 경매절차가 진행중인 사실을 알면서도 그 경매의 기초가 된 근저당권 내지 집행권원인 공정증서가 무효임을 주장하여 경매절차를 저지하기 위한 조치를 취하지 않았을 뿐만 아니라 배당기일에 자신의 배당금을 이의 없이 수령하고 경락인으로부터</u> 이사비용을 받고 부동산을 임의로 명도해 주기까지 하였다면 그 후 경락인에 대하여 위 근저당권이나 공정증서가 효력이 없음을 이유로 경매절차가 무효라고 주장하여 그 경매목적물에 관한 소유권이전등기의 말소를 청구하는 것은 금반언의 원칙 및 신의칙에 위반되는 것이어서 허용될 수 없다(대판 1993.12.24, 93다42603).

㈂ <u>취득시효완성 후에 그 사실을 모르고 당해 토지에 관하여 어떠한 권리도 주장하지 않기로 하였다면 후에 이에 반하여 시효주장을 하는 것은 특별한 사정이 없는 한 신의칙상 허용되지 않는다</u>(대판 1998.5.22, 96다24101).

판례 〈선행행위에 모순되는 행위금지의 원칙〉 ① 근저당권자가 담보로 제공된 건물에 대한 담보가치를 조사할 당시 대항력을 갖춘 임차인이 그 임대차 사실을 부인하고 <u>임차보증금에 대한 권리주장을 않겠다는 내용의 확인서를 작성해</u>

준 경우, 그 후 그 건물에 대한 경매절차에서 이를 번복하여 대항력 있는 임대차의 존재를 주장함과 아울러 근저당권자보다 우선적 지위를 가지는 확정일자부 임차인임을 주장하여 그 임차보증금반환채권에 대한 배당요구를 하는 것은 특별한 사정이 없는 한 금반언 및 신의칙에 위반되어 허용될 수 없다(대판 1997. 6. 27, 97다12211). ② 납세의무자가 명의신탁받은 부동산을 신탁자 등에게 임대한 것처럼 가장하여 사업자등록을 마치고 그 중 건물 등의 취득가액에 대한 매입세액까지 환급받은 다음, 임대사업의 폐업신고 후 부가가치세 부과처분 등에 대하여 그 부동산은 명의신탁된 것이므로 임대차계약이 통정허위표시로서 무효라고 주장하는 것은 신의성실의 원칙에 위배된다(대판 2009.4.23. 2006두14865).

4. 신의칙의 한계

(1) 내용

권리의 행사가 신의칙에 위배하더라도 신의칙보다 상위에 있는 민법의 기본이념에 배치되지 않는 경우에는 이러한 권리행사는 허용된다고 해석하여야 한다. 즉 판례는 "강행법규에 위반한 자가 스스로 그 약정의 무효를 주장하는 것이 신의칙에 위반되는 권리의 행사라는 이유로 그 주장을 배척한다면 이는 오히려 강행법규에 의하여 배제하려는 결과를 실현시키는 셈이 되어 입법 취지를 몰각하게 되므로, 달리 특별한 사정이 없는 한 위와 같은 주장은 신의칙에 반하는 것이라고 할 수 없다"고 거듭판시한다(대판 2006.10.12. 2005다75729).

(2) 판례검토

(ㄱ) 강행법규인 국토이용관리법의 토지거래 허가규정을 위반하였을 경우에 있어서 위반한 자 스스로가 무효를 주장함이 신의칙 위반의 권리행사라는 이유로 이를 배척한다면 투기거래계약의 효력발생을 금지하려는 국토이용관리법의 입법취지를 완전히 몰각시키는 결과가 되므로 그러한 주장이 신의칙에 위반한다고 할 수 없다(대판 1993. 12. 24, 93다44319 · 44326).
(ㄴ) 강행법규인 증권거래법에 위반하여 무효인 수익보장약정이 투자신탁회사가 먼저 고객에게 제의함으로써 체결된 것이라고 하더라도, 이러한 경우에 강행법규를 위반한 투자신탁회사 스스로가 그 약정의 무효를 주장하는 것은 신의성실의 원칙에 반하는 것이라고 할 수 없다(대판 1999.3.23, 99다4405).
(ㄷ) 타인의 사망을 보험사고로 하는 보험계약에는 보험계약체결시에 그 타인의 서면에 의한 동의를 얻어야 한다는 상법 제731조 제1항의 규정은 강행법규로서 이에 위반하여 계약을 체결한 자 스스로가 무효를 주장하는 것은 신의성실 또는 금반언의 원칙에 반한다고 볼 수는 없다(대판 1999.12.7, 99다39999).

판례 〈신의칙 한계〉 ① "강행법규를 위반한 자가 스스로 무효라고 주장하는 것이 신의성실의 원칙, 특히 모순행위금지의 원칙에 반하거나 권리남용에 해당하지 아니한다는 것이 판례이다. 즉 사립학교 경영자가 매도나 담보제공이 무효라는 사실을 알고서 매도나 담보제공을 하였다고 하더라도" 무효주장을 할 수 있다(대판 2000.6.9, 99다70860). ② 당사자는 신의에 따라 성실하게 소송을 수행하여야 하는 것이나(민사소송법 제1조 제2항), 어떤 사실에 관한 법률적 평가를 달리하여 주장하는 것만으로는 금반언의 원칙이나 신의성실의 원칙에 반한다고 할 수 없다. 따라서 원고가 제1심에서는 제1차 이사회의 소집절차가 적법함을 전제로 한 주장을 하였다가 원심에 이르러서는 그 소집절차에 하자가 있었다고 주장하였다고 하더라도, 그러한 주장이 금반언의 원칙이나 신의성실의 원칙에 반한다고 할 수 없다(대판 2010.6.24. 2010다2107).

5. 중요판례정리

(1) 변호사의 소송위임사무처리에 대한 보수에 관하여 약정한 보수액이 부당하게 과대하여 신의성실의 원칙이나 형평의 원칙에 반한다고 볼 만한 특별한 사정이 있는 경우에는 예외적으로 상당하다고 인정되는 범위내의 보수액만을 청구할 수 있다.

> **판례 〈약정변호사보수와 신의칙〉** 변호사 보수에 관해 의뢰인과의 사이에 약정이 있는 경우, 위임사무를 완료한 변호사는 약정된 보수액을 전부청구할 수 있는 것이 원칙이기는 하지만 약정보수가 부당하게 과대해 신의성실 원칙이나 형평의 원칙에 반한다고 볼만한 특별한 사정이 있는 경우에는 예외적으로 상당하다고 인정되는 범위 내의 보수액만을 청구할 수 있다(대판 2003.12.26, 2003다56595).

(2) 토지의 원소유자가 토지의 일부를 통행로로 무상제공함으로써 이웃 주민들이 그 토지를 무상으로 통행하게 된 후에 그 토지소유권을 취득한 자가 그와 같은 사용·수익의 제한이 있음을 알고 취득하였다면 통행료청구는 신의칙에 반한다.

(3) 시효원용을 하지 않기로 약정하였으나, 나중에 시효주장을 하는 것은 신의칙에 위반된다(대판 1998.5.22, 96다24101).

(4) 소유권이전등기가 경료된 부동산에 관하여 중복하여 소유권보존등기를 마친 자의 점유취득시효가 완성되었다면, 선등기인 소유권이전등기의 토대가 된 소유권보존등기가 원인무효라고 볼 아무런 주장·입증이 없더라도, 선 등기명의인이 뒤에 경료된 소유권보존등기의 말소를 구하는 것은 신의칙위반이나 권리남용에 해당하지 않는다(대판 2008.2.14. 2007다63690).

(5) 자신이 연대보증하여야 할 것을 타인에게 부탁하여 그 타인이 대신 연대보증인이 된 경우, 자기가 그 연대보증채무를 변제하고서 그 타인에 대하여 구상권을 행사하는 것은 신의칙에 반한다(대판 1998.3.13, 97다22089).

(6) 보증제도는 본질적으로 주채무자의 무자력으로 인한 채권자의 위험을 인수하는 것이므로 보증인이 주채무자의 자력에 대하여 조사한 후 보증계약을 체결할 것인지의 여부를 스스로 결정하여야 하는 것이고, 채권자가 보증인에게 채무자의 신용상태를 고지할 신의칙상의 의무는 존재하지 아니한다(대판 2002.7.12, 99다68552).

(7) 채권자가 주채무자인 회사의 다른 주주들이나 임원들에 대하여는 회사의 채무에 대하여 연대보증을 요구하지 아니하였고, 오로지 대표이사의 처이고 회사의 감사라는 지위에 있었다는 이유만으로 그 회사의 주주도 아닌 자에게만 연대보증을 요구하여 그가 연대보증을 한 경우 그 연대보증계약은 신의성실원칙에 반하지 않는다(대판 2002.4.12, 2000다43352).

(8) 토지매도인이 중도금의 수령거부는 물론 그 매매계약을 이행할 의사가 없음을 명백히 표시한 경우에, 매수인은 소유권을 이전하기 위한 이행일까지 기다리지 않고 매매계약을 해제할 수 있음은 신의칙에 적합하다(=이행거절로 인한 해제권행사).

⑼ 임대차계약상 차임을 증액하지 않기로 특약을 한 경우, 그 후 그 특약대로 유지시키는 것이 신의칙에 반한다고 인정될 정도의 사정이 있다면 임대인은 차임증액을 청구할 수 있다(대판 1996.11.12, 96다34061).

⑽ 사용자배상책임의 경우(제756조 제3항)에 상대방에 배상한 사용자가 피용자에 구상권을 행사할 경우 신의칙상 구상권이 제한될 수도 있다.

⑾ 피상속인의 생존시에 피상속인에 대하여 상속을 포기하기로 한 상속인이라도 상속개시후에 이를 번복하고 자신의 상속권을 주장하더라도 이것을 신의칙에 반한다고 할 수 없다(대판 1998.7.24, 98다9021).

⑿ 금전 소비대차계약의 당사자 사이의 경제력 차이로 인하여 이율이 사회통념상 허용되는 한도를 초과하여 현저하게 고율로 정해진 경우, 그 부분 이자 약정의 효력은 무효이다 〔대판(전합) 2007.2.15, 2004다50426〕.

⒀ 교통사고로 심신상실의 상태에 빠진 갑이 을 보험회사를 상대로 교통사고 발생일로부터 소멸시효기간이 경과한 시점에 보험계약에 기한 보험금의 청구를 내용으로 하는 소를 제기한 경우, 을 보험회사가 주장하는 <u>소멸시효 완성의 항변은 신의칙에 반한다</u>(대판 2010.5.27, 2009다44327).

⒁ 국가가 '진실·화해를 위한 과거사정리 기본법'의 적용 대상인 피해자의 진실규명신청을 받아 국가 산하 '진실·화해를 위한 과거사정리위원회'에서 희생자로 확인 또는 추정하는 진실규명결정을 하였다면, 그 결정에 기초하여 피해자나 그 유족이 상당한 기간 내에 권리를 행사할 경우에, 국가가 적어도 소멸시효의 완성을 들어 권리소멸을 주장하지 않을 것이라는 데 대한 신뢰를 가질 만한 특별한 사정이 있다고 봄이 타당하고, 이에 불구하고 <u>국가가 피해자 등에 대하여 소멸시효의 완성을 주장하는 것은 신의성실 원칙에 반하는 권리남용에 해당하여 허용될 수 없다</u>(대법원 2013.07.25. 선고 2013다16602 판결).

Ⅲ. 실효의 원칙

1. 의 의

신의칙의 파생원칙의 하나인 '실효의 원칙'이라 함은 권리자가 장기간에 걸쳐 그 권리를 행사하지 아니함에 따라 그 의무자인 상대방이 더 이상 권리자가 권리를 행사하지 아니할 것으로 신뢰할 만한 정당한 기대를 가지게 되는 경우에, 새삼스럽게 권리자가 그 권리를 행사하는 것은 법질서 전체를 지배하는 신의칙에 위반되어 허용되지 않는다는 것을 의미한다.

2. 판례의 검토

⑴ 판례의 변천

㈀ 판례는 초기에는 부정하다가 현재에는 직접 실효의 원칙에 의해 권리의 실효를 인정한다(대판 1992.1.21, 91다30118 등). 예컨대, 징계면직처분에 불복하던 근로자가 이의없이 퇴직금

을 수령하여 다른 생업에 종사하다가 징계면직으로부터 2년 10개월 후 제기한 해고무효확인 청구는 실효원칙에 위배된다고 보는 것(대판 1996.11.26, 95다49004 등), <u>항소권과 같은 소송법 상의 권리에 대하여도 이러한 원칙은 적용될 수 있다는 것</u>이다.

(ㄴ) 그런데 실효의 원칙이 적용되기 위하여 필요한 요건으로서의 실효기간(권리를 행사하지 아니 한 기간)의 길이와 의무자인 상대방이 권리가 행사되지 아니하리라고 신뢰할 만한 정당한 사 유가 있었는지의 여부는 일률적으로 판단할 수 있는 것이 아니라 구체적인 경우마다 권리를 행사하지 아니한 기간의 장단과 함께 권리자측과 상대방측 쌍방의 사정 및 객관적으로 존재 한 사정 등을 모두 고려하여 사회통념에 따라 합리적으로 판단하여야 한다(대판 2006.10.27, 2004다63408).

(2) 적용범위

(ㄱ) 실효의 원칙은 <u>소멸시효에 걸리는 권리에 대하여도 시효기간에 관계없이 적용될 수 있 고, 소멸시효에 걸리지 않는 권리</u>(아래 판결에서 소유권확인 등)에 대하여도 장기간 권리행사하 지 않은 후 새삼 행사하는 경우에 권리가 저지될 수도 있다.

(ㄴ) 다만 <u>인지청구권은 본인의 일신전속적인 신분관계상의 권리로서 포기할 수도 없으며 포기하였더라도 그 효력이 발생할 수 없는 것이고, 이와 같이 인지청구권의 포기가 허용 되지 않는 이상 거기에 실효의 법리가 적용될 여지도 없다</u>(대판 2001.11.27, 2001므1353).

(ㄷ) 아래에서는 해제권(형성권)이 <u>실효된 사안</u>이다.

관련사례	매도인은 이전에 이미 수차에 걸쳐 매수인에게 이행제공을 하고 잔대금지급을 최고하여 적법하게 해제권을 취득하였음에도 계약을 해제하지 않고 있었다. 그런데 상대방(매수인)의 이행청구의 소 제기 후 해제권 발생시로부터 16개월 경과 후에 비로소 계약해제를 주장하였다. 이는 타당한 가? (대판 1994.11.25, 94다12234)
해설	<u>해제권실효</u> : 해제의 의사표시가 있은 무렵을 기준으로 볼 때 무려 1년 4개월 가량 전에 발생한 해제권을 장기간 행사하지 아니하고 오히려 매매계약이 여전히 유효함을 전제로 잔존채무의 이행을 최고함에 따라 상대방으로서는 그 해제권이 더 이상 행사되지 아니할 것으로 신뢰하였고 또 매매계약상의 매매대금 자체는 거의 전부가 지급된 점 등에 비추어 보면 그와 같이 신뢰한 데에는 정당한 사유도 있었다고 봄이 상당하다면, 그 후 새삼스럽게 그 해제권을 행사한다는 것은 신의성실의 원칙에 반하여 허용되지 아니한다.

3. 관련문제

판례는 부동산 소유권을 장기간 행사하지 않다가 <u>소유권확인의 소</u>를 제기한 사건에 있어 서, 이는 신의칙에 반한다고 하여 결과적으로 실효의 원칙을 적용하였다(아래 판결 참조).

판례 〈대판 1991.8.13, 91다11261〉 구 민법 시행 당시에 부동산을 양수한 자가 민법 시행일(1960. 1. 1.)로부 터 6년 내에 소유권이전등기를 하지 아니하면 물권변동의 효력을 잃게 되므로(민법부칙 제10조 제1항), 그 부동 산의 소유권은 원래의 소유자인 양도인에게 복귀되는 것이기는 하지만, 양수인이 그 부동산을 명도받아 점유하고 있다면 그 부동산에 관한 소유권이전등기청구권은 소멸시효에 걸리지 않아서 양수인은 언제든지 양도인을 상대로 그 소유권이전등기절차의 이행을 청구할 수 있는 지위에 있으므로, <u>양도인이 위와 같이 그 소유권이 자신에게 복</u>

귀되었다는 것만을 이유로 소유권이전등기청구권자인 권리자인 양수인을 상대로 그 소유권이 자신에게 있음의 확인을 청구하는 소를 제기하는 것은 신의성실의 원칙에 위배되어 허용되지 않는다.

Ⅳ. 사정변경의 원칙

1. 의 의

사정변경의 원칙이란 법률행위의 성립에 있어서 그 기초가 되었던 사정에 당사자가 예견치 못한 또는 예견할 수 없었던 중대한 변경이 그 후 생겨서, 당초에 정하여진 행위의 결과를 그대로 요구하거나 강제한다면 심히 부당한 결과가 생기는 경우에 당사자는 그러한 행위의 효과를 신의칙에 맞도록 적당히 변경할 것을 상대방에게 청구하거나, 또는 계약을 해제 또는 해지할 수 있는 원칙이다.

2. 학설과 판례

(1) 통설에 따르면, 법률행위의 성립에 있어서 그 기초가 되었던 사정에 당사자가 예견치 못한 또는 예견할 수 없었던 중대한 변경이 그 후에 발생하여, 당초에 약정된 행위의 결과를 그대로 요구하거나 강제한다면 심히 부당한 결과를 가져오는 경우에는 당사자는 그러한 행위의 효과를 신의칙에 맞도록 적절히 조정 내지 수정할 것을 상대방에게 청구하거나, 또는 계약을 해제 또는 해지할 수 있다고 한다.

(2) 그에 비하여 판례의 태도는 단순하지 않다. 판례는 과거에는 사정변경의 원칙자체를 인정하지 않았으나(대판 1955.4.14, 4286민상231), 계속적 계약에서 해지·차임증액청구 등을 통하여 사정변경의 원칙을 받아들이고 있다. 정리하자면 학설(통설)은 사정변경의 원칙을 받아들이는데 긍정적·적극적인 반면, 판례는 학설보다는 인색한 편이다. 즉 판례는 일시적 계약에서는 사정변경을 이유로 해제를 부정하는 편이고, 계속적 계약에서는 사정변경을 이유로 해지를 긍정하는 편이다. 다만 최근에는 계약해제의 경우에도 일정한 요건 하에서 해제를 인정할 수 있다는 완화된 모습을 보이고 있다(아래 판결참조). 이러한 판례의 태도에 대하여 학자들은 종래 판례는 사정변경에 의한 해제권의 발생을 일관하여 부정하였으나, 최근에 들어서 이를 예외적으로 인정할 수 있음을 시사하고 있다고 해석한다(아래 사안 참조).

3. 대표사안검토

관련사례 甲은 1948년 11월 乙로부터 임야를 매수하고 계약금으로 10만원(당시화폐)을 지급하였으나 잔금 1,000원(당시화폐)은 6.25전쟁으로 말미암아 지급하지 못하였다. 그 후에 甲은 잔금을 지급함과 동시에 그 토지에 관하여 이전등기를 乙에 청구하였다. 그런데 매매계약 후 2차의 통화개혁과 함께 물가는 그 사이에 약 202배 폭등하였다.

해설 (a) 파기된 원심

이 사례에서 원심(서울고법)은, 본건 매매계약에 인한 잔대금인 금 1,000원과 이 부동산에 관한 소유권의 완전이전과의 사이에는 경제적인 사정의 격변이 있었다고 할 것이고 이 사정은 계약 당시 당사자가 도저히 예견할 수 없었던 사실로서 피고(乙)에게 그 책임을 문의할 수 없는 사유로 인한 사정의 변경이 있음에 해당한다고 보고 피고에게 사정변경을 원인으로 위 매매계약에 대한 해제권이 발생한다고 판단하였다.

(b) 대법원의 태도

판례는 "사정변경의 원칙은 현행법상 용인되지 않는다"는 견해에 입각하여 계약체결시의 금전채무액과 이행기의 목적물의 가격이 현저하게 균형을 잃을지라도 매도인은 사정변경의 원칙을 내세워 그 매매계약의 해제를 할 수 없다고 판시한다(대판 1991.2.26, 90다19664). 하지만 아래의 판례에서는 계약준수의 원칙의 예외로서 일정한 요건하에 인정할 수 있다는 입장이다(대판 2007.3.29. 2004다31302).

4. 판례검토

(1) 사정변경으로 인한 계약해제가 인정되는 경우

판례는 "이른바 사정변경으로 인한 계약해제는, 계약성립 당시 당사자가 예견할 수 없었던 현저한 사정의 변경이 발생하였고 그러한 사정의 변경이 해제권을 취득하는 당사자에게 책임 없는 사유로 생긴 것으로서, 계약내용대로의 구속력을 인정한다면 신의칙에 현저히 반하는 결과가 생기는 경우에 계약준수 원칙의 예외로서 인정되는 것이고, 여기에서 말하는 사정이라 함은 계약의 기초가 되었던 객관적인 사정으로서, 일방당사자의 주관적 또는 개인적인 사정을 의미하는 것은 아니다"라고 하였다. 다만 이 사안에서 판례는 "지방자치단체로부터 매수한 토지가 공공용지에 편입되어 매수인이 의도한 건축이 불가능하게 되었더라도 이는 매매계약을 해제할 만한 사정변경에 해당하지 않고, 매매계약을 그대로 유지하는 것이 신의칙에 반한다고 볼 수도 없다"고 하였다(대판 2007.3.29. 2004다31302).

(2) 사정변경으로 인한 보증계약의 해지

사정변경을 이유로 보증계약을 해지할 수 있는 것은 포괄근보증이나 한정근보증과 같이 채무액이 불확정적이고 계속적인 거래로 인한 채무에 대하여 보증한 경우에 한하고, 회사의 이사로 재직하면서 보증 당시 그 채무가 특정되어 있는 확정채무에 대하여 보증을 한 후 이사직을 사임하였다 하더라도 사정변경을 이유로 보증계약을 해지할 수 없는 것이다(대판 2006.7.27, 2004다30675 등).

V. 권리남용금지의 원칙

> **제2조 (신의성실)**
> ② 권리는 남용하지 못한다.

1. 의 의

권리남용이란 권리의 행사가 권리가 인정된 본래의 목적을 이탈하여 사회의 윤리관념에 배치되는 부당한 결과를 초래하는 것을 말한다. 즉 권리남용금지의 원칙은 권리의 행사가 외관상으로는 적법한 것으로 보여도 실질에 있어서는 권리의 사회성, 경제적 목적 또는 사회적으로 허용되는 한계를 벗어난 것이라면 이에 대한 법적 보호, 즉 법률효과를 부여할 수 없다는 원칙이다(김상용 「민총」, p. 131 이하 참조). 이것도 구체적 사안에 따라 개별적으로 판단할 수밖에 없다. <u>그리고 권리남용금지 법리는 신의성실원칙과는 달리 법적 특별관계가 없는 사이에서도 성립할 수 있다.</u>

> **판례** 〈대판 1997. 12. 23. 96재다226〉 재판청구권(公權)의 행사도 상대방의 보호 및 사법 기능의 확보를 위하여 신의성실의 원칙에 의하여 규제된다고 볼 것이므로, 최종심인 대법원에서 수회에 걸쳐 같은 이유를 들어 재심청구를 기각하였음에도 이미 배척된 이유를 들어 최종 재심판결에 대하여 다시 재심 청구를 거듭하는 것은 사법 기능의 혼란과 마비를 조성하는 것으로서 소권을 남용하는 것에 해당되어 허용될 수 없다.

2. 연혁검토(근대국가에서 성문화)

<u>고대 로마에서 인정되던 신의성실원칙과는 달리 권리남용금지의 원칙은 근대에서 명문화되었다.</u> 즉 개인주의·자유주의시대의 근대초기에는 "자기의 권리를 행사하는 자는 누구에 대하여도 불법을 행하는 것이 아니다"라는 법언에서와 같이 권리행사의 자유가 인정되었기 때문에 권리의 남용이란 생각할 수 없었다. 그러나 권리의 행사는 공공복리에 이바지할 수 있도록 행사되어야 한다는 사상이 대두되어 권리행사자유의 원칙에 대한 수정이 가해지게 되었다. 권리행사자유의 원칙에 대한 수정원리가 바로 권리의 사회성·공공성의 사상이며, 이러한 사상의 실천원리로서 민법에서는 신의성실의 원칙과 함께 권리남용금지의 원칙으로 구체화되었다. 구체적으로 살펴본다면 <u>독일에서는 시카네(Schikane란 타인을 해할 목적만으로써 하는 권리의 행사) 금지원칙을 민법에 명문화하였다.</u> 즉 '타인을 해할 목적으로 권리행사하는 것'의 금지, 즉 <u>주관적 요건</u>을 요구하였다. 그러나 스위스 민법에서는 <u>주관적 요건을 요구하지 않고,</u> 객관적으로 권리의 행사가 그 본래의 사회적 목적 내지 승인을 벗어난 경우에는 권리남용으로 인정하였다. <u>우리 민법은 이러한 스위스 민법을 본받은 것이다.</u>

3. 권리남용의 요건 중 주관적 요건의 요부

우리민법은 권리남용금지의 원칙만을 규정하고 있을 뿐 권리남용의 요건을 밝히고 있지 않다. 그 이유는 권리남용의 요건은 개개의 권리내용에 따라 구체적으로 결정되고, 모든 권리에 공통적으로 적용되는 요건을 열거하기가 곤란하기 때문이다. 하지만 권리남용의 공통된 요건을 도출한다면,

(1) 권리의 행사가 있을 것

우선 권리가 존재하고 그 권리가 권리자에 의하여 적극적이든 소극적이든 행사되어야 한다. 그리고 권리불행사도 권리남용이 될 수 있다.

(2) 권리의 행사가 권리 본래의 사회적 목적에 부합하지 아니할 것

권리의 행사가 권리 본래의 사회적 목적에 부합하지 아니하여야 한다. 이러한 판단은 구체적

으로 신의칙에 위반하는가, 사회질서에 위반하느냐의 문제로서 결국 권리행사자의 이익과 그로 인하여 침해되는 상대방 또는 일반인의 이익과의 현저한 불균형으로서 이를 권리남용의 객관적 요건이라 한다.

(3) 주관적 요건 문제

1) 학설과 판례의 비교

(ㄱ) 독일의 명문화된 시카네금지의 법리에서는 가해의사(주관적 요건)를 요구하나, 우리민법은 주관적 요건을 요구하지 않고 객관적 요건만으로 권리남용이 성립하는 것으로 규정하고 있다. 우리의 학설은 주관적 요건 불요설이다.

(ㄴ) 판례는 종래에는 엄격히 요구하였으나 지금은 고집하지 않는다. 따라서 주관적 요건에 의해 권리남용여부를 판단한 사례, 주관적 요건과 객관적 요건을 모두 요구한 사례, 객관적 요건만 검토한 사례 등이 있다. 또한 객관적 사정에 의해 주관적 요건을 추인할 수도 있다는 입장도 있다.

판례 권리남용금지의 주관적 요건은 권리자의 정당한 이익을 결여한 권리행사로 보여지는 객관적인 사정에 의하여 추인될 수 있다는 것이 판례의 입장이다(대판 1998.6.26, 97다42823). 최근에도 "권리의 행사가 주관적으로 오직 상대방에게 고통을 주고 손해를 입히려는 데 있을 뿐 이를 행사하는 사람에게는 아무런 이익이 없고, 객관적으로 사회질서에 위반된다고 볼 수 있으면, 그 권리의 행사는 권리남용으로서 허용되지 아니하고, 그 권리의 행사가 상대방에게 고통이나 손해를 주기 위한 것이라는 주관적 요건은 권리자의 정당한 이익을 결여한 권리행사로 보여지는 객관적인 사정에 의하여 추인할 수 있다"고 거듭판시하고 있다(대판 2010.12.9. 2010다59783).

2) 판례검토

(가) 권리남용을 부정한 사안

토지소유자가 토지 상공에 송전선이 설치되어 있는 사정을 알면서 그 토지를 취득한 후 13년이 경과하여 그 송전선의 철거를 구한 사안에서, 한전이 송전선 설치에 따른 토지이용권 확보나 적절한 보상이 현재까지 없는 점에 비추어 볼 때, 위 청구가 권리남용에 해당하지는 않는다고 보았다(대판 1996.5.14, 94다54283).

판례 ㉠ 〈상속인의 소멸시효주장〉 상속채무를 부담하게 된 상속인의 행위가 단순히 피상속인의 사망신고 및 상속등기를 게을리 함으로써 채권자의 권리행사가 장애가 있었다하더라도 상속인의 소멸시효 완성 주장은 권리남용에 해당하지 않는다(대판 2006.8.24, 2004다26287,26294).
㉡ 〈국가의 소멸시효주장〉 국가에게 국민을 보호할 의무가 있다는 사유만으로 국가가 소멸시효의 완성을 주장하는 것 자체가 신의성실의 원칙에 반하여 권리남용에 해당한다고 할 수는 없으므로, 국가의 소멸시효 완성 주장이 신의칙에 반하고 권리남용에 해당한다고 하려면 특별한 사정(예 : 국가의 은폐나 변호사조력을 받지 못하게 하는 등)이 인정되어야 한다(대판 2011.10.27, 2011다54709).

(나) 권리남용을 긍정한 사례

(ㄱ) 주택소유자인 딸이 父를 모시고 사는 남동생을 상대로 명도를 구하고 父를 상대로 퇴거를 구하는 청구는 부자간의 인륜을 파괴하는 행위로서 권리남용에 해당한다(대판 1998.6.12, 96다52670).

(ㄴ) 한국전력공사는 정당한 권원에 의하여 이 사건 토지를 수용하였으나 손실보상금 공탁에 있어서의 착오로 부적법한 공탁이 되어, 토지소유자가 그 변전소의 철거와 토지의 인도를 청구한 사안에서 이러한 권리행사는 주관적으로는 그 목적이 오로지 상대방에게 고통을 주고 손해를 입히려는 데 있고, 객관적으로는 사회질서에 위반된 것이어서 권리남용에 해당한다고 하였다(대판 1999.9.7, 99다27613).

(ㄷ) 사용자가 근로자에게 미지급 임금 중 일부를 지급하는 등 사용자가 임금채무를 자진하여 변제할 것과 같은 태도를 보임에 따라, 근로자가 이를 신뢰하고 그 임금에 대한 권리행사나 시효중단 조치를 별도로 취하지 않았던 사안에서, 사용자가 미지급 임금채무 중 일부에 관하여 소멸시효의 완성을 주장하는 것은 권리남용으로 허용될 수 없다(대판 2010.6.10. 2010다8266).

(다) 권리남용의 요건 중 객관적 요건만 검토한 판례

상계권의 행사(제492조 이하)는 신의칙에 반하거나 상계에 관한 권리를 남용하는 것으로서 허용되지 않는다고 함이 상당하고, 상계권 행사를 제한하는 위와 같은 근거에 비추어 볼 때 일반적인 권리 남용의 경우에 요구되는 주관적 요건을 필요로 하는 것은 아니다(대판 2003.4.11, 2002다59481).

4. 권리남용의 효과

(1) 의도한 효과 불발생

(ㄱ) 권리의 행사가 남용으로 판단되면, 일반적으로 권리자가 의도한 효과는 생기지 않게 된다. 지배권·청구권·형성권·항변권 등의 그 효과가 발생하지 않게 된다.

(ㄴ) 단, 주의할 것은 법에서 특별히 권리를 소멸(박탈)시키는 것이 아닌 한 원칙적으로 권리를 권리자가 의도하는대로 행사할 수 없게 되는 것이지 권리자체를 박탈하는 것은 아니라는 점이다. 다시 말하면 권리의 행사가 남용으로 판단되면 일반적으로 권리자가 의도한 효과는 생기지 않게 된다(예: 소유권자체를 박탈하는 것이 아니라 소유권에 기한 물권적 청구권의 행사가 저지되는 것이다). 권리 그 자체의 소멸과 박탈은 예외적인 것이다. 따라서 극히 예외적으로 권리가 박탈되는 것은 친권남용의 경우 친권상실선고를 들수 있다(제924조 참조).

(2) 불법행위책임

한편 권리남용자는 불법행위의 성립도 긍정될 수 있다(대판 1964.7.14, 64아4).

(3) 강제조정기능

권리가 남용이 되면 의도하는 효과가 발생하지 않는 대신 당사자의 법익을 형량하여 강제조정의 역할을 할 수도 있다.

판례 계쟁토지가 학교의 교사부지 등으로 사용되는 사정을 알면서 양수한 후 20년 가까이 인도청구를 하지 않았다면 부당이득반환청구는 몰라도 토지자체의 인도청구는 신의성실의 원칙상 허용될 수 없다(대판 1992.11.10, 92다20170).

제3장 권리의 주체

권리의 귀속자를 권리주체라 하며, 권리의 귀속자는 의무의 귀속자이기도 하다. 따라서 권리능력이란 '권리의 주체가 될 수 있는 자격 내지 지위'를 말한다. 오늘날 권리능력이라 함은 당연히 의무능력을 포함하는 개념으로 이해하여야 한다. 왜냐하면 의무만 부담하는 노예제도 등은 현행법상 인정되지 않기 때문이다. 권리능력의 개념은 사법관계에 있어서 각자가 자유롭게 재산관계나 가족관계를 맺을 수 있는 일반적·추상적 자격을 말하는 것이고, 구체적·현실적으로 어떠한 권리를 취득하고 의무를 부담하느냐 하는 것과는 별개이다. 그래서 의사능력이란 구체적으로 자기 행위의 의미와 결과를 변별할 수 있는 정신능력을 말하며, 행위능력은 단독으로 유효한 법률행위를 할 수 있는 능력을 말한다. 민법에서 단순히 능력이라고 할 때에는 행위능력을 말한다. 2013년 7월부터 시행하는 개정민법에서는 종래 '행위무능력자'인 '미성년자', '금치산자', '한정치산자'를 '제한능력자'라고 하여 '미성년자', '피성년후견인', '피한정후견인'이라고 부른다(일부 견해는 피특정후견인도 포함될 수 있다고 한다).

Ⅰ. 권리능력의 의의

> **제3조** (권리능력의 존속기간)
> 사람은 생존한 동안 권리와 의무의 주체가 된다.

1. 의 의

(1) 권리능력이란 권리·의무의 주체가 될 수 있는 자격을 말한다. 사람은 생존한 동안 권리와 의무의 주체가 된다(제3조).

(2) 우리 민법에 의하면 원칙적으로 모든 자연인(국적여하를 묻지 않고)은 평등하게 권리능력을 갖는다(제3조). 이러한 권리능력의 추상성과 관념성으로 인하여 법인의 성립이 가능하다.

(3) 사람은 출생과 동시에 당연히 권리능력을 취득한다. 이는 자연인에 관한 규정으로 가족관계등록 등에 관한 법률에 신고가 없어도 권리능력취득에는 영향이 없다(보고적 신고사항)

(4) 사람은 태아가 전부노출시 생존의 시작이 되어 맥박이 종지된 후에는 사망한 것으로 본다. 사람의 생명과 신체의 안전을 보호법익으로 하고 있는 형법의 해석으로는 규칙적인 진통을 동반하면서 분만이 개시된 때(소위 진통설 또는 분만개시설)가 사람의 시기라고 봄이 타당하다 (대판 2007.6.29. 2005도3832). 그러나 민법상으로는 진통설이 아닌 전부노출설이 일반적 견해이다.

> **판례** 〈이미 사망한 자에 대하여 가족관계등록창설이 허용되는지 여부(소극)〉 가족관계등록창설 허가신청은 가족관계등록이 되어 있지 아니한 사람(이하 '무등록자'라 한다) 자신이 신청하는 것이고, 무등록자가 이미 사망하였다면 가족관계등록창설이 허용되지 아니한다(대결 2011.3.28. 자 2011스25).

2. 특 징

(1) 능력에 관한 규정은 사회질서에 관한 근본규정으로서 당사자의 의사에 의하여 그 적용을 배제할 수 없는 <u>강행규정</u>이다.

(2) 종래 한정치산자제도(현재 피한정후견인)나 금치산자제도(현재 피성년후견인)는 행위능력이 제한되는 것이지 권리능력이 제한되는 것은 아니다.

(3) 자연인의 권리능력은 오직 사망에 의해서 소멸하는데 이에 관하여는 예외가 없다. 이는 현대법의 특징 중의 하나라고 할 수 있다. 주의해야 할 것은 현행민법이 사망을 의제하는 실종선고제도를 인정하고 있으나 실종선고로 인하여 그 실종자의 권리능력 자체를 절대적으로 부인하는 것이 아니라, 종래의 주소를 중심으로 하는 사법적 법률관계를 처리하고자 하는 것이므로 <u>이는 권리능력의 소멸원인(박탈)이 아니라는 점이다.</u>

Ⅱ. 태아의 권리능력

1. 의 의

본래 자연인에게 어떤 청구권이 발생하려면, 원인사실의 발생 당시에 그는 「생존」해 있어야 한다(제3조). 다만 태아의 경우 우리 민법은 구체적인 사안에 따라 특별히 법률로 정한 경우에 한해 예외적으로 권리능력을 인정한다(개별적 보호주의). 입법례에 따라서는 태아를 일반적으로 보호하나 우리 민법은 아래에서처럼 개별적 사항에 관하여 보호를 한다.

2. 민법의 개별보호주의

(1) 불법행위에 기한 손해배상청구(제762조)

제762조에서는 "태아는 손해배상의 청구권에 관하여는 이미 출생한 것으로 본다"고 되어 있다. 본조는 태아 자신이 불법행위에 의한 피해자가 되는 경우에 관한 것이다. 따라서 태아 자신도 불법행위의 객체가 된다는 것이다(다만 父의 생명침해로 인한 父의 재산상·정신상손해배상청구권은 태아의 상속능력의 문제로 처리된다).

판례 〈모체와 같이 사망한 태아에게 손해배상청구권을 인정할 수 있는지 여부〉 태아가 특정한 권리에 있어서 이미 태어난 것으로 본다는 것은 살아서 출생한 때에 출생시기가 문제의 사건의 시기까지 소급하여 그 때에 태아가 출생한 것과 같이 법률상 보아 준다고 해석하여야 상당하므로 그가 모체와 같이 사망하여 출생의 기회를 못가진 이상 배상청구권을 논할 여지 없다(대판 1976.9.14, 76다1365).

(2) 상속

태아는 재산상속에 있어서 출생한 것으로 보고, 대습상속권, 유류분권을 가진다.

(3) 유증

유언자 사망시 태아에 대한 유증은 유효하다. 유증은 유언으로 재산을 타인에게 무상으로 주는 단독행위이며, 계약인 증여와는 다르다.

(4) 인지

인지란 혼인외의 子에 대해 생부 또는 생모가 자기의 子로서 승인하여 법률상 친자관계를 생기게 하는 단독행위이다. 그런데 父는 태아를 인지할 수 있으나, 태아에게는 인지청구권이 없다(제858조).

(5) 사인증여에 관한 태아의 권리능력

다수설은 유증에 관해 태아에게 권리능력이 인정되고, 또 사인증여에 관해서는 유증에 권리능력을 의제할 수 있다고 한다(제562조). 그러나 판례는 태아의 수증능력을 부정하며, 또 태아인 동안에는 법정대리인이 있을 수 없으므로, 법정대리인에 의한 수증행위도 할 수 없다고 한다.

3. 이미 출생한 것으로 본다는 의미

태아의 권리능력(이미 출생한 것으로 본다는 의미)에 대하여 정지조건설의 입장(판례·소수설)과, 해제조건설의 입장(다수설)이 대립한다.

(1) 해제조건설(다수설)

㈀ 태아는 이미 출생한 것으로 보고, 개별사항의 범위 내에서 제한된 권리능력을 가지며 법정대리의 규정이 태아에게 적용된다는 견해이다(제한적 인격설).
㈁ 해제조건설에 대해서는 태아 중에 법정대리인(예를 들면 모친)이 태아를 대리하여 그 권리를 처분하는 것이 가능하므로, 태아에게 있어 사실상 불이익을 초래할 염려가 있다는 비판이 있다.
㈂ 해제조건설의 근거는 포태로부터 정상적인 출산에 이르는 확률 쪽이 사산에 이르는 확률보다 결정적으로 높은 점을 근거로 한다.

(2) 정지조건설(판례)

㈀ 태아로 있는 동안에는 아직 권리능력을 취득하지 못하고, 다만 살아서 출생하는 경우에 비로소 권리능력을 취득하게 되며, 그 권리능력이 취득의 효과가 문제된 시점까지 소급한다(그래서 인격소급설이라고도 한다).
㈁ 태아가 취득 또는 상속할 재산을 출생 전에는 보존·관리할 수 없다는 단점이 있다.
㈂ 정지조건설에 대해서는 배우자와 태아가 상속인인 경우 우선 배우자와 직계존속에게 상속시키고 태아가 태어난 후에 상속을 회복시키는 것은, 부당하다는 비판이 있다.
㈃ 정지조건설에 의하면 불법행위에 있어 피해자의 임신중인 처가 태아를 대리하여 손해배상에 대해 화해계약을 하여도 그 효력은 태아에게 미치지 않게 된다.

〈태아의 권리능력〉

구분	해제조건설	정지조건설
태아인 상태에서 권리능력긍정여부	태아인 상태에서 인정할 수 있다	태아인 상태에서는 인정할 수 없다
법정대리인	태아를 위한 법정대리인을 인정할 수 있다는 입장이다.	현행 민법상 母(모)에게 태아의 법정대리인의 지위를 인정하는 명문규정이 없기 때문에 태아를 위한 법정대리인을 인정할 수 없다고 한다.
학설의 근거	의학의 발달로 태아의 사산율보다는 출산율이 높기 때문에 타인에게 불측의 손해를 줄 우려가 많지 않다.	해제조건을 인정할 경우 태아가 사산되는 경우에는 상속분할을 다시 하여야 하는 복잡한 법률관계가 문제된다.
유의점	㉠ 유증에 관한 규정이 준용되는 사인증여에 있어서도 태아가 권리능력을 갖는다는 것이 다수설의 견해이나 판례는 부정적이다. ㉡ 태아가 사산하였다면 해제조건설에 의하여도 권리능력을 갖지 못하게 된다는 것이다(학설대립이 있는 것이 아니다). ㉢ 태아인 동안에 권리능력을 긍정할 수 있는 설이 해제조건설이며, 이 경우 태아를 위한 법정대리인이 필요하다.	

4. 판례검토

(1) 태아로 있는 동안에는 아직 권리능력을 취득하지 못하고, 다만 살아서 출생하는 경우에 비로소 권리능력을 취득하게 되며, 그 권리능력 취득의 효과가 문제되는 시점까지 소급한다(대판 1976.9.14, 74다1365).

(2) 구민법이나 구관습 아래에서도 태아에게는 일반적으로 권리능력이 인정되지 아니하고 특별한 경우에 한하여 제한된 권리능력을 인정하였기 때문에 증여에 대해서는 태아의 수증능력이 인정되지 아니하며, 태아인 동안에는 권리능력이 없어 법정대리인이 있을 수 없으므로 법정대리인에 의한 수증능력도 불가능하다(대판 1982.2.9, 81다543).

5. 태아의 권리능력 사례 연습

관련사례	㉠ 甲은 운전부주의로 임산부 乙을 치어 乙은 사망하고 한편 7개월된 태아도 사산되고 말았다. 이에 사산한 태아의 아버지인 丙은 甲을 상대로 태아의 손해배상 및 乙의 사망으로 인한 자신의 정신상 고통, 즉 위자료를 청구하였다. 이 경우 태아의 손해배상청구 부분에 있어서, 丙의 청구는 인정될 수 있는가? ㉡ A는 운전부주의로 출근하는 B를 치어 사망케 하였다. 그런데 B에게는 처 C와 태아인 D가 있는바, D는 A를 상대로 자신의 손해배상을 청구할 수 있는가?
해설	㉠ 우리법은 태아의 보호에 관하여 개별보호주의를 취하고 있다. 개별적인 규정은 태아를 이미 출생한 것으로 본다는 것이나, 유의할 점은 이들 권리는 태아가 최소한 살아서 출생하는 것을 전제로 한다는 점이다. 따라서 위 사례의 경우(즉 ㉠ 사례), 학설대립(정지조건설·해제조건설)과 관계없이 인정될 수 없는 것이다. 즉 학설대립과 관련된 실익은 어떻든 태아가 출생을 하여야 한다는 것이다. ㉡ 제762조에서는 '태아는 불법행위로 인한 손해배상청구권에 관하여는 이미 출생한 것으로 본다'고

되어있다. 본조는 태아 자신이 불법행위에 의한 피해자가 되는 경우에 관한 것이다. 따라서 태아자신도 불법행위의 객체가 된다는 것이다(예컨대, 父의 생명침해로 인한 父의 재산상·정신상 손해배상청구권은 태아의 상속능력(제1000조 제3항)의 문제로 처리된다). 즉, 직계존속의 생명침해에 대하여 태아 자신이 위자료를 청구하는 경우로서, 위 사례(ⓒ)에서 태아의 손해배상청구가 긍정되는 것이다. 다만 학설의 대립은 태아인 상태에서 즉시 청구 가능한가(해제조건설), 아니면 태아인 상태에서는 인정되지 않고 출생을 조건으로 하는가(정지조건설)의 문제이다.

Ⅲ. 권리능력의 소멸

　자연인의 출생은 모체로부터 전부노출될 때로 보나, 사망시점에 대하여는 맥박종지설(통설)과 뇌사설(소수설)의 대립이 있다.

1. 장기이식등에관한법률에서 뇌사의 개념

　뇌사자가 이 법에 의한 장기 등의 적출로 사망한 때에는 뇌사의 원인이 된 질병 또는 행위로 인하여 사망한 것으로 본다(동법 제21조 제1항). 이에 대하여 종래에는 이는 민법상 사망시점이 뇌사판정시점으로 간주되는 것은 아니고, 사람의 사망시점은 맥박종지(설)로 보아야 한다고 하였으나 동법에서는 이제 명문으로 "뇌자자의 사망시각은 뇌사판정위원회가 뇌사판정을 한 시각으로 한다"고 명문화하였다(동법 제21조 제2항). 따라서 장기적출과 관련되어 동법이 적용되는 경우에는 사망의 시기에 대하여는 뇌사설을 채택하고 있는 것이다. 하지만 기타 사망의 경우는 아직 맥박종지설이 통설이다.

　판례 〈존엄사문제〉 〔대판(전합) 2009.5.21. 2009다17417〕. 〔다수의견〕 ㉠ 이미 의식의 회복가능성을 상실하여 더 이상 인격체로서의 활동을 기대할 수 없고 자연적으로는 이미 죽음의 과정이 시작되었다고 볼 수 있는 회복 불가능한 사망의 단계에 이른 후에는, 환자가 인간으로서의 존엄과 가치 및 행복추구권에 기초하여 자기결정권을 행사하는 것으로 인정되는 경우에는 특별한 사정이 없는 한 연명치료의 중단이 허용될 수 있다. 환자의 평소 가치관이나 신념 등에 비추어 연명치료를 중단하는 것이 객관적으로 환자의 최선의 이익에 부합한다고 인정되어 환자에게 자기결정권을 행사할 수 있는 기회가 주어지더라도 연명치료의 중단을 선택하였을 것이라고 볼 수 있는 경우에는, 그 연명치료 중단에 관한 환자의 의사를 추정할 수 있다고 인정하는 것이 합리적이고 사회상규에 부합된다.
　㉡ 이와는 달리 반대의견(대법원의 소수의견)은 "생명에 직결되는 진료에서 환자의 자기결정권은 소극적으로 그 진료 내지 치료를 거부하는 방법으로는 행사될 수 있어도 이미 환자의 신체에 삽입, 장착되어 있는 인공호흡기 등의 생명유지장치를 제거하는 방법으로 치료를 중단하는 것과 같이 적극적인 방법으로 행사되는 것은 허용되지 아니한다"고 판시하였다.

2. 동시사망

제30조(동시사망)
2인 이상이 동일한 위난으로 사망한 경우에는 동시에 사망한 것으로 추정한다.

　(1) 민법은 2인 이상이 동일한 위난으로 사망한 경우에는 동시에 사망한 것으로 추정한다고 하

고 있다. 제30조의 동시사망과 관련하여, 문제점은 별개의 위난으로 사망한 경우 어떻게 처리
할 것인가이다.

(ㄱ) 이에 대하여 다수설은「동일한 위난」의 경우에 한정하지 않고,「여러 사람이 각각 다른 위
난으로 사망하였으나 그 한 사람이 다른 자의 사망 후 아직도 생존하였음을 증명할 수 없는 경
우」에도 위의 규정을 유추적용하여 동시에 사망한 것으로 추정한다.

(ㄴ) 반면에 다수설의 비판적 견해는 그와 같은 내용으로의 입법적 결단의 필요성을 인정하면서도
현행 민법 제30조의 유추적용가능성은 그 한계를 벗어난다고 하여 부정하는 견해도 있다(이영준,
이은영).

(2) 동시사망의 추정은 사망의 선후가 관계인들의 법적지위에 중대한 영향을 미치는 점을 감안할
때 충분하고도 명백한 반증이 없으면 위 추정은 깨어지지 않는다(대판 1998.8.21. 98다8974).

판례 〈동시사망의 추정을 번복하기 위한 입증책임의 내용 및 정도〉: 민법 제30조에 의하면, 2인 이상이 동일한 위
난으로 사망한 경우에는 동시에 사망한 것으로 추정하도록 규정하고 있는바, 이 추정은 <u>법률상 추정</u>으로서 이를
번복하기 위하여는 동일한 위난으로 사망하였다는 전제사실에 대하여 법원의 확신을 흔들리게 하는 반증을 제출
하거나 또는 각자 다른 시각에 사망하였다는 점에 대하여 법원에 확신을 줄 수 있는 본증을 제출하여야 하는데,
<u>이 경우 사망의 선후에 의하여 관계인들의 법적 지위에 중대한 영향을 미치는 점을 감안할 때 충분하고도 명백한
입증이 없는 한 위 추정은 깨어지지 아니한다고 보아야 한다</u>(대법원 1998. 8. 21. 선고 98다8974 판결).

Ⅳ. 의사능력과 행위능력

1. 의의와 구별개념

(1) 의의

의사능력이란 자기의 의사표시를 이해할 수 있는 능력이다. 즉 자기의 행위의 결과를 인식·판
단하여 정상적인 의사결정을 할 수 있는 정신능력을 말한다. 판례도 어떤 법률행위에 특별한 법
률적인 의미나 효과가 부여되어 있는 경우, 의사능력이 인정되기 위하여 그 행위의 법률적 의미
나 효과를 이해할 수 있어야 한다고 판시한다(대판 2006.9.22. 2006다29358). 법률행위의 종류에
따라 구체적·개별적으로 판단하게 된다.

판례 〈대판 2006.9.22. 2006다29358〉 ㉠ 어떤 법률행위에 특별한 법률적인 의미나 효과가 부여되어 있는 경
우, 의사능력이 인정되기 위하여 그 행위의 법률적 의미나 효과를 이해할 수 있어야 한다. ㉡ 지능지수가 58로서
경도의 정신지체 수준에 해당하는 38세의 정신지체 3급 장애인이 2,000만 원이 넘는 채무에 대하여 연대보증계
약을 체결한 사안에서, 연대보증계약 당시 그 계약의 법률적 의미와 효과를 이해할 수 있는 의사능력이 없다.

(2) 구별개념

(ㄱ) 책임능력(불법행위능력)이란 불법행위의 책임을 변식할 수 있는 정신능력을 말한다. 의사능력
이 법률행위에 대응하는 개념이라면, 책임능력의 유무는 법률행위가 아닌 불법행위에서 불법행
위자의 연령, 불법행위의 모습에 따라 의사능력처럼 구체적·개별적으로 판단한다.

(ㄴ) 행위능력이란 의사능력을 가진 자가 법률행위를 단독으로 할 수 있는 능력을 말한다. 의사무능력자의 법률행위는 무효이나 제한능력자(종래 행위무능력자)의 법률행위는 취소할 수 있다.

◎ 〈참조 비교〉: 소송상 당사자능력이란 소송상 원고·피고가 될 수 있는 자격 내지 지위를 말하며, 권리능력이 사법상 권리·의무의 주체가 될 수 있는 자격 내지 지위이고, 당사자능력은 누구를 민사소송법상 당사자로 하는 것이 분쟁의 해결에 적절한가를 기준으로 하는 것이기 때문에 권리능력은 당사자능력과 반드시 일치하는 것은 아니다. 민사소송법상 당사자능력이 있는 비법인 사단·재단은 민법상 권리능력자가 아니다. 그러나 민법상 권리능력자는 당사자능력자가 되기 때문에(쉽게 표현한다면 당사자능력의 개념이 권리능력보다 포괄적이다), <u>소송상 권리능력은 당사자능력으로 볼 수 있고, 소송능력은 소송법상 행위능력을 말하기 때문에 소송능력은 소송당사자로서 자신이 스스로 소송을 수행하는 데 필요한 능력을 말한다.</u>

(3) 이중효 긍정

의사무능력을 이유로 무효를 주장할 수도 있고, 제한능력을 이유로 취소를 주장할 수도 있는 경우, 예컨대 A는 정신병자로서 피성년후견심판을 받았다. 이러한 A가 B와 부동산 매매계약을 체결한 경우, A의 행위는 무효인가, 취소할 수 있는가, 아니면 무효·취소 모두 주장가능한가? 이에 대하여 일설은 제한능력자제도가 의사무능력을 객관적으로 획일화한 제도이므로 제한능력을 이유로 하는 취소만을 인정하여야 한다고 주장하나(이영준), 다수설과 판례는 어느 쪽도 주장할 수 있다고 한다(대판 2009.1.15. 2008다58367). 즉 이중효를 긍정하는 것이다.

2. 특징

(1) 의사무능력자의 법률행위는 무효

의사능력이란 자기행위의 결과를 인식·판단하여 정상적인 의사결정을 할 수 있는 정신능력을 말한다. 의사무능력자가 한 법률행위는 무효라고 하는데 이설이 없다(제105조 참조).

(2) 개별적·구체적인 의사능력

우리 민법은 <u>의사능력</u>에 관하여 획일적인 기준을 정하고 있지 않다. 의사능력은 단순한 심리적인 능력이 아니라, 구체적인 법률행위와 관련하여 개별적으로 판단하는 규범적 능력이기 때문이다.

(3) 불법행위능력과의 차이

(ㄱ) 의사능력이 법률행위에 관한 개념인 데 반하여, 책임능력은 불법행위에 대한 개념이다(불법행위의 능력은 의사능력에 대비되는 개념이지 행위능력에 대비되는 개념이 아니다).
(ㄴ) 책임무능력자는 타인의 권리를 침해하여 손해를 가할 경우라도 손해배상책임을 부담하지 않는다(제753조·제754조 참조). 책임능력의 유무는 불법행위자의 연령 및 불법행위의 모습에 따라 구체적으로 판단하여야 한다(의사능력에 유사하기 때문). 이때에는 책임무능력자의 감독자가 그 책임을 진다(제755조).

3. 행위능력

(1) 개념과 구별

행위능력이란 단독으로 완전히 유효한 법률행위를 할 수 있는 지위 또는 자격을 가리킨다. 의사능력은 구체적 · 개별적으로 판단하기 때문에(정신적 발달의 정도, 대상이 되는 행위의 난이도 등을 고려함) 외부에서 인지하기가 어렵다. 그리고 표의자 자신은 행위당시에 의사능력이 없었다는 것을 입증해서 스스로를 보호하기란 어렵고 상대방도 의사능력의 유무를 인지하는 것도 역시 어렵다. 그래서 일정한 기준을 두어 표의자의 의사능력의 유무를 묻지 않고 표의자는 일정한 범위 내의 법률행위에 관해서 무조건적으로 취소할 수 있게 하여 표의자를 보호하고 그 획일적 기준을 외부에서 인식할 수 있는 표지를 갖추어 객관화 함으로써 상대방 및 제3자로 하여금 미리 알게 하거나 예방하게 할 필요가 있다. 민법은 의사능력에 관하여는 특별한 규정을 두지 않는 반면에, 행위능력에 관하여는 종래 행위무능력제도를 두고 있었으나, 2013년 시행되는 개정법률에서는 성년후견제도를 두어 제한능력자로서 미성년자, 피성년후견인, 피한정후견인을 두고, 기타 특정후견과 임의후견을 두고 있다. 이러한 제한능력자제도(종래 무능력자제도)의 성격으로서 주는 제한능력자보호이며, 부차적으로는 거래의 안전을 보호하기 위함이다.

(2) 성년후견제도의 개관 [백승흠(청주대학교 법학과 교수), 고시계 2012년 11월호 게재 수정인용]

성년후견제도를 담고 있는 '민법중 개정안이 수정을 거쳐 2010년 12월 7일 국회 법제사법위원회 전체회의를 통과하였고, 2011년 1월 12일 가결되었다. 성년후견제도는 친권자가 없는 미성년자의 후견을 제외한 성년자의 후견에 관한 것으로서 크게 신상보호와 재산관리로 나뉘어 있다. 과거에는 정신능력의 정도에 따라 한정치산·금치산의 두 부류로 나누고, 심신의 박약과 낭비, 심신상실이라는 요건에 법원의 선고가 더해져 한정치산자·금치산자라는 행위무능력자가 되고, 이들의 보호는 재산관리에 치중한 것이 되었던 탓에 여러 가지 문제점이 제기되어 왔다. 20세기 말로부터 21세기에 걸쳐 구미의 여러 나라에서 행위무능력제도의 문제점에 대한 반성을 통하여 개정 내지는 폐지의 여론이 일어 현재까지 법률 선진국이라 일컬어지는 다수의 국가에서 성년후견제도를 도입하고 있다(아래에서는 민법총칙과 관련된 최소한의 가족법 조항을 인용하기로 한다).

4. 제한능력자(종래 무능력자)의 유형

종래에는 무능력자는 미성년자, 한정치산자, 금치산자가 있었다. 2013년 개정법률에서는 무능력자를 제한능력자라고 하여 미성년자, 피후견자제도를 두어 그 속에, 성년후견, 한정후견, 특정후견, 임의후견(후견계약)제도를 둔다. 특히 법률행위취소가 가능한 사람은 미성년자, 피성년후견인, 피한정후견인이 있다. 이를 특히 제한능력자라고 한다.

(1) 미성년자

1) 성년나이의 하향

종　전	개 정 법 률 (2013년 7월 1일부터 시행)
제4조 (성년기) 만20세로 성년이 된다.	제4조(성년) 사람은 19세로 성년에 이르게 된다.
해 설 개정민법은 성년 연령을 만20세에서 만19세로 하향한다. 이에 따라 앞으로는 만 19세도 부모 등 법정대리인의 동의 없이 보험계약이나 신용카드 등을 개설할 수 있다.	

제5조 (미성년자의 능력)
① 미성년자가 법률행위를 함에는 법정대리인의 동의를 얻어야 한다. 그러나 권리만을 얻거나 의무만을 면하는 행위는 그러하지 아니하다.
② 전항의 규정에 위반한 행위는 취소할 수 있다.

(ㄱ) 미성년자가 법률행위를 함에는 법정대리인의 동의를 얻어야 한다. 법정대리인의 동의에 대한 증명책임은 법률행위 유효를 주장하는 상대방에게 있다(대판 1970.2.24. 69다1568). 이에 위반한 행위는 취소할 수 있는데 그 취소는 미성년자 본인이나 법정대리인이 할 수 있다(제140조). 취소한 경우 미성년자는 현존이익의 범위 내에 상환을 하면 된다(제141조).
(ㄴ) 근로기준법에서는 친권자 등의 법정대리인은 미성년자의 근로계약을 대리할 수 없다고 하고 있다(동법 제53조).

2) 성년의제제도(제826조의 2)

제826조의2 (성년의제)
미성년자가 혼인을 한 때에는 성년자로 본다.
제807조 (혼인적령)
만 18세가 된 사람은 혼인할 수 있다.

(ㄱ) 이러한 성년의제제도는 민법의 영역에서만 적용되고 그 밖의 청소년 보호법 등 공법영역 등에서는 적용되지 않는다. 따라서 민법상으로는 원칙적으로 성년자로 보기 때문에 유언의 증인이나 유언집행자도 될 수 있다.
(ㄴ) 그리고 성년의제가 된 자가 아직 미성년상태에서 혼인의 취소나 이혼으로 혼인이 해소된 경우 통설은 거래안전, 친권문제 등을 고려하여 성년의제효과는 소멸하지 않는 것으로 본다.

3) 미성년자가 단독으로 할 수 있는 것

제5조 (미성년자의 능력)
① 미성년자가 법률행위를 함에는 법정대리인의 동의를 얻어야 한다. 그러나 권리만을 얻거나 의무만을 면하는 행위는 그러하지 아니하다.
② 전항의 규정에 위반한 행위는 취소할 수 있다.
제6조 (처분을 허락한 재산)
법정대리인이 범위를 정하여 처분을 허락한 재산은 미성년자가 임의로 처분할 수 있다.
제7조 (동의와 허락의 취소(=철회의 의미))
법정대리인은 미성년자가 아직 법률행위를 하기 전에는 전2조의 동의와 허락을 취소할 수 있다.
제8조 (영업의 허락)
① 미성년자가 법정대리인으로부터 허락을 얻은 특정한 영업에 관하여는 성년자와 동일한 행위능력이 있다.
② 법정대리인은 전항의 허락을 취소(=철회의 의미) 또는 제한할 수 있다. 그러나 선의의 제3자에게 대항하지 못한다.

(가) 구체적 내용

미성년자가 유효한 법률행위를 하기 위해서는 '법정대리인(친권자인 부모나 후견인)의 동의'를 얻어야 한다(제5조). 법정대리인의 동의를 얻지 않고 법률행위를 하면, 그 법률행위는 제한능력을 이유로 취소할 수 있게 된다(제5조 제2항, 제140조). 또한 제한능력을 이유로 한 취소의 효력(소급적 실효)은 선의의 제3자에게도 대항할 수 있는 이른바 절대적 효력이 있다.

Tip

> ◎ 미성년 또는 제한능력(무능력)을 이유로 취소하는 경우에는 제3자가 선의라도 보호받지 못하게 법구조가 되어있는데 이를 절대적 취소라고 한다. 특히 부동산의 경우에는 제3자가 선의라도 보호받지 못하게 되는데, 다만 동산의 경우에는 학설상 선의취득제도(제249조 이하)를 준용하여 제3자를 보호하려한다(물권법에서 후술).

그런데 미성년자가 언제나 법정대리인의 동의를 얻어야만 법률행위를 할 수 있는 것은 아니다. 법정대리인의 동의 없이 단독으로 유효한 법률행위를 할 수 있는 예외적인 경우도 있다. 첫째, 권리만을 얻거나 반대로 의무만을 면하는 행위는 단독으로 할 수 있다(제5조). 예컨대, 부담이 없는 증여를 받는다든가, 채무면제를 청약하는 경우에 있어 그것을 승낙하는 경우가 그러하다. 그러나 이익뿐만 아니라 의무도 부담하는 경우, 즉 부담부 증여계약을 체결하는 행위, 경제적으로 유리한 매매를 체결하는 행위·상속을 승인하는 행위 등은 단독으로 하지 못한다. 한편 이 점과 관련하여 유의할 점은 미성년자가 채무의 변제를 수령하는 것에 관해 통설은 그것은 이익을 얻는 것이지만 한편으로는 채권을 상실하기 때문에 역시 단독으로 하지 못한다고 한다.

둘째, 법정대리인이 범위를 정하여 처분을 허락한 재산(제6조)은 미성년자가 임의로 처분할 수 있다(가령 부모로부터 생활비를 받은 미성년의 학생은 그 돈을 하숙비·책구입·유흥비 등으로 지출할 수 있다). 여기서의 '범위'는 ① 사용목적(예컨대 학용품구입비·등록금 등)을 정하는 경우와, ② 사용목적을 정하지 않고, 다만 처분할 재산의 범위만을 정하는 두 가지가 있을 수 있다. 이 점에 대해 통설은 그 사용목적은 극히 주관적인 것이어서 미성년자와 거래하는 상대방이 이를 알기가 어렵기 때문에 거래안전을 보호한다는 차원에서 위 범위는 재산의 범위를 정한 것으로 보는 것이 타당하다고 한다.

셋째, 법정대리인으로부터 특정한 영업의 허락을 받은 미성년자는 그 영업행위를 단독으로 할 수 있다(제8조).

이외에 타인의 대리인으로서 유효한 대리행위를 할 수 있고(제117조), 근로계약의 체결이나 임금의 청구를 단독으로 할 수 있다(근로기준법).

판례 〈임금청구의 소〉 미성년자는 원칙적으로 법정대리인에 의해서만 소송행위를 할 수 있으나, 미성년자 자신의 노무제공에 따른 임금의 청구는 근로기준법의 규정에 의하여 미성년자가 독자적으로 할 수 있으므로 미성년자의 임금지급청구소송은 유효하다(대판 1981.8.25, 80다3149).

㈏ 취소의 표현이 철회의 의미인 경우

법정대리인은 미성년자가 아직 법률행위를 하기 전에는 그가 준 동의(제5조)또는 일정범위의 재산처분에 대한 허락(제6조)을 취소할 수 있다(제7조). 그러나 여기의 취소는 미성년자가 법률행위를 하기 전에 하는 것으로서 본래의 취소와는 다르다(즉 그것은 소급효가 없는 철회에 지나지 않는다—유언에서 제1073조, 제1108조 참조). 이 철회의 의사표시는 미성년자나 그 상대방에 대하여 하여야 하는데, 이 철회를 미성년자에게 하였는데, 그 사실을 상대방이 모른 경우에 어떻게 할 것인가에 대하여 통설은 제8조 2항 단서(영업의 허락을 취소 또는 제한한 경우에 선의의 제3자에게 대항할 수 없다)를 유추하여 선의의 제3자에게는 대항할 수 없는 것으로 해석한다. 한편 '대항하지 못한다'는 것은 당사자간에 발생된 법률관계를 가지고 제3자에 대하여 주장하지 못한다는 것으로서 주로 제3자를 위하여 거래의 안전을 꾀하고자 하는 경우에 사용된다(제107조 제2항·제108조 제2항 등 참조). 다만 제3자가 그 효력을 인정하는 것은 상관없다.

판례 ㉠ 〈**미성년자가 신용카드거래 후 신용카드 이용계약을 취소한 경우의 법률관계**〉① 미성년자가 신용카드발행인과 사이에 신용카드 이용계약을 체결하여 신용카드거래를 하다가 신용카드 이용계약을 취소하는 경우 미성년자는 그 행위로 인하여 받은 이익이 현존하는 한도에서 상환할 책임이 있다(미성년자가 법정대리인의 동의 없이 신용구매계약을 체결한 후 법정대리인의 동의 없음을 이유로 이를 취소하는 것은 신의칙에 위배되지 않는다). ② 신용카드 이용계약이 취소됨에도 불구하고 신용카드회원과 해당 가맹점 사이에 체결된 개별적인 매매계약은 특별한 사정이 없는 한 신용카드 이용계약취소와 무관하게 유효하게 존속한다. ③ 신용카드발행인이 가맹점들에 대하여 그 신용카드사용대금을 지급한 것은 신용카드 이용계약과는 별개로 신용카드발행인과 가맹점 사이에 체결된 가맹점 계약에 따른 것으로서 유효하다. ④ 신용카드발행인의 가맹점에 대한 신용카드이용대금의 지급으로써 신용카드회원은 자신의 가맹점에 대한 매매대금 지급채무를 법률상 원인 없이 면제받는 이익을 얻었으며, 이러한 이익은 금전상의 이득으로서 특별한 사정이 없는 한 현존하는 것으로 추정된다(대판 2005.4.15, 2003다60297,60303,60310,60327).
㉡ 한편 다른 판례에서는 "만 19세(종래 성년을 만 20세로 할 때 기준)가 넘은 미성년자가 월 소득범위 내에서 신용구매계약을 체결한 사안에서, 스스로 얻고 있던 소득에 대하여는 법정대리인의 묵시적 처분허락이 있었다고 보아 위 신용구매계약은 처분허락을 받은 재산범위 내의 처분행위에 해당한다"고 하여 취소권을 배제하였다(대판 2007.11.16, 2005다71659). 그리고 이판결은 "미성년자의 법률행위에 있어서 신용카드로 구매한 경우와 현금구매의 경우를 달리 볼 필요가 없다"고 한다. 특히 본 판결에서는 미성년자의 법률행위에 대한 법정대리인의 동의는 묵시적으로 가능하다고 판시한 점이다.
㉢ 의사무능력자가 자신이 소유하는 부동산에 근저당권을 설정해 주고 금융기관으로부터 금원을 대출받아 이를 제3자에게 대여한 사안에서, 대출로써 받은 이익이 위 제3자에 대한 대여금채권 또는 부당이득반환채권의 형태로 현존하므로, 금융기관은 대출거래약정 등의 무효에 따른 원상회복으로서 위 대출금 자체의 반환을 구할 수는 없더라도 현존 이익인 위 채권의 양도를 구할 수 있다(대판 2009.1.15, 2008다58367).

(2) 성년후견제도

성년후견제도의 특징은 첫째, 종래 행위무능력제도에서 나타난 "전부 아니면 전무"라는 절대적 능력개념을 상대화하여 잔존능력을 존중하는 것이며, 둘째, 그 잔존능력에 따라 개인이 스스로 자신의 사무를 결정한 것은 마땅히 존중되어야 한다는 자기결정의 존중이며, 셋째, 무엇보다도 종래 행위무능력제도가 피후견인의 재산관리에 치중하였던 것에 반하여 "신상보호"라는 측면을 강조한 제도라는 점이다. 더욱이 서구의 여러 나라는 서로 다른 나라의 성년후견제도를 비교하면서 입법을 해왔는데 그 중심에는 '신상보호'의 문제에 초점을 두고 있다.

종 전	개 정 법 률 (2013년 7월 1일부터 시행)
제9조 (한정치산의 선고) 심신이 박약하거나 재산의 낭비로 자기나 가족의 생활을 궁박하게 할 염려가 있는 자에 대하여는 법원은 본인, 배우자, 4촌이내의 친족, 후견인 또는 검사의 청구에 의하여 한정치산을 선고하여야 한다.	제9조(성년후견개시의 심판) ① 가정법원은 질병, 장애, 노령, 그 밖의 사유로 인한 정신적 제약으로 사무를 처리할 능력이 <u>지속적으로 결여된 사람</u>에 대하여 본인, 배우자, 4촌 이내의 친족, 미성년후견인, 미성년후견감독인, 한정후견인, 한정후견감독인, 특정후견인, 특정후견감독인, 검사 또는 지방자치단체의 장의 청구에 의하여 성년후견개시의 심판을 한다. ② 가정법원은 성년후견개시의 심판을 할 때 본인의 의사를 고려하여야 한다.
제10조 (한정치산자의 능력) 제5조 내지 제8조의 규정은 한정치산자에 준용한다.	제10조(피성년후견인의 행위와 취소) ① <u>피성년후견인의 법률행위는 취소할 수 있다.</u> ② <u>제1항에도 불구하고 가정법원은 취소할 수 없는 피성년후견인의 법률행위의 범위를 정할 수 있다.</u> ③ 가정법원은 본인, 배우자, 4촌 이내의 친족, 성년후견인, 성년후견감독인, 검사 또는 지방자치단체의 장의 청구에 의하여 제2항의 범위를 변경할 수 있다. ④ <u>제1항에도 불구하고 일용품의 구입 등 일상생활에 필요하고 그 대가가 과도하지 아니한 법률행위는 성년후견인이 취소할 수 없다.</u>
제11조(한정치산선고의 취소) 한정치산의 원인이 소멸한 때에는 법원은 제9조에 규정한 자의 청구에 의하여 그 선고를 취소하여야 한다.	제11조(성년후견종료의 심판) 성년후견개시의 원인이 소멸된 경우에는 가정법원은 본인, 배우자, 4촌 이내의 친족, 성년후견인, 성년후견감독인, 검사 또는 지방자치단체의 장의 청구에 의하여 성년후견종료의 심판을 한다.
제12조 (금치산의 선고) 심신상실의 상태에 있는 자에 대하여는 법원은 제9조(본인·배우자·4촌이내의 친족·후견인 또는 검사)에 규정한 자의 청구에 의하여 금치산을 선고하여야 한다.	제12조(한정후견개시의 심판) ① 가정법원은 질병, 장애, 노령, 그 밖의 사유로 인한 정신적 제약으로 <u>사무를 처리할 능력이 부족한 사람</u>에 대하여 본인, 배우자, 4촌 이내의 친족, 미성년후견인, 미성년후견감독인, 성년후견인, 성년후견감독인, 특정후견인, 특정후견감독인, 검사 또는 지방자치단체의 장의 청구에 의하여 한정후견개시의 심판을 한다. ② 한정후견개시의 경우에 제9조제2항(본인의 의사고려)을 준용한다.

제13조 (금치산자의 능력) 금치산자의 법률행위는 취소할 수 있다.	제13조(피한정후견인의 행위와 동의) ① 가정법원은 피한정후견인이 한정후견인의 동의를 받아야 하는 행위의 범위를 정할 수 있다. ② 가정법원은 본인, 배우자, 4촌 이내의 친족, 한정후견인, 한정후견감독인, 검사 또는 지방자치단체의 장의 청구에 의하여 제1항에 따른 한정후견인의 동의를 받아야만 할 수 있는 행위의 범위를 변경할 수 있다. ③ 한정후견인의 동의를 필요로 하는 행위에 대하여 한정후견인이 피한정후견인의 이익이 침해될 염려가 있음에도 그 동의를 하지 아니하는 때에는 가정법원은 피한정후견인의 청구에 의하여 한정후견인의 동의를 갈음하는 허가를 할 수 있다. ④ 한정후견인의 동의가 필요한 법률행위를 피한정후견인이 한정후견인의 동의없이 하였을 때에는 그 법률행위를 취소할 수 있다. 다만, 일용품의 구입 등 일상생활에 필요하고 그 대가가 과도하지 아니한 법률행위에 대하여는 그러하지 아니하다.
제14조(금치산선고의 취소) 제11조의 규정은 금치산자에 준용한다.	제14조(한정후견종료의 심판) 한정후견개시의 원인이 소멸된 경우에는 가정법원은 본인, 배우자, 4촌 이내의 친족, 한정후견인, 한정후견감독인, 검사 또는 지방자치단체의 장의 청구에 의하여 한정후견종료의 심판을 한다. 제14조의2(특정후견의 심판) ① 가정법원은 질병, 장애, 노령, 그 밖의 사유로 인한 정신적 제약으로 일시적 후원 또는 특정한 사무에 관한 후원이 필요한 사람에 대하여 본인, 배우자, 4촌 이내의 친족, 미성년후견인, 미성년후견감독인, 검사 또는 지방자치단체의 장의 청구에 의하여 특정후견의 심판을 한다. ② 특정후견은 본인의 의사에 반하여 할 수 없다. ③ 특정후견의 심판을 하는 경우에는 특정후견의 기간 또는 사무의 범위를 정하여야 한다. 제14조의3(심판 사이의 관계) ① 가정법원이 피한정후견인 또는 피특정후견인에 대하여 성년후견개시의 심판을 할 때에는 종전의 한정후견 또는 특정후견의 종료 심판을 한다. ② 가정법원이 피성년후견인 또는 피특정후견인에 대하여 한정후견개시의 심판을 할 때에는 종전의 성년후견 또는 특정후견의 종료 심판을 한다.

1) 기본원리

이 제도는 후견은 필요한 경우에 필요한 한도에서 행하여져야 한다는 "필요성과 비례성", 피후견인 본인이 법률관계를 형성하고 처리할 수 있는 경우에는 위임이나 임의후견인이 우선되어야 하고, 그에 의한 보호가 미흡한 때에 법정후견이 활용되어야 한다는 "보충성의 원칙", 당연한 귀결로 피후견인이 그가 속한 사회의 다른 구성원과 대등하고 조화롭게 살 수 있도록 제도가 운영되어야 한다는 "정상화"를 그 이념으로 한다(지원림, 법률신문.2013.11.21 11면 참조).

㈎ 필요성의 원칙 : ① 후견제도에서는 '성년후견이 요구되는 직무의 범위에 한해서만' 성년후견인(이하 '성년후견인 등'이라 함은 법정후견에서의 성년후견, 한정후견, 특정후견의 후견인을 의미한다)을 선임할 수 있는데, 이것이 성년후견제도 전체를 일관하는 필요성의 원칙이다. 필요성의 원칙은 성년후견법 전체에 적용되는 원칙이다(개정민법 제13조, 제947조의2 참조-피성년후견인은 자신의 신상에 관하여 그의 상태가 허락하는 범위에서 단독으로 결정한다). ② 필요성의 원칙은 본인을 부당한 조치로부터 보호할 뿐만 아니라 공공의 이익에도 합치된다. 개인이 적절하게 자신을 돌 볼 자를 물색하는 것이 대단히 어려울 것은 일반적으로 예상되므로, 성년후견인의 선임을 가능한 한 인정할 필요가 있기 때문이다. 그러므로 본인은 필요성의 원칙을 포기할 수 없다.

㈏ 보충성의 원칙 : ① 개정민법의 성년후견제도에서는 법정대리인의 선임에 의하지 않는 다른 원조방법은 성년후견에 우선한다는 보충성의 원칙을 내재하고 있다(예 : 성년후견인에 우선하는 임의대리인). ② 본인이 스스로 선임한 임의대리인이 성년후견제도를 이용한 경우와 마찬가지로 사무를 처리할 수 있는 경우에는 성년후견인이 선임되지 않는다. 따라서 개정민법에서도 후견계약이 존재하여 개시된 경우에는 특단의 경우를 제외하고는 법정후견이 기능하지 않게 된다.

2) 성년후견제도의 유형

개정민법에서는 질병 등의 사유로 인한 정신적 제약으로 사무를 처리할 능력이 '지속적'으로 결여된 사람(성년후견), 사무를 처리할 능력이 '부족한' 사람(한정후견), 일시적 또는 특정한 사무에 관한 후원이 필요한 사람(특정후견) 등으로 이용 대상자 및 범위를 넓히고, 이용자의 정신적 제약의 정도에 따라 가정법원이 동의가 필요한 행위 등을 개별적으로 결정할 수 있도록 하였으며, 부드럽고 순화된 용어를 사용하는 3가지 유형의 법정후견제도를 도입하였다. 뿐만 아니라 후견을 받을 사람 스스로가 질병, 장애, 노령 기타 사유로 인한 정신적 제약으로 사무를 처리할 능력이 부족한 상황 내지 부족할 상황에 대비하여 자신의 재산관리 및 신상보호에 관한 사무의 전부 또는 일부를 평소에 자신이 신뢰할 수 있다고 평가했던 사람에게 위탁하고 이를 위한 대리권 수여의 내용을 정한 '후견계약'을 체결하여 이를 공정증서로 작성하여 두면, 사유가 발생했을 때에 법원이 후견감독인을 선임함으로써 후견이 개시되는 '후견계약'제도를 창설하였다(개정민법 제959조의14 이하). 아래에서는 성년후견제도의 유형별 내용을 구체적으로 고찰하기로 한다.

(가) 성년후견

가) 개시와 종료 : ① 질병, 장애, 노령, 그 밖의 사유로 인한 <u>정신적 제약으로 사무를 처리할 능력이 지속적으로 결여된 사람</u>에 대하여 본인, 배우자, 4촌 이내의 친족, 미성년후견인, 미성년후견감독인, 한정후견인, 한정후견감독인, 특정후견인, 특정후견감독인, 검사 또는 지방자치단체장의 청구에 의하여 성년후견이 개시되고(개정민법 제9조 제1항), 그러한 원인이 소멸한 때에 본인, 배우자, 4촌 이내의 친족, 성년후견인, 성년후견감독인, 검사 또는 지방자치단체장의 청구에 따라 가정법원의 심판으로써 종료된다(개정민법 제11조). 그 외의 후견 종료와 관련된 규정들은 대체적으로 현행 민법과 동일하다(개정민법 제957조 내지 제959조).

② 성년후견 유형은 질병, 장애, 노령 기타 사유로 인한 정신적 제약으로 사무를 처리할 능력이 '지속적으로 결여된' 경우에 개시심판을 청구할 수 있다. <u>종래 한정치산·금치산 제도는 요보호인의 정신적 능력의 제약 내지 상실을 이유로 하여 개시되는 보호제도였으나, 개정민법에서는 요보호자의 잔존능력의 존중을 위해서 정신적 제약만으로는 성년후견이 개시되지 않고 그로 인해서 사무를 처리할 능력이 지속적으로 결여된 것을 요건으로 하고 있다.</u> 따라서 '사무를 처리할 능력이 지속적으로 결여된 것'의 판단 여부는 가정법원의 심판에서 전문의의 감정을 거치게 되고, 이를 기초로 판단될 것이다(가사소송규칙 제33조 참조).

나) 본인의 희망과 의사의 존중 : 개정민법에서는 종래 민법의 태도와 같이 피후견인에게 그의 의사와 무관하게 일방적으로 보호를 주는 태도를 버리고, 피성년후견인의 재활과 자기결정권의 존중을 위해서 성년후견 개시심판을 함에 있어서는 <u>본인의 의사를 고려하도록 하고 있다</u>(개정민법 제9조 제2항).

다) 성년후견인의 선임과 성년후견의 감독

(ㄱ) 성년후견인의 선임과 피후견인의 의사 존중 : <u>개정민법은 "가정법원은 성년후견개시의 심판을 할 때에는 '직권'으로 성년후견인을 선임한다"</u>(개정민법 제936조 제1항)고 규정하고 있다. <u>즉 성년후견인은 가정법원에서 선임하는 것이다.</u> 이때 가정법원은 피성년후견인의 복리를 위하여 <u>피성년후견인의 의사를 존중하고</u>(동조 제4항 제1문), 기타 제반사정을 고려하여 선임한다(동항 제2문). 여기서 기타 제반사정이란 건강, 생활관계, 재산상황, 성년후견인이 될 사람의 직업과 경험, 피성년후견인과의 이해관계의 유무(법인이 성년후견인이 될 때에는 사업의 종류와 내용, 법인이나 그 대표자와 피성년후견인 사이의 이해관계의 유무를 말한다) 등을 말한다.

(ㄴ) 성년후견인의 결격 · 사임 · 변경 : 성년후견인의 결격·사임·변경에 관해서는 현행 민법의 규정을 대체로 유지한 채, 약간의 수정만을 가하였다(개정민법 제937조, 제939조, 제940조). <u>즉, 다음 각 호의 어느 하나에 해당하는 자는 후견인이 되지 못한다</u>(개정민법 제937조).

1. 미성년자

2. 피성년후견인, 피한정후견인, 피특정후견인, 피임의후견인(이하 3호~8호 생략)

또한 <u>후견인은 정당한 사유가 있는 경우에는 가정법원의 허가를 받아 사임할 수 있다.</u>

(ㄷ) 성년후견인의 수 : <u>종전 민법은 후견인의 수를 1인으로 한정함으로써</u>(종전민법 제930조) 성년후견인의 임무 수행에 어려움이 초래되는 경우가 예상된다. 따라서 다수의 후견인을 선

임할 수 있도록 하는 것이 유효할 것이라고 판단되어 개정민법에서는 다수의 성년후견인을 선임할 수 있도록 하였다.

(ㄹ) 법인성년후견인 : 성년후견인은 자연인뿐만 아니라 사회복지법인 등의 '법인'도 선임될 수 있다. 다만 미성년후견의 경우 미성년자의 원만한 인격형성을 위하여 친권의 행사 등에서 인적인 접촉이 불가결하므로 법인이 미성년후견인으로 선임되어서는 안 될 것이다.

라) 성년후견의 감독

(ㄱ) 종래 친족회의 폐지 : 종전 민법은 후견인의 감독기관으로 친족회를 규정하고 있으나(종전 민법 제960조 이하), 친족회는 우리나라의 종회나 문중과 같은 관습상의 친족단체가 아니고, 일본을 거쳐 프랑스로부터 계수된 후견감독기관이다. 그러나 친족회가 이제까지 후견인의 감독이라는 중요한 기능을 제대로 수행하지 못한다는 문제점이 있었기 때문에 개정민법에서는 감독기관으로 친족회를 폐지하고 후견감독인제도를 두도록 하였다.

(ㄴ) 후견감독인제도의 신설 : 개정민법은 성년후견인의 감독기관으로 성년후견감독인제도를 도입하였다(개정민법 제940조의2 이하). 이 성년후견감독인은 임의적 기관이다. 이를 임의기관으로 둔 이유는, 우선 후견감독인의 보수 지급을 위해 비용을 부담해야 하는 문제가 있기 때문이다(개정민법 제940조의7, 제955조).

마) 성년후견인의 직무

(ㄱ) 피성년후견인의 복리와 의사존중

개정민법에서는 "성년후견인은 피성년후견인의 재산관리 및 신상보호에 있어 제반사정을 고려하여 그의 복리에 부합하는 방법으로 사무를 처리해야 한다. 특히 성년후견인은 피성년후견인의 복리에 반하지 아니하는 한 피성년후견인의 의사를 존중하여야 한다."(개정민법 제947조)고 규정하고 있다. 성년후견제도가 표방하는 이념 가운데 가장 중요한 것은 자기결정의 존중이다. 자기결정의 존중을 위해서는 피성년후견인의 희망과 의사를 최대한 파악하고 이를 적극적으로 반영해야 할 것이다.

(ㄴ) 재산관리권과 대리권

① 피성년후견인의 법률행위는 취소할 수 있으며(개정민법 제10조 제1항), 가정법원은 취소할 수 없는 피성년후견인의 법률행위의 범위를 정할 수 있다(동조 제2항). 뿐만 아니라 본인, 배우자, 4촌 이내의 친족, 성년후견인, 성년후견감독인, 검사 또는 지방자치단체의 장의 청구에 따라 취소할 수 없는 법률행위의 범위를 변경할 수 있다(동조 제3항). 그러나 그동안 자주 거론되어 왔던 일용품의 구입 등 일상생활에 필요하고 그 대가가 과도하지 아니한 법률행위는 성년후견인이 취소할 수 없도록 하였다(동조 제4항). ② 성년후견인은 피성년후견인의 재산을 관리하고 그 재산에 관한 법률행위에 대하여 피성년후견인을 대리한다(개정민법 제949조 제1항). 그리고 성년후견인은 피성년후견인의 법정대리인이 된다(개정민법 제938조 제1항 참조, 성년후견인과 달리 한정후견의 경우 "가정법원은 한정후견인에게 대리권을 수여하는 심판을 할 수 있다"(제959조의 4)고 하고 있고, 특정후견의 경우에는 "피특정후견인의 후원을 위하여 필요하다고 인정

하면 가정법원은 기간이나 범위를 정하여 특정후견인에게 대리권을 수여하는 심판을 할 수 있다"(제959조의11)고 규정한다). 그러나 가정법원은 이 법정대리권의 범위를 정할 수 있으며, 피성년후견인의 신상에 관하여 성년후견인이 결정할 수 있는 권한의 범위도 정할 수 있고, 이 법정대리권의 범위가 적절하지 않게 된 경우에는 본인, 배우자, 4촌 이내의 친족, 성년후견인, 성년후견감독인, 검사 또는 지방자치단체의 장의 청구에 따라 그 범위를 변경할 수 있다(개정민법 제938조 제2항·제3항·제4항). 즉, 성년후견인은 법정대리인이기는 하지만 그 법정대리권의 범위를 가정법원이 탄력적으로 조절할 수 있도록 규율하고 있다. ③ 법정후견에 있어서 후견감독인의 선임에 관한 조항은 임의규정이다.

(ㄷ) 신상보호

① 종래 민법의 한정치산·금치산제도는 기본적으로 재산관리에 치중하고 있다는 것이 문제점으로 지적되어 왔다. 그래서 개정민법에서는 독일과 프랑스의 입법례를 참고하여 피성년후견인의 신상보호에 관한 규정을 두었다(개정민법 제947조의2). ② 개정민법은 신상보호에 있어서 자기결정을 우선시 한다. 개정민법 제947조의2는 '피성년후견인은 자신의 신상에 관하여 그의 상태가 이를 허락하는 한에서 단독으로 결정한다'고 규정하고 있다(제1항). 신상에 관한 결정(거주·이전, 주거, 면접교섭, 의학적 치료 등)에서는 무엇보다도 피성년후견인의 의사가 우선되어야 하고, 성년후견인은 그 의사의 파악에 노력해야 하며, 따라서 피성년후견인과 늘 대화하여 그의 희망이나 의사를 파악하도록 해야 한다. 이렇게 파악된 희망이나 의사는 그의 신상에 관한 결정에서는 언제나 우선된다. 한편 ③ 개정민법 제947조의2 제2항에서는 '성년후견인이 피성년후견인을 치료 등의 목적으로 정신병원 그 밖의 다른 장소에 격리하기 위해서는 가정법원의 허가를 받아야 한다.'고 규정하고 있다. 이는 격리·수용의 경우에는 항상 사전허가를 구하도록 한 것이다. 따라서 치료 등의 목적으로 정신병원 그 밖의 다른 장소에 피성년후견인을 격리·수용하기 위해서는 반드시 가정법원의 사전(事前) 허가가 필요하며, 이에 위반한 경우에는 위법한 감금행위가 될 것이다.

(나) 한정후견

가) 한정후견의 개시와 종료

① 질병, 장애, 노령 기타 사유로 인한 정신적 제약으로 사무를 처리할 능력이 부족한 사람에 대하여, 본인, 배우자, 4촌 이내의 친족, 미성년후견인, 미성년후견감독인, 성년후견인, 성년후견감독인, 특정후견인, 특정후견감독인, 검사 또는 지방자치단체의 장의 청구에 의하여 가정법원이 심판을 함으로써 한정후견은 개시되고(개정민법 제12조 제1항), 그러한 원인이 소멸한 때에 본인, 배우자, 4촌 이내의 친족, 한정후견인, 한정후견감독인, 검사 또는 지방자치단체의 장의 청구에 따라 가정법원이 심판을 함으로써 종료된다(개정민법 제14조). ② 한정후견인과 한정후견감독인에 관해서는 성년후견인과 성년후견감독인에 관한 내용과 대체로 동일하다(개정민법 제959조의3, 제959조의5).

나) 한정후견인의 직무 범위

(ㄱ) 피한정후견인의 복리와 의사존중

이에 관해서는 성년후견인에 관한 조문을 준용한다(개정민법 제959조의6, 제947조).

(ㄴ) 한정후견인의 재산관리

① 가정법원은 피한정후견인의 정신적 제약을 고려하여 피한정후견인이 한정후견인의 동의를 얻어야 하는 행위의 범위를 정할 수 있고 변경할 수도 있다(개정민법 제13조 제1항·제2항). 피한정후견인이 한정후견인의 동의 없이 법률행위를 한 경우에 한정후견인과 피한정후견인은 이를 취소할 수 있지만(개정민법 제13조 제4항 본문, 제140조), 일상생활을 영위하기 위하여 필요한 것으로써 그 대가가 과도하지 않는 것에 대해서는 취소할 수 없다(개정민법 제13조 제4항 단서, 제10조 제4항). 만일 한정후견인의 동의가 필요한 행위에 대하여 한정후견인이 피한정후견인의 이익이 침해될 염려가 있음에도 그 동의를 하지 않는 때에는 가정법원에 의사표시를 갈음하는 재판을 청구해야 한다(개정민법 제13조 제3항). ② 한정후견인의 법정대리권의 행사 및 제한에 관해서는 대체적으로 전술한 성년후견인의 법정대리권에 관한 기술과 동일하다(개정민법 제959조의6, 다만 "가정법원은 한정후견인에게 대리권을 수여하는 심판을 할 수 있다"고 하고 있다(제959조의 4).

(ㄷ) 신상의 보호

피한정후견인의 신상보호와 관련해서는 성년후견의 내용을 준용한다(개정민법 제959조의6, 제947조의2 제1항, 제959조의4 제2항, 제938조 제3항·제4항, 제959조의6, 제947조의6 제2항 내지 제5항).

(다) 특정후견

가) 특정후견의 심판

(ㄱ) 특정후견의 의의

① 가정법원은 질병, 노령 기타 사유로 인한 정신적 제약으로 일시적 또는 특정한 사무에 관한 후원이 필요한 사람에 대하여 본인, 배우자, 4촌 이내의 친족, 미성년후견인, 미성년후견감독인, 검사 또는 지방자치단체의 장의 청구에 따라 특정후견의 심판을 한다(개정민법 제14조의2 제1항). ② 특정후견은 정신적 제약으로 인하여 사무를 처리할 능력이 결여되어 있거나 부족한 사람이 당면하고 있는 일시적 사무 또는 특정한 사무에 대하여 가정법원에 의한 후원을 받는 보호제도로서, 그 보호가 성년후견이나 한정후견과는 달리 계속적이지 않다는 것에 특징이 있다. ③ 이 제도는 영국의 정신능력법(Mental Capacity Act 2005)에서 규정하고 있는 제도를 도입한 것으로서, 행위능력에 관한 제약이 없이도 보호를 받을 수 있는 제도이기 때문에 많은 이용이 있을 것으로 예상하고 있고, 또 개시원인에 있어서 성년후견이나 한정후견과 구별이 없으므로 성년후견이나 한정후견의 유형에 해당하는 사람도 특정후견을 청구할 수 있을 것이다. 물론 특정후견만으로 해결하기에는 보호를 받을 자의 정신적 제약이 매우 심한 경우에는 검사의 청구에 의하여 성년후견 내지 한정후견을 개시하도록 할 수 있을 것이다.

(ㄴ) 특정후견의 개시

① 특정후견도 정신적 제약으로 인하여 사무처리 능력이 부족한 사람을 위하여 제공되는 보호제도이므로 그 심판에서 본인의 심신상태에 관한 감정 등이 되어야 하지만(가사소송규칙 제33조 참조), 특정후견은 본인의 의사를 존중하여 행해지는 특정적 보호제도이므로 본인의 의사에 반해서 개시할 수는 없다(개정민법 제14조의2 제2항). ② 특정후견의 개시와 종료는 특정후견으로 처리되어야 할 사무의 성질에 의하여 정해진다. 그러한 의미에서 가정법원은 특정후견의 심판을 할 때에는 특정후견의 기간 또는 사무의 범위를 정해야 한다(개정민법 제14조의2 제3항). 즉 가정법원이 특정후견의 심판에 의하여 이에 필요한 처분을 명하거나 특정후견인을 선임하고, 이후 기간의 도과 또는 사무처리의 종결에 의하여 특정후견은 자연히 종료하게 되는 것이다. ③ 기타 후견의 종료와 관련된 민법의 규정들은 대체로 특정후견에 대해서도 적용된다(개정민법 제959조의13 참조).

(ㄷ) 특정후견의 내용

① 가정법원은 피특정후견인의 후원을 위하여 필요한 처분을 명할 수 있는데(개정민법 제959조의9), 이러한 특정후견에 따른 처분은 피특정후견인의 재산관리에 관한 것일 수도 있고 신상보호에 관한 것일 수도 있다. ② 선임된 특정후견인은 피특정후견인을 보좌하고 후원하는 임무를 수행하며, 그의 복리를 배려하고 의사를 존중할 의무가 있다(개정민법 제959조의12, 제947조). 또 특정후견인이 피특정후견인을 대리할 필요가 있을 때에는 가정법원이 기간 또는 범위를 특정하여 특정후견인에게 대리권을 부여하는 심판을 할 수 있다(개정민법 제959조의11 제1항).

나) 신상보호

특정후견인에 관해서는 한정후견의 경우와 달리 신상보호에 관한 규정의 준용이 없다(의료행위 등에서 가정법원의 허가 등)

(라) 후견계약(임의후견제도)

가) 후견계약의 의의

① 성년후견제도에서는 무엇보다도 요보호자의 자기결정의 존중이라는 이념이 강조되고 있는데, 그러한 이념은 법정후견제도에서도 나타나지만 결정적으로 임의후견제도에서 더욱 강조되고 있다. 특히 오늘날과 같이 첨예한 의료문제(안락사·존엄사 등)에서 임의후견제도의 중요성은 더욱 높아진다. ② 개정민법 제3절의 후견계약은 '질병, 장애, 노령 기타 사유로 인한 정신적 제약으로 사무를 처리할 능력이 부족한 상황 내지 부족할 상황에 대하여 자신의 재산관리 및 신상보호에 관한 사무의 전부 또는 일부를 타인에게 위탁하고 이를 위한 대리권의 수여를 내용으로 하는 계약'을 말한다(개정민법 제959조의14 제1항). 후견계약은 기본적으로 후견을 사무처리의 내용으로 하는 위임계약(민법 제680조)의 성질을 가지며, 따라서 원칙적으로 무상·편무계약이나 보수가 약정되는 경우에는 유상·쌍무계약이 된다(민법 제686조 참조). 후견계약에 의하여 행해지는 후견을 '임의후견'이라고 한다. ③ 본인은 정신능력이 존재하는 중

에 후견계약을 통하여 1인 또는 다수의 임의후견인을 선임하여 두고 자신의 정신능력 감퇴나 상실 후에 자신의 후견사무를 처리하게 할 수 있도록 하는 제도이다.

나) 후견계약의 체결

(ㄱ) 계약서의 작성

① <u>후견계약은 임의후견을 받을 본인과 임의후견인이 될 상대방 사이의 계약에 의하여 성립한다. 나아가 계약의 존재와 내용을 명확히 하기 위해서 후견계약은 "공정증서"에 의해 체결해야 한다</u>(개정민법 제959조의14 제2항). ② 후견계약도 대리에 의해서 체결할 수 있는데, 예를 들어, <u>법정대리인인 부모가 상당한 정신적 제약이 있는 미성년 자녀가 성년이 될 경우를 대비하여 후견계약을 체결하는 것</u>이나 상당한 정신적 제약이 있는 성년자의 보호자가 특정후견인을 선임하여(또는 스스로 특정후견인으로 선임되어) 후견계약을 체결하는 경우 등이다.

(ㄴ) 효력의 발생

① 후견계약의 효력발생은 당사자들이 후견계약에서 정한 바에 따른다. 그런데 당사자들이 후견계약으로 효력발생시기를 정했다고 하더라도 계약에서 정한 정신 상태에 도달하였는지, 또 그에 따라 후견계약의 효력이 발생했는지를 확실히 알기가 어렵다. ② <u>개정민법은 가정법원이 임의후견감독인을 선임하는 것에 의하여 후견계약이 효력을 발생한다고 규정하고 있다</u>(개정민법 제959조의14 제3항). 가정법원이 임의후견감독인을 선임하는 것으로 효력발생시기를 확정하고, 동시에 임의후견감독인으로 하여금 임의후견인에 대한 감독을 하도록 하여 피후견인을 보호하려고 하는 것이다.

(ㄷ) 임의후견의 내용

<u>임의후견의 내용은 임의후견계약에 의해 당사자들이 정한다.</u> 임의후견인은 위임계약상의 선량한 관리자의 주의의무를 부담하며(민법 제681조), 특히 본인의 의사를 최대한 존중하여야 한다(개정민법 제959조의14 제4항).

다) 임의후견감독인

(ㄱ) 선임

<u>가정법원은 후견계약이 등기되어 있고 본인이 사무를 처리할 능력이 부족한 상태에 있다고 인정할 때에는 본인, 배우자, 4촌 이내의 친족, 임의후견인, 검사 또는 지방자치단체의 장의 청구에 의하여 임의후견감독인을 선임한다</u>(개정민법 제959조의15 제1항).

(ㄴ) 임의후견감독인의 임무

임의후견감독인은 임의후견인의 사무를 감독하면서 그 사무에 관하여 가정법원에 정기적으로 보고해야 한다(개정민법 제959조의16 제1항). 또한 임의후견인의 임무수행에 관한 보고와 재산목록의 제출을 요구할 수 있고 재산상황을 조사할 수 있다(개정민법 제959조의16 제3항, 제953조).

라) 후견계약의 해지

① 임의후견감독인의 선임 이후에는 본인 또는 임의후견인은 정당한 사유가 있는 때에 한하여 "가정법원의 허가"를 받아 후견계약을 종료할 수 있다(개정민법 제959조의18 제2항). ② 후견계약이 해지되면 본인과 임의후견인의 권리와 의무는 장래를 향하여 소멸한다. 임의후견계약이 적법하게 해지된 경우에도 임의후견인의 대리권에 관하여 표현대리가 성립할 수 있다. 이러한 경우에 대비하여 개정민법은 임의후견인의 대리권 소멸은 등기하지 않으면 선의의 제3자에게 대항할 수 없다(개정민법 제959조의19)고 규정하였다. 즉 본인으로서는 임의후견이 해지되어 대리권이 소멸하였다는 사실을 등기함으로써 이후에 발생할 수 있는 표현대리의 성립을 저지할 수 있다.

마) 법정후견과의 관계

㈀ 임의후견계약이 있는 경우에 원칙적으로 법정후견은 개시하지 않는다. 따라서 법정후견은 임의후견에 대하여 보충적이라고 할 수 있다. 즉 임의후견계약이 체결되어 등기되어 있는 경우에는 가정법원은 원칙적으로 법정후견을 개시하지 않는다(개정민법 제959조의20 제1항 참조). 그리고 후견계약의 본인이 피성년후견인, 피한정후견인, 피특정후견인인 경우에 가정법원은 임의후견감독인의 선임을 하면서 성년후견, 한정후견, 특정후견 종료의 심판을 하여 임의후견의 효력발생과 함께 법정후견을 종료시킨다(개정민법 제959조의20 제2항 본문).

㈁ 그러나 임의후견을 법정후견에 우선하는 것은 그것이 자기결정을 존중하고, 본인의 이해관계에 보다 적절한 보호수단일 것이라는 전제에 선 것이므로 본인의 복리라는 관점에서 임의후견에 의한 보호보다 법정후견에 의한 보호가 효과적인 경우에 개정민법은 법정후견을 개시하도록 하거나 이미 개시한 법정후견을 유지하도록 하고 있다. 즉 후견계약이 등기되어 있더라도 가정법원은 본인의 이익을 위하여 특별히 필요한 경우에 한하여 임의후견인 또는 임의후견감독인의 청구에 의하여 성년후견, 한정후견 또는 특정후견의 심판을 할 수 있고(개정민법 제959조의20 제1항 제1문), 그러한 경우에 후견계약은 효력이 발생되지 않아 종료한다(동항 제2문).

〈신·구 후견제도의 비교〉

구 분	종 래	개정법률
피후견인 범위	금치산자(심신상실상태) : 독자적인 법률행위 불가	성년후견 : 질병, 노령 등 사무처리능력이 지속적으로 결여 → 제한적 행위능력, 일용품 구입 등 일상적이거나 가정법원이 정한 범위 내 법률행위 가능, 이외 법률행위는 취소가능
	한정치산자(심신박약 또는 재산낭비) : 모든 재산상 법률행위에 후견인 동의 필요	한정후견 : 질병, 노령 등 사무처리능력이 부족 → 가정법원이 정한 범위내에서 후견인의 동의필요, 동의 없이 한 경우 취소가능
	규정 없음	특정후견 : 질병, 노령 등 정신적 제약으

		로 특정한 사무에 관한 후견이 필요한 경우 → 행위능력제한 없음
	규정 없음	임의후견(후견계약) : 위 성년후견, 한정후견, 특정후견이 법정후견이라면, 임의후견은 "질병, 노령 등 사무를 처리할 능력이 부족한 상황에 있거나 부족하게 될 상황에 대비해 본인이 재산관리 및 신상보호에 관한 사무의 전부 또는 일부를 타인에 위탁하고 대리권수여 "하는 계약이다→ 행위능력 제한 없음
	미성년후견(친권자가 없거나 법률행위 대리권 및 재산관리권을 행사할 수 없는 미성년자)	미성년 후견은 동일
후견내용	재산적 법률행위에 치중	치료·요양·신상보호 등 복리에 관한 사항까지 확대
본인의 의사	반영절차 없음	후견심판시 본인의 의사청취
후견인 수	1인	복수 선정가능
후견인 자격	친족 등 자연인 만 가능(배우자→직계혈족→3촌이내의 친족)	법인도 가능(가정법원이 전문성, 공정성 등을 고려하여 선임)
후견인의 감독	친족회	친족회는 폐지되고, 후견감독인제도신설(후견계약에서는 선임 필수, 나머지 후견제도에서는 임의로 선임가능)

5. 현행 법정대리인

법정대리인에는 친권자(제909조 이하)와 후견인(제928조 이하)이 있다.

(1) 미성년자의 보호기관으로서의 법정대리인

미성년자의 보호기관은 친권자이고, 친권자가 없는 경우에는 2차로 후견인이 된다. 친권자에 관해서는 제909조가 규정한다. 미성년자에 대하여 친권자가 없거나, 친권자가 법률행위의 대리권 및 재산관리권을 행사할 수 없는 때에는 그 후견인을 두어야 한다.

(2) 피성년후견인 · 피한정후견인의 법정대리인으로서의 후견인

이러한 후견인은 피후견인의 법정대리인이 되거나 될 수 있다(제938조 제1항, 제959조의 4, 제959조의 11 참조). 즉 성년 후견인은 피후견인의 "법정대리인이 된다"(제938조 제1항). 그리고 한정후견인에 관하여는 가정법원은 한정후견인에게 "대리권을 수여하는 심판을 할 수 있다"고 한다(제959조의 4). 마찬가지로 특정후견인의 경우에도 "피특정후견인의 후원을 위하여 필요하다고 인정하면 가정법원은 기간이나 범위를 정하여 특정후견인에게 대리권을 수여하는 심판을 할 수 있다"고 하고 있다(제959조의 11).

(3) 법정대리인의 권한

미성년자와 피한정후견인의 법정대리인은 미성년자 또는 피한정후견인의 법률행위를 하는
데 대해 동의를 주고(同意權), 동의 없이 한 그들의 의 법률행위를 취소할 수 있다(取消權). 그
밖에 미성년자 또는 피성년후견인·피한정후견인을 대리하여 법률행위를 할 수 있다(代理權).
다만 피성년후견인의 법정대리인은 가족법상의 행위를 제외한 그 밖의 경우에는 동의권이
없는 것이 원칙이다(개정민법 제10조 참조).

6. 제한능력자의 상대방보호제도

(1) 의의

개정민법에서는 미성년자, 피성년후견인, 피한정후견인을 한꺼번에 지칭하는 용어로 제한능
력자라는 개념을 사용하게 되었다. 이러한 제한능력자 상대방의 일반적 보호제도로는 취소권
의 단기소멸기간(제146조)을 두며, 또한 법정추인(제145조)를 두고 있다. 그러나 취소권의 단
기소멸(제척기간)도 그 기간이 장기이고, 법정추인은 잘 활용되지 않아, 민법은 특별히 상대방
을 보호하여 거래안전을 도모하고 있다.

(2) 적용범위

제한능력자제도는 통상 빈번히 행해지고 또한 의사표시를 요소로 하는 『재산상의 법률행
위』에 대해서만 적용된다(가족법상의 행위·법률행위가 아닌 사실행위·불법행위는 적용불가). 이 제
도는 민법의 영역에서만 적용되고, 그밖의 법률에서는 적용되지 않는다.

판례 따라서 판례는 미성년자는 경매부동산 취득을 단독으로 할 수 없다고 본다. 즉 미성년자는 법정대리인의
관여 없이 부동산 경매절차에서 경락인이 될 수는 없다(대판 1969.11.19, 69마 989).

(3) 상대방을 특별히 보호하는 제도

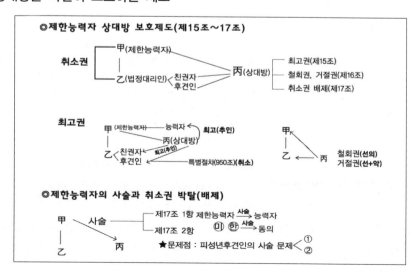

종 전	개 정 법 률 (2013년 7월 1일부터 시행)
제15조 (무능력자의 상대방의 최고권) ① 무능력자의 상대방은 무능력자가 능력자가 된 후에 이에 대하여 1월 이상의 기간을 정하여 그 취소할 수 있는 행위의 추인여부의 확답을 최고할 수 있다. 능력자로 된 자가 그 기간내에 확답을 발하지 아니한 때에는 그 행위를 추인한 것으로 본다. ② 무능력자가 아직 능력자가 되지 못한 때에는 그 법정대리인에 대하여 전항의 최고를 할 수 있고 법정대리인이 그 기간내에 확답을 발하지 아니한 때에는 그 행위를 추인한 것으로 본다. ③ 특별한 절차를 요하는 행위에 관하여는 그 기간내에 그 절차를 밟은 확답을 발하지 아니하면 취소한 것으로 본다.	제15조(제한능력자의 상대방의 확답을 촉구할 권리) ① 제한능력자의 상대방은 제한능력자가 능력자가 된 후에 그에게 1개월 이상의 기간을 정하여 그 취소할 수 있는 행위를 추인할 것인지 여부의 확답을 촉구할 수 있다. 능력자로 된 사람이 그 기간 내에 확답을 발송하지 아니하면 그 행위를 추인한 것으로 본다. ② 제한능력자가 아직 능력자가 되지 못한 경우에는 그의 법정대리인에게 제1항의 촉구를 할 수 있고, 법정대리인이 그 정하여진 기간 내에 확답을 발송하지 아니한 경우에는 그 행위를 추인한 것으로 본다. ③ 특별한 절차가 필요한 행위는 그 정하여진 기간 내에 그 절차를 밟은 확답을 발송하지 아니하면 취소한 것으로 본다.
제16조 (무능력자의 상대방의 철회권과 거절권) ① 무능력자의 계약은 추인 있을 때까지 상대방이 그 의사표시를 철회할 수 있다. 그러나 상대방이 계약당시에 무능력자임을 알았을 때에는 그러하지 아니하다. ② 무능력자의 단독행위는 추인있을 때까지 상대방이 거절할 수 있다. ③ 전2항의 철회나 거절의 의사표시는 무능력자에 대하여도 할 수 있다.	제16조(제한능력자의 상대방의 철회권과 거절권) ① 제한능력자가 맺은 계약은 추인이 있을 때까지 상대방이 그 의사표시를 철회할 수 있다. 다만, 상대방이 계약 당시에 제한능력자임을 알았을 경우에는 그러하지 아니하다. ② 제한능력자의 단독행위는 추인이 있을 때까지 상대방이 거절할 수 있다. ③ 제1항의 철회나 제2항의 거절의 의사표시는 제한능력자에게도 할 수 있다.
제17조 (무능력자의 사술) ① 무능력자가 사술로써 능력자로 믿게 한 때에는 그 행위를 취소하지 못한다. ② 미성년자나 한정치산자가 사술로써 법정대리인의 동의있는 것으로 믿게 한 때에도 전항과 같다.	제17조(제한능력자의 속임수) ① 제한능력자가 속임수로써 자기를 능력자로 믿게 한 경우에는 그 행위를 취소할 수 없다. ② 미성년자나 피한정후견인이 속임수로써 법정대리인의 동의가 있는 것으로 믿게 한 경우에도 제1항과 같다.

1) 상대방의 최고권(제15조)=제한능력자의 상대방의 확답을 촉구할 권리

㈀ 제한능력자의 상대방은 제한능력자가 능력자가 된 후에 그에게 1개월 이상의 기간을 정하여 그 취소할 수 있는 행위를 추인할 것인지 여부의 확답을 촉구(최고)할 수 있다. 능력자로 된 사람이 그 기간 내에 확답을 발송하지 아니하면 그 행위를 추인한 것으로 본다. 제한능력자가 아직 능력자가 되지 못한 경우에는 그의 법정대리인에게 촉구를 할 수 있고, 법정대리

인이 그 정하여진 기간 내에 확답을 발송하지 아니한 경우에는 그 행위를 추인한 것으로 본
다. 이처럼 제한능력자의 상대방은 제한능력자에게 최고하여서는 아니되며 제한능력자에 대
한 최고는 무효이다(제15조). 최고는 상대방의 선의·악의를 불문하고 법정대리인에게 할 수
있다.

(ㄴ) 제한능력자가 능력자가 된 경우에는 그에 대한 최고가 가능하다. 그리고 능력자가 된 자
가 일정한 기간 내에 그 확답을 하지 않은 때에는 추인한 것으로 본다(제15조 제1항). 다만 후
견인이 특별한 절차(제950조 참조)를 밟아야 함에도 불구하고 유예기간 내에 특별한 절차를 밟
은 확답을 하지 않을 경우에는 취소한 것으로 본다(제15조 제3항).

2) 제한능력자의 상대방의 철회권과 거절권(제16조)

(ㄱ) 제한능력자가 맺은 계약은 추인이 있을 때까지 상대방이 그 의사표시를 철회할 수 있다.
다만, 상대방이 계약 당시에 제한능력자임을 알았을 경우(=악의)에는 그러하지 아니하다.

(ㄴ) 제한능력자의 단독행위는 추인이 있을 때까지 상대방이 거절할 수 있다. 이와같이 상대방
의 계약철회의 의사표시는 상대방이 선의인 경우 가능하고, 단독행위에 대한 <u>거절의
의사표시는 상대방의 선의·악의를 불문한다.</u>

(ㄷ) 철회나 거절의 의사표시는 제한능력자에게도 할 수 있다. 따라서 철회나 거절의 의사표
시는 <u>법정대리인 또는 제한능력자에게도 할 수 있다는 점이 확답을 촉구할 권리(최고)와
구별된다</u>(제16조 제3항).

(ㄹ) 법정대리인의 추인이 있은 후에는 상대방은 철회권을 행사할 수 없다.

3) 취소권의 배제(제17조)=제한능력자의 속임수(사술) : 제한능력자가 속임수를 쓴 경우에는 취소권이 박탈된다.

(ㄱ) 제17조 제1항은 제한능력자가 사술을 쓴 경우, 취소권배제에 대하여 규정을 두고 있다.
여기의 제한능력자에는 미성년자, 피한정후견인, 피성년후견인이 포함된다. 즉 제한능력자가
속임수로써 자기를 능력자로 믿게 한 경우에는 그 행위를 취소할 수 없다(제17조 제1항). 그
리고 미성년자나 피한정후견인이 속임수로써 법정대리인의 동의가 있는 것으로 믿게 한 경
우에도 취소권을 행사할 수 없다. 여기서 유의할 것은, 피성년후견인의 경우는 후견인의 동
의를 얻더라도 원칙적으로 단독으로 유효한 법률행위를 할 수 없으므로 취소가 가능하다는
점이다. <u>따라서 비록 피성년후견인이 사술을 사용했다 하더라도 취소권이 배제되지 않는
다</u>(제17조 2항 참조). <u>그러나 피성년후견인이 피한정후견인이라고 하면서 동의서를 제출하
여 능력자로 믿게 한 경우, 취소권이 배제된다고 해석하는 견해가 다수설이다.</u>

(ㄴ) 취소권이 박탈된다고 하는 것은 제한능력자 자신이나 법정대리인의 취소권 모두를 말한
다.

(ㄷ) 제한능력자와 거래한 상대방이 제한능력자의 취소권을 배제하기 위하여 제한능력자의 사
술을 주장하는 경우 취소권의 배제를 주장하는 자에게 입증책임이 있다.

(ㄹ) 제한능력자가 속임수(사술)로써 능력자로 믿게 한 때에는 제한능력자측에서는 계약을 취
소하지 못하는바, 이때의 <u>사술은 단순히 성인이라고 말하는 정도로도 족하다는 것이 다수</u>

설의 태도나 판례는 반대로 적극적 사술을 요한다고 하고 있다.

판례 ① 판례는 민법 제17조에 '무능력자(현재 제한능력자)가 사술로써 능력자로 믿게 한 때'라 함은 무능력자가 상대방으로 하여금 그 "능력자"임을 믿게 하기 위하여 적극적으로 사기수단을 쓴 것을 말하는 것으로서 단순히 자기가 능력자라 사언함은 동조에 이른바 사술을 쓴 것이라고 할 수 없다는 것이다. 이 판결에서는 미성년자가 중앙전선 사장이라는 호칭을 사용한 경우에도 사술로 보지 않았다(대판 1955.3.31. 1954민상77 참조).
② 미성년자와 계약을 체결한 상대방이 미성년자의 취소권을 배제하기 위하여 본조 소정의 미성년자가 사술을 썼다고 주장하는 때에는 그 주장자인 상대방 측에 그에 대한 입증책임이 있다(대판 1971.12.14. 71다2045)

V. 민법상 주소

> **제18조 (주소)**
> ① 생활의 근거되는 곳을 주소로 한다.
> ② 주소는 동시에 두 곳 이상 있을 수 있다.
> **제19조 (거소)**
> 주소를 알 수 없으면 거소를 주소로 본다.
> **제20조 (거소)**
> 국내에 주소 없는 자에 대하여는 국내에 있는 거소를 주소로 본다.
> **제21조 (가주소)**
> 어느 행위에 있어서 가주소를 정한 때에는 그 행위에 관하여는 이를 주소로 본다.

1. 주소를 정하는 표준

(1) 의의

사람의 사회생활에 있어서 중심적인 장소를 '주소(住所)'라 한다. 사회생활에서 계속적으로 벌어지는 어떤 사람의 법적인 문제를 명확하고 안전하게 하기 위해서는 그 사람의 고정적이고 중심적인 장소를 미리 정해둘 필요가 있다. 이러한 점에서 주소는 사회생활에 있어서 사람과 장소의 관계 중 법적으로 가장 중요한 의미를 갖게 된다. 그렇다면 주소는 어떻게 해서 결정되는가.

(2) 입법태도

형식적 표준(예컨대 본적지)에 따라 획일적으로 정하는 '형식주의'와 생활의 실질관계에 따라 정하는 '실질주의'가 있고, 정주의 사실과 그 밖에 정주의 의사를 요구하는 '의사주의'와 정주의 사실이라는 객관적 사실만으로 이를 정하는 '객관주의'가 있으며, 주소는 하나만 있을 수 있다는 '단일주의'와 복수가 있을 수 있다는 '복수주의'가 있다. 그리고 '가주소 인정주의'와 '부정주의'가 있다.

Tip

> ◎ 우리 민법은 주소에 관한 입법주의에 대하여 객관주의·실질주의·복수주의(제18조 제2항)·가주소인정주의(제21조)를 채택하고 있다고 한다(판례동지).

2. 객관주의 태도

우리 민법은 「생활의 근거되는 곳」을 주소로 정하고 있다(제18조). 주소결정에 관하여 정주(定住)의 「사실」만을 요건으로 하는 객관주의와 그밖에 정주의 「의사」를 필요로 하는 의사주의가 있다. 이에 대하여 우리 민법은 명문의 규정을 두고 있지 않아도 객관주의를 취한다고 볼 수 있다(학설일치). <u>주소에 관하여 의사주의에 의하면, 주소설정행위는 법률행위는 아니지만 의사가 필요함은 틀림없기 때문에 예외적으로 의사능력이 없는 자를 위하여 법정주소를 정하게 된다</u>(민법은 객관주의를 채택하고 있기 때문에 법정주소를 두고 있지 않다).

3. 거소와 현재지

주소를 알 수 없으면 거소를 주소로 본다(제19조). 현재지는 거소보다 낮은 개념이며, 이에 대하여 법률상 특별한 효과가 부여되어 있지 않다. 현재지는 시간적·사실적 개념이므로 두 개 이상 있을 수 없다(주소의 복수주의와 구별).

4. 주소의 법률상 효과

주소는 부재자와 실종자를 정하는 데 그 표준이 된다(제22조, 제27조). 또 특정물 인도 이외의 채무의 변제는 채권자의 주소에서 하여야 하고(제467조 제2항), 상속개시지(제998조)이기도 하며, 그밖에 민법 이외의 법률에서도 주소에 일정한 법률효과를 주고 있는 것이 있다(민사소송법상 재판관할의 표준 등).

VI. 부재자제도

종래의 주소나 거소를 떠나 쉽사리 돌아올 가망이 없는 자가 있을 때에는 그의 잔류재산의 후폐(廢墟)를 방지하거나 또는 잔존배우자나 상속인 등의 이익을 보호하기 위하여 어떠한 조치를 강구할 것이 요구된다.

한편 사람은 사망에 의해서만 권리능력이 소멸된다는 원칙을 고집하게 되면, 부재자로서 사망의 가능성이 높다고 하더라도 사망의 증명을 할 수 없는 한 사망으로서 다룰 수 없고, 언제까지나 생존하고 있는 것으로 된다. 이것은 결국 잔존배우자는 재혼을 할 수 없고, 상속인은 상속을 할 수 없게 되는 등 불합리를 가져오게 된다. 여기서 민법은 1단계로 부재자가 아직 생존하고 있는 것으로 추정하여 그의 재산을 관리해 주면서 돌아오기를 기다리는 '부재자의 재산관리'제도를 두고, 2단계로 부재자의 생사불명의 상태가 오랫동안 계속되어 사망의 가능성이 높을 경우에는 그 자를 사망한 것으로 처리하는 '실종선고'제도를 두고 있다. 부재자가 일정한 자의 청구에 의해 법원으로부터 실종선고를 받게 되면 실종자가 되는데, 실종자는 실종기간이 만료한 때로부터 사망한 것으로 간주된다(제28조). 이렇게 되면 상속뿐만 아니라 실종기간이 만료한 때로부터 배우자의 재혼도 가능하게 된다.

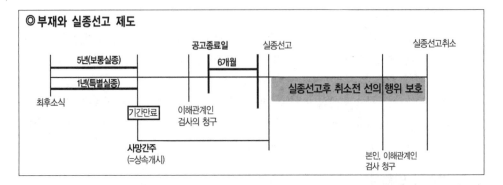

제22조 (부재자의 재산의 관리)
① 종래의 주소나 거소를 떠난 자가 재산관리인을 정하지 아니한 때에는 법원은 이해관계인이나 검사의 청구에 의하여 재산관리에 관하여 필요한 처분을 명하여야 한다. 본인의 부재중 재산관리인의 권한이 소멸한 때에도 같다.
② 본인이 그 후에 재산관리인을 정한 때에는 법원은 본인, 재산관리인, 이해관계인 또는 검사의 청구에 의하여 전항의 명령을 취소하여야 한다.

1. 의의와 비교

(1) 부재자란 종래의 주소 또는 거소를 떠나서 용이하게 돌아올 가능성이 없어서 그의 재산을 관리하여야 할 필요가 있는 자를 말한다(제22조 참조). 따라서 부재자는 실종선고의 경우와는 달리 반드시 생사불명일 필요는 없다. 그리고 부재자는 성질상 자연인에 한 한다. 판례에 따르면 해외유학생이 해외에서의 소재가 분명할 뿐만 아니라 부동산이나 그의 소유재산을 국내에 있는 사람을 통하여 직접관리하고 있다면 부재자로 보지 않는다.

(2) 실종선고라 함은 부재자의 생사불명의 상태가 일정기간 계속된 경우에 가정법원의 선고에 의하여 사망으로 의제하는 제도를 말한다(제27조 참조). 한편 호적상(현재 가족관계등록 등에 관한 법률) 이미 사망한 것으로 기재되어 있는 자는 그 호적상 사망기재의 추정력을 뒤집을 수 있는 자료가 없는 한 그 생사가 불분명한 자라고 볼 수 없어 실종선고를 할 수 없다(대결 1997. 11.27. 자 97스4)

판례 호적부의 기재사항은 이를 번복할 만한 명백한 반증이 없는 한 진실에 부합하는 것으로 추정되고, 특히 호적부의 사망기재는 쉽게 번복할 수 있게 해서는 안되며, 그 기재내용을 뒤집기 위해서는 사망신고 당시에 첨부된 서류들이 위조 또는 허위조작된 문서임이 증명되거나 신고인이 공정증서원본불실기재죄로 처단되었거나 또는 사망으로 기재된 본인이 현재 생존해 있다는 사실이 증명되고 있을 때, 또는 이에 준하는 사유가 있을 때 등에 한해서 호적상의 사망기재의 추정력을 뒤집을 수 있을 뿐이고, 그러한 정도에 미치지 못한 경우에는 그 추정력을 깰 수 없다 할 것이므로, 호적상 이미 사망한 것으로 기재되어 있는 자는 그 호적상 사망기재의 추정력을 뒤집을 수 있는 자료가 없는 한 그 생사가 불분명한 자라고 볼 수 없어 실종선고를 할 수 없다(대결 1997. 11. 27. 자 97스4)

2. 부재자 논점검토

(1) 이해관계인의 범위

제22조의 부재자재산관리인 청구권자(이해관계인 또는 검사)에서, 이해관계인은 부재자의 채권자나 기타 법률상 이해관계인을 말한다. 단순한 사실상 이해관계인은 포함되지 않는다. 한편 친권자는 미성년자의 법정대리인이기 때문에 그 재산을 관리할 법정대리인이 존재하는 것이므로 특별히 재산관리인을 선임할 필요가 없다(제916조 참조). 이점이 실종선고의 청구권자와 대표적 차이점이다.

(2) 법정위임관계

(ㄱ) 법원에 의해 선임된 부재자의 재산관리인은 일종의 법정대리인으로서 부재자와 법정위임관계에 있어(제680조 참조), 법원의 허가를 얻어 하는 처분행위에 있어서도 그것은 부재자를 위하는 범위에 한정된다. 따라서 부재자의 재산관리인이 법원으로부터 부재자소유 부동산의 매각행위를 허락 받았다 하더라도 부재자와는 아무 관계가 없는 타인의 은행에 대한 채무담보를 위해 저당권을 설정하더라도 그 저당권 설정은 부재자에게 효력이 없다(대결 1976.12.21. 자75마551). 즉 판례는 권한 없는 무효처분으로 보고 있다.

(ㄴ) 선임된 재산관리인은 언제든지 사임할 수 있고, 법원도 언제든지 개임할 수 있다.

(3) 법원이 선임한 재산관리인의 권한(일종의 법정대리인)

> **제25조 (관리인의 권한)**
> 법원이 선임한 재산관리인이 제118조에 규정한 권한을 넘는 행위를 함에는 법원의 허가를 얻어야 한다. 부재자의 생사가 분명하지 아니한 경우에 부재자가 정한 재산관리인이 권한을 넘는 행위를 할 때에도 같다.
> **제118조 (대리권의 범위)**
> 권한을 정하지 아니한 대리인은 다음 각호의 행위만을 할 수 있다.
> 1. 보존행위
> 2. 대리의 목적인 물건이나 권리의 성질을 변하지 아니하는 범위에서 그 이용 또는 개량하는 행위

판례 ① 〈초과행위의 허가〉 법원의 재산관리인의 초과행위 결정(=허가)의 효력은 그 허가받은 재산에 대한 장래의 처분행위뿐만 아니라 기왕의 처분행위를 추인하는 행위로도 할 수 있다(대판 1982.12.14. 80다1872). 한편 부재자재산관리인이 부재자를 위한 소송비용 때문에 피고로부터 돈을 차용하고, 그 돈을 임대보증금으로 하여 본건 임야를 골프장을 하는 피고에게 임대하였다면 이는 본법 제118조 소정의 물건의 성질을 변하지 아니한 이용 또는 개량행위로서 법원의 허가를 요하지 아니한다(대판 1980.11.11. 79다2164).
② 〈허가신청절차이행약정〉 법원의 선임에 의한 부재자 재산관리인이 권한을 초과하여서 체결한 부동산 매매계약에 관하여 허가신청절차를 이행할 것을 약정하는 것은 관리권한행위에 해당한다고 할 것이고, 이러한 약정을 이행하지 아니하는 경우 매수인으로서는 재산관리인을 상대로 하여 그 이행을 소구할 수 있다(대판 2002.1.11. 2001다41971).

(4) 임의대리인으로서 부재자 재산관리인

부재자가 스스로 위임한 재산관리인이 있는 경우에는(임의대리인에 준함), 그 재산관리인의 권한은 그 위임의 내용에 따라 결정될 것이며 그 위임관리인에게 재산처분권까지 위임된 경우에는 그 재산관리인이 그 재산을 처분함에 있어 법원의 허가를 요하는 것은 아니라 할 것이다(대판 1973.7.24. 72다2136). 다만 부재자가 재산의 관리 및 처분의 권한을 母에게 위임하였

다하더라도 母가 이후 부재자의 실종 후 법원에 신청하여 위 부재자의 재산관리인으로 선임된 경우, 부재자의 생사가 분명하지 아니하여 민법 제23조의 규정에 의한 개임이라고 보아야 하기 때문에 母가 부재자 재산에 대하여 처분행위를 할 때에 법원의 허가를 얻어야 한다(제25조 참조; 대판 1977.3.22. 76다1437). 따라서 허가를 받지 아니하고 한 부재자의 재산매각은 무효이다. 그러므로 부재자의 母가 대리권 없이 부재자 소유의 부동산을 매도한 경우, 그 후에 선임된 부재자 재산관리인이 "법원의 허가 없이" 母의 매도행위를 추인하더라도 추인의 효력이 발생하지 않는다. 즉 법원의 허가가 필요하다. 다만 법원의 추인은 장래의 처분행위 뿐만 아니라 기왕의 처분행위를 추인하는 행위로도 할 수 있다(대판 1982.12.14. 80다1872).

(5) 선임결정취소의 장래효

법원에 의하여 일단 부재자의 재산관리인선임결정이 있었던 이상, 가령 부재자가 그 이전에 사망하였음이 위 결정 후에 확실하여졌다 하더라도 법에 정하여진 절차에 의하여 결정이 취소되지 않는 한, 선임된 부재자재산관리인의 권한이 당연히는 소멸되지 아니한다 함이 당원의 판례로 하는 견해이며(제22조 제2항 참조), 위 결정이 후에 이르러 취소된 경우에도 그 취소의 효력은 장래에 향하여서만 생기는 것이며, 그간의 그 부재자재산관리인의 적법한 권한 행사의 효과는 이미 사망한 그 부재자의 재산상속인에게 미친다 할 것이다(대판 1970.1.27. 69다719). 따라서 재산관리인에 대한 선임결정이 취소되기 전에 재산관리인의 처분행위에 기하여 경료된 등기는 법원의 처분허가 등 모든 절차를 거쳐 적법하게 경료된 것으로 추정된다(대판 1991.11.26. 91다11810).

판례 〈법원허가의 성질〉 부재자 재산관리인의 권한초과행위에 대한 법원의 사후허가는 사인의 법률행위에 대하여 법원이 후견적·감독적 입장에서 하는 비쟁송적인 것으로서 그 허가 여부는 전적으로 법원의 권한에 속하는 것이다(대판 2000.12.26. 99다19278).

(6) 부재자의 생존추정

부재자의 재산관리인이 부재자의 대리인으로서 소를 제기하여 그 소송계속 중에 부재자에 대한 실종선고가 확정되어 그 소 제기 이전에 부재자가 사망한 것으로 간주되는 경우, 위 소 제기 자체가 소급하여 당사자능력이 없는 사망한 자가 제기한 것으로 되는 것은 아니다(대판 2008.6.26. 2007다11057).

VII. 실종선고

1. 실종선고와 사망간주

> **제27조 (실종의 선고)**
> ① 부재자의 생사가 5년간 분명하지 아니한 때에는 법원은 이해관계인이나 검사의 청구에 의하여 실종선고를 하여야 한다.
> ② 전지에 임한 자, 침몰한 선박 중에 있던 자, 추락한 항공기 중에 있던 자 기타 사망의 원인이 될 위난을 당한 자의 생사가 전쟁종지 후 또는 선박의 침몰, 항공기의 추락 기타 위난이 종료한 후 1년간 분명하지 아니한 때에도 제1항과 같다.

> **제28조 (실종선고의 효과)**
> 실종선고를 받은 자는 전조의 기간이 만료한 때에 사망한 것으로 본다.

(1) 의의

부재자의 생사가 일정기간 동안 불분명한 경우에 일정한 절차 하에 법원이 그 부재자에 대해 실종선고를 하고, 그리하여 사망한 것으로 다루는 제도가 실종선고이다. 이 실종선고를 받은 사람을 실종자라고 한다.

(2) 실종선고청구요건

1) 실종기간

보통실종은 생사불명상태가 5년이고, 특별실종은 1년이 지나야 한다. 그리고 특별실종(제27조 제2항)에서 전쟁실종의 경우, 그 기산점은 사실상 전쟁이 종료한 시기를 기산점으로 보는 것이 타당하다(다수설).

판례 〈민법 제27조 제2항에서 정하는 "사망의 원인이 될 위난"의 의미〉 ㉠ 민법 제27조의 문언이나 규정의 체계 및 취지 등에 비추어, 그 제2항에서 정하는 "사망의 원인이 될 위난"이라고 함은 화재·홍수·지진·화산 폭발 등과 같이 일반적·객관적으로 사람의 생명에 명백한 위험을 야기하여 사망의 결과를 발생시킬 가능성이 현저히 높은 외부적 사태 또는 상황을 가리킨다. 그러므로 ㉡ 갑이 잠수장비를 착용한 채 바다에 입수하였다가 부상하지 아니한 채 행방불명되었다 하더라도, 이는 "사망의 원인이 될 위난"이라고 할 수 없다는 것이 대법원의 태도이다(대결 2011.1.31. 자 2010스165).

2) 이해관계인

민법 제27조의 실종선고를 청구할 수 있는 이해관계인이라 함은 부재자의 법률상 사망으로 인하여 직접적으로 신분상 또는 경제상의 권리를 취득하거나 의무를 면하게 되는 사람만을 뜻한다(판례).

판례 민법 제27조 소정의 실종선고를 청구할 수 있는 이해관계인이라 함은 법률상뿐만 아니라 경제적 또는 신분적 이해관계인이어야 할 것이므로 부재자의 제1순위 재산상속인이 있는 경우에 제4순위의 재산상속인은 위 부재자에 대한 실종선고를 청구할 이해관계인이 될 수 없다(대결 1980. 9. 8. 자80스27).

(3) 실종선고를 받은 경우

㈀ 우리민법은 실종기간만료시주의(제28조)를 취하고 있기 때문에 실종선고를 받은 경우에는 사망으로 보는 시기까지는 생존한 것으로 의제된다(대판 1977.3.22. 77 다 81·82). 따라서 그 때까지는 생존자로서 권리와 의무를 보유시키며 친인척관계도 존속시킨다.

㈁ 실종선고로 인하여 실종기간 만료시를 기준으로 상속이 개시된 이상 비록 나중에 실종선고가 취소되어야 할 사유가 생겼다고 하더라도, <u>실제로 실종선고가 취소되지 않는 한 실종기간이 만료하여 사망한 때로 간주되는 시점과 달리 임의로 사망시점을 정하여 이미 개시</u>

된 상속을 부정하고 이와 다른 상속관계를 인정할 수는 없다(대판 1994.9.27, 94다카21542; 대판 1995.12.22, 95다12736). 따라서 동일인에 대하여 2차례의 실종선고가 있는 경우 첫번째 실종선고를 기준으로 상속관계를 판단한다.

(ㄷ) 그리고 실종선고는 실종자의 사법상 법률관계(상속·배우자의 재혼)에서만 사망한 것으로 다루다는 점을 유의하여야 한다.

관련사례	1988. 5. 1. 오후에 최종적으로 생존이 확인된 한국인 甲에 대하여 2001. 6. 1. 보통실종선고가 있었다. 甲은 1987. 4. 1. 乙보험회사의 생명보험에 가입했으며, 보험금수령권자는 처 丙이다. 乙 사는 甲이 현재 미국에 살고 있다는 유력한 증거를 확보하였다.
해설	(a) **사망간주시점** : 甲은 1993. 5. 1. 의 종료로 사망한 것으로 간주된다. 그러나 실종선고가 甲의 권리능력을 일반적으로 박탈하는 것이 아니기 때문에 甲이 미국에서 생활하면서 취득한 권리의무에는 영향이 없다. (b) **실종기간만료 후의 행위** : 판례에 의하면, 법원에 의해 甲의 부재자재산관리인으로 선임된 자가 1995. 8. 1. 법원의 허가를 받아 한 처분행위는 위 실종선고에 의하여 실효한다(×, 실종기간만료후 실종선고전에 재산관리인이 적법하게 처분한 행위는 실종선고가 있더라도 그 효과는 상속인에게 미친다고 함이 판례이다 -대판 1970.1.27, 69다719). (c) **처의 지위** : 甲의 실종선고가 취소되지 않는 한 일단 甲의 처 丙은 보험금을 지급받을 수 있게 되며, 보험회사 乙이 보험금을 반환받기 위하여는 실종선고를 취소하여야만 한다.

2. 실종선고를 받지 않고 있는 경우

부재자는 법원의 실종선고가 없는 한 사망자로 간주되지 않는다(대판 1960.9.8, 4292 민상 885; 대판 1992.7.14, 92다2455).

판례 ㉠ 〈부재자의 재산관리인이 부재자의 대리인으로서 소를 제기하여 그 소송계속 중에 부재자에 대한 실종선고가 확정되어 그 소 제기 이전에 부재자가 사망한 것으로 간주되는 경우, 위 소 제기 자체가 소급하여 당사자능력이 없는 사망한 자가 제기한 것으로 되는지 여부(소극)〉 부재자의 생사가 분명하지 아니한 경우, 부재자는 법원의 실종선고가 없는 한 사망자로 간주되지 아니하며, 부재자의 재산관리인이 부재자의 대리인으로서 소를 제기하여 그 소송계속 중에 부재자에 대한 실종선고가 확정되어 그 소 제기 이전에 부재자가 사망한 것으로 간주되는 경우에도, 실종선고의 효력이 발생하기 전에는 실종기간이 만료된 실종자라 하여도 소송상 당사자능력을 상실하는 것은 아니므로, 실종선고가 확정된 때에 소송절차가 중단되어 부재자의 상속인 등이 이를 수계할 수 있을 뿐이고, 위 소 제기 자체가 소급하여 당사자능력이 없는 사망한 자가 제기한 것으로 되는 것은 아니다(대판 2008.6.26. 2007다11057).

㉡ 〈실종자를 당사자로 한 판결이 확정된 후에 실종선고가 확정되어 그 사망간주의 시점이 소 제기 전으로 소급하는 경우 위 판결이 소급하여 무효로 되는지 여부(소극)〉 실종선고의 효력이 발생하기 전에는 실종기간이 만료된 실종자라 하여도 소송상 당사자능력을 상실하는 것은 아니므로 실종선고 확정 전에는 실종기간이 만료된 실종자를 상대로 하여 제기된 소도 적법하고 실종자를 당사자로 하여 선고된 판결도 유효하며 그 판결이 확정되면 기판력도 발생하기 때문에 비록 실종자를 당사자로 한 판결이 확정된 후에 실종선고가 확정되어 그 사망간주의 시점이 소 제기 전으로 소급하는 경우에도 위 판결 자체가 소급하여 당사자능력이 없는 사망한 사람을 상대로 한 판결로서 무효가 된다고는 볼 수 없다(대법원 1992.7.14. 선고 92다2455 판결).

3. 실종선고와 인정사망의 비교

부재자의 생사불명상태가 오랫동안 계속된 경우에 신분상·재산상 법률관계 확정을 요하는데, 실종선고제도는 생사불명자를 사망한 것으로 간주하는데 반하여, 인정사망제도는 특별한 사유(수재, 화재)로 사망의 개연성이 높은 경우, 강한 사망 추정적 효과(가족관계의 등록 등에 관한 법률)를 부여하는 제도이다. 실종선고제도는 민법적 제도로 요건·절차의 엄격과 효과의 확실성이 특징이라고 할 수 있다. 그러나 인정사망제도는 특별법적 제도로서 요건·절차의 완화와 신속 간이한 해결을 할 수 있다.

판례 〈사실상 사망을 법원이 인정할 수 있는지 여부(적극)〉 수난·작전·화재 기타 사변에 편승하여 타인의 불법행위로 사망한 경우에 있어서는 확정적인 증거의 포착이 손쉽지 않음을 예상하여 <u>법은 인정사망·위난실종등의 제도와 그밖에도 보통실종선고제도도 마련해 놓고 있으나, 그렇다고 하여 위와 같은 자료나 제도에 의함이 없는 사망사실의 인정을 수소법원(受訴法院)이 절대로 할 수 없다는 법리는 없다</u>(대판 1989.1.31, 87다카2954).

Ⅷ. 실종선고취소의 효과

> **제29조 (실종선고의 취소)**
> ① 실종자의 생존한 사실 또는 전조의 규정과 상이한 때에 사망한 사실의 증명이 있으면 법원은 본인, 이해관계인 또는 검사의 청구에 의하여 실종선고를 취소하여야 한다. 그러나 <u>실종선고 후 그 취소 전에 선의로 한 행위의 효력에 영향을 미치지 아니한다.</u>
> ② 실종선고의 취소가 있을 때에 실종의 선고를 직접원인으로 하여 재산을 취득한 자가 선의인 경우에는 그 받은 이익이 현존하는 한도에서 반환할 의무가 있고 악의인 경우에는 그 받은 이익에 이자를 붙여서 반환하고 손해가 있으면 이를 배상하여야 한다.

1. 실종선고취소

(1) 실종선고취소의 요건

실종선고를 취소하기 위하여는 다음의 두 요건을 갖추어야 한다. 이 요건을 갖춘 경우에는 가정법원은 반드시 실종선고를 취소하여야 한다(제29조 제1항).

1) 실질적 요건

첫째, 실종자가 생존한 사실, 둘째, 또는 실종기간이 만료한 때와 다른 때에 사망한 사실을 증명하여야 한다(제29조 제1항). 셋째, 그 밖의 민법에서 명문으로 규정하고 있지는 않지만 실종기간의 기산점 이후의 어떤 시점에 생존하고 있었던 사실의 증명이 있었던 경우에도 사망으로 간주되는 시기가 달라지게 되므로 이도 역시 포함된다.

2) 형식적 요건

본인·이해관계인 또는 검사의 청구가 있어야 한다(제29조 제1항). 한편 실종선고의 경우와는 달리 공시최고는 필요 없다.

(2) 실종선고취소의 효과

1) 원칙

(ㄱ) 실종선고가 취소되면, 실종선고에 기한 법률관계는 소급적으로 무효가 된다. 즉 실종선고는 처음부터 없었던 것으로 된다. 따라서 실종자의 재산관계와 가족관계는 전의 상태로 회복된다.

(ㄴ) 실종기간 기산점 이후의 생존이면 일단 실종이전의 상태로 회복되고 이해관계인은 새로운 실종선고를 청구할 수 있다.

2) 예외

실종선고에 기초하여 생긴 법률관계를 그 취소에 의해 일률적으로 무효로 처리하면, 실종선고를 신뢰하여 법률관계를 맺게 된 선의의 자에게 불측의 불이익을 주게 될 수 있다. 그래서 위와 같은 원상회복의 원칙에 대해 민법은 '소급효의 원칙'에 대하여 '원상회복의 범위제한'과 '선의의 법률행위의 효력유지'의 두 가지 예외를 인정한다.

(3) 제29조의 적용범위(직접원인으로 하여 재산을 취득한 자의 반환범위)

1) 실종선고의 취소가 있을 때에 실종의 선고를 직접원인으로 하여 재산을 취득한 자가 선의인 경우에는 그 받은 이익이 현존하는 한도에서 반환할 의무가 있고 악의인 경우에는 그 받은 이익에 이자를 붙여서 반환하고 손해가 있으면 이를 배상하여야 한다.

2) 통설은 제29조 제2항에서 "실종선고를 직접원인으로 하여 재산을 취득한 자"에 "전득자"는 포함되지 않는다고 한다. 즉 상속인 등이 이에 해당하고 전득자는 제29조 제1항이 적용되어 반환하여야 하느냐, 아니면 반환하지 않아도 되는가 하는 문제이지 선의인 경우에는 현존이익반환, 악의인 경우에는 이자를 포함하여 반환하는 문제는 아니라는 것이다(이에 대하여 비판적 견해가 있다).

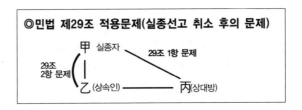

◎민법 제29조 적용문제(실종선고 취소 후의 문제)

2. 선의로 한 행위의 효력

(1) 재산행위

1) 쌍방선의설

재산행위인 계약에 있어서 선의자 보호와 관련하여 다수설은 관계당사자 전원이 선의일 때에만 선의자로서 보호받고, 그 중에서 1인이라도 악의자일 경우에는 취득한 물건 또는 이득을 실종선고를 취소받은 자에게 반환하여야 한다. 이 다수설은 실종자보호에 치중한 학설이다.

2) 상대적 효력설

소수설 중 일설은 거래안전을 중시하여, 각 관계당사자별로 개별적·상대적으로 판단하여, 선의자는 보호를 받고 악의자는 취득한 물건 또는 이득을 실종선고를 취소받은 자에게 반환하여야 하는 것으로 해석한다.

3) 절대적 효력설

실종자 甲이 있다고 했을 때, 소수설 중 일설은 선의로 한 행위는 직접 수익자와 그 상대방간의 행위에 국한하고 직접수익자(乙)로부터의 전득자(丙)가 선의이면, 乙·丙 쌍방이 선의인 경우는 물론 丙만이 선의인 경우에도 乙·丙간의 양도행위는 민법 제29조 제1항 단서가 적용되어 丙은 확정적으로 소유권을 취득하여, 丁은 악의이더라도 유효하게 권리를 취득한다고 한다.

> ◎ 乙(상속인)은 악의, 丙(상대방)은 선의, 丁(전득자)은 악의인 경우, 절대적 효력설에 따르면 甲(실종자)은 乙에 대하여 乙이 받은 이익과 그 이자의 반환을 청구할 수 있고, 단순히 甲의 생존사실을 알았던 丁에게는 부동산의 반환청구를 할 수 없다.

(2) 신분행위

가족법상의 행위(잔존배우자의 재혼)와 관련하여, 통설은 가족법상의 행위는 양당사자 모두가 선의이어야 선의자로서 보호받는다고 한다. 따라서 양 당사자가 선의이면 비록 실종선고가 취소되더라도 신혼인의 효력에는 영향을 미치지 아니하므로, 신혼이 유효하고 구혼은 부활하지 않는다고 한다. 재혼 당사자 일방이 악의이면 전혼은 부활하고 후혼은 중혼이 되어, 전혼에는 이혼원인이 생기고, 후혼은 취소할 수 있다는 것이다.

IX. 법인일반

1. 의 의

법인이란 법률에 의하여 권리능력이 부여된 법적 주체를 말한다. 법인은 육체도 정신도 갖지 않지만 자연인의 사회생활과정에서 필연적으로 생성되는 인위적 조직체로서 법인을 사람으로 보는 시각은 추상화된 법기술이라고 할 수 있다. 법인은 각종의 재산을 보유할 수 있고, 그 대표기관이 한 의사표시에 의하여 재산에 관한 권리와 의무를 가지게 된다. 법인은 하나의 관념적인 존재에 불과함에도 불구하고 사람과 아울러 권리능력을 가지는 것이다. <u>이러한 법인에는 '사단법인'과 '재단법인' 두 가지로 나누어진다.</u> 사단법인은 여러 사람이 일정한 공동의 목적을 위하여 결합한 단체에 대하여 권리능력이 부여된 것이고, 재단법인은 일정한 목적을 위하여 바쳐진 재산을 중심으로 하여 그 관리체에 권리능력이 주어진 것이다.

〈사단법인과 재단법인의 차이〉

구 분	사단법인	재단법인
유 형	영리법인＋비영리법인	비영리법인
법률행위의 성질	합동행위(다수설)	상대방 없는 단독행위(통설)
정관의 기재	제40조 : 목적, 명칭, 사무소소재지, 자산에 관한 규정, 이사의 임면에 관한 규정, ㉠ 사원자격 득실에 관한 규정, ㉡ 존립시기나 해산사유를 정하는 때에는 그 시기 또는 사유	제43조 : 사단법인의 ㉠㉡사유는 필요적 기재사항이 아니고 나머지는 동일
사원총회	사단법인에는 최고의사결정기관으로서 사원총회가 있다.	사원이 없으므로 사원총회가 있을 수 없다
정관의 변경	사단법인은 자율적 법인이므로 총사원의 2/3 이상의 동의와 주무관청의 허가를 얻어 정관을 변경할 수 있다(제42조)	설립자의 의사에 구속되는 타율적 법인이므로 원칙적으로 정관을 변경할 수 없고, 다만 예외적으로만 인정함(제45조·제46조)
해산사유	제77조 : 사원이 없게 된 경우, 총사원의 3/4 이상의 해산결의	재단법인은 재산으로 구성되기 때문에 사단법인과 같은 규정이 없다.

2. 법인을 인정하는 취지와 특징

⑴ 민법은 자연인이외에 법인에게도 법인격을 인정한다(제31조 이하). 이러한 입법의 태도는 법률관계의 간편한 처리와 유한책임의 원칙을 관철하려는 것이다. 민법상 법인은 영리가 아닌 경우이며(공익이 아닌 비영리주의), 자유설립이 아닌 법정주의를 채택하고 있다(제31조).

⑵ 법인은 성립함으로써 권리능력을 갖고, 자연인과 같은 태아의 권리능력·의사능력·행위능력제도를 별도로 두지 않는다.

3. 법인 본질론

자연인 이외에 일정한 단체가 어떻게 권리의 주체가 될 수 있는가?

(1) 학설의 대립

1) 의제설(Savigny)

로마법의 개인주의 사상을 바탕으로 한다. 이 설은 권리·의무의 주체가 될 수 있는 것은 자연인에 한한다는 전제하에 법인은 법률이 그것을 자연인에 의제한 것이라고 한다. 따라서 법인 자체의 독자성을 부인한다(Savigny).

2) 실재설

단체는 실재하는 것이며, 법인은 바로 그러한 사회적 실재라고 주장하는 견해이다. 즉 법인은 자연인과 동일하게 사회적으로 실존하는 법인격체라고 주장하는 학설이다(통설-사회적 가치설)

(2) 법인본질론의 실익

법인의 불법행위능력에 관하여, 의제설은 법인의 손해배상책임을 부정하고, 그 규정을 하나의 편의적 규정으로 볼 것이며, 실재설은 법인의 불법행위능력을 긍정하고 그 배상책임에 관한 규정을 당연한 것으로 본다.

4. 법인격 부인의 법리

법인의 법인격이 목적에 위배되거나 악용되면 그 범위내에서 법인격은 부정된다.

관련사례	甲은 乙회사가 분양광고를 낸 건물에 대해 분양신청을 하면서 계약금과 중도금으로 2억 5천여 만원을 지급하였는데, 그 후 건물이 자금부족으로 완공하지 못하자, 甲은 乙과의 매매계약을 해제하면서 乙회사 대표이사인 丙을 상대로 위 매매대금의 반환을 청구하였다. 이러한 것이 인용되기 위한 요건은?
해설	(a) **요건** : 회사가 외형상으로는 법인의 형식을 갖추고 있으나 실질에 있어서는 완전히 그 법인격의 배후에 있는 타인의 개인기업에 불과한 경우, 회사가 그 배후자와 별개의 인격체임을 내세워 회사에게만 그로 인한 법적 효과가 귀속됨을 주장하면서 배후자의 책임을 부정하는 것은 신의성실의 원칙에 위반되는 법인격의 남용이다. (b) **효과** : 회사는 물론 그 배후자인 타인에 대하여도 회사의 행위에 관한 책임을 물을 수 있다(대판 2001.1.19, 97다21604). 다만 법인격을 남용하는 것으로 인정되는 경우에도, 권리관계의 공권적인 확정 및 그 신속·확실한 실현을 도모하기 위하여 절차의 명확·안정을 중시하는 소송절차 및 강제집행절차에 있어서는 그 절차의 성격상 특정 회사에 대한 판결의 기판력 및 집행력의 범위를 다른 회사에까지 확장하는 것은 허용되지 아니한다(대판 1995.05.12, 93다44531). (c) **동지 판결** : 기존회사의 채무면탈을 목적으로 기업의 형태와 내용이 실질적으로 동일하게 설립된 신설회사가 기존회사와 별개의 법인격임을 내세워 그 책임을 부정하는 것은 신의성실에 반하거나 법인격을 남용하는 것으로서 허용될 수 없다(대판 2011.5.13, 2010다94472; 대판 2004.11.12, 2002다66892).

X. 법인의 설립(정관작성과 허가)

1. 법인설립에 관한 입법주의

민법에서 법인은 법률의 규정에 의함이 아니면 성립하지 못한다고 규정하여(제31조), 법인의 성립에 관해 법정주의를 취하고 있다. 그리고 이를 토대로, 민법의 적용을 받는 비영리법인의 성립요건으로는 '주무관청의 허가'와 '설립등기'를 요구한다(제32조·제33조). 법인은 법률의 규정에 의하여 성립하는데, 그 법률의 규정에 따른 성립요건에는 다음과 같은 여러 주의가 있다.

(1) 자유설립주의

법인의 설립에 관해 아무런 제한을 하지 않는 것으로 우리 민법은 이 주의를 채택하지 않는다(스위스 민법이 비영리 사단법인의 설립에 관해서 이 주의를 취한다고 한다).

(2) 준칙주의

법인설립에 관한 요건을 미리 법률에 정해 놓고, 그 요건이 충족되는 때에는 당연히 법인이 성립하는 것으로 보는 입법주의이다. 영리법인(제39조), 상사회사(상법 제172조), 노동조합 등이 이에 속한다.

(3) 인가주의

법률이 정한 요건을 갖추고 행정관청의 인가(허가와는 달리 그 요건을 갖추면 반드시 인가를 해 주어야 한다)를 얻음으로써 법인으로 성립하는 것으로서, 변호사회 · 약사회 · 법무법인 · 상공회의소 · 농업협동조합 · 중소기업협동조합 등이 있다.

(4) 허가주의

법인의 설립에 관하여 행정관청의 자유재량에 의한 허가를 필요로 하는 것으로서 민법은 비영리사단법인과 재단법인에 관하여 이 주의를 취한다. 사립학교법에 의한 학교법인 등도 이 주의를 취한다.

(5) 특허주의

각개의 법인을 설립할 때마다 특별한 법률의 제정을 필요로 한다. 개별 법률에 의해 설립되는 국책은행과 각종공사 · 한국마사회 등이 있다.

(6) 설립강제주의 · 임의주의

우리헌법상 단체설립의 자유가 있으므로 단체설립은 원칙으로 임의적이다. 그러나 공익상 법인의 설립을 국가가 강제하는 것으로서, 변리사회 · 약사회 · 수의사회 · 변호사회·대한상공회의소 등이 있다.

2. 정관의 성질

> **제40조 (사단법인의 정관)**
> 사단법인의 설립자는 다음 각호의 사항을 기재한 정관을 작성하여 기명날인하여야 한다.
> 1. 목적
> 2. 명칭
> 3. 사무소의 소재지
> 4. 자산에 관한 규정
> 5. 이사의 임면에 관한 규정
> 6. 사원자격의 득실에 관한 규정
> 7. 존립시기나 해산사유를 정하는 때에는 그 시기 또는 사유

사단법인의 정관은 이를 작성한 사원뿐만 아니라 그 후에 가입한 사원이나 사단법인의 기관 등도 구속하는 점에 비추어 보면, 그 법적 성질은 계약이 아니라 자치법규로 보는 것이 타당하다(대판 2000.11.24, 99다12437).

판례 〈사단법인의 정관해석방법〉 헌정회 회장선거때 '회장은 중임할 수 없다'는 정관의 명문 규정에도 불구하고 보궐선거로 당선된 회장의 경우에는 이 조항을 적용하지 않는다는 총회의 결의에 따라 회장이 선출된 경우, 대법원은 정관내용과 다르게 해석한 사원총회의 결의는 무효라고 판단하였다. 따라서 본 사안에서는 당해 회장을 다시 회장으로 선임할 수 있기 위해서는, 총회의 결의방식에 의해서는 안되고, 보선회장의 경우에는 중임제한의 적용이 없다는 내용을 정관에 새로 기재하여 정관변경의 절차를 거쳐야만 한다(제42조 참조).

3. 주무관청의 허가

> **제32조 (비영리법인의 설립과 허가)**
> 학술, 종교, 자선, 기예, 사교 기타 영리 아닌 사업을 목적으로 하는 사단 또는 재단은 주무관청의 허가를 얻어 이를 법인으로 할 수 있다.
>
> **제42조 (사단법인의 정관의 변경)**
> ① 사단법인의 정관은 총사원 3분의 2이상의 동의가 있는 때에 한하여 이를 변경할 수 있다. 그러나 정수에 관하여 정관에 다른 규정이 있는 때에는 그 규정에 의한다.
> ② 정관의 변경은 주무관청의 허가를 얻지 아니하면 그 효력이 없다.

(1) 제32조상의 허가

법인이 성립하기 위하여는 주무관청의 허가가 있어야 한다(제32조). 판례는 이 때의 허가는 주무관청의 자유재량에 속하는 행위이므로 주무관청의 불허가처분에 대하여 행정소송으로 다툴 수 없다고 보고 있다(대판 1979.12.26. 79누248).

(2) 제42조 제2항의 허가

제32조의 허가와 비교하여야 할 것이 제42조 제2항(제45조, 제46조 동일)의 허가이다. 즉 정관의 변경은 주무관청의 허가를 얻지 않으면 그 효력이 없다(제42조 제2항). 종래의 판례는 허가의 여부는 자유재량으로 보았으나, 그 후 태도를 변경하여 허가는 그 법적 성질이 인가로서 그 인가처분의 무효나 취소를 다툴 수 있다고 판시한다〔대판(전합) 1996.5.16. 95누4810〕.

판례 ㉠ 〈민법 제45조, 제46조 소정의 재단법인의 정관변경 허가의 법적 성질〉 민법 제45조와 제46조에서 말하는 재단법인의 정관변경 '허가'는 법률상의 표현이 허가로 되어 있기는 하나, 그 성질에 있어 법률행위의 효력을 보충해 주는 것이지 일반적 금지를 해제하는 것이 아니므로, 그 법적 성격은 인가라고 보아야 한다.
㉡ 〈재단법인의 정관변경 결의의 하자를 이유로 정관변경 인가처분의 취소·무효 확인을 소구할 수 있는지 여부(소극)〉 인가는 기본행위인 재단법인의 정관변경에 대한 법률상의 효력을 완성시키는 보충행위로서, 그 기본이 되는 정관변경 결의에 하자가 있을 때에는 그에 대한 인가가 있었다 하여도 기본행위인 정관변경 결의가 유효한 것으로 될 수 없으므로 기본행위인 정관변경 결의가 적법 유효하고 보충행위인 인가처분 자체에만 하자가 있다면 그 인가처분의 무효나 취소를 주장할 수 있지만, 인가처분에 하자가 없다면 기본행위에 하자가 있다 하더라도 따로 그 기본행위의 하자를 다투는 것은 별론으로 하고 기본행위의 무효를 내세워 바로 그에 대한 행정청의 인가처분의 취소 또는 무효확인을 소구할 법률상의 이익이 없다〔대판(전합) 1996. 5. 16. 95누4810〕.

(3) 법인 아닌 사단으로 성립하기 전의 개인취득재산귀속문제

판례는 설립 중의 회사로서의 실체가 갖추어지기 이전에 발기인이 취득한 권리, 의무는 구체적 사정에 따라 발기인 개인 또는 발기인조합에 귀속되는 것으로서 이들에게 귀속된 권리의무를 설립 후의 회사에 귀속시키기 위하여는 양수나 채무인수 등의 특별한 이전행위가 있어야 한다(대판 1990.12.26. 90누2536).

판례 교회가 그 실체를 갖추어 법인 아닌 사단으로 성립한 경우에 교회의 대표자가 교회를 위하여 취득한 권리의 무는 교회에 귀속되나, 교회가 아직 실체를 갖추지 못하여 법인 아닌 사단으로 성립하기 전에 설립의 주체인 개인이 취득한 권리의무는 그것이 앞으로 성립할 교회를 위한 것이라 하더라도 바로 법인 아닌 사단인 교회에 귀속될 수는 없고, 또한 설립중의 회사의 개념과 법적 성격에 비추어, 법인 아닌 사단인 교회가 성립하기 전의 단계에서 설립중의 회사의 법리를 유추적용할 수는 없다(대판 2008.2.28, 2007다37394,37400).

3. 사원권의 양도 등

> **제56조 (사원권의 양도, 상속금지)**
> 사단법인의 사원의 지위는 양도 또는 상속할 수 없다.

사단법인의 사원의 지위는 양도 또는 상속할 수 없다고 규정한 민법 제56조의 규정은 강행규정이라고 할 수 없으므로, 비법인사단에서도 사원의 지위는 규약이나 관행에 의하여 양도 또는 상속될 수 있다(대판 1997.9.26, 95다6205).

XI. 재단법인

재단법인의 설립자는 일정한 재산을 출연하고, 일정한 사항이 기재된 정관을 작성하여 기명날인하여야 한다(제43조). 정관의 작성 이외에 재산을 출연하여야 한다는 점에서 재단법인 설립행위는 사단법인의 그것과는 근본적으로 다르다. 재단법인의 설립행위는 일정한 재산을 출연하고 서면으로 정관을 작성하여야 하는 요식행위이며, 그 실질은 재단에 법인격을 주려고 하는 법률행위이다. 그리고 법률행위 중에서도 상대방 없는 단독행위라는 것이 통설적 견해이다. 이러한 통설에 의하면 설립자가 여러 명인 경우에도 단독행위가 경합된 것이라고 한다. 한편 재단법인의 설립행위는 생전처분으로 할 수도 있고, 유언으로 할 수도 있다(제47조 참조).

◎ 법인제도

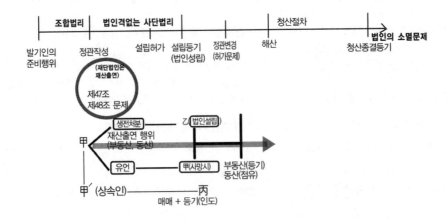

1. 재단법인의 정관

> **제43조 (재단법인의 정관)**
> 재단법인의 설립자는 일정한 재산을 출연하고 제40조 제1호 내지 제5호(목적, 명칭, 사무소 소재지, 자산에 관한 규정, 이사의 임면에 관한 규정)의 사항을 기재한 정관을 작성하여 기명날인하여야 한다.

재단법인의 설립행위는 일정한 재산을 출연하고 서면으로 정관을 작성하여야 하는 요식행위이다. 즉 목적, 명칭, 사무소의 소재지, 자산에 관한 규정, 이사의 임면에 관한 규정이다. <u>그러나 사원자격의 득실에 관한 규정과 존립시기나 해산사유를 정하는 때에는 그 시기 또는 사유는 필요적 기재사항이 아니다.</u>

판례 〈재단법인 설립과정에서 그 출연자들이 장래 설립될 재단법인의 기본재산으로 귀속될 부동산에 관하여 소유명의만을 신탁하는 약정을 한 경우, 이러한 명의신탁계약이 새로 설립된 재단법인에 대하여 효력을 미치는지 여부(소극)〉 재단법인의 기본재산은 재단법인의 실체를 이루는 것이므로(제40조, 제43조 참조), 재단법인 설립을 위한 기본재산의 출연행위에 관하여 그 재산출연자가 소유명의만을 재단법인에 귀속시키고 실질적 소유권은 출연자에게 유보하는 등의 부관을 붙여서 출연하는 것은 재단법인 설립의 취지에 어긋나는 것이어서 관할 관청은 이러한 부관이 붙은 출연재산을 기본재산으로 하는 재단법인의 설립을 허가할 수 없는데, <u>소유권이전등기를 마친 이후에까지 이러한 명의신탁계약이 설립된 재단법인에 효력이 미친다고 보면 재단법인의 기본재산이 상실되어 재단법인의 존립 자체에 영향을 줄 것이므로, 위와 같은 명의신탁계약은 새로 설립된 재단법인에 대해서는 효력을 미칠 수 없다</u>(대판 2011.2.10, 2006다65774).

2. 재단법인에서 재산의 출연

> **제47조 (증여, 유증에 관한 규정의 준용)**
> ① 생전처분으로 재단법인을 설립하는 때에는 증여에 관한 규정을 준용한다.
> ② 유언으로 재단법인을 설립하는 때에는 유증에 관한 규정을 준용한다.
> **제48조 (출연재산의 귀속시기)**
> ① 생전처분으로 재단법인을 설립하는 때에는 출연재산은 법인이 성립된 때로부터 법인의 재산이 된다.
> ② 유언으로 재단법인을 설립하는 때에는 출연재산은 유언의 효력이 발생한 때로부터 법인에 귀속한 것으로 본다.

(1) 설립행위의 성질

1) 단독행위설

재단법인의 설립행위는 일정한 재산을 출연하고 서면으로 정관을 작성하여야 하는 요식행위이며, 그 실질은 재단에 법인격을 주려고 하는 법률행위이다. 그리고 법률행위 중에서도 상대방 없는 단독행위라는 것이 통설적 견해이다.

2) 계약설

그러나 소수설은 계약설을 취하는데, 그 이유는 권리의 양도를 단순히 양도인만의 단독행위로 한다는 것은 민법의 기본원리에 맞지 않기 때문이라 한다(이은영).

(2) 법률행위로서 출연행위

재단법인설립을 위하여 서면에 의한 증여를 한 출연자가 착오를 이유로 출연의 의사표시를 취소할 수 있다(아래 판결참조).

판례 〈대판 1999.7.9, 98다9045〉 민법 제47조 제1항에 의하여 생전처분으로 재단법인을 설립하는 때에 준용되는 민법 제555조는 "증여의 의사가 서면으로 표시되지 아니한 경우에는 각 당사자는 이를 해제할 수 있다."고 함으로써 서면에 의한 증여(출연)의 해제를 제한하고 있으나, 그 해제는 민법 총칙상의 취소와는 요건과 효과가 다르므로 서면에 의한 출연이더라도 민법 총칙규정에 따라 출연자가 착오에 기한 의사표시라는 이유로 출연의 의사표시를 취소할 수 있고, 상대방 없는 단독행위인 재단법인에 대한 출연행위라고 하여 달리 볼 것은 아니다.

(3) 재단법인에서 출연재산의 귀속시기

1) 문제의 소재

재단법인의 설립을 위한 출연행위는 이른바 상대방 없는 단독행위이다. 따라서 그것은 엄연히 법률행위가 된다. 여기서 제48조의 규정과 권리변동에 관한 성립요건주의의 원칙과의 규정(제186조, 제188조, 제508조, 제523조)과 정면으로 충돌하게 되고, 이 점이 문제로 제기된다.

2) 학설의 대립

(ㄱ) 다수설(물권적 귀속설)

제48조의 규정을 재단법인의 재산적 기초를 충실히 하기 위한 특별규정으로 이해하여, 재단법인 앞으로의 공시가 없어도, 제48조에서 정하는 시기에 재단법인에로 그 권리가 귀속된다고 한다.

(ㄴ) 소수설(채권적 귀속설)

법인의 성립 또는 설립자의 사망시에 법인에 출연재산의 이전청구권이 생길 뿐이고, 그것이 현실로 재단법인에 이전되는 것은 그 공시를 한 때라고 한다.

(ㄷ) 판례

판례는 처음에는 다수설과 같은 견해를 취하였으나 후에 이 판례를 변경하면서 "부동산을 출연한 사안에서, 출연자와 법인간(=대내적 관계)에는 등기 없이도 제48조에 규정된 때에 법인에 귀속되지만, 법인이 그것을 가지고 제3자에 대항하기 위해서는 제186조의 원칙에 돌아가 그 등기를 필요로 한다"고 하고 있다. 즉 판례는 재단법인에 출연된 부동산은 당사자간에는 이전등기 없이도 소유권이 이전되지만(다수설과 동일), 이로써 제3자에게 대항하기 위해서는 이전등기를 갖추어야 한다고 한다(소수설과 동일). 따라서 판례는 대내적·대외적 관계를 구분하여 이원적으로 구성한다. 그러나 결과에 있어서는 실제 소수설과 같게 된다.

판례 〈재단법인 출연재산의 귀속시기〉 ① 출연재산이 부동산인 경우에 출연자와 법인 사이에는 법인의 성립 이외에 등기를 필요로 하는 것은 아니지만, 제3자에 대한 관계에 있어서는 출연행위는 법률행위이므로 출연재산의 법인에의 귀속에는 등기를 필요로 한다(대판(전합) 1979.12.11. 78다481 · 482). ② 유언으로 재단법인을 설립하는 경우에도 제3자에 대한 관계에서는 출연재산이 부동산인 경우는 그 법인에의 귀속에는 법인의 설립 외에 등기를 필요로 하는 것이므로, 재단법인이 그와 같은 등기를 마치지 아니하였다면 유언자의 상속인의 한 사람으로부터 부동산을 취득하여 이전등기를 마친 선의의 제3자에 대하여 대항할 수 없다(대판 1993.9.14. 93다8054).

> ◎ 다수설과 소수설의 실질적 차이는 설립자가 재단법인에 그의 부동산을 출연하기로 하여 법인을 설립한 후(성립된 후) 법인의 명의로 소유권이전등기가 되기 전(유언으로 하는 경우에는 유언의 효력발생 후 -유언자 사망시, 법인명의로 소유권이전등기 전)에 제3자에게 이중양도한 경우에 소유권이 누구에게 귀속하는가의 문제에서 나타난다.

3. 사례연습

관련사례 甲은 2008년 10월 25일 그의 소유인 대지 3,000평을 A재단법인의 설립을 위하여 출연하고, 동년 11월 2일에 사망하였다. 그의 아들 乙이 아버지의 뜻을 따라 교육부에 재단법인 설립허가를 2009년 1월 20일에 신청하여 동년 2월 20일에 설립허가를 받고 동년 3월 10일 설립등기를 마쳤다. 그 후 乙이 마음이 변하여 위 대지를 자기 명의로 상속등기를 하고 이를 丙에게 매각하여 소유권이전등기까지 완료하였다.

해설 교 수 : A재단법인이 출연된 토지의 소유권에 대한 이전을 요구할 수 있는 법적 근거는 무엇입니까?

학 생 : 재단법인 설립행위의 법적 성질은 상대방 없는 단독행위이므로 위 토지 소유권이 이전 될 수 있는 법적 근거는 유증입니다(×, 생전처분으로 증여이다 - 제47조 참조).

교 수 : 재단법인에 대한 출연재산의 귀속시기에 관하여 생전처분일 경우에는 법인이 성립한 때, 즉 설립등기시에 귀속하므로 A재단법인은 이미 위 토지의 소유권을 취득했다고 보아야 하는데, 판례의 태도는 어떻습니까?

학 생 : 비록 丙에게 매각하여 丙의 명의로 소유권이전등기가 되어있다고 하여도 A재단법인이 위 토지 소유권을 취득하는 데에 문제가 없다는 것이 현재 판례의 태도입니다(×, - 판례가 아닌 학설 중 다수설의 태도이다).

4. 재단법인의 정관의 변경

(1) 의의 및 특징

정관의 변경이란 법인이 그 동일성을 유지하면서 그 조직을 변경하는 것을 말한다. 다만 정관변경의 허용의 정도는 사단법인과 재단법인에 따라 다르다. 사원의 자주적인 의사결정에 따라 자율적으로 운영되는 사단법인에 있어서는 그 변경이 원칙적으로 허용되지만(따라서 사단법인정관에 그 정관을 변경할 수 없다는 규정이 있더라도 총사원의 동의로 정관을 변경할 수 있다), 설립자의 의사에 따라 타율적으로 운영되는 재단법인에 있어서는 그 변경에 제약이 따른다.

(2) 사단법인의 정관변경

사단법인의 정관을 변경하기 위해서는 사원총회의 결의와 주무관청의 허가를 받아야 한다(제42조). 한편 그 변경사항이 등기사항인 경우에는 그 변경을 등기하여야 제3자에게 대항할 수 있다(제54조 참조).

(3) 재단법인의 정관변경

제43조 (재단법인의 정관)
재단법인의 설립자는 일정한 재산을 출연하고 제40조 제1호 내지 제5호의 사항을 기재한 정관을 작성하여 기명날인하여야 한다.

제44조 (재단법인의 정관의 보충)
재단법인의 설립자가 그 명칭, 사무소 소재지 또는 이사임면의 방법을 정하지 아니하고 사망한 때에는 이해관계인 또는 검사의 청구에 의하여 법원이 이를 정한다.

제45조 (재단법인의 정관변경)
① 재단법인의 정관은 그 변경방법을 정관에 정한 때에 한하여 변경할 수 있다.
② 재단법인의 목적달성 또는 그 재산의 보전을 위하여 적당한 때에는 전항의 규정에 불구하고 명칭 또는 사무소의 소재지를 변경할 수 있다.
③ 제42조 제2항의 규정은 전2항의 경우에 준용한다(즉 정관의 변경은 주무관청의 허가를 얻지 아니하면 그 효력이 없다는 규정).

제46조 (재단법인의 목적 기타의 변경)
재단법인의 목적을 달성할 수 없는 때에는 설립자나 이사는 주무관청의 허가를 얻어 설립의 취지를 참작하여 그 목적 기타 정관의 규정을 변경할 수 있다.

1) 재단법인은 그 목적과 조직이 설립시에 확정되어 있는 타율적 법인이므로 그 정관은 이를 변경하지 못하는 것이 원칙이다. 그리고 재단법인의 기본재산에 관한 사항은 정관의 기재사항(제43조)으로서 기본재산의 변경은 정관의 변경(제45조 제2항)을 초래하기 때문에 주무부장관의 허가를 받아야 하고, 따라서 기존의 기본재산을 처분하는 행위는 물론 새로이 기본재산으로 편입하는 행위도 주무부장관의 허가가 있어야만 유효하다(대판 1982.9.28, 82다카499).

2) 다만 다음과 같은 경우에는 예외적으로 재단법인의 정관을 변경할 수 있다. 이때에도 그 정관의 변경은 주무관청의 허가를 얻어야 그 효력을 발생한다(제45조 제3항).

(ㄱ) 정관의 규정에 의한 변경
재단법인의 정관은 그 변경방법을 정관에 정한 때에는 이를 변경할 수 있다(제45조 제1항). 그러나 이는 정관의 실행이지 본래 의미의 정관변경은 아니다.

(ㄴ) 명칭·사무소·소재지의 변경
정관에서 그 변경방법을 정하지 않은 경우에도 재단법인의 목적달성 또는 그 재산의 보전을 위하여 적당한 때에는 명칭 또는 사무소의 소재지를 변경할 수 있다(제45조 제2항).

(ㄷ) 목적 기타 정관규정의 변경
재단법인의 목적을 달성할 수 없는 때에는 설립자나 이사는 주무관청의 허가를 얻어 설립의 취지를 참작하여 그 '목적 기타 정관의 규정'을 변경할 수 있다(제46조).

판례 ① 〈**재단법인의 기본재산처분행위**〉 재단법인의 정관에는 자산에 관한 규정을 기재하여야 하므로 재단법인의 기본재산처분은 결국 정관의 변경을 초래하게 되어 주무관청의 허가를 얻지 못하면 효력이 발생하지 않는다(대판 1969. 2. 18, 68다2323). 따라서 일단 주무장관의 허가를 얻어 기본재산에 편입하여 정관기재사항의 일부가 된 경우에는 비록 그것이 명의신탁관계에 있었던 것이라 하더라도 이것을 처분(반환)하는 것은 정관의 변경을 초래하는 점에 있어서는 다를 바 없으므로 주무장관의 허가 없이 이를 이전등기할 수는 없다(대판 1991.5.28, 90다8558). 그러므로 재단법인 명의로 소유권이전등기가 경료된 부동산이 재단법인의 기본재산에 편입되었다고 인정하기 위해서는 그 편입에 관한 주무부장관의 허가가 있었음이 먼저 입증되어야 한다(대판 1982.9.28, 82다카499).
② 〈**재단법인의 기본재산증가행위**〉 재단법인이 그 기본재산을 증가시키는 경우도 정관의 변경으로서 주무관청의 허가를 받아야 효력이 발생한다(대판 1969. 7. 22, 67다568). 그러므로 공원묘지의 유지관리를 목적사업으로 하는 재단법인이 그 묘역 일부에 대한 분양권을 공사비채무의 변제에 갈음하여 양도하는 내용의 대물변제계약은 재단법인의 기본재산의 처분으로서 정관을 변경하는 행위에 해당하여 주무관청의 허가가 없는 한 무효이다(대판 1994.4.12, 93다52747).
③ 〈**학교법인의 금전채권자가 학교법인을 대위하여 관할청에 기본재산의 처분허가신청을 할 수 있는지 여부(소극)**〉 사립학교법 제28조 제1항의 규정 취지 및 학교법인 기본재산에 대한 처분허가신청권의 법적 성격에 비추어 볼 때, 학교법인의 금전채권자는 학교법인을 대위하여 관할청에 기본재산의 처분허가신청을 할 수 없다고 보는 것이 타당하다(대법원 2011.12.8. 선고 2011두14357 판결).

XII. 법인의 능력

법인도 권리의 주체이므로 자연인과 마찬가지로 권리능력·행위능력·불법행위능력을 갖는다. 그러나 그 성질은 같지는 않다. 그것은 자연인의 능력이 의사표시 내지는 판단능력을 중심으로 하는 것이라면 법인의 능력은 그 법 기술적인 측면을 중심으로 하여 전개되기 때문이다. 이를테면 법인에 있어서는 자연인과 같은 제한능력자나 책임무능력자는 없다. 민법상 법인의 능력에 관한 규정은 비영리법인 이외의 다른 법인(즉 영리법인 기타 특별법상의 법인)에도 적용된다. 다만 상법상 회사의 불법행위능력에 관하여는 따로 특별규정을 두고 있을 뿐이다. 한편 법인의 능력에 관한 규정은 강행규정으로 되어 있다.

> **제34조 (법인의 권리능력)**
> 법인은 법률의 규정에 좇아 정관으로 정한 목적의 범위 내에서 권리와 의무의 주체가 된다.

1. 일반론

법인의 권리능력에 관해 민법에서 법인은 "법률의 규정에 좇아 정관으로 정한 목적의 범위 내에서 권리와 의무의 주체가 된다"고 규정한다(제34조). 따라서 법인의 권리능력의 범위는 법률의 규정과 정관상 목적에 의해 제한을 받게 된다. 한편 명문으로 규정하지는 않았지만 자연인을 전제로 하는 권리를 법인이 가질 수 없음은 당연하다. 예컨대, 자연인을 전제로 하는 권리, 즉 생명권·정조권·상속권 등은 법인이 가질 수 없다. 즉 법인은 전면적·포괄적 기본권주체인 자연인과 달리 그 목적 등에 의하여 제한을 받는 부분적 기본권주체이다. 또한 법인은 법률로서 인정되는 주체이기 때문에 법률에 의한 제한이 있다.

(1) 법인의 권리능력

제34조에서는 "법인은 법률의 규정에 좇아 정관으로 정한 목적의 범위내에서 권리와 의무의 주체가 된다"고 하고 있다.

(ㄱ) 명문규정은 없으나 법인의 권리능력 범위 내에서 행위능력을 가진다고 하는 것이 통설의 견해이다.

(ㄴ) 법인의 권리능력은 명령에 의한 제한이 아닌 법률에 의한 제한이다. 물론 자연인과 구별되기 때문에 성질상 제한도 있다(상속능력은 부정된다. 다만 유증을 받을 수는 있다).

판례 법인은 법률의 규정에 좇아 정관으로 정한 목적의 범위내에서 권리와 의무의 주체가 된다」에 대한 제34조의 규정에 판례는 정관으로 정한 목적의 범위내의 의미에 대하여 목적범위 내의 행위라 함은 정관 이나 법률에 명시된 목적자체에 국한되는 것이 아니라 그 목적을 수행하는데 있어 직접·간접으로 필요한 행위는 모두 포함된다고 하고 있다(대판 2009.12.10, 2009다63236; 대판 1987.9.8, 86다카1349).

(2) 법인의 불법행위능력

법인의 불법행위능력은 기관의 사용자로서 지는 책임(제756조)이 아니라 자신의 책임이다. 따라서 그 선임·감독에 과실이 없음을 입증하여도 면책되지 않는다. 즉 제35조의 법인이 불법행위책임을 부담하는 경우에는 제756조의 사용자책임과는 달리 면책사유가 없다는 점이다. 따라서 피해자 입장에서는 제35조 책임이 제756조의 책임보다 유리하다.

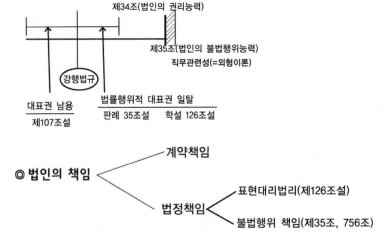

2. 법인의 불법행위능력

> **제35조 (법인의 불법행위능력)**
> ① 법인은 이사 기타 대표자가 그 직무에 관하여 타인에게 가한 손해를 배상할 책임이 있다. 이사 기타 대표자는 이로 인하여 자기의 손해배상책임을 면하지 못한다.
> ② 법인의 목적범위외의 행위로 인하여 타인에게 손해를 가한 때에는 그 사항의 의결에 찬성하거나 그 의결을 집행한 사원, 이사 및 기타 대표자가 연대하여 배상하여야 한다.

(1) 민법 제35조의 의의 및 법인책임의 체계분석

㉠ 민법 제35조는 법인이 그의 대표기관의 가해행위에 대해 책임을 지는 것을 말한다.

㉡ 가해행위는 반드시 법인의 목적범위 내에 속하는 것일 필요는 없다. 법인의 목적범위는 권리능력에 관한 제한이며 민법은 불법행위의 책임에 관하여는 별도로 직무관련성이라는 제한을 두고 있으므로 직무관련성만을 기준으로 책임발생 여부를 판단하면 충분하다.

◎ 제35조의 법인의 불법행위책임

(2) 불법행위의 요건

1) 대표기관의 행위

법인의 불법행위가 성립하기 위하여는 이사 기타 대표자의 행위이어야 하는 바, 이에는 이사·임시이사(제63조)·특별대리인(제64조) 등이 포함된다. 한편 이사는 특정의 법률행위를 대리하는 법인의 대리인을 선임할 수 있는 데(제62조), 이러한 이사의 대리인은 대표자의 행위로 볼 수 없다(통설적 견해). 따라서 위의 경우, 법인자신의 불법행위가 성립되지 않고 법인은 다만 사용자 책임을 질뿐이다(제756조). 특히 최근에는 이사 기타 대표자와 관련하여 사실상 대표자의 행위로 인한 법인의 불법행위책임(제35조)의 성립여부 문제이다(아래판결 참조).

판례 ㉠ 〈대표권이 없는 이사의 행위에 대하여도 법인의 불법행위책임이 성립하는지 여부(소극)〉 민법 제35조에서 말하는 '이사 기타 대표자'는 법인의 대표기관을 의미하는 것이고 대표권이 없는 이사는 법인의 기관이기는 하지만 대표기관은 아니기 때문에 그들의 행위로 인하여 법인의 불법행위가 성립하지 않는다(대판 2005.12.23, 2003다30159).
㉡ 〈민법 제35조 제1항에서 정한 '법인의 대표자'에 당해 법인을 실질적으로 운영하면서 법인을 사실상 대표하여 법인의 사무를 집행하는 사람도 포함되는지 여부(적극) 및 그러한 사람에 해당하는지 여부의 판단 기준〉 민법 제35조 제1항은 "법인은 이사 기타 대표자가 그 직무에 관하여 타인에게 가한 손해를 배상할 책임이 있다"라고 정한다. 여기서 '법인의 대표자'에는 그 명칭이나 직위 여하, 또는 대표자로 등기되었는지 여부를 불문하고 당해 법인을 실질적으로 운영하면서 법인을 사실상 대표하여 법인의 사무를 집행하는 사람을 포함한다고 해석함이 상당하다. 그리고 이러한 법리는 주택조합과 같은 비법인사단에도 마찬가지로 적용된다(대판 2011.4.28, 2008다15438).

2) 직무관련성

(가) 의의

통설과 판례는 '직무에 관하여'란 의미를 행위의 외형상 기관의 직무수행행위라고 볼 수 있는 행위는 물론이며, 그 자체로서는 본래 직무행위에 속하지 않으나 직무행위와 사회관념상 상당한 관련성을 가지는 행위를 포함한다(외형이론). 이러한 직무관련성은 외부에서 객관적으로 볼 때를 기준으로 하고 법인과 이사의 주관적·내부적인 문제로 판단하지 않는다. 행위의 외형상 직무행위라고 인정되는 것은 부당하게 행하여져도 제35조에 해당한다.

판례 ㉠ 판례는 일관하여 행위의 외형상 법인의 대표자의 직무행위라고 인정할 수 있는 것이라면 설사 그것이 대표자 개인의 사리를 도모하기 위한 것이었거나 혹은 법령의 규정에 위반된 것이었다 하더라도 직무에 관한 행위에 해당된다고 한다(불법행위책임긍정; 대판 2004.2.27. 2003다15280).
㉡ 학교법인의 설립자로서 이사장이 사업자금에 쓸 목적으로 학교법인의 명의로 금원을 차용하였으나 위 차용행위는 감독청의 허가를 받지 아니하여 무효(사립학교법위반-강행규정위반)이므로 이로 인하여 상대방은 동액상당의 손해를 입게 되었으므로 위 차용행위는 학교법인의 피용자인 이사장이 직무상 행위로서 상대방에 대하여 불법행위를 구성한다고 할 것이므로 학교법인은 피해자인 상대방에게 그로 인한 손해를 배상할 책임이 있다(대판 1987.4.28. 86다카2534).

(나) 직무관련성이 배제되는 경우

대표기관과 행위한 상대방이 대표기관의 가해행위에 가담하거나 공모하거나 악의인 경우(설에 따라서는 중대한 과실이 있는 경우 포함)에는 법인의 책임이 발생하지 않는다. 이러한 상대방은 피해자로 볼 수 없기 때문이다.

판례 ㉠ 토지개량조합의 조합장이 토지개량사업법에서 정한 절차를 거치지 않고 제3자로부터 사용을 위하여 금원을 차용한 경우, 법인의 손해배상책임과 관련하여 이러한 행위는 그 직무에 관하여 한 행위라고 보는 것이 상당하고, 다만 그 제3자가 조합장의 사용으로 하는 것임을 알고 있었다면 그 직무에 관하여 손해를 가하였다고 주장할 수 없다고 판시한다(대판 1968.1.31. 67다2785; 1996.12.23. 96다39035).
㉡ 비법인사단의 경우 대표자의 행위가 직무에 관한 행위에 해당하지 아니함을 피해자 자신이 알았거나 또는 중대한 과실로 인하여 알지 못한 경우에는 비법인사단에게 손해배상책임을 물을 수 없다고 할 것이다(대판 2008.1.18. 2005다34711; 대판 2003.7.25. 2002다27088).

3) 일반불법행위요건구비

대표기관은 제750조 요건이 충족되어야 한다. 여기서 논란이 있는 것은 대표기관이 책임능력자이어야 하는 가이다. 통설은 긍정적이나, 책임능력자일 필요가 없다는 설도 주장됨에 유의하여야 한다.

판례 〈시흥재개발조합사건〉 도시재개발법에 의하여 설립된 재개발조합의 조합원이 조합의 이사 기타 조합장 등 대표기관의 직무상의 불법행위로 인하여 직접 손해를 입은 경우에는 민법 제35조에 의하여 재개발조합에 대하여 그 손해배상을 청구할 수 있다. 그리고 재개발조합의 대표기관의 직무상 불법행위로 조합에게 과다한 채무를 부담하게 함으로써 재개발조합이 손해를 입고 결과적으로 조합원의 경제적 이익이 침해되는 손해와 같은 간접적인 손해는 민법 제35조에서 말하는 손해의 개념에 포함되지 아니하므로 이에 대하여는 위 법 조항에 의하여 손해배상을 청구할 수 없다(대판 1999. 7. 27. 99다19384).

(3) 불법행위의 효과

1) 부진정연대채무

㉠ 법인은 불법행위에 의한 손해배상책임을 부담한다. 이 경우 법인과 이사 기타 대표자가 그 직무에 관하여 타인에게 가한 손해를 연대하여 배상할 책임이 있다. 그 책임의 성질은 부진정연대채무이다.

판례 주식회사의 대표이사가 업무집행과 관련하여 정당한 권한 없이 직원으로 하여금 타인의 부동산을 지배·관리하게 하는 등으로 소유자의 사용수익권을 침해한 경우, 회사와 별도로 손해배상책임을 부담하는지 여부(적극) : 주식회사의 대표이사가 업무집행과 관련하여 정당한 권한 없이 직원으로 하여금 타인의 부동산을 지배·관리하게 하는 등으로 소유자의 사용수익권을 침해하고 있는 경우, <u>부동산의 점유자는 회사일 뿐이고 대표이사 개인은 독자적인 점유자는 아니기 때문에 부동산에 대한 인도청구 등의 상대방은 될 수 없다고 하더라도, 고의 또는 과실로 부동산에 대한 불법적인 점유상태를 형성·유지한 위법행위로 인한 손해배상책임은 회사와 별도로 부담한다고 보아야 한다</u>(대법원 2013.06.27. 선고 2011다50165 판결).

(ㄴ) 법인이 피해자에게 배상하면 법인은 기관에 대하여 구상권을 행사할 수 있다(제65조 참조).

2) 법인의 책임배제시

법인의 불법행위가 성립하지 않는다면 대표기관 개인만이 불법행위책임을 진다(제750조). 이 경우 법인의 목적범위 외의 행위로 인하여 타인에게 손해를 가한 때에는 그 사항의 의결에 찬성하거나 그 의결을 집행한 사원, 이사 및 기타 대표자가 연대하여 배상하여야 한다(제35조 제2항).

(4) 법인의 불법행위책임 유추적용

1) 재개발사업시행자의 책임

재개발사업 시행자가 분양신청을 하지 아니한 토지의 소유자에 대하여 <u>대지 및 건축시설을 분양하지도 아니하고 청산금도 지급하지 아니하기로 하는 분양처분을 한 경우</u> 그 토지의 소유자에 대하여 불법행위의 책임을 지게 되는 것이다(대판 2002.10.11. 2002다33502).

2) 노동조합의 책임

노동조합의 간부들이 불법쟁의행위를 기획, 지시, 지도하는 등으로 주도한 경우에 이와 같은 <u>간부들의 행위는 조합의 집행기관으로서의 행위</u>라 할 것이므로 이러한 경우 민법 제35조 제1항의 유추적용에 의하여 노동조합은 그 불법쟁의 행위로 인하여 사용자가 입은 손해를 배상할 책임이 있다(대판 1994.3.25. 93다32828).

3) 주택조합(비법인 사단)

주택조합과 같은 비법인사단의 대표자가 직무에 관하여 타인에게 가한 손해를 가한 경우(조합아파트 중복분양), 그 사단은 민법 제35조 제1항의 유추적용에 의하여 그 손해를 배상할 책임이 있다(대판 2003.7.25. 2002다27088).

판례 〈법인대표기관의 고의적인 불법행위에 대하여 피해자들에게 과실이 있는 경우, 과실상계법리의 적용여부(적극)〉 신용금고의 대표이사가 고객들로부터 예탁금조로 교부받은 금원을 임의로 횡령한 경우에 있어 위 대표이사의 행위가 대표기관의 고의적인 불법행위라 하더라도 법인자체의 불법행위책임을 묻고 있는 피해자들에게 그 불법행위 내지 손해발생에 과실이 있다면 법원은 과실상계의 법리에 좇아 손해배상의 책임 및 그 금액을 정함에 있어 이를 참작하여야 한다(대판 1987.11.24. 86다카1834).

3. 대표권남용과 대표권일탈

(1) 쟁점

㉠ 원래 대표권남용은 대표기관이 대표권의 <u>범위 안에서</u> 자기나 제3자의 이익을 꾀하기 위하여 대표행위를 행한 경우에 생기는 문제이다. 대표기관이 대표권의 <u>범위를 넘어서</u> 자신의 이익 등을 꾀하기 위하여 대표행위를 한 경우에는 대표권의 남용과는 다른 것이다(국내 문헌들은 이 두 경우를 제대로 구별하지 못하고 있다는 지적이 있다-송덕수).

㉡ 한편 판례는 대표권남용에 관하여 통일되어 있지 않다. 주류는 제107조 제1항 단서유추적용설의 견지에 있다. 대표권남용은 결코 대표권이 없이 대표행위가 행하여진 것이 아니다.

(2) 학설과 판례

㉠ 대표기관의 행위가 불법행위에 해당되면 당연히 민법 제35조 제1항이 적용될 수 있으나 법률행위를 통하여 대표권남용(일탈)행위를 하였을 때에는 민법 제35조 제1항을 유추적용하자는 견해와 제126조의 표현대리의 규정을 적용하자는 견해로 대별된다. <u>제126조 우선적용설이 다수설이다.</u>

㉡ 판례는 「<u>행위의 외형상 법인의 대표자의 직무행위라고 인정할 수 있는 것이라면, 설사 그것이 대표자 개인의 사리를 도모하기 위한 것이거나 혹은 법령의 규정에 위배된 것이더라도, 위의 직무에 관한 행위에 해당한다</u>」라고 판시하며 표현대리의 법리에 의하지 않고, 법인의 불법행위책임을 인정하고 있다(대판 2004.2.27, 2003다15280; 대판 1969.8.26, 68다2320). 다만 판례는 상대방이 특히 고의나 중대한 과실이 있는 경우, 법인은 그 행위의 효과를 부정할 수 있다고 한다(즉 불법행위책임을 면할 수 있다).

판례 ① 법인이 그 대표자의 불법행위로 인하여 손해배상의무를 지는 것은 그 대표자의 직무에 관한 행위로 인하여 손해가 발생한 것임을 요한다 할 것이나, 그 직무에 관한 것이라는 의미는 행위의 외형상 법인의 대표자의 직무행위라고 인정할 수 있는 것이라면 설사 그것이 대표자 개인의 사리를 도모하기 위한 것이었거나 혹은 법령의 규정에 위배된 것이었다 하더라도 위의 직무에 관한 행위에 해당한다고 보아야 한다(대판 2004. 2. 27. 2003다15280). ② 그러나 피해자인 상대방이 고의나 중대한 과실에 해당하는 경우에는 법인과 직무관련성을 인정하기 어렵기 때문에 책임이 부정된다(대판 2003.9.26, 2002다65073 등). 즉 설령 제3자가 회사의 대표이사가 아닌 이사에게 그 거래행위를 함에 있어 회사를 대표할 권한이 있다고 믿었다 할지라도 그와 같이 믿음에 있어서 중대한 과실이 있는 경우에는 회사는 그 제3자에 대하여는 책임을 지지 아니한다고 판례가 판시한다(대판 2003.9.26, 2002다65073 등). ③ 신용금고의 대표이사가 고객들로부터 예탁금조로 교부받은 금원을 임의로 횡령한 경우에 있어 위 대표이사의 행위가 대표기관의 고의적인 불법행위라 하더라도 법인자체의 불법행위책임을 묻고 있는 피해자들에게 그 불법행위 내지 손해발생에 과실이 있다면 법원은 과실상계의 법리에 좇아 손해배상의 책임 및 그 금액을 정함에 있어 이를 참작하여야 한다(대판 1987.11.24. 86다카1834).

4. 법조경합의 문제

(1) 법인의 대표기관이 권한 범위 밖에서 불법행위를 행하더라도 그것이 외형상 법인의 거래행위로 인정된 경우에는 표현대리에 관한 민법 제126조(권한을 넘은 표현대리)를 제35조(법인의 불법행위책임)보다 우선적으로 적용하여야 한다는 입장은 다수설이나 판례는 제35조 법인의 불법행위책임을 제126조보다 우선한다.

⑵ 학교법인의 대표자였던 자에 의한 차금행위가 불법행위가 된다면 이는 민법상 사용자의 배상책임이 아니고 민법 제35조에 의한 법인자체의 불법행위가 되어 배상책임이 있다(대판 1978. 3. 14, 78다132). 즉 판례는 "법인에 있어서 그 대표자가 직무에 관하여 불법행위를 한 경우에는 민법 제35조 제1항에 의거하여야 한다고 하여, 제756조의 사용자책임에 우선하는 입장"이다(대판 2009.11.26, 2009다57033).

XIII. 법인의 기관

법인은 독립된 권리주체이기는 하지만 자연인처럼 그 자체가 활동할 수는 없다. 자연인과 같이 활동하기 위해서는 법인의 의사를 결정하고 또 그 의사를 집행하는 일정한 조직을 필요로 하는데, 이 조직을 이루는 것이 법인의 기관이다. 민법은 법인의 기관으로 '사원총회'라는 의사결정기관, '이사'라는 의사집행기관, '감사'라는 감독기관과 같이 3가지를 인정하는데, 법인의 종류에 따라 일정하지는 않다. 즉 사원총회는 사단법인에만 있고, 사원이 없는 재단법인에는 없다. 이사는 어느 법인이든 반드시 있어야 하는 필수기관이지만, 감사는 어느 법인이든 임의기관으로 되어 있다(제57조, 제66조 비교).

> **제57조 (이사)**
> 법인은 이사를 두어야 한다.
> **제59조 (이사의 대표권)**
> ① 이사는 법인의 사무에 관하여 각자 법인을 대표한다. 그러나 정관에 규정한 취지에 위반할 수 없고 특히 사단법인은 총회의 의결에 의하여야 한다.
> ② 법인의 대표에 관하여는 대리에 관한 규정을 준용한다.
> **제60조의2 (직무대행자의 권한)**
> ① 제52조의2의 직무대행자는 가처분명령에 다른 정함이 있는 경우 외에는 법인의 통상사무에 속하지 아니한 행위를 하지 못한다. 다만, 법원의 허가를 얻은 경우에는 그러하지 아니하다.
> ② 직무대행자가 제1항의 규정에 위반한 행위를 한 경우에도 법인은 선의의 제3자에 대하여 책임을 진다.

1. 이사의 지위

㈀ 이사는 대외적으로 법인을 대표하고 대내적으로 법인의 업무를 집행하는 상설필요기관이다. 이사가 대표하는 법인의 사무에 대해서는 제한이 없기 때문에 원칙적으로 모든 사무에 미친다.

㈁ 이사는 자연인만이 될 수 있으며(통설), 별도의 정함이 없으면 법인은 언제든지 이사를 해임할 수 있으며 이사도 언제든지 퇴임할 수 있다(위임준용 제689조 참조: 대판 1992.7.24, 92다749).

판례 ① 〈법인 등 대표자의 직무대행자가 선임된 상태에서 적법하게 소집된 총회의 결의에 따라 피대행자의 후임자가 새로 선출된 경우, 총회에서 선임된 후임자가 대표권을 가지는지 여부(소극)〉 가처분재판에 의하여 법인 등 대표자의 직무대행자가 선임된 상태에서 피대행자의 후임자가 적법하게 소집된 총회의 결의에 따라 새로 선출되었다해도 그 직무대행자의 권한은 위 총회의 결의에 의하여 당연히 소멸하는 것은 아니므로 사정변경 등을 이유로 가처분결정이 취소되지 않는 한 직무대행자만이 적법하게 위 법인 등을 대표할 수 있고, 총회에서 선임된 후임자는 그 선임결의의 적법 여부에 관계없이 대표권을 가지지 못한다(대판 2010.2.11. 2009다70395).

② 〈가처분결정에 의하여 학교법인의 이사의 직무를 대행하는 자를 선임한 경우에 그 직무대행자의 지위〉가처분결정에 의하여 학교법인의 이사의 직무를 대행하는 자를 선임한 경우에 그 직무대행자는 단지 피대행자의 직무를 대행할 수 있는 임시의 지위에 놓여 있음에 불과하므로, 가처분결정에 다른 정함이 있는 경우 외에는 학교법인을 종전과 같이 그대로 유지하면서 관리하는 한도 내의 학교법인의 통상업무에 속하는 사무만을 행할 수 있다. 따라서 가처분결정에 의하여 선임된 학교법인 이사직무대행자가 그 가처분의 본안소송인 이사회결의무효확인의 제1심판결에 대하여 항소권을 포기하는 행위는 학교법인의 통상업무에 속하지 않는다고 보아야 할 것이므로, 그 가처분결정에 다른 정함이 있거나 관할법원의 허가를 얻지 아니하고서는 이를 할 수 없다(대판 2006.1.26. 2003다36225).

2. 이사의 의무 등

> **제61조 (이사의 주의의무)**
> 이사는 선량한 관리자의 주의로 그 직무를 행하여야 한다.
> **제65조 (이사의 임무해태)**
> 이사가 그 임무를 해태한 때에는 그 이사는 법인에 대하여 연대하여 손해배상의 책임이 있다.

(1) 선관의무

대표이사가 선관의무(선량한 관리자의 주의의무)에 위반하여 법인에 손해를 준 경우, 이사는 법인에 대하여 내부적 관계에 의하여 이사의 배임행위에 대한 책임을 부담한다(제65조 참조). 예컨대, 대표이사가 그 업무 일체를 다른 이사 등에게 위임하고, 대표이사로서의 직무를 전혀 집행하지 않는 것이 직무상 충실 및 선관의무를 위반하는 행위에 해당한다(대판 2003.4.11. 2002다70044).

(2) 관련 문제

(ㄱ) 후임 이사가 유효히 선임되었는데도 그 선임의 효력을 둘러싼 다툼이 있다고 하여 그 다툼이 해결되기 전까지는 후임 이사에게는 직무수행권한이 없고 임기가 만료된 구 이사만이 직무수행권한을 가진다고 할 수는 없다(대판 2006.4.27. 2005도8875).

(ㄴ) 이사는 임기만료 또는 사임으로 물러나는 경우에, 후임자가 정해질 때까지는 계속해서 종전 업무를 수행할 의무와 권한이 있다고 할 것이나, 임기만료 또는 사임한 이사로 하여금 종전업무를 수행케 하는 것이 부적당하다고 인정할 만한 특별한 사정이 있는 경우에는 그러하지 아니하다(대판 1982.3.9. 81다614).

3. 이사의 대표권제한

> **제33조 (법인설립의 등기)**
> 법인은 그 주된 사무소의 소재지에서 설립등기를 함으로써 성립한다.
> **제54조 (설립등기이외의 등기의 효력과 등기사항의 공고)**
> ① 설립등기이외의 본절의 등기사항은 그 등기후가 아니면 제3자에게 대항하지 못한다.
> ② 등기한 사항은 법원이 지체없이 공고하여야 한다.

> **제41조 (이사의 대표권에 대한 제한)**
> 이사의 대표권에 대한 제한은 이를 정관에 기재하지 아니하면 그 효력이 없다.
> **제60조 (이사의 대표권에 대한 제한의 대항요건)**
> 이사의 대표권에 대한 제한은 등기하지 아니하면 제3자에게 대항하지 못한다.

(1) 효력요건

이사의 대표권의 범위에 대하여는 이를 제한할 수 있는데, 그 제한은 반드시 정관에 기재하여야 하며, 그 정관에 대표권의 제한을 기재하지 아니한 경우에는 무효이다(제41조).

(2) 대항요건

법인의 설립등기는 법인의 성립요건이다(제33조 참조). 그 이외의 등기는 대항요건이다(제54조 참조). 그리고 제60조에서는 '이사의 대표권에 대한 제한은 등기하지 아니하면 제3자에게 대항하지 못한다'라고 하고 있는 바, 판례는 대표권제한의 등기를 하지 아니하면 선·악 불문하고 제3자에게 대항하지 못한다고 하고 있으나 다수설은 선의의 제3자에게만 대항 불가하다는 입장이다.

판례 〈대판 1992.2.14, 91다24564〉 법인의 대표자가 법인의 채무를 부담하는 계약을 함에 있어서 이사회의 결의를 거쳐 이사회의 승인을 얻고 주무관청의 인가를 받도록 정관에 규정되어 있다면 그와 같은 규정은 법인대표권의 제한에 관한 규정으로서 이러한 제한은 등기하지 아니하면 제3자에게 대항할 수 없다. 따라서 법인은 원고가 그와 같은 정관의 규정에 대하여 선의냐 악의냐에 관계없이 원고에 대하여 이러한 절차의 흠결을 들어 이 사건 보증계약의 효력을 부인할 수 없다고 할 것이다.

(3) 적용범위로써 비법인사단의 경우 제60조 적용여부(소극)

비법인사단의 경우에는 대표자의 대표권 제한에 관하여 등기할 방법이 없어 민법 제60조의 규정을 준용할 수 없고, 비법인사단의 대표자가 정관에서 사원총회의 결의를 거쳐야 하도록 규정한 대외적 거래행위에 관하여 이를 거치지 아니한 경우라도, 이와 같은 사원총회 결의사항은 비법인사단의 내부적 의사결정에 불과하다 할 것이므로, 그 거래 상대방이 그와 같은 대표권 제한 사실을 알았거나 알 수 있었을 경우가 아니라면 그 거래행위는 유효하다고 봄이 상당하고, 이 경우 거래의 상대방이 대표권 제한 사실을 알았거나 알 수 있었음은 이를 주장하는 비법인사단측이 주장·입증하여야 한다(대판 2003.7.22, 2002다64780).

4. 이사의 사임 등

(1) 임기만료된 구 이사나 감사가 후임 이사나 감사가 선임될 때까지 종전직무를 수행할 수 있는 경우, 구 이사나 감사가 임기가 만료된 다른 이사 또는 후임 이사를 선임한 이사회결의의 무효확인을 구할 법률상의 이익이 있다(대판 1998.12.23, 97다26142).
(2) 법인의 이사는 법인에 대한 일방적인 사임의 의사표시에 의하여 법률관계를 종료시킬 수 있고, 그 의사표시가 수령권한 있는 기관에 도달됨으로써 효력을 발생하는 것이며, 법인의 승낙이 있어야만 효력이 있는 것은 아니다(대판 1992.7.24, 92다749).

5. 임시이사 · 특별대리인

> **제63조 (임시이사의 선임)**
> 이사가 없거나 결원이 있는 경우에 이로 인하여 손해가 생길 염려 있는 때에는 법원은 이해관계인이나 검사의 청구에 의하여 임시이사를 선임하여야 한다.
>
> **제64조 (특별대리인의 선임)**
> 법인과 이사의 이익이 상반하는 사항에 관하여는 이사는 대표권이 없다. 이 경우에는 전조의 규정에 의하여 특별대리인을 선임하여야 한다.

특히 임시이사 선임에 관한 민법 제63조의 규정을 법인 아닌 사단 또는 재단에도 유추 적용할 수 있는지 여부와 관련하여 판례는 "민법 제63조는 법인 아닌 사단이나 재단에도 유추 적용할 수 있다. 종단 내부의 총체적 분규와 전체적 대립 양상으로 인하여 당해 종단의 신도 중에서는 중립적인 지위에서 종단의 대표자 업무를 적정하게 수행할 수 있는 적임자를 도저히 찾을 수 없는 <u>예외적 사정이 존재하는 경우에는 신도 아닌 사람도 임시이사로 선임할 수 있다</u> [대판(전합) 2009.11.19. 2008마699] ."라고 판시한 바 있다.

판례 〈민법 제63조에 의하여 법원이 선임한 임시이사의 권한 범위(임시이사의 정식이사 선임문제)〉 사립학교법은 학교교육의 자주성과 학교운영의 자율성을 강조하고 있는 반면 사회복지법은 사회복지법인의 공공성을 강조하고 있는 점 등에 비추어 <u>사회복지법</u>은 임시이사의 선임사유 및 절차에 관하여만 규정할 뿐 직무범위, 재임기간, 선임제한 등에 관하여는 아무런 규정을 두지 아니하고 사회복지법에 규정된 것을 제외하고는 민법의 규정을 준용하는 점 등을 종합하여, <u>사회복지법인의 임시이사는 정식이사와 동일한 권한을 갖는다는 이유로, 갑 법인의 임시이사들에게 정식이사 선임에 관한 의결권한이 있다</u>(대법원 2013.6.13. 선고 2012다40332 판결).

6. 총회의 결의 등

> **제71조 (총회의 소집)**
> 총회의 소집은 1주간 전에 그 회의의 목적사항을 기재한 통지를 발하고(발신주의) 기타 정관에 정한 방법에 의하여야 한다.
>
> **제72조 (총회의 결의사항)**
> 총회는 전조의 규정에 의하여 통지한 사항에 관하여서만 결의할 수 있다. 그러나 정관에 다른 규정이 있는 때에는 그 규정에 의한다.
>
> **제73조 (사원의 결의권)**
> ① 각사원의 결의권은 평등으로 한다.
> ② 사원은 서면이나 대리인으로 결의권을 행사할 수 있다.
> ③ 전2항의 규정은 정관에 다른 규정이 있는 때에는 적용하지 아니한다.
>
> **제74조 (사원이 결의권 없는 경우)**
> 사단법인과 어느 사원과의 관계사항을 의결하는 경우에는 그 사원은 결의권이 없다.
>
> **제75조 (총회의 결의방법)**
> ① 총회의 결의는 본법 또는 정관에 다른 규정이 없으면 사원 과반수의 출석과 출석사원의 결의권의 과반수로써 한다.
> ② 제73조 제2항의 경우에는 당해 사원은 출석한 것으로 한다.

(1) 민법 제71조의 법정 유예기간 규정에 위반하여 소집한 종중총회 결의의 효력

"총회의 소집은 1주간 전에 통지를 발하고 기타 정관에 정한 방법에 의하여야 한다."고 규정한 민법 제71조의 규정에 위반되어, 소집한 종중총회 결의의 효력은 특별한 사정이 없는 한 그 효력이 없다(대판 1995.11.7. 94다7669). 즉 법인격 없는 사단(재단)에는 성질이 허용하는 한 법인에 관한 규정이 적용되기 때문이다(통설과 판례-후술함).

(2) 비법인사단의 이사회 혹은 대의원회의의 결의에 자격 없는 자가 참가하여 표결한 경우, 그 결의의 효력

(ㄱ) 비법인사단의 이사회 혹은 대의원회의의 결의에 자격 없는 자가 참가한 하자가 있다 하더라도 그 의사의 경과, 자격 없는 자의 표결을 제외하더라도 그 결의가 성립함에 필요한 정족수를 충족하는 점 등 제반 사정에 비추어 그 하자가 결의의 결과에 영향을 미치지 않았다고 인정되는 때에는 그 결의를 무효라고 볼 것은 아니다(대판 1997.5.30. 96다23375).
(ㄴ) 결의에 관한 의사정족수나 의결정족수 충족 여부가 다투어져 결의의 성립 여부나 절차상 흠의 유무가 문제되는 경우, 의사록 등의 증명력 및 그 증명력을 부인할 만한 특별한 사정에 관한 주장·증명책임의 소재는 결의의 효력을 다투는 측에 있다(대판 2011.10.27. 2010다88682).

(3) 민법상 법인의 이사회에서 결의사항에 이해관계가 있는 이사가 의결권을 갖는지 여부(소극) 및 그 이사의 수가 의사정족수에 포함되는지 여부(적극)

민법 제74조는 사단법인과 어느 사원과의 관계사항을 의결하는 경우 그 사원은 의결권이 없다고 규정하고 있으므로, 민법 제74조의 유추해석상 민법상 법인의 이사회에서 법인과 어느 이사와의 관계사항을 의결하는 경우에는 그 이사는 의결권이 없다. 이 때 의결권이 없다는 의미는 상법 제368조 제4항, 제371조 제2항의 유추해석상 이해관계 있는 이사는 이사회에서 의결권을 행사할 수는 없으나 의사정족수 산정의 기초가 되는 이사의 수에는 포함되고, 다만 결의 성립에 필요한 출석이사에는 산입되지 아니한다고 풀이함이 상당하다(대판 2009.4.9. 2008다1521).

XIV. 법인의 소멸(해산과 청산)

> **제77조 (해산사유)**
> ① 법인은 존립기간의 만료, 법인의 목적의 달성 또는 달성의 불능 기타 정관에 정한 해산사유의 발생, 파산 또는 설립허가의 취소로 해산한다.
> ② 사단법인은 사원이 없게 되거나 총회의 결의로도 해산한다.
> **제78조 (사단법인의 해산결의)**
> 사단법인은 총사원 4분의 3이상의 동의가 없으면 해산을 결의하지 못한다. 그러나 정관에 다른 규정이 있는 때에는 그 규정에 의한다.

1. 의 의

법인의 소멸이란 법인이 권리능력을 상실하는 것을 말하며 자연인의 사망에 해당한다. 그런데 법인의 경우에 상속이 인정되지 않으므로 권리능력의 상실에 따른 재산관계를 정리하기 위하여 단계적인 절차를 거친다. 즉 일정한 사유가 있으면 법인은 해산하고, 이에 따른 청산절차가 끝나 법인 등기부에 청산종결의 등기를 함으로써 법인은 소멸한다. 다만 법인에 대한 청산종결등기가 경료되었더라도 청산사무가 종결되지 않는 한 그 범위 내에서 청산법인으로서 존속한다고 할 것이다(대판 2003.2.11, 99다66427). 즉 청산이 종료한 때 법인은 소멸한다.

판례 〈구성원이 없게 된 법인 아닌 사단의 소송상 당사자능력의 소멸시기(=청산사무완료시)〉 법인 아닌 사단에 대하여는 사단법인에 관한 민법규정 가운데서 법인격을 전제로 하는 것을 제외하고는 이를 유추적용하여야 할 것인바, 사단법인에 있어서는 사원이 없게 된다고 하더라도 이는 해산사유가 될 뿐 막바로 권리능력이 소멸하는 것이 아니므로 법인 아닌 사단에 있어서도 구성원이 없게 되었다 하여 막바로 그 사단이 소멸하여 소송상의 당사자능력을 상실하였다고 할 수는 없고 청산사무가 완료되어야 비로소 그 당사자능력이 소멸하는 것이다(대판 1992.10.9, 92다23087).

2. 잔여재산처리문제

제80조 (잔여재산의 귀속)
① 해산한 법인의 재산은 정관으로 지정한 자에게 귀속한다.
② 정관으로 귀속권리자를 지정하지 아니하거나 이를 지정하는 방법을 정하지 아니한 때에는 이사 또는 청산인은 주무관청의 허가를 얻어 그 법인의 목적에 유사한 목적을 위하여 그 재산을 처분할 수 있다. 그러나 사단법인에 있어서는 총회의 결의가 있어야 한다.
③ 전2항의 규정에 의하여 처분되지 아니한 재산은 국고에 귀속한다.

(ㄱ) 민법 제80조 제1항과 제2항의 각 규정 내용을 대비하여 보면, 법인 해산시 잔여재산의 귀속권리자를 직접 지정하지 아니하고 사원총회나 이사회의 결의에 따라 이를 정하도록 하는 등 간접적으로 그 귀속권리자의 지정방법을 정해 놓은 정관 규정도 유효하다(대판 1995.2.10, 94다13473).
(ㄴ) 따라서 해산한 법인이 해산시 잔여재산이 지정한 자에게 귀속한다는 정관 규정에 따라 구체적으로 확정된 잔여재산이전의무의 이행으로서 잔여재산인 토지를 그 귀속권리자에게 이전하는 것은 채무의 이행에 불과하므로 그 귀속권리자의 대표자를 겸하고 있던 해산한 법인의 대표청산인에 의하여 잔여재산 토지에 관한 소유권이전등기가 그 귀속권리자에게 경료되었다고 하더라도 이는 쌍방대리금지 원칙에 반하지 않는다(대판 2000.12.8, 98두5279).

판례 정관에 법인 재산의 처분에 관하여 이사회 또는 청산인회의 심의의결을 거치도록 규정되어 있는 경우에도, 해산한 법인이 잔여재산의 귀속자에 관한 민법 및 정관의 규정에 따라 구체적으로 확정된 잔여재산이전의무의 이행으로서 그 귀속권리자에게 잔여재산을 이전하는 것은, 위 이사회 또는 청산인회의 심의의결을 요하는 재산의 처분에 해당한다고 볼 수 없다(대판 2000.12.8, 98두5279).

3. 청산법인의 권리능력

제81조 (청산법인)
해산한 법인은 청산의 목적범위내에서만 권리가 있고 의무를 부담한다.

제82조 (청산인)
법인이 해산한 때에는 파산의 경우를 제하고는 이사가 청산인이 된다. 그러나 정관 또는 총회의 결의로 달리 정한 바가 있으면 그에 의한다.

제87조 (청산인의 직무)
① 청산인의 직무는 다음과 같다.
  1. 현존사무의 종결
  2. 채권의 추심 및 채무의 변제
  3. 잔여재산의 인도
② 청산인은 전항의 직무를 행하기 위하여 필요한 모든 행위를 할 수 있다.

(1) 청산절차의 규정의 성격

민법상의 청산절차에 관한 규정은 모두 제3자의 이해관계에 중대한 영향을 미치기 때문에 이른바 강행규정이라고 해석되므로 이에 반하는 잔여재산의 처분행위는 특단의 사정이 없는 한 무효라고 보아야 한다(대판 1995.2.10, 94다13473).

(2) 파산절차가 종료되었으나 적극재산이 잔존하는 경우 파산법인의 인격소멸여부(소극)

법인에 대한 파산절차가 잔여재산 없이 종료되면 청산종결의 경우와 마찬가지로 그 인격이 소멸한다고 할 것이나, 아직도 적극재산이 잔존하고 있다면 법인은 그 재산에 관한 청산 목적의 범위 내에서는 존속한다고 볼 것이다(대판 1989.11.24, 89다카2483).

(3) 청산인 관련판례

주식회사의 청산인의 수에 대하여는 제한이 없으므로 1인이라도 상관없으며 그 경우에는 1인 청산인이 당연히 대표청산인이 된다. 회사가 해산한 경우 합병 또는 파산의 경우 외에는 정관에 다른 규정이 있거나 주주총회에서 따로 청산인을 선임하지 아니하였다면 이사가 당연히 청산인이 되고 이사가 임기만료 되면 새로운 이사를 선임할 수 있다 할 것이므로 청산 법인의 주주총회에서 청산인을 선임하지 아니하고 이사를 선임하였다 하여 그 선임결의가 그 자체로서 무효가 된다고 볼 수 없다(대판 1989.9.12, 87다카2691).

XV. 권리능력 없는 사단

1. 의 의

⑴ 권리를 취득하거나 의무를 부담할 수 있는 일반적인 자격을 '권리능력'이라 함은 전술하였다. 따라서 자연인과 법인은 권리능력이 있다. 그러나 사실상 일정한 목적과 조직을 갖춘 사람들의 단체이지만, 법인으로서 설립등기를 하지 않았기 때문에 권리능력이 인정되지 않는 단체를 '비법인사단' 또는 '권리능력 없는 사단'이라 한다. 민법상 법인은 주무관청의 허가와 설립등기가

있어야 성립할 수 있다(제32조~제33조). 따라서 주무관청의 허가를 받지못하거나 또는 그 허가를 받았으나 아직 설립등기를 하지 않은 상태에서 사회적인 활동을 하고 있는 경우에 비법인사단이 된다.

(2) 일정한 목적달성을 위해 결합된 사람의 단체에는 그 단체성의 강약에 따라 사단과 조합의 두 유형이 있다. 사단에 있어서는 사단 자체가 그 구성원과는 독립된 단일의 존재로서 거래의 주체가 되는 데 반하여, 조합에 있어서는 단체로서의 독립성보다는 그 구성원 모두가 거래의 주체가 된다는 점이다. 그 구체적인 차이점을 들어보면, ㉠ 사단의 재산은 구성원의 개인재산으로부터 독립한 사단 자체의 소유임에 반하여, 조합의 경우는 조합원 전원의 소유, 즉 합유에 속한다(제271조). ㉡ 그리고 사단의 채무는 사단 자체의 채무임에 반하여, 조합의 채무는 조합원 자신의 채무이며 전원이 공동으로 부담한다(제712조). ㉢ 대외관계에 있어 사단은 그 자체가 주체인 데 대하여, 조합의 경우에는 개개의 구성원이 주체이다. 그래서 대개는 대리인으로서의 업무집행자를 두어 운영하는 것이 보통이다

2. 법인격 없는 사단과 조합과의 구별

(1) 단체성 강약

㉠ 민법상의 조합과 법인격은 없으나 사단성이 인정되는 비법인사단을 구별함에 있어서는 일반적으로 그 단체성의 강약을 기준으로 판단하여야 하는바, 조합은 구성원의 개인성이 강하게 드러나는 인적 결합체인 데 비하여 비법인사단은 구성원의 개인성과는 별개로 권리·의무의 주체가 될 수 있는 독자적 존재로서의 단체적 조직을 가지는 특성이 있다[조합원이 무한책임(제713조 참조)을 부담한다면 법인과 법인격 없는 사단의 구성원은 유한책임을 진다].
㉡ 사단법인의 하부조직의 하나라 하더라도 스스로 단체로서의 실체를 갖추고 독자적인 활동을 하고 있다면 사단법인과는 별개의 독립된 비법인사단으로 볼 수 있다(대판 2009.1.30. 2006다60908).

(2) 당사자능력

민사소송법 제52조가 비법인의 당사자능력을 인정한다(법인이 아닌 사단이나 재단이라도 사단 또는 재단으로서의 실체를 갖추고 대표자 또는 관리인을 통하여 사회적 활동이나 거래를 하는 경우). 한편 비법인사단으로서 당사자능력이 있느냐의 문제는 소송요건에 관한 것으로서 사실심의 변론종결시를 기준으로 판단하여야 하는 것이다(대판 2010.12.9. 2009다26596).

판례 〈법인 아닌 사단으로서 당사자능력〉 ㉠ 이태원리(里)의 행정구역 내에 거주하는 주민들이 그들의 공동편익과 복지를 위하여 주민 전부를 구성원으로 한 공동체로서 이태원동(洞)을 구성하고 행정구역과 동일한 명칭을 사용하면서 일정한 재산을 공부상 그 이름으로 소유하여 온 이상 이태원동은 법인 아닌 사단으로서의 당사자능력이 있다(대판 2004.1.29. 2001다1775). ㉡ 공동주택의 입주자대표회의는 동별세대수에 비례하여 선출되는 동별대표자를 구성원(유의 : 입주자전원이 아닌)으로 하는 법인 아닌 사단이고, 공동주택 입주자대표회의 회장의 임기만료에 따른 후임 회장의 선출이 부적법하여 효력이 없게 된 사안에서, 차기 회장이 적법하게 선출될 때까지 전

임 회장이 일정한 범위 내에서 대표자 직무를 계속 수행할 수 있고, 입주자대표회의의 당사자능력이 소멸하는 것은 아니다(대판 2007.6.15, 2007다6307). 다만 ⓒ 부도난 회사의 채권자들이 조직한 채권단이 비법인사단으로서의 실체를 갖추지 못했다면 그 당사자능력을 부인하여야 한다(대판 1999.4.23, 99다4504). ⓔ 비법인사단이 당사자인 사건에서 대표자에게 적법한 대표권이 있는지 여부는 소송요건에 관한 것으로서 법원의 직권조사사항이므로, 법원에 판단의 기초자료인 사실과 증거를 직권으로 탐지할 의무까지는 없다 하더라도 이미 제출된 자료에 의하여 대표권의 적법성에 의심이 갈만한 사정이 엿보인다면 그에 관하여 심리·조사할 의무가 있다(대판 2011.7.28, 2010다97044).

(3) 등기능력

비법인 사단도 부동산에 관하여 등기권리자 혹은 그 의무자가 될 수 있다(부동산등기법).

3. 법률관계

(1) 비법인 사단에 대한 민법규정의 유추적용

비법인사단에 대하여는 사단법인에 관한 민법 규정 가운데서 법인격을 전제로 하는 것을 제외하고는 이를 유추적용하여야 할 것인바, 예컨대 민법 제62조의 규정에 비추어 보면 비법인사단의 대표자는 정관 또는 총회의 결의로 금지하지 아니한 사항에 한하여 타인으로 하여금 특정한 행위를 대리하게 할 수 있을 뿐 비법인사단의 제반 업무처리를 포괄적으로 위임할 수는 없다 할 것이므로, 비법인사단 대표자가 행한 타인에 대한 업무의 포괄적 위임과 그에 따른 포괄적 수임인의 대행행위는 민법 제62조의 규정에 위반된 것이어서 비법인사단에 대하여는 그 효력이 미치지 아니한다(대판 1996.9.6, 94다18522; 대판 2011.4.28, 2008다15438).

판례 〈**법인의 계약책임과 법정책임과의 관계**〉 ㉠ 비법인사단에 대하여는 사단법인에 관한 민법 규정 가운데 법인격을 전제로 하는 것을 제외하고는 이를 유추적용하여야 하는데, 민법 제62조에 비추어 보면 비법인사단의 대표자는 정관 또는 총회의 결의로 금지하지 아니한 사항에 한하여 타인으로 하여금 특정한 행위를 대리하게 할 수 있을 뿐 비법인사단의 제반 업무처리를 포괄적으로 위임할 수는 없으므로 비법인사단 대표자가 행한 타인에 대한 업무의 포괄적 위임과 그에 따른 포괄적 수임인의 대행행위는 민법 제62조를 위반한 것이어서 비법인사단에 대하여 그 효력이 미치지 않는다(즉, 甲 주택조합의 대표자가 모든 권한을 을에게 포괄적으로 위임한 것은 민법 제62조에 위반한 것이어서 위 조합원가입계약이 甲 주택조합에 효력이 없다). ㉡ 민법 제35조 제1항은 "법인은 이사 기타 대표자가 그 직무에 관하여 타인에게 가한 손해를 배상할 책임이 있다"라고 정한다. 여기서 '법인의 대표자'에는 그 명칭이나 직위 여하, 또는 대표자로 등기되었는지 여부를 불문하고 당해 법인을 실질적으로 운영하면서 법인을 사실상 대표하여 법인의 사무를 집행하는 사람을 포함한다고 해석함이 상당하다. 그리고 이러한 법리는 주택조합과 같은 비법인사단에도 마찬가지로 적용된다(따라서 위 조합원가입계약이 무효가 되기 때문에 제35조 책임을 물을 수 있다; 대판 2011.4.28, 2008다15438).

(2) 비법인 사단에 있어서 총유의 의미

㉠ 주택건설촉진법에 의하여 설립된 재건축조합은 민법상의 비법인사단에 해당하고, 재건축조합의 실체가 비법인사단이라면 재건축조합이 주체가 되어 신축 완공한 상가건물은 조합원 전원의 총유에 속하며, 총유물의 관리 및 처분에 관하여 재건축조합의 정관이나 규약에 정

한 바가 있으면 이에 따라야 하고, 그에 관한 정관이나 규약이 없으면 조합원 총회의 결의
에 의하여야 한다. 따라서 재건축조합의 대표자가 조합원총회의 결의 없이 한 조합재산의
처분행위는 무효이다(대판 2001.5.29. 2000다10246). (ㄴ) 총유물의 관리 및 처분행위라 함은 총
유물 그 자체에 관한 법률적·사실적 처분행위와 이용, 개량행위를 말하는 것으로서 재건축조
합이 재건축사업의 시행을 위하여 설계용역계약을 체결하는 것은 단순한 채무부담행위에 불
과하여 총유물 그 자체에 대한 관리 및 처분행위라고 볼 수 없다(대판 2003.7.22. 2002다64780).

판례 〈총유물의 관리처분행위여부〉 ① 비법인사단이 타인 간의 금전채무를 보증하는 행위는 총유물 그 자체
의 관리·처분이 따르지 아니하는 단순한 채무부담행위에 불과하여 이를 총유물의 관리·처분행위라고 볼 수는 없다
(따라서 비법인사단인 재건축조합의 조합장이 채무보증계약을 체결하면서 조합규약에서 정한 조합 임원회의 결의
를 거치지 아니하였다거나 조합원총회 결의를 거치지 않았다고 하더라도 그것만으로 바로 그 보증계약이 무효라
고 할 수는 없다[대판(전합) 2007.4.19. 2004다60072,60089]. ② 소멸시효 중단사유로서의 승인은 총유물 그
자체의 관리·처분이 따르는 행위가 아니어서 총유물의 관리·처분행위라고 볼 수 없다. 따라서 비법인사단의 대표
자가 총유물의 매수인에게 소유권이전등기를 해주기 위하여 매수인과 함께 법무사 사무실을 방문한 행위가 소유
권이전등기청구권의 소멸시효 중단의 효력이 있는 승인에 해당한다(대판 2009.11.26. 2009다64383).

4. 종 중

(1) 의의

고유의 의미의 종중이란 공동선조의 분묘수호와 제사 및 종중원 상호간의 친목 등을 목적으
로 하는 자연발생적인 관습상의 종족집단체로서 특별한 조직행위를 필요로 하는 것이 아니
고, 공동선조의 후손 중 성년 이상의 남·녀는 당연히 그 구성원이 되는 것이다 [대판(전합)
2005.7.21. 2002다1178]. 따라서 종중구성원의 자격을 성년의 남자만으로 제한하는 종래의 관
습법은 이제 더 이상 법적 효력을 가질 수 없게 되었다. 그러나 고유의미의 종중이 아닌 종중
유사의 단체는 공동선조의 후손 중 남성만으로 그 구성원을 제한할 수 있다(대판 2011.2.24.
2009다17783).

판례 〈종중유사의 단체〉 ㉠ 고유의 의미의 종중이라면 그 명칭 자체에서 공동선조가 누구인지 밝히는 것이 일반
적인데도 공동선조가 누구인지 정확히 밝히지 않는 것, 당시의 돌림자인 '환', '재', '호'인 경주김씨양주공파 종원
은 이외에도 얼마든지 있을 수 있는 점 등에 비추어 보면 위 단체는 고유의 의미의 종중이라기 보다는 종중 유사
의 단체로 볼 소지가 많다(대판 2002.5.10. 2002다4863). ㉡ 그리고 그 중 종중원 일부를 임의로 그 구성원에
서 배제할 수는 없으므로, 특정지역 내에 거주하는 일부 종중원이나 특정 항렬의 종중원만을 그 구성원으로 하는
단체는 종중 유사의 단체에 불과하고 고유의 의미의 종중은 될 수 없다. ㉢ 종중 유사단체는 비록 그 목적이나 기
능이 고유한 의미의 종중과 별다른 차이가 없다 하더라도 공동선조의 후손 중 일부에 의하여 인위적인 조직행위를
거쳐 성립된 경우에는 사적 임의단체라는 점에서 자연발생적인 종족집단인 고유한 의미의 종중과 그 성질을 달리
하므로, 그러한 경우에는 사적 자치의 원칙 내지 결사의 자유에 따라 그 구성원의 자격이나 가입조건을 자유롭게
정할 수 있음이 원칙이다. 따라서 그러한 종중 유사단체의 회칙이나 규약에서 공동선조의 후손 중 남성만으로 그
구성원을 한정하고 있다 하더라도 양성평등 원칙을 정한 헌법 제11조 및 민법 제103조를 위반하여 무효라고 볼
수는 없다(대판 2011.2.24. 2009다17783).

(2) 종중의 요건

(ㄱ) 종중은 그 성립을 위하여 특별한 조직행위를 필요로 하지 않으므로, 대외적인 행위를 할 때는 대표자를 정할 필요가 있으나, <u>반드시 특별한 명칭의 사용 및 서면화된 종중규약이 있어야 하거나 종중의 대표자가 선임되어 있는 등 그 조직을 갖추어야만 종중이 성립하는 것은 아니라고 한다</u>(대판 1989.11.28, 89다카14127).

(ㄴ) 어느 종중의 명칭 사용이 비록 명칭 사용에 관한 관습에 어긋난다고 하여도 그 점만 가지고 바로 그 종중의 실체를 부인할 수는 없다(대판 2002.6.28, 2001다5296).

(3) 종중의 대표

(ㄱ) 종중의 대표는 종중규약이나 특별한 관례가 있으면 그에 따라 선출하고, 그것이 없으면 일반관습에 의하여 종장 또는 문장이 그 종중원 중 성년 이상의 남여를 소집하여 출석자의 과반수 결의로 선출하게 된다(종중의 대표자는 총회에서 선임하고, 종중의 총회는 규약에 달리 정함이 없으면 종원 중에서 항렬이 높고 나이가 많은 자가 소집한다).

(ㄴ) 종중 또는 종중 유사의 단체에서 문장(門長)이나 연고항존자(年高行尊者)라고 하더라도 그것만으로 당연히 종중재산에 대한 대표권을 갖는 것은 아니다(대판 1983.12.13, 83다카1463).

판례 ① 종중의 대표자는 종중의 규약이나 관례가 있으면 그에 따라 선임하고 그것이 없다면 종장 또는 문장이 그 종원 중 성년 이상의 사람을 소집하여 선출하며, 평소에 종중에 종장이나 문장이 선임되어 있지 아니하고 선임에 관한 규약이나 관례가 없으면 현존하는 연고항존자가 종장이나 문장이 되어 국내에 거주하고 소재가 분명한 종원에게 통지하여 종중총회를 소집하고 그 회의에서 종중 대표자를 선임하는 것이 일반 관습이고, 종원들이 종중재산의 관리 또는 처분 등에 관하여 대표자를 선정할 필요가 있어 적법한 소집권자에게 종중총회의 소집을 요구하였으나 <u>소집권자가 정당한 이유 없이 이를 소집하지 아니할 때에는 차석 연고항존자 또는 발기인이 총회를 소집할 수 있다.</u>
② 대표자를 선임하기 위하여 개최되는 종중총회의 소집권을 가지는 <u>연고항존자를 확정함에 있어서 여성을 제외할 아무런 이유가 없으므로,</u> 여성을 포함한 전체 종원 중 항렬이 가장 높고 나이가 가장 많은 사람이 연고항존자가 된다(대판 2010.12.9. 2009다26596).

(4) 종중원

미성년자의 종원자격을 인정한 종회규약의 효력은 부정하였다(대판 1996.2.13, 95다34842). 즉 <u>후손은 성별의 구별 없이 성년이 되면 당연히 그 구성원이 된다고 보는 것이 조리에 합당하나, 미성년자는 종중의 구성원이 될 수 없다</u>(대판 2007.9.6, 2007다34982).

(5) 재산의 총유

(ㄱ) 종중의 토지에 대한 수용보상금은 종원의 총유에 속하고, 수용보상금의 분배는 총유물의 처분에 해당하므로 정관 기타 규약에 달리 정함이 없는 한 종중총회의 분배결의가 없으면 종원이 종중에 대하여 직접 분배청구를 할 수 없다(대판 1994.4.26, 93다32446 참조).

판례 〈종중재산의 분배결의〉 총유물인 종중 토지 매각대금의 분배는 정관 기타 규약에 달리 정함이 없는 한 종중총회의 결의에 의하여만 처분할 수 있고 이러한 분배결의가 없으면 종원이 종중에 대하여 직접 분배청구를 할 수 없다. 따라서 종중 토지 매각대금의 분배에 관한 종중총회의 결의가 무효인 경우, 종원은 그 결의의 무효확인 등을 소구하여 승소판결을 받은 후 새로운 종중총회에서 공정한 내용으로 다시 결의하도록 함으로써 그 권리를 구제받을 수 있을 뿐이고 새로운 종중총회의 결의도 거치지 아니한 채 종전 총회결의가 무효라는 사정만으로 곧바로 종중을 상대로 하여 스스로 공정하다고 주장하는 분배금의 지급을 구할 수는 없다(대판 2010.9.9, 2007다42310,42327).

(ㄴ) 통합종중의 규약에서 통합 전 소종중의 재산이 통합종중에 귀속되는 것으로 정하였다 하더라도 통합 전 소종중원의 총유에 속하는 재산의 처분에 관하여는 그 소종중의 규약 혹은 종중총회결의에 따른 적법한 처분절차를 거치지 아니하는 이상 그 유효성을 인정할 수 없고, 그 주장·입증에 대한 책임은 처분행위의 유효를 주장하는 측에 있다(대판 2008.10.9, 2008다41567).

(ㄷ) 법인 아닌 사단이 해산한 후 그 구성원들이 나뉘어 여러 개의 법인 아닌 사단들을 설립하는 경우에 해산되기 전의 법인 아닌 사단의 구성원들이 자신들이 총유의 형태로 소유하고 있던 재산을 새로이 설립된 법인 아닌 사단들의 구성원들에게 양도하는 것은 허용된다 할 것이다(대판 2008.1.31, 2005다60871).

(6) 결의방법

(ㄱ) 규약에 달리 정한 바가 없으면 종원은 서면이나 대리인으로 하여금 결의권을 행사할 수 있다.

(ㄴ) 종중총회의 결의방법에 관하여 종중규약에 다른 규정이 없는 이상 일부 종원이 총회에 직접 출석하지 아니하고 다른 출석종원에 대한 위임장 제출방식에 의하여 종중의 대표자 선임에 관한 결의권을 행사하는 것도 허용된다(대판 1993.1.26, 91다44902 등).

(ㄷ) 소집통지의 방법은 반드시 직접 서면으로 하여야만 하는 것은 아니고 구두 또는 전화로 하여도 되고 다른 종중원이나 세대주를 통하여 하여도 무방하다(대판 2007.9.6, 2007다34982).

판례 〈종중총회결의의 하자〉 ① 종중 총회는 특별한 사정이 없는 한 족보에 의하여 소집통지 대상이 되는 종중원의 범위를 확정한 후 국내에 거주하고 소재가 분명하여 통지가 가능한 모든 종중원에게 개별적으로 소집통지를 함으로써 각자가 회의와 토의 및 의결에 참가할 수 있는 기회를 주어야 하고, 일부 종중원에게 소집통지를 결여한 채 개최된 종중 총회의 결의는 효력이 없다(대판 2007.3.29. 2006다74273). 따라서 종중의 족보에 종중원으로 등재된 성년 여성들에게 소집통지를 함이 없이 개최된 종중 임시총회에서의 결의는 모두 무효이다(대판 2007.9.6. 2007다34982). ② 종중원들이 종중 재산의 관리 또는 처분 등을 위하여 종중의 규약에 따른 적법한 소집권자 또는 일반 관례에 따른 종중총회의 소집권자인 종중의 연고항존자에게 필요한 종중의 임시총회 소집을 요구하였음에도 그 소집권자가 정당한 이유 없이 이에 응하지 아니하는 경우에는 차석 또는 발기인(위 총회의 소집을 요구한 발의자들)이 소집권자를 대신하여 그 총회를 소집할 수 있는 것이고, 반드시 민법 제70조를 준용하여 감사가 총회를 소집하거나 종원이 법원의 허가를 얻어 총회를 소집하여야 하는 것은 아니다(대판 2011.2.10, 2010다83199,83205).

(7) 당사자 능력 등

비법인 사단이나 재단도 일정한 요건하에 민사소송법상 소송상 당사자능력과 부동산등기법상 등기능력이 인정되며 법인에 관한 제35조 규정(법인의 불법행위능력)이 준용된다.

판례 종중의 대표자가 종중 소유의 부동산을 개인소유라 하여 매도하고 계약금과 중도금을 지급받은 후 잔대금 지급 이전에 종중소유임을 알고 항의하는 매수인에게, 종중의 결의가 없었음에도 종중대표자의 자격에서 그 등기 이전을 약속한 다음 종중총회결의서 등을 위조하여 등기이전을 해 주고 잔금을 받은 후에 종중이 소송으로 부동산을 되찾아간 경우, <u>종중의 불법행위(제35조 유추적용)를 인정하고 매수인이 지급한 잔대금 상당액을 배상할 의무가 있다</u>(대판 1994.4.12, 92다49300).

(8) 규약의 한계

특단의 사정이 있다고 볼만한 자료가 없다면 종중원과 그 후손 중 일부에 대하여 종원으로 취급하지도 않고, 다른 일부에 대하여 <u>영원히 종원으로서 자격을 박탈하는 것</u>으로 규약을 개정한 것은 원고 종중의 원래의 설립목적과 종중으로서의 본질에 반하는 것으로써 그 규약 개정의 한계를 넘은 무효의 것이라고 보지 않을 수 없다(대판 1978.9.26, 78다1435).

판례 ㉠ 특정지역 내에 거주하는 일부 종중원에 한하여 의결권을 주고 그 밖의 지역에 거주하는 종중원에 대하여는 의결권을 주지 않고, 일부 종중원의 의결권을 박탈할 개연성이 많은 종중규약은 종중의 본질에 반하여 무효이다(대판 1981.2.10, 80다516).
㉡ 종중의 규약 또는 관례가 없으면, 일부종원에 대하여 소집통지를 하지 아니하고 개최된 종중총회의 결의는 과반수의 찬성을 얻은 것이라도 그 효력이 없다.
㉢ 종중의 성격과 법적 성질에 비추어 종중이 그 구성원인 종원이 가지는 고유하고 기본적인 권리의 본질적인 내용을 침해하는 처분을 하는 것은 허용되지 않는다(대판 2007.9.6. 2007다34982).
㉣ 종중이 종토 매각대금을 분배함에 있어 종토에 관한 토지조사부에 사정명의인으로 등재된 자의 직계손에게 이를 분배하되 방계손에게는 지원금을 1/2 이하로 감축하거나 지급을 보류할 수 있고, 해외 이민자는 지급대상에서 제외하기로 한 결의는 무효이다(대판 2010.9.9, 2007다42310,42327).

제4장 권리의 객체

권리의 내용 또는 목적이 성립하기 위하여는 일정한 대상을 필요로 하며, 이를 권리의 객체라고 한다. 예컨대 물권의 객체는 원칙적으로 물건이며, 채권의 객체는 채무자의 행위(급부)이다. 형성권은 법률관계가, 그 밖에 지식재산권에 있어서는 정신적 산물(예컨대 저작·발명), 인격권에 있어서는 권리주체 자신(예컨대 신체·명예·자유 등), 친족권에 있어서는 친족적 신분, 상속권에 있어서는 상속재산이 각각 권리의 객체가 된다. 민법은 여러 권리의 객체 중에서 물건에 관해서만 총칙편에 규정을 두고 있다(제98조 이하). 그것은 권리의 객체 전부에 걸치는 일반적 규정을 둔다는 것이 곤란하고, 한편 물건은 물권의 객체일 뿐만 아니라 간접적으로 채권(특정물에 대한 매매)과도 관계되는 것이며, 상속에서도 상속재산과도 밀접한 관련이 있기 때문이다.

I. 물 건

> **제98조 (물건의 정의)**
> 본법에서 물건이라 함은 유체물 및 전기 기타 관리할 수 있는 자연력을 말한다.
> **제99조 (부동산, 동산)**
> ① 토지 및 그 정착물은 부동산이다.
> ② 부동산이외의 물건은 동산이다.

1. 물건의 의의

물건이라 함은 유체물 및 전기·기타 관리할 수 있는 자연력을 말한다(제98조).

(1) 유체물 또는 관리 가능한 자연력

유체물이라 함은 공간의 일부를 차지하고 사람이 오감에 의하여 지각할 수 있는 형태를 가지는 물질, 즉 고체·액체·기체를 말한다. 유체물이라도 관리할 수 없는 것, 즉 배타적으로 지배할 수 없는 것은 물건이 아니며(예컨대 해·달·별 등), 무체물이라도 관리할 수 있는 것은 물건이다(예컨대 전기·원자력 등).

(2) 관리가능할 것

관리가능성이란 배타적 지배가능성의 의미이다. 지배 내지 관리할 수 없는 물건은 이를 법률상 사용·수익·처분할 수 없으므로 권리의 객체가 될 수 없다. 제98조는 이 성질을 무체물인 자연력에 관하여 명언하고 있지만 유체물에 관해서도 마찬가지이다.

(3) 외계의 일부(非人格性)

사람은 물건이 아니다(인격절대주의). 인체가 법률상 물건이 아닐 뿐만 아니라 인체의 일부도 물건은 아니다. 그러나 인체의 일부가 생체로부터 분리된 것은 물건이며 분리당한 사람의 소유에 속한다. 그리고 시체는 물건이라고 보는 것이 통설이다. 다만 시체의 소유권은 통상의 소유권처럼 사용·수익·처분할 수 있는 것이 아니라, 오로지 매장·제사 등을 내용으로 하는 특수한 소유권으로서 이것은 제사를 주재하는 자에게 귀속한다고 볼 것이다. 따라서 망인 자신의 생전 의사는 존중되어야 하지만 망인의 생전시신의 처분권은 법정유언사항이 아니어서 제사주재자를 구속하는 효력은 없다(대판(전합) 2008.11.20, 2007다27670).

판례 ㉠ 사람의 유체·유골은 매장·관리·제사·공양의 대상이 될 수 있는 유체물로서, 분묘에 안치되어 있는 선조의 유체·유골은 민법 제1008조의3 소정의 제사용 재산인 분묘와 함께 그 제사주재자에게 승계되고, 피상속인 자신의 유체·유골 역시 위 제사용 재산에 준하여 그 제사주재자에게 승계된다. ㉡ 피상속인이 생전행위 또는 유언으로 자신의 유체·유골을 처분하거나 매장장소를 지정한 경우에, 선량한 풍속 기타 사회질서에 반하지 않는 이상 그 의사는 존중되어야 하고 이는 제사주재자로서도 마찬가지이지만, 피상속인의 의사를 존중해야 하는 의무는 도의적인 것에 그치고, 제사주재자가 무조건 이에 구속되어야 하는 법률적 의무까지 부담한다고 볼 수는 없다. 원심이 망 소외인의 생전 의사에 따라 일부 공동상속인들이 위 망인의 유체를 이 사건 분묘에 매장한 것이라 하더라도 위 망인이 생전에 자신의 유체를 처분하는 행위는 위 망인의 사후에 그 유체에 대한 권리를 취득한 원고에 대하여 법률상 구속력이 없다고 판단한 것은 정당하고, 거기에 상고이유에서 주장하는 바와 같은 제사주재자의 권리에 관한 법리오해 등의 위법이 있다고 할 수 없다(대법원 2008.11.20. 선고 2007다27670 전원합의체 판결).

(4) 독립한 물건일 것

1) 물건은 배타적 지배와의 관계상 독립성을 가져야 한다. 독립성의 유무는 물리적으로 결정되는 것이 아니라 사회통념에 따라 결정된다.
2) 물권의 객체는 하나의 물건으로 생각되는 독립물이어야 하며, 물건의 일부나 구성부분 또는 물건의 집단은 원칙적으로 물권의 객체가 되지 못한다.
3) 이처럼 하나의 독립된 물건에 대해 하나의 물권을 인정하는 원칙을 일물일권주의라고 한다. 그런데 일물일권주의원칙에는 상당한 범위의 예외가 인정된다.

2. 물건의 강학상 분류

(1) 융통물과 불융통물 (거래의 객체여부)

사법상 거래의 객체가 될 수 있는 물건을 융통물이라고 하고, 그렇지 못한 물건을 불융통물이라고 한다. 불융통물에는 공용물(예컨대 관공서의 건물), 공공용물(예컨대 도로·하천·공원), 금제물이 있다. 공용물과 공공용물은 국유재산법상 행정재산으로, 공용폐지가 있기까지는 사법상 거래가 허용되지 않는다. 금제물은 소유 또는 소지가 금지되는 것(아편 등)이 있고, 소유는 허용되지만 거래가 금지되는 것(문화재)이 있다.

(2) 가분물과 불가분물(물건의 객관적 성질과 당사자의 의사)

물건의 성질 또는 가격을 현저하게 손상하지 않고도 분할할 수 있는 물건이 가분물이며(예컨대 금전·곡물·토지 등), 그렇지 못한 물건이 불가분물이다(예컨대 소·말·건물 등). 이 구별의 실익은 공유물의 분할(제269조 제2항), 수인의 채권자 및 채무자(제408조 이하)에서 나타난다.

(3) 대체물과 부대체물(일반거래상 개성여부)

물건의 개성이 중요시 되지 않고, 동종·동질·동량의 물건으로 바꾸어도 당사자에게 영향을 주지 않는 물건이 대체물이며(예컨대 금전·서적·술·곡물 등), 그러한 대체성이 없는 물건이 부대체물이다(예컨대 그림·골동품·소·말·건물 등). 이 구별의 실익은 소비대차(제598조 이하)·소비임치(제702조)·제3자 변제(제469조) 등에서 나타난다.

(4) 소비물과 비소비물

물건의 성질상 그 용도에 따라 1회 사용함으로써 소비되는 것이 소비물이고(예컨대 술·곡물), 반복해서 사용·수익할 수 있는 물건이 비소비물이다(예컨대 토지·건물). 즉 한 번 사용하면 존재를 잃느냐를 가지고 판단하며, 그 실익은 소비물만이 소비대차(제598조 이하)의 목적물이 될 수 있고, 사용대차(제609조 이하)·임대차(제618조 이하)의 목적물이 되는 것은 비소비물이다.

(5) 특정물과 불특정물

대체물과 부대체물의 구별이 객관적인 데 비해, 특정물과 불특정물은 당사자의 의사에 기한 주관적인 구별이다(금전과 같은 대체물도 일정한 표시를 하여 특정물로 거래를 할 수 있다). 당사자가 다른 물건으로 바꾸지 못하게 한 물건이 특정물이고, 다른 물건으로 바꿀 수 있게 한 물건이 불특정물이다. 이 구별의 실익은 채권의 목적물의 보관의무(제374조), 채무변제의 장소(제467조), 매도인의 담보책임(제580조, 제581조) 등에서 나타난다.

3. 민법총칙상 분류로서 부동산과 동산

민법은 "토지 및 그 정착물은 부동산이다"라고 규정한다(제99조 제1항). 따라서 '토지'와 '토지의 정착물'이 부동산이다(물권법에서 다시 상술함).

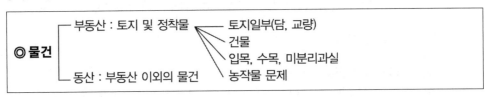

4. 물건의 구체적 내용별 분류

(1) 토지

토지는 인위적으로 지표에 경계를 그어 토지의 독립성과 개수를 정한다. 즉 등기부상의 한 필로 되어 있는 것을 1개의 토지로 취급하고 여기에 1개의 소유권이 있는 것으로 된다. 물권변동에 관하여 형식주의(=독일법 주의=성립요건주의)를 취하는 현행민법 하에서는 분필절차를 밟기 전에는 이전등기를 할 수 없기 때문에 소유권의 일부양도는 허용되지 않는다(물권법에서 상술). 그러나 용익물권의 설정은 가능하다.

(2) 토지의 정착물

1) 정착물의 의의

토지의 정착물이란 토지에 고정적으로 부착되어 용이하게 이동될 수 없는 물건으로서 그러한 상태로 사용되는 것이 통상적으로 용인되는 것을 말한다. 건물·수목·교량·도로의 포장 등이 그 예이다. 그러나 판자집·가식(假植)의 수목·토지나 건물에 충분히 정착되어 있지 않은 기계 등은 정착물이 아니라 동산이다.

2) 건물

건물은 토지의 정착물이며 독립된 부동산으로 토지와는 따로 물권의 객체가 된다. 건물이 언제부터 독립한 부동산이 되는가 하는 것은 사회통념·거래관념에 의한다. 일물일권주의의 예외로서 구분소유권이 인정된다(제215조 참조). 자세한 내용은 물권법에서 상술한다.

3) 정착물의 효과

토지의 정착물은 모두 부동산으로 다루고 있지만, 그 처리에 있어서는 다음과 같이 구별될 수 있다. 하나는 토지와는 언제나 독립된 것으로 다루어지는 것(건물)이 있고, 두 번째는 토지의 일부이기는 하지만(토지와 함께 처분되지만), 한편 일정한 공시방법을 갖추면 토지와는 독립하여 다루어질 수 있는 것이 있다. 예컨대 입목법에 의한 입목·수목·미분리의 과실 등이다. 셋째는 토지의 일부에 지나지 않는 것이 있다(교량, 도로의 포장 등).

(3) 동산

1) 의의

부동산 이외에 물건이 동산이다(제99조 제2항). 토지에 부착된 물건이라도 정착물이 아니면 동산(예컨대 가식의 수목)이다. 전기 기타 관리할 수 있는 자연력도 동산이다(제98조). 선박·자동차·항공기 등도 동산이다. 다만 특별법에 의해 부동산과 같이 다루어질 뿐이다(예컨대 자동차저당법 등).

2) 특수한 동산(금전)

금전은 일정수액의 가치취득에 불과하기 때문에, 동산의 일종이나 개성이 없다. 따라서 물권적 청구권이 없고 언제나 채권적 청구권만 발생한다. 금전은 가치에 중점을 두고 있기 때문에 특정의 개념이 없고, 금전은 이행불능이라는 것이 없다(채권법에서 설명). 그리고 소유와 점유가 일치한다는 의미를 갖는다. 즉 금전의 점유가 언제나 소유의 권원이 됨을 의미한다. 그리고 금전채권에서는 금전채무불이행 특칙(제397조)이 중요하다.

〈부동산과 동산의 구별〉

구분	부동산	동산
의 의	토지 및 정착물	토지 및 정착물 이외의 물건
공시방법	등기	점유이전
공신력(선의취득)	X	O
취득시효	제245조 : 20년, 10년	제246조 : 10년, 5년
선 점	X	O
용익물권	O	X
담보물권	유치권, 저당권	유치권, 질권

(4) 토지와 건물의 개수판단

판례 ㉠〈토지의 개수〉토지는 인위적으로 구획된 일정범위의 지면에 사회관념상 정당한 이익이 있는 범위 내에서의 그 상하를 포함하는 것으로서, 토지의 개수는 지적법에 의한 지적공부상의 필수, 분계선에 의하여 결정된다. ㉡〈건물의 개수〉반면에 건물은 일정한 면적, 공간의 이용을 위하여 지상, 지하에 건설된 구조물을 말하는 것으로서, 건물의 개수는 토지와 달리 공부상의 등록에 의하여 결정되는 것이 아니라 사회통념 또는 거래관념에 따라 물리적 구조, 거래 또는 이용의 목적물로서 관찰한 건물의 상태 등 객관적 사정과 건축한 자 또는 소유자의 의사등 주관적 사정을 참작하여 결정되는 것이다(대판 1997.7.8, 96다36517 참조).

5. 주물·종물의 이론

> **제100조 (주물·종물)**
> ① 물건의 소유자가 그 물건의 상용에 공하기 위하여 자기소유인 다른 물건을 이에 부속하게 한 때에는 그 부속물은 종물이다.
> ② 종물은 주물의 처분에 따른다.

(1) 의의

각각 독립된 두 개의 물건 사이에 한편이 다른 편의 효용을 돕는 관계가 있는바, 배와 노·말과 안장·주택과 창고 등의 관계에서 효용을 받는 물건이 주물이고, 제공하는 것이 종물이다(제100조 참조).

(2) 취지

주물(主物)·종물(從物)이론은 경제적 관계에 있어서의 물건의 주종적 결합체를 개인의 권리를 부당하게 침해하지 않는 범위 내에서 동일한 법률적 운명에 좇도록 하려는 것이다.

(3) 요건

1) 상용에 공할 것

종물은 주물의 경제적 효용을 계속적으로 높이는 기능을 하여야 한다. 따라서 주물 그 자체의 효용을 돕는 것이 아닌 것, 예컨대 TV·책상 등은 가옥의 종물이 아니다. 주물의 상용(常用)에 공하여진 여부의 판단은 객관적으로 사회관념에 따라 결정되고 부속시킨 자의 의사는 영향을 미치지 않는다(대판 1993.8.13, 92다43142).

2) 일정한 장소적 관계

종물은 주물과의 일정한 장소적 관계가 있어야 한다.

판례 ㉠〈상용과 장소적 관련성〉상용에 공한다는 의미는 사회통념상 계속하여 주물의 효용을 완성시키는 작용을 한다고 인정되는 종류의 물(物)이고 또 특정의 주물에 부속된다고 인정될 만한 장소적 관계에 있어야 한다(대판 1988.2.23, 87다카600). ㉡〈백화점 건물의 지하 2층 기계실에 설치된 전화교환설비를 백화점 건물의 종물로 본 사례〉전화교환설비는 건물의 원소유자가 설치한 부속시설이며, 위 건물의 상용에 제공된 종물으로서, 부동산의 종물은 주물의 처분에 따르고, 저당권은 그 목적 부동산의 종물에 대하여도 그 효력이 미치기 때문에(제358조), 저당권의 실행으로 개시된 경매절차에서 부동산을 경락받은 자와 그 승계인은 종물의 소유권을 취득하고, 그 저당권이 설정된 이후에 종물에 대하여 강제집행을 한 자는 위와 같은 경락인과 그 승계인에게 강제집행의 효력을 주장할 수 없다(대판1993.8.13, 92다43142).

3) 별개의 물건

(ㄱ) 종물은 주물로부터 독립된 별개의 물건이어야 한다. 종물은 <u>부동산·동산을 가리지 않는다.</u> 예컨대 주택에 딸린 광은 주택에 대한 종물이다. 한편 판례는 "횟집으로 사용할 점포 건물에 거의 붙여서 횟감용 생선을 보관하기 위하여 즉 위 점포 건물의 상용에 공하기 위하여 신축한 수족관 건물은 위 점포 건물의 종물"이라고 이해한다(대판 1993.2.12. 92도3234).

(ㄴ) 그러나 "피해자 소유의 축사 건물 및 그 부지를 임의경매절차에서 매수한 경우, 위 부지밖에 설치된 피해자 소유 <u>소독시설은</u> 축사 자체의 효용에 제공된 종물이 아니다"라고 한다(대판 2007.12.13. 2007도7247).

(ㄷ) 또한 정화조는 <u>건물의 대지가 아닌 인접한 다른 필지의 지하에 설치되어 있다 하더라도 독립된 물건으로서 종물이라기보다는 건물의 구성부분으로 본다</u>(대판 1993.12.10. 93다42399).

4) 동일한 소유자

주물과 종물은 모두 동일한 소유자에 속할 것이 필요하다. 양자는 동일한 법률적 운명에 따르므로, 타인의 권리를 침해하는 일이 없도록 하기 위해서이다.

(4) 효과 및 권리에 대한 준용

1) 종물은 <u>주물의 처분에 따른다</u>(제100조 제2항). 이는 <u>강행규정이 아니다</u>(제358조 참조). 종물은 주물의 처분에 따른다는 규정에 의하여 어떤 물건이 다른 주물과 동시에 처분되었다고 주장하는 자는 그 물건이 주물과의 관계에 있어서 주물·종물의 관계에 선다는 것을 주장·입증할 필요가 있다.

판례 〈임의규정〉 ㉠ 어선의 의제품이 선체의 종물이라 하더라도 특히 당사자가 선체와 기관(기관)만을 공제계약의 목적물로 하고 의제품은 그 계약목적물로 삼지 않기로 합의한 것이라면 의제품이 그 법적 운명에 있어서 반드시 선체와 함께 하여야 될 이유는 없다(대판 1978.12.26. 78다2028). ㉡ 주유소의 주유기가 비록 독립된 물건이기는 하나 유류저장탱크에 연결되어 유류를 수요자에게 공급하는 기구로서 주유소 영업을 위한 건물이 있는 토지의 지상에 설치되었고 그 주유기가 설치된 건물은 당초부터 주유소 영업을 위한 건물로 건축되었다는 점 등을 종합하여 볼 때, <u>그 주유기는 계속해서 주유소 건물 자체의 경제적 효용을 다하게 하는 작용을 하고 있으므로 주유소건물의 상용에 공하기 위하여 부속시킨 종물이다</u>(대판 1995.6.29. 94다6345).

2) 주물과 종물이론은 공법관계에도 적용된다. 즉 민법 제100조 제2항의 종물과 주물의 관계에 관한 법리는 물건 상호간의 관계뿐 아니라 권리 상호간에도 적용되고, 위 규정에서의 처분은 처분행위에 의한 권리변동뿐 아니라 주물의 권리관계가 압류와 같은 공법상의 처분 등에 의하여 생긴 경우에도 적용되어야 한다(대판 2006.10.26. 2006다29020).

3) 민법 제100조 제2항이 규정하는 주물·종물은 물건끼리의 관계이지만, 그 취지는 <u>권리 상호간에도 유추적용된다</u>. 예컨대 원본채권이 양도되면 이자채권도 이전되고, 건물이 양도되면 그 건물을 위한 대지의 임차권도 건물의 양수인에게 이전되는 것으로 해석된다.

판례 〈종된 권리에도 유추적용〉 ㉠ "저당권의 효력은 저당부동산에 부합된 물건과 종물에 미친다"는 제358조 본문의 규정은 저당부동산에 관한 종된 권리에도 유추적용되어서, 건물에 대한 저당권의 효력은 그 건물의 소유를 목적으로 하는 지상권에도 미친다(대판 1992.7.14, 92다527). ㉡ 저당권의 실행으로 부동산이 경매된 경우에 그 부동산에 부합된 물건은 그것이 부합될 당시에 누구의 소유이었는지를 가릴 것 없이 그 부동산을 낙찰받은 사람이 소유권을 취득하지만, <u>그 부동산의 상용에 공하여진 물건일지라도 그 물건이 부동산의 소유자가 아닌 다른 사람의 소유인 때 (예 : 렌탈목적물로써 발전설비 등)에는 이를 종물이라고 할 수 없으므로 부동산에 대한 저당권의 효력이 미칠 수 없음이 원칙이다</u>(대판 2008.5.8, 2007다36933,36940; 제358조 저당권의 효력에서 후술함).

5. 원물과 과실

> **제101조 (천연과실, 법정과실)**
> ① 물건의 용법에 의하여 수취하는 산출물은 천연과실이다.
> ② 물건의 사용대가로 받는 금전 기타의 물건은 법정과실로 한다.
> **제102조 (과실의 취득)**
> ① 천연과실은 그 원물로부터 분리하는 때에 이를 수취할 권리자에게 속한다.
> ② 법정과실은 수취할 권리의 존속기간일수의 비율로 취득한다.

(1) 원물과 과실의 의의

물건으로부터 생기는 경제적 수익을 과실(果實)이라 하고, 과실을 생기게 하는 물건을 원물(元物)이라고 한다. 수익은 수익권자의 수입으로 돌아가는 것인데, 과실로 보아야 할 범위와 과실이 생길 때까지에 수익권자의 변동이 있는 경우의 과실분배에 관하여 다툼이 생길 염려가 있으므로 민법은 과실의 개념과 귀속의 범위를 정한 것이다.

(2) 과실의 종류

과실, 즉 수익에는 원물로부터 산출되는 것(천연과실)과 원물을 타인에게 이용시켜 그 대가로서 수익하는 것(법정과실)의 두 가지가 있다.

1) 천연과실

(ㄱ) 물건의 용법

물건의 용법에 의하여 수취하는 산출물이다(제101조 제1항). '물건의 용법에 의하여'라 함은 원물의 경제적 용도·사명에 따라서 수취되는 물건을 의미한다. 또 '산출물'이라 함은 자연적·유기적으로 생산되는 물건에 한하지 않으며, 인공적·무기적으로 수취되는 물건(광물·석재)도 원물이 곧 소모되지 않고 경제적 견지에서 원물의 수익으로 인정될 수 있는 한 이를 모두 포함한다.
천연과실은 원물로부터 분리하기 전에는 원물의 구성부분이며 분리와 더불어 독립한 물건이 된다. 미분리의 천연과실도 그 자체가 독립한 물건은 아니므로 일반적으로 독립한 물권의 객체가 되지 못하나, 명인방법이라는 공시방법을 갖추면 독립성이 인정되고 이에 관하여 타인의 물권이 성립할 수 있게 된다.

(ㄴ) 수취권자

천연과실을 수취할 권리를 누가 가지느냐? 에 대하여 원물로부터 분리하지 않는 동안은 일반적으로 원물의 일부로서 원물의 소유권의 내용을 이룬다. 문제는 천연과실이 원물로부터 분리하여 독립한 물건이 될 때 그것이 누구에게 속하느냐에 관하여, 게르만법상 생산주의와 로마법의 분리주의(원물주의)가 있다. 수취권자는 일반적으로 원물의 소유자이므로 민법은 원칙적 분리주의(원물주의), 즉 "천연과실은 그 원물로부터 분리하는 때 이를 수취할 권리자에게 속한다" (제102조 제1항)라고 하여 분리주의를 택하고 있다. 원물의 소유자가 원칙적으로 수취할 권리자이다. 그러나 이 규정은 당사자의 합의에 의하여 다르게 정할 수 있다(임의규정).

(ㄷ) 농작물의 생산자주의(판례)

농작물에 대하여는 판례가 생산주의를 취하고 있음을 명심하자. 생산자주의란 비록 타인의 토지에 무단으로 농작물(상추·배추·고추 등 1년생)을 경작하였다고 하여도 생산자가 소유자가 된다는 것으로 즉 타인 소유의 토지에 사용수익의 권한없이 농작물을 경작한 경우에 그 농작물의 소유권은 경작한 사람에게 귀속된다는 것이다(대판 1970.3.10, 70도82). 이에 대하여 학설은 판례에 비판적 입장을 보인다.

2) 법정과실

(ㄱ) 물건의 사용대가

물건의 사용대가로 받는 금전 기타의 물건이다 (제101조 제2항). 물건의 사용대가는 타인에게 물건을 사용케 하고 사용 후에 원물 또는 동종·동질·동량의 것을 반환해야 할 법률관계가 있는 경우에 인정된다. 예컨대 물건의 대차에서 사용료·금전소비대차에 있어서 이자 등이 법정과실(法定果實)이다. 원물, 과실 모두 물건이어야 하기 때문에 특허권의 사용료·주식배당금 같은 권리의 대가는 과실에 해당되지 않는다. 또한 원물사용의 대가를 받을 수 있는 권리도 과실이 아니기 때문에 임금도 노동의 대가로서 법정과실이 아니다.

판례 〈국립공원 입장료의 성질〉 국립공원의 입장료는 토지의 사용대가라는 민법상 과실이 아니라 수익자 부담의 원칙에 따라 국립공원의 유지·관리비용의 일부를 국립공원 입장객에게 부담시키고자 하는 것이어서 토지의 소유권이나 그에 기한 과실수취권과는 아무런 관련이 없다(대판 2001. 12. 28, 2000다27749).

(ㄴ) 과실의 귀속

법정과실의 귀속에 대하여는 제102조 제2항에 규정을 두고 있다(임의규정). 즉 "법정과실은 수취할 권리의 존속기간 일수의 비율로 취득한다"라고 하고 있다. 예컨대 임대가옥의 소유자가 변경된 경우에 가옥의 차임은 가옥의 소유권의 존속기간에 따라서 일수의 비율로 분배한다는 것이다. 이 규정은 임의규정으로서 당사자가 다른 약정을 하는 것은 무방하다.

3) 매매에 있어 과실의 귀속(제587조)

제587조는 "매매계약이 있은 후에도 아직 인도하지 않은 매매 목적물로부터 생긴 과실은

매도인에게 속한다"라고 되어 있다. 왜냐하면 매수인의 대금이자 지급의무 없는 것과 대응하기 때문이다. 그러나 매수인이 대금을 지급하였음에도 목적물을 인도하지 않고 있는 경우에는 매도인이 과실을 수취할 수 없다. 즉 매매계약이 있은 후에도 대금을 지급하지 않은 사람은 이행기 이후에 생긴 과실을 수취할 수 없게 하고 있다.

제5장 권리의 변동

사람의 사회생활을 규율하는 사회규범은 여러 가지가 있다. 그런데 그 중 법에 의하여 규율되는 생활관계를 가리켜 법률관계라고 한다. 법률관계의 내용은 여러 가지가 있을 수 있으나, 그것은 결국 권리 또는 의무와 관련되어 있는 것이다. 즉 권리를 중심으로 보면, 그것은 권리의 발생·변경·소멸의 모습으로 나타난다. 권리변동은 법률행위 또는 법률규정에 의하여 변동된다. 법률행위는 매매 등과 같이 당사자의 의사표시에 의하여 만들어진다. 여기서 의사표시는 법률사실이고, 매매는 법률요건이며, 법률효과는 당사자의 권리의무로 이루어진다. 법률규정에 의한 변동은 일반적으로 법률에 규정되어 있다.

Ⅰ. 법률사실과 법률행위

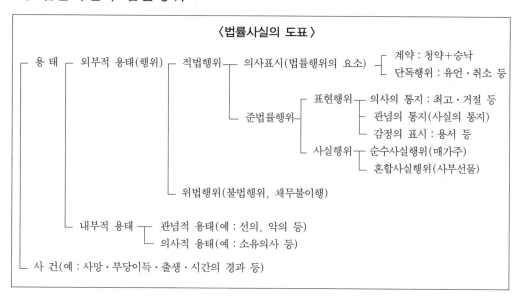

〈법률사실의 도표〉

1. 법률사실

(1) 의사표시

법률행위라 함은 의사표시를 요소로 하는 법률요건을 말한다. 법률행위의 성질은 사적 자치의 법률상 수단이 되는 법률요건이고, 법률행위는 의사표시를 불가결의 요소로 하며, 법률행위는 표의자가 원한대로의 일정한 사법상의 효과를 발생케 한다. 법률행위는 의사표시라는 법률사실을 요소로 하는 법률요건인 것이다. 법률행위는 하나의 의사표시로 성립하는 단독행위와 두 개의 의사표시로 성립하는 계약의 둘로 나누어진다. 어느 것이나 당사자가 의욕한대로 법률효과가 생긴다는 점에서 그 본질이 있고, 사적 자치가 허용되는 분야가 바로 이것이다.

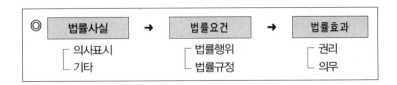

(2) 준법률행위

1) 개념 및 특질

준법률행위는 법률적 행위라고도 하는데, 이것은 독일 민법학에서 법률행위와 불법행위를 제외한 나머지 인간의 모든 행위라는 총체개념으로 출발한 것이다. 법률행위는 표의자가 원한 대로의 일정한 사법상 효과를 발생케 하나, 준법률행위는 행위자가 원한대로의 효과가 아니라 법률이 정하는 대로의 효과가 생기는 것이 특색이다.

2) 종류

법률적 행위(준법률행위)는 표현행위와 비표현행위(=사실행위)로 구분된다. 그리고 전자는 다시 의사의 통지, 관념의 통지, 감정의 표시로 구분된다.

(ㄱ) 의사의 통지

의사의 통지란 자기의 의사를 타인에게 통지하는 행위로서 각종의 최고[예컨대 무능력자의 상대방이 하는 본인의 추인 여부확답을 촉구할 권리(=최고; 제15조 제1항) · 무권대리행위의 상대방이 하는 본인의 추인 여부 확답의 최고(제131조) · 채무의 이행을 청구하는 최고(제174조) 등], 즉 이때에는 행위자가 어떤 법률효과의 발생을 원하였느냐 여부를 묻지 않고서, 법률은 직접 일정한 법률효과를 부여한다.

(ㄴ) 관념의 통지(=사실의 통지)

관념의 통지란 법률관계의 당사자 일방이 상대방에 대하여 과거 또는 현재의 사실을 알리는 것을 말한다[(예컨대 사원총회 소집의 통지(제71조) · 채무의 승인(제168조 제3호) · 채권양도의 통지 또는 승낙(제450조) · 공탁의 통지(제488조) · 청약자가 하는 승낙연착의 통지(제528조 제2항) 등)].

(ㄷ) 감정의 표시

표시된 의식내용이 용서와 같은 감정인 경우인데(제556조 제2항), 법률이 이를 법률사실로 하는 일은 매우 드물다.

(ㄹ) 사실행위

그 행위에 의하여 표시되는 의식의 내용이 무엇이냐를 묻지 않고서, 다만 행위가 행하여져 있다는 것, 그 행위에 의하여 생긴 결과만이 법률에 의하여 법률상 의미가 있는 것으로 인정되는 행위를 말한다. 사실행위에는 외부적 결과의 발생만 있으면 법률이 일정한 효과를 주는 ① 순수사실행위[예컨대 매장물발견(제254조) · 가공(제259조) · 주소의 설정 등)와 그밖에 어떤 의식과정이 따를 것을 요구하는 ② 혼합사실행위[예컨대 사무관리(제734조)] · 부부의 동거 · 선점(제252조) · 물건의 인도 등)가 있다.

법률행위	단독행위	
	계약(민법상 14가지 전형계약+기타)	
	합동행위	
준법률행위	표현행위	**의사의 통지**: 각종 최고나 거절처럼 자기의 의사를 타인에게 통지하는 행위
		관념의 통지: 어떠한 사실을 알리는 행위(제71조의 사원총회소집통지나 제125조의 대리권수여표시, 시효중단사유로서의 채무의 승인등)
		감정의 표시: 용서 등 일정한 감정을 표시하는 행위(제556조 2항 참조).
	비표현행위	**순수사실행위**: 외부결과의 발생만 있으면 법률효과가 인정되는 것(매가주: 즉 매장물 발견, 가공, 주소의 설정)
		혼합사실행위: 외부결과 발생 + 일정한 인식 등 요구함(사부선물: 즉 사무관리, 부부의 동거, 선점, 물건의 인도 등).

3) 법률행위 규정의 유추적용

학설은 대체로 순수사실행위에 관하여는 법률행위의 규정을 유추적용할 수 없고, 기타의 준법률행위에 관하여는 그 의사적 요소의 정도를 감안하여 그 유추적용여부를 신중히 결정하여야 한다고 한다(특히 대리 등에서 중요).

(3) 사람의 정신작용에 기하지 않는 법률사실

이를 사건이라고 하는데, 사람의 출생과 사망·실종·시간의 경과·물건의 자연적인 발생 및 소멸 등과 같이 사람의 정신작용과는 관계없는 사실로서 법률에 의하여 그 효과가 부여되는 법률사실이다.

2. 법률행위개념

(1) 사적자치와 법률행위의 자유의 원칙

근대민법의 3대원칙의 하나인 사적 자치의 원칙은 개인은 자기결정에 의하여 자기의사에 따라 법률관계를 형성할 수 있다고 하는 것이다. 이것은 인간의 존엄과 가치를 보장하는 자유민주주의적 기본질서의 이념의 한 표현이다(헌법 제10조). 그런데 개인의 의사를 요소로 하는 법률요건이 법률행위이므로 결국 법률행위는 사적 자치를 실현하는 수단이 되고 따라서 위 원칙에서 법률행위 자유의 원칙이 도출된다.

(2) 법률행위와 의사표시의 관계

법률행위는 의사표시를 불가결의 요소로 한다. 물론 법률행위가 의사표시만으로 구성되는 것은 아니다. 예컨대 법인의 설립이라는 법률행위(합동행위)에 있어서는 주무관청의 허가가 따로 요구된다. 그러나 법률행위라고 하기 위해서는 반드시 하나 또는 둘 이상의 의사표시가 있어야만 하는 점에서 의사표시 없는 법률행위는 있을 수 없다.

3. 의사표시의 구성요소

법률행위의 구성요소로서 의사표시는 '일정한 법률효과의 발생을 목적으로 하는 의사의 표시행위'라고 한다. 우리의 다수설은 의사표시가 성립하는 심리적 과정을 분석하면, 개인이 먼저 어떤 동기에 의하여 일정한 법률효과의 발생을 목적으로 하는 의사를 결정하고(효과의사), 다음에 이 의사를 외부에게 알리기 위하여 발표하려는 의사(표시의사)에 매개되어서 일정한 행위가 되어 외부에 나타나게 된다(표시행위)고 한다. 그러면서 행위의사를 표시행위에서 다룬다. 그러하다면 의사적 요소로서 효과의사, 표시의사, 행위의사가 문제되고, 표시적 요소로서 표시행위가 주로 문제된다. 따라서 의사표시는 '효과의사 — 표시의사 — 행위의사 — 표시행위'의 문제로 볼 수 있다.

4. 법률행위의 요건

⑴ 법률행위가 법률요건으로서 완전히 그 법률효과를 발생하려면 여러 가지의 요건을 갖추어야 한다. 즉 법률행위가 그 법률효과를 발생하려면, 먼저 법률행위로서 성립하여 존재하여야 하고, 이어서 존재하는 법률행위가 유효한 것이어야 한다. 예컨대 매매는 청약과 승낙의 의사표시로 성립하지만 그것이 사회질서에 위반되는 경우에는 무효인 것이다(제103조 참조). 이처럼 법률행위의 유효·무효는 법률행위가 성립된 것을 전제로 하는 것이다.

⑵ 성립요건은 법률행위의 효과를 주장하는 당사자가 그 입증책임(증명책임)을 부담하고, 효력요건의 부존재는 법률행위의 무효를 주장하는 당사자가 그 입증책임(증명책임)을 지는 점에서 양자를 구별하는 실익이 있다.

1) 성립요건
법률행위라고 할 수 있을 만한 것이 있기 위하여 요구되는 최소한의 외형적·형식적인 요건이 성립요건이다.

(ㄱ) 일반적 성립요건
모든 법률행위에 요구되는 요건이며, 당사자, 목적, 의사표시의 세 가지를 든다.

(ㄴ) 특별 성립요건
각개의 법률행위에 관하여 그의 성립에 필요한 요건을 말하는바, 법률의 규정에 의해 정해진다. 이에 해당하는 것으로서, 물권변동에서 등기, 인도, 혼인에서의 신고, 유언의 방식 등이 있다.

2) 효력요건(유효요건)
이미 성립한 법률행위가 법률상 효력을 발생하는 데에 필요한 요건을 말한다.

(ㄱ) 일반적 효력요건
당사자가 능력(권리능력·의사능력·행위능력)을 갖출 것, 목적의 확정·가능·적법, 사회적 타당성을 갖출 것, 의사표시가 일치하고, 하자가 없어야 한다.

① 당사자가 행위무능력자인 경우에는 그 법률행위를 취소할 수 있고, 의사무능력자이거나 권리능력이 없는 경우에는 그 법률행위는 무효이다.

② 법률행위 내용이 확정성·가능성·적법성·사회적 타당성의 존재로서 법률행위가 그 효과가 있으려면, 그 법률행위의 내용(목적)이 확정될 수 있어야 하고, 실현가능하여야 하며, 강행법규에 위반하지 않아야 하고, 또 선량한 풍속 기타 사회질서에 위반하지 않아야 한다. 이 요건 중에 하나라도 갖추지 못한 경우에는 그 법률행위는 무효이다(제103조).

③ 의사표서에 관하여 의사와 표시가 일치하고, 의사표시에 하자가 없을 것으로서, 진의 아닌 의사표시·허위표시·착오처럼 의사와 표시가 일치하지 않는 경우에는 그 의사표시는 무효 또는 취소될 수 있으며, 사기·강박에 의한 의사표시처럼 의사표시에 하자가 있는 경우에는 취소할 수 있게 된다(제107조 이하).

(ㄴ) 특별 효력요건

각개의 법률행위에 특유한 효력요건으로서 이를 결하면 그 법률행위로서 효력이 생기지 않는 요건을 말한다. 예컨대 대리행위에 있어서의 대리권의 존재, 조건부·기한부 법률행위에서의 조건·기한의 성취, 유언에 있어서의 유언자의 사망 등이다.

5. 권리변동의 모습

우선 아래의 권리변동 중 원시취득과 승계취득 중 포괄승계를 비교하여 보자.

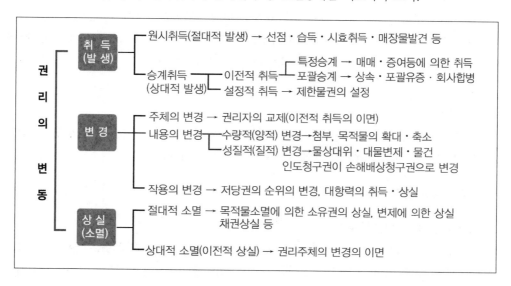

(1) 권리취득

1) 원시취득

타인의 권리에 기초함이 없이 원시적으로 취득하는 것이다(선의취득·선점·습득·매장물 발견·첨부·시효취득·건물의 신축 등).

2) 승계취득

타인의 권리를 취득하는 것으로서, 그 취득자는 그 타인이 가지고 있었던 권리 이상의 권리를 취득하지 못한다. 즉 타인이 무권리자이면 권리를 취득할 수 없고, 그 권리에 제한이나 하자가 있으면 그러한 것도 그대로 승계한다.

(ㄱ) 이전적 승계

이전적 승계란 구권리자에게 속하고 있었던 권리가 그 동일성을 유지하면서 그대로 신권리자에게 이전되는 것으로서, 매매·상속에 의한 취득이 그러하다. 이전적 승계는 특정승계와 포괄승계로 나누어진다. 특정승계는 매매·증여 등과 같이 특정된 개별적 원인에 의하여 취득하는 것이고, 포괄승계는 상속·합병 등과 같이 하나의 원인에 의하여 여러 개의 권리·의무를 포괄하여 승계하는 것이다.

(ㄴ) 설정적 승계

지상권, 저당권설정의 경우와 같이 설정적 승계란 어느 누구의 소유권에 기초해 지상권·전세권·저당권을 설정하는 경우처럼, 구권리자는 그대로 그의 권리를 보유하면서, 다만 신권리자는 그 소유권이 가지는 권능(사용·수익·처분) 중 일부를 취득하는 것을 말한다.

(2) 권리의 변경

권리가 그 동일성을 잃지 않고서 그 주체·내용·작용에 관하여 변경을 받는 것이다. 주체의 변경은 이전적 승계의 예에 해당한다. 내용의 변경은 물건의 인도를 목적으로 하는 채권이 채무불이행을 이유로 대신 손해배상청구권으로 변하거나, 물상대위·첨부 등이 이에 해당한다. 작용의 변경은 부동산 임차권이 등기되어 대항력을 취득하거나, 채권양도의 대항요건의 취득, 저당권의 순위가 변경하는 것 등이다.

(3) 권리의 상실

권리의 절대적 상실은 목적물 멸실에 의한 소유권의 소멸이 그 예이고, 권리의 상대적 상실은 다른 사람에 의한 권리의 승계취득의 경우가 그 예이다.

6. 법률행위 종류

(1) 재산행위·신분행위

법률행위에 의하여 발생되는 효과가 재산상 법률관계에 관한 것인지 또는 신분상 법률관계에 관한 것인지에 따른 분류이다. 민법총칙편의 법률행위에 관한 규정은 주로 재산행위에 관해 적용된다.

(2) 단독행위·계약·합동행위

이것은 법률행위의 요소인 의사표시의 모습에 의한 분류로서 가장 기본적인 구별이다.

1) 단독행위

행위자 한 사람의 한 개의 의사표시만으로 성립하는 법률행위이며, 일방적 행위라고도 한다. 여기에는 상대방 있는 단독행위(예컨대 동의·채무면제·상계·추인·취소·해제·해지)와, 상대방 없는 단독행위(예컨대 유언·재단법인의 설립행위·권리의 포기)가 있다. 이와 같은 단독행위는 하나의 의사표시만으로 법률효과가 생기고, 그에 따라 상대방을 일방적으로 구속하게 되므로 이것은 법률에 규정이 있는 경우에 한하여 할 수 있다(단독행위 법정주의 : 제5조·110조·406조 등).

2) 계약

계약이란 두 개의 대립되는 의사표시의 합치에 의하여 성립하는 법률행위이다. 의사표시가 2개라는 점에서 단독행위와 구별된다. 계약에는 채권계약, 물권계약, 가족법상의 계약이 있으나, 좁은 의미의 계약은 채권계약만을 말한다.

3) 합동행위

사단법인 설립행위는 2개 이상의 의사표시가 필요하다는 점에서 계약의 경우와 유사하지만, 그 방향은 상호 대립적인 것이 아니라 공동목적을 위해 평행적·구심적이라는 점에서 특색이 있다. 그래서 통설은 이를 합동행위라고 하여 계약과 구별하고 있다. 그러나 이에 대해서는 특수한 계약으로 보는 견해도 있다.

(3) 요식행위·불요식행위

1) 불요식의 원칙

계약자유원칙의 파생원칙으로서 '방식의 자유'가 인정되므로 일반적으로 법률행위의 방식은 자유이다. 그러나 일정한 방식(서면·공증(公證)·신고) 등에 따라 행하여져야 그 효력이 인정되는 법률행위를 요식행위라고 한다.

2) 요식행위의 유형

첫째, 당사자로 하여금 신중하게 행위를 하게 하기 위한 경우(혼인·입양 등)
둘째, 법률관계의 명확화(법인 설립행위·유언 등)
셋째, 외형을 신뢰하여 민활한 거래를 요구하는 행위(어음행위 등) 등은 요식행위이다. 채권법상 전형계약은 모두 불요식 계약이다.

(4) 생전행위·사후행위

행위자의 사망으로 그 효력이 생기는 법률행위를 사후행위(또는 死因行爲)라고 하고, 기타 보통의 행위를 생전행위라고 한다. 우리 민법상 유언(제1073조)과 사인증여(제562조)가 사후행위이다. 사후행위는 일신전속적 행위로서 대리가 허용되지 아니하며, 또 엄격한 방식이 요구되고 있다(제1060조 이하).

(5) 채권행위·물권행위·준물권행위

이는 발생하는 법률효과의 종류에 따라 본 구별이다. 처분행위는 물권행위와 준물권행위를 포함하는 의미이고, 의무부담행위는 채권행위를 지칭한다.

1) 채권행위

채권행위란 채권의 발생을 목적으로 하는 행위이다. 매매·증여·임대차계약 등이 그 예이다. 채권행위는 이로 인하여 발생한 채권·채무에 관하여 이행(가령 매매 목적물의 인도, 대금의 지급)이라는 문제를 남긴다는 점에서 다음에 설명할 물권행위 및 준물권행위와 다르다.

2) 물권행위

물권행위란 물권변동(물권의 발생·변경·소멸)을 목적으로 하는 법률행위이다. 이에는 물권계약(예컨대 매매에 의한 소유권이전)과 물권적 단독행위(예컨대 소유권의 포기)가 있다. 물권행위는 장차 이행이라는 문제를 남기지 않는 점에서 채권행위와 다르다. 우리 민법은 물권변동을 일으키는 요건으로 이와 같은 물권행위 이외에 일정한 형식(부동산은 등기, 동산은 인도 : 제186조·188조)을 갖출 것을 요구한다(형식주의=독법주의=성립요건주의). 우리와 달리 프랑스나 일본은 물권행위만으로 물권변동이 생기는데, 이를 의사주의(=불법주의=대항요건주의)라 한다(물권법에서 상술).

3) 준물권행위

준물권행위란 채권양도, 채무면제, 지식재산권의 양도 등과 같이 물권 이외의 권리의 발생·변경·소멸을 직접 가져오게 하고, 후에 이행이라는 문제를 남기지 않는 법률행위이다.

> **Tip** 처분행위(물권행위+준물권행위)의 특징
>
> ㉠ 처분행위의 목적물은 처분행위의 효력발생시까지(등기나 점유의 이전) 특정되어 있어야 하며, ㉡ 그 대상은 현존(실존)하는 목적물 내지 권리이어야 한다. ㉢ 처분행위의 처분권자는 처분권한이 있어야 한다. ㉣ 물권행위에 관해서는 등가·인도 등 공시의 원칙이 적용된다. ㉤ 채무면제(제506조)·채권양도(제449조)는 처분행위로서 준물권행위에 속한다.

(6) 유인행위·무인행위

재산의 출연행위에는 보통 출연을 하게끔 한 일정한 원인이 있다. 예컨대 금전을 교부하거나 가옥의 소유권을 이전하는 것은 채무를 변제하기 위해서 또는 매매계약을 원인으로 해서 이루어지게 된다. 그런데 이미 채무를 변제하였거나 또는 매매계약이 무효·취소되었다고 한다면, 출연의 원인이 없으므로 받은 출연을 부당이득으로서 반환하여야 한다(제741조). 민법은 유인주의를 원칙으로 삼고 있다(제741조 참조). 다만 어음·수표행위의 경우와 같이 지시채권의 양도에 관해서는 무인주의를 취하고 있다(제513조~제515조).

(7) 신탁행위

신탁행위	민법상 신탁행위	신탁법상 신탁행위
		담보목적의 양도담보(유효)
		추심목적의 채권양도(유효)
		명의신탁(원칙적으로 무효)

1) 신탁법상의 신탁행위

신탁법에 의하면, 어떤 자(신탁설정자 또는 위탁자)가 법률행위에 의하여 상대방에게 재산권을 이전하는 동시에 재산권을 일정한 목적(예컨대 재산의 관리, 학술·종교·자선 등의 공익)에 따라서 자기 또는 제3자(수익자)를 위하여 관리·처분케 하는 법률관계가 신탁이고(동법 제1조 제2항), 이러한 신탁을 설정하는 계약 또는 유언을 신탁행위라고 한다(동법 제2조). 동법의 특색은 <u>신탁재산을 신탁자로부터 완전히 수탁자에게 대내외적으로 이전되는 점</u>(이점이 특히 민법상 신탁행위와 구별된다), 수탁자의 고유재산으로부터 독립된 특별재산으로 다룬다는 점과 신탁재산이라는 취지의 공시방법을 갖추어 신탁자 및 제3자를 같이 보호하고 있다는 것이다(동법 제3조·21조·25조·52조, 부동산등기법 제117조 이하 참조).

판례 〈신탁법상 신탁으로 수탁자에게 소유권이 이전된 토지에 대한 취득세 납세의무자가 수탁자인지 여부(적극)〉
<u>신탁법상 신탁은 위탁자가 수탁자에게 특정의 재산권을 이전하거나 기타의 처분을 하여 수탁자로 하여금 신탁 목적을 위해 재산권을 관리·처분하게 하는 것이므로, 부동산 신탁에 있어 수탁자 앞으로 소유권이전등기를 마치게 되면 소유권이 수탁자에게 이전되는 것이지 위탁자와의 내부관계에 있어 소유권이 위탁자에게 유보되는 것은 아닌 점</u>이 비추어 취득세 납세의무자는 수탁자로 봄이 타당하다(대법원 2012.6.14. 선고 2010두2395 판결).

2) 민법학상의 신탁행위

현행 민법은 신탁행위에 관해 명문의 규정을 두고 있지 않다. 신탁행위에 관한 일반이론은 본래 양도담보와 추심을 위한 채권양도 등의 문제를 해결하기 위해 19세기 초에 독일에서 생성된 것인데, 일본법학을 통하여 우리가 이를 받아들인 것이다. <u>신탁행위의 특징은 일정한 '경제상의 목적'을 위해 그 경제적 목적보다도 더 큰 '권리의 양도'의 형식을 취하고 이러한 초과된 권리를 그 경제적 목적의 범위 내에서만 사용·수익할 의무를 지는 것을 '약정'하는 점에서 초기에는 허위표시와의 경계가 주로 논쟁이 되어 왔었다</u>(즉 신탁행위는 허위표시가 아니다). <u>즉 대내적 소유권은 신탁자에게 유보하고 대외적 소유권은 수탁자에게 이전하는 형식을 취한다</u>(이점이 신탁법상 신탁과 구별된다). 한편 판례는 명의신탁을 신탁행위 개념으로 접근하고 있으나 다른 신탁행위와는 달리 현재는 부동산실명법 때문에 원칙적으로 무효가 된다(부동산실명법 명의신탁편에서 상술한다).

Ⅱ. 법률행위의 해석

법률행위의 해석이란 당사자의 의사표시 및 행위의 전 취지로부터 법률행위의 내용을 명확히 하여 어떤 법률효과가 부여되는지를 확정하는 규범적 작업을 말한다. 즉 법률행위의 해석이란 법률행위의 내용을 명확히 하는 것을 말한다.

> **제105조 (임의규정)**
> 법률행위의 당사자가 법령중의 선량한 풍속 기타 사회질서에 관계없는 규정과 다른 의사를 표시한 때에는 그 의사에 의한다.
> **제106조 (사실인 관습)**
> 법령중의 선량한 풍속 기타 사회질서에 관계없는 규정과 다른 관습이 있는 경우에 당사자의 의사가 명확하지 아니한 때에는 그 관습에 의한다.

1. 의 의

법률행위의 해석이란 법률행위의 내용을 확정하는 것으로 법률행위의 해석은 사적자치원칙에 그 근거를 두고 있다. 즉 모든 법률행위는 그 목적(내용)을 갖고 있는데, 이러한 법률행위의 목적을 구체적으로 밝히는 작업을 법률행위의 해석이라 한다. 법률행위는 의사표시를 요소로 하기 때문에 결국 의사표시의 해석과도 관련된다.

판례 판례의 예를 들어본다면, "임대인과 임차인이 세무서에 임대차보증금만 신고하고 월 차임은 신고하지 않기로 합의하면서 <u>임대차보증금에 차임을 '임차인이 다 신고하면'</u> 그 차임에 대한 부가가치세 등을 임차인이 부담하기로 하는 내용의 세금부담 약정을 한 사안에서, 위 세금부담 약정은 임차인이 스스로 세무서에 차임 약정이 존재한다는 사실을 신고함으로써 그에 대한 부가가치세 등을 임대인이 부담하게 될 경우 이를 임차인이 부담하겠다는 뜻으로 이해됨에도, 임대인에 대한 세무조사 과정에서 누락신고된 차임이 밝혀졌다는 사유만으로 임대인에게 추가로 부과된 부가가치세 본세를 위 세금부담 약정에 따라 임차인이 부담하여야 한다고 보아서는 아니된다"는 것이 대법원의 태도이다(대판 2011.3.24, 2010다95062).

2. 법률행위해석의 대상과 방법

(1) 대상

우리나라 통설과 판례에 의하면, "법률행위해석의 대상은 「내심의 효과의사」를 탐구하는 것이 아니라 「표시행위가 지니는 사회적 의미」를 밝히는 것이다"라고 하고 있다. <u>즉 판례는 "의사표시해석에 있어서 당사자의 진정한 의사를 알 수 없다면, 의사표시의 추단되는 효과의사, 즉 표시상의 효과의사이고 표의자가 가지고 있던 내심적 효과의사가 아니므로 당사자의 내심의 의사보다는 외부로 표시된 행위에 의하여 추단된 의사를 가지고 해석함이 상당하다"고 판시한다</u>(대판 1996.4.9, 96다1320). 이러한 법리는 비전형의 혼합계약(현실적인 물품 인도 없는 형태의 물품공급계약)의 해석에도 적용된다(대판 2010.10.14. 2009다67313).

(2) 법률행위해석의 방법

> ◎ **법률행위의 해석**
>
> 　1) **법률행위의 해석의 방법**
> 　　┌ ① 자연적 해석 : 표의자시각 착오(×) 오표시무해의 원칙
> 　　│ ② 규범적 해석 : 상대방시각 착오(○)
> 　　└ ③ 보충적 해석 : 제3자시각 (제137조~138조)

1) 자연적 해석

법률행위의 해석에 있어서 표시된 문자 또는 언어의 의미에 구속되지 아니하고, 표의자의 실제의 의사(내심의 효과의사)를 밝히는 것을 말한다. 자연적 해석은 자기결정의 원칙에 충실한 해석이며, 특히 상대방 없는 단독행위(유언)라든지, 계약이라고 하더라도 상대방보호 필요성이 없는 경우에 그 예를 찾을 수 있다. 특히 자연적 해석에는 착오가 있을 수 없다는 것을 유의하여야 한다.

판례 〈오표시무해의 원칙 (자연적 해석)〉 부동산의 매매계약에 있어 쌍방당사자가 모두 특정의 甲 토지를 계약의 목적물로 삼았으나 그 목적물의 지번 등에 관하여 착오를 일으켜 계약을 체결함에 있어서는 계약서상 그 목적물을 甲토지와는 별개인 乙토지로 표시하였다 하여도 甲 토지에 관하여 이를 매매의 목적물로 한다는 쌍방당사자의 의사합치가 있는 이상 위 매매계약은 甲토지에 관하여 성립한 것으로 보아야 할 것이고, 乙 토지에 관하여 매매계약이 체결된 것으로 보아서는 안될 것이며, 만일 乙토지에 관하여 위 매매계약을 원인으로 하여 매수인 명의로 소유권이전등기가 경료되었다면 이는 원인없이 경료된 것으로서 무효이다(대판 1993.10.26, 93다2629,2636).

2) 규범적 해석

(ㄱ) 내심의 효과의사와 표시행위가 일치하지 아니한 경우에 상대방의 시각에서 표시행위에 따라 법률행위의 성립을 인정하는 해석이다. 이는 상대방 시각에서 표시행위로 추단되는 표시상의 효과의사를 밝히는 것이다. 이는 자기 책임의 원칙에서 그 근거를 찾을 수 있다.

(ㄴ) 판례가 자연적 해석에 대하여는 '우선 행위자와 상대방의 의사가 일치하는 경우에는 그 일치된 의사대로 행위자 또는 명의인을 계약의 당사자로 확정하여야 할 것'이라고 판시하고, 규범적 해석에 대하여는 '행위자와 상대방의 의사가 일치하지 않는 경우…중략… 상대방이 합리적인 사람이라면 행위자와 명의자 중 누구를 계약당사자로 이해할 것인가에 의하여 당사자를 결정하여야 할 것'이라고 하는 것이 이를 지칭한다고 볼 수 있다(대판 1998.3.13, 97다22089). 규범적 해석에는 착오가 존재한다.

판례 ① 채권자가 채무자로부터 채권금액을 수령하면서 실제는 더 받을 금원이 있는데도 영수증에 '총완결'이라는 문언을 부기한 경우에는 더 받을 금원을 탕감한 것이다(대판 1969.7.8, 69다563).
② 어떤 의무를 부담하는 내용의 기재가 있는 문서에 '최대한 노력하겠습니다' 라고 기재되어 있는 경우에, 특별한 사정이 없는 한 당사자가 위와 같은 문구를 기재한 객관적인 의미는 문면 그 자체로 볼 때 그러한 의무를 법적으로 부담할 수 없지만 사정이 허락하는 한 그 이행을 사실상 하겠다는 취지로 해석해야 함이 상당하다(대판 1994.3.25, 93다32668).

3) 보충적 해석

(ㄱ) 법률행위의 내용에 흠결이 있는 경우에 이를 해석에 의해서 보충하는 것을 말한다. 보충적 해석은 법률행위의 성립이 자연적·규범적 해석을 통하여 긍정된 후에 개시된다. 당사자의 실제하는 의사를 밝히는 것이 아니라 신의성실원칙·거래관행에 의하여 인정되는 당사자의 가상적 의사를 밝히는 것이다(대판 2011.10.27, 2011다53645,53652).

(ㄴ) 보충적 해석에서는 양당사자의 진의가 중시되는 것이 아니라 틈의 존재를 알았더라면 어떻게 합리적으로 규율하였을 것인가라는 양당사자의 가정적 의사가 중시되므로 진의와 표시의 불일치에 따른 착오의 문제는 발생하지 않는다(백태승).

판례 ① 〈후유증〉 판례는 교통사고 등에서 가해자와 피해자가 손해배상에 관하여 합의를 하면서 「향후 민사상 형사상 일체의 청구권을 포기한다」 라고 약정하였으나, 약정당시에 예상하지 못한 후유증으로 영구불구 등 손해가 증대된 사안에서, 위와 같은 합의는 합의당시에 예상한 손해에 관한 것이고, 불측의 후유증과 같이 그 후에 발생한 손해까지도 포기하겠다는 취지로 새기는 것은 당사자의 합리적 의사에 합치할 수 없다고 보아 착오의 문제로 다루지 않고 법률행위의 해석을 통하여 확대손해에 대한 손해배상을 인정하고 있다(대판 1991.4.9, 90다16078 등).

② 〈계약당사자 쌍방이 계약의 전제나 기초가 되는 사항에 관하여 같은 내용으로 착오가 있는 경우, 계약의 해석 방법〉 계약당사자 쌍방이 계약의 전제나 기초가 되는 사항에 관하여 같은 내용으로 착오가 있고 이로 인하여 그에 관한 구체적 약정을 하지 아니하였다면, 당사자가 그러한 착오가 없을 때에 약정하였을 것으로 보이는 내용으로 당사자의 의사를 보충하여 계약을 해석할 수 있는바, 여기서 보충되는 당사자의 의사는 당사자의 실제 의사 또는 주관적 의사가 아니라 계약의 목적, 거래관행, 적용법규, 신의칙 등에 비추어 객관적으로 추인되는 정당한 이익조정 의사를 말한다(대판 2006.11.23, 2005다13288).

③ 〈당사자가 표시한 문언에 의하여 객관적인 의미가 명확하게 드러나지 않는 경우, 법률행위 해석 방법〉 법률행위 해석은 당사자가 표시행위에 부여한 객관적인 의미를 명백하게 확정하는 것으로서, 당사자가 표시한 문언에 의하여 객관적인 의미가 명확하게 드러나지 않는 경우에는 문언 내용과 법률행위가 이루어지게 된 동기 및 경위, 당사자가 법률행위에 의하여 달성하려고 하는 목적과 진정한 의사, 거래관행 등을 종합적으로 고찰하여 사회정의와 형평의 이념에 맞도록 논리와 경험의 법칙 그리고 사회일반의 상식과 거래의 통념에 따라 합리적으로 해석하여야 한다(대판 2011.10.27, 2011다53645,53652 판결)

3. 관습법과 사실인 관습의 비교

(1) 법적 확신
법적 확신의 요구면에서는 통설·판례는 관습법은 요구한다고 하나 사실인 관습은 요구되지 않는다고 한다.

(2) 직권조사사항
직권조사사항에 대하여는 관습법은 법이기 때문에 법원의 직권조사사항이나, 사실인 관습은 의사해석기준설이 다수설이기 때문에 사실인 관습은 당사자가 주장한 때에 한하여 조사할 수 있다. 즉 사실로 봄이 다수설이다. 판례는 법규범설을 채택하기도 하였다.

(3) 법규성
관습법은 법이므로 이에는 강행법규와 임의법규가 있을 수 있다. 그런데 사실인 관습은 강행법규에 위배되지 않는 것에 한하여 법률행위의 해석기준으로 된다. 사적자치의 영역에서 사실인 관습이 문제된다.

판례 대법원은 가정의례준칙 제13조의 규정과 배치되는 사실인 관습의 효력을 인정하려면 그와 같은 관습을 인정할 수 있는 당사자의 주장과 입증이 있어야 할뿐만 아니라, 그 관습은 사적 자치가 가능한 영역에서 문제되는 것으로 판단한다(대판 1983.6.14, 80다3231).

(4) 관련사안검토(사실인 관습과 관습법)

관련사례	A지역에서는 창고에 보관 중인 생선을 임치인이 이의 없이 수령하면 수령 후에 생선의 흠을 이유로 수치인에게 책임을 물을 수 없는 관행이 있다. 임치인(甲)은 수치인(乙)에게 생선을 보관케 하고 약속 당일 목적물을 이의 없이 수령하였다. 몇 일 후 甲은 乙에게 보관 중에 생선이 잘못되었다고 하며 변상을 요구하였다. 乙은 이 지역의 관행을 이유로 책임을 면할 수 있는가?
해설	(1) 의의 　　관습법은 법이기 때문에 법원의 직권조사사항이다. 사실인 관습의 법적 성질에 관해서는 학설의 대립이 있다. 이러한 입장의 차이는 소송에서 사실인 관습이 법원측의 직권조사사항인가 등의 문제에 관하여 다른 결과를 가져온다. (2) 학설의 내용

(가) 소수설·일부의 판례(규범설) : 사실인 관습을 임의법규에 준하는 규범으로 파악하고 당사자
의 의사와 직접관계없이 법률처럼 적용된다는 견해이다(직권주의).

(나) 다수설과 판례원칙(의사해석기준설) : 사실인 관습은 의사표시의 해석기준에 불과할 뿐 임
의법규처럼 적용되는 것이 아니므로 이를 직권조사사항이라고 하기 어렵다는 견해이다.
이 견해에 의하면 제106조를 의사표시자체의 해석에 관한 규정으로 해석한다.

(다) 판례 : 판례는 '사실인 관습은 일상생활에 있어서의 일종의 경험칙에 속하고 경험칙은 일종
의 법칙으로서 법관이 어떠한 경험칙의 유무를 판단함에 당사자의 주장이나 입증에 구애
됨이 없이 직권에 의하여 판단할 수 있다'(대판 1977.4.12, 76 다 1124)고 함으로써 보충규
범설(법규범설)을 취하였으나, 그 후 '사실인 관습은 법령으로서 효력이 없는 단순한 관행
으로서 법률행위의 당사자의 의사를 보충함에 그치는 것이며, 당사자가 그 사실인 관습의
존재를 주장·입증해야 한다'(대판 1983.6.14, 80 다 3231)고 전원합의체판결에 의하지 않
고 견해를 바꾸어 의사해석기준설을 취한바 있다(이은영 민총, p.432).

〈위 사례 결론〉: 예컨대, 위 사례에서 A지역의 경우, 창고에 보관 중인 생선을 임치인이 이의없
이 수령하면 수령 후에 생선의 흠을 이유로 수치인에게 책임을 물을 수 없는 관행이 있다면, 그에
따라 임치계약을 해석하여 책임이 면제될 수 있다. 즉 대법원 1967.12.18 67다2093-판결에서는, '냉
동을 위한 생선임치계약에 있어 출고시에 임치인이 이의없이 수치물인 생선을 반환받았으면 수
탁자의 책임이 면제된다는 사실인 관습이 있는 거래방법에 있어서는 그에 따라 임치계약을 해석
하여야 할 것이다'라고 판결하고 있다(의사해석기준설-변론주의 적용).

4. 법률행위의 해석의 일반원칙에 관한 판례

(1) 계약당사자 확정방법

타인의 이름을 임의로 사용하여 계약을 체결한 경우에는 누가 그 계약의 당사자인가를 먼저
확정하여야 할 것으로서, 행위자 또는 명의인 가운데 누구를 당사자로 할 것인지에 관하여
행위자와 상대방의 의사가 일치한 경우에는 그 일치하는 의사대로 행위자의 행위 또는 명의
자의 행위로서 확정하여야 할 것이지만, 그러한 일치하는 의사를 확정할 수 없을 경우에는
계약의 성질, 내용, 체결경위 및 계약체결을 전후한 구체적인 제반사정을 토대로 상대방이
합리적인 인간이라면 행위자와 명의자 중 누구를 계약 당사자로 이해할 것인가에 의하여 당
사자를 결정하고, 이에 터잡아 계약의 성립 여부와 효력을 판단함이 상당하다(대판 1995.9.29,
94다4912).

```
◎ 타인 명의 사용시 당사자 확정

   (1) 임의사용의 경우  ┌ ㉠ 당사자의사 일치시(자연적 해석)
                        └ ㉡ 당사자의사 불일치시(규범적 해석)

   (2) 대리의사가 있는 경우
              ㉠ 대리권(有) + 그 범위(內) : 유권대리
              ㉡ 대리권(有) + 그 범위 초월시 : 표현대리
              ㉢ 대리권(無)              : 무권대리
```

판례 ① 〈행위자가 타인의 이름으로 계약을 체결한 경우 계약당사자 확정방법〉 일방 당사자가 대리인을 통하여 계약을 체결하는 경우에 있어서 계약의 상대방이 대리인을 통하여 본인과 사이에 계약을 체결하려는 데 의사가 일치하였다면 대리인의 대리권 존부 문제와는 무관하게 상대방과 본인이 그 계약의 당사자이다(대판 2003. 12. 12, 2003다44059).

② 〈처분문서〉 ㉠ 계약당사자 사이에 어떠한 계약내용을 처분문서인 서면으로 작성한 경우에 문언의 객관적인 의미가 명확하다면 특별한 사정이 없는 한 문언대로의 의사표시의 존재와 내용을 인정하여야 하고, 특히 문언의 객관적 의미와 달리 해석함으로써 당사자 사이의 법률관계에 중대한 영향을 초래하게 되는 경우에는 그 문언의 내용을 더욱 엄격하게 해석하여야 할 것이다(대판 2010.11.11. 2010다26769). ㉡ 처분문서의 진정성립이 인정되는 이상 법원은 그 문서의 기재 내용에 따른 의사표시의 존재 및 내용을 인정하여야 하나, 그 기재 내용을 부인할 만한 분명하고도 수긍할 수 있는 반증이 인정될 경우에는 그 기재 내용과 다른 사실을 인정할 수 있다(대판 2010.11.11. 2010다56616)

③ 〈경매부동산을 경락받은 자〉 부동산의 경매절차에서 경매목적 부동산을 경락받은 경락인이 실질적인 권리자가 아니라 단순히 타인을 위하여 그 명의만을 빌려준 것에 불과하다 하더라도 그 경매절차에서 경락인으로 취급되는 자는 어디까지나 명의차용자인 타인이 아니라 그 명의인일 뿐이므로, 경매목적 부동산의 소유권은 경락대금을 실질적으로 부담한 자가 누구인가와 상관없이 그 명의인이 적법하게 취득한다 할 것이다(대판 2001.2.23, 2000다47651).

(2) 예금계약의 당사자확정

㈀ 금융실명거래 및 비밀보장에 관한 법률에 따라 실명확인 절차를 거쳐 예금계약을 체결하고 그 실명확인 사실이 예금계약서 등에 명확히 기재되어 있는 경우에는, 금융기관과 출연자 등의 사이에서 예금명의자와의 예금계약을 부정하여 예금명의자의 예금반환청구권을 배제하고 출연자 등과 예금계약을 체결하여 출연자 등에게 예금반환청구권을 귀속시키겠다는 명확한 의사의 합치가 있는 극히 예외적인 경우가 아닌 한 예금명의자를 예금계약의 당사자, 즉 예금반환청구권자로 보아야 한다(대판 2010.11.11. 2010다41263,41270).

㈁ 따라서 금융실명제하의 예금주 확정 원칙에 비추어 보면, 금융기관은 예금명의자와 출연자 등 사이에 예금반환청구권의 귀속을 둘러싼 분쟁이 발생한 경우에 그들 사이의 내부적 법률관계를 알았는지에 관계없이 일단 예금명의자를 예금주로 전제하여 예금거래를 처리하면 되고, 이러한 금융기관의 행위는 특별한 사정이 없는 한 적법한 것으로서 보호되어야 할 것이다(대판 2013.09.26, 2013다2504).

판례 **1.** 〈금융실명제 이전〉 부(夫)가 자금을 출연하여 처(妻)의 명의로 정기예금을 하였다면 정기예금의 출연자와 예금행위자는 부라 할 것이고 부가 처의 사자 또는 대리로 위 정기예금을 하거나 처에게 자금을 증여하여 처를 위하여 예금행위를 한 사실에 관한 주장·입증이 없다면 정기예금의 예금주로 된 처는 명의상 예금주에 불과하고 실질적인 예금의 지배자는 자금을 출연하고 나아가 예금행위를 한 부이다(대판 1987.5.12, 86다카2903).

2. 〈금융실명제 이후〉 ㉠ 금융기관이 예금명의자의 주민등록증을 통하여 실명 확인을 하고 그 명의의 예탁금계좌를 개설한 경우에는 그 예탁금의 예금주는 예금명의자인 것으로 보아야 한다(대판 1998.1.23, 97다35658). ㉡ 금융실명제하에서 출연자와 금융기관 사이에 예금명의인이 아닌 출연자에게 예금반환채권을 귀속시키기로 하는 약정이 있는 경우 예금계약상의 예금주는 출연자로 본다(대판 1998.11.23, 97다53359).

3. 금융실명제하의 전원합의체〔대판(전합) 2009.3.19. 2008다45828〕

〔사건의 개요〕

甲이 배우자인 乙을 대리하여 금융기관과 乙의 실명확인 절차를 거쳐 乙 명의의 예금계약을 체결한 사안에서, 甲

과 乙의 내부적 법률관계에 불과한 자금 출연경위, 거래인감 및 비밀번호의 등록·관리, 예금의 인출 상황 등의 사정만으로, 금융기관과 甲 사이에 예금명의자 乙이 아닌 출연자 甲을 예금계약의 당사자로 하기로 하는 묵시적 약정이 체결되었다고 보아 甲을 예금계약의 당사자라고 판단한 원심판결을 파기한 사례.

[판결의 요지]

㉠ 예금명의자가 아닌 출연자 등을 예금계약의 당사자라고 볼 수 있으려면, 금융기관과 출연자 등과 사이에서 실명확인 절차를 거쳐 서면으로 이루어진 예금명의자와의 예금계약을 부정하여 예금명의자의 예금반환청구권을 배제하고 출연자 등과 예금계약을 체결하여 출연자 등에게 예금반환청구권을 귀속시키겠다는 명확한 의사의 합치가 있는 극히 예외적인 경우로 제한되어야 한다. 그리고 이러한 의사의 합치는 금융실명거래 및 비밀보장에 관한 법률에 따라 실명확인 절차를 거쳐 작성된 예금계약서 등의 증명력을 번복하기에 충분할 정도의 명확한 증명력을 가진 구체적이고 객관적인 증거에 의하여 매우 엄격하게 인정하여야 한다.

㉡ 금융실명거래 및 비밀보장에 관한 법률 제3조 제1항은 단속규정이며, 객관적인 명확한 의사표시의 합치가 있으면 예금계약은 유효하다. 따라서 출연자 등이 예금명의자 명의로 실명확인 절차를 거쳐 예금계약을 하면서, 금융기관과의 합의하에 출연자 등을 예금계약상의 예금반환청구권을 갖는 예금계약의 당사자로 하기로 별도로 약정한 경우 등에는, 그 별도의 약정에 관하여 당사자들이 명확한 증명력을 가진 구체적이고 객관적인 증거를 남겨 두었다면 예금반환청구권을 갖는 예금계약의 당사자는 출연자이지 예금명의자가 아니다(대판 2011.9.29, 2011다47169).

(3) 처분문서의 해석

계약당사자 사이에 어떠한 계약 내용을 처분문서인 서면으로 작성한 경우에는 그 서면에 사용된 문구에 구애받는 것은 아니지만 어디까지나 당사자의 내심적 의사의 여하에 관계없이 그 서면의 기재 내용에 의하여 당사자가 그 표시행위에 부여한 객관적 의미를 합리적으로 해석하여야 하며, 이 경우 문언의 객관적인 의미가 명확하다면, 특별한 사정이 없는 한 문언대로의 의사표시의 존재와 내용을 인정하여야 한다. 다만 처분문서라 할지라도 그 기재 내용과 다른 명시적, 묵시적 약정이 있는 사실이 인정될 경우에는 그 기재 내용과 다른 사실을 인정할 수는 있다(대판 2011.1.27, 2010다81957).

판례 ㉠ 한편 단체협약과 같은 처분문서를 해석할 때에는, 단체협약이 근로자의 근로조건을 유지·개선하고 복지를 증진하여 경제적·사회적 지위를 향상시킬 목적으로 근로자의 자주적 단체인 노동조합과 사용자 사이에 단체교섭을 통하여 이루어지는 것이므로, 명문의 규정을 근로자에게 불리하게 변형 해석할 수 없다(대판 2011.10.13, 2009다102452). ㉡ 종중이 명의신탁한 부동산에 관하여 종중 및 수인의 명의수탁자를 매도인으로 하여 매매계약이 체결된 사안에서, 명의수탁자들이 종중과 함께 공동매도인의 지위에 있다(대판 2011.2.10, 2010다83199,83205).

5. 법률행위해석과 상고심의 문제

법률행위의 해석(표준 : ① 당사자가 기도하는 목적 → ② 사실인 관습→ ③ 임의규정→ ④ 신의성실의 원칙 순으로 한다)이 사실문제라고 한다면 자기에게 유리한 해석을 주장하는 당사자가 그 해석의 내용과 근거를 주장·입증해야 한다. 그리고 해석을 잘못할 경우 당사자는 이를 상고이유로 할 수 없다. 법률문제로 보면 상고이유가 된다(다수설은 법률문제로 본다).

판례 〈의사표시와 관련하여 '사실인정'과 법률적 판단의 영역에 속하는 '의사표시의 해석'의 구별〉 의사표시와 관련하여, 당사자에 의하여 무엇이 표시되었는가 하는 점과 그것으로써 의도하려는 목적을 확정하는 것은 사실인정의 문제이고, 인정된 사실을 토대로 그것이 가지는 법률적 의미를 탐구 확정하는 것은 이른바 의사표시의 해석으로서, 이는 사실인정과는 구별되는 법률적 판단의 영역에 속하는 것이다(대판 2011.1.13, 2010다69940).

Ⅲ. 민법상 불능

1. 서 설

법률행위의 목적(내용)은 그 실현이 가능한 것이어야 한다. 그러므로 법률행위의 성립 당시에 법률행위의 목적이 실현불가능한 것이면 그 법률행위는 무효이다. 왜냐하면 실현불가능한 법률행위에 법률효과의 발생을 인정한다는 것은 불가능하기 때문이다. 여기서 법률행위를 무효로 만드는 불능은 법률행위의 성립 당시에 불능인 경우, 즉 원시적 불능인 경우이다. 후발적 불능은 여기서 법률행위의 불능의 범주에 들어가지 않고 법률행위는 유효하고, 다만 계약의 이행불능(제390조)이나 위험부담(제537조·538조)의 문제로 처리한다. 원시적 불능의 경우, 특히 전부불능의 경우, 그 법률행위는 무효이지만 채무자가 그 불능을 알았거나 알 수 있었을 경우에는 상대방이 계약의 유효를 믿음으로써 입은 손해(신뢰이익)를 배상하여야 한다. 이것이 이른바 '계약체결상의 과실'의 문제이다(제535조 참조). 원시적 일부불능의 경우, 매매에서는 매도인의 담보책임(제570조~584조)이 문제된다. 법률행위의 목적(내용)의 가능 여부는 결국 사회관념에 의해 정해진다.

2. 불능의 분류

(1) 객관적 불능과 주관적 불능

어느 누구도 법률행위의 목적을 실현할 수 없는 경우가 객관적 불능이며, 당해 법률행위의 당사자만이 실현할 수 없는 경우가 주관적 불능이다. 법률행위의 목적이 객관적으로 불능이면 그 법률행위는 무효이다. 타인권리(타인소유의 목적물)의 매매는 원시적 주관적 불능으로 무효가 아니다(제569조 참조).

(2) 전부불능과 일부불능

법률행위 목적의 전부가 불능인 경우를 전부불능이라고 하고, 일부만이 불능인 경우를 일부불능이라 한다. 전부불능이면 법률행위 전부가 원시적 불능이거나, 후발적 불능이 된다. 일부불능의 경우에는 일부무효의 법리에 따라 처리되지만(제137조), 일부불능의 특칙적인 규정이 있는 경우에는 그 규정을 먼저 적용하여야 한다. 즉 일부무효에 관한 제137조 규정은 민법의 다른 규정(예컨대 제591조) 또는 특별법에 일부무효에 관한 특별규정(예컨대 약관규제법)이 없을 때 보충적으로만 적용된다. 그러므로 일부무효에 대한 특별규정이 있을 때에는 제137조는 적용될 여지가 없다. 그리고 일부 무효에 관한 제137조는 강행규정이 아니라 임의규정이라고 하여야 할 것이다. 따라서 일부무효의 약정은 유효하다고 할 것이다(김상용 「민총」, p. 751).

(3) 물리적 불능과 법률적 불능

물리적 불능은 자연적·물리적인 이유에 의한 불능이다. 예컨대 매매 목적물이 소실되어 존재하지 않거나, 채권양도의 목적인 채권이 변제로 이미 소멸한 경우 등이 이에 속한다. 이에 반하여 법률적 불능은 물리적으로는 가능하더라도 불능의 이유가 법률상 허용되지 않거나, 법률상 장애사유가 존재하는 경우이다. 예컨대 범죄행위를 목적으로 하는 법률행위를 목적으로 하는 법률행위를 하였거나, 부동산에 질권을 설정하는 계약을 체결하는 경우 등이다. 법률적 불능과 구별하는 자연적·물리적 불능을 사실적 불능이라고도 하는데, 모두 불능인 점에서 그 구별의 실익은 없다.

(4) 원시적 불능과 후발적 불능

법률행위 성립당시에 이미 불능인 경우가 원시적 불능이고, 법률행위 성립시에는 가능하였으나 그 이행 전에 불능으로 된 경우가 후발적 불능이다. 법률행위 목적의 불능은 원시적 불능만을 말한다. 우리 민법에는 이에 관한 명문의 규정이 없으나, 채무불이행법체계와 민법 제535조가 원시적 불능을 목적으로 하는 법률행위를 무효로 한다는 것을 전제하고 있다고 한다(김상용 「민총」, p. 426). 예컨대 건물에 대해 매매계약을 체결하였는데, 그 건물이 그 계약체결 전에 이미 소실된 경우가 '원시적 불능'이고, 계약체결 후에 소실된 경우가 '후발적 불능'이다. 이 중 법률행위를 당연히 무효로 하는 것은 원시적 불능에 한한다. 후발적 불능의 경우에는 계약은 이미 유효하게 성립한 것이고, 다만 그 불능에 채무자의 귀책사유가 있느냐 여부에 따라 채무불이행에 기한 손해배상(제390조 참조)내지는 위험부담(제537조·538조)의 문제로 처리될 따름이다(아래 별도의 목차로 상술).

3. 원시적 불능과 후발적 불능

원시적 불능과 후발적 불능의 구별은 계약체결 전의 불능이냐, 아니면 계약체결 후의 불능이냐에 따른 구별이다. 원시적 불능은 다시 원시적 전부불능과 원시적 일부불능으로, 후발적 불능은 채무자의 귀책사유 유무에 따라 채무불이행과 위험부담으로 나눈다.

원시적 불능	후발적 불능
전부불능 : 무효 단, 제535조 신뢰이익배상	<u>채무자</u>에게 귀책사유 없는 위험부담 (매도인)　　(제537조, 제538조)
일부불능 : 전부무효 원칙(제137조) 단 매매는 담보책임문제(제570조~)	채무자에게 귀책사유 있는 채무불이행 (제390조)

(1) 원시적 전부불능

원시적 전부불능의 경우 당사자의 법률행위는 목적의 불능으로 인하여 무효가 된다. 즉 당사자가 의도하는 법률행위의 목적은 무효가 되기 때문에 그 목적을 상대방에게 청구할 수 없게 된다. 다만 <u>계약체결상의 과실책임의 문제</u>(제535조)가 발생한다.

(2) 원시적 일부불능

원시적 일부불능의 경우, 전부불능의 원칙에 의해 당사자가 의도하는 법률행위는 전부무효가 됨이 원칙이다(제137조). 다만 매매에서는 원시적 일부불능이더라도 매도인의 담보책임이 성립되기 때문에 계약은 유효하게 된다. 매매에서 주관적 불능은 매도인의 담보책임이 성립됨이 원칙이다.

Tip

> ◎ 매도인의 담보책임이란 매도인이 매매의 목적인 재산권에 하자가 있어서 이로 말미암아 그 재산권의 전부 또는 일부를 이전할 수 없거나, 또는 그 재산권의 객체인 물건에 하자가 있는 것을 급부한 경우에, 민법은 제570조 내지 제584조에서 매도인에게 일정한 책임을 부과하는 것을 말한다. 이러한 책임은 계약이 유효한 것을 전제로 한다.

(3) 후발적 불능

1) 귀책사유가 있는가에 따라 판단

법률행위가 성립한 후 이행사이에 불능이 발생하면 귀책사유가 있는가 여부에 따라 판단한다. 법률행위의 성립이 후에 목적의 실현 가능성이 소멸하는 것은 일단 발생한 법률행위의 효력에 영향을 미치지 아니한다는 것이다(즉 법률행위는 유효하다). 채무자에게 귀책사유가 있으면 채무불이행의 문제(제390조)로 다룬다. 이 때의 불능은 일부불능이든 전부불능이든 상관없다. 그러나 귀책사유가 없는 전부불능은 위험부담(제537조)의 문제가 된다.

2) 채무불이행

채무불이행책임 중 이행불능은 채권이 성립한 후에(법률행위의 성립 후), 채무자에게 책임 있는 사유로 이행이 불가능하게 된 경우를 말한다. 채권이 성립하기 전부터 급부가 불능인 원시적 불능의 경우에는, 그 기초가 되는 법률관계가 무효이므로 따라서 채권은 성립할 수 없고, 그 결과 채권·채무 성립을 전제로 하는 채무불이행으로서의 이행불능의 문제는 발생하지 않는다.

3) 위험부담

㉠ 위험부담이란 쌍무계약의 당사자 일방의 채무가 당사자 쌍방의 책임 없는 사유로 후발적 불능이 되어, 특히 전부불능이 되어 소멸한 경우에, 그에 대응하는 상대방의 채무도 소멸하는지 여부를 말한다.

㉡ '위험'이란 채권의 목적이 양 당사자의 책임 없는 사유로 이행할 수 없게 된 경우의 그로 인한 불이익을 말하며, 위험에는 두 가지가 있다. 하나는 물건이 멸실됨으로 인하여 그를 갖지 못하게 되는 불이익으로서의 물건의 위험(본래급부의 위험)과 다른 하나는 물건과 대가를 이루는, 즉 대가를 못 받게 되는 불이익으로서의 대가의 위험이 있다. 통상 위험부담이라고 하면 대가의 위험을 말한다.

㉢ 민법은 채무자 부담주의를 취하고(제537조), 예외로 채권자에게 전가되는 경우를 두고 있다(제538조).

Ⅳ. 내용의 적법성(강행법규문제)

법률행위의 목적은 적법하여야 한다. 즉 법률행위의 목적은 강행법규에 위반되지 않아야 유효하다. 강행법규에 위반하는 내용의 법률행위는 부적법·위법한 것으로 무효이다. 법률행위의 유효요건으로서 적법성과 사회적 타당성의 관계에 관하여 대체로 양자는 서로 다른 유효요건으로 이해되어 왔다. 즉 통설적 견해는 법률행위의 목적이 개개의 강행법규에 반하지 않는 것이 적법성이고, 포괄적인 강행법규에 위반하지 않는 것은 사회적 타당성으로 이해한다.

> **제103조 (반사회질서의 법률행위)**
> 선량한 풍속 기타 사회질서에 위반한 사항을 내용으로 하는 법률행위는 무효로 한다.
> **제105조 (임의규정)**
> 법률행위의 당사자가 법령중의 선량한 풍속 기타 사회질서에 관계없는 규정과 다른 의사를 표시한 때에는 그 의사에 의한다.

1. 법규의 분류

(1) 의의

사법상의 법률효과를 중심으로 하여 법규는 강행법규와 임의법규로 구별되는데, 이 중 법률행위의 자유가 허용되는 영역은 임의법규에 국한된다. 민법 제105조는 이러한 취지를 "법률행위의 당사자가 법령 중의 선량한 풍속 기타 사회질서에 관계없는 규정과 다른 의사를 표시한 때에는 그 의사에 의한다"고 규정한다. 여기서 법령 중의 선량한 풍속 기타 사회질서에 관계없는 규정이 임의법규이고, 그 관계가 있는 규정이 강행법규이다. 따라서 강행법규에 있어서는 사적자치가 허용되지 않으며, 그에 위반하는 내용의 법률행위는 무효이다. 강행법규와 임의법규의 구별은 그 법규의 성질·의미·목적 등을 고려하여 개별적으로 확인할 수밖에 없다.

(2) 강행법규의 유형

법령 중 선량한 풍속 기타 사회질서에 관계가 있는 규정이 강행법규이다(제105조). 능력(권리능력·행위능력), 법인제도, 물권편, 거래의 안전 내지 경제적 약자의 보호, 친족 및 상속편에 관한 규정 등이 대체로 이에 속한다. 그런데 오늘날에 있어서는 임의법규가 강행법규화되어 가고 있다고 하는데, 그 이유는 사회적·경제적 약자를 보호하기 위해서라고 한다(제104조·제339조·제608조·제652조 등).

<민법상 강행법규성이 인정되는 것>

민법총칙	강행규정으로서의 법원, 신의성실의 원칙, 각종 능력으로서 권리능력(제3조), 행위능력(제5조 이하), 법인제도(제31조 이하), 선량한 풍속 기타사회질서에 관한 규정(제103조), 폭리행위(제104조) 및 소멸시효제도(제162조 이하) 등
물권법	물권법의 대부분 규정, 즉 물권법정주의로서 물권의 종류와 내용(제185조), 취득시효제도(제245조·제246조) 등 대부분의 규정이 강행규정이다. 다만 유치권의 성립, 저당권의 효력(제358조)에서 종물에 관한 다른 약정 등
채권법	채권법은 대부분 사적자치원칙상 임의규정이나, 소비대차에서 차주나, 임차인등 경제적 약자를 보호하기 위한 규정(제607조·제608조·제652조 및 주임법 등), 거래의 안전을 보호하고자 하는 규정(채권양도의 대항요건·지시채권·무기명채권의 일정한 방식) 등은 강행규정이다.

가족법	친족법과 상속법은 사회질서와 관련된 규정으로 대부분 강행규정이다. 다만 유증 등의 경우에는 유언자의 별도의 의사표시를 우선적으로 존중하는 규정이 다수 있다.

판례 ㉠ 〈상호신용금고법 제17조에 위반한 차입행위의 효력〉 상호신용금고법 제17조 제1항 및 제2항의 차입행위 등 채무부담제한에 관한 규정은 서민의 금융 및 저축업무를 담당하는 상호신용금고가 경영자의 무분별하고 방만한 채무부담행위로 인한 자본구조의 악화로 부실화됨으로써 그 업무수행에 차질을 초래하고 신용질서를 어지럽게 하여 서민거래자의 이익을 침해하는 사태가 발생함을 미리 방지하려는데에 그 입법취지가 있다고 하겠으므로, 이러한 차입등 채무부담의 제한규정은 단순한 단속법규가 아니라 효력법규로서 이에 위반한 채무부담행위는 무효라고 보아야 할 것이다〔대판(전합) 1985.11.26. 85다카122〕

㉡ 〈임차권의 존속기간(제651조)의 법적성격〉 민법 제651조 제1항은 그 입법취지가 너무 오랜 기간에 걸쳐 임차인에게 임차물의 이용을 맡겨 놓으면 임차물의 관리가 소홀하여지고 임차물의 개량이 잘 이루어지지 않아 발생할 수 있는 사회경제적인 손실을 방지하는 데에 있는 점 및 약정기간이 20년을 넘을 때는 그 기간을 20년으로 단축한다는 규정형식에 비추어 볼 때, 위 규정은 개인의 의사에 의하여 그 적용을 배제할 수 없는 강행규정이라고 봄이 상당하며, 민법 제651조 제1항이 민법 제652조에 포함되어 있지 않다거나, 임차물이 견고한 철근콘크리트 건물이고 임대인이 임차인으로부터 관리비를 징수하면서 임차물을 관리하고 있다거나, 민법 제651조 제1항이 제정될 당시에 비하여 현재 건축기술이 발달하여 건물이 훨씬 견고해졌다는 사유만으로 달리 해석할 것은 아니다(대판 2003.8.22, 2003다19961).

㉢ 〈15세 미만자 등의 사망을 보험사고로 한 보험계약은 무효라고 정한 상법 제732조가 효력규정인지 여부(적극)〉 : 상법 제732조는 15세 미만자 등의 사망을 보험사고로 한 보험계약은 무효라고 정하고 있다. 위 법규정은, 사망보험의 악용에 따른 도덕적 위험 등으로부터 15세 미만자 등을 보호하기 위하여 둔 효력규정이라고 할 것이다. 따라서 15세 미만자 등의 사망을 보험사고로 한 보험계약은 피보험자의 동의가 있었는지 또는 보험수익자가 누구인지와 관계없이 무효가 된다(대법원 2013.4.26. 선고 2011다9068 판결).

(3) 단속법규(=단속규정)

1) 단속법규의 의의

행정상의 목적을 위하여 일정한 행위를 금지하거나, 제한하는 법규정을 말한다. 당사자의 의사로 그 적용을 배제할 수 없는 강행법규는 그 규정에 위반하는 행위의 사법상의 효과가 부정되나, 단속법규는 그에 위반하여도 벌칙의 적용이 있을 뿐이고 행위 자체의 사법상의 효과에는 원칙적으로 영향이 없다는 것이 특징이다.

> **Tip**
>
> ◎ 통설적 견해는 강행규정을 효력규정과 단속규정으로 구분한다. 효력규정은 그 위반의 경우, 행정상 제재는 물론 사법상의 효력도 부인되나, 단속규정위반의 경우에는 행정상 제재는 가하여지나 사법상 효력에는 영향이 없다고 한다. 즉 통설적 견해는 법규를 먼저 강행법규와 임의법규로 나누고, 강행법규에는 다시 효력규정(=효력법규)과 단속규정(=단속법규)이 있는 것으로 체계화한다.

2) 단속법규 · 효력법규 등의 구체적 예

(ㄱ) 행정법규, 특히 질서유지차원의 경찰법규는 단순한 단속법규이며, 그에 위반하는 행위는 원칙적으로 무효가 되지 않는다(예컨대 무허가음식점의 음식물 판매행위).

(ㄴ) 법률이 특히 엄격한 표준을 정하여 일정한 자격을 갖춘 자에게만 허용하는 경우에는 그것은 효력규정이고, 따라서 그러한 자격을 대여하는 계약은 무효이다.

판례 〈단속규정〉 ① 〈**주택건설촉진법상 국민주택에 대하여 전매금지기간 내에 이루어진 전매계약의 사법상 효력 유무(적극)**〉 주택건설촉진법상 국민주택에 관하여는 분양한 때로부터 일정한 기간동안 전매행위가 금지되어 있기는 하나 이는 매수인이 국민주택사업주체인 분양자에게 전매사실로써 대항할 수 없다는 것이지 전매당사자 사이의 전매계약의 사법상 효력까지 무효로 한다는 취지는 아니다(대판 1993.1.26. 92다39112).

② 〈**미등기전매행위에 대하여 형사처벌을 규정한 부동산등기특별조치법상 중간생략등기합의의 사법상 효력을 무효로 하는 취지인지 여부(소극)**〉 부동산등기특별조치법상 조세포탈과 부동산투기 등을 방지하기 위하여 위 법률 제2조 제2항 및 제8조 제1호에서 등기하지 아니하고 제3자에게 전매하는 행위를 일정 목적범위 내에서 형사처벌하도록 되어 있으나 이로써 순차매도한 당사자 사이의 중간생략등기합의에 관한 사법상 효력까지 무효로 한다는 취지는 아니다(대판 1993.1.26. 92다39112).

③ 〈**효력규정**〉 〈**구 부동산중개업법 및 같은 법 시행규칙 등 관련 법령에서 정한 한도를 초과하는 부동산 중개수수료 약정이 강행법규 위반으로 무효인지 여부(적극)**〉 부동산 중개수수료에 관한 위와 같은 규정들은 중개수수료 약정 중 소정의 한도를 초과하는 부분에 대한 사법상의 효력을 제한하는 이른바 강행법규에 해당하고, 따라서 구 부동산중개업법 등 관련 법령에서 정한 한도를 초과하는 부동산 중개수수료 약정은 그 한도를 초과하는 범위 내에서 무효이다〔대판(전합) 2007.12.20. 2005다32159〕.

2. 강행법규 위반행위와 표현대리

증권회사 또는 그 임직원의 부당권유행위를 금지하는 증권거래법 제52조 제1항은 공정한 증권거래질서의 확보를 위하여 제정된 강행법규로서 이에 위배되는 주식거래에 관한 투자수익보장약정은 무효이고, 투자수익보장이 강행법규에 위반되어 무효인 이상 증권회사의 지점장에게 그와 같은 약정을 체결할 권한이 수여되었는지 여부에 불구하고 그 약정은 여전히 무효이므로 표현대리의 법리가 준용될 여지가 없다(대판 1996.8.23. 94다38199).

3. 탈법행위이론

(1) 의의와 연혁

1) 의의

강행법규(특히 효력규정)를 위반하는 모습은 두 가지가 있다. 첫 번째 그 법규 자체를 정면으로 위반하는 경우이다. 이때 그 위법행위는 무효이다. 그 위반여부의 기준시는 법률행위 당시를 기준으로 한다. 그리고 행위 당시 강행규정 등에 위반하여 무효인 때에는 그 후에 법규정이 개정되더라도 유효로 되지 않는다(대결 1967. 1. 25. 66마1250). 그리고 이러한 규정에 위반한 위법행위는 확정적으로 무효이며 추인에 의하여 효력이 생기지 않는다. 그리고 두 번째 위반의 모습은 강행법규 또는 효력규정을 직접적으로 위반하지는 않으나, 실질적으로는 그 법규가 금하고 있는 내용을 실현하는 행위가 있는바, 이를 탈법행위라고 한다. 이와 같은 탈법행위는 법률이 인정하지 않는 결과의 발생을 목적으로 하기 때문에 원칙적으로 무효이다.

2) 연 혁

탈법행위이론은 로마법에서부터 문제된 것으로, 다수설은 탈법행위는 정면으로 강행법규에 위반하는 것이 아니라 법규의 정신에 반하기 때문에 무효라고 한다.

(2) 구체적인 예

이러한 탈법행위는 민법상 강행법규·국유재산법상 불하(매매)·이자제한법 등의 경우에서 문제가 제기된다. 아래 판례에서는 국유재산의 매각(불하)·민법상 강행법규인 임대차의 예를 소개하기로 한다.

판례 〈**탈법행위의 대표적인 사례**〉 ㉠ 구 국유재산법 제7조는 같은 법 제1조의 입법 취지에 따라 국유재산 처분 사무의 공정성을 도모하기 위하여 관련 사무에 종사하는 직원에 대하여 부정한 행위로 의심받을 수 있는 가장 현저한 행위를 적시하여 이를 엄격히 금지하는 한편, 그 금지에 위반한 행위의 사법상 효력에 관하여 이를 무효로 한다고 명문으로 규정하고 있으므로, 국유재산에 관한 사무에 종사하는 직원이 타인의 명의로 국유재산을 취득하는 행위는 강행법규인 같은 법 규정들의 적용을 잠탈하기 위한 탈법행위로서 무효이고, 나아가 같은 법이 거래안전의 보호 등을 위하여 그 무효로 주장할 수 있는 상대방을 제한하는 규정을 따로 두고 있지 아니한 이상, 그 무효는 원칙적으로 누구에 대하여서나 주장할 수 있으므로, 그 규정들에 위반하여 취득한 국유재산을 제3자가 전득하는 행위 또한 당연무효이다(대판 1997.6.27, 97다9529). ㉡ '임대차계약 후 30년의 임대차기간 종료 전에 임차인이 계약기간을 단축시키기 위해 20년 이상의 임대차기간을 인정하지 않는 대법원판례를 근거로 해약을 요구할 경우 임대인은 일시불 임대료의 반환책임을 지지 않는다'는 취지로 정한 임대료 반환책임 면제약정은, 강행규정인 민법 제651조 제1항의 규정 취지에 반하는 임대차기간 약정의 무효를 주장할 수 없게 함으로써 위 조항의 적용을 배제하는 결과를 가져오므로 무효이다(대판 2009.12.24. 2009다40738,40745).

(3) 탈법행위의 한계

탈법행위이론을 받아들이는 통설은 탈법행위를 무효로 보면서도 탈법행위를 언제나 무효로 할 것인가에 대하여 탈법행위의 한계와 범위를 인정하여 예외적 유효를 인정하고 있다.

탈법행위는 금지되어야 한다. 그리고 그 위반행위는 무효가 되어야 한다. 왜냐하면 법규의 정신에 반하고, 법률이 허용하지 않는 결과 발생을 목적으로 하기 때문이다. 그러나 강행법규 또는 효력규정(=효력법규)의 취지가 그러한 법규가 금지하고 있는 결과나 효과보다는 그러한 결과를 발생케 하는 특정의 행위 그 자체를 금지하는 데 있는 경우에는 탈법행위는 유효하다고 해석함이 통설의 견해이다. 예컨대 질권이라는 형식으로 담보물권을 설정할 때는 점유개정에 의하는 것은 금지하고(제332조 참조), 양도담보형식으로 담보권설정할 때는 점유개정에 의할 수 있고 그 유효성을 긍정하는 사례가 그것이다(질권에서 후술함).

4. 관련사안검토

관련사례 동방금고는 해동금고의 자회사들에게 대출을 하고, 해동금고는 반대의 자회사들에게 대출을 하는 방법으로 서로 교차대출을 하면서, 변칙적 담보제공을 하고 있는바, 이는 상호신용금고법에 반하여 무효가 된다. 여기서 대출약정의 효력은 어떻게 되는가? (대판 2004.6.11, 2003다1601).

해설 (a) 당사자가 강행규정 위반을 주장하는 것이 신의칙에 반하지는 않는가? : 신의칙 위반에 대하여 강행법규에 위반한 자가 스스로 그 약정의 무효를 주장하는 것이 신의칙에 위반되는 권리의 행사라는 이유로 그 주장을 배척한다면, 이는 오히려 강행법규에 의하여 배제하려는 결과를 실현시키는 셈이 되어 입법 취지를 완전히 몰각하게 되므로 달리 특별한 사정이 없는 한 위와 같은 주장은 신의칙에 반하는 것이라고 할 수 없다.

(b) 담보제공약정과 대출약정과의 관계 : ㉠ 판례의 결론은 담보제공약정이 구 상호신용금고법의 규정에 위반되어 무효라고 하더라도 나머지 부분인 대출약정까지 무효가 된다고 할 수는 없다 한다.

즉 ⓒ 일부 무효의 법리에 관하여 민법 제137조는 임의규정으로서 의사자치의 원칙이 지배하는 영역에서 적용된다고 할 것이므로, 법률행위의 일부가 강행법규인 효력규정에 위반되어 무효가 되는 경우 그 부분의 무효가 나머지 부분의 유효·무효에 영향을 미치는가의 여부를 판단함에 있어서는 개별 법령이 일부무효의 효력에 관한 규정을 두고 있는 경우에는 그에 따라야 하고, 그러한 규정이 없다면 원칙적으로 민법 제137조가 적용될 것이나 당해 효력규정 및 그 효력규정을 둔 법의 입법 취지를 고려하여 볼 때 나머지 부분을 무효로 한다면 당해 효력규정 및 그 법의 취지에 명백히 반하는 결과가 초래되는 경우에는 나머지 부분까지 무효가 된다고 할 수는 없다고 할 것이다.

V. 법률행위내용의 사회적 타당성

제103조 (반사회질서의 법률행위)
선량한 풍속 기타 사회질서에 위반한 사항을 내용으로 하는 법률행위는 무효로 한다(제103조는 제3자보호 규정이 없다).

1. 서 설

(1) 의의

1) 제103조는 선량한 풍속 기타 사회질서에 위반한 사항을 내용으로 하는 법률행위는 무효로 한다고 규정한다. 따라서 법률행위의 내용을 직접적으로 규제할 강행법규가 없더라도 그 내용이 사회질서에 위반되는 경우에는 제103조에 의해 무효로 된다. 입법기술상으로도 법률행위가 적법인가 아닌가에 관하여 법이 미리 개별적으로 남김 없이 강행법규를 마련한다는 것은 불가능하다. 여기서 법률은 개별적인 강행법규 이외에 제103조의 규정을 두어 법률행위의 내용을 일반적·포괄적으로 규제할 수 있도록 한 것이다.
2) '선량한 풍속 기타 사회질서'에서 양자의 관계가 문제된다. 선량한 풍속은 사회질서의 일종으로서 사회질서가 상위개념이라는 견해가 통설적 견해이다. 제103조는 선량한 풍속을 사회질서의 일종으로 들고 있고, 따라서 사회질서가 중심개념이 된다고 할 수 있다(통설적 견해). 이러한 사회질서라는 개념은 시대에 따라 변천하는 불확정개념이요 추상적 개념이다. 이런 점에서 제103조는 일반조항으로서의 성격을 가지며, 이것이 또한 동조의 생명이기도 하다.
3) 부동산 매매계약이 반사회적 법률행위에 해당하여 무효인 경우, 그에 터잡은 선의의 제3자 명의의 소유권이전등기 내지 담보권설정등기의 효력은 무효이다(대판 2008.3.27. 2007다82875).

(2) 적용범위

민법 제103조는 법률행위에만 적용하는 것이 원칙이다. 그래서 경매는 법률행위가 아니므로 본조의 적용을 부인하는 것이 판례의 기본태도이다. 다만 경매를 악용하는 경우에는 적용될 수 있다.

판례 ㉠ 가집행선고부판결에 기한 강제집행은 확정판결에 기한 경우와 같이 본집행이므로 상소심의 판결에 의하여 가집행선고의 효력이 소멸되거나 집행채권의 존재가 부정된다고 할지라도 그에 앞서 이미 완료된 집행절차나 이에 기한 <u>경락인의 소유권취득의 효력</u>에는 아무런 영향을 미치지 아니한다고 할 것이나 다만 ㉡ 이중매매의 매수인이 매도인과 직접 매매계약을 체결하는 대신에 매도인이 채무를 부담하고 있는 것처럼 거짓으로 꾸며 가장채권에 기한 채무명의(집행권원)를 만들고 그에 따른 강제경매절차에서 매수인이 경락취득하는 방법을 취하는 경우와 같이 강제경매가 반사회적 법률행위의 수단으로 이용된 경우에는 그러한 강제경매의 결과는 용인할 수 없는 것이어서 경락인의 소유권취득의 효력은 부정된다(대판 1991.2.8, 90다16177).

2. 사회질서위반의 유형

제103조는 일반규정으로 되어 있기 때문에 따라서 어떠한 법률행위가 사회질서에 위반하는 것인가는 사안유형에 따라 구체화되어야 한다. 종래의 판례에 나타난 사회질서 위반의 구체적인 내용을 들어 보면 다음과 같다.

(1) 정의관념에 반하는 행위

㉠ 범죄 기타의 부정행위를 권하거나 또는 이에 가담하는 계약은 무효이다. 한편 범죄는 당연히 금지되는 것이므로 범죄를 행하지 않을 것을 조건으로 하여 일정한 대가적 급부를 한다는 내용의 계약도 무효이다. 그리고 정당한 행위에도 부당한 금전이 결부되어 있는 경우에 무효가 될 수 있다. 예컨대 당사자의 일방이 상대방에게 공무원의 직무에 관한 사항에 관하여 특별한 청탁을 하게 하고 그에 대한 보수로 돈을 지급할 것을 내용으로 한 약정은 사회질서에 반하여 무효가 된다는 것이다(판례). 한편 「반사회질서의 법률행위는 반드시 형사법규에 저촉되는 법리행위에 국한하는 것이 아니다.」(대판 1972. 10. 31, 72다1455).

㉡ 부동산에 대한 이중매매는 자유경쟁의 원리상 원칙적으로 허용되지만 일정한 경우에는 그 이중매매가 무효가 되는 수가 있다. 판례는 「매도인이 이미 매수인에게 부동산을 매도하였음을 제2매수인이 잘 알면서도 소유권명의가 매도인에게 남아 있음을 기회로 매도인에게 이중매도를 적극 권유하여 그 소유권등기를 한 경우에는, 즉 제2매수인에게 윤리적 비난가능성이 존재하는 경우에는 그 이중매매는 무효라고 한다.」(대판 1970. 10. 23, 70다2038)(아래에서 별도 상술).

(2) 윤리적 질서에 반하는 행위

일부일처제나 친자간의 윤리, 성도덕질서에 위반하는 것을 목적으로 하는 법률행위는 무효이다. 즉 첩계약은 처의 동의 유무에 관계없이 무효이다(판례). 다만 첩의 생존을 유지하기 위한 생활비나 출생한 자녀의 양육비 등에 관한 특약은 유효이다(판례). 그리고 아내 있는 남자가 다른 여자와 맺은 혼인예약 또는 사실혼관계도 무효가 된다고 한다. 그러나 <u>「부정행위를 용서받는 대가로 손해를 배상함과 아울러 가정에 충실하겠다는 서약의 취지에서 처에게 부동산을 양도하되, 부부관계가 유지되는 동안에는 처가 임의로 처분할 수 없다는 제한을 붙인 약정은 사회질서에 위반되는 것이라 할 수 없다.」</u>는 판례가 있다(대판 1992. 10. 27, 92므204 · 211).

(3) 개인의 자유를 극도로 제한하는 행위

(ㄱ) 평생 혼인을 하지 않는다는 계약은 무효이다. 또 어떠한 일이 있더라도 이혼하지 않겠다는 각서를 배우자의 한쪽이 다른 쪽에 교부하였다 하여도, 그것은 신분행위의 의사결정을 구속하는 것으로서 무효이다(대판 1969. 8. 19, 69므18). 기타 이른바 독신계약, 예컨대 여자 은행원을 채용하면서 근무기간 중 혼인하지 아니할 것을 정한 약관도 무효이다.

(ㄴ) <u>해외파견된 근무자가 귀국일로부터 3년간 회사에 근무하여야 하고, 이를 위반한 경우에는 해외파견에 소요된 경비를 배상하여야 한다는 회사의 내규에 대해 판례는 사회질서 위반의 행위는 아니라고 한다</u>(대판 1982. 6. 22, 82다카90).

(4) 기타

(ㄱ) 생존의 기초가 되는 재산의 처분행위로서 자기가 취득할 모든 재산을 양도한다는 계약은 생존을 불가능하게 하는 것으로서 무효다.

(ㄴ) 사행성이 현저한 행위로서 도박자금을 대부하는 행위, 또는 도박에 진 노름빚을 토대로 하여 그 노름빚을 변제하기로 약정한 계약 등은 무효이다.

판례 〈보험계약자가 다수의 보험계약을 통하여 보험금을 부정취득할 목적으로 체결한 보험계약의 효력(=무효)〉 보험계약자가 다수의 보험계약을 통하여 보험금을 부정취득할 목적으로 보험계약을 체결한 경우, 이러한 목적으로 체결된 보험계약에 의하여 보험금을 지급하게 하는 것은 보험계약을 악용하여 부정한 이득을 얻고자 하는 사행심을 조장함으로써 사회적 상당성을 일탈하게 될 뿐만 아니라, 또한 합리적인 위험의 분산이라는 보험제도의 목적을 해치고 위험발생의 우발성을 파괴하며 다수의 선량한 보험가입자들의 희생을 초래하여 보험제도의 근간을 해치게 되므로, 이와 같은 보험계약은 민법 제103조 소정의 선량한 풍속 기타 사회질서에 반하여 무효라고 할 것이다(대판 2009.5.28, 2009다12115).

(5) 동기의 불법문제

1) 의의

예컨대 금전을 차용하는 데에는 여러 가지의 동기가 있다. 즉 집을 사기 위해서라든지, 다른 채무를 변제하기 위해서라든지, 혹은 요인을 살해하기 위한 청탁자금으로 쓸려고 한다든지, 도박자금으로 사용하기 위한 것 등이 그러한 것이다. 즉 법률행위는 동기에 의해 행하여지게 된다. 그런데 이러한 동기는 외부에 표시되지 않아 일반적으로 상대방이 그 사실을 모른다는 점이다. 여기서 법률행위의 동기에 불법성이 있는 경우, 예컨대 도박을 하기 위하여 금전을 대차한다든가 풍기문란의 행위를 하기 위하여 가옥을 대차한다든가 할 경우, 그 법률행위의 효력 여하가 문제되는 것이다.

2) 학설의 대립

동기가 불법인 경우 법률행위를 곧 무효로 인정하는 것은 아니다.

(ㄱ) 다수설은 표시설을 기본으로 하여, 표시된 동기가 사회질서에 반하는 것이면 그 법률행위는 무효가 된다고 본다.

(ㄴ) 판례는 기본적으로 표시설적 태도로서 동기가 법률행위의 내용이 되어야 한다는 입장이

다. 즉 <u>표시되거나 상대방에게 알려진 법률행위의 동기</u>가 반사회질서적인 경우를 무효로 본다(아래 판결참조).

판례 민법 제103조에 의하여 무효로 되는 반사회질서행위는 법률행위의 목적인 권리의무내용이 선량한 풍속 기타 사회질서에 위반되는 경우 뿐만 아니라 그 내용자체는 반사회질서적인 것이 아니라고 하여도 법률적으로 이를 강제하거나 그 법률행위에 반사회질서적인 조건 또는 금전적 대가가 결부됨으로써 반사회 질서적 성질을 띄게 되는 경우 및 <u>표시되거나 상대방에게 알려진 법률행위의 동기</u>가 반사회질서적인 경우를 포함한다(대판 1984.12.11, 84다카1402).

Tip 동기의 법률상 지위

동기는 의사표시의 요소가 아니기 때문에 원칙적으로 고려하지 않는다.	동기의 불법(제103조)	동기가 표시되거나 상대방에 알려진 경우는 무효
	동기의 착오(제109조)	동기가 표시되거나 상대방이 유발한 경우는 취소

(6) 의사표시 과정에 강박이 개재된 경우와 제103조 위반

(ㄱ) 판례는 법률행위의 성립과정에서 강박이라는 불법적 방법이 사용된 데 불과한 때에는 강박에 의한 의사표시의 하자나 의사의 흠결을 이유로 효력을 논의할 수는 있을지언정 반사회질서의 법률행위로서 무효라고 할 수는 없다"(대판 2002.12.27, 2000다47361)고 하면서 "<u>강박에 의한 법률행위</u>가 하자 있는 의사표시로서 취소되는 것에 그치지 않고, 나아가 <u>무효로 되기 위하여는</u> 강박의 정도가 단순한 불법적 해악의 고지로 상대방으로 하여금 공포를 느끼도록 하는 정도가 아니고, 의사표시자로 하여금 <u>의사결정을 스스로 할 수 있는 여지를 완전히 박탈</u>한 상태에서 의사표시가 이루어져 단지 법률행위의 외형만이 만들어진 것에 불과한 정도이어야 한다"고 하고 있다(대판 1996.10.11, 95다1460).

(ㄴ) 따라서 증여의 성립과정에 불법이 개재된 경우 의사의 흠결 내지 하자 있는 의사표시의 문제로서 효력이 있는지 여부를 논의하는 것은 별론으로 하고 그 법률행위가 반사회질서행위에는 해당되지 않는다(대판 1993.3.23, 92다52238).

3. 구체적 판례검토

(1) 증언의 대가약정

소송에서 사실대로 증언하여 줄 것을 조건으로 어떠한 급부를 할 것을 약정한 경우, 여비, 일실손해 등을 전보해 주는 정도의 경우는 유효할 수 있으나 그 초과의 경우는 무효이다 (대판 1999.4.13, 98다52483). <u>이는 증언거부권이 있는 증인이 그 증언거부권을 포기하고 증언을 하는 경우라고 하여 달리 볼 것이 아니다</u>(대판 2010.7.29. 2009다56283).

(2) 강제집행면탈

강제집행을 면할 목적으로 부동산에 허위의 근저당권설정등기를 경료하는 행위는 민법 제103조의 선량한 풍속 기타 사회질서에 위반한 사항을 내용으로 하는 법률행위로 볼 수 없다(대판 2004.5.28, 2003다70041).

(3) 주지임명행위

전통사찰의 주지직을 거액의 금품을 대가로 양도·양수하기로 하는 약정이 있음을 알고도 이를 묵인 혹은 방조한 상태에서 한 종교법인의 주지임명행위가 민법 제103조 소정의 반사회질서의 법률행위에 해당하지 않는다. 다만 위 사찰의 주지직을 거액의 금품을 대가로 양도, 양수하려는 계약은 그 자체로 선량한 풍속 기타 사회질서에 반하는 행위로서 무효이다(대판 2001.2.9, 99다38613).

(4) 기초적 법률관계와 수권행위

도박채무의 변제를 위하여 채무자로부터 부동산의 처분을 위임받은 채권자가 그 부동산을 제3자에게 매도한 경우, 도박채무부담행위 및 그 변제약정은 무효(제103조 위반)이나 도박채권자에게 부동산처분에 관한 대리권을 수여한 행위(수권행위)는 유효하다(대판 1995.7.14, 94다40154).

(5) 금전소비대차

금전 소비대차계약의 당사자 사이의 경제력 차이로 인하여 이율이 사회통념상 허용되는 한도를 초과하여 현저하게 고율로 정해진 경우, 그 부분 이자 약정의 효력은 무효이다〔대판(전합) 2007.2.15, 2004다50426〕. 그리고 대주가 사회통념상 허용되는 한도를 초과하는 이율의 이자를 약정하여 지급받은 것은 그의 우월한 지위를 이용하여 부당한 이득을 얻고 차주에게는 과도한 반대급부 또는 기타의 부당한 부담을 지우는 것으로서 그 불법의 원인이 수익자인 대주에게만 있거나 또는 적어도 대주의 불법성이 차주의 불법성에 비하여 현저히 크다고 할 것이어서 차주는 그 이자의 반환을 청구할 수 있다〔대판(전합) 2007.2.15, 2004다50426〕.

(6) 증권거래법 위반

증권회사 직원이 과거 자신의 잘못으로 고객의 계좌에 발생한 손해를 보전하여 주기 위한 방법으로 고객에게 향후 증권거래 계좌 운용에서 일정한 최소한의 수익을 보장할 것을 약정한 것은 공정한 증권거래질서의 확보를 위하여 구 증권거래법에서 금지하고 있는 것에 해당하여 무효라고 할 것이고, 손실보전약정이 유효함을 전제로 일정기간동안 법적 조치 등을 취하지 않기로 하는 약정도 당연히 무효로 된다(대판 2003.1.24. 2001다2129).

(7) 양도소득세의 일부를 회피할 목적으로 매매계약서에 실제로 거래한 가액보다 낮은 금액을 매매대금으로 기재한 것만으로 그 매매계약이 사회질서에 반하는 법률행위로서 무효로 되는지 여부(소극)

소득세법령의 규정에 의하여 당해 자산의 양도 당시의 기준시가가 아닌 양도자와 양수자간에 실제로 거래한 가액을 양도가액으로 하는 경우, 양도소득세의 일부를 회피할 목적으로 매매계약서에 실제로 거래한 가액을 매매대금으로 기재하지 아니하고 그보다 낮은 금액을 매매대금으로 기재하였다 하여, 그것만으로 그 매매계약이 사회질서에 반하는 법률행위로서 무효로 된다고 할 수는 없다(대판 2007.6.14, 2007다3285). 또한 주택개량사업구역 내의 주택에 거주하는 세입자가 주택개량재개발조합으로부터 장차 신축될 아파트의 방 1간을 분양

받을 수 있는 피분양권(이른바 세입자입주권)을 15매나 매수하였고 또 <u>그것이 투기의 목적으로</u>
<u>행하여진 것이라 하여 그것만으로 그 피분양권매매계약이 사회질서에 반하는 법률행위로서</u>
<u>무효로 된다고 할 수 없다</u>(대판 1991.5.28. 90다19770).

⑻ 지방자치단체가 골프장사업계획승인과 관련하여 사업자로부터 기부금을 지급받기로 한 증여계약의 효력(무효)

지방자치단체가 골프장사업계획승인과 관련하여 사업자로부터 기부금을 지급받기로
한 증여계약은 공무수행과 결부된 금전적 대가로서 그 조건이나 동기가 사회질서에 반하
므로 민법 제103조에 의해 무효이다(대판 2009.12.10. 2007다63966).

⑼ 조건부 증여계약

(ㄱ) <u>부부관계의 종료를 해제조건으로 하는 증여계약은</u> 그 조건만이 무효인 것이 아니라 증여
계약 자체가 무효이다(대판 1966.6.21. 66다530).
(ㄴ) 그러나 여자가 남자와의 부첩관계를 해소하기로 하는 마당에 그동안 바친 노력과 비용
등의 희생을 배상 내지 위자하고 또 장래 생활대책을 마련해 준다는 뜻에서 금원을 지급하
기로 약정한 것이라면 <u>부첩관계를 해소하는 마당에 위와 같은 의미의 금전지급약정은</u>(정지조
건부적 증여) 공서양속에 반하지 않는다(대판 1980.6.24. 80다458).

⑽ 경업금지약정

사용자와 근로자 사이에 경업금지약정이 존재한다고 하더라도, 그와 같은 약정이 헌법상 보
장된 근로자의 직업선택의 자유와 근로권 등을 과도하게 제한하거나 자유로운 경쟁을 지나
치게 제한하는 경우에는 민법 제103조에 정한 선량한 풍속 기타 사회질서에 반하는 법률행
위로서 무효라고 보아야 한다(대판 2010.3.11. 2009다82244).

⑾ 부동산중개수수료 약정

<u>부동산 중개수수료 약정 중 소정의 한도를 초과하는 부분에 대한 사법상의 효력을 제한하</u>
<u>는 규정은 이른바 강행법규에 해당하고, 따라서 구 부동산중개업법 등 관련 법령에서 정</u>
<u>한 한도를 초과하는 부동산 중개수수료 약정은 그 한도를 초과하는 범위 내에서 무효이다</u>
〔대판(전합) 2007.12.20. 2005다32159〕.

⑿ 명의신탁약정

명의신탁약정이 부동산실명법에 반하여 무효가 되더라도 "명의신탁약정의 무효로 인하여 명
의신탁자가 입은 손해는 당해 부동산 자체가 아니라 명의수탁자에게 제공한 매수자금이라
할 것이고, 따라서 명의수탁자는 당해 부동산 자체가 아니라 명의신탁자로부터 제공받은 매
수자금만을 부당이득한다"라고 하여 명의신탁약정은 반사회질서의 법률행위로 보지 않는다
(대판 2008.2.14. 2007다69148).

⒀ **외국 법원의 관할을 배제하고 대한민국 법원을 관할법원으로 하는 전속적 국제관할의 합의가 유효하기 위한 요건**

외국 법원의 관할을 배제하고 대한민국 법원을 관할법원으로 하는 전속적인 국제관할의 합의가 유효하기 위해서는, 당해 사건이 외국 법원의 전속관할에 속하지 아니하고, 대한민국 법원이 대한민국법상 당해 사건에 대하여 관할권을 가져야 하는 외에, 당해 사건이 대한민국 법원에 대하여 합리적인 관련성을 가질 것이 요구되며, 그와 같은 전속적인 관할 합의가 현저하게 불합리하고 불공정하여 공서양속에 반하는 법률행위에 해당하지 않는 한 그 관할 합의는 유효하다(대판 2011.4.28. 2009다19093).

판례 〈외국판결을 승인한 결과가 대한민국의 선량한 풍속이나 그 밖의 사회질서에 어긋나는지를 판단하는 방법〉 일제강점기에 국민징용령에 의하여 강제징용되어 일본국 회사인 미쓰비시중공업 주식회사에서 강제노동에 종사한 대한민국 국민 갑 등이 구 미쓰비시가 해산된 후 새로이 설립된 미쓰비시중공업 주식회사를 상대로 국제법 위반 및 불법행위를 이유로 한 손해배상과 미지급 임금의 지급을 구한 사안에서, 갑 등이 미쓰비시를 상대로 동일한 청구원인으로 일본국에서 제기한 소송의 패소확정판결을 승인하는 것은 대한민국의 선량한 풍속이나 그 밖의 사회질서에 어긋나므로 효력을 인정할 수 없음에도, 이와 달리 본 원심판결에 법리오해의 위법이 있다(대법원 2012.5.24. 선고 2009다22549 판결).

관련사례 | 甲 신용협동조합은 2002년 울산 일대 유흥업소 근무자 433명에게 156억원의 신용대출을 한 결과 142억원의 상당의 손실을 입고 파산하게 되었다. 한편 甲신용협동조합의 파산관재인으로부터 위 각 대출금 채권을 양수한 乙이 유흥업소 근무자인 채무자에게 대출금 채권을 청구할 수 있는가?(무효) 그리고 이러한 대출금채무를 보증한 연대보증계약의 효력은 유효한가?(무효) (대판 2009.9.10. 2009다37251)

해설 | 〈대법원 태도〉
(a) 연대보증 당시에 시행되던 '윤락행위 등 방지법은 윤락행위 자체는 물론이고 그 계약의 형식에 관계없이 이를 무효로 한다고 정한다. 그렇다면 이 사건 각 연대보증은 앞서 본 윤락행위 관련 법규정의 취지 등에 비추어 보더라도 민법 제103조에서 정하는 반사회질서의 법률행위라고 하지 않을 수 없다. 파기된 원심은 연대보증은 유효하다고 판단하였다.
(b) 유사판례 : ㉠ 의료인의 자격이 없는 일반인이 유자격 의료인을 고용하여 그 명의로 의료기관 개설신고를 하고, 의료기관의 운영 및 손익 등이 그 일반인에게 귀속되도록 하는 내용의 약정의 효력은 강행 법규인 의료법에 위배되어 무효이며, 무효인 약정에 기하여 급부의 이행을 청구하는 것은 허용되지 않고, 이행을 구하는 급부의 내용을 새로운 약정의 형식을 통해 정리하거나 일부를 가감하였다 하더라도 무효인 약정이 유효함을 전제로 한 이상 그 급부의 이행 청구가 허용되지 않음은 마찬가지이다(대판 2011.1.13. 2010다67890). ㉡ 2인 이상이 공모하여 범죄를 실행하는 과정에서, 범죄에 필요한 자금을 제공한 공범에게 자금제공에 대한 대가를 지급하거나 자금제공에 따른 손실을 보전하여 주기로 하는 공범 간 약정은 사회질서에 위배되어 무효이고, 공범 아닌 제3자가 그 무효인 약정에 기한 채무를 부담하거나 이행하기로 하는 약정도 역시 무효이다(대판 2011.7.14. 2011도3180).

4. 부동산의 이중매매의 법률관계

(1) 원칙적 유효

㉠ 이중계약은 자유경쟁이 보장되는 민주주의 국가에서는 원칙적으로 유효하다. 그러므로

부동산 이중매매계약이 유효한 경우 형식주의 원칙상 등기를 갖추지 않은 제1매수인은 단순한 채권자적 지위를 가질 뿐 제2매수인이 이전등기를 먼저 마쳤으면 그가 완전한 물권취득자가 된다(물권법에서 다시 상술).

(ㄴ) 그리고 제1매매는 이행불능상태가 계속되어 제1매수인은 매도인에게 이행불능을 이유로 전보배상을 청구할 수 있다(제390조). 또한 제1매수인은 매도인에게 최고 없이 계약해제권을 행사할 수 있다(제546조).

판례 〈회사와 경쟁관계에 있거나 분쟁 중에 있어 그 회사의 경영에 간섭할 목적을 가지고 있는 자에게 주식을 양도한 사정만으로 그 주식양도를 반사회질서 법률행위라고 할 수 있는지 여부(소극)〉 상법 제335조 제1항 본문은 "주식은 타인에게 이를 양도할 수 있다"고 하여 주식양도의 자유를 보장하고 있으므로 회사와 경쟁관계에 있거나 분쟁 중에 있어 그 회사의 경영에 간섭할 목적을 가지고 있는 자에게 주식을 양도하였다고 하여 그러한 사정만으로 이를 반사회질서 법률행위라고 할 수 없다(대판 2010.7.22. 2008다37193).

(2) 예외적 무효

(ㄱ) 이중계약이 유효함이 원칙이라고 하더라도 일정한 한계를 넘는 경우에는 무효가 된다. 즉 판례는 '제2매수인이 매도인의 배임행위(또는 배신행위)를 유인, 교사하거나 이에 협력하는 등 적극적으로 가담한 경우에는 무효'라고 본다(대판 1989.11.28. 89다카14295,14301). 따라서 제2매수인이 다른 사람에게 매도된 것을 아는 것만으로는 무효가 되지 않는다. 따라서 의무위반행위를 유발시키는 계기가 된다는 것만을 이유로 이를 공서양속에 반하여 무효라고 할 것이 아님은 물론이다(대법원 2013.10.11. 선고 2013다52622 판결).

(ㄴ) 한편 제103조 위반의 경우 제3자 보호조항이 없다(대판 1996.10.25. 96다29151).

판례 ① 부동산의 매수인이 매도인의 배임행위에 적극 가담하여 그 매매계약이 반사회적 법률행위에 해당하는 경우에는 매매계약은 절대적으로 무효이므로, 당해 부동산을 매수인으로부터 다시 취득한 제3자는 설사 매수인이 당해 부동산의 소유권을 유효하게 취득한 것으로 믿었다고 하더라도 매매계약이 유효하다고 주장할 수 없는 것이며, 이러한 법리는 담보권설정계약에서도 마찬가지라 할 것이다(대판 2008.3.27. 2007다82875). ② 어떠한 부동산에 관하여 소유자가 양도의 원인이 되는 매매 기타의 계약을 하여 일단 소유권 양도의 의무를 짐에도 다시 제3자에게 매도하는 등으로 같은 부동산에 관하여 소유권 양도의 의무를 이중으로 부담하고 나아가 그 의무의 이행으로, 그러나 제1의 양도채권자에 대한 양도의무에 반하여, 소유권의 이전에 관한 등기를 그 제3자 앞으로 경료함으로써 이를 처분한 경우에, 소유자의 그러한 제2의 소유권양도의무를 발생시키는 원인이 되는 매매 등의 계약이 소유자의 위와 같은 의무위반행위를 유발시키는 계기가 된다는 것만을 이유로 이를 공서양속에 반하여 무효라고 할 것이 아님은 물론이다(대법원 2013.10.11. 선고 2013다52622 판결).

(3) 채권자취소권

다수설과 판례는 제2매매행위를 사해행위를 이유로 제1매수인이 자신의 특정채권보전을 위한 채권자취소권(제406조 참조) 행사는 하지 못한다고 한다(대판 1965.1.26. 64다848). 대신 매도인으로부터 제2매수인에게 소유권이전등기가 경료된 것이 제1매수인에 대한 배임행위로서 반사회적 법률행위에 의한 것이라면 제1매수인은 매도인을 대위(제404조)하여 제2매수인 앞으로 경료된 등기의 말소를 구할 수 있다고 한다(대판 1980.5.27. 80다565). 즉 제1매수인이 제2매수인을 상대로 직접등기말소를 구할 수는 없다는 것이다.

(4) 제3자의 채권침해

제2매수인의 적극배임가담행위, 즉 부정수단을 사용하는 경우에는 위법성이 인정되어 제3자의 채권침해로서 제1매수인에 대한 불법행위가 될 수 있다. 즉 제1매수인은 매도인에 대한 자신의 소유권이전등기청구권이라는 채권을 제2매수인이 부당하게 침해하여 제750조의 불법행위요건이 충족되는 경우, 직접 손해배상을 청구할 수도 있다.

(5) 판례의 태도

이중매매가 예외적으로 무효가 된 경우 판례는 제1매수인을 보호하는 방안으로서 채권자취소권이 아닌 채권자대위권으로 구성한다. 한편 판례는 이러한 이중매매법리를 취득시효·명의신탁에도 확대적용하고 있다.

> **판례** ㉠ 〈**취득시효**〉 부동산 소유자가 자신의 부동산에 대하여 취득시효가 완성된 사실을 알고 이를 제3자에게 처분하여 소유권이전등기를 넘겨줌으로써 취득시효 완성을 원인으로 한 소유권이전등기의무를 이행불능에 빠뜨려 시효취득을 주장하는 자에게 손해를 입혔다면 불법행위를 구성하며, 이 경우 부동산을 취득한 제3자가 부동산 소유자의 이와 같은 불법행위에 적극 가담하였다면 이는 사회질서에 반하는 행위로서 무효이다(대판 1995.6.30, 94다52416).
> ㉡ 〈**명의신탁**〉 종중 등의 명의신탁에 있어서 명의수탁자는 신탁재산을 유효하게 제3자에게 처분할 수 있고 제3자가 명의신탁사실을 알았다 하여도 그의 소유권취득에 영향이 없는 것이기는 하지만, 특별한 사정이 있는 경우, 즉 명의수탁자로부터 신탁재산을 매수한 제3자가 명의수탁자의 명의신탁자에 대한 배임행위에 적극 가담한 경우에는 명의수탁자와 제3자 사이의 계약은 반사회적인 법률행위로서 무효라고 할 것이고, 이때 제3자가 명의수탁자의 배임행위에 적극 가담하는 행위란 수탁자가 단순히 등기명의만 수탁받았을 뿐 그 부동산을 처분할 권한이 없는 줄을 잘 알면서 명의수탁자에게 실질소유자 몰래 신탁재산을 불법처분하도록 적극적으로 요청하거나 유도하는 등의 행위를 의미하는 것이다(대판 2008.3.27, 2007다82875).

5. 반사회질서 법률행위의 효과

반사회질서의 법률행위는 무효이다. 법률행위의 무효란 무엇인가? 첫째, 이행하기 전의 계약의 경우에는 채권적 효력이 없다. 즉 계약당사자는 상대방에 대해 채무를 부담하지 않으며, 상대방도 계약상 채무의 이행을 청구할 수 없다. 둘째, 만약 이미 이행한 계약의 경우, 즉 이행한 후에는 당사자가 상대방에게 한 급부는 법률상 원인을 상실하게 되어 그 급부를 부당이득으로서 반환청구가 가능하다. 다만 이행한 그 급부가 불법원인급여에 해당하면 그의 반환을 청구할 수 없다(제746조). 통설·판례는 민법 제746조는 제103조의 반사회적 행위에 기해 급부한 물건의 부당이득반환을 제한하기 위한 규정으로 불법원인과 반사회성은 동일한 개념으로 파악한다. 그리고 부당이득반환청구권(채권적 청구권)이 인정되지 않을 때, 소유권에 기한 반환청구권이 인정될 것인가가 논란이 있으나, 통설과 판례는 소유권에 기한 반환청구도 인정되지 않는다고 하고 있다. 따라서 소유권은 반사적으로 상대방에게 귀속한다.

Ⅵ. 불공정한 법률행위(폭리행위)

> **제104조 (불공정한 법률행위)**
> 당사자의 궁박·경솔 또는 무경험으로 인하여 현저하게 공정을 잃은 법률행위는 무효로 한다.

1. 서 설

의사표시가 주요한 구성요소로 되는 법률행위가 당사자를 구속하는 효력을 가지는 궁극적인 이유는 그것이 당사자의 자기결정에 기초한 것이기 때문이라고 할 수 있다. 따라서 당사자의 자기결정이 침해된 경우에 민법은 그 법률행위의 효력을 부정하고 있는 것이다. 불공정한 법률행위의 효력을 무효로 하는 점도 이러한 이유 때문이다. 즉 급부와 반대급부 간의 불균형만으로 불공정한 법률행위가 성립되는 것이 아니라 그것이 당사자의 궁박·경솔 또는 무경험으로 인하여 발생되었기 때문에 무효로 하는 것이다. 이처럼 폭리를 금하는 취지는 유질계약의 금지(제339조), 손해배상액의 예정(제398조 제2항), 대물반환의 예약(제607조, 제608조), 이자제한법 등에서도 찾아 볼 수 있다.

2. 적용범위

(1) 제103조의 예

"불공정한 법률행위는 사회질서에 반하는 법률행위의 일종이다"라는 것이 다수설이다.

(2) 적용범위

불공정한 법률행위는 유상계약에 관하여 적용된다는 입장이 다수설과 판례이다(증여 등 재산헌납행위에는 적용불가하다는 판례유의). 채무면제(단독행위)에는 적용할 수 있다.

판례 판례는 일관되게 "민법 제104조가 규정하는 불공정한 법률행위에 해당하기 위하여는 급부와 반대급부와의 사이에 현저히 균형을 잃을 것이 요구되므로 증여와 같이 상대방에 의한 대가적 의미의 재산관계의 출연이 없이 당사자 일방의 급부만 있는 경우에는 급부와 반대급부 사이의 불균형의 문제는 발생하지 않는다"고 하였다(대판 1993.7.16, 92다41528 ─ 前(전) 대통령비서실장 김계원의 아들이 국가에 헌납한 부동산의 반환을 청구한 사건 등).

3. 폭리행위의 요건 검토

(1) 객관적 요건과 주관적 요건

㈀ 민법 제104조에 규정된 불공정한 법률행위는 객관적으로 급부와 반대급부 사이에 현저한 불균형이 존재하고, 주관적으로 그와 같이 균형을 잃은 거래가 피해 당사자의 궁박, 경솔 또는 무경험을 이용하여 이루어진 경우에 성립하는 것이다(대판 2008.2.1, 2005다74863).
㈁ 그리고 불공정 법률행위에 해당하는지는 법률행위가 이루어진 시점을 기준으로 약속된 급부와 반대급부 사이의 객관적 가치를 비교 평가하여 판단하여야 할 문제이다(대법원 2013.09.26. 선고 2010다42075 판결).

판례 〈불공정 법률행위에 해당하는지 판단하는 기준〉 불공정 법률행위에 해당하는지는 법률행위가 이루어진 시점을 기준으로 약속된 급부와 반대급부 사이의 객관적 가치를 비교 평가하여 판단하여야 할 문제이고, 당초의 약정대로 계약이 이행되지 아니할 경우에 발생할 수 있는 문제는 달리 특별한 사정이 없는 한 채무의 불이행에 따른 효과로서 다루어지는 것이 원칙이다(대판 2013.09.26, 2010다42075). 따라서 계약 체결 당시를 기준으로 전체적인 계약 내용을 종합적으로 고려한 결과 불공정한 것이 아니라면 사후에 외부적 환경의 급격한 변화로 인하여 계약당사자 일방에게 큰 손실이 발생하고 상대방에게 그에 상응하는 큰 이익이 발생하는 구조라고 하여 그것만으로 그 계약이 불공정한 계약에 해당한다고 말할 수 없다[키코(KIKO) 통화옵션계약 문제; 대판(전합) 2013.09.26, 2012다13637].

(2) 주관적 요건으로서 이용의사

궁박, 경솔, 무경험은 모두 구비되어야 하는 요건이 아니라 그 중 일부만 갖추어져도 충분하다. 특히 피해 당사자가 궁박, 경솔 또는 무경험의 상태에 있었다고 하더라도 그 상대방 당사자에게 그와 같은 <u>피해 당사자측의 사정을 알면서 이를 이용하려는 의사, 즉 폭리행위의 악의가 없었다거나</u> 또는 객관적으로 급부와 반대급부 사이에 현저한 불균형이 존재하지 아니한다면 불공정 법률행위는 성립하지 않는다(대판 2002.10.22, 2002다38927). 이러한 판례의 태도를 비판하는 견해가 상당수 제기된다.

판례 ① 지역사회에서 상당한 사회적 지위와 명망을 가지고 있는 자가 유부녀와 통정한 후 상간자의 배우자로부터 고소를 당하게 되면 자신의 사회적 명예가 실추되고 구속될 여지도 있어 다소 궁박한 상태에 있었다고 볼 수는 있으나 상간자의 배우자가 상대방의 그와 같은 처지를 적극적으로 이용하여 폭리를 취하려 하였다고 볼 수 없는 경우, <u>고소를 하지 않기로 합의하면서 금 1억7천만원의 약속어음공정증서를 작성한 행위는 불공정한 법률행위에 해당한다고 볼 수 없다.</u> 그리고 일반적으로 부정행위에 대한 고소·고발은 그것이 부정한 이익을 목적으로 하는 것이 아닌 때에는 정당한 권리행사가 되어 위법하다고 할 수 없는 것인바, 간통으로 고소하지 않기로 하는 등의 대가로 금 1억7천만원의 합의금을 받게 된 경우, <u>상간자의 배우자가 부정한 이익을 목적으로 위법한 강박행위를 한 것으로 볼 수 없다</u>(대판 1996.11.12, 96다34061 등).
② 여기에서 '궁박'이라 함은 '급박한 곤궁'을 의미하는 것으로서 경제적 원인에 기인할 수도 있고 정신적 또는 심리적 원인에 기인할 수도 있으며, '무경험'이라 함은 일반적인 생활체험의 부족을 의미하는 것으로서 <u>어느 특정영역에 있어서의 경험부족이 아니라 거래 일반에 대한 경험부족을 뜻한다</u>(대판 2008.2.1, 2005다74863).
③ 매매계약과 같은 쌍무계약이 급부와 반대급부와의 불균형으로 말미암아 민법 제104조에서 정하는 '불공정한 법률행위'에 해당하여 무효라고 한다면, 그 계약으로 인하여 불이익을 입는 당사자로 하여금 위와 같은 불공정성을 소송 등 사법적 구제수단을 통하여 주장하지 못하도록 하는 부제소합의 역시 다른 특별한 사정이 없는 한 무효이다.
④ 현저한 불균형은 그 판단에 있어서는 피해 당사자의 궁박·경솔·무경험의 정도가 아울러 고려되어야 하고, <u>당사자의 주관적 가치가 아닌 거래상의 객관적 가치에 의하여야 한다</u>(대판 2010.7.15, 2009다50308).

(3) 대리행위의 경우

대리인에 의하여 법률행위가 이루어진 경우 그 법률행위가 민법 제104조의 불공정한 법률행위에 해당하는지 여부를 판단함에 있어서 <u>경솔과 무경험은 대리인을 기준으로 하여 판단하고, 궁박은 본인의 입장에서 판단하여야 한다</u>(대판 2002.10.22, 2002다38927).

3. 폭리행위의 효과

(1) 전부무효원칙

불공정한 법률행위는 무효가 된다(제104조). 법률행위의 전부가 무효가 됨이 원칙이나 일부분만이 무효로 될 수도 있다는 것이 판례이다.

(2) 경매절차적용부정

경매에 있어서는 불공정한 법률행위 또는 채무자에게 불리한 약정에 관한 것으로서 효력이 없다는 민법 제104조, 제608조는 적용될 여지가 없다(대결 1980.3.21. 자 80마77).

(3) 불법원인급여 문제

무효가 된다는 것은 법률행위에 기한 채무는 소멸하므로 아직 이행하지 않은 채무는 이행할 필요가 없고, 이미 이행한 채무는 부당이득반환을 청구할 수 있다. 제746조 본문의 불법원인 급여에 해당하면 이미 급부한 것의 반환을 청구할 수 없지만, 불공정한 법률행위에 있어서는 폭리를 취한 자에게만 불법성이 있고 상대방에게는 불법성이 없으므로 제746조의 단서가 적용되어 폭리를 취한 자에 대하여 이미 수령한 급부의 반환을 청구할 수 있다고 해석한다(다수설).

(4) 법정추인

폭리행위로서 무효인 경우에는 추인에 의해 유효한 법률행위로 될 수 없다는 것이 판례이다(대판 1994.6.24. 94다10900). 그러나 무효행위전환의 이론(제138조)은 적용될 수 있다는 것이 판례이다(대판 2010.7.15. 2009다50308).

> **판례** 불공정한 법률행위로서 무효인 경우에는 추인에 의하여 그 무효인 법률행위가 유효로 될 수 없다(대판 1994.6.24. 94다10900). 그러나 매매계약이 약정된 매매대금의 과다로 말미암아 '불공정한 법률행위'에 해당하여 무효인 경우에는 무효행위의 전환에 관한 민법 제138조는 적용될 수 있다. 즉 재건축사업부지에 포함된 토지에 대하여 재건축사업조합과 토지의 소유자가 체결한 매매계약이 매매대금의 과다로 말미암아 불공정한 법률행위에 해당하지만, 그 매매대금을 적정한 금액으로 감액하여 매매계약의 유효성을 인정할 수도 있다(대판 2010.7.15. 2009다50308).

4. 사안검토

관련사례 乙은 甲으로부터 토지를 매수하면서, 양도소득세 회피 및 투기의 목적으로 자신 앞으로 소유권이전등기를 경료하지 아니하였다. 또한 이를 丙에게 훨씬 높은 금액에 미등기인 채로 전매하면서 만일 세무서가 이를 적발하여 乙에게 양도소득세 등이 부과될 경우 이를 丙이 부담하도록 요구하였다. 丙은 그 토지를 매수해야만 하는 궁박한 상태에 있었기 때문에 매매대금이 현저히 높은 액수임에도 불구하고 이를 수락하였다(대판 1993.5.25. 93다296).

해설 (a) 이용하려는 의사요부: 위 전매계약 당시 丙에게 위와 같은 불리한 사정이 있다는 점을 乙이 알고 있었다고 하더라도 乙이 이를 이용하려는 의사가 없었다면 丙은 위 전매계약이 민법 제104조의 불공정 법률행위임을 주장할 수 없다.

(b) 불법조건여부: 乙이 양도소득세를 회피하기 위한 방법으로 자신 앞으로 소유권이전등기를 하지 아니하고 미등기인 채로 丙과 매매계약을 체결하였고, 또 그것이 투기의 목적으로 행하여진 것이라도 그 매매계약의 효력이 사회질서에 반하는 법률행위로서 무효로 된다고 할 수도 없다. 그리고 이 사건 매매계약에서 乙에게 부과될 공과금을 丙이 책임진다는 취지의 특약을 하였다 하더라도 이는 공과금이 부과되는 경우 그 부담을 누가 할 것인가에 관한 약정으로서 그 자체가 불법조건이라고 할 수 없고, 이것만 가지고 사회질서에 반한다고 단정하기도 어렵다(대판 1993.5.25. 93다296).

5. 입증책임(증명책임) 고찰

법률행위의 효력발생을 주장하는 자가 성립요건의 존재에 대한 입증책임을 진다. 그러면 그러한 구속을 원하지 않는 당사자가 그 구속으로부터 벗어나기 위해서는 일정한 사유가 존재하여야 하는바, 따라서 원칙적으로 법률행위의 효력발생을 저지하려는 자가 효력요건의 부존재(권리장애사실의 존재)에 대한 입증책임을 진다. 이를 도표로 본다면, ① 법률행위의 성립(권리근거사실- 반대로 권리장애사실) → ② 법률행위의 효력발생(권리행사가능-반대로 저지사유나 멸각사유)으로 볼 수 있다. 여기서 권리를 주장하는 사람(원고)은 그 근거사실(매매 등의 성립)을 입증하여야 하고, 그러면 권리를 행사할 수 있는 것이 원칙이다. 반대로 이를 부정하는 자(피고)는 장애사실(원시적 불능·사회질서위반·취소사유의 존재-취소권행사 등)이나 저지사유(동시이행항변권·정지조건의 불성취)나 멸각사유(변제·소멸시효의 완성·해제조건의 성취 등) 등을 입증하여야 한다.

Ⅶ. 의사표시해석에 대한 입법태도

1. 의 의

법률행위의 해석대상과 관련하여 법률행위의 해석이란 의사표시의 해석이 중심을 이루고, 그 의사표시라는 것은 '표의자가 일정한 법률효과를 의욕하는 의사를 표시하는 것'이므로 그 대상이 어디에 중점을 두느냐에 따라, 즉 '의사'냐 '표시'냐에 대하여 의사주의, 표시주의, 절충주의의 대립이 있고, 오늘날 유력설은 신의사주의적 입장이 주장되는바, 신의사주의는 의사와 표시의 일체성(다만 의사를 보다 중시)을 주장하고 의사표시 해석방법에 있어서도 자연적 해석방법·규범적 해석방법·보충적 해석방법을 제시하고 있다.

2. 의사표시해석의 대상

이는 의사표시의 본질론과도 관련된다. 즉 의사표시의 본체는 '의사'인가 '표시'인가의 문제와도 관련이 된다는 것이다. 예컨대, 매도인이 청약서에 65만원으로 기재할 것을 실수로 56만원으로 잘못 기재하여 청약한 경우(청약의 의사표시문제)를 생각하여 보자.

(1) 의사주의(意思主義)

'표의자의 내심의 의사'가 의사표시의 핵이고 표시는 외피에 불과하다는 견해이다. 사비니의 주장이래로 의사주의에서는 효과의사를 표의자의 내심의 의사로 파악하며, 이와 다른 표시가 있더라도 내심의 의사(효과의사)와 다르면 의사표시가 존재하지 않거나 무효라고 본다. 위 사례에서 의사주의에서는 56만원의 표시행위는 존재하나, 56만원으로 청약한다는 효과의사는 존재하지 않게 되어 그 청약의 의사표시는 무효가 되어야 한다고 한다.

(2) 표시주의(表示主義)

의사표시의 본체는 상대방에게 표시된 것에서 찾아야 한다는 견해로서 표의자에게 표시행위에 대응하는 내심의 의사(효과의사)가 없다하더라도 '표시행위로부터 추단되는 효과의사'가 존재하는 것으로 의제하여 표시행위대로 법률효과를 발생케 하려는 이론이다. 이 표시주의에 의하면 위 사례에서 56만원의 청약의 의사표시가 유효하게 성립된다고 한다.

(3) 절충주의(折衷主義)

의사주의와 표시주의를 절충하여 받아들인다. 이 견해도 의사주의를 강조하는 견해에서의 절충주의가 있고, 표시주의를 강조하여 의사주의적 요소를 받아들이는 견해도 있는데, 우리나라의 다수설은 의사표시의 본체를 표시에서 찾음으로써 표시주의에 가까운 절충적 이론을 취해왔다. 그 이유로 우리 민법은 과거 의용민법이 의사주의에 가까운 절충주의 입장을 채택하였다는 비판을 의식하여 표시주의적 입장에서 수정을 가했기 때문이라 한다. 따라서 표시주의에 입각한 절충주의에 따르면 일단은 56만원의 의사표시를 유효로 보고 예외적으로 65만원을 알았거나 알 수 있는 경우 무효가 된다.

(4) 신의사주의(新意思主義)

신의사주의는 의사표시의 본체는 의사라고 한다(의사주의적·주관주의적 입장). 그러나 표시행위는 단순한 의사의 외양이 아니라 의사를 완성하는 것이다. 의사를 보다 더 중시하는, 그래서 자기결정의 원칙을 중시하고(자연적 해석 중시), 표시상의 효과의사의 실존을 부정한다. 의사표시해석의 대상은 당사자의 내심적 효과의사로 본다. 사적 자치의 원칙상 자기결정의 원리에서 내심적 효과의사를 확정하는 자연적 해석방법이 나오고, 자기책임의 원리에서 있는 의사가 아니라 있어야 할 의사를 추구하는 규범적 해석방법과 보충적 해석방법이 나온다고 한다. 따라서 자연적 해석을 하면 65만원으로, 규범적 해석을 하면 56만원으로 된다.

(5) 일반적 견해(=통설적 견해)

의사표시는 법률행위의 불가결한 구성요소이므로 의사표시의 해석은 법률행위의 해석에 가장 중요한 지위를 갖는다. 다만 의사표시는 개별적으로 파악함과 동시에 전체로서의 법률행위 의미에 충실하게 해석하여야 한다. 우리나라 통설적 견해는 표시주의에 강력하게 기운 절충주의이론의 입장에서 의사표시 해석의 대상은 표시행위의 객관적 의미라고 이해한다. 그리고 민법은 의사주의나 표시주의, 어느 하나에 치우치지 않고 양자를 적절히 채택하는 표시주의에 입각한 절충주의를 취한다고 해석한다. 다만 당사자의 진의가 절대적으로 존중되어야 하는 가족법상 법률행위에 있어서는 원칙적으로 의사주의에 의하게 된다. 그러므로 가족법상의 신분행위에는 민법총칙의 표시주의에 입각한 절충주의가 적용되지 않는다.

Ⅷ. 비진의표시

> **제107조 (진의 아닌 의사표시)**
> ① 의사표시는 표의자가 진의 아님을 알고 한 것이라도 그 효력이 있다. 그러나 상대방이 표의자의 진의 아님을 알았거나 이를 알 수 있었을 경우에는 무효로 한다.
> ② 전항의 의사표시의 무효는 선의의 제3자에게 대항하지 못한다.

1. 의 의

표의자가 진의 아님을 알고서 한 의사표시를 말한다. 예를 들어 표의자가 상대방에게 마음에도 없는 자동차를 사주겠다고 반 농담조로 이야기를 하는 것이다. 이러한 비진의표시는 원칙적으로 유효하고, 예외적으로 무효로 하고 있다(즉 표의자는 자동차를 사주어야 하는 것이 원칙이다). 의사표시에 있어 의사와 표시가 일치하지 않는 유형으로는 3가지가 있다. 진의 아닌 의사표시, 허위표시, 착오가 그것이다. 표의자가 의사와 표시의 불일치를 알고 있는 경우가 진의 아닌 의사표시이고, 표의자뿐만 아니라 그 상대방도 그 사실을 알고 있는 경우(더 나아가 거짓에 대한 합의가 있는 경우)가 허위표시이다. 한편 의사와 표시의 불일치를 표의자가 모르는 경우가 착오이다.

2. 비진의표시의 요건

(1) 의사표시의 불일치

의사표시가 존재하고, 의사와 표시가 불일치하며, 표의자가 그 불일치를 알고 있다.

(2) 동기여부불문

법률행위를 하게된 동기(연유)는 비진의표시에 영향을 미치지 않는다. 즉 효력에 문제되지 않는다(이설 없음). 위에서 자동차를 사준다는 동기(=연유)가 환심을 사기 위하여든 기타 다른 원인이든 불문한다.

> **판례** 〈진의의 의미〉 진의 아닌 의사표시에 있어서의 진의란 특정한 내용의 의사표시를 하고자 하는 표의자의 생각을 말하는 것이지 표의자가 진정으로 마음 속에서 바라는 사항을 뜻하는 것은 아니므로, 표의자가 의사표시의 내용을 진정으로 마음속에서 바라지는 아니하였다고 하더라도 <u>당시의 상황에서는 그것을 최선이라고 판단하여 그 의사표시를 하였을 경우에는 이를 내심의 효과의사가 결여된 진의 아닌 의사표시라고 할 수 없다</u>(대판 2000.4.25, 99다34475).

3. 효 력

(1) 원칙적 유효

민법 제107조 제1항의 뜻은 표의자의 내심의 의사와 표시된 의사가 일치하지 아니한 경우에는 표의자의 진의가 어떠한 것이든 표시된 대로의 효력을 생기게 하여 거짓의 표의자를 보호하지 아니한다(대판 1987.7.7, 86다카1004).

> **판례** ㉠ 예컨대 물의를 일으킨 사립대학교 조교수가 사직의 의사가 없으면서도 사태수습의 방안으로 스스로 사직서를 낸 경우 사용자측의 강요가 없는 경우에는 비진의표시라도 그 표시대로의 사직의 효과가 생긴다(대판 1980.10.14, 79다2168).
> ㉡ 학교법인이 사립학교법상의 제한규정 때문에 그 학교의 교직원들인의 명의를 빌려서 은행으로부터 금원을 차용한 경우에 은행 역시 그러한 사정을 알고 있었다고 하더라도 위 교직원들의 의사는 위 금전의 대차에 관하여 <u>그들이 주채무자로서 채무를 부담하겠다는 뜻이라고 해석함이 상당하므로 이를 진의 아닌 의사표시라고 볼 수 없다</u>(대판 1980.7.8, 80다639). 즉 명의를 빌려준 교직원들은 그 유효한 금전대차에 대하여 책임을 지어야 한다는 것이다.

(2) 예외적 무효

반면에 만약 그 표의자의 상대방이 표의자의 진의 아님에 대하여 악의 또는 과실이 있는 경우라면 이 때에는 그 상대방을 보호할 필요가 없이 표의자의 진의를 존중하여 그 진의 아닌 의사표시를 무효로 돌려버리려는데 있다(대판 1987.7.7, 86다카1004). 위의 경우 자동차를 사준다는 말(=의사표시)을 상대방이 거짓이라는 것을 알았거나(=악의), 알 수 있다면(=과실), 사주지 않아도 된다(무효). <u>주로 판례는 "사용자의 지시 내지 강요"에 의한 근로자의 사직서제출에 대하여 그 사직의 의사표시는 비진의표시에 해당하고 또 그 사정을 사용자도 안 것으로 보아 무효라고 해석한다</u>(대판 1992.5.26, 92다3670).

판례 ㉠ 〈근로자가 사용자의 지시에 좇아 일괄하여 사직서를 작성 제출함에 있어 그 사직서에 기하여 의원면직처리될지 모른다는 점을 인식하였다는 사정만으로 그의 내심에 사직의 의사가 있는 것이라고 할 수 있는지 여부(소극)〉 진의 아닌 의사표시인지의 여부는 효과의사에 대응하는 내심의 의사가 있는지 여부에 따라 결정되는 것인바, 근로자가 사용자의 지시에 좇아 일괄하여 사직서를 작성 제출할 당시 그 사직서에 기하여 의원면직처리될지 모른다는 점을 인식하였다고 하더라도 이것만으로 그의 내심에 사직의 의사가 있는 것이라고 할 수 없다(대판 1991.7.12. 90다11554). 즉 비진의표시이다. 따라서 상대방이 알았거나 알 수 있는 경우에는 무효이다.
㉡ 〈비진의표시가 아닌 경우〉 원고들은 퇴직대상자 선정에 관하여 피고 인사계장에게 항의하였으나 효과가 없자 장래 퇴직가산금 추가 지급사유가 발생할 경우 이를 지급받기로 하는 외에 달리 이의를 보류하거나 조건을 제시함이 없이 희망퇴직원을 제출하고 피고로부터 퇴직금과 희망퇴직가산금 및 창업재취업교육비를, 노동조합으로부터 퇴직위로금을 아무런 이의 없이 수령한 경우, 사직의 의사표시는 비진의표시가 아니다(대판 2005.9.9, 2005다34407).

(3) 제3자 보호

민법 제107조 제2항에서는 "의사표시의 무효는 선의의 제3자에게 대항하지 못한다"고 규정한다. 제3자는 「당사자와 그 포괄승계인 이외의 비진의표시행위를 기초로 하여 새로운 이해관계를 맺는 자」로 제한적으로 해석하는 것이 다수설·판례이다. <u>제3자의 선의는 추정되며, 과실여부는 문제되지 않는다</u>(이러한 제3자보호는 제107조 이하 제110조까지 의사표시 모두에 공통되는 문제이다).

4. 적용범위

(1) 단독행위

제107조는 계약 뿐만 아니라 단독행위에도 적용된다. 다만 상대방 없는 단독행위의 경우에는 제107조의 단서가 적용되는가에 대하여는 다툼이 있다.

(2) 공법행위

공법상의 의사표시에는 적용되지 않는다. 예컨대 영업재개업신고에 대하여는 비진의표시에 관한 민법 제107조가 적용되지 아니한다.

판례 공무원이 사직의 의사표시를 하여 의원면직처분을 하는 경우 그 사직의 의사표시는 그 법률관계의 특수성에 비추어 외부적·객관적으로 표시된 바를 존중하여야 할 것이므로, 비록 사직원제출자의 내심의 의사가 사직할 뜻이 아니었다고 하더라도 진의 아닌 의사표시에 관한 민법 제107조는 그 성질상 사직의 의사표시와 같은 사인의 공법행위에는 준용되지 아니하므로 그 의사가 외부에 표시된 이상 그 의사는 표시된 대로 효력을 발한다(대판 1997.12.12, 97누13962).

(3) 가족법상의 행위

제107조 이하 비진의표시 등의 의사표시법리는 당사자의 진의를 중시하는 가족법에는 적용되지 않는다. 신분행위는 표시주의보다는 의사주의에 보다 적합하기 때문이다.

(4) 대리권남용(대리에서 후술함)

계약이 대리인에 의하여 체결된 경우 그 대리인의 진의가 본인의 이익이나 의사에 반하여 자기 또는 제3자의 이익을 위한 것이고 상대방이 그 사정을 알았거나 알 수 있었다면, 본인은 계약상의 책임을 지지 않는다(대리권남용; 대판 1987.7.7. 86다카1004).

> **판례** 〈대리권남용에 유추적용〉 ㉠ 진의 아닌 의사표시가 대리인에 의하여 이루어지고 그 대리인의 진의가 본인의 이익이나 의사에 반하여 자기 또는 제3자의 이익을 위한 배임적인 것임을 그 상대방이 알았거나 알 수 있었을 경우에는 민법 제107조 제1항 단서의 유추해석상 그 대리인의 행위는 본인의 대리행위로 성립할 수 없다 하겠으므로 본인은 대리인의 행위에 대하여 책임이 없다 할 것이다(대판 1987.7.7. 86다카1004; 대판 2007.4.12. 2004다51542; 대판 2009.6.25. 2008다13838).
> ㉡ 비법인사단의 대표자가 대표권 제한에 관한 정관 등의 규정에 위반하여 대외적 거래를 한 경우에도 거래 상대방이 그와 같은 대표권 제한 사실을 알았거나 알 수 있었던 것이 아니라면 그 거래행위는 유효하고 거래 상대방이 대표권 제한 사실을 알았거나 알 수 있었음은 이를 주장하는 비법인사단측이 주장·입증하여야 한다(대판 2008.10.23. 2006다2476).
> ㉢ 미성년자의 법정대리인인 친권자의 법률행위에서도 마찬가지라 할 것이므로, 법정대리인인 친권자의 대리행위가 객관적으로 볼 때 미성년자 본인에게는 경제적인 손실만을 초래하는 반면, 친권자나 제3자에게는 경제적인 이익을 가져오는 행위이고 그 행위의 상대방이 이러한 사실을 알았거나 알 수 있었을 때에는 민법 제107조 제1항 단서의 규정을 유추 적용하여 행위의 효과가 자에게는 미치지 않는다고 해석함이 타당하다(대법원 2011.12.22. 선고 2011다64669 판결).

5. 사례연습

관련사례 ┃ 甲은 구멍가게를 하는 乙에게 자기 건물에 세를 놓았다. 甲은 사실 그 구멍가게에 대한 임대차를 해지할 의사가 없음에도 불구하고 乙에게 연말까지 비워달라는 해지통고를 하였다. 甲이 해지를 한 이유는 乙에게 겁을 주어 甲에게 유리한 임대차관계를 계속하려는 것이 목적이었다.

해설 ┃ 甲의 해지의 의사표시는 원칙적으로 유효하다. 다만 상대방 乙이 甲의 진의가 해지에 있지 않음을 알았거나 알 수 있었으면 무효이다. 만약 乙이 자기 친구 丙으로부터 甲이 해지는 하되 그 임대차관계를 해소할 마음이 없다는 것을 알게 되었다면 乙이 甲의 진의 아님을 제3자 丙을 통하여 알았다 하더라도 제107조 단서에 의거 그 해지는 무효이다.

〈참조〉 1980년 5공 초기 국보위를 통한 일련의 조치의 효력에 대한 대법원판결은 대부분 1990년대 초반에 나오게 되는데, ㉠ 정치인 기업인 등의 재산헌납(贈與)은 보안사 등에서 직접 개입하여 당사자를 감금, 조사하는 과정에서 이루어진 의사표시임에도 거의 예외 없이 비진의표시에 해당하지 않는다고 한 데 비해, ㉡ 정부투자기업이나 언론기관 직원의 해직과 관련한 사건에서는 각 해당 기관의 인사담당자가 국보위의 통보라면서 사직서 제출을 종용하여 의원면직 형식으로 해직한 경우이고 거의 예외 없이 그 의사표시는 비진의표시라고 하고 있어서 일견 대조를 이룬다(박병대 민사판례평석 참조).

IX. 허위표시

> **제108조 (통정한 허위의 의사표시)**
> ① 상대방과 통정한 허위의 의사표시는 무효로 한다.
> ② 전항의 의사표시의 무효는 선의의 제3자에게 대항하지 못한다.

1. 의 의

(1) 의의

허위표시라 함은 표의자가 진의 아닌 허위의 의사표시를 하면서 그에 관하여 상대방과의 사이에 합의가 있는 경우이다(통설·판례). 즉 상대방이 알고 있는 것만으로는 부족하고 그에 관하여 합의가 있어야 한다(예 : 채무자가 강제집행을 면탈할 목적으로 자신의 부동산을 가족에게 거짓으로 매매한 것처럼하여 재산을 빼돌리는 행위 등). 그리고 단순히 표시를 잘못한 것은 허위표시가 아니다. 이러한 경우에는 착오의 문제가 발생한다.

(2) 제3자를 속일 의도 요부

허위표시는 제3자를 속일 의도로 하는 경우가 많지만 그렇다고 하여 허위표시가 성립하기 위하여 제3자를 속일 의도가 필요한 것은 아니다.

2. 구 별

(1) 은닉행위

예컨대, 자기 부동산을 자기 처에게 증여하면서도 증여세를 면탈하기 위하여 매매의 형식을 빌리는 경우, 그 증여를 은닉행위라고 한다. 은닉행위(증여)는 진실로 다른 행위를 할 의사가 있기 때문에 보통의 허위표시(매매)로 다룰 것은 아니다. 이 경우에는 그 숨겨진 행위가 그에 요구되는 요건을 갖추고 있느냐에 따라 그 효력을 결정하면 된다. 즉 허위표시(매매)는 무효이나 은닉행위(증여)는 유효가 된다.

(2) 신탁행위

민법상 신탁행위인 양도담보나 추심목적의 채권양도는 허위표시가 아니다. 즉 신탁행위는 당사자 사이에 권리를 이전하려는 진의가 존재하므로 허위표시가 아니고 따라서 유효하다(통설·판례). 다만 신탁행위 범주로 다루던 명의신탁의 경우에는 부동산실명법 때문에 원칙적으로 무효가 된다(물권법에서 상술).

판례 〈계약명의신탁과 권리보전의 가등기(대판 1997. 9. 30, 95다39526)〉 명의신탁 부동산을 명의수탁자가 임의로 처분할 경우에 대비하여 명의신탁자가 명의수탁자와 합의하여 자신의 명의로, 혹은 명의신탁자 이외의 다른 사람 명의로 소유권이전등기청구권 보전을 위한 가등기를 경료한 것이라면 비록 그 가등기의 등기원인을 매매예약으로 하고 있으며 명의신탁자와 명의수탁자 사이에 그와 같은 매매예약이 체결된 바 없다 하더라도 그와 같은 가등기를 하기로 하는 명의신탁자와 명의수탁자의 합의가 통정허위표시로서 무효라고 할 수 없다.

(3) 허수아비행위

허수아비행위의 경우, 허위표시와 매우 유사하지만 이것도 가장행위로서의 허위표시가 아니다. 예를 든다면, 甲이 골동품을 매입하고자 하나 甲이 면전에 나타나지 않고, 乙이 자기의 이름으로 甲의 이익과 계산으로 상대방 丙과 매매계약을 체결한 경우에, 乙(실제는 간접대리인이지만, 외부적으로 볼 때는 주체로 보이는)은 허수아비이지만 乙·丙간의 법률행위는 당사가가 의욕한 진의에 따라 표시가 이루어진다. <u>따라서 허수아비에 의한 행위는 허위표시가 아니다.</u>

3. 효 력

(1) 당사자 사이의 효력

선의의 제3자가 허위표시의 유효를 주장할 수 있는 경우에도 허위표시는 당사자 사이에서는 언제나 무효이다. 예컨대 토지를 매도하여 등기까지 넘겨준 훨씬 후에도 매도인이 그 토지에 대한 임료를 수령하고 관리인을 임명하여 그 관리인으로부터 동 토지로부터 나오는 수익을 직접받을 뿐 아니라 타인에게 동 토지의 매각의뢰까지 한 사실이 있다면 위 매매는 가장매매(따라서 무효)로 볼 여지가 있다(대판 1984.9.25, 84다카641). 그리고 근로자가 실제로는 동일한 사업주를 위하여 계속 근무하면서 일정기간 동안 특별히 고액의 임금이 지급되는 사업을 담당하기 위하여 형식상 일단 퇴직한 것으로 처리하고 다시 임용되는 형식을 취하였다 하더라도 그 퇴직의 의사표시는 통정한 허위표시로서 무효라 할 것이다(대판 1988.4.25, 86다카1124).

> **판례** ㉠ **구 상호신용금고법상의 동일인 대출한도를 회피하기 위하여 상호신용금고의 양해하에 형식상 제3자 명의를 빌려 체결된 대출약정의 효력(무효)** 동일인에 대한 대출액 한도를 제한한 구 상호신용금고법의 적용을 회피하기 위하여 실질적인 주채무자가 실제 대출받고자 하는 채무액에 대하여 제3자를 형식상의 주채무자로 내세우고, 상호신용금고도 이를 양해하여 제3자에 대하여는 채무자로서의 책임을 지우지 않을 의도하에 제3자 명의로 대출관계서류를 작성받은 경우, 통정허위표시에 해당하는 무효의 법률행위이다(대판 2008.6.12, 2008다7772,7789; 대판 1999.3.12, 98다48989).
> ㉡ 〈**제3자의 무효주장**〉 허위의 근저당권에 대하여 배당이 이루어진 경우, 통정한 허위의 의사표시는 당사자 사이에서는 물론 제3자에 대하여도 무효이고 다만, 선의의 제3자에 대하여만 이를 대항하지 못한다고 할 것이다(대판 2001.5.8. 2000다9611).
> ㉢ 〈**甲 주식회사의 근로자들인 乙 등이 군 복무를 위해 회사 방침에 따라 사직서를 제출하고 퇴직하였다가 제대 후 재입사한 사안에서, 사직서 제출행위와 그에 따른 퇴직 및 재입사처리행위의 효력**〉: 근로자의 사직서 제출에 의한 퇴직의사표시는 통정허위표시 또는 진의 아닌 의사표시로서 상대방이 진의 아님을 알았던 경우에 해당하여 무효이다(대법원 2012.10.25. 선고 2012다41045 판결).

(2) 상대적 무효

통정한 허위의 의사표시는 허위표시의 당사자와 포괄승계인 이외의 자로서 그 허위표시에 의하여 외형상 형성된 법률관계를 토대로 실질적으로 새로운 법률상 이해관계를 맺은 <u>선의의 제3자에게는 대항하지 못한다. 이는 선의의 제3자를 제외한 누구에 대하여서나 무효이고, 또한 누구든지 그 무효를 주장할 수 있다</u>(대판 2003.3.28, 2002다72125). 이 의미는 선

<u>의의 제3자는 통정허위표시에 대하여 자신의 이익을 위하여 유효를 주장할 수도 있고, 무효를 주장할 수도 있다는 의미이다.</u>

(3) 허위표시의 철회

<u>허위표시의 당사자는 합의에 의하여 그 허위표시를 철회할 수 있다.</u> 여기서의 철회란 통정의 허위표시를 한 당사자가 합의에 의하여 외형상의 법률행위를 해소하고, 진정한 권리자에게 등기·등록 등의 권리명의를 회복케 하는 것을 말한다. 이러한 회복은 제3자 보호와 밀접한 관련이 있기 때문에 철회의 합의만으로는 선의의 제3자에게 대항할 수 없다. 즉 철회의 합의와 허위표시에 의하여 작출된 외관 내지 외형을 제거한 후에만 선의의 제3자에게 대항할 수 있게 된다.

4. 적용범위

(1) 단독행위문제

허위표시는 계약에 적용됨은 물론 상대방 있는 단독행위에도 적용되나, 「상대방 없는 단독행위」에 관해서는 다툼이 있다. 적용될 여지가 없다는 부정설(종래의 통설적 견해)이 있는 반면에 긍정하는 견해(소수설)도 있다.

(2) 채권자취소권(제406조)

채무자의 법률행위가 통정허위표시인 경우에도 채권자취소권의 대상이 되고(제406조 참조), 한편 채권자취소권의 대상으로 된 채무자의 법률행위라도 통정허위표시의 요건을 갖춘 경우에는 무효라고 할 것이다(대판 1998. 2. 27. 97다50985).

(3) 불법원인급여

㈀ 통정만으로 불법원인급여의 불법(제746조)으로 보지 않는다. 따라서 가장행위에 기하여 이미 이행한 경우에는 부당이득을 이유로 반환을 청구하거나, 불법행위를 이유로 손해배상을 청구할 수 있다. 따라서 이러한 주장이 신의칙에 반하는 것이 아니다.

㈁ 한편 판례는 "불법원인급여를 규정한 민법 제746조 소정의 '불법의 원인'이라 함은 재산을 급여한 원인이 선량한 풍속 기타 사회질서에 위반하는 경우를 가리키는 것으로서, <u>강제집행을 면할 목적으로 부동산의 소유자명의를 신탁하는 것이 위와 같은 불법원인급여에 해당한다고 볼 수는 없다</u>"고 한다(대판 1994.4.15. 93다61307).

(4) 가족법상의 행위·공법상의 행위

이러한 행위는 사법상 비진의표시, 통정허위표시 등에 역시 적용되지 않는다.

5. 제3자 보호

(1) 제3자보호취지와 판단기준

허위표시를 선의의 제3자에게 대항하지 못하게 한 취지는 이를 기초로 하여 별개의 법률원인에 의하여 고유한 법률상의 이익을 갖는 법률관계에 들어간 자를 보호하기 위한 것이므로, 제3자의 범위는 권리관계에 기초하여 형식적으로만 파악할 것이 아니라 <u>허위표시행위를 기초로 하여 새로운 법률상 이해관계를 맺었는지 여부에 따라 실질적으로 파악하여야 한다</u>. 특히 파산관재인이 민법 제108조 제2항 및 제110조 제3항의 제3자에 해당한다고 함이 판례이고, 그 선의 여부의 판단 기준은 총파산채권자라고 함이 판례이다. 따라서 파산채권자 모두가 악의로 되지 않는 한 파산관재인은 선의의 제3자라고 할 수밖에 없다(대판 2010.4.29. 2009다96083)-후술함.

판례 〈제3자보호〉 통정한 허위의 의사표시는 허위표시의 당사자와 포괄승계인 이외의 자로서 그 허위표시에 의하여 외형상 형성된 법률관계를 토대로 실질적으로 새로운 법률상 이해관계를 맺은 선의의 제3자를 제외한 누구에 대하여서나 무효이고, 또한 누구든지 그 무효를 주장할 수 있다(대판 2003.3.28. 2002다72125). 그러므로 갑이 통정허위표시에 해당하여 무효인 전세권설정계약에 기한 전세권부채권을 가압류한 사안에서, 갑은 통정허위표시를 기초로 하여 새로이 법률상 이해관계를 가진 선의의 제3자에 해당한다고 하였다(대판 2010.3.25. 2009다35743).

(2) 제3자의 악의 입증

허위표시인 매매에 의한 매수인으로부터 부동산 위에 권리를 취득한 <u>제3자는 특별한 사정이 없는 한 선의로 추정할 것이므로 허위표시를 한 부동산양도인이 제3자에 대하여 소유권을 주장하려면 그 제3자가 악의임을 주장·입증하여야 한다</u>(통설·판례).

(3) 제3자 범위로서 전득자문제

허위표시의 당사자는 선의의 제3자(丙)로부터 전득한 자(丁)에 대하여는 그가 전득시에 악의였더라도 허위표시의 무효를 주장하지 못한다(통설적 견해). 반대로 丁이 통정허위표시에 관하여 선의라면 비록 丙이 악의라 하더라도 허위표시자는 그에 대하여 통정허위표시에 의한 것이라는 이유로 대항할 수 없다(대법원 2013.2.15. 선고 2012다49292 판결)

판례 〈실제로는 전세권설정계약을 체결하지 않으면서도 임차보증금반환채권을 담보할 목적 등으로 임차인과 임대인의 합의에 따라 임차인 명의로 전세권설정등기를 마친 경우, 통정허위표시의 무효를 주장할 수 없는 '선의의 제3자'의 범위〉 : 甲이 乙의 임차보증금반환채권을 담보하기 위하여 통정허위표시로 을에게 전세권설정등기를 마친 후 <u>丙이 이러한 사정을 알면서도 乙에 대한 채권을 담보하기 위하여 위 전세권에 대하여 전세권근저당권설정등기를 마쳤는데, 그 후 丁이 丙의 전세권근저당권부 채권을 가압류하고 압류명령을 받은 사안에서,</u> 丁이 통정허위표시에 관하여 선의라면 비록 丙이 악의라 하더라도 허위표시자는 그에 대하여 전세권이 통정허위표시에 의한 것이라는 이유로 대항할 수 없다(대법원 2013.2.15. 선고 2012다49292 판결)

Tip 〈제3자의 범위〉

(가) 제3자에 해당되는 자 : ㉠ 가장매매의 매수인으로부터 목적물을 매수한 자, ㉡ 저당권을 설정받은 자 또는 가등기를 취득한 자, ㉢ 가장매매에 기한 대금채권의 양수인, ㉣ 가장소비대차에 기한 채권의 양수인 또는 허위표시에 의한 타인명의의 예금통장의 명의인으로부터 예금채권을 양수한 자, ㉤ 가장저당권설정행위에 기한 저당권의 실행으로 경락받은 자, ㉥ 가장매매의 매수인에 대한 압류채권자 등을 들 수 있다. ㉦ 그리고 선의의 제3자로부터 전득한 자도 역시 제3자에

속한다. ◎ 금융기관이 구금융기관부실자산등의효율적처리및한국자산관리공사의설립에관한법률에 따라 한국자산관리공사에게 부실자산인 대출금 채권을 양도한 경우, 한국자산관리공사는 민법 제108조 제2항의 제3자에 해당한다"고 하였다(대판 2004.1.15, 2002다31537).

(나) 제3자에 해당되지 아니한 자 : ㉠ 대리인이나 대표기관이 상대방과 허위표시를 한 경우의 본인이나 법인(따라서 당사자지위를 이전받은 자=계약인수인), 그리고 그 대표자나 대리인 ㉡ 채권의 가장양수인으로부터 추심(심부름)을 위하여 채권을 양수한 자, ㉢ 자기의 채권을 보전하기 위하여 재산권을 가장양도한 채무자의 권리(이전등기청구권 등)를 대위행사하는 채권자, ㉣ 가장양수인의 일반채권자(목적물의 압류권자 등의 경우는 예외가 있음), ㉤ 토지임차인이 자신 소유의 건물을 가장으로 양도한 경우의 토지소유자, ㉥ 주식이 가장양도된 경우의 회사, ㉦ 저당권 등 제한물권이 가장포기된 경우의 기존의 후순위제한물권자, ㉧ 제3자를 위한 계약에 있어서의 제3자 등을 들 수 있다.

(다) 특히 논란이 있는 부분 : ㉠ 가장매매에 기한 손해배상청구권의 양수인에 관하여는 다수설은 부정하나, 소수설은 긍정한다. ㉡ 채권의 가장양도에 있어서 채무자에 관하여는 다수설·판례는 부정한다(대판 1983.1.18, 82다594)

(4) 사례연습

관련사례

㉠ 채권자(乙), 채무자(甲), 보증인(丙)이 있다. 채무자 甲의 기망행위에 의하여 허위인 甲의 乙(채권자)에 대한 채무를 丙이 보증하고 그 보증채무를 이행하여 구상권을 취득한 경우, 丙은 민법 제108조 제2항의 제3자에 해당하는지 여부?

㉡ 부동산 소유자 A가 B에게 가등기를 하였다. 그리고 A는 甲에게 이를 양도하였다. 그런데 그 가등기는 통정 허위표시를 원인으로 한 것이고, 무효인데도 불구하고 B는 가등기에 기하여 본등기를 하여 양수인인 甲의 소유권이전등기가 말소되었다. 그 후 B 본등기 후 매수인 乙이 부동산을 양수하여 소유권이전등기를 마친 경우, 乙이 허위표시임을 알지 못하였다고 하더라도, 甲은 乙에 대하여는 그 각 가등기 및 본등기의 원인이 된 허위표시가 무효임을 주장할 수 있는가?

㉢ 乙은 甲으로부터 X토지를 매수한 후(실제 乙과 甲의 매매는 통정허위표시로서 무효이다), 그 소유권이전등기청구를 위하여 법무사인 丙에게 위임하였다. 그 후 丙의 과실로 등기촉탁이 등기공무원에 의하여 각하되어 甲토지 소유권이 상실하게 되어 乙은 丙에게 손해배상을 주장하였다. 그 주장은 타당한가?

해설

㉠ 판례는 제3자에 해당한다고 하고 있다(대판 2000.7.6, 99다51258). 그러나 이 사건에서 원심은 대법원과는 달리 보증채무는 주채무의 존재를 전제로 하여 성립하는 것으로서 주채무가 발생하지 아니한 경우에는 보증채무가 성립할 수 없다고 전제하였다. 이러한 원심에 의할 때에는 丙이 보증채무를 이행한 경우 甲은 구상금채무를 부담하지 않는다고 판단하였다.

㉡ 대판 1996.4.26, 94다12074에서는, 甲은 선의의 제3자인 乙에 대하여는 그 각 가등기 및 본등기의 원인이 된 각 허위표시가 무효임을 주장할 수 없고, 따라서 乙에 대한 관계에서는 그 각 허위표시가 유효하다. 甲보다 乙이 보호된다.

㉢ 무효인 법률행위는 그 법률행위가 성립한 당초부터 당연히 효력이 발생하지 않는 것이므로, 무효인 법률행위에 따른 법률효과를 침해하는 것처럼 보이는 위법행위나 채무불이행이 있다고 하여도 법률효과의 침해에 따른 손해는 없는 것이므로 그 손해배상을 청구할 수는 없다. 따라서 乙의 주장은 정당하지 못하다(대판 2003.3.28, 2002다72125).

6. 파산관재인 문제

파산자가 상대방과 통정한 허위의 의사표시에 의해 성립된 가장채권을 보유하고 있다가 파산이 선고된 경우, 파산관재인은 그 허위표시에 따라 외형상 형성된 법률관계를 토대로 실질적으로 새로운 법률상 이해관계를 가지게 된 민법 제108조 제2항의 '제3자'에 해당한다(대판 2010.4.29, 2009다96083; 대판 2003.6.24, 2002다48214).

판례 〈파산관재인이 민법 제108조 제2항 등에 있어서 제3자에 해당하는 이유 및 그 선의 여부의 판단 기준(=총파산채권자)〉 파산관재인이 민법 제108조 제2항의 경우 등에 있어 제3자에 해당하는 것은 파산관재인은 파산채권자 전체의 공동의 이익을 위하여 선량한 관리자의 주의로써 그 직무를 행하여야 하는 지위에 있기 때문이므로, 그 선의·악의도 파산관재인 개인의 선의·악의를 기준으로 할 수는 없고 총파산채권자를 기준으로 하여 파산채권자 모두가 악의로 되지 않는 한 파산관재인은 선의의 제3자라고 할 수밖에 없다(대판 2006.11.10, 2004다10299).

7. 통정허위표시(제108조 제2항의 유추적용문제 등)

(1) 문제의 소재

허위표시가 성립되지 않음에도 불구하고 진정한 권리자의 귀책사유에 의하여 성립된 허위의 외관을 믿고 거래한 제3자가 있는 경우에, 거래안전을 보호하기 위해 제108조 2항을 유추적용할 수 있는가?

(2) 학설과 판례의 검토

다수설적 태도는 진실과 다른 외관을 작출하는데 진정권리자의 귀책성이 인정되는 경우에는 허위표시가 없더라도 거래의 안전을 보호하기 위해 유추적용을 할 수 있다는 입장이나, 판례는 반대로 거래의 안전보다는 등기의 공신력이 부정되는 관계로 진정한 권리자를 보호하려고 한다.

판례 乙이 甲으로부터 부동산에 관한 담보권설정의 대리권만 수여 받고도 그 부동산에 관하여 자기 앞으로 소유권이전등기를 하고 이어서 丙에게 그 소유권이전등기를 경료한 경우, 丙은 乙을 甲의 대리인으로 믿고서 위 등기의 원인행위를 한 것도 아니고, 甲도 乙명의의 소유권이전등기가 경료된 데 대하여 이를 통정·용인하였거나 이를 알면서 방치하였다고 볼 수 없다면 이에 민법 제126조나 제108조 제2항을 유추할 수는 없다(대판 1991.12.27, 91다3208).

X. 착오에 의한 의사표시

제109조 (착오로 인한 의사표시)
① 의사표시는 법률행위의 내용의 중요부분에 착오가 있는 때에는 취소할 수 있다. 그러나 그 착오가 표의자의 중대한 과실로 인한 때에는 취소하지 못한다.
② 전항의 의사표시의 취소는 선의의 제3자에게 대항하지 못한다.

1. 의 의

다수설은 착오에 의한 의사표시는 표의자의 진의(내심의 효과의사)와 표시상의 효과의사가 일치하지 않는 불완전한 의사표시라고 하고 있다. 이러한 입장은 동기의 착오를 제외한다. 판례도 기본적으로 다수설과 같다고 볼 수 있다.

> **판례** 〈민법 제109조의 '착오'의 의미 및 미필적 인식에 기초한 단순한 기대가 이루어지지 않은 것을 착오로 볼 수 있는지 여부(소극)〉 표의자가 행위를 할 당시 장래에 있을 어떤 사항의 발생이 미필적임을 알아 그 발생을 예기한 데 지나지 않는 경우는 표의자의 심리상태에 인식과 대조의 불일치가 있다고 할 수 없어 이를 착오로 다룰 수는 없다 (대법원 2011.6.9. 선고 2010다99798 판결).

2. 동기의 착오

(1) 의의

동기의 착오는 의사형성과정에서의 착오이다. 문제는 동기의 착오에 빠진 의사표시를 취소하기 위한 요건을 무엇인가?

(2) 다수설의 태도

동기의 착오가 있다는 이유만으로 의사표시를 취소할 수 없으나, <u>동기가 표시되어 상대방이 알고 있는 경우에는 의사표시의 내용이 되므로 동기의 착오를 이유로 하여 의사표시를 취소할 수 있다</u>고 한다. 거래의 안전과 동기의 착오로 인하여 발생하는 위험 내지 불이익은 표의자 스스로가 부담하는 것이 타당하다고 본다.

(3) 판례

기본적으로 판례는 동기가 표시된 경우에 착오를 이유로 취소를 긍정한다(원칙). 단 표시되지 않은 경우에도 예외를 허용하는데 특히 상대방으로부터 유발된 동기의 착오가 대표적 예이다. 물론 동기의 착오가 내용의 착오라 하더라도 제109조 제1항에 의하여 취소하려면 그것이 중요부분이어야 한다(대판 1989.1.17. 87다카1271).

> **판례** 〈유발된 동기의 착오〉 시로부터 공원휴게소 설치시행허가를 받음에 있어 담당공무원이 법규오해로 인하여 잘못 회시한 공문에 따라 동기의 착오를 일으켜 법률상 기부채납의무가 없는 휴게소부지의 16배나 되는 토지 전부와 휴게소건물을 시에 증여한 경우 휴게소부지와 그 지상시설물에 관한 부분을 제외한 나머지 토지에 관해서만 법률행위의 중요부분에 관한 착오이다(대판 1990.7.10. 90다카7460).

3. 착오의 유형

(1) 내용의 착오

효과의사에서 발생하는 착오로서, 표의자가 달러와 파운드는 가치가 같다고 오신하여 파운드 대신 달러로 거래한 경우 제109조의 착오이다.

(2) 표시상 착오

표의자가 보석반지를 10만원에 사려고 하였으나 100만원에 산 경우, 이러한 표의자의 착오는 동기의 착오가 아니고 표시자체를 그르친 표시상의 착오이다.

(3) 동기의 착오

실제로는 수태하지 않았지만 수태한 말로 오신하여 그 말을 산 경우, 이 때는 동기가 표시된 경우는 그 동기가 의사표시의 내용(법률행위의 내용)으로 되어 제109조의 착오가 된다. 특히 판례에 의하면 동기의 착오가 제109조의 착오가 되기 위해서는 동기의 표시가 필요하지만 상대방에 의하여 유발된 동기의 착오는 (표시가 없어도) 제109조의 착오가 된다고 본다.

판례 ㉠ "상가분양계약서 이외 분양상담시 분양요원과 구두 또는 서면상으로 이루어진 특약은 어떠한 내용이라도 효력을 주장할 수 없음을 인정하고 이 계약을 체결한다"는 내용이 포함되어 있는 경우, 분양계약서에 없는 영화아카데미학원이 입점하는지 여부 등은 사회적으로 용인될 수 있는 상술의 정도를 넘는 기망행위가 있었다거나, 착오가 있었다고 보기 어렵고, 또한 착오가 있었다고 하더라도 그러한 착오는 각 분양계약의 내용의 중요한 부분에 관한 착오에 해당한다고 볼 수 없거나, <u>분양계약의 내용으로 편입되지 아니한 동기의 착오에 불과하다</u>(대판 2009.3.16, 2008다1842).
㉡ 금융리스(finance lease)는 실질에 있어 리스이용자에게 리스물건을 취득하는 데 소요되는 자금에 관한 금융의 편의를 제공하는 것을 내용으로 하는 물적 금융이고, <u>공리스도 리스물건 대금 상당액의 융자를 받아 이에 이자 상당액을 추가한 금액을 리스료라는 이름으로 반환하는 점에 있어 정상적인 리스와 차이가 없으며</u> 다만 담보역할을 할 것으로 기대되는 리스물건의 존재 여부에 차이가 있을 뿐이므로, 리스물건의 인도가 없는 점에 보증인의 착오가 있는 경우에도, 리스이용자가 리스회사로부터 금융의 이익을 얻어 이를 리스료로 할부변제하는 것을 보증하는 의사가 보증인에게 있었던 이상, <u>보증인의 위와 같은 착오는 원칙적으로 법률행위의 중요부분의 착오가 아니고 동기의 착오에 불과하다</u>(대판 2001.2.23, 2000다48135).

(4) 전달기관의 착오

독일민법에 의하면 「의사표시를 전달하는 데 사용된 사람 또는 설비에 의하여 의사표시를 잘못 전달된 때에는 착오로 인한 의사표시와 동일한 요건하에서 이를 취소할 수 있다」고 한다. 예를 들어 甲이 乙에게 96만원으로 청약의 의사표시를 하려고 하는데, 甲이 심부름꾼(=사자) 丙을 통하여 전달하려 할 때, 丙이 69만원으로 잘못 표시하여 전달한 경우이다. 이러한 경우 우리 통설은 이를 「표시상의 착오」에 준하여 취급한다(즉 결론은 같다).

(5) 대리인의 착오

사자(=심부름꾼)가 본인의 의사와 다른 표시를 한 때에는 본인에 의한 의사표시의 착오이다 (표시상 착오=제109조 착오). 그러나 대리인이 본인의 의사와 다른 의사표시를 한 경우에는 본인에 의한 의사표시의 착오는 없게 된다(즉, 대리인의 착오이다. 제116조 참조, 즉 제109조 착오가 아니다).

(6) 기타의 착오의 유형

1) 동일성의 착오

동일성의 착오는 법률행위에 관계하는 사람 또는 객체의 동일성에 관하여 착오가 있는 경우
이다. 예컨대 특정인에게 집수리를 부탁하려 하였는데, 동명이인인 다른 사람에게 부탁한 경
우, 甲마라고 오신하여 乙마를 매도한 경우 등이다. 동일성이 거래에서 중요한 경우 내용의
착오로 보면 된다.

판례 〈근저당권설정계약상 채무자의 동일성에 관한 착오가 법률행위 내용의 중요부분에 관한 착오인지 여부〉 甲이 채
무자란이 백지로 된 근저당권설정계약서를 제시받고 그 채무자가 乙인 것으로 알고 근저당권설정자로 서명날인을
하였는데 그 후 채무자가 丙으로 되어 근저당권설정등기가 경료된 경우, 甲은 그 소유의 부동산에 관하여 근저당
권설정계약상의 채무자를 丙이 아닌 乙로 오인한 나머지 근저당설정의 의사표시를 한 것이고, 이와 같은 채무자의
동일성에 관한 착오는 법률행위 내용의 중요부분에 관한 착오에 해당한다(대판 1995. 12. 22, 95다37087).

2) 성질의 착오

성질의 착오는 법률행위에 관계하는 사람 또는 객체의 '성질'에 관한 착오이다. 예컨대 횡령
전과자임을 모르고 특정인을 경리직원으로 채용하는 경우, 신용할 수 없는 사람을 신용할 수
있다고 믿고서 그에게 소비대차하는 경우 등이다. 성질의 착오도 법률행위의 내용의 중요부
분이 될 수 있는가, 않는가의 문제로 다루고 있다. 따라서 동일성이든 성질이든 법률행위와
관련하여 중요성이 인정된다면 제109조의 착오로 파악하면 될 것이다.

* <u>동일성의 착오와 구별되는 점은 동일성의 착오는 의사표시에 관계되는 상대방이나 객체 그 자체가 표
의자가 생각하는 것과 차이가 있는 데 반하여, 성질의 착오는 의사표시는 표의자가 실제로 생각한 사
람, 또는 객체에 관련되지만 그 사람 또는 객체가 표의자가 생각한 것과 다른 성질을 갖는다.</u>

3) 법률의 착오

법률의 착오는 법률의 규정유무 또는 그 규정의 의의에 관하여 잘못 이해하는 것이다. 판례
는 법률의 착오를 제109조에 의해서 고려하고 있다. 판례는 "법률에 관한 착오라도 이것이
법률행위의 내용의 중요부분에 관한 것인 경우에는 표의자는 그 의사표시를 취소할 수 있다"
고 한다(대판 1981.11.10, 80다2475).

판례 〈**쌍방착오**〉 매도인의 대리인이, 매도인이 납부하여야 할 <u>양도소득세 등의 세액이 매수인이 부담하기로 한
금액뿐이므로 매도인의 부담은 없을 것이라는 착오를 일으키지</u> 않았더라면 매수인과 매매계약을 체결하지 않았거
나 아니면 적어도 동일한 내용으로 계약을 체결하지는 않았을 것임이 명백하고, 나아가 매도인이 그와 같이 착오
를 일으키게 된 계기를 제공한 원인이 매수인측에 있을 뿐만 아니라 <u>매수인도 매도인이 납부하여야 할 세액에 관
하여 매도인과 동일한 착오에 빠져 있었다면, 매도인의 위와 같은 착오는 매매계약의 내용의 중요부분에 관한
것에 해당한다</u>(대판 1994.6.10, 93다24810).

4) 기명날인의 착오

기명날인의 착오는 어떤 자가 그의 의사와 다른 내용을 담고 있는 문서에 그 문서를 읽지 않거나,
잘못 읽고 기명날인 또는 서명하는 경우이다. 판례는 「기명날인한 표의자가 상대방과의 선행한
상의(相議)를 올바르게 재현하고 있다고 오신하고서 서면에 기명날인하였으나 문서의 내용이 다
를 때에는 착오로서 취소할 수 있다.」고 한다(대판 1967.6.27, 67다793).

판례 〈제3자의 기망행위에 의하여 신원보증서류에 서명날인한다는 착각에 빠진 상태로 연대보증의 서면에 서명날인한 경우, 그와 같은 행위에 민법 제110조 제2항에 정한 사기에 의한 의사표시의 법리가 적용되는지 여부(소극)〉 신원보증서류에 서명날인한다는 착각에 빠진 상태로 연대보증의 서면에 서명날인한 경우, 결국 위와 같은 행위는 강학상 기명날인의 착오(또는 서명의 착오), 즉 어떤 사람이 자신의 의사와 다른 법률효과를 발생시키는 내용의 서면에, 그것을 읽지 않거나 올바르게 이해하지 못한 채 기명날인을 하는 이른바 표시상의 착오에 해당하므로, 비록 위와 같은 착오가 제3자의 기망행위에 의하여 일어난 것이라 하더라도 그에 관하여는 사기에 의한 의사표시에 관한 법리, 특히 상대방이 그러한 제3자의 기망행위 사실을 알았거나 알 수 있었을 경우가 아닌 한 의사표시자가 취소권을 행사할 수 없다는 민법 제110조 제2항의 규정을 적용할 것이 아니라, 착오에 의한 의사표시에 관한 법리만을 적용하여 취소권 행사의 가부를 가려야 한다(대판 2005. 5. 27. 2004다43824).

4. 착오의 요건

(1) 착오취소요건

판례는, 착오를 이유로 의사표시를 취소하는 자는 법률행위의 내용에 착오가 있었다는 사실과 함께 그 착오가 의사표시에 결정적인 영향을 미쳤다는 점, 즉 만약 그 착오가 없었더라면 의사표시를 하지 않았을 것이라는 점을 증명하여야 한다고 한다고 한다(대판 2008.1.17. 2007다74188).

1) 법률행위내용의 중요부분의 착오

법률행위의 내용의 중요부분에 착오가 있는 때에는 취소할 수 있다. 그러나 그 착오가 표의자의 중대한 과실로 인한 때에는 취소하지 못한다(제109조).

2) 주관적 요건과 객관적 요건의 구비

(ㄱ) 착오가 법률행위 내용의 중요부분에 있다고 하기 위하여는 표의자에 의하여 추구된 목적을 고려하여 합리적으로 판단하여 볼 때 표시와 의사의 불일치가 객관적으로 현저하여야 한다. (ㄴ) 다만 그 착오로 인하여 표의자가 무슨 경제적인 불이익을 입은 것이 아니라고 한다면 이를 법률행위 내용의 중요부분의 착오라고 할 수 없다(아래 판결참조 ; 대판 1999.2.23. 98다47924; 대판 2006.12.7. 2006다41457 동지).

판례 ① **기술신용보증기금의 신용보증에 있어서 그 대상이 되는 기업의 신용 유무가 신용보증 의사표시의 중요 부분을 구성하는지 여부(적극)** 신용보증기관이 보증대상 기업의 실제 경영주가 신용불량자라는 사실을 모르고 신용불량자가 아닌 신청명의인을 경영주로 오인하여 이를 전제로 기업의 신용도 등을 조사한 후 보증계약을 체결한 경우, 법률행위의 중요부분에 착오가 있는 것이다(대판 2007.8.23. 2006다52815).
② **소비대차와 준소비대차** 주채무자의 차용금반환채무를 보증할 의사로 공정증서에 연대보증인으로 서명·날인하였으나 그 공정증서가 주채무자의 기존의 구상금채무 등에 관한 준소비대차계약의 공정증서이었던 경우, 소비대차계약과 준소비대차계약의 법률효과는 동일하므로 위와 같은 착오는 연대보증계약의 중요 부분의 착오가 아니다(대판 2006.12.7. 2006다41457).
③ **재건축아파트의 설계용역과 건축사 자격** 재건축아파트 설계용역에서 건축사 자격이 가지는 중요성에 비추어 볼 때, 재건축조합이 건축사 자격이 없이 건축연구소를 개설한 건축학 교수에게 건축사 자격이 없다는 것을 알았더라면 재건축조합만이 아니라 객관적으로 볼 때 일반인으로서도 이와 같은 설계용역계약을 체결하지 않았을 것으로 보이므로, 재건축조합측의 착오는 중요 부분의 착오에 해당한다(대판 2003.4.11. 2002다70884).

판례 〈남제주군 조각공원사건(경제적 불이익 문제)〉 甲은 乙(남제주군)과 乙명의로 소유권보존등기가 경료된 이 사건 임야에 제주조각공원 조성사업을 시행함에 있어서 사업의 시행에 소요되는 사업비 전액은 甲이 부담하고, 다만 甲이 설치할 건물 등 기타 영구시설물을 乙에 기부채납할 것을 조건으로, 乙은 甲에게 이러한 시설물을 일정기간 무상으로 사용하고, 그 기간이 끝난 후에는 일정한 사용료를 지급받고 계속사용할 수 있도록 허가하기로 약정하였다. 이에 따라 甲은 조각공원건축사업시설에 착수하고 건물을 준공하자 이 사건 건물을 증여하고 乙은 甲에게 약속대로 허가를 하여 주었으나 후에 당해 임야가 丙(그 지역의 마을 소유)의 소유임이 밝혀졌다. 그러자 그 후 甲은 丙이 甲·乙간의 약속을 이행할 것과 그 허가권자가 여전히 乙이었음에도, 증여를 취소한 사안이다. 원심은 법률행위내용의 중요부분의 착오가 있음을 이유로 긍정하였으나, <u>대법원은 착오를 이유로 한 취소를 착오권자가 경제적 불이익이 없음을 이유로 취소를 부정한 사안이다</u>(대판 1999.2.23, 98다47924).

(2) 입증책임(=증명책임)

착오의 존재 및 그 착오가 법률행위 내용의 중요부분에 관한 것이라는 점은 표의자가 입증책임을 진다. 반면 표의자에게 중과실이 있다는 것에 대해서는 표의자의 상대방이 입증책임을 진다(대판 2008.1.17, 2007다74188).

판례 〈동기의 착오+표시+ 전문가의 말을 믿는 경우〉 건물에 대한 매매계약 체결 직후 건물이 건축선을 침범하여 건축된 사실을 알았으나 매도인이 법률전문가의 자문에 의하면 준공검사가 난 건물이므로 행정소송을 통해 구청장의 철거 지시를 취소할 수 있다고 하여 매수인이 그 말을 믿고 매매계약을 해제하지 않고 대금지급의무를 이행한 경우라면 매수인이 건물이 철거되지 않으리라고 믿은 것은 <u>착오가 매수인의 중대한 과실에 기인한 것이라고 할 수 없다</u>(대판 1997.9.30. 97다26210). 따라서 취소할 수 있다. <u>그러나 토지매매에 있어서 실제보다 지적의 부족이 있거나 또는 부지의 지분이 다소 부족하다 하더라도 중요부분의 착오라고 보지 않는다</u>(대판 1984.4.10, 83다카1328·1329). 그리고 甲의 물건을 乙의 것으로 잘못 알고 한 계약은 중요부분의 착오로 취소할 수 없다(대판 1989.9.24, 4290민상47). 또한 부동산 매매에 있어서 시가에 관한 착오는 법률행위의 중요부분에 관한 <u>착오가 아니다. 따라서 취소할 수 없는 것이 원칙이다</u>(대판 1992.10.23, 92다29337).

(3) 판례검토

1) 토지의 현황

토지의 현황·경계에 관한 착오가 있을 때 매매계약의 중요부분의 착오로 인정하고 있다. 예컨대, 외형적인 담장을 기준으로 교환계약이 이루어졌으나 그 경계가 실제의 경계와 일치하지 않거나(대판 1993.9.28, 93다31634·31641), 또는 농지인줄 알고 매입하였으나 상당부분이 하천을 이루거나 하천부지인 경우가 그 예이다(대판 1974.4.23, 74다54).

2) 동기의 유발

시가 산업기지개발을 실시하기 위해 토지를 취득함에 있어 일부가 그 사업대상토지에 편입된 토지는 무조건 잔여지를 포함한 전체토지를 협의매수하기로 하여 지주들에게는 잔여지가 발생한 사실 등을 알리지 아니한 채 전체토지에 대한 손실보상협의요청서를 발송하고 매수협의를 진행함에 따라 지주들이 그 소유토지 전부가 사업대상에 편입된 것으로 잘못 판단하고 시의 협의매수에 응한 경우에 착오를 이유로 취소를 긍정하였다(대판 1991.3.27, 90다카27440).

3) 중대한 과실

(ㄱ) 공장을 설립할 목적으로 토지를 매수함에 있어 그 토지에 공장을 건축할 수 있는지를 관

할관청에 알아보지 아니하고 계약을 체결한 경우, 그 토지상에 공장건축불허가 나오더라도 중대한 과실이 있어 취소하지 못한다(대판 1993.6.29. 92다38881).

(ㄴ) 마찬가지로 신용보증기금의 신용보증서를 담보로 금융채권자금을 대출해 준 금융기관이 위 대출자금이 모두 상환되지 않았음에도 착오로 신용보증기금에게 신용보증서 담보설정 해지를 통지한 경우 그 해지의 의사표시는 중대한 과실로 인한 것이므로 취소할 수 없다(대판 2000.5.12, 99다64995).

(ㄷ) 그러나 고려청자로 알고 매수한 도자기가 진품이 아닌 것으로 밝혀진 경우, 매수인이 도자기를 매수하면서 자신의 골동품 식별 능력과 매매를 소개한 자를 과신한 나머지 고려청자 진품이라고 믿고 소장자를 만나 그 출처를 물어 보지 아니한 경우, 매수인이 매매계약 체결 시 요구되는 통상의 주의의무를 현저하게 결여하였다고 보기는 어렵다는 이유로 착오를 이유로 매매계약을 취소할 수 있다(대판 1997.8.22. 96다26657).

(ㄹ) 위에서도 고찰한 바와 같이 어느 일의 전문가(변리사, 변호사, 중개사 등)의 말을 믿고 따르는 것은 중대한 과실이 있다고 보지 않는다(대판 2000.5.12, 2000다12259).

관련사례	甲은 매매대상 토지 중 20~30평 가량만 도로에 편입될 것이라는 중개인의 말을 믿고 주택 신축을 위하여 乙 소유의 토지를 매수하였고 그와 같은 사정이 계약체결 과정에서 현출되어 乙도 이를 알고 있었는데 실제로는 전체면적의 약 30%에 해당하는 197평이 도로에 편입된 것이 밝혀졌다(대판 2000.5.12, 2000다12259).
해설	(a) 중과실 여부 : 위 사안에서 매수인 甲이 당시 정육점을 운영하고 있었고, 편입부분에 관하여 중개인(※그 일의 전문가)들의 말을 믿고 착오에 빠졌다면 특별한 사정이 없는 한 위 착오는 甲의 중대한 과실에 기인한 것이라고 볼 수 없다.
	(b) 동기의 착오와 제109조 : 동기의 착오를 이유로 표의자가 법률행위를 취소하려면 당사자들 사이에 그 동기를 의사표시의 내용으로 삼기로 하는 합의까지 이루어져야 한다(×, 판례는 "동기의 착오를 이유로 표의자가 법률행위를 취소하려면 그 동기를 당해 의사표시의 내용으로 삼을 것을 상대방에게 표시하고 의사표시의 해석상 법률행위의 내용으로 되어 있다고 인정되면 충분하고, 당사자들 사이에 별도로 그 동기를 의사표시의 내용으로 삼기로 하는 합의까지 이루어질 필요는 없다"고 한다 - 대판 1989.12.26, 88다카31507 등).

5. 착오에 의한 표의자의 배상책임

(1) 독일민법

독일 민법은 표의자가 착오를 이유로 취소를 한 경우 표의자가 상대방에 대하여 신뢰이익에 대한 배상의무를 지는 것으로 규정한다. 그러나 현행민법은 이것을 인정하지 않는다.

(2) 다수설의 태도

다수설은 표의자가 경과실로 착오에 의한 의사표시를 한 경우에 그 의사표시를 취소하면, 그 취소되는 법률행위의 유효를 믿은 상대방은 그 법률행위자가 유효하다고 믿음으로써 입은 손해를 표의자로부터 배상받을 수 있다고 해석한다(제535조의 유추해석). 그러나 판례는 불법행위(제750조)의 각도로 다루려 한다.

판례 〈착오에 의한 표의자의 배상책임〉 불법행위로 인한 손해배상책임이 성립하기 위하여는 가해자의 고의 또는 과실 이외에 행위의 위법성이 요구되므로, 전문건설공제조합이 계약보증서를 발급하면서 조합원이 수급할 실제 도급금액을 확인하지 아니한 과실이 있다고 하더라도, 민법 제109조에서 중과실이 없는 착오자의 착오를 이유로 한 의사표시의 취소를 허용하고 있는 이상, 전문건설공제조합이 과실로 인하여 착오에 빠져 계약보증서를 발급한 것이나 그 착오를 이유로 보증계약을 취소한 것이 위법하다고 할 수는 없다. 따라서 취소한 자에게 불법행위를 이유로 손해배상을 청구할 수 없다(대판 1997.8.22, 97다13023).

6. 소송행위(공법행위)와 착오

수량적으로 가분인 동일 청구권에 기한 청구금액의 감축은 소의 일부 취하로 해석되고, 소의 취하는 원고가 제기한 소를 철회하여 소송계속을 소멸시키는 원고의 법원에 대한 소송행위이며, 소송행위는 일반 사법상의 행위와 달리 내심의 의사보다 그 표시를 기준으로 하여 그 효력 유무를 판정할 수밖에 없는 것이므로 원고가 착오로 소의 일부를 취하하였다 하더라도 이를 무효라고 볼 수는 없다(대판 2004.7.9, 2003다46758).

7. 다른 법 규정과의 경합

(1) 사기와 권리경합

기망에 의해 법률행위 내용의 중요부분에 착오가 발생한 경우에는 표의자는 착오에 의한 의사표시의 취소권과 사기를 이유로 한 의사표시의 취소권을 선택적으로 행사할 수 있다(통설과 판례). 판례는 사기에 의하여 한 의사표시는 법률행위의 중요부분에 착오가 없다고 하더라도 이를 취소할 수 있다고 한다(대판 1969.6.24, 68다1749).

(2) 담보책임과 법조경합

착오와 매도인의 담보책임이 경합하는 경우에는 통설은 담보책임에 관한 법리를 우선적으로 적용하여야 한다고 한다.

(3) 해제와 취소의 경합

매도인이 매수인의 중도금 지급채무 불이행을 이유로 매매계약을 적법하게 해제한 후라도 매수인으로서는 상대방이 한 계약해제의 효과로서 발생하는 손해배상책임을 지거나 매매계약에 따른 계약금의 반환을 받을 수 없는 불이익을 면하기 위하여 착오를 이유로 한 취소권을 행사하여 매매계약 전체를 무효로 돌리게 할 수 있다(대판 1996.12.6, 95다24982, 24999).

(4) 화해와 착오

민법상 화해에 있어서는 착오를 이유로 취소하지 못하는 것이지만 화해의 목적인 분쟁 이외의 사항, 즉 분쟁의 대상이 아니고 분쟁의 전제 또는 기초되는 사항으로 양 당사자가 예정한 것이어서 상호 양보의 내용으로 되지 않고 다툼이 없는 사실로서 양해된 사항에 착오가 있는 때에는 화해계약을 취소할 수 있다(대판 1991.1.25, 90다12526).

(5) 중첩적 적용여부

법률행위가 사기에 의한 것으로서 취소되는 경우에 그 법률행위가 동시에 불법행위를 구성하는 때에는 취소의 효과로 생기는 <u>부당이득반환청구권과 불법행위로 인한 손해배상청구권</u>은 경합하여 병존하는 것이므로, 채권자는 어느 것이라도 선택하여 행사할 수 있지만 중첩적으로 행사할 수는 없다(대판 1993.4.27. 92다56087).

XI. 사기 · 강박에 의한 의사표시

> **제110조 (사기 · 강박에 의한 의사표시)**
> ① 사기나 강박에 의한 의사표시는 취소할 수 있다.
> ② 상대방 있는 의사표시에 관하여 제3자가 사기나 강박을 행한 경우에는 상대방이 그 사실을 알았거나 알 수 있었을 경우에 한하여 그 의사표시를 취소할 수 있다.
> ③ 전2항의 의사표시의 취소는 선의의 제3자에게 대항하지 못한다.

1. 일반론

(1) 취지

1) 민법상 하자 있는 의사표시란(제110조) 사기를 당한 자와 강박을 받은 자의 의사결정의 자유를 보호하는 데 그 목적이 있다(통설 · 판례). 즉 의사형성과정(의사결정과정)에 타인의 <u>부당한 간섭</u>(사기 · 강박)이 있는 경우이다.

2) 따라서 사기에 의한 의사표시란 타인의 기망행위로 말미암아 착오에 빠지게 된 결과 어떠한 의사표시를 하게 되는 경우이므로 거기에는 의사와 표시의 불일치가 있을 수 없고, 단지 의사의 형성과정 즉 의사표시의 동기에 착오가 있는 것에 불과하며, 이 점에서 고유한 의미의 착오(제109조)에 의한 의사표시와 구분된다(대판 2005.5.27. 2004다43824).

3) <u>한편</u> 강박에 의한 의사표시란 표의자가 타인의 강박행위에 의하여 공포심을 가지게 되고, 그 해악을 피하기 위해 마음에 없이 한 의사표시가 강박에 의한 의사표시이다. 의사와 표시의 불일치에 관하여 표의자에게 자각이 있는 점에서 착오나 사기의 경우와 다르고, 비진의표시 또는 허위표시에 가깝다.

판례 ㉠ 사기에 의한 의사표시란 타인의 기망행위로 말미암아 착오에 빠지게 된 결과 어떠한 의사표시를 하게 되는 경우이므로 거기에는 의사와 표시의 불일치가 있을 수 없고, 단지 의사의 형성과정 즉 의사표시의 동기에 착오가 있는 것에 불과하며, 이 점에서 고유한 의미의 착오에 의한 의사표시와 구분된다(대판 2005.5.27. 2004다43824).
㉡ 매수인이 목적물의 시가를 알면서도 시가보다 싼 금액을 시가라고 말한 경우에도 이로써 매도인의 의사결정에 <u>불법적으로 간섭한 것이 아니므로</u> 기망행위가 되지 않는다(대판 1959.1.29. 4291민상139).
㉢ 법률행위취소의 원인이 될 강박이 있다고 하기 위하여서는 당해 의사표시를 받을 상대방이 표의자로 하여금 외포심을 생하게 하고 이로 인하여 법률행위 의사를 결정하게 할 고의로서 불법으로 장래의 해악을 통고한 경우라야 한다(대판 1975.3.25. 73다1048).

(2) 고의로 인한 사기나 강박(과실에 의한 경우는 제외)

통설은 2단계 고의설에 입각한다(소수설은 3단계 고의설). 즉 사기자에게 표의자를 기망하여 착오에 빠지게 하려는 고의와 다시 그 착오에 기하여 의사표시를 하게 하려는 2단계의 고의가 필요하다(강박도 같은 법리이다).

(3) 인과관계

사기(강박도 동일)에 의한 의사표시에서 표의자의 착오와 의사표시사이에 인과관계가 있어야 하는데 이는 표의자의 주관적인 것으로 족하다(제109조와의 차이). 즉 기망행위와 착오사이, 착오와 의사표시 사이에 인과관계가 존재하여야 한다.

(4) 위법성

이러한 사기나 강박은 위법성이 있어야 한다. 예컨대, 상품 등 과장광고는 위법성이 없다고 보고, 대형유통업체의 변칙세일 등은 위법성을 인정할 수 있다함이 판례이다.

> **판례** 〈상품의 허위·과장광고가 기망행위가 되는 경우〉 상품의 선전·광고에 있어 다소의 과장이나 허위가 수반되었다고 하더라도 일반 상거래의 관행과 신의칙에 비추어 시인될 수 있는 정도의 것이라면 이를 가리켜 기망하였다고 할 수는 없고, 거래에 있어 중요한 사항에 관한 구체적 사실을 신의성실의 의무에 비추어 비난받을 정도의 방법으로 허위로 고지한 경우에는 기망행위에 해당한다(대판 2008.11.27, 2008다56118).

(5) 취소의 방법과 상대방

법률행위의 취소는 취소권자가 법률행위 상대방에게 하여야 한다. 예컨대 甲은 A의 기망에 의하여 가옥을 乙에게 매도하고 乙은 그 가옥을 丙에게 전매하였다. 이 경우 甲은 사기에 의한 의사표시의 취소를 법률행위 당사자인 乙에게 하여야 한다(제142조 참조).

(6) 제3자보호범위

사기(강박)에 의한 의사표시의 취소는 선의의 제3자에 대항하지 못하는데(위의 예에서 丙), 여기의 제3자에는 원칙적으로 취소의 의사표시가 있기 전 이해관계를 맺은 제3자를 말하나, 통설과 판례는 그 범위를 확장하여 취소의 의사표시가 있은 후 상대방(乙)의 말소등기 전 상대방과 법률행위를 한 제3자(丙)가 포함된다는 것이 통설과 판례의 입장이다(제110조 제3항 확장적용설; 대판 1975.12.23, 75다533).

> **판례** 〈기존의 이해관계와 제3자보호〉 제3순위의 저당권자의 기망행위에 의해 제1순위의 저당권자가 착오에 빠져 그 저당권을 포기한다는 의사표시를 했을 때는, 제2순위의 저당권자가 선의라도 제1순위의 저당권자는 그 의사표시의 취소로써 제2순위의 저당권자에게 대항할 수 있다. 즉 제3순위의 저당권자의 기망행위에 의해 제1순위의 저당권자가 착오에 빠져 그 저당권을 포기한다는 의사표시를 했을 때는, 제2순위의 저당권자는 이미 기존에 이해관계를 맺은 것이고, 또한 등기에는 공신력이 인정되지 않기 때문에 제1순위의 저당권자는 그 의사표시의 취소로써 순위회복을 하고 그 사실을 주장할 수 있다고 보아야 한다.

2. 사기에 의한 의사표시의 쟁점 판례

(1) 허가신청 전 무효주장

국토이용관리법상 거래허가를 받지 아니하고 계약당사자의 표시와 불일치한 의사(비진의표시, 허위표시 또는 착오) 또는 사기·강박과 같은 하자 있는 의사에 의하여 토지거래 등이 이루어진 경우에 있어서, 이들 사유에 기하여 그 거래의 무효 또는 취소를 주장할 수 있는 <u>당사자는 그러한 거래허가를 신청하기 전 단계에서 이러한 사유를 주장하여 거래허가 신청협력에 거절의사를 일방적으로 명백히 함으로써 그 계약을 확정적으로 무효화시키고</u> 자신의 거래 허가절차에 협력할 의무를 면함은 물론 기왕에 지급된 계약금 등의 반환도 구할 수 있다(대판 1996.11.8. 96다35309).

(2) 설명의무위반과 기망행위

기망행위는 적극적으로 사기행위를 하는 경우만이 아니라, 설명 등을 하여야 할 지위에 있는 자가 설명을 하지 않는 경우에도 부작위에 의한 사기가 될 수 있다. 예컨대, 임차권의 양도에 있어서 그 임차권의 존속기간, 임대기간 종료 후의 재계약 여부, 임대인의 동의 여부는 그 계약의 중요한 요소를 이루는 것이므로 양도인으로서는 이에 관계되는 모든 사정을 양수인에게 알려주어야 할 신의칙상의 의무가 있는데, 임차권양도계약이 체결될 당시에 임차건물에 대한 임대차기간의 연장이나 임차권 양도에 대한 임대인의 동의 여부가 확실하지 않은 상태에서 <u>몇 차례에 걸쳐 명도요구를 받고 있었던 임차권 양도인이 그 여부를 확인하여 양수인에게 설명하지 아니한 채 임차권을 양도한 행위는 기망행위에 해당한다</u>(대판 1996.6.14. 94다41003).

판례 〈**설명의무위반과 기망행위**〉 ㉠ 계약당사자는 그 계약의 중요한 요소에 해당하는 사항에 대하여 신의칙상의 설명의무를 부담한다. 즉 아파트 분양자는 아파트 단지 인근에 쓰레기 매립장이 건설예정인 사실을 분양계약자에게 고지할 신의칙상 의무를 부담한다(대판 2006.10.12. 2004다48515). 마찬가지로 우리 사회의 통념상으로는 공동묘지가 주거환경과 친한 시설이 아니어서 분양계약의 체결 여부 및 가격에 상당한 영향을 미치는 요인일 뿐만 아니라 대규모 공동묘지를 가까이에서 조망할 수 있는 곳에 아파트단지가 들어선다는 것은 통상 예상하기 어렵다는 점 등을 감안할 때 아파트 분양자는 아파트단지 인근에 공동묘지가 조성되어 있는 사실을 수분양자에게 고지할 신의칙상의 의무를 부담한다(대판 2007.6.1. 2005다5812,5829,5836).

㉡ 〈**교환계약의 당사자가 목적물의 시가를 묵비한 경우 기망에 해당하는지 여부(소극)**〉 일반적으로 교환계약을 체결하려는 당사자는 서로 자기가 소유하는 교환 목적물은 고가로 평가하고 상대방이 소유하는 목적물은 염가로 평가하여 보다 유리한 조건으로 교환계약을 체결하기를 희망하는 이해 상반의 지위에 있고 각자가 자신의 지식과 경험을 이용하여 최대한으로 자신의 이익을 도모할 것이 예상되기 때문에, 당사자 일방이 알고 있는 정보를 상대방에게 사실대로 고지하여야 할 신의칙상의 주의의무가 인정된다고 볼 만한 특별한 사정이 없는 한, <u>어느 일방이 교환 목적물의 시가나 그 가액 결정의 기초가 되는 사항에 관하여 상대방에게 설명 내지 고지를 할 주의의무를 부담한다고 할 수 없고, 일방 당사자가 자기가 소유하는 목적물의 시가를 묵비하여 상대방에게 고지하지 아니하거나 혹은 허위로 시가보다 높은 가액을 시가라고 고지하였다 하더라도 이는 상대방의 의사결정에 불법적인 간섭을 한 것이라고 볼 수 없다</u>(대판 2002.9.4. 2000다54406,54413).

㉢ 〈**부동산 분양계약에 있어서 분양자가 수분양자의 전매이익에 영향을 미칠 가능성이 있는 사항들에 관하여 분양자가 가지는 정보를 밝혀야 할 신의칙상의 의무가 있는지 여부(원칙적 소극)**〉 분양자에게 그 대립당사자로서 스스로 이익을 추구하여 행위하는 수분양자에 대하여 최초분양인지, 전매분양인지를 포함하여 수분양자의 전매이익에 영향을 미칠 가능성이 있는 사항들에 관하여 분양자가 가지는 정보를 밝혀야 할 신의칙상의 의무가 있다거나, 나

아가 그러한 정보를 밝혀 고지하지 아니하면 그것이 부작위에 의한 기망에 해당하여 민법 제110조 제1항에서 정하는 사기가 된다고 쉽사리 말할 수 없다(대판 2010.2.25. 2009다86000).

(3) 취소의 방법

법률행위를 취소하는데 특별한 방식이 요구되는 것은 아니다. 취소의 의사표시란 반드시 명시적이어야 하는 것은 아니고, 묵시적으로도 가능하며, 취소자가 그 착오를 이유로 자신의 법률행위의 효력을 처음부터 배제하려고 한다는 의사가 드러나면 족한 것이며, 취소원인의 진술 없이도 취소의 의사표시는 유효한 것이므로, 신원보증서류에 서명날인하는 것으로 잘못 알고 이행보증보험약정서를 읽어보지 않은 채 서명날인한 것일 뿐 연대보증약정을 한 사실이 없다는 주장은 위 연대보증약정을 착오를 이유로 취소한다는 취지로 볼 수 있다(대판 2005.5.27. 2004다43824).

(4) 화해계약이 사기로 인하여 이루어진 경우에는 화해의 목적인 분쟁에 관한 사항에 착오가 있더라도 민법 제110조에 따라 이를 취소할 수 있는지 여부(적극)

민법 제733조의 규정에 의하면, 화해계약은 화해당사자의 자격 또는 화해의 목적인 분쟁 이외의 사항에 착오가 있는 경우를 제외하고는 착오를 이유로 취소하지 못하지만, 화해계약이 사기로 인하여 이루어진 경우에는 화해의 목적인 분쟁에 관한 사항에 착오가 있는 때에도 민법 제110조에 따라 이를 취소할 수 있다고 할 것이다(대판 2008.9.11. 2008다15278).

3. 강박에 의한 의사표시의 쟁점 판례

(1) 강박문제

(ㄱ) 형사상 적법절차의 고지는 강박행위로 되지 않는다. 그리고 각서에 서명날인을 강력히 요구한 것만으로 이를 곧 강박행위로 볼 수 없다(대판 1979.1.16. 78다1968).

(ㄴ) 그러나 불성실한 태도를 신문에 보도하게 하여 사업을 못하게 하겠다고 위협하는 행위는 강박행위가 될 수 있다(판례).

(ㄷ) 그리고 보직이 좌천된 공무원에게 정치적 압력을 가하여 그로 하여금 압력에 못 이겨 그 직위를 보전하기 위하여 불법문서배부·열람을 위한 주문서에 날인하게 한 행위는 강박에 해당한다(판례). 그러나 계약을 해제하여 손해배상을 청구할 수 있다는 취지로 말한 것으로는 제반 사정상 '위법한 해악의 고지'에 해당한다고까지 할 수 없다(대판 2010.2.11. 2009다72643).

(2) 소송행위적용여부

민법상의 법률행위에 관한 규정은 민사소송법상의 소송행위에는 특별한 규정 기타 특별한 사정이 없는 한 적용이 없는 것이므로 소송행위가 강박에 의하여 이루어진 것임을 이유로 취소할 수는 없다(대판 1997. 10. 10. 96다35484). 따라서 의사표시가 아닌 피의자 신문조서의 각 진술은 강박에 의한 진술이라도 취소할 수 없다(판례).

(3) 강박의 정도와 무효

강박에 의한 법률행위가 하자 있는 의사표시로서 취소되는 것에 그치지 않고 나아가 무효로 되기 위하여는 강박의 정도가 단순한 불법적 해악의 고지로 상대방으로 하여금 공포를 느끼 도록 하는 정도가 아니고, 의사표시자로 하여금 의사결정을 스스로 할 수 있는 여지를 완전 히 박탈한 상태에서 의사표시가 이루어져 단지 법률행위의 외형만이 만들어진 것에 불과한 정도이어야 한다(대판 1998.2.27, 97다38152 ; 대판 1984.12 11, 84다카1402).

(4) 사기 · 강박에 의한 의사표시의 취소와 불법행위(제750조)와의 관계

사기행위 자체가 불법행위를 구성하는 이상, 사기나 강박을 한 자는 그 불법행위로 인하여 피해자가 입은 손해를 배상할 책임을 부담하는 것이므로, 피해자가 사기나 강박한 자를 상 대로 부당이득반환청구와는 달리 손해배상청구를 하기 위하여 반드시 법률행위를 취소할 필요는 없다(대판 1998.3.10, 97다55829). 한편 법률행위가 사기에 의한 것으로서 취소되는 경 우에 그 법률행위가 동시에 불법행위를 구성하는 때에는 취소의 효과로 생기는 부당이득반 환청구권과 불법행위로 인한 손해배상청구권은 경합하여 병존하기 때문에 채권자는 어느 것이라도 선택하여 행사할 수 있다. 하지만, '중첩적'으로 행사할 수는 없는 것이다(대판 1993.4.27, 92다56087).

4. 제3자의 사기나 강박행위의 경우(제110조 제2항과 제116조의 구별)

(1) 제3자의 사기나 강박이 있는 경우에는 그 법률행위를 취소하기 위하여는 상대방이 알았거 나 알 수 있어야 한다(제110조 제2항). 이는 제116조의 대리행위의 하자와 구별하는 것이 중요 하다(후술함). 예컨대 은행의 출장소장의 행위는 은행 또는 은행과 동일시 할 수 있는 자의 사기일 뿐 제3자의 사기로 볼 수 없으므로, 은행이 그 사기 사실을 알았거나 알 수 있었을 경 우에 한하여 위 약정을 취소할 수 있는 것은 아니다(대판 1999.2.23, 98다60828).
(2) 판례는 대리인과 같이 상대방과 동일시 할 수 있는 자만이 제3자의 사기에서 제3자에 해 당하지 아니하는 것이고, 단순히 상대방의 피용자이거나 상대방이 사용자책임을 져야 할 관계에 있는 피용자에 지나지 않는 자는 상대방과 동일시 할 수 없어 제3자에 해당한다고 판시하였다(대판 1999.2.23, 98다60828-아래 사례 참조).

관련사례	상호신용금고의 기획감사실 과장이 기망행위에 가담하여 근저당권설정자에게 대출금의 직접 지급을 약속하면서 근저당권설정계약 체결을 권유한 후 그 대출금을 편취한 경우, 위 근저당권자인 금고의 피용자의 사기는 대리인의 사기인가(제116조), 아니면 제3자 사기인가(제110조 제2항)?
해설	(a) 제3자의 사기 : 기망행위를 한 자가 피용자인 경우에도 민법 제110조 제2항 소정의 제3자에 의한 기망행위로 볼 수 있다. 따라서 의사표시의 상대방이 아닌 자로서 기망행위를 하였으나 민법 제 110조 제2항에서 정한 제3자에 해당되지 아니한다고 볼 수 있는 자란 그 의사표시에 관한 상대방 (위의 경우 상호신용금고)의 대리인 등 상대방과 동일시할 수 있는 자만을 의미하고, 단순히 상대 방의 피용자이거나 상대방이 사용자책임을 져야 할 관계에 있는 피용자에 지나지 않는 자는 상대 방과 동일시할 수는 없어 이 규정에서 말하는 제3자에 해당한다.

> (b) 악의나 과실 요부 : 회사로서는 자신의 영역 내에서 일어난 피용자의 위와 같은 기망행위에 관하여
> 그 감독에 상당한 주의를 다하지 아니한 사용자로서의 책임을 져야 할 지위에 있을 뿐만 아니라 나
> 아가 그러한 사정을 이용한 피용자의 사기 사실을 알지 못한 데에 과실이 있었다고 봄이 상당하므
> 로, 근저당권설정자는 상호신용금고에 대하여 기망을 이유로 근저당권설정계약을 취소할 수 있다
> (대판 1998.1.23, 96다41496).

XII. 의사표시의 효력발생

1. 의사표시의 효력발생 시기

의사표시는 상대방을 염두에 두고 있는 경우가 대부분이므로 그 효력을 발생시키기 위하여
는 상대방의 입장을 고려하지 않을 수 없다. 따라서 의사표시의 효력발생시기에 관하여는 상
대방 있는 의사표시인가, 상대방 없는 의사표시인가에 따라서 다르다. 우리 법은 상대방 있
는 의사표시의 효력발생시기에 관하여 규정을 두고 있다.

(1) 상대방 있는 의사표시와 입법주의

(ㄱ) 상대방 있는 의사표시에 있어서 그 의사표시는 표의자로부터 상대방에의 전달의 과정이
필요하다(물론 상대방 없는 의사표시의 경우는 그러하지 아니하다). 격지자간의 의사표시에 있어서는
먼저 표의자가 의사표시를 표백하고(예컨대 문서의 작성), 다음에 이를 발신하고(우체통에의 투
입), 그리고 상대방이 이를 수령하고(우편물의 배달), 끝으로 상대방이 이를 요지하는 과정을
거치게 된다. 이러한 과정에 따라 입법주의는 표백주의(表白主義) − 발신주의(發信主義) − 도달
주의(到達主義) − 요지주의(了知主義)로 나눌 수 있게 된다.
(ㄴ) 우리 민법은 도달주의를 원칙으로 하고, 예외적으로 발신주의를 채택하고 있다(후술함).

(2) 상대방 없는 의사표시

상대방 없는 의사표시는 원칙적으로 표시행위가 완료된 때에 그 효력이 발생한다(표백주의).
다만 상대방 없는 의사표시라도 유언의 경우에는 특별히 규정을 두고 있다. 즉 유언의 경우
에는 유언자가 사망하여야 효력이 발생한다(제1073조).

2. 도달주의

종전 민법	현행민법
제111조 (의사표시의 효력발생시기) ① 상대방 있는 의사표시는 그 통지가 상대방에 도달한 때로부터 그 효력이 생긴다. ② 표의자가 그 통지를 발한 후 사망하거나 행위능력을 상실하여도 의사표시의 효력에 영향을 미치지 아니한다.	제111조(의사표시의 효력발생시기) ① 상대방이 있는 의사표시는 상대방에게 도달한 때에 그 효력이 생긴다. ② 의사표시자가 그 통지를 발송한 후 사망하거나 제한능력자가 되어도 의사표시의 효력에 영향을 미치지 아니한다.

제112조 (의사표시의 수령능력) 의사표시의 상대방이 이를 받은 때에 <u>무능력 자인 경우</u>에는 그 의사표시로써 대항하지 못 한다. 그러나 법정대리인이 그 도달을 안 후 에는 그러하지 아니하다.	제112조(제한능력자에 대한 의사표시의 효력) 의사표시의 상대방이 의사표시를 받은 때에 <u>제한능력자인 경우</u>에는 의사표시자는 그 의사 표시로써 대항할 수 없다. 다만, 그 상대방의 법정대리인이 의사표시가 도달한 사실을 안 후에는 그러하지 아니하다.

(1) 도달의 의미

일반적으로 의사표시는 표시에 의하여 성립하고 상대방에게의 도달에 의하여 효력이 발생한다고 해석한다. 의사표시가 상대방에 도달되었다고 하기 위해서는 의사표시가 상대방의 영역에 진입하는 것으로 족한가?

1) 요지가능성설이 다수설과 판례이다. 판례는 채권양도통지의 도달여부와 관련하여, 채권양도의 통지와 같은 준법률행위의 도달은 의사표시와 마찬가지로 사회관념상 채무자가 통지의 내용을 알 수 있는 객관적 상태에 놓여졌을 때를 지칭하고(요지할 것까지 요하는 것은 아니다), 그 통지를 채무자가 현실적으로 수령하였거나 그 통지의 내용을 알았을 것까지는 필요하지 않다고 한다.

2) 소수설인 진입설에 따르면 도달은 의사표시가 상대방의 영역에 진입하는 것만으로 충분하고, 사회통념상 상대방이 의사표시 내용을 알 수 있는 상태가 존재할 것을 요건으로 하지 않는다고 한다.

판례 ㉠ 〈요지가능성설인 판례〉: 판례는 채권양도통지의 도달여부와 관련하여, <u>채권양도의 통지와 같은 준법률행위의 도달은 의사표시와 마찬가지로 사회관념상 채무자(임대인)가 통지의 내용을 알 수 있는 객관적 상태에 놓여졌을 때를 지칭하고(요지할 것까지 요하는 것은 아니다).</u> 그 통지를 채무자가 현실적으로 수령하였거나 그 통지의 내용을 알았을 것까지는 필요하지 않다고 한다. 그래서 채권양도의 통지서가 들어 있는 우편물을 채무자의 가정부가 수령한 직후 한 집에 거주하고 있는 통지인인 채권자(임차인)가 그 우편물을 바로 회수해 버렸다면 그 우편물의 내용이 무엇인지를 그 가정부가 알고 있었다는 등의 특별한 사정이 없었던 이상 그 채권양도의 통지는 사회관념상 채무자가 그 통지내용을 알 수 있는 객관적 상태에 놓여 있는 것이라고 볼 수 없으므로 그 통지는 피고(임대인)에게 도달되었다고 볼 수 없을 것이다(대판 1983.8.23, 82다카439)라고 판시한다.

㉡ 〈**우편물이 수취인 가구의 우편함에 투입되었다는 사실만으로 수취인이 그 우편물을 실제로 수취하였다고 추단할 수는 없다고 한 사례**〉 우편물이 수취인 가구의 우편함에 투입되었다고 하더라도 분실 등을 이유로 그 우편물이 수취인의 수중에 들어가지 않을 가능성이 적지 않게 존재하는 현실에 비추어, 우편함의 구조를 비롯하여 수취인이 우편물을 수취하였음을 추인할 만한 특별한 사정에 대하여 심리를 다하지 아니한 채 <u>아파트 경비원이 집배원으로부터 우편물을 수령한 후 이를 우편함에 넣어 둔 사실만으로 수취인이 그 우편물을 수취하였다고 추단한 것은 잘못이다</u>(대판 2006.3.24, 2005다66411).

판례 〈**법인이사의 사임의 의사표시 효력발생**〉 ① 법인과 이사의 법률관계는 신뢰를 기초로 한 위임 유사의 관계이므로, <u>이사는 민법 제689조 제1항이 규정한 바에 따라 언제든지 사임할 수 있고, 법인의 이사를 사임하는 행위는 상대방 있는 단독행위이므로 그 의사표시가 상대방에게 도달함과 동시에 그 효력을 발생한다</u>(대판 2008.9.25, 2007다17109). 그러나 ② 사임의 의사표시가 효력을 발생한 후에는 마음대로 이를 철회할 수 없음이 원칙이다. 그러나 법인이 정관에서 이사의 사임절차나 사임의 의사표시의 효력발생시기 등에 관하여 특별한 규정을 둔 경우에는 그에 따라야 하는바, 위와 같은 경우에는 이사의 사임의 의사표시가 법인의 대표자에게 도달하였다고 하더라도 그와 같은 사정만으로 곧바로 사임의 효력이 발생하는 것은 아니고 정관에서 정한 바에 따라 사임의 효력이 발생하는 것이므로, <u>이사가 사임의 의사표시를 하였더라도 정관에 따라 사임의 효력이 발생하기 전에는 그 사임의사를 자유롭게 철회할 수 있다</u>(대판 2008.9.25, 2007다17109).

(2) 표의자의 불이익

의사표시는 상대방에게 도달한 때에 그 효력이 생기는 것이 원칙이므로 의사표시의 불착 또는 연착은 모두 표의자의 불이익에 돌아간다. 따라서 의사표시도달의 입증책임은 도달을 주장하는 자에게 있다고 할 것이다.

(3) 임의규정

도달주의를 규정한 이 규정의 성질은 임의규정이다. 따라서 당사자가 약정에 의하여 도달주의와는 달리 의사표시의 효력발생시기를 달리 정하는 것이 가능하다. <u>그리고 동 규정은 의사의 통지·관념의 통지 등 준법률행위에도 유추적용되며, 상대방 있는 공법행위에도 그 적용을 긍정한다</u>(대판 1983. 9. 13, 83누320 등). 따라서 상대방 있는 행정처분(면허취소 등)은 그 취소의 의사표시가 상대방에게 도달되어야 그 효력을 발생하는 것이다(대판 1969. 9. 23, 69다1217; 대판 1983. 9. 13, 83누320).

(4) 대화자간의 문제

여기서 도달주의는 '격지자간의 의사표시'에 관하여만 규정한 것인가, 아니면 '대화자간의 의사표시'에도 적용되는 것인가 문제될 수 있으나, 대화자간에는 발신과 동시에 도달하기 때문에 별 의미는 없다. 도달주의의 원칙은 대화자간이든, 격지자간이든 상관없이 적용된다.

(5) 의사표시 발한 후 사망과 제한능력자가 된 경우

> 제111조(의사표시의 효력발생시기)
> ② 의사표시자가 그 통지를 발송한 후 사망하거나 제한능력자가 되어도 의사표시의 효력에 영향을 미치지 아니한다

1) 표의자(의사표시자)가 발신 후에 사망하거나 또는 제한능력자가 되어도, 그 의사표시의 효력에는 아무런 영향을 미치지 않는다(제111조 제2항). 이는 상대방 있는 의사표시에 있어서, 의사가 결정되고 표시된 후에 상황이 변화가 되어도 의사표시는 완결된 상태이고, 의사표시의 도달은 이미 완성된 의사표시의 효력발생요건에 지나지 않기 때문이다.
2) 의사표시는 상대방에게 도달한 때에 그 효력이 생기므로 발신 후이더라도 도달하기 전에는 그 의사표시를 철회할 수 있다. 그러나 철회의 의사표시는 늦어도 먼저 발신한 의사표시와 동시에 도달하여야 한다.

3. 예외적 발신주의

의사표시가 상대방에게 발신된 때에 효력이 생긴다. 신속을 요하는 거래의 요구에 적합하다. 민법상 발신주의 태도는 민법 제15조 제1항(무능력자(=제한능력자) 상대방의 확답을 촉구

할 권리), 제71조(사원총회의 소집), 제131조(무권대리 상대방의 최고권), 제455조 제2항(채무인수에서 최고), 제531조(격지자간의 계약성립)가 있다. 특히 격지자간의 계약의 효력발생시기도 의사표시의 효력발생시기에 관한 일반원칙(제111조 제1항)에 따라 승낙의 도달시로 개정하려는 입법개정안이 있기 때문에 유의하여야 한다.

4. 제112조의 근거

> 제112조(제한능력자에 대한 의사표시의 효력)
> 의사표시의 상대방이 의사표시를 받은 때에 제한능력자인 경우에는 의사표시자는 그 의사표시로써 대항할 수 없다. 다만, 그 상대방의 법정대리인이 의사표시가 도달한 사실을 안 후에는 그러하지 아니하다.

(1) 수령능력

의사표시의 수령능력이란 타인의 의사표시의 내용을 이해할 수 있는 능력을 가리키는 것이다. 적극적으로 의사표시를 하는 능력인 행위능력에 비하여 얕은 정신능력을 의미한다. 이렇게 본다면 모든 제한능력자를 의사표시의 수령무능력자로 할 필요는 없다고 할 것이다. 그러나 제한능력자를 보호해야 한다는 취지에서, 민법은 제한능력자를 의사표시의 수령무능력자로 하고 있다(제112조). 수령무능력자제도는 상대방이 없는 의사표시, 발신주의에 의한 의사표시, 공시송달에 의한 의사표시에는 그 적용이 없다.

(2) 대항할 수 없다는 의미

의사표시의 상대방이 이를 받은 때에 제한능력자인 경우에는 표의자는 그 의사표시로써 대항하지 못한다(제112조 본문). 그러나 제한능력자가 의사표시의 도달을 주장하는 것은 허용된다(통설).

5. 의사표시의 효력발생정리

(1) 의사표시수령거절

수령인의 사무실 피용인이 그 통지를 받았으나, 수령인에게 전하지 않았더라도 의사표시는 도달한 것으로 된다. 그러므로 상대방이 내용을 확인하지 않은 상태에서 의사표시의 수령을 거절하는 경우에도 의사표시는 도달되었다고 볼 수 있다.

(2) 채무자의 주소가 아닌 동업자의 사무소

채권양도통지서가 채무자의 주소나 사무소가 아닌 동업자의 사무소에서 그 신원이 분명치 않은 자에게 송달된 경우에는 사회관념상 채무자가 통지의 내용을 알 수 있는 객관적 상태에 놓여졌다고 인정할 수 없다.

(3) 내용증명과 통상우편

내용증명의 우편(또는 등기우편)으로 발송한 우편물이 발송되고 반송되지 아니하였다면 특별한 사정이 없는 한 그 무렵에 도달되었다고 본다(대판 1980.1.5, 79다1948). 그러나 통상우편의 방법으로 발송되었다는 사실만으로는 상당기간내에 도달하였다고 인정하기에는 부족하다는 입장이다(대판 1993.5.11, 92다2530).

(4) 재감자에 대한 송달

재감자(=수감자)에 대한 송달을 교도소 등의 소장에게 하지 않고 수감되기 전의 종전 주소나 거소에 한 경우, 그 송달의 효력은 무효이다. 즉 교도소 등의 소장은 재감자에 대한 송달에 있어서는 일종의 법정대리인이라고 할 것이므로, 재감자에 대한 송달을 교도소 등의 소장에게 하지 아니하고 수감되기 전의 종전 주·거소에다 하였다면 무효라는 것이다(대판 2009.10.8. 자 2009마529).

6. 의사표시의 공시송달

제113조 (의사표시의 공시송달)
표의자가 과실 없이 상대방을 알지 못하거나 상대방의 소재를 알지 못하는 경우에는 의사표시는 민사소송법공시송달의 규정에 의하여 송달할 수 있다.

(1) 의의

의사표시는 도달에 의하여 효력을 발생하므로 표의자가 상대방을 알 수 없거나(상대방이 사망하여 상속인이 누구인지를 알지 못하거나 백지위임장을 준 경우에 위임인이 누구인지를 알지 못하는 경우), 그의 소재를 알 수 없는 경우(행방불명시)에는 의사표시의 효력을 발생하게 할 수 없다. 여기서 이를 구제하기 위한 제도가 의사표시의 공시송달의 제도이다. 그 절차는 민사소송법이 정하는 공시송달의 규정에 의한다(민법 제113조). 따라서 민사소송법 제194조 이하가 이를 규정한다.

(2) 요건 및 절차

1) 의사표시의 공시송달을 하려면, 표의자가 과실 없이 상대방을 알지 못하거나 또는 상대방의 소재를 알지 못하여야 한다(제113조).
2) 공시송달의 방법과 절차에 관하여는 민사소송법 제195조가 이를 규정한다. 즉 공시송달을 하고자 하는 자가 공시송달사유를 밝혀 서면 또는 구두로 공시송달을 신청하면 법원이 공시송달을 명하고 법원의 명령에 따라 법원사무관 등이 송달할 서류를 보관하고, 그 사유를 법원게시장에 게시함으로써 한다.

(3) 효과

공시송달에 의한 의사표시는 그 사유를 게시한 날로부터 2주일을 경과하면 그 효력이 생긴다(민사소송법 제196조 제1항). 즉 상대방에게 도달한 것으로 간주된다. 다만 외국에서 할 송달에 대한 공시송달의 경우에는 그 사유를 게시한 날로부터 2월이 지나야 그 효력이 생긴다(동조 제2항). 동일당사자에 대한 그 후의 공시송달은 모두 게시한 익일부터 효력이 생긴다.

제6장 대 리

Ⅰ. 대리일반론

1. 의의 및 연혁

(1) 의의

민법상 대리란 대리인이 본인의 이름으로 법률행위를 하고 그 법률효과가 직접 본인에게 발생하는 것을 말한다(직접대리). 경제활동의 참여와 증대에는 기업주의 힘만으로는 다 이루어질 수 없고, 타인의 협력이 필요하다. 이러한 가능성의 법적 수단이 대리의 제도이다. 이러한 대리제도의 기능은 임의대리에서 특히 강하게 나타나고, 법정대리에서도 역시 나타난다.

(2) 기능

대리의 본질적 작용은 사적자치의 확장에 있으며 부차적으로 사적자치의 보충의 기능도 갖는다. 사적자치 확장은 임의대리에서, 사적자치 보충은 법정대리에서 보다 강하게 나타난다.

(3) 연혁

로마법 당시에는 대리를 원칙적으로 인정하지 않았고, 17세기에 이르러 점차 허용되다가 대리제도를 독립한 제도로서 발전시킨 것은 독일민법이다.

2. 대리제도의 본질론(대리인 행위설)

대리제도의 본질론은 왜 대리인이 한 법률행위가 본인에게 발생하는 것인가이다. 통설인 대리인 행위설에 따르면, 대리인의 대리적 효과의사(대리의사)가 본인에게 효과귀속을 의욕하고, 나아가 민법 제114조 이하의 규정이 이러한 효과의사를 적법한 것으로 인정하여 그 효과의사대로 법률효과가 발생하도록 협력하였기 때문이라고 이해한다. 실정법적 근거는 제116조 제1항을 든다.

3. 적용범위

(1) 법률행위

대리가 인정되는 범위는 의사표시를 하거나 의사표시를 받는 것 등의 법률행위에서 인정되는 것이 원칙이나, 의사의 통지(준법률행위의 일부)등에도 적용된다는 것이 통설이다.

(2) 사실행위

사실행위에는 대리가 허용되지 않는다. 따라서 점유의 이전(인도) 가운데에서 「현실의 인도」는 사실행위이므로 대리가 허용되지 않지만(통설), 관념적 인도인 간이인도·점유개정·목적물반환청구권의 양도에 의한 인도에 관하여는 견해차이가 있다.

(3) 불법행위

불법행위에는 대리가 허용될 수 없다(통설). 다만 대리인이 본인의 피용자인 경우에는 본인의 사용자책임이 문제될 수 있다(제756조).

(4) 법인의 대표

법인의 대표에는 대리에 관한 규정을 적용한다(제59조 제2항 참조). 다만 법인의 대표는 법인외의 존재가 아닌 법인의 구성부분으로서 대표는 법률행위뿐만 아니라 사실행위, 불법행위도 가능하는 점이 대리와 구별된다(실재설).

4. 구별제도

(1) 직접대리와 간접대리

민법상 직접대리란 대리인이 본인의 이름으로 법률행위를 하고 그 법률효과가 직접 본인에게 발생하는 것임에 대하여, 간접대리란 행위자가 자기 이름으로 그러나 타인의 계산으로 하는 법률행위를 말한다(법률행위의 당사자는 간접대리인과 상대방이고, 법률행위의 효과도 간접대리인에게 속한다).

(2) 사자(使者)

1) 통설에 의하면 사자는 <u>본인이 결정한 내심적 효과의사</u>를 상대방에게 표시하거나 또는 전달함으로써 표시행위의 완성에 협력하는 자이며, 전달기관으로서의 사자와 표시기관으로서의 사자로 구별한다.
2) 대리와 구별할 수 있는 근거는 내심적 효과의사를 누가 결정하는가(대리는 대리인이 결정한다). 본인이 행위능력자이어야 하는가(대리에서는 법정대리가 있어 본인은 행위능력자일 필요가 없다). 적용법규 등이다. 그런데 대리와 사자의 구별이 모호한 것이 표시기관으로서의 사자이다. 따라서 사자가 선의로 잘못 전달한 의사표시는 제109조의 착오로 이해한다.

관련사례	본인 甲이 타인인 乙을 이용하여 법률행위를 할 경우, 乙이 임의대리인일 경우와 사자(使者)일 경우의 법률관계를 비교하여 설명하라?
해설	(a) **제한능력문제** : 乙이 미성년일 경우라도 甲은 乙을 이용하여 법률행위를 유효하게 행할 수가 있다. 이는 乙이 대리인이 되든, 사자가 되든 가능하다. 한편 乙이 의사무능력자인 경우라도 甲은 乙을 이용하여 법률행위를 유효하게 행할 수가 있다. 이는 사자의 경우에만 타당하게 된다. (b) **의사표시의 하자** : 의사표시의 하자·흠결의 유무는 乙에 관하여 판단한다. 이는 乙이 대리인의 경우만 타당한 것이 된다. (c) **법률효과의 귀속** : 乙을 이용한 법률행위가 유효하게 이루어졌을 경우 상대방은 甲에게 그 채무의 이행을 청구할 수 있다. 이는 대리이든 사자이든 마찬가지이다. 즉 乙이 대리인이든 사자이든 법률행위가 유효하게 이루어졌을 경우에 그 효과가 귀속되는 것은 본인인 甲이다. 따라서 상대방은 甲에게 채무의 이행을 청구할 수가 있다. <u>그리고 표현대리가 적용되는 사자의 경우에도 마찬가지이다</u>(판례도 "대리인이 아니고 사실행위를 위한 사자라 하더라도 외견상 그에게 어

> 떠한 권한이 있는 것의 표시 내지 행동이 있어 상대방이 그를 믿었고 또 그를 믿음에 있어 정당
> 한 사유가 있다면 표현대리의 법리에 의하여 본인에게 책임이 있다"고 판시한다 – 대판
> 1962.2.8, 61다192).
>
> **(d) 복위임** : 乙이 원칙적으로서 복위임(復委任)을 할 수 있다면, 이는 사자의 경우만 들어맞는 것이
> 다. 즉 임의대리인의 경우는 복임권(復任權)이 제한되어 있으므로(제120조), 乙은 원칙으로 복위
> 임을 할 수는 없다. 한편 권능이 작은 사자의 경우는 넓게 복임이 인정되므로 乙은 원칙적으로
> 복위임을 할 수가 있다고 해석한다.

II. 수권행위

제127조(대리권의 소멸사유)
대리권은 다음 각 호의 어느 하나에 해당하는 사유가 있으면 소멸된다.
1. 본인의 사망
2. 대리인의 사망, 성년후견의 개시 또는 파산
제128조 (임의대리의 종료)
법률행위에 의하여 수여된 대리권은 전조의 경우외에 그 원인된 법률관계의 종료에 의하여 소멸한다. 법률관계의
종료전에 본인이 수권행위를 철회한 경우에도 같다.

1. 의 의

임의대리권은 본인이 대리인에게 대리권을 수여하는 행위, 즉 수권행위에 의하여 발생한다.
이처럼 임의대리에 있어서 본인이 대리인에게 대리권을 수여하는 행위를 수권행위라 한
다. 민법 제128조는 임의대리권을 '법률행위에 의하여 수여된 대리권'이라 하여, 법정대리권
과 구별하고, 대리권 수여의 법률행위를 수권행위로 규정하고 있다.

2. 수권행위의 법적 성질과 방식

(1) 수권행위의 독자성

대리권수여를 목적으로 하는 법률행위는 기초적 내부관계와 독립하여 대리권의 발생만을 목
적으로 하는 행위라고 한다. 즉 수권행위의 독자성을 긍정하는 것이 통설과 판례이다.

판례 위임과 대리권수여는 별개의 독립된 행위로서 위임은 위임자와 수임자간의 내부적인 채권채무관계를 말하
고 대리권은 대리인의 행위의 효과가 본인에게 미치는 대외적 자격을 말하는 것이므로 위임계약에 대리권수여가
수반되는 일은 있으나 위임계약만으로는 그 효력은 위임자와 수임자 이외에는 미치는 것이 아니므로 위임종료의
사유는 대리권관계와는 아무런 관계가 없는 것이다(대판1962.5.24, 61다251 · 252).

(2) 단독행위설

임의대리권의 발생원인인 수권행위는 그 법적 성질에 관하여 단독행위설(다수설)과 무명계약
설의 대립이 있다. 다수설은 상대방 있는 단독행위로 이해한다.

(3) 방식

이처럼 임의대리권은 수권행위에 의해서 발생된다. 대리권을 수여하는 데는 특별한 방식이 필요하지 않다(통설). 구두나 서면 모두 가능하다.

(4) 대리행위의 하자와 구별

수권행위하자는 본인을 기준으로 하나, 대리행위의 하자는 대리인을 기준으로 함이 원칙이다 (제116조 참조).

(5) 수권행위의 철회

원인이 되는 기초적 법률관계가 종료하기 전에 본인은 언제든지 수권행위를 철회할 수 있다 (제128조). 이때 임의대리권은 소멸한다.

3. 수권행위의 해석문제(임의대리권 범위)

(1) 수권행위의 해석

임의대리에 있어서 대리권의 범위는 수권행위 (대리권수여행위)에 의하여 정하여지는 것이므로 어느 행위가 대리권의 범위 내의 행위인지의 여부는 개별적인 수권행위의 내용이나 그 해석에 의하여 판단할 것이다(대판 1994.2.8, 93다39379)

판례 〔1〕 〈묵시적 내지 수권행위가 있다고 본 사례들〉

㉠ 금전차용의 알선을 의뢰하여 인장을 보관시킨 경우에는 금전차용의 법률행위의 대리권을 수여한 것으로 볼 수 있다(대판 1965.8.24, 65다1174).

㉡ 사채알선업자는 채권자측에 대해서는 채무자의 대리인이고, 채무자측에 대해서는 채권자의 대리인이 된다(대판 1981.2.24, 80다1756).

㉢ 일반적으로 말하면 수권행위의 통상의 내용으로서의 임의대리권은 그 권한에 부수하여 필요한 한도에서 상대방의 의사표시를 수령하는 이른바 수령대리권을 포함하는 것으로 보아야 한다(대판 1994.2.8, 93 다39379)

㉣ 부동산의 소유자로부터 매매계약을 체결할 대리권을 수여받은 대리인은 특별한 사정이 없는 한 그 매매계약에서 약정한 바에 따라 중도금이나 잔금을 수령할 권한도 있다고 보아야 한다(대판 1994.2.8, 93 다39379).

㉤ 타인의 사망을 보험사고로 하는 보험계약에 있어 피보험자인 타인의 서면동의는, 보험청약서에 자필 서명하는 것만을 의미하지는 않으므로 피보험자인 타인이 참석한 자리에서 보험계약을 체결하면서 보험계약자나 보험모집인이 타인에게 보험계약의 내용을 설명한 후 타인으로부터 명시적으로 권한을 수여받아 보험청약서에 타인의 서명을 대행하는 경우와 같이, 타인으로부터 특정한 보험계약에 관하여 서면동의를 할 권한을 구체적·개별적으로 수여받았음이 분명한 사람이 권한 범위 내에서 타인을 대리 또는 대행하여 서면동의를 한 경우에도 그 타인의 서면동의는 적법한 대리인에 의하여 유효하게 이루어진 것이다(대판 2006.12.21, 2006다69141).

〔2〕 〈대리권 수여로 보기 어려운 사례들〉

㉠ 해외출장 중 아버지에게 인장을 보관시켰다는 사실만으로는 대리권의 수여로 볼 수 없다(대판 1964.5.26, 63다955).

ⓛ 매매계약체결과 이행에 관하여 포괄적으로 대리권을 수여받은 대리인이라면 특별한 사정이 없는한 매매대금지급기일을 연기해 줄 권한을 갖지만(대판 1992.4.14, 91다43107), 대여금의 영수권한만을 위임받은 대리인이 그 대여금채무의 일부를 면제하기 위하여는 본인의 특별수권이 필요하다(대판 1981.6.23, 80다3221).

ⓒ 부동산관리인에게 인장을 보관시킨 사실이 있었다하더라도 그 부동산의 처분권한을 수여하였다고는 보지 아니한다(대판 1973.6.5, 72다2617).

ⓔ 은행융자를 위해서 타인에게 등기부등본과 인감증명서를 교부하였다고 하여 그 부동산의 처분의 대리권을 주었다고 할 수 없다(대판 1962.10 1, 62다436).

ⓜ 처가 남편의 동의 없이 자신이 보관하고 있던 남편의 인감도장을 이용하여 보증용인감증명서를 발급받아 조카의 보험보증용으로 교부하였다하더라도 남편이 처에게 대리권의 수여를 표시했다고 인정할만한 증거가 없는 한 대리권을 수여한 것으로 볼 수 없다(대판 1992.6.9, 92다8835).

ⓗ 매매계약을 중개하고 매수인을 대리하여 매매계약을 체결하였다고 하여 매수인을 대리하여 매매계약의 해제 등 일체의 처분권과 상대방의 의사를 수령할 권한까지 가지는 것은 아니다(대판 1987.4.28, 85다카971).

ⓢ 통칭 매니저의 대리권의 범위는 연주자의 연주활동의 주선이나 연주에 관하여 공연장확보, 공연비용·출연료결정, 연주일정의 확정 등에만 미칠 뿐 공연계약에 관하여는 대리권이 없다(대판 1993.5.14, 93다4618·4625).

ⓞ 채권자가 채무담보의 목적으로 채무자를 대리하여 부동산을 처분하는 권한을 위임받은 경우, 그 부동산의 가치를 임의로 평가하여 자신의 채권자에게 대물변제할 권한까지 부여받은 것으로 볼 수 없다(대판 1997.9.9, 97다22720). 마찬가지로 신탁계약에 의하여 아파트의 소유권이 수탁자에게 대내외적으로 완전히 이전되어 그 분양권도 수탁자에게 귀속된 경우, 신탁된 아파트의 분양을 수탁자로부터 위임받은 신탁자가 대물변제를 위하여 분양계약을 체결한 경우, 대리권의 범위 내의 행위가 아니다. 다만 이러한 경우 권한을 넘은 표현대리의 성립을 인정할 수 있다는 것이 판례이다(대판 2002.3.15, 2000다52141).

ⓩ 예금계약의 체결을 위임받은 자가 가지는 대리권에는 그 예금을 담보로 하여 대출을 받거나 이를 처분할 수 있는 대리권이 포함되어 있다고 까지 보아서는 아니된다(대판 2002.6.14, 2000다38982).

ⓩ 어떠한 계약의 체결에 관한 대리권을 수여받은 대리인이 수권된 법률행위를 하게 되면 그것으로 대리권의 원인된 법률관계(기초적 내부관계)는 원칙적으로 목적을 달성하여 종료되는 것이고, 법률행위에 의하여 수여된 대리권은 그 원인된 법률관계의 종료에 의하여 소멸하는 것이므로(민법 제128조), 그 계약을 대리하여 체결하였다 하여 곧바로 그 사람이 체결된 계약의 해제 등 일체의 처분권과 상대방의 의사를 수령할 권한까지 가지고 있다고 볼 수는 없다(대판 2008.1.31. 2007다74713).

ⓣ 변호사에게 금전 수령을 위하여 통상의 소송위임장 용지에 금전수령위임장을 작성해 준 경우, 소송비용상환청구권의 포기권한까지 수여한 것으로 볼 수는 없다(대결 2007.4.26, 자2007마250).

ⓔ 인감도장 및 인감증명서는 대리권을 인정할 수 있는 하나의 자료에 지나지 아니하고 이에 의하여 당연히 피고에게 원고를 대리하여 양도담보부 금전소비대차계약을 체결하거나 위 계약에 대한 공정증서 작성을 촉탁할 대리권이 인정되는 것은 아니다(대판 2008.9.25, 2008다42195).

ⓜ 대출거래 대리권에 채무인수약정체결권한이 있는지 여부와 관련하여, 갑으로부터 대출거래 약정체결에 관한 대리권을 수여받은 을은 대출금을 수령할 권한은 있다고 볼 수 있지만, 자신의 처가 그 전에 대출받은 금액을 갑의 채무로 인수하는 약정을 체결할 권한까지 포괄적으로 위임받았다고 보기는 어려워 특별한 사정이 없는 한 채무인수약정은 무효라고 봐야 한다(대판 2013.6.27, 2012다63878).

ⓗ 위임장의 백지보충된 부분이 정당한 보충권한에 의하여 기재된 것이지와 관련하여서는 "일반적으로 문서(진정성립이 인정)의 일부가 미완성인 상태로 서명날인을 하여 교부한다는 것은 이례에 속하므로 그 문서의 교부 당시 백지상태인 공란 부분(채무금액, 변제기, 이율 등)이 있었고 그것이 사후에 보충되었다는 점은 작성명의인이 증명하여야 한다"는 것이다(대판 2013.08.22, 2011다100923).

(2) 임의대리권범위의 보충규정(제118조)

> **제118조 (대리권의 범위)**
> 권한을 정하지 아니한 대리인은 다음 각호의 행위만을 할 수 있다.
> 1. 보존행위
> 2. 대리의 목적인 물건이나 권리의 성질을 변하지 아니하는 범위에서 그 이용 또는 개량하는 행위

1) 의의

수권행위의 해석에 의하여서도 대리권의 범위를 밝힐 수 없을 경우(본인이 수권행위에 의하여 대리권을 수여하였으나 대리권의 범위가 정하여져 있지 않거나, 대리권의 범위가 명료하지 아니한 경우 등)에는 제118조의 보충규정에 따른다. 즉 민법은 대리권이 있기는 하지만 수권행위의 해석을 통해서도 그 범위를 명백히 알 수 없는 경우에 있어서, 그 대리인은 다음의 행위만을 할 수 있다는 보충규정을 두고 있다(제118조).

판례 제118조는 대리권은 있으나 그 범위가 분명하지 아니한 경우의 보충적 규정에 불과하고 대리권 범위가 분명한 경우나 표현대리가 성립하는 경우에는 적용되지 않는다(대판 1964.12 8, 64다968).

2) 적용범위

민법 제118조는 임의대리에 한하여 적용되며, 법정대리에는 적용되지 아니함을 원칙으로 한다.

(ㄱ) 보존행위(保存行爲)

재산의 가치를 현상 그대로 유지하는 행위로서 대리인은 이 보존행위를 무제한으로 할 수 있다(제118조 제1호). 예컨대 가옥의 수선, 소멸시효의 중단, 미등기 부동산의 등기, 기한이 도래한 채무의 변제, 부패하기 쉬운 물건의 처분 등이다.

(ㄴ) 이용행위(利用行爲)·개량행위(改良行爲)

이용행위란 재산의 수익을 올리는 행위로서 물건을 임대하거나 금전을 이자부로 대여하는 경우와 같다. 개량행위란 사용가치 또는 교환가치를 증가시키는 행위로서 밭을 대지로 만드는 행위 등이다. 그런데 이들 이용행위·개량행위에는 일정한 한계가 있다. 즉 대리의 목적인 물건이나 권리의 성질을 변하지 않는 범위에서만 할 수 있는 것이다(제118조 제2호). 대리인의 대리행위가 민법 제118조가 규정하는 범위를 넘으면 대체로 월권행위가 되고 제126조를 적용하게 되어 상대방을 보호할 수 있게 된다.

4. 수권행위의 유인·무인문제

(1) 문제의 소재

내부적 기초관계와 수권행위는 구별된다(제128조, 독자성 긍정). 다만 본인과 대리인의 내부적인 기초관계는 무효나 취소가 취소될 수 있는 데, 이 경우 수권행위는 어떤 영향을 받는가를 둘러싸고 수권행위의 무인성·유인성의 문제가 발생한다.

(2) 유인 · 무인에 따른 법률관계검토

관련사례	A는 미성년자인 B에게 자신의 주택의 매도를 위임하고 그에 관한 대리권도 수여하였다. 그 뒤 B는 A를 대리하여 C와 A의 주택에 관한 매매계약을 체결하였다. 그런데 그 후에 B의 부모가 B의 제한능력을 이유로 A · B 사이의 위임계약을 취소하였다.
해설	(a) **무인주의** : 다수설은 위와 같은 경우에는 거래의 안전 또는 제117조를 원용하여 대리권은 장래에 향하여 소멸한다고 하므로, 결국 B · C 사이의 계약은 유효하게 된다. 즉 유권대리가 된다.
	(b) **유인주의** : 수권행위의 유인성을 인정하는 견해에 의하면 논리적으로는 B · C 사이의 매매계약을 무권대리행위라고 하여야 할 것이나, 그렇게 되면 상대방이 보호될 수 없기 때문에 표현대리 법리로 상대방을 보호하려 한다. 즉 무권대리가 된다고 하더라도 상대방을 보호할 필요가 있기 때문에 표현대리를 긍정하여 결론은 유권대리처럼 된다.
	(c) **관련판례** : 도박채무의 변제를 위하여 채무자로부터 부동산의 처분을 위임받은 채권자가 그 부동산을 제3자에게 매도한 경우, ① 도박채무 부담행위 및 그 변제약정이 민법 제103조의 선량한 풍속 기타 사회질서에 위반되어 무효라 하더라도, 그 무효는 변제약정의 이행행위에 해당하는 위 부동산을 제3자에게 처분한 대금으로 도박채무의 변제에 충당한 부분에 한정되고, ② 위 변제약정의 이행행위에 직접 해당하지 아니하는 부동산 처분에 관한 대리권을 도박 채권자에게 수여한 행위 부분까지 무효라고 볼 수는 없으므로, 위와 같은 사정을 알지 못하는 거래 상대방인 제3자가 도박 채무자부터 그 대리인인 도박 채권자를 통하여 위 부동산을 매수한 행위까지 무효가 된다고 할 수는 없다(대판 1995.7.14, 94다40147).

Ⅲ. 대리권의 제한

1. 공동대리

> **제119조 (각자대리)**
> 대리인이 수인인 때에는 각자가 본인을 대리한다. 그러나 법률 또는 수권행위에 다른 정한 바가 있는 때에는 그러하지 아니하다.

(1) 의의

대리인이 수인 있는 경우에도 본래 각자 대리가 원칙이다. 다만 법률의 규정(예 : 친권행사의 경우) 또는 수권행위에 의하여 대리인 전원이 공동으로만 대리행위를 할 수 있는 것으로 할 때에는 공동대리가 된다(제119조 참조).

(2) 취지

공동대리를 하게 하는 취지는 수인의 대리인들로 하여금 상호협의 하에 의사결정을 신중히 하게 함으로써 본인을 보호하고자 함에 있다. 그리고 가족법상 법률에 의한 공동친권(제909조 참조)의 행사는 미성년 자녀의 보호와 부부평등의 실현도 있다.

(3) 공동의 의미

(ㄱ) 공동대리에 있어서 공동은 수인의 대리인이 '의사결정'을 공동으로 하여야 한다는 의미인가, 아니면 '의사표시'를 공동으로 하여야 한다는 말인가에 대하여 위의 취지를 고려하여 공동은 의사결정의 공동을 말하는 것이지 의사표시의 공동으로 볼 것은 아니다.

(ㄴ) 능동대리가 아닌 수동대리에 있어서도 공동으로만 상대방의 의사표시를 수령하여야 하느냐에 관하여, 통설은 상대방의 보호와 거래상의 편의라는 점에서 각 대리인이 단독으로 수령할 수 있다고 한다.

(4) 공동대리 위반의 효과

공동대리에 위반한 대리행위는 무권대리가 된다. 공동대리인 중 1인이 단독으로 대리행위를 한 경우에는 권한을 넘은 표현대리가 된다고 볼 수 있다(제126조).

2. 자기계약 · 쌍방대리금지

> **제124조 (자기계약, 쌍방대리)**
> 대리인은 본인의 허락이 없으면 본인을 위하여 자기와 법률행위를 하거나 동일한 법률행위에 관하여 당사자쌍방을 대리하지 못한다. 그러나 채무의 이행은 할 수 있다.

(1) 원칙적 금지

자기계약과 쌍방대리는 본인이 희생될 수 있기 때문에 원칙적으로 금지된다(제124조). 제124조에 위반한 대리행위는 무효가 되는 것이 아니라 무권대리행위가 된다. 따라서 무권대리에 관한 규정과 이론에 의하여 처리되며, 본인이 이를 추인하면 유권대리가 된다(통설).

(2) 예외적 허용

(ㄱ) 대리인은 본인의 허락이 없으면 본인을 위하여 자기와 법률행위를 하거나 동일한 법률행위에 관하여 당사자쌍방을 대리하지 못한다. 다만 본인의 허락이 있다든가 이해대립이 없는 「채무의 이행」과 같이 볼 수 있는 경우에는 예외적으로 허용된다(통설). 이는 당사자간에 새로운 이해관계를 수반하지 않고 본인의 이익을 부당하게 해치지 않기 때문이다.

(ㄴ) 이러한 경우에 해당하는 것으로, 상계(그러나 본인을 위하여 기한의 이익이나 항변권을 포기하는 결과가 되는 상계는 원칙적으로 금지된다), 소유권이전등기절차에 대하여 등기권리자와 의무자 쌍방을 대리하는 행위, 주식의 명의개서 등이 있다. 그러나 대물변제(제466조)나 경개(제500조 이하)의 경우는 새로운 이해관계의 변경을 수반하므로 여기서 말하는 이행에 해당하지 않는다.

(3) 적용범위

제124조는 법정대리권과 임의대리권 양자에 모두 적용된다(통설). 다만 법정대리권에 대해서 법정대리인과 본인의 이해가 상반하는 경우에는 대리권이 없다고 규정하는 경우가 많으므로 제124조가 적용될 여지는 적다(제921조 참조).

판례 ㉠ 법인의 대표이사가 법인을 대표하여 자신의 급료인상을 청약하고 스스로 법인에 대하여 승낙하는 의사를 표시하는 것은 자기계약이 된다(대판 1973.10.31. 73다954).

ⓛ 민법 제124조는 "대리인은 본인의 허락이 없으면 본인을 위하여 자기와 법률행위를 하거나 동일한 법률행위에 관하여 당사자 쌍방을 대리하지 못한다."고 규정하고 있으므로 부동산 입찰절차에서 동일물건에 관하여 이해관계가 다른 2인 이상의 대리인이 된 경우에는 <u>그 대리인이 한 입찰은 무효이다</u>(대판 2004.2.13, 2003마44).

ⓒ 사채알선업자는 어느 일방만의 대리인이 아니고 채권자 쪽을 대할 때는 채무자측의 대리인 역할을 하게 되는 것이고, 반대로 돌아서서 채무자 쪽을 대할 때에는 채권자측의 대리인으로서 역할을 하게 되므로 사채업자의 그 행위는 쌍방대리가 된다(대판 1981.2.24, 80다1756).

ⓔ 원고의 소송대리인이 원고승계참가인의 소송행위를 대리하였다 하여 쌍방대리금지의 원칙에 저촉되지 않는다〔대판 1991.1.29, 90다9520,9537(반소)〕

Ⅳ. 대리권남용

1. 문제의 소재

대리인이 대리권의 범위내에서 한 행위이지만 본인의 이익을 위해서가 아니라, 자기 혹은 제3자의 이익을 꾀하기 위하여 대리행위를 하는 등 본인과 대리인 사이의 내부적 기초관계에 위반하여 대리권의 남용이 있는 경우 그 효력이 문제된다.

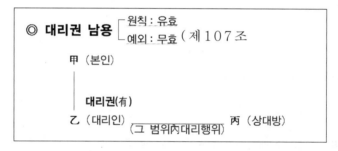

2. 학 설(민법 제107조 제1항 단서 유추적용설)

다수설과 판례는 대리인이 사리를 얻고자 권한을 남용해서 배임적 행위를 한 경우에도 대리의사는 있는 것이 되므로, 그 행위는 대리행위로서 유효하게 성립하며, 다만 대리인의 그러한 배임적 의사를 상대방이 알았거나 또는 알 수 있었음을 본인이 입증한 때에는 제107조 제1항 단서 취지를 유추하여 대리행위의 효력을 부정한다(판례동지).

3. 판례의 태도

⑴ 판례의 주류도 대리권남용에 관하여 제107조 제1항 단서 준용설을 채택하였는바, 이때에 그 상대방이 대리인의 의사표시가 진의 아님을 알았거나 알 수 있었는가의 여부는 표의자인 대리인과 상대방 사이에 있었던 의사표시의 형성과정과 그 내용 및 그로 인하여 나타나는 효과 등을 객관적 사정에 따라 합리적으로 판단하여야 한다고 하였다.

⑵ 상대방이 이러한 사정을 알았거나 알 수 있었을 경우에는 동항 단서가 유추적용되어 <u>그 대리인의 행위는 본인의 행위로 성립할 수 없으므로 본인은 아무런 계약상 책임을 부담하지 않는다.</u>

판례 판례도 배임적 대리행위에 대하여 민법 제107조 제1항 단서를 유추적용하여 예금주가 예금에 대한 금융기관 임·직원의 비진의 내지 배임적 의사를 알았거나 알 수 있었던 경우, 금융기관은 그 예금에 대한 반환책임을 지지 않는다고 하고 있다(대판 2007.4.12, 2004다51542).

관련사례　甲은행의 혜화동지점 대리 乙은 예금형식으로 사채를 끌어모아 관광업을 하는 K에게 사업자금을 마련하여 주려고 사채업자 丙으로부터 거액의 예금을 유치하였다. 乙은 丙의 예금액에 대하여 통상이자보다 더 많은 이자를 약속하고 乙명의의 수기식 예금 통장을 교부하였다. 여기서 丙은 甲은행에게 예금반환을 구하는 소송을 제기하였다. 丙의 주장은 정당한가?

해설　(a) 민법 제107조 제1항에서 규정하고 있는 진의 아닌 의사표시가 대리인에 의하여 이루어지고, 그 대리인의 진의가 본인의 이익이나 의사에 반하여 자기 또는 제3자의 이익을 위한 배임적인 것임을 그 상대방이 알았거나 알 수 있었을 경우에는 동항 단서의 유추해석상 <u>그 대리인의 행위는 본인의 행위로 성립할 수 없으므로 본인은 대리인의 행위에 대하여 아무런 책임 (법률행위책임)이 없다</u>(대판 1987.11.10, 86다카371 등).

　　　(b) 丙 역시 위 乙의 예금계약 의사가 진의가 아님을 통상의 과실로 알지 못한 채 예금계약을 체결한 것이라고 할 것이므로 결국 <u>이 사건 예금계약 자체가 성립되지 아니하였다고 보아야 한다</u>(판례). 즉 예금계약효력이 발생하지 않는다.

V. 대리행위에서 현명주의

> **제114조 (대리행위의 효력)**
> ① 대리인이 그 권한 내에서 본인을 위한 것임을 표시한 의사표시는 직접 본인에게 대하여 효력이 생긴다.
> ② 전항의 규정은 대리인에게 대한 제3자의 의사표시에 준용한다.
>
> **제115조 (본인을 위한 것임을 표시하지 아니한 행위)**
> 대리인이 본인을 위한 것임을 표시하지 아니한 때에는 그 의사표시는 자기를 위한 것으로 본다. 그러나 상대방이 대리인으로서 한 것임을 알았거나 알 수 있었을 때에는 전조 제1항의 규정을 준용한다.

1. 의 의

대리인이 그 권한 내에서 본인을 위한 것임을 표시한 의사표시는 직접본인에게 대하여 효력이 생긴다. 대리인이 법률행위를 함에 있어서 대리권 있는 乙이 '甲 대리인 乙'이라고 표시하면 그 법률행위의 효과는 甲에게 발생한다(제114조 참조). <u>즉 법률행위는 대리인이 하지만 본인의 이름으로 하는 것을 현명이라고 한다. 대리인이 본인을 현명하지 않고 대리인 자신의 이름으로 한 법률행위의 효과에 관해서는 대리인 자신을 위한 것으로 본다(제115조 본문).</u> 즉 본조는 대리인이 대리인으로서의 행위할 의사를 가지고서도 이를 상대방에게 표시하지 아니하고 대리인 자신의 이름으로 법률행위를 한 경우에 관한 것이다. 한편 "본인을 위한"이란 "본인의 이름으로"라는 의미이지 그것이 "본인에게 이익이 된다"는 것을 말하는 것은 아니다.

판례 〈본인을 위한 것임을 표시하지 아니한 대리행위의 효력(제115조)〉 乙이 甲으로부터 그 소유의 부동산매매에 관한 일체의 권한을 위임받았다하더라도 乙자신의 명의로 이를 매도하고 대금을 영수하여 甲에 대하여 가지고 있는 손해배상채권에 충당한 경우에는 이는 乙자기를 위하여 매매의 의사표시를 한 것이고, 다만 상대방이 乙은 甲의 대리인의 위 의사표시를 한 것임을 알았거나 알 수 있었을 때에 한하여 위 의사표시는 직접 甲에 대하여 효력이 생긴다(대판 1964.4.28, 63다840).

2. 현명의 법적 성질 (의사표시설)

통설은 예컨대, 물건의 매수에 관하여 수권행위가 있는 경우에, 대리인은 상대방에게 물건을 매수하겠다는 의사표시를 하고, 또 그 매수의 의사표시는 본인을 위한 것임을 상대방에게 현명하는 두 개의 의사표시를 하여야 하는 것으로 파악한다. 그러므로 통설은 현명을 대리행위와는 독립된 의사표시로 파악한다. 즉 통설에 의하면, 현명은 대리적 효과의사(= 대리의사)를 상대방에게 표시하는 '의사표시'라고 한다.

관련사례	甲의 대리인 乙이 丙과 매매계약을 체결하였다. 乙이 丙과 계약체결시 실수로 그 계약이 甲을 위한 것임을 표시하지 않았다.
해설	(a) **착오에 의한 의사표시허부** : 乙이 丙과 계약체결시 실수로 그 계약이 甲을 위한 것임을 표시하지 않은 경우, 丙이 계약당사자를 乙이라고 생각하고 乙에게 계약의 이행을 청구해 오면, 乙은 자신의 내심의 의사는 甲을 위해 계약을 체결하려는 것이었음을 이유로 자신의 의사표시를 취소할 수 없다(제115조). (b) **계약이행청구의 상대방** : 乙이 甲을 위한 것임을 표시하지 않고 丙과 계약을 체결하고 丙도 乙을 계약당사자라고 과실 없이 믿은 경우에는, 丙은 乙에 대해서 뿐만 아니라 甲에 대해서도 계약의 이행을 청구할 수 있다(×, 甲에 대해서는 묻지 못한다). (c) **제115조 관련판례** : 수급인이 도급인의 대리인으로서 건물을 분양하면서 대리관계의 표시를 하지 아니한 채 수급인 명의로 된 분양계약서를 작성하였고, 그 밖에 명시적 또는 묵시적으로 도급인을 위한 것임을 전혀 표시하지 아니하였으며, 상대방도 분양권자가 수급인이라고 인식하는 등 건물의 분양을 둘러싼 여러 사정에 비추어 보더라도 수급인이 대리인으로서 분양한 것임을 상대방이 알 수 없었을 경우에는 민법 제115조의 규정에 의하여 분양의 효력이 도급인에게 미치지 아니한다(대판 2008.5.15, 2007다14759).

3. 현명주의 내용

(1) 주위사정에 의한 현명

민법상 대리는 현명주의 원칙을 채택하고 있다(제114조 참조). 판례도「대리인이 한 민사상의 법률행위가 본인에 대하여 직접 효력이 발생하자면 반드시 대리인이 본인을 위하여 하는 취지의 표시가 필요한 것이다」라고 하여 현명의 원칙을 천명하고 있다. 다만 학설과 판례는 주변사정으로부터 법률행위의 타인성을 인정할 수 있으면 현명의 존재를 넓게 긍정하고 있다.

판례 ㉠ 통설과 판례에 따르면 대리인에게 대리권이 있고 대리의사가 있는 것으로 인정되는 한 유효한 대리행위가 된다고 한다. 즉 '대리인에게 대리의사가 있다고 인정되는 한' 대리인의 이름이 반드시 드러나야 하는 것은 아니라고 한다. 따라서 현명에 의하여 그 법률행위가 「타인을 위하여 하는 것」임이 나타나면 족하고 반드시 본인의 이름이 밝혀져야 하는 것은 아니다.

ⓒ 甲이 부동산을 농업협동조합중앙회에 담보로 제공함에 있어 동업자인 乙에게 그에 관한 대리권을 주었다면 乙이 동 중앙회와의 사이에 그 부동산에 관하여 근저당권설정계약을 체결함에 있어 그 피담보채무를 동업관계의 채무로 특정하지 아니하고 또 대리관계를 표시함이 없이 마치 자신이 甲 본인인 양 행세하였다 하더라도 위 근저당권설정계약은 대리인인 위 乙이 그의 권한범위 안에서 한 것인 이상 그 효력은 본인인 甲에게 미친다(민법 제114조; 대판 1987.6.23, 86다카1411). 이처럼 본인의 이름이 밝혀지지 않아도 대리인이 대리권이 있고 그 범위 내에서 법률행위를 하면 본인과 상대방사이에는 그 법률효과가 그대로 발생하는 것이다.

(2) 법률행위의 당사자 확정방법

계약의 당사자가 타인의 이름을 임의로 사용하여 법률행위를 한 경우 행위자 또는 명의인 가운데 누구를 당사자로 할 것인지에 관하여 행위자와 상대방의 의사가 일치한 경우에는 그 일치한 의사대로 행위자의 행위 또는 명의인의 행위로서 확정하여야 할 것이지만 그러한 일치하는 의사를 확정할 수 없을 경우에는 그 계약의 성질, 내용, 목적, 체결 경위 등 그 계약체결 전후의 구체적인 제반 사정을 토대로 상대방이 합리적인 사람이라면 행위자와 명의자 중 누구를 계약 당사자로 이해할 것인가에 의하여 당사자를 결정한 다음 그 당사자 사이의 계약 성립 여부와 효력을 판단하여야 한다(대판 1996.11.26, 96다32003).

관련사례 乙은 丙과 매매대금을 5천만원으로 丙소유의 도자기에 관하여 매매계약을 체결하면서 자신이 마치 "甲"인 양 행세하였고, 계약서에도 매수인명의를 "甲"으로 기재하였다. 법률행위당사자를 확정하라.

해설
(a) **乙이 자신을 위한 법률행위를 하면서 甲의 명의를 임의로 사용한 경우** : 여기도 첫째, 乙과 丙이 일치하여 乙을 당사자로 생각한 경우(자연적 해석) → 따라서 당사자는 乙이 된다. 둘째, 丙이 甲을 당사자로 이해하는 경우(규범적 해석) → 甲은 당사자가 될 수 없을 것이다. 이 때는 견해 대립이 있기는 하나 계약은 무효나 불성립으로 된다. 따라서 상대방과의 사이에 계약 체결의 행위를 하는 사람이 다른 사람 행세를 하여 그 타인의 이름을 사용하여 계약서 기타 계약에 관련된 서면 등이 작성되었다고 하더라도, 행위자와 상대방이 모두 행위자 자신이 계약의 당사자라고 이해한 경우, 또는 그렇지 아니하다고 하더라도 상대방의 입장에서 합리적으로 평가할 때 행위자 자신이 계약의 당사자가 된다고 보는 경우에는, 행위자가 계약의 당사자가 되고 그 계약의 효과는 행위자에게 귀속된다(대판 2013.10.11, 2013다52622).
(b) **乙이 甲의 대리인으로서 하는 경우** : ㉠ 대리권이 있고, 대리권범위 내 본인명의로 법률행위를 하는 경우는 유권대리가 된다. ㉡ 대리권이 있으나 대리권초월의 법률행위를 하는 경우는 제126조의 표현대리를 검토한다. ㉢ 아예 대리권이 없는 경우는 乙이 제135조의 책임을 부담한다고 보아야 한다.
(c) **관련판례** : 부동산 소유자로부터 2천만원의 근저당권 설정을 위임받은 대리인이 소유자의 승낙 없이 자기 앞으로 소유권이전등기를 한 후 근저당권을 설정하였다면 그 2천만원의 근저당권설정등기는 유효하다고 보았다. 즉 위임의 취지에 위배된다고 할 수 없으므로 형식상 저당권설정자가 다르다는 이유로 근저당권설정등기의 무효를 주장 할 수 없다고 하였다(대판 1989.6.27, 88다카23490).

4. 현명주의 예외(상행위)

상행위에는 현명주의예외가 인정된다. 따라서 상법 제46조 제1호 소정의 부동산의 매매로서 상행위가 되는 경우, 분양업체가 건물 소유자의 대리인임을 표시하지 않았다 하더라도 상법 제48조에 의하여 유효한 대리행위로서 그 효과는 본인인 건물 소유자에게 귀속된다(대판 1996.10.25. 94다41935·41942).

VI. 대리행위의 하자

> **제116조 (대리행위의 하자)**
> ① 의사표시의 효력이 의사의 흠결·사기·강박 또는 어느 사정을 알았거나 과실로 알지 못한 것으로 인하여 영향을 받을 경우에 그 사실의 유무는 대리인을 표준하여 결정한다.
> ② 특정한 법률행위를 위임한 경우에 대리인이 본인의 지시에 좇아 그 행위를 한 때에는 본인은 자기가 안 사정 또는 과실로 인하여 알지 못한 사정에 관하여 대리인의 부지를 주장하지 못한다.

1. 제116조 법의 의미

(1) 원칙(대리인기준)

대리행위는 대리인이 법률행위를 상대방과 하는 것이다. 따라서 민법은 대리행위인 의사표시가 의사의 흠결·사기·강박 또는 어느 사정을 알았거나 과실로 알지 못한 것으로 인하여 영향을 받을 경우에 그 사실의 유무는 대리인을 표준으로 결정한다고 규정한다(제116조 제1항). 이 규정은 임의대리와 법정대리에 적용된다. 아래에서는 주로 문제되는 점을 검토하기로 한다.

(2) 예외(본인기준)

법은 공평의 취지로 "특정한 법률행위를 위임한 경우에 대리인이 본인의 지시에 좇아 그 행위를 한 때에는 본인은 자기가 안 사정 또는 과실로 인하여 알지 못한 사정에 관하여 대리인의 부지를 주장하지 못한다"고 하고 있다(제116조 제2항). 예컨대 물건의 하자에 대해 매수인이 매도인에 대해 담보책임을 물으려면, 매수인이 그 하자에 대해 선의이어야 한다(제580조 제1항). 그런데 본인이 대리인에게 특정 물건의 매수에 대해 대리권을 줄 당시에 본인은 그 물건에 하자가 있음을 알았고 대리인은 몰랐을 경우에는 대리인을 표준으로 하는 것이 아니라 본인을 표준으로 한다는 것이다. 따라서 비록 법률행위의 당사자인 대리인은 선의일지라도 그러한 지시를 내린 본인이 악의인 경우에는 본인은 대리인의 선의를 주장하여 그 담보책임을 물을 수 없다.

2. 착 오(제109조)

대리인에게 대리행위에 관한 착오가 있으면 그 착오가 표의자(대리인)의 중대한 과실로 인한 것이 아닌 한 이를 취소할 수 있다. 다만 본인에 착오가 있다하더라도 대리인에게 착오가 없으면 취소할 수 없다(대리인 기준). 취소할 수 있는 경우, 그 취소권은 본인에게 있다.

판례 매수인이 대리인을 통하여 분양택지 매수지분의 매매계약을 체결한 경우, 대리인이 그 계약 내용, 잔금의 지급 기일, 그 지급 여부 및 지연손해금 액수에 관하여 잘 알고 있었다고 인정되는 때에는, 설사 매수인이 지연손 해금 여부 및 그 액수에 관하여 모른 채로 대리인에게 대리권을 수여하였더라도, 매수인으로서는 자신의 착오를 이유로 그 매매계약을 취소할 수 없다(대판 1996.2.13, 95다41406).

3. 사기 · 강박(제110조)

(1) 상대방의 사기 · 강박

(ㄱ) 대리인이 상대방의 사기 등에 의하여 의사표시를 한 경우에, 본인이 대리인의 의사표시를 취소할 수 있다.

(ㄴ) 사기 · 강박이 있는지의 유무는 대리인을 기준으로 하기 때문에 본인이 사기 · 강박을 받았다 하더라도 대리인이 의사표시를 하는데 흠이 없었다면 본인은 대리행위를 취소할 수 없다(판례동일).

판례 사자에 의한 의사표시의 경우는 물론 본인이 결정한 의사를 대리인으로 하여금 표시한 경우에는 그 의사표시는 대리행위가 아니므로 오로지 본인에 대하여서만 그 지(知), 부지(不知), 착오 등이 문제될 것임에도 불구하고, 원심이 본인이 기망당하였다 하더라도 대리인이 기망당한 일이 없으므로(이때는 대리인이 사자와 유사하다) 본인이 의사표시를 취소할 수 없다고 판시하였음은 위와같은 법리를 오해한 위법이 있다할 것이다(대판 1967.4.18, 66다661).

(2) 대리인의 사기

상대방이 대리인의 사기 · 강박에 의하여 의사표시를 한 경우에는 상대방은 본인이 과실 없이 알지 못한 경우에도, 즉 상대방은 본인의 지 · 부지에 관계없이 언제나 의사표시를 취소할 수 있다.

4. 반사회질서의 법률행위·폭리행위

(1) 제103조 위반

대리인이 부동산을 이중으로 매수한 경우 그 매매계약이 반사회적 법률행위인지 여부의 판단기준이 되는 자는 원칙적으로 대리인이다(대판 1998.2.27, 97다45532).

판례 〈대판 1998.2.27, 97다45532〉 대리인이 부동산을 이중으로 매매한 경우 그 매매계약이 반사회적 법률행위인지 여부의 판단기준이 되는 자는 대리인이 된다는 것이 판례의 태도이다. 즉 "본인이 미리 그러한 사정을 몰랐거나 반사회성을 야기한 것이 아니라고 할지라도 그로 인하여 매매계약이 가지는 사회질서에 반한다는 장애 사유가 부정되는 것은 아니다"고 한다.

(2) 제104조 위반

대리행위가 불공정한 법률행위에 해당되는가의 여부를 판단함에 있어서는 경솔 · 무경험은 대리인을 기준으로 하여 판단하고, 궁박상태는 본인을 기준으로 하여 판단한다는 것이 판례이다.

VII. 대리인의 능력

> **제117조 (대리인의 행위능력)**
> 대리인은 행위능력자임을 요하지 아니한다.

1. 민법 제117조 규정의 의미

대리인은 행위능력자임을 요하지 아니한다(제117조). 대리행위의 효과는 본인에게 발생하기 때문에 유리와 불리가 대리인에게 직접적으로 미치는 것은 아니다. 따라서 민법 제117조의 규정은 제한능력자를 <u>보호하고자 하는 강행규정이 아니고, 본인과 상대방의 관계를 규율하는 것이다.</u> 즉 「본인과 대리인의 관계」를 규율하는 것이 아니다. 따라서 본인 또는 대리인은 대리인의 제한능력을 이유로 대리행위를 취소할 수는 없다. <u>다만 대리인이 법률행위를 하기 때문에 의사능력은 당연히 구비하여야 한다.</u>

2. 대리인이 피성년후견인이 되는 경우

종전 민법	현행 민법
제127조 (대리권의 소멸사유) 대리권은 다음 각호의 사유로 소멸한다. 1. 본인의 사망 2. 대리인의 사망, 금치산 또는 파산	제127조(대리권의 소멸사유) 대리권은 다음 각 호의 어느 하나에 해당하는 사유가 있으면 소멸된다. 1. 본인의 사망 2. 대리인의 사망, <u>성년후견</u>의 개시 또는 파산

대리인은 행위능력자임을 요하지 아니한다(제117조). 그리고 대리인이 성년후견이 개시되면 대리권이 소멸되게 되어 있다(제127조). 이러한 규정의 의미는 피성년후견인도 의사능력이 있는 한 대리인이 될 수는 있으나(제117조), 특히 정상인이 <u>대리인으로 「선임된 후에」</u> 이러한 사정의 발생으로 대리권을 존속케 하는 것은 본인의 이익에 반하기 때문에 대리권소멸원인으로 하고 있는 것이다. 따라서 "성년후견의 개시"란 정상인이 대리인으로 「선임된 후」의 성년후견의 개시 선고가 있는 경우를 의미하는 것이다(통설).

VIII. 복대리

> **제123조 (복대리인의 권한)**
> ① 복대리인은 그 권한내에서 본인을 대리한다.
> ② 복대리인은 본인이나 제3자에 대하여 대리인과 동일한 권리의무가 있다.

1. 총 설

(1) 의의

복대리인이라 함은 대리인이 자신의 이름으로 선임한 본인의 대리인이다. 원래 복대리인과 본인간에는 아무런 내부적인 관계가 없지만 본인과 대리인의 내부적인 법률관계가 본인과 복대리인과의 내부적 법률관계로 의제된다(제123조 제2항, 통설).

(2) 성질

복대리인을 선임한 후에도 대리인의 대리권은 소멸하지 않고 복대리인의 대리권과 병존한다. 따라서 복임행위는 대리권의 병존적·설정적 양도행위라고 할 것이다(지원림).

(3) 구별

복대리인은 대리인이 자기의 이름으로 또한 자신의 책임으로 선임하는 자이므로, 대리인이 대리권(본인의 이름으로, 수권행위)에 기하여 선임한 자는 복대리인이 아니라 단순한 본인의 대리인이다.

2. 권 한

(1) 본인의 대리인

복대리인은 그 권한내에서 본인을 대리한다. 즉 복대리인은 대리인의 대리인이 아니고 본인의 대리인이므로, 본인의 이름으로 대리행위를 하면 족하고, 원대리인의 이름을 표시하여야 할 필요는 없다.

(2) 각자대리

복대리인이 수인인 경우에도 원칙적으로 공동으로 본인을 대리하는 것이 아니다(각자대리원칙).

(3) 대리인과 동일한 권리

복대리인은 본인이나 제3자에 대하여 대리인과 동일한 권리의무가 있다(제123조 제2항).

3. 복대리인의 선임과 그에 대한 대리인의 책임

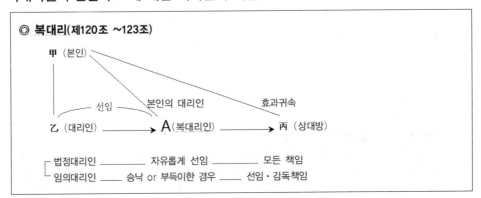

(1) 임의대리의 경우

제120조 (임의대리인의 복임권)
대리권이 법률행위에 의하여 부여된 경우에는 대리인은 본인의 승낙이 있거나 부득이한 사유 있는 때가 아니면 복대리인을 선임하지 못한다.

> **제121조 (임의대리인의 복대리인선임의 책임)**
> ① 전조의 규정에 의하여 대리인이 복대리인을 선임한 때에는 본인에게 대하여 그 선임감독에 관한 책임이 있다.
> ② 대리인이 본인의 지명에 의하여 복대리인을 선임한 경우에는 그 부적임 또는 불성실함을 알고 본인에게 대한
>   통지나 그 해임을 태만한 때가 아니면 책임이 없다.

1) 임의대리인은 본인의 신임에 기하여 선임된 대리인이므로 원칙적으로 복임권이 인정되지 않는다. 그러나 본인의 승낙이 있거나, 부득이한 사유가 있는 때에는 예외적으로 복임권이 인정된다(제120조). 다만 대리의 목적인 법률행위의 성질상 대리인 자신에 의한 처리가 필요하지 아니한 경우에는 본인이 복대리금지의 의사를 명시하지 아니하는 한 복대리인 선임에 관하여 묵시적 승낙이 있는 것으로 볼 수 있다.

2) 임의대리인이 위와 같은 요건하에서 복대리인을 선임한 경우에 원칙적으로 본인에 대하여는 복대리인의 행위에 관하여 아무런 책임을 지지 아니한다. 그러나 복대리인의 선임·감독에 과실이 있는 때에는 책임을 진다(제121조 제1항). 그러나 임의대리인이 본인의 지명에 의하여 복대리인을 선임한 경우에는 그 부적임 또는 불성실함을 알고 본인에 대하여 통지나 그 해임을 해태한 때에 한하여 책임을 진다(제121조 제2항). 여기서의 지명은 본인의 자발적인 행위임을 요하고, 대리인이 행한 복대리인 선임에 대한 승낙이나 양해는 지명에 해당하지 않는다.

판례 〈아파트 분양업무를 위임받은 자가 분양자 본인의 명시적인 승낙 없이 복대리인을 선임할 수 있는지 여부(소극)(대판 1999.9.3, 97다56099)〉: 임의대리인은 본인의 승낙이 있거나 부득이한 사유가 있지 아니하면 복대리인을 선임할 수 없는 것인바, 아파트 분양업무는 그 성질상 분양 위임을 받은 수임인의 능력에 따라 그 분양사업의 성공 여부가 결정되는 사무로서, 본인의 명시적인 승낙 없이는 복대리인의 선임이 허용되지 아니하는 경우로 보아야 한다.

(2) 법정대리의 경우

> **제122조 (법정대리인의 복임권과 그 책임)**
> 법정대리인은 그 책임으로 복대리인을 선임할 수 있다. 그러나 부득이한 사유로 인한 때는 전조 제1항(선임·감독 상 과실책임)에 정한 책임만이 있다.

1) 법정대리인은 임의대리인과 달리 언제나 복대리인을 선임할 수 있다. 즉 법정대리인의 복대리인 선임에 관하여는 자유주의를 채택하고 있다. 그 이유는 법정대리인은 법률의 규정에 의하여 대리인이 된 자이며, 법정대리인의 대리행위 범위가 포괄적이고 광범위하기 때문이다.

2) 법정대리인은 이와 같이 복대리인의 선임을 자유로이 할 수 있으나, 그 반면에 책임은 크다. 즉 법정대리인은 복대리인의 행위에 관하여 선임·감독에 과실이 있느냐 없느냐를 불문하고 모든 책임을 진다. 그러나 부득이한 사유(본인의 승낙은 해당사유가 아님을 유의)로 복대리인을 선임한 경우에는 임의대리인의 책임과 동일한 책임을 진다(제122조).

4. 복대리인 복임권

복대리인의 복임권에 대하여 민법은 아무런 규정은 없다. 따라서 복대리인이 다시 복대리인

을 선임할 수 있는지가 문제된다. 통설은 긍정한다. 복임권의 근거를 법률규정에 두고 있는 입장도 복대리는 사적 자치의 확장 내지 보충이라는 대리제도의 기능을 한층 더 원활히 하기 위한 제도로서 거래의 실정이나, 본인의 이익보호 차원에서 대리인의 복임권에 관한 규정을 유추적용하여 인정하는 것이 타당하다고 한다. 다만 법정대리·임의대리 할 것 없이 복대리인은 모두 임의대리인과 동일한 조건하에 복임권을 갖는다. 즉 법정대리인의 복대리인이 다시 복대리인을 선임하는 경우에도 임의대리의 복대리인이 다시 복대리인을 선임하는 경우와 마찬가지로 제120조의 제한하에서만 허용된다고 해석한다.

5. 복대리권의 소멸

(1) 대리권에의 종속
복대리인을 선임시 대리인의 대리권은 소멸하지 않는다. 그러나 본인과 대리인과의 기초적 법률관계가 종료하면 언제나 복대리인의 대리권도 소멸하게 된다.

(2) 선임행위철회
한편 복대리인은 본인을 대리하게 되더라도 대리인은 복대리인을 선임한 후에도 선임행위를 철회할 수 있다(제121조 제2항 참조).

(3) 표현대리적용
복대리에도 표현대리의 법리를 적용할 수 있다(판례).

판례 〈복대리 또는 사자에 표현대리긍정여부〉 대리인이 사자 내지 임의로 선임한 복대리인을 통하여 권한 외의 법률행위를 한 경우, 상대방이 그 행위자를 대리권을 가진 대리인으로 믿었고 또한 그렇게 믿는 데에 정당한 이유가 있는 때에는, 복대리인 선임권이 없는 대리인에 의하여 선임된 복대리인의 권한도 기본대리권이 될 수 있을 뿐만 아니라, 그 행위자가 사자라고 하더라도 대리행위의 주체가 되는 대리인이 별도로 있고 그들에게 본인으로부터 기본대리권이 수여된 이상, 민법 제126조를 적용함에 있어서 기본대리권의 흠결 문제는 생기지 않는다(대판 1998. 3. 27, 97다48982).

관련사례 본인 甲, 그의 임의대리인 乙 및 복대리인 丙의 법률관계이다. 乙이 甲의 지명에 따라 丙을 선임한 경우에는 乙은 甲의 동의가 없다면 해임할 수 없는가?

(a) **해임과 선임책임** : 乙이 甲의 지명에 따라 丙을 선임한 경우에도 乙은 甲의 동의가 없어도 해임할 수 있다(제121조 참조).
(b) **무권대리** : 丙이 복대리인의 권한을 넘어서 행위를 했지만 그것이 乙의 대리권의 범위를 넘지 않은 경우에도 丙의 행위는 무권대리가 된다. 따라서 丙이 乙의 대리권의 범위를 넘는 행위를 한 경우, 甲은 이것을 추인할 수 있다.

IX. 표현대리

1. 문제의 소재

표현대리(제125조, 제126조, 제129조)는 대리인이라는 사람에게 정당한 대리권이 없음에도 불구하고 대리권이 있는 것과 같은 외관이 존재하며, 이에 대하여 본인이 어느 정도의 원인을 제공하고 상대방이 무권대리인을 정당한 대리인으로 신뢰하여 법률관계를 형성한 경우에 이를 신뢰한 상대방을 보호하는 제도로서 무권대리행위에 의한 법률효과를 정당한 대리행위에서와 같이 본인에게 귀속시키는 제도이다. 여기서 표현대리는 유권대리인가? 아니면 무권대리인가? 무권대리라고 한다면 협의의 무권대리규정이 어느 정도 적용될 것인가? 이러한 문제점이 표현대리본질론이다.

2. 학설의 대립 (법정외관책임설)

표현대리는 거래의 안전을 위한 법정외관책임으로 이해하는 견해이다. 통설·판례의 태도이며 그 근거로서 거래안전과 대리제도신용을 유지하기 위한 것으로 이해한다. 이러한 다수설은 대리를 유권대리와 무권대리로 구분하고 무권대리를 다시 협의의 무권대리와 표현대리로 구분한다. 다수설에 의하면 표현대리도 무권대리로서의 성질을 지니고 있으므로, 무권대리에 관한 규정이 표현대리에도 적용된다고 본다. 다만 표현대리성립시에는 제135조의 적용을 부정한다.

> **판례** 〈(법정외관책임) – 유권대리에 관한 주장 가운데 표현대리의 주장이 포함되는지 여부(소극)〉 유권대리에 있어서는 본인이 대리인에게 수여한 대리권의 효력에 의하여 법률효과가 발생하는 반면 표현대리에 있어서는 대리권이 없음에도 불구하고 법률이 특히 거래상대방 보호와 거래안전유지를 위하여 본래 무효인 무권대리행위의 효과를 본인에게 미치게 한 것으로서 표현대리가 성립된다고 하여 무권대리의 성질이 유권대리로 전환되는 것은 아니므로, 양자의 구성요건 해당사실 즉 주요사실은 다르다고 볼 수 밖에 없으니 유권대리에 관한 주장 속에 무권대리에 속하는 표현대리의 주장이 포함되어 있다고 볼 수 없다 〔대판(전합) 1983.12.13. 83다카1489〕.

3. 적용범위

제125조의 "대리권수여표시에 의한 표현대리"는 임의대리에 적용되고 법정대리에 적용되지 않으며, 제126조 "권한을 넘은 표현대리"와 제129조의 "대리권소멸 후의 표현대리"는 임의대리와 법정대리 모두 적용된다고 함이 다수설과 판례이다.

4. 표현대리자체 유효함을 전제

표현대리 자체가 성립하기 위하여는 표현대리자체가 유효함을 전제로 하는 것이다. 따라서 "증권회사 또는 그 임·직원의 부당권유행위를 금지하는 증권거래법 제52조 제1호는 공정한 증권거래질서의 확보를 위하여 제정된 강행법규로서 이에 위배되는 주식거래에 관한 투자수익보장약정은 무효이고, <u>투자수익보장이 강행법규에 위반되어 무효인 이상 증권회사의 지점장에게 그와</u> <u>같은 약정을 체결할 권한이 수여되었는지 여부에 불구하고 그 약정은 여전히 무효이므로 표현</u> <u>대리의 법리가 준용될 여지가 없다"</u>고 함이 판례이다(대판 1996.8.23. 94다38199).

5. 과실상계여부

표현대리가 성립하는 경우에는 그 후 상대방에게 과실이 있다고 하더라도 과실상계규정이 적용되지 않는다는 것이 판례이다.

판례 표현대리행위가 성립하는 경우에 그 본인은 표현대리행위에 의하여 전적인 책임을 져야 하고, 상대방에게 과실이 있다고 하더라도 과실상계의 법리를 유추적용하여 본인의 책임을 경감할 수 없는 것이므로, 피고가 반환할 금액에서 원고의 과실이 참작되어 감액되어야 한다는 지적도 그 이유 없다(대판 1996.7.12. 95다49554).

X. 대리권수여의 표시에 의한 표현대리

> **제125조 (대리권수여의 표시에 의한 표현대리)**
> 제3자에 대하여 타인에게 대리권을 수여함을 표시한 자는 그 대리권의 범위 내에서 행한 그 타인과 그 제3자간의 법률행위에 대하여 책임이 있다. 그러나 제3자가 대리권 없음을 알았거나 알 수 있었을 때에는 그러하지 아니하다.

1. 의의 및 검토

(1) 의의

제125조의 표현대리는 본인이 타인에게 대리권을 실제로는 주지 않았으나, 주었다고 표시함으로써 대리권 <u>성립의 외관이 존재</u>하는 경우이다. 예컨대 甲이 그 소유 부동산의 매각에 관하여 乙에게 대리권을 주면서 위임장을 교부한 후 그 대리행위를 하기 전에 수권을 철회하였는데 그 위임장을 회수하지 않은 상태에서 乙이 그 위임장을 가지고 제3자와 건물의 매각에 관해 대리행위를 하는 경우에 그 적용이 있다. 즉 민법 제125조가 규정하는 대리권 수여의 표시에 의한 표현대리는 본인과 대리행위를 한 자 사이의 기본적인 법률관계의 성질이나 그 효력의 유무와는 관계없이 어떤 자가 본인을 대리하여 제3자와 법률행위를 함에 있어 본인이 그 자에게 대리권을 수여하였다는 표시를 제3자에게 한 경우에 성립하는 것이다(대판 2007.8.23. 2007다23425).

(2) 표시의 법적 성질

대리권수여표시에서 「표시」의 법적성질에 관하여, 통설은 「관념의 통지」라 하나 소수설은 「의사표시」라는 견해도 있다.

(3) 표시의 방식

제125조의 표현대리에서 대리권수여표시는 위임장에 의하는 것이 보통이지만, 서면에 의하

지 않는 구두라도 무방하다. 백지위임장을 교부하는 것은 일반적으로 그 소지자에게 대리권을 준 뜻을 표시한 것이 될 수 있다. 판례는 대체로 표시의 방식에 첫째, 위임장을 교부하는 경우, 둘째 명의대여가 주류를 이룬다.

> **판례** ㉠ 인감증명서는 인장사용에 부수해서 그 확인방법으로 사용되며 인장사용과 분리해서 그 것만으로서는 어떤 증명방법으로 사용되는 것이 아니므로 인감증명서만의 교부는 일반적으로 어떤 대리권을 부여하기 위한 행위라고 볼 수 없다(대판 1978.10.10. 78다75). ㉡ 판례에 의하면 타인이 자신의 판매점, 총대리점 또는 연락사무소 등의 명칭을 사용하여 자신을 대리하여 계약을 체결하는 것을 묵인하였더라도 대리권 수여의 표시에 의한 표현대리가 성립하는 경우는 없다(×, 표현대리가 성립할 수 있다 - 대판 1998.6.12. 97다53762). 즉 대리권수여표시는 반드시 대리권 또는 대리인이라는 말을 사용하여야 하는 것이 아니라 사회통념상 대리권을 추단할 수 있는 직함이나 명칭을 사용하는 것을 승낙 또는 묵인한 경우에도 대리권수여의 표시가 있는 것으로 볼 수 있다(명의대여도 포함될 수 있다).

(4) 표시의 상대방

특정한 제3자에 하든지 불특정한 제3자에 하든지(신문광고 등) 상관없으며, 본인이 직접하지 않고 대리인을 통해서도 할 수 있다.

(5) 표시된 대리권의 범위 내

제125조의 대리권수여표시에 의한 표현대리가 성립하기 위하여는 표현대리인이 표시된 대리권의 범위내에서 대리행위를 하여야 한다. 그 범위가 초월하면 제126조의 표현대리가 적용되어야 할 것이다(다수설).

(6) 제3자의 범위

본조의 제3자란 대리행위의 상대방만을 지칭하는 것이고 그 상대방과 거래한 제3자를 의미하는 것은 아니다(통설).

(7) 표시의 철회

제125조의 표현대리의 효과발생은 대리권수여표시의 철회에 의하여 이를 저지할 수 있다. 그러나 철회의 효력이 발생하려면「상대방으로 하여금」철회된 사실을 알도록 하여야 한다(외관의 제거). 따라서 특정인에게 통지를 한 경우에는 그 자에 대한 철회통지가 필요하고 불특정인에게 통지한 경우에는 대리권수여의 표시와 동일한 혹은 이에 준하는 방법으로 철회가 이루어져야 한다.

(8) 적용범위

㉠ 공법상 행위 및 소송행위에는 원칙적으로 표현대리규정은 적용될 수 없다(이설 없음·판례). 그러나 공법인의 사경제의 활동에 관한 사항에 대해서는 적용될 수 있다. ㉡ 제125조는 임의대리에 적용되고 법정대리에는 적용되지 않는다고 보는 설이 다수설과 판례이다. 그리고 복대리에도 표현대리법리가 적용된다(대판 1979.11.27. 79다1193).

(9) 상대방의 선의·무과실의 입증문제

제125조의 표현대리에서 본인이 책임을 부담하는가 여부는 제3자가 대리인이라는 사람이 대리권이 없음을 알았거나 알 수 있었을 때에는 인정되지 않는다. 그리고 이러한 선의·무과실의 <u>주장·입증책임은 본인에게 있다</u>(통설). 따라서 본인이 책임을 면하려면 상대방이 악의 또는 과실이 있다는 것을 본인이 입증하여야 한다.

> **판례** 〈상대방에게 과실이 있어서 제125조 표현대리성립을 부정한 사례〉 중개인이 본인인 회사에게 오피스텔의 분양 희망자를 중개하여 주고 그 대가로 회사로부터 수수료만을 지급받기로 하였고, 분양계약서의 작성 및 분양대금 수납은 회사에서 직접 관리하였으며, 중개인은 오피스텔을 분양받고자 하는 자가 있으면 그를 오피스텔 내에 있는 회사 분양사무소에 데리고 가서 분양대금을 지급하고 회사 명의의 계약서를 작성하여 받아오는 방식을 취하였고, 상대방의 매매계약서도 그러한 방식에 의하여 작성되었다면, <u>상대방이 중개인에게 지급한 매매대금에 대한 영수증이 회사의 명의로 발행되지 아니하고 중개인 명의로 발행된 경우, 오피스텔을 분양받으려는 상대방으로서는 본인에게 중개인의 대리권 유무를 확인하여 보았더라면 그가 단순한 중개인에 불과하고 오피스텔의 매매대금을 수령할 대리권이 없다는 점을 쉽게 알 수 있었을 것임에도 이를 게을리한 과실이 있고</u>, 나아가 본인이 중개인에게 오피스텔의 분양중개를 부탁한 것을 가지고 오피스텔 분양에 관련한 어떤 대리권을 수여한 것이라고 볼 수도 없다고 보아 민법 제125조의 표현대리에 해당하지 않는다(대판1997.3.25. 96다51271).

2. 대표판례

관련사례 甲은 자기의 사위 乙에게 상호를 포함한 영업일체를 양도하고, 동일 상호를 사용하여 영업을 계속하게 하는 동안 자기의 당좌거래를 이용하여 대금결제토록 하였다. 또한 甲은 영업을 乙에게 양도한 이후에도 자기명의 당좌수표 및 약속어음 20여장이 乙로부터 丙에게 물품대금으로 결제되었고, 그 후 乙은 甲의 인장을 도용하여 수표를 위조하였다.

해설 (a) 이 경우에 甲은 대리권 수여의 표시에 의한 표현대리로서의 책임이 있다. 즉 甲은 丙으로 하여금 乙이 甲 명의의 수표를 사용할 권한이 있다고 믿게 할 만한 외관을 조성한 것은 제125조의 "제3자에 대하여 타인에게 대리권을 수여함을 표시한 자"로 볼 수 있으므로 125조의 표현대리에 해당된다(대판 1987.3.24, 86다카1348).

(b) 〈보증계약과 관련하여 제125조의 표현대리를 부정한 사례〉 갑이 주채무액을 알지 못한 상태에서 주채무자의 부탁으로 채권자와 보증계약 체결 여부를 교섭하는 과정에서 채권자에게 보증의사를 표시한 후 주채무가 거액인 사실을 알고서 보증계약 체결을 단념하였으나 <u>갑의 도장과 보증용 과세증명서를 소지하게 된 주채무자가 임의로 甲을 대위하여 채권자와 사이에 보증계약을 체결한 경우, 갑이 채권자에 대하여 주채무자에게 보증계약 체결의 대리권을 수여하는 표시를 한 것이라 단정할 수 없고, 대리권 수여의 표시를 한 것으로 본다 하더라도 채권자에게는 주채무자의 대리권 없음을 알지 못한 데 과실이 있다고 보아 민법 제125조 소정의 표현대리의 성립을 부정하였다</u>(대판 2000. 5. 30. 2000다2566).

XI. 권한을 넘은 표현대리

> **제126조 (권한을 넘은 표현대리)**
> 대리인이 그 권한 외의 법률행위를 한 경우에 제3자가 그 권한이 있다고 믿을 만한 정당한 이유가 있는 때에는 본인은 그 행위에 대하여 책임이 있다.

1. 의 의

1) 권한을 넘은 표현대리란 표현대리인이 그의 기본대리권의 범위를 넘어서 본인을 위한 법률행위를 하는 것을 말한다. 기본대리권이 있는 대리인이 그 권한 외의 법률행위를 한 경우에 제3자가 그 권한이 있다고 믿을 만한 정당한 이유가 있는 때에는 본인이 그 행위에 대하여 책임을 지는 것을 말한다. 다른 표현대리와는 달리 제126조의 표현대리가 성립하지 않더라도 대리권 있는 범위에서는 유권대리가 성립할 수 있다는 점이다.

2) 제126조의 표현대리가 성립하기 위해서는 ① 기본대리권의 존재 ② 권한을 넘은 표현대리행위의 존재 ③ 상대방의 정당한 사유의 존재가 필요하다. 기본적인 어떠한 대리권도 없는 자에 대하여 대리권한의 유월 또는 소멸 후의 표현대리관계는 성립할 여지가 없다(대판 2008.1.31, 2007다74173 등).

> **Tip**
>
> ◎ 상대방이 표현대리인에게 대리권이 있다고 믿게 된 것이 본인의 귀책사유에 기인한 것이 아닌 경우에는 표현대리가 성립하지 않는다(×, 월권대리행위를 신뢰하도록 한 데 대하여 본인의 귀책사유는 요건이 아니다).

2. 성립요건

(1) 기본대리권의 존재

1) 기본대리권의 존재

현실로 이루어진 행위(초월행위)에 대해서는 대리권이 없지만 다른 어떠한 행위에 대해서는 진실로 대리권이 존재하고 있는 경우(기본대리권)에 제126조에 의한 표현대리가 성립할 수 있다. 따라서 처음부터 전혀 대리권이 없는 경우에는 본조의 적용이 없다.

판례 〈인감증명의 교부와 기본대리권〉 인감증명서는 인장사용에 부수해서 그의 확인방법으로 사용되며 인장사용과 분리해서 그것만으로서는 어떤 증명방법으로 사용되는 것이 아니어서 인감증명서 그것만의 교부가 일반적으로는 어떤 대리권을 부여하기 위한 행위라고 볼 수 없을 것인데, 표현대리를 인정할 기본적 대리권이 있었다고 인정되지 않는다는 이유로서 표현대리에 관한 주장을 배척한 것은 정당하다(대판 1978.10.10. 78다75).

2) 공법행위

판례는 자기명의의 영업허가를 구청에 내달라고 부탁하면서 인감도장을 교부하거나, 등기신청을 부탁하는 경우처럼, 공법상의 행위에 관하여도 이를 기본대리권으로 삼을 수 있다고 한다(대판 1978.3.28, 78다282). 따라서 권한을 넘은 표현대리는 기본대리권과 초월하는 대리행위가 이종(별종)이더라도 상관없다.

3) 사실행위

판례 중에는 사실행위를 위한 사자인 경우에도 표현대리를 긍정한 사례도 있고, 사실행위를 기본대리권으로 해서는 제126조의 표현대리가 성립할 수 없다는 사례도 있다.

판례 ㉠ **긍정한 사례** : 대리인이 사자 내지 임의로 선임한 복대리인을 통하여 권한 외의 법률행위를 한 경우, 상대방이 그 행위자를 대리권을 가진 대리인으로 믿었고 또한 그렇게 믿는 데에 정당한 이유가 있는 때에는, 복대리인 선임권이 없는 대리인에 의하여 선임된 복대리인의 권한도 기본대리권이 될 수 있을 뿐만 아니라, 그 행위자가 <u>사자</u>라고 하더라도 대리행위의 주체가 되는 대리인이 별도로 있고 그들에게 본인으로부터 기본대리권이 수여된 이상, 민법 제126조를 적용함에 있어서 기본대리권의 흠결 문제는 생기지 않는다(대판 1998.3.27, 97다48982).

㉡ **부정한 사례** : 민법 제126조의 표현대리가 성립하기 위하여는 무권대리인에게 법률행위에 관한 기본대리권이 있어야 하는바, 투자상담사가 증권회사로부터 위임받은 <u>고객의 유치·투자상담 및 권유·위탁매약정실적의 제고 등의 업무는 사실행위에 불과</u>하므로 이를 기본대리권으로 하여서는 권한초과의 표현대리가 성립할 수 없다(대판 1992.5.26, 91다32190).

(2) 초월하는 대리행위의 존재

1) 권한 없이 본인으로 가장한 행위 : 제126조의 표현대리는 초월하는 대리행위가 있어야 한다. 즉 표현대리인과 상대방 사이에 대리행위가 없는 때에는 제126조에 따른 표현대리는 적용될 수 없다. 따라서 「대리인이 본인으로부터 위임받은 바와는 달리 이전등기의 관계서류를 위조 내지 변조하여 본인으로부터 직접 자기 앞으로 이전한 후 제3자를 통하여 담보권을 설정하였다고 한다면 특별한 사정이 없는 한 담보권설정계약의 당사자는 대리인과 제3자로서 그 대리인은 본인의 대리인으로서 그러한 계약을 하였다고 볼 수 없다」(대판 1972.5.23, 71다2365). 그러나 권한 있는 대리인이 본인임을 사칭하고, 본인을 가장하여 법률행위를 한 경우에는 표현대리법리를 유추적용할 수 있다(대판 1993.2.23, 92다52436).

판례 ㉠ 즉 乙이 甲의 대리인으로서 매매계약을 체결하였다면 표현대리문제가 나올는지 몰라도 乙이 甲으로부터 매수한 임야를 자기소유라 하여 매도한 이상 매매계약의 당사자는 乙이고 甲은 당사자가 아니므로 권한을 넘은 표현대리이론을 여기에 적용할 수 없다(대판 1992.11.13, 92다33329). 또한 대리행위의 표시를 하지 아니하고 본인인 것처럼 기망하여 본인 명의로 직접 법률행위를 한 경우, 민법 제126조의 표현대리는 성립하지 않는다. 따라서 처가 제3자를 남편으로 가장시켜 관련 서류를 위조하여 남편 소유의 부동산을 담보로 금원을 대출받은 경우, 남편에 대한 민법 제126조 소정의 표현대리책임이 인정될 수 없다(대판 2002.6.28, 2001다49814).

㉡ 민법 제126조의 표현대리는 대리인이 본인을 위한다는 의사를 명시 혹은 묵시적으로 표시하거나 대리의사를 가지고 권한 외의 행위를 하는 경우에 성립하고, 사술을 써서 위와 같은 대리행위의 표시를 하지 아니하고 단지 본인의 성명을 모용하여 자기가 마치 본인인 것처럼 기망하여 본인명의로 직접 법률행위를 한 경우에는 특별한 사정이 없는 한 위 제126조 소정의 표현대리는 성립될 수 없다(대판 1988.2.9, 87다카273).

㉢ 그러나 본인으로부터 아파트에 관한 임대 등 일체의 관리권한을 위임받아 본인으로 가장하여 아파트를 임대한 바 있는 대리인이 다시 자신을 본인으로 가장하여 임차인에게 아파트를 매도하는 법률행위를 한 경우에는 권한을 넘은 표현대리의 법리를 유추적용하여 본인에 대하여 그 행위의 효력이 미친다고 볼 수 있다(대판 1993.2.23, 92다52436).

2) 상대방

제126조의 상대방은 제125조 및 제129조의 경우와 마찬가지로 표현대리행위의 직접상대방만을 말한다(통설과 판례).

판례 〈대판 1994.5.27, 93다21521〉 권한을 넘은 표현대리에 관한 민법 제126조의 규정에서 제3자라 함은 당해 표현대리행위의 직접 상대방이 된 자만을 지칭하는 것이고, 이는 위 규정을 배서와 같은 어음행위에 적용 또는 유추적용할 경우에 있어서도 마찬가지로 보아야 할 것이며, 약속어음의 배서행위의 직접 상대방은 그 배서에 의하여 어음을 양도받은 피배서인만을 가리키고 그 피배서인으로부터 다시 어음을 취득한 자는 민법 제126조 소정의 제3자에는 해당하지 아니한다.

3) 적용범위

제126조의 표현대리는 임의대리 · 법정대리 모두 다 적용된다.

제827조 (부부간의 가사대리권)
① 부부는 일상의 가사에 관하여 서로 대리권이 있다.
② 전항의 대리권에 가한 제한은 선의의 제3자에게 대항하지 못한다.

제832조 (가사로 인한 채무의 연대책임)
부부의 일방이 일상의 가사에 관하여 제3자와 법률행위를 한 때에는 다른 일방은 이로 인한 채무에 대하여 연대책임이 있다. 그러나 이미 제3자에 대하여 다른 일방의 책임없음을 명시한 때에는 그러하지 아니하다.

(가) 일상가사대리권의 의의와 범위

부부간의 일상가사대리권은, 부부가 공동체로서 가정생활상 항시 행하여지는 행위에 한하는 것이다. 따라서 처가 별거하여 외국에 체류중인 남편의 재산을 처분한 행위 · 처가 남편 소유의 부동산을 매각하는 것과 같은 처분행위 등은 일상가사에 속하는 것이라 볼 수 없다고 하며, 그리고 부동산을 처분하거나 저당잡히는 행위, 가옥의 임대, 직업상 전문적인 사무, 어음 · 수표의 배서행위, 자동차의 구입을 위해 타인으로부터 돈을 빌리는 행위 등은 일상가사의 범위에 속하지 않는다고 한다.

(나) 일상가사로 인한 채무의 연대책임

부부의 일방이 일상의 가사에 관하여 제3자와 법률행위를 한 때에는 부부는 이로 인한 채무에 대하여 연대책임이 있다. 그렇다면 일상가사를 넘는 경우에는 어떻게 할 것인가 ? 이러한 경우 제126조의 표현대리가 문제된다. 즉 이러한 부부간 일상가사의 대리권범위를 넘는 행위를 한 경우는 무권대리가 되나 상대방은 표현대리(제126조)의 요건이 충족되는 경우 보호될 수 있다(다수설과 판례). 즉 저당권설정행위 등과 같은 처분행위는 비록 일상가사의 범위에 포함되지 않지만 그 일상가사대리권을 기본대리권으로 하여 상대방이 그러한 권한이 있다고 믿을만한 정당한 사유가 있는 경우 본인은 민법 제126조의 표현대리의 책임을 진다. 일부견해는 부부일방이 장기여행이나 기타 권리행사의 제한이 있을 때 상대방 배우자의 권한을 넓게 인정하는 비상가사대리권을 인정하자는 견해도 있으나 판례는 이를 부정한다.

판례 ㉠ 〈**일상가사와 표현대리**〉 부부상호간 일상가사를 초과하는 행위에 관하여 일상가사대리권을 기본대리권으로 하여 제126조의 적용을 긍정하는 견해가 통설 · 판례의 입장이다(한편 판례는 비상가사대리권을 부정한다).
㉡ 〈**일상가사대리와 제126조의 표현대리**〉 ① 처가 특별한 수권 없이 남편을 대리하여 위와 같은 행위를 하였을 경우에 그것이 민법 제126조 소정의 표현대리가 되려면 처에게 일상가사대리권이 있었다는 것만이 아니라 상대방이 처에게 남편이 그 행위에 관한 대리의 권한을 주었다고 믿었음을 정당화할 만한 객관적인 사정이 있어야 한다. ② 처가 북한으로 피랍된 남편을 대리하여 토지를 매도한 사안에서, 남편이 피랍된 후 매매계약 당시까지 연락이 두절되어 처에게 매매계약에 관한 대리권을 수여할 수 없었고, 당시 남편이 처에게 위 매매계약에 관한 대리권을 주었다고 매수

인이 믿었음을 정당화할 만한 객관적 사정이 존재하였다고 볼 수 없어, 민법 제126조의 표현대리가 성립하지 않는다(대판 2009.4.23. 2008다95861).

ⓒ 〈친족회동의〉 판례는 한정치산자(피한정후견인)의 후견인이 친족회(현재는 폐지됨)의 동의를 얻지 않고 피후견인의 부동산을 처분하는 행위를 한 경우에도 상대방이 친족회의 동의가 있다고 믿은 데에 정당한 사유가 있는 때에는 본인인 한정치산자에게 그 효력이 미친다고 한다(대판 1997.6.27. 97다3828).

(3) 정당한 이유

1) 정당한 이유의 의미

권한을 넘은 표현대리가 성립하려면, 제3자가 그 권한이 있다고 믿을 만한 정당한 이유가 있어야 한다. 정당한 이유의 의미에 관하여 학설의 대립이 있다

2) 학설 · 판례

(가) 무과실설(다수설 · 판례)

㉠ 정당한 이유가 있는 경우란 상대방이 대리권의 존재를 믿은 데 과실이 없었음을 의미하는 것이라는 입장이다. 그리고 정당한 이유의 유무는 보통인의 판단능력을 기초로 거래 당시의 사정으로부터 객관적으로 거래의 통념에 따라 판단한다고 한다.

㉡ 정당한 이유의 유무를 판정할 시기는 대리행위를 하는 때를 기준으로 하여야 한다는 것이 다수설과 판례의 주류이다. 따라서 무권대리인이 매매계약 후 잔대금 수령시에 본인 명의의 등기서류를 제시한 사정만으로 상대방이 무권대리인에게 그 권한이 있다고 믿을 만한 정당한 이유가 될 수 없다(대판 1981.8.20. 80다3247).

판례 정당한 이유의 존부는 자칭 대리인의 대리행위가 행하여질 때에 존재하는 제반사정을 객관적으로 판단하여야 하는 것이지 당해 법률행위가 이루어지고 난 훨씬 뒤의 사정을 고려하여 그 존부를 결정해야 하는 것은 아니다(대판 1987.7.7. 86다카2475). 따라서 판례는 "금융기관이 본인 아님을 아는 어떤 사람이 본인의 인감도장과 그 인감증명을 가지고 있다고 하여 계약체결의 권한이 있다고 믿었어도 정당한 이유는 되지 않는다"고 하였다(대판 1980.4.8. 80다188). 그러므로 (i) 부동산 매도를 위임받은 대리인이 자신의 채무 지급을 담보하기 위하여 그 부동산에 관하여 양도담보계약을 체결한 사안에서, 대리인이 소유권이전등기에 필요한 서류와 인감도장을 모두 교부받아 이를 상대방에게 제시하며 부동산을 처분할 대리권이 있음을 표명하였다면 상대방으로서는 대리권이 있다고 믿는 데에 정당한 이유가 있었다고 볼 수 있고, 더 나아가 본인에 대해 직접 대리권 수여 유무를 확인해보아야만 하는 것은 아니다(대판 2009.11.12. 2009다46828). (ii) 부동산 매도를 위임받은 대리인이 자신의 채무 지급에 갈음하여 그 부동산에 관하여 대물변제계약을 체결한 사안에서, 그 계약 체결 이후에 비로소 본인으로부터 소유권이전등기에 필요한 서류와 인감도장을 교부받았다면 상대방이 대리인에게 위 부동산을 대물변제로 제공할 대리권이 있다고 믿은 데에 정당한 이유가 있다고 할 수 없다(대판 2009.11.12. 2009다46828).

(나) 독자적 판단설(소수설)

정당한 이유의 유무는 과실보다 더 객관적인 판단에 맡겨야 한다는 견해로서 법관이 변론종결 당시까지 존재하는 제반자료 및 사정을 종합하여 판단할 때 대리권의 존재가 명백하다고 여겨지는 경우에 정당한 이유가 있다고 한다. 즉 정당한 이유란 무과실보다 더 좁게(엄격하게) 판단한다는 것이 특색인 데, 판단기준은 보통인이 아닌 이성인이며, 월권대리행위시가 아닌 사실심변론종결까지를 고려한다는 것이다.

3) 입증책임

(가) 본인부담설(다수설)

정당한 이유의 주장 및 입증책임이 본인에게 있다는 견해이다. 제125조·129조의 표현대리와 달리할 근거가 없다는 것을 근거로 한다.

(나) 상대방부담설(소수설)

권한을 넘은 표현대리는 다른 표현대리와 성질이 다르므로 선의·무과실보다 엄격한 정당한 이유를 요건으로 하는데, 이러한 취지를 고려할 때 정당한 이유의 입증책임은 상대방에게 부담시켜야 한다는 것이다.

판례 〈제126조의 표현대리에 있어서 정당한 이유의 입증책임: 상대방부담설〉 제126조에 의한 표현대리행위로 인정된다는 점의 주장 및 입증책임은 그것을 유효하다고 주장하는 자(＝상대방)에게 있다(대판 1968.6.18, 68다694).

(4) 과실상계여부

표현대리가 성립하는 경우 과실상계의 법리를 유추적용하여 본인의 책임을 경감할 수 있는가에 대하여 판례의 태도를 본다면 '표현대리가 성립하는 경우에 그 본인은 표현대리행위에 의하여 전적인 책임을 져야 하고, 상대방에게 과실이 있다고 하더라도 과실상계법리를 유추적용하여 본인의 책임을 경감할 수 없다'고 한다(대판 1996.7.12, 95다49554 등).

Tip 제126조의 정당한 이유

구분	다수설	소수설	판례
의미	선의·무과실	선의·무과실보다 좁은 개념	다수설과 동일
판단기준시기	대리행위시	사실심변론종결시	··
판단하는 자	일반인	이성인	··
입증책임	본인	상대방	소수설과 동일

3. 다른 표현대리 유형과의 경합

대리권의 수여를 표시한 때에 그 통지된 대리권의 범위를 넘은 행위를 한 경우와 이전에 존재하였으나 이미 소멸해버린 대리권의 범위를 넘은 행위를 한 경우에 제126조의 표현대리가 적용되는가? 통설은 긍정한다. 판례는 제129와 제126조의 경합에 관해서는 이를 긍정하는 판결이 주류이다.

판례 〈제129조와 제126조의 경합〉 민법 제126조에서 말하는 권한을 넘은 표현대리는 현재에 대리권을 가진 자가 그 권한을 넘은 경우에 성립하는 것이지, 현재에 아무런 대리권도 가지지 아니한 자가 본인을 위하여 한 어떤 대리행위가 과거에 이미 가졌던 대리권을 넘은 경우에까지 성립하는 것은 아니라고 할 것이고, 한편 과거에 가졌던 대리권이 소멸되어 민법 제129조에 의하여 표현대리로 인정되는 경우에 그 표현대리의 권한을 넘는 대리행위가 있을 때에는 민법 제126조에 의한 표현대리가 성립할 수 있다. 또한, 표현대리의 효과를 주장하려면 상대방이 자칭 대리인에게 대리권이 있다고 믿고 그와 같이 믿는 데 정당한 이유가 있을 것을 요건으로 하는 것인바, 여기의 정당한 이유의 존부는 자칭 대리인의 대리행위가 행하여 질 때에 존재하는 제반 사정을 객관적으로 관찰하여 판단하여야 한다(대판 2008.1.31, 2007다74713).

4. 관련판례

(1) 법인대표자의 대표행위

법인의 불법행위책임과 권한을 넘은 표현대리가 경합하였을 때, 우리 판례는 제35조를 우선적으로 적용하는 입장이다. 즉 「행위의 외형상 법인의 대표자의 직무행위라고 인정할 수 있는 것이라면 설사 그것이 대표자 개인의 사리를 도모하기 위한 것이거나 혹은 법령의 규정에 위배된 것이었다 하더라도 직무에 관한 행위에 해당한다」고 하여 제35조를 우선하는 입장이다. 이에 관한 다수설은 거래행위에 의한 경우 표현대리 우선설이다.

판례 〈교회의 대표자가 교인총회의 결의를 거치지 아니하고 교회 재산(또는 종중재산)을 처분한 행위에 대하여 민법 제126조의 표현대리에 관한 규정을 준용할 수 있는지 여부(소극)〉
㉠ 기독교 단체인 교회에 있어서 교인들의 연보, 헌금 기타 교회의 수입으로 이루어진 재산은 특별한 사정이 없는 한 그 교회 소속 교인들의 총유에 속한다(제275조) 따라서 그 재산의 처분은 그 교회의 정관 기타 규약에 의하거나 그것이 없는 경우에는 그 교회 소속 교인들로 구성된 총회의 결의에 따라야 한다(제276조).
㉡ 비법인사단인 교회의 대표자는 총유물인 교회 재산의 처분에 관하여 교인총회의 결의를 거치지 아니하고는 이를 대표하여 행할 권한이 없다. 그리고 교회의 대표자가 권한 없이 행한 교회 재산의 처분행위에 대하여는 민법 제126조의 표현대리에 관한 규정이 준용되지 아니한다(대판 2009.2.12, 2006다23312).

(2) 소송행위

공정증서가 채무명의(집행권원)로서 집행력을 가질 수 있도록 하는 집행인낙의 의사표시는 공증인에 대한 소송행위로서 이러한 소송행위에는 민법상의 표현대리 규정이 적용 또는 준용될 여지도 없다(대판 2003.4.11, 2003다7173, 7183).

(3) 어음행위

다른 사람이 권한 없이 직접 본인 명의로 기명날인을 하여 어음행위를 한 경우에도 제3자가 그 타인에게 그와 같은 어음행위를 할 수 있는 권한이 있다고 믿을 만한 사유가 있고 본인에게 책임을 질만한 사유가 있는 경우에는 거래안전을 위하여 표현대리에 있어서와 같이 본인에게 책임이 있다고 해석하여야 한다(대판 2000. 3. 23, 99다50385).

판례 ㉠ 다른 사람이 본인을 위하여 한다는 대리문구를 어음 상에 기재하지 않고 직접 본인 명의로 기명날인을 하여 어음행위를 하는 이른바 기관 방식 또는 서명대리 방식의 어음행위가 권한 없는 자에 의하여 행하여졌다면 이는 어음행위의 무권대리가 아니라 어음의 위조에 해당하는 것이기는 하나, 그 경우에도 제3자가 어음행위를 실제로 한 자에게 그와 같은 어음행위를 할 수 있는 권한이 있다고 믿을 만한 사유가 있고, 본인에게 책임을 질만한 사유가 있는 때에는 대리방식에 의한 어음행위의 경우와 마찬가지로 민법상의 표현대리 규정을 유추적용하여 본인에게 그 책임을 물을 수 있다(대판 2000.3.23, 99다50385). ㉡ 어음행위의 대리 또는 대행권한을 수여받은 자가 그 수권의 범위를 넘어 어음행위를 한 경우에 본인은 그 수권의 범위 내에서는 대리 또는 대행자와 함께 어음상의 채무를 부담한다(대판 2001.2.23, 2000다45303,45310).

(4) 민법 제126조 표현대리 규정유추적용

甲은 자신의 점포를 운영함에 있어 대금결제 등 일부 업무를 남편 乙에게 맡겨 오면서 자기 명의의 수표를 발행하는 것을 묵인하였고, 문제된 500만원 수표의 교부 전까지 이를 정상적으로 결제하였으나 그 후 이혼을 하게 되었다. 따라서 500만원의 문제된 수표는 乙이 이혼

전에 甲의 가계수표 용지 및 인장을 훔쳐 위 수표용지에 甲의 이름을 기재한 다음 그 옆에 甲의 인장을 날인하여 위조한 것이다. 甲의 책임과 관련하여 상대방인 丙으로서는 乙에게 甲을 대리하여 甲명의의 수표를 발행한 권한이 있다고 믿을 만한 충분한 사정이 있었다고 보여지므로, 민법 제126조의 표현대리의 규정을 유추하여 甲은 500만원 수표에 대하여 발행인으로서 책임이 있다고 할 것이다(대판 2000.3.23, 99다50385 등).

5. 사례연습

관련사례 〔1〕 남편(甲)이 처(乙)에게 저당권설정에 관한 권한을 수여한 사실이 없다는데 乙이 직접 상대방 丙과 상대한 것이 아니고 중간에 A를 넣어서 심부름을 시킨 결과 A가 또한 그 권한을 넘어서 저당권을 설정한 행위는 유효한가?

〔2〕 乙은 甲회사(엘지텔레콤) 강남지사의 영업2팀에서 과장으로 불리며 근무하던 3급사원으로서, 甲의 거래처를 정기적으로 방문하여 거래처의 새로운 통신수요를 파악하고 이에 맞는 통신서비스를 제안하여, 그에 따라 거래처가 새로운 통신서비스의 제공을 원하는 경우 이에 관한 사항을 사업추진보고서로 작성하여 영업2팀장인 A에게 보고하는 업무를 담당하였을 뿐, 스스로 甲을 대리하여 영업과 관련된 계약을 체결할 권한을 가지지는 않았다. 이런 경우, 丙회사는 무권대리인 乙과 컴퓨터 공급계약을 체결한 경우, 丙은 표현대리를 주장하여 甲에게 책임을 물을 수 있는가?(대판 2007.8.23. 2007다23425).

해설 〔1〕 사례

(a) **일상가사대리권과 표현대리** : 원고인 남편(甲)이 처(乙)에게 저당권설정에 관한 권한을 수여한 사실이 없다손 하더라도 부부사이에는 일상의 가사에 관하여 대리권(제827조)이 있으므로 본건 부동산에 관한 처의 저당권설정행위는 권한 밖의 법률행위를 한 경우에 해당하며, 무권대리인(乙)이 직접 피고(丙)와 상대한 것이 아니고 중간에 A를 넣어서 심부름을 시킨 결과 A가 또한 그 권한을 넘어서 저당권을 설정한 것이기는 하나 그렇다고 하여 원고(甲)가 권한을 넘은 표현대리의 책임이 부정되는 것은 아니다.

(b) **유죄선고와 표현대리배제문제** : 그리고 A가 부탁 받은 내용을 어겨서 위의 저당권 설정을 하였기 때문에 유죄의 선고를 받은 사실이 있다 하여 피고(丙)가 취득한 본건 저당권의 설정행위가 사회질서에 배치되는 무효인 행위가 되어 표현대리의 법리가 그 적용을 배제 당하는 것이라고 말할 수도 없다(대판1967.8.29, 67다1125).

〔2〕 사례

(a) **제126조의 표현대리** : 민법 제126조의 권한을 넘은 표현대리가 성립하려면, 대리인이라 칭하는 자에게 기본대리권이 있어야 하고 상대방에게 그 권한이 있다고 믿을 만한 정당한 이유가 있어야 할 것인바, 乙은 甲을 대리하여 영업과 관련된 계약을 체결할 권한을 가지지는 않았던 점을 알 수 있으므로, 이러한 乙에게 甲을 대리할 기본대리권이 있었다고 할 수 없고, 따라서 丙이 乙에게 이 사건 계약체결에 관한 대리권이 있다고 믿었던 것에 정당한 이유가 있는지 여부에 나아가 판단할 필요 없이, 乙의 이 사건 계약체결행위가 민법 제126조의 표현대리에 해당한다는 丙의 주장은 받아들일 수 없다.

(b) **제125조의 표현대리** : 민법 제125조가 규정하는 대리권 수여의 표시에 의한 표현대리는 본인과 대리행위를 한 자 사이의 기본적인 법률관계의 성질이나 그 효력의 유무와는 관계없이 어떤 자가 본인을 대리하여 제3자와 법률행위를 함에 있어 본인이 그 자에게 대리권을 수여하였다는 표시를 제3자에게 한 경우에 성립하는 것인바, 기록에 의하여 살펴보더라도 甲이 '乙에게 이 사건 계약 체결에 관한 대리권을 수여하였다.'는 표시를 丙에게 하였다고 인정할 증거를 찾을 수 없으므로, 乙의 이 사건 계약체결행위가 민법 제125조의 표현대리에 해당한다는 丙의 주장은 받아들일 수 없다.

XII. 제129조의 표현대리

> **제129조 (대리권소멸후의 표현대리)**
> 대리권의 소멸은 선의의 제3자에게 대항하지 못한다. 그러나 제3자가 과실로 인하여 그 사실을 알지 못한 때에는 그러하지 아니하다.

1. 의의와 요건

(1) 의의

제129조 대리권 소멸 후의 표현대리는 대리인이 이전에 대리권을 가졌었는데 현재에는 대리권이 소멸하였지만 상대방이 대리권이 종전처럼 있다고 믿는 대리권의 존속의 외관과 관련이 있다. 예컨대 법인의 이사직을 사임한 자가 법인의 이사로서 제3자와 법률행위를 하는 경우이다(김준호 민법강의, p.346).

(2) 요건

첫째, 존재하였던 대리권이 소멸하였을 것(따라서 수권행위가 무효·취소된 경우에는 본조의 적용이 없다), 둘째 소멸된 대리권의 범위 내에서 한 행위, 셋째 상대방은 선의·무과실일 것 등이다.

2. 표현대리경합

민법 제129조의 대리권 소멸후의 표현대리로 인정되는 경우에, 그 표현대리의 권한을 넘는 대리행위가 있을 때에는 민법 제126조의 표현대리가 성립될 수 있다(대판 1979.3.27, 79다234).

판례 〈민법 제129조에 의한 표현대리가 인정되는 경우, 그 표현대리의 권한을 넘는 대리행위가 있을 때 민법 제126조에 의한 표현대리가 성립할 수 있는지 여부(적극)〉 민법 제126조에서 말하는 권한을 넘은 표현대리는 현재에 대리권을 가진 자가 그 권한을 넘은 경우에 성립하는 것이지, 현재에 아무런 대리권도 가지지 아니한 자가 본인을 위하여 한 어떤 대리행위가 과거에 이미 가졌던 대리권을 넘은 경우에까지 성립하는 것은 아니라고 할 것이고, 한편 과거에 가졌던 대리권이 소멸되어 민법 제129조에 의하여 표현대리로 인정되는 경우에 그 표현대리의 권한을 넘는 대리행위가 있을 때에는 민법 제126조에 의한 표현대리가 성립할 수 있다(대판 2008.1.31, 2007다74713).

3. 법정대리에 적용여부

제125조의 표현대리는 법정대리에는 적용되지 않는다. 제126조와 제129조의 표현대리는 법정대리에 대해서도 적용된다(통설·판례).

4. 입증책임

1) 상대방은 선의·무과실이어야 한다.

판례 판례는 "정당한 권원에 의하여 작성된 매도증서, 위임장, 인감증명서등 등기신청에 필요한 모든 서류를 구비하여 소지하고 있다면 특별한 사유가 없는 한 대리권이 있다고 믿을만한 정당한 사유가 있다 할 것이고 설사 대리권이 소멸되었다 하더라도 상대방이 선의의 제3자로서 과실이 없었다면 본인은 대리권의 소멸을 상대방에게 대항할 수 없다."고 한다(대판 1962.10.18. 62다535).

2)「선의·무과실」의 입증책임을 구분하면 다음과 같다. 제129조의 경우, 다수설은 본인이 상대방의 악의 또는 과실을 입증하여야 한다고 하나, 소수설은 법조문상 선의는 상대방, 과실은 본인이 부담하여야 한다고 한다.

5. 복대리와 표현대리

대리권소멸 후 선임한 복대리인의 행위에 표현대리가 성립할 수 있다(아래판례참조).

판례 〈복대리에도 표현대리법리적용〉 표현대리의 법리는 거래의 안전을 위하여 어떠한 외관적 사실을 야기한 데 원인을 준 자는 그 외관적 사실을 믿음에 정당한 사유가 있다고 인정되는 자에 대하여는 책임이 있다는 일반적인 권리외관이론에 그 기초를 두고 있는 것인 점에 비추어 볼 때, 대리인이 대리권소멸 후 직접 상대방과 사이에 대리행위를 하는 경우는 물론, 대리인이 대리권소멸 후 복대리인을 선임하여 복대리인으로 하여금 상대방과 사이에 대리행위를 하도록 한 경우에도 상대방이 대리권소멸사실을 알지 못하여 복대리인에게 적법한 대리권이 있는 것으로 믿었고, 그와 같이 믿은 데 과실이 없다면 민법 제129조에 의한 표현대리가 성립할 수 있다(대판 1998.3.27, 97다48982).

XⅢ. 무권대리

> **제130조 (무권대리)**
> 대리권 없는 자가 타인의 대리인으로 한 계약은 본인이 이를 추인하지 아니하면 본인에 대하여 효력이 없다.
> **제133조 (추인의 효력)**
> 추인은 다른 의사표시가 없는 때에는 계약시에 소급하여 그 효력이 생긴다. 그러나 제3자의 권리를 해하지 못한다.

1. 의 의

대리권 없이 타인의 이름으로 의사표시를 하거나 이를 수령하는 행위를 무권대리라 한다. 무권대리는 통설적 견해와 판례에 의하면 협의의 무권대리와 표현대리로 구분된다. 협의의 무권대리는 대리권 없이 이루어진 행위이므로 행위의 법적 효과가 본인에게 발생하지 않으며, 상대방도 본인에 대하여 그 효과를 주장할 수 없다. 다만 표현대리는 일정한 요건하에 본인이 책임을 진다.

2. 무권대리에서 본인의 추인

(1) 의의 및 법적 성질

1) 의의

무권대리행위는 그 효력이 불확정 상태에 있다(유동적 무효)가 본인의 추인 유무에 따라 본인에 대한 효력발생 여부가 결정되는 것으로서, 추인은 무권대리행위가 있음을 알고 그 행위의 효과를 자기에게 귀속시키도록 하는 단독행위이다.

판례 〈**무권대리행위의 추인권**〉 신용협동조합이 파산한 경우 파산재단의 존·귀속에 관한 관리·처분권은 파산관재인에게 전속하므로 파산전에 이사회의 결의 없이 한 대출에 관해 나중에 그 요건이 갖추어져 그 계약이 유효하게 되는 무권대리행위의 추인도 파산관재인만이 행사할 수 있다(대판 2004.1.15, 2003다56625).

2) 법적 성질

추인은 사후의 대리권의 수여는 아니며 그 권리의 성질은 형성권에 속한다. 추인권자가 무권대리행위를 추인하면 처음부터 소급하여 대리권이 있었던 것과 같은 효과가 발생한다(제133조).

판례 〈**대판 2002.10.11, 2001다59217**〉 증권회사의 고객이 그 직원의 임의매매를 묵시적으로 추인하였다고 하기 위하여는 자신이 처한 법적 지위를 충분히 이해하고 진의에 기하여 당해 매매의 손실이 자기에게 귀속된다는 것을 승인하는 것으로 볼 만한 사정이 있어야 할 것이고, 나아가 임의매매를 사후에 추인한 것으로 보게 되면 그 법률효과는 모두 고객에게 귀속되고 그 임의매매행위가 불법행위를 구성하지 않게 되어 임의매매로 인한 손해배상청구도 할 수 없게 되므로, 임의매매의 추인, 특히 묵시적 추인을 인정하려면, 고객이 임의매매 사실을 알고도 이의를 제기하지 않고 방치하였는지 여부 등 여러 사정을 종합적으로 검토하여 신중하게 판단하여야 할 것이다.

(2) 추인의 방법

1) 상대방

추인의 의사표시는 명시적·묵시적으로도 가능하며, 상대방 또는 무권대리인 어느 쪽에 대해서도 할 수 있다(대판 2009.11.12. 2009다46828). 다만 무권대리인에 대하여 추인을 한 경우, 상대방이 추인의 사실을 알기까지 상대방에 대하여 추인의 효력을 주장할 수 없는 것이다(제132조). 이 점에 대해서 민법은 추인을 상대방에 대하여 하든지 또는 무권대리인에 대하여 하든지 상대방이 그 사실을 알지 못하면 추인의 효과를 대항할 수 없다고 정하여 상대방을 배려하고 있다(제132조). 한편 추인으로 말미암아 불확정한 상태(이른바 유동적 무효)에 놓였던 무권대리행위는 유효하게 되므로 상대방의 철회권 행사(제134조)는 인정되지 않는다.

2) 일부추인

무권대리추인은 대리행위전부를 하여야 하지 무권대리행위의 일부에 대하여 추인을 하거나 변경을 가하여 추인을 하는 것은 상대방의 동의가 없는 한 무효이다(대판 1982.1.26, 81다549). 마찬가지로 무권대리인이 행한 소송행위의 추인은 특별한 사정이 없는 한 소송행위의 전체를 대상으로 하여야 하고, 그 중 일부의 소송행위만을 추인하는 것은 허용되지 아니한다(대법원 2008.8.21. 선고 2007다79480).

(3) 추인의 효과

1) 소급효

무권대리에서 본인의 추인에는 소급효가 있다(제133조). 본인은 이미 행하여진 대리행위에 대하여 추인하게 되면 상대방도 처음부터 효력이 있는 것이라고 생각하여 행동하고 있으므로 행위시로 소급효를 긍정하는 것이다. 즉 무권대리행위에 대하여 본인의 추인이 있으면 무권대리행위는 처음부터 유권대리행위이었던 것과 마찬가지로 다루어지지만, 본인과 상대방 사이에 법률행위의 효력발생시기에 관한 다른 약정이 있는 경우에는 그에 의하게 된다(제133조).

판례 〈무권대리행위 추인의 소급효〉 종중 소유 부동산을 무권대리(대표)행위에 의하여 처분한 경우 종중이 사후에 무권대리인에 대하여 처분행위를 추인하였다면 처분행위는 처음부터 소급하여 유효해진다(대법원 1991.5.24. 선고 90도2190).

2) 소급효 배제

먼저 다른 의사표시가 있는 경우와 제3자의 권리를 해하는 경우는 배제된다. 여기에서 제3자라 함은 대항력 있는 제3자를 말하는 것이다(제133조 단서). 예컨대 무권대리인 乙이 본인 甲의 채무자인 丙으로부터 채권의 변제를 수령한 후, 甲이 이를 추인하더라도 추인 전에 甲의 채권자 A가 그 채권을 압류하여 전부명령을 받은 경우에는, A의 권리를 해치지 못하므로 추인의 소급효는 배제된다.

(4) 판례의 태도

1) 기일의 연기

㈀ 판례는 무권대리인이 차용한 금원의 변제기일에 채권자가 본인에게 그 변제를 독촉하자 본인이 그 유예를 요청한 경우에는 추인으로 보았으나(대판 1973.1.30, 72다2309),

㈁ 子가 대리권 없이 父 소유의 부동산을 판 사실에 관하여 매수인이 자를 고소하겠다고 하는 관계로 부가 매매대금에 해당하는 돈을 반환해주겠다고 하면서 그 매매계약을 해약해달라고 요청하고 또 그 금원반환기일에 돈을 반환하지 못하게 되자 그 기일의 연기를 구한 경우에는 추인으로 보지 않았다(대판 1991.7.9, 91다261 등).

판례 ① 父가 子와 공동상속한 거주가옥의 부지를 자의 대리권 없이 매도하고 사망한 후 子가 매수인에게 그 매매대금상당액을 지급하기로 약정한 것만으로 망부의 무권대리행위를 추인한 것으로 볼 수 없다(대판 1991.7.9, 91다261).
② 무권대리행위의 추인은 무권대리인이나 상대방에게 명시 또는 묵시의 방법으로 할 수 있는 바이므로 원고가 그 장남이 일건 서류를 위조하여 매도한 부동산을 피고에게 인도하여 10여년 간 아무런 이의를 제기하지 않았다면 원고는 무권대리인인 그 장남의 위 매매행위를 묵시적으로 추인한 것으로 볼 것이다(대판 1981.4.14, 81다151).

2) 합의결렬

아내가 타인으로부터 돈을 빌리면서 승낙없이 남편 소유부동산에 근저당권을 설정한 것을 알게 된 남편이, 아내의 채무변제에 갈음하여 자기소유의 아파트와 토지를 아내가 돈을 빌려온 자에게 이전하고 그 토지의 시가에 따라 나중에 정산하기로 합의한 후 그 합의가 결렬되어 이행되지 않은 경우에는 추인으로 보았다.

판례 처가 남편의 인감과 관계서류를 위조하여 남편 소유의 부동산을 매도한 데 대하여 남편이 처의 제3자에 대한 채권 등을 양도받고 처와 이혼하는 한편 처의 위 처분행위와 이에 따른 사문서위조행위를 불문에 붙이기로 합의하였다면 남편은 처의 위 무권대리행위를 추인한 것으로 보아야 한다(대판 1991.3.8, 90다17088).

3) 채무일부변제

무권대리인이 상호신용금고로부터 돈을 대출받은 사실을 그 직후에 알고도 그로부터 3년이

지나도록 상호신용금고에 아무런 이의도 제기하지 아니했고 그 동안 4회에 걸친 어음을 개서하여 지급연기를 구하고 자신의 이익을 위해 직접 채무의 일부까지 변제한 경우에는 추인으로 보았다.

판례 원고 종중의 대리권 없는 자가 원고 종중의 임야를 타에 매도한 행위는 무권대리행위로 무효이나 그 처분한 돈으로 원고 종중이 다른 토지를 매수하였으면 이는 무권대리의 추인에 해당한다(대판 1974.6.11, 73다1871).

4) 상당기간 침묵

무권대리행위를 안 직후에 그것이 자기에게 효력이 없다고 이의를 제기하지 않았다거나 상당기간 방치하였다고 하여 그 무권대리행위를 추인하였다고 볼 것은 아니다. 그리고 그 결과에 대한 책임을 묻지 않으면서 원상회복을 하게 한 채 곧이어 본인이 그 무권대리인에게 유리한 법률행위를 해 주었다고 하여 그러한 사정이 어느 경우에나 묵시적 추인으로 받아들여져야 하는 것은 아니다(대판 2001.3.23, 2001다4880).

판례 타인의 형사책임을 수반하는 무권대리행위에 의하여 권리의 침해를 받은 자가 그 타인에 대한 형사고소를 제기하거나 침해된 권리의 회복을 위한 민사소송을 제기하는 등의 권리들을 그 행위가 있었음을 알고서도 장기간 행사하지 않고 있었다는 사실만으로서는 그 행위에 대하여 묵시적인 추인이 있었던 것이라고 할 수 없을 것이다(대판 1998.2.10. 97다31113; 대판 1967.12 18, 67다2294).

4. 상대방의 최고권과 철회권

제131조 (상대방의 최고권)
대리권 없는 자가 타인의 대리인으로 계약을 한 경우에 상대방은 상당한 기간을 정하여 본인에게 그 추인여부의 확답을 최고할 수 있다. 본인이 그 기간 내에 확답을 발하지 아니한 때에는 추인을 거절한 것으로 본다.
제132조 (추인, 거절의 상대방)
추인 또는 거절의 의사표시는 상대방에 대하여 하지 아니하면 그 상대방에 대항하지 못한다. 그러나 상대방이 그 사실을 안 때에는 그러하지 아니하다.
제134조 (상대방의 철회권)
대리권없는 자가 한 계약은 본인의 추인이 있을 때까지 상대방은 본인이나 그 대리인에 대하여 이를 철회할 수 있다. 그러나 계약당시에 상대방이 대리권 없음을 안 때에는 그러하지 아니하다.

(1) 최고권(발신주의; 제131조)

상대방은 본인에게 상당한 기간을 정하여 추인여부의 확답을 최고할 수 있으며, 본인이 그 기간 내에 확답을 발하지 아니한 때에는 추인을 거절한 것으로 본다. 최고는 준법률행위 중 의사의 통지이고 본인의 침묵에 대하여 거절로 본다. 최고는 상대방의 무권대리행위에 대한 선의나 악의 상관없이 인정된다.

(2) 본인의 추인거절권

본인은 적극적으로 추인의 의사가 없음을 통지하여 무권대리행위를 확정적으로 무효인 것으로 할 수 있다. 본인은 무권대리행위의 추인을 거절하는 의사를 상대방에게 통지할 수 있는데, 이 거절의 통지는 형성적인 효과를 갖지 않고, 다만 무권대리행위가 무효라는 점을 확인하는 성격을 갖는다. 추인이나 추인거절이 있기 전에는 무권대리행위가 추인에 의하여 유효로 전환될 수 있는 유동적 무효의 상태에 있으나, 추인거절이 있은 후에는 장래의 추인이 없을 것이 확실해지므로 무권대리행위가 본인과 상대방 간에서 확정적으로 무효로 된다. 추인거절의 상대방과 방법은 추인에 있어서와 같다(제132). 그리고 본인의 추인거절권과 관련하여 무권대리의 상속이 문제된다.

(3) 철회권(제134조)

상대방은 본인의 추인이 있을 때까지 무권대리에 의한 계약을 철회할 수 있다. 본인의 추인이 있더라도 그것이 무권대리인에 대하여 표시된 때에는 상대방이 추인을 알기까지 무권대리행위를 철회할 수 있다(제132조). 다만 계약 당시에 상대방이 대리권 없음을 안 때에는 이 철회권은 인정되지 않는다(제134조 단서). 철회는 본인이나 그 무권대리인에 대하여 한다. 즉 무권대리행위를 추인한 경우에 상대방이 이를 알지 못하는 동안에는 본인은 상대방에게 추인의 효과를 주장하지 못한다는 취지이므로 상대방은 그 때까지 민법 제134조에 의한 철회를 할 수 있고, 또 무권대리인에의 추인있었음을 주장할 수도 있다(대판 1981.4.14, 80다2314).

관련사례 A는 아무런 권한이 없음에도 불구하고 B의 대리인이라고 칭하면서, 이 사실을 모르는 C와 매매계약을 체결하였다.

해설 (a) **상대방의 최고권** : 대리행위의 상대방은 본인에 대하여 추인여부의 확답을 최고할 수 있다. 특히 최고는 상대방이 악의의 경우라도 할 수 있다(제131조). 즉, 그 행위의 효력이 발생하느냐 안 하느냐는 전적으로 본인의 의사에 의존하는 것으로 되고 상대방이 불안정한 지위에 놓여지는 것은 선의로도 악의로도 변함은 없기 때문이다. 여기서 C가 B에게 추인 여부를 최고한 경우, B가 최고기간 내에 그 확답을 발하지 않으면 추인한 것으로 본다(×, 민법 제131조 후단의 규정상 B가 추인을 거절한 것으로 본다).

(b) **상대방의 철회권** : 무권대리에서 상대방의 철회권은 악의의 상대방에게는 인정되지 않는다(제134조). 상대방에 의한 무권대리행위의 철회가 행하여졌을 때에는 상대방은 무권대리인에 대하여 책임을 추급할 수는 없다. 무권대리행위의 철회는 무권대리인과의 법률관계를 해소시키는 취지로 해석되기 때문이다. 여기서 B가 A에 대하여 추인을 한 후에는 C가 아직 그 사실을 알지 못하였더라도 A와 맺은 계약을 철회할 수 없다(×, C가 선의이고, B의 추인을 알지 못하면 C가 B에게 철회한 경우, C의 철회가 우선한다 - 제132조, 제134조 참조).

(c) **본인의 추인거절** : 본인이 무권대리인의 법률행위에 대하여 추인거절의 의사표시를 한 후에는 다시 추인할 수 없다. 추인을 거절하면 본인은 다시 추인할 수 없으며, 상대방도 최고권이나 철회권을 행사할 수 없다. 추인을 거절함으로써 무권대리행위는 본인에 대하여 확정적 무효로 된다. 추인에 대한 거절은 추인의 의사가 없음을 외부에 표시하는 것이므로, 의사의 통지로서 준법률행위이다(김형배 민법학 강의). 따라서 본인이 무권대리인의 법률행위에 대하여 추인거절의 의사표시를 한 후에는 다시 추인하기 위하여는 상대방의 동의를 얻어야 한다. 한편 C가 B에게 상당한 기간을 정하여 계약의 추인 여부의 확답을 최고하였는데, B가 그 기간이 지난 후에 C에게 추인의 통보를 한 경우, C는 B에게 계약의 이행을 거절할 수 없다(×, 추인을 거절한 것으로 보기 때문에 거절할 수 있다 - 제131조).

(d) **선택채권** : A가 대리권을 증명하지 못하고 또 B의 추인을 얻지 못한 때에는 A의 선택에 좇아, A는 C에게 계약의 이행 또는 손해배상의 책임을 진다(×, A가 아닌 C가 선택권자이다 - 민법 제135조 제1항).

〈무권대리인의 상대방과 제한능력자의 상대방의 최고권 비교〉

구 분	무권대리인의 상대방(제131조)	제한능력자의 상대방(제15조)
공통점	의사의 통지	
	발신주의	
	선·악 불문	
최고의 기간	상당한 기간	1개월 이상의 기간
효과	추인을 거절한 것으로 간주	추인한 것으로 간주, 다만 특별한 절차를 요하는 경우에는 취소로 간주

5. 무권대리인의 상대방에 대한 책임

종전 민법	현행민법
제135조 (무권대리인의 상대방에 대한 책임) ① 타인의 대리인으로 계약을 한 자가 그 대리권을 증명하지 못하고 또 본인의 추인을 얻지 못한 때에는 상대방의 선택에 좇아 계약의 이행 또는 손해배상의 책임이 있다. ② 상대방이 대리권 없음을 알았거나 알 수 있었을 때 또는 대리인으로 계약한 자가 행위능력이 없는 때에는 전항의 규정을 적용하지 아니한다.	제135조(상대방에 대한 무권대리인의 책임) ① 다른 자의 대리인으로서 계약을 맺은 자가 그 대리권을 증명하지 못하고 또 본인의 추인을 받지 못한 경우에는 그는 상대방의 선택에 따라 계약을 이행할 책임 또는 손해를 배상할 책임이 있다. ② 대리인으로서 계약을 맺은 자에게 대리권이 없다는 사실을 상대방이 알았거나 알 수 있었을 때 또는 대리인으로서 계약을 맺은 사람이 제한능력자일 때에는 제1항을 적용하지 아니한다.

(1) 의 의

무권대리인이 대리권 없이 대리행위를 한 후 상대방과의 법적 문제이다. 즉 다른 자의 대리인으로서 계약을 맺은 자가 그 대리권을 증명하지 못하고 또 본인의 추인을 받지 못한 경우에는 그는 상대방의 선택에 따라 계약을 이행할 책임 또는 손해를 배상할 책임을 지는 문제를 말한다.

(2) 무권대리인 책임의 본질

무권대리인은 그 자신이 상대방의 선택에 좇아 계약의 이행 또는 손해배상책임을 진다는 제135조 제1항의 이론적 근거에 대하여 학설의 대립이 있는데 신뢰책임설이 통설이다. 즉 민법 제135조의 무권대리인의 책임은 상대방을 보호하고 대리제도의 신용을 유지하기 위하여 무권대리인에게 부과하는 법정의 무과실 책임이라고 보는 견해이다(통설적 입장). 따라서 무권대리인은 과실이 없어도 책임을 부담한다(법정무과실책임). 그리고 손해배상은 이행이익배상이다.

(3) 입증책임

대리인으로 계약을 한 자가 그 대리권을 증명하지 못한 때에 책임이 발생하므로 상대방이 대리권 없음을 알았거나 알 수 있었을 때 또는 대리인으로 계약한 자가 제한능력자인 때에는 위와 같은 책임을 부담하지 않는다. 이에 대한 입증책임은 무권대리인이 있다(통설).

(4) 상대방의 청구권의 소멸시효 기산점

상대방이 가지는 계약이행 또는 손해배상청구권의 소멸시효는 그 선택권을 행사할 수 있는 때로부터 진행한다 할 것이고, 또 그 선택권을 행사할 수 있는 때라고 함은 대리권의 증명 또는 본인의 추인을 얻지 못한 때라고 할 것이지 무권대리인이 대리권을 증명하지 못하거나 본인의 추인을 얻지 못함을 그 상대방이 안 때부터 진행하는 것이 아니다(대판 1965.8.24, 64다1156).

(5) 무권대리와 상속

(ㄱ) 대리권한 없이 타인의 부동산을 매도한 자가 그 부동산을 단독상속한 후 소유자의 지위에서 자신의 대리행위가 무권대리로 무효임을 주장하여 등기말소 등을 구하는 것(본인의 추인거절권을 주장하는 것)이 금반언원칙이나 신의칙상 허용될 수 없다(대판 1994.9.27, 94다20617).
(ㄴ) 그러나 반대로 무권대리인의 지위를 본인이 상속한 경우, 본인자신의 추인거절권을 행사하는 것은 신의칙 위반이 아니다(아래 판결 참조).

판례 〈乙이 甲 소유의 부동산을 丙에게 처분한 후 사망하고 甲이 乙의 지위를 상속한 경우, 甲은 丙에게 위 처분계약에 따른 이행의무를 부담하는지 여부(소극)〉: 채권자(을)가 채무자(병) 소유의 부동산에 대하여 강제경매신청을 하여 자녀들(갑) 명의로 이를 경락받았다면 그 소유자는 경락인인 자녀들(갑)이라 할 것이므로, 채권자(을)가 그 후 채무자(병)와 사이에 채권액의 일부를 지급받고 자녀들(갑) 명의의 소유권이전등기를 말소하여 주기로 합의하였다 하더라도 이는 일종의 타인의 권리의 처분행위에 해당하여 비록 양자 사이에서 위 합의는 유효하고 채권자(을)는 자녀들(갑)로부터 위 부동산을 취득하여 채무자(병)에게 그 소유권이전등기를 마쳐주어야 할 의무를 부담하지만 자녀들(갑)은 원래 부동산의 소유자로서 타인의 권리에 대한 계약을 체결한 채무자(병)에 대하여 그 이행에 관한 아무런 의무가 없고 이행을 거절할 수 있는 자유가 있었던 것이므로, 채권자(을)의 사망으로 인하여 자녀들(갑)이 상속지분에 따라 채권자(을)의 의무를 상속하게 되었다고 하더라도 그들은 신의칙에 반하는 것으로 인정할 만한 특별한 사정이 없는 한 원칙적으로 위 합의에 따른 의무의 이행을 거절할 수 있다(대판 2001. 9. 25, 99다19698).

6. 단독행위의 무권대리

제136조 (단독행위와 무권대리)
단독행위에는 그 행위당시에 상대방이 대리인이라 칭하는 자의 대리권 없는 행위에 동의하거나 그 대리권을 다투지 아니한 때에 한하여 전6조의 규정을 준용한다. 대리권 없는 자에 대하여 그 동의를 얻어 단독행위를 한 때에도 같다.

(1) 상대방 없는 단독행위

단독행위의 무권대리에서 상대방 없는 단독행위는 절대무효이다(예:「소유권포기」와 같은 상대방 없는 단독행위는 능동대리 및 수동대리를 묻지 않고 언제나 무효이다. 따라서 본인의 추인이 있더라도 무효이다).

(2) 상대방 있는 단독행위

원칙적으로 무효이나 상대방 있는 단독행위의 경우, ㉠ 능동대리의 경우에는 행위 당시에 상대방이 동의하거나 다투지 아니한 때에 한하여, ㉡ 수동대리의 경우에는 무권대리인이 동의한 경우에 한하여 계약의 무권대리처럼 상대방을 보호한다(제136조).

제7장 법률행위의 무효와 취소

I. 개 관

1. 무효와 취소의 의의

⑴ 법률행위의 무효란 '당사자가 법률행위로서 의욕한 법률효과가 발생하지 않는 것이 처음부터 확정적인 경우'를 가리킨다. 따라서 당사자가 의욕한 법률행위가 채권행위인 경우에는 무효사유가 있게 되면 채권·채무가 발생하지 않는다. 그리고 무효행위가 물권변동을 목적으로 하는 처분행위인 경우에 물권의 이전이나 설정의 효과는 생기지 않는다.

⑵ 법률행위의 취소란 '법률행위의 성립상(효력요건을 포함하는 의미) 일정한 흠이 있어도 취소권자가 취소할 때까지 일단은 유효하게 다루고, 취소가 있으면 처음부터 무효인 것으로 다루는 것'을 말한다.

2. 민법의 규정체계

(1) 무효사유

1) 민법이나 민사특별법에서는 법률행위를 무효로 하는 사유를 규정한다. 무효사유에는 당사자의 의사표시가 완전하게 성립하지 못한 경우와 당사자의 의사표시는 완전하지만 법정책적으로 효력을 부인하는 경우의 두 종류로 나눌 수 있다. 그 취지로서 전자는 사적 자치의 내실을 기하기 위하여, 후자는 사회질서를 위해서 사적 자치를 제한하는 기능을 가진다고 설명한다.

2) 의사무능력자의 법률행위·원시적 불능의 법률행위·강행법규에 위반하는 법률행위·반사회질서의 법률행위(제103조)·불공정한 법률행위(제104조)·상대방이 안 비진의표시(제107조 제1항 단서)·허위표시(제108조 제1항) 등이 무효사유의 예이다.

3) 특히 법률행위의 목적이 처음부터 확정적·객관적·영구적으로 불가능한 경우에 그 법률행위는 무효이다(예컨대 특정물채권을 발생시키는 계약에서 계약 당시 이미 목적물이 멸실한 경우, 물권행위에서 그 목적물이 행위 당시 현존·특정되지 않은 경우에 무효로 된다). 그러나 행위 당시에는 불가능하지만 장래 가능해질 수 있는 경우는 원시적 불능에 해당하지 않는다.

(2) 취소사유

법률행위를 무효로 할 것인가 취소로 할 것인가는 입법정책의 문제라고 한다. 따라서 취소사유는 법정사유이다. 취소할 수 있는 법률행위는 제한능력자(종래 무능력자)의 법률행위(제5조 이하)·착오에 의한 의사표시(제109조)·사기 또는 강박에 의한 의사표시(제110조) 등이 있다.

3. 무효와 취소의 차이

(1) 무효와 취소는 법률행위의 효력요건에 흠결이 있다는 점에서 공통성을 갖는다. 그리고 법률행위를 취소하게 되면 소급해서 무효가 되므로(제41조), 그 결과에 있어서 무효와 취소는 공통된다.

(2) 무효와 취소는 다음의 점에서 차이가 있다. 실체법상으로 무효행위는 누구의 주장을 기다리지 않고 당연히 효력이 없다. 반면에 취소는 일단 유효한 법률행위를 법률상 인정된 취소권자의 취소의 의사표시가 있을 때에 무효로 된다.

〈무효와 취소의 차이점〉

분　류	무　　효	취　　소
기본적 효과	특정인의 행위를 기다리지 않고 처음부터 당연히 효력을 발생하지 않는다.	취소권자(특정인)의 취소라는 적극적인 행위에 의하여 비로소 무효가 된다.
주 장 권 자	누구라도 주장할 수 있다.	취소권자만에 한한다(제140조).
주 장 기 간	제한이 없다.	일정기간 내에 한 한다(제146조).
방치한 경우	무효원인이 치유되지 않는다.	일정한 기간이 지나면 취소권의 소멸에 의해 취소할 수 없게 된다.
추　　인	추인이 있어도 효력은 치유되지 않는다(제139조 본문).	추인에 의해 확정적으로 유효로 될 수 있다(제143조 이하).

Ⅱ. 법률행위 무효일반

1. 의 의

법률행위의 무효란 '당사자가 법률행위로서 의욕한 법률효과가 발생하지 않는 것이 처음부터 확정적인 경우'를 가르킨다. 또는 "법률행위가 성립한 당초부터 성립상에 흠(欠)이 있어 법률상 당연히 그 효력이 발생하지 않는 것으로 확정되어 있는 것을 말한다"라고도 설명한다.

2. 무효와 불성립 구별

(1) 법률행위의 무효는 법률행위가 성립된 것을 전제로 하는 것이다. 법률행위가 성립요건을 결여한 법률행위의 부존재(법률행위의 불성립)는 무효인 법률행위와 유사하나, 여러 점에서 무효인 법률행위(성립요건은 갖추었으나 효력요건을 갖추지 않은 경우)와 다르다.

(2) 법률행위의 부존재와 법률행위의 무효의 구별실익은 법률행위의 부존재의 경우에는 무효(성립된 것을 전제)를 전제로 한 일반 통칙규정, 즉 법률행위의 일부무효(제137조), 무효행위의 전환(제138조), 무효행위의 추인(제139조)의 규정이 전혀 적용될 수 없다. 그리고 법률행위의 부존재가 증명되면 그 효력요건을 증명할 필요 없이 그 법률행위의 효력은 부인된다. 그러나 법률행위의 존재가 증명되면 그 효력을 부인하려는 당사자가 효력요건의 결여를 증명하여야 한다는 점이다.

3. 무효의 유형

(1) 절대적 무효 · 상대적 무효(제3자에 대한 관계)

법률행위를 행한 당사자 사이에서 뿐만 아니라 제3자에 대한 관계에서도 무효인 것을 절대적 무효라고 하는데, 의사무능력자의 법률행위, 강행법규에 위반하는 법률행위, 반사회질서의 법률행위가 이에 속한다. 이러한 절대적 무효는 무효의 효과가 후의 법률행위에도 영향을 미치게 된다.

이에 대해 법률행위의 당사자간에는 무효이지만 선의의 제3자에 대하여는 그 무효를 주장할 수 없는 것을 상대적 무효라고 하는데, 즉 진의 아닌 의사표시 또는 허위표시는 당사자간에는 무효이지만 이 무효로써 선의의 제3자에게 대항하지 못한다(제107조 · 제108조)는 것이 이에 해당한다. 이러한 상대적 무효는 법률에 규정을 두어 무효의 효과가 후속의 법률행위에 영향을 미치지 않게 하여 거래의 안전을 보호하기 위한 것이 특징이다.

(2) 당연무효 · 재판상 무효(소송에 의해서만 이를 주장할 수 있는가)

상법상 회사설립의 무효와 회사합병의 무효는 소송에 의해서만 이를 주장할 수 있는데(상법 제184조 · 제236조), 이러한 무효를 재판상의 무효라고 한다. 민법의 재산법에는 재판상 무효가 없다. 다만 가족법에는 인지에 대한 이의의 소(제862조) · 혼인중의 子에 대한 친자관계 부존재에 관해 소(訴)로써만 주장 가능(제865조)하기 때문에 출생신고나 인지의 무효는 재판상 무효에 해당한다고 볼 수 있다.

이에 대해 소송을 필요로 하지 않는 무효를 당연무효라고 하는데, 민법상 무효가 이에 속한다. 소송 중 무효사유가 사회질서위반인 경우, 당사자의 주장을 기다리지 않고 무효임을 선고하여야 한다. 그 밖의 무효사유는 당사자주의의 원칙상 당사자의 주장이 있어야 고려한다.

(3) 전부무효 · 일부무효

법률행위에서 분할가능한 일부분만이 무효사유에 해당하는 때를 일부무효라 하고, 법률행위의 전부가 무효인 것을 전부무효라 한다. 법률행위의 일부무효에 관해서, 민법 제137조는 "법률행위의 일부분이 무효인 때에는 그 전부를 무효로 한다. 그러나 그 무효부분이 없더라도 법률행위를 하였을 것이라고 인정될 때에는 나머지 부분은 무효가 되지 아니한다"고 규정하여 법률행위의 일부무효는 전부무효임을 원칙적으로 삼고 있다.

한편 법률이 일부무효의 효과를 명시적으로 규정하는 경우가 있는데(민법 제385조 · 제591조 제1항 · 제651조 제1항, 근로기준법 제22조, 약관의 규제에 관한 법률 제16조), 이러한 경우에는 그 규정에 따라 처리됨은 물론이다.

(4) 확정적 무효 · 유동적 무효

법률행위의 무효는 확정적으로, 또 계속적으로 효력이 발생하지 않으며, 후에 추인을 하더라도 효력이 생기지 않음이 원칙이다(제139조 본문). 다만 현재는 무효이나 추후 제3자의 추인이나 행정관청의 인가 등에 의해 유효하게 될 수 있는 무효를 유동적 무효라고 한다.

4. 무효의 효과

법률행위가 무효이면 표의자가 의욕한 법률효과는 법률상 당연히 확정적으로 발생하지 않는다(일반적 효과). 따라서 무효에 관하여 법원은 당사자의 주장이 없더라도 직권으로 이를 조사하여 법률효과를 부인하여야 한다. 그러나 무효인 법률행위라도 다른 법률효과를 갖는 경우가 있다(부수적 효과). 예컨대 '급부의 원시적 불능'은 법률행위를 무효로 하므로 원래 의도했던 효과는 발생하지 않는다(일반적 효과). 그러나 이러한 원시적 불능의 급부를 목적으로 하는 계약을 체결하도록 유인한 당사자는 과실행위로 인한 손해배상의무를 지는 부수적 효과가 있다(제535조 참조).

(1) 이행이 없는 경우

무효인 법률행위가 채권행위인 경우에 이에 기하여 채권·채무가 발생하지 않는다. 즉 이행 전에는 이행할 필요가 없다. 따라서 채권자는 무효행위에 기하여 급부를 청구하지 못하므로 채무자에 대해 이행청구 및 이행강제를 할 수 없다. 처분행위가 무효인 경우 당사자가 의도한 권리처분의 효과는 생기지 않는다.

(2) 이행이 있는 경우

처분행위가 무효인 경우 당사자가 의도한 권리처분의 효과는 생기지 않는다. 무효인 법률행위에 기하여 급부가 이행된 경우에는 그 급부는 원칙적으로 부당이득에 관한 규정(제741조 이하)에 의해 반환되어야 한다. 단 불법원인급여를 한 경우에는 반환을 청구하지 못한다(제746조).

판례 〈불법원인급여와 그 반환약정〉 불법원인급여 후 급부를 이행받은 자가 급부의 원인행위와 "별도의 약정"으로 급부 그 자체 또는 그에 갈음한 대가물의 반환을 특약하는 것은 불법원인급여를 한 자가 그 부당이득의 반환을 청구하는 경우와는 달리 그 반환약정 자체가 사회질서에 반하여 무효가 되지 않는 한 유효하다. 여기서 반환약정 자체의 무효 여부는 반환약정 그 자체의 목적뿐만 아니라 당초의 불법원인급여가 이루어진 경위, 쌍방당사자의 불법성의 정도, 반환약정의 체결과정 등 민법 제103조 위반 여부를 판단하기 위한 제반 요소를 종합적으로 고려하여 결정하여야 하고, 한편 반환약정이 사회질서에 반하여 무효라는 점은 수익자가 이를 입증하여야 한다(대판 2010.5.27, 2009다12580).

Ⅲ. 일부무효

1. 법률행위 무효의 특징

(1) 의의

사법상 무효라 함은 당사자들이 자유롭게 창출한 규범에 법질서가 정당성을 부여하지 않는 것을 말한다. 따라서 무효 혹은 취소라는 가치판단은 법률행위에 대한 법적 가치판단이다(사실행위 불포함).

(2) 무효와 불성립 구별

법률행위의 무효와 불성립은 구별실익이 있는 바, 법률행위가 성립된 이후에 법률행위의 일부무효(제137조), 무효행위의 전환(제138조) 및 무효인 법률행위의 추인(제139조)의 경우 등이 문제된다.

판례 〈매매계약 체결시 토지의 일정 부분을 매매 대상에서 제외시키는 특약을 한 경우, 그 특약만을 기망에 의한 법률행위로서 취소할 수 있는지 여부(소극)〉 매매계약 체결시 토지의 일정 부분을 매매 대상에서 제외시키는 특약을 한 경우, 이는 매매계약의 대상 토지를 특정하여 그 일정 부분에 대하여는 매매계약이 체결되지 않았음을 분명히 한 것으로써 그 부분에 대한 어떠한 법률행위가 이루어진 것으로는 볼 수 없으므로, 그 특약만을 기망에 의한 법률행위로서 취소할 수는 없다(대판 1999.3.26. 98다56607).

(3) 가상적 의사

'무효행위의 전환'(제138조)과 '일부무효법리'(제137조)는 모두 실질적으로는 존재하지 않는 당사자의 의사를 가상적으로 구성하여 다른 법률행위로서의 효력을 긍정하는 것이다. 반면에 '무효행위의 추인'에는 구체적으로 추인이라는 당사자의 실재하는 의사가 필요하다(이영준, 김상용).

```
◎ 일부 무효

제137조 : 일부무효(양)  ┐  가상적 의사
제138조 : 무효행위전환(질) ┘  (보충적 해석)

★ 분할가능성, 독립성전제
```

2. 일부무효

> **제137조 (법률행위의 일부무효)**
> 법률행위의 일부분이 무효인 때에는 그 전부를 무효로 한다. 그러나 그 무효부분이 없더라도 법률행위를 하였을 것이라고 인정될 때에는 나머지 부분은 무효가 되지 아니한다.

(1) 의의

1) 전부무효 원칙

법률행위의 일부분이 무효인 때에는 그 전부를 무효로 한다. 그러나 그 무효부분이 없더라도 법률행위를 하였을 것이라고 인정될 때에는 나머지 부분은 무효가 되지 아니한다(제137조).

2) 임의규정

일부무효는 전부무효를 원칙으로 하나, 일부분이 무효일지라도 그 부분의 무효 없이도 유효하게 하는 약정은 할 수 있다(제137조는 임의규정이다).

판례 〈전부무효원칙〉 토지와 건물을 일괄하여 매매한 경우 토지에 대하여 토지거래허가가 없다는 이유로 매매계약이 무효가 되면, 지상건물에 대해서도 그 거래계약의 내용에 따른 소유권이전등기청구나 채무불이행으로 인한 손해배상을 청구할 수 없다(대판 1992.10.13. 92다16836).

(2) 적용범위

법률이 별도로 일부무효의 효과를 규정하는 경우에는 그 법률에 의한다(일부무효의 특칙). 예컨대 담보책임면제의 특약에 관한 제한(제584조), 환매기간의 제한(제591조), 약관규제에 관한 법률 등이 있다. 약관규제에 관한 법률에서는 "약관의 일부조항이 무효인 경우 계약은 나머지 부분만으로 유효하게 존속한다. 다만 유효한 부분만으로는 계약의 목적달성이 불가능하거나 일방 당사자에게 부당하게 불리한 때에는 당해 계약을 무효로 한다"고 하고 있어 민법총칙 일부무효의 원칙과 예외규정이 뒤바뀌어 있다(일부무효의 특칙으로 기능).

(3) 요건

1) 요건 검토

무효부분이 없더라도 법률행위를 하였을 것이 인정될 때에는 나머지 부분은 무효가 되지 않는데(제137조 단서·제138조 참조), 그러기 위해서는 법률행위의 일체성이 긍정된 후에 무효부분이 없더라도 나머지 부분이 독립된 존재로서 인정되어야 한다. 따라서 법률행위를 분할할 수 없으면 각 부분의 무효는 전체무효를 가져올 뿐이다. 특히 나머지 부분만으로도 법률행위를 의욕하여야 하는데, 여기서 <u>그 의사는 실존하는 의사가 아니라, 법률행위의 일부가 무효임을 당사자 쌍방이 법률행위의 당시에 알았더라도 역시 법률행위를 하였을 것이라는 가상적 의사</u>가 기준이 된다.

> **판례** 복수의 당사자 사이에 중간생략등기의 합의를 한 경우 그 합의는 전체로서 일체성을 가지는 것이므로, 그 중 한 당사자의 의사표시가 무효인 것으로 판명된 경우 나머지 당사자 사이의 합의가 유효한지의 여부는 민법 제137조에 정한 바에 따라 당사자가 그 무효 부분이 없더라도 법률행위를 하였을 것이라고 인정되는지의 여부에 의하여 판정되어야 할 것이고, 그 당사자의 의사는 실재하는 의사가 아니라 법률행위의 일부분이 무효임을 법률행위 당시에 알았다면 당사자 쌍방이 이에 대비하여 의욕하였을 가정적 의사를 말한다(대판 2010.3.25. 2009다41465).

2) 입증책임

나머지 부분의 유효를 주장하는 자가 무효부분이 없더라도 법률행위를 하였으리라고 인정되는 것을 입증하여야 한다.

> **판례** 〈일부무효 법리의 적용 범위 및 강행법규와의 관계〉 ㉠ 민법 제137조는 임의규정으로서 의사자치의 원칙이 지배하는 영역에서 적용된다고 할 것이므로, 법률행위의 일부가 강행법규인 효력규정에 위배되어 무효가 되는 경우 그 부분의 무효가 나머지 부분의 유효·무효에 영향을 미치는가의 여부를 판단함에 있어서는 <u>개별 법령이 일부무효의 효력에 관한 규정을 두고 있는 경우에는 그에 따라야 하고, 그러한 규정이 없다면 원칙적으로 민법 제137조가 적용될 것이나</u>, 당해 효력규정 및 그 효력규정을 둔 법의 입법 취지를 고려하여 볼 때 <u>나머지 부분을 무효로 한다면 당해 효력규정 및 그 법의 취지에 명백히 반하는 결과가 초래되는 경우에는 나머지 부분까지 무효가 된다고 할 수는 없다</u>(대판 2010.7.22. 2010다23425).
> ㉡ 매매의 대상에 장차 불하받게 되는 특정의 토지 외에 양도인이 경작하던 간척지에 대한 임차권이 포함되어 있는 것으로 인정된다고 하면, <u>임차권의 대상이 되는 토지는 불하되기 전의 간척 중인 토지로서 이 토지에 대한 임차권의 양도만이 거래허가의 대상이 되는 것이므로, 이에 대한 토지거래허가가 없었다고 하여 당연히 양도계약 전부가 무효로 된다고 할 수는 없는바</u>, 법률행위의 내용이 불가분인 경우에는 그 일부분이 무효일 때에도 일부무효의 문제는 생기지 아니하나, 분할이 가능한 경우에는 민법 제137조의 규정에 따라 그 전부가 무효로 될 때도 있고, 그 일부만 무효로 될 때도 있기 때문이다(대판 1994.5.24. 93다58332).

ⓒ 회사가 직원들을 유상증자에 참여시키면서 퇴직시 출자 손실금을 전액 보전해 주기로 약정한 경우, 직원들의 신주인수의 동기가 된 위 손실보전약정이 주주평등의 원칙에 위배되어 무효라는 이유로 신주인수까지 무효로 보아 신주인수인들로 하여금 그 주식인수대금을 부당이득으로서 반환받을 수 있도록 한다면 이는 사실상 다른 주주들과는 달리 그들에게만 투하자본의 회수를 보장하는 결과가 되어 오히려 강행규정인 주주평등의 원칙에 반하는 결과를 초래하게 될 것이므로, <u>위 신주인수계약까지 무효라고 보아서는 아니 된다</u>(대판 2007.6.28, 2006다38161,38178).

ⓔ 甲과 乙 보험회사(미래에셋생명보험)가 피보험자를 만 7세인 甲의 아들 丙으로 하고 보험수익자를 甲으로 하여, 丙이 재해로 사망하였을 때는 사망보험금을 지급하고 장해를 입었을 때는 소득상실보조금 등을 지급하는 내용의 보험계약(무배당파워교통안전보험계약)을 체결한 사안에서, 위 보험계약 중 丙의 재해 사망을 보험금 지급사유로 하는 부분을 제외한 나머지 부분은 유효하다(대법원 2013.4.26. 선고 2011다9068 판결).

(4) 일부취소(일부무효법리준용)

> ◎ 일부취소
> ① 일부분에만 취소사유존재
> ② 법률행위가 가분적 이거나 특정 할 수 있는 경우
> ③ 일부무효(제137조)에 준하여 일부취소

1) 법률행위의 일부취소의 요건

㉠ 하나의 법률행위의 일부분에만 취소사유가 있는 경우에 그 법률행위가 가분적이거나 그 목적물의 일부가 특정될 수 있다면, 그 나머지 부분이라도 이를 유지하려는 당사자의 가정적 의사가 인정되는 경우 그 일부만의 취소도 가능하고, 또 그 일부의 취소는 법률행위의 일부에 관하여 효력이 생긴다고 할 것이나(대판 1992.2.14, 91다36062 판결; 대판 1998.2.10, 97다44737 등 참조), <u>이는 어디까지나 어떤 목적 혹은 목적물에 대한 법률행위가 존재함을 전제로 한다.</u>

㉡ (따라서)매매계약 체결시 토지의 일정 부분을 <u>매매 대상에서 제외시키는 특약을 한 경우, 이는 매매계약의 대상 토지를 특정하여 그 일정 부분에 대하여는 매매계약이 체결되지 않았음을 분명히 한 것으로써 그 부분에 대한 어떠한 법률행위가 이루어진 것으로는 볼 수 없으므로, 그 특약만을 기망에 의한 법률행위로서 취소할 수는 없다</u>(대판 1999.3.26, 98다56607).

2) 일부취소 적용범위

일부취소도 일부무효의 법리가 적용될 수 있다. 그러므로 <u>하나의 계약에 대한 기망 취소의 의사표시는 법률행위의 일부무효이론과 궤를 같이하는 법률행위 일부취소의 법리에 따라 전체 계약에 대한 취소의 효력이 있음이 원칙이다</u>(대판 2013.5.9, 2012다115120). 그러나 일부만이 유효한 경우도 있을 수 있다는 것이다(아래 판결참조).

판례 시(市)로부터 공원휴게소 설치시행허가를 받음에 있어 담당공무원이 법규오해로 인하여 잘못 회시한 공문에 따라 동기의 착오를 일으켜 법률상 기부채납의무가 없는 휴게소부지의 16배나 되는 토지 전부와 휴게소건물을 시에 증여한 경우 휴게소부지와 그 지상시설물에 관한 부분을 제외한 나머지 토지에 관해서만 법률행위의 중요부분에 관한 착오라고 볼 수 있다(대판 1990.7.10, 90다카7460).

Ⅳ. 무효행위의 전환

> **제138조 (무효행위의 전환)**
> 무효인 법률행위가 다른 법률행위의 요건을 구비하고 당사자가 그 무효를 알았더라면 다른 법률행위를 하는 것을 의욕하였으리라고 인정될 때에는 다른 법률행위로서 효력을 가진다.

1. 의 의

(1) 법률행위의 무효

무효행위전환이란 의도했던 A라는 행위는 무효가 되었으나 B라는 행위는 유효가 될 때, B라는 법률행위의 효력을 인정하는 것을 말한다. 무효행위의 전환은 일단 성립한 법률행위의 경우에 비로소 문제된다. 숨은 불합의로 법률행위가 성립하지 않은 경우에는 무효행위 전환의 문제는 발생할 여지가 없다.

(2) 법률행위의 해석 후 문제

법률행위가 성립하였는가를 확정하는 것은 법률행위의 해석에 의하여 확정된다. 그러므로 법률행위의 해석은 무효행위의 전환에 언제나 선행하는 것이다(이영준, 김상용).

(3) 임의규정성

법률행위의 당사자는 미리 법률행위가 무효인 경우에는 다른 법률행위로서 효력을 가지는 것으로서 약정할 수 있다.

2. 요건검토

(1) 가상적 의사(통설)

무효행위의 전환은 당사자가 그 무효를 알았더라면 그 다른 법률행위를 하는 것을 의욕하였으리라고 인정되는 때에 한하여 허용된다.

(2) 이른바 다른 법률행위의 내포성

무효행위의 전환을 위해서는 「다른 법률행위의 요건」을 구비하여야 한다. 그런데 이 점에 관하여 이른바「다른 법률행위의 내포성」의 문제가 있다. 이러한 견해에 따르면, 제138조의 「다른 법률행위」는 그 법률효과에 있어서 원래의 법률행위보다 「작은 것」이어서 이에 내포될 수 있는 것이어야 한다고 한다.

Tip

> ◎ 甲이라는 행위로서는 무효이나 乙이라는 행위로서의 요건을 갖춘 경우, 甲이라는 무효행위를 乙행위로 전환하는 경우, 乙행위는 甲행위보다 작은 것이어서 甲행위에 내포될 수 있는 것이어야 한다. 또한 당사자가 甲행위의 무효를 알았더라면 乙행위를 하는 것을 의욕하였으리라고 인정되어야 한다.

3. 적용범위

(1) 단독행위

단독행위에 관해서도 무효행위의 전환은 인정되는가? 부정설에 따르면, 단독행위의 성질상 전환을 인정할 수 없다고 한다. 반면에 긍정설에 따르면, 민법 자체가 무효행위의 전환을 인정하고 있다고 한다. 즉 비밀증서에 의한 유언이 그 방식을 결여할 경우에는 자필증서의 방식을 갖춘 경우에 한하여 「자필증서에 의한 유언」으로서 인정되고(제1071조), 또한 「연착한 승낙」, 「변경을 가한 승낙」은 새로운 청약으로 본다는 규정(제530조·제534조)을 예로 든다.

(2) 판례고찰

1) 입양의 효력 인정

대법원은 "당사자 사이에 양친자관계를 창설하려는 명백한 의사가 있고, 나아가 기타 입양의 성립요건이 모두 구비된 경우에 입양신고 대신 친생자 출생신고가 있다면 형식에 다소 잘못이 있더라도 입양의 효력이 있다고 해석함이 타당하다"고 하였다(대판 1993.2.23, 92다51969 등).

2) 인지의 효력 인정

혼인신고가 위법하여 무효인 경우에도 무효인 혼인 중 출생한 자를 그 호적에 출생신고하여 등재한 이상 그 자에 대한 인지의 효력이 있다(대판 1971.11.15, 71다1983).

3) 폭리행위의 경우

종전의 무효행위전환이론은 주로 가족법상에서 문제가 되었으나 최근에는 <u>불공정한 법률행위</u>(=폭리행위)에 인정이 되어 중요성이 부각되고 있다(아래판결참조).

판례 〈무효행위전환〉 당사자 쌍방이 매매의 무효를 알았더라면 대금을 다른 액으로 정하여 매매계약에 합의하였을 것이라고 예외적으로 인정되는 경우에는, 그 대금액을 내용으로 하는 매매계약이 유효하게 성립한다. 이때 당사자의 의사는 매매계약이 무효임을 계약 당시에 알았다면 의욕하였을 가정적 효과의사로서, 당사자 본인이 계약 체결시와 같은 구체적 사정 아래 있다고 상정하는 경우에 거래관행을 고려하여 신의성실의 원칙에 비추어 결단하였을 바를 의미한다. 즉 무효행위전환이론이다(대판 2010.7.15, 2009다50308).

4) 임금 지급에 갈음하여 사용자가 제3자에 대한 채권을 근로자에게 양도하는 약정의 효력(=원칙적 무효) 및 위 약정이 '임금 지급을 위한 것'으로서 효력을 갖기 위한 요건

임금은 법령 또는 단체협약에 특별한 규정이 있는 경우를 제외하고는 통화로 직접 근로자에게 전액을 지급하여야 한다(근로기준법 제43조 제1항). <u>따라서 사용자가 근로자의 임금 지급에 갈음하여 사용자가 제3자에 대하여 가지는 채권을 근로자에게 양도하기로 하는 약정은 "전부 무효"임이 원칙이다. 다만 당사자 쌍방이 위와 같은 무효를 알았더라면 임금의 지급에 갈음하는 것이 아니라 지급을 위하여 채권을 양도하는 것을 의욕하였으리라고 인정될 때에는 무효행위 전환의 법리(민법 제138조)에 따라 그 채권양도 약정은 '임금의 지급을 위하여 한 것'으로서 효력을 가질 수 있다</u>(대법원 2012.3.29. 선고 2011다101308 판결).

(3) 요식성 문제

무효행위의 전환을 요식과 불요식행위 상호간의 관계로 고찰하여 본다.

> ① 불요식→불요식 : 가능
> ② 요식 → 불요식 : 가능
> ③ 불요식 →요식 : 불가능
> ④ 요식→ 요식 : 되는 경우 있다.

(ㄱ) 불요식행위가 불요식행위로의 전환, 요식행위가 불요식행위로의 전환은 인정될 수 있다. 즉 乙행위(전환 후의 행위)가 불요식인 경우에는 甲행위(전환 전의 행위)가 불요식이거나 요식행위거나 상관없이 자유로이 인정될 수 있다(비진의표시나 허위표시같이 의사표시의 흠결이 있는 경우로서 무효의 의사표시 배후에 진정한 다른 의사표시가 존재하는 경우에는 유효로 될 수 있다. 실제로는 임대차하면서 장부상으로 매매계약을 체결하는 것처럼 꾸며 놓는 경우나, 증여하면서 매매하는 것처럼 가장하는 경우가 있다).

(ㄴ) 甲행위가 불요식행위이고, 乙행위가 요식행위인 경우에는 전환이 인정될 가능성은 거의 없다.

(ㄷ) 甲행위와 乙행위가 모두 요식행위인 경우에는 문제가 있다. 일반적으로 법률행위의 형식 그 자체를 중시하는 경우는 인정하기 어렵고 당사자의 진의를 중시하는 경우는 전환을 인정할 수 있다고 한다.

4. 효 과

무효행위의 전환요건을 갖추면 <u>무효인 법률행위는 다른 법률행위로서의 효력을 발생한다.</u> <u>즉 무효인 법률행위가 새롭게 유효로 되는 것이 아니다.</u>

V. 무효행위의 추인

> **제139조 (무효행위의 추인)**
> 무효인 법률행위는 추인하여도 그 효력이 생기지 아니한다. 그러나 당사자가 그 무효임을 알고 추인한 때에는 새로운 법률행위로 본다.

1. 의 의

무효행위의 추인은 당사자가 무효임을 알고 추인의 의사표시를 하여 무효인 법률행위를 유효로 변화시키는 것을 말한다. 무효인 법률행위는 추인에 의하여 새로운 법률행위로 인정되고 장래를 향하여 효력을 발생한다. 그러나 당사자 사이에서만 소급하여 유효한 법률행위를 할 수도 있다(통설). 판례는 "무효행위 또는 무권대리행위의 추인은 무효행위 등이 있음을 알고 그 행위의 효과를 자기에게 귀속시키도록 하는 단독행위로서 묵시적인 방법으로도 할 수 있으므로, 본인이 그 행위로 처하게 된 법적 지위를 충분히 이해하고 그럼에도 진의에 기하여 그 행위의 결과가 자기에게 귀속된다는 것을 승인한 것으로 볼 만한 사정이 있는 경우에는 묵시적으로 추인한 것으로 볼 수 있다'고 하며(대판 2011.2.10, 2010다83199,83205), 또한 "추인은 무효인 행위를 사후에 유효로 하는 것이 아니라 새로운 의사표시에 의하여 새로운 행위가 있는 것이고, 그 때부터 유효케 되는 것이므로 원칙적으로 소급효가 인정되지 않는다"고 하고 있다.

2. 요 건

당사자는 그 법률행위가 무효임을 알고 추인하여야 하며, 추인시에 새로운 법률행위의 유효요건이 존재하여야 한다. 추인은 새로운 법률행위를 하는 경우와 동일한 요건을 구비하여야 한다. 따라서 반사회질서의 법률행위나 강행규정에 반하는 경우에는 무효행위의 추인이 인정될 수 없다.

판례 〈무효행위추인〉 ① 「부동산 실권리자명의 등기에 관한 법률」의 위반으로 무효인 명의신탁등기는 조세포탈, 강제집행의 면탈 또는 법령상의 제한의 회피를 목적으로 하지 않은 경우, 그 후 명의신탁자가 수탁자와 혼인하면 그때부터 유효가 된다(대판 2002.10.25, 2002다23840). ② 상법 제731조 제1항에 의하면 타인의 생명보험에서 피보험자가 서면으로 동의의 의사표시를 하여야 하는 시점은 '보험계약 체결시까지'이고, 이는 강행규정으로서 이를 위반한 보험계약은 무효이므로, 타인의 생명보험계약 성립 당시 피보험자의 서면동의가 없다면 그 보험계약은 확정적으로 무효가 되고, 피보험자가 이미 무효가 된 보험계약을 추인하였다고 하더라도 그 보험계약이 유효로 될 수 없다(대판 2010.2.11, 2009다74007). ③ 종중의 종원들이 이 사건 매매계약 체결 사실을 알고 있는 상태에서 이 사건 매매계약이 유효함을 전제로 그 대금을 종원들에게 분배하기로 하는 결의를 하였고, 이에 따라 실제로 분배까지 이루어졌다면, 종중은 적어도 묵시적으로나마 종중재산 처분에 관한 종전 결의 및 이 사건 매매계약을 추인하였다고 보아야 할 것이다. 따라서 이 사건 매매계약의 공동매도인의 지위에 있는 이 사건 종중의 총회결의에 하자가 있었다고 하더라도, 그와 같은 하자는 위 추인에 의하여 적법하게 치유되었다고 할 것이다(대판 2011.2.10, 2010다83199,83205).

3. 효 과

무효행위를 추인함으로써 새로운 법률행위가 성립한다. 무효인 행위를 사후에 유효로 하는 것이 아니라 새로운 의사표시에 의하여 새로운 행위가 있는 것이고, 그 때부터 유효하게 되는 것이므로 원칙적으로 소급효가 인정되지 않는다(판례도 "무효인 가등기를 유효한 것으로 전용하기로 약정하였다면 가등기는 장래를 향하여 효력이 있다"고 한다(대판 1992.5.12, 91다26546)). 그러나 당사자의 약정에 따라서 소급효를 가진 추인은 가능하므로, 행위시에 소급시켜 추인할 수 있다.

판례 〈무효인 결의를 사후에 추인한 경우 소급효가 있는지 여부(원칙적 소극)〉무효행위를 추인한 때에는 달리 소급효를 인정하는 법률규정이 없는 한 새로운 법률행위를 한 것으로 보아야 하고, 이는 무효인 결의를 사후에 적법하게 추인하는 경우에도 마찬가지이다(대판 2011.6.24, 2009다35033).

4. 관련문제

(1) 취소할 수 있는 행위의 추인과 비교

무효행위의 추인과 비교하여야 할 "취소할 수 있는 행위의 추인"이란 유효한 행위이지만 취소될 수 있는 행위를 취소권을 가지는 자가 취소원인이 종료한 후에 취소할 수 있는 행위임을 알고서 추인의 의사표시를 하여 법률행위의 효력을 유효로 확정시키는 것으로. 무효인 것을 유효화시키는 '무효행위추인'과 구별된다(대판 1997.5.30, 97다2986).

(2) 무권리자 처분행위에 대한 권리자의 추인(별도 후술)

VI. 무권리자처분과 권리자의 추인

1. 의 의

타인의 권리를 자기의 이름이나 권리로서 처분한 후에 본인이 그 처분을 인정한 경우의 법률관계를 어떻게 다룰 것인가? 독일민법에는 명문규정이 있으나 우리민법에는 이에 관한 규정이 없다.

2. 학설과 판례

(1) 학설

학설은 무권대리의 추인설 · 무효행위 추인설(제139조 참조) · 사적자치 인정설이 대립한다. 판례는 기본적으로 무권대리추인으로 다루고 있으나, 사적자치의 원칙에 따른 예도 있다(지원림 민법강의).

(2) 판례

판례는 "타인의 권리를 자기의 이름으로 또는 자기의 권리로 처분한 후에 본인이 그 처분을 인정하였다면 특별한 사정이 없는 한 '무권대리에 있어서 본인의 추인'의 경우와 같이 그 처분은 본인에 대하여 효력을 발생한다(대판 1981. 1. 13. 79다2151)는 입장이다. 이러한 대법원의 견해는 우리 민법의 흠결을 판결을 통하여 보충해 준 셈이다. 무권대리추인설에 비판적인 입장은 무권리자의 처분에 대한 권리자의 추인은 무권리자가 자기의 이름으로 처분한 행위에 대한 권리자의 추인으로 무권대리행위의 추인과는 다르다는 비판이 있다.

판례 ㉠ 〈**무권대리추인설**〉 종중 소유 부동산을 대표자가 무권대리행위에 의하여 처분한 경우 종중이 사후에 무권대리인에게 그 처분행위를 추인하였다면, 처분행위는 처음부터 소급하여 유효해진다(대판 1991.7.9, 91다261). ㉡ 〈**사적자치설**〉 무권리자가 타인의 권리를 자기의 이름으로 또는 자기의 권리로 처분한 경우에, 권리자는 후일 이를 추인함으로써 그 처분행위를 인정할 수 있고, 특별한 사정이 없는 한 이로써 권리자 본인에게 위 처분행위의 효력이 발생함은 <u>사적 자치의 원칙에 비추어 당연</u>하고, 이 경우 추인은 명시적으로뿐만 아니라 묵시적인 방법으로도 가능하며 <u>그 의사표시는 무권대리인이나 그 상대방 어느 쪽에 하여도 무방</u>하다(민법 제130조, 제133조; 대판 2001.11.9, 2001다44291)

3. 관련사례검토

관련 사례 │ X임야는 상속으로 인해 甲과 乙이 각각 19/25, 6/25의 지분을 갖게 되었다. 그런데 등기는 甲단독으로 마쳐졌고, 부산시는 위 임야를 甲으로부터 매수하고 대금 3억여원을 지급하였다. 乙이 甲을 상대로 위 대금 중 자신의 지분에 해당하는 금원을 청구하는 경우 그 법적 평가는 ?(대판 2001.11.9, 2001다44291).

해설

    (a) 대법원의 태도 : 乙의 甲에 대한 위 청구는 甲과 부산시간의 위 매매가 유효함을 전제로 한 것이어서, 초과부분의 무권리자 甲의 처분행위를 묵시적으로 추인한 것으로 봄이 상당하고, 그 결과 부산시는 乙의 지분에 대하여도 소유권을 적법하게 취득하며, 이 경우 乙은 무권리자 甲에 대해 그가 그 처분행위로 얻은 이득에 대해 부당이득반환을 청구할 수 있다고 봄이 상당하다는 것이다.

    (b) 평석 : 그런데 위 판결은 무권리자의 처분행위에 대한 권리자의 추인의 성질, 즉 그것이 정당한 것으로 인정되는 근거를 권리자의 추인의 의사 즉 사적 자치에 두었다는 점이 특징이다. 다만 무권대리의 추인의 법리를 전혀 배제한 것도 아닌 점도 눈에 띈다.

Ⅶ. 유동적 무효

1. 총 설

(1) 의의

법률행위의 효력이 당장 발생하지는 않지만 나중에 인가·추인을 얻거나, 정지조건이 성취되거나 시기가 도래함으로써 법률행위시에 소급하여(혹은 장래에 향하여)유효로 확정되는 법적 상태를 「유동적 무효」라고 한다.

(2) 비교

무권대리행위는 무효이지만 본인이 추인을 하게 되면 대리행위시에 소급해서 유효하게 되는데(제133조) 추인이 있기 까지는 유동적 무효이다. 판례는 국토이용관리법상의 규제구역에 속하는 토지거래뿐만 아니라 사찰 소유의 재산을 양도한 행위도 유동적 무효로 본다(대판 2001.2.9, 99다26979 참조).

판례 〈토지거래허가지역과 비교〉 ㉠ 농지법 소정의 농지취득자격증명은 농지를 취득하는 자가 그 소유권에 관한 등기를 신청할 때에 첨부하여야 할 서류로서 농지를 취득하는 자에게 농지취득의 자격이 있다는 것을 증명하는 것일 뿐 농지취득의 원인이 되는 매매 등 법률행위의 효력을 발생시키는 요건은 아니다(대판 2008.2.1. 2006다27451). 그러나 ㉡ 농지를 취득하려는 자가 농지에 대하여 소유권이전등기를 마쳤다 하더라도 농지취득 자격증명을 발급받지 못한 이상 그 소유권을 취득하지 못하고, 이는 공매절차에 의한 매각의 경우에도 마찬가지라 할 것이므로, 공매부동산이 농지법이 정한 농지인 경우에는 매각결정과 대금납부가 이루어졌다고 하더라도 농지취득자격증명을 발급받지 못한 이상 소유권을 취득할 수 없다(대법원 2012.11.29. 선고 2010다68060 판결).

(3) 인가적 성질

판례는 국토이용관리법에 기한 허가를 허가 전의 유동적 무효상태에 있는 법률행위의 효력을 완성시켜 주는 인가적 성질을 띤 것으로 본다 [대판(전합) 1991.12.24, 90다12243 참조]. 즉 매매를 하기 전 관할관청의 허가를 얻고 매매를 하여야 하는 것은 아니다. 따라서 매매를 하고 허가를 얻어도 된다.

판례 처음부터 허가를 배제하는 내용의 계약일 경우에는 「확정적 무효」로서 유효화 될 여지는 없으나(즉 관할관청의 불허가처분이 있거나 당사자 쌍방이 허가신청을 하지 않기로 의사표시를 명백히 한 경우에는 확정적 무효로 된다), 이와는 달리 허가 받을 것을 전제로 한 계약일 경우에는 허가를 받을 때까지는 법률상 미완성의 법률행위로서 소유권 등 권리의 이전에 관한 계약의 효력이 전혀 발생하지 않음은 확정적 무효의 경우와 같다. 그러나 일단 허가를 받으면 그 계약은 소급하여 유효한 계약이 되고, 이와 달리 불허가가 된 때에는 무효로 확정되므로 허가를 받기까지는 유동적 무효의 상태에 있다고 본다.

2. 유동적 무효에 대한 우리 판례의 검토

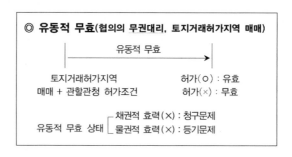

(1) 계약금의 반환

「유동적 무효」의 주요내용으로서, 유동적 무효상태의 매매계약을 체결하고 매수인이 이에 기하여 임의로 지급한 계약금은 그 계약이 유동적 무효상태로 있는 한 이를 부당이득으로 반환을 구할 수 없고, 유동적 무효상태가 확정적으로 무효가 되었을 때 비로소 부당이득 반환을 구할 수 있다(대판 1993. 7. 27. 91다33766).

판례 ㉠ 당사자 사이에 당사자 일방이 토지거래허가를 받기 위한 협력 자체를 이행하지 아니하거나 허가신청에 이르기 전에 매매계약을 철회하는 경우 상대방에게 일정한 손해액을 배상하기로 하는 약정을 유효하게 할 수 있다(대판 1998.3.27. 97다36996 참조).
㉡ 허가를 받기 전의 상태라도 매도인은 계약금의 배액을 상환하고 적법하게 계약을 해제할 수 있다(대판 1997.6.27. 97다9369). ※ 아래의 계약금만 주고받은 상태에서 토지거래허가를 받은 경우와 비교 할 것(다만 허가가 있든 없든 이행에 착수가 있기 전에는 해약금에 의한 해제가 가능하다는 점이다).

판례 〈토지거래허가구역 내 토지에 관하여 매매계약을 체결하고 계약금만 주고받은 상태에서 토지거래허가를 받은 경우, 매도인이 민법 제565조의 규정에 의하여 그 계약을 해제할 수 있는지 여부(적극)〉 국토의 계획 및 이용에 관한 법률에 정한 토지거래계약에 관한 허가구역으로 지정된 구역 안의 토지에 관하여 매매계약이 체결된 후 계약금만 수수한 상태에서 당사자가 토지거래허가신청을 하고 이에 따라 관할관청으로부터 그 허가를 받았다 하더라도, 그러한 사정만으로는 아직 이행의 착수가 있다고 볼 수 없어 매도인으로서는 민법 제565조에 의하여 계약금의 배액을 상환하여 매매계약을 해제할 수 있다(대판 2009.4.23. 2008다62427).

(2) 유동적 무효도 무효

유동적 무효인 상태에서는 법률관계가 확정되지 않았으므로 그 효력이 발생하지 않는다. 따라서 당사자가 의욕하였던 권리 및 의무는 효력을 갖지 않는다. 즉, 유동적 무효인 상태에서는 여전히 당사자 사이의 법률관계는 무효이기 때문에 당사자는 법률관계로부터 발생하는 채권을 행사할 수 없다. 따라서 유동적 무효인 상태에서는 허가를 받을 때까지는 법률상 미완성의 법률행위로서 소유권 등 권리의 이전에 관한 계약의 효력이 전혀 발생하지 않으므로, <u>허가가 있을 것을 조건으로 하여 장래이행의 소로써 소유권이전등기절차 이행청구도 할 수 없다.</u>

> **판례** 〈판례가 채권적 효력을 부정한 이유〉 허가 전의 거래계약에 대하여 채권적 효력을 인정하게 되면 당사자 사이에 채권적 권리관계의 이행청구나 그 이행확보를 위한 가등기설정 등이 가능해져서 매매계약상 매수인의 지위양도가 손쉽게 이루어지고 이에 따라 거래시마다 가격이 오르게 되어 투기적 거래의 기회와 여건을 형성하게 되므로, 투기적 거래방지를 위하여는 거래계약의 채권적 효력도 부인하여 허가를 받기 전에 어떠한 내용의 이행청구나 채권적 지위의 양도도 할 수 없게끔 할 필요가 있기 때문이다〔대판(전합) 1991.12.24, 90다12243〕.

(3) 협력의무

(ㄱ) 당사자 사이에 있어서는 그 계약이 효력 있는 것으로 완성될 수 있도록 공동으로 관할관청의 허가를 신청할 의무를 진다. 당사자는 이러한 신청의무를 소로서 구할 이익은 있다. 만약 이를 이행하지 않게 되면 손해배상책임을 물을 수도 있다. 따라서 토지매수인이 매도인에 대하여 가지는, 허가를 신청하는 데 협력을 구할 수 있는 권리는 채권자대위권 또는 처분금지가처분에 있어서의 피보전권리가 된다(대판 1996. 10. 25, 96다23825 ; 대판 1998. 12. 22, 98다44376 참조).

(ㄴ) 유동적 무효상태에 있는 토지거래계약에 있어서 매매계약의 당사자는 허가신청에 협력하지 아니하는 상대방 당사자에 대하여 협력의무의 이행을 청구할 수 있으므로, 이러한 이행청구권도 채권자대위권의 행사에 의하여 보전될 수 있는 채권에 해당한다(대판 1996.10.25, 96다23825).

> **판례** ① 〈토지거래허가구역 내 토지에 관한 매매계약 체결 당시 일정한 기간 안에 토지거래허가를 받기로 약정한 경우, 그 약정기간이 경과하였다는 사정만으로 곧바로 매매계약이 확정적으로 무효가 되는지 여부(원칙적 소극)〉 매매계약 체결 당시 일정한 기간 안에 토지거래허가를 받기로 약정하였다고 하더라도, 그 약정된 기간 내에 토지거래허가를 받지 못할 경우 계약해제 등의 절차 없이 곧바로 매매계약을 무효로 하기로 약정한 취지라는 등의 특별한 사정이 없는 한, 이를 쌍무계약에서 이행기를 정한 것과 달리 볼 것이 아니므로 위 약정기간이 경과하였다는 사정만으로 곧바로 매매계약이 확정적으로 무효가 된다고 할 수 없다(대판 2009.4.23, 2008다50615).
> ② 〈협력의무와 동시이행관계 부정〉 국토이용관리법상의 토지거래규제구역 내의 토지에 관하여 관할 관청의 토지거래허가 없이 매매계약이 체결됨에 따라 그 매수인이 그 계약을 효력 있는 것으로 완성시키기 위하여 매도인에 대하여 그 매매계약에 관한 토지거래허가 신청절차에 협력할 의무의 이행을 청구하는 경우, 매도인의 토지거래계약허가 신청절차에 협력할 의무와 토지거래허가를 받으면 매매계약 내용에 따라 매수인이 이행하여야 할 매매대금 지급의무나 이에 부수하여 매수인이 부담하기로 특약한 양도소득세 상당 금원의 지급의무 사이에는 상호 이행상의 견련성이 있다고 할 수 없으므로, 매도인으로서는 그러한 의무이행의 제공이 있을 때까지 그 협력의무의 이행을 거절할 수 있는 것은 아니다(대판 1996. 10. 25. 96다23825).

(4) 중간생략등기의 효력

토지거래허가지역내의 토지를 토지거래허가 없이 순차로 매매한 후 최종매수인이 중간생략등기의 합의하에 자신과 최초매도인을 당사자로 하는 토지거래허가를 받아 경료한 소유권이전등기의 효력은 무효이다(판례).

판례 〈중간생략등기의 제한〉 국토계획법상 토지거래허가제도가 토지의 투기적 거래를 방지하여 정상적 거래를 조장하려는데 그 입법취지가 있음에 비추어 볼 때, 토지거래허가를 받지 않은 매매계약상의 매수인의 지위에 관하여 매도인과 매수인 및 제3자 사이에 제3자가 매수인의 지위를 이전받는다는 취지의 합의를 한 경우, 매도인과 매수인 사이의 매매계약에 대한 관할 관청의 허가가 없는 이상 제3자가 매도인에 대하여 직접 토지거래허가 신청 절차 협력의무의 이행을 청구할 수 없다. 즉 중간생략등기의 중대한 제한으로 볼 수 있다(대판 1996.7.26, 96다7762).

(5) 귀책사유 있는 자의 주장 등

유동적 무효인 거래계약이 확정적으로 무효가 되었다면, 확정적 무효를 야기하는 데에 귀책사유가 있는 자라도 손해배상의무와는 별도로 그 계약의 무효를 주장할 수는 있다는 것이 판례이다(대판 1997.7.25, 97다4357).

판례 ㉠ 〈유동적 무효에서 의사의 흠결이나 하자를 주장할 수 있는지 여부(적극)〉 국토이용관리법상 토지거래허가를 받지 아니한 거래계약이 표시와 불일치한 의사 또는 하자 있는 의사에 의하여 이루어진 경우, 무효·취소를 주장할 수 있는 당사자 일방의 주장으로 유동적 무효 상태의 계약이 확정적 무효로 된다(대판 1996.11.8, 96다35309). ㉡ 〈정지조건부계약〉 허가지역 내 거래허가 전의 거래계약이 정지조건부 계약인 경우(제151조 참조)에 있어서 그 정지조건이 토지거래허가를 받기 전에 이미 불성취로 확정되었다면 장차 토지거래허가를 받더라도 그 거래계약의 효력이 발생될 여지는 없게 되므로, 허가 전 거래계약의 유동적 무효상태가 더 이상 지속된다고 볼 수 없고 그 계약관계는 확정적으로 무효로 된다(대판 1998.3.27, 97다36996).

(6) 허가구역지정해제

국토이용관리법상 토지거래허가구역으로 지정된 토지에 대한 거래계약이 유동적 무효인 상태에서 그 토지에 대한 토지거래허가구역 지정이 해제되거나 허가구역 지정기간이 만료되었음에도 허가구역 재지정을 하지 아니한 경우에 판례는 유동적 무효상태가 해소된다고 한다 [대판(전합) 1999.6.17, 98다40459]. 따라서 더 이상 관할 행정청으로부터 토지거래허가를 받을 필요가 없이 확정적으로 유효로 되어 거래 당사자는 그 계약에 기하여 바로 토지의 소유권 등 권리의 이전 또는 설정에 관한 이행청구를 할 수 있고, 상대방도 반대급부의 청구를 할 수 있다고 보아야 할 것이지, 여전히 그 계약이 유동적 무효상태에 있다고 볼 것은 아니다(대판 2010.3.25. 2009다41465).

(7) 신의칙의 한계

강행법규인 국토이용관리법규정을 위반하였을 경우에 있어서 위반한 자 스스로가 무효를 주장함이 신의성실의 원칙에 위배되는 권리의 행사라는 이유로 이를 배척하여서는 아니된다(판례).

(8) 유동적 무효상태에서 거래계약해제

유동적 무효상태에 있는 거래계약의 당사자는 상대방의 협력의무불이행을 이유로 일방적으로 유동적 무효상태에 있는 거래계약자체를 해제할 수 없다(대판 2006.1.27, 2005다52047).

(9) 처분금지가처분여부

㉠ 국토이용관리법상 토지거래허가구역 내에 있는 토지에 관하여 관할관청의 허가 없이 체결된 매매계약의 매수인이 매도인에 대한 토지거래허가신청절차청구권을 피보전권리로 하여

매매목적 토지의 처분을 금하는 가처분을 구할 수 있다.

(ㄴ) 그러나 유동적 무효상태에서는 이행청구를 허용하지 않는 취지에 비추어 볼 때 그 매매계약에 기한 소유권이전등기청구권 또는 토지거래계약에 관한 허가를 받을 것을 조건으로 한 소유권이전등기청구권을 피보전권리로 한 부동산처분금지가처분신청 또한 허용되지 않는다(대결 2010.8.26. 자 2010마818).

⑩ 토지거래허가를 받지 않아 유동적 무효 상태에 있는 계약이 확정적으로 무효가 되는 경우

국토의 계획 및 이용에 관한 법률상의 토지거래허가를 받지 않아 거래계약이 유동적 무효의 상태에 있는 경우 그와 같은 유동적 무효 상태의 계약은 관할 관청의 불허가처분이 있을 때뿐만 아니라, 당사자 쌍방이 허가신청협력의무의 이행거절 의사를 명백히 표시한 경우에는 허가 전 거래계약관계, 즉 계약의 유동적 무효 상태가 더 이상 지속된다고 볼 수 없고 그 계약관계는 확정적으로 무효가 된다고 할 것이고, 그와 같은 법리는 거래계약상 일방의 채무가 이행불능(채무자가 무자력상태이면서 강제집행이 예정된 상태)임이 명백하고 나아가 그 상대방이 거래계약의 존속을 더 이상 바라지 않고 있는 경우에도 마찬가지이다(대판 2010.8.19. 2010다31860,31877).

Ⅷ. 법률행위의 취소

1. 서 설

(1) 의의

1) 민법상 취소는 협의의 취소와 광의의 취소로 구분할 수 있다. 이 곳에서 다루는 취소는 일반적 취소로서 협의의 취소를 말한다. 협의의 취소는 일단 유효하게 성립된 법률행위에 제한능력(종래 무능력) 또는 의사표시에 결함이 있는 경우, 후에 취소권자가 그 법률행위를 취소할 수 있는 것으로 하고, 이 경우 그 취소를 하게 되면 소급해서 무효로 처리되는 것을 말한다(제141조 본문). 즉 일단 유효하게 성립된 법률행위의 효력을 법률행위 시에 소급하여 무효로 하는 것이라는 점에서 법률행위시부터 효력이 부인되는 무효와 구별된다.

2) 광의의 취소는 협의의 취소에 관한 규정, 즉 제140조 내지 146조의 규정이 적용되지 않는 것으로서, 재판상의 취소(혼인·협의이혼·입양·협의파양과 같은 신분행위를 취소하는 경우)와 공법상의 취소[피성년후견 또는 피한정후견선고의 취소(제11조·14조)·실종선고의 취소(제29조)·부재자 재산관리에 관한 명령의 취소(제22조)·법인설립허가의 취소(제38조)]가 있다.

판례 〈공법행위의 취소〉 민법상 법률행위에 관한 규정은 민사소송법상의 소송행위에는 특별한 규정 기타 특별한 사정이 없는 한 적용이 없는 것이므로 소송행위가 강박에 의하여 이루어진 것임을 이유로 취소할 수는 없다(대판 1997.10.10. 96다35484).

3) 취소의 법적 성질에 대하여 통설은 하나의 법률행위로 본다. 즉 취소는 유효하게 성립된 법률행위를 행위시에 소급해서 무효화시키는 상대방 있는 일방적 의사표시(단독행위)라고 한다. 따라서 취소에 관해서도 의사표시에 관한 민법의 규정이 적용되고, 따라서 취소의 취소도 가능하다고 한다. 단 유의할 것은 제한능력자(종래 무능력자)가 취소한 법률행위는 법정대리인이 다시 제한능력을 이유로 취소할 수 없다고 한다(통설).

(2) 일반적 취소와 구별하여야 할 개념

1) 철회

(ㄱ) 취소는 유효한 법률행위의 효력을 행위시에 소급하여 소멸시키는 일방적 의사표시이나, 철회는 아직 효력을 발생하고 있지 않은 의사표시를 그대로 저지하여 효과를 발생하지 않게 하는 표의자의 일방적 의사표시이다. 즉 효력을 발생하고 있지 않은 법률행위를 그 법률행위가 없었던 것으로 하는 행위이다. 민법상 철회의 예는 미성년자의 법률행위에 대한 동의의 취소 또는 영업허락에 대한 취소(제7조, 제8조 제2항)·무권대리의 상대방의 철회(제134조)·유언의 철회(제1108조) 등이다.

(ㄴ) 철회는 법률행위효과가 발생하기 전 그 효과의 발생을 방지하는 일방적 행위이다. 그러므로 의사표시에 의하여 당사자 사이에 그 효력이 발생한 후에는 그것의 철회는 허용되지 아니한다.

2) 해제

일단 유효하게 성립된 계약에 있어 당사자 일방의 채무불이행 등이 있는 경우, 당사자 일방이 해제의 의사표시가 있게 되면, 그 후 통설·판례에 의할 때는 계약이 소급하여 소멸한다 (직접효과설). 이러한 통설의 설명에 따를 때, 해제에 소급효가 있다는 점은 취소와 동일하다. 그러나 해제는 계약에 한해서만 인정되고 취소는 법률행위 일반에 인정되며, 해제는 채무불이행과 약정을 사유로 하는 데 반하여, 취소는 제한능력·착오·사기·강박 등의 법정사유에 한한다.

판례 〈취소의 법정사유〉甲·乙 사이에 결손금배상채무의 액수를 확정하는 합의가 있은 후 甲은 합의가 강박에 의하여 이루어졌다는 이유를 들어, 乙은 착오에 의하여 합의를 하였다는 이유를 들어 각기 위 합의를 취소하는 의사표시를 하였으나, 위 합의에 각각 주장하는 바와 같은 취소사유가 있다고 인정되지 아니하는 이상, 甲 乙 쌍방이 모두 위 합의를 취소하는 의사표시를 하였다는 사정만으로는, 위 합의가 취소되어 그 효력이 상실되는 것은 아니다(대판 1994.7.29, 93다58431).

〈취소와 해제의 구별〉

구 분	취 소	해 제
공통점	취소나 해제는 그 권리행사기 소급효가 인정되고, 상대방이 있는 단독행위로서 형성권이다.	
발생원인	법정사유에 한 한다. 즉 법률행위의 성립에 하자가 있는 경우에 발생하는데, 제한능력·착오·사기·강박 등이 있을 때에 발생한다.	법정사유와 약정사유시에 발생한다. 즉 채무불이행에 의한 법정해제권 및 계약에 의한 약정해제권에 의해 발생한다. 취소와는 달리 법률행위의 성립에 하자가 없는 경우에도 발생한다.
적용범위	법률행위(단독행위, 계약, 합동행위) 일반에 적용	계약에만 인정된다.
최고여부	최고를 요하지 않는다.	원칙적으로 최고를 요한다(제544조 참조).
제척기간	추인할 수 있는 날로부터 3년 내, 법률행위한 날로부터 10년 이내의 제척기간이 있다(제146조).	해제권은 형성권이므로 일반형성권과 같이 10년의 제척기간에 걸린다.
효 과	이행 후이면 부당이득반환의무가 있다(제741조이하)	원상회복의무와 손해배상의무가 있다(제548조, 제551조).

2. 무효와 취소의 이중효

(1) 의의

무효와 취소의 이중효란 무효인 법률행위가 취소의 요건도 갖추고 있다면, 의사표시자는 무효를 주장하는 것과 별도로 그 법률행위를 취소할 수 있다는 이론이며, 법률행위의 무효는 단지 당사자가 의욕한 대로의 효과가 발생하지 않을 뿐 그 외에 있어서는 여전히 유효한 것처럼 존재하므로 그에 대한 취소를 시인한다 하더라도 논리적으로 모순되는 것은 아니라는 내용이다.

(2) 입법정책의 문제

무효와 취소는 논리 필연적으로 구분되는 것은 아니며 무효와 취소는 법률효과를 뒷받침하는 근거로서 결국은 입법정책의 문제에 속한다고 할 수 있다. 또한 무효인 행위라도 법적으로 무(無)는 아니며 따라서 무효인 법률행위도 취소의 대상이 된다. 의사무능력을 이유로 한 무효와 제한능력을 이유로 한 취소의 경합이 문제되는 경우에 제한능력자의 행위도 의사무능력을 이유로 무효를 주장 할 수 있다.

(3) 채권자취소권의 대상이 되는 통정허위표시

판례는 허위표시로 인하여 무효인 법률행위라도 채권자취소권의 행사대상인 법률행위에 해당하는 것으로 해석하고 있고, 한편 채권자취소권의 대상으로 된 채무자의 법률행위는 통정허위표시의 요건을 갖춘 경우에도 무효라고 한다(대판 1998.2.27. 97다50985).

3. 취소권자

종전 민법	현행 민법
제140조 (법률행위의 취소권자) 취소할 수 있는 법률행위는 무능력자, 하자있는 의사표시를 한 자, 그 대리인 또는 승계인에 한하여 취소할 수 있다.	제140조(법률행위의 취소권자) 취소할 수 있는 법률행위는 <u>제한능력자</u>, <u>착오로 인하거나</u> 사기·강박에 의하여 의사표시를 한 자, 그의 대리인 또는 승계인만이 취소할 수 있다.

(1) 제한능력자(종래 무능력자) 자신

제한능력자(무능력자)는 자기가 한 법률행위를 단독으로 취소할 수 있다. 그러나 법정대리인의 동의를 얻은 행위, 처분허락을 받은 범위 내의 법률행위는 취소할 수 없다. <u>제한능력자 자신이 취소한 것을 동의 없이 하였다고 하여 취소한 의사표시를 법정대리인이 다시 취소할 수 없다.</u>

판례 〈취소권자〉 甲이 지능이 박약한 乙을 꾀어 돈을 빌려주어 유흥비로 쓰게 하고 실제준 돈의 두 배 가량을 채권최고액으로 하여 자기 처인 丙 앞으로 근저당권을 설정한 사안에서, 근저당권설정계약은 독자적으로 존재하는 것이 아니라 금전소비대차계약과 결합하여 그 전체가 경제적, 사실적으로 일체로서 행하여진 것이고 더욱이 근저당권설정계약의 체결원인이 되었던 甲의 기망행위는 금전소비대차계약에도 미쳤으므로 甲의 기망을 이유로 한 <u>乙의 근저당권설정계약취소의 의사표시는 법률행위의 일부무효이론과 궤를 같이 하는 법률행위의 일부취소의 법리에 따라 소비대차계약을 포함한 전체에 대하여 취소의 효력이 있다.</u> 취소의 결과 발생한 丙의 근저당권설정등기말소의무와 乙의 부당이득반환의무는 <u>동시이행관계</u>에 있다(대판 1994.9.9, 93다31191).

(2) 하자 있는 의사표시를 한 표의자

표의자는 착오(종래에는 누락되어 있어 입법상 착오로 이해하였다)·사기·강박에서 벗어나 완전한 판단력을 회복한 후 취소의 의사표시를 할 수 있다. 흠이 있는 상태에서 한 취소는 그 자체가 하자 있는 의사표시가 될 수 있다.

(3) 대리인

취소가능한 법률행위를 한 제한능력자의 법정대리인은 스스로 그 법률행위를 취소할 수 있다. 법정대리인의 취소권은 제한능력자 본인의 취소권을 대리하는 것이 아니라 자기가 갖는 취소권을 행사하는 것이다. 임의대리인은 비록 자신이 법률행위를 하였다고 하더라도 임의대리인이 취소권을 행사할 수는 없고 본인의 취소권행사를 대리하여 행사하여야 한다(특별수권이 있어야 임의대리인은 취소권을 행사할 수 있다).

(4) 승계인

승계인에는 포괄승계인(상속인·회사의 합병에 의한 포괄승계인)과 특정승계인이 있다. 포괄승계인이 취소권자가 된다는 것은 의심의 여지가 없다. <u>다만 특정승계인의 경우에 주의할 점은 취소권만의 승계는 인정되지 않으므로,</u> 따라서 이것은 취소할 수 있는 행위에 의하여 취득한 권리의 승계가 있는 경우에만 취소권을 승계할 수 있다는 점이다.

예컨대 토지소유자가 사기를 당하여 지상권을 설정한 후에 그 토지를 양도하였다면 그 토지의 양수인은 승계인으로서 지상권설정행위를 취소할 수 있다. 그러므로 취소권은 취소에 의하여 보호하려는 법률상의 지위를 떠나서 독립하여 존재할 수 없기 때문에 취소권의 분리양도는 허용되지 않는다.

4. 취소권 행사방법

> **제142조 (취소의 상대방)**
> 취소할 수 있는 법률행위의 상대방이 확정한 경우에는 그 취소는 그 상대방에 대한 의사표시로 하여야 한다.

(1) 취소할 수 있는 법률행위의 상대방이 확정한 경우에는 그 취소는 그 상대방에 대한 의사표시로 한다. 또한 취소는 취소권자 단독의 의사표시로써 한다. 취소의 의사표시는 특별한 방식을 요하지 않는다. 취소의 의사표시는 불요식으로서 취소되는 법률행위가 요식행위(예: 혼인의보증)인 경우에도 방식을 요하지 않는다. 법률행위의 취소를 당연한 전제로 한 소송상의 이행청구나 이를 전제로 한 이행거절 가운데는 취소의 의사표시가 포함되어 있다고 볼 수 있다(대판 1993.9.14. 93다13162).

(2) 그리고 취소의 의사표시에는 조건을 붙일 수 없다. 취소할 수 있는 법률행위의 상대방이 확정되어 있는 경우에는, 그 취소는 그 상대방에 대한 의사표시로 하여야 한다(제142조). 여기서 취소의 의사표시의 상대방이란, 취소할 수 있는 법률행위에 있어서의 상대방을 말한다. 예컨대 계약의 취소의 상대방은 계약당사자이다. 그러므로 계약의 상대방이 취소의 대상이 되는 계약으로부터 취득한 권리를 이미 제3자에게 양도한 경우라도 본래의 상대방이 취소의 상대방이고, 권리를 전득한 제3자가 취소의 상대방이 아니다.

5. 취소의 효과

(1) 소급적 무효

취소가 있으면 그 법률행위는 처음부터 무효인 것으로 본다(제141조 본문). 그런데 이 취소의 효과는 당사자의 제한능력을 이유로 하는 경우에는 모든 제3자(선악 불문)에게 이를 주장할 수 있다. 그러나 착오·사기·강박을 이유로 하는 경우에는 그 취소로써 선의의 제3자에게 대항하지 못한다(제109조 제2항·제110조 제3항). 절대적 효력을 갖는 제한능력을 이유로 하는 취소와 상대적인 효력을 갖는 기타의 취소를 사례를 통하여 살펴보기로 한다.

> [1] 예컨대 미성년자 甲이 그 소유 토지(부동산)를 乙에게 5천만원에 매각하고, 乙은 다시 丙에게 매각한 경우에서 甲이 제한능력을 이유로 乙에게 매매계약의 취소를 하면, 토지소유권은 당연히 甲에게 복귀한다(제187조 참조). 따라서 甲은 소유권에 기하여 乙과 丙명의의 등기의 말소를 청구할 수 있다. 여기서 丙은 선의라고 하더라도 그 부동산을 甲측에서 원하면 돌려줘야 한다(절대적 취소). 이 경우 甲은 乙에게 받은 매매대금을 부당이득으로서 반환하여야 하는데(제741조), 다만 현존이익 범위 내에서 반환하면 된다(제141조). 그러나 동산의 경우에는 제3자가 선의·무과실인 경우, 거래안전을 위해 선의취득으로 보호를 하려고 한다(통설). 따라서 이러한 입장에 의할 때 선의·무과실의 병은 보호를 받게 됨이 부동산과 차이점이다.

[2] 한편 甲은 사기를 당하여 토지를 乙에게 매각하고, 乙은 그 사정을 모르는 丙에게 매각한 경우, 甲이 사기를 이유로 乙과의 매매계약을 취소하더라도 그로써 선의의 丙에게는 대항할 수 없게 된다 (제110조 제3항; 상대적 취소). 그 결과, 乙은 甲에게의 토지반환의 불능에 갈음하여 甲에게 가액반환을 하여야 하고, 甲은 乙로부터 받은 매매대금을 부당이득으로서 반환하여야 한다 (제741조). 사기가 불법행위의 요건(제750조)을 충족시키는 경우는 불법행위로 인한 손해배상을 청구할 수도 있다.

(2) 부당이득반환의무

취소권행사 이전에 한 채무의 이행은 그 당시에는 유효한 법률행위에 기한 채무의 이행으로서 이를 수령한 채권자는 정당한 이득을 취득한 것이었는데, 취소가 있은 후에는 채무 없는 이행을 한 것이 되어 부당이득으로 변하게 된다. 따라서 취소가 있은 후에는 채무이행 전에는 이행할 필요가 없고, 이행한 후에는 받은 이익을 반환하여야 한다. 민법은 부당이득자에게 원래의 물건이 남아 있는 경우에는 원물반환을 하고, 원물반환이 불가능할 때에는 가액반환 할 것을 규정한다 (제747조 제1항). 수익자의 반환범위에 관해서 민법은 선의의 수익자는 받은 이익이 현존하는 한도에서, 악의의 수익자는 받은 이익에 이자를 붙여 반환하고 손해배상도 하여야 한다고 하고 있다 (제748조).

(3) 제한능력자(무능력자)의 반환범위에 관한 특칙

종전 민법	현행민법
제141조 (취소의 효과) 취소한 법률행위는 처음부터 무효인 것으로 본다. 그러나 무능력자는 그 행위로 인하여 받은 이익이 현존하는 한도에서 상환할 책임이 있다.	제141조 (취소의 효과) 취소된 법률행위는 처음부터 무효인 것으로 본다. 다만, 제한능력자는 그 행위로 인하여 받은 이익이 현존하는 한도에서 상환할 책임이 있다.

1) 민법은 제한능력자의 보호를 위해서, 제한능력자는 그 행위로 인하여 받은 이익이 현존하는 한도에서 상환할 책임을 진다는 특칙을 두고 있다(제141조). 현존이익이란 취소할 수 있는 법률행위에 의해서 취득한 이익이 그대로 남아 있거나 또는 변형되어서 남아 있는 것을 말한다. 이익이 현존하지 않는 경우에 원물반환 및 가액배상, 손해배상의 의무가 생기지 않는다. 한편 현존이익에 있어서 이익의 현존의 범위를 정하는 기준시는 취소의 시점으로 볼 것이다. 이익의 현존의 입증책임에 관하여는 견해의 대립이 있는데, 다수설은 제한능력자가 취득한 이익은 현존하는 것으로 추정하여야 할 것이므로 제한능력자가 현존이익이 없음을 입증하여야 한다고 주장한다(판례는 금전의 반환에 관하여는 다수설과 동일하다).

2) 부당이득으로 취득한 것이 금전상의 이득인 때에는 그 금전은 이를 취득한 자가 소비하였는가의 여부를 불문하고 현존하는 것으로 추정되며 제한능력자는 선의·악의를 불문하고 그 행위로 인하여 받은 이익이 현존하는 한도에서 상환할 책임이 있을 뿐이므로(제141조 단서),

예컨대 5만원을 현금인출하고 취소되었다면 5만원만 반환하면 되며, 이에 이자를 붙일 필요가 없고 또 손해를 배상할 필요도 없다(대판 2009.5.28, 2007다20440·20457 등).

(4) 제한능력자의 책임을 제한하는 민법 제141조 단서 규정이 의사능력의 흠결을 이유로 법률행위가 무효가 되는 경우에도 유추적용되는지 여부(적극) 및 이익의 현존 여부의 증명책임의 소재(=의사무능력자)

(ㄱ) 제한능력자의 책임을 제한하는 민법 제141조 단서는 부당이득에 있어 수익자의 반환범위를 정한 민법 제748조의 특칙으로서 제한능력자의 보호를 위해 그 선의·악의를 묻지 아니하고 반환범위를 현존 이익에 한정시키려는 데 그 취지가 있으므로, 의사능력의 흠결을 이유로 법률행위가 무효가 되는 경우에도 유추적용되어야 할 것이나, 법률상 원인 없이 타인의 재산 또는 노무로 인하여 이익을 얻고 그로 인하여 타인에게 손해를 가한 경우에 그 취득한 것이 금전상의 이득인 때에는 그 금전은 이를 취득한 자가 소비하였는가의 여부를 불문하고 현존하는 것으로 추정되므로, 위 이익이 현존하지 아니함은 이를 주장하는 자, 즉 의사무능력자 측에 입증책임이 있다.

(ㄴ) 의사무능력자가 자신이 소유하는 부동산에 근저당권을 설정해 주고 금융기관으로부터 금원을 대출받아 이를 제3자에게 대여한 사안에서, 대출로써 받은 이익이 위 제3자에 대한 대여금채권 또는 부당이득반환채권의 형태로 현존하므로, 금융기관은 대출거래약정 등의 무효에 따른 원상회복으로서 위 대출금 자체의 반환을 구할 수는 없더라도 현존 이익인 위 채권의 양도를 구할 수 있다(대판 2009.1.15, 2008다58367).

6. 취소할 수 있는 법률행위의 추인

> **제143조 (추인의 방법, 효과)**
> ① 취소할 수 있는 법률행위는 제140조에 규정한 자가 추인할 수 있고 추인후에는 취소하지 못한다.
> ② 전조의 규정은 전항의 경우에 준용한다.
> **제144조 (추인의 요건)**
> ① 추인은 취소의 원인이 종료한 후에 하지 아니하면 효력이 없다.
> ② 전항의 규정은 법정대리인이 추인하는 경우에는 적용하지 아니한다.

(1) 취소권자의 의사표시로서 추인

제143조의 '취소할 수 있는 행위의 추인'이란 취소할 수 있는 법률행위를 그 취소사유에도 불구하고 유효로 확정시키겠다는 취소권자의 의사표시이다. 따라서 추인이 있으면 취소할 수 있는 법률행위는 새로운 법률행위를 하지 않고도 유효한 법률행위로 확정된다(무효행위의 추인과의 비교). 무효행위의 추인은 원칙적으로 장래효이며(제139조), 무권대리의 추인은 소급효가 있다(제133조). 그러나 취소에서의 추인은 유동적 유효가 확정적 유효가 되므로 소급효의 문제는 제기되지 않는다.

(2) 추인권자

추인권자는 취소권자에 한한다. 그리고 추인은 「취소원인이 종료한 후」에 하여야 한다. 따라서 취소원인이 종료되기 전에 한 추인은 효력이 없다. 즉, 취소와 추인의 선택은 능력자가 되거나 하자가 없는 상태에서 결정하여야 하기 때문에 미성년자 또는 피한정후견인은 동의를 얻어서 하여야 하고, 법정대리인은 그러하지 아니하다.

7. 법정추인

> **제145조 (법정추인)**
> 취소할 수 있는 법률행위에 관하여 전조의 규정에 의하여 추인할 수 있는 후에 다음 각호의 사유가 있으면 추인한 것으로 본다. 그러나 이의를 보류한 때에는 그러하지 아니하다.
> 1. 전부나 일부의 이행
> 2. 이행의 청구
> 3. 경개
> 4. 담보의 제공
> 5. 취소할 수 있는 행위로 취득한 권리의 전부나 일부의 양도
> 6. 강제집행

(1) 의의 · 취지

취소가능한 법률행위와 관련하여 취소권자의 일정한 행위가 있는 경우에 법률상 추인한 것으로 간주하는 제도가 법정추인이다(제145조). 취소할 수 있는 행위에 있어서 그 추인은 묵시적으로 할 수 있다. 다만 묵시적 추인의 경우에는 당사자 사이에 다툼이 있을 수 있기 때문에 민법은 추인할 수 있는 후에 당사자간에 일정한 사유(추인자의 의사표시를 필요로 하지 않는다)가 있기만 하면 법률상 당연히 추인한 것으로 간주한다. 이것이 법정추인의 제도이다. 법정추인은 취소권 소멸원인으로서 상대방의 신뢰를 보호하고 나아가서 거래안전을 보호하기 위하여 만든 제도이다.

(2) 법정추인의 사유와 그 요건

1) 법정추인의 사유(제145조)

취소할 수 있는 법률행위에 관하여 다음의 여섯 가지의 사유 중에 하나가 있어야 한다. 특히 제2호의 이행의 청구와, 제5호의 취소할 수 있는 행위로 취득한 권리의 전부나 일부의 양도는 취소권자가 하여야 하고, 그 상대방이 한 경우는 포함되지 않는다. 나머지 사유는 취소권자나 상대방이 다 포함된다. 구체적으로 살펴보자.

(ㄱ) 전부나 일부의 이행 : 취소권자가 상대방에게 취소할 수 있는 법률행위로부터 생긴 채무를 전부 또는 일부이행한 경우뿐만 아니라 상대방으로부터 취소할 수 있는 법률행위로부터 생긴 채무의 이행을 수령한 경우를 포함한다. 한편 판례는 "취소할 수 있는 법률행위로부터 생긴 채무의 이행을 위하여 발행한 여러 장의 당좌수표 중 일부가 지급된 경우, 나머지 수표금 채무까지 법정추인된 것으로는 볼 수 없다"고 하였다(대판 1996. 2. 23, 94다58438).

(ㄴ) 이행의 청구(편면적) : 여기서 유의할 것은 취소권자가 상대방에 대하여 이행의 청구를 하는 경우만을 말하고, 상대방으로부터 이행의 청구를 받은 경우는 포함되지 않는다.

(ㄷ) 경개(제500조 이하) : 법정추인사유로서의 경개는 취소할 수 있는 법률행위에 관하여, 당사자의 합의로 구 채권·채무를 소멸시키고 새로운 채권·채무를 발생케 하는 것으로 취소권자가 채권자이든 채무자이든 상관없다.

(ㄹ) 담보의 제공 : 취소권자가 채무자로서 담보를 제공하든 채권자가 담보의 제공을 받든 양자를 모두 포함한다. 제공하는 담보는 인적 담보이든 물적 담보이든 상관하지 않는다.

(ㅁ) 취소할 수 있는 행위로 취득한 권리의 전부나 일부의 양도(편면적) : <u>취소권자가 양도하는 경우만 해당한다.</u> 여기서의 양도는 취소할 수 있는 행위로 취득한 권리 전부를 양도하는 경우만이 아니라 제한적 권리의 설정(저당권 설정 등)도 포함된다. 그러나 취소함으로써 발생하게 될 장래의 채권(취소하면 발생할 손해배상채권)의 양도는 포함되지 않는다.

(ㅂ) 강제집행 : 취소권자가 채권자로서 집행하는 경우는 물론이고 채무자로서 법률상 이의를 제기할 수 있음에도 불구하고 집행을 받는 경우를 포함한다.

2) 법정추인의 요건

(ㄱ) <u>위에서 든 사유가 추인할 수 있는 후에, 즉 취소의 원인이 종료한 후에 행해져야 한다</u> (제145조). 다만 법정대리인이 하는 행위에는 제한능력자가 취소의 원인이 종료하기 전이라도 가능하다. <u>한편 법정추인의 취지상, 위의 존재에 대한 인식 여부는 묻지 않는다.</u>

(ㄴ) 취소권자가 위의 행위를 하는 데 있어 이의를 유보하지 않았어야 한다. 이의를 유보한다는 것은 추인하는 것이 아니라는, 즉 추인으로 간주되는 법률효과를 배제한다는 것을 내용으로 하는 의사표시를 말한다.

(3) 법정추인의 효과

추인한 것으로 간주되므로 추인에 있어서와 마찬가지의 효과가 생긴다.

(4) 관련사례연습

관련사례 김재규가 10·26 이후 보안사에서 조사 받는 과정에서 부정축재재산을 국가에 기부하도록 강요받고 이를 수용하는 문서에 서명 무인한 후, 1980. 1. 형사재판과정에서 고등군법회의에 자필로 작성, 제출한 항소이유보충서를 통하여 위 의사표시는 강요에 의한 것이므로 취소한다고 하였다가, 며칠 후 다시 위 당초의 기부는 자유의사에 의한 것이며 이를 인정한다는 내용으로 타이핑된 문서를 육군교도소 장교가 낭독하는 것을 듣고 확인서명무인한다는 서면이 군법회의에 제출되었다는 사실을 전제로, 취소 후 추인의 효력이 쟁점이 되었다.

해설 (a) **무효행위추인** : 취소한 법률행위는 처음부터 무효인 것으로 간주되므로 취소할 수 있는 법률행위가 일단 취소된 이상 그 후에는 취소할 수 있는 법률행위의 추인에 의하여 이미 취소되어 무효인 것으로 간주된 당초의 의사표시를 다시 확정적으로 유효하게 할 수는 없고, 다만 무효인 법률행위의 추인의 요건과 효력으로서 추인할 수는 있으나, <u>무효행위의 추인은 그 무효 원인이 소멸한 후에 하여야 그 효력이 있고, 따라서 강박에 의한 의사표시임을 이유로 일단 유효하게 취소되어 당초의 의사표시가 무효로 된 후에 추인한 경우 그 추인이 효력을 가지기 위하여는 그 무효 원인이 소멸한 후일 것을 요한다</u>고 할 것인데, 그 무효 원인이란 바로 위 의사표시의 취소사유라 할 것이므로 결국 무효 원인이 소멸한 후란 것은 당초의 의사표시의 성립 과정에 존재하였던 취소의 원인이 종료된 후, 즉 강박 상태에서 벗어난 후라고 보아야 한다.

(b) **80년대 계엄의 경우** : 1980. 5. 실시된 비상계엄하의 합동수사단 수사관 등의 강박에 의하여 국가에 대하여 재산 양도의 의사표시를 한 자에 대한 강박의 상태가 종료된 시점은 전국적으로 실시되고 있었던 비상계엄이 해제되어 헌정질서가 회복된 1981. 1. 21. 이후이다(대판 1992. 11. 27, 92다8521).

8. 취소권의 소멸

> **제146조 (취소권의 소멸)**
> 취소권은 추인할 수 있는 날로부터 3년내에 법률행위를 한 날로부터 10년내에 행사하여야 한다.

(1) 제척기간

1) 취소권은 언제까지 행사할 수 있는 것이 아니고, 추인할 수 있는 날로부터 3년내에 법률행위를 한 날로부터 10년내에 행사하여야 한다. 이를 통설과 판례는 제146조 기간을 제척기간으로 이해한다.

판례 민법 제146조는 취소권은 추인할 수 있는 날로부터 3년 내에 행사하여야 한다고 규정하고 있는바, 이 때의 3년이라는 기간은 일반 소멸시효기간이 아니라 제척기간으로서 제척기간이 도과하였는지 여부는 당사자의 주장에 관계없이 법원이 당연히 조사하여 고려하여야 할 사항이다. 따라서 직권으로 취소권 행사기간의 경과 여부를 심리, 판단하지 아니한 채 매도인의 취소 의사표시에 따라 매매계약이 적법하게 취소되었다고 판단해서는 아니된다(대판 1996. 9. 20, 96다25371).

2) 그리고 취소권의 행사와 더불어 발생한 손해배상청구권 내지 부당이득반환청구권은 통설은 제척기간 내에 행사하여야 한다는 것이고, 판례와 소수설은 일반 소멸시효로 파악한다. 예건대, 매도인과 매수인의 매매가 취소되었는데 법률행위취소 후 매수인이 매매대금의 반환을 청구하지 않고 방치한 채로 4년이 경과한 경우, 취소권의 행사결과 생기는 부당이득반환청구권·손해배상청구권에 관하여 취소시부터 소멸시효기간, 즉 10년의 만료시까지 존속한다고 해석한다면 매수인은 당해 채권을 행사할 수 있다. 그러나 통설에 따르면 불가능하다.

(2) 재판상 행사문제

법률행위를 취소할 수 있는 권리는 형성권으로서 민법 제146조에 규정된 취소권의 존속기간은 제척기간이고, 판례는 재판상·재판외 행사를 긍정한다(대판 1993. 7. 27, 92다52795). 그러나 통설은 그 제척기간 내에 소를 제기하는 방법으로 권리를 재판상 행사하여야 한다고 해석한다(출소기간설=제소기간설). 즉 통설과 판례가 대립되는 취소권행사 후의 부당이득반환과 손해배상의 청구가 제척기간내에 행사하여야 하는가에 대하여 통설적 견해는 긍정적이고 판례는 이때부터 새로운 소멸시효에 해당하는 것으로 이해한다(대판 1991.2.22, 90다13420).

(3) '추인할 수 있는 날'의 의미와 관련된 판결

민법 제146조에 의하여 추인할 수 있는 날로부터 3년 내에, 법률행위를 한 날로부터 10년 내에 행사하여야 하지만, 여기에서 '추인할 수 있는 날'이라 함은 취소의 원인이 종료한 후를 의미하므로, 피후견인이 스스로 법률행위를 취소함에 있어서는 한정치산선고(현재는 한정후견심판선고)가 취소되어 피후견인이 능력자로 복귀한 날로부터 3년 내에 그 취소권을 행사하여야 한다(대판 1997. 6. 27. 97다382).

(4) 3년·10년

3년과 10년의 기간 중 무엇이든 먼저 도래한 것이 있는 경우 취소권을 행사할 수 없다.

9. 취소권의 소멸과 관련된 판례

관련사례 증여자 A가 불법연행되어 구금상태로 조사를 받던 1980.6.경은 그 조사를 수행하던 합수부의 단장이던 전두환이 이끄는 신군부세력이 강압적인 방법으로 국민의 기본권을 제약하는 시점으로서 A는 이 사건 각 부동산을 대한민국에게 증여하였다. A는 1999. 5. 27.자 위 증여의사표시의 취소 통지를 하였으나 이는 A가 이 사건 각 부동산에 관하여 증여의 의사표시를 한 때인 1980. 6. 17.로부터 10년이 경과한 후 이루어졌다(대판 2002. 12. 10. 2002다56031).

제척기간 내 권리행사: A가 주장하는 1999. 5. 27.자 위 증여의사표시의 취소 통지는 A가 이 사건 각 부동산에 관하여 증여의 의사표시를 한 때인 1980. 6. 17.로부터 10년이 경과한 후 이루어졌음이 역수상 분명하여 그 효력이 없다.

제8장 조건 · 기한

I. 조 건

1. 의 의

법률행위가 성립하면 그 효력이 생기는 것이 원칙이고 민법도 이러한 전제에서 계약에 관하여 규정하나 당사자는 그 효력의 발생 또는 소멸을 장래의 일정한 사실에 의존케 할 수 있는데 이를 부관이라 한다. 부관이란 <u>법률행위의 효과의 발생 또는 소멸에 관하여 이를 제한하기 위하여 부가되는 약관</u>을 말한다. 법률행위를 함에 있어서 사적 자치의 원칙에 의하여 법률행위 효과를 당사자의 의사에 의하여 제한하는 것도 물론 가능한 것이다. 따라서 부관부 법률행위도 일반의 법률행위와 동일하다. <u>법률행위의 부관은 법률행위와 동시에 부과되어야 하며, 사후부관은 법률행위의 변경이지 법률행위의 부관이 아니다.</u> 또 법률행위의 부관은 당사자의 의사에 의하여 부가되어야 하며, 법률의 규정에 의하여 부과된 법정조건이나 법정기한은 법률행위의 부관이 아니다. 법률행위의 부관은 조건 · 기한 · 부담이 있으나 민법은 부관의 일반적 규정을 민법총칙에 두고 있고, 부담은 개별적으로 두고 있을 뿐이다(제561조 참조).

판례 [1] 〈조건의 의의와 조건·기한의 구별〉 ① <u>조건은 법률행위의 부관으로서 의사표시의 일반원칙에 따라 조건을 붙이고자 하는 의사, 즉 조건의사와 그 표시가 필요하며 조건의사가 있더라도 그것이 외부에 표시되지 않으면 법률행위의 동기에 불과할 뿐이고 그것만으로는 법률행위의 부관으로서의 조건이 되는 것은 아니다</u>(대판 2003.5.13, 2003다10797). ② 부관이 붙은 법률행위에 있어서 부관에 표시된 사실이 발생하지 아니하면 채무를 이행하지 아니하여도 된다고 보는 것이 상당한 경우에는 <u>조건으로 보아야 하고,</u> 표시된 사실이 발생한 때에는 물론이고 반대로 발생하지 아니하는 것이 확정된 때에도 그 채무를 이행하여야 한다고 보는 것이 상당한 경우에는 표시된 사실의 발생 여부가 확정되는 것을 <u>불확정기한</u>으로 정한 것으로 보아야 한다(대판 2011.4.28, 2010다89036; 대판 2003.8.19, 2003다24215).

판례 [2] 〈구체적 사례 참조〉 ① 재건축사업을 추진하던 자들과 사업 진행에 필요한 운전자금을 출자하고 사업상의 이익에 참여하기로 하는 등의 공동사업계약을 체결하고 그들에게 운전자금을 지급한 자가, 그 후 사업진행이 순조롭지 않자 공동사업관계에서 탈퇴하면서 '스폰서가 영입되거나 사업권을 넘길 경우나 사업을 진행할 때'에는 <u>위 출자금을 반환받기로 하는 청산약정을 체결한 사안에서, 위 부관의 법적 성질을 거기서 정해진 사유가 발생하지 않는 한 언제까지라도 위 투자금을 반환할 의무가 성립하지 않는 정지조건이라기보다는 불확정기한으로 보아,</u> 출자금반환의무는 위 약정사유가 발생하는 때는 물론이고 상당한 기간 내에 위 약정사유가 발생하지 않는 때에도 성립한다고 해석하는 것이 타당하다(대판 2009.5.14, 2009다16643).
② 아파트 신축·분양 사업의 분양수입금 인출배분에 관하여 공사도급변경약정에서 시행사의 선투입비 및 일반관리비 채권을 2순위로 지급하기로 하면서, 위 선투입비는 아파트 분양 실계약률에 따라 계약률 50%시 45억 원, 최초 계약일로부터 6개월 이내에 계약률 75%시 35억 원, 12개월 이내에 계약률 95%시 10억 원을 각각 지급하기로 한 사안에서, 위 시행사의 선투입비 <u>채권은 일정 기간 내에 일정 분양률이 충족되는 것을 정지조건으로 최대 90억 원까지 2순위로 지급받기로 약정된 것으로 보아야 한다</u>(대판 2011.4.28, 2010다89036).

2. 조건부 법률행위 일반

(1) 조건의 의의와 성질

1) 효력의 문제

조건이란 법률행위의 효력의 발생 또는 소멸을 장래의 발생이 불확실한 사실에 의존케 하는 법률행위의 부관이다. 조건은 법률행위 효과의 발생 또는 소멸에 관한 것이며, 법률행위의 성립에 관한 것은 아니다.

2) 불확실

조건이 되는 사실은 장래 발생할 것인가의 여부가 불확실한 사실이어야 한다. 따라서 장래 반드시 실현되는 사실은 기한이 되고 조건이 되지는 못한다. 장래의 불확실성은 객관적이어야 하지 당사자 사이의 주관적으로만 불확실한 사실은 조건이 아니다. 사망은 장래의 확실한 사실이므로 기한이지 조건은 아니다.

3) 임의부가

조건은 법률행위 내용의 일부이므로 당사자가 임의로 부가한 것이어야 한다. 따라서 이른바 법정조건은 조건이 아니다. 법정조건의 예로서는 미성년자의 법률행위에 대한 법정대리인의 동의(제5조 1항), 법인설립행위에 있어서의 주무관청의 허가(제42조 2항), 유증에 있어서의 유언자의 사망 또는 수유자의 생존(제1073조·1089조), 농지매매에서의 소재지 관서의 증명, 사찰재산의 매매에 대한 주무관청의 허가 등을 들 수 있다.

(2) 조건의 종류

1) 정지조건·해제조건

법률행위 효력의 발생을 조건에 의존케 하는 것이 정지조건이고, 이에 대해 법률행위 효력의 소멸을 조건에 의존케 하는 것이 해제조건이다(제147조 참조). 예를 들어 시험에 합격하면 고급시계를 선물해 주겠다는 것은 정지조건이고, 앞으로 계속해서 장학금을 지급하고 있으나 시험에 불합격하면 장학금을 지급하지 않겠다고 했을 때의 법률행위는 해제조건부의 법률행위이다. 이러한 조건의 구별은 가장 기본적인 구분이면서도 실제에 있어서는 구별이 용이하지 않다.

판례 [1] 〈정지조건부 법률행위의 예〉 사찰 또는 불교단체의 동산이나 부동산을 관할청의 허가를 받아 대여·양도 또는 담보에 공하기로 하는 계약을 함에 있어 반드시 그 계약체결 당시에 미리 관할청의 허가를 받아야 하는 것이라고는 볼 수 없으므로 그 허가를 받을 것을 조건으로 하여 계약이 체결되었다면 별다른 사정이 없는 한 그 계약체결 당시에 관할청의 허가가 없었다는 사유만으로 이를 무효라고 할 수 없다(대판 1981. 9. 22, 80다2586).

판례 [2] 〈해제조건부 법률행위의 예〉 ㉠ 주택건설을 위한 원·피고간의 토지매매계약에 앞서 양자간의 협의에 의하여 건축허가를 필할 때 매매계약이 성립하고 건축허가신청이 불허되었을 때에는 이를 무효로 한다는 약정 아래 이루어진 본 건 계약은 해제조건부계약이다(대판 1983.8.23, 83다카552). ㉡ 토지를 매매하면서 그 토지 중 공장부지 및 그 진입도로부지에 편입되지 아니할 부분토지를 매도인에게 원가로 반환한다는 약정은 공장부지 및 진입도로로 사용되지 아니하기로 확정된 때에는 그 부분토지에 관한 매매는 해제되어 원상태로 돌아간다는 일종의 해제조건부 매매로 봄이 상당하다(대판 1981.6.9, 80다3195). ⓒ 판례는 약혼예물의 수수는 혼인의 불성립을 해제조건으로 하는 증여와 유사한 성질을 가진다고 본다(대판 1996.5.14, 96다5506). ⓔ 조건부 경개의 경우 구채무의 소멸과 신채무의 성립 자체가 조건의 성취 여부에 달려 있는데 이미 확정적으로 취득한 폐기물 소각처리시설 관련 권리를 포기하는 대신 수주 여부가 분명하지 않은 매립장 복원공사를 상대방으로부터 하도급받기로 약정한 사안에서, 위 약정은 상대방이 위 복원공사를 수주하지 못할 것을 해제조건으로 한 경개계약이라고 해석하였다(대판 2007.11.15, 2005다31316). ⓜ 채권양도에서 채권양도를 채무자가 승낙하면서 조건부승낙을 할 수 있다(제450조 참조). 예컨대 판례의 해제조건부승낙의 경우에는 해제조건이 성취되면 그때로부터 효력을 상실하므로, 채권양수인은 채권양도로써 채무자에 대하여 대항할 수 없게 된다(대판 2011.6.30, 2011다8614).

2) 수의조건·비수의조건

조건의 성부가 당사자 일방의 임의의 의사에만 전적으로 의존하는 조건이 수의조건이고, 그 당사자 일방의 의사에만 의존하지 않는 조건이 비수의조건이다.

(가) 수의조건(隨意條件)

(ㄱ) 순수수의조건(純粹隨意條件)

법률행위의 효력을 당사자 일방의 의사에만 의존케 하는 조건이 순수수의조건이다. '내 마음이 내키면 자동차를 한 대 주겠다'는 것처럼 당사자의 일방의 의사에만 의존케 하는 조건을 말한다. 순수수의조건의 효력에 관하여는 다수설과 판례는 무효라고 하였으나, 유효하다는 설도 대두되고 있다.

판례 〈순수수의조건여부〉 제작물공급계약의 당사자들이 보수의 지급시기에 관하여 "수급인이 공급한 목적물을 도급인이 검사하여 합격하면, 도급인은 수급인에게 그 보수를 지급한다."는 내용으로 약정을 체결한 경우, 그 약정이 조건부 약정 또는 순수수의조건부 약정에 해당하는지 여부(소극) 제작물공급계약의 당사자들이 보수의 지급시기에 관하여 "수급인이 공급한 목적물을 도급인이 검사하여 합격하면, 도급인은 수급인에게 그 보수를 지급한다"는 내용으로 한 약정은 도급인의 수급인에 대한 보수지급의무와 동시이행관계에 있는 수급인의 목적물 인도의무를 확인한 것에 불과하므로, 법률행위의 효력 발생을 장래의 불확실한 사실의 성부에 의존하게 하는 법률행위의 부관인 조건에 해당하지 아니할 뿐만 아니라, 조건에 해당한다 하더라도 검사에의 합격 여부는 도급인의 일방적인 의사에만 의존하지 않고 그 목적물이 계약내용대로 제작된 것인지 여부에 따라 객관적으로 결정되므로 순수수의조건에 해당하지 않는다(대판 2006.10.13, 2004다21862).

(ㄴ) 단순수의조건(單純隨意條件)

'내가 독일에 가면 쓰던 자동차를 주겠다'는 것처럼 결국은 당사자 일방의 의사로 결정은 되지만 그밖에 다른 사실 상태의 성립(독일에 가는 것)도 요구하는 것을 말한다. 즉 단순수의조건은 법률행위의 효력을 상대방의 임의의사에 기한 작위 또는 부작위에 의존케 할 때 그 조건을 말한다. 이와 같은 사실상태의 성립이 있어야 한다는 점에서 일방당사자의 의사만에 의존케 하는 순수수의조건과 다르다. 이러한 단순수의조건은 유효한 조건이 된다.

(나) 비수의조건(非隨意條件)

비수의조건은 표현 그대로 당사자의 일방적 의사에만 의존하지 않는 조건이다. 이러한 비수의조건은 우성조건(偶成條件)과 혼성조건(混成條件)이 있다.

(ㄱ) 우성조건(偶成條件)

'내일 비가 오면'과 같은 당사자의 의사와는 전혀 관계없는 조건을 말한다. 당사자의 의사와 관계없는 자연적 사실이라든지, 제3자의 의사, 즉 '선순위 권리자가 배당을 포기하면'도 여기에 해당한다.

(ㄴ) 혼성조건(混成條件)

'내가 甲과 결혼하면'과 같은 조건의 성부가 당사자의 의사 및 제3자의 의사에 의하여 결정되는 조건이다.

3) 가장조건(假裝條件)

외관상 형식적으로는 조건이지만, 실질적으로는 조건으로서의 효력이 인정되지 못하는 것을 총칭한다.

> **제151조 (불법조건, 기성조건)**
> ① 조건이 선량한 풍속 기타 사회질서에 위반한 것인 때에는 그 법률행위는 무효로 한다.
> ② 조건이 법률행위의 당시 이미 성취한 것인 경우에는 그 조건이 정지조건이면 조건 없는 법률행위로 하고 해제조건이면 그 법률행위는 무효로 한다.
> ③ 조건이 법률행위의 당시에 이미 성취할 수 없는 것인 경우에는 그 조건이 해제조건이면 조건 없는 법률행위로 하고 정지조건이면 그 법률행위는 무효로 한다.

(가) 순수수의조건

순수수의조건이란 법률행위의 효력을 당사자의 일방의 임의의사에만 의존하게 하는 조건을 말하는데, 그 유효성에 대하여는 무효설(다수설과 판례)과 반대설도 있다.

(나) 불법조건

불법조건이 붙은 법률행위는 정지조건이든 해제조건이든 묻지 않고 그 법률행위 자체가 무효이다(제151조 제1항). 예컨대 「부부관계의 종료를 해제조건으로 하는 증여계약은 그 조건만이 무효인 것이 아니라 증여계약 자체가 무효인 것이다」(대판 1966.6.21, 66다530). 그러나 부첩관계의 종료를 정지조건으로 하는 증여계약은 유효하다(대판 1980.6.24, 80다458). 한편 매도인에게 부과될 공과금을 매수인이 책임진다는 특약은 불법조건이라 할 수 없고 이것만 가지고 사회질서에 반한다고 할 수는 없다는 것이 판례이다.

판례 조건부 법률행위에 있어 조건의 내용 자체가 불법적인 것이어서 무효일 경우 또는 조건을 붙이는 것이 허용되지 아니하는 법률행위에 조건을 붙인 경우 그 조건만을 분리하여 무효로 할 수는 없고 그 법률행위 전부가 무효로 된다(대결 2005.11.8, 자2005마541).

(다) 기성조건과 불능조건

조건이 법률행위의 당시 이미 성취한 것(기성)인 경우에는 그 조건이 정지조건이면 조건 없는 법률행위로 하고 해제조건이면 그 법률행위는 무효로 한다(제151조 제2항). 그러나 조건이 법률행위의 당시에 이미 성취할 수 없는 것(불능)인 경우에는 그 조건이 해제조건이면 조건 없는 법률행위로 하고 정지조건이면 그 법률행위는 무효로 한다(제3항). 따라서 정지조건이 붙은 화해계약이 계약의 당시에 이미 그 조건이 성취된 경우에는 무조건의 화해계약으로 된다(대판 1959.12.24, 4292민상670).

3. 조건에 친한 행위인지 여부

법률행위 자유의 원칙에 의하여 법률행위에 조건을 붙이는 것은 당사자의 자유이지만, 조건을 붙이면 법률행위 효력의 발생·소멸이 불확정적인 것으로 된다. 그러므로 성질상 법률관계가 확정적이어야 하는 법률관계에는 조건을 붙일 수 없다. 대체로 조건에 친하지 아니한 법률행위는 기한과도 친하지 아니하다.

(1) 조건에 친하지 않는 행위의 예

우리 민법에는 명문의 규정으로 조건(기한 포함)을 붙일 수 없다는 규정은 상계의 의사표시에 관하여 규정하고 있다(제493조 참조).

(2) 법률행위의 성질상 조건을 붙일 수 없는 법률행위

1) 단독행위

단독행위는 조건을 붙일 수 없음이 원칙이다. 예를 든다면 상계·취소·해제·해지·추인·선택채권에서 선택권의 행사 등이다. 다만 예외적으로 상대방의 지위를 불안하게 할 염려가 없는 경우는 가능하다고 볼 수 있는데, 상대방의 동의가 있는 경우, 상대방이 결정할 수 있는 사실을 조건으로 하는 경우에는 단독행위에도 조건을 붙일 수 있다. 그리고 상대방에게 이익만을 주는 단독행위에는 조건을 붙일 수 있다. 채무면제와 유증이 그 예이다.

2) 가족법상의 행위

가족법상의 행위에는 원칙적으로 조건을 붙일 수 없다. 혼인·이혼·입양·인지·상속의 포기 등이다. 그러나 예외적으로 상대방에게 불이익을 주지 않고, 선량한 풍속에 반하지 아니하는 경우에는 조건을 붙일 수 있다. 예컨대 유언에는 법에서도 조건을 붙일 수 있다는 규정을 두고 있다(제1073조 제2항 참조).

3) 어음·수표행위

어음·수표행위는 객관적 획일성이 요구되므로 조건을 붙일 수 없다. 그러나 판례는 어음의 보증은 조건부 보증을 인정한다고 하여도 어음거래의 안정성을 해하지 아니하므로 허용된다고 하고 있다(대판 1986. 3. 11, 85다카1600).

판례 ㉠ 〈**단독행위에도 조건을 붙일 수 있다고 한 예**〉 계약당사자 일방이 상대방에 대하여 일정한 기간을 정하여 채무이행을 최고함과 동시에 그 기간 내에 이행이 없을 때에는 계약을 해제하겠다고 하는 정지조건부 계약해제는 유효하다(대판 1970.9.29, 70다1508). ㉡ 〈**신분행위에 조건을 붙인 경우**〉 ① 약혼예물의 수수는 혼인불성립을 해제조건으로 하는 증여와 유사한 성질의 것이므로 시어머니가 며느리에게 교부한 약혼예물은 그 혼인이 성립되어 상당기간 지속된 이상 며느리의 소유라고 보아야 한다(대판 1994.12.27, 94므895 등). ② 재산분할에 관한 협의는 그 협의 후 당사자가 약정한 대로 협의상 이혼이 이루어진 경우에 한하여 그 협의의 효력이 발생하는 것이지, 어떠한 원인이든지 협의상 이혼이 이루어지지 아니하고 혼인관계가 존속하게 되거나 당사자 일방이 제기한 이혼청구의 소에 의하여 재판상 이혼이 이루어진 경우에는 그 협의는 조건의 불성취로 인하여 효력이 발생하지 않는다(대판 1995.10.12, 95다23156).

(3) 법률의 목적에 반하여 조건을 붙일 수 없는 경우

조건을 붙일 수 없다는 명문의 규정이 없다하더라도 조건을 붙이는 것이 법률의 목적에 반할 때에는 조건을 붙일 수 없다고 한다. 예컨대 근로계약과 더불어 근로자에게 불이익한 조건부 계약 등이 이에 해당한다. 조건을 붙일 수 없는 법률행위에 조건을 붙인 경우에는 법률에 규정이 있는 경우에는 그에 따르고, 그러한 규정이 없는 경우에는 조건이 법률행위의 일체적 내용을 이루는 점에 비추어 그 전체가 무효라고 할 것이다.

4. 조건부 법률행위에서 입증책임

(1) 의의

조건이 성취되었다는 사실에 의하여 법률행위의 효과가 확정되었음을 주장하는 자가 조건의 성취를 입증하여야 한다. 그러나 법률행위에 정지조건이 붙어 있다고 하는 점은 법률행위의 효력을 다투는 자가 입증하여야 한다(아래 판례 참조).

판례 〈조건부 증여와 입증〉 판례는 "원고가 피고 교회의 담임목사직을 자진 은퇴하겠다는 의사를 표명한데 대하여 피고교회에서 은퇴 위로금으로 이 건 부동산을 증여하기로 한 것이라면, 이 증여는 원고의 자진 사임을 조건으로 한 증여라고 보아야 할 것이므로, ㉠ 원고가 위 증여계약을 원인으로 피고에게 소유권이전등기를 구하려면 적어도 그 후 자진 사임함으로써 그 조건이 성취되었음을 입증할 책임이 있다"(대판 1984. 9. 25, 84다카967)고 하고 있다. ㉡ 조건은 법률행위의 당사자가 그 의사표시에 의하여 그 법률행위와 동시에 그 법률행위의 내용으로서 부가시켜 그 법률행위의 효력을 제한하는 법률행위의 부관이므로 구체적인 사실관계가 어느 법률행위에 붙은 조건의 성취에 해당하는지 여부는 의사표시의 해석에 속하는 경우도 있다고 할 수 있지만, 어느 법률행위에 어떤 조건이 붙어 있었는지 아닌지는 사실인정의 문제로서 그 조건의 존재를 주장하는 자가 이를 입증하여야 한다고 할 것이다(대판 2006.11.24, 2006다35766). 따라서 위 사안의 경우 조건의 존재는 상대방인 피고 교회가 입증하여야 한다.

(2) 양육비지급

원고·피고가 이혼당시 원고가 자녀들을 양육함을 조건으로 피고가 양육비를 지급하기로 약정하였다면 피고의 양육비지급의무는 원고가 자녀를 양육함을 조건으로 하는 것이므로 원고는 그 조건이 이루어지지 않는 한 장래의 양육비를 청구하지 못한다(대판 1979.6.12, 79다249).

5. 조건부 법률행위의 효력

제147조 (조건성취의 효과)
① 정지조건 있는 법률행위는 조건이 성취한 때로부터 그 효력이 생긴다.
② 해제조건 있는 법률행위는 조건이 성취한 때로부터 그 효력을 잃는다.

③ 당사자가 조건성취의 효력을 그 성취 전에 소급하게 할 의사를 표시한 때에는 그 의사에 의한다.

제148조 (조건부권리의 침해금지)

조건 있는 법률행위의 당사자는 조건의 성부가 미정한 동안에 조건의 성취로 인하여 생길 상대방의 이익을 해하지 못한다.

제149조 (조건부권리의 처분 등)

조건의 성취가 미정한 권리의무는 일반규정에 의하여 처분, 상속, 보존 또는 담보로 할 수 있다.

(1) 조건부 권리의 침해금지

1) 기대권(期待權)으로서의 조건부 권리

조건의 성부가 미확정적 상태에서의 조건부 법률행위의 효력은 불확정적이다. 그렇지만 이러한 상태에 있다하더라도 당사자는 장래 조건의 성취로 인하여 일정한 권리를 취득하거나, 이익을 얻을 수 있는 법률상의 지위 또는 기대를 갖게 되는데, 이러한 유동적 상태의 권리를 기대권이라 한다. 기대권은 장래의 조건성취에 의하여 현실의 구체적인 권리로 확정되지만, 조건의 성취에 의하여 발생할 장래의 권리가 아니라 조건의 성부가 미확정적인 상태에서 기대되는 현존의 권리다. 따라서 기대권인 조건부 권리도 현존의 권리이므로 보호되어야 한다.

판례 〈장래 발생할 채권이나 조건부 채권을 압류할 수 있는지 여부(한정 적극)〉 장래 발생할 채권이나 조건부 채권도 현재 그 권리의 특정이 가능하고 가까운 장래에 발생할 것이 상당 정도 기대되는 경우에는 이를 압류할 수 있다고 할 것이다[예 : 지방공무원 甲이 약 14~15년 정도 근무한 때에 乙이 甲의 명예퇴직수당 채권에 대하여 채권가압류결정과 채권압류 및 추심명령을 받은 경우, 이러한 채권가압류결정 등도 유효하다(대판 2010.2.25. 2009다76799)].

2) 조건부 권리의 침해금지

(가) 의무자가 침해하는 경우

예컨대 정지조건부로 증여를 한 토지를 증여자가 그 조건성취 전에 제3자에게 매각하여 그 등기가 경료된 경우이다. 이 때에는 제3자의 물권이 우선한다. 조건부권리자인 수증자는 그 조건의 성취를 전제로 증여자를 상대로 그 토지의 인도불능에 갈음하는 손해배상을 청구할 수 있다. 이 손해배상청구권의 본질에 관하여 학설이 대립한다. 불법행위로 인한 손해배상청구권이라는 견해와 채무불이행으로 인한 손해배상청구권이라는 견해 등이다. 다만, 부동산에 관한 그 조건부 권리(청구권)를 가등기한 때에는 후에 그 조건의 성취를 전제로 제3자에게도 대항할 수 있다.

(나) 조건부 처분행위 후에 의무자가 처분행위를 하는 경우

예컨대 해제조건부 매매로 인한 부동산소유권이전등기 후 조건성취 전에 매수인이 제3자에게 목적물을 양도하여 제3자 앞으로 소유권이전등기가 된 경우이다. 해제조건이 성취되더라도 그것은 조건이 성취된 때로부터 그 효력을 잃는 것이 되므로(제147조 제2항), 그 전에 물권을 취득한 제3자가 우선한다. 다만 해제조건의 경우에는 권리소멸의 약정으로서 이를 등기할 수 있으며, 이를 등기한 때에 한해 제3자에게 그 조건의 성취를 주장하여 제3자가 취득한 물권의 무효를 주장할 수 있다(대판 1992.5.22. 92다5584). 따라서 등기를 하지 않은 경우 매도인은 조건성취를 전제로 매수인을 상대로 이행불능으로 인한 손해배상을 청구할 수 있다.

판례 〈조건성취 전에 의무자가 한 처분행위의 효력〉 해제조건부 증여로 인한 부동산소유권이전등기를 마쳤다하더라도, 그 해제조건이 성취되면 그 소유권은 증여자에게 복귀한다고 할 것이고, 이 경우 당사자간에 별단의 의사표시가 없는 한 그 조건성취의 효과는 소급하지 아니하나, <u>조건성취 전에 수증자가 한 처분행위는 조건성취의 효과를 제한하는 한도 내에서는 무효라고 할 것이고, 다만 그 조건이 등기되어 있지 않은 한 그 처분행위로 인하여 권리를 취득한 제3자에게 위 무효를 대항할 수 없다</u>(대판 1992.5.22. 92다5584).

(2) 조건부 권리의 처분 등

민법은 조건의 성취가 미정인 권리·의무는 일반규정에 의하여 처분·상속·보존·담보로 할 수 있다고 하고 있다(제149조). 전술한 바와 같이 조건부 권리도 장래의 권리가 아니고 현존의 권리를 갖고 있으므로 특단의 사정이 없는 한 조건부 권리자가 처분할 수 있다. 민법 제148조가 조건부 권리의 침해를 금지시킴으로써 이를 소극적으로 보호하는 데 반하여, 제149조는 이를 자유로이 처분할 수 있는 것으로 하여 조건부 권리를 적극적으로 보호하고 있다.

판례 〈조건미성취시 이익〉 조건의 성취가 미정인 동안에는 아직 채권의 효력이 확정되어 발생하는 것이 아니므로 그 전에 이행한 부분은 법률상 원인 없이 이행한 부분으로 부당이득이 될 수 있다(대판 2004.4.9. 2003다32681).

(3) 조건성취 후의 법률효과(제147조)

(ㄱ) 조건의 성취 또는 불성취에 의하여 법률행위의 효력이 확정된다. 따라서 정지조건부 법률행위에 있어서는 조건이 성취되면 그때부터 법률행위의 효력이 발생하고 불성취로 확정되면 무효로 된다. 해제조건부 법률행위는 반대로 조건이 성취되면 그때부터 법률행위의 효력은 소멸하고, 조건의 불성취로 확정되면 그 효력은 소멸하지 않은 것으로 확정된다.

(ㄴ) 조건성취의 효과는 조건이 성취된 때로부터 발생하고 소급하지 않음이 원칙이다. <u>그러나 조건부 법률행위의 당사자가 조건성취의 효과를 그 성취 전에 소급하게 할 의사를 표시한 때에는 소급효가 인정된다(제147조 제3항). 이는 사적자치의 원칙에 근거하며 소급의 시기는 법률행위의 시점 이후 어떤 시점이든 당사자가 임의로 정할 수 있다고 한다.</u>

6. 조건의 성취와 불성취의 의제

> **제150조 (조건성취, 불성취에 대한 반신의행위)**
> ① 조건의 성취로 인하여 불이익을 받을 당사자가 신의성실에 반하여 조건의 성취를 방해한 때에는 상대방은 그 조건이 성취한 것으로 주장할 수 있다.
> ② 조건의 성취로 인하여 이익을 받을 당사자가 신의성실에 반하여 조건을 성취시킨 때에는 상대방은 그 조건이 성취하지 아니한 것으로 주장할 수 있다.

조건의 성취로 인하여 불이익을 받을 당사자가 신의성실에 반하여(고의로 한 경우에 한하는 것이 아니고 그 보다 넓은 의미) 조건의 성취를 방해한 때에는 상대방은 그 조건이 성취한 것으로 주장할 수 있으며, 반대로 조건의 성취로 인하여 이익을 받을 당사자가 신의성실에 반하여 조건을 성취시킨 때에는 상대방은 그 조건이 성취하지 아니한 것으로 주장할 수 있다. 따라서 방해행위가 있으면 당사자는 조건이 성취한 것 또는 성취하지 아니한 것으로 주장할 수 있다. 즉 주장한 때에 효과가 생긴다.

> **판례** 〈조건의 불성취로 의무를 면하게 될 자가 신의성실에 반하여 조건의 성취를 방해한 경우에 해당한다고 보아 상대방이 조건의 성취를 주장할 수 있다고 인정한 사례〉 ㉠ 상대방이 도급받은 부분에 대한 공사를 완공하여 준공필증을 제출하는 것을 정지조건으로 하여 공사대금채무를 부담하기로 한 경우, 불이익을 받을 자가 공사장에의 출입을 통제함으로써 위 상대방으로 하여금 나머지 공사를 수행할 수 없게 하였다면, 그것이 고의에 의한 경우만이 아니라 과실에 의한 경우에도 신의성실에 반하여 조건의 성취를 방해한 때에 해당한다고 할 것이므로, 그 상대방은 민법 제150조 제1항의 규정에 의하여 위 공사대금채무자 및 보증인에 대하여 그 조건이 성취된 것으로 주장할 수 있다. ㉡ 조건의 성취로 인하여 불이익을 받을 당사자가 신의성실에 반하여 조건의 성취를 방해한 경우, 조건이 성취된 것으로 의제되는 시점은 이러한 신의성실에 반하는 행위가 없었더라면 조건이 성취되었으리라고 추산되는 시점이다(대판 1998.12.22, 98다42356).

7. 사례연습

관련사례 A는 B가 A소유의 甲 건물을 1년 내에 1억원 이상으로 팔아주면 동인소유의 乙건물을 증여한다는 계약을 체결했다.

해설
(a) **손해배상청구** : 1억원 이상으로 팔 수 있는지의 여부가 결정되기 전에 A의 과실로 乙건물이 소실된 경우, B가 1년내에 甲 건물을 1억원 이상으로 팔면, A는 B에 대하여 손해배상의 의무를 진다. 즉 정지조건이 성취된 것을 전제로 손해배상을 청구할 수 있는 것이다(제148조 참조).

(b) **조건의 성취** : B가 1년내에 甲 건물을 1억원에 매수할 상대방을 찾았는데도 A는 타인에게 甲 건물을 9,000만원에 팔았다. 이 경우 B는 A에 대하여 乙 건물의 증여의 유효를 주장할 수 있다(제150조).

(c) **원칙적 장래효** : B가 1년내에 甲 건물을 1억원 이상으로 판 경우, 증여는 그때부터 효력이 생기며, 당사자사이의 특약에 의해서 그 효력을 소급해서 발생시킬 수도 있다(제147조).

(d) **가등기** : B는 甲 건물을 1억원 이상으로 팔 수 있는지의 여부가 결정되기 전에도 乙 건물에 대하여 자기의 권리를 가등기할 수 있다. B는 A의 승낙을 받아 단독으로 조건부 매매계약에 기한 가등기를 하여 제3에게 대항할 수 있는 것이다.

Ⅱ. 기 한

1. 의 의

기한(期限)이란 법률행위의 효력의 발생·소멸 또는 채무의 이행을 장래에 발생하는 것이 확실한 사실에 의존케 하는 법률행위의 부관이다. 기한은 기한이 되는 사실이 장래의 사실이라는 점에서 조건과 같으나 그 발생이 확실한 점에서 성부자체가 불확실한 조건과 다르다. 기한도 조건과 마찬가지로 법률행위의 당사자의 의사표시에 의하여 임의로 부가된 것이어야 한다는 점에서 법률의 규정에 의하여 권리의 발생·소멸을 장래의 확실한 사실에 의존케 하는 시효기간·제척기간 등은 기한이 아니다.

2. 유 형

민법은 기한의 종류로 시기(始期)와 종기(終期)를 인정한다. 시기는 법률행위의 효력의 발생 또는 채무이행의 시기를 장래의 확정적 사실에 의존하는 것을 말한다. 종기는 법률행위의 효력을 소멸케 할 때를 말한다. 기한은 그 장래의 발생사실이 확실하지만 발생시기는 반드시 확정되어 있을 것을 요하지 않는다. 발생시기가 확정되어 있는 것을 확정기한이라 하고, 발생시기가 확정되어 있지 아니한 기한을 불확정기한이라 한다. 불확정기한과 조건의 구별은 구별이 용이하지 않다. 따라서 결국은 법률행위의 해석문제에 속하게 된다. 예컨대, 토지에 대한 임대차계약을 체결함에 있어서 임대차계약기한을 '임차인에게 매도할 때까지'로 정한 경우에 그것은 기한을 정한 것이라고 볼 수 없다(대판 1974.5.14, 73다631). 따라서 임대차계약은 기간의 약정이 없는 것으로 보아 당사자는 언제든지 계약해지의 통고를 할 수 있다(제635조 참조).

3. 기한을 붙일 수 없는 법률행위

일반적으로 조건을 붙일 수 없는 법률행위에 기한도 붙이지 못하나, 다만 어음·수표행위에는 조건을 붙이지 못하지만 시기(지급일, 즉 이행기)를 붙이는 것은 허용된다. 왜냐하면 이러한 어음·수표행위에 시기를 붙여도 법률관계를 불확정하게 하지 않기 때문이다.

4. 기한부 법률행위의 효력

기한부 법률행위는 조건부 법률행위의 효력에 따르는 것이 원칙이다(제154조).

(1) 기한도래의 효과

> **제152조 (기한도래의 효과)**
> ① 시기있는 법률행위는 기한이 도래한 때로부터 그 효력이 생긴다.
> ② 종기있는 법률행위는 기한이 도래한 때로부터 그 효력을 잃는다.

(ㄱ) 시기 있는 법률행위는 기한이 도래한 때부터 그 효력이 생기며(제152조 제1항), 종기 있는 법률행위는 기한이 도래한 때로부터 그 효력을 잃는다(제152조 제2항). 이처럼 기한의 효력에는 소급효가 없고, 이것은 기한의 본질상 당사자의 특약에 의해서도 이를 인정할 수 없다(기한도래의 효력에는 절대적으로 소급효가 인정되지 아니한다). 왜냐하면 기한의 소급효를 인정하는 것은 기한을 붙이는 것과 모순되기 때문이다.

(ㄴ) 기한이 되는 사실이 실현되는 것을 기한의 도래라 한다. 기한의 도래는 기간의 경과·기한으로 정한 사실의 실현으로 도래한다. 중요한 것은 기한의 이익의 포기(제153조) 또는 상실(제388조)에 의하여도 기한이 도래한다는 것이다.

판례 ① 〈**불확정기한**〉 상가건물의 점포를 분양하면서 분양대금을 완납하고 건물 준공 후 공부정리가 완료되는 즉시 소유권을 이전하기로 약정한 경우, 그 점포에 관한 소유권이전등기에 관하여 확정기한이 아니라 불확정기한을 이행기로 정하는 합의가 이루어진 것으로 보아야 할 것이며, 건설공사의 진척상황 및 사회경제적 상황에 비추어 분양대금이 완납되고 분양자가 건물을 준공한 날로부터 사용승인검사 및 소유권보존등기를 하는 데 소요될 것으로 예상할 수 있는 합리적이고 상당한 기간이 경과한 때 그 이행기가 도래한다고 보아야 한다.

② 〈**불확정한 사실이 발생한 때를 이행기로 정한 경우 그 기한의 도래 여부에 대한 판단**〉 (ⅰ) 당사자가 불확정한 사실이 발생한 때를 이행기한으로 정한 경우에 있어서 그 사실이 발생한 때는 물론 그 사실의 발생이 불가능하게 된 때에도 이행기한은 도래한 것으로 보아야한다(대판 1989.6.27. 88다카10579). (ⅱ)이미 부담하고 있는 채무의 변제에 관하여 일정한 사실이 부관으로 붙여진 경우에는 특별한 사정이 없는 한 그것은 변제기를 유예한 것으로서 그 사실이 발생한 때 또는 발생하지 아니하는 것으로 확정된 때에 기한이 도래한다(대판 2009.11.12. 2009다42635).

③ 〈**어음교부와 변제기 유예문제**〉 채권자가 기존 채무의 지급을 위하여 그 채무의 이행기가 도래하기 전에 미리 그 채무의 변제기보다 후의 일자가 만기로 된 어음의 교부를 받은 때에는 묵시적으로 기존 채무의 지급을 유예하는 의사가 있었다고 볼 경우가 있을 수 있고 이 때 기존 채무의 변제기는 어음에 기재된 만기일로 변경된다고 볼 것이나, 특별한 사정이 없는 한 채무자가 기존 채무의 이행기에 채무를 변제하지 아니하여 채무불이행 상태에 빠진 다음에 기존 채무의 지급을 위하여 어음이 발행된 경우까지 그와 동일하게 볼 수는 없다고 한다(대판 2000.7.28. 2000다16367).

④ 〈**지체상금발생시기와 종기**〉 수급인이 완공기한 내에 공사를 완성하지 못한 채 공사를 중단하고 계약이 해제된 결과 완공이 지연된 경우에 있어서 지체상금은 약정 준공일 다음날부터 발생하되 그 종기는 수급인이 공사를 중단하거나 기타 해제사유가 있어 도급인이 공사도급계약을 해제할 수 있었을 때(실제로 해제한 때가 아니다)부터 도급인이 다른 업자에게 맡겨서 공사를 완성할 수 있었던 시점까지이고, 수급인이 책임질 수 없는 사유로 인하여 공사가 지연된 경우에는 그 기간만큼 공제되어야 한다(대판 2010.1.28. 2009다41137,41144).

(2) 기한의 이익·그 포기 및 상실

제153조 (기한의 이익과 그 포기)
① 기한은 채무자의 이익을 위한 것으로 추정한다.
② 기한의 이익은 이를 포기할 수 있다. 그러나 상대방의 이익을 해하지 못한다.

1) 기한의 이익(제153조)

(ㄱ) 기한의 이익이란 기한이 도래하지 않음으로써 당사자가 받는 이익을 말한다. 시기부 법률행위에 있어서는 법률행위의 효력이 발생하지 아니하거나, 이행기가 도래하지 않음으로써 받는 이익을 말하며, 종기부 법률행위에 있어서는 법률행위의 효력이 소멸하지 않는 데서 받는 이익을 말한다. 이것은 경우에 따라서 채권자만이 가지는 경우(예컨대 무상임치), 채무자만이 가지는 경우(예컨대 무이자소비대차), 채권자와 채무자 쌍방이 가지는 경우(예컨대 이자부정기예금)가 있다.

(ㄴ) 그런데 민법은 당사자의 특약이나 법률행위의 성질에 비추어 반대의 취지가 없는 한 기한은 채무자의 이익을 위하여 존재하는 것으로 추정(推定)한다(제153조 제1항). 따라서 기한의 이익이 채권자를 위하거나 당사자 쌍방을 위하여 존재한다는 것은 이를 주장하는 자가 입증하여야 한다.

2) 기한의 이익의 포기

(ㄱ) 기한의 이익을 가지는 자는 그 이익을 포기할 수 있다(제153조 제2항 본문). 기한의 이익을 가지는 자가 이를 포기하여 스스로 불이익을 감수하는 것을 금할 이유가 없기 때문이다. 예컨대 무이자 소비대차에 있어서 차주는 기한 전에 언제든지 반환할 수 있고(제603조 제2항), 무상임치에 있어서 임치인은 언제든지 그 반환을 청구할 수 있다. 다만 그로 말미암아 상대방에게 손해를 준 경우에는 이를 배상하여야 한다(제153조 제2항 단서).

(ㄴ) 이자부 소비대차처럼 기한의 이익이 채권자에게도 있는 경우에, 채무자는 상대방의 손해, 즉 본래의 이행기까지의 이자를 지급하여 기한 전에 변제할 수 있다. 그러나 채권자는 변제기까지의 이자를 포기하고 채무자에게 기한 전에 변제할 것을 청구할 수는 없다.

(ㄷ) 기한의 이익포기도 기한이기 때문에 성질상 장래를 향해서만 효력을 발생하고 소급효가 없다.

3) 기한의 이익의 상실(제388조·파산법)

> **민법 제388조 (기한의 이익의 상실)**
> 채무자는 다음 각 호의 경우에는 기한의 이익을 주장하지 못한다.
> 1. 채무자가 담보를 손상, 감소 또는 멸실하게 한 때   2. 채무자가 담보제공의 의무를 이행하지 아니한 때
> **채무자회생 및 파산에 관한 법률 제425조 (기한부채권의 변제기도래)**
> 기한부채권은 파산선고시에 변제기에 이른 것으로 본다.

(ㄱ) 민법 제388조는 "채무자는 다음 각호의 경우에는 기한의 이익을 주장하지 못한다. (ⅰ) 채무자가 담보를 손상·감소 또는 멸실하게 한 때, (ⅱ) 채무자가 담보제공의 의무를 이행하지 아니한 때"라고 규정하고 있으며, 「채무자회생 및 파산에 관한 법률」에서는 '채무자의 파산'을 기한이익상실사유로 들고 있다(동법 제425조). 이러한 사유의 발생으로 채무자가 기한의 이익을 상실하면 채무자는 채권자의 기한 전의 변제청구를 거절하지 못한다.

(ㄴ) 그런데 민법상 기한이익의 상실의 경우에는 파산의 경우와는 달리 기한이익상실사유의 발생만으로 채무의 변제기가 도래한 것으로 의제(擬制)되는 것은 아니며 채권자의 이행청구에 채무자가 거절을 할 수 없을 뿐이다. 채권자의 이행청구가 있으면 그때 비로소 채무의 변제기가 도래한 것으로 의제되며 이행지체가 된다(제387조 참조).

5. 기한이익상실특약의 유형문제

기한이익 상실의 특약(예 : 약정한 이행의무를 한번이라도 지체하였을 때 기한의 이익을 잃고 즉시 채무금 전액을 완제하여야 한다고 되어 있는 기한이익 상실특약)은 그 내용에 의하여 일정한 사유가 발생하면 채권자의 청구 등을 요함이 없이 당연히 기한의 이익이 상실되어 이행기가 도래하는 것으로 하는 정지조건부 기한이익 상실의 특약과 일정한 사유가 발생한 후 채권자의 통지나 청구 등 채권자의 의사행위를 기다려 비로소 이행기가 도래하는 것으로 하는 형성권적 기한이익 상실의 특약의 두 가지로 대별할 수 있는데 판례는 기한이익상실의 특약은 특별한 사정이 없는 한 형성권적 기한이익상실특약으로 보는 것이 원칙으로 한다(아래 판결 참조; 대판 2010.8.26, 2008다42416,42423).

| 관련사례 | 약정한 이행의무를 한번이라도 지체하였을 때 기한의 이익을 잃고 즉시 채무금 전액을 완제하여야 한다고 되어 있는 기한이익 상실약정을 정지조건부 기한이익 상실특약으로 보아 할부금 채무의 1회 불이행시부터 전체 채무에 관하여 소멸시효가 진행된다고 볼 수 있는가? (대판 2002.9.4, 2002다28340). |

해설

(a) **기한이익상실의 특약의 유형** : 기한이익 상실의 특약은 그 내용에 의하여 일정한 사유가 발생하면 채권자의 청구 등을 요함이 없이 당연히 기한의 이익이 상실되어 이행기가 도래하는 것으로 하는 <u>정지조건부 기한이익 상실의 특약</u>과 일정한 사유가 발생한 후 채권자의 통지나 청구 등 채권자의 의사행위를 기다려 비로소 이행기가 도래하는 것으로 하는 <u>형성권적 기한이익 상실의 특약</u>의 두 가지로 대별할 수 있고, 기한이익 상실의 특약이 위의 양자 중 어느 것에 해당하느냐는 당사자의 의사해석의 문제이지만 일반적으로 기한이익 상실의 특약이 채권자를 위하여 둔 것인 점에 비추어 명백히 정지조건부 기한이익 상실의 특약이라고 볼 만한 특별한 사정이 없는 이상 형성권적 기한이익 상실의 특약으로 추정하는 것이 타당하다.

(b) **원칙적으로 형성권적 기한이익상실특약** : 형성권적 기한이익 상실의 특약이 있는 경우에는 그 특약은 채권자의 이익을 위한 것으로서 기한이익의 상실 사유가 발생하였다고 하더라도 채권자가 나머지 전액을 일시에 청구할 것인가 또는 종래대로 할부변제를 청구할 것인가를 자유로이 선택할 수 있으므로, 이와 같은 기한이익 상실의 특약이 있는 할부채무에 있어서는 1회의 불이행이 있더라도 각 할부금에 대해 그 각 변제기의 도래시마다 그 때부터 순차로 소멸시효가 진행하고 채권자가 특히 잔존 채무 전액의 변제를 구하는 취지의 의사를 표시한 경우에 한하여 전액에 대하여 그 때부터 소멸시효가 진행한다.

제9장 기 간

1. 일반론

기간이란 어느 시점에서 어느 시점까지의 계속된 시간을 말한다. 법률사실로서의 시간은 이른바 사건에 속한다. 기간의 계산은 법령이나 재판상의 처분 또는 법률행위에 다른 정한 바가 없으면, 민법의 규정에 의한다. 민법의 기간에 관한 규정은 사법관계뿐만 아니라 공법관계에도 적용된다. 그리고 기간의 계산방법은 자연적 계산법과 역법적(曆法的) 계산법이 있다. 전자는 자연의 시간의 흐름을 순간에서부터 순간까지 계산하는 방법이고, 후자는 역에 따라 계산하는 방법이다. 자연적 계산법은 정확하지만 불편하고, 역에 따라 계산하는 것은 부정확하나 편리하다. 기간의 계산에 관한 민법의 규정은 강행규정이 아니다.

제155조 (본장의 적용범위)
기간의 계산은 법령, 재판상의 처분 또는 법률행위에 다른 정한 바가 없으면 본장의 규정에 의한다.

---

(1) 공법관계 · 임의규정 · 역산

(ㄱ) 기간(期間)이란 어느 시점에서 어느 시점까지의 계속된 시간을 말한다. 법률사실로서의 시간은 이른바 사건에 속한다. 시간만이 법률요건이 되는 경우는 없지만, 다른 법률사실과 결합해서 법률요건의 중요한 법률사실이 되는 경우는 많다. 예컨대 성년, 최고기간, 실종기간, 기한, 시효 등이 그러하다.

(ㄴ) 기간은 기일과 구별된다. 기일은 일정한 시점을 가르키나, 기간은 계속된 시간을 의미한다. 우리 민법은 기간에 관한 규정만을 두고, 기일에 관해서는 규정하고 있지 않다. 따라서 기간에 관한 규정은 기일에도 적용되어야 한다.

(ㄷ) 기간의 계산에 관한 규정은 임의규정이다. 그리고 민법의 계산방법은 일정한 기산일로부터 소급하여 과거에 역산되는 기간에도 준용된다(통설 · 판례).

(ㄹ) 민법의 계산방법(제155조)은 공법관계에도 적용된다.

판례 〈병역법상 기간을 계산할 때에도 기간 계산에 관한 민법 규정이 적용되는지 여부(적극)〉 병역법 제88조 제1항 제2호에서 정한 '소집기일부터 3일'이라는 기간을 계산할 때에도 기간 계산에 관한 민법의 규정이 적용된다(대판 2012.12.26. 2012도13215).

(2) 초일불산입원칙

제157조 (기간의 기산점)
기간을 일, 주, 월 또는 연으로 정한 때에는 기간의 초일은 산입하지 아니한다. 그러나 그 기간이 오전영시로부터 시작하는 때에는 그러하지 아니하다.

제157조의 기간의 기산점은 초일불산입의 원칙을 택하고 있다. 그러나 그 기간이 오전영시

부터 시작하는 때에는 그러하지 아니하다. 이 때에는 기간의 초일이 공휴일이라 하더라도 그 기간은 초일부터 기산할 수 있다.

판례 ㉠ 〈기간의 초일이 공휴일이라 하더라도 기간은 초일부터 기산한다〉 즉 "민법 제161조가 정하는 기간의 말일이 공휴일에 해당한 때에는 기간은 그 익일로 만료한다는 규정의 의미는 명문이 정하는 바와 같이 기간의 말일이 공휴일인 경우를 정하는 것이고, 이는 기간의 만료일이 공휴일에 해당함으로써 발생할 불이익을 막자고 함에 그 뜻이 있는 것이므로 기간 기산의 초일은 이의적용이 없다고 풀이 하여야 할 것인바, 1980.7.17 결정서를 받았다면 그로부터 60일이 되는 날은 7.18부터 따져야 하는 것이고 위 7.17이 공휴일인 제헌절이어서 송달의 효력은 다음날인 7.18에 발생하니 제소기간은 7.19부터 기산하여야 한다는 소론 논지는 아무 근거도 없는 독단적 견해에 불과하다(대판 1982.2.23, 81누204).
㉡ 〈초일 불산입의 원칙에 대한 예외 약정의 가부(적극)〉 민법 제157조는 "기간을 일, 주, 월 또는 년으로 정한 때에는 기간의 초일은 산입하지 아니한다"고 규정하여 초일 불산입을 원칙으로 정하고 있으나, 민법 제155조에 의하면 법령이나 법률행위 등에 의하여 위 원칙과 달리 정하는 것도 가능하다(대판 2007.8.23, 2006다62942).

(3) 만료시점

> **제161조 (공휴일 등과 기간의 만료점〈개정 2007.12.21〉)**
> 기간의 말일이 토요일 또는 공휴일에 해당한 때에는 기간은 그 익일로 만료한다.〈개정 2007.12.21〉〔시행일 2008.3.22〕

기간의 말일이 토요일 또는 공휴일에 해당하는 경우에는 그 기간은 익일로 만료되는데, 공휴일에는 국경일 및 일요일, 임시공휴일이 포함된다(판례). 따라서 토요일이 말일인 경우에는 그 기간은 다음 주의 월요일에 만료하게 된다.

판례 ㉠ 민법 제155조는 "기간의 계산은 법령, 재판상의 처분 또는 법률행위에 다른 정한 바가 없으면 본장의 규정에 의한다."고 규정하고 있으므로, 기간 계산에 있어서는 당해 법령 등에 특별한 정함이 없는 한 민법의 규정에 따라야 한다. 광업권설정 출원제한기간의 기산일인 2007. 7. 28.로부터 6개월의 기간이 경과하는 마지막 날인 2008. 1. 27.이 일요일인 경우, 그 출원제한기간은 민법 제161조의 규정에 따라 그 다음날인 2008. 1. 28. 만료된다(대판 2009.11.26, 2009두12907). 또한 ㉡ 병역법 제88조 제1항 제2호는 '공익근무요원 소집통지서를 받은 사람이 정당한 사유 없이 소집기일부터 3일이 지나도 소집에 응하지 아니한 경우에는 3년 이하의 징역에 처한다'고 규정하고 있으나, 병역법은 기간 계산에 관하여 특별한 규정을 두고 있지 아니하다. 따라서 병역법 제88조 제1항 제2호에서 정한 '소집기일부터 3일'이라는 기간을 계산할 때에도 기간 계산에 관한 민법의 규정이 적용되므로, 민법 제157조에 따라 기간의 초일은 산입하지 아니하고, 민법 제161조에 따라 기간의 말일이 토요일 또는 공휴일에 해당하는 때에는 기간은 그 익일로 만료한다고 보아야 한다(대법원 2012.12.26. 선고 2012도13215 판결).

2. 계산방법

기간의 계산방법은 자연적 계산법과 역법적(曆法的) 계산법이 있다. 전자는 자연의 시간의 흐름을 순간에서부터 순간까지 계산하는 방법이고, 후자는 역에 따라 계산하는 방법이다. 자연적 계산법은 정확하지만 불편하고, 역에 따라 계산하는 것은 부정확하나 편리하다. 기간의 계산에 관한 민법의 규정은 강행규정이 아니다.

(1) 기간을 시(時)·분(分)·초(秒)로 정한 때(제156조)

자연적 계산방법으로 즉시로부터 기산한다. 그리고 기간의 만료점도 그 정하여진 시·분·초가 종료한 때이다.

(2) 기간을 일·주·월·년으로 정한 때(제157조)

㈎ 기산점(제157조~158조) : 기간의 초일은 이를 산입하지 않는 것이 원칙이다. 그러나 기간이 오전 영시부터 시작하는 경우 및 연령계산에 있어서는 초일을 산입한다.

㈏ 만료점(제159조 이하) : 기간말일의 종료로 기간은 만료한다(제159조). <u>기간을 주·월·년으로 정한 때에는 이를 日로 환산하지 않고, 역(曆)에 의하여 계산한다</u>(제160조 제1항). 따라서 월이나 년의 일수(日數)의 장단은 문제삼지 않는다. 주·월·년의 처음부터 계산하는 때(2월 1일 영시부터 한 달간)에는 그 주·월·년이 종료하는 때에 기간이 만료한다. 그러나 그와 같이 처음부터 계산하지 않는 때에는 최후의 주·월·년에서 기산일에 해당하는 날의 전일(前日)로 기간은 만료한다(제160조 제2항). 그리고 월 또는 년으로 정한 경우에 최후의 월에 해당일이 없는 때(윤년인 때)에는 그 월의 말일(末日)로서 기간의 말일로 한다(제160조 제3항). 기간의 말일이 공휴일에 해당하는 때에는 그 기간은 익일로 만료한다(제161조). 제161조는 기간이 아닌 기일(특정시점)에도 유추적용한다. 판례도 역시 기간에 관한 규정은 기일에도 유추적용할 수 있다고 한다(아래 판결참조).

판례 〈기간에 관한 규정을 기일에도 유추적용, 정년과 기간의 만료점〉
㉠ 매매계약에 있어서 변제기가 공휴일인 경우에 특약이 없는 이상 본조(제161조)를 유추적용하여 그 변제기는 그 익일까지 연장된다고 보아야 할 것이다(대판 1980.12.9, 80다1717).
㉡ 대한석탄공사에 피용된 채탄부의 정년의 53세라 함은 만 53세에 도달하는 날을 말하는 것이라고 보는 것이 상당하다(53세가 만료되는 날을 의미하지 않음: 대판 1973.6.12, 71다2669).

3. 기간의 역산(민법에 규정 없음)

기간의 계산방법에 관한 민법의 규정은 일정시점으로부터 장래에 향한 기간의 계산(순산규정)에 관한 것이다. 그러나 민법의 순산의 규정은 역산에도 유추적용하여야 할 것이다.
따라서 초일불산입규정과 만료점 등을 응용하여 적용하면 된다. 예컨대 사단법인에서 사원총회의 소집통지(제71조) 등에 있어서는 그 총회일 전일(前日)을 기산점으로 하여 역산하여 그 기간을 계산하게 된다.

판례 〈역산과 초일산입금지원칙〉
근로기준법 제19조 1항 소정의 평균임금을 산정하여야 할 '사유가 발생한 날 이전 3개월간'의 기산에 있어서 사유발생한 날인 초일은 산입하지 않아야 한다(대판 1989.4.11, 87다카2901).

4. 기간계산의 예(연습)

⑴ 1990년 5월 5일생인 사람은 2007년 5월 5일 0시부터 유언을 할 수 있다(제1061조 유언적령: 만17세에 달하지 못한 자는 유언을 하지 못한다).

⑵ <u>1996년 10월 10일 오전 11시 15분에 출생한 자는 2015년 10월 10일 오전 0시부터</u> <u>성년이 된다</u>(현재 만 19세를 기준으로 한 경우이다. 종전에는 만 20세가 민법상 성년이었다).

⑶ 다가오는 2010년 9월 9일부터 1주일까지라고 하면 2010년 9월 15일 24시에 만료된다.

⑷ 2000년 8월12일 강박에 의한 의사표시를 한 자는 강박의 상태를 벗어난 후 3년이 경과하지 않은 한 2010년 8월 12일 24시까지 그 의사표시를 취소할 수 있다.

⑸ 2005년 10월 1일의 항공기 추락사고로 생사불명인 자에 대해 2008년 12월 6일 실종선고가 내려졌다면, 그 사람은 2008년 10월 1일 24시에 사망한 것으로 본다(×) - 항공기 실종은 3년이 아니라 1년이다. 실종선고를 받은 자는 실종기간 만료시에 사망한 것으로 보는데(제28조), 이 경우 2006년 10월 1일 24시가 실종기간 만료시이다.

⑹ 甲이 乙로부터 10월 10일 오전 10시에 '지금부터 2개월'의 기간으로 돈을 빌린 경우 그 반환일은 12월 10일 오전 10시까지가 아니라 같은 날 오후 12시까지이다.

⑺ 2009년 10월 30일 오후 3시에 매매계약을 맺고 4개월 후 목적물을 인도하기로 한 경우, 2010년 2월 28일 24시까지 목적물을 인도하여야 한다. 즉 2010년 2월은 28일까지 밖에 없으므로 역시 타당하다(제160조 제3항).

⑻ 과제물을 10월 3일 오후 4시부터 46시간내에 제출하라고 한 경우, 10월 5일 오후 2시까지 제출하여야 한다(시분초계산의 경우에는 즉시로부터 산정한다-제156조 참조).

⑼ 사단법인의 사원총회 소집을 1주일 전에 통지하여야 하는 경우에 총회일이 11월 19일이라고 하면, 늦어도 11월 11일 오후 12시까지는 사원에게 소집통지를 발신하여야 한다.

⑽ <u>甲은 乙로부터 2009년 2월 13일 14시에 카메라를 구입하면서 매매대금은 4개월 내</u><u>에 지급하기로 하였다</u>(2009년 6월 13일은 토요일임). <u>甲은 2009년 6월 15일 24시</u>(자정)<u>까지</u><u>그 대금을 완제하면 된다</u>(민법 제161조 참조).

⑾ 국세심판청구를 기각하는 결정을 광복절인 8월 15일에 송달받았다면 행정소송제기의 불변기간의 계산은 그 다음날인 8월 16일부터 기산하여야 한다. 즉 만료점이 아닌 기산점의 문제이다. 기산점은 제161조가 적용되지 않는다.

⑿ 어느 법률이 부칙에서 공포일로부터 3개월이 경과한 날부터 시행하도록 되어 있고 그 법률이 2009년 11월 2일 공포되었다면, 그 법률은 2010년 2월 3일 오전 0시부터 시행된다.

⒀ 1992년 3월 25일생인 갑은 법정대리인의 동의 없이 2010년 3월24일 자기 소유의 부동산을 을에게 매도하는 계약을 체결하였다. 이 경우 제한능력(행위무능력)을 이유로 갑 자신이 위매매계약을 취소하려면 언제까지 취소권을 행사하여야 하는가?(만19세를 기준으로 한다). 2014년 3월 24일 24시까지이다.

⒁ 2000년 3월 19일 오후 2시에 乙이 甲으로부터 1천만원을 빌리면서 같은 해 6월 19일에 갚기로 한 경우, 甲의 乙에 대한 대여금채권의 소멸시효는 언제 완성 하는가?(2010년 3월 19일은 금요일이며, 2010년 6월 19일은 토요일임)// 2010년 6월 21일 24시이다.

제10장 소멸시효

시효란 일정한 사실상태가 일정한 기간 동안 계속된 경우에 그 사실상태가 진실한 권리관계에 합치하느냐 않느냐를 묻지 않고서 법률상 일정한 효과를 부여하는 제도이다. 이러한 시효에는 권리취득의 효과를 부여하는 취득시효와 권리소멸의 효과를 부여하는 소멸시효 둘이 있다. 취득시효는 권리를 행사하고 있는 사실상태가 일정한 기간 계속한 경우에 권리의 취득을 인정하는 제도이고, 소멸시효는 권리의 불행사 상태가 일정한 기간동안 계속된 경우에 권리의 소멸효과를 가져오는 제도이다. 단 모든 권리가 취득시효와 소멸시효에 걸리는 것은 아니다.

Ⅰ. 소멸시효의 의의와 구별

1. 의의와 존재이유

(1) 의의

시효란 일정기간 계속된 사회질서를 유지하고, 시간의 경과로 인해 곤란하게 되는 증거보전으로부터의 구제 내지는 자기의 권리를 행사하지 않고 권리 위에 잠자는 자를 법적 보호에서 제외시키는 것을 말한다. 권리를 소멸시키는 것을 소멸시효라 하고(제162조 이하), 권리를 취득시키는 것을 취득시효라 한다(제245조 이하).

(2) 존재이유

시효제도의 존재이유로는, ① 조속한 권리관계의 확정으로 사회질서의 안정 ② 입증곤란의 구제 ③ 권리행사의 태만에 대한 제재를 들고 있다.

1) 사회질서의 안정

일정한 사실상태가 계속되면 사회일반은 그 사실상태를 정당한 것으로 신뢰하고 그것을 기초로 하여 새로운 법률관계를 형성해 나간다. 이러한 사실상태를 부정한다면 거래의 안전이 위협을 받을 것이고, 여기서 법률은 일정한 기간 계속된 사실상태를 권리관계로 인정하여 사회질서 안정을 유지하려고 하는 데에 시효제도의 존재이유가 있는 것이다.

2) 입증곤란의 구제

사실상태가 오랫동안 계속되면 그 동안에 정당한 권리관계에 관한 증거가 산일·멸실되어 진실한 권리관계를 소급해서 확정하는 것이 어려워지기 때문에 법에 시효제도를 두어 계속된 사실상태를 그대로 권리관계로 인정하게 하여 증거보존의 곤란을 구제하게 하는 제도라고 볼 수 있다.

3) 권리행사의 태만에 대한 제재

진정한 권리관계와 부합하지 않는 사실상태가 오랫동안 계속되고 있는 데도 불구하고 자기의 권리를 주장하지 않는 자는 법률의 보호를 받을 가치가 없다는 것이다.

2. 구별개념

(1) 제척기간

1) 의미

통설에 따르면 제척기간은 기간내에 권리를 재판상 행사하여야 하는 제소기간(=출소기간)으로 이해한다. 소수설에 따르면, 권리행사기간내에 재판 외의 권리행사도 포함하며, 반드시 재판상 청구를 하여야만 청구권이 보전되는 것은 아니라고 한다(제582조 참조). 판례는 "미성년자가 법률행위를 취소할 수 있는 권리는 형성권으로서 민법 제146조에 규정된 취소권의 존속기간은 제척기간이라고 보아야 할 것이지만, 그 제척기간 내에 소를 제기하는 방법으로 권리를 <u>재판상 행사하여야만 되는 것은 아니고 재판외에서 의사표시를 하는 방법으로도 권리를 행사할 수 있다</u>고 하고(대판 1993.7.27. 92다52795 등), 민법상 매도인의 하자담보책임이나 또는 수급인의 하자담보책임에 관한 매수인(제582조)·도급인의 권리행사기간(제670조 참조)도 재판상 또는 재판외의 권리행사기간으로 이해한다(대판 2000.6.9. 2000다15371). 그러나 민법 제204조 제3항과 제205조 제2항에 의하면 점유를 침탈당하거나 방해를 받은 자의 침탈자 또는 방해자에 대한 청구권은 <u>재판 외에서 권리행사를 하는 것으로 족한 기간이 아니라 반드시 그 기간 내에 소를 제기하여야 하는 이른바 출소기간으로 해석함이 상당하다</u>는 것이다(대판 2002.4.26. 2001다8097).

판례 ㉠ 〈**민법상 수급인의 하자담보책임에 관한 제척기간이 재판상 청구를 위한 출소기간인지 여부(소극)**〉 민법상 수급인의 하자담보책임에 관한 기간은 제척기간으로서 재판상 또는 재판 외의 권리행사기간이며 재판상 청구를 위한 출소기간이 아니라고 할 것이다(대판 2000.6.9. 2000다15371).
㉡ 〈**민법 제204조 제3항과 제205조 제2항 소정의 점유보호청구권의 행사기간이 출소기간인지 여부(적극)**〉: 민법 제204조 제3항과 제205조 제2항에 의하면 점유를 침탈 당하거나 방해를 받은 자의 침탈자 또는 방해자에 대한 청구권은 그 점유를 침탈 당한 날 또는 점유의 방해행위가 종료된 날로부터 1년 내에 행사하여야 하는 것으로 규정되어 있는데, <u>여기에서 제척기간의 대상이 되는 권리는 형성권이 아니라 통상의 청구권인 점</u>과 점유의 침탈 또는 방해의 상태가 일정한 기간을 지나게 되면 그대로 사회의 평온한 상태가 되고 이를 복구하는 것이 오히려 평화질서의 교란으로 볼 수 있게 되므로 일정한 기간을 지난 후에는 원상회복을 허용하지 않는 것이 점유제도의 이상에 맞고 여기에 점유의 회수 또는 방해제거 등 청구권에 단기의 제척기간을 두는 이유가 있는 점 등에 비추어 볼 때, <u>위의 제척기간은 재판외에서 권리행사하는 것으로 족한 기간이 아니라 반드시 그 기간 내에 소를 제기하여야 하는 이른바 출소기간으로 해석함이 상당하다</u>(대판 2002.4.26. 2001다8097,8103).

2) 제척기간으로 보아야 할 것(김준호 제16판, p.408)

㈎ 출소기간설
<u>제204조 제3항(점유의 회수), 제205조 제2항(점유의 보유), 제406조 제2항(채권자취소권)</u> 기타 가족법규정 등이 있다.

(ㄴ) 재판상·재판외의 권리행사기간설

제146조(취소권의 소멸)·제253조(유실물의 소유권취득)·제254조(매장물의 소유권취득)·제556조 제2항(증여의 해제)·제582조·제670조(담보책임) 등이 있다.

(ㄷ) 학설의 대립

제250조(도품·유실물특칙)·제766조 제2항(불법행위로 인한 손해배상청구권)등은 논란이 있다(후술함).

구분	소멸시효	제척기간
구별방법	제척기간도 소멸시효와 마찬가지로 일정한 기간의 경과로 권리소멸의 효과를 인정하는 제도이다. 제척기간과 소멸시효기간의 구별에 관하여는 조문에 「시효로 인하여」라고 하는 표현을 쓰고 있지 않으면 제척기간으로 해석하여야 한다고 본다(보통 제척기간은 "~내에 행사하여야 한다"라고 표현한다).	
공익상 이유	소멸시효는 직권주의가 아닌 변론주의 원칙이다.	제척기간은 권리 자체의 성질로부터 혹은 공익상의 필요에 의하여 권리관계를 조속히 확정하기 위하여 인정된다(직권주의). 제척기간을 둘 필요성은 특히 형성권에 있어서 강하다.
기산점	권리를 행사할 수 있는 때로부터(제166조)	제척기간의 기산점은 소멸시효처럼 "권리를 행사할 수 있는 때로부터"(제166조)가 아니고 "권리발생시"이다(대판 1995.11.10, 94다22682 등).
중단문제	소멸시효중단제도가 있다(제168조 이하)	제척기간에서는 소멸시효와 달리 중단이라는 제도가 없다(제168조 참조).
소급효 문제	소급효 있다(제167조)	제척기간은 장래효가 있다.
시효이익포기	소멸시효에서는 시효완성전에는 시효이익포기가 불가능하지만 소멸시효의 완성 후에는 포기가 가능하다(제184조).	제척기간에 걸리는 권리는 제척기간의 만료로써 해당권리는 당연히 소멸하기 때문에, 시효처럼 시효이익포기는 인정되지 않는다.

(2) 실효의 법리

(ㄱ) 학설과 판례는 「실효의 법리」를 인정하고 있다. 이 법리는 「신의칙에 바탕을 둔 파생원칙」으로서 인정하고 있다. 그리고 실효의 법리를 적용할 때에는 물권적 청구권·형성권적인 권리에도 실효의 법리는 적용할 수 있다.

(ㄴ) 법률관계의 무효확인은 시효에 걸리는 것으로 볼 수 없기 때문에 실효의 법리를 적용하는 것이 판례이다(예: 사용자의 부당해고에 따른 근로자의 해고무효확인).

(3) 형성권

형성권은 소멸시효가 아닌 제척기간에 걸린다. 소멸시효가 일정한 기간의 경과와 권리의 불행사라는 사정에 의하여 권리 소멸의 효과를 가져오는 것과는 달리 제척기간은 그 기간의 경과 자체만으로 곧 권리 소멸의 효과를 가져오게 하는 것이므로 그 기간 진행의 기산점은 특별한 사정이 없는 한 원칙적으로 권리가 발생한 때이다. 따라서 당사자 사이에 매매예약 완결권을 행사할 수 있는 시기를 특별히 약정한 경우에도 <u>그 제척기간은 당초 권리의 발생일로부터 10년간의 기간이 경과되면 만료되는 것이지 그 기간을 넘어서 그 약정에 따라 권리를 행사할 수 있는 때로부터 10년이 되는 날까지로 연장된다고 볼 수 없다</u>(대판 1995.11.10, 94다 22682,94다22699).

Ⅱ. 소멸시효의 요건

시효로 인하여 권리가 소멸하기 위하여는 첫째, 권리가 소멸시효의 목적이 될 수 있는 것이어야 하고(대상), 둘째 권리자가 권리를 행사할 수 있음에도 불구하고 행사하지 않아야 하며(기산점), 셋째 권리불행사 상태가 일정한 기간 계속되어야 한다(기간).

1. 대 상

> **제162조 (채권, 재산권의 소멸시효)**
> ① 채권은 10년간 행사하지 아니하면 소멸시효가 완성한다.
> ② 채권 및 소유권이외의 재산권은 20년간 행사하지 아니하면 소멸시효가 완성한다.

(1) 소멸시효에 걸리는 재산권

채권·지역권 등이 있다.

(2) 소멸시효에 걸리지 않는 재산권

점유권과 유치권·담보물권·상린관계상의 권리·공유물분할청구권·형성권·항변권·법률관계의 무효확인 등이 있다. 아래에서는 문제되는 것을 구체적으로 검토한다.

(3) 물권적 청구권

판례는 소유권에 기한 물권적 청구권은 소멸시효에 걸리지 않는다는 입장이고, 기타 제한물권에 기한 것은 소멸시효의 대상이 된다는 입장이다. 판례는 "부동산양도담보의 경우에 있어서 피담보채무가 변제된 이후에 설정자가 행사하는 등기청구권은 물권적 청구권으로서 따로이 시효소멸되는 것은 아니다"라고 한다(대판 1979.2.13, 78다2412 ; 대판 1987.11.10, 87다카62).

(4) 용익물권

<u>지역권은 법률에서 명문으로 소멸시효에 걸린다고 하고 있기 때문에 문제가 없다(제296조).</u> 한편 전세권은 존속기간이 10년이므로 제162조 제2항에 해당되지 않는다는 견해와 소멸시효에 걸린다는 견해가 있다(김준호 제16판, p.410에서는 전세권은 그 존속기간이 10년을 넘지 못하므로 20년의 소멸시효에 걸리는 일은 없다고 한다). 한편 지상권은 소멸시효의 대상이 아니라는 견해와 존속기간이 소멸시효기간보다 긴 때에는 소멸시효의 대상이 된다는 견해가 있다(김준호 p.410에서는 지상권과 지역권은 소멸시효의 대상이 된다고 한다).

(5) 점유권

유치권과 더불어 점유권은 「점유」라는 사실상태에 의존하여 인정되는 권리이므로 별도로 소멸시효의 문제가 생기지 않는다(통설).

(6) 담보물권

담보물권은 그 자체가 소멸시효에 걸리지 않는다. 다만 피담보채권이 소멸시효에 걸리므로 부종성에 의하여 담보물권이 소멸하는 것은 별개이다(제369조 참조).

(7) 명의신탁의 해지

부동산의 소유자 명의를 신탁한 자는 특별한 사정이 없는 한 언제든지 명의신탁을 해지하고 <u>소유권에 기하여 신탁해지를 원인으로 한 소유권이전등기절차의 이행을 청구할 수 있는 것으로서, 이와 같은 등기청구권은 소멸시효의 대상이 되지 않는다</u>(대판 1991.11.26. 91다34387).

(8) 등기청구권

(ㄱ) 판례는 법률행위에 의한 등기청구권의 법적 성질을 채권적 청구권으로 본다. 그러나 부동산을 점유·사용하는 자의 등기청구권은 소멸시효에 걸리지 않는다는 입장이다(학설은 대립한다). 또한 판례(전합)는 "부동산매수인으로부터 매수한 자가 부동산을 점유·사용하는 경우에도 매수인의 등기청구권은 소멸하지 않기 때문에 등기청구권의 대위행사가 가능하다"고 한다(아래판결 사안참조).

(ㄴ) 다만 부동산에 대한 점유취득시효 완성을 원인으로 하는 소유권이전등기청구권은 채권적 청구권으로서, 취득시효가 완성된 점유자가 그 부동산에 대한 점유를 상실한 때로부터 10년간 이를 행사하지 아니하면 소멸시효가 완성된다.

관련사례	황씨는 甲토지를 1982년 김씨로부터 매수, 인도받아 사용·수익하고 있었으나 소유권이전등기는 경료하지 못하고 있었다. 그 후 김씨가 사망하자 황씨는 김씨의 포괄승계인을 상대로 1995. 2. 26. 소유권이전등기절차를 이행하라는 취지의 소를 제기하였다. 그런데 포괄승계인은 "원고의 소유권이전등기청구권은 10년간 행사하지 않아 소멸시효가 완성되었다"고 항변하였다. 만약 甲토지를 황씨가 매수한 후, 오씨에게 1983년 매도하였다면 오씨의 황씨의 등기청구권대위행사에 포괄승계인의 위와 같은 주장은 받아들여질 것인가? 〔대판(전합) 1976.11.6. 76다148 ; 대판(전합) 1999.3.18. 98다32175〕
해설	(a) **등기청구권의 성질** : 부동산매매에 기한 등기청구권은 채권적이고 소멸시효에 걸린다(통설·판례). 다만 부동산을 점유·사용하고 있는 경우에는 그 등기청구권은 소멸시효에 걸리지 않는다는 것이 판례이다.
	(b) **등기청구권의 대위행사** : 부동산의 매수인(황씨)이 그 부동산을 인도받은 이상 이를 사용·수익하다가 그 부동산에 대한 보다 적극적인 권리행사의 일환으로 다른 사람(오씨)에게 그 부동산을 처분하고 그 점유를 승계하여 준 경우에도 그 이전등기청구권의 행사를 계속한 것으로 보아야 한다. 따라서 부동산의 매수인이 목적물을 점유·사용하는 경우에는 소멸시효에 걸리지 않고, 그 점유의 이전이 다시 매수인에게 넘어간 경우, 오씨의 등기청구권(황씨 → 김씨)의 대위행사가 가능하다. 이 후 오씨는 황씨에게 매매에 기한 자신의 등기청구권을 행사한다.

> (c) **매매 + 매매** : 부동산 매수인이 부동산을 인도받아 이를 스스로 계속해서 사용·수익하고 있는 경우 뿐만 아니라, 인도받은 부동산을 다른 사람에게 처분하고 그 점유를 승계하여 준 경우에도 이전등기청구권의 소멸시효는 진행되지 않는다. 즉 처음의 매수인이 점유하는 경우 뿐만 아니라, 전득자가 점유를 하는 경우, 모두 어느 경우에나 이전등기청구권의 소멸시효는 진행되지 않는다고 보아야 한다 - 대판 (전합) 1999.3.18, 98다32175)).

2. 기산점

> **제166조 (소멸시효의 기산점)**
> ① 소멸시효는 권리를 행사할 수 있는 때로부터 진행한다.
> ② <u>부작위를 목적으로 하는 채권의 소멸시효는 위반행위를 한 때로부터 진행한다.</u>

소멸시효는 권리를 행사할 수 있음에도 불구하고 권리를 행사하지 않는 때로부터 시효기간이 기산된다. 그리고 권리를 행사할 수 없는 때란 법률상 권리행사를 할 수 없는 때(법률상 장애)를 말하는 것이고, 사실상 권리행사를 할 수 없는 때(사실상 장애)는 이에 포함되지 않는다. 즉 법률상의 장애만이 소멸시효의 기산점에 영향을 준다.

판례 〈소멸시효기산점〉 판례도 "소멸시효의 기산점인 권리를 행사할 수 있는 때라 함은 권리를 행사함에 있어서 법률상의 장애(예컨대 이행기 미도래·정지조건 미성취)가 없는 경우를 말하며, 권리자의 개인적 사정이나 법률지식의 부족, 권리존재의 부지 또는 채무자의 부재 등 사실상 장애로 권리를 행사하지 못하였다하여 시효가 진행하지 아니하는 것이 아니며, 이행기가 정해진 채권은 그 기한이 도래한 때부터 소멸시효가 진행한다"고 하고 있다(대판 1982. 1.19, 80다2626).

(1) 구체적 검토

소멸시효의 기산점은 변론주의가 적용된다(판례 동지).

판례 소멸시효의 기산일은 소멸시효 항변의 법률요건을 구성하는 구체적인 사실에 해당하여 변론주의의 적용 대상인 까닭에 법원으로서는 당사자가 주장하는 기산일과 다른 날짜를 기준으로 소멸시효를 계산할 수 없는 것이다(대판 2006.9.22. 2006다22852,22869).

1) 악의여부와 관련 없는 기산점

(ㄱ) 채권의 소멸시효는 채권행사에 대한 <u>법률상의 장애</u>가 없어진 때부터 진행하기 때문에, 채권자가 권리를 행사할 수 있음을 알고 있음을 요하지 않는다(즉 권리자의 개인적 사정이나 법률적 지식의 부족, 채무자의 부재 등 <u>사실상 장애</u>는 소멸시효의 진행에 영향을 미치지 않는다(대판 2006.4.27. 2006다1381)). <u>따라서 확정기한부채권은 확정기한이 도래한 때, 불확정기한부채권은 그 기한이 객관적으로 도래한 때, 정지조건부인 권리는 정지조건성취시부터, 기한을 정하지 않은 채권은 계약체결시부터 소멸시효가 진행한다. 부당이득반환청구권은 그 성립과 동시에 행사할 수 있으므로 원칙적으로 그 때부터 소멸시효가 진행한다.</u>

(ㄴ) 물권은 권리의 발생과 이를 행사할 수 있는 최초의 시기와의 간격을 둘 수 없으므로 일반적으로 권리가 발생한 때가 소멸시효의 기산점이라고 본다.

판례 〈시효기산점문제〉㉠ **법률상 장애문제** : ① 건물에 관한 소유권이전등기청구권에 있어서 그 목적물인 건물이 완공되지 아니하여 이를 행사할 수 없었다는 사유는 <u>법률상의 장애사유에 해당하므로,</u> 매매계약 당시 매매목적부동산인 주택이 신축 중이었다면 그 부동산에 관한 소유권이전등기청구권의 소멸시효는 빨라도 그 주택이 완공됨으로써 그 권리를 행사할 수 없는 법률상의 장애사유가 소멸된 때로부터 진행하게 된다(대판 2007.8.23, 2007다28024·28031). 따라서 <u>신축중인 건물에 관한 소유권이전등기청구권의 소멸시효 기산점은 "계약체결시"가 아닌 즉 "건물완공시"이다.</u> ② 정지조건부 권리의 경우 조건 미성취 기간 동안 소멸시효가 진행하지 않는다. 따라서 정지조건을 성취하지 못한 경우,　소멸시효가 진행하지 않는다(대판 2009.12.24. 2007다64556).

㉡ **채무이행을 최고받은 채무자(국가·국방부장관)가 그 이행의무의 존부 등에 대하여 조사를 해볼 필요가 있다는 이유로 채권자에 대하여 그 이행의 유예를 구한 경우, 민법 제174조 소정 기간의 기산점:** 소멸시효제도 특히 시효중단제도는 그 제도의 취지에 비추어 볼 때 이에 관한 기산점이나 만료점은 원권리자를 위하여 너그럽게 해석하는 것이 상당하므로 민법 제174조 소정의 시효중단사유로서의 최고도 채무이행을 최고받은 채무자가 그 이행의무의 존부 등에 대하여 조사를 해 볼 필요가 있다는 이유로 채권자에 대하여 그 이행의 유예를 구한 경우에는 채권자가 그 회답을 받을 때까지는 최고의 효력이 계속된다고 보아야 하고 따라서 같은 조 소정의 6월의 기간은 채권자가 채무자로부터 회답을 받은 때로부터 기산되는 것이라고 해석하여야 한다. 즉 채권자가 그 회답을 받을 때까지는 최고의 효력이 계속된다고 보아야 하고 따라서 같은 조 소정의 6월의 기간은 채권자가 채무자로부터 회답을 받은 때로부터 기산되는 것이라고 해석하여야 할 것이다(대판 1995.5.12. 94다24336).

㉢ 양도담보설정자의 정산금청구는 처분정산의 경우에는 담보부동산이 환가되어야 비로소 그 권리행사가 가능한 것이므로 정산금청구권은 담보부동산의 환가시를 시점으로 하여 소멸시효가 진행된다(대판 1994.5.24, 93다44975).

㉣ 부동산에 대한 매매대금 채권이 소유권이전등기청구권과 동시이행의 관계에 있다고 할지라도 매도인은 매매대금의 지급기일 이후 언제라도 그 대금의 지급을 청구할 수 있는 것이며, 다만 매수인은 매도인으로부터 그 이전등기에 관한 이행의 제공을 받기까지 그 지급을 거절할 수 있는 데 지나지 아니하므로 <u>매매대금 청구권은 그 지급기일 이후 시효의 진행에 걸린다</u>(대판 1991.3.22. 90다9797).

2) 채무불이행에 기한 손해배상청구권

<u>판례에 따르면 채무불이행에 기한 손해배상청구권은 채무불이행시부터 소멸시효가 진행한다고 한다</u>(특히 판례는 이행불능과 관련하여 소멸시효는 계약체결일이 아니라 소유권이전채무가 이행불능된 때부터 진행한다고 하고 있다 - 대판 1990.11.9, 90다카22513).

> ◎ 그러나 학설은 견해가 나누어져 있다. 판례에 반대하는 설(다수설적 태도)에 따르면, 손해배상청구권은 본래의 채권의 변형물에 지나지 않으므로 본래의 채권을 행사할 수 있을 때로부터 소멸시효는 진행된다고 한다.

3) 기한을 정하지 않은 소비임치·소비대차·동시이행관계가 있는 경우

㈀ 기한을 정하지 않은 채권의 소멸시효 기산점은 채권이 발생한 때부터 진행되므로 각 외상 채권이 발생한 때로부터 진행한다(대판 1978.3.29, 77다2463). 그러므로 반환시기를 정하지 않은 소비임치계약에 의한 반환청구권의 소멸시효는 임치시부터 진행된다(제702조 참조). 부당이득반환청구권도 기한이 없는 채권으로 성립과 동시에 소멸시효가 진행한다(대판 2011.3.24, 2010다92612).

㈁ 한편 반환기를 정하지 않은 소비대차는 최고(=이행청구)할 수 있는 때로부터 상당한 기간 경과 후부터 소멸시효가 진행한다.

㈂ <u>변제기에 상호간 동시이행관계에 있는 경우에는 그 변제기부터 권리를 행사할 수 있으므로 변제기부터 시효가 진행한다</u>(이행지체와 구별).

4) 계속적 불법행위

공무원의 위법한 준공검사 지연으로 인한 국가에 대한 손해배상청구사건에서, 이는 <u>불법행위가 계속적으로 행하여지는 결과 손해도 역시 계속적으로 발생하는 경우이므로 특별한 사정이 없는 한 그 손해는 날마다 새로운 불법행위에 기하여 발생하는 손해로서 민법 제766조 제1항을 적용함에 있어서 그 각 손해를 안 때로부터 각별로 소멸시효가 진행된다고 보아야 한다</u>(대판 1999.3.23, 98다30285).

5) 구상금채권

공동불법행위자중 1인의 다른 공동불법행위자에 대한 구상채권은 구상권자가 현실로 피해자에게 손해금을 지급한 때로부터 기산한다(판례). 그리고 피해자에게 손해배상을 한 어느 공동불법행위자의 보증인이 그 공동불법행위자 또는 다른 공동불법행위자에 대하여 가지는 구상권의 소멸시효기간은 일반채권과 같이 10년이고, 그 기산점은 구상권이 발생한 시점, 즉 보증인이 현실로 피해자에게 손해배상금을 지급한 때이다(대판 2008.7.24, 2007다37530).

6) 기한을 유예한 경우

채권의 소멸시효는 이행기가 도래한 때로부터 진행되지만, 이행기일이 도래한 후에 채권자가 채무자에 대하여 <u>기한을 유예한 경우에는 유예시까지 진행된 시효는 포기한 것으로서 유예한 이행기일로부터 다시 시효가 진행된다</u>(대판 1992.12.22, 92다40211). 따라서 채무자가 소멸시효완성 후에 채권자에 대하여 채무를 승인함으로써 그 시효이익을 포기한 경우에는 <u>그때부터 새로이 소멸시효가 진행하는 것이다.</u> 또한 면책적 채무인수가 있는 경우 인수채무의 소멸시효기간은 채무인수일로부터 새로이 진행된다.

7) 성공보수약정

성공보수 약정이 제1심에 대한 것으로 인정되는 이상 보수금의 지급시기에 관하여 당사자 사이에 특약이 없는 한, 심급대리의 원칙에 따라 수임한 소송사무가 종료하는 시기인 제1심 판결을 송달받은 때로부터 그 소멸시효기간이 진행된다(대판 1995.12.26, 95다24609).

8) 수표의 백지보충권

<u>발행일을 백지로 하여 발행된 수표의 백지보충권의 소멸시효는 다른 특별한 사정이 없는 한 그 수표발행의 원인관계에 비추어 발행 당사자 사이에 수표상의 권리를 행사하는 것이 법률적으로 가능하게 된 때부터 진행한다</u>(대판 2001.10.23, 99다64018).

판례 ㉠ 백지수표의 보충권 행사에 의하여 생기는 채권은 수표금 채권이고, 수표법 제51조에 의하면 수표의 발행인에 대한 소구권은 제시기간 경과 후 6개월간 행사하지 아니하면 소멸시효가 완성되는 점 등을 고려하면 발행일을 백지로 하여 발행된 수표의 백지보충권의 소멸시효기간은 백지보충권을 행사할 수 있는 때로부터 6개월로 봄이 상당하다. ㉡ 발행일 백지인 수표의 취득자가 백지보충권의 소멸시효기간 경과 후에 백지를 보충한 경우에 있어서도 수표법 제13조가 유추적용되어 악의 또는 중대한 과실이 없는 한 백지보충권의 소멸시효 경과 후의 백지보충의 항변으로써 대항받지 아니한다고 해석함이 상당하다고 할 것이나, <u>이 경우에도 그 수표취득자가 스스로 수표상의 권리를 행사하는 것이 법률적으로 가능하게 된 때로부터 새로이 6개월이 경과할 때까지 발행일을 보충하지 않았다면 그 보충권의 소멸시효는 완성되었다고 보아야 할 것이다</u>(대판 2001.10.23, 99다64018).

9) 형성권적 기한이익상실특약의 경우

형성권적 기한이익 상실의 특약이 있는 경우에는 <u>채권자가 특히 잔존 채무 전액의 변제를 구하는 취지의 의사를 표시한 경우에 한하여 전액에 대하여 그 때부터 소멸시효가 진행한다</u>(대판 1997.8.29, 97다12990).

10) 치료비채권

민법 제163조 제2호 소정의 '의사의 치료에 관한 채권'에 있어서는, 특약이 없는 한 그 <u>개개의 진료가 종료될 때마다 각각의 당해 진료에 필요한 비용의 이행기가 도래하여 그에 대한 소멸시효가 진행된다</u>고 해석함이 상당하고, 장기간 입원 치료를 받는 경우라 하더라도 다른 특약이 없는 한 입원 치료 중에 환자에 대하여 치료비를 청구함에 아무런 장애가 없으므로 퇴원시부터 소멸시효가 진행된다고 볼 수는 없다(대판 2001.11.9, 2001다52568).

11) 불법체포

불법체포를 원인으로 한 손해배상청구권의 소멸시효는 불법체포시가 아닌 확정판결 때부터 진행한다(대판 2008.4.24, 2006다30440).

12) 보험금 청구권

보험금청구권은 보험사고가 발생하기 전에는 추상적인 권리에 지나지 아니할 뿐 보험사고의 발생으로 인하여 구체적인 권리로 확정되어 그때부터 그 권리를 행사할 수 있게 되는 것이므로, <u>특별한 다른 사정이 없는 한 원칙적으로 보험금액청구권의 소멸시효는 보험사고가 발생한 때로부터 진행한다</u>(대판 2005.12.23, 2005다59383,59390).

판례 〈**보험금청구권**〉 ㉠ <u>보험금액청구권의 소멸시효의 기산점은 특별한 사정이 없는 한 보험사고가 발생한 때라고 할 것이지만</u>, 약관 등에 의하여 보험금액청구권의 행사에 특별한 절차를 요구하는 때에는 그 절차를 마친 때, 또는 채권자가 그 책임 있는 사유로 그 절차를 마치지 못한 경우에는 그러한 절차를 마치는 데 소요되는 상당한 기간이 경과한 때로부터 진행한다(대판 2006.1.26, 2004다19104). ㉡ 〈**무효인 보험계약에 따라 납부한 보험료의 반환청구권 소멸시효 기산점(=각 보험료를 납부한 때)**〉 상법은 보험료반환청구권에 대하여 2년간 행사하지 아니하면 소멸시효가 완성한다는 취지를 규정할 뿐(제662조) 소멸시효의 기산점에 관하여는 아무것도 규정하지 아니하므로, 소멸시효는 민법 일반 법리에 따라 객관적으로 권리가 발생하고 그 권리를 행사할 수 있는 때로부터 진행한다. 그런데 <u>상법 제731조 제1항을 위반하여 무효인 보험계약에 따라 납부한 보험료에 대한 반환청구권은 특별한 사정이 없는 한 보험료를 납부한 때에 발생하여 행사할 수 있다고 할 것이므로, 위 보험료반환청구권의 소멸시효는 특별한 사정이 없는 한 각 보험료를 납부한 때부터 진행한다</u>(유의 : 보험계약자가 납부한 보험료 전체의 반환청구권 소멸시효가 보험료를 마지막으로 납부한 때부터 진행한다고 보지 않는다)(대판 2011.3.24, 2010다92612).

13) 위헌결정과 대법원판례변경 등에 기한 손해배상청구권문제

헌법재판소에 의하여 면직처분의 근거가 된 법률 규정이 위헌으로 결정되어 위헌 결정의 소급효로 인하여 면직 처분이 당연 무효가 되고 그 면직처분이 불법행위에 해당되는 경우라도, 그 손해배상청구권은 위헌결정이 있기 전까지는 법률 규정의 존재라는 법률상 장애로 인하여 행사할 수 없었다고 보아야 할 것이므로 <u>소멸시효의 기산점은 위헌결정일로부터 진행되</u>

는 것이고, 이러한 법리는 그 법률이 위헌결정 당시에는 실효되었다 할지라도 그 법률 규정으로 인한 면직 처분의 효력이 그대로 지속되는 경우에도 마찬가지이다(대판 1996.7.12. 94다 52195). 그러나 헌법재판소결정과는 달리 대법원판례는 영향을 주지 않는다. 예컨대, 대법원이 전원합의체로 임용기간이 만료된 국공립대학 교원에 대한 재임용거부처분에 대하여 이를 다툴 수 없다는 종전의 견해를 변경하였음을 이유로, 대법원의 종전 견해를 국공립대학 교원에 대한 재임용거부처분이 불법행위임을 원인으로 한 손해배상청구에 대한 법률상 장애사유에 해당한다고 볼 수는 없다는 것이다(대판 2010.9.9. 2008다15865).

(2) 소멸시효 기산점연습(변제준비를 위하여 3일이 걸린다)

1) 확정기한부채권(제166조,제387조 제1항)

2009년 3월 1일에 甲, 乙 간에 동년 <u>4월 1일에 변제한다는 취지의 소비대차계약</u>이 체결되고, 동년 4월 1일에 대주 甲이 차주 乙에 대하여 이행의 최고를 했을 경우, ⬜㉠⬜부터 甲의 채권의 소멸시효가 진행되고, ⬜㉡⬜에 乙은 이행지체에 빠진다. — ㉠ 4월 1일, ㉡ 4월 1일이 들어간다(그날 만료-그 익일 0시: 이하 공통).

2) 불확정기한부채권(제387조 제1항 후단)

2009년 3월 1일에 甲, 乙 간에 丙의 <u>사망 시에 반환한다는 취지의 동산 임대차계약</u>이 체결되고, 동년 4월 1일에 丙이 사망하고 동년 5월 1일에 甲 및 乙이 丙 사망의 사실을 알았을 경우, ⬜㉠⬜부터 대주 甲의 목적물 반환청구권의 소멸시효가 진행되고, ⬜㉡⬜에 차주 乙은 이행지체에 빠진다. — ㉠4월 1일, ㉡ 5월 1일이 들어간다.

3) 기한을 정하지 않은 채권(제387조 제2항, 제702조, 제603조 제2항)

2009년 3월 1일에 甲, 乙 간에 <u>기한의 정함이 없는 소비대차계약</u>(유의: 소비임치와 비교)이 체결되고, 동년 4월 1일에 대주 甲이 차주 乙에 대하여 이행의 최고를 했을 경우, ⬜㉠⬜부터 甲의 채권의 소멸시효가 진행되고, ⬜㉡⬜에 乙은 이행지체에 빠진다. — ㉠은 2009년 3월 4일, ㉡ 동년 4월 4일이 들어간다.

4) 동시이행관계가 있는 채권

2009년 3월 1일에 甲, 乙 간에 동년 4월 1일을 이행기로 하는 매매계약이 체결되고 동년 4월 1일에 甲이 乙에 대하여 이행을 최고했을 경우, 그리고 甲이 변제의 제공을 한 것은 동년 5월 1일이다. ⬜㉠⬜부터 甲의 채권의 소멸시효가 진행되고, ⬜㉡⬜에 乙은 이행지체에 빠진다. — ㉠ 4월 1일, ㉡ 5월 1일이 들어간다.

5) 불법행위채권

2005년 4월 1일에 乙이 甲에 대하여 <u>과실에 의해서 손해를 생기게 하여</u>, 동년 5월 1일에 甲이 손해 및 가해자를 알았을 경우, ⬜㉠⬜부터 甲의 불법행위에 기인하는 손해배상청구권의 소멸시효가 진행되고, ⬜㉡⬜에 乙은 이행지체에 빠진다. — ㉠ 5월 1일, ㉡ 4월 1일(위와 같이 그 익일이 아닌 당일부터)이 들어간다.

3. 소멸시효의 기간

일반채권의 소멸시효기간은 10년이다(제162조 제1항). 상행위에 의하여 발생한 채권은 5년이고(상법 제64조), 불법행위로 인한 손해배상채권은 3년이다(제766조 제1항). 그리고 기타 3년, 1년 등의 시효기간이 있다. 한편 금전급부를 목적으로 하는 국가의 권리로서 시효에 관하여 다른 법률에 규정이 없는 것은 5년, 반대로 국가에 대한 권리도 5년의 시효에 걸린다(국가재정법 제96조).

제162조 (채권, 재산권의 소멸시효)

① 채권은 10년간 행사하지 아니하면 소멸시효가 완성한다.

② 채권 및 소유권이외의 재산권은 20년간 행사하지 아니하면 소멸시효가 완성한다.

제163조 (3년의 단기소멸시효)

다음 각호의 채권은 3년간 행사하지 아니하면 소멸시효가 완성한다.

1. 이자, 부양료, 급료, 사용료 기타 1년이내의 기간으로 정한 금전 또는 물건의 지급을 목적으로 한 채권

2.~7. 수공업자 및 제조자의 업무에 관한 채권

제164조 (1년의 단기소멸시효) 다음 각호의 채권은 1년간 행사하지 아니하면 소멸시효가 완성한다.

1. 여관, 음식점, 대석, 오락장의 숙박료, 음식료, 대석료, 입장료, 소비물의 대가 및 체당금의 채권

2. ~ 4. 학생 및 수업자의 교육, 의식 및 유숙에 관한 교주, 숙주, 교사의 채권

〈국가재정법〉: 제96조 (금전채권·채무의 소멸시효)

① 금전의 급부를 목적으로 하는 국가의 권리로서 시효에 관하여 다른 법률에 규정이 없는 것은 5년 동안 행사하지 아니하면 시효로 인하여 소멸한다.

② 국가에 대한 권리로서 금전의 급부를 목적으로 하는 것도 또한 제1항과 같다.

③ 금전의 급부를 목적으로 하는 국가의 권리에 있어서는 소멸시효의 중단·정지 그 밖의 사항에 관하여 다른 법률의 규정이 없는 때에는 「민법」의 규정을 적용한다. 국가에 대한 권리로서 금전의 급부를 목적으로 하는 것도 또한 같다.

④ 법령의 규정에 따라 국가가 행하는 납입의 고지는 시효중단의 효력이 있다(국가재정법 제10909호 2011.7.25)

---

(1) 서 설

시효기간은 일반채권은 10년, 상사채권은 5년, 기타 단기 3년, 1년 등의 시효기간이 있다. 어떤 권리의 소멸시효기간이 얼마나 되는지에 관한 주장은 단순한 법률상의 주장에 불과하므로 변론주의의 적용대상이 되지 않고 법원이 직권으로 판단할 수 있다고 함이 판례이다(대판 2008.3.27, 2006다70929,70936). 따라서 국가배상책임에 관한 소송에서 국가가 민법상 10년의 소멸시효완성을 주장하였음에도 법원이 구 예산회계법에 의한 5년의 소멸시효를 적용한 것이 변론주의를 위반한 것이 아니라고 하였다(대판 2008.3.27, 2006다70929,70936).

판례 〈소멸시효"기간"에 관한 주장에 변론주의가 적용되는지 여부(소극)〉 어떤 권리의 소멸시효기간이 얼마나 되는지에 관한 주장은 단순한 법률상의 주장에 불과하므로 변론주의의 적용대상이 되지 않고 법원이 직권으로 판단할 수 있다(대법원 2013.2.15. 선고 2012다68217 판결).

(2) 구체적 내용

1) 일반채권

일반채권의 소멸시효기간은 10년이다(제162조). 그러나 불법행위에 의한 손해배상청구권의 소멸시효기간에 대해서는 특칙이 있다(제766조 참조).

판례 〈임대인 甲 주식회사와 임차인 乙 주식회사 사이(상사채권 5년)에 체결된 건물임대차계약이 종료되었는데도 乙 회사가 임차건물을 무단으로 점유·사용하자 甲 회사가 乙 회사를 상대로 부당이득반환을 구한 사안에서, 乙 회사의 甲 회사에 대한 부당이득반환채권은 특별한 사정이 없는 한 10년의 민사소멸시효가 적용되는지 여부(적극) : 임대인 甲 주식회사와 임차인 乙 주식회사 사이에 체결된 건물임대차계약이 종료되었는데도 乙 회사가 임차건물을 무단으로 점유·사용하자 甲 회사가 乙 회사를 상대로 부당이득반환을 구한 사안에서, 乙 회사는 甲 회사에 대하여 임차건물의 점유·사용으로 인한 차임 상당의 부당이득금을 반환할 의무가 있는데, <u>주식회사인 甲 회사, 乙 회사 사이에 체결된 임대차계약은 상행위에 해당하지만 계약기간 만료를 원인으로 한 부당이득반환채권은 법률행위가 아닌 법률규정에 의하여 발생하는 것이고, 발생 경위나 원인 등에 비추어 상거래 관계에서와 같이 정형적으로나 신속하게 해결할 필요성이 있는 것도 아니므로, 특별한 사정이 없는 한 10년의 민사소멸시효가 적용된다</u>(대법원 2012.5.10. 선고 2012다4633 판결).

2) 1년이내의 기간으로 정한 채권

제163조 제1호 소정의 사용료 기타 1년 이내의 기간으로 정한 채권이란 1년 이내의 정기에 지급되는 채권을 말하고 변제기간이 1년 이내의 채권을 말하는 것은 아니다(대판 2013.07.12, 2013다20571). 따라서 이자채권이라도 1년이내의 정기로 지급하는 것이 아니면 3년의 시효에 걸리는 것이 아니다.

판례 ㉠ 甲 주식회사와 乙이 체결한 정수기 대여계약에 기한 <u>월 대여료 채권의 소멸시효 기간</u>이 문제 된 사안에서, 제반 사정에 비추어 위 대여계약은 금융리스에 해당한다고 볼 수 없으므로 월 대여료 채권의 소멸시효 기간은 3년이라고 한 사례이다(원심은 금융리스에 해당한다고 보아 그 월 대여료 채권의 소멸시효 기간은 5년으로 보았다; 대판 2013.07.12, 2013다20571). ㉡ 민법 제163조 제3호에서는 3년의 단기소멸시효의 적용 대상으로 '도급받은 자의 공사에 관한 채권'을 규정하고 있는데, 여기서 '도급받은 자의 공사에 관한 채권'이라 함은 공사채권뿐만 아니라 그 공사에 부수되는 채권(공사의 협력의무)도 포함한다(대판 2010.11.25. 2010다56685).

3) 리스료채권

리스료채권은 단기 3년의 단기소멸시효가 적용되는 채권이 아니다(대판 2001.6.12, 99다1949). 금융리스에 있어서 리스료는 리스회사가 리스이용자에게 제공하는 취득자금의 금융편의에 대한 원금의 분할변제 및 이자·비용 등의 변제의 기능을 갖는 것은 물론이거니와 그 외에도 리스회사가 리스이용자에게 제공하는 이용상의 편익을 포함하여 거래관계 전체에 대한 대가로서의 의미를 지닌다. 따라서 <u>리스료채권은 그 채권관계가 일시에 발생하여 확정되고 다만 그 변제방법만이 일정기간마다의 분할변제로 정하여진 것에 불과하기 때문에</u>(기본적 정기금채권에 기하여 발생하는 지분적 채권이 아니다) <u>3년의 단기소멸시효가 적용되는 채권이라고 할 수 없다.</u>

4) 지연배상청구권의 소멸시효기간

지연손해금은 원금채무의 불이행에 따른 약정손해배상금이라 할 것이므로 이는 민법 제163조 제1호가 정하는 '1년 이내의 기간으로 정한 채권'(즉 3년의 시효기간)이 아니라고 할 것이다(대판 1987.10.28, 87다카1409).

판례 〈10년과 5년 시효기간〉 ㉠ 사채(회사채)의 상환청구권에 대한 지연손해금은 사채의 상환청구권과 마찬가지로 10년간 행사하지 아니하면 소멸시효가 완성한다(대판 2010.9.9. 2010다28031).
㉡ 은행이 영업행위로서 한 대출금에 대한 변제기 이후의 지연손해금은 그 원본채권과 마찬가지로 상행위로 인한 채권으로서 5년의 소멸시효를 규정한 상법 제64조가 적용된다(대판 2008.3.14, 2006다2940).

5) 관리비채권

민법 제163조 제1호에서 3년의 단기소멸시효에 걸리는 것으로 규정한 '1년 이내의 기간으로 정한 채권'이란 1년 이내의 정기로 지급되는 채권을 말하는 것으로서 1개월 단위로 지급되는 집합건물의 관리비채권은 이에 해당한다고 할 것이다(대판 2007.2.22, 2005다65821).

6) 제165조의 판결 등에 의하여 확정된 채권의 소멸시효(제165조·제168조·제416조·제440조 비교).

제165조 (판결등에 의하여 확정된 채권의 소멸시효)
① 판결에 의하여 확정된 채권은 단기의 소멸시효에 해당한 것이라도 그 소멸시효는 10년으로 한다.
② 파산절차에 의하여 확정된 채권 및 재판상의 화해, 조정 기타 판결과 동일한 효력이 있는 것에 의하여 확정된 채권도 전항과 같다.
③ 전2항의 규정은 판결확정당시에 변제기가 도래하지 아니한 채권에 적용하지 아니한다.

㉠ 판결에 의하여 확정된 채권은 단기의 소멸시효에 해당한 것이라도 그 소멸시효는 10년으로 한다. 민법 제165조의 규정은 단기의 소멸시효에 걸리는 것이라도 확정판결을 받은 권리의 소멸시효는 10년으로 한다는 뜻일 뿐 10년보다 장기의 소멸시효를 10년으로 단축한다는 의미도 아니고 본래 소멸시효의 대상이 아닌 권리가 확정판결을 받음으로써 10년의 소멸시효에 걸린다는 뜻도 아니다(대판 1981.3.24, 80다1888,1889).
㉡ 파산절차에 의하여 확정된 채권 및 재판상의 화해, 조정 기타 판결과 동일한 효력이 있는 것에 의하여 확정된 채권도 10년으로 한다.

Tip

◎ 2002년에 민사소송법을 개정하면서, 지급명령에 대해 이의신청 등이 없어 지급명령이 확정된 때에는 확정판결과 같은 효력이 있는 것으로 정하였다(동법 제474조 참조). 그 결과 현재는 지급명령이 확정되면 판결과 동일한 효력이 있으므로 10년의 시효기간으로 연장된다.

㉢ 민법 제165조의 판결에 의하여 확정된 채권의 경우, 단기의 소멸시효에 해당하는 것이라도 그 채권의 소멸시효는 10년으로 하고 있다. 동 규정은 당해 판결 등의 당사자 사이에 한하여 인정된다. 따라서 그 판결의 당사자 이외의 연대보증인에 대해서도 위 확정판결이 10년으로 기간을 연장하는 것은 아니고 채권자의 연대보증인에 대한 연대보증채권의 소멸시효기간은 여전히 종전의 소멸시효기간에 따른다고 보아야 할 것이다(판례-아래 판결참조).

관련사례 甲회사가 乙은행으로부터 1987. 4. 30. 변제기로 하여 2천만원을 차용하였다(시효기간은 상사채권으로 5년이다). 그 채무에 대하여 丙과 丁이 함께 연대보증을 서주었는데, 甲회사가 위 채무를 이행하지 않으므로 乙은행이 甲회사와 丙을 상대로 소를 제기하여 1988. 5. 7. 위 판결이 확정되고, 乙은행은 위 채무의 일부만을 변제받은 경우. 그 후 乙은행은 1998. 4. 16. 甲회사와 丁을 상대로 대여금청구소송을 제기하였다면 연대보증인 丁의 책임은 어떻게 되는가?

해설 (a) **시효기간 연장** : 민법 제165조의 판결에 의하여 확정된 채권의 경우, 단기의 소멸시효에 해당하는 것이라도 그 채권의 소멸시효는 10년으로 하고 있다. 동 규정은 당해 판결 등의 당사자 사이에 한하여 인정된다. 따라서 그 판결의 당사자 이외의 연대보증인에 대해서도 위 확정판결이 <u>10년으로 기간을 연장하는 것은 아니고 채권자의 연대보증인에 대한 연대보증채권의 소멸시효기간은 여전히 종전의 소멸시효기간에 따른다고 보아야 할 것이다</u>(대판 1986.11.25, 86다카1569).

(b) **사유는 미치지만 기간은 종전의 기간** : 위 사안의 경우 판결이 확정된 때로부터 다시 5년의 상사시효기간이 경과한 1993년 5월 7일 丁의 보증채무는 소멸되었다 할 것이다. 따라서 丁은 乙은행이 제기한 위 소송에서 소멸시효기간의 경과로 인하여 책임 없음을 주장하면 된다.

Ⅲ. 소멸시효의 중단사유

소멸시효의 중단이란 소멸시효가 진행하는 도중에 권리의 불행사라는 소멸시효의 기초가 되는 사실을 깨뜨리는 사정이 발생한 경우에 이미 진행한 시효기간의 효력을 상실케 하는 제도이다. 소멸시효가 중단되면, 그때까지 경과한 시효기간은 이를 산입하지 아니하고, 중단사유가 종료한 때로부터 새로이 진행한다(제178조 제1항). 그리고 시효의 중단은 시효의 완성을 방해하는 것이므로 시효의 완성을 다투는 자, 즉 시효의 중단으로 이익을 받는 자(채권의 소멸시효의 경우에는 채권자)가 주장·입증하여야 한다. 그렇지 않으면 판례는 소멸시효의 중단에 관하여 판단하지 아니한다. 그리고 판례는 소멸시효의 중단에 관하여는 너그럽게 해석하여, 권리를 가능한 한 존속케 하도록 하여야 한다고 한다(대판 1995 5 12, 94다24336).

판례 시효중단사유는 중단으로 이익을 받을 당사자(채권자)의 주장·입증이 있는 때에 고려하는 것으로서 이에 관한 주장이 없는 경우에는 이에 대한 판단을 할 필요가 없다(대판 1978.4.11, 76다2476).

제168조 (소멸시효의 중단사유)
소멸시효는 다음 각호의 사유로 인하여 중단된다.
1. 청구   2. 압류 또는 가압류, 가처분   3. 승인

소멸시효의 중단사유로 민법이 드는 것은 청구(재판상 청구 + 최고 등), 압류·가압류·가처분과 승인의 3가지이다. 첫 번째와 두 번째(제168조 제1호와 제2호 사유)는 권리자가 자기의 권리를 주장하는 것이고, 세 번째(동조 제3호)는 의무자가 상대방의 권리를 인정하는 것이다.

1. 청 구

(1) 청구의 의미

1) 여기서 청구에는 재판상 청구와 재판외 청구(최고)를 포함한다 소의 제기(청구)는 사법상 권리를 구하는 민사소송의 절차를 원칙으로 한다(통설·판례). 따라서 민사소송의 경우 소의 종류를 묻지 않는다(제187조의 판결의 경우 형성판결만이 포함되는 것과 구분된다). 채권의 양수인이 채권양도의 대항요건을 갖추지 못한 상태에서 채무자를 상대로 재판상의 청구를 한 경우에도 소멸시효 중단사유인 재판상의 청구에 해당한다(대판 2005.11.10. 2005다41818).

> **제170조 (재판상의 청구와 시효중단)**
> ① 재판상의 청구는 소송의 각하, 기각 또는 취하의 경우에는 시효중단의 효력이 없다.
> ② 전항의 경우에 6월내에 재판상의 청구, 파산절차참가, 압류 또는 가압류, 가처분을 한 때에는 시효는 최초의 재판상청구로 인하여 중단된 것으로 본다.

판례 ㉠ 〈민법 제170조 제1항에서 정한 '재판상의 청구'에 지급명령 신청도 포함되는지 여부(적극)〉 지급명령이란 금전 그 밖에 대체물이나 유가증권의 일정한 수량의 지급을 목적으로 하는 청구에 대하여 법원이 보통의 소송절차에 의함이 없이 채권자의 신청에 의하여 간이, 신속하게 발하는 이행에 관한 명령으로 민법 제170조의 재판상 청구에 지급명령 신청이 포함되는 것으로 보는 이상 특별한 사정이 없는 한, 지급명령 신청이 각하된 경우라도 6개월 이내 다시 소를 제기한 경우라면 민법 제170조 제2항에 의하여 시효는 당초 지급명령 신청이 있었던 때에 중단되었다고 보아야 한다(대판 2011.11.10. 2011다54686).
㉡ 〈채권양도의 경우 양수인의 재판상 청구의 경우 등〉 ① 채권양도의 대항요건을 갖추기 전에 양도인이 채무자를 상대로 제기한 재판상 청구가 소송 중에 채무자가 채권양도의 효력을 인정하는 등의 사정으로 기각되고, 그 후(전소 종료 후) 6월 내에 양수인이 재판상 청구 등을 한 경우, 양도인의 청구가 당초부터 무권리자에 의한 청구로 되는 것은 아니므로, 양수인이 그로부터 6월 내에 채무자를 상대로 재판상의 청구 등을 하였다면, 민법 제169조 및 제170조 제2항에 의하여 양도인의 최초의 재판상 청구로 인하여 시효가 중단된다(대판 2009.2.12. 2008두20109). 또한 ② 채권양도는 구 채권자인 양도인과 신 채권자인 양수인 사이에 채권을 그 동일성을 유지하면서 전자로부터 후자에게로 이전시킬 것을 목적으로 하는 계약을 말한다 할 것이고, 채권양도에 의하여 채권은 그 동일성을 잃지 않고 양도인으로부터 양수인에게 이전되며, 이러한 법리는 채권양도의 대항요건을 갖추지 못하였다고 하더라도 마찬가지인 점에 비추어 보면, 비록 대항요건을 갖추지 못하여 채무자에게 대항하지 못한다고 하더라도 채권의 양수인이 채무자를 상대로 재판상의 청구를 하였다면 이는 소멸시효 중단사유인 재판상의 청구에 해당한다고 보아야 한다(대법원 2005. 11. 10. 선고 2005다41818 판결).
㉢ 채권자대위소송의 제기로 인한 소멸시효 중단의 효력이 채무자에게 미치는지 여부(적극) 채권자대위권 행사의 효과는 채무자에게 귀속되는 것이므로 채권자대위소송의 제기로 인한 소멸시효 중단의 효과 역시 채무자에게 생긴다(제170조 참조: 대판 2011.10.13. 2010다80930).

2) 다만 판례는 행정소송의 제기는 원칙적으로 시효중단사유가 아니지만 과세처분의 취소·무효확인의 소에는 중단의 효력을 인정한다〔대판(전합)1992.3.31. 91다32039〕. 그리고 판례에 의하면 채권자가 채무자를 고소하여 형사소송이 개시되어도 이를 가지고 소멸시효의 중단사유인 재판상의 청구로 볼 수 없다고 한다(다만 소송촉진등에 관한 특례법상 배상명령은 성질상 민사소송적 이기 때문에 예외).

3) 재판상 청구에 의한 시효중단효과는 소를 제기한 때, 즉 소장을 법원에 제출한 때 발생한다(민소법 제265조, 제248조). 피고에게 소장부본송달과는 무관하다. 그리고 사망한 자를 피고로 하여 소의 제기한 경우 소멸시효 중단을 판례는 인정한다. 즉 채무자 갑의 을 은행에 대한 채무를 대위변제한 보증인 병이 채무자 갑의 사망사실을 알면서도 그를 피고로 기재하여 소를 제기한 사안에서 피고의 표시는 정정할 수 있기 때문에 당초 소장을 제출한 때에 소멸시효중단의 효력이 생긴다"고 하였다(대판 2011.3.10, 2010다99040).

판례 ㉠ 〈원고가 채권자대위권에 기해 청구를 하다가 당해 피대위채권 자체를 양수하여 양수금청구로 소를 변경한 사안에서, 당초의 채권자대위소송으로 인한 시효중단의 효력이 소멸하지 않는다고 본 사례〉 원고가 채권자대위권에 기해 청구를 하다가 당해 피대위채권 자체를 양수하여 양수금청구로 소를 변경한 사안에서, 원고는 위 계약금반환채권을 채권자대위권에 기해 행사하다 다시 이를 양수받아 직접 행사한 것이어서 위 계약금반환채권과 관련하여 원고를 '권리 위에 잠자는 자'로 볼 수 없는 점 등에 비추어 볼 때, 당초의 채권자대위소송으로 인한 시효중단의 효력이 소멸하지 않는다(대판 2010.6.24. 2010다17284).

㉡ **비교판례**(대판 2009. 2. 12. 2008다84229) : 아파트입주자대표회의가 직접 하자보수에 갈음한 손해배상청구의 소를 제기하였다가 구분소유자들로부터 손해배상채권을 양도받아 양수금청구를 하는 것으로 청구원인을 변경한 사안에서, 소를 제기한 때가 아니라 청구원인을 변경하는 취지의 준비서면을 제출한 때에 소멸시효 중단의 효과가 발생한다고 한 사례는 채권자가 자신의 권원에 기하여 직접 청구하다 채무자의 권리를 대위하거나 이를 양수하여 청구한 사안에 관한 것으로서, 원고가 대위청구를 하다가 그 피대위채권 자체를 양수받아 양수금청구를 하는 이 사건과는 사안을 달리한다(대판 2010.6.24. 2010다17284).

(2) 일부청구

판례는 '원고가 채권의 일부만을 청구한 일부청구에 있어서, 소제기시 일부청구임을 명시적으로 밝힌 경우에는 나머지 부분에는 시효중단이 미치지 아니하나, 비록 일부만을 청구한 경우에도 그 취지로 보아 채권의 전부에 관하여 판결을 구하는 것으로 해석되는 경우에는 그 전부에 관하여 시효중단의 효력이 발생한다'고 하고 있다(종전판례는 명시적이든 묵시적이든 일부청구는 그 청구한 부분만 시효가 중단된다고 하였다 - 대판 2008.12.24, 2008다51649 등 참조).

판례 한 개의 채권 중 일부에 관하여만을 구한다는 취지를 명백히 하여 소송을 제기한 경우에는 소제기에 의한 소멸시효중단의 효력이 그 일부에 관하여만 발생하지만, 그 취지로 보아 채권 전부에 관하여 판결을 구하는 것으로 해석된다면 그 청구액을 소송물인 채권의 전부로 보아야 하고, 이러한 경우에는 그 채권의 동일성의 범위 내에서 그 전부에 관하여 시효중단의 효력이 발생한다(대판 1992.4.10, 91다43695; 대판 2008.12.24, 2008다51649 등).

(3) 기존채권과 수표(어음)금채권

기존채권의 지급확보의 방법으로 수표(또는 어음)가 수수되었을 경우에는 수표금채권과 기존채권은 표리관계에 있으므로 수표금채권의 소송상 청구는 기존채권의 소멸시효를 중단시킨다. 반면에 기존채권의 청구를 수표금청구로 변경하였더라도 기존채권의 소송제기로 수표금의 청구권에 대한 소멸시효중단의 효과가 발생하지는 않는다(판례).

판례 〈원인채권의 지급을 확보하기 위하여 어음이 수수된 경우, 시효로 소멸된 어음채권을 청구채권으로 하여 채무자의 재산을 압류함으로써 그 원인채권의 소멸시효가 중단되는지 여부(소극)〉 원인채권의 지급을 확보하기 위하여 어음이 수수된 당사자 사이에서 채권자가 어음채권을 청구채권으로 하여 채무자의 재산을 압류함으로써 그 권리를 행사한 경우에는 그 원인채권의 소멸시효를 중단시키는 효력이 있다. 그러나 <u>이미 어음채권의 소멸시효가 완성된 후에는 그 채권이 소멸되고 시효중단을 인정할 여지가 없으므로, 시효로 소멸된 어음채권을 청구채권으로 하여 채무자의 재산을 압류한다 하더라도 이를 어음채권 내지는 원인채권을 실현하기 위한 적법한 권리행사로 볼 수 없어, 그 압류에 의하여 그 원인채권의 소멸시효가 중단된다고 볼 수 없다</u>(대판 2010.5.13. 2010다6345).

(4) 만기가 기재된 백지 약속어음의 소지인이 그 백지 부분을 보충하지 않고 어음금을 청구한 경우 소멸시효 중단의 효력이 있는지 여부(적극)

만기는 기재되어 있으나 지급지, 지급을 받을 자 등과 같은 어음요건이 백지인 약속어음의 소지인이 그 백지 부분을 보충하지 않은 상태에서 어음금을 청구하는 것은 어음상의 청구권에 관하여 잠자는 자가 아님을 객관적으로 표명한 것이라고 할 수 있고 그 청구로써 어음상의 청구권에 관한 소멸시효는 중단된다고 할 것이다. 따라서 <u>이와 달리 지급을 받을 자 부분이 백지로 된 약속어음의 소지인은 그 백지 부분을 보충하지 않은 상태에서는 어음상의 청구권을 행사할 수 없으므로, 그 백지어음 소지인의 권리행사에 의한 소멸시효 중단의 효과는 전혀 생길 여지가 없다는 취지로 판단한 대법원 1962.12.20. 62다680 판결은 이 판결에 배치되는 범위 내에서 이를 변경한다</u>〔대판(전합) 2010.5.20. 2009다48312〕.

(5) 기본적 법률관계에 대한 청구와 파생적 청구권

(ㄱ) <u>이러한 시효중단 사유로서 재판상 청구에는 소멸시효 대상인 권리 자체의 이행청구나 확인청구를 하는 경우만이 아니라, 권리가 발생한 기본적 법률관계를 기초로 하여 소의 형식으로 주장하는 경우에도 권리 위에 잠자는 것이 아님을 표명한 것으로 볼 수 있을 때에는 이에 포함된다고 보아야 하고, 시효중단 사유인 재판상 청구를 기판력이 미치는 범위와 일치하여 고찰할 필요는 없다</u>(대판 2011.7.14. 2011다19737).

(ㄴ) 따라서 파면된 사립학교 교원이 학교법인을 상대로 파면처분효력정지가처분 및 무효확인의 소의 제기와 그 승소는 파면된 이후의 보수금채권의 소멸시효에 중단사유가 된다(대판 1978.4.11. 77다2509 등). 또한 매매계약에 기한 소유권이전등기청구권의 시효중단 사유인 재판상 청구는 권리자가 소송이라는 형식을 통하여 그 권리를 주장하면 족하고 반드시 그 권리가 소송물이 되어 기판력이 발생할 것을 요하지 않으므로, 이 사건 소송물인 소유권이전등기청구권이 발생한 기본적 법률관계에 해당하는 <u>매매계약을 기초로 하여 건축주명의변경을 구하는 소도 소멸시효를 중단시키는 재판상 청구에 포함되는 것으로 보아야 한다</u>(대판 2011.7.14. 2011다19737).

(6) 응소

응소가 재판상 청구로서 시효중단사유가 될 수 있는가? 종래의 판례는 부정하였으나, 현재 통설과 판례는 응소에 대하여 시효중단의 효력을 인정하였다. 다만 유의할 점은 피고(채권자가 채무자를 상대로)가 응소하여 그 주장이 받아 들여진(인용) 경우에 한한다는 점에 주의하여야 한다. 여기서 응소하여 그 주장이 받아들여진다는 것은 피고가 단순부인만하는 것이 아니고 자신의 채권 또는 자신의 소유권 등을 주장하여 그것이 받아들여지는 것을 말한다.

판례 〈응소행위〉 ㉠ 민법 제168조 제1호, 제170조 제1항에서 시효중단사유의 하나로 규정하고 있는 재판상의 청구란, 통상적으로는 권리자가 원고로서 시효를 주장하는 자를 피고로 하여 소송물인 권리를 소의 형식으로 주장하는 경우를 가리키나, 이와 반대로 시효를 주장하는 자가 원고가 되어 소를 제기한 데 대하여 피고로서 응소하여 소송에서 적극적으로 권리를 주장하고 그것이 받아들여진 경우도 이에 포함된다(대판(전합) 1993.12.21. 92다 47861; 대판 2012.1.12. 2011다78606). ㉡ 다만 채권자에 대하여는 아무런 채무도 부담하고 있지 아니한, 물상보증인이 그 피담보채무의 부존재 또는 소멸을 이유로 제기한 저당권설정등기 말소등기절차이행청구소송에서 채권자 겸 저당권자가 청구기각의 판결을 구하고 피담보채권의 존재를 주장하였다고 하더라도 이로써 직접 채무자에 대하여 재판상 청구를 한 것으로 볼 수는 없는 것이므로 피담보채권의 소멸시효에 관하여 규정한 민법 제168조 제1호 소정의 '청구'에 해당하지 아니한다(대판 2004.1.16. 2003다30890). 따라서 응소하여 그 주장이 받아들여진 경우에도 위에서와는 달리 시효가 중단되지 않는다. 즉 이러한 물상보증인의 지위는 시효를 원용할 수는 있으나 직접의무를 부담하지 않는 점이 채무자와 구별되기 때문이다. ㉢ 위와 같은 응소행위로 인한 시효중단의 효력은 피고가 현실적으로 권리를 행사하여 응소한 때에 발생하지만, 권리자인 피고가 응소하여 권리를 주장하였으나 소가 각하되거나 취하되는 등의 사유로 본안에서 권리주장에 관한 판단 없이 소송이 종료된 경우에는 민법 제170조 제2항을 유추적용하여 그때부터 6월 이내에 재판상의 청구 등 다른 시효중단조치를 취한 경우에 한하여 응소 시에 소급하여 시효중단의 효력이 있다고 보아야 한다(대판 2012.1.12. 2011다78606).

(7) 기타 재판상 청구

㈀ 파산절차참가는 채권자가 이를 취소하거나 그 청구가 각하된 때에는 시효중단의 효력이 없다(제171조).

㈁ 위에서도 고찰한 바와 같이 지급명령의 신청도 재판상 청구에 준한다(제172조 참조).

㈂ 화해를 위한 소환은 상대방이 출석하지 아니 하거나 화해가 성립되지 아니한 때에는 1월 내에 소를 제기하지 아니하면 시효중단의 효력이 없다. 임의출석의 경우에 화해가 성립되지 아니한 때에도 그러하다(제173조).

(8) 재심

재판상 청구는 소의 각하·취하의 경우에는 시효중단의 효력이 없고 다만 각하 또는 취하되었다가 6월 내에 다시 재판상 청구를 하면 시효는 중단되나(제170조 참조), 기각판결이 확정된 경우에는 청구권의 부존재가 확정됨으로써 중단의 효력이 생길 수 없으므로 청구기각판결의 확정 후 재심을 청구하였다 하더라도 시효의 진행이 중단된다고 할 수 없다(대판 1992.4.24. 92다6983). 다만 재심의 소를 제기한 결과 승소판결을 취소하고 피고의 청구를 모두 기각하는 재심판결이 선고·확정된 경우 시효중단이 될 수 있다(대판 1996.9.24. 96다11334).

(9) 최고(제174조)

> **제174조 (최고와 시효중단)**
> 최고는 6월내에 재판상의 청구·파산절차참가·화해를 위한 소환·임의출석·압류 또는 가압류·가처분을 하지 아니하면 시효중단의 효력이 없다.

1) 의의

최고란 권리자가 의무자에게 의무의 이행을 청구하는 의사의 통지이며, 아무런 형식을 필요로 하지 않는 재판 외 행위이다. 최고는 6월내에 재판상의 청구, 파산절차참가, 화해를 위한 소환, 임의출석, 압류 또는 가압류, 가처분을 하지 아니하면 시효중단의 효력이 없는데, '6월'의 기산점은 최고가 상대방에게 도달한 때부터이다. 다만 회신이 있는 경우에는 판례는 최고의 시효중단의 기산점에 관하여, 6월의 기간은 채권자가 채무자로부터 회답을 받은 때로부터 기산되는 것이라 한다(대판 2012.3.15, 2010다53198; 대판 1995.5.12, 94다24336).

판례 〈채무이행을 최고받은 채무자가 이행의무의 존부 등에 대하여 조사해 볼 필요가 있다는 이유로 채권자에게 이행의 유예를 구한 경우, 민법 제174조에서 정한 '6월'의 기간 기산점〉 민법 제174조 소정의 시효중단 사유로서의 최고에 있어, 채무이행을 최고받은 채무자가 그 이행의무의 존부 등에 대하여 조사를 해 볼 필요가 있다는 이유로 채권자에 대하여 그 이행의 유예를 구한 경우에는 채권자가 그 회답을 받을 때까지는 최고의 효력이 계속된다고 보아야 하고, 따라서 같은 조에 규정된 6월의 기간은 채권자가 채무자로부터 회답을 받은 때로부터 기산되는 것이라고 해석하여야 할 것이다(대판 2012.3.15, 2010다53198).

2) 유형

판례는 ① 국가가 하는 납입의 고지는 그 권리의 발생원인이 공법상의 것이건 사법상의 것이건 시효중단의 효력이 있다(대판 2001.12.14, 2001다45539). ② 채권자가 확정판결에 의한 채권의 실현을 위하여 채무자를 상대로 민사집행법상 재산관계명시신청을 하고 그 재산목록의 제출을 명하는 결정이 채무자에게 송달된 경우 최고로서의 효력을 인정한다. ③ 재판상의 청구를 하였다가 그 소가 취하된 경우 재판 외의 최고의 효력만 있다(대판 1995.5.12, 94다24336). 그리고 ④ 민사소송법상 소송고지의 경우에도 최고의 효력을 인정한다(대판 2009.7.9, 2009다14340).

3) 효력

최고는 채무자에 대하여 채무이행을 구한다는 채권자의 의사의 통지로서 상대방에게 도달한 때 시효중단의 효과가 생긴다. 최고를 여러번 거듭하다가 재판상 청구 등을 한 경우에 있어서의 시효중단의 효력은 항상 최초의 최고시에 발생하는 것이 아니라 재판상 청구 등을 한 시점을 기준으로 하여 이로부터 소급하여 6월 이내에 한 최고시에 발생한다(대판 1987.12.22, 87다카2337). 다만 부진정연대채무에 있어 채무자 1인에 대한 이행의 청구는 타 채무자에 대하여 그 효력이 미치지 않으므로, 채권자가 부진정연대채무자 1인에게 이행청구를 하였다 하더라도 타 채무자에 대하여 시효중단의 효과가 발생한다고 할 수 없다(대판 1997.9.12, 95다42027).

4) 채권압류 및 추심명령의 송달이 피압류채권(채무자가 제3채무자에 갖고 있는 채권)의 제3채무자에 대하여 최고로서의 효력이 있는지 여부(적극)

㉠ 채권자가 채무자의 제3채무자에 대한 채권을 압류 또는 가압류한 경우에 채무자에 대한 채권자의 채권에 관하여 시효중단의 효력이 생긴다고 할 것이나, ㉡ 압류 또는 가압류된 채무자의 제3채무자에 대한 채권에 대하여는 민법 제168조 제2호 소정의 소멸시효 중단사유

에 준하는 확정적인 시효중단의 효력이 생긴다고 할 수 없다. 다만 ㉢ 채권자가 확정판결에 기한 채권의 실현을 위하여 채무자의 제3채무자에 대한 채권에 관하여 압류 및 추심명령을 받아 그 결정이 제3채무자에게 송달이 되었다면 거기에 소멸시효 중단사유인 최고로서의 효력을 인정하여야 한다(대판 2003.5.13, 2003다16238).

5) 사례검토

관련사례	甲이 乙을 상대로 손해배상청구의 소를 제기하여 1983. 6. 7. 甲의 승소판결이 확정되었다. 그런데 乙에게는 별다른 재산이 없어 강제집행을 하지 못하고 있다가, 1992년에 乙을 상대로 재산관계명시신청을 하여 1992. 3. 16. 그 결정이 내려졌다. 그 후 1998. 6. 24. 甲이 乙을 상대로 위 손해배상청구의 소를 다시 제기하였다. 이 경우 甲의 乙에 대한 손해배상청구권이 시효로 소멸한 것인가? (대판 2001.5.29, 2000다32161).
해설	**최고의 효력 :** 채권자가 확정판결에 의한 채권의 실현을 위하여 채무자를 상대로 민사집행법 소정의 재산관계명시신청을 하고 그 재산목록의 제출을 명하는 결정이 채무자에게 송달되었다면 소멸시효중단사유인 최고로서의 효력이 인정된다. 따라서 甲은 재산관계명시결정이 채무자에게 송달된 날로부터 민법 제174조에서 정한 절차를 취하여야만 시효중단의 효력이 유지된다. 따라서 1983. 6. 7.부터 10년이 경과하여 소멸시효가 완성된 후에 1998.6.24. 제기된 甲의 손해배상청구는 부적법한 것이 된다.

2. 압류 등

> **제175조 (압류, 가압류, 가처분과 시효중단)**
> 압류, 가압류 및 가처분은 권리자의 청구에 의하여 또는 법률의 규정에 따르지 아니함으로 인하여 취소된 때에는 시효중단의 효력이 없다.
> **제176조 (압류, 가압류, 가처분과 시효중단)**
> 압류, 가압류 및 가처분은 <u>시효의 이익을 받은 자(받을 자)</u>에 대하여 하지 아니한 때에는 이를 그에게 통지한 후가 아니면 시효중단의 효력이 없다.

(1) 개념

압류는 확정판결 기타의 집행권원에 기하여 행하는 강제집행이며, 채권자는 법원에 채무자에 대한 압류명령을 신청할 수 있다. 압류는 그 압류명령을 신청한 때에 시효중단의 효력이 생긴다.그리고 가압류와 가처분은 강제집행이 불가능하거나 현저하게 곤란하게 될 염려가 있는 경우에 강제집행을 보전하기 위하여 취해지는 수단이며, 판결을 전제하지 않는다. 가압류는 금전채권을 보전하기 위하여, 가처분은 금전채권 이외의 채권을 보전하기 위하여 채권자의 신청으로 법관의 서면심리하에 결정으로 행해진다. 민법은 압류·가압류·가처분은 시효이익을 받을 자(채무자)에 대하여 하지 아니한 때에는 이를 그에게 통지한 후가 아니면 시효중단의 효력이 없다고 한다(제176조). 구체적으로 살펴보자.

(2) 시효중단사유로서 압류 등

㈀ 집행력 있는 집행권원을 가진 채권자가 다른 채권자에 의해 개시된 경매절차에서 배당요구를 신청하였다면 제168조 제2호의 <u>압류에 준하는 것</u>으로 보아 배당요구에 관련된 채권에

관하여 시효중단의 효력을 인정한다(대판 2010.9.9, 2010다28031).

(ㄴ) 저당권으로서 첫 경매개시결정등기 전에 등기되었고 매각으로 소멸하는 것을 가진 채권자가 다른 채권자의 신청에 의하여 개시된 경매절차에서 채권신고를 하였다고 하더라도 소멸시효 중단 사유인 <u>최고의 효력은 인정되지 않는다.</u> 따라서 경매신청이 취하된 후 6월내에 위와 같은 채권신고를 한 채권자가 소제기 등의 재판상의 청구를 하였다고 하더라도 민법 제170조 제2항에 의하여 소멸시효 중단의 효력이 유지된다고 할 수 없다(대판 2010.9.9. 2010다28031).

(3) 시효이익당사자가 아닌 자에 대한 압류 등의 시효중단

<u>압류·가압류 및 가처분은 시효의 이익을 받을 자 이외의 자에 대하여 한 경우에는 이를 그에게 「통지」하여야만 시효중단의 효력이 인정된다(제176조). 이는 제169조(시효중단의 상대성)의 예외이다.</u> 단 유의하여야 할 것은 본조는 압류·가압류·가처분의 경우에만 적용된다. 가령 채권자가 보증인에 대하여 재판상의 청구를 하고 이 사실을 주채무자에게 통지를 하여도 주채무자에 대하여는 시효중단의 효력이 생기지 않는다는 것이다.

판례 〈제176조의 취지〉 물상보증인에 대한 임의경매의 신청은 피담보채권의 만족을 위한 강력한 권리실행수단으로서, 채무자 본인에 대한 압류와 대비하여 소멸시효의 중단사유로서 차이를 인정할 만한 실질적인 이유가 없기 때문에, 중단행위의 당사자나 그 승계인 이외의 시효의 이익을 받는 채무자에게도 시효중단의 효력이 미치도록 하되, 다만 채무자가 시효의 중단으로 인하여 예측하지 못한 불이익을 입게 되는 것을 막아주기 위하여 <u>채무자에게 압류사실이 통지되어야만 시효중단의 효력이 미치게 함으로써, 채권자와 채무자간에 이익을 조화시키려는 것이, 민법 제169조에 규정된 시효중단의 상대적 효력에 대한 예외를 인정한 민법 제176조의 취지라고 해석되는</u> 만큼, 압류사실을 채무자가 알 수 있도록 경매개시결정이나 경매기일통지서가 우편송달 (발송송달) 이나 공시송달의 방법이 아닌 교부송달의 방법으로 채무자에게 송달되어야만 압류사실이 통지된 것으로 볼 수 있는 것이다. 〈대판 1990.1.12, 89다카4946〉

(4) 관련문제

1) 피보전채권범위

채권자가 가분채권의 일부분을 피보전채권으로 주장하여 채무자 소유의 재산에 대하여 가압류를 한 경우에 있어서는 <u>그 피보전채권 부분만에 한하여 시효중단의 효력이 있다</u> 할 것이고 가압류에 의한 보전채권에 포함되지 아니한 나머지 채권에 대하여는 시효중단의 효력이 발생할 수 없다 할 것이다(대판 1976.2.24, 75다1240).

2) 가압류의 시효중단

당연무효인 가압류신청은 시효중단의 효력이 없으나, 유효한 가압류에 의한 시효중단의 효력은 가압류의 집행보전의 효력이 존속하는 동안은 계속된다(대판 2006.7.4, 2006다32781).

판례 민법 제168조에서 가압류를 시효중단사유로 정하고 있는 것은 가압류에 의하여 채권자가 권리를 행사하였다고 할 수 있기 때문인데, 가압류에 의한 집행보전의 효력이 존속하는 동안은 가압류채권자에 의한 권리행사가 계속되고 있다고 보아야 할 것이므로, 가압류에 의한 시효중단의 효력은 가압류의 집행보전의 효력이 존속하는 동안은 계속된다고 하여야 할 것이다(대판 2006.7.27, 2006다32781).

3) 금전채권의 보전을 위하여 채무자의 금전채권에 대하여 가압류가 행하여진 후 채권자의 신청에 의하여 그 집행이 취소된 경우, 가압류에 의한 소멸시효 중단의 효과가 소급적으로 소멸되는지 여부(적극)

금전채권의 보전을 위하여 채무자의 금전채권에 대하여 가압류가 행하여진 경우에 그 후 채권자의 신청에 의하여 그 집행이 취소되었다면, 다른 특별한 사정이 없는 한 가압류에 의한 소멸시효 중단의 효과는 소급적으로 소멸된다(대판 2010.10.14. 2010다53273).

4) 사례검토

관련사례

〈사례 Ⅰ〉A는 B를 상대로 대여금채권을 피보전권리로 하여 B의 부동산에 관하여 가압류결정을 받았고, 그 본안소송으로 대여금청구의 소를 제기하여 1982. 승소판결을 받아 그 판결이 확정되었다. A가 사망하자 그 처인 C가 상속을 받았는데, 위 판결이 확정된지 10년이 훨씬 지난 후에 B는 C를 상대로 위 가압류결정의 취소를 구하였다.

〈사례 Ⅱ〉임대인 을과 임차인 갑 간에 임대차계약기간이 1996. 1. 10. 만료되고, 갑은 이후에도 X건물에 거주하다가 다른 곳으로 이사를 갔다. 한편 갑은 1996. 8. 17. 서울지방법원 남부지원에서 을에 대하여 임대차보증금반환채권을 피보전권리로 하여 을소유의 유체동산에 대한 가압류결정을 받았고, 갑은 2009. 3. 12. 을을 상대로 임대차보증금반환을 구하는 소를 제기하였다. 파기된 원심은 유체동산에 대한 가압류결정이 있으면 당연히 시효중단의 효력이 발생하고 그 결정이 취소되었다는 등의 사정이 없는 한 시효중단의 효력이 계속된다는 전제하에 위 가압류결정으로 소멸시효가 중단되었다고 보아 갑의 청구를 인용하였다(대판 2011.5.13, 2011다10044).

해설

〈사례 Ⅰ〉

(a) 집행보전의 효력 지속 : 민법 제168조에서 가압류를 시효중단사유로 정하고 있는 것은 가압류에 의하여 채권자가 권리를 행사하였다고 할 수 있기 때문인데 가압류에 의한 집행보전의 효력이 존속하는 동안은 가압류채권자에 의한 권리행사가 계속되고 있다고 보아야 할 것이다.

(b) 확정판결효력에 흡수여부 : 가압류에 의한 시효중단의 효력은 가압류의 집행보전의 효력이 존속하는 동안은 계속된다고 하여야 할 것이며, 또한 위 조항에서 가압류와 재판상의 청구를 별도의 시효중단사유로 규정하고 있는데 비추어 보면, 가압류의 피보전채권에 관하여 본안의 승소판결이 확정되었다고 하더라도 가압류에 의한 시효중단의 효력이 이에 흡수되어 소멸된다고 할 수도 없다(대판 2000.4.25, 2000다11102; 대판 2006다32781).

〈참조〉: 민사집행법에서는 보전처분집행 후 5년간 본안의 소를 제기하지 아니한 때, 보전처분의 취소사유에 해당한다(제288조 제4항).

〈사례 Ⅱ〉

(a) 유체동산에 대한 가압류 집행절차에 착수하지 않은 경우에도 가압류에 의한 시효중단 효력이 있는지 여부(소극) : 민법 제168조에서 가압류를 시효중단사유로 정하고 있는 것은 가압류에 의하여 채권자가 권리를 행사하였다고 할 수 있기 때문인데 가압류에 의한 집행보전의 효력이 존속하는 동안은 가압류채권자에 의한 권리행사가 계속되고 있다고 보아야 할 것이므로 가압류에 의한 시효중단의 효력은 가압류 집행보전의 효력이 존속하는 동안은 계속된다. 따라서 유체동산에 대한 가압류결정을 집행한 경우 가압류에 의한 시효중단 효력은 가압류 집행보전의 효력이 존속하는 동안 계속된다. 그러나 유체동산에 대한 가압류 집행절차에 착수하지 않은 경우에는 시효중단 효력이 없고, 집행절차를 개시하였으나 가압류할 동산이 없기 때문에 집행불능이 된 경우에는 집행절차가 종료된 때로부터 시효가 새로이 진행된다.

(b) **결론** : 임차인 갑이 임대인 을에 대하여 임대차계약기간 만료일로부터 10년이 경과한 시점에 임대차보증금반환을 구하는 소를 제기한 이 사안에서, 을의 갑에 대한 임대차보증금반환채무는 시효로 소멸하였고 갑이 을 소유의 유체동산에 대한 가압류결정을 받은 사실만으로는 가압류 집행보전의 효력이 존속하지 않는 한 시효가 중단되지 않는다(대판 2011.5.13, 2011다10044).

3. 승 인

> **제177조 (승인과 시효중단)**
> 시효중단의 효력 있는 승인에는 상대방의 권리에 관한 처분의 능력이나 권한 있음을 요하지 아니한다.

(1) 의의 및 성질

채권 시효 중단사유로서의 승인은 시효이익을 받을 당사자인 채무자(또는 대리인)가 그 시효의 완성으로 권리를 상실하게 될 자 또는 그 대리인에 대하여 그 권리가 존재함을 인식하고 있다는 뜻을 표시함으로써 성립한다고 할 것이며(관념의 통지), 이 때 그 표시의 방법은 아무런 형식을 요구하지 아니하고, 또한 명시적이건 묵시적이건 불문한다 할 것이나, 승인으로 인한 시효중단의 효력은 그 승인의 통지가 상대방에게 도달하는 때에 발생한다(대판 1995.9.29, 95다30178; 대판 2008.7.24. 2008다25299).

판례 〈소멸시효 중단사유로서의 채무승인의 방법〉 ㉠ 소멸시효 중단사유로서의 승인은 시효이익을 받을 당사자인 채무자가 소멸시효의 완성으로 권리를 상실하게 될 자 또는 그 대리인에 대하여 그 권리가 존재함을 인식하고 있다는 뜻을 표시함으로써 성립하는바, 그 표시의 방법은 아무런 형식을 요구하지 아니하고 또한 명시적이건 묵시적이건 불문하며, 묵시적인 승인의 표시는 채무자가 그 채무의 존재 및 액수에 대하여 인식하고 있음을 전제로 하여 그 표시를 대하는 상대방으로 하여금 채무자가 그 채무를 인식하고 있음을 그 표시를 통해 추단하게 할 수 있는 방법으로 행해지면 족하다(대판 2010.4.29. 2009다99105). ㉡ 또한 승인은 시효의 이익을 받는 이가 상대방의 권리 등의 존재를 인정하는 일방적 행위로서, 그 권리의 원인·내용이나 범위 등에 관한 구체적 사항을 확인하여야 하는 것은 아니고, 그에 있어서 채무자가 권리 등의 법적 성질까지 알고 있거나 권리 등의 발생원인을 특정하여야 할 필요는 없다고 할 것이다(대판 2012.10.25, 2012다45566).

(2) 승인의 시기

이는 소멸시효의 진행이 개시된 이후에만 가능하고 그 이전에 승인을 하더라도 시효가 중단되지는 않는다고 할 것이고, 또한 현존하지 아니하는 장래의 채권을 미리 승인하는 것은 채무자가 그 권리의 존재를 인식하고서 한 것이라고 볼 수 없어 허용되지 않는다고 할 것이다(대판 2001.11.9, 2001다52568).

판례 판례는 진료계약을 체결하면서 "입원료 기타 제요금이 체납될 시는 병원의 법적 조치에 대하여 아무런 이의를 하지 않겠다."고 약정하였다 하더라도, 이로써 그 당시 아직 발생하지도 않은 치료비 채무의 존재를 미리 승인하였다고 볼 수는 없다고 하였다(대판 2001.11.9. 2001다52568).

(3) 관리권한은 필요

제177조의 승인과 시효중단에서, 승인을 함에는 상대방의 권리에 관한 처분의 능력이나 권한 있음을 요하지 않는다고 하고 있다. 이를 반대해석하면 승인자는 최소한 그 권리를「관리」할 능력이나 권한은 있어야 한다(통설). 따라서 미성년자가 법정대리인의 동의 없이 한 승인은 이를 취소할 수 있다(이설없음).

> **Tip**
> ◎ 일반적으로 회사의 경리과장, 총무과장 또는 출장소장은 다른 특별한 사정이 없는 한 회사가 부담하고 있는 채무에 관하여 소멸시효의 중단사유가 되는 승인을 할 수 없다는 것이 판례이다.

(4) 승인의 상대방

승인은 시효의 완성으로 권리를 잃게 될 자에게 행해야 한다.

판례 〈대판 1999.3.12, 98다18124〉 ㉠ 형사소송은 피고인에 대한 국가형벌권의 행사를 그 목적으로 하는 것이므로, 피해자가 형사소송에서 소송촉진등에관한특례법에서 정한 배상명령을 신청한 경우를 제외하고는 단지 피해자가 가해자를 상대로 고소하거나 그 고소에 기하여 형사재판이 개시되어도 이를 가지고 소멸시효의 중단사유인 재판상의 청구로 볼 수는 없다.
㉡ 검사 작성의 피의자신문조서는 검사가 피의자를 신문하여 그 진술을 기재한 조서로서 그 작성형식은 원칙적으로 검사의 신문에 대하여 피의자가 응답하는 형태를 취하여 피의자의 진술은 어디까지나 검사를 상대로 이루어지는 것이어서 그 진술기재 가운데 채무의 일부를 승인하는 의사가 표시되어 있다고 하더라도, 그 기재 부분만으로 곧바로 소멸시효 중단사유로서 승인의 의사표시가 있은 것으로는 볼 수 없다.

(5) 승인의 입증

소멸시효의 중단사유로서 채무자에 의한 채무승인이 있었다는 사실은 이를 주장하는 채권자 측에서 입증하여야 하는 것이다(대판 2005.2.17. 2004다59959).

(6) 승인의 사례

㉠ 판례는 시효완성 전에 채무의 일부를 변제한 경우에는 그 수액에 관하여 다툼이 없는 한, 채무승인으로서의 효력이 있어 시효중단의 효력이 발생한다고 하고 있다(대판 1996.1.23, 95다39854).
㉡ 면책적 채무인수가 있은 경우, 인수채무의 소멸시효기간은 채무인수와 동시에 이루어진 소멸시효 중단사유, 즉 채무승인에 따라 채무인수일로부터 새로이 진행된다(대판 1999.7.9, 99다12376).
㉢ 채무자가 채권자에 대하여 자기 소유의 부동산에 담보목적의 가등기를 설정하여 주는 것은 민법 제168조 소정의 채무의 승인에 해당한다(대판 1997.12. 26, 97다22676). 그러나 담보가등기를 경료한 토지를 인도받아 점유하는 경우 담보가등기의 피담보채권의 소멸시효가 중단되지는 않는다(대판 2007.3.15, 2006다12701). 그러나 채무자가 채권자에게 담보가등기를 경료하고 부동산을 인도하여 준 다음 피담보채권에 대한 이자 또는 지연손해금의 지급에 갈

음하여 채권자로 하여금 부동산을 사용·수익할 수 있도록 한 경우, 피담보채권의 소멸시효가 중단된다(대판 2009.11.12, 2009다51028).

㉣ 비법인사단의 대표자가 총유물의 매수인에게 소유권이전등기를 해주기 위하여 매수인과 함께 법무사 사무실을 방문한 행위는 소유권이전등기청구권의 소멸시효 중단의 효력이 있는 승인에 해당한다는 것이 판례이다(대판 2009.11.26, 2009다64383).

> **판례** ① 〈담보가등기를 경료한 토지를 인도받아 점유하는 경우 담보가등기의 피담보채권의 소멸시효가 중단되는지 여부 (소극)〉 담보가등기를 경료한 토지를 인도받아 점유할 경우 담보가등기의 피담보채권의 소멸시효가 중단되는 것은 아니고, 담보가등기에 기한 소유권이전등기청구권의 소멸시효가 완성되기 전에 그 대상 토지를 인도받아 점유함으로써 소유권이전등기청구권의 소멸시효가 중단된다 하더라도 <u>위 담보가등기의 피담보채권이 시효로 소멸한 이상 위 담보가등기 및 그에 기한 소유권이전등기는 결국 말소되어야 할 운명의 것이다</u>(대판 2007.3.15, 2006다12701).
> ② 〈채무자가 채권자에게 담보가등기를 경료하고 부동산을 인도하여 준 다음 피담보채권에 대한 이자 또는 지연손해금의 지급에 갈음하여 채권자로 하여금 부동산을 사용·수익할 수 있도록 한 경우, 피담보채권의 소멸시효가 중단되는지 여부(적극)〉 (ⅰ) 담보가등기를 경료한 부동산을 인도받아 점유하더라도 담보가등기의 피담보채권의 소멸시효가 중단되는 것은 아니지만, (ⅱ) 채무의 일부를 변제하는 경우에는 채무 전부에 관하여 시효중단의 효력이 발생하는 것이므로, <u>채무자가 채권자에게 담보가등기를 경료하고 부동산을 인도하여 준 다음 피담보채권에 대한 이자 또는 지연손해금의 지급에 갈음하여 채권자로 하여금 부동산을 사용수익할 수 있도록 한 경우라면, 채권자가 부동산을 사용수익하는 동안에는 채무자가 계속하여 이자 또는 지연손해금을 채권자에게 변제하고 있는 것으로 볼 수 있으므로 피담보채권의 소멸시효가 중단된다고 보아야 한다</u>(대판 2009.11.12, 2009다51028).

(7) 승인의 효과

유효한 승인이 되면 승인 후에 다시 소멸시효가 진행한다.

Ⅳ. 소멸시효의 정지

1. 의 의

소멸시효의 정지란 시효가 완성할 무렵에 이르러 권리자가 시효를 중단시키는 것이 불가능하거나 또는 대단히 곤란한 사정이 있는 경우에 그 사정이 소멸한 후 일정기간이 경과하는 시점까지 시효의 완성을 연기하는 것을 말한다. 시효의 정지에 있어서는 정지사유가 그친 뒤에 일정한 유예기간이 경과하면 시효는 완성하는 것이며, 이 점에서 이미 경과한 기간이 무(無)로 돌아가는 중단과는 다르다.

2. 시효정지의 사유

(1) 제한능력자를 위한 정지(제179조, 제180조 제1항)

종전 민법	현행민법
제179조 (무능력자와 시효정지) 소멸시효의 기간만료전 6월내에 무능력자의 법정대리인이 없는 때에는 그가 능력자가 되거나 법정대	제179조(제한능력자의 시효정지) 소멸시효의 기간만료 전 6개월 내에 <u>제한능력자에게 법정대리인이 없는 경우</u>에는 그가 능력자가 되

리인이 취임한 때로부터 6월내에는 시효가 완성하지 아니한다. **제180조 (재산관리자에 대한 무능력자의 권리, 부부간의 권리와 시효정지)** ① 재산을 관리하는 부, 모 또는 후견인에 대한 무능력자의 권리는 그가 능력자가 되거나 후임의 법정대리인이 취임한 때로부터 6월내에는 소멸시효가 완성하지 아니한다. ② 부부의 일방의 타방에 대한 권리는 혼인관계의 종료한 때로부터 6월내에는 소멸시효가 완성하지 아니한다.	거나 법정대리인이 취임한 때부터 6개월 내에는 시효가 완성되지 아니한다. **제180조(재산관리자에 대한 <u>제한능력자</u>의 권리, 부부 사이의 권리와 시효정지)** ① 재산을 관리하는 아버지, 어머니 또는 후견인에 대한 제한능력자의 권리는 그가 능력자가 되거나 후임 법정대리인이 취임한 때부터 6개월 내에는 소멸시효가 완성되지 아니한다. ② 부부 중 한쪽이 다른 쪽에 대하여 가지는 권리는 혼인관계가 종료된 때부터 6개월 내에는 소멸시효가 완성되지 아니한다.

㉠ 소멸시효의 기간만료 전 6월 내에 제한능력자의 법정대리인이 없는 때에는 그가 능력자가 되거나 법정대리인이 취임한 때로부터 6월 내에는 시효가 완성하지 아니한다(제179조). ㉡ 그리고 재산을 관리하는 부모 또는 후견인에 대한 제한능력자의 권리는 그가 능력자가 되거나, 후임의 법정대리인이 취임한 때로부터 6월내에는 소멸시효가 완성하지 아니한다(제180조 제1항).

(2) 혼인관계의 종료에 의한 정지(제180조 제2항)

부부일방의 타방에 대한 권리는 혼인관계가 종료(이혼·부부일방의 사망·실종선고·혼인의 취소 등)한 때로부터 6월 내에는 소멸시효가 완성하지 아니한다.

(3) 상속재산에 관한 정지(제181조)

상속재산에 속한 권리나 상속재산에 대한 권리는 상속인의 확정, 관리인의 선임 또는 파산선고가 있는 때로부터 6월 내에는 소멸시효가 완성하지 아니한다.

(4) 사변 등에 의한 정지(제182조)

천재 기타 사변으로 인하여 소멸시효를 중단할 수 없을 때에는 그 사유가 종료한 때로부터 1월 내에는 시효가 완성하지 아니한다. 여기서 천재라 함은 태풍·홍수·지진 등과 같은 자연적 장해를 말하고, 사변이란 전란·폭동·교통두절 등과 같은 사회적인 객관적 장애를 말하며, <u>권리자 등의 질병·여행 등과 같은 주관적인 사유는 포함되지 않는다.</u>

V. 시효중단의 효력의 인적범위

> **제169조 (시효중단의 효력)**
> 시효의 중단은 당사자 및 그 승계인간에만 효력이 있다.

1. 일반론

(1) 시효의 중단은 당사자 및 그 승계인(특정승계인과 포괄승계인 양자 포함) 사이에서만 그 효력이 발생한다(제169조). 따라서 제3자에게는 그 효력이 미치지 않는다. 이는 취득시효에도 준

용되는데(제247조 제2항 참조), 예컨대 甲의 토지를 乙·丙이 공동으로 점유하여 시효취득하려고 할 때에 甲이 乙에 대해 시효를 중단시키더라도, 제3자 丙에 대하여는 중단의 효력이 미치지 않는다(대판 1979.6.26, 79다639). 이처럼 소멸시효의 중단과 시효이익포기의 인적 범위는 상대적이다. 그래서 시효이익포기도 다른 권리자에게 영향 없음이 원칙이다. 따라서 주채무자의 시효이익의 포기는 보증채무자에게 영향을 주지 않는다(그러나 주채무자에 대한 시효중단 사유는 보증인에게 미친다. 이것은 보증채무의 효력을 강화시키기 위하여, 즉 채권자를 위하여 제440조에서 특별히 규정한 이유 때문이다).

(2) 제169조에서 '시효의 중단은 당사자 및 그 승계인간에만 효력이 있다'에서, 「당사자」란 시효중단행위에 관여한 당사자를 말하고, 시효의 대상인 권리의 당사자를 의미하지 않는다(통설). 또한 승계인이란 시효중단에 관여한 당사자로부터 중단의 효력을 받는 권리를 그 중단효력의 발생 이후에 승계한 자를 말하며, 포괄승계인 및 특정승계인이 포함된다.

판례 민법 제169조 소정의 '승계인'이라 함은 시효중단에 관여한 당사자로부터 중단의 효과를 받는 권리를 그 중단 효과 발생 이후에 승계한 자를 가리킨다(대판 1998.6.12. 96다26961).

2. 특 칙

(1) 지역권에서 요역지가 수인의 공유인 경우에 그 1인에 의한 소멸시효의 중단 또는 정지는 다른 공유자를 위하여 효력이 있다(제296조).
(2) 연대채무에서 어느 연대채무자에 대한 이행청구는 다른 연대채무자에게도 절대적인 효력이 미친다(제416조).
(3) 보증채무에서는 주채무자에 대한 시효중단은 보증인에 대하여 그 효력이 있다(제440조).

제168조 사유	청구 (재판상＋재판외)	압류, 가압류, 가처분	승인
연대채무(제416조)	O	X	X
보증채무(제440조)	O	O	O

Ⅵ. 소멸시효의 효력

1. 의 의

제162조 등에서 '… 소멸시효가 완성한다'는 의미에 대하여 다수설과 판례는 절대적 소멸설 입장이고, 소수설은 상대적 소멸설 입장이다.

(1) 절대적 소멸설

이설에 따르면 소멸시효의 완성으로 권리는 당연히 소멸하는 것으로 이해한다. 그 근거로 현행민법은 구민법과는 달리 시효의 원용에 관한 규정을 두고 있지 않은 점을 든다.

판례 〈소멸시효 이익의 원용 요부〉: 민법상(구민법과는 달리) 당사자의 원용이 없어도 시효완성의 사실로서 채무는 당연히 소멸하고, 다만 소멸시효의 이익을 받는 자가 소멸시효 이익을 받겠다는 뜻을 항변하지 않는 이상 그 의사에 반하여 재판할 수 없을 뿐이다(대판 1979.2.13, 78다2157).

(2) 상대적 소멸설

이설에 따르면 소멸시효의 완성으로 권리가 당연히 소멸하지는 않고, 다만 시효의 이익을 받을 자에게 권리의 소멸을 주장할 권리가 생길 뿐이라고 한다. 상대적 소멸설은 시효이익을 받겠다는 의사표시가 없는 한 권리는 소멸하지 않게 되어 진정한 권리자의 보호에 충실한 해석이다.

2. 소멸시효를 주장할 수 있는 자의 인적 범위

(1) 시효이익의 직접수익자에 해당하는 경우

권리의 의무자인 채무자는 당연히 직접 수익자에 해당한다. 그리고 가등기부동산의 제3취득자나 물상보증인이 이에 해당한다고 볼 수 있다. 그리고 사해행위의 수익자도 포함된다(대판 2007.11.29. 2007다54849).

판례 ㉠ 〈제3취득자〉 소멸시효를 주장할 수 있는 사람은 권리의 소멸에 의하여 직접 이익을 받는 사람에 한정되는 바, 채권담보의 목적으로 매매예약의 형식을 빌어 소유권이전청구권 보전을 위한 가등기가 경료된 부동산을 양수하여 소유권이전등기를 마친 제3자는 당해 가등기담보권의 피담보채권 소멸에 의하여 직접 이익을 받는 자이므로 그 가등기담보권에 의하여 담보된 채권의 채무자가 아니더라도 그 피담보채권에 관한 소멸시효를 원용할 수 있고, 이와 같은 직접 수익자의 소멸시효원용권은 채무자의 소멸시효원용권에 기초한 것이 아닌 독자적인 것으로서 채무자를 대위하여서만 시효이익을 원용할 수 있는 것은 아니며, 가사 채무자가 이미 그 가등기에 기한 본등기를 경료하여 시효이익을 포기한 것으로 볼 수 있다고 하더라도 그 시효이익의 포기는 상대적 효과가 있음에 지나지 아니하므로 채무자 이외의 이해관계자에 해당하는 담보부동산의 양수인으로서는 여전히 독자적으로 소멸시효를 원용할 수 있다.〈대판 1995.7.11, 95다12446〉

㉡ 〈사해행위의 수익자〉 소멸시효를 원용할 수 있는 사람은 권리의 소멸에 의하여 직접 이익을 받는 자에 한정되는 바, 사해행위취소소송의 상대방이 된 사해행위의 수익자는, 사해행위가 취소되면 사해행위에 의하여 얻은 이익을 상실하고 사해행위취소권을 행사하는 채권자의 채권이 소멸하면 그와 같은 이익의 상실을 면하는 지위에 있으므로, 그 채권의 소멸에 의하여 직접 이익을 받는 자에 해당하는 것으로 보아야 한다(대판 2007.11.29. 2007다54849).

(2) 직접수익자에 해당하지 아니하는 경우

채무자에 대한 일반채권자나 채권자대위권 행사에 있어서의 제3채무자가 이에 해당한다. 특히 제3채무자에 대하여는 그가 채무자에 대해 채무를 부담하는 이상 채권자의 채무자에 대한 채권이 시효소멸하였다고 하여 채무는 이행되어야 하므로 자신의 지위는 달라질 것이 없다는 점에서 소멸시효를 주장할 이익을 갖지 못한다.

판례 ㉠ 〈일반채권자〉 소멸시효가 완성된 경우 이를 주장할 수 있는 사람은 시효로 인하여 채무가 소멸되는 결과 직접적인 이익을 받는 사람에 한정되므로 채무자에 대한 일반채권자는 자기의 채권을 보전하기 위하여 필요한 한도 내에서 채무자를 대위하여 소멸시효주장을 할 수 있을 뿐 채권자의 지위에서 독자적으로 소멸시효의 주장을 할 수 없다(대법원 2012.5.10. 선고 2011다109500 판결).

ⓒ 〈**채권자대위에서 제3채무자**〉 채권자대위권을 행사하여 제3자에 대하여 하는 청구에 있어서 제3채무자는 채무자가 채권자에 대하여 가지는 항변으로는 대항할 수 없으므로, 채권의 소멸시효가 완성된 경우 이를 원용할 수 있는 자도 원칙적으로는 시효이익을 직접받는 자뿐이고 채권자대위소송의 제3채무자가 이를 행사할 수는 없다(대판 1998.12.8, 97다31472 등 다수).

3. 복수의 권리 중 일부소멸 경우

채권자가 동일한 목적을 달성하기 위하여 복수의 채권을 가지고 있더라도 선택에 따라 어느 하나의 채권만을 행사하는 것이 명백한 경우라면 채무자의 소멸시효 완성의 항변은 채권자가 행사하는 당해 채권에 대한 항변으로 봄이 타당하다(대법원 2013.2.15. 선고 2012다68217 판결).

4. 소멸시효의 소급효(제167조)

> **제167조 (소멸시효의 소급효)**
> 소멸시효는 그 기산일에 소급하여 효력이 생긴다.
> **제495조 (소멸시효완성 된 채권에 의한 상계)**
> 소멸시효가 완성된 채권이 그 완성 전에 상계할 수 있었던 것이면 그 채권자는 상계할 수 있다.

⑴ 소멸시효는 그 기산일에 소급하여 효력이 생긴다(제167조). 즉 소멸시효의 완성으로 권리가 소멸하는 시기는 시효기간이 만료하는 때이지만 그 효과는 시효기간의 개시시에 소급한다. 따라서 소멸시효로 채무를 면하게 되는 자는 기산일 이후의 이자 · 지연배상금을 지급할 필요가 없다(대판 2008.3.14, 2006다2940).

⑵ 그러나 시효로 소멸하는 채권이 소멸시효완성 전에 상계할 수 있었던 것이면 채권자는 상계할 수 있다(제495조). 이를 '상계적상현존의 예외'라고 한다. 이것은 당사자 쌍방의 채권이 상계할 수 있는 상태에 있을 때에 당사자는 이미 상계된 것으로 생각하는 것이 일반적이므로 이러한 신뢰를 보호하기 위하여 특별히 규정한 것이다.

5. 시효이익의 포기

> **제184조 (시효의 이익의 포기 기타)**
> ① 소멸시효의 이익은 미리 포기하지 못한다.
> ② 소멸시효는 법률행위에 의하여 이를 배제 · 연장 또는 가중할 수 없으나 이를 단축 또는 경감할 수 있다.

(1) 의의

시효이익을 받을 채무자는 소멸시효가 완성된 후 시효이익을 포기할 수 있고, 이것은 시효의 완성으로 인한 법적인 이익을 받지 않겠다고 하는 효과의사를 필요로 하는 의사표시이다. 소멸시효의 이익은 미리 포기하지 못한다. 반대해석하여 소멸시효가 완성된 후에는 포기가 가능한데, 소멸시효이익 포기의 의사표시는 상대방 있는 단독행위이며, 시효이익의 포기에는 특별한 방식이 요구되지 않으므로 「명시적 포기」 뿐만 아니라 「묵시적 포기」도 가능하다(통설). 또한 시효이익포기는 처분행위이므로 「포기하는 자」는 처분의 능력과 권한을 갖고 있어야 한다(통설). 따라서 이것이 필요치 않은 시효중단의 사유인 「승인」과 구별된다.

판례 〈시효완성 후 소멸시효 중단사유에 해당하는 채무의 승인이 있는 경우, 곧바로 소멸시효 이익 포기의 의사표시가 있었다고 할 수 있는지 여부(소극)〉 ㉠ 소멸시효 중단사유로서의 채무승인은 시효이익을 받는 당사자인 채무자가 소멸시효의 완성으로 채권을 상실하게 될 자에 대하여 상대방의 권리 또는 자신의 채무가 있음을 알고 있다는 뜻을 표시함으로써 성립하는 이른바 관념의 통지로 여기에 어떠한 효과의사가 필요하지 않다. ㉡ 이에 반하여 시효완성 후 시효이익의 포기가 인정되려면 시효이익을 받는 채무자가 시효의 완성으로 인한 법적인 이익을 받지 않겠다는 효과의사가 필요하기 때문에 시효완성 후 소멸시효 중단사유에 해당하는 채무의 승인이 있었다 하더라도 그것만으로는 곧바로 소멸시효 이익의 포기라는 의사표시가 있었다고 단정할 수 없다(대법원 2013.2.28. 선고 2011다21556 판결).

(2) 사적 자치

소멸시효는 획일적·강행적·공익적 제도이나 당사자 의사, 사적자치도 인정한다. 즉, 제184조에 의해 시효완성후 이익포기나, 시효기간 자체의 특약에 의한 단축이 가능하기 때문이다.

(3) 구체적 예

채무자가 소멸시효완성 후 채무를 승인하였다면 시효완성 사실을 알고 그 이익을 포기한 것이라고 추정할 수 있다. 그리고 채권의 소멸시효가 완성된 후에 채무자가 그 기한의 유예를 요청하였다면 그 때에 소멸시효의 이익을 포기한 것으로 보아야 한다(판례). 따라서 소멸시효가 완성된 채무를 피담보채무로 하는 근저당권의 실행시 채무자가 아무런 이의를 제기하지 않은 행위도 그 시효이익을 포기한 것으로 보아야 한다(아래 판례참조).

판례 ㉠ 채무자가 소멸시효 완성 후 채무를 일부 변제한 때에는 그 액수에 관하여 다툼이 없는 한 그 채무 전체를 묵시적으로 승인한 것으로 보아야 하고, 이 경우 시효완성의 사실을 알고 그 이익을 포기한 것으로 추정되므로, 소멸시효가 완성된 채무를 피담보채무로 하는 근저당권이 실행되어 채무자 소유의 부동산이 경락되고 그 대금이 배당되어 채무의 일부변제에 충당될 때까지 채무자가 아무런 이의를 제기하지 아니하였다면, 경매절차의 진행을 채무자가 알지 못하였다는 등 다른 특별한 사정이 없는 한, 채무자는 시효완성의 사실을 알고 그 채무를 묵시적으로 승인하여 시효의 이익을 포기한 것으로 보아야 한다(대판 2001.6.12, 2001다3580). **한편** ㉡ 시효완성의 이익 포기의 의사표시를 할 수 있는 자는 시효완성의 이익을 받을 당사자 또는 대리인에 한정된다고 할 것이고, 그 밖의 제3자가 시효완성의 이익 포기의 의사표시를 하였다 하더라도 이는 시효완성의 이익을 받을 자에 대한 관계에서 아무 효력이 없다(대판 1998.2.2, 97다53366).

(4) 삼청교육대 사건(대판 2001.7.10, 98다38364)

관련사례 │ 삼청교육대 사건과 관련하여 대통령이 1988. 11. 26. 담화를 발표하여 삼청교육 관련 피해자들에게 그 피해를 보상하겠다고 공고하고 이에 따라 국방부장관이 삼청교육피해신고까지 받은 행위의 평가?

해설 │ **(가) 대통령 담화의 성질 :** ㉠ 채무의 승인이나 시효이익의 포기와 같은 사법상 효과는 없다. ㉡ 국가의 소멸시효의 주장이 금반언의 원칙이나 신의성실의 원칙에 반하여 권리남용에 해당하는 것도 아니다(대판 1997.2.11, 94다23692). 따라서 국가(피고)가 원고 등의 손해배상 청구에 대하여 시효소멸의 항변을 하고 그 항변이 받아들여져 원고의 주위적 청구가 기각됨으로써 원고 등이 정신적 고통을 받았다고 하더라도 피고에게 그에 대한 위자료를 지급할 의무는 없다.

(나) 국방부 장관이 피해신고까지 받고 보상을 하지 않은 경우 : ㉠ 채무의 승인이나 시효이익포기와 같은 사법상의 효과는 없다. ㉡ 다만 국가로서는 정당한 이유 없이 이 신뢰를 깨뜨려서는 아니 되고 이를 어긴 경우에는 그 신뢰의 상실로 인한 손해를 배상하여야 한다.

(다) 〈유사판례〉 : 1980년 10월부터 11월 사이에 일어난 이른바 '10·27 법난' 당시 정부 소속 합동수사본부 내 합동수사단 수사관들에 의해 불법구금이 되어 고문과 폭행 등을 당한 피해자가 불법구금 상태에서 벗어난 1980. 11. 26.부터 5년이 훨씬 경과한 2009. 6. 5.에야 국가를 상대로 손해배상을 구하는 소를 제기하자 국가가 소멸시효 완성을 주장한 사안에서, 위 손해배상청구권의 소멸시효는 피해자가 불법구금 상태에서 벗어난 때로부터 기산되고, 국무총리의 대국민 사과성명 발표, 국방부 과거사진상규명위원회의 '10·27 법난에 대한 조사결과보고서' 발표, 국회의 '10·27 법난 피해자의 명예회복 등에 관한 법률' 제정 등으로 국가가 소멸시효 이익을 포기한 것으로 볼 수 없으며, 나아가 국가의 소멸시효 완성으로 인한 채권 소멸의 주장이 신의성실의 원칙에 반하여 권리남용에 해당한다고 할 수 없다(대판 2011.10.27, 2011다54709).

(5) 소멸시효이익의 포기를 이론상 어떻게 설명할 것인가

상대적 소멸설은 원용권의 포기, 절대적 소멸설은 소멸시효의 이익을 받지 않겠다는 의사표시로 본다. 모두 상대방에 대한 의사표시(상대방 있는 단독행위)로 보는 점에서는 같다.

(6) 포기의 효과

시효이익을 포기하면 소멸시효완성을 주장하지 못하고 포기한 때로부터 시효가 새로이 진행한다. 그리고 포기의 효과는 상대적이다.

판례 ㉠ 〈시효이익포기〉 채무자가 소멸시효 완성 후에 채권자에 대하여 채무 일부를 변제함으로써 시효의 이익을 포기한 경우에는 그때부터 새로이 소멸시효가 진행한다(대법원 2013.5.23. 선고 2013다12464 판결).
㉡ 〈시효이익포기의 상대효〉 소멸시효를 원용할 수 있는 사람은 권리의 소멸에 의하여 직접 이익을 받는 사람에 한정되는바, 채권담보의 목적으로 매매예약의 형식을 빌어 소유권이전청구권 보전을 위한 가등기가 경료된 부동산을 양수하여 소유권이전등기를 마친 제3자는 당해 가등기담보권의 피담보채권의 소멸에 의하여 직접 이익을 받는 자이므로, 그 가등기담보권에 의하여 담보된 채권의 채무자가 아니더라도 그 피담보채권에 관한 소멸시효를 원용할 수 있고, 이와 같은 직접수익자의 소멸시효 원용권은 채무자의 소멸시효 원용권에 기초한 것이 아닌 독자적인 것으로서 채무자를 대위하여서만 시효이익을 원용할 수 있는 것은 아니며, 가사 채무자가 이미 그 가등기에 기한 본등기를 경료하여 시효이익을 포기한 것으로 볼 수 있다고 하더라도 그 시효이익의 포기는 상대적 효과가 있음에 지나지 아니하므로 채무자 이외의 이해관계자에 해당하는 담보 부동산의 양수인으로서는 여전히 독자적으로 소멸시효를 원용할 수 있다(대판 1995.7.11. 95다12446).

(7) 사안검토

관련사례 甲은 乙에게 1999년 5월 30일을 이행기로 정하고 1,000만원을 빌려주었다. 그런데 乙이 지금까지 변제를 하지 아니하여 甲은 이행기로부터 10년 5개월이 경과한 2009년 10월 30일에 대금반환을 청구하는 소송을 제기하였다.

(a) **시효완성의 직권고려문제** : 판례에 의하면 乙이 소멸시효완성의 항변을 하지 않으면 법원은 직권으로 소멸시효의 완성을 고려할 수 없다고 한다. 즉 판례는 소멸시효의 이익을 받는 자가 시효완성의 항변을 하지 않으면 그 의사에 반하여 재판할 수 없다고 판시하고 있다(대판 1980.1.29, 79다1863).

(b) **편면적 강행규정(시효완성전 포기)** : 차용증서에 소멸시효의 이익을 포기한다고 하는 문언이 있는 경우에도 乙은 소멸시효의 완성을 주장할 수 있다. 즉 소멸시효의 완성 전에는 그 이익을 미리 포기할 수 없기 때문이다(제184조 제1항).

(c) **채무의 승인과 시효이익의 포기** : 乙이 甲에 대하여 2004년 5월 30일에 지급유예의 신청을 한 경우, 乙은 소멸시효의 완성을 주장할 수 없다. 왜냐하면 지급유예의 신청은 승인에 해당하여 그 때에 소멸시효가 중단되기 때문이다(제168조 제3호). 한편 乙이 甲에 대하여 2009년 6월 30일에 분할지급을 요청한 경우, 乙은 소멸시효의 완성을 주장할 수 없다. 즉 채무자가 시효완성 후에 분할지급을 요청하면 시효이익의 포기에 해당하기 때문이다.

(d) **최고** : 甲이 乙에 대하여 2009년 3월 30일에 이행을 청구하는 최고를 한 경우, 乙은 소멸시효의 완성을 주장할 수 없다(×) – 최고는 6월내에 재판상의 청구, 파산절차참가, 화해를 위한 소환, 임의출석, 압류 또는 가압류, 가처분을 한 경우에만 시효중단의 효력이 있다(제174조). 그러므로 대금반환청구소송으로부터 6개월 전에 한 최고로서는 시효중단의 효력이 생기지 아니한다. 즉 9월 30일이 지났기 때문에 시효가 완성한 것이다.

제2편 물권법

제1장 물권법 일반

Ⅰ. 물권법의 의의와 성격

1. 물권의 의의

물권은 '사람이 특정의 물건을 직접·지배해서 이익을 얻는 배타적인 권리'라고 하며, 물권법은 '사람이 재화에 대한 지배·이용관계를 규율하는 법질서'라고 한다. 즉 물권은 권리자와 물건 간의 이익귀속관계를 표상하는 것으로 '물권'은 특정의 물건을 직접·지배해서 이익을 얻는 배타적인 권리이며, 이러한 물권관계를 규율하는 것이 '물권법'이다. 형식적으로 물권법이라고 할 때에는 민법전의 제2편 물권을 가리킨다(제185조~제372조). 여기서는 점유권·소유권·지상권·지역권·전세권·유치권·질권·저당권의 8종류의 물권을 상정하고 그 내용을 규율한다. 이 중에서 가장 대표적인 물권이 소유권이다.

2. 물권법(물권법 총칙과 각칙)의 내용

물권법의 구성을 간단히 설명하면 아래와 같다.

3. 물권법의 총칙

(1) 물권법정주의(物權法定主義)

1) 물권의 종류와 내용은 법률이 정하는 것에 한하여 인정되고, 당사자가 그 밖의 물권을 자유로이 청설하는 것을 금지한다는 원칙이다.

2) 물권법정주의에는 관습법이 포함되는바, 관습법에서 인정하는 물권을 이해하여야 한다.

3) 물권의 효력 중 일반적 효력으로서 ① 우선적 효력(배타성), ② 물권적 청구권(지배성)을 이해하여야 한다.

(2) 물권의 변동(물권의 발생·변경·소멸)

1) 민법총칙에서 법률행위가 중요하였듯이 물권법에서도 물권행위와 관련된 부동산물권변동이 중요하다. 그러나 물권변동은 법률행위에 의한 물권변동보다 그 폭이 더 넓은 개념이다. 물권변동에는 부동산물권변동과 동산물권변동, 그리고 법률행위에 의한 물권변동과 법률규정에 의한 물권변동으로 나누어 볼 수 있다.

2) 법률행위에 의한 물권변동에서는 물권행위의 개념과 물권행위의 독자성·무인성문제, 물권변동에서 형식주의(독법주의=성립요건주의)와 의사주의(불법주의=대항요건주의)를 비교하여 이해한다.

3) 물권행위와 공시방법으로서의 등기·점유이전의 구체적 내용을 검토한다. 특히 등기와 관련하여서는 "부동산등기법"이 전면개정되었기 때문에 주의를 요한다.

4) 부동산등기에는 공신력을 인정하지 않는 것에 유의하면서 등기청구권의 유형에 따른 법

적 성질을 정확히 이해하여야 한다.

5) 법률행위에 의한 물권변동을 보고 나면 법률의 규정에 의한 물권변동을 다룬다. 그런데 법률의 규정에 의한 물권변동에 관해서는 특히 시효취득(부동산 + 동산)을 정확히 이해하여야 한다. 그리고 동산의 선의취득을 숙지하여야 할 것이다.

(3) 물권의 소멸

물권이 소멸되는 사유는 무엇인가? 물권의 소멸사유는 목적물의 멸실·소멸시효·물권의 포기·공용징수·혼동이 있는데, 여기서는 특히 혼동이 중요하다(제191조 참조).

4. 물권법의 각칙

(1) 점유권(제192조 이하)

물건을 사실상 지배하는 자는 점유권이 있다(제192조 제1항). 여기서는 점유의 개념·상속으로 인한 점유·점유보조자·간접점유자 등이 있다. 점유의 태양으로서 자주점유·타주점유, 선의점유·악의점유, 과실 있는 점유·무과실의 점유 등을 정확히 이해하여야 한다. 점유자와 회복자간의 법률관계(제201조~제203조)가 중요하다.

(2) 소유권(제211조 이하)

소유권은 제211조에서 "소유자는 법률의 범위 내에서 그 소유물을 사용·수익·처분할 권리가 있다"고 하고 있다. 소유권은 물권 중에서도 가장 기본적이고 완전한 물권이다. 상린관계(제216조~제244조)와 지역권을 비교하며 이해하여야 한다. 물권법의 최고 중요한 부분 중 하나는 '취득시효'가 있다. 기타 법률규정에 의한 물권취득(제252조~제261조), 즉 선점·습득·발견, 첨부(부합 + 혼화 + 가공)을 이해하여야 한다. 공동소유(공유·합유·총유), 즉 민법상 소유권은 개인소유권을 기본형태로 하고 있으나, 다수인이 결합하여 소유하는 경우도 있으므로, 이러한 사회적 요구에 따라, 민법은 단독소유 이외에 공유·합유·총유 등의 공동소유형태를 인정하고 있다(제262조 이하). ① 공유는 지분에 의하여 수인의 소유로 된 때 인정되는 공동소유이다. ② 합유는 법률의 규정 또는 계약에 의하여 수인이 조합체로서 물건을 소유하는 형태이다(제271조 이하). ③ 총유는 법인이 아닌 사단의 사원이 집합체로서 물건을 소유하는 형태이다(제275조 이하).

(3) 용익물권

소유권은 사용·수익·처분의 권능이 있다. 소유권을 가치로 평가한다면, 사용가치·교환가치를 지배한다고 볼 수 있다. 이러한 완전한 물권으로서의 소유권의 일정한 가치를 제한하는 것이 제한물권이다. 제한물권은 소유권의 사용가치를 제한하는 용익물권과 교환가치를 제한하는 담보물권이 있다. 용익물권에는 지상권·지역권·전세권이 있고 담보물권에는 유치권·질권·저당권이 있다.

1) 지상권(제279조 이하)

지상권에 대하여 제279조는 "지상권자는 타인의 토지에 건물 기타 공작물이나 수목을 소유하기 위하여 그 토지를 사용하는 권리가 있다"고 한다. 지상권에는 전세권 등과의 비교를 하면서 그 성립요건의 차이를 주목하여야 한다(지료 등).그리고 지상권에서는 일반지상권과 구분지상권(제289조의 2)을 정확히 비교하여야 한다. 지상권에서 가장 중요하다고 볼 수 있는 법정지상권을 이해하여야 하며, 우리 법에서는 왜 법정지상권이 필요했을까 하는 문제의식을 갖고 있어야 한다.

2) 지역권(제291조 이하)

지역권에 관하여 제291조에서는 "지역권자는 일정한 목적을 위하여 타인의 토지를 자기 토지의 편익에 이용하는 권리가 있다"고 하고 있다. 사례를 들어 설명해 보기로 하자. "甲은 경치가 좋은 A 지역에 집을 짓고 살고 있으나, 큰 길까지 통행하기 위해서는 B·C 지역을 지나야 한다. 그렇다고 그 지역 전부를 매수하자니 비용면에서 불가능하다고 했을 때, 甲이 그 지역에서 편하게 통행할 수 있는 방안은 무엇인가?" 甲이 B·C 지역에 지상권을 설정할 수도 있고, 임차권을 설정할 수도 있다. 그러나 통행하기 위해서는 가장 효과적인 것은 지역권이다. 상린관계로서 통행권을 요구할 수도 있으나, 법률규정에 의한 최소한의 사용권이기 때문에 탄력적이지 못하다.

3) 전세권(제303조 이하)

전세권에 대하여 제303조는 "전세권자는 전세금을 지급하고 타인의 부동산을 점유하여 그 부동산의 용도에 좇아 사용·수익하며 그 부동산 전부에 대하여 후순위 권리자 기타 채권자보다 전세금의 우선변제를 받을 권리가 있다"고 하고 있다. 전세권에서 가장 중요한 포인트는 용익적 권리(사용·수익권)뿐만이 아니라, 담보권적인 성질(우선변제권)을 아울러 갖는다는 점이다.

(4) 담보물권

보통 채권담보라 함은 특정한 채권에 관해 충분한 만족을 얻기 위하여 설정한 담보수단을 말한다. 이러한 특별한 채권담보의 방법을 두고 있는데, 인적 담보와와 물적 담보가 그것이다. 인적 담보(예 : 보증 등)라 함은 채무자 이외의 제3자의 일반재산을 가지고 채권을 담보하는 것인바, 이러한 인적 담보도 담보하는 자의 일반재산의 상태에 따라 담보로서의 가치가 좌우되며, 담보자의 인적요소에 의존하는 정도가 강해서 담보로서의 효력이 불확실하다. 이러한 문제점을 극복하려는 것이 물적 담보이다. 물적 담보(예 : 저당권 등)라 함은 채무자 또는 기타의 자(예컨대 물상보증인)의 특정한 물건 또는 권리를 가지고 채권을 담보하는 것이다. 즉 채무자의 채무불이행시에는 그 물건 또는 권리를 환가하여 그 대금으로부터 우선적으로 변제받아 채권의 만족을 얻는 담보방법이다. 이러한 민법상 물적담보에는 유치권·질권·저당권이 있다.

1) 유치권(제320조 이하)

유치권이라 함은 "타인의 물건 또는 유가증권을 점유한 자가 그 물건이나 유가증권에 관하여 생긴 채권이 변제기에 있는 경우에, 그 채무를 변제할 때까지 그 물건 또는 유가증권을 유치 (점유)할 수 있는 권리"를 말한다(제320조). 유치권은 제320조의 요건 하에서만 인정되는 법 정담보물권으로서 약정담보물권과 법적 성질을 비교하여야 한다. 유치권의 성립요건이 민법 전반에서 중요한 위치를 차지한다는 점을 명심하여야 한다.

2) 질권(제329조 이하)

질권은 동산물권이나 권리질권도 있다. 동산질권은 질권자가 채권의 담보로 채무자 또는 제3 자(물상보증인)가 제공한 동산을 점유하고 그 동산에 대하여 다른 채권자보다 자기채권이 우 선변제를 받을 권리를 말한다(제329조). 권리질권은 부동산의 사용·수익을 목적으로 하는 권리 이외의 재산권을 목적으로 하는 질권을 말한다(제345조). 질권에서는 저당권과의 본질 적 차이를 정확히 이해하여야 한다. 질권에서는 권리질권의 비중이 높은 만큼 권리질권의 특 성을 동산질권과 비교하면서 권리질권의 설정방법에 유의하여야 한다. 전질(轉質)의 유형으 로서 책임질과 승낙질을 비교하여야 한다. "동산채권등의 담보에 관한 법률"의 지명채권의 질 권설정등기와 지식재산권의 질권설정의 내용을 이해하여야 한다.

3) 저당권(제356조 이하)

저당권은 부동산 물권으로서 저당권자가 채무자 또는 제3자의 채무의 담보로 점유를 이전하 지 않고 제공한 부동산에 대하여 다른 채권자보다 자기의 채권을 우선변제 받을 수 있는 권 리를 말한다(제356조). 우리의 저당권제도는 전근대적이라는 지적이 있는 만큼 독일 등에서 인정되는 근대적 저당제도의 원칙을 이해하고 우리 민법의 저당권과 비교하여야 한다. 저당 권도 물권이기 때문에 저당권침해에 대한 구제로서 물권적 청구권이 인정된다. 그러나 소유 권침해에 대한 보호와는 달리, 저당권 침해의 경우에는 그 보호방안이 특색이 있다. 저당권 의 특수한 형태로서 공동저당·근저당·포괄근저당 등이 있는바, 이와 관련된 판례가 많이 있다. 이러한 판례를 주목하여야 할 것이다.

(5) 비전형담보물권

민법상 인정되는 유치권·질권·저당권이 전형담보라면, 비전형담보는 협의의 양도담보·매도 담보·가등기담보를 지칭한다. 비전형담보의 특색은 실제는 담보목적으로 설정되는데, 형식은 소유권이전의 법리를 채택한다는 것이다. 그리고 특별법으로 「가등기담보 등에 관한 법률」(약 칭 : 가담법)이 이러한 비전형담보를 규율하고 있다. 그리고 최근에 "동산·채권 등의 담보에 관한 법률"이 제정되어, 동산의 양도담보와 지명채권, 지식재산권의 담보화가 구체적으로 성문화 되 었다. 가등기담보 등에 관한 법률에서는, 가담법의 적용범위·가등기담보에 의하여 채권의 우 선변제효를 달성하는 방법, 즉 실행의 절차로써 통지·청산기간·청산금지급 등의 절차를 이해 한다. 그리고 가담법에서는 후순위권리자를 어떻게 보호하고 있는가도 주의를 기울여 살펴보아 야 하는 분야이다. 양도담보의 의의와 종류를 이해하고, 양도담보의 법적 성질을 가담법제정 전과 가담법제정 후로 나누어 이해하여야 한다. 동산의 양도담보와 관련하여 동산채권 등의 담보 등에 관한 법률의 제정내용을 이해하여야 한다.

5. 물권법의 특징

(1) 물권의 객체

물권이란 사람이 특정의 물건을 직접 지배하여 이익을 얻는 배타적이고 관념적 권리이다. 이처럼 물권의 객체는 물건이 일반이지만, 채권 기타의 권리에 대해서도 예외적으로 물권이 성립할 수 있다는 것을 유의하여야 한다(제345조의 권리질권, 저당권의 객체로서 지상권·전세권의 규정으로서 제371조 등).

(2) 특정성 · 독립성

1) 의의

특정성은 일물일권주의의 결과 그 당연한 귀결로서, 물건의 일부나 구성부분에 관해서는 물권의 성립이 인정되지 않으며 수 개의 물건(집합물) 위에 한 개의 물권이 성립되지 못한다는 것을 말함이 원칙이다.

2) 예외

그러나 이러한 원칙에 대해서는 예외가 인정되는데, 예컨대 구분소유·부동산 일부에의 용익물권설정·각종 재단저당 등이다.

(3) 지배가능성

소유자는 해당 목적물을 직접 지배할 수 없다하더라도 객체에 대한 직접적 지배의 가능성을 상실하지는 않는다. 즉 이는 물권의 경우, 물권의 객체인 물건을 사실상 지배할 수 없는 경우에도 지배가능성을 상실하는 것은 아니다. 직접 지배를 하는데 장애가 생기면 물권적 청구권이 생긴다(후술).

(4) 배타적 지배

하나의 물건에 대해 어떤 자의 지배가 성립하면, 같은 물적 이익에 관하여는 다른 자의 지배를 인정할 수 없게 된다. 반면 채권은 상대권으로서 배타성이 없으며, 같은 내용의 채권이 동시에 두 개 이상 병존할 수 있다(이중계약은 원칙적으로 유효). 이러한 물권의 배타성을 실현하기 위하여 공시방법(등기나 점유 등)이 필요한 것이다.

(5) 강행규정성

물권법은 배타성을 가지는 물권에 관하여 규정하는 것이므로 사적자치가 허용되는 범위가 좁고 그 법규는 대부분이 강행규정이다. 하지만 물권법 모든 규정이 강행규정인 것은 아니다. 예컨대 유치권의 배제특약이 가능한 것 등 임의규정도 있다(제320조 참조).

(6) 물권과 채권의 관계

1) 물권은 특정의 물건을 직접 지배해서 이익을 얻는 배타적인 권리이다. 구체적으로 본다면 물권의 대상은 원칙적으로 물건이며, 그 성질은 절대성·직접성·배타성을 갖고 있으며, 공시로서 등기 또는 점유를 필요로 하고, 물권의 종류와 내용은 법률과 관습법에 의하는 물권법정주의가 지배한다.

2) 그러나 채권은 채권자가 채무자에게 일정한 행위를 요구하는 권리이다. 따라서 그 성질은 간접적이고 상대적이며, 공시는 필요치 않는다. 그리고 채권의 내용은 당사자의 자유로운 의사에 의하여 결정할 수 있다. 채권은 원칙적으로 채무자에 의해 침해되는 것을 예상하고 있다(채무불이행).

3) 물권의 침해는 손해배상과 원상회복이 가능하며, 손해배상의 청구에도 고의·과실이 침해자에게 쉽게 인정될 수 있다는 실익이 있고(추정됨), 원상회복의 물권적 청구권은 침해자에게 고의·과실이 없어도 물권자에게 주어진다는 이점이 있다. 그러나 채권의 침해는 채무불이행을 원칙으로 하고, 물권과는 달리 제3자의 침해를 예외적 현상으로 생각한다. 왜냐하면 채권이란 것 자체가 특정한 상대방을 예정한 것이기 때문이다. 그러나 재산권인 채권도 불법행위의 요건이 갖추어진다면 손해배상을 인정할 필요는 있다(채권법 중 채권의 대외적 효력부분에서 상술).

〈물권과 채권의 비교〉

구 분	물 권	채 권
특정의 물건	특정의 물건에 대해 어떤 자의 지배가 성립하면 같은 물건에 관하여는 다른 자의 권리를 인정할 수 없다.	하나의 물건에 관하여 같은 내용의 채권이 2개 이상 동시에 병존할 수 있으며(채권자평등의 원칙), 현재 존재하지 않는 물건에 관하여도 인정될 수 있다.
직접 지배	물권은 절대권으로서 권리주체가 타인의 행위를 매개하지 않고 권리의 객체인 물건을 직접 지배하여 이익을 향유할 수 있는 권리이다. 따라서 물권의 침해가 있으면 물권적 청구권(제213조, 제214조)이 인정된다.	채권은 상대권으로서 채무자의 행위를 내용으로 하는 청구권이다. 따라서 채무자의 채무이행에 의해 비로소 물건의 지배권을 취득할 수 있는 권리이므로, 채무자의 이행이 없는 상태에서는 물건에 대해 직접적으로 행사될 수 없다.
배타적 지배	배타성이 인정되므로 하나의 물건에 대해 어떤 자의 지배가 먼저 성립하면 다른 자의 지배를 인정할 수 없다. 그러므로 먼저 성립한 권리자의 공시가 필요하다(공시의 원칙)	채권은 배타성이 없으므로 하나의 객체에 관하여 같은 내용의 채권이 2개 이상 동시에 병존할 수 있다.
양도성	양도성을 당연히 가지며 당사자 간의 약정으로 그 양도를 제한할 수 없는 것이 원칙이다(예외: 제292조 제2항, 제306조 단서). 따라서 양도성이 보다 강하다.	원칙적으로 양도성을 가지나, 당사자 간의 약정 등으로 양도를 제한할 수 있다(제449조). 따라서 양도성이 물권보다 약하다(제282조, 제306조의 물권과 제629조 채권의 비교).

Ⅱ. 일물일권주의

1. 의 의

일물일권주의란 하나의 물권의 객체는 하나의 독립한 물건이어야 한다는 것으로 이는 물권의 절대성·배타성의 당연한 귀결로서 인정되는 원칙이다. <u>유의할 것은 서로 상용하는 지배를 내용으로 하는 물권이 동시에 두 개 이상 성립함은 일물일권주의에 반하는 것이 아니다. 예컨대 소유권과 제한물권은 동일물 위에 동시에 두 개 이상 성립할 수 있다.</u>

2. 취 지

물건의 일부나 구성부분 또는 물건의 집단 위에 하나의 물권을 인정하여야 할 사회적 필요나 실익이 없다는 것이다. 즉 물건의 구성부분이나 일부에 대하여 물권의 성립을 인정하게 되면, 물건의 지배관계가 복잡하게 되어 <u>공시에 불편을 초래하게 되고 일반 거래의 안전을 해하기 때문이다.</u>

3. 일물일권주의의 내용

(1) 내용

물건은 배타적 지배와의 관계상 독립성을 가져야 한다. 독립성의 유무는 물리적으로 결정되는 것이 아니라 사회통념에 따라 결정된다(예컨대 집합건물의 구분소유 ~ 아파트·연립주택). 물권의 객체는 하나의 물건으로 생각되는 독립물이어야 하며, 물건의 일부나 구성부분 또는 물건의 집단은 원칙적으로 물권의 객체가 되지 못한다. 이처럼 하나의 독립된 물건에 대해 하나의 물권을 인정하는 원칙을 일물일권주의라고 한다. 그런데 일물일권주의원칙에는 상당한 범위의 예외가 인정된다. 즉 물건의 일부라도 권리의 객체가 되는 수가 있고, 다수의 물건 집단이 법률의 규정에 의하여 하나의 물건으로 간주되는 경우도 있다. 물건의 일부나 집단 위에 물권을 인정하려면 그 전제로 공시가 가능한 경우에는 예외적으로 그 자체가 하나의 물건이 될 수 있다.

(2) 유형별 고찰

1) 단일물

형체상 단일한 일체를 이루고 각 구성부분이 개성을 잃고 있는 물건으로서 이러한 단일물이 하나의 물건으로서 권리의 객체가 되는 점은 의심이 없다(예컨대 책1권 또는 접시 하나).

판례 〈**건물일부에 대한 가압류**〉 일물일권주의의 원칙상 건물의 일부에 대한 가압류는 허용되지 않는다(대법원 2012.11.29. 자 2012마1647 결정).

2) 합성물

건물·선박·차량·보석반지 등과 같이 각 구성부분이 개성을 잃지 않고 결합하여 단일한 형체를 이루고 있는 물건을 말한다. 합성물은 하나의 물건이며, 또한 법률상 하나의 물건으로서 다루어진다.

3) 집합물

하나하나가 단일물 또는 합성물인 다수의 물건이 집합하여 경제적으로 단일한 가치를 가지고, 거래상으로도 일체로서 다루어지는 것〔예컨대 한 상점에 있는 상품전체, 도서관의 장서, 공장의 시설이나 기계의 전부 등〕을 말한다.

4. 일물일권주의 수정

(1) 필요성

물건의 일부나 집합물 위에 물권을 인정해야 할 사회적 필요성이 있고, 어느 정도의 공시가 가능한 경우 일물일권주의가 수정된다.

판례 ㉠ 저당권은 법률에 특별한 규정이 있거나 설정행위에 다른 약정이 있는 경우를 제외하고 그 저당 부동산에 부합된 물건과 종물 이외에까지 그 효력이 미치는 것이 아니므로(제358조 참조), 토지에 대한 경매절차에서 그 지상 건물을 토지의 부합물 내지 종물로 보아 경매법원에서 저당 토지와 함께 경매를 진행하고 경락허가를 하였다고 하여 그 건물의 소유권에 변동이 초래될 수 없다(대판 1997.9.26, 97다10314). ㉡ 저당권의 효력이 미치는 저당부동산의 종물이라 함은 민법 제100조가 규정하는 종물과 같은 의미로서, 어느 건물이 주된 건물의 종물이기 위하여는 주물의 상용에 이바지하는 관계에 있어야 하고, '주물의 상용에 이바지한다' 함은 주물 그 자체의 경제적 효용을 다하게 하는 것을 말하는 것으로서, 주물의 소유자나 이용자의 사용에 공여되고 있더라도 주물 그 자체의 효용과 직접 관계가 없는 물건은 종물이 아니다(대판 2007.12.13, 2007도7247 등).

(2) 물건의 일부 또는 구성부분에 대한 물권성립의 필요성

용익물권은 부동산의 일부 위에 설정할 수 있다(부동산등기법). 그리고 지중의 토사·암석 등은 토지의 구성부분으로서 독립성이 없으나, 지중의 일정한 광물은 토지의 소유권의 객체는 아니며, 광업권이라는 별개의 배타적인 권리의 객체가 된다.

(3) 물건의 집단 내지 집합물에 대한 필요성

물건의 집단 내지 집합물에 하나의 물권의 성립을 인정할 실익과 필요성이 있는 경우, 특별히 법을 제정하여, 또는 관습법에서 일물일권주의의 예외를 인정할 수 있다. 예를 들면 입목에 관한 법률은 수목의 집단을 하나의 부동산으로 보고 그 위에 하나의 소유권 또는 저당권의 성립을 인정하며, 각종의 재단저당법은 다수의 기업 재산을 하나의 부동산으로 보고 그 위에 하나의 저당권의 설정을 인정한다.

판례 〈일단의 증감 변동하는 동산의 집합물에 대한 양도담보설정계약이 유효하기 위한 목적물의 특정방법〉 ㉠ 일반적으로 일단의 증감 변동하는 동산을 하나의 물건으로 보아 이를 채권담보의 목적으로 삼으려는 이른바 집합물에 대한 양도담보설정계약체결도 가능하며 이 경우 그 목적 동산이 담보설정자의 다른 물건과 구별될 수 있도록 그 종류, 장소 또는 수량지정 등의 방법에 의하여 특정되어 있으면 그 전부를 하나의 재산권으로 보아 이에 유효한 담보권의 설정이 된 것으로 볼 수 있다. ⓛ 집합물에 대한 양도담보권설정계약이 이루어지면 그 집합물을 구성하는 개개의 물건이 변동되거나 변형되더라도 한 개의 물건으로서 동일성을 잃지 아니하므로 양도담보권의 효력은 항상 현재의 집합물 위에 미치는 것이고, 따라서 양도담보권자가 담보권설정계약 당시 존재하는 집합물을 점유개정의 방법으로 그 점유를 취득하면 <u>그 후 양도담보설정자가 그 집합물을 이루는 개개의 물건을 반입하였다 하더라도 그때마다 별도의 양도담보권설정계약을 맺거나 점유개정의 표시를 하여야 하는 것은 아니다</u>(대판 1990.12.26. 88다카20224).

5. 구체적으로 문제되는 것

(1) 토지

토지의 개수는 지적법에 의한 지적공부상의 토지의 필수를 표준으로 하여 결정되는 것으로 <u>1필지의 토지를 수필의 토지로 분할하여 등기하려면 먼저 위와 같이 지적법이 정하는 바에 따라 분할의 절차를 밟아</u> 지적공부에 각 필지마다 등록이 되어야 하고 설사 등기부에만 분필의 등기가 실행되었다면 1부동산1등기주의 원칙에 반하는 무효의 등기가 된다. 따라서 물권변동에 관하여 형식주의(성립요건주의)를 취하는 현행 민법하에서는 분필절차를 밟기 전에는 이전등기를 할 수 없기 때문에 <u>소유권의 일부양도는 허용되지 않는다.</u> 그러나 용익물권의 설정은 가능하다. 따라서 토지일부에 대한 지상권 등의 설정은 가능하다. 한편 <u>온천수는 토지와 독립한 물권의 대상은 아니라는 것이 판례이다.</u> 즉 온천에 관한 권리는 관습상의 물권이나 준물권이라 할 수 없고 온천수는 공용수 또는 생활상 필요한 용수에 해당되지 않는다는 것이 판례이다(대판 1972.8.29. 72다1243).

판례 〈토지의 독립성은 지적도에 따라 결정〉 ⊙ 토지의 개수는 지적법에 의한 지적공부상의 토지의 필수를 표준으로 하여 결정되는 것으로 1필지의 토지를 수필의 토지로 분할하여 등기하려면 먼저 위와 같이 지적법이 정하는 바에 따라 분할의 절차를 밟아 지적공부에 각 필지마다 등록이 되어야 하고 <u>지적법상의 분할절차를 거치지 아니하는 한 1개의 토지로서 등기의 목적이 될 수 없는 것이며</u> 설사 등기부에만 분필의 등기가 실행되었다 하여도 이로써 분필의 효과가 발생할 수는 없는 것이므로 결국 이러한 분필등기는 1부동산1등기용지의 원칙에 반하는 등기로서 무효라 할 것이다(대판 1990.12.7. 90다카25208). ⓛ 토지는 지적공부에 1필의 토지로 등록됨으로써 특정되는 것이 원칙이지만 <u>지적공부에 등록되지 아니한 토지도 감정 등에 의하여 특정이 가능한 이상 지적공부에의 등록과 그에 기한 소유권보존등기 등의 경료가 불가능한 것은 아니라고 하겠으나, 이는 어디까지나 토지의 특정이 가능한 것을 전제로 하며,</u> 토지소유권확인소송의 <u>소송물인 대상 토지가 특정되었는지 여부는 소송요건으로서 법원의 직권조사사항에 속한다</u>(대판 2011.3.10. 2010다87641).

(2) 건물

건물은 토지의 정착물이며 독립된 부동산으로 토지와는 별도로 물권의 객체가 된다. 건물이 언제부터 독립한 부동산이 되는가 하는 것은 사회통념·거래관념에 의한다. <u>일물일권주의의 예외로서 구분소유권이 인정된다</u>(제215조).

판례 ⊙ <u>건물의 개수(個數)는 토지와 달리 공부상의 등록에 의하여 결정되는 것이 아니라 사회통념, 거래관념에 따라 정해지는 것이다.</u> 그리고 최소한의 기둥과 지붕 그리고 주벽의 설치여부와 같은 물리적 구조와 또는 소유자의 의사 등 주관적 사정을 참작하여 결정되는 것이다(대판 1997.7.8, 96다36517). ⓛ 일반적으로 자기의 노력과 재료를 들여 건물을 건축한 사람은 건물의 소유권을 원시취득하는 것이고, 다만 도급계약에 있어서는 수급인이 자기의 노력과 재료를 들여 건물을 완성하더라도 <u>도급인과 수급인 사이에 도급인 명의로 건축허가를 받아 소유권보존등기를 하기로 하는 등 완성된 건물의 소유권을 도급인에게 귀속시키기로 합의한 것으로 보여질 경우에는 그 건물의 소유권은 도급인에게 원시적으로 귀속된다</u>(대판 1992.3.27, 91다34790 ; 대판 1996.9.20, 96다24804).

ⓒ 〈**건축물대장이 생성되지 않은 건물에 대하여 구 부동산등기법 제131조 제2호에 따라 소유권보존등기를 마칠 목적으로 제기한 소유권확인청구의 소에 확인의 이익이 있는지 여부(소극)**〉: 건축물대장이 생성되지 않은 건물에 대하여 소유권보존등기를 마칠 목적으로 제기한 소유권확인청구의 소는 당사자의 법률상 지위의 불안 제거에 별다른 실효성이 없는 것으로서 확인의 이익이 없어 부적법하다(대판 2011.11.10, 2009다93428). 즉 <u>건축물대장이 생성되어 있지 않은 건물에 대하여 처음부터 판결 내지 위 서면에 의하여 소유권을 증명하여 소유권보존등기를 신청할 수 없다.</u>

> **Tip**
> 토지의 개수는 지적법(공법)상 경계확정소송에 의하여야 하고, 건물의 경우는 경계확정소송이 아니고 (사법상) 소유권확인소송에 입각하여 한다.

(3) 수목

수목은 <u>원칙적 토지의 일부로서 독립하여 물권의 객체가 되지 못하는 것이 원칙이다</u>. 그러나 '입목에 관한 법률'에 의하여 등기된 <u>수목의 집단은 독립한 부동산으로 다루어지며 그것만을 양도할 수 있고 저당권의 목적으로 할 수 있다</u>. 그리고 <u>등기하지 않더라도 명인방법이라는 공시방법을 갖춘 수목이나 수목의 집단도 독립한 부동산으로서 소유권의 객체로 될 수 있다</u>. 다만 명인방법에 의해서는 저당권을 설정할 수 없다.

(4) 미분리의 과실

수목의 일부에 지나지 않으나, 명인방법을 갖추면 독립한 물건(부동산으로 봄이 다수설)으로서 소유권의 객체가 된다.

(5) 농작물

판례는 생산주의에 입각하여 남의 땅에서 농작물을 위법하게 경작하였다하더라도 경작자 소유로 인정한다. 따라서 농작물은 토지와 따로 독립한 물건으로 다루는 것이 판례이며 명인방법을 갖출 필요도 없다고 한다. 한편 <u>경작권은 토지에 농작물을 식재・재배하는 토지에 대한 일종의 점유권이므로 타인의 토지를 무단히 개간 경작하였다고 하더라도 경작권을 취득할 수 있고 그러한 경작권의 매매를 법률상 당연무효라고 할 수 없다</u>(대판 1981.2.24, 80다2811).

Ⅲ. 물권법정주의

> **제185조 (물권의 종류)**
> 물권은 법률 또는 관습법에 의하는 외에는 임의로 창설하지 못한다.

1. 의 의

물권은 법률 또는 관습법에 의하는 외에는 임의로 창설하지 못하는 것을 말한다. 이처럼 물권의 종류와 내용은 강제되는데, 이러한 물권법정주의는 거래안전을 위한 목적이 있고, 또한 정형화된 물권을 공시하는 방법을 법에서는 채택하고 있다(공시의 원칙).

2. 민법 제185조의 해석

(1) 형식적 의미의 법률

여기서 말하는 법률은 국회가 제정한 형식적 의미의 법률을 말한다(제1조의 법률의 의미가 실질적 의미의 법률과 차이가 있음에 유의할 것). 따라서 각종 명령·규칙 등은 제외된다.

(2) 관습법과 법률의 관계

관습법과 법률과의 관계는 보충적 효력설과 대등적 효력설, 변경적 효력설이 대립한다. 보충적 효력설이 다수설과 판례이다. 판례가 인정하는 관습법상의 물권으로는 분묘기지권, 관습법상의 법정지상권, 일정한 경우의 동산 양도담보 등이 있다(각 해당파트에서 상술함).

(3) 종류강제와 내용강제

제185조는 새로운 종류의 물권을 당사자들이 임의로 만들 수 없고, 또한 다른 내용을 부여할 수도 없다.

(4) 강행규정

제185조는 강행규정으로 이 규정에 위반하는 법률행위는 무효이다. 예컨대 지상권양도금지특약을 맺었다 하더라도 그것은 강행규정에 반하여 무효이다(제282조·제289조 참조). 다만 물권법정주의에 반하는 법률행위가 무효로 되는 경우에 당사자간 채권행위 역시 무효가 되는가는 논란이 있다.

3. 관습법상 물권으로 문제되는 것

(1) 온천

판례는 관습법상의 물권이 될 수 없다고 한다. 즉 온천에 관한 권리는 관습상의 물권이나 준물권이라 할 수 없고 온천수는 공용수 또는 생활상 필요한 용수에 해당되지 않는다(대판 1972.8.29. 72다1243)

(2) 관습상의 통행권과 물권법정주의

관습상의 사도(私道)통행권은 성문법과 관습법 어디에서도 근거가 없다고 봄이 판례이다(용인 수지사건 : 대판 2002.2.26. 2001다64165). 한편 판례는 도시공원법상 근린공원으로 지정된 공원은 일반 주민들이 다른 사람의 공동 사용을 방해하지 않는 한 자유로이 이용할 수 있지만 그러한 사정만으로 인근 주민들이 누구에게나 주장할 수 있는 공원이용권이라는 배타적인 권리를 취득하였다고는 할 수 없다는 것이다(대결 1995.5.23. 자 94마2218).

(3) 미등기무허가건물의 양수인의 소유권인정여부

미등기무허가건물의 양수인이라 할지라도 그 소유권이전등기를 경료받지 않는 한 건물에 대한 소유권을 취득할 수 없고, 그러한 건물의 취득자에게 소유권에 준하는 관습상의 물권이 있다고 볼 수 없다(대판 1996.6.14, 94다53006). 그리고 <u>미등기 무허가건물의 양수인이라도 그 소유권이전등기를 경료하지 않는 한 그 건물의 소유권을 취득할 수 없고, 소유권에 준하는 관습상의 물권이 있다고도 할 수 없으며, 현행법상 사실상의 소유권이라고 하는 포괄적인 권리 또는 법률상의 지위를 인정하기도 어렵다</u>고 판시하고 있다(대판 2006.10.27, 2006다49000).

Tip

> ◎ 미등기부동산에 관한 법률관계
> ① 소유자 甲으로부터 미등기 건물을 매수한 乙이 소유권이전등기를 마치지 않은 상태에서 이를 다시 丙에게 전매하여 인도한 경우 甲은 丙에게 소유물반환을 청구할 수 없다.
> ② 미등기 무허가건물을 매수하였으나 소유권이전등기를 마치지 않은 매수인은 그 건물의 불법점유자에 대하여 소유물반환을 청구할 수 없다.
> ③ 미등기 건물에 대한 양도담보계약상의 채권자의 지위를 승계하여 건물을 관리하고 있는 자는 건물에 대한 철거처분권을 갖지 못한다.
> ④ 미등기 건물을 그 대지와 함께 매수한 사람이 그 대지에 관하여만 소유권이전등기를 넘겨받아 저당권을 설정한 후 그 저당권의 실행으로 대지가 경매되어 다른 사람의 소유로 된 경우 그 건물을 위한 법정지상권은 성립하지 않는다.
> ⑤ 미등기 부동산의 매수인이 그 부동산을 인도받은 경우 매도인의 상속인이 행사하는 반환청구에 대하여 반환을 거절할 수 있다.

(4) 관습법의 정당성과 관련된 전원합의체 고찰

<u>민법 시행이전에 존재하던 상속회복청구권은 상속이 개시된 날로부터 20년이 경과하면 소멸한다는 내용의 관습은 정당성이 없어 관습법으로서의 효력을 인정할 수 없다</u>(대판 2003.7.24, 2001다48781).

Ⅳ. 물권적 청구권

> **제204조 (점유의 회수)**
> ① 점유자가 점유의 침탈을 당한 때에는 그 물건의 반환 및 손해의 배상을 청구할 수 있다.
> ② 전항의 청구권은 침탈자의 특별승계인에 대하여는 행사하지 못한다. 그러나 승계인이 악의인 때에는 그러하지 아니하다.
> ③ 제1항의 청구권은 침탈을 당한 날로부터 1년내에 행사하여야 한다.
>
> **제205조 (점유의 보유)**
> ① 점유자가 점유의 방해를 받은 때에는 그 방해의 제거 및 손해의 배상을 청구할 수 있다.
> ② 전항의 청구권은 방해가 종료한 날로부터 1년내에 행사하여야 한다.
> ③ 공사로 인하여 점유의 방해를 받은 경우에는 공사착수후 1년을 경과하거나 그 공사가 완성한 때에는 방해의 제거를 청구하지 못한다.

> **제206조 (점유의 보전)**
> ① 점유자가 점유의 방해를 받을 염려가 있는 때에는 그 방해의 예방 또는 손해배상의 담보를 청구할 수 있다.
> ② 공사로 인하여 점유의 방해를 받을 염려가 있는 경우에는 전조제3항의 규정을 준용한다.
>
> **제213조 (소유물반환청구권)**
> 소유자는 그 소유에 속한 물건을 점유한 자에 대하여 반환을 청구할 수 있다. 그러나 점유자가 그 물건을 점유할 권리가 있는 때에는 반환을 거부할 수 있다.
>
> **제214조 (소유물방해제거, 방해예방청구권)**
> 소유자는 소유권을 방해하는 자에 대하여 방해의 제거를 청구할 수 있고 소유권을 방해할 염려있는 행위를 하는 자에 대하여 그 예방이나 손해배상의 담보를 청구할 수 있다.

1. 의 의

(1) 의의

물권적 청구권이란 물권의 내용의 실현이 침해를 받거나 또는 받을 염려가 있는 경우에, 물권자가 그 침해자에 대하여 그 침해의 배제 또는 예방을 청구할 수 있는 권리를 말한다.

(2) 기능

물권의 침해 및 방해에 대해서는 불법행위책임에 의해 금전적으로 손해배상을 하도록 하는 방법도 있으나 이 방법은 물권자의 보호에 미흡하기 때문에 물권이 완전히 행사되도록 원상회복하는 것이다.

(3) 유형

물권적 청구권은 점유권에 기한 경우(제204조~제206조), 소유권에 기한 경우(제213조, 제214조), 기타 제한물권에 기한 것이 있다. 특히 제한물권의 경우에는 물권적 청구권의 인정범위가 다른데, 저당권·지역권에 대하여는 물권적 반환청구권이 인정될 여지가 없다(제370조, 제301조 참조). 유치권의 경우에는 점유권에 기한 물권적 청구권이 인정되고, 본권에 기한 물권적 청구권이 인정되지 않는다. 질권의 경우에는 점유권에 기한 물권적 청구권이 당연히 인정되나, 본권의 경우 준용규정이 없다(제343조 참조). 다만 통설적 견해는 준용을 하여야 한다고 이해한다.

Tip 각 물권에 인정되는 소유권에 기한 물권적 청구권

구 분		소유권에 기한 물권적 청구권		
		반 환(제213조)	방해제거(제214조)	방해예방(제214조)
점유권		×	×	×
소유권		O	O	O
용익물권	지상권	O	O	O
	지역권	×	O	O
	전세권	O	○	O
담보물권	유치권	×	×	×
	질 권	O(통설)	O(통설)	O(통설)
	저당권	×	O	

2. 성 질

(1) 물권에 의존

물권적 청구권은 물권에 의존하는 권리로서 언제나 물권과 그 운명을 같이한다. 즉 물권의 이전·소멸이 있으면 그에 따라 이전·소멸한다.

판례 ㉠ 물권적 청구권 없는 지배권으로서의 물권이란 의미가 없다 할 것이어서, 소유권을 양도함에 있어 소유권에 의하여 발생되는 물권적 청구권을 소유권과 분리, 소유권 없는 전소유자에게 유보하여 제3자에 대해 이를 행사케 하는 것은, 소유권이 절대적 권리인 점에 비추어 허용될 수 없다[대판(전합) 1969.5.27, 68다725]. ㉡ 근저당권이 설정된 후에 그 부동산의 소유권이 제3자에게 이전된 경우에는 현재의 소유자가 자신의 소유권에 기하여 피담보채무의 소멸을 원인으로 그 근저당권설정등기의 말소를 청구할 수 있음은 물론이지만, 근저당권설정자인 종전의 소유자도 근저당권설정계약의 당사자로서 근저당권소멸에 따른 원상회복으로 근저당권자에게 근저당권설정등기의 말소를 구할 수 있는 계약상 권리가 있으므로 이러한 계약상 권리에 터잡아 근저당권자에게 피담보채무의 소멸을 이유로 하여 그 근저당권설정등기의 말소를 청구할 수 있다고 봄이 상당하고, 목적물의 소유권을 상실하였다는 이유만으로 그러한 권리를 행사할 수 없다고 볼 것은 아니다[대판(전합) 1994.1.25. 93다16338].

(2) 불법행위와 구별

1) 물권적 청구권의 침해사실은 반드시 어떤 자의 고의·과실을 요하지 아니하고, 불가항력에 기한 것이라도 침해라는 객관적 사실만 있으면 된다. 또한 침해가능성만으로도 가능하다. 그러나 불법행위는 고의나 과실 있어야 하며, 손해가 발생하여 현실화되어야 청구할 수 있다 (제750조 참조).

〈물권적 청구권과 불법행위에 의한 손해배상청구권의 비교〉

	요 건	효 과
물권적 청구권	① 물권침해의 가능성만 있어도 성립 ② 고의·과실을 요건으로 하지 않음	방해의 제거와 예방
불 법 행 위	① 권리(법익) 침해의 발생가능성만으로는 불성립 ② 고의·과실을 요건으로 함	손해배상

2) 한편 물권적 청구권의 이행불능으로 인한 전보배상청구권이 인정되는지 여부와 관련하여서는 판례는 "등기말소 등 의무자에 대하여 그 권리의 이행불능을 이유로 민법 제390조상의 손해배상청구권을 가진다고 말할 수 없다"고 하였다[대판(전합) 2012.5.17, 2010다28604].

판례 〈물권적 청구권의 이행불능으로 인한 전보배상청구권이 인정되는지 여부(소극)〉 소유자가 자신의 소유권에 기하여 실체관계에 부합하지 아니하는 등기의 명의인을 상대로 그 등기말소나 진정명의회복 등을 청구하는 경우에, 그 권리는 물권적 청구권으로서의 방해배제청구권(민법 제214조)의 성질을 가진다. 그러므로 소유자가 그 후에 소유권을 상실함으로써 이제 등기말소 등을 청구할 수 없게 되었다면, 이를 위와 같은 청구권의 실현이 객관적으로 불능이 되었다고 파악하여 등기말소 등 의무자에 대하여 불법행위를 이유로 손해배상 청구는 가능할 수 있을지 언정 그 권리의 이행불능을 이유로 민법 제390조상의 손해배상청구권을 가진다고 말할 수 없다. 위와 같은 등기말소청구권 등의 물권적 청구권은 그 권리자인 소유자가 소유권을 상실하면 이제 그 발생의 기반이 아예 없게 되어 더 이상 그 존재 자체가 인정되지 아니하는 것"이라고 한다[대판(전합) 2012.5.17, 2010다28604].

3. 물권적 청구권의 적극성

(1) 행위청구권

물권적 청구권은 물권의 본질로부터 물권의 실현을 위하여 필요한 상대방의 적극적인 행위를 청구할 수 있는 권리이다. 물권적 청구권은 물권자가 스스로 행하는 회복행위를 상대방이 다만 인용할 것을 청구하는데 불과한 것이 아니라 상대방에게 적극적으로 반환·방해제거·방해예방에 필요한 행위를 할 것을 청구할 수 있는 권리이다.

(2) 비용부담

비용부담과 관련하여, ㉠ 다수설·판례는 원칙적으로 물권적 청구권이 적극적 행위청구권이므로 상대방이 비용을 부담하여야 한다고 본다. 즉 다수설과 판례는 물권적 청구권과 관련한 비용부담에 관하여 기본적으로 '행위청구권설'을 취하는바 이 경우, 상대방이 비용을 부담한다는 입장이다(대판 1990.5.8, 90다684). ㉡ 인용청구권설은 청구권자가 비용을 부담한다고 본다. ㉢ 근래에는 <u>행위청구권설을 기본으로 하면서, 즉 원칙적으로 상대방이 비용을 부담하지만, 상대방이 자기의 의사로써 점유를 취득한 것이 아닌 경우에는 상대방은 소유자 자신의 비용으로 침해물을 가져가는 것을 인용하는 것으로 족하다고 한다</u>(소유자 책임설).

4. 물권적 청구권의 확장적용과 제한

(1) 확장적용

물권적 청구권은 물건을 직접적·배타적으로 지배하는 절대권으로부터 발생되는 권리로서 인격권·명예권 등의 절대권 기타 이와 유사한 성질의 권리에 관하여도 물권적 청구권과 유사한 청구권이 인정된다.

판례 〈대판 1996.4.12, 93다40614, 40621〉 인격권은 그 성질상 일단 침해된 후의 구제수단(금전배상이나 명예회복 처분 등)만으로는 그 피해의 완전한 회복이 어렵고 손해전보의 실효성을 기대하기 어려우므로, 인격권 침해에 대하여는 사전(예방적) 구제수단으로 침해행위 정지·방지 등의 금지청구권도 인정된다.

(2) 법률상 소유자의 물권적 청구권이 제한되는 경우

소유권이전등기를 경료받기 전에 토지를 인도받은 매수인으로부터 다시 토지를 매수하여 점유·사용하고 있는 자에 대하여 매도인이 토지소유권에 기한 물권적청구권을 행사할 수 있는지 여부에 대하여 판례는 부정적이다(아래 판결참조).

판례 [대판(전합) 1998.6.26, 97다42823] 토지의 매수인이 아직 소유권이전등기를 경료받지 아니하였다 하여도 매매계약의 이행으로 그 토지를 인도받은 때에는 매매계약의 효력으로서 이를 점유·사용할 권리가 생기게 된 것으로 보아야 하고, 또 매수인으로부터 위 토지를 다시 매수한 자는 위와 같은 토지의 점유사용권을 취득한 것으로 봄이 상당하므로 <u>매도인은 매수인으로부터 다시 위 토지를 매수한 자에 대하여 토지 소유권에 기한 물권적 청구권을 행사할 수 없다.</u>

5. 물권적 청구권과 소멸시효

(1) 소유권에 기한 물권적 청구권

소유권에 기한 물권적 청구권에 관해서는 소멸시효에 걸리지 않는다는 것이 통설이나, 소유권에 기한 물권적 청구권도 제한물권에 기한 물권적 청구권과 같이 민법 제162조 제2항상의 '채권 및 소유권 이외의 재산권'에 해당하여 20년의 소멸시효에 걸린다는 견해(이영준)도 있다.

(2) 제한물권에 기한 물권적 청구권

지역권이외 제한물권에 기한 물권적 청구권에 관해서는 소멸시효에 걸리지 않는다는 견해와 소멸시효에 걸린다는 견해가 대립한다(민총에서 전술).

판례 ㉠ 부동산 매매계약이 합의해제되면, 매수인에게 이전되었던 소유권은 당연히 매도인에게 복귀하는 것이므로, 합의해제에 따른 매도인의 원상회복청구권은 소유권에 기한 물권적청구권이라 할 것이고, 따라서 이는 소멸시효의 대상이 아니다(대판 1982.7.27, 80다2968).
㉡ 채권담보의 목적으로 이루어지는 부동산 양도담보의 경우에 있어서 피담보채무가 변제된 이후에 양도담보권설정자가 행사하는 등기청구권은 양도담보권설정자의 실질적 소유권에 기한 물권적 청구권이므로 따로 시효소멸되지 아니한다(대판 1979.2.13, 78다2412).

6. 중요판례 검토

(1) 물권적 청구권의 청구권자

1) 제213조 청구권자

㉠ 소유권에 기한 물상청구권(=물권적 청구권)을 소유권과 분리하여 소유권 없는 前(전) 소유자에게 유보하여 행사시킬 수 없는 것이므로, 소유권을 상실한 前 소유자는 제3자인 불법점유자에 대하여 소유권에 기한 물권적 청구권에 의한 방해배제를 구할 수 없다[대판(전합) 1969.5.27 68다725].

㉡ 물권적 청구권자는 그 물건의 소유권과 상대방의 점유사실만을 주장·입증하면 되고, 상대방 피고로서 청구권자인 원고의 청구를 배척하려면 자신의 점유가 정당한 권리에 의한 것임을 주장·입증하지 않으면 안 된다(대판 1962.5.17, 62다76). 따라서 소유권보존등기가 말소되어야 할 무효의 등기인 경우, 그 말소를 구하는 사람에게 말소를 청구할 수 있는 권원이 인정되지 않으면 말소청구를 인용할 수 없다(대판 2009.2.26. 2006다72802).

판례 〈소유권을 상실한 경우와 소유권에 기한 물권적 청구권〉 ① 소유권에 기한 물권적 청구권을 소유권과 분리하여 이를 소유권 없는 전소유자에게 유보하여 행사시킬 수는 없는 것이므로 소유권을 상실한 전소유자는 제3자인 불법점유자에 대하여 소유권에 기한 물권적 청구권에 의한 방해배제를 구할 수 없다(대판 1980.9.9. 80다7). ② 원고가 피고에 대하여 피고 명의로 마쳐진 소유권보존등기의 말소를 구하려면 먼저 원고에게 그 말소를 청구할 수 있는 권원이 있음을 적극적으로 주장·증명하여야 하며, 만일 원고에게 이러한 권원이 있음이 인정되지 않는다면 설사 피고 명의의 소유권보존등기가 말소되어야 할 무효의 등기라고 하더라도 원고의 청구를 인용할 수 없다(대판 2010.1.14. 2009다67429).

2) 가옥의 불법점유의 경우

불법건축이 아닌 건물의 불법점유자에 대하여는 가옥소유자가 명도청구를 할 수 있고, 대지 등기 명의자는 그 대지가 자기 소유라 하여 그 명도를 청구할 수 없다(대판 1976.3.9, 75다1950). 즉 대지의 등기 명의자는 그 대지상에 건축한 불법건축이 아닌 건물의 불법점유자에 대하여 그 명도청구를 할 수는 없는 것이다.

3) 명의신탁의 경우

제3자의 명의신탁재산의 침해에 대한 물권적 청구권의 행사는, 수탁자가 행사할 수 있고, 신탁자는 신탁계약에 의한 채권자대위권에 의하여, 수탁자를 대위하여 물권적 청구권을 행사할 수 있을 뿐이다. 다만 부동산이 양도담보권자명의로 등기되어 있더라도 양도담보설정자는 그 부동산의 불법점유자에 대하여 불법점유의 배제를 청구할 수 있다고 이해한다.

4) 미등기건물의 양수인의 지위

(ㄱ) 미등기 무허가건물의 양수인이라 할지라도 그 소유권이전등기를 경료받지 않는 한 그 건물에 대한 소유권을 취득할 수 없고, 그러한 상태의 건물 양수인에게 소유권에 준하는 관습상의 물권이 있다고 볼 수도 없으므로, 건물을 신축하여 그 소유권을 원시취득한 자로부터 그 건물을 매수하였으나 아직 소유권이전등기를 갖추지 못한 자는 그 건물의 불법점거자에 대하여 직접 자신의 소유권 등에 기하여 명도를 청구할 수는 없다.

(ㄴ) 미등기 건물을 그 원시취득자로부터 매수하였으나 아직 소유권이전등기를 갖추지 못한 자는 매도인을 대위하여 건물명도를 청구할 수 있다(대판 2007.6.15. 2007다11347).

(2) 물권적 청구권의 상대방

1) 현재 점유자

(ㄱ) 불법점유자라 하여도 그 물건을 다른 사람에게 인도하여 현실적으로 점유를 하고 있지 않은 이상 그 자를 상대로 한 인도 또는 명도청구는 부당하다(대판 1970.9.29, 70다1508).

(ㄴ) 건물의 소유자가 그 건물의 소유를 통하여 타인 소유토지를 불법점유하고 있다고 하더라도 그 토지소유자로서는 그 건물의 철거와 그 대지부분의 인도를 청구할 수 있을 뿐, 건물을 점유하고 있는 건물소유자에 대하여 그 건물에서 퇴거할 것을 청구할 수는 없다(대판 1999.7.9, 98다57457,57464).

(ㄷ) 다만 건물이 그 존립을 위한 토지사용권을 갖추지 못하여 토지의 소유자가 건물의 소유자에 대하여 당해 건물의 철거 및 그 대지의 인도를 청구할 수 있는 경우에라도 건물소유자가 아닌 사람이 건물을 점유하고 있다면 토지소유자는 그 건물 점유를 제거하지 아니하는 한 위의 건물 철거 등을 실행할 수 없기 때문에 건물점유자에 대하여 건물로부터의 퇴출을 청구할 수 있다(대판 2010.8.19. 2010다43801).

2) 점유보조자

소유물반환청구권의 상대방은 그 물건을 점유하는 자이고, 점유보조자는 그 상대방이 아니다 (대판 2001.4.27, 2001다13983).

3) 사실상·법률상 처분할 수 있는 지위

㉠ 건물철거는 그 소유권의 종국적 처분에 해당하는 사실행위이므로, 원칙적으로는 그 소유자에게만 그 철거처분권이 있으나, ㉡ 미등기건물을 그 소유권의 원시취득자로부터 양도받아 점유 중에 있는 자는 비록 소유권 취득등기를 하지 못하였다고 하더라도, 그 권리 범위 내에서는 점유 중인 건물을 사실상 또는 법률상 처분할 수 있는 지위에 있으므로, 그 건물의 존재로 불법점유를 당하고 있는 토지소유자는 위와 같은 건물점유자에게 그 철거를 구할 수 있다(대판 1989.2.14. 87다카3073).

4) 근저당권 양수인

근저당권이전의 부기등기는 기존의 주등기인 근저당권설정등기에 종속되어 주등기와 일체를 이루는 것이어서, 피담보채무가 소멸된 경우 또는 근저당권설정등기가 당초 원인무효인 경우 주등기인 근저당권설정등기의 말소만 구하면 되고 그 부기등기는 별도로 말소를 구하지 않더라도 주등기의 말소에 따라 직권으로 말소되는 것이며, 근저당권양도의 부기등기는 기존의 근저당권설정등기에 의한 권리의 승계를 등기부상 명시하는 것뿐으로, 그 등기에 의하여 새로운 권리가 생기는 것이 아닌 만큼 근저당권설정등기의 말소등기청구는 양수인만을 상대로 하면 족하고 양도인은 그 말소등기청구에 있어서 피고적격이 없다(대판 2009.7.9. 2009다21386: 대판 2003.4.11. 2003다5016).

5) 양도담보권자

미등기건물에 대한 양도담보계약상의 채권자의 지위를 승계하여 건물을 관리하고 있는 자는 건물의 소유자가 아님은 물론 건물에 대하여 법률상 또는 사실상 처분권을 가지고 있는 자라고 할 수도 없다 할 것이어서 건물에 대한 철거처분권을 가지고 있는 자라고 할 수 없다(대판 2003.1.24. 2002다61521). 따라서 토지의 저당권에 기한 경매에서 토지의 경락인은 건물의 양도담보권자를 상대로 건물철거를 구할 수 없음이 원칙이다.

6) 사례연습

관련사례	A소유의 토지에 B건물이 그 존립을 위한 토지사용권을 갖추지 못하여 A가 B에 대하여 당해 건물의 철거 및 그 대지의 인도를 청구할 수 있는 상황에서 건물소유자가 아닌 C가 B의 임차인으로서 대항력을 갖추고 있다면 A는 C에게 퇴거청구를 할 수 없는가 ? (대판 2010.8.19. 2010다43801).
해설	건물이 그 존립을 위한 토지사용권을 갖추지 못하여 토지의 소유자가 건물의 소유자에 대하여 당해 건물의 철거 및 그 대지의 인도를 청구할 수 있는 경우에라도 건물소유자가 아닌 사람이 건물을 점유하고 있다면 토지소유자는 그 건물 점유를 제거하지 아니하는 한 위의 건물 철거 등을 실행할 수 없다. 따라서 그때 토지소유권은 위와 같은 점유에 의하여 그 원만한 실현을 방해당하고 있다고 할 것이므로, 토지소유자는 자신의 소유권에 기한 방해배제로서 건물점유자에 대하여 건물로부터의 퇴출을 청구할 수 있다. 그리고 이는 건물점유자가 건물소유자로부터의 임차인으로서 그 건물임차권이 이른바 대항력을 가진다고 해서 달라지지 아니한다(대판 2010.8.19. 2010다43801).

제2장 물권의 변동

I. 물권변동의 의의 및 모습

1. 의 의

물권의 변동이란 물권의 발생·변경·소멸을 총칭하는 말이다. 제186조에서 표현하고 있는 '물권의 득실변경'이란 물권의 변동을 그 주체의 입장에서 나타낸 것이다.

2. 모 습(민법총칙의 권리의 변동 참조)

(1) 물권의 발생

물권의 발생에는 절대적 발생과 상대적 발생이 있다. 절대적 발생에는 전에는 없었던 물권이 새로 발생하는 것으로서, 원시취득이라는 것이 여기에 해당한다(다음 도표 참조). 그리고 상대적 발생에는 타인의 물권이 다른 사람에게 승계되는 경우로서 승계취득이라는 것이 여기에 속한다. 그리고 승계취득에는 이전적 승계와 설정적 승계가 포함된다. 그리고 이전적 승계에는 포괄승계와 특정승계가 있다(민법총칙의 권리의 변동과 동일). 그리고 이전적 승계 중에서 의사에 의하는 것을 특히 '양도'라고 한다(제188조 참조).

〈물권의 발생형태〉

물권의 발생	절대적 발생 (원시취득)	시효취득·선의취득·무주물선점·유실물습득·매장물발견	
	상대적 발생 (승계취득)	이전적승계	특정승계	매매에 의한 소유권취득
			포괄승계	상속·회사합병 등에 관한 소유권취득
		설정적승계	지상권·저당권 등 제한물권의 설정

(2) 물권의 변경

물권의 주체·내용·작용이 변하는 것을 말한다. 물권의 변경은 물권의 동일성을 잃지 않는 범위에서 물권의 객체나 내용에 변화가 생기는 경우이다(예; 물상대위, 제342조 참조).

(ㄱ) 주체의 변경이라 함은 물권의 승계취득을 타면에서 본 것과 같다.

(ㄴ) 내용의 변경에는 질적 변경과 양적 변경이 있다. 질적 변경의 예로는 물건의 멸실로 물권적 청구권이 손해배상청구권으로 변하는 것을 들 수 있고, 양적 변경의 예로는 물권의 객체가 첨부(제256조 이하)에 의하여 증가하는 것을 들 수 있다.

(ㄷ) 작용의 변경이라 함은 질적 변경의 일종이라고도 할 수 있는 것으로서 저당권의 순위가 변경되는 것이 이에 해당한다.

(3) 물권의 소멸

물권이 물권자로부터 이탈하는 것을 말한다. 이에는 절대적 소멸과 상대적 소멸이 있다.
㈀ 절대적 소멸이란 물권 자체가 소멸하는 것으로서, 예를 든다면 목적물의 멸실·소멸시효·물권의 포기 등에 의한 물권의 소멸이 이에 해당한다.
㈁ 상대적 소멸이란 물권 자체는 소멸하지 않고 물권의 주체만이 변경되는 경우이다.

3. 민법상 물권변동의 종류

민법은 그 대상이 부동산이냐 동산이냐에 따라, 부동산 물권변동과 동산 물권변동, 둘로 나누어 따로 규율하는 체계를 취하고 있다. 즉 제186조와 제187조에서는 부동산 물권변동에 대해 규율하고, 제188조 내지 제190조에서 동산 물권변동에 대해 규율한다.

Ⅱ. 물권변동의 원인

물권변동을 발생케 하는 원인은 크게 두 가지로 나눌 수 있다. 하나는 법률행위에 의한 경우이고, 다른 하나는 법률행위 이외의 원인에 의한 경우이다.

1. 법률행위에 의한 경우

물권변동을 의욕하는 당사자의 의사표시에 의한 경우이다. 예를 들어 소유권을 스스로 포기하거나, 물건에 대한 매매계약을 맺어 그 소유자가 변동되는 경우 등이다.

2. 법률행위 이외(법률의 규정)의 경우

당사자의 의사에 의하지 아니하고 물권변동이 생기는 모든 경우로서, 보통 법률의 규정에 의한 물권변동이라고 부른다. 예를 들어 건물을 신축하여 그 전에 없었던 물건이 새로 생김으로써 물권이 새로 창설되거나, 상속에 의하여 물권을 승계하거나, 무주물을 선점하거나 하는 것 등이다.

Ⅲ. 민법의 규율

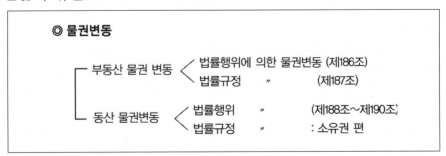

민법은 부동산물권변동을 법률행위에 의한 것과 법률의 규정에 의한 것으로 나누어서, 전자는 제186조에서 후자는 제187조에서 각각 다른 원칙에 따라 규율한다. 그리고 동산물권변동에 관하여도 역시 두 가지로 나누어, 전자는 제188조 내지 제190조에서, 후자는 주로 소유권 취득의 부분(제246조 이하)에서 각각 다른 원칙에 따라 규율한다. 그 다른 원칙이란 법률행위에 의한 물권변동의 경우에는 공시방법(등기 또는 인도)을 갖추어야만 비로소 그 효력이 발생하는 데 비해, 법률의 규정에 의한 경우에는 그 효력발생에 공시방법이 요구되지 않는다는 점이다.

Ⅳ. 공시의 원칙과 공신의 원칙

1. 공시의 원칙

(1) 의의

공시의 원칙이란 물권의 변동에는 외부에서 인식할 수 있는 표상(등기 또는 인도=점유이전)을 갖추어야 한다는 원칙을 말한다. 공시의 원칙을 관철하기 위하여는 공시방법을 갖추지 않은 경우 일정한 불이익이 주어진다(성립요건주의=형식주의=독법주의, 대항요건주의=의사주의=불법(프랑스)주의).

(2) 성립요건주의(형식주의)

현행법상의 형식주의는 물권의 변동이 성립해서 효력이 있으려면 공시방법을 갖추어야 한다는 원칙으로서 거래의 안전을 위해 인정되는 것이다. 법률관계가 분열하지 않고 일원화되어 법률관계가 명확하고, 따라서 거래의 안전을 이룰 수 있다. 그리고 형식주의는 물권적 합의 이외에 등기 또는 인도 등의 형식을 요하므로, 이는 계약자유의 내용 중 방식의 자유에 대한 제한이 된다고도 볼 수 있다.

Tip

◎ 의사주의를 취하는 민법(일본민법) 아래에서는 매수자 또는 수증자는 목적부동산을 매매 또는 증여받은 때에 등기 없이도 그 소유권을 취득한다. 그리고 의사주의 아래에서는 거래의 신속을 기할 수 있으나 거래안전을 해칠 우려가 있다.

(3) 공시원칙의 적용범위

(ㄱ) 공시의 원칙은 <u>법률행위에 의한 물권변동</u>의 경우에만 적용된다(제186조·제188조). 따라서 법률의 규정에 의한 물권변동의 경우에는 이러한 공시방법을 취하지 않더라도 물권변동의 효력이 발생한다(제187조).

(ㄴ) 공시의 원칙은 <u>물권 이외의 다른 사권에 관해서도 인정</u>된다. 즉 배타적인 성격을 갖는 광업권·어업권·지식재산권과 같은 권리에도 인정되며, 또한 채권양도에 있어서의 대항요건(통지 또는 승낙, 제450조)이나, 혼인에 있어서의 신고(제812조) 등도 공시의 원칙과 관련된다.

2. 공신의 원칙

(1) 의의

물권변동에서 공신의 원칙이란 공시방법에 의하여 공시된 물권이 존재하는 것으로 거래상대방이 신뢰하여 양수받은 경우에 그 공시방법에 상응하는 물권이 실제로 존재하지 않더라도 상대방의 신뢰를 보호하여 마치 물권이 존재하는 것과 같은 효과를 부여하는 법원칙을 말한다.

> **Tip**
>
> 공시의 원칙은 '물권이 있으면 공시가 이에 따라야 한다'는 것인 데 반하여, 공신의 원칙은 '공시가 있으면 물권이 이에 따라야 한다'는 것이다. 우리 민법상으로는 공시의 원칙은 부동산·동산 모두 다 인정하나 공신의 원칙은 부동산등기에는 인정하지 않고 동산 점유의 경우에는 인정한다.

(2) 사례고찰

동산과는 달리 부동산등기에는 공신력이 인정되지 아니하므로, 부동산의 소유권이전등기가 부실등기인 경우 그 부실등기를 믿고 부동산을 매수하여 소유권이전등기를 경료하였다 하더라도 그 소유권을 취득한 것으로 될 수 없고, 부동산에 관한 소유권이전등기가 무효라면 이에 터잡아 이루어진 근저당권설정등기는 특별한 사정이 없는 한 무효이며, 무효인 근저당권에 기하여 진행된 임의경매절차에서 부동산을 경락받았다 하더라도 그 소유권을 취득할 수 없다(대판 2009.2.26, 2006다72802).

(3) 진정한 권리자의 희생

공신의 원칙을 인정하면 물권거래의 안전은 보호되지만 진정한 권리자의 기득권이 박탈당하게 된다. 다시 말하면 공신의 원칙에 의해 양수인을 보호하면 거래의 안전은 도모되지만 진정한 권리자는 자기의 권리를 상실하는 대신 진정한 권리자라고 사칭한 양도인에 대하여 불법행위에 기한 손해배상청구권(제750조) 및 부당이득의 반환청구권(제741조)을 행사할 수 있을 뿐이다.

(4) 공신원칙의 적용범위

(ㄱ) 공신의 원칙은 권리관계가 존재하는 것과 같은 외형을 신뢰한 자를 보호하려고 하는 제도의 하나의 표현이며 이러한 제도는 비단 물권에만 한정되는 것은 아니다.

(ㄴ) 이러한 취지는 의사표시에서 표시주의(제107조 제1항 등)·표현대리(제125조·제126조·제129조)·채권의 준점유자에 대한 변제(제470조)·영수증소지자에 대한 변제(제471조)·지시채권의 소지인에 대한 변제(제518조) 등에서도 나타난다.

V. 물권행위

1. 특 징

(1) 의의

물권행위란 직접 물권의 변동을 목적으로 하는 의사표시를 요소로 하는 법률행위이다. 물권행위는 법률행위이므로, 따라서 법률행위에 관한 민법총칙편의 규정이 적용된다. 따라서 물권행위 자체의 무효·취소도 가능하며, 대리에 관한 규정도 물권행위에 적용된다.

(2) 방식

우리민법은 물권행위에 특별한 방식을 갖출 것을 요구하지 않는다. 물권행위는 구두의 합의로 하거나 서면합의로 할 수 있다. 다만 소유권이전등기를 신청하기 위해서는 그 등기원인을 증명하는 서류를 첨부해야 하는데, 매매 기타 계약을 원인으로 하는 때에는 검인계약서를 제출하도록 부동산등기특별조치법이 요구한다.

(3) 등기와의 관계

다수설은 물권적 의사표시만을 물권행위의 구성요소로서 인정한다. 등기는 물권행위의 효력발생요건으로 보는 견해와 물권행위 외에 법률이 요구하는 물권변동의 또 하나의 요건으로 보는 견해가 대립한다.

> **판례** 〈대판 1982.9.14, 81다카923〉 등기는 물권의 효력발생요건이고 효력존속 요건이 아니므로 물권에 관한 등기가 원인 없이 말소된 경우에 그 물권의 효력에는 아무런 영향을 미치지 않는다.

2. 물권행위의 독자성과 유인·무인주의의 문제

(1) 의의

물권행위의 독자성은 물권행위가 그 원인행위인 채권행위와 독립된 것인가의 문제이며, 물권행위의 유인 또는 무인성은 물권행위가 채권행위의 불성립·무효·취소·해제에 의하여 영향을 받는가의 문제이다.

(2) 학설과 판례

다수설은 물권행위의 독자성을 긍정하고 무인주의 입장이나, 독자성을 긍정하면서도 유인주의 입장이 유력설이다. 판례는 독자성을 부정하고 유인주의 입장이다.

Tip

> (ㄱ) 한편 물권행위의 유인·무인의 문제는 물권행위의 독자성을 인정할 때에 비로소 제기될 수 있으며, 독자성이 부인되면 물권행위는 당연히 유인성을 띠게 된다.
> (ㄴ) 그리고 물권행위의 독자성을 부인한다고 해서 물권행위라는 개념을 부인하는 것은 아니다. 또한 물권행위의 독자성을 인정하는 견해도, 채권행위와 물권행위가 하나의 행위로 행하여 질 수 없다고 보지는 않는다.
> (ㄷ) 물권행위의 독자성과 유인·무인의 문제는 대항요건주의(의사주의)나 성립요건주의(형식주의)의 논리적 귀결이 아니다. 즉 의사주의에서도 물권행위의 독자성이나 무인성이 인정될 수 있고, 형식주의에서도 물권행위의 독자성이나 무인성이 부정될 수도 있는 것이다.

⑶ 무인주의 입장

물권행위의 무인성을 인정하는 견해에 따르면, 원인행위가 취소되었다 하더라도 이행행위가 유효하고 그에 대응하는 등기가 적법하게 성립되었다면 물권변동은 그대로 유효하다. 다만 부당이득이 문제될 뿐이며, 그 반환을 위해서는 또 다른 물권행위와 등기가 필요하다고 한다. <u>그러나 물권행위의 무인성여부는 최소한 물권행위 자체는 유효한 경우를 전제로 하여 출발한다는 점이다.</u> 물권행위에도 무효·취소 등의 사유가 있는 경우에는 물권행위자체가 실효되는 것이므로, 따라서 채권행위로부터 그 영향을 받는지의 여부가 논의될 여지가 없다는 점이다.

Tip

> <u>즉 동일한 무효원인이 채권행위뿐 아니라 물권행위에 관하여도 존재하는 경우에는 채권행위뿐 아니라 물권행위도 무효로 되므로 무인주의의 거래보호의 기능은 크게 제한된다.</u> 예컨대, 행위능력에 관한 규정은 원칙적으로 채권행위 및 물권행위에 관하여 적용되므로 물권행위도 제한능력(행위무능력)을 이유로 취소할 수 있다. 단, 채권행위와 물권행위간에 상당한 시간적 간격이 있는 경우에는 그 사이에 행위능력에 변화가 있을 수 있다. 그러나 이러한 사례는 희소하다.

⑷ 유인주의 입장

물권행위의 무인성을 부정하는 견해에 따르면, 비록 물권행위가 원인행위와는 따로 독립하여 행하여지고 또한 완전히 유효하더라도 원인행위가 취소되면 처음부터 그러한 물권변동은 없었던 것이 되므로 등기를 말소하지 않더라도 물권은 당연히 복귀하게 된다고 한다. 따라서 이 경우에 위 등기는 실체관계와 부합하지 않는 무효의 등기이므로 물권자는 복귀한 물권에 기하여(즉 부당이득반환청구권에 기하지 않고) 그 말소를 청구할 수 있다고 한다.

판례 〈판례의 유인주의 태도 (물권적 효과설)〉 <u>우리의 법제가 물권행위의 독자성과 무인성을 인정하고 있지 않는 점과 민법 제548조제1항 단서가 거래안정을 위한 특별규정이란 점을 생각할 때 계약이 해제되면 그 계약의 이행으로 변동이 생겼던 물권은 당연히 그 계약이 없었던 원상태로 복귀한다고 봄이 타당하다 할 것이다</u>(대판 1977.5.24, 75다1394-계약해제효과의 법적 구성 참조).

제3장 부동산물권의 변동

Ⅰ. 제186조의 적용범위

> **제186조(부동산물권변동의 효력)**
> 부동산에 관한 법률행위로 인한 물권의 득실변경은 등기하여야 그 효력이 생긴다.

1. 의 의

민법 제186조는 "부동산에 관한 법률행위로 인한 물권의 득실변경은 등기하여야 그 효력이 생긴다"고 규정한다. 따라서 <u>법률행위에 의한 부동산물권변동의 요건은 물권행위와 등기 두 가지이다. 부동산의 인도는 그 요건이 아니다.</u>

2. 특수문제 (한계 문제)

사안에 따라서는 그것이 제186조의 적용을 받는 것이냐, 아니면 제187조의 적용을 받는 것이냐에 따라 애매한 경우가 있다. 민법 제187조에서는 "등기를 요하지 아니하는 부동산물권 취득"과 관련하여 제186조와는 달리 "상속, 공용징수, 판결, 경매 기타 법률의 규정에 의한 부동산에 관한 물권의 취득은 등기를 요하지 아니한다. 그러나 등기를 하지 아니하면 이를 처분하지 못한다"고 하고 있다.

(1) 원인행위의 실효에 의한 물권의 복귀

1) 사례

예컨대 A가 사기를 당하여 그 소유부동산을 B에게 매도한 후, 그 매매계약(원인행위)을 사기를 이유로 취소하였다면, 소유권은 당연히 A에게 복귀하느냐, 아니면 B의 등기에 대해 말소등기를 한 때에 비로소 소유권이 A에게로 복귀하느냐가 문제될 수 있다.

2) 전제

<u>그것은 원인행위에만 실효원인이 있고 물권행위는 완전히 유효하다는 전제에서 출발하는 것이다. 만일 물권행위에도 실효원인이 있는 경우에는 물권행위 자체가 실효되게 되고, 그 결과 부동산 물권변동에는 물권행위와 등기의 두 요건이 필요한데, 그 중 물권행위가 존재하지 않게 되는 것이므로 그 물권변동은 발생하지 않는 것으로 되는 것이다</u>(무인성·유인성 학설에 관계없이). <u>다만 물권행위만은 유효하고 나아가 원인행위를 실효(취소)시킬 수 있다고 할 경우에는 물권행위의 무인성과 유인성에 따라 그 결과는 달라지게 된다.</u>

(ㄱ) 물권행위의 무인성을 인정하는 견해

이러한 입장에서는 원인행위가 취소되었다고 하더라도 이행행위가 유효하다고 본다. 다만 부당이득이 문제로 되어 그 반환을 위해서는 <u>또 다른 물권행위와 등기가 필요하다고 한다.</u> 즉 이에 의하면 제186조가 적용되게 된다. 원인행위가 무효인 경우에도 그 결론은 변함이 없다.

그러나 유의할 것은 무인주의라하더라도 예외적으로 유인주의적인 경우가 있다(하자동일성이론·상대적 무인주의 등).

(ㄴ) 물권행위의 유인성을 인정하는 견해

이러한 입장에 의하면, 비록 물권행위가 원인행위인 채권행위와는 따로이 독립하여 행해지고, 또한 그것이 완전히 유효하더라도 <u>원인행위가 취소되면 처음부터 그러한 물권변동은 없었던 것으로 되므로 등기를 말소하지 않더라도 물권은 당연히 복귀하게 된다</u>고 한다(제187조 적용).

(2) 재단법인의 설립을 위해 출연한 부동산의 귀속

1) 학설과 판례정리

학설과 판례는 제48조 시기에 출연재산이 어떻게 귀속될 것인가에 대해, <u>다수설</u>은 제48조 시기에 등기 등의 공시방법이 없어도 당연히 법인에 귀속되는 데 대하여(법률규정에 의한 물권변동), <u>소수설</u>은 공시방법 등을 갖춘 경우에 귀속하고(법률행위에 의한 물권변동), 그전에는 단순히 채권적으로만 귀속된다고 한다. <u>판례는 대외적으로는 소수설과 같이, 대내적으로는 다수설과 같이 판단하고 있다.</u>

2) 적용법규에 따른 설명

(ㄱ) 등기불요설(다수설)

제48조는 민법 제187조가 규정하는 '기타의 법률의 규정'에 해당하므로 출연재산은 등기없이 당연히 '법인이 성립한 때' 또는 '유언'의 효력이 발생한 때에 법인에게 귀속된다고 한다.

(ㄴ) 등기필요설

제48조는 제187조가 규정하는 '기타 법률의 규정'에 해당하지 않으므로 제186조에 따라 등기를 갖추어야 하며, 다만 등기를 갖춘 때에는 출연재산이 귀속하는 시기를 법인이 성립한 때(생전처분의 경우) 또는 유언의 효력이 발생한 때(유언의 경우)로 특히 소급시키는 것에 지나지 않는다고 해석한다.

(3) 소멸시효

1) 문제의 제기

소유권을 제외한 제한물권, 즉 지상권, 지역권, 전세권은 소멸시효의 대상으로 되는가와 관련하여, 지역권을 제외한 제한물권에는 논란이 있었다. 아무튼 물권에 관하여 소멸시효가 완성되면 등기 없이도 소멸되는가 또는 등기하여야 되는가에 관해서 학설의 대립이 있다.

2) 학설

(ㄱ) 상대적 소멸설

소멸시효가 완성되어도 권리는 당연히 소멸하지 않고 수익자에게 시효로 인한 권리소멸을 주장할 수 있는 권리가 생길 뿐이라고 전제하고, 그 권리가 부동산인 때에는 말소등기를 한 때에 비로소 권리가 소멸한다고 한다.

(ㄴ) 절대적 소멸설(판례)

민법의 문언상 시효기간이 완성되면 권리는 절대적으로 소멸한다고 보기 때문에 등기의 말소를 기다리지 않고 그 효력이 생긴다고 한다.

(4) 물권의 취득시효

민법은 취득시효에 의한 물권취득에 관하여 등기를 하여야 효력이 발생하는 것으로 규정하고 있다(제245조 제1항). 물권의 시효취득은 법률의 규정에 의한 물권변동이지만 이처럼 등기를 요건으로 하고 있음을 유의하여야 한다.

Ⅱ. 등기의 유효성 여부

1. 등기의 의의

(1) 종래에는 "등기란 국가기관인 등기공무원이 법정절차에 따라 등기부라는 공적인 장부에 부동산에 관한 일정한 권리관계를 기재하는 것, 또는 기재된 것을 말한다"고 하였으나, 이제 등기가 전산처리를 하기 때문에 "'등기부'란 전산정보처리조직에 의하여 입력·처리된 등기정보자료를 대법원규칙으로 정하는 바에 따라 편성한 것을 말한다"(전면개정된 부동산등기법 제2조 제1호).

> **Tip**
>
> * '부동산등기법'은 2011년.4.12. 전면개정, 2011년 10.13시행되고 있다. 이는 1994년부터 시작된 등기부 전산화 작업이 2002년 모두 완료되어 모든 등기사무가 전산정보처리조직으로 처리되므로 이를 등기사무처리방식의 원칙으로 규정하고, 종이등기부를 전제로 한 규정 또는 용어, 예컨대 등기용지, 기재, 날인 등은 전산등기부와 부합하지 아니하므로 모두 삭제하였다(제11조 제2항).

(2) 그리고 등기부는 토지등기부와 건물등기부로 구분하고, 등기용지(등기기록)은 물적 편성주의에 따라 등기부를 편성할 때에는 1필의 토지 또는 1개의 건물에 대하여 1개의 등기기록을 둔다(일부동산일등기주의원칙). 다만, 1동의 건물을 구분한 건물에 있어서는 1동의 건물에 속하는 전부에 대하여 1개의 등기기록을 사용한다. 그리고 등기기록에는 ㉠ 부동산의 표시에 관한 사항을 기록하는 표제부와 ㉡ 소유권에 관한 사항을 기록하는 갑구 및 소유권 외의 권리에 관한 사항을 기록하는 을구를 둔다(동법 제15조).

(3) 등기관은 등기사무를 전산정보처리조직을 이용하여 등기부에 등기사항을 기록하는 방식으로 처리하여야 하며, 등기관은 접수번호의 순서에 따라 등기사무를 처리하여야 한다(동법 제11조). 그리고 개정 부동산등기법의 핵심은 제6조의 등기신청의 접수시기 및 등기의 효력발생시기와 관련하여 "등기신청은 대법원규칙으로 정하는 등기신청정보가 전산정보처리조직에 저장된 때 접수된 것으로 보며, 등기관이 등기를 마친 경우 그 등기는 접수한 때부

터 효력을 발생한다"는 점이다(동법 제6조).

(4) 등기공무원(등기관)은 등기신청이 있는 경우 당해 등기원인의 실질적 요건을 심사함이 없이 신청서 및 그 첨부서류와 등기부에 의하여 등기요건의 충족 여부를 형식적으로 심사할 권한만을 갖는다. 종전 부동산등기법에서는 구분건물의 표시에 관한 등기관의 실질적 심사권을 인정하였으나, 현재 부동산등기법에서는 구분건물인지여부는 건축물대장 소관청에서 판단하는 것이 타당하며, 구분건물의 표시에 관한 등기관의 실질적 심사권을 그대로 유지할 경우 건축물대장에는 일반건물로 되어 있는 것이 등기부에는 구분건물로 표시할 수 있어 거래의 불안을 야기할 수 있어 이를 폐기하였다.

(5) 현행법상 등기할 수 있는 권리(부동산등기법 제3조)

부동산등기법상 등기 법정사항은, ① 소유권 ② 지상권 ③ 지역권 ④ 전세권 ⑤ 저당권 ⑥ 권리질권 ⑦ 채권담보권 ⑧ 임차권등기 등 8가지이며, 이러한 권리 중 부동산의 표시와 권리의 보존, 이전, 설정, 변경, 처분의 제한 또는 소멸에 대하여 한다.

2. 등기의 유효성 판단

(1) 판단기준

등기의 유효·무효의 문제는 등기절차의 적법성 여부에 있는 것이 아니고 등기내용과 실체적 권리관계에 부합하느냐의 여부에 있는 것이다. 따라서 비록 위조문서에 의한 등기라도 실체적 권리관계에 부합하거나, 그 등기에 부합하는 물권행위가 있으면 그 등기는 유효한 것이다(판례). 따라서 건물 매매계약서를 위조하여 본등기를 마쳤다 하더라도 그 본등기가 실체권리관계에 부합한다면 유효한 등기가 된다(대판 2010.5.27. 2009다12603).

판례 〈등기절차의 적법성이 아닌 등기내용의 실체에 따른 판단〉 등기가 실체적 권리관계에 부합한다고 하는 것은 그 등기절차에 어떤 하자가 있다 하더라도 진실한 권리관계와 합치되는 것을 의미하는바, 채권자가 채무자와 사이에 근저당권설정계약을 체결하였으나 그 계약에 기한 근저당권설정등기가 채권자가 아닌 제3자의 명의로 경료되고 그 후 다시 채권자가 위 근저당권설정등기에 대한 부기등기의 방법으로 위 근저당권을 이전받았다면 특별한 사정이 없는 한 그 때부터 위 근저당권설정등기는 실체관계에 부합하는 유효한 등기로 볼 수 있다(대판 2007.1.11. 2006다50055).

(2) 구체적으로 문제되는 경우

1) 등기부상 취득원인의 불일치

부동산소유권의 이전등기는 부동산등기부상의 권리와 현재의 실체적 권리관계가 일치하면 유효한 것이며, 등기부상의 취득원인과 실질상의 취득원인이 일치하지 아니한다 하여 무효라 할 수 없다(학설·판례). 예컨대, 증여에 의하여 부동산을 취득하였지만 등기원인을 매매로 기재하였다고 하더라도 그 등기의 효력에는 아무런 하자가 없다(대판 1980.7.22. 80다791).

2) 무효등기의 유용

판례는 무효등기를 유용하기 전에 새로운 이해관계를 가지게 된 제3자가 없는 한 무효등기는 유효하다고 하여 무효등기의 유용을 인정하고 있다. 대표적으로 저당권(또는 가등기)등기의 유용이 여기에 해당한다. 다만 표제부 등기의 유용은 통설과 판례가 부정한다(대판 1976.10.26, 75다2211).

판례 ㉠〈**표제부등기의 유용**〉 기존건물이 멸실된 후 그곳에 새로이 건축한 건물의 물권변동에 관한 등기를 멸실된 건물의 등기부에 하여도 이는 진실에 부합하지 아니하는 것이고 비록 당사자가 멸실건물의 등기로서 신축된 건물의 등기에 갈음할 의사를 가졌다 하여도 그 등기는 무효이다(대판 1976.10.26, 75다2211). 따라서 이미 멸실된 건물에 대한 근저당권설정등기를 신축된 건물에 유용하였다고 하더라도 그 등기에 기하여 진행된 경매에서 신축된 건물을 경락받은 사람은 소유권을 취득할 수 없다.
㉡〈**사항란무효등기의 유용**〉（ⅰ） 등기유용에관한 합의는 그 유용하기로 한 등기가 경료되기 이전에 이미 위 부동산에 대하여 등기상의 이해관계를 가지게 된 제3에 대한 관계에 있어서는 그 효력이 없다(대판 1994.1.28, 93다31702). 최근판례도 "실질관계의 소멸로 무효로 된 등기의 유용은 그 등기를 유용하기로 하는 합의가 이루어지기 전에 등기상 이해관계가 있는 제3자가 생기지 않은 경우에 한하여 허용된다"고 하고 있다(대판 2009.2.26, 2006다72802 등).
（ⅱ）〈**무효인 소유권이전등기청구권 가등기의 유용 합의에 따라 그 가등기 이전의 부기등기가 마쳐진 경우의 법률관계**〉 부동산의 매매예약에 기하여 소유권이전등기청구권의 보전을 위한 가등기가 마쳐진 경우에 그 매매예약완결권이 소멸하였다면 그 가등기 또한 효력을 상실하여 말소되어야 할 것이나, 그 부동산의 소유자가 제3자와 사이에 새로운 매매예약을 체결하고 그에 기한 소유권이전등기청구권의 보전을 위하여 이미 효력이 상실된 가등기를 유용하기로 합의하고 실제로 그 가등기 이전의 부기등기를 마쳤다면, 그 가등기 이전의 부기등기를 마친 제3자로서는 언제든지 부동산의 소유자에 대하여 위 가등기 유용의 합의를 주장하여 가등기의 말소청구에 대항할 수 있고, 다만 그 가등기 이전의 부기등기 전에 등기부상 이해관계를 가지게 된 자에 대하여는 위 가등기 유용의 합의 사실을 들어 그 가등기의 유효를 주장할 수는 없다(대판 2009.5.28, 2009다4787).

3) 회복등기

말소되었던 등기에 관한 회복등기가 된 경우에 그 회복등기는 말소된 종전의 등기와 동일한 효력을 가진다(대판 1968.8.30, 68다1187).

4) 사자명의신청으로 행해진 등기

사망자를 등기의무자로 하여 경유된 등기라도 그의 상속인들의 의사에 따라 이루어진 것이라면 실체상 권리관계에 합치되는 유효한 등기이다(대판 1964.11.24, 64다685).

5) 등기신청절차하자

등기신청대리권이 없는 자가 신청대리를 하여 이루어진 근저당권 및 지상권설정등기라도 그 설정원인사실이 실체관계와 부합되는 한 유효하다(대판 1971.8.31, 71다1163).

6) 말소등기대신 이전등기

증여로 인한 소유권이전등기가 해제된 경우 증여자가 소유권이전등기의 말소등기절차이행을 소구하지 아니하고 소유권이전등기를 청구하였다고 하여 위법이라 할 수 없다(대판 1970.7.24, 70다1005). 한편 말소등기란 어떤 등기의 등기사항 전부가 원시적 또는 후발적으로 실체관계와 불일치하게 된 경우 당해 등기 전부를 법률적으로 소멸시킬 목적으로 행하여지는 등기를 말하므로, 이미 말소되어 있는 등기에 대하여는 그 말소를 구할 법률상 이익이 없다(대판 2009.2.26, 2006다72802 등).

7) 등기상 이해관계인의 동의

㈀ 부동산등기법 규정에 의하면 말소된 등기의 회복을 신청하는 경우에 등기상 이해관계 있는 제3자가 있는 때에는 신청서에 그 승낙서 또는 이에 대항할 수 있는 재판의 등본을 첨부하게 되어 있으므로 이러한 요건을 갖추지 못한 회복등기는 등기상 이해관계 있는 제3자에 대한 관계에서는 무효라 할 것이다(대판 2001.1.16, 2000다49473).

㈁ 다만 그 등기가 등기신청서류를 위조하는 등의 방법으로 권리자의 의사에 의하지 않고 아무런 원인관계 없이 부적법하게 말소되어 그 말소등기가 원인무효인 경우에는 등기상 이해관계 있는 제3자가 그의 선의, 악의를 묻지 아니하고 등기권리자의 회복등기절차에 필요한 승낙을 할 의무가 있다(대판 1997.9.30, 95다39526).

8) 사립학교 경영자가 사립학교의 교지, 교사로 사용하기 위하여 출연·편입시킨 경영자 개인 명의의 부동산에 마쳐진 근저당권설정등기의 효력(무효)

사립학교 경영자가 사립학교의 교지, 교사로 사용하기 위하여 출연·편입시킨 토지나 건물이 등기부상 사립학교 경영자 개인 명의로 있는 경우에도 그 토지나 건물에 관하여 마쳐진 근저당권설정등기는 사립학교법 제51조에 의하여 준용되는 같은 법 제28조 제2항, 같은 법 시행령 제12조에 위배되어 무효이다(대판 2011.9.29, 2010다5892).

3. 이중등기의 효력

> ◎ **이중등기의 효력**
>
> **1) 표제부 표시란의 이중등기** : 실체법설
>
> **2) 사항란의** ┌ 등기 명의인이 동일 : 절차법설
> └ 등기 명의인이 이인 : 원칙적 절차법설

(1) 표시란의 이중등기

부동산에 관한 등기가 형식상 유효하려면 그것이 실질상의 권리관계와 정밀하게 일치할 필요까지는 없다고 하여도 적어도 그것이 실질상의 권리관계를 공시함에 족한 정도로 실질과의 사이에 근사성이 있어야 할 것이다(대판 1968.11.19, 66다1473). 즉 두 개의 이중보존등기가 그 부동산의 표시에 있어서 차이가 나는 경우에는 실제상황에 합치하는 보존등기가 효력을 가진다(실체법설). 다만 이러한 경우에도 같은 부동산에 대하여 따로 보존등기가 존재하지 아니하거나 등기의 형식상 예측할 수 없는 손해를 미칠 우려가 있는 이해관계인이 없는 경우에는 당해 오류 있는 등기의 경정을 허용하여 그 경정된 등기를 유효하다고 보아야 한다 [대판(전합) 1975.4.22, 74다2188] 이 점에 있어서 이와 상반되는 종전의 본원 판례(예컨대 1968.4.2. 67다443 판결; 1968.11.19. 66다1473)는 폐기한다.

(2) 사항란의 이중등기

1) 등기명의인이 동일인인 사항란의 이중등기

동일한 부동산에 관하여 등기부를 달리하여 동일인 명의로 소유권보존등기가 중복되어 있는 경우에, 부동산등기법이 1물1등기주의를 채택하고 있으므로, 시간적으로 뒤에 경료된 중복등기는 그것이 실체권리관계에 부합하는 여부를 가릴 것 없이 무효라고 할 것이다(절차법설; 대판 1983.12. 23. 83다카743).

2) 등기명의인이 이인(異人)인 사항란의 이중등기(원칙적으로 선등기 유효설=원칙적 절차법설 예외적 실체법설)

동일부동산에 관하여 등기명의인을 달리하여 중복된 소유권보존등기가 경료된 경우에는, 먼저 이루어진 소유권보존등기가 원인무효가 되지 아니하는 한, 뒤에 된 소유권보존등기는 비록 그 부동산의 매수인에 의하여 이루어진 경우에도 1부동산 1등기주의를 채택하고 있는 부동산등기법 아래에서는 무효라고 해석함이 상당하다 할 것이다[대판(전합) 1990.11.27. 87다카2961·87다453].

판례 ㉠ 매수인이 소유권이전등기 대신에 소유권보존등기를 경료함으로써 동일 부동산에 관하여 등기명의인을 달리하여 중복된 소유권보존등기가 이루어졌으나 선등기가 원인무효가 되지 아니하는 경우의 후등기의 효력유무(소극) 〔대판(전합) 1990.11.27. 87다카2961,87다453〕
〔가〕 (다수의견) : 동일부동산에 관하여 등기명의인을 달리하여 중복된 소유권보존등기가 경료된 경우에는 먼저 이루어진 소유권보존등기가 원인무효가 되지 아니하는 한 뒤에 된 소유권보존등기는 비록 그 부동산의 매수인에 의하여 이루어진 경우에도 1부동산1용지주의를 채택하고 있는 부동산등기법 아래에서는 무효라고 해석함이 상당하다 할 것이다.
〔나〕 (반대의견=소수의견) : 부동산 양수인이 이미 양도인 명의로 등기가 되어 있는데도 중복하여 양수인 명의로 소유권보존등기를 경료한 경우에 있어서 2개의 등기 중 어느 등기를 유효한 등기로서 존속시킬 것인가는 어느 등기가 현재의 권리상태에 부합하는가에 따라 결정하여야 하고 등기가 형식적 효력조건을 갖추었는지 여부나 과거의 권리변동과정에 합치되는지 여부에 따라 결정할 것이 아니므로 마땅히 현재의 권리상태에 부합하는 양수인 명의의 후등기를 유효한 등기로 존속시키고 양도인 명의의 선등기는 이를 폐쇄하여 이중등기 상태를 종식시켜야 한다.
㉡ 〈유사판례〉 동일 부동산에 관하여 등기명의인을 달리하여 중복된 소유권보존등기가 경료된 경우에는 먼저 이루어진 소유권보존등기가 원인무효가 아닌 한 뒤에 된 소유권보존등기는 실체관계에 부합한다고 하더라도 1부동산 1등기용지주의의 법리에 비추어 무효이고, 이러한 법리는 뒤에 된 소유권보존등기의 명의인이 당해 부동산의 소유권을 원시취득(예 : 취득시효)한 경우에도 그대로 적용된다(대판 2008.2.14. 2007다63690).

(3) 동일 부동산에 대하여 회복등기한 소유권이전등기가 중복등재된 경우 회복등기의 유무효판단기준 〔대판(전합) 2001.2.15. 99다66915〕

종전의 판례는 "동일부동산에 대하여 회복등기한 소유권이전등기가 중복등재된 경우 회복등기일자의 선후로 각 회복등기의 우열을 가릴 수 없다"(대판 1996.11.29. 94다60783 ; 대판 1995.6.30. 94다49274)고 하였는데 근래 판례는 원인불명의 경우 회복등기일자의 선후를 기준으로 각 회복등기의 우열을 가려야 한다고 변경한 것이다.

판례 〔대판(전합) 2001.2.15, 99다66915〕 동일 부동산에 관하여 등기명의인을 달리하여 멸실회복에 의한 각 소유권이전등기가 중복등재되고 각 그 바탕이 된 소유권보존등기가 동일등기인지 중복등기인지, 중복등기라면 각 소유권보존등기가 언제 이루어졌는지가 불명인 경우에는 위 법리로는 중복등기의 해소가 불가능하므로 이러한 경우에는 적법하게 경료된 것으로 추정되는 각 회복등기 상호간에는 각 회복등기일자의 선후를 기준으로 우열을 가려야 한다.

Ⅲ. 중간생략등기

1. 의 의

중간생략등기란 물권변동 과정의 전부 또는 일부를 생략하고 현재의 물권관계만을 기재하는 등기를 총칭하는 것이다.

2. 중간생략등기의 규제

(1) 단속규정

부동산등기특별조치법에 의하면 중간생략등기를 하거나 또는 등기원인을 허위로 기재한 때에 일정한 벌칙규정을 두고 있다. 여기서 위 법률의 벌칙규정의 성격이 문제되는바, 다수설과 판례는 단속규정으로 보고, 따라서 당사자 사이의 중간생략등기의 합의에 관한 사법상의 효력까지 무효로 한다는 취지는 아니라고 판단하고 있다(대판 1993.1.26, 92다39112). 나아가 각 계약당사자 사이에 합의가 이루어지는 경우에는 전매행위의 양수인이 먼저 체결된 계약의 양도인에게 직접 소유권이전등기를 청구할 수 있다고 한다(대판 1993.1.26, 92다39112).

(2) 부동산실명법과 국토계획이용법상의 제한(효력규정)

판례에 따르면 「토지거래허가구역 내의 토지가 중간생략등기의 합의 아래 전전매매된 경우 최종 매수인은 최초의 매도인에 대하여 직접 그 토지에 관한 토지거래허가신청절차의 협력을 청구할 수 없으며, 또한 설사 최종 매수인이 자신과 최초 매도인을 매매 당사자로 하는 토지거래허가를 받아 최종 매수인 앞으로 소유권이전등기를 경료하더라도 그러한 소유권이전등기는 적법한 토지거래허가 없이 경료된 등기로서 무효이다.」(대판 1997.3.14, 96다22464)라고 판시함으로써 중간생략등기에 관하여 중대한 제한을 가하고 있다. 이러한 국토계획이용법상의 제한의 법리는 부동산실명법상 제3자간 등기명의신탁의 경우에도 적용된다. 따라서 제3자간 등기명의신탁의 경우 전원합의가 있더라도 그 등기는 무효가 됨이 원칙이다(대판 2004.2.12, 2001다10151).

3. 중간생략등기의 유효성 검토

(1) 조건부 유효설

중간자의 등기를 생략하는 데 최초양도인과 중간자 그리고 최종양수인의 3자의 합의가 있으

면 중간생략등기가 유효하다고 보는 견해이다. 판례의 기본입장이 이러한 태도를 취한다고
볼 수 있다.

(2) 채권양도설

일부학설은 중간자가 양도인에게 행사할 수 있는 등기청구권은 채권적이기 때문에 채권양
도의 방식에 따라서도 양도할 수 있는 것으로 해석하는 견해도 있다. 채권양도설에 따르게
되면 등기청구권의 양도합의와 대항요건으로서 통지만으로도 가능하다(제450조 참조). 판례
는 채권양도설의 입장을 배제한다(아래 대판 1995.8.22, 95다15575참조).

4. 판례검토

(1) 합의조건부유효설

(ㄱ) 판례는 중간생략등기가 유효하기 위하여는, 관계자 전원의 동의가 필요하다(이른바 조건부
유효설)는 입장이다. 이러한 합의가 없는 경우, 최종 양수인은 최초양도인에 대하여 중간자
명의의 소유권이전등기를 행하도록, 중간자를 대위하여 청구할 수 있을 뿐이다(제404조 참조).
(ㄴ) 한편 중간생략등기절차에 있어서 이미 중간생략등기가 이루어진 경우에는 그 관계계약 당
사자 사이에 적법한 원인행위가 성립되어 이행된 이상, 중간생략등기에 관한 합의가 없었다
는 사유로써 이를 무효라고 할 수는 없다고 한다(대판 1979.7.10, 79다847).

판례 〈채권양도설 배제의 판례〉 부동산의 양도계약이 순차 이루어져 최종 양수인이 중간생략등기의 합의를 이유
로 최초 양도인에게 직접 그 소유권이전등기 청구권을 행사하기 위하여는 관계 당사자 전원의 의사합치, 즉 중간
생략등기에 대한 최초 양도인과 중간자의 동의가 있는 외에 최초 양도인과 최종 양수인 사이에도 그 중간등기 생
략의 합의가 있었음이 요구되므로, <u>비록 최종 양수인이 중간자로부터 소유권이전등기 청구권을 양도받았다고 하
더라도 최초 양도인이 그 양도에 대하여 동의하지 않고 있다면 최종 양수인은 최초 양도인에 대하여 채권양도를
원인으로 하여 소유권이전등기 절차 이행을 청구할 수 없다</u>(대판 1995.8.22, 95다15575).

(2) 합의의 의미

(ㄱ) 현재의 판례는 <u>최초 양도인이 중간등기생략을 거부하고 있어 매수인란이 공란으로 된
백지의 매도증서와 위임장 및 인감증명서를 교부한 것만으로는 중간등기생략에 관한 합의
가 있었다고 할 수 없다</u>(대판 1991.4.23, 91다5761).
(ㄴ) 당사자들 사이의 중간생략등기의 합의는 최초매도인과 최종매수인 사이에 매매계약이 체
결되었다는 것을 의미하는 것은 아니고, 중간생략등기의 합의는 등기와 관련된 3자간의 합의
를 말하는 것이고 매매의 합의는 2자간의 합의를 지칭하는 것으로 구별하여야 한다(대판
1997.3.14, 96다22464 등 참조).
(ㄷ) 판례는 중간생략등기의 합의가 있었다 하더라도 이러한 합의는 중간등기를 생략하여도 당
사자 사이에 이의가 없겠고 또 그 등기의 효력에 영향을 미치지 않겠다는 의미가 있을 뿐이
지 <u>그러한 합의가 있었다 하여 중간매수인의 소유권이전등기청구권이 소멸된다거나 첫 매도
인의 그 매수인에 대한 소유권이전등기의무가 소멸되는 것은 아니라고 한다</u>(대판 1991.12.13,
91다18316).

㉣ 중간생략등기의 합의가 있어도 최초의 매도인이 중간매수인에 대하여 갖고 있는 매매대금청구권의 행사가 제한되지 않는다. 따라서 최종 매수인이 최초매도인에 대하여 중간생략등기의 청구를 하더라도 매도인은 매수인이 증액대금을 지급하지 않은 사유를 들어 등기청구를 거절할 수 있다(대판 2005.4.29, 2003다66431).

판례 〈중간생략등기의 합의가 있으면 최초의 매도인이 중간 매수인에 대하여 갖고 있는 매매대금청구권의 행사가 제한되는지 여부(소극)〉 최초 매도인과 중간 매수인, 중간 매수인과 최종 매수인 사이에 순차로 매매계약이 체결되고 이들 간에 중간생략등기의 합의가 있은 후에 최초 매도인과 중간 매수인 간에 매매대금을 인상하는 약정이 체결된 경우, 최초 매도인은 인상된 매매대금이 지급되지 않았음을 이유로 최종 매수인 명의로의 소유권이전등기의무의 이행을 거절할 수 있다(대판 2005.4.29. 2003다66431).

(3) 입증책임

합의 없이 이루어진 중간생략등기가 실체적 권리관계에 부합된다는 사실은 이를 주장하는 등기명의인이 입증하여야 한다(대판 1970.2.24, 69다967). 즉 관계당사자의 합의 없이 경료된 중간생략등기라 할지라도 그것이 실체적 권리관계에 부합하면 유효한 등기라 할 것이나 그것이 실체적 권리관계에 부합한다는 사실의 입증책임은 이를 주장하는 등기명의인에게 있다.

(4) 제3자 보호

당사자 사이에 중간생략등기에 관한 합의가 있은 후 최초매도인과 중간자 사이의 토지매매계약에 관한 합의해제가 이루어진 경우, 계약의 합의해제에 있어서도 계약해제의 경우에 있어서와 같이 이로써 제3자의 권리를 해할 수 없다 할 것이나, 최종매수인은 그 토지를 매매계약에 의하여 전득한 매수인이기는 하나 완전한 권리를 취득한 자라고 할 수 없으므로 매매계약의 합의해제에 의하여 권리를 해하지 못하는 제3자에 해당되지 아니하고, 따라서 최초매도인은 그 합의해제로서 최종매수인에게 대항할 수 있으므로 최종매수인은 최초매도인을 상대로 이전등기청구권을 행사할 수 없다(대판 1980.5.13, 79다932 ; 대판 1991.4.12, 91다2601; 대판 2005.6.9. 2005다6341).

Ⅳ. 등기청구권과 진정명의회복을 위한 소유권이전등기청구권

1. 문제의 소재

(1) 의의

등기청구권이란 등기권리자가 등기의무자에 대하여 등기에 협력할 것을 청구할 수 있는 실체법상의 권리이다. 등기청구권이 채권적 청구권이라면 등기청구권은 채권적 효력 밖에 없고 이는 10년의 소멸시효에 걸리는 것으로 된다. 그리고 그 양도는 채권양도의 방법에 따라 하여야 한다. 이에 대하여 물권적 청구권이라면 등기청구권은 소멸시효로 소멸할 수 없게 된다. 그리고 등기청구권의 양도는 물권양도로서 별다른 제한이 없이 자유롭게 할 수 있게 된다.

(2) 등기인수청구권(판례긍정)

등기의무자는 등기권리자를 상대로 등기를 인수받아 갈 것을 요구할 수 있다함이 판례이다. 왜냐하면 통상의 채권채무관계에서는 채권자가 수령을 지체하는 경우 채무자는 공탁 등에 의한 방법으로 채무부담에서 벗어날 수 있으나 등기에 관한 채권채무관계에 있어서는 이러한 방법을 사용할 수 없기 때문이다(대판 2001.2.9. 2000다60708).

2. 법률행위에 의한 등기청구권의 법적 성질

(1) 채권적 청구권설(다수설)

법률행위에 의한 물권변동에 있어서 등기청구권은 채권적 청구권이라고 하는 견해가 다수설이다(판례동지).

(2) 판 례

㈀ 판례는 법률행위에 의한 물권변동에 있어서의 등기청구권을 채권적 청구권으로 파악하고 있다. 즉 판례는, 등기청구권은 채권적 청구권으로 해석한다. 다만 매수인이 목적물을 인도받은 경우에는 등기청구권을 행사하고 있는 것으로 보아, 이때는 시효제도의 취지상 그 등기청구권은 소멸시효에 걸리지 않는다고 하고 있다(대판(전합) 1976.11.6. 76다148).
㈁ 그리고 판례에 의하면, 甲으로부터 목적부동산을 매수하여 점유하고 있던 乙이 丙에게 그 부동산을 매도처분하고 그 점유를 승계하여 준 경우에도, 점유의 상실로 인하여 그 시점으로부터 乙의 甲에 대한 등기청구권의 소멸시효가 진행된다고 보지는 않았다(대판(전합) 1999.3.18. 98다32175).

판례 〈부동산 매수인이 부동산을 인도받아 사용·수익하다가 제3자에게 그 부동산을 처분하고 점유를 승계하여 준 경우, 소유권이전등기청구권의 소멸시효 진행 여부(소극)〉 ㈀ 시효제도는 일정 기간 계속된 사회질서를 유지하고 시간의 경과로 인하여 곤란해지는 증거보전으로부터의 구제를 꾀하며 자기 권리를 행사하지 않고 소위 권리 위에 잠자는 자는 법적 보호에서 이를 제외하기 위하여 규정된 제도라 할 것인바, 부동산에 관하여 인도, 등기 등의 어느 한 쪽만에 대하여서라도 권리를 행사하는 자는 전체적으로 보아 그 부동산에 관하여 권리 위에 잠자는 자라고 할 수 없다 할 것이므로, 매수인이 목적 부동산을 인도받아 계속 점유하는 경우에는 그 소유권이전등기청구권의 소멸시효가 진행하지 않는다. ㈁ 부동산의 매수인이 그 부동산을 인도받은 이상 이를 사용·수익하다가 그 부동산에 대한 보다 적극적인 권리 행사의 일환으로 다른 사람에게 그 부동산을 처분하고 그 점유를 승계하여 준 경우에도 그 이전등기청구권의 행사 여부에 관하여 그가 그 부동산을 스스로 계속 사용·수익만 하고 있는 경우와 특별히 다를 바 없으므로 위 두 어느 경우에나 이전등기청구권의 소멸시효는 진행되지 않는다고 보아야 한다(대판(전합) 1999.3.18. 98다32175).

3. 관련판례정리

(1) 취득시효완성으로 인한 등기청구권

취득시효의 완성으로 취득하는 등기청구권은 법률규정에 의한 것이지만 다수설과 판례는 채권적 청구권으로 본다. 다만 취득시효가 완성된 점유자가 그 부동산에 대한 점유를 상실한 때로부터 10년간 이를 행사하지 아니하면 소멸시효가 완성된다(대판 1996.3.8. 95다34866).

(2) 법정지상권이나 법정저당권

이러한 등기청구권 등의 것은 법률규정에 의하여 취득한 물권적 청구권으로 본다.

(3) 근저당권설정계약당사자

甲이 乙 명의로 근저당권을 설정한 자기 소유의 부동산을 丙에게 매도하고 소유권이전등기를 한 다음, 甲이 피담보채권의 소멸을 이유로 乙에게 근저당권설정등기의 말소를 청구하는 경우의 <u>등기청구권의 성질은 채권적</u>이다〔대판(전합) 1994.1.25, 93다16338〕.

(4) 명의신탁의 해지

부동산의 소유자 명의를 신탁한 자는 특별한 사정이 없는 한 언제든지 명의신탁을 해지하고 <u>소유권에 기하여</u> 신탁해지를 원인으로 한 소유권이전등기절차의 이행을 청구할 수 있는 것으로서, 이와 같은 등기청구권은 소멸시효의 대상이 되지 않는다(대판 1991.11.26, 91다34387).

(5) 매매계약의 해제

계약이 해제되면 그 계약의 이행으로 변동이 생겼던 물권은 당연히 그 계약이 없었던 원상태로 복귀한다고 봄이 타당하다. 따라서 판례에 의하면 등기말소청구권은 물권적 청구권으로 본다(대판 1977.5.24, 75다1394).

(6) 합의해제에 따른 매도인의 원상회복 청구권이 소멸시효의 대상이 되는 여부(소극)

매매계약이 합의해제된 경우에도 매수인에게 이전되었던 소유권은 당연히 매도인에게 복귀하는 것이므로 합의해제에 따른 매도인의 원상회복청구권은 <u>소유권에 기한 물권적 청구권이라고 할 것이고 이는 소멸시효의 대상이 되지 아니한다</u>(대판 1982.7.27. 80다2968).

4. 진정명의회복을 원인으로 한 소유권이전등기청구권

(1) 의의·허용성

㈀ 이미 자기 앞으로 소유권을 표상하는 등기가 되어 있었거나 법률에 의하여 소유권을 취득한 자가 진정한 등기명의를 회복하기 위한 방법으로는 현재의 등기명의인을 상대로 그 등기의 말소를 구하는 이외에(전원합의체판결로 인하여 말소등기의 소를 제기하여 패소한 경우는 제외), 진정한 등기명의의 회복을 원인으로 한 소유권이전등기절차의 이행을 직접 구하는 것도 허용된다〔대판(전합) 1990.11.27, 89다카12398〕.

㈁ <u>폐기된 종전의 판결</u>은 "소유권이전등기말소청구소송에서 패소한 당사자도 그 후 소유권확인소송을 제기하여 승소판결을 받고 그 확인판결에 기하여 진정한 소유자명의회복을 위한 소유권이전등기를 청구할 수 있다"고 하였다. 하지만 <u>현재의 대법원 판결</u>은 "소유권이전등기말소소송에서 패소확정판결을 받았다면 그 후 판결의 기판력 때문에 그 후 제기된 진정명의회복을 위한 소유권이전등기를 청구할 수 없다"는 것이다(아래 판결참조).

판례 〔대판(전합) 2001. 9. 20, 99다37894〕 ㈀ 말소등기에 갈음해 허용되는 진정명의회복을 원인으로 한 소유권이전등기청구권과 무효등기의 말소청구권은 어느 것이나 진정한 소유자의 등기명의를 회복하기 위한 것으로서 실질적으로 그 목적이 동일하고, 두 청구권 모두 소유권에 기한 방해배제청구권으로서 그 법적 근거와 성질이 동일하다. 따라서 소유권이전등기말소청구소송에서 패소확정판결을 받았다면 그 기판력은 그 후 제기된 진정명의회복을 원인으로 한 소유권이전등기청구소송에도 미친다. 따라서 폐기된 판례는 대판 89다카12398, 88다카26482, 92다22121, 92다50072, 94다30829 · 30836 · 30846, 95다37988, 97다19878 등이다. 그러므로 ⓒ 등기말소대신 이른바 '진정명의회복을 위한 이전등기청구'가 가능하다(1993.8.24, 92다43675). 다만, 최근 전원합의체 판결은 소유권이전등기말소청구소송에서 패소확정판결을 받은 후에 다시 이전등기청구권자가 진정한 등기명의회복을 원인으로 한 소유권이전등기청구소송을 다시 제기하게 되면 전소의 패소판결의 기판력이 후소에 미치므로 후소를 기각하여야 한다고 하였다[(대판(전합) 2001.9.20, 99다37894]. 이처럼 말소등기 청구사건의 소송물은 당해 등기의 말소등기청구권이고 동일성 판단의 기준이 되는 청구원인, 즉 말소등기청구권의 발생원인은 당해 등기의 원인무효라고 할 것인데, 전소와 후소에서 피고 명의의 등기가 원인무효라고 내세우는 사유가 동일하다면 말소등기를 구하는 전소와 후소는 소송물이 동일하여 후소에서의 주장은 전소 확정판결의 기판력에 저촉되어 허용될 수 없다(대판 2011.6.30, 2011다24340).

(2) 구체적으로 문제되는 경우

1) 등기된바가 있거나 법률에 의한 소유권인정

진정명의회복을 원인으로 한 소유권이전등기청구가 인정되기 위해서는 이미 자기 앞으로 소유권을 표상하는 등기가 되어 있었거나 법률에 의하여 소유권을 취득한 자이어야 하기 때문에 부동산에 관하여 자신이나 피상속인 앞으로 등기된 바 없고 또 법률에 의하여 그 소유권을 취득한 것이 아니라면 진정한 등기명의의 회복을 원인으로 하여 직접 소유권이전등기절차의 이행을 구할 수 없다(대판 1993.2.23, 92다48970). 그러므로 명의신탁대상 부동산에 관하여 자기 명의로 소유권이전등기를 경료한 적이 있었던 명의신탁자로서는 명의수탁자를 상대로 진정명의회복을 원인으로 한 이전등기를 구할 수도 있다(대판 2002. 9. 6, 2002다35157).

2) 사해행위 취소소송에 있어서 취소 목적 부동산의 등기 명의를 수익자로부터 채무자 앞으로 복귀시키고자 하는 경우, 수익자를 상대로 채무자 앞으로 직접 소유권이전등기절차의 이행을 청구할 수 있는지 여부(적극)

자기 앞으로 소유권을 표상하는 등기가 되어 있었거나 법률에 의하여 소유권을 취득한 자가 진정한 등기명의를 회복하기 위한 방법으로는 그 등기의 말소를 구하는 외에 현재의 등기명의인을 상대로 직접 소유권이전등기절차의 이행을 구하는 것도 허용되어야 하는바, 따라서 채권자는 사해행위의 취소로 인한 원상회복 방법으로 수익자 명의의 등기의 말소를 구하는 대신 수익자를 상대로 채무자 앞으로 직접 소유권이전등기절차를 이행할 것을 구할 수도 있다(대판 2000.2.25. 99다53704).

V. 법률규정에 의한 부동산물권의 변동

> **제187조 (등기를 요하지 아니하는 부동산물권취득)**
> 상속 · 공용징수 · 판결 · 경매 기타 법률의 규정에 의한 부동산에 관한 물권의 취득은 등기를 요하지 아니한다. 그러나 등기를 하지 아니하면 이를 처분하지 못한다.

1. 원 칙(민법 제187조의 개념 및 입법취지)

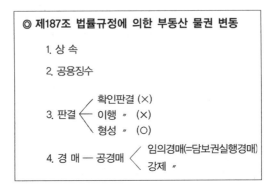

(1) 제187조 본문

1) "상속 · 공용징수 · 판결 · 경매 기타 법률의 규정에 의한 물권의 취득은 등기를 요하지 아니한다"고 규정함으로써 등기를 하여야 부동산물권의 변동이 생긴다는 제186조의 원칙과 반대되는 내용을 갖는다. 이것을 '법률행위에 의하지 않는 부동산물권의 변동'이라고 하는데, 제187조의 문언에 좇아 이를 '법률의 규정에 의한 부동산물권의 변동'이라고도 부른다.

2) 건물을 신축하는 경우는 그 등기 없이도 건물의 완성과 동시에 소유권이 성립하지만 이러한 내용의 법률의 규정은 없다는 점이다. 따라서 '법률의 규정에 의한 부동산물권의 변동'이라고 하기보다는 '법률행위에 의하지 않는 부동산물권의 변동'이라는 표현이 보다 정확하다.

3) 제187조는 물권의 취득이라고 하고 있으나, 그 밖의 변경과 소멸 등 변동 모두에 적용된다(통설).

(2) 제187조 단서

"법률의 규정에 의해 등기 없이 취득한 물권의 경우에도 등기를 하지 않으면 이를 처분하지 못한다"(제187조 단서). 여기서의 처분은 법률행위에 의한 처분만을 말하므로 기타의 처분에 관하여는 다시 민법 제187조 본문이 적용되어 등기를 요하지 않는다. 법률의 규정에 의하여 취득한 물권이라도 등기를 하지 않고 양도하면 무효라고 하는 것이 본조 단서의 취지이나 이러한 처분은 민법 제186조의 적용대상으로 되므로 반드시 이와 같은 규정을 둘 필요는 없었다. 그런데도 이 규정을 둔 것은 이렇게 함으로써 '법률의 규정에 의한 물권변동'도 등기를 갖추도록 간접적으로 강제하려는 의도라고 설명된다. 그리고 법률규정에 의한 취득은 등기 없이도 가능하나, 처분하기 위하여는 등기를 하여야 한다. 그러나 이에 대해서는 많은 예외가 판례상 인정되고 있는바, 그 예로는 첫째, 상속등기를 하지 않고 피상속인으로부터 양수인에게 곧바로 이전등기를 하거나, 둘째, 건물을 신축하고 이를 양도하는 경우에 보존등기를 하고서 그 다음에 이전등기를 하는 것이 아니라 곧바로 양수인 명의로 보존등기를 하거나(중간생략등기), 셋째, 무효등기를 말소하지 않고서 이를 유용하는 것(무효등기의 유용) 등이 있다.

(3) 제187조의 적용범위

제187조가 적용되는 것은 상속·공용징수·판결·경매 기타 법률의 규정에 의하여 부동산물권의 변동이 일어나는 경우이다. 구체적으로 각 경우에 관하여 살펴본다면 아래와 같다.

판례 귀속재산처리법에는 귀속재산인 부동산을 매각한 경우에 어느 때에 매수인에게 소유권이 귀속하는지에 관해, 정함이 없는데, 이에 관해 판례는 그 통일을 보지 못하다가 현재는 매수인이 그 대금을 완납하면 그 등기 없이도 소유권을 취득하는 것으로 보고 있다[대판(전합) 1984.12.11, 84다카557]. 즉 판례는 귀속재산과 관련하여서는 "귀속재산인 토지를 관재기관이 매각하는 행위는 행정처분으로서 귀속재산처리법 제22조의 규정에 비추어 매수인이 그 매수대금을 완납하면 등기를 필요로 하지 아니하고 그 소유권은 자동적으로 매수인에게 이전된다"고 하고 있다(대판 1990.5.25, 89다카14998). 그러나 국유임야의 불하(사법상 매각행위)에 의한 소유권취득은 법률행위에 의한 부동산물권변동으로 제186조의 적용을 받는다(대판 1967.12.26, 67다2405 참조).

1) 상속

피상속인의 사망으로 상속은 개시된다(제997조). 따라서 상속으로 부동산물권의 변동이 일어나는 시기는 피상속인이 사망하는 순간이다(제1078조의 포괄적 유증도 동일). 상속인은 상속에 의한 등기를 단독으로 신청할 수 있다(부동산등기법). 상속에 준하는 포괄유증(제1078조), 회사의 합병(상법) 등으로 인한 포괄승계에 의한 물권의 취득에 관하여도 등기를 요하지 않는다. 피상속인이 부동산을 제3자에게 매도한 후 사망한 경우에는 물권적 합의 후 등기전에 당사자가 사망하면 사망과 동시에 상속인에게 그 소유권이 자동적으로 이전되므로(제187조), 상속인이 '상속에 의한 등기'로서 이전등기를 하고 그 후에 제3자에게 이전등기를 하여야 할 것이다. 그러나 부동산등기법에서는 보다 간편한 방법으로 '상속인에 의한 등기'를 규정하고 있다. 즉 이 경우 상속인은 실체법상의 등기권리자·등기의무자의 지위를 승계하므로 위와 같은 '상속에 의한 등기'를 하지 아니하고 막바로 상속인임을 증명하는 서면을 첨부하여 상대방과 공동으로 등기를 신청할 수 있다.

2) 공용징수

공용징수는 공공의 이익을 위하여 개인의 소유권 기타 재산권을 강제로 취득하는 제도이다. 이에 관한 일반법으로는 토지수용법이 있다. 공용징수에서 등기는 등기권리자(기업자)가 단독으로 신청할 수 있다. 관공서가 기업자인 때에는 촉탁에 의하여 등기한다(부동산등기법 제115조). 물권취득의 등기는 이전등기에 의하여 하나 그 성질은 원시취득이므로 그 물권에 존재하였던 다른 권리는 모두 소멸한다.

판례 〈공용징수에서의 물권취득의 시점〉 ㉠ 토지수용법 등에 의한 토지수용의 경우 기업자가 과실 없이 진정한 토지소유자를 알지 못하여 등기부상 소유명의자를 토지소유자로 보고 그를 피수용자로 하여 수용절차를 마쳤다면 그 수용의 효과를 부인할 수 없으며, 수용목적물의 소유자가 누구임을 막론하고 이미 가지고 있던 소유권은 소멸함과 동시에 기업자가 그 권리를 원시취득한다(대판 1991.5.10, 91다8654). ㉡ 토지수용은 기업자가 원시취득하므로 종전의 저당권은 수용으로 당연히 소멸한다. 다만 수용재결상의 수용개시일까지 보상금을 지급하거나 공탁을 하여야 한다(대판 1998.9.22, 98다12812 참조).

3) 판결

(ㄱ) 판결의 확정에 의해 등기 없이도 물권이 변동한다. 판결은 이행판결·확인판결·형성판결 등이 있으나, 여기서 판결이란 형성판결만을 말한다. 즉 판결 그 자체에 의하여 물권의 변동을 형성하는 경우만을 지칭하는 것이다. 예를 들면 사해행위 취소의 판결(제406조), 공유물분할판결(제269조 제1항), 상속재산분할판결(제1013조 제2항) 등이다. 형성판결에 의하여 물권변동이 일어나는 시기는 그 판결이 확정된 때이다(민소법 제471조). 그리고 판결에 의한 등기는 등기권리자가 단독으로 신청할 수 있다(부동산등기법 제23조 제4항).

판례 〈공유물분할 조정성립만으로 물권변동 안돼〉: 공유자 사이에 공유토지에 관한 현물분할 협의가 성립해 합의 사항을 조서에 기재함으로써 조정이 성립되었다하더라도 그같은 사정만으로 재판에 의한 공유물분할의 경우와 마찬가지로 그 즉시 공유관계가 소멸하고 각 공유자에게 협의에 따른 새로운 법률관계가 창설되는 것은 아니고, 등기를 마친 때에 소유권을 취득한다〔대판(전합) 2013.11.21, 2001두1917〕.

(ㄴ) 기타 이행판결이나 확인판결의 경우에는 그 청구원인 등에 의하여 확정되는 법률행위 등 원인이 있으므로 이에 따라야 한다. 예를 들면 매매를 원인으로 한 소유권이전등기를 명하는 판결에 있어서는 그 매매가 등기원인으로 되고 판결은 등기원인으로 되지 않는다. 따라서 매매계약에 따른 소유권이전등기청구소송에서 승소판결이 확정되더라도(이행판결), 그 판결에 기해 이전등기를 하여야 비로소 소유권을 취득한다(대판 1970.6.30, 70다568).

판례 민법 제187조의 판결은 판결자체에 의하여 부동산물권취득의 효력이 발생하는 경우를 말하는 것이고, 당사자 사이의 법률행위를 원인으로 하여 부동산소유권이전등기절차의 이행을 명하는 것과 같은 판결은 이에 포함되지 아니하므로, 인낙조서가 확정판결과 동일한 효력이 있다고 하더라도 증여를 원인으로 한 소유권이전등기절차의 이행청구에 대하여 인낙한 것이라면 그 부동산의 취득에는 등기를 요한다(대판 1998.7.28, 96다50025 등).

4) 경매

민법 제187조가 규정하는 경매란 국가기관이 하는 공경매로서, 민사집행법상 저당권 등의 임의경매절차가 원칙적으로 강제집행과 동일한 원칙에 따라 규율되도록 하였다. 그래서 이제는 강제집행절차에 의한 강제경매와 담보권실행 등을 위한 경매 및 국세징수법에 의한 경매 등이 있다. 세무관청에 의하여 국세체납처분으로서의 '공매(公賣)'의 한 방법으로 행하여지는 '입찰'(국세징수법)도 경매와 동일하게 취급된다. 특히 부동산소유권 취득시기는 모두 경락인(=매수인)이 그 대금을 완납한 때이다.

5) '기타의 법률'의 규정에 의한 물권변동

위 네 가지 이외에 등기 없이 당연히 물권변동의 효력이 생기는 것으로 주요한 것은 다음과 같다.

(가) 법이 일정한 사실의 발생에 기하여 물권변동을 일으키게 하는 경우

없던 물건이 새로 생기거나(신축건물의 소유권취득) 또는 물건이 멸실함으로써 물권이 취득 또는 상실되는 것이다. 즉 건물을 신축하여 소유권을 취득한 경우에는 등기 없이도 그 소유권을 누구에게나 주장할 수 있다(대판 1965.4.6, 65다113).

㈏ 법률이 특별한 정책적 이유에 기하여 물권변동을 발생케 하는 경우

① 법정지상권(제305조·제366조), 관습법상의 법정지상권의 취득, 관습상의 분묘기지권, ② 법정저당권(제649조) 및 법정질권(제648조·제650조), ③ 대위에 의한 저당권 등의 이전(제399조·제482조·제484조)이 있다.

㈐ 법이 물권관계의 불분명을 피하기 위하여 그 귀속을 확정하는 경우

① 용익물권의 존속기간의 만료에 의한 소멸, ② 두 개 이상의 물건이 결합하여 한 개의 물건으로 되는 소유권귀속(부합 등), ③ 피담보채권의 소멸로 인한 담보물권의 소멸(제369조), ④ 혼동(제191조)에 의한 물권의 소멸 등이 있다.

2. 예 외

시효로 인한 부동산물권의 취득(제245조·제248조)은 법률행위에 의한 것이 아니므로 제187조가 적용되어야 하겠지만, 민법 제245조 제1항은 이에 대해 예외를 인정한다. 즉 시효취득(법률규정에 의한 물권변동)에서는 등기를 요한다는 것이다.

Ⅵ. 등기의 효력

본등기는 권리변동적 효력, 대항적 효력, 순위확정적 효력, 추정적 효력이 있고, 다만 공신력은 없다. 아래에서는 그 중에서 본등기의 추정력을 집중 검토한다.

1. 권리변동적 효력(제186조)

물권행위(물권적 합의)와 부합하는 등기가 있으면 부동산 물권변동의 효력이 생긴다(제186조). 즉 물권적 합의가 이에 부합하는 등기를 갖추면 물권변동을 일으킨다는 것이다. 이와 같이 물권행위와 결합하여 물권변동을 발생케 하는 효력을 등기의 권리변동적 효력이라고 부른다. 등기는 물권적 합의 후에 행하여지는 것이 보통이나 전에 행하여지는 수도 있다. 후자의 경우 물권변동은 물권적 합의(물권행위)가 있는 때에 발생한다. 등기가 행하여진 때란 실제로 등기부에 기재된 때를 말하고 등기를 신청한 때를 말하는 것이 아니다.

2. 대항적 효력

부동산제한물권이나 부동산채권(임차권 등)에 관하여는 물권변동 외에 일정한 사항(존속기간, 지료, 전세금, 이자, 지급시기 등)을 등기할 수 있고, 이들을 등기하면 제3자에 대하여도 효력이 있다. 즉 제3자에게 그 내용을 주장할 수 있는 대항력이 생긴다. 이를 등기의 대항적 효력이라고 부른다.

3. 순위확정적 효력

동일한 부동산에 관하여 등기한 수 개의 권리의 순위는 법률에 다른 규정이 없으면 등기의 전후에 의하는데(부동산등기법 제4조 제1항), 이러한 등기의 효력을 순위확정적 효력이라고 한

다. 등기의 전후는 등기용지(등기기록) 중 같은 구에서 한 등기는 순위번호에 의하여, 다른 구에서 한 등기는 접수번호에 의한다(동법 제4조 제2항). 다만 부기등기의 순위는 주등기의 순위에 의하나, 부기등기 사이의 순위는 그 등기선후에 의한다(동법 제5조 제1항).

> **부동산등기법 제4조(권리의 순위)**
> ① 같은 부동산에 관하여 등기한 권리의 순위는 법률에 다른 규정이 없으면 등기한 순서에 따른다.
> ② 등기의 순서는 등기기록 중 같은 구에서 한 등기 상호간에는 순위번호에 따르고, 다른 구에서 한 등기 상호간에는 접수번호에 따른다.
> **제5조(부기등기의 순위)**
> 부기등기의 순위는 주등기의 순위에 따른다. 다만, 같은 주등기에 관한 부기등기 상호간의 순위는 그 등기 순서에 따른다.
> **제52조(부기로 하는 등기)**
> 등기관이 다음 각 호의 등기를 할 때에는 부기로 하여야 한다. 다만, 제5호의 등기는 등기상 이해관계 있는 제3자의 승낙이 없는 경우에는 그러하지 아니하다.
> 1. 등기명의인표시의 변경이나 경정의 등기 2. 소유권 외의 권리의 이전등기 3. 소유권 외의 권리를 목적으로 하는 권리에 관한 등기 4. 소유권 외의 권리에 대한 처분제한 등기 5. 권리의 변경이나 경정의 등기 6. 제53조의 환매특약등기
> 7. 제54조의 권리소멸약정등기 8. 제67조제1항 후단의 공유물 분할금지의 약정등기 9. 그 밖에 대법원규칙으로 정하는 등기

4. 본등기의 추정력

(1) 의의

일단 등기가 되어 있으면 등기에 기재되어 있는바에 따라 실질적인 권리관계가 존재할 것이라는 추정을 일으키는 효력을 등기의 추정적 효력이라 한다. 즉 무효인 등기라 하더라도 그에 부합하는 권리가 실체법상으로도 존재하는 것으로 추정된다. 이처럼 등기의 추정력은 권리의 등기에 관한 것이고 사실의 등기, 즉 부동산표시에 관한 사항에는 추정력이 인정되지 않는다. 또한 권리의 등기에 추정력을 인정한다는 것이지 '대장'에 인정한다는 것이 아니다. 즉 판례도 "토지대장상의 소유자란에 이름이 기재되어 있다고 하더라도 그 기재에는 권리추정력을 인정할 수 없다"고 한다(대판 2011.5.13. 2009다94384,94391,94407).

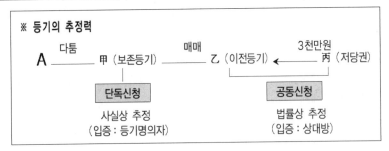

(2) 본질

1) 법률상 추정설(판례)

민법 제200조(점유자가 점유물에 대하여 행사하는 권리는 적법하게 보유한 것으로 추정한다)의 점유의 적법추정규정을 유추하여 법률상 권리추정으로 본다. 법률상 추정으로 보게 되면 등기의 무효는 등기명의자가 아닌 상대방이 입증하여야 한다.

> **판례** ㉠ 부동산에 관한 소유권이전등기의 무효사유는 이를 다투는 측에서 주장·입증하지 아니하는 한, 등기원인 사실에 관한 입증이 부족하다는 이유로 그 등기를 무효라고 단정할 수 없다(대판 1997.6.24. 97다2993). ㉡ 소유권이전등기의 원인으로 주장된 계약서가 진정하지 않은 것으로 증명된 이상 그 등기의 적법추정은 복멸되는 것이고 계속 다른 적법한 등기원인이 있을 것으로 추정할 수는 없다(대판 1998.9.22. 98다29568).

2) 사실상 추정설

등기절차는 원래 엄격한 것이므로 등기의 기재사항을 진실에 부합할 개연성이 높다고 하는 경험법칙에 기한 사실상의 추정으로 보는 견해이다. 사실상 추정설에 따르면 입증책임은 그대로 등기명의인에게 남아 있다.

(3) 범위

1) 권리의 추정

담보물권의 등기는 그 담보물권의 존재 자체뿐 아니라 이에 상응하는 피담보채권이 존재하는 것으로 추정된다(대판 1969.2.18. 68다2239). 또한 환매기간을 제한하는 환매특약이 등기부에 기재되어 있는 때에는 반증이 없는 한 등기부 기재와 같은 환매특약이 진정하게 성립된 것으로 추정함이 상당하다(대판 1991.10.11. 91다13700).

2) 등기원인과 적법절차의 추정

㈀ 판례는 권리가 등기원인으로부터 연유하는 것이므로 등기에 의하여 등기원인이 진실로 존재하고 등기절차가 적법하게 행하여졌다는 추정도 받는다고 한다(대판 1969.10.14. 69다1185).

㈁ 따라서 경락허가결정으로 인한 소유권이전등기는 법원의 적법한 경락허가결정에 의한 것으로, 상환완료에 인한 소유권이전등기는 적법한 농지분배절차를 밟은 것으로 추정되는 것이다(판례).

㈂ 또한 소유권이전등기가 등기부 멸실 후 회복등기절차에 따라 이루어진 경우에 그 회복등기는 등기공무원에 의하여 적법하게 수리되어 처리된 것으로 추정된다(대판 2003.12.12. 2003다44615 등).

㈃ 대리권 없이 저당권이 설정되거나 또는 소유권이 이전된 경우에도 정당한 대리인에 의하여 대리행위가 된 것으로 추정된다. 따라서 그 무권대리인에 의하여 이루어진 사실에 대한 입증은 저당권설정자나 전소유자가 입증책임을 진다. 따라서 현 소유명의인의 등기가 적법히 이루어진 것으로 추정된다(대판 2009.9.24. 2009다37831).

㈄ 다만 소유권이전등기원인으로 주장된 계약서가 진정하지 않은 것으로 증명된 이상, 그 등기의 적법추정은 복멸되는 것이고 계속 다른 적법한 등기원인이 있을 것으로 추정할 수는 없

다(대판 1998.9.22, 98다29568).

(ㅂ) 등기절차의 '전제요건'도 구비된 것으로 추정된다. 예컨대 <u>토지거래허가지역</u>에 대해 등기가 이루어진 때에는 적법한 허가가 있는 것으로 추정된다.

판례 ① <u>부동산 등기는 현재의 진실한 권리상태를 공시하면 그에 이른 과정이나 태양을 그대로 반영하지 아니하였어도 유효한 것으로서,</u> 등기명의자가 전 소유자로부터 부동산을 취득함에 있어 등기부상 기재된 등기원인에 의하지 아니하고 다른 원인으로 적법하게 취득하였다고 하면서 <u>등기원인 행위의 태양이나 과정을 다소 다르게 주장한다고 하여 이러한 주장만 가지고 그 등기의 추정력이 깨어진다고 할 수는 없다</u>(대판 2000.3.10, 99다65462), ② 멸실회복등기에 있어 전등기의 접수년월일, 접수번호 및 원인일자가 각 불명이라고 기재되었다 하여도 별다른 사정이 없는 한 이는 등기공무원에 의하여 적법하게 수리되고 처리된 것이라고 추정함이 타당하다〔대판(전합) 1981.11.24. 80다3286; 대판 2003.12.12, 2003다44615, 44622)〕. ③ 전 등기명의인이 미성년자이고 당해 부동산을 친권자에게 증여하는 행위가 이해상반행위라 하더라도 친권자에게 이전등기가 경료된 이상, 그 이전등기에 관하여 필요한 절차를 적법하게 거친 것으로 추정된다(대판 2002. 2. 5, 2001다72029). ④ 수인이 공동으로 소유하는 부동산에 관한 멸실회복등기는 공유자 중 1인이 공유자 전원의 이름으로 그 회복등기신청을 할 수 있고, <u>등기권리자가 사망한 경우에는 상속인의 명의가 아니라 피상속인의 이름으로 회복등기를 하여야 하는 것이므로,</u> 회복등기신청 당시 등기명의인이 이미 사망하였다고 하더라도 그 멸실회복등기의 추정력이 깨어지지 아니한다(대판 2003.12.12, 2003다44615, 44622).

3) 추정력의 인적범위

등기의 추정력은 제3자에게 당연히 주장할 수 있다. 문제는 권리변동에 관하여 다투고 있는 당사자간에도 주장가능한가? 예컨대 이전등기의 현등기명의인은 前(전)등기명의인에 대하여도 등기의 추정력을 주장할 수 있는가이다. 판례는 긍정한다(아래 판결참조).

판례 ㉠ 판례는 부동산에 대하여 <u>소유권이전등기</u>가 경료되어 있는 경우에는 그 등기명의자는 제3자에 대하여서뿐만 아니라 <u>그 전소유자에 대하여서도 적법한 등기원인에 의하여 소유권을 취득한 것으로 추정된다</u>(대판 1982.6.22, 81다792).
㉡ <u>다만 부동산에 대한 소유권보존등기가 있으면</u> 그 명의자에게 소유권이 있는 것으로 추정되나 그 명의자가 보존등기 전의 소유자로부터 소유권을 양도받은 것이라는 주장이 있고 또한 전소유자가 보존등기명의자에게 양도한 사실을 부인하는 경우에는 소유권이전등기의 경우와 다르게 그 추정력이 깨어진다(대판 1982.9.14, 82다카707).
㉢ 전 소유자가 사망한 이후에 그 명의로 신청되어 경료된 소유권이전등기는, 그 등기원인이 이미 존재하고 있으나 아직 등기신청을 하지 않고 있는 동안에 등기의무자에 대하여 상속이 개시된 경우에 피상속인이 살아 있다면 그가 신청하였을 등기를 상속인이 신청한 경우 또는 등기신청을 등기공무원이 접수한 후 등기를 완료하기 전에 본인이나 그 대리인이 사망한 경우와 같은 특별한 사정이 인정되는 경우를 제외하고는, 원인무효의 등기라고 볼 것이어서 그 등기의 추정력을 인정할 여지가 없다(대판 2004.9.3. 2003다3157).

4) 일반법(=부동산등기법)상 보존등기와 이전등기

(ㄱ) 보존등기는 등기신청자 단독의 신청에 의하여 행하여지는 것으로서 그 진실성 보장이 약하므로, 소유권보존등기의 명의자에 대하여 소유권이 보전되어 있다는 사실만이 추정되고 기타 사실 특히 권리변동사실은 추정되지 않는다. <u>따라서 그 등기가 원시취득에 의한 보존등기가 아닌 사실이 드러나면 그 추정력을 부정하여야 한다</u>(판례). 그러므로 소유권보존등기 추정력은 보존등기 명의인 이외의 자가 당해 토지를 사정받은 것으로 밝혀지면 깨어진다(대판

2011.5.13. 2009다94384,94391,94407).

판례 〈소유권보존등기 명의인 이외의 자가 토지를 사정받은 것으로 밝혀진 경우 소유권보존등기 추정력이 깨지는지 여부(적극)〉 ① 토지조사부에 소유자로 등재되어 있는 자는 재결에 의하여 사정 내용이 변경되었다는 등 반증이 없는 이상 토지 소유자로 사정받아 그 사정이 확정된 것으로 추정되어 토지를 원시적으로 취득하게 되고, 소유권보존등기 추정력은 보존등기 명의인 이외의 자가 당해 토지를 사정받은 것으로 밝혀지면 깨지는 것이나, 한편 ② 부동산 소유권에 기한 물권적 방해배제청구권 행사의 일환으로서 부동산에 관하여 마쳐진 타인 명의의 소유권보존등기 말소를 구하려면 먼저 자신에게 말소를 청구할 수 있는 권원이 있음을 적극적으로 주장·증명하여야 하며, 만일 그러한 권원이 있음이 인정되지 않는다면 설사 타인 명의의 소유권보존등기가 말소되어야 할 무효의 등기라고 하더라도 청구를 인용할 수 없다(대판 2011.5.13. 2009다94384,94391,94407).

(ㄴ) 이전등기는 보존등기와는 달리 통상의 추정력을 갖는다. 다만 사망자명의로 등기가 신청되었거나, 허무인으로부터 소유권이전등기가 경료되었거나, 법인의 대표이사가 소유권이전등기에 필요한 소요서류를 허위작성하였다는 유죄판결을 받았거나, 또는 등기명의자가 매수인으로서 매매계약을 체결한 사실이 없고 다른 사람이 매수인으로서 매매계약을 체결하였던 사실이 입증되면 등기의 추정력은 번복된다(대판 1968.8.12. 68다1962).

5) 일반법이 아닌 특별법에 의한 등기

(ㄱ) 예컨대 분배농지소유권이전등기에 관한 특별조치법(실효), 임야소유권이전등기 등에 관한 특별조치법(실효), 일반농지의 소유권이전등기 등에 관한 특별조치법(실효)에 의한 소유권이전등기·소유권보존등기도 추정력이 있다.

(ㄴ) 구 임야소유권이전등기등에관한특별조치법(실효, 이하 '특별조치법'이라 한다)에 따라 등기를 마친 자가 보증서나 확인서에 기재된 취득원인이 사실과 다름을 인정하더라도 그가 다른 취득원인에 따라 권리를 취득하였음을 주장하는 때에는, 위의 사유만으로 특별조치법에 따라 마쳐진 등기의 추정력이 깨어진다고 볼 수는 없으며, 그 밖의 자료에 의하여 새로이 주장된 취득원인 사실에 관하여도 진실이 아님을 의심할 만큼 증명되어야 그 등기의 추정력이 깨어진다고 할 것이다(대판[전합] 2001.11.22. 2000다71388,71395). 즉 판례는 특별조치법에 따라 등기를 마친 자가 취득원인에 관하여 보증서나 확인서에 기재된 것과 다른 주장을 하였다는 사유만으로 등기의 추정력이 깨어지지 않는다고 한다[대판(전합) 2001.11.22. 2000다71388]. 특별조치법에 정한 보증서나 확인서가 허위 또는 위조된 것이라거나 그 밖의 자료에 의하여 그 실체적 기재내용이 진실이 아님을 의심할 만큼 증명이 된 때에는 그 등기의 추정력은 깨어진다고 한다(대판 2006.2.23. 2004다29835).

6) 사례연습

관련사례 | 갑이 을로부터 임야를 매수한 바는 없으나, 갑의 어머니가 을에게 명의신탁하였다가 해지한 후 갑에게 증여하였기 때문에 위 특별조치법에 따라 을로부터 갑의 명의로 등기하였다고 주장하고 있다면 갑이 을로부터 임야를 매수하였다는 내용의 보증서나 확인서가 허위임을 시인하고 있는 셈이어서 갑 명의의 소유권이전등기의 추정력은 번복되었다고 볼 수 있는가?[대판(전합) 2001.11.22. 2000다71388,71395].

해설	(a) 특별조치법에 따라 등기를 마친 자가 취득원인에 관하여 보증서나 확인서에 기재된 것과 다른 주장을 하였다는 사유만으로 등기의 추정력이 깨진다고 볼 수는 없다. 따라서 <u>증여받았으나 편의상 매수한 것처럼 보증서를 발급받아 특별조치법에 따라 소유권이전등기를 마쳤다고 주장하고 있는 경우, 등기추정력은 깨어지지 않는다</u>(대판(전합) 2001.11.22, 2000다71388, 71395).
	(b) 다만 그 주장 자체에서 특별조치법에 따른 등기를 마칠 수 없음이 명백하거나 그 주장하는 내용이 구체성이 전혀 없다든지 그 자체로서 허구임이 명백한 경우, 그 밖의 자료에 의하여 새로이 주장된 취득원인 사실에 관하여도 진실이 아님을 의심할 만큼 증명되어야 그 등기의 추정력이 깨어진다고 할 것이다(대판(전합) 2001.11. 22. 2000다71388,71395).

(4) 관련문제

1) 점유의 추정력
부동산에 있어서는 등기가 공시방법으로 되어 있으므로 등기된 부동산에 관하여는 점유의 추정력이 배제된다는 것이 통설·판례이다(제200조 참조).

2) 토지조사부나 대장 등에 등재된 경우
(ㄱ) <u>토지조사부에 토지소유자로 등재되어 있는 자는 재결에 의하여 사정내용이 변경되었다는 등의 반증이 없는 이상 토지소유자로 사정받고 그 사정이 확정된 것으로 추정된다</u>(대판 2009.3.26, 2006다55692).
(ㄴ) <u>토지대장상의 소유자란에 이름이 기재되어 있다고 하더라도 그 기재에는 권리추정력을 인정할 수 없다</u>(대판 2011.5.13, 2009다94384,94391,94407). 이러한 <u>토지대장 또는 임야대장의 소유자에 관한 기재의 권리추정력이 인정되지 아니하는 경우에는 국가를 상대로 소유권확인청구를 할 수밖에 없다</u>(대판 2010.11.11. 2010다45944).

판례 〈토지대장에 소유자 이름이 기재되어 있는 경우, 그 기재에 권리추정력을 인정할 수 있는지 여부(소극)〉 토지대장에 소유자 이름이 기재되어 있다 하더라도, 그 기재에는 권리추정력을 인정할 수 없다(대법원 2013.07.11. 선고 2013다202878 판결).

(ㄷ) 구 조선임야조사령 등 관련 규정에 따라 작성된 임야원도에 어떤 사람의 성명이 기재되어 있는 경우, 그 사람이 토지의 소유자로 사정받았다고 추정할 수 없다(대법원 2012.5.24. 선고 2012다11198 판결).
(ㄹ) 구 조선수리조합령(1917. 7. 17. 제령 제2호. 폐지)에 따라 설립된 수리조합이 관개시설의 설치를 목적으로 사인으로부터 토지를 매수하면서 <u>작성한 '용지매수비조사부'에 어떤 사람이 매도인으로 기재되어 있다면, 비록 그러한 사정만으로 그 매도인이 종전소유자라는 권리추정력이 있다고 보기는 어렵다</u>(대법원 2012.9.13. 선고 2011다85833 판결).

3) 등기의 선의·무과실
등기의 내용을 신뢰한 것은 선의·무과실로 추정된다(대판 1982.5.11, 80다2881).

4) 등기의 추정력과 관계없이 명의신탁자가 명의수탁자에 대하여 명의신탁에 의한 등기임을 주장할 수 있는지 여부(적극)

명의신탁은 등기의 추정력을 전제로 하면서 그 등기가 명의신탁계약에 의해 성립된 사실을 주장하는 것이므로, 그 등기에 추정력이 있다고 하더라도 명의신탁자는 명의수탁자에게 대하여 등기가 명의신탁에 의한 것임을 주장할 수 있다(대판 2007.2.22. 2006다68506).

5) 공시송달의 경우

소유권보존등기 명의인을 상대로 한 소유권보존등기 말소청구소송을 제기하여 공시송달 절차에 따라 승소판결을 받은 원고가 그 판결에 기하여 기존의 소유권보존등기를 말소한 후 자신의 명의로 마친 소유권보존등기는 적법한 절차에 따라 마쳐진 소유권보존등기라고 추정할 수 있다(대판 2006.9.8. 2006다17485).

6) 특별조치법상 입법취지에 위반하는 경우

(ㄱ) 구 부동산소유권 이전등기 등에 관한 특별조치법(1977. 12. 31. 법률 제3094호로 제정된 것)의 규정 취지에 비추어 볼 때 위 법률이 요구하는 3인의 보증인들은 위 법률에 의하여 등기를 하고자 하는 확인서 발급신청인 이외의 제3자를 의미하는 것이라고 해석하여야 하기 때문에 종중의 대표 자신이 위 법률상 보증인의 1인으로 된 보증서 및 이에 기한 확인서에 의하여 경료된 등기는 절차상 위법한 등기로서 적법성의 추정을 받을 수 없다(대판 2010.11.11. 2010다45944).

(ㄴ) 농가는 "구 농지개혁사업 정리에 관한 특별조치법상 규정" 상 자연인에 한하는 것으로 해석되므로, 법인이나 법인격이 없는 사단으로서는 구 농지개혁사업 정리에 관한 특별조치법 소정의 절차에 따른 소유권이전등기를 경료할 수 없었던 것이 명백하다. 따라서 농가가 아닌 법인이나 법인격 없는 사단의 명의로 경료된 특별조치법에 기한 소유권이전등기는 적법한 절차에 의하여 마쳐진 것이라고 볼 수 없으므로 실체법상 권리관계에 부합하는 등기라는 추정력은 깨지는 것으로 보아야 할 것이다(대판 2007.5.10. 2007다3612).

2. 가등기

(1) 의의

가등기는 본등기(종국등기)에 대비되는 등기의 효력에 의한 분류이다. 본등기가 물권변동의 효력을 발생시키는 본래의 등기인데 반하여 가등기는 부동산물권 및 그에 준하는 권리의 설정·소멸 등의 청구권을 보전하기 위해 예비로 하는 등기이다(부동산등기법 제88조 이하).

판례 부동산등기법상의 가등기는 물권적 청구권을 보존하기 위해서는 할 수 없다(대판 1982.11.23. 81다카1110).

(2) 대상

(ㄱ) 부동산물권변동의 청구권이 시기부·정지조건부인 경우에도 현행법상 가등기를 할 수 있다. 따라서 장래에 확정될 채권인 경우에도 가등기로서 보전할 수 있다(동법 제88조).

(ㄴ) 한편 가등기가 청구권보전의 가등기인지 담보가등기인지의 구별은 거래의 실질과 당사자의 의사에 의해 결정되어야 하며 등기부상의 표시에 의해 결정되어서는 안된다(대판 1992.2.11. 91다 36931).

(3) 가등기 신청방법 등

1) 가등기신청
가등기권리자는 가등기의무자의 승낙이 있거나 가등기를 명하는 법원의 가처분명령이 있을 때에는 단독으로 가등기를 신청할 수 있다(동법 제89조).

2) 가등기의 말소신청
가등기명의인은 단독으로 가등기의 말소를 신청할 수 있고, 또한 가등기의무자 또는 가등기에 관하여 등기상 이해관계 있는 자는 가등기명의인의 승낙을 받아 단독으로 가등기의 말소를 신청할 수 있다(동법 제93조).

(4) 효력

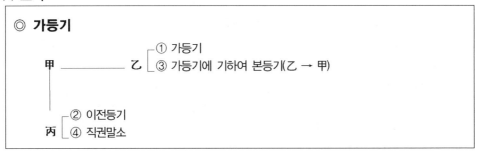

1) 실체법상 효력
가등기의 내용은 장차 행하여질 본등기의 내용과 일치하여야 한다는 것이 판례의 태도이며, 본등기가 없는 동안은 가등기만으로 아무런 실체법상의 효력이 없다는 것이 통설과 판례의 태도이다.

2) 가등기에 기해 본등기를 한 경우의 효력(본등기 순위보전의 효력)
가등기에 기한 본등기가 행하여지면 본등기의 순위는 가등기의 순위에 의한다(부동산등기법 제91조). 그리고 가등기는 본등기순위보전의 효력만을 가지므로 가등기에 기한 본등기를 하면 물권변동의 효력은 그 본등기를 한 때 발생하는 것이지, 소급하여 가등기가 행하여진 때 발생하는 것이 아니다(통설·대판 1981.5.26. 80다3117). 다만 본등기의 순위가 가등기를 한 때를 기준으로 하여 결정된다.

〈부동산등기법〉 제92조(가등기에 의하여 보전되는 권리를 침해하는 가등기 이후 등기의 직권말소)
① 등기관은 가등기에 의한 본등기를 하였을 때에는 대법원규칙으로 정하는 바에 따라 가등기 이후에 된 등기로서 가등기에 의하여 보전되는 권리를 침해하는 등기를 직권으로 말소하여야 한다.
② 등기관이 제1항에 따라 가등기 이후의 등기를 말소하였을 때에는 지체 없이 그 사실을 말소된 권리의 등기명의인에게 통지하여야 한다.

3) 본등기전의 가등기자체의 효력

가등기가 본등기의 요건을 구비하고 있다고 할지라도 본등기를 행하지 아니하고 있는 한 가등기설정자의 처분행위를 저지할 수 없으며, 이에 의한 제3취득자에 대하여 대항할 수 없다. 따라서 가등기는 본등기가 없는 동안은 그 자체로써 아무런 실체법상의 효력이 없다(판례). 또한 가등기는 청구권이 존재한다는 추정력을 갖지 않는다. 즉 소유권이전청구권보전을 위한 가등기가 있다하여 소유권이전등기를 청구할 어떤 법률관계가 있다고 추정되지 아니한다(대판 1979.5.22. 79다239)

4) 가등기가 이루어진 부동산에 관하여 제3취득자 앞으로 소유권이전등기가 마쳐진 후 그 가등기가 말소된 경우, 그 가등기의 회복등기청구의 상대방

말소된 등기의 회복등기절차의 이행을 구하는 소에서는 회복등기의무자에게만 피고적격이 있는바, 가등기가 이루어진 부동산에 관하여 제3취득자 앞으로 소유권이전등기가 마쳐진 후 그 가등기가 말소된 경우 그와 같이 말소된 가등기의 회복등기절차에서 회복등기의무자는 가등기가 말소될 당시의 소유인 제3취득자이므로, 그 가등기의 회복등기청구는 회복등기의무자인 제3취득자를 상대로 하여야 한다(대판2009.10.15. 2006다43903). 한편 가등기가 가등기권리자의 의사에 의하지 아니하고 말소되어 그 말소등기가 원인 무효인 경우에는 등기상 이해관계 있는 제3자는 그의 선의, 악의를 묻지 아니하고 가등기권리자의 회복등기절차에 필요한 승낙을 할 의무가 있다(대판 1997.9.30. 95다39526).

(5) 가등기의 가등기

가등기는 원래 순위를 확보하는 데에 그 목적이 있으나, 순위보전의 대상이 되는 물권변동의 청구권은 그 성질상 양도될 수 있는 재산권일 뿐만 아니라 가등기로 인하여 그 권리가 공시되어 결과적으로 공시방법까지 마련된 셈이므로, 이를 양도한 경우에는 양도인과 양수인의 공동신청으로 그 가등기상의 권리의 이전등기를 가등기에 대한 부기등기의 형식으로 경료할 수 있다고 보아야한다[대판(전합) 1998.11.19. 98다24105].

(6) 가등기청구권의 소멸시효

가등기에 기한 본등기청구권은 채권적 권리로써 10년의 시효에 걸린다(판례동지). 판례는 "토지를 매수하여 그 명의로 소유권이전청구권보전을 위한 가등기를 경료하고 그 토지 상에 타인이 건물 등을 축조하여 점유 사용하는 것을 방지하기 위하여 지상권을 설정하였다면 이는 위 가등기에 기한 본등기가 이루어질 경우 그 부동산의 실질적인 이용가치를 유지 확보할 목적으로 전소유자에 의한 이용을 제한하기 위한 것이라고 봄이 상당하다고 할 것이고 그 가등기에 기한 본등기청구권이 시효의 완성으로 소멸하였다면 그 가등기와 함께 경료된 위 지상권 또한 그 목적을 잃어 소멸되었다고 봄이 상당하다(대판 1991.3.12. 90다카27570).

(7) 가등기에 기한 본등기절차의 이행을 금지하는 취지의 가처분이 등기사항인지 여부(소극)

소유권이전청구권을 보전하기 위한 가등기는 그 가등기상의 권리 자체의 처분을 금지하는 가처분은 처분의 제한에 해당되어 등기사항에 해당되지만, 가등기에 터잡아 본등기를 하는 것은 가등기상의 권리 자체의 처분이라고는 볼 수 없으므로 허용되지 아니한다고 봄이 상당하다(대판 2007.2.22. 2004다59546).

(8) 사례검토

1) 이중보존등기와 가등기의 효력

관련사례 | 어느 부동산에 관하여 표제부가 일치한 甲의 등기가 있고, 乙의 중복된 소유권 보존등기가 있다. 유효한 甲의 부동산에 丙의 가등기가 있고, 丙은 甲을 상대로 소유권이전등기에 관한 소를 제기하여 승소판결을 받았으나 본등기는 되어 있지 않다. 이 때 丙은 乙을 상대로 소유권보존등기의 말소를 청구할 수 있는가?

해설 |
(a) **표제부는 실질설(실체설)** : 등기의 표제부에 표시된 부동산에 관한 권리관계의 표시가 유효한 것이 되기 위하여는 우선 그 표시가 실제의 부동산과 동일하거나 사회관념상 그 부동산을 표시하는 것이라고 인정될 정도로 유사하여야 하고, 그 동일성 내지 유사성 여부는 토지의 경우에는 지번과 지목, 지적에 의하여 판단하여야 한다.

(b) **가등기의 실체법상 효력** : 가등기는 부동산등기법 제6조 제2항의 규정에 의하여 그 본등기 시에 본등기의 순위를 가등기의 순위에 의하도록 하는 순위보전적 효력만이 있을 뿐이고, 가등기만으로는 아무런 실체법상 효력을 갖지 아니하고, 그 본등기를 명하는 판결이 확정된 경우라도 본등기를 경료하기까지는 마찬가지라 할 것이므로, 중복된 소유권보존등기가 무효이더라도 가등기권리자는 그 말소를 청구할 권리가 없다(대판 2001.3.23, 2000다51285).

(c) **소유권보존등기가 말소되어야 할 무효의 등기인 경우, 그 말소를 구하는 사람에게 말소를 청구할 수 있는 권원이 인정되지 않더라도 말소청구를 인용할 수 있는지 여부(소극)** : 원고가 피고에 대하여 피고 명의로 마쳐진 소유권보존등기의 말소를 구하려면 먼저 원고에게 그 말소를 청구할 수 있는 권원이 있음을 적극적으로 주장·입증하여야 하며, 만일 원고에게 이러한 권원이 있음이 인정되지 않는다면 설사 피고 명의의 소유권보존등기가 말소되어야 할 무효의 등기라고 하더라도 원고의 청구를 인용할 수 없다(대판 2009.2.26, 2006다72802).

2) 가등기에 기한 본등기절차

관련사례 | 甲 소유의 부동산에 乙 명의로 소유권이전등기청구권 보전을 위한 가등기가 경료된 후 甲에서 丙 명의의 매매를 원인으로 한 소유권이전등기가 경료되고, 당일 甲이 丙에게 점유를 이전하였다.

해설 |
(a) **물권변동시기** : 乙이 가등기에 기한 본등기를 하면 乙의 소유권취득시기가 가등기시로 소급되므로 丙의 소유권취득은 무효이다(×, 본등기 순위만 소급하고, 물권변동은 본등기시이다. 즉 가등기를 한 후 나중에 본등기를 한 때에는 본등기의 순위는 가등기의 순위에 의하는 것이다).

(b) **가등기에 기한 본등기절차** : 가등기 이후에 제3자에게 소유권이전의 본등기가 된 경우, 가등기권자는 본등기를 하지 않고서는 가등기 이후의 본등기의 말소를 청구할 수 없다. 따라서 가등기권자가 소유권이전의 본등기를 한 경우에는 등기공무원은 제3자의 본등기를 직권말소할 수 있다는 것이 판례의 입장이다. 乙이 본등기를 하려면 甲에게 청구하여야 하고 가등기에 기

하여 본등기가 되면 丙의 등기는 직권말소된다(대판 1995.5.26, 95다6878). 이러한 판례의 입장은 부동산등기법 제92조에 성문화되었다.
- (c) **소멸시효** : 가등기의 기초가 된 채권은 10년의 불행사로 인하여 소멸시효에 걸린다. 소멸시효가 완성한 결과 그 채권은 소멸하게 되므로, 따라서 가등기는 실체관계에 부합하지 않는 무효의 등기가 된다.
- (d) **가등기가 이루어진 부동산에 관하여 제3취득자 앞으로 소유권이전등기가 마쳐진 후 그 가등기가 말소된 경우, 그 가등기의 회복등기청구의 상대방** : 말소된 등기의 회복등기절차의 이행을 구하는 소에서는 회복등기의무자에게만 피고적격이 있는바, 가등기가 이루어진 부동산에 관하여 제3취득자 앞으로 소유권이전등기가 마쳐진 후 그 가등기가 말소된 경우 그와 같이 말소된 가등기의 회복등기절차에서 회복등기의무자는 가등기가 말소될 당시의 소유자인 제3취득자이므로, 그 가등기의 회복등기청구는 회복등기의무자인 제3취득자를 상대로 하여야 한다(대판2009.10.15, 2006다43903).

3. 예고등기(폐지 2011년)

(1) 의의
예비등기에는 가등기와 예고등기가 있는데, 가등기는 그 가등기에 기한 본등기의 순위확보의 효력이 있으나 예고등기는 등기원인의 무효 또는 취소를 이유로 하여 등기말소나 회복의 소가 제기된 경우에 수소법원(受訴法院)의 촉탁에 의하여 그러한 소송이 제기되었다는 취지를 기입하는 등기를 말한다.

(2) 폐지이유
예고등기는 본래 등기의 공신력이 인정되지 아니하는 법제에서 거래의 안전을 보호하기 위하여 인정되는 제도이나, 예고등기로 인하여 등기명의인이 거래상 받는 불이익이 크고 집행방해의 목적으로 소를 제기하여 예고등기가 행하여지는 사례가 있는 등 그 폐해가 크므로 이를 폐지하였다.

VII. 부동산등기법 개정주요사항(2011.4.12)

1. 등기사항(법정주의)
채권담보권의 신설에 유의한다.

제3조(등기할 수 있는 권리 등)
등기는 부동산의 표시와 다음 각 호의 어느 하나에 해당하는 권리의 보존, 이전, 설정, 변경, 처분의 제한 또는 소멸에 대하여 한다. 1. 소유권 2. 지상권 3. 지역권 4. 전세권 5. 저당권 6. 권리질권 7. 채권담보권 8. 임차권

2. 등기의 효력발생시기 등

(1) 등기의 효력발생시기를 명확하게 하기 위하여 <u>등기관이 등기를 마치면 그 등기의 효력은 접수한 때부터 효력을 발생</u>하도록 했다.

> **제6조(등기신청의 접수시기 및 등기의 효력발생시기)**
> ① 등기신청은 대법원규칙으로 정하는 등기신청정보가 <u>전산정보처리조직에 저장된 때</u> 접수된 것으로 본다.
> ② <u>제11조제1항에 따른 등기관이 등기를 마친 경우 그 등기는 접수한 때부터 효력을 발생한다.</u>

(2) 1994년부터 시작된 등기부 전산화 작업이 2002년 모두 완료되어 모든 등기사무가 전산정보처리조직으로 처리되므로 이를 등기사무처리방식의 원칙으로 규정하고, 종이등기부를 전제로 한 규정 또는 용어, 예컨대 등기용지, 기재, 날인 등은 전산등기부와 부합하지 아니하므로 모두 삭제하였다(제11조 2항).

3. 전세금반환채권의 일부양도에 따른 전세권 일부이전등기규정의 신설

존속기간의 만료 등으로 전세권이 소멸한 경우 해당 전세권은 전세금반환채권을 담보하는 범위에서 유효한 것이고, 이때에는 전세금반환채권의 일부양도가 가능하므로 전세금반환채권의 일부양도에 따라 전세권일부이전등기를 할 때에는 양도액을 등기할 수 있도록 하였다.

> **제73조(전세금반환채권의 일부양도에 따른 전세권 일부이전등기)**
> ① 등기관이 <u>전세금반환채권의 일부 양도를 원인으로 한 전세권 일부이전등기를 할 때에는 양도액을 기록한다.</u>
> ② 제1항의 전세권 일부이전등기의 신청은 <u>전세권의 존속기간의 만료 전에는 할 수 없다.</u> 다만, 존속기간 만료 전이라도 해당 전세권이 소멸하였음을 증명하여 신청하는 경우에는 그러하지 아니하다

4. 공동저당의 대위등기 규정신설

민법 제368조 제2항 후단에 따르면 공동저당이 설정되어있는 경우에 선순위 저당권자가 그 중 일부의 부동산에 관하여만 저당권을 실행하여 채권전부를 변제받은 경우 후순위저당권자는 공동담보로 제공되어 있는 다른 부동산에 관하여 선순위저당권자를 대위하여 저당권을 행사할 수 있으므로 이를 등기할 수 있도록 공동저당 대위등기규정을 신설하였다(동법 제80조 참조).

5. 가처분등기에 관한 규정 신설

가처분채권자가 그 가처분채권에 따른 등기를 할 경우 해당가처분등기는 등기관이 직권으로 말소하고 가처분에 저촉되는 등기는 가처분채권자의 신청에 의하여 말소할 수 있도록 하였다(동법 제94조).

> **제94조(가처분등기 이후의 등기의 말소)**
> ① 「민사집행법」 제305조제3항에 따라 <u>권리의 이전, 말소 또는 설정등기청구권을 보전하기 위한 처분금지가처분등기가 된 후 가처분채권자가 가처분채무자를 등기의무자로 하여 권리의 이전, 말소 또는 설정의 등기를 신청하는 경우에는, 대법원규칙으로 정하는 바에 따라 그 가처분등기 이후에 된 등기로서 가처분채권자의 권리

> 를 침해하는 등기의 말소를 단독으로 신청할 수 있다.
> ② 등기관이 제1항의 신청에 따라 가처분등기 이후의 등기를 말소할 때에는 직권으로 그 가처분등기도 말소하여야 한다.
> ③ 등기관이 제1항의 신청에 따라 가처분등기 이후의 등기를 말소하였을 때에는 지체 없이 그 사실을 말소된 권리의 등기명의인에게 통지하여야 한다.

6. 기타 폐지된 규정

(1) 예고등기의 폐지

예고등기는 본래 등기의 공신력이 인정되지 아니하는 법제에서 거래의 안전을 보호하기 위하여 인정되는 제도이나, 예고등기로 인하여 등기명의인이 거래상 받는 불이익이 크고 집행방해의 목적으로 소를 제기하여 예고등기가 행하여지는 사례가 있는 등 그 폐해가 크므로 이를 폐지하였다.

(2) 구분건물의 표시에 관한 등기관의 실질적 심사권의 폐지

원칙적으로 구분건물인지여부는 건축물대장 소관청에서 판단하는 것이 타당하며, 구분건물의 표시에 관한 등기관의 실질적 심사권을 그대로 유지할 경우 건축물대장에는 일반건물로 되어 있는 것이 등기부에는 구분건물로 표시할 수 있어 거래의 불안을 야기할 수 있어 이를 폐기하였다.

Ⅷ. 명인방법에 의한 물권변동

1. 일반론

(1) 의의

명인방법이란 지상물을 토지로부터 물리적으로 분리하지 않은 채로 토지의 소유권과 독립해서 그 자체만을 거래하기 위해 이용되는 공시방법이다(명인방법의 실시는 법률행위가 아니다). 명인방법에 의한 공시는 그 공시방법이 계속되어야 하며, 지상물에 관한 물권변동의 성립요건이다.

(2) 인정범위

명인방법에 의하여 물권변동이 일어나는 권리는 소유권의 양도 및 이와 동시에 할 수 있는 것 또는 양도담보에 한하며, 저당권 기타 제한물권의 설정은 허용되지 않는다.

2. 명인방법과 관련된 판례정리

(1) 긍정 예

1) 명인방법으로 긍정한 예는 집달관이 임야의 입구부근에 그 지상입목이 甲의 소유에 속

한다고 공시문을 붙인 팻말을 세운 경우에는 입목에 대한 명인방법으로 유효하다.
2) 입목에 새끼줄을 치고 또는 철인으로 ○표를 하고 요소에 소유자를 게시한 경우에는 입목에 대한 명인방법으로 인정할 수 있다.
3) 또한 임야지반과 분리하여 입목을 매수하여 그 소유권양도를 받은 사람이 임야의 수개소에 「입산금지 소유자 ○」라는 표말을 써서 붙인 경우에는 입목소유권취득의 명인방법으로 부족하다 할 수 없다는 입장이다.

⑵ 부정한 예

1) 명인방법으로 부정한 예로서, 토지의 주위에 울타리를 치고 그 안에 수목을 정원수로 심어 가꾸어온 사실만으로는 명인방법을 긍정할 수 없다.
2) 또한 법원의 검증 당시 시행한 페인트칠과 번호표기는 수목의 소유권을 공시하는 명인방법으로 볼 수 없다고 한다. 즉 판례는 명인방법은 지상물이 독립된 물건이며 현재의 소유자가 누구라는 사실이 명시되어야 한다는 입장이다(대판 1990.2.13, 89다카23022).
3) 그리고 특정한 임야 중의 입목 일정수량과 같이 특정이 안 된 입목을 매수한 경우에는 비록 명인방법인 게시판을 부착시켰을지라도 매수한 입목의 소유권취득을 위한 공시방법, 즉 적법한 명인방법을 갖추었다고 볼 수 없다(대판 1973.9.25, 73다1229).

3. 명인방법에 의한 물권의 경합

⑴ 입목의 이중매매에 있어서는 관습법에 의하여 입목소유권변동에 관한 공시방법으로 인정되어 있는 명인방법을 먼저 한 사람에게 입목의 소유권이 이전된다(대판 1967.2.28, 66다2442).
⑵ 수목의 이중양도에 있어 명인방법과 입목등기에 의한 방법이 경합되는 경우에는 선순위 공시방법을 갖춘 자가 우선한다(대판 1972.10.25, 72다1389).

◎ 즉 입목법에 의하여 등기된 입목은 명인방법에 의한 거래가 허용되지 않는다. 다만 입목법의 적용을 받을 수 있는 수목의 집단도 소유자가 원하는 경우에만 그 적용을 받을 뿐이고, 입목법의 적용을 받지 않는 수목은 명인방법이라는 관습상의 공시방법에 의하여 독립한 부동산으로 거래의 대상이 된다.

4. 수확되지 아니한 농작물(쪽파)에 대한 소유권취득의 요건

관련사례 甲의 X토지에 있는 쪽파를 원시취득한 자는 토지를 임차하여 쪽파를 재배한 乙이다. 丙은 乙로부터 쪽파를 매수하였는데 아직 명인방법을 하지 않고 있다. 이런 경우 쪽파의 소유권은 누구인가? (대판 1996.2.23, 95도2754)

해설 (a) 성립요건주의 : 물권변동에 있어서 형식주의를 채택하고 있는 현행 민법하에서는 소유권을 이전한다는 의사 외에 부동산에 있어서는 등기를, 동산에 있어서는 인도를 필요로 함과 마찬가지로 이 사건 쪽파와 같은 수확되지 아니한 농작물에 있어서는 명인방법을 실시함으로써 그 소유권을 취득한다.

(b) **결론** : 쪽파의 매수인이 명인방법을 갖추지 않은 경우, 쪽파에 대한 소유권을 취득하였다고 볼 수 없어 그 소유권은 여전히 매도인에게 있다. 따라서 소유자는 乙이다.

제4장 동산물권의 변동

I. 동산물권의 변동 일반

1. 동산물권변동의 원인

동산물권의 변동도 부동산물권의 변동과 마찬가지로, '법률행위에 의한 경우'와 '법률행위에 의하지 않은 경우(법률의 규정)'로 나눌 수 있다. 그런데 후자에 관해서는 부동산물권의 경우처럼 물권총칙 부분에서 규정하지 않고, 물권각칙에서 개별적으로 규율하고 있다(소유권취득 편에서 상술). 동산물권의 공시방법인 점유에는 부동산물권에 있어 등기의 경우와는 달리 공신력이 인정된다. 따라서 전자, 즉 법률행위로 인한 동산물권변동은 권리자로부터의 취득과 무권리자로부터의 취득, 둘로 나누어 볼 수 있다. 다만 무권리자로부터의 취득은 법률행위를 매개로 하지만 동산물권취득의 효과는 법률행위가 아니라 점유의 공신력을 인정하는 법률의 규정에 의해서 발생한다는 점이다.

2. 권리자로부터의 취득

> **제188조 (동산물권양도의 효력, 간이인도)**
> ① 동산에 관한 물권의 양도는 그 동산을 인도하여야 효력이 생긴다.
> ② 양수인이 이미 그 동산을 점유한 때에는 당사자의 의사표시만으로 그 효력이 생긴다.
> **제189조 (점유개정)**
> 동산에 관한 물권을 양도하는 경우에 당사자의 계약으로 양도인이 그 동산의 점유를 계속하는 때에는 양수인이 인도받은 것으로 본다.
> **제190조 (목적물반환청구권의 양도)**
> 제3자가 점유하고 있는 동산에 관한 물권을 양도하는 경우에는 양도인이 그 제3자에 대한 반환청구권을 양수인에게 양도함으로써 동산을 인도한 것으로 본다.

(1) 민법 제188조 제1항의 적용대상

민법 제188조 1항은 "동산에 관한 물권의 양도는 그 동산을 인도하여야 효력이 생긴다"고 규정한다. 그런데 동산물권에는 소유권·점유권·유치권·질권이 있으나, 그 중 점유권·유치권·질권에 관하여는 점유가 본체적 구성요소로서 특별규정의 적용을 받으므로 민법 제188조의 적용대상은 동산소유권에 국한된다. 그리고 민법 제188조의 양도는 법률행위에 의한 물권의 이전을 의미하므로, 결국 민법 제188조는 법률행위에 의한 동산소유권의 이전을 그 적용대상으로 하는 것이다.

(2) 법률행위에 의한 동산소유권의 이전(형식주의·성립요건주의)

법률행위에 의해 동산소유권이 이전되려면, '물권행위'와 공시방법으로서 '인도' 두 가지 요건이 갖추어져야 한다.

1) 물권행위

물권행위의 내용은 부동산 물권변동에서 설명한 바와 같다. 다만 부동산에 있어서 등기의 경우와는 달리 동산물권변동에 있어서는 점유에 공신력이 인정되므로, 물권행위의 독자성과 무인성을 논의할 실익은 특히 적다고 한다.

2) 인도

인도란 점유의 이전을 말한다. 이러한 인도에는 현실의 인도·간이인도·점유개정·목적물반환청구권의 양도와 같이 4종류가 있다. 이 중 현실의 인도가 인도의 원칙적인 모습이고, 나머지는 의사표시만으로 행하여지는 인도가 된다. 점유가 물건을 사실상 지배하는 것이라고 할 때 (제192조 참조), 현실의 인도 이외의 인도는 관념적이라고 할 수 있다.

(ㄱ) 현실의 인도(제188조 제1항) : 제188조 제1항에서는 "동산에 관한 물권의 양도는 그 동산을 인도하여야 효력이 생긴다"고 하고 있다. 이때의 인도는 민법이 다른 간편한 인도방법을 각각 별개의 조문으로 규정하고 있는 점에서 현실의 인도를 가리키는 것으로 해석한다. <u>이것이 인도의 원칙적인 모습이다.</u> 현실의 인도는 물건을 교부하는 것과 같이 물건에 대한 사실상의 지배를 이전하는 것을 말하는데, 어떠한 경우에 사실상의 지배의 이전이 있다고 할 것인지는 결국 사회통념에 의하여 정하는 수밖에 없다.

(ㄴ) 간이인도(제188조 제2항) : 제188조 제2항에서는 간이인도에 대하여 "양수인이 이미 그 동산을 점유한 때에는 당사자의 의사표시만으로 그 효력이 생긴다"고 하고 있다. 예를 든다면 甲 소유의 동산을 임차하고 있던 乙이 그것을 그대로 매수하는 경우이다. 즉 乙이 이처럼 이미 물건을 점유하고 있는 경우에는 소유권양도의 합의만으로 소유권은 양도된다.

(ㄷ) 점유개정(제189조) : 예컨대 A가 B에게 매각한 동산을 다시 B로부터 차용하는 경우이다. 이때는 소유권이전의 합의와 A가 직접점유·B가 간접점유를 갖기로 하는 합의, 두 개의 합의가 있게 된다. 이와 같은 <u>점유개정에 대하여 제189조에서는 "동산에 관한 물권을 양도하는 경우에 당사자의 계약으로 양도인이 그 동산의 점유를 계속하는 때에는 양수인이 인도받은 것으로 본다"고 하고 있다.</u> 그러나 이러한 것을 금지한다하더라도 양도인이 양수인에게 빌려 사용하는 것을 금지할 수는 없으므로, 이것도 인도의 한 유형으로 인정하고 있는 것이다. (ⅰ) 점유개정과 관련하여 유의하여야 할 것은 점유개정에 의한 동산질권취득은 민법상 부정되고(제332조), 또한 점유개정에 의한 선의취득(제249조)이 부정된다는 점이다. 사실 이러한 인도의 방식은 종전의 점유에 전혀 변화가 없어 이를 공시방법으로 인정할 수 있을 것인가 문제될 수 있다. (ⅱ) <u>판례는 동산의 소유자가 각각 점유개정의 방법으로 이를 이중으로 양도한 경우에, 양수인 간에는 먼저 현실의 인도를 받아 점유를 한 자가 소유권을 취득한다고 한다</u>(대판 1989.10.24, 88다카26802).

(ㄹ) **목적물반환청구권의 양도**(제190조) : 예컨대 A가 B에게 맡겨 둔 동산을 맡겨둔 채로 C에게 매각하는 경우이다. 이때는 A가 B에 대해 가지는 동산의 반환청구권을 C에게 양도한다는 합의와 소유권이전의 합의를 통해 소유권이 양도된다. 따라서 이때의 목적물 반환청구권은 채권적 청구권이므로(통설)(목적물반환청구권의 양도＋소유권 이전의 합의＝소유권의 취득), 그 양도에 관해서는 채권양도에 관한 규정(제449조 이하)이 준용된다.

인도의 종류		구체적 사례	처음에 갖고 있던 사람	나중에 갖고 있는 사람
현실의 인도	A→B	A의 자전거를 B에게 넘겨주는 것	A	B
간이인도	A→B	A가 B에게 빌려주었던 자전거를 아주 B에게 팔거나 증여	B(타주점유)	B(자주점유)
점유개정	A→B	A가 B에게 팔면서 당분간 A가 빌려타기로 하는 것	A(자주점유)	A(타주점유)
목적물반환청구권의 양도	A→B ↓ C	A가 B에게 빌려준 자전거를 C에게 팔거나 증여	B	B

Ⅱ. 선의취득

> **제249조(선의취득)**
> 평온·공연하게 동산을 양수한 자가 선의이며 과실 없이 그 동산을 점유한 경우에는 양도인이 정당한 소유자가 아닌 때에도 즉시 그 동산의 소유권을 취득한다.

1. 개 설

(1) 의의

민법 제249조의 동산 선의취득제도는 동산을 점유하는 자의 권리외관을 중시하여 이를 신뢰한 자의 소유권 취득을 인정하고 진정한 소유자의 추급을 방지함으로써 거래의 안전을 확보하기 위하여 법이 마련한 제도이다.

(ㄱ) 민법은 부동산등기에는 공신력을 인정하지 않고 있지만 동산의 점유에는 공신력을 인정하고 있다. 그 결과 동산물권은 무권리자로부터도 유효하게 권리를 취득할 수 있다. <u>선의취득에 의하여 취득되는 권리는 소유권과 질권</u> 〔단, 법정질권(제650조 참조)은 제외함이 통설이다〕<u>에 한한다</u>(제343조 참조).

판례 선의취득에서 무과실은 추정되지 아니하므로 동산질권을 선의취득하기 위하여는 질권자가 평온, 공연하게 선의이며 과실 없이 질권의 목적동산을 취득하여야 하고, 그 취득자의 선의, 무과실은 동산질권자가 입증하여야 한다고 판시한다(대판 1981.12.22. 80다2910).

(ㄴ) 선의취득제도는 거래의 안전을 보호하는 반면에 진정한 권리자를 희생시키는 제도이다. 진정한 권리자가 희생되는 것은 양수인이 선의취득의 요건을 갖추었느냐에 의해 좌우된다.

다만 진정한 권리자가 목적물을 도난·분실당한 경우에는 그 물건을 되찾을 수 있는 예외를 인정함으로써 진정한 권리자를 다소간이라도 보호하려 한다.

(ㄷ) 결국 진정한 권리자가 임대차 등 계약에 기초해 물건을 인도하였는데, 그 계약상대방이 배임행위를 한 경우에 선의취득의 문제가 발생하게 된다. 민법은 이 선의취득을 권리자의 점유상실의 모습에 따라 두 가지로 나누어 달리 규정을 한다. 즉 점유위탁물·점유이탈물(도품·유실물)의 경우로 나누어 달리 규율한다.

(2) 연혁

'어느 누구도 자기가 가지는 이상의 권리를 타인에게 줄 수 없다'는 원칙이 관철되던 로마법에서는 공신의 원칙이 인정될 여지가 없었으나, 게르만법에는 '자기가 신뢰를 둔 곳에서 그 신뢰를 찾아야 한다'는 원칙, 또는 '손이 손을 지켜야 한다'는 원칙이 있었고, 프랑스 고유법에서도 '동산은 추급할 수 없다'는 원칙에 적용되어 공신의 원칙이 인정되었다. 그러나 근대법에 있어서의 공신의 원칙은 게르만법의 단순한 계속 발전이 아니라 거래의 안전이라는 근대적 법원리를 바탕으로 하여 근대사회에서 새로이 성립한 법원칙이다.

(3) 취지

민법 제249조의 동산 선의취득제도는 동산을 점유하는 자의 권리외관을 중시하여 이를 신뢰한 자의 소유권 취득을 인정하고 진정한 소유자의 추급을 방지함으로써 거래의 안전을 확보하기 위하여 법이 마련한 제도이다(통설과 판례).

판례 〈경매의 경우와 선의취득〉 ㉠ 민법 제249조의 동산 선의취득제도는 동산을 점유하는 자의 권리외관을 중시하여 이를 신뢰한 자의 소유권 취득을 인정하고 진정한 소유자의 추급을 방지함으로써 거래의 안전을 확보하기 위하여 법이 마련한 제도이므로, 위 법조 소정의 요건이 구비되어 동산을 선의취득한 자는 권리를 취득하는 반면 종전 소유자는 소유권을 상실하게 되는 법률효과가 법률의 규정에 의하여 발생되므로, 선의취득자가 임의로 이와 같은 선의취득 효과를 거부하고 종전 소유자에게 동산을 반환받아 갈 것을 요구할 수 없다. ㉡ 채무자 이외의 자의 소유에 속하는 동산을 경매하여 그 매득금을 배당받은 채권자가 그 동산을 경락받아 선의취득자의 지위를 겸하고 있는 경우, 배당받은 채권자가 법률상 원인 없이 이득을 한 것은 배당액이지 선의취득한 동산이 아니므로, 동산의 전 소유자가 임의로 그 동산을 반환받아 가지 아니하는 이상 동산 자체를 반환받아 갈 것을 요구할 수는 없고 단지 배당금을 부당이득으로 반환할 수밖에 없다(대판 1998.6.12, 98다6800).

2. 요 건

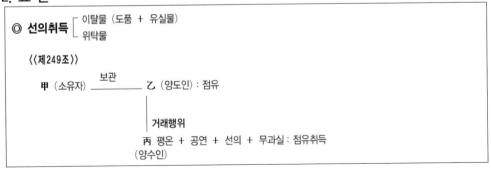

(1) 대상

1) 동산

선의취득의 객체는 동산이다. 그러므로 지상권·저당권과 같은 부동산에 대한 권리는 선의취득의 대상이 될 수 없다. 따라서 수목의 집단·입도·미분리의 과실 등은 토지의 일부이거나 토지의 구성부분에 불과하며 선의취득의 객체가 되지 못한다. 또한 국유문화재처럼 양도가 금지되어 있는 물건은 선의취득의 대상으로 될 수 없다. 그리고 거래행위가 아닌 타인의 산림을 자기의 것으로 믿고 벌채하여 재목을 취득한 경우에는 선의취득은 인정되지 않는다.

2) 금전

가치로서의 금전에 관해서는 선의취득에 관한 제249조의 적용을 배제하는 것이 타당하다(통설적 견해). 가치로서의 금전은 점유가 있는 곳에 소유권도 인정하는 것이 타당하기 때문이다 (다만 진정한 권리자인 피해자는 부당이득청구권이나 손해배상청구권을 갖게 된다). 다만 단순한 물건으로서 거래되는 경우에는 선의취득이 적용될 수 있다(예 : 진열목적 등).

3) 증권적 채권

지시채권·무기명채권 기타 유가증권은 가치가 화체된 증권으로서 보통의 동산과 다르고 또한 선의취득요건 규정이 완화된 특별규정이 있어(제514조), 동산의 선의취득에 관한 규정이 적용되지 않는다. 다만 지명채권의 경우에는 선의취득이 인정되지 않는다(제449조 이하 참조).

(2) 거래 당사자에 대한 요건

1) 양도인은 무권리자

양도인은 목적물을 점유하고 있어야 하는데, 여기의 점유에는 자주(매매취소된 경우 매수인이 처분행위를 한 경우)·타주점유(임차인) 및 직접·간접점유(목적물반환청구권의 양도)가 포함된다.

> **Tip** 〈양도인의 점유분석〉
>
> ㉠ 선의취득 : 본인의 물건을 보관하는 자가 자신의 물건으로 하여 처분하는 경우에는 선의취득의 문제이다.
> ㉡ 표현대리 : 한편 본인의 물건을 보관하는 자가 정당한 대리권이 없는데도 불구하고 정당한 대리인인양 처분행위를 한 경우에는 표현대리로 처리하고 선의취득의 문제가 아니다(통설).

2) 유효한 거래행위

선의취득은 무권리자와의 거래가 유효한 것이어야 한다. 즉 점유의 취득이 평온·공연하고 선의·무과실일 것을 요한다. 무과실의 입증과 관련하여 제197조는 "점유자는 소유의 의사로 선의, 평온 및 공연하게 점유한 것으로 추정"하는바 그 입증책임이 누구에게 있는가에 대해서 제200조(권리적법추정)를 근거로 무과실도 선의취득자에게 추정된다는 견해가 다수설이고,

추정되지 않기 때문에 선의취득을 주장하는 자가 입증책임이 있다는 견해가 판례이다(판례는 제197조를 중시한다).

판례 〈선의·무과실의 기준시점〉 민법 제249조가 규정하는 선의·무과실의 기준시점은 물권행위가 완성되는 때인 것이므로, 물권적 합의가 동산의 인도보다 먼저 행하여지면 인도된 때를, 인도가 물권적 합의보다 먼저 행하여지면 물권적 합의가 이루어진 때를 기준으로 해야 한다(대판 1991. 3. 22. 91다70).

3) 양수인의 점유취득

점유를 취득하는 방법에는 선의취득이 인정되는 현실의 인도 외에 간이인도, 반환청구권의 양도가 있으며, 선의취득이 부정되는 점유개정에 의한 점유취득이 있다. 문제되는 부분을 설명하고자 한다.

(ㄱ) 현실의 인도 : 물건의 인도가 이루어졌는지 여부는 사회관념상 목적물에 대한 양도인의 사실상 지배인 점유가 동일성을 유지하면서 양수인의 지배로 이전되었다고 평가할 수 있는지 여부에 달려있는 것인바, 현실의 인도가 있었다고 하려면 양도인의 물건에 대한 사실상의 지배가 동일성을 유지한 채 양수인에게 완전히 이전되어 양수인은 목적물에 대한 지배를 계속적으로 확고하게 취득하여야 하고, 양도인은 물건에 대한 점유를 완전히 종결하여야 한다(대판 2003. 2. 11. 2000다66454).

(ㄴ) 점유개정 : 점유개정은 관념적 점유이전방법 중에서 가장 불명확하고, 외부에서 거래행위의 존재를 전혀 인식할 수 없다는 점 등을 이유로 선의취득을 부인하는 견해가 다수설 및 판례의 태도이다. 따라서 타인(甲)의 소유동산을 보관하던 乙을 소유자로 오인하여 그로부터 동산을 매수함과 동시에 그것을 乙에게 임대해준 丙은 그 동산을 선의취득할 수 없다(대판 1978.1.17. 77다1872).

(ㄷ) 목적물반환청구권의 양도 : 간이인도와 목적물반환청구권의 양도에 의한 점유취득은 선의취득을 긍정한다.

판례 양도인이 소유자로부터 보관을 위탁받은 동산을 제3자에게 보관시킨 경우에 양도인이 그 제3자에 대한 반환청구권을 양수인에게 양도하고 지명채권 양도의 대항요건을 갖추었을 때에는 동산의 선의취득에 필요한 점유의 취득 요건을 충족한다(대판 1999.1.26. 97다48906).

3. 선의취득의 효과

통설과 판례는 선의취득을 원시취득으로 이해한다. 따라서 종전 소유자에게 존재했던 제한은 선의취득과 더불어 소멸한다.

4. 도품유실물에 대한 특칙

> **제250조 (도품·유실물에 대한 특례)**
> 전조의 경우에 그 동산이 도품이나 유실물인 때에는 피해자 또는 유실자는 도난 또는 유실한 날로부터 2년내에 그 물건의 반환을 청구할 수 있다. 그러나 도품이나 유실물이 금전인 때에는 그러하지 아니하다.
> **제251조 (도품·유실물에 대한 특례)**

양수인이 도품 또는 유실물을 경매나 공개시장에서 또는 동종류의 물건을 판매하는 상인에게서 선의로 매수한 때에는 피해자 또는 유실자는 양수인이 지급한 대가를 변상하고 그 물건의 반환을 청구할 수 있다.

(1) 점유보조자의 횡령

도품과 유실물의 경우 피해자 또는 유실자는 2년내에 그 물건을 점유하는 자에게 2년간 무상으로 반환을 청구할 수 있다(따라서 거래안전이 침해되기 때문에 금전은 제외하고 있다). 특칙이 적용되는 경우는 도품·유실물의 경우만이고, 사기·횡령에 의한 경우는 포함되지 않는다. 특히 점유보조자의 횡령이 형법상 절도죄에 해당하는 경우, 도품으로 취급하지 아니함이 판례이다.

> **Tip**
>
> ◎ 乙은 자기회사(甲) 소유의 차량 부속품을 절취(점유보조자의 횡령으로 처리)하여 이 사실을 모르는 丙에게 이를 팔았다. 丙이 선의·무과실인 경우, 선의취득이 가능하다. 즉 <u>자동차나 중기(선박·자동차 등)는 등기·등록의 대상이므로 선의취득할 수 없으나</u>, 그 부품은 선의취득의 대상이 된다(아래 판결참조).

판례 〈수탁자가 횡령한 물건이나 점유보조자 내지 소지기관이 횡령한 물건이 민법 제250조, 제251조 소정의 도품·유실물에 해당하는지 여부(소극)〉 민법 제250조, 제251조 소정의 도품·유실물이란 원권리자로부터 점유를 수탁한 사람이 적극적으로 제3자에게 부정 처분한 경우와 같은 위탁물 횡령의 경우는 포함되지 아니하고 또한 <u>점유보조자 내지 소지기관의 횡령처럼 형사법상 절도죄가 되는 경우도 형사법과 민사법의 경우를 동일시 해야 하는 것은 아닐 뿐만 아니라 진정한 권리자와 선의의 거래 상대방간의 이익형량의 필요성에 있어서 위탁물 횡령의 경우와 다를 바 없으므로 이 역시 민법 제250조의 도품·유실물에 해당되지 않는다</u>(대판 1991.3.22. 91다70).

(2) 2년의 성질

도품·유실물에 대한 특례에서 2년간 반환청구를 할 수 있다는 규정의 법적 성질에 대하여, 다수설은 반환을 청구할 수 있는 이 기간을 제척기간으로 본다(소멸시효로 보는 설도 있음에 유의).

(3) 청구권자와 상대방

<u>반환청구권자</u>는 피해자 또는 유실자이다. 그리고 <u>반환청구의 상대방</u>은 도품 또는 유실물을 현재 점유하고 있는 자이다. 따라서 목적물을 직접 도둑 또는 습득자로부터 취득한 자뿐 아니라 그의 특정승계인도 포함한다. 한편 도품이나 유실물이 금전인 때에는 특칙이 적용되지 않는다(제250조 단서). 즉 도품이나 유실물이 금전인 때에는 다시 예외가 인정되어 소유자가 그 금전을 반환청구할 수 없다는 것이다. 이 규정에서의 금전이란 물건으로서 거래되는 경우를 뜻한다고 해석된다. 따라서 훔친 옛날 화폐를 선의로 매수한 경우에는 제249조가 적용되어 양수인이 그 소유권을 취득하게 된다.

(4) 대가변상청구권의 성질

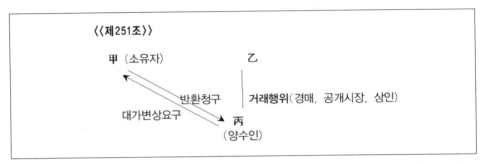

제250조에서 2년간 무상으로 청구할 수 있다면 양수인의 피해가 크므로 민법은 다시 특칙을 두고 있다. 즉 제251조의 대가의 변상을 인정하고 있는 것이다. 이러한 대가변상청구권에 관한 규정은 선의취득자에게 대가변상의 청구권을 부여한 규정이라고 한다(통설·판례). 즉 단순한 항변권이 아닌 청구권으로 이해한다. 따라서 선의취득자가 일단 목적물을 반환한 후에도 대가를 청구할 수 있고, 대가를 변상하지 않으면 다시 목적물의 반환을 청구할 수 있는 권리를 잃지 않는다고 한다(대판 1972.5.23, 72다115). 주의할 것은, 제251조에서는 양수인의 선의만을 명시하고 있지만, 동조는 제249조에 대한 특칙으로서 그것을 전제로 하는 규정이므로, 따라서 양수인이 대가변상청구를 할 수 있기 위해서는 평온·공연·선의, 무과실이 역시 요구된다는 점이다(대판 1991.3.29, 91다70). 따라서 제249조의 요건이 충족되지 않은 경우에는 소유자는 2년내의 기간제한 없이 소유권에 기하여 청구할 수 있고, 양수인이 경매나 공개시장 등에서 매수한 때에도 대가를 변상할 필요없이 그 물건의 반환을 청구할 수 있다.

(5) 소유권귀속

제250조·제251조에서 피해자 또는 유실자가 반환청구할 수 있는 기간동안 도품·유실물의 소유권은 진정한 소유자(원소유자)에게 속하는가? 통설은 도품·유실물이라 하더라도 취득과 동시에 일단 소유권은 선의취득자에게 귀속하고(즉 양수인은 제249조에 의하여 일단소유권을 취득하며), 원소유자는 2년간 그 반환을 청구할 수 있을 뿐이라고 하여 선의취득자귀속설을 취한다.

(6) 유치권문제

양수인은 전소유자에게 변상금의 지급을 받을 때까지 그 물건의 인도를 거절할 수 있는가? 그 변상금은 그 물건에 관하여 생긴 채권에 해당하므로 유치권이 성립된다는 견해가 있다. 따라서 양수인은 유치권을 행사하여 변상금을 받을 때까지 물건의 인도를 거절할 수 있다(이은영 물권법, p. 313).

5. 소유권유보부 매매와 선의취득

소유권유보약정이 있는 동산 매매계약의 매수인이 대금을 모두 지급하지 않은 상태에서 목적물을 다른 사람에게 양도한 사안에서, 위 목적물의 양수 당시 양도인이 매매계약의 할부금 중 일부를 원래의 매도인에게 지급하지 못하고 있음을 알았으면서, 소유권이 유보되어 있는지에 관하여 조사하는 등 양수인에게 통상적으로 요구되는 양도인의 양도권원에 관한 주의의무를 다하지 아니한 과실이 있음을 이유로 선의취득이 인정되지 않는다(대판 2010.2.11. 2009다93671).

제5장 물권의 소멸

물권의 소멸에는 물권 그 자체가 객관적으로 그 존재를 잃어버리는 절대적 소멸과 물권의 이전을 전주의 입장에서 본 상대적 소멸이 있다. 상대적 소멸은 물권변동이론으로서 이미 검토한 것이다. 여기서는 절대적 소멸에 관하여 설명하고자 한다. 물권의 절대적 소멸원인에는 모든 물권에 공통하는 것과 각종의 물권에 특유한 것이 있다. 여기서는 모든 물권에 공통되는 소멸원인으로서 목적물의 멸실, 소멸시효, 포기, 공용징수, 혼동 등을 설명하고자 한다. 민법의 물권편에서는 물권의 절대적 소멸원인 중에서 혼동에 관해서만 규정되어 있고, 소멸시효는 민법총칙편에 규정되어 있다.

I. 목적물의 멸실

1. 서 설

물권은 물건을 지배하는 권리이므로 물건이 멸실되면 물권도 소멸하게 된다. 물건의 멸실이라고 하더라도 물리적으로 완전히 소멸하여 버리는 경우가 있고(물건의 소실), 멸실물의 물질적 변형물이 남는 경우도 있고(무너진 집의 목재), 멸실물의 가치적 변형물이 남는 경우도 있다(건물이 멸실된 경우에 이에 대한 보험금청구권이나 손해배상청구권 등).

2. 내 용

⑴ 물권은 원칙적으로 목적물의 물질적 변형물에 미친다. 즉 물건의 일부가 멸실된 경우에는 잔여부분에 관하여 존속한다. 예컨대 건물이 붕괴되어 소멸하게 된 경우, 그 건물에 대한 부동산 소유권은 그 붕괴목재에 대한 동산소유권으로 존속하고, 그 건물 위의 저당권은 그 붕괴목재에 미친다. 그리고 교환가치지배권으로서의 본질을 가지는 담보물권은 그 목적물이 멸실되어도 그 목적물에 갈음하는 가치적 변형물에 존속한다. 이를 물상대위라 한다(제342조·제370조). 그러나 그 가치변형물의 지급 또는 인도 전에 담보물권자가 압류하여야 그 가치변형물에 효력이 미친다.

(2) 소유권이나 담보물권은 목적물의 물질적 변형물뿐만 아니라 가치적 변형물에 대하여도 지배적 권능을 갖는다.

(3) 목적물의 멸실에 의해서 물권이 소멸하면 그 후 동일한 물건이 재생되었다하더라도 소멸되었던 물권은 다시 발생하지 않는다(아래 판결 참조).

판례 〈목적물의 멸실〉 ㉠ 토지소유권의 상실 원인이 되는 포락이라 함은 토지가 바닷물이나 적용 하천의 물에 개먹어 무너져 바다나 적용하천에 떨어져 그 원상복구가 불가능한 상태에 이르렀을 때를 말하고, **토지가 다시 성토화되었다하더라도 소멸되었던 포락한 토지에 대한 종전의 소유권은 영구히 소멸되고 그 성토화된 토지에 대한 소유권을 다시 취득하지 못한다**(대판 1983. 12. 27. 83다카1561). ㉡ 포락에서 그 원상회복의 불가능 여부는 포락 당시를 기준으로 하여 물리적으로 회복이 가능한지 여부를 밝혀야 함은 물론, 원상회복에 소요될 비용, 그 토지의 회복으로 인한 경제적 가치 등을 비교 검토하여 사회통념상 회복이 불가능한지 여부를 기준으로 하여야 하는 것으로서, 복구 후 토지가액보다 복구공사비가 더 많이 들게 되는 것과 같은 경우에는 특별한 사정이 없는 한 사회통념상 그 원상복구가 불가능하게 되었다고 볼 것이며, 또한 원상복구가 가능한지 여부는 포락 당시를 기준으로 판단하여야 하므로 그 이후의 사정은 특별한 사정이 없는 한 이를 참작할 여지가 없다(대판 2002. 6. 14. 2002두1823).

Ⅱ. 소멸시효

1. 서 설

우리 민법은 채권 기타의 청구권뿐만 아니라 소유권을 제외한 물권도 소멸시효에 걸리는 것으로 하고 있다(제162조 제2항). 소유권은 소멸시효에 걸리지 않으나, 취득시효의 반사적 효과로서 소멸하는 일이 있다. 실제로 물권이 소멸시효에 걸릴 수 있는 것은 지상권·지역권·전세권의 3개뿐이다. 그 이유는 다음과 같다(한편 지상권과 전세권이 소멸시효에 걸리는가하는 점에 대하여 논란이 있다).

2. 내 용

(1) 점유권은 점유라는 사실에 의해서 성립되고, 점유가 계속되는 한 점유권도 존속하며, 점유를 상실하는 경우에는 점유권도 소멸하므로 소멸시효가 적용될 여지가 없다(제192조 참조).

(2) 유치권은 그것이 존속하기 위해서는 점유의 계속이 필요하고 점유를 상실하는 경우에는 유치권도 소멸한다(제320조·제328조). 따라서 소멸시효가 적용될 여지가 없다.

(3) 담보물권은 피담보채권이 존속하고 있는 이상 독립하여 소멸시효에 걸리지 않는다(제369조 참조). 즉 담보물권은 피담보채권과 독립하여 소멸시효에 걸리지 않으나, 채권이 담보권과는 별개로 소멸시효가 진행하여 시효가 완성되기 때문에 부종성에 의하여 소멸하는 것은 별개이다(제326조 참조).

(4) 소멸시효완성의 효과에 관하여 다수설·판례의 입장인 절대적 소멸설에 의하면 20년간 물권을 행사하지 않으면 말소등기를 요함이 없이 소멸시효의 기간의 완성으로 물권은 당연히 소멸한다.

Ⅲ. 물권의 포기

㈀ 물권의 포기는 물권을 소멸시키는 의사표시로써 성립하는 물권적 단독행위이다. 소유권이나 점유권 등과 같은 물권의 포기는 상대방 없는 단독행위이고, 제한물권의 포기는 그 포기에 의하여 직접 이익을 받는 자(일반적으로 소유자)에 대하여 하여야 하는 상대방 있는 단독행위이다. 포기로 인한 물권의 소멸은 법률행위에 의한 물권변동이므로 부동산물권의 경우에는 물권적 의사표시와 등기를, 동산물권의 경우에는 물권적 의사표시와 점유의 포기를 필요로 한다.

㈁ 물권의 포기는 원칙적으로 물권자의 자유이지만 그것에도 일정한 제한이 있다. 즉 포기로 인하여 타인의 이익을 해치는 경우에는 그 타인의 동의를 요한다. 민법은 지상권 또는 전세권이 저당권의 목적인 경우에 그 지상권 또는 전세권의 포기는 저당권자의 동의 없이는 할 수 없다고 규정하고 있다(제371조 제2항). 제한물권을 포기하면 소유권 또는 제한을 받고 있던 물권은 완전한 상태로 복귀한다.

Ⅳ. 공용징수

공용징수란 특정한 공익사업용으로 사용하기 위하여 소유권 기타 재산권의 강제적 취득을 말하며, 이에 의하여 공익사업의 주체는 원시적으로 권리를 취득하고, 피징수자의 권리는 소멸한다(토지수용법 제2조 이하).

Ⅴ. 혼 동

> **제191조 (혼동으로 인한 물권의 소멸)**
> ① 동일한 물건에 대한 소유권과 다른 물권이 동일한 사람에게 귀속한 때에는 다른 물권은 소멸한다. 그러나 그 물권이 제3자의 권리의 목적이 된 때에는 소멸하지 아니한다.
> ② 전항의 규정은 소유권이외의 물권과 그를 목적으로 하는 다른 권리가 동일한 사람에게 귀속한 경우에 준용한다.
> ③ 점유권에 관하여는 전2항의 규정을 적용하지 아니한다.

1. 일반론

(1) 서설

혼동이란 서로 대립하는 두 개의 법률상의 지위 또는 자격이 동일인에게 귀속하는 것을 말한다. 이러한 경우에는 일반적으로 두 개의 지위 또는 자격을 병존시키는 것은 무의미하므로 그 중 한쪽은 다른 쪽에 흡수되어서 소멸하는 것이 원칙이다. 혼동은 채권과 물권에 공통하는 소멸원인이다(제191조·제507조). 혼동이 일어나게 된 법률상의 원인은 묻지 않는다. 소유권을 취득(특정승계)하거나, 상속하는 경우 또는 회사의 합병(포괄승계) 등이 있다.

(2) 원칙

동일한 물건에 대한 소유권과 다른 물권이 동일한 사람에게 귀속한 때에는 다른 물권은 소멸한다. 민법이 인정하는 물권의 혼동에는 소유권과 제한물권과의 혼동, 제한물권과 그 제한물권을 목적으로 하는 다른 제한물권과의 혼동의 두 유형으로 나누어진다. 그리고 혼동의 원칙은 부동산·동산물권에 모두 적용된다.

(3) 본인이나 제3자의 이익을 위한 경우는 예외

그러나 그 물권이 제3자의 권리의 목적이 된 때에는 소멸하지 아니한다. 즉 제한물권이 제3자의 권리의 목적이 된 때, 제3자의 이익을 위해 제한물권이 존속해야 할 필요가 있는 경우에는 혼동에 의한 소멸은 인정되지 않는다(제191조 제1항 단서). 이처럼 제3자의 이익을 보호할 필요가 있는 경우에는 혼동을 부정하는데 이러한 법리는 본인의 이익을 위한 경우에도 마찬가지이다(통설·판례). 구체적으로 살펴보자.

(4) 구체적 사례

(개) 본인의 이익을 위한 경우 : 乙의 토지 위에 甲이 선순위저당권, 丙이 후순위저당권을 가지고 있는 경우, 甲이 토지소유권을 취득한다고 하더라도 甲의 저당권은 소멸하지 않는다.

(내) 제3자의 이익을 위한 경우 : A토지의 지상권자 甲이 상속으로 그 소유권을 취득한 경우에도 그 지상권이 乙의 저당권의 목적인 때에는 甲의 지상권은 혼동으로 소멸하지 아니한다.

> **판례** ㉠ 부동산에 대한 소유권과 임차권이 동일인에게 귀속하게 되는 경우 임차권은 혼동에 의하여 소멸하는 것이 원칙이지만, 그 임차권이 대항요건을 갖추고 있고 또한 그 대항요건을 갖춘 후에 저당권이 설정된 때에는 혼동으로 인한 물권소멸 원칙의 예외 규정인 민법 제191조 제1항 단서를 준용하여 임차권은 소멸하지 않는다(대판 2001.5.15, 2000다12693). 또한 ㉡ 지상권자가 채권담보권자로서 양도담보권자가 된 경우, 혼동과 관련하여 판례는 부정하고 있다(대판 1980.12.23. 80다2176). ㉢ 판례는 어느 부동산에 관해 자신의 근저당권보다 열위에 있는 가압류채권자가 있는 경우에 그 근저당권자가 위 부동산을 매수하여 소유권을 취득하였다면 그의 근저당권이 혼동으로 소멸하게 된다면 가압류채권자들은 부당한 이득을 보는 반면 근저당권자는 손해를 보게 되므로, 이 경우 그 근저당권은 혼동으로 소멸하지 않는다고 판시하였다(대판 1998.7.10, 98다18643).

(5) 저당권 + 지상권

甲이 乙소유의 A토지에 저당권을 설정받고, 후에 丙이 A토지에 대하여 지상권을 설정받은 후 丙이 乙로부터 A토지를 매수한 경우에 丙의 지상권은 혼동에 의하여 소멸한다.

(6) 후순위자의 혼동

甲소유의 토지에 乙의 1번저당권, 丙의 2번저당권이 있는 경우에 丙이 토지소유권을 취득하면 乙의 1번저당권의 존재에도 불구하고 丙의 2번저당권은 소멸한다.

(7) 가등기에 기한 본등기청구권

(ㄱ) 채권은 채권과 채무가 동일한 주체에 귀속한 때에 한하여 혼동으로 소멸하는 것이 원칙이고, 어느 특정의 물건에 관한 채권을 가지는 자가 그 물건의 소유자가 되었다는 사정만으로

는 채권과 채무가 동일한 주체에 귀속한 경우에 해당한다고 할 수 없어 그 물건에 관한 채권이 혼동으로 소멸하는 것은 아니다(대판 2007.2.22. 2004다59546).

(ㄴ) 甲이 토지를 乙에게 명의신탁하고 장차의 소유권이전등기청구권의 보전을 위하여 자신의 명의로 가등기를 경료한 경우, 甲이 후에 가등기와는 상관없이 소유권이전등기를 넘겨받은 때에는 가등기에 기한 본등기청구권이 혼동으로 소멸하지 않는다(대판 1995.12.26. 95다29888).

판례 〈가등기에 기한 본등기청구권〉 가등기권자가 가등기에 기한 본등기의 절차에 의하지 아니하고 별도의 소유권이전등기를 경료받은 경우에도, 가등기에 기한 본등기청구권은 채권으로서 혼동에 의하여 소멸하는 것이 아니기 때문에, 특별한 사정이 없는 한 가등기권자는 가등기의무자에 대하여 재차 가등기에 기한 본등기 절차의 이행을 청구할 수 있다(대판 2007.2.22. 2004다59546; 대판 2003.6.13. 2002다68683 등).

2. 권리의 성질상 혼동으로 소멸하지 않는 경우

점유권은 성질상 혼동으로 소멸하지 않는다(제191조 제3항). 그리고 광업권과 토지 소유권이 동일인에게 귀속되는 경우 양자는 양립할 수 있으므로 소멸하지 않는다.

3. 혼동의 효과

혼동에 의하여 물권은 절대적으로 소멸한다. 그러나 혼동을 생기게 한 원인이 부존재하거나 원인행위가 무효·취소·해제 등으로 효력을 가지지 않는 때에는 소멸한 물권은 부활한다(아래 판결참조).

판례 〈대판 1971.8.31. 71다1386〉 ㉠ 근저당권자가 소유권을 취득하면 그 근저당권은 혼동에 의하여 소멸하지만 그 뒤 그 소유권취득이 무효인 것이 밝혀지면 소멸하였던 근저당권은 당연히 부활한다. ㉡ 혼동에 의하여 소멸한 근저당권이 소유권취득이 무효로 밝혀져 부활하는 경우에 등기부상 이해관계가 있는 자는 위 근저당권 말소등기의 회복등기 절차를 이행함에 있어서 이것을 승낙할 의무가 있다(예 : 근저당권자가 매수하였는데 근저당권설정계약해지를 원인으로 근저당권이 말소된 후 매매가 무효·취소·해제 된 경우).

제6장 점유권

Ⅰ. 점유권 총설

1. 점유의 의의와 취득

> **제192조 (점유권의 취득과 소멸)**
> ① 물건을 사실상 지배하는 자는 점유권이 있다.
> ② 점유자가 물건에 대한 사실상의 지배를 상실한 때에는 점유권이 소멸한다. 그러나 제204조의 규정에 의하여 점유를 회수한 때에는 그러하지 아니하다.

(1) 의의

물건에 대한 사실상 지배＝점유＝점유권을 전제로, 민법은 여러 법률효과를 규정한다. 판례는 "물건에 대한 점유란 사회관념상 어떤 사람의 사실적 지배에 있다고 보여지는 <u>객관적 관계</u>를 말하는 것으로, 사실상의 지배가 있다고 하기 위하여는 반드시 물건을 물리적·현실적으로 지배하는 것만을 의미하는 것이 아니고, 물건과 사람과의 시간적·공간적 관계와 본권관계·타인 지배의 배제가능성 등을 고려하여 <u>사회통념</u>에 따라 합목적적으로 판단하여야 한다"고 하고 있다(대판 1992. 6. 23, 91다38266; 대판 2012.9.27, 2011다76747).

판례 ㉠ <u>건물의 소유자는 현실로 건물이나 그 대지를 점거하고 있지 않더라도 건물의 부지를 점유하는 것으로 본다</u>(대판 1967.9.19, 67다1401). 따라서 건물의 소유자가 아닌 자는 실제로 건물을 점유하고 있다고 하더라도 특별한 사정이 없는 한 그 건물의 부지를 점유하는 자로는 볼 수 없다(대판 2003.11.13, 2002다57935). ㉡ <u>대지의 소유자로 등기한 자는 보통의 경우 등기할 때에 대지를 인도받아 점유를 얻은 것으로 보아야 하므로 등기사실을 인정하면서 특별한 사정의 설시 없이 점유사실을 인정할 수 없다고 판단해서는 아니 된다.</u> 그러나 이는 임야나 대지 등이 매매 등을 원인으로 양도되고 이에 따라 소유권이전등기가 마쳐진 경우에 그렇다는 것이지, 소유권보존등기의 경우에도 마찬가지라고 볼 수는 없다(왜냐하면 소유권보존등기는 이전등기와 달리 해당 토지의 양도를 전제로 하는 것이 아니기 때문이다)(대법원 2013.07.11. 선고 2012다201410 판결).

(2) 점유설정의사 요부

1) 점유설정의사 필요

점유에는 일정한 점유의사를 필요로 하지는 않으나 적어도 사실적 지배관계를 가지려는 의사, 즉 점유설정의사는 필요하다.

2) 일반적 의사

점유설정의사는 성질상 일반적 의사이면 족하고 개별적으로 명시하여 표시될 필요는 없다. 점유의사는 권리관계의 변동을 바라는 <u>효과의사가 아니고</u> 일정한 사실관계의 효과에 불과하므로, 법률행위에 있어서의 대리와 다르다(대판 1973.2.13, 72다2450).

(3) 점유취득의 모습

물건을 사실상 지배하면 점유가 성립되고, 그리고 점유권을 취득한다(제192조 제1항). 이것은 점유권의 원시취득의 모습이다. 한편 민법은 점유권을 일종의 물권으로 구성하고 있기 때문에, 물권의 양도 또는 상속이 인정되듯이 점유권의 양도 또는 상속도 인정된다(제193조·제196조). 즉 점유권의 승계취득을 인정한다. 이러한 취득을 직접점유와 간접점유로 구분하여 살펴보면 다음과 같다.

```
┌ 직접점유권의 취득
│       ┌ 원시취득
│       └ 승계취득 ┌ 특정승계
│                  └ 포괄승계
└ 간접점유권의 취득
        ┌ 간접점유의 설정(예 : 점유개정)
        └ 간접점유의 양도(예 : 목적물반환청구권의 양도)
```

2. possessio와 Gewere

우리민법상 점유권은 로마법적 요소와 게르만법적 요소가 복합되어 있다. 구체적으로 살펴보면 아래와 같다.

(1) 로마법적 요소

possessio는 소유권 그 밖의 다른 권리와는 분리된 채 사실상의 지배관계에 기하여 그 사실상 지배를 하나의 질서로서 보호하는 것인 만큼 그 보호의 방법도 본권과는 아무런 관계없이 인정되는 것이며, 그것이 곧 점유소권인 것이다. 점유자의 과실취득권(제201조), 점유자의 비용상환청구권(제203조), 본권의 소와 점유의 소를 구별하는 것(제208조) 등이 이에 속한다.

(2) 게르만법적 요소

반면에 Gewere는 본권과 그 외형적 표현인 사실적 지배(점유)를 구별하지 않고 양자를 일체로 파악하여 사실상의 지배가 있으면 본권이 있다고 인정한다. 점유의 추정력(제200조), 점유자의 자력구제(제209조), 선의취득(제249조), 점유가 동산물권변동의 요건(제188조) 등이 이에 속한다.

구 분	로마법적 요소(Possessio)	게르만법적 요소(Gewere)
의 의	물건에 대한 사실적 지배를 그 권리와 무관하게 그 지배사실만을 포착하여 이해함	물건에 대한 사실적 지배를 권리와 표현형식으로 보고 권리와의 관련 하에 관찰함
내 용	·점유와 본권을 완전히 분리하여 파악함 ·본권과 점유, 본권의 소와 점유의 소가 분리됨	점유와 본권이 구별되지 않고, 양자를 일체로 파악하여 사실상의 지배가 있으면 본권이 있다고 인정함
민법의 규정	·선의점유자의 과실취득권(제201조) ·점유자의 비용상환청구권(제203조) ·점유보호청구권(제204조 이하) ·점유의 소와 본권의 소를 구별(제208조) ·점유물의 멸실·훼손에 대한 책임의 경감(제202조)	·점유로 인한 선의취득(제249조) ·점유자의 자력구제(제209조) ·점유의 권리적법추정(제200조) ·공시의 원칙(동산물권변동의 효력발생요건, 제188조)과 공신의 원칙 ·간접점유(제194조), 점유보조자(제195조)

〈이종훈 물권법편, p.282〉

Ⅱ. 점유의 관념화 현상

1. 점유보조관계

(1) 개념

물건을 사실상 지배하고 있으나 점유자가 되지 못하는 자를 점유보조자라 한다. 이에 대하여 점유보조자와 특정한 관계에 있는 자로서 물건을 사실상 지배하고 있지는 않으나 점유자인 자를 점유주라 한다. 제195조에서는 가사상, 영업상 기타 유사한 관계에 의하여 타인의 지시를 받아 물건에 대한 사실상 지배를 하는 자를 점유보조자라 하고 있다. 예컨대 상점의 점원ㆍ가정부ㆍ은행의 출납원ㆍ공장의 근로자ㆍ공무집행중의 공무원 등이 이에 해당한다. 점유보조자가 점유자가 되지 못하는 이유는 점유보조자를 점유자로서 보호할 만한 사회적ㆍ실제적인 이익이 없을 뿐만 아니라, 그것을 보호하는 경우에는 오히려 점유질서를 파괴할 염려조차 있기 때문이라 한다(종업원이 주인에게 점유보호청구권을 행사한다고 가정해 보라).

> **제195조 (점유보조자)**
> 가사상, 영업상 기타 유사한 관계에 의하여 타인의 지시를 받아 물건에 대한 사실상의 지배를 하는 때에는 그 타인만을 점유자로 한다.

(2) 점유보조관계의 특징

1) 병존적 지위

자기의 물건에 대한 점유보조로서, 예컨대 부모가 어린이에게 물건을 준 경우에 그 어린이는 소유자인 동시에 점유보조자가 될 수 있다(점유보조관계의 성립에 있어서는 물건에 대한 권리관계가 어떠한가를 묻지 않기 때문이다).

2) 점유보호청구권

간접점유자는 점유보호청구권이 인정되지만(제207조 참조), 점유보조자에게는 인정되지 않는다. 또한 점유보조자는 점유보호청구권의 상대방이 되지 않는다.

3) 자력구제권

점유보조자는 점유권은 없지만 점유주를 위한 자력구제권을 행사할 수 있다(제209조 참조). 비교하여야 할 것은 간접점유자에 대하여 자력구제권이 인정될 수 있는가에 대하여는 설이 대립한다는 것이다.

4) 처의 지위

妻가 夫의 점유보조자가 되는 것은 아니다(공동점유). 그리고 법인의 기관의 점유와 관련하여 판례는 대표기관의 점유만을 법인의 점유로 본다.

판례 ㉠ 〈처의 지위〉 처가 아무런 권원 없이 토지와 건물을 주택 및 축사 등으로 계속 점유·사용하여 오고 있으면서 소유자의 명도 요구를 거부하고 있다면, 비록 그 시부모 및 부와 함께 이를 점유하고 있다고 하더라도 처는 소유자에 대한 관계에서 단순한 점유보조자에 불과한 것이 아니라 공동점유자로서 이를 불법점유하고 있다고 봄이 상당하다(대판 1998.6.26, 98다16456·16463).

㉡ 〈한국수자원공사의 점유〉 한국수자원공사가 송전선로 등 수도권 광역상수도시설에 대한 수도시설관리권을 국가로부터 출자받아 시설을 유지·관리하고 있는 경우, 송전선로가 통과하는 토지의 상공 부분은 공사가 직접 점유하고 있다 할 것이지 단순히 국가의 점유보조자로서 점유하는 것이 아님에도 이와 달리 본 원심판결에 법리오해의 위법이 있다고 하였다(대법원 2012.9.27. 선고 2011다76747 판결).

5) 보조관계의 종료

점유보조관계의 설정은 외부에 객관적으로 나타날 것을 요하지 않지만, 보조관계의 종료는 점유보조자의 의사가 외부에 명확히 인식되어야 한다.

6) 사안검토

관련사례 | 장기출장으로 인해 甲은 자신이 소유하고 있는 고가의 시계를 금은방을 하고 있는 친구(乙)에게 보관을 부탁하였고, 乙은 종업원(丙)에게 타인에게 매각하지 않도록 지시하였으나, 丙은 가게주인 乙이 잠시 가게를 비운 사이에 丁에게 팔아버렸다.

해설 | 〈점유이탈여부〉: 乙의 의사에 기하지 않고 점유를 떠난 물건이라고 바로 유실물로 보아서는 아니된다. 즉 점유이탈의 의사의 유무는 원칙적으로 乙을 기준으로 하여 결정한다. 다만 점유보조자의 지위를 민법 제116조와 같이 파악한다. 그러므로 위의 경우는 을이 아닌 병의 의사를 기준으로 판단하므로 점유이탈물로서 유실물이 아니다(제116조, 제250조 참조).

2. 간접점유

> **제194조(간접점유)**
> 지상권·전세권·질권·사용대차·임대차·임치 기타의 관계로 타인으로 하여금 물건을 점유하게 한 자는 간접으로 점유권이 있다.
>
> **제207조 (간접점유의 보호)**
> ① 전3조(점유보호청구권)의 청구권은 제194조의 규정에 의한 간접점유자도 이를 행사할 수 있다.
> ② 점유자가 점유의 침탈을 당한 경우에 간접점유자는 그 물건을 점유자에게 반환할 것을 청구할 수 있고 점유자가 그 물건의 반환을 받을 수 없거나 이를 원하지 아니하는 때에는 자기에게 반환할 것을 청구할 수 있다.

(1) 개 념

직접점유와 대립하는 간접점유는 어떤 자가 타인간의 일정한 법률관계에 기하여 그 타인에게 점유를 이전한 경우에 그 자에게 인정되는 점유이다. 민법 제194조에서는 "지상권·전세권·질권·사용대차·임대차·임치 기타의 관계로 타인으로 하여금 물건을 점유하게 한 자는 간접으로 점유권이 있다"고 하고 있다. <u>간접점유는 상속인의 점유와 마찬가지로 물건을 사실상 지배하지 않음에도 불구하고 점유가 인정되는 점유의 관념화의 현상을 나타낸다.</u> 예컨대 A가 그의 주택을 B에게 임대한 경우에는 B는 직접점유자가 되고 A는 B를 매개로 하여 간접으로 점유를 하게 되는 간접점유자가 된다. 간접점유자는 점유보조자와 달라서 점유권이 인정된다.

(2) 간접점유의 성립요건

1) 특정인의 직접점유

여기서 특정인은 점유매개자인 직접점유자이다. 즉 점유매개자가 물건을 직접점유하여야 한다. 그리고 이 직접점유는 언제나 타주점유이어야 한다.

2) 점유매개관계의 존재

㉠ 그것은 일시적인 법률관계이기 때문에 반드시 반환청구권이 있다. 다시 말한다면, 점유매개관계는 구체적인 법률관계에 기초하고 있어야 한다.

㉡ 기초적 법률관계는 구체적이면 족하고 반드시 유효하여야 하는 것은 아니다. 그 법률관계가 후에 무효임이 판명되었거나 취소되었다 하더라도 이러한 법률관계에 기하여 간접점유는 성립한다.

㉢ 이러한 점유매개관계는 계약에 의하여 성립하는것(포괄적 대리권에 기한 경우 포함)과 법률의 규정에 의하여 성립하는 것(부당이득·사무관리에 기한 경우 포함)이 있다.

㉣ 점유매개관계는 중첩적으로 존재할 수 있다. 이때에 점유매개자의 점유는 직접점유일 수도 있고 간접점유일 수도 있다.

㉤ 점유매개자에게는 타주점유를 지향하는 의사적 요소가 존재해야 하는데 이것을 점유매개의사라고 한다. 점유는 점유설정의사라는 자연적 의사를 요소로 하는 사실행위이므로, 점유매개의사도 자연적 의사로서 충분하다(판례도 동일, 1973.2.13, 72다2450 참조).

(2) 간접점유의 효력

1) 취득시효의 점유

토지에 대한 취득시효 완성으로 인한 소유권이전등기청구권은 그 토지에 대한 점유가 계속되는 한 시효로 소멸하지 아니하고, 여기서 말하는 점유에는 직접점유뿐만 아니라 간접점유도 포함한다고 해석하여야 한다(대판 1995.2.10, 94다28468).

2) 압류효력저지

매수인이 소유권유보부 매매의 목적물을 타인의 직접점유를 통하여 간접점유하던 중 그 타인의 채권자가 그 채권의 실행으로 그 목적물을 압류한 경우, 매수인은 그 강제집행을 용인하여야 할 별도의 사유가 있지 아니한 한 소유권유보 매수인 또는 정당한 권원 있는 간접점유자의 지위에서 민사집행법 제48조 제1항에 정한 '목적물의 인도를 막을 수 있는 권리'를 가진다(대판 2009.4.9, 2009다1894).

(3) 간접점유자의 지위

관련사례 | 甲은 그의 토지를 乙에게 임대하였다. 그 후 甲은 乙에 대하여 임대차계약의 해지로 인한 토지의 인도 및 건물철거를 구하여 승소하였다. 한편 당해토지소유권은 부정분배를 원인으로 하여 국가에 의해 부정되고, 甲명의의 등기는 말소되었다. 甲은 승소판결을 토대로 乙에게 대체집행

을 하려하였으나 乙의 동업자 丙이 점유하는 관계로 건물의 철거집행이 불가능하였다. 甲은 丙을 상대로 제207조에 의하여 점유의 소에 의하여 퇴거 및 반환을 요구할 수 있는가 ?

해설
(a) **침탈여부** : 직접점유자가 임의로 점유를 타인에게 양도한 경우에 그 점유이전이 간접점유자의 의사에 어긋나더라도 간접점유자의 점유가 침탈된 경우에 해당하지 않는다(대판 1993.3.9, 92다5300).
(b) **채권적 청구권** : 甲의 乙에 대한 건물철거 및 대지인도청구권은 임대차계약에 기한 채권적 청구권에 불과하므로 계약당사자가 아닌 丙에게 그 효과를 주장할 수 없다.

3. 상속인의 점유

제193조에서는 "점유권은 상속인에게 이전한다"고 하고 있는바, 이는 상속인은 사실상 점유 없이도 관념적으로 점유권을 갖는다는 것이다.

> **제193조 (상속으로 인한 점유권의 이전)**
> 점유권은 상속인에 이전한다.

(1) 상속인만의 점유

상속에 의하여 점유권을 취득한 경우에는, 상속인은 새로운 권원에 의하여 자기 고유의 점유를 개시하지 않는 한 피상속인의 점유를 떠나 자기만의 점유를 주장할 수 없다(대판 1992.9.22, 92다22602).

판례 ㉠ 따라서 선대의 점유가 타주점유인 경우 선대로부터 상속에 의하여 점유를 승계한 자의 점유도 상속전과 그 성질 내지 태양을 달리하는 것이 아니어서, 특단의 사정이 없는 한 그 점유가 자주점유로는 될 수 없고, 그 점유가 자주점유로 되기 위하여서는 점유자가 점유를 시킨 자에게 소유의 의사가 있는 것을 표시하거나, 또는 신권원에 의하여 다시 소유의 의사로써 점유를 시작하여야 한다(대판 1987.2.10, 86다카550). ㉡ 상속인이 미성년자인 경우에는 그 법정대리인을 통하여 점유권을 승계받아 점유를 계속할 수 있는 것이며 점유의 계속은 추정된다(대판 1989.4.11, 88다카8217).

(2) 점유분리·병합

> **제199조 (점유의 승계의 주장과 그 효과)**
> ① 점유자의 승계인은 자기의 점유만을 주장하거나 자기의 점유와 전점유자의 점유를 아울러 주장할 수 있다.
> ② 전점유자의 점유를 아울러 주장하는 경우에는 그 하자도 계승한다.

1) 상속의 경우

점유의 분리·병합은 상속의 경우에도 적용되는가와 관련하여, 다수설은 긍정하지만 소수설과 판례는 상속점유는 피상속인의 점유의 성질과 하자를 떠난 새로운 점유를 주장할 수 없다고 하여, 점유의 분리·병합은 상속의 경우에는 적용될 수 없다고 한다.

2) 관련문제(취득시효의 기산점)

점유가 순차로 여러 사람에게 승계된 경우에 점유의 이익을 수용 주장하는 사람은 자기의 점유만을 주장하거나 또는 자기의 점유와 그 전점유자의 점유를 아울러 주장할 수 있는 선택권이 있으므로(그 선택여하에 따라 제 3자의 권리에 미치는 영향이 다르다고 하더라도), 그 직전 점유자의 점유만을 병합 주장하거나 그 모든 전점유자의 점유를 병합 주장하는 것은 그 주장하는 사람의 임의선택에 속하고, 다만 이와 같은 경우에도 그 점유시기를 점유기간 중의 임의의 시점을 선택할 수 없는 것이 원칙이다(대판 1982.1.26, 81다826).

Ⅲ. 점유의 태양(모습)

> **제197조 (점유의 태양)**
> ① 점유자는 소유의 의사로 선의, 평온 및 공연하게 점유한 것으로 추정한다(※ 무과실은 추정되지 않는다).
> ② 선의의 점유자라도 본권에 관한 소에 패소한 때에는 그 소가 제기된 때로부터 악의의 점유자로 본다.

1. 유형 검토

(1) 자주점유와 타주점유

점유자가 '소유의 의사'를 가지고서 하는 점유가 자주점유이고, 그 이외의 점유가 타주점유이다. 자주점유에서 소유의 의사란 소유자가 할 수 있는 것과 같은 배타적 지배를 사실상 행사하려고 하는 의사를 말한다.

(2) 선의점유 · 악의점유

점유할 수 있는 권리, 즉 본권이 없는 데도 불구하고 있다고 오신해서 하는 점유가 선의점유이고, 본권이 없음을 알면서 또는 본권의 유무에 관하여 의심을 품으면서 하는 점유가 악의점유이다.

(3) 과실(過失) 있는 점유·과실 없는 점유

선의점유에 있어서 그 오신에 과실이 있느냐 없느냐에 의한 구별이다.

(4) 평온·공연의 점유와 폭력·은비의 점유

점유를 취득하는데 강폭행위를 사용하지 않은 것이 평온점유이고, 강폭행위를 쓴 것이 폭력점유이다. 한편 점유를 하는 데 있어 남몰래 하는 점유가 은비의 점유이고 남몰래 하지 않는 점유를 공연한 점유라고 한다.

(5) 하자 있는 점유와 하자 없는 점유

하자 있는 점유란 악의·과실·강폭·은비·불계속 등의 사정이 있는 점유를 말하고, 하자 없는 점유란 선의·무과실·평온·공연·계속 등의 사정이 있는 점유를 말한다.

2. 점유의 구체적 모습

(1) 자주점유

1) 의 의

(가) 사실상 소유의사

점유자가 '소유의 의사'를 가지고서 하는 점유가 자주점유이고, 그 이외의 점유가 타주점유이다. 자주점유에서 소유의 의사란 소유자가 할 수 있는 것과 같은 배타적 지배를 사실상 행사하려고 하는 의사를 말한다.

판례 〈자주점유의 의미〉 점유자의 점유가 소유의 의사 있는 자주점유인지 아니면 소유의 의사 없는 타주점유인지의 여부는 ① 점유자의 내심의 의사에 의하여 결정되는 것이 아니라 점유 취득의 원인이 된 권원의 성질이나 점유와 관계가 있는 모든 사정에 의하여 외형적·객관적으로 결정되어야 하는 것이기 때문에 점유자가 성질상 소유의 의사가 없는 것으로 보이는 권원에 바탕을 두고 점유를 취득한 사실이 증명되었거나, 점유자가 타인의 소유권을 배제하여 자기의 소유물처럼 배타적 지배를 행사하는 의사를 가지고 점유하는 것으로 볼 수 없는 객관적 사정, 즉 점유자가 진정한 소유자라면 통상 취하지 아니할 태도를 나타내거나 소유자라면 당연히 취했을 것으로 보이는 행동을 취하지 아니한 경우 등 ② 외형적·객관적으로 보아 점유자가 타인의 소유권을 배척하고 점유할 의사를 갖고 있지 아니하였던 것이라고 볼 만한 사정이 증명된 경우에는 그 추정은 깨어지고, 점유자가 점유 개시 당시에 소유권 취득의 원인이 될 수 있는 법률행위 기타 법률요건이 없이 그와 같은 법률요건이 없다는 사실을 잘 알면서 타인 소유의 부동산을 ③ 무단점유한 것임이 입증되었다면, 특별한 사정이 없는 한 점유자는 타인의 소유권을 배척하고 점유할 의사를 갖고 있지 않다고 보아야 하므로 그 경우에도 소유의 의사가 있는 점유라는 추정은 깨어진다. (대판 2011.1.13, 2010다66699).

(나) 오상점유권원으로서의 소유권

자주점유는 법률상 그러한 지배를 할 수 있는 권한, 즉 소유권을 가지고 있거나 또는 소유권이 있다고 믿고 있어야 하는 것은 아니다(대판 1996.10.11, 96다23719). 즉 소유의 의사의 유무는, 점유취득의 원인이 된 사실, 즉 권원에 의하여 객관적으로 정해진다(통설·판례).

판례 ㉠ 타인의 토지를 소유의 의사 없이 점유하던 자가 그 지상에 건물을 신축하여 건축물대장에 등재한 것만으로 소유의사를 표시한 것으로 보지 않았다(대판 1994.4.29, 94다1449). ㉡ 타주점유자가 그 명의로 소유권이전등기를 경료한 것만으로 소유의 의사를 표시하여 자주점유로 전환되었다고 볼 수 없다(대판 1995.2.28, 94다48165).

2) 판단기준과 구체적 예

자주점유 여부	점유권원 없음이 밝혀진 경우	타주 점유	
	점유권원 불분명	자주 점유 추정	
	점유권원 있음이 밝혀진 경우	그 성질이 불분명	자주 점유 추정
		그 성질이 분명	그 성질에 따라 객관적으로 판단

(가) 권원의 성질

소유의 의사의 유무는 점유취득의 원인이 된 사실, 즉 권원의 성질에 의하여 객관적으로 정해진다(통설·판례).

판례 ㉠ 점유에 있어 소유의 의사 유무는 점유취득의 원인사실에 의하여 <u>외형적·객관적으로 정하여져야 할 것</u>인 즉, 토지매수인이 매매계약에 기하여 목적 토지의 점유를 취득한 경우에는 그 매매가 설사 타인의 토지의 매매로서 그 소유권을 취득할 수는 없다 하여도 다른 특별한 사정이 없는 이상 <u>매수인의 점유는 소유의 의사로써 하는 것이라고 해석된다</u>(대판 1981.11.24, 80다3083 대판 1997.7.8, 95다48766). ㉡ <u>소유의 의사로 점유를 개시한 자가 나중에 그 목적물이 자신의 소유가 아님을 알게 된 사정만으로 그 점유가 타주점유로 전환되는 것은 아니다</u>(대판 1997.4.11, 96다50520).

(나) 점유개시 시

소유의 의사의 기준시점은 등기부취득시효의 선의·무과실과 마찬가지로 점유개시시에 존재하면 족하다고 봄이 판례의 입장이다(제245조 제2항, 제246조 제2항 참조). 즉 판례는 "등기부취득시효에 있어서는 <u>점유의 개시에 과실이 없었음을 필요로 하고, 여기서 무과실이라 함은 점유자가 자기의 소유라고 믿은 데 과실이 없음을 말한다</u>"고 하고 있다(대법원 2011.9.29. 선고 2009다78801 판결).

판례 ㉠ 매매계약이 무효라 하더라도 실제로 매매계약이 있었던 이상 매수인의 점유는 원칙적으로 자주점유이다. 그러나 매매계약에 무효사유가 있었음을 안 매수인은 자주점유자라고 할 수 없다. <u>매매계약이 해제된 경우에는 매수인에게 해제의 의사표시가 도달되어야 하므로 적어도 그 시점으로부터 매수인의 점유는 타주점유가 된다</u>고 할 것이다. ㉡ 부동산에 설정된 저당권에 기하여 임의경매가 개시된 이래 부동산의 소유자가 경매의 실행을 저지하지 아니한 채 절차가 진행되어 그 부동산이 제3자에게 경락되고 대금이 납부되어 종전 소유자의 소유권이 상실되었다면, 종전 소유자가 제3자의 소유로 귀속된 부동산을 계속 점유하고 있다고 하더라도 그 점유는 달리 특별한 사정이 없는 한 권원의 성질상 타주점유로 봄이 상당하다(대판 1996.11.26, 96다29335·29342 등). ㉢ 부동산을 매도한 사람이 매매대금을 다 받은 후에 여전히 그 부동산을 점유하는 경우에 그 점유는 특별한 사정이 없는 한 타주점유이다. 따라서 <u>토지의 소유자가 스스로 점유하고 있던 토지의 전부 또는 일부를 다른 사람에게 매도하는 등으로 소유권을 이전한 후에도 계속하여 점유하는 경우, 그 이전한 토지 부분에 대한 점유의 성질은 타주점유이다</u>(대판 2007.3.30, 2007다1555)

(다) 상속인의 지위

㈀ 상속에서 문제되는 것은 피상속인의 점유가 타주점유인 경우, 상속인의 점유는 자주점유로 될 수 있는가 하는 점이다. 피상속인의 점유가 자주이면 상속인의 점유도 자주점유가 되고, 피상속인의 점유가 타주이면 상속인의 점유도 타주가 된다. 판례는 점유자가 타주점유일 때, 그 점유가 자주가 되기 위하여는 점유를 시킨자에게 소유의 의사가 있는 것을 표시하거나 또는 새로운 권원에 의하여 다시 소유의 의사로 점유하지 않는 한 상속에 의한 점유는 자주점유가 될 수 없다고 한다.

㈁ 한편 공동상속인간에는 공동상속인 중 1인이 상속 부동산 전부를 점유하고 있는 경우, 자신의 상속지분을 초과하는 부분에 대한 점유의 성질은 특별한 사정이 없는 한 타주점유로 본다(대판 2008.9.25, 2008다31485).

(라) 시효완성자의 점유

취득시효완성 후의 점유자의 점유는 특단의 사정이 없는 한 자주점유라고 할 것이다. 그리고 취득시효완성 후 점유자가 권리자에 대해 매수를 시도한 사실이 있다 하더라도 그 사실만으로 그 후부터는 물론 그 전의 점유가 타주점유였다고 단정할 수 없다고 한다. 왜냐하면 시효취득자는 분쟁을 되도록 용이하게 해결하기 위하여 그 부동산을 매수하려고 시도하는 경우가 많기 때문이다(대판 1989.4.11, 88다카5843).

(마) 점유자와 등기명의자간의 권리주장

점유취득 권원의 객관적 성질에 의하여 자주점유로 인정되는 이상 점유자가 원고가 되고 명의자가 피고가 된 점유물에 관한 소에서 패소확정되었다 하더라도 이에 의하여 자주점유가 타주점유로 전환되는 것이 아니다(제197조 제2항과 비교). 그러나 반대로 점유자가 피고가 되어 패소판결이 확정된 경우에는 점유권원 없음이 확정된 경우로서 타주점유가 된다(아래 판결참조).

판례 ㉠ 점유자측에서 등기명의자를 상대로 매매나 시효취득을 원인으로 소유권이전등기를 청구하였다가 패소확정된 경우에는, 점유자가 소유자에 대하여 어떤 의무가 있음이 확정되는 것은 아니므로 악의의 점유자가 되는 데 불과하고 타주점유로 전환되는 것은 아니다(대판 1981. 3. 24, 80다2226). 따라서 점유자가 주장하는 자주점유의 권원이 인정되지 않는다는 사유만으로 자주점유의 추정이 번복되지는 않는다(대판 2007.2.8, 2006다28065).
㉡ 그러나 반대로 소유자가 점유자를 상대로 적극적으로 소유권을 주장하여 승소한 경우에는, 점유자는 소유자에 대하여 등기말소 또는 명도 등의 의무를 부담하게 되었음이 확정되었으므로, 단순한 악의점유의 상태와는 달리 객관적으로 그와 같은 의무를 부담하고 있는 점유자로 변한 것이어서 점유자의 토지에 대한 점유는 패소확정후 부터는 타주점유로 전환된다(대판 1996.10.11, 96다19857).

3) 자주점유의 추정

권원의 성질상 자주점유인지·타주점유인지 분명치 않는 경우에는, 점유자는 소유의 의사로써 점유하는 것으로 추정된다(제197조 제1항). 따라서 점유자의 상대방에게 점유자의 점유가 타주점유임에 대한 주장·입증책임이 있다(대판 2003.8.22, 2001다23225).

4) 대법원 전원합의체판결[대판(전합) 1997.8.21, 95다28625]

(가) 다수견해

'점유자가 점유개시 당시에 소유권취득의 원인이 될 수 있는 법률행위 기타 법률요건이 없이 그와 같은 법률요건이 없다는 사실을 잘 알면서 타인소유의 부동산을 무단점유한 것임이 입증된 경우에도 특별한 사정이 없는 한 점유자는 타인의 소유권을 배척하고 점유할 의사를 갖고 있지 않다고 보아야 할 것이므로 이로써 소유의 의사가 있는 점유라는 추정은 깨어졌다고 할 것이다'라는 것이다.

(나) 대법원의 소수견해

악의의 무단점유를 타주점유로 보아야 하는지에 관하여는 논란의 여지가 있다. 왜냐하면 악의의 무단점유자에게 항상 소유의 의사가 없는 것은 아니기 때문이다. 예컨대 위 전원합의체판결의 소수의견은 무단점유의 경우 권원의 성질상 소유의 의사가 없는 점유라 단정할 수 없다고 하고, <u>무단점유는 악의점유라는 것을 의미할 뿐 자주 또는 타주점유 여부와는 직접 관련성이 없다고 한다.</u>

판례 〈전원합의체고찰〉

㉠ 〈점유자의 입증 문제〉 먼저 대판(전합) 1983. 7. 12, 82다708·709 ; 82다카1792·1793은 점유취득시효의 성립요건인 "소유의 의사"에도 민법 제197조 제1항이 적용된다고 보았다. 즉, 민법 제197조 제1항에 의하면 물건의 점유자는 소유의 의사로 점유한 것으로 추정되므로 <u>점유자가 취득시효를 주장하는 경우에 있어서 스스로 소유의 의사를 입증할 책임은 없고, 오히려 그 점유자의 점유가 소유의 의사가 없는 점유임을 주장하여 점유자의 취득시효의 성립을 부정하는 자에게 그 입증책임이 있다</u>고 하였다.

㉡ 〈철조망사건〉그 후 대판(전합) 1997. 8. 21, 95다28625는 위 1983년 판결을 폐기한 것은 아니지만 점유취득시효에 관한 전환점을 형성한다. 즉 대법원은 점유자가 점유 개시 당시에 소유권 취득의 원인이 될 수 있는 법률행위 기타 법률요건이 없이 그와 같은 법률요건이 없다는 사실을 잘 알면서 <u>타인 소유의 부동산을 무단점유한 것임이 입증된 경우, 특별한 사정이 없는 한 점유자는 타인의 소유권을 배척하고 점유할 의사를 갖고 있지 않다고 보아야 한다</u>고 판결함으로써, 점유취득시효의 인정범위가 대폭 축소되었다.

㉢ 〈채소밭 사건〉 대판(전합) 2000. 3. 16, 97다37661에서는 부동산 소유자가 아닌 사람으로부터 부동산을 매수하여 점유한 경우에도 자주점유의 추정이 유지되는지 문제되었다. 이 판결의 다수의견이 "소유의 의사는 사실상 소유할 의사가 있는 것으로 충분한 것이지 반드시 등기를 수반하여야 하는 것은 아니므로" 등기를 수반하지 아니한 경우라고 하더라도 타주점유라고 할 수 없다고 하였다. 같은 취지의 판례로써, "토지매수인이 매매계약에 기하여 목적 토지의 점유를 취득한 경우에는 <u>그 매매가 설사 타인의 토지의 매매로서 그 소유권을 취득할 수는 없다 하여도 다른 특별한 사정이 없는 이상 매수인의 점유는 소유의 의사로써 하는 것이라고 해석된다"</u>고 하였다(대판 1981.11.24. 80다3083).

5) 국가나 지방자치단체의 점유시

부동산의 점유권원의 성질이 분명하지 않을 때에는 민법 제197조 제1항에 의하여 점유자는 소유의 의사로 선의, 평온 및 공연하게 점유한 것으로 추정되는 것이며, 이러한 추정은 지적공부 등의 관리주체인 국가나 지방자치단체가 점유하는 경우에도 마찬가지로 적용됨이 원칙이다(대판 2009.11.26, 2009다50421).

판례 〈국가나 지방자치단체의 점유〉 ㉠ 부동산의 점유권원의 성질이 분명하지 않을 때에는 민법 제197조 제1항에 의하여 점유자는 소유의 의사로 선의, 평온 및 공연하게 점유한 것으로 추정되는 것이며, 이러한 추정은 지적공부 등의 관리주체인 국가나 지방자치단체가 점유하는 경우에도 마찬가지로 적용된다(대판 2009.11.26, 2009다50421). 따라서 국가나 지방자치단체가 취득시효의 완성을 주장하는 토지의 취득절차에 관한 서류를 제출하지 못하고 있다고 하더라도, 그러한 사정만으로 그 토지에 관한 국가나 지방자치단체의 자주점유의 추정이 번복된다고 할 수는 없다(대판 2010.10.14. 2008다92268). ㉡ 그러나 국가나 지방자치단체가 해당 토지의 점유·사용을 개시할 당시의 지적공부 등이 멸실된 적 없이 보존되어 있고 거기에 국가나 지방자치단체의 소유권 취득을 뒷받침하는 어떠한 기재도 없는 경우까지 함부로 적법한 절차에 따른 소유권 취득의 가능성을 수긍하여서는 아니 된다. 그러므로 만일 이 사건 각 토지에 관하여 토지대장 등 지적공부가 멸실된 바 없이 존속하고 그 지적공부에 피고들의 소유권 취득사실을 뒷받침할 만한 기재가 전혀 나타나지 아니한다면, 특별한 사정이 없는 한 피고(국가)들은 국유재산법이나 지방재정법 등에 따른 공공용 재산의 취득절차를 밟지 않은 채 무단으로 위 각 토지를 점유·사용한 것으로 볼 수밖에 없어 피고(점유자인 국가)들이 소유의 의사로 이 사건 각 토지를 점유하였다는 추정은 깨어지고, 그러한 지적공부상 기재에도 불구하고 피고들의 소유권 취득가능성을 긍정할 수 있는 특별한 사정의 존재에 관한 증명책임은 피고들에게 있다고 보아야 한다(대판 2011.11.24, 2009다99143). ㉢ 따라서 <u>지방자치단체나 국가가 적법한 공공용 재산의 취득절차를 밟는 등 토지를 점유할 수 있는 일정한 권원 없이 사유토지를 도로부지에 편입시킨 경우, 소유의 의사가 있는 점유라는 추정은 깨어지는 것이다</u>(대법원 2012.5.10. 선고 2011다52017 판결).

6) 자주점유와 관련된 판례

(가) 착오로 건물이 인접 토지의 일부를 침범하게 된 경우

자신 소유의 대지상에 건물을 건축하면서 인접 토지와의 경계선을 정확하게 확인해 보지 아니한 탓에 착오로 건물이 인접 토지의 일부를 침범하게 된 경우, 그 침범면적이 통상 있을 수 있는 시공상의 착오 정도를 넘어 상당한 정도에까지 이르는 경우에는 당해 건물의 건축주는 자신의 건물이 인접 토지를 침범하여 건축된다는 사실을 건축 당시에 알고 있었다고 보는 것이 상당하다고 할 것이고, 이 경우 그 침범으로 인한 인접 토지의 점유는 권원의 성질상 소유의 의사가 있는 점유라고 할 수 없다고 할 것이다(대판 2009.5.14, 2009다1078 등). 이러한 법리는 구분소유적 공유에도 그대로 적용된다고 함이 최근 판례의 태도이다.

(나) 납북된 자의 토지 매매의 경우 자주점유여부

甲이 납북된지 오래 되었다는 사정을 잘 아는 乙이 甲의 처와 갑소유의 부동산에 관하여 매매계약을 체결한 경우, 그 부동산에 대한 乙의 자주점유의 추정은 깨진다(대판 2011.12.22, 2009다75949).

(다) 아파트 구분소유권자들의 대지 지분에 관한 자주점유 추정이 번복되었다고 본 사례

아파트의 수분양자들과 그 승계인들이 아파트의 구분소유권을 취득한 이래 오랜 기간 동안 아무 장애도 없었음에도 그 대지 지분에 관한 이전등기 요구를 전혀 하지 않은 경우 타주점유이다(대판 2011.1.13, 2010다66699).

(2) 선의점유 · 악의점유

1) 의의

점유할 수 있는 권리, 즉 본권이 없는 데도 불구하고 있다고 오신해서 하는 점유가 선의점유이고, 본권이 없음을 알면서 또는 본권의 유무에 관하여 의심을 품으면서 하는 점유가 악의점유이다.

2) 제201조의 선의점유자의 과실취득문제

판례는 선의점유자의 과실취득요건으로서 점유자의 무과실을 요구하는 바, 오신을 함에는 오신할 만한 정당한 근거가 있어야 한다는 태도이다(대판 2000.3.10, 99다63350).

3) 선의점유의 범위

점유자는 선의로 점유한 것으로 추정되지만, 권원 없는 점유였음이 밝혀지면 소를 제기한 경우까지 선의였던 것이 부정되지는 않는다(대판 2000.3.10, 99다63350).

판례 점유자의 선의추정 유지는 점유자가 권원 없는 점유였음이 밝혀졌다(무단점유입증 → 타주점유)고 하더라도 곧 그 동안의 점유에 대한 선의의 추정이 깨어지는 것은 아니다. 즉 점유자는 선의로 점유한 것으로 추정되고, 점유자가 권원 없는 점유였음이 밝혀졌다고 하여 곧 그 동안의 점유에 대한 선의의 추정이 깨어졌다고 볼 것은 아니다(대판 2000.3.10, 99다63350).

(3) 과실 있는 점유

선의점유에 있어서 그 오신에 과실이 있느냐 없느냐에 의한 구별이다. 제197조에서 점유자는 무과실이 추정되지 않는다. 그리고 선의점유자에게 과실이 있다면 과실취득권과는 별개로 진정한 소유자에 대한 손해배상책임이 발생할 수 있다(대판 1966.7.19, 66다994).

(4) 평온 · 공연의 점유와 폭력 · 은비의 점유

점유를 취득하는데 강폭행위를 사용하지 않은 것이 평온점유이고, 강폭행위를 쓴 것이 폭력점유이다. 한편 점유를 하는 데 있어 남몰래 하는 점유가 은비의 점유이고 남몰래 하지 않는 점유를 공연한 점유라고 한다.

(5) 하자 있는 점유와 하자 없는 점유

하자 있는 점유란 악의 · 과실 · 강폭 · 은비 · 불계속 등의 사정이 있는 점유를 말하고, 하자 없는 점유란 선의 · 무과실 · 평온 · 공연 · 계속 등의 사정이 있는 점유를 말한다.

(6) 제197조의 본권에 관한 소

(ㄱ) 민법 제197조 제2항(선의의 점유자라도 본권에 관한 소에 패소한 때에는 그 소가 제기된 때로부터 악의의 점유자로 본다)의 "본권에 관한 소"에는 소유권에 기하여 점유물의 인도나 명도를 구하는 소송은 물론 부당점유자를 상대로 "점유로 인한 부당이득의 반환을 구하는 소송"도 포함된다는 것이 판례이다.

(ㄴ) 즉 회복자가 소유권에 기하여 점유자를 상대로 부동산의 불법점유를 이유로 한 부동산 반환청구 및 점유기간 동안의 부당이득반환청구를 한 경우, 소제기시에는 원고가 소유권자였으나 변론종결 전에 소유권이 상실되었음을 이유로 소유권에 기한 부동산반환청구가 배척된다고 하더라도, 회복자의 부당이득 주장이 이유 있는 것으로 판단된다면 민법 제201조 제1항, 제197조 제1항에도 불구하고 적어도 그 소제기일부터는 점유자의 점유를 악의로 의제하여 점유자에 대하여 부당이득의 반환을 명하여야 한다(대판 2002.11.22, 2001다6213).

판례 ⟨제197조 제2항과 제749조 제2항의 관계⟩ 서울특별시가 토지소유자(제197조 제2항)로부터 기부채납 또는 사용승낙을 얻지 못한 채 위 소유자의 토지에 대하여 도로포장공사를 시행하여 주민과 노선버스를 포함한 차량의 통행에 제공하였다면 그 이후부터 서울특별시는 위 토지소유자에 대한 관계에서 그 토지를 법률상 원인없이 도로의 부지로서 점유관리하고 있고 그로 인하여 임대료 상당의 부당이득(제749조 제2항)을 얻고 있다고 할 것이다(대판 1987.9.22., 86다카215).

(7) 점유자의 지위고찰

관련사례 | 甲의 토지를 乙이 허위의 등기서류에 기하여 자신의 소유로 등기하고 이를 점유하면서 그 위에 건물을 신축하였다(건물은 보존등기는 하지 않았다). 그 후 乙은 위 토지와 건물을 丙에게 양도하여 丙이 토지에 관하여 이전등기를 하고 건물은 미등기인 채 점유 · 사용하였다(대판 1986.12.23, 86다카1751 참조).

해설

(a) 乙·丙간의 매매계약은 유효하나, 丙은 토지의 소유권을 취득하지 못한다. 즉 타인의 권리매매는 유효하나(민법 제569조 이하), 무처분권자(乙)의 처분행위이므로 丙은 소유권을 취득할 수 없다, 뿐만 아니라 등기의 공신력도 부정되기 때문에 丙이 선의 무과실이더라도 소유권을 선의취득할 수 없다(대판 2009.2.26, 2006다72802 참조).

(b) 丙은 위 토지와 건물이 乙의 소유인 줄 알고 이를 양수하였다면, 丙은 甲에 대해 점유기간 동안의 사용이익은 반환할 필요가 없다(제201조 참조). 대신 甲은 乙에 대하여 乙이 직접 그 토지를 점유·사용했던 기간동안의 차임상당액 뿐만 아니라, 丙의 점유·사용했던 기간 동안의 차임상당액도 청구할 수 있다.

(c) 건물철거는 그 소유권의 종국적 처분에 해당하는 사실행위이므로 원칙으로는 그 소유자(등기명의자)에게만 그 철거처분권이 있다고 할 것이나 그 건물을 매수하여 점유하고 있는 자는 등기부상 아직 소유자로서의 등기명의가 없다 하더라도 그 권리의 범위내에서 그 점유중인 건물에 대하여 법률상 또는 사실상 처분을 할 수 있는 지위에 있고 그 건물이 건립되어 있어 불법으로 점유를 당하고 있는 토지소유자는 위와 같은 지위에 있는 건물점유자에게 그 철거를 구할 수 있다(대판 1986.12.23, 86다카1751). 따라서 甲이 丙을 상대로 토지의 반환과 건물철거의 소를 제기하여 승소한 경우, 소제기시부터 丙의 점유는 악의로 의제된다(제197조 제2항). 한편 丙이 패소가 확정된 때부터 토지의 점유는 타주점유가 된다.

(d) 丙은 당해 건물에 관하여 법정지상권을 주장할 수 없는데, 그 이유는 토지와 건물의 소유자가 처음부터 동일한 소유자가 아니기 때문이다.

(e) 甲은 丙에 대하여 자신의 토지에 대해 진정명의회복을 위한 소유권이전등기를 청구할 수 있다.

IV. 점유권의 효력

민법은 점유권의 효력으로 '점유의 추정적 효력'(제197조·제198조·제200조)·'점유자와 회복자와의 관계'(제201조~203조)·'점유보호청구권'(제204조~제208조)·'자력구제'(제209조)에 관해 규정한다.

1. 물권으로서의 특징

점유권은 물권이다. 그런데 점유권은 점유를 상실하면 점유권을 잃게 되므로(제192조 참조), 점유권은 다른 물권과 그 성질을 달리하는 면이 있다. 따라서 물권 일반의 소멸원인이 그대로 점유권에 적용되지 않는다. 예컨대 혼동·소멸시효 등은 그 적용이 없다.

2. 제200조 점유자의 권리추정

제200조(권리의 적법 추정)
점유자가 점유물에 대하여 행사하는 권리는 적법하게 보유한 것으로 추정한다.

(1) 불이익도 추정

제200조 점유자의 권리추정은 권리의 적법추정으로 점유자의 이익·불이익을 불문하고 추정된다. 따라서 채권자가 채무자의 점유하에 있는 물건을 압류한 경우에 채권자는 그 물건이 채무자의 소유라고 추정하는 효과를 원용할 수 있다.

(2) 제3자원용

추정의 효과는 점유자뿐만 아니라 제3자도 이를 원용할 수 있다는 것이 통설이다.

(3) 전점유자에 대한 주장

통설과 판례에 의하면 소유자와 그로부터 점유를 취득한 자 사이에 있어서는 그 효력이 인정되지 않는다고 한다.

Tip

◎ 예컨대 임대인인 소유자와 임차인 사이에 임차권의 존부에 관하여 분쟁이 생긴 경우, 임차인은 현실적 점유사실에 의하여 적법한 임차인으로 추정되지는 않는다.

(4) 부동산추정문제

점유에 대한 권리의 추정은 부동산에 관해서는 적용되지 않는다(대판 1982.4.13, 81다 780 등). 즉 점유에 대한 권리의 추정은 동산에 관해서 적용되는 것이다.

V. 점유자와 회복자간의 법률관계

1. 서 설

(1) 타인의 물건을 점유하고 있는 자가 그 물건을 점유할 권리 있는 자, 즉 회복자에게 반환하는 과정에서는 다음의 세 가지 문제가 발생한다. ① 점유자의 과실취득(제201조), ② 목적물멸실 등의 경우에 점유자의 회복자에 대한 책임(제202조), ③ 점유자의 비용상환청구권(제203조)이다.

(2) 원래 물권자와 점유자 간의 관계를 규율하는 제도로서 가장 중요한 것은 물권적 청구권이지만 이것만 가지고는 이를 규율하기에 부족하다. 예컨대 점유자가 반환하여야 할 물건을 점유하는 동안 이용하는 수도 있고 이를 손괴하는 수도 있으며 물건에 대하여 비용을 지출하는 수도 있으므로 소유물반환청구권에 의하여 물건을 소유자에게 반환하는 것만 가지고는 문제를 완전히 해결할 수 없고, 오히려 과실(果實)·사용이익의 반환, 손괴에 대한 손해배상, 비용의 상환 등에 의하여 종국적으로 문제가 해결되게 된다(이영준 「물권법」, p. 370).

```
◎ 점유자와 회복자간의 법률관계
    ┌ 1) 제201조 : 과실취득(선의)
    ├ 2) 제202조 : 멸실·훼손의 경우(자주 + 선의)
    └ 3) 제203조 : 비용청구권(선·악 불문)

          ※ 비용 ┌ 필요비 ┌ 통상 필요비
                 │        └ 특별 필요비
                 └ 유익비
```

2. 점유자의 과실취득권(제201조 제1항)

> **제201조 (점유자와 과실)**
> ① 선의의 점유자는 점유물의 과실을 취득한다.
> ② 악의의 점유자는 수취한 과실을 반환하여야 하며 소비하였거나 과실로 인하여 훼손 또는 수취하지 못한 경우에는 그 과실의 대가를 보상하여야 한다.
> ③ 전항의 규정은 폭력 또는 은비에 의한 점유자에 준용한다.

(1) 취 지

선의의 점유자는 과실을 취득하는데, 과실(果實)을 수취할 권리를 가지는 것으로 오신하여 점유하는 자는 과실을 수취하여 소비하는 것이 보통이므로, 후에 본권자로부터 원물의 반환을 청구당한 경우에 과실까지도 전부 반환하여야 한다는 것은 너무 가혹하다는 데 있다.

> ◎ 예컨대 자전거를 매수한 자가 그것이 도품이라는 이유로 진정한 소유자에게 반환할 경우에 선의임에도 불구하고 그 자전거의 임료 상당의 사용에 의한 이익까지도 반환하여야 한다면 그것은 선의의 매수인에게는 너무 가혹하다는 것이다.

(2) 부당이득반환청구권과의 관계

본래 부당이득제도에 있어서는 선의의 수익자는 현존이익의 범위에서 그 반환책임을 진다(제748조 제1항). 그런데 선의의 점유자는 위 규정에 의거 비록 법률상 원인 없이 이익을 얻은 경우에도 그 이득을 반환할 의무를 지지 않는다는 점에서, 점유를 전제로 한 부당이득에 있어서는 위 규정이 특칙으로서 기능한다.

판례 甲소유의 토지를 관리하는 사람 乙을 그 토지의 소유자로 믿고 그로부터 그 토지를 매수하는 계약을 체결하고 이를 인도받아 사용하여 온 丙에 대하여 甲이 사용기간에 대한 부당이득의 반환을 청구한 경우, 대법원은 '丙은 자기가 이 사건 토지의 적법한 매수자라 믿고 이를 점유·사용하였다는 것'이라면 사용이득의 취득이 인정된다고 하였다(대판 1987.9.22, 86다카1996).

(3) 요 건

1) 점유자

여기서 말하는 점유자란 점유할 권리 없이 타인의 물건을 점유하여서 소유자에 대하여 그 물건을 반환할 의무를 부담하고 있는 점유자를 말한다. 여기의 점유자는 자주점유·타주점유를 불문한다.

2) 선의 점유자

(ㄱ) 여기서 '선의'라고 함은 점유자가 실제로는 과실을 수취할 수 있는 '점유할 권리'를 갖고 있지 않음에도 불구하고 이를 갖고 있어서 과실을 수취할 수 있다고 오신하는 것을 말한다. 그리고 오신하는 데에 관하여 오신할 만한 근거가 있어야 한다는 것이 판례이다(대판 1992.12.24, 92다22114). 따라서 질권이나 유치권과 같은 과실수취권이 없는 본권을 가지고 있다고 믿은 사람은 이에 해당하지 않는다.

(ㄴ) 선의는 일반적으로는 일정한 사실을 알지 못하는 상태, 즉 소극적인 부지를 말하는 것으로 이해되고 있는데, 여기서는 <u>적극적인 오신이 요구되고 있다</u>는 점이다(대판 1969. 9.30, 69다1234). 그러나 통설은 법에 명문의 규정이 없는 이상 과실(過失)의 유무는 문제되지 않는다고 한다.

(ㄷ) 선의점유자가 과실(過失)이 있는 경우, 불법행위와 경합할 수 있는가에 대하여 판례는 제201조 1항과 경합을 긍정한다.

판례 ① 판례는 "선의의 점유자로 그 과실(果實)을 취득할 권리가 있어 경작한 농작물의 소유권을 취득할 수 있다 하더라도 …피고에게 과실(過失)이 있는 경우, 그 점유는 진정한 소유자에 대하여 불법행위를 구성하는 것이라 아니할 수 없는 것"이라고 하여, 그의 불법행위로 인한 손해배상책임을 긍정하고 있다(대판 1966.7.19, 66다994). ② 이러한 판례의 태도에 대하여 점유자가 선의이기만 하면 그가 수취한 과실(果實)의 반환의무는 부정하면서, 다른 한편으로 그에게 과실(過失)이 있다는 이유로 그 과실(果實)등의 수취로 인한 불법행위책임을 인정하는 것은, 한 손으로는 주고 다른 손으로는 빼앗아 가는 것과 다르지 않다는 지적이 있다(대법관 양창수).

3) 악의의 점유자의 경우

> **제201조 (점유자와 과실)**
> ② 악의의 점유자는 수취한 과실을 반환하여야 하며 소비하였거나 과실로 인하여 훼손 또는 수취하지 못한 경우에는 그 과실의 대가를 보상하여야 한다.
> ③ 전항의 규정은 폭력 또는 은비에 의한 점유자에 준용한다.

판례 〈타인 소유물을 권원 없이 점유함으로써 얻은 사용이익을 반환하는 경우, 민법 제748조 제2항과 제201조 제2항의 반환범위의 관계〉 타인 소유물을 권원 없이 점유함으로써 얻은 사용이익을 반환하는 경우 민법은 선의 점유자를 보호하기 위하여 제201조 제1항을 두어 선의 점유자에게 과실수취권을 인정함에 대하여, <u>이러한 보호의 필요성이 없는 악의 점유자에 관하여는 민법 제201조 제2항을 두어 과실수취권이 인정되지 않는다는 취지를 규정하는 것으로 해석되는바, 따라서 악의 수익자가 반환하여야 할 범위는 민법 제748조 제2항에 따라 정하여지는 결과 그는 받은 이익에 이자를 붙여 반환하여야 하며, 위 이자의 이행지체로 인한 지연손해금도 지급하여야 한다</u>(대판 2003.11.14. 2001다61869).-채권편 부당이득에서 상술함.

4) 과실의 취득

(가) 과실의 의의

여기서의 과실은 천연과실·법정과실을 포함한다. 과실에는 사용이익도 포함된다함이 통설과 판례이다. 다만 유의할 것은 판례가 일관하여 농작물은 농지를 자기의 노력으로 경작하여 수확한 사람의 소유에 돌아간다고 판시하여 경작자가 악의의 점유자라고 할지라도 소유자는 그 반환을 청구하지 못한다고 하는 것이다. 그 한도에서 제201조 제1항은 무의미하다고 할 것이다.

판례 〈사용이익〉 민법 제201조 제1항에 의하면 선의의 점유자는 점유물의 과실을 취득한다고 규정하고 있는바, 건물을 사용함으로써 얻는 이득은 그 건물의 과실에 준하는 것이므로, <u>선의의 점유자는 비록 법률상 원인 없이 타인의 건물(또는 토지)을 점유·사용하고 이로 말미암아 그에게 손해를 입혔다고 하더라도 그 점유·사용으로 인한 이득을 반환할 의무는 없다</u>(대판 1996.1.26, 95다44290 ; 대판 1987.9.22, 86다카1996·1997).

㈏ 과실취득의 범위

"과실을 취득한다"는 의미가 점유자에게 과실취득을 적극적으로 부여한 것인가이다. 즉 천연과실은 그 분리와 동시에 점유자에게 속한다는 것인가, 아니면 소유자가 점유자에 대하여 그 과실 등을 부당이득으로서 반환청구하는 경우에 그 반환의무를 면제하는 것일 뿐인가이다. 다수설은 적극적 권리로 인정한다. 따라서 소비한 것뿐만 아니라 소비하지 않고 점유한 것도 반환의무를 부담하지 않게 된다.

(4) 적용범위

1) 사용·수익권

이처럼 점유할 권리는 과실취득권을 수반하고 있어야 한다. 예컨대 소유권·지상권·임차권 등이다. 그러므로 질권·유치권 등과 같이 과실취득권을 수반하지 않는 권리를 가지고 있다고 오신한다 하더라도 점유자는 과실취득권을 갖지 못한다(대판 1981.8.20, 80다2587).

판례 〈제201조의 선의점유의 의미〉 민법 제201조 제 1 항에 의하여 과실취득권이 인정되는 선의의 점유자란 과실취득권을 포함하는 권원(소유권, 지상권, 임차권 등)이 있다고 오신한 점유자를 말하며, 그와 같은 오신을 함에는 오신할 만한 근거가 있어야 된다(대판 1981.8.20, 80다2587).

2) 무효·취소

매매계약의 무효·취소를 이유로 건물명도청구와 함께 그 사용이익의 반환을 청구하는 경우, 판례는 위 규정의 적용을 긍정한다(판례).

판례 매매계약이 취소된 경우, 선의의 매수인에게 민법 제201조가 적용되어 과실취득권이 인정되는 이상, 선의의 매도인에게도 민법 제587조의 유추적용에 의하여 대금의 운용이익 내지 법정이자의 반환을 부정함이 형평에 맞다(대판 1993.5.14. 92다45025). 물론 취소 이후에는 악의의 수익자로 인정되어 그 이후 수취한 과실에 대해서는 이를 반환하여야 한다(대판 1993.2.26. 92다48635).

3) 계약의 해제

계약해제의 경우에는 계약이 유효한 경우로써 계약해제에 있어서는 제548조에서 별도로 원상회복의무에 관한 명문규정을 두고 있는 이상 계약관계가 없거나 무효·취소 등에 적용되는 점유자와 회복자간의 법률관계인 위 규정의 적용은 배제된다고 한다(판례).

3. 제202조 점유자의 책임

제202조 (점유자의 회복자에 대한 책임)
점유물이 점유자의 책임 있는 사유로 인하여 멸실 또는 훼손한 때에는 악의의 점유자는 그 손해의 전부를 배상하여야 하며 선의의 점유자는 이익이 현존하는 한도에서 배상하여야 한다. 소유의 의사가 없는 점유자는 선의인 경우에도 손해의 전부를 배상하여야 한다.

(1) 제202조의 선의

제201조의 선의와 제202조의 선의는 의미가 다른데, 과실취득권을 의미하는 선의는 과실수취할 수 있는 본권이 있다고 믿는 것이고, 제202조는 멸실·훼손도 가능한 소유자로서 믿는 선의를 말한다.

(2) 자주＋선의

제202조의 중요한 의미는, 타주점유자 예컨대, 임차인ㆍ수치인 등은 선의이더라도 점유물의 멸실ㆍ훼손에 대한 전 손해를 배상하여야 한다(제202조 후단). 이는 점유가 처음부터 타인의 소유물로 점유한 것이므로 특별히 보호할 필요가 없기 때문이다. 그리고 목적물 멸실시 선의의 점유자는 항상 이익이 현존하는 한도에서 배상하면 되는 것이 아니다. 즉, 자주 + 선의점유일 것을 요한다.

(3) 불법행위와 경합

다수설과 판례는 민법 제202조는 점유물 자체에 관하여 생긴 손해배상에 관한 것이므로 불법행위의 규정의 적용을 배제하지 않으며, 서로 경합한다고 한다.

4. 제203조 비용상환청구권

> **제203조 (점유자의 상환청구권)**
> ① 점유자가 점유물을 반환할 때에는 회복자에 대하여 점유물을 보존하기 위하여 지출한 금액 기타 필요비의 상환을 청구할 수 있다. 그러나 점유자가 과실을 취득한 경우에는 통상의 필요비는 청구하지 못한다.
> ② 점유자가 점유물을 개량하기 위하여 지출한 금액 기타 유익비에 관하여는 그 가액의 증가가 현존한 경우에 한하여 회복자의 선택에 좇아 그 지출금액이나 증가액의 상환을 청구할 수 있다.
> ③ 전항의 경우에 법원은 회복자의 청구에 의하여 상당한 상환기간을 허여할 수 있다.

(1) 의의

제203조의 비용상환청구권은 점유자의 선의ㆍ악의를 불문하고 인정된다는 점이 제201조의 선의 점유자의 과실취득권, 제202조 자주이면서 선의 점유자는 회복자에 대하여 현존이익반환책임만을 부담하는 것과 비교된다.

(2) 비용의 종류

(ㄱ) 필요비라 함은 물건의 보존, 통상의 경제적 용법에 따라 사용함에 있어서 불가피하게 지출하여야 할 비용을 말한다. 그리고 필요비의 경우도 통상필요비(예 보존ㆍ수선ㆍ사육ㆍ공조공과 비용 등)와 특별필요비(예 태풍으로 인한 가옥의 대수선 비용 등)로 구분할 수 있다.

(ㄴ) 유익비라 함은 필요비를 제외한 기타의 비용을 말하나 사치비는 제외한다.

(3) 비용상환청구권의 행사

판례 ㉠ 점유자의 선의ㆍ악의 또는 소유의 의사의 유무를 묻지 않으며, 비용상환청구권의 상대방은 점유자로 하여금 점유하게 하지 아니한 현재의 점유회복자에 대하여도 그 비용상환을 청구할 수 있다(대판 1965.6.15, 65다598 등). 즉 현재의 소유자가 책임을 진다고 할 것이다.

㉡ 또한 타인 명의의 가등기 후에 소유권을 취득한 자도 가등기에 기한 본등기후 소유권이전등기가 직권말소 당한 후 회복자에 대하여 비용상환청구권이 있다(대판 1976.10.26, 76다2079). 다만 점유자가 유익비를 지출할 당시 계약관계 등 적법한 권원을 가진 경우 그 상환에 관하여는 점유자와 회복자간의 제203조 규정의 적용이 없고 그 계약관계를 규율하는 조항과 법리가 적용된다(다시 후술; 대판 2003.7.25, 2001다64752)

1) 필요비상환청구권의 행사

점유자는 점유물을 반환할 때에 회복자에 대하여 필요비의 상환을 청구할 수 있다(원칙적으로 전액의 상환을 청구할 수 있다). 그런데 점유자가 과실을 취득한 경우에는 통상의 필요비는 청구하지 못한다(제203조 제1항).

2) 유익비상환청구권의 행사

유익비의 경우에는 그 가액의 증가가 현존한 경우에 한하여 회복자의 선택에 좇아 그 지출금액이나 증가액의 상환을 청구할 수 있다(제203조 제2항). 따라서 유익비상환청구권을 행사하는 자는 회복자의 선택권을 위하여 그 유익비는 지출금액과 증가액을 모두 산정하여야 할 것이다(대판 2002.11.22, 2001다40381).

3) 비용상환청구권의 행사시기

판례는, 점유자의 필요비 또는 유익비상환청구권은 점유자가 회복자로부터 점유물의 반환을 청구받거나 또는 회복자에게 점유물을 반환하는 때에 비로소 회복자에 대하여 행사할 수 있다고 한다(대판 1994.9.9, 94다4592).

판례 〈점유자가 회복자에게서 점유물 반환을 청구받은 경우, 필요비나 유익비 상환청구권의 이행기가 도래하는지 여부(적극)〉: 점유자가 점유물을 보존하거나 개량하기 위하여 지출한 필요비나 유익비에 관하여 민법 제203조 제1항, 제2항은 '점유자가 점유물을 반환할 때'에 상환을 청구할 수 있도록 규정하고 있으므로, 그 상환청구권은 점유자가 회복자에게서 점유물 반환을 청구받은 때에 비로소 이를 행사할 수 있는 상태가 되고 이행기가 도래한다(대법원 2011.12.13. 선고 2009다5162 판결).

(4) 유치권의 행사

(ㄱ) 점유자의 비용상환청구권은 필요비·유익비의 그 어느 것이나 물건에 관하여 생긴 채권으로서 유치권에 의한 보호를 받을 수 있다(제320조 제1항). 따라서 비용의 상환을 받을 때까지 점유물의 반환을 거절할 수 있는 것이다.

(ㄴ) 본조는 불법행위로 인한 점유자에게도 일반적으로 비용상환청구권을 인정하고 있지만, 다만 그에 기한 유치권은 인정되지 않는다(제320조 제2항).

판례 점유자는 비용상환시까지 그 물건에 대한 유치권을 행사할 수 있으나 회복자가 점유물의 반환은 요구하지 않고 소유권이전등기의 말소만 구하는 때에는 유치권을 행사할 수 없다(대판 1993. 12.28, 76다172). 즉 "점유자의 유익비상환청구권은 점유자가 그 점유물을 반환할 때 비로소 회복자에 대해 발생하는 것이므로 소유권이전등기의 말소만을 구하는 본건에 있어 그 유익비상환청구권으로서 동시이행 또는 유치권행사의 항변을 할 수 없다"고 한다.

(5) 계약관계와 유익비 청구권

점유자와 회복자간의 관계에 관한 규정은 계약관계가 유효하게 존속하는 한 유효한 계약관계 법리가 적용되며, 점유자와 회복자간의 관계는 적용되지 않는다(대판 2003.7.25, 2001다64752).

관련사례 X건물에 관하여 甲은 1/2 지분, 乙과 丙은 각 1/4 지분으로 공유하였다. 乙은 공유자인 甲의 동의 없이 1994. 5. 10. 丁에게 이 사건 건물의 1, 2층 창호공사를 금 2억5천만원에 도급하는 계약을 체결하였다. 丁이 약정 기간 내에 위 공사를 완료하였으나 乙은 丁에게 공사대금을 지급하지 못하였다. 그러나 위 공사로 인하여 X건물의 가치는 종전보다 금 1억 5천만원 상당 증가하였다. 丁은 甲에게 위 공사로 인하여 이 사건 건물의 가치가 증가한 부분 중 甲 지분에 상응하는 금원(7천여만원)을 부당이득 내지 유익비로서 청구할 수 있는가?(대판 2002. 8. 23, 99다66564, 66571)

해설 (a) **도급인만이 비용지출자** : 유효한 도급계약에 기하여 수급인이 도급인으로부터 제3자 소유 물건의 점유를 이전받아 이를 수리한 결과 그 물건의 가치가 증가한 경우, 도급인이 그 물건을 간접점유하면서 궁극적으로 자신의 계산으로 비용지출과정을 관리한 것이므로, <u>도급인만이 소유자에 대한 관계에 있어서 민법 제203조에 의한 비용상환청구권을 행사할 수 있는 비용지출자라고 할 것이고, 수급인은 그러한 비용지출자에 해당하지 않는다</u>고 보아야 한다.

(b) **전용물소권부인(제747조 제2항 참조)** : 계약상의 급부가 계약의 상대방뿐만 아니라 제3자의 이익으로 된 경우에 급부를 한 계약당사자가 계약 상대방에 대하여 계약상의 반대급부를 청구할 수 있는 이외에 그 제3자에 대하여 <u>직접 부당이득반환청구를 할 수 있다</u>고 보면, 자기 책임하에 체결된 계약에 따른 위험부담을 제3자에게 전가시키는 것이 되어 계약법의 기본원리에 반하는 결과를 초래할 뿐만 아니라, 채권자인 계약당사자가 채무자인 계약 상대방의 일반채권자에 비하여 우대받는 결과가 되어 일반채권자의 이익을 해치게 되고, 수익자인 제3자가 계약 상대방에 대하여 가지는 항변권 등을 침해하게 되어 부당하므로, 위와 같은 경우 계약상의 급부를 한 <u>계약당사자는 이익의 귀속 주체인 제3자에 대하여 직접 부당이득반환을 청구할 수는 없다</u>고 보아야 한다.

(c) **동지판례** : 점유자가 유익비를 지출할 당시 계약관계 등 적법한 점유의 권원을 가진 경우에 그 지출비용의 상환에 관하여는 그 계약관계를 규율하는 법조항이나 법리 등이 적용되는 것이어서, 점유자는 그 계약관계 등의 상대방에 대하여 해당 법조항이나 법리에 따른 비용상환청구권을 행사할 수 있을 뿐 <u>계약관계 등의 상대방이 아닌 점유회복 당시의 소유자에 대하여 민법 제203조 제2항에 따른 지출비용의 상환을 구할 수는 없다</u>(대판 2003. 7. 25, 2001다64752).

5. 사례연습

관련사례 乙은 甲의 소유인 미등기의 과수원과 가옥 및 창고를 관리하여 오던 중 丙에게 이를 자기의 것이라고 속이고 2000. 4. 1 매각하였다. 乙의 소유로 믿은 丙은 2000년 2001년, 2002년 가을에 사과를 수확하였다. 2001년 늦가을 丙은 노후되어 훼손된 가옥의 일부를 30만원을 들여 수리하였고 재래식 부엌을 신식으로 개조하였다. 그런데 2002년 1월 어느 날 丙이 창고에서 작업을 하던 중 실수로 창고의 일부가 불타버렸다. 뒤늦게 이러한 사실을 안 甲은 2002. 4. 1 丙을 상대로 소유권에 기한 반환청구소송을 제기하였고, 2003. 4. 1 승소판결을 받았다.

해설 (a) **제201조** : 丙은 그가 수확한 모든 사과를 수취할 권리가 있다(×, 선의점유자가 과실을 취득할 수 있다(제201조). 여기서 제197조 2항의 경우가 적용되어 본권에 관한 소가 제기되어 승소판결이 확정되었다고 볼 수 있기 때문에 그 소가 제기된 때에 악의의 수익자가 되었다. 따라서 2002년 4월부터 악의의 수익자가 되어 그 해 가을의 과실은 취득할 수 없다고 보아야 한다).

(b) **제202조** : 甲은 丙에게 민법 제202조에 의하여 창고의 소실로 인한 모든 손해의 배상을 청구할 수 있다(×, 자주이면서 선의이면 현존이익범위에서 반환하면 된다 - 제202조).

(c) **제203조** : 丙은 2001년 늦가을 가옥을 수리한 비용(필요비)에 대하여 甲에게 그 상환을 청구할 수 없다(제203조 제1항). 왜냐하면 과실을 취득하였기 때문이다. 한편 유익비에 대하여, 즉 부엌 개조로 인한 가옥 가액의 증가가 현존하는 경우, 甲(회복자)의 선택에 따라 그 지출금액이나 증가액을 甲이 지불해야 한다. 만약 이처럼 비용은 丙이 선이든지 악의든지 상관없이 그 상환을 청구할 수 있는 것이다(제203조).

Ⅵ. 점유권에 기한 물권적 청구권 등

점유는 물권유사의 지위이므로 그 침해에 대하여 일정한 보호방법이 강구되지 않으면 안 된다. 민법이 인정하는 보호방법은 점유보호청구권과 자력구제권이다. 법질서는 물건에 대한 사실상의 지배가 일단 성립하면 우선 이를 유효한 것으로 보고 존중하므로 이러한 점유상태에 대한 침해는 허용되지 않는 것이다. 민법은 점유보호청구권에 관하여 많은 규정을 두어 (제204조~208조) 이를 소유권에 기한 물권적 청구권과 대단히 유사한 실체법적 청구권으로 구성하고 있다. 그러나 이러한 점유보호청구권은 점유 그 자체로부터 도출되는 possessio적 청구권으로서 소유권에 기한 물권적 청구권과는 그 본질을 달리한다. 이러한 점유권의 특성을 고려하여 아래의 점유보호청구권을 살펴보자.

1. 점유권에 기한 물권적 청구권

점유보호청구권의 비교			
종류	점유침해의 모습	청구내용	행사요건 및 제척기간
점유물반환청구권(점유의 회수 : 제204조)	점유자가 점유를 침탈당한 경우(예컨대 A가 B 소유의 TV를 훔쳐간 경우)	물건의 반환 및 손해의 배상	침탈자의 선의의 특별승계인에 대하여는 청구할 수 없고(제204조 2항), 또 침탈을 당한 날로부터 1년 이내에 청구하여야 한다(제204조 3항).
점유물방해제거청구권(점유의 보유 : 제205조)	점유의 방해를 받은 경우(예컨대 폭풍으로 이웃집의 나무가 점유자의 집마당으로 넘어진 경우)로서 점유를 상실하지는 않는다.	방해의 제거 및 손해의 배상	손해배상의 청구는 방해가 종료한 날로부터 1년 이내에 행사하여야 한다. 한편 방해가 계속되는 동안은 언제나 방해의 제거를 청구할 수 있지만, 그 방해가 공사로 인한 경우에는 공사착수 후 1년을 경과하거나, 또는 그 공사가 완성된 때에는 방해제거를 청구하지 못한다(제205조).
점유물방해예방청구권(점유의 보전 : 제206조)	점유의 방해를 받을 염려가 있는 경우(예컨대 이웃의 나무가 무너질 염려가 있는 경우)	방해의 예방 또는 손해배상의 담보	방해의 염려가 있는 동안은 언제든지 행사할 수 있으나, 그것이 공사로 인한 경우에 공사착수 후 1년을 경과하거나 그 공사가 완성된 때에는 청구하지 못한다(제206조, 205조 3항).

(1) 점유물반환청구권(제204조)

> **제204조 (점유의 회수)**
> ① 점유자가 점유의 침탈을 당한 때에는 그 물건의 반환 및 손해의 배상을 청구할 수 있다.
> ② 전항의 청구권은 침탈자의 특별승계인에 대하여는 행사하지 못한다. 그러나 승계인이 악의인 때에는 그러하지 아니하다.
> ③ 제1항의 청구권은 침탈을 당한 날로부터 1년내에 행사하여야 한다.

1) 점유물반환청구권의 요건과 내용

(가) 침탈

점유를 침탈당하였어야 한다(제204조 제1항). 침탈이란 점유자가 그의 의사에 의하지 않고서 점유를 빼앗기는 것을 말한다. 따라서 사기에 의해 물건을 인도하거나, 유실물을 습득한 경우에는 점유물반환청구를 할 수 없다. 판례는 「직접점유자가 임의로 점유를 타인에게 양도한 경우에는 점유이전이 간접점유자의 의사에 반한다하더라도 간접점유자의 점유가 침탈된 경우에 해당하지 않는다고 한다.」(대판 1993. 3. 9, 92다5300).

판례 〈민법 제204조 제1항의 점유물반환청구권〉 ㉠ 민법 제204조 제1항은 "점유자가 점유의 침탈을 당한 때에는 그 물건의 반환 및 손해의 배상을 청구할 수 있다."고 규정하고 있다. 여기서 '점유자가 점유의 침탈을 당한 때'라 함은 점유자가 그 의사에 의하지 아니하고 사실적 지배를 빼앗긴 경우를 말하고, 점유자에 대한 집행권원 없이 이루어진 위법한 강제집행에 의하여 점유자의 점유를 빼앗은 경우도 점유의 침탈에 해당한다. ㉡ 민법 제204조 제1항이 규정하는 점유물반환청구는 원고가 목적물을 점유하였다가 피고에 의하여 이를 침탈당하였다는 사실을 주장·증명하면 족하고, 그 목적물에 대한 점유가 본권에 기한 것이라는 점은 주장·증명할 필요가 없다(대법원 2012.3.29. 선고 2010다2459 판결).

(나) 선의의 특별승계인

침탈자의 선의의 특별승계인에 대하여는 점유물반환청구를 할 수 없다. 이 청구권은 침탈이라는 반사회적 행위에 기하여 인정된 것이므로, 그러한 반사회성이 희박하게 된 선의의 특별승계인에게까지 미치는 것은 타당하지 않다는 데에 그 이유가 있다. 점유침탈자의 포괄승계인은 언제든지 상대방으로 되나 특별승계인은 악의임을 요한다. 그리고 침탈된 목적물이 일단 선의의 특별승계인의 점유로 되어버린 후에는, 다시 악의의 특별승계인에게 점유가 이전하여도 그는 완전한 점유를 승계한 자이므로, 그에 대해서는 점유물반환청구를 할 수 없다고 해석한다.

(다) 제척기간

점유물반환청구권은 침탈을 당한 날로부터 1년 이내에 행사하여야 한다(제척기간). 위 청구에 의하여 점유자가 점유를 회수하면, 점유는 처음부터 상실되지 않았던 것으로 다루어진다(제192조 제2항).

판례 민법 제204조 제3항과 제205조 제2항에 의하면 점유를 침탈 당하거나 방해를 받은 자의 침탈자 또는 방해자에 대한 청구권은 그 점유를 침탈 당한 날 또는 점유의 방해행위가 종료된 날로부터 1년 내에 행사하여야 하는 것으로 규정되어 있는데, 여기에서 제척기간의 대상이 되는 권리는 형성권이 아니라 통상의 청구권이다. <u>위의 제척기간은 재판외에서 권리행사를 하는 것으로 족한 기간이 아니라 반드시 그 기간 내에 소를 제기하여야 하는 이른바 출소기간으로 해석함이 상당하다 [대판 2002.4.26, 2001다8097(본소), 8103(반소)].</u>

(라) 점유물반환청구권의 내용

(ㄱ) 점유물반환청구권은 물건의 반환 및 손해의 배상을 청구하는 것이다(제204조 제1항). <u>이 중 손해배상청구권은 순전히 편의적으로 규정으로 물권적 청구권의 본래의 내용은 아니다. 따라서 그 성립에 있어서는 일반불법행위의 요건(제750조)을 충족하여야 한다.</u>

(ㄴ) 점유물반환청구권의 상대방은 스스로 실력을 행사하여 점유를 침탈한 자가 점유물반환청구권의 상대방으로 됨은 물론이다. 기준시는 사실심의 변론종결 당시 사실상의 지배를 하고 있는 자이어야 한다.

(ㄷ) 한편 불법행위로 인한 손해배상청구권(제750조)의 상대방은 손해를 발생케 한 자이고 그 특별승계인은 상대방으로 되지 않는다고 할 것이다. 따라서 침탈한 물건의 점유가 양도되면 점유물반환청구의 상대방은 현재의 점유자인 데 대하여, 손해배상청구권의 상대방은 침탈 당시의 점유자(즉 종전의 점유자로써 양도인)로 됨을 주의하여야 한다(이영준 「물권법」, p. 396).

2) 점유의 상호침탈

(가) 문제의 제기

전점유자와 현점유자가 모두 침탈에 의하여 점유를 취득한 경우로서, 예를 든다면 甲이 자기 소유의 자전거를 乙이 절취하여 타고 다니는 것을 발견하고 실력으로 빼앗은 경우, 乙은 甲에 대하여 점유물반환청구권을 행사할 수 있는가이다. 이 때 甲의 탈환행위가 자력구제권의 행사요건(제209조 제2항)을 갖춘 경우에는 乙이 점유보호청구권을 행사할 수 없음은 당연하다. 그러므로 <u>상호침탈이 문제되는 것은 도난된지 수일 또는 수개월이 지난 후(도둑의 점유권 성립시, 불성립은 배제 됨), 분실자의 자력구제권의 요건이 충족되지는 못하나, 점유를 탈환한 경우, 상대방(도인)이 점유물반환청구권을 행사할 수 있는 요건이 충족되는 경우에 문제되는 것이다.</u>

(나) 학설

학설은 대립하는 바, <u>통설은 스스로 침탈에 의하여 점유를 취득한 자는 전점유자가 나타나서 그 점유를 다시 강제로 탈환했더라도 전점유자에 대해서는 점유물반환청구권을 행사할 수 없다고 한다. 그 이유는 만약 상호침탈을 인정하여 도인의 반환청구를 긍정하더라도 전점유자가 다시 반환을 청구할 수 있게 되므로, 이는 소송상 낭비만을 거듭할 뿐이기 때문이라고 한다.</u> ⓛ 그러나 소수설은 점유제도의 존재의의를 살리기 위하여 이를 긍정한다(이영준 물권법, p.395 이하).

(2) 점유물방해제거청구권(제205조)

제205조 (점유의 보유)
① 점유자가 점유의 방해를 받은 때에는 그 방해의 제거 및 손해의 배상을 청구할 수 있다.

> ② 전항의 청구권은 방해가 종료한 날로부터 1년내에 행사하여야 한다.
> ③ 공사로 인하여 점유의 방해를 받은 경우에는 공사착수후 1년을 경과하거나 그 공사가 완성한 때에는 방해의 제거를 청구하지 못한다.

침탈과 방해의 차이는 점유자가 점유를 빼앗겼느냐 여부에 달려 있다. 침탈은 점유를 전부 빼앗기는 것이고, 방해는 침탈 이외의 방법으로 점유를 방해하는 것으로서 말하자면 기존의 상태에 대한 부분적인 침해를 의미한다(대판 1987. 6. 9. 다카2942). 점유물방해제거청구권의 내용은 방해의 제거 및 손해배상을 청구하는 것이다. 방해제거청구는 방해가 존속하는 한 언제든지 할 수 있지만, 그것이 공사로 인하여 생긴 경우에는 공사착수 후 1년을 경과하거나 또는 그 공사가 완성된 때에는 청구할 수 없다(제205조 3항). 점유물방해제거청구권은 방해가 현존하고 있는 동안에 한하여 행사할 수 있고 그것이 종료한 후에는 손해배상청구권을 행사할 수 있을 뿐이다. 이 손해배상청구권은 방해가 종료한 날로부터 1년 내에 행사하여야 한다.

(3) 점유물방해예방청구권(제206조)

> **제206조 (점유의 보전)**
> ① 점유자가 점유의 방해를 받을 염려가 있는 때에는 그 방해의 예방 또는 손해배상의 담보를 청구할 수 있다.
> ② 공사로 인하여 점유의 방해를 받을 염려가 있는 경우에는 전조제3항의 규정을 준용한다.

점유자가 점유의 방해를 받을 염려가 있는 때에는 방해의 예방 또는 손해배상의 담보를 청구할 수 있다(제206조 제1항). 손해배상의 담보는 장래의 손해발생에 대비하여 미리 제공시키는 것이므로, 상대방의 고의·과실은 필요하지 않다. 그러나 장래의 손해가 현실화한 때에 그 손해배상을 청구하기 위해서는 상대방의 고의·과실을 필요로 한다. 한편 방해예방청구는 방해를 받을 염려가 있는 동안에는 언제든지 할 수 있지만, 그것이 공사로 인하여 생긴 경우에는, 공사착수 후 1년을 경과하거나 또는 그 공사가 완성된 때에는 청구하지 못한다.

2. 점유권과 본권의 구별

> **제208조(점유의 소와 본권의 소와의 관계)**
> ① 점유권에 기인한 소와 본권에 기인한 소는 서로 영향을 미치지 아니한다.
> ② 점유권에 기인한 소는 본권에 관한 이유로 재판하지 못한다.

(1) 취지

점유제도는 물건을 사실상 지배하고 있는 현존상태를 보호하여 사회의 평화를 유지하려는 데 그 목적이 있는 것이므로, 점유의 소송에 있어서는 점유할 수 있는 권리인 본권에 관한 이유에 기하여 재판할 수 없는 것이다(제208조 참조).

판례 따라서 원고가 피고에게 점유권에 기하여 점유방해배제의 본소청구를 한 경우에 점유방해의 사실이 인정된다고 한다면, 설사 피고가 소유권에 기하여 그 점유물의 인도를 구하는 반환청구를 하고 그 청구권이 인정된다고 하더라도, 피고로서는 그 인도청구권을 적법하게 행사하지 않고 사력으로 원고의 점유를 방해할 수는 없는 것이니 이러한 경우에는 본소(점유의 소)와 반소(본권의 소)의 청구를 모두 인정하여야 한다(대판 1957.11.14, 4290민상454).

(2) 본권에 의한 항변금지

이는 점유의 소는 본권에 관한 항변으로 이를 기각할 수 없다는 취지를 밝힌 것이다(제208조 제2항). 즉 방어방법으로 주장할 수 없고, 다만 점유의 소에 대하여 그 반소(또는 별소)로서 본권에 기한 반환청구권 소의 제기를 방해하지 않는다(통설·판례). 즉 점유자의 점유보호청구권의 행사에 대하여 상대방은 임차권 등과 같은 점유할 수 있는 권리가 있다고 하는 항변을할 수 없다. 따라서 "가옥의 임차인 甲은 장기간의 지방출장근무를 마치고 돌아와 보니 임대인인 소유자 乙이 甲의 차임연체를 이유로 그 임차가옥을 점유사용하여 임차인 甲의 점유를 침탈하였다. 甲이 乙에 대하여 점유물반환청구의 소를 제기하면 승소할 수 있는가?" 甲은 점유권에 기한 승소할 수 있다. 왜냐하면 乙은 甲의 이러한 소에 대하여 차임연체에 의한 해지(제640조)의 항변을 할 수 없기 때문이다(제208조 2항. 후술함). 그러나 결국은 乙은 소유물반환 청구의 소(제213조) 또는 임대물반환청구의 소(제640조)를 별도로 제기하여 승소하게 되므로 결국 집행단계에 가서는 그 가옥을 乙에게 반환하여야 한다(이영준 「물권법」, pp. 391~392).

3. 자력구제(自力救濟)

> **제209조 (자력구제)**
> ① 점유자는 그 점유를 부정히 침탈 또는 방해하는 행위에 대하여 자력으로써 이를 방위할 수 있다.
> ② 점유물이 침탈되었을 경우에 부동산일 때에는 점유자는 침탈후 직시 가해자를 배제하여이를 탈환할 수 있고 동산일 때에는 점유자는 현장에서 또는 추적하여 가해자로부터 이를 탈환할 수 있다.

(1) 의의 및 인정근거

㈀ 자력구제란 점유를 자력으로 방위·탈환하는 것으로서 점유자 자신에 의한 자기보호이다. 이 점에서 법원에 의하여 실현되는 점유보호인 점유보호청구권과 다르다.

㈁ 인정근거에 대하여는 긴급한 사정이 있어서 후에 국가의 보호를 받는 것이 불가능하거나 또는 대단히 곤란하게 될 경우에만 예외적으로 자력구제가 허용된다고 보는 견해가 있으나, 점유의 속성상, 즉 Gewere의 효과로서 자력구제는 점유보호청구권과 함께 사회평화를 유지하는 점에서 양자는 동일한 것이나, 단지 전자는 침해의 현장성이 유지되는 경우에, 후자는 그렇지 않은 경우에 인정되는 권리구제수단이라고 하는 점에 차이가 있을 뿐이라는 설이 있다(이영준 「물권법」, p. 405).

(2) 점유자의 자력구제권

침해자의 점유가 확립상태에 있는 경우에는 점유보호청구권을 행사하여야 하고, 자력구제권을 행사할 수는 없다. 자력구제권은 직접점유자에 대하여 인정된다. 그리고 점유보조자도 점유주를 위하여 자력구제권을 행사할 수 있다. 문제가 되는 것은 간접점유자이다. 학설은 부정하는 견해와 긍정하는 견해로 갈라진다. 자력구제는 일반적으로 점유를 침탈·방해하는 자에게 행사한다. 그리고 위법한 강제집행에 의하여 점유를 침탈한 경우에도 자력구제가 허용된다고 할 것이다(판례).

(3) 자력구제의 종류

1) 자력방위권(제209조 제1항)

자력방위권이라 함은 자기의 점유를 침탈 또는 방해하려는 자에 대하여 스스로 방어할 수 있는 권리를 말한다. 법에서는 "점유자는 그 점유를 부정히 침탈 또는 방해하는 행위에 대하여 자력으로써 이를 방위할 수 있다"고 하고 있다. 자력방위권 요건의 특색은 점유를 침탈 또는 방해하려는 침해행위 또는 그 결과가 아직 완료되지 않고 있음을 요한다. 따라서 점유의 침탈·방해에 의한 침해행위 또는 그 결과가 완료된 후에는 자력방위권의 행사는 허용되지 않는다.

2) 자력탈환권(제209조 제2항)

자력탈환권이라 함은 점유자의 사실상의 지배가 실력행사에 의하여 침탈된 때에 점유자가 실력행사에 의하여 이를 다시 회복하는 것을 말한다. 점유의 탈환에는 현장성 내지 추적가능성이라는 시간적 한계가 있다. 법에서는 "점유물이 침탈되었을 경우에 부동산일 때에는 점유자는 침탈 후 즉시 가해자를 배제하여 이를 탈환할 수 있고 동산일 때에는 점유자는 현장에서 또는 추적하여 가해자로부터 이를 탈환할 수 있다"고 하고 있는바, 이때 즉시의 의미에 대하여, 판례는 「즉시란 객관적으로 가능한 신속히 또는 사회관념상 가해자를 배제하여 점유를 회복하는 데 필요하다고 인정되는 범위 안에서 되도록 속히」라는 뜻으로 해석할 것이라고 한다(대판 1993. 3. 26, 91다14116).

> **판례** 위법한 강제집행에 의하여 부동산의 명도를 받는 것은 공권력을 빌려서 상대방의 점유를 침탈하는 것이 되므로, 그 강제집행이 종료한 후 불과 2시간 이내에 자력으로 그 점유를 탈환한 것은 민법상 점유자의 자력구제권의 행사에 해당한다(대판 1987. 6. 9, 86다카1683).

4. 준점유(제210조)

> **제210조 (준점유)**
> 본장의 규정은 재산권을 사실상 행사하는 경우에 준용한다.

(1) 의의

준점유라 함은 물건의 소지를 수반하지 않는 물권·채권·지식재산권 등의 재산권을 사실상 지배하는 제도를 말한다. 따라서 점유를 수반하는 재산권(예: 소유권·지상권·전세권·질권·임차권)에 있어서는 준점유는 성립할 여지가 없다.

(2) 형성권

형성권에서도 준점유가 성립할 수 있다.

(3) 선의취득문제

선의취득(제249조)은 동산의 점유에 특유한 것이므로 준점유에는 준용되지 않는다.

(4) 준점유자에 대한 변제

채권의 준점유자에 대한 변제에 관해서는 민법 제470조에서 따로 특별규정을 두고 있다. 즉 변제자가 선의이며 과실이 없는 때에 한해 그 효력이 있는 것으로 정한다.

제7장 소유권

Ⅰ. 총 설

1. 소유권의 의의

점유권은 물건을 사실상 지배하는 때에 성립하는 권리인 데 반해, 소유권은 물건을 지배할 수 있는 관념적인 권리로 구성되어 있다. 민법 제211조는 소유권의 내용이라는 제목하에 "소유자는 법률의 범위 내에서 그 소유물을 사용・수익・처분할 수 있다"라고 하고 있다. 소유권의 객체는 물건에 한하기 때문에 채권에 관하여는 소유권이 성립하지 않는다.

2. 소유권의 특성

(1) 전면성(사용가치 + 교환가치)

소유권이 가지는 물적 지배는 물건이 가지는 사용가치와 교환가치의 전부에 미친다. 이 점에서 용익물권이나 담보물권처럼 일부의 권능을 가지는 데 지나지 않는 제한물권과 다르다.

(2) 혼일성(渾一性)

소유권에는 사용・수익・처분의 권능이 있지만, 소유권은 이러한 권능의 단순한 집합이 아니며, 이러한 권능은 혼일한 지배권능에서 흘러나오는 것이다. 소유권과 제한물권이 동일인에게 귀속하면 제한물권이 혼동으로 소멸하는 것은 이 때문이다.

(3) 탄력성

소유권 위에 제한물권이 설정되면 소유권의 권능의 행사는 중단되지만, 그러한 제한은 유한이며, 그것이 해소되면 본래의 상태로 돌아간다. 따라서 소유권에 있던 제한물권이 소멸하면 소유권은 원상회복된다.

(4) 항구성

소유권에는 권리의 존속기간이라는 것이 없으며, 또 소멸시효에도 걸리지 않는다(제162조 제2항 참조).

판례 〈소유권의 사용·수익 권능을 대세적, 영구적으로 포기할 수 있는지 여부(소극)〉 ㉠ 물건에 대한 배타적인 사용·수익권은 소유권의 핵심적 권능이므로, 이를 대세적, 영구적으로 포기하는 것은 법률에 의하지 않고 새로운 물권을 창설하는 것과 다를 바 없어 허용되지 않는다. ㉡ 종전에 일반공중에 무상으로 제공된 토지가 그후 토지이용상태(수필지 토지 중 일부를 공중에 제공된 토지)에 중대한 변화(천호대교)가 생기는 등으로 배타적 사용·수익권을 배제하는 기초가 된 객관적인 사정이 현저히 변경된 경우에는, 토지소유자는 그와 같은 사정변경이 있은 때부터는 다시 사용·수익권능을 포함한 완전한 소유권에 기한 권리주장을 할 수 있다고 보아야 한다(대법원 2013.08.22. 선고 2012다54133 판결).

(5) 관념성

점유권이 물건을 사실상 지배할 때 인정되는 현실적인 권리라면, 소유권은 점유할 수 있는 본권으로서 관념적이다.

3. 소유권의 내용(제211조)

> **제211조 (소유권의 내용)**
> 소유자는 법률의 범위내에서 그 소유물을 사용, 수익, 처분할 권리가 있다.

(1) 사용 · 수익 · 처분의 권능

소유자는 법률의 범위 내에서 그 소유물을 사용·수익·처분할 권리가 있다. 이때의 '사용·수익'이란 목적물을 사용하거나 또는 목적물로부터 생기는 과실을 수취하는 것을 말한다. 처분에는 물건의 개조·파괴 등과 같은 사실적 처분과 양도·담보설정과 같은 법률적 처분이 있다.

판례 판례는 가처분등기는 단지 그에 저촉되는 범위 내에서 가처분채권자에게 대항할 수 없는 효과가 있는 것 뿐이고, 소유권등기명의자가 그 부동산을 임의로 타에 처분하는 행위 자체를 금지하는 것은 아니라 할 것이다(대판 1999.7.9. 98다13754,13761).

(2) 소유권의 제한

헌법은 제23조에서 "모든 국민의 재산권은 보장된다. 그 내용과 한계는 법률로 정한다"고 규정하고 있다. 그리고 이러한 헌법원리를 받아들여 민법 제211조에서는 법률로서 소유권의 내용을 제한 가능하게 할 수 있다는 취지를 명문화하고 있다. 따라서 소유권은 법률로서 제한가능하고 명령에 의해서는 제한하지 못한다.

(3) 소유권을 제한하는 주요법률들

헌법에 근거하여 소유권을 제한하는 법률은 매우 많으며, 그 대부분은 토지소유권의 제한에 관한 것이다. 이러한 제한은 사법상 제한과 공법상 제한으로 나누어 볼 수 있다. 그리고 제한의 강도에 따라 아래와 같은 분류해 볼 수도 있다.

1) 소유자체를 제한하는 것 : 예를 든다면 '농지법'은 자기의 농업경영에 이용하거나, 이용할 자가 아니면 농지를 소유하지 못하는 것으로 하며 또 소유할 수 있더라도 그 상한을 설정하고 있다.

2) 거래를 제한하는 것 : 당사자간의 계약에 대해 국가가 관여하는 경우로서, 이를테면 농지의 취득의 경우 농지의 소재지를 관할하는 시장 등으로부터 '농지취득자격증명'을 발급받아야 하며, 일정한 임야의 매매에는 그 소재지를 관할하는 시장 등의 '임야매매증명'을 받아야 하는 제한 등이 있다.

3) 타인의 침해를 인용하는 것 : 소유권에 대한 타인의 침해를 인용하거나 또는 소유권의 권능을 자유로이 행사하지 않을 의무를 지는 경우로서 토지수용법상의 토지수용 · 건축법상의 제한 기타 도시계획법 등에 의한 제한이 있다.

(4) 토지소유권의 범위

> **제212조 (토지소유권의 범위)**
> 토지의 소유권은 정당한 이익있는 범위내에서 토지의 상하에 미친다.

(ㄱ) 토지소유권은 정당한 이익이 있는 범위 내에서 토지의 상하에 미친다(제212조). 토지소유권의 범위는 정당한 이익이 있는 범위 내에서만 미치는 것이므로, 따라서 소유자의 이익을 침해하지 않는 한도에서는 타인도 그 토지의 상공과 지하를 이용할 수 있고, 토지소유자라고 하여 이를 금지할 수는 없다는 점이다.

판례 〈지적공부 소관청에 의한 지번, 지적 등의 확정절차 없이 1필의 토지의 일부에 대한 등기의 가부〉 한 필의 토지를 두 필 이상의 토지로 분할하여 등기를 하려면 먼저 지적공부 소관청에서 지적측량을 하고 그에 따라 필지마다 지번, 지목, 경계 또는 좌표와 면적이 정하여지고 지적공부에 등록이 되어야 비로소 등기가 가능한 것이다(대판 2002. 9. 24, 2001다20103 판결)

(ㄴ) 지중의 광물 중에는 광업권의 객체가 되는 것이 있다. 그러한 광물을 채굴하고 취득할 권리는 국가가 이를 부여할 권능을 가지며, 이에 대하여는 토지소유권의 효력이 미치지 않는다(광업법).

(ㄷ) 지하수는 토지의 구성부분을 이룬다. 따라서 토지소유권의 범위에 포함되나, 지하수의 특성상 토지소유자간의 지하수 사용을 보호하기 위하여 상린관계의 측면에서 그에 관한 규정을 두고 있다(제235조 이하).

(ㄹ) 온천에 관한 권리는 관습상의 독립한 물권이 아니라는 것이 판례이다(대판 1970.5.26, 69다1239).

II. 구분소유

1. 구분소유의 의의와 대상

> **제215조 (건물의 구분소유)**
> ① 수인이 한채의 건물을 구분하여 각각 그 일부분을 소유한 때에는 건물과 그 부속물중 공용하는 부분은 그의 공유로 추정한다.
> ② 공용부분의 보존에 관한 비용 기타의 부담은 각자의 소유부분의 가액에 비례하여 분담한다.

(1) 의의

건물의 일부가 경제적으로 독립한 건물과 동일한 효용을 가지고 또한 사회통념상 독립한 건물로 다루어지는 경우에 그 위에 독립한 소유권을 인정하는 것을 구분소유권이라 한다 (예 : 아파트).

(2) 구분소유성립

판례는 아파트의 지하실이 건축당시부터 그 지상의 주택부분과 별도의 용도나 목적으로 건축되었다고 볼 특별한 사정이 엿보이지 않는다면 구분소유의 목적이 될 수 없다(대판 1995.3.3, 94다4691)고 한다. 다만 계약상의 특약에 의하여 그 건물을 분양받은 구분소유자들의 동의 아래 공용부분에서 제외되어 따로 분양되었고, 그 구조상으로나 이용 상으로도 상가건물의 지상 및 지하실의 점포, 기관실 등과는 독립성이 있는 경우에는 구분소유의 대상이 될 수 있다고 한다(대판 1995.12.26, 94다44675).

판례 ① 〈집합건물의 요건〉 1동의 건물 중 구분된 각 부분이 구조상, 이용상 독립성을 가지고 있는 경우에 그 각 부분을 1개의 구분건물로 하는 것도 가능하고, 그 1동 전체를 1개의 건물로 하는 것도 가능하기 때문에, 이를 구분건물로 할 것인지 여부는 특별한 사정이 없는 한 소유자의 의사에 의하여 결정된다고 할 것이므로, 구분건물이 되기 위하여는 객관적, 물리적인 측면에서 구분건물이 구조상, 이용상의 독립성을 갖추어야 하고, 그 건물을 구분소유권의 객체로 하려는 의사표시 즉 구분행위가 있어야 하는 것으로서, 소유자가 기존 건물에 증축을 한 경우에도 증축 부분이 구조상, 이용상의 독립성을 갖추었다는 사유만으로 당연히 구분소유권이 성립된다고 할 수는 없고, 소유자의 구분행위가 있어야 비로소 구분소유권이 성립된다고 할 것이다(대판 1999. 7. 27, 98다35020). 따라서 판례는 신축건물이 집합건물로서 여러 사람이 공동 건축주가 되어 도급계약을 체결한 경우, 그 집합건물의 각 전유부분 소유권의 귀속관계를 결정하는 기준은 공동 건축주들의 약정에 따른다고 하고 있다(대판 2005.11.25, 2004다36352).
② 〈구분소유의 성립을 인정하기 위하여 반드시 집합건축물대장의 등록이나 구분건물의 표시에 관한 등기가 필요한지 여부(소극)〉 1동의 건물에 대하여 구분소유가 성립하기 위해서는 객관적·물리적인 측면에서 1동의 건물이 존재하고, 구분된 건물부분이 구조상·이용상 독립성을 갖추어야 할 뿐 아니라, 1동의 건물 중 물리적으로 구획된 건물부분을 각각 구분소유권의 객체로 하려는 구분행위가 있어야 한다. 여기서 구분행위는 건물의 물리적 형질에 변경을 가함이 없이 법률관념상 건물의 특정 부분을 구분하여 별개의 소유권의 객체로 하려는 일종의 법률행위로서, 그 시기나 방식에 특별한 제한이 있는 것은 아니고 처분권자의 구분의사가 객관적으로 외부에 표시되면 인정된다. 따라서 구분건물이 물리적으로 완성되기 전에도 건축허가신청이나 분양계약 등을 통하여 장래 신축되는 건물을 구분건물로 하겠다는 구분의사가 객관적으로 표시되면 구분행위의 존재를 인정할 수 있고, 이후 1동의 건물 및 그 구분행위에 상응하는 구분건물이 객관적·물리적으로 완성되면 아직 그 건물이 집합건축물대장에 등록되거나 구분건물로서 등기부에 등기되지 않았더라도 그 시점에서 구분소유가 성립한다. 따라서 이와 달리 구분소유는 건물 전

체가 완성되고 원칙적으로 집합건축물대장에 구분건물로 등록된 시점, 예외적으로 등기부에 구분건물의 표시에 관한 등기가 마쳐진 시점에 비로소 성립한다는 취지로 판시한 대법원 1999. 9. 17. 선고 99다1345 판결, 대법원 2006. 11. 9. 선고 2004다67691 판결 등의 견해는 이 판결의 견해와 저촉되는 한도에서 이를 변경하기로 한다(대판(전합) 2013.1.17. 선고 2010다71578).

(3) 구분소유의 거래대상

구분점포 매매 또는 교환계약의 경우, 점포의 실제 이용현황과 관계없이 집합건축물대장 등 공부에 의하여 확정된 구분점포가 매매 또는 교환의 대상이 된다(대법원 2012.5.24. 선고 2012다105 판결).

2. 구분소유의 특징

(1) 일반공유와 구별

1) 용도에 따른 사용수익

구분소유에서 공용부분은 구분소유자의 전원의 공유에 속한다(동법 제10조). 따라서 <u>구분소유에서는 각 공유자는 공용부분을 지분비율이 아닌 그 용도에 따라 사용할 수 있다</u>(제263조 후단, 동법 제11조).

판례 〈한 필지 또는 여러 필지의 토지 위에 축조된 여러 동 건물의 구분소유자들이 토지를 공유하고 있는 경우, 각 구분소유자가 대지 전부를 용도에 따라 사용할 수 있는지 여부(원칙적 적극)〉 ㉠ 1동 건물의 구분소유자들이 건물의 대지를 공유하고 있는 경우, 각 구분소유자는 별도의 규약이 존재하는 등 특별한 사정이 없는 한 대지에 대하여 가지는 공유지분의 비율에 관계없이 건물의 대지 전부를 용도에 따라 사용할 수 있는 적법한 권원을 가진다. 이러한 법리는 한 필지 또는 여러 필지의 토지 위에 축조된 여러 동 건물의 구분소유자들이 토지를 공유하고 있는 경우에도 마찬가지로 적용된다. ㉡ 여러 필지의 대지에 건축되어 있는 아파트와 상가의 각 구분건물에 관하여 대지 전체에 대한 일부 공유지분을 대지권으로 하는 등기가 마쳐져 있는 상태에서 상가 구분소유자 갑이 아파트입주자대표회의를 상대로 주차방해금지 등을 구한 사안에서, 원심이 아파트 차량 확인스티커를 부착하지 않은 차량은 한시적 정차는 허용하나 주차는 할 수 없다'라고 판시한 것은 위법하다고 판시한 사안임(대법원 2012.12.13. 선고 2011다89910,89927 판결).

2) 공용부분에 대한 지분의 처분

<u>구분소유의 공용부분에 대한 지분은 일반공유에서 처럼 자유로이 처분할 수 있는 것이 아니라 전유부분의 처분에 따르며 독립하여 처분할 수 없다</u>(제263조, 동법 제13조).

3) 공용부분의 변경과 관리

<u>공용부분의 변경·관리에 관한 사항은 다른 공유자의 동의나 그 지분의 과반수가 아니라 집회결의로써 결정한다</u>(제264조·제265조, 동법 제15조·제16조).

4) 지상주차장

아파트 대지로서 아파트 외부에 있는 <u>지상주차장 부분은 집합건물의 공용부분이 아니라, 그 구분소유자 전원의 대지권의 목적으로서 아파트 구분소유자 전원의 공유에 속한다</u>(대판 2007.7.12, 2006다56565).

(2) 아파트 입주자단체

> **집합건물법 제23조 【관리단의 당연설립 등】**
> 건물에 대하여 구분소유관계가 성립되면 구분소유자는 전원으로서 건물 및 그 대지와 부속시설의 관리에 관한 사업의 시행을 목적으로 하는 관리단을 구성한다.

(ㄱ) 판례는 아파트 입주자의 단체는 법인격 없는 사단으로 볼 수 있다는 태도이다. 따라서 공동주택의 입주자대표회의는 동별세대수에 비례하여 선출되는 동별대표자를 구성원으로 하는 법인 아닌 사단이다(대판 2007.6.15, 2007다6307).

(ㄴ) 집합건물의 소유 및 관리에 관한 법률상의 관리단은 어떠한 조직행위를 거쳐야 비로소 성립되는 단체가 아니라 구분소유관계가 성립하는 건물이 있는 경우 당연히 그 구분소유자 전원을 구성원으로 하여 성립하는 단체이다(대판 1996.8.23, 94다27199).

(ㄷ) 집합건물의 분양이 개시되고 입주가 이루어져서 공동관리의 필요가 생긴 때에는 그 당시의 미분양된 전유부분의 구분소유자를 포함한 구분소유자 전원을 구성원으로 하는 관리단이 설립된다고 할 것이다(대판 2002.12.27, 2002다45284). 따라서 집합건물의 소유 및 관리에 관한 법률 제24조 제3항에서 정한 관리인 해임의 소는 관리단과 관리인 사이의 법률관계 해소를 목적으로 하는 형성의 소이므로 법률관계의 당사자인 관리단과 관리인 모두를 공동피고로 하여야 하는 고유필수적 공동소송에 해당한다(대판 2011.6.24, 2011다1323).

3. 체납관리비

관련사례 ┃ 경락인 甲은 乙이 관리하는 아파트를 경락받아 그 대금을 납부하였는데, 이 아파트의 전 소유자인 丙이 1년간 관리비와 이에 대한 연체료로 약 2백여만원을 체납하였다. 乙이 위 아파트의 관리규정(입주자의 지위를 승계한 자에 대하여도 그 효력이 있다)을 근거로 乙이 甲에게 丙의 위 체납관리비의 승계를 주장하면서 변제를 독촉할 수 있는가? 〔대판(전합) 2001.9.20, 2001다8677〕.

해설 ┃ (a) **공용부분만 승계** : 아파트 새 소유자는 체납관리비중 공용부분만 승계한다〔대판(전합) 2001.9.20, 2001다8677〕. 다만 공용부분에 대한 책임을 비용과 관계없는 전 소유자의 전유부분에 대한 체납관리비에 대해서까지 이를 제3자에게 승계시키는 것은 특별승계인에게 지나친 손해를 입게하는 것이 되므로 부정한다.

(b) **승계되는 체납관리비 범위(대판 2006.6.29, 2004다3598,3604)** : 공용부분 관리비에 대한 연체료는 특별승계인에게 승계되는 공용부분 관리비에 포함되지 않는다.

4. 집합건물의 대지사용권

(1) 집합건물법상 대지사용권은 구분소유자가 전유부분을 소유하기 위하여 건물의 대지에 대하여 갖는 권리이다.

(2) 대지사용권은 반드시 대지에 대한 소유권과 같은 물권에 한정되는 것은 아니고 등기가 되지 않는 채권적 토지사용권도 대지사용권이 될 수 있으나, 대지사용권은 권리로서 유효하게 존속하고 있어야 하므로 사후에 효력을 상실하여 소멸한 토지사용권은 더 이상 전유부분을 위한 대지사용권이 될 수 없다(대판 2011.9.8, 2010다15158).

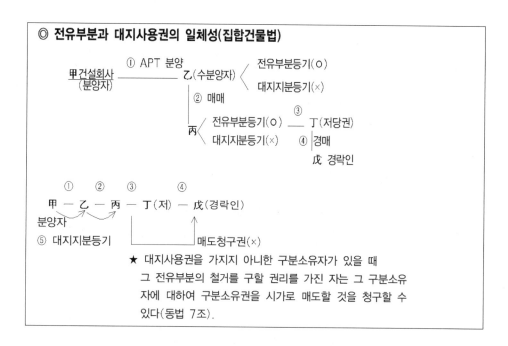

(3) 집합건물법에서 대지사용권은 전유부분과 이른바 '일체성의 원칙'에 따라 처분되어야 한다 〔(대판 (전합)2000.11.16, 98다45652·45669)〕. 따라서 대지사용권을 가지지 아니한 구분소유자가 있을 때 그 전유부분의 철거를 구할 권리를 가진 자는 그 구분소유자에 대하여 구분소유권을 시가로 매도할 것을 청구할 수 있다(동법 제7조)

관련사례 | 전유부분과 함께 대지지분을 매수한 자가 가지는 대지지분에 관한 소유권이전등기청구권은 집합건물의 소유 및 관리에 관한 법률 소정의 대지사용권에 해당하는가? (긍정) 한편 대지지분에 대한 소유권이전등기 전에 전유부분만에 대한 경락이 이루어진 경우, 경락 후에 대지권 등기를 한 종전 소유자에게 구분소유권매도청구권이 인정되는가? (부정)〔대판(전합) 2000.11.16, 98다45652·45699〕.

해설 | **(가) 폐기된 종전의 판례(대판 1996.12.20, 96다14661)** : ㉠ 전유부분과 함께 대지지분을 매수한 자가 가지는 대지지분에 관한 소유권이전등기청구권은 집합건물의 소유 및 관리에 관한 법률 소정의 대지사용권에 해당하지 않는다. ㉡ 대지지분에 대한 소유권이전등기 전에 전유부분만에 대한 경락이 이루어진 경우, 경락 후에 대지권 등기를 한 종전 소유자에게 구분소유권매도청구권이 인정되었다.

(나) 현재 대법원 전원합의체 입장[대판(전합) 2000.11.16, 98다45652·45699]: ㉠ 집합건물의 건축자로부터 전유부분과 대지지분을 함께 분양의 형식으로 매수하여 그 대금을 모두 지급함으로써 소유권취득의 실질적 요건은 갖추었지만 전유부분에 대한 소유권이전등기만 경료받고 대지지분에 대하여는 아직 소유권이전등기를 경료받지 못한 자는 매매계약의 효력으로써 전유부분의 소유를 위하여 건물의 대지를 점유·사용할 권리가 있다. 따라서 구분소유자가 전유부분을 소유하기 위하여 건물의 대지에 대하여 가지는 권리인 대지사용권에 해당한다고 할

것이고, 수분양자로부터 전유부분과 대지지분을 다시 매수하거나 증여 등의 방법으로 양수받거나 전전 양수받은 자 역시 당초 수분양자가 가졌던 이러한 대지사용권을 취득한다.

ⓛ 따라서 집합건물을 신축하였으나 그 대지 소유권을 취득하지 못한 상태에서 전유부분의 소유권을 경매로 상실한 사람이 장래 취득할 대지지분을 전유부분의 소유권을 취득한 경락인이 아닌 제3자에게 분리처분한 경우, 이에 위배된 대지지분 처분행위의 효력은 무효이다. 또한 경락 후에 대지권등기를 한 종전 소유자에게 구분소유권 매도청구권이 인정되지 않는다(대판 2008.9.11. 2007다45777).

5. 기타 집합건물과 관련된 판례정리

(1) 구분건물의 전유부분에 대한 소유권보존등기만 경료되고 대지지분에 대한 등기가 경료되기 전에 전유부분만에 대해 내려진 가압류결정의 효력이 그 대지권에 미치는지 여부(한정 적극)

민법 제100조 제2항의 종물과 주물의 관계에 관한 법리는 물건 상호간의 관계뿐 아니라 권리 상호간에도 적용되고, 위 규정에서의 처분은 처분행위에 의한 권리변동뿐 아니라 주물의 권리관계가 압류와 같은 공법상의 처분 등에 의하여 생긴 경우에도 적용되어야 하는 점 등에 비추어 볼 때, 구분건물의 전유부분에 대한 소유권보존등기만 경료되고 대지지분에 대한 등기가 경료되기 전에 전유부분만에 대해 내려진 가압류결정의 효력은, 대지사용권의 분리처분이 가능하도록 규약으로 정하였다는 등의 특별한 사정이 없는 한, 종물 내지 종된 권리인 그 대지권에까지 미친다(대판 2006.10.26. 2006다29020).

(2) 집합건물에서 의결권 등의 문제

㉠ 전유부분이 수인의 공유에 속하는 경우에 공유자는 관리단집회에서 각각 의결권을 행사할 수 있는 것이 아니라 의결권을 행사할 1인을 정하도록 한 규정은 강행규정이며(제37조 제2항), 이에 위반한 결의는 무효이다(대판 2008.3.27. 자 2007마1734).

㉡ 집합건물의 소유 및 관리에 관한 법률 제41조 제1항 본문은 "이 법 또는 규약에 따라 관리단집회에서 결의할 것으로 정한 사항에 관하여 구분소유자의 5분의 4 이상 및 의결권의 5분의 4 이상이 서면으로 합의하면 관리단집회에서 결의한 것으로 본다."고 규정하고 있는데, <u>위 규정의 문언(文言)이 '구분소유자'라고 정하고 있는 점에 비추어 보면 위 규정에서 정한 구분소유자의 서면 결의의 수를 계산할 때 한 사람이 집합건물 내에 수 개의 구분건물을 소유한 경우에는 이를 1인의 구분소유자로 보아야 한다</u>(대판 2011.10.13. 2009다65546).

㉢ 명문의 규정이 없는 이상 집합건물의 소유 및 관리에 관한 법률 제41조 제1항의 '<u>서면</u>'에 <u>전자문서가 포함된다고 해석할 수는 없고, 따라서 관리단집회에서 결의할 사항에 관하여 전자문서 또는 전자투표에 의한 합의가 있다고 하더라도, 이를 집합건물법 제41조 제1항에 따른 적법한 서면합의로 볼 수 없다</u>(대법원 2012.3.29. 선고 2009다45320 판결).

(3) 전유부분의 용도변경

구분소유자는 건물의 보존에 해로운 행위 기타 건물의 관리 및 사용에 관하여 구분소유자의 공동의 이익에 반하는 행위를 하여서는 아니 되나, 집합건물인 상가건물의 구분소유자가 해당 전유부분에 대한 용도변경행위를 함에 있어 다른 구분소유자들의 동의를 얻어야 하는 것은 아니다(대판 2007.6.1, 2005두17201).

(4) 구분소유적 공유

㈀ 1필지 토지 중 일부를 특정하여 매수하고 다만 소유권이전등기는 필지 전체에 관하여 공유지분권이전등기를 한 경우에는 특정 부분 이외의 부분에 관한 등기는 상호 명의신탁을 하고 있는 것으로서, 지분권자는 내부관계에서는 특정 부분에 한하여 소유권을 취득하고 이를 배타적으로 사용·수익할 수 있고, 다른 구분소유자의 방해행위에 대하여는 소유권에 터 잡아 그 배제를 구할 수 있다(대판 2012.4.26, 2010다6611).

㈁ 甲이 乙로부터 1필지 토지의 일부를 특정하여 매수하면서 편의상 그 토지 전체에 관하여 매수지분 면적에 상응하는 비율로 공유지분이전등기를 마쳤으나 후에 乙이 위 공유관계의 해소에 불응하는 경우, 甲은 乙을 상대로 상호명의신탁을 해지하면서 공유물분할청구의 소를 제기하여 구분소유적 공유관계를 해소할 수 없다. 즉 공유물분할청구는 공유자의 일방이 그 공유지분권에 터잡아서 하는 것이므로, 공유지분권을 주장하지 아니하고 목적물의 특정 부분을 소유한다고 주장하는 자는 그 부분에 대하여 신탁적으로 지분등기를 가지고 있는 자를 상대로 하여 그 특정 부분에 대한 명의신탁 해지를 원인으로 한 지분이전등기절차의 이행을 구하면 되고, 이에 갈음하여 공유물분할청구를 할 수는 없다(대판 1996.2.23, 95다8430; 대판 2010.5.27, 2006다84171 등).

(5) 구 집합건물의 소유 및 관리에 관한 법률 제23조 제1항에 따라 설립된 관리단이 하자담보추급권을 가지는지 여부(원칙적 소극)

구 집합건물의 소유 및 관리에 관한 법률 제9조에 의한 하자보수를 갈음한 손해배상청구권, 즉 하자담보추급권은 특별한 사정이 없는 한 집합건물의 수분양자 내지는 현재의 구분소유자에게 귀속하는 것이므로, 관리단은 구분소유자들에게서 그 권리를 양수하였다는 등의 특별한 사정이 없는 한, 하자담보추급권을 가진다고 할 수 없다(대법원 2011.12.13. 선고 2011다80531 판결).

Ⅲ. 상린관계

1. 상린관계의 성격

(1) 의의

인접하고 있는 부동산 소유자 상호간의 이용을 조절하기 위해 민법은 그들 사이의 권리관계를 규정(즉 소유권의 제한과 확장)하고 있는데(제216조 이하), 이를 상린관계라 한다. 즉 소유권의 내용으로서 제216조 내지 제244조에서 규정하는 서로 인접하거나 이웃하는 부동산소유권을 대상으로 하여 그 상호간의 이용을 조절하는 것을 말한다. 이러한 인접하는 토지 상호간의 이용의 조절을 위한 상린관계에 관한 민법 등의 규정은 인접지 소유자에게 소유권에 대한 제한을 수인할 의무를 부담하게 하는 것이므로 <u>적용 요건을 함부로 완화하거나 유추하여 적용할 수는 없고,</u> 상린관계 규정에 의한 수인의무의 범위를 넘는 토지이용관계의 조정은 사적자치의 원칙에 맡겨야 한다(대판 2012.12.27, 2010다103086).

(2) 적용범위

상린관계는 인접하거나 이웃하는(서로 직접 연결되어 있는 경우에만 한정하는 것은 아니다) 부동산소유권에 적용되기 때문에 부동산소유권이라도 너무 떨어져 있거나(지역권과 차이점), 동산소유권의 경우에는 그 적용이 없다(김준호 제16판, p.619).

(3) 법적 성격

상린관계의 법적 성격에 대하여는 임의규정설, 강행규정설, 절충설의 대립이 있으나 <u>판례는 제242조</u>(경계선부근의 건축)<u>와 제244조</u>(지하시설 등에 대한 제한)<u>에 대해서는 임의규정으로 이해한다</u>(아래 판결참조).

판례 ㉠ 〈**민법 제242조의 규정의 성격**〉 "경계로부터 반미터 이상의 거리를 두어야 한다"는 규정은, 서로 인접하여 있는 소유자의 합의에 의하여 법정거리를 두지 않게 하는 것을 금지한다고는 해석할 수 없고, 당사자간의 합의가 있었다면 그것이 명시 또는 묵시라 하더라도 인접지에 건물을 축조하는 자에 대하여 법정거리를 두지 않았다고 하여 그 건축을 폐지시키거나 변경시킬 수 없다고 할 것이다(대판 1962.11.1, 62다567).
㉡ 〈**지하시설을 하는 경우에 있어서 경계로부터 두어야 할 거리에 관한 사항 등을 규정한 민법 제244조가 강행규정인지 여부(소극)**〉 지하시설을 하는 경우에 있어서 경계로부터 두어야 할 거리에 관한 사항 등을 규정한 민법 제244조(우물 등의 시설은 경계로부터 2미터, 저수지 등의 지하시설은 경계로부터 그 깊이의 반 이상 거리)는 강행규정이라고는 볼 수 없으므로 이와 다른 내용의 당사자간의 특약을 무효라고 할 수 없다(대판 1982.10.26, 80다1634).

(4) 지역권과의 비교

상린관계는 법률의 규정에 의하여 인정되는 것으로 등기를 요하지 않는다. 그리고 상린관계는 소유권의 확장과 제한의 양면성을 가지고, 토지소유자 상호간의 쌍방간에 적용된다. 상린관계는 본질상 토지소유자가 인접하고 있는 특성이 있으며, 소멸시효의 대상이 되지 않는다. 이와 같은 상린관계는 지역권과 유사한 면이 있으나, 또한 차이점도 있다(지역권에서 상술).

2. 인지사용청구권(제216조)

> **제216조 (인지사용청구권)**
> ① 토지소유자는 경계나 그 근방에서 담 또는 건물을 축조하거나 수선하기 위하여 필요한 범위내에서 이웃토지의 사용을 청구할 수 있다. 그러나 이웃사람의 승낙이 없으면 그 주거에 들어가지 못한다.
> ② 전항의 경우에 이웃사람이 손해를 받은 때에는 보상을 청구할 수 있다.

토지소유자는 경계나 그 근방에서 담 또는 건물을 축조하거나, 수선하기 위하여 필요한 범위 내에서 이웃 토지의 사용을 청구할 수 있다. 이에 상대방이 응하지 않게 되면 청구권자는 대용판결로 갈음할 수 있다(제389조 참조). 그러나 그 주거에 들어가려면 이웃 사람의 승낙이 있어야 한다. 이때에는 판결로써 승낙에 갈음할 수 없다(송덕수 제2판 신민법강의 p. 579). 그리고 이로 인하여 이웃 사람이 손해를 받은 때에는 보상을 청구할 수 있다.

3. 생활방해의 금지

> **제217조(매연 등에 의한 인지에 대한 방해금지)**
> ① 토지소유자는 매연·열기체·액체·음향·진동 기타 이에 유사한 것으로 이웃토지의 사용을 방해하거나 이웃 거주자의 생활에 고통을 주지 아니하도록 적당한 조치를 할 의무가 있다.
> ② 이웃거주자는 전항의 사태가 이웃 토지의 통상의 용도에 적당한 것인 때에는 이를 인용할 의무가 있다.

(1) 제217조 내용

1) 의 의

토지소유자가 토지와 그 위의 시설 등을 이용할 때 매연 기타 유사한 것을 발산하여 이웃 토지의 이용을 방해하거나, 이웃 거주자의 생활에 고통을 주는 것을 공해(생활방해)라 한다. 산업의 발전에 따라 공해는 필요악이라고 할 수 있다. 따라서 어느 정도까지의 생활방해는 수인을 해야 하고, 수인의 한도를 넘는 경우에는 그 보호방법이 강구되어야 한다. 그리하여 민법 제217조에서 규율하고 있다.

2) 불가량물

㈀ 본조에서 매연·열기체 등은 예시에 지나지 않고, 그 밖에도 '이와 유사한 것'으로 개괄하고 있다. '이와 유사한 것'의 의의에 관하여 다수설은 '불가량물'이라고 한다. 따라서 공중에 방산되지 않는 고체의 침입, 예컨대 채석장으로부터의 석편의 비래, 소나 돼지의 침입, 사격장으로부터의 탄환의 비래 등은 본조의 대상이 아니다. 그리고 지표상을 흐르고 있는 액체는 그것이 유입하더라도 토지소유자는 물권적 청구권에 의하여 보호되기 때문에 본조에 포함되지 않는다.

㈁ 이러한 불가량적 방해물로서 금지되는 것은 공중 또는 대기 속에 방산되는 것이어야 한다고 봄이 다수설이다.

3) 생활방해의 방법

생활방해의 방법은 공중에 방산되는 형태를 말하기 때문에 특별한 시설을 통해 유도되는 때는 제외된다.

4) 객관적 판단

주거자의 생활고통의 판정은 피해자의 주관적 기준에 의할 것이 아니라 객관적인 사회관념에 의할 것이다(통설).

판례 ㈀ 〈한일병원사건〉 피고경영의 한일병원이 이 사건 사체실을 그곳에 안치한 시체로부터 발산하는 악취의 확산방지나 제거를 위한 조치 등을 취하지 않고 원심이 인정한 상태대로 계속 사용한다면 원고가 받게 되는 피해와 고통은 사회관념상 일반적으로 요구되는 수인의 정도를 초과함을 인정할 수 있으므로 원고는 피고에 대하여 위 방해요인의 제거 내지 예방을 청구할 수 있다 할 것이다(대판 1974.12.24, 68다1489).

ⓛ 〈김포공항에서 발생하는 소음 등으로 인근 주민들이 입은 피해는 사회통념상 수인한도를 넘는 것으로서 김포공항의 설치·관리에 하자가 있다고 본 사례〉 소음 등을 포함한 공해 등의 위험지역으로 이주하여 들어가서 거주하는 경우, 여러 가지 사정을 종합하여 그와 같은 위험의 존재를 인식하면서 굳이 위험으로 인한 피해를 용인하였다고 볼 수 없는 경우에는 손해배상을 청구할 수 있고, 손해배상액의 산정에 있어 형평의 원칙상 과실상계에 준하여 감액사유로 고려하는 것이 상당하다(대판 2005.1.27, 2003다49566).

(2) 의무위반의 효과

1) 수인한도기준

생활방해가 경미한 것인 때, 또는 생활방해가 경미하지 않더라도 이웃 토지의 통상의 용도에 적합한 때에는 피해자는 아무런 청구도 하지 못한다. 즉 참아야 한다(예 : 5층짜리 아파트의 뒤에 그보다 높은 10층짜리 건물을 세움으로써 한강 조망을 확보한 경우와 같이 보통의 지역에 인공적으로 특별한 시설을 갖춤으로써 누릴 수 있게 된 조망의 이익은 법적으로 보호받을 수 없다(대판 2007.6.28, 2004다54282). 그러나 생활방해가 인용의무의 한계를 넘는 경우에는 방해당하는 자는 점유권 또는 본권에 기하여 방해배제청구권을 행사할 수 있다(다수설·판례). 한편 판례는 "일조방해, 사생활 침해, 조망 침해, 시야 차단으로 인한 압박감, 소음, 분진, 진동 등과 같은 생활이익에 대한 침해가 사회통념상의 수인한도를 초과하여 위법한지를 판단하고 그에 따른 재산상 손해를 산정함에 있어서는, 원칙적으로 개별적인 생활이익별로 침해의 정도를 고려하여 수인한도 초과 여부를 판단한 후 수인한도를 초과하는 생활이익들에 기초하여 손해배상액을 산정하여야 한다"고 판시한다(대판 2007. 6. 28. 2004다54282).

[1] 판례 〈한강 조망이익 침해 사건(대판 2007. 6. 28. 2004다54282)〉 ㉠ 어느 토지나 건물의 소유자가 종전부터 향유하고 있던 경관이나 조망이 그에게 하나의 생활이익으로서의 가치를 가지고 있다고 객관적(특별한 가치 필요)으로 인정된다면 법적인 보호의 대상이 될 수 있다. ㉡ 조망이익이 법적인 보호의 대상이 되는 경우에 이를 침해하는 행위가 사법상 위법한 가해행위로 평가되기 위해서는 조망이익의 침해 정도가 사회통념상 일반적으로 인용되는 수인한도를 넘어야 한다. ㉢ 조망의 이익은 주변에 있는 객관적 상황의 변화에 의하여 저절로 변용 내지 제약을 받을 수밖에 없고, 그 이익의 향수자가 이러한 변화를 당연히 제약할 수 있는 것도 아니다. 따라서 5층짜리 아파트의 뒤에 그보다 높은 10층짜리 건물을 세움으로써 한강 조망을 확보한 경우와 같이 보통의 지역에 인공적으로 특별한 시설을 갖춤으로써 누릴 수 있게 된 조망의 이익은 법적으로 보호받을 수 없다.

[2] 판례 〈방해배제나 예방청구허용의 판례정리〉 ㉠ 대학교 인접 대지 위에 건축중인 아파트가 24층까지 완공될 경우 학교 구내의 첨단과학관에서의 교육 및 연구활동에 커다란 지장이 초래되고 쾌적한 교육환경이 저해되며 소음의 증가 등으로 교육 및 연구활동이 방해받게 된다면, 그 부지 및 건물을 교육 및 연구시설로 활용하는 것을 방해받게 되는 대학교 측으로서는 그 방해가 사회통념상 일반적으로 수인할 정도를 넘어선다는 점을 인정하여, 회사는 아파트의 높이를 18층을 초과하여 건축을 할 수 없다(대판 1995.9.15, 95다23378). ㉡ 또한 고층빌딩의 건축에 따른 방해가 사회통념상 일반적으로 수인할 정도를 넘어선다고 인정되는 한 그 방해가 민법 제217조 제1항 소정의 생활방해에 해당하는지 여부를 떠나 방해받는 자의 소유권에 기하여 그 방해의 제거나 예방을 청구할 수도 있다(대판 1997.7.22, 96다56153).

2) 손해배상청구

손해가 발생하면 손해배상도 청구할 수 있다(제750조 참조; 손해배상은 금전배상을 원칙으로 하기 때문에 손해배상으로 예방청구 등을 할 수 없다). 한편 환경정책기본법에서는 사업장에서 발생하는 환경오염으로 인하여 피해가 발생한 때에는 당해 사업자가 무과실책임을 지도록 하고 있다.

판례 ㉠〈**일조방해행위가 사법상 위법한 가해행위로 평가되기 위한 요건과 손해배상문제**〉 어떠한 건물 신축이 건축 당시의 공법적 규제에 형식적으로 적합하다고 하더라도 현실적인 일조방해의 정도가 현저하게 커 사회통념상 수인한도를 넘은 경우에는 위법행위로 평가될 수 있다(대판 2002.12.10, 2000다72213).
㉡〈**수인한도를 넘지 않는 기존 건물의 일영과 신축된 인접건물의 일영이 결합하여 피해건물에 수인한도를 넘는 일조방해가 발생한 경우, 기존 건물의 소유자를 상대로 불법행위책임을 물을 수 있는지 여부(소극)**〉 특별한 사정이 없는 한 기존 건물 소유자와 무관하게 신축된 인접건물로 인하여 수인한도를 넘게 된 일조방해의 결과에 대하여는 인접건물의 소유자를 상대로 불법행위책임을 물을 수 있는지는 별론으로 하고 기존 건물의 소유자를 상대로 불법행위책임을 물을 수 없다(대판 2010.6.24. 2008다23729).
㉢〈**토지·건물을 일시적으로 이용하는 것에 불과한 사람들이 일조이익을 향유하는 주체가 될 수 있는지 여부(소극)**〉 ① 일조권 침해에 있어 객관적인 생활이익으로서 일조이익을 향유하는 '토지의 소유자 등'은 토지소유자, 건물소유자, 지상권자, 전세권자 또는 임차인 등의 거주자를 말하는 것으로서, 당해 토지·건물을 일시적으로 이용하는 것에 불과한 사람은 이러한 일조이익을 향유하는 주체가 될 수 없다. 따라서 ② 초등학교 학생들은 학교에 머무르는 시간 동안 일시적으로 이용하는 지위에 있을 뿐이고, 학교를 점유하면서 지속적으로 거주하고 있다고 할 수 없어서 생활이익으로서의 일조권을 법적으로 보호받을 수 있는 지위에 있지 않다(대판 2008.12.24, 2008다41499).
㉣〈**일조방해, 사생활 침해, 조망 침해 등의 생활이익에 대한 침해의 위법 여부의 판단 및 재산상 손해의 산정 방법**〉 일조방해, 사생활 침해, 조망 침해, 시야 차단으로 인한 압박감, 소음, 분진, 진동 등과 같은 생활이익에 대한 침해가 사회통념상의 수인한도를 초과하여 위법한지를 판단하고 그에 따른 재산상 손해를 산정함에 있어서는, 원칙적으로 개별적인 생활이익별로 침해의 정도를 고려하여 수인한도 초과 여부를 판단한 후 수인한도를 초과하는 생활이익들에 기초하여 손해배상액을 산정하여야 하며, 수인한도를 초과하지 아니하는 생활이익에 대한 침해를 다른 생활이익 침해로 인한 수인한도 초과 여부 판단이나 손해배상액 산정에 있어서 직접적인 근거 사유로 삼을 수는 없다(대판 2007.6.28, 2004다54282).

---

3) 사안검토

관련사례	甲은 이웃에 위치한 乙의 병원영안실에서 나오는 악취와 소음을 견딜 수 없어 담장을 높이고 방음장치를 하는 등의 차단시설의 설치가 필요하게 되었다.
해설	**(a) 예방청구권 :** 甲은 소유자로서 차단시설의 설치와 더불어 손해배상의 담보를 요구할 수 있다 (×, 물권적 청구권의 예방청구권은 "더불어"가 아닌 "갈음하여"이다 — 제206조, 214조 참조). **(b) 상린관계 :** 甲은 상린관계에 기한 생활방해금지조치로서 차단시설의 설치를 요구할 수 있다. **(c) 불법행위 :** 甲은 불법행위를 이유로 손해배상을 청구할 수 있지만 차단시설의 설치를 요구할 수 없다(제750조 참조). **(d) 채권자대위권(제404조) :** 甲이 임차인이라면 소유자인 임대인의 소유권에 기한 방해예방청구권을 대위행사하여 차단시설의 설치를 요구할 수 있다.

4. 수도 등 시설권(제218조)

> **제218조 (수도등 시설권)**
> ① 토지소유자는 타인의 토지를 통과하지 아니하면 필요한 수도, 소수관, 가스관, 전선등을 시설할 수 없거나 과다한 비용을 요하는 경우에는 타인의 토지를 통과하여 이를 시설할 수 있다. 그러나 이로 인한 손해가 가장 적은 장소와 방법을 선택하여 이를 시설할 것이며 타토지의 소유자의 청구에 의하여 손해를 보상하여야 한다.
> ② 전항에 의한 시설을 한 후 사정의 변경이 있는 때에는 타토지의 소유자는 그 시설의 변경을 청구할 수 있다. 시설변경의 비용은 토지소유자가 부담한다.

토지소유자는 타인의 토지를 통과하지 아니하면 필요한 수도·전선 등을 시설할 수 없거나 과다한 비용을 요하는 경우에는 타인의 토지를 통과하여 이를 시설할 수 있다. 그 시설을 함에 있어서는 손해가 적은 장소와 방법을 선택하여야 하며, 손해를 준 경우에는 토지소유자에게 손해를 보상하여야 한다. 시설을 한 후 사정의 변경이 있는 때에는 타토지의 소유자는 그 시설의 변경을 청구할 수 있고, 이 경우 그 비용은 토지소유자가 부담한다. 즉 시설변경의 비용은 시설통행권자가 부담한다(곽윤직 「물권법」, p. 290).

판례 〈통행지 소유자가 민법 제218조 소정의 시설의 철거를 청구할 수 있는지 여부(소극)〉 토지소유자는 타인의 토지를 통과하지 아니하면 필요한 수도, 유수관, 가스관, 전선 등을 시설할 수 없거나 과다한 비용을 요하는 경우에는 타인의 토지를 통과하여 이를 시설할 수 있다고 할 것이므로 통행지 소유자는 위와 같은 요건이 갖추어진 수도 등 시설에 대하여 그 철거를 구할 수 없다(대판 2003.8.19, 2002다53469).

5. 주위토지통행권

> **제219조 (주위토지통행권)**
> ① 어느 토지와 공로사이에 그 토지의 용도에 필요한 통로가 없는 경우에 그 토지소유자는 주위의 토지를 통행 또는 통로로 하지 아니하면 공로에 출입할 수 없거나 과다한 비용을 요하는 때에는 그 주위의 토지를 통행할 수 있고 필요한 경우에는 통로를 개설할 수 있다. 그러나 이로 인한 손해가 가장 적은 장소와 방법을 선택하여야 한다.
> ② 전항의 통행권자는 통행지 소유자의 손해를 보상하여야 한다.
>
> **제220조 (분할·일부양도와 주위통행권)**
> ① 분할로 인하여 공로에 통하지 못하는 토지가 있는 때에는 그 토지소유자는 공로에 출입하기 위하여 다른 분할자의 토지를 통행할 수 있다. 이 경우에는 보상의 의무가 없다.
> ② 전항의 규정은 토지소유자가 그 토지의 일부를 양도한 경우에 준용한다.

(1) 의의 및 적용범위

㈀ 주위토지통행권은 인접한 토지의 상호이용의 조절에 기한 권리이다. 제219조에서 말하는 공로(公路)라 함은 일반인이 통행하고 있는 도로를 말하며 사도(私道)를 포함한다. 이러한 권리는 통행의 수인을 청구하는 데 불과한 소극적인 권리이다. <u>소극적인 권리인 결과 통행지에 대한 소유자의 점유까지 배제되는 것은 아니므로 통행권자가 이를 배타적으로 점유하고 있다면, 통행지 소유자는 통행권자에 대하여 그 인도를 청구할 수 있다.</u> 따라서 주위토지통행권자는 토지소유자에 대하여 주위토지통행권에 기하여 그 토지의 인도를 청구할 수는 없는 것이다.

(ㄴ) 또한 정당한 권한에 의하지 않은 주거에 대하여도 인정된다(판례). 그러나 토지소유자 자신이 그 토지와 공로사이의 통로를 막는 건물을 축조한 경우 타인소유의 주위토지를 통행할 권리가 없다.

(ㄷ) 민법 제219조에 정한 주위토지통행권은 인접한 토지의 상호이용의 조절에 기한 권리로서 토지의 소유자 또는 지상권자, 전세권자 등 토지사용권을 가진 자에게 인정되는 권리이다. 따라서 명의신탁자에게는 주위토지통행권이 인정되지 아니한다(대판 2008.5.8, 2007다22767).

(ㄹ) 주거는 사람의 사적인 생활공간이자 평온한 휴식처로서 인간생활에서 가장 중요한 장소라고 아니할 수 없어 우리 헌법도 주거의 자유를 보장하고 있는바, 주위토지통행권을 행사함에 있어서도 이러한 주거의 자유와 평온 및 안전을 침해하여서는 아니된다(대판 2009.6.11, 2008다 75300 등).

판례 〈지역권과 비교〉 통행지소유자의 주거는 사적인 생활공간이자 평온한 휴식처이기 때문에 주위토지통행권자가 토지를 통행하는 경우에도 이러한 주거의 자유와 평온 및 안전을 침해해서는 안 된다. 다만 기존 통행로로 이용되던 토지의 사용방법을 그 용법에 따라 바꾸었을 때에는 통행권자는 적은 다른 장소로 옮겨 통행하여야 할 필요가 있다. 즉 주위토지통행권은 통행을 위한 지역권과는 달리 그 통행로가 항상 특정한 장소로 고정되어 있는 것은 아니고, 주위토지통행권확인청구는 변론종결시에 있어서의 민법 제219조에 정해진 요건에 해당하는 토지가 어느 토지인가를 확정하는 것이므로, 주위토지소유자가 그 용법에 따라 기존 통행로로 이용되던 토지의 사용방법을 바꾸었을 때에는 대지소유자는 그 주위토지소유자를 위하여 보다 손해가 적은 다른 장소로 옮겨 통행할 수밖에 없는 경우도 있다(대판 2009.6.11, 2008다75300 등).

(2) 성립요건

(ㄱ) 주위토지통행권은 어느 토지와 공로사이에 그 토지의 용도에 필요한 통로가 없는 경우에 그 토지소유자가 주위의 토지를 통행 또는 통로로 하지 않으면 공로에 전혀 출입할 수 없는 경우뿐 아니라 과다한 비용을 요하는 때에도 인정될 수 있다(대판 1995.9.29, 94다 43580).

(ㄴ) 그러나 이미 토지의 용도에 필요한 통로가 있는 경우에는 그 통로를 사용하는 것보다 더 편리하다는 이유만으로 다른 장소로 통행할 권리를 인정할 수 없다(대판 1995.6.13, 95다1088).

(ㄷ) 주위토지통행권의 확인을 구하기 위해서는 통행의 장소와 방법을 특정하여 청구취지로써 이를 명시하여야 하고, 또한 민법 제219조에 정한 요건을 주장·입증하여야 한다(대판 2006.6.2, 2005다70144).

(ㄹ) 토지의 이용방법에 따라서는 자동차 등이 통과할 수 있는 통로의 개설도 허용되지만 단지 토지이용의 편의를 위해 다소 필요한 상태라고 여겨지는 정도에 그치는 경우까지 자동차의 통행을 허용할 것은 아니다(대판 2006.6.2, 2005다70144).

(ㅁ) 이처럼 주위토지통행권은 통행을 위한 지역권과는 달리 그 통행로가 항상 특정한 장소로 고정되어 있는 것은 아니고, 주위토지통행권확인청구는 변론종결시에 있어서의 민법 제219조에 정해진 요건에 해당하는 토지가 어느 토지인가를 확정하는 것이다(대판 2009.6.11, 2008다 75300 등).

(3) 장차 이용상황 고려문제

주위토지통행권은 현재의 토지의 용법에 따른 이용의 범위에서 인정되는 것이지 더 나아가 장차의 이용상황까지를 미리 대비하여 통행로를 정할 것은 아니다(대판 1992.12.22, 92다30528).

(4) 소멸

일단 주위토지통행권이 발생하였다고 하더라도 나중에 그 토지에 접하는 공로가 개설됨으로써 주위토지통행권을 인정할 필요성이 없어진 때에는 그 통행권은 소멸한다(대판 1998.3.10, 97다47118).

(5) 보상문제

제219조의 주위토지통행권에서 통행 또는 통로개설로 인하여 통행지 소유자에게 손해를 주었을 때에는 통행권자는 그 손해를 보상하여야 한다. 이 때 보상의 지급은 법률상 통행권의 성립 요건이 아니므로 통행권자가 손해를 보상하지 않더라도 통행권은 소멸되지 않고 채무불이행의 책임만이 발생할 뿐이다(통설). 즉 통행권자가 손해를 보상하지 않더라도 통행권이 소멸하는 것은 아니다.

(6) 동시분할

주위토지통행권과 관련하여 동시분할로 인한 때 수분양자간에는 무상의 주위토지통행권을 부정한다(제219조와 220조의 한계). 즉 유상이다. 따라서 무상주위토지통행권에 관한 민법 제220조의 규정은 토지의 직접 분할자 또는 일부양도의 당사자 사이에만 적용되고, 포위된 토지 또는 피통행지의 특정승계인에게는 적용되지 않는다(대판 1991.6.11, 90다12007).

(7) 주위토지통행권의 효과

(ㄱ) 주위토지통행권의 본래적 기능발휘를 위해서는 그 통행에 방해가 되는 담장과 같은 축조물도 위 통행권의 행사에 의하여 철거되어야 한다(대판 2006.6.2, 2005다70144).

(ㄴ) 주위토지통행권자는 필요한 경우에는 통행지상에 통로를 개설할 수 있으므로, 모래를 깔거나, 돌계단을 조성하거나, 장해가 되는 나무를 제거하는 등의 방법으로 통로를 개설할 수 있으며 통행지 소유자의 이익을 해하지 않는다면 통로를 포장하는 것도 허용된다고 할 것이고, 주위토지통행권자가 통로를 개설하였다고 하더라도 그 통로에 대하여 통행지 소유자의 점유를 배제할 정도의 배타적인 점유를 하고 있지 않다면 통행지 소유자가 주위토지통행권자에 대하여 주위토지통행권이 미치는 범위 내의 통로 부분의 인도를 구하거나 그 통로에 설치된 시설물의 철거를 구할 수 없다(대판 2003.8.19, 2002다53469).

판례 〈유사사례〉 일반 공중의 통행에 제공된 도로(강남구 구룡마을)를 통행하고자 하는 자는, 그 도로에 관하여 다른 사람이 가지는 권리 등을 침해한다는 등의 특별한 사정이 없는 한, 일상생활상 필요한 범위 내에서 다른 사람들과 같은 방법으로 도로를 통행할 자유가 있고, 제3자가 특정인에 대하여만 도로의 통행을 방해함으로써 일상생활에 지장을 받게 하는 등의 방법으로 특정인의 통행 자유를 침해하였다면 민법상 불법행위에 해당하며, 침해를 받은 자로서는 그 방해의 배제나 장래에 생길 방해를 예방하기 위하여 통행방해 행위의 금지를 소구할 수 있다고 보아야 한다(대판 2011.10.13, 2010다63720).

⑻ 주위토지의 현황이나 구체적 이용상황에 변동이 생긴 경우

사정변경이 생겨서 일방이 상대방에 대하여 기존의 확정판결 등에서 인정한 통행장소와 다른 곳을 통행로로 삼아 주위토지통행권의 확인 등을 소로써 구하더라도 그 청구가 기존확정판결 등의 기판력에 저촉된다고 볼 수 없다. 즉 또다시 필요성이 있으면 청구할 수 있다(대판 2004.5.13, 2004다10268).

6. 수류의 변경

> **제227조 (유수용공작물의 사용권)**
> ① 토지소유자는 그 소유지의 물을 소통하기 위하여 이웃토지소유자의 시설한 공작물을 사용할 수 있다.
> ② 전항의 공작물을 사용하는 자는 그 이익을 받는 비율로 공작물의 설치와 보존의 비용을 분담하여야 한다.
>
> **제229조 (수류의 변경)**
> ① 구거 기타 수류지의 소유자는 대안의 토지가 타인의 소유인 때에는 그 수로나 수류의 폭을 변경하지 못한다.
> ② 양안의 토지가 수류지소유자의 소유인 때에는 소유자는 수로와 수류의 폭을 변경할 수 있다. 그러나 하류는 자연의 수로와 일치하도록 하여야 한다.
> ③ 전2항의 규정은 다른 관습이 있으면 그 관습에 의한다.

㈀ 소유지의 물을 소통하기 위하여 이웃토지 소유자가 시설한 공작물을 사용할 수 있지만(민법 제227조), 이는 타인의 토지를 통과하지 않고는 전선 등 불가피한 시설을 할 수가 없거나 타인의 토지를 통하지 않으면 물을 소통할 수 없는 합리적 사정이 있어야만 인정되는 것이다. 인접한 타인의 토지를 통과하지 않고도 시설을 하고 물을 소통할 수 있는 경우에는 스스로 그와 같은 시설을 하는 것이 타인의 토지 등을 이용하는 것보다 비용이 더 든다는 등의 사정이 있다는 이유만으로 이웃토지 소유자에게 그 토지의 사용 또는 그가 설치·보유한 시설의 공동사용을 수인하라고 요구할 수 있는 권리는 인정될 수 없다(대법원 2012.12.27. 선고 2010다103086 판결).

㈁ 민법 제229조 제2항이 '양안의 토지가 수류지 소유자의 소유인 때에는 소유자는 수로와 수류의 폭을 변경할 수 있다'고 규정한 것은 대안의 수류지 소유자 관계에서 수류이용권을 규정한 것으로서, 이는 위와 같은 경우 수류지 소유자는 수로와 수류의 폭을 변경하여 물을 가용 또는 농·공업용 등에 이용할 권리가 있다는 것을 의미함에 그치고, 더 나아가 수로와 수류의 폭을 임의로 변경하여 범람을 일으킴으로써 인지소유자에게 손해를 발생시킨 경우에도 면책된다는 취지를 규정한 것이라고 볼 수는 없다(대법원 2012.4.13. 선고 2010다9320 판결).

7. 경계표 · 담의 설치권 등

> **제237조 (경계표 · 담의 설치권)**
> ① 인접하여 토지를 소유한 자는 공동비용으로 통상의 경계표나 담을 설치할 수 있다.
> ② 전항의 비용은 쌍방이 절반하여 부담한다. 그러나 측량비용은 토지의 면적에 비례하여 부담한다.
> ③ 전 2항의 규정은 다른 관습이 있으면 그 관습에 의한다.
>
> **제240조 (수지, 목근의 제거권)**
> ① 인접지의 수목가지가 경계를 넘은 때에는 그 소유자에 대하여 가지의 제거를 청구할 수 있다.
> ② 전항의 청구에 응하지 아니한 때에는 청구자가 그 가지를 제거할 수 있다.
> ③ 인접지의 수목 뿌리가 경계를 넘은 때에는 임의로 제거할 수 있다.

(1) 협력의무

1) 토지의 경계에 경계표나 담이 설치되어 있지 아니하다면 특별한 사정이 없는 한 어느 한쪽 토지의 소유자는 인접한 토지의 소유자에 대하여 공동비용으로 통상의 경계표나 담을 설치하는 데에 협력할 것을 요구할 수 있고, 인접 토지 소유자는 그에 협력할 의무가 있다고 보아야 한다.

2) 한쪽 토지 소유자의 요구에 대하여 인접 토지 소유자가 응하지 아니하는 경우에는 한쪽 토지 소유자는 민사소송으로 인접 토지 소유자에 대하여 그 협력 의무의 이행을 구할 수 있다(대판 1997.8.26, 97다6063).

(2) 기존의 담장제거문제

기존의 경계표나 담장에 대하여 어느 쪽 토지 소유자도 일방적으로 처분할 권한을 가지고 있지 아니하다면 한쪽 토지 소유자가 인접 토지 소유자의 동의 없이 기존의 경계표나 담장을 제거하는 것은 허용되지 않고, 그와 같은 경우라면 한쪽 토지 소유자의 의사만으로 새로운 경계표나 담장을 설치하도록 강제할 수는 없으나, 기존의 경계표나 담장에 대하여 한쪽 토지 소유자가 처분권한을 가지고 있으면서 기존의 경계표나 담장을 제거할 의사를 분명하게 나타내고 있는 경우라면 한쪽 토지 소유자는 인접 토지 소유자에 대하여 새로운 경계표나 담장의 설치에 협력할 것을 소구할 수 있다(대판 1997.8.26, 97다6063).

(3) 지적공부상의 경계가 실제의 경계와 다르게 작성된 토지와 관련된 법률문제

토지소유권의 범위는 특별한 사정이 없는 한 현실의 경계와 관계없이 지적공부상의 경계에 의하여 확정된다(대판 1997.2.28, 96다49339). 다만 지적공부를 작성함에 있어 기점을 잘못 선택하는 등의 기술적인 착오로 말미암아 지적공부상의 경계가 진실한 경계선과 다르게 잘못 작성되었다는 등의 특별한 사정이 있는 경우에는 그 토지의 경계는 지적공부에 의하지 않고 실제의 경계에 의하여 확정하여야 한다(대판 2006.9.22, 2006다24971).

(4) 수지, 목근의 제거권

인접지의 수목가지가 경계를 넘은 때에는 그 소유자에 대하여 가지의 제거를 청구할 수 있다. 수목의 뿌리와는 달리 바로 제거할 수는 없다. 이러한 이웃의 청구에 응하지 아니한 때에는 청구자가 그 가지를 제거할 수 있다. 하지만 인접지의 수목 뿌리가 경계를 넘은 때에는 바로 제거할 수 있다(제240조).

8. 경계선부근의 건축

제242조 (경계선부근의 건축)
① 건물을 축조함에는 특별한 관습이 없으면 경계로부터 반미터이상의 거리를 두어야 한다.
② 인접지소유자는 전항의 규정에 위반한 자에 대하여 건물의 변경이나 철거를 청구할 수 있다. 그러나 건축에 착수한 후 1년을 경과하거나 건물이 완성된 후에는 손해배상만을 청구할 수 있다.

(1) 민법 제242조 제1항에서 정한 '경계로부터 반 미터 이상의 거리'의 의미(=경계로부터 건물의 가장 돌출된 부분까지의 거리)

민법 제242조 제1항이 건물을 축조하면서 특별한 관습이 없으면 경계로부터 반 미터 이상의 거리를 두어야 한다고 규정한 것은 서로 인접한 대지에 건물을 축조하는 경우에 각 건물의 통풍이나 채광 또는 재해방지 등을 꾀하려는 취지이므로, '경계로부터 반 미터'는 경계로부터 건물의 가장 돌출된 부분까지의 거리를 말한다(대판 2011.7.28, 2010다108883).

(2) 민법 제242조 제2항에서 정한 '건축의 착수' 및 '건물의 완성'의 의미

민법 제242조 제1항에서 정한 이격거리를 위반한 경우라도 건축에 착수한 후 1년을 경과하거나 건물이 완성된 후에는 손해배상만을 청구할 수 있을 뿐 건물의 변경이나 철거를 청구할 수 없는데(제242조 제2항), 여기에서 '건축의 착수'는 인접지의 소유자가 객관적으로 건축공사가 개시되었음을 인식할 수 있는 상태에 이른 것을 말하고, '건물의 완성'은 사회통념상 독립한 건물로 인정될 수 있는 정도로 건축된 것을 말하며, 그것이 건축 관계 법령에 따른 건축허가나 착공신고 또는 사용승인 등 적법한 절차를 거친 것인지는 문제되지 아니한다(대판 2011.7.28, 2010다108883).

관련사례	甲은 A 토지를 소유하고 있다. 그런데 乙이 A 토지에 인접해 있는 자기 소유의 B 토지에 건물을 지으면서 B 토지를 굴착하는 작업을 하고 있다. 또한 乙은 공터인 A 토지에 건축자재를 쌓아 놓았다. 당사자간의 법률관계
해설	(a) 甲이 A 토지를 丙에게 매도하고 소유권이전등기를 마쳐주었으나 아직 인도하지 않은 경우라도 甲은 乙에게 소유권에 기한 방해배제청구권을 행사할 수 없다.
	(b) 乙이 충분한 예방공사를 하지 아니한 채 B 토지를 굴착함으로써 A 토지가 침하한 경우, B 토지의 굴착공사가 종료하고 더 이상의 침하 가능성이 없는 때에는 토지의 침하를 이유로 甲은 乙에게 방해예방청구권을 행사할 수 없다.
	(c) 乙이 무단으로 건축자재를 쌓아 놓았다면 甲은 A 토지 위에 쌓아둔 자재를 제거할 것을 청구할 수 있음은 물론 손해배상도 청구할 수 있다.
	(d) 乙은 인지사용청구권에 기하여 A 토지에 건축자재를 쌓아 놓을 수 있도록 해달라고 甲에게 청구할 수 있으며, 그로 인한 손해보상을 청구할 수 있다(제216조).
	(e) 다른 관습이 없으면, 乙이 A 토지와 B 토지의 경계에 담을 설치하고자 하는 경우, 甲과 공동비용으로 통상의 담을 설치할 수 있으나 그 측량비용은 토지의 면적에 비례하여 부담한다(제237조).

Ⅳ. 취득시효

1. 총 설

(1) 의의

시효는 소멸시효와 취득시효의 두 가지가 있다. 어느 것이나 일정한 사실상태가 계속된 경우에 그것에 대해 일정한 효과를 부여하는 점에서 공통되는데, 다만 그러한 효과로서 전자는 '권리의 소멸'을, 후자는 '권리의 취득'을 가져오는 점에서 상반된다. 따라서 취득시효란 물건 또는 권리를 일정한 기간 점유 또는 준점유하는 자에게 그 물건의 소유권 또는 권리를 취득 케 하는 제도이다. 취득시효에 의하여 점유자가 권리를 취득함으로써 진정한 권리자의 권리 가 반사적으로 상실된다. 이 경우 진정한 권리자의 권리가 반사적으로 상실되는 것일 뿐 소 멸시효에 해당하여 소멸하는 것은 아니다.

(2) 존재이유

취득시효 제도의 존재이유는 사실상태가 오랫동안 계속된 경우에 그 상태가 진실한 권리관 계에 합치되지 않더라도 그 사실상태 대로 권리관계를 인정함으로써 법질서의 안정을 기하 려는 데 있다(이은영 『민법강의』, p. 337). 따라서 통설적 입장은 시효제도의 공통된 입장으로, 첫째 사회질서의 안정, 둘째 입증곤란의 구제(=증거산일의 구제), 셋째 권리행사의 태만에 대한 제재 등을 들고 있다. 그러나 이러한 입장에 반대견해도 많다.

(3) 시효로 취득할 수 있는 권리

(ㄱ) 시효로 취득할 수 있는 권리는 소유권(제245조·제246조)과 그 밖의 재산권(제248조), 즉 소유권·지상권·지역권·전세권·질권 등이다.

(ㄴ) 다만 다음의 경우에는 성질상 또는 법률상 취득시효가 인정되지 않는 것들이다. 즉 첫째, 저당권은 목적물의 점유가 없고, 피담보채권에 부종하기 때문에 취득시효가 인정되지 않는 다. 둘째, 점유권은 사실상의 지배로 점유권이 생기고 점유상실로 권리가 소멸하기 때문에 인정되지 않는다. 셋째, 유치권은 목적물과 피담보채권의 일정한 견련관계를 요하는 법정담 보물권이고, 점유와 불가분적 관계에 있기 때문이다. 넷째, 취소권, 환매권, 해제권 등의 형 성권은 한번 행사하면 소멸하는 권리이고, 제척기간내 권리행사시에만 문제되기 때문에 취 득시효의 대상이 되지 않는다. 재산권에는 성질상 또는 법률상 취득시효가 인정되지 않는 것이 있다. 즉 점유를 수반하지 않는 저당권, 가족관계를 전제로 하는 부양을 받을 권리, 법 률의 규정에 의하여 성립하는 권리(점유권·유치권), 한 번 행사하면 소멸하는 권리로서 형성 권 등이 이에 해당한다.

(4) 취득시효의 중단·정지

소멸시효의 중단의 규정은 취득시효에도 준용한다는 것이 제247조 제2항의 내용인바, 소멸 시효 정지규정의 준용여부에 대하여는 아무런 말이 없으나 통설은 긍정하고 있다. 그리고 시 효가 완성된 후 포기가 가능하다고 봄이 판례이다.

판례 〈대판 1998. 5. 22, 96다24101〉 ㉠ 취득시효기간 만료 후 국가에 대하여 무단점유 사실을 확인하면서 당해 토지에 관하여 어떠한 권리도 주장하지 아니한다는 내용의 각서를 작성·교부하였고, 국가와 사이에 당해 토지를 대부하되 대부기간이 만료되거나 계약이 해지될 경우 지정한 기간 내에 원상으로 회복하여 반환하고 당 해 토지에 관한 연고권을 주장할 수 없다는 내용의 국유재산 대부계약을 체결하였으며, 당해 토지를 권원 없이 점용한 데 대한 변상금 및 대부계약에 따른 대부료를 납부한 경우, 점유자는 취득시효완성의 이익을 포기하는 적극적인 의사표시를 하였다. ⓒ 취득시효완성 후에 그 사실을 모르고 당해 토지에 관하여 어떠한 권리도 주장하지 않기로 하였다면 이에 반하여 시효주장을 하는 것은 특별한 사정이 없는 한 신의칙상 허용되지 않는다.

(5) 취득시효의 요건에 관한 소송법적 문제

취득시효의 요건이 구비되었다고 하더라도 점유자가 이를 주장하지 않으면 법원은 이를 판단할 수 없다. 이것은 당사자처분권주의가 적용되는 이상 당연한 것이다. 따라서 취득시효를 주장하였다고 하기 위하여는 그 요건사실을 일일이 주장하여야 한다. 그러므로 오랜 세월 전에 목적물을 샀다는 주장 속에는 취득시효의 주장이 포함되었다고 할 수 없고, 취득시효의 주장 속에 소멸시효의 주장이 포함된다고 할 수도 없다. 그리고 20년의 일반취득시효를 주장하는가, 10년의 등기부취득시효를 주장하는가는 시효취득을 주장하는 자가 선택할 수 있는 것이고, 법원은 그 선택에 구속된다고 할 것이다(판례, 이영준 「물권법」, p. 507 이하).

(6) 민법이 규정하는 취득시효

㈀ 민법은 취득시효의 유형으로서 '부동산소유권의 취득시효'(제245조)·'동산소유권의 취득시효'(제246조)·'소유권 이외의 재산권의 취득시효'(제248조)의 세 가지를 두고 있다. 특히 부동산취득시효에는 일반취득시효(제245조 제1항)와 등기부취득시효(제245조 제2항)의 두 종류가 있다. 일반취득시효에서는 부동산을 20년간 점유하는 자가 그 기간의 만료 후에 등기함으로써 확정적으로 소유권을 취득하게 되는 데 대하여, 등기부취득시효에서는 원인무효의 등기명의인이 10년간 점유함으로써 소유권을 취득하게 된다.

㈁ 우리 민법에 있어서 부동산취득시효는 제3자의 신뢰보호를 위해 중요한 기능을 담당한다. 특히 등기부취득시효제도는 원인무효의 등기를 신뢰한 자가 10년의 시효기간이 경과하면 소유권을 취득할 수 있도록 하여, 부동산등기에 공신력이 인정되지 않는 약점을 보완하여 부동산거래의 안전에 이바지하는 바가 크다.

구 분	유 형	기 간	내 용
부동산취득시효	점유취득시효	20년	자주·평온·공연의 점유와 등기(제245조 1항)
	등기부취득시효	10년 (선의·무과실점유)	자주·평온·공연·선의·무과실의 점유(제245조 2항)
동산취득시효	일반취득시효	10년	자주·평온·공연의 점유(제246조 1항)
	단기취득시효	5년 (선의·무과실점유)	자주·평온·공연·선의·무과실의 점유(제246조 2항)
기타 재산권	위에 부동산·동산 물권에 준한다.		

2. 부동산소유권의 점유취득시효

제245조 (점유로 인한 부동산소유권의 취득기간)
① 20년간 소유의 의사로 평온·공연하게 부동산을 점유하는 자는 등기함으로써 그 소유권을 취득한다.

② 부동산의 소유자로 등기한 자가 10년간 소유의 의사로 평온·공연하게 선의이며 과실 없이 그 부동산을 점유한 때에는 소유권을 취득한다.

(1) 시효취득의 주체와 대상

1) 주체

권리의 주체가 될 수 있는 자는 모두 시효취득할 수 있다. 따라서 자연인이나 법인뿐만 아니라 권리능력 없는 사단(종중)·재단·기타 지방자치단체도 취득시효의 주체가 될 수 있다.

2) 자기소유의 부동산

통설 및 판례는 자기소유의 부동산에 대해서도 시효취득이 가능하다고 하고 있다. 점유로 인한 부동산의 시효취득에서, 소유권은 소멸시효의 목적은 되지 않으나 취득시효의 목적은 된다.

3) 토지의 일부

판례는 분필절차를 밟지 않은 1필의 토지의 일부에 대해서도 취득시효에 의하여 소유권을 취득할 수 있다고 판시하고 있다(대판 1989.4.25, 88다카9494). 즉 토지의 일부에 대한 시효취득을 인정하고 있다. 다만 그 부분이 다른 부분과 구분되어 시효취득자의 점유에 속한다는 것을 인식하기에 족한 객관적인 징표가 계속해서 존재할 것을 요한다.

4) 공유지분

공유지분의 일부에 대하여도 취득시효가 가능하다. 다만 이때에 점유의 범위를 특정할 수 있는 객관적인 징표가 계속존재할 필요는 없다(대판 1975.6.24, 74다1877).

판례 공유자의 1인이 공유부동산 중 특정부분만을 점유하여 왔다면 그 특정부분에 대한 공유지분의 범위 내에서만 민법 제245조 제2항에서 말하는 "부동산의 소유자로 등기한 자"와 "부동산을 점유한 때"라는 등기부취득시효의 요건을 구비한 경우에 해당될 뿐이고 그 나머지 부분은 이에 해당하지 않는다. 즉 대지 247평 중 甲은 (가)부분을, 乙은 (나)부분을 각기 특정하여 점유하고 있고 등기는 공유등기가 된 경우, 민법 제245조 제2항의 등기부취득시효의 요건에 대하여 그 지분에 관한 소유권이전등기를 경료한 날로부터 10년이 지난 때 각 등기부시효취득을 인정한다(대판 1993.8.27, 93다4250)..

5) 성명불상자의 부동산

시효로 인한 부동산 소유권의 취득은 원시취득으로서 취득시효의 요건을 갖추면 곧 등기청구권을 취득하는 것이고 또 타인의 소유권을 승계취득하는 것이 아니어서 시효취득의 대상이 반드시 타인의 소유물이어야 하거나 그 타인이 특정되어 있어야만 하는 것은 아니므로 성명불상자의 소유물에 대하여 시효취득을 인정할 수 있다(대판 1992.2.25. 91다9312).

6) 잡종재산(일반재산)

국유재산은 원칙적으로 시효취득의 대상이 되지 않는다. 다만 잡종재산에 대해서는 시효취득이 인정된다.

판례 〈잡종재산=일반재산〉 ㉠ 행정재산이 기능을 상실하여 본래의 용도에 제공되지 않는 상태에 있다하더라도 관계법령에 의하여 용도폐지가 되지 아니한 이상, 당연히 취득시효의 대상이 되는 잡종재산이 되는 것은 아니다

(대판 1998.11.10, 98다42974). ⓛ 또한 원래 잡종재산이던 것이 행정재산으로 된 경우 잡종재산일 당시에 취득시효가 완성되었다고 하더라도 행정재산으로 된 이상 이를 원인으로 하는 소유권이전등기를 청구할 수 없다"는 것이 판례이다(대판 1997.11.14. 96다10782). ⓒ **국유재산법상 국유재산에 대한 취득시효가 완성되기 위해서는 그 국유재산이 취득시효기간 동안 계속하여 시효취득의 대상이 될 수 있는 일반재산이어야 하는지 여부(적극) 및 행정재산이 기능을 상실하여 본래의 용도에 제공되지 않는 상태에 있으면 곧바로 취득시효의 대상이 되는 일반재산이 된다고 볼 것인지 여부(소극)** 국유재산법 제7조 제2항은 "행정재산은 민법 제245조에도 불구하고 시효취득의 대상이 되지 아니한다"라고 규정하고 있으므로, 국유재산에 대한 취득시효가 완성되기 위해서는 그 국유재산이 취득시효기간 동안 계속하여 행정재산이 아닌 시효취득의 대상이 될 수 있는 일반재산이어야 한다. 또 행정재산이 기능을 상실하여 본래의 용도에 제공되지 않는 상태에 있다 하더라도 관계 법령에 의하여 용도폐지가 되지 아니한 이상 당연히 취득시효의 대상이 되는 일반재산이 되는 것은 아니고, 공용폐지의 의사표시는 묵시적인 방법으로도 가능하나 행정재산이 본래의 용도에 제공되지 않는 상태에 있다는 사정만으로는 묵시적인 공용폐지의 의사표시가 있다고 볼 수도 없다(대판 2010.11.25. 2010다58957).

(2) 소유의 의사(=자주점유)

1) 자주점유의 판단

(ㄱ) 소유의 의사는 점유의 개시시에 있으면 충분하다. 소유의 의사는 점유취득의 원인이 된 점유권의 성질에 의하여 객관적으로 정해지지만, 점유권원이 분명하지 아니한 때에는 민법 제197조 1항에 의하여 점유자가 소유의 의사로 점유한 것으로 추정된다(따라서 입증책임은 소유의 의사를 부정하는 상대방에게 있다).

(ㄴ) 유의할 것은 타인의 토지에 설치된 경계선을 임의로 철거하고 그 지상에 건물을 건축한 경우 위 토지에 대한 점유취득시효는 인정되지 않는다[대판(전합) 1997.8.21. 95다 28625].

2) 매매(또는 교환)

매매계약이 어떤 법률상의 사유로 인하여 무효가 된 경우에 매수인의 자주점유 여부가 문제될 수 있다. 판례는 실제로 매매계약이 있었던 이상 그 계약이 무효라 하더라도 매수인은 원칙적으로 자주점유라고 한다. 그러나 매매계약의 무효사유가 있음을 안 매수인은 자주점유자라고 할 수 없을 것이다(대판 1972.12.12. 72다1856).

판례 〈구분소유적 공유관계에서 어느 특정 부분만을 소유·점유하는 공유자가 매매 등 종전의 공유지분권과는 별도의 자주점유가 가능한 권원에 의하여 다른 공유자가 소유·점유하는 특정 부분을 취득하여 점유를 개시하였다고 주장하는 경우, 취득 권원이 인정되지 않는다는 사유만으로 자주점유의 추정이 번복된다거나 점유권원의 성질상 타주점유라고 할 수 있는지 여부(소극)〉 : ⓛ 공유부동산의 경우에 공유자 중의 1인이 공유지분권에 기초하여 부동산 전부를 점유하고 있다고 하여도 다른 특별한 사정이 없는 한 권원의 성질상 다른 공유자의 지분비율의 범위 내에서는 타주점유라고 할 것이다. ⓛ 그렇지만 이와 달리 구분소유적 공유관계에서 어느 특정된 부분만을 소유·점유하고 있는 공유자가 매매 등과 같이 종전의 공유지분권과는 별도의 자주점유가 가능한 권원에 의하여 다른 공유자가 소유·점유하는 특정된 부분을 취득하여 점유를 개시하였다고 주장하는 경우에는 타인 소유의 부동산을 매수·점유하였다고 주장하는 경우와 달리 볼 필요가 없으므로, 취득 권원이 인정되지 않는다고 하더라도 타주점유라고 할 수 없다(대판 2013.3.28. 2012다68750).

3) 상속

타주점유자가 자주점유로 전환하려면 새로운 권원에 기하여야 하는데 상속은 원칙적으로 새로운 권원에 해당하지 않는다는 것이 판례이다.

4) 공유자간

판례는 공유자 1인이 공유토지 전부를 점유하는 경우 다른 공유자의 지분비율의 범위 내에서는 타주점유자라고 한다.

5) 초과부분

매매대상 부지면적이 등기부상 면적을 상당히 초과하는 경우 초과하는 부분에 대한 자주점유가 추정되지 않는다고 한다(대판 2005.6.23. 2005다13059).

6) 시효취득을 주장하는 점유자가 귀속재산이라는 사실을 알면서 이를 매수하여 점유를 개시한 경우, 자주점유 추정이 번복되는지 여부(적극)

시효취득을 주장하는 점유자가 사인에게는 처분권한이 없는 귀속재산이라는 사실을 알면서 이를 매수하여 점유를 개시한 경우에도 위 법리에 비추어 자주점유의 추정이 번복된다(대법원 2012.4.26. 선고 2012다2187 판결). 따라서 시효취득이 부정된다.

(3) 평온·공연한 점유

1) 간접점유

직접점유뿐 아니라 간접점유도 취득시효의 요건인 점유에 해당한다. 시효취득을 주장하는 자는 점유의 사실을 주장·입증하여야 한다.

2) 등기부상 명의기재

부동산에 관하여 등기부상 소유명의가 있다하더라도 이에 의하여 그 부동산을 점유하는 것은 아니므로 별도로 점유사실을 주장·입증하지 않는 한 등기명의가 있다는 것만으로는 소유권을 시효취득할 수 없다.

3) 평온·공연점유

취득시효의 요건으로서의 점유는 평온하고 공연한 것이어야 한다. 등기부취득시효에서의 점유는 선의·무과실이 추가된다.

(4) 부동산시효취득자(당사자간) 등의 지위에 대한 고찰

1) 채무불이행이 아닌 불법행위의 책임성립

취득시효완성 후 당시의 소유자(등기명의자)가 취득시효 대상부동산을 제3자에게 처분하여 점유자로 하여금 소유권을 취득하지 못하게 한 경우에는 소유자가 취득시효완성 사실을 알고 있는 경우에 불법행위가 성립한다는 것이 판례이다(대판 2006.5.12. 2005다75910).

판례 부동산 점유자에게 시효취득으로 인한 소유권이전등기청구권이 있다고 하더라도 이로 인하여 부동산 소유자와 시효취득자 사이에 계약상의 채권·채무관계가 성립하는 것은 아니므로, 그 부동산을 제3자에게 처분한 소유자에게 채무불이행책임을 물을 수 없다(대판 2006.5.12. 2005다75910; 대판 1994.4.12. 93다60779).

2) 취득시효완성 후 등기 전 점유자의 지위

(ㄱ) 판례는 취득시효기간이 완성된 뒤에 시효취득자가 아직 그것을 원인으로 소유권이전등기를 경료하기 전에, 등기의무자가 그 부동산을 제3자에게 양도하고 그 소유권이전등기가 경료되었다면 시효기간완성으로 인하여 소유권이전등기청구권을 가진 자는 그 제3자에 대하여 시효에 의한 소유권취득을 주장할 수 없다고 한다(채권적).

(ㄴ) 명의신탁된 부동산에 대하여 점유취득시효가 완성된 후 시효취득자가 그 소유권이전등기를 경료하기 전에 명의신탁이 해지되어 <u>그 등기명의가 명의수탁자로부터 명의신탁자에게로 이전된 경우</u>에는 그 명의신탁자는 취득시효 완성 후에 소유권을 취득한 자에 해당하여 그에 대하여 취득시효를 주장할 수 없다(대판 2001.10.26. 2000다8861).

(ㄷ) 취득시효가 완성된 후 점유자가 그 등기를 하기 전에 제3자가 소유권이전등기를 경료한 경우에는 점유자는 그 제3자에 대하여는 시효취득을 주장할 수 없는 것이 원칙이기는 하지만 이는 어디까지나 그 제3자 명의의 등기가 적법 유효함을 전제로 하는 것으로서 <u>위 제3자 명의의 등기가 원인무효인 경우</u>(제103조의 반사회질서의 법률행위 확장적용)<u>에는 점유자는 취득시효 완성 당시의 소유자를 대위하여 위 제3자 앞으로 경료된 원인무효인 등기의 말소를 구함과 아울러 위 소유자에게 취득시효 완성을 원인으로 한 소유권이전등기를 구할 수 있다</u>(대판 2002.3.15. 2001다77352,77369).

(ㄹ) 취득시효 완성 후 경료된 무효인 제3자 명의의 등기에 대하여 시효완성 당시의 소유자가 무효행위를 추인하여도 그 제3자 명의의 등기는 그 소유자의 불법행위에 제3자가 적극 가담하여 경료된 것으로서 사회질서에 반하여 무효이다(대판 2002.3.15. 2001다77352,77369).

판례 〈보호받는 제3자에 해당하는지 여부〉① 〈피상속인으로부터의 상속등기/증여등기의 구별〉(ⅰ) 점유로 인한 소유권취득시효 완성 당시 미등기로 남아 있던 토지에 관하여 소유권을 가지고 있던 자의 상속인 명의로 소유권보존등기를 마친 것은 시효취득에 영향을 미치는 소유자의 변경에 해당하지 않으므로, 이러한 경우에는 그 등기명의인에게 취득시효 완성을 주장할 수 있다(대판 2007.6.14. 2006다84423). 그러나 (ⅱ) 소유자인 피상속인으로부터 증여를 받아 소유권을 취득한 경우, 그 증여가 실질적인 상속재산의 협의분할과 동일시할 수 있는 등의 특별한 사정이 없는 한 등기명의인은 점유자에 대한 관계에서 종전 소유자와 같은 지위에 있는 자로 볼 수는 없고 취득시효완성 이후의 새로운 이해관계인으로 보아야 할 것이다(대판 2001.3.23. 2000다38510).
② 〈신탁자〉 부동산시효취득자는 명의신탁해지로 인한 등기가 신탁자에게 회복된 경우 원칙적으로 등기청구권의 상대방이 되지 아니한다(즉 새로운 이해관계인이다). 왜냐하면 명의신탁의 취지에 따라 대외적 관계에서는 등기명의자만이 소유권자로 취급되고 시효완성 당시 시효취득자에게 져야 할 등기의무도 명의수탁자에게만 있을 뿐이기 때문이다(대판 2001.10.26. 2000다886).
③ 〈수탁자〉(ⅰ) 제3자가 등기명의인으로부터 시효완성 후 신탁 또는 명의 신탁을 받은 경우에는 새로운 이해관계인이 아니다(대판 1995. 9. 5. 95다24586). 종전 등기명의인으로서는 언제든지 이를 해지하고 소유권이전등기를 청구할 수 있고, 점유시효취득자로서는 종전 등기명의인을 대위하여 이러한 권리를 행사할 수 있으므로, 그러한 제3자가 소유자로서의 권리를 행사하는 경우 점유자로서는 취득시효완성을 이유로 이를 저지할 수 있다. (ⅱ) 다만 부동산에 관한 점유취득시효기간이 경과한 후 원래의 소유자의 위탁에 의하여 소유권이전등기를 마친 신탁법상의 수탁자는 그 점유자가 시효취득을 주장할 수 없는 새로운 이해관계인인 제3자에 해당하고, 그 수탁자가 해당 부동산의 공유자들을 조합원으로 한 비법인사단인 재건축조합이라고 하여 달리 볼 것도 아니다(대판 2003.8.19. 2001다47467).

④ 〈**부동산점유취득시효와 이중매매법리**〉 원소유자가 취득시효의 완성 이후 그 등기가 있기 전에 그 토지를 제3자에게 처분하거나 제한물권의 설정, 토지의 현상 변경 등 소유자로서의 권리를 행사하였다 하여 시효취득자에 대한 관계에서 불법행위가 성립하는 것이 아님은 물론 위 처분행위를 통하여 그 토지의 소유권이나 제한물권 등을 취득한 제3자에 대하여 비록 악의인 경우에도 취득시효의 완성 및 그 권리취득의 소급효를 들어 대항할 수도 없다(대판 2006.5.12. 2005다75910 등).

관련사례 | 부동산에 관한 점유취득시효가 완성된 후 소유자가 파산선고를 받은 경우, 점유자가 파산관재인을 상대로 취득시효완성을 원인으로 한 소유권이전등기절차의 이행을 청구할 수 있는가?(대판 2008.2.1. 2006다32187).

해설 | (a) 파산전에 부동산에 대한 점유취득시효가 완성되었으나 파산선고시까지 이를 원인으로 한 소유권이전등기를 마치지 아니한 자는, 그 부동산의 소유자에 대한 파산선고와 동시에 파산채권자 전체의 공동의 이익을 위하여 파산재단에 속하는 그 부동산에 관하여 이해관계를 갖는 제3자의 지위에 있는 파산관재인이 선임된 이상, 파산관재인을 상대로 파산전의 점유취득시효 완성을 원인으로 한 소유권이전등기절차의 이행을 청구할 수 없다.
(b) 또한, 그 부동산의 관리처분권을 상실한 파산자가 파산선고를 전후하여 그 부동산의 법률상 소유자로 남아 있음을 이유로 점유취득시효의 기산점을 임의로 선택하여 파산후에 점유취득시효가 완성된 것으로 주장하여 파산관재인에게 소유권이전등기절차의 이행을 청구할 수도 없다.

3) 취득시효로 인한 등기청구권의 소멸시효

토지에 대한 취득시효 완성으로 인한 소유권이전등기청구권은 그 토지에 대한 점유가 계속되는 한 시효로 소멸하지 아니하고, 그 후 점유를 상실하였다고 하더라도 이를 시효이익의 포기로 볼 수 있는 경우가 아닌 한, 이미 취득한 소유권 이전등기청구권은 바로 소멸되는 것은 아니나, 취득시효가 완성된 점유자가 점유를 상실한 경우, 취득시효 완성으로 인한 소유권이전등기청구권의 소멸시효는 이와 별개의 문제로서, 그 점유자가 점유를 상실한 때로부터 10년간 등기청구권을 행사하지 아니하면 소멸시효가 완성한다는 것이 판례이다(대판 1996.3.8. 95다34866).

판례 판례는 취득시효의 완성 후 점유를 상실하였다고 하더라도 시효이익의 포기로 볼 수 있는 경우가 아닌 한 이미 취득한 소유권이전등기청구권은 소멸되지 아니한다고 하며〔대판 (전합) 1995.3.28. 93다47745〕, 다만 취득시효완성을 원인으로 하는 소유권이전등기청구권은 채권적 청구권으로서 취득시효가 완성된 점유자가 그 부동산에 대한 점유를 상실한 때로부터 10년간 이를 행사하지 아니하면 소멸시효가 완성한다고 판시하였다(대판 1995.12.5. 95다24241).

4) 대상청구권의 행사문제

점유로 인한 부동산소유권 취득기간 만료를 원인으로 한 등기청구권이 이행불능으로 된 경우, 점유자는 그 등기명의자에 대하여 이행불능 전에 그 권리를 주장하거나 행사하였어야하고 그렇지 않았다면 대상청구권을 행사할 수 없다고 한다(대판 1996.12.10. 94다43825).

관련사례	甲이 乙명의의 토지를 20년간 소유의 의사로 평온·공연하게 점유함으로써 2001. 4. 1. 점유취득시효가 완성되었다. 그 후 甲이 乙을 상대로 제기한 취득시효완성을 이유로 한 소유권이전등기청구소송의 계속 중 토지가 재결에 의하여 수용되어 보상금 1억원이 乙 앞으로 공탁되었다(대판 1994.4.12, 93다60799)
해설	**(a) 채무불이행성립여부 :** 甲은 乙에 대해 채무불이행을 이유로 위 토지의 수용당시의 시가 상당액을 배상할 것을 청구할 수 있다(×, 甲은 乙에 대해 채무불이행이 아닌 불법행위나 부당이득으로 구성한다. 즉 판례는 학설과는 달리 제390조의 채무를 약정으로 좁게 보기 때문에 취득시효의 점유자의 이익은 "법정"으로 구성하려한다 - 대판 1994.4.12, 93다60799 등). 한편 등기명의인의 처분행위가 시효취득자에 대한 소유권이전등기의무를 면탈하기 위하여 한 것일 때 등기명의인은 시효취득자가 입은 손해를 배상할 책임이 있는데 그 근거는 불법행위로 인한 책임이라고 판시한다(대판 1999.9.3, 99다20926). **(b) 대상청구권 :** 甲은 乙을 상대로 乙이 가지는 공탁금출급청구권의 양도를 청구할 수 있다. 그러나 甲이 乙을 상대로 공탁된 토지수용보상금의 수령권자가 자신이라는 확인을 구할 수는 없다. 즉 소유권이전등기의무의 목적부동산이 수용되어 그 소유권이전등기의무가 이행불능이 된 경우, 등기청구권자는 등기의무자에게 대상청구권의 행사로써 등기의무자가 지급받은 수용보상금의 반환을 구하거나 또는 등기의무자가 취득한 수용보상금청구권의 양도를 구할 수 있을 뿐 그 수용보상금청구권 자체가 등기청구권자에게 귀속되는 것은 아니다(대판 1996.10.29, 95다56910). 그리고 점유로 인한 부동산소유권 취득기간 만료를 원인으로 한 등기청구권이 이행불능으로 된 경우, 점유자는 그 등기명의자에 대하여 이행불능 전에 그 권리를 주장하거나 행사하였어야하고 그렇지 않았다면 대상청구권을 행사할 수 없다(판례). **(c) 관련문제(소멸시효진행) :** 대상청구권은 특별한 사정이 없는 한 매매목적물의 수용 또는 국유화로 인하여 매도인의 소유권이전등기의무가 이행불능되었을 때 매수인이 그 권리를 행사할 수 있다고 보아야 할 것이고, 따라서 그 때부터 소멸시효가 진행하는 것이 원칙이라 할 것이다(대판 2002.2.8, 99다23901).

5) 시효취득자가 원소유자에 의하여 취득시효가 완성된 토지에 설정된 근저당권의 피담보채무를 변제한 후 변제액 상당에 대하여 원소유자에게 구상권을 행사하거나 부당이득 반환청구권을 행사할 수 있는지 여부(소극)

원소유자가 취득시효의 완성 이후 그 등기가 있기 전에 그 토지를 제3자에게 처분하거나 제한물권의 설정 등이 가능하기 때문에 시효취득자가 원소유자에 의하여 그 토지에 설정된 근저당권의 피담보채무를 변제하는 것은 시효취득자가 용인하여야 할 그 토지상의 부담을 제거하여 완전한 소유권을 확보하기 위한 것으로서 그 자신의 이익을 위한 행위라 할 것이니, 위 변제액 상당에 대하여 원소유자에게 대위변제를 이유로 구상권을 행사하거나 부당이득을 이유로 그 반환청구권을 행사할 수는 없다(대판 2006.5.12, 2005다75910).

(5) 시효기간

1) 점유의 승계

20년간 소유의 의사·평온·공연을 요한다고 했을 때, 20년의 점유기간에 대하여는 점유의 승계가 인정되고, 또 20년 전에 점유한 사실과 현재 점유하고 있는 사실만을 입증하면 그 동안 계속해서 점유한 것으로 추정된다(제198조).

판례 〈동일인 소유의 토지와 지상 건물 중 건물만을 양수·점유한 자나 그 승계인이 토지와 건물을 같이 소유하고 있던 전 소유자의 점유까지도 토지 시효취득의 기초가 되는 점유로 함께 주장할 수 있는지 여부(소극)〉 토지와 건물의 소유자가 다르게 된 때로부터 비로소 취득시효의 기초로서의 점유가 개시되는 것으로 보아야 하므로, 동일인의 소유에 속하던 토지와 그 지상 건물 중 건물만을 양수하여 점유하는 자나 그로부터 이를 순차로 양수하여 점유하고 있는 자가 그 토지를 시효취득함에 있어서는 토지와 건물의 소유자가 다르게 된 이후의 건물 소유자의 그 토지에 대한 점유만을 주장할 수 있을 뿐이고, 토지 및 건물을 같이 소유하고 있던 전 소유자의 점유까지 함께 주장할 수는 없다(대판 1997.1.21, 96다40080).

2) 자의로 선택불가

<u>원칙적으로 점유취득시효기간의 기산점에 관하여 이해관계인이 존재하는 한 시효취득자가 자의로 기산점을 선택할 수 없다는 것이 판례의 태도이다.</u> 왜냐하면 시효기간 만료 후 이해관계 있는 제3자가 있는 경우에 시효이익을 주장하는 자가 시효기산점을 임의로 선택할 수 있다고 한다면 제3자의 법적 지위는 시효취득자의 자의에 의하여 좌우되는 것으로 되어 부당하기 때문이다(대판 1998.5.12, 97다34037).

3) 예외적 허용(김준호 16판 p. 644-5)

(ㄱ) 종전에는 <u>취득시효를 주장하는 자는 점유기간 중에 소유자의 변동이 없는 토지에 관하여만 2차 취득시효를 주장할 수 있었고 그 범위내에서 기산점을 임의로 선택할 수 있었으나</u>[대판(전합) 1994.3.22, 93다46360].

(ㄴ) 현재는 <u>점유취득시효완성 후의 새로운 소유자에 대한 2차 취득시효가 개시되어 그 취득시효기간이 경과되었으면 그 기간이 경과하기 전에 등기부상의 소유명의자가 다시 변경된 경우에도 마찬가지로 취득시효를 주장할 수 있다고 하여 그 한도 안에서 종래의 판례가 변경된 것이다</u>[대판(전합) 2009.7.16, 2007다15172, 2007다15189]. 즉 <u>점유자의 시효완성 후 등기전 등기명의자의 권리변동이 있은 후 2차취득시효완성 후에는 그 사이 권리변동이 있건 없건 상관 없이 시효취득을 주장할 수 있다는 것이다.</u> 따라서 점유취득시효완성 후 제3자명의의 소유권이전등기가 마쳐진 경우 점유자는 그 소유권 변동시를 새로운 기산점으로 하여 2차취득시효의 완성을 명의변경과 관련 없이 주장할 수 있는 것이다.

4) 사안검토[대판(전합) 2009.7.16, 2007다15172, 2007다15189]

관련사례 손씨는 1961년 1월부터 자신이 소유한 토지 옆에 붙은 54㎡ 면적의 김씨의 토지를 자신의 것으로 착각하고 텃밭을 가꾸는 등 작은 농사를 지으며 점유해 왔다. 그 사이 20년의 점유취득시효 기간이 완료됐지만 손씨는 애초에 자신의 땅이라고 생각했기 때문에 소유권이전등기청구를 하지 않았다. 문제된 토지는 손씨가 시효완성된 1981년 후 82년 2월 김씨에게서 A씨에게 소유권이 전되었다가 88년 3월 B씨에게 이전되었다. 손씨가 자신이 소유한 토지를 점유하고 있다는 사실을 까맣게 모르고 있었던 B씨는 17년이 경과한 2005년 손씨를 상대로 토지반환을 청구하였고, 손씨는 반대로 2002년 2차 점유취득시효를 주장하였다. 1·2심은 B씨가 승소하였다. 그 이유는 2차 취득시효완성을 주장하기 위하여는 그 기간 동안 소유권자의 변동이 없어야 하는데 2차 취득시효기간 중에 B의 소유권변동이 있었기 때문이었다. <u>그런데 대법원은 2차 점유취득시효기간 완성된 토지는 그 기간이 완성되기전에 소유자명의가 변경되었다 하더라도 시효의 완성을 주장할 수 있다고 하였다(종래판례변경).</u>

해설   **[대법원태도]** 부동산에 대한 점유취득시효가 완성된 후 그 부동산에 관해 제3자명의로 소유권이전등기가 경료된 경우 기존 점유자가 계속 점유하고 있고 소유자가 변동된 시점을 기산점으로 다시 취득시효기간이 경과한 경우는 2차 취득시효기간이 완성되기 전에 소유자 명의가 또 변동되었다 하더라도 시효의 완성을 주장할 수 있다〔대판(전합) 2009.7.16, 2007다15172, 2007다15189〕.

즉 점유취득시효완성 후의 새로운 소유자에 대한 2차취득시효가 개시되어 그 취득기간이 경과되었으면 <u>그 기간이 경과하기 전에 등기부상의 소유명의자가 다시 변경된 경우에도 마찬가지로 취득시효를 주장할 수 있다</u>고 하여 그 한도 내에서 종전의 전원합의체판결이 변경된 것이다〔대판(전합) 1994.3.22, 93다46360 참조〕.

⑹ 부동산점유취득시효와 등기

㈎ 20년이상의 부동산점유취득시효가 완성되어 소유권을 취득하기 위하여는 등기를 하여야 한다. 이는 법률규정에 의한 소유권취득이지만 예외로써 등기를 하여야 하는 점이 특색이다. 이론적으로 본다면 원시취득이기 때문에 그 등기는 보존등기이어야 하나, 통설과 판례는 이전등기형식을 취하고 있다. ㈏ 민법 제245조 제1항의 취득시효기간의 완성만으로는 소유권 취득의 효력이 바로 생기는 것이 아니라, 다만 이를 원인으로 하여 소유권취득을 위한 등기청구권이 발생할 뿐이고, 미등기 부동산의 경우라고 하여 취득시효기간의 완성만으로 등기 없이도 점유자가 소유권을 취득한다고 볼 수 없다(대판 2006.9.28. 2006다22074,22081).

판례 ① 〈등기청구의 상대방〉 <u>취득시효가 완성되면 취득시효 완성자는 시효완성 당시의 소유자를 상대로 소유권이전등기청구를 하나, 시효완성 당시의 소유권보존등기 또는 이전등기가 무효라면 원칙적으로 그 등기명의인은 시효취득을 원인으로 한 소유권이전등기청구의 상대방이 될 수 없고</u>, 이 경우 시효취득자는 소유자를 대위하여 위 무효등기의 말소를 구하고 다시 위 소유자를 상대로 취득시효완성을 이유로 한 소유권이전등기를 구하여야 한다(대판 2005.5.26. 2002다43417). <u>그러나 진정한 소유자를 찾는 것이 불가능할 경우 시효취득자는 취득시효완성 당시 진정한 소유자는 아니지만 소유권보존등기명의를 가지고 있는 자에 대하여 직접 취득시효완성을 원인으로 하는 소유권이전등기를 청구할 수도 있다</u>는 것이 판례이다(대판 2005.5.26. 2002다43417). ② **〈무효인 후행 보존등기에 기하여 소유권이전등기를 마친 사람의 점유취득시효가 완성된 경우, 선행 보존등기에 기한 소유권을 주장하여 후행 보존등기에 터잡아 이루어진 등기의 말소를 구하는 것이 실체적 권리 없는 말소청구에 해당하는지 여부(소극)〉** 선행 보존등기가 원인무효가 아니어서 후행 보존등기가 무효인 경우 후행 보존등기에 기하여 소유권이전등기를 마친 사람이 그 부동산을 20년간 소유의 의사로 평온·공연하게 점유하여 점유취득시효가 완성되었더라도, <u>후행 보존등기나 그에 기하여 이루어진 소유권이전등기가 실체관계에 부합한다는 이유로 유효로 될 수 없고, 선행 보존등기에 기한 소유권을 주장하여 후행 보존등기에 터잡아 이루어진 등기의 말소를 구하는 것이 실체적 권리 없</u>는 말소청구에 해당한다고 볼 수 없다(대판 2011.7.14, 2010다107064).

(7) 정리 : 제245조 제1항 부동산점유취득시효의 5원칙

등기명의자(甲), 점유자(乙), 甲으로부터의 양수인(丙)이 있다.

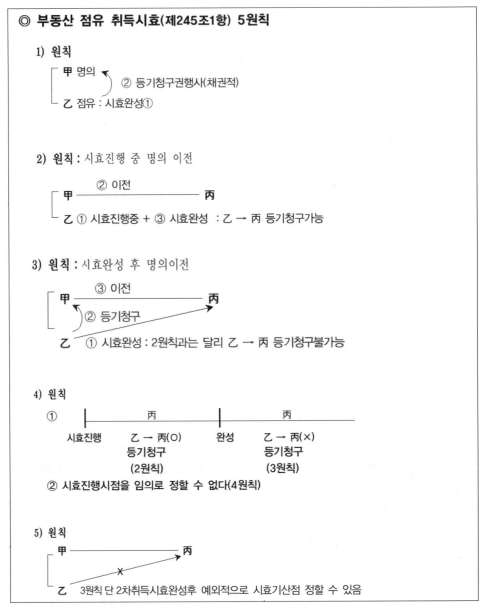

◎ **부동산 점유 취득시효(제245조1항) 5원칙**

1) 원칙
   甲 명의 ← ② 등기청구권행사(채권적)
   乙 점유 : 시효완성①

2) 원칙 : 시효진행 중 명의 이전
   甲 —— ② 이전 —— 丙
   乙 ① 시효진행중 + ③ 시효완성 : 乙 → 丙 등기청구가능

3) 원칙 : 시효완성 후 명의이전
   甲 —— ③ 이전 —— 丙
   ② 등기청구
   乙 ① 시효완성 : 2원칙과는 달리 乙 → 丙 등기청구불가능

4) 원칙
   ① ——— 丙 ——— 완성 ——— 丙 ———
   시효진행   乙 → 丙(O)   완성   乙 → 丙(×)
            등기청구   등기청구
            (2원칙)   (3원칙)
   ② 시효진행시점을 임의로 정할 수 없다(4원칙)

5) 원칙
   甲 ————————— 丙
   乙 3원칙 단 2차취득시효완성후 예외적으로 시효기산점 정할 수 있음

⑺ 제1원칙 : 시효가 완성된 경우, 甲·乙은 물권변동의 당사자이므로 乙은 甲에 대하여 시효취득을 주장할 수 있다(등기청구가능). 즉 부동산에 대한 점유취득시효기간이 완성된 경우에 그 부동산의 원소유자는 권리변동의 당사자이므로 점유자는 원소유자에 대하여 등기 없이도 그 부동산의 시효취득을 주장하여 대항할 수 있는 반면에 원소유자는 점유자에 대한 이전등기의

무자로서 소유권에 기한 권능을 행사할 수 없다(대판 1977. 3. 22. 76다242, 대법원 1993.5.25. 92다 51280 등 참조. 이른바 제1원칙).

(나) 제2원칙 : 甲이 乙의 시효진행 중에 그 부동산을 丙에게 양도하고 등기를 이전하여 준 경우에도 丙은 당사자의 지위를 승계하기 때문에 乙은 丙에게 시효취득을 주장할 수 있다. 즉 점유취득시효기간이 완성되기 전, 그 진행 중에 등기부상의 소유자가 변경된 경우에 있어서는, 이는 점유자의 종래의 사실상태의 계속을 파괴한 것으로 볼 수 없어 시효중단사유가 될 수 없고 따라서 점유취득시효완성 당시의 등기부상의 소유자가 권리변동의 당사자가 되는 것이므로 점유자는 그 자에 대하여 등기 없이도 취득시효완성의 효과를 주장할 수 있다(대판 1972.1.31. 71다 2416, 대법원 1989.4.11. 88다카5843, 5850 등 참조. 이른바 제2원칙).

(다) 제3원칙 : 甲이 그 부동산을 乙의 시효기간만료 후에 丙에게 양도하고 이전등기를 한 경우에는 甲으로부터 乙·丙에 이중양도한 경우와 같으므로 乙은 등기를 하지 아니하면 먼저 등기한 丙에게 시효취득을 주장할 수 없다. 즉 점유취득시효가 완성되었다고 하더라도 그에 따른 등기를 하지 않고 있는 사이에 제3자가 그 부동산에 관한 소유권이전등기를 경료한 경우에는, 그 제3자는 점유취득시효완성으로 인한 권리변동의 당사자가 아니므로 점유자는 그 제3자에 대하여 취득시효완성의 효과를 주장하여 대항할 수 없다(대판 1964. 6. 9. 63다1129 등 참조. 이른바 제3원칙).

(라) 제4원칙 : 3원칙의 경우에 乙은 시효기산점을 임의로 뒤로하여 丙에게 이전등기된 후에 시효가 완성되었다는 주장을 하는 것은 허락되지 않는다(이는 기산점을 뒤로하면 丙이 시효완성 후의 제3자 지위에서 시효완성 전의 제3자로 전락할 수도 있게된다는 점을 고려하여 시효취득자의 자의의 기산점 산정을 막는 것이다). 즉 이른바 제3원칙이 적용되는 당연한 결과로서, 점유취득시효가 언제 완성되는지에 따라 점유자와 제3자의 우열 및 대항력이 달라지게 되므로 점유자는 실제로 점유를 개시한 때를 점유취득시효의 기산점으로 삼아야 하고 그 기산점을 임의로 선택할 수 없다(대판 1965.4.6. 65다170 등 참조. 이른바 제4원칙). 점유취득시효기간의 기산점을 당사자가 임의로 선택할 수 있게 되면 당사자는 시효완성 후에 등기명의를 취득한 자를 시효완성 당시의 권리변동의 당사자로 삼을 수 있게 되어 결국에 가서는 시효의 완성을 주장하는 당사자는 등기 없이 언제나 제3취득자에 대하여 시효의 완성을 주장하고 그에 관해서 등기를 청구하는 등 그에 상응하는 권리관계를 주장할 수 있게 되는 결과가 되어 등기제도의 기능을 몹시 약화시키고 부동산에 관한 거래의 안전을 해할 우려가 있기 때문이다(대판 1976.6.22. 76다487, 488 참조).

(마) 제5원칙 : 4원칙에서 그러나 丙의 등기 후 乙이 다시 시효취득에 필요한 기간 점유를 계속한다면 시효취득을 주장할 수 있는데 여기서는 시효기산점을 임의시점으로 선택할 수 있는 경우가 있다(아래의 2009년도 전원합의체판결참조). 즉 점유자는 당초부터 그 부동산을 점유해 오던 자라는 점과 점유시효취득을 인정한 우리 민법의 취지를 존중하여 위와 같은 경우에 제3원칙 및 제4원칙의 예외를 인정하여, 점유자는 제3자 명의로 등기부상의 소유자가 변경된 시점을 새로운 기산점으로 삼아 점유취득시효의 완성을 주장할 수 있는 것(제5원칙)으로 봄으로써, 그 등기명의자인 제3자보다는 점유자를 보다 더 두텁게 보호하더라도 그다지 불합리할 것은 없다 할

것이다. 한편 종래 대법원은 부동산의 취득시효가 완성된 후 토지소유자가 변동된 시점을 새로 운 취득시효의 기산점으로 삼아 2차의 취득시효의 완성을 주장하려면 그 새로운 취득시효기간 중에는 등기명의자가 동일하고 소유자의 변동이 없어야만 한다는 취지로 여러번 판시하였는데 〔대판(전합) 1994.3.22. 93다46360; 대판 1994.4.12. 92다41054; 대판 1995.2.28. 94다18577; 대판 1999.2.12. 98다40688, 대판 2001.12.27. 2000다43963 등〕. 그런데 다수의견은, 제3원칙 및 제4원칙 의 예외를 더욱 확장하여, 점유자의 1차 취득시효완성 후에 점유자가 점유를 계속하여 20년이 경과하기만 하면 그 사이에 등기부상의 소유자가 여러 차례 변경되었더라도 그 등기부상의 소 유자가 변동된 시점을 기산점으로 한 새로운 점유취득시효기간이 진행될 수 있다는 취지이다. 이는 위에서 본 바와 같은 점유자와 등기명의자 사이의 단순한 이익형량을 넘어서서, 등기부상 소유명의자 변동 시점을 새로운 점유취득시효의 개시 시점으로 보려는 것이다(위 손씨사건 관련사 례 참조).

3. 부동산등기부시효취득(제245조 제2항)

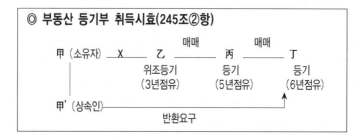

(1) 점유의 의미

판례는 '민법 제245조 제2항의 등기부취득시효의 요건인 점유란 사회관념상 어떤 사람의 사 실적 지배에 있다고 보여지는 객관적 관계를 말하는 것으로 그 점유여부는 사회관념에 따라 합목적으로 판단하여야 할 것이다'라고 하고 있다(대판 1998.2.24. 96다8888).

(2) 선의 · 무과실의 점유

제245조 제2항 등기부취득시효에서 점유의 선의 · 무과실을 요하지만, 무과실은 추정되 지 않는다(제197조 참조). 즉, 등기부상 소유명의가 있다는 것만으로는 점유사실이 추정된다 고 볼 수 없기 때문에 별도의 점유사실을 주장 · 입증해야 할 필요가 있다는 것이 판례의 입 장이다. 따라서 등기부취득시효에서 선의 · 무과실은 등기에 관한 것이 아니라 점유의 취득에 관한 것이며 그 무과실에 관한 입증책임은 시효취득을 주장하는 자에게 있다(대판 1995.2.10. 94다22651).

판례 〈등기부취득시효의 요건으로서 점유 개시에 대한 '무과실'의 의미〉 등기부취득시효에 있어서는 점유의 개시에 과실이 없었음을 필요로 하고, 여기서 무과실이라 함은 점유자가 자기의 소유라고 믿은 데 과실이 없음을 말한다 (대법원 2011.9.29. 선고 2009다78801 판결).

(3) 점유의 승계와 등기의 승계문제

제245조 제2항의 등기부취득시효에서 대법원전원합의체는 등기의 승계를 허용한다(합산설). 즉 등기부취득시효에 관한 민법 제245조 제2항의 규정에 위하여 소유권을 취득하는 자는 10년간 반드시 그의 명의로 등기되어 있어야 하는 것은 아니고 앞 사람의 등기까지 아울러 그 기간 동안 부동산의 소유자로 등기되어 있으면 된다고 할 것이다[대판(전합) 1989.12.26, 87다카2176].

(4) 소유자로 등기한 자에서 등기의 유효성

등기부취득시효에서 소유자로 등기한 자라 함은 적법 유효한 등기를 마친 자일 필요는 없고 무효의 등기를 마친 자라도 상관없다. 다만 이중으로 경료된 소유권보존등기에서 무효인 소유권보존등기에 터잡았다면 등기부취득시효가 불가능하다는 것이 판례의 태도이다. 한편 지적공부 소관청의 분필절차를 거치지 않은 채 등기부상만으로 분할된 토지에 대한 등기부취득시효는 당연히 인정되지 않는다.

판례 민법 제245조 제2항은 부동산의 소유자로 등기한 자가 10년간 소유의 의사로 평온·공연하게 선의이며 과실 없이 그 부동산을 점유한 때에는 소유권을 취득한다고 규정하고 있는바, 위 법 조항의 '등기'는 부동산등기법 제15조가 규정한 1부동산 1용지주의에 위배되지 아니한 등기를 말하므로, 어느 부동산에 관하여 등기명의인을 달리하여 소유권보존등기가 2중으로 경료된 경우 먼저 이루어진 소유권보존등기가 원인무효가 아니어서 뒤에 된 소유권보존등기가 무효로 되는 때에는, 뒤에 된 소유권보존등기나 이에 터잡은 소유권이전등기를 근거로 하여서는 등기부취득시효의 완성을 주장할 수 없다(대판(전합) 1996.10.17, 96다12511).

(5) 명의신탁된 부동산의 등기부취득시효(부정)

명의신탁에 의하여 부동산의 소유자로 등기된 자는 그 점유권원의 성질상 자주점유라 할 수 없다. 따라서 부동산의 명의신탁에 있어서 수탁자명의로 등기된 기간이 10년이 경과하였다고 하더라도 명의수탁자의 등기를 신탁자의 등기로 볼 수 없을 뿐만 아니라 명의수탁자의 등기를 통하여 그 등기명의를 보유하고 있다고 할 수도 없으므로 신탁자에게 위 부동산에 대한 시효취득은 인정될 수 없다(대판 1987.11.10, 85다카1644).

(6) 등기말소시 회복방법

등기부취득시효의 완성 후에 그 부동산에 관한 점유자 명의의 등기가 말소되거나 적법한 원인 없이 다른 사람 앞으로 소유권이전등기가 경료된 경우, 등기회복방법은 등기부취득시효의 완성에 의하여 취득한 소유권에 기하여 현재의 등기명의자를 상대로 방해배제를 청구할 수 있을 뿐이고, 등기부취득시효의 완성을 원인으로 현재의 등기명의자를 상대로 소유권이전등기를 구할 수는 없다(대판 1999.12.10, 99다25785).

(7) 물권적 청구권의 이행불능으로 인한 전보배상청구권이 인정되는지 여부(소극)

부동산의 진정한 소유자가 허위의 등기를 말소해 달라고 청구했으나 취득시효완성 등으로 등기말소가 이행불능이 되었다면 등기말소의무자에게 전보배상책임을 물을 수 없다. 즉 등기말소 의무자에게 불법행위를 원인으로 하는 손해배상책임을 묻는 것과 별개로 취득시효 완성 등을 이유로 물권인 소유권을 상실하면 청구권자체가 없어져 이행불능을 이유로 하는 책임을 물을 수 없다는 것이다. 아래에서는 대법원의 다수의견과 소수의견의 내용을 소개한다.

(ㄱ) 다수의견 : 소유자가 자신의 소유권에 기하여 실체관계에 부합하지 아니하는 등기의 명의인을 상대로 그 등기말소나 진정명의회복 등을 청구하는 경우에, 그 권리는 물권적 청구권으로서의 방해배제청구권(민법 제214조)의 성질을 가진다. 그러므로 소유자가 그 후에 소유권을 상실함으로써 이제 등기말소 등을 청구할 수 없게 되었다면, 이를 위와 같은 청구권의 실현이 객관적으로 불능이 되었다고 파악하여 등기말소 등 의무자에 대하여 그 권리의 이행불능을 이유로 민법 제390조상의 손해배상청구권을 가진다고 말할 수 없다.

(ㄴ) 소수의견 : 청구권이 발생한 기초가 되는 권리가 채권인지 아니면 물권인지와 무관하게 이미 성립한 청구권에 대하여는 그 이행불능으로 인한 전보배상을 인정하는 것이 법리적으로 불가능하지 아니하며, 이를 허용하여야 한다. 따라서 선행소송에서 본래적 급부의무인 소유권보존등기 말소등기절차를 이행할 의무가 현존함이 확정된 경우, 그 이행불능 또는 집행불능에 따른 전보배상책임을 인정하는 것이 가능하다[대판(전합) 2012.5.17, 2010다28604].

4. 동산소유권의 취득시효

동산의 일반취득시효기간은 10년이고 단기취득시효기간은 5년이다. 동산의 일반취득시효의 요건은 공통요건 외에 다른 특유요건이 없다. 제246조 제1항에서는 "10년간 소유의 의사로 평온·공연하게 동산을 점유한 자는 그 소유권을 취득한다"고 하여 일반취득시효에 관하여 규정을 두고 있다. 이에 대하여 단기취득시효는 제2항에서 규정한다. 즉 "동산의 점유가 선의이며 과실 없이 개시된 경우에는 5년을 경과함으로써 그 소유권을 취득한다"고 하고 있다.

5. 소유권 이외의 재산권의 취득시효

제248조에서는 소유권의 취득시효규정은 소유권 이외의 재산권의 취득에 준용한다고 하고 있다. 소유권 이외의 재산권은 대단히 다양하고 광범한 것이므로 위와 같은 추상적 규정만 가지고 이를 타당하게 규율할 수 없음은 물론이다. 소유권 이외의 재산권을 다시 물권인 재산권과 그렇지 아니한 재산권으로 나누어 고찰하여야 할 것이다(이영준 「물권법」, p. 506).

(1) 물권

① 부동산물권은 일반취득시효의 요건을 구비한 때에는 시효기간이 20년이고 등기부취득시효의 요건을 구비한 때에는 10년이다. 예를 들어 본다면, 판례는 건물을 소유하기 위하여(토지를 소유하기 위하여가 아님) 그 건물부지를 평온·공연하게 20년간 점유한 경우에는 건물부지에 대한 지상권을 시효취득한다고 한다. 그리고 판례는 지역권(소유권 이외의 재산권으로서 물권)의 시효취득의 경우, 「계속되고 표현된 것에 한하여 제245조의 규정을 준용하게 되어 있으므로 지역권을 시효취득한 자는 등기함으로써 그 지역권을 취득하는 것이다.」라고 하고 있다

(대판 1990.10.30, 90다카20395). ② 동산물권은 일반취득시효의 요건을 구비한 때에는 10년이고 단기취득시효의 요건을 구비한 때에는 5년이다. 기타의 요건은 모두 소유권의 취득시효에 준하여 생각하면 된다.

(2) 물권이 아닌 재산권

법률에 준용기준을 두고 있는 경우에는 이에 따르면 된다(광업법 등). 이러한 명문규정이 없는 경우, 예를 들면 상표권 등 공시방법의 유무에 따라 공시방법이 있으면 부동산물권에 준하고 그렇지 않으면 동산물권에 준하여 취급하여야 할 것이다.

6. 취득시효의 효과

> **제247조 (소유권취득의 소급효·중단사유)**
> ① 전2조의 규정에 의한 소유권취득의 효력은 점유를 개시한 때에 소급한다.
> ② 소멸시효의 중단에 관한 규정은 전 2조의 소유권취득기간에 준용한다.

(1) 소급효(점유자보호)

점유자는 곧 소유권 등 재산권을 취득하며, 그리고 소유권 등의 취득의 효력은 점유를 개시한 때에 소급한다(제247조 제1항). 따라서 시효기간 중에 <u>시효취득자가</u> 수취한 과실(果實)은 정당한 소유자로서 취득한 것으로 보아야 하고, 시효기간 중에 시효취득자가 한 임대 기타의 처분은 유효한 것으로 된다. 그리고 권리의 취득은 원시취득으로 권리 위에 존재하였던 모든 제한은 시효취득과 더불어 소멸한다.

(2) 비소급효(소유자보호)

시효기간 중에 <u>원소유자가</u> 어떤 처분을 하였거나 기타 법률행위를 한 경우에 이는 무효로 되는 것이 아니다. 즉 점유자명의로 소유권이전등기가 경료되기 전까지는 원소유자가 소유자로서 적법한 권리를 행사할 수 있다(대판 1999.7.9, 97다53632). 따라서 취득시효의 기초가 된 점유가 이미 타인의 지역권을 인용하고 있던 경우에는 지역권의 제한이 있는 소유권을 취득하는 것이 된다(통설). 마찬가지로 종전의 소유자는 특별한 사정이 없는 한 자기 토지에 건물을 짓는 것은 정당한 권리 행사이다. 따라서 점유자로서는 그 지상에 위 건물이 존재한 상태로 대지의 소유권을 취득하였다고 할 것이어서 원소유자에 대하여 위 건물의 철거를 구할 수 없다(대판 1999.7.9, 97다53632).

7. 사례검토

관련사례	甲은 乙 소유의 A 토지를 20년간 소유의 의사로 점유함으로써 취득시효의 완성을 이유로 乙에 대하여 소유권이전등기를 청구 할 수 있게 되었다[대판(전합) 1995.3.28, 93다4774].
해설	(a) **적법한 점유** : 취득시효가 완성된 이상, 乙은 甲에 대하여 A 토지의 인도를 구할 수 없음은 물론이고, 시효가 기산된 이후의 기간에 관하여 甲이 얻은 사용이익을 부당이득으로 반환청구할 수 없고, 나아가 甲에 대하여 그 기간 동안의 불법점유를 이유로 하는 손해배상도 청구할 수 없다

> **(b) 소유권이전등기청구권의 대위행사** : 甲이 자기 앞으로 소유권이전등기를 경료하지 아니한 채 A 토지를 丙에게 매도하여 인도한 경우, 丙은 甲의 소유권이전등기청구권을 대위행사할 수 있을 뿐만 아니라 甲의 취득시효완성의 효과를 승계하여 직접 자신 명의로 소유권이전등기를 청구할 수 있다 [×, 전점유자의 소유자에 대한 소유권이전등기청구권을 대위행사할 수 있을 뿐, 전점유자의 취득시효완성의 효과를 주장하여 직접 자기에게 소유권이전등기를 청구할 권원은 없다 - 대판(전합) 1995.3.28, 93다47745].

V. 선점·습득·발견

1. 선 점

> **제252조 (무주물의 귀속)**
> ① 무주의 동산을 소유의 의사로 점유한 자는 그 소유권을 취득한다.
> ② 무주의 부동산은 국유로 한다.
> ③ 야생하는 동물은 무주물로 하고 사양하는 야생동물도 다시 야생상태로 돌아가면 무주물로 한다.

⑴ 무주물이란 현재 소유자가 없는 물건이다. 야생동물은 동산과 같이 선점한 자에게 그 소유권이 귀속되나 사육하는 야생동물이라도 다시 야생상태로 돌아가면 무주물로 되어 다시 선점의 대상으로 된다. 지중에 발견된 물건은 무주물인가, 아니면 매장물인가? 과거에 어느 누구의 소유에 속하고 있었고 또 현재에도 그 소유가 상속인을 통하는 등의 방법으로 계속하고 있는 가능성이 있는 물건은 매장물이고, 그렇지 않은 물건은 무주물이다. 따라서 고생물의 화석류나 고대 인류의 유물은 무주물이라고 할 것이다.

⑵ 제252조 선점은 소유의 의사를 요소로 하는 내부적(의사적) 용태로서 법률행위가 아니다. 따라서 제한능력자도 선점할 수 있다.

⑶ <u>무주의 부동산의 소유권귀속시기</u>에 관하여 판례는 '6.25 사변당시 지적공부가 멸실되었다가 복구되어 그에 따른 소유권보존등기가 경료되어 사인의 명의로 된 경우' 민법 제252조 제2항의 규정에 의하여 무주의 부동산은 선점과 같은 별도의 절차를 거침이 없이 국유에 속한다(대판 1999.3.9, 98다41759)고 하고 있다.

⑷ <u>특정인 명의로 사정된 토지</u>는 특별한 사정이 없는 한 사정명의자나 그 상속인의 소유로 추정되고, 국가 귀속절차가 이루어지지 아니한 이상, 그 토지가 바로 무주부동산이 되어 국가 소유로 귀속되는 것이 아니다(대판 1999.2.23, 98 다 59132).

2. 습 득

> **제253조 (유실물의 소유권취득)**
> 유실물은 법률에 정한 바에 의하여 공고한 후 6개월(종전 1년) 내에 그 소유자가 권리를 주장하지 아니하면 습득자가 그 소유권을 취득한다[2013.4.5.개정].

(1) 의의

㈀ 유실물이라 함은 점유자의 의사에 기하지 않고 점유를 이탈한 물건으로서 도품이 아닌 것

을 말한다. 유실물법은 점유자가 두고간 것으로 인정된 물건, 착오로 점유한 물건, 타인이 놓고 간 물건 및 일실한 가축 등을 유실물에 준하고 있다.

(ㄴ) 제253조에서는 유실물의 소유권취득에 관하여 규정을 두고 있는바, "유실물은 법률에 정한 바에 의하여 공고한 후 6개월 내에 그 소유자가 권리를 주장하지 아니하면 습득자가 그 소유권을 취득한다"고 되어 있다. 습득의 법적 성질은 준법률행위, 특히 사실행위라고 할 것이다.

(2) 습득

습득이란 유실물의 점유를 취득한 것이다. 단순한 발견은 습득이 아니다. 습득자가 유실물임을 알 필요는 없다. 즉 객관적으로 유실물이면 족하다. 선점과는 달리 소유의 의사를 요하지 않는다. 그리고 <u>제한능력자도 습득할 수 도 있다.</u>

(3) 법률에 정한 바에 의하여

유실물법에 의하여 공고 후 6개월내에 그 소유자가 권리를 주장하지 않을 것이 요건이다. 그리고 습득자는 원칙적으로 즉시 유실자 또는 소유자 기타 물권회복의 청구권을 가지는 자에게 그 물건을 반환하거나 또는 경찰서장에게 제출하여야 한다.

(4) 효과(제253조·255조)

소유권취득이라는 물권적 효과와 보상청구권이라고 하는 채권적 효과가 있다. 소유권을 취득하는 시점은 <u>공고 후 6개월이 경과한 때라고 할 것이고(2013.3.5개정),</u> 소유자가 그 권리를 주장하여 유실물을 반환한 때, 습득자는 소유자와 사무관리라는 법정채권관계가 발생한다. 민법상 사무관리는 보수청구권이 없으나, 유실물법은 보상금청구권을 규정한다. 그리고 선박·건축물 등의 내에서 습득한 경우에는 이 보상금은 <u>습득자와 점유자가 반씩 나누어 갖는다</u>(동법 제10조 제3항). 습득물의 보관비 등 기타의 필요비는 물건의 반환을 받는 자나 물건의 소유권을 취득하여 이를 인도받는 자의 부담으로 하며 그 지급확보를 위하여 유치권이 적용된다(동법 제3조). 한편 습득한 물건이 학술 등 중요한 자료가 되는 경우에는 그 물건은 습득자의 소유로 되지 않고 국고에 귀속된다. 이 경우에는 습득자는 국가에 대하여 적당한 보상을 청구할 수 있다(제255조).

3. 매장물의 발견

> **제254조 (매장물의 소유권취득)**
> 매장물은 법률에 정한 바에 의하여 공고한 후 1년 내에 그 소유자가 권리를 주장하지 아니하면 발견자가 그 소유권을 취득한다. 그러나 타인의 토지 기타 물건으로부터 발견한 매장물은 그 토지 기타 물건의 소유자와 발견자가 절반하여 취득한다.

(1) 의의

(ㄱ) 매장물이라 함은 과거에 어느 누구의 소유에 속하고 있었고 또 현재에도 그 소유가 상속인을 통하는 등의 방법으로 계속하고 있는 가능성은 있어도, 현재 그 소유권이 누구에게 속

하고 있는지를 판별할 수 없는 토지, 그 밖의 물건(포장물)속에 매장된 물건을 말한다. 매장물은 동산이 보통이지만, 동산에 한정하지는 않는다(부동산이 매장물일 경우는 희귀할 것이다). 매장물은 특정된 소유자 또는 상속인이 있는데도 그것을 현재 확정할 수 없는 물건을 말한다. 이 점에서 매장물은 무주물과 다르다. 포장물은 토지인 수가 많지만 건물은 물론 동산일 수도 있다.

(ㄴ) 제254조에서는 매장물의 소유권취득에 관하여 규정하고 있는바, 매장물은 법률에 정한 바에 의하여 공고한 후 1년 내에 그 소유자가 권리를 주장하지 아니하면 발견자가 그 소유권을 취득한다. 그러나 타인의 토지 기타 물건으로부터 발견한 매장물은 그 토지 기타 물건의 소유자와 발견자가 절반하여 취득한다고 하고 있다.

(2) 발견

(ㄱ) 발견이라고 함은 매장물의 존재를 구체적·객관적으로 인식하는 것을 말한다. 따라서 추상적으로 어떤 물건이 존재한다고 말거나 또는 주관적으로 예언하거나 하는 것은 발견이라고 할 수 없다(소유의사/점유/모두 불요).

(ㄴ) <u>발견은 점유의 취득을 요하지 않는다. 이 점에서 선점·습득과 구별된다. 선점·습득에 있어서는 물건의 점유취득이 중요함에 반하여 매장물에 있어서는 물건의 보호면으로부터 보아 발견자체가 중요하므로 이에 법적 의미를 부여하는 것이다.</u> 따라서 어느 지역을 여행을 하던 甲이 우연히 동굴을 발견하고 이것을 발굴하고자 등불과 도구를 가지러 간 사이 그곳을 지나던 乙이 甲에 의하여 헤쳐진 동굴입구로 들어가 발굴하여 그곳에 있는 매장물을 갖고 간 경우, 甲은 乙에게 소유물반환청구를 할 수 있다.

(ㄷ) 발견은 우연히 발견하였든, 계획적으로 발견하였든 어느 것이나 무방하다고 해석된다. 발견 역시 사실행위이므로 행위능력을 요하지 않는다.

(ㄹ) 토지를 파기 위하여 타인을 사용중 타인이 매장물을 발견한 경우에는 누가 발견자로 되는가? 타인이 매장물을 파기 위하여 고용된 노무자인 경우에는 발견자는 고용주이다. 그러나 다른 목적으로 고용된 사람이 우연히 매장물을 발견한 경우에는 노무자가 독립된 발견자로 된다고 할 것이다.

(3) 법률에 정한 바에 의하여

유실물법이 규정하는 바에 따라 공고를 한 후 1년 내에 그 소유자가 권리를 주장하지 않을 것이 요건이다. 이에 의한 소유권취득은 원시취득이다. 포장물이 발견자의 소유물이 아닌 때에는 발견자와 포장물의 소유자가 절반씩 그 소유권을 취득한다(제254조). 즉 법률규정에 의한 공유관계가 성립한다. 공고한 후 1년 내에 소유자가 권리를 주장하면 발견자·포장물의 소유자는 매장물의 소유권을 취득하지 못한다. 이때 발견자는 매장물의 소유자에게 보상금을 청구할 수 있다(유실물법 제13조). 학술 등의 중요한 자료가 되는 때에는 그 매장물은 국가의 소유로 되는 것, 보상을 청구하는 것 등은 전술한 바와 같다(제255조).

〈선점 · 습득 · 발견〉

구분	무주물선점 (제252조)	유실물습득(제253조)	매장물발견(제254조)
대상	무주의 동산	유실물은 성질상 동산에 한정	동산·부동산
점유취득	소유의 의사(o)+점유(o)	소유의사(x) 점유(o)	발견으로 족하고 점유(x)

VI. 첨부(부합 · 혼화 · 가공)

1. 첨부 일반

(1) 첨부의 의의와 인정취지

첨부라고 함은 어떤 물건에 대하여 타인의 물건이 결합하거나, 타인의 공작이 가하여지는 것을 말한다. 첨부에는 부합 · 혼화 · 가공이 있다. 첨부는 로마법 이래로 인정되는 제도로서 소유권취득의 근거는 형식적으로 물권법상의 일물일권주의를 유지하고 실질적으로는 경제적 단일성을 유지하여 소유권의 효용을 높이려는 데에 있는 것이다.

(2) 첨부에 관한 민법의 규정

상이한 소유자에게 속하던 두 개의 물건을 한 개의 물건으로서 존속시키려면, 이렇게 해서 생긴 물건을 누구의 소유로 할 것인가, 이로 인하여 불이익을 받는 당사자에게 어떻게 보상할 것인가, 첨부의 결과 소멸하는 물건 위에 존재하였던 제3자의 권리를 어떻게 보호할 것인가의 여러 문제를 해결하여야 하는바, 민법 제256조 이하는 이것을 규정하는 것이다. 특히 첨부의 중심적 효과는 1개의 물건으로서 존속하고 복구는 이를 인정하지 않는 것이며 이에 대한 규정은 강행규정이라고 해석한다. 따라서 이것을 유지하는 한도에서는 당사자의 특약으로 소유권의 귀속자를 민법의 규정과는 달리 정할 수 있다. 따라서 이는 임의규정이라고 해석한다.

(3) 첨부로 인한 구상권과 제3자의 권리

첨부의 결과 소멸하게 되는 구물건의 소유자는 새로운 소유자에 대하여 부당이득에 관한 규정에 의하여 보상을 청구할 수 있다(제261조). 이러한 당사자간의 이해조정에 관한 규정은 임의규정이라고 해석한다. 한편 첨부의 결과 소멸하는 구물건 위에 존재하였던 제3자의 권리는 보호되고, 이에 관한 규정은 강행규정으로 해석한다.

2. 부 합

제256조 (부동산에의 부합)
부동산의 소유자는 그 부동산에 부합한 물건의 소유권을 취득한다. 그러나 타인의 권원에 의하여 부속된 것은 그러하지 아니하다.

제257조 (동산간의 부합)
동산과 동산이 부합하여 훼손하지 아니하면 분리할 수 없거나 그 분리에 과다한 비용을 요할 경우에는 그 합성물의 소유권은 주된 동산의 소유자에게 속한다. 부합한 동산의 주종을 구별할 수 없는 때에는 동산의 소유자는 부합 당시의 가액의 비율로 합성물을 공유한다.

(1) 부합의 의의

부합이라 함은 훼손하지 아니하면 분리할 수 없거나 분리에 과다한 비용을 요하는 경우는 물론 분리하게 되면 경제적 가치를 심히 감소시키는 경우도 포함된다. 민법 제256조 단서 소정의 '권원'이라 함은 지상권, 전세권, 임차권 등과 같이 타인의 부동산에 자기의 동산을 부속시켜서 그 부동산을 이용할 수 있는 권리를 뜻한다(대판 1989.7.11. 88다카9067).

(2) 부합물과 부속물의 차이

부합물과 부속물의 차이점은 독립성 유무에 있다. 즉 부합물은 독립성이 없고, 부속물은 독립성이 있다. 그리고 법적 효과 면에서도 차이가 있다. 즉 부합물의 예로서 건물임차인이 욕실의 바닥을 개축한 경우에 그 개축부분(부합물)에 대한 소유권은 임차인이 아니라 임대인에게 있다. 그리고 권원에 의하여 증·개축한 경우라 하더라도 증·개축한 자의 소유로 되기 위해서는 그 부분이 독립성을 갖추어야 한다. 이러한 독립성이 있는 경우에는 부합물과는 달리 부속시킨 자의 소유가 된다〔이러한 경우 임대차에서는 제626조(부합물과 비용청구권 문제), 제646조(부속물과 부속물매수청구권의 문제)로 대두된다〕.

> **판례** ㉠ 〈건물의 증축부분이 기존건물에 부합된 것으로 볼 것인지 여부의 판단기준〉 ① 건물이 증축된 경우에 증축부분이 기존건물에 부합된 것으로 볼 것인가 아닌가 하는 점은 증축부분이 기존건물에 부착된 물리적 구조뿐만 아니라 그 용도와 기능의 면에서 기존건물과 독립한 경제적 효용을 가지고 거래상 별개의 소유권의 객체가 될 수 있는지의 여부 등을 가려서 판단하여야 한다(대판 1985.11.12. 85다카246). ② 이러한 부동산에의 부합에 관한 법리는 건물의 증축의 경우는 물론 건물의 신축의 경우에도 그대로 적용될 수 있다(대판 2009.9.24. 2009다15602).
> ㉡ 〈독립된 부동산으로서의 건물의 요건〉 신축 건물이 경락대금 납부 당시 이미 지하 1층부터 지하 3층까지 기둥, 주벽 및 천장 슬라브 공사가 완료된 상태이었을 뿐만 아니라 지하 1층의 일부 점포가 일반에 분양되기까지 하였다면, 비록 토지가 경락될 당시 신축 건물의 지상층 부분이 골조공사만 이루어진 채 벽이나 지붕 등이 설치된 바가 없다 하더라도, 지하층 부분만으로도 구분소유권의 대상이 될 수 있는 구조라는 점에서 신축 건물은 경락 당시 미완성 상태이기는 하지만 독립된 건물로서의 요건을 갖추었다(대판 2003. 5. 30. 2002다21592,21608).

(3) 부합하는 물건

1) 부동산과 부동산의 부합

부동산에의 부합에 있어서 그 부동산에 부합하는 물건은 동산에 한한다는 것이 통설이나, 소수설과 판례는 부동산도 포함된다고 한다(제256조). 부동산의 소유자는 그 부동산에 부합한 물건의 소유권을 취득한다. 이러한 부동산에의 부합에 관한 법리는 건물의 증축의 경우는 물론 건물의 신축의 경우에도 그대로 적용될 수 있다(대판 2009.9.24. 2009다15602). 그러나 타인의 권원에 의하여 부속된 것은 그러하지 아니하다(제257조).

판례 〈**제256조 단서규정의 취지**〉㉠ 부합물에 관한 소유권 귀속의 예외를 규정한 민법 제256조 단서의 규정은 타인이 그 권원에 의하여 부속시킨 물건이라 할지라도 그 부속된 물건이 분리하여 경제적 가치가 있는 경우에 한하여 부속시킨 타인의 권리에 영향이 없다는 취지이지 분리하여도 경제적 가치가 없는 경우에는 원래의 부동산 소유자의 소유에 귀속되는 것이다(대판 2008.5.8, 2007다36933). 따라서 가스공급업자가 아파트에 설치한 가스공급시설은 그 대지와 일체를 이루는 구성부분으로 부합하여 아파트 구분소유자들의 소유에 속하고, 가스공급업자는 아파트 입주자대표회의를 상대로 민법 제261조에 기한 부당이득반환청구를 할 수 없다. 다만 구분소유자를 상대로 부당이득반환청구하는 것은 별개이다(대판 2007.7.27, 2006다39270). ㉡ 〈**권원 없이 토지임차인의 승낙만 받고 그 지상에 식재한 수목의 소유권귀속**〉 민법 제256조 단서 소정의 '권원'이라 함은 지상권, 전세권, 임차권 등과 같이 타인의 부동산에 자기의 동산을 부속시켜서 그 부동산을 이용할 수 있는 권리를 뜻하므로 그와 같은 권원이 없는 자가 토지소유자의 승낙을 받음이 없이 그 임차인의 승낙만을 받아 그 부동산 위에 나무를 심었다면 특별한 사정이 없는 한 토지소유자에 대하여 그 나무의 소유권을 주장할 수 없다(대판 1989.7.11. 88다카9067). ㉢ 〈**甲이 토지소유자 乙에게서 토지를 임차한 후 주유소 영업을 위하여 지하에 유류저장조를 설치한 사안에서, 유류저장조는 민법 제256조 단서에 의하여 甲의 소유에 속한다고 한 사례**〉 甲이 토지소유자 乙에게서 토지를 임차한 후 주유소 영업을 위하여 지하에 유류저장조를 설치한 사안에서, 유류저장조의 매설 위치와 물리적 구조, 용도 등을 감안할 때 이를 토지로부터 분리하는 데에 과다한 비용을 요하거나 분리하게 되면 경제적 가치가 현저히 감소되므로 토지에 부합된 것으로 볼 수 있으나, 사실상 분리복구가 불가능하여 거래상 독립한 권리의 객체성을 상실하고 토지와 일체를 이루는 구성 부분이 되었다고는 보기 어렵고(즉, 기존 지하저장탱크 대신 위와 같이 이 사건 유류저장조를 새로 설치하여 위 건물 및 지상의 주유기 등 설비와 함께 주유소 영업에 사용해 온 사실, 유류저장조는 위 건물과는 별개의 독립된 물건이나, 위 건물 자체의 경제적 효용을 다하게 하기 위하여 그에 인접한 지하에 설치한 것으로서 경제적으로 위 건물과 일체로서 이용되고 있다고 볼 수 있으므로, 이 사건 유류저장조는 위 건물의 상용에 공하기 위하여 부속시킨 종물에 해당한다), 또한 甲이 임차권에 기초하여 유류저장조를 매설한 것이므로, 위 유류저장조는 민법 제256조 단서에 의하여 설치자인 甲의 소유에 속한다(대법원 2012.1.26. 선고 2009다76546 판결).

2) 동산간의 부합(제257조)

㉠ 동산과 동산이 부합하여 훼손하지 아니하면 분리할 수 없거나 그 분리에 과다한 비용을 요할 경우에는 그 합성물의 소유권은 주된 동산의 소유자에게 속한다.

㉡ 부합한 동산의 주종을 구별할 수 없는 때에는 동산의 소유자는 부합당시의 가액의 비율로 합성물을 공유하는 것이지 현재가액비율로 합성물을 공유하는 것은 아니다.

(4) 농작물

판례는 농작물에 관해서는 토지에의 부합을 인정하지 않고, 경작자가 소유권을 취득한다고 있다. 다시 말해서 권한 없이 타인의 토지에 농작물을 심은 경우 농작물이 성숙하여 독립한 물건으로 존재를 갖춘 경우에, 그 농작물의 소유권은 경작자에게 있다고 한다.

(5) 첨부의 규정

첨부로 인하여 생긴 물건을 누구의 소유로 할 것인가에 관한 민법규정은 임의규정으로 보아야 한다(따라서 당사자간의 보상에 관한 규정도 임의적이다). 한편 원상복구를 금지하는 것이 강행규정이며, 제3자보호조항도 강행규정이다.

판례 〈**매도인에게 소유권이 유보된 자재를 매수인이 제3자와 체결한 도급계약에 의하여 제3자 소유의 건물 건축에 사용하여 부합된 경우, 매도인이 제3자에게 보상청구를 할 수 있는지 여부**〉 ① 매도인에게 소유권이 유보된 자재가 제3

자와 매수인 사이에 이루어진 도급계약의 이행으로 제3자 소유 건물의 건축에 사용되어 부합된 경우 보상청구를 거부할 법률상 원인이 있다고 할 수 없지만, 제3자가 도급계약에 의하여 제공된 자재의 소유권이 유보된 사실에 관하여 과실 없이 알지 못한 경우라면 선의취득의 경우와 마찬가지로 제3자가 그 자재의 귀속으로 인한 이익을 보유할 수 있는 법률상 원인이 있다고 봄이 상당하므로, 매도인으로서는 그에 관한 보상청구를 할 수 없다(대판 2009.9.24, 2009다15602). ② 민법 제261조에서 첨부로 법률규정에 의한 소유권 취득(민법 제256조 내지 제260조)이 인정된 경우에 "손해를 받은 자는 부당이득에 관한 규정에 의하여 보상을 청구할 수 있다"라고 규정하고 있는바, 이러한 보상청구가 인정되기 위해서는 민법 제261조 자체의 요건만이 아니라, 부당이득 법리에 따른 판단에 의하여 부당이득의 요건이 모두 충족되었음이 인정되어야 한다(대판 2009.9.24, 2009다15602).

관련사례	동일인 소유 토지와 그 지상 건물에 공동근저당권이 설정된 후 그 건물이 다른 건물과 합동(종전 등기건물 및 미등기건물의 지붕을 하나의 패널지붕으로 바꾸고, 서로 마주보는 쪽의 벽을 헐어내고, 외부의 벽을 연결하는 등 하나의 건물로 하는 개축공사)되어 신건물이 생겼고 그 후 경매로 토지와 신건물이 다른 소유자에게 속하게 된 사안에서 경매대상 건물이 다른 건물과 합동되어 독립성을 상실한 경우의 법률관계를 설명하시오(대판 2010.1.14. 2009다66150).
해설	(a) 경매대상 건물이 인접한 다른 건물과 합동됨으로 인하여 건물로서의 독립성을 상실하게 되었다면 경매대상 건물만을 독립하여 양도하거나 경매의 대상으로 삼을 수는 없으며, 그리고 저당권자는 합동된 건물의 매각대금 전부로부터 우선변제를 받을 수 없다(대판 2010.1.14. 2009다66150). (b) 법정지상권과 관련하여서는 신건물을 위한 법정지상권이 성립하고 그 존속기간과 범위 등은 종전 건물을 기준으로 하여 그 이용에 일반적으로 필요한 범위 내로 제한된다.

2. 혼 화

> **제258조 (혼화)**
> 전조의 규정은 동산과 동산이 혼화하여 식별할 수 없는 경우에 준용한다.

혼화(混和)라고 함은 동산에 동산이 섞이는 것이다. 즉 동산과 동산이 섞여 식별할 수 없는 경우에는 동산의 부합에 준하여 소유권의 귀속을 정한다(제258조). 혼화에는 곡물·금전과 같은 고형물의 혼화와 술·기름과 같은 유동물의 혼화의 두 종류가 있다. 그러나 그 본질에 있어서는 일종의 동산간의 부합이라고 할 수 있기 때문에 그러한 동산간 부합의 법리를 적용하면 된다.

3. 가 공

> **제259조 (가공)**
> ① 타인의 동산에 가공한 때에는 그 물건의 소유권은 원재료의 소유자에게 속한다. 그러나 가공으로 인한 가액의 증가가 원재료의 가액보다 현저히 다액인 때에는 가공자의 소유로 한다.
> ② 가공자가 재료의 일부를 제공하였을 때에는 그 가액은 전항의 증가액에 가산한다.

(1) 의의와 입법태도

1) 가공이라 함은 타인의 재료를 써서 또는 타인의 물건에 변경을 가함으로써 새로운 물건을

제작하는 것을 말한다.

2) 타인의 동산에 가공한 때에는 그 물건의 소유권은 원재료의 소유자에게 속한다(재료주의 원칙). 그러나 가공으로 인한 가액의 증가가 원재료의 가액보다 현저히 다액인 때에는 가공자의 소유로 한다(예외적 가공주의). 가공에 있어서 우리 민법은 재료주의를 원칙으로 하고 예외적으로 가공주의를 취하고 있다(절충주의).

(2) 요건

1) 공작

가공이라고 하기 위해서는 타인의 물건에 변경을 가하는 것, 즉 공작이 있어야 한다. 공작은 사실행위로서 공작자가 행위능력을 갖느냐, 선의이냐, 공작의 법률효과를 알았느냐의 여부는 묻지 않는다(이영준 물권법, p.545).

2) 새로운 물건

공작에 의하여 새로운 물건이 성립함을 요한다. 새로운 물건이 성립되지 않을 때에는 재료와 가공물은 동일성을 가지기 때문이다. 그 내용을 구체적으로 본다면 단순한 물건의 수선은 가공이 아니고, 자동차 부속품을 조립하여 자동차를 만드는 것과 가죽으로 구두나 지갑을 만드는 것은 가공이 된다.

3) 동산

가공의 재료는 동산에 한 한다.

(3) 효과

1) 소유권귀속

가공물의 소유권은 원칙적으로 재료의 소유자에게 속한다. 다만 공작에 의하여 생긴 가액이 현저히 재료의 가액을 넘을 때에는 가공물의 소유권은 가공자에게 속한다.

2) 법률규정에 의한 소유권귀속

이러한 요건이 충족되면 소유권은 자동적으로 이전되며 공시방법으로서의 인도를 요하지 않는다. 그리고 그 물건 위의 다른 권리는 소멸한다(제260조 제1항). 왜냐하면 가공자의 소유권 취득은 원시취득이기 때문이다.

3) 임의규정

가공물의 귀속에 관한 규정은 임의규정이다. 그러므로 이 규정은 당사자간에 별단의 약정이 없을 때에 관한 것이며, 가공자가 타인의 의뢰를 받아서 타인의 재료에 공작을 가한 경우에는 적용되지 않는다.

대상	첨부의 종류	소유권의 귀속
부동산	부합	원칙적으로 부동산 소유자가 소유권 취득
		타인의 권원에 의한 것은 부속시킨 자의 소유로 존속
동산	부합, 혼화	주·종을 가릴 수 있는 경우에는 주된 동산의 소유자가 소유권 취득
		주·종을 가릴 수 없는 경우에는 부합 당시 가액비율로 공유
	가공	원칙적으로 원재료 소유자가 소유권 취득
		가액의 증가가 현저히 다액이면 가공자가 소유권 취득

〈이종훈 물권법편, p. 335〉

4. 첨부의 효과

> **제260조 (첨부의 효과)**
> ① 전4조의 규정에 의하여 동산의 소유권이 소멸한 때에는 그 동산을 목적으로 한 다른 권리도 소멸한다.
> ② 동산의 소유자가 합성물, 혼화물 또는 가공물의 단독소유자가 된 때에는 전항의 권리는 합성물, 혼화물 또는 가공물에 존속하고 그 공유자가 된 때에는 그 지분에 존속한다.
>
> **제261조 (첨부로 인한 구상권)**
> 전5조의 경우에 손해를 받은 자는 부당이득에 관한 규정에 의하여 보상을 청구할 수 있다.

판례 〈**독립한 부동산인 건물로서의 요건을 아직 갖추지 못한 단계에서 중단된 건물 신축 공사를 제3자가 이어받아 진행함으로써 건물의 소유권을 원시취득한 경우, 애초의 신축 중 건물에 대한 소유권을 상실한 자가 원시취득자에 대하여 그 보상을 청구할 수 있는지 여부(적극)**〉 건물 신축의 공사가 진행되다가 독립한 부동산인 건물로서의 요건을 아직 갖추지 못한 단계에서 중지된 것을 제3자가 이어받아 계속 진행함으로써 별개의 부동산인 건물로 성립되어 그 소유권을 원시취득한 경우에 그로써 애초의 신축 중 건물에 대한 소유권을 상실한 사람은 민법 제261조, 제257조, 제259조를 준용하여 건물의 원시취득자에 대하여 부당이득 관련 규정에 기하여 그 소유권의 상실에 관한 보상을 청구할 수 있다(대판 2010.2.25, 2009다83933).

Ⅶ. 소유권에 기한 물권적 청구권

1. 의 의

(1) 유형

민법은 물권적 청구권을 점유권에 기한 것과, 소유권에 기한 것으로 크게 둘로 나누고, 그밖에 제한물권에 기한 물권적 청구권에 관하여는 소유권에 기한 물권적 청구권에 관한 규정을 준용하는 방식을 취하고 있다.

(2) 강행규정성

물권적 청구권에 관한 규정(제213조·제214조·제290조·제301조·제319조·제370조)은 강행규정이 아니라고 해석된다.

2. 소유물반환청구권

> **제213조 (소유물반환청구권)**
> 소유자는 그 소유에 속한 물건을 점유한 자에 대하여 반환을 청구할 수 있다. 그러나 점유자가 그 물건을 점유할 권리가 있는 때에는 반환을 거부할 수 있다.

(1) 물권적 청구권의 주체

㉠ 이 청구권의 주체는 소유자이다. 점유를 잃고 있느냐의 여부는 사실심의 변론종결시를 표준으로 한다. 그리고 소유자는 전에 일단 점유를 취득하였을 것을 요건으로 하는 것은 아니다(소유권의 관념적 성질).

㉡ 소유물반환청구권을 행사하는 경우, 소유자(원고)는 ① 원고가 목적물의 소유자라는 것, ② 피고가 이를 점유하고 있다는 것을 주장·입증하여야 한다. 그리고 피고는 ③ 자신의 점유가 적법하다는 것을 항변하게 된다. 즉 원고는 ①②만을 입증하면 되는 것이지 ③의 부존재까지 입증하여야 하는 것은 아니다.

(2) 물권적 청구권의 상대방

㉠ 청구의 상대방은 점유자이다. 현재의 점유자, 즉 사실심변론종결시의 점유자이어야 한다. 따라서 소제기 후 변론종결 전에 점유자가 변경되면 소장에 기재된 피고에 대한 청구는 기각하여야 한다.

㉡ 점유보조자는 외형상 독립된 점유를 가지고 있는 것처럼 보이는 경우라 할지라도 반환청구의 상대방이 되지 아니한다.

㉢ 타인의 소유물을 점유하고 있는 것만이 요건이다. 이러한 점유가 고의·과실에 의하여 취득된 것임을 요하지 않는다.

(3) 효과

1) 물건의 반환

소유자의 반환청구권에 대하여 상대방은 소유물을 반환하여야 한다.

2) 이행기 도래

물권적 청구권은 점유의 침탈 등이 있자 마자 곧 이행기가 도래하는 청구권이다.

3. 소유물방해제거청구권(제214조)

> **제214조 (소유물방해제거, 방해예방청구권)**
> 소유자는 소유권을 방해하는 자에 대하여 방해의 제거를 청구할 수 있고 소유권을 방해할 염려있는 행위를 하는 자에 대하여 그 예방이나 손해배상의 담보를 청구할 수 있다.

(1) 확장적용

소유물방해제거청구권의 법리는 소유권 기타 물권에 관하여만 적용되는 것이 아니라 명예·신용과 같은 인격권에 관하여도 유추적용되는 것이기 때문에 어떤 의미에서는 소유물반환청구권보다도 더 커다란 사회적 기능을 가지고 있다고 할 것이다.

(2) 방해현존

소유권의 방해가 점유침탈(목적물전부를 빼앗김) 이외의 방법일 것과 방해가 현존할 것을 요한다.

(3) 제217조의 규정과의 관련

매연 등의 생활방해는 민법 제217조에 의하여 규율할 수 있는 경우에는 별도로 소유물방해제거청구권이 발생하지 않는다고 할 것이다(제217조의 특별규정성). 그러나 제217조의 요건이 존재하지 않는 경우나, 또는 수인한도 등을 초과하면 소유물방해제거청구권이 성립한다.

4. 소유물방해예방청구권(제214조)

(1) 예방청구권의 상대방

상대방은 장차 소유권을 방해할 염려가 있는 자로서, 여기서 방해의 염려는 소유권을 침해할 개연성이 객관적으로 존재하는 것으로써 반드시 동일한 침해가 과거에 발생하였음을 요하지 않는다.

(2) 예방청구의 내용

소유물방해예방청구는 방해원인의 예방이나 손해배상의 담보를 청구하는 것이다. 방해의 예방청구는 원인을 배제하여 방해를 미리 막는 데 적절한 모든 조치를 말한다.

Ⅷ. 공동소유

1. 공동소유(共同所有)의 의의와 그 유형

하나의 물건을 2인 이상의 다수인이 공동으로 소유하는 것을 공동소유라고 한다. 민법은 공동소유의 유형으로 공유·합유·총유의 세 가지를 인정한다. 민법이 규정하는 공유·합유·총유라는 세 가지 공동소유의 모습은 하나의 물건을 다수인이 공동으로 소유한다고 할 때, 그 다수인의 주체 사이의 인적 결합관계의 정도에 따라 유형화한 것이다. 즉 공유는 다수인 사이 아무런 공동의 목적 없이 단순히 2인 이상이 소유하는 경우이고(로마법적 요소), 합유는 일정한 공동사업을 목적으로 2인 이상이 결합하였지만 그것이 단체로서 독립성을 갖추지는 못한 것으로 조합이 소유하는 경우이다. 마지막으로 총유는 법인이 아닌 사단이 소유하는 경우이다. 이러한 인적결합에 의하여 구속이 있는 합유와 총유는 게르만법적 요소이다.

2. 공유·합유·총유의 비교

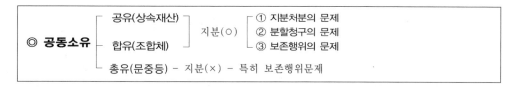

(1) 공유(共有)

공유에서는 목적물에 대한 각 공유자의 지배권한은 완전히 자유·독립적이며, 다만 목적물이 동일하기 때문에 그 행사에 제약을 받는 데 지나지 않는다. 공유자 각자가 가지는 지배권능을 지분(持分)이라고 하며, 그 처분은 자유이고, 또 언제든지 분할을 청구하여 단독소유로 전환할 수 있다.

(2) 합유(合有)

공동의 사업을 위하여 결합된 것이기 때문에, 합유자는 합유물에 대한 지분을 갖기는 하지만 그 지분의 양도는 제한되고, 또 조합관계가 종료할 때까지는 분할을 청구하지도 못한다.

(3) 총유(總有)

총유의 특색은 소유권의 처분권능과 사용·수익권능의 분리이다. 즉 목적물의 관리·처분은 사단자체에 속하지만, 사단의 사원은 일정한 범위 내에서 각자 사용·수익하는 권능이 인정된다는 점이다. 즉 공동소유의 권한이 단체와 그 구성원에게 나누어진다는 점에서 소유권의 전면적·포괄적 지배라는 성격과는 크게 다르다. 또 단체의 구성원이 가지는 사용·수익권은 그 자격을 가지고 있는 때에 비로소 인정되는 것이며, 이를 타인에게 양도하거나 상속의 목적으로 하지 못하고, 이 점에서 공유의 지분에 해당하는 것이 총유에는 없다.

3. 공 유

(1) 공유의 의의·구별

> **제262조 (물건의 공유)**
> ① 물건이 지분에 의하여 수인의 소유로 된 때에는 공유로 한다.
> ② 공유자의 지분은 균등한 것으로 추정한다.

1) 의의

공유란 여러 사람이 하나의 물건을 각자의 지분에 의하여 공동소유 하는 경우를 말한다(제262조 제1항 참조).

2) 구별

하나의 물건에 대한 공동소유자 상호간의 <u>인적 결합의 정도</u>에 따라, 공동의 목적 없이 우연히 결합된 것은 공유, 일정한 사업 등 공동의 목적을 위하여 결합하였으나 그 결합체가 단체로서의 성질을 가지지 못하고 조합을 이루고 있으면 합유, 법인 아닌 사단으로 결합되어 있으면 총유라고 본다.

(2) 공유의 성립

1) 당사자의 의사에 의한 성립

하나의 물건을 수인이 공동의 소유로 한다는 합의가 있는 때에 공유가 성립한다. 이때에 그 물건이 부동산인 때에는 공유자의 명의를 전부 기록하는 '공유의 등기'를 하여야 한다(부동산 등기법). 한편 공유등기 이외에 각 공유자의 지분의 비율을 기록하는 '지분의 등기'도 하여야 하는데, 이를 등기하지 않은 때에는 그 지분은 균등한 것으로 추정되고(제262조 제2항), 따라서 실제의 지분의 비율을 가지고 제3자에게 대항하지 못한다(이설 있음).

2) 법률의 규정에 의한 성립

법률규정에 의하여 공유가 성립하는 경우는 제254조 매장물발견에서 소유권 취득·제257조의 동산간의 부합·제258조의 혼화·제102조의 공유물의 과실·건물의 구분소유에 있어서의 공용부분(제215조)·경계에 설치된 경계표·담·구거 등 (제239조)·공동상속재산과 공동포괄수유재산(제1006조·제1078조) 등이 있다.

판례 〈동일 농지를 공동 경작한 경우에 그 입도에 대한 소유권〉: 타인의 농지를 권원없이 경작을 하였다 하여도 그 경작으로 인한 입도(벼)는 그 경작자의 소유에 귀속되고 피차 자기에게 경작권이 있다 하여 동일한 농지를 서로 경작함으로써 결국 동일한 농지를 공동경작을 한 경우에는 그 입도에 대한 소유권은 위의 공동경작자의 공유에 속한다고 할 것이다(대판 1967.7.11, 67다893 판결).

(3) 공유물과 공유지분

제263조 (공유지분의 처분과 공유물의 사용·수익)
공유자는 그 지분을 처분할 수 있고 공유물 전부를 지분의 비율로 사용, 수익할 수 있다.

제264조 (공유물의 처분·변경)
공유자는 다른 공유자의 동의 없이 공유물을 처분하거나 변경하지 못한다.

제265조 (공유물의 관리·보존)
공유물의 관리에 관한 사항은 공유자의 지분의 과반수로써 결정한다. 그러나 보존행위는 각자가 할 수 있다(유의: 1/2지분은 반수이지 과반수가 아니다).

1) 공유물과 공유지분의 의의

(가) 민법규정검토

공유물의 보존행위는 각 공유자가 단독으로 할 수 있으나, 그 밖의 관리행위(이용·개량행위)는 지분의 과반수의 동의를 요하고, 처분과 변경행위는 전원의 동의를 요한다(제264조·265조 참조). 공유지분은 자유롭게 처분가능하다.

판례 ㉠ 공유자는 다른 공유자와의 협의 없이는 공유물을 배타적으로 점유하여 사용·수익할 수 없는 것이므로 다른 공유권자는 자신이 소유하는 지분이 과반수에 미달하더라도 공유물을 점유하고 있는 다른 공유권자에 대하여 공유물의 보존행위로서 공유물의 인도나 명도를 청구할 수 있다는 것이 판례의 태도이다〔대판(전합) 1994.3.22, 93다9392〕.
㉡ 공유자중 1인이 다른 공유자의 동의 없이 그 공유토지에 특정부분을 매도하여 타인 명의로 소유권이전등기가 마쳐졌다면, 그 매도부분 토지에 관한 소유권이전등기는 처분공유자의 공유지분 범위 내에서는 실체관계에 부합하는 유효한 등기이다(대판 1994.12.2, 93다1596).

(나) 공유지분비율 문제

지분비율에 관해 특별한 정함이 없는 경우, 공유자의 지분은 균등한 것으로 추정한다(제262조 제2항). 이에 대해 통설은 지분의 등기가 필요적 등기사항이 아니라는 전제하에, 제262조 제2항을 근거로, 공유자 사이에 공유지분비율에 관한 약정을 하였다고 하더라도 이를 등기하지 않은 때에는 그 지분을 취득한 제3자는 지분이 균등한 것으로 주장할 수 있고, 공유자는 실제의 지분비율은 가지고 제3자에게 대항하지 못하는 것으로 해석한다.

판례 〈대판 2001.3.9, 98다51169〉 ㉠ 공유물분할청구소송에 있어 원래의 공유자들이 각 그 지분의 일부 또는 전부를 제3자에게 양도하고 그 지분이전등기까지 마쳤다면, 새로운 이해관계가 형성된 그 제3자에 대한 관계에서는 달리 특별한 사정이 없는 한 일단 등기부상의 지분을 기준으로 한다. ㉡ 다만 원래의 공유자들 사이에서는 등기부상 지분과 실제의 지분이 다르다는 사실이 인정된다면 여전히 실제의 지분을 기준으로 삼아야 할 것이고 등기부상 지분을 기준으로 하여 그 실제의 지분을 초과하거나 적게 인정할 수는 없다.

(다) 공동점유와 취득시효

건물 공유자 중 일부만이 당해 건물을 점유하고 있는 경우라도 그 건물의 부지는 건물 소유를 위하여 공유명의자 전원이 공동으로 이를 점유하고 있는 것으로 볼 것이며, 건물 공유자들이 건물부지의 공동점유로 인하여 건물부지에 대한 소유권을 시효취득하는 경우라면 그 취득시효 완성을 원인으로 한 소유권이전등기청구권은 당해 건물의 공유지분비율과 같은 비율로 건물 공유자들에게 귀속된다(대판 2003.11.13. 2002다57935).

2) 공유물의 보존·관리·처분 등과 관련된 판례정리

(가) 공유물의 보존행위

공유물의 보존행위는 공유물의 멸실 훼손을 방지하고 그 현상을 유지하기 위하여 하는 사실적 법률적 행위로서 이러한 공유물의 보존행위를 각 공유자가 단독으로 할 수 있도록 한 취지는 그 보존행위가 긴급을 요하는 경우가 많고 다른 공유자에게도 이익이 되는 것이 보통이기 때문이므로 어느 공유자가 보존권을 행사하는 때에 그 행사의 결과가 다른 공유자의 이해와 충돌될 때에는 그 행사는 보존행위로 될 수 없다고 보아야 한다. 그 내용을 구체적으로 살펴본다면,

㉠ 부동산의 공유자 중 한 사람은 공유물에 대한 보존행위로서 그 공유물에 관한 원인무효의 등기 전부의 말소를 구할 수 있고, 또한 공유자 중 한 사람은 공유물에 경료된 원인무효의 등기에 관하여 각 공유자에게 해당 지분별로 진정명의회복을 원인으로 한 소유권이전등기를 이행할 것을 단독으로 청구할 수 있다(대판 2005.9.29, 2003다40651).

㉡ 공유자 중 1인의 명의로 마쳐진 원인무효의 소유권보존등기에 관하여 다른 공유자가 등기명의인인 공유자를 상대로 말소등기절차의 이행을 구할 수 있는 범위는 등기명의인인 공유자의 공유지분을 제외한 나머지 공유지분 전부이다(대판 2006.8.24, 2006다32200). 따라서 부동산 공유자 중 1인이 제3자와 무효로 된 가등기를 유용하기로 하는 합의를 하고 그 가등기에 터 잡아 순차로 소유권이전등기가 이루어진 경우, 다른 공유자가 자신의 소유지분을 침해

하는 지분을 초과하는 부분에 대하여는 그 말소를 구할 수 없다(대판 2009.2.26. 2006다72802).

(ㄷ) 물건을 공유자 양인이 각 1/2 지분씩 균분하여 공유하고 있는 경우 1/2 지분권자로서는 다른 1/2 지분권자와의 협의 없이는 이를 배타적으로 독점사용할 수 없고(1/2의 지분은 반수이지 과반수가 아님), 나머지 지분권자는 공유물보존행위로서 그 배타적 사용의 배제, 즉 그 지상건물의 철거와 토지의 인도 등 점유배제를 구할 권리가 있다(대판 2003.11.13. 2002다57935).

(ㄹ) 공유 부동산에 관하여 제3자 명의로 원인무효의 소유권이전등기가 마쳐진 경우, 공유자의 1인이 그 등기 전부의 말소를 구할 수 있으나, 공유자가 다른 공유자의 지분권을 대외적으로 주장하는 것은 공유물의 보존행위에 속하지 않는다(대판 2009.2.26. 2006다72802).

(나) 공유물의 관리행위

예컨대, 공유토지 중 도로보다 높은 부분을 굴착하여 도로와 같은 높이로 정지하는 공사는 공유토지의 이용가치를 높이는 것으로서 공유물의 관리행위로 보아야 한다(대판 1991.4.12. 90다20220). 그 내용을 구체적으로 살펴본다면 다음과 같다.

(ㄱ) 과반수 공유지분을 가진 자가 그 공유토지의 특정된 한 부분을 배타적으로 사용·수익할 것을 정하는 것은 공유물의 관리방법으로서 적법하며, 이 경우 그 특정된 한 부분이 그 지분비율에 상당하는 면적의 범위 내라 해도 위 부동산을 전혀 사용수익하지 아니하고 있는 다른 공유자에 대하여 그 지분에 상응하는 부당이득 반환의무가 있다(대판 1991.9.24. 88다카33855).

> **판례** 〈무단관리행위〉 부동산의 1/7 지분 소유자에 불과한 피고가 원고의 동의없이 위 부동산을 타에 임대하여 위와 같이 임대차보증금을 수령하였다면, 이로 인한 수익 중 피고의 지분을 초과하는 부분인 원고 공유지분에 대하여는 피고가 법률상 원인없이 취득한 부당이득이 되어 이를 반환할 의무가 있고, 또한 피고의 위 무단임대행위는 원고의 공유지분의 사용, 수익을 침해한 불법행위가 성립되어 피고는 그 손해를 배상할 의무가 있다고 설시한 다음, 다만 그 반환 또는 배상의 범위는 위 부동산의 임대차로 인한 차임상당액이라 할 것이므로 원고로서는 위 부동산의 차임상당액을 구함은 별론으로 하고 위 부동산의 임대차보증금 자체에 대한 원고의 지분비율 상당액의 반환 또는 배상을 구할 수는 없다(대판 1991.9.24. 91다23639).

(ㄴ) 건물의 공유자가 공동으로 건물을 임대하고 보증금을 수령한 경우, 보증금반환채무의 성질은 가분채무가 아니라 불가분채무이다(대판 1998.12.8. 98다43137).

(ㄷ) 과반수 지분의 공유자로부터 사용·수익을 허락받은 점유자에 대하여 소수 지분의 공유자가 점유배제를 구할 수 없고, 한편 과반수 지분의 공유자로부터 공유물의 특정 부분의 사용·수익을 허락받은 점유자는 소수지분권자에 대하여 그 점유로 인하여 법률상 원인 없이 이득을 얻고 있다고 볼 수 없다(대판 2002.5.14. 2002다9738).

(ㄹ) 공동상속인 중의 1인이 상속재산인 건물에 거주함으로써 상속재산인 그 건물 부지를 사용·수익하고 있는 경우, 그 사용·수익이 공유지분 과반수의 결의에 기한 것이라는 등의 특별한 사정이 없다면, 위 공동상속인은 건물뿐만 아니라 토지에 관하여도 다른 공동상속인의 공유지분에 해당하는 부분을 부당이득으로서 반환하여야 한다(대판 2006.11.24. 2006다49307,49314).

㉤ 공유자 간의 공유물에 대한 사용수익·관리에 관한 특약은 공유자의 특정승계인에 대하여도 당연히 승계된다고 할 것이나, 민법 제265조는 "공유물의 관리에 관한 사항은 공유자의 지분의 과반수로써 결정한다."라고 규정하고 있으므로, 위와 같은 특약 후에 공유자에 변경이 있고 특약을 변경할 만한 사정이 있는 경우에는 공유자의 지분의 과반수의 결정으로 기존 특약을 변경할 수 있다(대판2005.5.12, 2005다1827).

㉥ 그런데 공유자 간의 공유물에 대한 사용수익·관리에 관한 특약은 공유자의 특정승계인에 대하여도 당연히 승계된다고 할 것이나, 공유자 중 1인이 자신의 지분 중 일부를 다른 공유자에게 양도하기로 하는 공유자 간의 지분의 처분에 관한 약정까지 공유자의 특정승계인에게 당연히 승계되는 것으로 볼 수는 없다(대판 2007.11.29, 2007다64167).

㉦ 공유자는 그 지분의 비율로 공유물의 관리비용 기타 의무를 부담하는데, 공유자가 1년 이상 그 의무이행을 지체한 때에는 다른 공유자는 상당한 가액으로 지분을 매수할 수 있다(제266조). 이러한 지분매수청구권은 형성권이며, 이 청구권을 행사함에 있어서는 매수대상이 되는 지분 전부의 매매대금을 제공함이 없이도 매수청구권을 행사할 수는 없다(판례). 따라서 판례는 지분매수청구권은 형성권이지만 의사표시만으로는 안 되고, 매수대상이 되는 지분 전부의 매매대금을 제공한 다음에 매수청구권을 행사하여야 한다고 판시하였다(대판 1992.10.9, 92다25656).

㉧ 상가공유건물의 계약갱신 : 상가건물 임대차보호법이 적용되는 상가건물의 공유자인 임대인이 같은 법 제10조 제4항에 의하여 임차인에게 갱신 거절의 통지를 하는 행위는 실질적으로 임대차계약의 해지와 같이 공유물의 임대차를 종료시키는 것이므로 공유물의 관리행위에 해당하는 것으로 보아 공유자의 지분의 과반수로써 결정하여야 한다고 한다(대판 2010.9.9, 2010다37905).

판례 〈공유물의 관리행위와 그 비용의 부담〉 ① 공유토지 중 도로보다 높은 부분을 굴착하여 도로와 같은 높이로 정지하는 공사는 공유토지의 이용가치를 높이는 것으로서 공유물의 관리행위로 보아야 한다. 공유토지의 과반수 지분권자는 다른 공유자와 협의없이 단독으로 관리행위를 할 수가 있으며 그로 인한 관리비용은 공유자의 지분비율에 따라 부담할 의무가 있으나, 위와 같은 관리비용의 부담의무는 공유자의 내부관계에 있어서 부담을 정하는 것일 뿐, 제3자와의 관계는 당해 법률관계에 따라 결정된다고 할 것이고, 따라서 과반수지분권자가 관리행위가 되는 정지공사를 시행함에 있어 시공회사에 대하여 공사비용은 자신이 정산하기로 약정하였다면 그 공사비를 직접 부담해야 할 사람은 과반수지분권자만이라 할 것이고, 다만 그가 그 공사비를 지출하였다면 다른 공유자에게 그의 지분비율에 따른 공사비만을 상환청구할 수 있을 뿐이다(대판 1991.4.12, 90다20220). ② 따라서 공유자가 공유물의 관리에 관하여 제3자와 계약을 체결한 경우, 그 계약에 기하여 제3자가 지출한 관리비용의 상환의무의 부담에 관하여 민법 제266조 제1항, 즉 "공유자들이 공유물의 관리비용을 각 지분의 비율로 부담한다"는 내용은 제3자에 대한 대외적인 책임이 문제된 경우에 적용될 수 있는 규정이 아니다(대판 2009.11.12, 2009다54034,54041)

(다) 공유물의 처분행위

㉠ 나대지에 건물을 신축하는 경우는 공유물의 처분이나 변경에 해당하므로 따라서 공유자는 다른 공유자의 동의 없이는 공유지 위에 건물을 신축할 수가 없다(제264조). 그러므로 다수지분

권자라 하여 나대지에 새로이 건물을 건축할 수는 없다(대판 2001.11.27, 2000다33638·33645). (ㄴ) 공유토지의 소수지분권자가 나머지 과반수 지분을 시효취득하여 소유권이전등기를 경료받을 지위에 있는 점유자에 대하여 점유배제를 청구할 수 없다(대판 2001.11.27, 2000다 33638,33645).

판례 따라서 과반수의 공유지분을 가진 공유자는 다른 공유자와 협의 없이 단독으로 관리행위를 할 수 있고, 공유토지의 특정부분을 배타적으로 사용·수익할 것을 정하는 것도 공유물의 관리방법으로 적법하므로, 토지 전체에 관하여 점유취득시효가 완성되었으나 아직 그 소유권이전등기를 경료하기 전의 점유자에 대하여 그 시효기간 완성 당시의 일부 공유자들로부터 그 지분의 과반수에 미치지 못하는 지분을 취득한 제3자는 그 점유자의 점유배제를 청구할 수는 없다(대판 1995.9.5, 95다24586).

관련사례 甲·乙·丙이 1/3지분씩 공유하는 토지를 甲이 乙, 丙과 협의하지 아니한 채 배타적으로 점유·사용하고 있다. 이에 乙은 甲에게 토지의 인도를 청구함과 아울러 그 동안 甲이 점유·사용함으로써 얻은 차임상당 부당이득금의 지급을 청구하고자 한다.

해설

(a) **단독으로 전부인도청구** : 乙은 단독으로 토지 전부의 인도를 청구할 수 있다. 공유자는 다른 공유자와의 협의 없이는 공유물을 배타적으로 점유하여 사용·수익할 수 없는 것이므로, 다른 공유권자는 자신이 소유하고 있는 지분이 과반수에 미달되더라도 공유물을 점유하고 있는 자에 대하여 공유물의 보존행위로서 공유물의 인도나 명도를 청구할 수 있다(대판(전합) 1994.3.22, 93다9392). 즉 지분을 소유하고 있는 공유자나 그 지분에 관한 소유권이전등기청구권을 가지고 있는 자라고 할지라도 다른 공유자와의 협의 없이는 공유물을 배타적으로 점유하여 사용 수익할 수 없는 것이므로, 다른 공유권자는 자신이 소유하고 있는 지분이 과반수에 미달되더라도 공유물을 점유하고 있는 자에 대하여 공유물의 보존행위로서 공유물의 인도나 명도를 청구할 수 있다는 것이다.

(b) **부당이득반환** : 乙은 자기 지분에 상응하는 부당이득금만의 지급을 청구할 수 있다. 즉 공유자 중의 일부가 특정부분을 배타적으로 점유·사용하고 있다면, 그들은 비록 그 특정부분의 면적이 자신들의 지분비율에 상당하는 면적 범위 내라고 할지라도, 다른 공유자들 중 지분은 있으나 사용·수익은 전혀 하지 않고 있는 자에 대하여는 그 자의 지분에 상응하는 부당이득을 하고 있다고 보아야 하기 때문이다(대판 2001.12.11, 2000다13948).

(c) **불법행위** : 공유물에 끼친 불법행위를 이유로 하는 손해배상청구권은 특별한 사유가 없는 한 각 공유자가 지분에 대응하는 비율의 한도 내에서만 이를 행사할 수 있다(대판 2008.4.24, 2007다44774).

(d) **관련판례** : 과반수 지분의 공유자로부터 다시 그 특정 부분의 사용·수익을 허락받은 제3자의 점유는 다수지분권자의 공유물관리권에 터잡은 적법한 점유이므로 그 제3자는 소수지분권자에 대하여도 그 점유로 인하여 법률상 원인 없이 이득을 얻고 있다고는 볼 수 없다(대판 2002.5.14, 2002다9738).

(4) 공유의 대외관계

1) 의의

공유의 대외관계는 공유자 각자가 가지는 지분권에 기하여 대외적으로 주장하는 경우와 공유자 전원에 속하는 전체로서의 공유관계를 대외적으로 주장하는 경우의 둘로 나눌 수 있다.

2) 공유자가 제3자에 대해 주장하는 경우(능동적)

(가) 지분권에 의한 청구

㈀ 공유물의 방해제거청구 : 제3자가 공유물에 대하여 침해를 하는 때에는, 각 공유자는 단독으로 공유물 전부에 대한 방해의 제거를 청구할 수 있다(통설). 판례는 보존행위를 근거로 긍정하고 있다.

㈁ 공유물의 등기말소청구 : 공유물에 관하여 제3자가 위법한 등기명의를 가지고 있는 경우에, 판례는 보존행위를 근거로 공유자 각자가 그 말소를 청구할 수 있다고 한다.

> **판례** 〈공유 부동산에 관하여 제3자 명의로 원인무효의 소유권이전등기가 마쳐진 경우, 공유자의 1인이 그 등기 전부의 말소를 구할 수 있는지 여부(적극) 및 공유자가 다른 공유자의 지분권을 대외적으로 주장하는 것이 공유물의 보존행위에 속하는지 여부(소극)〉 ㈀ 부동산의 공유자의 1인은 당해 부동산에 관하여 제3자 명의로 원인무효의 소유권이전등기가 경료되어 있는 경우 공유물에 관한 보존행위로서 제3자에 대하여 그 등기 전부의 말소를 구할 수 있으나, 공유자가 다른 공유자의 지분권을 대외적으로 주장하는 것을 공유물의 멸실·훼손을 방지하고 공유물의 현상을 유지하는 사실적·법률적 행위인 공유물의 보존행위에 속한다고 할 수 없다(대판2009.2.26, 2006다72802). 마찬가지로 ㈁ 부동산 공유자 중 1인이 제3자와 무효로 된 가등기를 유용하기로 하는 합의를 하고 그 가등기에 터 잡아 순차로 소유권이전등기가 이루어진 사안에서, 다른 공유자가 자신의 소유지분을 침해하는 지분을 초과하는 부분에 대하여는 그 말소를 구할 수 없다고 본 사례도 공유물의 보존행위에 속한다고 할 수 없기 때문이다(대판2009.2.26, 2006다72802).

㈂ 시효중단 : 각 공유자는 각자의 지분에 관하여서만 단독으로 제3자의 취득시효를 중단할 수 있다(제169조 참조; 시효중단의 상대효). 따라서 재판상 청구를 한 공유자에 한하여 시효중단의 효력이 발생하고, 다른 공유자에게는 미치지 아니한다(대판 1979.6.26, 79다639).

> **판례** 부동산 공유자 중의 한 사람은 당해 부동산에 관하여 제3자 명의로 원인무효의 소유권이전등기가 경료되어 있는 경우 공유물에 관한 보존행위로서 그 제3자에 대하여 그 등기 전부의 말소를 구할 수 있으나, 공유자의 한 사람이 공유물의 보존행위로서 그 공유물의 일부 지분에 관하여서만 재판상 청구를 하였으면 그로 인한 시효중단의 효력은 그 공유자와 그 청구한 소송물에 한하여 발생한다(대판 1999.8.20. 99다15146).

(나) 공유자 전원에 의한 청구

㈀ 공유자 전원의 명의로 등기를 청구하는 경우에는, 판례는 그것은 공유자 각자가 단독으로 할 수 있는 보존행위가 아니므로 공유자 전원에 의한 공동청구가 필요하다고 한다.

㈁ 공유자 일부가 제3자를 상대로 다른 공유자의 지분을 확인하는 것은 타인의 권리관계의 확인을 구하는 소에 해당하므로, 그 타인간의 권리관계가 자기의 권리관계에 영향을 미치는 경우에 한하여 확인의 이익이 있다. 이러한 권리주장은 보존행위가 아니기 때문에 단독으로 할 수 없다(대판 1994. 11. 11. 94다35008).

3) 제3자가 공유자에 대해 주장하는 경우(수동적)

(가) 소유권확인청구 또는 소유권이전등기청구

판례는 제3자의 공유자에 대한 소유권확인청구나 소유권이전등기청구에 있어서는 반드시 공유자 전원이 피고가 되어야 할 필요는 없다고 한다. 즉 공유자 각자도 그 지분의 한도 내에서는 처분권이 있으므로 공유자를 각각 피고로 삼을 수 있기 때문이다.

(나) 공유물의 인도청구 또는 철거청구

판례는 제3자가 공유물에 대한 인도청구 또는 철거청구를 할 경우에도 공유자 전원이 피고가 될 필요는 없고, 공유자 각자에 대하여 그 지분권의 한도내에서 인도 또는 철거를 구할 수 있다고 한다. 단, 현실적으로 그 인도나 철거가 실행되기 위해서는 공유자 모두에 대한 승소판결을 얻어야만 한다(각 공유자의 지분은 특정된 어느 부분이 아니라 관념적 비율에 불과하기 때문이다).

(5) 공유물의 분할

공유자는 공유물의 분할을 청구할 수 있다. 공유물의 분할청구는 전원을 당사자로 하는 필요적 공동소송이다. 하지만 분할금지특약을 맺을 수 있고, 이를 등기하면 제3자에게 대항할 수 있다(제268조). 한편 공유자는 공유지분양도금지특약을 할 수 있으나 이를 등기할 방법은 없고, 단순히 당사자간 채권적 효력만이 있다. 따라서 지분양도금지특약은 분할금지특약과는 대항력에서 차이가 있다고 볼 수 있다.

> **제268조 (공유물의 분할청구)**
> ① 공유자는 공유물의 분할을 청구할 수 있다. 그러나 5년 내의 기간으로 분할하지 아니할 것을 약정할 수 있다.
> ② 전항의 계약을 갱신한 때에는 그 기간은 갱신한 날로부터 5년을 넘지 못한다.
> ③ 전2항의 규정은 제215조(구분소유), 제239조(경계공유)의 공유물에는 적용하지 아니한다.
>
> **제269조(분할의 방법)**
> ① 분할의 방법에 관하여 협의가 성립되지 아니한 때에는 공유자는 법원에 그 분할을 청구할 수 있다.
> ② 현물로 분할할 수 없거나 분할로 인하여 현저히 그 가액이 감손될 염려가 있는 때에는 법원은 물건의 경매를 명할 수 있다.

1) 협의분할원칙

공유물분할은 우선 협의에 의한 분할이 있다. 여기서는 공유물을 그대로 양적으로 분할하는 현물분할을 원칙으로 하되, 공유물을 매각하고 그 대금을 나누는 대금분할, 공유자의 일부가 다른 공유자들의 지분을 양수하여 그 가격을 지급하고 단독 소유자가 되는 가격배상이 있다.

판례 ㉠ 민법 제269조는 현물분할의 원칙을 취하고 있는바, 공유지분의 가액 이상의 현물을 취득하는 공유자는 그 초과부분의 대가를 지급하여 과부족을 조정하게 하여 분할을 하는 것도 현물분할의 한 형태로서 허용되는 것이다(대판 2002.10.25, 2001다83852). ㉡ 판례는 "건물은 공유이고 대지는 단독소유인 경우, 대지소유자이며 건물의 공유자인 자가 건물과 대지의 경매를 원하는 경우에는 건물의 공유자가 대지의 경매에 반대하는 경우 대지 및 건물에 대하여 일괄하여 경매를 명할 수 없다"고 하는데, 그 이유에 대하여 "다른 공유자가 반대를 한다면 그 반대까지 무릅쓰고 공유물이 아닌 이 사건 대지에 대하여까지 경매를 명한 원심판결에는 민법 제269조 소정의 공유물 분할의 대상에 관한 법리를 오해한 위법이 있다"는 것이다(대판 2002.4.12, 2002다4580).

2) 재판에 의한 분할

㈎ 분할의 방법에 관하여 협의가 성립되지 아니한 때에는 공유자는 법원에 그 분할을 청구할 수 있다. 따라서 공유자간 <u>공유물에 관한 협의분할이 있은 후</u>, 일부 공유자가 분할에 따른 이전등기에 협조하지 않는 경우, 재판상의 공유물 분할청구는 불가능하다(제269조 제1항 참조). 따라서 상호명의신탁관계 내지 구분소유적 공유관계(공유물분할협의가 있는 경우)에서 건물의 특정 부분을 구분소유하는 자는 그 부분에 대하여 신탁적으로 지분등기를 가지고 있는 자를 상대로 하여 그 특정 부분에 대한 명의신탁 해지를 원인으로 한 지분이전등기절차의 이행을 구할 수 있을 뿐 그 건물 전체에 대한 공유물분할판결을 구할 수는 없다(대판 2010.5.27, 2006다84171).

판례 ㉠ **〈구분소유적 공유물분할청구문제〉** 상호명의신탁관계 내지 구분소유적 공유관계(공유물분할협의가 있는 경우)에서 건물의 특정 부분을 구분소유하는 자는 그 부분에 대하여 신탁적으로 지분등기를 가지고 있는 자를 상대로 하여 그 특정 부분에 대한 명의신탁 해지를 원인으로 한 지분이전등기절차의 이행을 구할 수 있을 뿐 그 건물 전체에 대한 공유물분할을 구할 수는 없다(대판 2010.5.27, 2006다84171).
㉡ **〈구분소유적 공유관계에서 단독명의 등기시〉** 내부적으로는 토지의 특정 부분을 소유하나 등기부상으로는 공유지분을 가지는 이른바 구분소유적 공유관계에서 구분공유자 중 1인이 소유하는 부분이 후에 독립된 필지로 분할되고 그 구분공유자가 그 필지에 관하여 단독 명의로 소유권이전등기를 경료받았다면, 그 소유권이전등기는 실체관계에 부합하는 것으로서 유효하고, 그 구분공유자는 당해 토지에 대한 단독소유권을 적법하게 취득하게 되어, 결국 당해 구분공유자에 관한 한 이제 구분소유적 공유관계는 해소된다(대판 2009.12.24, 2008다71858).

㈏ 재판에 의한 공유물분할도 각 공유자의 지분에 따른 합리적인 분할을 할 수 있는 한 현물분할을 하는 것이 원칙이나, 현물분할을 하는 것이 곤란하거나 부적당한 경우는 대금분할이 가능하다(대판 2001.3.9, 98다51169). 그리고 이 소는 법원의 구체적 자유재량에 의한 분할이라는 법률관계의 형성을 내용으로 하는 것이므로 <u>형성의 소이며, 필요적 공동소송이다.</u> 따라서 공유자 전원이 소송당사자로 되어야 하고 일부가 제외된 경우 분할의 효력은 부정된다(대판 2003.12.12, 2003다44615,44622).

판례 ㉠ **〈재판에 의하여 공유물을 분할하는 경우 대금분할을 명하기 위한 요건〉** 재판에 의하여 공유물을 분할하는 경우에 현물로 분할할 수 없거나 현물로 분할하게 되면 그 가액이 현저히 감손될 염려가 있는 때에는 물건의 경매를 명하여 <u>대금분할을 할 수 있는 것이고</u>, 재판에 의하여 공유물을 분할하는 경우에 법원은 현물로 분할하는 것이 원칙이므로, 불가피하게 대금분할을 할 수밖에 없는 요건에 관한 객관적·구체적인 심리 없이 단순히 공유자들 사이에 분할의 방법에 관하여 의사가 합치하고 있지 않다는 등의 주관적·추상적인 사정에 터잡아 함부로 대금분할을 명하는 것은 허용될 수 없다(대판 2009.9.10. 2009다40219,40226).
㉡ **〈분할청구권자 지분의 일부에 대하여만 공유물 분할을 명하고 일부지분에 대하여는 분할하지 아니하거나, 공유지분비율만을 조정하는 등의 방법으로 공유관계를 유지하도록 하는 것이 허용되는지 여부(소극)〉** 공유물분할청구의 소는 형성의 소로서 법원은 공유물분할을 청구하는 원고가 구하는 방법에 구애받지 않고 재량에 따라 합리적 방법으로 분할을 명할 수 있으므로, 여러 사람이 공유하는 물건을 현물분할하는 경우에는 분할청구권자의 지분한도 안에서 현물분할을 하고 분할을 원하지 않는 나머지 공유자는 공유로 남게 하는 방법도 허용되지만, 그렇다고 하더라도 <u>공유물분할을 청구한 공유자의 지분한도 안에서는 공유물을 현물 또는 경매·분할함으로써 공유관계를 해소하고 단독소유권을 인정하여야지, 그 분할청구권자 지분의 일부에 대하여만 공유물 분할을 명하고 일부지분에 대하여는 분할하지 아니하거나, 공유지분비율만을 조정하는 등의 방법으로 공유관계를 유지하도록 하는 것이 허용될 수</u>

없다(대판 2011.3.10, 2010다92506).

ⓒ 〈**건축허가나 신고 없이 건축된 미등기 건물에 대하여 경매에 의한 공유물분할이 허용되는지 여부(소극)**〉 : 민사집행법 제81조 제1항 제2호 단서는 등기되지 아니한 건물에 대한 강제경매신청서에는 그 건물에 관한 건축허가 또는 건축신고를 증명할 서류를 첨부하여야 한다고 규정함으로써, <u>건축허가나 신고 없이 건축된 미등기 건물에 대하여는 경매에 의한 공유물분할이 허용되지 않는다</u>(민법 제269조, 대법원 2013.09.13. 선고 2011다69190 판결).

3) 공유물 분할효과의 불소급

공유물분할은 지분의 교환·매매의 실질을 가지므로 분할의 효과가 소급하지 않는다. 다만 공동상속재산의 분할의 경우에는 분할의 소급효가 인정된다(제1015조).

4) 분할로 인한 담보책임

공유자는 다른 공유자가 분할로 인하여 취득한 물건에 대하여 그 지분의 비율로 매도인과 동일한 담보책임이 있다(제270조).

5) 공유지분에 저당권이 설정된 경우의 법률관계

관련사례	甲·乙의 공유물인 토지(지분 각 1/2)에 관하여 甲의 지분 상에 丙의 저당권이 설정되어 있는데, 공유물분할이 행하여진 경우
해설	(a) **일부 현물분할의 경우** : 그 지분을 가지는 자가 공유물의 일부를 취득한 경우(예 : 甲과 乙이 각각 공유토지의 일부씩을 취득한 경우, 즉 현물분할의 경우), 담보물권은 종전의 지분의 범위 내에서 분할된 각개의 물건 위에 존속한다(대판 1989. 8. 8, 88다카24868). 따라서 甲의 지분에 집중되는 것이 아니다. (b) **공유물전부취득의 경우** : 그 지분을 가지는 자가 공유물의 전부를 취득한 경우(예 : 甲이 공유토지 전부를 취득한 경우), 담보물권은 종전의 범위 내에서 그 물건 위에 존속한다. 즉 丙의 저당권은 토지 전부의 1/2(종전 甲의 지분비율)지분에 존속한다(이설 없음). 결국 지분은 소멸하지 않고 존속한다. (c) **대금을 취득한 경우** : 공유물이 모두 다른 공유자(가격배상) 또는 제3자에게 귀속하고, 그 지분을 가지는 자가 대금 또는 가격을 취득하는 경우, 담보물권은 종전의 지분의 범위 내에서 그 타인에게 귀속한 물건 위에 존속하며, 그밖에 물상대위의 규정에 따라서 그 대금이나 가격 위에 권리를 행사할 수 있다(통설).

4. 합 유

(1) 의의

> **제271조 (물건의 합유)**
> ① 법률의 규정 또는 계약에 의하여 수인의 조합체로서 물건을 소유하는 때에는 합유로 한다. 합유자의 권리는 합유물 전부에 미친다.
> ② 합유에 관하여는 전항의 규정 또는 계약에 의하는 외에 다음 3조의 규정에 의한다.

1) 의의

합유는 조합 등이 소유하는 형태이다. 각 합유자는 지분을 가지기는 하지만, 그 지분의 개별성은 공유보다 약하다(즉 공유지분의 처분은 자유롭다).

2) 구체적 사례

(ㄱ) 신탁법상 수탁자가 수인 있는 경우에 신탁재산은 합유이다(그러나 이와 구별하여야 할 것은 명의신탁에서 신탁재산을 수인의 수탁자가 공동소유하는 경우에 그 소유관계는 공유라는 것이 판례이다 - 대판 1969. 7. 22, 69다743).

판례 부동산의 공동매수인들이 전매차익을 얻으려는 '공동의 목적 달성'을 위해 상호 협력한 것에 불과하고 이를 넘어 '공동사업을 경영할 목적'이 있었다고 인정되지 않는 경우, 이들 사이의 법률관계는 공유관계에 불과할 뿐 민법상 조합이 아니다(대판 2007.6.14, 2005다5140).

(ㄴ) 광업법상 공동광업자간의 관계도 합유이다.

(ㄷ) 판례는 계가 해산하여 청산절차에 의해 각 계원에게 귀속하기 전에는 채권을 여전히 각 계원이 합유한다고 한다(대판 1962.7.26, 62다264).

(2) 합유지분

> **제272조 (합유물의 처분, 변경과 보존)**
> 합유물을 처분 또는 변경함에는 합유자 전원의 동의가 있어야 한다. 그러나 보존행위는 각자가 할 수 있다.
> **제273조 (합유지분의 처분과 합유물의 분할금지)**
> ① 합유자는 전원의 동의 없이 합유물에 대한 지분을 처분하지 못한다.
> ② 합유자는 합유물의 분할을 청구하지 못한다.

1) 목적제한

합유지분은 공유지분과 같이 자유로이 처분할 수 있는 독립한 권리로서의 지분이 아니다. 다시 말하면 합유지분은 조합의 목적과 단체성에 의하여 제한을 받으며 조합원의 자격과 분리하여 지분권만을 처분할 수 없다. 그리고 동업의 목적 때문에 합유자는 합유물의 분할을 청구하지 못한다.

2) 처분의 자유제한

전체로서의 재산에 대한 지분이건, 개개의 합유물에 대한 지분이건 간에 합유자는 전원의 동의 없이 처분하지 못한다(제273조 제1항).

3) 관리행위

합유물의 관리는 조합업무에 속하므로 업무집행자가 관리하거나 또는 조합원의 과반수의 결정에 따라 행한다(제706조). 단 합유물의 보존행위는 각자가 할 수 있다(제272조 단서).

(3) 부동산의 합유

1) 합유재산이 부동산인 경우에는 합유자 전원의 명의로 등기를 하되, 각자의 지분과 합유의 취지를 등기하여야 한다(부등법 제44조 제1항, 제2항).
2) 합유재산을 합유자 1인의 명의로 소유권보존등기를 한 경우, 이미 합유재산이 아니다. 따라서 합유재산을 합유자의 1인명의로 소유권보존등기한 것은 원인무효의 등기라는 것이 판례이다.

(4) 합유재산과 상속

판례는 부동산의 합유자 중 일부가 사망한 경우, 합유자 사이에 특별한 약정이 있는 경우 이외에는 사망한 합유자의 상속인은 합유자의 지위를 승계한다고 볼 수 없다는 입장이다(대판 1996.12.10. 96다23238).

> **Tip**
>
> ◎ 공유지분은 상속이 인정된다(제267조 참조). 그리고 공유자가 상속인 없이 사망한 경우 그 지분은 국유에 속하는 것이 아니고, 다른 공유자에게 각 지분의 비율로 귀속한다.

(5) 조합원의 탈퇴

예컨대, A와 B가 불화를 일으켜서 도저히 동업을 계속할 수 없는 경우에, B는 그 조합을 탈퇴하는 것이 가장 좋은 방법이다. 조합은 조합원 B의 탈퇴에도 불구하고 존속하며 B는 조합재산의 분배방식에 따라 자기의 지분을 금전으로 계산해서 받을 수 있다(대판 1996.9.6. 96다19208).

5. 총 유

(1) 의의 및 예

> **제275조 (물건의 총유)**
> ① 법인이 아닌 사단의 사원이 집합체로서 물건을 소유할 때에는 총유로 한다.
> ② 총유에 관하여는 사단의 정관 기타 계약에 의하는 외에 다음 2조의 규정에 의한다.

총유의 주체는 법인이 아닌 사단인데, 총유재산으로 되는 것은 '종중재산'·'교회재산'·'사찰재산'·'정착난민단체가 공동으로 구축한 제방'·'동·리의 재산' 등이 있다. 이처럼 법인 아닌 사단의 사원이 집합체로서 물건을 소유할 때는 총유로 한다(제275조 제1항). 한편 사원 지위의 취득·상실과 운명을 같이 하므로, 가령 교인들의 교회재산에 관한 권리·의무는 교회의 교인으로서의 지위를 상실함과 동시에 잃게 된다(제277조).

판례 〈어떠한 임야가 임야조사령에 따라 동·리 명의로 사정된 경우, 임야의 사정명의인인 동·리의 의미〉 ㉠ 어떠한 임야가 일정 아래의 임야조사령에 의하여 동이나 리의 명의로 사정되었다면, 그 동·리는 다른 특별한 사정이 없는 한 단순한 행정구역을 가리키는 것이 아니라 그 행정구역 안에 거주하는 주민들로 구성된 법인 아닌 사단으로서 주민공동체를 가리킨다고 보아야 한다. ㉡ 이러한 주민공동체는 그 주민 전부가 구성원이 되어서 다른 지역으로부터 입주하는 사람은 입주와 동시에 당연히 그 구성원이 되고 다른 지역으로 이주하는 사람은 이주와 동시에 당연히 회원의 자격을 상실하는 불특정 다수인으로 조직된 영속적 단체로서, 행정구역의 변동으로 그 주민공동체가 자연 소멸되지 아니한다(대법원 2012.10.25. 선고 2010다75723 판결).

(2) 총유의 법률관계

> **제276조 (총유물의 관리, 처분과 사용, 수익)**
> ① 총유물의 관리 및 처분은 사원총회의 결의에 의한다.
> ② 각사원은 정관 기타의 규약에 좇아 총유물을 사용, 수익할 수 있다.

> **제277조 (총유물에 관한 권리의무의 득상)**
> 총유물에 관한 사원의 권리의무는 사원의 지위를 취득상실함으로써 취득상실된다.

1) 보존행위

합유자나 공유자는 각자가 보존행위를 할 수 있다. 그러나 총유물의 관리 및 처분은 사원총회의 결의에 의하여야 하므로(제276조 제1항) 관리행위의 하나인 보존행위도 단독으로 할 수 없다.

판례 〈법인 아닌 사단의 구성원 개인이 총유재산의 보존을 위한 소를 제기할 수 있는지 여부(소극)〉 ㉠ 총유재산에 관한 소송은 법인 아닌 사단이 그 명의로 사원총회의 결의를 거쳐 하거나 또는 그 구성원 전원이 당사자가 되어 필수적 공동소송의 형태로 할 수 있을 뿐 그 사단의 구성원은 설령 그가 사단의 대표자라거나 사원총회의 결의를 거쳤다 하더라도 그 소송의 당사자가 될 수 없고, 이러한 법리는 총유재산의 보존행위로서 소를 제기하는 경우에도 마찬가지라 할 것이다. 따라서 이와 달리 법인 아닌 사단의 대표자 개인 또는 구성원 일부가 총유재산의 보존을 위한 소를 제기할 수 있다고 판시한 종전 판결 등은 변경하기로 한다[대판(전합) 2005.9.15, 2004다44971]. ㉡ 한편 비법인사단이 당사자인 사건에서 대표자에게 적법한 대표권이 있는지 여부는 소송요건에 관한 것으로서 법원의 직권조사사항이므로, 법원에 판단의 기초자료인 사실과 증거를 직권으로 탐지할 의무까지는 없다 하더라도 이미 제출된 자료에 의하여 대표권의 적법성에 의심이 갈만한 사정이 엿보인다면 그에 관하여 심리·조사할 의무가 있으며, 비법인사단이 이러한 사원총회 결의 없이 그 명의로 제기한 소송은 소송요건이 흠결된 것으로서 부적법하다(대판 2011.7.28, 2010다97044).

2) 보증행위

총유물의 관리 및 처분이라 함은 총유물 그 자체에 관한 이용·개량행위나 법률적·사실적 처분행위를 의미하는 것이므로, 비법인사단이 타인 간의 금전채무를 보증하는 행위는 총유물 그 자체의 관리·처분이 따르지 아니하는 단순한 채무부담행위에 불과하여 이를 총유물의 관리·처분행위라고 볼 수는 없다[종전판례변경-대판(전합) 2007.4.19, 2004다60072)].

판례 ㉠ 따라서 비법인사단인 재건축조합의 조합장이 채무보증계약을 체결하면서 조합규약에서 정한 조합 임원회의 결의를 거치지 아니하였다거나 조합원총회 결의를 거치지 않았다고 하더라도 그것만으로 바로 그 보증계약이 무효라고 할 수는 없다. 다만, 이와 같은 경우에 조합 임원회의 결의를 거치도록 한 이 사건 규약은 그 조합장의 대표권을 제한하는 규정에 해당하는 것이므로, 거래 상대방이 그와 같은 대표권 제한 및 그 위반 사실을 알았거나 과실로 인하여 이를 알지 못한 때에는 그 거래행위가 무효로 된다[대판(전합) 2007.4.19, 2004다60072]. ㉡ 또한 종중이 그 소유의 이 사건 토지의 매매를 중개한 중개업자에게 중개수수료를 지급하기로 하는 약정을 체결하는 것은 총유물 그 자체의 관리·처분이 따르지 아니하는 단순한 채무부담행위에 불과하여 이를 총유물의 관리·처분행위라고 할 수 없다(대법원 2012.4.12. 선고 2011다107900 판결).

3) 재건축조합의 재산소유관계 및 그 재산의 처분방법(종중도 동일)

주택건설촉진법에 의하여 설립된 재건축조합은 민법상의 비법인사단에 해당하고, 재건축조합의 실체가 비법인사단이라면 재건축조합이 주체가 되어 신축 완공한 상가건물은 조합원 전원의 총유에 속하며, 총유물의 관리 및 처분에 관하여 재건축조합의 정관이나 규약에 정한 바가 있으면 이에 따라야 하고, 그에 관한 정관이나 규약이 없으면 조합원 총회의 결의에 의하여야 한다. 따라서 재건축조합의 대표자가 조합원총회의 결의 없이 한 조합재산의 처분행위는 무효이다(대판 2001.5.29, 2000다10246). 마찬가지로 종중 회장이 종중 이사회를 개최하여 임의로 이사회를 구성하고 종중 재산의 처분을 이사회 결의만으로 가능하도록 임의로 정관을 변경하여 이에 따라 개최한 이사회에서 종중 재산의 처분을 결의한 후 종중 재산을 처분한 경우, 그 종중 재산의 처분은 무효이다(대판 2000.10.27, 2000다22881).

4) 교회의 대표자가 교인총회의 결의를 거치지 아니하고 교회 재산(종중재산도 동일)을 처분한 행위에 대하여 민법 제126조의 표현대리에 관한 규정을 준용할 수 있는지 여부(소극)

(ㄱ) 기독교 단체인 교회에 있어서 교인들의 연보, 헌금 기타 교회의 수입으로 이루어진 재산은 특별한 사정이 없는 한 그 교회 소속 교인들의 총유에 속한다. 따라서 그 재산의 처분은 그 교회의 정관 기타 규약에 의하거나 그것이 없는 경우에는 그 교회 소속 교인들로 구성된 총회의 결의에 따라야 한다.

(ㄴ) 비법인사단인 교회의 대표자는 총유물인 교회 재산의 처분에 관하여 교인총회의 결의를 거치지 아니하고는 이를 대표하여 행할 권한이 없다. 그리고 교회의 대표자가 권한 없이 행한 교회 재산의 처분행위에 대하여는 민법 제126조의 표현대리에 관한 규정이 준용되지 아니한다(대판 2009.2.12, 2006다23312).

5) 총유물에 관한 관리행위의 범위를 초과하는 사용권부여행위가 처분행위의 요건을 갖추지 못한 경우 그 전체를 무효로 볼 것인지여부(소극)

(ㄱ) 총유물의 처분이라 함은 총유물을 양도하거나 그 위에 물권을 설정하는 등의 행위를 말하므로, 그에 이르지 않은 단순히 총유물의 사용권을 타인에게 부여하거나 임대하는 행위는 원칙적으로 총유물의 처분이 아닌 관리행위에 해당한다고 보아야 한다.

(ㄴ) 민법 제619조에 의하면 처분의 능력 또는 권한 없는 사람도 석조, 석회조 등을 목적으로 하는 임대차는 10년, 그 밖의 토지 임대차의 경우에는 5년의 범위 안에서 다른 사람에게 토지를 임대할 수 있으므로, 종중이 종중총회의 결의에 의하지 않고 타인에게 기한을 정하지 않은 채 건축물을 목적으로 하는 토지의 사용권을 부여하였다고 하더라도 이를 곧 처분행위라 단정하여 그 전체가 무효라고 볼 것이 아니라 관리권한에 기하여 사용권의 부여가 가능한 범위 내에서는 관리행위로서 유효할 여지가 있다고 봄이 상당하다(대판 2012.10.25, 2010다56586).

(3) 교회구성원간의 다툼이 있을 시 교회재산의 귀속문제

최근의 전원합의체 판결은 교회의 분열에 관하여 종전의 태도를 변경하였는 바, "우리 민법이 사단법인에 있어서 구성원의 탈퇴나 해산은 인정하지만 사단법인의 구성원들이 2개의 법인으로 나뉘어 각각 독립한 법인으로 존속하면서 종전 사단법인에게 귀속되었던 재산을 소유하는 방식의 사단법인의 분열은 인정하지 아니한다[대판(전합) 2006.4.20. 2004다37775]. 이는 법인아닌 사단에도 그대로 적용된다.

관련사례 예수교 장로회 소속 부산영락교회는 고목사의 입양 女 문제로 인하여 고목사 지지파와 반대파로 양분되어 대립하다가 고목사를 지지하는 파는 종전교회를 탈퇴하고 부산영락교회 이름으로 합동 측 경남노회에 가입하였다. 그런데 고목사를 지지하는 파는 반대파 보다 수가 압도적으로 많았기 때문에 탈퇴 후에도 종전교회 건물을 점거하여 예배 등 종교행위를 계속하였다. 여기서 고목사를 반대하는 측은 원고가 되어 고목사 지지하는 측(피고)에게 건물의 인도를 청구하는 소송을 제기하였다〔대판(전합) 1993.1.19, 91다1226〕.

해설 **(a) 종전 대법원의 다수의견 :** 폐기된 종전 대법원의 다수견해는 분열당시 교인의 총유로 본다. 이 설은 교회가 분열되면 종전교회재산이 분열 당시 교인들의 총유라는 막연한 결과에 도달하기 때문에 분쟁이 종국적으로 해결되지 않는다는 문제가 있다. 즉 종전판례는 교회가 분열된 것으로 보았으나 현재판례는 정관변경의 요건과 동일하게 즉, 탈퇴자가 의결권을 가진 교인 중 2/3 이상이 탈퇴하면 탈퇴자의 총유로 그렇지 않으면 잔류자의 총유로 본다(대판 2006.4.20, 2004다37775).

(b) 현재 대법원의 다수의견

교인들이 교회를 탈퇴하여 그 교회 교인으로서의 지위를 상실한 경우, 종전 교회 재산의 귀속관계 (=잔존 교인들의 총유나 탈퇴한 교인이 일정 수 이상인 경우에는 예외) : 의결권을 가진 종전 교회의 교인 중 2/3 이상이 소속 교단을 탈퇴하거나 소속 교단을 다른 교단으로 변경하는데 동의한 경우에는 종전 교회의 실체는 이와 같이 교단을 탈퇴한 교회로서 존속하고 종전 교회 재산은 위 탈퇴한 교회 소속 교인들의 총유로 귀속된다〔대판(전합) 2006.4.20, 2004다37775〕. 이때 종전 교회의 교인 중 2/3 이상의 동의가 있었는지 여부는 이를 주장하는 측에서 입증하여야 한다. 따라서 권리능력 없는 사단인 교회의 교인들의 일부가 집단적으로 탈퇴하거나 소속교단을 변경하더라도 교회가 분열된 것으로 보지 않게 된다.

〈관련판례〉: 법인 아닌 사단의 구성원 중 일부가 탈퇴하여 새로운 법인 아닌 사단을 설립하는 경우에 종전의 법인 아닌 사단에 남아 있는 구성원들이 자신들이 총유의 형태로 소유하고 있는 재산을 새로이 설립된 법인 아닌 사단의 구성원들에게 양도하거나, 법인 아닌 사단이 해산한 후 그 구성원들이 나뉘어 여러 개의 법인 아닌 사단들을 설립하는 경우에 해산되기 전의 법인 아닌 사단의 구성원들이 자신들이 총유의 형태로 소유하고 있던 재산을 새로이 설립된 법인 아닌 사단들의 구성원들에게 양도하는 것은 허용된다 할 것이다(대판 2008.1.31, 2005다60871).

〈공유 · 합유 · 총유의 비교〉

구 분	공 유	합 유	총 유
결합형태	공동소유자 사이에 원칙적으로 인적 결합관계가 없는 형태	공동소유자 사이에 조합체인 인적 결합관계가 있는 형태	공동소유자 사이에 권리능력 없는 사단의 인적결합관계가 있는 형태
지 분	공유지분(제262조 제1항)	합유지분(제273조 제1항)	없음
지분의 처분	자유(제263조)	전원의 동의(제273조 제1항)	없음
보존행위	각자 단독으로 가능 (제265조 단서)	각자 단독으로 가능 (제272조 단서)	사원총회 결의 (제276조 제1항)

처분·변경	전원의 동의(제264조)	전원의 동의(제272조 본문)	사회총회 결의 (제276조 제1항)
사용·수익	지분의 비율에 따라 공유 물 전부 사용(제263조)	조합계약 기타 규약에 따라 (제271조 제2항)	정관 기타 규약에 좇아 (제276조 제2항)
분할청구	자유(제268조 제1항), 단 금지특약도 가능	불가(제273조 제2항)	불가
공동소유 관계의 종료	공유물의 양도·분할	조합체의 해산, 합유물의 양 도(제274조 제1항)	총유물의 양도, 사원지위의 상실(제277조)

〈이종훈 물권법편, p.344〉

(4) 준총유

> 제278조 (준공동소유)
> 본절의 규정은 소유권이외의 재산권에 준용한다. 그러나 다른 법률에 특별한 규정이 있으면 그에 의한다.

소유권이외의 재산권이 법인격 없는 사단에 귀속되는 경우에 이를 준총유라한다. 이러한 준총유도 총유에 준하기 때문에 따라서 총유의 규정은 소유권이외의 재산권에 준용한다는 것이다.

판례 유치권을 주장하는 교회의 구성원들이 그들의 준총유에 속하는 유치권의 유치물을 사용하는 것은, 법인이 아닌 사단의 구성원으로서 자신의 정당한 권능을 행사하는 것일 뿐만 아니라 유치물의 "보존에 필요한 사용"으로 허용된다고 할 것이다. 그리고 이러한 사용에는 총유물의 관리·처분과 달리 사원총회의 결의를 요하지 아니한다 (대법원 2011.12.13. 선고 2009다5162 판결).

IX. 명의신탁

판례는 명의신탁(名義信託)의 기초를 기본적으로 신탁행위에 두고 있다. 즉 신탁행위의 유형으로서 담보목적의 양도담보·추심목적의 채권양도·등기명의만을 타인에게 해 두는 명의신탁을 인정하고 있다. 이제 부동산실명법이 제정되어 종래의 부동산 명의신탁이론은 상당한 수정을 받게 되었다. 즉 원칙적으로 부동산 명의신탁은 무효가 된다(후술). 그리고 담보목적의 양도담보는 가등기담보 등에 관한 법률의 적용을 받게 되었다(비전형담보에서 상술).

민법상 신탁행위	일정한 경제적 목적	담보목적(양도담보)
		추심목적
		명의신탁
	경제적 목적을 초과하는 재산권 이전	
	위 경제적 목적을 위한 범위내 당사자간 약정	

1. 명의신탁의 개념

(1) 의의

법률행위 중 신탁행위의 한 유형으로 설명하는 판례는 명의신탁에 관하여 "신탁자가 소유권을 보류하여 이를 관리·수익하면서, 공부상의 소유명의만을 수탁자로 하여 두는 것"을 말한다고 하였다. 즉 이는 진정한 소유자가 아닌 자를 대외적으로 마치 소유인 것처럼 공부상 표시해 놓는 것을 말한다. 따라서 동산에 관하여는 공부상 그 소유관계가 공시될 수 없기 때문에 명의신탁이 인정될 수 없는 것이나, 예외적으로 공시가 가능한 동산은 명의신탁이 인정될 수 있는 것이다(대판 1994.10.11. 94다16175).

(2) 사례

(ㄱ) 1필지의 토지 중 일부를 매도하면서 토지가 등기부상 분할되어 있지 아니하였던 관계로 전부에 관하여 매도인으로부터 매수인에게 소유권이전등기를 경료한 경우, 매도인이 매수인에게 매도하지 아니하였던 토지 부분에 관하여는 특별한 사정이 없는 한 두 사람 사이에 명의신탁관계가 성립되었다고 할 것이다(대판 2010.2.11. 2009다40264; 대판 2008.2.14. 2007다63690). (ㄴ) 한편 부동산경매절차에서 부동산을 매수하려는 사람이 매수대금을 자신이 부담하면서 다른 사람의 명의로 매각허가결정을 받기로 약정하여 그에 따라 매각허가가 이루어진 경우, 매수대금의 부담자와 명의인 간에 명의신탁관계가 성립한다(대판 2008.11.27. 2008다62687).

(3) 입증

등기가 명의신탁에 의한 것이라는 사실에 대한 증명책임의 소재는 명의신탁을 주장하는 사람이다(대판 2008.4.24. 2007다90883).

(4) 반사회적 질서인지 여부

명의신탁약정 그 자체는 반사회질서의 법률행위가 아니다(대판 2008.2.14. 2007다69148). 따라서 불법원인급여규정(제746조)이 적용되지 않는다.

판례 〈명의신탁과 반사회질서의 법률행위〉 ㉠ 부동산실권리자명의등기에관한법률이 규정하는 명의신탁약정은 부동산에 관한 물권의 실권리자가 타인과의 사이에서 대내적으로는 실권리자가 부동산에 관한 물권을 보유하거나 보유하기로 하고 그에 관한 등기는 그 타인의 명의로 하기로 하는 약정을 말하는 것일 뿐이므로, 그 자체로 선량한 풍속 기타 사회질서에 위반하는 경우에 해당한다고 단정할 수 없다(대판 2003.11.27. 2003다41722). ㉡ 따라서 비록 부동산등기제도를 악용한 투기·탈세·탈법행위 등 반사회적 행위를 방지하는 것 등을 목적으로 제정되었다고 하더라도, 무효인 명의신탁약정에 기하여 타인 명의의 등기가 마쳐졌다는 이유만으로 그것이 당연히 불법원인급여에 해당한다고 볼 수 없다(대판 2003.11.27. 2003다41722).

2. 부동산실명법상 명의신탁허부

(1) 명의신탁약정의 금지와 예외적으로 허용되는 경우

1) 부동산실명법의 태도

동법에서는 ['명의신탁약정'이라 함은 부동산에 관한 소유권 기타 물권을 보유한 자 또는 사실상 취득하거나 취득하려고 하는 자가 타인과의 사이에서 대내적으로는 실권리자가 부동산에 관한 물권을 보유하거나 보유하기로 하고 그에 관한 등기(가등기를 포함한다)는 그 타인의 명의로 하기로 하는 약정을 말한다]고 하고 있다(제2조). 다만, 다음의 경우는 동법의 명의신탁약정으로 보지 않는다. 즉 유효성을 긍정한다는 것이다. ㉠ 채무의 변제를 담보하기 위하여 채권자가 부동산에 관한 물권을 이전받거나(양도담보) 가등기하는 경우, ㉡ 부동산의 위치와 면적을 특정하여 2인 이상이 구분소유하기로 하는 약정을 하고 그 구분소유자의 공유로 등기하는 경우(상호명의신탁) ㉢ 신탁법 또는 신탁업법에 의한 신탁재산인 사실을 등기한 경우 등이 있다.

판례 〈**구분소유적 공유관계의 성립요건**〉 구분소유적 공유관계는 어떤 토지에 관하여 그 위치와 면적을 특정하여 여러 사람이 구분소유하기로 하는 약정이 있어야만 적법하게 성립할 수 있고, 공유자들 사이에 그 공유물을 분할하기로 약정하고 그 때부터 각자의 소유로 분할된 부분을 특정하여 각자 점유·사용하여 온 경우에도 구분소유적 공유관계가 성립할 수 있지만, 공유자들 사이에서 특정 부분을 각각의 공유자들에게 배타적으로 귀속시키려는 의사의 합치가 이루어지지 아니한 경우에는 이러한 관계가 성립할 여지가 없다(대판 2007.4.13, 2005다55930).

2) 특례규정

동법 제8조에서는 종중 및 배우자에 대한 특례규정을 두어 조세포탈, 강제집행의 면탈 또는 법령상 제한의 회피를 목적으로 하지 아니하는 경우에는 제4조(명의신탁약정무효 등)의 규정을 적용하지 아니한다.

㉠ 종중이 보유한 부동산에 관한 물권을 종중(종중과 그 대표자를 같이 표시하여 등기한 경우를 포함한다)외의 자의 명의로 등기한 경우, ㉡ 배우자 명의(법률상 배우자)로 부동산에 관한 물권을 등기한 경우

판례 ① 따라서 판례는 어떠한 명의신탁등기가 위 법률에 따라 무효가 되었다고 할지라도 그 후 신탁자와 수탁자가 혼인하여 그 등기의 명의자가 배우자로 된 경우에는 조세포탈, 강제집행의 면탈 또는 법령상 제한의 회피를 목적으로 하지 아니하는 한 이 경우에도 위 법률 제8조 제2호의 특례를 적용하여 그 명의신탁등기는 당사자가 혼인한 때로부터 유효하게 된다고 보고 있다(대판 2002.10.25, 2002다23840).② 명의신탁을 받은 사람이 사망하면 그 명의신탁관계는 재산상속인과의 사이에 그대로 존속한다고 할 것인데, 부동산실명법 제8조 제2호에 따라 부부간 명의신탁이 일단 유효한 것으로 인정되었다면 그 후 배우자 일방의 사망으로 부부관계가 해소되었다 하더라도 그 명의신탁약정은 사망한 배우자의 다른 상속인과의 관계에서도 여전히 유효하게 존속한다고 보아야 한다(대법원 2013.1.24. 선고 2011다99498 판결).

(2) 명의신탁된 종중재산의 법률관계

명의신탁의 법률관계는 대내관계와 대외관계로 구별하여, 대내관계는 신탁자를 소유자로 대외관계는 수탁자를 완전한 소유자로 인정하여 법리를 전개하였다.

1) 대내관계

㈎ 명의신탁의 대내관계는 신탁자와 수탁자 사이에 체결된 신탁계약에 의하여 정하여지고, 신탁계약의 기본은 신탁자가 수탁자에 대한 관계에서 목적물의 소유권을 보유한다는 것이다. 따라서 명의신탁된 토지 위에 수탁자가 건물을 지어 소유하고 있다가 그 명의신탁이 해지되

더라도 그 건물은 어디까지나 신탁자 소유의 토지 위에 지은 것이므로, 따라서 수탁자가 신탁자에 대하여 관습상의 법정지상권을 취득할 수 없다고 한다. 그리고 타인에게 명의신탁한 대지 위에 제3자가 신탁자의 승낙을 얻어 공작물을 설치한 경우에는 수탁자는 제3자를 상대로 그 공작물의 철거를 청구할 수 없게 된다.

(ㄴ) 명의신탁에 의하여 부동산의 소유자로 등기된 자는 그 점유권원의 성질상 자주점유라 할 수 없어 신탁부동산의 소유권을 시효취득할 수 없다.

2) 대외관계

(ㄱ) 수탁자는 대외적인 관계에 있어서 완전한 소유자이다. 따라서 수탁자로부터 그 부동산을 양수한 제3자는 그가 선의이었건 악의이었건 가릴 것 없이, 즉 명의신탁의 사실을 알았는지 여부를 불문하고, 그 소유권을 유효하게 취득하는 것이 원칙이다. 다만 제3자가 수탁자에게 매도나 담보제공 등을 적극적으로 권유함으로써 수탁자의 배임행위에 적극 가담한 경우에는 명의수탁자와 제3자 사이의 계약은 반사회적 법률행위로서 무효가 된다(제103조 확대적용설: 대판2008.3.27, 2007다82875).

(ㄴ) <u>명의신탁자는 불법점유자 내지는 불법등기명의자에 대해 직접 그 명도 내지는 등기말소를 청구할 수는 없고 수탁자를 대위하여 그 권리를 행사할 수 있을 뿐이다</u>[대판(전합) 1979. 9. 25, 77다1079].

3) 명의신탁의 해지

(ㄱ) 단순한 명의신탁은 신탁자가 소유권을 실질적으로 보유하고 수탁자는 그 부동산에 대하여 하등의 권한이 부여됨이 없이 단지 형식적으로만 등기명의를 갖게 되는 관계에 있으므로 특별한 사정이 없으면, 신탁자는 언제든지 신탁을 해지할 수 있다.

(ㄴ) 종중재산의 명의신탁으로서 그것이 위법한 목적으로 하지 않는 경우에는, 그 명의신탁약정은 유효로 한다. 명의신탁이 해지된 경우 신탁자는 수탁자에 대하여 소유권에 기하여 등기관계를 실체적 권리관계에 부합하도록 하기 위하여 <u>수탁자 명의의 등기말소를 청구할 수 있는 것이며, 반드시 소유권이전등기만을 청구할 수 있는 것은 아니다.</u> 이 소유권에 기한 그 등기청구권은 시효에 의하여 소멸되지 않는다고 한다(대판 1998.4.24, 97다44416). 한편 명의신탁해지의 효과는 소급하지 않고 장래에 향하여 효력이 있음에 불과하고, 나아가 제3자는 신탁자에 앞서 보호되어야 할 것이므로, 신탁자 앞으로 등기명의를 이전하기 전에 수탁자로부터 부동산을 취득한 자는 적법하게 소유권을 취득한다고 한다.

판례 〈신탁해지와 불가분성〉 계약의 해지는 전원이 전원에 대하여 하여야 하는 불가분성이 있으나(제547조), 명의신탁의 경우 수탁자의 사망으로 인하여 수탁자의 지위가 공동상속되었을 때 <u>신탁해지의 의사표시가 그 공동상속인 일부에게만 이루어졌다면 신탁해지의 효과는 그 일부 상속인에게만 발생하는 것인 점이 특색이 있다</u>(대판 1999.8.20, 97다50930).

4) 취득시효에서 신탁자에게 회복된 경우

종중이 개인에게 명의신탁하여 그 명의로 사정 받은 부동산에 관하여 제3자의 취득시효가 완성된 후 명의신탁자인 종중 명의로 소유권보존등기가 경료된 경우, 제3자가 종중에 대해 시효취득을 주장할 수는 없다(대판 2001.10.26. 2000다8861). 즉 취득시효에서 부동산등기 명의가 수탁자에서 신탁자에게로 회복된 경우의 법률관계이다.

3. 부동산실명법 제4조의 구체적 내용

> **제4조 【명의신탁약정의 효력】**
> ① 명의신탁약정은 무효로 한다.
> ② 명의신탁약정에 따라 행하여진 등기에 의한 부동산에 관한 물권변동은 무효로 한다. 다만, 부동산에 관한 물권을 취득하기 위한 계약에서 명의수탁자가 그 일방당사자가 되고 그 타방당사자는 명의신탁약정이 있다는 사실을 알지 못한 경우에는 그러하지 아니하다.
> ③ 제1항 및 제2항의 무효는 제3자에게 대항하지 못한다.

(1) 부동산실명법 제4조의 의미

1) 채권적 효력

부동산실권리자명의등기에 관한 법률상 원칙적으로 명의신탁약정은 무효로 한다. 즉 채권적 효력은 무효이다.

2) 물권적 효력

그리고 그 명의신탁약정에 따라 행하여진 등기에 의한 부동산에 관한 물권변동은 무효로 한다. 즉 등기 또한 무효이다. 다만, 물권변동(=등기)이 유효한 경우가 있는데 이를 계약명의신탁이라한다. 즉 부동산에 관한 물권을 취득하기 위한 계약에서 명의수탁자가 그 일방당사자가 되고 명의수탁자와 거래하는 상대방(주로 매도인)이 명의신탁약정이 있다는 사실을 알지 못한 경우(=선의)에는 그 등기가 유효하다.

3) 제3자보호

명의신탁약정과 그 등기가 무효라 하더라도 제3자는 선악불문하고 보호된다.

판례 〈양자간 등기명의신탁에서 명의수탁자가 신탁부동산을 처분하여 제3취득자가 유효하게 소유권을 취득함으로써 명의신탁자가 신탁부동산에 대한 소유권을 상실한 경우, 명의신탁자의 소유권에 기한 물권적 청구권이 인정되는지 여부(소극)〉 : 양자간 등기명의신탁에서 명의수탁자가 신탁부동산을 처분하여 제3취득자가 유효하게 소유권을 취득하고 이로써 명의신탁자가 신탁부동산에 대한 소유권을 상실하였다면, 명의신탁자의 소유권에 기한 물권적 청구권, 즉 말소등기청구권이나 진정명의회복을 원인으로 한 이전등기청구권도 더 이상 그 존재 자체가 인정되지 않는다. 그 후 명의수탁자가 우연히 신탁부동산의 소유권을 다시 취득하였다고 하더라도 명의신탁자가 신탁부동산의 소유권을 상실한 사실에는 변함이 없으므로, 여전히 물권적 청구권은 그 존재 자체가 인정되지 않는다(대법원 2013.2.28. 선고 2010다89814 판결).

4) 유예기간 경과 후의 법률관계

부동산실권리자명의등기에관한법률 시행 전에 위와 같은 명의신탁 약정과 그에 기한 물권변동이 이루어진 다음 부동산실권리자명의등기에관한법률 제11조에서 정한 유예기간 내에 실명등기 등을 하지 않고 그 기간을 경과한 때에도 같은 법 제12조 제1항에 의하여 제4조의 적용을 받게 되어 위 법리가 그대로 적용된다(대판 2002.12.26. 2000다21123).

판례〈실명전환유예기간연장규정의 의미와 예〉 ㉠ 부동산 실명법 제11조 제1항은 위 법 시행 당시의 기존 명의신탁자에 대하여 시행일로부터 1년의 유예기간 내에 자신 명의로 실명등기를 하도록 규정하고 있고, 한편 부동산 실명법 제12조 제1항 및 제4조 제1항은, 제11조에 규정된 기간 이내에 실명등기 또는 매각처분 등을 하지 아니한 경우 그 기간이 경과한 날 이후의 명의신탁약정은 무효로 한다. ㉡ 부동산 실권리자명의 등기에 관한 법률 제11조 제4항에서 말하는 '부동산물권에 관한 쟁송'란 명의신탁자가 당사자로서 해당 부동산에 관하여 자신이 실권리자임을 주장하여 이를 공적으로 확인받기 위한 쟁송이면 족하고, 또한 쟁송제기 주체가 명의신탁자가 아닌 명의신탁자의 채권자가 명의신탁자를 대위하여 명의수탁자를 상대로 소송을 제기한 경우에도 이에 해당하며, 그 결과에 의하여 곧바로 실명등기를 할 수 있어야 하는 쟁송으로 제한되는 것도 아니지만, 적어도 다툼의 대상인 권리관계가 확정되기 전까지는 실명등기를 할 수 없는 쟁송이어야 한다고 해석하여야 한다. 그런데 수탁자를 상대로 제기한 근저당권설정행위라는 불법행위에 따른 손해배상을 구하는 소는 법 제11조 제4항에 정한 '부동산물권에 관한 쟁송'에 해당한다고 보기 어렵다(대판 2011.5.26, 2010다21214).

(2) 부동산실명법상의 제3자간 등기명의신탁

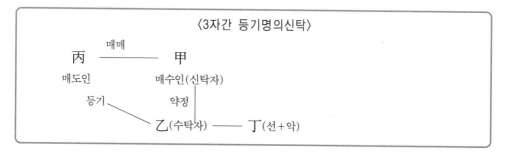

1) 매도인소유로 복귀

이른바 3자간 등기명의신탁의 경우 '부동산 실권리자명의 등기에 관한 법률'에 의하여 그 명의신탁약정과 그에 의한 등기는 무효가 되고 그 소유권은 제3자가 나타나지 않는 한 매도인의 소유가 된다. 예컨대 부동산실권리자 명의등기에 관한 법률 소정의 유예기간 경과에 의하여 기존의 명의신탁약정과 그에 의한 등기가 무효로 되면 −1996.6.31까지 실명등기를 하여야 하며, 이를 경과한 1996.7.1부터 무효− 기존의 명의신탁약정과 그에 의한 등기가 무효로 되면 명의신탁 부동산은 매도인소유로 복귀한다(제3자간 등기명의신탁). 따라서 매도인은 명의수탁자에게 무효인 명의수탁자 명의의 등기의 말소를 구할 수 있게 된다.

2) 매매계약은 유효

한편 부동산실명법은 매도인과 명의신탁자 사이의 매매계약의 효력을 부정하는 규정을 두고 있지 아니하여 위 유예기간 경과후로도 매도인과 명의신탁자 사이의 매매계약은 여전히 유효하다.

3) 명의신탁자의 채권자대위권행사

명의신탁자는 위 매매계약에 기한 매도인에 대한 소유권이전등기청구권을 보전하기 위하여 매도인을 대위하여 명의수탁자에게 무효인 명의수탁자 명의의 등기의 말소를 구할 수 있다 (대판 1999.9.17, 99다21738).

판례 〈제3자간 등기명의신탁에서 부당이득으로 부동산자체의 반환문제〉 이른바 3자간 등기명의신탁의 경우 '부동산 실권리자명의 등기에 관한 법률'(이하 '부동산실명법'이라고 한다)에 의하여 그 명의신탁약정과 그에 의한 등기가 무 효로 되더라도 명의신탁자는 매도인에 대하여 매매계약에 기한 소유권이전등기청구권을 보유하고 있어 그 유예기간 의 경과로 그 등기 명의를 보유하지 못하는 손해를 입었다고 볼 수 없고, 그와 같이 명의신탁 부동산의 소유권이 매 도인에게 복귀한 마당에 명의신탁자가 무효인 등기의 명의인인 명의수탁자를 상대로 그 이전등기를 구할 수도 없다 할 것이므로, 결국 3자간 등기명의신탁에 있어서 명의신탁자는 명의수탁자를 상대로 부당이득반환을 원인으로 한 소유권이전등기를 구할 수 없다(대판 2009.4.9. 2008다87723).

4) 무효인 약정의 경우 해지불가

유예기간이 경과한 날 이후부터 명의신탁약정과 그에 따라 행하여진 등기에 의한 부동산 에 관한 물권변동이 무효가 되므로 명의신탁자는 더 이상 명의신탁해지를 원인으로 하는 소유권이전등기를 청구할 수 없다(대결 1997.5.1, 97마384).

5) 실체와 일치한 등기는 유효

판례는 제3자간 명의신탁에서 명의신탁자는 매도인에 대하여 매매계약에 기한 소유권이전등 기를 청구할 수 있고, 그 소유권이전등기청구권을 보전하기 위하여 매도인을 대위하여 명의수 탁자에게 무효인 그 명의 등기의 말소를 구할 수도 있으므로, 명의수탁자가 명의신탁자 앞으 로 바로 경료해 준 소유권이전등기는 결국 실체관계에 부합하는 등기로서 유효하다고 한다(대 판 2004.6.25, 2004다6764).

판례 〈이른바 3자간 등기명의신탁에 있어서, 명의수탁자가 부동산실권리자명의등기에관한법률에서 정한 유예기간 경 과 후에 자의로 명의신탁자에게 바로 소유권이전등기를 경료해 준 경우, 그 등기의 효력(유효)〉 ⊙ 유예기간의 경과로 기존 명의신탁약정과 그에 의한 명의수탁자 명의의 등기가 모두 무효로 되고, 명의신탁자는 명의신탁약정의 당 사자로서 같은 법 제4조 제3항의 제3자에 해당하지 아니하므로 명의수탁자 명의의 소유권이전등기도 무효가 된 다 할 것이지만, ⓒ 한편 같은 법은 매도인과 명의신탁자 사이의 매매계약의 효력을 부정하는 규정을 두고 있지 아니하여 유예기간 경과 후로도 매도인과 명의신탁자 사이의 매매계약은 여전히 유효하므로, 명의신탁자는 매 도인에 대하여 매매계약에 기한 소유권이전등기를 청구할 수 있고, 그 소유권이전등기청구권을 보전하기 위하 여 매도인을 대위하여 명의수탁자에게 무효인 그 명의 등기의 말소를 구할 수도 있으므로, ⓒ 명의수탁자가 명 의신탁자 앞으로 바로 경료해 준 소유권이전등기는 결국 실체관계에 부합하는 등기로서 유효하다(대판 2004.6.25, 2004다6764).

6) 제3자간 등기명의신탁에서 신탁자와 수탁자간의 법률관계

(ㄱ) 3자간 등기명의신탁에서 부동산 실권리자명의 등기에 관한 법률에서 정한 유예기간이 경 과하여 명의신탁약정과 그에 따른 등기가 무효인 경우, 명의신탁자가 매도인을 대위하여 명 의수탁자에게 무효인 명의 등기의 말소를 구할 수 있다.

(ㄴ) 3자간 등기명의신탁에서 부동산 실권리자명의 등기에 관한 법률에서 정한 유예기간이 경과

한 후 명의수탁자가 신탁부동산을 임의로 처분 등을 하여 제3취득자 명의로 이전등기가 마쳐진 경우, <u>명의수탁자가 명의신탁자에게 신탁부동산의 처분대금이나 보상금으로 취득한 이익을 부당이득으로 반환할 의무가 있다</u>(대판 2011.9.8. 2009다49193,49209).

7) 3자간 등기명의신탁과 계약명의신탁의 구별 기준

<u>명의신탁약정이 3자간 등기명의신탁인지 아니면 계약명의신탁인지의 구별은 계약당사자가 누구인가를 확정하는 문제로 귀결되는데, 계약명의자가 명의수탁자로 되어 있다 하더라도 계약당사자를 명의신탁자로 볼 수 있다면 이는 3자간 등기명의신탁이 된다.</u> 따라서 계약명의자인 명의수탁자가 아니라 명의신탁자에게 계약에 따른 법률효과를 직접 귀속시킬 의도로 계약을 체결한 사정이 인정된다면 명의신탁자가 계약당사자라고 할 것이므로, 이 경우의 명의신탁관계는 3자간 등기명의신탁으로 보아야 한다(대판 2010.10.28. 2010다52799).

(3) 계약명의신탁의 법률관계

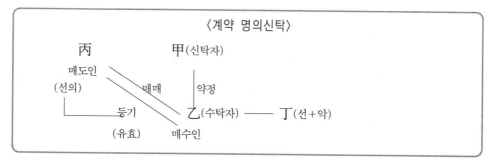

1) 명의신탁자와 수탁자간의 법률관계

(ㄱ) <u>부동산 실권리자명의 등기에 관한 법률 시행 후에 이른바 계약명의신탁약정을 한 경우, 명의수탁자가 명의신탁자에게 반환하여야 할 부당이득의 대상은 매수자금이다</u>(대판 2008.2.14. 2007다69148,69155). 그리고 당해 부동산의 매매대금 상당액 이외에 명의신탁자가 명의수탁자에게 지급한 취득세, 등록세 등의 취득비용도 특별한 사정이 없는 한 위 계약명의신탁약정의 무효로 인하여 명의신탁자가 입은 손해에 포함되어 명의수탁자는 이 역시 명의신탁자에게 부당이득으로 반환하여야 한다(대판 2010.10.14. 2007다90432).

판례 〈부동산경매절차에서 부동산을 매수하려는 사람이 다른 사람과의 명의신탁약정 아래 그 사람의 명의로 매각허가결정을 받아 자신의 부담으로 매수대금을 완납한 경우의 법률관계〉 ① 부동산경매절차에서 부동산을 매수하려는 사람이 다른 사람과의 명의신탁약정 아래 그 사람의 명의로 매각허가결정을 받아 자신의 부담으로 매수대금을 완납한 경우, 경매목적 부동산의 소유권은 매수대금의 부담 여부와는 관계없이 그 명의인이 취득하게 되고, 매수대금을 부담한 명의신탁자와 명의를 빌려 준 명의수탁자 사이의 명의신탁약정은 부동산 실권리자명의 등기에 관한 법률 제4조 제1항에 의하여 무효이므로, <u>명의신탁자는 명의수탁자에 대하여 그 부동산 자체의 반환을 구할 수는 없고 명의수탁자에게 제공한 매수대금에 상당하는 금액의 부당이득반환청구권을 가질 뿐이다.</u> ② <u>경매절차에서 매수대금을 부담한 명의신탁자와 매수인 명의를 빌려준 명의수탁자 및 제3자 사이의 새로운 명의신탁약정에 의하여 명의수탁자가 다시 명의신탁자가 지정하는 제3자 앞으로 소유권이전등기를 마쳐 주었다면, 제3자 명의의 소유권이전등기는 위 법률 제4조 제2항에 의하여 무효이다</u>(대판 2009.9.10. 2006다73102).

(ㄴ) 다만 부동산 실권리자명의 등기에 관한 법률 시행 전에 이른바 계약명의신탁에 따라 명의신탁 약정이 있다는 사실을 알지 못하는 소유자로부터 명의수탁자 앞으로 소유권이전등기가 경료되고 같은 법 소정의 유예기간이 경과하여 명의수탁자가 당해 부동산의 완전한 소유권을 취득한 경우, 명의수탁자가 명의신탁자에게 반환하여야 할 부당이득의 대상은 당해 부동산 자체라고 봄이 판례이다(대판 2008.11.27, 2008다62687).

판례 〈계약명의신탁과 부동산자체의 반환〉 부동산 실권리자명의 등기에 관한 법률 시행 전에 명의수탁자가 명의신탁 약정에 따라 부동산에 관한 소유명의를 취득한 경우 위 법률의 시행 후 같은 법 제11조 소정의 유예기간이 경과하기 전까지는 명의신탁자는 언제라도 명의신탁 약정을 해지하고 당해 부동산에 관한 소유권을 취득할 수 있었던 것인데 실명화 등의 조치 없이 위 유예기간이 경과함으로써 같은 법 제12조 제1항, 제4조에 의해 명의신탁 약정은 무효로 되는 한편, 명의수탁자가 당해 부동산에 관한 완전한 소유권을 취득하게 되어 결국 명의수탁자는 당해 부동산 자체를 부당이득하게 되고, 같은 법 제3조 및 제4조가 명의신탁자에게 소유권이 귀속되는 것을 막는 취지의 규정은 아니므로 명의수탁자는 명의신탁자에게 자신이 취득한 당해 부동산을 부당이득으로 반환할 의무가 있다(대판 2008.11.27, 2008다62687).

2) 명의수탁자의 소유권취득

부동산실권리자명의등기에관한법률 제4조 제1항, 제2항에 의하면, 명의신탁자와 명의수탁자가 이른바 계약명의신탁약정을 맺고 명의수탁자가 당사자가 되어 명의신탁약정이 있다는 사실을 알지 못하는 소유자와의 사이에 부동산에 관한 매매계약을 체결한 후 그 매매계약에 따라 당해 부동산의 소유권이전등기를 수탁자 명의로 마친 경우에는 명의신탁자와 명의수탁자 사이의 명의신탁약정의 무효에도 불구하고 그 명의수탁자는 당해 부동산의 완전한 소유권을 취득하게 된다(대판 2005.1.28. 2002다66922).

3) 부당이득반환청구권의 소멸시효기간

「부동산 실권리자명의 등기에 관한 법률」 시행 전에는 명의수탁자는 명의신탁자에게 자신이 취득한 당해 '부동산'을 부당이득으로 반환할 의무가 있다 할 것인바, 이와 같은 경위로 명의신탁자가 당해 부동산의 회복을 위해 명의수탁자에 대해 가지는 소유권이전등기청구권은 그 성질상 법률의 규정에 의한 부당이득반환청구권으로서 민법 제162조 제1항에 따라 10년의 기간이 경과함으로써 시효로 소멸한다(대판 2009.7.9, 2009다23313 ; 대판 2008.11.27, 2008다62687 등).

4) 부당이득반환청구권과 유치권 문제

계약명의신탁에서 명의신탁자와 명의수탁자 사이의 명의신탁약정은 무효이지만 그 명의수탁자는 당해 부동산의 완전한 소유권을 취득하게 되고, 반면 명의신탁자는 애초부터 당해 부동산의 소유권을 취득할 수 없고 다만 그가 명의수탁자에게 제공한 부동산매수자금이 무효의 명의신탁약정에 의한 법률상 원인 없는 것이 되는 관계로 명의수탁자에 대하여 동액 상당의 부당이득반환청구권을 가질 수 있을 뿐이다. 명의신탁자의 이와 같은 부당이득반환청구권은 부동산 자체로부터 발생한 채권이 아닐 뿐만 아니라 소유권 등에 기한 부동산의 반환청구권과 동일한 법률관계나 사실관계로부터 발생한 채권이라고 보기도 어려우므로, 결국 민법 제320조 제1항에서 정한 유치권 성립요건으로서의 목적물과 채권 사이의 견련관계를 인정할 수 없다(대판 2009.3.26, 2008다34828).

5) 계약명의신탁과 사해행위

부동산 실권리자명의 등기에 관한 법률 제4조 제2항 단서에 의해 신탁부동산의 소유권을 취득한 이른바 계약명의신탁 약정의 명의수탁자가, 채무초과 상태에서 명의신탁자나 그가 지정하는 사람에게 신탁부동산을 양도하는 행위는 사해행위에 해당한다고 함이 판례이다(대판 2008.9.25. 2007다74874)

판례 〈제406조 채권자취소권의 대상으로서 사해행위〉 부동산에 관하여 부동산 실권리자명의 등기에 관한 법률 제4조 제2항 본문이 적용되어 명의수탁자인 채무자 명의의 소유권이전등기가 무효인 경우에는 그 부동산은 채무자의 소유가 아니기 때문에 이를 채무자의 일반 채권자들의 공동담보에 제공되는 책임재산이라고 볼 수 없고, 채무자가 위 부동산에 관하여 제3자와 매매계약을 체결하고 그에게 소유권이전등기를 마쳐주었다고 하더라도 그로써 채무자의 책임재산에 감소를 초래한 것이라고 할 수 없으므로 이를 들어 채무자의 일반 채권자들을 해하는 사해행위라고 할 수 없으며, 채무자에게 사해의 의사가 있다고 볼 수도 없다. 그러나 명의신탁자와 명의수탁자가 이른바 계약명의신탁 약정을 맺고 명의수탁자가 당사자가 되어 명의신탁 약정이 있다는 사실을 알지 못하는 소유자와 부동산에 관한 매매계약을 체결한 후 그 매매계약에 따라 당해 부동산의 소유권이전등기를 명의수탁자 명의로 마친 경우에는, 명의수탁자가 취득한 부동산은 채무자인 명의수탁자의 일반 채권자들의 공동담보에 제공되는 책임재산이 되고, 명의신탁자는 명의수탁자에 대한 관계에서 금전채권자 중 한 명에 지나지 않으므로, 명의수탁자의 재산이 채무의 전부를 변제하기에 부족한 경우 명의수탁자가 위 부동산을 명의신탁자 또는 그가 지정하는 자에게 양도하는 행위는 특별한 사정이 없는 한 다른 채권자의 이익을 해하는 것으로서 다른 채권자들에 대한 관계에서 사해행위가 된다(대판 2008.9.25. 2007다74874).

6) 악의의 계약명의신탁의 법률관계

(ㄱ) 명의신탁자와 명의수탁자가 이른바 계약명의신탁 약정을 맺고 매매계약을 체결한 소유자도 명의신탁자와 명의수탁자 사이의 명의신탁약정을 알면서 그 매매계약에 따라 명의수탁자 앞으로 당해 부동산의 소유권이전등기를 마친 경우 부동산 실권리자명의 등기에 관한 법률 제4조 제2항 본문에 의하여 명의수탁자 명의의 소유권이전등기는 무효이며, 나아가 그 경우 명의신탁자는 부동산매매계약의 당사자가 되지 아니하고 또 명의신탁약정은 위 법률 제4조 제1항에 의하여 무효이므로, 그는 다른 특별한 사정이 없는 한 부동산 자체를 매도인으로부터 이전받아 취득할 수 있는 권리 기타 법적 가능성을 가지지 못한다(대법원 2012.12.13. 선고 2010도10515 판결). 따라서 당해 부동산의 소유권은 매매계약을 체결한 소유자에게 그대로 남아 있게 되고, 명의수탁자가 자신의 명의로 소유권이전등기를 마친 부동산을 제3자에게 처분하면 이는 매도인의 소유권 침해행위로서 불법행위가 된다.

(ㄴ) 그러나 명의수탁자로부터 매매대금을 수령한 상태의 소유자로서는 그 부동산에 관한 소유명의를 회복하기 전까지는 신의칙 내지 민법 제536조 제1항 본문의 규정에 의하여 명의수탁자에 대하여 이와 동시이행의 관계에 있는 매매대금 반환채무의 이행을 거절할 수 있는데, 이른바 계

약명의신탁에서 명의수탁자의 제3자에 대한 처분행위가 유효하게 확정되어 소유자에 대한 소유명의 회복이 불가능한 이상, 소유자로서는 그와 동시이행관계에 있는 매매대금 반환채무를 이행할 여지가 없다.

(ㄷ) 또한 명의신탁자는 소유자와 매매계약관계가 없어 소유자에 대한 소유권이전등기청구도 허용되지 아니하므로, 결국 소유자인 매도인으로서는 특별한 사정이 없는 한 명의수탁자의 처분행위로 인하여 어떠한 손해도 입은 바가 없다(대법원 2013.09.12. 선고 2010다95185 판결).

| 관련사례 | 甲은 乙과 합의하여, 甲이 제공하는 자금으로 丙 소유의 부동산을 매수하면서 실소유자는 甲이지만 소유권이전등기는 乙 명의로 해 두기로 하였다. 그 후 乙은 자신의 명의로 이러한 사정을 모르는 丙과 매매계약을 체결하고 목적부동산에 대하여 등기를 경료하였다. 그리고 그 부동산은 甲이 임차인인 것처럼 통모하여 점유·사용하고 있다. 〔1〕 甲과 乙간의 임대차 계약의 유효성은? 〔2〕 매수대금의 실질적 부담자(甲)의 지시에 따라 乙이 부동산의 소유 명의를 이전하거나 그 처분대금을 반환하기로 약정한 경우 이는 유효한가? |

| 해설 | 〔1〕 이러한 경우에는 「부동산 실권리자명의 등기에 관한 법률」 시행 후에 위와 같은 명의신탁약정과 그에 기한 물권변동이 이루어졌고 또한 이 때 甲이 부동산에 대하여 유익비를 지출하였다면, 위 임대차는 통모로 인해 무효가 되고 사용차대차관계가 인정되므로, 甲은 乙에게 사용대차계약상의 법조항이나 법리에 의하여 유익비상환청구권을 행사할 수 있다(대판 2009.3.26, 2008다34828). 〔2〕 (a) 부동산경매절차에서 부동산을 매수하려는 사람이 매수대금을 자신이 부담하면서 다른 사람의 명의로 매각허가결정을 받기로 그 다른 사람과 약정함에 따라 매각허가가 이루어진 경우, 이 경우 매수대금을 부담한 사람과 이름을 빌려 준 사람 사이에는 명의신탁관계가 성립한다. (b) 甲과 乙 사이에 甲의 지시에 따라 이 사건 부동산의 소유 명의를 이전하거나 그 처분대금을 반환하기로 한 약정이 있다고 하더라도 이는 결국 명의신탁약정이 유효함을 전제로 명의신탁 부동산 자체 또는 그 처분대금의 반환을 구하는 범주에 속하는 것에 해당하여 무효라 할 것이다(대판 2006.11.9. 2006다35117). |

(4) 부동산실명법상의 제3자보호

1) 제3자의 범위

명의신탁약정 및 이에 따라 행하여진 등기에 의한 부동산의 물권변동은 무효가 되나 그 무효는 제3자에 대항하지 못하는 바, 여기서의 제3자라 함은 수탁자가 물권자임을 기초로 그와의 사이에 새로운 이해관계를 맺은 자를 말하고, 여기에는 소유권이나 저당권 등 물권을 취득한 자뿐만 아니라, 가압류채권자도 포함되며, 제3자의 선의·악의를 묻지 않는다 할 것이다. 하지만 오로지 명의신탁자와 부동산에 관한 물권을 취득하기 위한 계약을 맺고 단지 등기명의만을 명의수탁자로부터 경료받은 것 같은 외관을 갖춘 자는 위 법률조항의 제3자에 해당되지 아니한다고 할 것이다(대판 2004.8.30, 2002다48771).

2) 제3자가 적극가담하는 경우

그리고 제3자가 명의수탁자의 명의신탁자에 대한 배신행위에 적극가담한 경우에는 수탁자와 제3자 사이의 계약은 반사회적인 법률행위로서 무효이다(대판 2008.3.27. 2007다82875; 대판 2000.3.28. 99다56529).

판례 〈부동산경매절차에서 매수대금을 부담한 명의신탁자와 매수인 명의를 빌려준 명의수탁자 및 제3자 사이의 새로운 명의신탁약정에 따라 확정판결에 의하여 명의수탁자가 다시 제3자 명의로 소유권이전등기를 마쳐 준 경우, 부동산의 소유자(=명의수탁자)〉 경매절차에서 매수대금을 부담한 명의신탁자와 매수인 명의를 빌려준 명의수탁자 및 제3자 사이의 새로운 명의신탁약정에 의하여 명의수탁자가 다시 명의신탁자가 지정하는 제3자 앞으로 소유권이전등기를 마쳐 주었다면, 제3자 명의의 소유권이전등기는 위 법률 제4조 제2항에 의하여 무효이므로, 제3자는 소유권이전등기에도 불구하고 그 부동산의 소유권을 취득하거나 그 매수대금 상당의 이익을 얻었다고 할 수 없다. 또한, 제3자 명의로 소유권이전등기를 마치게 된 것이 제3자가 명의수탁자를 상대로 제기한 소유권이전등기 청구소송의 확정판결에 의한 것이더라도, 소유권이전등기절차의 이행을 명한 확정판결의 기판력은 소송물인 이전등기청구권의 존부에만 미치고 소송물로 되어 있지 아니한 소유권의 귀속 자체에까지 미치지는 않으므로, 명의수탁자가 여전히 그 부동산의 소유자임은 마찬가지이다(대판 2009.9.10. 2006다73102).

3) 명의신탁자의 매도인 대위 손해배상청구문제

제3자간 등기명의신탁의 경우, 명의수탁자가 신탁부동산을 임의로 매각처분한 경우, 특별한 사정이 없는 한 그 매수인(제3자)은 유효하게 소유권을 취득하게 되는바, 매도인이 명의신탁자의 요구에 따라 명의수탁자 앞으로 등기명의를 이전하여 주었다면, 처음 매도인에게 매매계약의 체결이나 그 이행에 관하여 어떠한 귀책사유가 있다고 보기 어려우므로, 명의신탁자가 매도인을 대위하거나 또는 그의 손해배상채권을 양수하였음을 원인으로 한 손해배상청구를 할 수 없다(대판 2002.3.15. 2001다61654).

4) 무효인 명의신탁약정에 의하여 등기를 마친 명의수탁자가 제3자와 체결한 부동산 매매계약의 효력(유효) 및 그 매매계약이 해제된 경우 매수인에 대하여 원상회복을 구할 수 있는지 여부(적극)

㉠ 매도인에게 매매목적물에 관한 소유권 기타 처분권한이 없다고 하더라도 매매계약은 유효하게 성립하므로, 부동산 실권리자명의 등기에 관한 법률 제4조 제1항에 따라 무효로 되는 명의신탁약정에 의하여 소유권보존등기를 마친 명의수탁자가 제3자와의 사이에 그 부동산에 관하여 매매계약을 체결한 경우에도 매매계약은 유효하고, ㉡ 그 매매계약이 해제된 때에는 매수인에 대하여 원상회복을 구할 수 있다(대판 2009.4.9. 2008다94714).

5) 명의수탁자의 처분과 부당이득과의 관계

명의신탁자와 계약명의신탁 약정을 맺고 토지를 매수하여 자신 앞으로 소유권이전등기를 경료한 명의수탁자가 그 토지를 지방자치단체에 매도하여 수령하게 된 보상금 중 일부를 제3자에게 지급한 경우, 제3자는 명의신탁자와의 관계에서 부당이득을 한 것으로 보기 어렵다(대판 2008.9.11. 2007다24817).

제8장 지상권

I. 지상권 일반

> **제279조 (지상권의 내용)**
> 지상권자는 타인의 토지에 건물 기타 공작물이나 수목을 소유하기 위하여 그 토지를 사용하는 권리가 있다.

1. 의 의

지상권자는 타인의 토지에 건물 기타 공작물이나 수목을 소유하기 위하여 그 토지를 사용하는 권리가 있다(제279조). 이처럼 지상권은 타인의 토지에 건물 등을 소유하기 위한 용익물권을 말한다. 지상권은 타인의 토지에 대한 권리로서 1필의 토지의 일부라도 지상권설정이 가능하다. 그리고 지상권은 그 토지의 지표 위에만 미치는 것이 아니라, 그 토지의 상하 전부에 미친다. 건물 기타 공작물이나 수목을 소유하기 위하여 그 토지를 사용하는 권리로서 공작물에는 건물을 비롯하여 도로·연못·교량·선전탑 등의 지상의 공작물뿐만 아니라, 지하철·터널 등의 지하의 공작물을 포함한다. 지상권은 토지의 사용을 그 본체로 한다. 따라서 현재 공작물이나 수목이 없더라도 설정계약에 의하여 지상권은 유효하게 성립하며, 또 공작물이나 수목이 후에 멸실하더라도 지상권은 그대로 존속한다. 토지사용의 대가인 지료의 지급이 지상권의 성립요소가 아닌 것은 전세권과 구별되는 점이다(제279조, 제303조 참조).

2. 토지임차권과의 비교

> **제618조 (임대차의 의의)**
> 임대차는 당사자일방이 상대방에게 목적물을 사용, 수익하게 할 것을 약정하고 상대방이 이에 대하여 차임을 지급할 것을 약정함으로써 그 효력이 생긴다.

임차권은 당사자 일방이 상대방에게 목적물을 사용·수익하게 할 것을 약정하고 상대방이 이에 대하여 차임을 지급할 것을 약정함으로써 그 효력이 생기는 채권이다(제618조 이하). 구체적으로 검토하여 본다면, 지상권과 임차권은 권리의 성질면에서 물권(제279조이하)이냐 아니면 채권(제618조이하)이냐 하는 점에서 본질적 차이가 있다. 따라서 물권으로서의 지상권은 양도성이 당연히 있으나(제282조), 임차권은 임대인의 동의 없이는 양도 또는 전대하지 못한다(제629조). 대항력면에서 지상권은 물권으로서 제3자에 대한 대항력이 있다. 그러나 임차권은 등기된 임차권만이 대항력이 있고(제621조), 주택임대차의 경우에는 건물의 인도와 주민등록만으로도 대항력이 있다(주택임대차보호법 제3조).

3. 지상권의 취득과 지료

> **제287조 (지상권소멸청구권)**
> 지상권자가 2년이상의 지료를 지급하지 아니한 때에는 지상권설정자는 지상권의 소멸을 청구할 수 있다.

(1) 지상권의 성립요건

㉠ 지상권의 성립과 관련하여 토지사용의 대가인 지료의 지급이 성립요건은 아님이 전세권·임대차의 경우와 다르다(제303조·제618조 참조). ㉡ 지상권의 객체인 토지는 1필의 토지 전부뿐만 아니라 그 일부라도 무방하다. ㉢ 현재 공작물이나 수목이 없더라도 지상권은 유효하게 성립하며, 또한 기존의 공작물이나 수목이 멸실하더라도 지상권은 계속 존속할 수 있다.

(2) 지료의 대항력

지상권에서 지료의 대항력과 관련하여, 지상권에 있어서 유상인 지료에 관하여 지료액 또는 그 지급시기 등의 약정은 이를 등기하여야만 그 뒤에 토지소유권 또는 지상권을 양수한 사람 등 제3자에게 대항할 수 있다(대판 1999.9.3, 99다24874).

판례 〈법정지상권의 지료에 관한 법리〉 대판 2001. 3. 13, 99다17142 : ㉠ 법정지상권의 경우 당사자 사이에 지료에 관한 협의가 있었다거나 법원에 의하여 지료가 결정되었다는 아무런 입증이 없다면, 법정지상권자가 지료를 지급하지 않았다고 하더라도 지료 지급을 지체한 것으로 볼 수 없으므로 법정지상권자가 2년 이상의 지료를 지급하지 아니하였음을 이유로 하는 토지 소유자의 지상권소멸청구는 이유가 없고, 지료액 또는 지급시기 등 지료에 관한 약정은 등기하여야만 제3자에게 대항할 수 있는 것이고, 법원에 의한 지료의 결정은 당사자의 지료결정청구에 의하여 형식적 형성소송인 지료결정판결로 이루어져야 제3자에게도 그 효력이 미친다고 할 것이다. ㉡ 지상권자가 그 권리의 목적이 된 토지의 특정한 소유자에 대하여 2년분 이상의 지료를 지불하지 아니한 경우에 그 특정의 소유자는 선택에 따라 지상권의 소멸을 청구할 수 있으나, 지상권자의 지료지급연체가 토지소유권의 양도 전후에 걸쳐 이루어진 경우 토지양수인에 대한 연체기간이 2년이 되지 않는다면 양수인은 지상권소멸청구를 할 수 없다.

4. 존속기간

> **제280조 (존속기간을 약정한 지상권)**
> ① 계약으로 지상권의 존속기간을 정하는 경우에는 그 기간은 다음 연한보다 단축하지 못한다.
>   1. 석조, 석회조, 연와조 또는 이와 유사한 견고한 건물이나 수목의 소유를 목적으로 하는 때에는 30년
>   2. 전호이외의 건물의 소유를 목적으로 하는 때에는 15년
>   3. 건물이외의 공작물의 소유를 목적으로 하는 때에는 5년
> ② 전항의 기간보다 단축한 기간을 정한 때에는 전항의 기간까지 연장한다.
>
> **제281조 (존속기간을 약정하지 아니한 지상권)**
> ① 계약으로 지상권의 존속기간을 정하지 아니한 때에는 그 기간은 전조의 최단존속기간으로 한다.
> ② 지상권설정당시에 공작물의 종류와 구조를 정하지 아니한 때에는 지상권은 전조제2호의 건물의 소유를 목적으로 한 것으로 본다.

(1) 기존건물의 사용

판례는 최단존속기간에 관한 규정(제280조)은 지상권자가 건물 등을 '소유'하기 위하여 설정하는 경우에 적용되는 것이고, 기존건물을 '사용'하기 위한 경우에는 적용되지 않는다고 하고 있다.

판례 〈기존건물의 사용목적〉 민법 제280조 제1항 제1호가 석조·석회조·연와조 또는 이와 비슷한 견고한 건물이나 수목의 '소유를 목적으로 하는' 지상권의 경우 그 존속기간은 30년보다 단축할 수 없다고 규정하고 있음에 비추어 볼 때, 같은 법조 소정의 최단존속기간에 관한 규정은 지상권자가 그 소유의 건물 등을 건축하거나 수목을 식재하여 토지를 이용할 목적으로 지상권을 설정한 경우에만 그 적용이 있고, 기존 건물의 사용을 목적으로 지상권이 설정된 경우에는 적용되지 아니한다. 따라서 존속기간이 15년으로 약정되었고, 지상권설정자 소유의 건물을 사용할 목적으로 설정한 지상권은 약정한 15년의 경과로 기간이 만료된다(대판 1996.3.22, 95다49318).

(2) 영구의 지상권

지상권의 존속기간을 영구로 약정하는 것의 허용여부와 관련하여 판례는 긍정하고 있다(대판 2001.5.29, 99다66410). 즉 민법상 지상권의 존속기간은 최단기간만이 규정되어 있을 뿐 최장기에 관하여는 아무런 제한이 없으며, 존속기간이 영구인 지상권을 인정할 실제의 필요성도 있기 때문이라고 한다.

5. 지상권의 갱신

> **제284조 (갱신과 존속기간)**
> 당사자가 계약을 갱신하는 경우에는 지상권의 존속기간은 갱신한 날로부터 제280조의 최단존속기간보다 단축하지 못한다. 그러나 당사자는 이보다 장기의 기간을 정할 수 있다.

당사자가 계약을 갱신하는 경우에는 지상권의 존속기간은 갱신한 날로부터 제280조의 최단존속기간보다 단축하지 못한다. 그러나 당사자는 이보다 장기의 기간을 정할 수 있다(제284조).

6. 제283조의 의미

> **제283조 (지상권자의 갱신청구권·매수청구권)**
> ① 지상권이 소멸한 경우(=존속기간만료)에 건물 기타 공작물이나 수목이 현존한 때에는 지상권자는 계약의 갱신을 청구할 수 있다.
> ② 지상권설정자가 계약의 갱신을 원하지 아니하는 때에는 지상권자는 상당한 가액으로 전항의 공작물이나 수목의 매수를 청구할 수 있다.

(1) 원칙

지상권의 존속기간이 만료한 경우에 당사자는 계약으로써 전의 계약을 갱신할 수 있다.

(2) 지상권자의 갱신청구권

지상권이 소멸한 경우에 건물 기타 공작물이나 수목이 현존하는 때에는 지상권자는 계약의 갱신을 청구할 수 있다(제283조 제1항). 지상권자가 계약의 갱신을 원하지 아니하는 때에는 지상권자는 상당한 가액으로 전항의 공작물이나 수목의 매수를 청구할 수 있다(동조 제2항). 즉 지상권자는 제1차로 계약의 갱신을 청구하고 이것이 받아들여지지 아니할 때, 형성권적 인 매수청구권을 행사할 수 있다.

(ㄱ) 지상권이 소멸한 경우로서는 존속기간의 만료로 소멸하는 경우만을 지칭하는 것으로 해석 된다(지상권자의 채무불이행, 예컨대 지료의 연체 등이 있는 경우는 지상권자의 계약의 갱신청구가 인정되 지 않는다). 그리고 이러한 갱신청구권은 그 존속기간 만료 후 지체없이 행사하여야 하고, 그 렇지 않은 경우에는 갱신청구권은 소멸하는 것으로 해석한다. 그리고 지상권자의 갱신청구로 곧바로 계약이 갱신되는 것은 아니다. 갱신청구에 응하여 갱신계약을 맺음으로써 비로소 갱 신의 효과가 생긴다.

(ㄴ) 갱신청구가 있는 경우에는 지상권설정자는 이에 응하든지 아니면 지상물을 매수하든지 양 자 중 하나를 선택하여야 하고, 이를 통해 갱신이 간접적으로 강제되는 것이다.

(ㄷ) 지상권 소멸의 효과와 관련하여 지상권자는 지상물을 수거할 의무가 있을 수도 있게 되는 데(즉 갱신청구를 할 수 없는 경우가 있을 수 있다), 예컨대 지상물철거의 합의가 있는 경우이거나, 지료연체로 지상권소멸청구를 당한 경우이다. 이때는 지상권자의 매수청구권이 발생하지 도 않는다(판례).

> **판례** 〈매수청구권의 제한〉 지상물매수청구권은 지상권이 존속기간의 만료로 인하여 소멸하는 때에 지상권자에게 갱신청구권이 있어 그 갱신청구를 하였으나 지상권설정자가 계약갱신을 원하지 아니할 경우 행사할 수 있는 권리 이므로, 지상권자의 지료연체를 이유로 토지소유자가 그 지상권소멸청구를 하여 이에 터잡아 지상권이 소멸된 경우에는 매수청구권이 인정되지 않는다(대판 1993.6.29, 93다10781).

(3) 관련문제(제285조의 성질)

> **제285조 (수거의무, 매수청구권)**
> ① 지상권이 소멸한 때에는 지상권자는 건물 기타 공작물이나 수목을 수거하여 토지를 원상에 회복하여야 한다.
> ② 전항의 경우에 지상권설정자가 상당한 가액을 제공하여 그 공작물이나 수목의 매수를 청구한 때에는 지상권자는 정당한 이유없이 이를 거절하지 못한다.

제285조 매수청구권은 지상권설정자가 지상물을 수거하려는 지상권자에게 행사하는 일 종의 형성권이고 강행규정이다. 그 매수의 의사표시에 의해 매매계약에 유사한 관계가 성 립하나, 다만 그 의사표시만으로는 부족하고 '상당한 가액의 제공'이 있어야 한다. 동조는 지상권이 소멸한 모든 경우에 적용되므로, 제283조 제1항에 의해 지상권자가 계약의 갱신을 청구한 때에도 지상권설정자는 이를 거절하고 지상물의 매수를 청구할 수 있다.

7. 지상권의 효력

(1) 비용상환청구권

토지의 임대인은 「목적물의 사용·수익에 필요한 상태를 유지할 의무」가 있어 토지의 임차인은 토지에 들인 필요비와 유익비의 상환을 청구할 수 있다(제626조). 그러나 지상권설정자에게는 이와 같은 의무가 없기 때문에 제626조를 곧바로 유추적용할 수는 없다. 따라서 지상권자는 필요비상환청구를 할 수 없으나 유익비상환청구권은 인정된다. 이러한 지상권자의 비용상환청구권은 전세권과 유사하다(제310조 참조).

(2) 지상권의 양도성 등

> **제282조 (지상권의 양도, 임대)**
> 지상권자는 타인에게 그 권리를 양도하거나 그 권리의 존속기간내에서 그 토지를 임대할 수 있다.

(ㄱ) 민법 제282조에서는 "지상권자는 타인에게 그 권리를 양도하거나 그 권리의 존속기간내에서 그 토지를 임대할 수 있다"고 하고 있다. 그리고 본 규정은 강행규정이다.

(ㄴ) 판례는 "입목에 대한 벌채권의 확보를 위하여 지상권을 설정했다 하더라도 지상권에는 부종성이 인정되지 않으므로, 벌채권이 소멸했더라도 지상권은 소멸하지 않는 것으로 보아야 한다"고 판시하면서 지상권양도를 강하게 보장하고 있다(대판 1991.11.8, 90다15716).

판례〈지상권의 양도성〉 ①입목에 대한 벌채권의 확보를 위하여 지상권을 설정하였다 할지라도 지상권에는 부종성이 인정되지 아니하므로 벌채권이 소멸했더라도 지상권마저 소멸하는 것은 아니고, 지상권은 독립된 물권으로서 다른 권리에 부종함이 없이 그 자체로서 양도될 수 있으며 그 양도성은 민법 제282조, 제289조에 의하여 절대적으로 보장되므로 소유자의 의사에 반하여도 자유롭게 타인에게 양도할 수 있다(대판 1991.11.8, 90다15716). 따라서 ② 법정지상권이 건물의 소유에 부속되는 종속적인 권리가 되는 것이 아니며 하나의 독립된 법률상의 물권으로서의 성격을 지니고 있는 것이기 때문에 건물의 소유자가 건물과 법정지상권 중 어느 하나만을 처분하는 것도 가능하다(대판 2001. 12. 27, 2000다1976). 또한 ③ 지상권자는 지상권을 유보한 채 지상물 소유권만을 양도할 수도 있고 지상물 소유권을 유보한 채 지상권만을 양도할 수도 있는 것이어서 지상권자와 그 지상물의 소유권자가 반드시 일치하여야 하는 것은 아니며, 또한 지상권설정시에 그 지상권이 미치는 토지의 범위와 그 설정 당시 매매되는 지상물의 범위를 다르게 하는 것도 가능하다(대판 2006.6.15. 2006다6126).

(3) 저당권과 함께 등기된 지상권의 효력

토지에 관하여 저당권을 취득함과 아울러 그 저당권의 담보가치를 확보하기 위하여 지상권을 취득하는 경우, 특별한 사정이 없는 한 당해 지상권은 저당권이 실행될 때까지 제3자가 용익권을 취득하거나 목적 토지의 담보가치를 하락시키는 침해행위를 하는 것을 배제함으로써 저당 부동산의 담보가치를 확보하는 데에 그 목적이 있다고 할 것이므로, 그와 같은 경우 제3자가 비록 토지소유자로부터 신축중인 지상 건물에 관한 건축주 명의를 변경받았다 하더라도, 그 지상권자에게 대항할 수 있는 권원이 없는 한 지상권자로서는 제3자에 대하여 목적 토지 위에 건물을 축조하는 것을 중지하도록 요구할 수 있다(대판 2004.3.29, 2003마1753).

8. 지상권의 소멸

> **제287조 (지상권소멸청구권)**
> 지상권자가 2년이상의 지료를 지급하지 아니한 때에는 지상권설정자는 지상권의 소멸을 청구할 수 있다.

> **제288조 (지상권소멸청구와 저당권자에 대한 통지)**
> 지상권이 저당권의 목적인 때 또는 그 토지에 있는 건물, 수목이 저당권의 목적이 된 때에는 전조의 청구는 저당권자에게 통지한 후 상당한 기간이 경과함으로써 그 효력이 생긴다.

(1) 지상권소멸청구권

지상권자가 2년이상의 지료를 지급하지 아니한 때에는 지상권설정자는 지상권의 소멸을 청구할 수 있다(제287조). 이 청구권은 형성권으로서 지상권소멸청구의 의사표시가 상대방에게 도달하면 즉시 효력이 생긴다.

(2) 지상권저당권자의 보호

지상권이 저당권의 목적으로 되어 있는 경우, 또는 그 토지 위에 건물이나 수목이 저당권의 목적으로 되어 있는 경우에는, 지상권설정자의 소멸청구는, 저당권자에게 <u>그것을 통지한 후 상당한 기간이 경과함으로써, 비로소 그 효력이 생긴다</u>(제288조). 즉 통지가 도달한 후 효력이 즉시 발생하는 것이 아니다.

(3) 지상권이 변칙적으로 이용되는 경우의 지상권의 소멸

토지를 매수한 후 소유권이전청구권보전을 위한 가등기를 경료하고 그 토지 상에 타인이 건물 등을 축조하여 점유 사용하는 것을 방지하기 위하여 지상권을 설정한 뒤 가등기에 기한 본등기청구권이 시효의 완성으로 소멸하면 위 지상권도 소멸된다(대판 1991.3.12. 90다카27570). 같은 원리로 저당권이 설정된 토지위에 지상권이 설정되고, 피담보채권이 소멸한 경우에도 마찬가지로 이해한다.

판례 〈근저당권 등 담보권 설정의 당사자들이 그 목적 토지 위에 차후 용익권 설정 등으로 담보가치가 저감하는 것을 막기 위해 채권자 앞으로 지상권을 설정한 경우, 피담보채권이 변제나 시효로 소멸하면 그 지상권도 부종하여 소멸하는지 여부(적극)〉 근저당권 등 담보권 설정의 당사자들이 그 목적이 된 토지 위에 차후 용익권이 설정되거나 건물 또는 공작물이 축조·설치되는 등으로써 그 목적물의 담보가치가 저감하는 것을 막는 것을 주요한 목적으로 하여 채권자 앞으로 아울러 지상권을 설정하였다면, <u>그 피담보채권이 변제 등으로 만족을 얻어 소멸한 경우는 물론이고 시효소멸한 경우에도 그 지상권은 피담보채권에 부종하여 소멸한다</u>(대판 2011.4.14. 2011다6342).

9. 관련문제 (지상권의 효력 중 지료증감청구권과 비교)

> **제286조 (지료증감청구권)**
> 지료가 토지에 관한 조세 기타 부담의 증감이나 지가의 변동으로 인하여 상당하지 아니하게 된 때에는 당사자는 그 증감을 청구할 수 있다.
>
> **제312조의2 (전세금 증감청구권)**
> 전세금이 목적 부동산에 관한 조세·공과금 기타 부담의 증감이나 경제사정의 변동으로 인하여 상당하지 아니하게 된 때에는 당사자는 장래에 대하여 그 증감을 청구할 수 있다. 그러나 증액의 경우에는 대통령령이 정하는 기준에 따른 비율을 초과하지 못한다〔본조신설 1984.4.10〕
>
> **제628조 (차임증감청구권)**
> 임대물에 대한 공과부담의 증감 기타 경제사정의 변동으로 인하여 약정한 차임이 상당하지 아니하게 된 때에는 당사자는 장래에 대한 차임의 증감을 청구할 수 있다.

(1) 지료증감청구권(제286조)

지료액은 원칙적으로 당사자의 협의에 의해서 결정된다. 그러나 지상권의 존속기간은 상당히 장기이기 때문에, 그 동안에 조세, 기타의 부담의 증감이나 지가의 변동으로 인하여, 종래의 지료액이 상당하지 않게 될 경우가 있다. 이러한 사정의 변경에 대비하여, 민법은 당사자에게 지료의 증감청구권을 인정하고 있다(제286조). 이 증감청구권은 형성권의 성질을 갖는다(통설). 따라서 증감청구로 당연히 그 효력이 생긴다. 그러나 이러한 증감청구에 대하여 상대방이 다투는 때에는, 결국 법원이 결정한 지료의 증감은 그 청구한 때에 소급하여 효력이 생긴다. 지료액이 법원에 의하여 결정될 때까지는, 종래의 지료액 또는 감액된 지료액을 지급하더라도 지료의 체납은 되지 않는다(이설 없음).

(2) 전세금증감청구권(제312조의 2)

전세금이 목적 부동산에 관한 조세 기타 부담의 증감이나 경제사정의 변동으로 인하여 상당하지 아니하게 된 때에는 당사자는 장래에 대하여 그 증감을 청구할 수 있다(형성권).

(3) 차임증감청구권

제628조 임대물에 대한 공과부담의 증감 기타 경제사정의 변동으로 인하여 약정한 차임이 상당하지 아니하게 된 때에는 당사자는 장래에 대한 차임의 증감을 청구할 수 있다.

Ⅱ. 특수지상권 (구분지상권 + 분묘기지권)

1. 구분지상권

> **제289조의2 (구분지상권)**
> ① 지하 또는 지상의 공간은 상하의 범위를 정하여 건물 기타 공작물을 소유하기 위한 지상권의 목적으로 할 수 있다. 이 경우 설정행위로써 지상권의 행사를 위하여 토지의 사용을 제한할 수 있다.
> ② 제1항의 규정에 의한 구분지상권은 제3자가 토지를 사용·수익할 권리를 가진 때에도 그 권리자 및 그 권리를 목적으로 하는 권리를 가진 자 전원의 승낙이 있으면 이를 설정할 수 있다. 이 경우 토지를 사용·수익할 권리를 가진 제3자는 그 지상권의 행사를 방해하여서는 아니된다.

(1) 상하 범위

구분지상권(제289조의 2)의 객체는 토지의 어느 층에만 한정되므로, 층의 한계, 즉 토지의 「상하의 범위」를 반드시 정해서 등기하여야 한다.

> ◎ 구분지상권을 설정하려면 토지 상하의 범위를 반드시 정하여야 하며, 구분지상권의 객체로서의 토지의 상하 범위는 평행하는 두 개의 수평면으로 구획된다. 즉 구분지상권은 토지의 상하에 있어서의 구분층을 획정하는 방법으로 하는 바, 예컨대 '지표의 상 00m로부터 하 00m 사이의 공간'이라는 형식으로, 그 범위를 표시하는 것이다. 그러나 곡면으로의 구획도 불가능한 것은 아니다(김상용 물권법, p. 493).

(2) 수목소유문제

구분지상권은 건물 기타 공작물을 소유하기 위해서만 설정될 수 있고, 수목의 소유를 위한 설정은 불가능하다는 점이 일반지상권과 다른 점이다.

(3) 제3자의 동의

토지에 용익권을 가지고 있는 제3자가 있는 경우, 구분지상권을 설정함에 있어서 용익권자 및 그 권리를 목적으로 하는 권리를 가진 자(저당권자도 포함된다) 전원의 승낙을 얻어야 한다(대항력 있는 제3자). 따라서 구분지상권을 설정할 토지에 이미 제3자가 이용권을 가지고 있는 경우, 제3자의 승낙이 없으면 구분지상권은 성립하지 않는다.

구분		일반지상권	구분지상권
차이점	효력범위	토지소유권이 미치는 토지상의 상·하 전부에 미친다.	그 지상 또는 지하의 일정범위에만 효력 미친다.
	설정목적	건물 기타 공작물이나 수목의 소유를 위해서 설정할 수 있다.	수목의 소유를 위해서는 설정할 수 없다.
	토지에 대한 타인의 이용 가능성	일반지상권이 설정되면, 타인의 토지 이용 가능성은 전면적으로 배제된다.	목적이 되는 범위부분을 제외한 나머지 부분에 대해서는 타인이 토지를 이용할 수 있다.
공통점		·물권이다. ·지료는 요소가 아니다.	

2. 분묘기지권

(1) 3가지 성립유형

분묘기지권이란 타인의 토지 위에 분묘를 소유하기 위한 지상권유사의 관습법상 물권을 말한다. 그 취득 유형으로는, 첫째 타인의 소유지 내에 그 소유자의 승낙을 얻어서 분묘를 설치한 경우, 둘째 자기 소유토지에 분묘를 설치하고 이 토지를 타인에게 양도한 경우, 그리고 셋째, 타인소유의 토지에 그의 승낙 없이 분묘를 설치한 자가 20년간 평온·공연하게 분묘의 기지를 점유한 때에는 분묘기지권을 시효로 취득한다. 판례는 분묘기지권의 시효취득을 긍정하며, 원칙적으로 지료를 지급할 필요가 없다고 한다(대판 1995.2.28, 94다37912).

(2) 존속기간

대법원은 「분묘기지권의 존속기간에 관해서는 당사자 사이에 그 약정이 있는 등 특별한 사정이 없는 한 민법의 지상권에 관한 규정을 따를 것은 아니고, 그러한 사정이 없는 경우에는 권리자가 분묘의 수호와 봉사를 계속하며 그 분묘가 존속하는 동안은 분묘기지권이 존속한다고 해석함이 타당하므로, 민법의 규정에 따라 5년간(제281조·제280조 제3호)이라고 볼 수 없다」고 한다(대판 1994.8.26, 94다28970).

판례 분묘기지권의 존속기간에 관하여는 민법의 지상권에 관한 규정에 따를 것이 아니라 당사자 사이에 약정이 있는 등 특별한 사정이 있으면 그에 따를 것이며, 그러한 사정이 없는 경우에는 권리자가 분묘의 수호와 봉사를 계속하며 그 분묘가 존속하고 있는 동안은 분묘기지권은 존속한다고 해석함이 타당하다(대판 2009.5.14, 2009다1092).

(3) 효 력

1) 귀속주체

분묘의 수호 관리나 봉제사에 대하여 현실적으로 또는 관습상 호주상속인인 종손이 그 권리를 가지고 있다면 그 권리는 종손에게 전속하는 것이고 종손이 아닌 다른 후손이나 종중에서 관여할 수는 없다고 할 것이나, 공동선조의 후손들로 구성된 종중이 선조 분묘를 수호 관리하여 왔다면 분묘의 수호 관리권 내지 분묘기지권은 종중에 귀속한다(대판 2007.6.28. 2005다44114).

2) 효력범위

(ㄱ) 분묘기지권은 분묘를 수호하고 봉제사하는 목적을 달성하는 데 필요한 범위 내에서 타인의 토지를 사용할 수 있는 권리를 의미하는 것으로서, 분묘기지권에는 그 효력이 미치는 지역의 범위 내라고 할지라도 기존의 분묘 외에 새로운 분묘를 신설할 권능은 포함되지 아니하는 것이므로, 부부 중 일방이 먼저 사망하여 이미 그 분묘가 설치되고 그 분묘기지권이 미치는 범위 내에서 그 후에 사망한 다른 일방의 합장을 위하여 쌍분(雙墳)형태의 분묘를 설치하는 것도 허용되지 않는다(대판 1997. 5. 23. 95다29086).

(ㄴ) 부부 중 일방이 먼저 사망하여 이미 그 분묘가 설치되고 그 분묘기지권이 미치는 범위 내에서 그 후에 사망한 다른 일방을 단분(單墳)형태로 합장하여 분묘를 설치하는 것도 허용되지 아니한다고 할 것이다(대판 2001. 8. 21. 2001다28367). 또 분묘기지권의 효력이 미치는 범위 안에서 원래의 분묘를 다른 곳으로 이장하는 것도 허용되지 않는다(대판 2007.6.28, 2007다16885).

(ㄷ) 분묘기지권은 그 분묘의 수호 및 제사에 필요한 범위 내에서 분묘의 기지 주위의 공지를 포함한 지역에까지 미치는 것이고 그 확실한 범위는 각 구체적인 경우에 개별적으로 정하여야 할 것인바, 사성이 조성되어 있다 하여 반드시 그 사성 부분을 포함한 지역에까지 분묘기지권이 미치는 것은 아니다(대판 1997.5.23. 95다29086,29093).

판례 구 매장 및 묘지 등에 관한 법률의 각 규정은 동 법률시행전에 설치된 묘지 및 분묘는 동 법률에 의한 허가를 받아 설치된 묘지 및 이에 설치된 분묘와 같이 본다는 취지에 불과하고 동 법률시행전에 분묘수호자가 분묘기지에 대하여 가지고 있던 관습에 의한 지상권 유사의 물권의 범위가 동 법률시행에 따라 동 법률이 규정한 묘지 및 분묘의 면적제한 범위내로 축소변경된다는 취지는 아니다(대판 1986.3.25, 85다카2496).

(ㄹ) 분묘가 멸실된 경우라고 하더라도 유골이 존재하여 분묘의 원상회복이 가능하여 일시적인 멸실에 불과하다면 분묘기지권은 소멸하지 않고 존속하고 있다고 해석함이 상당하다(대판 2007.6.28, 2005다44114).

(4) 공시방법

타인 소유의 토지에 소유자의 승낙 없이 분묘를 설치한 경우에는 20년간 평온·공연하게 그 분묘의 기지를 점유하면 지상권 유사의 관습상의 물권인 분묘기지권을 시효로 취득하는데, 이러한 분묘기지권은 봉분 등 외부에서 분묘의 존재를 인식할 수 있는 형태를 갖추고 있는 경우에 한하여 인정되고, 평장되어 있거나 암장되어 있어 객관적으로 인식할 수 있는 외형을 갖추고 있지 아니한 경우에는 인정되지 않는다. 이러한 특성 때문에 분묘기지권은 등기 없이 취득한다(대판 1996.6.14, 96다14036).

(5) 분묘기지권의 포기

분묘기지권은 포기의 의사표시만으로 소멸하며, 점유까지 포기해야 하는 것은 아니다. 즉 판례는 "분묘의 기지에 대한 지상권 유사의 물권인 관습상의 법정지상권이 점유를 수반하는 물권이나 권리자가 의무자에 대하여 그 권리를 포기하는 의사표시를 하는 외에 점유까지도 포기하여야만 그 권리가 소멸하는 것은 아니다"라고 한다(대판 1992.6.23, 92다14762).

(6) 소유의 의사 부정

타인의 토지 위에 분묘를 설치·소유하는 자는 다른 특별한 사정이 없는 한 그 분묘의 보존·관리에 필요한 범위 내에서만 타인의 토지를 점유하는 것이므로 점유의 성질상 소유의 의사가 추정되지 않는다(대판 1997. 3. 28, 97다3651,3668).

(7) 종산에 분묘를 설치하는 경우

비법인 사단에 있어서 총유물의 관리 및 처분은 정관 기타 계약에 정함이 없으면 사원총회의 결의에 의해야 하고(민법 제275조 제2항, 제276조 제1항), 비법인 사단의 사원이 총유자의 한 사람으로서 총유물인 임야를 사용수익할 수 있다 하여도 위 임야에 대한 분묘설치행위는 단순한 사용수익에 불과한 것이 아니고 관습에 의한 지상권 유사의 물권을 취득하게 되는 처분행위에 해당된다 할 것이므로 사원총회의 결의가 필요하다. 그리고 분묘기지권에는 그 효력이 미치는 범위 안에서 새로운 분묘를 설치하거나 원래의 분묘를 다른 곳으로 이장할 권능은 포함되지 않는다(대판 2007.6.28, 2007다16885).

(8) 관습상 분묘기지권의 시효취득 요건 및 분묘기지권이 미치는 범위

타인 소유의 토지에 소유자의 승낙 없이 분묘를 설치한 경우에는 20년간 평온·공연하게 그 분묘의 기지를 점유하면 지상권 유사의 관습상 물권인 분묘기지권을 시효로 취득하고, 분묘기지권은 분묘를 수호하고 봉제사하는 목적을 달성하는 데 필요한 범위 내에서 타인의 토지를 사용할 수 있는 권리를 의미하는 것으로서, 분묘기지권은 분묘의 기지 자체 뿐만 아니라 분묘의 설치목적인 분묘의 수호 및 제사에 필요한 범위 내에서 분묘 기지 주위의 공지를 포함한 지역에까지 미치는 것이다(대법원 2011.11.10, 2011다63017,63024).

3. 법정지상권

(1) 의의

이는 건물소유자가 미리 지상권을 설정할 수 없는 경우에, 잠재적인 토지이용권을 법률상 당연히 현실화하여 줌으로써 건물을 독립한 부동산으로 하는 우리 법제의 특수성에 기인하는 결함을 시정하려는 법정지상권의 취지에 기하여 인정된다고 할 수 있다. 즉 건물을 토지와 별개의 독립된 물건으로 취급하는 우리의 법제에서 토지와 건물의 소유권이 동일한 사람에게 속하였다가 분리되는 순간에 건물을 위하여 지상권의 성립을 의제하는 것을 법정지상권이라 한다. 판례는 법정지상권의 법리를 확장하여 관습상의 법정지상권의 법리를 확립하고 있다. 법정지상권이나 관습상의 법정지상권이나 법률규정(관습법 포함)에 의하여 취득하는 것이므로 등기를 필요로 하지 않는다. 건물과 토지를 별개의 부동산으로 다루는 법제에서, 지상권을 타인의 토지에 대하여만 성립할 수 있는 것으로 하게 될 때(타물권) 불가피하게 인정되는 제도이다. 따라서 '지상물은 토지의 처분에 따른다'는 원칙을 취하는 유럽의 경우에는 이러한 문제가 없다고 할 수 있다.

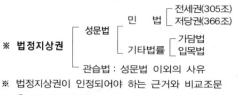

```
◎ 지상권의 취득

 1) 법률행위(약정)에 의한 취득 ⟹ 등기요구(제186조)

 2) 법률규정(법정)에 의한 취득 ⟹ 등기불요(제187조)

                          ┌ 민   법 ┌ 전세권(305조)
                          │         └ 저당권(366조)
  ※ 법정지상권 ┌ 성문법 ┤
              │          └ 기타법률 ┌ 가담법
              │                     └ 입목법
              └ 관습법 : 성문법 이외의 사유
 ※ 법정지상권이 인정되어야 하는 근거와 비교조문
     ① 304조, 305조
     ② 365조, 366조
```

(2) 법정지상권이 인정되는 모습

1) 전세권의 설정(제305조 제1항)

토지와 그 지상의 건물이 동일인에게 속하는 동안에 건물에 대하여만 전세권을 설정한 후 토지소유자가 변경된 경우이다(제304조와 비교할 것).

2) 저당물의 경매(제366조)

토지와 그 지상의 건물이 동일인에게 속하고 있는 동안에 어느 한쪽(단독저당)에만 또는 모두(공동저당)에 저당권이 설정된 후 저당권의 실행으로 토지와 건물의 소유자가 다르게 된 경우이다(제365조와 비교할 것).

3) 가등기담보 등에 관한 법률(제10조)

토지와 그 지상의 건물이 동일인에게 속하는 동안에 그 토지 또는 건물에만 가등기담보권·양도담보권·매도담보권이 설정된 후 담보권의 실행(귀속청산)으로 토지와 건물의 소유자가 다르게 된 경우이다.

4) 입목에 관한 법률(제6조)

토지와 입목이 동일인에게 속하고 있는 동안에 경매 기타의 사유로 토지와 입목이 소유자를 달리하게 된 경우이다.

5) 관습법상 법정지상권 (아래 후술)

Ⅲ. 관습상 법정지상권

1. 의 의

관습상 법정지상권이라고 함은 토지와 건물이 동일한 소유자에게 속하였다가 건물 또는 토지가 매매 기타의 원인(예 : 증여·강제경매·공매·대물변제·공유자간 공유물분할 등-단 환지처분은 제외)으로 양자의 소유자가 다르게 된 때에는 그 건물을 철거하기로 하는 합의가 있었다는 등 특별한 사정이 없는 한, 건물소유자는 토지소유자에 대하여 그 건물을 위한 관습상의 지상권을 취득하는 것을 말한다.

2. 요 건

(1) **토지와 건물의 동일인 소유**

(ㄱ) 토지와 건물이 동일인의 소유에 속하고 있어야 한다(처음부터 원시적으로 동일인 소유일 필요는 없다). 이 때 건물은 <u>건물로서의 요건을 갖추고 있는 이상 무허가 건물이거나 미등기 건물이거나 가리지 않는다</u>(대판 1988.4.12, 87다카2404). 따라서 지상건물이 건축 중 이었고, 그것이 사회관념상 독립된 건물로 볼 수 있는 정도에 이르지 않았다하더라도 건물의 규모·정도가 외형상 예상할 수 있는 정도까지 건축이 진전되어 있는 경우에는 법정지상권의 성립을 인정할 수 있다(대판 1992.6.12, 92다7221 참조).

◎ 토지와 건물의 소유자가 동일하여야 한다는 점과 관련하여, ① 토지와 그 위의 건물의 소유자가 각각 달리하고 있던 중 토지 또는 가옥만이 다른 사람에게 속하게 된 경우에는 관습상의 법정지상권은 성립되지 않는다. ② 마찬가지로 대지소유자의 승낙을 얻어 지은 건물을 매수한 자는 법정지상권을 취득할 수 없다. ③ <u>토지를 매수하여 사실상 처분권한을 가지는 자가 그 지상에 건물을 신축하여 건물의 소유권을 취득하였다고 하더라도 토지에 관한 소유권을 취득하지 아니한 이상, 이러한 상태에서 건물에 관하여 강제경매가 있어 그 소유권자가 다르게 되었다고 하여 건물을 위한 관습상의 법정지상권이 성립하는 것은 아니다</u>(대판 1995.7.28, 95다9075 등)

(ㄴ) 토지의 소유자가 건물을 건축할 당시에 이미 토지를 타인에게 매도하여 소유권을 이전하여 줄 의무를 부담하고 있었다면, 토지의 매수인이 그 건축행위를 승낙하지 않는 이상 그 건물은 장차 철거되어야 할 운명에 처하게 될 것이고, 토지소유자가 이를 예상하면서도 건물을 신축하였다면 그 건물을 위한 관습상의 법정지상권은 발생하지 않는다고 한다(대판 1994.12.22. 94다41072).

(ㄷ) 주목할 것은 원래 채권을 담보하기 위하여 나대지상에 가등기가 경료되었고, 그 뒤 대지소유자가 그 지상에 건물을 신축하였는데, 그 후 그 가등기에 기한 본등기가 경료되어 대지와 건물의 소유자가 달라진 경우에 관습상의 법정지상권을 인정하면 애초에 대지에 채권담보를 위하여 가등기를 경료한 사람의 이익을 크게 해하게 되기 때문에 특별한 사정이 없는 한 건물을 위한 관습상의 법정지상권이 성립한다고 할 수 없다고 한다는 것이다(대판 1994.11.22. 94다5458). 마찬가지로 나대지상에 환매특약의 등기가 마쳐진 상태에서 대지소유자가 그 지상에 건물을 신축하였다면, 환매권자가 환매기간 내에 적법하게 환매권을 행사하면 환매특약의 등기 후에 마쳐진 제3자의 근저당권 등 이미 유효하게 성립한 제한물권조차 소멸하므로, 특별한 사정이 없는 한 환매권의 행사에 따라 토지와 건물의 소유자가 달라진 경우 그 건물을 위한 관습상의 법정지상권은 애초부터 생기지 않는다(대판 2010.11.25. 2010두16431).

(ㄹ) 토지와 건물의 동일 소유자가 토지만을 명의신탁하고, 명의수탁자가 그 토지를 매각하여 제3자가 소유권을 취득한 경우에, 판례는 그 제3자에 대해서 그 토지의 소유권은 수탁자에게 귀속하고 있었으므로, 토지와 건물이 서로 다른 소유자에게 귀속하였기 때문에, 그 토지의 명의신탁자였던 건물소유자를 위해서, 관습법상의 법정지상권은 인정되지 않는다고 한다(대판 1975.3.11. 74다1935).

판례 ① 토지소유권을 명의신탁하면서 수탁자의 임의처분을 방지하기 위해 신탁자명의의 소유권이전등기 청구권 보전의 가등기를 함께 경료해 둔 후 수탁자가 위 명의신탁중 동 토지상에 건물을 신축하고 그 후 명의신탁이 해지되어 소유권회복의 방법으로 신탁자명의로 위 가등기에 기한 본등기가 경료된 경우, 위 명의수탁자는 신탁자와의 대내적 관계에 있어서 그 토지가 자기소유에 속하는 것이었다고 주장할 수 없고 따라서 위 건물은 어디까지나 명의신탁자 소유의 토지 위에 지은 것이라 할 것이므로 그 후 소유명의가 신탁자명의로 회복될 당시 위 수탁자가 신탁자들에 대하여 지상건물의 소유를 위한 관습상의 지상권을 취득하였다고 주장할 수 없다(대판 1986.5.27. 86다카6). 그러나 ② 대지소유자가 건물의 신축으로 소유권의 원시취득 후 타인의 이름으로 보존등기를 하는 등 명의신탁을 하였다가 나중에 그 타인에게 증여를 한 경우, 특별한 사정이 없다면 그 타인은 관습법상의 법정지상권을 취득한 것으로 본다. 즉 "대지 소유자가 건물을 신축하여 소유권을 원시취득하고 그 건물을 타인 앞으로 명의신탁하여 두었다가 그 후 실질적으로도 그 타인에게 증여 내지 양도한 것이라면, 그 대지와 건물은 동일인의 소유에 속하였다가 늦어도 건물이 증여 내지 양도된 때에 소유자를 달리 함으로써 달리 특별한 사정이 없는 한 건물 소유를 위하여 대지상에 관습법상의 법정지상권을 취득하였다 할 것이고, 따라서 그 타인은 그 후 대지의 소유권을 취득한 제3자에 대하여 등기 없이도 그 관습법상의 법정지상권을 주장할 수 있다고 보아야 할 것이다(대판 1995.4.28. 94다61731).

㈁ 미등기건물을 그 대지와 함께 매도하였다면 비록 매수인에게 그 대지에 관하여만 소유권 이전등기가 경료되고 건물에 관하여는 등기가 경료되지 아니하여 형식적으로 대지와 건물이 그 소유 명의자를 달리하게 되었다 하더라도 매도인에게 관습상의 법정지상권을 인정할 이유가 없다〔대판(전합) 2002.6.20. 2002다9660〕.

(2) 적법한 원인에 의한 건물과 토지소유권의 분리

토지와 건물 중의 어느 하나가 매매 기타의 적법한 원인으로 처분되어 그 소유자가 각각 다르게 되어야 한다. 판례가 말하는 적법한 원인은 매매·증여·귀속재산의 귀속·강제경매·공유물의 분할·국세징수법에 의한 공매 등이 있다. 단 환지처분은 제외된다. 그리고 이러한 원인이 법률행위인 때에는 그 소유권이전등기까지 행하여졌을 때에, 그리고 강제경매인 때에는 경락허가결정이 확정된 후 경락대금 완납시에 관습상의 법정지상권이 성립한다고 한다.

판례 〈공유와 법정지상권〉 ① **공유자간 분할(○)** 공유대지분할에 의하여도 관습법상의 법정지상권이 발생한다. 즉, 공유자의 1인 또는 수인 소유의 건물이 있는 공유대지를 분할하여 각기 단독소유로 귀속케 한 결과 그 대지와 지상건물이 소유자를 달리하게 된 경우에 건물소유자는 그 건물부분을 철거한다는 등의 특별한 사정이 없는 한 그 건물의 부지와 아울러 건물의 유지 및 사용에 필요한 범위내에서 인접토지에 대하여 관습에 의한 지상권을 취득한다(대판 1974.2.12. 73다353). 예컨대, 甲, 乙이 토지를 공유하고 그 지상에 甲소유의 건물이 있었고, 그 후 공유토지를 분할한 결과 乙토지 위에도 甲의 건물이 있게 된 때 甲은 관습법상의 법정지상권을 취득한다.
② **건물의 공유(○)** (ⅰ) 甲소유의 토지 위에 甲과 乙이 공유하는 건물이 있는 경우, 甲이 그 건물의 공유지분에 저당권을 설정하였다. 그 후 저당권이 실행되어 건물과 토지의 소유자가 달리 된 경우 법정지상권이 성립한다. 마찬가지로 (ⅱ) 건물공유자의 1인이 그 건물의 부지인 토지를 단독으로 소유하면서 그 토지에 관하여만 저당권을 설정하였다가 위 저당권에 의한 경매로 인하여 토지의 소유자가 달라진 경우에도, 건물의 철거로 인한 사회경제적 손실을 방지할 공익상의 필요성도 인정되는 점 등에 비추어 위 건물공유자들은 민법 제366조에 의하여 토지 전부에 관하여 건물의 존속을 위한 법정지상권을 취득한다고 보아야 한다(대판 2011.1.13. 2010다67159).
③ **토지의 공유(X)** 그러나 甲과 乙이 공유하는 토지 위에 甲 소유의 건물이 있는 경우, 甲이 토지의 공유지분에 저당권을 설정하였다. 그 후 저당권이 실행되어 건물과 토지의 소유자가 다르게 된 경우에 법정지상권이 성립한다고 볼 수 없다. 이는 관습법상의 법정지상권의 성립에도 같은 원리가 적용될 수 있다. 즉, 토지만이 수인의 공유로 된 경우에 그 건물소유자가 다른 토지공유자의 지분에 대한 관계에 있어서 건물을 위한 (관습상의) 법정지상권을 취득한다고 보아야 한다는 법리는 없다고 하고 있다(대판 1971.5.22. 71다552·86다카2188·67다1105 참조)
④ **구분소유적 공유** : (ⅰ) 甲과 乙이 대지를 각자 특정하여 매수하여 배타적으로 점유하면서 지분소유권이전등기만을 경료하였는데, 甲이 매수한 토지 위에 乙이 건물을 신축한 후, 건물을 丙에게 양도한 때에 丙은 관습법상의 법정지상권을 취득할 수 없다(대판 1994.1.28. 93다49871). (ⅱ) 다만 구분소유적 공유관계에 있는 토지의 공유자들이 그 토지 위에 각자 독자적으로 별개의 건물을 소유하면서 그 토지 전체에 대하여 저당권을 설정하였다가 그 저당권의 실행으로 토지와 건물의 소유자가 달라지게 된 경우에는 법정지상권이 성립한다(대판 2004.6.11. 2004다13533).

(3) 건물철거약정의 부존재

당사자 사이에 건물을 철거한다는 특약이 없어야 한다. 이러한 합의는 그러한 합의가 있다고 주장하는 자(원칙적으로 토지소유자)가 그 존재를 입증하여야 한다(대판 1988.9.27. 87다카279).

판례 〈관습법상 법정지상권을 저지하는 철거특약의 의미〉 ㉠ 건물을 철거하고 그 소유의 새로운 건물을 신축하기로 한 합의는 관습법상 법정지상권 발생의 소극적 요건인 건물철거에 대한 특약이라고 볼 수 없다(대판 2000.1.18, 98다58696). 즉 당사자 사이에 그 건물을 철거하여 대지소유자에게 지상물에 의하여 방해받지 않는 완전한 소유권을 행사할 수 있으면 관습상의 법정지상권이 발생하지 않으나, 건물을 철거하고 그 지상에 종래 건물 소유자의 소유의 새로운 건물을 신축하기로 하는 내용의 합의는 관습법상 법정지상권의 발생을 배제하는 철거의 특약으로는 볼 수 없다. ㉡ 판례는 "토지만을 타인에게 증여한 후 구 건물을 철거하되 그 지상에 자신의 이름으로 건물을 다시 신축하기로 합의한 경우, 그 건물철거의 합의는 건물소유자가 토지의 계속사용을 그만두고자 하는 내용의 합의로 볼 수 없어 관습상의 법정지상권의 발생을 배제하는 효력이 인정되지 않는다"고 판시하였다(대판 1999.12.10, 98다54467).

3. 강제경매로 인한 관습상 법정지상권 성립여부

관련사례 유씨는 2005년 6월 전남 해남군의 토지를 391㎡를 사들여 소유권이전등기를 마쳤는데, 토지에는 박씨의 건물이 있었다. 이 건물은 2003년 10월 박씨의 채권자인 황산협동조합이 가압류등기를 해 2004년 9월 가압류에 기한 강제경매절차가 진행됐다. 유씨는 강제경매절차가 진행 중이던 2005년 11월 박씨로부터 건물을 사들여 소유권이전등기를 했으나, 2006년 6월 강제경매로 인해 신씨에게 건물이 매각됐고 유씨 명의의 소유권이전등기는 말소됐다. 이러한 경우 신씨는 관습상 법정지상권을 취득할 수 있는가? 파기된 원심은 경락당시 토지와 건물의 소유자가 동일한 소유자에 속하기 때문에 법정지상권이 인정된다고 하였으나, 대법원은 원심을 파기환송하였다(대판(전합) 2012.10.18, 2010다52140).

해설 (a) 원래 관습상 법정지상권이 성립하려면 토지와 그 지상건물이 애초부터 원시적으로 동일인의 소유에 속하였을 필요는 없고, 그 소유권이 유효하게 변동될 당시에 동일인이 토지와 그 지상 건물을 소유하였던 것으로 족하다고 할 것이다.

(b) 부동산 강제경매절차에서 목적물을 매수한 사람의 법적지위는 다른 특별한 사정이 없는 한 그 절차상의 압류의 효력이 발생하는 때를 기준으로 하여 정하여지기 때문에 건물소유를 위한 관습상 법정지상권도 그 매수인이 소유권을 취득하는 매각대금완납시가 아니라 그 압류의 효력이 발생하는 때를 기준으로 판단되어야 한다.

(c) 한편 강제경매개시결정 이전에 가압류가 있는 경우에는, 그 가압류가 강제경매개시결정으로 인하여 본압류로 이행되어 가압류집행이 본압류로 이행되어 가압류의 집행이 본집행에 포섭됨으로써 당초부터 본집행이 있었던 것과 같은 효력이 있기 때문에 가압류의 효력발생시를 기준으로 한다. 따라서 그 동안 이와 달리 강제경매로 인하여 관습상 법정지상권이 성립함에는 그 매각당시를 기준으로 토지와 그 지상건물이 동일인에게 속하여야 한다는 취지의 대판 1970.9.29, 70다1454, 대판 1971.9.28, 71다1631 판결 등은 이 판결의 견해와 저촉되는 한도에서 변경하기로 한다(대판(전합) 2012.10.18, 2010다52140).

〈유사판례〉: 강제경매의 목적이 된 토지 또는 그 지상 건물에 관하여 강제경매를 위한 압류나 그 압류에 선행한 가압류가 있기 이전에 저당권이 설정되어 있다가 강제경매로 저당권이 소멸한 경우, 건물 소유를 위한 관습상 법정지상권의 성립 요건인 '토지와 그 지상 건물이 동일인 소유에 속하였는지'를 판단하는 기준 시기(=저당권 설정 당시): 토지 또는 그 지상 건물의 소유권이 강제경매로 인하여 그 절차상의 매수인에게 이전되는 경우에는 그 매수인이 소유권을 취득하는 매각대금의 완납 시가 아니라 강제경매개시결정으로 압류의 효력이 발생하는 때를 기준으로 토지와 지상 건물이 동일인에게 속하였는지에 따라 관습상 법정지상권의 성립 여부를 가려야 하고, 강제경매의 목적이 된 토지 또는 그 지상 건물에 대하여 강제경매개시결정 이전에 가압류가 되어 있다가 그 가압류가 강제경매개시결정으로 인하여 본압류로 이행되어 경매절차가 진행된 경우에는 애초 가압류의 효력이 발생한 때를 기준으로 토지와 그 지상 건물이 동일인에 속하였는지에 따라 관습상 법정지상권의 성립 여부를 판단하여야 한다. 나아가 강제경매의 목적이 된 토지 또는 그 지상 건물에 관하여 강제경매를 위한 압류나 그 압류에 선행한 가압류가 있기 이전에 저당권이 설정되어 있다가 그 후 강제경매로 인해 그 저당권이 소멸하는 경우에는, 그 저당권 설정 이후의 특정 시점을 기준으로 토지와 그 지상 건물이 동일인의 소유에 속하였는지에 따라 관습상 법정지상권의 성립 여부를 판단하게 되면, 저당권자로서는 저당권 설정 당시를 기준으로 그 토지나 지상 건물의 담보가치를 평가하였음에도 저당권 설정 이후에 토지나 그 지상 건물의 소유자가 변경되었다는 외부의 우연한 사정으로 인하여 자신이 당초에 파악하고 있던 것보다 부당하게 높아지거나 떨어진 가치를 가진 담보를 취득하게 되는 예상하지 못한 이익을 얻거나 손해를 입게 되므로, 그 저당권 설정 당시를 기준으로 토지와 그 지상 건물이 동일인에게 속하였는지에 따라 관습상 법정지상권의 성립 여부를 판단하여야 한다(대법원 2013.4.11. 선고 2009다62059 판결).

4. 관습법상 지상권의 효력

(1) 물권으로서의 효력

관습법상의 법정지상권 성립 후 토지가 양도된 경우, 건물소유자는 이 법정지상권을 취득할 당시의 토지소유자에 대하여서는 물론이고, 그로부터 토지소유권을 전득한 제3자에 대하여서도 역시 등기 없이 관습법상의 법정지상권을 주장할 수 있다(관습법상의 법정지상권도 물권이기 때문이다; 대판 1988.9.27, 87다카279 등).

(2) 지상권의 포기

관습상의 법정지상권의 포기도 가능하다. 예컨대 토지와 건물 중 건물만을 양도하면서 따로 건물을 위해 대지에 대한 임대차계약을 체결한 경우에는 그 대지에 성립하는 관습법상의 법정지상권을 포기한 것으로 해석한다(대판 1991.5.14, 91다1912 등). 한편 관습상의 법정지상권은 동일인의 소유이던 토지와 그 지상 건물이 매매 기타 원인으로 인하여 각각 소유자를 달리하게 되었으나 그 건물을 철거한다는 등의 특약이 없으면 건물 소유자로 하여금 토지를 계속 사용하게 하려는 것이 당사자의 의사라고 보아 인정되는 것이므로 이와 달리 토지의 점유·사용에 관하여 당사자 사이에 약정이 있는 것으로 볼 수 있는 경우에는 관습상의 법정지상권을 인정할 까닭이 없다(대판 2008.2.15. 2005다41771,41788).

(3) 법정지상권의 양수인의 지위와 경락인의 지위비교

관습법상의 법정지상권을 취득한 건물소유자가 그 등기를 경료하지 않고 건물을 양도한 경우 양수인은 건물소유권을 취득하기 위하여는 소유권이전등기를, (법정)지상권을 취득하기 위하여도 등기를 하여야 한다. 따라서 건물의 소유권을 취득한다고 당연히 지상권을 취득하는 것은 아니다[대판(전합) 1985.4.9. 84다카1131,1132]. 그러나 법정지상권을 취득한 건물소유자의 건물이 경매(법률규정)가 된 경우, 경락인(=매수인)은 경락대금(=매각대금)을 납부하면 당연히 법정지상권과 건물소유권을 등기없이도 취득하는 점이 법률행위인 양도와 구별된다(제187조 법률규정에 의한 물권변동).

(4) 건물철거요구와 신의칙

법정지상권을 취득한 건물소유자가 건물을 제3자에게 양도(법률행위)하고 제3자는 건물에 대해서만 소유권이전등기를 한 경우에 토지소유자는 건물 양수인을 상대로 그 건물의 철거를 청구할 수 없다는 것이 판례의 견해이다. 즉 건물철거를 요구하는 것은 신의칙에 반한다는 것이 판례이다(대판 1991.9.24. 91다21701). 하지만 법정지상권이 인정되지 아니하여, 토지를 취득한 자가 그 지상 건물의 철거와 토지의 인도를 구할 수 있는 경우에는, 건물 철거 등의 청구가 권리행사자에게 아무런 이익이 없다거나 오직 상대방에게 손해를 입히려는 것이라고 보기 어려운 점 등에 비추어, 권리남용(신의칙 위반)에 해당하지 않는다고 판시한다(대판 2010.2.25. 2009다58173).

(5) 지료연체문제

법정지상권의 경우 당사자 사이에 지료에 관한 협의가 있었다거나 법원에 의하여 지료가 결정되었다는 아무런 입증이 없다면, 법정지상권자가 지료를 지급하지 않았다고 하더라도 지료 지급을 지체한 것으로는 볼 수 없으므로 법정지상권자가 2년 이상의 지료를 지급하지 아니하였음을 이유로 하는 토지소유자의 지상권소멸청구는 이유가 없고, 지료액 또는 그 지급시기 등 지료에 관한 약정은 이를 등기하여야만 제3자에게 대항할 수 있는 것이고, 법원에 의한 지료의 결정은 당사자의 지료결정청구에 의하여 형식적 형성소송인 지료결정판결로 이루어져야 제3자에게도 그 효력이 미친다(대판 2001.3.13. 99다17142).

5. 법정지상권의 성립여부문제 검토

관련사례 | 甲으로부터 그 소유의 대지와 그 지상건물을 매수한 乙이 건물에 대하여는 그것이 미등기건물이라 소유권이전등기를 받지 못하고 대지에 대하여만 소유이전등기를 경료받은 뒤 대지에 관하여 丙에게 저당권을 설정해 주고 이어 丙이 위 저당권의 실행에 의한 경락으로 대지소유권을 취득한 경우, 甲은 대지 위에 위 건물을 위한 관습상의 법정지상권을 취득하였다고 볼 수 있는가?

해 설 | (a) 미등기건물을 그 대지와 함께 매도하였다면 비록 매수인에게 그 대지에 관하여만 소유권이전등기가 경료되고 건물에 관하여는 등기가 경료되지 아니하여 형식적으로 대지와 건물이 그 소유명의자를 달리하게 되었다 하더라도 매도인에게 관습상의 법정지상권을 인정할 이유가 없다 할 것이다. 결국 丙은 관습상의 법정지상권을 부담하지 않는다는 것이 대법원의 태도이다.

(b) 대지와 그 지상의 미등기건물을 양도하여 대지에 소유권이전등기를 경료하고 건물에 관하여는 소유권이전등기를 경료하지 못하고 있다가 양수인이 대지에 설정한 저당권의 실행에 의하여 대지의 소유자가 달라지게 된 경우에 그 저당권설정당시 양도인이 저당권자에게 그 지상건물을 위한 관습상의 법정지상권을 취득한다(×) - 대판(전합) 2002.6.20. 2002다9660에 반한다. 즉 관습상 법정지상권의 성립을 인정할 수 없다는 것이다. 물론 제366조의 저당권에 기한 법정지상권도 인정되지 않는다.

제9장 지역권

Ⅰ. 지역권

1. 일반론

> **제291조 (지역권의 내용)**
> 지역권자는 일정한 목적을 위하여 타인의 토지를 자기토지의 편익에 이용하는 권리가 있다.
>
> **제292조 (부종성)**
> ① 지역권은 요역지소유권에 부종하여 이전하며 또는 요역지에 대한 소유권이외의 권리의 목적이 된다. 그러나 다른 약정이 있는 때에는 그 약정에 의한다.
> ② 지역권은 요역지와 분리하여 양도하거나 다른 권리의 목적으로 하지 못한다.

(1) 의의

지역권은 일정한 토지의 이용가치를 증가시키기 위하여 다른 토지에 대한 지배를 미치는 권리로서 지역권자는 일정한 목적을 위하여 타인의 토지를 자기 토지의 편익에 이용하는 권리가 있다. 민법은 로마법상의 역권(지역권+인역권) 중 지역권만을 인정하는데, 지역권자는 일정한 목적을 위하여 타인의 토지를 자기토지의 편익에 이용하는 권리가 있다고 규정하고 있다(제291조). 이때 편익을 받는 토지를 요역지라 하고, 편익을 제공하는 토지를 승역지라고 한다.

(2) 상린관계와 구별

상린관계는 보통 인접한 토지사용자간의 문제이지만, 지역권은 반드시 이 두 토지가 서로 인접하고 있음을 요하지 않는다.

〈상린관계와 지역권의 차이점〉

	상 린 관 계	지 역 권
의 의	서로 인접하는 부동산 소유권의 상호이용을 조절하는 것을 목적으로 하는 법률관계	일정한 목적을 위하여 타인의 토지를 자기토지의 편익에 이용하는 부동산 용익물권의 일종
발생원인	법률의 규정에 의한 소유권의 확장·제한	계약(당사자 사이의 설정행위)에 의한 소유권의 확장·제한
등 기	상린권은 독립한 물권이 아니므로 그 성립에 등기를 요하지 않음	지역권은 소유권과는 별개의 독립한 물권이므로 성립에 등기를 필요로 함
소멸시효	소멸시효에 걸리지 않음	불행사로 소멸시효에 걸림
이용의 객체	부동산, 물의 상호이용을 조정	토지만의 이용조절

(3) 임차권과의 비교

물권으로서 지역권은 제3자에 대하여 대항할 수 있으며, 지역권의 승역지(편익을 제공하는 토지)의 소유자도 그 승역지를 직접 점유하고 용익할 수 있다. 그러나 채권으로서 임차권은 임차인이 임차목적물을 독점적으로 이용하게 되어 토지소유자의 사용을 배제시킨다. 즉 임대차에 의하여 당해 토지의 점유 및 사용권이 전면적으로 임차인에게 이전된다. 그리고 임차권은 채권적 권리이므로 원칙적으로 제3자에게 대항할 수 없다(예외 : 제621조, 제622조).

(4) 지역권의 유형

1) 통행지역권
요역지의 소유자가 타인의 토지를 통행하기 위하여 설정하는 지역권(통로가 있을 때는 계속·표현의 지역권, 통로가 없을 때는 불계속·불표현의 지역권)을 말한다.

2) 용수지역권
인수·배수를 목적으로 하거나, 구거(도랑)·송수관을 부설하기 위하여 설정하는 지역권을 말한다.

3) 부작위지역권
승역지에 건물을 짓지 않거나 요역지의 조망·일조를 방해하는 건물을 짓지 않는다는 내용을 가지는 지역권을 말한다. 승역지에서 일정한 영업(주유소·여관·주차장)을 경영하지 아니한다는 내용의 지역권도 부작위지역권의 유형이다. 특기할 것은 승역지소유자가 요역지소유자에 대하여 상린권의 전부나 일부를 행사하지 아니한다는 내용을 가진 부작위지역권도 가능하다는 것이다(상린관계를 임의규정으로 볼 때 이러한 제한은 더욱더 가능하다고 볼 수 있다).

4) 특수지역권
어느 지역의 주민이 집합체의 관계로 각자가 타인의 토지에서 초목, 야생물 및 토사의 채취·방목 기타의 수익을 하는 지역권을 말한다(제302조 참조).

5) 계속지역권과 불계속지역권
계속지역권이란 지역권의 행사가 끊임없이 계속되는 것이다(예컨대 일정한 시설설치). 불계속지역권이란 지역권을 행사할 때마다 지역권자의 행위를 필요로 하는 것이다(예컨대 통로 없는 통행지역권).

(5) 토지간의 물권
지역권은 토지와 토지사이의 물권이다(지상권·전세권과 구별). 따라서 요역지의 하천을 매몰하기 위하여 승역지의 토사를 채취하는 것은 지역권의 목적으로 될 수 있지만, 요역지에 거주하는 도자기공이 도자기를 만들기 위하여 승역지의 토사를 채취하는 것은 지역권의 목적이 될 수 없다.

(6) 소유권이외의 물권자의 설정
지역권은 성질상 토지소유자 사이에서만 성립할 수 있는 것은 아니다. 지역권은 두 개의 토지의 이용의 조절을 목적으로 하는 것이므로 지상권자나 전세권자 역시 그들이 이용하는 토지를 위하여 지역권을 설정할 수 있다(통설). 따라서 지역권이 설정된 후에 요역지에 대하여 지상권을 취득한 자는 지역권을 행사할 수 있다.

> ◎ 지역권의 특성은 비한정성·비배타성·공용성을 지닌다. 즉 지역권은 상린관계 중의 강행법규에 반하지 않는 한 어떠한 내용으로도 토지사용목적을 정할 수 있고(비한정성), 지역권에 의하여 소유권의 용익권능이 전면적으로 배제되는 것은 아니다(비배타성과 공용성).

(7) 부종성

지역권은 요역지소유권에 부종하여 이전하며 또는 요역지에 대한 소유권이외의 권리의 목적이 된다. 그리고 지역권은 요역지와 분리하여 양도하거나 다른 권리의 목적으로 하지 못한다(제292조). 따라서 저당권의 실행으로 요역지가 경락되면 경락인은 지역권을 취득한다. 지역권은 토지와 관련된 권리이기 때문에 적어도 토지에 아무런 권한을 갖지 않는 자는 이를 취득할 수 없다. 지역권이 요역지의 소유권 또는 이용권에 수반하는 성질을 지역권의 수반성이라 한다.

2. 대가와 존속기간 등

(1) 지 료

지역권은 지상권처럼 지료가 지역권의 성립요건은 아니다(전세권과 구별).

(2) 대가와 존속기간

민법은 지역권의 대가와 존속기간에 대하여 아무런 규정을 두고 있지 않다. 영구적인 지역권 설정이 가능한가와 관련하여 지역권이 본래 영구적인 것으로 설정되었던 로마법의 이래의 연혁과 소유권을 제한하는 정도가 낮다는 점에 비추어 긍정한다(통설·판례).

3. 지역권의 취득과 그 효력

(1) 지역권설정계약과 등기

지역권은 지역권설정합의와 등기에 의하여 한다(제186조). 그 등기의 방법은 승역지의 등기에 지역권의 등기를 하고, 한편 지역권의 부종성을 제도적으로 실현하기 위하여 요역지의 등기에도 지역권의 내용을 직권으로 기재한다(부동산등기법). 그리고 요역지는 1필의 토지이어야 하며, 토지의 일부를 위한 지역권을 설정할 수는 없다. 그러나 승역지는 1필의 토지일 필요가 없다. 즉 승역지는 전부 또는 일부 지역권 설정 대상이 된다.

(2) 지역권의 시효취득

> **제294조 (지역권취득기간)**
> 지역권은 계속되고 표현된 것에 한하여 제245조의 규정을 준용한다.

1) 지역권은 계속되고 표현된 것에 한하여 제245조의 규정을 준용한다(제294조). 그 이유는 불계속의 지역권은 타인이 이를 행사하여도 소유자가 별로 그 번잡성을 느끼지 않으며, 불표현의 지역권은 타인이 지역권을 행사하여도 소유자가 이를 알 수 없기 때문이다.

2) 판례는 통행지역권의 시효취득에 관하여 '요역지의 소유자가 승역지상에 통로를 개설하여 승역지를 항시 사용하고 있다는 객관적인 상태가 민법 제245조에 규정된 기간 계속된 사실이 있어야 한다'고 하면서 '계속·표현'의 개념을 좁게 해석하고 있다(제294조). 이처럼 지역권은 계속되고 표현된 것에 한하여 시효취득이 가능한데, 다만 요역지의 불법점유자에게는 시효취득이 인정되지 아니한다는 것이 판례의 입장이다(대판 1976.10.29, 76다1694).

판례 〈민법 제294조에 의한 지역권취득의 요건〉 ⑤ 민법 제294조에 의하여 지역권을 취득하려면 그 지역권이 있다고 인정할 수 있는 행위가 계속되고 표현된 것에 한하여 민법 제245조의 규정이 준용된다 할 것이므로 요역지의 소유자가 타인의 토지를 20년간 통행하였다는 사실만으로서는 부족하고 요역지의 소유자가 승역지상에 통로를 개설하여 승역지를 항시 사용하고 있는 상태가 민법 제245조에 규정된 기간 계속한 사실이 있어야 할 것이다(대판 1970.7.21, 70다772,773). ⑥ 따라서 甲이 乙소유의 토지의 일정부분을 통행로로 이용하였을 뿐 이를 스스로 자신 소유의 대지를 위한 통행로로 개설한 사실이 인정되지 않는다면 통행지역권을 시효취득할 수 없다(대판 2010.1.28. 2009다74939,74946)

3) 분양택지들을 매각하면서 토지 중 일부를 분양택지들을 위한 도로로 제공한 것이 아니라 다만 토지의 매수인으로서 그 부분에 대한 다른 택지소유자들의 통행을 묵인한 것에 불과하다면 묵시적인 지역권설정계약이 성립되었다고 볼 여지가 없다.

(3) 공유토지의 지역권과 불가분성

제295조 (취득과 불가분성)
① 공유자의 1인이 지역권을 취득한 때에는 다른 공유자도 이를 취득한다.
② 점유로 인한 지역권취득기간의 중단은 지역권을 행사하는 모든 공유자에 대한 사유가 아니면 그 효력이 없다.
제296조 (소멸시효의 중단, 정지와 불가분성)
요역지가 수인의 공유인 경우에 그 1인에 의한 지역권소멸시효의 중단 또는 정지는 다른 공유자를 위하여 효력이 있다.

요역지의 공유자의 1인을 위한 소멸시효의 중단·정지(공유자에게 이익)는 전공유자에 대하여 효력이 발생한다(제296조). 그러나 요역지가 공유인 경우, 취득시효중단(공유자에게 불이익)은 공유자 전원에 대하여 하여야 그 효력이 발생하고, 공유자의 1인에게 취득시효의 중단사유가 존재하여도 그 효력은 다른 공유자에게 미치지 아니한다(제295조).

(4) 지역권의 소멸

1) 승역지의 시효취득에 의한 소멸
승역지가 제3자에 의하여 시효취득되는 경우에는 지역권은 소멸하는 것이 원칙이다. 그러나 승역지의 점유자가 지역권의 부담을 용인하고 있는 상태에서 승역지의 점유를 계속하는 경우 지역권의 부담을 받는 상태에서 소유권을 취득케 되므로 지역권은 소멸하지 않는다.

2) 지역권의 소멸시효

지역권은 20년간 행사하지 않으면 소멸시효가 완성한다(제162조 제2항).

3) 위기(委棄)에 의한 소멸

> **제299조 (위기에 의한 부담면제)**
> 승역지의 소유자는 지역권에 필요한 부분의 토지소유권을 지역권자에게 위기하여 전조의 부담을 면할 수 있다.

승역지 소유자는 지역권에 필요한 부분의 토지 소유권을 지역권자에게 위기하여 부담을 면할 수 있다(제299조). 즉 승역지 소유자가 그 소유권을 지역권자에게 이전시키는 의사표시를 하고 등기를 경료한 경우에 지역권은 혼동으로 소멸한다.

4. 특수지역권

> **제302조 (특수지역권)**
> 어느 지역의 주민이 집합체의 관계로 각자가 타인의 토지에서 초목, 야생물 및 토사의 채취, 방목 기타의 수익을 하는 권리가 있는 경우에는 관습에 의하는 외에 본장의 규정을 준용한다.

(1) 인역권적 성질

지역권에 있어서는 편익을 받는 것이 토지 자체인데 대하여 특수지역권에 있어서도「일정한 지역의 주민」이 편익을 받는다는 점에서 인역권에 가깝다. 한편, 특수지역권은 주민이 집합체로서 생활하고 있음을 요할 뿐이므로 요역지가 개념상 존재할 수 없다.

(2) 준총유

특수지역권을 법률적으로 파악하면 그 권리는 집합체주민의 총유에 속한다. 원래 물권은 양도·상속성을 그 본체로 하지만 특수지역권은 인역권의 성질을 가지고 있으므로 양도성·상속성이 없다.

(3) 물권적 청구권

특수지역권도 물권의 일종이기 때문에 물권적 청구권이 발생한다. 즉, 특수지역권의 침해시 주민 전체로서 침해행위에 배제 및 손해배상을 청구할 수 있다. 물권적 청구권과 관련하여 지역권자는 물권적 반환청구권이 인정되지 않는다(제301조 참조).

제10장 전세권

Ⅰ. 전세권일반

1. 일반론

(1) 의 의

전세권은 외국의 입법례에서는 찾아볼 수 없는 우리의 특유한 제도라고 한다. 전세권이란 전세금을 지급하고 타인의 부동산을 점유하여 그 부동산의 용도에 좇아 사용·수익하며, 그 부동산 전부에 대하여 후순위권리자 기타 채권자보다 전세금에 관한 우선변제권이 인정되는 특수한 용익물권이다(제303조 제1항). 그러나 전세권의 주된 성격은 용익물권성에 있으며, 담보물권성은 전세금반환의 확보를 위한 부수적인 것이다.

> **제303조 (전세권의 내용)**
> ① 전세권자는 전세금을 지급하고 타인의 부동산을 점유하여 그 부동산의 용도에 좇아 사용·수익하며, 그 부동산 전부에 대하여 후순위권리자 기타 채권자보다 전세금의 우선변제를 받을 권리가 있다.
> ② 농경지는 전세권의 목적으로 하지 못한다.

(2) 법적 성질

㈀ 전세권은 타인의 부동산에 설정하는 타제한물권이다. 목적물은 건물과 토지이다. 단, 헌법상 소작제도금지의 원칙상 농경지는 제외되며, 부동산 일부라도 전세권의 목적이 될 수 있다. 예컨대 일층의 일부분에 설정된 전세권은 이 부분에 국한하여 실행할 것이다.

㈁ 전세권은 용익물권이지만 전세금반환채권을 담보하는 범위내에서 담보물권이므로 담보물권의 통유성, 즉 부종성·수반성·불가분성·물상대위성을 가진다(담보물권에서 후술).

판례 〈전세권의 성립요건〉 전세권이 용익물권적 성격과 담보물권적 성격을 겸비하고 있다는 점 및 목적물의 인도는 전세권의 성립요건이 아닌 점 등에 비추어 볼 때, 당사자가 주로 채권담보의 목적으로 전세권을 설정하였고, 그 설정과 동시에 목적물을 인도하지 아니한 경우라 하더라도, 장차 전세권자가 목적물을 사용·수익하는 것을 완전히 배제하는 것이 아니라면, 그 전세권의 효력을 부인할 수는 없다(대판 1995.2.10. 94다18508).

(3) 건물 등을 소유하기 위한 전세권설정

전세권으로 지상권에 의하여 달성되는 목적을 위해서 이용할 수 있는가에 대하여, 다수설과 판례는 민법이 지상권에만 최단기간을 정하고, 전세권에는 정하지 아니한 것은 당사자가 장기간 지상물을 소유하기를 원하는 때에는 지상권을 설정하게 하고, 지상권보다 단기간의 지상물소유로써 만족할 수 있을 때에는 전세권에 의할 수 있게 한 취지로 해석할 수 있다고 하여 긍정한다. 판례도 토지임차인의 건물 기타 공작물의 매수청구권에 관한 민법 제643조의 규정은 성질상 토지의 전세권에도 유추 적용될 수 있다고 하여 이를 긍정하는 입장이라고 할 것이다(대판 2007.9.21. 2005다41740).

(4) 전세권과 지상권과의 비교

구분	전세권	지상권
사용대가	전세금의 지급이 전세권의 요소이며(제303조 제1항), 전세금은 금전에 한함	지료 지급이 지상권의 요소가 아니고(제279조), 지료는 금전에 한하지 않음
비용상환청구권	전세권자에게 필요비상환청구권은 인정되지 않고, 유익비상환청구권만을 인정(제310조)	지상권자에게 필요비상환청구권은 인정되지 않고, 유익비상환청구권만이 인정된다고 봄이 통설(제626조 제2항 유추적용)
지상물 또는 부속물의 매수청구권	지상물매수청구권은 없고, 전세권설정자에게 부속물매수청구권을 인정(제316조 제1항), 전세권자에게는 전세권설정자의 동의를 얻어 부속시킨 때에 한하여 부속물매수청구권을 인정(제316조 제2항)	부속물매수청구권은 없고, 지상권자(제283조 제2항)와 지상권설정자(제285조 제2항)에게 지상물매수청구권이 인정

2. 존속기간

제312조 (전세권의 존속기간)
① 전세권의 존속기간은 10년을 넘지 못한다. 당사자의 약정기간이 10년을 넘는 때에는 이를 10년으로 단축한다.
② 건물에 대한 전세권의 존속기간을 1년미만으로 정한 때에는 이를 1년으로 한다.
③ 전세권의 설정은 이를 갱신할 수 있다. 그 기간은 갱신한 날로부터 10년을 넘지 못한다.
④ 건물의 전세권설정자가 전세권의 존속기간 만료전 6월부터 1월까지 사이에 전세권자에 대하여 갱신거절의 통지 또는 조건을 변경하지 아니하면 갱신하지 아니한다는 뜻의 통지를 하지 아니한 경우에는 그 기간이 만료된 때에 전(前)전세권과 동일한 조건으로 다시 전세권을 설정한 것으로 본다. 이 경우 전세권의 존속기간은 그 정함이 없는 것으로 본다.

(1) 최장기간제한

토지에 대해서나 건물에 대해서 모두 전세권은 10년이라는 <u>최장존속기간의 제한이 있으나,</u> <u>최단존속기간의 제한은 건물전세권(1년)에만 있다</u>(제312조 제2항).

(2) 법정갱신

전세권의 갱신은 당사자의 합의에서만 가능하다. 다만 건물의 전세권에 관하여 법정갱신이 인정된다(제312조 제4항). 전세권의 법정갱신은 법률의 규정에 의한 부동산에 관한 물권의 변동이므로 전세권 갱신에 관한 등기를 필요로 하지 아니하고 전세권자는 <u>그 등기 없이도 전세권설정자나 그 목적물을 취득한 제3자에 대하여 그 권리를 주장할 수 있다</u>(대판 1989.7.11. 88다카21209).

판례 〈건물전세권의 법정갱신〉 전세권이 법정갱신된 경우 이는 법률의 규정에 의한 물권의 변동이므로 전세권갱신에 관한 등기를 필요로 하지 아니하고, 전세권자는 등기 없이도 전세권설정자나 그 목적물을 취득한 제3자에 대하여 갱신된 권리를 주장할 수 있다(대판 2010.3.25. 2009다35743).

3. 전세권의 처분

> **제306조 (전세권의 양도, 임대등)**
> 전세권자는 전세권을 타인에게 양도 또는 담보로 제공할 수 있고 그 존속기간내에서 그 목적물을 타인에게 전전세 또는 임대할 수 있다. 그러나 설정행위로 이를 금지한 때에는 그러하지 아니하다.
>
> **제307조 (전세권양도의 효력)**
> 전세권양수인은 전세권설정자에 대하여 전세권양도인과 동일한 권리의무가 있다.

(1) 전세권의 양도와 그 제한

1) 의의

전세권의 양도는 전세권양도의 합의가 있고 등기를 하여야 그 효력이 발생한다(제306조·제186조). 보통 전세권을 양도한다는 것은 전세금과 전세권을 함께 양도한다는 의미이다. 그리고 설정행위로써 전세권의 양도등을 금지하였는데도 전세권자가 양도를 한 경우, 전세권설정자는 전세권의 소멸을 청구할 수 있다(제311조 참조)

2) 담보물권의 전세권의 양도성

전세권자는 존속기간이 경과한 전세권을 그 피담보채권인 전세금반환채권과 함께 이를 제3자에게 양도할 수 있다. 이러한 경우 양수인은 용익물권의 성질은 소멸하고 담보물권으로서의 전세권을 양수한 것이 된다(대판 2008.3.13, 2006다29372 참조).

(2) 전세권양도대금

전세권양도시 대금은 원전세금보다 고·저액이라도 무방하지만, 양수인은 전세권설정자로부터, 원래의 전세금의 범위 내의 반환을 청구할 수 있을 뿐이다.

(3) 목적물의 소유권이전의 경우

전세권이 성립한 후 전세목적물의 소유권이 이전된 경우 목적물의 신 소유자는 구 소유자와 전세권자 사이에 성립한 전세권의 내용에 따른 권리의무의 직접적인 당사자가 되어 전세권이 소멸하는 때에 전세권자에 대하여 전세권설정자의 지위에서 전세금 반환의무를 부담하게 된다(대판 2006.5.11. 2006다6072).

(4) 전세금반환채권의 압류·전부 채권자와 전세권양수인과의 우열

판례는 "전세기간 만료 이후 전세권양도계약 및 전세권이전의 부기등기가 이루어진 것만으로는 전세금반환채권의 양도에 관하여 확정일자 있는 통지나 승낙이 있었다고 볼 수 없어 이로써 제3자인 전세금반환채권의 압류·전부 채권자에게 대항할 수 없다"고 판시하였다(대판 2005. 3. 25. 2003다35659).

(5) 전세권저당권설정

(ㄱ) 전세권을 목적물로 하는 저당권의 설정은 전세권의 목적물소유자의 의사와는 상관없이 전세권자의 동의만 있으면 가능한 것이고, 원래 전세권에 있어 전세권설정자가 부담하는 전세금반환의무는 전세금반환채권에 대한 제3자의 압류 등이 없는 한 전세권자에 대해 전세금을 지

급함으로써 그 의무이행을 다할 뿐이라는 점에 비추어 볼 때, 전세권저당권이 설정된 경우에도 전세권이 기간 만료로 소멸되면 전세권설정자는 전세금반환채권에 대한 제3자의 압류 등이 없는 한 전세권자에 대하여만 전세금반환의무를 부담한다고 보아야 한다(대판 2008.3.13, 2006다29372·29389).

(ㄴ) 전세권에 대하여 저당권이 설정된 경우 그 전세권이 기간만료로 종료되면 전세권을 목적으로 하는 저당권은 당연히 소멸된다(대판 2008.4.10, 2005다47663).

Ⅱ. 전세권의 담보물권적 성격

1. 서 설

(1) 의의

전세권이란 전세금을 지급하고 타인의 부동산을 점유하여 그 부동산의 용도에 좇아 사용·수익하며, 그 부동산 전부에 대하여 후순위권리자 기타 채권자보다 전세금에 관한 우선변제권이 인정되는 특수한 용익물권이다(제303조 제1항). 전세권은 전세금을 지급하고 타인의 부동산을 그 용도에 따라 사용·수익하는 권리로서 전세금의 지급이 없으면 전세권은 성립하지 아니하는 등으로 전세금은 전세권과 분리될 수 없는 요소인 것이다.

(2) 법적 성질

전세권은 용익물권 이외에 담보물권으로서의 성질도 아울러 갖는다. 전세권의 존속기간이 만료하면 전세권 설정등기의 말소등기가 없더라도, 전세권의 용익물권적 권능은 소멸한다(대판 2008.3.13, 2006다29372).

판례 〈전세권의 존속기간 만료 후 그 전세권에 설정되어 있던 저당권을 실행하는 방법 및 그 실행의 효과〉 용익물권과 담보물권의 성격을 갖는 전세권이 그 존속기간이 만료하면 전세권의 용익물권적 권능이 소멸하기 때문에 그 전세권에 대한 저당권자는 더 이상 전세권 자체에 대하여 저당권을 실행할 수 없게 되고, 이러한 경우에는 민법 제370조, 제342조, 민사집행법 제273조에 의하여 저당권의 목적물인 전세권에 갈음하여 존속하는 것으로 볼 수 있는 전세금반환채권에 대하여 추심명령 또는 전부명령을 받거나, 제3자가 전세금반환채권에 대하여 실시한 강제집행절차에서 배당요구를 하는 등의 방법으로 자신의 권리를 행사할 수 있고, 적법한 기간 내에 적법한 방법으로 물상대위권을 행사한 저당권자는 전세권자에 대한 일반채권자보다 우선변제를 받을 수 있다(대판 2008.3.13, 2006다29372).

2. 전세금

(1) 전세권의 요소

전세금의 지급은 전세권의 요소이다(제303조 제1항). 전세금을 지급하지 않는다는 특약을 하여도 무효이고 전세권은 성립하지 않는다.

(2) 사용대가

전세금은 목적부동산 사용의 대가의 성질을 갖는다. 차임과 전세금의 이자는 상계되므로 전세권자는 전세금의 이자를 청구하지 못한다.

(3) 보증금

전세금은 아울러 보증금으로서의 성질도 갖는다. 임대차에서 임차보증금은 임대차존속중의 임료뿐만 아니라 건물명도의무이행에 이르기까지 발생한 손해배상채권 등 임대차계약에 의하여 임대인이 임차인에 대하여 갖는 일체의 채권을 담보하는 것이다. 따라서 전세금도 전세권자의 책임 있는 사유로 전세권설정자에게 손해배상을 하여야 할 경우 보증금의 기능을 한다(제315조 참조).

판례 〈전세금의 담보할 수 있는 범위〉 전세금은 그 성격에 비추어 민법 제315조에 정한 전세권설정자의 전세권자에 대한 손해배상채권 외 다른 채권(=차임채권)까지 담보한다고 볼 수 없으므로, 전세권설정자가 전세권자에 대하여 위 손해배상채권 외 다른 채권을 가지고 있더라도 다른 특별한 사정이 없는 한 이를 가지고 전세금반환채권에 대하여 물상대위권을 행사한 전세권저당권자에게 상계 등으로 대항할 수 없다(대판 2008.3.13, 2006다29372).

(4) 신용수수의 수단

전세금은 신용수수의 수단의 성질도 갖는다. 즉 전세권설정자는 부동산을 담보로 제공하여 전세금의 형식으로 신용을 얻고 전세권자는 목적부동산을 유치·사용하는 결과로 되어 사실상 구법상의 부동산질권과 같은 기능을 갖게 된다.

3. 담보물권으로서의 성격

(1) 담보물권의 통유성

전세권은 전세금반환채권을 담보하는 범위 내에서 담보물권이므로 담보물권의 통유성 즉 그 속성인 부종성·수반성·불가분성·물상대위성(우선변제적 지위)을 가진다.

(2) 전세권과 분리하여 전세금반환청구권의 양도성 문제

전세권과 전세금을 분리하여 양도할 수 없지만, 전세권 소멸을 정지조건으로 하여 전세금반환채권만을 양도할 수 있다(대판 2002.8.23, 2001다69122).

(3) 부동산등기법상의 전세금일부양도의 문제

새로 개정된 부동산등기법에서는 전세금반환채권의 일부양도에 관한 일부이전등기규정을 신설하였는데, 유의할 것은 전세권의 존속기간의 만료전에는 할 수 없다는 점이다(동법 제73조 제2항 참조).

〈전세권에서 전세금 반환청구권 양도문제〉

전세금 반환 채권 ①

甲 ◄─────────────────────── 乙
설정자　　　　　　　　　　　　전세권자
　　　　　　　　　　　　　　　전세권(물권)②

| 전세권 | 용익물권 |

담보물권 : 부종성, 수반성, 불가분성, 물상대위성
（ⅰ）① + ② : 양도가능(유효) : 제306조의 전세권양도의 의미
（ⅱ）① 유보 ②만 양도 : (무효) : 부종성·수반성의 결과
（ⅲ）① 양도 ② 소멸(조건) : (유효) : 대판 1999.2.5, 97다33997
（ⅳ）① 양도 ②는 유보 : (무효) : 대판 2002.8.23, 2001다69122

판례[1] 〈전세권과 분리된 전세금반환채권의 양도성문제〉전세권이 담보물권적 성격도 가지는 이상 부종성과 수반성이 있는 것이므로 <u>전세권을 그 담보하는 전세금반환채권과 분리하여 양도하는 것은 허용되지 않는다고 할</u> 것이나, 한편 피담보채권의 처분이 있음에도 불구하고 담보물권의 처분이 따르지 않는 특별한 사정이 있는 경우에는 채권양수인은 담보물권이 없는 무담보의 채권을 양수한 것이 되고 채권의 처분에 따르지 않은 담보물권은 소멸한다. 이러한 특별한 사정에는 ① 전세권설정계약이 합의해지된 것 , ② 전세금반환채권이 제3자에게 양도된 것, ③ 전세권자가 전세목적물을 전세권설정자에게 명도한 것을 들고 있다. 이러한 사정이 있는 경우에는 전세권이 양수인에게 이전하지 않는다는 묵시적 합의가 있는 것으로 보고 있다(대판 1999.2.5, 97다33997; 대판 1997.11.25, 97다29790).

판례[2] ㉠ 전세권은 전세금을 지급하고 타인의 부동산을 그 용도에 따라 사용·수익하는 권리로서 전세금의 지급이 없으면 전세권은 성립하지 아니하는 등으로 전세금은 전세권과 분리될 수 없는 요소일 뿐 아니라, 전세권에 있어서는 그 설정행위에서 금지하지 아니하는 한 전세권자는 전세권 자체를 처분하여 전세금으로 지출한 자본을 회수할 수 있도록 되어 있으므로 <u>전세권이 존속하는 동안은 전세권을 존속시키기로 하면서 전세금반환채권만을 전세권과 분리하여 확정적으로 양도하는 것은 허용되지 않는 것</u>이며, 다만 전세권 존속 중에는 장래에 그 전세권이 소멸하는 경우에 전세금 반환채권이 발생하는 것을 조건으로 그 장래의 조건부 채권을 양도할 수 있을 뿐이라 할 것이다(대판 2002.8.23, 2001다69122). ㉡ 그러므로 전세권 소멸 전이라도 전세권과 분리하여 정지조건부의 전세금반환채권만을 양도할 수 있다고 보아야 한다 (대판 1997.11.25, 97다29790 참조 ─지원림).

㉢ 전세권자는 존속기간이 경과한 전세권을 그 피담보채권인 전세금반환채권과 함께 이를 제3자에게 양도할 수 있다. 이러한 경우 양수인은 용익물권의 성질은 소멸하고 담보물권으로서의 전세권을 양수한 것이 된다(대판 2008.3.13, 2006더29372 참조).

(3) 담보목적의 전세권(유효) 정리

1) 목적물의 인도

<u>전세권은 용익물권적 성격과 담보물권적 성격을 겸비하고 있으며, 목적물의 인도는 전세권의 성립요건이 아니다.</u> 따라서 당사자가 주로 채권담보의 목적으로 전세권을 설정하였고, 그 설정과 동시에 목적물을 인도하지 아니한 경우라 하더라도, 장차 전세권자가 목적물을 사용·수익하는 것을 완전히 배제하는 것이 아니라면, 그 전세권의 효력을 부인할 수는 없다.

2) 기존의 채권으로 지급에 갈음

전세금의 지급은 전세권성립의 요소가 되는 것이지만 그렇다고 하여 전세금의 지급이 반드시 현실적으로 수수되어야만 하는 것은 아니고 기존의 채권으로 전세금의 지급에 갈음할 수도 있다(대판 2009.1.30, 2008다67217 등).

3) 제3자명의의 전세권등기

(ㄱ) 채권담보를 위하여 담보권을 설정하는 경우 채권자와 채무자 및 제3자 사이에 합의가 있으면 채권자가 그 담보권의 명의를 제3자로 하는 것도 가능하다. 이 때에는 채무자와 담보권명의자인 제3자 사이에 담보계약관계가 성립하는 것으로 그 담보권명의자는 그 피담보채권을 수령하고 그 담보권을 실행하는 등의 담보계약상의 권한을 가진다(대판 1995.2.10, 94다18508).

(ㄴ) 임차보증금반환채권을 담보할 목적으로 임대인, 임차인 및 제3자 사이의 합의에 따라 제3자 명의로 경료된 전세권설정등기도 효력이 있다(대판 1998.9.4, 98다20981).

판례 〈제3자간 합의의 경우〉 전세권이 담보물권적 성격을 아울러 가지고 있는 이상 부종성과 수반성이 있기는 하지만, 다른 담보권과 마찬가지로 전세권자와 전세권설정자 및 제3자 사이에 합의가 있으면 그 전세권자의 명의를 제3자로 하는 것도 가능하므로, 임대차계약에 바탕을 두고 이에 기한 임차보증금반환채권을 담보할 목적으로 임대인, 임차인 및 제3자 사이의 합의에 따라 제3자 명의로 경료된 전세권설정등기는 유효하다 할 것이고, 비록 임대인과 임차인 또는 제3자 사이에 실제로 전세권설정계약이 체결되거나 전세금이 수수된 바 없다거나, 위 전세권설정등기의 피담보채권인 임차보증금반환채권의 귀속자는 임차인이고 제3자는 임대인에 대하여 직접 어떤 채권을 가지고 있지 아니하다 하더라도 달리 볼 것은 아니다(대판 1998.9.4. 98다20981).

(4) 우선변제권자의 지위

전세권자는 전세금에 관하여 우선변제권을 갖는 담보권자인 동시에 단순한 전세금반환채권을 가지는 일반채권자이기도 하다. 따라서 일반채권자로서 집행권원을 얻어 채무자의 다른 재산에 대하여 강제집행을 하는 것도 가능하다. 이처럼 다른 재산에 대하여 집행을 하는 경우는 다른 일반채권자와 같이 평등배당을 받게 된다.

(5) 경매신청권

> **제318조 (전세권자의 경매청구권)**
> 전세권설정자가 전세금의 반환을 지체한 때에는 전세권자는 민사집행법의 정한 바에 의하여 전세권의 목적물의 경매를 청구할 수 있다.

1) 민사집행법상의 권리

전세권설정자가 전세금의 반환을 지체한 때에는 전세권자는 민사집행법의 정한 바에 의하여 전세권의 목적물의 경매를 청구할 수 있다.

2) 건물의 일부에 대해 전세권이 설정된 경우에 경매신청권의 범위

전세권은 부동산 일부에도 설정할 수 있다. 건물의 일부에 대해 전세권이 설정된 경우에 전세권자가 그 (전세권이 설정된) 건물전부에 대해 경매를 청구할 수 있는지에 관해, 판례는 전세권의 목적물이 아닌 나머지 부분에 대하여는 우선변제권은 있더라도 경매신청권은 없는 것으로 보았다(대결 1992.3.10, 91마256).

판례 즉 판례는 "건물의 일부에 대하여 전세권이 설정되어 있는 경우 전세권자는 전세권의 목적이 된 부분을 초과하여 건물 전부의 경매를 청구할 수 없다고 할 것이고, 그 전세권의 목적이 된 부분이 구조상 또는 이용상 독립성이 없어 독립한 소유권의 객체로 분할할 수 없고 따라서 그 부분만이 경매신청이 불가능하다고 하여 달리 볼 것이 아니다"라고 한다(대결 2001.7.2, 2001마212). 예컨대 방 한 칸과 부엌은 구조상이나 이용상 독립성이 없어서 구분등기할 수 없으므로 경매하여 우선변제 받을 수 없다. 즉 단일 소유자 1동 건물 중 일부에 대하여 경매신청을 하고자 할 경우에는 그 부분에 대한 분할등기를 한 후에 하여야 한다. 따라서 건물의 일부에 전세권이 설정되어 구분등기를 할 수 없는 경우, 전세권에 기한 경매가 인정되지 않는다(대판 1973. 5. 31, 73마283). 그러므로 일부전세권자가 경매신청을 하기 위해서는 그가 전세금반환청구의 소를 제기하여 승소판결을 받은 후 목적물 전부에 대하여 강제경매를 신청하여 그 배당절차에서 우선변제를 받는 우회적인 방법을 선택하여야 한다는 것이다(김준호 16판 p.772).

Ⅲ. 전세권자의 비용상환청구권

제309조 (전세권자의 유지, 수선의무)
전세권자는 목적물의 현상을 유지하고 그 통상의 관리에 속한 수선을 하여야 한다.

제310조 (전세권자의 상환청구권)
① 전세권자가 목적물을 개량하기 위하여 지출한 금액 기타 유익비에 관하여는 그 가액의 증가가 현존한 경우에 한하여 소유자의 선택에 좇아 그 지출액이나 증가액의 상환을 청구할 수 있다.
② 전항의 경우에 법원은 소유자의 청구에 의하여 상당한 상환기간을 허여할 수 있다.

제623조 (임대인의 의무)
임대인은 목적물을 임차인에게 인도하고 계약존속중 그 사용, 수익에 필요한 상태를 유지하게 할 의무를 부담한다.

제626조 (임차인의 상환청구권)
① 임차인이 임차물의 보존에 관한 필요비를 지출한 때에는 임대인에 대하여 그 상환을 청구할 수 있다.
② 임차인이 유익비를 지출한 경우에는 임대인은 임대차종료시에 그 가액의 증가가 현존한때에 한하여 임차인의 지출한 금액이나 그 증가액을 상환하여야 한다. 이 경우에 법원은 임대인의 청구에 의하여 상당한 상환기간을 허여할 수 있다.

전세권자(지상권자도 동일)가 목적물을 개량하기 위하여 지출한 금액 기타 유익비에 관하여는 그 가액의 증가가 현존한 경우에 한하여 소유자의 선택에 좇아 그 지출액이나 증가액의 상환을 청구할 수 있다. 그리고 전세권자는 목적물의 현상을 유지하고 그 통상의 관리에 속한 수선을 하여야 하는바, 따라서 전세권자는 전세권설정자에 대하여 필요비의 상환을 청구할 수는 없다(제309조 참조). 이러한 점은 임대차에서 임차인이 임대인에 대하여 필요비나 유익비 상환청구권을 행사할 수 있는 점과 큰 차이가 있다(제626조 참조).

IV. 전전세(轉傳貰)

> **제306조 (전세권의 양도, 임대등)**
> 전세권자는 전세권을 타인에게 양도 또는 담보로 제공할 수 있고 그 존속기간 내에서 그 목적물을 타인에게 전전세 또는 임대할 수 있다. 그러나 설정행위로 이를 금지한 때에는 그러하지 아니하다.
> **제308조(전전세 등의 경우의 책임)**
> 전세권의 목적물을 전전세 또는 임대한 경우에는 전세권자는 전전세 또는 임대하지 아니하였으면 면할 수 있는 불가항력으로 인한 손해에 대하여 그 책임을 부담한다.

1. 전전세 당사자

전세권자는 그 존속기간내에서 목적물을 타인에게 전전세할 수 있다(제306조 참조). 전전세의 경우 당사자는 전세권자와 전전세권자이며, 원전세권설정자는 당사자가 아니고 또한 그에 대한 전세권설정의 승낙을 요하지 않는다.

2. 존속기간 내

전전세의 경우 전세권자는 전세권을 그 존속기간 내에서 그 목적물을 타인에게 전전세할 수 있는데, 전전세권자의 당사자가 원전세권의 존속기간을 넘은 기간을 약정한 경우에는 원전세권의 존속기간으로 단축된다(즉, 전전세권의 존속기간은 원전세권의 존속기간을 초과할 수 없다). 한편 전전세금의 액수가 원전세금의 액수를 초과할 수 있는지에 대하여는 견해의 대립이 있다(다수설은 초과할 수 없다고 한다 - 제336조 참조).

3. 전전세금

전세금의 지급은 전세권의 요소이므로 전전세권에 있어서도 반드시 전전세금을 지급하여야만 전전세권이 성립한다.

4. 원전세권소멸

전전세권은 원전세권을 기초로 하므로 원전세권의 소멸은 전전세권의 소멸원인이 된다.

5. 책임가중

전세권자는 전전세하지 않았더라면 면할 수 있었을 불가항력으로 인한 손해에 대하여 그 책임을 진다(제308조, 제336조 참조).

6. 경매권

전전세권자는 원전세권자가 전전세금의 반환을 지체한 때에는 전전세권의 목적물을 경매할 수 있다. 그러나 이러한 경매권은 원전세권도 소멸하고 또한 원전세권설정자가 원전세권자에 대한 원전세금의 반환을 지체하고 있어야 가능한 것이다.

V. 전세권의 효력

1. 전세권의 효력

> **제304조 (건물의 전세권, 지상권, 임차권에 대한 효력)**
> ① 타인의 토지에 있는 건물에 전세권을 설정한 때에는 전세권의 효력은 그 건물의 소유를 목적으로 한 지상권 또는 임차권에 미친다.
> ② 전항의 경우에 전세권설정자는 전세권자의 동의없이 지상권 또는 임차권을 소멸하게 하는 행위를 하지 못한다.
>
> **제305조 (건물의 전세권과 법정지상권)**
> ① 대지와 건물이 동일한 소유자에 속한 경우에 건물에 전세권을 설정한 때에는 그 대지소유권의 특별승계인은 전세권설정자에 대하여 지상권을 설정한 것으로 본다. 그러나 지료는 당사자의 청구에 의하여 법원이 이를 정한다.
> ② 전항의 경우에 대지소유자는 타인에게 그 대지를 임대하거나 이를 목적으로 한 지상권 또는 전세권을 설정하지 못한다.

(1) 건물전세권자의 지위(제304조)

전세권설정계약에 의하여 건물만이 전세권의 목적으로 되어 있고 토지는 제외되었다고 하더라도, 전세권자는 그 토지를 사용할 수 있다.

판례 ㉠ 〈전세권이 설정된 건물의 양수인으로서 민법 제305조 제1항에 의한 법정지상권을 취득할 지위를 가지고 다른 한편으로는 전세권 관계도 이전받는 자가 전세권자의 동의 없이 법정지상권을 취득할 지위를 소멸시킨 경우, 건물 양수인이나 토지 소유자가 전세권자에게 대항할 수 있는지 여부(소극)〉 토지와 건물을 함께 소유하던 토지·건물의 소유자가 건물에 대하여 전세권을 설정하여 주었는데 그 후 토지가 타인에게 경락되어 민법 제305조 제1항에 의한 법정지상권을 취득한 상태에서 다시 건물을 타인에게 양도한 경우, 그 건물을 양수하여 소유권을 취득한 자는 특별한 사정이 없는 한 법정지상권을 취득할 지위를 가지게 되고, 다른 한편으로는 전세권 관계도 이전받게 되는 바, 민법 제304조 등에 비추어 건물 양수인이 토지 소유자와의 관계에서 전세권자의 동의 없이 법정지상권을 취득할 지위를 소멸시켰다고 하더라도, 그 건물 양수인은 물론 토지 소유자도 그 사유를 들어 전세권자에게 대항할 수 없다(대판 2007.8.24, 2006다14684).
㉡ 〈지상권소멸청구와 전세권자의 지위〉 지상권을 가지는 건물소유자가 그 건물에 전세권을 설정하였으나 그가 2년 이상의 지료를 지급하지 아니하였음을 이유로 지상권설정자, 즉 토지소유자의 청구로 지상권이 소멸하는 것(민법 제287조 참조)은 전세권설정자가 전세권자의 동의 없이는 할 수 없는 위 민법 제304조 제2항상의 "지상권 또는 임차권을 소멸하게 하는 행위"에 해당하지 아니한다. 즉 건물에 대하여 전세권 또는 대항력 있는 임차권을 설정하여 준 지상권자가 그 지료를 지급하지 아니함을 이유로 토지소유자가 한 지상권소멸청구가 그에 대한 전세권자 또는 임차인의 동의가 없이 행하여졌다고 해도 민법 제304조 제2항에 의하여 그 효과가 제한된다고 할 수 없다(대판 2010.8.19, 2010다43801).

(2) 부속물 매수청구권(제316조)

> **제316조 (원상회복의무, 매수청구권)**
> ① 전세권이 그 존속기간의 만료로 인하여 소멸한 때에는 전세권자는 그 목적물을 원상에 회복하여야 하며 그 목적물에 부속시킨 물건은 수거할 수 있다. 그러나 전세권설정자가 그 부속물건의 매수를 청구한 때에는 전세권자는 정당한 이유 없이 거절하지 못한다.
> ② 전항의 경우에 그 부속물건이 전세권설정자의 동의를 얻어 부속시킨 것인 때에는 전세권자는 전세권설정자에 대하여 그 부속물건의 매수를 청구할 수 있다. 그 부속물건이 전세권설정자로부터 매수한 것인 때에도 같다.

1) 부속물건이 전세권설정자의 동의(또는 매수)를 얻어 부속시킨 것이면 전세권자는 전세권설 정자에 대하여 그 부속물건의 매수를 청구할 수 있다(제316조 2항). 한편 이러한 취지의 규정 은 임대차에도 있다. 즉, 건물 기타 공작물의 임차인이 그 사용의 편익을 위하여 임대인의 동 의(또는 매수)를 얻어 이에 부속한 물건이 있을 때에는 임대차의 종료시에 임대인에 대하여 그 부속물의 매수를 청구할 수 있다(제646조 제2항).

2) 토지임차인의 지상물매수청구권에 관한 민법 제643조가 토지의 전세권에도 유추 적용 되는지 여부(적극) 및 위 매수청구권의 행사요건 : 토지임차인의 건물 기타 공작물의 매수 청구권에 관한 민법 제643조의 규정은 성질상 토지의 전세권에도 유추 적용될 수 있다고 할 것이지만, 그 매수청구권은 토지임차권 등이 건물 기타 공작물의 소유 등을 목적으로 한 것으로서 기간이 만료되어야 하고 건물 기타 지상시설이 현존하여야만 행사할 수 있는 것이다(대판 2007.9.21, 2005다41740).

(3) 동시이행의 항변권

> **제317조 (전세권의 소멸과 동시이행)**
> 전세권이 소멸한 때에는 전세권설정자는 전세권자로부터 그 목적물의 인도 및 전세권설정등기의 말소등기에 필요 한 서류의 교부를 받는 동시에 전세금을 반환하여야 한다.

1) 동시이행관계와 지연배상

전세권이 소멸한 때에는 그 목적물의 인도 및 전세권설정등기의 말소등기에 필요한 서류의 교부를 받는 동시에 전세금을 반환하여야 하는 동시이행의 관계가 있기 때문에, 전세권자가 그 목적물을 인도하였다고 하더라도 전세권설정등기의 말소등기에 필요한 서류를 교부하 거나 그 이행의 제공을 하지 아니하는 이상, 전세권설정자는 전세금의 반환을 거부할 수 있고, 이 경우 다른 특별한 사정이 없는 한 그가 전세금에 대한 이자 상당액의 이득을 법 률상 원인 없이 얻는다고 볼 수 없다(대판 2002.2.5, 2001다62091).

2) 전세금반환의무 당사자

㈀ 전세권이 성립한 후 목적물의 소유권이 이전되는 경우에 있어서 전세권 관계가 전세권자 와 전세권설정자인 종전 소유자와 사이에 계속 존속되는 것인지 아니면 전세권자와 목적물 의 소유권을 취득한 신 소유자와 사이에 동일한 내용으로 존속되는지에 관하여 민법에 명시 적인 규정은 없으나, 전세권은 전세권자와 목적물의 소유권을 취득한 신 소유자 사이에서 계 속 동일한 내용으로 존속하게 된다고 보아야 할 것이고, 따라서 목적물의 신 소유자는 구 소 유자와 전세권자 사이에 성립한 전세권의 내용에 따른 권리의무의 직접적인 당사자가 되어 전세권이 소멸하는 때에 전세권자에 대하여 전세권설정자의 지위에서 전세금반환의무를 부 담하게 되고, 구 소유자는 전세권설정자의 지위를 상실하여 전세금반환의무를 면하게 된다고 보아야 할 것이다(대판 2000. 6. 9, 99다15122).

㈁ 전세권저당권이 설정된 경우에도 전세권이 기간만료로 소멸되면 전세권설정자는 전세금

반환채권에 대한 제3자의 압류 등이 없는 한 <u>전세권자에 대하여만 전세금반환의무를 부담한다</u>고 보아야 한다(대판 1999.9.17, 98다31301).

3) 임대차계약을 체결하면서 임대차보증금을 전세금으로 하는 전세권설정등기를 경료한 경우, 임대차보증금 반환의무와 전세권설정등기 말소의무가 동시이행관계에 있는지 여부 (원칙적 적극)

임대인과 임차인이 임대차계약을 체결하면서 임대차보증금을 전세금으로 하는 전세권설정등기를 경료한 경우 임대차보증금은 전세금의 성질을 겸하게 되므로, 당사자 사이에 다른 약정이 없는 한 <u>임대차보증금 반환의무는 민법 제317조에 따라 전세권설정등기의 말소의무와도 동시이행관계에 있다</u>(대판 2011.3.24, 2010다95062).

2. 전세금의 우선변제권(제318조 · 303조)

(1) 전세권자의 우선변제권

위에서도 전술한 바와 같이 제303조에서는 전세권자에게 우선변제권을 인정하고, 제318조에서는 전세권설정자가 전세금의 반환을 지체한 때에는 전세권자는 법의 정한 바에 의하여 전세권의 목적물의 경매를 청구할 수 있다고 하여 전세권자의 우선변제효력을 확보케 하고 있다.

(2) 주택임대차보호법상 임차인으로서의 지위와 전세권자로서의 지위를 함께 가지고 있는 자의 지위

주택임대차보호법상 임차인으로서의 지위와 전세권자로서의 지위를 함께 가지고 있는 자가 그 중 임차인으로서의 지위에 기하여 경매법원에 배당요구를 하였다면 배당요구를 하지 아니한 전세권에 관하여는 배당요구가 있는 것으로 볼 수 없다(대판 2010.6.24. 2009다40790).

3. 민사집행법상의 전세권의 소멸여부

관련사례	甲의 토지에 乙이 존속기간이 약정되지 않은 전세권을 취득하고 나서 丙이 같은 토지에 저당권을 취득하였고, 그 후 丁도 저당권을 취득하였다. 그런데 丁이 그의 채권을 변제받지 못하자 甲의 토지에 대하여 경매를 신청하였다. 甲의 토지의 시가는 乙, 丙, 丁에 대한 채무를 충분히 변제할 수 있는 상태이다.
해설	(a) 乙전세권소멸의 요건 : 경매에 의하여 乙의 전세권은 소멸하지 않으나 丙 · 丁의 저당권은 소멸한다. 다만 乙이 배당에 참가한 경우에는 소멸한다. (b) 개정법률내용 : 민사집행법(제91조 4항 단서)에서는 그 요건을 "전세권자가 배당요구를 하면 매각으로 소멸된다"고 하였다. (c) 저당권과의 우열 : 전세권이 저당권의 실행에 의하여 소멸되느냐 여부는, 경매를 신청한 저당권이 최후순위라 하더라도 <u>그 부동산 위의 최선순위의 저당권과의 사이의 우열</u>로 정하여진다는 점이다(대판 1999.4.23, 98다32939 등).

VI. 전세권의 소멸

1. 의 의

전세권은 물권의 일반의 소멸원인으로 소멸한다. 즉 목적부동산의 멸실·존속기간의 만료·혼동·소멸시효·전세권에 우선하는 저당권의 실행에 의한 경매·토지수용 등으로 소멸한다. 그리고 전세권의 특유한 소멸원인으로는 전세권설정자의 소멸청구(제311조)·전세권의 소멸통고(제313조)·전세권의 포기 등이다.

2. 소멸사유

(1) 전세권설정자의 소멸청구(제311조)

제311조 (전세권의 소멸청구)
① 전세권자가 전세권설정계약 또는 그 목적물의 성질에 의하여 정하여진 용법으로 이를 사용, 수익하지 아니한 경우에는 전세권설정자는 전세권의 소멸을 청구할 수 있다.
② 전항의 경우에 전세권설정자는 전세권자에 대하여 원상회복 또는 손해배상을 청구할 수 있다.

전세권자가 전세권설정계약 또는 그 목적물의 성질에 의하여 정하여진 용법으로 이를 사용·수익하지 아니한 경우에는 전세권설정자는 전세권의 소멸을 청구할 수 있다(형성적). 예컨대 설정행위로 전세권의 양도·담보제공·전전세·임대가 금지되어 있는데도 이에 위반하여 처분하는 것이 이에 해당할 수 있다. 아무튼 설정자는 이러한 전세권자의 위반행위에 대하여 전세권의 소멸을 청구할 수 있는데, 등기의 요부에 대하여 전세권은 말소등기 없이 당연히 소멸한다는 견해와 말소등기를 요한다는 견해가 있다.

(2) 전세권의 소멸통고(제313조) - 즉시해지의 제한

제313조 (전세권의 소멸통고)
전세권의 존속기간을 약정하지 아니한 때에는 각당사자는 언제든지 상대방에 대하여 전세권의 소멸을 통고할 수 있고 상대방이 이 통고를 받은 날로부터 6월이 경과하면 전세권은 소멸한다.

전세권의 존속기간을 약정하지 아니한 때에는 각 당사자는 언제든지 상대방에 대하여 전세권의 소멸을 통고할 수 있고 상대방이 이 통고를 받은 날로부터 6월이 경과하면 전세권은 소멸한다.

(3) 목적부동산의 멸실(제314조, 제315조)

제314조 (불가항력으로 인한 멸실)
① 전세권의 목적물의 전부 또는 일부가 불가항력으로 인하여 멸실된 때에는 그 멸실된 부분의 전세권은 소멸한다.
② 전항의 일부멸실의 경우에 전세권자가 그 잔존부분으로 전세권의 목적을 달성할 수 없는 때에는 전세권설정자에 대하여 전세권 전부의 소멸을 통고하고 전세금의 반환을 청구할 수 있다.

제315조 (전세권자의 손해배상책임)
① 전세권의 목적물의 전부 또는 일부가 전세권자에 책임있는 사유로 인하여 멸실된 때에는 전세권자는 손해를 배상할 책임이 있다.

> ② 전항의 경우에 전세권설정자는 전세권이 소멸된 후 전세금으로써 손해의 배상에 충당하고 잉여가 있으면 반환하여야 하며 부족이 있으면 다시 청구할 수 있다.

(ㄱ) 전세권의 목적물의 전부 또는 일부가 불가항력으로 인하여 멸실된 때에는 그 멸실된 부분의 전세권은 소멸한다(제314조 제1항). 불가항력으로 인한 일부멸실의 경우에, 전세권자가 그 잔존부분으로 전세권의 목적을 달성할 수 없는 때에는 전세권설정자에 대하여 전세권 전부의 소멸을 통고하고 전세금의 전부의 반환을 청구할 수 있다(제314조 제2항). 그리고 불가항력으로 일부멸실한 경우, 멸실부분에 대한 전세금은 감액된다고 할 것이다.

(ㄴ) 여기서의 '소멸통고'는 민법 제313조의 소멸통고가 아니고, 제311조의 '소멸청구'와 같다고 해석하여야 할 것이다. 그러나 전세권의 목적물의 전부 또는 일부가 전세권자에 책임 있는 사유로 인하여 멸실된 때에는 전세권자는 손해를 배상할 책임이 있다(제315조 제1항). 전항의 경우에 전세권설정자는 전세권이 소멸된 후 전세금으로써 손해의 배상에 충당하고 잉여가 있으면 반환하여야 하며 부족이 있으면 다시 청구할 수 있다(제315조 제2항). 전부멸실의 경우에는 전세권자에게 책임이 있는 사유에 의하든 또는 불가항력에 의하든 전세권이 소멸한다. 불가항력에 의하여 멸실한 때에는 전세권자에게 손해배상의무가 생기지 않으며 전세권설정자의 전세금반환의무만 남는다. 그러나 전세권자에게 책임이 있는 사유로 멸실한 경우에는 전세권자는 그 손해를 배상할 책임이 있다.

판례 〈전세권과 근저당권과의 관계(대판 2008.3.13. 2006다29372,29389)〉 ㉠ 실제로는 전세권설정계약이 없으면서도 임대차계약에 기한 임차보증금 반환채권을 담보할 목적으로 임차인과 임대인 사이의 합의에 따라 임차인 명의로 전세권설정등기를 경료한 후 그 전세권에 대하여 근저당권이 설정된 경우, 설령 위 전세권설정계약만 놓고 보아 그것이 통정허위표시에 해당하여 무효라 하더라도 이로써 위 전세권설정계약에 의하여 형성된 법률관계를 토대로 별개의 법률원인에 의하여 새로운 법률상 이해관계를 갖게 된 근저당권자에 대하여는 그와 같은 사정을 알고 있었던 경우에만 그 무효를 주장할 수 있다. ㉡ 전세권의 존속기간이 만료하면 전세권의 용익물권적 권능이 소멸하기 때문에 그 전세권에 대한 저당권자는 더 이상 전세권 자체에 대하여 저당권을 실행할 수 없게 되고, 이러한 경우에는 민법 제370조, 제342조, 민사집행법 제273조에 의하여 저당권의 목적물인 전세권에 갈음하여 존속하는 것으로 볼 수 있는 전세금반환채권에 대하여 추심명령 또는 전부명령을 받거나, 제3자가 전세금반환채권에 대하여 실시한 강제집행절차에서 배당요구를 하는 등의 방법으로 자신의 권리를 행사할 수 있고, 민법 제370조, 제342조 단서가 저당권자는 물상대위권을 행사하기 위하여 저당권설정자가 받을 금전 기타 물건의 지급 또는 인도 전에 압류하여야 한다고 규정한 것은 물상대위의 목적인 채권의 특정성을 유지하여 그 효력을 보전함과 동시에 제3자에게 불측의 손해를 입히지 않으려는 데 그 목적이 있으므로, 적법한 기간 내에 적법한 방법으로 물상대위권을 행사한 저당권자는 전세권자에 대한 일반채권자보다 우선변제를 받을 수 있다. ㉢ 전세금은 그 성격에 비추어 민법 제315조에 정한 전세권설정자의 전세권자에 대한 손해배상채권 외 다른 채권(연체차임)까지 담보한다고 볼 수 없으므로, 전세권설정자가 전세권자에 대하여 위 손해배상채권 외 다른 채권을 가지고 있더라도 다른 특별한 사정이 없는 한 이를 가지고 전세금반환채권에 대하여 물상대위권을 행사한 전세권저당권자에게 상계 등으로 대항할 수 없다.

(4) 전세권의 포기

원칙으로 전세권의 포기는 허용되나 그 전세권이 제3자의 권리의 목적인 때에는 그러하지 아니하다. 즉 전세권을 목적으로 저당권을 설정한 자는 저당권자의 동의 없이 전세권을 소멸하게 하는 행위를 하지 못하는바, 이는 저당권자의 동의를 얻어 전세권을 포기할 수 있다는 것이다(제371조 제2항 참조).

3. 전세권소멸의 효과

(1) 일반적 효과

전세권이 소멸하게 되면 이제까지 용익권으로서의 전세권은 담보권으로서의 전세권으로 변화를 일으킨다. 이에 따라 전세권설정자는 전세금을 반환하고 전세권자는 목적부동산을 반환하여야 할 의무가 발생한다. 이처럼 전세권소멸의 효과로 민법은 동시이행·경매청구 및 우선변제·부속물수거 및 매수청구·유익비상환청구 등에 관하여 규율한다.

(2) 면책적 채무인수

전세권이 성립한 후 목적물의 소유권이 이전된 경우에 전세권이 소멸하는 때에 전세권자에 대하여 전세금반환의무를 부담하는 자는 신 소유자이다(대판 2000.6.9, 99다15122). 따라서 양수인이 계속하여 전세권설정자의 지위를 승계한 것으로 본다.

(3) 저당권과의 우열

전세권이 저당권의 실행에 의하여 소멸되느냐 여부는, 경매를 신청한 저당권이 최후순위라 하더라도 그 부동산 위의 최선순위의 저당권과의 사이의 우열로 정하여진다는 점이다(대판 1999.4.23, 98다32939 등).

제11장 담보물권의 일반

Ⅰ. 담보물권의 의의

1. 채권과 금전채권의 효력

채권은 채권자가 채무자에 대하여 '일정한 행위(=급부)'를 청구할 수 있는 권리이다. 그러나 채무자가 임의로 급부를 이행하지 아니할 때에는 채권자는 판결 등을 통하여 채권의 내용을 강제적으로 실현하게 된다. 그리고 이것이 불가능하거나 기타의 손해가 있는 경우에는 손해 배상을 청구할 수 있는데, 결국 모든 채권은 궁극적으로는 금전채권으로 변하게 되는 것이다. 이러한 채권자의 채권은 결국 채무자의 일반재산에 의하여 만족되어질 성질의 것이다. 그런데 채권자의 금전채권을 만족시켜 주는 채무자의 일반재산은 증감변동하는 것이고, 또한 채권자간에는 채권자평등의 원칙이 적용되는 결과 채권자가 자기채권액을 제대로 못받는다는 결과가 발생할 수도 있다. 따라서 채권자가 금전채권의 효력으로 만족하지 않고 그것을 더 보강해서 채권의 실현을 확보하려고 하는 수단이 '담보'이다. 채권담보제도는 인적 담보와 물적 담보가 있다.

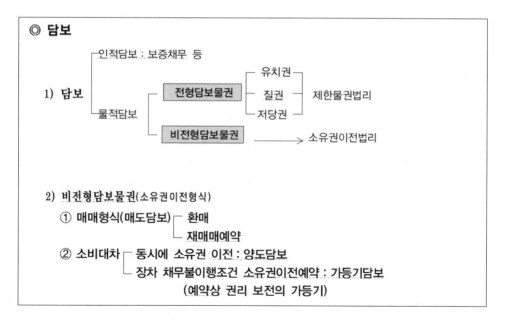

2. 채권의 담보제도

(1) 인적 담보

제3자의 책임재산이 추가되는 경우로서 채권법의 영역에서 다루는 불가분채무·연대채무·

보증채무가 있다. 이러한 인적담보제도는 복수의 책임재산이 있게 되어 전체로서 책임재산의 총액이 증대하는 이점이 있다. 그러나 이들 경우에도 그 책임재산이 변동될 가능성이 있다. 그리고 다른 채권자의 배당참가가 가능하기 때문에 채권자의 우선만족은 보장되지 않는다.

(2) 물적 담보

1) 의의

채무자 또는 제3자 소유의 물건에 대해 교환가치의 파악을 목적으로 하는 물권을 설정함으로써 권리순위에 따라 독점적으로 채권의 만족을 받게 되는 경우로서 그 물건의 가격이 급격히 떨어지지 않는 한 가장 확실한 채권담보제도이다. 물적 담보에는 민법이 인정하는 전형담보(유치권·질권·저당권)와 기타 민법 이외에서 인정하는 비전형담보(가등기담보·양도담보·매도담보)가 있다.

2) 전형담보와 비전형담보의 차이

첫째, 비전형담보는 채권의 담보를 위해 목적물에 대한 소유권을 이전하는 등 권리이전의 공시방법을 취한다는 점, 둘째, 담보실행을 법원 등 국가기관을 통하지 않고 사적으로 실행한다는 점 등이 전형담보와 대표적 차이점이다. 그리고 부동산 비전형담보에 관해서는 그것이 가등기담보·매도담보·양도담보이든 간에 담보권을 실행하기 위해서는 「가등기담보 등에 관한 법률」의 규제를 받는다(부동산 등과 같이 등기를 할 수 있는 경우의 목적물에 대하여 소유권이전의 등기나 가등기가 되어 있는 경우).

3. 각종 담보형태의 분류

담보형태에 대한 분류는 여러 각도로 살펴볼 수 있다. ① 제한물권의 법리를 채택하는 법정담보물권으로는 유치권·법정질권·법정저당권이 있고, 약정담보물권으로는 질권·저당권·전세권이 있다. ② 소유권이전의 법리를 채택하는 경우에는 양도담보·환매·재매매의 예약·대물변제의 예약·매매의 예약· 소유권유보부매매가 있다. ③ 전형·비전형(변칙)의 법리는 위에서 살펴본 바와 같이 전형적 담보제도로는 유치권·질권·저당권이 있고, 변칙적 (비전형) 담보제도로는 양도담보·가등기 담보 등이 있다.

Ⅱ. 담보물권의 성질

각종의 담보물권은 각각 그에 특유한 성질과 내용을 갖기도 하나, 채권의 담보기능을 갖는다는 점에서 아래와 같은 공통된 특성을 갖기도 한다.

1. 부종성

담보물권은 채권의 담보를 목적으로 하는 것이기 때문에, 따라서 채권이 발생하지 않으면 담보물권도 발생하지 않으며 또 채권이 소멸하면 담보물권도 당연히 소멸하는, 즉 피담보채권에 의존하는 성질(부종성)을 가진다(제369조 참조). 중요한 것은 부종성의 정도는 담보물권에 따라 약간의 차이가 있다는 점이다. 유치권의 부종성은 엄격하게 적용되나, 질권이나 저당권은 어느 정도 완화된다(제357조의 근저당 참조).

2. 수반성

수반성이란, 채권이 이전되면 담보물권은 따라서 이전된다는 것을 말한다. 민법에서는 이에 대하여 "담보물권은 그 담보한 채권과 분리하여 타인에게 양도하거나 다른 채권의 담보로 하지 못한다"고 한다(제361조 참조). 주의할 점은 저당권으로 담보된 채권을 양도하는 경우에 그 저당권도 같이 수반되지만, 저당권에 관한 이전등기 없이도 채권양수인이 당연히 저당권을 취득한다는 것은 아니라는 점이다. 즉 저당권부채권을 양도하기 위하여는 그 채권양도에 지명채권의 양도와 저당권의 양도가 포함된 것이므로 각각의 권리이전의 절차를 거쳐야 한다는 점이다. 마찬가지로 제348조에서 "저당으로 담보한 채권을 질권의 목적으로 한 때에는 그 저당권등기에 질권의 부기등기를 하여야 그 효력이 저당권에 미친다"고 한 것도 이러한 각각의 권리이전절차를 요한다는 것을 나타낸 것이다.

3. 불가분성

담보물권의 불가분성이란 담보권자는 채권전부의 변제를 받을 때까지 목적물 전부에 대하여 그 권리를 행사할 수 있다는 것을 말한다. 즉 피담보채권의 일부가 변제되더라도 담보물권은 남은 채권의 변제를 위해 목적물 전부 위에 여전히 그 효력을 가지게 된다. 민법은 유치권에서 이를 인정하고 질권과 저당권에서 이를 준용하고 있다(제321조·제343조·제370조 참조)

4. 물상대위성

담보물권은 목적물 그 자체에 주안을 두는 것이 아니라 목적물이 가지는 교환가치에 중점을 두는 것이므로, 따라서 목적물이 멸실되더라도 그 목적물의 가치를 대표하는 것이 있게 되면 담보물권은 그 대표물 위에 그 효력을 미친다고 보아야 하는데, 이러한 특성을 물상대위성이라 한다(제342조, 제370조 참조). 구체적으로 살펴본다면 담보물권 중에서 유치권은 목적물을 유치함으로써 변제를 간접적으로 촉구하는 것을 본체로 한다. 따라서 우선변제권이 부여되어 있지 않고 그렇기 때문에 물상대위가 인정되지 않는다. 이 물상대위성은 질권과 저당권·전세권 등에서 인정된다. 그런데 유치권에 의한 경매에서 우선 알아 두어야 할 사항을 살펴보기로 한다. 즉 유치권자는 채권의 변제를 받기 위하여 유치물을 경매할 수 있다(제322조 제1항). 그런데 유치권은 목적물을 유치함으로써 간접으로 채무의 변제를 강제하는 데 본질이 있는 것이지 목적물의 환가대금에서 우선변제를 받을 권리는 없는 것이다. 그러나 언제까지 남의 물건을 보관하고 있는 것이 불편하므로 이를 환가하여 금전으로 만들기 위하여 경매권을 인정하는 것이다(민사집행법상). 그리고 유치권에 의한 경매로 얻어지는 매득금은 소유자의 재산이지만 절차의 처리상 신청인인 유치권자에게 교부되는 것이므로, 유치권자는 그 금전을 소유자에게 반환할 채무와 자기의 피담보채권과 상계함으로써 우선변제권을 행사한 것과 동일한 결과를 가져올 수 있게 된다. 그리고 다른 채권자에 의하여 경락이 된 경우에도 유치권은 물권이기 때문에 유치권자는 채권의 변제가 있기 전에는 경락인에게도 유치권을 주장할 수 있다. 따라서 유치권자도 사실상 우선변제효가 있음에 유의하여야 한다.

〈담보물권의 특성〉

특 성 ＼ 분 류	유 치 권	질 권	저 당 권
부 종 성	엄 격	완 화	완 화
수 반 성	○	○	○
물상대위성	×	○	○
불가분성	○	○	○
우선변제적 효력	×	○	○
유치적 효력	○	○	×

제12장 유치권

> **제320조 (유치권의 내용)**
> ① 타인의 물건 또는 유가증권을 점유한 자는 그 물건이나 유가증권에 관하여 생긴 채권이 변제기에 있는 경우에는 변제를 받을 때까지 그 물건 또는 유가증권을 유치할 권리가 있다.
> ② 전항의 규정은 그 점유가 불법행위로 인한 경우에 적용하지 아니한다.

1. 의 의

(1) 타인의 물건(동산+부동산) 또는 유가증권을 점유한 자는 그 물건이나 유가증권에 관하여 생긴 채권이 변제기에 있는 경우에는 변제를 받을 때까지 그 물건 또는 유가증권을 유치할 수 있는 권리가 법률규정에 의해 인정되는바, 이를 유치권이라 한다. 예컨대 타인의 물건을 수선한 자가 수선비의 지급을 받을 때까지 그 물건의 인도를 거절하거나, 유가증권의 수치인이 그 임치에 대한 보수를 받을 때까지 그 유가증권의 교부를 거절하고 각각 이를 유치하는 권리 등이 이에 해당한다. 이처럼 유치권은 목적물의 소유자와 채권자와의 사이의 <u>계약에 의하여 설정되는 것이 아니라</u> 법이 정하는 일정한 객관적 요건을 갖춤으로써 발생하는 이른바 법정담보물권이다(대판 2011.12.22, 2011다84298).

(2) 이처럼 <u>유치권은 법률상 당연히 생기는 법정담보물권이다(유치권은 법정담보물권이기 때문에 점유를 요소로 하며, 부동산유치권의 경우에도 등기를 필요로 하지 않고, 유가증권을 목적으로 하는 경우에도 배서를 필요로 하지 아니한다).</u> 법률이 이를 인정하는 이유는 공평의 이념을 실현하기 위해서다. 즉 타인의 물건을 점유하는 자가 그 물건에 관한 채권을 가지는 경우에는 그 채권의 변제를 받을 때까지 그 물건의 반환을 거절할 수 있게 함으로써 다른 채권자보다 사실상 우선변제를 받게 하는 것이 공평하기 때문이다.

2. 유치권과 동시이행의 항변권(제536조)의 비교

공평의 원칙에 바탕을 두고 있는 점은 공통되나, 유치권은 물권으로 구성되는 데 반해, 동시이행의 항변권은 쌍무계약의 효력에 기해 인정된다. 동시이행의 항변권은 쌍무계약의 당사자 사이에서만 인정되는 것이나, 유치권자는 제3자에게도 행사가능하다(물권)는 점이다. 그리고 유치권은 물건에 관한 권리이므로 거절할 수 있는 급부내용에 있어서는 동시이행의 항변권보다 그 적용범위가 좁다. 그러나 유치권에 의하여 담보되는 채권(발생원인)은 동시이행의 항변권과 같이 쌍무계약에 기한 대가관계에 있는 채권에 한하지 않으므로 이 점에서는 그 적용범위가 보다 넓은 것이다.

3. 법적 성질

유치권은 타인의 물건을 유치하여 점유할 수 있는 독립한 물권이다. 유치권은 이처럼 물권이므로 유치권자는 채권의 변제를 받을 때까지 누구에 대하여도 목적물을 유치하여 인도를 거절할 수 있다. 채무자뿐 아니라 그 물건의 소유자·양수인·경락인(매수인)에 대하여도 같다.

그러나 유치권은 다른 물권과는 달리 점유를 그 성립 및 존속요건으로 하고 점유의 상실에 의하여 소멸하며(제328조), 추급효를 가지지 아니하므로 유치물의 점유를 침탈당하는 경우에는 점유물반환청구에 의하여 그 점유를 회복할 수밖에 없다. 그리고 유치권은 법정담보물권으로서 부동산의 경우에도 공시방법으로서의 등기를 하지 않아도 유치권의 성립에 영향을 미치지 않는다. 그밖의 점에서는 유치권도 담보물권의 일종으로서 부종성·수반성·불가분성을 가진다(단 물상대위성은 없다).

4. 유치권의 성립요건

(1) 목적물

1) 부동산도 포함

구민법은 물건에 한하였으나 현행민법은 유가증권을 유치권의 목적으로 추가 규정하였다. 따라서 동산·부동산과 유가증권이 유치권의 대상이 되며, 부동산이 유치권의 목적물이 되더라도 유치권의 득실변경은 등기를 요하지 않는다.

2) 양도성 있는 재산권

그리고 유치권의 목적물은 양도성을 가지는 재산권이어야 한다. 처분불가능한 물건이라도 유치적 기능을 가지는 것이지만 유치권은 경매 및 간이변제충당의 권능을 가지고 있으므로 목적물이 처분가능한 재산권이어야 하는 것이다.

(2) 채권과 목적물과의 견련성

1) 견련성의 개념

통설적 견해는 유치권의 성립을 쉽게 인정하려는 경향이고(기준이원설 또는 광의설이라 한다), 소수설(협의설)은 좁게 해석하려한다고 볼 수 있다. 아무튼 통설은 채권이 목적물 자체로부터 발생한 경우와 채권이 목적물의 반환청구권과 동일한 법률관계 또는 동일한 사실관계로부터 발생하는 경우에 채권과 목적물 사이에 견련성이 인정된다는 것이다.

2) 구체적 검토

(가) 채권이 목적물 자체로부터 발생한 경우

예컨대, 물건을 위하여 지출된 필요비 또는 유익비 등의 상환청구권(제203조 참조), 타인의 동물로부터 공격을 받아 피해를 입은 경우의 손해배상청구권(제759조 참조), 유가증권의 유상수치로 인하여 생긴 보수청구권 등이 이에 속한다. 이러한 관계는 유치권을 취득하게 되는 자와 상대방과의 사이에 있어서 물건의 가치를 보존·증대시키거나 또는 그 물건으로부터 손해를 입은 경우이다.

판례 ㉠ 〈**도급계약에서 수급인이 신축 건물에 대하여 유치권을 가지는 경우**〉 주택건물의 신축공사를 한 수급인이 그 건물을 점유하고 있고 또 그 건물에 관하여 생긴 공사금 채권이 있다면, 수급인은 그 채권을 변제받을 때까지 건물(유의 : 건물이라고 볼 수 없는 '정착물'에 대하여는 유치권이 인정되지 않는다)을 유치할 권리가 있다고 할 것이고, 이러한 유치권은 수급인이 점유를 상실하거나 피담보채무가 변제되는 등 특단의 사정이 없는 한 소멸되지 않는다. 다만 유치권은 타물권이기 때문에 수급인이 건물의 소유권을 취득하는 경우에는 유치권이 인정되지 않는다(대판 1995.9.15. 95다16202,95다16219).

㉡ 〈**수급인에게 건축자재를 공급한 자의 유치권문제**〉 甲이 건물 신축공사 수급인인 乙 주식회사와 체결한 약정에 따라 공사현장에 시멘트와 모래 등의 건축자재를 공급한 사안에서, <u>甲의 건축자재대금채권은 매매계약에 따른 매매대금채권에 불과할 뿐 건물 자체에 관하여 생긴 채권이라고 할 수 없기 때문에 유치권이 인정되지 않는다</u>(대법원 2012.1.26. 선고 2011다96208 판결).

㉢ 〈**부동산매도인의 잔대금채권의 유치권문제**〉 부동산 매도인이 매매대금을 다 지급받지 아니한 상태에서 매수인에게 소유권이전등기를 마쳐주어 목적물의 소유권을 매수인에게 이전한 경우에는, <u>매도인의 목적물인도의무에 관하여 동시이행의 항변권 외에 물권적 권리인 유치권까지 인정할 것은 아니다</u>(대법원 2012.1.12. 자 2011마2380 결정).

㉣ 〈**간판설치공사대금채권**〉 유치권의 피담보채권은 민법 제320조 규정의 취지에 비추어 볼 때, 그 물건에 관하여 생긴 채권이어야 한다. 따라서 <u>건물의 옥탑, 외벽 등에 설치된 간판의 경우 일반적으로 건물의 일부가 아니라 독립된 물건으로 남아 있으면서 과다한 비용을 들이지 않고 건물로부터 분리할 수 있는 경우에는 특별한 사정이 없는 한 간판설치공사대금채권을 그 건물자체에 관하여 생긴 채권으로 볼 수 없어 그 건물에 대한 유치권이 인정될 수 없는 것이다</u>(대판 2013.10.24. 2011다44788).

(나) 채권이 목적물의 반환청구권과 동일한 법률관계 또는 동일한 사실관계로부터 발생한 경우(다수설 · 판례)

<u>다수설은 흔히 매매계약이 취소된 경우에 매매대금의 반환청구권과 목적물의 반환의무는 매매계약의 취소라고 하는 동일한 법률관계로부터 생긴 것이므로 그간에 견련성이 있다고 한다.</u> 예컨대, 미성년을 이유로 하는 매매계약의 취소의 결과 생기는 대금반환청구권과 목적물의 반환의무는 매매계약의 취소라는 동일한 법률관계로부터 발생한 것이기 때문에 상호 견련관계를 갖는다는 것이다. 따라서 대금반환청구권자는 그 대금의 변제를 받기까지 목적물 위에 유치권을 취득한다고 다수설은 해석한다. 그리고 우연히 서로 물건을 바꾸어간 경우와 같이 동일한 사실관계로부터 생긴 상호간의 반환청구권 사이도 마찬가지로 긍정한다.

판례 판례도 "민법 제320조 제1항에서 '그 물건에 관하여 생긴 채권'은 유치권 제도 본래의 취지인 공평의 원칙에 특별히 반하지 않는 한 <u>채권이 목적물 자체로부터 발생한 경우는 물론이고 채권이 목적물의 반환청구권과 동일한 법률관계나 사실관계로부터 발생한 경우도 포함한다</u>"고 판시하고 있다(대판 2007.9.7. 2005다16942). <u>따라서 소유권 등에 기한 부동산의 반환청구권과 동일한 법률관계나 사실관계로부터 발생한 채권인 경우 유치권이 성립할 수 있다</u>(대판 2009.3.26. 2008다34828).

(다) 채권이 목적물 자체를 목적으로 하는 경우

손해발생에 물건이 원인을 제공한 것이 아니라 사람의 배신행위가 그 원인을 제공한 경우인 채무불이행의 경우에는 그 손해배상청구권을 담보하기 위하여 목적물을 유치할 수는 없다. 예컨대, 부동산의 이중매매에서 제1의 매수인에게 부동산이 인도되고 제2매수인에게 등기가 이전되었을 경우, 제1의 매수인의 매도인에 대한 손해배상청구권에 기한 유치권주장이 그러한데 통설은 이런 경우 유치권성립을 부정한다.

판례 판례는 임대차에서 임차인의 <u>보증금 반환청구권</u>과 임차물을 채무불이행의 이유로 사용못한 경우, 임대인과 임차인 사이에 건물명도시에 <u>권리금</u>을 반환하기로 하는 약정이 있었으나 반환하지 못한 경우, 건물원상복구의 특약이 있는 경우 등에는 유치권 성립을 부정하고 있다(대판 1994.10.14, 93다62119).

3) 채권과 목적물의 점유와의 견련관계 요부

문제가 되는 것은, 채권은 '목적물의 점유 중'에 생긴 것이어야 하는가이다. 통설과 판례는, 공평의 원리에 비추어 '채권'과 '목적물' 사이에 견련관계가 있으면 충분하고 그 채권이 '목적물의 점유 중'에 발생할 것을 요구하지는 않는다고 하여 부정설의 입장이다(대판 1965.3.30, 65다32).

유치권 성립이 긍정되는 경우	유치권 성립이 부정되는 경우
① 운송물의 운임이나 물건의 수선대금 ② 필요비 · 유익비 등의 비용상환청구권 ③ 도급인 소유물건에 대한 수급인의 공사목적물에 대한 보수청구권 또는 유가증권의 유상수치로 인한 보수청구권 ④ 타인의 동물로 인한 손해배상청구권 또는 목적물의 하자로 인한 손해배상청구권	① 비용상환청구권을 포기한 경우(원상회복특약시) ② 임차보증금반환채권, 권리금반환청구권 ③ 동시이행항변권이 인정되는 부속물매수청구권 ④ 부동산이중매매에서 채무불이행으로 발생하는 손해배상청구권(채권이 목적물 자체를 목적으로 하는 경우 등)

(3) 채권의 존재와 변제기의 도래

(ㄱ) 점유자가 채권을 가지고 있어야 한다. 채권의 발생은 계약 · 사무관리 · 부당이득 · 불법행위 어느 것이라도 좋다. 그리고 <u>채권은 금전채권임을 요하지 않는다.</u> 또한 유치권의 행사 중에 취득된 채권이라도 상관없다고 할 것이다.

(ㄴ) 채권이 변제기에 있어야 한다(제320조 제1항). <u>유치권 이외의 다른 담보물권에 있어서는, 피담보채권의 변제기의 도래는 그 담보권의 실행을 위한 요건에 불과하나 유치권에 있어서는 성립요건이다.</u>

(4) 타인 물건의 점유

1) 타인의 소유

<u>여기서 타인은 채무자에 한하지 않고 제3자라도 좋다고 할 것이다(통설 · 판례).</u> 우리 민법은 '타인의 물건'이라고 규정하고 있는데, 스위스민법은 '채무자의 소유물'임을 명문으로 규정한다.

2) 적법한 점유

(ㄱ) 점유는 계속되어야 한다. 왜냐하면 유치권자가 목적물의 점유를 잃으면 유치권은 당연히 소멸하기 때문이다(제328조 참조). 그리고 이때의 점유는 직접점유이든 간접점유이든 불문한다고 설명한다. 그러나 채무자가 직접 점유하는 물건을 채권자가 간접점유하는 경우 채권자는 그 물건에 대하여 유치권을 행사할 수는 없는 것이다(대판 2008.4.11, 2007다27236).

판례 〈유치권자의 점유〉 유치권의 성립요건이자 존속요건인 유치권자의 점유는 <u>직접점유이든 간접점유이든 관계가 없으나</u>(예: 건물신축공사의 하수급인이 다른 하수급인 등을 통하여 신축건물을 간접점유함으로써 유치권이 인정될 수 있다 대판 2013.10.24. 2011다44788), 다만 유치권은 목적물을 유치함으로써 채무자의 변제를 간접적으로 강제하는 것을 본체적 효력으로 하는 권리인 점 등에 비추어, <u>그 직접점유자가 채무자인 경우에는 유치권의 요건으로서의 점유에 해당하지 않는다</u>고 할 것이다(대판 2008.4.11. 2007다27236).

(ㄴ) 점유는 불법행위에 의하여 시작되지 않았을 것을 요한다(제320조 제2항). 여기서 불법행위라 함은 민법 제750조에 해당하는 행위, 즉 고의·과실 있는 위법한 행위를 의미한다고 할 것이다. 따라서 도둑이 그 도품을 수선하여도 그 수선대금청구권에 기하여 도품의 반환을 거절할 수 없다. 그래서 '건물의 점유자가 건물의 원시취득자에게 그 건물에 관한 유치권이 있는 경우, 그 건물의 존재와 점유가 토지소유자에게 불법행위가 되고 있다면 그 유치권으로 토지소유자에게 대항할 수 없다'는 것이 판례의 태도이다(대판 1989.2.14. 87다카3073).

판례 건물점유자가 건물의 원시취득자에게 그 건물에 관한 유치권이 있다고 하더라도 그 건물의 존재와 점유가 토지소유자에게 불법행위가 되고 있다면 그 유치권으로 토지소유자에게 대항할 수 없다(대판 1989.2.14. 87다카3073).

(ㄷ) 처음에는 권원에 의하여 점유를 개시하였다 하더라도 후에 권원이 소멸한 경우에는 유치권의 성립이 인정되지 않는다. 그러므로 건물임차인이 임대차계약의 해제·해지 후에도 계속 건물을 점유하고 그 기간동안에 필요비나 유익비를 지출하여도 그 상환청구권에 관해서는 유치권이 성립되지 않는다.

(ㄹ) 그러나 불법점유(유치권주장 불가)가 아닌 기간만료시에 적법하게 유치권이 인정되는 경우에는 유치권을 주장하면서 그 후 다시 비용이 들어간 경우, 후에 들어간 비용을 받기 위한 유치권의 주장은 가능하다.

판례 ① 유치권자의 점유하에 있는 유치물의 소유자가 변동하더라도 <u>유치권자의 점유는 유치물에 대한 보존행위로서 하는 것이므로 적법하고 그 소유자변동후 유치권자가 유치물에 관하여 새로이 유익비를 지급하여 그 가격의 증가가 현존하는 경우에는 이 유익비에 대하여도 유치권을 행사할 수 있다.</u> ② <u>유치권자가 유치물에 대한 보존행위로서 목적물을 사용하는 것은 적법행위이므로 불법점유로 인한 손해배상책임이 없는 것이다</u>(대판 1972.1.31. 71다2414).

3) 불법점유입증

점유가 불법행위에 의하여 시작되었다는 것은 물건의 반환을 청구하는 자(채무자나 소유자)가 주장·입증하여야 한다고 할 것이다(점유의 적법추정-제200조 참조). 민법 제320조 제2항은 그 제1항의 예외규정이기 때문이다(아래 판결참조).

판례 〈점유물에 대한 필요비와 유익비 상환청구권을 기초로 하는 유치권 주장을 배척하기 위하여 상대방 당사자가 주장·증명하여야 할 사항〉 ㉠ 물건의 점유자는 소유의 의사로 선의, 평온 및 공연하게 점유한 것으로 추정되고 점유자가 점유물에 대하여 행사하는 권리는 적법하게 보유하는 것으로 추정된다(제197조 제1항, 제200조). 따라서 ㉡ 점유물에 대한 필요비와 유익비 상환청구권을 기초로 하는 유치권 주장을 배척하려면 적어도 점유가 불법행위로 인하여 개시되었거나 <u>점유자가 필요비와 유익비를 지출할 당시 점유권원이 없음을 알았거나 중대한 과실로 알지 못하였다고 인정할만한 사유에 대한 상대방 당사자의 주장·증명이 있어야 한다</u>(대판 2011.12.13, 2009다5162; 대판 1966.6.7, 66다600,601).

(5) 특약의 부존재

유치권은 법정담보물권이지만 채권자의 이익보호를 위한 채권담보의 수단에 불과한 것이므로 이를 배제하는 특약은 유효하다고 할 것이다.

> **판례** 건물의 임차인이 임대차관계종료시에는 건물을 원상으로 복구하여 임대인에게 명도하기로 약정한 것은 건물에 지출한 각종 <u>유익비 또는 필요비의 상환청구권을 미리 포기하기로 한 취지의 특약이라고 볼 수 있어 임차인은 유치권 주장을 할 수 없다</u>(대판 1975.4.22, 73다2010).

5. 유치권의 기본적 효력

(1) 목적물의 인도거절

유치권자는 목적물을 유치하여 인도를 거절할 수 있다. 문제는 건물임차인(또는 공사대금채권에 기하여 유치권을 행사하는 경우에 유치물인 주택점유자)이 유치권을 행사함에 있어서 종전대로 거주할 수 있는 가인데, 학설과 판례는 이를 긍정한다. <u>다만 그 동안의 이득은 부당이득으로서 반환하여야 한다</u>(대판 2009.9.24, 2009다40684). <u>이때 부당이득은 성립될 수 있지만 불법행위가 성립하는 것은 아니다.</u>

(2) 유치권의 불가분성(제321조)

> **제321조 (유치권의 불가분성)**
> 유치권자는 채권전부의 변제를 받을 때까지 유치물전부에 대하여 그 권리를 행사할 수 있다.

> **판례** 〈유치권의 불가분성〉 다세대주택의 창호 등의 공사를 완성한 하수급인이 공사대금채권 잔액을 변제받기 위하여 위 다세대주택 중 한 세대를 점유하여 유치권을 행사하는 경우, <u>그 유치권은 위 세대에 대하여 시행한 공사대금만이 아니라 다세대주택 전체에 대하여 시행한 공사대금채권의 잔액 전부를 피담보채권으로 하여 성립한다</u>(대판 2007.9.7. 2005다16942). 따라서 공사대금을 전부지급할 때까지 목적물의 반환을 거절할 수 있다.

(3) 물권적 효력

유치권은 채무자뿐만 아니라 제3자에 대해서도 대항할 수 있다. 즉 통설·판례는 유치권의 기초인 공평의 원칙에 따라 채무자 이외에 제3자의 소유물에도 유치권이 성립한다고 한다. 즉, 유치물이 제3자의 소유가 된 때에 <u>채권의 청구는 채무자에게 할 수밖에 없지만, 유치권의 행사는 새로운 소유자에 대해서도 할 수 있다. 다만 유치권자가 유치권으로 유치물의 경락인에게 피담보채권의 변제를 청구할 수는 없다</u>(대판 1996. 8. 23, 95다8713).

판례 ⑤ 〈유치권자가 경락인에 대하여 피담보채권의 변제를 청구할 수 있는지 여부(소극)〉 민사소송법 제728조 : 민사집행법268조)에 의하여 담보권의 실행을 위한 경매절차에 준용되는 같은 법 제608조 제3항은 경락인은 유치권자에게 그 유치권으로 담보하는 채권을 변제할 책임이 있다고 규정하고 있는바, 여기에서 ; '변제할 책임이 있다'는 의미는 부동산상의 부담을 승계한다는 취지로서 인적 채무까지 인수한다는 취지는 아니므로, 유치권자는 경락인에 대하여 그 피담보채권의 변제가 있을 때까지 유치목적물인 부동산의 인도를 거절할 수 있을 뿐이고 그 피담보채권의 변제를 청구할 수는 없다(대판 1996. 8. 23. 95다8713).

⑥ 〈유치권 행사와 권리남용〉 공매절차에서 점유자의 유치권 신고 사실을 알고 부동산(납골당)을 매수한 자가 그 점유를 침탈하여 유치권을 소멸시키고 나아가 고의적인 점유이전으로 유치권자의 확정판결에 기한 점유회복조차 곤란하게 하였음에도 유치권자가 현재까지 점유회복을 하지 못한 사실을 내세워 유치권자를 상대로 적극적으로 유치권부존재확인을 구하는 것은, 자신의 불법행위로 초래된 상황을 자기의 이익으로 원용하면서 피해자에 대하여는 불법행위로 인한 권리침해의 결과를 수용할 것을 요구하고, 나아가 법원으로부터는 위와 같은 불법적 권리침해의 결과를 승인받으려는 것으로서, 이는 명백히 정의 관념에 반하여 사회생활상 도저히 용인될 수 없는 것으로 권리남용에 해당하여 허용되지 않는다(대판 2010.4.15, 2009다96953).

(4) 우선변제적 효력문제

⑤ 유치권자는 채권의 변제를 받기 위하여 유치물을 경매할 수 있으나(제322조 제1항), 우선변제권은 없다. 또 채무자가 파산한 경우에도 유치권자는 파산절차에 의하지 않고 유치권을 행사할 수 있는 별제권을 가진다(채무자 회생 및 파산에 관한 법률 제411조). ⑥ 그리고 채무자 또는 제3자가 목적물의 인도를 받으려면 유치권자에게 변제를 하여야 하므로 실제에 있어서는 우선변제권이 있는 것과 다르지 않다(사실상 우선변제효).

(5) 상환급부판결

유치권의 항변이 이유 있을 때에는 원고일부승소의 판결을 하여야 한다. 즉 청구기각설(원고 패소)과 상환급부판결설(원고일부승소)의 대립이 있으나 통설과 판례는 상환급부판결설, 즉 원고일부승소판결설을 취하고 있다.

(6) 유치권의 대항력의 한계

관련사례 (a) 유치권은 경매절차의 매수인(경락인)에게도 대항할 수 있음이 원칙인데, 그러하다면 채무자 소유의 부동산에 강제경매개시결정의 기입등기가 경료되어 압류의 효력이 발생한 이후에 채무자가 부동산에 관한 공사대금 채권자에게 그 점유를 이전함으로써 유치권을 취득하게 한 경우, 점유자가 유치권을 내세워 경매절차의 매수인에게 대항할 수 있는가?

(b) 채무자 소유의 건물에 관하여 공사를 도급받은 수급인이 경매개시결정의 기입등기가 마쳐지기 전에 채무자에게서 건물의 점유를 이전받았으나 경매개시결정의 기입등기가 마쳐져 압류의 효력이 발생한 후에 공사를 완공하여 공사대금채권을 취득함으로써 유치권이 성립한 경우, 수급인이 유치권을 내세워 경매절차의 매수인에게 대항할 수 있는지 여부 ?

(c) 부동산에 가압류등기가 경료된 후에 채무자의 점유이전으로 제3자가 유치권을 취득하는 경우에는 유치권을 주장할 수 있는가 ? 예컨대, 토지에 대한 담보권 실행 등을 위한 경매가 개시된 후 그 지상건물에 가압류등기가 경료되었는데, 갑이 채무자인 을 주식회사에게서 건물 점유를 이전받아 그 건물에 관한 공사대금채권을 피담보채권으로 한 유치권을 취득하였고, 그 후 건물에 대한 강제경매가 개시되어 병이 토지와 건물을 낙찰받은 사안이다.

해설	〈대법원의 태도〉

(a)의 경우 : 채무자 소유의 건물 등 부동산에 강제경매개시결정의 기입등기가 경료되어 압류의 효력이 발생한 이후에 채무자가 위 부동산에 관한 공사대금 채권자에게 그 점유를 이전함으로써 그로 하여금 유치권을 취득하게 한 경우, <u>그와 같은 점유의 이전은 목적물의 교환가치를 감소시킬 우려가 있는 처분행위에 해당하여 민사집행법 제92조 제1항, 제83조 제4항에 따른 압류의 처분금지효에 저촉되므로 점유자로서는 위 유치권을 내세워 그 부동산에 관한 경매절차의 매수인에게 대항할 수 없다</u>(대판 2005. 8. 19, 2005다22688; 대판 2009.1.15. 2008다70763).

(b)의 경우 : 유치권은 목적물에 관하여 생긴 채권이 변제기에 있는 경우에 비로소 성립하고(민법 제320조), 한편 채무자 소유의 부동산에 경매개시결정의 기입등기가 마쳐져 <u>압류의 효력이 발생한 후에 유치권을 취득한 경우에는 그로써 부동산에 관한 경매절차의 매수인에게 대항할 수 없는데</u>(대판 2009. 1. 15, 2008다70763 판결), 채무자 소유의 건물에 관하여 증·개축 등 공사를 도급받은 수급인이 경매개시결정의 기입등기가 마쳐지기 전에 채무자에게서 건물의 점유를 이전받았다 하더라도 경매개시결정의 기입등기가 마쳐져 압류의 효력이 발생한 후에 공사를 완공하여 공사대금채권을 취득함으로써 그때 비로소 유치권이 성립한 경우에는, 수급인은 유치권을 내세워 경매절차의 매수인에게 대항할 수 없다(대판 2011.10.13, 2011다55214; 대판 2013.06.27, 2011다50165).

(c) 위에서 본바와 같이 <u>부동산에 경매개시결정의 기입등기가 경료되어 압류의 효력이 발생한 후에 채무자가 제3자에게 당해 부동산의 점유를 이전함으로써 그로 하여금 유치권을 취득하게 하는 경우 그와 같은 점유의 이전은 처분행위에 해당하여 유치권을 주장할 수 없다는 것이 당원의 판례</u>이나, <u>이와 달리 부동산에 가압류등기가 경료되어 있을 뿐 현실적인 매각절차가 이루어지지 않고 있는 상황하에서는 채무자의 점유이전으로 인하여 제3자가 유치권을 취득하게 된다고 하더라도 이를 처분행위로 볼 수는 없고, 따라서 건물에 가압류등기가 경료된 후 을 회사가 갑에게 건물 점유를 이전한 것은 처분행위에 해당하지 않아 가압류의 처분금지효에 저촉되지 않으므로, 갑은 병에게 건물에 대한 유치권을 주장할 수 있다</u>(대판 2011.11.24, 2009다19246).

6. 유치권자의 경매권과 비용상환청구권 등

(1) 경매권과 간이변제충당권

> **제322조 (경매, 간이변제충당)**
> ① 유치권자는 채권의 변제를 받기 위하여 유치물을 경매할 수 있다.
> ② 정당한 이유있는 때에는 유치권자는 감정인의 평가에 의하여 유치물로 직접변제에 충당할 것을 법원에 청구할 수 있다. 이 경우에는 유치권자는 미리 채무자에게 통지하여야 한다.

1) 경매권

유치권자는 채권의 변제를 받기 위하여 유치물을 경매할 수 있다. 유치권의 경매에 관하여는 민사집행법에 규정이 있다(민사집행법 제264조 제1항). 이에 의한다면 경매는 서면에 의한 신청으로 하고, <u>유치권자는 목적물에 대하여 우선변제권을 가지지 아니하므로, 따라서 그 경매도 우선변제를 받고자 하는 경매가 아니라, '환가를 위한 경매'로서의 성질을 갖는다.</u> 즉 언제까지 남의 물건을 보관하고 있는 것이 불편하므로, 이를 환가하여 금전으로 만들기 위하여 경매권을 인정하는 것이다. 따라서 경매로 얻어지는 매득금은 유치권자에게 교부되고, 유치권자는 그 금전을 소유자에게 반환할 채무와 자기의 피담보채권을 상계함으로써 결과적으로 우선변제를 받는 것과 동일한 결과를 가져올 수 있다.

판례 〈배당절차에서 유치권자의 지위〉 유치권에 의한 경매도 강제경매나 담보권 실행을 위한 경매와 마찬가지로 목적부동산 위의 부담을 소멸시키는 것을 법정매각조건으로 하여 실시되고 우선채권자뿐만 아니라 일반채권자의 배당요구도 허용되며, 유치권자는 일반채권자와 동일한 순위로 배당을 받을 수 있다고 보아야 한다(대법원 2011.6.15. 자 2010마1059 결정).

2) 간이변제충당권(제322조 제2항)

이를 인정하는 이유는 유치권자가 채권의 변제를 받기 위하여 언제나 경매에만 의하여야 한다면 경매절차의 복잡과 과다한 비용 등으로 부적당한 경우가 있을 수 있으므로 일정한 요건 하에 유치권자가 유치물로써 직접 채권의 변제에 충당할 수 있는 방법을 마련하고 있는 것이다. 그 요건을 상술한다면, 첫째, 정당한 이유가 있을 것(예컨대 목적물의 가치가 적어서 경매에 부치는 것이 부적당한 경우) 둘째, 법원에 청구하여야 한다. 그 신청절차에 관하여는 질권자의 간이변제충당의 규정을 준용한다. 셋째, 감정인의 평가에 의할 것. 넷째, 법원에 청구하기 전에 채무자에게 미리 통지할 것(제322조 제2항)이다. 그리고 그 효과는 첫째, 유치권자는 유치물의 소유권을 취득하며, 이 소유권취득은 법률규정에 의한 경우로서(제187조) 등기를 요하지 않는다. 그리고 둘째, 평가액이 채권액 초과시 유치권자는 차액반환의무가 있다(곽윤직, p. 519 ; 이영준, p. 683).

판례 〈간이변제충당의 허가여부〉 유치물의 처분에 관하여 이해관계를 달리하는 다수의 권리자가 존재하거나 유치물의 공정한 가격을 쉽게 알 수 없는 등의 경우에는 민법 제322조 제2항에 의하여 유치권자에게 유치물의 간이변제충당을 허가할 정당한 이유가 있다고 할 수 없다(대판 2000. 10. 30. 자 2000마4002).

(2) 과실수취권

> **제323조 (과실수취권)**
> ① 유치권자는 유치물의 과실을 수취하여 다른 채권보다 먼저 그 채권의 변제에 충당할 수 있다. 그러나 과실이 금전이 아닌 때에는 경매하여야 한다.
> ② 과실은 먼저 채권의 이자에 충당하고 그 잉여가 있으면 원본에 충당한다.

유치권자는 유치물의 과실(천연과실+법정과실)을 수취하여 다른 채권보다 먼저 그 채권의 변제에 충당할 수 있다. 이러한 권능은 과실 위에 존재하는 질권·저당권에 우선한다. 부당이득으로서 반환하여야 할 사용이익도 과실에 준하여 우선적으로 그의 채권의 변제에 충당할 수 있다고 할 것이다. 그러나 과실이 금전이 아닌 때에는 경매하여야 한다(제1항). 과실은 먼저 채권의 이자에 충당하고 그 잉여가 있으면 원본에 충당한다(제2항).

(3) 유치물사용권과 유치권자의 의무

> **제324조 (유치권자의 선관의무)**
> ① 유치권자는 선량한 관리자의 주의로 유치물을 점유하여야 한다.
> ② 유치권자는 채무자의 승낙없이 유치물의 사용, 대여 또는 담보제공을 하지 못한다. 그러나 유치물의 보존에 필요한 사용은 그러하지 아니하다.
> ③ 유치권자가 전2항의 규정에 위반한 때에는 채무자는 유치권의 소멸을 청구할 수 있다.

1) 유치권자의 유치물사용권

㉠ 유치권은 채권담보를 위하여 목적물을 점유하는 권리이므로 유치권자는 원칙적으로 유치물의 사용·대여 또는 담보제공을 할 수 없다. 따라서 유치권자가 함부로 유치물을 이용한 때에는 이로 인하여 손해가 발생했는지 여부를 묻지 않고 채무자 또는 소유자는 유치권의 소멸을 청구할 수 있다 (제324조 제3항). 이 청구권은 형성권이며, 채무자의 유치권자에 대한 일방적 의사표시로 유치권 소멸의 효과가 생긴다. 또한 손해가 발생한 때에는 유치권자는 채무불이행에 기한 손해배상의무를 진다 (제390조).

㉡ 그러나 민법은 예외적으로 다음의 경우에는 유치권자의 이용권을 인정한다. 즉 유치권자가 채무자의 승낙을 얻은 경우와 유치물의 보존에 필요한 때이다 (제324조 제2항). 승낙할 자는 채무자인 것이 원칙이지만 소유자와 채무자가 다른 때에는 소유자라고 할 것이다. 보존행위의 예로서는 소와 말을 운동시키기 위하여 적정하게 사용하고, 기계를 녹슬지 않게 하기 위하여 적당하게 가동시키는 것은 보존에 필요한 사용이라 할 것이다.

2) 유치권자의 의무

유치권자는 유치물에 대하여 선량한 관리자의 주의의무를 지며 (제1항), 채무자의 승낙 없이 유치물의 사용·대여·담보제공을 하지 못한다 (제2항).

판례 〈유치권자가 유치물에 관하여 제3자와 전세계약을 체결하여 전세금을 수령한 경우, 유치권자가 반환하여야 할 부당이득의 범위(=전세금에 대한 법정이자 상당액)〉 유치권자는 유치물 소유자의 승낙 없이 유치물을 보존에 필요한 범위를 넘어 사용할 수 없고, 유치권자가 유치물을 그와 같이 사용한 경우에는 그로 인한 이익을 부당이득으로 소유자에게 반환하여야 한다. 그 경우에 그 반환의무의 구체적인 내용은 다른 부당이득반환청구에서와 마찬가지로 의무자가 실제로 어떠한 구체적 이익을 얻었는지에 좇아 정하여진다. 따라서 <u>유치권자가 유치물에 관하여 제3자와의 사이에 전세계약을 체결하여 전세금을 수령하였다면 전세금이 종국에는 전세입자에게 반환되어야 할 것임에 비추어 다른 특별한 사정이 없는 한 그가 얻은 구체적 이익은 그가 전세금으로 수령한 금전의 이용가능성이고, 그가 이와 같이 구체적으로 얻은 이익과 관계없이 추상적으로 산정된 '차임 상당액'을 부당이득으로 반환하여야 한다고 할 수 없다. 그리고 이러한 이용가능성은 그 자체 현물로 반환될 수 없는 성질의 것이므로 그 '가액'을 산정하여 반환을 명하여야 하는바, 그 가액은 결국 전세금에 대한 '법정이자 상당액'이다</u> (대판 2009.12.24., 2009다32324).

(4) 비용상환청구권

> **제325조 (유치권자의 상환청구권)**
> ① 유치권자가 유치물에 관하여 필요비를 지출한 때에는 소유자에게 그 상환을 청구할 수 있다.
> ② 유치권자가 유치물에 관하여 유익비를 지출한 때에는 그 가액의 증가가 현존한 경우에 한하여 소유자의 선택에 좇아 그 지출한 금액이나 증가액의 상환을 청구할 수 있다. 그러나 법원은 소유자의 청구에 의하여 상당한 상환기간을 허여할 수 있다.

유치권자는 필요비상환청구권 (제1항)과 유익비 상환청구권 (제2항)을 갖는다.

판례 〈유치권의 효력〉 ㉠ 유치권자의 점유하에 있는 유치물의 소유자가 바뀌더라도 유치권자의 점유는 적법한 것이므로, 그 후 그 유치물에 관해 새로이 투입된 유익비에 대해서도 유치권을 주장할 수 있다. ㉡ 유치권자가 유치물에 대한 보존행위로써 목적물을 사용하는 것은 적법행위로서 불법점유가 되지 아니하므로, 그 사용으로 인해 얻은 이익에 대해서는 부당이득을 이유로 반환청구할 수는 있지만 불법점유를 이유로 불법행위로 인한 손해배상청구를 할 수는 없다(대판 1972.1.31, 71다2414). ⓒ 물건의 인도를 청구하는 소송에 있어서 피고의 유치권항변이 인용되는 경우에는 그 물건에 관하여 생긴 채권의 변제와 상환(상환급부판결)으로 그 물건의 인도를 명하여야 한다(대판 1969.11.25, 69다1592).

7. 유치권의 소멸

유치권은 물권일반의 소멸사유와 담보물권의 소멸사유에 의해 소멸한다. 물권일반의 소멸사유로는 목적물의 멸실·토지수용·혼동·포기 등이 있고, 담보물권의 소멸사유로는 담보물권 공통의 소멸사유로 소멸된다. 즉 피담보채권의 소멸(제326조)이 대표적이다. 주의할 것은 유치권의 행사는 채권의 소멸시효의 진행에 영향을 미치지 않는다는 점이다(제326조). 따라서 목적물을 유치하고 있더라도 채권은 시효완성할 수 있으며, 그렇게 되면 유치권은 피담보채권의 소멸로 인하여 소멸한다(부종성; 후술함).

(1) 유치권의 소멸청구(제324조 참조)

유치권자가 소유자의 승낙 없이 목적물을 임대 또는 담보제공하여도 그것만으로 곧 유치권이 소멸하지 않는다. 왜냐하면 이때에도 점유는 계속되고 있으므로, 그러한 사실이 있는 것만으로 곧 유치권이 소멸하는 것이 아니다. 이 경우에는 채무자가 소멸청구를 하여야만 소멸한다(제324조 제3항 참조).

판례 〈유치권자의 임대행위〉 유치권의 성립요건인 유치권자의 점유는 직접점유이든 간접점유이든 관계없지만, 유치권자는 채무자의 승낙이 없는 이상 그 목적물을 타에 임대할 수 있는 처분권한이 없으므로(민법 제324조 제2항 참조), 유치권자의 그러한 임대행위는 소유자의 처분권한을 침해하는 것으로서 소유자에게 그 임대의 효력을 주장할 수 없고, 따라서 소유자의 동의 없이 유치권자로부터 유치권의 목적물을 임차한 자의 점유는 민사집행법 제136조 제1항에서 규정하는 '경락인에게 대항할 수 있는 권원'에 기한 것이라고 볼 수 없다(대판 2002.11.27, 2002마3516).

(2) 부종성

제326조 (피담보채권의 소멸시효)
유치권의 행사는 채권의 소멸시효의 진행에 영향을 미치지 아니한다.

1) 채권의 시효진행

㉠ 유치권자가 유치권을 행사하는 동안에도 피담보채권의 소멸시효는 진행한다. 즉 유치권자가 목적물을 유치하고 있더라도 채권의 시효는 완성될 수 있으며, 그렇게 되면 유치권은 피담보채권의 소멸에 부종해서 또한 소멸한다(제326조 참조). 즉 담보물권인 유치권은 소멸시효에 걸리지 않지만 채권이 소멸되면 부종성에 의하여 유치권인 담보물권은 소멸하게 된다는 것이다. ㉡ 따라서 질권에서는 제326조가 준용된다고 되어 있지 않지만 질물을 유치하더라도 채무불이행상태가 계속진행될 수 있다는 이론은 유치권의 경우와 동일하므로 제326조는 준용된다고 해석한다(통설).

2) 시효기간문제

유치권의 피담보채권의 소멸시효기간이 확정판결 등에 의하여 10년으로 연장된 경우 매수인은 그 채권의 소멸시효기간이 연장된 효과를 부정하고 종전의 단기소멸시효기간을 원용할 수는 없다(대판 2009.9.24. 2009다39530).

판례 유치권이 성립된 부동산의 매수인은 피담보채권의 소멸시효가 완성되면 시효로 인하여 채무가 소멸되는 결과 직접적인 이익을 받는 자에 해당하므로 소멸시효의 완성을 원용할 수 있는 지위에 있다고 할 것이나, 매수인은 유치권자에게 채무자의 채무와는 별개의 독립된 채무를 부담하는 것이 아니라 단지 채무자의 채무를 변제할 책임을 부담하는 점 등에 비추어 보면, 유치권의 피담보채권의 소멸시효기간이 확정판결 등에 의하여 10년으로 연장된 경우 매수인은 그 채권의 소멸시효기간이 연장된 효과를 부정하고 종전의 단기소멸시효기간을 원용할 수는 없다(대판 2009.9.24, 2009다39530).

(3) 타담보제공

> **제327조 (타담보제공과 유치권소멸)**
> 채무자는 상당한 담보를 제공하고 유치권의 소멸을 청구할 수 있다.

(ㄱ) 보통 유치권에 의하여 담보되는 채권은 목적물 가격에 비해 적은 것이 보통이므로 양자의 이익을 고려하여 둔 규정이다. 담보의 종류는 제한이 없으며, 인적 담보든 물적 담보든 가능하나 담보제공에 대하여 유치권자가 승낙하는 것이 필요하고, 유치권자가 이를 거절하는 경우에는 그 승낙에 갈음하는 판결을 구하여야 할 것이다(제389조 참조).

(ㄴ) 여기서의 채무자에는 소유자도 포함한다고 함이 통설과 판례이다.

(ㄷ) 판례는 상당한 담보가 제공된 이상 유치권소멸의 의사표시로 유치권은 소멸한다고 하여 형성권적으로 이해한다.

판례 〈상당한 담보제공시 소멸청구가능〉 민법 제327조에 의하여 제공하는 담보가 상당한가의 여부는 그 담보의 가치가 채권의 담보로서 상당한가, 태양(모습)에 있어 유치물에 의하였던 담보력을 저하시키지는 아니한가 하는 점을 종합하여 판단하여야 할 것인바, 유치물의 가격이 채권액에 비하여 과다한 경우에는 채권액 상당의 가치가 있는 담보를 제공하면 족하다고 할 것이고, 한편 당해 유치물에 관하여 이해관계를 가지고 있는 자인 채무자나 유치물의 소유자는 상당한 담보가 제공되어 있는 이상 유치권 소멸 청구의 의사표시를 할 수 있다고 봄이 상당하다(대판 2001.12.11. 2001다59866). 따라서 소유권을 취득한 원고가 2000. 6. 9. 제1심 제2차 변론기일에서 피고에 대하여 위와 같은 담보제공에 근거한 유치권 소멸청구의 의사표시를 함으로써 피고의 유치권은 민법 제327조의 규정에 의하여 소멸하였다고 할 것이다(형성권적). 그런데 일반적으로 학설은 상당한 담보를 제공하는 한 담보의 종류에는 제한이 없으며, 물적 담보든 인적 담보든 무방하다고 한다. 다만 담보의 제공에 대해 유치권자가 승락하는 것이 필요하고, 유치권자가 이를 거절할 경우에는 그 승낙에 갈음하는 판결을 구하는 수밖에 없다고 한다(김준호 16판, p.803-804).

(4) 점유상실

> **제328조 (점유상실과 유치권소멸)**
> 유치권은 점유의 상실로 인하여 소멸한다.

점유상실은 유치권소멸사유이다. 즉 유치권자를 위하여 목적물을 보관하고 있는 자가 목적물을 소유자에게 반환하면 유치권자의 유치권은 점유상실로 인하여 자동적으로 소멸한다(제328조 참조). 따라서 점유를 침탈당한 유치권자가 점유회수의 소를 제기하여 승소판결을 받았더라도 점유를 회복하지 않으면 유치권이 부활하지 않는다.

판례 〈점유상실과 유치권소멸〉 유치권자는 점유를 상실하면 곧 유치권을 상실하므로 유치권자로부터 점유를 승계한 자가 유치권자를 대위하여 유치권을 주장할 수는 없다(대판 1972.5.30, 72다548). 즉 대위행사를 하기 위한 요건중 하나인 피대위권리(유치권)가 상실되어 소멸하기 때문이다. 유치권에 있어서 점유는 유치권의 존속요건이므로 이를 상실하면 유치권도 당연히 소멸한다(제328조). 따라서 목적물의 점유승계인은 유치권을 취득할 수 없어 유치권을 대위행사할 수 없다(대판 2008.4.11, 2007다27236 참조).

제13장 질 권

I. 총 설

1. 의의와 비교

질권은 채권자가 그 채권의 담보로 채무자 또는 제3자가 제공한 목적물(동산+채권 등의 재산권)을 점유하고, 그 목적물에 대하여 다른 채권자보다 자기채권의 우선변제를 받을 권리가 있는 담보물권이다(제329조·제345조). 예컨대 甲이 乙에게 50만원을 빌려주면서 그 담보로 乙소유의 보석을 입질 받으면, 甲은 乙이 채무를 변제할 때까지 그 보석을 유치하면서 반환을 거절할 수 있고, 또 나아가 담보권을 실행하여 자기채권의 우선변제를 받을 수 있는 권리이다. 질권은 원칙적으로 약정담보물권으로서 유치적 효력과 우선변제적 효력이 인정되는 점에서 법정담보물권인 유치권과 구별되고, 유치적 효력이 인정되는 점에서 약정담보물권인 저당권과 구별된다.

〈질권과 저당권의 비교〉

구 분	질 권	저 당 권
본질적 차이	유치적 효력이 있다.	유치적 효력이 없다.
법 적 기 능	유치적 기능·우선변제적 기능	우선변제적 기능
목 적 물	동산과 일정한 재산권	등기·등록이 가능한 입목·부동산물권·선박·자동차·항공기·중기
공 시 방 법	목적물의 인도(점유 : 제330조)	등기·등록
주 된 기 능	서민금융수단	서민금융 또는 투자의 수단
효 력 요 건	목적물의 인도	등 기
피담보채권	범위제한이 없음(제334조)	피담보채권범위한정(제360조)

2. 질권의 종류

(1) 목적물에 따른 분류

구민법은 질권의 종류로 동산질권·부동산질권·권리질권을 인정하였으나, 현행민법은 저당권의 존재로 그 효용이 없다는 점에서 부동산질권을 인정하지 않고 있다. 따라서 현행법은 동산질권과 권리질권의 두 가지가 인정되는 셈이다. 그러나 전세권은 부동산질의 성격을 사실상 갖는다. 왜냐하면 전세권자는 전세금의 반환시까지 목적물을 유치하기 때문이다.

(2) 약정질권과 법정질권

질권에는 당사자 사이의 질권설정계약에 의하여 성립되는 약정질권과, 법률의 규정에 의해 일정한 경우에 당연히 성립하는 법정질권의 두 가지가 있다. 약정질권이 원칙이고 예외적 법정질권(제648조·제650조)이 인정된다(후술함).

(3) 민사질과 기타

민법상의 동산질권 및 권리질권을 민사질이라고 한다. 이와 같은 민사질 외에도 상행위에 의하여 생긴 채권을 담보하기 위하여 설정되는 상사질권(상법 제59조)이 있다. 특히 상사질권에 관하여는 유질계약금지에 관한 민법 제339조의 적용이 없다.

(4) 동산·채권 등의 담보권

법인 또는 상업등기법에 따른 상호등기를 한 사람의 동산 또는 채권을 목적으로 하는 담보권을 설정할 수 있도록 하기 위하여, 동산·채권 등을 목적으로 하는 담보제도를 창설하였다. 이는 현행법상의 질권과 양도담보의 문제점(동산과 채권의 경우 공시방법이 불완전하고, 지적 재산권의 경우 민법상 질권의 방법으로만 담보를 제공할 수 있어 이들을 담보로 이용하는 데 한계가 있기 때문이다)이 있기 때문이다. 즉 등기 또는 등록을 하여 동산담보권, 지명채권담보권, 지식재산권담보권을 설정할 수 있도록 하였다.

> (가) **동산담보권(동법 제3조 이하)** : 동산담보권의 경우 담보등기부에 등기를 하여야 효력이 발생하고 등기관이 등기를 마친 경우 그 등기는 접수한 때부터 효력을 발생한다(동법 제7조, 제45조 2항).
> (나) **채권담보권(동법 제34조 이하)** : 채권담보권의 경우 담보등기부에 등기를 한 때에 담보로 제공된 채권의 채무자를 제외한 제3자에게 대항할 수 있도록 하였다.
> (다) **지식재산권 담보권(동법 제58조 이하)** : 지식재산권자가 약정에 따라 동일한 채권을 담보하기 위하여 2개 이상의 지식재산권을 담보로 제공하는 경우에는 특허원부, 저작권등록부 등 그 지식재산권을 등록하는 공적장부에 이 법에 따른 담보권을 등록할 수 있다. 약정에 따른 지식재산권담보권의 득실변경은 그 등록을 한 때에 그 지식재산권에 대한 질권의 득실변경을 등록한 것과 동일한 효력이 생긴다.

3. 질권의 법적 성질

질권은 담보물권이기 때문에 부종성·수반성·불가분성·물상대위성을 가진다. 그리고 저당권과는 달리 질권은 목적물을 점유할 권리가 있다. 그러나 그 점유는 채권의 변제를 촉구하기 위한 수단에 지나지 않고, 용익물권에서처럼 목적물을 사용·수익할 수 있는 권원은 없다. 질권은 약정담보물권이라고 하는 점에서 유치적 효력보다는 우선변제효에 더 중요한 의미를 두고 있다. 동산질권은 목적물의 점유이전 및 계속을 요건으로 한다. 따라서 질권설정으로 인하여 설정자는 사용·수익의 권능을 상실한다(제343조·제324조).

II. 동산질권

1. 동산질권의 성립

제329조(동산질권의 내용)
동산질권자는 채권의 담보로 채무자 또는 제3자가 제공한 동산을 점유하고 그 동산에 대하여 다른 채권자보다 자기 채권의 우선변제를 받을 권리가 있다.

동산질권은 법률행위로 인한 성립이 원칙이다. 즉 당사자간의 질권설정계약과 목적물의 인도로서 성립한다. 그러나 예외적으로 법률의 규정에 의해 질권이 성립할 수도 있다(제648조·제650조 참조).

(1) 약정질권

1) 질권설정계약

㉠ 질권설정계약의 당사자는 질권을 취득하는 질권자와 동산질권을 설정하는 질권설정자이다. 질권자는 그 질권이 담보하는 채권, 즉 피담보채권의 채권자에 한한다. 질권설정자는 채무자인 것이 보통이나, 제3자일 수도 있다. 여기서 제3자를 물상보증인이라고 한다.

㉡ 물상보증인은 보증인과는 달리 스스로 채무를 부담하는 자가 아니고 타인의 채무를 위하여 자기의 재산에 물적 담보를 설정하는자로서 "채무 없는 책임"을 진다. 따라서 <u>채권자는 물상보증인에 대하여 채무의 이행을 청구할 수는 없지만 질권의 실행에 의하여 채권의 만족을 얻을 수는 있다.</u>

2) 동산의 인도

동산질권도 동산물권이기 때문에, 따라서 그 동산을 인도하여야 효력이 생긴다(제188조 제1항). 법률행위에 의한 동산물권변동의 공시방법인 인도에는 현실의 인도·간이인도·점유개정·목적물반환청구권의 양도의 4가지가 있다(제188조~제190조). <u>그런데 민법 제332조에서는 점유개정에 의한 동산질권의 설정을 금지하고 있다. 이것은 질권의 특질인 유치적 효력을 확보하려는 데 있다는 것이 통설이다. 따라서 질권이 성립한 후에 질권자가 목적물을 설정자</u>

에게 임의로 반환하는 경우에는 위 질권의 특질을 깨뜨리는 것으로서 질권은 소멸하게 된다고 해석한다(통설). 질권에 있어서는 점유개정에 의한 인도를 금지하므로, 그 설정자가 그 생산용구를 점유하여 종전대로 사용할 수 없는 문제점이 발생한다. 그래서 점유개정에 의한 "양도담보"가 거래계에서 활용되었다.

(2) 법정질권(제648조·650조)

법정질권이란 법률의 규정에 의하여 당연히 성립하는 질권을 말한다. 민법상 질권은 약정질권이 원칙이고 법정질권은 다음의 예외적으로 인정된다. 즉 민법은 부동산임대인의 임대차에 관한 채권에 관해 예외적으로 법정질권이 성립하는 경우를 규정한다. 첫째, 토지임대인이 임대차에 관한 채권에 의하여 임차지에 부속 또는 그 사용의 편익에 공용한 임차인의 소유 동산 및 그 토지의 과실을 압류한 때(제648조)와 둘째, 건물 기타 공작물의 임대인이 임대차에 관한 채권에 의하여 그 건물 기타 공작물에 부속한 임차인의 소유의 동산을 압류한 때(제650조)에는 각각 질권과 동일한 효력이 있는 것으로 한다.

2. 동산질권의 효력

(1) 동산질권의 효력이 미치는 범위

1) 목적물의 범위

동산질권의 목적물은 양도할 수 있는 것이어야 한다(제331조). 양도성이 있어야 교환가치를 실현할 수 있고, 이것을 통해 우선변제를 받을 수 있기 때문이다. 그러나 양도할 수 있는 물건이라고 하더라도 국가의 정책으로 권리자 자신으로 하여금 사용·수익케 한 물건, 예컨대 등기선박·자동차·항공기·중기 등은 질권의 목적으로 될 수 없다. 이러한 경우 저당권을 설정하여야 한다.

2) 질물전체

동산질권은 설정계약에 의하여 질권의 목적으로 되고 인도된 물건 전부에 미친다. 종물은 주물의 처분에 따르는 것이나(제100조 제2항), 질권은 질권자에게 목적물을 인도함으로써 그 효력이 생기는 것이므로 종물 또한 질권자에게 인도된 때에 한하여 이에 질권의 효력이 미친다. 그리고 질권은 과실(제100조)에도 미친다(제343조에서 제323조 준용).

3) 동산질권의 피담보채권

(가) 채권의 유형

가) 금전으로 평가할 수 없는 채권

피담보채권의 종류에는 제한이 없다. 금전채권이 보통이지만 금전 이외의 급부를 목적으로 하는 채권도 무방하다. 이러한 채권이라도 질권의 유치적 효력을 만족시킬 수 있고 나아가 이러한 채권은 그 불이행에 의하여 금전채권인 손해배상으로 변하므로 우선변제적 효력도 만족시켜 줄 수 있기 때문이다.

나) 장래의 채권

장래의 채권 또는 조건부·기한부 채권을 위한 질권도 유효한 것으로 해석한다. 즉 담보권은 채권담보를 유일한 목적으로 하여 존재하므로 그 범위 내에서 담보권과 채권은 공동목적성을 갖는 것이므로 담보권이 성립하기 위하여는 피담보채권이 장래 담보권을 실행할 때에 존재하면 족하고 현재 반드시 존재할 필요는 없는 것이다.

다) 근질

근질이라고 함은 일정한 계속적인 거래관계로부터 생기는 과거·현재의 채권뿐 아니라 장래 발생하게 될 다수의 불특정채권을 담보하기 위하여 설정되는 질권을 말한다. 현행민법이 근질에 대하여 근저당과 같은 명문의 규정(제357조)을 두지 않았다고 하더라도 위와 같은 해석에 비추어 그 유효성을 인정하는 것이 일반이다. 최근 제정된 동산 채권 등 담보에 관한 법률에서는 명문으로 동산 채권 등의 근담보권을 인정하고 있다.

> **Tip**
>
> 근담보권 : 피담보채무의 최고액만을 정하고, 채무의 확정을 장래에 보류한 경우에도 동산 또는 채권을 목적으로 하는 담보권을 설정할 수 있고, 이 경우 피담보채권의 확정 전까지 채무의 소멸 또는 이전은 설정된 담보권에 영향을 미치지 않는다(동산채권 등 담보에 관한 법률 제5조, 제37조).

판례 〈근질권이 설정된 금전채권에 대하여 제3자의 압류로 강제집행절차가 개시된 경우, 근질권의 피담보채권의 확정시기〉 근질권의 목적이 된 금전채권에 대하여 근질권자가 아닌 제3자의 압류로 강제집행절차가 개시된 경우, 제3채무자가 그 절차의 전부명령이나 추심명령에 따라 전부금 또는 추심금을 제3자에게 지급하거나 채권자의 경합 등을 사유로 위 금전채권의 채권액을 법원에 공탁하게 되면 그 변제의 효과로서 위 금전채권은 소멸하고 그 결과 바로 또는 그 후의 절차진행에 따라 종국적으로 근질권도 소멸하게 되므로, 근질권자는 위 강제집행절차에 참가하거나 아니면 근질권을 실행하는 방법으로 그 권리를 행사할 것이 요구된다. 따라서 이러한 여러 사정을 적정·공평이란 관점에 비추어 보면, 근질권이 설정된 금전채권에 대하여 제3자의 압류로 강제집행절차가 개시된 경우 근질권의 피담보채권은 근질권자가 위와 같은 강제집행이 개시된 사실을 알게 된 때에 확정된다고 봄이 타당하다(대판 2009.10.15, 2009다43621).

(나) 피담보채권의 범위(제334조)

> **제334조 (피담보채권의 범위)**
> 질권은 원본, 이자, 위약금, 질권실행의 비용, 질물보존의 비용 및 채무불이행 또는 질물의 하자로 인한 손해배상의 채권을 담보한다. 그러나 다른 약정이 있는 때에는 그 약정에 의한다.

먼저 당사자간에 피담보채권의 범위에 관해 약정이 있는 때에는 그 약정에 의해 정해진다(제334조 단서). 그러한 약정이 없는 때에는 제334조 본문의 적용을 받는다. 그 내용은 다음과 같다. "질권은 원본, 이자, 위약금, 질권실행의 비용, 질물보존의 비용 및 채무불이행 또는 질물의 하자로 인한 손해배상의 채권을 담보한다." 이 범위는 저당권의 경우에 비해 상당히 넓다(제360조와 비교해 보자). 그것은 동일목적물 위에 질권이 경합되는 경우가 비교적 적고, 다른 채권자를 해할 염려가 적기 때문이다.

(다) 물상대위(物上代位)

> **제342조 (물상대위)**
> 질권은 질물의 멸실, 훼손 또는 공용징수로 인하여 질권설정자가 받을 금전 기타 물건에 대하여도 이를 행사할 수 있다. 이 경우에는 그 지급 또는 인도전에 압류하여야 한다.

가) 의 의

질권은 유치적 효력뿐만 아니라 교환가치를 지배하는 우선변제적 효력도 갖고 있으므로, 우선변제적 효력을 확보케 하기 위하여 제342조에서는 "질권은 질물의 멸실·훼손 또는 공용징수로 인하여 질권설정자가 받을 금전 기타 물건에 대하여도 이를 행사할수 있다"고 하고 있고, 이를 행사하기 위하여 "그 지급 또는 인도 전에 압류하여야 한다"고 하고 있다. 이처럼 물상대위란 질권의 목적물이 멸실 등으로 변환하더라도 그 교환가치의 대표물이 존재하는 때에는 질권은 그 위에 존재하는 것을 말한다. 동산질권의 물상대위에 관한 이 규정을 민법은 권리질권과 저당권에 준용하고 있다. 유치권의 경우는 목적물을 유치하는 데 주안을 두고 교환가치의 파악에 주안을 두는 것이 아니기 때문에, 따라서 물상대위가 인정되지 않는다.

나) 물상대위의 객체

(ㄱ) 민법 제342조 질권은 질물의 멸실·훼손 또는 공용징수로 인하여 질권설정자가 받을 금전 기타 물건이다. 예컨대 보험금청구권·손해배상청구권·보상금청구권 등이 그것이다. 현행민법은 목적물의 교환가치가 구체화된 경우라도 질권자가 질물에 추급할 수 있는 때에는 물상대위를 인정하지 않는 주의를 취하고 있다. 따라서 예컨대 매매 또는 임대의 경우에는 그 매매대금 또는 차임에 대하여 물상대위가 인정되지 않는다. 그러나 구민법은 목적물의 매각·임대·멸실 또는 훼손으로 인하여 채무자가 받을 금전 기타 물건과 목적물 위에 설정된 물권의 대가라고 하고 있었기 때문에 매각·임대의 경우에도 물상대위를 인정하였다.

(ㄴ) 그러나 사실상 물상대위의 객체는 현실의 금전 기타의 물건이 아니라 질권설정자가 제3채무자에 대하여 가지는 금전 기타의 대위물의 "지급청구권 또는 인도청구권"이다.

> ◎ 동산·채권 등 담보에 관한 법률상 동산담보권자는 담보목적물의 멸실, 훼손, 공용징수뿐만 아니라 매각, 임대의 경우에도 물상대위권을 행사할 수 있다(동법 제14조)

다) 물상대위의 요건

(ㄱ) 질권설정자가 받을 금전 기타 물건에 대해, 그 지급 또는 인도 전에 압류하는 것이다.

(ㄴ) 채무자에게 지급된 금전 기타의 물건 위에 효력을 미치게 하면 채무자의 일반재산 위에 우선권을 인정하는 결과로 되어 제도의 취지에 반하므로 부당하다.

(ㄷ) 그리고 질권설정자가 일단 지급 또는 인도를 받으면 그것이 설정자의 다른 재산 속에 섞여서 특정성을 상실하게 되므로 이에 관하여 물상대위를 인정하게 되면 법률관계를 복잡하게 할 뿐 아니라 다른 채권자의 이익을 해하게 되는 것이다.

(ㄹ) 압류는 반드시 질권자 자신에 의해서 행해질 것을 요구하는 것은 아니다. 즉 제3자에 의

해 압류가 된 때에도 그 특정성은 유지되는 것이다. 나아가 압류가 아니더라도 다른 방법, 예컨대 공탁소에 공탁을 하는 것을 통해서도 그러한 특정성은 유지되고, 따라서 물상대위를 할 수 있다는 점이다(대판 1987. 5. 26, 86다카1058).

라) 물상대위의 실행(행사)

물상대위의 실행은 첫째, 질권자가 담보권의 존재를 증명하는 서류를 제출하고 그 채권(금전지급청구권 또는 물건인도청구권)에 대해 압류 및 전부명령을 받아 집행을 하는 방식을 취하게 된다(민사집행법 제273조). 담보권자로서 집행을 하는 것이므로 따로 집행권원을 얻을 필요는 없다. 둘째, 다른 채권자에 의해 강제집행이 진행되는 경우에는 배당요구를 하는 것이다(동법 제247조).

(2) 유치적 효력과 우선변제적 효력

1) 유치적 효력(제335조)

> **제335조 (유치적 효력)**
> 질권자는 전조의 채권의 변제를 받을 때까지 질물을 유치할 수 있다. 그러나 자기보다 우선권이 있는 채권자에게 대항하지 못한다.
> **제333조 (동산질권의 순위)**
> 수개의 채권을 담보하기 위하여 동일한 동산에 수개의 질권을 설정한 때에는 그 순위는 설정의 선후에 의한다.

질권자는 피담보채권의 변제를 받을 때까지 질물을 유치할 수 있다. 그 내용은 유치권에서와 같다(예컨대 과실수취권 · 선관의무 · 비용상환청구권 등). 다만 유치권과 다른 점은 질권은 우선변제적 효력도 아울러 갖고 있고, 또 이것이 그 중심을 이루므로 질권자의 이 유치적 효력은 자기보다 우선권이 있는 채권자에게는 대항하지 못한다는 점이다. 예컨대 선순위의 질권자(제333조)나 질권자에 우선하는 자(국세 등)에게는 대항하지 못한다는 점이다(제335조 단서). 즉 질물에 관해 우선권을 가지는 채권자에 의해 경매가 신청된 경우에는 질권자는 그 배당에 가입하여 그의 순위에 따른 금액을 받을 수 있을 뿐이고, 유치권에 있어서처럼 집행관에 대하여 질물의 인도를 거절하지 못한다.

> 〈제333조의 의미분석〉: 통설은 그 예로서 A가 어떠한 동산을 담보로 B로부터 금전을 차용하고, 다시 동일 동산을 담보로 C로부터 금융을 얻는 동시에 B를 C의 간접점유자로 하는 경우에 그 적용이 있다고 한다. 즉 이런 선순위의 우선채권자가 경매신청을 하여 질물이 경매되는 경우에 질권자는 그 배당에 가입하여 자기의 순위에 따른 금액을 배당받을 수 있는 데 불과하다(유치적 효력의 제한).

2) 우선변제적 효력

(가) 동산질권의 순위

㈀ 일반 채권자와의 관계에서는 언제나 질권자가 우선변제권을 갖는다. 그리고 채무자회생 및 파산에 관한 법률상 별제권도 갖는다.

(ㄴ) 동산질권자 상호간에는 먼저 성립된 질권이 우선한다. 즉 수 개의 채권을 담보하기 위하여 동일한 동산에 수 개의 질권을 설정한 때에는 그 순위는 설정의 선후에 의한다(제333조).

(나) 우선변제권의 행사방법

> **제338조 (경매, 간이변제충당)**
> ① 질권자는 채권의 변제를 받기 위하여 질물을 경매할 수 있다.
> ② 정당한 이유있는 때에는 질권자는 감정인의 평가에 의하여 질물로 직접변제에 충당할 것을 법원에 청구할 수 있다. 이 경우에는 질권자는 미리 채무자 및 질권설정자에게 통지하여야 한다.

가) 경매권(제338조 제1항)

원칙적으로 민사집행법이 정하는 절차에 따라서 질물을 경매에 붙여서 그 경락대금(매각대금)으로부터 피담보채권액을 우선적으로 취득할 수 있다. 그리고 스스로 경매를 하지 않더라도 일반채권자가 목적물에 대하여 집행을 하거나 또는 다른 담보물권자가 목적물을 경매에 붙이는 경우에도 경락인에 대하여 유치적 효력을 주장함으로써 우선변제를 받는 것과 동일한 효과를 얻을 수 있다. 그리고 채무자의 일반재산에 대해서 민사집행법의 규정에 따라 집행권원을 얻어서 강제집행할 수도 있다.

나) 간이변제충당권(제338조 제2항)

예외적으로 간이변제충당이 인정된다. 즉 질권자는 정당한 이유 있는 때에는 감정인의 평가에 의하여 질물로 직접변제에 충당할 것을 법원에 청구할 수 있다. 이 경우에는 질권자는 미리 채무자 및 질권설정자에게 통지하여야 한다. 이때에도 목적물의 가액이 채권액에 부족한 경우에는 채무자의 일반재산에 대하여 집행할 수 있음은 물론이다.

다) 질물 이외의 재산으로부터의 변제(제340조)

> **제340조 (질물이외의 재산으로부터의 변제)**
> ① 질권자는 질물에 의하여 변제를 받지 못한 부분의 채권에 한하여 채무자의 다른 재산으로부터 변제를 받을 수 있다.
> ② 전항의 규정은 질물보다 먼저 다른 재산에 관한 배당을 실시하는 경우에는 적용하지 아니한다. 그러나 다른 채권자는 질권자에게 그 배당금액의 공탁을 청구할 수 있다.

(ㄱ) 질권자는 질물에 의하여 변제를 받지 못한 부분의 채권에 한하여 채무자의 다른 재산으로부터 변제를 받을 수 있다. 이는 일반채권자로서 변제를 받는 것으로 일반집행권원에 의하는 것이다(제1항). 그러나 질물보다 먼저 채무자의 다른 재산에 관해 배당을 실시하는 경우에는 질권자는 그 배당에 참가할 수 있다. 이때 다른 채권자는 질권자에게 그 배당금액의 공탁을 청구할 수 있는바, 이는 일반채권자의 보호를 위한 제한이다.

(ㄴ) 그런데 문제는 질권자는 질권을 실행하지 않고 채무자의 일반재산에 대하여 집행할 수 있는가? 이에 관해서는 긍정설과 부정설의 대립이 있다. 긍정설(다수설)에 의하면 제340조 제1항은 "질물에 의하여 변제를 받지 못한 부분의 채권에 한하여" 질권자는 채무자의 다른 재산으로부터 변제를 받을 수 있다고 규정하고 있는데, 이 조항의 취지는 오직 일반채권자를 보

호하기 위한 규정이므로 채무자는 일반재산에 대하여 먼저 집행하려는 질권자에 대하여 아무런 이의를 제기할 수 없다고 한다. 즉 일반채권자만이 이의를 제기할 수 있다는 것이다.

(3) 질권자 보호방안

1) 선의취득

질권설정자에게 목적물에 관한 처분권이 없는 경우에도 상대방은 선의취득의 요건을 갖춘 때에는 질권을 선의취득한다(제343조 참조).

> ㉠ 동산질권을 선의취득하기 위하여는 질권자가 평온·공연하게 선의이며 과실없이 질권의 목적동산을 취득하여야 하고, 그 취득자의 선의·무과실은 동산질권자가 입증하여야 한다(대판 1981.12.22, 80다2910). ㉡ 법정질권에 관해서 선의취득을 인정할 수 있느냐의 문제인데, 다수설은 민법의 규정(제650조 참조)이 「임차인소유의 동산」이라고 하고 있을 뿐만 아니라 압류는 점유의 승계취득이 아니기 때문에 선의취득은 부정되어야 한다고 본다.

2) 선이행의무

유치권에서는 상환급부판결(원고일부승소)이 내려져야 한다는 것은 통설과 판례의 태도이지만, 질권에서는 질권설정자가 피담보채무를 변제하지 아니한 채로 질물의 반환을 구하는 소송을 제기한 경우에는 청구기각의 판결(=원고패소판결)을 하여야 한다는 것이 통설이다.

3) 물권적 청구권

질권이 침해당한 경우, 그 구제방법에 대하여 점유보호청구권이 인정된다. 그리고 별도의 제213조·제214조의 물권적 청구권도 인정된다고 하는 것이 통설이다(명문의 규정은 없으나 인정하는 것이 통설이다).

4) 관련사안검토(질권에 기한 물권적청구권 인정여부)

관련사례	甲은 乙에게 보석반지를 빌려 주었는데, 乙은 자신이 마치 그 보석의 소유자처럼 행세하여 그 사실을 모르는 丙에게 20만원을 빌리고 그 담보로 그 보석을 입질하였다. 그런데 丙은 그 보석을 丁에게 도난당했고, 현재는 丁에게 양수받은 선의의 戊가 보석을 점유하고 있다. 이 경우 丙은 戊에게 보석의 반환을 청구할 수 있다는 견해의 논거는 무엇인가?
해설	① 동산질권은 물권이며 질물을 점유할 권리를 포함하기 때문에 질권자의 점유가 침해된 경우에 질권자는 점유보호청구권을 행사할 수 있고, 동산질권의 침해로 인하여 손해가 발생한 경우에는 손해배상청구권이 발생한다. ② 문제는 질권자체에 기해 물권적 청구권을 행사할 수 있느냐이다. 이것이 문제가 되는 이유는 민법은 소유권에 기한 물권적 청구권의 규정을 다른 물권에도 준용하고 있는데, 질권에 관해서만은 그러한 준용규정을 두고 있지 않은 데서 나오는 것이다. 이 논점의 실익은, 예컨대 질권자가 질물을 유실(상실 등)하거나 또는 제3자의 사기에 의하여 질물을 인도해 준 경우에 이것이 점유의 침탈에는 해당되지 않으므로 점유물반환청구를 행사할 수 없다는 점에 있다. 통설은 민법에 질권에 기한 물권적 청구권에 관한 규정을 두지 않은 것은 입법상의 착오로 보아 질권 자체에 기한 물권적 청구권이 인정된다고 한다. 따라서 위 사례의 경우, "丙(제343조 선의취득의 준용규정에 의해 질권의 선의취득이 가능하다)은 질물에 대해 침해가 있는 경우 점유보호청구권을 행사할 수 있다. 그러나 점유침탈의 경우에는 선의의 특별

승계인에 대해서는 점유물반환청구를 할 수 없다는 제한이 있다(제204조 제2항). 따라서 점유권에 기하여 할 수 없는 이러한 상황에서 질권자체에 기한 반환청구를 인정할 실익이 있다"는 것이 통설의 태도이다.

(4) 물상보증인의 구상권

> **제341조 (물상보증인의 구상권)**
> 타인의 채무를 담보하기 위한 질권설정자가 그 채무를 변제하거나 질권의 실행으로 인하여 질물의 소유권을 잃은 때에는 보증채무에 관한 규정에 의하여 채무자에 대한 구상권이 있다.

1) 보증인과 유사한 지위

물상보증인은 채무 없이 책임만을 지는 점에서 보증인과 지위가 다르지만, 채무자를 위하여 자기의 재산을 담보로 제공하는 점에서 그 지위가 유사하기 때문이다.

2) 사전구상권 부정

물상보증인은 담보물로서 물적 유한책임만을 부담할 뿐 채권자에 대하여 채무를 부담하는 것이 아닌 점, 물상보증인이 채무자에게 구상할 구상권의 범위는 특별한 사정이 없는 한 채무를 변제하거나 담보권의 실행으로 담보물의 소유권을 상실하게 된 시점에 확정된다는 점 등을 종합하면, 원칙적으로 수탁보증인의 사전구상권에 관한 민법 제442조는 물상보증인에게 적용되지 아니하고 물상보증인은 사전구상권을 행사할 수 없다(대판 2009.7.23. 2009다19802,19819).

3) 물상보증인의 구상금채권의 소멸시효

물상보증은 채무자 아닌 사람이 채무자를 위하여 담보물권을 설정하는 행위이고 채무자를 대신해서 채무를 이행하는 사무의 처리를 위탁받는 것이 아니므로, 물상보증인이 변제 등에 의하여 채무자를 면책시키는 것은 위임사무의 처리가 아니고 법적 의미에서는 의무 없이 채무자를 위하여 사무를 관리한 것에 유사하다. 따라서 물상보증인의 채무자에 대한 구상권은 그들 사이의 물상보증위탁계약의 법적 성질과 관계없이 민법에 의하여 인정된 별개의 독립한 권리이고, 그 소멸시효에 있어서는 민법상 일반채권에 관한 규정이 적용된다. 따라서 물상보증인의 구상금채권은 일반 민사채권으로서 10년의 소멸시효에 걸린다(대판 2001.4.24. 2001다6237).

4) 물상보증인이 제3취득자 대신 구상권을 행사할 수 있는 경우

물상보증인이 담보부동산을 제3취득자에게 매도하고 제3취득자가 담보부동산에 설정된 근저당권의 피담보채무의 이행을 인수한 경우, 그 이행인수는 매매당사자 사이의 내부적인 계약에 불과하여 이로써 물상보증인의 책임이 소멸하지 않는 것이고, 따라서 담보부동산에 대한 담보권이 실행된 경우에도 제3취득자가 아닌 원래의 물상보증인이 채무자에 대한 구상권을 취득한다(대판 1997.5.30. 97다1556).

5) 물상보증인과 유사한 지위인 제3취득자

<u>타인의 채무를 담보하기 위하여 저당권을 설정한 부동산의 소유자(물상보증인)로부터 소유권을 양수한 제3자</u>는 채권자에 의하여 저당권이 실행되게 되면 저당부동산에 대한 소유권을 상실한다는 점에서 물상보증인과 유사한 지위에 있다고 할 것이므로, 물상보증의 목적물인 저당부동산의 제3취득자가 채무를 변제하거나 저당권의 실행으로 저당물의 소유권을 잃은 때에는 물상보증인의 구상권에 관한 민법 제370조, 제341조의 규정을 유추적용하여 보증채무에 관한 규정에 의하여 채무자에 대한 구상권이 있다(대판 1997. 7. 25. 97다8403).

3. 유질계약의 금지

> **제339조 (유질계약의 금지)**
> 질권설정자는 채무변제전의 계약으로 질권자에게 변제에 갈음하여 질물의 소유권을 취득하게 하거나 법률에 정한 방법에 의하지 아니하고 질물을 처분할 것을 약정하지 못한다.

(1) 의의

질권설정자는 채무변제기 전의 계약으로 질권자에게 변제에 갈음하여 질물의 소유권을 취득하게 하거나 법률에 정한 방법에 의하지 아니하고 질물을 처분할 것을 약정하지 못한다. 이러한 약정을 하더라도 그 계약은 무효이다. 이것을 유질계약의 금지라 한다.

(2) 취지

민법이 유질계약을 금지하는 이유는 경제적으로 궁박한 상태에 있는 채무자가 소액의 금액을 융사받기 위하여 고가의 질물을 채권자에게 담보한 후 채무불이행시에 그 질물의 소유권을 질권자가 취득하게 된다면 질권자의 폭리행위에 의하여 채무자가 희생당하는 것을 방지하고자 함에 있다.

(3) 내용

민법은 질권자가 채무변제기전에 변제에 갈음하여 질물의 소유권을 취득하게 하거나, 법률규정 이외의 질물처분약정 즉, 이른바「유질계약」을 금지한다(제339조). 따라서 채무의 변제기 후에 하는 유질계약은 유효하다(제339조). 변제기 후의 유질계약은 일종의 대물변제(제466조)이다.

(4) 효과

유질계약은 무효이다. 따라서 채무자는 종전대로 채무를 변제하고 목적물의 반환을 청구할 수 있다. 다만 무효로 되는 것은 유질계약 뿐이고 질권자체가 무효로 되는 것은 아니라고 하는 것이 통설이다. 따라서 질권자는 본래의 질권실행방법에 의해 질물을 처분하여야 한다. 그리고 채무의 변제기 후에 하는 유질계약은 유효하다. 이때에는 채권자가 채무자의 궁박을 이용한다는 사정이 없기 때문이다.

Ⅲ. 동산질권자의 전질권

1. 의의 및 종류

전질권(轉質權)은 질권자가 질물에 고정시킨 자금을 피담보채권의 변제가 있기 전에 다시 유동화할 수 있는 기능을 한다. 예컨대 을이 갑에 대한 채권의 담보로서 갑으로부터 질물을 인도받아 유치하고 있는 경우에 질권자 을은 그 질물을 다시 자신의 병에 대한 채무를 위하여 담보로서 이용할 수 있다는 것이다. 한편 우리민법은 전질권을 명문으로 인정하고 있으나, 제336조와 제343조에서 준용하는 제324조 제2항의 관계가 문제된다. 구법시대의 판례는 제336조에서 말하는 전질도 언제나 설정자의 승낙을 요하는 것으로 판시했으나, <u>지금은 제336조는 책임전질을, 제343조에 의하여 질권에 준용되는 제324조는 승낙전질을 규정한 것으로 본다</u>(통설).

2. 책임전질

> **제336조(전질권)**
> 질권자는 그 권리의 범위내에서 자기의 책임으로 질물을 전질할 수 있다. 이 경우에는 전질을 하지 아니하였으면 면할 수 있는 불가항력으로 인한 손해에 대하여도 책임을 부담한다.
>
> **제337조 (전질의 대항요건)**
> ① 전조의 경우에 질권자가 채무자에게 전질의 사실을 통지하거나 채무자가 이를 승낙함이 아니면 전질로써 채무자, 보증인, 질권설정자 및 그 승계인에게 대항하지 못한다.
> ② 채무자가 전항의 통지를 받거나 승낙을 한 때에는 전질권자의 동의없이 질권자에게 채무를 변제하여도 이로써 전질권자에게 대항하지 못한다.

(1) 의의

책임전질이란 질권자가 질권설정자의 승낙 없이 오로지 자기의 책임으로 하는 전질로서, 그 성질에 관해서는 학설이 대립하고 있다.

(2) 책임전질의 법적 성질

1) 질물재입질설 (=신질권설정설)

제336조의 문언을 고려할 때, 질물 재입질로 보아야한다는 설로써 질권자는 자기의 채무의 담보를 위하여 질물 위에 다시 질권을 설정하는 것이라고 한다. 질물재입질설은 질권이 아닌 물건인 질물을 입질하는 것이므로, 원질권의 내용을 초과한 초과전질이 가능하게 된다는 문제점이 있다.

2) 채권·질권 공동입질설(다수설)

질권의 부종성을 고려할 때 채권과 질권을 함께 입질한다는 견해이다. 이 설은 질권을 피담보채권으로부터 분리하여 처분할 수 없다는 담보물권의 부종성이론에 충실한 학설이다. 그러므로 피담보채권도 전질에 의하여 구속되므로 전질권은 원질권의 범위내에서만 성립할 수 있다는 것을 잘 설명할 수 있다. 또한 전질에 있어 질권자가 채무자에게 전질의 사실을 통지하게 한

제337조의 규정의 내용도 전질에는 채권이 함께 입질된다는 것을 전제하는 것이라 한다.

(3) 성립요건

책임전질의 성질을 다수설인 채권·질권 공동입질설에 입각하여 살펴보면 성립요건은 다음과 같다.

(ㄱ) 책임전질은 질권자의 권리의 범위 내에서만 할 수 있다(제336조). 따라서 전질권의 피담보채권은 원질권의 피담보채권을 초과할 수 없고, 전질권의 존속기간도 원질권의 존속기간 내이어야 한다.

(ㄴ) 전질도 질권의 설정이므로 당사자는 질권자와 전질권자이고 전질권설정계약과 질물의 인도가 있어야 한다.

(ㄷ) 전질은 피담보채권의 입질을 포함하고, 또한 채무자 등은 이러한 전질의 사실을 모르기 때문에 질권자가 채무자에게 전질의 사실을 통지하거나 또는 채무자가 이를 승낙하여야만 전질로써 채무자·보증인·질권설정자 및 그 승계인 등에게 대항할 수 있는 것으로 규정하고 있다(제337조 제1항). 전질의 대항요건을 갖춘 경우에는 전질권의 원질권에 대한 우선변제권을 확보시키기 위해 채무자 등이 질권자에게 변제하여도 전질권자에게 대항하지 못하는 것으로 한다(제337조 제2항). 그러므로 채무자가 원질권자에게 변제하더라도 전질권자에게 질물의 반환을 청구하지 못한다.

(4) 효과 (제336조)

(ㄱ) 전질을 하지 아니하였으면 면할 수 있는 불가항력으로 인한 손해에 대하여도 그 배상책임을 진다. 예를 든다면 전질권자의 건물이 소실되어 질물이 멸실하였으나, 원질권자의 건물은 화재를 면한 경우에도 질권자는 책임을 진다. 민법은 이와 같은 무거운 책임을 질권자에게 부담시키면서 원질권설정자의 승낙 없는 책임전질을 인정하는 것이다.

(ㄴ) 전질권자는 자기의 피담보채권의 변제를 받을 때까지 질물을 유치할 수 있다(제335조).

(ㄷ) 전질권은 원질권을 기초로 하여 존재하는 것이므로, 그 존속 및 행사에 있어 원질권의 영향 내지 구속을 받는다. 따라서 질권자는 질권을 포기하거나 또는 원질권설정자의 채무를 면제하는 등 질권을 소멸하게 하는 행위를 하지 못한다. 그리고 전질권을 실행하기 위해서는 원질권의 실행요건이 충족되어야 한다. 즉 자기의 채권은 물론 원질권자의 채권도 그 변제기가 도래하고 있어야 한다. 전질권을 실행하여 얻은 매득금은 먼저 전질권자의 우선변제에 충당하고, 다음에 잔금을 원질권자의 우선변제에 충당하게 된다.

(ㄹ) 원질권이 소멸하면 전질권도 소멸하게 된다.

3. 승낙전질(제343조에서 제324조 제2항을 준용)

(1) 의의

승낙전질은 질권자가 질권설정자의 승낙을 얻어서 자기의 채무를 담보하기 위하여 그 질물 위에 질권을 설정하는 것이다. 이는 책임전질과는 달리 질권설정자의 승낙을 요하는 점이 다르다.

(2) 법적 성질

승낙전질에 있어서는 질권자는 질물소유자의 처분의 승낙(처분권의 부여)을 얻어서 자기의 채무를 담보하기 위하여 그가 점유하는 질물을 다시 입질하고, 그 질물 위에 자기의 질권보다 우선적 효력이 있는 신질권을 설정하는 것이므로 그 법적 성격은 책임전질과는 달리 질권자가 질물을 재차 입질하는 것이라고 하여야 할 것이다. 따라서 학설의 일반은 책임전질에 대하여 공동입질설을 채택하더라도 승낙전질은 질물재입질설이 타당하다고 한다.

(3) 성립요건

1) 승낙전질은 원질권과는 별개의 독립된 질권설정으로서 질물소유자의 승낙을 요한다. 따라서 승낙 없이 전질을 하면 원질권설정자는 원질권의 소멸을 청구할 수 있게 된다(제343조·제324조 제2항). 그러나 책임전질로서의 요건을 갖춘 경우에는 그러하지 아니하다(김상용「물권법」, p. 672).
2) 별개의 독립된 신질권으로서의 승낙전질은 원질권자의 질권이나 피담보채권과는 무관하므로 원질권의 범위에 의한 제한이 없다. 따라서 초과전질도 유효하며, 또한 원질권의 존속기간과는 관계없이 존속기간을 약정할 수 있다.
3) 책임전질에서와 같은 원질권자의 채무자에 대한 전질의 통지를 요하지 않는다.

(4) 효과

1) 책임전질에서와 같은 질물에 관한 질권자의 책임이 가중되지 않는다. 즉 불가항력에 의한 손해배상의무를 부담하지 않는다.
2) 승낙전질은 원질권과는 무관한 신질권이므로 원질권설정자는 자기의 채무를 원질권자에게 변제함으로써 질권을 소멸시킬 수 있다. 그러나 원질권자의 질권이 소멸하여도 전질권자의 질권에는 영향이 없다. 따라서 전질권자는 계속해서 질물을 점유하고 유치할 수 있다.

〈책임전질과 승낙전질의 비교〉

분 류	책임전질	승낙전질
의 의	설정자의 승낙 없이 하는 전질(제336조)	설정자의 승낙을 얻어서 하는 전질(제343조, 제324조 제2항)
요 건	① 일반질권의 설정요건을 구비할 것(물권적 합의와 인도) ② 원질권의 범위 내에서 설정할 것 ③ 원질권자가 채무자에게 통지하거나 채무자의 승낙을 얻지 않으면 채무자, 보증인, 질권설정자 및 그 승계인에게 대항불가(제337조 1항)	① 질물소유자의 승낙 ② 원질권의 범위에 구속받지 않고 설정 가능 ③ 원질권자의 채무자에 대한 통지 불요
효 과	① 전질을 하지 아니하였으면 면할 수 있었을 불가항	① 책임전질과 같이 책임이 가중되지 않음

력으로 인한 손해에 대해서도 책임을 부담함(제336조 2항) ② 채무자가 전질에 대한 통지를 받거나 승낙을 한 때에는 전질권자의 동의 없이 질권자에게 채무를 변제하여도 이로써 전질권자에게 대항하지 못함(제337조 2항) ③ 원질권이 소멸하면 소멸함	② 원질권설정자는 자기채무의 변제로 질권을 소멸시킬 수 있음 ③ 원질권자의 질권이 소멸하여도 전질권자의 질권에는 영향이 없음

4. 사안을 통한 효력검토

관련사례 | 甲에 대해 500만원의 채권을 가지고 있는 乙은 그 담보로 甲소유 보석을 입질 받았는데, 이를 다시 丙에게 400만원의 채권의 담보로 전질하였다.

해설 |
(a) 책임전질의 경우, 丙이 전질받은 보석을 멸실하였다면 乙은 甲에게 보석에 대한 손해를 배상하여야 한다(불가항력의 경우에도 책임을 진다-제336조).
(b) 책임전질의 경우, 甲이 전질의 사실을 통지받기 전이면 甲은 乙에게 채무를 변제하여 질권을 소멸시킬 수 있고, 이를 丙에게 대항할 수 있으나, 통지 받은 후에는 원질권소멸을 이유로 丙에게 대항할 수 없다(제337조 제2항 참조).
(c) 승낙전질은 원질권과 전질권의 관련성이 없기 때문에 원질권의 소멸은 책임전질과 같은 제한이 없다. 또한 승낙전질의 경우, 丙이 전질받은 보석이 불가항력으로 멸실하더라도 乙은 그에 대해 책임을 지지 않는다.

Ⅳ. 동산질권의 소멸

1. 소멸원인

(1) 물권 일반의 소멸원인

물권공통소멸사유에 의해 질권은 소멸한다. 즉 목적물의 멸실·몰수·첨부·취득시효·포기·혼동이 이에 해당한다. 그리고 담보물권의 공통소멸사유에 의해서도 질권이 소멸될 수 있다. 즉 피담보채권의 소멸·질권의 실행·질권에 우선하는 다른 채권자의 경매가 이에 해당한다.

(2) 동산질권에 특유한 소멸원인

질권자가 목적물을 질권설정자에게 반환하거나, 질권자가 그 선관의무를 위반한 경우에 질권설정자의 소멸청구가 있는 경우 등이다. 그러나 질권은 피담보채권과 독립해서 소멸시효에 걸리지는 않는다.

2. 소멸의 효과

질권자는 피담보채권전부의 변제시까지 질물전부에 대해서 그 권능을 행사할 수 있다(불가분성). 그러나 피담보채권이 변제 등에 의하여 소멸하면, 질권자는 질물을 설정자에게 반환해야 한다. 질물의 반환은 채무의 변제와 동시이행의 관계에 있는 것이 아니라, 채무의 완제가 있은 후에 비로소 질물반환청구권이 생긴다. 이 점은 유치권의 경우와 다르다.

V. 권리질권

> **제345조 (권리질권의 목적)**
> 질권은 재산권을 그 목적으로 할 수 있다. 그러나 부동산의 사용·수익을 목적으로 하는 권리는 그러하지 아니하다.
> **제346조 (권리질권의 설정방법)**
> 권리질권의 설정은 법률에 다른 규정이 없으면 그 권리의 양도에 관한 방법에 의하여야 한다.

1. 의 의

권리질권이란 재산권을 목적으로 하는 질권을 말한다(제345조 본문). 질권은 원래 유체물에 관하여 발달하였으나, 근대의 자본주의하에서는 무형의 재산권, 특히 채권과 각종의 유가증권에 독립한 교환가치를 인정하여 이것을 목적으로 하는 권리질권을 발전시켰다. 이러한 권리질권의 담보물권으로서의 기능은 저당권에 접근하고 있다. 동산·채권 등 담보에 관한 법률도 이러한 저당권에 접근하는 것으로 이해할 수 있다. 질권은 동산뿐만 아니라 재산권을 목적으로 할 수도 있다. 권리질권의 설정은 법률에 다른 규정이 없으면 그 권리의 양도의 방법에 의한다.

2. 작 용

질권은 본래 유체물에 관하여 물건의 이용을 설정자로부터 빼앗아서 채무의 변제를 심리적으로 강제하는 작용상의 특질이 있는 것이나, 질권설정의 범위가 무체의 재산권으로 확대되면서 교환가치의 파악에 주안을 두게 되었다. 즉 무형의 재산권도 그 이용을 채무자로부터 박탈하여 이를 채권자의 지배하에 두고, 그것으로써 채무변제를 간접적으로 강제하는 동시에 채무를 이행하지 않을 때에는 그 교환가치로부터 쉽게 우선변제를 받을 수 있는 법적 구성이 가능하기 때문이다. 무형의 재산권, 특히 유가증권의 경우 그 점유의 이전은 설정자의 이용을 박탈한다는 심리적 강제의 작용은 희박하며, 오히려 그것의 교환가치의 파악을 확보하는 수단으로서 작용하게 되므로 이러한 유가증권에 의한 입질은 가치권으로 발전된 형식임을 알 수 있다. 따라서 오늘날 물적담보의 형식으로서 가장 합리적이라고 할 수 있는 저당권이 가치권으로 순화되었는데, 권리질권도 가치권으로 순화된 담보물권이라고 할 수 있다(김상용 「물권법」, pp. 681~682). 따라서 권리질권에서는 유치적 효력이 동산질권에 비해 약하다.

3. 권리질권의 성질

(1) 권리목적설

권리질권은 채권 기타의 재산권을 목적으로 하는 담보물권이다. 원래 질권은 유체물을 목적으로 하여 성립하는 것인데, 무형의 재산권을 목적으로 하는 권리질권은 순수한 질권이라고 할 수 있는가에 대하여 설대립이 있었으나, <u>현재는 권리질이란 '권리의 양도'가 아니라 '권리자체를 목적으로 하는 질권'이라는 권리목적설을 채택한다.</u> 따라서 동산질권이나 권리질권이나 모두 질권으로서의 본질에는 전혀 차이가 없다. 다만 가치권의 성질이 강하기 때문에 유치적 효력은 차이가 있다(동산질권의 유치적 효력이 강하다). 다만 권리질권의 설정은 법률에 다른 규정이 없으면 그 권리의 양도에 관한 방법에 의하여야 한다(제346조). 따라서 권리질권의 설정의 의사는 채권의 양도가 아니라 질권의 설정을 목적으로 하는 것이어야 함은 물론이다.

(2) 담보물권의 통유성

권리질권은 동산질권과 마찬가지로 담보물권의 통유성인 부종성·수반성·불가분성·물상대위성이 인정된다.

4. 권리질권의 목적

⑴ 권리질권의 목적으로 될 수 있는 것은 채권·주식·지식재산권 등으로 양도성을 가지는 재산권에 한해 권리질권의 목적으로 할 수 있다. 주의할 것을 적시하면 아래와 같다.

⑵ 양도성을 가지는 재산권이더라도 부동산의 사용·수익을 목적으로 하는 권리(예컨대 지상권·전세권·부동산임차권)는 권리질권의 목적이 되지 못한다 (제345조 단서). 그 밖에도 광업법·수산업법에서는 광업권과 어업권 등에 대하여는 질권의 설정을 금하고 저당권의 목적으로만 하도록 규정을 두고 있다.

⑶ <u>성질상 권리질권의 목적이 될 수 없는 것이 소유권과 지역권이 있다.</u> 왜냐하면 소유권 중 동산소유권은 동산질권의 목적이고, 부동산소유권은 저당권의 목적이 되며, 지역권은 부동산물권이기 때문에 권리질권의 목적이 되기에 부적당하다. 따라서 권리질권의 목적의 주요한 것은 채권·주식·지식재산권이다.

5. 채권질권

(1) 채권질권의 목적

㈀ 채권은 양도성을 가지는 것이 원칙이므로 (제449조 참조), 채권질권의 목적이 될 수 있는 것도 또한 원칙이다. 그러나 법률상 양도가 금지되는 부양청구권·연금청구권 등은 법률상 양도가 금지되는 것으로 질권의 목적이 될 수 없고, 채권자가 변경되면 급부의 내용이 달라지는 채권(예컨대 특정인을 가르치는 채권 등) 등은 성질상 양도가 어렵기 때문에 질권의 목적에 부적합하다.

㈁ 당사자 사이의 특약에 의하여 양도가 금지되고 있는 채권도 질권의 목적이 될 수 없으나,

그러나 이러한 특약은 선의의 제3자에게 대항할 수 없다(제449조 제2항 참조).

(ㄷ) 질권자 자신에 대한 채권에 관해서도 채권질권은 성립할 수 있다. 예컨대 은행이 자기에 대한 예금채권을 질권의 목적으로 잡거나, 보험회사가 자기에 대한 보험금청구권을 질권의 목적으로 하여 금융을 주는 예가 여기에 해당한다.

(ㄹ) 한편 『동산·채권 등의 담보에 관한 법률』상 "채권담보권"은 법인 또는 상업등기법에 따른 상호등기를 한 사람이 담보약정에 따라 금전의 지급을 목적으로 하는 지명채권(여러 개의 채권 또는 장래에 발생할 채권을 포함한다)을 목적으로 한 담보권을 등기할 수 있는 제도를 창설하였다(동법 제34조 이하).

(2) 채권질권의 설정

1) 채권질권의 설정방법

> 제347조 (설정계약의 요물성) 채권을 질권의 목적으로 하는 경우에 채권증서가 있는 때에는 질권의 설정은 그 증서를 질권자에게 교부함으로써 그 효력이 생긴다.

권리질권의 설정은 법률에 다른 규정이 없으면 그 권리의 양도에 관한 방법에 의하여야 한다(제346조). 그리고 권리질권의 설정은 설정을 목적으로 하는 합의와 목적물의 인도에 해당하는 물적 요소에 의하여 성립한다. 그리하여 민법은 채권을 질권의 목적으로 하는 경우에 채권증서가 있으면 그 증서를 질권자에게 교부하여야 질권의 설정은 효력이 생기는 것으로 하고 있다(제347조). 그러나 이 규정이 그대로 적용되는 것은 지명채권에 관해서이며, 무기명채권·지시채권에 관해서는 별도의 특칙이 있다. 따라서 채권질권의 설정은 당사자간의 설정계약+공시방법〔그 권리의 양도에 관한 방법 : (제346조)〕이 요구된다.

판례 〈민법 제347조에서 채권질권의 설정을 위하여 교부하도록 정한 '채권증서'의 의미 및 임대차계약서 등 계약 당사자 쌍방의 권리의무관계 내용을 정한 서면이 위 '채권증서'에 해당하는지 여부(소극)〉 ㉠ 민법 제347조는 채권을 질권의 목적으로 하는 경우에 채권증서가 있는 때에는 질권의 설정은 그 증서를 질권자에게 교부함으로써 효력이 생긴다고 규정하고 있다. ㉡ 여기에서 말하는 '채권증서'는 장차 변제 등으로 채권이 소멸하는 경우에는 민법 제475조에 따라 채무자가 채권자에게 그 반환을 청구할 수 있는 것이어야 한다. 이에 비추어 임대차계약서와 같이 계약 당사자 쌍방의 권리의무관계의 내용을 정한 서면은 그 계약에 의한 권리의 존속을 표상하기 위한 것이라고 할 수는 없으므로 위 채권증서에 해당하지 않는다. 따라서 임대차보증금 반환채권에 관하여 질권을 설정받은 질권자는 임대차계약서를 교부받지 않았어도 임대차보증금 반환채권에 관한 질권설정의 효력에는 아무런 영향이 없다(대법원 2013.08.22. 선고 2013다32574 판결).

2) 채권증서의 교부 문제(권리질권설정계약의 요물성)

> 제349조 (지명채권에 대한 질권의 대항요건)
> ① 지명채권을 목적으로 한 질권의 설정은 설정자가 제450조의 규정에 의하여 제3채무자에게 질권설정의 사실을 통지하거나 제3채무자가 이를 승낙함이 아니면 이로써 제3채무자 기타 제3자에게 대항하지 못한다.
> ② 제451조의 규정은 전항의 경우에 준용한다.

제350조 (지시채권에 대한 질권의 설정방법)
지시채권을 질권의 목적으로한 질권의 설정은 증서에 배서하여 질권자에게 교부함으로써 그 효력이 생긴다.

제351조 (무기명채권에 대한 질권의 설정방법)
무기명채권을 목적으로한 질권의 설정은 증서를 질권자에게 교부함으로써 그 효력이 생긴다.

(ㄱ) 지명채권에 대한 질권설정(합의와 대항요건)에 있어서는 다른 지시채권(배서＋교부-제350조)이나 무기명채권(교부-제351조)의 입질에서와는 달리 채권증서의 교부가 그 요건은 아니다. 따라서 지명채권의 입질에 있어서는 설정의 합의로 성립하게 된다(제347조·제349조). 즉 지명채권의 경우에는 동산질권의 점유개정금지의 원칙이 관철되는 것은 아니다. 그래서 통설은 채권질권에 있어서는 채권증서의 인도는 이로써 설정자로부터 채권의 이용, 즉 처분을 빼앗는 것이 아니므로 민법 제332조를 준용할 실질적 이유가 없다고 한다. 즉 지명채권의 입질에 있어서 증서의 교부에는 점유개정도 무방하고 또한 증서를 반환하더라도 질권의 소멸을 초래하지 않는다고 해석한다.

(ㄴ) 지시채권을 질권의 목적으로 한 질권의 설정은 증서에 배서하여 질권자에게 교부함으로써 그 효력이 생긴다(제350조·제508조).

(ㄷ) 무기명채권을 목적으로 한 질권의 설정은 증서를 질권자에게 교부함으로써 그 효력이 생긴다(제351조·제523조 참조). 지시채권이나 무기명채권의 증서의 교부는 채권의 처분권능을 빼앗고 질권의 성립을 공시하는 작용을 한다.

3) 저당권부채권

제348조 (저당채권에 대한 질권과 부기등기)
저당권으로 담보한 채권을 질권의 목적으로 한 때에는 그 저당권등기에 질권의 부기등기를 하여야 그 효력이 저당권에 미친다.

저당권에 의하여 담보된 채권, 즉 저당권부 채권 위에 권리질권을 설정하는 경우에는 그 저당권등기에 질권설정의 부기등기를 하여야 그 효력이 저당권에도 미친다(제348조·부동산등기법). 담보물권에는 부종성이 있기 때문에 저당권에 의하여 담보된 채권(지명채권) 위에 권리질권을 설정하면 그 저당권도 권리질권의 목적이 된다고 하여야 한다. 그러나 등기 없이 성립하는 권리질권이 법률상 당연히 저당권에도 그 효력이 미치게 된다면 공시의 원칙에 어긋나게 되므로 민법은 저당권의 등기에 질권을 설정하였다는 부기등기를 한 때에만 질권의 효력이 저당권에도 미치는 것으로 인정한다는 특칙을 둔 것이다.

4) 사채

사채(회사채)에는 기명식과 무기명식이 있다. 그러나 ㉠ 기명사채의 입질의 대항요건에 관해서는 상법상 특별규정이 있다. 즉 질권자의 성명과 주소를 사채원부에 기재하고 그 성명을 채권에 기재하지 아니하면 회사 그밖의 제3자에게 대항하지 못하는 것으로 정한다(상법 제479조 참조). ㉡ 무기명사채의 입질은 일반적인 무기명사채의 경우와 같이 증서를 질권자에게 교부함으로써 효력이 생긴다(제351조).

5) 주식

주식은 양도성이 있으므로 이를 입질할 수 있다. 주식에는 무기명주식과 기명주식이 있으며 이에 관한 질권설정방법이 다르다.

(ㄱ) 무기명주식은 무기명채권에 준하는 것이므로 무기명채권의 입질과 동일하게 주권을 질권자에게 교부함으로써 그 효력이 생긴다.

(ㄴ) 기명주식의 입질방법에 관하여 상법은 특칙을 두고 있다. ① 약식질은 주권을 질권자에게 교부함으로써 성립하는 것이며, 주권의 계속 점유를 제3자에 대한 대항요건으로 한다(상법 제338조). ② 등록질은 회사가 질권설정자의 청구에 의하여 질권자의 성명·주소를 주주 명부에 부기하고, 그 성명을 주권에 기재하는 방법에 의하여 설정되는 채권이다(상법 제340조).

6) 지식재산권

(ㄱ) 특허권·디자인권·상표권 등 이른바 지식재산권도 이를 입질할 수 있다. 이를 목적으로 하는 입질은 각 법률에 따라서 이를 등록하여야 그 효력이 생기는 것을 원칙으로 한다. 한편 『동산·채권 등 담보에 관한 법률』에서는 지식재산권자가 동일한 채권을 담보하기 위하여 2개 이상의 지식재산권을 담보로 제공하는 경우 그 지식재산권을 등록하는 공적장부에 이법에 따른 담보권을 등록할 수 있고, 지식재산권담보권을 등록을 한 때에는 그 지식재산권에 대한 질권을 등록한 것과 동일한 효력을 부여하였다.

제5장 지식재산권의 담보에 관한 특례⟨개정 2011.5.19⟩

제58조 (지식재산권담보권 등록)

① 지식재산권자가 약정에 따라 동일한 채권을 담보하기 위하여 2개 이상의 지식재산권을 담보로 제공하는 경우에는 특허원부, 저작권등록부 등 그 지식재산권을 등록하는 공적장부(이하 "등록부"라 한다)에 이 법에 따른 담보권을 등록할 수 있다.

② 제1항의 경우에 담보의 목적이 되는 지식재산권은 그 등록부를 관장하는 기관이 동일하여야 하고, 지식재산권의 종류와 대상을 정하거나 그 밖에 이와 유사한 방법으로 특정할 수 있어야 한다.

제59조 (등록의 효력)

① 약정에 따른 지식재산권담보권의 득실변경은 그 등록을 한 때에 그 지식재산권에 대한 질권의 득실변경을 등록한 것과 동일한 효력이 생긴다.

② 동일한 지식재산권에 관하여 이 법에 따른 담보권 등록과 그 지식재산권을 규율하는 개별 법률에 따른 질권 등록이 이루어진 경우에 그 순위는 법률에 다른 규정이 없으면 그 선후에 따른다.

제60조 (지식재산권담보권자의 권리행사)

담보권자는 지식재산권을 규율하는 개별 법률에 따라 담보권을 행사할 수 있다(예 : 저작권법 제47조(저작재산권을 목적으로 하는 질권의 행사 등) : ① 저작재산권을 목적으로 하는 질권은 그 저작재산권의 양도 또는 그 저작물의 이용에 따라 저작재산권자가 받을 금전 그 밖의 물건에 대하여도 행사할 수 있다. 다만, 이들의 지급 또는 인도 전에 이를 압류하여야 한다. ② 질권의 목적으로 된 저작재산권은 설정행위에 특약이 없는 한 저작재산권자가 이를 행사한다.⟨신설 2009.4.22⟩

제61조 (준용규정)

지식재산권담보권에 관하여는 그 성질에 반하지 아니하는 범위에서 동산담보권에 관한 제2장과 「민법」 제352조를 준용한다. 다만, 제21조제2항과 지식재산권에 관하여 규율하는 개별 법률에서 다르게 정한 경우에는 그러하지 아니하다.

(ㄴ) 특허법상 특허권·전용실시권 또는 통상실시권을 목적으로 하는 질권을 설정한 때에는 질권자는 계약으로 특별히 정한 경우를 제외하고는 당해 특허발명을 실시할 수 없다(동법 제121조).그리고 질권은 이 법에 의한 보상금 또는 특허발명의 실시에 대하여 받을 대가나 물건에 대하여도 이를 행사할 수 있으나, 그 지급 또는 인도전에 이를 압류하여야 한다(동법 제123조).

(ㄷ) 상표법상 상표권·전용사용권 또는 통상사용권을 목적으로 하는 질권을 설정한 경우 질권자는 당해 등록상표를 사용할 수 없다(동법 제62조). 또한 디자인보호법상 디자인권·전용실시권 또는 통상실시권을 목적으로 하는 질권을 설정한 때에는 질권자는 계약으로 특별히 정한 경우를 제외하고는 당해 등록디자인을 실시할 수 없다. 그리고 상표법과 디자인보호법에도 특허법에 준하는 물상대위에 관한 규정이 있다.

6. 권리처분제한 및 채권의 직접청구 등

제352조 (질권설정자의 권리처분제한)
질권설정자는 질권자의 동의없이 질권의 목적된 권리를 소멸하게 하거나 질권자의 이익을 해하는 변경을 할 수 없다.

(ㄱ) 질권설정자는 질권자의 동의 없이 질권의 목적이 된 권리를 소멸하게 하거나, 질권자의 이익을 해하는 변경을 할 수 없다(제352조). 제352조의 질권의 목적이 된 권리를 소멸시키는 행위로는 채권의 추심, 변제의 수령, 면제, 상계 기타 입질된 채권을 소멸시키는 행위를 말하며, 채권을 변경하는 행위란 경개, 기한의 유예, 이율의 인하 등을 말한다. 한편 시효중단을 위한 입질채권보전행위로서 통설은 이행의 소는 허용되지 않고, 확인의 소는 가능하다고 한다.

판례 〈질권의 목적인 채권의 양도에 있어서 질권자의 동의가 필요한지 여부(소극)〉 질권의 목적인 채권의 양도행위는 민법 제352조 소정의 질권자의 이익을 해하는 변경에 해당되지 않으므로 질권자의 동의를 요하지 아니한다(대판 2005.12.22, 2003다55059).

(ㄴ) 민법은 채권질권의 실행방법으로 '채권의 직접청구'와 '민사집행법에 의하는 방법' 두 가지를 인정한다.

(1) 채권의 직접청구(제353조)

제353조 (질권의 목적이 된 채권의 실행방법)
① 질권자는 질권의 목적이 된 채권을 직접 청구할 수 있다.
② 채권의 목적물이 금전인 때에는 질권자는 자기채권의 한도에서 직접 청구할 수 있다.
③ 전항의 채권의 변제기가 질권자의 채권의 변제기보다 먼저 도래한 때에는 질권자는 제3채무자에 대하여 그 변제금액의 공탁을 청구할 수 있다. 이 경우에 질권은 그 공탁금에 존재한다.
④ 채권의 목적물이 금전이외의 물건인 때에는 질권자는 그 변제를 받은 물건에 대하여 질권을 행사할 수 있다.

㉠ 질권자는 질권의 목적이 된 채권을 직접청구할 수 있다(제1항). '직접'이라 함은 "집행권원이나 질권설정자의 추심위임없이 질권자가 자기의 이름으로써 청구하는 것"을 말한다. 그러나 그 효과는 그 채권의 채권자에게 귀속한다. 다만 채권의 목적물이 금전인 때에는 질권자는 자기채권의 한도에서 직접 청구하고 이를 변제에 충당할 수 있다(제2항). 채권의 목적물이 금전 이외의 물건인 때에는 질권자는 그 변제를 받은 물건에 대하여 질권을 행사한다. 채권은 금전채권 기타의 채권(목적물 인도청구권)이 있기 때문에 두 가지로 구별하여 금전채권은 질권자의 채권에 변제충당할 수 있게 하고 있으며(가치환가가 설정자 등에 불리하지 않다), 다만 기타의 채권은 변제를 받은 물건 위에 질권실행절차에 따라 환가하여 변제를 받게 된다.

㉡ 입질채권의 변제기가 질권자의 채권의 변제기보다 먼저 도래한 때에는 질권자는 직접 청구를 하지 못한다. 이때에는 질권자는 제3채무자에 대하여 그 변제할 금액의 공탁을 청구할 수 있고, 질권은 이 공탁금 위에 존재한다(제353조 제3항).

판례 ① 〈제353조의 직접청구 의미〉 질권자는 질권의 목적인 채권을 직접청구할 수 있다(제353조 제1항). 여기서 직접청구할 수 있다고 하는 것은 제3채무자에 대한 집행권원, 질권설정자의 추심위임 등을 요하지 않는다는 의미이다(대판 1960.9.1, 4292민상937 참고).
② 〈채권질권의 효력 범위 및 그 실행 방법〉 질권의 목적이 된 채권이 금전채권인 때에는 질권자는 자기채권의 한도에서 질권의 목적이 된 채권을 직접 청구할 수 있고, 채권질권의 효력은 질권의 목적이 된 채권의 지연손해금 등과 같은 부대채권에도 미치므로 채권질권자는 질권의 목적이 된 채권과 그에 대한 지연손해금채권을 피담보채권의 범위에 속하는 자기채권액에 대한 부분에 한하여 직접 추심하여 자기채권의 변제에 충당할 수 있다(대판 2005.2.25, 2003다40668). 따라서 질권자가 피담보채권을 초과하여 질권의 목적이 된 금전채권을 추심하였다면 그 중 피담보채권을 초과하는 부분은 특별한 사정이 없는 한 법률상 원인이 없는 것으로서 질권설정자에 대한 관계에서 부당이득이 된다(대판 2011.4.14, 2010다5694). 다만 무기명채권에 대해 질권을 설정하였을 경우에는 채권자는 피담보채권의 내용과 관계없이 그 액면금 전액을 청구 할 수 있다고 한다(대판 1972.12.26, 72다1941).

(2) 민사집행법이 정하는 집행방법

제354조 (동전)
질권자는 전조의 규정에 의하는 외에 민사집행법에 정한 집행방법에 의하여 질권을 실행할 수 있다.

채권질권자는 위의 직접청구 이외에 민사집행법이 정하는 집행방법에 의하여도 질권을 실행할 수 있다(제354조). 민사집행법이 정하는 집행방법은 채권의 직접청구를 할 수 없는 경우(예컨대 주식에 대한 질권의 실행)에 그 실익이 있다. 아무튼 민사집행법에 의하여 질권을 실행하게 된다면 채권의 추심·전부·환가의 세 수단이 있게 된다(동법 제223조). 어느 경우든 질권의 실행으로서 하는 집행이므로 판결 그 밖의 집행권원을 필요로 하지 않고, 질권의 존재를 증명하는 서류의 제출만으로 실행된다(동법 제273조).

| 관련사례 | 〔1〕 甲에 대해 1백만원의 채권을 갖고 있는 乙은 그 채권을 담보로 제공하고 丙으로부터 80만원을 빌리면서 권리질권을 설정하려한다. |

〔2〕 A는 B로부터 30만원을 꾸면서 시가 50만원 상당의 금열쇠를 담보로 맡겼다. 그 후 B가 돈이 필요하게 되자 C로부터 20만원을 꾸면서 A로부터 질물로 받은 것이라며 담보로서 C에게 인도하였다. B는 A에게 전질의 사실을 통지하였다.

해설

[1] : (a) **통지는 대항요건** : 丙의 권리질권이 성립하기 위해서는 丙이 甲에 대하여 그 채권의 입질을 통지해야 한다(×, 통지는 성립요건이 아닌 대항요건이며, 통지도 乙이 甲에 대하여 하여야 한다).

(b) **권리설정** : 권리질권의 설정으로 乙은 甲에 대한 채권이 상실되는 것은 아니고 설정하는 것이다.

(c) **채권의 직접청구** : 권리질권자인 丙은 양채권이 모두 변제기가 도래하면 甲에 대하여 직접 80만원의 지급을 청구할 수 있다(제353조).

[2] : (a) **대항불가** : A가 B에게 30만원을 변제한 경우에 A는 그로 인한 질권의 소멸을 C에게 주장할 수 없고, 질물의 반환을 청구할 수 없다(제337조 참조). 그러나 만약 B가 A에게 전질의 사실을 통지하지 않았다면 A는 B에게 변제할 수 있고, C가 A에게 직접 C자신에게로 변제할 것을 청구한다면 A는 원질권의 소멸로 항변할 수 있다.

(b) **직접청구** : C의 청구가 있으면 A는 C에게 20만원을 지급하여야 하고 20만원을 지급한 후에 C는 B에게 그 질물을 반환하고 A가 B에게 나머지 10만원을 변제한 후에 질물을 A에게 반환한다.

(c) **비채변제** : A가 C에게 30만원을 변제한 경우에 20만원은 정당한 변제가 되지만, 10만원은 B에게 변제해야 할 것으로서 비채변제가 되어 C에게 부당이득반환청구를 할 수 있다.

(d) **경매청구** : 채무의 변제기가 도래했으나 A도 B도 C에게 변제하지 않은 경우 C는 경매 또는 간이변제충당에 의해 질물을 환가할 수 있다.

제14장 저당권

I. 저당권 일반

제356조 (저당권의 내용)
저당권자는 채무자 또는 제3자가 점유를 이전하지 아니하고 채무의 담보로 제공한 부동산에 대하여 다른 채권자보다 자기채권의 우선변제를 받을 권리가 있다.

1. 의의와 법적 성질

(1) 의 의

저당권은 채무자 또는 제3자가 점유를 이전하지 아니하고 채무의 담보로 제공한 부동산에 대하여 다른 채권보다 우선변제를 받는 담보물권이다(제356조). 저당권은 질권과 더불어 원칙적으로 당사자간에 계약에 의하여 성립하는 약정담보물권이며, 예외적으로 법률상 당연히 성립하는 법정저당권도 있다(제649조). 저당권은 우선변제를 받는 담보물권이라는 점에서 질권과 공통의 성질을 가지나, 저당권설정자가 목적물을 계속 점유하기 때문에 유치적 효력을 갖지 않고 우선변제적 효력만 인정된다는 점이 저당권의 장점이며(교환가치만을 파악), 이 때문에 저당권이 널리 이용되고 있다. 그리고 교환가치와 목적물은 서로 분리할 수 없는 불가분의 관계를 갖기 때문에 점유를 하지 않으면서도 배타적 지배권인 물권으로서의 성질을 갖기 위해서는 공적 장부에 의한 공시방법이 저당권을 설정하는 데는 불가결의 요건이 될 수밖에 없다. 따라서 『동산·채권등 담보에 관한 법률』상 동산담보권도 담보등기부에 등기하는 것을 전제로 한다(동법 제7조).

(2) 법적 성질

1) 타물권
저당권은 타인소유의 부동산을 목적으로 하고(타물권), 다만 예외적으로서 혼동의 예외로서 자기 소유의 부동산 위에 저당권이 성립할 수 있다.

2) 부종성
피담보채권이 무효이거나 취소가 되면 저당권도 무효가 되거나 소급적으로 효력을 상실한다. 피담보채권이 변제·포기·혼동·면제 기타의 사유로 소멸하면 저당권도 소멸한다(제369조).

판례 〈근저당권 등 담보권 설정의 당사자들이 그 목적 토지 위에 차후 용익권 설정 등으로 담보가치가 저감하는 것을 막기 위해 채권자 앞으로 지상권을 설정한 경우, 피담보채권이 변제나 시효로 소멸하면 그 지상권도 부종하여 소멸하는지 여부(적극)〉 근저당권 등 담보권 설정의 당사자들이 그 목적이 된 토지 위에 차후 용익권이 설정되거나 건물 또는 공작물이 축조·설치되는 등으로써 그 목적물의 담보가치가 저감하는 것을 막는 것을 주요한 목적으로 하여 채권자 앞으로 아울러 지상권을 설정하였다면, 그 피담보채권이 변제 등으로 만족을 얻어 소멸한 경우는 물론이고 시효소멸한 경우에도 그 지상권은 피담보채권에 부종하여 소멸한다(대판 2011.4.14, 2011다6342). 이러한 법리는 저당권이외의 가등기 담보권과 지상권이 병존하는 경우에도 동일하다.

3) 수반성
저당권은 피담보채권과 분리하여 처분하지 못한다(제361조). 피담보채권이 상속·양도에 의하여 그 동일성을 유지하여 승계되면 저당권도 승계된다. 이러한 수반성은 『동산·채권등 담보에 관한 법률』에서도 마찬가지로, 동산담보권은 피담보채권과 분리하여 타인에게 양도할 수 없다(동법 제13조).

> ㉠ 저당권의 부종성(수반성)으로부터 그 피담보채권과 분리하여 타인에게 양도하거나 다른 채권의 담보로 하는 것이 금지되고(제361조), 또한 피담보채권의 소멸로 저당권도 당연히 소멸한다(제369조). 그러므로 저당권부 채권의 양도는 언제나 저당권의 양도와 채권의 양도가 결합되어 행하여진다. ㉡ 따라서 저당권부 채권의 양도에는 부동산물권변동의 규정과 채권양도의 규정이 모두 적용된다. 즉 저당권부 채권의 양도는 저당권의 양도를 포함하므로, 부동산물권변동의 일반원칙에 따라서, 물권적 합의와 등기를 하여야만 효력이 생긴다(제186조).

4) 불가분성
저당권은 채권전부의 변제를 받을 때까지 목적물 전부에 대하여 그 권리를 행사할 수 있다(제370조·제321조).

5) 물상대위성

저당권은 목적물의 멸실·훼손·공용징수로 인하여 저당권설정자가 받은 금전 기타 물건에 대하여도 행사할 수 있다 (제370조·제342조).

2. 근대적 저당제도의 원칙

(1) 의의

저당권은 연혁적으로 본래 특정한 채권을 담보하는 것이 중심된 내용이었다. 그러나 근대적 저당제도에서는 저당권을 피담보채권과의 부종성을 완화 내지 배제하여 저당권이 독립한 가치권으로서 유통되는데, 그 특질이 있는, 즉 저당권을 투자의 객체로서 금융시장에 유통시킬 것을 지상과제로 삼는다.

(2) 내용

〈근대적 저당제도의 원칙〉

구 분	독일식 근대적 저당제도	우리민법
공시의 원칙	O	O
특정의 원칙	O	O
순위확정의 원칙	O	순위승진의 원칙
독립의 원칙	O	X(부종성의 원칙, 단 근저당의 경우 완화)
유통성의 원칙 및 공신의 원칙	O	X

1) 공시의 원칙

이것은 저당권의 존재는 반드시 등기·등록에 의하여 공시되어야 한다는 원칙이다. 이 원칙의 요구는 저당권에 있어서는 목적물을 설정자가 계속해서 점유하는 데 기인하고, 저당권자 자신이 공시되지 않은 저당권 기타의 우선특권의 출현으로 위협받지 않도록 예방하고자 함에 그 목적이 있다. 우리 민법도 이러한 원칙은 엄격히 지켜지고 있으며(제186조 참조), 다만 법정저당권(제649조)·주택임대차의 소액보증금의 우선특권(주택임대차보호법 제8조)과 조세우선특권(국세기본법) 등은 이에 대한 예외가 된다.

2) 특정의 원칙

저당권은 1개 또는 수 개의 특정·현존하는 목적물 위에만 성립할 수 있다는 원칙이 특정의 원칙이다. 이 원칙의 채택은 "저당목적물의 범위를 확정함으로써 저당권에 의하여 파악되는 교환가치에 대하여 객관성을 부여하는 것과 동시에 채무자의 전재산에 대한 일반저당권을 배척하기 위한 것이다"라고 설명된다. 우리 민법도 이러한 원칙은 원칙적으로 지켜지고 있다. 즉 피담보채권액이나 저당목적물은 확정된 상태로 등기가 행하여질 것이 요구되고 있다(제186조·부동산등기법 제140조). 다만 조세우선특권의 경우에는 이러한 특정의 원칙이 관철되지 않는다.

3) 순위확정의 원칙

이것은 동일목적물 위에 설정된 수 개의 저당권은 각각 확정된 순위를 보유하며 서로 침범하지 못한다고 하는 원칙이다. 이러한 순위확정의 원칙은 두 가지의 내용을 포함한다. 즉 하나는 저당권의 순위는 등기의 순위에 의하여 결정되고, 먼저 등기된 저당권은 후에 등기된 저당권에 의하여 후순위로 내려가지 않는다는 것이며, 다른 하나는 한 번 확정된 순위는 비록 선순위의 저당권이 소멸하여도 그 순위가 올라가지 않는다는 것이다. 근대적저당권은 이러한 두 가지 의미의 순위확정의 원칙이 요구된다. 우리 민법은 첫째의 의미에 있어서의 순위확정의 원칙은 관철하고 있으나(제370조·제333조), 둘째의 의미에 있어서의 순위확정의 원칙은 인정하지 않고 있다(순위승진의 원칙 채택).

4) 독립의 원칙

이것은 저당권이 특정목적물의 교환가치만을 파악하는 독자적인 지위를 가지도록 하여, 저당권 그 자체가 금융거래의 객체가 될 수 있도록 하는 원칙이다. 이러한 독립의 원칙이 채택된다는 것은 저당권이 특정채권에의 부종성이 배제되어야 하고(추상화의 원칙), 후순위저당권자의 실행으로부터 변제를 강요당하지 않도록 하는 투자자의 지위의 보전이 필요하다. 특히 저당권의 독립의 원칙의 가장 중요한 내용은 저당권이 특정의 채권에 부종하는 성질을 배제하는 것이 필요하다는 것이다. 그런데 이러한 추상화의 원칙은 독일의 경우 '토지채무'에서 채택되어 있으나, 우리의 경우에는 저당권의 추상화의 원칙이 인정되지 않고(부종성의 원칙), 다만 근저당제도를 인정하여 저당권의 성립에 있어서 부종성이 완화되어 있을 뿐이다(제357조 참조). 우리의 저당제도에 있어서는 후순위저당권자의 경매신청에 의하여 경락이 이루어지면 선순위저당권도 소멸하는 것으로 하고, 그리고 채권자가 저당목적물을 실행하지 않고 채무자의 일반재산에 대해서 강제집행을 할 수도 있다(제370조·제340조 참조).

5) 유통성의 원칙

이러한 원칙은 저당권자체를 금융시장에 유통하게 하는 제도로 이용하려는 원칙으로서 저당권의 유통을 위해서 근대적 저당권은 두 개의 제도를 이용한다. 즉 하나는 공신의 원칙이고, 다른 하나는 저당권의 증권화이다. 저당권이 증권화되어 유통되기 위하여는 공신의 원칙이 전제되어야 한다. 우리 민법에 있어서는 등기에 공신력을 인정하지 않고 저당증권제도도 채용하지 않고 있어서 저당권의 유통성 확보가 어렵다.

Tip

◎ 〈독일 저당제도의 특징〉: 부동산을 목적물로 하는 담보권을 부동산담보권이라 한다. 이 부동산담보권은 피담보채권의 부종성의 유무에 따라 저당권과 토지채무로 나눈다. 저당권은 피담보채권에의 부종성이 인정되나, 토지채무는 부종성이 완전히 배제되어 있다. 그리고 저당권은 다시 부종성의 정도에 따라서 엄격한 부종성이 인정되는 것이 보전저당권이고, 다소 완화되어 있는 것이 유통저당권이다. 우리 대법원의 소수의견 중에서 이러한 용어를 사용한 판결이 있다.
〈대법원의 소수의견〉: 근저당권설정등기에 '본래 채권자라고 되어야 할 소유자인 자가 채무자로 되는 것'을 허용하게 되면 이는 마치 우리 민법이 채택하지 않은 독일 민법의 유통저당권이나 토지채무제도를 승인하는 것과 같은 결과로 되므로, 이 때에는 부종성의 관점에서 그 근저당권을 무효라고 보아야 하고 이를 유효로 하는 것은 비록 당사자 간의 의사의 합치가 있다 하더라도 그에 의한 새로운 제도의 창설을 금지하는 물권법의 대원칙인 물권법정주의에 반하게 되어 허용될 수 없다 할 것이다. 그리고 다수의견이 채권자 아닌 제3자를 근저당권 명의로 하여 근저당권을 설정하는 경우 그 점에 대하여 채권자와 채무자 및 제3자 사이에 합의가 있고, 채권이 제3자에게 이전 또는 실질적으로 귀속되었다고 볼 수 있는 특별한 사정이 있으면 제3자 명의의 설정등기도 유효하다고 보는 것은 부동산실권리자명의등기에관한법률이 규정한 부동산 물권에 관한 명의신탁금지를 잠탈하는 것으로 보아야 할 것이다(대판(전합) 2001. 3. 15, 99다48948).

3. 저당권의 성립

저당권은 이른바 약정담보물권이므로, 원칙적으로 당사자 사이의 저당권설정 계약과 등기에 의해 성립하나(제186조), 예외적으로 법률의 규정에 의한 법정저당권(제649조)에 의해서도 가능하다.

(1) 약정저당권

1) 저당권설정계약

(ㄱ) 저당권설정계약은 직접 저당권의 발생을 목적으로 하는 이른바 '물권계약'이며, 저당권을 설정할 것을 약속하는 단순한 채권계약과는 다르다. 따라서 저당권설정계약은 물권계약이기 때문에, 따라서 저당권설정자는 목적물에 대해 처분권한을 가지고 있어야 한다. 그러므로 자기 소유가 아닌 물건 위에 저당권을 설정하지 못하며, 또 소유자라고 하더라도 법률상 처분권능을 제한당하는 경우(예컨대 파산선고·압류·가압류·가처분을 받은 자)에는 저당권을 설정하지 못한다. 그리고 저당권설정자는 피담보채권의 채무자인 것이 보통이지만, 제3자도 될 수 있고, 이때의 제3자를 물상보증인이라고 한다. 저당권자는 피담보채권의 채권자에 한한다. 채권자가 아닌 자가 저당권만을 가지게 되는 관계는 민법상 원칙적으로 인정되지 않는다.

(ㄴ) 저당권설정계약의 당사자는 채권자(저당권자)와 목적물에 대해 처분권한을 갖는 자로서 저당권설정자(채무자 + 제3자)가 있다. 여기서 채권자 아닌 제3자 명의로 설정된 저당권도 효력이 있는가? 부동산실명법 제정 후의 판례도 일정한 경우 그 유효성을 긍정함에 유의하여야 한다.

판례 ① 근저당권은 채권담보를 위한 것이므로 원칙적으로 채권자와 근저당권자는 동일인이 되어야 하지만, 제3자를 근저당권 명의인으로 하는 근저당권을 설정하는 경우 그 점에 대하여 채권자와 채무자 및 제3자 사이에 합의가 있고, 채권양도 등 방법으로 채권이 그 제3자에게 실질적으로 귀속되었다고 볼 수 있는 특별한 사정이 있는 경우에는 제3자 명의의 근저당권설정등기도 유효하다[대판(전합)2001.3.15, 99다48948]. ② **제3자가 채무자가 된 경우**: 근저당권 설정계약상의 채무자 아닌 제3자를 채무자로 하여 된 근저당권 설정등기는 채무자를 달리 한 것이므로 근저당권의 부종성에 비추어 원인 없는 무효의 등기이다(대판 1981.9.8, 80다1468).

2) 저당권등기

(ㄱ) 법률행위로 인한 부동산물권변동의 일반원칙에 따라, 저당권설정계약 이외에 그 저당권의 등기를 하여야 비로소 저당권이 성립한다. 그 등기에 있어서는 채권액과 채무자를 기재하여야 하고, 변제기·이자(단 근저당은 이자가 채권최고액에 포함되기 때문에 등기사항이 아니다) 및 그 발생시기와 지급시기·원본 또는 이자의 지급장소·채무불이행으로 인한 손해배상에 관한 약정이나 민법 제358조 단서의 약정(저당권의 효력의 범위)이 있는 때 또는 채권이 조건부인때에는 이를 기재하여야 한다(부동산등기법 제140조).

(ㄴ) 그리고 저당권설정등기비용은 당사자간에 다른 특약이 없으면 채무자가 부담하는 것이 관례이다(판례·통설, 비교해야 할 조문 : 제473조의 변제비용, 제566조의 매매비용부담).

(ㄷ) 저당권등기가 불법으로 말소된 경우에 그 저당권등기가 효력을 잃는지가 문제된다. 판례는 「등기는 물권의 효력발생요건이고 효력존속요건이 아니기 때문에 물권에 관한 등기가 원인 없이 말소된 경우에 그 물권의 효력에는 아무런 영향을 미치지 않는다.」고 하고 있다.

(ㄹ) 변제로 저당권이 소멸되었으나 저당권등기를 말소하지 않은 상태에서 다시 같은 내용의 저당권설정계약을 체결하고 종전의 말소되지 않은 저당권등기를 유용하는 것이 유효한지가 문제되는바, 판례는 「등기가 무효로 된 후에 이해관계를 가지는 제3자가 등기부상 나타나 있지 않는 한 그러한 유용은 유효하다.」는 입장이다.

(2) 법정저당권 등

1) 임차지상의 건물에 대한 법정저당권(제649조)

> **제649조 (임차지상의 건물에 대한 법정저당권)**
> 토지임대인이 변제기를 경과한 최후 2년의 차임채권에 의하여 그 지상에 있는 임차인소유의 건물을 압류한 때에는 저당권과 동일한 효력이 있다.

토지임대인이 변제기를 경과한 최후 2년의 차임채권에 의하여 그 지상에 있는 임차인 소유의 건물을 압류한 때에는 저당권과 동일한 효력이 있다.

2) 부동산공사수급인의 저당권설정청구권(제666조)

> **제666조 (수급인의 목적 부동산에 대한 저당권설정청구권)**
> 부동산공사의 수급인은 전조의 보수에 관한 채권을 담보하기 위하여 그 부동산을 목적으로 한 저당권의 설정을 청구할 수 있다.

부동산공사의 수급인은 보수에 관한 채권을 담보하기 위하여 그 부동산을 목적으로 한 저당권의 설정을 청구할 수 있다. 이 청구권의 행사로 당연히 저당권이 성립하는 것은 아니며, 도급인이 수급인의 청구에 응해서 등기를 하여야 비로소 저당권이 성립한다.

4. 저당권의 객체

⑴ 저당권은 목적물을 점유하는 것을 요건으로 하지 않으므로 등기·등록 등의 공시방법을 가질 수 있는 것이어야 한다. 민법이 인정하는 저당권의 객체는 부동산(제356조)과 지상권·전세권(제371조 제1항)이 있다.

⑵ 토지와 관련하여 1필의 토지가 1개의 저당권의 목적이 된다. 따라서 수필의 토지의 집합 위에 1개의 저당권을 설정할 수 없다(독일의 경우는 이러한 것이 가능하다고 한다). 또 1필의 토지의 일부분에 저당권을 설정하지 못한다. 1필의 토지로서 등기되어 있는 토지의 일부에 저당권을 설정하려면 분필등기를 하여야 한다. 그리고 대지권인 취지가 등기된 집합건물의 대지인 토지는 구분소유권과 분리해서 별도로 저당권의 목적이 될 수 없다.

⑶ 1동의 건물에 저당권을 설정할 수 있으나, 1동의 건물의 일부에 관해서는 저당권을 설정할 수 없는 것이 원칙이다. 그러나 1동의 건물의 일부라고 하더라도 구분소유권의 목적이 되는 것에는 저당권을 설정할 수 있다.

⑷ 그리고 민법 이외의 법률에서 인정하는 저당권의 객체도 있다. 즉 상법상 등기된 선박, 광업권, 어업권, 댐사용권, 공장재단, 광업재단, 자동차, 항공기, 중기, 입목등기가 이루어진 입목 등이 이에 해당한다.

5. 피담보채권

⑴ 저당권에 의하여 담보할 수 있는 채권, 즉 피담보채권은 금전채권인 경우가 보통이지만, 반드시 금전채권에 한하지 않는다. 그 밖의 채권도 가능한데, 예컨대 목적물인도청구권을 담보하기 위하여도 저당권을 설정할 수 있다. 다만 피담보채권이 금전채권이 아닌 경우에는 그 채권의 가격을 등기하도록 하고 있다(부동산등기법). 이것은 목적부동산에 관한 담보가치의 수액을 공시해서 목적부동산에 관하여 이해관계를 가지게 되는 자(예컨대 후순위권리자나 제3취득자 등)에게 판단할 자료를 주어 그들을 보호하기 위한 것이다.

⑵ 피담보채권은 저당권설정 당시에 확정되어 있어야만 하는 것은 아니다. 즉 조건부 채권·기한부 채권과 같이 장래에 발생할 특정의 채권을 위해서도 미리 저당권을 설정할 수 있다. 그리고 근저당의 경우에는 장래의 증감 변동하는 불특정다수의 채권도 가능하다(제357조 참조).

II. 저당권의 효력범위

1. 부합물·종물

> **제358조 (저당권의 효력의 범위)**
> 저당권의 효력은 저당부동산에 부합된 물건과 종물에 미친다. 그러나 법률에 특별한 규정 또는 설정행위에 다른 약정이 있으면 그러하지 아니하다.
> **제359조 (과실에 대한 효력)**
> 저당권의 효력은 저당부동산에 대한 압류가 있은 후에 저당권설정자가 그 부동산으로부터 수취한 과실 또는 수취

> 할 수 있는 과실에 미친다. 그러나 저당권자가 그 부동산에 대한 소유권, 지상권 또는 전세권을 취득한 제3자에 대하여는 압류한 사실을 통지한 후가 아니면 이로써 대항하지 못한다.

(1) 제358조의 범위

제358조 저당권의 효력의 범위에서 저당권은 부합물·종물에 미치나 과실(果實)에는 원칙적으로 미치지 않는다(제359조 참조). 그러나 타인의 권원에 의하여 부속시킨 것은 부합물이 아니다(제256조 단서). 따라서 전세권자가 축조한 건물은 저당권의 효력이 미치지 않는다.

판례 ㉠ 학설과 판례는 저당부동산에 종된 권리도 종물에 준하여 판단한다. 즉 판례는 제358조 본문에 법적 근거를 두면서, 건물에 대한 저당권의 효력은 그 대지이용권인 지상권이나 임차권에도 미친다고 한다. ㉡ 구분건물의 전유부분에 설정된 저당권의 효력은 특별한 사정이 없는 한 그 전유부분의 소유자가 나중에 취득한 대지사용권에까지 미친다(대판 1995.8.22, 94다12722). ㉢ 저당권의 실행으로 부동산이 경매된 경우에 그 부동산에 부합된 물건은 그것이 부합될 당시에 누구의 소유이었는지를 가릴 것 없이 그 부동산을 낙찰받은 사람이 소유권을 취득하지만, 그 부동산의 상용에 공하여진 물건일지라도 그 물건이 부동산의 소유자가 아닌 다른 사람의 소유인 때(예 : 렌탈목적물로써 발전설비 등)에는 이를 종물이라고 할 수 없으므로 부동산에 대한 저당권의 효력이 미칠 수 없음이 원칙이다(대판 2008.5.8, 2007다36933,36940). 따라서 이 사건 건물에 부합된 것과 부합되지 아니한 것이 어떤 것인지를 구별해 보지도 아니하고 그것이 누구의 소유에 속하는 것인지를 가려보지도 아니한 채, 원고가 이를 선의취득하였다고 단정하여서는 아니되며, 또한 선의취득은 동산 거래의 안전을 보호하기 위한 것이므로 거래행위가 존재하는 것을 당연한 전제로 하는 것인데, 이 사건 렌탈목적물 중 종물의 성격을 가지는 물건은 원심이 인정한 바와 같이 이 사건 건물과는 소유자가 다르다고 보는 한에 있어서는 종물이 아니며(따라서 종물이라고 판단하는 것은 잘못이고), 이 사건 건물에 관한 소유권이나 저당권의 효력이 거기에 미칠 수 없고, 또한 원고가 그 물건들을 거래행위를 통하여 양수하였다는 주장이나 입증이 없는 이상 원고가 그 물건들을 현재 점유하고 있다는 것만으로는 선의취득의 요건을 구비한 것으로 볼 수도 없다(대판 2008.5.8, 2007다36933,36940).

(2) 부합의 시기

부합물에는 저당권의 효력이 미치는바, 부합의 시기에 관하여 학설·판례(대판 1974.12.12, 73다298)는 저당권설정 당시에 이미 부합하여 있는 것이든, 그 후에 부합한 것이든 원칙적으로 부합된 물건에 대하여 저당권의 효력이 미친다는 데 일치하고 있다.

판례 ㉠ 주유소 건물에 대한 저당권은 그 지하에 설치된 유류저장탱크에 그 효력이 미친다. 즉 공장건물이나 토지에 대하여 민법상의 일반저당권이 설정된 경우에는 공장저당법과는 상관이 없으므로 목록의 작성이 없더라도 그 저당권의 효력은 민법 제358조에 의하여 당연히 그 공장건물이나 토지의 종물 또는 부합물에까지 미친다(대판 1995.06.29, 94다6345). 따라서 토지 지하에 설치된 유류저장탱크와 건물에 설치된 주유기가 토지에 부합되거나 건물의 상용에 공하기 위하여 부속시킨 종물(주유기 등)로서 토지 및 건물에 대한 경매의 목적물이 된다(대판 2000.10.28. 자 2000마5527 결정). ㉡ 건물의 증축부분이 기존건물에 부합하여 기존건물과 분리하여서는 별개의 독립건물로서 효용을 가지지 못하는 이상, 기존건물에 대한 경매절차에서 경매목적물로 평가되지 아니하였다 하더라도, 경락인은 부합된 증축부분의 소유권을 취득한다(대판 2002. 5. 10, 99다24256). ㉢ 저당권은 법률에 특별한 규정이 있거나 설정행위에 다른 약정이 있는 경우를 제외하고 그 저당부동산에 부합된 물건과 종물 이외에까지 그 효력이 미치는 것이 아니므로 사회적 관점이나 경제적 관점에 비추어 보아 저당건물과는 별개의 독립된 건물을 저당건물의 부합물이나 종물로 보아 경매법원에서 저당건물과 같이 경매를 진행하고 경락허가를 하였다고 하여 위 건물의 소유권에 변동이 초래될 수는 없다(대판 1974.2.12, 73다298).

(3) 경매대상 건물이 다른 건물과 합동되어 독립성을 상실한 경우, 그 경매대상 건물에 대한 저당권의 존속 범위

경매대상 건물이 인접한 다른 건물과 합동됨으로 인하여 건물로서의 독립성을 상실하게 되었다면 경매대상 건물만을 독립하여 양도하거나 경매의 대상으로 삼을 수는 없고, 이러한 경우 경매대상 건물에 대한 채권자의 저당권은 위 합동으로 인하여 생겨난 새로운 건물 중에서 위 경매대상 건물이 차지하는 비율에 상응하는 공유지분 위에 존속하게 된다(대판 2010.1.14, 2009다66150). 따라서 저당권자는 합동된 건물의 매각대금전부로부터 우선변제받을 수 없다.

2. 물상대위(제370조 · 제342조)

> **제342조 (물상대위)**
> 질권(저당권)은 목적물의 멸실 · 훼손 또는 공용징수로 인하여 질권설정자(저당권설정자)가 받을 금전 기타 물건에 대하여도 이를 행사할 수 있다. 이 경우에는 그 지급 또는 인도 전에 압류하여야 한다.

(1) 질권의 규정준용

질권의 물상대위에 관한 규정은 저당권에도 준용된다. 따라서 저당권은 본래의 목적물뿐만 아니라 그 가치대표물에도 효력이 미친다.

(2) 대표가치물

예컨대 보험금 · 손해배상금 · 토지수용보상금 등이다. 그러나 저당목적물의 매각대금 · 차임 등에는 물상대위가 인정되지 않는다. 구민법에서는 저당목적물의 매각대금 · 임료에 대해서 물상대위가 인정되었으나, 현행민법은 그것을 제외하였다. 이것은 저당권설정자에게 저당목적물의 이용권을 확보해 주기 위해서이다. 한편 담보물의 멸실 등이 담보권자의 과실에 기인하는 때에는 물상대위가 인정되지 않는다.

판례 〈매매에 준하는 공특법규정〉 공공용지의 취득 및 손실보상에 관한 특례법에 따라 저당권이 설정된 토지의 취득에 관하여 토지소유자와 사업시행자 사이에 협의가 성립된 경우에 동 토지의 저당권자는 토지소유자가 수령할 보상금에 대하여 민법 제370조 제342조에 의한 물상대위를 할 수 없다(대판 1981.5.26. 80다2109)

(3) 물상대위객체로서 청구권

물상대위의 객체는 보험금 · 보상금 등의 금전 기타의 물건 그 자체가 아니라 이들에 대한 목적물소유자의 청구권이며, 물상대위권을 행사하고자 하는 때에는 저당권자가 대표물의 지급 또는 인도가 있기 전에 그 청구권을 압류하여야 한다.

판례 〈보험금청구권〉 저당목적물이 소실되어 저당권설정자가 보험회사에 대하여 화재보험계약에 따른 보험금청구권을 취득한 경우, 그 보험금청구권은 저당목적물이 가지는 가치의 변형물이라 할 것이므로 저당권자는 민법 제370조 · 제342조에 의하여 저당권설정자의 보험회사에 대한 보험금청구권에 대하여 물상대위권을 행사할 수 있다고 봄이 상당하다(대판 2004.12.24, 2004다52798).

(4) 압류의 취지

㉠ 물상대위객체에 대한 압류를 요하는 취지에 대하여 판례는 "물상대위의 목적인 채권의 특정성을 유지하여 그 효력을 보전함과 동시에 제3자에게 불측의 손해를 입히지 않으려는 데 있는 것"이라 하고 있다(대판 1994. 11. 22, 94다25728). ㉡ 그리고 압류는 저당권자가 하든 제3자가 하든 상관없다는 입장이며, 공탁도 특정성은 유지된다는 입장이다(대판 2002.10.1, 2002다33137). ㉢ 물상대위와 관련하여 문제되는 것이 있다. 예컨대 임야를 저당권의 목적으로 하였는데, 그 임야상의 수목이 벌채되어 반출된 경우의 그 수목에 대한 저당권의 효력 여하이다. 이때에는 분리된 동산은 목적부동산과 결합하여 공시의 작용이 미치는 한도에서만 저당권의 효력이 미치고, 따라서 그것이 부동산으로부터 반출된 때에는 저당권의 효력은 미치지 못하며, 다만 저당권자는 저당권의 물권적 효력에 기하여 그 반출을 금지할 수 있는 것으로 해석한다.

판례 〈근저당권에 기한 물상대위권을 갖는 채권자가 그 물상대위권을 행사하기 위하여 채권의 압류 및 전부명령을 신청하는 경우 채무명의(집행권원)의 요부(소극)〉 ① 근저당권에 기한 물상대위권을 갖는 채권자가 그 물상대위권을 행사하여 우선변제를 받음에 있어, 일반채권자로서 강제집행을 하는 것이 아니므로 채무명의(집행권원)를 필요로 하지 않는다. ② 토지수용법 제69조가 담보물권의 목적물이 수용되었을 경우 보상금에 대하여 당해 담보물권을 행사하기 위한 요건으로서 그 지불 전에 압류할 것을 요구하는 이유는, 보상금이 소유자의 일반재산에 혼입되기 전까지, 즉 특정성이 유지 보전되고 있는 한도 안에서 우선변제권을 인정하고자 함에 있다(대결 1992.7.10. 자 92마380,381).

(5) 저당권자의 물상대위권의 행사 방법과 시한

관련사례	저당권자는 배당요구의 종기가 아니라 배당기일 전까지 물상대위권을 행사하면 우선변제를 받을 수 있는가?
해설	(a) 저당권자의 물상대위권의 행사는 민사집행법 제273조에 의하여 담보권의 존재를 증명하는 서류를 집행법원에 제출하여 채권압류 및 전부명령을 신청하거나, 배당요구를 하는 방법에 의하여 한다. 그리고 저당권자의 물상대위권의 행사는 배당요구의 종기까지 하여야 하는 것으로 그 이후에는 물상대위권자로서의 우선변제권을 행사할 수 없다(대판 2000. 5. 12, 2000다4272). (b) 배당요구의 종기가 지난 후에 물상대위에 기한 채권압류 및 전부명령이 제3채무자에게 송달되었을 경우에는, 물상대위권자는 배당절차에서 우선변제를 받을 수 없다(대판 2003. 3. 28, 2002다13539).

3. 피담보채권

> **제360조 (피담보채권의 범위)**
> 저당권은 원본·이자·위약금·채무불이행으로 인한 손해배상 및 저당권의 실행비용을 담보한다. 그러나 지연배상에 대하여는 원본의 이행기일을 경과한 후의 1년분에 한하여 저당권을 행사할 수 있다.

(1) 원본 등

1) 원본은 그 금액이 피담보채권으로 되나, 그 일부만을 피담보채권으로 하는 것도 무방하다. 피담보채권이 금전채권이 아닌 경우에는 그 가액을 금전으로 평가하여 이를 등기하여야 한다. 이 때 담보되는 채권자의 채권이 금전채권이 아닌 경우에도 그 채권액을 기재할 수는 있으므로, 그것을 담보하기 위해 저당권을 설정할 수 있다. 즉, 저당권을 실행할 시기에 금전채권으로 되어 있으면 충분하다(독일은 금전채권에 한함).

2) 이자는 저당권에 의하여 제한 없이 담보된다. 이러한 민법의 태도에 대하여는 후순위저당권자·일반채권자에게 불측의 손해를 줄 우려가 있다는 이유로 반대하는 견해도 있으나, 원본의 변제기는 등기하게 되어 있고, 변제기 후의 이자는 지연배상으로 되는데, 지연배상에 관하여는 원본의 이행기일을 경과한 후의 1년분에 한하기 때문에 위 견해는 타당하지 않다(이영준).

3) 손해배상청구권(지연배상)은 원본의 이행기일을 경과한 후의 1년분에 한한다. 원래 채무불이행에 기한 손해배상청구권은 본래의 채권과 동일성을 가지므로 이러한 손해배상청구권이 저당권에 의하여 담보되는 것은 당연하나, 다만 후순위자 등을 고려하여 제한을 두고 있다. 이자가 법정이율을 넘는 경우에는 지연이자도 이에 따르기로 하는 것이 보통이므로(대판 1981.9.8, 80다2649), 이러한 약정의 등기가 없다고 하더라도 법정이율을 초과하는 지연이자에 관하여 제3자에게 우선변제를 주장할 수 있다 할 것이다.

판례 〈피담보채권의 범위〉 저당권의 피담보채무의 범위에 관하여 민법 360조가 지연배상에 대하여는 원본의 이행기일을 경과한 후의 1년 분에 한하여 저당권을 행사할 수 있다고 규정하고 있는 것은 저당권자의 제3자에 대한 관계에서의 제한이며, 채무자인 저당권설정자가 저당권자에 대하여 대항할 수 있는 것이 아니다(대판 1992.5.12, 90다8855). 또한 물상보증인이 연대보증한 경우에도 1년분에 제한되지 않는다. 다만 물상보증인이나 제3취득자는 제360조의 범위(근저당은 최고액범위)를 초과하는 액수에 대하여는 변제하지 않아도 된다.

4) 위약금은 손해배상액의 예정이든, 위약벌이든 저당권에 의하여 담보된다. 다만 등기를 요한다고 할 것이다.

5) 저당권실행비용에 대하여 현행민법은 부동산감정비용·경매신청등록세 등과 같은 저당권실행의 비용에 관하여도 저당권의 효력이 미치는 것을 명확히 하였다. 이것은 구민법시대의 통설과 판례에 따른 것이지만 그것을 등기할 방법은 없다.

(2) 피담보채권의 비교

저당권의 피담보채권의 범위와 질권의 경우와의 차이점은 질권의 경우에는 제334조를 통하여 알 수 있다시피 질물의 보존비용과 질물의 하자로 인한 손해배상을 담보하고, 지연배상에 관하여 아무런 제한을 두고 있지 않다는 점이다. 이는 저당권에서는 저당권자가 목적물을 점유하지 않는다는 차이점에서 비롯하는 것이다.

4. 저당권에 기한 경매와 우선변제 등

(1) 경매절차

> 〈경매절차: ① 압류 → ② 환가 → ③ 배당의 3단계〉 ㉠ 경매신청→ ㉡ 경매개시결정·송달(압류)·현황조사→ ㉢ 배당요구종기일→ ㉣ 신문공고·서류열람 → ㉤ 매각기일(=입찰기일)→ ㉥ 매각허부결정기일(=낙찰기일) → ㉦ 매각허가결정확정→ ㉧ 매각대금완납(법률규정에 의한 소유권 취득)→ ㉨ 배당 → ㉩ 경매종료

1) 민사집행의 유형

민사집행은 ① 강제집행(강제경매)와 ②담보권실행을 위한 경매(임의경매), ③ 민법이나 상법 또는 그밖의 법률의 규정에 의한 경매가 있다. 이 중 강제집행은 확정된 종국판결이나 가집행의 선고가 있는 종국판결을 기초로 집행문 있는 판결정본(집행권원)이 있어야 할 수 있다.

2) 우선변제권실현의 경매

저당권이나 질권·전세권에 기한 경매는 우선변제권을 실현하기 위한 경매인 반면 유치권에 의한 경매는 환가의 수단으로서 이루어지는 경매이다.

판례 〈저당권의 우선변제효〉 등기는 물권의 효력발생 요건이고 효력존속요건은 아니므로 물권에 관한 등기가 원인 없이 말소된 경우에도 그 물권의 효력에는 아무런 영향을 미치지 않는다(대판 1988.10.25. 87다카1232). 다만 회복등기가 되지 않아 경매가 실행된 경우에는 저당권은 효력을 잃고 위 경매절차에서 실제로 배당받은 자에 대하여 부당이득반환청구로서 그 배당금의 한도내에서 그 근저당권설정등기가 말소되지 아니하였더라면 배당받을 금액의 지급을 구할 수 있다(대판 2002.10.22, 2000다59678).

3) 매수인의 권리취득

매각(경락)허가결정에 의하여 저당목적물의 소유권은 매수인(경락인)에게 이전되는 바, 이때 소유권은 매각대금을 완납한 때에 등기 없이 이전된다(민사집행법 제135조, 민법 제187조).

4) 경매의 하자

저당물의 경매에 있어서 대금의 완납에 의한 매수인의 부동산취득은 저당권설정자의 담보권의 소멸에 의하여 방해받지 아니한다(민사집행법 제267조). 그러나 담보권이 처음부터 존재하지 않은 경우, 매수인이 악의 또는 송달의 기회가 없는 경우 등에는 위 효과는 생기지 않는다.

판례 판례는 "민사집행법 제267조는 '대금의 완납에 의한 매수인의 부동산의 취득은 담보권의 소멸에 의하여 방해받지 아니한다'고 규정하고 있으나, 이는 경매개시결정 후의 담보권이 소멸된 경우에만 적용되고 경매개시결정 전에 이미 담보권이 소멸된 경우에는 적용되지 않는다"고 한다(대판 1999. 2. 9, 98다51855).

(2) 배당순위와 관련판례정리

민법상 저당물경매의 경우 배당순서와 관련하여 유의할 것은 매각대금에서 "경매비용⇒비용상환청구권⇒최우선변제권⇒우선변제권⇒일반채권" 순서이다. 아래에서는 문제되는 판례만을 검토하기로 한다.

```
■ 배당순위 ■
㉠ 경매비용
㉡ 비용상환청구권(민법 367조).
㉢ 우선특권 : 주택소액보증금, 최종3월분 임금, 최종3년간의 퇴직금채권
㉣ 당 해 세 : 저당목적물자체에 부과된 국세·지방세·가산금 등
㉤ 우선변제권 : 전세권·저당권·확정일자부 주택임차보증금 등
㉥ 일반임금(최종 3월분은 제외 - 근로기준법 제37조)
㉦ 조세채권 : 국세·지방세
㉧ 공 과 금 : 의료보험료·연금보험료 등
㉨ 일반채권
```

1) 임금채권 등의 경우

㈀ 근로기준법에서는 최종 3개월분의 임금 채권은 사용자의 총재산에 대하여 질권 또는 저당권에 따라 담보된 채권에 우선하여 변제되어야 한다고 규정하고 있다.

㈁ 판례는 사용자가 재산을 특정승계 취득하기 전에 설정된 담보권에 대하여는 최종 3개월분의 임금 채권의 우선변제권을 인정할 수 없다는 견해를 취하고 있다(대판 1994. 1. 11, 93다30938, 대판 2004. 5. 27, 2002다65905). 그러나 판례는 "최종 3개월분의 임금 채권은 사용자의 총재산에 대하여 사용자가 사용자 지위를 취득하기 전에 설정한 질권 또는 저당권에 따라 담보된 채권에는 우선하여 변제되어야 한다"고 하면서, 이는 담보권이 설정된 재산이 이전되지 아니하고 단지 사용자 지위의 취득시기가 담보권 설정 후인 것과 비교하여야 한다는 것이다(대판 2011.12.8, 2011다68777).

2) 조세와의 관계

저당권과 조세우선특권과의 순위에서, 저당물 소유자가 체납하고 있는 국세는 그 법정기일(신고납부방식의 국세에 있어서는 신고일, 납세고지서 등으로 징수하는 국세에 있어서는 그 고지서 등의 발송일) 전에 설정된 저당권에 우선해서 징수하지 못한다. 즉 저당권과 국세의 법정기일을 비교하여 우선변제적 효력의 우열을 정한다. 그러나 그 저당물에 부과된 국세와 가산금은 그 법정기일 전에 설정된 저당권에 대해서도 언제나 우선한다.

판례 〈구 지방세법 제31조 제1항 및 제2항 제3호에 따라 법정기일에 관계없이 근저당권에 우선하는 당해세에 관한 조세채권이더라도 배당요구종기까지 교부청구한 금액만을 매각대금에서 배당받을 수 있는지 여부(적극)〉 ㉠ 집행력 있는 정본을 가진 채권자, 경매개시결정이 등기된 뒤에 가압류를 한 채권자, 민법·상법, 그 밖의 법률에 의하여 우선변제청구권이 있는 채권자는 배당요구종기까지 배당요구를 한 경우에 한하여 비로소 배당을 받을 수 있다. ㉡ 이

러한 법리는 조세채권에 의한 교부청구를 하는 경우에도 동일하게 적용되므로, 조세채권이 구 지방세법 제31조 제1항 및 제2항 제3호에 따라 법정기일에 관계없이 근저당권에 우선하는 당해세에 관한 것이라고 하더라도, 배당 요구종기까지 교부청구한 금액만을 배당받을 수 있을 뿐이다(대법원 2012.5.10. 선고 2011다44160 판결).

3) 가압류등기가 먼저 행하여진 후 저당권설정등기가 이루어진 경우(평등배당)

부동산에 대하여 가압류등기가 먼저 되고 나서 근저당권설정등기가 마쳐진 경우에 경매절차 의 배당관계에서 근저당권자는 선순위 가압류채권자에 대하여는 우선변제권을 주장할 수 없 으므로 그 가압류채권자는 근저당권자와 일반 채권자의 자격에서 평등배당을 받을 수 있다 (대판 2008.2.28. 2007다77446).

4) 용익권과의 관계

㈀ 저당권은 목적물에 대한 점유 없이 단지 교환가치만을 파악하는 이른바 가치권으로서 저 당권이 설정된 경우에도 '소유자'는 목적물을 이용하는 데 아무런 구속을 받지 않는다. 그러 나 저당권이 실행되면 매수인(경락인)이 소유권을 취득하게 됨으로써 이제는 목적물에 대한 교환가치만이 아니라 사용·수익의 권능까지 매수인에게 넘어가게 된다. 그리고 소유자는 목 적물을 제3자에게 이용케 할 수도 있다. 저당권을 설정하기 전에 이미 제3자가 그 목적물에 관하여 용익권을 가지고 있는 경우(예컨대 지상권·전세권·대항력 있는 임차권)에는 후에 저당권 이 설정되고 그 저당권에 기하여 경매가 이루어진 경우에도 위의 용익권을 가지고 매수인에 게도 대항할 수 있게 된다.

㈁ 용익권이 저당권의 실행에 의하여 소멸하는가의 여부는 경매를 신청한 저당권자의 저당권 과 용익권설정의 시기의 선후에 의하여 결정되지 아니하고, 그 부동산 위의 최고순위의 저 당권과 용익권설정의 우열에 의하여 결정된다. 예컨대, 1번저당권, → 지상권, →2번저당권 의 순서로 등기가 설정된 경우에 2번저당권의 신청으로 경매가 실시되면 지상권은 소멸하고 지상권자는 경락인(=매수인)에게 대항할 수 없다.

Ⅲ. 유저당계약

1. 의 의

(1) 의의

유저당계약이란 변제기 도래 전의 특약으로, 저당물로써 직접 변제에 충당하거나 또는 민사 집행법상의 경매가 아닌 임의의 방법으로 저당물을 처분하거나 환가하기로 약정하는 것을 말한다(제339조 유질계약 참조).

(2) 취지

경매에 의한 저당권의 실행은 저당권자·저당권설정자 누구에게도 불이익할 뿐 아니라 번잡한 것이므로 이를 회피하기 위하여 발달된 것이 유저당이다.

2. 유저당의 효력(유효성 긍정)

질권에 관하여는 유질계약이 금지된다는 명문규정이 있으나, 유저당에는 이러한 규정이 없어 원칙적으로 유효하다.

3. 유저당계약의 형태

(1) 대물반환(또는 대물변제)의 예약

1) 적용법규

저당권과 병용하여, 변제기 전의 약정으로 저당물의 소유권을 저당권자에게 귀속시키기로 하는 것은 대물변제(반환)의 예약에 해당한다. 이 경우 <u>그 대물변제예약상의 권리를 보전하기 위하여 가등기를 한 경우에는, 그것은 가등기담보가 되고 이에 관하여는 가담법이 적용된다</u>(피담보채권을 변제하지 못하여 목적물을 실행할 때). 그러나 가등기를 하지 않은 경우에는 민법 제607조·608조의 규율을 받게 된다.

> 즉 어느 것이나 목적물의 평가액 내지 환가액에서 피담보채권액을 공제하고 남은 금액은 저당권설정자에게 반환하여야 한다.

2) 제608조의 무효의 의미

원래 저당부동산의 소유권을 저당권자에게 귀속시키려는 유저당은 대물변제의 예약에 해당하는데, <u>현행민법은 제607조에서 대물변제의 예약은 그 목적재산의 예약당시의 가액이 차용액 및 이에 붙인 이자의 합산액을 넘지 못하는 것으로 하고 있고, 제608조는 이러한 제한에 위반한 약정으로서 채무자에게 불리한 것은 무효인데, 그 의미에 대하여는 차액을 정산한다는 의미로 이해한다</u>(판례동지)

판례 판례는 저당권설정과 동시에 대물변제예약을 한 경우에 그 대물변제예약이 민법 제607조·제608조에 의하여 무효라 하더라도 그 대물변제예약에 기하여 저당권자에게 소유권이전등기를 하면 그 예약을 한 당사자 간에는 이른바 '약한 의미의 양도담보'를 설정한 것으로 본다. 따라서 약한 의미의 양도담보의 효력으로서 저당권자는 전술한 정산의무를 부담한다고 한다. 결론적으로 제607조에 위반하는 초과부분을 채무자에게 반환하는 정산 내지 청산이 요구된다는 것이다.

(2) 임의환가의 약정

임의환가의 약정은 유저당 중 저당부동산의 환가를 경매에 의하지 않고 예컨대 제3자에게 매각하여 정산하기로 하는 약정을 말한다. 저당권과 병용하여, 저당물의 환가를 법률의 규정이 아닌 임의의 방법으로 환가하기로 하는 약정을 했을 때에도 <u>이러한 특약은 유효하며 단지 정산의무를 부담할 뿐이다.</u> 저당권자는 미리 자기 앞으로 소유권이전등기를 하고, 목적물을 인도받아 제3자에게 처분해서, 피담보채권에 충당하고 남은 금액을 저당권설정자에게 반환하여야 한다.

IV. 법정지상권

> **제366조 (법정지상권)**
> 저당물의 경매로 인하여 토지와 그 지상건물이 다른 소유자에 속한 경우에는 토지소유자는 건물소유자에 대하여 지상권을 설정한 것으로 본다. 그러나 지료는 당사자의 청구에 의하여 법원이 이를 정한다.

1. 의의 및 근거

(ㄱ) 민법은 저당물의 경매로 인하여 토지와 지상건물이 다른 소유자에 속한 경우에는 토지소유자는 건물소유자에 대하여 지상권을 설정한 것으로 본다고 규정한다(제366조 본문). 현행민법은 구민법 제388조의 '청구할 수 있다'를 '본다'로 수정하였는데, 이는 형성권행사의 불편한 절차를 덜어주기 위한 입법정책적 배려라고 설명하는 견해가 있다(이영준). 이러한 법정지상권은 가치권과 이용권의 조절을 위한 공익상의 이유로 지상권설정을 강제하는 제도로서 현행민법은 건물을 토지와 분리하여 독립된 부동산으로 인정하면서도 자기차지권 또는 자기지상권과 같은 용익권을 설정하는 것도 허용하지 않기 때문에 일정한 요건하에서 지상권의 성립을 의제하는 법정지상권제도를 필요로 한다.

(ㄴ) 법정지상권은 가치권과 이용권의 조절을 위한 공익상의 이유로 강행규정이다.

> **판례 〈저당목적물인 토지에 대하여 법정지상권을 배제하는 특약의 효력〉** 민법 제366조는 가치권과 이용권의 조절을 위한 공익상의 이유로 지상권의 설정을 강제하는 것이므로 저당권설정 당사자간의 특약으로 저당목적물인 토지에 대하여 법정지상권을 배제하는 약정을 하더라도 그 특약은 효력이 없다(대판 1988.10.25, 87다카1564).

2. 성립요건

(1) 토지와 건물의 동일소유

토지와 건물의 동일인 소유는 저당권설정 당시 토지와 건물이 동일한 소유자에 속하고 있어야 한다. 저당권설정 당시에 건물과 토지가 각 다른 소유자에게 속한 경우에는 그 건물에 관하여 이미 토지소유자에게 대항할 수 있는 이용권이 설정되었던가 그렇지 않으면 이를 설정할 수 있었는데도 불구하고 이를 설정하지 아니한 것이므로 건물의 소유자나 경락인에게 법정지상권의 보호를 줄 필요가 없기 때문이다. 그리고 건물이 없는 토지에 저당권을 설정하고 그 후에 건물을 지은 때에는 그 건물을 위하여 법정지상권은 성립하지 않는다. 따라서 "㉠ 무허가건물인 미등기건물을 그 대지와 함께 양수한 자가 위 대지에 대하여만 소유권이전등기를 경료하고 건물에 대하여는 등기를 경료하기 전에 대지에 관한 저당권이 실행된 경우, ㉡ 동일인 소유에 속하는 토지와 건물 중 그 어느 하나가 타인명의로 신탁된 경우"에는 소유자가 다르기 때문에 성립되지 않는다(대판 1987.7.7, 87다카634). 그러나 ㉢ 건물공유자의 1인이 그 건물의 부지인 토지를 단독으로 소유하면서 그 토지에 관하여만 저당권을 설정하였다가 위 저당권에 의한 경매로 토지 소유자가 달라진 경우에는 민법 제366조의 법정지상권이 성립한다(대판 2011.1.13, 2010다67159).

판례 〈토지와 함께 공동근저당권이 설정된 건물이 그대로 존속함에도 등기부에 멸실의 기재가 이루어지고 이를 이유로 등기부가 폐쇄된 후 토지에 대하여만 경매절차가 진행되어 토지와 건물의 소유자가 달라진 경우, 건물을 위한 법정지상권이 성립하는지 여부(적극)〉 ㉠ 공동저당권이 설정된 후 그 지상 건물이 철거되고 새로 건물이 신축되어 두 건물 사이의 동일성이 부정되는 결과 공동저당권자가 신축건물의 교환가치를 취득할 수 없게 되었다면, 공동저당권자의 불측의 손해를 방지하기 위하여, 특별한 사정이 없는 한 저당물의 경매로 인하여 토지와 그 신축건물이 다른 소유자에 속하게 되더라도 그 신축건물을 위한 법정지상권은 성립하지 않는다고 볼 것이다. ㉡ 다만 토지와 함께 공동근저당권이 설정된 건물이 그대로 존속함에도 불구하고 사실과 달리 등기부에 멸실의 기재가 이루어지고 이를 이유로 등기부가 폐쇄된 경우, 저당권자로서는 멸실 등으로 인하여 폐쇄된 등기기록을 부활하는 절차 등을 거쳐 건물에 대한 저당권을 행사하는 것이 불가능한 것이 아닌 이상 저당권자가 건물의 교환가치에 대하여 이를 담보로 취득할 수 없게 되는 불측의 손해가 발생한 것은 아니라고 보아야 하므로, 그 후 토지에 대하여만 경매절차가 진행된 결과 토지와 건물의 소유자가 달라지게 되었다면 그 건물을 위한 법정지상권은 성립한다 할 것이고, 단지 건물에 대한 등기부가 폐쇄되었다는 사정만으로 건물이 멸실된 경우와 동일하게 취급하여 법정지상권이 성립하지 아니한다고 할 수는 없다(대법원 2013.3.14. 선고 2012다108634 판결).

(2) 저당권설정 당시의 건물의 존재

㈀ 저당권설정 당시에 지상에 건물이 존재할 것을 요한다. 법정지상권은 저당권설정 당시부터 토지 위에 건물이 존재하는 경우에만 성립될 수 있는 것이다. 그 건물은 실제로 존재하고 있으면 되고, 보존등기까지 하여야만 하는 것은 아니다. 그리고 저당권설정 당시에 건물이 존재하다가 멸실되었다고 하더라도 경락 당시에 재건축된 경우에는 법정지상권이 인정된다고 할 것이다(단 공동저당에서 건물철거의 경우 예외 있음). 다만 이 경우 지상권의 내용은 멸실 전의 건물을 표준으로 하여 결정하여야 한다고 한다. 한편 건물의 존재는 건물의 독립성을 인정할 정도로 완성되어 있지 않더라도 사회경제적 관념에서 그 가치를 유지할 정도의 것이면 법정지상권을 인정할 수 있다는 것이 판례이다.

㈁ 저당권설정 당시에 토지상에 건물이 존재하여야 하므로 건물이 없는 토지에 저당권을 설정한 후에 저당권자의 양해를 얻어 건물을 건축하였다고 하더라도 통상의 지상권의 설정에 관한 합의가 있다고 인정될 수 있음은 별론으로 하고, 이로 인하여 법정지상권이 성립한다고 할 수 없다(대판 2003. 9. 5, 2003다26051). 민법 제366조의 법정지상권은 저당권 설정 당시부터 저당권의 목적되는 토지 위에 건물이 존재할 경우에 한하여 인정되며, 토지에 관하여 저당권이 설정될 당시 그 지상에 토지소유자에 의한 건물의 건축이 개시되기 이전이었다면, 건물이 없는 토지에 관하여 저당권이 설정될 당시 근저당권자가 토지소유자에 의한 건물의 건축에 동의하였다고 하더라도 그러한 사정은 주관적 사항이고 공시할 수도 없는 것이어서 토지를 낙찰받는 제3자로서는 알 수 없는 것이므로 그와 같은 사정을 들어 법정지상권의 성립을 인정한다면 토지 소유권을 취득하려는 제3자의 법적 안정성을 해하는 등 법률관계가 매우 불명확하게 되므로 법정지상권이 성립되지 않는다.

판례 ㉠ 〈멸실된 건물의 법정지상권 · 건축중인 건물에 대한 법정지상권〉 ① 민법 제366조 소정의 법정지상권이 성립하려면 저당권의 설정 당시 저당권의 목적이 되는 토지 위에 건물이 존재할 경우이어야 하는바, 저당권설정 당시 건물이 존재한 이상 그 이후 개축, 증축하는 경우는 물론이고 건물이 멸실되거나 철거된 후 재축, 신축하는 경우에도 법정지상권이 성립한다 할 것이고, 이 경우 법정지상권의 내용인 존속기간, 범위 등은 구건물을 기준으로 하여 그 이용에 일반적으로 필요한 범위 내로 제한되는 것이다(대판 1990.7.10, 90다카6399). ② 다만 동일인 소유의 토지와 그 지상 건물에 관하여 공동저당권이 설정된 후 그 건물이 철거되고 다른 건물이 신축된 경우, 저당물의 경매로 인하여 토지와 신축건물이 서로 다른 소유자에게 속하게 되면 민법 제366조 소정의 법정지상권이 성립하지 않는다(대판(전합) 2003.12.18. 98다43601). ③ 토지에 관한 저당권설정 당시에 토지소유자에 의하여 지상건물이 건축중이었고, 그것이 사회관념상 독립된 건물로 볼 수 있는 정도에 이르지 않았다하더라도 건물의 규모 · 정도가 외형상 예상할 수 있는 정도까지 건축이 진전되어 있는 경우에는 법정지상권의 성립을 인정함이 상당하다(대판 1992.6.12, 92다7221).
㉡ 〈토지에 관한 저당권설정 당시 그 지상에 건물이 건축 중이었던 경우 법정지상권이 인정되기 위한 건물의 요건〉 민법 제366조의 법정지상권은 저당권설정 당시 동일인의 소유에 속하던 토지와 건물이 경매로 인하여 양자의 소유자가 다르게 된 때에 건물의 소유자를 위하여 발생하는 것으로서, 토지에 관하여 저당권이 설정될 당시 토지 소유자에 의하여 그 지상에 건물이 건축 중이었던 경우 그것이 사회관념상 독립된 건물로 볼 수 있는 정도에 이르지 않았다 하더라도 건물의 규모, 종류가 외형상 예상할 수 있는 정도까지 건축이 진전되어 있었고, 그 후 경매절차에서 매수인이 매각대금을 다 낸 때까지 최소한의 기둥과 지붕 그리고 주벽이 이루어지는 등 독립된 부동산으로서 건물의 요건을 갖춘 경우에는 법정지상권이 성립한다(대판 2011.1.13, 2010다67159).

(3) 토지와 건물의 귀속분리

임의경매의 결과 토지와 건물이 다른 사람의 소유에 귀속되어야 한다. 토지 또는 건물의 일방에만 저당권이 설정되어 경매된 경우에 법정지상권이 성립하는 것은 의문이 없다. 나아가 토지와 건물이 함께 동일한 저당권의 목적이 되었으나, 후에 경매의 결과 각각 다른 사람에게 경락되거나 또는 한쪽만이 경락된 경우에도 법정지상권이 성립한다(통설).

(4) 경 매

㈎ 「법정지상권은 경매가 행하여진 경우만 성립한다. 민법 제366조는 토지 · 건물에 관한 저당권을 실행함으로써 일어나는 불합리를 제거하기 위한 규정이기 때문이다. 여기의 경매는 임의경매(담보권실행을 위한 경매)만을 말하고 강제경매는 포함하지 않는다.」(대판 1970.9.29, 70다1454). 강제경매나 임의양도(매매 등)의 경우에는 관습법상의 법정지상권이 인정된다고 해석한다(이영준 「물권법」, pp. 907~908 참조).
㈏ 다만 저당권 실행에 의한 경매가 있으면 족하므로 토지와 건물이 동일소유자에게 속한 때에 설정된 저당권이 존재하면 이들이 다른 사람에게 속한 후에 설정된 저당권에 의하여 경매되어도 법정지상권이 성립한다고 할 것이다. 따라서 "토지와 건물이 동일한 사람의 소유에 속할 때 저당권이 설정되고, 토지소유자와 건물소유자가 달라진 후, 다시 후순위저당권이 설정되어 후순위저당권자의 경매신청에 의하여 경매가 된 경우"에도 법정지상권이 성립된다.

3. 법정지상권의 효과

(1) 법률규정에 의한 취득

법정지상권은 토지의 소유자와 건물의 소유자가 상이하게 된 때에 성립한다. 즉 임의경매시 경락허가결정이 확정된 후 대금을 완납하였을 때에 성립한다(제187조 참조). 따라서 「경매 당시의 건물소유자는 법정지상권을 취득할 당시의 토지소유자에 대하여는 물론, 그 이후의 토지소유권을 취득한 제3자에 대하여도 등기 없이 법정지상권을 주장할 수 있는 것이다.」(대판 1967. 6. 27. 66다987 등). 다만 민법 제187조 단서의 규정에 따라 법정지상권자가 이를 등기하지 아니하면 그 지상권을 처분할 수 없다. 따라서 법정지상권이 있는 건물을 매수한 자는 지상권 취득의 등기를 하지 아니하면 대지의 원래의 소유자에 대하여 지상권의 취득을 주장할 수 없다. 다만 이 경우 건물의 전득자는 원소유자를 대위하여 토지소유자에 대하여 지상권설정등기를 청구할 수 있으며, 이러한 등기청구권을 갖고 있는 한 토지소유자의 건물철거청구가 신의칙에 의해 부정되며, 후에 건물소유자가 지상권등기를 하게 되면 토지소유자에게 대항할 수 있게 된다.

판례 〈법정지상권을 가진 건물소유자로부터 건물을 양수하면서 지상권까지 양도 받기로 한 자에 대한 대지소유자의 건물철거청구의 당부(소극)〉 법정지상권을 가진 건물소유자로부터 건물을 양수하면서 법정지상권까지 양도받기로 한 자는 채권자대위의 법리에 따라 전건물소유자 및 대지소유자에 대하여 차례로 지상권의 설정등기 및 이전등기절차이행을 구할 수 있다 할 것이므로 이러한 법정지상권을 취득할 지위에 있는 자에 대하여 대지소유자가 소유권에 기하여 건물철거를 구함은 지상권의 부담을 용인하고 그 설정등기절차를 이행할 의무있는 자가 그 권리자를 상대로 한 청구라 할 것이어서 신의성실의 원칙상 허용될 수 없다.〔대판(전합) 1985.4.9. 84다카1131,1132〕

(2) 지상권의 포기약정

법정지상권의 포기에서 제366조의 법정지상권은 강행규정이기 때문에 특약에 의하여 배제할 수는 없다고 해석한다.

(3) 법정지상권의 내용

법정지상권의 범위는 그 건물의 대지뿐 아니라 건물로써 이용하는 데 필요한 범위라고 할 것이다. 그리고 지료는 우선 당사자의 협의로써 할 것이나, 협의가 성립하지 않는 경우에는 당사자의 청구에 의하여 법원이 정한다.

(4) 법정지상권의 효력이 미치는지 인정 범위

민법 제366조 소정의 법정지상권이나 관습상의 법정지상권이 성립한 후에 건물을 개축 또는 증축하는 경우는 물론 건물이 멸실되거나 철거된 후에 신축하는 경우에도 법정지상권은 성립하나, 다만 그 법정지상권의 범위는 구건물을 기준으로 하여 그 유지 또는 사용을 위하여 일반적으로 필요한 범위 내의 대지 부분에 한정된다(대판 1997.1.21. 96다40080).

판례 동일인 소유 토지와 그 지상 건물에 공동근저당권이 설정된 후 그 건물이 다른 건물과 합동(종전 등기건물 및 미등기건물의 지붕을 하나의 패널지붕으로 바꾸고, 서로 마주보는 쪽의 벽을 헐어내고, 외부의 벽을 연결하는 등 하나의 건물로 하는 개축공사)되어 신건물이 생겼고 그 후 경매로 토지와 신건물이 다른 소유자에게 속하게 된 사안에서, 신건물을 위한 법정지상권이 성립하고 그 존속기간과 범위 등은 종전 건물을 기준으로 하여 그 이용에 일반적으로 필요한 범위 내로 제한된다고 하여야 함에도 법정지상권이 신건물 전체의 유지·사용을 위해 필요한 범위에서 성립한다고 해서는 아니된다(대판 2010.1.14, 2009다66150).

(5) 지료

법정지상권에 관한 지료가 결정된 바 없다면 법정지상권자가 지료를 지급하지 아니하였다고 하더라도 지료지급을 지체한 것으로는 볼 수 없으므로 법정지상권자가 2년 이상의 지료를 지급하지 아니하였음을 이유로 하는 토지소유자의 지상권소멸청구를 할 수 없다(대판 1994.12.2, 93다52297).

판례 〈**법정지상권과 지료**〉 ㉠ 법정지상권자가 2년 이상의 지료를 지급하지 아니했음을 이유로 하는 토지소유자의 지상권소멸청구는 이유가 없고, 지료액 또는 그 지급시기 등 지료에 관한 약정은 이를 등기해야만 제3자에게 대항할 수 있는 것이고, 법원에 의한 지료의 결정은 당사자의 지료결정청구에 의해 형식적 형성소송인 지료결정판결로 이루어져야 제3자에게 그 효력이 미친다(대판 2001.3.13, 99다17142). ㉡ 법정지상권 또는 관습상의 지상권이 발생한 경우, 토지 소유자가 지료를 확정하는 재판 전에 법원의 지료결정을 전제로 지료급부이행의 소를 제기할 수 있다(대판 2003.12.26, 2002다61934).

(6) 법정지상권의 처분·소멸

「건물의 양도가 있으면 법정지상권도 함께 양도되었다고 보는 것이 일반이다. 그러나 법률행위에 의한 물권변동이기 때문에 지상권등기를 하여야 지상권을 취득하게 된다. 그러나 법정지상권을 취득한 자로부터 경매에 의하여 건물의 소유권을 취득한 경락인(매수인)은 법률규정에 의한 물권변동이기 때문에 그 지상권도 등기 없이 당연히 취득하게 된다.」(대판 1985.2.26, 84다카1578 등).

판례 〈**법정지상권이 건물의 소유권과 분리되어 양도되었다고 하여도 사회질서에 반하지 않는다고 한 사례**〉 민법 제366조 소정의 법정지상권은 토지와 그 토지상의 건물이 같은 사람의 소유에 속하였다가 그 중의 하나가 경매 등으로 인하여 다른 사람의 소유에 속하게 된 경우에 그 건물의 유지, 존립을 위하여 특별히 인정된 권리이기는 하지만 그렇다고 하여 위 법정지상권이 건물의 소유에 부속되는 종속적인 권리가 되는 것이 아니며 하나의 독립된 법률상의 물권으로서의 성격을 지니고 있는 것이기 때문에 건물의 소유자가 건물과 법정지상권 중 어느 하나만을 처분하는 것도 가능하다(대판 2001.12.27, 2000다1976).

V. 일괄경매청구권

제365조 (저당지상의 건물에 대한 경매청구권)
토지를 목적으로 저당권을 설정한 후 그 설정자가 그 토지에 건물을 축조한 때에는 저당권자는 토지와 함께 그 건물에 대하여도 경매를 청구할 수 있다. 그러나 그 건물의 경매대가에 대하여는 우선변제를 받을 권리가 없다.

1. 취 지

일괄경매권의 제도적 의의는 건물소유자의 보호 외에 저당권설정 후에 축조된 건물의 존재로 인해 토지의 매수인(경락인)을 구할 수 없는 경우에 대비하여, 저당권의 효력이 미치지 않는 건물에도 경매권을 인정함으로써, 토지저당권의 실행을 쉽게 하도록 하기 위한 것이다. 즉 저당권자에게도 저당토지상의 건물의 존재로 인하여 생기게 되는 경매의 어려움을 해소하여 저당권의 실행을 쉽게 할 수 있도록 한 데에 있다(대판 2003.4.11, 2003다3850).

2. 요 건

(1) 저당권설정 당시 지상에 건물이 없어야 하며 토지에 대한 저당권이 설정된 후, 건물이 축조된 경우에 일괄경매권이 발생한다.

(2) 저당권설정자가 축조하고 소유하는 건물이어야 하며 저당권설정 후 저당권설정자 이외의 제3자가 건물을 축조한 경우에는, 일괄경매권이 인정되지 않는다.

판례 ㉠ 제365조 저당지상의 건물에 대한 일괄경매청구권은 저당권설정자가 건물을 축조한 경우뿐만 아니라 저당권설정자로부터 저당토지에 대한 용익권을 설정받은 자가 그 토지에 건물을 축조한 경우라도 그 후 저당권설정자가 그 건물의 소유권을 취득한 경우에는 저당권자는 토지와 함께 그 건물에 대하여 경매를 청구할 수 있다(대판 2003.4.11, 2003다3850).
㉡ 토지와 그 지상 건물의 소유자가 이에 대하여 공동저당권을 설정한 후 건물을 철거하고 그 토지 상에 새로이 건물을 축조하여 소유하고 있는 경우에는 건물이 없는 나대지 상에 저당권을 설정한 후 그 설정자가 건물을 축조한 경우와 마찬가지로 저당권자는 민법 제365조에 의하여 그 토지와 신축건물의 일괄경매를 청구할 수 있다(대판 1998.4.28, 97마2935).

3. 저당권자의 권리

일괄경매권은 저당권자의 권리이지 의무는 아니다(대판 1977.4.26, 77다77). 따라서 저당권자가 토지만을 경매하거나, 토지와 건물을 일괄하여 경매하거나, 그것은 저당권자의 자유로운 선택에 달려 있다. 이때 토지만을 경매하여도, 그 대금으로 경매비용과 피담보채권을 경매 받는 데 충분한 경우에도 일괄경매는 허용된다(대결 1968.9.30, 자 68마890 — 민사집행법 제124조의 과잉경매금지규정은 적용되지 않는다).

4. 저당권의 효력범위

저당권의 효력은 어디까지나 토지에만 미치므로, 토지와 함께 건물이 경매되더라도, 그 건물의 경매대가로부터는 우선변제를 받지 못하므로 일괄경매 때 토지, 건물을 각기 별도로 평가하여 경매가액을 정해야한다. 그러나 다른 채권자가 없으면 건물의 경매대금에서 변제 받을 수 있다. 그리고 토지와 건물은 동일인에게 경락(매각)되어야 할 것이다.

판례 〈제365조와 주택의 임차인의 지위〉 대지에 관한 저당권 설정 후에 비로소 건물이 신축되고 그 신축건물에 대하여 다시 저당권이 설정된 후 대지와 건물이 일괄 경매된 경우, 주택임대차보호법 제3조의2 제2항의 확정일자를 갖춘 임차인 및 같은 법 제8조 제3항의 소액임차인은 대지의 환가대금에서는 우선하여 변제를 받을 권리가 없다고 하겠지만, 신축건물의 환가대금에서는 확정일자를 갖춘 임차인이 신축건물에 대한 후순위권리자보다 우선하여 변제받을 권리가 있다(대판 2010.6.10, 2009다101275).

5. 관련판례

(ㄱ) 토지에 관하여 저당권을 취득함과 아울러 그 저당권의 담보가치를 확보하기 위하여 지상권을 취득하는 경우, 특별한 사정이 없는 한 당해 지상권은 저당권이 실행될 때까지 제3자가 용익권을 취득하거나 목적 토지의 담보가치를 하락시키는 침해행위를 하는 것을 배제함으로써 저당 부동산의 담보가치를 확보하는 데에 그 목적이 있다고 할 것이므로, 그와 같은 경우 제3자가 비록 토지소유자로부터 신축중인 지상 건물에 관한 건축주 명의를 변경받았다 하더라도, 그 지상권자에게 대항할 수 있는 권원이 없는 한 지상권자로서는 제3자에 대하여 목적 토지 위에 건물을 축조하는 것을 중지하도록 요구할 수 있다(대결 2004. 3. 29. 자 2003마1753).
(ㄴ) 동일인의 소유에 속하는 토지 및 지상 건물에 관하여 공동저당권이 설정된 후 건물이 철거되고 새로 건물이 신축된 경우에는, 신축건물을 위한 법정지상권이 성립하지 않는다. 위와 같은 경우 토지와 신축건물에 대하여 민법 제365조에 의하여 일괄매각이 이루어졌다면 일괄매각대금 중 토지에 안분할 매각대금은 법정지상권 등 이용 제한이 없는 상태의 토지로 평가하여 산정하여야 한다(대법원 2012.3.15. 선고 2011다54587 판결).

Ⅵ. 저당권의 제3취득자의 지위와 물상보증인의 지위

제364조 (제3취득자의 변제)
저당부동산에 대하여 소유권, 지상권 또는 전세권을 취득한 제3자는 저당권자에게 그 부동산으로 담보된 채권을 변제하고 저당권의 소멸을 청구할 수 있다.
제363조 (저당권자의 경매청구권, 경매인)
① 저당권자는 그 채권의 변제를 받기 위하여 저당물의 경매를 청구할 수 있다.
② 저당물의 소유권을 취득한 제3자도 경매인(매수인)이 될 수 있다.
제469조 (제3자의 변제)
① 채무의 변제는 제3자도 할 수 있다. 그러나 채무의 성질 또는 당사자의 의사표시로 제3자의 변제를 허용하지 아니하는 때에는 그러하지 아니하다.
② 이해관계 없는 제3자는 채무자의 의사에 반하여 변제하지 못한다.
제481조 (변제자의 법정대위)
변제할 정당한 이익이 있는 자는 변제로 당연히 채권자를 대위한다.

1. 제3취득자의 지위

(1) 의의

제3취득자라고 함은 저당권설정자로부터 저당부동산의 소유권을 양도받거나, 지상권 또는 전세권을 설정받은, 양수인·지상권자·전세권자 등을 말한다. 이러한 제3취득자는 저당권이 실행되지 않고 있는 동안은 저당권에 의하여 아무런 영향을 받음이 없이 자기의 권리를 행사할 수 있으나, 저당권이 일단 실행되면 완전히 그 권리를 상실하게 되므로 이를 보호할 필요가 있는 것이다.

판례 〈후순위근저당권자가 민법 제364조의 저당권 소멸청구권을 행사할 수 있는 제3취득자에 해당하는지 여부(소극)〉 민법 제364조의 규정에 의한 권리를 취득한 제3자는 피담보채무가 확정된 이후에 채권최고액의 범위 내에서 그 확정된 피담보채무를 변제하고 근저당권의 소멸을 청구할 수 있으나, 근저당부동산에 대하여 후순위근저당권을 취득한 자는 민법 제364조에서 정한 권리를 행사할 수 있는 제3취득자에 해당하지 아니하므로 이러한 후순위근저당권자가 선순위근저당권의 피담보채무가 확정된 이후에 그 확정된 피담보채무를 변제한 것은 민법 제469조의 규정에 의한 이해관계 있는 제3자의 변제로서 유효한 것인지 따져볼 수는 있을지언정 민법 제364조의 규정에 따라 선순위근저당권의 소멸을 청구할 수 있는 사유로는 삼을 수 없다(대판 2006.1.26. 2005다17341). 따라서 甲소유의 X부동산에 乙(제1순위근저당권자), 丙(제2순위 근저당권자)이 있다면 乙의 확정된 피담보채권액이 채권최고액을 초과하는 경우, 丙은 乙의 채권최고액만을 변제하고 乙의 근저당권의 소멸을 청구할 수 없다.

(2) 제3취득자의 변제와 저당권소멸청구권(제364조)

1) 저당부동산의 제3취득자는 '그 부동산으로 담보된 채권'을 변제하고 저당권의 소멸을 청구할 수 있다(제364조). 물론 저당권이 실행되면 제3취득자도 경매인(=경락인=매수인)이 될 수 있고(제363조 제2항), 제3취득자가 권리를 상실한 경우에는 매도인에게 담보책임을 행사할 수 있으며(제576조), 이해관계가 있는 제3자로서 채무자가 반대하는 경우에도 저당채무를 변제함으로써 저당권을 소멸시킬 수도 있다(제469조 2항 참조). 즉 저당부동산의 제3취득자는 이해관계가 있는 제3자이므로 채무자의 의사에 반하여서도 변제할 수 있다는 것이다. 그러면 특별히 제364조를 두고 있는 이유는 무엇인가? 이는 제3취득자는 그 부동산으로 담보된 채권만을 변제하면 족하므로, 예컨대 지연이자는 원본의 이행기일을 경과한 후의 1년분만을 변제하면 족하다는 데 의의가 있다(통설). 여기서 문제가 되는 것은 제3취득자가 변제기 전에도 변제할 수 있는가이다. 통설과 판례는 제3취득자가 변제기 전에 변제할 때에는 제468조에 근거하여 상대방의 손해를 배상하고 변제하여야 하고, 제364조는 채권의 변제기가 도래한 후에만 적용되는 것으로 보아야 한다고 한다.

판례 제3취득자는 채권자에 대하여 민법 제364조에 따라 결산기에 이르러 확정되는 그 부동산의 피담보채권을 변제하고 근저당권설정등기의 말소를 구할 수는 있다고 하겠지만, 근저당권설정계약의 종료전에 이를 일방적으로 폐기하고 그 당시까지의 채무액만을 변제하는 조건으로 근저당권설정등기의 말소를 구할 수는 없다 할 것이다(대판 1979.8.21. 79다783).

2) 그리고 제3취득자는 변제하는 데 정당한 이익을 가지는 자이므로 변제를 하면 당연히 채권자를 대위하게 된다(제481조의 법정변제자대위). 따라서 소유자가 제3취득자로서 변제한 경우에는 저당권은 혼동으로 소멸하지만 지상권자 또는 전세권자가 변제한 경우에는 대위에 의하여 저당권은 그 지상권 또는 전세권자가 가지는 것으로 된다(병존한다).

판례 〈저당부동산을 매수한 제3취득자의 변제와 근저당권의 소멸〉 ㉠ 채무총액이 근저당권의 채권최고액을 초과한 경우에도, 근저당부동산을 매수한 제3취득자는 그 채권최고액을 변제하고 근저당권의 소멸을 청구할 수 있으며, 이는 고유의 권리이다(대판 1971.4.6, 71다26). ㉡ 물상보증인이 연대보증 없이 물상보증만을 한 경우에는 제3취득자와 같은 지위를 가진다. 따라서 근저당권의 물상보증인은 민법 제357조에서 말하는 채권최고액만을 변제하면 근저당권설정등기의 말소청구를 할 수 있고 채권최고액을 초과하는 부분의 채권액까지 변제할 의무가 있는 것은 아니다(대판 1974.12.10, 74다998). 따라서 채무자나 연대보증한 물상보증인은 최고액을 초과하는 부분도 변제하여야 한다.

3) 소멸청구의 의미

통설에 의하면 제3취득자의 변제에 의해 피담보채권은 소멸되고 피담보채권이 소멸되면 저당권은 부종성에 의하여 당연히 소멸되는 것이며, 따라서 소멸청구는 무의하다고 본다.

판례 〈저당부동산의 매매에 관하여 매매대금에서 피담보채무를 공제한 잔액을 수수하기로 한 약정의 취지〉 매매대금 지급방법상의 약정은 다른 특별한 사정이 없는 한 매매당사자 사이에서는 매수인이 피담보채무 또는 채권최고액에 해당하는 매매대금 부분을 매도인에게 지급하는 것이 아니라 채권자에게 직접 지급하기로 하여 그 매매목적 부동산에 관한 저당권의 말소를 보다 확실하게 보장하겠다고 하는 취지로 그런 약정을 하게 된 것이라고 볼 것이다(대판 2002.5.24, 2002다7176). 즉 피담보채무를 인수하여 채권자인 저당권자에 대한 관계에서 제3취득자에서 채무자의 지위로 바뀐 것이 아니다.

(3) 제3취득자의 비용상환청구권(제367조)

> **제367조 (제3취득자의 비용상환청구권)**
> 저당물의 제3취득자가 그 부동산의 보존, 개량을 위하여 필요비 또는 유익비를 지출한 때에는 제203조 제1항, 제2항의 규정에 의하여 저당물의 경매대가에서 우선상환을 받을 수 있다.

1) 의의

저당물의 제3취득자가 그 부동산의 보존·개량을 위하여 필요비 또는 유익비를 지출한 때에는 점유자의 비용상환청구권의 규정에 의하여 저당물의 경매대가에서 우선변제를 받을 수 있다. 따라서 필요비·유익비를 지출한 제3자는 경매법원에 대하여 이를 증명하여 상환을 청구하고 경매법원은 배당기일 전에 그 금액을 확인하여 경매비용 다음 순위로 지급한다. 그리고 이러한 비용에 대하여 제3취득자는 부동산인도명령에 대하여 비용상환이 있을 때까지 유치권을 행사할 수도 있다(제320조 참조).

2) 제3취득자의 범위

여기서 제3취득자는 소유권자·지상권자·전세권자 등 뿐만 아니라 등기된 임차권취득자도 포함된다고 할 것이다.

3) 제203조 준용

㉠ 저당물의 제3취득자가 그 부동산의 보존·개량을 위하여 필요비 또는 유익비를 지출한 때에는 제203조 제1항(필요비), 제2항(유익비)의 규정에 의하여 저당물의 경매대가에서 우선상환을 받을 수 있다(제367조).

㉡ 유익비의 경우에 법원은 회복자의 청구에 의하여 상당한 상환기간을 허여할 수 있다는 제203조 규정은 적용되지 않음에 유의하여야 한다(제203조 제3항 준용되지 않음에 유의).

4) 건물의 지분이전등기를 받은 자의 지위

건물의 증축비용(인천간석동 호텔연회장 증축비용)을 투자한 대가로 건물에 대한 지분이전등기를 경료받았으나 저당권의 실행으로 그 권리를 상실한 자는 건물에 관한 제3취득자로서 필요비 또는 유익비를 지출한 것이 아니므로 저당물의 경매대가에서 우선상환을 받을 수 없다(대판 2004.10.15. 2004다36604).

2. 물상보증인의 지위

> **제341조 (물상보증인의 구상권)**
> 타인의 채무를 담보하기 위한 질권설정자(또는 저당권설정자)가 그 채무를 변제하거나 질권(저당권)의 실행으로 인하여 질물(저당물)의 소유권을 잃은 때에는 보증채무에 관한 규정에 의하여 채무자에 대한 구상권이 있다.

(1) 의의

물상보증인은 타인의 채무를 담보하기 위해 담보물을 제공하는 자이다. 이러한 물상보증인이 소유권을 잃거나 대신 변제한 때에는 보증인(제428조 이하)에 준하여 보호를 해 주려는 것이 민법의 취지이다. 따라서 물상보증인의 채무자에 대한 구상권은 그들 사이의 물상보증위탁계약의 법적 성질과 관계없이 민법에 의하여 인정된 별개의 독립한 권리이고, 그 소멸시효에 있어서는 민법상 일반채권에 관한 규정이 적용된다(대판 2001.4.24. 2001다6237). 따라서 10년의 시효기간이 적용된다.

(2) 구상권

물상보증인의 구상권은 물상보증인이 채무를 변제하거나 저당권의 실행으로 인하여 저당물의 소유권을 잃은 때에 발생한다(제341조 참조). 따라서 물상보증인은 제442조의 사전구상권을 행사할 수는 없다(대판 2009.7.23. 2009다19802,19819).

(3) 시효중단

채권자의 물상보증인에 대한 이행청구는 채무 없는 물상보증인에게 이행청구와 관련된 효과를 발생시키지 않으므로 시효중단의 효력이나 이행지체에 빠지게 하는 효력도 생기지 않는다(물상보증인이 연대보증까지 한 경우는 예외이다).

(4) 제3자변제

물상보증인은 이해관계 있는 제3자로서 채무자의 의사에 구애받지 않고 변제 할 수 있다(제469조 제2항).

(5) 담보책임

담보목적물이 물상보증인에 의해 제공된 경우 그 물상보증인은 제578조 제1항의 "채무자"에 해당하므로 경락인이 그에 대하여 적법하게 해제권을 행사하였을 때에는 물상보증인은 경락인에 대하여 원상회복의무를 진다는 것이 판례이다(대판 1998.4.12. 87다카2641).

(6) 후순위저당권과의 관계

공동저당의 목적물인 수 개의 부동산 중 일부가 물상보증인에 의해 제공되고 그 각 부동산에 후순위저당권자가 존재하는데, 이시배당이 이루어져 선순위저당권자가 자신의 채권을 우선 변제 받게 될 경우 변제자대위규정(제481조)과 후순위저당권자의 대위규정(제368조 제2항)이 서로 충돌하게 되는데 제481조가 우선한다는 것이 판례이다.

(7) 구상권과 변제자대위의 권리는 별개

(ㄱ) 판례는 물상보증인이 채무자의 채무를 변제한 경우, 그는 민법 제370조에 의하여 준용되는 같은 법 제341조에 의하여 채무자에 대하여 구상권을 가짐과 동시에 민법 제481조에 의하여 당연히 채권자를 대위하고, 위 구상권과 변제자 대위권은 원본, 변제기, 이자, 지연손해금의 유무 등에 있어서 내용이 다른 별개의 권리라고 한다(대판 1997.5.30. 97다1556).

(ㄴ) 물상보증인이 담보부동산을 제3취득자에게 매도하고 제3취득자가 담보부동산에 설정된 근저당권의 피담보채무의 이행을 인수한 경우, 그 이행인수는 매매당사자 사이의 내부적인 계약에 불과하여 이로써 물상보증인의 책임이 소멸하지 않는 것이고, 따라서 담보부동산에 대한 담보권이 실행된 경우에도 제3취득자가 아닌 원래의 물상보증인이 채무자에 대한 구상권을 취득한다(대판 1997.5.30. 97다1556).

관련사례 乙은행은 3천만원의 융자를 신청한 甲에게 물적 담보를 요구하였다. 甲의 부탁을 받은 丙은 乙은행에 대한 甲의 채무를 담보하기 위하여 자신의 토지 위에 저당권을 설정하였다.

해설
(a) 물상보증인이 근저당권자의 채권에 대하여 다투고 있는 경우 그 분쟁을 종국적으로 종식시키는 유일한 방법은 근저당권의 피담보채권의 존부에 관한 확인의 소라고 할 것이므로, 근저당권자가 물상보증인을 상대로 제기한 확인의 소는 확인의 이익이 있어 적법하다(대판 2004.3.25. 2002다20742).
(b) 甲의 乙에 대한 채무의 이행기가 도래한 후에는 丙(수탁보증인 처럼)은 甲에게 그 채무 전액을 미리 구상할 수 있다고 볼 수 있으나(제442조 제1항 제4호), 최근의 판례는 이를 부정한다(대판 2009.7.23. 2009다19802,19819).

Ⅶ. 저당권침해시 저당권자의 보호방안

1. 의 의

저당권의 침해란 저당권자가 저당목적물의 교환가치로부터 우선변제를 받는 것을 위태롭게 하는 일체의 행위를 말한다. 목적물의 교환가치를 소멸시키는 행위는 물론 감소시킬 우려가 있는 행위도 저당권의 침해로 되는 수가 있다. 저당권의 침해의 구제방법은 채무자·제3자에 대한 경우로 나누어 보는 것이 필요하다. 예컨대 물권적 청구권과 손해배상청구권은 저당권 설정자 이외의 제3자에게도 행사가능하다.

판례 〈저당권자가 저당권에 기한 방해배제청구권을 행사하여 방해행위의 제거를 청구할 수 있는 경우〉 저당권자는 저당권 설정 이후 환가에 이르기까지 저당물의 교환가치에 대한 지배권능을 보유하고 있으므로 저당목적물의 소유자 또는 제3자가 저당목적물을 물리적으로 멸실·훼손하는 경우는 물론 그 밖의 행위로 저당부동산의 교환가치가 하락할 우려가 있는 등 저당권자의 우선변제청구권의 행사가 방해되는 결과가 발생한다면 저당권자는 저당권에 기한 방해배제청구권을 행사하여 방해행위의 제거를 청구할 수 있다(대판 2006.1.27. 2003다58454).

2. 구제방법

(1) 물권적 청구권

> **제370조 (준용규정)**
> 제214조, 제321조, 제333조, 제340조, 제341조 및 제342조의 규정은 저당권에 준용한다.

1) 손해발생여부

저당권자의 물권적 청구권(제3자에게도 청구가능)은 저당권의 침해가 있는 이상 비록 목적물의 교환가치가 피담보채권을 만족시킬 수 있다하더라도 발생한다(통설).

2) 반환청구권부정

민법은 저당권에 대하여 방해배제청구권만을 인정하고 있으며 반환청구권을 부여하고 있지 않다(제370조, 214조).

판례 ㉠ 판례는 「민법의 규정상 저당권자는 물권에 기하여 그 침해가 있는 때에는 그 제거나 예방을 청구할 수 있으므로, 공장저당권의 목적 동산이 저당권자의 동의를 얻지 아니하고 설치된 공장으로부터 반출된 경우에는, 저당권자(A 은행)는 점유권이 없기 때문에 설정자(C 회사)로부터 일탈한 저당목적물을 저당권자 자신에게 반환할 것을 청구할 수는 없지만, 저당목적물이 제3자에게 선의취득되지 아니하는 한, 원래의 설치장소에 원상회복할 것을 청구하는 것이 저당권의 성질에 반하지 아니함은 물론, 저당권자가 가지는 방해배제청구권의 당연한 행사에 해당한다(대판 1996.3.22. 95다55184) 」고 하였다. 마찬가지로 ㉡ 대지의 소유자가 나대지 상태에서 저당권을 설정한 다음 대지상에 건물을 신축하기 시작하였으나 피담보채무를 변제하지 못함으로써 저당권이 실행에 이르렀거나 실행이 예상되는 상황인데도 소유자 또는 제3자가 신축공사를 계속한다면 신축건물을 위한 법정지상권이 성립하지 않는다고 할지라도 경매절차에 의한 매수인으로서는 신축건물의 소유자로 하여금 이를 철거하게 하고 대지를 인도받기까지 별도의 비용과 시간을 들여야 하므로, 저당목적 대지상에 건물신축공사가 진행되고 있다면, 이는 경매절차에서 매수희망자를 감소시키거나 매각가격을 저감시켜 결국 저당권자가 지배하는 교환가치의 실현을 방해하거나 방해할 염려가 있는 사정에 해당한다(대판 2006.1.27. 2003다58454). 따라서 저당권자는 저당권에 기한 방해배제청구권을 행사하여 방해행위의 제거를 청구할 수 있다.

3) 무효인 등기의 말소청구

실체적 권리에 부합하지 아니하는 무효의 등기가 존재하는 경우에 그 등기의 말소를 청구할 수 있다. 예컨대 1번 저당권이 이미 변제되어 소멸한 경우, 2번저당권자가 이러한 지위에 있다고 볼 수 있다.

(2) 손해배상청구권

> **제750조 (불법행위의 내용)**
> 고의 또는 과실로 인한 위법행위로 타인에게 손해를 가한 자는 그 손해를 배상할 책임이 있다.

1) 손해발생

민법 제750조의 불법행위로 인한 손해배상청구권(제3자에게도 청구가능)의 행사는 손해가 발생한 경우 행사 가능하고, 저당권의 실행 전이라도 가능하다. 즉 경매시를 기다릴 필요 없이 손해배상을 청구할 수 있다.

2) 다른 청구권과의 관계

㉠ 손해배상청구권은 담보물보충청구권(제362조)과는 선택적 행사의 대상이 되지만(즉 함께 행사할 수 없다), 즉시변제청구권과는 함께 행사할 수 있다(통설). ㉡ 저당권의 침해가 있더라도 그 손해의 발생여부는 불확실하므로 저당권의 실행 이후가 아니면 손해배상청구는 하지 못한다(×, 변제기전에도 손해가 있으면 손해가 현실화된 것을 산정하여 곧 청구가능하다).

> **판례 〈근저당권설정등기가 불법행위로 인하여 원인 없이 말소된 경우, 등기명의인에게 곧바로 근저당권 상실의 손해가 발생하였다고 볼 수 있는지 여부(소극)〉** 등기는 물권의 효력 발생 요건이고 존속 요건은 아니어서 등기가 원인 없이 말소된 경우에는 그 물권의 효력에 아무런 영향이 없고, 그 회복등기가 마쳐지기 전이라도 말소된 등기의 등기명의인은 적법한 권리자로 추정되며, 그 회복등기 신청절차에 의하여 말소된 등기를 회복할 수 있으므로, 근저당권설정등기가 불법행위로 인하여 원인 없이 말소되었다 하더라도 말소된 근저당권설정등기의 등기명의인이 곧바로 근저당권 상실의 손해를 입게 된다고 할 수는 없다(대판 2010.2.11. 2009다68408).

(3) 담보물보충청구권

> **제362조 (저당물의 보충)**
> 저당권설정자의 책임 있는 사유로 인하여 저당물의 가액이 현저히 감소된 때에는 저당권자는 저당권설정자에 대하여 그 원상회복 또는 상당한 담보제공을 청구할 수 있다.

1) 다른 청구권과의 관계

통설에 따르면 설정자에 대하여 담보물보충청구권(제362조)을 행사하는 경우에는 손해배상청구는 행사할 수 없다고 한다.

2) 귀책사유

그리고 담보물보충청구권을 행사할 수 있기 위해서는 저당권설정자의 귀책사유가 있어야 한다.

(4) 기한이익상실 (제388조)

> **제388조 (기한의 이익의 상실)**
> 채무자는 다음 각호의 경우에는 기한의 이익을 주장하지 못한다.
> 1. 채무자가 담보를 손상, 감소 또는 멸실하게 한 때
> 2. 채무자가 담보제공의 의무를 이행하지 아니한 때

1) 채무자

채무자의 기한이익상실 사유로써 여기서 말하는 담보는 인적담보(보증 등), 물적 담보이든 그

종류를 묻지 않는다. 기한이익의 상실은 채무자에게 행사할 수 있으며, 담보제공의무의 불이행에는 원래의 담보제공의무 뿐만 아니라 담보보충의무도 포함된다(제388조 참조).

2) 귀책사유여부

다수설은 채무자의 행위에 의한 담보의 손상 등이 있으면 기한의 이익이 상실되며 그에 대한 채무자의 귀책사유는 요구되지 않는다고 한다(반대설도 있다).

3) 이행청구

기한의 이익이 상실되면 채권자는 그의 선택에 따라 곧 이행을 청구할 수도 있고, 또는 채무자의 이행을 거절하여 기한까지의 이자를 청구할 수도 있다.

Ⅷ. 저당권의 처분과 소멸

1. 저당권의 처분

(1) 저당권의 처분제한(제361조)

> **제361조 (저당권의 처분제한)**
> 저당권은 그 담보한 채권과 분리하여 타인에게 양도하거나 다른 채권의 담보로 하지 못한다.

우리 민법은 저당권의 처분에 관하여 부종성을 강조하는 태도를 취하고 있다. 즉 저당권은 그 담보한 채권과 분리하여 타인에게 양도하거나 다른 채권의 담보로 하지 못하는 것이다(제361조). 원칙적으로 피담보채권과 함께 저당권을 양도하거나 입질하여야 한다. 질권에서는 전질이 인정되지만, 저당권에서는 전저당은 인정되지 않는다.

(2) 저당권부 채권의 양도

1) 이처럼 저당권은 그 담보한 채권과 분리하여 타인에게 양도하거나 다른 채권의 담보로 할 수 없으므로 피담보채권 없는 저당권만의 양도는 무효이다(판례도 동일). 이처럼 저당권과 피담보채권은 일체로만 처분되는 것이므로 저당권부 채권의 양도에 관하여는 채권양도의 규정(제449조 이하)과 저당권양도의 규정(제186조)이 적용된다. 그러므로「저당권의 양도는 부동산물권변동의 일반원칙에 따라 물권적 합의 외에 등기를 하여야 효력이 생긴다. 저당권의 변경은 부기등기에 의한다.」(대판 1988. 3. 8, 87다카2585). 저당권부 채권의 양도는 채무자 기타 제3자에게 대항하기 위하여는 양도인이 채무자에게 통지하거나 또는 채무자가 승낙하여야 한다(제450조).

판례 ㉠〈채권양도＋물권양도〉저당권은 피담보채권과 분리하여 양도하지 못하는 것이어서 저당권부 채권의 양도는 언제나 저당권의 양도와 채권양도가 결합되어 행해지므로 저당권부 채권의 양도는 민법 제186조의 부동산물권변동에 관한 규정과 민법 제449조 내지 제452조의 채권양도에 관한 규정에 의해 규율되므로 저당권의 양도에 있어서도 물권변동의 일반원칙에 따라 저당권을 이전할 것을 목적으로 하는 물권적 합의와 등기가 있어야 저당권이 이전된다고 할 것이나, 이 때의 물권적 합의는 저당권의 양도·양수받는 당사자 사이에 있으면 족하고 그 외에 그 채무자나 물상보증인 사이에까지 있어야 하는 것은 아니라 할 것이고, 단지 채무자에게 채권양도의 통지나 이에 대한 채무자의 승낙이 있으면 채권양도를 가지고 채무자에게 대항할 수 있게 되는 것이다(대판 2005. 6. 10, 2002다15412,15429).

ⓒ 〈근저당권설정자와 근저당권자 사이의 채권적 합의에 의한 제한이 근저당권 자체나 근저당권 인수인에게 효력을 미치는지 여부(소극)〉 신축 상가건물에 대한 공사대금채권의 담보를 위하여 상가건물에 근저당권을 설정하면서 근저당권설정자와 근저당권자 사이에 분양계약자가 분양대금을 완납하는 경우 그 분양계약자가 분양 받은 지분에 관한 근저당권을 말소하여 주기로 하는 약정이 있었다 하더라도, 근저당권자는 근저당권설정자 또는 분양계약자에 대하여 그 약정에 따라 분양계약자의 분양 지분에 관한 근저당권을 말소하여 줄 채권적 의무가 발생할 뿐이지 물권인 근저당권자의 근저당권 자체가 등기에 의하여 공시된 바와 달리 위 약정에 의하여 제한되는 것은 아니고, 그 근저당권의 인수인이 당연히 위 약정에 따른 근저당권자의 채무를 인수하는 것도 아니다(대판 2001.3.23. 2000다49015).

2) 원래 채권의 불성립·무효로 처음부터 채권이 없는 경우 또는 피담보채권이 변제 기타의 사유로 소멸한 경우에는 저당권부 채권의 양도의 부기등기가 되어있더라도 양수인은 저당권을 취득할 수 없다.

판례 저당권은 부동산물권변동이고, 등기에 공신력이 없으므로 피담보채권이 소멸하면 저당권은 그 부종성에 의하여 당연히 소멸하게 되므로, 그 말소등기가 경료되기 전에 그 저당권부 채권을 가압류하고 압류 및 전부명령을 받아 저당권이전의 부기등기를 경료한 자라 할지라도, 그 가압류 이전에 그 저당권의 피담보채권이 소멸된 이상, 그 저당권을 취득할 수 없고, 실체관계에 부합하지 않는 그 저당권설정등기를 말소할 의무를 부담한다(대판 2002.9.24, 2002다27910).

(3) 저당권부 채권의 입질

㈀ 저당권은 그 담보한 채권과 분리하여 다른 채권의 담보로 하지 못하므로 저당권부 채권의 입질만이 가능하다. 그 법률적 성질은 일종의 권리질권의 설정으로서 채권과 저당권이 공동으로 입질되는 것으로 보는 것이 상당하다. 즉 저당권부 채권의 저당권만을 입질하는 것은 불가능하며, 따라서 채권의 입질과 저당권의 입질이 결합된 것이라고 할 것이다. 다만 입질의 등기는 저당권등기에 입질의 부기등기를 하여야 한다.

㈁ 저당권부 채권의 입질의 경우, 채권의 입질에 관해서는 권리질권에 관한 규정(제349조)이 적용되고, 저당권의 입질에 관해서는 그 저당권등기에 질권의 부기등기를 요한다(제348조 참조).

2. 저당권의 소멸

저당권은 물권이면서 담보물권이기 때문에, 물권 일반의 소멸원인과 담보물권 일반의 소멸원인에 의하여 소멸한다. 그런데 민법은 그 밖의 소멸에 관하여 다음의 것을 규정한다. 즉 저당권으로 담보한 채권이 시효의 완성 기타 사유로 인하여 소멸한 때에는 저당권도 소멸한다(제369조). 그러나 저당권만이 단독으로 소멸시효에 걸리는 일은 없다.

IX. 근저당권

> **제357조 (근저당)**
> ① 저당권은 그 담보할 채무의 최고액만을 정하고 채무의 확정을 장래에 보류하여 이를 설정할 수 있다. 이 경우에는 그 확정될 때까지의 채무의 소멸 또는 이전은 저당권에 영향을 미치지 아니한다.
> ② 전항의 경우에는 채무의 이자는 최고액 중에 산입한 것으로 본다.

1. 의의 및 특징

(1) 의의

근저당이란 장래 증감변동하는 불특정의 채무를 일정한도까지 담보하는 저당권으로서 부종성이 완화되는 점이 특징이다. 제357조 제1항에서는 근저당이란 표제하에 "저당권은 그 담보할 채무의 최고액만을 정하고 채무의 확정을 장래에 보류하여 이를 설정할 수 있다. 이 경우에는 그 확정될 때까지의 채무의 소멸 또는 이전은 저당권에 영향을 미치지 아니한다". 그리고 제2항에서는 "채무의 이자는 최고액중에 산입한 것으로 본다"고 하고 있다.

(2) 기능

현대의 금전대차관계는 당좌대월계약이나 어음할인계약과 같이 중첩적·계속적으로 성립하고 이러한 대차관계로부터 다수의 채권·채무가 발생·소멸시키는 번잡성을 제거하는 데에 근저당제도의 기능이 있다.

(3) 일반저당권과의 차이

(ㄱ) 대상에 관하여 살펴본다면, <u>일반저당에서는 단순히 장래의 특정채권을 대상으로 하나, 근저당은 장래·증감변동하는 불특정의 채권을 대상으로 한다. 즉 근저당은 채권자·채무자 간의 기본관계가 종료할 때까지 그 피담보채권은 항상 불확정적이다. 근저당이라고 할 수 있기 위하여는 원본채권 자체가 불확정이어야 한다.</u> 요컨대 근저당권은 피담보채권의 불특정·소멸에 관한 부종성의 예외로서 피담보채권액이 일시 감소하거나 전무하게 되더라도 저당권의 존속 자체에 아무런 영향이 없다는 점에 특색이 있다.

(ㄴ) 계약과 등기에 관하여 살펴본다면, 기본계약이 있는 점은 동일하다. 다만 근저당의 기본계약은 피담보채권이 증감변동될 가능성이 있다는 점이다. <u>그리고 등기는 일반 저당권은 '저당권등기'를 근저당은 '근저당등기'를 한다.</u> 근저당권인가 또는 일반저당권인가의 여부는 명칭에 의하여서만 정할 것이 아니라 그 설정계약의 해석에 의하여 이를 정할 것이다(대판 1963.2.7, 62다796).

(ㄷ) 특정액과 최고액에 관하여 살펴본다면, 일반저당권은 특정액을 명시하나, 근저당은 반드시 채권의 최고액을 명시하여야 한다. 판례도 최고액은 근저당권의 필수요건으로 보고 있다.

(ㄹ) <u>저당권의 실행비용은 최고액에 포함되지 않는다</u>(통설·판례). 즉 경매실무에서는 매각대금에서 매각비용(=실행비용)을 먼저 공제하여 경매를 신청한 근저당권자에게 교부한 후 최고액 범위에서 우선배당을 하는 것이 이를 반영한 것이다.

〈필수요건〉㉠ 근저당권설정등기에는 반드시 근저당이라는 것을 표시하여야 하며, 등기하여야 제3자에 대항할 수 있다. ㉡ 근저당에서의 채권의 최고액을 반드시 등기하여야 한다. ㉢ 존속기간 또는 기본계약의 결산기는 필수요건이 아니다.

* 판례는 근저당권은 그 담보할 채무의 최고액만을 정하고, 채무의 확정을 장래에 보류하여 설정하는 저당권으로서, 계속적인 거래관계로부터 발생하는 다수의 불특정채권을 장래의 결산기에서 일정한 한도까지 담보하기 위한 목적으로 설정되는 담보권이므로 근저당권설정행위와는 별도로 근저당권의 피담보채권을 성립시키는 법률행위가 있어야 한다고 판시하였다(대판 2004.5.28, 2003다70041).

(4) 이자범위

민법 제357조 제2항은 「채무의 이자는 최고액 중에 산입한 것으로 본다」고 규정하고 있으므로 지연이자 내지 지연배상은 1년분에 한정되지 아니하고 채권최고액에 포함되는 이상 모두 이에 담보된다(제360조와 차이). 근저당권의 실행비용은 채권최고액에 포함되지 아니한다(대결 1971.5.15, 자71마251).

판례 〈채권담보범위〉 근저당권자의 경매신청 등의 사유로 인하여 근저당권의 피담보채권이 확정되었을 경우, 확정 이후에 새로운 거래관계에서 발생한 원본채권은 그 근저당권에 의하여 담보되지 아니하지만, 확정 전에 발생한 원본채권에 관하여 확정 후에 발생하는 이자나 지연손해금 채권은 채권최고액의 범위 내에서 근저당권에 의하여 여전히 담보되는 것이다(대판 2007.4.26. 2005다38300).

(5) 제3취득자의 지위

㉠ 채무총액이 근저당권의 채권최고액을 초과한 경우에도, 근저당부동산에 대하여 소유권을 취득한 제3자는 피담보채무가 확정된 이후에 그 확정된 피담보채무를 채권최고액의 범위 내에서 변제하고 근저당권의 소멸을 청구할 수 있다. ㉡ 그러나 채무자겸 저당권 설정자는 채권최고액의 초과금액도 변제하여야 근저당권의 소멸을 청구할 수 있다(대판 2001.10.12, 2000다59081).

판례 〈근저당권의 피담보채권이 채무자 또는 제3자의 변제 등으로 일부 소멸하였으나 그 잔존액이 채권최고액을 초과하는 경우, 근저당권의 목적이 된 부동산의 제3취득자가 그 부동산에 의하여 부담하는 자신의 책임이 위 변제 등으로 감축되었음을 주장할 수 있는지 여부(소극)〉 근저당권의 목적이 된 부동산의 제3취득자는 근저당권의 피담보채무에 대하여 채권최고액을 한도로 당해 부동산에 의한 담보적 책임을 부담하므로, 제3취득자로서는 채무자 또는 제3자의 변제 등으로 피담보채권이 일부 소멸하였다고 하더라도 잔존 피담보채권이 채권최고액을 초과하는 한 담보부동산에 의한 자신의 책임이 그 변제 등으로 인하여 감축되었다고 주장할 수 없다(대판2007.4.26. 2005다38300).

2. 포괄근저당의 유효성

(1) 의의

포괄근저당이라고 함은 '현재 및 장래에 발생할 일체의 채무'를 일정한 최고액까지 담보하는 것을 내용으로 하는 근저당을 말한다. 근저당은 비록 피담보채권은 불특정하다하더라도 그 피담보채권을 발생시키는 계속적 거래관계는, 예컨대 당좌대월계약이면 당좌대월계약으로, 어음할인계약이면 어음할인계약으로 특정(계약은 구체적)되어 있다. 그런데 이처럼 기초적인 거래관계조차 특정하지 않고 널리 현재 및 장래에 있어서 발생할 일체의 채무를 담보한다든가, 어음대출·어음할인·당좌대월·증서대출 기타에 의하여(즉 계약이 추상적) 부담하는 일체의 채무를 담보하는 것을 내용으로 근저당권을 설정하는 경우를 포괄근저당이라고 한다는 것이다. 실무에 있어서는 '어음할인·대부·보증 기타에 의하여 부담하는 일체의 채무를 담보한다'는 형식으로 포괄근저당설정계약이 체결되는 것이 보통이다.

(2) 포괄근저당이 활용되는 이유

반복·계속되는 복잡·다양한 여러 거래마다 근저당권설정계약을 체결하여야 하는 번잡을 회피할 수 있다. 즉 각종의 모든 거래에 걸쳐 일반적이고 추상적인 거래계약을 체결하여, 거래에서 생기는 모든 채권·채무를 일정한 한도까지 담보하려고 하는 것이 이 제도의 활용이유이다.

(3) 근저당의 유형

1) 특정근저당

특정일자에 체결된 특정한 계속적 거래계약으로부터 발생하는 불특정의 채권을 일정한 최고한도액까지 담보하는 근저당이다.

2) 한정근저당

특정한 종류의 계속적 거래관계로부터 발생하는 불특정의 채권을 일정한 한도액까지 담보하는 근저당권이다.

3) 포괄근저당

종류를 한정하지 않고 특정채권자와 채무자사이의 은행거래관계(여신거래관계)로부터 발생하는 일체의 채권을 담보하는 근저당이다. <u>위 세가지 유형에 대하여 학설과 판례는 유효성을 긍정한다.</u>

3. 근저당의 변경 등

(1) 기본계약과 채무자의 변경

근저당권자와 설정자간의 합의에 의하여 채권의 범위를 변경하거나 또는 채무자를 변경할 수 있다. 이것은 제3자에게 예상치 못한 불이익을 주는 것은 아니기 때문에 후순위자나 그밖의 제3자의 승낙은 요하지 않는다.

(2) 채권최고액의 변경

근저당권자와 설정자간의 합의에 의해 채권최고액을 변경할 수 있으나 그 변경등기를 하여야 효력이 생긴다. <u>이 경우에는 이해관계인의 승낙을 얻어야 한다</u>(김준호 16판 p.881).

(3) 근저당권의 양도

<u>근저당권에 의하여 담보되는 채권이 이미 발생하고 있는 경우에는 그 채권과 분리하여 근저당권만을 양도 할 수 없다.</u> 피담보채권과 분리하여 근저당권만의 양도는 허용되지 않고, 피담보채권이 없는 근저당권의 양도는 무효이다(판례). <u>따라서 그 담보할 채권과 함께 근저당권을 양도할 수 있다. 그런데 이것은 실제로 기본계약의 양도를 가져오는 것이므로, 근저당권자</u>(양도인)<u>・채무자・양수인</u>(신채권자)<u>사이의 3면계약에 의하여 한다.</u>

판례 근저당권 이전의 부기등기가 경료된 경우, 피담보채무의 소멸을 원인으로 한 근저당등기말소청구의 상대방은 양수인이며, 그 피담보채무의 변제로 인하여 소멸된 경우, 위 주등기말소만 구하면 되고, 그에 관한 부기등기는 별도로 말소를 구하지 않더라도 주등기가 말소되는 경우에는 직권으로 말소되어야 할 성질의 것이다(대판 2000.10.10, 2000다19526).

4. 근저당권의 효력

(1) 효력일반

근저당권은 최고액의 범위 내에서 근저당권의 효력이 미치는 피담보채권을 담보한다. 최고액이나 근저당권의 효력이 미치는 피담보채권의 범위는 근저당권자와 근저당권설정자 간의 약정에 의하여 정하여진다.

(2) 최고액과 피담보채권의 범위

(ㄱ) 「피담보채권의 액이 최고액을 초과하면 그 초과부분은 근저당권에 의하여 담보되지 아니하고, 그 최고액만을 담보하며 확정된 피담보채권의 액이 최고액에 미달하는 때에는 확정액만을 우선변제받을 수 있다. <u>최고액을 초과하는 부분에 대하여도 근저당권의 효력이 미친다는 당사자간의 특약이 있더라도 이러한 특약은 제3자에 대하여 대항할 수 없다.</u>」고 할 것이다(대결 1971.5.15, 자71마251).

(ㄴ) 「계속적 거래관계에 기하여 이미 채권이 발생한 후 그 계속적 거래관계를 기본계약으로 하여 근저당권을 설정한 경우에는 이 근저당권은 특별한 사정이 없는 한 전에 발생한 채권도 담보한다.」는 것이 판례이다(대판 1970.4.28, 70다103).

(ㄷ) 채무의 이자는 최고액 중에 산입한 것으로 본다(제357조). 따라서 최고액의 범위 내이기만

하면 되므로, 일반저당권에 있어서 1년분의 지연배상만 피담보채권의 범위에 포함된다는 규정(제360조)은 근저당권의 경우에는 그 적용이 없다.

판례 〈근저당권에서 피담보채권범위의 해석〉 * 근저당권은 당사자사이에 계속적인 거래관계로부터 발생하는 불특정채권을 어느시기에 계산하여 잔존하는 채무를 일정한 한도액 범위내에서 담보하는 저당권으로서 보통의 저당권과 달리 발생 및 소멸에 있어 피담보채무에 대한 <u>부종성이 완화되어 있는 관계로 피담보가 확정되기 이전이라면 채무의 범위나 또는 채무자를 변경할 수 있는 것이다.</u> ① 근저당권의 채무의 범위나 채무자가 변경된 경우, 변경 전의 범위에 속하는 채권이나 채무자에 대한 채권은 그 근저당권의 피담보채무에서 제외되는지 여부(적극) 근저당권은 당사자 사이의 계속적인 거래관계로부터 발생하는 불특정채권을 어느 시기에 계산하여 잔존하는 채무를 일정한 한도액 범위 내에서 담보하는 저당권으로서 보통의 저당권과 달리 발생 및 소멸에 있어 피담보채무에 대한 부종성이 완화되어 있는 관계로 피담보채무가 확정되기 이전이라면 채무의 범위나 또는 채무자를 변경할 수 있는 것이고 <u>(예: 종래의 채무자가 채무변제 한 후 물상보증인이 채무자가 되어 거래를 한 경우), 채무의 범위나 채무자가 변경된 경우에는 당연히 변경 후의 범위에 속하는 채권이나 채무자에 대한 채권만이 당해 근저당권에 의하여 담보되고, 변경 전의 범위에 속하는 채권이나 채무자에 대한 채권은 그 근저당권에 의하여 담보되는 채무의 범위에서 제외된다</u>(대판 1999. 5. 14. 97다15777,15784). ② **물상보증인이 근저당권의 피담보채무만을 면책적으로 인수하고 이를 원인으로 하여 근저당권 변경의 부기등기를 경료한 경우, 그 변경등기는 채무를 인수한 물상보증인이 다른 원인으로 근저당권자에 대하여 부담하게 된 새로운 채무까지 담보하는지 여부(소극)** 물상보증인이 근저당권의 채무자의 계약상의 지위를 인수한 것이 아니라, 다만 그 채무만을 면책적으로 인수하고 이를 원인으로 하여 근저당권 변경의 부기등기가 경료된 경우, 특별한 사정이 없는 한 그 변경등기는 당초 채무자가 근저당권자에 대하여 부담하고 있던 것으로서 물상보증인이 인수한 채무만을 그 대상으로 하는 것이지, 그 후 채무를 인수한 물상보증인이 다른 원인으로 근저당권자에 대하여 부담하게 된 새로운 채무까지 담보하는 것으로 볼 수는 없다(예: 위 채무인수 과정에서 인수인과 채권자와의 사이에 작성된 계약서에 '위 당사자 간 확정채무의 면책적 인수계약을 하기 위하여 다음과 같이 계약을 체결한다'고 기재되어 있고, 근저당권부기등기의 등기원인에서도 '확정채무의 면책적 인수계약'으로 등재되어 있었다)는 점 등을 종합하면, 인수인이 위 면책적 채무인수 이후에 금고와 새로이 체결한 연대보증약정에 따른 채무는 위 근저당권의 피담보채무가 되지 않는다고 판단하고 있다(대판 2002.11.26. 2001다73022).

4. 근저당에서 피담보채권의 확정

(1) 확정시기

1) 일반론

근저당에 있어서는 채권이 확정되지 않으면 저당권을 실행할 수 없다. 따라서 그 피담보채권의 확정이 필요하다. ㉠ 기본계약에서 결산기를 정한 때에는 그 시기가 도래한 때, 다만 피담보채권이 확정되기 전이라도 채권이 변제 등으로 소멸하거나 또는 거래의 계속을 원하지 않는 경우에는 <u>근저당설정계약을 해지하고 설정등기의 말소를 청구할 수 있다</u>(판례). ㉡ 원본의 확정시기를 약정하지 아니한 때에는 설정자는 근저당권자를 상대로 언제든지 해지의 의사표시를 함으로써 확정시킬 수 있다(대판 2001.11.9. 2001다47528). ㉢ <u>이러한 근저당권설정계약해지권은 제3취득자도 원용할 수 있다</u>(대판 2001.11.9. 2001다47528; 대판 2006.4.28. 2005다74018).

2) 근저당권자의 경매

㉠ 근저당권자가 스스로 경매를 신청한 때에는 채무자와의 거래를 종료하겠다는 의사를 표시

한 것으로 볼 수 있는 점에서, 경매신청시에 확정된다(대판 1988.10.11, 87다카545). 그러므로 경매절차가 개시된 후 채무자의 임의변제로 근저당권자가 경매신청을 취하한 때에도 마찬가지이기 때문에 경매신청취하 후 채권이 새로 발생한 경우, 그 채권은 근저당권에 의해 담보되지 않는다(대판 2002.11.26, 2001다73022).

(ㄴ) 근저당권자가 물상보증인 소유토지와 채무자 소유토지에 공동으로 근저당권을 설정하였는데, 후자에 대해 경매를 신청한 경우, 판례는 전자에 대해서도 근저당권은 확정된다고 한다(대판 1996.3.8, 95다36596).

3) 선순위 근저당권의 피담보채권의 확정시기

채권자인 근저당권자가 경매를 신청하는 경우 경매신청시에 근저당권자의 피담보채권액은 확정된다. 그런데 후순위 근저당권자가 저당부동산에 관하여 경매신청을 한 경우, 경락으로 소멸하게 되는 선순위근저당권자의 피담보채권은 언제 확정되는가? 이는 피담보채무의 변제기가 도래하면 이 때 당연히 피담보채권이 확정되므로 문제가 되는 것은 변제기 도래전의 저당목적물에 대한 경매신청이 있을 때의 확정시기 문제이다. 대법원은 근저당권이 소멸하는 시기, 즉 경락인이 경락대금(매각대금)을 완납한 때에 확정된다고 보고 있다(대판 1999.9.21, 99다26085).

4) 채무자 또는 근저당권설정자의 파산 등

이 경우 피담보채무(채권)의 확정은 회사정리절차개시결정시점을 기준으로 한다(대판 2001.6.1, 99다66649).

판례 〈물상보증인이 설정한 근저당권의 채무자가 합병으로 소멸하고, 물상보증인 또는 그로부터 합병 전에 저당목적물의 소유권을 취득한 제3자가 합병 후 존속회사 또는 신설회사를 위하여 근저당권설정계약을 존속시키는 데 동의하지 않은 경우, 합병 당시를 기준으로 근저당권의 피담보채무가 확정되는지 여부(적극)〉 물상보증인이 설정한 근저당권의 채무자가 합병으로 소멸하는 경우 합병 후의 존속회사 또는 신설회사는 합병의 효과로서 채무자의 기본계약상 지위를 승계하지만 물상보증인이 존속회사 또는 신설회사를 위하여 근저당권설정계약을 존속시키는 데 동의한 경우에 한하여 합병 후에도 기본계약에 기한 근저당거래를 계속할 수 있고, 합병 후 상당한 기간이 지나도록 그러한 동의가 없는 때에는 합병 당시를 기준으로 근저당권의 피담보채무가 확정된다. 따라서 위와 같이 근저당권의 피담보채무가 확정되면, 근저당권은 그 확정된 피담보채무로서 존속회사 또는 신설회사에 승계된 채무만을 담보하게 되므로, 합병 후 기본계약에 의하여 발생한 존속회사 또는 신설회사의 채무는 근저당권에 의하여 더 이상 담보되지 아니한다. 그리고 이러한 법리는 채무자의 합병 전에 물상보증인으로부터 저당목적물의 소유권을 취득한 제3자가 있는 경우에도 마찬가지로 적용된다(대판 2010.1.28, 2008다12057).

(2) 확정효과

일반의 저당권으로 다루어 진다. 다만 근저당권이 확정된 후에도 지연손해금은 최고액범위 내이면 제360조 일반저당권의 피담보채권범위의 규정이 적용되지 않는다. 판례는 저당권의 실행비용은 최고액에 포함되지 않는다고 한다(대결 1971.5.15, 자71마251).

(3) 근저당권의 피담보채무에 관한 부존재확인의 소가 근저당권이 말소되면 확인의 이익이 없게 되는지 여부(적극)

확인의 소에서 확인의 대상은 현재의 권리 또는 법률관계일 것을 요하므로 특별한 사정이 없는 한 과거의 권리 또는 법률관계의 존부확인은 인정되지 아니하는바, 근저당권의 피담보채무에 관한 부존재확인의 소는 근저당권이 말소되면 과거의 권리 또는 법률관계의 존부에 관한 것으로서 확인의 이익이 없게 된다(대법원 2013.08.23. 선고 2012다17585 판결).

X. 공동저당

> **제368조 (공동저당과 대가의 배당, 차순위자의 대위)**
> ① 동일한 채권의 담보로 수개의 부동산에 저당권을 설정한 경우에 그 부동산의 경매대가를 동시에 배당하는 때에는 각부동산의 경매대가에 비례하여 그 채권의 분담을 정한다.
> ② 전항의 저당부동산중 일부의 경매대가를 먼저 배당하는 경우에는 그 대가에서 그 채권전부의 변제를 받을 수 있다. 이 경우에 그 경매한 부동산의 차순위저당권자는 선순위저당권자가 전항의 규정에 의하여 다른 부동산의 경매대가에서 변제를 받을 수 있는 금액의 한도에서 선순위자를 대위하여 저당권을 행사할 수 있다.

1. 의의 및 성질

공동저당이라 함은 동일한 채권의 담보로서 수 개의 부동산 위에 설정된 저당권을 말한다. 공동저당에 있어서는 목적물의 수만큼의 저당권이 성립(복수저당권설)한다.

판례 따라서 공동저당권자(채권자)는 저당권불가분성의 원칙에 따라 수 개의 저당목적물 중 어느 것으로부터도 자유로이 우선변제를 받을 수 있다. 즉 공동저당권자는 공동저당물 전부에 대해서 일괄경매를 할 수도 있고 일부에 대해서 먼저 경매를 할 수도 있다(대판 1983.3.22, 81다43). 다만 후순위저당권자가 있을 때에는 후순위저당권자사이에 불공평한 결과를 초래하지 않기 위해 제368조의 동시배당과 이시배당에 관한 규정을 두고 있는 것이다(김준호 16판, p.890).

2. 공동저당의 성립

공동저당은 그 수 개의 목적물에 꼭 동시에 설정되어야 하는 것은 아니다. 즉 이시에 설정되어도 좋다. 그리고 수 개의 목적물의 소유자가 달라도 좋고, 수 개의 저당권의 순위가 달라도 된다. 그리고 공동저당 부동산이 5개 이상일 때에는 공동담보목록을 첨부하여야 한다(부동산등기법). 공동저당에 의하여 각 부동산 위에 저당권이 성립하므로 각 부동산에 관하여 저당권설정의 등기를 요한다. 다만 공동저당이란 것을 저당권등기에 등록할 수 있다.

3. 공동저당의 효력

(1) 일괄경매와 분할경매

공동저당권자는 공동저당의 목적물에 관하여 각각 별개의 저당권을 가지고 있으므로 목적물의 전부를 동시에 경매하여 저당권을 실행하는 것이 원칙이다(판례 동지). 다만 공동저당의 목적물 중 어떤 부동산의 매득금만으로 채권전액을 변제하기에 족한 경우에는 다른 부동산의 경락을 허용하여서는 아니될 것이다(과잉매각금지원칙, 민사집행법 제124조; 대법원은 과잉매각에 해당하는지 여부는 직권조사사항이라고 하고 있다). 따라서 이 경우에는 필연적으로 분할경매에 의한 이시배당이 있게 된다.

(2) 동시배당의 경우

(ㄱ) 경매대가를 동시에 배당하는 때에는 각 부동산의 경매대가에 비례하여 그 채권의 분담을 정한다(제368조 제1항). 그리고 각 부동산에 관하여 그 비례안분액을 초과하는 부분은 후순위저당권자의 변제에 충당한다.

(ㄴ) <u>민법 제368조의 규정은 부동산에 관하여 후순위저당권자가 존재하지 않는 경우에도 그 적용이 있다고 할 것이다</u>(통설).

(ㄷ) <u>공동저당권자가 수개의 부동산 중 먼저 실행된 부동산에 관한 경매절차에서 피담보채권액 중 일부만을 청구하여 이를 배당받았다고 하더라도, 이로써 나머지 피담보채권액 전부 또는 민법 제368조 제1항에 따른 그 부동산의 책임분담액과 배당액의 차액에 해당하는 채권액에 대하여 아직 경매가 실행되지 아니한 다른 부동산에 관한 저당권을 포기한 것으로 볼 수 없다</u>(대판 1997.12.23. 97다39780).

(ㄹ) 그러나 선순위 공동저당권자가 피담보채권을 변제받기 전에 공동저당 목적 부동산 중 일부에 관한 저당권을 포기한 경우에는, 후순위저당권자가 있는 부동산에 관한 경매절차에서, 저당권을 포기하지 아니하였더라면 후순위저당권자가 대위할 수 있었던 한도에서는 후순위저당권자에 우선하여 배당을 받을 수 없다고 보아야 하고, 이러한 법리는 공동근저당권의 경우에도 마찬가지로 적용된다고 보아야 한다(대판 2011.10.13. 2010다99132; 대판 2009.12.10. 2009다41250).

판례 ① 〈**제368조 제1항 동시배당의 유추적용**〉 주택임대차보호법 제8조에 규정된 소액보증금반환청구권은 <u>주택임차인이 대지와 건물 모두로부터 배당을 받는 경우에는 마치 그 대지와 건물 전부에 대한 공동저당권자와 유사한 지위에 서게 되므로 대지와 건물이 동시에 매각되어 주택임차인에게 그 경매대가를 동시에 배당하는 때에는 민법 제368조 제1항을 유추적용하여 대지와 건물의 경매대가에 비례하여 그 채권의 분담을 정하여야 한다</u>(대판 2003.9.5. 2001다66291).
② 〈**공동저당권의 목적물인 채무자 소유의 부동산과 물상보증인 소유의 부동산이 함께 경매되어 그 경매대가를 동시에 배당하는 경우, 민법 제368조 제1항이 적용되는지 여부(소극) 및 그 경우의 배당 방법**〉 공동저당권이 설정되어 있는 수개의 부동산 중 일부는 채무자 소유이고 일부는 물상보증인의 소유인 경우 위 각 부동산의 경매대가를 동시에 배당하는 때에는, 물상보증인이 민법 제481조, 제482조의 규정에 의한 변제자대위에 의하여 채무자 소유 부동산에 대하여 담보권을 행사할 수 있는 지위에 있는 점 등을 고려할 때, "동일한 채권의 담보로 수개의 부동산에 저당권을 설정한 경우에 그 부동산의 경매대가를 동시에 배당하는 때에는 각 부동산의 경매대가에 비례하여 그 채권의 분담을 정한다"고 규정하고 있는 민법 제368조 제1항은 적용되지 아니한다고 봄이 상당하다. 따라서 이러한 경우 경매법원으로서는 채무자 소유 부동산의 경매대가에서 공동저당권자에게 우선적으로 배당을 하고, 부족분이 있는 경우에 한하여 물상보증인 소유 부동산의 경매대가에서 추가로 배당을 하여야 한다(대판 2010.4.15. 2008다41475). 파기된 <u>원심은, 경매법원이 이 사건 각 부동산의 경매대가에 비례하여 안분한 금액을 공동근저당권자</u>

에게 배당한 후, 이 사건 제1부동산의 나머지 경매대가를 위 부동산에 관한 후순위권리자에게 순차로 배당하는 내용으로 배당표를 작성한 조치를 정당하다고 판단하였는바, 이와 같은 원심의 판단에는 민법 제368조 제1항의 적용 범위 등에 관한 법리를 오해한 위법이 있고, 이는 결과에 영향을 미쳤음이 분명하다고 하여 대법원은 하급심을 파기 환송하였다(대판 2010.4.15. 2008다41475).

③ 〈**선순위 공동저당권자가 피담보채권을 변제받기 전 공동저당 목적 부동산 중 일부에 관한 저당권을 포기한 경우의 법률관계**〉 이러한 경우 선순위공동저당권자가 포기한 경우 후순위저당권자가 있는 부동산에 관한 경매절차에서 '저당권을 포기하지 아니하였더라면 후순위저당권자가 대위할 수 있었던 한도'에서 선순위공동저당권자는 후순위저당권자에 우선하여 배당을 받을 수 없으며, 동일한 채권의 담보를 위하여 공유인 부동산에 공동저당의 관계가 성립된 경우에도 마찬가지이다(대판 2011.10.13, 2010다99132).

(3) 이시배당의 경우

(ㄱ) 이시배당의 순위에 대하여 살펴본다면, 공동저당의 어느 일부 부동산만을 경매하여 그 대가를 먼저 배당하는 때에는, 공동저당권자는 그 대가로부터 채권 전액의 변제를 받을 수 있다(제368조 제2항 전단). 이 경우 그 경매된 부동산의 후순위저당권자는, 만약 동시에 배당하였더라면 다른 부동산의 경매대가에서 변제를 받을 수 있는 금액의 한도에서 선순위자를 대위하여 저당권을 행사할 수 있다(제368조 제2항).

(ㄴ) 후순위저당권자는 공동저당권자의 후순위저당권자 모두를 말하고 바로 그 다음 순위의 후순위저당권자만을 의미하는 것은 아니라고 한다.

(ㄷ) 대위에 의하여 공동저당권자의 저당권은 후순위저당권자에게 이전된다. 이 이전은 당사자의 의사에 불구하고 당연히 발생하므로 일종의 법률의 규정에 의한 물권변동이다. 따라서 등기 없이도 저당권이전의 효력이 발생한다. 이처럼 후순위저당권자가 선순위자를 대위할 수 있는 권리를 이번 부동산등기법에서는 등기할 수 있도록 공동저당대위등기규정을 신설하였다(부동산등기법 제80조).

판례 ① 〈**제368조 제2항 이시배당 유추적용**〉 임금채권 우선특권은 사용자의 총재산에 대하여 저당권 등에 의하여 담보된 채권, 조세 등에 우선하여 변제받을 수 있는 이른바 법정담보물권으로서, 사용자 소유의 수 개의 부동산 중 일부가 먼저 경매되어 그 경매대가에서 임금채권자가 우선특권에 따라 우선변제 받은 결과 그 경매한 부동산의 저당권자가 민법 제368조 제1항에 의하여 위 수 개의 부동산으로부터 임금채권이 동시배당되는 경우보다 불이익을 받은 경우에는, 같은 조 제2항 후문을 유추적용하여 위와 같이 불이익을 받은 저당권자로서는 임금채권자가 위 수 개의 부동산으로부터 동시에 배당받았다면 다른 부동산의 경매대가에서 변제를 받을 수 있었던 금액의 한도 안에서 선순위자인 임금채권자를 대위하여 다른 부동산의 경매절차에서 우선하여 배당받을 수 있다(대판 2002.12.10, 2002다48399).

② 〈**후순위저당권자와의 관계**〉 (ⅰ) 당해목적물과의 관계 : 후순위자의 선순위저당권자대위와 관련하여, 공동저당권자가 당해목적물에서 채권전액의 변제를 받을 경우에 한하는가, 그렇지 않으면 일부변제를 받은 것으로 족한가에 관하여는 논의의 여지가 있으나 일부 목적물에서 일부변제를 받은 경우에도 후순위저당권자의 대위권이 발생한다고 한다(통설). (ⅱ) 대위권발생시기 : 단, 후순위저당권의 대위권은 공동저당권자의 채권이 완제된 때에 발생한다. 따라서 공동저당권자가 일부 목적물에서 채권의 일부만을 변제받은 때에는 공동저당권자는 그 잔액채권에 관하여 다른 저당부동산 위에 여전히 저당권을 가지므로 그 잔액채권의 완제를 받거나 그 저당권이 소멸한 때에 비로소 대위할 수 있는 것이다(대판 2006.5.26, 2003다18401).

⑷ 공동저당에서 선순위저당권자와의 관계

공동저당의 목적인 부동산의 일부에 선순위저당권이 있는 경우에는 공동저당권자는 공동저당 목적부동산의 모두를 경매할 수 없고, 선순위저당권이 있는 부동산만을 별도로 경매하여야 한다(통설). 일괄경매에 의하여 선순위저당권자가 불이익을 받게 되기 때문이다(김준호 16판, p.893).

⑸ 후순위저당권자와 물상보증인간의 우열(제368조 제2항과 제481조의 충돌)

1) 물상보증인 등의 제3자의 대위권을 우선시키는 견해(판례)

이러한 입장은 제3자는 채무자 소유물의 담보력을 신뢰하고 있고, 민법 제481조의 규정은 이러한 신뢰를 보호하려는 것이며 또한 민법 제368조 제2항은 채무자소유의 여러 부동산 위에 저당권이 있는 경우에 한하여 적용되는 것이므로 제3자의 대위권을 우선시켜야 한다고 주장한다.

2) 후순위저당권자의 대위권을 우선시키는 견해(다수설)

이러한 입장은 물상보증인 등의 제3자는 부동산의 가액에 비례한 피담보채권의 안분액만큼 부담할 각오가 되어 있으므로 그 한도에 있어서는 후순위저당권자가 우선하여야 한다고 한다.

판례 〈물상보증인 우선설인 판례〉 ㉠ 〈대판1994.5.10, 93다25417〉 공동저당의 목적인 채무자 소유의 부동산과 물상보증인 소유의 부동산에 각각 채권자를 달리하는 후순위 저당권이 설정되어 있는 경우, 물상보증인 소유의 부동산에 대하여 먼저 경매가 이루어져 그 경매대금의 교부에 의하여 1번 저당권자가 변제를 받은 때에는 물상보증인은 채무자에 대하여 구상권을 취득함과 동시에, 민법 제481조·제482조의 규정에 의한 변제자대위에 의하여 채무자 소유의 부동산에 대한 1번 저당권을 취득하고, 그 물상보증인소유의 부동산의 후순위저당권자는 1번 저당권에 대하여 물상대위를 할 수 있다.
㉡ 〈대판 1996.3.8, 95다36596〉 채권자(공동저당권자)가 물상보증인 소유 토지와 공동담보로 주채무자 소유토지에 1번 근저당권을 취득한 후, 주채무자 소유토지에 2번 근저당권이 설정된 사안에서, 먼저 주채무자의 토지에 대하여 피담보채무의 불이행을 이유로 근저당권이 실행되어 경매대금에서 1번 근저당권의 피담보채권액을 넘는 금액이 배당된 경우에는, 변제자대위의 법리에 비추어 볼 때, 민법 제368조 제2항은 적용되지 않으므로 후순위(2번) 저당권자는 물상보증인 소유토지에 대하여 1번 근저당권을 대위행사할 수 없고, 따라서 물상보증인의 근저당권설정등기는 그 피담보채무의 소멸로 인하여 말소되어야 한다. 즉 물상보증인이 채무자 목적물에 있는 후순위저당권자보다 우선하여야 한다는 것이다.
㉢ 〈대판 2009.5.28. 자 2008마109〉 공동저당의 목적인 물상보증인 소유의 부동산에 후순위 저당권이 설정되어 있는 경우, 물상보증인 소유의 부동산에 대하여 먼저 경매가 이루어져 그 경매대금의 교부에 의하여 선순위 공동저당권자가 변제를 받은 때에는 물상보증인은 채무자에 대하여 구상권을 취득함과 동시에, 민법 제481조, 제482조의 규정에 의한 변제자대위에 의하여 채무자 소유의 부동산에 대한 선순위 저당권을 대위취득하고, 그 물상보증인 소유의 부동산의 후순위 저당권자는 위 선순위 저당권에 대하여 물상대위를 할 수 있다. 그러므로 그 선순위 저당권설정등기는 말소등기가 경료될 것이 아니라 위 물상보증인 앞으로 대위에 의한 저당권이전의 부기등기가 경료되어야 할 성질의 것이며, 따라서 아직 경매되지 아니한 공동저당물의 소유자로서는 위 선순위 저당권자에 대한 피담보채무가 소멸하였다는 사정만으로는 그 말소등기를 청구할 수 없다고 보아야 한다.

관련사례 ┃ A는 자신의 부동산과 선박에 甲을 채권자로 하는 선순위 저당권을 설정하고, 선박에만 乙의 후순위저당권이 설정되었다. 그런데 선박에 관하여만 저당권에 기한 경매가 진행되어, 선순위 저당권자 甲이 선박에 대한 경매대가에서 피담보채권 전액을 배당받음으로써 선박에 대한 후순위저당권자가 A부동산에서의 甲의 몫을 제368조 제2항 후문의 규정에 따라 대위할 수 있는가?(대판 2002.7.12, 2001다53264).

해설 〈대법원 태도〉 동일한 채권의 담보로 부동산과 선박에 대하여 저당권이 설정된 경우에는 민법 제 368조 제2항 후문의 규정이 적용 또는 유추적용되지 아니한다. 따라서 동일한 채권을 담보하기 위하여 부동산과 선박에 선순위저당권이 설정된 후 선박에 대하여서만 후순위저당권이 설정된 경우, 먼저 선박에 대하여 담보권실행절차가 진행되어 선순위저당권자가 선박에 대한 경매대가에서 피담보채권 전액을 배당받음으로써 선박에 대한 후순위저당권자가 부동산과 선박에 대한 담보권실행절차가 함께 진행되어 동시에 배당을 하였더라면 받을 수 있었던 금액보다 적은 금액만을 배당받게 되었다고 하더라도 선박에 대한 후순위 저당권자는 민법 제368조 제2항 후문의 규정에 따라 부동산에 대한 선순위저당권자의 저당권을 대위할 수 없다고 할 것이다. 왜냐하면 선박은 원래 동산에 속하기 때문이다.

XI. 지상권 · 전세권을 목적으로 하는 저당권

> **제371조 (지상권, 전세권을 목적으로 하는 저당권)**
> ① 본장의 규정은 지상권 또는 전세권을 저당권의 목적으로 한 경우에 준용한다.
> ② 지상권 또는 전세권을 목적으로 저당권을 설정한 자는 저당권자의 동의없이 지상권 또는 전세권을 소멸하게 하는 행위를 하지 못한다.

1. 지상권 · 전세권목적담보

지상권·전세권을 목적으로 할 수 있는 담보는 저당권뿐이다(제371조). 지상권·전세권은 권리질권의 목적이 될 수 없다(제345조 후단 참조). 아래에서는 판례에서 주로 문제되는 전세권을 목적으로 하는 전세권저당권을 검토하기로 한다.

2. 효 력

(1) 전세기간 만료 전

전세권을 목적으로 하는 저당권에 관하여는 부동산을 목적으로 하는 저당권에 관한 규정이 준용되어, 그 실행절차는 부동산경매절차에 의하게 된다(민사집행법 제264조). 따라서 부동산과 마찬가지로 전세권자체를 매각하여 매수인은 전세권을 취득한다(김준호 16판, p.894).

(2) 전세기간만료 후

㈎ 전세권에 대하여 저당권이 설정된 경우 전세권의 존속기간이 만료되면 전세권은 소멸하므로 더 이상 전세권자체에 대하여 저당권을 실행할 수 없게 되고, 이러한 경우에는 민법 제370조, 제342조 및 민사소송법 제733조(민사집행법 제273조)에 의하여 저당권의 목적물인 전세권에 갈음하여 존속하는 것으로 볼 수 있는 전세금반환채권에 대하여 압류 및 추심명령 또는 전부명령을 받거나 제3자가 전세금반환채권에 대하여 실시한 강제집행절차에서 배

당요구를 하는 등의 방법으로 자신의 권리를 행사하여 비로소 전세권설정자에 대해 전세금의 지급을 구할 수 있고(전세권저당권자가 전세권설정자에게 직접청구할 수는 없고-전질권자와 비교), 전세권저당권이 설정된 경우에도 전세권이 기간만료로 소멸되면 전세권설정자는 전세금반환채권에 대한 제3자의 압류 등이 없는 한 전세권자에 대하여만 전세금반환의무를 부담한다.

(ㄴ) 따라서 전세권저당권자가 물상대위권을 행사하기 전에 설정자가 전세권자에게 전세금을 반환한 것은 유효하고 저당권자의 등기는 말소되어야 한다(대판 1999.9.17. 98다31301).

판례 민법 제370조, 제342조 단서가 저당권자는 물상대위권을 행사하기 위하여 저당권설정자가 받을 금전 기타 물건의 지급 또는 인도 전에 압류하여야 한다고 규정한 것은 물상대위의 목적인 채권의 특정성을 유지하여 그 효력을 보전함과 동시에 제3자에게 불측의 손해를 입히지 않으려는 데 그 목적이 있으므로, 적법한 기간 내에 적법한 방법으로 물상대위권을 행사한 저당권자는 전세권자에 대한 일반채권자보다 우선변제를 받을 수 있다(대판 2008.3.13. 2006다29372).

(ㄷ) 전세금은 그 성격에 비추어 민법 제315조에 정한 전세권설정자의 전세권자에 대한 손해배상채권 외 다른 채권까지 담보한다고 볼 수 없으므로, 전세권설정자가 전세권자에 대하여 위 손해배상채권 외 다른 채권을 가지고 있더라도 다른 특별한 사정이 없는 한 이를(예 : 차임채권) 가지고 전세금반환채권에 대하여 물상대위권을 행사한 전세권저당권자에게 상계 등으로 대항할 수 없다(대판 2008.3.13. 2006다29372,29389).

제15장 비전형담보물권

I. 총 설

1. 비전형담보의 의의

(1) 개념

거래의 실제에 있어서 질권·저당권과 같은 약정담보물권 이외에 담보목적물의 소유권을 일단 채권자에게 이전했다가 채무이행을 조건으로 하여 권리가 복귀하는 형태(양도담보), 또는 처음에는 권리의 귀속에 변동이 없지만 채무불이행이 있는 경우에 비로소 권리가 채권자에게 이전하는 형태(가등기담보) 등의 권리이전형 담보를 말한다. 또한 양도담보나 가등기담보 외에도 소유권유보·재매매의 예약·환매 등이 이용되고 있는데, 이들 모두를 통틀어 비전형담보라 부른다.

(2) 특징

비전형담보에 공통되는 특징은 채권담보의 목적으로 목적물에 대한 소유권을 채권자에게 이전하는, 즉 전형담보와 같이 제한물권의 형식이 아닌 소유권이전의 형식을 취한다는 점이다. 이러한 비전형담보의 문제점은 외형은 소유권이 이전되는 형태이지만 실질은 담보목적이기 때문에 외형과 실질이 일치하지 않는 점이다. 그리고 개인이 사적으로 담보를 실행하기 때문에 자연히 부당한 환가 내지는 평가를 하여 폭리를 취하기 쉽다는 점 또한 지적되기도 한다.

2. 비전형담보가 활용되는 이유

(1) 전형담보가 가지는 문제점을 보완하는 면

질권에 있어서는 설정자로 하여금 목적물을 점유하게 하지 못하기 때문에 (제332조) 여기서 채무자가 목적물을 점유하면서 채권자에게 채권담보의 목적으로 소유권이전을 해주는 쪽으로 고안된 것이 양도담보이다.

(2) 현행 경매제도에 대한 불만

사채업자는 경매를 통하지 않고 사적으로 목적물을 처분하여 신속히 자기채권의 변제에 충당하려는 이유도 있다.

3. 일반적 분류방법

〈비전형담보물권〉
① 매매형식(매도담보) ┬ 환매
└ 재매매예약
② 소비대차 ┬ 동시에 소유권 이전 : 양도담보
└ 장차 채무불이행조건 소유권이전예약 : 가등기담보
(예약상 권리 보전의 가등기)

(1) 자금을 매매의 형식에 의하여 얻는 것(매도담보)

매도담보는 자금을 매매의 형식에 의하여 얻는 것으로 환매(제590조 이하)와 재매매의 예약이
이에 해당한다. 즉 매도담보는 채무자(융자를 받는 자)가 채권자(융자를 제공하는 자)에게 담보
의 목적물을 매각하고 일정한 기간 내에 채무자가 매매대금을 반환하여 그 목적물을 회수할
수 있도록 하는 담보를 말한다.

(2) 자금을 소비대차에 의하여 얻는 것

필요한 자금을 금전소비대차에 의하여 얻는 경우인데, 이것은 그 담보물의 소유권이 외부적
으로 언제 채권자에게 이전하느냐에 따라 다음의 두 가지로 나눌 수 있다. 첫째, 계약체결과
동시에 목적물의 소유권을 채권자에게 이전하는 형식을 취하는 것(양도담보)과 둘째, 장래 채
무불이행이 있는 때에 목적물의 소유권을 채권자에게 이전하는 형식을 취하는 것으로, 이는
대물변제의 예약·매매예약 등 그 예약에 따른 권리, 즉 장래의 소유권이전청구권을 대외적으
로 보전하기 위해 가등기를 하는 방법(가등기담보)이 있다. 종래의 통설은 매도담보와 양도담보
를 준별하였다(넓은 의미의 양도담보에는 매도담보와 협의의 양도담보가 있다고도 한다). 현행민법은
의용민법과 달리 제607조·608조의 규정을 두고 있고, 가등기담보법이 시행되면서 매도담보
를 비롯한 모든 양도담보(매도담보를 포함하는 넓은 의미의 양도담보)에도 가등기담보와 마찬가지
로 청산절차를 거쳐야 하므로 실제 이러한 유형의 구분은 별 의미가 없게 되었다.

Ⅱ. 가등기담보

1. 서 설

> **제1조 【목적】**
> 이 법은 차용물의 반환에 관하여 차주가 차용물에 갈음하여 다른 재산권을 이전할 것을 예약함에 있어서 그 재산
> 의 예약당시의 가액이 차용액 및 이에 붙인 이자의 합산액을 초과하는 경우에 이에 따른 담보계약과 그 담보의 목
> 적으로 경료된 가등기(가등기담보) 또는 소유권이전등기의 효력(양도담보)을 정함을 목적으로 한다.

(1) 의의

가등기담보란 채권을 담보할 목적으로 채권자와 채무자(또는 제3자) 사이에서 채무자(또는 제3자) 소유의 부동산을 목적물로 하는 대물변제예약 또는 매매예약 등을 하고, 동시에 채무자의 채무불이행이 있는 경우에 채권자가 그의 예약완결권을 행사하여 그 목적물의 소유권을 확보할 수 있도록 가등기를 하는 담보형식을 말한다.

판례 〈가등기의 구별〉 가등기가 담보가등기인지 여부는 그 등기부상의 표시나 등기 시에 주고받은 서류의 종류에 의하여 형식적으로 따질 것이 아니고, 거래의 실질과 당사자의 의사해석에 따라 결정될 문제이다(대판 1992.2.11, 91다36932). 즉 당해 가등기가 담보 가등기인지 여부는 당해 가등기가 실제상 채권담보를 목적으로 한 것인지 여부에 의하여 결정되는 것이지 당해 가등기의 등기부상 원인이 매매예약으로 기재되어 있는지 아니면 대물변제예약으로 기재되어 있는가 하는 형식적 기재에 의하여 결정되는 것이 아니다(대판 1998.10.7. 98마1333).

(2) 담보가등기와 순위보전의 가등기의 차이

부동산의 강제경매절차에서 경매목적부동산이 낙찰된 때에도 소유권이전등기청구권의 순위보전을 위한 가등기는 그보다 선순위의 담보권이나 가압류가 없는 이상 담보목적의 가등기와는 달리 말소되지 아니한 채 낙찰인에게 인수되는 점이다(대판 2003. 10. 6, 2003마1438).

(3) 양도담보와 구별

처음부터 권리의 이전이 없다는 점에서, 일단 권리를 이전했다가 변제가 있으면 다시 반환받는 양도담보와 차이가 있다.

(4) 당사자(채권자 아닌 제3자 명의로 설정된 채권담보 목적의 가등기의 효력(=제한적 유효))

가등기담보의 설정자는 채무자 또는 물상보증인이고 가등기담보권자가 채권자이다. 따라서 채권담보를 목적으로 가등기를 하는 경우에는 원칙적으로 채권자와 가등기명의자가 동일인이 되어야 하지만, 채권자 아닌 제3자의 명의로 가등기를 하는 데 대하여 채권자와 채무자 및 제3자 사이에 합의가 있었고, 나아가 제3자에게 그 채권이 실질적으로 귀속되었다고 볼 수 있는 특별한 사정이 있는 경우 등에는 그 제3자 명의의 가등기도 유효하다고 볼 것이다(대판 2009.11.26, 2008다64478).

2. 가담법의 적용범위

(1) 서설

이 법은 차용물의 반환에 관하여 차주가 차용물에 갈음하여 다른 재산권을 이전할 것을 예약함에 있어서 그 재산의 예약 당시의 가액이 차용액 및 이에 붙인 이자의 합산액을 초과하는 경우에 이에 따른 담보계약과 그 담보의 목적으로 경료된 가등기 또는 소유권이전등기의 효력을 정함을 목적으로 한다(동법 제1조). 한편 이 법에서 담보계약이라 함은 민법 제608조의 규정에 의하여 그 효력이 상실되는 대물반환의 예약(환매, 양도담보 기타 명목 여하를 불문한다)에 포함되거나 병존하는 채권담보의 계약을 말한다(동법 제2조 제1호).

(2) 양도담보도 규제

동법은 민법 제607조 및 608조의 규정을 출발점으로 삼으면서, 이것과 결부된 채권담보의 효력을 규율함을 목적으로 한다. 그리고 그러한 채권담보로서는 '가등기담보 이외에 양도담보'도 포함한다(동법 제1조·제4조 제2항 참조). 이러한 태도는 가등기담보만을 규율하고 양도담보는 제외하는 일본의 경우보다 우리 법의 적용범위가 넓다는 특색이기도 한다.

(3) 등기·등록이 가능한 목적물

동법은 부동산소유권 이외에 등기 또는 등록할 수 있는 권리(단, 질권·저당권및 전세권은 제외)의 취득을 목적으로 하는 담보계약에도 준용된다(동법 제18조). 따라서 소유권 이외에도 지상권·지역권·임차권 등을 목적으로 하는 담보계약에도 그 적용이 있게 된다.

> ◎ 등기 또는 등록할 수 있는 부동산소유권 외의 권리[질권·저당권 및 전세권은 제외한다]의 취득을 목적으로 하는 담보계약에 관하여는 가담법의 규정을 준용한다. 다만, 「동산·채권 등의 담보에 관한 법률」에 따라 담보등기를 마친 경우에는 그러하지 아니하다(가등기담보 등에 관한 법률 2010.6.10)

(4) 적용의 제외

가등기담보에 관한 법률의 적용범위와 관련 정리한다면, ① 제607조 및 제608조는 소비대차에 부수해서 대물변제의 예약을 한 경우를 규율하는 것이다. 따라서 소비대차 이외의 사유로 인하여 생긴 채권(예컨대 매매대금 채권)은 제외된다. ② 소비대차에 관한 채권이라 하더라도, 그것에 관해 대물변제의 예약의 약정이 없는 경우에는 그 적용이 없다. 따라서 유담보의 특약이 없는 경우 '정산형 비전형담보'에 관하여는 이 법의 적용이 없다고 한다. ③ 당사자 사이에 대물변제의 예약이 있다고 하더라도 그 채권담보의 목적으로 가등기 또는 소유권이전등기가 경료되지 않은 경우에는 그 적용이 없게 된다. 따라서 차용금채무의 담보를 위한 양도담보계약이 체결되었으나 그에 따른 소유권이전등기가 경료되지 않은 경우, 양도담보는 그 담보계약에 따라 소유권이전등기를 경료함으로써 비로소 담보권이 발생하는 것이므로 <u>채권자는 가등기담보등에관한법률상의 청산절차를 밟기 전에 우선 담보계약에 따른 소유권이전등기절차의 이행을 구하여 소유권이전등기를 받은 다음 같은 법에 따른 청산절차를 밟으면 되고,</u> 따라서 채무자는 같은 법 소정의 청산절차가 없었음을 이유로 그 소유권이전등기절차이행을 거절할 수는 없다(대판 1996.11.15. 96다31116).

판례 〈가담법 적용범위〉 ㉠ 가등기담보등에관한법률은 차용물의 반환에 관하여 다른 재산권을 이전할 것을 예약한 경우에 적용되므로 금전소비대차나 준소비대차에 기한 차용금반환채무 이외의 채무를 담보하기 위하여 경료된 가등기나 양도담보에는 위 법이 적용되지 아니하나, 금전소비대차나 준소비대차에 기한 차용금반환채무와 그 외의 원인으로 발생한 채무를 동시에 담보할 목적으로 경료된 가등기나 소유권이전등기라도 그 후 후자의 채무가 변제 기타의 사유로 소멸하고 금전소비대차나 준소비대차에 기한 차용금반환채무의 전부 또는 일부만이 남게 된 경우에는 그 가등기담보나 양도담보에 가등기담보등에관한법률이 적용된다(대판 2004. 4. 27, 2003다29968).
㉡ 이른바 '가등기담보법'은 재산권이전의 예약에 의한 가등기담보에 있어서 그 재산의 예약 당시의 가액이 차용

액 및 이에 붙인 이자의 합산액을 초과하는 경우에만 적용된다. 따라서 매매잔대금채권의 담보·공사대금채권의 담보 등의 경우에는 적용되지 않는다(대판 2002. 12. 24, 2002다50484).

ⓒ 그리고 가등기담보 부동산에 대한 예약 당시의 시가가 그 피담보채무액에 미치지 못할 경우에는 이 법은 적용되지 아니한다고 하여, 이 법 제3조가 정하는 청산금 평가액의 통지는 할 여지가 없다고 한다(대판 1993.10.26, 93다27611 등).

ⓔ 재산권이전의 예약당시 재산에 대하여 선순위 근저당권이 설정되어 있는 경우에는 재산의 가액에서 피담보채무액을 공제한 나머지 가액이 차용액 및 이에 붙인 이자의 합산액을 초과하는 경우에만 적용된다(대판 2006.8.24, 2005다61140).

ⓜ 가등기나 소유권이전등기를 할 수 없는 주식이나 동산의 경우에는 원칙적으로 적용되지 않는다(대판 1995.7.28, 93다61338 등).

ⓗ 따라서 채권자와 채무자가 담보계약을 체결하였지만, 담보목적부동산에 관하여 가등기나 소유권이전등기를 마치지 아니한 상태에서 채권자로 하여금 귀속정산 절차에 의하지 않고 담보목적부동산을 타에 처분하여 채권을 회수할 수 있도록 약정하였다 하더라도, 특별한 사정이 없는 한 가등기담보법을 위반한 것으로 보아 무효라고 할 수는 없다(대법원 2013.09.27. 선고 2011다106778 판결).

3. 가등기담보권의 일반적 효력

(1) 피담보채권의 범위

ⓙ 저당권에 준하는 효력은 가등기담보권의 피담보채권의 범위에 관하여는 저당권의 그것에 관한 제360조가 적용된다. 그리고 부합물·종물·과실에 관하여도 민법 제358조·제359조가 그대로 적용된다. 또한 가등기담보권은 일종의 담보물권으로서 목적물의 교환가치를 취득하는 권리이므로 물상대위에 관한 제342조도 유추적용된다. 그리고 가등기담보권이 설정되어도 목적물의 소유권은 그 가등기담보권의 실행이 있게 될 때까지는 설정자에게 속한다.

ⓛ 한편 가등기담보 채권자가 그의 권리를 보전하기 위하여 가등기담보 채무자의 제3자에 대한 선순위 가등기담보 채무를 대위변제하여 가지는 구상금채권도 담보가등기의 피담보채권에 포함된다. 또한 가등기보다 먼저 등기된 가압류의 채권액도 마찬가지로 가등기담보 채권자의 채권액에 포함된다고 봄이 상당하다(대판 2007.7.13, 2006다46421).

판례 〈가등기담보권 설정 후 이해관계 있는 제3자가 생긴 상태에서 새로운 약정으로 기존 가등기담보권에 피담보채권을 추가하거나 피담보채권의 내용을 변경, 확장하는 경우, 피담보채권으로 추가, 확장한 부분이 이해관계 있는 제3자에 대한 관계에서 우선변제권 있는 피담보채권에 포함되는지 여부(소극)〉 채권자와 채무자가 가등기담보권설정계약을 체결하면서 가등기 이후에 발생할 채권도 후순위권리자에 대하여 우선변제권을 가지는 가등기담보권의 피담보채권에 포함시키기로 약정할 수 있고, 가등기담보권을 설정한 후에 채권자와 채무자의 약정으로 새로 발생한 채권을 기존 가등기담보권의 피담보채권에 추가할 수도 있으나, 가등기담보권 설정 후에 후순위권리자나 제3취득자 등 이해관계 있는 제3자가 생긴 상태에서 새로운 약정으로 기존 가등기담보권에 피담보채권을 추가하거나 피담보채권의 내용을 변경, 확장하는 경우에는 이해관계 있는 제3자의 이익을 침해하게 되므로, 이러한 경우에는 피담보채권으로 추가, 확장한 부분은 이해관계 있는 제3자에 대한 관계에서는 우선변제권 있는 피담보채권에 포함되지 않는다고 보아야 한다(대판 2011.7.14, 2011다28090).

(2) 가등기담보권의 양도성

가등기담보권의 이전은 가등기담보권도 일종의 재산권으로서 당연히 양도성을 갖는다. 다만, 특수한 저당권의 일종으로서의 가등기담보권도 그 피담보채권과 함께 해야만 양도할

수 있다. 따라서 가등기담보권부 채권의 양도는 채권양도뿐만 아니라 가등기담보권의 양도
도 포함된다. 가등기담보부동산 양도는 부동산물권변동의 일반원칙에 따라 물권적 합의와 등기
를 하여야 효력이 생긴다(제186조). 그런데 등기는 예약상의 권리의 가등기가 있을 뿐이므로
가등기에 권리이전의 부기등기를 하게 된다. 그리고 피담보채권의 양도는 채권양도에 관한
규정이 적용된다(제449조 이하).

4. 가등기담보권의 실행

제3조 【담보권의 실행의 통지와 청산기간】
① 채권자가 담보계약에 의한 담보권을 실행하여 그 담보목적부동산의 소유권을 취득하기 위하여는 그 채권의 변
제기후에 제4조에 규정한 청산금의 평가액을 채무자등에게 통지하고, 그 통지가 채무자등에게 도달한 날로부
터 2월(이하 "청산기간"이라 한다)이 경과하여야 한다. 이 경우 청산금이 없다고 인정되는 때에는 그 뜻을 통
지하여야 한다.

제4조 【청산금의 지급과 소유권의 취득】
② 채권자는 담보부동산에 관하여 이미 소유권이전등기가 경료된 경우에는 청산기간 경과후 청산금을 채무자등에
게 지급한 때에 목적부동산의 소유권을 취득하며, 담보가등기가 경료된 경우에는 청산기간이 경과하여야 그
가등기에 기한 본등기를 청구할 수 있다.
③ 민법 제536조의 규정은 청산금의 지급채무와 부동산의 소유권이전등기 및 인도채무의 이행에 관하여 이를 준
용한다.
④ 제1항 내지 제3항의 규정에 반하는 특약으로서 채무자등에게 불리한 것은 그 효력이 없다. 다만, 청산기간 경
과후에 행하여진 특약으로서 제3자의 권리를 해하지 아니하는 것은 그러하지 아니하다.

제12조 【경매의 청구】
① 담보가등기권리자는 그 선택에 따라 제3조의 규정에 의한 담보권을 실행하거나 목적부동산의 경매를 청구할
수 있다. 이 경우 경매에 관하여는 담보가등기권리를 저당권으로 본다.
② 후순위권리자는 청산기간내에 한하여 그 피담보채권의 변제기 도래전이라도 목적부동산의 경매를 청구할 수 있다.

(1) 의의

가등기담보권의 실행에 관하여는 권리취득에 의한 실행과 경매에 의한 실행이 있다. 가등기
담보권자는 둘 중 하나를 임의로 선택할 수 있다. 경매에 의한 실행의 경우, 가등기 담보권
자는 가등기가 경료된 때에 저당권의 설정등기가 경료된 것으로 본다(동법 제13조). 이 경우
가등기담보권을 저당권으로 본다(동법 제12조 제1항). 그리고 이때 가등기담보권은 부동산의
매각에 의하여 소멸한다(동법 제15조).

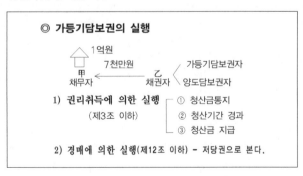

(2) 권리취득에 의한 실행

1) 담보권의 실행통지와 청산기간을 살펴보면, ① 채권자가 담보계약에 의한 담보권을 실행하여 그 담보목적 부동산의 소유권을 취득하기 위하여는 그 채권의 변제기 후에 청산금의 평가액을 채무자 등에게 통지하고, 그 통지가 채무자 등에게 도달한 날로부터 2월(이를 청산기간이라 함)이 경과하여야 한다. 이 경우 청산금이 없다고 인정되는 때에는 그 뜻을 통지하여야 한다(동법 제3조 제1항·제4조 제1항). 통지의 방법에는 아무런 제한이 없다. 따라서 서면 또는 구두의 어느 것이더라도 상관이 없다. ② 채권자가 채무자 등에게 통지하여야 할 사항은 목적부동산의 평가액에서 채권액을 공제한 금액인 청산금의 평가액이다. 통지의 상대방은 채무자·물상보증인 및 담보가등기 후에 소유권을 취득한 제3자이다. 그리고 청산금청구권자 중에서 후순위권리자와 대항력을 갖고 있는 임차권자에 관하여는 그들의 청구절차 및 청구권 행사의 기회를 주기 위하여 채권자가 담보권실행 통지가 채무자 등에게 도달한 시점에 존재하는 후순위자 등에게 그 뜻을 통지하도록 하고 있다(동법 제6조). 이 경우의 통지의 시기는 실행통지가 채무자 등에게 도달한 때로부터 지체없이 하여야 한다고 하고 있다. ③ 실행의 통지는 비록 청산금의 평가액을 통지하는 것이지만, 그 실행의 통지에는 예약완결의 의사표시도 포함되어 있다고 해석함이 타당하다고 한다. 그리고 담보부동산이 2 이상인 때에는 각 부동산의 소유권이전에 의하여 소멸시키려고 하는 채권과 그 비용을 명시하여야 한다(동법 제3조 제2항). 그리고 채권자는 그가 통지한 청산금의 금액에 관하여 다툴 수 없다(동법 제9조).

판례 〈주관적 청산금통지〉 채권자가 나름대로 평가한 청산금의 액수가 객관적인 청산금의 평가액에 미치지 못한다고 하더라도 담보권 실행의 통지로서의 효력이나 청산기간의 진행에는 아무런 영향이 없고, 다만 채무자 등은 정당하게 평가된 청산금을 지급 받을 때까지 목적부동산의 소유권이전등기 및 인도 채무의 이행을 거절하면서 피담보채무 전액을 채권자에게 지급하고 채권담보의 목적으로 마쳐진 가등기의 말소를 구할 수 있을 뿐이다(대판 1996.7.30. 96다6974,6981).

2) 청산금의 지급은 채권자가 청산금을 채무자 등에게 지급하여야 한다(동법 제4조 제1항). 한편 채무자 등의 일반채권자가 청산금채권을 압류 또는 가압류한 경우에는 채권자가 청산기간이 경과한 후 그 청산금을 채무이행지를 관할하는 지방법원 또는 지원에 공탁하여 그 채무를 면할 수 있다(동법 제8조 제1항).

판례 〈가등기담보 등에 관한 법률 제3조, 제4조에 정한 청산절차를 거치기 전에 강제경매 등의 신청이 이루어진 경우, 담보가등기권자가 가등기에 기한 본등기를 청구할 수 있는지 여부(소극) 및 그 가등기는 부동산의 매각에 의하여 소멸하는지 여부(적극)〉 ㉠ 가등기담보 등에 관한 법률 제3조, 제4조의 각 규정에 의하면 담보가등기의 경우 청산금의 평가액을 채무자 등에게 통지한 후 채무자에게 정당한 청산금을 지급하거나 지급할 청산금이 없는 경우에는 채무자가 그 청산의 통지를 받은 날로부터 2월의 청산기간이 경과하여야 하는 청산절차를 거친 후에야 그 가등기에 기한 본등기를 청구할 수 있는데, 위 각 규정을 위반하여 담보가등기에 기한 본등기가 이루어진 경우에는 그 본등기는 무효이고, 다만 가등기권리자가 이러한 청산절차를 거치면 위 무효인 본등기는 실체적 법률관계에 부합하는 유효한 등기가 될 수 있을 뿐이다. 그리고 ㉡ 가등기담보법 제13조, 제14조, 제15조에 의하면, 이러한 청산절차를 거치기 전에 강제경매 등의 신청이 행하여진 경우 담보가등기권자는 그 가등기에 기한 본등기를 청구할 수 없고, 그 가등기가 부동산의 매각에 의하여 소멸하되 다른 채권자보다 자기 채권을 우선변제받을 권리가 있을 뿐이다. 이러한 법리에 비추어 살펴보면, 원심이 인정한 바와 같이 <u>가등기가 담보가등기이고 그 본등기가 강제경매</u> <u>절차의 매각기일 후에 이루어진 것이라면, 가등기에 기한 본등기는 강제경매의 신청 전에 청산절차를 거친 것이</u> <u>아닌 한 무효로 말소되어야 하고 가등기는 이 사건 부동산의 매각으로 소멸된다</u>(대결 2010.11.9. 자 2010마 1322 결정).

3) 소유권의 취득은 담보가등기가 경료된 경우에는 청산기간이 경과하여야 그 가등기에 기 한 본등기를 청구할 수 있다(동법 제4조 제2항 후단). 청산금이 없는 때에는 소유권이전의 본등 기를 갖춘 때에 소유권을 취득한다. 그러나 청산금이 있는 때에는 그 청산금을 지급하거나, 공탁을 한 때에 본등기를 청구할 수 있다. <u>이때 가등기담보권자의 본등기청구권 및 목적물의</u> <u>인도청구권과 청산금 지급채무는 동시이행의 관계에 선다</u>(동법 제4조 제3항). 한편 청산금의 지급과 소유권의 취득에 관한 위 규정에 반하는 특약으로서 채무자 등에게 불리한 것은 그 효력이 없다. 다만 청산기간이 경과한 후에 행하여진 특약으로서 제3자의 권리를 해하지 않 는 것이면 유효하다(동법 제4조 제4항). 그리고 토지 및 그 지상의 건물이 동일한 소유자에게 속한 경우에, 그 토지 또는 건물에 대하여 담보가등기에 기한 본등기가 행하여진 경우에는 그 건물의 소유를 목적으로 그 토지위에 지상권이 설정된 것으로 본다(법정지상권). 이 경우 그 존속기간 및 지료는 당사자의 청구에 의하여 법원이 정한다(동법 제10조).

판례 〈가등기담보권자의 소유권취득시기〉 ㉠ 채권자가 가등기담보권을 실행하여 그 담보목적 부동산의 소유권을 취득하기 위하여 채무자에게 담보권실행을 통지하고 2월의 청산기간이 경과한 후에도, 채무자는 정당하게 평가된 청산금을 지급받을 때까지 목적부동산의 소유권이전등기 및 인도채무의 이행을 거절하면서 피담보채무 전액과 그 이자 및 손해금을 지급하고 그 채권담보의 목적으로 경료된 가등기의 말소를 청구할 수 있다(대판 1994. 6. 28, 94다3087). ㉡ <u>가담법은 제4조 제2항에서 채권자는 청산금을 지급한 후에 가등기에 기한 본등기를 청구할 수</u> <u>있다고 하고, 또한 제4조 제3항에서 가등기에 기한 본등기청구·목적물인도청구와 청산금의 지급 사이에 동시</u> <u>이행의 관계가 있는 것으로 하고 있으며, 다시 제4조 제4항에서 이들에 반하는 특약으로서 채무자 등에게 불리</u> <u>한 것은 무효라고 하고 있다. 따라서 위와 같은 청산금지급 후의 본등기청구 및 동시이행관계를 배제하는 처분</u> <u>청산방식은 부정되어 있다</u>(대판 2002.4.23, 2001다81856). ㉢ 청산기간의 경과 여부에 관계없이 채무자 등은 정당하게 평가된 청산금을 지급받을 때까지 목적 부동산의 소유권이전등기 및 인도채무의 이행을 거절하면서, 피 담보채무전액과 그 이자 및 손해금을 채권자에게 지급하고, 그 채권담보목적으로 경료된 가등기 또는 소유권이전 등기의 말소를 청구할 수 있다(대판 1994.6.28, 94다3087). ㉣ <u>담보가등기권리의 실행으로 청산절차가 종료</u> <u>된 후의 담보목적물의 과실에 대한 수취권자(사용수익권)는 청산절차의 종료와 함께 채권자에게 귀속된다</u>(대판 2001.2.27, 2000다20465).

(3) 양도담보의 경우

채권자는 담보부동산에 관하여 이미 소유권이전등기가 경료된 경우에는 청산기간 경과 후 청산금을 채무자 등에게 지급한 때에 목적부동산의 소유권을 취득한다. 따라서 가등기담보권 에 있어서의 권리취득에 의한 실행에 관한 동법 제3조 내지 제11조의 규정은 양도담보에도 그 적용이 있다고 볼 것이다.

(4) 후순위권리자의 지위

1) 후순위권리자란 담보가등기 후에 등기된 저당권자·전세권자 및 가등기담보권자를 말한

다. 후순위권리자는 그 순위에 따라 채무자 등이 지급받을 청산금에 대하여 청산금 지급시까지 그 권리를 행사할 수 있고, 채권자는 후순위권리자의 요구가 있는 때에는 이를 지급하여야 한다(동법 제5조 제1항). 그리고 <u>담보가등기 후에 대항력 있는 임차권을 취득한 자는 청산금의 범위 내에서 목적물의 반환과 상환으로 보증금의 반환을 청구할 수 있다</u>(동법 제5조 제5항).

2) 후순위권리자의 권리행사를 보장해 주기 위해 동법은 다음과 같이 규정하고 있다. 즉 채권자는 청산금의 내역을 후순위권리자에게도 통지하여야 한다(동법 제6조). 그리고 채무자가 청산기간의 경과 전에 청산금에 관한 권리를 양도 기타 처분하거나, 채권자가 청산기간의 경과 전 또는 후순위권리자에게 통지하지 않고 청산금을 지급하더라도, 이로써 후순위권리자에게 대항하지 못한다(동법 제7조). 한편 <u>청산금의 금액에 관해 후순위권리자는 다툴 수 없다</u>(동법 제9조). <u>그러나 그 대신 그 평가액에 불만이 있는 경우에는 후순위권리자는 청산기간 내에 한하여 그 피담보 채권의 변제기 도래 전이라도 목적부동산의 경매를 청구할 수 있다</u>(동법 제12조 제2항). 이 경우에는 가등기담보권자는 그 경매에 참여하여 자기채권의 우선변제를 받아야 하며, 가등기에 기한 본등기를 청구하는 식의 권리취득에 의한 실행방법을 취할 수는 없다(동법 제14조).

(5) 채무자 등의 지위

1) 채무자 보호

채무자 등은 청산금채권을 변제받을 때까지 그 채무액을 채권자에게 지급하고 그 채권담보의 목적으로 경료된 소유권이전등기의 말소를 청구할 수 있다(동법 11조 본문). 이 규정은 그 조문상 양도담보에 적용됨을 나타내고 있으나, 가등기담보에도 적용되어야 할 것이기 때문에 채무자 등은 청산금채권을 변제받을 때까지 그 채무액을 변제하고 가등기의 말소를 청구할 수 있다고 할 것이다.

2) 제3자 보호

<u>위와 같은 말소청구권은 다음의 두 경우에는 인정되지 않는다. 즉, 그 채무의 변제기가 경과한 때로부터 10년이 경과하거나, 또는 선의의 제3자가 소유권을 취득한 때가 그러하다</u>(동법 11조 단서). 여기서 특히 문제가 되는 것은 가등기담보권자가 청산금을 지급하지 않고 가등기에 기하여 소유권이전의 본등기를 하여도 소유권은 취득하지 못하고, 따라서 소유권이전의 본등기를 한 가등기담보권자는 그 부동산처분권능이 없으며, 처분에 관한 한 무권리자이다. 그럼에도 불구하고 <u>가등기담보권자가 청산금을 지급하지 않고 가등기에 기하여 소유권이전의 본등기를 하고 그로부터 전득한 선의의 제3자가 보호를 받는다는 것은 등기에 공신력을 인정한 결과가 된다.</u>

판례 〈제3자보호와 목적물소유자인 채무자지위〉 ㉠ 종전의 판례는 "양도담보에서 채무의 변제기가 지난 이후라도 채권자가 정산을 하기 전에는 채무자는 언제든지 채무를 변제하고 그 소유권이전등기의 말소를 청구할 수 있고, 이것은 소멸시효에 걸리지 않는다"고 하였는데(대판 1987.11.10, 87다카62), <u>가담법에서는 채무의 변제기가</u>

지난 때로부터 10년이 지나면 그 말소를 청구할 수 없다고 한 것은 등기말소청구권의 소멸시효를 인정한 것으로 종전의 판례에 배치된다는 비판이 있다(김준호 16판, p.909-9). ⓒ **〈가담법상 채권자의 손해배상의무〉** 가담법상 청산절차를 밟지 아니하여 담보목적부동산의 소유권을 취득하지 못하였음에도 그 담보목적부동산을 처분하여 선의의 제3자가 소유권을 취득하고 그로 인하여 채무자가 더는 채무액을 채권자에게 지급하고 그 채권담보의 목적으로 마친 소유권이전등기의 말소를 청구할 수 없게 되었다면, 채권자는 위법한 담보목적부동산 처분으로 인하여 채무자가 입은 손해를 배상할 책임이 있다. 이때 채무자가 입은 손해는 다른 특별한 사정이 없는 한 채무자가 더는 그 소유권이전등기의 말소를 청구할 수 없게 된 때의 담보목적부동산의 가액에서 그때까지의 채무액을 공제한 금액이라고 봄이 상당하다(대판 2010.8.26. 2010다27458).

(6) 가등기담보권자가 일반채권자로서 변제를 받는 효력

가등기담보권자가 위와 같은 방법으로 담보권을 실행하였으나, 피담보채권을 완제받지 못하는 경우에 그 잔여채권을 가지고 다시 채무자의 일반재산에 대하여 일반채권자로 스스로 강제집행을 하거나 타인의 집행에 참여할 수 있는가? 또는 가등기담보권자가 목적부동산에 대하여 담보권을 실행하지 않고 먼저 채무자의 일반재산에 대하여 일반채권자로서 집행을 하거나 배당에 참가할 수 있는가에 대하여, 가등기담보의 법률적 내용이 대물변제의 예약이나 매매의 예약이므로 이를 부정적으로 해석하는 것이 타당하겠으나, 가등기담보권을 일종의 담보물권으로 보는 이상 저당권의 경우와 같이 이를 긍정할 수 있으리라고 본다(제370조·제340조 참조).

> **판례** 〈채권신고〉 가등기담보 등에 관한 법률 제16조 제2항에 해당하는 담보가등기권리자가 집행법원이 정한 기간 안에 채권신고를 하지 아니한 경우, 매각대금의 배당을 받을 권리를 상실한다(대판 2008.9.11, 2007다25278).

(7) 담보권확보를 위한 비용부담문제

담보권자가 담보권을 확보하기 위하여 지출한 비용은 특약이 없는 한 담보권자가 부담하여야 한다. 즉 가등기에 기한 본등기의 경료를 담보권의 실행(예 : 제360조 피담보채권범위에서 저당권실행비용은 채무자가 부담한다)으로 보고 그에 소요된 비용은 담보권을 확보하기 위한 비용과 다르다는 것이나 이미 본 바와 같이 본등기를 경료한 것은 양도담보를 취득한 것으로서 담보확보행위라고 볼 것이므로 그 비용은 채권자가 부담하여야 하는 것이다(대판 1987.06.09, 86다카2435).

Ⅲ. 양도담보

1. 의의·유형

(1) 의의

양도담보란 채권담보의 목적으로 물건의 소유권(또는 기타의 재산권)을 채권자에게 이전하고, 채무자가 이행하지 아니한 경우에는 채권자가 그 목적물로부터 우선변제를 받게 되지만, 채무자가 이행을 하는 경우에는 목적물을 다시 원소유자에게 반환함으로써 채권을 담보하는 비전형담보를 말한다(통설).

(2) 사회적 기능

양도담보는 동산의 저당화 기능, 형성과정에 있는 재산권의 담보화 기능, 우선변제절차의 간이화기능 등이 있다.

2. 양도담보의 법적 성질

(1) 문제의 소재

1) 개념

종래의 양도담보 중에는 목적물의 가액으로부터 피담보채권을 변제받고 나머지가 있으면 이를 채무자에게 반환하기로 하는 약정이 있는 협의의 양도담보와, 나머지가 있더라도 반환할 필요 없이 그 목적물에 대한 완전한 권리를 취득하게 되는 매도담보가 있다고 이해되어 왔다. 그러나 현행민법에 있어서는 제607조와 제608조가 신설됨으로써 일정한 경우 명칭 여하를 불문하고 채무의 원리금의 합산액을 넘는 담보약정은 무효이고, 설령 소유권이전 등기가 이미 경료되었다 하더라도 청산금의 지급을 다한 경우에 한해서만 소유권을 취득하도록 한 가담법 제4조 제2항의 제정으로 양도담보와 매도담보의 구별은 실질적으로 무의미하게 되었다.

판례 〈약한 의미의 양도담보〉 ㉠ 담보 목적으로 소비대차와 동시에 매매를 원인으로 한 소유권이전등기를 마쳤더라도 특별한 사정이 없는 이상 이는 정산절차를 요하는 이른바 약한 의미의 양도담보에 해당한다(대판 1999.12.10. 99다14433). 따라서 ㉡ 가등기담보 등에 관한 법률이 적용되지 않는 경우에도 채권자가 채권담보의 목적으로 부동산에 가등기를 경료하였다가 그 후 변제기까지 변제를 받지 못하여 위 가등기에 기한 소유권이전의 본등기를 경료한 경우에는, 당사자들 사이에 채무자가 변제기에 피담보채무를 변제하지 아니하면 채권채무관계는 소멸하고 부동산의 소유권이 확정적으로 채권자에게 귀속된다는 명시의 특약이 없는 한, 그 본등기도 채권담보의 목적으로 경료된 것으로서 정산절차를 예정하고 있는 이른바 '약한 의미의 양도담보'가 된다. 그리고 이와 같이 약한 의미의 양도담보가 된 경우에는 채무의 변제기가 도과한 후에도 채권자가 담보권을 실행하여 정산절차를 마치기 전에는 채무자는 언제든지 채무를 변제하고 채권자에게 위 가등기 및 그 가등기에 기한 본등기의 말소를 청구할 수 있다(대판 2006.8.24. 2005다61140).

2) 가담법상 청산절차를 거치지 아니하고 이루어진 본등기의 효력 (대내적 문제)

가등기담보 등에 관한 법률 제3조, 제4조의 각 규정에 비추어 볼 때 위 각 규정을 위반하여 담보가등기에 기한 본등기가 이루어진 경우에는 그 본등기는 무효이다(대판 2002. 12. 10. 2002다42001).

판례 〈정산절차위반의 경우〉 가등기담보법 제3조, 제4조의 각 규정에 비추어 볼 때 위 각 규정을 위반하여 담보목적부동산에 관하여 소유권이전등기를 마친 경우에도 그 소유권이전등기는 무효라고 할 것이고, 설령 그와 같은 소유권이전등기가 채권자와 채무자 사이에 이루어진 특약에 의하여 이루어졌다고 할지라도 만일 그 특약이 채무자에게 불리한 것으로서 무효라고 한다면 그 소유권이전등기는 여전히 무효일 뿐, 이른바 약한 의미의 양도담보로서 담보의 목적 내에서는 유효하다고 할 것이 아니다. 다만 정산절차를 마치면 무효인 등기가 실체적 법률관계에 부합하는 유효한 등기로 될 수 있다(대판 2007.7.13. 2006다46421).

(2) 학설과 판례의 태도

1) 가담법제정 전의 비전형담보에 대한 판례

양도담보계약은 일종의 신탁행위로서 채권을 담보하기 위한 방법으로서 소유권이전의 효과를 발생케 할 의사를 가지고 양도를 하는 것이므로 허위의 의사표시라고 할 수 없다고 하였다(대판 1959.11.5, 4292민상396). 그리고 양도담보는 협의의 양도담보(약한 의미의 양도담보)를 원칙으로 한다고 한다(신탁적 양도설로써 통설과 판례이었다).

2) 가담법 제정 후의 학설·판례

양도담보나 가등기담보는 담보목적으로 소유권이전등기를 하거나, 가등기를 한다는 데 문제가 있다. 목적이 담보라고 한다면 담보권을 설정하여야 함에도 불구하고 소유권을 무조건 또는 조건부로 이전한다는 점에서 '목적'과 '형식'이 일치하지 아니하므로 그 법적 구성이 어렵다. 형식인 이전에 치중하여 소유권이 무조건 또는 조건부로 이전한다고 할 것인가, 그렇지 않으면 내용인 담보에 치중하여 담보물권이라고 구성할 것인가에 관하여 견해의 대립이 있다. 그리고 가등기담보 등에 관한 법률에서는 "담보부동산에 관하여 소유권이전등기가 되어있더라도 채권자가 청산금을 채무자 등에게 지급한 때에 비로소 소유권을 취득한다"(동법 제4조 제2항 전단)는 규정을 두고 있으며, 아울러 채권자가 청산금을 지급하지 않은 상태에서 "담보부동산을 제3자에게 처분한 경우에 제3자가 선의인 경우에는 그가 소유권을 취득한다"(동법 제11조)는 규정을 두고 있다. 여기서 위 두 규정을 어떻게 이해하느냐에 따라 양도담보의 구체적인 내용을 달리 하게 된다.

(가) 담보물권설(다수설)

양도담보권자는 양도담보권이라는 제한물권을 취득하고, 설정자인 채무자가 소유자라고 보는 설이다. 이 설의 근거는 양도담보를 설정하여 이전등기까지 하고 있더라도 가등기담보 등에 관한 법률 제4조 제2항에 의해 소유권은 이전되지 않기 때문이라고 한다. 이러한 설에 의하면 양도담보권자는 양도담보설정자의 일반채권자가 설정자가 점유하는 목적물에 경매를 신청할 때, 민사집행법상 우선변제효와 파산법상 별제권을 주장할 수 있게 된다는 결론에 이르게 된다.

(나) 신탁적 양도설(소수설)

신탁적 양도설은 가등기담보 등에 관한 법률이 시행된 후에도 양도담보권자가 소유권을 취득한다고 한다. 이 설은 가담법의 '담보부동산에 관하여 소유권이전등기가 경료되었어도 양도담보권자가 청산금을 지급한 때에 소유권을 취득한다'는 것은 소유권이전등기를 한 때에는 대외적으로는 양도담보권자가 소유권을 취득하지만 대내적으로는 여전히 설정자가 실질적으로 소유권을 가지므로 따라서 청산금을 지급한 때에 채무자에 대한 관계에서도 소유권을 종국적으로 취득한다는 의미라고 해석한다. 이러한 설에 의하게 되면 양도담보권자는 설정자의 채권자가 경매를 하는 경우, 민사집행법상 제3자이의의 소나 파산법상 환취권을 주장할 수 있게 된다.

(다) 판례

판례는 부동산에 관하여는 다수설(담보권설)과 궤를 같이하나 동산에 관하여는 종래와 같이 신탁적 양도설을 채택하고 있다고 볼 수 있다. 즉 동산에 관하여는 가등기담보 등에 관한 법률이 제정 되었음에도 신탁적 양도설에 차이가 없다. 이는 동산에 관한한 판례가 원칙적으로 가담법을 적용하지 않기 때문이다. 그러나 이제 『동산·채권 등 담보등에 관한 법률』에 따라서 동산담보권을 설정한 경우에는 신탁적 양도설이 아닌 담보권자로 보아야 할 것이다(동법 제8조 이하 참조). 즉 '동산담보권'은 담보약정에 따라 동산(여러 개의 동산 또는 장래에 취득할 동산을 포함한다)을 목적으로 등기한 담보권을 말한다(동법 제2조 제1호).

판례 〈담보물권설을 취한 판례〉 ㉠ 양도담보권자는 담보권의 실행으로서 목적부동산의 인도를 구할 수 있고 ……, 직접소유권에 기하여 인도를 구할 수는 없다(대판 1991.11.8, 91다21770). 따라서 부동산양도담보의 경우 특별한 사정이 없는 한 목적부동산에 대한 사용수익권은 채무자인 양도담보권 설정자에게 있다. 따라서 양도담보권자는 담보권의 실행을 위하여 담보채무자가 아닌 제3자에 대하여도 담보물의 인도를 구할 수 있다. 다만 인도를 거부하는 경우에도 임료 상당의 손해배상을 구할 수 있는 것은 아니다. ㉡ 부동산이 귀속청산의 방법으로 담보권이 실행되어 그 소유권이 채권자에게 확정적으로 이전되었다고 인정하려면, 우선 당사자로부터 담보권의 실행이 귀속청산의 방법으로 이루어졌다는 주장이 있어야 하고, 또한 채권자가 가등기에 기하여 본등기를 경료하였다는 사실만으로는 부족하고 담보부동산을 적정한 가격으로 평가한 후, 그 대금으로써 피담보채권의 원리금에 충당하고 나머지 금원을 반환하거나 평가금액이 피담보채권액에 미달하는 경우에는 채무자에게 그와 같은 내용의 통지를 하는 등 정산절차를 마친 사실이 인정되어야 한다(대판 1996.7.30, 95다11900).

판례 〈동산양도담보의 경우(신탁적 양도설)〉 ㉠ 동산에 관하여 양도담보계약이 이루어지고 원고가 점유개정의 방법으로 인도를 받았다면, 그 청산절차를 마치기 전이라 하더라도 담보목적물에 대한 사용·수익권은 없지만 제3자에 대한 관계에서는 그 물건의 소유자임을 주장하고 그 권리를 행사할 수 있다(대판 1994. 8. 26, 93다44749). ㉡ 집행증서를 소지한 동산양도담보권자는 특별한 사정이 없는 한 양도담보권자인 지위에 기초하여 제3자이의의 소에 의하여 목적물건에 대한 양도담보권설정자의 일반채권자가 한 강제집행의 배제를 구할 수 있으나, 그와 같은 방법에 의하지 아니하고 집행증서에 의한 담보목적물에 대한 이중 압류의 방법으로 배당절차에 참가하여 선행한 동산압류에 의하여 압류가 경합된 양도담보권설정자의 일반채권자에 우선하여 배당을 받을 수도 있다(대판 2004. 12. 24, 2004다45943). ㉢ 집행채무자의 소유가 아닌 경우에도 강제집행절차에서 그 유체동산을 경락받아 경락대금을 납부하고 이를 인도받은 경락인은 특별한 사정이 없는 한 그 소유권을 선의취득한다 할 것인바, 일반 채권자가 채무자가 제3자에게 양도담보로 제공한 동산에 대하여 강제집행을 신청하여 배당을 받은 경우, 경락으로 인하여 경락인이 그 소유권을 선의취득의 방법으로 취득하고 이에 따라 양도담보권자는 그 소유권을 상실하게 되는 결과 일반 채권자는 채무자 아닌 제3자 소유의 동산에 대한 경락대금을 배당받음으로써 법률상 원인 없이 이득을 얻고 그로 인하여 양도담보권자는 손해를 입었으므로, 양도담보권자에 대하여 이를 부당이득으로서 반환할 의무가 있다(대판 1997. 6. 27, 96다51332).

3. 사용·수익권

사용·수익권과 관련하여 양도담보권자는 담보권이 있을 뿐 사용·수익권은 없다. 사용·수익권에 대하여는 가담법제정 전이든 제정 후이든 동일하다.

판례 〈양도담보설정자의 사용 · 수익권〉 일반적으로 부동산을 채권담보의 목적으로 양도한 경우 특별한 사정이 없는 한 목적부동산에 대한 사용수익권은 채무자인 양도담보설정자에게 있는 것이므로 양도담보권자는 사용수익할수 있는 정당한 권한이 있는 채무자나 채무자로부터 그 사용수익할 수 있는 권한을 승계한 자에 대하여는 사용수익을 하지 못한 것을 이유로 임료상당의 손해배상이나 부당이득반환청구는 할 수 없다(대판 1988. 11. 22, 87다카2555).

4. 점유개정에 의한 설정

(1) 일단의 증감 · 변동하는 동산을 하나의 물건으로 보아 이를 채권담보의 목적으로 삼으려는 이른바 집합물에 대한 양도담보설정계약체결도 가능하다(판례).

판례 따라서 양도담보권자가 담보권설정계약 당시 존재하는 집합물을 점유개정의 방법으로 그 점유를 취득하면 그 후 양도담보설정자가 그 집합물을 이루는 개개의 물건을 반입하였다 하더라도 그때마다 별도의 양도담보설정계약을 맺거나 점유개정의 표시를 하여야 하는 것은 아니다(대판 1990.12.26, 88다카20224).

(2) 한편 돈사에서 대량으로 사육되는 돼지를 양도담보계약의 목적물로 삼은 이른바 '유동집합물에 대한 양도담보계약'이 체결된 경우, 양도담보설정자로부터 위 목적물을 양수한 자가 이를 선의취득하지 못하였다면 위 양도담보권의 부담을 그대로 인수하게 된다(대판 2004.11.12, 2004다22858). 그런데 점유개정에 의하여는 선의취득이 인정되지 아니하므로 결국 뒤의 이중의 양도담보권자인 채권자는 양도담보권을 취득할 수 없다(대판 2004.10.28, 2003다30463).

(3) 그리고 돈사에서 대량으로 사육되는 돼지를 집합물에 대한 양도담보의 목적물로 삼은 경우, 위 양도담보권의 효력은 양도담보설정자로부터 이를 양수한 자가 별도의 자금을 투입하여 반입한 돼지에까지는 미치지 않으며, 유동집합물에 대한 양도담보계약의 목적물을 선의취득하지 못한 양수인이 위 목적물에 자기 소유인 동종의 물건을 섞어 관리한 경우, 양도담보의 효력이 미치지 않는 물건의 존재와 범위에 대한 증명책임의 소재는 양수인이다(대판 2004.11.12, 2004다22858).

5. 양도담보권의 효력

(1) 부동산양도담보의 경우

1) 양도담보권자는 일종의 담보권(담보권설)을 가지고 있을 뿐이며, 목적물의 소유권의 내용인 처분권능을 갖고 있지 않다. 따라서 양도담보권자의 목적물의 처분행위는 원칙적으로 무효이다. 그러나 양수인이 선의로 등기부상의 표시를 신뢰하여 매수하고 소유권이전등기가 양수인명의로 경료된 경우라면 말소등기를 청구하지 못하므로(가담법 제11조 단서) 양수인은 확정적으로 부동산의 소유권을 취득한다(결과적으로 등기에 공신력 긍정).
2) 부동산의 경우 양도담보설정에 의하여 외형상으로는 소유권이 채권자에게 이전하지만, 이와 같은 소유권이전의 목적은 채권담보에만 있는 것이므로 실질적으로는 양도담보권이라

는 담보권만이 채권자에게 귀속하는 것이고, 소유권은 여전히 양도담보설정자에게 귀속한다(다수설·판례). 따라서 목적부동산을 임대할 권한은 양도담보설정자에게 있다(대판 2001.12.11, 2001다40213). 따라서 양도담보권자는 사용·수익할 수 있는 정당한 권한이 있는 채무자나 채무자로부터 그 사용·수익할 수 있는 권한을 승계한 자에 대하여는 사용·수익을 하지 못한 것을 이유로 임료상당의 손해배상이나 부당이득반환청구를 할 수 없다(대판 2008.2.28, 2007다37394).

관련사례　甲의 토지를 丙이 甲으로부터 매수하면서 계약금과 중도금을 먼저 지급하고 나머지 잔대금은 타인에게 분양하여 수령할 분양대금에서 우선적으로 지급하기로 하되, 그 지급을 담보하기 위하여 위 다세대주택의 건축허가를 甲의 명의로 받기로 약정하였다. 그 후 丙은 자신의 노력과 비용을 들여 다세대주택의 건축을 모두 완성한 다음 잔대금 지급채무의 담보를 위하여 甲명의로 각 소유권보존등기를 하였다.

해설
(a) **매매대금담보 :** 「가등기담보 등에 관한 법률」은 차용물의 반환에 갈음하여 다른 재산권을 이전할 것을 예약한 경우에 적용되는 것으로서, 매매대금의 지급을 담보하기 위하여 부동산의 소유권을 이전하는 경우에는 적용되지 아니한다(대판 2007.12.13, 2005다52214 등).

(b) **가담법상의 동시이행항변권의 배제 :** 완성된 건물에 관하여 소유권보존등기를 마친 채권자는 피담보 채무가 이행지체에 빠진 경우, 담보권 실행으로서 채무자 또는 채무자로부터 점유를 이전 받은 제3자를 상대로 그 건물의 명도를 구할 수 있다(대판 2001. 1. 5, 2000다47682).

(c) **처분청산의 허용 :** 그리고 위 법률이 적용되지 아니하는 가등기담보에 있어서는 채권자는 채무의 변제기가 도과하면 담보부동산에 관하여 소유권이전의 본등기를 마친 다음(즉 가담법이 적용되지 않는 경우 가담법상 소정절차를 거치지 않았다 하더라도 본등기가 무효로 되는 것은 아니다). 이를 처분하여 매각대금에서 채권원리금의 변제에 충당하고 나머지를 채무자에게 반환하는 처분정산의 방법으로 담보권을 실행할 수 있다(약한 의미의 양도담보). 즉 양도담보에 기한 소유권이전등기는 당사자들이 달리 특별한 약정을 하지 아니하는 한 채권담보의 목적으로 경료된 것으로서 당사자 사이에 정산절차를 예정하고 있는 이른바 '약한 의미의 양도담보'가 된 것으로 보아야 한다(대판 1996. 11. 15, 96다31116).

(2) 동산양도담보권의 경우

1) 동산에 관하여 양도담보계약이 이루어지고 양도담보권자가 점유개정의 방법으로 인도를 받았다면 그 청산절차를 마치기 전이라 하더라도 담보목적물에 대한 사용·수익권은 없지만 제3자에 대한 관계에 있어서는 그 물건의 소유자임을 주장하고 그 권리를 행사할 수 있다(대판 1994.8.26, 93다44739).

판례 〈양도담보로 제공된 목적물의 새끼에 대한 양도담보권의 효력〉 ㉠ 집합물에 대한 양도담보권설정계약이 이루어지면 그 집합물을 구성하는 개개의 물건이 변동되거나 변형되더라도 한 개의 물건으로서 동일성을 잃지 아니하므로 양도담보권의 효력은 항상 현재의 집합물 위에 미치는 것이고(새끼에도 미치고), 따라서 양도담보권자가 담보권설정계약 당시 존재하는 집합물을 점유개정의 방법으로 그 점유를 취득하면 그 후 양도담보설정자가 그 집합물을 이루는 개개의 물건을 반입하였다 하더라도 그때마다 별도의 양도담보권설정계약을 맺거나 점유개정의 표시를 하여야 하는 것은 아니다(대판 1990.12.26, 88다카20224). ㉡ 돼지를 양도담보의 목적물로 한 경우, 돼지가 출산한 새끼 돼지는 천연과실에 해당하고 그 천연과실의 수취권은 원물인 돼지의 사용·수익권을 가지는 양도담보설정자에게 귀속되므로, 이 새끼돼지에 대하여는 양도담보의 효력이 미치지 않는다(대판 1996.9.10, 96다25463). 그러나 일부 판결에서는 ⓒ "돈사에서 대량으로 사육되는 돼지를 집합물에 대한 양도담보의 목적물로 삼은 경우, 위 양도담보권의 효력은 양도담보설정자로부터 이를 양수한 양수인이 당초 양수한 돈사 내에 있던 돼지들 및 통상적인 양돈방식에 따라 그 돼지들을 사육·관리하면서 돼지를 출하하여 얻은 수익으로 새로 구입하거나 그 돼지와 교환한 돼지 또는 그 돼지로부터 출산시켜 얻은 새끼돼지에 한하여 미치는 것이지 양수인이 별도의 자금을 투입하여 반입한 돼지에까지는 미치지 않는다"고 한 사례도 있다(대판 2004. 11. 12, 2004다22858). 이러한 판례의 태도에 대하여 새끼돼지에는 양도담보권이 효력이 미치지 않는다고 판단한 대판 1996.9.10, 96다25463은 모돈이 특정되어 개별적으로 양도담보권이 설정되었다고 보는 한 타당하나, 유동집합물로서 양도담보권의 객체가 되었다고 보는 이상, 두 판례는 서로 배치된다는 지적이 있다(김형배 3인공저 p.422).

2) 동산에 대하여 점유개정의 방법으로 양도담보를 일단 설정한 후에는 양도담보권자나 양도담보설정자가 그 동산에 대한 점유를 상실하였다고 하더라도 그 양도담보의 효력에는 아무런 영향이 없고, 양도담보권 실행을 위한 환가절차에 있어서는 환가로 인한 매득금에서 환가비용을 공제한 잔액 전부를 양도담보권자의 채권변제에 우선 충당하여야 하고 양도담보설정자의 다른 채권자들은 양도담보권자에 대한 관계에 있어서 안분배당을 요구할 수 없다(대판 2000.6.23, 99다65066).

3) 동산에 대하여 점유개정의 방법으로 이중양도담보를 설정한 경우 원래의 양도담보권자는 뒤의 양도담보권자에 대하여 배타적으로 자기의 담보권을 주장할 수 있으므로, 뒤의 양도담보권자가 양도담보의 목적물을 처분함으로써 원래의 양도담보권자로 하여금 양도담보권을 실행할 수 없도록 하는 행위는, 원래의 양도담보권자의 양도담보권을 침해하는 위법한 행위라고 할 것이다(대판 2000.6.23, 99다65066).

Ⅳ. 동산·채권 등의 담보에 관한 법률(2011.5.19)

1. 취지 및 대상

(1) 취 지

현행법상의 질권과 양도담보의 문제점(동산과 채권의 경우 공시방법이 불완전하고, 지적 재산권의 경우 민법상 질권의 방법으로만 담보를 제공할 수 있어 이들을 담보로 이용하는 데 한계가 있기 때문이다)을 개선하고자, 즉 동산·채권·지식재산권을 목적으로 하는 담보제도를 창설하고 이를 공시할 수 있도록 함으로써 거래의 안전을 도모하면서도 자산유동화의 활성화를 통하여 중소기업과 자영업자의 자금조달에 편의를 제공하고 국민경제의 건전한 발전에 이바지하려는 것이 그 취지이다.

> **제1조 (목적)**
> 이 법은 동산·채권·지식재산권을 목적으로 하는 담보권과 그 등기 또는 등록에 관한 사항을 규정하여 자금조달을 원활하게 하고 거래의 안전을 도모하며 국민경제의 건전한 발전에 이바지함을 목적으로 한다.
> **제2조 (정의)**

이 법에서 사용하는 용어의 뜻은 다음과 같다.〈개정 2011.5.19〉

1. "담보약정"은 양도담보 등 명목을 묻지 아니하고 이 법에 따라 동산·채권·지식재산권을 담보로 제공하기로 하는 약정을 말한다.
2. "동산담보권"은 담보약정에 따라 동산(여러 개의 동산 또는 장래에 취득할 동산을 포함한다)을 목적으로 등기한 담보권을 말한다.
3. "채권담보권"은 담보약정에 따라 금전의 지급을 목적으로 하는 지명채권(여러 개의 채권 또는 장래에 발생할 채권을 포함한다)을 목적으로 등기한 담보권을 말한다.
4. "지식재산권담보권"은 담보약정에 따라 특허권, 실용신안권, 디자인권, 상표권, 저작권, 반도체집적회로의 배치설계권 등 지식재산권(법률에 따라 질권을 설정할 수 있는 경우로 한정한다. 이하 같다)을 목적으로 그 지식재산권을 규율하는 개별 법률에 따라 등록한 담보권을 말한다.

(2) 대 상

등기할 수 있는 권리는 즉, 담보등기는 동산담보권이나 채권담보권의 설정, 이전, 변경, 말소 또는 연장에 대하여 한다. 그리고 등기신청은 공동신청을 원칙으로 하며, 등기관이 등기를 마친 경우 그 등기는 접수한 때부터 효력이 발생하도록 하였다.

제38조 (등기할 수 있는 권리)
담보등기는 동산담보권이나 채권담보권의 설정, 이전, 변경, 말소 또는 연장에 대하여 한다.
제41조 (등기신청인)
① 담보등기는 법률에 다른 규정이 없으면 등기권리자와 등기의무자가 공동으로 신청한다.
② 등기명의인 표시의 변경 또는 경정의 등기는 등기명의인 단독으로 신청할 수 있다.
③ 판결에 의한 등기는 승소한 등기권리자 또는 등기의무자 단독으로 신청할 수 있고, 상속이나 그 밖의 포괄승계로 인한 등기는 등기권리자 단독으로 신청할 수 있다.
제45조 (등기신청의 접수)
① 등기신청은 등기의 목적, 신청인의 성명 또는 명칭, 그 밖에 대법원규칙으로 정하는 등기신청정보가 전산정보처리조직에 전자적으로 기록된 때에 접수된 것으로 본다.
② 등기관이 등기를 마친 경우 그 등기는 접수한 때부터 효력을 발생한다.

2. 동산·채권을 목적으로 하는 담보권과 담보권설정자의 자격

⑴ 동산(여러 개의 동산 또는 장래 취득할 동산을 포함) 또는 금전의 지급을 목적으로 하는 지명채권(여러 개의 채권 또는 장래에 발생할 채권을 포함)을 담보로 제공하고 담보등기를 할 수 있도록 한다.

⑵ 법인 또는 상업등기법에 따른 상호등기를 한 사람만 동산 또는 채권을 목적으로 하는 담보권을 설정할 수 있도록 하였다(물적 편성주의가 아닌 인적 편성주의).

제3조 (동산담보권의 목적물)
① 법인 또는 「상업등기법」에 따라 상호등기를 한 사람(이하 "법인 등"이라 한다)이 담보약정에 따라 동산을 담보로 제공하는 경우에는 담보등기를 할 수 있다.

② 여러 개의 동산(장래에 취득할 동산을 포함한다)이더라도 목적물의 종류, 보관장소, 수량을 정하거나 그 밖에 이와 유사한 방법으로 특정할 수 있는 경우에는 이를 목적으로 담보등기를 할 수 있다.

3. 근담보권

피담보채무의 최고액만을 정하고, 채무의 확정을 장래에 보류한 경우에도 동산 또는 채권을 목적으로 하는 담보권을 설정할 수 있고, 이 경우 피담보채권의 확정 전까지 채무의 소멸 또는 이전은 설정된 담보권에 영향을 미치지 않는다.

> **제5조 (근담보권)**
> ① 동산담보권은 그 담보할 채무의 최고액만을 정하고 채무의 확정을 장래에 보류하여 설정할 수 있다. 이 경우 그 채무가 확정될 때까지 채무의 소멸 또는 이전은 이미 설정된 동산담보권에 영향을 미치지 아니한다.
> **제37조 (준용규정)**
> 채권담보권에 관하여는 그 성질에 반하지 아니하는 범위에서 동산담보권에 관한 제2장과 「민법」 제348조 및 제352조를 준용한다.
> ② 제1항의 경우 채무의 이자는 최고액 중에 포함된 것으로 본다.

4. 동산 또는 채권을 목적으로 하는 담보권을 설정하려는 자의 명시의무

담보목적물에 대한 권리관계를 확인하기 어려운 담보권자를 보호하기 위하여 동산 또는 채권을 목적으로 하는 담보권을 설정하려는 자는 담보약정을 할 때 담보목적물의 소유여부, 담보목적물에 관한 다른 권리의 존재 유무를 명시하도록 하였다.

그리고 일정한 목적물의 경우 담보등기를 할 수 없는 경우가 있는데, 「선박등기법」에 따라 등기된 선박, 「자동차 등 특정동산 저당법」에 따라 등록된 건설기계·자동차·항공기·소형선박, 「공장 및 광업재단 저당법」에 따라 등기된 기업재산, 그 밖에 다른 법률에 따라 등기되거나 등록된 동산, 화물상환증, 선하증권, 창고증권이 작성된 동산, 무기명채권증서 등 대통령령으로 정하는 증권 등이 이에 해당한다.

> **제3조 (동산담보권의 목적물) =〉 제37조 준용(채권담보권에서 준용)**
> ③ 제1항 및 제2항에도 불구하고 다음 각 호의 어느 하나에 해당하는 경우에는 이를 목적으로 하여 담보등기를 할 수 없다.
> 1. 「선박등기법」에 따라 등기된 선박, 「자동차 등 특정동산 저당법」에 따라 등록된 건설기계·자동차·항공기·소형선박, 「공장 및 광업재단 저당법」에 따라 등기된 기업재산, 그 밖에 다른 법률에 따라 등기되거나 등록된 동산
> 2. 화물상환증, 선하증권, 창고증권이 작성된 동산
> 3. 무기명채권증서 등 대통령령으로 정하는 증권

5. 담보등기의 효력

(1) 동산담보권의 경우 담보등기부에 등기를 하여야 효력이 발생하고(등기관이 등기를 마친

경우 그 등기는 접수한 때부터 효력을 발생한다(제7조, 제45조 2항), 동일한 동산에 설정된 동산담보권의 순위는 등기의 순위에 따르며, 동일한 동산에 관하여 담보등기부의 등기와 인도가 행하여진 경우 그에 따른 권리사이의 순위는 법률에 다른 규정이 없으면 그 선후에 따르도록 하였다.

⑵ 채권담보의 경우 담보등기부에 등기를 한 때에 담보로 제공된 채권의 채무자를 제외한 제3자에게 대항할 수 있도록 하며, 동일한 채권에 관하여 담보등기부의 등기와 민법 제349조(지명채권에 대한 질권의 대항요건) 또는 제450조 제2항에 따른 통지 또는 승낙이 있는 경우에는 제3채무자 외의 제3자에게 등기와 그 통지의 도달 또는 승낙의 선후에 따라 그 권리를 주장할 수 있도록 하였다. <u>이처럼 지명채권의 경우에는 여러 개의 채권이라도 등기라는 공시방법으로 획일적 담보권설정이 가능하도록 하여 절차를 간소화하였다.</u>

6. 담보권의 효력

⑴ 담보권자는 담보목적물에 대하여 다른 채권자보다 우선변제를 받을 권리를 가지고, 피담보채권 전부를 변제받을 때까지 담보목적물전부에 대하여 권리를 행사할 수 있으며, 담보목적물에 부합된 물권과 종물 및 담보권자가 담보목적물에 대한 <u>압류 또는 인도 청구 후</u> 수취하거나 수취할 수 있는 담보목적물의 과실에 대하여 권리를 행사할 수 있고, 담보권을 피담보채권과 함께 양도할 수 있게 하고 있다.

⑵ 담보권자는 담보목적물의 <u>멸실, 훼손, 공용징수뿐만 아니라 매각, 임대의 경우에도 물상대위권을 행사할 수 있고,</u> 담보권설정자의 책임 있는 사유로 인하여 담보목적물의 가액이 현저히 감소된 때에는 담보권설정자에게 그 원상회복 또는 적당한 담보의 제공을 청구할 수 있으며, 제3자의 담보목적물 <u>점유침탈 등에 대하여 담보목적물의 반환청구권,</u> 방해제거청구권 및 방해예방청구권을 행사할 수 있도록 하였다.

제8조 (동산담보권의 내용)
담보권자는 채무자 또는 제3자가 제공한 담보목적물에 대하여 다른 채권자보다 자기채권을 <u>우선변제받을 권리가 있다.</u>

제9조 (동산담보권의 불가분성)
담보권자는 채권 전부를 변제받을 때까지 담보목적물 전부에 대하여 그 권리를 행사할 수 있다.

제10조 (동산담보권 효력의 범위)
동산담보권의 효력은 담보목적물에 부합된 물건과 종물에 미친다. 다만, 법률에 다른 규정이 있거나 설정행위에 다른 약정이 있으면 그러하지 아니하다.

제11조 (과실에 대한 효력)
동산담보권의 효력은 담보목적물에 대한 <u>압류 또는 제25조제2항의 인도 청구가 있은 후</u>에 담보권설정자가 그 담보목적물로부터 수취한 과실 또는 수취할 수 있는 과실에 미친다.

제12조 (피담보채권의 범위)
동산담보권은 원본, 이자, 위약금, 담보권실행의 비용, 담보목적물의 보존비용 및 채무불이행 또는 담보목적물의 흠으로 인한 손해배상의 채권을 담보한다. 다만, 설정행위에 다른 약정이 있는 경우에는 그 약정에 따른다.

제13조 (동산담보권의 양도)
<u>동산담보권은 피담보채권과 분리하여 타인에게 양도할 수 없다.</u>

제14조 (물상대위)
동산담보권은 담보목적물의 매각, 임대, 멸실, 훼손 또는 공용징수 등으로 인하여 담보권설정자가 받을 금전이나 그 밖의 물건에 대하여도 행사할 수 있다. 이 경우 그 지급 또는 인도 전에 압류하여야 한다.

제17조 (담보목적물에 대한 현황조사 및 담보목적물의 보충)
① 담보권설정자는 정당한 사유 없이 담보권자의 담보목적물에 대한 현황조사 요구를 거부할 수 없다. 이 경우 담보목적물의 현황을 조사하기 위하여 약정에 따라 전자적으로 식별할 수 있는 표지를 부착하는 등 필요한 조치를 할 수 있다.
② 담보권설정자에게 책임이 있는 사유로 담보목적물의 가액이 현저히 감소된 경우에는 담보권자는 담보권설정자에게 그 원상회복 또는 적당한 담보의 제공을 청구할 수 있다.

제19조 (담보목적물 반환청구권)
① 담보권자는 담보목적물을 점유한 자에 대하여 담보권설정자에게 반환할 것을 청구할 수 있다.
② 담보권자가 담보목적물을 점유할 권원이 있거나 담보권설정자가 담보목적물을 반환받을 수 없는 사정이 있는 경우에 담보권자는 담보목적물을 점유한 자에 대하여 자신에게 담보목적물을 반환할 것을 청구할 수 있다.
③ 제1항 및 제2항에도 불구하고 점유자가 그 물건을 점유할 권리가 있는 경우에는 반환을 거부할 수 있다.

제20조 (담보목적물의 방해제거청구권 및 방해예방청구권)
담보권자는 동산담보권을 방해하는 자에게 방해의 제거를 청구할 수 있고, 동산담보권을 방해할 우려가 있는 행위를 하는 자에게 방해의 예방이나 손해배상의 담보를 청구할 수 있다.

7. 담보권의 실행

(1) 동산담보권의 경우

① 담보권실행을 위한 경매, ② 취득정산(변제충당), ③ 처분청산(매각대금에서 충당)의 실행방법을 인정하고, 취득정산과 처분청산의 경우에는 가담법에서처럼, 청산금통지, 청산기간(1개월) 등의 절차를 밟아야 한다.

(2) 기타 공동담보의 경우

공동저당처럼 동시배당이나 이시배당의 관계를 규율한다.

제21조 (동산담보권의 실행방법)
① 담보권자는 자기의 채권을 변제받기 위하여 담보목적물의 경매를 청구할 수 있다.
② 정당한 이유가 있는 경우 담보권자는 담보목적물로써 직접 변제에 충당하거나 담보목적물을 매각하여 그 대금을 변제에 충당할 수 있다. 다만, 선순위권리자(담보등기부에 등기되어 있거나 담보권자가 알고 있는 경우로 한정한다)가 있는 경우에는 그의 동의를 받아야 한다.

제23조 (담보목적물의 직접 변제충당 등의 절차)
① 제21조제2항에 따라 담보권자가 담보목적물로써 직접 변제에 충당하거나 담보목적물을 매각하기 위하여는 그 채권의 변제기 후에 동산담보권 실행의 방법을 채무자 등과 담보권자가 알고 있는 이해관계인에게 통지하고, 그 통지가 채무자 등과 담보권자가 알고 있는 이해관계인에게 도달한 날부터 "1개월"이 지나야 한다. 다만, 담보목적물이 멸실 또는 훼손될 염려가 있거나 가치가 급속하게 감소될 우려가 있는 경우에는 그러하지 아니하다.
② 제1항의 통지에는 피담보채권의 금액, 담보목적물의 평가액 또는 예상매각대금, 담보목적물로써 직접 변제에 충당하거나 담보목적물을 매각하려는 이유를 명시하여야 한다.
③ 담보권자는 담보목적물의 평가액 또는 매각대금에서 그 채권액을 뺀 금액(이하 "청산금"이라 한다)을 채무자 등에게 지급하여야 한다. 이 경우 담보목적물에 선순위의 동산담보권 등이 있을 때에는 그 채권액을 계산할 때

> 선순위의 동산담보권 등에 의하여 담보된 채권액을 포함한다.
> ④ 담보권자가 담보목적물로써 직접 변제에 충당하는 경우 청산금을 채무자 등에게 지급한 때에 담보목적물의 소유권을 취득한다.
> **제29조 (공동담보와 배당, 후순위자의 대위)**
> ① 동일한 채권의 담보로 여러 개의 담보목적물에 동산담보권을 설정한 경우에 그 담보목적물의 매각대금을 동시에 배당할 때에는 각 담보목적물의 매각대금에 비례하여 그 채권의 분담을 정한다.
> ② 제1항의 담보목적물 중 일부의 매각대금을 먼저 배당하는 경우에는 그 대가에서 그 채권 전부를 변제받을 수 있다. 이 경우 경매된 동산의 후순위담보권자는 선순위담보권자가 다른 담보목적물의 동산담보권 실행으로 변제받을 수 있는 금액의 한도에서 선순위담보권자를 대위하여 담보권을 행사할 수 있다.

8. 담보등기의 존속기간 및 연장등기

피담보채권의 대부분이 상사채권이고 피담보채권이 소멸되면 담보권도 소멸되는 점 등을 고려하여 이 법에 따른 담보등기의 존속기간은 상사채권의 소멸시효인 5년을 초과할 수 없도록 하되, 담보등기에 관하여 연장등기할 수 있도록 하였다.

> **제49조 (담보권의 존속기간 및 연장등기)**
> ① 이 법에 따른 담보권의 존속기간은 5년을 초과할 수 없다. 다만, 5년을 초과하지 않는 기간으로 이를 갱신할 수 있다.
> ② 담보권설정자와 담보권자는 제1항의 존속기간을 갱신하려면 그 만료 전에 연장등기를 신청하여야 한다.
> ③ 제2항의 연장등기를 위하여 담보등기부에 다음 사항을 기록하여야 한다.
> 1. 존속기간을 연장하는 취지 2. 연장 후의 존속기간 3. 접수번호 4. 접수연월일

V. 소유권유보부 매매

1. 의 의

(1) 의의

소유권유보부매매란 매매에 있어서 매도인이 매매목적물을 매수인에게 인도하되 자신의 대금채권의 확보를 위하여 매매대금이 모두 지급될 때까지 소유권을 유보하고, 그 완급이 있으면 소유권이 자동적으로 매수인에게 이전되는 것으로 약정하는 매매를 말한다.

(2) 대상

소유권유보부매매는 동산·부동산도 가능하다는 것이 다수설이다. 하지만 실제 소유권유보의 목적물은 동산이 일반적이다. 최근에 판례는 부동산이나 등록 등을 요하는 동산에 소유권유보부매매의 성립에는 부정적 태도를 보이고 있음이 다수설과 다른 점이다(대판 2010.2.25. 2009도5064).

판례 〈소유권 이전을 위하여 등기나 등록을 요하는 재산에 대하여 소유권유보부매매가 성립할 수 있는지 여부(소극)〉
소유권유보부매매는 '동산'을 매매함에 있어 매매목적물을 인도하면서 대금완납시까지 소유권을 매도인에게 유보하기로 특약한 것을 말하며, 이러한 내용의 계약은 동산의 매도인이 매매대금을 다 수령할 때까지 그 대금채권에 대한 담보의 효과를 취득·유지하려는 의도에서 비롯된 것이다. <u>따라서 '부동산'과 같이 등기에 의하여 소유권이 이전되는 경우에는 등기를 대금완납시까지 미룸으로써 담보의 기능을 할 수 있기 때문에 굳이 위와 같은 소유권유보부매매의 개념을 원용할 필요성이 없으며, 일단 매도인이 매수인에게 소유권이전등기를 경료하여 준 이상은 특별한 사정이 없는 한 매수인에게 소유권이 귀속되는 것이다.</u> <u>한편 자동차, 중기, 건설기계 등은 비록 동산이기는 하나 부동산과 마찬가지로 등록에 의하여 소유권이 이전되고, 등록이 부동산 등기와 마찬가지로 소유권이전의 요건이므로, 역시 소유권유보부매매의 개념을 원용할 필요성이 없는 것이다</u>(대판 2010.2.25. 2009도5064).

2. 소유권유보부매매의 법률구성

정지조건부 소유권이전설이 다수설·판례이다. 즉 물권행위는 성립하지만 그 효력이 발생하기 위하여는 대금이 모두 지급되는 것을 조건으로 하는 정지조건부 물권행위로 파악한다. 따라서 다수설과 판례에 의하면 매수인은 단지 목적물의 점유권·이용권만을 취득하였을 뿐이며 소유권 중 처분권은 여전히 매도인에게 귀속되어 있다고 한다(대판 1996.6.28. 96다14807).

3. 소유권유보의 법률관계

(1) 소유권귀속

다수설과 판례에 의하면 소유권유보부매매에 있어서 소유권은 대내·대외적으로 매도인에게 있다. 따라서 일반채권자 등과의 관계에서는 매도인이 법률상 소유자이다.

(2) 선의취득

매수인이 선의의 제3자에게 그 동산을 처분한 경우에는, 제3자에게 선의취득(제249조)이 성립될 수 있다.

판례 〈소유권유보약정이 있는 동산 매매계약의 매수인이 대금을 모두 지급하지 않은 상태에서 목적물을 다른 사람에게 양도한 경우, 그 양도의 효력(원칙적 무효)〉 ㉠ 대금이 모두 지급되지 아니한 상태에서 매수인이 목적물을 다른 사람에게 양도하더라도, 양수인이 선의취득의 요건을 갖추거나 소유자인 소유권유보매도인이 후에 처분을 추인하는 등의 특별한 사정이 없는 한 그 양도는 목적물의 소유자가 아닌 사람이 행한 것으로서 효력이 없어서, 그 양도로써 목적물의 소유권이 매수인에게 이전되지 아니한다. 다만 ㉡ 위 목적물의 양수 당시 양도인이 매매계약의 할부금 중 일부를 원래의 매도인에게 지급하지 못하고 있음을 알았으면서, 소유권이 유보되어 있는지에 관하여 조사하는 등 양수인에게 <u>통상적으로 요구되는 양도인의 양도권원에 관한 주의의무를 다하지 아니한 과실이 있다면 선의취득이 인정되지 않는다</u>(대판 2010.2.11. 2009다93671).

(3) 위험부담

당사자 쌍방의 책임 없는 사유로 매수인의 점유하에 있는 목적물이 멸실·훼손된 경우에 대금채무의 존속 여부가 문제된다. 민법상 채무자 위험부담주의(제537조)에 의하면 매수인의 대금채무도 소멸하게 된다고 볼 것이다. 그런데 소유권유보부매매에 있어서는 매도인이 소유권이전의무를 지는 것이 아니기 때문에, 이 경우에는 매수인의 대금채무는 소멸하지 않는다고 할 것이다(다수설).

(4) 가공

목적물에 대한 소유권이 비록 매도인에게 유보되어 있다 하더라도, 매수인의 가공에 의하여 그 가액이 현저히 증가한 때에는 그 목적물은 매수인의 소유로 된다(제259조 참조). 다만 첨부에 의한 소유권귀속은 강행성을 가지지 않기 때문에 원재료의 매도인과 매수인이 가공하여 생긴 물건 자체의 소유권을 매도인에게 유보하기로 하더라도 그 특약은 유효하다.

판례 〈매도인에게 소유권이 유보된 자재를 매수인이 제3자와 체결한 도급계약에 의하여 제3자 소유의 건물 건축에 사용하여 부합된 경우, 매도인이 제3자에게 보상청구를 할 수 있는지 여부〉

매도인에게 소유권이 유보된 자재가 제3자와 매수인 사이에 이루어진 도급계약의 이행으로 제3자 소유 건물의 건축에 사용되어 부합된 경우 보상청구를 거부할 법률상 원인이 있다고 할 수 없지만, 제3자가 도급계약에 의하여 제공된 자재의 소유권이 유보된 사실에 관하여 과실 없이 알지 못한 경우라면 선의취득의 경우와 마찬가지로 제3자가 그 자재의 귀속으로 인한 이익을 보유할 수 있는 법률상 원인이 있다고 봄이 상당하므로, 매도인으로서는 그에 관한 보상청구를 할 수 없다(대판 2009.9.24, 2009다15602).

제3편 채권총칙

제1장 채권법 일반

I. 채권법의 의의

1. 의 의

채권관계를 규율하는 법규를 총칭하여 채권법이라 하고, 특정인이 다른 특정인에 대해 일정한 행위를 청구하는 것이 채권이다. 채권법은 채권을 둘러싼 채권자와 채무자 사이의 사법적 법률관계를 규율하는 법이다. 채권관계는 채무자에게 채무이행을 청구할 수 있는 채권자의 권리와 채권자에게 채무를 이행하여야 할 채무자의 의무로 구성되는 법률관계로서 법적 구속력을 지니고 있다.

2. 채권법의 성질

(1) 타인의 협력을 통한 목적달성

물권법이 재화의 소유 및 기타 배타적인 지배관계를 규율대상으로 함에 반해, 채권법은 재화의 교환, 즉 거래관계를 규율대상으로 한다. 다시 말하면 채권법은 타인의 협력에 대하여 법적 구속력을 주어 이를 법률로서 강제하는 힘을 부여한다. 특히 계약법은 재화나 용역의 교환을 원활히 하고 예상되는 위험이나 불이행에 대비하여 이익과 불이익을 사전에 배분하는 지침이 된다.

(2) 채권법의 임의법규성

물권법이 원칙적으로 강행규정이라면 채권법은 원칙적으로 임의규정이다. 채권은 물권과 달리 배타성이 없기 때문에 그 성립 및 내용을 당사자의 의사에 맡기고 있다. 그 결과 채권관계의 구성에 있어서는 당사자의 의사와 거래관행이 중요성을 갖는다(제106조 참조). 임의법규는 당사자의 의사를 보충하며, 당사자의 의사를 해석하는 데 보조적인 역할을 한다고 한다. 최근에는 채권법의 임의규정성이 약화되고 강행규정화하는 추세이다. 채권법에 관련된 새로운 특별법이 증가하고 있는데, 그들 내용은 대개 강행규정성을 갖는다. 근로기준법·주택임대차보호법·소비자보호법 등이 그 예이다.

(3) 채권법의 국제적 보편성

각국의 채권법은 전통에 충실하기보다는 합리성을 추구한다는 점에서 공통된다. 또한 약자보호가 채권법의 중요한 과제로 된다는 점에서 공통된다. 현대의 자본주의경제는 국가간의 거래가 원활할 것을 추구하는데, 이러한 경제적 요청은 각국 채권법을 국제화·보편화·통일화시킨다.

(4) 신의성실원칙의 지배

신의칙은 민법영역 전반에서 적용되기는 하나 연혁적으로 볼 때, 특히 계속적 계약에서 그 작용이 크다고 볼 수 있다. 신의성실원칙이 적용되는 민법상의 예를 들어 본다면 사정변경의 원칙(지료·차임 등의 증감청구권), 이행보조자의 고의·과실에 대한 채무자의 책임(제391조 참조), 채권자지체(제400조 이하 및 제538조), 계약체결상의 과실책임(제535조 참조), 동시이행항변권(제536조 참조), 위험부담(제537조 참조) 등이 있다.

3. 채권의 특질

(1) 일반적 특질

1) 채권이란 특정인이 다른 특정인에 대하여 특정의 행위를 청구할 수 있는 권리이며, 이른바 상대권(相對權)이다. 그러므로 타인의 재화에 대한 지배권을 취득하기 위한 과정으로서 채권의 획득이 필수적이다.

2) 채권의 기본적 효력은 이행청구권으로 나타나는 청구력에 있지만 그것이 채권의 전부는 아니며, 그 밖에 급부보유력·소구력·집행력·채권자대위권·채권자취소권 등의 권능이 포함된다.

(2) 채권관계

채권·채무로서 연결되어 있는 당사자의 법적 결합관계를 채권관계라고 한다. 채권관계는 채권의 발생원인(계약·사무관리·부당이득·불법행위)에 따라 다른 내용으로 구성되는데, 당사자의 자발적인 의사에 의해 구성되는 계약의 채권관계가 그 중에서 가장 중요한 자리를 차지한다. 채권의 발생유형을 개별적으로 다루는 채권각칙에서는 포괄적으로 채권관계를 규율하는 데 반해, 채권총칙에서는 채권이라는 공통의 채권만을 따로 떼어 규정하고 있다. 즉 채권자와 채무자 사이에 전개되는 법률관계 모두를 총칭하여 채권관계라고 한다. 이에 대해 채권(또는 채무)은 그러한 채권관계의 한 내용 또는 요소를 이루는 것이다.

(3) 채권자 평등의 원칙

채권상호간에는 채권자 평등의 원칙이 지배하여 우열이 없다. 즉 먼저 매매계약이 체결되었다고 하여 후에 체결된 매매계약보다 우선한다는 보장은 없다(물권에서는 제1번 저당권이 제2번 저당권보다 우선한다).

(4) 채권·청구권의 구별

채권에는 청구권 이외에 급부보유력·소구력·집행력·채권자대위권·채권자취소권 등이 포함된다. 채권이 채권관계의 한 요소이듯이 청구권도 채권의 한 요소이고, 채권이 곧 청구권은 아니다. 즉 학설은 채권과 청구권이 동일하지 않다는 것이 일반적인 견해이다.

Ⅱ. 보호의무

1. 채무 중 보호의무의 체계

(1) 채무자의 의무

채무란 채권에 상응하여 채권자에게 일정한 행위(급부)를 부담하는 의무를 말한다. 채권관계는 단순히 채권·채무의 대립적·고립적·정적인 법률관계가 아니라, 채권자와 채무자가 채권의 목적달성을 위하여 상호협력하고 협동하여야 하는 목적적 법률관계로 보는 것이 종래의 통설적 설명방법이다. 아무튼 채권관계에 있어서 <u>채무자는 채권의 목적인 급부의 이행의무 이외에 여러 가지의 부수의무를 부담하게 된다.</u> 구체적으로 채무자의 의무를 도표로 본다면 다음과 같다.

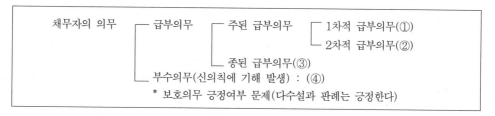

1) 채무자의 의무로서 급부의무에는 주된 급부의무(이행이 있어야 채권의 목적이 달성된다. 예컨대 매도인의 재산권이전의무 등)와 종된 급부의무(주된 급부의무 이외에 당사자간의 특약 또는 법률의 규정에 의하여 발생한다. 예컨대 임차인의 수선의무 등)가 있다. 그리고 부수의무와 보호의무가 문제된다. 2) 즉 주된 급부의무는 1차적 급부의무(위 도표에서 ①, 예컨대 매도인의 재산권이전의무 등)와 2차적 급부의무(위 도표 ②, 예컨대 1차적 급부의무 위반에 대한 손해배상의무, 기타 계속적 법률관계 종료 후의 원상회복의무와 손해배상의무 등)가 있다. 그리고 부수의무란 급부의무의 내용을 제대로 실현하기 위해 급부에 대한 주의와 배려를 베풀어야 하는 채무자의 의무로서, 채권관계의 성질로부터 신의칙상 인정된다. 목적물에 대한 보관상의 주의 의무 등이 있다. 한편 <u>보호의무는 상대방의 생명·신체·소유권 기타 재산적 이익을 침해하지 않도록 배려할 의무이다.</u> 다수설과 판례는 보호의무를 긍정한다.

판례 〈운동경기에 참가하는 자가 부담하는 주의의무의 내용(＝안전배려의무)〉 운동경기에 참가하는 자는 자신의 행동으로 인하여 다른 경기자 등이 다칠 수도 있으므로, 경기규칙을 준수하면서 다른 경기자 등의 생명이나 신체 안전을 확보하여야 할 신의칙상 주의의무인 안전배려의무를 부담한다. 이러한 주의의무는 제반 사정을 종합적으로 고려하여 판단하되, 그 행위가 사회적 상당성의 범위를 벗어나지 않았다면 이에 대하여 손해배상책임을 물을 수 없다(대법원 2011.12.8. 선고 2011다66849,66856 판결).

2. 급부의무와 보호의무의 비교

		의 의	실 례	위반(불이행)의 효과
급부의무	주된 급부의무	계약유형을 특정지우는 채무자의 중심적인 급부의무로서, 계약이나 법률의 규정에 의해 결정된다.	매매계약에 있어서의 소유권이전의무	강제이행, 손해배상청구권과 계약해제권이 인정된다.
	종된 급부의무	계약유형을 결정하는 것이 아닌 우연적인 급부의무이다.	복잡한 기계에 대한 설명서나 보증서 인도의무, 또는 임대차에서 임대인의 수선의무(제623조)	계약해제권은 인정되지 않는 것이 원칙이며, 이행청구권과 손해배상청구권이 인정된다.
부수적 주의 의무 (기본채무 이외의 용태의무)		급부의무의 내용을 제대로 실현하기 위해 급부에 대한 주의와 배려를 베풀어야 하는 채무자의 의무로서, 채권관계의성질로부터 신의칙상 인정된다. 계속적 성질 내지 인적 신뢰가 중요한 채권관계에서 커다란 작용을 한다.	제품에 대한 (용법 등) 설명 의무나 목적물에 대한 보관상의 주의 의무	계약해제권은 인정되지 않는 것이 원칙이며, 채무불이행의 유형에 따라 책임이 귀속된다(특히 불완전 이행의 경우 적극적 채권 침해가 문제된다). 부수적 의무는 급부의무에 기여하는 것으로서 고유한 목적을 지니고 있지 않으므로, 부수적 의무만의 이행을 소구할 수 없는 것이 원칙이다.
보호의무		채권관계 당사자 상호간의 현상 이익이나 완전성 이익을 보호하기 위해 요청되는 의무이다. 보호의무는 계약의 유효한 성립을 전제요건으로 하지 않으며, 따라서 계약의 체결과정 중에도 인정된다. 급부의무에 대해 부수적 관계에 서는 것이 아니라, 병존적 관계에 있다. 급부의무나 부수의무의 위반은 급부 자체에 대한 손해를 초래하는 반면, 보호의무의 위반은 그 밖의 법익에 대한 손해를 야기하므로, 양자가 동시에 일어날 수 있다.	거래접촉시 채권자의 신체나 소유권 기타 재산적 이익을 침해하지 않을 의무	원칙적으로 계약해제권이 인정되지 않으며, 손해배상청구권이 인정된다. 단 중대한 침해가 있는 경우에 한해 해제권이 인정될 뿐이다.

3. 판례검토

보호의무에 대한 판례의 태도	계약이 유효한 경우	채무불이행 또는 불법행위
	계약의 불성립이나 무효인 경우	불법행위

(1) 숙박계약의 특수성에 따른 숙박계약의 보호의무

공중접객업인 숙박업을 경영하는 자가 투숙객과 체결하는 숙박계약은 숙박업자가 고객에게 숙박을 할 수 있는 객실을 제공하여 고객으로 하여금 이를 사용할 수 있도록 하고 고객으로부터 그 대가를 받는 일종의 <u>일시사용을 위한 임대차계약으로서</u>, 여관의 객실 및 관련시설, 공간은 오로지 숙박업자의 지배 아래 놓여있는 것이므로 숙박업자는 통상의 임대차와 같이 단순히 여관의 객실 및 관련시설을 제공하여 고객으로 하여금 이를 사용·수익하게 할 의무를 부담하는 것에서 한 걸음 더 나아가 <u>고객에게 위험이 없는 안전하고 편안한 객실 및 관련시설을 제공함으로써 고객의 안전을 배려하여야 할 보호의무를 부담하며 이러한 의무는 숙박계약의 특수성을 고려하여 신의칙상 인정되는 부수적인 의무로서</u> 숙박업자가 이를 위반하여 고객의 생명, 신체를 침해하여 손해를 입힌 경우 불완전이행으로 인한 채무불이행책임을 부담한다(대판 1994.1.28, 93다43590).

(2) 사용자의 피용자에 대한 보호의무

사용자는 근로계약에 수반되는 <u>신의칙상의 부수의무로서</u> 피용자가 노무를 제공하는 과정에서 생명신체·건강을 해치는 일이 없도록 물적 환경을 정비하는 등 필요한 조치를 강구해야할 보호의무를 부담하고, 이를 위반할 시 피용자에게 손해를 배상해야 한다(대판 1998.11.27, 97다10925).

판례 〈보호의무위반을 이유로 사용자에게 손해배상책임을 인정하기 위한 판단 기준〉 ㉠ 사용자는 근로계약에 수반되는 신의칙상의 부수적 의무로서 피용자가 노무를 제공하는 과정에서 생명, 신체, 건강을 해치는 일이 없도록 인적·물적 환경을 정비하는 등 필요한 조치를 강구하여야 할 보호의무를 부담하고, 이러한 보호의무를 위반함으로써 피용자가 손해를 입은 경우 이를 배상할 책임이 있다. ㉡ <u>보호의무위반을 이유로 사용자에게 손해배상책임을 인정하기 위하여는 특별한 사정이 없는 한 그 사고가 피용자의 업무와 관련성을 가지고 있을 뿐 아니라 또한 그 사고가 통상 발생할 수 있다고 하는 것이 예측되거나 예측할 수 있는 경우라야 할 것이고,</u> 그 예측가능성은 사고가 발생한 때와 장소, 기타 여러 사정을 고려하여 판단하여야 한다. 따라서 야간에 회사 기숙사 내에서 발생한 입사자들 사이의 개인적 사정으로 인한 구타행위에 대하여 회사는 보호의무위반이나 불법행위상의 과실책임을 부담하지 않는다(대판 2001. 7. 27, 99다56734).

(3) 기획여행업자가 여행자에게 부담하는 안전배려의무

기획여행업자(하나투어)는 여행자의 생명·신체·재산 등의 안전을 확보하기 위하여 여행목적지·여행일정·여행행정·여행서비스기관의 선택 등에 관하여 미리 충분히 조사·검토하여 여행계약 내용의 실시 도중에 여행자가 부딪칠지 모르는 위험을 미리 제거할 수단을 강구하거나, 여행자에게 그 뜻을 고지함으로써 여행자 스스로 위험을 수용할지에 관하여 선택할 기회를 주는 등 합리적 조치를 취할 신의칙상 안전배려의무를 부담한다(대법원 2011.5.26. 선고 2011다1330 판결).

(4) 증권거래 등과 관련된 판례

(ㄱ) 증권회사의 임직원이 강행법규에 위반한 투자수익보장 투자를 권유하여 이에 따른 결과 투자자가 손실을 본 경우에, 고객의 투자상황에 비추어 과대한 위험성을 수반하는 거래를 적극적으로 권유한 경우에 해당하여 결국 <u>고객에 대한 보호의무를 저버려 위법성을 띤 행위로 평가된다면 이는 불법행위를 구성한다</u>(대판 1999.12.24, 99다44588).

(ㄴ) 기업어음(CP)의 거래에 있어서 신용등급이 그 기업어음의 가치에 중대한 영향을 미치는 중요정보에 해당하므로, 증권회사가 고객에게 거래의 대상인 기업어음의 신용등급을 제대로 고지하지 않았다면, 특별한 사정이 없는 한, <u>이로써 고객보호의무 위반으로 인한 손해배상 책임이 성립한다</u>(대판 2006.6.29, 2005다49799).

(5) 부동산 거래에 있어 신의칙상 거래 상대방에 대한 고지의무를 부담하는 경우

아파트 분양자는 아파트단지 인근에 공동묘지(또는 쓰레기 매립장)가 조성되어 있는 사실을 수분양자에게 고지할 신의칙상의 의무를 부담한다(대판 2007.6.1, 2005다5812·5829·5836).

(6) 어느 일방이 교섭단계에서 계약을 체결할 것과 같은 정당한 기대 내지 확실한 신뢰를 부여하여 상대방이 그 신뢰에 따라 행동하였음에도 상당한 이유 없이 계약의 체결을 거부하여 손해를 입힌 경우, 불법행위를 구성하는지 여부(적극)

어느 일방이 교섭단계에서 계약이 확실하게 체결되리라는 정당한 기대 내지 신뢰를 부여하여 상대방이 그 신뢰에 따라 행동하였음에도 상당한 이유 없이 계약의 체결을 거부하여 손해를 입혔다면 이는 신의성실의 원칙에 비추어 볼 때 계약자유 원칙의 한계를 넘는 <u>위법한 행위로서 불법행위를 구성한다</u>고 할 것이다(대판 2001. 6. 15, 99다40418).

(6) 관련사례연습

관련사례 甲여사는 폐렴증상으로 乙병원에 입원하여 다음날 오전 병실을 떠나 각종 검사를 받다가 병실에 돌아오니 서랍에 넣어둔 핸드백을 丙에게 절취당하여 손해가 발생하였다.〈참조조문 : 〔1〕민법 제2조, 제390조, 제680조, 제681조 〔2〕민법 제390조, 제680조, 제681조〉

해설 입원계약에 따른 신의칙상 보호의무 : 환자가 병원에 입원하여 치료를 받는 경우에 있어서, 병원은 진료뿐만 아니라 환자에 대한 숙식의 제공을 비롯하여 간호, 보호 등 입원에 따른 포괄적 채무를 지는 것인 만큼 병원은 병실에의 출입자를 통제·감독하든가 그것이 불가능하다면 <u>최소한 입원환자에게 휴대품을 안전하게 보관할 수 있는 시정장치가 있는 사물함을 제공하는 등으로 입원환자의 휴대품 등의 도난을 방지함에 필요한 적절한 조치를 강구하여 줄 신의칙상의 보호의무가 있다고 할 것이고, 이를 소홀히 하여 입원환자와는 아무런 관련이 없는 자가 입원환자의 병실에 무단출입하여 입원환자의 휴대품 등을 절취하였다면 병원은 그로 인한 손해배상책임을 면하지 못한다</u>(대판 2003.4.11, 2002다63275).

제2장 채권의 목적

I. 채권의 목적(내용) 일반론

1. 의의 및 구별

(1) 채권의 목적이라 함은 채권자가 채무자에 대하여 청구할 수 있는 일정한 행위, 즉 채무자의 행위를 말한다. 채권의 목적이 되는 채무자의 행위를 강학상 급부(채권의 객체)라고 하고, 이 급부의무를 채무라고 한다(즉 채무자가 채권자에게 이행하여야 할 채무의 내용이 채권의 목적이다). (2) 채권의 목적은 채권의 목적물과 구별되어야 한다. 즉 채권의 목적은 채무자의 일정한 행위(작위·부작위)로서 급부이나, 채권의 목적물은 급부의 목적물로서 예를 든다면, 매매계약에서 채권의 목적은 매수인에게 매매목적물의 권리를 이전하는 매도인의 행위이며, 채권의 목적물은 매도인이 매수인에게 이전하여야 할 매매목적물인 것이다.

2. 유 형

민법은 '채권의 목적'이라 하여 특정물채권(特定物債權)·종류채권(種類債權)·금전채권(金錢債權)·이자채권(利子債權)·선택채권(選擇債權)의 다섯 가지에 관하여 규정한다. 이들 여러 가지의 급부는 각종의 계약으로부터 발생할 뿐만 아니라, 사무관리·부당이득·불법행위에 의해서도 발생되는 것이므로, 그 공통된 규정을 둔 것이다. 민법은 임의채권에 관하여 채권의 목적편에서 독립적으로 다루지는 아니하지만 일반적으로 학설은 임의채권(任意債權)에 관하여도 다루고 있다.

Ⅱ. 특정물채권

> **제374조 (특정물인도채무자의 선관의무)**
> 특정물의 인도가 채권의 목적인 때에는 채무자는 그 물건을 <u>인도하기까지</u> 선량한 관리자의 주의로 보존하여야 한다.
> **제462조 (특정물의 현상인도)**
> 특정물의 인도가 채권의 목적인 때에는 채무자는 <u>이행기의 현상대로</u> 그 물건을 인도하여야 한다.

1. 의 의

특정물채권은 특정물의 인도를 목적으로 하는 채권을 말한다(제374조). <u>특정물과 불특정물의 구별은 당사자의 의사에 의한 주관적인 물건의 구별로서 물건의 객관적 성질에 의한 부대체물과 대체물로의 물건의 구별과 다르다.</u>

2. 특정물 급부와 불특정물 급부 구별실익

특정물채권은 특정물의 인도를 목적으로 하는 채권을 말한다(제374조). 종류채권이란 일정한 종류에 속하는 물건 중에서 일정량의 물건을 인도할 것을 목적으로 하는 채권이다. 이를 불특정물채권이라고도 한다. 예컨대 화이트 맥주 10병을 인도할 것을 내용으로 하는 채권 등을 말한다. 이 채권의 특징은 인도하여야 할 급부목적물의 종류와 수량만이 결정되어 있을 뿐, 구체적으로 인도하여야 할 목적물이 특정되어 있지 않기 때문에 인도하기 위하여는 특정이 전제되어야 한다.

〈특정물채권과 종류물채권의 법률관계〉

구 분	내 용
특정물 채권	선관의무(제374조)
	특정물의 현상인도(제462조)
	이행장소(제467조 1항)
	보관비용(제473조)
	채무자위험부담주의(제537조)
	매도인의 하자담보책임(제580조)
	과실취득권(제587조)
종류물 채권(특정의 효과)	특정물 채권화
	급부의무(특정전에는 조달의무)
	이행장소(제467조 2항)
	변경권 인정(신의칙)

3. 특정물의 인도를 중심으로 발생하는 법률관계

(1) 선관의무(제374조)

(ㄱ) 특정물급부의 경우 목적물은 선량한 관리자의 주의의무로 보관되어야 하며(제374조), 이행은 채권성립 당시 그 물건이 있었던 장소에서 행해져야 한다(제467조 제1항).

(ㄴ) 유의할 것은 제462조의 '이행기'는 변제기가 아니라 실제로 이행을 하는 때를 의미한다고 보아야 한다. 즉 제374조의 규정과의 상관성을 볼 때, 특정물의 인도채무자는 인도하기까지 특정물을 선관주의로 보존하다가 그 상태로 인도하면 된다는 것으로 보아야 한다.

(ㄷ) 채무자는 목적물을 인도시까지 선량한 관리자의 주의로 보관하여야 한다(제374). 이에 대한 입증책임은 채무자가 진다.

판례 ㉠ 임대차 종료 후 임차인이 임차목적물명도의무와 임대인의 연체차임 기타 명도시까지 발생한 손해배상금 등을 공제하고 남은 임대보증금반환채무는 동시이행의 관계에 있는 것이어서 임차인은 이를 지급받을 때까지 동시이행의 항변권에 기하여 목적물을 명도할 때까지는 선량한 관리자의 주의로 이를 보존할 의무가 있어, 이러한 주의의무를 위반하여 임대목적물이 멸실·훼손된 경우에는 그에 대한 손해를 배상할 채무가 발생하며, 임대목적물이 멸실·훼손된 경우 임차인이 그 책임을 면하려면 그 임차건물의 보존에 관하여 선량한 관리자의 주의의무를 다하였음을 입증하여야 할 것이다(대판 1991.10.25, 91다22605·22612).

㉡ 다만 임차건물이 전기배선의 이상으로 인한 화재로 일부 소훼되어 임차인의 임차목적물반환채무가 일부 이행불능이 된 경우, 발화부위인 전기배선이 건물구조의 일부를 이루고 있고, 임차인이 전기배선의 이상을 미리 알았

거나 알 수 있었다고 보기 어렵고, 먼저 그 하자를 수리 유지할 책임은 임대인에게 있으므로(제623조 참조) 임차목적물반환채무의 이행불능은 임대인으로서의 의무를 다하지 못한 결과이고 임차인의 임차목적물의 보존에 관한 선량한 관리자의 주의의무를 다하지 아니한 결과가 아니라는 이유로 임차인의 손해배상책임을 부정한 경우도 있음에 유의하여야 한다(참조조항 :민법 제390조, 제618조, 제623조; 대판 2000.7.4, 99다64384).

ⓒ 임차인의 임대차 목적물 반환의무가 이행불능이 된 경우 임차인이 그 이행불능으로 인한 손해배상책임을 면하려면 그 이행불능이 임차인의 귀책사유로 말미암은 것이 아님을 입증할 책임이 있고, 임차건물이 화재로 소훼된 경우에 있어서 그 화재의 발생원인이 불명인 때에도 임차인이 그 책임을 면하려면 그 임차건물의 보존에 관하여 선량한 관리자의 주의의무를 다하였음을 입증하여야 하는 것이며, 이러한 법리는 임대차의 종료 당시 임차목적물 반환채무가 이행불능 상태는 아니지만 반환된 임차건물이 화재로 인하여 훼손되었음을 이유로 손해배상을 구하는 경우에도 동일하게 적용되고, 나아가 그 임대차계약이 임대인의 수선의무 지체로 해지된 경우라도 마찬가지다(대판 2010.4.29. 2009다96984).

(2) 특정물의 현상인도

특정물의 인도가 채권의 목적인 때에는 채무자는 이행기의 현상대로 그 물건을 인도하여야 한다(제462조).

(3) 인도장소

> **제467조 (변제의 장소)**
> ① 채무의 성질 또는 당사자의 의사표시로 변제장소를 정하지 아니한 때에는 특정물의 인도는 채권성립당시에 그 물건이 있던 장소에서 하여야 한다.
> ② 전항의 경우에 특정물인도이외의 채무변제는 채권자의 현주소에서 하여야 한다. 그러나 영업에 관한 채무의 변제는 채권자의 현영업소에서 하여야 한다.

특정물인도이외의 채무변제는 채권자의 현주소(지참채무)에서 하여야 하는데(제467조 제2항), 특정물의 인도는 채권성립 당시에 그 물건이 있던 장소에서 하여야 한다(제467조 제1항).

(4) 보관비용 등

> **제473조 (변제비용의 부담)**
> 변제비용은 다른 의사표시가 없으면 채무자의 부담으로한다. 그러나 채권자의 주소이전 기타의 행위로 인하여 변제비용이 증가된 때에는 그 증가액은 채권자의 부담으로 한다.
> **제403조 (채권자지체와 채권자의 책임)**
> 채권자지체로 인하여 그 목적물의 보관 또는 변제의 비용이 증가된 때에는 그 증가액은 채권자의 부담으로 한다.

특정물채권에서 이행기까지의 보관비용은 채무자가 부담한다(제473조 참조). 다만 수령지체(또는 채권자지체)로 인해 증가된 비용은 채권자가 부담한다(제403조).

(5) 채무자 위험부담주의

> **제537조 (채무자위험부담주의)**
> 쌍무계약의 당사자일방의 채무가 당사자쌍방의 책임 없는 사유로 이행할 수 없게 된 때에는 채무자는 상대방의 이행을 청구하지 못한다.

특정물채권에서 이행기까지 채무자에게 귀책사유 없는 이행불능이 발생한 경우, 그 귀책사유
가 채권자에게 발생한 경우에는 채권자에게 이행을 청구할 수 있으나(채권자 부담주의, 제538
조), 쌍방귀책사유가 없는 경우에는 채무자가 위험을 부담하여 채무자는 이행의무를 면하나
채권자에게 반대급부를 요구할 수 없다(채무자 위험부담주의, 제537조).

(6) 매도인의 하자 담보책임

> **제580조 (매도인의 하자담보책임)**
> ① 매매의 목적물에 하자가 있는 때에는 제575조 제1항(계약해제·손해배상)의 규정을 준용한다. 그러나 매수인
> 이 하자있는 것을 알았거나 과실로 인하여 이를 알지 못한 때에는 그러하지 아니하다.
> ② 전항의 규정은 경매의 경우에 적용하지 아니한다.

특정물채권에서 매매한 특정물에 하자가 있는 경우에는 매도인은 선의·무과실인 매수인에게
그 물건의 잘못으로 인한 책임을 부담한다.

(7) 과실취득권

> **제587조 (과실의 귀속, 대금의 이자)**
> 매매계약 있은 후에도 인도하지 아니한 목적물로부터 생긴 과실은 매도인에게 속한다. 매수인은 목적물의 인도를
> 받은 날로부터 대금의 이자를 지급하여야 한다. 그러나 대금의 지급에 대하여 기한이 있는 때에는 그러하지 아니
> 하다.

과실수취권은 정당한 권한 있는 자에게 귀속되므로(제102조), 원칙적으로 이행기 이전의 과실
은 채무자에게 귀속되며 이행기 이후의 과실은 채권자에게 귀속된다. 다만 매매계약의 경우
이행기 이후 매수인이 대금지급을 하지 않고 있던 동안 발생한 과실은 매도인에게 귀속된
다(제587조).

4. 특정물채권 사례연습

관련사례 | 甲은 乙에게 건물을 임대하였는데 乙이 건물을 사용·수익하던 중 임대차기간 만료 전에 화재로 건
물이 전소되었다.

해설 | (a) 乙의 귀책사유로 인하여 건물이 전소된 경우, 乙은 甲에게 건물반환채무의 불이행에 따른 손해
배상책임을 부담한다(제390조).
(b) 쌍방의 귀책사유 없이 건물이 전소된 경우, 乙은 甲에게 건물반환채무의 불이행에 따른 손해배상
책임을 부담하지 않는다(다만 이 경우 임대차에는 제627조의 특별규정이 적용된다).
(c) 화재에 대한 귀책사유의 유무나 소재가 밝혀지지 않은 경우, 乙은 甲에게 건물반환채무의 불이행
에 따른 손해배상책임을 부담한다(제374조).
(d) 만일 임대차 종료 후 乙이 甲에게 건물반환의무의 이행제공을 하면서 보증금반환을 구하였는데
甲이 반환할 보증금이 준비되지 않았다는 이유로 건물인도의 수령을 거절(채권자지체)하던 중
乙의 경과실로 건물이 전소된 경우라면, 乙은 甲에게 건물반환채무의 불이행에 따른 손해배상책
임을 부담하지 않는다(제401조).

Ⅲ. 종류채권

1. 서 설

(1) 의의

종류채권은 인도하여야 할 목적물의 종류와 수량만 결정되어 있는 채권이다. 이러한 종류채권의 상태에서는 채무자는 채무를 이행할 수 없다. 즉 종류채권이 특정물채권으로 전환되어야 비로소 이행이 가능하다. 이와 같이 종류채무를 이행하기 위하여는 그 종류에 속하는 물건 가운데서 약정한 수량의 물건을 선정하여 특정물채무로 전환케 하는 것이 필요한데 이를 종류채권의 특정이라 한다.

(2) 구별

종류채권은 개성을 중시하지 않는 점이 특징이며 이런 점이 선택채권과 구별된다. 일반적으로 대체물이 종류채권의 목적물이지만, 때로는 부대체물도 종류채권의 목적물로 할 수 있다. 예컨대 신축한 아파트의 동일형 주택 20동의 매매가 이에 속한다. 반대로 대체물이라도 종류채권의 목적물이 아니라 특정물채권의 목적물이 될 수 있는 경우도 있다. 예컨대 현재 상점에 쌓여 있는 쌀 전부를 급부할 것을 내용으로 하는 채권에 있어서는 목적물의 객관적 성질은 대체물이지만 구체적 거래에 있어서는 특정물이다.

2. 종류채권의 특정

(1) 특정의 방법내지 표준(제375조 제2항)

제375조 (종류채권)
① 채권의 목적을 종류로만 지정한 경우에 법률행위의 성질이나 당사자의 의사에 의하여 품질을 정할 수 없는 때에는 채무자는 중등품질의 물건으로 이행하여야 한다.
② 전항의 경우에 채무자가 이행에 필요한 행위를 완료하거나 채권자의 동의를 얻어 이행할 물건을 지정한 때에는 그때로부터 그 물건을 채권의 목적물로 한다.

채권의 목적을 종류로만 지정한 경우에 법률행위의 성질이나 당사자의 의사에 의하여 품질을 정할 수 없는 때에는 채무자는 중등품질의 물건으로 이행하여야 한다. 그리고 채무자가 이행에 필요한 행위를 완료하거나 채권자의 동의를 얻어 이행할 물건을 지정한 때에는 그때로부터 그 물건을 채권의 목적물로 한다.

(2) 구체적 내용

1) 채권자의 동의를 얻어 이행할 물건을 지정한 때(제375조 제2항 후단)
여기서 채권자의 동의란 채무자가 목적물을 임의로 정해서 그것으로 특정시키는 데에 대한 허락이다. 이는 실질적으로 채무자에게 목적물의 지정권이라는 형성권을 부여하는 효과를 발생시키며, 채무자가 이 지정권을 행사하여 목적물을 분리·지정한 때에 특정이 있게 된다.

판례 〈선택채권의 선택권 이전에 관한 민법 제381조를 준용〉 제한종류채권(예 : 종류채권이긴 하나 일정한 창고 내에 있는 50대의 오토바이 중 5대 매매계약처럼 창고가 화재가 나면 급부의무를 면하는 점이 특징이다)에 있어 당사자 사이에 ㉠ 지정권의 부여 및 ㉡ 지정의 방법에 관한 합의가 없고, ㉢ 채무자가 이행에 필요한 행위를 하지 아니하거나 지정권자로 된 채무자가 이행할 물건을 지정하지 아니하는 경우에는 선택채권의 선택권 이전에 관한 민법 제381조를 준용하여야한다(대판 2003.3.28, 2000다24856). 즉 지정권이 채무자로부터 채권자에게 이전 된다는 것이다(대결 2009.1.30. 자 2006마930).

2) 채무자가 이행에 필요한 행위를 완료한 때(제375조 제2항과 제460조·제467조와의 상관성)

(가) 지참채무의 경우

㉠ 지참채무에서 변제의 제공은 현실의 제공을 원칙으로 한다(제460조 본문). 즉 이러한 지참채무 에서는 채무자가 모든 이행의 준비를 해서 채권자의 주소에서 현실로 목적물을 제공함으로써 그 제공한 목적물에 대해 특정된다. ㉡ 다만 지참채무라 하더라도 채권자가 미리 수령을 거절하 는 경우에는, 채무자는 현실의 제공을 할 필요가 없으며 구두의 제공으로 특정이 이루어진다.

(나) 추심채무의 경우

추심채무는 채권자가 채무자의 주소에 와서 목적물을 추심하여 변제를 받아야 하는 채무이 다. 이 추심채무에 있어서는 채무의 이행에 채권자의 추심행위를 필요로 하므로, 이때는 구 두의 제공, 즉 변제준비의 완료(목적물을 분리하여 채권자가 이를 수령할 수 있는 상태)를 통지하고 그 수령을 최고하여야 특정이 된다(제460조 단서).

(다) 송부채무

다수설은 송부채무의 특정을 두가지로 나누어 봄이 일반이다. 제3지가 본래의 이행장소인 경우에 는 지참채무와 마찬가지로 채무자가 제3지에서 현실의 제공을 하여야 특정이 있게 된다. 두 번째 로 제3지가 본래의 이행장소는 아니지만, 채권자의 요청에 의하여 채무자가 호의로 제3지로 송부 하는 경우에는 목적물을 분리하여 제3지로 발송함으로써 특정이 이루어 진다고 한다(통설).

〈종류물채권의 특정〉

채권자의 동의를 얻어 이행할 물건을 지정하는 경우		채무자가 지정권을 행사하여 목적물을 분리·지정한 때 특정이 된다.
채무자가 이행에 필요한 행위를 종료함에 따른 특정	지참채무	원칙 : 채무자가 채권자 주소에서 현실의 제공을 한 때 에 특정이 된다
		예외 : 구두의 제공
	추심채무	구두의 제공시, 즉 변제준비를 완료하고 수령을 최고한 때에 특정이 된다.
	송부채무	제3지가 본래의 이행장소인 때- '지참채무'에 해당, 도 달시 특정
		제3지가 본래의 이행장소가 아니나 채무자 스스로 제3 지로 송부하는 때-발송시 특정

3. 특정의 효과

(1) 특정물 채권화

종류채권의 특정이 있게 되면 그때부터 그 물건이 채권의 목적물이 된다(제375조 제2항). 여기서 유의할 것은 종류채권이 특정되면 특정물채권으로 전환되는 데 불과하고, 그것만으로 곧 그 목적물의 소유권이 이전되지 않음에 유의하여야 한다.

(2) 급부의무

(ㄱ) 특정 전에는 채무자가 소유하는 그 종류의 물건이 멸실하였다 하더라도 그 종류물이 거래계에 존재하는 한 채무자는 급부의무를 면하지 못한다(조달의무가 있다).

(ㄴ) 특정 이후 채무자는 목적물이 멸실하면 급부(조달)의무를 면하고, 따라서 특정에 의해 목적물에 대한 급부위험은 채무자로부터 채권자에게 이전한다(물건의 위험). 다만 채무자에게 귀책사유가 있으면 채무불이행(제390조)의 문제이며, 채무자에게 귀책사유가 없으면 위험부담 문제로 다루어진다(제537조 이하).

(3) 이행장소

특정물급부와는 달리 불특정물급부의 경우 그 이행은 특별한 약정이 없는 한 채권자의 현주소에서 행해져야 한다(지참채무원칙-제467조 제2항).

(4) 변경권

특정이 있게 되면 종류채권은 특정물 채권으로 되므로 원칙적으로 목적물을 동종의 다른 물건으로 변경하지 못한다. 그러나 종류채권은 목적물의 개성에 중점을 두지 않는 채권이므로, 특정 후에도 동종의 다른 물건으로 인도할 수 있는 변경권을 긍정함이 일반이다. 이는 신의칙에 기한 것이다.

관련사례 〔1〕 학원을 운영하려는 甲(매수인)은 책걸상을 판매하는 乙(매도인)과 500개의 매매계약을 체결하고, 목적물을 乙의 주소에서 이행받고 동시에 대금도 지급하기로 약정하였다. 乙의 책걸상인도채무는 지참채무인가 추심채무인가? 甲의 대금지급채무는 어떠한가?
〔2〕 甲은 乙 자동차 회사로부터 현재 생산 중인 같은 모델의 신형자동차 3대를 1억원에 사기로 하고, 乙이 이를 모두 甲의 주소로 배달을 완료한 때에 대금을 지급하기로 약정하였다.

해설 〔1〕 학원을 운영하려는 甲은 책걸상을 판매하는 乙과 매매계약을 체결하고, 목적물을 乙의 주소에서 이행받고 동시에 대금도 지급하기로 약정한 경우, 甲의 대금지급채무는 乙의 주소에서 이행되어야 하는 지참채무이고, 乙의 목적물인도채무는 추심채무이다.
〔2〕 (a) 계약이 체결된 현재 상태에서는 목적물의 특정이 이루어 지지 않았으므로 자동차에 대한 선관주의의무 문제는 발생하지 않는다.
(b) 乙이 자신의 영업소에서 매매목적 자동차 3대를 분리하여 배달할 차량에 적재하였다고 특정되는 것은 아니고 배달을 완료한 때 특정이 된다.
(c) 乙이 甲의 주소에서 이행을 제공하였으나 甲이 수령을 지체한 경우(제400조 채권자지체),

乙은 고의나 중대한 과실이 없는 한, 경과실에 대하여는 책임을 부담하지 않는다(제401조).

(d) 乙이 운송업자 丙과 운송계약을 체결하여 위 자동차를 배달하던 중 사고가 발생하여 그 일부가 파손된 경우, 甲은 丙을 상대로 채무불이행책임(제390조)을 물을 수 없다. 따라서 불법행위로 물어야 한다.

Ⅳ. 금전채권

> **제376조 (금전채권)**
> 채권의 목적이 어느 종류의 통화로 지급할 것인 경우에 그 통화가 변제기에 강제통용력을 잃은 때에는 채무자는 다른 통화로 변제하여야 한다.

1. 금전채권의 특징

(1) 의의

금전채무는 물건의 인도를 목적으로 하는 채무와는 달리 일정량의 가치의 인도를 목적으로 하는 가치채권으로서 따라서 특정된 화폐로 주지 않아도 되며, 헌 화폐를 주더라도 상관 없고, 이행지체만이 문제되며, 특정이 없기 때문에 위험부담이 따르지 않는다. 즉 특정·하자·급부불능·위험부담의 문제가 발생하지 않는다(후술함).

(2) 외화채권

> **제377조 (외화채권)**
> ① 채권의 목적이 다른 나라 통화로 지급할 것인 경우에는 채무자는 자기가 선택한 그 나라의 각 종류의 통화로 변제할 수 있다.
> ② 채권의 목적이 어느 종류의 다른나라 통화로 지급할 것인 경우에 그 통화가 변제기에 강제통용력을 잃은 때에는 그 나라의 다른 통화로 변제하여야 한다.
>
> **제378조 (동전)**
> 채권액이 다른나라 통화로 지정된 때에는 채무자는 지급할 때에 있어서의 이행지의 환금시가에 의하여 우리나라 통화로 변제할 수 있다.

1) 외화채무

채권의 목적이 다른 나라 통화로 지급할 것인 경우에는 채무자는 자기가 선택한 그 나라의 각 종류의 통화로 변제할 수 있으며, 채권의 목적이 어느 종류의 다른나라 통화로 지급할 것인 경우에 그 통화가 변제기에 강제통용력을 잃은 때에는 채무를 면하는 것이 아니라 그 나라의 다른 통화로 변제하여야 한다(제377조).

2) 판례의 변경

제378조는 '채권액이 다른 나라 통화로 지정된 때에는 채무자는 지급할 때에 있어서의 이행

지의 환금시가에 의하여 우리나라 통화로 변제할 수 있다'고 하고 있는바, 종래 판례는 「이행기」가 환산시기라고 판시하였으나, 현재는 「채무자가 현실로 이행할 때」를 환산시기라고 하고 있다 〔대판(전합) 1991.3.12, 90다2147〕. 이러한 전원합의체의 내용은 통설과 동일하다.

판례 〈채권자의 대용권〉 제378조는 '채권액이 다른 나라 통화로 지정된 때에는 채무자는 지급할 때에 있어서의 이행지의 환금시가에 의하여 우리나라 통화로 변제할 수 있다'고 하고 있는바, 법조항은 채무자가 대용권을 행사할 수 있다고 하고 있으나, 통설과 판례는 채권자도 우리나라 통화로 청구할 수 있다고 해석한다.

3) 환산시기

(ㄱ) 채무자가 대용권을 행사하는 경우 : 변제기가 아닌 채무자가 '실제로 이행하는 때' 다 〔대판(전합) 1991.3.12, 90다2147〕.

(ㄴ) 채권자가 대용권을 행사하는 경우 : 특히 재판상 청구하는 경우에는 '채무자가 현실로 이행하는 때에 가장 가까운 사실심 변론종결시'를 환산시기로 본다 〔대판(전합) 1991.3.12, 90다2147〕.

판례 〈경매절차에서 외화채권자에게 배당을 하는 경우 외화채권의 환산기준시기(=배당기일 당시의 외국환시세)〉 채권액이 외국통화로 정해진 금전채권인 외화채권을 채무자가 우리나라 통화로 변제하는 경우에 그 환산시기는 이행기가 아니라 현실로 이행하는 때, 즉 현실이행 시의 외국환시세에 의하여 환산한 우리나라 통화로 변제하여야 하고, 이와 같은 법리는 외화채권자가 경매절차를 통하여 변제를 받는 경우에도 동일하게 적용되어야 할 것이므로, 집행법원이 경매절차에서 외화채권자에 대하여 배당을 할 때에는 특별한 사정이 없는 한 배당기일 당시의 외국환시세를 우리나라 통화로 환산하는 기준으로 삼아야 한다(대판 2011.4.14, 2010다103642).

2. 금전채무불이행의 특칙

> **제397조 (금전채무불이행에 대한 특칙)**
> ① 금전채무불이행의 손해배상액은 법정이율에 의한다. 그러나 법령의 제한에 위반하지 아니한 약정이율이 있으면 그 이율에 의한다.
> ② 전항의 손해배상에 관하여는 채권자는 손해의 증명을 요하지 아니하고 채무자는 과실 없음을 항변하지 못한다.
> **제390조 (채무불이행과 손해배상)**
> 채무자가 채무의 내용에 좇은 이행을 하지 아니한 때에는 채권자는 손해배상을 청구할 수 있다. 그러나 채무자의 고의나 과실 없이 이행할 수 없게 된 때에는 그러하지 아니하다.

(1) 제390조 일반채무불이행의 경우(원칙)

1) 채권자가 입증(=증명)하여야 하는 것은 ① 채무자에게 채무가 있고 이를 채무불이행한 사실, ② 채무불이행으로 일정한 손해가 발생한 사실이다.

2) 채무자가 입증(=증명)하여야 하는 것은 채무자의 귀책사유이다. 즉 채무자가 면책을 주장하려면 자신이나 이행보조자가 귀책사유가 없음을 입증하여야 한다.

(2) 제397조 금전채무불이행(특칙)

1) 무과실책임

민법 제397조는 금전채무불이행에 대하여 무과실책임을 인정하고 있다(통화제도가 존재하는 한 채무자의 주관적 지급불능은 면책사유가 될 수 없기 때문이다).

2) 손해배상액산정

금전채무를 불이행한 경우 손해배상액은 법정이율에 의한다고 규정하고 있다. 이 규정은 당사자의 약정(또는 손해배상예정)이나 별도의 법률의 규정이 있는 경우에는 적용되지 않는다. 특히 판례는 "소비대차에서 변제기 후의 이자약정이 없는 경우, 특별한 의사표시가 없는 한 변제기가 지난 후에도 당초의 약정이자를 지급하기로 한 것으로 보는 것이 확립된 판례이다"라고 한다(대판 1981.9.8, 80다2649).

판례 ㉠ 〈약정이율과 법정이율과의 관계〉 민법 제397조 제1항은 본문에서 금전채무불이행의 손해배상액을 법정이율에 의할 것을 규정하고 그 단서에서 "그러나 법령의 제한에 위반하지 아니한 약정이율이 있으면 그 이율에 의한다"고 정한다. 이 단서규정은 약정이율이 법정이율 이상인 경우에만 적용되고, 약정이율이 법정이율보다 낮은 경우에는 그 본문으로 돌아가 법정이율에 의하여 지연손해금을 정할 것이다. 우선 금전채무에 관하여 아예 이자약정이 없어서 이자청구를 전혀 할 수 없는 경우에도 채무자의 이행지체로 인한 지연손해금은 법정이율에 의하여 청구할 수 있으므로, 이자를 조금이라도 청구할 수 있었던 경우에는 더욱이나 법정이율에 의한 지연손해금을 청구할 수 있다고 하여야 한다(대판 2009.12.24. 2009다85342).
㉡ 〈금전채무의 불이행으로 인한 지연손해금 비율의 인정 방법 및 법정이율보다 낮은 비율에 의한 지연손해금을 인정하기 위한 요건〉 금전채무의 불이행으로 인한 손해배상액은 달리 특별한 사정이 없는 한 민법 소정의 법정이율인 연 5푼의 비율에 의한 금원이라 할 것이고, 다만 그와 다른 이자율의 약정이 있거나 지연손해금률의 약정이 있는 경우에 한하여 그 별도의 약정에 따른 손해배상액을 인정할 수 있다 할 것인데, 이와 같이 별도의 약정이 있음을 이유로 하여 법정이율보다도 낮은 비율에 의한 지연손해금을 인정하기 위하여는 법정이율보다 낮은 이자율 또는 지연손해금률의 약정이 있다는 점에 관하여 당사자 사이에 다툼이 없거나 증거에 의하여 적극적으로 인정되는 사정이 존재하여야 할 것이다(대판 1995.10.12. 95다26797).

3) 손해액증명

㈀ 보통의 채무불이행의 경우와는 달리 금전채무가 이행지체된 경우에 채권자는 손해의 발생과 손해액을 입증하지 않아도 당연히 일정액의 손해를 입은 것으로 취급된다(민법 제397조 제2항 후단 참조). 하지만 채권자가 금전채무의 불이행을 원인으로 손해배상을 구할 때에 지연이자 상당의 손해가 발생하였다는 취지의 주장은 하여야 하는 것이지 주장조차 하지 아니하여 그 손해를 청구하고 있다고 볼 수 없는 경우까지 지연이자 부분만큼의 손해를 인용해 줄 수는 없는 것이다(대판 2000 2.11. 99다49644).
㈁ 금전채무의 지연손해금채무는 금전채무의 이행지체로 인한 손해배상채무로서 '이행기의 정함이 없는 채무'에 해당하므로, 채무자는 확정된 지연손해금채무에 대하여 채권자로부터 이행청구를 받은 때로부터 지체책임을 부담하게 된다(대판 2004.7.9. 2004다11582).

V. 이자채권

1. 의 의

이자는 금전 기타 대체물의 사용에 대한 대가로서 원본액과 사용기간에 비례하여 일정한 이율에 따라 지급되는 금전 기타의 대체물이다. 따라서 이자는 원본채권의 유효한 존재를 전제로 하며 유동자산인 원본의 사용대가이므로 지료·차임은 이자가 아니다. 원본과 이자는 동종의 대체물이어야만 하는 것은 아니다. 이자는 금전 기타의 대체물이므로 이자채권(利子債權)은 일종의 종류채권이며, 특히 이자가 금전인 경우에는 이른바 금전채권의 일종이다.

2. 이 율

이율에는 법률이 규정하는 '법정이율'과 당사자의 법률행위로 정하여지는 '약정이율'이 있다.

(1) 법정이율(제379조)

> **제379조 (법정이율)**
> 이자 있는 채권의 이율은 다른 법률의 규정이나 당사자의 약정이 없으면 연 5푼으로 한다.

민사의 법정이율에 있어서는 연 5푼이고(제397조), 상사에 있어서는 연 6푼이다(상법 제54조). 소송촉진 등에 관한 특례법에서는 일정한 요건 하에 연 2할(20%)이다.

(2) 약정이율

당사자 약정에 의한 이율로서 원칙적으로 자유이다. 다만 당사자 사이의 모든 약정이율이 언제나 유효로 되는 것은 아니다. 즉 제103조·제104조에 반하는 경우는 무효가 되며, 특히 대부업법(이하 상술), 이자제한법에 반한 경우에도 무효이다. 판례는 위에서 고찰한 바와 같이 ㉠ 변제기 후의 지연배상에 대하여는 민사법정이율보다 높은 약정이자가 있는 경우에 약정이자를 지급하기로 한 것으로 보며, 다만 ㉡ 약정이율이 법정이율보다 낮은 경우에는 법정이율에 의하고, ㉢ 당사자가 특히 법정이율보다 낮은 지연배상에 대한 약정이율이 별도로 있는 경우에는 그에 의할 수 있다는 입장이다(대판 1995.10.12. 95다26787 등).

3. 이자의 유형

(1) 기본적 이자채권

예컨대 일천만원의 원금에 대하여 연 2할의 이율로 매월 이자를 지급하기로 약정하는 경우, 채무자는 연 2할의 이자를 지급하여야 하는 기본적 이자채무를 지고, 이 채무의 이행으로서 변제기에 도달한 매월의 이자를 지급하여야 하는 지분적 이자채무를 지게 된다.

(2) 지분적 이자채권

특히 이미 변제기에 도달한 지분적 이자채권은 원본채권과 분리하여 양도할 수 있고, 원본채권과 별도로 변제할 수 있으며 또 시효로 인하여 소멸되기도 하는 등 어느 정도 독립성을 갖는다(독립성이 강함).

> **판례** 〈변제기에 도달한 이자채권의 양도성〉 이자채권은 원본채권에 대하여 종속성을 갖고 있으나 이미 변제기에 도달한 이자채권은 원본채권과 분리하여 양도할 수 있고 원본채권과 별도로 변제할 수 있으며 시효로 인하여 소멸되기도 하는 등 어느 정도 독립성을 갖게 되는 것이므로, <u>원본채권이 양도된 경우 이미 변제기에 도달한 이자채권은 원본채권의 양도 당시 그 이자채권도 양도한다는 의사표시가 없는 한 당연히 양도되지는 않는다</u>(대판 1989.3.28, 88다카12803).

(3) 복리와 선이자

1) 복리

변제기가 도래한 이자를 원본에 산입하여 이를 원본의 일부로 하여 그에 대한 이자를 다시 붙이는 것으로, <u>복리계약은 유효하다</u>(이자제한법 제5조). 복리와 독립이자의 차이점은 전자는 변제기에 도달한 이자를 원본에 산입하여 이를 원본의 일부로 하여 그에 대한 이자를 붙이는 것이고, 후자는 변제기에 도달한 이자를 독립원본으로 하여 이자를 생기게 하는 것이다. 채무자에게 더욱 불리한 것은 복리이다.

2) 선이자

소비대차에 있어서, 차주가 지급하여야 할 이자를 미리 계산해서 이를 원본액에서 공제한 잔액만을 차주에게 교부하는 것을 말한다. 선이자에 관한 특약은 계약자유의 원칙상 유효하다. 다만 이자제한법은 선이자를 사전공제한 경우에는 그 공제액이 채무자가 실제 수령한 금액을 원본으로 하여 동법 제2조 제1항에서 정한 최고이자율에 따라 계산한 금액을 초과하는 때에는 그 초과부분은 원본에 충당한 것으로 본다(동법 제3조). 따라서 실제 반환하여야 할 금액의 기준은 별도의 특약이 없는 한(별도의 특약이 유효한 경우, 아래 판결 참조), 차주가 실제로 받은 금액을 기준으로 한다. 즉, 반환할 금액(A)=현실교부액(B) + (B×제한이율 또는 약정이율×기간)이다.

> **판례** 〈선이자의 이자율이 제한이자율을 초과하지 않는 경우, 채무자가 변제기에 갚아야 할 대부원금〉 ㉠ 대부업자가 사전에 공제한 선이자가 구 대부업법상에서 정하는 제한이자율을 초과하는지는 그 선이자 공제액을 제외하고 <u>채무자가 실제로 받은 금액을 기초로 하여 대부일부터 변제기까지의 기간에 대한 제한이자율에 따른 이자를 기준으로 그 초과 여부를 판단하여야 한다.</u> 나아가 ㉡ 그와 같은 판단의 결과 선이자의 이자율이 제한이자율을 초과하지 아니하는 경우에는, 제한이자율 초과 부분에 대한 이자계약을 무효로 하는 구 대부업법이 적용되지 아니하므로 다른 강행법규 위반의 무효 사유가 없는 한 그 선이자 공제는 당사자가 약정한 이자의 지급으로서 유효하고, <u>선이자 공제 전의 당사자 사이에서 약정된 대부원금이 채무자가 변제기에 갚아야 할 대부원금이 된다</u>(대법원 2013.5.9. 선고 2012다56245,56252 판결).

(4) 지연이자

지연이자는 금전채무를 불이행한 경우 법정이율 내지 약정이율에 따라 지급되는 손해배상금으로서 고유한 의미의 이자에 해당되지 않는다. 그러나 금전채무의 불이행시 당사자 사이의 약정이 없는 한 법정이율에 의한다(제397조 제1항).

판례 〈금전채무의 지체책임〉 금전채무의 지연손해금채무는 금전채무의 이행지체로 인한 손해배상채무로서 이행기의 정함이 없는 채무에 해당하므로, 채무자는 확정된 지연손해금채무에 대하여 채권자로부터 이행청구를 받은 때로부터 지체책임을 부담하게 된다(대판 2004.7.9. 2004다11582). 따라서 채권자 甲이 이행청구를 하였다면 채무자 乙은 이미 이행지체에 빠져서 발생한 지연손해금도 당연히 지급하여야 한다(즉 지연손해금을 원금으로 하여 다시 지연손해금을 계산하여 지급할 것을 구할 수 있다).

4. 이자제한법

(1) 이자의 최고한도

금전대차에 관한 계약상의 최고이자율은 연 30퍼센트(2011.7.25 개정)를 초과하지 아니하는 범위 안에서 대통령령으로 정한다(대통령령은 연 30%를 초과할 수 없다). 계약상의 이자로서 제1항에서 정한 최고이자율을 초과하는 부분은 무효로 한다(제2조).

(2) 초과이자지급시 반환청구

채무자가 최고이자율을 초과하는 이자를 임의로 지급한 경우에는 초과 지급된 이자 상당 금액은 원본에 충당되고, 원본이 소멸한 때에는 그 반환을 청구할 수 있다.

(3) 선이자

선이자를 사전공제한 경우에는 그 공제액이 채무자가 실제 수령한 금액을 원본으로 하여 계산한다

(4) 간주이자

예금, 할인금, 수수료, 공제금, 체당금, 그 밖의 명칭에도 불구하고 금전의 대차와 관련하여 채권자가 받은 것은 이를 이자로 본다.

(5) 적용범위

다른 법률에 따라 인가·허가·등록을 마친 금융업 및 대부업에는 이 법을 적용하지 아니한다. 따라서 판례는 미등록대부업체의 등록을 유도하기 위한 특별법의 취지상 미등록대부업자의 대부의 경우에는 최고이자율을 연 30%로 제한한다(대판 2009.6.11. 2009다12399).

판례 〈복리약정이 최고이자율을 초과하는 경우〉 이자제한법 시행 전 체결한 금전소비대차계약상의 복리약정이 같은 법 제한최고이율인 연 30%를 초과하는 경우 같은 법 시행일인 2007.6.30.부터 그 초과 부분이 무효가 되므로, 위 복리약정에 따라 계산한 이자가 위 시행일 전에 연 30%를 초과하고 있다면 그 시행일부터, 위 시행일 후에 연 30%를 초과하고 있다면 그때부터 그 초과 이자 부분이 무효가 된다(대판 2008.10.23. 2008다37742).

5. 대부업의 등록 및 금융이용자 보호에 관한 법률

(1) 목적

금전의 대부를 업으로 하는 대부업자를 시·도지사에게 등록하도록 하고, 대부업자가 행하는 3천만원 이내의 소액대부를 규율한다.

(2) 한도액과 제한 이율

대부업을 영위하는 자가 개인 또는 소규모 법인에 대하여 금전을 대부하는 경우 3천만원 이내에서 대통령령이 정하는 금액 이하의 대부금액에 대한 이자율은 연 100분의 50의 범위 이내(2010.1.25일 개정)에서 대통령령이 정하는 율을 초과할 수 없도록 함(법 제8조).

(4) 초과부분의 반환청구

대부업자가 제한이율을 위반하여 대부계약을 체결한 경우 그 이자율을 초과하는 부분에 대한 이자계약은 이를 무효로 하며, 채무자가 그 초과부분에 대한 이자를 변제하였을 경우에는 그 반환을 청구할 수 있다〔대판(전합) 2007.2.15, 2004다50426〕.

6. 소송촉진 등에 관한 특례법 제3조와 관련된 판례

(1) 소촉법 적용범위

금전채무의 전부 또는 일부의 이행을 명하는 판결을 선고할 경우에 금전채무불이행으로 인한 손해배상액 산정의 기준이 되는 법정이율을 정할 때 「소송촉진등에관한특례법」을 적용한다. 이 규정은 행정소송에도 그대로 적용되며(대판 1993.6.29, 91누2342), 약정이자율이나 지연손해금에 관한 이율의 약정이 있는 경우에도 적용된다(대판 1993.9.14, 92다12728). 판례는 "금전채무의 이행과 관련된 사실심판결이 선고될 경우에는 어떠한 이유로든지 소촉법상의 적용을 배제할 수 없다"고 한다(대판 1988.2.23, 86다카2768).

(2) 소촉법 내용

> **소촉법 제3조(법정이율)**
> ① 금전채무의 전부 또는 일부의 이행을 명하는 판결(심판을 포함한다. 이하 같다)을 선고할 경우에 금전채무불이행으로 인한 손해배상액산정의 기준이 되는 법정이율은 그 금전채무의 이행을 구하는 소장 또는 이에 준하는 서면이 채무자에게 송달된 날의 다음날부터는 연 100분의 40 이내의 범위에서 은행법에 의한 금융기관이 적용하는 연체금리 등 경제여건을 감안하여 대통령령이 정하는 이율에 의한다. 다만, 민사소송법 제251조(장래이행의 訴)에 규정된 소에 해당하는 경우에는 그러하지 아니하다.
> ② 채무자가 그 이행의무의 존재를 선언하는 사실심판결이 선고되기까지 그 존부나 범위에 관하여 항쟁함이 상당하다고 인정되는 때에는 그 상당한 범위안에서 제1항의 규정을 적용하지 아니한다.

소송촉진 등에 관한 특례법 시행령은 연 '20 %'이다.

판례 〈지연손해금산정기준의 법정이율〉 금전채권자가 채무자를 상대로 채무의 이행을 청구하는 소를 제기한 후에 채무자가 자신의 채무를 이행함으로써 원래의 금전채무는 소멸하고 그 채무의 이행지체로 인한 지연손해의 배상만이 남게 된 경우, 그 지연손해금 산정의 기준이 되는 법정이율에 대하여 '소송촉진 등에 관한 특례법' 제3조에서 정한 이율이 적용되지 않는다(대판 2010.9.30. 2010다50922).

VI. 선택채권

1. 의 의

> **제380조 (선택채권)**
> 채권의 목적이 수개의 행위 중에서 선택에 좇아 확정될 경우에 다른 법률의 규정이나 당사자의 약정이 없으면 선택권은 채무자에게 있다.

(1) 의의

(ㄱ) 선택채권이란 수 개의 서로 다른 급부가 선택적으로 채권의 목적으로 되어 있으나 선택에 의하여 그 중 하나가 급부의 목적으로 확정되는 채권을 말한다(제380조 이하).

(ㄴ) 통상 선택채권으로 볼 수 있는 것은 (i) 무권대리인의 상대방에 대한 책임(제135조), (ii) 회복자의 점유자에 대한 비용상환책임(제203조), (iii) 보증인에게 사전배상을 한 주채무자의 면책청구(제443조), (iv) 일정 토지 중 일정한 부분을 매수하면서 구체적 목적물은 후에 매수인이 특정하기로 한 경우 등이 있다.

(2) 특징

채무자는 선택권자의 선택이나 기타의 사유로 인한 확정이 있어야만 이행할 수 있다. 따라서 강제집행은 채무의 확정 후에만 가능하다.

(3) 선택권의 성질

선택권은 형성권의 일종으로 선택권자는 선택권이 있음을 입증(=증명)하여야 한다. 선택의 의사표시는 상대방에게 도달한 때로부터 그 효력이 발생하므로(제111조 제1항), 효력발생 이후에는 상대방의 동의 없이 이를 철회할 수 없다(제382조 제2항).

판례 〈대판 1972.7.11, 70다877〉 선택권자가 선택의 의사표시를 한 뒤라도 상대방의 방해행위 등으로 선택의 목적을 달성할 수 없는 경우와 같이 특별한 사정이 있으면 상대방의 동의 없이도 이 의사표시를 철회하고 새로운 선택을 할 수 있다.

2. 선택권의 행사

> **제382조 (당사자의 선택권의 행사)**
> ① 채권자나 채무자가 선택하는 경우에는 그 선택은 상대방에 대한 의사표시로 한다.
> ② 전항의 의사표시는 상대방의 동의가 없으면 철회하지 못한다.
> **제383조 (제3자의 선택권의 행사)**
> ① 제3자가 선택하는 경우에는 그 선택은 채무자 및 채권자에 대한 의사표시로 한다.
> ② 전항의 의사표시는 채권자 및 채무자의 동의가 없으면 철회하지 못한다.

(1) 당사자의 선택권행사(제382조)

(ㄱ) 채권자나 채무자가 선택하는 경우에는 그 선택은 상대방에 대한 의사표시로 한다.

(ㄴ) 전항의 의사표시는 상대방의 동의가 없으면 철회하지 못한다.

(2) 제3자의 선택권의 행사(제383조)

㉠ 제3자가 선택하는 경우에는 그 선택은 채무자 및 채권자에 대한 의사표시로 한다.

㉡ 제3자의 선택의 의사표시는 채권자 및 채무자의 동의가 없으면 철회하지 못한다.

3. 선택권의 이전

제381조 (선택권의 이전)
① 선택권행사의 기간이 있는 경우에 선택권자가 그 기간내에 선택권을 행사하지 아니하는 때에는 상대방은 상당한 기간을 정하여 그 선택을 최고할 수 있고 선택권자가 그 기간내에 선택하지 아니하면 선택권은 상대방에게 있다.
② 선택권행사의 기간이 없는 경우에 채권의 기한이 도래한 후 상대방이 상당한 기간을 정하여 그 선택을 최고하여도 선택권자가 그 기간내에 선택하지 아니할 때에도 전항과 같다.

제384조 (제3자의 선택권의 이전)
① 선택할 제3자가 선택할 수 없는 경우에는 선택권은 채무자에게 있다.
② 제3자가 선택하지 아니하는 경우에는 채권자나 채무자는 상당한 기간을 정하여 그 선택을 최고할 수 있고 제3자가 그 기간내에 선택하지 아니하면 선택권은 채무자에게 있다.

(1) 당사자간에는 상대방에 이전

㉠ 선택권행사의 기간이 있는 경우에 선택권자가 그 기간내에 선택권을 행사하지 아니하는 때에는 상대방은 상당한 기간을 정하여 그 선택을 최고할 수 있고 선택권자가 그 기간내에 선택하지 아니하면 선택권은 상대방에게 있다(제381조 제1항). ㉡ 선택권행사의 기간이 없는 경우에 채권의 기한이 도래한 후 상대방이 상당한 기간을 정하여 그 선택을 최고하여도 선택권자가 그 기간내에 선택하지 아니할 때에도 선택권은 상대방에게 있다(제381조 제2항).

(2) 제3자의 선택권의 경우는 채무자에게 이전

㉠ 선택할 제3자가 선택할 수 없는 경우에는 선택권은 채무자에게 있다(제384조 제1항). ㉡ 제3자가 선택하지 아니하는 경우에는 채권자나 채무자는 상당한 기간을 정하여 그 선택을 최고할 수 있고 제3자가 그 기간 내에 선택하지 아니하면 선택권은 채무자에게 있다(제384조 제2항).

(3) 불능에 의한 선택(단순화)

제385조 (불능으로 인한 선택채권의 특정)
① 채권의 목적으로 선택할 수개의 행위 중에 처음부터 불능한 것이나 또는 후에 이행불능하게 된 것이 있으면 채권의 목적은 잔존한 것에 존재한다.
② 선택권 없는 당사자의 과실로 인하여 이행불능이 된 때에는 전항의 규정을 적용하지 아니한다

1) 원시적 불능의 경우

제385조에서 불능으로 인한 선택채권의 특정에서 급부의 일부가 원시적으로 불능인 경우에는 잔존부분만이 선택대상으로 된다.

2) 후발적 불능

 그러나 급부가 후발적으로 불능인 경우에도 당연히 잔존부분만이 선택대상으로 되는 것은 아니다. 즉, 선택권자의 과실 또는 불가항력에 의한 후발적 불능의 경우에는 잔존부분만이 선택대상이 되나(단순채권화 됨), 선택권 없는 자의 과실에 의한 후발적 불능의 경우에는 멸실된 부분도 선택대상이 될 수 있다(제385조 제2항 참조).

Tip

◎ 예컨대, 채무자가 선택권을 가지고 있는 쌍무계약의 경우, 채권자의 과실로 급부의 일부가 후발적으로 불능이 되었다면, 채무자는 멸실된 급부를 선택하여 자신은 이행책임을 면하면서 채권자에게는 반대급부청구권을 행사할 수 있다(제385조 제2항, 제538조 위험부담의 이전).

4. 선택의 효과

제386조 (선택의 소급효)
선택의 효력은 그 채권이 발생한 때에 소급한다. 그러나 제3자의 권리를 해하지 못한다.

(1) 소급효

급부의 선택이 있으면 이 급부만이 처음부터, 즉 채권 성립시부터 채권의 목적이었던 것으로 다루어 진다(선택의 소급효). 선택채권에서 선택의 소급효는 선택권(의사표시)을 행사하는 경우이고 불능인 경우에는 그러하지 아니하다. 즉 다수설은 불능에 의한 특정은 장래효가 있다고 한다(다만 반대설은 불능에 의한 특정도 소급효를 긍정한다 - 송덕수).

(2) 제3자보호문제

선택채권에서 선택의 소급효로 제3자의 권리를 해하지 못한다는 규정은 무의미하다고 해석한다(제386조). 즉, 선택의 소급효로 제3자의 권리를 침해하지는 못한다는 규정은 제3자가 물권을 취득한 경우에는 물권은 채권에 우선한다는 원칙에 따라 적용될 여지가 없으며, 또한 제3자가 채권을 취득한 경우에도 채권에는 발생의 순위에 따라 효력상의 차이가 없으므로(채권의 평등성), 이 규정이 적용될 여지가 없는 것이다.

관련사례 甲과 乙은, A가옥과 B가옥 중 丙이 선택한 가옥을 甲이 乙에게 증여하기로 계약을 체결하였다고 했을 때,
㉠ 丙이 A가옥을 택한다는 뜻을 乙에게 표시하면 A가옥으로 선택된 것인가 ?
㉡ 甲이 A가옥을 소실한 때에는 인도하여야 할 가옥으로 B가 특정된다고 볼 수 있는가?
㉢ 丙이 선택권을 행사하지 않을 때는 乙이 선택권을 행사하여 이행청구를 할 수 있는가?

해설 ㉠ 제3자(丙)가 선택권이 있는 경우 乙에 대한 표시로 부족하고, 甲과 乙에 대한 표시를 하여야 한다(제383조 참조).
㉡ 제385조 제2항에서는 선택권 있는 자가 아닌 자에 의한 불능의 경우, 특히 과실이 있는 경우는 잔존한 것에 특정되지 않는다고 하고 있다.
㉢ 제384조 제2항은 '제3자가 선택하지 아니하는 경우에는 채권자나 채무자는 상당한 기간을 정하여 그 선택을 최고할 수 있고 제3자가 그 기간내에 선택하지 아니하면 선택권은 채무자(甲)에게 있다'고 하고 있다.

Ⅶ. 임의채권

1. 의의와 종류

(1) 의의

임의채권이란 채권의 목적은 하나의 급부에 특정되어 있으나, 채권자 또는 채무자가 다른 급부로 본래의 급부에 갈음할 수 있는 권리를 가지는 채권이다. 갈음하는 급부는 보충적·2차적이기 때문에 본래급부가 원시적 불능이거나 채무자의 과실 없이 불능으로 된 때에는 설사 대용급부가 가능하더라도 임의채권은 성립하지 않는다.

(2) 종류

㉠ 외화채권에서 채무자의 우리나라 통화로의 대용급부권(제378조 참조). ㉡ 주채무자가 보증인에게 사전배상하는 경우에 주채무자는 자기를 면책하게 하거나 자기에게 담보를 제공할 것을 청구할 수 있는데(이는 선택채권), 이에 갈음하여 배상금액 등의 공탁 등을 통해 사전배상의무를 면하는 것(제443조 후단). ㉢ 명예훼손에서 손해배상에 갈음하여 명예회복을 청구하는 것(제764조) 등이 있다.

2. 대용권 행사에 따른 급부의 확정

(1) 채권자가 대용권을 가지는 경우

채권자가 대용청구의 의사표시를 함으로써 급부의 목적물은 대용급부로 확정된다.

(2) 채무자가 대용권을 가지는 경우

채권자에 대한 대용급부의 의사만에 의해 대용급부가 급부목적물로 특정되지는 않고 현실적으로 대용급부가 완성될 때까지는 본래의 급부의무를 부담한다. 즉, 대용권은 형성권적 성질을 가지나 단순한 의사표시만으로는 효력이 없고 현실적으로 대용급부를 해야 한다는 점에서 형성권과 구별된다.

제3장 채권의 효력

I. 채권의 효력 일반

1. 전반적 고찰

채권의 대내적 효력	채권자의 채무자에 대한 효력	기본적 효력(청구력 및 급부보유력)
		〈채무불이행에 대한 효력〉 ① 강제이행-소구력 및 집행력 ② 손해배상청구권
	채무자의 채권자에 대한 효력	채권자지체
책임재산보전의 효력	채권자대위권	
	채권자취소권	
채권의 대외적 효력	제3자에 의한 채권 침해에 대한 효력	손해배상청구권
		방해배제청구권

⑴ 채권의 효력은 채권의 내용을 실현하기 위한 채권자의 권능이나 권한을 의미한다.

⑵ 채권은 채무의 내용을 실현하기 위해 채무자에 대한 관계에서 주어지는 '채권의 대내적 효력'과 채무자에게 속하는 책임재산의 유지·회복을 위한 권한으로의 '책임재산보전의 효력', 그리고 제3자의 위법한 침해에 대한 법적 보호로 '채권의 대외적 효력'을 지닌다. 채권의 대내적 효력으로는 기본적 효력으로서 청구력·급부보유력 등이, 채무불이행시 그 구제로서 강제이행과 손해배상청구권이, 책임재산보전의 효력으로는 채권자대위권·채권자취소권이, 그리고 채권의 대외적 효력으로는 불법행위에 기한 손해배상청구권과 방해배제청구권이 문제된다. 한편 채권자지체를 채무불이행의 일종으로 보아야 할지에 대하여는 논란이 있다.

⑶ 채권법 중 가장 중요한 것 중 하나인 '채무불이행'이란 채무자가 채무의 내용에 좇은 이행을 하지 않는 것을 말한다(제390조). 즉 채무자가 귀책사유(고의나 과실 있는 것)를 구비하고 채무의 내용에 좇은 이행을 하지 않는 것이다. 대표적으로 민법은 채무불이행의 모습으로 '이행지체'와 '이행불능'을 들고 있다. 채무불이행에 따른 채무자의 책임, 즉 채무불이행책임은 채무자의 귀책사유와 불이행을 주요 요건으로 하는 과실책임이다. 채무불이행책임은 주로 계약 채무의 불이행(계약위반)을 대상으로 하므로 계약책임이라고도 불린다. 채무불이행책임의 중심이 되는 민법조항은 제390조인데, 제390조는 채무불이행으로 인해 손해배상청구권이 발생함을 규정한다. 민법은 제390조 이하에서 채무불이행의 효과로서 손해배상의무만을 그의 발생원인과 내용을 중심으로 규율한다. 채무불이행시의 이행의 강제에 대해서는 제389조에 규정하며, 채무불이행시의 계약해제에 관해서는 제544조 이하에 규정하는 등 다른 효과에 대해서는 손해배상책임과 분리하여 별도로 규정하는 태도를 취한다. 그리고 채무불이행 중에서 '불완전이행'에 관해서는 이행지체·이행불능 외의 제3의 유형이 필요한가, 불완전이행과 적극적 채권침해와의 관계는 어떠한가, 불완전이행은 민법 제390조에 포섭될 수 있는가 등

의 문제가 논의되고 있다. 한편 최근에는 제4의 유형으로 이행거절을 또한 인정할 것인가도 활발하게 논의되고 있다.

> **Tip**
>
> ※ 채권법에서 양대 축은 계약책임(법률행위)으로서 채무불이행책임(제390조)과 법정책임(법률규정) 불법행위책임(제750조) 이다. 계약책임과 불법행위책임을 비교한다면(불법행위편에서 다시 상술함).
> ㉠ 양자가 모두 위법행위에 의한 책임이라는 점에서 공통점이 있으나, 계약책임은 계약을 체결한 당사자 사이에서만 생기는 데 반하여, 불법행위책임은 널리 일반적으로 누구와의 사이에서도 일어날 수 있다. 예컨대 택시운전수가 승객을 태우고 가다가 부주의로 승객이 부상을 당한 때와 같이 불법행위의 당사자 사이에 어떤 계약관계가 있고, 가해사실이 계약과 관련을 가지는 경우에 두 청구권을 모두 인정할 것인가 혹은 어느 하나만을 인정할 것인가에 대하여 설이 대립한다. 이 경우 두 책임은 그 요건과 효과가 다르다는 점에서 두 청구권의 경합을 인정하는 견해(청구권경합설)가 통설판례이고, 특수한 관계인 계약책임을 인정하여야 한다는 견해(법조경합설)가 소수설이다.
> ㉡ 가장 대표적인 차이점은 제390조의 채무불이행은 채무자가 채무불이행에 관하여 자기에게 고의나 과실이 없었음을 입증하여야 한다는 것이고(제390조·제397조), 제750조 불법행위의 경우는 피해자(채권자)가 가해자(채무자)에게 고의나 과실이 있었음을 입증하여야 한다는 것이다(제750조).

(4) 강제이행과 손해배상은 채권의 대내적 효력으로 채권자의 이행청구에 대하여 채무자가 임의로 이행하지 않는 경우에 채권의 내용을 실현하기 위해 인정되는 법적 수단이다. 손해배상은 급부 자체를 현실적으로 실현하려는 것이 아니라 채무자의 행위와 행위의 결과를 평가하여 본래의 급부에 갈음한 대상적 급부를 부여하려는 것이다. 강제이행이란 채권자가 채권에 기하여 마땅히 채권자에게 귀속되어야 할 것을 강제적으로 얻는 것이다.

2. 자연채무

(1) 의의

통설에 따르면 자연채무(채권)란 일반적으로 채무(채권)는 유효한데 소구(訴求)할 수 없는 채무(채권)라 한다(협의설). 반면 소수설은 자연채무를 임의로 이행한 경우 반환을 청구할 수 없는 경우라 한다.

(2) 범위

자연채무의 범위에 대해 협의설(통설)은 채무는 유효한데 소구할 수 없는 채권이라 한다. 따라서 자연채무는 채권은 존재하고 있는데도 채권자의 패소판결이 확정된 채무, 승소의 종국판결 후에 채권자가 소를 취하한 경우, 파산절차에서 면책된 채무 및 화의에서 일부면제된 채무를 들고 있다. 협의설에서는 도덕상의 의무나 소멸시효가 완성된 채무를 지급한 경우, 불법원인급여 등은 자연채무에 포함시킬 수 없다는 입장이다.

(3) 효력

협의설에 따라 자연채무를 파악할 경우에는 자연채무는 법적 채무이므로 자연채무에 대한 변제는 유효한 변제가 된다. 자연채무는 자연채무를 자동채권으로 하여 상계할 수 있고, 자연채무에 대한 담보설정도 가능하고, 제3자에게 양도할 수도 있다. 그러나 자연채무가 제3자에게 양도되었다 하여 완전한 채무가 되는 것은 아니다.

3. 채무와 책임이 분리되는 유형들

(1) 채무와 책임

일반적인 채권은 채무자가 채무를 이행하지 않는 경우, 채권자가 소를 제기하여 이행판결을 받고 그에 터 잡아 채무자의 일반재산에 대하여 강제집행을 함으로써 채권의 만족을 얻게 된다. 여기서 채무자의 일반재산이 채권자의 강제집행의 목적으로 되는 것을 '책임'이라고 하고(채권자의 공취력에 복종), '채무'란 일정한 급부를 하여야 할 구속(채권자의 청구권에 대응)을 말한다. 채권이 있다 함은 일반적으로 청구력(대응하는 것은 채무)과 강제력(소구력과 집행력 포함. 이에 복종하는 것은 책임)이 있다는 것이 된다. 다만 예외적으로 채무와 책임이 분리되는 경우가 있을 수 있다. 채무와 책임의 관계는 쉽게 설명한다면, 채권-채무가 대응하고, 공취력-책임이 대응한다고 볼 수 있다.

(2) 분리되는 유형

1) 책임 없는 채무

강제집행을 하지 않기로 특약을 한 경우의 채무가 있다.

2) 채무 없는 책임

물상보증인. 저당목적물의 제3취득자 등이 이에 해당한다.

3) 책임이 한정되는 채무

여기에는 다시 ① 책임이 채무자의 특정한 재산에 한정되는 '물적 유한책임'과 ② 일정금액의 한도까지만 채무자의 일반재산으로 책임을 지는 '금액유한책임'이 있다.

(ㄱ) 물적 유한책임 : 상속의 한정승인자의 책임(제1028조). 종전 전당포 영업법상 전당물주의 책임, 선박 소유자의 책임(상법 제745조) 등이 있다

(ㄴ) 금액유한책임 : 합자회사의 유한책임사원의 책임(상법 제331조), 유한회사의 사원의 책임(상법 제553) 등이 있다.

구 분		자연채무	책임 있는 채무	책임 없는 채무
채권의 기본적 효력	청구력	O	O	O
	급부보유력	O	O	O
강제력	소구력	X	O	O
	집행력	X	O	X

Ⅱ. 이행보조자

> **제390조 (채무불이행과 손해배상)**
> 채무자가 채무의 내용에 좇은 이행을 하지 아니한 때에는 채권자는 손해배상을 청구할 수 있다. 그러나 채무자의 고의나 과실 없이 이행할 수 없게 된 때에는 그러하지 아니하다.
> **제391조 (이행보조자의 고의·과실)**
> 채무자의 법정대리인이 채무자를 위하여 이행하거나 채무자가 타인을 사용하여 이행하는 경우에는 법정대리인 또는 피용자의 고의나 과실은 채무자의 고의나 과실로 본다.

1. 서 설

(1) 의의

이행보조자는 채무자의 '채무이행'을 보조하는 자를 지칭한다. 채무불이행책임의 요건인 '채무자의 귀책사유'는 채무자 자신의 고의·과실은 물론 그 밖의 채무자를 위하여 이행행위를 하는 자의 고의·과실도 포함하는 개념이다.

판례 〈민법 제391조 소정의 이행보조자로서의 피용자의 의미〉 ㉠ 민법 제391조에서의 이행보조자로서의 피용자라 함은 일반적으로 채무자의 의사관여 아래 그 채무의 이행행위(객관적·외형적 관련이 있는 경우)에 속하는 활동을 하는 사람이면 족하고, 반드시 채무자의 지시 또는 감독을 받는 관계에 있어야 하는 것은 아니므로 채무자에 대하여 종속적인가 독립적인 지위에 있는가는 문제되지 않는다(대판 1999.4.13, 98다51077,51084). ㉡ 임대인이 도급인이고 공사수급인에게 화재발생에 대한 과실이 인정되는 경우, 공사수급인은 임대인의 이행보조자가 될 수 있으며, 이러한 경우라면 임대인은 민법 제391조에 따라 위 화재발생에 귀책사유가 있으므로 임차인에 대한 채무불이행상의 손해배상책임이 있다고 함이 판례이다(대판 1999.4.13, 98다51077).

(2) 사용자책임과의 구별

> **제756조 (사용자의 배상책임)**
> ① 타인을 사용하여 어느 사무에 종사하게 한 자는 피용자가 그 사무집행에 관하여 제3자에게 가한 손해를 배상할 책임이 있다. 그러나 사용자가 피용자의 선임 및 그 사무감독에 상당한 주의를 한 때 또는 상당한 주의를 하여도 손해가 있을 경우에는 그러하지 아니하다.
> ② 사용자에 갈음하여 그 사무를 감독하는 자도 전항의 책임이 있다.
> ③ 전2항의 경우에 사용자 또는 감독자는 피용자에 대하여 구상권을 행사할 수 있다.

제391조는 제756조의 경우와는 달리 기존의 채권관계를 전제로 한다. 제391조에서는 채무자의 면책가능성이 존재하지 않는다.

	제391조	제756조
성 질	채무불이행책임	불법행위책임
요 건	일정한 채권관계를 전제로 함	일정한 채권관계를 전제하지 않음
	채무자와 보조자간 종속관계 불요	사용자와 피용자가 종속관계 필요
면책 가능성	채무자의 면책가능성 부정	사용자의 면책가능성 긍정.
양자의 경합	채무자는 제391조에 의한 책임과 제756조에 의한 책임이 경합될 수도 있다. 반면에 이행보조자는 채권자에 대해 제750조에 의한 책임만을 부담한다.	

2. 유 형

(1) 법정대리인

친권자·후견인·법원에 의하여 선임된 재산관리인·일상가사대리로서 부부·파산관재인 등이 있다.

(2) 협의의 이행보조자

1) 채무자의 의사관여(사용의사)

협의의 이행보조자에는 채무자의 의사에 의해 그의 채무이행의 보조자로서 사용하는 자를 말한다. 보조자의 사용이 일시적인가 계속적인가 문제되지 않는다.

2) 종속적 관계유무

다수설은 이행보조자이기 위하여는 그 자의 행위에 대하여 채무자가 간섭할 수 있는 가능성, 즉 그 보조자에 관하여 선임·지휘·감독 등을 할 수 있어야 한다고 설명한다. 이행보조자에 대한 채무자의 책임에 있어 다수설은 채무자의 보조자에 대한 간섭가능성을 그 요건으로 하므로, 예컨대 우편·철도 등을 이용하는 자에 대한 관계에 있어서 집배원이나 철도원은 이행보조자가 아니라고 한다. 그러나 판례는 민법 제391조에서의 이행보조자로서의 피용자라 함은 일반적으로 채무자의 의사관여 아래 '그 채무의 이행행위에 속하는 활동을 하는 사람'이면 족하고, 반드시 채무자의 지시 또는 감독을 받는 관계에 있어야 하는 것은 아니므로 채무자에 대하여 종속적인가 독립적인 지위에 있는가는 문제되지 않는다고 한다(대판 2007.12.27, 2005다73914).

판례 〈채무자의 채권자에 대한 채무 이행행위에 속한다고 볼 수 없는 활동을 하는 사람을 민법 제391조의 이행보조자로 볼 수 있는지 여부(소극)〉 민법 제391조의 이행보조자로서 피용자라 함은 채무자의 의사 관여 아래 그 채무의 이행행위에 속하는 활동을 하는 사람을 의미하므로, 채무자의 채권자에 대한 채무 이행행위에 속한다고 볼 수 없는 활동을 하는 사람을 민법 제391조의 이행보조자에 해당한다고 볼 수는 없다(대법원 2013.08.23. 선고 2011다2142 판결).

(3) 이행대행자 문제

다수설은 이행대행자에 의한 이행행위에 다음과 같이 세 경우로 나누어서 설명한다.

첫째, 대행자의 사용이 법률규정에 의해 금지되는 경우, 이 때는 대행자를 사용하면 그것만으로 곧 채무자의 채무불이행책임이 생긴다(제657조 제2항-고용, 제682조-위임 등 참조).

둘째, 대행자의 사용이 법률규정에 의해 허용되거나 채권자의 승낙이 있는 경우에는 원칙적으로 대행자의 선임·감독에 과실이 있는 때에만 책임을 진다(제657조 제2항-고용, 제682조 제2항 -위임 등 참조). 특히 문제가 되는 것은 임대차에서 전차인의 지위인 바, 전차인의 과실로 임차물이 멸실된 경우로서 임차인은 제391조에 의해 무조건 책임을 지는가이다. 특히 임대인이 임차인의 전대에 동의한 경우에는 학설이 대립하는 바, 다수설은 대행자의 선임·감독에 과실이 있는 때에만 책임을 부담하는 것으로 이해한다(채무자인 임차인보호).

셋째, 대행자의 사용을 허용하는 법률이나 채권자의 승낙은 없지만, 급부의 성질상 대행자를 사용하여도 무방한 경우에는 제391조에 의해 대행자의 고의·과실이 채무자의 고의·과실로 된다고 한다. 예컨대, 수급인이 하도급을 하는 경우, 또는 임대인이 목적물을 수선할 의무를 지는 때에 이를 타인에게 도급을 주어 수선하게 하는 경우 등이다.

판례 〈복이행보조자〉 ㉠ 기획여행업자는 여행자의 생명·신체·재산 등의 안전을 확보하기 위하여 신의칙상 안전배려의무를 부담한다. ㉡ 민법 제391조는 이행보조자의 고의·과실을 채무자의 고의·과실로 본다고 규정하고 있는데, 이러한 이행보조자는 채무자의 의사 관여 아래 채무이행행위에 속하는 활동을 하는 사람이면 족하고 반드시 채무자의 지시 또는 감독을 받는 관계에 있어야 하는 것은 아니므로, 그가 채무자에 대하여 종속적 또는 독립적인 지위에 있는가는 문제되지 않으며, 이행보조자가 채무의 이행을 위하여 제3자를 복이행보조자로서 사용하는 경우에도 채무자가 이를 승낙하였거나 적어도 묵시적으로 동의한 경우에는 채무자는 복이행보조자의 고의·과실에 관하여 민법 제391조에 의하여 책임을 부담한다(예 : 기획여행업자와 사전 협의에 따라 현지에서 선택관광서비스를 제공해 온 업체가 고용한 현지 운전자의 과실로 교통사고가 발생하여 여행객이 사망한 사안에서, 기획여행업자의 손해배상책임을 인정한 사안이다-대판 2011.5.26, 2011다1330).

3. 효 과

(1) 채무자의 책임

채무이행에 관하여 이행보조자에게 과실이 있는 때에는 채무자에게 과실이 있는 것으로 된다(제391조). 다만 이는 채무이행에 관하여 문제되는 것이다.

(2) 판단기준

채무자는 이행보조자의 고의·과실에 대해 책임을 부담하는데, 이행보조자의 과실의 정도는 이행보조자가 아닌 채무자를 기준으로 판단한다.

(3) 이행보조자의 책임

이행보조자는 채권자에 대한 관계에서 원칙적으로 채무불이행책임을 지지 않고, 불법행위가 문제된다. 그러므로 이행보조자는 채무자에 대하여 그들 사이의 내부관계로부터 법률상 또는 계약상의 배상의무가 발생하는 경우에 배상책임을 진다.

판례 〈민법 제391조상 이행보조자의 행위가 채권자에 대한 불법행위가 되는 경우, 채무자의 면책 여부(소극)〉 ① 이행보조자의 행위가 채무자에 의하여 그에게 맡겨진 이행업무와 객관적, 외형적으로 관련을 가지는 경우에는 채무자는 그 행위에 대하여 책임을 져야 하고, 채무의 이행에 관련된 행위이면 가사 이행보조자의 행위가 채권자에 대한 불법행위가 된다고 하더라도 채무자가 면책될 수는 없다(대판 2008.2.15. 2005다69458). ㉡ 이행보조자는 채권관계의 당사자가 아니기 때문에 채무불이행책임을 지지는 않으나, 불법행위책임의 요건이 충족되는 경우 별도의 불법행위책임을 물을 수 있다(대판 2008.2.15, 2005다69458; 따라서 채무자의 채무불이행책임과 이행보조자의 불법행위책임간에는 부진정연대채무관계가 된다는 것이 판례이다).

(4) 과실상계

피해자의 부주의를 이용하여 고의로 불법행위를 저지른 자가 바로 그 피해자의 부주의를 이유로 자신의 책임을 감하여 달라고 주장하는 것은 허용될 수 없으나, 이는 그러한 사유가 있는 자에게 과실상계의 주장을 허용하는 것이 신의칙에 반하기 때문이므로, <u>이행보조자인 중개보조원이 업무상 행위로 거래당사자인 피해자에게 고의로 불법행위를 저지른 경우라 하더라도 중개보조원을 고용하였을 뿐 이러한 불법행위에 가담하지 아니한 중개업자에게 책임을 묻고 있는 피해자에 과실이 있다면, 법원은 과실상계의 법리에 좇아 손해배상책임 및 그 금액을 정하면서 이를 참작하여야 한다</u>(대판 2011.7.14, 2011다21143).

(5) 면책특약

채무자나 이행보조자의 제390조 또는 391조의 과실에 대한 면책특약은 유효한 것으로 인정된다. 다만 채무자의 고의와 그에 준하는 중과실의 경우에 면책특약은 사회질서에 반하여 무효이다(통설).

관련사례 메추리농장을 하던 임대인 甲이 임차인 乙과의 임대차계약상의 약정에 따라 제3자 丙에게 도급을 주어 임대차목적물에 계분이송기 등의 시설물을 설치하던 중 원인불명의 화재가 발생하였는데, 제반 사정에 비추어 그 설치공사를 맡은 수급인 丙이 임대차목적물의 전력용량을 초과한 전기용접기를 연결하여 계속 사용함으로써 과부하로 인한 전선의 발열로 인하여 화재가 발생한 것으로 추정된다.

해설
(a) 이행보조자는 반드시 채무자의 지시 또는 감독을 받는 관계에 있어야 하는 것은 아니므로 채무자에 대하여 종속적인가 독립적인 지위에 있는가는 문제되지 않는다.
(b) 공사수급인 丙에게 화재발생에 대한 과실이 인정되는 경우, 공사수급인은 임대차계약에 따른 임대인의 이행보조자라 할 수 있고, 丙의 고의나 과실은 채무자 甲의 고의나 과실로 본다(대판 1999.4.13, 98다51077).
(c) 甲의 채무불이행 책임과 丙의 불법행위책임간에는 부진정연대채무가 성립된다(대판 2006.9.8, 2004다55230).

Ⅲ. 채무불이행 중 이행지체

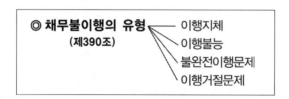

◎ **채무불이행의 유형** (제390조) ── 이행지체
이행불능
불완전이행문제
이행거절문제

1. 서 설

(1) 의의

이행지체란 채무의 이행이 가능함에도 불구하고 채무자가 그에게 책임 있는 사유로 이행을 하지 못하고 이행기를 도과하는 채무불이행의 유형이다.

(2) 귀책사유문제

이행불능에서는 '책임 있는 사유'(제546조)를 책임발생요건으로 규정하고 있으나, 이행지체에 대해서는 명문으로 규정하고 있지 않다. 그러나 우리 민법이 과실책임을 원칙으로 하고 있는 점에서 이행지체에 관해서도 채무자의 귀책사유가 있어야 한다는 데에 학설은 일치하고 있다.

판례 〈채무불이행과 위법성문제〉 채무불이행에 있어서 확정된 채무의 내용에 좇은 이행이 행하여지지 아니하였다면 그 자체가 바로 위법한 것으로 평가되는 것이고, 다만 그 이행하지 아니한 것이 위법성을 조각할 만한 행위에 해당하게 되는 특별한 사정이 있는 때에는 채무불이행이 성립하지 않는 경우도 있을 수 있다(대판 2002.12.27, 2000다 47361).

(3) 증명책임

(ㄱ) 채권자가 입증(증명)하여야 하는 것은 ① 채무자에게 채무가 있고 이를 이행하지 않은 사실, ② 채무불이행으로 일정한 손해가 발생한 사실이다.

(ㄴ) 채무자가 입증하여야 하는 것은 채무자의 귀책사유이다. 즉 채무자가 면책을 주장하려면 자신이나 이행보조자가 귀책사유가 없음을 입증하여야 한다. 이 점이 불법행위(제750조)와 차이점이다.

2. 구체적 내용

> **제387조 (이행기와 이행지체)**
> ① 채무이행의 확정한 기한이 있는 경우에는 채무자는 기한이 도래한 때로부터 지체책임이 있다. 채무이행의 불확정한 기한이 있는 경우에는 채무자는 기한이 도래함을 안 때로부터 지체책임이 있다.
> ② 채무이행의 기한이 없는 경우에는 채무자는 이행청구를 받은 때로부터 지체책임이 있다.

(1) 확정기한부채무

확정기한부채무의 경우, 기한이 도래한 때로부터 지체책임이 있다(제387조 제1항). 다만 채무자가 추심채무를 부담한다면 기한의 도과만으로 이행지체책임이 발생하지는 않는다(제517조 참조). 즉 이행기 있는 지시채권이나 무기명채권의 추심 채무자는 이행기가 도래하였더라도 소지인이 그 채권증서를 제시하여 이행을 청구한 때로부터 지체책임을 진다.

Tip

> ◎ 실제로는 일반적으로 채무이행의 확정기한이 있는 경우에는 그 기한이 도래한 다음날로부터 이행지체의 책임을 지고, 기한의 정함이 없는 경우에는 그 이행의 청구를 받은 다음날부터 이행지체의 책임을 진다고 볼 수 있다(판례동지).

(2) 불확정기한부 채무

(ㄱ) 채무자는 기한이 도래함을 안 때로부터 지체책임이 있다(제387조 제1항). 한편 당사자가 불확정한 사실이 발생한 때를 이행기로 정한 경우에는 그 사실이 발생한 때는 물론이고 발생이 불가능하게 된 때에도 이행기가 도래한다(대판 2002.3.29, 2001다 41766).

(ㄴ) 채무이행에 관하여 불확정기간이 있는 경우에 채무자가 그 기한이 도래하였음을 알지 못

하더라도, 채권자가 채무자에게 기한의 도래를 통지하면서 이행청구를 함으로써 채무자를 이행지체에 빠뜨릴 수 있는데. 구체적 시점은 그 최고가 도달한 다음 날 이행지체가 된다(통설).

판례 〈불확정기한부 채무의 예〉 상가건물의 점포를 분양하면서 분양대금을 완납하고 건물 준공 후 공부정리가 완료되는 즉시 소유권을 이전하기로 약정한 경우, 그 점포에 관한 소유권이전등기에 관하여 확정기한이 아니라 불확정기한을 이행기로 정하는 합의가 이루어진 것으로 보아야 할 것이며, 건설공사의 진척상황 및 사회경제적 상황에 비추어 분양대금이 완납되고 분양자가 건물을 준공한 날로부터 사용승인검사 및 소유권보존등기를 하는 데 소요될 것으로 예상할 수 있는 합리적이고 상당한 기간이 경과한 때 그 이행기가 도래한다고 보아야 한다(대판 2008.12.24. 2006다25745).

(3) 기한 없는 채무

기한 없는 채무의 경우에 채무자는 이행의 청구를 받은 때로부터 지체의 책임을 부담하게 된다(제387조 제2항). 당사자가 이행기에 관해 아무런 약정을 하지 않고 또는 법률규정에 의해 발생하는 채무(예 : 사무관리에 의한 법정채무, 부당이득반환채무 등)가 이에 해당한다(대판 2010.1.28. 2009다24187 등). 그러나 소비대차에 경우에 대주는 상당기간을 정하여 반환을 최고해야만 하고(제603조 제2항), 따라서 상당기간을 정하지 않고 최고한 때에는 최고한 때로부터 상당한 기간이 경과된 후에 채무자는 지체책임을 부담하게 된다.

판례 ㉠ 〈부당이득반환의무의 지체책임 발생시기〉 부당이득반환의무는 이행기한의 정함이 없는 채무이므로 그 채무자는 이행청구를 받은 때에 비로소 지체책임을 진다(대판 2010.1.28. 2009다24187,24194).
㉡ 〈신원보증인의 채무〉 신원보증인의 채무는 피보증인의 불법행위로 인한 손해배상채무 그 자체가 아니고 신원보증계약에 기하여 발생한 채무로서 이행기의 정함이 없는 채무이므로 채권자로부터 이행청구를 받지 않으면 지체의 책임이 생기지 않는다(대판 2009.11.26. 2009다59671).

(4) 쌍무계약의 경우

쌍무계약상 확정기한 있는 채무에 있어서 양 채무가 동시에 이행되어야 할 관계에 있는 경우에는 기한의 도래와 더불어 상대방으로부터 이행의 제공을 받으면서 자기의 채무를 이행하지 않은 경우에 채무자는 이행지체의 책임을 진다(대판 2001.7.10. 2001다3764 등). 따라서 판례는 매수인의 잔대금지급의무와 매도인의 소유권이전등기의무는 동시이행의 관계에 있으므로 매도인이 자기 채무의 이행을 제공하지 않은 이상 자동적으로 계약이 해제된 것으로 볼 수 없다고 판시하였다(대판 1998.6.12. 98다505).

판례 〈쌍무계약에서 이행지체와 계약해제 등〉 ① 쌍무계약에 있어 상대방이 미리 이행을 하지 아니할 의사를 표시하거나 당사자의 일방이 이행을 제공하더라도 상대방이 그 채무를 이행하지 아니할 것이 객관적으로 명백한 경우는 그 일방이 이행을 제공하지 아니하여도 상대방은 이행지체의 책임을 지고 이를 이유로 계약을 해제할 수 있다고 할 것이고, 당사자의 일방이 이행을 제공하더라도 상대방이 상당한 기간 내에 그 채무를 이행할 수 없음이 객관적으로 명백한 경우에도 그 일방은 자신의 채무의 이행을 제공하지 않더라도 상대방의 이행지체를 이유로 계약을 해제할 수 있다고 보아야 한다(대판 1993.8.24. 93다7204). ② 동시이행의 관계에 있는 자신의 채무를 이행하기 위해서 상대방의 협력행위가 필요한 경우, 언제든지 현실로 이행할 수 있는 준비를 완료하였다면 "수령의 최고 없이도" 상대방의 채무불이행을 이유로 계약을 해제할 수 있는 것이 아니라 '수령의 최고'를 요한다. 즉 이행할 수 있는 준비를 완료하고 수령을 최고하여야 한다(대판 2008.4.24, 2008다3053). 따라서 매도인이 자신의 채무에 대한 이행제 공을 하여 매수인을 이행지체에 빠지게 하였을 때에 비로소 계약이 해제된다.

(5) 기한이익상실

> **제388조 (기한의 이익의 상실)**
> 채무자는 다음 각호의 경우에는 기한의 이익을 주장하지 못한다.
> 1. 채무자가 담보를 손상, 감소 또는 멸실하게 한 때
> 2. 채무자가 담보제공의 의무를 이행하지 아니한 때

1) 기한의 이익을 상실한 채무에 있어서는 채권자의 이행청구가 있은 후에 채무자는 지체책 임을 부담한다(제388조). 즉 기한이익상실의 경우, 채권자가 기한의 도래를 기다려 이행을 청 구할 수도 있으므로 기한의 이익을 상실하게 될 사유가 발생하였다고 하여 채무자가 이행 지체의 책임을 부담하는 것은 아니다. 따라서 채무자가 본래의 이행기 전에 담보를 손상한 때에는 그 때로부터 지체책임이 있는 것이 아니라 채권자의 청구가 있는 때로부터이다(즉 기 한이익상실사유가 발생한다고 하여 당연히 기한이 도래한 것으로 의제되는 것이 아니다).
2) 다만 채무자가 파산선고를 받은 경우에는 그 선고시에 이행기가 도래한 것으로 의제되므 로 그때부터 지체책임을 진다(채무자회생 및 파산에 관한 법률 제425조)

판례 〈정지조건부 기한이익상실의 특약이 있는 경우 이행지체의 시기〉 계약당사자 사이에 일정한 사유가 발생하면 채무자는 기한의 이익을 잃고 채권자의 별도의 의사표시가 없더라도 바로 이행기가 도래한 것과 같은 효과를 발생 케 하는 이른바 정지조건부 기한이익상실의 특약을 한 경우에는 그 특약에 정한 기한이익의 상실사유가 발생함과 동시에 기한의 이익을 상실케 하는 채권자의 의사표시가 없더라도 이행기도래의 효과가 발생하고, 채무자는 특별 한 사정이 없는 한 그때부터 이행지체의 상태에 놓이게 된다(대판 1989.9.29, 88다카14663).

(6) 불법행위

불법행위로 인한 손해배상채무의 경우에는 불법행위가 있은 때로부터 지체책임이 발생한다 (통설·판례).

(7) 채권의 가압류

(ㄱ) 채권의 가압류는 제3채무자에 대하여 채무자에게 지급하는 것을 금지하는 데 그칠 뿐 채 무 그 자체를 면하게 하는 것이 아니고, 가압류가 있다 하여도 그 채권의 이행기가 도래한 때 에는 제3채무자는 그 지체책임을 면할 수 없다고 보아야 할 것이다(대판(전합) 1994.12.13, 93다 951).
(ㄴ) 한편 제3채무자가 압류채권자에게 압류된 채권액 상당에 관하여 지체책임을 지는 것은 집행법원으로부터 추심명령을 송달받은 때부터가 아니라 추심명령이 발령된 후 압류채권 자로부터 추심금 청구를 받은 다음날부터라고 하여야 한다(대법원 2012.10.25. 선고 2010다 47117 판결).

3. 이행지체의 효과

> **제389조 (강제이행)**
> ① 채무자가 임의로 채무를 이행하지 아니한 때에는 채권자는 그 강제이행을 법원에 청구할 수 있다. 그러나 채무의 성질이 강제이행을 하지 못할 것인 때에는 그러하지 아니하다.
> ④ 전3항의 규정은 손해배상의 청구에 영향을 미치지 아니한다.
>
> **제544조 (이행지체와 해제)**
> 당사자일방이 그 채무를 이행하지 아니하는 때에는 상대방은 상당한 기간을 정하여 그 이행을 최고하고 그 기간내에 이행하지 아니한 때에는 계약을 해제할 수 있다. 그러나 채무자가 미리 이행하지 아니할 의사를 표시한 경우에는 최고를 요하지 아니한다.
>
> **제395조 (이행지체와 전보배상)**
> 채무자가 채무의 이행을 지체한 경우에 채권자가 상당한 기간을 정하여 이행을 최고하여도 그 기간내에 이행하지 아니하거나 지체후의 이행이 채권자에게 이익이 없는 때에는 채권자는 수령을 거절하고 이행에 갈음한 손해배상을 청구할 수 있다.

(1) 이행의 강제 · 계약해제

이행지체의 효과로서 강제이행(제389조)과 지연배상, 일정한 요건 하에 계약해제(제544조), 그리고 전보배상(제395조) 등이 가능하다. 한편 이행지체 중의 이행불능은 통상 이행불능으로 다루어진다(통설).

판례 〈대판 1992.10.27, 91다483〉 판례는 "확정기한의 채무의 경우 채무자는 기한이 도래한 때로부터 지체책임이 있다고 규정하고 있는 바, 채무자가 선이행의무의 확정기한인 이행기를 지나면 바로 이행지체에 빠진다고 할 것이고, 이처럼 일단 이행지체에 빠진 이상 그 후 채권자가 채무의 일부를 수령하였다고 하여 이행지체의 효과가 없어지고 기한의 정함이 없는 채무로 된다고 볼 수 없다"고 하였다.

(2) 전보배상

전보배상의 경우에는 지체 후의 이행이 채권자에게 아무런 이익이 없거나, 지체 후 상당한 기간을 정하여 이행을 최고하여도 그 기간내에 이행을 하지 않는 경우에 인정된다(제395조 참조). 여기서 전보배상이란 이행에 갈음하는 손해배상으로 손해액산정의 표준시기는 위 최고 후 상당기간이 경과 때의 시가에 의하고 그 후의 물가상승에 의해 증가된 손해는 특별사정에 의한 손해이다(대판 1997.12.26, 97다24542).

판례 〈손해액산정기준〉 이행지체에 의한 전보배상에 있어서의 손해액 산정은 본래의 의무이행을 최고한 후 상당한 기간이 경과한 당시의 시가를 표준으로 하고, 이행불능으로 인한 전보배상액은 이행불능 당시의 시가 상당액을 표준으로 할 것인바, 채무자의 이행거절로 인한 채무불이행에서의 손해액 산정은, 채무자가 이행거절의 의사를 명백히 표시하여 최고 없이 계약의 해제나 손해배상을 청구할 수 있는 경우에는 이행거절 당시의 급부목적물의 시가를 표준으로 해야 한다(대판 2008.5.15, 2007다37721 등).

(3) 책임가중

> **제392조 (이행지체 중의 손해배상)**
> 채무자는 자기에게 과실이 없는 경우에도 그 이행지체 중에 생긴 손해를 배상하여야 한다. 그러나 채무자가 이행기에 이행하여도 손해를 면할 수 없는 경우에는 그러하지 아니하다.

이행지체 이후 채무자의 귀책사유 없이 급부가 불능이 된 경우에는 채무자는 지체의 책임과 아울러 불능에 대한 책임을 부담한다(제392조: 채무자의 책임가중). 다만 급부가 이행기에 행해졌다 하더라도 그러한 손해가 발생하였을 경우에는 채무자는 이에 대한 배상책임이 없다(제392조 단서).

4. 이행지체연습

관련사례

㉠ 甲은 乙에게 자신이 키우던 진도개를 팔았고, 그 이행은 한달 후에 하기로 하였으나 약속날짜가 되어도 마음이 내키지 않아 이행을 미루던 중 진돗개가 행방불명이 되었다. 甲은 이에 대하여 책임을 지는가? (제392조 참조)

㉡ A와 B는 A소유의 가옥에 대한 매매계약을 체결하고, A는 그 가옥을 7월 7일까지 명도하기로 하였다. 그런데 A는 그 가옥을 C에게 임대해주고 있었던 관계로 B에게 명도하지 못하고 있던 중, 동년 8월 8일 A소유의 가옥이 있는 지역에서 발생한 집중호우로 인해 가옥이 멸실되어 버린 경우, A는 이에 대하여 책임을 지는가?(제392조 참조)

해설

㉠ **책임의 가중(제392조)** : 행방불명에 대하여 채무자가 귀책사유가 없어도 이행지체된 채무자는 그에 대하여 책임을 지게 되어 채무자의 책임은 가중된다는 것이다.

㉡ **책임가중과 면책** : A는 B에 대한 채무의 이행을 지체하고 있었고 이는 A의 귀책사유에 기인한 것이다. 따라서 A가 이행기에 가옥을 B에게 양도하였더라도 B 또한 그 멸실을 면할 수 없다는 사실을 채무자 A가 이러한 자신의 면책사유를 입증해야만 B는 A에 대해 이행불능을 이유로 한 손해배상을 청구할 수 없을 것이다. 다만 그 동안의 지체에 대하여는 책임을 부담한다(제390조 참조).

Ⅳ. 이행불능

1. 의 의

(1) 의의

이행불능이란 채권이 성립한 후(후발적)에 채무의 이행이 확정적이며 영구적으로 불가능하게 됨으로써 채무자가 채무를 이행할 수 없게 된 경우를 가리킨다. 매수인에게 부동산의 소유권이전등기를 해줄 의무를 지는 매도인이 그 부동산에 관하여 다른 사람에게 이전등기를 마쳐준 때에는 매도인이 그 부동산의 소유권에 관한 등기를 회복하여 매수인에게 이전등기해줄 수 있는 특별한 사정이 없어야 비로소 매수인에 대한 소유권이전등기의무가 이행불능의 상태에 이르렀다고 할 수 있다(대판 2010.4.29. 2009다99129). 판례는 "매매계약이 체결된 후 그 목적부동산에 관하여 '공익사업을위한토지등의취득및보상에관한법률'에 따른 협의취득이 이루어진 경우, 매도인에게 소유권이전등기의무의 이행불능에 대한 귀책사유가 있다"고 판시한다(대판 1996.6.25. 95다6601).

판례 〈토지협의취득〉 "공공사업의 시행자가 공공용지의취득및손실보상에관한특례법에 따라 그 사업에 필요한 토지를 협의취득하는 행위는 <u>토지수용의 경우와는 달리</u> 사경제주체로서 하는 사법상의 법률행위에 지나지 아니하여, 토지 소유자는 그 협의매수의 제의에 반드시 응하여야 할 의무가 있는 것은 아니므로, 교환계약의 목적물인 양 토지가 이후 공공사업의 시행자에게 공공용지의취득및손실보상에관한특례법에 따라 각 협의취득되었다면, 쌍방은 그 각 토지에 관한 소유권이전등기의무의 <u>이행불능</u>에 대하여 각 귀책사유가 없다고 단정할 수 없다"(대판 1996. 6. 25. 95다6601).

(2) 구별실익

이행지체와 이행불능의 대표적 차이점은 민법 제544조는 이행지체와 해제와 관련하여 "당사자일방이 그 채무를 이행하지 아니하는 때에는 상대방은 상당한 기간을 정하여 그 이행을 최고하고 그 기간 내에 이행하지 아니한 때에는 계약을 해제할 수 있다"고 한다. 그러나 이행불능의 경우에는 민법 제546조에서 이행불능과 해제에서 "채무자의 책임 있는 사유로 이행이 불능하게 된 때에는 채권자는 계약을 해제할 수 있다"고 한다.

〈이행지체와 이행불능의 효과 비교〉

이행지체	이행불능
이행의 강제 가능(제389조)	이행의 강제 불가, 대신 전보배상
전보배상(제395조)	계약해제권(제546조)
계약해제(제544조)	대상청구권(통설과 판례)
정기행위시 계약해제(제545조)	배상자대위(제399조)
책임가중(제392조)	위험부담의 이전(제538조)

2. 판단기준

계약체결 전의 불능을 원시적 불능, 계약체결이후의 불능을 후발적 불능으로 파악한다.

원시적 불능	후발적 불능
전부불능 : 무효 단, 제535조 신뢰이익배상	채무자에게 귀책사유 없는 위험부담 (매도인)　　　　(제537조,제538조)
일부불능 : 전부무효 원칙(제137조) 단 매매는 담보책임문제(제570조~)	채무자에게 귀책사유 있는 채무불이행 (제390조)

3. 불능이 문제되는 것들

(1) 가등기

판례는 가등기는 본등기의 순위보전의 효력만을 가지고 있으며, 이로써 소유권이전 등기의무자가 처분권한을 상실하는 것도 아니다. 따라서 가등기의 경료만으로 소유권이전등기의무가 이행불능이 된다고는 할 수 없다는 입장이다(대판 1991.7.26. 91다8104).

(2) 가처분 또는 가압류

(ㄱ) 매매의 목적이 된 부동산에 관하여 제3자의 처분금지가처분의 등기가 기입되었다 할지라도, 그 가처분등기로 인하여 바로 계약이 이행불능으로 되는 것은 아니고, 제3자 앞으로 소유권이전등기가 경료되는 등 사회거래의 통념에 비추어 계약의 이행이 극히 곤란한 사정이 발생하는 때에 비로소 이행불능으로 된다(대판 2002.12.27, 2000다47361).

(ㄴ) 가압류도 가처분에 준하여 이행불능으로 보지 않는다(대판 92다28518). 따라서 매수인은 매매목적물에 대하여 가압류집행이 되었다고 하여 매매에 따른 소유권이전등기가 불가능한 것도 아니므로, 이러한 경우 매수인으로서는 신의칙 등에 의해 대금지급채무의 이행을 거절할 수 있음은 별론으로 하고, 매매목적물이 가압류되었다는 사유만으로 매도인의 계약 위반을 이유로 매매계약을 해제할 수는 없다(대판 1999. 6. 11, 99다11045).

(ㄷ) 마찬가지로 매매 목적 부동산에 처분금지가처분등기와 소유권말소예고등기(현재 폐지됨)가 기입되어 있는 경우에도 매도인은 이와 같은 등기를 말소하여 완전한 소유권이전등기를 해줄 의무가 있다(대판 1999.7.9, 98다13754).

(3) 지상권 + 저당권

(ㄱ) 매도인이 제3자에게 지상권을 설정하고 등기를 마치고 또 저당권을 설정하고 등기를 마친 경우에는 매도인의 채무는 이행불능에 빠졌다고 하겠다(대판 1974.5.28, 73다1133).

(ㄴ) 마찬가지로 부동산소유권이전등기의무자가 그 부동산에 관하여 제3자 앞으로 비록 채무담보를 위하여 소유권이전등기를 경료하였다고 할지라도 그 의무자가 채무를 변제할 자력이 없는 경우에는 특단의 사정이 없는 한 그 소유권이전등기의무는 이행불능이 된다(대판 1991.7.26, 91다8104).

(4) 법률상 불능

판례는 국가가 사인소유의 토지를 공군비행장 부지로 불법점거하고 있는 경우에 비록 그 반환이 전혀 불가능하지는 않더라도 그 비행장의 보유가 국방상 절대로 필요하고, 또한 그 부분이 시설철거나 변경이 용이하지 않다면 그 원상회복의무는 법률상 불능이 된다고 판시하고 있다(대판 1971.5.24, 71다361).

(5) 매매 목적물이 강제경매절차 진행 중인 경우

매매목적물에 관하여 매도인의 다른 채권자가 강제경매를 신청하여 그 절차가 진행 중에 있다는 사유만으로는 아직 매도인이 그 목적물의 소유권을 취득할 수 없는 때에 해당한다고 할 수 없으므로 매수인은 이를 이유로 계약을 해제하거나 위약금의 청구를 할 수 없다(대판 1987.09.08, 87다카655).

(6) 임대인의 소유권상실

임대인이 소유권을 상실하였다는 이유만으로 그 의무가 불능하게 된 것이라고 단정할 수 없다(대판 1994.5.10, 93다37977). 다만 임차인이 진실한 소유자로부터 목적물의 반환청구나 임

료 내지 그 해당액의 지급요구를 받는 등의 이유로 임대인이 임차인으로 하여금 사용·수익
케 할 수가 없게 되었다면 임대인의 채무는 이행불능으로 되고, 임차인은 이행불능으로 인한
임대차의 종료를 이유로 그 때 이후의 임대인의 차임지급청구를 거절할 수 있다(대판
1996.9.6, 94다54641).

4. 이행불능의 효과

(1) 전보배상청구권

급부의 전부가 채무자의 귀책사유로 불능이 된 경우에 본래의 급부를 목적으로 하는 청구권
은 소멸하며, 이에 갈음한 전보배상청구권이 발생한다.

(2) 계약해제권

(ㄱ) 채무자의 귀책사유로 이행이 불가능하게 된 경우에 채권자는 계약을 해제할 수 있다(제546
조 참조). 다만 매도인의 매매목적물에 관한 소유권이전의무가 이행불능이 되었다고 할지라
도, 그 이행불능이 매수인의 귀책사유에 의한 경우에는 매수인은 그 이행불능을 이유로 계약
을 해제할 수 없다(대판 2002.4.26. 2000다50497).

(ㄴ) 이행불능을 이유로 계약을 해제할 경우, 채무가 쌍무계약으로부터 발생한 경우에라도 상
대방이 자기의 채무의 이행의 제공을 할 필요 없이 계약을 해제할 수 있다(대판 2003.1.24.
2000다22850).

판례 ① 즉 <u>매도인의 매매계약상의 소유권이전등기의무가 이행불능이 되어 이를 이유로 매매계약을 해제함에 있
어서는 상대방의 잔대금지급의무가 매도인의 소유권이전등기의무와 동시이행관계에 있다고 하더라도 그 이행의
제공을 필요로 하는 것이 아니다</u>(대판 2003.1.24, 2000다22850). 따라서 ② 이미 타인에게 양도하여 소유권이
전등기까지 경료된 부동산에 관하여 전세계약을 체결한 경우에 전세권설정자의 전세계약상의 의무가 이행불능이
라는 이유로 동 전세계약을 해제함에 있어서는 전세금 잔금지급의무가 전세권설정등기절차이행의무와 동시이행
관계에 있다고 하더라도 그 이행의 제공을 필요로 하지 아니한다(대판 1977.9.13, 77다918).

(3) 위험부담의 이전[채무자(제401조)⇒채권자(제538조)]

채권자가 급부의 수령을 지체하고 있는 경우 채무자는 고의·중과실에 의한 불이행에 대해서
책임을 부담한다(제401조, 채무자의 책임감경). 따라서 채무자의 경과실로 인해 급부가 불능이
된 경우에는 채무자의 귀책사유 없이 채권자의 수령지체 중에 발생한 급부불능과 동일하게
판단되어, 채무자는 자신의 급부의무를 면하면서도 채권자에 대해서 반대급부를 청구할 수
있게 된다(제538조 제1항).

(4) 배상자대위

급부가 불가능하게 된 경우에 물건 또는 권리에 대하여 채무자가 '그 가액 전부'를 채권자에게
배상한 때에는 채무자는 그 물건 또는 권리에 관하여 당연히 채권자를 대위한다(제399조 참조).

(5) 대상청구권

우리 민법이 이행불능의 효과로서 채권자의 전보배상청구권과 계약해제권 외에 별도로 대상청구권을 규정하고 있지 않으나 해석상 대상청구권을 부정할 이유는 없다(대법원 2012.6.28. 선고 2010다71431 판결). 따라서 급부가 불능으로 된 경우에는 채권자는 채무자가 그 대상으로서 수취한 것의 인도 또는 채무자가 취득한 배상청구권의 양도를 청구할 수 있는 대상청구권을 갖는다는 것이 통설·판례이다(대판 1992.5.12. 92다5481). 대상청구권이 인정되기 위해서는 급부가 후발적 불능이어야 하고, 급부를 불능하게 하는 사정의 결과로 채무자가 채권의 목적물에 관하여 '대신하는 이익'을 취득하여야 한다(대판 2003.11.14. 2003다35482). 그리고 대상청구권은 채권적 청구권이며, 10년의 소멸시효에 걸린다.

판례 [1] 〈대상청구권 긍정〉 (i) 우리 민법에는 이행불능의 효과로서 채권자의 전보배상청구권과 계약해제권 외에 별도로 대상청구권을 규정하고 있지 않으나 해석상 대상청구권을 부정할 이유가 없다(대판 1992.5.12. 92다4581·4598). (ii) 근저당권자 甲은 채무자 乙이 담보로 제공한 토지에 대해 경매를 신청하여 그 대금채권으로 경락대금을 상계하는 형식으로 소유권을 이전받았다. 그런데 그 직전에 위 토지가 하천법의 시행에 의해 국유로 되었고, 서울시는 등기명의인인 甲에게 보상금을 지급하였다. 여기서 乙은 甲이 수령한 손실보상금은 국유당시 소유자인 자신이 수령하여야 한다는 이유로 부당이득을 청구하였다. 여기서 甲의 수령은 대상청구권의 행사로 볼 수 있다(대판 2002.2.8. 99다23901). (iii) 신용보증기금이 갑 주식회사를 상대로 제기한 사해행위취소소송에서 원물반환으로 근저당권설정등기의 말소를 구하여 승소판결이 확정되었는데, 그 후 해당 부동산이 관련 경매사건에서 담보권 실행을 위한 경매절차를 통하여 제3자에게 매각된 사안에서, 위와 같이 부동산이 담보권 실행을 위한 경매절차에 의하여 매각됨으로써 확정판결에 기한 갑 회사의 근저당권설정등기 말소등기절차의무가 이행불능된 경우, 신용보증기금은 대상청구권 행사로서 갑 회사가 말소될 근저당권설정등기에 기한 근저당권자로서 지급받은 배당금의 반환을 청구할 수 있다(대법원 2012.6.28. 선고 2010다71431 판결).

[2] 〈대상청구권의 제한〉 쌍무계약의 당사자 일방이 상대방의 급부가 이행불능이 된 사정의 결과로 상대방이 취득한 대상에 대하여 급부청구권을 행사할 수 있다고 하더라도, 그 당사자 일방이 대상청구권을 행사하려면 상대방에 대하여 반대급부를 이행할 의무가 있는바, 이 경우 당사자 일방의 반대급부도 그 전부가 이행불능이 되거나 그 일부가 이행불능이 되고 나머지 잔부의 이행만으로는 상대방의 계약목적을 달성할 수 없는 등 상대방에게 아무런 이익이 되지 않는다고 인정되는 때에는, 당사자 일방은 상대방에 대하여 대상청구권을 행사할 수 없다(대판 1996.6.25. 95다6601).

[3] 〈부동산 점유취득시효 완성자의 대상청구권 행사 요건〉 (i) 점유로 인한 부동산 소유권 취득기간 만료를 원인으로 한 등기청구권이 이행불능으로 되었다고 하여 대상청구권을 행사하기 위하여는, 그 이행불능 전에 등기명의자에 대하여 점유로 인한 부동산 소유권 취득기간이 만료되었음을 이유로 그 권리를 주장하였거나 그 취득기간 만료를 원인으로 한 등기청구권을 행사하였어야 하고, 그 이행불능 전에 그와 같은 권리의 주장이나 행사에 이르지 않았다면 대상청구권을 행사할 수 없다고 봄이 공평의 관념에 부합한다(대판 1996.12.10. 94다43825). 한편 (ii) 취득시효가 완성된 토지가 수용됨으로써 취득시효완성을 원인으로 하는 소유권이전등기의무가 이행불능이 된 경우에는 시효취득자가 대상청구권을 취득하므로 보상금수령권자가 된다(×, 보상금수령권자는 등기명의자이고, 시효취득자가 그 대상을 청구하게 된다).

[4] 〈대상청구권의 소멸시효의 기산점〉 (i) 대상청구권은 특별한 사정이 없는 한 매매 목적물의 수용 또는 국유화로 인하여 매도인의 소유권이전등기의무가 이행불능 되었을 때 매수인이 그 권리를 행사할 수 있다고 보아야 할 것이고 따라서 그 때부터 소멸시효가 진행하는 것이 원칙이라 할 것이나, (ii) 국유화가 된 사유의 특수성과 법규의 미비 등으로 그 보상금의 지급을 구할 수 있는 방법이나 절차가 없다가 상당한 기간이 지난 뒤에야 보상금청구의 방법과 절차가 마련된 경우라면, 대상청구권자로서는 그 보상금청구의 방법이 마련되기 전에는 대상청구권을

행사하는 것이 불가능하였던 것이고, 따라서 이러한 경우에는 보상금을 청구할 수 있는 방법이 마련된 시점부터 대상청구권에 대한 소멸시효가 진행하는 것으로 봄이 상당하다(대판 2002.2.8, 99다23901).

〔5〕〈대상청구권행사와 부당이득〉 채무자가 수령하게 되는 보상금이나 그 청구권에 대하여 채권자가 대상청구권을 가지는 경우에도 채권자는 채무자에 대하여 그가 지급받은 보상금의 반환을 청구하거나 채무자로부터 보상청구권을 양도받아 보상금을 지급받아야 할 것이나, 어떤 사유로 채권자가 직접 자신의 명의로 대상청구의 대상이 되는 보상금을 지급받았다고 하더라도 이로써 채무자에 대한 관계에서 바로 부당이득이 되는 것은 아니라고 보아야 할 것이다(대판 2002.2.8, 99다23901).

관련사례

〔1〕 A는 경제적 어려움으로 공장을 폐쇄하고 그 안의 인쇄기계를 B에게 매각하고 보름 후에 인도하기로 약정하였다. 그런데 A의 귀책사유 없이 제3자 C의 과실로 그 기계가 완전 파손되었다면 당사자간의 법률관계는 어떻게 되는가?

〔2〕 X토지의 저당권자인 한일은행이 당해 토지를 경락을 받아 소유자가 되기 전 1971. 7. 20.'구 하천법'의 시행에 따른 하천구역 편입(국유화)으로 인하여 결과적으로 한일은행의 소유권취득은 원인무효가 되었으나, 등기는 일단 X토지의 채권자인 한일은행 앞으로 완료 되었다. 그런데 당시에는 하천편입에 따른 보상규정이 없다가 국가 수용 후 13년이 지난 1984. 12. 31. 하천법 부칙 제2조의 규정에 의하여 비로소 보상근거규정이 마련되어 당시 등기부상 소유권자로 등기를 마치고 있던 한일은행은 스스로 정당한 손실보상청구권자라 믿고 국가로부터 직접 1987. 9.경부터 1990. 12.경까지 여러 차례에 걸쳐 보상금을 수령하였다. 이러한 한일은행의 권리주장은 타당한가? (대판 2008.6.12, 2005두5956)

해설

〔1 사례〕 **(a) 불법행위**: A는 특정물의 멸실에 관하여 귀책사유가 없으므로 채무불이행책임을 지지 않는다. 기계의 파손은 제3자의 과실로 인해 야기되었으므로 물건의 소유자인 A는 제3자 C에 대하여 불법행위에 기한 손해배상청구권을 행사할 수 있다.

(b) 대상청구권: 다수설과 판례는 대상청구권을 인정한다. 그러나 대상청구권을 쌍무계약의 경우까지 광범위하게 인정하는 다수설에 따르면, B는 위험부담을 주장하여 자기의 대금지급의무를 면할 수도 있고, 한편 대상청구권을 행사하여 A의 C에 대한 손해배상청구권을 자기에게 양도할 것을 청구할 수 있게도 된다. 따라서 B는 그 손해배상액이 자기의 대금채무보다 고액인 경우에는 대상청구권을 행사할 것이고, 소액인 때에는 위험부담의 법리를 원용할 것이다(이은영).

(c) 대상청구권의 요건: 대상청구권이 인정되기 위하여는 급부가 후발적으로 불능하게 되어야 하고, 급부를 불능하게 하는 사정의 결과로 채무자가 채권의 목적물에 관하여 '대신하는 이익'을 취득하여야 한다. 따라서 급부의 후발적 이행불능의 경우 '급부를 불능하게 하는 사정'과 채무자가 취득한 '대신하는 이익' 사이에 상당인과관계가 존재한다고 할 수 없는 경우에는 채무자에 대한 대상청구권이 인정되지 않는다(대판 2003.11.14, 2003다35482).

[2 사례] (a) 매매의 일종인 경매의 목적물인 토지가 경락허가결정 확정 이후 하천구역에 편입되어 국유로 됨으로써 소유자의 경락인에 대한 소유권이전등기의무가 이행불능이 되었다면, 경락인은 소유자가 위 하천구역 편입으로 인하여 지급받게 되는 손실보상금에 대한 대상청구권을 행사할 수 있다고 할 것이다.

(b) 그런데 이러한 대상청구권에 대하여는 특별한 사정이 없는 한 매각 목적물의 수용 내지 국유화로 인하여 매도인의 소유권이전등기의무가 이행불능이 되었을 때 매수인이 그 권리를 행사할 수 있다고 할 것이나, 국유화가 된 사유의 특수성과 법규의 미비 등으로 그 보상금의 지급을 구할 수 있는 방법이나 절차가 없다가 상당한 기간이 지난 뒤에야 보상금청구의 방법과 절차가 마련된 경우라면, 대상청구권자로서는 그 보상금청구의 방법이 마련되기 전에는 대상청구권을 행사하는 것이 불가능하였던 것이고, 따라서 이러한 경우에는 보상금을 청구할 수 있는 방법이 마련된 시점부터 그 권리를 행사할 수 있다고 봄이 상당하다.

(c) 그리고 이러한 경우라 하더라도 채무자가 목적물 소유자로서 수령하게 되는 보상금에 대하여

채권자인 경락인이 대상청구권을 가진다고 보는 이상, 특별한 사정이 없는 한 채권자는 그 목적물에 대하여 지급되는 보상금 전부에 대하여 대상청구권을 행사할 수 있는 것이고, 소유권이전등기의무의 이행불능 당시 채권자가 그 목적물의 소유권을 취득하기 위하여 지출한 매수대금 상당액 등의 한도 내로 그 범위가 제한된다고 할 수 없다.

(d) 나아가 대상청구권의 행사방법으로 채권자는 채무자에 대하여 그가 지급받은 보상금의 반환을 청구하거나 채무자로부터 보상금청구권을 양도받아 보상금을 지급받는 것이 원칙이기는 하나, 어떤 사유로 채권자가 직접 자신 명의로 대상청구의 대상이 되는 보상금을 청구하여 지급받았다고 하더라도 이로써 채권자는 대상청구권을 행사한 것으로 볼 수 있을 것이다.

V. 불완전이행

> **제390조 (채무불이행과 손해배상)**
> 채무자가 채무의 내용에 좋은 이행을 하지 아니한 때에는 채권자는 손해배상을 청구할 수 있다. 그러나 채무자의 고의나 과실 없이 이행할 수 없게 된 때에는 그러하지 아니하다.

1. 의의와 구별

(1) 의의

불완전이행이란 채무자가 외견상의 이행행위를 하였으나 그의 불완전성으로 말미암아 채무내용에 좋은 이행이 되지 못하고 채권자에게 손해를 입힌 경우를 말한다. 불완전이행에 따른 채무불이행책임은 명문상 규정이 없으나, 학설과 판례는 대체로 제390조를 근거로 이를 인정하고 있다(대판 1994.1.28. 93다43590).

(2) 구별문제

(ㄱ) 불완전이행에 따른 <u>채무불이행책임</u>(이행이익배상)은 채무자의 귀책사유를 전제로 하고 있다는 점과 손해배상의 범위에서 <u>하자담보책임</u>을 <u>신뢰이익</u>배상으로 볼 때 특히 구별되며, <u>계약의 이행과 관련하여 손해가 발생한 것이라는 점에서 불법행위책임과 구별</u>된다.

(ㄴ) 일부불능 또는 일부지체의 경우에도 완전한 이행이 행해지지 않았다는 점에서 불완전이행의 유형이라고 할 수는 있으나, 불완전이행이 적극적인 행위에 의한 채무불이행이라는 점에 비추어 소극적 의무위반인 이행지체나 이행불능은 불완전이행이라고 할 수 없다(이러한 경우는 이행지체나 이행불능에 준하여 처리한다 — 통설).

관련사례
ㄱ 귤 50상자를 이행하여야 할 사람이 40상자만 이행한 경우 불완전이행인가?
ㄴ 위의 경우 50상자를 이행하였으나 과일의 일부가 부패한 경우 불완전이행인가?
ㄷ 귤 50상자를 모두 이행하였으나 상한 귤 때문에 사람에게 다른 부가적 손해가 발생한 경우 불완전이행인가?
ㄹ A는 B의 여관에 투숙하였다. 그날 밤 여관에 원인 모를 화재가 발생하여 A는 화상을 입었다. A의 구제수단을 설명하라.

해설

다수설은 ㉠의 경우 10상자의 이행이 가능한 경우에는 이행지체의 법리에 따라서 해결하고, 이행이 불가능한 경우에는 이행불능에 따라서 해결한다고 한다.

그리고 ㉡의 경우, 증여인 경우에는 증여자의 담보책임이(제559조-원칙적으로 담보책임 없다), 매매의 경우에는 매도인의 담보책임의 규정(제580·581조)이 적용된다고 한다.

그리고 ㉢의 경우, 확대손해의 경우에는 불완전이행으로서 채무불이행의 문제로 처리한다. 따라서 불완전이행은 이행지체나 이행불능의 법리에 의할 수 있는 경우에는 그에 의하고, 담보책임으로 규율이 가능한 경우에는 담보책임의 법리에 의한다(즉, 법에 명문규정이 있는 것을 먼저 적용한다). 그러나 채무의 이행이 있고 확대손해가 발생한 경우에는 채무불이행의 각도로 다룬다는 점에서 채권관계를 전제로 하지 않는 불법행위책임보다 선호하는 것이 다수설이다.

㉣ 공중접객업인 숙박업을 경영하는 자가 투숙객과 체결하는 숙박계약은 일시 사용을 위한 임대차계약으로서 통상의 임대차와 같이 단순히 여관 등의 객실 및 관련 시설을 제공하여 고객으로 하여금 이를 사용·수익하게 할 의무를 부담하는 것에서 한 걸음 더 나아가 고객에게 위험이 없는 안전하고 편안한 객실 및 관련 시설을 제공함으로써 고객의 안전을 배려하여야 할 보호의무를 부담하며 이러한 의무는 숙박계약의 특수성을 고려하여 신의칙상 인정되는 부수적인 의무로서 숙박업자가 이를 위반하여 고객의 생명, 신체를 침해하여 투숙객에게 손해를 입힌 경우 불완전이행으로 인한 채무불이행책임을 부담하고, 이 경우 피해자로서는 구체적 보호의무의 존재와 그 위반 사실을 주장·입증하여야 하며 숙박업자로서는 통상의 채무불이행에 있어서와 마찬가지로 그 채무불이행에 관하여 자기에게 과실이 없음을 주장·입증하지 못하는 한 그 책임을 면할 수는 없다(대판 1997.10.10, 96다47302).

2. 불완전이행론의 필요성

판례는 불완전이행에 따른 확대손해가 발생하는 경우 종전에는 주로 불법행위책임에 의해 해결하고 있었으나, 근래의 판례는 보호의무를 받아들여 불완전이행으로 처리한 예가 있다 (위 사례에서 숙박사건 - 대판 1997.10.10, 96다47302).

3. 불완전이행의 위반유형과 요건

(1) 위반유형

1) 채무이행 자체가 불완전한 경우

예컨대 위 사안에서 ㉠ 귤 50상자를 이행하여야 할 사람이 40상자만 이행한 경우라든지 ㉡ 50상자를 이행하였으나 과일의 일부가 부패한 경우 등이다. 이런 경우 ㉠은 이행지체나 이행불능으로 처리한다. ㉡은 담보책임으로 처리한다.

2) 불완전이행으로 인해 부가적 손해(=확대손해)가 발생한 경우

불완전한 이행을 한 결과 채권자에게 그 불완전이행자체로 인한 손해 이외에 다른 부가적 손해를 준 경우이다. 통설에 따르면 그 확대손해도 급부의무위반에서, 부수의무위반에서, 보호위무위반에서 발생할 수 있다고 이해한다.

⑺ 급부의무위반과 확대손해

독성이 있는 사료를 먹은 닭들이 죽은 경우

⑷ 부수의무위반과 확대손해

물건의 특별한 용법 내지 성질을 알려주지 않아 피해가 발생한 경우

⑻ 보호의무위반과 확대손해

판매한 피아노를 집안에 들여 놓다가 카페트를 훼손한 경우 등이다.

> **Tip**
>
> ◎ 이처럼 확대손해를 어떻게 처리할 것인가와 관련하여 불법행위로 다루려는 설, 담보책임으로 다루려는 설, 채무불이행으로 다루려는 설이 대립하나, 다수설은 채무불이행으로 다루려 한다. 판례의 태도는 불완전이행에 따른 확대손해가 발생하는 경우 종전에는 주로 불법행위책임에 의해 해결하고 있었으나, 근래의 판례는 보호의무를 받아들여 불완전이행으로 처리한 예가 있다(숙박사건).

(2) 요건검토

다수설에 의하면 불완전이행의 요건으로는 이행행위가 있었을 것, 이행이 불완전할 것, 채무자의 귀책사유가 있을 것, 위법할 것, 손해의 발생을 들고 있다. 이행기와 관련해서는 이행기 이전에 불완전한 급부를 한 경우에도 불완전이행이 성립할 수 있다고 한다. 따라서 불완전이행의 요건에서 이행기 이후에만 불완전이행이 성립하는 것은 아니다.

판례 불완전이행에 있어서 이행이 완전하였는지의 여부는 채무자가 이를 입증해야 한다(×, 채무불이행에서 채무불이행의 사유는 채권자가 입증하여야 한다. (대판 1997.10.10, 96다47302).

4. 효 과

유 형		효과
채무이행자체가 불완전한 경우		이행지체
		이행불능
불완전이행으로 확대손해가 발생한 경우	급부의무위반과 확대손해	불완전이행
	부수의무위반과 확대손해	
	보호의무위반과 확대손해	

(1) 추완가능여부

일단 추완의 가능성여부에 따라 추완이 가능한 경우는 이행지체의 법리로, 추완이 불가능한 경우에는 이행불능에 준하여 처리한다.

(2) 확대손해배상

위에서 고찰한 바와 같이, 하자로 인하여 확대손해가 발생한 경우에는 채무불이행책임으로 처리

한다(다수설). 판례는 담보책임으로 확대손해를 배상시킬 수 없다고 한다(대판 1997.5.7. 96다 39455).

판례 〈매매목적물에 기한 확대손해를 묻기 위한 요건〉 매도인에게 매매목적물의 하자로 인하여 발생한 확대손해 내지 2차 손해에 대한 배상책임을 부담시키기 위하여는, 매도인이 목적물인도시에 매수인이 요구하는 품질과 성능을 갖춘 제품이라고 명시적 또는 묵시적으로 보증하였는데 공급받은 제품이 그러한 품질과 성능을 갖추지 못하였다는 의무위반의 사실뿐만 아니라 매도인에게 그러한 의무위반에 대한 귀책사유가 존재하여야 한다(대판 1997.5.7. 96다39455).

Ⅵ. 채무불이행의 유형으로서의 이행거절

1. 의 의

이행거절을 채무불이행의 한 유형으로 인정하는 견해에 따르면 이행거절은 "채무자가 채무의 이행이 가능함에도 이를 행할 의사가 없음을 채권자에 대하여 진지하고 종국적으로 표시하여 객관적으로 보아 채권자로 하여금 채무자의 임의의 이행을 더 이상 기대할 수 없게 하는 경우"를 말한다고 한다(양창수 민법주해(9), p.227).

판례 〈이행거절시 해제를 긍정하여야 하는 이유(대판 1993.6.25. 93다11821)〉 매도인인 피고들은 중도금의 수령을 거절한 데다가 이 사건 매매계약을 이행할 의사가 없음이 분명한데, 만약 매수인인 원고가 피고들의 중도금 수령거절과 계약이행의 의사가 없음을 이유로 이 사건 매매계약을 해제할 수 없다고 해석한다면, 원고로서는 중도금을 공탁한 후 잔대금 지급기일까지 기다렸다가 잔대금의 이행 제공을 하고 피고들이 자기들 의무인 소유권이전등기의무의 이행제공을 하지 아니한 때에야 비로소 위 계약을 해제할 수 있다는 결론에 이르게 되는바, 어차피 피고들이 위 소유권이전등기의무의 이행을 제공하지 아니할 것이 분명한 이 사건에서, 원고에게 위와 같은 방법을 취하라고 요구하는 것은 불필요한 절차를 밟고 또다른 손해를 입도록 강요하는 게 되어 오히려 신의성실에 어긋나는 결과를 초래할 뿐이라고 여겨지므로 원심이 원고로서도 위와 같은 사유를 내세워 이 사건 매매계약을 해제할 수 있다고 보아야 한다.

2. 독자적 유형을 긍정하는 태도에 비판적 입장

채권자의 의사 또는 이익이라는 관점에서 접근한다면, 여전히 이행이 가능함에도 불구하고 채무자가 전혀 이행하려 하지 않는다는 점 및 그럼에도 불구하고 장차 이행기가 도래하면 채권자는 급부의 실현을 강제할 수 있다는 점에 비추어 이행거절과 이행지체 사이에 본질적 차이가 없다는 견해도 있다.

3. 판례검토

(1) 이행기 후 이행거절

쌍무계약인 부동산 매매계약에 있어 매수인이 이행기일을 도과한 후에 이르러 매도인에 대하여 계약상 의무 없는 과다한 채무의 이행을 요구하고 있는 경우에는 매도인으로서는 매수인이 이미 자신의 채무를 이행할 의사가 없음을 표시한 것으로 보고 자기 채무의 이행제공이나 최고 없이도 계약을 해제할 수 있다(대판 1992.9.14. 92다9463).

(2) 이행기 전의 이행거절

1) 이행거절의 적법 철회

쌍방의 채무가 동시이행관계에 있는 쌍무계약에 있어서 당사자의 일방이 미리 그 채무를 이행하지 아니할 의사를 표시한 때에는 상대방은 이행의 최고를 하지 아니하고 바로 그 계약을 해제할 수 있으나 그 이행거절의 의사표시가 적법히 철회된 경우 상대방으로서는 자기채무의 이행을 제공하고서 상당한 기간을 정하여 이행을 최고한 후가 아니면 채무불이행을 이유로 계약을 해제할 수 없다(대판 1989.3.14, 88다1516,1523, 88다카10029).

2) 이행거절과 해제

"부동산 매도인이 중도금의 수령을 거절하였을 뿐만 아니라 계약을 이행하지 아니할 의사를 '명백히 표시한 경우' 매수인은 신의성실의 원칙상 소유권이전등기의무이행기일까지 기다릴 필요 없이 이를 이유로 매매계약을 해제할 수 있다"(대판 1993. 6. 25, 93다11821).

판례 〈이행거절과 계약해제〉 채무불이행에 의한 계약해제에서 미리 이행하지 아니할 의사를 표시한 경우로서 이른바 '이행거절'로 인한 계약해제의 경우에는 상대방의 최고 및 동시이행관계에 있는 자기 채무의 이행제공을 요하지 아니하여 이행지체 시의 계약해제와 비교할 때 계약해제의 요건이 완화되어 있는바, 명시적으로 이행거절의사를 표명하는 경우 외에 계약 당시나 계약 후의 여러 사정을 종합하여 묵시적 이행거절의사를 인정하기 위하여는 그 거절의사가 정황상 분명하게 인정되어야 한다(대판 2011.2.10, 2010다77385).

(3) 손해액산정기준

채무자의 이행거절로 인한 채무불이행에서의 손해액 산정은, 채무자가 이행거절의 의사를 명백히 표시하여 최고 없이 계약의 해제나 손해배상을 청구할 수 있는 경우에는 이행거절 당시의 급부목적물의 시가를 표준으로 해야 한다(대판 2008.5.15, 2007다37721 등).

Ⅶ. 강제이행

> **제389조 (강제이행)**
> ① 채무자가 임의로 채무를 이행하지 아니한 때에는 채권자는 그 강제이행을 법원에 청구할 수 있다. 그러나 채무의 성질이 강제이행을 하지 못할 것인 때에는 그러하지 아니하다.
> ② 전항의 채무가 법률행위를 목적으로 한 때에는 채무자의 의사표시에 갈음할 재판을 청구할 수 있고 채무자의 일신에 전속하지 아니한 작위를 목적으로 한 때에는 채무자의 비용으로 제3자에게 이를 하게 할 것을 법원에 청구할 수 있다.
> ③ 그 채무가 부작위를 목적으로 한 경우에 채무자가 이에 위반한 때에는 채무자의 비용으로써 그 위반한 것을 제각하고 장래에 대한 적당한 처분을 법원에 청구할 수 있다.
> ④ 전3항의 규정은 손해배상의 청구에 영향을 미치지 아니한다.

1. 강제이행의 의의

채무자가 채무의 이행이 가능함에도 불구하고 임의로 채무를 이행하지 않는 때에는, 채권자는 그 강제이행을 법원에 청구함으로서 강제적으로 채권의 내용인 급부를 실현케 할 수 있다. 이를 임의이행에 대하여 강제이행이라고 한다. 그런데 이행불능의 경우에는 채무본래의 이행이 불가능하므로 강제이행을 청구할 수는 없고 손해배상을 청구할 수 있을 뿐이다. 결국 본래채무의 강제이행을 청구할 수 있는 것은 이행지체의 경우이다.

2. 강제이행의 순서

직접강제 → 대체집행 → 간접강제 순이다(아래에서 설명). 금전이나 유체물의 인도를 목적으로 하는 채무에 대한 강제이행의 방법으로는 직접강제가 허용될 뿐, 대체집행이나 간접강제는 인정되지 않는다. 즉 직접강제가 허용되면 다른 방법은 인정되지 않는다. 따라서 대체집행이 허용되면 간접강제는 허용되지 않는다. 보통 주는 채무는 직접강제에 친하고, 하는 채무는 첫째, 대체적 작위채무는 대체집행에, 둘째, 부대체적 작위채무는 간접강제에 적합하다.

3. 강제이행의 방법

구 분		유 형	순서
주는 채무		직접강제	①
하는 채무	대체적 작위채무	대체집행	②
	부대체적 작위채무	간접강제	③

(1) 직접강제

제389조 제1항 본문에서 정하는 강제이행은 직접강제를 말하고, 이것은 물건의 인도나 금전의 지급과 같은 '주는 채무'의 경우에 인정된다.

1) 물건의 인도채무

집행관이 채무자로부터 그 점유를 빼앗아 채권자에게 인도하는 방식이다(민사집행법 제257조 이하).

2) 금전채무

채무자소유의 물건을 압류한 후 경매를 통해 환가하여 배당하거나, 채무자가 제3자에 대해 갖는 채권에 관해서는 압류 및 추심명령 또는 전부명령을 통해 채권자가 직접 제3자에게 청구할 수 있게 한다(민집법 제78조 이하).

(2) 대체집행

건물의 철거·단순노무제공·물품의 운송 등 대체적 작위채무의 경우 채무자의 비용으로 제3자에게 이를 하게 할 것을 법원에 청구하는 방식으로 한다(제389조 제2항 후단).

(3) 간접강제

1) 의의

채무자만이 이행할 수 있는 일신전속적 채무(부대체적 작위채무-증권에 서명할 의무, 주식에 명의개서를 할 의무, 골동품감정, 재산목록의 작성의무, 정정 보도문의 게재의무 등)에 관해서는 <u>그 실현 방법이 민법에는 규정이 없고 민사집행법 제261조에서 이를 정한다.</u> 즉 제1심법원은 채권자의 신청에 따라 간접강제를 명하는데, 그 결정에는 채무의 이행의무 및 상당한 이행기간을 밝히고, 채무자가 그 기간 이내에 이행을 아니하는 때에는 늦어진 기간에 따라 일정한 배상을 하도록 명하거나 즉시 손해배상을 하도록 명할 수 있다.

2) 구체적 내용 검토

(ㄱ) 어음행위에 있어서 증권상의 기재와 같이 사실행위를 필요로 하는 의사표시에 있어서는 간접강제에 의하게 된다. 간접강제는 채무자의 자유로운 의사를 억압할 수 있다는 점에서 <u>직접강제나 대체집행이 가능한 경우에는 간접강제는 허용되지 않는다.</u> 부작위채무에 있어서 부작위 자체의 관철은 간접강제에 의한다. 그러나 결과제거는 대체집행에 의한다.

판례 〈채권자가 부작위 약정을 위반한 채무자를 상대로 부작위의무 이행을 소구할 수 있는지 여부(적극)〉 당사자 사이에 일정한 행위를 하지 않기로 하는 부작위 약정을 체결하였는데 채무자가 이러한 의무를 위반한 경우, 채권자는 채무자를 상대로 부작위의무의 이행을 소구할 수 있고, <u>부작위를 명하는 확정판결을 받아 이를 집행권원으로 하여 대체집행 또는 간접강제 결정을 받는 등으로 부작위의무 위반 상태를 중지시키거나 위반 결과를 제거할 수 있다</u>[골프클럽(파인밸리컨트리클럽)운영사인 회사가 골프회원권 분양계약을 체결하면서 골프클럽을 소수회원제로 운영하기로 약정하였음에도 새로 설립된 골프클럽 회원들에게 주중 예약권 등을 부여하자 그 행위의 금지를 구한 사안이다; 대법원 2012.3.29. 선고 2009다92883 판결].

(ㄴ) 논란이 있으나 다수설에 따를 경우에는 유아인도채무는 간접강제만이 허용된다고 하고 있다. (ㄷ) 정당한 사유없이 재산명시기일에 출석하지 아니한 자에 대하여, 2002.7.1.부터 시행된 민사집행법은 민사채무불이행에 대한 간접강제수단으로서의 성격을 가지고 있는 <u>재산명시신청을 성실히 응하지 아니한 채무자에 대하여 감치규정을 신설하였다.</u> 즉 동법 제68조 제1항 제1호에서 법원의 결정으로 20일 이내의 감치에 처하도록 규정을 두고 있다(대판 2002.8.27, 2002도2086).

(ㄹ) 사죄광고는 민법 제764조 소정의 "명예회복에 적당한 처분" 속에는 사죄광고의 강요가 포함되지 않는다고 해석해야 헌법에 위배되지 않는다(헌재결정).

> **Tip**
>
> 〈간접강제의 한계〉 채무의 실현을 채무자의 의사에 반하여 강제한다면 채무의 내용에 좋은 이행이 될 수 없는 경우에는 강제이행은 허용되지 않고, 다만 손해배상청구권만이 인정될 뿐이다. 따라서 유명한 화가에게 초상화를 그리게 하였으나 이를 이행하지 않는 화가에게 초상화를 <u>그리게 하기 위한</u> 손해배상을 명하는 판결을 구할 수 없다. 마찬가지로 부부의 일방이 동거하지 않는 경우에 타방은 일정기간동안 동거를 요구하고, 그렇게 하지 않을 때에는 <u>동거를 강제하기 위하여</u> 기간에 비례하는 손해배상을 명하는 판결을 구할 수 없다.

(4) 대용판결

의사표시를 해야 할 채무에 있어서는 재판으로써 채무자의 의사표시에 갈음할 수 있다(제389조 제2항). 예컨대, 매매계약에 따라 승낙의 의사표시를 하여야 할 의무, 등기신청이나 토지거래허가신청의 경우에도 이 방식이 적용된다. 그리고 채권양도의 통지나 승낙(제450조)·주주총회소집의 통지(상법 제363조) 등이 있다. 그리고 이 방법은 의사표시를 한 것으로 의제하는데 그치는 것이므로, 법률효과의 그 판결만으로는 채무자에게 그 양도의 통지가 도달된 것으로는 되지 않으며, 그러기 위해서는 그 판결문을 따로 보내 채무자에게 도달하여야 채권양도의 대항요건을 갖추게 된다(제450조 제1항 참조).

관련사례	아래의 질문에 답하여 보자.
	㉠ 채무자가 매도한 부동산을 값이 오르자 이행하지 않는 경우, 강제이행의 방법은?
	㉡ 일정지역에 집을 짓지 않아야 할 사람이 건물을 지어 영업을 하는 경우?
	㉢ 특정지역에서 일몰 후 경적을 울리지 않아야 하는데 밤이면 계속적으로 소리를 내는 경우는?
	㉣ 유명화가가 그림을 그려주기로 하고는 이행하지 않는 경우는?
	㉤ 결혼한 남자가 외박을 자주 하면서도 배우자와 동거하지 않는 경우는?
해설	㉠ 직접강제에 의하게 되며 직접강제가 허용되면 다른 방법은 인정되지 않는다.
	㉡ 대체집행에 의하여 건물을 철거한다. 대체집행이 허용되는 경우에는 간접강제는 허용되지 않는다.
	㉢ 특정지역에서 일몰후 경적을 울리지 않아야 하는데 밤이면 계속적으로 소리를 내는 경우는 직접강제나 대체집행을 할 수 없으므로 간접강제에 의한다.
	㉣ 현실적으로 강제이행의 방법이 없기 때문에 손해배상의 청구가 타당하다.
	㉤ 결혼한 남자가 외박을 자주하면서도 배우자와 동거하지 않는 경우는 동거하라는 심판을 받고도 동거하지 않는 경우는 강제이행의 방법이 없다. 결국 이혼을 하면서 위자료를 청구할 수 있을 뿐이다.

Ⅷ. 손해배상 일반

1. 총 설

(1) 의의

손해배상법은 특별한 근거가 없는 한 모든 손해는 피해자 자신이 부담하는 것을 원칙으로 한다. 손해배상을 발생시키는 원인으로는 법률행위(예컨대 보험계약 등)와 법률의 규정에 의한 것을 들 수 있다. 법률의 규정에 의한 것으로는 채무불이행(제390조)과 불법행위가 대표적이다. 그러나 그 밖에도 손해배상청구권이 발생하는 경우는 산재해 있다(제135조 제1항·제425조 제2항·제441조 제2항 등). 민법은 채무불이행으로 인한 손해배상에 관한 규정(제393조·제394조·제398조·제399조)을 불법행위에도 준용하고 있다(제763조). 손해배상법은 '손해의 제거'를 목적으로 하는 것이 아니고, 손해의 '전보' 그 목적으로 하고 있다. 그리고 손해배상의 방법은 원칙적으로 금전배상주의를 취한다(제374조·제763조).

(2) 체계분석

채무불이행책임과 불법행위의 책임이 중심적인 역할을 한다(증명에서 커다란 차이가 있다). 채무불이행책임과 불법행위의 책임은 채무자의 귀책사유를 필요로 한다. 하지만 손해배상의 청구를 위하여는 항상 채무자에게 귀책사유가 있어야 하는 것은 아니다. 즉 매매 등 유상계약에서 담보책임(제570조 이하)이나 금전채무의 불이행(제397조) 등에 있어서는 채무자의 귀책사유를 전제하지 않는다.

(3) 제한배상

손해배상법은 '손해의 제거'를 목적으로 하는 것이 아니고, 손해의 '전보'를 그 목적으로 하고 있다.

(4) 금전채무불이행

손해배상의 경우(불법행위에 의한 손해배상의 경우도 동일) 채권자(피해자)에게 현실적인 손해가 발생할 것을 그 요건으로 하나, 금전채무의 불이행이 있을 경우에는 실 손해의 발생과 관계없이 손해는 당연히 있는 것으로 된다(제397조 제2항).

(5) 간접피해자문제(계약의 제3자보호효 이론)

1) 의의

계약의 효력이 계약당사자 이외에 제3자에게 미치는 계약을 말한다. 독일의 학설·판례는 통상의 계약의 효력으로서 제3자에게도 일정한 보호효력이 발생한다는 이론을 전개하였다.

2) 구체적 사례

甲의 집에 설치된 가스시설이 고장이 나자 甲이 가스시설업자 乙에게 수리를 의뢰하였는데 乙의 직원 丙이 수리를 하고 난 후 甲의 가정부 A가 요리를 하려고 가스시설을 점화하자 수리미비로 A가 화상피해를 본 경우, 계약당사자가 아닌 제3자 A가 乙에게 채무불이행책임을 추궁할 수 있는가 하는 문제이다.

3) 특징

㈀ 채무불이행의 문제는 계약당사자 사이에서 채무자가 채무내용에 좇은 이행을 하지 아니할 때, 채권자가 채무자에게 강제이행과 손해배상 등을 청구하는 것이나, 계약의 제3자보호효이론은 계약당사자가 아닌 계약과 밀접한 관련이 있는 자가 채무불이행의 책임으로서 손해배상을 청구한다는 점이 차이가 있다.

㈁ 제3자에게는 급부청구권이나 이행지체·이행불능으로 인한 손해배상청구권은 인정되지 않고, 단지 불완전이행으로 인한 손해배상청구권만이 인정된다. 하지만 이러한 이론도입에 대하여는 많은 비판적 입장이 있다. 일반적으로 우리민법 하에서는 체계상 불법행위책임으로 다루면 족하다는 입장이다(제750조, 제756조).

2. 손해와 손해배상

(1) 의의

손해에 대한 개념에 대하여 설이 대립한다. 통설적 견해인 차액설에 의할 때 손해는 법익에 관하여 입은 모든 불이익으로서, 채무의 이행이 있었더라면 채권자가 받았을 이익과 불이행으로 채권자가 현재 받고 있는 이익의 차액이라고 한다. 차액설은 금전배상, 특히 재산적 손해배상에 적당한 개념이다. 손해의 배상은 금전배상을 원칙으로 하며 손해의 제거가 아닌 손해의 전보개념에 적합하다. 우리 민법은 금전배상주의를 원칙으로 하고 있다(제394조·제763조). 다만 예외적으로 당사자가 다른 의사표시를 한 때(제394조·제763조) 또는 법률에 다른 규정이 있는 때에는 그러하지 아니하다(제764조).

(2) 재산적 손해와 비재산적 손해

1) 의의

침해행위로 발생한 손해가 재산적인 것인가 비재산적인 것인가에 따른 손해의 분류이다. 민법은 불법행위에 관하여 정신적 손해를 배상할 책임이 있음을 규정(제751조·제752조)하고 있으나, 채무불이행에 있어서는 정신적 손해에 관하여 아무런 규정도 두지 않았다. 그러나 긍정함이 통설·판례이다(다만 특별손해로 다룬다-후술).

2) 적극적 손해와 소극적 손해

재산적 손해는 다시 적극적 손해와 소극적 손해로 나눈다. 적극적 손해는 물건의 멸실이나 훼손 등 기존 이익의 멸실 또는 감소를 의미하는 반면, 소극적 손해는 장래에 있어서 이익의 획득이 방해당함으로써 받는 손해(일실이익)를 의미한다. 즉, 기존 재산의 감소의 경우가 적극적 손해이고(즉 침해된 이익), 장래 얻을 수 있었던 이익의 상실의 경우가 소극적 손해(즉 얻을 이익의 손해)이다. 채무불이행을 예로 든다면, 채무불이행에 의한 채권침해가 적극적 손해이고, 채무가 이행되었더라면 채권자가 목적물을 전매하여 얻었을 이익의 상실이 소극적 손해이다.

(3) 이행이익과 신뢰이익

1) 의의 및 유형

이행이익의 손해는 채무가 제대로 이행되었을 경우에 채권자가 얻게 될 이익을 기준으로 하여 손해배상의 내용(제390조 참조)을 구성하는 것을 말한다. 신뢰이익의 손해는 계약이 무효라는 것을 알았더라면 입지 않았을 손해를 그 내용(제535조 참조)으로 한다.

판례 ㉠ 〈**권리의 하자의 담보책임과 손해배상**〉 매도인이 매수인에게 목적물의 권리전부를 이전하지 못하는 경우(제570조 참조)에 매매대금의 반환이 아니라 이행불능 당시의 목적물의 시가(이행이익)를 기준으로 한다 - 대판 1993.1.19. 92다37727. ㉡ 〈**공사도급계약의 도급인이 될 자가 수급인 선정을 위한 입찰절차에서 낙찰자를 결정하였으나 정당한 이유 없이 본계약 체결을 거절하는 경우, 낙찰자에게 배상할 손해의 범위에 이행이익 상실의 손해가 포함되는지 여부(적극)**〉 공사도급계약의 도급인이 될 자가 수급인을 선정하기 위해 입찰절차를 거쳐 낙찰자를 결정한 경우 입찰을 실시한 자와 낙찰자 사이에는 <u>도급계약의 본계약체결의무를 내용으로 하는 예약의 계약관계가</u>

성립하고, 어느 일방이 정당한 이유 없이 본계약의 체결을 거절하는 경우 상대방은 예약채무불이행을 이유로 한 손해배상을 청구할 수 있다[甲 주택재개발정비사업조합(아현제3구역주택재개발정비사업조합)이 공사도급계약의 수급인을 선정하기 위한 입찰절차에서 乙(자이종합건설) 주식회사를 낙찰자로 결정하였으나 정당한 이유 없이 본계약 체결을 거절한 사안이었다: 대판 2011.11.10, 2011다41659].

2) 제535조의 신뢰이익

신뢰이익의 손해란 채권이 무효인데도 유효하다고 믿었기 때문에 입은 손해로서, 우리 민법은 제535조(계약체결상 과실책임)에서 신뢰이익배상에 대하여 규정하고 있다.

판례 ㉠ 〈부동산소유권이전등기비용이 매도인의 매매계약불이행으로 인하여 발생한 손해인지 여부(적극)〉 계약의 일방당사자가 상대방의 이행을 믿고 지출한 비용인 이른바 신뢰이익의 손해도 그러한 지출사실을 상대방이 알았거나 알 수 있었고 또 그것이 통상적인 지출비용의 범위 내에 속한다면 그에 대하여도 이행이익의 한도내에서 배상을 청구할 수 있는 것인데, 부동산매매에 있어서 매수인이 소유권이전등기비용을 지출하리라는 것은 특별한 사정이 없는 한 매도인이 알았거나 알 수 있었다고 보아야 할 것이고, 매수인이 이 사건에서 구하고 있는 소유권이전등기비용의 내용은 법무사보수, 등록세, 교육세, 인지대, 채권구입비 등으로서 통상적인 지출비용의 범위 내에 속한다고 할 것이므로 위와 같은 비용은 매매계약을 불이행한 매도인이 배상하여야할 손해를 이룬다고 보아야 할 것이다(대판 1999.7.27, 99다13621).
㉡ 〈채무불이행을 이유로 계약해제와 아울러 손해배상을 청구하는 경우, 신뢰이익의 배상을 구할 수 있는지 여부(적극)〉 채무불이행을 이유로 계약해제와 아울러 손해배상을 청구하는 경우에 그 계약이행으로 인하여 채권자가 얻을 이익 즉 이행이익의 배상을 구하는 것이 원칙이지만, 그에 갈음하여 그 계약이 이행되리라고 믿고 채권자가 지출한 비용 즉 신뢰이익의 배상을 구할 수도 있다(대판 2003.10.23, 2001다75295). 그리고 그 범위에 관하여는 "중복배상 및 과잉배상 금지원칙에 비추어 그 신뢰이익은 이행이익에 갈음하여서만 구할 수 있고, 그 범위도 이행이익을 초과할 수 없다"(대판 2007.1.25, 2004다51825).

(3) 손해배상의 범위(통상손해와 특별손해)

> **제393조 (손해배상의 범위)**
> ① 채무불이행으로 인한 손해배상은 통상의 손해를 그 한도로 한다.
> ② 특별한 사정으로 인한 손해는 채무자가 그 사정을 알았거나 알 수 있었을 때에 한하여 배상의 책임이 있다.

1) 의의

통설과 판례는 민법 제393조에 대하여 채무불이행의 경우에 있어서의 불이행과 손해와의 사이의 인과관계를 규정한 것이라고 하고, 동조는 상당인과관계설, 그 가운데서도 절충설에 의거한 것이라고 설명한다(자세한 내용은 불법행위편에서 상술한다). 상당인과관계설은 불이행이라는 원인사실이 일반적으로 보통 그러한 손해를 결과로서 발생케 하는 것이면 불이행과 손해 사이에는 상당인과관계가 있는 것이고 채무자는 그 손해를 배상해야 한다.

2) 민법 제393조(제한배상주의)

㉠ 통상손해는 채무불이행이 있으면 일반적으로 발생하는 손해로서 가해행위와 상당인과관계의 범위내에서는 당연히 배상받을 수 있으나, ㉡ 특별손해는 채무불이행으로 인해 일반적으로 발생하는 손해가 아닌 것, 즉 어느 채권자에게만 존재하는 특별한 사정으로 인해 발생하는 손해로서 채무자가 배상책임을 지는 데에는 특별사정의 존재에 관해 예견가능성이 있으면 되고, 그 결과인 손해에 대해서까지 있어야 하는 것은 아니다. 따라서

특별손해는 특별사정과 상당인과관계의 범위 내에 있고 또한 채무자가 그 특별사정에 대한 예견가능성이 있을 때 배상받을 수 있다. 채무자의 예견가능성에 대해서는 채권자가 입증해야 한다.

판례 (a) 〈**특별한 사정**〉 채무불이행자나 불법행위자는 그러한 특별한 사정에 의하여 생긴 손해의 액수까지 알았거나 알 수 있었어야 하는 것은 아니다(대판 1994.11.11, 94다22446).
(b) 〈**통상손해 · 특별손해 문제**〉 ㉠ 민법 제393조 제1항의 **통상손해**는 특별한 사정이 없는 한 그 종류의 채무불이행이 있으면 사회일반의 거래관념 또는 경험칙에 비추어 통상 발생하는 것으로 생각되는 범위의 손해를 말하고, 제2항의 **특별한 사정으로 인한 손해**는 당사자들의 개별적, 구체적 사정에 따른 손해를 말한다. 상가건물과 지하철역 사이의 연결통로 개설의무가 이행불능이 된 경우, 수분양자에게는 그 교환가치의 하락 등의 재산상 손해가 발생하였으며, 주위 부동산들의 거래상황 등에 비추어 볼 때 상가건물과 지하철역 사이의 연결통로가 개설되지 않음으로써 교환가치의 하락 등의 손해를 입었을 개연성이 인정된다면, 연결통로 개설의무 이행불능으로 인한 통상손해가 발생한 것이고, 이 손해가 특별한 사정으로 인한 손해라고 하더라도 예견가능성이 있다(대판 2009.7.9. 2009다24842). ㉡ 통상손해에 관하여는 채권자가 채무불이행과 통상의 손해액을 입증하면 되고 채무자의 예견의 유무는 문제되지 않으나, 토지에 대한 부당한 가압류의 집행으로 그 지상에 건물을 신축하는 내용의 공사도급계약이 해제됨으로 인한 손해는 특별손해이므로, 가압류채권자가 토지에 대한 가압류집행이 그 지상 건물 공사도급계약의 해제사유가 된다는 특별한 사정을 알았거나 알 수 있었을 때에 한하여 배상의 책임이 있다(대판 2008.6.26, 2006다84874).

3) 특별사정에 대한 예견가능성의 판단시기
상당인과관계설 취하는 견해(통설과 판례)는 특별사정에 대한 예견가능성의 판단시기에 관하여 이행기를 기준으로 하고 있다. 그러나 반대견해(소수설)는 판단시기를 원칙적으로 계약체결시라고 해야 한다는 견해가 있다(김형배). 이러한 입장의 대표적 사례는 Hadley.V. Baxendale사건이다(아래 사례참조)

4) Hadley.V. Baxendale사건(제분소 축사건-국내학설로는 소수설적 입장)

관련사례 甲이 경영하는 제분공장에서 회전축이 고장나자, 甲은 운송업자 乙에게 고장난 회전축을 기계제작소에 보내 줄 것을 의뢰하였다. 그러나 乙은 며칠 늦게 기계제작소에 보냈고 그 동안 공장은 영업을 하지 못하였다. 이에 甲은 乙에게 공장 조업을 못하였던 손해배상을 청구하였다. 이는 인정될 수 있는가?

해설 〈판시사항〉: … 본건에서 보면 당사자에게 알려져 있는 사정은, 운송을 의뢰한 것, 제분기의 고장난 회전축이라는 것, 甲이 제분업자라는 것 뿐이고, 이러한 사정만으로는 운송의 지연에 의해서 공장의 수익을 올릴 수 없었다는 것은 분명하지 않다. … 따라서 회전축이 즉시 운송되지 않으면 공장의 조업이 중단된다고 하는 특별한 사정은 乙에게 알려지지 않았고, 따라서 甲의 손해는 계약체결시에 있어서 양당사자에게 공정하고 합리적으로 예견될 수 있었던 계약위반의 결과라고는 생각될 수 없다(즉 乙이 늦게 운반하여 영업의 손실이 발생한 손해배상청구는 받아들여질 수 없다는 것이다).
* 이 판결이 의미를 갖는 것은 우리 민법 제393조가 이러한 판결의 영향 하에 만들어 졌다는 견해가 대두되고 있기 때문이다.

5) 배상범위의 결정 기준

상당인과관계설은 어떤 선행사실로부터 후행사실이 있을 때 양자는 상당인과관계가 있다고
한다. 다수설은 제393조가 상당인과관계설 중 절충설에 입각한 것이라고 하며, 제1항(통상의
손해)은 상당인과관계의 원칙을 선언한 것이고, 제2항(특별한 사정으로 인한 손해)은 절충설의
입장에서 고찰의 대상으로 삼는 사정의 범위를 규정한 것이라고 한다.

6) 판례검토

(가) 통상손해

가) 변호사 비용

판례는 변호사비용에 대한 배상에 있어서는 부당한 소 또는 부당한 응소·항쟁 그 자체가 불
법행위로 인정되는 경우와 불법행위자가 부당히 다투는 경우, 소송당사자가 지급한 변호사비용
은 통상손해로서 인정하고 있다. 판례는 "채무자의 고의 또는 과실에 의하여 자신의 권리를
침해받은 채권자가 자신의 권리 보호를 위하여 부득이하게 외국에서 소송을 제기하고 그와
관련하여 변호사 비용을 지출할 수밖에 없었다고 하더라도 채권자가 지출한 변호사 보수
전액이 곧바로 상당인과관계가 있는 손해에 해당한다고 볼 수는 없고 상당한 범위 내의 변
호사 보수액만을 상당인과관계가 있는 손해로 보아야 한다"고 한다(대법원 2012.1.27. 선고
2010다81315 판결).

나) 수리비 또는 교환가치

채무불이행(또는 불법행위)으로 건물이 훼손되었을 때의 그 손해는 수리가 가능하다면 그 수리비,
수리가 불가능하다면 그 훼손 당시의 교환가치(시가)가 통상의 손해가 된다(대판 1995.9.29, 94다
13008). 그러므로 건물멸실로 인한 손해액은 부지사용권을 제외한 건물만의 교환가치라고 보아
야 한다(대판 1996.11.8, 96다19420).

판례 공장에 필요한 기계의 설치를 위한 공장건물의 개수 및 증축 공사를 도급받은 수급인의 이행보조자가 작업
도중에 과실로 화재를 일으켜 재산상의 피해가 발생한 경우, 수급인은 채무불이행책임으로서 손해배상의무가 있
으며, 또한 공장건물 안에 있던 인쇄기가 화재로 인하여 수리를 필요로 하는 손상을 입었다면 이는 화재에 기인한
채무불이행과 상당인과관계가 있는 통상손해에 해당한다(대판 2004.3.26, 2002다6043).

다) 영업상 손실

영업용 차량이 사고로 인하여 파손되어 그 유상교체나 수리를 위하여 필요한 기간 동안 그
차량에 의한 영업을 할 수 없었던 경우에는 영업을 계속하였더라면 얻을 수 있었던 수익상
실은 통상손해로 보아야 한다(대판 1997.4.25, 97다8526).

라) 주택채권차액

채권입찰방식의 아파트분양에서 주택채권을 액면가로 매입하였다가 그 액면가에 미달하는 금액
으로 매각한 후 분양자의 채무불이행으로 인하여 아파트 분양계약이 해제된 경우 주택채권의 매
입가와 그 시세에 상당하는 매각대금의 차액은 통상의 손해이다(대판 2002.6.11, 2002다2539).

마) 금융기관 임직원이 동일인 신용대출한도를 초과하여 대출할 경우 담보를 취득하도록 정하고 있는 여신업무규정을 위반하여 담보를 취득하지 않은 채 신용대출한도를 초과하여 대출한 경우, 금융기관 임직원의 채무불이행으로 인하여 금융기관이 입은 통상손해의 범위

금융기관 임직원이 동일인 신용대출한도를 초과하여 대출할 경우 담보를 취득하도록 정하고 있는 여신업무에 관한 규정을 위반하여 아무런 담보를 취득하지 않은 채 신용대출한도를 초과하여 대출한 경우, <u>이러한 금융기관 임직원의 채무불이행으로 인하여 금융기관이 입은 통상손해는 임직원이 규정을 준수하여 적정한 담보를 취득하고 대출하였더라면 회수할 수 있었을 미회수 대출원리금이고, 특별한 사정이 없는 한 이러한 "통상손해의 범위"에는 약정이율에 의한 대출금 이자와 약정연체이율에 의한 지연이자가 포함된다</u>(대법원 2012.4.12. 선고 2010다75945 판결).

(나) 특별손해

가) 정신적 손해 등

판례는 도급 · 위임 등의 계약에서 채무불이행으로 인한 <u>정신적 고통에 대하여 위자료</u>를 인정할 수 있다고 한다. 본래 정신적 손해는 재산적 손해의 배상으로 회복된다고 할 수 있으므로 재산권의 침해로 인한 <u>정신적 손해</u>는 특별사정에 의한 손해에 해당한다.

나) 제3자에게 몰수된 계약금

매도인이 매수인으로부터 매매대금을 약정된 기일에 지급받지 못한 결과 제3자로부터 부동산을 매수하고 그 잔대금을 지급하지 못하여 몰수당한 계약금은 특별손해이다. 따라서 이는 특별한 사정으로 인한 손해이므로 매수인이 이를 알았거나 알 수 있었던 경우에만 그 손해를 배상할 책임이 있다(대판 1991.10.11, 91다25369).

다) 매수인의 설계비

매매대금을 완불하지 않은 토지의 매수인이 그 토지 상에 건물을 신축하기 위하여 설계비 또는 공사계약금을 지출하였다가 계약이 해제됨으로 말미암아 이를 회수하지 못하는 손해는 특별손해이다(대판 1996.2.13, 95다47619).

라) 장래의 수입

가령 '의과대학생이 사고로 사망한 경우, 그가 졸업 후 의사로서의 수입을 얻었을 것이라는 청구는 특별사정으로 인한 손해가 된다'(대판 1978.2.28, 77다1976).

마) 불능 후 시가 앙등 등

㉠ 례는 이행불능의 경우 불능이 된 당시의 시가에 의하여 손해가 배상되어야 하고, 그후의 시가 앙등으로 인한 손해는 특수한 사정에 해당되므로 채무자가 이를 예견 또는 예견할 수 있는 경우에 한하여 그 앙등된 가격을 손해배상액산정의 기준으로 한다(대판 1990.12.7, 90다5672).

(ㄴ) 한편 전매계약을 체결하여 얻게 되는 전매차익은 특별한 사정으로 인한 손해, 즉 특별손해로서, 채무자가 그 사정을 알았거나 알 수 있었을 때에 한하여 배상의 책임이 있다(대판 1967.5.30, 67다466 ; 대판 1992.4.28, 91다29972). 즉 채무불이행에 따른 채권자의 전매계약좌절로 인한 손해도 특별손해로 이해하고 있다.

바) 매수인이 잔금의 지급을 지체하는 동안 개별공시지가가 상승함으로써 증가된 매도인의 양도소득세 부담분이 잔금지급의 이행지체에 따른 통상손해인지 여부(소극)

매수인의 잔금지급 지체로 인하여 계약을 해제하지 아니한 매도인이 지체된 기간 동안 입은 손해 중 그 미지급 잔금에 대한 법정이율에 따른 이자 상당의 금액은 통상손해라고 할 것이지만, 그 사이에 매매대상 토지의 개별공시지가가 급등하여 매도인의 양도소득세 부담이 늘었다고 하더라도 그 손해는 사회일반의 관념상 매매계약에서의 잔금지급의 이행지체의 경우 통상 발생하는 것으로 생각되는 범위의 통상손해라고 할 수는 없고, 이는 특별한 사정에 의하여 발생한 손해에 해당한다(대판 2006.4.13, 2005다75897).

사) 토지에 대한 부당한 가압류의 집행으로 그 지상 건물 신축 공사도급계약이 해제됨으로 인한 손해가 특별손해인지 여부(적극)

토지에 대한 부당한 가압류의 집행으로 그 지상에 건물을 신축하는 내용의 공사도급계약이 해제됨으로 인한 손해는 특별손해이므로, 가압류채권자가 토지에 대한 가압류집행이 그 지상 건물 공사도급계약의 해제사유가 된다는 특별한 사정을 알았거나 알 수 있었을 때에 한하여 배상의 책임이 있다(대판 2008.6.26, 2006다84874).

(4) 손해배상방법(제394조)

제394조 (손해배상의 방법)
다른 의사표시가 없으면 손해는 금전으로 배상한다.

1) 금전배상주의

손해배상은 <u>다른 의사표시가 없으면 금전으로 배상한다</u>. 즉 민법은 금전배상을 원칙으로 한다. 위 법조 소정의 금전이라 함은 <u>우리나라의 통화를 가리키는 것이다</u>(대판 2007.8.23. 2007다26455,26462).

판례 채무불이행으로 인한 손해배상을 규정하고 있는 민법 제394조는 다른 의사표시가 없는 한 금전으로 배상하여야 한다고 규정하고 있는바, 위 법조 소정의 금전이라 함은 <u>우리나라의 통화</u>를 가리키는 것이다(대판 2007.8.23, 2007다26455).

2) 정기금배상문제

현행 민법 제751조 제1항은 위자료(정신적 손해)에 대하여, 제2항은 정기금지급을 규정하고 있지만, <u>판례는 이 조항을 확대하여 재산적 손해배상청구에도 정기금배상을 명할 수 있다</u>고 하여, "식물인간 등의 경우와 같이 후유장해의 계속기간이나 잔존여명의 단축정도를 확정하기 곤란한 경우 피해자가 재산상 손해의 일시금지급을 청구하더라도 법원이 정기금 지급을 명할 수 있다"고 판시하여 왔다(대판 2000.7.28, 2000다11317).

3. 중간이익의 공제

(1) 의의

채무불이행(또는 불법행위)으로 채권자가 장래 얻을 수 있는 이익(일실이익)을 상실하여 채무자가 손해배상액을 일시금으로 지급하는 경우에는 손해배상액에서 이자에 상당하는 금액을 공제하여야 하는 것을 말한다. 공제의 대상이 되는 것은 장래소득에 관한 일실이익뿐만 아니라, 장래의 치료비 등도 포함된다.

> **판례** 〈대판(전합) 1979.4.24, 77다703〉 향후 계속적인 치료가 필요하여 실제 그 치료를 받을 것임이 확실히 예상되는 경우에 그 치료비는 그 때에 지출되는 것임이 명백하므로, 그 장래의 치료비 상당의 손해를 사고당시를 기준으로 하여 일시에 청구할 수 있는 금액으로 산정함에 있어서는, 사고 당시와 치료비 지출 예상시까지와의 사이의 중간이자를 공제함이 마땅하다.

(2) 공제방식

중간이익의 공제방식에는 Garpzow식, Hoffmann식 및 Leipniz식이 있는데, Garpzow식은 공제율이 과다하다는 단점이 있고, Hoffmann식은 채권자(=피해자)에게 유리한 단리법이며, Leipniz식의 복리계산을 채택하여 채권자(=피해자)에게 불리하다.

(3) 대법원의 태도

대법원은 종전에는 호프만식을 채택하였으나 현재는 호프만식과 라이프니쯔식 중 어느 방식이 정당하다는 입장을 취하지는 않고 법원이 자유로운 판단 아래 양 방식 중 하나를 정할 수 있다는 견해를 취하고 있다(대판 1983.6.28, 83다191).

4. 손해배상자의 대위 (제399조)

> **제399조 (손해배상자의 대위)**
> 채권자가 그 채권의 목적인 물건 또는 권리의 가액전부를 손해배상으로 받은 때에는 채무자는 그 물건 또는 권리에 관하여 당연히 채권자를 대위한다.

채무자의 채무불이행으로 인해 채권자가 채권의 목적인 물건 또는 권리의 가액전부를 손해배상으로 받은 때에는 그 물건 또는 권리는 물권변동의 요건이나 채권양도의 대항요건을 갖추지 않고서도 당연히 채권자로부터 배상자에게로 이전된다.

IX. 과실상계

> **제396조 (과실상계)**
> 채무불이행에 관하여 채권자에게 과실이 있는 때에는 법원은 손해배상의 책임 및 그 금액을 정함에 이를 참작하여야 한다.

1. 의 의

예를 든다면 자동차의 과속운행으로 승객이 부상을 당하여 승객(채권자)이 손해배상을 청구하는 경우, 그 승객의 과실이 있는 경우 그것을 고려하는 것을 말한다. 판례에 의하면 과실상계에서 과실은 사회통념상, 신의성실의 원칙상, 공동생활에서 요구되는 약한 부주의를 말한다고 하여 책임발생요건으로서의 과실(제390조·제750조 참조)과 과실상계의 과실을 별개로 인정한다.

판례 〈과실의 의미〉 과실상계에 있어서의 과실은 가해자의 과실과 달리 사회통념이나 신의성실의 원칙에 따라 공동생활에 있어 요구되는 약한 의미의 부주의를 가리키는 것이므로, 그러한 과실 내용 및 비율을 그대로 공동불법행위자(가해자)로서의 과실 내용 및 비율로 삼을 수는 없다(대판 2005. 7. 8, 2005다8125).

2. 요 건 (행위시 과실 뿐만 아니라 행위 후 과실까지 고려)

채무불이행(불법행위 포함)의 자체에 관하여 채권자에게도 과실이 있는 경우와, 채무불이행이 생긴 후에 손해의 발생 또는 그 확대에 관하여 채권자에게 과실이 있는 경우에도 그 적용이 있다.

판례 ㉠ 따라서 합리적인 이유 없이 수술치료를 거부한다면 손해배상액에서 참작하여야 한다(대판 1999.6.25, 99다10714).
㉡ 가해행위와 피해자측의 요인이 경합하여 손해가 발생하거나 확대된 경우에는 그 피해자측의 요인이 체질적인 소인(예 : 폐전색) 또는 질병의 위험도와 같이 피해자측의 귀책사유와 무관한 것이라고 할지라도, 그 질환의 태양·정도 등에 비추어 가해자에게 손해의 전부를 배상하게 하는 것이 공평의 이념에 반하는 경우에는, 법원은 손해배상액을 정하면서 과실상계의 법리를 유추적용하여 그 손해의 발생 또는 확대에 기여한 피해자측의 요인을 참작할 수 있다(대판 2005.6.24, 2005다16713; 대판 2000.1.21, 98다50586). ㉢ 중개의뢰인에게 거래관계(소유자확인소홀)를 조사·확인할 책임을 게을리한 부주의가 인정되고 그것이 손해 발생 및 확대의 원인이 되었다면, 피해자인 중개의뢰인에게 과실이 있는 것으로 보아 과실상계를 할 수 있다(대법원 2012.11.29. 선고 2012다69654 판결).

3. 적용범위

㈀ 과실상계에 관한 제396조의 규정은 불법행위로 인한 손해배상 청구를 하는 경우에도 적용이 있다(제763조).
㈁ 한편 과실상계에서의 '과실'에는 채권자의 과실 뿐만 아니라 수령보조자의 과실(채권자측의 과실)도 포함된다.

판례 〈채권자 측의 과실〉 ㉠ 불법행위로 인한 손해의 발생 또는 확대에 관하여 피해자에게도 과실이 있는 때에는 가해자의 손해배상의 범위를 정함에 있어 당연히 이를 참작하여야 하고, 양자의 과실비율을 교량함에 있어서는 손해의 공평부담이라는 제도의 취지에 비추어 불법행위에 관련된 제반 상황을 충분히 고려하여야 하며, 과실상계사유에 관한 사실인정이나 그 비율을 정하는 것이 사실심의 전권사항이라고 하더라도 그것이 형평의 원칙에 비추어 현저히 불합리하여서는 아니 된다(대판 2010.3.11. 2007다76733). ㉡ 불법행위로 인한 손해배상의 책임 및 그 범위를 정함에 있어 피해자의 과실을 참작하는 이유는 불법행위로 인하여 발생한 손해를 가해자와 피해자 사이에 공평하게 분담시키고자 함에 있으므로, 피해자의 과실에는 피해자 본인의 과실뿐 아니라 그와 신분상 내지 사회생활상 일체를 이루는 관계에 있는 자의 과실도 피해자측의 과실로서 참작되어야 하고, 어느 경우에 신분상 내지 사회생활상 일체를 이루는 관계라고 할 것인지는 구체적인 사정을 검토하여 피해자측의 과실로 참작하는 것이 공평의 관념에서 타당한지에 따라 판단하여야 한다(대판 1999.7.23. 98다31868).

4. 효 과

(1) 과실유무와 범위

㉠ 판례는 채권자(피해자)의 과실정도에 관한 판단은 원칙적으로 사실심의 전권사항에 속한다고 한다(대판 2006.4.28. 2005다44626). 그러나 과실이 인정되면 이를 반드시 참작해야만 되며, 참작하지 않은 판결은 상고의 대상이 된다. 즉 채권자의 과실의 유무는 법원이 직권으로 조사하여야 한다.

㉡ 법원은 채권자의 과실의 정도를 참작하여 채무자의 책임을 면하게 할 수도 있고 또는 손해배상액을 감액할 수도 있다(제396조). 무과실책임인 매도인의 하자담보책임이나, 수급인의 하자담보책임에도 과실을 참작하여야 한다고 봄이 판례이다(대판 1995.6.30. 94다23920 등).

판례 〈하자담보책임에도 과실상계 규정이 유추적용되는지 여부〉 ㉠ 민법 제581조, 제580조에 기한 매도인의 하자담보책임은 법이 특별히 인정한 무과실책임으로서 여기에 민법 제396조의 과실상계 규정이 준용될 수는 없다 하더라도, 담보책임이 민법의 지도이념인 공평의 원칙에 입각한 것인 이상 하자 발생 및 그 확대에 가공한 매수인의 잘못을 참작하여 손해배상의 범위를 정함이 상당하다. ㉡ 하자담보책임으로 인한 손해배상 사건에 있어서 배상 권리자에게 그 하자를 발견하지 못한 잘못으로 손해를 확대시킨 과실이 인정된다면 법원은 손해배상의 범위를 정함에 있어서 이를 참작하여야 하며, 이 경우 손해배상의 책임을 다투는 배상 의무자가 배상 권리자의 과실에 따른 상계 항변을 하지 않더라도 소송에 나타난 자료에 의하여 그 과실이 인정되면 법원은 직권으로 이를 심리·판단하여야 한다(대판 1995.6.30. 94다23920). ㉢ 이러한 원리는 "수급인의 하자담보책임에 관한 민법 제667조는 법이 특별히 인정한 무과실책임"에도 동일하다(대판 1990.3.9. 88다카31866).

(2) 공동불법행위의 경우

공동불법행위자들에 대한 피해자의 과실을 들어 과실상계를 함에 있어서는 피해자의 공동불법행위자 각인에 대한 과실비율이 서로 다르더라도 피해자의 과실을 공동불법행위자 각인에 대한 과실로 개별적으로 평가할 것이 아니고 그들 전원에 대한 과실로 전체적으로 평가하여야 한다(대판 2007.6.14. 2005다32999).

판례 〈공동불법행위책임에 대한 과실상계에서 피해자의 공동불법행위자 각 인에 대한 과실비율이 서로 다른 경우 피해자 과실의 평가 방법 및 공동불법행위자 중에 고의로 불법행위를 한 자가 있는 경우 모든 불법행위자가 과실상계의 주장을 할 수 없게 되는지 여부(소극)〉 공동불법행위책임은 가해자 각 개인의 행위에 대하여 개별적으로 그로 인한 손해를 구하는 것이 아니라 가해자들이 공동으로 가한 불법행위에 대하여 그 책임을 추궁하는 것이므로, 법원이 피해자의 과실을 들어 과실상계를 함에 있어서는 피해자의 공동불법행위자 각인에 대한 과실비율이 서로 다르더라도 피해자의 과실을 공동불법행위자 각인에 대한 과실로 개별적으로 평가할 것이 아니고 그들 전원에 대한 과실로 전체적으로 평가하여야 하나, 이는 과실상계를 위한 피해자의 과실을 평가함에 있어서 공동불법행위자 전원에 대한 과실로 전체적으로 평가하여야 한다는 것이지, 공동불법행위자 중에 고의로 불법행위를 행한 자가 있는 경우에는 피해자에게 과실이 없는 것으로 보아야 한다거나 모든 불법행위자가 과실상계의 주장을 할 수 없게 된다는 의미는 아니다(대판 2010.2.11. 2009다68408).

(3) 외측설(손해배상의 일부청구의 경우 과실상계의 방법)

일개의 손해배상청구권중 일부가 소송상 청구되어 있는 경우에 과실상계를 함에 있어서는 손해의 전액에서 과실비율에 의한 감액을 하고 그 잔액이 청구액을 초과하지 않을 경우에는 그 잔액을 인용할 것이고 잔액이 청구액을 초과할 경우에는 청구의 전액을 인용하는 것으로 풀이하는 것이 일부청구를 하는 당사자의 통상적 의사라고 할 것이다(대판 1976.6.22. 75다819).

5. 한 계

(ㄱ) 판례는 '과실상계는 채무불이행 내지 불법행위로 인한 손해배상책임에 대해 인정되는 것이고, 채무내용에 따른 본래의 급부의 이행을 구하는 경우에 적용될 것이 아니다'라고 하고 있다(대판 1996.5.10. 96다8468). 따라서 손해배상의 예정에는 적용하지 않는 것이 판례이다(대판 1972.3.31. 72다108).

(ㄴ) 이중매수인이 매매목적부동산에 관하여 처분금지가처분등기가 기입된 사실을 알았으나 매도인으로부터 자기 책임하에 가처분등기를 청산, 정리한다는 취지의 약속을 받음에 따라 매매대금을 전부 지급한 행위는 과실상계사유가 되지 아니한다(대판 1993.5.27. 92다20163).

(ㄷ) 채권자의 청구가 연대보증인에 대하여 그 보증채무의 이행을 구하고 있음이 명백한 경우에는, 과실상계의 법리는 적용될 여지가 없다(판례).

(ㄹ) 피해자의 부주의를 이용하여 고의로 불법행위를 저지른 자가 바로 그 피해자의 부주의를 이유로 자신의 책임을 감하여 달라고 주장하는 것은 허용될 수 없다(대판 2010.7.8. 2010다21276).

6. 관련문제(손익상계)

(1) 의의와 구별

손익상계란 예컨대, 채무자가 채무를 이행하지 않음으로써 채권자가 목적물보유에 필요한 비용의 지출을 면하게 된 경우에는 이 비용을 손해액에서 공제해야 하는 것을 말한다. 손익상계의 경우 채무자가 채권자의 이익에 대한 급부청구권을 갖게 되는 것은 아니며, 채무불이행이라는 동일한 원인에 의하여 채권자가 손해와 함께 이익을 얻은 경우에 그 이익을 공제하여 배상액을 산정하는 것에 지나지 않는다. 따라서 손익상계에서의 「상계」는 본래의 상계와 같이 서로 대립되는 두 개의 채권을 대등액에서 소멸케 하는 것은 아니다.

(2) 과실상계와 순서

채무불이행 또는 불법행위로 인한 손해배상액을 산정함에 있어서 과실상계를 한 다음 손익

<u>상계를 하여야 한다</u>(대판 1996.1.23, 95다24340). 즉 손해배상액은 먼저 통상손해와 특별손해 기준에 따라 손해배상의 범위가 정해진 후, 여기에 과실상계 및 손익상계의 과정을 거쳐 결정된 다(대판 2010.2.25, 2009다87621).

판례 〈**국가가 입찰담합에 의한 불법행위의 피해자인 경우, 가해자에게 부과하여 납부받은 과징금이 손익상계 대상이 되는지 여부(소극)**〉 입찰담합에 의한 부당한 공동행위에 대하여 독점규제 및 공정거래에 관한 법률에 따라 부과 <u>되는 과징금은 담합행위의 억지라는 행정목적을 실현하기 위한 제재적 성격과 불법적인 경제적 이익을 박탈하기 위한 성격을 함께 갖는 것으로서 피해자에 대한 손해 전보를 목적으로 하는 불법행위로 인한 손해배상책임과는 성격이 전혀 다르므로</u>, 국가가 입찰담합에 의한 불법행위 피해자인 경우 가해자에게 입찰담합에 의한 부당한 공동행위에 과징금을 부과하여 이를 가해자에게서 납부받은 사정이 있다 하더라도 이를 가리켜 손익상계 대상이 되는 이익을 취득하였다고 할 수 없다(대판 2011.7.28, 2010다18850).

(3) 손해전가 항변문제

1) 의의 및 사례

甲(CJ 등) 주식회사 등 국내 밀가루 시장점유율의 대부분을 차지하는 8개 밀가루 제조·판매회 사들이 공동으로 밀가루 생산량(판매량)을 제한하고 밀가루 가격을 결정·유지·변경하였는데, 甲 회사 등으로부터 밀가루를 매입한 乙(삼립식품) 주식회사가 甲 회사 등을 상대로 손해배상 을 구한 경우, 위법한 가격 담합으로 인한 손해배상액의 산정 방법 및 담합에 의하여 가격이 인상된 재화 등을 매수한 매수인이 다시 이를 제3자인 수요자에게 판매한 경우, 제품 등의 가격 인상을 이유로 매수인의 손해가 감소되거나 회복되었다고 단정할 수 있는지를 말한다.

2) 판례의 태도

(ㄱ) 불법행위 등이 채권자 또는 피해자에게 손해를 생기게 하는 동시에 이익을 가져다 준 경 우에는 공평의 관념상 그 이익은 당사자의 주장을 기다리지 아니하고 손해를 산정할 때에 공 제하여야 하나, <u>손익상계가 허용되기 위해서는 손해배상책임의 원인이 되는 행위로 인하여 피해자가 새로운 이득을 얻었고 그 이득과 손해배상책임의 원인행위 사이에 상당인과관계가 있어야 한다.</u> 이에 비추어 보면 위법한 가격 담합에 의하여 가격이 인상된 재화나 용역을 매 수한 경우에, 매수인이 입는 직접적인 손해는 특별한 사정이 없다면 실제 매수한 가격과 담 합행위가 없었을 경우에 형성되었을 가격의 차액이 된다.

(ㄴ) <u>담합행위로 인하여 인상된 가격으로 밀가루를 구매한 乙 회사가 밀가루를 원료로 생산하 여 판매하는 제품에 관한 가격 인상을 통하여 인상된 밀가루 가격의 전부 또는 일부를 최종 소비자에게 전가하였다는 이유로 위와 같이 전가된 손해액 부분의 공제를 주장한 이른바 '손 해전가의 항변(passing-on defence)'은 받아들이지 아니한다</u>(대판 2012.11.29, 2010다93790).

X. 손해배상액의 예정

> **제398조 (배상액의 예정)**
> ① 당사자는 채무불이행에 관한 손해배상액을 예정할 수 있다.
> ② 손해배상의 예정액이 부당히 과다한 경우에는 법원은 적당히 감액할 수 있다.
> ③ 손해배상액의 예정은 이행의 청구나 계약의 해제에 영향을 미치지 아니한다.
> ④ 위약금의 약정은 손해배상액의 예정으로 추정한다.
> ⑤ 당사자가 금전이 아닌 것으로써 손해배상에 충당할 것을 예정한 경우에도 전4항의 규정을 준용한다.

1. 의의와 취지

(1) 채무불이행으로 인한 손해배상을 청구하려면 채권자는 채무불이행 사실 그리고 그 사실에 의한 손해의 발생과 그 액수를 입증해야 한다. 그러나 그러한 입증이 용이한 것은 아니기 때문에 당사자는 장차 채무불이행이 있게 되면 그 사실만으로 일정한 금액을 손해배상액으로 하기로 미리 약정할 수 있는데 이를 '손해배상액의 예정'이라 한다(불법행위에는 이러한 손해배상예정이 적용될 수 없음에 유의할 것-제763조 참조). 이 처럼 민법 제398조에서 정하고 있는 손해배상액의 예정은 손해의 발생사실과 손해액에 대한 증명의 곤란을 덜고 분쟁의 발생을 미리 방지하여 법률관계를 쉽게 해결하고자 하는 등의 목적으로 규정된 것이다(대판 2010.7.15. 2010다10382).

판례 〈예정의 사례〉 ㉠ **〈계약금과 중도금포기약정〉** 매수인이 당초 약정된 잔금 지급기일까지 잔금을 지급하지 못하여 그 지급독촉을 받아 오다가 매도인과의 사이에 그 잔금의 지급기일을 연기받는 한편 그 기일의 준수를 다짐하면서, 만일 그 연기된 날까지 잔금을 지급하지 아니하면 매매계약을 해제하여 무효로 함과 아울러 매도인에게 이미 지급한 계약금 및 중도금에 대한 반환청구권을 포기 내지 상실키로 하는 약정을 한 경우, 그 포기약정은 손해배상액의 예정으로 봄이 상당하다(대판 1995.12.12. 95다40076). ㉡ **〈도급에서 손해배상금의 충당〉** 건물 신축공사에 있어 준공 후에도 건물에 다수의 하자와 미시공 부분이 있어 수급인이 약정기한 내에 그 하자와 미시공 부분에 대한 공사를 완료하지 못할 경우 미지급 공사비 등을 포기하고 이를 도급인의 손해배상금으로 충당한다는 내용의 합의각서를 작성한 경우, 위 약정은 민법 제398조에 정한 채무불이행에 관한 손해배상액을 예정한 경우에 해당한다(대판 2008.7.24. 2007다69186). ㉢ **〈위약금약정〉** 甲 회사가 乙 회사와 분양대행계약을 체결하면서 약정기일까지 일정 분양률을 달성하지 못하면 계약보증금을 乙 회사에 귀속시키기로 약정한 사안에서, 위 약정은 甲 회사가 약정기일까지 위 분양률을 달성하지 못할 경우에 대하여 위약금을 약정한 것으로 보아야 하고, 이는 민법 제398조 제4항에 따라 손해배상액의 예정으로 추정된다(대판 2010.2.25. 2009다83797).

(2) 이러한 손해배상액의 예정이 활용되는 이유는 손해배상청구의 입증을 완화하여, 계약을 간접적으로 강제키 위한 의도이다. 그런데 이러한 계약이 경제적 약자에게 악용되어서는 아니되기 때문에 특별히 근로자에게 실질적으로는 위약금 또는 손해배상을 예정하는 계약은 근로기준법(동법 제24조)에 위반되어 무효가 된다(대판 1996.12.6. 95다24944,24951 판결 참조).

2. 손해배상액 예정의 성질과 요건

(1) 손해배상의 예정계약은 채무불이행을 조건으로 하는 정지조건부계약이며, 원채권관계에 종된 계약이다.

(2) 손해배상액의 예정계약은 채무불이행이 발생하기 전에 체결하여야 한다. 채무불이행이 발생한 후에 배상액을 정하는 계약도 유효하지만 이러한 것은 '배상액의 합의'가 되고 '예정'은 아니다. 따라서 "배상액 합의"는 제398조의 적용이 없으며 따라서 합의된 금액이 실제보다 많다고 하여 제398조 2항을 적용하여 감액할 수 없다.

(3) 당사자가 금전이 아닌 것으로써 손해의 배상에 충당할 것을 예정한 경우에도 배상액예정에 관한 규정이 준용된다(제398조 제5항).

3. 예정계약의 입증

손해배상액의 예정계약이 성립하였는가에 대한 다툼이 있다면 원칙적으로 채권자가 예정계약의 성립에 대하여 입증하여야 할 것이나, 실제손해액이 예정액보다 더 큰 경우에 채권자가 실제손해액을 청구한다면 예외적으로 채무자가 예정액을 입증할 필요성도 있다.

4. 배상액예정의 효과

(1) 채무불이행이 발생하면 채권자는 그 채무불이행 사실만으로, 즉 손해의 발생과 그 액수를 입증할 필요 없이 곧 예정배상액을 청구할 수 있다(대판 1975.3.25, 74다296). 한편 판례는 채무불이행에 관하여 채무자에게 귀책사유가 없다면 그 입증을 하여 예정된 손해배상액의 지급책임을 면할 수 있다고 한다(대판 2010.2.25, 2009다83797).

판례 〈귀책사유입증과 책임면제〉 채무불이행으로 인한 손해배상액이 예정되어 있는 경우 채권자는 채무불이행 사실만 증명하면 손해의 발생 및 그 액수를 증명하지 아니하고 예정배상액을 청구할 수 있으나, 반면 채무자는 채권자와 채무불이행에 있어 채무자의 귀책사유를 묻지 아니한다는 약정을 하지 아니한 이상 자신의 귀책사유가 없음을 주장·증명함으로써 위 예정배상액의 지급책임을 면할 수 있다(대판 2010.2.25, 2009다83797).

(2) 채무자는 손해가 전혀 없다는 사실·실제의 손해액이 예정액보다 적다는 사실을 입증하더라도 책임을 면하거나 감액을 청구하지는 못한다(대판 2008.11.13, 2008다46906).

판례 채권자도 실제의 손해액이 예정액보다 많다는 것을 입증하더라도 배상예정액 이상으로 청구하지는 못한다. 따라서 당사자간의 특별한 약정이 없는 한 예정액에는 통상손해뿐만 아니라 특별한 사정에 의한 손해도 포함된다고 해석된다(대판 2007.7.27, 2007다18478).

(3) 손해배상의 예정액이 부당히 과다한 경우에는 법원은 적당히 감액할 수 있다(제398조 제2항). 이는 법원이 직권고려하여야 한다고 해석한다(대판 2009.2.26, 2007다19051; 손해배상의 예정액이 부당하게 과다한지의 여부 내지 그에 대한 적당한 감액의 범위를 판단하는 데 있어서의 기준시점은 사실심의 변론종결시로 봄이 판례이다). 예정액이 부당하게 과다하다고 하여 감액을 한 경우에 손해배상액의 예정에 관한 약정 중 감액에 해당하는 부분은 처음부터 무효이다(대판 1991.7.9, 91다11490). 그리고 손해배상예정액이 부당하게 과다한 사실은 채무자가 입증하여야 한다(대판 1995.11.10, 95다33658).

판례 ⑦ 〈**실제손해액확정문제**〉 손해배상 예정액이 부당하게 과다한 경우에는 법원은 당사자의 주장이 없더라도 직권으로 이를 감액할 수 있으며, 이 경우에 실제 발생할 것으로 예상되는 손해액의 크기를 참작하여 손해배상액의 예정액이 부당하게 과다한지 여부 내지 그에 대한 적당한 감액의 범위를 판단함에 있어서는 <u>실제의 손해액을 구체적으로 심리·확정할 필요는 없다</u>(대판 2010.7.15. 2010다10382). 다만 기록상 실제의 손해액 또는 예상손해액을 알 수 있는 경우에는 이를 그 예정액과 대비하여 볼 필요는 있다.

ⓛ 〈**부당히 과다한 경우의 의미**〉 민법 제398조 제2항에 의하여 법원이 손해배상 예정액을 감액할 수 있는 '부당히 과다한 경우'라 함은 손해가 없다든가 손해액이 예정액보다 적다는 것만으로는 부족하고, 계약자의 경제적 지위 기타 제반사정을 고려하여 그와 같은 예정액의 지급이 경제적 약자의 지위에 있는 채무자에게 부당한 압박을 가하여 공정성을 잃는 결과를 초래한다고 인정되는 경우를 뜻하는 것으로 보아야 한다(대법원 2012.3.29. 선고 2011다83240 판결).

(4) <u>위약금의 예정은 손해배상액의 예정이나 위약벌로서의 성질을 지니는데, 특약이 없는 한 위약금의 약정은 손해배상액의 예정으로 추정한다</u>(제398조 제4항 참조). 그러나 위약벌로서의 성질을 지니는 경우(위약벌이라는 사실은 이를 주장하는 자가 입증하여야 한다)에는 손해배상액의 예정과는 달리 채권자에게 실손해의 발생이 있는가를 묻지 않고, <u>법원은 이를 감액할 수 없다</u>(대판 2005.10.13. 2005다26277).

(5) <u>판례는 배상액의 예정에 있어 과실상계를 인정하지 않는다</u>(대판 2002.1.25. 99다57126). <u>즉 배상액을 예정한 경우에 채권자에게도 과실이 있는 때에는 예정배상액에서 그 과실을 참작하여 감액할 수 있는지에 관해, 판례는 이를 부정한다</u>(학설은 판례의 태도에 비판적인 견해가 있다).

(6) 손해배상액의 예정으로서 공사수급인이 약정한 지체상금을 연대보증인이 지급하게 되는 경우, 지체상금의 과다여부는 연대보증인이 아닌 <u>공사수급인을 기준</u>으로 판단하여야 한다(대판 2005.8.19. 2002다59764).

(7) 약관규제에 관한 법률과의 관계에서는 ⑦ 판례가 "약관의 규제에 관한 법률에 의하여 약관조항이 무효인 경우 그것이 유효함을 전제로 민법 제398조 제2항을 적용하여 적당한 한도로 손해배상예정액을 감액하거나, 과중한 손해배상의무를 부담시키는 부분을 감액한 나머지 부분만으로 그 효력을 유지시킬 수는 없다"는 입장이다(대판 2009.8.20. 2009다20475,20482). 한편 ⓛ 분양계약서에서 수분양자인 갑의 분양대금 납입 지체에 따른 지연손해금의 납부책임과 금액만을 규정하고 분양자이자 매도인인 을 주식회사 등의 이행지체에 따른 지체상금에 관하여는 아무런 규정을 두지 않은 사안에서, <u>수분양자의 분양대금 납입 지체에 적용되는 지연손해금 조항이 당연히 매도인에게도 적용되어 동일한 내용의 지체상금 조항이 있는 것으로 간주될 수는 없으므로, 갑은 을 회사에 대하여 손해배상액의 예정으로서 지체상금의 지급을 구할 수는 없고 을 회사의 채무불이행으로 인하여 실제로 입은 손해만을 민법 제393조 등에서 정한 바에 따라 배상받을 수 있을 뿐이다</u>(대법원 2012.3.29. 선고 2010다590 판결).

5. 위약벌문제

(1) 구분

위약벌은 위약금의 일종이나 민법은 제398조 제4항에서 위약금을 원칙적으로 손해배상액의 예정으로 추정하므로 위약금이 위약벌로 해석되기 위하여는 특별한 사정이 주장·입증되어야 한다.

(2) 특징

위약벌은 <u>손해배상의 예정과는 그 내용이 다르므로 손해배상의 예정에 관한 민법 제398조 제2항의 규정을 유추적용하여 그 액을 감액할 수는 없으며</u>, 다만 그 의무의 강제에 의하여 얻어지는 채권자의 이익에 비하여 약정된 벌이 과도하게 무거울 때에는 그 일부 또는 전부가 공서양속에 반하여 무효가 되는 것에 불과하다(대판 2002.4.23. 2000다56976).

(3) 구체적 예

1) 차액보증금

구 예산회계법과 동시행령에 의한 차액보증금은 최저가낙찰제를 시행함에 있어 지나친 저가입찰을 억제하여 덤핑에 의한 <u>부실공사를 방지하고 계약내용대로 계약을 이행할 것을 담보하기 위한 것이다</u>(대판 2002.4.23, 2000다56976).

2) 계약이행보증금

매매계약의 목적물이 성질상 매도인 측에서 생산, 공급하는 전량을 그때그때 인수하지 않으면 안되는 물품이어서, 매매계약체결과 동시에 계약금액의 100분의 10이상의 계약보증금을 납부하고, 이와는 별도로 채무이행을 위하여 계약금액의 100분의 20이상의 현금이나 지급이행보증보험서를 제공하기로 약정한 경우 등이 이에 해당한다(대판 1999.10.10, 88 다카 25601).

판례 〈도급계약서상 계약이행보증금과 지체상금이 함께 규정되어 있는 것만으로 계약이행보증금을 위약벌로 볼 수 있는지 여부(소극)〉 위약금이 위약벌로 해석되기 위하여는 특별한 사정이 주장·입증되어야 하는바, 당사자 사이의 도급계약서에 계약보증금 외에 지체상금도 규정되어 있다는 점만을 이유로 하여 계약보증금을 위약벌로 보기는 어렵다(대판 2000.12. 8, 2000다35771). 이러한 판례의 태도는 위약벌적인 것이 점차 손해배상예정으로 이행하는 것이라고 해석한다.

6. 손해배상의 예정과 해약금(제565조)과의 관계

(1) 해약금추정

계약금계약은 요물계약이며 매매의 종된 또 하나의 계약이다. 당사자 일방이 이행에 착수할 때까지 교부자(매수인)는 이를 포기하고, 수령자(매도인)는 그 배액을 상환하여 매매 계약을 해제할 수 있다(제565조 제1항). 계약금은 원칙적으로 해약금으로 추정된다(제565조).

(2) 손해배상예정이 되기 위한 요건

계약금을 교부하면서 채무를 이행하지 않을 경우 계약금을 교부한 자는 이를 포기하고 수령한 자는 그 배액의 상환을 '약정' 하였다면, 이러한 계약금의 수수는 한편으로 해약금으로서의 성질을 가지며(제565조), 다른 한편 손해배상액의 예정(제398조)으로서의 성질을 지니고 있다고 할 것이다(단순히 계약금을 지급하는 경우와 비교하여야 한다). 따라서 판례는 "유상계약을 체결함에 있어서 계약금이 수수된 경우 계약금은 해약금의 성질을 가지고 있어서, 이를 위약금으로 하기로 하는 특약이 없는 이상 계약이 당사자 일방의 귀책사유로 인하여 해제되었다 하더라도 상대방은 계약불이행으로 입은 실제 손해만을 배상받을 수 있을 뿐 계약금이 위약금으로서 상대방에게 당연히 귀속되는 것은 아니"라고 하고 있다(대판 2006.1.27. 2005다52078,52085).

(3) 법정해제권과의 관계

계약금에 의한 해제권유보나 손해배상의 예정은 채무불이행으로 인한 법정해제권의 발생·행사·효과에 영향을 미치지 않는다(제398조 제3항).

7. 계약서상 손해배상액 예정의 의미(불법행위와의 관계)

관련사례 甲과 乙사이의 매매계약이 乙의 잔대금미지급채무의 불이행을 이유로 해제된 다음 甲이 乙을 상대로 토지상의 건물철거 및 대지인도의 소를 제기하여 승소판결을 받고 그 판결이 확정되었음에도 乙이 이를 이행하지 아니하자, 甲은 乙에게 토지를 사용 수익하지 못하게 됨으로써 입은 甲의 차임상당의 손해를 청구하였다. 이에 대하여 乙은 이 사건 매매계약이 해제된 후의 별도의 불법행위를 원인으로 하는 것으로서 계약당시 수수된 손해배상예정액으로 전보되는 것이라고 항변하였다. 이는 타당한가?

해설 계약당사자 사이에 손해배상액을 예정하는 내용의 약정이 있는 경우에는 그것은 계약상의 채무불이행으로 인한 손해액에 관한 것이고 이를 계약과 관련된 불법행위상의 손해까지 예정한 것이라고는 볼 수 없으므로 매매계약해제이후 철거의무불이행 등으로 인한 손해는 계약이 해제된 이후 별도의 불법행위를 원인으로 하는 것으로서 계약당시 수수된 손해배상액의 예정액으로 전보되는 것은 아니다(대판 1999.1.15, 98다48033).

8. 하자보수 보증금의 성질(특수한 손해배상액의 예정)

공사도급계약서 또는 그 계약내용에 편입된 약관에 수급인이 하자담보책임 기간 중 도급인으로부터 하자보수요구를 받고 이에 불응한 경우 하자보수보증금은 도급인에게 귀속한다는 조항이 있을 때 이 하자보수보증금은 특별한 사정이 없는 한 손해배상액의 예정으로 볼 것이고, 다만 하자보수보증금의 특성상 실손해가 하자보수보증금을 초과하는 경우에는 그 초과액의 손해배상을 구할 수 있다는 명시 규정이 없다고 하더라도 도급인은 수급인의 하자보수의무 불이행을 이유로 하자보수보증금의 몰취 외에 그 실손해액을 입증하여 수급인으로부터 그 초과액 상당의 손해배상을 받을 수도 있는 "특수한 손해배상액의 예정"으로 봄이 상당하다(대판 2002.7.12. 2000다17810).

XI. 채권자지체

> **제400조 (채권자지체)**
> 채권자가 이행을 받을 수 없거나 받지 아니한 때에는 이행의 제공있는 때로부터 지체책임이 있다.

1. 의 의

(1) 채권자지체란 채무자가 채무의 내용에 좇은 이행을 제공하였는데도 채권자가 이행을 받을 수 없거나 받지 아니하여 이행이 완료되지 못한 상태에 놓이는 것을 말한다(제400조 참조).

(2) 채권자지체는 본질상 채무자의 이행행위만으로써 이행이 완료되고 채권자의 협력을 필요로 하지 않는 경우에는 채권자지체가 문제되지 않는다.

(3) 채권의 성질상 채권자의 협력을 요하는 경우에 채권자지체가 문제될 수 있으며, 사회관념상 급부행위의 기본적 요소(지체 또는 불능 등)를 결하게 된다고 인정되는 경우에는 채권자지체(수령불능)의 문제로 볼 수 없다. 이행지체와 이행불능이 문제될 경우에는 채권자지체는 문제되지 않고, 이행지체나 이행불능으로 처리한다는 것이다.

2. 채권자지체의 본질론과 요건

(1) 수령의무 긍정여부

채권자지체에 있어 채권자의 수령거부 또는 수령불능이 채권자의 귀책사유에 의한 것을 요건으로 하는가에 대하여, 채무불이행설(다수설)은 채권자의 수령의무를 긍정하고, 법정책임설에 있어서는 채권자의 귀책사유 없이도 채권자지체가 인정된다고 한다(귀책사유 및 위법성의 요구는 채무불이행책임으로 볼 때에는 필요하다).

구분	채무불이행책임설	법정책임설
내용	채권자에게는 수령 내지 협력의 신의칙상 의무가 있고 채권자지체는 이에 위반한 채무불이행책임이다.	채권자에게는 수령·협력의무가 없고 채권자지체는 형평의 원칙에 따라 협력지연의 불이익을 채권자에게 부담케 한 법정책임이다.
요건	채권자의 귀책사유를 요한다(귀책사유가 없으면 제401조 이하의 법정효과도 발생하지 않는다).	채권자의 귀책사유를 요하지 않는다(무과실책임).
효과	제401조 이하의 효과 및 채무불이행의 일반효과인 계약해제, 손해배상청구권 등도 발생한다.	제401조·제402조·제403조, 제538조의 법정효과만 발생한다.

〈이종훈 채권법편, p. 495〉

(2) 요건검토

(ㄱ) 채권자지체에서는 채무의 내용에 좇은 이행의 제공(변제의 제공)이 있어야 한다.

(ㄴ) 채권자지체에 있어 채권자의 수령거부 또는 수령불능이 채권자의 귀책사유에 의한 것을 요건으로 하는 채무불이행설은 채권자의 귀책사유를 필요로 한다.

(ㄷ) <u>채권자지체가 생긴 것에 대한 증명책임은 채무자가 져야 한다.</u>

(ㄹ) <u>채권자의 수령장애가 그의 일신상에 기인한 경우에는 채무자의 급부가 종국적으로 불능에 이르게 된 경우에는 급부불능으로 되며</u>(따라서 제537조가 적용되면 채무의 반대급부채권이 소멸하지만, 제538조가 적용되면 채무자는 반대급부의 이행을 청구할 수 있다). 그 장애가 일시적인 경우에는 채권자지체가 된다.

(3) 입증

채권자지체의 성립은 채무자가 입증하여야 한다. 즉 채무자는 이행의 제공 및 채권자지체 사실에 대해 입증책임을 진다(채무불이행과 역으로 생각하면 된다).

3. 효 과(제401조~제403조, 제538조)

> **제401조 (채권자지체와 채무자의 책임)**
> 채권자지체 중에는 채무자는 고의 또는 중대한 과실이 없으면 불이행으로 인한 모든 책임이 없다.
>
> **제402조 (동전)**
> 채권자지체 중에는 이자있는 채권이라도 채무자는 이자를 지급할 의무가 없다.
>
> **제403조 (채권자지체와 채권자의 책임)**
> 채권자지체로 인하여 그 목적물의 보관 또는 변제의 비용이 증가된 때에는 그 증가액은 채권자의 부담으로 한다.
>
> **제538조 (채권자귀책사유로 인한 이행불능)**
> ① 쌍무계약의 당사자일방의 채무가 채권자의 책임있는 사유로 이행할 수 없게 된 때에는 채무자는 상대방의 이행을 청구할 수 있다. 채권자의 수령지체중에 당사자 쌍방의 책임없는 사유로 이행할 수 없게 된 때에도 같다.
> ② 전항의 경우에 채무자는 자기의 채무를 면함으로써 이익을 얻은 때에는 이를 채권자에게 상환하여야 한다.

(1) 채권자지체가 되면 그 후에는 <u>채무자가 고의나 중과실이 있는 경우</u>, 채무불이행책임을 진다(제401조). 그리고 <u>채권자지체중에 채무자는 이자를 지급할 필요가 없다</u>(제402조). 또한 <u>채권자지체로 인하여 그 목적물의 보관 또는 변제의 비용이 증가된 때에는 그 증가액은 채권자의 부담으로 한다</u>(제403조).

판례 〈건고추사건〉 수령지체로 미반환된 임치물이 훼손된 경우에 있어서 수치인의 배상책임요건 : 수치인이 적법하게 임치계약을 해지하고 임치인에게 임치물의 회수를 최고하였음에도 불구하고 임치인의 수령지체로 반환하지 못하고 있는 사이에 임치물이 멸실 또는 훼손된 경우에는 수치인에게 고의 또는 중대한 과실이 없는 한 채무불이행으로 인한 손해배상책임이 없다(제401조).

> **Tip**
>
> 〈선관의무문제〉 이행기 이후에도(즉 인도시까지) 채무자가 선관주의의무가 있게 되는 것은 민법 전체의 각도에서 본다면, 이행지체나 수령지체도 되지 않는 경우이다(제392조·401조 참조). 채무자가 이행지체에 빠진 경우에는 책임이 가중되며, 채권자가 지체에 빠진 경우에는 채무자의 책임이 경감되고 그 범위에서 선관주의의무는 수정된다(제392조, 제401조 참조). 따라서 동시이행항변권이 있다던가, 불가항력으로 인하여 이행기에 이행하지 못한 경우에 목적물에 대한 채무자의 주의의무는 선관주의의무가 된다.

(2) 채권자지체로 인한 채권을 <u>채무불이행책임</u>으로 보면 손해배상 및 계약해제권을 행사할 수 있다. 판례도 채권자지체를 이유로 계약해제를 긍정한다(대판 1993.6.25, 93다11821).

판례 부동산 매도인이 중도금의 수령을 거절하였을 뿐만 아니라 계약을 이행하지 아니할 의사를 명백히 표시한 경우 매수인은 신의성실의 원칙상 소유권이전등기의무 이행기일까지 기다릴 필요 없이 이를 이유로 매매계약을 해제할 수 있다(대판 1993.6.25, 93다11821).

(3) <u>채권자지체로 되면 목적물의 위험부담은 채권자에게 이전한다</u>(제538조).

관련사례 甲은 乙에게 서울막걸리 50통을 2010년 10월 12일의 축제일에 배달하도록 주문을 하였다. 乙이 10월 12일에 막걸리를 가지고 甲에게 왔으나 축제는 연기되었고 甲은 문을 잠근 채 나타나지 않았다. 乙이 막걸리를 가지고 공장으로 돌아가던 중 버스와 충돌하여 막걸리가 유실되었다.

해설

(a) **이행제공필요** : 乙이 10월 12일에 이행제공을 한 막걸리를 甲이 수령하지 않은 결과로 甲은 채권자지체에 빠졌다고 볼 수 있다. <u>민법 제400조 소정의 채권자지체가 성립하기 위해서는 민법 제460조 소정의 채무자의 변제 제공이 있어야 하고, 변제 제공은 원칙적으로 현실 제공으로 하여야 하며 다만 채권자가 미리 변제받기를 거절하거나 채무의 이행에 채권자의 행위를 요하는 경우에는 구두의 제공으로 하더라도 무방하다. 그리고 민법 제538조 제1항 제2문 소정의 '채권자의 수령지체 중에 당사자 쌍방의 책임 없는 사유로 이행할 수 없게 된 때'에 해당하기 위해서는 현실 제공이나 구두 제공이 필요하다(대판 2004.3.12, 2001다79013).</u>

(b) **채무자의 책임감경** : 버스와의 충돌이 乙의 고의나 중과실인 경우에는 乙이 채무불이행책임을 부담하지만, 乙에게 고의나 중과실이 없는 한 채무불이행책임을 지지 않는다(제401조). 그리고 乙이 막걸리의 부패를 방지하기 위하여 보관의 비용을 추가로 지출한 때에는 민법 규정에 의하여 甲에게 추가로 지출한 비용의 상환을 청구할 수 있다(제403조).

(c) **위험부담의 이전** : 甲이 채권자지체에 빠지는 동시에 반대급부위험은 채권자에게 이전하여 乙의 귀책사유 없이 이행불능이 된 경우에는 비록 甲이 이행불능에 대한 귀책사유가 없다고 하더라도 대금지급위험을 부담한다. 결국 乙은 甲에게 막걸리를 인도할 채무를 면하고 甲에 대하여는 막걸리대금을 청구할 수 있다(제538조).

XII. 책임재산보전의 일반론

1. 서 설

강제이행이나 손해배상이나 모두 종국적으로는 채무자의 일반재산이 그 담보가 되는 것이므로, 자기재산의 보전을 게을리 하는 채무자나, 적극적으로 자기재산의 산일을 꾀하는 채무자가 있는 경우에 채권자를 보호하는 제도를 필요로 한다. 채권자대위권과 채권자취소권은 채무자의 일반재산의 감소에 의해 채권자의 채권의 효력이 약화되는 것을 방지하기 위한 제도이다. 따라서 원칙적으로 채권자대위권이나 채권자취소권의 행사는 총채권자의 이익을 위한 것이므로 반환받은 재산은 채무자에게 귀속되어야 한다. 다만 <u>채권자대위권의 경우뿐만 아니라 채권자취소권에 있어서도, 특히 금전채권의 경우에는 채권자는 목적물을 자신에게 인도할 것을 청구할 수 있다.</u>

판례 〈목적물의 명도와 목적물의 등기〉 ㉠ **〈목적물의 명도〉** : 미등기 건물을 매수하였으나 소유권이전등기를 하지 못한 경우에는 위 건물의 소유권을 원시취득한 매도인을 대위하여 불법점유자에 대하여 <u>목적물의 명도청구</u>를 할 수 있다. 이때 채권자(원고)는 <u>불법점유자에 대하여 직접 자기에게 명도할 것을 청구할 수도 있다</u>(대판 1980.7.8, 79다1928). ㉡ **〈목적물의 등기〉** : 그러나 판례는 "채권자대위권을 주장하여 소유권이전등기를 구하는 경우, 채권자는 제3채무자에 대하여 자신에게 소유권이전등기를 하도록 청구할 수는 없다. 즉 채권자대위권을 주장하여 소유권이전등기를 구하는 경우에, 대위권자가 제3채무자에 대하여 채무자에게로 소유권이전등기를 청구함은 모르되 자신에게 소유권이전등기를 청구하는 것은 법률상의 근거가 없다"고 한다(대판 1966.7.26, 66다892).

2. 채권자대위권

채권자대위권은 독일이나 스위스민법에는 없는 제도이며, 프랑스민법에서 유래하는 것으로, 프랑스 민법상 계약당사자 일방이 무담보자인 경우에는 채권자는 채무자의 총재산에 대하여 포괄적인 담보권을 지닌다는 관념이 반영된 제도라고 한다.

3. 채권자취소권

채권자취소권은 채무자가 채권자를 해함을 알고 제3자(수익자)와 재산권을 목적으로 한 법률행위를 한 경우, 채권자가 자기의 이름으로 제3자(수익자·전득자)에 대하여 그 법률행위(사해행위)를 취소하고 일탈된 재산의 원상회복을 소구할 수 있는 채권에서 파생된 실체법적 권능을 말한다.

4. 양자의 비교

채권자대위권이 채무자의 권리를 채권자가 대신 행사하는 것이라면, 채권자취소권은 채무자와 수익자사이의 유효한 법률행위를 채권자가 부인하는 점에서 제3자에게 미치는 영향이 매우 크다. 따라서 채권자취소권은 '재판상'으로만 행사할 수 있다. 아래에서는 이러한 채권자대위권과 채권자취소권을 차례로 검토하기로 한다.

〈책임재산의 보전(채권자대위권+채권자취소권)〉

◎ 채권자대위권(제404조, 제405조)

甲 ——— 피보전 채권 ——— 〉 乙 ——— 대위목적(피대위권리) ——— 〉 丙

① 자기채권 보전의 필요성 ③ 일신전속적 권리(X)
(금전채권 + 특정채권)
② 이행기 도래   ④ 권리불행사

◎ 채권자취소권(제406조, 제407조)

甲 ——— 피보전 채권 ——— 〉 乙 ——————— 〉 丙

① 채권의 존재   ③ 사해의사

② 금전채권   ④ 사해행위

XⅢ. 채권자대위권

제404조 (채권자대위권)
① 채권자는 자기의 채권을 보전하기 위하여 채무자의 권리를 행사할 수 있다. 그러나 일신에 전속한 권리는 그러
하지 아니하다.
② 채권자는 그 채권의 기한이 도래하기 전에는 법원의 허가 없이 전항의 권리를 행사하지 못한다. 그러나 보존행
위는 그러하지 아니하다.
제405조 (채권자대위권행사의 통지)
① 채권자가 전조 제1항의 규정에 의하여 보전행위이외의 권리를 행사한 때에는 채무자에게 통지하여야 한다.
② 채무자가 전항의 통지를 받은 후에는 그 권리를 처분하여도 이로써 채권자에게 대항하지 못한다.

1. 의 의

채권자대위권은 채권자가 자신의 이름으로 채무자의 권리를 행사하는 실체법상의 권리이다(제404
조 이하). 그 법적 성질에 대하여 통설과 판례는 법정재산관리권이라 한다(대리가 아님).

2. 채권자대위권의 본질

(1) 법정재산관리권설(통설·판례)

(ㄱ) 법정재산관리권설은 채권자대위권을 채무자의 책임재산의 감소를 방지하고 현상을 유지
하기 위한 제도라고 한다. 즉 채무자의 무자력, 즉 총채권자의 공동담보로서의 책임재산에

부족이 생긴 경우, 채무자의 재산권 내지 거래관계에 간섭할 수 있는 '법정재산관리권'이라는 것이다.

(ㄴ) 이 설은 채권자의 권리가 금전채권인 경우에는 채무자의 무자력이 전제되어야 한다고 하나, 채권자의 권리가 특정채권인 경우에 있어서는 채무자의 무자력을 대위행사의 요건으로 하지 않는다고 한다(대판 2006.1.27. 2005다39013).

(2) 포괄적 담보권설

소수설인 포괄적 담보권설은 제3채무자에 대한 채무자의 채권을 널리 대위행사하여 채권자가 그의 채권을 실현할 수 있도록 하는 '포괄적 담보권'이라는 것이다. 채권자의 권리가 금전채권인가 특정채권인가에 관계없이 채무자의 무자력을 필수적 요건으로 하지 않는다고 하는 점이 이설의 특징이다.(김형배)

3. 요 건

채권자대위권의 요건으로서, 첫째 '채권자'측의 요건으로서 ① 채권자가 자기의 채권을 보전할 필요가 있어야 하고, ② 채권의 이행기가 도래하여야 하며, 둘째 '채무자'측의 요건으로서 ③ 채무자의 제3자에 대한 권리가 일신에 전속하는 것이 아니어야 하고, ④ 채무자가 스스로 그의 권리를 행사하지 않고 있어야 한다.

(1) 채권자가 '자기의 채권을 보전'할 필요가 있을 것

(ㄱ) 민법 제404조에서 규정하고 있는 채권자대위권은 채권자가 채무자에 대한 자기의 채권을 보전하기 위하여 필요한 경우에 채무자의 제3자에 대한 권리를 대위하여 행사할 수 있는 권리를 말하므로, 보전되는 채권에 대하여 보전의 필요성이 인정되어야 한다.

(ㄴ) 여기에서 보전의 필요성은, 채권자가 보전하려는 권리와 대위하여 행사하려는 채무자의 권리가 밀접하게 관련되어 있고, 채권자가 채무자의 권리를 대위하여 행사하지 않으면 자기 채권의 완전한 만족을 얻을 수 없게 될 위험이 있어 채무자의 권리를 대위하여 행사하는 것이 자기 채권의 현실적 이행을 유효·적절하게 확보하기 위하여 필요한 것을 말한다(대법원 2013.5.23. 선고 2010다50014 판결).

1) 채권의 존재

(ㄱ) 채권자대위권은 채권자가 자기의 채권을 보전하기 위하여 인정되는 것이므로, 채권자가 채무자에 대해 채권을 가지고 있을 것이 당연히 요구된다. 채권의 종류는 묻지 않으며, 또 채무자의 제3채무자에 대한 권리보다 먼저 성립되어 있을 필요도 없다(이점이 채권자취소권과 구별된다).

(ㄴ) 피보전채권이 존재하여야 하므로, 채권자가 채무자를 상대로 소유권이전등기절차이행의 소를 제기하여 패소의 확정판결을 받게 되면, 그러한 권리를 보전하기 위한 채권자대위소송은 그 요건을 갖추지 못하여 부적법하다(대판 2003.5.13. 2002다64148). 이러한 피보전채권의 존재여부는 소송요건으로서 법원의 직권조사사항이다. 따라서 요건흠결시 부적법각하한다(대

판 2009.4.23. 2009다3234). 반대로 채권자가 채무자를 상대로 제기한 소송에서 승소확정판결을 받고 그 확정판결에 기한 청구권을 피보전채권으로 하여 제3채무자를 상대로 채권자대위소송을 제기한 경우, 제3채무자가 그 청구권의 존재를 다툴 수 없다(대판 2010.11.11. 2010다43597).

판례 〈보전의 필요성이 인정되지 않는 채권자대위소송에 대하여 법원이 취하여야 할 조치(=각하)〉 채권자가 채권자대위권의 법리에 의하여 채무자에 대한 채권을 보전하기 위하여 채무자의 제3자에 대한 권리를 대위행사하기 위하여는 채무자에 대한 채권을 보전할 필요가 있어야 하고, 그러한 보전의 필요가 인정되지 아니하는 경우에는 소가 부적법하므로 법원으로서는 이를 각하하여야 한다(대법원 2012.8.30. 선고 2010다39918 판결).

㉢ 채권자의 채권은 채무자의 자산에 의하여 담보될 재산적 가치를 가지는 채권으로서 특정된 구체적인 청구권을 그 내용으로 한다(대판 1978.4.25. 78다90). 판례는 물권적 청구권을 보전하기 위하여도 채권자대위권을 행사할 수 있다고 한다(대판 2007.5.10. 2006다82700). 또한 자기채권범위내에 행사하는 것을 원칙으로 하기 때문에 부동산을 공동매수한 채권자가 채무자에 대한 소유권이전등기청구권을 피보전채권으로 하여 제3채무자를 상대로 채무자의 제3채무자에 대한 소유권이전등기청구권을 대위행사하는 소송을 제기한 사안에서, 위 채권자는 공동매수인 중 1인에 불과하므로 그의 매수지분 범위 내에서만 채무자의 제3채무자에 대한 소유권이전등기청구권을 대위행사할 수 있고, 그 지분을 초과하는 부분에 관하여는 채무자를 대위할 보전의 필요성이 없다(대판 2010.11.11. 2010다43597).

판례 〈채권자대위권의 행사요건〉 ㉠ 본조(제404조)에서 규정하고 있는 채권자대위권은 채권자가 채무자에 대한 자기의 채권을 보전하기 위하여 필요한 경우에 채무자의 제3자에 대한 권리를 대위행사할 수 있는 권리를 말하는 것으로서, 이때 보전 되는 채권은 보전의 필요성이 인정되고 이행기가 도래한 것이면 족하고, 그 채권의 발생원인이 어떠하든 대위권을 행사함에는 아무런 방해가 되지 아니하며, 또한 채무자에 대한 채권이 제3채무자에게 까지 대항할 수 있는 것임을 요하는 것도 아니라 할 것이므로, 채권자대위권을 재판상 행사하는 경우에 있어서도 채권자는 그 채권의 존재사실 및 보전의 필요성, 기한의 도래 등을 입증하면 될 것이고, 채권의 발생원인사실 또는 그 채권이 제3채무자에게 대항할 수 있는 채권이라는 사실까지 입증할 필요는 없다(대판 1988. 2. 23. 87다카961). 단 임대인의 동의 없는 임차권의 양도는 당사자 사이에서는 유효하다 하더라도 다른 특약이 없는 한 임대인에게는 대항할 수 없는 것이고, 임대인에 대항할 수 없는 임차권의 양수인으로서는 임대인의 권한을 대위행사할 수 없다(대판 1985.2.8. 84다카188).
㉡ 〈대표이사라는 사실만으로 회사를 대위하여 채권자대위권을 행사할 수 있는지 여부〉 특별한 사정이 없는 한 대표이사의 업무집행권 등이나 주주의 주주권에 기하여는 회사가 제3자에 대하여 가지는 특정물에 관한 물권적 청구권이나 등기청구권을 대위행사할 수 없다(대판 1978.4.25. 78다90). 즉 개인의 자격으로서의 대표이사라는 지위로는 안된다는 것이다.
㉢ 〈국토의 계획 및 이용에 관한 법률상의 토지거래허가구역에 있는 토지의 매수인이 토지거래허가 신청절차의 협력의무 이행청구권을 보전하기 위하여 매도인의 권리를 대위하여 행사할 수 있는지 여부(적극)〉 ㉠ 국토의 계획 및 이용에 관한 법률상의 허가구역에 있는 토지의 거래계약이 토지거래허가를 전제로 체결된 경우에는 유동적 무효의 상태에 있고 거래계약의 채권적 효력도 전혀 발생하지 않으므로 권리의 이전 또는 설정에 관한 어떠한 내용의 이행청구도 할 수 없지만, 계약을 체결한 당사자 사이에서는 계약이 효력 있는 것으로 완성될 수 있도록 서로 협력할 의무가 있다. 따라서 ㉡ 계약의 쌍방 당사자는 공동으로 관할 관청의 허가를 신청할 의무가 있다. 그 결과 경우에 따라서는 매수인이 토지거래허가 신청절차의 협력의무 이행청구권을 보전하기 위하여 매도인의 권리를 대위하여 행사하는 것도 허용된다고 할 수 있지만, 보전의 필요성이 인정되어야 한다(대법원 2013.5.23. 선고 2010다50014 판결).

2) 채권을 보전하기 위하여의 의미

(가) 보전해야 할 채권이 금전채권인 경우

① 채권자대위권행사에 관한 요건으로 통설적 견해와 판례는 보전되는 채권이 금전채권인 경우에는 채무자의 무자력을 요건으로 하고 있으며, 반면 특정채권인 경우에는 채권자대위권제도의 전용을 인정하여 채무자의 무자력을 그 요건으로 하지 않는다고 한다. 하지만 채권자의 채권이 금전채권인 경우에도 판례상 일정한 경우에는 채무자의 무자력을 요건으로 하지 않고도 채권자대위권이 인정된 사례가 있다(즉 무자력요건의 예외는 점차 완화하는 추세이다). 채무자의 무자력은 채권자가 이를 주장·입증하여야 한다. 무자력은 사실심의 변론종결 당시를 표준으로 하여 결정한다.

② 한편 채권자대위의 요건으로서 채무자의 무자력 여부를 판단할 때 제3자 명의로 소유권이 전청구권보전의 가등기가 마쳐진 부동산은 원칙적으로 적극재산에서 제외하여야 한다(대판 2009.2.26, 2008다76556).

판례 〈금전채권의 경우 채무자의 무자력을 불요한 사례〉 ㉠ 乙은 공무원의 불법행위로 인하여 신체상의 상해를 입고 甲병원에서 치료를 받았다. 이후 乙이 치료비를 지급하지 않자 乙이 행사하지 않고 있던 국가에 대한 배상청구권을 甲이 대위하는 경우에는 채권자대위권이 인정된다. 즉 채권자가 가지는 권리와 채무자의 권리가 담보관계나 상호 밀접한 관계에 있다는 점에서 판례도 채권자대위권을 인정한다(대판 1981.6.23, 80다1351 참조).
㉡ 채권자가 자기채권을 보전하기 위하여 채무자의 권리를 행사하려면 채무자의 무자력을 요건으로 하는 것이 통상이지만 임차보증금반환청구권을 양수한 채권자가 그 이행을 청구하기 위하여 임차인의 가옥명도가 선이행되어야 할 필요가 있어서 그 명도를 구하는 경우에는 그 채권의 보전과 채무자인 임대인의 자력유무는 관계가 없는 일이므로 무자력을 요건으로 한다고 할 수 없다(대판 1989.4.25, 88다카4253·4260).
㉢ 수임인이 가지는 민법 제688조 제2항 전단 소정의 대변제청구권은 통상의 금전채권과는 다른 목적을 갖는 것이므로, 수임인이 이 대변제청구권을 보전하기 위하여 채무자인 위임인의 채권을 대위 행사하는 경우에는 채무자의 무자력을 요건으로 하지 아니한다(대판 2002. 1. 25, 2001다52506).
㉣ 유실물법상 건물 내에서 타인의 유실물을 습득한 경우에 있어서, 유실물법에 의한 습득자(갑)가 보상금청구권의 보전을 위하여 건물점유자(을)의 유실자(병)에 대한 보상금청구권을 대위행사하는 경우, 건물점유자의 무자력을 요구하지 않는다(대판 1968.6.18, 68다663).

(나) 보전해야 할 채권이 특정채권(비금전채권)인 경우

채무자의 제3자에 대한 특정의 채권을 행사함으로써 채권자의 채무자에 대한 특정채권을 보전할 수 있는 경우에는, 즉 채권자의 채무자에 대한 채권과 채무자의 제3채무자에 대한 채권이 서로 연관성이 있는 경우에는, 채무자의 무자력을 요하지 않는다는 것이다(통설적 견해·판례). 구체적으로 살펴보기로 한다.

① 등기청구권의 대위행사와 관련하여서는, (i) 중간생략등기의 합의가 없는 경우, 즉 甲에서 乙에게로 부동산이 매도되고, 乙이 그 등기를 하지 않은 채 丙에게 부동산을 매도하였는데, 제3자간에 중간생략등기의 합의가 없는 경우, 丙이 자신의 등기청구권을 보전하기 위하여 乙을 대위하여 甲에게 소유권이전등기를 乙에게 해 줄 것을 청구하는 경우(판례), (ii) 또

는 매수인이 등기명의가 남아 있는 매도인을 대위하여 제3자 명의의 원인무효등기를 말소청구하거나(판례), 반사회적 부동산 이중매매의 경우에 제1매수인이 매도인을 대위하여 제2매수인명의의 소유권등기의 말소를 청구하는 것(판례) 등이다.

② 임차인의 방해배제청구권의 대위행사로서는, 토지임차인은 그 토지상의 불법점유자에게 토지임차권을 보전하기 위해 토지소유자를 대위하여 방해배제를 청구할 수 있는 경우이다(판례). 따라서 지하도상가 내 각 점포의 사용청구권을 가지는 자는 상가의 소유자인 市(시)가 불법점유자들에 대하여 가지는 점포의 인도청구권을 대위행사할 수 있다(대판 1995.5.12. 93다59502).

③ 피보전채권이 특정채권이라 하여 반드시 순차매도 또는 임대차에 있어 소유권이전등기청구권이나 명도청구권 등의 보전을 위한 경우에만 한하여 채권자대위권이 인정되는 것은 아니다(대판 2001. 5. 8. 99다38699). 예컨대 상표부착이나 제거 등도 채권자대위권의 대상이 해당될 수 있다.

(2) 채권의 이행기의 도래

채권자는 이행기 전에는 채권을 행사할 수 없기 때문에 채권자대위권도 행사할 수 없다. 채권자대위권을 행사하려면 채권자의 채권의 이행기가 도래해야만 한다(제404조 제2항). 그러나 이행기 전에도 채권자대위권을 행사할 수 있는 두 가지 예외가 있다. 하나는 법원의 허가를 얻은 경우이고, 두 번째는 보존행위(예 : 채무자의 권리에 대한 시효중단을 위한 이행청구·미등기부동산에 대한 보존등기 신청)를 하는 경우이다.

(3) 채무자측의 요건으로서 채무자의 제3자에 대한 권리가 일신에 전속하는 것이 아닐 것

1) 채권자대위권의 목적이 되는 권리

(ㄱ) 채권자대위권에 의해 보전되는 권리는 채무자의 책임재산보전이라는 목적에 비추어 판단되어야 한다. 따라서 보전되는 권리에는 청구권 이외에도 취소권·환매권·선택권·해제권·해지권 등의 형성권이 포함된다. 따라서 채무자가 착오·사기·강박에 의해 제3자와 계약을 체결한 경우에 채권자는 채무자의 의사표시의 취소권을 대위행사할 수 있다.

판례 ① 〈임대인의 임대차계약 해지권이 행사상의 일신전속권인지 여부(소극)〉 임대인의 임대차계약 해지권은 오로지 임대인의 의사에 행사의 자유가 맡겨져 있는 행사상의 일신전속권에 해당하는 것으로 볼 수 없다(대판 2007.5.10. 2006다82700). ② 〈조합탈퇴의 의사표시〉 채무자의 재산인 조합원 지분을 압류한 채권자는 당해 채무자가 속한 조합에 존속기간이 정하여져 있다거나 기타 채무자 본인의 조합탈퇴가 허용되지 아니하는 것과 같은 특별한 사유가 있지 않은 한 채권자대위권에 의하여 채무자의 조합 탈퇴의 의사표시를 대위행사할 수 있다(대결 2007.11.30. 자 2005마1130).

(ㄴ) 한편 채무자가 제3채무자에 대해 채권자대위권·채권자취소권을 가지는 경우, 그 채무자의 채권자도 이들 권리를 대위행사할 수 있다.

(ㄷ) 채권양도의 양수인은 양도인을 대리하여서는 채권양도의 통지를 할 수 있으나, 대위하여 통지를 할 수는 없다(제450조 참조). 다만 양도인은 양수인에 대하여 채무자에게 통지할 의무

를 부담하고 있으므로 양도인이 임의로 통지하지 않는 경우에는 양수인은 양도인에게 통지를 청구할 수 있다.

2) 채권자대위권의 목적으로 되지 않는 권리

(가) 채무자의 일신전속권

채권자대위권의 객체는 일신전속권 특히 행사상 일신전속권은 제외된다(예컨대 부부간만 행사할 수 있는 권리, 상속의 승인·포기권 등). 그리고 인격권의 침해로 인한 위자료청구권도 채권자대위권의 객체가 아니다. 단, 위자료청구권이 채무자에 의하여 청구되어 금전채권으로서 구체화된 경우에는 채권자대위권의 목적이 된다.

판례 〈채권자대위권의 목적이 될 수 없는 것(행사상의 일신전속권)〉 ① 유류분반환청구권은 그 행사 여부가 유류분권리자의 인격적 이익을 위하여 그의 자유로운 의사결정에 전적으로 맡겨진 권리로서 행사상의 일신전속성을 가진다고 보아야 하므로, 유류분권리자에게 그 권리행사의 확정적 의사가 있다고 인정되는 경우가 아니라면 채권자대위권의 목적이 될 수 없다(대판 2010.5.27, 2009다93992). 또한 ② 이혼으로 인한 재산분할청구권을 보전하기 위하여 채권자대위권을 행사할 수 없다. 즉 이혼으로 인한 재산분할청구권은 협의 또는 심판에 의하여 그 구체적 내용이 형성되기까지는 그 범위 및 내용이 불명확·불확정하기 때문에 구체적으로 권리가 발생하였다고 할 수 없으므로 이를 보전하기 위하여 채권자대위권을 행사할 수 없다(대판 1999.4.9, 98다58016). 그리고 ③ 후견인이 민법 제950조 제1항 각호의 행위를 하면서 친족회의 동의를 얻지 아니한 경우, 2항 규정에 의하여 피후견인 또는 친족회가 그 후견인의 행위를 취소할 수 있는 권리는 행사상의 일신전속권이므로 채권자대위권의 목적이 될 수 없다(대판 1996.5.31, 94다35985).

(나) 압류하지 못하는 권리

압류할 수 없는 채권(예 : 부양청구권 등)은 대체로 채무자의 생존을 위하여 확보된 권리이므로 채권의 공동담보에 적절치 않다. 다만 판례는 "피해자를 치료한 의료인이 피해자에 대한 그 치료비청구권에 기하여 피해자의 국가에 대한 치료비청구권을 압류하거나 대위행사하는 것은 국가배상법 제4조(압류 등 금지)의 규정에 불구하고 허용된다"고 한다(대판 1981.6.23, 80다1351).

(다) 기타의 권리

(ㄱ) 소송상의 권리에 관해서는 직접 실체법상의 권리를 주장하는 형식으로서의 대위가 가능하지만(예컨대 소제기·강제집행의 신청·청구이의의 소제기·제3자이의의 소제기·가처분명령의 취소신청 등), 이미 채무자와 제3자 사이에 소송이 계속된 후에 소송수행을 위하여 개개의 소송법상의 권리를 대위행사하는 것(예컨대 소송개시 후의 공격·방어방법의 제출·상소제기·집행방법에 대한 이의·가압류결정에 대한 이의신청 등)은 허용될 수 없다(대판 2012.12.27, 2012다75239; 대결 1961.10.26, 4924민재항559 참고).

판례 〈채권자는 채무자 대신 재심청구 못해〉 채권을 보전하기 위해 대위행사가 필요한 경우는 실체법상의 권리뿐만 아니라 소송법상의 권리에 대해서도 대위가 허용된다고 할 것이지만, 채무자와 제3채무자 사이의 소송이 계속된 이후의 소송수행과 관련한 개개의 소송상의 행위는 그 권리행사를 소송당사자인 채무자의 의사에 맡기는 것이 타당하므로 채권자대위가 허용될 수 없다. 따라서 종전 소송절차의 재개, 속행, 재심판을 구하는 재심의 소 제기는 채권자대위권의 목적이 될 수 없다(대판 2012.12.27. 2012다75239).

(ㄴ) 판례에 따르면 토지거래허가 신청절차의 협력의무의 이행청구권은 채권자대위권의 객체가 된다. 따라서 "토지거래규제구역 내의 토지에 대하여 甲과 乙 사이에 권리이전 약정을 포함한 토지매수 위임계약이 이루어지고 그 수임인인 乙과 토지소유자 丙사이에 매수인을 乙로 한 토지매매계약이 체결된 경우, 甲은 乙에 대하여 그 위임계약이 효력이 있는 것으로 완성될 수 있도록 토지거래허가 신청절차에 협력할 것을 청구할 권리가 있고 그와 같은 토지거래허가 신청절차의 협력의무 이행청구권을 보전하기 위하여 乙을 대위하여 그에게 토지를 매도한 丙을 상대로 乙과 丙 사이의 토지매매에 대한 토지거래허가 신청절차에 협력할 것을 청구할 수 있다"고 함이 판례이다(대판 1996.10.25. 96다23825).

(4) 채무자가 스스로 그의 권리를 행사하지 않을 것

1) 의미

채권자대위권 행사의 요건인 '채무자가 스스로 그 권리를 행사하지 않을 것'이라 함은 채무자의 제3채무자에 대한 권리가 존재하고 채무자가 그 권리를 행사할 수 있는 상태에 있으나 스스로 그 권리를 행사하고 있지 아니하는 것을 의미하고, 여기서 권리를 행사할 수 있는 상태에 있다는 뜻은 권리 행사를 할 수 없게 하는 법률적 장애가 없어야 한다는 뜻이며 채무자 자신에 관한 현실적인 장애까지 없어야 한다는 뜻은 아니다(대판 1992.2.25. 91다9312). 따라서 채무자가 그 권리를 행사하지 않는 이유를 묻지 아니하므로 미등기 토지에 대한 시효취득자가 제3자 명의의 소유권보존등기가 원인무효라 하여 그 등기의 말소를 구하는 경우에 있어 채무자인 진정한 소유자가 성명불상자라 하여도 그가 위 등기의 말소를 구하는 데 어떤 법률적 장애가 있다고 할 수는 없어 그 채권자대위권 행사에 어떤 법률적 장애가 될 수 없다(대판 1992.2.25. 91다9312).

2) 권리포기의 경우

채권자대위권은 채무자가 그 권리를 행사하지 아니할 때 한해 허용된다. 채무자 스스로 권리를 행사하고 있음에도 불구하고 채권자대위를 허용한다면 채무자에 대하여 부당한 간섭이 되기 때문이다(대판 1979.3.27. 78다2342). 따라서 채무자가 제3자에 대한 자신의 채권을 포기하는 것 역시 권리행사의 일종이므로 당연히 채권자는 채무자가 포기한 권리를 대위행사할 수 없다.

판례 〈부당한 권리행사〉 채무자가 이미 스스로 그 권리를 행사한 때에는 비록 그 행사의 방법이나 결과가 부적절하더라도 채권자는 대위권을 행사할 수 없다. 따라서 채무자가 불이익한 대물변제를 한 경우, 소를 이미 제기하고 있는 경우, 부적당한 소송방법으로 패소한 경우 등에는 채권자는 대위하지 못한다(대판 2009.3.12. 2008다65839 등 참조).

3) 다른 권리구제수단이 있는 경우

다른 권리구제수단이 있었다는 사정이 채권자대위권의 행사요건인 채권보전의 필요성을 부정할 사유가 될 수 없다. 따라서 "토지 소유권에 근거하여 그 토지상 건물의 임차인들을 상대로 건물에서의 퇴거를 청구할 수 있었더라도 퇴거청구와 건물의 임대인을 대위하여 임차인들에게 임대차계약의 해지를 통고하고 건물의 인도를 구하는 청구는 그 요건과 효과를 달리하는 것이므로, 위와 같은 퇴거청구를 할 수 있었다는 사정이 채권자대위권의 행사요건인 채권보전의 필요성을 부정할 사유가 될 수 없다"고 함이 판례이다(대판 2007.5.10, 2006다82700).

관련사례	甲이 乙(조치원버스정류장)에 대하여 가지는 X건물에 관한 철거청구권은 소유권에 기한 방해배제청구권으로서 물권적 청구권에 해당하는 것인데 이러한 물권적 청구권에 대하여도 채권자대위권에 관한 민법 제404조의 규정과 위와 같은 법리가 적용될 수 있는가? 그리고 甲이 乙(임대인)을 대위하여 丙(임차인)에 대하여 임대차계약의 해지를 통고하고 X건물의 명도를 구할 수 있는가? (대판 2007.5.10, 2006다82700,82717)
해설	(a) 채권자는 채무자에 대한 채권을 보전하기 위하여 채무자를 대위해서 채무자의 권리를 행사할 수 있는바, 채권자가 보전하려는 권리와 대위하여 행사하려는 채무자의 권리가 밀접하게 관련되어 있고 채권자가 채무자의 권리를 대위하여 행사하지 않으면 자기 채권의 완전한 만족을 얻을 수 없게 될 위험이 있어 채무자의 권리를 대위하여 행사하는 것이 자기 채권의 현실적 이행을 유효·적절하게 확보하기 위하여 필요한 경우에는 채권자대위권의 행사가 채무자의 자유로운 재산관리행위에 대한 부당한 간섭이 된다는 등의 특별한 사정이 없는 한 채권자는 채무자의 권리를 대위하여 행사할 수 있어야 하고, 피보전채권이 특정채권이라 하여 반드시 순차매도 또는 임대차에 있어 소유권이전등기청구권이나 인도청구권 등의 보전을 위한 경우에만 한하여 채권자대위권이 인정되는 것은 아니며, 물권적 청구권에 대하여도 채권자대위권에 관한 민법 제404조의 규정과 위와 같은 법리가 적용될 수 있다. (b) 임대인의 임대차계약 해지권은 오로지 임대인의 의사에 행사의 자유가 맡겨져 있는 행사상의 일신전속권에 해당하는 것으로 볼 수 없다. (c) 채권자대위권을 행사함에 있어 채권자가 채무자를 상대로 그 보전되는 청구권에 기한 이행청구의 소를 제기하여 승소판결을 선고받고 그 판결이 확정되면 제3채무자는 그 청구권의 존재를 다툴 수 없다. (d) 토지 소유권에 근거하여 그 토지상 건물의 임차인들을 상대로 건물에서의 퇴거를 청구할 수 있었더라도 퇴거청구와 건물의 임대인을 대위하여 임차인들에게 임대차계약의 해지를 통고하고 건물의 인도를 구하는 청구는 그 요건과 효과를 달리하는 것이므로, 위와 같은 퇴거청구를 할 수 있었다는 사정이 채권자대위권의 행사요건인 채권보전의 필요성을 부정할 사유가 될 수 없다.

4. 행사방법과 행사의 효과

(1) 채무자에게 통지

㉠ 채권자가 보존행위 이외의 목적으로 채무자의 권리를 대위행사할 때에는 반드시 채무자에게 이를 통지하여야 한다(제405조). ㉡ 채권자대위권의 행사는 채권자가 대위행사의 사실을

채무자에게 통지함으로써 채무자는 통지 이후 권리의 처분으로 채권자에게 대항하지 못한다. 판례는 "대위권 행사의 통지가 없더라도 채무자가 대위권 행사의 사실을 알고 있었다면, 통지가 있었던 것과 마찬가지의 효과가 생긴다"고 하고 있다(대판 1988.1.19. 85다카1792). 한편 ㉢ 채권자가 채무자의 채권자취소권을 대위행사하는 경우의 제소기간과 관련하여 채권자를 기준으로 하는 것이 아니고 대위의 목적으로 되는 권리의 채권자인 채무자를 기준으로 준수여부를 결정하여야 한다(대판 2001.12.27. 2000다73049).

판례 ① 〈**통지후 변제수령**〉 채권자가 채무자를 대위하여 채무자의 제3채무자에 대한 권리를 행사하고 채무자에게 통지를 하거나 채무자가 채권자의 대위권 행사사실을 안 후에는 채무자는 그 권리에 대한 처분권을 상실하여 그 권리의 양도나 포기등 처분행위를 할 수 없고 채무자의 처분행위에 기하여 취득한 권리로서는 채권자에게 대항할 수 없으나, 채무자의 변제수령은 처분행위라 할 수 없고 같은 이치에서 채무자가 그 명의로 소유권이전등기를 경료하는 것 역시 처분행위라고 할 수 없으므로 소유권이전등기청구권의 대위행사 후에도 채무자는 그 명의로 소유권이전등기를 경료하는 데 아무런 지장이 없다(대판 1991.4.12. 90다9407).
② 〈**채권자에게 직접 말소등기절차이행을 명하는 것**〉 채권자대위권을 행사함에 있어서 채권자가 제3채무자에 대하여 자기에게 직접 급부를 요구하여도 상관없는 것이고 자기에게 급부를 요구하여도 어차피 그 효과는 채무자에게 귀속되는 것이므로, 채권자대위권을 행사하여 채권자가 제3채무자에게 그 명의의 소유권보존등기나 소유권이전등기의 말소절차를 직접 자기에게 이행할 것을 청구하여 승소하였다고 하여도 그 효과는 원래의 소유자인 채무자에게 귀속되는 것이니, 법원이 채권자대위권을 행사하는 채권자에게 직접 말소등기 절차를 이행할 것을 명하였다고 하여 무슨 위법이 있다고 할 수 없다(대판 1996.2.9. 95다27998).

(2) 효과귀속

1) 채무자에게 귀속 · 채권자대위판결의 효력

㉠ 채권자대위권을 행사하면 그 효과는 채무자에게 귀속한다. 그러나 채무자가 목적물수령을 기피하는 경우, 채권자는 대위행사의 목적을 달성할 수 없기 때문에, 채권자는 자신에게 인도할 것을 청구할 수 있다. 그리고 채권자는 자신이 채무자에게 지니는 채권의 목적물과 제3자에 의해 인도받은 목적물이 동종이며 양 채무가 상계적상에 놓여 있는 경우에는 자신의 채권과 상계함으로써 우선변제받을 수도 있다.
㉡ 통설은 채권자가 채권자대위권에 기한 대위소송의 기판력은 채무자의 제소사실에 대한 인식여부와 관계없이 채무자에게도 미친다고 한다. 그러나 판례는 채권자가 제3채무자를 상대로 소를 제기하였다는 사실을 채무자가 알아야만 채권자와 제3채무자 사이의 판결의 효력이 채무자에게 미친다고 하고 있다(대판 1993.4.27. 93다4519).

판례 〈**채권자의 대위변제수령**〉 채권자대위권을 행사하는 채권자에게 변제수령의 권한을 인정하더라도 그것이 채권자평등의 원칙에 어긋난다거나 제3채무자를 이중변제의 위험에 빠뜨리게 하는 것이라고 할 수 없다(대판 2005.4.15. 2004다70024).

2) 제3채무자의 항변권

㉠ 채권자대위권은 채무자의 제3채무자에 대한 권리를 행사하는 것이므로, 제3채무자는 채무

자에 대해 가지는 모든 항변사유로 채권자에게 대항할 수 있으나, 채권자는 채무자 자신이 주장할 수 있는 사유의 범위 내에서 주장할 수 있을 뿐 자기와 제3채무자 사이의 독자적인 사정에 기한 사유를 주장할 수는 없다(대판 2009.5.28, 2009다4787).

(ㄴ) 채권자가 채권자대위권을 행사하여 제3자에 대하여 하는 청구에 있어서, 제3채무자는 채무자가 채권자에 대하여 가지는 항변으로 대항할 수 없고, 피보전 채권의 소멸시효가 완성된 경우 이를 원용할 수 있는 자는 원칙적으로는 시효이익을 직접 받는 자뿐이고, 채권자대위소송의 제3채무자는 이를 행사할 수 없다(대판 2004.2.12, 2001다10151 ; 대판 1998.12.8, 97다31472 ; 대판 1992.11.10, 92다35899 등).

판례 〈**채권자대위권행사시 채권자의 채무자에 대한 권리주장허용여부**〉 채권자대위권은 채무자의 제3채무자에 대한 권리를 행사하는 것이므로, 제3채무자는 채무자에 대해 가지는 모든 항변사유로 채권자에게 대항할 수 있으나, 채권자는 채무자 자신이 주장할 수 있는 사유의 범위 내에서 주장할 수 있을 뿐 자기와 제3채무자 사이의 독자적인 사정에 기한 사유를 주장할 수는 없다(대판 2009.5.28, 2009다4787).

3) 채권자의 채무자에 대한 비용상환청구권

채권자대위권을 행사하는 경우 채권자와 채무자는 일종의 법정위임의 관계에 있으므로 채권자는 민법 제688조를 준용하여 채무자에게 그 비용의 상환을 청구할 수 있고, 그 비용상환청구권은 강제집행을 직접 목적으로 하여 지출된 집행비용이라고는 볼 수 없으므로 지급명령 신청에 의하여 지급을 구할 수 있다(대판 1992.4.10. 91다41620 판결 등).

4) 채권자대위권행사 통지 후에 채무자의 채무불이행을 이유로 통지 전 체결된 약정에 따라 계약이 '자동 해제' 되거나 제3채무자가 '계약을 해제'(법정해제)한 경우, 제3채무자가 계약해제로써 채권자에게 대항할 수 있는지 여부(원칙적 적극)

(ㄱ) 민법 제405조 제2항은 '채무자가 채권자대위권행사의 통지를 받은 후에는 그 권리를 처분하여도 이로써 채권자에게 대항하지 못한다'고 규정하고 있다. 위 조항의 취지는 채권자가 채무자에게 대위권 행사사실을 통지하거나 채무자가 채권자의 대위권 행사사실을 안 후에 채무자에게 대위의 목적인 권리의 양도나 포기 등 처분행위를 허용할 경우 채권자에 의한 대위권행사를 방해하는 것이 되므로 이를 금지하는 데에 있다. 그런데 채무자가 자신의 채무불이행을 이유로 매매계약이 해제되도록 한 것을 두고 민법 제405조 제2항에서 말하는 '처분'에 해당한다고 할 수 없다. 따라서 채무자가 채권자대위권행사의 통지를 받은 후에 채무를 불이행함으로써 통지 전에 체결된 약정에 따라 매매계약이 자동적으로 해제되거나, 채권자대위권행사의 통지를 받은 후에 채무자의 채무불이행을 이유로 제3채무자가 매매계약을 해제한 경우 제3채무자는 계약해제로써 대위권을 행사하는 채권자에게 대항할 수 있다. 다만 형식적으로는 채무자의 채무불이행을 이유로 한 계약해제인 것처럼 보이지만 실질적으로는 채무자와 제3채무자 사이의 '합의에 따라 계약을 해제'(=합의해제)한 것으로 볼 수 있는 경우에는 채무자가 피대위채권을 처분한 것으로 보아 제3채무자는 계약해제로써 대위권을 행사하는 채권자에게 대항할 수 없다(대판(전합) 2012.5.17, 2011다87235).

㉡ 따라서 채무자가 자신의 채무불이행을 이유로 매매계약이 해제되도록 한 것은 제405조 제2항에서 말하는 처분에 해당하지 않으나, 합의해제는 처분에 해당하게 된다.

관련사례	매수인 乙이 매도인 甲으로부터 매수한 부동산을 丙에게 전매한 경우, 丙이 乙과 甲에 대하여 순차 소유권이전등기절차의 이행을 구하는 소를 제기하여 그중 甲에 대한 채권자대위소송이 상고심에 계속 중이었는데, 乙이 매매잔대금을 甲에게 지급하지 아니하자 甲은 乙에게 위 매매계약을 해제할 수 있는가? 즉 甲과 乙은 丙에게 그 계약해제로써 대항할 수 있는가?(대판(전합) 2012.5.17, 2011다87235).
해설	(a) 〈법정해제와 자동해제의 경우〉: 채권자가 채권자대위권에 기하여 채무자의 권리를 행사하고 있는 경우에, 그 사실을 채무자에게 통지하였거나 채무자가 그 사실을 알고 있었던 때에는, 채무자가 그 권리를 처분하여도 이로써 채권자에게 대항하지 못하는데, 여기서 채무자인 甲이 계약해제를 한 것이 丙에 대한 소유권이전등기청구권을 처분하는 것에 해당하여 甲과 乙은 丙에게 그 계약해제로써 대항할 수 없는가와 관련하여 종전에는 대항할 수 없다(대판 2003. 1. 10, 2000다27343)고 하였으나, 이제 판례가 변경되어 법정해제 또는 자동해제로 甲은 丙에게 대항할 수 있다(대판(전합) 2012.5.17, 2011다87235). (b) 〈비교판례〉: 법정해제와는 달리 합의해제의 경우는 판례가 변경되지 않았다. 즉 채권자가 채권자대위권에 기하여 채무자의 권리를 행사하고 있다는 사실을 채무자가 알게 된 후에는 채무자가 그 권리를 처분하여도 이로써 채권자에게 대항하지 못하는 것인바, 채권자가 채무자와 제3채무자 사이에 체결된 부동산매매계약에 기한 소유권이전등기청구권을 보전하기 위해 채무자를 대위하여 제3채무자의 부동산에 대한 처분금지가처분을 신청하여 가처분결정을 받은 경우에는 피보전권리인 소유권이전등기청구권을 행사한 것과 같이 볼 수 있으므로, 채무자가 그러한 채권자대위권 행사 사실을 알게 된 후에 그 매매계약을 합의해제함으로써 채권자대위권의 객체인 부동산 소유권이전등기청구권을 소멸시켰다 하더라도 이로써 채권자에게 대항할 수 없고, 그 결과 제3채무자 또한 그 계약해제로써 채권자에게 대항할 수 없다(대판 2007.6.28. 2006다85921).

XIV. 채권자취소권

> **제406조 (채권자취소권)**
> ① 채무자가 채권자를 해함을 알고 재산권을 목적으로 한 법률행위를 한 때에는 채권자는 그 취소 및 원상회복을 법원에 청구할 수 있다. 그러나 그 행위로 인하여 이익을 받은 자나 전득한 자가 그 행위 또는 전득당시에 채권자를 해함을 알지 못한 경우에는 그러하지 아니하다.
> ② 전항의 소는 채권자가 취소원인을 안 날로부터 1년, 법률행위 있은 날로부터 5년내에 제기하여야 한다.
> **제407조 (채권자취소의 효력)**
> 전조의 규정에 의한 취소와 원상회복은 모든 채권자의 이익을 위하여 효력이 있다.

1. 의의 및 성질

(1) 의의

채무자가 채권자를 해함을 알고 재산권을 목적으로 한 법률행위를 한 때에 채권자가 그 법률행위의 취소 및 원상회복을 청구하는 것을 말한다. 채권자취소권은 실체법상의 권리로서 법률의 규정에 그 근거를 두는 채권의 효력이다(제406조 참조). 채권자취소권은 채무자가 채권의 공동담보가 부족함을 알면서 재산감소행위를 하였을 때에 그 감소행위의 효력을 부인하여 채권의 공동담보를 회복함을 목적으로 채권자에게 부여된 권리이다.

판례 〈채무자에 대한 채권 보전이 아니라 제3자에 대한 채권 만족을 위하여 사해행위취소의 효력을 주장할 수 있는지 여부(소극)〉 채권자취소권은 사해행위로 이루어진 채무자의 재산처분행위를 취소하고 그 원상회복을 구하기 위한 권리로서 사해행위에 의해 일탈된 채무자의 책임재산을 총채권자를 위하여 채무자에게 복귀시키기 위한 것이지 채권자취소권을 행사하는 특정 채권자에게만 독점적 만족을 주기 위한 권리가 아니다. 따라서 취소채권자는 위와 같은 특별한 사정이 없는 한 자신의 채권액 범위 내에서 채무자의 책임재산을 회복하기 위하여 채권자취소권을 행사할 수 있고 그 취소에 따른 효력을 주장할 수 있을 뿐이며, 채무자에 대한 채권 보전이 아니라 제3자에 대한 채권 만족을 위해서는 사해행위 취소의 효력을 주장할 수 없다(대판 2010.5.27. 2007다40802).

(2) 성질(취소 및 원상회복)

채권자취소권의 본질적 내용을 사해행위의 효력의 취소(형성적)와 사해행위로 인하여 일탈한 책임재산의 반환(이행적)에 있다.

판례 채권자는 사해행위의 취소와 아울러 일탈한 재산의 회복을 청구할 수 있고, 또한 재산회복의 전제로서 단순히 사해행위의 취소만을 청구하는 것도 가능하다는 것이 판례이다(대판 1998.2.27. 97다50985).

2. 요 건

(1) 채권의 존재

1) 장래의 채권 등

(ㄱ) 다수설에 의하면 채권자취소권을 행사하기 위한 요건으로 채권자의 채권이 반드시 이행기에 있어야 할 것을 요건으로 하지는 않는다고 한다. 따라서 <u>채권자가 조건부·기한부채권을 가지고 있는 경우에도 채권자취소권을 행사할 수 있다</u>고 한다(대법원 2011.12.8. 선고 2011다55542 판결).

판례 〈정지조건부채권을 피보전채권으로 하여 채권자취소권을 행사할 수 있는지 여부(원칙적 적극)〉 채권자취소권 행사는 채무 이행을 구하는 것이 아니라 총채권자를 위하여 이행기에 채무 이행을 위태롭게 하는 채무자의 자력 감소를 방지하는 데 목적이 있는 점과 민법이 제148조, 제149조에서 조건부권리의 보호에 관한 규정을 두고 있는 점을 종합해 볼 때, 취소채권자의 채권이 정지조건부채권이라 하더라도 장래에 정지조건이 성취되기 어려울 것으로 보이는 등 특별한 사정이 없는 한, 이를 피보전채권으로 하여 채권자취소권을 행사할 수 있다(대법원 2011.12.8. 선고 2011다55542 판결).

(ㄴ) <u>채권자의 채권이 사해행위 이전에 발생한 것이면 사해행위 후에 그 채권이 양도되었다 하더라도 양수인이 취소권을 잃지 않는다</u>(대판 2012.2.9. 2011다77146).

판례 〈사해행위 이전에 성립한 채권이 사해행위 이후에 양도된 경우, 채권 양수인이 채권자취소권을 행사할 수 있는지 여부(적극)〉 사해행위라고 볼 수 있는 행위가 행하여지기 전에 발생한 채권은 원칙적으로 채권자취소권에 의하여 보호될 수 있는 채권이 될 수 있고, 채권자의 채권이 사해행위 이전에 성립한 이상 사해행위 이후에 양도되었다고 하더라도 양수인은 채권자취소권을 행사할 수 있으며, 채권 양수일에 채권자취소권의 피보전채권이 새로이 발생되었다고 할 수 없다(대법원 2012.2.9. 선고 2011다77146 판결).

㈀ 한편 특정채권의 보전을 위해서는 채권자취소권을 행사할 수 없다고 본다(제407조 참조; 대판 1991.7.23, 91다6757 ; 대판 1988.2.23, 87다카1586 등).

2) 피보전채권의 발생시기

취소채권자의 채권은 사해행위 이전에 발생하였을 것을 원칙으로 한다. 사해행위 이후에 성립한 채권은 사해행위로 인해 침해받지 않기 때문이다. 다만 사해행위 당시에 이미 채권성립의 기초가 되는 법률관계가 발생되어 있고, 가까운 장래에 그 법률관계에 기하여 채권이 성립될 고도의 개연성이 있는 경우에는 그 채권도 포함된다는 것이다(대판 2011.1.13, 2010다68084). 여기서 "채권성립의 기초가 되는 법률관계"는 당사자 사이의 약정에 의한 법률관계에 한정되는 것이 아니고, 채권성립의 개연성이 있는 준법률관계나 사실관계 등을 널리 포함하는 것으로 보아야 한다(대판 2002.11.8, 2002다42957).

판례 〈사해행위 당시 아직 성립되지 아니한 채권이 예외적으로 채권자취소권의 피보전채권이 되기 위한 요건〉 채권자취소권에 의하여 보호될 수 있는 채권은 원칙적으로 사해행위라고 볼 수 있는 행위가 행하여지기 전에 발생된 것임을 요하지만, 그 사해행위 당시에 이미 채권 성립의 기초가 되는 법률관계가 발생되어 있고, 가까운 장래에 그 법률관계에 터잡아 채권이 성립되리라는 점에 대한 고도의 개연성이 있으며, 실제로 가까운 장래에 그 개연성이 현실화되어 채권이 성립된 경우에는 그 채권도 채권자취소권의 피보전채권이 될 수 있다(대판 2001.2.9. 2000다63516).

(2) 채무자의 무자력

㈀ 채무자는 사해행위 당시 그 행위에 의하여 무자력이 될 것을 요한다. 즉 어떤 행위의 사해성 여부의 판단에 있어서 문제가 되는 채무자의 자력유무는 '처분 행위당시'를 산정기준으로 한다(예 : 가등기에 기하여 본등기가 경료된 경우 가등기의 원인인 법률행위와 본등기의 원인인 법률행위가 명백히 다른 것이 아닌 한, 사해행위의 요건의 구비여부는 가등기의 원인된 법률행위 당시를 기준으로 판단하여야 한다). 다만 사실심의 변론종결시까지 채무자의 무자력상태가 계속되어야 한다. 즉 사해성의 요건은 행위 당시는 물론 채권자가 취소권을 행사할 당시 즉 사해행위취소소송의 사실심 변론종결시에도 갖추고 있어야 한다(대판 2009.3.26. 2007다63102).

㈁ 압류금지재산은 공동담보가 될 수 없으므로 이를 적극재산에 포함시켜서는 아니된다(대판 2005.1.28, 2004다58963).

판례 〈무자력판단기준시점〉 ① 채무자의 무자력 여부는 사해행위 당시를 기준으로 판단하여야 하는 것이므로 채무자의 적극재산에 포함되는 부동산이 사해행위가 있은 후에 경매절차에서 경락된 경우에 그 부동산의 평가는 경락된 가액을 기준으로 할 것이 아니라 사해행위 당시의 시가를 기준으로 하여야 할 것이다(대판 2001. 4. 27. 2000다69026). ② 마찬가지로 채권양도계약이 사해행위에 해당하는지는 채권양도계약 체결 시를 기준으로 판단하여야지, 채권양도통지시를 기준으로 하면 법리오해의 위법이 있다(대법원 2013.06.28. 선고 2013다8564 판결).

(3) 채권자취소권의 대상 (사해행위)

1) 의미

민법 제406조에서 정하는 채권자취소권의 대상인 '사해행위'란 채무자가 적극재산을 감소시키거나 소극재산을 증가시킴으로써 채무초과상태에 이르거나 이미 채무초과상태에 있는 것을 심화시킴으로써 채권자를 해하는 행위를 가리킨다. 그리고 사해행위취소소송에서 채무자가 그와 같이 채무초과상태에 있는지 여부는 사해행위 당시를 기준으로 판단된다(대판 2013.4.26, 2012다118334). 따라서 채무자가 양도한 목적물에 담보권이 설정되어 있고 피담보채권액이 목적물의 가액을 초과하는 경우, 당해 재산의 양도는 사해행위에 해당하지 않는다(대판 2003.11.13, 2003다39989).

판례 채무자가 유일한 부동산을 매각하더라도 매매계약 체결 당시 별도의 4,000만 원 보증금반환채권이 있다면 원고(채무자의 채권자)의 채무자에 대한 1100만원의 피담보채권을 충족할 수 있기 때문에 채무자의 유일한 부동산매각이 사해행위라고 단정해서는 아니된다(대판 2013.4.26, 2012다118334).

2) 구체적으로 문제되는 경우

(가) 채무자의 재산상 법률행위

(ㄱ) 채권자취소권의 대상은 <u>채무자의 재산상 법률행위이다.</u> 따라서 채무자를 위하여 자기의 부동산 위에 저당권을 설정할 것을 약정한 자(물상보증인)가 그 부동산을 타인에게 양도한 경우에는 채무자에 의한 법률행위가 아니라는 점에서 사해행위가 아니다. 또한 수익자와 전득자 사이의 법률행위는 채권자취소권의 대상이 되지 아니한다.

(ㄴ) <u>취소가능한 사해행위는 재산권을 목적으로 하는 법률행위로서</u> 채무자가 소멸시효 완성 후에 한 소멸시효이익의 포기행위도 채권자취소권의 대상인 사해행위가 되며, <u>여기에는 준법률행위도 포함된다</u>(채무의 승인·채권양도통지 등; 대판 2013.5.31. 자 2012마712).

(나) 변제

채무의 내용에 좇은 일부 채권자에 대한 '변제'는 소극재산이 그 만큼 줄어들기 때문에 사해행위가 아니다. 대물변제도 변제에 해당하여 상당한 가격으로 행해지는 한 사해행위는 되지 않는다(대판1962.11.25, 62다634). 다만 채무자의 재산이 채무의 전부를 변제하기에 부족한 경우에 채무자가 그의 유일한 재산인 부동산을 어느 특정 채권자에게 대물변제로 제공하여 소유권이전등기를 경료한 경우는 사해행위가 된다는 것이 판례이다(대판 1996.10.29, 96다23207). 그러나 대물변제도 우선변제권 있는 채권자에게 대물변제로 제공한 행위는 특별한 사정이 없는 한 다른 채권자들의 이익을 해하는 사해행위에 해당하지 않는다(대판 2008.2.14. 2006다33357).

판례 ㉠ 〈변제, 채권양도와 사해행위〉 ① 채무자가 채무초과의 상태에서 특정채권자에게 채무의 본지에 따른 변제를 함으로써 다른 채권자의 공동담보가 감소하는 결과가 되는 경우에는 사해행위가 아니다(대판 2003.6.24, 2003다1205 등). 채무자가 특히 일부의 채권자와 통모하여 다른 채권자를 해할 의사를 가지고 변제 내지 채권양도를 하였는지 여부는 사해행위임을 주장하는 사람이 입증하여야 할 것이다(대판 2004.5.28, 2003다60822). ② 채무초과의 상태에 있는 채무자가 여러 채권자 중 일부에게만 채무의 이행과 관련하여 그 채무의 본래 목적이 아닌 다른 채권 기타 적극재산을 양도하는 행위는, 채무자가 특정 채권자에게 채무 본지에 따른 변제를 하는 경우와는 달리 원칙적으로 다른 채권자들에 대한 관계에서 사해행위가 될 수 있고, 다만 이러한 경우에도 사해성의 일반적인 판단 기준에 비추어 그 행위가 궁극적으로 일반채권자를 해하는 행위로 볼 수 없는 경우에는 사해행위의 성립이 부정될 수 있다(대판 2011.10.13. 2011다28045).

ⓒ 〈**무자력상태의 채무자가 이미 이행기가 도래한 기존채무에 관하여 강제집행을 승낙하는 취지의 공정증서를 작성하여 준 경우, 그 공정증서 작성 원인이 된 채권자와 채무자의 합의가 사해행위에 해당하는지 여부(적극)**〉 무자력상태의 채무자가 기존채무에 관한 특정의 채권자로 하여금 채무자가 가지는 채권에 대하여 압류 및 추심명령을 받음으로써 강제집행절차를 통하여 "사실상 우선변제를 받게 할 목적"으로 그 기존채무에 관하여 강제집행을 승낙하는 취지가 기재된 공정증서를 작성하여 주어 채권자가 채무자의 그 채권에 관하여 압류 및 추심명령을 얻은 경우에는 그와 같은 공정증서 작성의 원인이 된 채권자와 채무자의 합의는 기존채무의 이행에 관한 별도의 계약인 이른바 채무변제계약에 해당하는 것으로서 다른 일반채권자의 이익을 해하여 사해행위가 된다고 할 것이다(대판 2010.4.29. 2009다33884). 그러나 이와 유사한 사안에서 대법원은 "채무초과상태인 채무자가 기존채무의 변제를 위하여 채권자와 금전소비대차계약을 체결하고 그에 대해 집행증서를 작성하여 주고 채권자는 이를 이용하여 채무자소유의 부동산에 대한 경매절차에서 배당을 받은 경우, 그 금전소비대차계약이 사해행위에 해당하지 않는다"고 하였는데,. 그 이유로 "이러한 행위에 의하여 채권자가 사실상 우선변제를 받게 한 것으로 볼 수 없기 때문"이라고 하였다(대판 2011.12.22. 2010다103376).

(다) 통정허위표시

ㄱ 판례와 다수설에 의할 경우 허위표시를 이유로 무효인 법률행위도 채권자취소권의 목적이 될 수 있다(제108조 참조; 대판 1998.2.27. 97다50985).

판례 ① 〈**허위의 채무부담행위와 강제집행을 승낙하는 공정증서 작성의 사해행위**〉 채무자가 적극재산인 채권을 특정 채권자로 하여금 강제집행의 형식을 빌려 압류·전부받게 할 목적으로 채무부담행위를 하고 그에 대한 강제집행을 승낙하는 취지의 공정증서를 작성해 주어 채권자가 채권을 압류·전부받은 경우, 그로 인하여 채무자가 채무초과 상태에 이르거나 그 상태가 심화되었다면 사해행위가 성립한다(대판 2009.1.15. 2007다61618).
② 〈**채무자가 다른 사람의 예금계좌로 송금한 금전에 관하여 통정허위표시에 의한 증여계약이 성립한다고 인정하기 위한 요건 및 이에 관한 증명책임 소재(=취소채권자)**〉 채무자가 다른 사람의 예금계좌로 송금한 금전에 관하여 통정허위표시에 의한 증여계약이 성립하였다고 하려면, 무엇보다도 우선 객관적으로 채무자와 다른 사람 사이에서 그와 같이 송금한 금전을 다른 사람에게 종국적으로 귀속되도록 '증여'하여 무상 공여한다는 데에 관한 의사 합치가 있는 것으로 해석되어야 한다. 그리고 그에 관한 증명책임은 위와 같은 송금행위가 채권자취소권의 대상이 되는 사해행위임을 주장하는 채권자에게 있다(대판 2012.7.26. 2012다30861).

ㄴ 다만 금전채권을 보전할 목적으로 통정허위표시를 취소 할 수 있다는 것이지 특정채권을 위하여 인정되는 것은 아님에 유의하여야 한다(아래 사례연습참조).

관련사례 甲은 乙로부터 乙의 유일한 재산인 토지를 매수하고 대금을 모두 지급하였다. 甲이 그 소유권이전등기를 하지 않고 있던 중 丙이 乙로부터 위 부동산을 매수한 사실이 없음에도 불구하고 그로부터 이를 매수한 것처럼 乙의 등기신청 관계서류를 위조하여 자기 앞으로 소유권이전등기를 마쳤다. 위 문제의 해결에 乙이 甲에 대하여 전혀 협조하지 않을 때 甲이 취할 수 있는 조치는? (대판 1991.7.23. 91다6757 ; 대판 1988.2.23. 87다카1586 등).

해설 특정채권보전을 위한 채권자취소권은 인정되지 않기 때문에, 丙에 대하여 乙을 대위하여 원인무효인 丙 명의의 등기의 말소를 구하고, 乙에 대하여 매매를 원인으로 한 소유권이전등기를 구한다. 또한 판례는 부동산을 양도받아 소유권이전등기청구권을 가지고 있는 자가 양도인이 제3자에게 이를 이중으로 양도하여 소유권이전등기를 경료하여 줌으로써 취득하는 부동산 가액상당의 손해배

> 상채권은 이중양도행위에 대한 사해행위 취소권을 행사할 수 있는 피보전채권에 해당한다고 할 수 없다고 하고 있다(대판 1999.4.27, 98다56690).

(라) 부동산매각

상당한 대가에 따른 유일한 자산인 '부동산의 매각'에 대하여 학설과 판례는 견해의 대립을 보이는 바, 학설에 따르면 채무자의 경제적 회생의 가능성을 고려하여 사해행위로서 인정하지 않고 있다. 그러나 판례는 유일한 재산의 매각은 소비하기 쉬운 금전으로 바꾸는 것이기 때문에 사해행위로 인정한다(대판 2007.7.26, 2007다29119).

판례 〈채무자가 유일한 재산인 부동산을 매도한 경우와 채무자의 사해의사〉 채무자가 유일한 재산인 부동산을 매각하여 소비하기 쉬운 금전으로 바꾸는 것은 특별한 사정이 없는 한 사해행위가 되는 것이고, 사해행위의 주관적인 요건인 채무자의 사해의 의사는 채권의 공동담보에 부족이 생기는 것을 인식하는 것을 말하는 것으로서 채권자를 해할 것을 기도하거나 의욕하는 것을 요하지 아니하며, 채무자가 유일한 재산인 부동산을 매각하여 소비하기 쉬운 금전으로 바꾸는 경우에는 채무자의 사해의 의사는 추정된다(대판 1997.5.9. 96다2606,2613).

(마) 인적 담보의 부담

(ㄱ) 채무자가 연대채무를 부담하는 행위는 소극재산을 증가케하는 것으로 사해행위가 된다(대판 2003.7.8, 2003다13246). 한편 채무자가 보증인의 보증 하에 은행으로부터 대출을 받음에 있어 채무자의 보증인에 대한 구상채무에 대하여 연대보증한 자가 연대보증 후 소유 부동산을 제3자에게 증여하는 경우(대판 1997.10.28, 97다34334), 특정한 채권에 대한 공동 연대보증인 중 1인이 다른 공동 연대보증인에게 재산을 증여하여 특정채권자가 추급할 수 있는 채무자들의 총 책임재산에는 변동이 없다고 하더라도, 재산을 증여한 연대보증인의 재산이 감소되어 그 특정한 채권자를 포함한 일반채권자들의 공동담보에 부족이 생기거나 그 부족이 심화된 경우에는, 그 증여행위의 사해성을 인정한다(대판 2009.3.26, 2007다63102).

(ㄴ) 그러나 주채무자 또는 제3자 소유의 부동산에 대하여 채권자 앞으로 근저당권이 설정되어 있고, 그 부동산의 가액 및 채권최고액이 당해 채무액을 초과하여, 연대보증인이 비록 유일한 채무 전액에 대하여 채권자에게 우선변제권이 확보되어 있다면 재산을 처분하는 법률행위를 하더라도 채권자에 대하여 사해행위가 성립되지 않는다(대판 2000.12.8, 2000다21017).

(바) 채권담보제공과 신규자금융통

(ㄱ) 원래 채무초과상태에 있는 채무자가 그 소유의 부동산을 채권자 중의 어느 한 사람에게 채권담보로 제공하는 행위(저당권 설정)는 특별한 사정이 없는 한 다른 채권자들에 대한 관계에서 전형적인 사해행위에 해당한다. 그러나 자금난으로 사업을 계속 추진하기 어려운 상황에 처한 채무자가 자금을 융통하여 사업을 계속 추진하려고 자금을 융통하기 위하여 부득이 부동산을 특정 채권자에게 담보로 제공하고 그로부터 신규자금을 추가로 융통받았다면 특별한 사정이 없는 한 채무자의 담보권 설정행위는 사해행위에 해당하지 않는다(대판 2001.5.8, 2000다50015).

(ㄴ) 채무자가 일반채권자들을 위한 공동담보가 부족한 상태에서 책임재산의 주요부분을 구성하는 부동산에 관하여 제3자에게 우선변제권이 있는 전세권을 설정한 행위가 사해행위에 해당한다(대판 2010.7.15. 2007다21245). 그러나 채무초과 상태의 채무자가 유일한 재산인 전세권과 전세금반환채권을 특정 채권자에게 그 채무 일부에 대한 대물변제조로 양도한 행위가 최고액 채권자와의 거래관계를 유지하면서 채무초과 상태에 있던 회사의 갱생을 도모하기 위한 유일한 방안이었던 점 등을 감안한다면 위 양도행위가 다른 채권자를 해하는 사해행위로 단정하기 어렵다(대판 2010.9.30. 2007다2718).

판례 ① 〈수익자가 채무초과 상태에 있는 채무자의 부동산에 관하여 설정된 선순위 근저당권의 피담보채무를 변제하여 근저당권설정등기를 말소하는 대신 동일한 금액을 피담보채무로 하는 새로운 근저당권설정등기를 설정한 경우, 사해행위에 해당하는지 여부(소극)〉 저당권이 설정되어 있는 목적물의 경우 목적물 중에서 일반채권자들의 공동담보에 제공되는 책임재산은 피담보채권액을 공제한 나머지 부분만이므로, 수익자가 채무초과 상태에 있는 채무자의 부동산에 관하여 설정된 선순위 근저당권의 피담보채무를 변제하여 근저당권설정등기를 말소하는 대신 동일한 금액을 피담보채무로 하는 새로운 근저당권설정등기를 설정하는 것은 채무자의 공동담보를 부족하게 하는 것이라고 볼 수 없어 사해행위가 성립하지 아니한다(대법원 2012.1.12. 선고 2010다64792 판결).
② 〈채권자가 이미 가압류를 해 둔 상태에서 채무자가 동일부동산에 관하여 타인을 위해 근저당권을 설정함으로써 물상보증인이 되는 행위가 채권자에 대한 사해행위가 되는지 여부(적극)〉 채무자가 아무 채무도 없이 다른 사람을 위해 자신의 부동산에 관하여 근저당권을 설정함으로써 물상보증인이 되는 행위는 그 부동산의 담보가치만큼 채무자의 총재산에 감소를 가져오는 것이므로, 그 근저당권이 채권자의 가압류와 동순위의 효력밖에 없다 하여도, 그 자체로 다른 채권자를 해하는 행위가 된다(대판 2010.6.24. 2010다20617,20624).
③ 〈부동산에 대하여 가압류등기 후에 근저당권설정등기가 경료된 경우, 가압류채권자가 채무자의 근저당권설정행위에 대하여 채권자취소권을 행사할 수 있는지 여부(한정 적극)〉 부동산에 대하여 가압류등기가 먼저 되고 나서 근저당권설정등기가 마쳐진 경우에 경매절차의 배당관계에서 근저당권자는 선순위 가압류채권자에 대하여는 우선변제권을 주장할 수 없으므로 그 가압류채권자는 근저당권자와 일반 채권자의 자격에서 평등배당을 받을 수 있고, 따라서 가압류채권자는 채무자의 근저당권설정행위로 인하여 아무런 불이익을 입지 않으므로 채권자취소권을 행사할 수 없다(대판 2008.2.28. 2007다77446).

(사) 가등기

소유권이전등기청구권을 보전하기 위한 가등기는 그 자체만으로는 물권취득의 효과가 발생하지 않지만, 후일 본등기를 하는 경우에는 가등기시에 소급하여 소유권변동의 효력을 발생하기 때문에 채권자로 하여금 완전한 변제를 받을 수 없게 하는 결과가 되므로 채권자를 해치는 것이 된다(대판 1975.2.10. 74다334). 다만 법률행위의 이행으로서 가등기를 경료하는 경우에 그 채무의 원인되는 법률행위가 취소권을 행사하려는 채권자의 채권보다 앞서 발생한 경우에는 특별한 사정이 없는 한 그 가등기는 채권자취소권의 대상이 될 수 없다(대판 2009.4.9. 2008다92176).

(아) 명의신탁에서 수탁자의 양도행위

(ㄱ) 부동산 실권리자명의 등기에 관한 법률 제4조 제2항 단서에 의해 신탁부동산의 소유권을 취득한 이른바 계약명의신탁 약정의 명의수탁자(채무자)가, 채무초과 상태에서 명의신탁자나 그가 지정하는 사람에게 신탁부동산을 양도하는 행위는 사해행위에 해당한다(대판

2008.9.25. 2007다74874). 따라서 계약명의신탁약정에 따라 수탁자가 선의의 매도인과 부동산 매매계약을 체결하여 자신의 명의로 소유권이전등기를 마쳐 수탁자가 소유권을 취득하고 신탁자는 수탁자에 대하여 부당이득반환채권만을 가지는 경우, 신탁자가 실질적인 당사자가 되어 위 부동산을 제3자에게 처분한 행위는 신탁자의 일반채권자들을 해하는 사해행위가 되지 않는다(대법원 2013.09.12. 선고 2011다89903 판결).

(ㄴ) 그리고 <u>명의신탁자(채무자)가 명의신탁된 부동산을 처분한 경우에 명의신탁자의 채권자에 대하여 사해행위가 된다고 보는 것이 판례이다</u>(대판 2012.10.25. 2011다107375). 그러나 <u>등기명의신탁의 경우 수탁자(채무자)명의의 등기는 무효이므로 수탁자(채무자)의 저당권 설정 등은 사해행위가 아니다</u>(대법원 2012.8.23. 선고 2012다45184 판결).

판례 ① 〈**신탁자의 사해행위**〉 부동산실명법 시행 후 양자간 명의신탁의 경우, 신탁자의 일반채권자들의 공동담보에 제공되는 책임재산인 신탁부동산에 관하여 채무자인 신탁자가 직접 자신의 명의 또는 수탁자의 명의로 제3자와 매매계약을 체결하는 등 신탁자가 실질적으로 당사자가 되어 법률행위를 하는 경우 이로 인하여 신탁자의 소극재산이 적극재산을 초과하게 되거나 채무초과상태가 더 나빠지게 되고 신탁자도 그러한 사실을 인식하고 있었다면 이러한 신탁자의 법률행위는 신탁자의 일반채권자들을 해하는 행위로서 사해행위에 해당할 수 있다. 이 경우 사해행위의 취소의 대상은 신탁자와 제3자 사이의 법률행위가 될 것이고, 원상회복은 제3자가 수탁자에게 말소등기를 이행하는 방법에 의할 것이다(대판 2012.10.25. 2011다107375).

② 〈**3자간등기명의신탁의 경우**〉 부동산에 관하여 부동산 실권리자명의 등기에 관한 법률 제4조 제2항 본문이 적용되어 명의수탁자인 채무자 명의의 소유권이전등기가 무효인 경우에는 부동산은 채무자의 소유가 아니므로 이를 채무자의 일반 채권자들의 공동담보에 제공되는 책임재산이라고 볼 수 없다. 채무자가 부동산에 관하여 제3자와 근저당권설정계약을 체결하고 그에게 근저당권설정등기를 마쳐주었다 하더라도 채무자의 책임재산에 감소를 초래한 것이라고 할 수 없으므로 이를 채무자의 일반 채권자들을 해하는 사해행위라고 할 수 없고, 채무자에게 사해의 의사가 있다고 볼 수도 없다(대법원 2012.8.23. 선고 2012다45184 판결).

(자) 민법 제666조 수급인의 저당권설정청구권 행사에 따라 도급인이 저당권을 설정하는 행위
신축건물의 도급인이 민법 제666조가 정한 수급인의 저당권설정청구권의 행사에 따라 공사대금채무의 담보로 그 건물에 저당권을 설정하는 행위는 특별한 사정이 없는 한 사해행위에 해당하지 아니한다(대판 2008.3.27. 2007다78616).

(차) 부부간 재산분할

(ㄱ) 원칙적으로 이혼에 따른 재산분할행위는 사해행위가 되지 않는다. 다만, 이혼에 따른 재산분할행위가 <u>상당정도를 넘는 경우에는</u> 취소권의 대상이 될 수도 있다(대판 1990.11.23. 90다카24762 참고).

판례 채권자가 채무자 소유의 부동산에 대한 가압류결정을 받기 하루 전에 채무자가 처와 합의이혼하고 유일한 재산인 위 부동산을 처에게 위자료 등 명목으로 무상양도한 경우 채권자에 대한 사해행위가 된다(대판 1990.11.23. 90다카24762).

(ㄴ) 채무자와 물상보증인의 공유인 부동산에 관하여 저당권이 설정된 후 채무자가 자신의 지분을 양도한 경우, 그 양도가 사해행위에 해당하는지를 판단할 때 채무자 소유의 지분이 부담하는 피담보채권액문제

관련사례 乙과 丙은 부부이다. 부부는 외환은행(저당권자)에 저당권을 설정하여 융자를 받았다. 채무자는 乙이고 丙은 물상보증인이다. 乙은 2010. 3. 채무초과 상태에서 자신의 유일한 재산인 X부동산 중 2분의 1 지분을 丙(피고)에게 증여하는 계약을 체결하고, 소유권이전등기를 마쳐주었다. 丙은 X부동산에 관하여 근저당권을 설정하여 주고 농업협동조합중앙회로부터 9천만 원을 대출받아, 이를 이용하여 종전 저당권의 피담보채무를 변제하여 저당권설정등기를 말소하였다. 여기서 문제가 되는 것은 위 증여가 사해행위가 되는가 이다. 파기된 원심은 사해행위를 인정하였다(대판(전합) 2013.07.18, 2012다5643).

해설 (a) 사해행위취소의 소에서 채무자가 수익자에게 양도한 목적물에 저당권이 설정되어 있는 경우라면 그 목적물 중에서 일반채권자들의 공동담보에 제공되는 책임재산은 피담보채권액을 공제한 나머지 부분만이라고 할 것이고 그 피담보채권액이 목적물의 가액을 초과할 때는 당해 목적물의 양도는 사해행위에 해당한다고 할 수 없다.

(b) 그런데 수 개의 부동산에 공동저당권이 설정되어 있는 경우 책임재산을 산정함에 있어 각 부동산이 부담하는 피담보채권액은 특별한 사정이 없는 한 민법 제368조의 규정 취지에 비추어 공동저당권의 목적으로 된 각 부동산의 가액에 비례하여 공동저당권의 피담보채권액을 안분한 금액이라고 보아야 한다(대법원 2003. 11. 13. 선고 2003다39989 판결 참조). 그러나 그 수 개의 부동산 중 일부는 채무자의 소유이고 다른 일부는 물상보증인의 소유인 경우에는, 물상보증인이 민법 제481조, 제482조의 규정에 따른 변제자대위에 의하여 채무자 소유의 부동산에 대하여 저당권을 행사할 수 있는 지위에 있는 점 등을 고려할 때, 그 물상보증인이 채무자에 대하여 구상권을 행사할 수 없는 특별한 사정이 없는 한 채무자 소유의 부동산에 관한 피담보채권액은 공동저당권의 피담보채권액 전액으로 봄이 상당하다(대법원 2008. 4. 10. 선고 2007다78234 판결 참조). 이러한 법리는 하나의 공유부동산 중 일부 지분이 채무자의 소유이고, 다른 일부 지분이 물상보증인의 소유인 경우에도 마찬가지로 적용된다.

(c) 이와 달리 채무자와 물상보증인의 공유인 부동산에 관하여 저당권이 설정되어 있고, 채무자가 그 부동산 중 자신의 지분을 양도하여 그 양도가 사해행위에 해당하는지를 판단할 때 채무자 소유의 부동산 지분이 부담하는 피담보채권액은 원칙적으로 각 공유지분의 비율에 따라 분담된 금액이라는 취지의 대법원 2002. 12. 6. 선고 2002다39715 판결과 대법원 2005. 12. 9. 선고 2005다39068 판결은 이 판결의 견해와 저촉되는 한도에서 변경하기로 한다(이 경우 처분행위가 사해행위에 해당하는지 여부는 그 처분행위 당시를 기준으로 판단하여야 할 것이므로 원심으로서는 우선 변론종결 당시가 아니라 이 사건 증여계약 당시를 기준으로 지분의 시가와 근저당권의 피담보채권 액수를 산정하였어야 할 것이다).

(카) 상속재산분할

이미 채무초과 상태에 있는 채무자가 상속재산의 분할협의(제1012조)를 하면서 자신의 상속분에 관한 권리를 포기함으로써 일반 채권자에 대한 공동담보가 감소한 경우에도 원칙적으로 채권자에 대한 사해행위에 해당한다(대판 2007.7.26, 2007다29119).

(타) 상속포기

상속의 포기(제1019조, 제1041조)는 비록 포기자의 재산에 영향을 미치는 바가 없지 아니하나, 오히려 상속의 포기는 1차적으로 피상속인 또는 후순위상속인을 포함하여 다른 상속인 등과의 인격적 관계를 전체적으로 판단하여 행하여지는 '인적 결단'으로서의 성질을 가진다. 이러한 점들을 종합적으로 고려하여 보면, 상속의 포기는 민법 제406조 제1항에서 정하는 "재산권에 관한 법률행위"에 해당하지 아니하여 사해행위취소의 대상이 되지 못한다(대판 2011.6.9., 2011다29307).

(파) 채권양도행위가 사해행위에 해당하지 않는 경우, 그 양도통지가 따로 채권자취소의 대상이 될 수 있는지 여부(소극)

채권자취소권은 채무자가 채권자에 대한 책임재산을 감소시키는 행위를 한 경우 이를 취소하고 원상회복을 하여 공동담보를 보전하는 권리이고, 채권양도의 경우 권리이전의 효과는 원칙적으로 당사자 사이의 양도계약 체결과 동시에 발생하며 채무자에 대한 통지 등은 채무자를 보호하기 위한 대항요건일 뿐이므로, 채권양도행위가 사해행위에 해당하지 않는 경우(예 : 피보전채권이 사해행위 후에 발생 함)에 양도통지가 따로 채권자취소권 행사의 대상이 될 수는 없다(대법원 2012.8.30. 선고 2011다32785,32792 판결).

(4) 사해의사

1) 채무자의 사해의사

채무자의 사해의 의사는 사해행위 당시에 있어야 하며, 소극적인 인식만으로 충분하다(대판 1998.5.12, 97다57320). 채권자는 채무자의 악의를 입증하여야만 취소권을 행사할 수 있다.

판례 다만 판례는 채무자가 유일한 재산을 매각하는 경우 특별한 사정이 없는 한 채무자의 사해의사를 추정하고 있다(대판 1966. 10. 4, 66다1535). 그러나 학설은 이 경우에 대해서도 채무자의 악의는 추정되지 않는다고 한다.

2) 수익자 · 전득자

(ㄱ) 기본적으로 판례 · 학설에 따를 경우, 채무자의 악의를 채권자가 입증함으로써 수익자 · 전득자의 악의는 추정되므로, 수익자 · 전득자는 자신의 선의를 스스로 입증하여야 한다(대판 2010.4.29. 2009다104564). 한편 수익자는 선의이고 전득자만이 악의인 경우에도 채권자는 악의의 전득자를 피고로 채권자취소권을 행사할 수 있다(민법총칙의 의사표시의 규정과 대비되는 것이다).

(ㄴ) 취소소송에서 원고는 채권자이고 피고는 수익자 또는 전득자이며, 채무자는 피고로 삼을 수 없다는 것이 확립된 판례이다(대판 1991.8.13, 93다13717).

판례 〈채권자가 전득자를 상대로 사해행위취소소송을 제기한 경우, 그 취소의 효과 및 취소의 대상이 되는 사해행위의 범위〉 ① 채권자가 채권자취소권을 행사하려면 사해행위로 인하여 이익을 받은 자나 전득한 자를 상대로 그 법률행위의 취소를 청구하는 소송을 제기하여야 되는 것으로서 채무자를 상대로 그 소송을 제기할 수는 없다. ② 채권자가 전득자를 상대로 하여 사해행위의 취소와 함께 책임재산의 회복을 구하는 사해행위취소의 소를 제기한 경우에 그 취소의 효과는 채권자와 전득자 사이의 상대적인 관계에서만 생기는 것이고 채무자 또는 채무자와 수익자 사이의 법률관계에는 미치지 않는 것이므로, 이 경우 취소의 대상이 되는 사해행위는 채무자와 수익자 사이에서 행하여진 법률행위에 국한되고, 수익자와 전득자 사이의 법률행위는 취소의 대상이 되지 않는다(대판 2004.8.30. 2004다21923) ③ 따라서 전득자의 악의를 판단함에 있어서는 단지 전득자가 전득행위 당시 채무자와 수익자 사이의 법률행위의 사해성을 인식하였는지 여부만이 문제가 될 뿐이지, 수익자와 전득자 사이의 전득행위가 다시 채권자를 해하는 행위로서 사해행위의 요건을 갖추어야 하는 것은 아니다(대판 2012.8.17, 2010다87672; 대판 2006.7.4, 2004다61280).

3) 연대보증인의 경우

연대보증인에게 부동산의 처분행위 당시 사해의 의사가 있었는지 여부는 연대보증인이 자신의 자산상태가 채권자에 대한 연대보증채무를 담보하는 데에 부족이 생기게 되리라는 것을 인식하였는가 하는 점에 의하여 판단하여야 하고, 연대보증인이 주채무자의 자산상태가 채무를 담보하는 데 부족이 생기게 되리라는 것까지 인식하였어야만 사해의 의사를 인정할 수 있는 것은 아니다(대판 2001.1.5, 2000다30097 등).

3. 채권자취소권 행사의 방법

(1) 재판상 행사

1) 채권자취소권은 반드시 재판상 행사하여야 하며, 제척기간의 규정이 있다. 채권자취소권의 행사를 위한 출소기간은 채권자가 취소원인을 안 날로부터 1년, 법률행위가 있는 날로부터 5년이다. 사해행위에 해당하는 법률행위가 언제 있었는가는 실제로 그러한 사해행위가 이루어진 날을 표준으로 판정할 것이되, 이를 판정하기 곤란한 경우 등에는 처분문서에 기초한 것으로 보이는 등기부상 등기원인일자를 중심으로 그러한 사해행위가 실제로 이루어졌는지 여부를 판정할 수 있다(대판 2010.2.25. 2007다28819,28826).

판례 〈취소권과 원상회복의 분리〉 ㉠ 채권자가 민법 제406조 제1항에 따라 사해행위의 취소와 원상회복을 청구하는 경우 사해행위의 취소만을 먼저 청구한 다음 원상회복을 나중에 청구할 수 있다. ㉡ 채권자가 민법 제406조 제1항에 따라 사해행위의 취소와 원상회복을 청구하는 경우 사해행위 취소 청구가 민법 제406조 제2항에 정하여진 기간 안에 제기되었다면 원상회복의 청구는 그 기간이 지난 뒤에도 할 수 있다(대판 2001.9.4, 2001다14108).

2) 채권자취소권을 대위행사하는 경우, 그 제척기간은 대위행사하는 채권자를 기준으로 하는 것이 아니라 채무자를 기준으로 한다(대판 2001.12.27, 2000다73049).

3) 중복제소와 관련하여 판례는 "채권자취소권의 요건을 갖춘 각 채권자는 고유의 권리로서 채무자의 재산처분 행위를 취소하고 그 원상회복을 구할 수 있는 것이므로 여러 명의 채권자가 동시에 또는 시기를 달리하여 사해행위취소 및 원상회복청구의 소를 제기한 경우 이들 소가 중복제소에 해당하지 아니할 뿐만 아니라, 어느 한 채권자가 동일한 사해행위에 관하여 사해행위취소 및 원상회복청구를 하여 승소판결을 받아 그 판결이 확정되었다는 것만으로는 그 후에 제기된 다른 채권자의 동일한 청구가 권리보호의 이익이 없게 되는 것은

아니고, 그에 기하여 재산이나 가액의 회복을 마친 경우에 비로소 다른 채권자의 사해행위 취소 및 원상회복청구는 그와 중첩되는 범위 내에서 권리보호의 이익이 없게 된다"(대판 2008.4.24, 2007다84352).

(2) 직권고려

위의 기간은 제척기간이기 때문에 그 기간경과에 의한 권리소멸 여부를 법원이 직권으로 판단하여야 한다(대판 2001.2.9, 2000다65536). 한편 그 제척기간의 도과에 관한 입증책임은 채권자취소소송의 상대방에게 있다(대판 2009.3.26. 2007다63102).

> **판례 〈제척기간〉** ① 채권자취소권의 행사에 있어서 제척기간의 기산점인 채권자가 "취소원인을 안 날"이라 함은 채무자가 채권자를 해함을 알면서 사해행위를 하였다는 사실을 알게 된 날을 의미한다. 이는 단순히 채무자가 재산의 처분행위를 한 사실을 아는 것만으로는 부족하고, 구체적인 사해행위의 존재를 알고 나아가 채무자에게 사해의 의사가 있었다는 사실까지 알 것을 요한다. 다만 채권자가 수익자나 전득자의 악의까지 알아야 하는 것은 아니다(대판 2009.3.26. 2007다63102). 예컨대 채권자가 채무자의 재산상태를 조사한 결과 자신의 채권 총액과 비교하여 채무자 소유 부동산 가액이 그에 미치지 못하는 것을 이미 파악하고 있었던 상태에서 채무자의 재산에 대하여 가압류를 하는 과정에서 그 중 일부 부동산에 관하여 제3자 명의의 근저당권설정등기가 마쳐진 사실을 확인하였다면, 다른 특별한 사정이 없는 한 채권자는 가압류 무렵에는 채무자가 채권자를 해함을 알면서 사해행위를 한 사실을 알았다고 봄이 타당하다(대법원 2012.1.12. 선고 2011다82384 판결). 한편 ② 사해의 객관적 사실을 알았다고 하여 취소의 원인을 알았다고 추정할 수는 없다"고 하고 있다(대판 1989.9.12, 88다카26475).

4. 행사의 효과

(1) 취소 및 원상회복의 의미

1) 상대적 무효설

다수설과 판례는 사해행위 취소의 효과는 소송의 당사자인 채권자와 수익자 또는 전득자 사이에만 그 효력이 생기는 상대적 효력이 있을 뿐이라고 한다. 즉 채권자취소의 소의 효력은 소송에 참가하지 않은 채무자에게는 영향을 미치지 않는다. 따라서 채무자와 전득자 또는 수익자간의 법률행위는 유효하고 그들 사이의 법률행위 유효는 채권자에게 효력이 없다는 것이다. 이러한 이론대로라면 채권자가 수익자(또는 전득자)를 상대로 하여 소를 제기하고 채무자에게 원상회복된 재산에 강제집행을 하고 남은 것이 있을 경우에는 수익자(또는 전득자)에게 반환되어야 한다. 또 수익자(또는 전득자)는 그 강제집행으로 인해 채무자의 채무를 면하게 해 준 것이 되므로, 채무자에 대해 부당이득반환청구를 할 수 있는 것이다.

> **판례** ① **〈사해행위취소의 상대효〉** 사해행위의 취소는 상대적 효력밖에 없는 것이므로 사해행위의 목적부동산에 수익자의 채권자명의의 가압류등기가 경료된 경우, 그 후 채무자와 수익자 사이의 매매계약이 사해행위라는 이유로 취소되어 수익자명의의 소유권이전등기가 말소되더라도 위 가압류의 효력에는 영향이 없다(대판 1990.10.30, 89다카35421). 한편 ② 판례는 "채권자가 채무자를 상대로 그 채무의 이행을 구하는 소를 제기하여 승소판결이

확정되면 채권자취소소송의 상대방인 수익자나 전득자는 그와 같이 확정된 채권자의 채권의 존부나 범위에 관하여 다툴 수 없다"고 한다(대판 2003. 7. 11. 2003다19572).

2) 판례의 결론

(가) 수익자와 전득자 모두 악의일 때

㉠ 수익자를 피고로 하여 그로부터 재산의 반환에 갈음하여 가액배상을 청구할 수 있다.

㉡ 전득자를 피고로 하여 그로부터 직접 채무자 앞으로 재산의 회복을 구할 수도 있다. 이 경우 취소의 대상이 되는 사해행위는 채무자와 수익자 사이의 법률행위이고, 수익자와 전득자 사이의 법률행위는 취소의 대상이 아니다(대판 2004.8.30, 2004다21923-이러한 결론은 채무자와 수익자사이의 법률행위를 취소함으로써 전득자명의의 등기도 원인무효의 등기가 된다는 전제인데 이는 결국 취소에 절대적 효력을 인정하는 것으로 판례의 상대효에 배치되는 결과라는 비판이 있다 - 김준호 16판, 1097 주석부분 참조).

판례 〈사해행위의 취소에 따른 가액배상의무의 발생 시기(＝판결확정시) 및 그 지연손해금에 적용할 이율(＝민법의 법정이율)〉 가액배상의무는 사해행위의 취소를 명하는 판결이 확정된 때에 비로소 발생하므로 그 판결이 확정된 다음날부터 이행지체 책임을 지게 되고, 따라서 소송촉진 등에 관한 특례법 소정의 이율은 적용되지 않고 민법 소정의 법정이율이 적용된다 할 것이므로, 원심이 가액배상금에 대한 지연손해금으로서 이 판결확정일 다음날부터 완제일까지 민법 소정의 법정이율인 연 5%의 비율에 의한 지연손해금을 인용한 조치는 정당하다(대판 2009.1.15. 2007다61618).

(나) 수익자가 악의이고 전득자가 선의인 때

수익자를 피고로 하여 그로부터 가액의 배상을 청구하거나 또는 전득자에게 영향을 미치지 않는 한도에서 재산의 반환을 청구할 수 있다. 예컨대, 부동산이 수익자에게 이전된 후 선의로 저당권이 설정되어 있는 경우, 저당권이 있는 상태로 수익자명의의 등기를 말소하여 채무자명의로 회복시키는 것 등이다(대판 1984.11.24, 84다610 - 원상회복방법으로 수익자명의의 등기를 말소하는 것이 보통이지만, 그 말소를 구하는 대신 채무자 앞으로 직접 소유권이전등기절차를 이행할 것을 구할 수도 있다-대판 2000.2.25, 99다53704).

판례 채권자가 채무자의 부동산에 관한 사해행위를 이유로 수익자를 상대로 사해행위취소를 청구하는 경우에 그 법률행위가 해제 또는 해지되어 원래의 재산상태로 이미 복귀되었다면, 그 채권자취소소송은 특별한 사정이 없는 한 권리보호의 이익이 없다(대판 2013.5.9, 2011다75232).

(다) 수익자가 선의이고 전득자가 악의인 때

전득자를 피고로 하여 재산의 반환을 청구할 수 있다.

(라) 선의의 전득자로부터 다시 전득한 자가 악의인 때

최종의 전득자로부터 재산의 반환을 청구할 수 있다.

⑵ 원상회복의 방법과 범위

1) 채권자취소권을 행사하는 채권자는 수익자나 전득자를 상대로 사해행위의 취소를 법원에

소를 제기하는 방법으로 청구할 수 있을 뿐 소송상의 공격방어방법으로 주장할 수 없다(대판 1995.7.25. 95다8393). 그리고 채권자가 수익자를 상대로 사해행위의 취소를 구하는 소를 이미 제기하여 채무자와 수익자 사이의 법률행위를 취소하는 내용의 판결을 선고받아 확정되었더라도 그 판결의 효력은 그 소송의 피고가 아닌 전득자에게는 미칠 수 없는 것이므로, 채권자가 그 소송과는 별도로 전득자에 대하여 채권자취소권을 행사하여 원상회복을 구하기 위해서는 위에서 본 법리에 따라 민법 제406조 제2항에서 정한 기간 안에 전득자에 대한 관계에 있어서 채무자와 수익자 사이의 사해행위를 취소하는 청구를 하지 않으면 아니 된다(대판 2005.6.9. 2004다17535).

판례 ㉠ 〈원상회복으로서 등기말소대신 진정명의회복을 위한 소유권이전등기〉 등기명의를 회복하기 위한 방법으로는 그 등기의 말소를 구하는 외에 현재의 등기명의인을 상대로 직접 소유권이전등기절차의 이행을 구하는 것도 허용되어야 할 것인바, 이러한 법리는 사해행위취소소송에 있어서 취소목적 부동산의 등기명의를 수익자로부터 채무자 앞으로 복귀시키고자 하는 경우에도 그대로 적용될 수 있다(대판 2000.2.25. 99다53704).
㉡ 〈채권자취소의 소에서 수익자가 원상회복으로서 가액배상을 할 경우, 수익자 자신도 채무자에 대한 채권자라는 이유로 채무자에 대하여 가지는 자기의 채권과 상계를 주장할 수 있는지 여부(소극)〉 채권자취소권은 채권의 공동담보인 채무자의 책임재산을 보전하기 위하여 채무자와 수익자 사이의 사해행위를 취소하고 채무자의 일반재산으로부터 일탈된 재산을 모든 채권자를 위하여 수익자 또는 전득자로부터 환원시키는 제도로서, 수익자로 하여금 자기의 채무자에 대한 반대채권으로써 상계를 허용하는 것은 사해행위에 의하여 이익을 받은 수익자를 보호하고 다른 채권자의 이익을 무시하는 결과가 되어 위 제도의 취지에 반하므로, 수익자가 채권자취소에 따른 원상회복으로서 가액배상을 할 때에 채무자에 대한 채권자라는 이유로 채무자에 대하여 가지는 자기의 채권과의 상계를 주장할 수는 없다(대판 2001. 6. 1. 99다63183).

2) 그리고 취소권의 행사는 채권의 공동담보의 보전이라는 목적에 따라 필요한 범위 내로 한정되어야 한다. 즉 채권자취소권은 채무자가 채권자를 해함을 알면서 일반재산을 감소시키는 행위를 한 경우에 그 행위를 취소하여 채무자의 재산을 원상회복시킴으로써 채무자의 책임재산을 보전하기 위하여 인정된 권리로서, 사해행위의 취소 및 원상회복은 책임재산의 보전을 위하여 필요한 범위 내로 한정되어야 하므로 원래의 책임재산을 초과하는 부분까지 원상회복의 범위에 포함된다고 볼 수 없다(대판 2008.12.11. 2007다69162). 따라서 부동산에 관한 법률행위가 사해행위에 해당하여 민법 제406조 제1항에 의하여 취소된 경우에 수익자 또는 전득자가 사해행위 이후 그 부동산을 직접 사용하거나 제3자에게 임대하였다고 하더라도, 당초 채권자의 공동담보를 이루는 채무자의 책임재산은 당해 부동산이었을 뿐 수익자 또는 전득자가 그 부동산을 사용함으로써 얻은 사용이익이나 임차인으로부터 받은 임료상당액까지 채무자의 책임재산이었다고 볼 수 없으므로 수익자 등이 원상회복으로서 당해 부동산을 반환하는 이외에 그 사용이익이나 임료상당액을 반환해야 하는 것은 아니다 (대판 2008.12.11. 2007다69162).

판례 〈다른 채권자가 배당요구를 할 것이 명백하거나 목적물이 불가분인 경우, 사해행위 취소의 범위〉 사해행위 취소의 범위는 다른 채권자가 배당요구를 할 것이 명백하거나 목적물이 불가분인 경우와 같이 특별한 사정이 있는 경우에는 취소채권자의 채권액을 넘어서까지도 취소를 구할 수 있다(대판 2009.1.15. 2007다61618)

3) 채권자취소는 목적물의 원상회복을 목적으로 하나, 일정한 경우 원상회복 대신 가액의 반환을 긍정한 사례가 늘고 있다. 채권자가 사해행위의 취소 및 원상회복을 구함에 대하여 법원이 원상회복으로 원물반환이 아닌 가액배상을 명하고자 할 경우, 직권으로 가액배상을 명할 수 있다.

판례 〈사해행위취소로 인한 원상회복의 방법〉 ㉠ 어느 부동산의 매매계약이 사해행위에 해당하는 경우에는 원칙적으로 그 매매계약을 취소하고 그 소유권이전등기의 말소 등 부동산 자체의 회복을 명하여야 하지만, 그 사해행위가 저당권이 설정되어 있는 부동산에 관하여 당해 저당권자 이외의 자와의 사이에 이루어지고 그 후 변제 등에 의하여 저당권설정등기가 말소된 때에는, 매매계약 전부를 취소하여 그 부동산 자체의 회복을 명하는 것은 당초 담보로 되어 있지 아니하던 부분까지 회복시키는 것이 되어 공평에 반하는 결과가 되므로, 그 부동산의 가액에서 저당권의 피담보채권액을 공제한 잔액의 한도에서 그 매매계약의 일부 취소와 그 가액의 배상을 구할 수 있을 뿐 부동산 자체의 회복을 구할 수는 없다(대판 1996.10.29. 96다23207). 다만 ㉡ 사해행위 후 그 목적물에 관하여 선의의 제3자가 저당권을 취득하였음을 이유로 가액배상을 명하는 경우에는 사해행위 당시 일반 채권자들의 공동담보로 되어 있었던 부동산 가액 전부의 배상을 명하여야 할 것이고, 그 가액에서 제3자가 취득한 저당권의 피담보채권액을 공제할 것은 아니다(대판 2003.12.12. 2003다40286). 한편 ㉢ 채무자가 강제집행을 회피할 목적으로 자기의 사실상 유일한 재산을 제3자에게 무상으로 양도한 행위는 다른 채권자들과의 관계에서 사해행위가 되고, 그 제3자가 양수채권을 추심하여 그 돈을 채무자에게 주었다고 하더라도 그 금액 상당을 원상회복이나 가액반환의 범위에서 공제할 것은 아니다(대법원 2013.4.11. 선고 2012다211 판결).

(3) 취소채권자의 만족

㉠ 채권자는 채권자취소권의 행사를 통해 채무자의 책임재산을 확보한 후, 채무자로부터 임의로 변제를 받거나 그 변제가 없는 경우에는 따로 그 이행소송을 제기하는 등 집행권원을 얻어야만 그 재산에 대해 강제집행이 가능하다. 이 때 다른 채권자도 그 배당에 참가가능하며 채권자취소권을 행사한 자가 우선적으로 변제를 받지는 아니한다. 다만 부동산이외의 재산 , 특히 금전채권의 경우 채권자가 목적물을 수령할 시 상계를 주장하여 다른 채권자보다 우선변제적 효력을 받을 수는 있지만 이는 별개이다.

㉡ 가액배상의 방법으로 원상회복을 하는 경우, 그 배상액은 취소채권자의 채권액 범위 내로 제한되고, 이때 채권자의 채권액에는 사해행위 이후 사실심 변론종결시까지 발생한 이자나 지연손해금이 포함된다(대판 2002.4.12. 2000다63912).

판례 ① 〈취소채권자의 의무〉 사해행위의 취소와 원상회복은 모든 채권자의 이익을 위하여 그 효력이 있으므로(민법 제407조), 채권자취소권의 행사로 채무자에게 회복된 재산에 대하여 취소채권자가 우선변제권을 가지는 것이 아니라 다른 채권자도 총채권액 중 자기의 채권에 해당하는 안분액을 변제받을 수 있는 것이지만, 이는 채권의 공동담보로 회복된 채무자의 책임재산으로부터 민사집행법 등의 법률상 절차를 거쳐 다른 채권자도 안분액을 지급받을 수 있다는 것을 의미하는 것일 뿐, 다른 채권자가 이러한 법률상 절차를 거치지 아니하고 취소채권자를 상대로 하여 안분액의 지급을 직접 구할 수 있는 권리를 취득한다거나, 취소채권자에게 인도받은 재산 또는 가액배상금에 대한 분배의무가 인정된다고 볼 수는 없다. 따라서 가액배상금을 수령한 취소채권자가 이러한 분배의무를 부담하지 아니함으로 인하여 사실상 우선변제를 받는 불공평한 결과를 초래하는 경우가 생기더라도, 이러한 불공평은 채무자에 대한 파산절차 등 도산절차를 통하여 시정하거나 가액배상금의 분배절차에 관한 별도의 법률 규정을 마련하여 개선하는 것은 별론으로 하고, 현행 채권자취소 관련 규정의 해석상으로는 불가피하다(대판 2008.6.12. 2007다37837).

② 〈사해행위 이후에 채권을 취득한 채권자가 민법 제407조의 사해행위취소와 원상회복의 효력을 받는 채권자에 포함되는지 여부(소극)〉 채권자취소권은 채무자가 채권자를 해함을 알면서 자기의 일반재산을 감소시키는 행위를 한 경우에 그 행위를 취소하여 채무자의 재산을 원상회복시킴으로써 모든 채권자를 위하여 채무자의 책임재산을 보전하는 권리이나, 사해행위 이후에 채권을 취득한 채권자는 채권의 취득 당시에 사해행위취소에 의하여 회복되는 재산을 채권자의 공동담보로 파악하지 아니한 자로서 민법 제407조에 정한 사해행위취소와 원상회복의 효력을 받는 채권자에 포함되지 아니한다(대판 2009.6.23. 2009다18502).

5. 가액배상문제

관련사례

채권자 甲은 채무자 乙에게 2천만원을 빌려 주었다. 乙의 재산은 시가 4천만원 상당의 부동산 뿐이었다. 乙은 이 부동산을 丙은행에 3천만원의 채권담보를 위하여 저당권을 설정해 주었다. 乙이 하던 사업이 망하게 되자 乙은 甲 등의 채권자들에게 빚독촉을 받고 있었다. 乙은 그 부동산을 은닉하려고 친구인 丁과 공모하고 乙과 丁사이에 부동산매매계약을 허위로 작성하여 소유권이전등기를 경료하였다. 그 후 丁은 丙에게 저당채무 3천만원을 변제하고 저당권등기를 말소하였다. 얼마 후 甲이 丁에로의 소유권이전등기를 발견하였는바, 甲은 丁에 대하여 그 말소등기를 청구하려고 한다. 이 청구가 받아들여질 수 있는가?

해설

(a) 甲은 자기채권에서 파생된 채권자취소권에 기해 乙과 丁사이의 매매계약을 취소하고 원상회복을 구할 수 있다. 이 때 사해행위에 해당하는 부분은 통정한 4천만원 상당액인가? 만약 긍정된다면, 甲의 丁에 대한 소유권이전등기의 말소청구는 인용될 수 있다. 그러나 대법원은 저당채무를 변제한 금액에 대하여 반환을 명하는 것(즉 매매계약 전부를 취소하여 그 부동산 자체의 회복을 명하는 것은 당초 담보로 되어 있지 아니하던 부분까지 회복시키는 것)은 공평에 반하는 결과가 되므로, 그 부동산의 가액에서 저당권의 피담보채권액을 공제한 잔액의 한도에서 <u>그 매매계약의 일부 취소와 그 가액의 배상을 구할 수 있을 뿐 부동산 자체의 회복을 구할 수는 없다고 하고 있기 때문에 4천만원의 반환이 아닌 1천만원의 반환만을 허용할 수 있다는 입장이다</u>(대판 1996.10.29. 96다23207).

(b) 따라서 저당권이 설정되어 있는 재산이 사해행위로 양도된 경우에 그 사해행위는 그 재산의 가액, 즉 시가에서 저당권의 피담보채권액을 공제한 잔액의 범위 내에서 성립하고, 피담보채권액이 그 재산의 가액을 초과하는 때에는 당해 재산의 양도는 사해행위에 해당한다고 할 수 없다(대판 2006.4.13. 2005다70090).

(c) 채권자취소권은 채무자의 사해행위를 채권자와 수익자 또는 전득자 사이에서 상대적으로 취소하고 채무자의 책임재산에서 일탈한 재산을 회복하여 채권자의 강제집행이 가능하도록 하는 것을 본질로 하는 권리이므로, 원상회복을 가액배상으로 하는 경우에 그 이행의 상대방은 채권자이어야 한다(대판 2008.4.24. 2007다84352). 따라서 수익자인 피고로 하여금 채권자인 원고에게 가액배상을 하도록 명한 조치는 위 법리에 따른 것으로서 정당하다(대판 2008.6.12. 2007다37837).

(d) 〈유사판례〉 **사해행위취소에 따른 원상회복으로 가액배상을 명할 수 있는 경우** : 사해행위취소소송의 수익자가 건물의 원시취득자로부터 기존의 채권액 상당의 가치 범위 내에서 건물 부분을 양도받기로 약정하였고, 그 건물이 아직 완공되지 않은 상태에서 추가공사비를 투입하여 건물을 완공한 경우, 위 건물의 가액에서 일반채권자들의 공동담보로 되어 있지 아니하던 부분의 가액을 산정하여 이를 공제한 잔액의 한도에서 사해행위를 취소하고 그 한도에서 가액의 배상을 명함이 상당하다. <u>이 경우 사해행위취소에 따른 원상회복으로 가액배상을 명하는 경우, 그 가액 산정의 기준시기는 사실심 변론종결시이다</u>(대판 2010.2.25. 2007다28819,28826).

6. 사해행위의 '소송비용' 과 '강제집행에 필요한 비용' 의 구별

<u>사해행위취소 소송에 의하여 사해행위 목적 재산이 채무자의 책임재산으로 원상회복되고 그에 대한 강제집행절차가 진행된 사안에서, 사해행위취소 소송을 위하여 지출한 소송비용 등은 위 집행에 의하여 우선적으로 변상받을 수 있는 '강제집행에 필요한 비용'에 해당하지 않는다.</u> 왜냐하면 채권자가 사해행위의 취소와 함께 책임재산의 회복을 구하는 사해행위취소 소송에 있어서는 수익자 또는 전득자에게만 피고적격이 있고 채무자에게는 피고적격이 없는 것이므로 수익자 또는 전득자가 소송비용을 부담하는 반면, 강제집행에 필요한 비용은 채무자가 부담하여 그 부담 주체가 다른데, 사해행위취소 소송을 위하여 지출한 소송비용 등을 집행비용에서 우선적으로 상환하게 되면 수익자 또는 전득자가 부담하는 소송비용을 채무자의 책임재산에서 우선 상환하는 셈이 되는 점에서 그러하다(대판 2011.2.10, 2010다79565).

XV. 제3자에 의한 채권침해

1. 의 의

채권은 원칙적으로 채무자에 의해 침해되는 것을 예상할 수 있으며 이것이 곧 채무불이행이다(제390조 이하). 그렇다면, 채권은 제3자에 의해 침해될 수는 없는 것인가. 그 침해가 가능하다면 그에 대한 구제는 무엇인가 하는 문제가 제3자에 의한 채권침해이다. 채권의 대외적 효력으로, ① 제3자의 채권침해로 인한 불법행위의 성립과, ② 방해배제의 청구를 들 수 있다. 제3자에 의한 채권침해가 가능하다고 하는 경우에도 불법행위가 인정되기 위하여는 불법행위법상 위법성이 있는 것으로 평가를 받아야 한다(제750조 참조).

2. 제3자의 채권침해로 인한 불법행위의 성부

일반적으로 채권에 대하여는 배타적 효력이 부인되고 채권자 상호간 및 채권자와 제3자 사이에 자유경쟁이 허용되는 것이어서 제3자에 의하여 채권이 침해되었다는 사실만으로 바로 불법행위로 되지는 않는다. <u>다만 제3자가 채권자를 해한다는 사정을 알면서도 법규를 위반하거나 선량한 풍속 또는 사회질서를 위반하는 등 위법한 행위를 함으로써 채권자의 이익을 침해하였다면 이로써 불법행위가 성립한다.</u> 여기에서 채권침해의 위법성은 침해의 태양, <u>침해자의 고의 내지 해의의 유무 등을</u> 참작하여 구체적, 개별적으로 판단하여야 한다(대판 2007.5.11, 2004다11162).

판례 ㉠ 〈채권침해와 불법행위의 성부〉 채권은 지배권을 아직 취득하지 않은 상태이므로, 비록 제3자에 의해 그 물건이나 노무의 취득이 위협받더라도 채권자에게 이를 배제할 권리가 주어지지 않는다(채권의 상대성, 자유경쟁보장). 이를 가리켜 채권은 상대권으로서 제3자에 의한 침해를 받은 경우가 예외적·제한적이라고 한다(대판 1975.5.13, 73다1244). 따라서 다수설은 제3자의 채권침해는 침해자의 사실상 고의에 한정한다. 따라서 판례는 "명의수탁자가 명의신탁자의 채권자에 대해 불법행위책임을 부담하는 가와 관련하여 제3자가 채권자의 존재를 알면서 채무자와 공모하여 명의신탁을 하였다는 입증이 없다는 이유로 부정"하였다. 마찬가지로 부동산실권리자 명의등기에 관한 법률에 반하여 무효라는 이유로 말소등기를 명하는 판결이 있는 경우도 마찬가지이다(대판 2007.9.6, 2005다25021).

ⓛ 〈마이클 잭슨사건〉 ① 기획사 甲은 美 팝가수 마이클 잭슨의 한국공연을 주관하고 있다. 이에 시민단체(乙)가 한국공연의 부적절함을 홍보하여 예상하였던 수입이 감소된 경우, 그 수입감소를 甲은 乙에게 손해배상으로 청구할 수 없다. ② 만약 甲이 丙은행과 입장 판매계약을 체결하자, 乙은 丙은행의 고객 등을 상대로 불매운동을 하겠다고 하여, 丙은 甲과 계약을 파기한 경우, 乙의 불법행위는 성립할 수 있다(대판 2001.7.13, 98다51091).

ⓒ 〈독점적 지위침해〉 특정기업으로부터 특정물품(자동차안전유리)의 제작을 주문받아 그 특정물품을 그 특정기업에게만 공급하기로 약정한 자가 그 특정기업이 공급받은 물품에 대하여 제3자에게 독점판매권을 부여함으로써 제3자가 그 물품에 대한 독점판매자의 지위에 있음을 알면서도 위 약정에 위반하여 그 물품을 다른 곳에 유출하여 제3자의 독점판매권을 침해하였다면, 이러한 행위는 특정기업에 대한 계약상의 의무를 위반하는 것임과 동시에 제3자가 특정기업으로부터 부여받은 독점판매인으로서의 지위 내지 이익을 직접 침해하는 결과가 되어, 그 행위가 위법한 것으로 인정되는 한, 그 행위는 그 특정기업에 대하여 채무불이행 또는 불법행위가 됨과는 별도로 그 제3자에 대한 관계에서 불법행위로 된다(대판 2003.3.14, 2000다32437).

3. 채권의 대외적 효력(방해배제청구권) 검토

(1) 제3자가 채권자의 권리행사를 방해하는 경우에 채권(예 : 임차권이나 사용대차권)에 기한 방해배제·예방청구권은 채권의 특성(채권의 상대성)상 인정되지 않는다. 다만 이를 인정하기 위해서는 공시방법 등을 갖추어야 한다고 학설은 주장한다.

(2) 이러한 일반적 견해는 공시방법을 갖춘 임차권에 한 해 제한적으로 인정하며, 그렇다고 하여 목적물 반환청구권까지 인정하는 것은 아니다.

관련사례	㉠ 甲은 乙에게 소를 좋은 값에 팔아 달라고 부탁하였고 乙이 소를 팔고 집으로 돌아오던 중 소 판대금을 丙에게 편취당하였다. 甲은 丙이 乙의 소판돈을 편취하여 이를 지급받지 못하자 甲은 丙에게 불법행위로 인한 손해배상을 청구하였다. 동 청구는 인용될 것인가? ㉡ 동산에 대하여 점유개정의 방법으로 이중양도담보를 설정한 경우, 처음의 양도담보권자가 배타적으로 담보권을 주장할 수 있는가? 또한 과실 있는 뒤의 양도담보권자의 양도담보의 목적물 처분행위가 불법행위를 구성하는가?
해설	(a) 제3자의 채권침해에 의해서 불법행위가 성립되는지의 여부는 그 채권침해의 태양에 따라 구체적으로 검토·결정되어야 할 것인 바, 丙의 乙의 돈을 가로챈 사실행위로는 채권자 甲의 乙에 대한 채권이 소멸된 것이 아니고 乙의 책임재산이 감소되었을 뿐으로서 甲은 간접적 손해를 본 데 불과하므로 불법행위가 성립된다고 하기 어렵다(대판 1975.5.13, 73다1244). (b) 〈물권과 비교〉 동산에 대하여 점유개정의 방법으로 이중양도담보를 설정한 경우 원래의 양도담보권자는 뒤의 양도담보권자에 대하여 배타적으로 자기의 담보권을 주장할 수 있으므로, 뒤의 양도담보권자가 양도담보의 목적물을 처분함으로써 원래의 양도담보권자로 하여금 양도담보권을 실행할 수 없도록 하는 행위는, 이중양도담보 설정행위가 횡령죄나 배임죄를 구성하는지 여부나 뒤의 양도담보권자가 이중양도담보 설정행위에 적극적으로 가담하였는지 여부와 관계없이, 원래의 양도담보권자의 양도담보권을 침해하는 위법한 행위이다(대판 2000.6.23, 99다65066).

제4장 수인의 채권자 및 채무자

채권의 실현을 담보하기 위한 방법으로는 물적 담보와 인적 담보가 있다. 물적 담보는 채무자의 일반재산을 기초로 하는 담보 이외에 다른 채권자에 우선하여 변제받을 수 있는 담보형태로서 저당권·가등기담보 등이 있고, 인적 담보는 채무자 이외의 자가 가지는 일반재산을 함께 담보로 하여 채권의 효력을 담보하는 형태로서 보증채무·연대채무·불가분채무 등이 있다. 다수당사자의 채권관계로서 민법은 분할채권관계·불가분채권관계·연대채무·보증채무를 두고 있으며 통설과 판례는 부진정연대채무라는 관념을 인정하고 있다. <u>민법은 이 중 분할채권관계를 원칙으로 하고 있다</u>(제408조). 이처럼 민법은 채무자가 수인인 경우, 분할(=가분)채권관계를 원칙으로 하는데 이는 채권의 담보와는 거리가 먼 것이다.

구분	담보적 기능여부	발생원인
가분채권관계(분할채권관계)	X	다수당사자간의 채권관계에서 원칙 : 각 채권자·채무자 간에 균등한 권리·의무(제408조 이하), 채권의 담보적 기능이 없다.
불가분채권관계	O	목적물의 성질 또는 의사표시에 의해 성립(제409조 이하)
연대채무	O	연대의 약정 또는 법률규정에 의해 성립(제413조 이하)
보증채무	O	채권자와 보증인 간의 보증계약으로 성립(제428조 이하)

I. 분할채권관계

> **제408조 (분할채권관계)**
> 채권자나 채무자가 수인인 경우에 특별한 의사표시가 없으면 각채권자 또는 각채무자는 균등한 비율로 권리가 있고 의무를 부담한다.

1. 분할주의 원칙

민법은 하나의 거래에 다수의 채권자나 채무자가 관여하는 경우에 분할주의를 취하여 분할채권 또는 분할채무가 발생함을 원칙으로 삼는다.

판례 〈대판 1993.8.14. 91다41316〉 채권자나 채무자가 여러 사람인 경우에 특별한 의사표시가 없으면 각 채권자 또는 각 채무자는 균등한 비율로 권리가 있고 의무를 부담한다고 할 것이므로, 피고를 포함한 4인의 매도인이 원고를 포함한 4인의 매수인에게 임야를 매도하기로 하는 계약을 체결한 경우 매매계약의 무효를 원인으로 부당이득으로서 계약금의 반환을 구하는 채권은 특별한 사정이 없으면 불가분채권채무관계가 될 수 없으므로 매도인 중의 1인에 불과한 피고가 매수인 중의 1인에 불과한 원고에게 위 계약금 전액을 반환할 의무가 있다고 할 수 없다.

2. 판례의 태도

(1) 분할채권

㈀ 2인의 공동매수인 각자가 그 1/2지분권에 기해 가지는 소유권이전등기청구권(대판 1981.4.15, 79다14).

㈁ 공유물에 끼친 불법행위를 이유로 하는 손해배상청구권도 특별한 사유가 없는 한 각 공유자가 지분에 대응하는 비율의 한도내에서만 이를 행사할 수 있다고 함이 판례이다(대판 1970.4.14, 70다171).

㈂ 금전소비대차에 있어서 수인의 채권자가 각기 일정한 돈을 빌려주는 경우에 특별한 의사표시가 없으면 이 채권은 분할채권이다(대판 1987.5.26, 85다1146).

(2) 분할채무

㈀ 등기말소의무불이행으로 인한 배상의무는 금전배상이므로 채무자가 수인인 경우에는 특별한 사유가 없는 한 평등의 비율로 의무를 진다고 할 것이다(대판 1959. 7. 16, 4291민상546).

㈁ 변호사에게 공동당사자로서 소송대리를 위임한 경우의 보수금지급채무도 가분적이다(대판 1993.2.12, 92다42941).

㈂ 수인의 골재운송업자들이 그 운임합계액으로 소외회사로부터 약속어음 1매를 발행받아 그 어음을 각자 받을 몫의 금액으로 나눈 수매의 어음으로 할인받은 경우는 가분적이다(대판 1985.4.23, 84다카2159). ㈃ 공동상속인이 상속분에 따라 부담하는 피상속인의 국세 등 납부의무도 가분적이다(대판 1983.6.14, 82누175). 그러나 공동상속인 들의 건물 철거의무는 불가분적이다(대판 1980.6.24, 80다756).

㈄ 공동불법행위자 중 1인에 대하여 구상의무를 부담하는 다른 공동불법행위자가 수인인 경우, 그들의 구상권자에 대한 채무는 부진정연대채무가 아니라 분할채무가 된다(대판 2008.2.29, 2007다89494; 대판 2002.9.27, 2002다15917).

㈅ 국민건강보험법상 사용자가 보험료 납부의무를 부담하는 경우, 5명의 공동사업자가 공동으로 운영하는 합동법률사무소의 공동사용자 개인의 보험료채무의 성질은 건강보험이 강제보험이라는 점을 감안한다 하더라도, 공동사용자 개인의 보험료채무가 공동사용자들 사이에 성질상 불가분채무에 해당한다고 할 수도 없다(대판 2008.5.29. 2006두8419).

3. 분할주의 제한

(1) 입법적 제한

분할채권관계는 특히 채권자의 채권을 약화시키는 면이 있기 때문에 민법에서는 명문으로 분할채무의 성립을 가급적 제한하려고 한다. 즉 민법에서 명문으로 분할채무의 성립을 배척하는 규정으로는 제616조의 사용대차에서 공동차주의 의무, 제654조에서 임대차의 공동차주의 의무, 제760조의 공동불법행위자의 배상의무, 제832조의 부부간의 일상가사에 대한 연대채무 등이 있다.

(2) 해석론적 제한

분할주의를 제한하려는 것이 통설적 견해인 바, 예컨대 수인이 공동으로 자동차를 매수하였을 경우 매매대금지급에 대한 채무는 금전채무이기 때문에 민법상 분할채무이나, 해석상 다수의 자력이 매매대금지급에 대한 총자력으로 고려되는 것이라고 할 수 있으므로 연대채무 또는 불가분채무가 성립한다고 한다.

관련사례	서초구청장은 공유재산(公有財産)인 시토지를 공유건물(共有建物)의 주차장 용도로 점유 사용한 공유자 중 1인에 대하여 변상금을 전액부과하였다. 이는 타당한가?
해설	(a) 공유자가 공유물에 대한 관계에서 부당이득을 한 경우 그 이득을 상환하는 의무는 불가분적 채무이므로 시의 공유재산인 토지를 공유건물의 주차장 용도로 허가 없이 점유사용한 공유자 중 1인에 대하여 한 변상금 전액부과처분은 적법하다(대판 1992.9.22, 92누2202). (b) 수인이 공동으로 법률상 원인 없이 타인의 재산을 사용한 경우, 부당이득반환채무는 금전반환시 민법상 분할채무이어야 할 것이나, 판례는 특별한 사정이 없는 한 불가분적 이득의 상환으로서 불가분채무라고 한다고 하여 이러한 범위에서는 통설과 견해를 같이하기도 한다(대판 1981.8.20, 80다2587).

Ⅱ. 불가분채권관계

> **제409조 (불가분채권)**
> 채권의 목적이 그 성질 또는 당사자의 의사표시에 의하여 불가분인 경우에 채권자가 수인인 때에는 각 채권자는 모든 채권자를 위하여 이행을 청구할 수 있고 채무자는 모든 채권자를 위하여 각 채권자에게 이행할 수 있다.
> **제410조 (1인의 채권자에 생긴 사항의 효력)**
> ① 전조의 규정에 의하여 모든 채권자에게 효력이 있는 사항을 제외하고는 불가분채권자중 1인의 행위나 1인에 관한 사항은 다른 채권자에게 효력이 없다.
> ② 불가분채권자중의 1인과 채무자간에 경개나 면제가 있는 경우에 채무전부의 이행을 받은 다른 채권자는 그 1인이 권리를 잃지 아니하였으면 그에게 분급할 이익을 채무자에게 상환하여야 한다.
> **제411조 (불가분채무와 준용규정)**
> 수인이 불가분채무를 부담한 경우에는 제413조 내지 제415조, 제422조, 제424조 내지 제427조 및 전조의 규정을 준용한다.

1. 일반론

(1) 불가분채권

불가분채권(제409조 이하)은 채권의 담보적 기능에 충실한 다수당사자간의 채권관계로서 채권자에게 채권의 만족을 주는 사유 및 이와 관련된 사유, 예컨대, 변제·변제의 제공 및 이에 따른 채권자지체·채권자의 이행청구·이행청구에 따른 시효중단·이행지체만이 절대적 효력을 가진다. 따라서 불가분채권은 채권자 1인과 채무자 사이의 대물변제·면제·혼동·상계·시효의 완성도 상대적 효력이 있다(김준호 16판 p.1241-2).

> **Tip** 특 징
>
> A·B·C는 공동으로 자동차를 D로부터 구입하였으나 그 후 A가 D에 대해 자동차의 인도채무를 면제하였다. 이 경우 D의 B·C에 대한 인도채무는 소멸한다[×, 불가분채권이고, 상대적 효력을 갖는다(제410조 제2항). 따라서 부당하다].

(2) 불가분채무

불가분채무의 경우(제411조 이하)에 채권자가 채무자 1인에게 한 이행의 청구는 다른 채무자에게 효력을 미치지 않는다(다수설, 즉 다수설은 불가분채무에 있어서는 연대채무와 달리 이행청구가 상대적 효력을 갖는다고 한다). 그러나 채무자 1인의 변제·대물변제·공탁 등은 다른 채무자에 대하여 효력이 있다. 유의할 것은 상계에 관하여는 절대적 효력이 인정되지 않는다는 점이다.

(3) 분할채무(채권)로 변경

> **제412조 (가분채권, 가분채무에의 변경)**
> 불가분채권이나 불가분채무가 가분채권 또는 가분채무로 변경된 때에는 각 채권자는 자기부분만의 이행을 청구할 권리가 있고 각 채무자는 자기부담부분만을 이행할 의무가 있다.

불가분채권이나 불가분채무가 가분채권 또는 가분채무로 변경된 때에는 각 채권자는 자기부분만의 이행을 청구할 권리가 있고 각 채무자는 자기부담부분만을 이행할 의무가 있다(제412조).

2. 판례 검토

(1) 철거의무

공동상속인들의 건물철거의무는 그 성질상 불가분채무라고 할 것이고 각자 그 지분의 한도 내에서 건물 전체에 대한 철거의무를 지는 것이다(대판 1980. 6. 24. 80다756).

(2) 부당이득반환

수명이 공동으로 법률상 원인 없이 타인의 재산을 사용한 경우의 부당이득의 반환의무는 특별한 사정이 없는 한 불가분적 이득의 상환으로서 불가분채무라 할 것이다(대판 1981. 8. 20. 80다2587).

(3) 전세금반환

채권적인 전세계약에 있어서 전세물건의 소유자가 공유자일 경우에는 그 전세계약과 관련하여 받은 전세금반환채무는 성질상 불가분의 것이다(대판 1967. 4. 25. 67다328).

(4) 보증금반환

건물의 공유자가 공동으로 건물을 임대하고 보증금을 수령한 경우, 특별한 사정이 없는 한 그 임대는 각자 공유지분을 임대한 것이 아니고 임대목적물을 다수의 당사자로서 공동으로 임대한 것이고 그 보증금반환채무는 성질상 불가분채무로 본다(대판 1998.12.8, 98다43137).

판례 〈수인이 부동산을 공동으로 매수한 경우〉 수인이 부동산을 공동으로 매수한 경우, 매수인들 사이의 법률관계는 공유관계로서 단순한 공동매수인에 불과하며 매도인은 매수인 수인에게 그 지분에 대한 소유권이전등기 의무를 부담하는 경우도 있을 수 있고, 그 수인을 조합원으로 하는 동업체에서 매수한 것으로서 매도인이 소유권 전부의 이전의무를 그 동업체에 대하여 부담하는 경우 등도 있을 수 있다(대판 1995.9.15, 94다54894).

Ⅲ. 연대채무

> **제413조 (연대채무의 내용)**
> 수인의 채무자가 채무 전부를 각자 이행할 의무가 있고 채무자 1인의 이행으로 다른 채무자도 그 의무를 면하게 되는 때에는 그 채무는 연대채무로 한다.

1. 일반론

(1) 의의

연대채무란 수인의 채무자가 채무 전부를 각자 이행할 의무가 있고 채무자 1인의 이행으로 다른 채무자도 그 의무를 면하게 되는 채무를 일컫는다.

(2) 담보적 효력

연대채무는 채권의 담보적 효력에 있어서 보증채무보다는 강하나, 부진정연대채무 보다는 약하다.

(3) 성질

연대채무에 대하여 우리의 통설은 채무복수설 입장이고, 다만 채무는 단일한 급부를 위해 결합되어 있다고 본다(채무복수설 + 주관적 공동목적설).

1) 채무복수설(복수채무성)

하나의 채무가 여러 명에게 분할되는 것이 아니라, 각 채무자가 전부를 이행할 채무를 짐으로써 여러 개의 채무가 중첩적으로 존재한다. 따라서 계약에 의해 연대채무가 성립한 경우에 채무자 1인에 대해 법률행위의 무효·취소의 사유가 있더라도 그것이 다른 채무자의 채무성립에 영향을 미치지 않는 점을 들 수 있다(제415조). 따라서 연대채무자 중의 한 사람에 대한 채권만을 분리해서 양도할 수도 있으며, 각 연대채무자의 채무의 모습(조건·기한 등)은 서로 달리할 수 있고, 연대채무자 중 1인의 채무만을 보증할 수도 있다. 그러나 보증채무는 주채무에 대한 부종성(제430조 참조)을 그 성질로 하기 때문에 주채무자에 대한 채권을 양도하지 않고 보증인에 대한 채권만을 양도할 수는 없다.

2) 결합관계(주관적 공동목적)

복수의 연대채무는 1인의 채권자의 특정한 채권을 만족시킨다는 공동의 목적으로 결합되어 있다. 민법 제416조 이하에서 변제 이외의 사유에 대해 절대적 효력을 인정하는 이유는 채무자 사이에 일정한 결합관계가 존재함을 전제로 하여 그 결합관계를 배려하기 위함이라고 해석된다.

2. 연대채무에서 절대적 효력과 상대적 효력

(1) 의의

민법은 연대채무자 상호간의 결합관계를 전제로 하여 여러 경우에 채무자 1인과 채권자 사이에 발생한 사유가 다른 채무자에게도 동일한 효력을 발생시키는 절대적 효력을 인정한다. 이러한 절대적 효력의 긍정은 채권의 효력을 약화시키기 때문에 피해자의 손해를 전보시켜야 한다는 목적만을 공통으로 갖는 다수의 가해자 사이에 적용함은 옳지 못하다(부진정연대채무의 필요성대두).

구 별	절대효 사유	상대효 사유
연대채무	(1) 일체형 절대효 사유: 이행(변제·대물변제·공탁), 이행의 청구(시효중단), 경개, 상계, 수령지체(채권자지체) (2) 부담부분형 절대효 사유: 면제, 혼동, 소멸시효의 완성	절대효 사유를 제외한 나머지 사유(이행청구에 의하지 않은 시효중단의 효과 등)
부진정 연대채무	변제·대물변제·공탁·상계(통설·판례-종전판례변경에 유의할 것)	나머지는 모두 상대효 사유

(2) 절대적 효력

변제, 대물변제, 공탁 이외에 ① 이행청구(제416조) ② 경개(제417조) ③ 상계(제418조) ④ 면제(제419조) ⑤ 혼동(제420조) ⑥ 소멸시효(제421조) ⑦ 채권자지체(제422조) 등이 있다. 이중에서 부담부분형 절대적 효력사유에 속하는 것이 면제·혼동·소멸시효이다.

1) 무제한적(일체형) 절대사유

채권자와 채무자 1인 사이에 생긴 사유가 그대로 채권자와 다른 채무자 사이에 동일한 효과를 발생시키는 경우가 있다. 채권자의 이행청구와 채권자지체는 모든 채무자에게 같은 효력을 발생시킨다(제416조·제422조). 또한 채권의 소멸사유 중 변제(제413조)와 대물변제 그리고 공탁·경개(제417조)·상계(제418조) 등이 무제한적 절대사유에 해당한다.

2) 제한적(부담부분형) 절대사유

채권자와 채무자 1인 사이의 사유가 다른 채무자에 대한 관계에 있어서는 채무자 1인의 부담부분의 범위에서 다른 채무자의 채무를 소멸시키는 경우가 있다. 민법은 면제(제419조) · 혼동(제420조) · 소멸시효(제421조)를 이러한 제한적 절대사유로서 규정한다.

(3) 상대적 효력

> **제423조 (효력의 상대성의 원칙)**
> 전7조의 사항 외에는 어느 연대채무자에 관한 사항은 다른 연대채무자에게 효력이 없다.

위에서 언급한 연대채무의 절대적 효력 발생이외의 사유는 모두 상대적 효력이 발생한다. ㉠ 채무자 상호간에 이행청구 이외의 시효중단사유(제416조 참조) ㉡ 연대채무자 중 한 사람에게 과실이 있는 경우 ㉢ 채권자와 연대채무자 중 한사람 사이의 확정판결 등이다. 특히, 이행청구(제416조)로 인하여 소멸시효가 중단되는 경우에는 모든 공동채무자에게 중단사유가 되지만, 압류 혹은 가압류신청 등과 같은 소멸시효의 중단사유는 상대적 효력이 있을 뿐이다(제423조 참조).

판례 〈압류의 상대적 효력〉 채권자의 신청에 의한 경매개시결정에 따라 연대채무자 1인의 소유 부동산이 압류된 경우, 이로써 위 채무자에 대한 채권의 소멸시효는 중단되지만, 압류에 의한 시효중단의 효력은 다른 연대채무자에게 미치지 아니하므로, 경매개시결정에 의한 시효중단의 효력을 다른 연대채무자에 대하여 주장할 수 없다(대판 2001.8.21. 2001다22840).

> **Tip** 〈제416조의 절대적 효력범위 고찰〉
>
> (a) A·B는 공동으로 C로부터 가옥을 임차하였으나 그 후 C가 A에 대해 임료청구를 하였다. 이 경우 B의 C에 대한 임료채무의 시효는 중단된다(제416조).
> (b) A·B는 C로부터 금전을 차용할 때에 연대채무의 특약을 하였으나 그 후 A는 단독으로 C에 대한 채무를 승인하였다. 이 경우 A의 승인에 의해 B의 채무의 시효는 중단하지 않는다(제416조).
> (c) A·B는 C로부터 금전을 차용할 때에 연대채무의 특약을 하였으나 그 후 C가 A에 대해 대금의 반환을 청구하였다. 이 경우 C의 A에 대한 청구에 의해 B의 채무의 시효는 중단된다(제416조).

3. 연대채무에서 면제의 유형검토

채권자 甲에 대하여 乙 · 丙 · 丁 3인이 1,200만원의 연대채무를 부담하고 있고, 甲이 乙에 대해서 그의 채무를 면제한 때에 부담부분이 균등하다면 丙과 丁은 얼마의 채무를 변제하여야 하는가?

(1) 민법 제419조의 의미(연대채무의 면제)

> **제419조 (면제의 절대적 효력)**
> 어느 연대채무자에 대한 채무면제는 그 채무자의 부담부분에 한하여 다른 연대채무자의 이익을 위하여 효력이 있다.

㈀ 민법 제419조는 "채권자가 어느 연대채무자에 대하여 그의 채무를 면제한 때에는 그 채무자의 부담부분에 한하여 다른 연대채무자도 채무를 면하는 것"으로 규정하여 면제는 면제를 받은 그 연대채무자의 부담부분에 한하여 절대적 효력이 있다고 하고 있다. 따라서 위 사례에서 400만원(부담부분)에 한해서 절대적 효력이 발생하여, 400만원의 채무는 소멸하고, 800만원의 채무만이 존재하게 된다. 따라서 乙의 채무는 "0"가 되고, 丙·丁은 각각 800만원을 변제할 의무를 지게 된다.

㈁ 본조에서 의미하는 면제는 채권자가 어느 연대채무자가 부담하고 있는 '채무전부'를 면제하는 때에 그의 부담부분에 한해서 절대적 효력이 발생하는 경우를 규정하고 있는 것이지 채권자가 어느 연대채무자에 대하여 그의 부담부분에 한해서 면제하는 경우에 대한 규정이 아니다(이때는 부담부분의 면제를 받은 채무자는 채무액에서 부담부분을 공제한 액을 변제할 채무를 여전히 부담하며, 부담부분의 면제를 받지 않은 다른 연대채무자는 채무전액에 대한 연대채무를 부담한다. 이를 상대적 연대채무면제라 한다).

> **〈연대채무면제의 유형〉** 연대채무의 면제는 ㉠ 전원에 대한 연대채무를 면제하여 채무를 0(제로)로 하는 전원에 대한 연대채무의 면제와 ㉡ 일인에 대한 연대채무를 전부면제하는 일인에 대한 절대적 면제(제419조, 위의 사례)와 ㉢ 부담부분만 면제하는 상대적 연대채무의 면제가 있다.

(2) 연대의 면제

> **제427조 (상환무자력자의 부담부분)**
> ① 연대채무자중에 상환할 자력이 없는 자가 있는 때에는 그 채무자의 부담부분은 구상권자 및 다른 자력이 있는 채무자가 그 부담부분에 비례하여 분담한다. 그러나 구상권자에게 과실이 있는 때에는 다른 연대채무자에 대하여 분담을 청구하지 못한다.
> ② 전항의 경우에 상환할 자력이 없는 채무자의 부담부분을 분담할 다른 채무자가 채권자로부터 연대의 면제를 받은 때에는 그 채무자의 분담할 부분은 채권자의 부담으로 한다.

1) 의의 및 구별

연대의 면제는 연대를 면제하는 것, 다시 말해 전부의 지급의무를 면해 주되 채무액을 그의 부담부분의 범위로 제한하는 것을 말한다. 연대의 면제에도 두 가지가 있는바, 하나는 모든 채무자에 대하여 연대를 면제하는 경우로서 이를 ㉠ 절대적 연대면제라 하며, 이 경우에는 연대채무는 분할채무가 된다. 두 번째는 어느 연대채무자에 대해서만 연대를 면제하는 경우로서 이를 ㉡ 상대적 연대면제라고 한다. 이 경우에는 면제를 받은 채무자만이 그의 부담부분만을 목적으로 하는 분할채무를 질 뿐이고, 면제를 받지 않은 다른 채무자의 연대채무에는 영향을 미치지 않는다. 즉 상대적 효력이 있을 뿐이다.

2) 구체적 사례

예컨대 위 사례, 채권자 甲에 대하여 乙·丙·丁 3인이 1,200만원의 연대채무를 부담하고 있다고 하자. 만약 甲이 乙·丙·丁에 대해서 모두 연대를 면제한 경우(절대적 연대면제)에는 채무자 모두가 분할채무를 부담하여 각자 400만원의 채무를 부담하게 된다. 그러나 甲이 乙에게만 연대의 면제를 한 경우(상대적 연대면제)에는 乙은 400만원, 즉 그의 부담부분만을 이행하면 되나 나머지 채무자인 丙과 丁은 1,200만원의 연대채무를 그대로 부담하게 된다(제427조 참조).

> **Tip** 〈구상권문제〉
>
> ㉠ 제419조의 채무자 일인에 대한 연대채무의 면제에서 면제된 연대채무자는 연대채무관계로부터 벗어나게 된다. 따라서 다른 연대채무자가 채권자에게 연대채무를 변제한 경우에도 면제된 연대채무자에 대한 구상의 문제는 발생하지 않는다고 해석한다. ㉡ 반면에 연대의 면제에서는 다른 연대채무자가 채권자에게 연대채무를 변제하였다면 연대의 면제를 받은 연대채무자에게 그 부담부분에 따라 구상할 수 있다(제427조 참조).

3) 채권자의 부담

위의 경우에 상환할 자력이 없는 채무자의 부담부분을 분담할 다른 채무자가 채권자로부터 '연대의 면제'를 받은 때에는 그 채무자의 분담할 부분은 채권자의 부담으로 한다(제427조 제2항). 따라서 위 사례의 경우 채권자 甲은 연대면제로 인해 200만원을 부담하게 된다.

4. 연대채무의 구상권

> **제425조 (출재채무자의 구상권)**
> ① 어느 연대채무자가 변제 기타 자기의 출재로 공동면책이 된 때에는 다른 연대채무자의 부담부분에 대하여 구상권을 행사할 수 있다.
> ② 전항의 구상권은 면책된 날 이후의 법정이자 및 피할 수 없는 비용 기타 손해배상을 포함한다.

(1) 구상권의 의의

구상권이란 타인을 위하여 변제를 한 사람이 그 타인에 대하여 가지는 반환청구의 권리를 말한다. 연대채무에 있어서는 "연대채무자 상호간 대내적으로 어느 연대채무자가 변제 기타 자기의 출재로 공동면책이 된 때에는 다른 연대채무자의 부담부분에 대하여 구상권을 행사할 수 있다"고 되어있다(제425조 제1항).

(2) 구상권의 성립요건

㉠ 연대채무자가 다른 연대채무자에게 구상권을 행사하기 위하여는 공동면책이 있어야 한다. 그리고 ㉡ 연대채무자의 출재가 있어야 한다. 출재란 출재자의 재산이 감소하고 상대방의 재산을 증가시키는 것으로 어느 연대채무자의 변제 기타 자기의 출재가 있어야 한다. 따라서

면제나 시효의 완성은 부담부분의 범위에서는 절대적 효력이 생기는 것이지만 이 때에는 출재가 없으므로 구상권은 발생하지 않는다.

Tip 연대채무에서 구상권문제

⊙ 부담부분의 초과가 구상권의 요건인지에 관해, 통설적 견해는 출재가 있으면 그 액수를 묻지 않고 부담부분의 비율로 구상할 수 있다고 한다. 즉, 초과출재필요설이 아닌 초과출재 불요설이 다. ⓛ 연대채무는 주종이 구별이 없기 때문에 보증채무의 경우와는 달리(제442조 참조) 면책이 있기 전에 미리 구상하지는 못한다.

---

(3) 구상권의 내용

어느 연대채무자가 변제 기타 자기의 출재로 공동면책이 된 때에는 다른 연대채무자의 부담부분에 대하여 변제후 사후 구상권을 행사할 수 있으며, 그 범위는 면책된 날 이후의 법정이자 및 피할 수 없는 비용 기타 손해배상을 포함한다(제425조 참조).

(4) 구상권의 제한

제426조 (구상요건으로서의 통지)
① 어느 연대채무자가 다른 연대채무자에게 통지(사전통지)하지 아니하고 변제 기타 자기의 출재로 공동면책이 된 경우에 다른 연대채무자가 채권자에게 대항할 수 있는 사유가 있었을 때에는 그 부담부분에 한하여 이 사유로 면책행위를 한 연대채무자에게 대항할 수 있고 그 대항사유가 상계인 때에는 상계로 소멸할 채권은 그 연대채무자에게 이전된다.
② 어느 연대채무자가 변제 기타 자기의 출재로 공동면책되었음을 다른 연대채무자에게 통지(사후통지)하지 아니한 경우에 다른 연대채무자가 선의로 채권자에게 변제 기타 유상의 면책행위를 한 때에는 그 연대채무자는 자기의 면책행위의 유효를 주장할 수 있다.

〈유의점〉 ⊙ 연대채무자가 공동면책을 얻기 위하여 출재를 함에 있어서는, 다른 채무자에 대하여 사전과 사후에, 즉 두번에 걸쳐 그 통지를 하여야 한다. 즉 사전통지를 한 경우에도 출재행위를 한 뒤에는 사후의 통지를 하여야 한다. 사전통지와 사후통지는 그 내용과 목적이 서로 다르기 때문이다. ⓛ 주의를 요하는 것은 이러한 통지는 구상권 발생의 요건은 아니지만 이를 게을리하면 아래와 같은 구상권의 제한을 받는다. 즉 연대채무자의 구상권이 발생하기 위하여는 출연한 채무자가 반드시 공동면책사실을 다른 연대채무자에게 통지하여야 하는 것이 아니다. 다시 강조한다면, 공동면책사실의 통지는 구상권발생요건은 아니고, 다만 이를 게을리 하면 구상권의 제한을 받을 뿐이라는 것이다.

---

1) 사전의 통지를 게을리한 때(제426조 제1항)

甲·乙·丙 세 사람이 丁에 대한 60만원의 연대채무를 부담하고 있고, 그 부담부분이 균등하다고 할 때 乙이 丁에 대하여 40만원의 반대채권을 가지고 있었으나 甲이 乙과 丙에 대하여 사전통지를 하지 아니하고 丁에 대하여 60만원을 변제했다면, 乙은 甲의 20만원의 구상채권과 상계하고 丁에 대한 채권 중 나머지 20만원은 甲에게로 이전되어 乙이 오히려 甲에 대하여 20만원의 채무이행을 구상할 수 있다. 물론 면책행위를 한 甲은 채권자 丁에 대하여 40만원의 이행을 청구할 수 있다(김상용, 채권총론 p.365이하참조). 다만 이와 같은 유사한 사례에서 부담부분까지만 상계가능하고 그 범위내에서만 이전된다는 견해도 있다(다수설적 견해: 곽윤직·김준호 16판, p.1257).

2) 사후의 통지를 게을리한 때(제426조 제2항)

여기서 제2의 출재채무자가 자기의 면책행위의 유효를 주장하는 경우에 제2의 면책행위는 절대적으로 효력이 있는가, 아니면 제1의 출재채무자에 대하여만 상대적으로 효력이 있는가에 대하여 학설이 대립한다. 이 경우 통설은 제2면책행위자는 사전통지를 하고 있다고 전제한다. 즉 통설적 견해인 상대적 효과설은 제2의 출재채무자의 면책행위는 과실 있는 제1의 출재채무자와 선의의 제2의 출재채무자 사이에서만 유효하다고 보는 견해이다. 상대적 효력설은 그 근거로서 민법 제426조 2항은 구상관계를 공평하게 처리하려는 규정으로 선의의 제2의 출연채무자를 보호하기 위하여 상대적 효력을 인정하면 필요·충분하다고 본다. 상대적 효력설은 제2의 출재채무자가 다른 연대채무자에게 구상권을 행사할 수 "없다"고 본다.

3) 어느 연대채무자가 변제를 하고 사후의 통지를 게을리하고 있는 동안에 다른 연대채무자가 사전의 통지를 하지 않고 변제를 한 경우

통설은 일반원칙에 따라서 먼저 변제한 제1출재자의 면책행위를 유효하다고 보는 견해이다. 이러한 통설은 민법 제426조는 사전의 통지나 사후의 통지 어느 한 쪽만을 게을리한 경우에만 적용되고, 제1의 면책행위만을 유효로 하는 태도가 법률관계를 간편하게 결재할 수 있다고 본다.

Ⅳ. 부진정연대채무

1. 의의와 유형

(1) 의 의

부진정연대채무는 진정연대채무에 있어서와 마찬가지로 수인의 채무자가 동일내용의 급부를 독립해서 전부 부담하고, 그 가운데 한 사람 또는 수인이 1개의 급부를 하면 모든 채무자의 채무가 소멸하는 다수당사자의 채권관계로서, 민법에서 규율하는 연대채무에 속하지 않는 연대채무라고 한다. 부진정연대채무를 인정하는 통설과 판례의 취지는 채권자(피해자)를 보호하기 위한 것으로, 채권의 담보력을 강화시키기 위함이다.

(2) 부진정연대채무의 유형

1) 법인의 이사가 그의 직무수행과 관련하여 불법행위를 행한 경우에 법인의 손해배상의무와 이사 개인의 손해배상의무(제35조 제1항)
2) 피용자가 사무집행에 관하여 불법행위를 한 경우에 피용자의 불법행위로 인한 손해배상의무와 사용자의 손해배상의무(제756조)

3) 책임무능력자의 불법행위에 대한 법정감독의무자와 대리감독자의 손해배상의무(제755조)

4) 동물의 가해행위에 대한 점유자와 보관자의 손해배상의무(제759조)

5) 공동불법행위에 대한 가해자들의 손해배상의무(제760조 참조, 통설과 판례) 예컨대, 甲, 乙, 丙이 운행하는 자동차가 충돌하여 승객이 피해를 입은 경우 각 가해 차량의 운행자인 甲, 乙, 丙이 피해자에 대하여 지는 손해배상책임

6) 금융기관이 회사 임직원의 대규모 분식회계로 그 회사의 재무구조를 잘못 파악하고 대출을 해 준 경우, 회사의 대출금채무와 회사 임직원의 손해배상채무의 관계는 부진정연대관계이다(대판 2008.1.18, 2005다65579).

7) 상법 제24조(타인에게 자기의 성명 또는 상호를 사용하여 영업을 허락한 자는 자기를 영업주로 오인하여 거래한 제3자에 대하여 그 타인과 연대하여 변제할 책임이 있다)에 의한 명의대여자와 명의차용자의 책임은 판례가 부진정연대의 관계로 이해한다(대판 2011.4.14, 2010다91886).

8) 어떤 물건에 대하여 직접점유자와 간접점유자가 있는 경우, 그에 대한 점유·사용으로 인한 부당이득의 반환의무는 동일한 경제적 목적을 가진 채무로서 서로 중첩되는 부분에 관하여는 일방의 채무가 변제 등으로 소멸하면 타방의 채무도 소멸하는 이른바 부진정연대채무의 관계에 있다(대법원 2012.9.27. 선고 2011다76747 판결).

판례 〈부진정연대채무〉 ㉠ 채무자가 부담하는 채무불이행으로 인한 손해배상채무와 제3자가 부담하는 불법행위로 인한 손해배상채무의 원인이 동일한 사실관계에 기한 경우에는 하나의 동일한 급부에 관하여 수인의 채무자가 각자 독립해서 그 전부를 급부하여야 할 의무를 부담하는 경우로서 부진정연대채무관계에 있다(대판 2006.9.8, 2004다 55230). ㉡ 기업체의 임직원이 대규모의 분식회계에 가담한 잘못이 있는 경우에는, 분식회계 가담행위 자체가 금융기관에 대한 가해행위로서 민법 제750조의 불법행위 책임이 성립하는 것이다(대판 2008.6.26. 2007다43436). 따라서 회사의 대출금채무와 회사 임직원의 손해배상채무는 부진정연대의 관계에 있다. ㉢ 수급인이 도급인에게 건물신축공사 전체에 대하여 시공상 잘못으로 말미암아 발생한 하자의 보수에 갈음하는 손해배상채무를 부담하는 경우, 이는 공사도급계약에 따른 계약책임이며, 하수급인은 구 건설업법 등에 따라 하도급받은 공사에 대하여 도급인에게 수급인과 동일한 채무를 부담하는데, 이는 서로 동일한 경제적 목적을 가지고 있어, 수급인이 도급인에게 위 하자보수에 갈음하는 손해배상채무를 이행함으로써 그와 중첩되는 부분인, 하수급인의 도급인에 대한 하자보수에 갈음하는 손해배상채무도 함께 소멸되는 관계에 있으므로, 양 채무는 서로 중첩되는 부분에 관하여 부진정연대채무 관계에 있다(대판 2010.5.27. 2009다85861).

2. 진정연대채무와 부진정연대채무의 구별

(1) 주관적 공동목적

㉠ 진정연대채무에 있어서는 연대채무자 상호간에 주관적 공동목적으로 결합되어 있으며, 각 연대채무자의 부담부분이 있고, 연대채무자 1인에 관하여 발생한 사유 중 절대적 효력이 인정되는 것이 있고, 연대채무자 사이의 대내적 관계에서는 구상권이 인정된다고 한다.

㉡ 그러나 부진정연대채무에 있어서는 채무자 사이에 공동목적에 의한 주관적인 관련이 없으며, 부담부분이 없고, 채무자의 한 사람에 관하여 생긴 사유가 다른 채무자에게 영향을 미치지 않는다. 다만 변제에 준하는 것은 예외이다.

판례 부진정연대채무 관계는 서로 별개의 원인으로 발생한 독립된 채무라 하더라도 동일한 경제적 목적을 가지고 있고 서로 중첩되는 부분에 관하여 일방의 채무가 변제 등으로 소멸할 경우 타방의 채무도 소멸하는 관계에 있으면 성립할 수 있고, 반드시 양 채무의 발생원인, 채무의 액수 등이 서로 동일할 것을 요한다고 할 수는 없다 (대판 2009.3.26, 2006다47677).

(2) 연대채무와 부진정연대채무의 구체적 차이

1) 법률행위무효 등
부진정연대채무는 통상 불법행위에 의하여 발생하므로 법률행위의 무효·취소에 관한 제 415조는 적용되지 않는다.

2) 부담부분
부진정연대채무에서는 채권자에 대한 관계에서 각자의 부담부분이 인정되지 않는다(제418조 제2항·제427조 제2항). 그리고 내부관계에서의 부담부분도 각 책임원인에 비추어 합당하게 결정되어야 하며 민법의 균등추정(제424조)이 적용되지 않는다. 즉 과실의 정도, 불법의 강약 등에 의하여 정하여 진다고 볼 수 있다(대판 1971.2.9, 70다2508 참조).

판례 〈민법 제418조 제2항이 부진정연대채무에도 적용되는지 여부〉 부진정연대채무에 있어서 부진정연대채무자 1 인이 한 상계가 다른 부진정연대채무자에 대한 관계에 있어서도 공동면책의 효력 내지 절대적 효력이 있는 것인지는 별론으로 하더라도, 부진정연대채무자 사이에는 고유의 의미에 있어서의 부담부분이 존재하지 아니하므로 위와 같은 고유의 의미의 부담부분의 존재를 전제로 하는 민법 제418조 제2항은 부진정연대채무에는 적용되지 아니하는 것으로 봄이 상당하고, 따라서 부진정연대채무에 있어서는 한 부진정연대채무자가 채권자에 대하여 상계할 채권을 가지고 있음에도 상계를 하지 않고 있다 하더라도 다른 부진정연대채무자가 그 채권을 가지고 상계를 할 수는 없는 것으로 보아야 한다(대판 1994.5.27. 93다21521)

3) 통지의무
부진정연대채무에서는 채무자 상호간에 결합관계가 없는 경우도 많은데, 그 경우에는 변제에 관한 사전·사후의 통지의무는 적용되지 않는다.

3. 부진정연대채무의 효력

(1) 절대적 효력
부진정연대채무에 있어서는 채권자에게 만족을 주는 사유에 대해서만 절대적 효력이 인정되므로, 채무자 1인의 변제·대물변제·공탁·상계는 다른 채무자에게도 효력이 발생한다 (통설). 상계에 대하여 판례는 종래 상대적 효력만을 인정하였으나 최근에 전원합의체에서 절대적 효력을 인정하여 통설과 견해를 같이 하고 있다.

판례 〈부진정연대채무에서 상계의 상대적 효력에서 절대적 효력으로 변경〉 당사자 쌍방이 가지고 있는 같은 종류의 급부를 목적으로 하는 채권을 서로 대등액에서 소멸시키기로 하는 상계 또는 상계계약이 이루어진 경우, 상계계약의 효과로서 각 채권은 당사자들이 그 계약에서 정한 금액만큼 소멸한다〔대판(전합) 2010.9.16. 2008다97218〕.

(2) 상대적 효력

부진정연대채무에서는 위의 절대적 효력 이외는 상대적 효력만이 있을 뿐이다.

판례 ㉠ 〈**청구권포기의 상대적 효력**〉 부진정연대채무에 있어서 채권자가 어느 채무자에 대하여 그의 부담부분이거나 또는 이를 초과하는 전채권액을 포기하는 의사표시를 하였다고 해도 다른 채무자들에게는 상대적인 효력밖에 없다(대판 1981.6.23, 80다1796).
㉡ 〈**채무자 1인에 대한 채무면제와 구상관계**〉 부진정연대채무관계에 있어서 채무자 1인에 대한 채무면제는 다른 채무자에 대하여는 그 효력을 미치지 아니한다(대판 1980.7.22, 79다1107). 따라서 변제자는 채무면제를 받은 자에게도 구상권을 행사할 수 있다(제419조 연대채무면제와 구별).
㉢ 〈**부진정연대채무자 1인에 대한 이행 청구로 인한 시효중단의 효력이 타 채무자에게도 미치는지 여부(소극)**〉 ① 부진정연대채무에 있어 채무자 1인에 대한 이행의 청구는 타 채무자에 대하여 그 효력이 미치지 않으므로, 하천구역으로 편입된 토지의 소유자가 서울특별시장에게 보상금지급 청구를 하였다 하더라도 부진정연대채무관계에 있는 국가에 대하여 시효중단의 효과가 발생한다고 할 수 없다(대판 1997. 9. 12, 95다42027). ② 최근에도 판례는 "부진정연대채무에서는 채무자 1인에 대한 이행청구 또는 채무자 1인이 행한 채무의 승인 등 소멸시효의 중단사유나 시효이익의 포기가 다른 채무자에게 효력을 미치지 아니한다"고 하였다(대판 2011.4.14, 2010다91886).

(3) 공동불법행위자의 과실

공동불법행위책임은 가해자 각 개인의 행위에 대하여 개별적으로 그로 인한 손해를 구하는 것이 아니라, 그 가해자들이 공동으로 가한 불법행위에 대하여 그 책임을 추궁하는 것으로, 법원이 피해자의 과실을 들어 과실상계를 함에 있어서는 피해자의 공동불법행위자 각인에 대한 과실비율이 서로 다르더라도, 피해자의 과실을 공동불법행위자 각인에 대한 과실로 개별적으로 평가할 것이 아니고 그들 전원에 대한 과실로 전체적으로 평가하여야 한다(대판 1997.4.11, 97다3118 등).

(4) 구상관계

부진정연대채무에서는 주관적 공동관련성이 없으므로 구상관계가 본질적 부분이 아니다. 다만 채무자들 사이에 특별한 내부적 법률관계가 있는 경우에는 그에 기초하여 구상관계가 인정될 수 있다. 즉 과실의 정도, 불법의 강약 등에 의하여 정하여 진다고 볼 수 있다(대판 1971.2.9, 70다2508 참조).

판례 〈**부진정연대채무에서 구상권의 발생요건과 범위**〉 ㉠ 공동불법행위자는 채권자에 대한 관계에서는 부진정연대채무를 지되, 공동불법행위자들 내부관계에서는 일정한 부담 부분이 있고, 공동불법행위자 중 1인이 자기의 부담부분 이상을 변제하여 공동의 면책을 얻게 하였을 때에는 다른 공동불법행위자에게 그 부담 부분의 비율에 따라 구상권을 행사할 수 있으나, 부담부분을 초과하여 배상하여야 한다(대판 2006.2.9. 2005다28426). ㉡ 공동불법행위자간의 구상관계에도 준용되는 것으로 해석되는 민법 제425조 제2항이 출재 채무자의 구상권의 범위에 공동면책금액에 대한 공동면책일 이후의 법정이자를 포함한다고 하더라도, 실제의 차용이자가 법정이자를 상회하는지의 여부에 관계없이 그 법정이자 상당의 금원만을 구상할 수 있을 뿐이고, 법정이자와 별도로 실제의 차용이자 전액 또는 그 중 법정이자를 초과하는 부분만을 다시 이른바 '피할 수 없는 비용 또는 손해'에 해당한다고 하여 구상할 수는 없다고 보아야 할 것이다(대판 2001.1.16, 2000다29325). ㉢ 공동불법행위자 중 1인의 손해배상채무가 시효로 소멸한 후에 다른 공동불법행위자 1인이 피해자에게 자기의 부담 부분을 넘는 손해를 배상하였을 경우에도, 그 공동불법행위자는 다른 공동불법행위자에게 구상권을 행사할 수 있다(대판 1997. 12. 23, 97다42830). ㉣ 피용자와 제3자가 공동불법행위로 피해자에게 손해를 가하여 그 손해배상채무를 부담하는 경우에 피용자와 제3자는 공동불법행위자로서 서로 부진정연대관계에 있고, 한편 사용자의 손해배상책임은 피용자의 배상책임에 대한 대체적 책임이어서 사용자도 제3자와 부진정연대관계에 있다고 보아야 할 것이므로, 사용자가 피용자와 제3자의 책임비율에 의하여 정해진 피용자의 부담 부분을 초과하여 피해자에게 손해를 배상한 경우에는 사용자는 제3자에 대하여도 구상권을 행사할 수 있다(대판 2006.2.9. 2005다28426).

(5) 부진정연대채무의 절대효[대판(전합) 2010.9.16, 2008다97218].

관련사례 甲은행은 乙건설에 대하여 기업개선작업약정에 따라, 150억 원의 기업어음 매입채권 및 130억원의 대출금 채권(합계: 280억원)에 관하여 甲이 乙로부터 1주당 발행가를 5,000원으로 하여 신주를 발행받고 그 신주인수대금채무와 대출금 등 채권을 상계하기로 합의하여 대출금 채권을 주식으로 출자전환하였다. 이러한 합의 후 회사의 분식회계가 적발되고, 출자전환한 주식의 시세가 반토막난 경우(280*50＝140/ 손해발생액 140억으로 가정), 후에 조사한 바에 따르면 이러한 분식회계를 주도한 사람은 乙 건설회사의 대표이사 丙이었다[대판(전합) 2010.9.16, 2008다97218]

해설 (a) 甲이 丙의 대규모 분식회계로 乙회사의 재무구조를 잘못 파악하고 대출을 하여 준 경우, 乙회사의 대출금채무와 丙의 손해배상채무는 부진정연대의 관계에 있다.
(b) 부진정연대채무자 중 1인이 채권자에 대한 반대채권으로 채무를 대등액에서 상계하면 그 상계로 인한 채무소멸의 효력은 다른 부진정연대채무자에게 미친다.
(c) 甲과 乙사이의 상계가 아닌 상계계약의 경우에는 그 효력이 병에게 미치지 않는다(X). 상계이든 상계계약이든 절대적 효력이 미친다고 한다.
(d) 甲과 乙의 상계가 이뤄질 당시 갑이 병의 불법행위의 존재를 알았는지 여부에도 좌우되지 않고 甲과 乙의 상계는 절대적 효력이 있다.
(e) 甲과 乙사이의 상계계약 후 주식의 시가를 평가하여 그 시가 평가액만큼만 기존의 채무가 변제되고 나머지 금액은 면제된 것으로 볼 것은 아니다[대판(전합) 2010.9.16, 2008다97218].

V. 보증채무

> **제428조 (보증채무의 내용)**
> ① 보증인은 주채무자가 이행하지 아니하는 채무를 이행할 의무가 있다.
> ② 보증은 장래의 채무에 대하여도 할 수 있다.

1. 의 의

(1) 인적 담보로서 보증

보증채무는 채권자와 보증인 사이에 체결된 보증계약(낙성계약)에 의하여 성립하는 채무로서 주채무자가 그 채무를 이행하지 않는 경우에 보증인이 이를 보충적으로 이행하여야 하는 채무를 말한다. 주채무자는 보증계약의 당사자가 아니다(주채무자의 부탁이나 보증위탁계약이 보증계약의 요건이 아니며, 또한 보증인의 자격이 보증계약의 성립요건이 되는 것도 아니다). 다만 주채무자가 보증인의 대리인 또는 사자의 자격으로 채권자와 보증계약을 체결할 수는 있다 (대판 1965.2.4, 64다1264). 이처럼 보증채무에서는 보증인이 주채무자가 이행하지 아니하는 채무를 이행할 의무가 있다. 보증인의 일반재산이 강제집행의 대상이 된다는 점에서 인적담보에 속한다.

> **Tip**
>
> 최근에 보증인보호를 위한 특별조치법(2008.9.22. 시행)에서는 "호의로 이루어지는 보증"으로 인한 피해를 방지하고자 호의보증은 보증인의 기명날인 또는 서명이 있는 서면으로 표시되어야 그 효력이 발생하도록 하여 <u>불요식행위였던 기존의 보증의 방식을 서면주의로 변경하고 있다.</u>

(2) 장래의 채무

보증채무는 장래의 채무에 대해서도 보증할 수 있으므로(제428조 제2항 참조), <u>보증계약은 주채무에 대한 기본계약보다 먼저 성립할 수 있다.</u> 따라서 보증계약보다 주채무에 대한 기본계약이 먼저 성립하여야 한다는 표현은 잘못된 것이다.

판례 ⟨주채무 발생의 원인이 되는 기본계약이 보증계약보다 먼저 체결되어야 하는지 여부(소극) 및 장래의 채무에 대하여 보증계약을 체결할 수 있는지 여부(한정 적극)⟩ 주채무 발생의 원인이 되는 기본계약이 반드시 보증계약보다 먼저 체결되어야만 하는 것은 아니고, 보증계약 체결 당시 보증의 대상이 될 주채무의 발생원인과 그 내용이 어느 정도 확정되어 있다면 장래의 채무에 대해서도 유효하게 보증계약을 체결할 수 있다 할 것이다(대판 2006.6.27, 2005다50041).

2. 법적 성질

(1) 독립성

보증채무는 주채무와는 별개의 독립한 채무이다. 즉 보증채무는 유효한 보증약정이 있어야 성립한다. 보증약정의 유효성도 당사자인 보증인과 채권자의 관계에서 독자적으로 고찰된다. 보증채무의 내용도 1차적으로 보증약정에 의해 결정된다. 다만 주채무자에게 생긴 사유는 보증채무의 부종성의 성질로 인해 보증인에게도 그 효력을 미치기 때문에 보증채무의 독립성은 연대채무보다 미약하다.

> **제429조 (보증채무의 범위)**
> ① 보증채무는 주채무의 이자, 위약금, 손해배상 기타 주채무에 종속한 채무를 포함한다.
> ② 보증인은 그 보증채무에 관한 위약금 기타 손해배상액을 예정할 수 있다.

1) 보증채무의 연체이율

<u>보증채무는 주채무와는 별개의 채무이기 때문에 보증채무 자체의 이행지체로 인한 지연손해금은 보증한도액과는 별도로 부담한다</u>(대판 2006.7.4, 2004다30675). 따라서 보증채무의 연체이율에 관하여 특별한 약정이 없는 경우라면 그 거래행위의 성질에 따라 상법 또는 민법에서

정한 법정이율에 따라야 하며, <u>주채무에 관하여 약정된 연체이율이 당연히 여기에 적용되는 것은 아니다</u>(대판 2003.6.13, 2001다29803; 대판 2000.4.11, 99다12123 참조).

판례 〈주채무가 외화채무인 경우, 채권자와 보증인 사이에 미리 약정한 환율로 환산한 원화로 보증채무를 이행하기로 약정하는 것이 허용되는지 여부(적극)〉 보증채무는 채권자와 보증인 간의 보증계약에 의하여 성립하고, <u>주채무와는 별개 독립의 채무이지만 주채무와 동일한 내용의 급부를 목적으로 함이 원칙이라고 할 것이나 채권자와 보증인은 보증채무의 내용, 이행의 시기, 방법 등에 관하여 특약을 할 수 있고, 그 특약에 따른 보증인의 부담이 주채무의 목적이나 형태보다 중하지 않는 한 그러한 특약이 무효라고 할 수도 없으므로(민법 제430조 참조), 주채무가 외화채무인 경우에도 채권자와 보증인 사이에 미리 약정한 환율로 환산한 원화로 보증채무를 이행하기로 약정하는 것도 허용된다</u>(대판 2002. 8. 27, 2000다9734).

2) 확정채무의 보증인이 피보증채무의 이행기가 연장된 경우에도 보증채무를 부담하는지 여부(원칙적 적극)

채무가 특정된 확정채무에 대하여 보증한 보증인으로서는 자신의 동의 없이 피보증채무의 이행기를 연장해 주었는지에 상관없이 보증채무를 부담하는 것이 원칙이다(대판 2012.8.30, 2009다90924).

3) 보증인의 교체

<u>주채무자의 요구에 의하여 보증인을 교체하고 그에 따라 종전 보증인이 보증인으로서의 지위를 상실하기 위하여는 주채무자의 신청과 그에 대한 채권자의 승낙이 있어야 한다</u>(대판 1986.6.24, 85다카1004).

(2) 동일성

주채무는 대체적 급부를 내용으로 하는 것이 원칙이다. 그러나 부대체적 급부를 목적으로 하는 채무를 보증한 경우에는 주채무의 불이행으로 인한 손해배상의무를 보증하는 것으로 해석한다(통설·판례).

제428조 (보증채무의 내용)
① 보증인은 주채무자가 이행하지 아니하는 채무를 이행할 의무가 있다.
② 보증은 장래의 채무에 대하여도 할 수 있다.

판례 <u>부대체적 급부를 내용으로 하는 채무라 하여도 부대체적 급부가 이행되지 않아 손해배상채무로 변경될 것을 정지조건으로 하여 부대체적 급부를 내용으로 하는 보증채무도 인정된다고 할 것이다</u>(통설·판례-대판 1967.9.16, 67다1482).

(3) 부종성

보증채무는 주채무에 부종한다. 이러한 부종성은 '성립상의 부종성'과 '내용상의 부종성'의 둘로 나눌 수 있다. 첫째, 성립상의 부종성은 보증채무의 성립 및 소멸은 주채무와 그 운명을 같이한다. 따라서 주채무가 무효·취소·소멸된 때에는 보증채무도 영향을 받는다. 다만 민법 제436조에서는 이에 대한 예외를 두고 있는바, 취소의 원인이 있는 채무를 보증한 자가 보증계약당시에 그 원인이 있음을 안 경우에 주채무의 불이행 또는 취소가 있는 때에는 주채무와 동일한 목적의 독립채무를 부담한 것으로 본다는 것이다. 그리고 둘째, 내용상의 부종성은 보증채무는 내용상으로도 주채무에 대하여 주종의 관계에 있다. 보증채무의 목적·형태는 주채무보다 중할 수 없다(제430조·433조·434조·435조 참조). 한편 보증채무는 수반성이 있는 바 주채무자에 대한 채권이 이전하는 때에는 보증인에 대한 채권도 원칙적으로 함께 이전한다.

제430조 (목적, 형태상의 부종성)
보증인의 부담이 주채무의 목적이나 형태보다 중한 때에는 주채무의 한도로 감축한다.

제433조 (보증인과 주채무자 항변권)
① 보증인은 주채무자의 항변으로 채권자에게 대항할 수 있다.
② 주채무자의 항변포기는 보증인에게 효력이 없다.

---

1) 주채무의 부존재 및 소멸의 항변권(제430조, 제433조)

㉠ 원래 보증인의 의무는 보증계약 성립 후 채무자가 한 법률행위로 인하여 확장, 가중되지 아니하는 것이 원칙이므로, 채무자의 채무불이행시의 손해배상의 범위에 관하여 채무자와 채권자 사이의 합의로 보증인의 관여 없이 그 손해배상 예정액이 결정되었다고 하더라도, 보증인으로서는 위 합의로 결정된 손해배상 예정액이 채무불이행으로 인하여 채무자가 부담할 손해배상 책임의 범위를 초과하지 아니한 한도 내에서만 보증책임이 있다(대판 1996.2.9, 94다38250). 따라서 ㉡ 보증계약이 성립된 후에 보증인이 알지도 못하는 사이에 주채무의 목적이나 형태가 변경되었다면, 그 변경으로 인하여 주채무의 실질적 동일성이 상실된 경우 당초의 주채무는 경개로 인하여 소멸하였다고 보아야 할 것이다(대판 2001.3.23, 2001다628). 또한 ㉢ 보증인이 임대인의 임대차보증금반환채무를 보증한 후에 임대인과 임차인 간에 임대차계약과 관계없는 다른 채권으로써 연체차임을 상계하기로 약정하는 것은 보증인에게 불리한 것으로 보증인에 대하여는 그 효력을 주장할 수 없다(대판 1999.3.26, 98다22918·22925). ㉣ 보증인은 주채무자의 항변으로 채권자에게 대항할 수 있고, 주채무자의 항변포기는 보증인에게 효력이 없다.

판례 ① 보증채무에 대한 소멸시효가 중단되었다고 하더라도 이로써 주채무에 대한 소멸시효가 중단되는 것은 아니고, 주채무가 소멸시효 완성으로 소멸된 경우에는 보증채무도 그 채무 자체의 시효중단에 불구하고 부종성에 따라 당연히 소멸된다(대판 2002. 5. 14, 2000다62476). ② 주채무가 시효로 소멸한 때에는 보증인도 그 시효소멸을 원용할 수 있으며 주채무자가 시효이익을 포기하더라도 보증인에게는 그 효력이 없다(대판 1991.1.29, 89다카1114).

2) 주채무의 소멸시효 완성으로 보증채무가 소멸된 상태에서 보증인이 보증채무를 이행하거나 승인한 경우, 보증인이 주채무의 시효소멸을 이유로 보증채무의 소멸을 주장할 수 있는지 여부(원칙적 적극)

甲이 주채무자 乙 주식회사의 채권자 丙 주식회사에 대한 채무를 연대보증하였는데, 乙 회사의 주채무가 소멸시효 완성으로 소멸한 상태에서 丙 회사가 甲의 보증채무에 기초하여 甲 소유 부동산에 관한 강제경매를 신청하여 경매절차에서 배당금을 수령하는 것에 대하여 갑이 아무런 이의를 제기하지 않은 사안에서, 변제충당 등에 따른 보증채무에 대한 소멸시효 이익의 포기 효과가 발생할 수 있다는 사정만으로는 주채무에 대한 소멸시효 이익의 포기 효과가 발생하는 것은 아니기 때문에 <u>甲이 여전히 보증채무의 '부종성'에 따라 주채무의 소멸시효 완성을 이유로 보증채무의 소멸을 주장할 수 있다</u>(대법원 2012.7.12. 선고 2010다51192 판결).

3) 주채무자의 상계권(제434조)

보증인은 주채무자의 채권에 의한 상계로 채권자에게 대항할 수 있다.

4) 주채무자의 취소권 · 해제권 · 해지권(제435조)

주채무자가 채권자에 대하여 취소권 또는 해제권이나 해지권이 있는 동안은 보증인은 채권자에 대하여 채무의 이행을 거절할 수 있다. 이러한 권리는 <u>주채무자만이 행사할 수 있으므로 보증인이 위의 권리들을 행사할 수 없다.</u>

5) 채권양도

연대채무에 있어서는 연대채무자 1인에 대한 채권의 양도가 인정되는 반면, 보증채무에 있어서는 보증인에 대한 채권만의 양도가 허용되지 않는다(보증채무의 부종성). 다만 주채무가 이전되면 보증채무는 따라서 이전한다(수반성).

6) 채무면제

주채무의 일부면제는 보증채무의 부종성에 의해 보증채무에도 영향을 미친다.

(4) **보충성**(최고·검색의 항변권)

> **제437조 (보증인의 최고 · 검색의 항변)**
> 채권자가 보증인에게 채무의 이행을 청구한 때에는 보증인은 주채무자의 변제자력이 있는 사실 및 그 집행이 용이할 것을 증명하여 먼저 주채무자에게 청구할 것과 그 재산에 대하여 집행할 것을 항변할 수 있다. 그러나 보증인이 주채무자와 연대하여 채무를 부담한 때에는 그러하지 아니하다.

1) 의의

채권자는 변제기가 도래하면 주채무자와 보증인에게 동시에 또는 순차로 채무이행을 청구할 수 있다. 이 때 보증인은 보충성에 기한 항변을 할 수 있다. 즉 ㉠ 주채무자가 1차적으로 급부의무를 지고, 그 이행이 없을 때에 보증인이 2차적으로 이행의무를 부담하는 보충성이 있다. 최고 · 검색의 항변권은 이러한 보충성에 기한 권리이다. ㉡ 이러한 권리는 <u>연대보증</u>(제437조)과 위 항변권을 포기하는 경우에는 인정되지 않는다.

2) 입증문제

보증채무자가 최고 · 검색의 항변권을 행사하기 위해서는 주채무자에게 변제능력이 있으며, 그리고 그 집행이 용이하다는 사실을 입증하여야만 한다(제437조).

3) 복수의 권리여부

다수설은 보증인의 최고·검색의 항변권을 별개의 독립된 두 개의 항변권으로 이해하고 있다. 그러나 판례는 하나의 권리로 인정하고 있다.

판례 〈대판 1968.9.24, 68다1271〉 민법 제437조 본문에 의하면 채권자가 보증인에게 채무의 이행을 청구한 때에는 보증인은 주채무자의 변제자력이 있는 사실 및 그 집행이 용이할 것을 증명하여 먼저 주채무자에게 청구할 것과 그 재산에 대하여 집행할 것을 항변할 수 있다고 규정하므로 보증인의 최고와 검색의 항변권은 보증인이 주채무자에게 변제자력이 있고 집행이 용이한 사실을 입증할 때에 성립될 수 있고, 단순히 주채무자에게 먼저 청구할 것을 항변할 수 없다 할 것이다.

4) 효과

최고·검색의 항변권은 동시이행의 항변권과 같은 연기적 항변권이므로 이행기가 경과하더라도 보증인은 이행지체책임을 지지 않는다.

Ⅵ. 주채무자 또는 보증인에 관하여 생긴 사유의 효력과 구상권

1. 주채무자 또는 보증인에 관하여 생긴 사유의 효력

(1) 절대적 효력과 상대적 효력

(ㄱ) 채권자와 주채무자 사이에서 주채무자에게 생긴 사유는 보증채무의 부종성의 성질에 따라 보증인에게도 그 효력이 미친다(절대적 효력). 그러나 보증인에게 생긴 사유는 채권을 만족시키는 사유(변제·대물변제·공탁·상계) 이외에는 주채무자에게 영향을 주지 못한다(상대적 효력).

(ㄴ) 여기서 유의할 것은 채권자와 주채무자 사이의 합의로 주채무의 목적·범위 등을 변경하는 경우에 그것이 보증채무를 중하게 하는 경우에는 보증채무에 영향을 미치지 않는다는 것이다(전술). 그러나 보증계약체결 후 채권자가 보증인의 승낙 없이 주채무자에 대하여 변제기를 연장해 준 경우에는, 그것이 보증인의 책임을 가중하는 것은 아니므로 보증인에 대하여도 그 효력이 미친다는 것이 판례이다(대판 1996.2.23, 95다49141).

판례 ㉠ 〈주채권의 양도시 보증채권의 양도에 관한 대항요건을 별도로 구비하여야 하는지 여부(소극)〉 보증채무는 주채무에 대한 부종성 또는 수반성이 있어서 주채무자에 대한 채권이 이전되면 당사자 사이에 별도의 특약이 없는 한 보증인에 대한 채권도 함께 이전하고, 이 경우 채권양도의 대항요건도 주채권의 이전에 관하여 구비하면 족하고, 별도로 보증채권에 관하여 대항요건을 갖출 필요는 없다(대판 2002. 9. 10, 2002다21509).
㉡ 〈채권자와 보증인 사이에 보증인이 주채무를 중첩적으로 인수하기로 약정한 경우의 법률관계〉 ① 채권자와 보증인 사이에 보증인이 주채무를 중첩적으로 인수하기로 약정하였다 하더라도 특별한 사정이 없는 한 보증인은 주채무자에 대한 관계에서는 종전의 보증인의 지위를 그대로 유지한다고 봄이 상당하므로, 채무인수로 인하여 보증인과 주채무자 사이의 주채무에 관련된 구상관계가 달라지는 것은 아니다(대판 2003. 11.14, 2003다37730). ② 따라서 보증인이 주채무를 인수하는 의사표시에 주채무자에 대한 구상채권을 포기하는 의사표시까지 포함되어

있다고 볼 수는 없고, 보증계약 후에 채권자가 주채무자에게 변제기한을 유예해 주었더라도 주채무자는 그로써 사전구상권을 행사하는 보증인에게 대항하지 못하는 것이다.

(2) 주채무자의 시효중단

> **제440조 (시효중단의 보증인에 대한 효력)**
> 주채무자에 대한 시효의 중단은 보증인에 대하여 그 효력이 있다.

1) 제440조 의미

(ㄱ) 보증채무가 주채무에 부종한다 할지라도 보증채무는 주채무와는 별개의 독립된 채무의 성질이 있고 본조가 주채무자에 대한 시효의 중단은 보증인에 대하여 그 효력이 있다라고 규정하고 있으나 이는 보증채무의 부종성에 기한 것이라기보다는 채권자보호 내지 채권담보의 확보를 위한 특별규정으로서 이 규정은 주채무자에 대한 시효중단의 사유가 발생하였을 때는 그 보증인에 대한 별도의 중단조치가 이루어지지 아니하여도 동시에 시효중단의 효력이 생기도록 한 것에 불과하고 중단된 이후의 시효기간까지가 당연히 보증인에게도 그 효력을 미치는 것은 아니다(대판 1986.11.25, 86다카1569).

(ㄴ) 이러한 법리는 보증보험계약에도 주채무자에 대한 시효중단의 효과에 관한 민법 제440조가 준용된다고 보아야 한다(대판 2011.11.10, 2011다62090).

(ㄷ) 유의할 것은 보증채무에 대한 소멸시효가 중단되었다고 하더라도 이로써 주채무에 대한 소멸시효가 중단되는 것은 아니기 때문에, 주채무가 소멸시효 완성으로 소멸된 경우에는 보증채무도 그 채무 자체의 시효중단에 불구하고 부종성에 따라 당연히 소멸된다는 점이다(대판 2002. 5. 14, 2000다62476).

2) 확정판결로 주채무의 소멸시효기간이 10년으로 연장된 경우, 보증채무의 소멸시효기간도 10년으로 연장되는지 여부(소극)

채권자와 주채무자 사이의 확정판결에 의하여 주채무가 확정되어 그 소멸시효기간이 10년으로 연장되었다 할지라도 그 보증채무까지 당연히 단기소멸시효의 적용이 배제되어 10년의 소멸시효기간이 적용되는 것은 아니고, 채권자와 연대보증인 사이에 있어서 연대보증채무의 소멸시효기간은 여전히 종전의 소멸시효기간에 따른다(대판 2006.8.24, 2004다26287,26294).

2. 보증인의 구상권

> **제441조 (수탁보증인의 구상권)**
> ① 주채무자의 부탁으로 보증인이 된 자가 과실없이 변제 기타의 출재로 주채무를 소멸하게 한 때에는 주채무자에 대하여 구상권이 있다.
> ② 제425조 제2항의 규정(연대채무규정 : 구상권은 면책된 날 이후의 법정이자 및 피할 수 없는 비용 기타 손해배상을 포함)은 전항의 경우에 준용한다.
> **제442조 (수탁보증인의 사전구상권)**

> ① 주채무자의 부탁으로 보증인이 된 자는 다음 각호의 경우에 주채무자에 대하여 미리 구상권을 행사할 수 있다.
>   1. 보증인이 과실없이 채권자에게 변제할 재판을 받은 때
>   2. 주채무자가 파산선고를 받은 경우에 채권자가 파산재단에 가입하지 아니한 때
>   3. 채무의 이행기가 확정되지 아니하고 그 최장기도 확정할 수 없는 경우에 보증계약후 5년을 경과한 때
>   4. 채무의 이행기가 도래한 때
> ② 전항 제4호의 경우에는 보증계약후에 채권자가 주채무자에게 허여한 기한으로 보증인에게 대항하지 못한다.
> **제443조 (주채무자의 면책청구)**
>   전조의 규정에 의하여 주채무자가 보증인에게 배상하는 경우에 주채무자는 자기를 면책하게 하거나 자기에게 담보를 제공할 것을 보증인에게 청구할 수 있고 또는 배상할 금액을 공탁하거나 담보를 제공하거나 보증인을 면책하게 함으로써 그 배상의무를 면할 수 있다.
> **제444조 (부탁 없는 보증인의 구상권)**
> ① 주채무자의 부탁없이 보증인이 된 자가 변제 기타 자기의 출재로 주채무를 소멸하게 한 때에는 주채무자는 그 당시에 이익을 받은 한도에서 배상하여야 한다.
> ② 주채무자의 의사에 반하여 보증인이 된 자가 변제 기타 자기의 출재로 주채무를 소멸하게 한 때에는 주채무자는 현존 이익의 한도에서 배상하여야 한다.

(1) 의의

보증인은 채권자에 대한 관계에서는 자기의 채무(보증채무)를 이행하는 것이지만, 주채무자에 대한 관계(내부관계)에서는 타인의 채무를 변제하는 것이 되어 보증인은 주채무자에 대하여 구상권을 가진다(채무와 책임에서 물상보증인은 책임만을, 보증인은 채무와 책임을 진다는 것을 상기하자). 그리고 민법은 보증채무의 구상권의 범위에 관하여 세 가지의 경우를 나누어 규율한다. 첫째 주채무자의 부탁에 의하여 보증인이 된 경우 위임에 준한다. 둘째 주채무자의 부탁 없이 보증인이 된 경우 사무관리에 준한다. 셋째 주채무자의 부탁이 없고 또 그의 의사에 반하여 보증인이 된 경우 부당이득에 준한다. 다만 이러한 법리에 준한다는것이지, 민법은 이러한 이치대로 보증채무의 구상권에 관하여 특별규정을 두고 있기 때문에(제441조이하 참조), 위임 등의 규정은 직접적용될 여지는 없다.

〈수탁보증인과 그 외의 보증인 사이의 구상권행사에 대한 민법상의 규정〉

유형		사전구상권	사후구상권	구상권범위
수탁보증인		O	O	면책된 날 이후의 법정이자 및 피할 수 없는 비용 기타의 손해배상(제441조 2항, 425조 2항)
무부탁 보증인	채무자 의사에 반하지 않는 경우	X	O	그 당시에 이익을 받은 한도(제444조 1항)
	채무자 의사에 반하는 경우			현존이익의 한도(제444조 2항)

(2) 수탁보증인의 구상권(위임에 준하여)

1) 구상권의 발생요건과 범위

주채무자의 부탁으로 보증인이 된 자가 과실 없이 변제 기타의 출재로 주채무를 소멸하게 한 때에는 주채무자에 대하여 구상권이 있다(제441조 제1항). 보증인의 출재가 있어야 하므로, 보증인이 채권자에 간청하여 주채무를 면제받게 한 경우에는 구상권은 발생하지 않는다. 그리고 주채무의 일부를 소멸시키면 그 한도에서 구상권이 생긴다. 수탁보증인의 구상권의 범위는 출재한 연대채무자의 구상권의 범위에 관한 규정이 준용된다(제441조 제2항 참조).

2) 구상권의 행사

(가) 사후구상의 원칙(제441조 제1항)

주채무자와 부탁받은 보증인 사이는 위임계약에 유사한 관계가 존재하게 되는데, 수임인은 위임사무의 처리에 드는 비용의 선급청구권이 인정된다(제687조). 그러나 민법은 수탁보증인의 사전구상에 대하여는 특별한 요건을 필요로 한다고 규정한다(제442조).

(나) 사전구상의 요건

수탁보증인은 다음의 경우에 주채무자에 대하여 미리 구상권을 행사할 수 있다(제442조). ① 보증인이 과실 없이 채권자에게 변제할 재판을 받은 때 ② 주채무자가 파산선고를 받은 경우에 채권자가 파산재단에 가입하지 아니한 때 ③ 채무의 이행기가 확정되지 아니하고 그 최장기도 확정할 수 없는 경우에 보증계약 후 5년을 경과한 때 ④ 채무의 이행기가 도래한 때, 이때는 보증계약 후 채권자가 주채무자에게 기간을 허여한 경우에도 주채무자는 이를 갖고 보증인에게 대항하지 못한다(제442조 제2항 참조).

판례 ㉠ ⟨**수탁보증인의 사전구상권의 성질**⟩ 수탁보증인이 사전구상권을 행사하여 사전구상금을 수령하였다면, 이는 결국 사전구상 당시 채권자에 대하여 보증인이 부담할 원본채무와 이미 발생한 이자, 피할 수 없는 비용 및 기타의 손해액을 선급받은 것이므로 주채무자로부터 구상금을 사전상환받은 것과 다름없고, 이 금원은 주채무자에 대하여 수임인의 지위에 있는 수탁보증인이 위탁사무의 처리를 위하여 선급받은 비용의 성질을 가지는 것이므로 보증인은 이를 선량한 관리자의 주의로써 위탁사무인 주채무자의 면책에 사용하여야 할 의무가 있다(대판 1989.9.29, 88다카 10524).
㉡ ⟨**수탁보증인의 사전구상권**⟩ 수탁보증인이 민법 제442조에 의하여 주채무자에 대하여 미리 구상권을 행사하는 경우에 사전구상으로서 청구할 수 있는 범위는, 주채무인 원금과 사전구상에 응할 때까지 이미 발생한 이자와 기한 후의 지연손해금, 피할 수 없는 비용 기타의 손해액이 포함될 뿐이고, 주채무인 원금에 대한 완제일까지의 지연손해금은 사전구상권의 범위에 포함될 수 없으며, 또한 사전구상권은 장래의 변제를 위하여 자금의 제공을 청구하는 것이므로 수탁보증인이 아직 지출하지 아니한 금원에 대하여 지연손해금을 청구할 수도 없다(대판 2004.7.9, 2003다46758). 즉 수탁보증인이 사전구상권을 행사하는 경우 보증인은 자신이 부담할 것이 확정된 채무 전액에 대하여 구상권을 행사할 수 있지만, 면책비용에 대한 법정이자나 채무의 원본에 대한 장래 도래할 이행기까지의 이자 등을 청구하는 것은 사전구상권의 성질상 허용될 수 없다(대판 2004.7.9, 2003다46758).

(다) 사전구상에 대한 주채무자의 면책청구 등(제443조)

보증인이 사전구상을 받아서 주채무자를 면책시키지 않고 구상금을 유용할 경우에 대비하여 주채무자는 다음과 같은 자구책을 갖는다. 즉 위 사전구상에 의하여 주채무자가 보증인에게 배상하는 경우에, 주채무자는 자기를 면책하게 하거나 자기에게 담보를 제공할 것을 보증인에게 청구할 수 있고, 또는 배상할 금액을 공탁하거나 담보를 제공하거나 보증인을 면책하게 함으로써 그 배상의무를 면할 수 있다(제443조).

판례 〈사전구상권행사요건의 완화약정과 그 취지〉 신용보증약정을 체결하면서 주채무자의 신용상태가 크게 약화되어 객관적으로 채권보전이 필요하다고 인정되는 등 일정한 사유가 발생한 때에는 통지·최고 등이 없더라도 신용보증인이 보증금액에 대하여 사전구상권을 행사할 수 있도록 약정한 경우, <u>이는 민법 제442조 제1항의 사전구상권을 행사할 수 있는 사유를 확장함과 아울러 그 행사에 특별한 절차적 요건이 필요하지 아니함을 밝힌 것으로서, 주채무 자체에 관하여 현실적으로 이행지체 등의 사유가 발생하지 않았더라도 그러한 개연성이 있는 사유, 즉 주채무자가 경제적 신용을 잃었다고 볼 수 있는 사유가 발생한 경우에는 신용보증인으로 하여금 그 사유만으로 곧바로 미리 구상권을 확보할 수 있도록 하겠다는 취지이다</u>(대판 2002.5.31. 2002다1673).

3) 구상권의 제한

> **제445조 (구상요건으로서의 통지)**
> ① 보증인이 주채무자에게 통지(사전통지)하지 아니하고 변제 기타 자기의 출재로 주채무를 소멸하게 한 경우에 주채무자가 채권자에게 대항할 수 있는 사유가 있었을 때에는 이 사유로 보증인에게 대항할 수 있고 그 대항사유가 상계인 때에는 상계로 소멸할 채권은 보증인에게 이전된다.
> ② 보증인이 변제 기타 자기의 출재로 면책되었음을 주채무자에게 통지(사후통지)하지 아니한 경우에 주채무자가 선의로 채권자에게 변제 기타 유상의 면책행위를 한 때에는 주채무자는 자기의 면책행위의 유효를 주장할 수 있다.
>
> **제446조 (주채무자의 보증인에 대한 면책통지의무)**
> 주채무자가 자기의 행위로 면책하였음을 그 부탁으로 보증인이 된 자에게 통지(사후통지)하지 아니한 경우에 보증인이 선의로 채권자에게 변제 기타 유상의 면책행위를 한 때에는 보증인은 자기의 면책행위의 유효를 주장할 수 있다.

(가) 보증인이 면책통지를 하지 아니한 때(사전+사후)

① 보증인이 사전통지 없이 출재한 경우에 주채무자는 채권자에 대한 대항사유로서 보증인에게 대항할 수 있다. 그 대항사유가 상계인 때에는 상계로 소멸할 채권이 보증인에게 이전한다(제445조 제1항).

② 보증인이 면책을 사후통지하지 않은 경우, 주채무자가 선의로 채권자에게 변제 기타 유상의 면책행위를 한 때에는 주채무자는 자기의 면책행위의 유효를 주장할 수 있다(제445조 제2항).

(나) 주채무자가 면책통지를 하지 아니한 때

주채무자가 수탁보증인에게 면책되었음을 통지하지 않은 경우, 보증인은 자기의 선의의 변제 기타 유상의 면책행위를 유효한 것으로 주장할 수 있다(제446조). 위의 경우 면책행위의 유효를 주장할 수 있다는 것은 주채무자와 보증인 사이의 내부관계에서 주장할 수 있는 것을 의미한다. 채권자에 대한 관계에서는 제1의 출재가 변제 등의 면책행위로 되며, 제2의 출재는 비채변제로서 부당이득반환의 대상이 된다〔※ 보증채무에서 보증인은 사전 + 사후통지를 요하나, 주채무자는 사후통지를 요한다. 단 무부탁보증인에게는 이것도 요하지 않는다. 연대채무에서는 채무자 상호간 사전 + 사후의 통지를 요한다(주관적 공동목적이 있다)〕.

판례 수탁보증에 있어서 주채무자가 면책행위를 하고도 그 사실을 보증인에게 통지하지 아니하고 있던 중에 보증인도 사전통지를 하지 아니한 채 이중의 면책행위를 한 경우에는 보증인도 주채무자에게 같은 법 제446조에 의하여 자기의 면책행위의 유효를 주장할 수 없다. 그리고 위 경우에는 이중변제의 기본원칙으로 돌아가 먼저 이루어진 주채무자의 면책행위가 유효하고 나중에 이루어진 보증인의 면책행위는 무효로 보아야 할 것이므로 보증인은 같은 법 제446조에 의하여 주채무자에게 구상권을 행사할 수 없다(대판 1997.10.10, 95다46265).

(3) 부탁 없는 보증인의 구상권(사무관리 · 부당이득반환청구권에 준하여)

(가) 주채무자의 부탁 없이 보증인이 된 자가 주채무자의 의사에는 반하지 않는 경우

부탁 없는 보증인은 주채무자가 이익을 받은 한도에서 구상할 수 있다(제444조 제1항). '그 당시에 이익을 받은 한도'에서 배상하여야 하기 때문에, 따라서 면책된 날 이후의 법정이자와 손해배상은 포함되지 않는다.

(나) 주채무자의 부탁이 없을 뿐만 아니라 그의 의사에 반하여 보증인이 된 자의 구상권

주채무자의 의사에 반하여 보증인이 된 자는 '주채무자의 현존이익의 한도'에서 구상할 수 있다(제444조 2항). 의사에 반한 보증인은 주채무자가 구상한 날 이전에 상계원인 있음을 주장한 때에는 그 상계로 소멸할 채권은 보증인에게 이전된다(제444조 제3항). 한편 부탁 없이 보증인이 된 자에게는 사전구상권이 주어지지 않는다(제442조 참조). 판례는 자동차사고로 부상을 입은 피해자(甲)가 정신이 없는 채 입원할 때 가해자(乙)가 입원치료비의 지불을 보증한 경우, 그 사실만으로 피해자의 부탁에 의한 보증인이라고 볼 수 있는가와 관련하여 판례는 부정한다(대판 1970.4.28, 70다352). 즉 수탁보증인으로 볼 수 없다는 것이 판례의 태도이다.

(4) 불가분채무 또는 연대채무에 있어 보증인의 구상권(제447조)

> **제447조 (연대, 불가분채무의 보증인의 구상권)**
> 어느 연대채무자나 어느 불가분채무자를 위하여 보증인이 된 자는 다른 연대채무자나 다른 불가분채무자에 대하여 그 부담부분에 한하여 구상권이 있다.

어느 불가분채무자나 어느 연대채무자를 위하여 보증인이 된 자는 다른 불가분채무자나 다른 연대채무자에 대하여 그 부담부분에 한하여 구상권이 있다(제447조). 예컨대 甲 · 乙 · 丙이 丁에 대하여 30만원의 연대채무를 부담하는데, 보증인 戊가 丙의 채무에 대해서만 보증을 한 경우, 戊가 보증채무를 이행하게 되면 丙에게 30만원 전액을 구상할 수 있고, 한편 丙은 甲과 乙에게 각각 10만원씩 구상하게 된다. 민법은 이러한 이중의 구상관계를 간편하게 결제하기 위해 戊가 甲과 乙에게 직접 10만원씩 구상할 수 있도록 한 것이다.

판례 〈제447조의 적용범위〉 "어느 연대채무자나 어느 불가분채무자를 위하여 보증인이 된 자는 다른 연대채무자나 다른 불가분채무자에 대하여 그 부담부분에 한하여 구상권이 있다."는 민법 제447조는 어느 연대채무자나 어느 불가분채무자를 위하여 보증인이 된 자의 다른 연대채무자나 다른 불가분채무자에 대한 구상권에 관한 규정에 불과하므로, <u>연대채무자 모두를 위하여 물상보증인이 된 자가 그 연대채무자의 1인에 대하여 구상권을 행사하는 경우에는 적용될 여지가 없다</u>(대판 1990.11.13, 90다카26065).

(5) 보증인의 구상권과 변제자대위

구상권과 변제자대위는 별개이다. 따라서 변제할 정당한 이익이 있는 자가 채무자를 위하여 채권의 일부를 대위변제할 경우 대위자는 그 변제한 가액에 비례하여 채권자와 함께 그 권리를 행사하고, 변제한 가액의 범위 내에서 종래 채권자가 가지고 있던 채권 및 담보에 관한 권리를 취득하는 것이되, 이 경우에도 <u>채권자는 일부 대위변제자에 대하여 우선변제권을 가지는 것이라 하겠으나, 보증인이 변제 기타의 출재로 주채무를 소멸하게 하는 등의 사유로 주채무자에 대하여 가지게 되는 구상권은 변제자가 갖는 고유의 권리로서 대위의 객체가 된 권리와는 별개라 할 것이어서 당사자 사이에 다른 약정이 있다는 등의 특별한 사정이 없는 한 일부 대위에 관한 위와 같은 법리가 보증인이 행사하는 구상권의 경우에 당연히 그대로 적용되는 것은 아니다</u>(대판 1995.3.3, 94다33514). 따라서 보증인 丙이 일부 대위변제자로서 채권자 甲으로부터 취득한 일부 근저당권에 기하여 채무자 乙의 책임 재산으로부터 변제받게 될 경우에 甲의 우선적인 지위를 인정한다고 하여 丙이 그 고유의 권리로서 행사하는 구상권의 경우에도 甲의 우선적 지위를 인정하는 취지라고 확장해석할 수는 없다 할 것이다.

관련사례 | 乙은 甲으로부터 1,000만 원을 차용하면서 丙에게 보증해 달라고 부탁하였다. 이에 丙은 甲과 위 채무에 대한 보증계약을 체결하였다.

해설 | (a) 乙이 변제기에 1,000만 원을 甲의 통장에 먼저 입금하였음에도 이를 丙에게 통지하지 아니하고 있었는데, 이러한 사실을 모르고 다음날 丙도 통지 없이 1,000만 원을 입금한 경우 丙은 자기의 면책행위의 유효를 주장할 수 없다(제446조와 대판 1997.10.10, 95다46265 판례참조).

(b) 乙의 채무가 이행기에 도래하였다면, 丙은 甲에게 변제하기 전에도 乙에게 1,000만 원을 요구할 수 있다(제442조 사전구상권).

(c) 한편 수탁보증인이 사전구상권을 행사한 경우에 주채무자는 배상할 금액을 공탁함으로써 그 배상의무를 면할 수 있다(제443조).

VII. 특수한 보증

1. 연대보증

(1) 의의 및 구별

㈀ 연대보증이란 보증인이 채권자에 대하여 주채무자와 연대하여 채무를 부담함으로써 주채

무의 이행을 담보하는 보증채무의 일종이다. <u>단순보증과는 달리 연대보증인에게는 이에 따른 최고·검색의 항변권이 인정되지 않아 채권의 담보력이 강화된다.</u>
(ㄴ) <u>한편 보증연대는 수인의 보증인 사이에 연대의 특약이 있는 경우로서 보충성(제437조)이 있는 점이 연대보증과 다른 점이다.</u>

(2) 연대보증의 성립

연대보증이 성립하기 위해서는 보증계약과 함께 연대약정이 필요하다. 그러나 주채무 또는 보증채무 중 어느 하나가 상행위로 인하여 발생한 경우에는 연대의 특약이 없어도 연대보증이 성립한다(상법 제57조 제2항).

판례 〈수인의 보증인이 있는 경우 그 수인이 연대보증인일 때에는 각자가 별개의 법률행위로 보증인이 되었고 또한 보증인 상호간에 연대의 특약(보증연대)이 없었더라도 보증인 상호간에는 구상권을 행사할 수 있는가(긍정)〉: 연대보증인들 상호간의 내부관계에서는 주채무에 대하여 출재를 분담하는 일정한 금액을 의미하는 부담부분이 있고, 그 부담부분의 비율, 즉 분담비율에 관하여는 그들 사이에 특약이 있으면 당연히 그에 따르되 그 특약이 없는 한 각자 평등한 비율로 부담을 지게 된다. 그러므로 연대보증인 가운데 한 사람이 자기의 부담부분을 초과하여 변제하였을 때에는 다른 연대보증인에 대하여 구상을 할 수 있는데, 다만 다른 연대보증인 가운데 이미 자기의 부담부분을 변제한 사람에 대하여는 구상을 할 수 없으므로 그를 제외하고 아직 자기의 부담부분을 변제하지 아니한 사람에 대하여만 구상권을 행사하여야 한다(대판 2009.6.25, 2007다70155).

(3) 특색

연대보증은 보통의 보증과 다음의 점에 차이가 있다. 즉 부종성이 있으나, 보충성 없고, 또한 분별의 이익이 없다.

(4) 보증인과 부당이득반환문제

1) 제3자의 변제로 인한 보증인에 대한 부당이득반환청구
주채무가 제3자의 변제에 의하여 소멸한 경우에는 주채무의 소멸로 인하여 보증채무도 소멸한다. 그리고 <u>제3자의 출재로 인하여 주채무가 소멸되면 제3자로서는 주채무자에 대하여 자신의 출재에 대한 구상권을 행사할 수 있어 그에게 손해가 있다고 보기도 어려우므로 제3자의 연대보증인에 대한 부당이득반환청구는 인정되지 않는다</u>(대판 1996.9.20, 96다22655).

2) 보증인의 채권자에 대한 부당이득반환청구
보증채무는 주채무와 동일한 내용의 급부를 목적으로 함이 원칙이지만 주채무와는 별개 독립의 채무이고, 한편 보증채무자가 주채무를 소멸시키는 행위는 주채무의 존재를 전제로 하므로, 보증인의 출연행위 당시에는 주채무가 유효하게 존속하고 있었다 하더라도 그 후 주계약이 해제되어 소급적으로 소멸하는 경우에는 보증인은 변제를 수령한 채권자를 상대로 이미 이행한 급부를 부당이득으로 반환청구할 수 있다(대판 2004.12.24. 2004다20265).

판례 〈보증인의 채권자에 대한 부당이득반환청구행사〉 따라서 보증채무자가 주채무를 소멸시키는 행위는 주채무의 존재를 전제로 하므로, 보증인의 출연행위 당시 주채무가 성립되지 아니하였거나 타인의 면책행위로 이미 소멸되었거나 유효하게 존속하고 있다가 그 후 소급적으로 소멸한 경우에는 보증채무자의 주채무 변제는 비채변제가 되어 채권자와 사이에 부당이득반환의 문제를 남길 뿐이고 주채무자에 대한 구상권을 발생시키지 않는다(대판 2012.2.23. 2011다62144).

관련사례 甲은 丙의 연대보증 하에 乙에게 10억원을 빌려주면서 乙소유의 X부동산에 근저당권(채권최고액 13억원)을 취득하였다.

해설
(a) 연대보증계약과 물상보증계약은 법률상 부종성이 있다거나 다른 특약이 있지 아니하는 한 일반적으로 별개의 계약이다(대판 1988.5.24, 87다카2896). 한편 연대보증인 丙은 甲의 이행청구에 대하여 최고·검색의 항변권을 행사할 수 없다(제437조 단서).
(b) 丙이 5억원을 甲에게 변제하고 구상권을 행사한 경우, 특별한 사정이 없는 한 일부 대위에 관한 법리가 적용되지 않는다. 즉 보증인이 변제 기타의 출재로 주채무를 소멸하게 하는 등의 사유로 주채무자에 대하여 가지게 되는 구상권은 변제자가 갖는 고유의 권리로서 대위의 객체가 된 권리와는 별개라 할 것이어서 당사자 사이에 다른 약정이 있다는 등의 특정한 사정이 없는 한 일부 대위에 관한 위와 같은 법리가 보증인이 행사하는 구상권의 경우에 당연히 그대로 적용되는 것은 아니다(대판 1995.3.3, 94다33514).

2. 공동보증

제439조 (공동보증의 분별의 이익)
수인의 보증인이 각자의 행위로 보증채무를 부담한 경우에도 제408조의 규정(분할채권관계)을 적용한다.

제448조 (공동보증인간의 구상권)
① 수인의 보증인이 있는 경우에 어느 보증인이 자기의 부담부분을 넘은 변제를 한 때에는 제444조의 규정을 준용한다.
② 주채무가 불가분이거나 각보증인이 상호연대(보증연대)로 또는 주채무자와 연대로 채무를 부담한 경우(연대보증)에 어느 보증인이 자기의 부담부분을 넘은 변제를 한 때에는 제425조 내지 제427조의 규정을 준용한다.

(1) 의의

동일한 주채무를 보증하는 보증인이 다수 있는 경우 공동보증이라 한다. 수인의 보증인은 다른 특약이 없으면 분별의 이익을 갖는다(제439조 참조). 다만 공동보증에서도 다음의 경우에는 분별의 이익이 없다. 주채무가 불가분인 경우, 수인의 보증인의 연대보증인인 경우, 수인의 보증인 사이에 보증연대의 특약이 행해진 경우 등이다.

(2) 공동보증의 유형

1) 수인의 보증인이 보통(단순) 보증인 경우(제439조 참조)
2) 연대보증인 경우(제448조 제2항)
3) 수인의 보증인이 전부변제의 특약을 한 보증연대의 경우(제448조 제2항) 등이다. 이 중 원칙적인 모습은 단순공동보증이다.

(3) 공동보증인과 채권자의 관계

1) 분별의 이익이 있는 경우(제439조)

수인의 보증인이 있는 경우 공동보증인은 주채무를 균등한 비율로 분할한 부분에 대해서만 보증채무를 부담한다. 이를 '분별의 이익'이 있다고 한다.

2) 분별의 이익이 없는 경우(제448조 제2항)

이 때는 각 보증인은 전부의 변제를 하여야 한다. 그 예를 든다면, 주채무가 불가분인경우, 보증연대의 경우, 연대보증의 경우이다.

(4) 공동보증인 사이의 구상관계

공동보증인 가운데 한 사람이 변제 등을 한 경우에는 주채무자에게 구상할 수 있고, 보증인이 자기의 부담부분을 넘어서 변제한 경우에는 다른 공동보증인에 대해서도 구상을 할 수 있다. 즉 공동보증인은 자기의 출재로 공동면책이 된 때에는 그 출재한 금액에 불구하고 주채무자에게 구상을 할 수 있는 것이다(민법 제441조 제1항, 제444조).

1) 분별의 이익을 가지는 경우

분별의 이익 있는 보증인 1인이 자기의 부담부분을 넘은 변제를 한 때에는 다른 보증인에 대하여 부탁받지 않은 보증인이 주채무자에 대해 구상하는 것과 같은 범위 내에서 구상한다(제448조 제1항).

2) 분별의 이익이 없는 경우

분별의 이익이 없는 보증인 1인이 자기의 부담부분을 넘은 변제를 한 경우에는 다른 보증인에 대하여 연대채무자 상호간에서와 같은 구상권이 인정된다(제448조 제2항).

〈 연대채무와 보증채무의 종류별 법적 성질 비교〉

	부 종 성	보 충 성	분별의 이익
연대채무	×	×	×
보증채무	○	○	×
공동보증	○	○	○
연대보증	○	×	×
보증연대	○	○	×

Ⅷ. 계속적 보증 중 근보증

1. 의의와 유효성

(1) 의의

계속적 보증이란 계속적인 계약관계에서 생기는 불확정한 채무를 보증하는 것을 말한다. 이는 일시적 보증에 대비되는 것으로서 통설과 판례는 그 유효성을 긍정한다. 계속적 보증에서 문제되는 것은, 은행거래 등에서 생기는 채무를 보증하는 계속적 신용보증(근보증)과 피용자의 채무를 보증하는 신원보증이다. 신원보증은 근래 개정된 신원보증법이라는 특별법의 적용을 받는다.

(2) 유효성

계속적 보증의 경우에도 장래에 주채무가 확정될 수 있다면 특별히 문제될 것이 없고, 그래서 판례도 그 유효성을 긍정한다(대판 1976.8.24, 76다1178).

> **판례** 종래의 판례는 "어음대부·당좌대월 등의 방법에 의한 <u>현재의 채무 및 기간과 보증한도를 정하지 않은 채무</u>에 대하여 연대보증한 것은 소위 근보증계약이라고 할 것이고 <u>기간과 보증한도를 정하지 않은 근보증계약도 유효하다</u>"고 판시하였다(대판 1976.8.24, 76다1178). 그러나 이러한 근보증도 호의보증의 경우에는 보증인보호를 위한 특별조치법의 적용범위내(요식주의, 금액의 특정)에서는 수정되어야 한다.

2. 근보증인의 책임제한

(1) 필요성

계속적 신용보증에서는 보증인의 책임의 불확정성·장기존속성으로 말미암아 보증인에게 무거운 부담을 주게 되기 때문이다.

(2) 구체적 내용

1) 당사자의 의사

보증책임 범위를 당사자의 의사에 따라 제한하는 방법 등이다. 즉 <u>계속적 보증계약에 있어서 보증한도액이 정하여져 있는 경우</u>, 그 한도액을 주채무의 원금만을 기준으로 정한 것인지 아니면 주채무에 대한 이자·지연손해금 등 부수채무까지 포함하여 정한 것인지의 여부는 먼저 계약당사자의 의사에 따라서 결정하여야 하나, 특별한 약정이 없으면 그 한도액은 주채무에 대한 이자·지연손해금 등 부수채무까지 포함된 것이라고 보아야 한다(대판 1999.3.23, 98다64639).

2) 사정변경을 이유로 한 해지

보증인과 주채무자의 원인관계에 중대한 변경이 생긴 경우(회사의 이사 또는 직원이 퇴사한 경우 등), 계속적 보증계약(근보증)을 사정변경을 이유로 해지할 수 있다. 다만 회사의 이사가 채무액과 변제기가 <u>특정되어 있는 회사 채무</u>에 대하여 보증계약을 체결한 경우에는 계속적 보증이나 포괄근보증의 경우와는 달리 이사직 사임이라는 사정변경을 이유로 보증인인 이사가 일방적으로 보증계약을 해지할 수 없다(대판 2006.7.4, 2004다30675).

판례 ㉠ 〈**해지권의 행사**〉 회사의 이사로 재직하는 자가 회사의 요구에 의하여 부득이 회사와 은행 사이의 계속적 거래로부터 발생하는 채무를 연대보증하였으나, 그 후 이사직을 사임한 경우에는 보증기간만료 전에도 사정변경을 이유로 연대보증계약을 해지할 수 있다. 단 채권자가 연대보증인의 퇴사사실을 알고 있었더라도 연대보증인의 채권자에 대한 해지의 의사표시가 없이 보증계약은 당연히 해지되는 것은 아니다(대판 1996. 10. 29, 95다17533). ㉡ 〈**구상금채무가 확정된 후 해지권을 행사제한**〉 회사의 이사의 지위에서 부득이 회사와 제3자 사이의 계속적 거래로 인한 회사의 채무에 대하여 보증인이 된 자가 그 후 퇴사하여 이사의 지위를 떠난 때에는 보증계약 성립 당시의 사정에 현저한 변경이 생긴 경우에 해당하므로 이를 이유로 보증계약을 해지할 수 있는 것이고, 한편 계속적 보증계약의 보증인이 장차 그 보증계약에 기한 보증채무를 이행할 경우 피보증인이 계속적 보증계약의 보증인에게 부담하게 될 불확정한 구상금채무를 보증한 자에게도 사정변경이라는 해지권의 인정 근거에 비추어 마찬가지로 해지권을 인정하여야 할 것이나, 이와 같은 경우에도 보증계약이 해지되기 전에 계속적 거래가 종료되거나 그 밖의 사유로 주채무 내지 구상금채무가 확정된 경우라면 보증인으로서는 더 이상 사정변경을 이유로 보증계약을 해지할 수 없다(대판 2002.5.31, 2002다1673).

3) 통지의무부과 등 신의칙에 의한 보증인의 책임제한

채권자는 주채무자에 대한 신용거래확대 등으로 보증인에게 영향을 미칠 사유가 발생하였거나, 장기연체 등으로 주채무자의 신용상태가 악화된 경우에는 반드시 보증인에게 통지해야 할 신의칙상의 의무를 진다. 통지를 하지 않음으로 인하여 보증인이 해지할 수 없었던 경우에 채권자는 그 사유 이후에 증가된 채무액을 청구할 수 없다. 따라서 이러한 해석에 의하여 보증인의 책임 범위를 합리적으로 제한 할 수 있다.

판례 ㉠ 〈**합리적 범위의 제한 사례**〉 이른바 계속적 보증계약은 보증책임의 범위나 보증기간에 관하여 아무런 정함이 없는 경우라도 그 본질은 의연히 보증계약임에 변함이 없는 것이므로 보증인은 변제기에 있는 주채무 전액에 관하여 보증책임을 부담함이 원칙이고, 다만 보증인의 부담으로 돌아갈 주채무의 액수가 보증인이 보증당시에 예상할 수 있었던 범위를 훨씬 상회하고 그 원인이 채권자가 주채무자의 자산상태가 현저히 악화된 사실을 익히 알면서도(중대한 과실로 알지 못한 경우도 이와 같다) 이를 알지 못하는 보증인에게 아무런 통보나 의사타진도 없이 고의로 거래규모를 확대함에 연유하는 등 신의칙에 반하는 사정이 인정되는 경우에 한하여 보증인의 책임을 합리적인 범위로 제한할 수 있다(대판 1987.4.28, 86다카2033). ㉡ 〈**특정채무에 대한 보증책임을 신의칙에 의하여 제한할 수 있는지 여부(한정 적극)**〉 채권자와 채무자 사이에 계속적인 거래관계에서 발생하는 불확정한 채무를 보증하는 이른바 계속적 보증의 경우뿐만 아니라 특정채무를 보증하는 일반보증의 경우에 있어서도, 채권자의 권리행사가 신의칙에 비추어 용납할 수 없는 성질의 것인 때에는 보증인의 책임을 제한하는 것이 예외적으로 허용될 수 있을 것이나, 일단 유효하게 성립된 보증계약에 따른 책임을 신의칙과 같은 일반원칙에 의하여 제한하는 것은 자칫 잘못하면 사적 자치의 원칙이나 법적 안정성에 대한 중대한 위협이 될 수 있으므로 신중을 기하여 극히 예외적으로 인정하여야 할 것이다(대판 2007.1.25, 2006다25257).

4) 상속의 부정

근보증에서 보증기간과 한도액의 정함이 없는 경우, 근보증인의 사망 후의 거래에 대해서는 그 상속인이 보증책임을 지지 않는다고 한다. 그리고 유의할 것은 사망전 확정된 채무에 관하여는 상속을 긍정한다. 다만 보증한도액이 정해진 계속적 보증계약의 경우 보증인이 사망하였다하더라도 보증계약이 당연히 종료되는 것은 아니고 특별한 사정이 없는 한 상속인들이 보증인의 지위를 승계한 것으로 보아야 한다(대판 1999.6.22, 99다19322).

판례 〈장래에 부담하게 될 채무에 관하여 보증한도액과 보증기간의 정함이 없는 연대보증계약의 경우, 보증인의 사망 후에 생긴 주채무에 대하여 그 상속인이 보증채무를 승계하는지 여부(한정 소극)〉 계속적 어음할인거래로 인하여 장래에 부담하게 될 채무에 관하여 보증한도액과 보증기간의 정함이 없는 연대보증계약에 있어서는 보증인의 지위는 특별한 사정이 없는 한 상속인에게 상속된다고 할 수 없으므로 연대보증인의 사망 후에 생긴 주채무에 대하여는 그 상속인이 보증채무를 승계하여 부담하지는 아니한다(민법 제428조 제2항 참조, 대판 2003.12.26, 2003다30784).

5) 주채무의 거래기간 자동연장

주채무의 거래기간이 연장되면 연대보증기간도 자동적으로 연장되는 것으로 규정한 은행과의 소비대차약정상의 약관 조항은 약관의규제에관한법률 제9조 제5호의 규정에 위반되어 효력이 없다(대판 1999.8.24, 99다26481).

3. 계속적 보증 중 신원보증(신원보증법 내용고찰)

(1) 부종적 계약

2002.1.14. 개정된 법에서는 신원보증계약을 피용자가 업무를 수행하는 과정에서 그의 책임 있는 사유(핵심 : 피용자의 고의 또는 중대한 과실에 의한 행위-피용자의 경과실 손해 제외 됨)로 사용자에게 손해를 입힌 경우에 그 손해를 배상할 채무를 부담할 것을 약정하는 계약으로 정의하여 신원보증계약이 부종적 보증계약임을 분명히 하였다(제2조).

(2) 존속기간

기간을 정하지 아니한 신원보증계약은 그 성립 일부터 2년간 효력을 가진다. 그리고 신원보증계약의 기간은 2년을 초과하지 못한다. 이 보다 장기간으로 정한 경우에는 그 기간을 2년으로 단축한다. 신원보증계약은 이를 갱신할 수 있다. 다만, 그 기간은 갱신한 날부터 2년을 초과하지 못한다(제3조).

판례 〈퇴직금지급 후 당연해지〉 사용자가 근로자에게 퇴직금을 지급한 경우 특별한 사정이 없는 한 사용자와 근로자의 신원보증인과 사이의 신원보증계약은 사용자와 근로자 사이의 근로관계가 퇴직금의 지급 후에도 계속되는지의 여부에 관계없이 당연히 해지되어 효력을 상실한다(대판 2000.3.14, 99다68676).

(3) 책임제한

사용자가 고의 또는 중과실로 통지의무를 게을리하여 신원보증인이 해지권을 행사하지 못한 경우 그로 인하여 발생한 손해에 대하여는 그 한도에서 신원보증인의 책임이 면제되는 것으로 하여 통지의무위반의 효과를 규정하였다(제4조 제2항).

(4) 배상책임요건과 분할주의

피용자의 고의 또는 중과실로 인하여 발생한 손해가 있는 경우에 신원보증인의 배상책임이 발생하는 것으로 하고, 신원보증인이 수인인 경우에 특별한 의사표시가 없으면 각 신원보증인은 균등한 비율로 의무를 부담하는 것으로 하여 공동신원보증인 사이에는 분별의 이익이 있음을 명문화 하였다(제6조 제1항 및 제2항).

(5) 신원보증계약의 종료

신원보증계약은 신원보증인의 사망으로 종료한다(제7조). <u>그러나 신원보증인의 사망시까지 발생한 신원보증채무는 상속인에게 상속된다</u>(대판 1972. 2. 29, 71다2747).

(6) 편면적 강행규정

그리고 동법은 강행규정으로서 이 법의 규정에 반하는 특약은 어떠한 명칭이나 내용으로든지 신원보증인에게 불리한 것은 효력이 없다(제8조).

4. 관련문제(손해담보계약)

(1) 의의

손해담보계약이란 일방이 타방당사자에 대해 일정한 사항으로부터 발생할 수 있는 손해를 전보해 줄 것을 목적으로 하는 계약으로서 주채무를 전제하지 않는다. 즉, 손해담보계약에 있어서는 주채무의 존재가 전제되지 않기 때문에, 담보자는 독립해서 전보배상책임을 부담하기 때문에 손해담보계약에는 부종성이 인정되지 않는다.

(2) 효력

<u>손해담보계약상 담보의무자의 책임은 손해배상책임이 아니라 이행의 책임이고, 따라서 담보계약상 담보권리자의 담보의무자에 대한 청구권의 성질은 손해배상청구권이 아니라 이행청구권이므로, 민법 제396조의 과실상계 규정이 준용될 수 없음은 물론 과실상계의 법리를 유추적용하여 그 담보책임을 감경할 수도 없는 것이 원칙이다</u>(대판 2002.5.24, 2000다72572).

5. 보증인보호를 위한 특별조치법(2008.9.22. 시행)

(1) 호의보증인의 보호

동법은 보증에 관하여 민법에 대한 특례를 규정함으로써 아무런 대가없이 호의로 이루어지는 보증으로 인한 피해를 방지하고자 한다.

> **Tip**
>
> ◎ 이 법은 보증에 관하여 「민법」에 대한 특례를 규정함으로써 아무런 대가 없이 호의로 이루어지는 보증으로 인한 보증인을 보호함이 목적이다(제1조)

(2) 서면주의

동법은 보증은 보증인의 기명날인 또는 서명이 있는 서면으로 표시되어야 그 효력이 발생하도록 하여 불요식행위였던 기존의 보증의 방식을 서면주의로 변경하고 있다(제3조).

판례 〈차용증에 '채무자'란의 회사 명판이 찍힌 자리 옆에 자신의 이름을 직접 기재하여 서명한 경우 보증인 책임을 충족하는가?〉 ㉠ '보증인 보호를 위한 특별법' 제3조 제1항은 "보증은 그 의사가 보증인의 기명날인 또는 서명이 있는 서면으로 표시되어야 효력이 발생한다."고 정한다. 위 법규정이 '보증의 의사'가 일정한 서면으로 표시되는 것을 정할 뿐이라는 점 등을 고려할 때, 작성된 서면에 반드시 '보증인' 또는 '보증한다'라는 문언의 기재가 있을 것이 요구되지는 아니한다고 봄이 상당하다. ㉡ '보증인 보호를 위한 특별법' 제4조 전단은 "보증계약을 체결할 때에는 보증채무의 최고액을 서면으로 특정"할 것을 요구한다. 이 경우 확정된 주채무에 관한 채권증서에 보증인이 기명날인 또는 서명하는 방식으로 보증의 의사를 표시한 일반 보증의 경우에 그 서면에 주채무자가 부담하는 원본채무의 금액이 명확하게 기재되어 있다면 다른 특별한 사정이 없는 한 이로써 위 법률 제4조 전단의 요건은 적법하게 충족되었다고 볼 것이고, 그 외에 이자 또는 지연손해금 등과 같은 종된 채무에 관하여 별도로 그 액을 특정할 것이 요구되지는 아니한다(대법원 2013.06.27. 선고 2013다23372 판결).

(3) 최고액과 기간제한

보증계약체결시 보증채무최고액을 특정하도록 하고, 기간약정이 없는 보증의 보증기간을 3년으로 제한하는 규정을 두어 보증인의 변제책임이 무한정으로 확대되는 것을 방지하고자 하였다(제4조). 이처럼 '보증인 보호를 위한 특별법' 제4조 전단은 '보증계약을 체결할 때에는 보증채무의 최고액을 서면으로 특정'할 것을 요구하는데, 판례는 "서면에 주채무자가 부담하는 원본채무의 금액이 명확하게 기재되어 있다면 다른 특별한 사정이 없는 한 이로써 위 법률 제4조 전단의 요건은 적법하게 충족되었다"고 본다. 따라서 그 외에 이자 또는 지연손해금 등과 같은 종된 채무에 관하여 별도로 그 액을 특정할 것이 요구되지는 아니한다는 것이다(대판 2013.06.27, 2013다23372).

> **Tip**
> ㉠ 보증계약을 체결할 때에는 보증채무의 최고액을 서면으로 특정하여야 한다. 보증기간을 갱신할 때에도 또한 같다(제4조).
> ㉡ 근보증은 그 보증하는 채무의 최고액을 서면으로 특정하여야 한다(제6조).
> ㉢ 보증기간의 약정이 없는 때에는 그 기간을 3년으로 본다. 보증기간은 갱신할 수 있다. 이 경우 계약체결시 보증기간을 그 기간으로 본다(제7조).

관련사례 2008년 10월 乙은 甲으로부터 1억원을 빌렸고, 丙이 乙의 1억원 금전채무에 대해 연대보증을 한 경우의 법률관계는? (丙은 '보증인 보호를 위한 특별법'상의 보증인에 해당함)

해설
(a) 丙의 연대보증은 그 의사가 丙의 기명날인 또는 서명이 있는 서면으로 표시되어야 그 효력이 발생하는 것은 아니다(X-보증은 그 의사가 보증인의 기명날인 또는 서명이 있는 서면으로 표시되어야 효력이 발생한다(보증인 보호를 위한 특별법 제3조 제1항)).

(b) 甲이 丙의 연대보증채무 일부 또는 전부를 면제하였더라도 그 면제의 효력은 乙에 대하여 미치지 아니한다. 즉 판례는 "연대보증인이라고 할지라도 주채무자에 대하여는 보증인에 불과하므로 연대보증에 관한 면제의 절대적 효력을 규정한 민법 제419조의 규정의 주채무자와 보증인 사이에는 적용되지 아니하는 것이니, 채권자가 연대보증인에 대하여 그 채무의 일부 또는 전부를 면제하였다 하더라도 그 면제의 효력은 주채무자에 대하여 미치지 아니한다"고 하였다(대판 1992.9.25, 91다37553).

(c) 乙의 甲에 대한 채무가 시효로 소멸한 때에는 丙도 그 시효소멸을 원용할 수 있으며, 이때 乙이 시효의 이익을 포기하더라도 丙에게는 그 효력이 없다(제433조 제2항 참조; 대판 1991.1.29, 89다카1114).

제5장 채권양도와 채무인수

Ⅰ. 채권양도

> **제449조 (채권의 양도성)**
> ① 채권은 양도할 수 있다. 그러나 채권의 성질이 양도를 허용하지 아니하는 때에는 그러하지 아니하다.
> ② 채권은 당사자가 반대의 의사를 표시한 경우에는 양도하지 못한다. 그러나 그 의사표시로써 선의의 제3자에게 대항하지 못한다.

1. 의의 및 성질

(1) 의의

채권양도란 채무의 동일성을 유지하면서 채권을 법률행위에 의해 이전하는 처분행위이다(제 449조 이하). 채권양도가 계약에 의해 발생하는 경우, 그 계약의 당사자는 채권자와 양수인일 뿐 채무자는 당사자가 아니다. <u>이러한 채권양도는 채권자와 양수인 사이에 처분·이전하는 법률행위로서 채권의 주체를 변경시키는 처분행위의 성질을 갖는다.</u>

(2) 성질

지명채권에 대한 양도계약은 당사자 사이의 낙성·불요식계약에 의해 성립하며, 지명채권의 양도행위와 원인행위인 채권행위(양도의무계약)는 별개이나(독자성), 두 개가 함께 행해지는 것이 보통이므로 유인적으로 이해함이 통설·판례이다(아래 판결참조). 그러나 증권적 채권(지시채권, 무기명채권 등)은 원인행위와 별개로 다루기 때문에 무인적이다.

판례 〈채권의 귀속주체 변경을 내용으로 하는 '채권양도계약'과 채권양도의 의무 발생을 내용으로 하는 '양도의무계약' 이 법적으로 별개의 독립한 행위인지 여부(적극) 및 채권양도계약에 대하여 원인이 되는 개별적 채권계약의 효과에 관한 민법상 임의규정이 적용되는지 여부(원칙적 소극)〉 ㉠ 지명채권의 양도라 함은 채권의 귀속주체가 법률행위에 의하여 변경되는 것, 즉 법률행위에 의한 이전을 의미한다. 여기서 '법률행위'란 유언 외에는 통상 채권이 양도인에게서 양수인으로 이전하는 것 자체를 내용으로 하는 그들 사이의 합의를 가리키고, 이는 이른바 준물권행위 또는 처분행위로서의 성질을 가진다. ㉡ 그와 달리 채권양도의 의무를 발생시키는 것을 내용으로 하는 계약(양도의무계약)은 채권행위 또는 의무부담행위의 일종으로서, 이는 구체적으로는 채권의 매매나 증여, 담보를 위하여 채권을 양도하기로 하는 합의(즉 채권양도담보계약), 채권의 추심을 위임하는 계약 등 다양한 형태를 가질 수 있다. ㉢ 비록 채권양도계약과 양도의무계약은 실제의 거래에서는 한꺼번에 일체로 행하여지는 경우가 적지 않으나, 그 <u>법적 파악에 있어서는 역시 구별되어야 하는 별개의 독립한 행위이다. 그리하여 채권양도계약에 대하여는 그 원인이 되는 개별적 채권계약의 효과에 관한 민법상의 임의규정은 다른 특별한 사정이 없는 한 적용되지 아니한다</u>(대판 2011.3.24, 2010다100711). 예컨대, 채권양도계약에 채권계약의 일종인 위임의 효과에 관한 위 법규정을 바로 적용하여 그에 의하여 채권양도계약을 (자유롭게) 해지할 수 있다고 본 것은 잘못이라는 것이다. 그러나 위임이 적법하게 해지됨으로써 채권양도가 원상회복된 경우, 양수인은 채무자에게 채권이 복귀되었음을 통지할 의무를 부담하게 된다. <u>즉 이러한 판례의 입장에 따르면 지명채권의 양도는 원인행위에 대하여 독자성과 유인성을 가지는 법률행위가 된다.</u>

2. 채권의 양도성 검토

(1) 특정성

채권을 양도하기 위하여는 양도의 대상인 채권이 존재하여야 하고 또 특정할 수 있어야 한다. 종류채권이나 선택채권도 특정할 수 있기 때문에 그 양도가 가능하다.

판례 ㉠ 채권양도에 있어서 양도채권이 사회통념상 다른 채권과 구별하여 그 동일성을 인식할 수 있을 정도로 되어 있다면 그 채권은 특정된 것으로 보아야 하고 양도채권의 종류나 금액 등이 구체적으로 적시되어 있어야 하는 것은 아니다(대판 1998.5.29, 96다51110). 그러나 ㉡ 채무자가 채권양도인에게 甲 토지에 관한 장래 분양대금반환채무 외에 乙 토지에 관한 장래 분양대금반환채무도 부담하고 있었음에도 승낙서에는 양도된 채권의 표시나 금액에 관하여 아무런 기재가 없는 경우에는 채권양도승낙에는 승낙 대상인 채권이 특정되지 않았다(대판 2011.7.14, 2009다49469).

(2) 장래의 채권

채권양도 당시 양도 목적 채권의 채권액이 확정되어 있지 아니하였다 하더라도 채무의 이행기까지 이를 확정할 수 있는 기준이 설정되어 있다면 그 채권의 양도는 유효한 것으로 보아야 한다. 따라서 장래 매매계약의 해제시 발생할 원상회복 채권도 이에 해당할 수 있다(대판 1997.7.25, 95다21624).

판례 〈채권양도 후 채권인 금전을 양도인이 수령한 경우〉 장래채권의 양도인이 채권양도 후 채권양도의 통지 전에 채무자로부터 채권을 추심하여 금전을 수령한 경우, 아직 대항요건을 갖추지 아니한 이상 채무자가 양도인에 대하여 한 변제는 유효하고, 그 결과 양수인에게 귀속되었던 채권은 소멸하지만, 이는 이미 채권을 양도하여 그 채권에 관한 한 아무런 권한도 가지지 아니하는 양도인이 양수인에게 귀속된 채권에 대한 변제로서 수령한 것이므로, 채권양도의 당연한 귀결로서 그 금전을 자신에게 귀속시키기 위하여 수령할 수는 없는 것이고, 오로지 양수인에게 전달해 주기 위하여서만 수령할 수 있을 뿐이어서, 양도인이 수령한 금전은 양도인과 양수인 사이에서 양수인의 소유에 속하고, 여기에다가 위와 같이 양도인이 양수인을 위하여 채권보전에 관한 사무를 처리하는 지위에 있다는 것을 고려하면, 양도인은 이를 양수인을 위하여 보관하는 관계에 있다고 보아야 할 것이다(대판 2007.5.11. 2006도4935).

(3) 임금채권

임금채권도 양도성을 긍정함이 판례이나, 다만 근로기준법상(동법 제42조 : 임금은 통화로 직접 근로자에게 그 전액을 지급하여야 한다)의 제한 때문에 양수인이라고 할지라고 스스로 사용자에 대하여 임금의 지급을 청구할 수는 없다(대판 1988.12.13, 87다카2803).

(4) 가압류된 채권

가압류된 채권도 이를 양도하는데 아무런 제한이 없으나, 다만 가압류된 채권을 양수받은 양수인은 그러한 가압류에 의하여 권리가 제한된 상태의 채권을 양수받는다고 보아야 할 것이다(대판 2000.4.11, 99다23888). 한편 채권압류가 경합된 경우에 있어서는 그 압류채권자들 중의 한 사람이 전부명령을 얻더라도 그 전부명령은 무효가 된다(대판 1980.9.30, 78다1292).

판례 〈가압류채권의 양수인에 대한 채권양도가 무효가 되는 경우〉 채권가압류의 처분금지의 효력은 본안소송에서 가압류채권자가 승소하여 채무명의(집행권원)를 얻는 등으로 피보전권리의 존재가 확정되는 것을 조건으로 하여 발생하는 것이므로 채권가압류결정의 채권자가 본안소송에서 승소하는 등으로 채무명의(집행권원)를 취득하는 경우에는 가압류에 의하여 권리가 제한된 상태의 채권을 양수받는 양수인에 대한 채권양도는 무효가 된다(대판 2002.4.26. 2001다59033). 그리고 채무자가 압류 또는 가압류의 대상인 채권을 양도하고 확정일자 있는 통지 등에 의한 채권양도의 대항요건을 갖추었다면, 그 후 채무자의 다른 채권자가 그 양도된 채권에 대하여 압류 또는 가압류를 하더라도 그 압류 또는 가압류 당시에 피압류채권은 이미 존재하지 않는 것과 같아 압류 또는 가압류로서의 효력이 없다(대판 2010.10.28, 2010다57213,57220).

(5) 보증금채권

채권은 일반적 양도성을 지니므로, 임차보증금반환채권의 양도 역시 허용된다. 양도를 인정하더라도 임대인에게 아무런 불이익이 없기 때문이다. 판례는 "임차권양도금지특약이 있는 경우에도 임차보증금반환채권양도까지 금지되는 것은 아니다"라고 하고 있다(대판 2001.6.12, 2001다2624).

(6) 전세금채권

전세권과 분리하여 전세금반환청구권이 양도의 대상이 되는가에 대해서는 학설상의 대립이 있다.

판례 판례는 "전세권이 존속하는 동안은 전세권을 존속시키기로 하면서 전세권반환채권만을 전세권과 분리하여 확정적으로 양도할 수 없다"고 한다. 다만 "전세권존속 중에 장래에 그 전세권이 소멸하는 경우에 전세금반환채권이 발생하는 것을 조건으로 그 장래의 조건부 채권을 양도할 수 있을 뿐이다"라고 이해한다(대판 2002.8.23, 2001다69122).

3. 채권양도제한

(1) 성질상 제한

채권의 성질이 양도를 허용하지 아니한 때에는 그 채권은 양도할 수 없는데, 예컨대 특정인의 교습을 받을 채권이나 화가가 특정인을 그려주기로 한 경우 그러한 채권 등이 이에 속한다. 특히 매매로 인한 소유권이전등기청구권이 성질상 양도가 제한되는 채권인지에 대하여 논란이 있는데 판례는 성질상 양도제한으로 이해한다.

판례 부동산의 매매로 인한 소유권이전등기청구권은 물권의 이전을 목적으로 하는 매매의 효과로서 매도인이 부담하는 재산권이전의무의 한 내용을 이루는 것이고, 매도인이 물권행위의 성립요건을 갖추도록 의무를 부담하는 경우에 발생하는 채권적 청구권으로 그 이행과정에 신뢰관계가 따르므로 소유권이전등기청구권을 매수인으로부터 양도받은 양수인은 매도인이 그 양도에 대하여 동의하지 않고 있다면 매도인에 대하여 채권양도를 원인으로 하여 소유권이전등기절차 이행을 청구할 수 없고, 따라서 매매로 인한 소유권이전등기청구권은 특별한 사정이 없는 이상 그 권리의 성질상 양도가 제한되고 그 양도에 채무자의 승낙이나 동의를 요한다고 할 것이므로, 통상의 채권양도와 달리 양도인의 채무자에 대한 통지만으로는 채무자에 대한 대항력이 생기지 않으며 반드시 채무자의 동의나 승낙을 받아야 대항력이 생긴다고 할 것이다(대판 2005.3.10, 2004다67653 · 67660; 대판 2001.10.9, 2000다51216).

(2) 특약상 제한

(ㄱ) 채권은 당사자가 반대의 의사를 표시한 경우에는 양도하지 못한다. 그러나 그 의사표시로써 선의의 제3자에게 대항하지 못한다.

(ㄴ) 양도금지특약이 있는 채권을 양수한 제3자가 중대한 과실로 그 특약이 있음을 알지 못한 경우에는 그 채권을 취득할 수 없다(대판 2002.2.8, 2000다50596). 다만 판례는 채권증서에 양도금지의 특약이 기재되어 있는 경우라도 양수인의 악의나 중대한 과실은 추단할 수 없다고 한다(대판 2000.4.25, 99다67482). 따라서 3자의 악의 내지 중과실은 채권양도금지의 특약으로 양수인에게 대항하려는 자(채무자)가 이를 주장·증명하여야 한다(대판 2010.5.13, 2010다8310).

(ㄷ) 채권양도금지의 특약이 있는 채권이 전부명령에 의해 양도되는 경우, 압류채권자의 양도금지에 대한 선의·악의와 관계없이 채권은 당연히 이전된다(통설·대판 2003.12.11, 2001다3771).

판례 ㉠ 〈중대한 과실은 악의와 동일〉: 민법 제449조 제2항이 채권양도 금지의 특약은 선의의 제3자에게 대항할 수 없다고만 규정하고 있어서 그 문언상 제3자의 과실의 유무를 문제삼고 있지는 아니하지만, 제3자의 중대한 과실은 악의와 같이 취급되어야 하므로, 양도금지 특약의 존재를 알지 못하고 채권을 양수한 경우에 있어서 그 알지 못함에 중대한 과실이 있는 때에는 악의의 양수인과 같이 양도에 의한 채권을 취득할 수 없다고 해석하는 것이 상당하다(대판 1996.6.28, 96다18281)

㉡ 〈중대한 과실이 있는 경우의 사례〉 ① 은행거래의 경험이 있는 자가 예금채권을 양수한 경우 특별한 사정이 없는 한 예금채권에 대하여 양도제한의 특약이 있음을 알았다고 할 것이고, 그렇지 않다 하더라도 알지 못한 데에 중대한 과실이 있다고 보아야 한다(대판 2003.12.12, 2003다44370). ② 종합병원 영안실의 임차인으로부터 임대차보증금 반환채권을 양수한 자가 그 채권을 양수하면서 채권양도금지 특약이 기재된 임대차계약서를 교부받고 이를 채권양도서류에 첨부하여 사서증서 인증까지 받는 등 여러 사정에 비추어 볼 때, 위 양수인은 채권양도금지 특약이 존재한다는 사실을 알았거나 이를 알지 못한 데 중대한 과실이 있다(대판 2010.5.13, 2010다8310). 이러한 제3자의 악의 내지 중과실은 채권양도금지의 특약으로 양수인에게 대항하려는 자가 이를 주장·증명하여야 한다(대판 2010.5.13, 2010다8310).

㉢ 〈양도금지특약이 있는 채권을 전부받은 자로부터 다시 그 채권을 양수한자가 양도금지특약에 대하여 악의인 경우, 채무자는 위 특약을 근거로 채권양도의 무효를 주장할 수 있는지 여부〉 당사자 사이에 양도금지의 특약이 있는 채권이더라도 전부명령에 의하여 전부되는 데에는 지장이 없고, 양도금지의 특약이 있는 사실에 관하여 집행채권자가 선의인가 악의인가는 전부명령의 효력에 영향을 미치지 못하는 것인바, 이와 같이 양도금지특약부 채권에 대한 전부명령이 유효한 이상, 그 전부채권자로부터 다시 그 채권을 양수한 자가 그 특약의 존재를 알았거나 중대한 과실로 알지 못하였다고 하더라도 채무자는 위 특약을 근거로 삼아 채권양도의 무효를 주장할 수 없다(대판 2003.12.11, 2001다3771).

(3) 법률상 제한

부양청구권(제979조)처럼 채권자자신에게만 변제하게 할 필요가 있는 채권에 대해서는 법률에서 명문으로 그 양도를 금지하는 규정을 두고 있다. 특히 소송행위를 하게 하는 것을 주목적으로 채권양도 등이 이루어진 경우, 무효라고 할 것이다(대판 2010.1.14, 2009다55808; 대판 2004.6.25, 2004다8371).

판례 〈임의적 소송신탁이 허용되는지 여부(한정 적극)〉 재산권상의 청구에 관하여는 소송물인 권리 또는 법률관계에 관하여 관리처분권을 갖는 권리주체에게 당사자적격이 있음이 원칙이다. 다만 제3자라고 하더라도 법률이 정하는 바에 따라 일정한 권리나 법률관계에 관하여 당사자적격이 부여되거나 본래의 권리주체로부터 그의 의사에 따라 소송수행권을 수여받음으로써 당사자적격이 인정되는 경우가 있으나, 이러한 임의적 소송신탁은 민사소송법 제87조가 정한 변호사대리의 원칙이나 신탁법 제7조가 정한 소송신탁의 금지를 잠탈하는 등의 탈법적 방법에 의하지 않은 것으로서 이를 인정할 합리적 필요가 있다고 인정되는 경우에 한하여 제한적으로만 허용된다(대법원 2012.5.10. 선고 2010다87474 판결).

4. 채권양도의 대항요건(제450조)

> **제450조 (지명채권양도의 대항요건)**
> ① 지명채권의 양도는 양도인이 채무자에게 통지하거나 채무자가 승낙하지 아니하면 채무자 기타 제3자에게 대항하지 못한다.
> ② 전항의 통지나 승낙은 확정일자 있는 증서에 의하지 아니하면 채무자이외의 제3자에게 대항하지 못한다.

(1) 채무자에 대한 대항요건

1) 채무자에 대한 대항요건으로 통지나 승낙은 채무자가 채권양도의 사실을 알고 있음으로해서 이중변제 등의 위험으로부터 채무자를 보호하기 위한 규정이다. 이러한 채무자에 대한 대항요건에 관한 규정은 채무자의 의사표시에 의해 배제할 수 있기 때문에(임의규정), 제3자에 대한 대항요건의 강행규정의 성격과는 차이가 있다. 채권양도계약이 이루어져 채무자에게 통지가 있은 후에 채권양도계약이 해제된 경우, 채무자에게 대항하기 위한 요건은, 채권의 양수인이 채무자에게 해제의 사실을 통지하여야 한다(대판 1979.9.25, 77다1909).

2) 채무자에 대한 대항요건으로서의 양도통지에는 조건이나 기한을 붙일 수 없지만, 승낙의 경우에는 이의를 유보할 수 있을 뿐 아니라, 조건을 붙여서 할 수도 있다(대판 1989.7.11, 88다카20866).

3) 채권양도통지는 채권양도사실을 채무자에게 알리는 행위일 뿐 제척기간 준수사유인 재판외의 권리행사가 아니다(대판(전합) 2012.3.22, 2010다28840). 즉 채권양도의 통지는 채권의 귀속에 관한 것이지 채권을 행사하는 것은 아니라고 할 것이다(따라서 입주자대표회의가 분양자를 상대로 손해배상청구소송을 제기하였다가 소송계속 중 정당한 권리자인 구분소유자들에게서 손해배상채권을 양도받고 분양자에게 통지가 마쳐진 경우 그에 따라 소를 변경한 경우, 통지시점이 아닌 소변경시점에 권리를 행사한 것이 된다).

판례 ㉠ 〈대리인 또는 사자의 통지〉 채권양도의 통지는 양도인이 채무자에 대하여 당해 채권을 양수인에게 양도하였다는 사실을 알리는 관념의 통지이고, 법률행위의 대리에 관한 규정은 관념의 통지에도 유추적용되기 때문에, 채권양도의 통지도 양도인이 직접 하지 아니하고 사자를 통하여 하거나 대리인이 하여도 무방하다(대판 1997.6.27, 95다40977). 그리고 채권양도통지 권한을 위임받은 양수인이 양도인을 대리하여 채권양도통지를 함에 있어서는 현명을 하지 아니한 경우라도 채권양도통지를 둘러싼 여러 사정에 비추어 양수인이 대리인으로서 통지한 것임을 상대방이 알았거나 알 수 있었을 때에는 민법 제115조 단서의 규정에 의하여 유효하다(대판 2008.2.14, 2007다77569; 대판 2004.2.13, 2003다43490). 다만 양수인이 양도인을 대위하여 통지를 할 수 없다(제404조 참조). 이는 채권양도의 통지를 양수인이 양도인을 대리하여 행할 수 있음은 일찍부터 인정되어 온 바이지만, 채권양도의 통지가 양도인(대리 또는 사자) 또는 양수인(대위통지) 중 누구에 의하여서든 행하여지기만 하면 대항요건으로서 유효하게 되는 것은 채권양도의 통지를 양도인이 하도록 한 법의 취지를 무의미하게 할 우려가 있기 때문이다(대판 2011.2.24, 2010다96911). 따라서 하도급인 乙이, 도급인 甲이 乙에게 지급할 의무가 있는 공사대금 중 일부를 하수급인 丙에게 직접 지급하는 것에 동의한다는 내용의 '하도급대금 직불동의서'를 작성하여 丙에게 교부하고 丙이 이를 甲에게 내용증명우편으로 발송하여 甲이 수령한 사안에서, 그 문서 발송과 수령으로 위 공사대금 중 일부에 관한 유효한 채권양도의 통지가 행하여졌다고 볼 수 없다. 즉 이는 대위통지가 되기 때문이다.

ⓛ 〈**사후통지**〉 지명채권양도의 대항요건으로서 통지와 승낙에 있어서 승낙은 사전·사후의 승낙이 가능하나, 통지는 승낙과는 달리 사전 사후의 통지는 통지로서의 효력이 없다(대판 2000.4.11, 2000다2627). 즉 민법 제450조 제1항 소정의 채권양도의 통지는 양도인이 채무자에 대하여 당해 채권을 양수인에게 양도하였다는 사실을 통지하는 이른바 관념의 통지로서, 채권양도가 있기 전에 미리 하는 사전 통지는 채무자로 하여금 양도의 시기를 확정할 수 없는 불안한 상태에 있게 하는 결과가 되어 원칙적으로 허용될 수 없다는 것이다.

ⓒ 〈**지명채권 양도의 대항요건인 채무자 승낙의 상대방(=양도인 또는 양수인) 및 채무자가 채권양도를 승낙하면서 조건을 붙일 수 있는지 여부(적극)**〉 지명채권 양도의 채무자에 대한 대항요건은 채무자에 대한 채권양도의 통지 또는 채무자의 승낙인데, 채권양도 통지가 채무자에 대하여 이루어져야 하는 것과는 달리 채무자의 승낙은 양도인 또는 양수인 모두가 상대방이 될 수 있다. 한편 지명채권 양도의 대항요건인 채무자의 승낙은 채권양도 사실을 채무자가 승인하는 의사를 표명하는 채무자의 행위라고 할 수 있는데, 채무자는 채권양도를 승낙하면서 조건을 붙여서 할 수 있다[예 : 공사대금채권의 양도를 채무자가 승낙하면서 양도인이 일정 날짜까지 공사를 완료하지 못하면 채권양도를 소멸시키기로 하는 해제조건을 붙이는 경우(대판 2011.6.30, 2011다8614)].

ⓔ 〈**도달의 의미와 송달장소 등의 민소법규정유추문제**〉 채권양도의 통지가 채무자에게 도달되었다고 보기 위해서는 채무자가 이를 현실적으로 수령하거나 그 내용을 알았어야 하는 것은 아니다. 채권양도의 통지는 채무자에게 도달됨으로써 효력이 발생하는 것이고, 여기서 도달이라 함은 사회통념상 상대방이 통지의 내용을 알 수 있는 객관적 상태에 놓여졌다고 인정되는 상태를 가리킨다. 이와 같이 도달은 보다 탄력적인 개념으로서 송달장소나 수송달자 등의 면에서 위에서 본 송달에서와 같은 엄격함은 요구되지 아니하며, 이에 송달장소 등에 관한 민사소송법의 규정을 유추적용할 것이 아니다[민사소송법상의 송달은 당사자나 그 밖의 소송관계인에게 소송상 서류의 내용을 알 기회를 주기 위하여 법정의 방식에 좇아 행하여지는 통지행위로서, 송달장소와 송달을 받을 사람 등에 관하여 구체적으로 법이 정하는 바에 따라 행하여지지 아니하면 부적법하여 송달로서의 효력이 발생하지 아니한다; 대판 2010.4.15, 2010다57].

ⓜ 〈**채권양도인과 채무자 사이의 허위표시에 의해 성립한 지명채권을 선의로 양수한 채권양수인이 채무자에게 채권을 행사하기 위하여 양도에 관한 합의 외에 민법 제450조의 대항요건을 갖추어야 하는지 여부(적극)**〉 채권양수인이 채권양도인으로부터 지명채권을 양도받았음을 이유로 채무자에 대하여 그 채권을 행사하기 위하여는 지명채권 양도에 관한 합의 이외에 양도받은 당해 채권에 관하여 민법 제450조 소정의 대항요건을 갖추어야 하는 것이고, 이러한 법리는 채권양도인과 채무자 사이의 법률행위가 허위표시인 경우에도 마찬가지로 적용된다(대법원 2011.4.28. 선고 2010다100315 판결).

(2) 제3자에 대한 대항요건

1) 지명채권양도에 있어서 채무자 이외의 제3자에 대한 대항요건은 확정일자부증서에 의한 통지나 승낙이다. 여기서 확정일자란 증서에 대하여 그 작성한 일자에 관한 완전한 증거가 될 수 있는 것으로 법률상 인정되는 일자를 말하며 당사자가 나중에 변경하는 것이 불가능한 확정된 일자를 가리킨다(대판 2000. 4. 11. 2000다2627). 여기서 '확정일자 있는 증서에 의한 통지나 승낙'은 통지나 승낙행위 자체를 확정일자 있는 증서로 하여야 한다는 것을 의미하지, 통지나 승낙이 있었음을 확정일자부 증서의 방법으로 증명하는 것을 말하는 것이 아니다(대판 2011.7.14, 2009다49469 판결 등). 민법이 이처럼 '확정일자 있는 증서에 의한' 통지나

승낙을 갖추도록 하고 있는 취지는 채권의 양도인, 양수인 및 채무자가 통모하여 통지일 또는 승낙일을 소급함으로써 제3자의 권리를 침해하는 것을 방지하기 위한 것이다.

2) 여기서 제3자란 「그 채권에 대해서 법률상의 이익을 가지는 자」 또는 「그 채권에 관하여 양수인의 지위와 병립할 수 없는 법률상의 지위를 취득한 자」만을 가리킨다(제한설적 입장). 예컨대, 이중양도의 제2양수인 이외에 질권자·압류채권자·파산채권자 등이 제3자에 해당한다. 대항요건을 갖춘 양수인은 그 이후에 행해진 질권설정·압류·파산선고의 효력을 부인할 수 있다.

판례 ㉠ 〈채권이 이중으로 양도된 경우, 양수인 상호 간의 우열을 결정하는 기준〉 채권이 이중으로 양도된 경우 양수인 상호 간의 우열은 확정일자 있는 양도통지가 채무자에게 도달한 일시 또는 확정일자 있는 승낙의 일시의 선후에 의하여 결정하여야 하고, 확정일자 있는 증서에 의하지 아니한 통지나 승낙이 있는 채권양도의 양수인은 확정일자 있는 증서에 의한 통지나 승낙이 있는 채권양도의 양수인에게 대항할 수 없다(대판 2013.06.28, 2011다83110).

㉡ 〈선순위자보다 열위인 후순위저당권자〉 채권양도의 대항요건의 흠결의 경우 채권을 주장할 수 없는 채무자 이외의 제3자는 양도된 채권 자체에 관하여 양수인의 지위와 양립할 수 없는 법률상 지위를 취득한 자에 한하므로, 선순위의 근저당권부채권을 양수한 채권자보다 후순위의 근저당권자는 채권양도의 대항요건을 갖추지 아니한 경우 대항할 수 없는 제3자에 포함되지 않는다(대판 2005.6.23. 2004다29279). 따라서 피담보채권을 저당권과 함께 양수한 자는 저당권이전의 부기등기를 마치고 저당권실행의 요건을 갖추고 있는 한 채권양도의 대항요건을 갖추고 있지 아니하더라도 경매신청을 할 수 있으며 후순위자에 우선하여 배당받을 수 있다(대판 2005.06.23, 2004다29279).

3) 이중의 채권양도가 있는 경우에 확정일자 있는 증서에 의해 통지된 양수인만이 적법한 채권자가 되므로 채무자는 그 양수인에 대하여만 변제의무를 지고, 확정일자 없이 채무자가 승낙한 양수인에 대하여는 변제의무가 없다(대판 1972.1.31, 71다2697). 한편 주채무자에게 발생한 사유는 보증인에게 미친다. 따라서 채권양도의 통지를 주채무자에게만 하고 보증인에게는 하지 않은 경우에도, 보증인에게 대항할 수 있다(대판 2002.9.10, 2002다21509).

4) 지명채권의 양도통지가 확정일자 없는 증서에 의하여 이루어짐으로써 제3자에 대한 대항력을 갖추지 못하였으나 그 후 그 증서에 확정일자를 얻은 경우에는 그 일자 이후에는 제3자에 대한 대항력을 취득한다(대판 2010.5.13, 2010다8310).

판례 〈확정일자에 해당되는지 여부〉 ㉠ 내용증명우편은 확정일자 있는 증서에 해당한다. 그러나 특별증명우편에 대해서 판례는 「확정일자있는 증서란 당사자가 나중에 변경하는 것이 불가능한 일자를 말하며 특별증명우편에 의한 채권양도통지는 확정일자 있는 증서에 의한 것이 아니다」라고 하고 있다(대판 1988.4.12, 87다카2429). 다만 양수금 청구소송에서의 「승소확정판결」은 확정일자 있는 증서에 해당한다고 한다(대판 1999.3.26, 97다30622).

㉡ 채권자가 채권양도통지서에 공증인가 합동법률사무소의 확정일자인증을 받은 후 그 자리에서 채무자에게 교부한 경우, 판례는 확정일자 있는 증서에 의한 채권양도의 통지가 있는 것으로 판단하였다(대판 1986.12.9, 86다카858). 또한 채권자가 채권양도통지서에 공증인가 합동법률사무소의 확정일자 인증을 받아 이를 채무자에게 통지한 경우에도 확정일자 있는 증서에 의한 채권양도의 통지가 있었다고 해석하는 것이 당원의 판례이다(대판 2008.9.11, 2008다38400).

㉢ 임대차보증금의 반환채권이 양도되고 채무자의 이의 없는 승낙을 받았더라도 그것이 확정일자 있는 증서에 의

한 것이 아니라면 제3자에게 대항할 수 없다(대판 1985.9.10, 85다카794) 그러므로 그 채권에 관하여 <u>가압류</u> <u>명령과 전부명령을 받은 자는 그 채권양도를 부인하는 우세한 권리를 갖게 되며, 채무자도 그에 따라야 한다</u>(대판 1986.2.11, 85다카1087)).

ⓔ 한국토지공사지사장이 작성한 승낙서의 승낙일자란에는 연월의 기재만 있고 그 구체적인 날짜는 공란인 채 <u>"2004년 8월 일"로 기재되어 있다고 하더라도 민법 제450조 제2항에 정한 '확정일자 있는 증서'에 해당할 수 있다</u>(대판 2011.7.14, 2009다49469).

5. 채권의 이중양도의 각 유형과 우열의 구체적 기준

(1) 의사표시에 의한 채권양도만이 있는 단계

이러한 단계에서는 채무자에게 대항할 수 없을 뿐만 아니라, 양수인 상호간에도 대항할 수 없다.

(2) 각 양도사실이 모두 확정일자 있는 증서에 의해 통지된 경우

채권이 이중으로 양도된 경우에는 확정일자 있는 통지·승낙이라는 대항요건을 구비한 양수인만이 진정한 채권자로 된다(제450조).

판례 〈인식설인 판례〉 각 양도사실이 모두 확정일자 있는 증서에 의해 통지된 경우에는 그 우선순위를 확정일자의 순위로 판단할 것인가 아니면 확정일자증서의 도달시점으로 해결할 것인가의 여부가 문제된다. 다수설은 확정일자 기준설이고, 판례(인식설)는 도달시설이다. 따라서 인식설인 판례에 따르면 양도통지는 채무자에게 도달한 일시, 승낙의 확정일자는 승낙의 일시가 된다[대판(전합) 1994.4.26, 93다24223].

(3) 채권변제 후 대항요건구비

변제 등의 사유로 채권이 소멸한 후에는 확정일자 있는 증서에 의한 대항요건을 갖추더라도 우선할 수 없다. <u>판례도 양도된 채권이 이미 변제 등으로 소멸한 경우에, 그 후 그 채권에 관한 압류 및 추심명령이 송달되더라도 그 명령은 존재하지 않는 채권에 대한 것으로서 무효이고, 대항요건의 문제는 발생할 여지가 없다고 한다</u>(대판 2003.10.24, 2003다37426).

6. 판례의 검토

(1) 대판(전합) 1994. 4. 26, 93다24223 고찰

<u>판례는 채권양도에 대한 채무자의 인식, 즉 확정일자있는 양도통지가 채무자에게 도달한 일시 또는 확정일자 있는 승낙의 일시의 선후에 의한다고 하면서, 이는 채권양수인과 동일 채권에 대한 가압류명령을 집행한 자 사이의 우열결정에 있어서도 동일하다</u>고 판시하였다. 더 나아가 대법원은 위 사례와 같이 양도통지 등이 동시에 송달됨으로써 대항요건을 갖춘 양수인들 상호간에 우열이 없는 경우의 법률관계에 대해, 양수인들 모두가 대항요건을 구비한 진정한 권리자이므로 채무자는 이들 중 누구에게라도 유효하게 변제할 수 있을 뿐만 아니라 (다만 이 경우, 채무자로부터 변제를 받은 자와 받지 못한 자 상호간에는 법률상의 지위가 대등하므로 각 채권액에 안분하여 내부적으로 정산할 의무가 있음), 이중변제의 위험을 면하기 위해 변제공탁을 할 수도 있다고 판단하였다.

판례 채권양도통지, 가압류 또는 압류명령 등이 제3채무자에게 동시에 송달되었는데 양수채권액과 가압류 또는 압류된 채권액의 합계액이 제3채무자에 대한 채권액을 초과할 때에는, 채권양수인, 가압류 또는 압류채권자 등은 공평의 원칙상 각 채권액에 안분하여 제3채무자에게 청구하여야 한다(×: "전부(전액)청구할 수 있고, 그 변제액만큼 채무를 면한다"고 하여야 한다 - 대판 93다244223).

(2) 채무의 담보조로 이루어진 채권 양도의 효력

채권양도가 다른 채무의 담보조로 이루어졌으며 또한 그 채무가 변제되었다고 하더라도 이는 채권양도인과 양수인 간의 문제이지 양도채권의 채무자는 위 채권 양도·양수인 간의 채무소멸 여하에 관계없이 양도된 채무를 양수인에게 변제하여야 한다(대판 1979.9.25. 79다709).

(3) 전세금반환채권압류

전세권설정등기를 마친 민법상의 전세권은 존속기간의 경과로서 본래의 용익물권적 권능이 소멸하고 담보물권적 권능만 남은 전세권에 대해서도 그 피담보채권인 전세금반환채권과 함께 제3자에게 이를 양도할 수 있다 할 것이지만 이 경우에는 민법 제450조 제2항 소정의 확정일자 있는 증서에 의한 채권양도절차를 거치지 않는 한 위 전세금반환채권의 압류·전부 채권자 등 제3자에게 위 전세보증금반환채권의 양도사실로써 대항할 수 없다 (대판 2005. 3. 25. 2003다35659).

(4) 채권양도와 시효중단문제

채권양도의 대항요건을 갖추기 전에 양도인이 채무자를 상대로 제기한 재판상 청구가 소송 중에 채무자가 채권양도의 효력을 인정하는 등의 사정으로 기각되고, 그 후 6월 내에 양수인이 재판상 청구 등을 한 경우, 양도인의 최초의 재판상 청구로 인하여 시효가 중단된다 (제170조; 대법원 2009.2.12. 2008두20109).

7. 이의 없는 승낙의 효력

> **제451조 (승낙, 통지의 효과)**
> ① 채무자가 이의를 보류하지 아니하고 전조의 승낙을 한 때에는 양도인에게 대항할 수 있는 사유로써 양수인에게 대항하지 못한다. 그러나 채무자가 채무를 소멸하게 하기 위하여 양도인에게 급여한 것이 있으면 이를 회수할 수 있고 양도인에 대하여 부담한 채무가 있으면 그 성립되지 아니함을 주장할 수 있다.
> ② 양도인이 양도통지만을 한 때에는 채무자는 그 통지를 받은 때까지 양도인에 대하여 생긴 사유로써 양수인에게 대항할 수 있다.

(1) 의의

민법 제451조 제1항은 "채무자가 이의를 보류하지 아니하고 전조의 승낙을 한 때에는 양도인에게 대항할 수 있는 사유로써 양수인에게 대항하지 못한다."고 규정하고 있는데, 이는 채무자의 승낙이라는 사실에 공신력을 주어 양수인을 보호하고 거래의 안전을 꾀하기 위한 규정이다. 채무자가 채권양도를 승낙함에 있어 그 채권의 불성립, 일부면제 등 기타의 항변사유를 양도인에 대하여 가지고 있음을 밝히지 않고서 행한 단순한 승낙을 말한다. 또한 여기서 '승낙'이라 함은 채무자가 채권양도 사실에 관한 인식을 표명하는 것으로서 이른바 관념의 통지에 해당하고, 대리인에 의하여도 위와 같은 승낙을 할 수 있다(대법원 2013.06.28. 선고 2011다83110 판결).

(2) 성질

통설은 동규정이 공신의 원칙에 기초하여 채권양도의 안전을 보호하기 위해 항변상실의 효과를 정하는 것이라 한다. 따라서 양수인은 선의이어야 한다.

(3) 내용

(ㄱ) 승낙을 한 채무자는 양도인에게 대항할 수 있었던 사유를 가지고 양수인에게 대항할 수 없다(제451조 제1항 본문). 대항할 수 없는 사유는 협의의 항변권에 한하지 아니하고, 넓게 채권의 성립·존속·행사를 저지하거나 배척하는 사유를 포함하는 개념이다(다만 채권의 귀속은 포함되지 않는다). 예를 들어 도박으로 생긴 채권을 양도하고 이를 채무자가 단순승낙을 한 때에는, 채무자는 양수인에 대해 그 채무의 무효를 주장할 수 없다(대판 1962.4.4. 4294민상1296).
(ㄴ) 이 때 지명채권양도에 있어 이의를 유보하지 않은 승낙의 항변상실의 효과는 양수인이 선의이어야 한다(통설과 판례).
(ㄷ) 양수인이 선의인 경우에는 그 양수인으로부터 채권을 다시 전득한 자가 악의인 경우에도 대항할 수 없다.

판례 ⓒ 〈제451조 제1항의 의미와 이중양도〉 민법은 채권의 귀속에 관한 우열을 오로지 확정일자 있는 증서에 의한 통지 또는 승낙의 유무와 그 선후로써만 결정하도록 규정하고 있는데다가, 채무자의 "이의를 보류하지 아니한 승낙"은 민법 제451조 제1항 전단의 규정 자체로 보더라도 그의 양도인에 대한 항변을 상실시키는 효과밖에 없고, 채권에 관하여 권리를 주장하는 자가 여럿인 경우, 그들 사이의 우열은 채무자에게도 효력이 미치므로, 위 규정의 "양도인에게 대항할 수 있는 사유"란 채권의 성립, 존속, 행사를 저지 배척하는 사유를 가리킬 뿐이고, 채권의 귀속(채권이 이미 타인에게 양도되었다는 사실)은 이에 포함되지 아니한다(대판 1994.4.29. 93다35551).
ⓒ 〈선의자 보호〉 민법 제451조 제1항이 이의를 보류하지 않은 승낙에 대하여 항변사유를 제한한 취지는 이의를 보류하지 않은 승낙이 이루어진 경우 양수인은 양수한 채권에 아무런 항변권도 부착되지 아니한 것으로 신뢰하는 것이 보통이므로 채무자의 '승낙'이라는 사실에 공신력을 주어 양수인의 신뢰를 보호하고 채권양도나 질권설정과 같은 거래의 안전을 꾀하기 위한 규정이라 할 것이므로, 채권의 양도나 질권의 설정에 대하여 이의를 보류하지 아니하고 승낙을 하였더라도 양수인 또는 질권자가 악의 또는 중과실의 경우에 해당하는 한 채무자의 승낙 당시까지 양도인 또는 질권설정자에 대하여 생긴 사유로써도 양수인 또는 질권자에게 대항할 수 있다(대판 2002.3.29. 2000다13887).

(4) 인적 범위

채권양도에 대한 채무자의 이의 없는 승낙에 의해 채무자는 양도인에 대한 항변을 상실하게 되는데, 이러한 항변상실의 효과는 물상보증인이나 보증인과 같은 제3자에게는 영향을 미치지 않는다. 예컨대, 채권이 변제 기타 사유로 소멸했음에도 불구하고 채권자가 그 채권을 양도하고 채무자도 채권양도에 대해 이의를 유보하지 않고 승낙하였다고 할 때, 채무자는 양수인에 대해서 채권의 소멸을 주장할 수 없으나, 물상보증인·제3취득자 등은 그러하지 아니하다.

8. 양도된 채권의 복귀

> **제452조 (양도통지와 금반언)**
> ① 양도인이 채무자에게 채권양도를 통지한 때에는 아직 양도하지 아니하였거나 그 양도가 무효인 경우에도 선의인 채무자는 양수인에게 대항할 수 있는 사유로 양도인에게 대항할 수 있다.
> ② 전항의 통지는 양수인의 동의가 없으면 철회하지 못한다.

채권의 추심 기타 행사를 위임하여 채권을 양도하였으나 양도의 원인이 되는 위임이 해지 등으로 효력이 소멸하여 채권이 양도인에게 복귀한 경우, 양수인은 이를 채무자에게 통지할 의무를 부담한다. 즉 종전의 채권자가 채권의 추심 기타 행사를 위임하여 채권을 양도하였으나 양도의 '원인'이 되는 그 위임이 해지 등으로 효력이 소멸한 경우에 이로써 채권은 양도인에게 복귀하게 되고, 나아가 양수인은 그 양도의무계약의 해지로 인하여 양도인에 대하여 부담하는 원상회복의무(이는 계약의 효력불발생에서의 원상회복의무 일반과 마찬가지로 부당이득반환의무의 성질을 가진다)의 한 내용으로 채무자에게 이를 통지할 의무를 부담한다(대판 2011.3.24, 2010다100711).

판례 〈채권양도가 해제 또는 합의해제된 경우에도 민법 제452조 제1항을 유추적용할 수 있는지 여부(적극)〉 ㉠ 이는 채권양도가 해제 또는 합의해제되어 소급적으로 무효가 되는 경우에도 유추적용할 수 있다고 할 것이므로, 지명채권의 양도통지를 한 후 양도계약이 해제 또는 합의해제된 경우에 채권양도인이 해제 등을 이유로 다시 원래의 채무자에 대하여 양도채권으로 대항하려면 채권양도인이 채권양수인의 동의를 받거나 채권양수인이 채무자에게 위와 같은 해제 등 사실을 통지하여야 한다. ㉡ 또한 대항요건이 갖추어질 때까지 양도계약의 해제 등을 알지 못한 선의의 채무자는 해제 등의 통지가 있은 다음에도 채권양수인에 대한 반대채권에 의한 상계로써 채권양도인에게 대항할 수 있다고 봄이 타당하다(대법원 2012.11.29. 선고 2011다17953 판결).

관련사례 I 〈채권양도의 대항요건으로서 이의 없는 승낙과 확정일자 등〉 ㉠ 甲은 乙에게 2천만원의 보증금반환채권을 가지고 있는데, 이를 丙에게 1천만원 양도하고, 그 사실을 확정일자 있는 증서로 통지하였다. 그 후 甲은 위 2천만원 채권을 丁에게 양도하고 그 사실을 단순히 통지하였는데, 채무자 乙이 이의를 보류하지 아니하고 승낙을 한 경우, 채무자 乙은 丁에게 이의를 보류하지 아니하고 승낙한 이유로 2천만원의 전액을 지급할 의무가 있는가?
㉡ B에 대하여 금전채권을 가지고 있는 A가 자신의 채권을 C에게 양도하고 그 사실을 B에게 내용증명우편에 의하여 통지하였다. 그런데 A의 채권자인 D의 신청에 의한 압류명령도 그 통지와 동시에 B에게 도달하였다. 당사자간의 법률관계를 판례에 의해 해결하시오.

해설 (a) ㉠의 경우 : 판례는 채무자 乙은 丁보다 우선권을 가지는 丙의 채권을 공제한 나머지 1천만원에 대해서만 그 지급의무를 지는 것으로 판단하였다(대판 1994.4.29, 93다35551 참조).
(b) ㉡의 경우 : ① C와 D 사이의 우열관계는 확정일자의 선후에 의하여 결정되는 것이 아니다. ② C와 D는 모두 B에 대하여 청구할 수 있다. ③ B는 C와 D 누구에게도 변제할 수 있으며, 변제하면 다른 자에 대하여 면책된다. ④ C나 D가 B로부터 변제 받은 경우에는 내부적으로 정산하여야 한다. ⑤ C와 D는 모두 제3자에 대하여 완전한 대항력을 갖춘 것이 된다.

관련사례 Ⅱ 　〈채권양도에서 발생하는 문제들〉 A가 B에 대하여 갖는 채권을 C에게 양도한다고 했을 때, 아래
　　　　　　 의 사유를 정리하기로 한다.

해설 　　(a) A가 B에 대하여 갖는 채권을 C에게 양도한 경우에 A가 B에 대하여 채권양도의 통지를 하
　　　　　　 지 않는 때에는 C는 A에 대하여 채권양도의 통지를 하도록 청구할 수 있다.
　　　　　　(b) A · B 사이에 양도금지특약이 있는 채권을 C가 그 사실을 알고 양수한 후에, 다시 그 채권
　　　　　　 이 C로부터 선의의 D에게 양도된 경우에 채무자 B는 D에 대하여 C의 양수행위의 무효를
　　　　　　 주장하지 못한다.
　　　　　　(c) A가 B에 대하여 갖는 채권을 C에게 양도하고 C가 A를 대위하여 B에 대하여 확정일자 있
　　　　　　 는 증서에 의한 통지를 한 때에는 D가 A로부터 그 채권을 이중으로 양수한 경우에 C는 D
　　　　　　 에게 대항할 수 없다. 왜냐하면 C가 A를 대위하여 통지한 경우에는 대리 또는 사자와는 다
　　　　　　 르기 때문에 효력이 없다. 즉 대위통지는 효력이 없다.

9. 상계와 관련된 채권양도의 효력

> ◎ 채무자(乙)가 양도인(甲)에 대하여 반대채권을 가지고 있는 경우에 양수인(丙)에게도 상계를 주
> 장할 수 있는가? 즉 甲이 乙에게 5천만원의 채권을 갖고 있고, 乙이 甲에게 3천만원의 반대채권
> 을 갖고 있다고 한다면 甲이 5천만원의 채권을 丙에게 양도한 경우, 乙이 甲에게 주장할 수 있
> 는 사유로 丙에게 대항할 수 있는가?

(1) 긍정되는 경우

㈀ 양도의 통지를 받았을 당시에 채무자가 양도인에 대해 상계적상에 있는 반대채권을 가지
고 있었던 경우(이 때는 반대채권(자동채권)의 이행기가 먼저 도래하였는지 여부는 문제되지 않는다).
㈁ 반대채권의 이행기는 도래하고 있었으나 수동채권인 양도채권의 변제기가 도래하지 않은 경우

(2) 부정되는 경우

채무자가 양도의 통지 후에 양도인에 대하여 채권을 새롭게 취득한 경우, 또한 판례는 "채무
자는 채권양도를 승낙한 후에 취득한 양도인에 대한 채권으로써 양수인에 대하여 상계로써
대항하지 못한다"고 한다(대판 1984.9.11, 83다카2288).

10. 증권적 채권의 양도

(1) 서 설

1) 증권적 채권은 채권이 증권에 화체되어 채권의 성립 · 존속 · 행사 · 양도 등 모든 것이 그
증권에 의하여 행해지는 것으로서, 유가증권의 일종이다(참조 : 유가증권은 어음법상 어음, 수표법
상 수표, 상법상 화물상환증, 창고증권 등이 있고, 증권적 채권은 기명채권, 지시채권, 무기명채권, 지명소지
인출급채권 등이 있다). 이것은 채권자를 정하는 방법에 따라 기명채권 · 지시채권 · 무기명채
권 · 지명소지인출급채권 4가지로 분류되는데, 민법은 이 중 기명채권에 관해서는 규정을 하

지 않는다. 증권적 채권은 양도성을 본질로 하며, 따라서 유통성의 확보와 거래안전이 주로 고려대상이 된다.

2) 유가증권에 관하여는 민법 제508조 이하에 지시채권·무기명채권에 관한 일반원칙이 규정되어 있고(상법 제65조에서는 민법의 규정을 준용함), 어음법·수표법의 각각 독립한 특별법이 있으며, 상법에 화물상환증·창고증권·주권·선하증권에 관한 규정이 있다. 민법규정과 어음법 등의 규정은 법 일반론에 의하면 일반법과 특별법의 관계에 있지만, 실제로는 양자의 규정내용이 대동소이하고 유가증권의 거의 대부분이 어음·수표·상법상의 증권이기 때문에 민법규정이 일반법으로서의 기능을 하지 못하고 있다.

(2) 지시채권의 양도

1) 의의

지시채권은 특정인 또는 그가 지시하는 자에게 변제하여야 하는 증권적 채권을 말한다. 지시채권에는 증서에 채권자가 특정되어 있으며, "귀하 또는 귀하의 지시인에게 지급하겠다"는 지시문구가 기재되어 있는 것이 특징이다. 대부분의 유가증권이 지시증권에 해당한다. 예컨대, 어음·수표·화물상환증·창고증권·선하증권은 법률상 당연한 지시증권이며, 그 밖에 증권의 발행인이 지시문구를 넣는 등 의사표시에 의해 지시채권을 발생시킬 수도 있다.

2) 양도방법

(ㄱ) 지시채권의 양도는 증서에 배서하여 양수인에게 교부하는 방식으로 하여야 한다(제508조). 배서와 교부는 채권양도의 성립(또는 효력)요건으로서 지명채권에서 통지·승낙이 채권양도의 대항요건인 것과 대조적이다. 양도의 요건으로서 양도인과 양수인 사이의 양도행위와 더불어 배서, 증서의 교부가 반드시 요구된다.

(ㄴ) 증권채권에 있어서는 양도행위와 원인행위 사이의 무인성이 법률규정(제513조·제514조·제515조)에 의해 인정되므로 유효한 양도합의와 배서·교부가 있으면 원인행위가 무효·취소되더라도 양도에 영향을 주지 않는다고 해석한다(통설).

(3) 무기명채권의 양도

1) 의의

무기명채권은 특정의 채권자의 이름을 기재하지 않고 그 증권의 정당한 소지인에게 변제하여야 하는 증권적 채권이다. 무기명사채·상품권·승차권·극장입장권 등이 이에 해당한다. 한편 증서에 특정한 채권자를 지명하는 한편 그 증서의 소지인에 대하여도 변제할 수 있다는 뜻을 기재한 것을 지명소지인출급채권이라 하는데, 이것은 증서의 소지인이 권리를 행사할 수 있다는 점에서 무기명채권과 다를 바 없다(제525조).

2) 양도방법

무기명채권의 양도는 양도인이 양수인에게 그 증서를 교부함으로써 한다(제523조). 지시채권이 배서와 교부를 요하는 데 반하여 무기명채권은 교부로서 한다는 것이 특색이다.

Ⅱ. 면책적 채무인수

> **제453조 (채권자와의 계약에 의한 채무인수)**
> ① 제3자는 채권자와의 계약으로 채무를 인수하여 채무자의 채무를 면하게 할 수 있다. 그러나 채무의 성질이 인수를 허용하지 아니하는 때에는 그러하지 아니하다.
> ② 이해관계 없는 제3자는 채무자의 의사에 반하여 채무를 인수하지 못한다.

1. 의 의

면책적 채무인수란 채무의 동일성을 유지한 채, 채무를 계약에 의해 인수인에게 이전시키는 것을 말한다. 이로써 전채무자는 채무를 면하고 인수인이 이를 부담한다. 따라서 판례는 인수채무가 원래 5년의 상사시효의 적용을 받던 채무라면 그 후 면책적 채무인수에 따라 그 채무자의 지위가 인수인으로 교체되었다고 하더라도 그 소멸시효의 기간은 여전히 5년의 상사시효의 적용을 받는다고 판시하였다(대판 1999.7.9, 99다12376).

2. 법적 성질

(1) 준물권행위 성질문제

채권양도는 처분행위 또는 준물권행위의 성질을 띠나, 채무인수의 법적 성질은 인수계약의 당사자에 따라 달리 파악된다. 먼저, 채권자·채무자·인수인 또는 채권자·인수인 사이의 인수계약에 의해 채무인수가 행해진 경우, 통설에 따르면 채권행위와 준물권행위가 결합되었다고 이해된다. 한편 채무자·인수인 사이의 채무인수계약은 채권자의 승낙이 있어야만 그 효력이 발생한다는 점에서(제454조) 단순한 채권행위이지만, 채권자의 승낙에 의해 준물권행위로 된다고 할 수 있다.

(2) 채무의 이전성

채무의 이전성은 '채무의 성질'이나(유명화가가 그림을 그릴 채무), '당사자의 의사표시'에 의하여 제한될 수 있다. 당사자가 채무의 이전의 제한의사를 표시한 경우, 이러한 합의는 유효하지만 다만 이러한 합의로 선의의 제3자에 대항하지 못한다는 것이 통설이다. 채무이전 제한의 합의가 당사자간에 있으나 이에 반하여 채무자가 제3자와 채무이전에 관한 인수합의를 한 경우, 그 효과에 대하여 민법은 아무 규정을 두지 않는다. 해석상 그 인수행위는 무효로 되지만 채권자의 승낙에 의해 흠이 치유되어 유효로 된다고 본다(제454조 제1항 참조).

3. 독자성 · 무인성 문제

(1) 독자성과 관련하여서는 "채무인수계약"은 처분행위적 성질과 당사자 등에서, 인수인이 채무자의 채무를 인수할 의무를 부담하는 "기초적 법률행위"(예 : 매매 등) 자체와는 구별된다(독자성긍정). 무인주의는 기초적 법률행위와 채무인수행위는 무인관계에 있다는 것이다.

◎ 예컨대, 매수인 甲이 매도인 乙의 대금을 결제하기 위하여 乙이 채권자 丙에게 부담하는 채무를 인수하는 경우에, 甲과 乙사이의 대금청산약정은 甲과 乙사이에 체결되지만, 채무인수계약은 원인행위와 다를 수 있기 때문에 甲이 원인행위상의 항변사유를 가지고 이와 무관한 채권자 丙에게 대항할 수 있도록 하는 것은 정당하지 않다는 것이다(무인주의 채택).

⑵ 민법은 인수인이 전채무자와의 사이에서 발생한 사유를 채권자에 대하여 주장할 수 있는지의 여부에 대하여 규정을 두고 있지 않다. 현재 학설은 이를 인수계약과 원인관계의 유인·무인의 문제로 논하면서 원인관계는 인수계약에 영향을 미치지 않는다는 데에 일치하고 있다. 따라서 채무자는 채무인수의 원인이 된 법률관계에 기하여 발생한 사유로 채권자에게 대항할 수 없음을 새로 규정할 필요가 있다.

4. 채무인수계약의 당사자

제454조 (채무자와의 계약에 의한 채무인수)
① 제3자가 채무자와의 계약으로 채무를 인수한 경우에는 채권자의 승낙에 의하여 그 효력이 생긴다.
② 채권자의 승낙 또는 거절의 상대방은 채무자나 제3자이다.

제455조 (승낙여부의 최고)
① 전조의 경우에 제3자나 채무자는 상당한 기간을 정하여 승낙여부의 확답을 채권자에게 최고할 수 있다.
② 채권자가 그 기간내에 확답을 발송하지 아니한 때에는 거절한 것으로 본다.

(1) 계약의 당사자

채무인수의 유형으로는 다음의 3가지가 있다.

첫째, 채권자·채무자·제3자(인수인) 사이의 계약에 의해 가능하다. 민법에는 명문규정이 없으나 계약자유 원칙상 가능하다.

둘째, 채권자·제3자 사이의 계약에 의하여도 가능한데, 그러나 이해관계 없는 제3자는 채무자의 의사에 반하여 채무를 인수하지 못한다(제453조). 인수인이 채권자와 합의하여 채무를 인수하는 경우에는 채무자의 동의는 요건이 아니다(제453조 제1항). 이 경우 채무자의 반대의사가 있으면 인수의 효과가 발생하지 않으며 채무는 그대로 채무자에게 귀속된다. 판례는 채무자의 의사에 반하느냐는 인수당시를 표준으로 하여 결정하여야 하며, 채무자의 의사에 반한다고 주장하는 자가 그를 입증해야 한다고 한다(대판 1966.2.22, 65다2512).

셋째, 채무자·제3자 사이의 계약에 의하는 경우에는 채권자의 승낙이 있어야 그 효력이 생긴다. 즉 효력요건이다(제454조). 이는 면책적 채무인수의 특징이다[면책적 채무인수의 경우 채권자의 승낙을 계약의 효력발생요건으로 보아야 하는 것과는 달리, 채무자와 인수인의 합의에 의한 중첩적 채무인수의 경우 채권자의 수익의 의사표시는 그 계약의 성립요건이나 효력발생요건이 아니라 채권자가 인수인에 대하여 채권을 취득하기 위한 요건이다(대법원 2013.09.13. 선고 2011다56033 판결)]. 이때 채권자의 승낙 또는 거절의 의사표시는 채무자 또는 제3자 어느 편에 하여도 무방하다(제454조 제2항). 채권자가 승낙을 거절하면 그 이후에는 채권자가 다시 승낙을 하더라도 채무인수로서 효력이 생기지 아니한다(대판 1998.11.24, 98다33765).

(2) 최고와 발신주의

제3자나 채무자는 상당한 기간을 정하여 승낙여부의 확답을 채권자에게 최고할 수 있다. 채권자가 그 기간내에 확답을 발송(=발신주의)하지 아니한 때에는 거절한 것으로 본다(준법률행위의 효과).

5. 채무인수의 효과

> **제457조 (채무인수의 소급효)**
> 채권자의 채무인수에 대한 승낙은 다른 의사표시가 없으면 채무를 인수한 때에 소급하여 그 효력이 생긴다. 그러나 제3자의 권리를 침해하지 못한다.

(1) 채무의 이전

면책적 채무인수에 의해 채무는 그 동일성을 유지하면서 전 채무자로부터 인수인에게 이전된다. 이로써 전채무자는 채무를 면하고 인수인이 이를 부담한다. 그러나 채무자·인수인을 당사자로 하는 채무인수의 경우에는 그 계약의 효력은 채권자의 승낙이 있는 때에 발생한다(제454조 제1항). 다만 채권자의 채무인수에 대한 승낙은 다른 의사표시가 없으면 채무를 인수한 때에 소급하여 그 효력이 생긴다. 그러나 제3자의 권리를 침해하지 못한다(제457조). 제3자와 채무자간의 계약에 의한 채무인수는 채권자의 승낙이 있을 때까지 당사자는 이를 철회하거나 변경할 수 있다(제456조).

(2) 항변권의 이전

> **제458조 (전채무자의 항변사유)**
> 인수인은 전채무자의 항변할 수 있는 사유로 채권자에게 대항할 수 있다.

(ㄱ) 인수인은 전 채무자가 가지고 있던 항변사유, 즉 계약의 불성립·취소·동시이행의 항변권 등을 주장할 수 있다. 판례는 채무자가 채권자에 대하여 가지는 항변사유로써 대항할 수는 있으나, 채무자에 대한 항변사유로는 채권자에게 대항할 수는 없다고 한다(대판 1966.11.29. 66다1861). 즉 채무인수인은 구채무자와 채권자 사이의 법률관계로부터 나오는 항변사유로써 채권자에게 대항할 수 있으나, 자기와 구 채무자 사이의 법률관계로부터 나오는 항변사유로써는 채권자에게 대항하지 못한다.

(ㄴ) 계약의 취소권 또는 계약해제권·해지권과 같이 계약관계의 당사자만이 행사할 수 있는 권리를 인수인이 행사할 수는 없다. 한편 인수인은 전 채무자가 채권자에 대하여 가지는 반대채권을 가지고 상계하지도 못한다. 인수인이 전채무자의 권리를 처분할 수 없기 때문이다.

(3) 담보의 이전여부

> **제459조 (채무인수와 보증·담보의 소멸)**
> 전채무자의 채무에 대한 보증이나 제3자가 제공한 담보는 채무인수로 인하여 소멸한다. 그러나 보증인이나 제3자가 채무인수에 동의한 경우에는 그러하지 아니하다.

1) 제3자가 전채무자의 채무에 대한 보증을 하거나 전채무자의 물상보증인이 된 경우에는 채무인수로 제3자의 보증 또는 물상보증은 소멸한다(제459조). 판례도 "채무가 인수되는 경우에 구 채무자의 채무에 관하여 제3자가 제공한 담보는 채무인수로 인하여 소멸하되 다만 그 제3자(물상보증인)가 채무인수에 동의한 경우에 한하여 소멸하지 아니하고 신채무자를 위하여 존속하게 된다"고 한다(대판 2000.12.26, 2000다56204).

2) 채무자가 설정한 담보와 관련해서 인수계약이 채무자와 인수인 사이에 체결된 경우에는 담보관계는 원칙적으로 존속한다. 따라서 종래의 채무자가 설정한 저당권은 존속하게 된다(대판 1996.10.11, 96다27476). 따라서 채무자가 인수계약에 참여하지 않고, 채권자와 인수인사이에 계약이 체결된 경우에는 채무자가 제공한 담보는 소멸한다고 해석한다(통설).

3) 법정담보권은 특정채무의 보전을 위하여 법률상 당연히 인정되는 것이므로 채무인수에 의해 영향을 받지 않는다.

Ⅲ. 병존적 채무인수

1. 의의와 성질

(1) 의의

종래의 채무자는 그대로 있으면서 제3자(인수인)가 채무관계에 가입해서 채무자가 되고, 그리하여 종래의 채무자와 더불어 동일한 내용의 채무를 부담하는 계약을 말한다.

판례 ㉠ 금전소비대차로 인한 채무에 관하여 제3자가 채무자를 위하여 수표를 작성하여 채권자에게 교부한 경우에 특별한 사정이 없으면 동일채무를 중첩적(=병존적) 인수한 것으로 본다(대판 1965.5.18, 65다454). ㉡ 그러나 대판 1976.9.14, 76다1257에서는 회사채무를 인수할 때 "대표이사가 그 회사채무를 자기재산이라도 팔아서 갚겠다"는 말을 했더라도 그 후 대표이사에서 물러난 경우, 그러한 사실만으로 그 채무를 중첩적으로 인수하였다고 볼 수 없다고 한다.따라서 약정서상 갑이 을의 병에 대한 채무를 책임지고 변제하겠다는 내용이 기재된 것만으로는 갑이 병에 대한 을의 채무를 병존적으로 인수하였다고 단정하기 어렵다고 한다(대판 2008.3.27, 2006다40515).

(2) 성질

병존적 채무인수는 채무자와 인수인이 모두 의무를 부담하는 채권행위로서, 준물권행위가 아니다.

(3) 구별

채무이전이 면책적인지 병존적(=중첩적)인지에 대하여, 학설과 판례는 면책적 채무인수인지 또는 병존적 채무인수인지가 분명하지 않은 경우에는 원칙적으로 병존적 채무인수로 보아야 한다고 한다(대판 1988.5.24, 87다카3104).

판례 ⓣ 〈집합건물의 구분소유권이 순차로 양도된 경우, 각 특별승계인들이 이전 구분소유권자들의 채무를 인수하는 형태(=중첩적 채무인수)〉 집합건물의 소유 및 관리에 관한 법률 제18조에서 "공유자가 공용부분에 관하여 다른 공유자에 대하여 가지는 채권은 그 특별승계인에 대하여도 행사할 수 있다"고 규정하고 있는바, 위 법률상의 특별 승계인은 관리규약에 따라 집합건물의 공용부분에 대한 유지·관리에 소요되는 비용의 부담의무를 승계한다는 점 에서 채무인수인으로서의 지위를 갖는데, 위 법률의 입법 취지와 채무인수가 면책적인가 중첩적인가 하는 것은 채 무인수계약에 나타난 당사자 의사의 해석에 관한 문제이고, 채무인수에 있어서 면책적 인수인지, 중첩적 인수인 지가 분명하지 아니한 때에는 이를 중첩적으로 인수한 것으로 볼 것이라는 채무인수의 법리에 비추어 보면, 구 분소유권이 순차로 양도된 경우 각 특별승계인들은 이전 구분소유권자들의 채무를 중첩적으로 인수한다고 봄이 상당하다(대결 2010.1.14. 자2009그196).
ⓛ 〈임대사업자지위승계와 관련된 경우〉 임대아파트 매수인이 매도인과 체결한 약정에 따라 매도인으로부터 '임대 아파트 각 세대에 대한 임대차보증금 반환채무'와 '은행에 대한 대출금 채무'를 인수하는 대신 매매대금에서 그 금 액을 공제한 나머지 금원만을 매도인에게 지급한 뒤 임대아파트 각 세대의 소유권을 이전받아 매도인의 임대사업 자 지위를 승계한 사안에서, 매수인이 위 대출금 채무를 인수한 것은 이행인수가 아닌 병존적 채무인수라고 보 아야 한다(대판 2010.5.13. 2009다105222).

2. 요건

(1) 대체적 채무

채무에 관한 요건으로 병존적 채무인수가 가능하기 위하여, 채무는 인수인에 의하여서도 이행될 수 있는 성질의 것이어야 한다. 따라서 본질상 전속적이거나 부대체적인 것은 인수의 대상이 될 수 없다.

(2) 계약의 당사자

인수계약의 당사자를 살펴보기로 하자.
ⓣ 채권자·채무자·인수인의 3당사자의 계약에 의하여는 계약자유의 원칙상 인정될 수 있다.
ⓛ 채권자와 인수인 사이의 계약으로도 가능하다. 이 경우에는 면책적 채무인수의 경우와는 달리, 병존적 채무인수는 채무자의 채무의 담보를 그 목적으로 하는 것이므로, 보증채무의 경우에 준하여(제444조 제2항 참조), 채무자의 의사에 반하여서도 할 수 있다는 것이 통설·판례의 입장이다(대판 1988.11.22. 87다카1836). 따라서 이해관계 있는 제3자는 채권자와의 계약으로 중첩적(병존적) 채무인수 뿐만 아니라 면책적 채무인수도 가능하다.
ⓗ 채무자와 인수인 사이의 계약에 의해서도 가능한데, 이 때의 계약은 일종의 제3자를 위한 계약이 된다. 따라서 채권자의 수익의 의사표시를 필요로 한다(제539조 제2항 참조).

판례 〈채무자와 인수인의 합의에 의한 중첩적 채무인수에서 채권자의 '수익의 의사표시'가 계약의 성립요건이나 효력발생 요건인지 여부(소극)〉 채무자와 인수인의 합의에 의한 중첩적 채무인수는 일종의 제3자를 위한 계약이라고 할 것이 므로, 채권자는 인수인에 대하여 채무이행을 청구하거나 기타 채권자로서의 권리를 행사하는 방법으로 수익의 의사 표시를 함으로써 인수인에 대하여 직접 청구할 권리를 갖게 된다. 이러한 점에서 채무자에 대한 채권을 상실시키는 효과가 있는 면책적 채무인수의 경우 채권자의 승낙을 계약의 효력발생요건으로 보아야 하는 것과는 달리, 채무자와 인수인의 합의에 의한 중첩적 채무인수의 경우 채권자의 수익의 의사표시는 그 계약의 성립요건이나 효력발생요건이 아니라 채권자가 인수인에 대하여 채권을 취득하기 위한 요건이다(대법원 2013.09.13. 선고 2011다56033 판결).

3. 효 과

(1) 인수인과 채무자의 관계

종래의 채무자는 그의 채무를 면하지 않으며, 인수인은 채무자와 더불어 동일한 내용의 채무를 진다. 여기서, 채무자와 인수인간의 관계에 관해서는 학설이 나누어진다. 통설적 견해는 연대채무로 해석하나, 소수설은 부진정연대채무로 추정하기도 한다.

판례 〈중첩적 채무인수에서 채무자와 인수인이 연대채무관계에 있는지 여부〉 중첩적 채무인수에서 인수인이 채무자의 부탁 없이 채권자와의 계약으로 채무를 인수하는 것은 매우 드문 일이므로 <u>채무자와 인수인은 원칙적으로 주관적 공동관계가 있는 연대채무관계에 있고, 인수인이 채무자의 부탁을 받지 아니하여 주관적 공동관계가 없는 경우에는 부진정연대관계에 있는 것으로 보아야 한다</u>(대판 2009.8.20. 2009다32409). 따라서 연대채무자 1인이 한 상계의 절대적 효력을 규정하고 있는 민법 제418조 제1항의 규정에 의하여, 다른 연대채무자인 원채무자의 채권자에 대한 채무도 상계에 의하여 소멸되었다고 보아야 한다(대판 1997.4.22, 96다56443).

(2) 구상권

병존적 채무인수에 있어서는 면책적 채무인수(면책적 채무인수인은 자신의 채무를 변제한 것이므로 원래의 채무자에게 구상할 여지가 없다)와 달리 종래의 채무자가 채권관계에 잔존한다는 점에서 병존적 채무인수를 한 자는 변제에 의해 채권자의 채권 또는 담보를 대위행사하여 원래의 채무자에게 구상할 수 있음은 당연하다(제481조 참조. 즉 병존적 채무인수를 한 자는 변제에 의해 법률상 당연히 채권자를 대위할 수 있는 자이다).

4. 관련문제(이행인수와 계약인수)

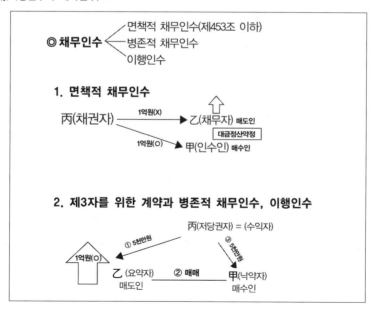

(1) 이행인수

1) 의의

이행인수는 인수인이 채무자에 대해 채무자의 채무를 이행할 것을 약정하는 채무자·인수인 사이의 계약으로서 인수인은 채무자에 대해서만 채무를 부담할 뿐이다. 따라서 <u>채권자는 인수인에 대해 채무의 이행을 청구할 수 있는 권리를 가지지 않는다. 또한 이행인수는 채권자의 동의나 승낙이 그 요건이 아니다</u>(대판 2004.7.9. 2004다13083).

판례 〈채무자와 제3자의 면책적 채무인수로 채무자가 채무를 면하기 위한 요건(＝채권자의 승낙)〉 ㉠ 민법 제454조는 제3자가 채무자와 계약으로 채무를 인수하여 채무자의 채무를 면하게 하는 면책적 채무인수의 경우에 채권자 승낙이 있어야 채권자에 대하여 효력이 생긴다고 규정하고 있으므로, 채권자의 승낙이 없는 경우에는 채무자와 인수인 사이에서 면책적 채무인수 약정을 하더라도 이행인수 등으로서 효력밖에 갖지 못하며 채무자는 채무를 면하지 못한다(대법원 2012.5.24. 선고 2009다88303 판결). 한편 ㉡ 인수인이 채권자에게 중첩적 채무인수라는 취지를 알리지 아니한 채 채무인수에 대한 승낙 여부만을 최고하여 채권자가 인수인으로부터 최고받은 채무인수가 채무자에 대한 채권을 상실하게 하는 면책적 채무인 것으로 잘못 알고 면책적 채무인수를 승낙하지 아니한다는 취지의 의사표시를 한 경우에는, 이는 중첩적 채무인수에 대하여 수익 거절의 의사표시를 한 것이라고 볼 수 없으므로, 채권자는 그 후 중첩적 채무인수 계약이 유효하게 존속하고 있는 한 수익의 의사표시를 하여 인수인에 대한 채권을 취득할 수 있다(대법원 2013.09.13. 선고 2011다56033 판결).

2) 병존적 채무인수와 이행인수 비교

채무자와 인수인의 계약으로 체결되는 <u>병존적 채무인수</u>는 채권자로 하여금 인수인에 대하여 새로운 권리를 취득하게 하는 것으로 제3자를 위한 계약의 하나로 볼 수 있는바, 이와 비교하여 <u>이행인수</u>는 채무자와 인수인 사이의 계약으로 인수인이 변제 등에 의하여 채무를 소멸하게 하여 채무자의 책임을 면하게 할 것을 약정하는 것으로 인수인이 채무자에 대한 관계에서 채무자를 면책하게 하는 채무를 부담하게 될 뿐 채권자로 하여금 직접 인수인에 대한 채권을 취득하게 하는 것이 아니다(대판 2008.3.27. 2006다40515)

3) 이행인수의 법률관계

이행인수는 인수인이 채무자에 대하여 그 채무를 이행할 것을 약정하는 채무자와 인수인 간의 계약으로서, <u>인수인은 채무자와 사이에 채권자에게 채무를 이행할 의무를 부담하는 데 그치고 직접 채권자에 대하여 채무를 부담하는 것이 아니므로 채권자는 직접 인수인에게 채무를 이행할 것을 청구할 수 없으나</u>, 채무자는 인수인이 그 채무를 이행하지 아니하는 경우 인수인에 대하여 채권자에게 이행할 것을 청구할 수 있고, <u>이러한 채무자의 인수인에 대한 청구권은 그 성질상 재산권의 일종으로서 일신전속적 권리라고 할 수는 없으므로, 채권자는 채권자대위권에 의하여 채무자의 인수인에 대한 청구권을 대위행사할 수 있다</u>(대판 2009.6.11. 2008다75072).

4) 구체적 사례

판례가 이행인수로 본 사례는, 토지 등 부동산의 매수인이 매매목적물에 관한 임대차보증금 반환채무 등을 인수하는 한편 그 채무액을 매매대금에서 공제하기로 약정한 경우(대판 1997.

6. 24. 97다1273), 부동산의 매수인이 매매목적물에 관한 근저당권의 피담보채무를 인수하는 한편, 그 채무액을 매매대금에서 공제하기로 약정한 경우(대판 2004.7.9. 2004다13083) 등이 있다.

(2) 계약인수

1) 의의

계약인수란 하나의 계약에 기초한 일방당사자의 권리·의무를 총체적으로 제3자에게 이전하는 것을 말한다. 원계약당사자 일방과 인수인 사이의 약정으로 계약인수가 행해진 경우에는 원칙적으로 원계약상대방의 동의나 승낙을 필요로 한다(3면계약).

2) 3면계약설

계약당사자로서의 지위의 승계를 목적으로 하는 계약의 인수는 양도인과 양수인 및 잔류당사자의 동시적인 합의에 의한 3면계약으로 이루어지는 것이 통상적이지만 계약관계자 3인 중 2인의 합의와 나머지 당사자의 동의 내지 승낙의 방법으로도 가능하다(대판 1994.3.25. 93다32668).

판례 〈계약인수의 사례〉 ㉠ 시유지를 35개월의 할부로 매수한 운수회사가 그 토지를 다른 운수회사에게 그 동안의 납입금을 감안하여 양도하기로 한 계약은 매수인지위의 계약인수에 해당한다. 매수인의 지위를 인수한 자는 그 매매계약의 해제권을 행사할 수 있다(대판 1987.9.8. 85다카733). ㉡ 부도난 회사의 채권자들이 자신들의 대여금채권의 확보를 위하여 신설 회사를 설립하여 기존 회사가 분양계약에 따라 피분양자들에 대하여 부담하는 소유권이전등기 채무의 이행뿐만 아니라 잔대금채권까지도 함께 양수하기로 하는 약정을 하였다면, 이는 분양계약의 분양자로서의 지위의 승계를 목적으로 하는 이른바 계약인수 약정을 한 것으로 볼 수 있다(대판 1996.2.27. 95다21662). ㉢ 계약당사자로서 지위 승계를 목적으로 하는 계약인수는 계약으로부터 발생하는 채권·채무 이전 외에 계약관계로부터 생기는 해제권 등 포괄적 권리의무의 양도를 포함하는 것으로서, 계약인수가 적법하게 이루어지면 양도인은 계약관계에서 탈퇴하게 되고, 계약인수 후에는 양도인의 면책을 유보하였다는 등 특별한 사정이 없는 한 잔류당사자와 양도인 사이에는 계약관계가 존재하지 않게 되며 그에 따른 채권채무관계도 소멸하지만, 이러한 계약인수는 양도인과 양수인 및 잔류당사자의 합의에 의한 삼면계약으로 이루어지는 것이 통상적이며 관계당사자 3인 중 2인의 합의가 선행된 경우에는 나머지 당사자가 이를 동의 내지 승낙하여야 그 효력이 생긴다(대법원 2012.5.24. 선고 2009다88303 판결).

3) 계약인수의 법률관계

계약당사자 중 일방이 상대방 및 제3자와 3면 계약을 체결하거나 상대방의 승낙을 얻어 계약상 당사자로서의 지위를 포괄적으로 제3자에게 이전하는 경우 이를 양수한 제3자는 양도인의 계약상 지위를 승계함으로써 종래 계약에서 이미 발생한 채권·채무도 모두 이전받게 된다(대판 2011.6.23. 2007다63089,63096). 따라서 계약인수인은 취소권·해지권·해제권 등 당사자지위에서 인정되는 권리도 행사할 수 있다.

관련사례 甲은 丙의 근저당권이 설정되어 있는 乙 소유의 A부동산을 1억 원에 매수하면서 乙의 丙에 대한 피담보채무(6,000만 원)를 인수하는 한편, 그 채무액을 매매대금에서 공제하기로 약정하였다.

해설

(a) 甲·乙 간의 <u>인수약정</u>은 丙의 승낙이 없으면 丙에게 대항하지 못할 뿐 그들 사이에서는 유효하고, 특별한 사정이 없는 한 甲은 4,000만 원을 乙에게 지급함으로써 잔금지급의무를 다한 것이 된다(대판 2004.7.9, 2004다13083 ; 대판 1993.2.12, 92다23193 등).

(b) 甲이 乙의 채무를 <u>면책적으로 인수하기로</u> 乙과 <u>약정</u>하였더라도 丙의 승낙이 없는 한 그 약정은 이행인수로서의 효력이 있지만, 丙이 甲에게 6,000만 원의 지급을 청구하였다면 면책적 채무인수로서의 효력이 있다(대판 1989.11.14, 88다카29962).

(c) 〈유사판례〉: <u>인수인이 채권자에게 중첩적 채무인수라는 취지를 알리지 아니한 채 채무인수에 대한 승낙 여부만을 최고하여 채권자가 인수인으로부터 최고받은 채무인수가 채무자에 대한 채권을 상실하게 하는 면책적 채무인 것으로 잘못 알고 면책적 채무인수를 승낙하지 아니한다는 취지의 의사표시를 한 경우에는, 이는 중첩적 채무인수에 대하여 수익 거절의 의사표시를 한 것이라고 볼 수 없으므로, 채권자는 그 후 중첩적 채무인수 계약이 유효하게 존속하고 있는 한 수익의 의사표시를 하여 인수인에 대한 채권을 취득할 수 있다</u>(대법원 2013.09.13. 선고 2011다56033 판결).

제6장 채권의 소멸

Ⅰ. 채권의 소멸일반

1. 의 의

⑴ 채권의 소멸이란 채권의 목적이 된 급부를 향한 채권과 채무가 동시에 소멸하여 존재하지 않게 되는 것을 말한다. 즉 채권이 객관적으로 존재하지 않게 된 것을 말한다. 채권소멸의 원인이 발생하면 그때부터 채권은 법률상 당연히 소멸하고, 채무자의 주장을 필요로 하지 않는다.

⑵ 채권의 소멸과 채권의 발생기초가 된 계약의 종료(채권관계의 소멸)는 구별하여야 한다. 예컨대 쌍무계약의 경우에 하나의 채권이 만족을 얻어 소멸하더라도 다른 채권이 만족을 얻어 계약관계가 모두 결제될 때까지 계약은 존속한다. 따라서 한 채권(또는 채무)이 소멸하더라도 계약은 존속할 수 있지만, 계약이 종료하면 이에 기초한 채권은 존속할 수 없다.

2. 채권의 일반적 소멸원인

민법의 채권편에 규정된 채권의 소멸원인은 변제·대물변제·공탁·상계·경개·면제·혼동의 일곱 가지이다. 이 중에서 변제는 채권이 채무의 내용에 좇은 이행에 의해 정상적인 방법으로 만족을 얻는 경우이다. 대물변제·공탁·상계는 채무내용에 의해 예정된 이행방법이 아니나 다른 방법에 의해 채권이 만족을 얻는 경우로서 채무의 이행에 준한다. 그러나 경개·면제·혼동은 채권이 만족을 얻지 않고 소멸하는 경우이다.

〈채권의 소멸원인의 법률적 성질〉

```
┌ 법률행위 ┬ 단독행위 : 면제(채권자, 제506조)·상계(채무자, 제492조 이하)
│          ├ 계약 : 대물변제(제466조)·경개(제500조 이하)
│          └ 제3자를 위한 계약 : 공탁(제487조 이하)
├ 준법률행위 : 변제(통설, 제460조)
└ 사건 : 혼동(제507조)·채무자의 귀책사유 없는 급부불능
```

3. 변 제

(1) 의의 및 성질

변제란 채무자가 본래의 채무내용대로 급부를 제공하고 채권자가 이를 수령하는 것을 말한다. 변제의 성질에 대해서는 준법률행위설과 사실행위설이 대립하고 있다. 그러나 어떠한 견해에 따르더라도 변제에 있어 채무자에게 채무를 소멸시키기 위한 의사는 요구되지 않는다 (법률행위가 아님).

(2) 동시이행관계

채권증서의 반환과 변제는 동시이행의 관계에 있지 않다(제475조 참조). 그러나 영수증 반환과 변제는 동시이행의 관계이다(제474조 참조).

> **판례** ㉠ 〈변제와 동시이행의 문제〉 채무자가 채무 전부를 변제한 때에는 채권자에게 채권증서의 반환을 청구할 수 있으며, 제3자가 변제를 하는 경우에는 제3자도 채권증서의 반환을 구할 수 있으나(민법 제475조 참조), 이러한 채권증서 반환청구권은 채권 전부를 변제한 경우에 인정되는 것이고, 영수증 교부의무와는 달리 변제와 동시이행 관계에 있지 않다(대판 2005.8.19. 2003다22042).
>
> ㉡ 〈채권자가 채무자에게서 교부받은 채권증서를 다시 채무자에게 반환한 경우, 채권이 변제 등의 사유로 소멸하였다고 추정할 수 있는지 여부(원칙적 적극)〉 지불각서와 같은 채권증서는 채무자가 작성하여 채권자에게 교부하는 것이고, 채무자가 채무 전부를 변제하거나 그 밖의 사유로 채권이 소멸한 때에는 채권자에게 채권증서의 반환을 청구할 수 있고(민법 제475조 참조), 이러한 채권증서 반환청구권은 채무 전부를 변제하는 등 채권이 소멸한 경우에 인정되므로, 채권자가 채무자로부터 채권증서를 교부받은 후 이를 다시 채무자에게 반환하였다면 특별한 사정이 없는 한 그 채권은 변제 등의 사유로 소멸하였다고 추정할 수 있다(대판 2011.11.24. 2011다74550).

4. 제3자 변제

> **제469조 (제3자의 변제)**
> ① 채무의 변제는 제3자도 할 수 있다. 그러나 채무의 성질 또는 당사자의 의사표시로 제3자의 변제를 허용하지 아니하는 때에는 그러하지 아니하다.
> ② 이해관계 없는 제3자는 채무자의 의사에 반하여 변제하지 못한다.

(1) 의의

제3자 변제란 타인의 채무를 그 타인을 위하여 변제하는 것을 말하며, 일종의 사무관리이다. 원칙적으로 이해관계 있는 제3자는 채무자의 의사에 반하여 변제할 수 있다(제469조 제2항).

> **판례** ㉠ 채무의 변제는 원칙적으로 채무자뿐만 아니라 제3자도 할 수 있고, 채무의 성질상 반드시 변제자 본인의 행위에 의해서만 가능한 것이 아닌 이상 제3자를 이행보조자 내지 이행대행자로 사용하여 대위변제할 수도 있다(대판 2001.6.15. 99다13513).
>
> ㉡ 이해관계 없는 제3자도 보증인은 될 수 있으며, 채무자의 반대의사가 있어도 보증인은 채권자와 보증계약을 체결할 수 있다(제444조 제2항 참조). 그러나 이해관계 없는 제3자는 채무자의 의사에 반하여 변제하지 못한다(제469조 제2항 참조).

(2) 제3자변제의 제한

제3자의 변제는 채무의 성질상 또는 당사자의 의사표시에 의해 제한될 수 있다(제469조). 제3자 변제는 원칙적으로 그 자체가 채무자를 위한 것이므로, 반증이 없는 한 채무자에게 유익하며 그 의사에 반하지 않는 것으로 추정된다(판례동지).

> **판례** 〈이해관계 있는 제3자〉 ㉠ 판례는 「이해관계 없는 제3자의 대위변제가 채무자의 의사에 반하는지의 여부를 가림에 있어서 채무자의 의사는 제3자가 변제할 당시의 객관적인 제반사정에 비추어 명확하게 인식될 수 있는 것이어야 하며, 함부로 채무자의 반대의사를 추정함으로써 제3자의 변제효과를 무효화시키는 일은 피하여야 한다」고 한다(대판 1988.10.24. 87다카1644). 그러므로 채무자의 반대의사에 대한 입증책임은 채무자의 의사에 반하여 변제로서 효력이 없다는 사실을 주장하는 자가 부담한다. ㉡ 부동산의 매수인은 그 부동산에 대한 담보권을 소멸

시키기 위하여 매도인의 채무를 대신 변제할 법률상 이해관계 있는 제3자에 해당한다(대판 1995.3.24. 94다44620). ⓒ 건물을 신축한 자가 건물을 매도함과 동시에 소유권이전등기 전까지 그 건물을 매수인에게 임대하기로 하였는데 그 건물의 건축공사수급인이 공사금 일부를 지급받지 못하였다는 이유로 건물의 매수인 겸 임차인의 입주를 저지하자 건물의 매수인 겸 임차인이 매도인에게 지급할 매매대금의 일부를 건축공사수급인에게 공사금채무 변제조로 지급한 경우, 건물의 매수인 겸 임차인은 그 권리실현에 장애가 되는 위 수급인의 건물에 대한 유치권 등의 권리를 소멸시키기 위하여 매도인의 공사금채무를 대신 변제할 법률상 이해관계 있는 제3자이자 변제할 정당한 이익이 있는 자라고 볼 것이므로 위 변제는 공사금채무의 범위 내에서는 매도인의 의사에 반하여도 효력이 있다(대판 1993.10. 12. 93다9903). ⓓ 공동저당의 목적인 물상보증인 소유의 부동산에 후순위로 소유권이전청구권 가등기가 설정되어 있는데 그 부동산에 대하여 먼저 경매가 실행되어 공동저당권자가 매각대금 전액을 배당받고 채무의 일부가 남은 사안에서, 위 가등기권리자는 그 채무 잔액의 변제에 관하여 '이해관계 있는 제3자' 또는 '변제할 정당한 이익이 있는 자'에 해당하지 않는다. 왜냐하면 가등기가 설정된 부동산의 소유자인 물상보증인은 채무자소유의 부동산에 대한 공동저당권자인 채권자의 선순위근저당권을 대위취득하고, 가등기권리자는 위 선순위근저당권에 대하여 물상대위함으로써 우선하여 변제를 받을 수 있기 때문에 채권자로부터 집행을 받게 되거나 또는 채무자에 대한 자기의 권리를 잃게 되는 지위에 있지 않아 사실상의 이해관계에 지나지 않는다(대결 2009.5.28. 2008마109).

(3) 채권자가 변제를 수령하면서 제3자가 타인의 채무를 변제하는 것이라는 사실을 인식한 경우 타인의 채무변제라는 지정이 있었다고 볼 수 있는지 여부(적극)

민법 제469조에 정한 바에 따라 채무의 변제는 제3자도 할 수 있는 것인바, 제3자가 타인의 채무를 변제하여 그 채무를 소멸시키기 위하여는 제3자가 타인의 채무를 변제한다는 의사를 가지고 있었음을 요건으로 하고 이러한 의사는 타인의 채무변제임을 나타내는 변제지정을 통하여 표시되어야 할 것이지만, 채권자가 변제를 수령하면서 제3자가 타인의 채무를 변제하는 것이라는 사실을 인식하였다면 타인의 채무변제라는 지정이 있었다고 볼 수 있다(대판 2010.2.11. 2009다71558).

(4) 제3자 상계와 구별

제3자 변제와 구별하여야 할 것이 제3자의 상계이다. 즉, 제3자가 채권자에 대한 채권을 가지고 채무자의 채무와 상계할 수 있는가에 대해서는 견해가 대립하나 다수설과 판례는 부정한다(대판 2011.4.28. 2010다101394). 판례는 그 이유에 대하여 "상계제도의 취지는 서로 대립하는 두 당사자 사이의 채권·채무를 간이한 방법으로 원활하고 공평하게 처리하려는 데 있으므로, 수동채권으로 될 수 있는 채권은 상대방이 상계자에 대하여 가지는 채권이어야 하고, 상대방이 제3자에 대하여 가지는 채권과는 상계할 수 없다고 보아야 한다"는 것이다(대판 2011.4.28. 2010다101394).

5. 변제목적물과 변제의 장소

제463조 (변제로서의 타인의 물건의 인도)
채무의 변제로 타인의 물건을 인도한 채무자는 다시 유효한 변제를 하지 아니하면 그 물건의 반환을 청구하지 못한다.
제467조 (변제의 장소)

① 채무의 성질 또는 당사자의 의사표시로 변제장소를 정하지 아니한 때에는 **특정물의 인도는 채권성립당시에 그** **물건이 있던 장소에서 하여야 한다.**
② 전항의 경우에 **특정물인도이외의 채무변제는 채권자의 현주소에서 하여야 한다.** 그러나 영업에 관한 채무의 변제는 채권자의 현영업소에서 하여야 한다.

제586조 (대금지급장소)
매매의 목적물의 인도와 동시에 대금을 지급할 경우에는 그 인도장소에서 이를 지급하여야 한다.

(1) 타인물건의 인도(제463조)

채무의 변제로 타인의 물건을 인도한 채무자는 다시 유효한 변제를 하지 아니하면 그 물건의 반환을 청구하지 못하는데, 제463조의 여기에 말하는 타인의 물건이란 특정물을 말하는 것이 아니다. 즉 본조의 타인의 물건이란 불특정물을 말한다고 해석되고 있다. 왜냐하면 특정물에 대해서는 다른 물건을 변제하였는데 유효하다는 것은 생각할 수 없기 때문이다.

(2) 변제장소

(ㄱ) 특정물의 인도장소는 채권발생시 그 물건이 존재한 장소이지만(제467조 제1항), 그 외의 채무에 대해서는 채권자의 현주소지이다(제467조 제2항, 지참채무의 원칙). 채권이 양도된 경우에는 신채권자의 주소가 변제지로 된다.

(ㄴ) 한편 매매의 목적물의 인도와 동시에 대금을 지급할 경우에는 그 인도장소에서 이를 지급하여야 한다(제586조). 이는 제467조의 특별규정의 성격을 갖는다.

관련사례	제주도에 사는 甲이 어느 골동품 1점을 가지고 있는데, 이 골동품을 서울의 乙이 사고 싶어서 甲에게 전화를 걸어 협상 끝에 그 물건을 1,000만원에 구입하였다.
해설	(a) 대금 지급과 그 골동품인도의 장소에 관하여 특별한 약정을 하지 않은 경우, 두 채무의 이행지는 모두 甲의 주소지이며, 甲의 채무는 추심채무이고 乙의 채무는 지참채무이다. 즉 채무변제의 장소와 관련하여 제467조는 특정물의 인도는 채권성립당시 그 물건이 있던 장소에서 하라고 되어있다. 따라서 제주도가 그 목적물인도 장소이다. 그리고 매매대금은 다른 특약이 없는 한 그 제주도에서 지급하는 것이 원칙일 것이다(제586조).
	(b) 매매목적물의 인도와 동시에 대금을 지급할 경우에는 계약성립 당시에 목적물이 있었던 장소가 대금지급채무의 이행지로 된다(×, 제586조에 반한다. 즉 "그 인도장소"가 타당하다. 이는 제467조의 특칙으로 작용한다. 따라서 계약성립당시(제467조 제1항)가 아니다).

Ⅱ. 채권의 준점유자에 대한 변제

제470조 (채권의 준점유자에 대한 변제)
채권의 준점유자에 대한 변제는 변제자가 선의이며 과실 없는 때에 한하여 효력이 있다.

1. 채권의 준점유자의 의의

⑴ 권의 준점유자(제210조)란 거래의 관념상 진정한 채권자라고 믿게 할만한 외관을 갖춘 자를 말한다. 이러한 채권의 준점유자로 볼 수 있는 자로서는, 예금증서와 그에 찍힌 인영과 같은 인장을 소지한 자·채권의 표현상속인·무효 또는 취소된 채권양도계약에 의한 채권의 사실상의 양수인 등이 이에 속한다.

⑵ 판례는 "예금통장을 절취한 자에게 예금지급이 이루어진 경우, 이미 신고된 진정한 인감이 사용되었으며 비밀번호까지 일치하였다면 예금의 지급을 구하는 청구자에게 정당한 변제수령권한이 없을 수 있다는 의심을 가질 만한 특별한 사정이 없는 한 채권의 준점유자에 대한 변제로서 유효하다"고 보고 있다(대판 2007.10.25. 2006다44791). 그리고 "임차인의 임대인에 대한 임차보증금반환채권이 유효하게 양도되었다면 그 후 채무자인 임대인으로부터 그 채무를 인수한 자는 별도로 채권양수인과의 변제약정이 없더라도 당연히 채권양수인에 대하여 그 채무의 이행의무를 부담하는 것이고, 다만 채무인수인이 채권양도사실을 알지 못한 채 전채권자에게 변제한 경우에는 채권의 준점유자에 대한 변제로서의 요건을 갖춘 때에 한하여 그 변제의 효력이 인정될 따름이다"라고 하고 있다(대판 1989.11.14. 88다카29962).

판례 〈행위자가 채권자의 대리인이라고 하면서 채권을 행사하는 경우〉 민법 제470조에 정하여진 채권의 준점유자라 함은, 변제자의 입장에서 볼 때 일반의 거래관념상 채권을 행사할 정당한 권한을 가진 것으로 믿을 만한 외관을 가지는 사람을 말하므로 준점유자가 스스로 채권자라고 하여 채권을 행사하는 경우뿐만 아니라 채권자의 대리인이라고 하면서 채권을 행사하는 때에도 채권의 준점유자에 해당한다. 따라서 위의 경우 채권의 준점유자에 대한 변제로서 유효하다(대판 2004.4.23. 2004다5389).

2. 변제가 유효하기 위한 요건

(1) 변제자의 선의·무과실

㈀ 채권의 준점유자에 대한 변제가 유효하려면, 변제자가 선의·무과실이어야 한다(제470조).

판례 甲이 사실혼관계에 있던 乙의 동의 없이 丙 은행에서 예금청구서에 위조한 乙 명의의 도장을 날인하여 乙 명의의 예금통장과 함께 제출하고, 비밀번호 입력기에 비밀번호를 입력하여 예금을 인출한 사안에서, 제반 사정에 비추어 육안에 의한 통상의 인감 대조만으로 갑에게 예금을 인출하여 준 丙 은행의 출금 담당 직원들에게 어떠한 과실이 있었다고 할 수 없다는 이유로, 丙 은행의 甲에 대한 예금 지급은 (선의이면서 무과실구비) 채권의 준점유자에 대한 변제로서 유효하다(대법원 2013.1.24. 선고 2012다91224 판결).

㈁ 변제자의 선의는 준점유자에게 수령권한이 없음을 알지 못하는 것으로는 부족하고, 수령자에게 수령권한이 있다고 적극적으로 신뢰하였어야 한다고 해석한다. 그리고 무과실이란 변제자의 직업이나 거래상황에 비추어 볼 때 수령자에게 수령권한이 있다고 믿은 것을 잘못이 없다고 객관적으로 판단됨을 의미한다.

판례 〈입증책임〉 선의·무과실의 입증책임은 변제의 유효를 주장하는 자가 입증책임을 진다고 보는 설(민법주해, 채권법 제4권 p.123)과 변제의 무효임을 주장하는 자가 부담한다는 설(김형배 민법학강의, p. 861)이 대립한다. 판례는 변제의 유효를 주장하는 자가 입증책임이 있다고 한다. 즉 "제3채무자의 지점 등이 예금채권의 가압류 사실을 알지 못하고 또 과실도 없이 그 시간 내에 예금채권을 지급하고 말았다면, 채권의 준점유자에 대한 변제에 관한 민법 제470조를 유추적용하여 제3채무자의 면책을 인정할 수 있고, 이 경우 선의·무과실의 주장·입증책임은 제3채무자(변제의 유효를 주장하는 자)에게 있다"는 것이다(대판 2002.8.27, 2002다31858).

(ㄷ) 판례는 채무자가 채권양도승낙 후에 채권양수인이 확정일자 있는 승낙증서를 받았는지를 확인하지 아니한 채, 전부채권자에게 변제한 때에는 그 전부채권자에게 한 변제가 채권의 준점유자에 대한 변제라 하여도 채무자에게 과실이 있다고 하였다(대판 1965.12.21, 65다1990). 다만 무효인 채권압류 및 전부명령을 받은 자에 대한 변제라도 그 채권자가 피전부채권에 관하여 무권리자라는 사실을 알지 못하거나 과실 없이 그러한 사실을 알지 못하고 변제한 때에는 그 변제는 채권의 준점유자에 대한 변제로서 유효하다(대판 1997.3.11, 96다44747).

판례 〈강행규정에 반하여 무효인 채권을 변제한 경우의 변제의 효력〉 채권의 준점유자에 대한 변제에 관하여 효력규정인 강행법규에 위반되는 계약을 체결한 자가 그 약정의 효력이 부인된다는 사실을 알지 못한 탓에 그 약정에 따라 변제수령권을 갖는 것처럼 외관을 갖게 된 자에게 변제를 한 경우에는, 특별한 사정이 없는 한 그 변제자가 채권의 준점유자에게 변제수령권이 있는 것으로 오해한 것은 법률적인 검토를 제대로 하지 않은 과실에 기인한 것이라고 할 것이다(대판 2004.6.11, 2003다1601).

(2) 채권자의 귀책사유

문제는 예금증서와 인장이 위조된 경우처럼 채권자에게 아무런 귀책사유가 없는 경우에도 변제자가 선의·무과실로 변제하면 그 변제는 유효한가? 예금채권의 준점유자는 예금통장과 그에 찍힌 인영과 같은 인장을 소지하여야만 한다(대판 1985.12.24, 85다카880 참고). 따라서 예금주의 동거자가 무단으로 예금주의 예금증서와 인감을 가지고 예금주(또는 정당한 대리인)라고 사칭하여 예금을 지급 받은 경우 은행이 선의·무과실인 때에는 그 지급은 유효하다. 이 때 채권자(진정한 권리자)의 귀책사유는 불문한다.

3. 영수증소지자에 대한 변제의 유효요건과 비교(제471조)

> **제471조 (영수증소지자에 대한 변제)**
> 영수증을 소지한 자에 대한 변제는 그 소지자가 변제를 받을 권한이 없는 경우에도 효력이 있다. 그러나 변제자가 그 권한 없음을 알았거나 알 수 있었을 경우에는 그러하지 아니하다.

영수증소지자에 대한 채무자의 변제가 유효하기 위하여는 ㉠ 영수증은 수령증을 작성할 권한이 있는 자에 의해 작성된 것이어야 한다. 즉 진정한 영수증에 한하여 적용되는 것이다(통설). 따라서 영수증의 진위여부에 대해서는 변제자가 입증책임을 부담한다. ㉡ 그리고 변제자의 악의·과실에 대해서는 채권자(=변제의 무효를 주장하는 자)가 입증해야 한다(김준호 16판, p.1172-3).

> ◎ 영수증을 소지한 자에 대한 변제는 그 영수증이 위조된 것이라도 진정한 채권자가 변제자의 악
> 의 또는 과실을 입증하지 못하는 한 유효하다(×, 통설은 제471조의 규정은 진정한 영수증에 한
> 하여 적용된다고 한다. 따라서 변제자(채무자)가 선의·무과실을 입증하여야 한다. 제470조는
> 변제자가 선의·무과실을 입증하여야 하고, 제471조는 채권자가 변제자의 악의·과실을 입증
> 하여야 한다).

4. 선의변제의 효과

변제가 유효하다는 것은 그 결과 채무자는 채무를 면하고, 따라서 진정한 채권자의 채권도
소멸한다는 것을 의미한다. 진정한 채권자는 채무자에게 이행청구를 할 수 없고, 변제수령자
에 대하여 부당이득반환을 청구하거나 불법행위책임을 물을 수 있다. 선의변제자는 수령자에
게 부당이득반환청구할 수 없다(아래 판결참조).

판례 〈채권압류가 경합된 경우에 제3채무자가 선의 무과실로 한 전부채권자에 대한 변제의 효력〉 채권압류가 경합된
경우에 그 압류채권자 중의 한 사람이 전부명령을 얻은 경우 그 전부명령은 무효이지만 제3채무자가 선의·무과
실로 그 전부 채권자에게 전부금을 변제하였다면 이는 채권의 준점유자에 대한 변제로서 유효하므로 제3채무자
의 채무자에 대한 채무는 소멸되고 제3채무자는 압류채권자에 대하여 2중 변제의 의무를 부담하지 아니하며 전
부채권자에 대하여 전부명령의 무효를 주장하여 부당이득반환청구도 할 수 없다(대판 1980.9.30, 78다1292).

Ⅲ. 변제의 제공

1. 일반론

> **제460조 (변제제공의 방법)**
> 변제는 채무내용에 좇은 현실제공으로 이를 하여야 한다. 그러나 채권자가 미리 변제 받기를 거절하거나 채무의
> 이행에 채권자의 행위를 요하는 경우에는 변제준비의 완료를 통지하고 그 수령을 최고하면 된다.

(1) 의의

변제제공이란 채무자가 이행에 필요한 행위를 완료하는 것을 말한다. 변제의 제공은 이행의
제공(제400조)이라고도 한다. 변제는 변제제공과 변제수령에 의하여 완료되므로, 변제제공은
변제의 과정, 즉 변제에 이르기 위한 수단이라고 볼 수 있다.

(2) 유형

변제의 제공은 현실의 제공과 구두의 제공이 있는바, 현실의 제공은 채권자가 수령하면, 곧
변제의 효과가 발생할 정도의 변제의 제공을 말한다. 한편 구두의 제공은 채권자가 정당한
이유 없이 미리 수령하지 않겠다는 거절의 의사를 표시한 경우에 채무자는 구두제공으로써
변제제공의 효과를 받을 수 있다.

(3) 변제제공의 효과

> **제461조 (변제제공의 효과)**
> 변제의 제공은 그 때로부터 채무불이행의 책임을 면하게 한다.

변제의 제공이 있으면 채무자는 채무불이행으로 인한 손해배상·지연이자·위약금의 청구를 당하지 않으며, 담보권을 실행당하지 않는다(유의할 것은 담보물을 회수할 수 있다는 것은 아니다). 그리고 약정이자의 발생이 정지되며, 변제의 제공이 계속되면 상대방은 동시이행의 항변권을 잃는다. 한편 채무자는 그 채무를 면하기 위하여 변제공탁을 할 수 있다(제487조).

판례 〈변제의 제공과 채권자지체〉 민법 제400조 소정의 채권자지체가 성립하기 위해서는 민법 제460조 소정의 채무자의 변제 제공이 있어야 하고, 변제 제공은 원칙적으로 현실 제공으로 하여야 하며 다만 채권자가 미리 변제받기를 거절하거나 채무의 이행에 채권자의 행위를 요하는 경우에는 구두의 제공으로 하더라도 무방하고, 채권자가 변제를 받지 아니할 의사가 확고한 경우(이른바, 채권자의 영구적 불수령)에는 구두의 제공을 한다는 것조차 무의미하므로 그러한 경우에는 구두의 제공조차 필요 없다고 할 것이지만, 그러한 구두의 제공조차 필요 없는 경우라고 하더라도, 이는 그로써 채무자가 채무불이행책임을 면한다는 것에 불과하고, 민법 제538조 제1항 제2문 소정의 '채권자의 수령지체 중에 당사자 쌍방의 책임 없는 사유로 이행할 수 없게 된 때'에 해당하기 위해서는 현실 제공이나 구두 제공이 필요하다(다만, 그 제공의 정도는 그 시기와 구체적인 상황에 따라 신의성실의 원칙에 어긋나지 않게 합리적으로 정하여야 한다(대판 2004.3.12, 2001다79013).

2. 채무의 내용에 좇은 변제의 제공인가와 관련하여

(1) 금전채무의 제공

(ㄱ) 채권자의 주소에서 변제해야 할 금전채무에 있어서 채무자가 채무액에 해당하는 금전을 가지고 채권자의 주소로 갔다면 유효한 제공이 된다. 따라서 채무자가 영수증의 교부를 요구하면서 그때까지 지불하지 않겠다고 하는 경우에도 채무자는 금전채무에 대한 현실제공을 한 것이다.

(ㄴ) 변제제공의 시기는 원칙적으로 이행기이다. 다만, 이행기 이후일지라도 채권자의 해제권 행사 이전에는 지연이자와 함께 원본을 제공함으로써 유효하게 변제할 수 있다.

> **Tip**
>
> 현실제공이 있기 위해서는 채권자가 변제제공의 사실을 알아야 한다(×, 현실제공이 있기 위해서는 채권자가 제공의 사실을 알 수 있을 정도의 제공행위가 있어야 하지만, 그렇다고 하여 채권자가 현실제공을 알고 있어야 하는 것은 아니다). 가령 이행의 시기가 약정되어 있는 경우에 채무자가 이행장소에 갔으나 채권자를 만나지 못한 경우라도 변제의 제공은 된다(꼭 목전에 제시하여야 하는 것은 아니다).

(2) 일부의 제공

급부의 일부제공은 원칙적으로 채무내용에 좇은 제공이 아니고, 따라서 채권자가 그 수령을 거절하더라도 채권자지체가 성립하지 않는다(대판 1984. 9. 11. 84다카781). 따라서 <u>이행지체에 빠</u>

져 원본과 지연이자를 지급할 의무가 있는 금전채무자가 원본과 지연이자를 합한 전액에 부족한 이행제공을 하는 경우, 유효한 변제제공이 아니며 변제충당의 효력이 발생하지도 않는다. 따라서 채권자는 그 수령을 거절할 수 있다(대판 2005.8.19, 2003다2204).

(3) 약속어음의 제공

금전채무에 있어 보통의 수표나 약속어음의 제공은 원칙적으로 변제의 제공이 되지 않는다. 다만 거래상 통화와 동일하게 취급되는 우편환이나 은행이 발행한 자기앞 수표의 교부는 현실의 제공이 된다.

(4) 임차목적물의 명도의 이행제공

임대인의 동시이행의 항변권을 소멸시키고 임대보증금반환지체책임을 인정하기 위해서는 임차인이 임대인에게 임차목적물의 명도의 이행제공을 하여야만 한다. 여기서 임차인이 임차목적물에서 퇴거하면서 그 사실을 임대인에게 알리지 아니한 경우에는 임차목적물의 명도의 이행제공이 있었다고 볼 수 없다(대판 2002.2.26, 2001다77697).

3. 구두의 제공

(1) 의의

현실의 제공과 구두의 제공은 정도의 차이에 지나지 않는다. 구두의 제공은 채무의 이행을 위하여 채권자가 미리 협력하여야 할 경우에 행하여지는 제공으로서(현실의 제공도 채권자의 협력을 요하지만 정도의 차이가 있는 점에서), 채무자는 채권자가 협력하면 언제든지 변제할 수 있을 정도의 준비를 하고, 그 사실을 채권자에게 통지하여 급부의 수령 기타의 협력을 최고하는 방법으로 행하여 진다.

(2) 구두제공의 방법

채권자가 수령을 거절한 경우나 채무이행에 있어 채권자의 협력행위가 필요한 경우에 채무자는 구두의 제공을 하여야 하는데, 이 경우 채무자는 변제를 준비하는 정도로 족하지 않고 수령을 최고하여야 한다(제474조 참조).

판례 ① 〈등기절차의무의 변제의 제공〉 부동산매도인의 등기절차의무의 이행에서 변제의 제공이 있었다고 하려면 언제든지 현실의 제공을 할 수 있는 정도로 등기절차에 필요한 일체의 서류준비를 완료하고 그 뜻을 통지하여 그 수령을 최고하여야만 되는 것이고(유의 : 등기서류를 상대방에게 현실로 제공할 것까지는 요하지 않는다), 등기이전을 하여 줄 수 있는 준비 또는 태세를 갖추고 있었다는 사정만으로는 변제제공으로 볼 수 없다(대판 1975.6.24, 74다1455). 즉 매수인이 매매대금을 준비하지 아니하고 대금지급기일을 넘기는 등 계약을 이행함과 동시에 소유권이전등기를 수령할 준비를 하지 아니한 경우에는 매도인으로서는 부동산매도용 인감증명서를 발급받아 놓고, 인감도장이나 등기권리증 등을 준비하여 놓아, 잔대금수령과 동시에 법무사등에게 위임하여 이전등기신청행위에 필요한 서류를 작성할 수 있도록 준비함으로써 이행의 제공을 하고 잔대금지급의 최고를 할 수 있다고 보아야 할 것이고, 이와 같은 경우 위의 서류 등은 자신의 집에 소지하고 있음으로써 족하다고 할 것이다 (대판 1992.7.14, 92다5713).

ⓒ 〈보수금액의 제공〉 준공된 약정공사의 인도를 받음과 동시에 그 공사의 보수금을 지급할 의무가 있는 도급인이 그 공사진행 중 지급할 보수금액 이상의 은행당좌예금 잔고가 있는 사람으로부터 보수금액상당액을 빌리기로 하고 수급인에게 그 사실을 말하면서 공사의 준공을 독촉한 일이 있었다 하여 그것을 수급인에 대한 보수금채무 의 구두에 의한 이행제공이었다고는 할 수 없다(대판 1965.9.21, 65다1444).

(3) 구두제공이 허용되는 경우

1) 채권자의 수령거절

채권자가 정당한 이유 없이 미리 수령하지 않겠다는 거절의 의사를 표시한 경우에 채무자는 구두제공으로서 변제제공의 효과를 받을 수 있다. 채권자가 수령하지 않을 것이 확실한 경 우에까지 채무자에게 현실제공을 요구하는 것은 불필요한 수고를 요구하는 것이 되어 불 공평하기 때문이다.

2) 채권자의 선행적 협력행위가 요구되는 경우

㉠ 예컨대 채권자가 미리 공급하는 재료에 가공하여야 할 채무·추심채무 등과 같은 채무에 있어서는, 이행에 채권자의 협력이 필요하고 채무자는 이행행위를 혼자서 수행할 수 없으므 로, 채무자가 자신의 이행행위를 완료하여 채권자의 수령을 촉구하는 현실제공을 할 수 없 다. 그러므로 이 경우에는 채무자가 이행행위에 착수할 준비를 하여 채권자의 협력을 촉구하 는 구두제공을 함으로써 변제제공의 효과를 받도록 할 필요가 있다. ㉡ 그러나 유의할 것은 이러한 구두의 제공에 응하여 채권자가 그 협력을 한 때에는 채무자는 이를 토대로 다시 현 실의 제공을 하여야 한다는 점이다.

(4) 구두의 제공조차 필요 없는 경우(통설·판례 긍정)

㈀ 채권자의 수령거절의 의사가 바뀌지 않을 것이 분명한 경우에까지 채무자가 구두제공을 하는 것은 무의미하므로, 구두제공을 하지 않아도 변제제공의 효과가 생긴다(대판 1995.4.28, 94다16083).

㈁ 그 밖에 회기적 분할채무(임차료·월부금)에서 채권자가 전회분에 대해 채권자지체에 빠져 서 그 상태가 계속되고 있는 동안, 채무자가 차회분의 채무의 구두제공을 하지 않더라도 채 무불이행책임을 지지 않는다.

㈂ 채권자의 수령불능상태가 계속되고 있는 경우에는 구두제공조차 할 필요가 없다.

판례 대법원은 "채권자가 변제를 수령하지 않을 의사가 명백하여 전의 수령거절 의사를 번의할 가능성이 보이지 않는 경우에까지 구두의 변제제공을 하여야 한다는 취지는 아니라 할 것이므로 이러한 경우에는 채무자는 민법 460조 단서소정의 소위 언어상의 변제제공 조차도 아니 하더라도 채권자에게 채무불이행의 책임이 없다"고 하였 다(대판 1976.11.9, 76다2218).

4. 쌍무계약의 특칙

(1) 동시이행항변권과 이행지체

쌍무계약의 채무자는 상대방의 상환채무(반대급부)의 변제제공이 없는 한 동시이행의 항변권에 의하여 자기채무의 변제제공을 하지 않더라도 채무불이행책임을 지지 않는다.

(2) 공탁물수령

쌍무계약에서 채권자는 동시이행관계에 있는 상환채무를 이행하지 않으면 공탁물을 수령하지 못한다.

(3) 변제의 제공과 상관성

쌍무계약에서 당사자일방은 자기채무의 변제제공으로 ① 자기의 채무불이행책임을 면하고(제461조), ② 상대방을 채권자지체(제400조)에 빠뜨릴 수도 있으며(그 요건은 설대립), 변제제공의 일반적 효과 이외에 ③ 상환채무에 관해 상대방을 채무불이행에 빠뜨릴 수 있는 일석이조의 효과를 얻는다. 따라서 상대방은 채무불이행의 결과 손해배상의무를 지며(제390조), ④ 그밖에 변제 제공한 당사자는 계약해제권을 갖는다(제544조).

판례 쌍무계약에 있어서 변제의 제공으로 상대방의 동시이행의 항변권을 상실시키기 위해서는 변제제공의 상태는 계속되어야 한다(대판 1972.11.14, 72다1513).

Ⅳ. 변제충당

채무자가 동일한 채권자에 대하여 같은 종류를 목적으로 한 여러 개의 채무를 부담한 경우에, 변제의 제공이 그 채무 전부를 소멸하게 하지 못하는 때에는 그 급부를 가지고 어느 채무의 변제에 충당할 것인가 하는 문제가 변제충당의 문제이다.

제476조 (지정변제충당)
① 채무자가 동일한 채권자에 대하여 같은 종류를 목적으로 한 수 개의 채무를 부담한 경우에 변제의 제공이 그 채무전부를 소멸하게 하지 못하는 때에는 변제자는 그 당시 어느 채무를 지정하여 그 변제에 충당할 수 있다.
② 변제자가 전항의 지정을 하지 아니할 때에는 변제받는 자는 그 당시 어느 채무를 지정하여 변제에 충당할 수 있다. 그러나 변제자가 그 충당에 대하여 즉시 이의를 한 때에는 그러하지 아니하다.
③ 전2항의 변제충당은 상대방에 대한 의사표시로써 한다.

제477조 (법정변제충당)
당사자가 변제에 충당할 채무를 지정하지 아니한 때에는 다음 각호의 규정에 의한다.
1. 채무중에 이행기가 도래한 것과 도래하지 아니한 것이 있으면 이행기가 도래한 채무의 변제에 충당한다.
2. 채무전부의 이행기가 도래하였거나 도래하지 아니한 때에는 채무자에게 변제이익이 많은 채무의 변제에 충당한다.
3. 채무자에게 변제이익이 같으면 이행기가 먼저 도래한 채무나 먼저 도래할 채무의 변제에 충당한다.
4. 전2호의 사항이 같은 때에는 그 채무액에 비례하여 각채무의 변제에 충당한다.

제478조 (부족변제의 충당)
1개의 채무에 수 개의 급여를 요할 경우에 변제자가 그 채무전부를 소멸하게 하지 못한 급여를 한 때에는 전2조의 규정을 준용한다.

제479조 (비용·이자·원본에 대한 변제충당의 순서)
① 채무자가 1개 또는 수개의 채무의 비용 및 이자를 지급할 경우에 변제자가 그 전부를 소멸하게 하지 못한 급여를 한 때에는 비용·이자·원본의 순서로 변제에 충당하여야 한다.
② 전항의 경우에 제477조의 규정을 준용한다.

---

1. 의 의

채무자가 동일한 채권자에 대하여 같은 종류를 목적으로 한 '수 개의 채무'를 부담한 경우, 변제의 제공이 그 채무전부를 소멸하게 하지 못하는 때에는, 그 중 어느 채무의 변제에 충당할 것인가를 정하는 것을 말한다. 이러한 변제의 충당은 '1개의 채무에 수개의 급여'를 요할 경우에도 문제된다. 즉 임차보증금에서 연체차임을 충당하는 경우에도 민법에서 정한 변제충당법리가 적용될 것이다.

2. 순 서

◎ 변제의 충당

　① 합의충당
　② 지정충당 ─┬─ 변제자지정
　　　　　　　└─ 수령자지정(이의제기 가능)
　③ 법정충당(제477조) : 이행기(1호) → 변제이익(2호) → 이행기(3호) → 비례하여(4호)

---

(1) 변제의 충당은 당사자 사이에 합의된 바가 있으면 이에 따른다. 즉 당사자의 합의가 없는 경우(합의가 있으면 합의를 우선한다― 임의규정성), 변제자의 지정충당 → 변제수령자의 지정충당 → 법정충당에 의한다(제476조 이하).

(2) 변제자에 의한 충당에 대하여 수령자는 이에 대해 이의를 제기할 수 없다. 그러나 변제수령자에 의한 충당에 대하여 변제자는 이의를 제기할 수 있고, 이 때 변제는 법정충당에 의한다(제476조).

(3) 변제의 충당과 관련해 제479조는 채무자가 1개 또는 수 개의 급부의 비용 및 이자를 지급할 경우에 변제자가 그 전부를 소멸하게 하지 못할 급부를 하였다면 비용 → 이자 → 원본의 순서로 변제에 충당한다고 규정하고 있다. 비용에는 변제비용, 계약비용 이외에 소송비용, 경매비용, 집행비용 등을 포함한다. 판례와 통설에 의하면 당사자 사이에 이와 다른 합의가 있는 경우에는 이에 따르지만 그렇지 않는 한 변제자(수령자인 채권자도 이에 해당함에 유의) 자신의 지정충당이 있더라도 이를 인정하지 않는다고 한다. 즉 일방당사자의 의사에 의해서는 그 순서를 변경하지 못한다는 것이다.

판례 가압류집행비용은 채무자의 채무불이행으로 인하여 생긴 비용이므로 변제충당의 합의가 없는 한 가압류집행비용은 원금이나 이자에 우선하여 충당하여야 한다(판례). 이때 비용의 범위가 문제되는데, 채무자가 부담하여야 하는 변제비용(민법 제473조 본문)이나, 채권자의 권리실행비용 중에서 소송비용액확정결정이나 집행비용액확정결정에 의하여 채무자가 부담하는 것으로 확정된 소송비용 또는 집행비용 등은 위와 같은 비용의 범주에 속한다. 그러나 변제비용이라고 하여도 채권자의 주소이전 기타의 행위로 인하여 증가된 액수는 원칙적으로 채권자가 부담하여야 하므로(민법 제473조 단서), 이를 위 규정에서 말하는 비용에 해당한다고 할 수 없다(대판 2008.12.24, 2008다61172).

⑷ 채권자가 파산절차에서 파산관재인으로부터 수령한 배당금을 변제충당하는 경우 민법의 변제충당에 관한 규정이 적용된다(대판 2012.4.13. 2010다1180).

⑸ 조세채권에는 우선권 및 자력집행권이 인정되고 있는 점을 고려하여 볼 때, 민법 제477조 내지 제479조에서 규정하고 있는 법정변제충당의 법리를 조세채권의 충당에서 그대로 적용하는 것이 타당하다고는 할 수 없고, 세무서장이 경매절차에서 받은 배당금을 민법상 법정변제충당의 법리에 따르지 아니하고 어느 국세에 먼저 충당하였다고 하더라도, 체납자의 변제이익을 해하는 것과 같은 특별한 사정이 없는 한 이를 위법하다고는 할 수 없다(대판 2007.12.14, 2005다11848).

3. 구체적 내용

(1) 계약에 의한 충당(합의충당)

1) 임의규정성

㈀ 민법은 계약에 의한 충당에 관하여 특별히 규정하고 있지 않으나, 사적자치의 원칙상 그러한 계약이 인정된다. 따라서 변제의 충당에 관한 제476조 내지 479조의 규정은 강행규정이 아닌 임의규정이다(판례도 동지). 그러므로 변제자(채무자)와 변제수령자(채권자)는 변제로 소멸한 채무에 관한 보증인 등 이해관계 있는 제3자의 이익을 해하지 않는 이상 이미 급부를 마친 뒤에도 기존의 충당방법을 배제하고 제공된 급부를 어느 채무에 어떤 방법으로 다시 충당할 것인가를 약정할 수도 있는 것이다(대법원 2013.09.12. 선고 2012다118044 판결).

㈁ 다만 판례는 담보권의 실행 등을 위한 경매에 있어서 배당금이 동일 담보권자가 가지는 수 개의 피담보채권의 전부를 소멸시키기에 부족한 경우에는 계약에 의한 충당을 허용하지 않는 입장이다.

판례 〈채권자와 채무자 사이에 변제가 모든 채무를 소멸시키기에 부족한 때에 채권자가 적당하다고 인정하는 순서와 방법으로 충당하기로 하는 약정이 있는 경우, 채권자가 변제자에 대한 의사표시 없이 변제충당을 할 수 있는지 여부(적극)〉 변제충당지정은 상대방에 대한 의사표시로써 하여야 하나, 채권자와 채무자 사이에 변제충당에 관한 약정이 있고, 그 약정내용이 변제가 채권자에 대한 모든 채무를 소멸시키기에 부족한 때에는 채권자가 적당하다고 인정하는 순서와 방법에 의하여 충당하기로 한 것이라면, 변제수령권자인 채권자가 위 약정에 터 잡아 스스로 적당하다고 인정하는 순서와 방법에 좇아 변제충당을 한 이상 변제자에 대한 의사표시와 관계없이 충당의 효력이 있다고 해석하는 것이 타당하다(대법원 2012.4.13. 선고 2010다1180 판결).

2) 예외적 제한

그런데 판례는 담보권실행 등을 위한 경매에 있어서는 합의충당을 법정변제충당보다도 우선시킬 수 없다고 한다. 즉 담보권의 실행 등을 위한 경매에 있어서 배당금이 동일 담보권자가 가지는 수 개의 피담보채권의 전부를 소멸시키기에 부족한 경우, 채권자와 채무자 사이에 변제충당에 관한 합의가 있었다고 하더라도 그 합의에 의한 변제충당은 허용될 수 없고, 이 경우에는 획일적으로 가장 공평·타당한 충당방법인 민법 제477조의 규정(법정변제충당)에 의한 법정변제충당의 방법에 따라 충당을 하여야 한다(대판 1996.5.10, 95다55504).

판례 〈동일 당사자가 동일 목적물에 관하여 동일 거래관계로 인하여 발생되는 채무를 담보하기 위하여 순위가 다른 여러 개의 근저당권을 설정한 경우, 그 담보물의 경매대금이 채무 전액을 만족시키지 못할 때의 충당 방법〉: 동일한 당사자가 동일 목적물에 관하여 동일 거래관계로 인하여 발생되는 채무를 담보하기 위하여 순위가 다른 여러 개의 근저당권을 설정한 경우 각 근저당권은 그 설정계약에서 정한 거래관계로 인하여 발생된 여러 개의 채무 전액을 각 한도 범위 내에서 담보하는 것이므로, 그 담보물의 경매대금이 채무 전액을 만족시키지 못할 때에는 변제충당의 방법으로 그 대금수령으로 인하여 소멸할 채무를 정할 것이지, 위 경매대금을 당연히 선순위 근저당권설정시에 발생한 채무에 우선적으로 변제충당할 것은 아니다(대판 2002. 12. 10, 2002다51579).

(2) 지정변제충당

1) 의의

지정충당이란 변제의 충당이 지정권자의 지정에 의해서 결정되는 경우를 가리킨다. 지정은 일방적 의사표시에 의해서 결정되는 경우를 가리킨다. 강제집행에 의한 변제충당에서는 당사자에게 지정권이 부여되지 않는다.

2) 충당지정권자와 시기

충당지정권자는 1차적으로 변제자이며 이때 지정은 변제의 제공시이다. 변제자가 그 지정을 하지 아니할 때에는 2차적으로 변제수령자가 그 당시(수령 후 지체없이) 변제자에 대한 의사표시로써 한다. 지정의 의사표시는 상대방에게 도달되어야 하는 일방적 의사표시이다. 변제수령자의 지정충당에 대하여 변제자가 즉시 이의를 제기한 때에는 그 충당은 효력을 잃는다. 이때에는 법정충당에 따라야 한다(통설).

3) 충당지정에 대한 제한

한 명의 채권자에게 한 명의 채무자가 원본·이자·비용의 지급의무를 지고 있는 경우, 그들 채무에 모두 변제기가 도래하였다면 전부를 이행해야 한다. 그러나 채무자의 지급액이 부족한 경우에 그들 중 어느 채무의 변제에 충당해야 할 것인가가 문제된다. 변제자가 충당지정을 하든 아니면 변제수령자가 충당지정을 하든 간에 비용·이자·원본의 순서로 충당하여야 한다(제479조 제1항). 즉 채무자가 한 개 또는 여러 개의 채무의 비용 및 이자를 지급할 경우에 변제자가 그 전부를 소멸시키기에 부족한 급여를 한 때에는 비용·이자·원본의 순서로 변제에 충당하여야 한다. 비용·이자·원본에 관하여는 법정순서와 다른 지정이 있더라도 그에 의하지 않고 법정순서에 따라 충당된다. 그 순서에 제한받지 않으려면 합의충당에 의하여야 한다.

(3) 법정변제충당(제477조)

1) 법정변제충당의 순서

당사자에 의한 지정변제충당이 없을 때에는 제477조의 규정에 의해 법정충당이 이루어진다. 그 순서는 다음과 같다.

① 채무 중에 이행기가 도래한 것과 도래하지 않은 것이 있으면, 이행기가 도래한 채무의 변제에 충당한다(제1호).

② 채무 전부의 이행기가 도래하였거나 또는 도래하지 않은 때에는, 채무자에게 변제이익이 많은 채무의 변제에 충당한다(제2호).

③ 채무자에게 변제이익이 같으면, 이행기가 먼저 도래한 채무나 먼저 도래할 채무의 변제에 충당한다(제3호).

④ 이상의 기준에 의하여 변제충당의 선후가 정해지지 않을 경우에는, 그 채무액에 비례하여 각 채무의 변제에 충당한다(제4호).

판례는 "법정변제충당의 순위를 정함에 있어서 변제의 유예가 있는 채무에 대하여는 유예기까지 변제기가 도래하지 않은 것과 같게 보아야 한다"고 판시한다(대판 1999. 8. 24. 99다22281,22298).

2) 변제이익문제

법정변제충당을 위한 변제이익은 변제자를 기준으로 판단한다.

(ㄱ) 연대채무보다 단순채무가, 보증채무보다 자기의 주채무가, 동시이행의 항변권이 부착된 채무보다 그렇지 않은 채무가 채무자에게 이익이 크다(대판 2002.7.12. 99다68652).

(ㄴ) 판례는 "변제자가 주채무자인 경우에 보증인이 있는 채무와 보증인이 없는 채무 사이에 있어서 전자가 후자에 비하여 변제이익이 더 많다고 볼 근거는 전혀 없어 양자는 변제이익의 점에 있어 차이가 없다" 한다(대판 1999.8.24. 99다26481). 그리고 보증기간 중의 채무와 보증기간 종료후의 채무사이 에서도 변제이익에 차이가 없다(대판 1985. 3. 12. 84다카2093).

(ㄷ) 주채무자 이외의 자가 변제자인 경우에는, 변제자가 발행 또는 배서한 어음에 의하여 담보되는 채무가 다른 채무보다 변제이익이 많다고 보아야 한다. 그러나 주채무자가 변제자인 경우에는, 담보로 제3자가 발행 또는 배서한 약속어음이 교부된 채무와 다른 채무 사이에 변제이익의 점에서 차이가 없다고 보아야 할 것이나, 담보로 주채무자 자신이 발행 또는 배서한 어음이 교부된 채무는 다른 채무보다 변제이익이 많은 것으로 보아야 한다(대판 1999.8.24. 99다22281, 22298).

Tip
◎ 이미 이행기가 도래한 수 개의 채무가 있는 경우, 변제충당을 함에 있어서 고려하여야 할 순서는?
① 당사자의 합의충당 ② 채무자의 지정충당 ③ 채권자의 충당지정 ④ 설문에서는 "이행기가 도래한 수개의 채무"라고 하고 있기 때문에 "변제이익의 다과"를 고려하고, 그 다음 ⑤ 도래한 이행기 선후 ⑥ 채무액에 비례의 순서로 충당한다.

관련사례	채무자 甲은 채권자 乙에 대하여 A채무, B채무를 부담하고 있다. 그런데 甲이 乙에게 채무를 변제하였으나, 甲의 변제가 乙에 대한 모든 채무를 소멸시키기에 부족한 경우
해설	(a) 甲과 乙 사이에 미리 변제충당에 관한 약정을 한 경우 甲은 그 약정과 달리 지정변제충당을 할 수 없다(대판 1999.11.26, 98다27517).
	(b) 변제충당지정은 상대방에 대한 의사표시로서 하여야 하는 것이기는 하나, 채권자와 채무자 사이에 미리 변제충당에 관한 약정이 있고, 그 약정내용이 변제가 채권자에 대한 모든 채무를 소멸시키기에 부족한 때에는 채권자가 적당하다고 인정하는 순서와 방법에 의하여 충당하기로 한 것이라면, 변제수령권자가 위 약정에 터잡아 스스로 적당하다고 인정하는 순서와 방법에 좇아 변제충당을 한 이상 변제자에 대한 의사표시와 관계 없이 그 충당의 효력이 있다(대판 1991. 7. 23, 90다18678). 따라서 변제충당에 관한 사전 약정이 있는 경우, 채권자는 변제자에 대한 충당의 의사표시가 필요하지 않으며, 채무자가 그 약정과 달리 지정변제충당을 할 수 없다(대판 2004.3.25, 2001다53349).

V. 변제자대위

변제자대위는 임의대위(제480조)와 법정대위(제481조)가 있다. 변제에 의한 대위란 채무의 변제가 제3자에 의해 행하여진 경우에, 변제자가 채무자에 대하여 취득한 구상권을 확보하기 위하여, 종래의 채권자가 가지고 있던 채권에 관한 권리가 구상권의 범위 안에서 변제자에게 이전하는 것이다.

제480조 (변제자의 임의대위)
① 채무자를 위하여 변제한 자는 변제와 동시에 채권자의 승낙을 얻어 채권자를 대위할 수 있다.
② 전항의 경우에 제450조 내지 제452조의 규정을 준용한다.

제481조 (변제자의 법정대위)
변제할 정당한 이익이 있는 자는 변제로 당연히 채권자를 대위한다.

제482조 (변제자대위의 효과ㆍ대위자간의 관계)
① 전2조의 규정에 의하여 채권자를 대위한 자는 자기의 권리에 의하여 구상할 수 있는 범위에서 채권 및 그 담보에 관한 권리를 행사할 수 있다.
② 전항의 권리행사는 다음 각호의 규정에 의하여야 한다.
 1. 보증인은 미리 전세권이나 저당권의 등기에 그 대위를 부기하지 아니하면 전세물이나 저당물에 권리를 취득한 제3자에 대하여 채권자를 대위하지 못한다.
 2. 제3취득자는 보증인에 대하여 채권자를 대위하지 못한다.
 3. 제3취득자중의 1인은 각부동산의 가액에 비례하여 다른 제3취득자에 대하여 채권자를 대위한다.
 4. 자기의 재산을 타인의 채무의 담보로 제공한 자가 수인인 경우에는 전호의 규정을 준용한다.
 5. 자기의 재산을 타인의 채무의 담보로 제공한 자와 보증인간에는 그 인원수에 비례하여 채권자를 대위한다. 그러나 자기의 재산을 타인의 채무의 담보로 제공한 자가 수인인 때에는 보증인의 부담부분을 제외하고 그 잔액에 대하여 각 재산의 가액에 비례하여 대위한다. 이 경우에 그 재산이 부동산인 때에는 제1호의 규정을 준용한다.

1. 의 의

변제에 의한 대위는 변제자의 구상권을 보호하기 위해 채권자의 채권을 변제자에게 법률상 이전하는 것이고 계약당사자의 지위를 이전하는 것은 아니다. 권리가 채권자로부터 변제자에게 법률상 이전한다고 하여 다수설을 "권리이전설"이라고 한다. 이는 법률의 규정에 의한 이전이므로 부동산의 경우(예 : 피담보채권의 이전과 함께 저당권도 이전)에는 등기 없이 효력이 발생한다고 한다.

2. 유 형

(1) 의의

변제에 의한 대위에는 법정대위(제481조)와 임의대위(제480조)가 있는데, 변제에 관해 정당한 이해관계가 있는 자는 법률상 당연히 채권자를 대위할 수 있지만(법정대위), 그렇지 않은 자는 채권자의 승낙을 얻어 채권양도의 방식에 의해 채권자를 대위할 수 있을 뿐이다(임의대위).

(2) 법정대위(제481조)

변제할 정당한 이익이 있는 자는 변제로 당연히 채권자를 대위한다. 변제할 정당한 이익이 있는 자란 변제하지 않으면 집행을 받게 될 지위에 있는 자 또는 자기의 권리를 상실하게 될 자를 말하는바, 변제할 정당한 이익이 있는 자는 다음의 셋으로 분류할 수 있다.

첫째, 자기재산에 대한 강제집행을 면하기 위하여 타인의 채무를 변제하는 자(물상보증인과 저당부동산의 제3취득자).

둘째, 채권자에 대하여는 법적인 채무를 부담하지만 실질적으로는 자기의 고유채무가 아니라 타인채무로서의 성격을 갖는 경우(보증인의 변제는 전부가 타인채무성을 가지며, 연대채무자와 불가분채무자의 변제는 자기의 부담부분을 초과하는 부분만이 타인채무성을 갖는다).

셋째, 채권자의 강제집행으로 자기 권리에 장애가 오는 경우 등이다. 그러나 법적인 이해관계가 아닌 사실상 이해관계는 제외된다.

> **판례** 〈민법 제481조에 의하여 법정대위를 할 수 있는 '변제할 정당한 이익이 있는 자'의 의미 및 이행인수인이 '변제할 정당한 이익이 있는 자'에 해당하는지 여부(적극)〉 민법 제481조에 의하여 법정대위를 할 수 있는 '변제할 정당한 이익이 있는 자'라고 함은 변제함으로써 당연히 대위의 보호를 받아야 할 법률상의 이익을 가지는 자를 의미한다. 그런데 이행인수인이 채무자와의 이행인수약정에 따라 채권자에게 채무를 이행하기로 약정하였음에도 불구하고 이를 이행하지 아니하는 경우에는 채무자에 대하여 채무불이행의 책임을 지게 되어 특별한 법적 불이익을 입게 될 지위에 있다고 할 것이므로, 이행인수인은 그 변제를 할 정당한 이익이 있다고 할 것이다(대법원 2012.7.16. 자 2009마461 결정).

(3) 임의대위(제480조)

1) 채권자의 승낙

변제할 정당한 이익이 없는 자는 제3자의 투기목적의 변제를 제한하고, 불필요하게 제3자가 당사자간 개입을 막기 위하여 일정한 요건을 요구하는데, 이것이 곧 채권자의 승낙이다. 이처럼 채권자의 승낙은 법정대위에서 변제할 정당한 이익에 대신하는 요건이다.

2) 지명채권양도에 관한 규정의 준용

임의대위의 경우에 민법은 지명채권양도에 관한 제450조 내지 452의 규정을 준용한다(제480조 제2항). 따라서 변제자가 채권자의 승낙을 얻었다 하더라도 채권자가 임의대위의 사실을 채무자에게 통지하거나 또는 채무자의 승낙을 얻지 않으면 변제자는 채무자에게 대항할 수 없고, 한편 제3자에게 대항하기 위하여는 그 통지나 승낙을 확정일자 있는 증서로 하여야 한다(제450조 참조). 한편 채권자가 채무자에게 제3자변제로 임의대위가 개시됨을 통지하였으나 아직 변제되지 않았거나 변제가 무효인 경우에 선의의 채무자가 임의대위자에게 해준 구상 등으로 항변사유를 갖고 있으면 그로서 채권자에게 대항할 수 있다(제452조).

3. 구상권과는 별개의 권리

(1) 의 의

대위변제한 제3자는 채무자에 대한 자신의 구상권 외에 채권자가 채무자에 대하여 가지고 있던 채권 기타 권리도 취득하게 되며, 이 권리는 구상권 자체와는 별개로서 오히려 구상권의 효력을 담보하는 것이다(대판 1997. 5. 30, 97다1556 참조). 이러한 다수설과 판례는 변제자는 채무자에 대한 동일급부를 내용으로 하는 구상권과 변제에 의한 대위채권의 두 청구권을 갖게 되어 청구권경합이 생기게 된다고 한다.

> 판례 〈별개의 권리〉 채무를 변제할 이익이 있는 자가 채무를 대위변제한 경우에 통상 채무자에 대하여 구상권을 가짐과 동시에 민법 제481조에 의하여 당연히 채권자를 대위하나, 위 구상권과 변제자대위권은 그 원본, 변제기, 이자, 지연손해금의 유무 등에 있어서 그 내용이 다른 별개의 권리이므로, 대위변제자와 채무자 사이에 구상금에 관한 지연손해금 약정이 있더라도 이 약정은 구상금을 청구하는 경우에 적용될 뿐, 변제자대위권을 행사하는 경우에는 적용될 수 없다(대판 2009.2.26, 2005다32418).

(2) 구체적 내용

1) 대위자는 자기 구상권의 범위에서 채권 및 담보에 관한 권리를 행사할 수 있다(제482조 제1항). 대위자는 채무자에 대한 관계에서 마치 채권자인 것처럼 권리를 행사한다. 채무자는 채권자에 대하여 갖는 항변사유로서 대위자에게 대항할 수 있다.

2) 변제자의 채권에 대한 대위행사는 주로 담보권실행과 함께 그의 피담보채권을 행사하기 위해 행해진다. 변제자는 구상권 확보의 목적범위 내에서 채권자가 갖는 이행청구권·손해배상청구권·채권자대위권·채권자취소권 등 모든 채권상의 권리를 대위행사할 수 있다.

3) 대위자는 채권자가 갖는 물적 담보와 인적 담보를 법률의 허용범위 내에서 대위행사할 수 있다. 대위자는 채무자가 구상금을 변제하지 않는 때에는 보증인에 대하여 그의 이행을 청구하고 강제집행할 수 있으며, 담보물을 경매하여 그의 매각대금에서 우선변제받을 수 있다. 변제자는 채권자가 보유하는 저당권이나 가등기에 대해 대위의 부기등기를 청구할 수 있다.

4) 변제자대위를 둘러싼 여러 이해관계인의 관계는 다음의 원칙에 의한다(제482조 제2항). 최후

까지 채무를 부담해야 하는 자는 채무자이다. 그 다음은 담보물의 제3취득자이며, 보증인과 물상보증인은 그 다음 순위이고 동등한 지위이다. 따라서 제3취득자는 보증인에 대하여 채권자를 대위하지 못한다(제482조 제2항 제2호). 기타의 제3변제자는 담보의무가 없으므로 다른 자로부터 대위의 대상이 되지 않는 가장 후순위의 가벼운 위치에 있다.

5) 채무를 대위변제한 보증인은 저당권등기에 부기등기를 하면 저당부동산의 제3취득자에 대하여도 채권자를 대위할 수 있다(제482조 제2항 제1호). 이러한 민법 제482조 제2항 제1호에서 대위의 부기등기를 요구하는 것은 제3취득자의 취득 시에 이미 채무의 변제를 한 보증인이 대위권을 행사하였는가 여부를 확지시키기 위한 것인바, 물상보증인도 마찬가지이다. 따라서 복수의 물상보증인들 간의 관계에서 미리 부기등기를 경료하지 아니한 동안에 제3취득자가 위 부동산을 취득하였다면, 대위변제한 물상보증인은 제3취득자에 대하여 채권자를 대위할 수 없다(대판 1990.11.9. 90다카10305).

6) 법정대위의 조문내용

1호: 보증인은 미리 전세권이나 저당권의 등기에 그 대위를 부기하지 아니하면 전세물이나 저당물에 권리를 취득한 제3자에 대하여 채권자를 대위하지 못한다.

2호: 제3취득자는 보증인에 대하여 채권자를 대위하지 못한다.

3호 : 제3취득자중의 1인은 각부동산의 가액에 비례하여 다른 제3취득자에 대하여 채권자를 대위한다.

4호 : 자기의 재산을 타인의 채무의 담보로 제공한 자가 수인인 경우에는 제3취득자간 법률관계의 규정을 준용한다.

5호 : 자기의 재산을 타인의 채무의 담보로 제공한 자와 보증인간에는 그 인원수에 비례하여 채권자를 대위한다. 그러나 자기의 재산을 타인의 채무의 담보로 제공한 자가 수인인 때에는 보증인의 부담부분을 제외하고 그 잔액에 대하여 각 재산의 가액에 비례하여 대위한다. 이 경우에 그 재산이 부동산인 때에는 제1호의 규정(변제 후 즉시 부기등기 필요)을 준용한다.

7) 변제자대위에서 2중적 지위

㈀ 변제에 의한 대위가 인정되는 경우, 물상보증인 상호간에서는 각 부동산의 가격에 대응하여 나누어진다. 이것에 비하여 보증인과 물상보증인과의 2중의 자격을 가지는 자는 보증인 겸 물상보증인으로서 한 사람으로 보게 되고, 그 부담부분은 인원수대로, 나누어 정한다. 따라서 민법 제482조 제2항 제4호, 제5호 전문에 의한 대위비율은 보증인과 물상보증인의 지위를 겸하는 자도 1인으로 보아 산정함이 상당하다(대판 2010.6.10. 2007다61113,61120).

㈁ 그리고 보증인과 물상보증인이 여럿 있는 경우 어느 누구라도 위와 같은 방식으로 산정한 각자의 부담 부분을 넘는 대위변제 등을 하지 않으면 다른 보증인과 물상보증인을 상대로 채권자의 권리를 대위할 수 없다(대판 2010.6.10. 2007다61113,61120).

관련사례	〔사례 Ⅰ〕1,000만원의 채권에 대하여 A와 B가 보증인이 되고, C가 시가 600만원 상당의 그의 부동산을, D가 시가 400만원 상당의 그의 부동산을 저당물로 각 제공한 경우에 A가 전부변제하였다고 할 때 A의 변제자대위권은 ? 〔사례 Ⅱ〕채권자 갑, 채무자 을, 보증인 병이 있고, 채무자 부동산에 선순위저당권자 갑, 후순위 저당권자 정이 있다. 여기서 보증인 병은 정이 <u>후순위 근저당권을 취득하기 전에 대위의 부기등기를 하지 않았더라도 선순위 근저당권자를 대위할 수 있는가?(적극)</u>(대법원 2013.2.15. 선고 2012다48855 판결)
해설	〔사례 Ⅰ 해설〕A는 B에 대하여 250만원, C에 대하여 300만원, D에 대하여 200만원의 범위 내에서 채권자를 대위한다(제482조 제5호). 〔사례 Ⅱ 해설〕 (a) 선순위 근저당권의 피담보채무에 대하여 직접 보증책임을 지는 보증인과 달리 선순위 근저당권의 피담보채무에 대한 직접 변제책임을 지지 않는 후순위 근저당권자는 보증인에 대하여 채권자를 대위할 수 있다고 봄이 타당하므로, 민법 제482조 제2항 제2호의 제3취득자에 후순위 근저당권자는 포함되지 아니한다. (b) 보증인은 미리 저당권의 등기에 그 대위를 부기하지 않고서도 저당물에 후순위 근저당권을 취득한 제3자에 대하여 채권자를 대위할 수 있다고 할 것이므로 민법 제482조 제2항 제1호의 제3자에 후순위 근저당권자는 포함되지 않는다(대법원 2013.2.15. 선고 2012다48855 판결).

4. 일부변제자 대위

> **제483조 (일부의 대위)**
> ① 채권의 일부에 대하여 대위변제가 있는 때에는 대위자는 그 변제한 가액에 비례하여 채권자와 함께 그 권리를 행사한다.
> ② 전항의 경우에 채무불이행을 원인으로 하는 계약의 해지 또는 해제는 채권자만이 할 수 있고 채권자는 대위자에게 그 변제한 가액과 이자를 상환하여야 한다.
>
> **제484조 (대위변제와 채권증서, 담보물)**
> ① 채권전부의 대위변제를 받은 채권자는 그 채권에 관한 증서 및 점유한 담보물을 대위자에게 교부하여야 한다.
> ② 채권의 일부에 대한 대위변제가 있는 때에는 채권자는 채권증서에 그 대위를 기입하고 자기가 점유한 담보물의 보존에 관하여 대위자의 감독을 받아야 한다.

(1) 일부변제에 대해서는 일부대위가 인정된다(제483조). 즉 '채권의 일부에 대하여 대위변제가 있는 때에는 대위자는 그 변제한 가액에 비례하여 채권자와 함께 그 권리를 행사한다'. 여기서 '함께'의 의미에 대하여 <u>판례는 채권자우선설의 입장</u>이다(반대설은 변제자와 채권자 동순위설이다).

판례 〈일부대위에서 채권자의 우선권〉 변제할 정당한 이익이 있는 자가 채무자를 위하여 채권의 일부를 대위변제할 경우에 대위변제자는 변제한 가액의 범위내에서 종래 채권자가 가지고 있던 채권 및 담보에 관한 권리를 취득하게 되고 따라서 채권자가 부동산에 대하여 저당권을 가지고 있는 경우에는 <u>채권자는 대위변제자에게 일부 대위변제에 따른 저당권의 일부이전의 부기등기를 경료해 주어야 할 의무가 있다</u> 할 것이나 <u>이 경우에도 채권자는 일부 대위변제자에 대하여 우선변제권을 가지고 있다</u>(대판 1988.9.27. 88다카1797). 따라서 판례에 의하면, 채무자를 위하여 저당권자의 피담보채권 500만원 중 300만원을 변제한 자는, 채무자 소유 저당부동산의 경매로 400만원의 경락대금(매각대금)이 배당되는 경우에 200만원을 지급받게 된다(만약 반대견해(소수설)에 따른다면 채권자는 400×2/5=160만원이 될 것이다).

⑵ 채권의 전부나 일부에 대한 대위변제가 있는 때에도 계약의 해제권·해지권은 계약당사자의 지위에 부속하여 인정되는 것이므로 변제자가 변제자대위로서 행사할 수 없다(제483조 제2항 참조).

5. 근저당권에서 변제자대위

⑴ <u>채권이 확정되기 전 변제자대위</u>

근저당권은 근저당 거래관계가 계속되는 관계로 근저당권의 피담보채권이 <u>확정되지 아니하는 동안에는</u> 그 채권의 일부가 대위변제되었다 하더라도 그 근저당권이 대위변제자에게 이전될 수 없다(대판 2000.12.26, 2000다54451). 왜냐하면 근저당권은 계속적인 거래관계로부터 발생·소멸하는 불특정다수의 채권 중 그 결산기에 잔존하는 채권을 일정한 한도액의 범위 내에서 담보하는 것으로서 그 거래가 종료하기까지 그 피담보채권은 계속적으로 증감·변동하기 때문이다.

⑵ <u>채권이 확정된 근저당권에서 일부대위</u>

채권이 확정된 경우 변제자대위가 인정되며, 특히 수인이 시기를 달리하여 채권의 일부씩을 대위변제한 경우 그들은 각 일부 대위변제자로서 그 변제한 가액에 비례하여 근저당권을 준공유하고 있다고 보아야 하고, 그 근저당권을 실행하여 배당함에 있어서는 다른 특별한 사정이 없는 한 각 변제채권액에 비례하여 안분 배당하여야 한다(대판 2010.4.8, 2009다80460).

> **판례** 〈수인이 시기를 달리하여 채권의 일부씩을 대위변제한 경우, 근저당권 실행으로 인한 경매절차에서 배당방법〉 ⑦ 변제할 정당한 이익이 있는 사람이 채무자를 위하여 근저당권 피담보채무의 일부를 대위변제한 경우에는 대위변제자는 근저당권 일부 이전의 부기등기 경료 여부에 관계없이 변제한 가액 범위 내에서 채권자가 가지고 있던 채권 및 담보에 관한 권리를 법률상 당연히 취득한다. 한편 ⓛ 수인이 시기를 달리하여 채권의 일부씩을 대위변제한 경우 그들은 각 일부 대위변제자로서 변제한 가액에 비례하여 <u>근저당권을 준공유한다고 보아야 하나,</u> 그 경우에도 채권자는 특별한 사정이 없는 한 채권의 일부씩을 대위변제한 일부 대위변제자들에 대하여 우선변제권을 가지고, 채권자의 우선변제권은 채권최고액을 한도로 자기가 보유하고 있는 잔존 채권액 전액에 미치므로, <u>결국 근저당권을 실행하여 배당할 때에는 채권자가 자신의 잔존 채권액을 일부 대위변제자들보다 우선하여 배당받고, 일부 대위변제자들은 채권자가 우선 배당받고 남은 한도액을 각 대위변제액에 비례하여 안분 배당받는 것이 원칙이다</u>(대판 2010.4.8, 2009다80460).

6. 법정대위자의 면책

> **제485조 (채권자의 담보상실, 감소행위와 법정대위자의 면책)**
> 제481조의 규정(법정대위자)에 의하여 대위할 자가 있는 경우에 채권자의 고의나 과실로 담보가 상실되거나 감소된 때에는 대위할 자는 그 상실 또는 감소로 인하여 상환을 받을 수 없는 한도에서 그 책임을 면한다.

⑴ 의의

법정대위자의 채무자에 대한 구상권을 확보케 하기 위하여 채권자에게 담보보존의무가 있음을 전제로, 채권자의 고의나 과실로 담보를 상실 또는 감소시킨 경우 그로 인해 구상할 수 없는 한도에서 법정대위자의 책임을 면하게 하는 것이다.

판례 신용보증기금의 업무인 신용보증은 기업이 금융기관에 대하여 부담하고 있는 대출금 채무를 보증하는 것을 그 내용으로 하고 있으므로 이는 성질상 민법상의 보증채무에 해당한다 할 것이고 따라서 신용보증기금은 피보증인인 기업의 채무를 변제할 정당한 이익이 있는 자로서 그 변제로 인하여 당연히 채권자를 대위할 법정대위권이 있는 것이므로 다른 특단의 사정이 없는 한 채권자인 은행이 고의나 과실로 담보를 상실하게 하거나 감소되게 한 때에는 신용보증기금의 대위권을 침해한 것이 되어 신용보증기금은 민법 제485조에 의하여 그 상실 또는 감소로 인하여 상환을 받을 수 없는 한도에서 그 면책주장을 할 수 있다(대판 1987.4.14. 85다카1851).

(2) 채권자의 고의·과실

(ㄱ) 채권자의 고의나 과실은 대위자의 존재 여부에 관한 것이 아니라 법정대위의 대상이 되는 담보의 상실 또는 감소에 관한 고의·과실을 말하는 것이다.

(ㄴ) 여기서 채권자는 당초의 채권자인지 장래 대위로 인해 채권자로 되는 자인지를 구별할 이유가 없다(대판 2012.6.14. 2010다11651).

(3) 담보의 범위

인적 또는 물적 담보를 포함한다. 또한 담보는 이미 성립한 담보 뿐만이 아니라 장래 성립할 담보도 포함한다(대판 2009.10.29. 2009다60527).

판례 〈장래의 담보상실〉 주채무자가 채권자에게 가등기담보권을 설정하기로 약정한 뒤 이를 이행하지 않고 있음에도 채권자가 그 약정에 기하여 가등기가처분 명령신청, 가등기설정등기 이행청구 등과 같은 담보권자로서의 지위를 보전·실행·집행하기 위한 조치를 취하지 아니하다가 당해 부동산을 제3자가 압류 또는 가압류함으로써 가등기담보권자로서의 권리를 제대로 확보하지 못한 경우도 담보가 상실되거나 감소된 경우에 해당한다(대판 2009.10.29. 2009다60527).

(4) 법정대위자의 면책액을 산정하는 시기

통설은 상실 또는 감소된 담보가 객관적으로 실행될 수 있었던 때(보통 변제기 전 포기를 하면 변제기가 기준)를 표준으로 한다고 하나, 판례는 "담보가 상실 또는 감소된 시점"(포기시)을 표준시점으로 하여 판단한다(대판 2001.12.24. 2001다42677). 왜냐하면 채권자가 자신의 채권이나 담보권을 행사할지 여부는 채권자가 자유롭게 선택할 수 있는 영역에 속하는 것이기 때문이라 한다(대판 2008.12.11. 2007다66590).

(5) 임의규정

민법 제485조의 면책규정은 법정대위권자로 하여금 구상의 실을 거둘 수 있도록 하기 위하여 채권자에게 담보의 보존을 간접적으로 강제하는 취지의 규정으로서 그 규정목적이 오로지 법정대위권자의 이익보호에 있으므로 그 성질상 임의규정으로 보아야 할 것이고 따라서 법정대위권자로서는 채권자와의 특약으로서 위 규정에 의한 면책이익을 포기하거나 면책의 사유와 범위를 제한 내지 축소할 수 있다(대법원 1987.4.14. 86다카520).

관련사례 1990년 3월 건설업자 乙은 甲 리스회사와 기중기를 대여하는 계약을 체결하면서 丙과 丁을 연대보증인으로 세웠다. 2년 뒤 乙이 계약상 채무를 제대로 갚지 못하자 丙은 원리금 1억 2천만원을 채권자 甲에게 지급하고 기중기에 대한 저당권을 양수했다. 丙은 丁에게 구상금을 청구하는 소송을 냈으나 丁은 "丙이 기중기에 대한 저당권을 곧바로 실행하지 않았고, 기중기에 대한 관리를 소홀이 해 담보가치가 소멸됐으므로 저당권을 실행해 얻을 수 있는 금액만큼 구상금에서 공제해야 한다"고 주장하였다. 丙과 丁의 주장 중 누구의 주장이 타당한가?(1,2심은 丙의 청구를 받아들였으나, 대법원은 원심을 파기하였다).

해설　(a) 민법 제485조는 보증인 기타 법정대위권자를 보호해 주채무자에 대한 구상권을 확보할 수 있도록 채권자에게 담보보존의 의무를 부담시키고 있고, 그 채권자는 당초의 채권자인지 장래 대위로 인해 채권자로 되는 자인지를 구별할 이유가 없다.

(b) 따라서 연대보증인 중 1인의 출재로 공동면책이 된 때에는 민법 제448조에 의해 다른 연대보증인의 부담부분에 대해 구상권을 행사할 수 있는 것과는 별개로 변제자가 채권자를 대위하도록 규정한 민법 제481조에 의해 당연히 채권자를 대위해 주채무자에 대해 구상권의 범위 내에서 채권자가 된다(대판 2012.6.14, 2010다11651). 즉 혼자서 빚 다 갚은 연대보증인이 담보물 손상시켰다면 다른 연대보증인에 대한 구상금액은 감액되어야 한다.

VI. 대물변제

> **제466조 (대물변제)**
> 채무자가 채권자의 승낙을 얻어 본래의 채무이행에 갈음하여 다른 급여를 한 때에는 변제와 같은 효력이 있다.

1. 대물변제

(1) 대물변제의 의의

대물변제는 채권자의 승낙을 얻어 채무자가 부담하고 있는 본래의 급부에 갈음하여 다른 급부를 현실적으로 함으로써 채권을 소멸시키는 것을 말한다. 따라서 대물변제의 예약이 체결되어 있는 한 그것은 원칙적으로 채권 전부의 대물변제에 관한 것이라고 새겨야 하므로, 채권의 일부에 대한 대물변제를 주장하는 자가 그 사실을 주장·입증하여야 한다(대판 1987.3.10, 86다카2055).

(2) 대물반환예약과 대물변제

대물반환예약은 장래 소유권이전의무를 발생시키는 데에 관한 예약이다. 반면에 대물변제는 대물의 변제제공과 수령으로서 완료되는 이행의 한 방법이기 때문에 이행되었느냐 또는 아직 이행되지 않았느냐의 문제만 있을 뿐이다.

(3) 법적 성질(요물계약설)

채권의 소멸원인으로 채권자의 승낙이 필요하고, 현실적 급부가 동시에 행하여져야 하기 때문에 대물변제는 요물계약이라고 함이 통설과 판례이다. 대물급부에 관해 단지 채권자의 승낙을 얻은 데 지나지 않고 아직 현실적 급부가 없는 때에는 이것은 대물변제의 예약에 불과하다. 요물계약설은 대물변제를 유상계약으로 파악한다(유상계약설). 그 이유는 인도된 대물에 흠(권리의 흠결)이 있는 경우에 채무자에게 매도인의 담보책임을 부과시키려는 의도이다.

판례 대물변제란 본래의 채무에 갈음하여 다른 급부를 현실적으로 하는 때에 성립하는 요물계약이므로, 그 급부가 소유권이전일 때에는 그 이전등기가 마쳐져야 본래의 채무가 소멸된다할 것이고 그 이전등기가 경료되지 아니하는 한 대물변제의 예약에 불과하여 본래채무가 소멸하지 아니한다(대판 1979.9.11, 79다381).

(4) 대물변제의 내용

(ㄱ) 대물변제는「본래의 채무이행에 갈음하여」(=변제에 갈음하여) 다른 급부가 행해졌어야 한다. 「변제를 위하여」다른 급부를 행한 경우에는 기존의 채무 외에 새로운 급부를 추가할 뿐이다.

(ㄴ) 채권이 존재하지 않거나 무효·취소된 경우 대물변제도 무효가 된다(판례).

(ㄷ) 대물변제에 제공되는 다른 급부라 함은 본래의 급부와 동가치·동종류의 것임을 요하지는 않는다.

(5) 채권자에 대한 채무변제를 위해 다른 채권을 채권자에게 양도한 경우

채권자에 대한 채무변제를 위해 다른 채권을 채권자에게 양도한 경우에는 특단의 사정이 없는 한 그 채권양도는 채무변제에 '갈음'한 것이 아니라 채무 '변제를 위한' '담보 또는 변제의 방법'으로 양도되는 것이기 때문에 원채권이 소멸되지는 않는다"(대판 1981.10.13, 81다354). 따라서 원채권이 소멸되는 "갈음"은 특약이 있어야 할 것이다.

[판례 I] 따라서 채무자가 채권자에게 채무변제와 관련하여 다른 채권을 양도하는 것은 특단의 사정이 없는 한 채무변제를 위한 <u>담보 또는 변제의 방법으로 양도되는 것으로 추정할 것이지 채무변제에 갈음한 것으로 볼 것은 아니어서,</u> 그 경우 채권양도만 있으면 바로 원래의 채권이 소멸한다고 볼 수는 없고 채권자가 양도받은 채권을 변제받은 때에 비로소 그 범위 내에서 채무자가 면책된다(대법원 2013.5.9. 선고 2012다40998 판결). 따라서 채권자가 채무자로부터 약정금을 지급받기로 한 후 <u>이 약정금 변제에 갈음하여 거액의 가압류 및 근저당권 부담이 있는 점포의 소유권을 이전받기로 하는 경우,</u> 소유권이전등기 이후에도 채무자측에서 점포를 계속 지배하고 있었던 점 등을 종합하여 위 소유권이전등기는 대물변제가 아니라 약정금의 담보를 위한 것이라고 보아야 한다(대법원 2012.6.14. 선고 2010다94410,94427 판결).
[판례 II] **채무자가 채권자에게 채무변제에 '갈음하여' 다른 채권을 양도하기로 한 경우, 채권양도의 요건을 갖추어 대체급부가 이루어지면 원래의 채무가 소멸하는지 여부**(원칙적 적극) **및 대체급부로서 채권을 양도한 양도인이 그 채무자의 변제자력까지 담보하는지 여부**(원칙적 소극) : 채무자가 채권자에게 채무변제에 '갈음하여' 다른 채권을 양도하기로 한 경우에는 특별한 사정이 없는 한 채권양도의 요건을 갖추어 대체급부가 이루어짐으로써 원래의 채무는 소멸하는 것이고 그 양수한 채권의 변제까지 이루어져야만 원래의 채무가 소멸한다고 할 것은 아니다. 이 경우 대체급부로서 채권을 양도한 양도인은 양도 당시 양도대상인 <u>채권의 존재</u>에 대해서는 담보책임을 지지만 당사자 사이에 별도의 약정이 있다는 등 특별한 사정이 없는 한 그 채무자의 <u>변제자력까지 담보하는 것은 아니다</u>(대법원 2013.5.9. 선고 2012다40998 판결).

2. 대물변제의 예약

> **제607조 (대물반환의 예약)**
> 차용물의 반환에 관하여 차주가 차용물에 갈음하여 다른 재산권을 이전할 것을 예약한 경우에는 그 재산의 예약당시의 가액이 차용액 및 이에 붙인 이자의 합산액을 넘지 못한다.
>
> **제608조 (차주에 불이익한 약정의 금지)**
> 전2조의 규정에 위반한 당사자의 약정으로서 차주에 불리한 것은 환매 기타 여하한 명목이라도 그 효력이 없다.

⑴ 소비대차에 관하여 채무자가 차용물반환에 갈음하여 다른 재산권을 이전할 것을 예약한 경우에 제607조 및 제608조에서는 대물반환의 예약이라고 한다.

⑵ 제607조 적용을 받는 대물변제예약에 있어서는 제103조 내지 제104조에서 요건으로 하는 주관적 요건을 필요로 하지 않는다.

⑶ 소비대차 이외의 다른 계약(예 : 매매대금·공사대금 등)에 부수해서 대물변제 예약이 행해진 경우에는 민법 제607조·제608조가 적용되지 않는다(대판 1997.4.25, 96다32133).

Ⅶ. 공 탁

1. 일반론

> **제487조 (변제공탁의 요건·효과)**
> 채권자가 변제를 받지 아니하거나 받을 수 없는 때에는 변제자는 채권자를 위하여 변제의 목적물을 공탁하여 그 채무를 면할 수 있다. 변제자가 과실없이 채권자를 알 수 없는 경우에도 같다.

(1) 의의와 법적 성질

채무자로 하여금 채무로부터 벗어나게 하기 위해 변제공탁제도가 있다. 여기서 판례는 공탁은 국가기관인 공탁소를 중심으로 공탁법의 규정에 따라 그 절차가 실현되기 때문에 공법관계이며, 그러한 관계가 형성될 때에 비로소 민법상의 채무는 그 목적을 달성하게되어 소멸되는 것이라 한다. 일설은 제3자를 위한 임치계약설도 있다.

판례 〈공탁관의 처분에 대하여 불복이 있는 경우, 공탁법이 정한 절차에 의하지 않고 국가를 상대로 직접 민사소송으로 공탁금지급청구를 할 수 있는지 여부(소극)〉 공탁관의 처분에 대하여 불복이 있는 때에는 공탁법이 정한 바에 따라 이의신청과 항고를 할 수 있고, 공탁관에 대하여 공탁법이 정한 절차에 의하여 공탁금지급청구를 하지 아니하고 직접 민사소송으로써 국가를 상대로 공탁금지급청구를 할 수는 없다(대법원 2013.07.25. 선고 2012다204815 판결).

(2) 공탁의 유효요건

1) 채권자가 변제를 받지 아니하거나 받을 수 없을 때

채권자의 귀책사유 유무에 관계 없다. 따라서 채권자지체의 요건이 갖추어지어야 하는 것도 아니다.

판례 〈채권이 가압류된 경우〉제487조 소정의 변제공탁의 요건인 '채권자가 변제를 받을 수 없는 때'의 변제라 함은 채무자로 하여금 종국적으로 채무를 면하게 하는 효과를 가져다 주는 변제를 의미하는 것이므로 채권이 가압류된 경우와 같이 형식적으로는 채권자가 변제를 받을 수 있다고 하더라도 채무자에게 여전히 이중변제의 위험부담이 남는 경우에는 마찬가지로 변제공탁을 할 수 있다(대판(전합) 1994.12.13, 93다951).

2) 변제자가 과실 없이 채권자를 알 수 없는 경우

공탁요건으로서의 불확지는 원칙적으로 채권자 또는 변제수령권자가 존재하고 있으나 그가 누구인지 알 수 없는 경우로서 상대적 불확지를 말한다(대판 2004.11.11, 2004다37737). 예컨대, ㉠ 판례는 채권이 압류되기 전에 이미 제3자에게 양도되었으나 채무자가 확정일자 있는 증서에 의하지 아니하고 그 채권양도를 승낙한 경우에 채무자가 압류채권자와 채권의 양수인 중 누구에게 변제하여야 할지 몰라 변제공탁한 경우에 채권자불명으로 보아 공탁의 유효성을 인정한다(대판 1971.1.26, 70다 2626). ㉡ 매매계약의 중도금 지급기일을 앞두고 사망한 매도인에게 상속인들이 여러 명이 있고 그 중에는 출가한 딸들도 있을 뿐 아니라 출가하였다가 자식만 남기고 사망한 딸도 있는 등 매수인으로서는 매도인의 공동상속인들이나 그 상속인들의 상속지분을 구체적으로 알기 어렵다면 중도금 지급기일에 사망한 매도인을 피공탁자로 하여 중도금의 변제공탁을 한 것은 민법 제487조 후단에 해당하여 유효하다(대판 1991.5.28, 91다3055). ㉢ 증권예탁결제원이 선량한 관리자의 주의를 다하여도 보관 중인 주권을 누구에게 반환해야 하는지 알 수 없는 경우, 채권자 불확지를 원인으로 이를 변제공탁할 수 있다(대판 2008.10.23. 2007다35596).

(3) 공탁의 당사자

㉠ 공탁은 공탁공무원의 수탁처분과 공탁물보관자의 공탁물수령으로 효력이 발생한다(판례). 따라서 공탁관계의 당사자는 공탁자와 공탁소가 된다.

Tip

> 공탁이 유효하게 효력을 발생하기 위해서 채권자에 대한 공탁통지를 요건으로 하는 것은 아니다. 공탁에 의한 변제효과의 발생시기는 공탁공무원의 수탁처분과 공탁물보관자의 공탁물수령이 있는 때이며, 채권자에 대한 공탁통지나 채권자의 수익의 의사표시가 있는 때에 공탁의 효력이 발생하는 것은 아니다.

㉡ 변제공탁의 공탁물출급청구권자는 피공탁자 또는 그 승계인이고 피공탁자는 공탁서의 기재에 의하여 형식적으로 결정되므로, 실체법상의 채권자라고 하더라도 피공탁자로 지정되어 있지 않으면 공탁물출급청구권을 행사할 수 없다(대판 2006.8.25, 2005다67476).

㉢ 매수인이 매도인을 대리하여 매매대금을 수령할 권한을 가진 자에게 잔대금의 수령을 최고하고 그 자를 공탁물수령자로 지정하여 변제공탁을 한 경우, 매도인에 대한 잔대금 지급의 효력이 있다(대법원 2012.3.15. 선고 2011다77849 판결).

(4) 공탁의 대상

변제목적물이 공탁의 목적물이다. 한편 다수설은 동산뿐만아니라 부동산도 공탁의 목적물로 될 수 있다고 이해한다. 다만 판례는 부동산에 대하여는 부정적이다(지원림 민법강의-아래판 결참조).

판례 〈대판 2001. 2. 9, 2000다60708〉 부동산등기법은 등기는 등기권리자와 등기의무자가 공동으로 신청하여 야 함을 원칙으로 하면서도(제28조), 제29조에서 '판결에 의한 등기는 승소한 등기권리자 또는 등기의무자만으로' 신청할 수 있도록 규정하고 있는바, 위 법조에서 승소한 등기권리자 외에 등기의무자도 단독으로 등기를 신청할 수 있게 한 것은, 통상의 채권채무 관계에서는 채권자가 수령을 지체하는 경우 채무자는 공탁 등에 의한 방법으로 채무부담에서 벗어날 수 있으나 등기에 관한 채권채무 관계에 있어서는 이러한 방법을 사용할 수 없으므로, 등기의무자가 자기 명의로 있어서는 안 될 등기가 자기 명의로 있음으로 인하여 사회생활상 또는 법상 불이익을 입을 우려가 있는 경우에는 소의 방법으로 등기권리자를 상대로 등기를 인수받아 갈 것을 구하고 그 판결을 받아 등기를 강제로 실현할 수 있도록 한 것이다.

(5) 수령거절과 구두제공

채권자가 미리 채무의 수령을 거절한 경우에 원칙적으로 채무자는 구두의 제공을 하지 않고서도 공탁할 수 있다. 즉 채권자의 태도로 보아 채무자가 설사 채무의 이행제공을 하였더라도 그 수령을 거절하였을 것이 명백한 경우에는 채무자는 이행의 제공을 하지 않고 바로 변제공탁할 수 있다(대판 1994.8.26, 93다42276).

판례 〈변제공탁을 하면서 공탁원인사실을 민법 제487조 전단과 후단 중 어느 사유로 할 것인지를 공탁자가 선택할 수 있는지 여부(적극) 및 공탁원인사실이 어느 것인지에 관한 판단 기준〉 ㉠ 공탁은 공탁자가 자기의 책임과 판단 하에 하는 것으로서 공탁자는 누구에게 변제하여야 할 것인지를 판단하여 그에 따라 변제공탁이나 집행공탁(압류채권의 제3채무자가 채무를 면하기 위해 채무액을 공탁하는 것으로 다른 압류, 가압류 또는 배당요구가 있는 때) 또는 혼합공탁을 선택하여 할 수 있을 뿐만 아니라, 변제공탁을 함에 있어서도 민법 제487조 전단과 후단 중 어느 사유를 공탁원인사실로 할 것인지를 선택하여 할 수 있다(대법원 2012.1.12. 선고 2011다84076 판결). ㉡ 상대적 불확지 변제공탁의 경우 피공탁자 중의 1인이 공탁물을 출급청구하기 위해서는 다른 피공탁자들의 승낙서나 그들을 상대로 받은 공탁물출급청구권확인 승소확정판결이 있으면 되므로, 위와 같은 경우에 피공탁자가 아닌 제3자를 상대로 공탁물출급청구권의 확인을 구하는 것은 확인의 이익이 없다(대판 2008.10.23, 2007다35596).

(6) 공탁의 효과

> **제488조 (공탁의 방법)**
> ① 공탁은 채무이행지의 공탁소에 하여야 한다.
> ② 공탁소에 관하여 법률에 특별한 규정이 없으면 법원은 변제자의 청구에 의하여 공탁소를 지정하고 공탁물보관자를 선임하여야 한다.
> ③ 공탁자는 지체없이 채권자에게 공탁통지를 하여야 한다.

공탁이 유효한 경우 채무소멸의 효과가 발생한다(제487조). 그러므로 일단 공탁공무원의 공탁금 출급인가처분이 있고 그에 따라 공탁금이 출급되었다면 설사 이를 출급받은 자가 진정한 출급청구권자가 아니라 하더라도 이로써 공탁법상의 공탁절차는 종료되었다 할 것이고, 따라서 원래의 진정한 공탁금 출급청구권자라 하더라도 공탁사무를 관장하는 국가를 상대로 하여 민사소송으로 그 공탁금의 지급을 구할 수는 없다(대판 1993.7.13. 91다39429). 다만 이 경우 진정한 공탁금 출급청구권자는 공무원의 과실이 있는 경우 피고에 대하여 손해배상책임을 물을 수 있음은 별개의 문제이다(대판 1993.7.13. 91다39429).

판례 〈변제공탁의 효력발생시기와 공탁금 수령의 효과〉 ㉠ 변제공탁이 유효한 이상 그 공탁을 한 때에 변제의 효력이 있고(피공탁자의 공탁금 수령시가 아님) 또한 그 변제충당의 법률상 효과도 공탁을 한 때에 생긴다. ㉡ 채권자가 아무런 이의없이 공탁금을 수령하였다면 이는 공탁의 취지에 의하여 수령한 것이 되어 그에 따른 법률효과가 발생하는 것이므로 채무자가 변제충당할 채무를 지정하여 공탁한 것을 채권자가 아무런 이의없이 수령하였다면 그 공탁의 취지에 따라 변제충당된다(대판 1987.4.14. 85다카2313).

2. 조건부 공탁 등

(1) 동시이행항변권

채무에 동시이행의 항변권이 부착된 경우에 채무자는 동시이행의 항변권을 포기하지 않고서도 공탁할 수 있다(이때 채무자는 채권자의 반대급부제공을 공탁물수령의 조건으로 할 수 있다). 그러나 본래의 채권에 부착되어 있지 않은 조건을 붙여서 행한 공탁은 채권자의 승낙이 없는 한 공탁 자체가 무효이다(대판 2002.12.6. 2001다2846 등).

(2) 일부공탁

일부공탁은 무효이다. 따라서 일부공탁의 경우, 그 부분에 상당하는 채무변제의 효력을 인정하지 않는 것이 원칙이다(대판 1998.10.13. 98다17046). 그러나 <u>채권자가 일부공탁의 사실을 알고도 아무런 이의</u>(이때의 이의는 명시적이든, 묵시적이든 상관없다)<u>의 유보 없이 수령하였다면 이는 채권전액에 대한 공탁으로서의 효력을 지닌다</u>(판례). <u>이의유보의 의사표시는 공탁공무원 또는 기업자</u>(채무자)<u>에 대하여 명시적 또는 묵시적으로 할 수 있다</u>(대판 1989.7.25. 88다카11053).

3. 공탁물회수

> **제489조 (공탁물의 회수)**
> ① 채권자가 공탁을 승인하거나 공탁소에 대하여 공탁물을 받기를 통고하거나 공탁유효의 판결이 확정되기까지는 변제자는 공탁물을 회수할 수 있다. 이 경우에는 공탁하지 아니한 것으로 본다.
> ② 전항의 규정은 질권 또는 저당권이 공탁으로 인하여 소멸한 때에는 적용하지 아니한다.

(1) 공탁물 회수권

공탁은 채무자를 위한 제도이므로 공탁물을 회수할 수 있음이 원칙이다. 다만 일정한 경우에는 제한된다(제489조). 공탁자의 공탁물회수권은 일종의 형성권이며, 재산적 가치가 있으므로 양도할 수 있고, 압류·전부의 객체가 된다. 즉 <u>제3자가 공탁자의 공탁물회수청구권을 압류 및 전부받아 그 집행으로 공탁물을 회수할 수도 있다</u>(대판 1981.2.10. 80다77).

(2) 학설의 대립

민법 제487조는 "공탁으로 인하여 채무는 소멸한다"고 하고 있고, 한편 제489조는 일정한 경우 공탁물을 회수할 수 있으며, 이 경우 '공탁하지 아니한 것으로 본다'고 규정한다. 따라서 공탁에 의한 채무소멸의 효과에 대하여 학설이 대립한다.

1) 해제조건설 : 공탁으로 채무는 즉시 소멸하지만 변제자가 공탁물을 회수한 때에는 채무는 소급하여 소멸하지 않는다는 것이 다수설·판례의 태도이다(해제조건설).

2) 정지조건설 : 정지조건설에 의할 때에는 회수권의 소멸이 있을 때까지 채무소멸의 효과는 불확정적인 것으로 파악하고, 회수권이 확정적으로 소멸한 후(이를 정지조건으로 하여)에는 공탁이 있었던 때에 소급하여 그 효력이 발생한다고 한다.

(3) 질권 · 저당권의 소멸시

㈀ 제489조 제2항에 따르면 물상보증인의 보호를 위해 질권·저당권은 공탁으로 소멸하게 되며 동시에 공탁자의 회수권은 부인된다.

㈁ 질권·저당권 외에도 가등기담보권이나 양도담보권이 소멸한 경우에 공탁자의 회수권이 역시 부정되는가? 판례는 질권이나 저당권과는 달리 회수를 인정한다(대판 1982.7.27, 81다495). 이러한 공탁물 회수가 이루어지는 경우, 변제자의 채권자는 공탁자의 공탁물반환청구권을 압류 또는 전부받아 그 집행으로 공탁물을 회수할 수도 있다.

(4) 관련문제

1) 다른 법률과의 관계

『가등기 담보등에 관한 법률』에서는 청산금채권이 압류되거나 가압류된 경우에 채권자는 청산기간이 지난 후 이에 해당하는 청산금을 채무이행지를 관할하는 지방법원이나 지원에 공탁하여 그 범위에서 채무를 면할 수 있고, 채권자는 공탁한 공탁금의 회수를 청구할 수 없다고 하고 있다(동법 제8조 제1항, 제3항). 또한 최근 제정된 『동산·채권 등 담보에 관한 법률』에서도 담보권자는 공탁금의 회수를 청구할 수 없다고 하고 있다(동법 제27조 제3항).

2) 착오로 인한 공탁과 부당이득반환

공탁자가 착오로 공탁한 때(예 : 종전 소유자에게 잘못 공탁) 또는 공탁의 원인이 소멸한 때에는 공탁자가 공탁물을 회수할 수 있을 뿐 피공탁자의 공탁물출급청구권은 존재하지 않으므로, 이러한 경우 공탁자가 공탁물을 회수하기 전에 위 공탁물출급청구권에 대한 전부명령을 받아 공탁물을 수령한 자(저당권자)는 법률상 원인 없이 공탁물을 수령한 것이 되어 공탁자에 대하여 부당이득반환의무를 부담한다(대판 2008.9.25. 2008다34668).

4. 양도금지특약이 붙은 채권의 양도와 변제공탁

관련사례 | 甲이 乙건설에 도급을 주면서 공사대금채권에 대해서는 乙이 제3자에게 양도하지 못하며, 채권양도를 하고자 하는 경우에는 甲의 서면승인을 받아야 하는 것으로 약정하였는데, 乙은 이 약정에 위반하여 공사대금채권 중 일부를 丙에게 양도하였다. 이 경우 甲은 민법 제487조를 근거로 변제공탁을 할 수 있는가?

해설 | 양도금지의 특약이 붙은 채권이 양도된 경우에 양수인의 악의 또는 중과실에 관한 입증책임은 채무자가 부담하지만, 그러한 경우에도 채무자로서는 양수인의 선의 등의 여부를 알 수 없어 과연 채권이 적법하게 양도된 것인지에 관하여 의문이 제기될 여지가 충분히 있으므로, 특별한 사정이 없는 한 민

법 제487조 후단의 채권자불확지를 원인으로 하여 변제공탁을 할 수 있다(대판 2000.12.22, 2000다55904). 따라서 채무자 甲으로서는 특별한 사정이 없는 한 변제공탁의 요건으로서 '변제자가 과실 없이 채권자를 알 수 없는 경우'(제487조 2문)에 해당하는 것으로 보아 변제공탁을 할 수 있는 것으로 판단하였다.

Ⅷ. 상 계

1. 일반론

> **제492조 (상계의 요건)**
> ① 쌍방이 서로 같은 종류를 목적으로 한 채무을 부담한 경우에 그 쌍방의 채무의 이행기가 도래한 때에는 각 채무자는 대등액에 관하여 상계할 수 있다. 그러나 채무의 성질이 상계를 허용하지 아니할 때에는 그러하지 아니하다.
> ② 전항의 규정은 당사자가 다른 의사를 표시한 경우에는 적용하지 아니한다. 그러나 그 의사표시로써 선의의 제3자에게 대항하지 못한다.

(1) 상계의 의의 및 작용

1) 의의

상계라 함은 채무자가 채권자에 대하여 자기도 또한 동종의 채권을 갖는 경우에 채무자의 상계의 의사표시만으로 그 채권과 채무를 대등액에서 소멸시키는 것을 말한다. 이와 같은 상계는 당사자 쌍방이 서로 같은 종류를 목적으로 한 채무를 부담한 경우에 서로 같은 종류의 급부를 현실로 이행하는 대신 어느 일방 당사자의 의사표시로 그 대등액에 관하여 채권과 채무를 동시에 소멸시키는 것이고, 이러한 상계제도의 취지는 서로 대립하는 두 당사자 사이의 채권·채무를 간이한 방법으로 원활하고 공평하게 처리하려는 데 있다(대판 2011.4.28, 2010다101394).

2) 작용

상계의 작용은 상대방의 자산상태가 악화된 경우에 다른 채권자에 우선해서 자기의 채권의 회수를 확보할 수 있게 해주므로, 수동채권에 대하여 최우선·최강력의 담보권을 가지는 것과 같은 기능을 한다. 그러나 상계의 대상이 되는 채무자의 채권이 채무자 재산의 중요부분을 이루는 경우, 또는 채권이 양도되거나 압류된 경우에도 일정한 요건하에서 상계가 인정된다는 점에서 제3자는 불의의 손해를 받을 수 있게 된다.

(2) 상계적상

상계적상이란 당사자간의 두 개의 채무가 상호 대립하여 동종이고 상대방채무의 변제기가 도래한 상황을 말한다.

1) 채권의 대립

상계자와 피상계자간 채권이 대립하여야 한다. 그러나 민법은 제3자가 상계를 할 수 있는 예외를 인정하고 있는바, 연대채무자(제418조 2항) 보증인(제434조)이 그러하다. 한편 제3자는 채무자를 위하여 변제할 수 있다. 즉, 제3자는 자신의 이름으로 채무자를 위하여 변제할 수 있다는 것이다. 그러하다면 제3자가 채무자의 채권자에 대해 채권을 가지는 경우, 그 채권과 채권자의 채무자에 대한 채권과 상계할 수 있는가? 이에 대하여 학설은 대립한다. 부정설이 다수설이다. 판례는 최근에 다수설처럼 부정하는 입장을 취하고 있다(아래판결참조).

판례 〈유치권이 인정되는 아파트를 경락·취득한 자가 아파트 일부를 점유·사용하고 있는 유치권자에 대한 임료 상당의 부당이득금 반환채권을 자동채권으로 하고 유치권자의 종전 소유자에 대한 유익비상환채권을 수동채권으로 하여 상계할 수 있는가(소극)〉 유치권이 인정되는 아파트를 경락·취득한 자가 아파트를 점유·사용하고 있는 유치권자에 대한 임료 상당의 부당이득금 반환채권을 자동채권으로 하고 유치권자의 종전 소유자에 대한 유익비상환채권을 수동채권으로 하여 상계의 의사표시를 한 사안에서, 상대방이 제3자에 대하여 가지는 채권을 수동채권으로 하여 상계할 수 없다(대판 2011.4.28, 2010다101394).

2) 동종의 채권

대립하는 채권이 금전채권 등 동종의 목적을 가진 종류채권에 한한다. 판례는 백미인도채무와 금전채무는 상계적상에 있지 않다고 한다. 한편 채권액이 동일할 필요는 없으며, 또 양 채권의 이행지가 다르더라도 상계할 수 있다(제494조).

3) 채권의 변제기

여기서 각 채무가 상계할 수 있는 때란 양 채권이 모두 변제기가 도래한 경우와 수동채권의 변제기가 도래하지 아니하였다고 하더라도 기한의 이익을 포기할 수 있는 경우를 포함한다. 따라서 자동채권은 반드시 변제기에 있어야 하나 수동채권은 채무자가 기한의 이익을 포기할 수 있으므로(제153조 제2항·제468조), 변제기 도래 전이라도 이를 포기하고 상계할 수 있다(대판 2011.7.28, 2010다70018). 이처럼 민법 제492조 제1항 소정의 '채무의 이행기가 도래한 때'라 함은 채권자가 채무자에게 이행의 청구를 할 수 있는 시기가 도래하였음을 의미하는 것이지 채무자가 이행지체에 빠지는 시기를 말하는 것이 아니다(대판 1981.12.22, 81다카10).

> **Tip**
>
> ◎ 이를 구체적으로 예를 들어 설명해 보기로 하자. 甲이 乙에게 만기 1월 1일부의 채권을 갖고 있고, 乙이 甲에게 만기 2월 1일부의 채권을 갖고 있다고 할 때, 동년 1월 15일에 乙은 甲에게 상계권자가 될 수 없다. 이를 인정한다면 甲의 기한의 이익이 이유 없이 일방적으로 침해되기 때문이다. 그러나 반대로 甲은 乙에게 1월 15일에도 자신의 기한이익을 포기하고 상계할 수 있다.

4) 채권의 성질

㈀ 부작위채무나 하는 채무는 현실적으로 이행을 하여야 채권의 목적을 달성할 수 있으므로 성질상 상계가 허용되지 않는다.

㈁ 또한 자동채권에 항변권이 붙어 있는 경우에도 마찬가지이다. 그러나 수동채권에 항변

권이 붙어 있는 경우에는 상계자가 이를 포기할 수 있으므로 이를 포기하고 상계하는 것은 무방하다.

(ㄷ) 상계의 대상이 될 수 있는 자동채권과 수동채권이 동시이행관계에 있다고 하더라도 서로 현실적으로 이행하여야 할 필요가 없는 경우라면 상계로 인한 불이익이 발생할 우려가 없고 오히려 상계를 허용하는 것이 동시이행관계에 있는 채권·채무 관계를 간명하게 해소할 수 있으므로 특별한 사정이 없는 한 상계가 허용된다(대판 2006.7.28. 2004다54633).

(ㄹ) 특히 수탁보증인이 주채무자에 대하여 가지는 민법 제442조의 사전구상권에는 민법 제443조의 면책청구권이 항변권으로 부착되어 있는 만큼 이를 자동채권으로 하는 상계는 허용될 수 없다(대판 2004.5.28. 2001다81245).

(ㅁ) 한편 소송비용상환청구권은 소송에서 패소하였다는 사실을 요건으로 소송상 발생하는 실체적 권리이기는 하나 그 성질은 사법상의 청구권이며 상계의 수동채권으로 될 수 있다(대판 1994.5.13. 94다9856).

관련사례	채권자 甲(은행) 채무자 乙 종합금융이 있고, 수탁보증인인 丙(乙의 대주주)주식회사가 있다. 丙주식회사는 乙에 대한 어음할인 차용금 채무를 부담하고 있다. 乙이 丙에게 차용금채무를 청구하는 경우에 丙이 사전구상권에 기한 상계권을 乙에게 행사할 수 있는가?(원칙적 부정)
해설	(a) 항변권이 붙어 있는 채권을 자동채권으로 하여 다른 채무(수동채권)와의 상계를 허용한다면 상계자 일방의 의사표시에 의하여 상대방의 항변권 행사의 기회를 상실시키는 결과가 되므로 그러한 상계는 허용될 수 없다. (b) 특히 수탁보증인이 주채무자에 대하여 가지는 민법 제442조의 사전구상권에는 민법 제443조 소정의 이른바 면책청구권이 항변권으로 부착되어 있는 만큼 이를 자동채권으로 하는 상계는 허용될 수 없다(대판 2001.11.13. 2001다55222). (c) 다만 민법 제443조는 임의규정으로서 주채무자가 사전에 담보제공청구권의 항변권을 포기한 경우에는 보증인은 사전구상권을 자동채권으로 하여 주채무자에 대한 채무와 상계할 수 있다(대판 2004.5.28. 2001다81245).

5) 상계의 금지 규정에 위반되지 않을 것

(가) 당사자의 의사표시에 의한 금지

당사자는 상계를 반대하는 의사표시를 하여 이를 금지할 수 있다. 다만 이 의사표시로써 선의의 제3자에게 대항하지 못한다(제492조 제2항).

(나) 법률에 의한 금지

아래에서와 같이 채무자가 실제로 변제를 하여야 할 특별한 사정이 있는 수동채권에 대해서는, 법률은 상계의 수동채권으로 삼는 것을 금지한다. 그러나 그 수동채권에 의하여 보호받는 자가 그 이익을 포기하고 자동채권으로 하여 상계하는 것은 가능하다.

판례 ㉠ 〈**임금 또는 퇴직금 채권**〉 근로기준법 제42조 제1항에서 '임금은 통화로 직접 근로자에게 지급하여야 한다'라고 규정한 것은 사용자가 근로자에 대하여 가지는 채권을 가지고 일방적으로 근로자의 임금채권을 상계하는 것은 금지된다는 의미이다. 판례는 근로자가 받는 퇴직금은 임금의 성질을 가지는 것으로서 근로기준법 제36조에 의하여 사용자는 그 수령권자에게 직접 임금을 지급하여야 하는 것이므로 피고가 피고조합의 직원으로 근무하다가 사망한 소외 망인의 퇴직금에 대하여 피고의 동인에 대한 대출금채권으로 상계충당할 수 없다고 판시하고 있다 (대판 1990.5.8, 88다카26413). 따라서 사용자가 근로자의 동의를 얻어 근로자의 임금채권에 대하여 상계하는 경우에 그 동의가 근로자의 자유로운 의사에 터잡아 이루어진 것이라고 인정할 만한 합리적인 이유가 객관적으로 존재하는 때에는 근로기준법 제42조 제1항 본문에 위반하지 아니한다(대판 2001.10.23, 2001다25184).
㉡ 〈**벌금채권-국가의 상계권 행사**〉 형벌의 일종인 벌금도 일정 금액으로 표시된 추상적 경제가치를 급부목적으로 하는 채권인 점에서는 다른 금전채권들과 본질적으로 다를 것이 없고, 벌금형이 확정된 이상 벌금채권의 변제기는 도래한 것이므로 달리 이를 금하는 특별한 법률상 근거가 없는 이상 벌금채권은 적어도 상계의 자동채권이 되지 못할 아무런 이유가 없다(대판 2004.4.27, 2003다37891).
㉢ 〈**생명보험계약의 해지로 인한 해약환급금과 위 보험약관대출금 사이에서 상계의 법리가 적용되는지 여부(소극)**〉 생명보험계약의 해지로 인한 해약환급금과 보험약관대출금 사이에서는 상계의 법리가 적용되지 아니하고, 생명보험회사는 생명보험계약 해지 당시의 보험약관대출 원리금 상당의 선급금을 뺀 나머지 금액에 한하여 해약환급금으로서 반환할 의무가 있다(대판(전합) 2007.09.28, 2005다15598).

(3) 상계의 법률상 제한

1) 고의의 불법행위로 인한 손해배상채권(제496조)

> **제496조 (고의의 불법행위채권을 수동채권으로 하는 상계의 금지)**
> 채무가 고의의 불법행위로 인한 것인 때에는 그 채무자는 상계로 채권자에게 대항하지 못한다.

이는 불법행위의 피해자로 하여금 현실의 변제를 받게 하는 동시에, 불법행위의 유발을 방지하려는 취지인데 판례는 본 규정을 중과실의 불법행위에 의한 손해배상채무까지 유추 또는 확대적용할 필요는 없다고 하고 있다. 즉, 상계가 가능하다(대판 1994.8.12, 93다52808). 한편 싸움에서 서로 가해한 경우와 같이 동일한 사안에서 발생한 고의의 불법행위로 인한 손해배상채권인 경우에는 본조의 적용을 긍정하고 있다. 즉 상계할 수 없다(대판 1994.2.25, 93다38444).

판례 ㉠ 〈**동일성이 있는 경우**〉 고의의 불법행위가 부당이득의 원인이 됨으로써 불법행위로 인한 손해배상채권과 부당이득반환채권이 모두 성립하여 양 채권이 경합하는 경우, 피해자가 부당이득반환채권만을 청구하였을 때 상대방이 이를 수동채권으로 하여 상계하는 것은 허용되지 않는다는 것이 판례이다(대판 2002.1.25, 2001다52506).
㉡ 〈**피용자의 고의의 불법행위로 인하여 사용자책임을 부담하는 사용자가 민법 제496조의 적용 배제를 주장할 수 있는지 여부(소극)**〉 민법 제756조에 의한 사용자의 손해배상책임은 피용자의 배상책임에 대한 대체적 책임이고, 피용자의 고의의 불법행위로 인하여 사용자책임이 성립하는 경우에 민법 제496조의 적용을 배제하여야 할 이유가 없으므로 사용자책임이 성립하는 경우 사용자는 자신의 고의의 불법행위가 아니라는 이유로 민법 제496조의 적용을 면할 수는 없다. 따라서 사용자책임을 부담하는 은행이 위 손해배상채무를 수동채권으로 상계할 수 없다(대판 2006.10.26, 2004다63019).

2) 압류금지채권(제497조)

> **제497조 (압류금지채권을 수동채권으로 하는 상계의 금지)**
> 채권이 압류하지 못할 것인 때에는 그 채무자는 상계로 채권자에게 대항하지 못한다.

(가) 압류금지채권은 법령에 의한 부양료[※부양료청구권의 일신전속성 : 채권담보를 위하여 입질할 수 없고(제346조), 청구권자의 채권자가 압류하거나 대위권에 의하여 대위청구 및 대위수령 할 수 없고(제404조, 민사집행법 제246조 제1항 제1호), 장래에 대하여 포기하거나 타인에게 양도할 수 없고(제979조, 제449조 제1항단서), 상계되지 않고(제497조), 상속재산에 포함되지 않는다(제1005조 단서)]와 연금·봉급 등의 급여채권의 2분의 1 상당액이 이에 해당한다(민사집행법 제246조 참조).

(나) 이처럼 채권이 압류하지 못할 것인 때에는, 그 채무자는 상계로 채권자에게 대항하지 못한다(제497조). 즉 압류금지채권을 수동채권으로 하여 상계하지 못한다. 이는 압류금지의 취지를 관철하여 상대방으로 하여금 현실의 변제를 받게 하려는 취지이다. 압류금지채권을 수동채권으로 하는 상계만 금지되므로 그것을 자동채권으로 하여서는 상계할 수 있다.

(다) 임금채권의 경우는 논란이 심하다. 왜냐하면 민사집행법은 급료·연금·봉급·상여금·퇴직연금 등의 급여채권에 대하여 원칙적으로 그 1/2의 압류를 금지하고 있고(동법 제246조), 근로기준법은 "사용자는 전차금(前借金)기타 근로할 것을 조건으로 전대채권과 임금을 상계하지 못한다"고 하고(동법 제21조), 또 "임금은 통화로 직접 근로자에게 그 전액을 지급하여야 한다"고 규정하기 때문이다(동법 제43조). 따라서 사용자가 근로자에 대해 가지는 채권으로써 상계할 수 없는 것으로 해석된다(대판 1990.5.8, 88다카26413).

(라) 민사집행법 제246조 제1항 제5호는 근로자인 채무자의 생활보장이라는 공익적, 사회정책적 이유에서 '퇴직금 그 밖에 이와 비슷한 성질을 가진 급여채권의 2분의 1에 해당하는 금액'을 압류금지채권으로 규정하고 있고, 민법 제497조는 압류금지채권의 채무자는 상계로 채권자에게 대항하지 못한다고 규정하고 있으므로, 사용자가 근로자에게 퇴직금 명목으로 지급한 금원 상당의 부당이득반환채권을 자동채권으로 하여 근로자의 퇴직금채권을 상계하는 것은 퇴직금채권의 2분의 1을 초과하는 부분에 해당하는 금액에 관하여만 허용된다고 봄이 상당하다[대판(전합) 2010.5.20, 2007다90760].

판례 〈압류금지채권을 수동채권으로 하는 상계금지〉 양도 또는 대위되는 채권이 원래 압류가 금지되는 것이었던 경우에는, 처음부터 이를 수동채권으로 한 상계로 채권자에게 대항하지 못하던 것이어서 그 채권이 양도되거나 대위의 요건이 구비된 이후에 있어서도 여전히 이를 수동채권으로 한 상계로써 채권양수인 또는 대위채권자에게 대항할 수 없다고 봄이 상당하다(대판 2009.12.10, 2007다30171).

3) 지급금지채권(제498조)

> **제498조 (지급금지채권을 수동채권으로 하는 상계의 금지)**
> 지급을 금지하는 명령을 받은 제3채무자는 그 후에 취득한 채권에 의한 상계로 그 명령을 신청한 채권자에게 대항하지 못한다.

(가) 원칙

(ㄱ) 지급을 금지하는 명령을 받은 제3채무자는 그 후에 취득한 채권에 의한 상계로 그 명령을 신청한 채권자에게 대항하지 못한다. 즉 지급을 금지하는 명령을 받은 제3채무자는 그 후에 취득한 채권에 의한 상계로 그 명령을 신청한 채권자에게 대항하지 못한다. 그런데 이 경우 쟁점이 되는 것은 수동채권은 제3채무자가 기한의 이익을 포기하고 미리 변제할 수 있으므로 (제468조) 특별히 문제되지 않지만, 자동채권도 변제기가 도래되어 있어야만 하는지이다. 즉 문언에 의하면 제3채무자가 압류명령 이후에 새롭게 취득한 채권을 자동채권으로 한 상계로써 그 명령을 신청한 채권자에게 대항하지 못하나 제3채무자가 압류명령 이전에 취득한 채권을 자동채권으로 상계하는 것은 이 규정에 따른 제한을 받지 않는 것인지 문제되어왔다.

(ㄴ) 과거판결은 압류 및 전부명령이 송달되기 전에 상계적상의 반대채권을 가지는 경우에는 상계할 수 있다고 보았으나, 현재 확립된 판례는 이 요건을 완화하여 압류 또는 가압류의 효력발생 당시에 제3채무자가 채무자에 대해 갖는 자동채권의 변제기가 아직 도래하지 않았더라도 압류채권자가 그 이행을 청구할 수 있는 때(피압류채권의 이행기 도래시), 자동채권의 변제기가 동시에 도래하거나 또는 그 전에 도래한 때에는 제3채무자의 상계에 관한 기대는 보호되어야 한다는 점에서 상계할 수 있다고 한다(대판 1987.7.7. 86다카2762).

관련사례 甲은 乙의 공사대금채권자이고 그 채권의 가압류의 효력 발생일은 2008. 6. 30.이고, 피압류채권인 공사대금채권의 변제기는 2008. 6. 10.경이며, 乙의 甲에 대한 반대채권인 1억 원의 약속어음 관련 대여금채권의 변제기는 공사대금채권의 변제기 후인 2008. 7. 25.이다. 그리고 반대채권은 가압류 효력 발생 당시 이미 취득되어 있었다. 이러한 경우 乙은 반대채권과 공사대금채권의 상계로써 압류채권자인 丙에게 대항할 수 있는가 ? (부정; 대판(전합) 2012.2.16, 2011다45521).

해설 〔다수의견〕 민법 제498조는 "지급을 금지하는 명령을 받은 제3채무자는 그 후에 취득한 채권에 의한 상계로 그 명령을 신청한 채권자에게 대항하지 못한다"라고 규정하고 있다. 위 규정의 취지, 상계제도의 목적 및 기능, 채무자의 채권이 압류된 경우 관련 당사자들의 이익상황 등에 비추어 보면, 채권압류명령 또는 채권가압류명령(이하 채권압류명령의 경우만을 두고 논의하기로 한다)을 받은 제3채무자가 압류채무자에 대한 반대채권을 가지고 있는 경우에 상계로써 압류채권자에게 대항하기 위하여는, 압류의 효력 발생 당시에 대립하는 양 채권이 상계적상에 있거나, 그 당시 반대채권(자동채권)의 변제기가 도래하지 아니한 경우에는 그것이 피압류채권(수동채권)의 변제기와 동시에 또는 그보다 먼저 도래하여야 한다(대판(전합) 2012.2.16, 2011다45521; 대판 1982.6.22, 82다카200; 대판 2003.6.27, 2003다7623).

〔소수의견〕 지급을 금지하는 명령을 받을 당시에 반대채권과 피압류채권 모두의 이행기가 도래한 때에는 제3채무자가 당연히 반대채권으로써 상계할 수 있고, 반대채권과 피압류채권 모두 또는 그 중 어느 하나의 이행기가 아직 도래하지 아니하여 상계적상에 놓이지 아니하였더라도 그 이후 제3채무자가 피압류채권을 채무자에게 지급하지 아니하고 있는 동안에 반대채권과 피압류채권 모두의 이행기가 도래한 때에도 제3채무자는 반대채권으로써 상계할 수 있고, 이로써 지급을 금지하는 명령을 신청한 채권자에게 대항할 수 있다.

(나) 제498조의 적용예외

제3채무자의 압류채무자에 대한 자동채권이 수동채권인 피압류채권과 동시이행의 관계에 있는 경우에는, 압류명령이 제3채무자에게 송달되어 압류의 효력이 생긴 후에 자동채권이 발생하였다고 하더라도 제3채무자는 동시이행의 항변권을 주장할 수 있다. 이 경우에 자동채권이 발생한 기초가 되는 원인은 수동채권이 압류되기 전에 이미 성립하여 존재하고 있었던 것이므로, 그 자동채권은 민법 제498조의 '지급을 금지하는 명령을 받은 제3채무자가 그 후에 취득한 채권'에 해당하지 않는다고 봄이 상당하고, 제3채무자는 그 자동채권에 의한 상계로 압류채권자에게 대항할 수 있다(대판 2010.3.25. 2007다35152).

판례 금전채권에 대한 압류 및 전부명령이 있는 때에는 압류된 채권은 동일성을 유지한 채로 압류채무자로부터 압류채권자에게 이전되고, 제3채무자는 채권이 압류되기 전에 압류채무자에게 대항할 수 있는 사유로써 압류채권자에게 대항할 수 있는 것이므로, 제3채무자의 압류채무자에 대한 자동채권이 수동채권인 피압류채권과 동시이행의 관계에 있는 경우에는, 압류명령이 제3채무자에게 송달되어 압류의 효력이 생긴 후에 자동채권이 발생하였다고 하더라도 제3채무자는 동시이행의 항변권을 주장할 수 있다. 이 경우에 자동채권이 발생한 기초가 되는 원인은 수동채권이 압류되기 전에 이미 성립하여 존재하고 있었던 것이므로, 그 자동채권은 민법 제498조의 '지급을 금지하는 명령을 받은 제3채무자가 그 후에 취득한 채권'에 해당하지 않는다고 봄이 상당하고, 제3채무자는 그 자동채권에 의한 상계로 압류채권자에게 대항할 수 있다(대판 2010.3.25. 2007다35152).

2. 상계권행사와 그 효과

> **제493조 (상계의 방법, 효과)**
> ① 상계는 상대방에 대한 의사표시로 한다. 이 의사표시에는 조건 또는 기한을 붙이지 못한다.
> ② 상계의 의사표시는 각채무가 상계할 수 있는 때에 대등액에 관하여 소멸한 것으로 본다.
> **제495조 (소멸시효완성된 채권에 의한 상계)**
> 소멸시효가 완성된 채권이 그 완성전에 상계할 수 있었던 것이면 그 채권자는 상계할 수 있다.

(1) 형성권

상계는 상계적상과 상계의사표시(단독행위)의 두 법률사실을 요소로 하는 법률요건이다. 상계를 하면 대등액에서 채권·채무가 소멸한다. 그리고 상계는 단독행위로서 상계를 하는 여부는 채권자의 의사에 따르는 것이고 상계적상에 있는 자동채권이 있다하여 반드시 상계를 하여야 하는 것은 아니다(대판 1987.5.12. 86다카1340).

판례 ㉠ 다만 어음채권을 자동채권으로 하여 상계의 의사표시를 하는 경우에 있어 재판 외의 상계의 경우에는 어음채무자의 승낙이 없는 이상 어음의 교부가 필요불가결하고 어음의 교부가 없으면 상계의 효력이 생기지 아니한다(대판 2001.5.8. 2000다58880). ㉡ 상계는 상계적상에 있는 채권을 가진 채권자가 별도로 의사표시를 하여야 하는 것이고(민법 제493조 제1항) 그 의사표시 여부는 원칙적으로 채권자의 자유에 맡겨져 있는 것이므로, 비록 상계의 의사표시가 묵시적으로도 가능하다 하더라도, 다른 의사와 구분되는 별도의 상계 의사를 확인하지 않은 채 이를 인정할 수는 없다(대판 2009.10.29. 2008다51359).

(2) 조건·기한 금지

상계는 단독행위이므로 조건을 붙이는 것은 상대방의 지위를 불안하게 하기 때문에 허용되지 않는다. 한편 상계는 소급효를 갖기 때문에 그 도래한 때부터 효력이 생기는 기한은 이를 붙이지 못한다(제493조).

(3) 소급효

상계적상이 생겼다하여 채권이 당연히 소멸하는 것은 아니며, 상계의 의사표시가 있는 때에 비로소 소멸한다. 다만 채무는 상계적상이 발생한 때로 소급하여 소멸할 뿐이다(제493조 제2항). 따라서 채권자의 배당요구 기초가 된 담보권의 피담보채권에 대하여 채무자가 상계를 한 경우에도 위와 같은 상계적상 시기에 소급적으로 대등액에 관하여 소멸하고, 이는 피담보채권에 관하여 채무자에게 채무의 이행을 명하는 확정판결이 있다고 하여 달라지지 아니한다(대판 2011.7.28, 2010다70018).

> **Tip**
> ㉠ 상계가 있게 되면 이자부채권이라도 상계적상이 생긴 때부터는 이자가 발생하지 않는다(상계의 소급효 — 제493조 제2항).
> ㉡ 자동채권의 변제기가 2009.5.1, 수동채권의 변제기가 2009.8.1인 경우 자동채권의 채권자가 2009.9.1. 상계의 의사표시를 하였다면 상계적상이 발생하는 시기는 2009.8.1.이다.

(4) 소멸시효완성된 채권에 의한 상계

소멸시효가 완성된 채권이 그 완성전에 상계할 수 있었던 것이면 그 채권자는 그 채권을 자동채권으로 하여 상계할 수 있다(제495조).

3. 상계연습

(1) 채권일부양도의 경우, 채무자의 양도인에 대한 채권을 자동채권으로 하는 상계의 방법

관련사례 | 丙은 1998.4.7. 甲건설회사의 乙에 대한 교회건물 신축공사 잔대금 채권 6억원 중 3억원을 양수하여 그 다음 제3자에 대한 대항요건을 취득하였다. 한편 乙은 이 사건 건축공사의 하자로 인하여 甲회사에 대하여 1억원의 손해배상채권을 가지고 있었다. 乙은 손해배상채권 중 이 사건 건축공사 잔대금 채권 총액에 대한 丙의 채권양수금의 비율에 상당한 금원을 자동채권으로 하여 丙의 채권양수금과 상계한다고 하였다. 이는 타당한가? (긍정)(대판 2006.7.28, 2004다54633; 대판 2010.3.25, 2007다35152).

해설 | (a) 채권의 일부양도의 경우, 특별한 사정이 없는 한 분할부분에 대하여 독립한 채권이 성립하므로 양도인에 대한 반대채권으로 상계하고자 하는 채무자는 양도인을 비롯한 각 분할채권자 중 누구도 상대방으로 하여 상계할 수 있다.
(b) 위의 경우, 채무자의 상계의사표시를 받은 분할채권자가 제3자에 대한 대항요건을 갖춘 양수인이라면 분할채권총액에 대한 비율에 따라 상계할 것을 주장할 수 있고 채무자는 이에 구속

된다(×) - 대항요건을 갖춘 양수인이라도 양도인 또는 다른 양수인에 귀속된 부분에 대하여 우선상계를 주장하거나 채권총액의 비율에 의해 상계되어야 한다는 이의를 할 수 없다(대판 2002. 2. 8, 2000다50596).

(c) 동시이행관계에 있는 자동채권과 수동채권이 서로 현실적으로 이행하여야 할 필요가 없는 경우 상계의 허용 여부(적극) : 상계제도는 서로 대립하는 채권·채무를 간이한 방법에 의하여 결제 함으로써 양자의 채권·채무 관계를 원활하고 공평하게 처리함을 목적으로 하고 있으므로, 상 계의 대상이 될 수 있는 자동채권과 수동채권이 동시이행관계에 있다고 하더라도 서로 현실적 으로 이행하여야 할 필요가 없는 경우라면 상계로 인한 불이익이 발생할 우려가 없고 오히려 상계를 허용하는 것이 동시이행관계에 있는 채권·채무 관계를 간명하게 해소할 수 있으므로 특별한 사정이 없는 한 상계가 허용된다(대판 2006.7.28, 2004다54633)

(2) 상계에 관한 권리남용에 해당하기 위한 요건

판례 〈송금의뢰인이 착오로 자금이체의 원인관계 없이 수취인의 계좌에 금원을 입금한 경우, 수취인이 그 금원 상당의 예금채권을 취득하고 수취은행이 수취인에 대한 대출채권 등을 자동채권으로 하여 그 금원 상당의 예금채권과 상계하는 경우〉 ㉠ 송금의뢰인이 수취인의 예금계좌에 자금이체를 하여 예금원장에 입금의 기록이 된 때에는 특별한 사정이 없는 한 송금의뢰인과 수취인 사이에 자금이체의 원인인 법률관계가 존재하는지 여부에 관계없이 수취인과 수취 은행 사이에는 위 입금액 상당의 예금계약이 성립하고, 수취인이 수취은행에 대하여 위 입금액 상당의 예금채권을 취득한다. 따라서 수취은행이 수취인에 대한 대출채권 등을 자동채권으로 하여 수취인의 계좌에 입금된 금원 상 당의 예금채권과 상계하는 것은 신의칙 위반이나 권리남용에 해당한다는 등의 특별한 사정이 없는 한 유효하다. 다만 ㉡ 송금의뢰인이 착오송금임을 이유로 거래은행을 통하여 혹은 수취은행에 직접 송금액의 반환을 요청하고 수취인도 송금의뢰인의 착오송금에 의하여 수취인의 계좌에 금원이 입금된 사실을 인정하고 수취은행에 그 반환 을 승낙하고 있는 경우, 공공성을 지닌 자금이체시스템의 운영자가 그 이용자인 송금의뢰인의 실수를 기화로 그의 희생하에 당초 기대하지 않았던 채권회수의 이익을 취하는 행위로서 상계제도의 목적이나 기능을 일탈하 고 법적으로 보호받을 만한 가치가 없으므로, 송금의뢰인에 대한 관계에서 신의칙에 반하거나 상계에 관한 권리 를 남용하는 것이다(대판 2010.5.27. 2007다66088).

관련사례 甲은 D백화점의 부도로 인하여 D백화점이 발행한 약속어음의 가치가 현저하게 하락된 사정을 잘 알면서 오로지 甲자신이 D백화점에 대하여 부담하는 임대차보증금반환채무와 상계할 목적으 로 D백화점이 발행한 약속어음 20장을 액면가의 40%에도 미치지 못하는 가격으로 할인·취득 하고, 그 약속어음채권을 자동채권으로 하여 상계를 하였다. 상계의 효력은 발생하는가?

해설 당사자가 상계의 대상이 되는 채권이나 채무를 취득하게 된 목적과 경위, 상계권을 행사함에 이른 구체적·개별적 사정에 비추어, 그것이 위와 같은 상계 제도의 목적이나 기능을 일탈하고, 법적으 로 보호받을 만한 가치가 없는 경우에는, 그 상계권의 행사는 신의칙에 반하거나 상계에 관한 권 리를 남용하는 것으로서 허용되지 않는다고 함이 상당하고, 일반적인 권리 남용의 경우에 요구되 는 주관적 요건을 필요로 하는 것은 아니다(대판 2003.4.11, 2002다59481).

IX. 경개

> **제500조 (경개의 요건, 효과)**
> 당사자가 채무의 중요한 부분을 변경하는 계약을 한 때에는 구채무는 경개로 인하여 소멸한다.
>
> **제504조 (구채무불소멸의 경우)**
> 경개로 인한 신채무가 원인의 불법 또는 당사자가 알지 못한 사유로 인하여 성립되지 아니하거나 취소된 때에는 구채무는 소멸되지 아니한다.

1. 의 의

㈀ 경개는 기존계약을 변경하는 것으로 채무의 중요한 부분을 변경함으로써 신채무를 성립시키는 동시에 구채무를 소멸시키는 계약이다.

판례 민법 제500조 소정의 경개라 함은 기존채무의 중요부분을 변경하여 기존채무를 소멸케 하고 이와 동일성이 없는 새로운 채무를 성립시키는 계약이다. 따라서 기존채무와 관련하여 새로운 약정을 체결한 경우에 그러한 약정이 경개에 해당하는 것인지 아니면 단순히 기존채무의 변제기나 변제방법 등을 변경한 것인지는 당사자의 의사에 의하여 결정되고, 만약 당사자의 의사가 명백하지 아니할 때에는 의사해석의 문제로 귀착되는 것이다(대법원 2011.3.10. 선고 2010다86655 판결).

㈁ 이처럼 경개는 구채무에 관해서는 그를 소멸시키는 처분행위로서의 성격을 가지며, 신채무에 관해서는 새로운 채무를 부담하는 채무부담행위로서의 성격을 갖는다. 그리고 경개가 하나의 계약이라는 점에서 구채무의 소멸과 신채무의 성립사이에는 인과관계가 있다(제504조).

판례 〈경개로 인한 구채무의 소멸이 신채무의 성립에 의존하는지 여부(적극) 및 조건부 경개의 경우 구채무의 소멸과 신채무의 성립 자체가 조건의 성취 여부에 달려 있는지 여부(적극)〉 경개계약은 구채무를 소멸시키고 신채무를 성립시키는 처분행위로서 구채무의 소멸은 신채무의 성립에 의존하므로, 경개로 인한 신채무가 원인의 불법 또는 당사자가 알지 못한 사유로 인하여 성립하지 아니하거나 취소된 때에는 구채무는 소멸하지 않는 것이며(민법 제504조), 특히 경개계약에 조건이 붙어 있는 이른바 조건부 경개의 경우에는 구채무의 소멸과 신채무의 성립 자체가 그 조건의 성취 여부에 걸려 있게 된다(대판 2007.11.15, 2005다31316).

2. 담보적 기능

상계는 다른 채권자에 우선하여 자기의 채권을 회수할 수 있다는 점에서 채권에 대한 담보적 기능을 한다. 그러나 채무의 동일성을 변경하는 경개에 있어서는 담보적 기능이 없다.

3. 동일성 상실

1) 채권양도와 구별

경개에서는 구채무가 가지고 있던 항변권은 신채무에 수반되지 않는다. 즉 경개는 채권양도와는 달리 동일성이 상실되기 때문이다.

2) 준소비대차와 구별

준소비대차란 당사자들이 소비대차에 의하지 아니하고 금전 기타의 대체물을 지급할 의무가 있는 경우에 당사자가 그 목적물을 소비대차의 목적으로 할 것을 약정하는 경우인데(제605조 참조). 현실적인 자금의 수수 없이 형식적으로만 신규 대출을 하여 기존 채무를 변제하는 이른바 대환은 특별한 사정이 없는 한 형식적으로는 별도의 대출에 해당하나, 실질적으로는 기존 채무의 변제기 연장에 불과하므로, 그 법률적 성질은 기존 채무가 여전히 동일성을 유지한 채 존속하는 준소비대차로 보아야 하고, 이러한 경우 채권자와 보증인 사이에 사전에 신규 대출 형식에 의한 대환을 하는 경우 보증책임을 면하기로 약정하는 등의 특별한 사정이 없는 한 기존 채무에 대한 보증책임이 존속된다. 다만 기존 대출과 신규 대출은 그 대출과목, 대출원금, 이율 및 지연손해금률 등이 서로 다르고, 기존 대출의 이자채무 일부가 신규 대출의 원금으로 변경되기도 한 경우에는 기존채무를 확정적으로 소멸케 하고 신채무를 성립시키는 계약으로서 양 채무 사이에 동일성이 없는 경개에 해당한다(대판 2002.10.11. 2001다 7445).

4. 당사자변경

채무자변경에 의한 경개의 경우에는 채권자와 신채무자 사이의 계약으로 할 수 있다. 그러나 구채무자의 의사에 반하여 이를 하지 못한다(제501조). 그러나 채권자변경에 의한 경개의 경우에는 신·구채권자와 채무자가 3면 계약으로 해야 한다(이설 없음). 그 이유는 새로운 신채무성립에 채무자 없는 계약은 있을 수 없기 때문이다. 이러한 점이 채권양도와 구별된다.

5. 경개계약의 해제

1) 경개계약의 해제

통설·판례에 따르면 경개계약은 신채무의 성립과 구채무의 소멸로 그 효과가 완결되고 그 자체의 이행의 문제를 남기지 않기 때문에 신채무의 불이행을 이유로 경개계약을 해제할 수 없다고 한다.

판례 경개계약은 신채권을 성립시키고 구채권을 소멸시키는 처분행위로서 신채권이 성립되면 그 효과는 완결되고 경개계약 자체의 이행의 문제는 발생할 여지가 없으므로 경개에 의하여 성립된 신채무의 불이행을 이유로 경개계약을 해제할 수는 없다 할 것이나(대판 1980.11.11, 80다2050), 계약자유의 원칙상 경개계약의 성립 후에 그 계약을 합의해제하여 구채권을 부활시키는 것은 적어도 당사자 사이에서는 가능하다 할 것이다(대판 2003.2.11, 2002다62333).

2) 다수 당사자 사이에서 경개계약이 체결된 경우 일부 당사자 사이의 경개계약 합의해제의 효력여하(상대효)

계약자유의 원칙상 경개계약의 성립 후에 그 계약을 명시적이든 묵시적이든 합의해제하여 구채무를 부활시키는 것은 적어도 당사자 사이에서는 가능하다. 또한, 다수 당사자 사이에서 경개계약이 체결된 경우 일부 당사자만이 경개계약을 합의해제 하더라도 이를 무효라고 볼 수는 없고, 다만 그 효과가 경개계약을 해제하기로 합의한 당사자들에게만 미치는 것에 불과하다. 따라서 갑·을·병이 경개계약을 하고 난 후 갑과 을 사이에 그러한 약정을 해제하기로 한 합의가 유효하더라도 그 해제의 효력이 병에게 미칠 수 없다(대판 2010.7.29. 2010다699).

6. 경개와 담보존속문제

> **제505조 (신채무에의 담보이전)**
> 경개의 당사자는 구채무의 담보를 그 목적의 한도에서 신채무의 담보로 할 수 있다. 그러나 제3자가 제공한 담보는 그 승낙을 얻어야 한다.

민법 제505조(신채무에의 담보이전)는 "경개의 당사자는 구 채무의 담보를 그 목적의 한도에서 신 채무의 담보로 할 수 있다. 그러나 제3자가 제공한 담보는 그 승낙을 얻어야 한다."고 규정하고 있는바, 이 규정은 경개에 의하여 구 채무가 소멸하기 때문에 이에 따르는 인적·물적 담보 또한, 부종성의 원리에 따라 당연히 함께 소멸하고, 당사자가 신 채무에 관하여 저당권 등을 설정하기로 합의하여도 구 채무에 관하여 존재하던 저당권 등은 어차피 소멸하여 그 순위의 보전이 불가능하나, 이러한 결과가 많은 경우 당사자의 의도에 반하는 것인 점을 고려하여 당사자의 편의를 위하여 부종성에 대한 예외를 인정한 것으로서, 경개계약의 경우 구 채무에 관한 저당권 등이 신 채무에 이전되기 위하여는 당사자 사이에 그러한 뜻의 특약이 이루어져야 하지만, 반드시 명시적인 것을 필요로 하지는 않고, 묵시적인 합의로도 가능하다(대판 2002.10.11. 2001다7445).

X. 면 제

> **제506조 (면제의 요건·효과)**
> 채권자가 채무자에게 채무를 면제하는 의사를 표시한 때에는 채권은 소멸한다. 그러나 면제로써 정당한 이익을 가진 제3자에게 대항하지 못한다.

1. 의 의

면제는 일종의 처분행위로서 채권의 포기이다(단독행위). 따라서 면제는 채권의 처분행위로서 면제자에게 채권의 처분권한이 있어야만 한다.

판례 〈담보권자의 명의를 제3자로 한 경우의 그 권한〉 채권의 담보계약을 체결함에 있어서 담보권자의 명의를 제3자로 한 경우에는 그 담보명의자는 그 담보채권을 수령하고 그 담보권을 실행하는 등의 권한을 갖는 것이나, 특별한 수권이 없는 이상 그 피담보채권의 포기와 같은 담보계약상의 권리가 아닌 기존의 채권을 포기할 권한을 갖지 않는 것이므로 그의 채권포기의 의사표시는 무효라고 하고 있다(대판 1983.11.8, 82다카1948).

2. 채무소멸

면제에 의하여 채권 전부가 소멸하는 때에는 그에 수반하는 물적·인적 담보 및 그에 종된 권리도 소멸한다.

3. 면제의 의사표시

(1) 면제는 상대방 있는 단독행위이지만 채무자에게 불리할 것이 없어 이에 조건이나 기한을 붙일 수 있다.

(2) 면제는 처분행위이며, 채무의 존재를 전제로 하기 때문에 장래의 채무에 대한 면제는 허용되지 아니한다.

판례 〈검사 작성의 피의자신문조서 가운데 채무면제의 의사가 표시되어 있는 경우, 그 진술기재 부분이 채무면제의 처분문서에 해당하는지 여부(소극)〉 민법상 채무면제는 채권을 무상으로 소멸시키는 채권자의 채무자에 대한 단독행위이고 다만 계약에 의하여도 동일한 법률효과를 발생시킬 수 있는 것인 반면, 검사 작성의 피의자신문조서는 검사가 피의자를 신문하여 그 진술을 기재한 조서로서 피의자 진술은 어디까지나 검사를 상대로 이루어지는 것이므로 그 진술기재 가운데 채무면제의 의사가 표시되어 있다고 하더라도 그 부분이 곧바로 채무면제의 처분문서에 해당한다고 보기 어렵다(대판 1998.10.13, 98다17046).

XI. 혼 동

> **제507조 (혼동의 요건·효과)**
> 채권과 채무가 동일한 주체에 귀속한 때에는 채권은 소멸한다. 그러나 그 채권이 제3자의 권리의 목적인 때에는 그러하지 아니하다.

1. 일반론

(1) 의의 및 성질

채권·채무가 동일인에게 귀속되는 경우, 권리·의무관계를 간소화하는 제도가 혼동이다. 제507조의 혼동은 채권과 채무가 동일인에게 귀속하게 되는 '사건'이다.

(2) 법률관계의 간이

혼동에 의한 채권의 소멸을 인정하는 취지는 채권·채무가 동일인에게 귀속되는 경우, 권리·의무관계를 간소화하려는 것이므로 채권과 채무가 동일한 주체에 귀속되더라도 그 채권의 존속을 인정하여야 할 특별한 이유가 있는 때에는 그 채권은 혼동에 의하여 소멸하지 아니한다(대판 1995.7.14, 94다36698).

2. 관련문제

(1) 가등기에 기한 본등기청구권

부동산에 관한 소유권이전청구권보전을 위한 가등기 경료 이후에 다른 가압류등기가 경료되었고, 그 가등기에 기한 본등기 절차에 의하지 아니하고 별도로 가등기권자 명의의 소유권이 전등기가 경료되었다고 하여, 가등기권리자와 의무자 사이의 가등기 약정상의 채무의 본지에 따른 이행이 종료되었다고 할 수는 없으니, 특별한 사정이 없는 한, 가등기권자는 가등기의 무자에 대하여 그 가등기에 기한 본등기 절차의 이행을 구할 수도 있다(대판 1995.12.26, 95다 29888). <u>따라서 가등기에 기한 본등기청구권이 혼동으로 소멸되었다고 볼 수 없다.</u>

판례 〈**계약명의신탁과 가등기**〉 甲이 乙과의 합의하에 제3자로부터 토지를 乙의 이름으로 매수하여(계약명의신탁 유형) 매매대금을 완납하고 乙의 명의로 소유권이전등기를 경료한 다음, 乙에 대한 다른 채권자들이 그 토지에 대하여 압류, 가압류, 가처분을 하거나 乙이 甲의 승낙 없이 토지를 임의로 처분해 버릴 경우의 위험에 대비하기 위하여 甲 명의로 소유권이전등기청구권 보전을 위한 가등기를 경료한 사안이다. <u>한편 판례는 이러한 경우, "가등기를 경료하기로 하는 甲과 乙 사이의 약정 이 통정허위표시로서 무효라고 할 수는 없고, 나아가 甲과 乙 사이에 실제로 매매예약의 사실이 없었다고 하여 그 가등기가 무효가 되는 것도 아니다"라고 판시하였다</u>(대판 1995.12.26, 95다 29888).

(2) 주택임차권

(ㄱ) <u>주택임차인의 임대인지위승계와 혼동에 있어서, "임차주택의 양수인에게 대항할 수 있는 주택임차인이 당해 임차주택을 경락받아 그 대금을 납부함으로써 임차주택의 소유권을 취득한 때에는 그 주택임차인은 임대인의 지위를 승계하는 결과, 그 임대차계약에 기한 채권이</u> 혼동으로 인하여 소멸하게 되므로 그 임대차는 종료된 상태가 된다'고 하였다(대판 1998.9.25, 97다 28650).

(ㄴ) 한편 부동산에 대한 소유권과 임차권이 동일인에게 귀속하게 되는 경우 임차권은 혼동에 의하여 소멸하는 것이 원칙이지만, <u>그 임차권이 대항요건을 갖추고 있고 또한 그 대항요건을 갖춘 후에 저당권이 설정된 때에는 혼동으로 인한 물권소멸 원칙의 예외 규정인 민법 제191조 제1항 단서를 준용하여 임차권은 소멸하지 않는다</u>(대판 2001.5.15, 2000다12693).

(3) 보험금청구권문제

판례는 자동차손해배상보장법 제9조 제1항에 의한 피해자의 보험자에 대한 직접청구권이 수반되는 경우에는 그 직접청구권의 전제가 되는 자동차손해배상보장법 제3조에 의한 피해자의 운행자에 대한 손해배상청구권은 비록 위 손해배상청구권과 손해배상의무가 상속에 의하여 동일인에게 귀속되더라도 혼동에 의하여 소멸되지 않는다고 판시하였다(대판 2005.1.14, 2003다38573,38580).

관련사례 〔1〕甲은 남편과 사별하고 子 乙과 丙을 키우며 살았는데 乙의 운전부주의로 차량이 전복되면서 그 자동차에 동승하였던 乙과 丙은 모두 사망하였다. 그런데 위 차량은 자동차보험에 가입되어 있고 乙과 丙은 모두 미혼이었다. 이 경우 乙의 과실로 인한 사고라는 이유로 보험회사로부터 丙의 사망에 대한 보험금을 甲은 지급받을 수 있는가 ? (대판 1995.5.12, 93다48373)
〔2〕乙(남편이자 사망한 자의 父)은 甲(보험사)과의 사이에 乙소유의 소형화물차에 대하여 책임보험계약을 체결하였는데 乙의 처인 B가 보험기간 중 위 자동차에 아들인 C를 조수석에 태우고 운행하던 중 중앙선을 침범함으로 인하여 마주 오던 승용차와 충돌하는 사고를 냈고, 위 사고로 위 C가 사망한 경우, 乙은 책임보험금을 청구할 수 있는가? (대판 2003.1.10, 2000다41653, 41660).

해설

(a) **혼동의 취지** : 민법 제507조가 혼동을 채권소멸사유로 인정하는 것은 채권·채무가 동일주체에 귀속한 때에 채권·채무의 존속을 인정하여서는 안될 적극적인 이유가 있어서가 아니고, 그러한 경우에 채권·채무의 존속을 인정하는 것이 별다른 의미를 가지지 않기 때문에 채권·채무의 소멸을 인정함으로써 그 후의 권리·의무관계를 간소화하려는데 그 목적이 있는 것이라고 여겨지므로, 채권·채무가 동일주체에 귀속되더라도 그 채권의 존속을 인정하여야 할 특별한 이유가 있는 때에는 그 채권은 혼동에 의하여 소멸되지 아니하고 그대로 존속한다고 봄이 상당하다.

(b) **혼동의 예외** : 따라서 채권·채무가 동일인에게 귀속되는 경우라도 그 채권의 존재가 채권자 겸 채무자로 된 사람의 제3자에 대한 권리행사의 전제가 되는 관계로 채권존속을 인정하여야 할 정당한 이익이 있는 때에는 그 채권은 혼동에 의하여 소멸하는 것이 아니라고 봄이 상당하다.

(c) **가해자와 피해자가 서로 상속인이 되지 않는 경우(긍정)** : 교통사고를 일으킨 차량운행자가 자동차손해배상책임보험에 가입하였다면, 가해자가 피해자의 상속인이 되는 등의 특별한 경우를 제외하고는, 생존한 교통사고 피해자나 사망자의 상속인에게 책임보험에 의한 보험혜택을 부여하여 이들을 보호할 사회적 필요성이 있는 점은 다른 교통사고와 다를 바 없다. 따라서 위 〔1〕사안의 甲은 보험금을 청구할 수 있다.

(d) **서로 상속관계가 긍정되는 경우** : 이 경우에는 보험금청구가 제한된다. 즉 위 사안 〔2〕의 경우에는 피해자 C의 甲에 대한 직접청구권은 그의 사망으로 상속인 父(乙)와 母(B)에게 1/2지분씩 상속되었으므로 乙은 자신의 상속분에 한하여 직접청구권을 행사할 수 있다. 따라서 乙의 상속지분을 무시하고 소정의 한도액 전액의 범위 내에서 인정한다면 잘못이다. 즉 B는 이 사건 사고의 가해자로서 위 직접청구권의 전제가 되는 C(子)의 B에 대한 손해배상청구권과 B의 망인(C)에 대한 손해배상채무가 혼동으로 소멸하였으므로 자신의 상속분에 상응하는 직접청구권을 행사할 수 없게 된 것이다. 따라서 자신의 지분 1/2을 한도로 한다.

제4편 채권각칙

제1장 계약총칙

제1절 계약의 성립

I. 계약의 자유와 그 제한

1. 원 칙

(1) 의의

계약이란 광의로는 단독행위나 합동행위와 구별되는 개념으로서 일정한 법률효과의 발생을 목적으로 하는 당사자의 합의를 말한다. 예컨대 채권계약(채권의 발생을 목적으로 하는 합의)·물권계약(물권의 변동을 목적으로 하는 합의)·가족법상의 계약(친족법상의 합의) 등을 포함하는 넓은 개념이다. 협의로는 채권계약만을 의미한다. 보통 계약이라고 할 때에는 채권계약을 지칭하는 것이다. 이러한 계약 자유의 원칙은 계약체결(또는 상대방 선택)·내용결정·방식의 자유이다(계약해제의 자유가 포함되는 것은 아니다).

(2) 근거

계약이 효력을 가지는 이유는 적어도 당사자의 자유로운 의사에 따라 결정하였기 때문이고, 특히 법(질서)이 이에 대하여 승인을 하기 때문이라고 볼 수 있다.

2. 계약자유의 제한

(1) 계약자유제한의 시대적 배경

근대시민법의 원리(프랑스 혁명 후)에서는 계약의 자유가 강조되었다. 그러나 그러한 자유의 강조는 형식적 자유로서 부익부 빈익빈 현상을 가져와 프롤레타리아 혁명(1917년 러시아혁명)으로 위협에 부딪치게 되고, 서방국가는 사회적 복지국가 원리를 탄생시켰다. 경제적으로는 수정자본주의를 옹호하게 된다. 계약자유의 제한은 이러한 원리와 관계가 밀접하다. 우리 헌법상의 원리도 일방적인 자유가 아닌, 상호 공존할 수 있는 실질적 자유, 즉 공익과 약자를 위한 제한이 가능한 자유을 채택하고 있다(헌법 제23조·37조 등 참조).

(2) 구체적 내용

1) 계약체결 혹은 상대방선택의 자유제한

민법 제639조의 묵시적 갱신·지상물매수청구권(제283조·제285조)·전세권에서 매수청구권(제316조) 등이 계약체결을 강제한다고 볼 수 있다.

2) 내용결정의 자유제한

<u>계약자유의 침해가 주로 문제되는 곳이다.</u> 예컨대, ㉠ 민법 제103조·제104조·제607조·

제608조 등은 계약자유의 내용을 제한하는 것이다. 그리고 ⓛ 근로기준법에서는 <u>사용자는 근로계약의 불이행에 대하여 위약금을 정하고, 또는 ⓒ 손해배상액을 예정</u>(제398조)<u>하는 계약을 하여서는 안 된다는 규정을 두고 있다.</u>

3) 계약방식의 자유제한

민법상 계약은 원칙적으로 불요식·낙성계약이지만 특정한 방식을 요구하는 경우가 있다. ㉠ 유언에서 일정한 방식을 요구한다든지(제1060조 이하 참조), ㉡ 매매 등의 계약이 소유권이전등기의 신청에 있어서 등기원인인 때에는 <u>검인계약서를 제출토록 하는 것은 방식결정의 자유에 대한 제한으로 볼 수 있다.</u>

Ⅱ. 계약의 종류

1. 전형계약·비전형계약

민법 제3편 제2장에서 규정하는 14가지 종류의 계약을 전형계약이라 하고, 계약자유의 원칙상 전형계약 이외의 계약을 비전형계약이라고 한다. 오늘날 비전형계약의 중요성이 강조되고 있으며, 리스계약(후술)도 판례가 전형계약의 일종인 임대차의 법리를 그대로 적용할 수 없다는 입장이다.

2. 편무계약·쌍무계약

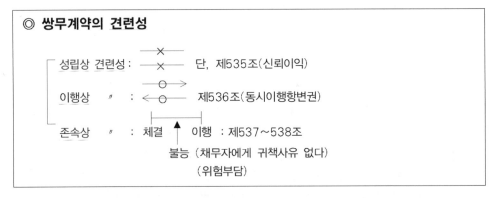

◎ 쌍무계약의 견련성

성립상 견련성 : 단, 제535조(신뢰이익)
이행상 〃 : 제536조(동시이행항변권)
존속상 〃 : 체결 이행 : 제537~538조
불능 (채무자에게 귀책사유 없다)
(위험부담)

(1) 의의

계약에 의하여 각 당사자가 서로 대가적인 의미를 가지는 채무를 부담하는가 여부에 따른 구별이다. 대가적 의미의 기준은 일정시점을 기준으로 하는데, 계약성립시기를 기준으로 생각하면 된다. 쌍무계약은 계약의 각 당사자가 서로 대가적 의미를 가지는 채무를 부담한다. 예컨대 매매·교환·임대차·고용·도급·조합·화해·이자부소비대차·유상위임·유상임치 등이 이에 해당한다. 편무계약은 당사자 일방만이 채무를 지거나, 또는 쌍방이 채무를 지더라도 그 채무가 서로 대가적 의미를 갖지 않는 때에는 편무계약이다. 예컨대, 증여·사용대차·현상광고·무이자소비대차·무상위임·무상임치가 이에 해당한다.

(2) 구별실익

쌍무계약과 편무계약의 구별실익은 쌍무계약은 양 채무가 서로 의존관계가 있기 때문에 각 채무가 성립·이행·존속상의 견련관계가 있다는 점이다. 따라서 동시이행의 항변권(제536조)·위험부담(제537조·538조) 등은 쌍무계약에서 문제된다(후술함).

3. 무상계약 · 유상계약

(1) 의의

계약의 쌍방 당사자가 서로 대가적 의미를 가지는 출연을 하는가 여부에 따른 구별이다. 즉, 일방 당사자의 경제적 손실이 그에 상응하는 이득으로 보상되는 계약이냐 여부이다. <u>이러한 유상·무상의 기준은 계약성립시부터 소멸시까지 전과정을 고찰한다</u>(일정시점을 기준으로 하는 쌍무·편무와 구별된다). <u>유상계약은 대가적 출연이 있고, 무상계약은 그렇지 않다.</u> 증여는 전형적인 편무·무상계약이다. 부담부증여는 어떠한가? 부담부증여도 수증자에게 일정한 부담(채무)을 지우지만, 서로가 대가적 의존관계에 있지 않기 때문에 유상계약이 아니다. 다만 부담의 한도에서는 유상성을 띠므로 그 부담의 한도에서 유상계약에 관한 규정이 준용되고(제559조 제2항), 쌍무계약에 관한 규정이 적용된다(제561조). 유상계약은 매매·교환·임대차·고용·도급·조합·화해·현상광고가 해당되고, 무상계약은 증여·사용대차가 있다. 현상광고(제675조 이하)는 일정시점을 기준으로 할 때, 일방만이 의무를 지기 때문에 편무계약이고, 계약의 성립과 소멸의 전과정을 볼 때, 쌍방 모두 재산의 출연이 있기 때문에 유상계약이다(통설).

(2) 구별실익

(ㄱ) 유상·무상계약의 구별 실익은 담보책임을 원칙적으로 지는가 여부이다. 유상계약의 경우에는 매매에 관한 규정이 준용된다(제567조). 담보책임이란 매매에서 매매목적물에 일정한 흠이 있을 때, 과실이 없는 경우에도 매도인이 지는 책임을 말한다(제570조 이하).

(ㄴ) 유상계약의 경우에는 추상적 과실이 채무자의 과실을 판단하는 기준이라면 무상계약의 경우에는 구체적 과실이 그 기준이 된다(제695조 참조). 다만 <u>무상의 「위임」 계약의 경우에는 예외이다</u>(제681조).

> **Tip**
>
> ◎ 쌍무·편무계약을 구별하는 실익은 쌍무계약에서는 동시이행의 항변권·위험부담의 문제가 생긴다는 점이다(쌍무계약의 견련성). 그리고 <u>쌍무계약은 모두 유상계약</u>이며, 편무계약도 그 급부를 실현하는 대가적으로 출연을 하는 경우는 유상계약이 될 수 있다(예 : 제675조 현상광고). 한편 <u>담보책임은 원칙적으로 유상계약에만</u> 인정된다.

4. 낙성계약 · 요물계약

(1) 의의

당사자의 합의만으로 계약이 성립하는 경우를 낙성계약이라 하고, 합의 외에 물건의 인도 또는 기타의 급부를 성립요건으로 하는 계약을 요물계약이라 한다.

(2) 문제되는 경우

다수설 또는 판례에 따라 요물계약인 경우는 해약금계약(제565조) · 임대보증금계약 · 현상광고계약(제675조) · 대물변제(제466조) 등이 있다.

5. 계속적 계약 · 일시적 계약

이것은 급부의 실현이 시간적 계속성을 갖는가 여부에 따른 구별이다. 양자의 구별실익은 계약을 소멸시키고자 할 때 해지냐 해제냐, 채권양도 · 채무인수가 제한되느냐, 사정변경의 원칙의 적용이 강하게 적용되는가 등이다. 계속적 계약(예컨대 임대차)은 계약이 이행된 후에는 해제가 아닌 해지가, 당사자의 신뢰가 중시되기 때문에 채권양도 · 채무인수 등의 제한이 강하고(제629조 참조), 사정변경의 원칙이 강하게 적용된다고 볼 수 있다.

6. 본계약 · 예약

(1) 의의

당사자 사이에서 장차 본계약을 체결할 의무(채무)를 발생케 하는 계약을 예약이라 하고, 이 예약에 기초하여 체결되는 계약을 본계약이라고 한다. 예약의 형태에는 편무예약 · 쌍무예약이 있고, 한편 일방예약 · 쌍방예약도 있다. 민법은 당사자의 의사가 명확하지 않은 경우에는 매매 및 유상계약에 있어서는 일방예약으로 추정하고 있다(제564조 · 567조).

(2) 구체적 예

이처럼 당사자가 어떠한 계약의 체결을 의도하고 있기는 하나 곧 계약의 효력을 발생시킬 수 없거나 또는 발생시키는 것을 원하지 않는 경우, 예약을 해 둠으로써 장래의 계약을 확보해 둘 수 있다. 예를 들어 본다면, "乙은 甲아파트건설업자의 분양광고를 보고 청약보증금을 전체분양가 10분의 1을 내고 청약하였다. 甲은 청약기간이 만료한 후 그 청약자 중에 계약당사자가 될 자격자를 추첨에 의해 선별하기로 하였다. 乙은 그 후 자격자로 당첨되어 추첨 후 1개월 내에 아파트분양계약(본계약)을 체결해야 하게 되었다"고 했을 때, 청약보증금계약이 이에 해당할 수 있다.

Ⅲ. 계약의 성립

1. 계약이 성립되기 위한 요건

계약이 성립하기 위하여는 주관적으로 당사자가 일치하여야 하고, 당사자의 서로 대립하는 수개의 의사표시의 객관적 합치가 필요하다. <u>객관적 합치가 있다고 하기 위하여는 당사자의 의사표시에 나타나 있는 사항에 관하여는 모두 일치하고 있어야 하는 한편, 계약내용의 중요한 점 및 계약의 객관적 요소는 아니더라도 특히 당사자가 그것에 중대한 의의를 두고 계약성립의 요건으로 할 의사를 표시한 때에는 이에 관하여 합치가 있어야 계약이 적법·유효하게 성립한다</u>(대판 2003.4.11, 2001다53059). 구체적으로 살펴보기로 한다.

(1) **청약 · 승낙**

1) 청약은 그에 응하는 승낙만 있으면 곧 계약이 성립하는 구체적·확정적 의사표시여야 한다. 청약의 의사표시는 상대방 있는 의사표시이지만, 반드시 청약 당시 상대방이 특정되어 있을 필요는 없고 승낙과 합치되는 순간 상대방이 확정되면 충분하다. 반면 승낙은 특정된 상대방에게 하여야 한다. 청약과 구별하여야 할 것이 '청약의 유인'이다. 청약의 유인은 청약이 아니며, 청약의 유인을 한 자가 상대방으로부터 청약을 받아 승낙을 하여야 계약이 체결되는 것이다.

판례 ㉠ **〈상가분양광고〉** 상가를 분양하면서 그 곳에 첨단 오락타운을 조성·운영하고 전문경영인에 의한 위탁경영을 통하여 분양계약자들에게 일정액 이상의 수익을 보장한다는 광고를 하고, 분양계약 체결시 이러한 광고내용을 계약상대방에게 설명하였더라도, 체결된 분양계약서에는 이러한 내용이 기재되지 않은 점과, 그 후의 위 상가 임대운영경위 등에 비추어 볼 때, 위와 같은 광고 및 분양계약 체결시의 설명은 <u>청약의 유인에 불과할 뿐 상가 분양계약의 내용으로 되었다고 볼 수 없고, 따라서 분양 회사는 위 상가를 첨단 오락타운으로 조성·운영하거나 일정한 수익을 보장할 의무를 부담하지 않는다</u>(대판 2001.5.29, 99다55601·55618).
㉡ **〈아파트분양광고의 성질〉** 아파트 분양광고 내용의 일반적 법적 성질은 청약의 유인이나 분양광고의 내용 중 분양자와 수분양자 사이에 이를 분양계약의 내용으로 하기로 하는 묵시적 합의가 있었다고 볼 수 있는 경우 아파트 분양광고의 내용 중 아파트의 외형·재질 등에 관한 것과 부대시설에 준하는 것으로서 분양자가 이행 가능한 것은 분양계약의 내용이 된다(대판 2007.6.1, 2005다5812·5829·5836). 즉 광고 내용 중 도로확장 등 아파트의 외형·재질과 관계가 없을 뿐만 아니라 사회통념에 비추어 보더라도 수분양자들 입장에서 분양자가 그 광고 내용을 이행한다고 기대할 수 없는 것은 그 광고 내용이 그대로 분양계약의 내용을 이룬다고 볼 수 없지만, 이와 달리 온천 광고, 바닥재(원목마루) 광고, 유실수단지 광고 및 테마공원 광고는 아파트의 외형·재질 등에 관한 것으로서, 콘도회원권 광고는 아파트에 관한 것은 아니지만 부대시설에 준하는 것이고 또한 이행 가능하다는 점에서, 각 분양계약의 내용이 된다.

2) 명예퇴직 신청은 청약이나 명예퇴직 신청을 승인하여야 그 후 임의로 철회할 수 없는 것이고, 그 전에는 철회할 수 있다(대판 2003.4.25. 2002다11458). 이러한 청약의 철회가 가능한 이유는 비록 감원대상자 선정과정에서 제1순위로 선정되었다고 하더라도, 본인의 의사에 반한 해고를 강요당하지 아니할 권리가 있기 때문이다(대판2003.6.27, 2003다1632).

판례 〈명예퇴직신청의 법적 성질 및 명예퇴직 신청 후 사용자의 승낙이 있기 전에 근로자가 임의로 그 의사표시를 철회할 수 있는지 여부(적극)〉 명예퇴직은 근로자가 명예퇴직의 신청(청약)을 하면 사용자가 요건을 심사한 후 이를 승인(승낙)함으로써 합의에 의하여 근로관계를 종료시키는 것으로, 명예퇴직의 신청은 근로계약에 대한 합의해지의 청약에 불과하여 이에 대한 사용자의 승낙이 있어 근로계약이 합의해지되기 전에는 근로자가 임의로 그 청약의 의사표시를 철회할 수 있다(대판 2003.4.25, 2002다11458).

(2) 청약의 구속력

> **제527조(계약의 청약의 구속력)**
> 계약의 청약은 이를 철회하지 못한다.

1) 청약의 의사표시는 상대방에 <u>도달한 때부터</u> 효력이 생기고(제111조 제1항), 일단 효력이 생긴 후에는 청약자가 그를 철회하지 못한다(제527조). 청약을 믿고 준비행위를 할 상대방에게 부당한 손해를 줄 염려가 있기 때문에 청약이 <u>도달한 후</u>에는 철회할 수 없게 한 것이다. 그리고 민법 제527조가 강행규정이냐, 임의규정인가에 논란이 있으나, 이를 임의규정으로 해석하여 원칙적으로 철회권을 유보할 수 있다고 새긴다.

2) 청약자가 그 통지를 발한 후, 그것이 상대방에게 도달하기 전에, 사망하거나 행위능력을 상실하여도 청약의 효력에는 영향이 없다(제111조 제2항). 청약자가 아니라 그 상대방이 청약의 도달 전에, 능력을 상실한 경우에는 수령능력의 문제로 되고(제112조 참조), 사망한 때에는 그 청약의 내용이 그 상대방의 상속인이 승계할 성질의 것이냐에 따라 결정하게 된다.

(3) 승낙기간을 정한 계약의 청약문제

> **제528조(승낙기간을 정한 계약의 청약)**
> ① 승낙의 기간을 정한 계약의 청약은 청약자가 그 기간내에 승낙의 통지를 받지 못한 때에는 그 효력을 잃는다.
> ② 승낙의 통지가 전항의 기간후에 도달한 경우에 보통 그 기간내에 도달할 수 있는 발송인 때에는 청약자는 지체없이 상대방에게 그 연착의 통지를 하여야 한다. 그러나 그 도달전에 지연의 통지를 발송한 때에는 그러하지 아니하다.
> ③ 청약자가 전항의 통지를 하지 아니한 때에는 승낙의 통지는 연착되지 아니한 것으로 본다.
> **제529조 (승낙기간을 정하지 아니한 계약의 청약)**
> 승낙의 기간을 정하지 아니한 계약의 청약은 청약자가 상당한 기간내에 승낙의 통지를 받지 못한 때에는 그 (청약은) 효력을 잃는다.

1) 청약의 존속기간(승낙적격)

승낙은 청약이 그 효력을 갖고 있는 때, 즉 청약의 존속기간 내에 이루어져야 승낙으로서 효력을 발생한다. 이것을 승낙적격이라 한다. 청약자가 승낙기간을 정한 때에는 그 기간이고(제528조 제1항), 승낙기간을 정하지 않은 경우에는 계약을 성립시키는 데 소요되는 상당한 기간이다(제529조). 원칙적으로 승낙은 승낙기간이 있으면 그 승낙기간 내에 청약자에게 도달하여야만 한다(제528조 제1항). 승낙의 기간을 정한 계약의 청약에 대해 승낙의 통지가 그 기간 후에 도달하였다면 원칙적으로 <u>청약은 그 효력을 잃는다.</u>

2) 승낙간주의 청약(청약수령자의 지위)

청약자가 미리 정한 기간 내에 상대방이 이의를 하지 아니하면 승낙한 것으로 간주한다는 뜻을 청약시에 표시하였다고 하더라도 이는 상대방을 구속하지 아니하고 그 기간은 경우에 따라 단지 승낙기간을 정하는 의미를 가질 수 있을 뿐이므로 그 기간이 도과하면 청약이 실효되게 된다(대판 1999.1.29, 98다48903).

판례 〈확정매도신청(Firm Offer) 형식의 거래제의문상의 유효기간을 58분 경과한 후 승낙의 의사표시가 있는 경우 청약의 효력이 상실되었다고 본 사례〉 유효기간을 1990.8.8. 18:00까지로 하는 청약의 취지가 담긴 상품거래제의문을 교부받은 일방 당사자가 같은 날 18:00를 58분 경과한 18:58에 그 거래제의문에 의한 청약을 아무런 수정 없이 승낙한다는 취지에서 상품매매기본계약서를 타방 당사자에게 교부한 경우, 그 유효기간으로 기재된 18:00는 청약의 효력이 유지되는 최종시점이며 그 시각이 경과하면 거래제의문에 의한 청약은 그 효력이 상실된다(대판 1994.8.12. 92다23537).

(4) 의사실현에 의한 계약성립

> **제532조(의사실현에 의한 계약성립)**
> 청약자의 의사표시나 관습에 의하여 승낙의 통지가 필요하지 아니한 경우에는 계약은 승낙의 의사표시로 인정되는 사실이 있는 때에 성립한다.

의사실현으로 인정되는 사실이 발생한 때에 계약은 성립하며, 청약자가 그러한 사실을 알고 있을 것을 요건으로 하지 않는다. 즉 일정한 사실행위도 승낙의 의사표시로 인정되어 계약을 성립시킬 수 있다. 예컨대, 서점에서 신간서적을 보내 오면 그 중에서 필요한 책을 사기로 하고서 보내온 책에 이름을 적는 경우 그 때에 매매계약이 성립한 것으로 된다는 것이다.

판례 〈예금계약의 성립시점〉 예금계약은 예금자가 예금의 의사를 표시하면서 금융기관에 돈을 제공하고 금융기관이 그 의사에 따라 그 돈을 받아 확인을 하면 그로써 성립하며, 금융기관의 직원이 그 받은 돈을 금융기관에 입금하지 아니하고 이를 횡령하였다고 하더라도 예금계약의 성립에는 아무런 영향이 없다(대판 1996.1.26, 95다26919)

(5) 연착된 승낙과 변경을 가한 승낙

> **제530조 (연착된 승낙의 효력)**
> 전2조의 경우(승낙의 기간을 정한 경우와 정하지 않은 경우)에 연착된 승낙은 청약자가 이를 새 청약으로 볼 수 있다.
> **제533조 (교차청약)**
> 당사자간에 동일한 내용의 청약이 상호교차된 경우에는 양청약이 상대방에게 도달한 때에 계약이 성립한다.
> **제534조(변경을 가한 승낙)**
> 승낙자가 청약에 대하여 조건을 붙이거나 변경을 가하여 승낙한 때에는 그 청약의 거절과 동시에 새로 청약한 것으로 본다.

1) 보통 연착된 승낙은 새 청약으로 볼 수 있다. 따라서 청약자가 다시 승낙을 하여야 계약이 체결된다(제530조).

2) 매도인의 청약에 대하여 매수인이 조건을 붙여 승낙하였다면 매도인의 청약은 실효된다.

그리고 그 승낙은 새로운 청약이 되는 것이다. 예컨대, 10만원에 팔겠다는 A의 청약에 대해 B가 8만원이면 사겠다고 하였는데 이에 대해 A가 응하지 않자 B가 처음대로 10만원에 사겠다고 한 경우라도 10만원에 매매계약이 체결된 것으로 되지 않는다. 즉 제534조 변경을 가한 승낙으로 최초의 청약이 거절된 것으로 다루기 때문에 변경을 가한 승낙에 대하여 청약자가 다시 승낙을 하여야 계약이 성립할 수 있다.

판례 〈변경을 가한 승낙〉 매매계약당사자 중 매도인이 매수인에게 매매계약의 합의해제를 청약하였다고 할지라도, 매수인이 그 청약에 대하여 조건을 붙이거나 변경을 가하여 승낙한 때에는 민법 제534조의 규정에 비추어 그 청약의 거절과 동시에 새로 청약한 것으로 보게 되는 것이고, 그로 인하여 종전의 매도인의 청약은 실효된다 할 것이다(대판 2009.2.12, 2008다71926 ; 대판 2002.4.12, 2000다17834).

3) 교차청약은 당사자간에 동일한 내용의 청약이 상호교차된 경우로서 상대방 있는 의사표시인 청약이 모두 도달한 때 계약이 성립한다(도달주의원칙-제111조 이하). 즉 마지막 청약이 도달한 때 계약이 성립한다는 것이다(제533조 참조).

(6) 격지자간의 계약성립

제531조(격지자간의 계약성립시기)
격지자간의 계약은 승낙의 통지를 발송한 때에 성립한다.

우리 민법상 청약의 효력발생시기에 관해서는 명문의 규정이 없다. 따라서 의사표시의 효력발생시기에 관한 일반규정(제111조 제1항)이 적용되므로 원칙적으로 도달에 의해 효력이 발생한다. 반면 승낙의 효력은 언제 발생하는가에 대하여, 특히 격지자간의 계약과 관련하여 논란이 있다.

1) 해제조건설(통설적 견해)

민법이 계약의 성립에 관하여 특히 발신주의를 취한 취지를 최대한으로 관철하자는 의미에서 승낙의 통지를 발송한 때에 계약은 즉시 성립하되, 다만 그 통지가 청약의 존속기간 내, 즉 기간이 정해진 경우는 그 기간 내 그렇지 않으면 상당한 기간 내 도달하지 않은 경우에는 계약이 성립되지 않은 것으로 본다. 즉 승낙과 동시에 계약은 성립되고 승낙의 부도달을 해제조건으로 한다는 것이다. 따라서 통설적 견해인 「해제조건설」에 따르면 승낙의 발신으로 이미 계약은 성립하고, 발신으로 이제는 청약을 철회할 수 없다(제527조 참조).

2) 정지조건설(소수설)

정지조건설은 승낙의 효력은 그 의사표시가 청약자에게 도달한 때에 발생하며, 다만 승낙의 도달을 정지조건으로 그 효력이 승낙통지를 발송한 때에 소급하여 청약과 결합하여 계약을 성립하게 한다는 견해이다. 위의 학설의 대립은 계약의 성립시기에 대하여는 차이가 없다. 다만 무엇을 조건으로 하느냐 하는 차이이다.

2. 계약서에 의해 계약을 체결하였으나 계약으로 인한 법률효과를 제대로 알지 못한 경우 계약의 효력

계약의 성립을 위한 의사표시의 객관적 합치 여부를 판단함에 있어, 처분문서인 계약서가 있는 경우에는 특별한 사정이 없는 한 계약서에 기재된 대로의 의사표시의 존재 및 내용을 인정하여야 하고, 계약을 체결함에 있어 당해 계약으로 인한 법률효과에 관하여 제대로 알지 못하였다 하더라도 이는 계약체결에 관한 의사표시의 착오의 문제가 될 뿐이다(대판 2009.4.23, 2008다96291,96307).

3. 사실적 계약관계론

(1) 의의

사실적 계약관계론은 당사자의 사실상의 행위만으로 계약이 성립한다는 이론이다. 즉 사실적 계약관계론은 생존배려적 급부행위와 관련하여 발전된 이론이다.

(2) 실익

이러한 이론을 긍정한다면, 의사표시와 행위능력에 관한 규정은 사실적 계약관계에 적용되지 않는다고 한다(전통적 계약법체계가 무시됨). 아무튼 사실적 계약론을 긍정하는 설에 따르면 계약의 성립을 명시적으로 거절하더라도 '사회정형적' 형태가 존재하기만 하면 계약의 성립을 인정할 수 있다고 본다.

〈사실적 계약관계 인정여부에 따른 차이점〉

	민법의 의사표시규정	제한능력자보호 규정	당사자 일방이 계약성립의 승낙을 명시적으로 거절할 때
인정할 경우	적용배제	적용안됨	사회정형적 행위가 존재하는 한 계약관계성립에 영향 없음
인정하지 않을 경우	적 용	적 용	행위와 모순되는 이의의 주장이 금지됨

(3) 판례검토

아래의 판결내용을 두고 일부견해는 판례가 사실적 계약관계를 긍정하고 있다는 견해와 그렇지 않고 계약의 성질이나 법률관계의 특수성 때문에 그러하다는 견해 등이 있다.

판례 〈사실적 계약관계〉 "조합이 사업을 개시하고 제3자와의 사이에 계약관계가 이루어지고 난 다음에는, 조합계약체결 당시의 그 의사표시의 하자를 이유로 취소하여 조합성립 전으로 환원시킬 수 없다"고 한 판결을 사실적 계약관계로 이해하는 견해도 있다(대판 1972.4.25, 71다1833).

Ⅳ. 약관에 의한 계약성립

1. 약관의 계약으로의 편입

(1) 약관의 의의

약관이란 다수의 상대방과 계약을 체결하기 위하여 일방당사자에 의해 사전작성된 계약의 조항을 말한다(부합계약). 따라서 구체적인 계약에서 일방 당사자와 상대방 사이에 교섭이 이루어져 계약의 내용으로 된 조항은 작성상의 일방성이 없으므로 약관의 규제에 관한 법률의 규제 대상인 약관에는 해당하지 않는다고 할 것이다(대판 2008.2.1, 2005다74863).

판례 ㉠ 따라서 단순히 1회의 계약체결을 위한 것이라거나 다수의 상대방에게 동일한 내용이 아닌 것, 개별적인 흥정을 거친 것이라면 약관이 될 수 없다(대판 1999. 98다41964). ㉡ 다수계약을 위해 미리 정형화된 계약조건이 아닌 것, 즉 건설회사가 상가 및 그 부지를 특정인에게만 매도하기로 하는 내용의 상가매매계약서(대판 1999.7.9, 98다13754), 계약의 모범으로 삼기 위한 '서식' 등은 약관이 아니다.

(2) 약관구속력의 근거

약관의 법적 성질에 관해서는 약관규제법 제정 이전에 규범설과 계약설로 대립하였으나, 현재는 실정법과 학설·판례가 계약설을 채택하고 있다고 볼 수 있다. 약관규제법도 약관의 법적 성질을 근본적으로 계약이라는 관점에서 다루고 있다.

(3) 약관의 계약에의 편입

약관규제법이 계약설적 입장을 채택하였다면, 약관은 언제 비로소 계약으로 편입되는 것인가? 사업자가 약관의 내용을 명시하고 중요한 내용을 설명하면 계약의 내용을 구성하는 것으로 한다(제3조). 약관의 규제에 관한 법률 제3조 제2항이 규정하는 약관의 '중요한 내용'이라 함은 '고객의 이해관계에 중대한 영향을 미치는 사항으로서 사회통념상 그 사항의 지·부지가 계약 체결 여부에 영향을 미칠 수 있는 사항'을 말한다(대판 2007.8.23, 2005다59475).

> **약관규제법 제3조(약관의 작성 및 설명의무 등)**
> ① 사업자는 고객이 약관의 내용을 쉽게 알 수 있도록 한글로 작성하고, 표준화·체계화된 용어를 사용하며, 약관의 중요한 내용을 부호, 색채, 굵고 큰 문자 등으로 명확하게 표시하여 알아보기 쉽게 약관을 작성하여야 한다. 〈개정 2011.3.29〉
> ② 사업자는 계약을 체결할 때에는 고객에게 약관의 내용을 계약의 종류에 따라 일반적으로 예상되는 방법으로 분명하게 밝히고, 고객이 요구할 경우 그 약관의 사본을 고객에게 내주어 고객이 약관의 내용을 알 수 있게 하여야 한다. 다만, 다음 각 호의 어느 하나에 해당하는 업종의 약관에 대하여는 그러하지 아니하다. 〈개정 2011.3.29〉
> 1. 여객운송업 2. 전기·가스 및 수도사업 3. 우편업 4. 공중전화 서비스 제공 통신업
> ③ 사업자는 약관에 정하여져 있는 중요한 내용을 고객이 이해할 수 있도록 설명하여야 한다. 다만, 계약의 성질상 설명하는 것이 현저하게 곤란한 경우에는 그러하지 아니하다.
> ④ 사업자가 제2항 및 제3항을 위반하여 계약을 체결한 경우에는 해당 약관을 계약의 내용으로 주장할 수 없다.

판례 〈약관의 명시·설명의무의 범위〉 ㉠ 보험약관에 정하여진 사항이라고 하더라도 거래상 일반적이고 공통된 것이어서 보험계약자가 별도의 설명 없이도 충분히 예상할 수 있었던 사항이거나 이미 법령에 의하여 정하여진 것을 되풀이하거나 부연하는 정도에 불과한 사항이라면 그러한 사항에 대하여서까지 보험자에게 명시·설명의무가 인정된다고 할 수 없다(대판 1998.11.27, 98다32564). ㉡ 보험계약체결 후에 보험자가 약관을 우송하면서 주운전자고지제도에 대한 안내문을 동봉한 것만으로는 약관설명의무를 이행한 것으로 볼 수 없다(대판 1997.9.26, 97다4494).

(4) 약관의 설명의무 위반의 효과

사업자가 약관의 중요사항을 설명하지 않은 경우에는 계약의 성립에 따른 약관의 내용을 상대방에게 주장할 수 없다. 예컨대, 보험자가 약관설명의무를 위반한 경우는 보험계약자의 고지의무위반을 이유로 보험계약을 해지할 수 없다.

판례 ㉠ 은행거래약관에서 예금채권에 관한 양도금지특약을 정하고 있는 경우, 이러한 특약은 예금주의 이해관계와 밀접하게 관련되어 있는 중요한 내용에 해당하므로 은행으로서는 고객과 예금계약을 체결함에 있어서 이러한 약관의 내용에 대하여 구체적이고 상세한 명시·설명의무를 지게 된다(대판 1998. 11. 10, 98다20059). ㉡ 피보험자동차의 양도에 관한 통지의무를 규정한 보험약관은 거래상 일반인들이 보험자의 개별적인 설명 없이도 충분히 예상할 수 있었던 사항인 점 등에 비추어 보험자의 개별적인 명시·설명의무의 대상이 되지 않는다(대판 2007.4.27, 2006다87453). ㉢ 투자신탁회사 임직원이 고객에 대한 설명의무를 하는데 있어 투자신탁설명서나 약관 등을 직접 제시하거나 교부하지 아니하고 상품안내서 등의 교부를 통하여 개략적인 정보를 제공하였다고 하여 위 설명의무를 위반하였다고 단정할 수 없다(대판 2006.5.11, 2003다51057).

(5) 사안검토

관련사례	甲은 구입한 트럭에 대해 乙보험회사와 자동차종합보험계약을 체결하였고, 그에 따라 통상의 트럭에 해당하는 보험료를 지급하였다. 그런데 甲은 그 트럭에 기중기를 장착하여 영업을 하였고, 그 위험의 증가원인은 甲이 乙에게 통지를 하여야 함에도 통지하지 않았고(상법위반), 乙은 약관의 중요사항을 제대로 설명하지 않았다(약관규제법위반). 그 후 보험사고가 발생하자 乙은 보험약관을 근거로 보험계약을 해지하였다. 이는 타당한 권리주장인가?
해설	보험약관에 정하여진 사항이라도 그것이 법령에 정하여진 내용(상법 제652조 위험변경증가의 통지와 계약해지)인 때에는 보험자에게 명시·설명의무가 부과되지는 않는 것으로 보아 보험계약의 해지를 인정하였다(대판 1998.11.27, 98다32564). 즉 이러한 위험증가 사실의 통지의무는 상법 제652조 제1항에서 규정하고 있는 통지의무를 되풀이하는 것에 불과하여 이에 관하여 보험자가 보험계약자에게 별도로 설명할 의무가 있다고 볼 수 없다(대판 2011.7.28, 2011다23743,23750 판결)

2. 약관의 해석문제

약관의 해석은 신의칙에 따라 합리적으로 해석함을 기본으로 한다. 그 내용을 구체적으로 살펴본다.

(1) 약관의 통일적(객관적) 해석의 원칙

보통거래약관의 내용은 개개 계약체결자의 의사나 구체적인 사정을 고려함이 없이 평균적 고객의 이해 가능성을 기준으로 하되, 보험단체 전체의 이해관계를 고려하여 객관적·획일적으로 해석하여야 한다(대판 2011.3.24, 2010다94021; 대판 1996.6.25, 95다12009).

(2) 약관의 수정해석

보통거래약관의 작성이 아무리 사적자치의 영역에 속하는 것이라고 하여도 위와 같은 행위원칙에 반하는 약관조항은 사적자치의 한계를 벗어나는 것으로서 법원에 의한 내용통제, 즉 수정해석의 대상이 되는 것은 당연하며, 이러한 수정해석은 조항전체가 무효사유에 해당하는 경우뿐만 아니라 조항 일부가 무효사유에 해당하고 그 무효부분을 추출배제하여 잔존부분만으로 유효하게 존속시킬 수 있는 경우에도 가능하다〔대판(전합) 1991.12.24, 90다카23899〕.

(3) 예문해석 긍정

당사자가 합의한 내용을 법원이 당사자를 구속하지 않는 예문으로 보고 무시하는 해석이다.

(4) 축소해석

축소해석의 원칙은, 고객의 권리를 제한하는 약관조항은 좁게 해석하여야 한다는 해석법리로서, 특히 이 해석원칙에 의하여 고객에게 불리한 사업자의 면책조항, 하자담보책임 제한조항, 보험급부 면책조항 등의 적용범위를 축소함으로써 고객을 보호할 수 있다. 즉 그 계약의 내용이 당사자 일방이 작성한 약관의 내용으로서 상대방의 법률상의 지위에 중대한 영향을 미치게 되는 경우에는 구 약관의 규제에 관한 법률의 규정 취지에 비추어 더욱 엄격하게 해석하여야 한다(대판 2011.4.28, 2010다106337).

(5) 개별약정우선의 원칙

1) 당사자간 개별약정은 약관조항에 우선한다는 원칙이다(대판 2001.3.9, 2000다67235). 즉 계약의 일방 당사자가 다수의 상대방과 계약을 체결하기 위해서 일정한 형식에 의하여 미리 계약서를 마련하여 두었다가 어느 한 상대방에게 이를 제시하여 계약을 체결하는 경우에도 그 상대방과 사이에 특정 조항에 관하여 개별적인 교섭(또는 흥정)을 거침으로써 상대방이 자신의 이익을 조정할 기회를 가졌다면, 그 특정 조항은 약관의 규제에 관한 법률의 규율 대상이 아닌 개별약정이 된다고 보아야 한다(대판 2010.9.9, 2009다105383).

2) 한편 약관 조항이 당사자 사이의 합의에 의하여 개별약정으로 되었다는 사실은 이를 주장하는 사업자 측에서 증명하여야 한다(대판 2010.9.9, 2009다105383).

(6) 작성자 불이익원칙

약관의 내용이 불분명한 경우 사업자(약관작성자)에게 불리하게 해석한다.

판례 〈약관의 해석에서 작성자 불이익의 원칙〉 약관의 해석은, 신의성실의 원칙에 따라 당해 약관의 목적과 취지를 고려하여 공정하고 합리적으로 해석하되, 개개 계약 당사자가 기도한 목적이나 의사를 참작함이 없이 평균적 고객의 이해가능성을 기준으로 객관적·획일적으로 해석하여야 하며, 위와 같은 해석을 거친 후에도 약관 조항이 객관적으로 다의적으로 해석되고 그 각각의 해석이 합리성이 있는 등 당해 약관의 뜻이 명백하지 아니한 경우에는 고객에게 유리하게 해석하여야 하나, 당해 약관의 목적과 취지를 고려하여 공정하고 합리적으로, <u>그리고 평균적 고객의 이해가능성을 기준으로 객관적이고 획일적으로 해석한 결과 그 약관 조항이 일의적으로 해석된다면 그 약관 조항을 고객에게 유리하게 제한 해석할 여지가 없다</u>(대판 2010.9.9. 2007다5120).

3. 약관의 불공정조항에 대한 약관규제법상의 규제

(1) 불공정조항의 무효

1) 신의성실원칙(일반원칙)

신의성실의 원칙에 반하여 공정을 잃은 약관조항은 무효이다(동법 제6조1 항). 신의성실원칙은 계약내용의 공정성판단의 가장 기준이 되는 원칙이다. 어떠한 약관조항이 고객의 입장에서 예상하기 어려운 것인 때에는 불공정한 조항으로 추정된다(동법 제6조 제2항 제2호).

판례 보험약관은 신의성실의 원칙에 따라 당해 약관의 목적과 취지를 고려하여 공정하고 합리적으로 해석하되, 개개의 계약당사자가 기도한 목적이나 의사를 참작함이 없이 평균적 고객의 이해가능성을 기준으로 보험단체 전체의 이해관계를 고려하여 객관적·획일적으로 해석하여야 한다(대판 2010.11.25. 2010다45777).

2) 면책조항의 금지

(가) 절대적 무효조항의 예

사업자·이행보조자 또는 피용자의 고의 또는 중대한 과실로 인한 법률상의 책임을 배제하는 조항은 무효이다(동법 제7조 제1호). 이는 채무불이행책임이나 불법행위책임의 발생 자체를 약관에 의해 배제하는 것을 금지하고자 한다. 그러한 내용의 조항은 언제나 무효로 되므로 그를 '절대적 무효조항'이라 한다.

(나) 상대적 무효조항의 예

상당한 이유 없이 사업자의 손해배상범위를 제한하거나 사업자가 부담하여야 할 위험을 고객에게 이전시키는 조항은 무효이다(동법 제7조 제2호). 상당한 이유가 있는 경우에는 그러한 조항도 허용되므로 그를 가리켜 '상대적 무효조항'이라 한다. 그리고 상당한 이유 없이 사업자의 담보책임을 배제 또는 제한하거나 그 담보책임에 따르는 고객의 권리행사의 요건을 가중하는 조항은 무효이다(동법 제7조 제3호)(기타 채무의 이행과 관련한 제10조 제1호·제2호, 제11조 고객의 권익보호조항 등이 상대적 무효조항이다).

3) 기타의 규정들

(ㄱ) 고객에 대하여 부당하게 과중한 지연손해금 등의 손해배상의무를 부담시키는 조항은 무효이다(동법 제8조).

(ㄴ) 법률의 규정에 의한 고객의 해제권 또는 해지권을 배제하거나 그 행사를 제한하는 조항등은 무효이다(동법 제9조).

(ㄷ) 상당한 이유 없이 급부의 내용을 사업자자 일방적으로 결정하거나 변경할 수 있도록 권한을 부여하는 조항과 상당한 이유 없이 사업자가 이행하여야 할 급부를 일방적으로 중지할 수 있게 하거나 제3자로 하여금 대행할 수 있게 하는 조항 등은 무효이다(상대적 무효조항, 동법 제10조).

(2) 무효의 효과

1) 약관규제법 제6조 내지 제14조에 의해 어떤 약관조항이 무효로 된 경우 그 무효의 결과를 소송상 또는 행정적 조치 등을 거쳐야만 주장할 수 있는 것이 아니라, 아무 특별한 절차를 기다리지 않고 곧 그 조항은 무효로 된다.

2) 일부무효의 특칙
<u>약관의 일부조항이 무효에 해당하는 경우, 원칙적으로 계약은 나머지 부분만으로 유효하게 존속한다. 다만 유효한 부분만으로는 계약의 목적달성이 불가능하거나 일방 당사자에게 부당하게 불리한 때에는 당해 계약을 무효로 한다</u>(동법 제16조). <u>이는 민법 제137조의 일부무효의 특칙이다.</u>

> **판례** 〈손해배상예정과의 관계〉 손해배상에 관한 약관조항이 『약관의 규제에 관한 법률』에 의하여 약관조항이 무효인 경우 그것이 유효함을 전제로 민법 제398조 제2항을 적용하여 적당한 한도로 손해배상예정액을 감액하거나, 과중한 손해배상의무를 부담시키는 부분을 감액한 나머지 부분만으로 그 효력을 유지시킬 수는 없다(대판 2009.8.20, 2009다20475 등).

4. 판례내용 검토

(1) 분양신청예약금(대판 1996.9.10, 96다19758)

한국토지공사가 공급하는 분양용지의 당첨자가 계약을 체결하지 않는 경우 공급가액의 10%에 상당하는 분양신청예약금을 한국토지공사에 귀속시키는 약관조항은, 제반 사정에 비추어 고객인 당첨자에 대하여 부당하게 과중한 손해배상의무를 부담시키는 것으로서 무효이다.

(2) 면책약관

한국전력공사의 전기공급규정 중 "한국전력공사의 전기설비에 고장이 발생하거나 발생할 우려가 있는 때 한국전력공사는 전기의 공급을 중지하거나 그 사용을 제한할 수 있고, 이 경우 한국전력공사는 수용자가 받는 손해에 대하여 배상책임을 지지 않는다"고 규정하고 있는바, 이는 면책약관의 성질을 갖고 있다. <u>이러한 면책약관은 한국전력공사의 고의 또는 중대한 과실로 인한 경우까지 적용된다고 보는 경우에는 약관의 규제에 관한 법률 제7조 제1호에 위반되어 무효이나, 그 외의 경우에 한하여 한국전력공사의 면책을 정한 규정이라고 해석하는 한도에서는 유효하다</u>(대판 2002.4.12, 98다57099).

(3) 이행담보책임

건설기계 판매대리계약 중 대리상에 불과한 판매 회사에게 미회수매매대금에 관한 무조건의 이행담보책임을 지우는 조항은 약관의규제에관한법률에 의하여 무효이다(대판 2003.4.22, 2000다55775·55782).

(4) 관할의 합의

판례는 "대전에 주소를 둔 계약자와 서울에 주영업소를 둔 건설회사 사이에 체결된 아파트

공급계약서상의 '본계약에 관한 소송은 서울민사지방법원을 관할법원으로 한다'는 조항은 무효"라고 판시한다(대판 1998.6.29, 98다863).

(5) 편면적 조항

약관상 매매계약 해제시 매도인을 위한 손해배상액의 예정조항은 있는 반면 매수인을 위한 손해배상액의 예정조항은 없는 경우, 매도인 일방만을 위한 손해배상액의 예정조항을 두었다고 하여 곧 그 조항이 약관의규제에관한법률에 위배되어 무효라 할 수는 없다(대판 2000.9.22, 99다53759·53766).

(6) 변제충당

변제충당에 관한 약관조항이 채권자에게 무제한의 포괄적 충당권을 부여하면서도 그 순서와 방법의 기준 등을 전혀 규정하지 아니하여 채무자 또는 담보제공자가 충당되는 채무를 예측할 수 없는 경우의 약관조항은 고객인 채무자 등의 정당한 이익을 완전히 무시하여 부당하게 불리하고 신의성실에 반하여 공정을 잃은 조항으로서 약관의규제에관한법률 제6조 제1항, 제2항 제1호에 의하여 무효라고 보아야 한다(대판 2002.7.12, 99다68652).

(7) 연대보증계약의 해지권

연대보증기간 자동연장 조항에 계약기간 종료시 이의 통지 등에 의해 보증인의 지위에서 벗어날 수 있다는 규정이 없고, 새로운 계약기간을 정하여 계약 갱신의 통지를 하거나, 그것이 없으면 자동적으로 1년 단위로 계약기간이 연장되도록 규정하고 있다면, 이는 계속적인 채권관계의 발생을 목적으로 하는 계약에서 묵시의 기간 연장 또는 갱신이 가능하도록 규정하여 고객인 연대보증인에게 부당하게 불이익을 줄 우려가 있다고 보여지므로 연대보증기간 자동연장 조항은 약관의규제에관한법률 제9조 제5호에 위반되어 무효라고 봄이 상당하다(대판 1998.1.23, 96다19413).

(8) 설명의무

투자신탁회사 임직원이 고객에 대한 설명의무를 하는데 있어 투자신탁설명서나 약관 등을 직접 제시하거나 교부하지 아니하고 상품안내서 등의 교부를 통하여 개략적인 정보를 제공하였다고 하여 위 설명의무를 위반하였다고 단정할 수 없다(대판 2006.5.11, 2003다51057).

(9) 불공정약관

계약해제로 인하여 사업자가 이미 받은 금전을 반환함에 있어 이자의 반환의무를 배제하는 약관조항은 고객에게 부당하게 불리하여 공정을 잃은 것으로 추정되어 이를 정당화할 합리적인 사유가 없는 한 무효라고 보아야 한다(대법원 2012.4.12. 선고 2010다21849 판결).

5. 키코(KIKO) 통화옵션계약 문제

관련사례 갑 주식회사가 을 은행과 체결한 키코(KIKO) 통화옵션계약이 불공정행위인지 문제 된 사안에서, 통화옵션계약이 불공정행위에 해당하지 않는다고 한 원심판단을 정당하다고 한 사례(* 일반적으로 재화나 용역의 판매자가 자신이 판매하는 재화나 용역의 판매가격에 관하여 구매자에게 <u>그 원가나 판매이익 등 구성요소를 알려주거나 밝혀야 할 의무는 없다</u>).(대판(전합) 2013.09.26, 2012다 13637).

해설 **(a)** 불공정한 법률행위에 해당하는지 판단하는 기준 시기(=법률행위 시) 및 계약이 체결 당시 기준으로 불공정하지 않은 경우 사후 외부적 환경의 급격한 변화에 따라 계약당사자 일방에게 큰 손실이 발생하고 상대방에게 그에 상응하는 이익이 발생할 수 있는 구조라고 하여 당연히 불공정한 계약에 해당하는지 여부(소극) : 어떠한 법률행위가 불공정한 법률행위에 해당하는지는 <u>법률행위 시를 기준으로 판단하여야 한다</u>. 따라서 계약 체결 당시를 기준으로 전체적인 계약 내용을 종합적으로 고려한 결과 불공정한 것이 아니라면 사후에 외부적 환경의 급격한 변화로 인하여 계약당사자 일방에게 큰 손실이 발생하고 상대방에게 그에 상응하는 큰 이익이 발생하는 구조라고 하여 그것만으로 그 계약이 불공정한 계약에 해당한다고 말할 수 없다.

(b) 계약의 일방 당사자가 일정한 형식의 계약서를 미리 마련하여 두었으나 계약서상 특정 조항에 관하여 개별적인 교섭을 거친 경우, 그 조항이 약관의 규제에 관한 법률의 규율대상이 되는지 여부(소극) 및 개별적인 교섭의 존재를 인정하기 위한 요건 : 계약의 일방 당사자가 일정한 형식에 의하여 미리 계약서를 마련하여 두었다가 이를 상대방에게 제시하여 그 내용대로 계약을 체결하는 경우에도 <u>특정 조항에 관하여 상대방과 개별적인 교섭을 거침으로써 상대방이 자신의 이익을 조정할 기회를 가졌다면, 그 조항은 '약관의 규제에 관한 법률'의 규율대상이 아닌 개별약정이 된다고 보아야 한다.</u> 이때 개별적인 교섭이 있었다고 하기 위하여는 그 교섭의 결과가 반드시 특정 조항의 내용을 변경하는 형태로 나타나야 하는 것은 아니고, 계약 상대방이 그 특정 조항을 미리 마련한 당사자와 대등한 지위에서 당해 조항에 대하여 충분한 검토와 고려를 한 뒤 그 내용을 변경할 가능성이 있었다고 인정되면 된다.

(c) 甲 주식회사가 乙 은행과 체결한 키코(KIKO) 통화옵션계약이 약관의 규제에 관한 법률의 규율대상인지 문제 된 사안(소극) : 은행이 고객의 필요에 따라 구조나 조건을 적절히 변경하여 사용하기 편하도록 표준화하여 미리 마련해 놓은 것일 뿐, 구조만으로는 거래당사자 사이에 아무런 권리의무가 발생하지 않고 거기에 개별적 교섭에 의해서 결정된 계약금액, 행사환율 등 구체적 계약조건들이 결부됨으로써 비로소 전체 계약의 내용으로 완결되는 것이므로, 그 구조 자체는 따로 약관에 해당하지 않는다.

(d) 계약 성립에 기초가 되지 않는 사정이 그 후 변경되어 일방 당사자가 계약 당시 의도한 계약목적을 달성할 수 없게 됨으로써 손해를 입은 경우, 사정변경을 이유로 한 계약 해제가 인정되는지 여부(원칙적 소극) 및 이러한 법리가 계속적 계약관계에서 사정변경을 이유로 계약 해지를 주장하는 경우에도 적용되는지 여부(적극) : 사정변경을 이유로 한 계약 해제는 계약 성립 당시 당사자가 예견할 수 없었던 현저한 사정의 변경이 발생하였고 그러한 <u>사정의 변경이 해제권을 취득하는 당사자에게 책임 없는 사유로 생긴 것으로서, 계약 내용대로의 구속력을 인정한다면 신의칙에 현저히 반하는 결과가 생기는 경우에 계약준수 원칙의 예외로서 인정된다. 그리고 여기서의 변경된 사정이라 함은 계약의 기초가 되었던 객관적인 사정으로서, 일방 당사자의 주관적 또는 개인적인 사정을 의미하는 것은 아니다.</u> 따라서 계약의 성립에 기초가 되지 아니한 사정이 그 후 변경되어 일방 당사자가 계약 당시 의도한 계약 목적을 달성할 수 없게 됨으로써 손해를 입게 되었다 하더라도 특별한 사정이 없는 한 그 계약 내용의 효력을 그대로 유지하는 것이 신의칙에 반한다고 볼 수 없다. 이러한 법리는 계속적 계약관계에서 사정변경을 이유로 계약의 해지를 주장하는 경우에도 마찬가지로 적용된다.

(e) 금융기관이 일반 고객과 전문적인 지식과 분석능력이 요구되는 장외파생상품 거래를 할 때 부담하는 설명의무의 내용과 범위 및 정도 : 금융기관이 일반 고객과 사이에 전문적인 지식과 분석 능력이 요구되는 장외파생상품 거래를 할 경우에는, 고객이 당해 장외파생상품에 대하여 이미 잘 알 고 있는 경우가 아닌 이상, 그 거래의 구조와 위험성을 정확하게 평가할 수 있도록 거래에 내재된 위 험요소 및 잠재적 손실에 영향을 미치는 중요인자 등 거래상의 주요 정보를 적합한 방법으로 명확하 게 설명하여야 할 신의칙상의 의무가 있다.

(f) 불법행위로 인한 손해의 발생 또는 확대에 관하여 피해자의 과실이 있는데도 예외적으로 과실 상계가 허용되지 않는 경우 : 불법행위로 인한 손해의 발생 또는 확대에 관하여 피해자에게도 과실 이 있는 때에는 가해자의 손해배상의 범위를 정함에 있어 당연히 이를 참작하여야 하고, <u>가해행위가 사기, 횡령, 배임 등의 영득행위인 경우 등 과실상계를 인정하게 되면 가해자로 하여금 불법행위로 인한 이익을 최종적으로 보유하게 하여 공평의 이념이나 신의칙에 반하는 결과를 가져오는 경우에만 예외적으로 과실상계가 허용되지 아니한다.</u>

V. 계약체결상의 과실책임

> **제535조 (계약체결상의 과실)**
> ① 목적이 불능한 계약을 체결할 때에 그 불능을 알았거나 알 수 있었을 자는 상대방이 그 계약의 유효를 믿었음으로 인하여 받은 손해를 배상하여야 한다. 그러나 그 배상액은 계약이 유효함으로 인하여 생길 이익액을 넘지 못한다.
> ② 전항의 규정은 상대방이 그 불능을 알았거나 알 수 있었을 경우에는 적용하지 아니한다.

1. 의 의

(1) 의의

계약의 목적달성이 체결당시에 이미 확정적으로 불가능한 경우(급부의 원시적·객관적 불능), 계약의 내용으로서의 급부의무도 발생하지 않게 되는데, 이 때 교섭당사자가 계약이 성립될 것을 기대하는 신뢰손해는 그 손해야기의 귀책사유가 있는 자가 부담하여야 한다는 것이다.

(2) 본조의 특징

㉠ 계약책임도 불법행위책임도 아닌 계약체결상의 과실책임을 명문으로 인정한다.

㉡ 계약의 목적이 원시적 불능으로 무효이다.

㉢ 손해의 유형으로 신뢰이익배상을 인정하고 이행이익을 초과할 수 없도록 하고 있다.

2. 계약체결상의 과실책임의 본질론

계약체결상의 과실책임의 법적 성질은 계약책임인가, 불법행위책임인가 혹은 계약책임도 불법행위책임도 아닌 독자의 법정책임인가에 대하여 논란이 있다.

(1) 계약책임설(다수설)

계약체결상의 과실책임은 바로 '신의칙상 요구되는 부수의무'에 대한 위반에 따른 책임으로 계약책임이 된다고 보는 견해이다. 다수설이 계약책임으로 구성하는 이유는 ① 보조자의 과실(제391조와 제756조의 차이점, 즉 면책사유), ② 소멸시효기간(일반채권은 10년, 불법행위는 3년), ③ 과실(불법행위는 피해자가 입증)의 입증책임 등에 실익이 있기 때문이라 한다.

(2) 불법행위책임설

불법행위책임설은 계약의 성립과정에서는 계약이라는 것이 존재하지 아니하여 계약체결상의 과실책임은 계약책임이 될 수 없고, 불법행위책임으로 물어야 한다는 견해이다.

3. 원시적 전부불능의 요건

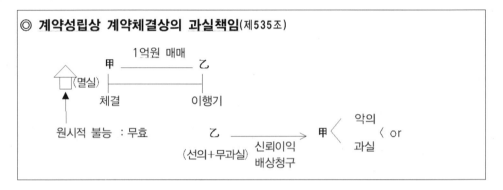

(1) 배상의무자측의 요건

목적이 원시적 불능이어야 하며, 일방당사자에게 고의 또는 과실이 있어야 한다.

(2) 손해를 입은 상대방측의 요건

상대방이 목적의 불능으로 인하여 손해를 입었을 것이 필요하며, 상대방은 선의·무과실이어야 한다.

4. 효 과 (신뢰이익의 손해배상)

(1) 신뢰이익

제535조의 요건이 충족된 경우, 배상되어야 할 손해는 상대방이 입은 신뢰이익의 손해이며, 그의 배상액은 계약이 유효함으로 인하여 생길 이익(이행이익배상)을 넘지 못한다(제535조 제1항 후문). 왜냐하면 신뢰이익이 이행이익을 초과할 수 있다고 한다면 오히려 계약이 유효한 것으로 이행되는 경우보다 좌절 또는 무효가 더 유리해지는 부당한 결과를 초래하기 때문이다.

(2) 채무불이행과 구별

민법은 계약이 유효하게 성립한 경우와 무효로서 좌절된 경우를 엄격히 구별하여 전자는 채무불이행책임으로서, 후자는 계약상 과실책임으로 처리할 뿐 아니라, 전자의 손해배상은 급부의 이행으로 인한 이익(이행이익)을 원칙으로 하고, 후자는 신뢰이익만을 배상시킨다.

판례 공사비의 지급에 갈음한 임야사용권 증여가 원시적으로 이행불능이라면 그 공사계약은 유효하게 성립할 수 없다할 것이니, 계약체결상의 과실을 이유로 하는 신뢰이익을 구할 수 있을지언정 그 계약의 후발적 이행불능을 이유로 이행에 대신하는 전보배상을 구할 수 없다(대판 1975.2.10, 74다584).

5. 계약체결상의 과실책임의 인정범위(다수설태도 – 확대인정설)

(1) 준비단계

다수설에 의할 때에는 계약준비단계에도 인정된다(예 : 어느 직위에 채용할 것이라는 확고한 신뢰를 상대방에게 주었기 때문에 상대방이 현 직장에 사표를 제출한 경우라든지, 가전제품의 대리점에서 최신 모델의 전자제품을 구경하던 중 진열제품이 넘어져 다친 경우). 부정설에 의하면 불법행위로 접근한다(판례가 불법행위 쪽에 가깝다).

(2) 유효한 경우

계약은 유효하게 성립하였으나 당사자 일방이 체결 전 고지의무를 해태한 경우 인정될 수 있다고 한다.

(3) 무효 · 취소

계약이 무효(의사무능력 또는 강행법규위반) · 취소(특히 착오)된 경우에 긍정된다고 하고 있다.

6. 판례검토

판례는 통설적 견해와는 달리 계약체결상의 과실책임을 제535조에서 정하는 것외에 이를 확대인정하는 경우가 없다. 특히 다수설에 따르면 계약성립의 좌절이나 계약의 무효의 경우에는 계약체결상의 과실의 유형에 들어가나 판례는 불법행위로 해결하였다.

(1) 계약체결상의 과실(불법행위책임설)

학교법인이 원고를 사무직원 채용시험의 최종합격자로 결정하고도 차후에 직원발령을 지체하고 여러번 발령을 미루다가 직원으로 채용할 수 없다고 통지한 경우, 위 학교법인은 불법행위자로서 원고가 위 최종합격자 통지와 계속된 발령을 신뢰하여 직원으로 채용되기를 기대하면서 다른 취직의 기회를 포기함으로써 입은 손해를 배상할 책임이 있다(대판 1993.9.10, 92다42897).

판례 ㉠ 어느 일방이 교섭단계에서 계약이 확실하게 체결되리라는 정당한 기대 내지 신뢰를 부여하여 상대방이 그 신뢰에 따라 행동하였음에도 상당한 이유 없이 계약의 체결을 거부하여 손해를 입혔다면 이는 신의성실의 원칙에 비추어 볼 때 계약자유 원칙의 한계를 넘는 위법한 행위로서 불법행위를 구성한다고 할 것이다(참조조문 : 민법 제2조, 제535조, 제750조; 대판 2001.6.15, 99다40418). ㉡〈**박물관을 건립한 甲 주식회사가 乙 주식회사와, 乙 회사가 박물관을 위탁관리하면서 통일전망대와 박물관 입장이 모두 가능한 단일입장권을 발행하여 입장료를 통합 징수한 다음 박물관 입장료에 해당하는 부분에서 박물관 관리운영비를 공제한 나머지를 甲 회사에 지급하기로 하는 내용의 위탁관리계약을 체결한 사안에서, 위 계약은 관계 법령 등에 비추어 원시적 불능이어서 무효로 본 사안**〉박물관을 건립한 甲 주식회사가 乙 주식회사와, 乙 회사가 박물관을 위탁관리하면서 통일전망대와 박물관 입장이 모두 가능한 단일입장권을 발행하여 입장료를 통합 징수한 다음 박물관 입장료에 해당하는 부분에서 박물관 관리운영비를 공제한 나머지를 甲 회사에 지급하기로 하는 내용의 위탁관리계약을 체결한 사안에서, <u>통일전망대 입장료는 폐기물관리법 등 관계 법령에 따라 청소비 명목의 입장료를 징수하는 것이지만 박물관의 입장료는 민간 기업이 운영하는 박물관의 입장료로서 법적 성질을 달리하는 점 등에 비추어 통일전망대 입장료를 징수하면서 박물관에 대한 입장료를 통합 징수할 목적으로 단일입장권을 발행하는 것은 계약 당시부터 사실상·법률상 불가능한 상태였으므로 위 계약은 원시적으로 불능이어서 무효이고</u>, 을 회사는 계약 체결 당시 그 불능을 알았거나 알 수 있었다고 보아야 하므로 갑 회사에 민법 제535조 제1항에 따라 신뢰이익 상당의 손해를 배상하여야 한다(대판 2011.7.28, 2010다1203,1210).

(2) 계약의 무효

<u>증권회사의 임직원이 강행규정에 위반한 투자수익보장</u>(무효)으로 투자를 권유하였으나 그 결과 손실을 본 경우에 투자가에 대한 <u>불법행위책임이 성립하기 위하여는</u> 경험이 부족한 일반 투자가에게 거래행위에 필연적으로 수반되는 위험성에 관한 올바른 인식 형성을 방해하여 <u>결국 고객에 대한 보호의무를 저버려 위법성을 띤 행위인 것으로 평가될 수 있어야 한다</u>(대판 1999.6.11, 97다58477).

(3) 분양자가 오피스텔 분양계약의 교섭단계에 있는 사람들에게 광고를 통하여 잘못된 정보를 제공한 경우의 법률관계

분양자가 오피스텔 분양계약의 교섭단계에 있는 사람들에게 광고를 통하여 잘못된 정보를 제공한 경우, <u>신의칙상의 고지의무 등을 위반한 것으로서 민법상의 불법행위책임을 진다</u>(분양자가 정확한 사실확인 없이 인천국제공항 국제업무센터에 모노레일이 완공될 예정이라는 취지로 오피스텔 분양광고를 하여 수분양자들이 이를 분양 받았는데 그후 오피스텔의 시가가 하락하자 손해배상을 구한 사안이다-대판 2009.8.20. 2008다19355).

(4) 계약당시 예견할 수 있었던 장애사유 불고지로 인한 채무불이행 책임

<u>계약당사자 일방이 자신이 부담하는 계약상 채무를 이행하는 데 장애가 될 수 있는 사유를 계약을 체결할 당시에 알았거나 예견할 수 있었음에도 이를 상대방에게 고지하지 아니한 경우에는, 특별한 사정이 없는 한, 그 채무가 불이행된 것에 대하여 귀책사유가 없다고 할 수 없다.</u> 따라서 <u>지방공사가 아파트 분양공고 및 분양계약 체결 당시, 아파트 부지에 대한 문화재 발굴조사과정에 유적지가 발견되어 현지 보존결정이 내려질 경우 아파트 건설사업 자체가 불가능하게 되거나 그 추진·실행에 현저한 지장을 가져올 수 있음을 충분히 알았음에도 입주자 모집공고문과 분양계약서에 이에 관한 구체적 언급을 하지 않았고, 이를 별도로 수분양자들에게 알리지도 않은 사안에서, 아파트 수분양자들이 위 장애사유에 관한 위험을 인수하였다고 볼 수 없으므로, 분양계약에 따른 아파트 공급의무 불이행에 대한 귀책사유가 지방공사에 있다</u>(대판 2011.8.25, 2011다43778).

7. 계약교섭의 부당한 중도파기가 불법행위를 구성하는지 여부(적극)

관련사례 | 피고(한국무역협회)는 무역센터 부지 내에 수출 1,000억 $ 달성을 기념하는 영구조형물을 건립하

기로 하고 그 건립방법에 관하여 분야별로 5인 가량의 작가를 선정하여 조형물의 시안(試案) 제작을 의뢰한 후 그 중에서 최종적으로 1개의 시안을 선정한 다음 그 선정된 작가와 이 사건 조형물의 제작·납품 및 설치계약을 체결하기로 하였다. 피고는 원고 등 조각가 4인에게 시안(試案)의 작성을 의뢰하면서 시안이 선정된 작가와 조형물 제작·납품 및 설치계약을 체결할 것이라는 사실을 알렸으나 당시 이 사건 조형물의 제작비, 제작시기, 설치장소를 구체적으로 통보하지는 않았다. 피고는 작가들이 제출한 시안 중 원고가 제출한 시안을 당선작으로 선정하고 원고에게 그 사실을 통보하기는 하였으나, 구체적인 계약을 체결하지 아니하고 있다가 당선사실 통지시로부터 약 3년이 경과한 시점에 원고에게 이 사건 조형물의 설치를 취소하기로 하였다고 통보하였다. 피고는 그 후 다른 작가에게 의뢰하여 해상왕 장보고 상징조형물을 건립하였다. 여기서 원고의 권리구제는? (대판 2003. 4. 11, 2001다53059).

해설 (a) **계약의 성립여부** : ① 계약이 성립하기 위하여는 당사자의 서로 대립하는 수개의 의사표시의 객관적 합치가 필요하고, 객관적 합치가 있다고 하기 위하여는 당사자의 의사표시에 나타나 있는 사항에 관하여는 모두 일치하고 있어야 하는 한편, 계약 내용의 '중요한 점' 및 계약의 객관적 요소는 아니더라도 특히 당사자가 그것에 중대한 의의를 두고 계약성립의 요건으로 할 의사를 표시한 때에는 이에 관하여 합치가 있어야 계약이 적법·유효하게 성립하는 것이다. ⓒ 그리고 계약이 성립하기 위한 법률요건인 청약은 그에 응하는 승낙만 있으면 곧 계약이 성립하는 구체적, 확정적 의사표시여야 하므로, 청약은 계약의 내용을 결정할 수 있을 정도의 사항을 포함시키는 것이 필요하다 할 것이다. ⓒ 따라서 위 사안의 경우, 피고가 작가들에게 시안 제작을 의뢰할 때 시안이 당선된 작가와 사이에 이 사건 계약을 체결할 의사를 표명하였다 하더라도 그 의사표시 안에 이 사건 조형물의 제작·납품 및 설치에 필요한 제작대금, 제작시기, 설치장소를 구체적으로 명시하지 아니하였던 이상 피고의 원고 등에 대한 시안제작 의뢰는 이 사건 계약의 청약이라고 할 수 없고, 나아가 원고가 시안을 제작하고 피고가 이를 당선작으로 선정하였다 하더라도 원고와 피고 사이에 구체적으로 이 사건 계약의 청약과 승낙이 있었다고 보기는 어렵다고 할 것이다.

(b) **계약체결의 좌절과 손해배상** : 어느 일방이 교섭단계에서 계약이 확실하게 체결되리라는 정당한 기대 내지 신뢰를 부여하여 상대방이 그 신뢰에 따라 행동하였음에도 상당한 이유 없이 계약의 체결을 거부하여 손해를 입혔다면 이는 신의성실의 원칙에 비추어 볼 때 계약자유 원칙의 한계를 넘는 위법한 행위로서 불법행위를 구성한다고 할 것이다(대판 2001. 6. 15. 99다40418 판결 참조).

(c) **신뢰이익배상** : 그러한 불법행위로 인한 손해는 일방이 신의에 반하여 상당한 이유 없이 계약교섭을 파기함으로써 계약체결을 신뢰한 상대방이 입게 된 상당인과관계 있는 손해로서 계약이 유효하게 체결된다고 믿었던 것에 의하여 입었던 손해 즉 신뢰손해에 한정된다고 할 것이고, 이러한 신뢰손해란 예컨대, 그 계약의 성립을 기대하고 지출한 계약준비비용과 같이 그러한 신뢰가 없었더라면 통상 지출하지 아니하였을 비용상당의 손해라고 할 것이며, 아직 계약체결에 관한 확고한 신뢰가 부여되기 이전 상태에서 계약교섭의 당사자가 계약체결이 좌절되더라도 어쩔 수 없다고 생각하고 지출한 비용, 예컨대 경쟁입찰에 참가하기 위하여 지출한 제안서, 견적서 작성비용 등은 여기에 포함되지 아니한다고 볼 것이다.

(d) **계약교섭의 부당한 중도파기로 인하여 인격적 법익이 침해된 경우 그 정신적 고통에 대한 별도의 손해배상을 구할 수 있는지 여부(적극)** : 침해행위와 피해법익의 유형에 따라서는 계약교섭의 파기로 인한 불법행위가 인격적 법익을 침해함으로써 상대방에게 정신적 고통을 초래하였다고 인정되는 경우라면 그러한 정신적 고통에 대한 손해에 대하여는 별도로 배상을 구할 수 있다.

제2절 계약의 효력

I. 동시이행의 항변권

> **제536조 (동시이행의 항변권)**
> ① 쌍무계약의 당사자일방은 상대방이 그 채무이행을 제공할때 까지 자기의 채무이행을 거절할 수 있다. 그러나 상대방의 채무가 변제기에 있지 아니하는 때에는 그러하지 아니하다.
> ② 당사자일방이 상대방에게 먼저 이행하여야 할 경우에 상대방의 이행이 곤란할 현저한 사유가 있는 때에는 전항 본문과 같다.

1. 의의 및 성질

(1) 의의

동시이행항변권이란 <u>쌍무계약 또는 일정한 경우 비쌍무계약에서</u> 상대방이 이행을 제공할 때까지 자기의 채무이행을 거절할 수 있는 권리이다(제536조). 즉 원래 쌍무계약에서 인정되는 동시이행의 항변권을 비쌍무계약에 확장함에 있어서는 양 채무가 동일한 법률요건으로부터 생겨서 공평의 관점에서 보아 견련적으로 이행시킴이 마땅한 경우라야 한다(대판 1997.6.27. 97다3828).

> **Tip**
>
> 〈담보적 기능〉 동시이행의 항변권은 담보적 기능을 갖는다고 볼 수 있다. 즉 자기의 채무이행은 상대방의 채무이행을 조건으로 함으로써 사실상 상대방의 채무이행을 담보하는 기능을 담당한다.

(2) 입법태도

우리의 입법은 독일법적 형태이다. 스위스의 경우에는 자기채무의 변제제공을 한 자만이 상대방에 대한 이행청구를 할 수 있는 주의를 취하나(청구권부인), 독일이나 우리나라는 자기채무의 변제제공 없이도 청구할 수 있으나 상대방이 이행을 거절할 수 있는 주의를 취한다(연기적 항변).

(3) 법적 성질(항변권설, 통설과 판례)

상대방이 채무이행을 제공할 때까지 자기의 채무이행을 거절할 수 있다는 민법 제536조의 규정을 근거로 쌍무계약에서 각 채무자의 거절할 수 있는 권능을 항변권으로 이해하는 견해이다(통설적 견해).

판례 〈**항변권설인 판례**〉 매매를 원인으로 한 소유권이전등기청구에 있어서 매수인은 매매계약 사실을 주장·입증하면 특별한 사정이 없는 한 매도인은 소유권이전등기의무가 있는 것이며, 매도인이 매매대금의 일부를 수령한 바 없다면, 동시이행의 항변을 제기하여야 하는 것이고, 법원은 매도인의 이와 같은 항변이 있을 때 비로소 대금지급 사실의 유무를 심리할 수 있는 것이다(대판 1990.11.27. 90다카25222).

(4) 유치권과 동시이행의 항변권(제536조)

구분	유치권	동시이행의 항변권
본질	물권으로서 배타적 지배권	채권으로서 이행거절권능
발생원인	불법행위 또는 부당이득, 쌍무계약불문	쌍무계약상의 채권
급부내용	물건(목적물) 인도거절권	일체의 채무이행거절권(물건＋노무제공 등)
소멸청구	타담보제공으로 가능(제327조)	없음
불가분성	채권 전부를 변제받을 때까지 유치물 전부에 대해 권리행사 가능(제321조)	상대방이 일부의 제공을 한 때에는 미제공부분에 대해서만 권리행사 가능(원칙적으로 상응하는 범위)
경매권	있음(제322조)	없음

2. 동시이행항변권의 성립요건

(1) 쌍방의 채무가 동일한 쌍무계약으로부터 발생할 것

1) 비쌍무계약에 확장적용

㉠ 원래 쌍무계약에서 인정되는 동시이행의 항변권을 비쌍무계약에 확장함에 있어서는 양채무가 동일한 법률요건으로부터 생겨서 공평의 관점에서 보아 견련적으로 이행시킴이 마땅한 경우라야 한다(대판 1992.10.9. 92다25656).

㉡ 법률상 인정되는 경우로는 계약해제로 인한 원상회복의무(제549조), 매도인의 담보책임(제583조), 도급인의 손해배상청구권과 수급인의 보수청구권 사이(제667조), 종신정기금계약의 해제(제728조), 가등기담보에 있어 청산금지급채무와 목적부동산에 대한 본등기 및 인도의무 사이(가담법 제4조 제3항) 등에서 동시이행의 항변권을 인정하고 있다.

㉢ 민법에는 규정이 없으나 판례 내지 통설이 동시이행의 항변권을 인정하는 것으로는, 계약이 무효 또는 취소된 경우의 당사자 상호간의 반환의무에 동시이행의 관계를 긍정한다(대판 1976.4.27. 75다1241). 변제와 영수증의 교부(변제와 채권증서반환이 아님)사이에도 동시이행의 관계를 긍정함이 통설이다(제474조 참조). <u>또한 임대차계약의 기간이 만료된 경우에 임차인이 임차목적물을 명도할 의무와 임대인이 보증금 중 연체차임 등 당해 임대차에 관하여 명도시까지 생긴 모든 채무를 청산한 나머지를 반환할 의무사이에도 동시이행의 관계를 긍정한다</u>(통설과 판례).

판례 〈비쌍무계약과 동시이행의 항변권〉 ㉠ 당사자가 부담하는 각 채무가 쌍무계약에 있어 고유의 대가관계에 있는 채무가 아니라고 하더라도, 구체적인 계약관계에서 각 당사자가 부담하는 채무에 관한 약정 내용에 따라 그것이 <u>대가적 의미가 있어 이행상의 견련관계를 인정하여야 할 사정이 있는 경우에는 동시이행의 항변권을 인정할 수 있다</u>(대판 2006.6.9. 2004다24557). 예컨대, <u>쌍무계약이 무효로 되어 각 당사자가 서로 취득한 것을 반환하여야 할 경우</u>, 어느 일방의 당사자에게만 먼저 그 반환의무의 이행이 강제된다면 공평과 신의칙에 위배되는 결과가 되므로 각 당사자의 반환의무는 동시이행관계에 있다(대판 2007.12.28. 2005다38843 등). 한편 ㉡ 채무자가 채무 전부를 변제한 때에는 채권자에게 채권증서의 반환을 청구할 수 있으며, 제3자가 변제를 하는 경우에는 제3자도 채권증서의 반환을 구할 수 있으나(민법 제475조 참조), 이러한 채권증서 반환청구권은 채권 전부를 변제한 경우에 인정되는 것이고, 영수증 교부의무와는 달리 변제와 동시이행관계에 있지 않다(대판 2005.8.19. 2003다22042).

2) 동일한 계약

(ㄱ) 동일한 쌍무계약에서 인정되는 것이 원칙이고 별개의 계약은 부정함이 원칙이다. 따라서 판례는 "임대차계약 해제에 따른 임차인의 임대차계약의 이행으로 이루어진 목적물 인도의 원상회복의무와 임대인이 임차인에게 건물을 사용수익하게 할 의무를 불이행한 데 대하여 손해배상을 하기로 한 각서에 기하여 발생된 약정지연손해배상의무는 하나의 임대차계약에서 이루어진 계약이행의 원상회복관계에 있지 않고 그 발생원인을 달리하고 있어 특별한 사정이 없는 한 양자 사이에 이행상의 견련관계는 없으므로 임차인의 동시이행의 항변은 배척되어야 한다"고 한다(대판 1990.12.26. 90다카25383).

(ㄴ) 쌍무계약을 청산하는 경우에 있어서 쌍무성의 유지여부와 관련하여 판례는 "일방의 채무불이행으로 인하여 손해배상청구권이 발생한 경우 통설·판례에 따르면, 채무불이행으로 인한 손해배상청구권은 본래의 채권의 확장(지연배상의 경우) 또는 내용의 변경(전보배상의 경우)으로서 본래의 채권과 동일성을 유지하기 때문에 따라서 쌍무성도 당연히 유지한다고 한다(대판 2000.2.25. 97다30066).

(ㄷ) 또한 계약이 무효 또는 취소됨으로써 부당이득반환청구권이 발생한 경우, 위에서 살펴본 바와 같이 판례는 긍정적이다.

판례 〈부가세나 양도소득세 부담약정〉 부동산 매매계약에 있어 매수인이 부가가치세(또는 양도소득세)를 부담하기로 약정한 경우, 부가가치세를 매매대금과 별도로 지급하기로 했다는 등의 특별한 사정이 없는 한 부가가치세를 포함한 매매대금 전부와 부동산의 소유권이전등기의무가 동시이행의 관계에 있다고 봄이 상당하다(대판 2006.2.24. 2005다58656,58663).

3) 문제되는 경우

동산매매에서는 목적물의 인도와 대금지불사이에 대가성을 갖는다고 볼 수 있으나, 특히 부동산매매에서는 등기와 대금지급 외에 부동산의 명도도 대금과 동시이행의 관계에 있는지 문제가 되나 판례는 그를 부정한 예(대판 1976.4.27. 76다297)도 있고, 긍정한 예도 있다(대판 1991.9.10. 91다6368 등). 다만 긍정함이 판례의 다수견해라고 이해한다.

(2) 상대방의 채무가 변제기에 있을 것

1) 원칙

상대방의 채무가 변제기에 있지 않을 때, 즉 당사자 일방이 상대방보다 먼저 이행할 의무를 지는 때에는 그는 항변권을 행사할 수 없다.

2) 예외

당사자 일방이 상대방에게 먼저 이행하여야 할 경우에도 다음의 두 경우에는 동시이행항변권이 인정된다.

(가) 상대방채무의 변제기 도래시

㉠ 선이행의무자가 이행을 지체하고 있는 동안 상대방의 후이행채무가 변제기에 도달한 경우, 선이행채무자는 형평상 동시이행의 항변권을 행사할 수 있다고 해석된다(판례동지). ㉡ 쌍무계약에 있어서 쌍방채무가 모두 이행지체된 경우에는 그후에 있어서는 동시이행관계에 있게 된다(대판 1970.9.29, 70다1464).

판례 매수인이 선이행의무 있는 중도금을 지급하지 않았다 하더라도 계약이 해제되지 않은 상태에서 잔대금 지급기일이 도래한 경우, 특별한 다른 사정이 없는 한 매수인의 중도금 및 잔대금의 지급과 매도인의 소유권이전 등기 소요서류의 제공은 동시이행관계에 있다 할 것이어서 그때부터는 매수인은 중도금을 지급하지 아니한 데 대한 이행지체의 책임을 지지 아니한다(대판 1998.3.13, 97다54604).

(나) 불안의 항변권(제536조 제2항)

쌍무계약의 일방 당사자가 선이행의무를 부담하고 그와 대가관계에 있는 상대방의 채무가 아직 이행기에 이르지 아니하였으나 그 이행기의 이행이 현저히 불투명하게 된 경우, 선이행 의무의 이행을 거절할 수 있다.

판례 민법 제536조 제2항의 이른바 불안의 항변권을 발생시키는 사유에 관하여 신용불안이나 재산상태 악화와 같이 채권자측에 발생한 객관적·일반적 사정만이 이에 해당한다고 제한적으로 해석할 이유는 없다. 따라서 도급 계약에서 일정 기간마다 이미 행하여진 공사부분에 대하여 기성공사금 등의 대가를 지급하기로 약정되어 있는데도 도급인이 정당한 이유 없이 이를 지급하지 않아 수급인에게 당초 계약내용에 따른 선이행의무의 이행을 요구하는 것이 공평에 반하게 되는 경우, 수급인이 민법 제536조 제2항에 의하여 계속공사의무의 이행을 거절할 수 있다(대법원 2012.3.29. 선고 2011다93025 판결).

(3) 당사자 일방이 그 자신의 채무는 이행하지 않으면서 이행청구를 한 경우

1) 수령지체

변제의 제공으로 수령지체에 빠진 상대방은 그후 당사자 일방이 자기의 채무의 이행은 없이 이행 청구를 한 경우에 동시이행의 항변권을 행사할 수 있느냐이다. 즉 스스로 채권자지체에 빠져 있는 자도 동시이행의 항변권을 갖는 가이다. 긍정함이 학설과 판례의 태도라고 볼 수 있다.

판례 〈수령지체와 동시이행항변권〉 ㉠ 쌍무계약의 당사자 일방이 먼저 한 번 현실의 제공을 하고, 상대방을 수령지체에 빠지게 하였다 하더라도 그 이행의 제공이 계속되지 않는 경우는 과거에 이행의 제공이 있었다는 사실만으로 상대방이 가지는 동시이행의 항변권이 소멸하는 것은 아니다(대판 1993.8.24, 92다56490). ㉡쌍무계약에서 일방 당사자의 자기 채무에 관한 이행제공을 엄격하게 요구하면 오히려 불성실한 상대 당사자에게 구실을 주는 것이 될 수도 있으므로, 일방 당사자가 하여야 할 제공 정도는 시기와 구체적인 상황에 따라 신의성실의 원칙에 어긋나지 않게 합리적으로 정하여야 한다(대판 2011.4.28, 2010다94953).

2) 상응하는 범위

예컨대, 완성된 목적물에 하자가 있어 도급인이 하자의 보수에 갈음하여 손해배상을 청구한 경우에, 도급인은 수급인이 그 손해배상청구에 관하여 채무이행을 제공할 때까지 그 손해배상액에 상응하는 보수액에 관하여만 자기의 채무이행을 거절할 수 있을 뿐이고 그 나머지 보수액은 지급을 거절할 수 없다(대판 1996.6.11, 95다12798 등). 그러나 부동산매매계약에서 발생하는 매도인의 소유권이전등기의무와 매수인의 매매잔대금지급의무는 동시이행관계에 있고, 동시이행의 항변권은 상대방의 채무이행이 있기까지 자신의 채무이행을 거절할 수 있는 권리이므로, 매수인이 매도인을 상대로 매매 목적 부동산 중 일부에 대해서만 소유권이전등기의무의 이행을 구하고 있는 경우에도 매도인은 특별한 사정이 없는 한 그 매매잔대금 전부에 대하여 동시이행의 항변권을 행사할 수 있다고 할 것이다(대판 2006.2.23, 2005다53187).

3. 구체적 내용(판례검토)

(1) 매매계약 · 교환계약 등

(ㄱ) 건물매매계약에서 매수인의 잔금대금지급의무와 매도인의 소유권이전의무는 원칙적으로 동시이행관계에 있고, 이는 특별한 사정이 없는 한 미등기건물의 경우에도 마찬가지이다. 따라서 미등기건물의 매매에 있어서는 잔대금지급의무와 동시이행관계에 있는 것은 건물명도의무 뿐이라는 논지는 부당하다(대판 1981.7.7, 80다2388). 그리고 동시이행의 관계에 있는 쌍방의 채무 중 어느 한 채무가 이행불능이 됨으로 인하여 발생한 손해배상채무도 여전히 다른 채무와 동시이행의 관계에 있다(대판 2000.2.25, 97다30066).

(ㄴ) 교환계약의 당사자 일방이 교환 목적물의 차액의 지급에 갈음하여 상대방으로부터 인수한 대출원리금지급의무와 상대방의 소유권이전등기의무가 모두 각각의 이행기에 이행되지 않은 채 계약이 해제되지 않은 상태에서 이행기가 도과한 경우 동시이행관계에 있다(대판 1998.7.24, 98다13877).

(ㄷ) 부동산매매계약과 함께 이행인수계약이 이루어진 경우는 매수인이 인수한 채무는 매매대금지급채무에 갈음한 것으로서 매도인이 매수인의 인수채무 불이행으로 말미암아 또는 임의로 인수채무를 대신 변제하였다면, 그로 인한 손해배상채무 또는 구상채무는 인수채무의 변형으로서 매매대금지급채무에 갈음한 것의 변형이므로 매수인의 손해배상채무 또는 구상채무와 매도인의 소유권이전등기의무는 대가적 의미가 있어 이행상 견련관계에 있다고 인정되고, 따라서 양자는 동시이행의 관계에 있다고 해석함이 공평의 관념 및 신의칙에 합당하다(대판 2004.7.9, 2004다13083).

(ㄹ) 그러나 주된 급부가 아닌 부수적인 협력의무의 경우는 부정한다. 즉 국토이용관리법상의 토지거래규제구역 내의 토지에 관하여 관할 관청의 토지거래허가가 없이 매매계약이 체결됨에 따라 그 매수인이 그 계약을 효력이 있는 것으로 완성시키기 위하여 매도인에 대하여 그 매매계약에 관한 토지거래허가 신청절차에 협력할 의무의 이행을 청구하는 경우, 매도인의 토지거래계약허가 신청절차에 협력할 의무와 토지거래허가를 받으면 매매계약 내용에 따라 매수인이 이행하여야 할 매매대금 지급의무나 이에 부수하여 매수인이 부담하기로 특약한 양도소득세 상당 금원의 지급의무 사이에는 상호 이행상의 견련성이 있다고 할 수 없으므로, 매도인으로서는 그러한 의무이행의 제공이 있을 때까지 그 협력의무의 이행을 거절할 수 있는 것은 아니다(대판 1996.10.25. 96다23825).

판례 〈금전채권에 대한 압류 및 추심명령이 있는 경우〉 대금지급의무와 재산권이전은 동시이행관계에 있고, 그 금전채권에 대한 압류 및 추심명령이 있는 경우 이는 강제집행절차에서 추심채권자에게 채무자의 제3채무자에 대한 채권을 추심할 권능만을 부여하는 것이므로, 이로 인하여 채무자가 제3채무자에 대하여 가지는 채권이 추심채권자에게 이전되거나 귀속되는 것은 아니므로, 추심채무자로서는 제3채무자에 대하여 피압류채권에 기하여 그 동시이행을 구하는 항변권을 상실하지 않는다(대판 2001.3.9, 2000다73490).

(2) 담보계약의 경우(부정)

(ㄱ) 저당권이나 가등기담보, 양도담보 등의 경우 채무자의 채무변제와 등기말소의무간에는 동시이행관계가 아니고 채무자가 선이행하여야 한다(대판 1984.9.11, 84다카781 등).

(ㄴ) 그러나 근저당권설정등기 있는 부동산의 피담보채무의 변제가 아닌 매매계약에 있어서는 매도인의 소유권이전등기 의무와 아울러 근저당권설정등기의 말소의무도 매수인의 대금지급의무와 동시이행관계에 있는 바 근저당권설정등기의 말소의무에 관한 이행제공은 그 근저당채무가 변제되었다는 것만으로는 부족하고 근저당권설정등기의 말소에 필요한 서류까지도 준비함이 필요하다(대판 1979.11.13, 79다1562).

판례 〈양도담보의 담보채무변제〉 토지의 매매계약과 아울러 그 토지대금의 지급을 담보하기 위하여 토지 위에 건축업자의 비용으로 건축하여 완공될 건물을 담보로 제공하기로 하는 담보권설정계약이 상호 불가분적으로 결합되어 있는 경우, 건축업자의 매매잔대금지급의무는 토지소유자의 토지소유권이전등기의무와 동시이행의 관계에 있는 것이 아니라 그 소유권이전등기의무보다 선이행하기로 약정한 것이라고 보는 것이 담보권의 성질 및 당사자의 합리적 의사에 부합한다고 할 것이다(대판 2001.6.26, 99다47501). 즉 채무를 담보를 위하여 가등기 및 그 가등기에 기한 본등기가 경료된 경우에 채권자는 그 채무변제를 받기 전 또는 받음과 교환으로 그 담보로 된 가등기 및 그 가등기에 기한 본등기를 말소하여야 할 의무는 없다(대판 1982.12.14, 82다카1623).

(3) 도급계약

(ㄱ) 도급계약에 있어서 완성된 목적물에 하자가 있는 때에는 도급인은 수급인에 대하여 하자의 보수를 청구할 수 있고, 그 하자의 보수에 갈음하여 또는 보수와 함께 손해배상을 청구할 수 있는바, 이들 청구권은 특별한 사정이 없는 한 수급인의 보수지급청구권과 동시이행의 관계에 있다고 할 것이다(대판 2001.6.15, 2001다21632).

(ㄴ) 또한 하자확대손해에도 마찬가지이다. 즉 "민법 제667조 제3항에 의하여 민법 제536조가 준용되는 결과 도급인이 수급인에 대하여 하자보수와 함께 청구할 수 있는 손해배상채권과 수급인의 공사대금채권은 서로 동시이행관계에 있는 점 등에 비추어 보면, 하자확대손해로 인한 수급인의 손해배상채무와 도급인의 공사대금채무도 동시이행관계에 있는 것으로 보아야 한다"는 입장이다(대판 2007.8.23, 2007다26455·26462).

판례 〈공사도급계약과 저당권등기말소의 동시이행〉 공사도급계약의 도급인이 자신 소유의 토지에 근저당권을 설정하여 수급인으로 하여금 공사에 필요한 자금을 대출받도록 한 사안에서, 수급인의 근저당권 말소의무는 도급인의 공사대금채무와 이행상 견련관계가 인정되어 서로 동시이행관계에 있고, 나아가 도급인이 대출금 등을 대위변제함으로써 수급인이 지게 된 구상금채무도 근저당권 말소의무의 변형물로서 도급인의 공사대금채무와 동시이행관계에 있다(대판 2010.3.25. 2007다35152).

(4) 무효·취소 등

(ㄱ) 쌍무계약이 무효로 되어 각 당사자가 서로 취득한 것을 반환하여야 할 경우, 어느 일방의 당사자에게만 먼저 그 반환의무의 이행이 강제된다면 공평과 신의칙에 위배되는 결과가 되므로 각 당사자의 반환의무는 동시이행관계에 있다(대판 2007.12.28, 2005다38843). 마찬가지로 미성년자가 제한능력을 이유로 취소(또는 무효인 경우)한 경우 원상회복의무 상호간 동시이행 관계가 긍정된다(대판 1996.6.14, 95다54693).

(ㄴ) 다만 당사자가 다른 경우에는 인정되지 않는 경우가 있다. 즉 "근저당권 실행을 위한 경매가 무효로 된 경우, 채권자(=근저당권자)가 낙찰자에 대하여 부담하는 배당금 반환채무와 낙찰자가 채무자에 대하여 부담하는 소유권이전등기 말소의무는 서로 이행의 상대방을 달리하는 것으로서, 위 두 채무는 동시에 이행되어야 할 관계에 있지 아니하다"고 하고 있다(대판 2006.9.22. 2006다24049).

(5) 양도소득세(또는 부가세) 제공의무

(ㄱ) 부동산의 매매계약시 그 부동산의 양도로 인하여 매도인이 부담할 양도소득세를 매수인이 부담하기로 하는 약정이 있는 경우, 매수인이 양도소득세를 부담하기 위한 이행제공의 형태, 방법, 시기등이 매도인의 소유권이전등기의무와 견련관계에 있는 경우에는 매도인의 소유권이전등기의무와 매수인의 양도소득세액제공의무는 동시이행의 관계에 있다고 봄이 상당하다(대판 1993.8.24, 92다56490).

(ㄴ) 마찬가지로 부동산매매계약에 있어 매수인이 부가가치세를 부담하기로 약정한 경우, 부가가치세를 매매대금과 별도로 지급하기로 했다는 등의 특별한 사정이 없는 한 부가가치세를 포함한 매매대금 전부와 부동산의 소유권이전등기의무가 동시이행의 관계에 있다(대판 2006.2.24, 2005다58656·58663).

(6) 준소비대차(제605조)

(ㄱ) 통설 및 판례에 따르면 소멸하는 기존채무와 준소비대차로 성립하는 신채무 사이에 동일성이 유지되므로 담보권·보증·동시이행의 항변권 등은 그대로 존속한다고 본다.

(ㄴ) 채권양도·채무인수·상속 등으로 당사자가 변경된 경우에도 '채권관계의 동일성'이 유지되는 한, 동시이행의 항변권은 인정된다.

(7) 가압류등기말소의무

(ㄱ) 매도인은 특별한 사정이 없는 한 제한이나 부담이 없는 완전한 소유권이전등기의무를 지는 것이므로 매매목적부동산에 가압류등기 등이 되어 있는 경우에는 매도인은 이와 같은 등기도 말소하여 완전한 소유권이전등기를 해 주어야 하는 것이고, 따라서 가압류등기 등이 있는 부동산의 매매계약에 있어서는 매도인의 소유권이전등기의무와 아울러 가압류등기의 말소의무도 매수인의 대금지급의무와 동시이행 관계에 있다고 할 것이다(대판 2000.11.28, 2000다8533).

(ㄴ) 그러나 부동산에 관한 매매계약을 체결한 후 매수인 앞으로 소유권 이전등기를 마치기 전에 매수인으로부터 그 부동산을 다시 매수한 제3자의 처분금지가처분신청으로 매매 목적 부동산에 관하여 가처분등기가 이루어진 상태에서 매도인과 매수인 사이의 매매계약이 해제된 경우, 가처분등기의 말소와 매도인의 대금반환의무는 동시이행의 관계에 있지 않다(대판 2009.7.9, 2009다18526).

(8) 임대차에서 지상물매수청구권

토지 임차인이 건물매수청구권을 행사한 경우, 토지 임차인의 건물명도 및 소유권이전등기의무와 토지 임대인의 건물대금지급의무는 동시이행관계에 있다. 따라서 임차인이 임대인에게 매수청구권이 행사된 건물들에 대한 명도와 소유권이전등기를 마쳐주지 아니하였다면 임대인에게 그 매매대금에 대한 지연손해금을 구할 수 없다(대판 1998.5.8, 98다2389).

판례 〈임대차에서 동시이행문제〉 ㉠ 임대차에서 목적물반환과 보증금반환은 동시이행관계에 있음이 원칙이다. 다만 임대차에서 보증금반환과 목적물반환은 위에서 본대로 동시이행관계에 있으나, 주택임대차보호법 제3조의3 규정에 의한 임차권등기가 있는 경우, 담보적 기능만을 주목적으로 하는 점 등에 비추어 볼 때, 임대인의 임대차 보증금의 반환의무가 임차인의 임차권등기 말소의무보다 먼저 이행되어야 할 의무이다(대판 2005.6.9. 2005다4529). 즉 동시이행관계에 있지 않다. 또한 ㉡ 건물매수인이 아직 건물의 소유권을 취득하지 못한 채 매도인의 동의를 얻어 제3자에게 임대하였으나 매수인(임대인)의 채무불이행으로 매도인이 매매계약을 해제하고 임차인에게 건물의 명도를 구하는 경우 임차인의 건물명도의무와 매수인(임대인)의 보증금반환의무를 동시이행관계에 두는 것은 오히려 공평의 원칙에 반한다 할 것이다(대판 1990.12.7, 90다카24939).

(9) 차량지입계약종료

지입계약의 종료에 따른 지입회사의 지입차량에 대한 소유권이전등록절차이행의무와 지입차주의 연체된 관리비 등의 지급의무는 서로 동시이행관계에 있다(대판 2009.12.24, 2009다70357).

(10) 기존 채무의 이행확보를 위하여 어음이나 수표를 발행·교부한 경우

(ㄱ) 기존 채무와 어음·수표채무가 병존하는 경우 원인채무의 이행과 어음·수표의 반환은 동시이행의 관계에 있다(대판 1993.11.9, 93다11203·11210). 즉 채무의 이행확보를 위한 어음을 발행한 경우, 그 채무의 이행과 어음의 반환은 동시이행의 관계에 있고(대판 1992.12.22, 92다8712), 또 채무자가 기본채무의 이행확보를 위하여 채권자에게 수표를 발행·교부한 경우에는 채무자는 그 교부된 수표가 반환되기까지 기본채무의 이행을 거절할 수 있다(대판 1969.4.22. 69다144).

(ㄴ) 그러나 어음상 권리가 시효완성으로 소멸하여 채무자에게 이중지급의 위험이 없고 채무자가 다른 어음상 채무자에 대하여 권리를 행사할 수도 없는 경우에는 채권자의 원인채권 행사에 대하여 채무자에게 어음상환의 동시이행항변을 인정할 필요가 없으므로 결국 채무자의 동시이행항변권은 부인된다(대판 2010.7.29. 2009다69692).

4. 동시이행항변권의 행사

(1) 상응하는 행사

위에서 살펴 본대로 동시이행항변권의 행사는 신의칙에서 인정되는 권리이므로 상응하는 범위 내에서만 행사가능한 것이 원칙이다.

> **판례** 임대차계약에 있어서 목적물을 사용·수익케 할 임대인의 의무와 임차인의 차임지급의무는 상호 대응관계에 있으므로 임대인이 목적물에 대한 수선의무를 불이행하여 임차인이 목적물을 전혀 사용할 수 없을 경우에는 임차인은 차임전부의 지급을 거절할 수 있으나, 수선의무불이행으로 인하여 부분적으로 지장이 있는 상태에서 그 사용·수익이 가능할 경우에는 <u>그 지장이 있는 한도내에서만 차임의 지급을 거절할 수 있을 뿐 그 전부의 지급을 거절할 수는 없으므로</u> 그 한도를 넘는 차임의 지급거절은 채무불이행이 된다(대판 1989.6.13, 88다카13332; 88다카13349).

(2) 상환급부판결

동시이행의 항변권이 붙은 채무를 소송상 이행청구하는 경우 법원은 피고가 원고의 이행과 상환으로 이행할 것을 명하는 상환급부판결(=일부승소판결)을 하여야 한다(유치권과 동일).

(3) 집행개시요건

한편 채무자가 동시이행의 항변권을 가지는 경우 채권자는 집행개시시까지는 자신의 채무의 이행을 제공해야만 강제집행의 방법으로써 채권의 만족을 얻을 수 있다(집행문 부여시가 아니다; 대결 1997.11.3, 자77마371).

(4) 동시이행항변권과 권리남용

일반적으로 동시이행의 관계가 인정되는 경우에 그러한 항변권을 행사하는 자의 상대방이 그 동시이행의 의무를 이행하기 위하여 과다한 비용이 소요되거나 또는 그 의무의 이행이 실제적으로 어려운 반면 그 의무의 이행으로 인하여 항변권자가 얻는 이득은 별달리 크지 아니하여 동시이행의 항변권의 행사가 주로 <u>자기 채무의 이행만을 회피하기 위한 수단이라고 보여지는 경우에는 그 항변권의 행사는 권리남용으로서 배척되어야 할 것이다</u>(대판 2001.9.18. 2001다9304).

5. 동시이행항변권의 효과

(1) 이행지체불성립

<u>쌍무계약에서 이행지체책임과 관련하여 일방의 채무의 이행기가 도래하더라도 상대방 채무의 이행제공이 있을 때까지는 그 채무를 이행하지 않아도 이행지체의 책임을 지지 않는 것이고, 이와 같은 효과는 이행지체의 책임이 없다고 주장하는 자가 반드시 동시이행의 항변권을 행사하여야만 발생하는 것은 아니다</u>(대판 1998.3.13, 97다54604).

(2) 이자불발생

동시이행의 항변권이 있는 금전채무는 상대방의 반대급부의 이행이 있을 때까지 이자가 생기지 않는다(제587조 참조).

판례 〈임차인이 임차건물의 명도를 지연할 경우에 지급하기로 약정한 지연손해금에 대한 지급의무의 발생요건〉 임차인이 임차건물을 명도할 의무와 임대인이 임대보증금 중 미지급월임료 등을 공제한 나머지 보증금을 반환할 의무가 동시이행관계에 있는 이상, 임대인이 임차인에게 위 보증금반환의무를 이행하였다거나 그 현실적인 이행의 제공을 하여 임차인의 건물명도의무가 지체에 빠졌다는 사실이 인정되지 않는다면 임차인은 임대차기간만료후 명도를 지연할 경우 지급키로 한 약정지연손해금을 지급할 의무가 없다(대판 1988.04.12, 86다카2476).

(3) 상계금지

동시이행의 항변권이 붙은 채무에 대해서는 이를 자동채권으로 하는 상계가 금지된다(통설·판례). 왜냐하면 이를 허용할 경우 상대방은 아무런 이유없이 항변권을 잃게 될 우려가 있기 때문이다. 그러나 반대로 수동채권에 동시이행항변권이 붙은 경우에는 상계가 가능하다.

(4) 계약해제문제

동시이행의 관계에 있는 쌍무계약에 있어서 상대방의 채무불이행을 이유로 계약을 해제하려고 하는 자는 동시이행관계에 있는 자기 채무의 이행을 제공하여야 하고, 그 채무를 이행함에 있어 상대방의 행위를 필요로 할 때에는 언제든지 현실로 이행을 할 수 있는 준비를 완료하고 그 뜻을 상대방에게 통지하여 그 수령을 최고하여야만 상대방으로 하여금 이행지체에 빠지게 할 수 있는 것이며 단순히 이행의 준비태세를 갖추고 있는 것만으로는 안 된다(대판 2008.4.24. 2008다3053,3060).

관련사례　甲은 2009. 1. 4. 乙에게 A토지를 매도하면서 계약금은 그날 지급받고 중도금은 2009. 1. 10.에 잔금은 2009. 1. 30.에 소유권이전등기에 필요한 서류와 상환으로 각각 지급받기로 하였는데, 乙은 중도금 및 잔금을 지급하지 않았고, 甲도 소유권이전등기 소요서류를 교부하지 아니한 채 잔금지급기일을 지나버렸다(판례에 의함).

해설
(a) 잔금지급기일이 지난 후에도 甲과 乙이 서로의 의무를 이행하지 않으면 매매계약은 자동적으로 해제된다(×) — 자동적으로 해제되지 않는다.
(b) 甲은 乙의 중도금과 잔금의 이행지체를 이유로 매매계약을 해제할 수 없다.
(c) 乙은 A토지의 소유권이전등기에 필요한 서류를 교부받을 때까지 甲의 중도금 및 잔금 지급청구를 거절할 수 있는 동시이행의 항변권이 있다(대판 1991.3.27, 90다19930)
(d) 乙은 잔금지급에 당연히 이행할 때까지의 이자를 지급하여야 한다(×) — 잔금지급이후에는 동시이행의 항변권이 발생하기 때문에 이자지급의무가 없다.
(e) 乙은 중도금의 지급에는 잔금지급시까지 이자를 붙여서 지급하여야 한다.
(f) 그리고 기본적으로 우리 법제는 당사자 일방이 상대방에 대하여 이행을 청구하려면 먼저 자기의 채무를 이행하든가, 혹은 적어도 이행의 제공을 하여야 하는 것은 아니다(독일법계).

Ⅱ. 기존채무와 관련하여 어음수표가 교부된 경우의 법률관계

1. 채무의 병존

채무자가 채권자에게 기존채무의 이행에 관하여 어음·수표를 교부하는 경우 다른 특별한 사정이 없는 한 기존의 원인채무는 소멸하지 아니하고 어음·수표상의 채무와 병존한다고 보아야 한다. 채무의 이행확보를 위하여 어음·수표를 발행한 경우, 채무의 이행과 어음 등의 반환의무는 동시이행의 관계에 있다(대판 1999.7.9, 98다47542).

2. 구별기준

원인관계상의 채무자가 어음·수표상의 유일한 채무자인 경우에는 '담보를 위하여' 교부된 것으로, 원인관계상의 채무자가 어음·수표상의 유일한 채무자가 아닌 경우에는 '지급을 위하여' 교부된 것으로 추정된다(대판 2010.12.23, 2010다44019; 대판 1997.3.28, 97다126·133 참조).

판례 〈기존 채무의 이행에 관하여 채무자가 채권자에게 어음을 교부하였는데 그 어음상의 주채무자가 원인관계상의 채무자와 동일하지 않은 경우, 그 어음이 기존 원인채무의 '지급을 위하여' 교부된 것으로 추정되는지 여부(원칙적 적극)〉 기존 채무의 이행에 관하여 채무자가 채권자에게 어음을 교부할 때의 당사자의 의사는 기존 원인채무의 '지급에 갈음하여', 즉 기존 원인채무를 소멸시키고 새로운 어음채무만을 존속시키려고 하는 경우와, 기존 원인채무를 존속시키면서 그에 대한 지급방법으로서 이른바 '지급을 위하여' 교부하는 경우 및 단지 기존 채무의 지급 담보의 목적으로 이루어지는 이른바 '담보를 위하여' 교부하는 경우로 나누어 볼 수 있는데, 어음상의 주채무자가 원인관계상의 채무자와 동일하지 아니한 때에는 제3자인 어음상의 주채무자에 의한 지급이 예정되어 있으므로 이는 '지급을 위하여' 교부된 것으로 추정되지만, '지급에 갈음하여' 교부된 것으로 볼 만한 특별한 사정이 있는 경우에는 그러한 추정은 깨진다(대판 2010.12.23, 2010다44019).

3. 지급을 위한 경우

어음이 '지급을 위하여' 교부된 경우에는 채권자는 어음채권과 원인채권 중 어음채권을 먼저 행사하여 만족을 얻을 것을 당사자가 예정하였다고 할 것이므로 채권자로서는 어음채권을 우선 행사하고, 그에 의하여서는 만족을 얻을 수 없을 때 비로소 채무자에 대하여 기존의 원인채권을 행사할 수 있다(대판 1996.11.8, 95다25060 참조). 따라서 '지급을 위하여' 어음·수표가 교부된 경우에 어음상의 권리가 시효 등으로 인하여 소멸하였다 하여 원인채권이 당연히 소멸하는 것은 아니다(대판 1976.11.23, 76다1391 참조).

판례 '지급을 위하여' 어음·수표가 교부된 경우에 어음·수표의 만기일이 기존채무의 이행기보다 나중이라면 기존채무의 이행기가 어음·수표의 만기일로 유예된다고 보아야 한다(대판 1999.8.24, 99다24508 참조). 그러나 채무자가 채무불이행인 이행지체에 빠진 후에 어음이 교부된 경우에는 이행기를 유예한 것으로 보아서는 아니된다(판례).

4. 담보를 위한 경우

'담보를 위하여' 어음·수표가 교부된 경우에 채권자는 어음·수표상의 권리와 원인채권

중 어느 것이나 임의로 선택하여 권리행사를 할 수 있다(대판 1999.6.11. 99다16378 참조).

판례 기존의 원인채권과 어음·수표채권이 병존하는 경우에 원인채무의 이행과 어음·수표의 반환은 동시이행의 관계에 있으므로, 설령 채무자가 채권자로부터 어음·수표를 반환받지 않았음을 이유로 동시이행의 항변권을 행사하지 않았더라도 원인채무의 이행기가 도과한 사실만으로는 원칙적으로 그 채무에 대한 이행지체의 책임을 지지 않는다(×, 원인채무의 이행기가 도과한 사실만으로도 원칙적으로 그 채무에 대한 이행지체의 책임을 진다는 것이 판례이다 - 대판 1999.7.9. 98다47542).

Ⅲ. 위험부담

> **제537조 (채무자위험부담주의)**
> 쌍무계약의 당사자일방의 채무가 당사자쌍방의 책임없는 사유로 이행할 수 없게 된 때에는 채무자는 상대방의 이행을 청구하지 못한다.
>
> **제538조 (채권자귀책사유로 인한 이행불능)**
> ① 쌍무계약의 당사자일방의 채무가 채권자의 책임 있는 사유로 이행할 수 없게 된 때에는 채무자는 상대방의 이행을 청구할 수 있다. 채권자의 수령지체 중에 당사자 쌍방의 책임 없는 사유로 이행할 수 없게 된 때에도 같다.
> ② 전항의 경우에 채무자는 자기의 채무를 면함으로써 이익을 얻은 때에는 이를 채권자에게 상환하여야 한다.

1. 의의와 본질

(1) 의의

위험부담은 좁게 쌍무계약의 당사자 일방의 채무가 당사자 쌍방의 책임 없는 사유로 후발적 불능이 되어 소멸한 경우에 그에 대응하는 상대방의 채무도 소멸하는지 여부를 말하고, 넓게 설명한다면 쌍무계약의 일방의 채무가 채무자에게 책임 없는 사유로 이행불능이 되어 소멸한 경우에, 그에 대응하는 타방의 채무의 운명은 어떻게 되는가하는 문제이다.

(2) 물건의 위험

위험에서 「물건의 위험」은 물건이 멸실됨으로써 그를 갖지 못하게 되는 불이익이다. 물건의 위험은 소유자가 부담하게 되나, 그 물건이 타인에게 인도될 것인 경우에는 인도받을 사람(채권자)이 위험을 부담한다.

(3) 대가의 위험

「대가의 위험」은 대가를 받지 못하는 불이익이다. 매매(쌍무계약)의 경우 대가의 위험을 누가 부담하느냐 하는 것은 입법정책의 문제라고 한다. 우리 민법의 경우는 채무자가 부담한다고 한다(즉, 물건의 인도채무자). 일반적으로 위험에서 의미가 있는 것은 대가의 위험이고, 보통 위험부담하면 이를 말한다.

(4) 위험부담의 특징

위험부담은 쌍무계약에서 문제되는 것이지, 편무계약에서는 본래급부에 대응하는 대가가 없기 때문에 문제되지 않는다. 다만 물건의 위험은 있을 수 있다. ㉠ 위험부담에서 이행을 할 수 없다는 불능은 후발적 불능을 지칭하는 것이다. ㉡ 위험부담에서 불능은 채무자에게 귀책사유가 없는 사유로 생긴 것이어야 한다. 채무자의 책임있는 사유로 불능으로 된 경우에는 손해배상채무가 발생하고 이러한 손해배상은 채무에 갈음하여 위험부담의 문제는 아니다(즉 채무불이행의 문제이다). ㉢ <u>위험부담의 법리는 경매의 경우에도 유추적용된다</u>(대결 2004.12.24. 자2003마1665).

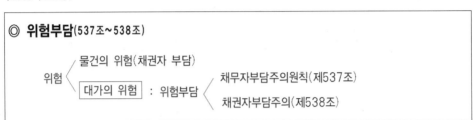

2. 위험부담에 관한 입법주의(채무자부담주의)

채무자부담주의는 채무자가 위험을 부담한다고 하는 견해로서, 채무자주의는 계약이 체결된 때로부터 목적물의 인도가 있을 때까지는 채무자인 매도인이 위험을 부담하고, 인도가 있은 때로부터는 위험이 매수인(채권자)에게 이전한다고 본다.

3. 위험의 이전시점

(1) 인도나 등기시

매매와 같이 물건의 소유권을 이전하는 계약에서는 언제 채무자가 위험부담에서 벗어나는가가 문제된다. 우리 민법은 소유권이전시기를 동산의 인도시 및 부동산의 등기시로 규정하므로 매도인은 매수인에게 동산의 인도 또는 부동산의 등기를 완료할 때까지 <u>스스로 위험을 부담한다.</u>

(2) 채권자지체시

1) 채권자에게 이전

채권자지체가 있는 경우에는 그때부터 위험부담은 매수인(채권자)에게 이전한다(제538조). 채권자지체 중 당사자 쌍방의 책임 없는 사유로 이행할 수 없게 된 때에도 같다고 하여 채권자주의를 예외적으로 허용한다.

판례 ㉠ 〈민법 제538조 제1항 소정의 '채권자의 책임 있는 사유'의 의미〉: 민법 제538조 제1항 제2문 소정의 '채권자의 수령지체 중에 당사자 쌍방의 책임 없는 사유로 이행할 수 없게 된 때'에 해당하기 위해서는 현실 제공이나 구두 제공이 필요하다(다만, 그 제공의 정도는 그 시기와 구체적인 상황에 따라 신의성실의 원칙에 어긋나지 않게 합리적으로 정하여야 한다):(대판 2004.3.12, 2001다79013). 즉.여기에서 '채권자의 책임 있는 사유'라고 함은 채권자의 어떤 작위나 부작위가 채무의 내용인 급부의 실현을 방해하고 그 작위나 부작위는 채권자가 이를 피할 수 있었다는 점에서 신의칙상 비난받을 수 있는 경우를 의미한다(대판 2011.1.27, 2010다25698).

ⓛ 〈채권자주의〉 ① 근로자가 무효인 부당전직에 불응하여 전직명령의 효력을 다투면서 전직발령지에서 근로를 제공하지 아니하는 경우 이는 부당한 전직명령을 한 사용자의 귀책사유로 말미암은 것이므로, 근로자(채무자)는 전직명령시부터 원직복귀시까지의 기간 동안 종전 근무지에서 계속 근로하였을 경우에 받을 수 있는 임금의 지급을 청구할 수 있다(대판 2006.9.14, 2006다33531). ②영상물 제작공급계약상 수급인의 채무가 도급인과 협력하여 그 지시감독을 받으면서 영상물을 제작하여야 하므로 도급인의 협력 없이는 완전한 이행이 불가능한 채무이고, 한편 그 계약의 성질상 수급인이 일정한 기간 내에 채무를 이행하지 아니하면 계약의 목적을 달성할 수 없는 정기행위인 사안에서, 도급인의 영상물제작에 대한 협력의 거부로 수급인이 독자적으로 성의껏 제작하여 납품한 영상물이 도급인의 의도에 부합되지 아니하게 됨으로써 결과적으로 도급인의 의도에 부합하는 영상물을 기한 내에 제작하여 납품하여야 할 수급인의 채무가 이행불능케 된 경우, 이는 계약상의 협력의무의 이행을 거부한 도급인의 귀책사유로 인한 것이므로 수급인은 약정대금 전부의 지급을 청구할 수 있다(대판 1996. 7. 9, 96다14364, 14371). ③ 아파트 수분양자에게 중도금을 대출한 은행이 수분양자가 그 대출금 이자의 지급 이행 등을 하지 않자 위 대출채무의 연대보증인인 분양회사로부터 그 회사 명의로 소유권보존등기가 되어 있던 분양아파트에 대하여 근저당권을 설정받아 결국 그 근저당권을 실행함으로써 제3자가 그 아파트의 소유권을 취득한 사안에서, 위 근저당권의 실행으로 제3자가 분양아파트 소유권을 취득한 결과 분양회사의 소유권이전의무가 이행불능이 된 것은 채권자인 수분양자가 자신의 분양잔금지급의무, 나아가 위 대출금 및 그 이자의 지급의무를 이행하지 않은 귀책사유로 인한 것이므로, 이는 민법 제538조 제1항 제1문의 '채권자의 책임 있는 사유'로 인하여 채무자의 채무가 이행할 수 없게 된 때에 해당한다(대판 2011.1.27, 2010다25698). 따라서 분양회사(채무자)는 수분양자(채권자)에 대하여 매매대금을 청구할 수 있다.

2) 임의규정

위험의 부담에 관한 제537조·제538조는 임의규정이다. 그러므로 그와 다른 약정이나 관습이 있으면 그에 따른다. 다만 민법 제548조 제2항은 계약이 해제된 경우 반환할 금전에 그 받은 날로부터 이자를 가산하여야 한다고 규정하고 있으므로 계약해제로 인하여 사업자가 이미 받은 금전을 반환함에 있어 이자의 반환의무를 배제하는 약관 조항은 고객에게 부당하게 불리하여 공정을 잃은 것으로 추정되어 이를 정당화할 합리적인 사유가 없는 한 무효라고 보아야 할 것이다(대판 2008.12.24, 2008다75393 등).

4. 관련문제(위험부담과 임금청구)

(1) 정당한 해고 등

해고가 없었다고 하더라도 취업이 사실상 불가능한 상태가 발생한 경우라든가 사용자가 정당한 사유에 의하여 사업을 폐지한 경우에는 사용자의 귀책사유로 인하여 근로제공을 못한 것이 아니므로 그 기간 중에는 임금을 청구할 수 없다.

(2) 부당해고시

사용자의 근로자에 대한 해고가 무효인 경우 근로자는 근로계약관계가 유효하게 존속함에도 불구하고 사용자의 귀책사유로 인하여 근로제공을 하지 못한 셈이므로, 민법 제538조 제1항에 의하여 그 기간 중에 근로를 제공하였을 경우에 받을 수 있는 반대급부인 임금의 지급을 청구할 수 있다.

(3) 해고가 무효인 경우에도 임금청구가 제한되는 경우

해고기간 중 근로자가 징역형을 선고받아 상당기간 구속된 경우 해고가 무효라고 하더라도 구속기간 동안에는 근로자가 근로의 제공을 할 수 없는 처지였다고 할 것이므로 구속기간 동안의 임금을 청구할 수 없다(대판 1994.9.13, 93다50017).

판례 〈구회사를 실질적으로 운영하는 사주가 구회사를 폐업하고 신설회사를 설립하는 위장폐업의 방법으로 근로자들을 부당해고한 사안에서, 근로자들은 구회사(또는 신설회사)에 대하여 부당해고 한 경우 불법행위 성립여부〉:㉠ 사용자가 근로자들에게 어떠한 해고사유도 존재하지 아니함에도 노동조합 활동을 혐오한 나머지, 경영상 어려움 등 명목상 이유를 내세워 사업 자체를 폐지하고 근로자들을 해고함으로써 일거에 노동조합을 와해시키고 조합원 전원을 사업장에서 몰아내고는 다시 종전 회사와 다를 바 없는 회사를 통하여 여전히 예전의 기업 활동을 계속하는 것은 우리의 건전한 사회통념이나 사회상규상 용인될 수 없는 행위이므로, 이러한 위장폐업에 의한 부당해고는 근로자에 대한 관계에서 불법행위를 구성한다. 따라서 ㉡ 근로자들로서는 위장폐업에 의한 부당해고가 무효임을 이유로 민법 제538조 제1항에 따라 구회사 내지는 그와 실질적으로 동일성을 유지하고 있는 신설회사에 대하여 계속 근로하였을 경우 그 반대급부로 받을 수 있는 임금의 지급을 구할 수 있음은 물론이고, 아울러 ㉢ 위장폐업에 의한 부당해고가 불법행위에 해당함을 이유로 손해배상을 구할 수 있으며, 그 중 어느 쪽의 청구권이라도 선택적으로 행사할 수 있다. ㉢ 위장폐업에 의한 부당해고는 사회통념이나 사회상규상 용인될 수 없는 것이어서 불법행위를 구성하므로, 사용자는 그로 인하여 근로자들이 입게 된 정신적 고통에 대한 위자료를 배상할 책임이 있다(대판 2011.3.10, 2010다13282).

5. 쌍무계약에서 당사자 쌍방의 귀책사유 없이 채무가 이행불능되어 계약관계가 소멸한 경우 적용되는 법리(=부당이득)

민법 제537조는 채무자위험부담주의를 채택하고 있는바, 쌍무계약에서 당사자 쌍방의 귀책사유 없이 채무가 이행불능된 경우 채무자는 급부의무를 면함과 더불어 반대급부도 청구하지 못하므로, 쌍방 급부가 없었던 경우에는 계약관계는 소멸하고 이미 이행한 급부는 법률상 원인 없는 급부가 되어 부당이득의 법리에 따라 반환청구할 수 있다. 따라서 매매목적물이 당사자 쌍방의 귀책사유 없이 이행불능에 이르러 매매계약이 종료되었다면, 위험부담의 법리에 따라 매도인은 이미 지급받은 계약금을 반환하여야 하고 매수인은 목적물을 점유·사용함으로써 취득한 임료 상당의 부당이득을 반환할 의무가 있다(대판 2009.5.28, 2008다98655,98662)

관련사례 | 매매 등 쌍무계약에서 이행불능시 법률관계를 설명하라?

해설 | (a) 계약당사자 쌍방 모두에게 이행불능에 대한 과실이 없는 경우 반대급부에 대한 위험부담은 채무자가 부담한다(민법 제537조).
(b) 채권자의 귀책사유로 이행불능이 발생한 경우, 채무자는 이행불능에 대한 책임을 지지 않는다.

(c) 이행불능에 대한 책임이 채무자에게 있는 경우, 채권자는 계약해제권과 대상청구권을 동시에 행사할 수 없다는 것이 통설과 판례의 입장이다. 채무자에게 귀책사유가 있는 경우에 채권자가 대상청구권을 행사하기 위해서는 자기의 급부를 이행하여야 한다.

(d) 채권자의 수령지체 중에 발생한 이행불능에 대하여 채권자에게 귀책사유가 없는 경우에도 채무자는 반대급부청구권을 상실하지 않는다(제538조).

Ⅳ. 제3자를 위한 계약

> **제539조 (제3자를 위한 계약)**
> ① 계약에 의하여 당사자일방이 제3자에게 이행할 것을 약정한 때에는 그 제3자는 채무자에게 직접 그 이행을 청구할 수 있다.
> ② 전항의 경우에 제3자의 권리는 그 제3자가 채무자에 대하여 계약의 이익을 받을 의사를 표시한 때에 생긴다.

1. 일반론

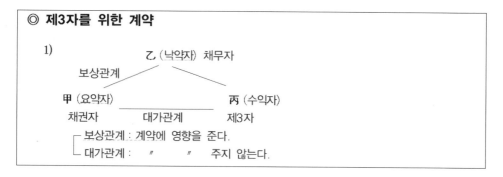

◎ 제3자를 위한 계약

1)

乙 (낙약자) 채무자

보상관계

甲 (요약자) ――――――― 丙 (수익자)
채권자   대가관계   제3자

┌ 보상관계 : 계약에 영향을 준다.
└ 대가관계 :   ″   ″   주지 않는다.

(1) 의의 및 특징

「제3자를 위한 계약」은 채무자가 계약당사자 이외의 제3자에게 직접 채무를 부담한다는 점이다. 제3자를 위한 계약에서 낙약자의 제3자에 대한 급부의 내용에는 제한이 없기 때문에 낙약자가 제3자에 대해 가지는 청구권을 행사하지 않도록 하는 것(예: 면제)도 급부에 해당한다.

(2) 유형

면책적 채무인수는 채권자로 하여금 새로운 채권을 취득케 하는 것이 아니므로 제3자를 위한 계약이 아니다. 오히려 병존적 채무인수가 제3자를 위한 계약에 해당한다고 볼 수 있다. 또한 변제를 위한 공탁(제487조)·타인을 위한 보험 등이 이에 해당한다.

판례 〈제3자를 위한 계약의 예〉 ㉠ 부동산을 매매하면서 매도인과 매수인 사이에 매매대금을 매도인의 채권자에게 직접 지급하기로 약정한 경우, 이는 매도인의 채권자로 하여금 매매대금청구권을 취득하게 하는 제3자를 위한 계약으로서 병존적 채무인수에 해당된다(대판 1997.10.24. 97다28698).ⓒ 계약의 당사자가 제3자에 대하여 가진 채권에 관하여 그 채무를 면제하는 계약도 제3자를 위한 계약에 준하는 것으로 유효하다고 한다(대판 2004.9.3. 2002다37405).

(3) 기본관계(=보상관계) · 대가관계

<u>요약자와 낙약자의 관계를 기본관계(보상관계)라 하는데, 제3자를 위한 계약의 내용이 되며 그 하자는 계약의 효력에 영향을 준다</u>(수익자와 요약자사이의 대가관계는 제3자를 위한 계약에 영향을 주지 않는다).

판례 〈제3자를 위한 계약에서 요약자와 제3자 사이의 법률관계의 효력이 요약자와 낙약자 사이의 법률관계에 영향을 미치는지 여부(소극)〉 제3자를 위한 계약의 체결 원인이 된 요약자와 제3자(수익자) 사이의 법률관계(이른바 대가관계)의 효력은 제3자를 위한 계약 자체는 물론 그에 기한 요약자와 낙약자 사이의 법률관계(이른바 기본관계=보상관계)의 성립이나 효력에 영향을 미치지 아니하므로 <u>낙약자는 요약자와 수익자 사이의 법률관계에 기한 항변으로 수익자에게 대항하지 못하고, 요약자도 대가관계의 부존재나 효력의 상실을 이유로 자신이 기본관계에 기하여 낙약자에게 부담하는 채무의 이행을 거부할 수 없다</u>(대판 2003.12.11. 2003다49771).

2. 제3자를 위한 계약에서 제3자의 지위와 관련된 문제

(1) 제3자의 현존과 특정

제3자를 위한 계약(제539조 이하)에 있어서 제3자는 계약체결 당시에 현존하거나 특정될 필요는 없다. 따라서 태아나 아직 성립하지 않은 법인을 위한 계약도 가능하다(대판 1960.7.21. 4292민상773).

(2) 형성권

<u>제3자를 위한 계약에서 제3자의 권리가 생기기 위해서는 수익의 의사표시가 필요한데, 제3자의 수익의 의사표시는 계약의 성립요건은 아니며, 다만 다수설에 의할 경우 '권리의 발생요건'이 될 뿐이다</u>(제539조 제2항). 그리고 수익의 의사표시는 형성권으로서 재산적 색채가 강하므로 상속 · 채권자대위권의 목적이 된다는 것이 다수설이다.

(3) 제3자의 의무부담

통설은 제3자에게 권리뿐만 아니라 의무도 부담케 하는 계약의 유효성을 인정하고 있다(판례 동지).

판례 〈주택분양보증〉 주택분양보증은 그 성질상 조건부 제3자를 위한 계약으로서, 제3자의 지위에 있는 수분양자는 주택분양보증계약의 내용에 따라 수익의 의사표시에 의하여 <u>주택분양보증인에 대한 분양계약상의 권리를 취득함과 동시에 그와 반대급부의 관계에 있는 의무를 부담한다</u>(대판 2006.5.12. 2005다68783).

(4) 취소권 등

제3자는 계약당사자가 아니므로 취소권 · 해제권을 행사할 수 없다.

판례 낙약자의 책임 있는 사유에 의한 급부불능의 경우에는 요약자는 계약을 해제할 수 있다. 이때 요약자가 계약해제권을 행사하기 위해서 제3자의 동의를 요하는가에 대해서는 학설의 대립이 있으나 다수설과 판례는 제3자의 동의 없이도 요약자는 단독으로 계약을 해제할 수 있다고 한다(대판 1970. 2. 24, 69다1410).

(5) 제3자의 사기 등

수익자인 「제3자」에 대해서는 민법상 제3자 보호규정이 적용되지 않는다. 그러나 제3자가 낙약자를 기망한 경우에 상대방의 사기로 다루지 않고 제3자의 사기로 다룬다(다수설).

(6) 채무자의 제3자에 대한 최고권

> **제540조 (채무자의 제3자에 대한 최고권)**
> 전조의 경우에 채무자는 상당한 기간을 정하여 계약의 이익의 향수여부의 확답을 제3자에게 최고할 수 있다. 채무자가 그 기간 내에 확답을 받지 못한 때에는 제3자가 계약의 이익을 받을 것을 거절한 것으로 본다.

채무자는 상당한 기간을 정하여 계약의 이익의 향수여부의 확답을 제3자에게 최고할 수 있다. 채무자가 그 기간내에 확답을 받지 못한 때(유의 : 발신주의가 아닌 도달주의)에는 제3자가 계약의 이익을 받을 것을 거절한 것으로 본다(제540조).

(7) 제3자 권리의 변경 등

제3자의 수익의 의사표시가 행해진 이후에는 원칙적으로 계약당사자가 이를 변경·소멸시킬 수 없다(제541조). 그러나 채무자는 제539조의 계약에 기한 항변으로 그 계약의 이익을 받을 제3자에게 대항할 수는 있다(제542조).

판례 〈제3자를 위한 계약에 있어 제3자의 권리를 변경·소멸시키는 행위의 효력〉 제3자를 위한 계약에 있어서, 제3자가 민법 제539조 제2항에 따라 수익의 의사표시를 함으로써 제3자에게 권리가 확정적으로 귀속된 경우에는, 요약자와 낙약자의 합의에 의하여 제3자의 권리를 변경·소멸시킬 수 있음을 미리 유보하였거나, 제3자의 동의가 있는 경우가 아니면 계약의 당사자인 요약자와 낙약자는 제3자의 권리를 변경·소멸시키지 못하고, 만일 계약의 당사자가 제3자의 권리를 임의로 변경·소멸시키는 행위를 한 경우 이는 제3자에 대하여 효력이 없다(대판 2002.1.25, 2001다30285).

(8) 채무불이행으로 인한 손해배상

낙약자의 귀책사유에 의하여 채무불이행이 발생한 경우에, 제3자는 그 낙약자에 대하여 손해배상을 청구할 수 있다(대판 1994. 8. 12, 92다41559).

(9) 제3자의 부당이득반환문제

제3자를 위한 계약관계에서 낙약자와 요약자 사이의 법률관계(이른바 기본관계)를 이루는 계약이 해제된 경우, 낙약자가 이미 제3자에게 급부한 것에 대해 계약해제에 기한 원상회복 또는 부당이득을 원인으로 제3자를 상대로 그 반환을 구할 수 없다(대판 2005.7.22, 2005다7566).

판례 〈유동적 무효와 제3자를 위한 계약〉 매도인 甲과 매수인 乙이 토지거래허가구역 내 토지의 지분에 관한 매매계약을 체결하면서 매매대금을 丙에게 지급하기로 하는 제3자를 위한 계약을 체결하고 그 후 매수인 乙이 그 매매대금을 丙에게 지급하였는데, 토지거래허가를 받지 않아 유동적 무효였던 위 매매계약이 확정적으로 무효가된 사안에서, 그 계약관계의 청산은 요약자인 甲과 낙약자인 乙 사이에 이루어져야 하므로 특별한 사정이 없는한 乙은 丙에게 매매대금 상당액의 부당이득반환을 구할 수 없다(대판 2010.8.19. 2010다31860,31877).

관련사례	甲(요약자)과 乙(낙약자)은 甲 소유의 토지를 乙에게 매도하되, 매매대금은 乙이 丙(수익자)에게 지급하기로 약정하였다.
해설	(a) 丙이 乙에 대하여 수익의 의사표시를 한 후 乙이 대금채무이행을 지체하는 경우에, 丙은 乙에 대하여 이행지체로 인한 손해배상청구권을 가지나, 이행지체를 이유로 계약을 해제할 수는 없다 (b) 乙의 丙에 대한 대금지급의무와 甲의 乙에 대한 소유권 이전의무는 원칙적으로 동시이행의 관계에 있다(제542조). (c) 제3자를 위한 계약관계에서 낙약자와 요약자 사이의 법률관계(이른바 기본관계)를 이루는 계약이 해제된 경우, 낙약자가 이미 제3자에게 급부한 것에 대해 계약해제에 기한 원상회복 또는 부당이득을 원인으로 제3자를 상대로 그 반환을 구할 수 없다(대판 2005.7.22, 2005다 7566 · 7573).

제3절 계약의 소멸(해제 · 해지)

해제와 해지는 계약에 특유한 제도로서, 해제는 유효하게 성립하고 있는 계약의 효력을 당사자 일방의 의사표시에 의하여 그 계약이 처음부터 있지 않았던 것과 같은 상태에 복귀시키는 것이고, 해지는 계속적 채권(계약)관계에 있어서 계약의 효력을 장래에 향하여 소멸케 하는 일방적 행위를 말한다. 즉 계약의 해제와 해지는 계약당사자의 일방에 채무불이행이 있어 계약의 목적을 달성할 수 없는 경우에 비로소 문제가 되는 것이다.

Ⅰ. 계약의 해제

> **제543조 (해지 · 해제권)**
> ① 계약(=약정해제) 또는 법률의 규정(=법정해제)에 의하여 당사자의 일방이나 쌍방이 해지 또는 해제의 권리가 있는 때에는 그 해지 또는 해제는 상대방에 대한 의사표시로 한다.
> ② 전항의 의사표시는 철회하지 못한다.

1. 해제의 개념

◎ **계약의 해제**

1) 개념
① 법정해제(채무불이행)
② 약정해제(해제사유약정) ┐ 일방적, 형성권
③ 합의해제(= 해제계약) : 청약+승낙
④ 조건부 해제 : 자동적, 저절로

(1) 법정해제

계약의 「법정해제」는 계약은 유효하였는데 계약당사자의 일방이 그 계약상의 채무를 이행하지 않는 경우(채무불이행)에, 상대방이 일정한 요건하에 그 계약을 처음부터 없었던 것으로 하는 것이다(통설과 판례가 소급효를 긍정한다).

(2) 약정해제

「약정해제권」이라 함은 당사자의 계약에 의하여 발생하는 해제의 권리(=해제권유보에 기한 해제)를 말한다(제565조 참조). 약정해제도 해제사유를 약정해 놓은 것이 법정해제와 차이가 있는 것이지 약정사유가 발생하면 일방적으로 해제하는 것은 법정해제와 동일하다.따라서 해제권은 형성권으로 10년의 제척기간에 걸리므로 약정해제권도 10년의 제척기간에 걸린다.

(3) 합의해제

「해제계약」(=합의해제)이라 함은, 법정 혹은 약정해제가 해제권자의 형성권행사로 계약을 소멸시키는 것과는 달리 계약당사자의 합의에 의한 계약해소를 하는 것을 말한다. 당사자의 합의에 의하여 계약을 해소시키는 해제계약에 있어서는 원칙적으로 법정해제에 관한 규정이 적용되지 않는다(특히 손해배상).

판례 〈해제된 계약의 부활약정〉 매매계약을 합의해제한 후 그 합의해제를 무효화시키고 해제된 계약을 부활시키는 약정을 할 수 있다(대판 2006.4.13, 2003다45700).

(4) 해제조건

해제에 있어서는 해제권의 행사(형성권)가 있어야 비로소 그 효과가 발생하고, 또 그 효과도 소급한다. 이에 반해 해제조건에 있어서는 조건의 성취라는 사실에 의하여 그 효력이 당연히 장래를 향하여 상실되는 점이 다르다.

판례 매매계약에 있어서 매수인이 중도금을 약정한 일자에 지급하지 아니하면 그 계약을 무효로 한다고 하는 특약이 있는 경우 매수인이 약정한 대로 중도금을 지급하지 아니하면, 그 불이행자체로서 계약은 그 일자에 해제의 의사표시 없이 자동적으로 해소된 것으로 보아야 한다(대판 1991.8.13, 91다13717). 이러한 중도금과는 달리 동시이행관계 있는 잔금의 경우에는 자동적 해제는 원칙적으로 불가능하다(대판 2008.4.24, 2008다3053,3060 등).

(5) 취소 · 철회와 구별

1) 취소는 모든 법률행위에서 인정되나, 해제는 계약에서만 인정된다. 그리고 취소는 부당이 득이 따르지만(제741조), 해제는 원상회복의 문제가 발생한다(제548조).

판례 〈해제된 계약을 취소하는 경우〉 매도인이 매수인의 중도금 지급채무 불이행을 이유로 매매계약을 적법하 게 해제한 후라도 매수인으로서는 상대방이 한 계약해제의 효과로서 발생하는 손해배상책임을 지거나 매매계약 에 따른 계약금의 반환을 받을 수 없는 불이익을 면하기 위하여 착오를 이유로 한 취소권을 행사하여 매매계약 전체를 무효로 돌리게 할 수 있다(대판 1996.12.6, 95다24982, 24999).

2) 철회는 아직 법률행위의 효력이 발생하지 않은 것에 대해 그 효력발생을 저지시키는 것을 말한다. 예컨대, 미성년자의 법률행위에 대한 동의와 영업허락에 대한 취소(제7조 · 8조 · 2항), 무권대리의 상대방의 철회(제134조), 유언의 철회(제1108조) 등이다. 이에 대하여 해제는 이미 효력을 발생하고 있는 계약을 소급적으로 실효시키는 점에서 철회와 다르다.

2. 합의해제

(1) 의의

(ㄱ) 계약당사자 쌍방이 합의(청약과 승낙)에 의하여 기존의 계약의 효력을 소멸시켜 당초부터 계약이 체결되지 않았던 것과 같은 상태로 복귀시킬 것을 내용으로 하는 계약이다(계약자유원 칙상 유효함은 당연하다).

(ㄴ) 합의해제는 명시적으로뿐만 아니라 당사자 쌍방의 묵시적인 합의에 의하여도 할 수 있 으나, 묵시적인 합의해제를 한 것으로 인정되려면 계약이 체결되어 그 일부가 이행된 상 태에서 당사자 쌍방이 장기간에 걸쳐 나머지 의무를 이행하지 아니함으로써 이를 방치한 것만으로는 부족하고, 당사자 쌍방에게 계약을 실현할 의사가 없거나 계약을 포기할 의사가 있다고 볼 수 있을 정도에 이르러야 한다(대판 2011.2.10, 2010다77385; 대판 1998.8.21, 98다 17602).

판례 계약의 성립 후에 당사자 쌍방의 계약실현 의사의 결여 또는 포기로 인하여 쌍방 모두 이행의 제공이나 최고에 이름이 없이 장기간 이를 방치하였다면, 그 계약은 당사자 쌍방이 계약을 실현하지 아니할 의사가 일치함으로써 묵시 적으로 합의해제되었다고 해석함이 상당하다(대판 2007.6.15, 2004다37904,37911). 예컨대 불법행위로 인한 손해배상에 대한 합의가 성립되어 그에 따른 합의금이 지급된 후 피해자가 그 합의에 불만을 품고 이를 해제할 목적 으로 위 합의금을 반환하자 가해자가 이를 이의 없이 수령하였다면 그 합의는 묵시적으로 해제되었다고 봄이 상 당하다(대판 1979.7.24, 79다643).

(2) 이행제공여부

계약의 합의해제는 청약과 승낙이라는 서로 대립되는 의사표시의 합치로 성립하기 때문에 당사자 쌍방이 자기 채무의 이행제공을 하지 않은 상태에서도, 계약의 합의해제를 할 수 있다(대판 1991.7.12, 90다8343).

(3) 손해배상청구와 이자제공여부

계약이 합의해제된 경우에는 그 해제시에 당사자 일방이 상대방에게 손해배상을 하기로 특약하거나 손해배상청구를 유보하는 의사표시를 하는 등 다른 사정이 없는 한 <u>채무불이행으로 인한 손해배상을 청구할 수 없다</u>(대판 1989. 4. 25. 86다카1147). 그리고 합의해제의 경우에는 이자를 부가하여 반환할 의무가 발생하지 않는다(판례동지).

판례 〈이자반환의무문제〉 합의해제 또는 해제계약의 효력은 그 합의의 내용에 의하여 결정되고 여기에는 해제에 관한 민법 제548조 제2항의 규정은 적용되지 아니하므로, 당사자 사이에 약정이 없는 이상 합의해제로 인하여 <u>반환할 금전에 그 받은 날로부터의 이자를 가하여야 할 의무가 있는 것은 아니다</u>(대판 1996. 7. 30. 95다16011).

(4) 제3자보호문제

계약의 합의해제에 있어서는 민법 제548조의 계약해제의 경우와 같이 이로써 <u>제3자의 권리를 해할 수 없다</u>(대판 2005.4.13. 2003다45700).

3. 해제권이 인정되는 범위

(1) 편무계약

해제(법정+약정)는 쌍무계약에만 한정되는 것이 아니라 편무계약에서도 발생될 수 있다.

(2) 부수적 의무

<u>주된 채무(급부의무)가 이행된 경우, 부수적 의무의 불이행만을 이유로 계약이 해제될 수는 없다</u>(학설·판례).

판례 〈부수적 채무불이행〉 ㉠ 민법 제544조에 의하여 채무불이행을 이유로 계약을 해제하려면, 당해 채무가 계약의 목적 달성에 있어 필요불가결하고 이를 이행하지 아니하면 계약의 목적이 달성되지 아니하여 채권자가 그 계약을 체결하지 아니하였을 것이라고 여겨질 정도의 주된 채무이어야 하고 그렇지 아니한 부수적 채무를 불이행한 데에 지나지 아니한 경우에는 계약을 해제할 수 없다(대판 2001.11.13. 2001다20394, 20400). ㉡ 계약상의 의무 가운데 주된 채무와 부수적 채무를 구별함에 있어서는 <u>급부의 독립된 가치와는 관계없이</u> 계약을 체결할 때 표명되었거나 그 당시 상황으로 보아 분명하게 객관적으로 나타난 당사자의 합리적 의사에 의하여 결정하되, 계약의 내용·목적·불이행의 결과 등의 여러 사정을 고려하여야 한다(대판 2005.11.25. 2005다53705,53712; 대결 1997.4.7. 97마575). ㉢ 수필지의 토지를 매매함에 있어서 그 중 1필지상에 있는 분묘 2기의 이장을 담보하기 위하여 매수인이 잔금 중 일부를 따로 보관하였다가 이장을 확인한 후 이를 지급키로 약정한 사안에서, 그 분묘이장의무나 잔금 중 일부 지급의무는 매매계약의 부수적 사항으로서, 그 의무위반을 이유로 계약전체를 해제할 수 없다(대판 1976.4.27. 74다2151).

4. 해제권의 행사

(1) 불가분성

> **제547조 (해지·해제권의 불가분성)**
> ① 당사자의 일방 또는 쌍방이 수인인 경우에는 계약의 해지나 해제는 그 전원으로부터 또는 전원에 대하여 하여야 한다.
> ② 전항의 경우에 해지나 해제의 권리가 당사자 1인에 대하여 소멸한 때에는 다른 당사자에 대하여도 소멸한다.

1) 해제는 한 계약의 모든 당사자에게 영향을 미치게 되고, 각인에게 중대한 영향을 미치게 되므로 그 의사표시는 전원이 전원에 대하여 함으로써, 각인이 계약체결에서와 마찬가지로 해제에 능동적 또는 수동적으로 참여하도록 하여야 한다는 취지라고 볼 수 있다. 예컨대 동업자 甲과 乙이 그의 고객 丙과 매매계약을 체결하였다고 하자. 甲·乙이 계약을 해제하려면 丙에게 공동명의로 해제의 의사표시를 하여야 하고, 반대로 丙이 해제하는 경우는 甲 및 乙 전원에 대한 의사표시로 하여야 한다.

2) 또한 이는 복잡한 법률관계를 방지하고자 하는 면이 있다. 따라서 동일한 취지에서, 당사자의 일방 또는 쌍방이 수인인 경우에, 그 중의 한 사람에 관하여 해제권이 소멸한 때에는 다른 당사자에 대하여도 소멸한다(제547조 제2항). 그러나 제547조의 규정은 임의규정으로서 당사자의 특약으로 이를 배제할 수 있다.

3) 해제의 의사표시는 전원으로부터 전원에 대하여 하면 되고 반드시 공동으로 동시에 행해질 필요는 없다. 그 의사표시가 개별적으로 다른 때에 행해진 경우에는 마지막 의사표시의 도달로 해제의 효력이 생긴다.

(2) 법정해제권행사

법정해제란 채무불이행을 이유로 해제하는 것으로 이행지체, 이행불능, 불완전이행 등을 원인으로 해제권을 행사하는 것을 말한다. 근래에는 최고를 요하지 않는 해제권행사와 이행거절에 기한 해제문제, 그리고 사정변경을 원인으로 하는 해제가 특히 문제된다.

> **제544조 (이행지체와 해제)**
> 당사자일방이 그 채무를 이행하지 아니하는 때에는 상대방은 상당한 기간을 정하여 그 이행을 최고하고 그 기간내에 이행하지 아니한 때에는 계약을 해제할 수 있다. 그러나 채무자가 미리 이행하지 아니할 의사를 표시한 경우에는 최고를 요하지 아니한다.
> **제545조 (정기행위와 해제)**
> 계약의 성질 또는 당사자의 의사표시에 의하여 일정한 시일 또는 일정한 기간내에 이행하지 아니하면 계약의 목적을 달성할 수 없을 경우에 당사자일방이 그 시기에 이행하지 아니한 때에는 상대방은 전조의 최고를 하지 아니하고 계약을 해제할 수 있다.
> **제546조 (이행불능과 해제)**
> 채무자의 책임 있는 사유로 이행이 불능하게 된 때에는 채권자는 계약을 해제할 수 있다.

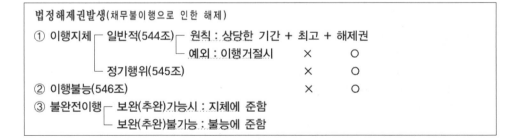

1) 이행지체와 이행불능

(가) **최고를 요하지 않는 경우** : 일반적 이행지체에서는 원칙적으로 최고가 필요하다(제544조 참조). 그러나 채무자가 이행거절이 있는 경우(제544조 후단), 정기행위(제545조) 혹은 이행불능(제546조)의 경우에는 「최고」 없이 즉시 해제권이 발생한다.

판례 〈채권자가 적법한 이행의 최고를 하였으나 채무자가 그 최고기간 또는 상당한 기간 내에 이행하지 아니한 데에 정당한 사유가 있는 경우, 이행지체를 이유로 한 해제권 행사가 제한되는지 여부(적극)〉 채권자가 채무자에게 지급하여야 할 채무의 이행을 최고한 것을 부적법한 이행의 최고라고 할 수는 없다고 할지라도 그 이행을 지체하게 된 전후 사정, 그 이행에 관한 당사자의 태도, 소송의 경과 등 제반 사정에 비추어 보아 채무자가 최고기간 또는 상당한 기간 내에 이행하지 아니한 데에 정당한 사유가 있다고 여겨질 경우에는 신의칙상 그 최고기간 또는 상당한 기간 내에 이행 또는 이행의 제공이 없다는 이유로 해제권을 행사하는 것이 제한될 수 있다(대법원 2013.06.27. 선고 2013다14880 판결).

〈계약해제시 최고를 필요로 하지 않은 경우〉

> 1. 채무자가 미리 이행을 거절한 경우(제544조 단서)
> 2. 정기행위에 있어서의 이행지체(제545조)
> 3. 이행불능으로 인한 계약의 해제(제546조)
> 4. 불완전이행이 있었는데 완전이행이 불가능한 경우
> 5. 사정변경의 원칙에 의해 계약을 해제하는 경우
> 6. 담보책임에서 계약의 목적을 달성할 수 없는 경우의 해제(제570조~제578, 제581조, 제668조)

판례 ㉠ 〈이행거절〉 채무불이행에 의한 계약해제에서 미리 이행하지 아니할 의사를 표시한 경우로서 이른바 '이행거절'로 인한 계약해제의 경우에는 상대방의 최고 및 동시이행관계에 있는 자기 채무의 이행제공을 요하지 아니하여 이행지체 시의 계약해제와 비교할 때 계약해제의 요건이 완화되어 있는바, 명시적으로 이행거절의사를 표명하는 경우 외에 계약 당시나 계약 후의 여러 사정을 종합하여 묵시적 이행거절의사를 인정하기 위하여는 그 거절의사가 정황상 분명하게 인정되어야 한다(대판 2011.2.10, 2010다77385). 따라서 (i) 판례는 쌍무계약에서 상대방에 대하여 계약상의 의무가 없는 과도한 채무의 이행을 청구하는 것은, 자기채무를 이행할 의사 없음을 표시한 것으로 보아야 하고, 상대방은 이행을 최고할 필요 없이 계약을 해제할 수 있다고 한다(대판 1992.9.14, 92다9463). (ii) 쌍무계약에서, 당사자 일방이 자기의 채무를 이행하지 아니하였음에도 불구하고, 자기의 채무를 이행하였다고 주장하면서, 상대방에 대하여 채무의 이행을 구하는 소를 제기한 경우에는, 자기의 채무를 이행하지 아니할 의사를 표시한 것으로 판단하고 있다(대판 1993. 12. 24, 93다26045). (iii) 쌍무계약에 있어서 상대방이 자신의 채무를 이행할 의사가 없음을 명백히 표시한 경우에는 신의성실의 원칙상 이행기 전이라도 자신의 채무의 이행제공이나 최고 없이도 계약을 해제할 수 있는 것이다(대판 2008.10.23, 2007다54979 등). (iv) 매수인이 잔금 지급을 제공하였음에도 매도인이 자신의 의무에 관하여 스스로 이행지체에 빠진 후에 오히려 매수인의 귀책사유로 자신에 의하여 계약이 해제되었다고 주장하면서 계약금 상당액을 공탁한 사안에서, 매수인은 이행의 최고 없이 매매계약을 해제할 수 있다(대판 2009.3.12. 2008다29635).

㉡ 〈정기행위〉 (i) 정기행위의 특징은 이행기를 경과하면 계약의 목적을 달성할 수 없지만, 급부의 이행 그 자체는 이행기를 경과하여도 가능하다는 점에서, 급부자체가 불가능한 이행불능과는 다르다. (ii) 신발수출계약에서 수출신발의 색상과 품질 등으로 인하여, 연말과 연초에만 미국내 시장에 판매하도록 되어 있어, 선적기일을 지키는 것이 중요한 경우에, 그 신발수출계약은 정기행위이다(대판 1979.3.27, 79다112).

㉢ 〈이행불능〉 (i) 매도인의 소유권이전등기청구권이 가압류되어 있거나 처분금지가처분이 있는 경우에는 그 가

압류 또는 가처분의 해제를 조건으로 하여서만 소유권이전등기절차의 이행을 명받을 수 있는 것이어서, 매도인은 그 가압류 또는 가처분을 해제하지 아니하고서는 매도인 명의의 소유권이전등기를 마칠 수 없고, 따라서 매수인 명의의 소유권이전등기도 경료하여 줄 수 없다고 할 것이므로, 매도인이 그 가압류 또는 가처분 집행을 모두 해제할 수 없는 무자력의 상태에 있다고 인정되는 경우에는 매수인이 매도인의 소유권이전등기의무가 이행불능임을 이유로 매매계약을 해제할 수 있다(대판 2006.6.16. 2005다39211). (ii) 이행불능을 이유로 계약을 해제하기 위해서는 그 이행불능이 채무자의 귀책사유에 의한 경우여야만 한다 할 것이므로(민법 제546조), 매도인의 매매목적물에 관한 소유권이전의무가 이행불능이 되었다고 할지라도, 그 이행불능이 매수인(채권자)의 귀책사유에 의한 경우에는 매수인은 그 이행불능을 이유로 계약을 해제할 수 없다(대판 2002.4.26. 2000다50497). (iii) 일부불능을 이유로 계약을 해제하는 경우, 계약의 일부의 이행이 불능인 경우에는 이행이 가능한 나머지 부분만의 이행으로 계약의 목적을 달할 수 없을 경우에만 계약 전부의 해제가 가능하고, 이행이 가능한 부분은 원칙적으로 계약해제를 인정하지 않아야 한다(대판 1996. 2. 9. 94다57817).

(ㄴ) 최고기간이 상당하지 않은 경우 : 이행지체시(제544조 참조) 채무의 이행에 대해 상당한 기간을 정하지 않고 최고한 경우에도 최고로서 유효하다. 즉 최고의 기간이 상당하지 않은 경우에도(예를 들면, 지나치게 짧은 경우) 최고로서의 효력은 발생하고, 다만 상당한 기간이 경과된 후에 해제권이 발생한다. 따라서 이행지체를 이유로 계약을 해제함에 있어서 그 전제요건인 이행의 최고는 반드시 미리 일정기간을 명시하여 최고하여야 하는 것은 아니며 최고한 때로부터 상당한 기간이 경과하면 해제권이 발생한다고 할 것이고, 매도인이 매수인에게 중도금을 지급하지 아니하였으니 매매계약을 해제하겠다는 통고를 한 때에는 이로써 중도금 지급의 최고가 있었다고 보아야 하며, 그로부터 상당한 기간이 경과하도록 매수인이 중도금을 지급하지 아니하였다면 매도인은 매매계약을 해제할 수 있다(대판 1994.11.25. 94다35930).

판례 〈동시이행항변권을 잃게 하는 이행제공의 정도와 계약을 해제하기 위한 이행제공의 계속문제〉 ㉠ 쌍무계약에서, 채무자가 동시이행의 항변권을 가지는 경우에는, 채권자는 자기의 채무의 이행 또는 이행의 제공을 하여 채무자를 이행지체에 빠뜨리고, 다시 상당한 기간을 정하여 이행의 최고를 하여야 해제권이 발생한다. 이때, 채권자가 한번 이행의 제공을 하였으나, 채무자가 이를 수령하지 않아 채무자가 이행지체에 빠진 경우에, 채권자가 해제권을 취득하기 위해서는 다시 상당한 기간을 정하여 이행을 최고하고, 그 최고기간 내에 자기의 급부의 제공을 계속하여야 한다. 그러나 최고기간이 경과하여 해제권이 발생한 후에는, 채권자는 자기의 급부제공을 계속할 필요 없이 해제권을 행사할 수 있다(대판 1992.12.22. 92다28549). ㉡ 판례는 반대급부의무의 이행제공의 정도를 엄격하게 요구하지 않고 구체적 상황에 맞추어 합리적으로 해석한다. 예컨대 부동산매매에서 매도인은 최고기간 동안 등기서류를 자신의 집에서 소지하고 있는 것으로 충분하다고 한다(대판 1992.7.14. 92다5713). 즉 ㉢ 쌍무계약에서 일방 당사자의 자기 채무에 관한 이행의 제공을 엄격하게 요구하면 오히려 불성실한 상대 당사자에게 구실을 주는 것이 될 수도 있으므로 일방 당사자가 하여야 할 제공의 정도는 그 시기와 구체적인 상황에 따라 신의성실의 원칙에 어긋나지 않게 합리적으로 정하여야 하고, 따라서 매수인이 잔대금의 지급 준비가 되어 있지 아니하여 소유권이전등기서류를 수령할 준비를 안 한 경우에는 매도인으로서도 그에 상응한 이행의 준비를 하면 족하다(대법원 2012.11.29. 선고 2012다65867 판결).

(ㄷ) 과다한 이행최고에 터잡은 계약해제의 효력 : 채권자의 이행최고가 본래 이행하여야 할 채무액을 초과하는 금액의 이행을 요구하는 내용일 때에는 그 과다한 정도가 현저하고 채권자가 청구한 금액을 제공하지 않으면 그것을 수령하지 않을 것이라는 의사가 분명한 경우에

는 그 최고는 부적법하고 이러한 최고에 터잡은 계약해제는 그 효력이 없다(대판 1994.11.25, 94다35930).

2) 불완전이행

불완전이행에 있어서 완전이행이 불가능한 경우에는 최고 없이 해제할 수 있다. 완전이행이 가능하면 지체에 준하여(채권자가 수령을 지체한 경우) 채무자는 수령을 최고한 후 계약을 해제할 수 있다는 것이 다수설이다.

3) 채권자지체

채권자지체를 채무불이행의 한 유형으로 이해하는 다수설에 따를 때, 채무자가 상당한 기간을 정하여 수령을 최고하고 수령을 하지 않는 경우 해제권이 발생한다(판례는 해제권을 긍정하였다-채권자지체편 참조).

판례 〈이행거절 또는 채권자지체와 계약해제〉 쌍무계약에 있어서 상대방이 자신의 채무를 이행할 의사가 없음을 명백히 표시한 경우(또는 채권자지체의 경우)에는 신의성실의 원칙상 이행기 전이라도 자신의 채무의 이행제공이나 최고 없이도 계약을 해제할 수 있는 것이다(대판 1993.6.25, 93다11821; 대판 2008.10.23, 2007다54979).

4) 사정변경

사정변경으로 인한 해제권 발생의 전제로서 최고는 불필요하다. 그리고 사정변경에 의한 계약의 해제는 최후적 수단으로서만 고려될 뿐이고 계약을 사정에 합당하게 조정할 수 있는 경우에는 먼저 이에 따라야 한다(통설). 판례는 종전에는 사정변경에 따른 해제에 부정적으로 일관하였으나 최근의 경우 사정변경을 이유 계약을 해제할 수 있다는 입장이다(아래 판결참조).

판례 〈사정변경으로 인한 계약해제가 인정되는 경우〉 ㉠ 매매계약체결 후 9년이 지났고 시가가 올랐다는 사정만으로 계약을 해제할 만한 사정변경이 있다고 볼 수 없고, 매수인의 소유권이전등기 절차이행청구가 신의칙에 위배된다고도 할 수 없다(대판 1991.2.26, 90다19664). ㉡ 이른바 사정변경으로 인한 계약해제는, 계약성립 당시 당사자가 예견할 수 없었던 현저한 사정의 변경이 발생하였고 그러한 사정의 변경이 해제권을 취득하는 당사자에게 책임 없는 사유로 생긴 것으로서, 계약내용대로의 구속력을 인정한다면 신의칙에 현저히 반하는 결과가 생기는 경우에 계약준수 원칙의 예외로서 인정되는 것이고, 여기에서 말하는 사정이라 함은 계약의 기초가 되었던 객관적인 사정으로서, 일방당사자의 주관적 또는 개인적인 사정을 의미하는 것은 아니다(대판 2007.3.29, 2004다31302).

(3) 해제권행사방법

1) 형성권이면서 상대방 있는 의사표시

해제권은 상대방 있는 단독행위로서, 형성권이다. 해제권을 행사할 것인지는 해제권자의 자유이다. 해제의 상대방은 타방 계약당사자이다. 의사표시에 관한 행위능력, 의사와 표시와의 불일치, 도달 등의 민법총칙의 규정은 이 의사표시에 적용된다. 따라서 상대방에게 해제의 의사표시가 도달한 때에 그 효력이 생긴다(제111조 제1항). 그리고 해제의 의사표시는 단독행위라는 점에서 이 의사표시에는 조건과 기한을 붙이지 못한다. 다만 상대방을 불리한 지위에 놓이지 않게 하는 경우에는 예외가 허용될 수 있다. 예컨대 최고를 하면서 "최고기간

내에 이행하지 아니하면 다시 해제의 의사표시를 하지 않아도 당연히 해제된다"고 하는 것은 최고기간 내의 불이행을 조건으로 하여 해제의 의사표시를 한 것으로서, 이것이 특히 상대방을 불리하게 하는 것은 아니므로 따라서 유효하다고 볼 수 있다.

판례 소정의 기일내에 이행을 하지 아니하면 계약은 당연히 해제된 것으로 한다는 이행청구는 그 이행청구와 동시에 기간 또는 기일내에 이행이 없는 것을 정지조건으로 하여 미리 해제의 의사표시를 한 것으로 볼 것이다(대판 1981.4.14. 80다2381).

2) 해제와 철회제한

해제의 의사표시는 철회하지 못한다(제543조 2항). 이는 계약이 해제되었다고 믿는 상대방을 보호하기 위한 취지에서이다. 물론 상대방이 승낙하면 철회할 수 있음이 원칙이다.

3) 동시이행과 계약해제

채무자가 동시이행의 항변권을 가지고 있는 경우에는 채권자는 자기 채무의 이행을 제공하지 않으면 해제를 하지 못한다. 그러나 채권자가 일단 이행의 제공을 하여 상대방을 지체에 빠뜨린 때에는, 그 후에 다시 현실의 제공을 계속할 필요는 없다. 다만 단순히 이행의 준비태세를 갖추고 있는 것만으로는 안 된다(대판 2008.4.24. 2008다3053, 3060; 대판 2009.3.26. 2008다 94646,94653).

4) 법률관계당사자 구속

해제권을 행사하면 각 당사자는 그에 구속되는 것이므로, 일방 당사자의 계약위반을 이유로 한 상대방의 계약해제 의사표시에 의하여 계약이 해제되었음에도 상대방이 계약이 존속함을 전제로 계약상 의무의 이행을 구하는 경우 계약을 위반한 당사자도 당해 계약이 상대방의 해제로 소멸되었음을 들어 그 이행을 거절할 수 있는 것이고, 다른 특별한 사정이 없는 한 그러한 주장이 신의칙이나 금반언의 원칙에 위배된다고 할 수도 없다(대판 2008.10.23. 2007다 54979).

(4) 해제권행사 연습

관련사례 ㉠ 매매목적물인 부동산에 대한 근저당설정등기나 가압류등기가 말소되지 않은 경우, 매수인이 이를 이유로 계약을 해제하기 위한 요건은 이행불능처럼 볼 수 있는가?

㉡ 소유권이전등기의무의 이행불능을 이유로 매매계약을 해제함에 있어서 잔대금지급의무의 이행제공이 필요한가?

㉢ 쌍무계약의 당사자 일방이 이행거절의 의사표시를 적법하게 철회한 경우 상대방의 해제권 행사 요건에서 최고는 요하는가?

㉣ 매매목적물에 관한 근저당권의 피담보채무를 인수한 매수인이 인수채무의 변제를 게을리함으로써 매매목적물에 관하여 경매절차가 개시되고 매도인이 경매절차의 진행을 막기 위하여 피담보채무를 변제한 경우, 매도인이 이를 이유로 매매계약을 해제할 수 있는가?(긍정)

해설 ㉠ 매매목적물인 부동산에 근저당권설정등기나 가압류등기가 있는 경우에 매도인으로서는 위 근저당권설정등기나 가압류등기를 말소하여 완전한 소유권이전등기를 해 주어야 할 의무를 부

담한다고 할 것이지만, 매매목적물인 부동산에 대한 근저당권설정등기나 가압류등기가 말소
되지 아니하였다고 하여 바로 매도인의 소유권이전등기의무가 이행불능으로 되었다고 할 수
없 ~~이행제공 등의 의무를 주장할 경우가~~ 닌 한, 매수인이 매도인에게
상당한 ⁚ 〈계약의 소급적 실효〉 아니한 때에 한하여 계약을
해제할 수 있다(대판 2003.5.13, 2000다50688).

ⓛ 매도인의 매매계약상의 의무가 이행불능이 되어 이를 이유로 매매계약을 해제함에 있어서는
상대방인 원고의 잔대금지급의무가 매도인의 위 의무와 동시이행관계에 있다고 하더라도 그
이행의 제공을 필요로 하는 것이 아니다(대판 1977.9.13, 77다918).

ⓒ 쌍무계약에 있어서 계약당사자의 일방은 상대방이 채무를 이행하지 아니할 의사를 명백히 표
시한 경우에는 최고나 자기 채무의 이행제공 없이 그 계약을 적법하게 해제할 수 있으나, 그
이행거절의 의사표시가 적법하게 철회된 경우 상대방으로서는 자기 채무의 이행을 제공하고
상당한 기간을 정하여 이행을 최고한 후가 아니면 채무불이행을 이유로 계약을 해제할 수 없
다(대판 2003.2.26, 2000다40995).

ⓔ 매매목적물에 관한 근저당권의 피담보채무를 인수한 매수인이 인수채무의 일부인 근저당권의
피담보채무의 변제를 게을리함으로써 매매목적물에 관하여 근저당권의 실행으로 임의경매절
차가 개시되고 매도인이 경매절차의 진행을 막기 위하여 피담보채무를 변제하였다면, 매도인
은 채무인수인에 대하여 손해배상채권을 취득하는 이외에 이 사유를 들어 매매계약을 해제할
수 있다(대판 2004.7.9, 2004다13083).

5. 계약해제의 효과

(1) 문제의 소재

계약이 해제되면 계약상의 법률적 구속으로부터의 해방, 원상회복, 손해배상과 원상회복과
동시이행의 관계 등의 문제가 발생한다. 이러한 해제의 효과를 어떻게 법률적으로 이론구성
하여야 하는가에 대하여 논란이 심하다.

(2) 해제효과의 법적 구성

```
3) 계약의 소급적 실효


※직접효과설 ┌ 채권적 효과설(다수설)
            └ 물권적 효과설(판례)


           ① 매매
   甲 ───────── 乙(매수인) : 해제시 매매만 소급적으로 소멸
 (매도인)  ② 물권행위+등기      ⇒ 채권적 효과설


           ① 매매
   甲 ───────── 乙     : 해제시 매매뿐만 아니라 소유권까지 甲에게 복귀
 (매도인)  ② 등기        이때 乙의 등기말소가 없어도 소유권이 복귀한다.
          (매수인)  ⇒ 물권적 효과설
```

1) 직접효과설(통설·판례)

직접효과설은 해제권의 행사에 의하여 그 직접적 효과로서 계약상의 채권·채무가 마치 처음부터 존재하지 않던 경우처럼 소급하여 소멸한다고 보는 견해이다. 직접효과설내에서도 채권적 효과설과 물권적 효과설이 대립한다.

⑺ 채권적 효과설 : <u>채권적 효과설은 물권행위의 무인성을 인정하는 입장에서 주장한다.</u> 즉 물권행위와 그 원인행위인 채권행위는 각각 효력요건을 달리하여 해제에 의하여 소급적으로 소멸하는 것은 채권행위이고, 채권행위의 효력상실이 당연히 물권행위에 영향을 미치지는 아니한다고 보는 견해이다. <u>제548조 제1항 단서</u>(제3자보호조항)<u>는 주의적 규정</u>(당연규정)<u>에 불과하다.</u>

⑻ 물권적 효과설(판례) : <u>물권적 효과설은 물권행위의 무인성을 부정하는 입장에서 주장된다. 즉, 해제된 계약에 기하여 이미 한 이행행위와 등기·인도로 물권변동이 생긴 경우라고 하더라도 원인행위인 채권계약이 해제되면 소급적으로 소멸하는 것은 채권행위뿐만 아니라 일단 이전된 물권행위도 효력을 상실하고 그 이전된 권리가 당연히 복귀한다고 보는 견해이다.</u> 다만 해제의 의사표시가 있은 후 그 해제에 의한 말소등기가 있기 전에 이해관계를 갖게 된 자는 선의의 제3자로서 제548조 제1항 단서규정에 의해 보호될 뿐이다.

> **판례** 물권에 관한 계약해제의 효과에 관하여는 채권적 효과설과 물권적 효과설이 대립되어 있으나, 우리의 법제가 물권행위의 독자성과 무인성을 인정하고 있지 않는 점과 본조(제548조) 제1항 단서가 거래안전을 위한 특별규정이란 점을 생각할 때 계약이 해제되면 그 계약의 이행으로 변동이 생겼던 물권은 당연히 그 계약이 없었던 원상태로 복귀한다고 봄이 타당하다(물권적 효과설: 대판 1977.5.24, 75다1394).

2) 청산관계설

<u>청산관계설</u>(소수설)<u>은 계약해제의 효과를 비소급적으로 구성하고, 해제권행사가 있으면 원래의 채권관계는 그 내용이 변경되어 청산관계로 들어간다. 그래서 미이행채무는 장래에 향하여 소멸하고, 이미 이행한 채무는 원래대로 각 상대방에게 반환하여야 하고, 그것이 쌍무계약인 경우에는 동시에 이행되어야 한다.</u>

(3) 구체적 검토

> **제548조 (해제의 효과·원상회복의무)**
> ① 당사자일방이 계약을 해제한 때에는 각 당사자는 그 상대방에 대하여 원상회복의 의무가 있다. 그러나 제3자의 권리를 해하지 못한다.
> ② 전항의 경우에 반환할 금전에는 그 받은 날로부터 이자를 가하여야 한다.
> **제549조 (원상회복의무와 동시이행)** : 제536조의 규정은 전조의 경우에 준용한다.
> **제551조 (해지·해제와 손해배상)**
> 계약의 해지 또는 해제는 손해배상의 청구에 영향을 미치지 아니한다.

1) 계약의 소급적 소멸문제

통설적 견해와 판례는 직접효과설로서 해제로 인하여 소급효를 인정한다. 청산관계설은 계약의 소급적 소멸을 부정하고 장래효를 인정한다.

2) 원상회복의무

(ㄱ) 당사자일방이 계약을 해제한 때에는 각 당사자는 그 상대방에 대하여 원상회복의 의무가 있다. 이자계산의 시점은 받은 '날로부터'(유의 : 받은 날의 익일이 아님)이자를 가산하여야 한다는 것이다(제548조 제2항 참조).

판례 ① 판례는 이자반환은 부당이득반환의 성질을 가지는 것이고 이행지체로 인한 것이 아니기 때문에 매매 당사자 쌍방의무가 동시이행의 관계에 있는지와 관계 없이 매도인이 반환하여야 할 매매대금에 대하여는 그 받은 날로부터 민법 법정이율인 연 5푼의 비율에 의한 법정이자를 부과하여 지급하여야 한다고 판시한다(대판 2000.6.9, 2000다9123). 그러나 당사자 사이에 그 이자에 관하여 특별한 약정이 있으면 그 약정이율이 우선 적용되고 약정이율이 없으면 민사 또는 상사 법정이율이 적용된다(대법원 2013.4.26. 선고 2011다50509 판결). ② 한편 계약해제로 인한 원상회복의무의 이행으로 금전의 반환을 구하는 소송이 제기된 경우 채무자는 그 소장을 송달받은 다음날부터 반환의무의 이행지체로 인한 지체책임을 지게 되므로 그와 같이 원상회복의무의 이행으로 금전의 반환을 명하는 판결을 선고할 경우에는 금전채무불이행으로 인한 손해배상액 산정의 기준이 되는 법정이율에 관한 특별규정인 소송촉진등에관한특례법 제3조 제1항에 의한 이율(현재 연 20푼)을 적용하여야 한다(대판 2003.7.22, 2001다76298).

(ㄴ) 계약해제시 원상회복의무에 있어서(제548조 제1항) 원물반환을 그 원칙으로 한다.

3) 제3자 보호문제

(ㄱ) 제548조 제1항 단서에 의하여 보호되는 제3자는 원칙적으로 해제의 의사표시가 있기 이전에 해제된 계약의 법률효과에 기반하여 「새로운」권리를 취득한 자를 말하며 대항력을 갖춘자이다. 또한 직접효과설 중 물권적 효과설(소수설·판례)에 따르면 제548조 제1항 단서의 「제3자」는 해제의 의사표시 전에 물권변동의 성립요건을 갖춘 제3자에 대해서만 보호된다하는 것이 논리적이나, 「해제의 의사표시가 있은 후 그 해제에 의한 말소등기가 있기 이전」에 이해관계를 갖게 된 「선의」의 제3자를 포함한다고 해석한다(대판 1985.4.9, 84다카130).

(ㄴ) 한편 채권적 효과설에 따르면 해제권자가 해제권을 행사하여도 계약당사자사이에는 계약상의 채권·채무만이 소급적으로 소멸될 뿐 이미 발생한 물권변동은 여전히 유효하므로 해제권자의 상대방으로부터 목적부동산을 양도받은 제3자가 보호된다는 것은 당연하다. 따라서 이 견해에 의하면 해제권자의 해제권행사 전후에 관계없이 제3자는 선악불문하고 당연히 보호된다.

판례 ① 민법 제548조 제1항 단서에서 말하는 제3자란 일반적으로 그 해제된 계약으로부터 생긴 법률효과를 기초로 하여 해제 전에 새로운 이해관계를 가졌을 뿐 아니라 등기, 인도 등으로 완전한 권리를 취득한 자(대항력을 취득한 자)를 말한다(대판 2007.12.27, 2006다60229). ② 계약당사자의 일방이 계약을 해제하여도 제3자의 권리를 침해할 수 없지만, 여기에서 그 제3자는 계약의 목적물에 관하여 권리를 취득하고 또 이를 가지고 계약당사자에게 대항할 수 있는 자를 말하므로, 토지를 매도하였다가 대금지급을 받지 못하여 그 매매계약을 해제한 경우에 있어 그 토지 위에 신축된 건물의 매수인은 위 계약해제로 권리를 침해당하지 않을 제3자에 해당하지 아니한다(대판 1991.5.28. 90다카16761). ③ 계약당사자의 일방이 계약을 해제하였을 때에는 계약은 소급하여 소멸하여 해약당사자는 각 원상회복의 의무를 지게 되나 이 경우 계약해제로 인한 원상회복등기 등이 이루어지기

이전에 계약의 해제를 주장하는 자와 양립되지 아니하는 법률관계를 가지게 되었고 계약해제사실을 몰랐던 제3자에 대하여는 계약해제를 주장할 수 없다(대판 1985.4.9. 84다카130,84다카131). 이 경우 제3자는 선의가 추정되므로 제3자가 악의라는 사실의 주장·입증책임은 계약해제를 주장하는 자에게 있다(대판 2005.6.9, 2005다6341). ④ 제3자 보호범위에 해당하는가와 관련하여, 해제에 의해 소멸하는 채권 그 자체의 양수인은 계약해제로 인한 원상회복에 있어 보호되는 제3자에 포함되지 않는다. 즉 해제에 의해 소멸할 채권 그 자체의 양수인뿐만 아니라 그의 전부채권자·압류채권자·제3자를 위한 계약의 수익자는 제548조 제1항 단서에서 말하는 제3자에 포함되지 않는다(대판 2000.9.5, 2000다16169 등). 즉 민법 제548조 제1항 단서에서 규정하고 있는 제3자란 일반적으로 계약이 해제되는 경우 그 해제된 계약으로부터 생긴 법률효과를 기초로 하여 해제 전에 새로운 이해관계를 가졌을 뿐 아니라 등기·인도 등으로 완전한 권리를 취득한 자를 말하고, 계약상의 채권을 양수한 자는 여기서 말하는 제3자에 해당하지 않는다(대판 2003.1.24. 2000다22850). 따라서 해제된 매매계약에 의하여 채무자의 책임재산이 된 부동산을 가압류 집행한 가압류채권자도 원칙상 위 조항 단서에서 말하는 제3자에 포함된다고 판시하였다(대판 2005.1.14. 2003다33004).

4) 동시이행관계(제549조)

민법 제549조는 계약해제의 경우, 당사자 상호간 원상회복에 대하여 동시이행의 관계를 인정하고 있다. 이는 당사자 상호간의 공평을 기하기 위하여다.

5) 손해배상(이행이익배상)

채무불이행에 의한 손해배상청구권은 해제의 경우에는 손해배상청구권과 양립할 수 있다(제551조). 그리고 제551조의 손해배상의 범위에 관해서는 원칙적으로 이행이익으로 보는 데 학설은 일치한다(판례동지).

판례 〈신뢰이익배상문제〉 채무불이행을 이유로 계약해제와 아울러 손해배상을 청구하는 경우에 그 계약이행으로 인하여 채권자가 얻을 이익 즉 이행이익의 배상을 구하는 것이 원칙이지만, 그에 갈음하여 그 계약이 이행되리라고 믿고 채권자가 지출한 비용 즉 신뢰이익의 배상을 구할 수도 있다고 할 것이고, 그 신뢰이익 중 계약의 체결과 이행을 위하여 통상적으로 지출되는 비용은 통상의 손해로서 상대방이 알았거나 알 수 있었는지의 여부와는 관계없이 그 배상을 구할 수 있고, 이를 초과하여 지출되는 비용은 특별한 사정으로 인한 손해로서 상대방이 이를 알았거나 알 수 있었던 경우에 한하여 그 배상을 구할 수 있다고 할 것이고, 다만 그 신뢰이익은 과잉배상금지의 원칙에 비추어 이행이익의 범위를 초과할 수 없다(대판 2002.6.11. 2002다2539).

6. 약정해제권

(1) 의의

약정해제는 해제권발생원인을 당사자의 약정에 의하여 유보하여 두어 약정사유가 발생하면 해제권자가 해제할 수 있는 제도이다. 약정해제는 그 해제권의 발생원인에 특색이 있을 뿐이고 그 밖의 점에 있어서는 법정해제와 다를 것이 없다. 민법에서는 당사자는 계약에 의하여 해제권을 발생시킬 수 있다고 하고 있다(제543조 제1항).

> **Tip**
>
> 약정해제권에는 당사자가 해제권을 보류하는 경우(해제약관)와 이를 하지 않았더라도 법률에 의하여 해제권을 보류한 것으로 다루어지는 경우가 있는데, 민법 제565조의 계약금의 수수는 법률에 의하여 해제권을 보류한 그 예이며, 또한 환매특약(제590조 이하)의 법적 성질을 해제권유보부 매매로 이해하는 설에 따르면 환매권은 매매계약의 해제권으로 이해되며, 이 또한 다름 아닌 약정해제권이 된다.

(2) 해제조건과의 구별

해제조건의 예로서 "매매계약에 있어서 매수인이 중도금을 약정한 일자에 지급하지 아니하면 그 계약을 무효로 한다고 하는 특약"이 있는 경우이다. 이때는 매수인이 약정한 대로 중도금을 지급하지 아니하면, 그 불이행자체로서 계약은 그 일자에 해제의 의사표시 없이 자동적으로 해소된 것으로 보아야 한다(대판 1991.8.13, 91다13717).

판례 〈조건부해제여부문제〉 ㉠ 부동산의 매매계약에서 매수인이 잔대금지급기일까지 그 대금을 지급하지 못하면 그 계약이 자동적으로 해제된다"는 취지의 약정은 동시이행의 관계에 있기 때문에 일방이 자기채무의 이행을 제공하지 않는 한 자동적으로 계약이 해제된 것으로 볼 수 없다(대판 1976.6.8, 76다890). ㉡ 그러나 잔대금이 아닌 중도금의 경우, 선이행의무가 있는 중도금의 지급에는 '실권약관'으로 인정하기 때문에, 이 때에는 그 기일의 경과만으로 계약은 자동적으로 해제된 것으로 본다(대판 1971.12.14, 71다2014). ㉢ "매매계약에서 매도인이 위약시에는 계약금의 배액을 배상하고 매수인이 위약시는 계약금은 매도인의 것으로 하고, 계약은 자동적으로 해약된다"는 조항은, 동시이행관계에 있는 쌍무계약에서 위약한 당사자가 상대방에게 계약금을 포기하거나 그 배액을 배상하여 계약을 해제할 수 있다는 해제권유보조항으로서, 최고 없이 위약사유의 존재만으로 당연히 계약이 해제된다는 특약(해제조건)으로 볼 수 없다(대판 1982.4.27, 80다851). 따라서 동시이행의 관계에 있는 경우 상대방이 해제권유보약정에 따라 해제통고를 함에 있어서는 그 최고기간까지 자기의 반대채무인 소유권이전등기의무의 이행 또는 그 이행의 제공을 하여야 약정해제권을 적법하게 취득하고 최고기간의 만료로 해제의 효력이 발생한다(대판 1998.7.24, 98다13877).

(3) 행사방법과 효과

㉠ 약정해제권의 행사·해제의 효과·해제권의 소멸 등은 법정해제와 대체로 같다. 다만 효과와 관련하여 손해배상의 청구는 약정해제에는 그 적용이 없다. 제551조의 계약해제에 있어서의 손해배상청구는 채무불이행을 이유로 하는 것이기 때문이다(대판 1983.1.18, 81다89·90).
㉡ 해제권은 형성권으로 10년의 제척기간에 걸리므로 약정해제권도 10년의 제척기간에 걸린다.

판례 〈약정해제와 법정해제간의 관계〉 ① 계약서에 명문으로 위약시의 법정해제권의 포기 또는 배제를 규정하지 않은 이상 계약당사자 중 어느 일방에 대한 약정해제권의 유보 또는 위약벌에 관한 특약의 유무 등은 채무불이행으로 인한 법정해제권의 성립에 아무런 영향을 미칠 수 없다(대판 1990.3.27, 89다카14110). ② 부동산 매매계약이 해제된 경우 매도인의 매매대금 반환의무와 매수인의 소유권이전등기말소등기 절차이행의무가 동시이행의 관계에 있는지 여부와는 관계없이 매도인이 반환하여야 할 매매대금에 대하여는 그 받은 날로부터 민법 소정의 법정이율인 연 5푼의 비율에 의한 법정이자를 부가하여 지급하여야 하고, 이와 같은 법리는 약정된 해제권을 행사하는 경우라 하여 달라지는 것은 아니다(대판 2000.6.9. 2000다9123).

Ⅱ. 계약의 해지

> **제550조 (해지의 효과)**
> 당사자일방이 계약을 해지한 때에는 계약은 장래에 대하여 그 효력을 잃는다.

1. 의 의

(ㄱ) 당사자의 일방적 의사표시에 의하여 계속적 채권관계를 장래에 대해서 소멸시키는 것을 해지라고 한다. 해지는 장래에 대하여만 효력이 발생하므로 해지가 있더라도 <u>해지 이전에 발생한 채권관계는 완전히 그 효력을 유지하고, 이미 행하여진 급부는 반환할 필요가 없다.</u> 따라서 해지에 있어서는 해제와는 달리 원상회복의무는 발생하지 않는다.

(ㄴ) 계속적 계약은 당사자 상호간의 신뢰관계를 기초로 하는 것으로서, 당해 계약의 존속 중에 당사자 일방의 부당한 행위 등으로 인하여 계약의 기초가 되는 <u>신뢰관계가 파괴되어 계약의 존속을 기대할 수 없는 중대한 사유가 있는 때에는 상대방은 계약을 해지함으로써 장래에 향하여 효력을 소멸시킬 수 있다</u>(대법원 2013.4.11. 선고 2011다59629 판결).

2. 해제와 구별

계속적 채권관계에 있어서도 계약에 기한 급부가 제공되기 전에는 해제가 문제될 수 있다. 따라서 해제의 경우 양당사자 사이에 원상회복의무 및 손해배상책임이 문제되나, <u>해지의 경우 양당사자 사이에 청산의무와 손해배상이 문제된다</u>(제551조 참조).

3. 사정변경을 이유로 한 해지권의 발생

판례는 일시적 계약에 있어서는 사정변경을 이유로 한 해제권의 발생에 소극적이나(주의 : 사정변경을 이유로 계약해제를 예외적으로 허용하는 판례-대법원 2007.3.29. 2004다31302), 그러나 계속적 계약에 있어서는 사정변경을 이유로 해지권을 인정한다.

> **판례 〈사정변경에 의한 계속적 보증계약의 해지〉** ㉠ 장래의 입원치료비와 같은 계속적 보증의 경우 사회통념상 그 보증계약을 유지시킬 이유가 없다면 그 계약해지로 인하여 상대방에게 신의칙상 묵과할 수 없는 손해를 입히게 하는 등 특단의 사정이 있는 경우를 제외하고는 보증인은 일방적으로 해지할 수 있다(대판 1978.3.28, 77다2298).
> ㉡ 회사의 임원이나 직원의 지위에 있기 때문에 회사의 요구로 부득이 회사와 제3자 사이의 계속적 거래로 인한 회사의 채무에 대하여 보증인이 된 자가 그 후 회사로부터 퇴사하여 임원이나 직원의 지위를 떠난 때에는 보증계약 당시의 사정에 현저한 변경이 생긴 경우에 해당하여 <u>사정변경을 이유로 보증계약을 해지할 수 있다</u>(대판 1990.2.27, 89다카1381).
> ㉢ **이사의 지위에서 부득이 회사의 계속적 거래관계로 인한 불확정한 채무에 대하여 보증인이 된 자가 이사의 지위를 떠난 경우, 사정변경을 이유로 보증계약을 해지할 수 있는지 여부(적극) 및 계속적 보증계약의 이행으로 피보증인이 보증인에게 부담하게 될 불확정한 구상금채무를 보증한 자도 사정변경을 이유로 보증계약을 해지할 수 있는지 여부(적극)와 구상금채무가 확정된 후에도 그 해지권을 행사할 수 있는지 여부(소극)** 회사의 이사의 지위에서 부득이 회사와 제3자 사이의 계속적 거래로 인한 회사의 채무에 대하여 보증인이 된 자가 그 후 퇴사하여 이사의 지위를 떠난 때에는 보증계약 성립 당시의 사정에 현저한 변경이 생긴 경우에 해당하므로 이를 이유로 보증계약을 해지할 수 있는 것이고, 한편 계속적 보증계약의 보증인이 장차 그 보증계약에 기한 보증채무를 이행할 경우 피보증인이 계속적 보증계약의 보증인에게 부담하게 될 불확정한 구상금채무를 보증한 자에게도 <u>사정변경이라는 해지권의 인정 근거에 비추어 마찬가지로 해지권을 인정하여야 할 것이나, 이와 같은 경우에도 보증계약이 해지되기 전에 계속적 거래가 종료되거나 그 밖의 사유로 주채무 내지 구상금채무가 확정된 경우라면 보증인으로서는 더 이상 사정변경을 이유로 보증계약을 해지할 수 없다</u>(대판 2002.5.31, 2002다1673).

제2장 계약각칙

〈민법상 규정된 전형계약의 개요〉

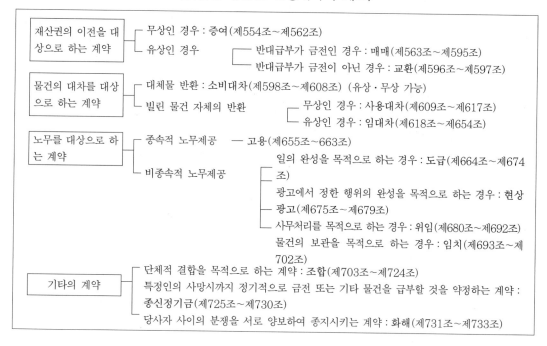

제1절 증 여

1. 의의 및 특징

> **제554조 (증여의 의의)**
> 증여는 당사자일방이 무상으로 재산을 상대방에 수여하는 의사를 표시하고 상대방이 이를 승낙함으로써 그 효력이 생긴다.

(1) 의의

증여는 당사자 일방이 무상으로 재산을 상대방에 수여하는 의사를 표시하고 상대방이 이를 승낙함으로써 그 효력이 생기는 계약을 말한다(제554조). 따라서 편무·무상·낙성·불요식의 계약이다. 그리고 타인의 재산도 증여의 목적으로 할 수 있음에 유의하여야 한다.

(2) 구별

비록 무상으로 타인에게 재산을 주는 경우이더라도, 단독행위인 유증은 증여가 아니다(유증은 엄격한 요식행위이다). 증여는 의사표시의 합치를 요하는 계약이기 때문이다.

(3) 승낙의 필요

증여는 청약과 승낙의 합치가 필요한데, 승낙의 의사표시를 적극적으로 할 수 없는 태아나 아직 형성되지 않은 단체에 대한 증여의 의사표시는 무효이다(대판 1992.2.25. 91다28344). 증여서면은 증여의 요소는 아니다. 즉 증여는 불요식행위이다. 다만 서면에 의하지 않은 증여는 각 당사자가 이를 해제할 수는 있다(제555조).

2. 무상계약의 특징

(1) 유상계약 무상계약의 구별

여기서 어떤 계약이 무상이냐 아니냐, 즉, 상대방의 출연이 있는 경우에 그 출연이 대가 혹은 반대급부로서의 성질을 갖는가 여부를 결정하는 표준을 어디에 두는가에 학설이 대립하나, 통설적 견해는 주관적으로 판단한다. 즉, 주관설은 무상이냐 아니냐의 판정을 당해 계약에 관하여만 관찰하고, 또한 당사자의 주관적 표준, 즉 당사자의 의사에 의거하여 결정하여야 한다고 보는 견해이다. 예컨대 매매대금이 현저하게 균형을 잃고 있더라도 증여가 아니라 매매이고, 부담부 증여는 그 부담이 증여의 목적물보다 크더라도 증여라고 본다.

판례 약혼예물의 수수는 혼인의 불성립을 해제조건으로 하는 증여와 유사한 성질을 띤다(대판 1976.12.28. 76므41).

(2) 담보책임의 완화

무상계약에서는 채권자가 일방적으로 재산적 이득을 취득할 뿐 대가적 반대급부를 부담하지 않으므로 대가성을 전제로 한 유상계약의 하자담보책임의 원칙은 수정되어 채무자의 담보책임이 완화된다(제559조 참조, 후술함). 또한 채무자의 주의의무도 유상계약과 같이 엄격한 정도로 요구되지 않고 감경된다(제695조 참조).

(3) 사회적 규범고려

무상계약도 법률행위라는 점에서 법적 문제이다. 그러나 그 이면에는 비법률적인 도덕·호의 등의 사회적 규범의식이 바탕이 되어 있고, 이러한 무상계약의 이중구조는 그의 법률효과에도 영향을 미쳐 망은행위에 의한 증여계약의 해제에서와 같이 사회적 규범이 고려되기도 한다(제556조 참조).

(4) 법적 구속력의 완화

무상계약에는 유상계약에서와 같이 엄격한 계약구속력이 보장되지 않는다. 예를 들면 서면에 의하지 않은 증여는 언제든지 해제할 수 있도록 한다(제555조). 이러한 계약구속력의 약화로 말미암아 비법률관계인 호의관계·자연채무와의 한계가 애매하다. 어떠한 행위가 무상계약의 체결인가, 단순한 호의관계인가의 구별은 결국 의사해석의 문제로서 사회관습·구체적 상황을 고려해서 판단하여야 한다(이은영 「채권각론」, p. 189~190 참조). 아무튼 무상계약은 당사자의 법적 구속의사가 존재하고 계약법상의 효과, 즉 급부의무 및 채무불이행책임이 발생한다는 점이다.

3. 증여자의 담보책임

> **제559조 (증여자의 담보책임)**
> ① 증여자는 증여의 목적인 물건 또는 권리의 하자나 흠결에 대하여 책임을 지지 아니한다. 그러나 증여자가 그 하자나 흠결을 알고 수증자에게 고지하지 아니한 때에는 그러하지 아니하다.
> ② 상대부담 있는 증여에 대하여는 증여자는 그 부담의 한도에서 매도인과 같은 담보의 책임이 있다.

⑴ 민법은 제559조 제1항에서 증여자의 담보책임에 대하여 "증여자는 증여의 목적인 물건 또는 권리의 하자나 흠결에 대하여 책임을 지지 아니한다. 그러나 증여자가 그 하자나 흠결을 알고 수증자에게 고지하지 아니한 때에는 그러하지 아니하다"고 하고 있다. 따라서 증여자는 증여의 목적인 물건 또는 권리의 하자나 흠결에 대하여 책임을 지지 않는 것이 원칙이다. ⑵ 상대부담 있는 증여에 대하여는 증여자는 그 부담의 한도에서 매도인과 같은 담보의 책임이 있다(제559조 제2항).

4. 증여의 구속력 약화

(1) 서면에 의한 증여

> **제555조 (서면에 의하지 아니한 증여와 해제)**
> 증여의 의사가 서면으로 표시되지 아니한 경우에는 각 당사자는 이를 해제할 수 있다.

1) 증여의 의사

증여의 의사가 서면으로 표시되지 아니한 경우에는 각 당사자는 이를 해제할 수 있다(제555조). 서면에 표시된 것은 증여자의 '증여의사'로 족하고 수령자의 특정이나 수증의사를 필요로 하지 않는다. 즉 민법 제555조가 서면에 의하지 아니한 증여는 해제할 수 있다고 한 것은 증여자가 경솔하게 증여하는 것을 방지함과 동시에 증여자의 의사를 명확하게 하여 후일에 분쟁이 생기는 것을 피하려는데 있으므로 증여의 서면에는 증여를 '받는 의사'가 서면에 표시되지 아니하였음을 이유로 하여 당사자가 증여계약을 해제할 수는 없다(제555조). 서면의 작성시기에는 제한이 없다. 따라서 증여계약의 성립당시에 서면을 작성하지 않더라도 이후에 작성하면 무난하다(대판 1992.9.14, 92다4192).

판례 이러한 서면에 의한 증여란 증여계약 당사자 사이에 있어서 증여자가 자기의 재산을 상대방에게 준다는 취지의 증여의사가 문서를 통하여 확실히 알 수 있는 정도로 서면에 나타난 것을 말하는 것으로, 이는 수증자에 대하여 서면으로 표시되어야 한다(대판 2009.9.24, 2009다37831).

2) 증여의사의 취소

한편 판례는 재단법인설립을 위하여 서면에 의한 증여를 한 출연자가 착오를 이유로 출연의 의사표시를 취소할 수 있다고 한다(대판 1999.7.9, 98다9045).

3) 특수한 해제

민법 제555조에서 말하는 해제는 일종의 특수한 철회일 뿐 민법 제543조 이하에서 규정한 본래 의미의 해제와는 다르다는 것이 판례이다(대판 2003.4.11, 2003다1755).

판례 〈제555조의 해제의 특수성〉 민법 제555조에서 말하는 해제는 일종의 특수한 철회일 뿐 민법 제543조 이하에서 규정한 본래 의미의 해제와는 다르다고 할 것이어서 형성권의 제척기간의 적용을 받지 않는다. 따라서 민법 제555조는 "증여의 의사가 서면으로 표시되지 아니한 경우에는 각 당사자는 이를 해제할 수 있다."고 규정하고 있고, 민법 제558조는 "전 3조의 규정에 의한 계약의 해제는 이미 이행한 부분에 대하여는 영향을 미치지 아니한다."고 규정하고 있는바, 망인이 생전에 서면에 의하지 아니한 의사표시로 부동산의 지분을 증여하고 그의 뜻에 따라 증여한 부동산의 지분 중 일부 지분에 대하여만 소유권이전등기를 경료하고, 나머지 지분은 소유권이전등기를 경료하지 않은 채 사망하였다면, 증여계약에 따른 권리의무를 승계한 상속인은 이미 이행된 지분에 관하여는 증여의 의사표시를 해제할 수 없다고 하겠으나, 아직 이행되지 아니한 지분에 관한 증여의 의사표시는 민법 제555조에 의하여 이를 해제할 수 있다고 할 것이다(대판 2003.4.11, 2003다1755).

(2) 망은행위

> **제556조 (수증자의 행위와 증여의 해제)**
> ① 수증자가 증여자에 대하여 다음 각호의 사유가 있는 때에는 증여자는 그 증여를 해제할 수 있다.
>   1. 증여자 또는 그 배우자나 직계혈족에 대한 범죄행위가 있는 때
>   2. 증여자에 대하여 부양의무있는 경우에 이를 이행하지 아니하는 때
> ② 전항의 해제권은 해제원인 있음을 안 날로부터 6월을 경과하거나 증여자가 수증자에 대하여 용서의 의사를 표시한 때에는 소멸한다.

(ㄱ) 민법 제556조 제1항에서는 수증자의 행위와 증여의 해제에 대하여 "수증자가 증여자에 대하여 다음 각호의 사유가 있는 때에는 증여자는 그 증여를 해제할 수 있다"(서면에 의하지 않은 증여의 경우에는 해제권자가 각 당사자인 것이 본조와의 차이이다)고 하고 있다. 사유는 '증여자 또는 그 배우자나 직계혈족에 대한 범죄행위가 있는 때'(제1호)와 '증여자에 대하여 부양의무가 있는 경우에 이를 이행하지 아니하는 때'(제2호)이다.

판례 여기서 부양의무라 함은 민법 제974조에 규정되어 있는 직계혈족 및 그 배우자 또는 생계를 같이 하는 친족 간의 부양의무를 가리키는 것으로 친족간이 아닌 당사자 사이의 약정에 의한 부양의무는 이에 해당하지 아니하여 민법 제556조 제2항·제558조가 적용되지 아니하며 6월의 기간 경과나 용서에 의하여 해제권이 소멸하지 않는다(대판 1996.1.26, 95다43358).

(ㄴ) 망은행위에 의한 해제권은 제한되기도 하는데, 해제권자가 해제원인이 있음을 안 날로부터 6월을 경과하거나 증여자가 수증자에 대하여 용서의 의사를 표시한 때에는 소멸한다(본조 제2항).

(3) 재산상태악화와 증여의 해제(제557조)

> **제557조 (증여자의 재산상태변경과 증여의 해제)**
> 증여계약 후에 증여자의 재산상태가 현저히 변경되고 그 이행으로 인하여 생계에 중대한 영향을 미칠 경우에는 증여자는 증여를 해제할 수 있다.

증여계약 후에 증여자의 재산상태가 현저히 변경되고 그 이행으로 인하여 생계에 중대한 영향을 미칠 경우에는 증여자는 증여를 해제할 수 있다(제557조). 생계에 중대한 영향을 미친다고 함은 최저생계를 유지할 수 없는 상태에 이를 것을 요하지는 않고, 증여자의 사회적 지위에 비추어 그에 따른 수준의 생활을 할 수 없게 되는 것으로 족하다고 본다.

판례 판례는 "증여계약 후에 증여자가 반신불수가 되어 그의 전재산을 치료비 등으로 소비함으로써 이 건 부동산의 소유권을 수증자에게 이전함으로 생계에 중요한 영향을 미칠 경우에 해당되어 증여자는 증여를 해제할 수 있다"고 하였다(대판 1976.10.12, 76다1833).

관련사례
A회사(증여자)는 B학교재단에 연구기금으로 5억원을 증여하기로 구두로 약속하였다. 그 후 A회사가 파산에 직면하였다.

해설
(a) 서면에 의하지 않은 증여는 각 당사자가 언제든지 해제할 수 있다. 증여에 있어서 증여의 서면은 일단 계약이 성립된 후에 작성되어도 무방하며, 이 경우 당해 서면이 작성된 이후부터 서면에 의한 증여에 해당되어 다른 해제권발생 사유 없이는 계약을 해제할 수 없게 된다(제555조).
(b) 「서면에 의한 증여」란, 증여자의 증여의 의사표시와 수증자의 수증의사가 서면으로 표시되어야 한다는 것을 말하는 것은 아니고, 증여의 의사표시가 서면화되어 있으면 된다.
(c) 위 사안은 「증여자의 재산상태가 현저히 변경되고 그 이행으로 생계에 중대한 영향을 미칠 경우」에 증여자가 증여계약을 해제할 수 있느냐의 여부이다. 서면에 의하지 아니한 증여와는 달리 재산상태 악화의 경우 해제권자는 증여자이다(제557조).
(d) 한편 재단법인설립을 위하여 서면에 의한 증여를 한 출연자가 착오를 이유로 출연의 의사표시를 취소할 수 있다(대판 1999.7.9, 98다9045).

(4) 이행완료 후 해제의 제한

> **제558조 (해제와 이행완료부분)**
> 전3조(서면+망은행위+재산상태악화)의 규정에 의한 계약의 해제는 이미 이행한 부분에 대하여는 영향을 미치지 아니한다.

각 당사자는 '이행이 있기 전에' 한하여 해제할 수 있다(제558조). 즉 증여계약의 해제는 이미 이행한 부분에 대하여는 영향을 미치지 않는다. 즉 민법 제558조의 「이미 이행한 부분」이란 동산의 경우 목적물의 인도가 행해진 것을 의미하고, 부동산의 경우에는 소유권이전등기가 있으면 「이행한」 것으로 인정하고 반드시 인도를 요구하지는 않는다(대판 1976.2.10, 75다2295).

판례 ㉠ 물권변동에 관하여 형식주의를 채택하고 있는 현행 민법의 해석으로서는 부동산 증여에 있어서 이행이 되었다고 함은 그 부동산의 인도만으로써는 부족하고 이에 대한 소유권이전등기절차까지 마친 것을 의미한다(대판 1977.12.27, 77다834). 따라서 ㉡ 토지에 대한 증여는 증여자의 의사에 기하여 수증자에게 소유권이전등기가 경료됨으로써 이행이 완료되므로, 증여자가 그 이행 후 증여계약을 해제하였다고 하더라도 증여계약이나 그에 의한 소유권이전등기의 효력에 아무런 영향을 받지 아니한다(대판 2005.5.12. 2004다63484). 한편 ㉢ 등기가 완료되지 않아도 일정한 경우 판례는 "증여자가 서면에 의하지 않고 소유권이전등기가 경료되지 않은 매수토지를 증여하였으나 위 토지에 관한 소유권이전등기청구권을 수증자에게 양도하고 매도인에게 양도통지까지 마친 경우에는(아직 등기가 없어도), 그 후 증여자의 상속인들에 의한 서면에 의하지 아니한 증여라는 이유의 해제는 이에 아무런 영향을 끼치지 않는다"(대판 1998.9.25, 98다22543)고 하여 제558조를 적용하였다. 이 경우에도 증여가 이행이 완료된 것을 보았다.

관련사례 甲은 자신의 병세가 악화되어 근 20여년간 자신과 동거하여 온 사실혼관계에 있는 乙여사에게 X부동산을 증여할 의도로 인감증명 등을 발급받아 乙에게 이전등기를 할 준비를 하다가 사망이 임박하자 인감증명과 인감도장을 보관해 둔 곳을 가르쳐 주며 소유권이전등기를 하라고 하고, 사망 후 乙은 이전등기를 하였다. 甲의 상속인이 丙이 서면에 의하지 않은 증여임을 이유로 당해 부동산을 반환청구할 수 있는가? (대판 2001.9.18, 2001다29643).

해설 증여의 의사가 서면으로 표시되지 아니한 경우라도 망인이 생전에 부동산을 증여하고 그의 뜻에 따라 그 소유권이전등기에 필요한 서류를 제공하였다면, 망인이 사망한 후에 그 등기가 경료되었다고 하더라도 위 망인의 의사에 따른 증여의 이행으로서의 소유권이전등기가 경료되었다 할 것이므로, 증여는 이미 이행되었다고 할 것이어서, 망인의 상속인이 서면에 의하지 아니한 증여라는 이유로 증여계약을 해제하였다고 하더라도 이에 아무런 영향이 없다고 할 것이다(대판 2001.9.18, 2001다29643).

5. 특수한 증여

(1) 부담부증여

제561조 (부담부증여)
상대부담 있는 증여에 대하여는 본절의 규정외에 쌍무계약에 관한 규정을 적용한다.

1) 의의

부담부증여란 수증자가 증여를 받는 동시에 일정한 부담, 즉 일정한 급부를 하여야 할 채무를 부담하는 것을 부관으로 하는 증여를 말한다(제561조). 민법은 상대부담 있는 증여에 대하여는 본절의 규정 외에 쌍무계약에 관한 규정을 적용한다고 하고 있다. 따라서 부담의 한도에서 담보책임과 쌍무계약에 관한 규정이 적용되게 된다. 그러나 부담부증여가 쌍무·유상계약이 되는 것은 아니다. 따라서 판례는 "상대부담 있는 증여에 대하여는 민법상의 쌍무계약에 관한 규정이 준용되어 부담의무 있는 상대방이 자신의 의무를 이행하지 아니할 때에는 비록 증여계약이 이미 이행되어 있다 하더라도, 증여자는 그 계약을 해제할 수 있다"고 한다(대판 1997.7.8, 97다2177)

2) 증여와 부담의 관계

부담부증여에서 증여(주된 것)가 무효이면 부담(종된 것)도 무효가 되나, 부담이 무효라고 해서 반드시 증여도 무효가 되는 것은 아니다.

3) 증여에 상대부담 등의 부관이 붙어 있는지 또는 증여와 관련하여 상대방이 별도의 의무를 부담하는 약정을 하였는지 여부에 관한 증명책임자(=그 존재를 주장하는 자)

증여에 상대부담(민법 제561조) 등의 부관이 붙어 있는지 또는 증여와 관련하여 상대방이 별도의 의무를 부담하는 약정을 하였는지 여부는 당사자 사이에 어떠한 법률효과의 발생을 원하는 대립하는 의사가 있고 그것이 말 또는 행동 등에 의하여 명시적 또는 묵시적으로 외부에 표시되어 합치가 이루어졌는가를 확정하는 것으로서 사실인정의 문제에 해당하므로, 이는 그 존재를 주장하는 자가 증명하여야 하는 것이다(대판 2010.5.27. 2010다5878).

관련사례	甲은 자신의 토지를 乙에게 증여하면서 증여로 인한 제세공과금을 乙이 부담하기로 하며, 甲의 부모님의 묘를 乙이 관리해 줄 것으로 약정하였고 만일 이 두 가지의 약속을 지키지 않을 경우에는 증여받은 토지를 반환하기로 하는 증여계약을 체결하였다.
해설	(a) 甲과 乙의 부담부 증여계약은 유상계약이 아니다. (b) 甲과 乙의 증여계약이 무효라면 乙의 부담은 당연히 무효로 되지만, 乙의 부담이 무효인 경우에 증여계약이 반드시 무효로 되는 것은 아니다. (c) 甲과 乙의 증여계약이 서면으로 표시되지 않았다면 각 당사자는 이를 해제할 수 있다. (d) 乙이 부담의무를 이행하지 않을 때에는 비록 증여계약이 이미 이행되었더라도 甲은 계약을 해제할 수 있다. (e) 부담부 증여에는 동시이행의 항변권에 관한 규정이 적용되지만 위험부담에 관한 규정은 적용되지 않는다(X- 부담부 증여에 대하여는 증여의 규정이 적용되는 외에, 쌍무계약에 관한 규정이 준용된다(제561조). 따라서 동시이행의 항변권(제536조)·위험부담(제537조·제538조)의 규정이 적용된다).

(2) 정기증여

제560조 (정기증여와 사망으로 인한 실효)
정기의 급여를 목적으로 한 증여는 증여자 또는 수증자의 사망으로 인하여 그 효력을 잃는다.

정기증여는 정기적으로 증여하는 것을 말한다. 정기증여의 특색은 증여자 또는 수증자의 사망으로 인하여 그 효력을 잃는다는 것이다(제560조 참조).

(3) 사인증여(死因贈與)

제562조 (사인증여)
증여자의 사망으로 인하여 효력이 생길 증여에는 유증에 관한 규정을 준용한다.

사인증여는 증여자의 사망으로 효력이 생기는 증여로서, 사인증여는 계약이라는 점에서 단독행위인 유증과는 구별된다. 그러나 민법은 사인증여에는 유증에 관한 규정을 준용한다고 규정(제562조)하고 있다. 다만 유증은 유언에 의한 엄격한 요식행위로서(제1060조·1073조 이하) 유증에 관한 규정 중 <u>유언능력·유언방식·승인과 포기·유언의 철회 등은 유언의 단독행위적 성질에 기초하는 것이기 때문에 이 규정들은 계약으로서의 사인증여에는 준용되지 않는다</u>. 즉, 유증의 효력이 사인증여에 준용되는 것이다(통설. 대판 1996.4.12. 94다37721 참조).

제2절 매 매

Ⅰ. 매매 일반론

1. 매매의 성립

> **제563조 (매매의 의의)**
> 매매는 당사자일방이 재산권을 상대방에게 이전할 것을 약정하고 상대방이 그 대금을 지급할 것을 약정함으로써 그 효력이 생긴다.

(1) 의의

매매는 당사자일방이 재산권을 상대방에게 이전할 것을 약정하고 상대방이 그 대금을 지급할 것을 약정하는 것으로, 매매가 성립하면 매도인은 매수인에 대하여 매매의 목적이 된 권리를 이전하여야 하며, 매수인은 매도인에게 그 대금을 지급하여야 한다(제568조 제1항). 여기서 매매의 중심적 효력은 매도인의 <u>재산권이전의무</u>와 매수인의 <u>대금지급의무</u>이다. 그밖에 민법은 매매의 목적인 재산권에 하자가 있거나 또는 매매목적물에 하자가 있는 경우에 매도인에게 담보책임을 지우고 있다(제570조 이하). 그리고 <u>타인의 물건 등도 매매의 목적이 되고 그 계약은 유효하다. 따라서 '매도인이 타인의 물건을 매도한 경우 매매는 무효이다'라는 표현은 잘못된 것이다.</u>

(2) 낙성계약

매도인의 재산권이전'약정'과 이에 대한 반대급부로 반드시 대금(=금전)지급'약정'이 있어야 한다(제563조 참조). 따라서 매매는 '재산권이전과 대금의 지급이 매매의 성립요건이다'라는 표현을 틀린 것이다(요물계약이 아니다).

(3) 매매계약 체결 당시 가격을 확정하지 않았으나 그 확정 방법과 기준을 정한 경우, 그 계약의 성립 여부(적극)

<u>매매는 당사자 일방이 재산권을 상대방에게 이전할 것을 약정하고 상대방이 대금을 지급할 것을 약정함으로써 효력이 발생하는 것이므로, 매매계약은 매도인이 재산권을 이전하는 것과 매수인이 대가로서 대금을 지급하는 것에 관하여 쌍방 당사자의 합의가 이루어짐으로써 성립하는 것이며, 그 경우 매매목적물과 대금은 반드시 계약체결 당시에 구체적으로 특정할 필요는 없고 이를 사후에라도 구체적으로 특정할 수 있는 방법과 기준이 정하여져 있으면 족하다.</u>

판례 <u>원고와 피고는 이 사건 각 분양계약 당시 분양 목적물을 '이 사건 상가 2층의 준보석 B존의 점포 중 전용면적과 공용면적을 합한 계약면적 4평 또는 계약면적 8평'으로 특정하여 분양대금은 평당 3천1백만원으로 약정한 경우</u> 분양계약의 목적물이 특정되지 않은 것이라고 볼 수 없다(대판 2009.3.16, 2008다1842).

2. 예 약(예약완결권)

> **제564조 (매매의 일방예약)**
> ① 매매의 일방예약은 상대방이 매매를 완결할 의사를 표시하는 때에 매매의 효력이 생긴다.
> ② 전항의 의사표시의 기간을 정하지 아니한 때에는 예약자는 상당한 기간을 정하여 매매완결여부의 확답을 상대방에게 최고할 수 있다.
> ③ 예약자가 전항의 기간내에 확답을 받지 못한 때에는 예약은 그 효력을 잃는다.

(1) 의의

본계약인 매매를 할 수 없는 경우 등에는 매매예약을 할 수 있다. 민법은 당사자의 의사가 명확하지 않은 경우에는 매매 및 유상계약에 있어서는 <u>일방예약으로 추정</u>하고 있다(제564조·제567조).

(2) 유형

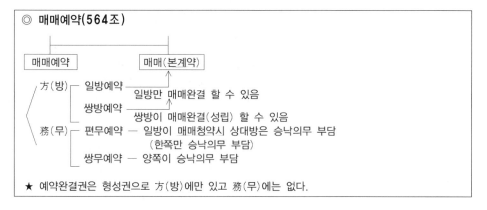

1) 일방예약·쌍방예약은 예약상의 권리자가 상대방에 대하여 본계약을 성립시킨다는 의사표시만으로써 매매가 성립되는 것으로 정하는 것이다. 이러한 완결의 의사표시(상대방의 승낙을 요하지는 않는다)를 일방만이 갖는가(일방예약), 아니면 쌍방이 갖는 것으로 하느냐(쌍방예약)하는 구별이다.

2) 편무예약, 쌍무예약은 예약상의 권리자가 상대방에 대하여 본계약을 성립시킨다는 의사표시만으로써 매매가 성립되는 것이 아니라 승낙이 있어야 본계약이 체결된다. 그 중 일방만이 의무를 부담하는 것이 편무예약이고, 양쪽이 의무를 부담하는 것이 쌍무예약이다.

(3) 예약완결권의 내용

1) 형성권

예약완결권은 매매의 일방예약 등에서 본계약을 성립시킬 의사표시를 할 수 있는 예약권리자의 일방적인 의사표시에 의하여 본계약이 성립한다. 이와 같이 본계약을 성립시킬 의사표시를 할 수 있는 권리를 <u>예약완결권</u>이라 하며, 이는 형성권이다.

판례 민법 제564조의 일방예약은 상대방이 매매를 완결할 의사표시를 한 때에 매매의 효력이 생기는 것이므로 적어도 일방예약이 성립하려면 그 예약에 터잡아 맺어질 본계약의 요소가 되는 내용이 확정되어 있거나 적어도 확정될 수 있어야 한다(대판 1988.2.23, 86다카2768).

2) 예약상 지위보전의 가등기

(ㄱ) 부동산물권의 이전의무를 생기게 하는 계약의 예약완결권은 가등기할 수 있다(부동산등기법 제3조).

(ㄴ) 예약완결권이 가등기된 후 목적부동산이 제3자에게 양도된 경우에 완결권자는 누구를 상대방으로 하여 완결의 의사를 표시하여야 하는가. 예약의 당사자는 완결권자와 그의 상대방이므로 완결의 의사도 예약시 상대방에 대하여 표시하여야 한다(판례).

판례 ㉠ 〈폐기된 종전판결〉은 복수채권자의 채권을 담보하기 위하여 그 복수채권자 전원을 공동매수인으로 하여 채무자 소유의 부동산에 관한 매매계약을 체결하고 이에 따른 가등기를 경료한 경우 그 복수채권자 중의 1인은 단독으로 매매예약완결권을 소송상 행사할 수 없다고 한다. 즉 판례는 그 복수채권자는 매매예약 완결권을 준공동소유하는 관계에 있기 때문에 가등기에 기한 본등기절차의 이행을 구하는 소의 제기 등은 반드시 그 복수채권자 전원이 하여야 하는 필수적 공동소송이라는 것이다(대판 1987.5.26, 85다카2203). 그런데 〈현재 판결〉은 "공동명의로 담보가등기를 마친 수인의 채권자가 각자의 지분별로 별개의 독립적인 매매예약완결권을 가지는 경우, 채권자 중 1인이 단독으로 자신의 지분에 관한 청산절차를 이행한 후 소유권이전의 본등기절차 이행을 구할 수 있다"고 하고 있다〔대판(전합) 2012.2.16, 2010다82530〕. 즉 수인의 채권자가 각기 그 채권을 담보하기 위하여 채무자와 채무자 소유의 부동산에 관하여 수인의 채권자를 공동매수인으로 하는 1개의 매매예약을 체결하고 그에 따라 수인의 채권자 공동명의로 그 부동산에 가등기를 마친 경우, 수인의 채권자가 공동으로 매매예약완결권을 가지는 관계인지 아니면 채권자 각자의 지분별로 별개의 독립적인 매매예약완결권을 가지는 관계인지는 매매예약의 내용에 따라야 하고, 매매예약의 내용이나 매매예약완결권 행사와 관련한 당사자의 의사와 관계없이 언제나 수인의 채권자가 공동으로 매매예약완결권을 가진다고 보고, 매매예약완결의 의사표시도 수인의 채권자 전원이 공동으로 행사하여야 한다는 취지의 대법원 1984. 6. 12. 선고 83다카2282 판결, 대법원 1985. 5. 28. 선고 84다카2188 판결, 대법원 1985. 10. 8. 선고 85다카604 판결, 대법원 1987. 5. 26. 선고 85다카2203 판결 등은 이 판결의 견해와 저촉되는 한도에서 변경하기로 한다.
㉡ 반면 "복수의 권리자가 소유권이전청구권을 보존하기 위하여 가등기를 마쳐 둔 경우 특별한 사정이 없는 한 그 가등기의 말소청구소송은 권리관계의 합일적인 확정을 필요로 하는 필수적 공동소송이 아니라 통상의 공동소송이다"고 함이 판례이다(대판 2003.1.10, 2000다26425).

3) 예약완결권의 양도성

예약완결권이 가등기되어 있는 경우 완결권의 양도는 가능한가? 통설은 채권양도의 절차에 준하여 양도 될 수 있으며(제450조 참조), 가등기된 완결권은 가등기이전의 부기등기로써 대항할 수 있다고 해석한다(종전의 판례는 가등기의 가등기를 부정하였으나 현재의 전원합의체판결은 긍정한다-대판 1998.11.19, 98다24105 참조).

4) 예약완결권의 행사기간

(ㄱ) 당사자는 완결권의 행사기간을 약정할 수 있으며, 이 때 약정기간의 경과로 완결권은 소멸한다.

(ㄴ) 행사기간의 약정이 없는 때에는 일반원칙에 따른다. 즉 예약완결권은 형성권이므로 10년의 기간내에 행사하지 않으면 소멸한다(제척기간).

판례 ① 부동산에 관한 매매예약이 체결된 경우, 예약권리자가 목적 부동산을 인도받은 경우에도 매매예약완결권은 제척기간의 경과로 소멸한다. 예약완결권은 일종의 형성권으로서 당사자 사이에 그 행사기간을 약정한 때에는 그 기간내에, 그러한 약정이 없는 때에는 예약이 성립한 때부터 10년 내에 이를 행사하여야 하고 위 기간을 도과한 때에는 상대방이 예약목적물인 부동산을 인도받은 경우라도 예약완결권은 제척기간의 경과로 인하여 소멸된다(대판 1992.7.28, 91다44766, 44773). ② 제척기간은 당초 권리의 발생일로부터 10년간의 기간이 경과되면 만료되는 것이지, 그 기간을 넘어서 그 약정에 따라 권리를 행사할 수 있는 때로부터 10년이 되는 날까지로 연장된다고 볼 수 없다(대판 1995.11.10, 94다22682).

3. 계약금

> **제565조 (해약금)**
> ① 매매의 당사자일방이 계약당시에 금전 기타 물건을 계약금·보증금등의 명목으로 상대방에게 교부한 때에는 당사자간에 다른 약정이 없는 한 당사자의 일방이 이행에 착수할 때까지 교부자는 이를 포기하고 수령자는 그 배액을 상환하여 매매계약을 해제할 수 있다.
> ② 제551조의 규정은 전항의 경우에 이를 적용하지 아니한다.

(1) 의의

계약을 체결할 때에 일방당사자가 상대방에 대하여 금전 기타 물건을 교부하는 경우, 그 교부된 것을 계약금이라 한다. 계약금은 매매의 경우에 매수인으로부터 매도인에게 교부되는 것이 보통이지만 그 반대의 경우도 있다. 그리고 매매의 경우뿐만이 아니라 임대차 등에서도 교부된다. 계약금에 의한 해제권유보는 계약금액만큼의 재산적 손실을 감수하여야 한다는 것 외에는 다른 해제권발생요건을 요구하지 않고 당사자가 임의로 해제할 수 있는 자유를 부여한다.

(2) 계약금계약의 특질

(ㄱ) 매매는 의사표시의 합치만으로 성립한다. 계약금의 수수계약은 매매의 성립요건이 아니다. 이는 요물계약이며 종된 또 하나의 계약이다. 종된 계약이므로 주된 계약이 무효가 되거나 취소된 때 또는 계약금으로 보류된 해제권의 행사 이외의 사유로 해제된 때에는 계약금계약은 효력을 잃게 되고 계약금교부자는 수령자에게 반환을 요구할 수 있다. 계약금계약은 요물계약이고 종된 계약이기는 하나 반드시 주된 계약과 동시에 성립하여야 하는 것은 아니다.

(ㄴ) 계약금이 수수된 유상계약에서 당사자간의 다른 약정이 없는 한 당사자의 일방이 이행에 착수할 때까지 교부자는 이를 포기하고 수령자는 그 배액을 상환하여 계약을 해제할 수 있다. 그러므로 다른 특약이 없는 한 계약금이 수수된 계약에는 해제권이 유보된 것으로 추정된다.

(3) 계약금계약의 유형

(ㄱ) 계약금의 수수는 계약의 체결에 있어서 당사자 사이에 어떠한 합의가 있었는지가 불분명한 경우에도 어떤 합의가 있었다는 증거는 되는 것이므로 최소한 "증약금"의 성질은 갖는다.

(ㄴ) 위약계약금중 위약벌은 계약금을 교부한 자가 계약상의 채무를 이행하지 아니한 때 계약금을 수령한 자가 위약벌로서 몰수하고, 채무불이행이 있으면 다시 손해배상도 청구할 수 있는 계약금의 형태이다.

(ㄷ) 위약계약금 중 손해배상예정의 성질을 띠는 위약계약금은 채무불이행시 위약벌과는 달리 교부자는 위반시 몰수당하고, 수령자는 위반시 배액상환하는 계약금을 말한다.

(4) 구체적 내용

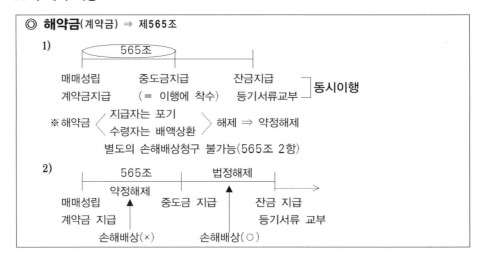

1) 해약금추정

계약금은 당사자 사이에 약정이 없는 한 해약금으로 추정된다(제565조 제1항). 따라서 특약이 있는 경우에 한해서 '손해배상액의 예정'의 성질을 함께 갖는 것으로 해석된다.

판례 따라서 특약이 없음에도 동 계약금이 손해배상액의 예정임을 전제로 하는 감액청구는 이유가 없다(대판 1981.7.28, 80다2499).

2) 현실의 제공

수령자가 그 배액을 상환하여 계약을 해제하고자 하는 경우에는 반드시 현실의 제공을 요한다. 그러나 제공자는 포기의 의사표시로 족하다.

판례 매매당사자 간에 계약금을 수수하고 계약해제권을 유보한 경우에 매도인이 계약금의 배액을 상환하고 계약을 해제하려면 계약해제의 의사표시 외에 계약금 배액의 이행의 제공이 있으면 족하고, 상대방이 이를 수령하지 아니한다 하여 이를 공탁할 필요는 없다(대판 1981.10.27, 80다2784).

3) 원상회복문제

계약금에 기한 해제는 당사자가 '이행에 착수하기 이전에' 행사할 수 있을 뿐이므로 원상회복의 문제는 발생할 여지가 없다.

4) 당사자일방의 의미

판례는 '민법 제565조 제1항에서 말하는 당사자의 일방이라는 것은 매매 쌍방 중 어느 일방을 지칭하는 것이고 상대방이라고 국한하는 것이 아니므로 매매계약의 일부이행에 착수한 당사자는 비록 상대방이 이행에 착수하지 않았다 하더라도 해제권을 행사할 수 없다'고 하고 있다(대판 1970.4.28, 70다105).

5) 이행의 착수

(ㄱ) 여기에서 이행에 착수한다는 것은 객관적으로 외부에서 인식할 수 있는 정도로 '채무의 이행행위의 일부'를 하거나 또는 '이행을 하기 위하여 필요한 전제행위를 하는 경우를 말하는 것이다(대판 1994. 5. 13, 93다56954).

(ㄴ) 한편 이행기의 약정이 있는 경우, 원칙적으로 이행기 전에 이행에 착수할 수 있다. 따라서 매수인이 이행기전 기한의 이익을 포기하고 중도금을 미리 지급한 후, 매도인이 계약금 배액을 공탁하여 해제권을 행사한 경우 매도인의 해제는 부적법하다(대판 2006.2.10, 2004다11599).

> **판례** 〈이행의 착수의 사례〉① 단순히 이행의 준비를 하는 것만으로는 부족하나, 반드시 계약내용에 들어맞는 이행의 제공의 정도에까지 이르러야 하는 것은 아니다(대판 1994.5.13, 93다56954). 따라서 매수인이 매도인의 동의 아래에 매매계약의 계약금 및 중도금을 지급하기 위하여 약속어음을 교부하였다면 매수인은 계약의 이행에 착수하였다고 볼 수 있다(대판 2002.11.26, 2002다46492). ② 다만 매도인이 매수인에게 매매계약의 이행을 최고하고 매매잔대금의 지급을 구하는 소송을 제기한 것만으로 이행에 착수하였다고 볼 수 없다(대판 2008.10.23, 2007다72274). ③ 국토의 계획 및 이용에 관한 법률에 정한 토지거래계약에 관한 허가구역으로 지정된 구역 안의 토지에 관하여 매매계약이 체결된 후 계약금만 수수한 상태에서 당사자가 토지거래허가신청을 하고 이에 따라 관할관청으로부터 그 허가를 받았다 하더라도, 그러한 사정만으로는 아직 이행의 착수가 있다고 볼 수 없어 매도인으로서는 민법 제565조에 의하여 계약금의 배액을 상환하여 매매계약을 해제할 수 있다(대판 2009.4.23, 2008다62427).

6) 법정해제와의 관계

(ㄱ) 계약금을 수수함으로써 해약권이 유보된 경우에는 채무불이행에 기한 법정해제권이 발생할 여지는 없다는 표현은 잘못된 것이다. 예를 들어 계약금을 교부하고 중도금까지 지급된 경우(이행에 착수), 계약당사자의 채무불이행이 발생하면 법정해제가 가능하다. 이러한 법정해제의 경우 당사자간 원상회복의무와 손해배상의무가 발생한다.

(ㄴ) 유상계약을 체결함에 있어서 계약금이 수수된 경우 계약금은 해약금의 성질을 가지고 있어서, 이를 위약금으로 하기로 하는 특약이 없는 이상 계약이 당사자 일방의 귀책사유로 인하여 해제되었다 하더라도 상대방은 계약불이행으로 입은 실제 손해만을 배상받을 수 있을 뿐 계약금이 위약금으로서 상대방에게 당연히 귀속되는 것은 아니다(대판 1996. 6. 14, 95다54693).

7) 계약금 받기 전 계약금에 기한 주계약해제 문제(부정)

계약이 일단 성립한 후에는 당사자 일방이 이를 마음대로 해제할 수 없는 것이 원칙이고, 다만 주된 계약과 더불어 계약금계약을 한 경우에는 민법 제565조 제1항의 규정에 따라 임의 해제를 할 수 있기는 하나, 계약금 계약은 금전 기타의 유가물의 교부를 요건으로 하므로 단지 계약금을 지급하기로 약정만 한 단계에서는 아직 계약금으로서의 효력, 즉 위 민법 규정에 의해 계약해제 할 수 있는 권리는 발생하지 않는다고 할 것이다. 따라서 교부자가 계약금의 잔금 또는 전부를 지급하지 아니하는 한 계약금계약은 성립하지 아니하므로 당사자가 임의로 주계약을 해제할 수는 없다 할 것이다(대판 2008.3.13, 2007다73611).

4. 매매의 법률효과

> **제568조 (매매의 효력)**
> ① 매도인은 매수인에 대하여 매매의 목적이 된 권리를 이전하여야 하며 매수인은 매도인에게 그 대금을 지급하여야 한다.
> ② 전항의 쌍방의무는 특별한 약정이나 관습이 없으면 동시에 이행하여야 한다

(1) 재산권이전의무

매도인은 매수인에게 재산권을 이전할 의무를 부담한다. 따라서 매도인은 매수인에게 재산권이전에 필요한 모든 행위, 즉 재산권변동에 필요한 급부를 종국적으로 이행하여야 한다(인도나 등기 등). 따라서 매매목적 부동산에 처분금지가처분등기와 소유권말소예고등기가 기입되어 있는 경우에는 매도인은 그와같은 등기를 말소하여 완전한 소유권이전등기를 해줄 의무가 있다(대판 1999.7.9, 98다13754).

(2) 대금지급장소

목적물인도와 동시에 대금을 지급하기로 약정한 경우 목적물인도장소가 대금지급장소로 된다(제586조·제467조 제2항의 특칙).

(3) 과실의 귀속

매도인의 목적물인도와 매수인의 대금지급은 동시이행의 관계에 있기 때문에 제587조의 과실귀속에 관한 규정을 두었다.

> **제587조 (과실의 귀속, 대금의 이자)**
> 매매계약 있은 후에도 인도하지 아니한 목적물로부터 생긴 과실은 매도인에게 속한다. 매수인은 목적물의 인도를 받은 날로부터 대금의 이자를 지급하여야 한다. 그러나 대금의 지급에 대하여 기한이 있는 때에는 그러하지 아니하다.

즉 매수인이 매매대금을 완납하지 않은 상태에서 매도인이 인도의무를 지체하더라도 매수인은 목적물로부터 발생한 과실의 반환을 청구할 수 없으며, 매매목적물이 인도되지 않고 대금도 완제되지 아니한 경우, 매수인의 대금지급의무의 이행기가 지났더라도 매도인은 매매대금에 대한 지연손해금의 지급을 청구할 수 없다. 따라서 매매목적물이 인도되지 않고 대금도

완제되지 아니한 경우, 매도인의 인도의무의 이행기가 지났더라도 매수인은 인도의무지체로 인한 손해배상을 청구할 수 없다.

판례 제587조에서는 과실의 귀속·대금의 이자에 관하여 규정하고 있는바, 매수인이 대금을 이미 지급하였음에도 매도인이 매매목적물의 인도를 지체하고 있다면, 매도인은 과실을 취득할 수 없다(제587조 참조). 따라서 매매목적물이 인도되지 아니하더라도 매수인이 대금을 완제한 때에는 그 시점 이후의 과실은 매수인에게 귀속되지만, 매매목적물이 인도되지 아니하고 또한 매수인이 대금을 완제하지 아니한 때에는 매도인의 이행지체가 있더라도 과실은 매도인에게 귀속되는 것이므로 매수인은 인도의무의 지체로 인한 손해배상금의 지급을 구할 수 없다(대판 2004.4.23, 2004다8210). 그러므로 매매목적물의 인도전이라도 매수인이 매매대금을 완납할 때에는 그 후의 과실수취권은 매수인에게 귀속된다. 따라서 매수인이 이행기에 대금을 완제하고도 매매목적물을 인도받지 못한 경우, 매도인은 매수인의 매매대금지급 시점 이후부터 매수인에게 그 대금에 대한 이자를 지급하여야 하는 것이 아니다.

(4) 매수인의 대금지급거절권

매매의 목적물에 대하여 권리를 주장하는 자가 있는 경우에 매수인이 매수한 권리의 전부나 일부를 잃을 염려가 있는 때에는 매수인은 그 위험의 한도에서 대금의 전부나 일부의 지급을 거절할 수 있다(제588조).

판례 〈대판 1996. 5. 10, 96다6554〉 매도인이 말소할 의무를 부담하고 있는 매매목적물상의 근저당권을 말소하지 못하고 있다면 매수인은 그 위험의 한도에서 매매대금의 지급을 거절할 수 있고, 이 경우 지급을 거절할 수 있는 매매대금이 어느 경우에나 근저당권의 채권최고액에 상당하는 금액인 것은 아니고, 매수인이 근저당권의 피담보채무액을 확인하여 이를 알고 있는 경우와 같은 특별한 사정이 있는 경우에는 지급을 거절할 수 있는 매매대금은 확인된 피담보채무액에 한정된다.

(5) 매매계약비용부담

매매계약에 관한 비용은 특별한 사정이 없는 한 당사자쌍방이 균분하여 부담한다(제566조). 이와 구별하여야 할 것이 채무변제비용은 채무자가 부담하는 것을 원칙으로 한다는 것이다(제473조).

Ⅲ. 매도인의 담보책임

1. 의의 및 구별

(1) 의의

매도인이 이전한 권리에 흠이 있거나 또는 물건 등에 흠이 있는 경우 그러한 흠에 대하여 매도인에게 일정한 책임을 지우는 것을 말한다. 통설적 입장은 담보책임은 매매계약의 유상성에 기해 인정되는 법정책임이라고 한다. 한편 소수설은 담보책임을 그 본질에 있어 채무의 이행을 다하지 않은 데에 대한 채무불이행책임의 일종이라고도 한다(채무불이행설). 담보책임의 본질에 대한 판례의 태도는 통일적이지 못하다.

(2) 담보책임과 채무불이행책임의 비교

담보책임과 채무불이행책임은 계약으로부터 생기는 책임이라는 점에서 공통성을 가지나, 채무불이행책임은 채무자의 귀책사유를 요건으로 하는 과실책임이나 담보책임은 무과실책임이다. 채무불이행책임에서는 채권자의 선의·악의는 문제되지 않으며, 담보책임은 매수인의 선의·악의가 문제된다. 담보책임에는 1년 또는 6개월의 제척기간이 있는 것이 있으나, 채무불이행책임에는 그러한 제한이 없다.

〈 담보책임과 채무불이행책임 비교 〉

		담보책임(제570조 이하)	채무불이행책임(제390조)
성립요건 (매도인의 귀책사유)		담보책임을 채무불이행책임으로 파악한다고 하여도, 하자에 대한 매도인(채무자)의 귀책사유를 책임요건으로 하지 않는 무과실책임이다.	채무자의 고의·과실을 전제로 채무의 내용에 좇은 이행을 하지 못한 경우에 책임이 인정되는 과실책임이다.
책 임	매수인의 선의·악의	매수인(채권자)의 하자에 대한 선의·악의는 담보책임의 효과 내지 내용에 영향을 미친다.	채권자의 선의·악의는 책임발생이나 내용에 영향을 주지 않는 것이 원칙이다.
	계약해제권	계약해제는 계약의 목적이 달성될 수 없는 경우에 한해 최고 없이 인정된다.	계약을 해제하기 위해서는 채무자의 귀책사유에 기한 채무불이행이 있어야만 하며(통설), 상당한 기간의 최고가 있어야 한다(이행지체의 경우).

2. 학설의 내용

(1) 법정책임설(통설적 견해)

법정책임설은 매도인의 담보책임을 매매계약의 유상성에 비추어 매수인을 보호하고 일반거래의 동적 안전을 보장하려는 의미에서 매도인에게 인정되는 법정책임이라고 보는 견해이다. 법정책임설에 의하면, 담보책임의 효과로 발생하는 손해배상의 범위도 무과실책임의 원칙상 유상계약에서의 대가관계를 유지하기 위하여 필요한 신뢰이익의 배상에 한 한다는 것이다.

(2) 채무불이행책임설(현재유력설)

오늘날은 '있는 그대로의 채무를 진다'는 생각을 기초로 하는 법정책임설보다는 '있어야 할 상태로서의 채무를 진다'고 보는 채무불이행설이 타당한 것으로 받아들여진다는 것이다. 채무불이행책임설에 의하면 하자담보책임은 특정물매매·종류물매매를 불문하고 적용되며, 손해배상의 범위는 이행이익을 포함한다고 본다.

3. 판례검토

(1) 채무불이행책임설(이행이익배상설)을 취하는 판례

판례가 채무불이행책임설을 취하거나 또는 이를 전제로 이행이익의 배상을 인정한 담보책임으로는 민법 제570조, 제572조의 타인권리의 매매에 관한 담보책임, 제581조의 종류물매매에 관한 하자담보책임, (구)공공용지의취득및손실보상에관한특례법에 따라 협의취득한 사안 등이 이에 속한다.

(2) 법정책임설을 취하는 판례

판례는 위에서 고찰한 담보책임 이외에는 신뢰이익의 배상만을 인정하고 나아가 간접적으로 담보책임의 본질을 법정책임으로 파악하고 있다. 다만 판례의 경향은 법정책임에서 채무불이행책임쪽으로 이행하고 있다고 해석한다.

(3) 담보책임과 채무불이행책임의 경합여부에 관한 판례

1) 대법원은 매도인이 타인으로부터 권리를 취득하여 매수인에게 이전하지 못한 데에 대하여 매도인에게 귀책사유가 있었고 또 매수인도 악의였던 사안

「매수인이 매매계약 당시 그 토지의 소유권이 매도인에 속하지 아니함을 알고 있던 매수인은 매도인에 대하여 제570조가 규정하는 담보책임상의 손해배상을 청구할 수 없고, 다만 그 이행불능이 매도인의 귀책사유로 인하여 이루어진 것인 때에 한하여 그 손해배상(제390조에 의한 일반 채무불이행책임상의 손해배상)을 청구할 수 있는 것이다」라고 판시함으로써 담보책임과 이행불능책임이 경합할 수 있음을 인정하였다(대판 1993.11.23, 93다37328; 대판 2002.12.26, 2002다9523).

2) 매매의 목적이 된 권리의 일부가 타인에게 속하게 되어 매도인이 그 권리를 취득하여 매수인에게 이전할 수 없게 된 경우(=이행이익 상당액)

매매의 목적이 된 권리의 일부가 타인에게 속함으로 인하여 매도인이 그 권리를 취득하여 매수인에게 이전할 수 없게 된 때에는 선의의 매수인은 매도인에게 담보책임을 물어 이로 인한 손해배상을 청구할 수 있는바, 이 경우에 매도인이 매수인에 대하여 배상하여야 할 손해액은 원칙적으로 매도인이 매매의 목적이 된 권리의 일부를 취득하여 매수인에게 이전할 수 없게 된 때의 이행불능이 된 권리의 시가, 즉 이행이익 상당액이다(대판 1993.1.19, 92다37727).

3) 매수한 농작물의 종자에 하자가 있어서 수확이 감소된 경우의 손해액산정방법

매수인이 매도인으로부터 매수한 감자종자가 잎말림병에 감염된 것이어서 이를 식재한 결과 거기에서 자란 감자가 같은 병 등에 감염되어 수확량이 예년에 비하여 현저하게 줄은 경우 매수인이 입은 손해는 감자를 식재, 경작하여 정상적으로 얻을 수 있었던 평균수입금에서 실제로 소득한 금액을 제한 나머지가 되어야 할 것이고, 실제로 들인 비용에서 소득한 금액을 공제한 금액을 기준으로 하여 손해액을 산정할 것은 아니다(대판 1989.11.14, 89다카15298).

4) (구)공공용지의취득및손실보상에관한특례법에 따른 협의취득사안

관련사례 | 한국수자원공사(甲)는 공공용지의취득및손실보상에관한특례법에 따라 안산시 일대에 위치한 乙의 X토지를 80억원에 협의취득하고 이에 따라 1995. 9. 22. 甲 명의로 소유권이전등기가 마쳐졌다. 乙은 X토지가 사업시행지에 포함되자 1992. 6.경 인근 도로 및 지표면보다 약 1m 이상 낮은 위 토지의 보상가격을 높이기 위하여 대지 조성공사를 하였는데, 그 과정에서 토사와 함께 산업폐기물을 은밀히 매립하였다. 이제 X주변의 토지는 중금속 등의 오염이 확산되고 지하수까지 오염되어 이를 정상적인 토지와 지하수로 복구하기 위한 비용은 160억이 소요된다(대판 2004.7.22, 2002다51586).

해설 |
(a) **매도인의 하자 없는 물건의 인도의무** : 매매계약에 있어서 매도인은 특별한 사정이 없는 한 하자가 없는 정상적인 물건을 인도할 의무가 있는바, 乙이 협의취득절차에서 보상금을 유리하게 책정받기 위하여 성토작업을 하는 과정에서 폐기물을 다량 매립하였으면서도 폐기물이 존재하지 않는 정상적인 토지임을 전제로 하는 협의취득절차를 진행하여 폐기물이 매립된 토지를 인도하였다면 乙은 위 협의취득상의 매도인으로서 계약상의 의무를 제대로 이행하지 않음으로 인하여 甲이 입은 손해를 배상할 책임이 있다(160억 청구가능하다).
(b) **청구방법과 범위문제** : 甲에게 乙이 스스로 폐기물을 처리할 것만을 청구하거나 손해배상청구에 앞서 이러한 청구를 먼저 행사하여야 할 의무는 없는 것이고, 나아가 폐기물처리비용이 매매대금을 초과한다는 사정은 甲의 손해배상청구권 행사에 아무런 장애가 되지 않는다고 할 것이다.
(c) **담보책임과 경합여부** : 공공용지의취득및손실보상에관한특례법에 의하여 공공사업의 시행자가 토지를 협의취득하는 행위는 사경제주체로서 행하는 사법상의 법률행위이므로(대판 1999.11.26, 98다47245) 그 일방 당사자의 채무불이행에 대하여 민법에 따른 손해배상 또는 하자담보책임을 물을 수 있다.

4. 담보책임의 개별적 고찰

◎ **매도인의 담보책임** : 법정무과실책임

1) **권리의 하자**(제570조 이하) : 선/악 제척기간 1년원칙
  ① 권리전부가 타인에게 속하는 경우(570조)
  ② 권리의 일부가 타인에게 속하는 경우(572조)
  ③ 수량부족·일부멸실의 경우(574조)
  ④ 제한물권 중 용익적 권리의 제한(575조)
  ⑤ 제한물권 중 담보적 권리의 제한(576조)

2) **물건의 하자**(제580조 이하) : 선의+무과실 제척기간 6개월
  ① 특정물 하자(580조) ┐ 하자담보책임
  ② 불특정물 하자(581조) ┘
3) **경매 목적물의 하자**(제578조)
  ① 권리의 하자(○)
  ② 물건의 하자(×)
4) **채권매매에서 채무자의 자력에 관한 담보책임**(제579조)

(1) 권리의 하자에 대한 담보책임

1) 권리전부가 타인에게 속하는 경우(제570조)

> **제569조 (타인의 권리의 매매)**
> 매매의 목적이 된 권리가 타인에게 속한 경우에는 매도인은 그 권리를 취득하여 매수인에게 이전하여야 한다.
> **제570조 (매도인의 담보책임)**
> 전조(타인권리매매)의 경우에 매도인이 그 권리를 취득하여 매수인에게 이전할 수 없는 때에는 매수인은 계약을 해제할 수 있다. 그러나 매수인이 계약당시 그 권리가 매도인에게 속하지 아니함을 안 때에는 손해배상을 청구하지 못한다.

(가) 구체적 사례

자기가 정당한 상속인이라고 믿고 매도한 경우(대판 1966.4.6, 66다267), 자기명의로 등기된 부동산이 법령에 의하여 국유화된 줄 모르고 매도한 경우(대판 1979.4.24, 77다2290), 국유인 하천부지를 점유자가 매도한 경우(대판 1963.10.31, 63다606), 낙찰대금의 납부 전에 체결한 낙찰받은 부동산의 매매계약(대판 2008.8.11, 2008다25824) 등이 이에 속한다.

판례 〈제570조 적용사례〉 乙이 甲으로부터 매수한 토지를 丙에게 대금 3십만원에 매도하고 매매 당사자간의 중간등기생략의 합의에 따라 甲으로부터 丙에게 직접 소유권이전등기를 경료하였는데 농지개혁법상 상환증서 등이 위조되어 국가에 환수된 경우 판례는 매수부동산을 이전등기 않고 전매한 경우에 타인의 권리매매에 해당한다고 하였다(대판 1982. 1. 26, 81다528).

(나) 손해배상범위

판례는 이행이익배상을 긍정하였다. 그 산정시기는 채무불이행의 경우에는 불능당시의 시가를 표준으로 하여 결정을 하고, 해제를 하면 해제당시 목적물의 시가를 표준으로 하여 결정한다. 한편 매도인이 원소유자에게 패소한 경우 이행불능으로 인한 손해배상액의 산정은 그 패소확정시를 기준으로 하여야 하고, 동 등기의 말소시를 기준으로 할 것이 아니라고 한다(대판 1981.6.9, 80다417 등).

판례 〈타인의 권리매매에 있어서 매도인의 귀책사유로 이행불능이 된 경우 매도인의 손해배상책임〉 타인의 권리를 매매의 목적으로 한 경우에 있어서 그 권리를 취득하여 매수인에게 이전하여야 할 매도인의 의무가 매도인의 귀책사유로 인하여 이행불능이 되었다면 매수인이 매도인의 담보책임에 관한 민법 제570조 단서의 규정에 의해 손해배상을 청구할 수 없다 하더라도 채무불이행 일반의 규정(민법 제546조, 제390조)에 좇아서 계약을 해제하고 손해배상을 청구할 수 있다(대판 1993.11.23. 93다37328).

(다) 오로지 매수인의 귀책사유로 재산권을 이전할 수 없는 경우(제외)

민법상 매도인의 담보책임은 무과실책임이나, 타인권리매매에 있어서 매도인의 목적물을 매수인에게 이전할 수 없게 된 것이 오직 매수인의 귀책사유에 기인한 경우에는 매도인은 민법 제570조 담보책임을 지지 않는다(예 : 매수인이 등기를 제때하지 않아 매도인명의로 되어있는 사이 경매가 되어 제3자에게 이전된 사안-대판 1979.6.26, 79다564).

(라) 타인의 권리의 매매의 경우에 있어서 매수인이 민법 제110조에 의하여 매수의 의사표시를 취소할 수 있는지 여부

민법 569조가 타인의 권리의 매매를 유효로 규정한 것은 선의의 매수인의 신뢰 이익을 보호하기 위한 것이므로, 매수인이 매도인의 기망에 의하여 타인의 물건을 매도인의 것으로 알고 매수한다는 의사표시를 한 것은 <u>만일 타인의 물건인줄 알았더라면 매수하지 아니하였을 사정이 있는 경우에는 매수인은 민법 제110조에 의하여 매수의 의사표시를 취소할 수 있다</u>고 해석해야 할 것이다(대판 1973.10.23. 73다268).

(마) 선의의 매도인에 대한 보호(제571조)

> **제571조 (동전-선의의 매도인의 담보책임)**
> ① 매도인이 계약당시에 매매의 목적이 된 권리가 자기에게 속하지 아니함을 알지 못한 경우에 그 권리를 취득하여 매수인에게 이전할 수 없는 때에는 매도인은 손해를 배상하고 계약을 해제할 수 있다.
> ② 전항의 경우에 매수인이 계약당시 그 권리가 매도인에게 속하지 아니함을 안 때에는 매도인은 매수인에 대하여 그 권리를 이전할 수 없음을 통지하고 계약을 해제할 수 있다.

(ㄱ) 매도인이 계약당시에 매매의 목적이 된 권리가 자기에게 속하지 아니함을 알지 못한 경우에 그 권리를 취득하여 매수인에게 이전할 수 없는 때에는 매도인은 손해를 배상하고 계약을 해제할 수 있다(제1항). 그러나 매수인이 계약당시 그 권리가 매도인에게 속하지 아니함을 안 때에는 매도인은 매수인에 대하여 그 권리를 이전할 수 없음을 통지하고 계약을 해제할 수 있다(제2항).
(ㄴ) <u>민법 제571조 제1항은 선의의 매도인이 매매의 목적인 권리의 전부를 이전할 수 없는 경우에 적용될 뿐 매매의 목적인 권리의 일부를 이전할 수 없는 경우에는 적용될 수 없고, 마찬가지로 수 개의 권리를 일괄하여 매매의 목적으로 정하였으나 그 중 일부의 권리를 이전할 수 없는 경우에도 위 조항은 적용될 수 없다</u>(대판 2004.12.9. 2002다33557). 따라서 매도인이 전체 토지 15필지를 일괄하여 대금 58억원에 매도한 경우, 매매의 목적의 일부 토지의 소유권을 이전할 수 없게 되었다면 민법 제571조에 의하여 매매계약의 일부를 해제할 수는 없다.

2) 권리의 일부가 타인에게 속하는 경우(제572조 · 제573조)

> **제572조 (권리의 일부가 타인에게 속한 경우와 매도인의 담보책임)**
> ① 매매의 목적이 된 권리의 일부가 타인에게 속함으로 인하여 매도인이 그 권리를 취득하여 매수인에게 이전할 수 없는 때에는 매수인은 그 부분의 비율로 대금의 감액을 청구할 수 있다.
> ② 전항의 경우에 잔존한 부분만이면 매수인이 이를 매수하지 아니하였을 때에는 선의의 매수인은 계약전부를 해제할 수 있다.
> ③ 선의의 매수인은 감액청구 또는 계약해제외에 손해배상을 청구할 수 있다.
>
> **제573조 (전조의 권리행사의 기간)**
> 전조의 권리는 매수인이 선의인 경우에는 사실을 안 날로부터, 악의인 경우에는 계약한 날로부터 1년내에 행사하여야 한다.

(가) 적용범위

권리일부가 타인에게 속하는 경우의 담보책임인 제572조의 규정은 단일한 권리의 일부가 타인에 속하는 경우에만 한정하여 적용되는 것이 아니라 수 개의 권리를 일괄하여 매매의 목적으로 정한 경우에도 역시 적용된다(대판 1989.11.14, 88다카13547). 또한 판례는 부동산 매매계약의 목적물인 대지의 일부가 타인에게 속하고 건물의 일부도 타인의 토지 위에 건립되어 있는데 건물의 일부가 그 피침범토지 소유자의 권리행사로 존립을 유지할 수 없게 된 경우, 민법 제572조의 매도인의 담보책임규정을 유추적용한다(대판 2009.7.23, 2009다33570).

(나) 대금감액청구권

제572조의 대금감액청구권은 매수인의 선악을 불분함에 유의하여야 한다. 그리고 매수인의 대금감액청구권의 제척기간 기산점인 선의의 매수인이 사실을 안 날이란, 매도인이 목적물의 소유권을 취득하여 매수인에게 이전할 수 없음을 알게되었음이 확실하게 된 사실을 매수인이 안 날을 의미한다(대판 1997.6.13, 96다15596).

(다) 손해배상청구권의 범위

선의의 매수인은 매도인에게 담보책임을 물어 이로 인한 손해배상을 청구할 수 있는바, 이 경우에 매도인이 매수인에 대하여 배상하여야 할 손해액은 원칙적으로 매도인이 매매의 목적이 된 권리의 일부를 취득하여 매수인에게 이전할 수 없게 된 때의 이행불능이 된 권리의 시가, 즉 이행이익 상당액이라고 할 것이다(대판 1993.1.19, 92다37727).

(라) 계약해제

잔존한 부분만이면 매수인이 이를 매수하지 아니하였을 때에는 선의의 매수인은 계약전부를 해제할 수 있다(동조 제2항).

3) 수량부족 등이 있는 경우(제574조)

> **제574조 (수량부족, 일부멸실의 경우와 매도인의 담보책임)**
> 전2조의 규정은 수량을 지정한 매매의 목적물이 부족되는 경우와 매매목적물의 일부가 계약당시에 이미 멸실된 경우에 매수인이 그 부족 또는 멸실을 알지 못한 때에 준용한다.

(가) 수량부족의 의미

(ㄱ) 수량부족이나 일부 멸실의 담보책임에서 매매의 목적물은 특정물에 한 한다.

(ㄴ) 부동산 매매계약에 있어서 계약당사자가 면적을 가격을 정하는 여러 요소 중 가장 중요한 요소로 파악하고, 그 객관적 수치를 기준으로 가격을 정하는 경우라면 민법 제574조에 정한 '수량을 지정한 매매'에 해당한다(대판 2001.4.10, 2001다12256). 따라서 토지의 매매에 있어 목적물을 등기부상의 면적에 따라 특정한 경우라도 당사자가 그 지정된 구획을 전체로서 평가하였고 면적에 의한 계산이 하나의 표준에 지나지 아니한 경우 이를 가리켜 수량을 지정한 매매라 할 수 없다(대판 2003.1.24, 2002다65189).

판례 ㉠ 매수인이 일정한 면적이 있는 것으로 믿고 매도인도 그 면적이 있는 것을 명시적 또는 묵시적으로 표시하며, 나아가 계약당사자가 면적을 가격을 정하는 여러 요소 중 가장 중요한 요소로 파악하고 그 객관적 수치를 기준으로 가격을 정한 경우, 매매계약서에 토지의 평당 가격을 기재하지 않았다 하더라도 수량을 지정한 매매에 해당한다(대판 1996. 4. 9, 95다48780). ㉡ 부동산매매계약에 있어서 실제면적이 계약면적에 미달하고 그 매매가 수량지정매매에 해당하는 경우, 민법 제574조, 572조의 대금감액청구권 행사와 별도로 부당이득반환청구 또는 계약체결상의 과실책임의 이행청구는 인정되지 않는다(대판 2002.4.9, 99다47396).

⒩ 선의 매수인의 대금감액청구권

㉠ 제572조와는 달리 대금감액청구권은 매수인이 선의이어야 한다. 다른 손해배상이나 계약해제는 동일하다. 즉 수량을 지정한 매매의 목적물이 부족되는 경우와 매매목적물의 일부가 계약당시에 이미 멸실된 경우에 매수인이 그 부족 또는 멸실을 알지 못한 때에 제572조·제573조를 준용한다.

㉡ 특히 매수인이 사실을 "안 날"이라 함은 단순히 권리의 일부가 타인에게 속한 사실을 안 날이 아니라 그 때문에 매도인이 이를 취득하여 매수인에게 이전할 수 없게 되었음이 확실하게 된 사실을 안 날을 말한다(대판 2002. 11. 8, 99다58136).

4) 권리가 타인의 제한물권에 의하여 제한을 받고 있는 경우(제575조)

> **제575조 (제한물권있는 경우와 매도인의 담보책임)**
> ① 매매의 목적물이 지상권, 지역권, 전세권, 질권 또는 유치권의 목적이 된 경우에 매수인이 이를 알지 못한 때에는 이로 인하여 계약의 목적을 달성할 수 없는 경우에 한하여 매수인은 계약을 해제할 수 있다. 기타의 경우에는 손해배상만을 청구할 수 있다.
> ② 전항의 규정은 매매의 목적이 된 부동산을 위하여 존재할 지역권이 없거나 그 부동산에 등기된 임대차계약이 있는 경우에 준용한다.
> ③ 전2항의 권리는 매수인이 그 사실을 안 날로부터 1년내에 행사하여야 한다.

㉠ 예컨대 乙이 甲소유의 건물을 매수하였는데, 이미 제3자 A가 그 건물에 대해 지상권이나 대항력 있는 임차권(주택임대차보호법 등의 특별법상 대항력 있는 임차인 등을 포함)을 가지고 있어서 매수인 乙이 그 건물을 사용하지 못하는 경우에 인정되며, 매수인은 선의인 경우에 계약해제·손해배상청구권이 인정되며, 대금감액은 인정하지 않고 있다. 대금감액이 인정되지 않는 것은 하자가 양적인 것이 아니고 질적인 하자이기 때문이다.

㉡ 제척기간은 그 사실을 안 날로부터 1년이다(선의이기 때문이다).

5) 저당권의 설정과 매도인의 담보책임(제576조)

> **제576조 (저당권, 전세권의 행사와 매도인의 담보책임)**
> ① 매매의 목적이 된 부동산에 설정된 저당권 또는 전세권의 행사로 인하여 매수인이 그 소유권을 취득할 수 없거나 취득한 소유권을 잃은 때에는 매수인은 계약을 해제할 수 있다.
> ② 전항의 경우에 매수인의 출재로 그 소유권을 보존한 때에는 매도인에 대하여 그 상환을 청구할 수 있다.
> ③ 전2항의 경우에 매수인이 손해를 받은 때에는 그 배상을 청구할 수 있다.

(가) 요건분석

(ㄱ) 저당권이 설정되어 있다는 사실만으로는 곧 매도인에게 담보책임을 물을 수 있는 것은 아니고, 소유권을 취득할 수 없거나·취득한 소유권을 잃은 경우에 가능하다.

(ㄴ) 계약해제와 손해배상청구에 있어서 특히 매수인의 선의·악의는 문제되지 않는다. 그러나 매수인이 자신의 출재로 소유권을 보존해야 할 특약이 존재하는 경우에는(채무인수), 만약 매수인의 소유권이 상실되더라도 매도인은 이에 대한 담보책임을 지지 않는다.

(ㄷ) 매매목적물에 담보물권이 존재하는 경우의 담보책임에서는 다른 것과는 달리, 선의·악의나 기간제한(제척기간) 등의 정함이 일체 없다(제576조). 따라서 해제는 물론 손해배상청구도 할 수 있는 것이다.

(나) 판례검토

(ㄱ) 가등기의 목적이 된 부동산을 매수한 사람이 그 뒤 가등기에 기한 본등기가 경료됨으로써 그 부동산의 소유권을 상실하게 된 때에는 매매의 목적 부동산에 설정된 저당권 또는 전세권의 행사로 인하여 매수인이 취득한 소유권을 상실한 경우와 유사하다(대판 1992.10.27, 92다21784).

(ㄴ) 가압류 목적이 된 부동산을 매수한 이후 가압류에 기한 강제집행으로 부동산 소유권을 상실한 경우에도 매도인의 담보책임에 관한 민법 제576조가 준용된다. 따라서 매수인은 같은 조 제1항에 따라 매매계약을 해제할 수 있고, 같은 조 제3항에 따라 손해배상을 청구할 수 있다고 보아야 한다(대판 2011.5.13, 2011다1941).

(ㄷ) 부동산의 매수인이 소유권을 보존하기 위하여 자신의 출재로 피담보채권을 변제함으로써 그 부동산에 설정된 저당권을 소멸시킨 경우에는, 매수인이 그 부동산 매수시 저당권이 설정되었는지 여부를 알았든 몰랐든 간에 이와 관계없이 민법 제576조 제2항에 의하여 매도인에게 그 출재의 상환을 청구할 수 있다(대판 1996.4.12, 95다55245).

판례 〈매수인이 매매목적물에 관한 근저당권의 피담보채무 중 일부만을 인수하였는데 매도인은 자신이 부담하는 피담보채무를 모두 이행한 반면 매수인은 인수한 부분을 이행하지 않음으로써 근저당권이 실행되어 매수인이 취득한 소유권을 잃게 된 경우, 매도인은 민법 제576조 소정의 담보책임을 부담하게 되는지 여부(소극)〉 매매의 목적이 된 부동산에 설정된 저당권의 행사로 인하여 매수인이 취득한 소유권을 잃은 때에는 매수인은 민법 제576조 제1항의 규정에 의하여 매매계약을 해제할 수 있지만, 매수인이 매매목적물에 관한 근저당권의 피담보채무를 인수하는 것으로 매매대금의 지급에 갈음하기로 약정한 경우에는 특별한 사정이 없는 한, 매수인으로서는 매도인에 대하여 민법 제576조 제1항의 담보책임을 면제하여 주었거나 이를 포기한 것으로 봄이 상당하므로, 매수인이 매매목적물에 관한 근저당권의 피담보채무 중 일부만을 인수한 경우 매도인으로서는 자신이 부담하는 피담보채무를 모두 이행한 이상 매수인이 인수한 부분을 이행하지 않음으로써 근저당권이 실행되어 매수인이 취득한 소유권을 잃게 되더라도 민법 제576조 소정의 담보책임을 부담하게 되는 것은 아니다(대판 2002.9.4. 2002다11151).

6) 경매에 있어서의 담보책임(제578조 · 제580조 제2항)

제578조 (경매와 매도인의 담보책임)
① 경매의 경우에는 경락인은 전8조의 규정(권리의 하자)에 의하여 채무자에게 계약의 해제 또는 대금감액의 청구를 할 수 있다.
② 전항의 경우에 채무자가 자력이 없는 때에는 경락인은 대금의 배당을 받은 채권자에 대하여 그 대금전부나 일

③ 전2항의 경우에 채무자가 물건 또는 권리의 흠결을 알고 고지하지 아니하거나 채권자가 이를 알고 경매를 청구
한 때에는 경락인은 그 흠결을 안 채무자나 채권자에 대하여 손해배상을 청구할 수 있다.

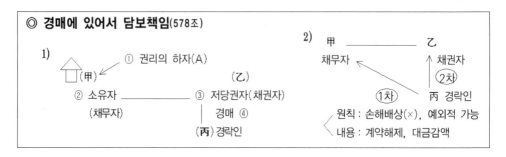

◎ 경매에 있어서 담보책임(578조)

(가) 요건분석

(ㄱ) 채권자가 권리의 실행으로서 채무자의 재산을 경매한 경우에 그 경매한 목적물에 하자가
있는 때에는 경락인(=매수인)을 보호할 필요가 있기 때문에 규정을 두고 있다. 그 내용은 여
기서 말하는 경매에는 통상의 강제경매 · 담보권실행경매 · 국세징수법에 의한 경매 등의 공
경매를 말하고, 사경매는 포함되지 않는다.

(ㄴ) 물건의 하자는 포함되지 않고, 권리의 하자만이 포함된다. 이는 경매의 결과를 확실하
게 하기 위해서이다. 여기서의 담보책임의 특질은 경매의 특수성에 기한 것이다. 즉 경매의
경우에는 경락인은 권리의 흠의 경우 채무자에게 계약의 해제 또는 대금감액의 청구를할 수
있다(제578조 제1항, 손해배상의 배제원칙). 그리고 제2항에서는 전항의 경우에 채무자가 자력이
없는 때에는 경락인은 대금의 배당을 받은 채권자에 대하여 그 대금전부나 일부의 반환을 청
구할 수 있다고 하며, 제3항에서는 전2항의 경우에 채무자가 물건 또는 권리의 흠결을 알고
고지하지 아니하거나 채권자가 이를 알고 경매를 청구한 때에는 경락인은 그 흠결을 안 채무
자나 채권자에 대하여 손해배상을 청구할 수 있다는 것이다.

(나) 책임의 내용

담보책임은 1차로 채무자가 경락인(매수인)에 대해 지고, 그 내용은 계약의 해제와 대금감액
청구의 둘에 한정된다(제578조 제1항). 즉 손해배상청구는 원칙적으로 할 수 없다. 다만, 채
무자가 물건 또는 권리의 흠결을 알고 고지하지 아니하거나 또는 채권자가 이를 알고 경
매를 청구한 때에 한해 경락인은 그 흠결을 안 채무자 또는 채권자에 대하여 손해배상을
청구할 수 있다(제578조 제3항). 1차로 책임을 지는 채무자가 자력이 없는 때에는, 대금의 배
당을 받은 채권자가 2차로 그 책임을 진다(제578조 제2항).

판례 ㉠ 경매의 목적물에 대항력 있는 임대차가 존재하는 경우에 경락인이 이를 알지 못한 때에는 경락인은 이
로 인하여 계약의 목적을 달성할 수 없는 경우에 한하여 계약을 해제하고 채무자 또는 채무자에게 자력이 없는 때
에는 배당을 받은 채권자에게 그 대금의 전부나 일부의 반환을 구하거나, 그 계약해제와 함께 또는 그와 별도로
경매목적물에 위와 같은 흠결이 있음을 알고 고지하지 아니한 채무자나 이를 알고 경매를 신청한 채권자에게 손해
배상을 청구할 수 있을 뿐, 계약을 해제함이 없이 채무자나 경락대금을 배당받은 채권자들을 상대로 경매 목적

물상의 대항력 있는 임차인에 대한 임대차보증금에 상당하는 경락대금의 전부나 일부를 부당이득하였다고 하여 바로 그 반환을 구할 수 있는 것은 아니다(대판 1996.7.12, 96다7106). 즉 경매절차는 유효하게 이루어졌으나 경매의 목적이 된 권리의 전부 또는 일부가 타인에게 속하는 등의 하자로 경락인이 완전한 소유권을 취득할 수 없거나 이를 잃게 되는 경우에 인정되는 것이고, 경매절차 자체가 무효인 경우에는 경매의 채무자나 채권자의 담보책임은 인정될 여지가 없다(대판 1991.10.11, 91다21640).

ⓒ 경락인이 강제경매절차를 통하여 부동산을 경락받아 대금을 완납하고 그 앞으로 소유권이전등기까지 마쳤으나, 그 후 강제경매절차의 기초가 된 채무자 명의의 소유권이전등기가 원인무효의 등기이어서 경매 부동산에 대한 소유권을 취득하지 못하게 된 경우, 이와 같은 강제경매는 무효라고 할 것이므로 경락인은 경매 채권자에게 경매대금 중 그가 배당받은 금액에 대하여 일반 부당이득의 법리에 따라 반환을 청구할 수 있고, 민법 제578조 제1항, 제2항에 따른 경매의 채무자나 채권자의 담보책임은 인정될 여지가 없다(대판 2004.6.24. 2003다59259).

(다) 판례내용검토

민법 제578조 제1항의 채무자에 임의경매에 있어서의 물상보증인이 포함되는지 여부

민법 제578조 제1항의 채무자에는 임의경매에 있어서의 물상보증인도 포함되는 것이므로 경락인이 그에 대하여 적법하게 계약해제권을 행사했을 때에는 물상보증인은 경락인에 대하여 원상회복의 의무를 진다(대판 1988.4.12, 87다카2641).

7) 채권매매와 매도인의 담보책임(제579조)

> **제579조 (채권매매와 매도인의 담보책임)**
> ① 채권의 매도인이 채무자의 자력을 담보한 때에는 매매계약당시의 자력을 담보한 것으로 추정한다.
> ② 변제기에 도달하지 아니한 채권의 매도인이 채무자의 자력을 담보한 때에는 변제기의 자력을 담보한 것으로 추정한다.

(가) 의의

담보책임의 일반원칙에 의한다면, 채권의 매도인은 채권의 존재나 채권액 등에 관하여는 책임을 져야 하지만, 채무자가 변제자력이 있느냐 여부에 대해서까지 책임을 져야 하는 것은 아니다. 그러나 채권의 매매에 수반하여, 매도인이 채무자의 자력을 담보하는 특약을 하는 수가 있다. 예컨대, 채무자가 무자력으로 변제를 받지 못하게 된 때에는 매도인이 그 손해를 배상하기로 하는 특약을 맺는 경우 등이다. 이런 경우 담보책임은 어느 때까지 존속하는가에 대하여 민법이 규정을 두고 있는 것이다.

(나) 요건검토

㈀ 먼저, 매도인이 시기를 정하지 않고 채무자의 자력을 담보한 때에는, 매매계약당시의 자력을 담보한 것으로 추정한다(제579조 제1항). 따라서 매매계약당일 매수인이 채무자로부터 변제받지 못하는 무자력인 때 한해 매도인은 그 책임을 부담하지만 그 후에 채무자의 자력이 감소하여 매수인이 변제를 받지 못하게 되더라도, 매도인은 책임을 지지 않는다.

㈁ 변제기에 도달하지 아니한 채권의 매도인이 채무자의 자력을 담보한 때에는, 변제기의 자력을 담보한 것으로 추정한다(제579조 2항).

㈂ 변제기가 이미 도래하고 있는 채권의 매도인이 채무자의 장래의 자력을 담보하거나 또

는 변제기의 약정 없는 채권에 관하여 채무자의 장래의 자력을 담보하는 경우에 관하여 통설은 당사자의 특약이 없는 경우에는 실제로 변제될 때까지 담보책임이 존속하는 것으로 해석한다.

(다) 판례검토

임대차계약에 기한 임차권(임대차보증금반환청구권을 포함한다)을 그 목적물로 한 매매계약이 성립한 경우, 매도인이 임대인의 임대차계약상의 의무이행을 담보한다는 특별한 약정을 하지 아니한 이상, 임차권 매매계약 당시 임대차 목적물에 이미 설정되어 있던 근저당권이 임차권 매매계약 이후에 실행되어 낙찰인이 임대차 목적물의 소유권을 취득함으로써 임대인의 목적물을 사용·수익하게 할 의무가 이행불능으로 되었다거나, 임대인의 무자력으로 인하여 임대차보증금반환의무가 사실상 이행되지 않고 있다고 하더라도, 임차권 매도인에게 민법 제576조에 따른 담보책임이 있다고 할 수 없다(대판 2007.4.26, 2005다34018,34025). 즉 제579조의 담보책임으로 처리하여야 한다는 것이다.

(2) 물건의 하자에 대한 담보책임

1) 총설

(가) 의의

민법은 제580조(특정물)·제581조(종류물)에서 매도인의 하자담보책임에 관하여 규정을 두고 있다.

(나) 물건의 하자담보책임에서 하자의 의미

목적물이 계약체결시 물건의 물리적 성질이나 계약내용의 해석에 의해 일정기간 어떤 특성을 가질 것으로 기대됨에도 불구하고 그것을 결여한 경우에 하자가 존재한다. 예를 들면 물건이 기대되는 견고성·성분·내구성을 결여한 경우에 하자가 존재한다. 예컨대, 매수한 주택에 균열이 생긴 경우라든가(제580조), 신형자동차를 매수하였는데, 인도된 그 차의 엔진에 결함이 있다든가 하는 것(제581조) 등이다.

2) 특정물매매에서 목적물에 하자가 있는 경우(제580조)

> **제580조 (매도인의 하자담보책임)**
> ① 매매의 목적물에 하자가 있는 때에는 제575조 제1항의 규정을 준용한다. 그러나 매수인이 하자있는 것을 알았거나 과실로 인하여 이를 알지 못한 때에는 그러하지 아니하다.
> ② 전항의 규정은 경매의 경우에 적용하지 아니한다.

(가) 요건분석

특정된 매매 목적물에 하자가 있어야 하며, 매수인은 선의·무과실이어야 한다. 그리고 경락받은 목적물에 하자가 있어도 그로 인한 매도인의 담보책임은 인정되지 않는다(제580조 제2항) 즉 매수인은 목적물에 하자가 있음을 알지 못한 선의이어야 하고, 또한 알지 못하는 데 무과실이어야 한다(제580조 제1항 단서). 이 처럼 특정물매매의 경우에는 계약의 해제와 손해배상청구를 할 수 있고, 그 권리행사는 매수인이 그 사실을 안 날로부터 6월 이내에 행사하여야 한다(제580조 제1항·제582조).

판례 〈채무불이행으로 인한 손해배상책임과 하자담보책임의 관계〉 토지 매도인이 성토작업을 기화로 다량의 폐기물을 은밀히 매립하고 그 위에 토사를 덮은 다음 도시계획사업을 시행하는 공공사업시행자와 사이에서 정상적인 토지임을 전제로 협의취득절차를 진행하여 이를 매도함으로써 매수자로 하여금 그 토지의 폐기물처리비용 상당의 손해를 입게 하였다면 매도인은 이른바 불완전이행으로서 채무불이행으로 인한 손해배상책임을 부담하고 이는 하자 있는 토지의 매매로 인한 민법 제580조 소정의 하자담보책임과 경합적으로 인정된다(대판 2004.7.22, 2002다51586).

(나) 법률적 장애와 담보책임

예컨대 공장부지로서 매수한 토지가 하천법의 적용을 받는 지역이어서 공장을 세울 수 없는 경우 또는 벌채의 목적으로 매수한 산림이 보안림구역에 해당하여 벌채를 하지 못하는 경우 등에 이를 권리의 하자로 볼 것인지 아니면 물건의 하자로 볼 것인지가 문제된다. 후자로 보게 되면, 경매의 경우에 그 적용이 없게 된다(제580조 제2항). 다수설에 의하면 법률적 하자가 있는 부동산의 매매에 있어서는 특정물매매에 관한 하자담보책임 규정인 제580조가 적용되지 않는다. 즉 제575조를 적용한다. 판례는 물건의 하자로 보아 제580조를 적용한다(대판 2000.1.18, 98다18506).

판례 ㉠ 건축을 목적으로 매매된 토지에 대하여 건축허가를 받을 수 없어 건축이 불가능한 경우, 위와 같은 법률적 제한 내지 장애 역시 매매목적물의 하자에 해당한다 할 것이나, 다만 위와 같은 하자의 존부는 매매계약 성립시를 기준으로 판단하여야 할 것이다(대판 2000.1.18, 98다18506). ㉡ 매매당시 매매 목적의 토지 상에 공동주택, 호텔 등을 건축할 수 없는 법률상의 장애가 있고, 매수인이 장차 도시계획이 변경되어 공동주택, 호텔 등의 신축에 대한 인·허가를 받을 수 있을 것이라고 생각하였으나 그 후 생각대로 되지 않은 경우, 이는 법률행위 당시를 기준으로 장래의 미필적 사실의 발생에 대한 기대나 예상이 빗나간 것에 불과할 뿐 착오라고 할 수는 없다(대판 2007.8.23. 2006다15755).

3) 불특정물매매에서 목적물에 하자가 있는 경우(제581조)

> **제581조 (종류매매와 매도인의 담보책임)**
> ① 매매의 목적물을 종류로 지정한 경우에도 그 후 특정된 목적물에 하자가 있는 때에는 전조의 규정을 준용한다.
> ② 전항의 경우에 매수인은 계약의 해제 또는 손해배상의 청구를 하지 아니하고 하자없는 물건을 청구할 수 있다.
> **제582조 (전2조의 권리행사기간)**
> 전2조에 의한 권리는 매수인이 그 사실을 안 날로부터 6월내에 행사하여야 한다.

(가) 하자의 판단기준

㉠ 불특정물매매의 경우에는 제580조가 준용되나, 한편 매수인은 계약의 해제 또는 손해배상의 청구를 하지 아니하고, 그에 갈음하여 하자 없는 물건을 청구할 수도 있다(제581조 제2항). 이러한 권리행사도 제582조가 적용되어 매수인이 그 사실을 안 날로부터 6월 내에 행사하여야 한다. 이는 제척기간이다.

㉡ 물건에 하자가 있다고 인정할 수 있기 위해서는, 매수인이 매도인에게 제품이 사용될 작업환경이나 상황을 설명하면서 그 환경이나 상황에 필요한 품질이나 성능을 갖추고 있는 제

품의 공급을 요구한 데 대하여 매도인이 그러한 품질과 성능을 갖춘 제품이라는 점을 명시적으로나 묵시적으로 보증하고 공급하였다는 사실이 인정되어야만 할 것이다(대판 2002.4.12, 2000다17834). 즉 매매의 목적물이 당사자가 예정하거나 보증한 성질을 결여한 경우에는 목적물의 하자에 해당한다.

㈐ 따라서 매도인이 공급한 기계가 매도인이 카탈로그와 검사성적서에 의하여 보증한 일정한 품질과 성능을 갖추지 못한 경우에는 그 기계에 하자가 있다고 보아야 한다(대판 2000.10.27, 2000다30554, 30561).

판례 〈아파트의 하자〉 분양된 아파트가 건축관계법령 및 주택법상의 주택건설기준 등에 적합할 뿐만 아니라, 분양계약 체결 당시 수분양자에게 알려진 <u>기본적인 건축 계획대로 건축된 경우</u>에는 분양계약의 목적물로서 거래상 통상 갖추어야 하거나 당사자의 특약에 의하여 보유하여야 할 품질이나 성질을 갖추지 못한 경우에 해당된다고 할 수 없다(대판 2010.4.29. 2007다9139).

판례 〈매수한 농작물의 종자에 하자가 있어서 수확이 감소된 경우의 손해액산정방법(=이행이익배상)〉 매수인이 매도인으로부터 매수한 감자종자가 잎말림병에 감염된 것이어서 이를 식재한 결과 거기에서 자란 감자가 같은 병 등에 감염되어 수확량이 예년에 비하여 현저하게 줄은 경우 매수인이 입은 손해는 감자를 식재, 경작하여 정상적으로 <u>얻을 수 있었던 평균수입금에서 실제로 소득한 금액을 제한 나머지가 되어야 할 것이고, 매수인이 평균수입금을 기준으로 하여 손해액을 산정, 청구하고 있는 사안에서 그같은 산정방식에 따르지 않고 실제로 들인 비용에서 소득한 금액을 공제한 금액을 기준으로 하여 손해액을 산정할 것은 아니다</u>(대판 1989.11.14, 89다카15298).

(나) 제조물책임과의 관계

제조물책임이란 제조물에 통상적으로 기대되는 안전성을 결여한 결함으로 인하여 생명·신체나 제조물 그 자체 외의 다른 재산에 손해가 발생한 경우에 제조업자 등에게 지우는 손해배상책임이고, 제조물에 상품적합성이 결여되어 제조물 그 자체에 발생한 손해는 제조물책임의 적용 대상이 아니므로, 하자담보책임으로서 그 배상을 구하여야 한다(대판 2000.7.28. 98다35525).

(다) 확대손해에 대한 책임요건

<u>확대손해 내지 2차 손해가 발생하였다는 이유로 매도인에게 그 확대손해에 대한 배상책임을 지우기 위하여는 채무의 내용으로 된 하자 없는 목적물을 인도하지 못한 의무위반사실 외에 그러한 의무위반에 대하여 매도인에게 귀책사유가 인정될 수 있어야만 한다</u>(대판 1997.5.7, 96다39455).

(라) 제척기간의 의미

㈀ 매수인이 매도인에게 담보책임을 묻는 경우 그 존속기간은 제척기간이나 그 권리행사가 보전되기 위하여는 판례는 통설과는 달리 재판상·재판외의 행사를 긍정한다.

㈁ 그리고 재판 외에서의 권리행사는 특별한 형식을 요구하는 것이 아니므로 매수인이 매도인에 대하여 적당한 방법으로 물건에 하자가 있음을 통지하고, 계약의 해제나 하자의 보수 또는 손해배상을 구하는 뜻을 표시함으로써 충분하다(대판 2003.6.27, 2003다20190).

(마) 하자담보에 기한 매수인의 손해배상청구권이 소멸시효의 대상이 되는지 여부(적극) 및 소멸시효의 기산점(=매수인이 매매 목적물을 인도받은 때)

관련사례	乙이 甲에게서 부동산을 매수하여 소유권이전등기를 마쳤는데 위 부동산을 순차 매수한 丙이 부동산 지하에 매립되어 있는 폐기물을 처리한 후 乙을 상대로 처리비용 상당의 손해배상청구소송을 제기하였고, 乙이 丙에게 위 판결에 따라 손해배상금을 지급한 후 甲을 상대로 하자담보책임에 기한 손해배상으로서 丙에게 기지급한 돈의 배상을 구한 사안에서, 乙의 하자담보에 기한 손해배상청구권은 <u>乙이 甲에게서 부동산을 인도받았을 것으로 보이는 소유권이전등기일로부터 소멸시효가 진행(유의: 계약체결시가 아님)</u>하는데, 乙이 그로부터 10년이 경과한 후 소를 제기하였으므로, 乙의 하자담보책임에 기한 손해배상청구권은 이미 소멸시효 완성으로 소멸되었다고 한 사례(대판 2011.10.13, 2011다10266).
해설	매도인에 대한 하자담보에 기한 손해배상청구권에 대하여는 민법 제582조의 제척기간이 적용되고, 이는 법률관계의 조속한 안정을 도모하고자 하는 데에 취지가 있다. 그런데 하자담보에 기한 매수인의 손해배상청구권은 권리의 내용·성질 및 취지에 비추어 민법 제162조 제1항의 채권 소멸시효의 규정이 적용되고, 민법 제582조의 제척기간 규정으로 인하여 소멸시효 규정의 적용이 배제된다고 볼 수 없으며, 이때 다른 특별한 사정이 없는 한 무엇보다도 매수인이 매매 목적물을 인도받은 때부터 소멸시효가 진행한다고 해석함이 타당하다(민법 제162조 제1항, 제580조, 제582조).

Ⅳ. 환 매

1. 일반론

> **제590조 (환매의 의의)**
> ① 매도인이 매매계약과 동시에 환매할 권리를 보류한 때에는 그 영수한 대금 및 매수인이 부담한 매매비용을 반환하고 그 목적물을 환매할 수 있다.
> ② 전항의 환매대금에 관하여 특별한 약정이 있으면 그 약정에 의한다.
> ③ 전2항의 경우에 목적물의 과실과 대금의 이자는 특별한 약정이 없으면 이를 상계한 것으로 본다.
>
> **제591조 (환매기간)**
> ① 환매기간은 부동산은 5년, 동산은 3년을 넘지 못한다. 약정기간이 이를 넘는 때에는 부동산은 5년, 동산은 3년으로 단축한다.
> ② 환매기간을 정한 때에는 다시 이를 연장하지 못한다.
> ③ 환매기간을 정하지 아니한 때에는 그 기간은 부동산은 5년, 동산은 3년으로한다.

(1) 의의

매도인이 매매계약과 동시에 매매목적물을 환매할 권리를 보유하고, 일정기간 내에 그 환매권을 행사하여 매매목적물을 다시 사는 경우를 환매라고 한다. 민법은 매도인이 매매계약과 동시에 환매할 권리를 보유한 때에는 그 영수한 대금 및 매수인이 부담한 매매비용을 반환하고 그 목적물을 환매할 수 있다고 규정한다(제590조 제1항). <u>구민법에서는 "부동산의 매주 ~ 대금 및 계약의 비용을 반환하고 그 매매의 해제를 할 수 있다"고 규정</u>하였다.

(2) 환매에 대한 규제

환매는 두 가지 면에서 이용된다. 하나는 매도인이 매도한 목적물을 다시 매수하는 두 번째

매매이고, 다른 하나는 매도담보와 결부되어 이용되는 것이다. 학설상 분류에 따르면, <u>신용</u>
<u>의 수수를 매매의 형식으로 하여 재산권을 이전하는 경우</u>가 '매도담보'라 하는데 환매나 재
매매예약 등이 여기에 속한다. 이러한 매도담보는 채권자가 권리를 실행하기 위하여 가등기
담보 등에 관한 법률이 적용되며, 민법의 환매규정은 매도인(채무자)이 매수인을 상대로 목적
물을 다시 매수하는 경우를 규율한다.

(3) 환매권의 성격

환매특약부매매계약을 재매매예약의 특수한 형태(재매매예약완결권설)로 이해한다면 환매권은
예약완결권으로 볼 수 있다. 그러나 해제권유보부매매의 일종으로 보는 견해(해제권설)에 따
르면 환매권은 매매계약의 해제권(약정해제)이라고 볼 수 있다.

판례 〈환매권의 성질〉
㉠ **〈형성권〉** 환매권은 환매권자의 일방적 의사표시에 의해 환매의무자로 하여금 매매목적물의 소유권을 환매대금
과 상환하여 환매권자에게 이전하여 줄 의무를 발생시키는 형성권이다.
㉡ **〈매매에 종된 계약〉** 환매의 특약은 매매계약에 '종된 계약'이므로 매매계약의 실효로 환매의 특약도 효력을 상
실한다(통설). 그러나 환매특약의 무효·취소는 당사자가 그 특약의 유효를 조건으로 삼지 않는 한, 매매계약의
효력에 영향을 주지 않는다.
㉢ **〈환매에 의한 권리취득의 등기는 이전등기〉** ① 환매특약부 매매계약의 매도인이 환매기간 내에 매수인에게 환매
의 의사표시를 한 바 있다고 하여도 그 환매에 의한 권리취득의 등기를 함이 없이는 부동산에 가압류집행을 한 자
에 대하여 이를 주장할 수 없다(대판 1990.12.26, 90다카16914). ② 그리고 부동산등기법에 의하면 환매특약
의 등기는 매수인의 권리취득의 등기에 부기하고, 이 등기는 환매에 의한 권리취득의 등기를 한 때에는 이를 말소
하도록 되어 있으며 <u>환매에 의한 권리취득의 등기는 이전등기의 방법</u>으로 하여야 할 것이다.

(4) 양도성

환매권은 양도성이 있다. 부동산에 관한 환매의 특약을 등기한 경우에는 이전의 부기등기를
경료해야 한다. 즉 매매에 의한 이전등기에 부기등기한다.

2. 환매권의 행사 등

(1) 상계간주

환매목적물을 매수인이 용익하는 경우에 당사자의 특약이 없는 한, 매도인(환매권자)은 환매
권행사시까지의 대금이자를 지급할 필요가 없고 매수인은 과실을 반환할 필요가 없다. 즉 대
금의 이자와 목적물의 과실은 상계한 것으로 간주된다(제590조 제3항).

(2) 매수인의 처분권·용익권

환매권이 보류되었다 하더라도 매매계약으로 매수인은 목적물의 소유권을 취득하므로 그 목
적물에 대해 얼마든지 제한물권을 설정할 수 있다. 다만 이러한 제한물권은 환매권이 행사됨
으로써 효력을 상실한다.

판례 〈환매특약등기의 효력〉 부동산에 관하여 매매등기와 아울러 환매특약의 등기가 경료된 이후 그 부동산 매수인으로부터 그 부동산을 전득한 제3자가 환매권자의 환매권행사에 대항할 수 없으나, 환매특약의 등기가 부동산의 매수인의 처분권을 금지하는 효력을 가지는 것은 아니므로 그 매수인은 환매특약의 등기 이후 부동산을 전득한 제3자에 대하여 여전히 소유권이전등기절차의 이행의무를 부담하고, 나아가 환매권자가 환매권을 행사하지 아니한 이상 매수인이 전득자인 제3자에 대하여 부담하는 소유권이전등기절차의 이행의무는 이행불능 상태에 이르렀다고 할 수 없으므로, 부동산의 매수인은 전득자인 제3자에 대하여 환매특약의 등기사실만으로 제3자의 소유권이전등기청구를 거절할 수 없다(대판 1994.10.25, 94다35527).

(3) 환매권의 행사기간

> **제594조 (환매의 실행)**
> ① 매도인은 기간내에 대금과 매매비용을 매수인에게 제공하지 아니하면 환매할 권리를 잃는다.
> ② 매수인이나 전득자가 목적물에 대하여 비용을 지출한 때에는 매도인은 제203조의 규정에 의하여 이를 상환하여야 한다. 그러나 유익비에 대하여는 법원은 매도인의 청구에 의하여 상당한 상환기간을 허여할 수 있다.

환매기간을 경과하였다는 것은 곧 환매권의 행사기간이 종료하였다는 것을 의미하므로 당연히 환매권은 소멸한다(제594조 제1항 참조). 한편 매수인이나 전득자가 목적물에 대하여 비용을 지출한 때에는 매도인은 제203조 점유자와 회복자규정에 의하여 이를 상환하여야 한다. 그러나 유익비에 대하여는 법원은 매도인의 청구에 의하여 상당한 상환기간을 허여할 수 있다.

3. 공유지분의 환매

> **제595조 (공유지분의 환매)**
> 공유자의 1인이 환매할 권리를 보류하고 그 지분을 매도한 후 그 목적물의 분할이나 경매가 있는 때에는 매도인은 매수인이 받은 또는 받을 부분이나 대금에 대하여 환매권을 행사할 수 있다. 그러나 매도인에게 통지하지 아니한 매수인은 그 분할이나 경매로써 매도인에게 대항하지 못한다.

공유자의 1인이 환매할 권리를 보류하고 그 지분을 매도한 후 그 목적물의 분할이나 경매가 있는 때에는 매도인은 매수인이 받은 또는 받을 부분이나 대금에 대하여 환매권을 행사할 수 있다. 그러나 매도인에게 통지하지 아니한 매수인은 그 분할이나 경매로써 매도인에게 대항하지 못한다. 그 결과 분할이나 경매는 효력을 잃게 된다.

4. 재매매예약과의 차이

	환매	재매매예약
목적물	부동산+동산+기타	동일
계약의 동시성	매매계약과 동시	동시+이시
대금	특약가능	동일
존속기간	부동산 5년, 동산 3년	제한 없음
등기	매매등기와 동시에 환매등기	가등기
* 환매는 넓은 의미의 재매매예약을 법률로 특별히 제한한 것이다.		

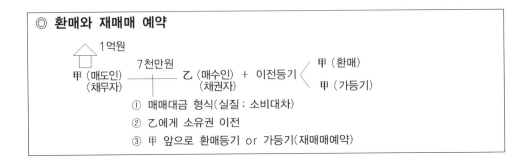

◎ 환매와 재매매 예약

제3절 교 환

1. 일반론

> **제596조 (교환의 의의)**
> 교환은 당사자쌍방이 금전이외의 재산권을 상호이전할 것을 약정함으로써 그 효력이 생긴다.
>
> **제597조 (금전의 보충지급의 경우)**
> 당사자일방이 전조의 재산권이전과 금전의 보충지급을 약정한 때에는 그 금전에 대하여는 매매대금에 관한 규정을 준용한다.

2. 교환의 특징

(1) 의의와 법적 성질

교환은 당사자 쌍방이 금전 이외의 재산권을 상호 이전할 것을 약정함으로써 그 효력이 생긴다(제596조). 교환은 쌍무·유상·낙성·불요식의 계약인 점에서 매매와 같으나, 그 목적물이 금전 이외의 재산권이라는 점에서 매매와는 다르다.

(2) 특 징

교환의 목적물은 금전 이외의 재산권에 한하며(제596조 이하), 교환은 유상계약이므로 매매의 규정이 준용된다(제567조).

(3) 교환당사자의 설명의무 문제

(ㄱ) 일반적으로 교환계약을 체결하려는 당사자는 서로 자기가 소유하는 교환목적물은 고가로 평가하고 상대방이 소유하는 목적물은 염가로 평가하여 보다 유리한 조건으로 교환계약을 체결하기를 희망하는 이해상반의 지위에 있고, 각자가 자신의 지식과 경험을 이용하여 최대한으로 자신의 이익을 도모할 것이 예상되기 때문에, 당사자 일방이 알고 있는 정보를 상대방에게 사실대로 고지하여야 할 신의칙상의 주의의무가 인정된다고 볼 만한 특별한 사정이 없는 한, 어느 일방이 교환목적물의 시가나 그 가액결정의 기초가 되는 사항에 관하여 상대

방에게 설명 내지 고지를 할 주의의무를 부담한다고 할 수 없다.

(ㄴ) 일방 당사자가 자기가 소유하는 목적물의 시가를 묵비하여 상대방에게 고지하지 아니하거나 혹은 허위로 시가보다 높은 가액을 시가라고 고지하였다 하더라도 이는 상대방의 의사결정에 불법적인 간섭을 한 것이라고 볼 수 없으므로 불법행위가 성립한다고 볼 수 없다(대판 2002.9.4. 2000다54406·54413 등).

(4) 채무인수와 이행인수

부동산의 매수인(또는 교환계약의 당사자 일방)이 매매목적물에 관한 근저당권의 피담보채무를 인수하는 한편, 그 채무액을 매매대금에서 공제하기로 약정한 경우, 다른 특별한 사정이 없는 이상, 이는 매도인을 면책시키는 채무인수가 아니라 이행인수로 보아야 하고, 매수인이 그 채무를 현실적으로 변제할 의무를 부담한다고도 해석할 수 없으며, 이 약정의 내용은 매도인과 매수인과의 계약으로 매수인이 매도인의 채무를 변제하기로 하는 것으로서 매수인은 제3자의 지위에서 매도인에 대하여만 그의 채무를 변제할 의무를 부담함에 그치는 것이다(대판 2002.5.10. 2000다18578 ; 대판 2009.5.14. 2009다5193).

판례 ㉠〈**대상청구권**〉쌍무계약의 당사자 일방이 상대방의 급부가 이행불능이 된 사정의 결과로 상대방이 취득한 대상에 대하여 급부청구권을 행사할 수 있다고 하더라도, 그 당사자 일방이 대상청구권을 행사하려면 상대방에 대하여 반대급부를 이행할 의무가 있다(대판 1996.6.25. 95다6601).
㉡〈**약정해제의 요건**〉교환계약의 당사자 일방이 교환 목적물의 차액의 지급에 갈음하여 상대방으로부터 인수한 대출원리금지급의무와 상대방의 소유권이전등기의무가 모두 각각의 이행기에 이행되지 않은 채 계약이 해제되지 않은 상태에서 이행기가 도과하였다면 쌍무계약인 교환계약에 기한 위 대출원리금지급의무와 소유권이전등기의무는 동시이행의 관계에 있다(대판 1998.7.24. 98다13877).
㉢〈**해제와 원상회복의무**〉당사자간에 교환계약이 해제된 경우에는 각기 원상회복의무를 부담하며 이는 상호 동시이행관계에 있다 할 것이니 당사자 일방이 위 계약에 의하여 이전받은 건물의 소유권이 다시 제3자명의로 이전등기되고 동인이 이를 점유하게 되어 이로 인하여 위 건물을 상대방에게 명도할 수 없는 상태에 이르렀다면 특별한 사정이 없는 한 이로 인한 상대방의 손해를 배상할 의무가 있다 할 것이고 이것도 상대방의 반환채무와 동시이행관계에 있다 할 것이다(대판 1965.11.30. 65다1805).

제4절 소비대차

1. 일반론

> **제598조 (소비대차의 의의)**
> 소비대차는 당사자일방이 금전 기타 대체물의 소유권을 상대방에게 이전할 것을 약정하고 상대방은 그와 같은 종류·품질 및 수량으로 반환할 것을 약정함으로써 그 효력이 생긴다.

(1) 의의

소비대차는 당사자 일방이 금전 기타 대체물의 소유권을 상대방에게 이전할 것을 약정하고 상대방은 그와 같은 종류, 품질 및 수량으로 반환할 것을 약정함으로써 성립하는 계약이다(제598조). 대차형의 계약이면서도, 차주가 빌린 물건 그 자체를 반환하지 않고 다른 동종·동질·동량의 것을 반환하면 되는 점에서, 다른 대차형의 계약, 즉 사용대차·임대차와는 다르다.

판례 〈소비대차의 성립〉 민법상 소비대차는 당사자 일방이 금전 기타 대체물의 소유권을 상대방에게 이전할 것을 약정하고 상대방은 그와 같은 종류, 품질 및 수량으로 반환할 것을 약정함으로써 그 효력이 생기는 이른바 낙성계약이므로, 차주가 현실로 금전 등을 수수하거나 현실의 수수가 있은 것과 같은 경제적 이익을 취득하여야만 소비대차가 성립하는 것은 아니다(대판 1991.04.09, 90다14652).

(2) 낙성계약

소비대차는 낙성·불요식의 계약이다(제598조 이하). 그리고 편무계약이며 무상이 원칙이다.

(3) 목적물의 소유권

소비대차의 목적물은「금전 기타의 대체물」이며 약정시 그 소유권이 반드시 대주에게 속하여야 하는 것은 아니다. 그러나 후에 대주가 소유권을 넘겨주어야 하므로 인도 시에는 처분권한이 있어야 한다.

(4) 이자부소비대차

민법상 소비대차는 무상계약으로 무이자 소비대차원칙이다. 따라서 이자부소비대차에 대하여는 논란이 있으나 다수설과 판례는 쌍무·유상계약으로 본다.

> ◎ **대부업의 등록 및 금융이용자보호에 관한 법률**
> (ㄱ) 〈목적〉: 금전의 대부를 업으로 하는 대부업자를 시·도지사에게 등록하도록 하고, 대부업자가 행하는 3천만원 이내의 소액대부에 대하여 이자율을 연 100분의 50의 범위 이내로 제한하고 있다(2010년 1월 25일개정).
> (ㄴ) 〈초과부분의 반환청구〉대부업자가 제한이율을 위반하여 대부계약을 체결한 경우 그 이자율을 초과하는 부분에 대한 이자계약은 이를 무효로 하며, 채무자가 그 초과부분에 대한 이자를 변제하였을 경우에는 그 반환을 청구할 수 있다.

2. 대물대차와 대물반환의 예약

> **제606조 (대물대차)**
> 금전대차의 경우에 차주가 금전에 갈음하여 유가증권 기타 물건의 인도를 받은 때에는 그 인도시의 가액으로써 차용액으로 한다.
>
> **제607조 (대물반환의 예약)**
> 차용물의 반환에 관하여 차주가 차용물에 갈음하여 다른 재산권을 이전할 것을 예약한 경우에는 그 재산의 예약당시의 가액이 차용액 및 이에 붙인 이자의 합산액을 넘지 못한다.
>
> **제608조 (차주에 불이익한 약정의 금지)**
> 전2조의 규정에 위반한 당사자의 약정으로서 차주에 불리한 것은 환매 기타 여하한 명목이라도 그 효력이 없다.

(1) 대물대차

금전대차의 경우에 차주가 금전에 갈음하여 유가증권 기타 물건의 인도를 받은 경우에는 금전에 갈음하여 교부된 물건에 대한 <u>인도시의 가액</u>을 반환하여야 한다(제606조).

(2) 대물반환의 예약

(가) 예약당시기준

당사자가 대물반환의 예약을 한 경우에는 차주가 차용물에 갈음하여 반환하는 재산의 그 '예약당시'의 가액은 차용액 및 그것에 붙인 이자의 합산액을 넘지 못한다(제607조). 즉 재산권의 가액을 산정하는 표준이 되는 시기는 예약상의 권리를 행사하는 때 또는 <u>대물변제가 성립하는 시기가 아니라</u>「예약당시」이다.

판례 대물변제예약 완결권은 일종의 형성권으로서 당사자 사이에 그 행사기간을 약정한 때에는 그 기간 내에, 그러한 약정이 없는 때에는 그 권리가 발생한 때로부터 10년 내에 이를 행사하여야 하고, 이 기간을 도과한 때에는 예약완결권은 제척기간의 경과로 인하여 소멸하는 것이다(대판 1995. 11. 10. 94다22682, 22699 등).

(나) 가담법 적용범위와 관련(가등기담보등에 관한 법률에서 전술함)

(ㄱ) 대물변제예약이 채권담보목적으로 행하여지고, 가등기 등이 되어 있으며, 예약당시의 가액이 차용액 및 이에 붙인 이자의 합산액을 넘는 때에는 제607조·제608조에 의해 그 예약은 무효로 되고, 거기에는 가등기담보법이 적용된다.

(ㄴ) 그러나 대물변제예약이 채권담보목적으로 행하여지지 않았거나, 설사 목적물이 부동산일지라도 소유권이전청구권보전의 가등기 등을 하지 않은 경우, 또는 예약당시의 가액이 차용액 및 그 이자의 합산액에 미달하는 경우에는 가등기 담보 등에 관한 법률의 적용이 없고, 제607조·제608조에 의하여 규율된다(송덕수 신민법강의, p. 1256).

(3) "효력이 없다"는 의미

민법 제608조의「효력이 없다」함은 가등기담보법 등에 따른 청산 내지 정산을 하여 초과분을 채무자에게 반환하여야 한다는 것을 의미한다.

판례 ㉠〈예약당시기준〉채무자가 그 소유 토지를 차용 원리금에 대한 대물변제조로 채권자에게 양도하기로 약정하고 그 차용 원리금의 담보조로 그 토지에 소유권이전등기청구권 가등기를 하였다가 그 차용 원리금에 갈음한 현실적인 대물변제조로 채권자 앞으로 소유권이전등기를 한 경우, 채무자와 채권자 간의 그 약정은 민법 제607조 소정의 대물반환의 예약이라 할 것이어서 같은 법 제607조, 제608조가 적용되어 그 재산의 가액이 차용 원리금의 합산액을 넘는 경우에는 그 효력이 없고, 여기서 그 재산의 가액이 차용액과 이에 붙인 이자의 합산액을 넘는지의 여부는 예약 당시를 기준으로 할 것이지 소유권이전 당시를 기준으로 할 것은 아니다(대판 1996. 4. 26. 95다34781).
ⓛ〈가담법상의 청산〉 담보목적으로 가등기가 되어 있는 경우, 예약당시 목적물가액이 차용원리금보다 크므로 대물변제예약은 무효이고, 다만 양도담보의 효력은 인정할 수 있다. 따라서 채권자는 여전히 가담법 소정의 정산절차를 거쳐야 한다(대판 1998. 4. 10. 97다4005).

(4) 소비대차 중 대물반환의 예약(제607조와 제608조의 적용)의 판례정리

판례 ㉠〈대물변제의 경우 민법 제607조, 제608조가 적용되는지 여부(소극)〉 채무자가 채권자 앞으로 차용물 아닌 다른 재산권을 이전한 경우에 있어 그 권리의 이전이 채무의 이행을 담보하기 위한 것이 아니고 그 채무에 갈음하여 상대방에게 완전히 그 권리를 이전하는 경우 즉 대물변제의 경우에는 가사 그 시가가 그 채무의 원리금을 초과한다고 하더라도 민법 제607조, 제608조가 적용되지 아니한다(대판 1992.02.28, 91다25574).
ⓛ〈차주의 재산에 선순위 근저당권이 설정되어 있는 경우의 민법 제607조 소정의 재산가액의 계산방법〉 민법 제607조의 규정 취지는, 대주에게 채권의 원리금 합산액을 초과하여 이득을 보는 것을 허용치 않으려는 데에 있는 것으로서 위 법조 소정의 재산의 가액은 대주의 이득으로 귀속될 것이 명백한 가액을 뜻한다고 볼 것이므로, 차주의 재산에 선순위 근저당권이 설정되어 있는 경우에는 그 현존 피담보채무액 상당부분은 대주의 이득으로 귀속될 것이 명백하다고 할 수 없어 차주가 그 피담보채무를 인수한 여부에 관계없이 위 피담보채무액을 공제한 가액을 위 법조 소정의 재산가액으로 보는 것이 타당하다(대판 1991.02.26, 90다카24526).

(5) 대물변제의 예약을 한 후 같은 채권자로부터 추가로 채무를 지는 경우의 법률관계

채무자가 채권자에 대하여 소비대차 등으로 인한 채무를 부담하고 이를 담보하기 위하여 대물변제의 예약을 한 후에 다시 같은 채권자로부터 추가로 채무를 지게 되는 경우에는 특별한 사정이 없는 한 추가되는 채무 역시 기왕에 한 대물변제예약의 대상이 되는 채무 범위에 포함된다고 봄이 상당하다(대판 2010.4.29. 2009다16896).

3. 준소비대차

> **제605조 (준소비대차)**
> 당사자쌍방이 소비대차에 의하지 아니하고 금전 기타의 대체물을 지급할 의무가 있는 경우에 당사자가 그 목적물을 소비대차의 목적으로 할 것을 약정한 때에는 소비대차의 효력이 생긴다.

(1) 의의

㉠ 민법은 준소비대차에 관하여, "당사자 쌍방이 소비대차에 의하지 아니하고 금전 기타의대체물을 지급할 의무가 있는 경우에 당사자가 그 목적물을 소비대차의 목적으로 할 것을 약정한 때에는 소비대차의 효력이 생긴다"고 하고 있다(제605조). 이는 당사자의 편의를 위하여 둔 규정으로, 예컨대 매매계약에 의하여 매수인이 대금지급채무를 부담하는 경우에, 매도인과 매수인이 이 대금채무를 소비대차의 목적으로 한다는 합의를 하는 경우, 그것만으로 소비대

차는 성립한 것이 된다.

ⓛ 한편 기본의 채무에는 제한이 없다. 법문에서는 "소비대차에 의하지 아니하고"라고 하고 있으나, 기존의 채무가 소비대차에 의해 발생하고 있더라도 무방하다는 것이 통설과 판례이다(아래 대환판례의 경우 참조).

(2) 경개와 구별

준소비대차는 기존채무를 소멸시키고 신채무를 성립시키는 점에서 경개와 공통된 효력을 가지지만, 소멸하는 구채무와 새로 발생하는 신채무 사이에 '동일성'이 인정된다는 점에서 경개와 차이가 있다(대판 2003.9.26, 2002다31803·31810 등). 따라서 보증·항변권 등이 당사자의 의사나 그 계약의 성질에 반하지 않는 한 신채무에도 그대로 존속한다는 의미이다(대판 2007.1.11, 2005다47175).

(3) 담보존속

소멸하는 기존채무와 준소비대차로 성립하는 신채무는 동일성이 유지되므로 반대의 의사가 없는 한 기존채무와 붙어 있던 동시이행의 항변권이나 담보·보증 같은 것은 원칙적으로 존속한다고 볼 것이다(대판 2007.1.11, 2005다47175).

판례 ㉠ 〈원칙적으로 준소비대차〉 경개나 준소비대차는 모두 기존채무를 소멸케 하고 신채무를 성립시키는 계약인 점에 있어서는 동일하지만 경개에 있어서는 기존채무와 신채무와의 사이에 동일성이 없는 반면, 준소비대차에 있어서는 원칙적으로 <u>동일성이 인정</u>된다는 점에 차이가 있는 바, 기존채권 채무의 당사자가 그 목적물을 소비대차의 목적으로 할 것을 약정한 경우 그 약정을 경개로 볼 것인가 또는 준소비대차로 볼 것인가는 일차적으로 당사자의 의사에 의하여 결정되고 만약 당사자의 의사가 명백하지 않을 때에는 의사해석의 문제이나 특별한 사정이 <u>없는 한 동일성을 상실함으로써 채권자가 담보를 잃고 채무자가 항변권을 잃게 되는 것과 같이 스스로 불이익을 초래하는 의사를 표시하였다고는 볼 수 없으므로 일반적으로 준소비대차로 보아야 한다</u>(대판 1989.6.27, 89다카2957).

ⓛ 〈대환의 법적 성질과 대환의 경우 기존 채무에 대한 보증책임의 존속 여부(적극)〉 현실적인 자금의 수수 없이 형식적으로만 신규 대출을 하여 기존 채무를 변제하는 이른바 대환은 특별한 사정이 없는 한 형식적으로는 별도의 대출에 해당하나, 실질적으로는 기존 채무의 변제기 연장에 불과하므로, 그 법률적 성질은 기존 채무가 여전히 <u>동일성을 유지한 채 존속하는 준소비대차로 보아야 하고</u>, 이러한 경우 채권자와 보증인 사이에 사전에 신규 대출 형식에 의한 대환을 하는 경우 보증책임을 면하기로 약정하는 등의 특별한 사정이 없는 한 기존 채무에 대한 보증책임이 존속된다.

ⓒ 〈대환이 경개에 해당하는 경우〉 기존 대출과 신규 대출은 그 대출과목, 대출원금, 이율 및 지연손해금율 등이 서로 다르고, 기존 대출의 이자채무 일부가 신규 대출의 원금으로 변경되기도 하였으며, 그와 같이 대출과목을 변경하게 된 것이 기존 대출금의 대출기한을 연장하기 위하여는 기존 대출 중의 어음거래약정 또한 연장하여야 하는데 <u>어음거래약정의 경우 1개월 이상을 연장할 수 없었기 때문이라면, 비록 기존 대출금채무의 변제기한을 연장할 목적으로 신규 대출을 하였을지라도 이러한 경우의 대환은 기존채무를 확정적으로 소멸케 하고 신채무를 성립시키는 계약으로서 양 채무 사이에 동일성이 없는 경개에 해당한다</u>(대판 2002. 10. 11, 2001다7445).

⑷ 준소비대차계약의 요건으로 기존채무의 당사자와 준소비대차계약의 당사자가 동일하여야 하는지

이는 기존채무의 당사자가 그 채무의 목적물을 소비대차의 목적물로 한다는 합의를 할 것을 요건으로 하므로 준소비대차계약의 당사자는 기초가 되는 기존채무의 당사자이어야 한다(대판 2002.12.6, 2001다2846).

(5) 기존채무에 채권가압류가 마쳐진 후에 이루어진 준소비대차의 효력

기존채무에 대하여 채권가압류가 마쳐진 후 채무자와 제3채무자 사이에 준소비대차 약정이 체결된 경우, 준소비대차 약정은 가압류된 채권을 소멸하게 하는 것으로서 채권가압류의 효력에 반하므로, 가압류의 처분제한의 효력에 따라 <u>채무자와 제3채무자는 준소비대차의 성립을 가압류채권자에게 주장할 수 없고</u>, 다만 채무자와 제3채무자 사이에서는 준소비대차가 유효하다(대판 2007.1.11, 2005다47175).

(6) 준소비대차와 소멸시효

준소비대차의 소멸시효기간은 신채권의 성질에 따라 결정된다. 다만 준소비대차에 기한 채권은 준소비대차부터 시효가 중단되어 다시 진행한다. 즉 준소비대차의 약정이 있었다면 동 준소비대차계약은 "새로이 발생한 채권"으로 다시 진행한다(대판 1981.12.22, 80다1363).

1) 회사에 대한 노임채권에 관하여 준소비대차계약이 체결된 경우의 소멸시효기간

<u>민법 제164조 제3호 소정의 단기소멸시효</u>(노역인 1년)<u>의 적용을 받는 노임채권</u>이라도 채권자인 원고와 채무자인 피고 회사사이에 위 노임채권에 관하여 준소비대차의 약정이 있었다면 동 준소비대차계약은 상인인 피고 회사가 영업을 위하여 한 상행위로 추정함이 상당하고, 이에 의하여 새로이 발생한 채권은 <u>상사채권으로서 5년의 상사시효의 적용을 받게 된다</u>(대판 1981.12.22, 80다1363).

2) 동업으로 인하여 발생한 정산금채권

甲과 乙이 골재채취업을 동업하다가 乙이 탈퇴하고 甲이 乙에게 지급할 정산금을 소비대차의 목적으로 하기로 약정한 경우 甲은 골재채취를 영업으로 하는 자이어서 상인이고 이 준소비대차계약은 상인인 甲이 그 영업을 위하여 한 상행위로 추정함이 상당하므로, 이에 의하여 새로이 발생한 채권은 상사채권으로서 5년의 상사시효의 적용을 받는다(대판 1989.6.27, 89다카2957).

제5절 사용대차

1. 일반론

> **제609조 (사용대차의 의의)**
> 사용대차는 당사자일방이 상대방에게 무상으로 사용·수익하게 하기 위하여 목적물을 인도할 것을 약정하고 상대방은 이를 사용·수익한 후 그 물건을 반환할 것을 약정함으로써 그 효력이 생긴다.

(1) 의의

사용대차는 당사자 일방이 상대방에게 무상으로 사용·수익하게 하기 위하여 목적물을 인도

할 것을 약정하고 상대방은 이를 사용·수익한 후 그 물건을 반환할 것을 약정함으로써 성립하는 계약이다(제609조). 물건의 사용·수익을 목적으로 하는 점에서 권리에 관하여는 전형계약이 아닌 사용대차와 비슷한 무명계약이다. 그리고 사용대차는 무상으로 사용·수익하게 하는 점에서, 편무·무상·낙성·불요식계약이다.

(2) 무상계약

사용대차는 무상이므로 차주는 대가를 지급하지 않으나 일정한 부담을 지는 것은 무방하다. 따라서 차주가 공조·공과 등의 부담을 지기로 약정하더라도 무상계약으로서의 사용대차의 성립에 지장이 있는 것은 아니다.

> **판례** 〈사용대차와 임대차의 구별〉甲과 乙 사이에 乙이 甲 소유의 토지에 공원을 조성하여 그때부터 일정기간 동안 그 토지를 사용·수익하되 기간이 종료한 때에는 乙이 건립한 공원시설물 및 공원운영에 필요한 일체의 권리를 甲에게 무상 양도하기로 약정되어 있고, 부대계약서에 乙이 설치할 시설물의 단가 및 총액이 명시되어 있다면, 乙의 그와 같은 의무는 토지의 사용과 대가관계에 있다고 할 것이므로 甲과 乙 사이에 체결된 대차계약은 그 계약서상의 명칭이 사용대차계약으로 되어 있다 하더라도 임대차계약에 해당하는 것으로 봄이 상당하다(대판 1994.12.2, 93다31672).

(3) 목적물

사용대차는 타인의 물건 또는 대주 자신의 소유물에 관하여도 성립이 가능하다(예 : 소유자인 지상권설정자가 토지를 지상권자로부터 무상으로 빌리는 경우).

> **판례** 〈사용대차계약에 있어 사용차주에게 자신의 사용·수익을 위하여 사용대주가 목적물을 처분하는 것까지 금지시킬 권능이 있는지 여부(소극)〉사용대차계약에 따라 사용차주는 목적물을 사용·수익할 권리를 취득하고 이를 위하여 사용대주에게 목적물의 인도를 구할 권리를 가진다고 할 것이지만, 나아가 사용차주에게 자신의 사용·수익을 위하여 소유자인 사용대주가 목적물을 처분하는 것까지 금지시킬 권능이 있다고 할 수는 없다. 따라서 사용대주인 乙에 대하여 甲의 사용차권의 존속기간 동안 이 사건 사용대차 건물 부분의 처분금지를 구하는 甲의 부작위청구는 배척하여야 한다(대판 2007.1.26, 2006다60526).

(4) 비용상환청구

사용대차에서 차주에게 통상필요비의 의무가 부과되므로 '통상의 필요비'는 사용차주가 부담하고, 기타비용(특별·임시 필요비, 유익비)에 대해서만 차주는 상환청구할 수 있다(제611조·제617조 참조). 그러나 임대차의 경우, 임대인은 임차인이 목적물을 사용 및 수익하는 데 필요한 상태를 유지하여야 할 의무를 부담한다(제623조, 지상권과 전세권과의 구별). 이러한 이유에서 임차인은 임대목적물에 지출된 '통상의 필요비'에 대해서도 상환청구할 수 있다(제626조 제1항).

(5) 임대차와의 차이

사용대차는 임대차와는 달리 기간의 약정이 없는 임대차의 해지통고(제635조)·법정갱신(제639조)·부속물매수청구권(제646조 등)이 인정되지 않는다. 따라서 차주는 선량한 관리자의 주의로써(제374조) 차용물을 보관하여야 하며, 사용대차의 종료시 차주는 차용물에 부속시킨 물건을 철거하여 원상으로 회복한 후 반환하여야 한다(제615조).

(6) 연대채무

수인이 공동하여 물건을 차용한 때에는 연대하여 그 의무를 부담한다(제616조 공동차주의 연대 의무). 이러한 연대채무의 규정은 임대차에도 준용된다(제654조 참조).

2. 사용대차의 해지

> **제613조 (차용물의 반환시기)**
> ① 차주는 약정시기에 차용물을 반환하여야 한다.
> ② 시기의 약정이 없는 경우에는 차주는 계약 또는 목적물의 성질에 의한 사용, 수익이 종료한 때에 반환하여야 한다. 그러나 사용, 수익에 족한 기간이 경과한 때에는 대주는 언제든지 계약을 해지할 수 있다.
> **제614조 (차주의 사망, 파산과 해지)**
> 차주가 사망하거나 파산선고를 받은 때에는 대주는 계약을 해지할 수 있다.

(1) 존속기간을 약정하지 아니하였더라도 곧바로 계약을 대주가 해지할 수 있는 것이 아니라, 사용차주가 차용물을 사용 및 수익하는 데 충분한 기간이 경과한 경우에 한하여 사용대주는 언제든지 계약을 해지할 수 있다(제613조 제2항).

판례 판례도 역시 "사용대차에 있어 기간의 약정이 없는 경우에는 차주는 그 사용대차 또는 그 사용대차목적물의 성질에 따른 사용·수익이 종료된 때에는 목적물을 반환하여야 하나, 현실로 사용·수익이 종료하지 아니하여도 사용·수익에 족한 기간이 경과한 때에는 대주는 언제든지 사용대차계약을 해지할 수 있다"고 판시한다.

(2) 건물의 소유를 목적으로 한 토지 사용대차에 있어 대주가 차주의 사망을 이유로 계약을 해지할 수 있는가? (제614조 : 차주가 사망하거나 파산선고를 받은 때에는 대주는 계약을 해지할 수 있다).

판례 판례는 일반적으로 건물의 소유를 목적으로 하는 토지 사용대차에 있어서는, 당해 토지의 사용수익의 필요는 당해 지상건물의 사용수익의 필요가 있는 한 그대로 존속하는 것으로 보아 부정한다(대판 1993. 11. 26, 93다36806-사용기간 15년이 경과된 경우이었다).

(3) 한편 무상으로 사용을 계속한 기간이 40년 이상의 장기간에 이르렀고 최초의 사용대차 계약 당시의 대주가 이미 사망하여 대주와 차주간의 친분 관계의 기초가 변하였을 뿐더러, 차주(교육청)측에서 대주에게 무상사용 허락에 대한 감사의 뜻이나 호의를 표시하기는 커녕 오히려 자주점유에 의한 취득시효를 주장하는 민사소송을 제기하여 상고심에 이르기까지 다툼을 계속하는 등의 상황에 이를 정도로 쌍방의 신뢰관계 내지 우호관계가 허물어진 경우, 공평의 견지에서 대주의 상속인에게 사용대차의 해지권를 인정하였다(대판 2001. 7. 24, 2001다23669).

관련사례 Ⅰ 甲은 乙에게 甲소유의 건물을 일정한 목적을 위하여 기한을 정하지 않고 무상으로 빌려주기로 하고 乙에게 인도하였다.

해설 (a) 태풍으로 건물의 기둥 일부가 파손된 경우, 乙은 자기의 비용으로 수선을 하여야 한다(×)

— 乙은 건물의 통상의 필요비를 부담한다(제611조 제1항). 통상의 필요비란 목적물을 사용 수익하기 위하여 통상 필요한 비용을 의미하고, 태풍에 의하여 쓰러진 기둥의 수선비는 통상의 비용에 해당하지 아니하며 甲이 부담하여야 한다. 그러므로 만일 乙이 기둥의 수선비를 부담하는 경우에는 건물반환시 상환을 청구할 수 있다(제611조 제2항).

(b) 乙이 甲의 승낙없이 건물을 丙에게 빌려준 경우, 甲은 乙에게 최고를 하지 않고 바로 해지를 할 수 없다(×) — 乙은 甲의 승낙없이 건물을 丙에게 빌려줄 수 없고(제610조 제2항), 만일 위반한 때에는 대주는 계약을 최고 없이 해지할 수 있다(제610조 제3항).

(c) 乙이 사용목적을 달성하지 않은 경우에도 사용 수익을 하기에 충분한 기간이 경과된 때에는 甲은 乙에게 건물의 반환을 청구할 수 있다.

(d) 乙이 甲의 동의를 얻고 건물에 조명기구를 부착한 경우, 乙은 건물의 반환시 甲에 대하여 그 조명기구의 매수를 청구할 수 있다(×) — 乙은 조명기구를 수거할 수 있지만(제615조), 매수를 청구할 수는 없다.

(e) 丙이 설문과 같은 사정을 알고 甲으로부터 건물을 매수하여 등기를 구비한 경우, 丙은 소유자로서 乙이 사용목적을 달성하였는가와 관련 없이 乙에 대하여 건물의 반환을 청구할 수 있다.

관련사례 Ⅱ 해외지점에 근무하게 된 甲은 외국에서 박사학위를 받고 귀국한 친구 乙이 거주할 집을 구하지 못하고 있음을 알고 자신의 집을 무상으로 사용하도록 乙과 합의하였다.

해설
(a) 사용기간을 정하지 않은 때에는 乙은 언제든지 그 주택을 반환할 수 있지만, 甲은 6개월의 유예기간을 두고 반환청구를 하여야 한다(X- 사용대차에 있어 기간의 약정이 없는 경우는 현실로 사용수익이 종료하지 아니하여도 사용수익에 족한 기간이 경과한 때에는 대주는 언제든지 사용대차계약을 해지할 수 있다(대판 1978.11.28, 78사13). 따라서 사용대주 甲은 사용차주 乙이 충분히 사용할 수 있는 기간이 경과하여야 이를 해지할 수 있는 것이지 6개월의 유예기간을 두고 함부로 해지할 수는 없는 것이다).

(b) 乙은 甲의 승낙 없이는 제3자에게 그 주택을 사용·수익하게 하지 못한다(제610조 제2항).

(c) 乙이 주택을 일반적인 용법에 따라 사용하던 중 출입문에 고장이 생겨 이를 수리하였더라도 나중에 甲에게 그 비용의 상환을 청구할 수 없다. 즉 사용차주는 차용물에 관한 통상의 필요비를 부담한다(제611조 제1항).

(d) 乙이 사망하거나 파산선고를 받은 때에는 甲은 계약을 해지할 수 있다(제614조).

(e) 甲이 그 주택의 흠이나 하자를 알면서도 乙에게 알리지 않았다면 乙에게 담보책임을 진다. 즉 사용대차는 무상계약이므로 증여의 담보책임규정이 준용된다(제612조).

제6절 임대차

I. 민법상 임대차

1. 일반론

> **제618조 (임대차의 의의)**
> 임대차는 당사자일방이 상대방에게 목적물을 사용·수익하게 할 것을 약정하고 상대방이 이에 대하여 차임을 지급할 것을 약정함으로써 그 효력이 생긴다.
>
> **제619조 (처분능력, 권한 없는 자의 할 수 있는 단기임대차)**
> 처분의 능력 또는 권한없는 자가 임대차를 하는 경우에는 그 임대차는 다음 각호의 기간을 넘지 못한다.
>   1. 식목, 채염 또는 석조, 석회조, 연와조 및 이와 유사한 건축을 목적으로 한 토지의 임대차는 10년
>   2. 기타 토지의 임대차는 5년
>   3. 건물 기타 공작물의 임대차는 3년
>   4. 동산의 임대차는 6월

(1) 의의

임대차는 당사자 일방(임대인)이 상대방에게 목적물을 사용, 수익하게 할 것을 약정하고 상대방이 이에 대하여 차임을 지급할 것을 약정함으로써 성립하는 계약이다(제618조). 임대차는 차임을 지급하는 점에서 사용대차와 다르고, 임차물 자체를 임차인이 임대인에게 반환한다는 점에서 소비대차와 다르다.

(2) 임대차의 법적 성질

임대차는 쌍무·유상·낙성·불요식 계약이다(제618조 참조).

(3) 처분권한

임대차는 임대목적물에 대한 소유권자이거나 처분권한이 없더라도 임대인이 될 수 있다(예 : 단기임대차 — 제619조 참조).

판례 따라서 판례도 ㉠ 타인소유의 부동산을 임대하는 것도 유효하고 목적물이 반드시 임대인의 소유일 것을 특히 계약의 내용으로 삼은 경우라야 착오를 이유로 임차인이 임대차계약을 취소할 수 있다(대판 1975.1.28. 74다2069). 즉 타인소유의 부동산을 임대한 것이 <u>임대차계약을 해지할 사유는 될 수 없고 목적물이 반드시 임대인의 소유일 것을 특히 계약의 내용으로 삼은 경우라야 착오를 이유로 임차인이 임대차계약을 취소할 수 있다</u>(대판 1975.1.28. 74다2069). 또한 ㉡ "비록 <u>이 사건 부동산이 원고의 소유가 아니라 국가의 소유라 하더라도,</u> 이 사건 부동산에 관한 임대차계약이 임차인의 차임 연체로 인하여 해지되었다면, 특별한 사정이 없는 한, 피고는 원고에게 이 사건 부동산을 되돌려 주어야 하고, 해지로 인한 임대차 종료시까지의 연체된 차임을 물어야 하며, 그 이후 부동산을 되돌려 줄 때까지의 차임 상당의 부당이득금을 반환해야 한다"고 판시한다(대판 1996.9.6, 94다54641). ㉢ 민법 제619조에 의하면 처분의 능력 또는 권한 없는 사람도 석조, 석회조 등을 목적으로 하는 임대차는 10년, 그 밖의 토지 임대차의 경우에는 5년의 범위 안에서 다른 사람에게 토지를 임대할 수 있으므로, 종중이 종중총회의 결의에 의하지 않고 타인에게 기한을 정하지 않은 채 건축물을 목적으로 하는 <u>토지의 사용권을 부여하였다고 하더라도 이를 곧 처분행위라 단정하여 그 전체가 무효라고 볼 것이 아니라 관리권한에 기하여 사용권의 부여가 가능한 범위 내에서는 관리행위로서 유효할 여지가 있다고 봄이 상당하다</u>(대판 2012.10.25, 2010다56586)

2. 부동산임차인의 보호(임차권의 물권화)

> **제621조 (임대차의 등기)**
> ① 부동산임차인은 당사자간에 반대 약정이 없으면 임대인에 대하여 그 임대차등기절차에 협력할 것을 청구할 수 있다.
> ② 부동산임대차를 등기한 때에는 그때부터 제3자에 대하여 효력이 생긴다.
>
> **제622조 (건물등기 있는 차지권의 대항력)**
> ① 건물의 소유를 목적으로 한 토지임대차는 이를 등기하지 아니한 경우에도 임차인이 그 지상건물을 등기한 때에는 제3자에 대하여 임대차의 효력이 생긴다.
> ② 건물이 임대차기간 만료전에 멸실 또는 후폐한 때에는 전항의 효력을 잃는다.

◎ **부동산 임차권의 대항력**

1) 제621조

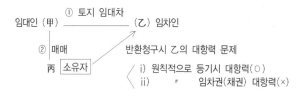

2) 제622조

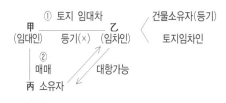

(1) 문제의 소재

부동산임차권이 「물권화」 한다고 할 때 그것이 구체적으로 어떠한 내용을 가지느냐에 대해서는 견해가 완전히 일치하지는 않으나, 대항력의 인정(제621조, 제622조, 주택임대차보호법 등에서 대항력 인정), 임차권존속의 보장 등 임차권의 보호가 그 공통적 내용으로 제기된다(관련된 곳에서 다시 설명).

> **판례** 판례는 "등기된 임차권에는 용익권적 권능 외에 임차보증금반환채권에 대한 담보권적 권능이 있고, 임대차기간이 종료되면 용익권적 권능은 임차권등기의 말소 없이도 곧바로 소멸하나 담보권적 권능은 곧바로 소멸하지 아니 하므로 그 승계인에 대하여 임차권등기의 말소를 거부할 수 있다고 할 것이고, 따라서 임차권등기가 원인 없이 말소된 때에는 그 방해를 배제하기 위한 청구를 할 수 있다"고 판시하였다(대판 2002.2.26. 99다67079).

(2) 대항력

임차권이 등기된 경우에 임차인이 그 부동산의 양수인에게 대항할 수 있다는 것을 무엇을 의미하는가? 양수인이 부동산명도청구에 대하여 임차인이 임대차기간동안 이를 거절할 수 있다는 것은 명백하다. 비용상환청구권이나, 보증금은 어떠한가? 판례는 "임차인이 부동산에 대한 임대차계약을 체결하고 대항력을 갖춘 경우 임차인은 승계한 경락인에 대하여 임차보증금의 반환을 청구할 수 있다"고 한다(대판 1988.4.25, 87다카458참조).

(3) 민법 제622조의 대항력의 한계

건물의 소유를 목적으로 한 토지임대차는 이를 등기하지 아니한 경우에도 임차인이 그 지상건물을 등기한 때에는 제3자에 대하여 임대차의 효력이 생기는데, 다만 건물 소유를 목적으로 하는 토지 임차인(제622조)이 그 지상건물을 등기하기 전에 제3자가 토지에 관하여 물권취득의 등기(처분금지가처분등기)를 한 경우, 그 이후에 그 지상건물을 등기한 임차인은 제3자에 대하여 임대차의 효력을 주장할 수 없다(대판 2003.2.28. 2000다65802·65819).

(4) 임대차존속(제651조)

> **제651조 (임대차존속기간)**
> ① 석조·석회조·연와조 또는 이와 유사한 견고한 건물 기타 공작물의 소유를 목적으로 하는 토지임대차나 식목·채염을 목적으로 하는 토지임대차의 경우를 제한 외에는 임대차의 존속기간은 20년을 넘지 못한다. 당사자의 약정기간이 20년을 넘는 때에는 이를 20년으로 단축한다.
> ② 전항의 기간은 이를 갱신할 수 있다. 그 기간은 갱신한 날로부터 10년을 넘지 못한다.

위 규정은 개인의 의사에 의하여 그 적용을 배제할 수 없는 강행규정이라고 봄이 상당하며, 민법 제651조 제1항이 민법 제652조에 포함되어 있지 않다고 하여도 마찬가지이다(대판 2003.8.22, 2003다19961).

판례 ㉠ 따라서 30년의 임대차기간에 해당하는 임대료를 선납한 것을 임대차기간 중 20년 외의 나머지 10년의 임대차기간에 대한 갱신의 의사표시로 보는 것은 강행법규인 민법 제651조 제1항을 잠탈하는 결과를 가져오게 되어 허용할 수 없다(대판 2003.8.22, 2003다19961). ㉡ '임대차계약 후 30년의 임대차기간 종료 전에 임차인이 계약기간을 단축시키기 위해 20년 이상의 임대차기간을 인정하지 않는 대법원판례를 근거로 해약을 요구할 경우 임대인은 일시불 임대료의 반환책임을 지지 않는다'는 취지로 정한 임대료 반환책임 면제약정은, 강행규정인 민법 제651조 제1항의 규정 취지에 반하는 임대차기간 약정의 무효를 주장할 수 없게 함으로써 위 조항의 적용을 배제하는 결과를 가져오므로 무효이다(대판 2009.12.24, 2009다40738).

(5) 묵시의 갱신 등

> **제639조 (묵시의 갱신)**
> ① 임대차기간이 만료한 후 임차인이 임차물의 사용·수익을 계속하는 경우에 임대인이 상당한 기간내에 이의를 하지 아니한 때에는 전임대차와 동일한 조건으로 다시 임대차한 것으로 본다. 그러나 당사자는 제635조의 규정에 의하여 해지의 통고를 할 수 있다.
> ② 전항의 경우에 전임대차에 대하여 제3자가 제공한 담보는 기간의 만료로 인하여 소멸한다.
> **제635조 (기간의 약정없는 임대차의 해지통고)**
> ① 임대차기간의 약정이 없는 때에는 당사자는 언제든지 계약해지의 통고를 할 수 있다.
> ② 상대방이 전항의 통고를 받은 날로부터 다음 각호의 기간이 경과하면 해지의 효력이 생긴다.
>   1. 토지, 건물 기타 공작물에 대하여는 임대인이 해지를 통고한 경우에는 6월, 임차인이 해지를 통고한 경우에는 1월
>   2. 동산에 대하여는 5일

1) 기간의 약정이 없는 임대차

묵시의 갱신(제639조)의 경우, 그 임대차는 기간의 약정이 없는 임대차로 되기 때문에, 당사자는 언제든지 계약해지를 통고할 수 있으나(제635조 제1항), 우리 민법은 임차인의 보호를 위하여 해지의 효력은 통고가 있는 날로부터 일정한 기간이 경과하여야 효력이 발생하도록 하고 있다(제635조 참조).

2) 담보의 존속여부

묵시의 갱신의 경우 제3자가 제공하였던 질권, 저당권 혹은 보증 같은 담보는 당연히 소멸하지만(제639조 제2항), 당사자가 제공하였던 임대차보증금 같은 것은 소멸하지 않고 계속 유효하다(통설).

> **판례** 제639조 제2항의 '전임대차에 대하여 제3자가 제공한 담보는 기간의 만료로 인하여 소멸한다'는 규정에서 「제3자가 제공한 담보」는 질권·저당권 그 밖의 보증을 말하는 것으로 건물의 임차보증금은 이에 해당하지 않는다는 것이 판례이다(대판 1977.6.7. 76다951).

3) 간주규정

제639조의 묵시의 갱신에 전임대차와 동일한 조건으로 다시 임대차한 것으로 본다고 규정하고 있으므로 묵시의 갱신은 '추정'되는 것이 아니라 갱신이 있는 것으로 간주된다.

4) 강행규정

임대차에서 묵시의 갱신에 관한 제639조는 강행규정이라는 것이 판례이다(대판 1964.12.8. 64누62 참조).

(6) 방해배제청구권

임차물이 방해를 당했을 때에 임차권침해를 이유로 등기를 마친 임차인은 임차권으로 방해배제청구권을 가진다고 보는 것이 통설이다. 그러나 반환청구권은 인정하지 않는다.

3. 수선의무 (제623조)

> **제623조 (임대인의 의무)**
> 임대인은 목적물을 임차인에게 인도하고 계약존속중 그 사용, 수익에 필요한 상태를 유지하게 할 의무를 부담한다.

(1) 의의

임대차계약에서 임대인은 목적물을 계약 존속 중 사용·수익에 필요한 상태를 유지할 의무를 부담하므로, 목적물에 파손 또는 장해가 생긴 경우 그것이 임차인이 별비용을 들이지 아니하고도 손쉽게 고칠 수 있을 정도의 사소한 것이어서 임차인의 사용·수익을 방해할 정도의 것이 아니라면 임대인은 수선의무를 부담하지 않지만, 그것을 수선하지 아니하면 임차인이 계약에 의하여 정해진 목적에 따라 사용·수익할 수 없는 상태로 될 정도의 것이라면 임대인은 수선의무를 부담한다(대법원 2012.6.14. 선고 2010다89876,89883 판결).

(2) 임의규정

㈀ 임대인의 수선의무는 특약에 의하여 이를 면제하거나 임차인의 부담으로 돌릴 수 있으나, 그러한 특약에서 수선 의무의 범위를 명시하고 있는 등의 특별한 사정이 없는 한 그러한 특약에 의하여 임대인이 수선의무를 면하거나 임차인이 그 수선의무를 부담하게 되는 것은 통상 생길 수 있는 파손의 수선 등 소규모의 수선에 한한다 할 것이고, 대파손의 수리, 건물의 주요 구성부분에 대한 대수선, 기본적 설비부분의 교체 등과 같은 대규모의 수선은 이에 포함되지 아니하고 여전히 임대인이 그 수선의무를 부담한다고 해석함이 상당하다(대판 1994.12 9, 94다34692 등).

㈁ 임대차계약에서 특별히 임대차의 목적을 단란주점 영업용으로 정한 것이 아니었을 뿐 아니라 계약 당시에는 별도의 단란주점영업허가가 시설기준조차 제정되어 있지 아니하였던 경우, 임대인으로서는 그 목적물이 통상의 사용수익에 필요한 상태를 유지하여 주면 족하고 임차인의 특별한 용도인 단란주점영업을 위한 사용수익에 적합한 구조나 성상 기타 상태를 유지하게 할 의무까지 있다고 할 수는 없다(대판 1996.11.26. 96다28172).

(3) 증명책임

임차건물이 화재로 소훼된 경우에 있어서 그 화재의 발생원인이 불명인 때에도 임차인이 그 책임을 면하려면 그 임차건물의 보존에 관하여 선량한 관리자의 주의의무를 다하였음을 입증하여야 한다(제374조 참조, 대판 1999.9.21, 99다36273).

판례 그러나 채무자(임차인)의 선관주의의무는 임대인의 선이행의무인 제623조를 충족하는 전제하에서 인정되기 때문에 건물의 벽과 천장의 내부를 통과하고 있는 전기배선이 건물구조의 일부를 이루고 있는 경우, 거기에 어떤 하자로 화재가 난 경우 임차인은 책임 없음이 원칙이다(대판 2000.7.4, 99다64384).

(4) 일시사용의 경우(숙박계약)

숙박계약의 경우에는 그 특수성을 고려하여 신의칙상 인정되는 부수적인 의무로서 보호의무를 부담하여 이를 위반하여 고객의 생명, 신체를 침해하여 투숙객에게 손해를 입힌 경우, 숙박업자는 불완전이행으로 인한 채무불이행책임을 부담한다(대판 2000.11.24, 2000다38718).

(5) 일반임대차의 안전배려의무

임대인은 임차인에게 임대목적물을 제공하여 임차인으로 하여금 이를 사용·수익하게 함에 그치고, 더 나아가 임차인의 안전을 배려하여 주거나 도난을 방지하는 등의 보호의무까지 부담한다고 볼 수 없다(대판 1999.7.9, 99다10004).

관련사례 임대차계약이 임대인의 수선의무 지체로 해지된 경우에도, 임대차의 종료 당시 반환된 임차건물이 화재로 인하여 훼손되었음을 이유로 손해배상청구를 당한 임차인이 임차건물 보존에 관하여 선량한 관리자의 주의의무를 다하였음을 증명하여야 하는가 ? (대판 2010.4.29. 2009다96984)

해설 임차인의 임대차 목적물 반환의무가 이행불능이 된 경우 임차인이 그 이행불능으로 인한 손해배상책임을 면하려면 그 이행불능이 임차인의 귀책사유로 말미암은 것이 아님을 입증할 책임이 있고, 임차건물이 화재로 소훼된 경우에 있어서 그 화재의 발생원인이 불명인 때에도 임차인이 그 책임을 면하려면 그 임차건물의 보존에 관하여 선량한 관리자의 주의의무를 다하였음을 입증하여야 하는 것이며, 이러한 법리는 임대차의 종료 당시 임차목적물 반환채무가 이행불능 상태는 아니지만 반환된 임차건물이 화재로 인하여 훼손되었음을 이유로 손해배상을 구하는 경우에도 동일하게 적용되고, 나아가 그 임대차계약이 임대인의 수선의무 지체로 해지된 경우라도 마찬가지다.

4. 필요비나 유익비 · 차임증감청구권 등

◎ **비용상환청구권과 매수청구권**

甲 임대인 ─ 乙 임차인

- 부합물 : 비용상환청구권(제626조) : 임의규정
- 부속물(건물임대차) : 매수청구권(제646조) : 강행규정
- 지상물(토지임대차) : 매수청구권(제643조) : 강행규정

★ 부합물과 부속물 차이 : 독립성 여하에 따라

(1) 필요비 · 유익비청구권

제626조 (임차인의 상환청구권)
① 임차인이 임차물의 보존에 관한 필요비를 지출한 때에는 임대인에 대하여 그 상환을 청구할 수 있다.
② 임차인이 유익비를 지출한 경우에는 임대인은 임대차종료시에 그 가액의 증가가 현존한때에 한하여 임차인의 지출한 금액이나 그 증가액을 상환하여야 한다. 이 경우에 법원은 임대인의 청구에 의하여 상당한 상환기간을 허여할 수 있다.

1) 필요비 · 유익비청구

임차인이 임차물의 보존에 관한 필요비를 지출한 때에는 임대인에 대하여 그 상환을 청구할 수 있고, 유익비를 지출한 경우에는 임대인에게 임대차종료시에 그 가액의 증가가 현존한때에 한하여 임차인의 지출한 금액이나 그 증가액을 청구할 수 있다.

〈각종 필요비 · 유익비 청구권의 비교〉

점유자와 회복자간	**제203조 (점유자의 상환청구권)** ① 점유자가 점유물을 반환할 때에는 회복자에 대하여 점유물을 보존하기 위하여 지출한 금액 기타 필요비의 상환을 청구할 수 있다. 그러나 점유자가 과실을 취득한 경우에는 통상의 필요비는 청구하지 못한다. ② 점유자가 점유물을 개량하기 위하여 지출한 금액 기타 유익비에 관하여는 그 가액의 증가가 현존한 경우에 한하여 회복자의 선택에

	좇아 그 지출금액이나 증가액의 상환을 청구할 수 있다. ③ 전항의 경우에 법원은 회복자의 청구에 의하여 상당한 상환기간을 허여할 수 있다.
전세권자(지상권자)	제310조 (전세권자의 상환청구권) ① 전세권자가 목적물을 개량하기 위하여 지출한 금액 기타 유익비에 관하여는 그 가액의 증가가 현존한 경우에 한하여 소유자의 선택에 좇아 그 지출액이나 증가액의 상환을 청구할 수 있다. ② 전항의 경우에 법원은 소유자의 청구에 의하여 상당한 상환기간을 허여할 수 있다.
유치권자	제325조 (유치권자의 상환청구권) ① 유치권자가 유치물에 관하여 필요비를 지출한 때에는 소유자에게 그 상환을 청구할 수 있다. ② 유치권자가 유치물에 관하여 유익비를 지출한 때에는 그 가액의 증가가 현존한 경우에 한하여 소유자의 선택에 좇아 그 지출한 금액이나 증가액의 상환을 청구할 수 있다. 그러나 법원은 소유자의 청구에 의하여 상당한 상환기간을 허여할 수 있다.
사용대차	제611조 (비용의 부담) ① 차주는 차용물의 통상의 필요비를 부담한다. ② 기타의 비용에 대하여는 제594조 제2항(제203조)의 규정을 준용한다.
사무관리	제739조 (관리자의 비용상환청구권) ① 관리자가 본인을 위하여 필요비 또는 유익비를 지출한 때에는 본인에 대하여 그 상환을 청구할 수 있다. ② 관리자가 본인을 위하여 필요 또는 유익한 채무를 부담한 때에는 제688조 제2항의 규정을 준용한다. ③ 관리자가 본인의 의사에 반하여 관리한 때에는 본인의 현존이익의 한도에서 전2항의 규정을 준용한다.

2) 임의규정

비용상환청구권에 관한 규정은 강행규정이 아니며, 따라서 당사자 사이에 이와 다른 약정을 할 수 있기 때문에 임대인의 수선의무면제특약은 유효하다. 다만 판례는 신의칙을 적용하여 면제특약을 축소해석하기도 한다(대판 1994.12.9. 94다34692). 즉 특약에 의하여 임대인이 수선의무를 면하거나 임차인이 그 수선의무를 부담하게 되는 것은 통상 생길 수 있는 파손의 수선 등 소규모의 수선에 한하고 한다 할 것이고, 대파손의 수리 등은 이에 포함되지 아니하는 것으로 보는 예이다.

3) 비교검토(부속물매수청구권에서 상술)

그러나 임차인의 지상물매수청구권이나 부속물매수청구권은 강행규정이다(제652조·제643조·제646조).

Tip **제626조와 제203조 비교검토**

> 甲은 乙소유의 주택을 점유할 권리 없이 그 주택에 살고 있다. 甲이 주택을 점유하고 있는 동안
> 안방의 다 낡은 장판을 걷어내고 새로 장판을 깔았다면, 그는 乙에 대하여 그 비용의 상환을 청구
> 할 수 있다(×, 제203조 제1항에 반한다고 볼 수 있다. 즉 점유자가 회복자에 대하여 필요비 상환
> 을 청구할 수 있으나 과실(果實)을 취득한 경우에는 통상의 필요비는 청구하지 못한다). 즉 임차
> 권이 유효한 경우에는 제626조를, 임차권이 불성립 · 무효 · 취소한 경우에는 제203조에 의하여
> 처리한다.

(2) 차임증감청구권

제628조 (차임증감청구권)
임대물에 대한 공과부담의 증감 기타 경제사정의 변동으로 인하여 약정한 차임이 상당하지 아니하게 된 때에는 당
사자는 장래에 대한 차임의 증감을 청구할 수 있다.

1) 강행규정

임대차계약 체결시의 "목적물에 대한 공과금, 건물가격 등의 인상으로 임대료 변경요인이
발생하면 임대인이 1개월 전에 임차인에게 통지하여 임대료를 인상할 수 있으며, 임차인
은 이의를 제기할 수 없다"는 약정은 무효이다.

판례　한편 임대차계약에서 차임을 증액하지 않는다는 특약이 있더라도 그 약정 후 그 특약을 그대로 유지시키는
것이 신의칙에 반한다고 인정될 정도의 사정변경이 있는 경우에는 임대인이 차임증액을 청구할 수 있다.

2) 형성권

차임의 증액을 청구하였을 때에 그 청구가 상당하다고 인정되면 그 효력은 청구시에 발생한다.
즉 민법 제628조(강행규정)에 의하여 장래에 대한 차임의 증액을 청구하였을 때에 그 청구가
상당하다고 인정되면 그 효력은 재판시를 표준으로 할 것이 아니고 그 청구시에 곧 발생
한다고 보는 것이 상당하고 그 청구는 재판 외의 청구라도 무방하다(대판 1974.8.30. 74다1124).

5. 임차인의 매수청구권(제643조 · 제646조)

제643조 (임차인의 갱신청구권 · 매수청구권)
건물 기타 공작물의 소유 또는 식목 · 채염 · 목축을 목적으로 한 토지임대차의 기간이 만료한 경우에 건물, 수목
기타 지상시설이 현존한 때에는 제283조의 규정을 준용한다.
제644조 (전차인의 임대청구권, 매수청구권)
① 건물 기타 공작물의 소유 또는 식목, 채염, 목축을 목적으로 한 토지임차인이 적법하게 그 토지를 전대한 경우
에 임대차 및 전대차의 기간이 동시에 만료되고 건물, 수목 기타 지상시설이 현존한 때에는 전차인은 임대인에 대
하여 전전대차와 동일한 조건으로 임대할 것을 청구할 수 있다.
② 전항의 경우에 임대인이 임대할 것을 원하지 아니하는 때에는 제283조 제2항의 규정을 준용한다.
제646조 (임차인의 부속물매수청구권)
① 건물 기타 공작물의 임차인이 그 사용의 편익을 위하여 임대인의 동의를 얻어 이에 부속한 물건이 있는 때에는
임대차의 종료시에 임대인에 대하여 그 부속물의 매수를 청구할 수 있다.
② 임대인으로부터 매수한 부속물에 대하여도 전항과 같다.
제647조 (전차인의 부속물매수청구권)

> ① 건물 기타 공작물의 임차인이 적법하게 전대한 경우에 전차인이 그 사용의 편익을 위하여 임대인의 동의를 얻어 이에 부속한 물건이 있는 때에는 전대차의 종료시에 임대인에 대하여 그 부속물의 매수를 청구할 수 있다.
> ② 임대인으로부터 매수하였거나 그 동의를 얻어 임차인으로부터 매수한 부속물에 대하여도 전항과 같다.

(1) 매수청구권의 성질

(ㄱ) 이러한 매수청구권은 형성권적인 성질을 갖는다. 따라서 임차인의 매수청구권의 행사에 의하여 지상물 또는 부속물에 관하여 매매가 성립하게 된다. 한편 이러한 매수청구권은 <u>강행규정</u>으로 되어 있다(제652조 참조).

(ㄴ) 토지 임차인이 건물매수청구권을 행사한 경우, 토지 임차인의 건물명도 및 소유권이전등기의무와 토지 임대인의 건물대금지급의무가 <u>동시이행관계에 있다</u>함이 판례이다.

판례 토지 임차인의 매수청구권 행사로 지상 건물에 대하여 시가에 의한 매매 유사의 법률관계가 성립된 경우에는 <u>임차인의 건물명도 및 그 소유권이전등기의무와 토지 임대인의 건물대금지급의무는 서로 대가관계에 있는 채무가</u> 되므로, 임차인이 임대인에게 매수청구권이 행사된 건물들에 대한 명도와 소유권이전등기를 마쳐주지 아니하였다면 임대인에게 그 매매대금에 대한 지연손해금을 구할 수 없다(대판 1998. 5. 8, 98다2389).

(2) 토지임차인의 지상물매수청구권(제643조)

1) 요건검토

(ㄱ) 토지임대차에 있어서, 그 '임차기간이 만료'한 경우에 건물·수목 기타 지상시설이 현존한 때에는 임차인은 <u>계약의 갱신</u>을 청구할 수 있고(토지 임차인의 계약갱신청구권), 만일에 임대인이 계약의 갱신을 원하지 않는 때에는 임차인은 <u>그 지상물의 매수를 청구할 수 있다</u>(제643조). 다만 건물의 소유를 목적으로 하는 토지 임대차에 있어서, 토지 임차인의 지상물매수청구권은 기간의 정함이 없는 임대차에 있어서 임대인에 의한 해지통고에 의하여 그 임차권이 소멸한 경우에도, 임차인의 계약갱신 청구의 유무에 불구하고 인정된다(대판 1995.12.26, 95다42195).

(ㄴ) 지상물매수청구권을 행사할 수 있는 자는 <u>지상물의 소유자에 한한다</u>(대판 1993.7.27, 93다6386).

> 즉 지상물의 소유권을 양도한 자는 행사할 수 없다. 이러한 건물매수청구권은 임대인에게 하는 것이 일반이지만 임차권소멸 후 그 토지를 제3자가 양수한 경우에도 토지임차인은 그 신소유자에 대해 매수청구권을 행사 할 수 있다는 것이 판례의 태도이다.

(ㄷ) 특별한 사정이 없는 한, 임대차계약 당시의 기존 건물이거나 임대인의 동의를 얻어 신축한 것에 한정하지 않는다(대판 1993.11.12, 93다34589, 즉 기간만료 시에 그 가치가 잔존하고 있으면 그 범위에 포함되는 것이다). 또한 <u>판례</u>는 지상물매수청구권행사시기에 관하여 건물이 철거되지 않는 한 철거소송이 확정된 후에도 청구할 수 있다는 입장이다. 따라서 토지임차인으로서는 건물매수청구권을 행사하여 별소로써 임대인에 대하여 건물매매대금의 지급을 구할 수 있다(대판 1995.12.26, 95다42195).

판례 따라서 건물의 소유를 목적으로 한 토지 임대차가 종료한 경우에 임차인이 그 지상의 현존하는 건물에 대하여 가지는 매수청구권은 그 행사에 특정의 방식을 요하지 않는 것으로서 재판상으로 뿐만 아니라 재판 외에서도 행사할 수 있는 것이고 그 행사의 시기에 대하여도 제한이 없는 것이므로 임차인이 자신의 건물매수청구권을 제1심에서 행사하였다가 철회한 후 항소심에서 다시 행사하였다고 하여 그 매수청구권의 행사가 허용되지 아니할 이유는 없다(대판 1995.12.26. 95다42195).

㈃ 건물 소유를 목적으로 하는 토지임대차에 있어서 임차인 소유 건물이 임대인이 임대한 토지 외에 임차인 또는 제3자 소유의 토지 위에 걸 쳐서 건립되어 있는 경우에는, 임차지 상에 서 있는 건물 부분 중 구분 소유의 객체가 될 수 있는 부분에 한하여 임차인에게 매수청구가 허용된다(대판(전합) 1996.3.21. 93다42634).

㈄ 또한 판례는 토지임차인의 채무불이행으로 임대차계약이 해지되었을 때에는 계약의 갱신을 청구할 여지가 없고, 따라서 지상물매수청구도 할 수 없다고 한다(대판 1990.1.23. 88다카7245,7252).

㈅ 건물의 소유를 목적으로 한 토지임대차계약의 기간이 만료함에 따라 지상건물 소유자가 임대인에 대하여 행사하는 민법 제643조 소정의 매수청구권은 매수청구의 대상이 되는 건물에 근저당권이 설정되어 있는 경우에도 인정된다. 이 경우에 그 건물의 매수가격은 건물 자체의 가격 외에 건물의 위치, 주변 토지의 여러 사정 등을 종합적으로 고려하여 매수청구권 행사 당시 건물이 현존하는 대로의 상태에서 평가된 시가 상당액을 의미하고, 여기에서 근저당권의 채권최고액이나 피담보채무액을 공제한 금액을 매수가격으로 정할 것은 아니다. 다만, 매수청구권을 행사한 지상건물 소유자가 위와 같은 근저당권을 말소하지 않는 경우 토지소유자는 민법 제588조에 의하여 위 근저당권의 말소등기가 될 때까지 그 채권최고액에 상당한 대금의 지급을 거절할 수 있다(대판 2008.5.29. 2007다4356).

2) 지상물 매수청구권을 행사할 수 있는 임차인의 부당이득반환의무(대판 2001.6.1. 99다60535)
㈀ 건물 기타 공작물의 소유를 목적으로 한 대지 임대차에 있어서 임차인이 그 지상건물 등에 대하여 민법 제643조 소정의 매수청구권을 행사한 후에 그 임대인인 대지의 소유자로부터 매수대금을 지급받을 때까지 그 지상건물 등의 인도를 거부할 수 있다.
㈁ 다만 지상건물 등의 점유·사용을 통하여 그 부지를 계속하여 점유·사용하는 한 그로 인한 부당이득으로서 부지의 임료 상당액은 이를 반환할 의무가 있다.

3) 지상 건물의 객관적인 경제적 가치나 임대인에 대한 효용 여부가 민법 제643조 소정의 임차인의 매수청구권의 행사요건인지 여부(소극)
민법 제643조, 제283조에 규정된 임차인의 매수청구권은, 건물의 소유를 목적으로 한 토지 임대차의 기간이 만료되어 그 지상에 건물이 현존하고 임대인이 계약의 갱신을 원하지 아니하는 경우에 임차인에게 부여된 권리로서 그 지상 건물이 객관적으로 경제적 가치가 있는지 여부나 임대인에게 소용이 있는지 여부가 그 행사요건이라고 볼 수 없다(대판 2002. 5. 31. 2001다42080). 또한 비록 행정관청의 허가를 받은 적법한 건물이 아니더라도 임차인의 건물매수청구권의 대상이 될 수 있다고 한다(대판 1997.12.23. 97다37753).

4) 편면적 강행규정(제652조 참조)

매수청구권은 임차인을 보호하기 위한 편면적 강행규정으로 임차인에게 불리한 것은 효력이 없다. 다만 임차인이 증·개축한 시설물과 부대시설을 포기하고 임대차 종료시의 현상대로 임대인의 소유에 귀속하기로 하는 대가로 임대차계약의 <u>보증금 및 월 임료를 파격적으로 저렴하게 하고 임대기간도 장기간으로 약정함에 이른 사실 등이 있는 경우</u>에는 다른 약정들과 달라서 임차인에게 불리한 약정으로 볼 수 없으니 무효라고 할 수 없다(대판 1982.1.19, 81다1001).

5) 사안검토

관련사례 乙은 甲으로부터 2002년 3월 1일 기간약정 없이 토지를 임차한 뒤에 그 지상에 건물 한 채를 신축하였고, 甲은 2007년 2월 1일에 乙에게 임대차계약의 해지를 하였다. 甲과 乙사이의 법률관계에서 문제되는 사항을 검토한다면?

해설
(a) 甲의 해지가 기간의 약정이 없는 임대차의 해지통고인 경우, 임대차계약은 乙이 해지통고를 받은 날로부터 6개월이 경과함으로써 소멸한다(민법 제635조).
(b) 甲·乙 사이의 임대차계약이 채무불이행으로 인하여 해지되는 경우에도 乙이 甲에게 건물매수청구권을 행사할 수 있다고 함이 판례이다(×) - 민법의 법문상 임차인의 건물 등의 매수청구권은 임대차의 기간이 만료된 경우에만 허용되는 것으로 되어 있으며(민법 제643조, 제644조 참조), 판례도 채무불이행으로 인한 해지 시에는 이를 허용하지 않고 있다(대판 1991.4.23, 90다19695).
(c) 판례는 토지 임대인과 임차인 사이에 임대차기간 만료시에 임차인이 지상 건물을 양도하거나 이를 철거하기로 하는 약정은 특별한 사정이 없는 한, 민법 제643조 소정의 임차인의 지상물매수청구권을 배제하기로 하는 약정으로서 임차인에게 불리한 것이므로, 민법 제652조의 규정에 의하여 무효라고 보아야 한다. 즉 건물철거합의는 원칙적으로 무효이며, 따라서 임차인은 매수청구를 할 수 있다.
(d) 건물매수청구권을 갖는 乙이 그 권리를 행사하는 경우에 甲은 매수를 거절할 수 있다(×) - 임차인의 매수청구권은 임대인이 계약갱신을 원하지 않는 경우 갖게 되는 마지막의 투자회수를 위한 권리로서 형성권이므로, 甲의 승낙 또는 거절은 문제될 여지가 없다.
(e) <u>위 사안의 경우, 乙이 甲에게 건물매수청구권을 행사하기 위하여는 먼저 갱신청구권을 행사할 필요가 없다. 즉 판례는 기간을 정함이 없는 임대차가 임대인의 해지통고에 의하여 종료된 경우에도 매수청구권은 인정되며, 이 때(임대인의 해지통고에 이미 계약갱신의 의사가 없음이 표시된 것이므로) 임차인의 갱신청구 유무는 문제되지 않는다고 한다</u>(대판 1995.12.26, 95다42195 참조).
(f) 토지임대차 종료시 임대인의 건물철거와 그 부지인도 청구에는 건물매수대금 지급과 동시에 건물명도를 구하는 청구가 포함되어 있다고 볼 수 없다(대판(전합) 1995.7.11. 선고 94다34265).

(3) 건물임차인의 부속물매수청구권(제646조)

1) 의의

건물 기타 공작물의 임차인이 그 사용의 편익을 위하여 임대인의 동의를 얻어 이에 부속하거나 혹은 임대인으로부터 매수한 부속물이 있는 때에는, '임대차의 종료시'에 임대인에 대하여 그 부속물의 매수를 청구할 수 있다(제646조). 토지임대차의 경우에 관하여는 제643조가 규정하고 있으며, 한편 단순한 동산임대차의 경우에는 실효성이 크지 않기 때문에 매수청구권이 인정되지 않는다.

2) 비용상환청구권과 부속물매수청구권의 차이

(ㄱ) 양자는 투하자본의 회수 수단이라는 점에서 그 취지를 같이 하지만, 부속물매수청구권을 행사하려면, 그 부속물이 건물의 구성부분이 아닌 독립된 별개의 물건이어야 한다(판례 - 그 물건이 건물의 구성부분을 이루는 경우에는 비용상환청구권을 행사하여야 한다).

(ㄴ) 부속물매수청구권을 행사하려면, 임차인이 임대인의 동의를 얻어 부속시키거나 또는 임대인으로부터 매수한 경우에만 국한되지만(제646조), 비용상환청구권의 경우에는 이것은 그 요건이 아니다.

(ㄷ) 부속물매수청구권에 관한 제646조는 강행규정으로서 이에 위반하여 임차인에게 불리한 약정은 무효가 되지만(제652조), 비용상환청구권은 당사자 사이의 특약으로 이를 포기할 수 있다.

(ㄹ) 건물임차인의 채무불이행으로 임대차계약이 해지된 경우에도, 임차인은 위 부속물매수청구권을 행사할 수 있는가에 대하여 통설은 긍정적이나 판례는 부정하고 있다(대판 1990.1.23, 88다카7245).

(ㅁ) 일시사용을 위한 임대차의 경우에도 부속물매수청구권은 인정되지 않는다(제653조 참조).

3) 임차인이 건물 기타 공작물의 사용의 편익을 위하여 부가시켰을 것

(ㄱ) 민법 제646조에 의한 매수청구권의 대상이 되는 부속물이라 함은 건물에 부속된 물건으로 임차인의 소유에 속하고 건물의 구성부분으로 되지 아니한 것으로서 건물의 사용에 객관적인 편익을 가져오게 하는 물건이어야 한다(대판 1977.6.7, 77다50·51). 즉 건물 기타 공작물의 객관적 이용가치를 증대시켜야 한다(예: 수도·전기·가스 등의 설비). 따라서 부속된 물건이 오로지 임차인의 특수목적에 사용하기 위한 부속물일 때에는 이에 해당하지 않는다(예: 외부의 숯불피우는 시설, 삼계탕집을 하기 위한 시설물 등).

(ㄴ) 이러한 판단은 건물 자체의 구조, 위치 및 임대차 당시 당사자 사이에 합의된 사용목적 기타 제반사정을 참작하여 객관적으로 정하여진다.

(ㄷ) 기존건물과 분리되어 독립한 소유권의 객체가 될 수 없는 증축부분이나 임대인의 소유에 속하기로 한 부속물은 매수청구의 대상이 될 수 없다(대판 1982.1.19, 81다1001).

4) 부속물이 독립성을 가질 것

건물자체의 수선 내지 증개축부분은 특별한 사정이 없는 한 건물 자체의 구성부분을 이루고 독립된 물건으로 보지 않으므로 본조에 의한 부속물매수청구권의 대상이 되지 못한다. 그러나 부속물이 건물 기타 공작물의 구성부분으로 되었느냐 아니면 독립성을 유지하고 있느냐를 구분한다는 것이 사실상 어렵기 때문에 다른 요건들이 구비되었다면 비용상환청구권과 부속물매수청구권을 선택적으로 행사하여야 한다는 견해도 있다.

판례 〈임차인의 채무불이행으로 임대차계약이 해지된 경우 임차인의 부속물매수청구권 유무(소극)〉 임대차계약이 임차인의 채무불이행으로 인하여 해지된 경우에는 임차인은 민법 제646조에 의한 부속물매수청구권이 없다(대판 1990.1.23. 88다카7245,88다카7252).

6. 임차권의 양도와 전대

> **제629조 (임차권의 양도 · 전대의 제한)**
> ① 임차인은 임대인의 동의없이 그 권리를 양도하거나 임차물을 전대하지 못한다.
> ② 임차인이 전항의 규정에 위반한 때에는 임대인은 계약을 해지할 수 있다.

(1) 의의

임차권의 양도는 일종의 지명채권인 임차권 그 자체의 이전을 목적으로 하는 계약이므로 준물권계약의 성질을 가진다고 한다(다수설과 판례). 임차인이 임차권을 양도하거나 또는 임차물을 전대하기 위해서는 임대인의 동의가 필요하며, 이때 그 임차권의 등기 여부는 묻지 않는다(제629조). 이러한 임대인의 동의를 요하는 본규정은 임대인의 인적 신뢰나 경제적 이익을 보호하여 이를 해치지 않게 하고자 하는 임의규정이며(대판 1993.4.27. 92다45308), 임대인의 동의는 대항요건에 불과하다. 따라서 임대인의 동의가 없다고 하더라도 임차권양도와 전대는 유효하다.

판례 〈임차권양도시 임대인의 동의를 받아줄 의무 있다〉 특별한 사정이 인정되지 아니하는 한, 임차권의 양도인은 임대인으로부터 양도의 동의를 받아줄 의무를 면할 수 없고 이를 이행하지 못한 경우에는 민법의 담보책임의 규정에 따라 양수인이 계약을 해제하거나 손해배상의 청구를 할 수 있다고 보아야 하며, 양도계약에서 임대인의 동의를 받아주겠다는 약정을 명시적으로 하지 아니하였다고 해서 달리 볼 수 있는 것은 아니다(대판 2001.7.24. 2001다16418).

(2) 계약의 당사자

동의 없는 임차권의 양도와 전대도 임대인에게 대항할 수 없을 뿐 당사자간의 계약으로는 유효하다. 임차권의 양도 및 전대의 계약당사자는 임대인이 포함되지 않는다. 동의가 있었다는 사실의 입증책임은 임차인 및 양수인 또는 전차인 측이 부담한다.

(3) 임대인의 승낙

(ㄱ) 임차권의 양도 · 전대는 임대인의 이익에 중대한 관계가 있으므로 임대인의 승낙이 요구되고 있는 바(제629조 제1항), 임대인의 승낙은 사전이나 사후에라도 좋고, 또 그 상대방은 임차

인 혹은 양수인 또는 전차인이라도 좋다.

(ㄴ) 한편 임대인의 동의와 함께 임차권이 양도된 경우, 그의 동의가 있기 전에 발생한 임차인의 연체차임채무나 손해배상채무는 다른 약정이 없으면 양수인에게 이전되지 않는다(대판 1998.7.14, 96다17202).

(4) 명도의무

(ㄱ) 임대인이 임차권의 양도를 승낙하여 신 임차인이 구 임차인으로부터 임차목적물을 명도받았다면 구 임차인이 임대인에게 명도하여 임대인이 다시 신 임차인에게 명도하는 대신 구 임차인이 임대인의 승낙하에 직접 신 임차인에게 명도하는 것으로서 명도의무의 이행을 다한 것으로 보아야 한다(대판 1998.7.14, 96다17202).

(ㄴ) 마찬가지로 적법전대의 경우, 임대차 및 전대차가 모두 만료한 경우, 전차인이 직접 임대인에게 명도하면 전차인의 전대인에 대한 건물명도의무는 면한다(대판 1995.12.12, 95다23996).

(5) 무단양도(전대)의 법률관계

1) 임대인과 임차인의 관계

(ㄱ) 임대인과 임차인간의 관계에서는 임차인이 양도(전대)를 하였다 하여도 임대인과 임차인간의 법률관계는 직접 아무런 영향을 받지 않으므로 임대인은 여전히 임차인에 대해 차임을 청구할 수 있으며, 따라서 임대인은 전차인에 대하여 차임상당의 손해배상청구권이나 부당이득반환청구권을 행사할 수 없다(대판 2008.2.28, 2006다10323).

(ㄴ) 임차인은 목적물의 보관에 대해 선량한 관리자의 주의의무를 부담한다(제374조). 따라서 비록 임차인 자신이 실화에 대해 책임이 없다하더라도 전차인(이행보조자)이 고의·과실이 있으면 임차인은 임차물의 멸실에 대한 책임을 면할 수 없다(제391조 참조).

2) 임대인과 양수인(전차인)과의 관계

(ㄱ) 임대인은 양수인(전차인)의 불법점유를 이유로, 임대인은 방해배제청구권을 행사할 수 있다. 그리고 무단양도·전대의 경우, 임대인이 전대인(임차인)과의 임대차계약을 해지하지 않는 한, 임대인은 자기에게 목적물의 반환을 청구할 수는 없고, 전대인에게 반환할 것을 청구할 수 있을 뿐이다(제207조 참조).

(ㄴ) 또한 임대인은 소유권에 기한 물권적 청구권을 행사하여 방해배제를 청구할 수 있으나, 손해배상은 청구할 수 없다(즉 임대인이 임차인에게 차임을 받는 한도에서 손해가 없기 때문이다). 즉 무단양도나 전대를 이유로 차임에 갈음한 손해배상이나 부당이득반환을 청구할 수 없다.

3) 임차권의 무단양도·전대에서 배신설(대판 1993.4.27, 92다45308)

(ㄱ) 제629조는 임대인을 보호하기 위한 임의규정이다. (ㄴ) 따라서 임차인이 임대인으로부터 별도의 승낙을 얻은 바 없이 제3자에게 임차물을 사용·수익하도록 한 경우에 있어서도 임차인의 당해 행위가 임대인에 대한 배신적 행위라고 인정할 수 없는 특별한 사정이 있는 경

우에는 위 법조항에 의한 해지권은 발생하지 않는다(임차권의 양수인이 임차인과 부부로서 임차
건물에 동거하면서 함께 가구점을 경영하고 있는 등의 사정이 위의 "특별한 사정"에 해당한다고 한다).

판례 〈채권담보를 목적으로 한 양도담보의 제공(배신행위문제)〉 건물 소유를 목적으로 한 대지 임차권을 가지고
있는 자가 위 대지상의 자기소유 건물에 대하여 제3자에 대한 채권담보의 목적으로 제3자 명의의 소유권이전등
기를 경료하여 준 이른바 양도담보의 경우에는, 채권담보를 위하여 신탁적으로 양도담보권자에게 건물의 소유권
이 이전될 뿐 확정적·종국적으로 이전되는 것은 아니고 또한 특별한 사정이 없는 한 양도담보권자가 건물의 사
용·수익권을 갖게 되는 것도 아니므로, 이러한 경우 위 건물의 부지에 관하여 민법 제629조 소정의 해지의 원
인인 임차권의 양도 또는 전대가 이루어지지 않았다고 해석함이 상당하다(대판 1995.7.25, 94다46428).

(6) 임대인의 동의가 있는 경우

> **제630조 (전대의 효과)**
> ① 임차인이 임대인의 동의를 얻어 임차물을 전대한 때에는 전차인은 직접임대인에 대하여 의무를 부담한다. 이 경
> 우에 전차인은 전대인에 대한 차임의 지급으로써 임대인에게 대항하지 못한다.
> ② 전항의 규정은 임대인의 임차인에 대한 권리행사에 영향을 미치지 아니한다.

(ㄱ) 임대인이 전대를 동의하였더라도 전차인이 임대인에 대해 임대보증금, 필요비 및 유익
비의 상환을 직접 청구할 수는 없다.

(ㄴ) 임대인의 동의를 얻어 전대를 하였는데 임대차 및 전대차가 모두 종료되었으나 임대
인이 전차인에 대해 목적물의 반환 및 차임 등의 지급을 청구하지 않은 경우, 임차인은
전차인에 대해 목적물의 명도를 구하고 명도시까지 전차임 상당의 부당이득의 반환을
청구할 수 있다(대판 2001.6.29, 2000다68290).

(ㄷ) 민법 제630조 제1항에 따라 임대인의 동의를 얻은 전대차의 전차인이 전대인에 대한 차
임의 지급으로 임대인에게 대항할 수 없게 되는 차임의 범위와 관련하여 판례는 "민법 제630
조 제1항은 임차인이 임대인의 동의를 얻어 임차물을 전대한 때에는 전차인은 직접 임대인에
대하여 의무를 부담하고, 이 경우에 전차인은 전대인에 대한 차임의 지급으로써 임대인에
게 대항할 수 없다고 규정하고 있는바, 위 규정에 의하여 전차인이 임대인에게 대항할 수
없는 차임의 범위는 전대차계약상의 차임지급시기를 기준으로 하여 그 전에 전대인에게
지급한 차임에 한정되고, 그 이후에 지급한 차임으로는 임대인에게 대항할 수 있다"고 한
다(대판 2008.3.27, 2006다45459).

(7) 관련문제(임대인의 지위양도와 비교)

판례는 '임차물에 대한 임대인과 신소유자 사이의 임대인 지위양도의 계약만으로 임대인의
지위의 양도를 할 수 있다고 하고, 이 경우 임차인이 임대차의 승계를 원하지 않은 경우, 이
의를 제기하여 임대인과 임대차관계를 해지할 수 있다'고 한다(대판 1998.9.2, 98다100).

관련사례 | 건물의 소유를 목적으로 하여 토지를 임차한 사람 甲이 그 토지 위에 소유하는 건물에 저당권
을 설정하였다. 여기서 저당권은 민법 제358조 본문에 따라서 그 효력이 건물뿐만 아니라 건물

의 소유를 목적으로 한 토지의 임차권에도 미친다고 볼 수 있다. 경락인 乙이 건물의 소유권을 취득한 경우 임차권에 대한 법률관계는? (대판 1993.4.13, 92다24950).

해설

(a) **제629조의 적용여부** : 위의 경우도 민법 제629조가 적용되기 때문에 토지의 임대인에 대한 관계에서는 그의 동의가 없는 한 경락인은 그 임차권의 취득을 대항할 수 없다.

(b) **배신설과 입증책임** : 임차인의 변경이 당사자의 개인적인 신뢰를 기초로 하는 계속적 법률관계인 임대차를 더 이상 지속시키기 어려울 정도로 당사자간의 신뢰관계를 파괴하는 임대인에 대한 배신행위가 아니라고 인정되는 특별한 사정이 있는 때에는 임대인은 자신의 동의 없이 임차권이 이전되었다는 것만을 이유로 민법 제629조 제2항에 따라서 임대차계약을 해지할 수 없고, 그와 같은 특별한 사정이 있는 때에 한하여 경락인은 임대인의 동의가 없더라도 임차권의 이전을 임대인에게 대항할 수 있다고 봄이 상당한바, 위와 같은 특별한 사정이 있는 점은 경락인이 주장 입증하여야 한다.

7. 임차권소멸과 원상회복

(1) 임차권소멸

> **제640조 (차임연체와 해지)**
> 건물 기타 공작물의 임대차에는 임차인의 차임연체액이 2기의 차임액에 달하는 때에는 임대인은 계약을 해지할 수 있다.
>
> **제638조 (해지통고의 전차인에 대한 통지)**
> ① 임대차계약이 해지의 통고로 인하여 종료된 경우에 그 임대물이 적법하게 전대되었을 때에는 임대인은 전차인에 대하여 그 사유를 통지하지 아니하면 해지로써 전차인에게 대항하지 못한다.
> ② 전차인이 전항의 통지를 받은 때에는 제635조 제2항의 규정을 준용한다.
> **제631조 (전차인의 권리의 확정)**
> 임차인이 임대인의 동의를 얻어 임차물을 전대한 경우에는 임대인과 임차인의 합의로 계약을 종료한 때에도 전차인의 권리는 소멸하지 아니한다.

1) 차임연체와 해지

건물 기타 공작물의 임대차에는 임차인의 차임연체액이 2기의 차임액에 달하는 때에는 임대인은 계약을 해지할 수 있다(제640조). 건물 기타 공작물의 소유 또는 식목, 채염, 목축을 목적으로 한 토지임대차의 경우에도 마찬가지이다(제641조). 이러한 해지권은 형성권이며 상대방 있는 의사표시로서 도달주의 원칙이 적용된다(제111조).

2) 적법한 전차인의 보호

(가) 임대차 합의해지 시 보호

임차인이 임대인의 동의를 얻어 임차물을 전대한 경우에는 임대인과 임차인의 합의로 계약을 종료한 때(합의해지)에도 전차인의 권리는 소멸하지 아니한다(제631조).

(나) 임차인의 차임연체 시 해지의 경우

(ㄱ) 민법 제638조 제1항, 제2항 및 제635조 제2항에 의하면 임대차계약이 해지 통고로 인하

여 종료된 경우에 그 임대물이 적법하게 전대되었을 때에는 임대인은 전차인에 대하여 그 사유를 통지하지 아니하면 해지로써 전차인에게 대항하지 못하고, 전차인이 통지를 받은 때에는 토지, 건물 기타 공작물에 대하여는 임대인이 해지를 통고한 경우에는 6월, 임차인이 해지를 통고한 경우에는 1월, 동산에 대하여는 5일이 경과하면 해지의 효력이 생긴다.

(ㄴ) 그러나 민법 제640조에 터 잡아 임차인의 차임연체액이 2기의 차임액에 달함에 따라 임대인이 임대차계약을 해지하는 경우에는 전차인에 대하여 그 사유를 통지하지 않더라도 해지로써 전차인에게 대항할 수 있고, 해지의 의사표시가 임차인에게 도달하는 즉시 임대차관계는 해지로 종료된다(대법원 2012.10.11. 선고 2012다55860 판결).

(2) 원상회복의무

임대차가 만료되면 임차인은 원상회복의무가 있다(제654조, 제615조). 판례는 "임대차계약이 중도에 해지되어 종료하더라도 임차인은 목적물을 원상으로 회복하여 반환하여야 하는 것이고, 임대인의 귀책사유로 임대차계약이 해지되었다고 하더라도 임차인은 그로 인한 손해배상을 청구할 수 있음은 별론으로 하고 원상회복의무를 부담하지 않는다고 할 수는 없다"고 판시한다.

판례 ㉠ 임차인이 자신의 영업을 위하여 설치한 시설에 관한 비용을 임대인에게 청구하지 않기로 약정한 사정만으로 원상복구의무를 부담하지 아니하기로 하는 합의가 있었다고 볼 수 없다(대판 2002.12.6, 2002다42278). ㉡ 임대차종료로 인한 임차인의 원상회복의무에는 임차인이 사용하고 있던 부동산의 점유를 임대인에게 이전하는 것은 물론, 임대인 또는 그 승낙을 받은 제3자가 임차건물 부분에서 다시 영업허가를 받는 데 방해가 되지 않도록 임차건물 부분에서의 영업허가에 대하여 폐업신고절차를 이행할 의무가 있다(대판 2008.10.9, 2008다34903).

8. 보증금

(1) 보증금의 기능

민법은 보증금에 관하여 아무런 규정을 두지 않았다. 결국 보증금의 법률문제는 학설·판례에 의해 해결하는 수밖에 없다. 보증금은 임차물훼손시 임차인의 손해배상채무를 담보하는 기능과 차임연체시 차임에의 충당금으로서의 기능을 담당하는 외에 차임(월세)의 변칙적 지불방법으로 이용된다.

판례 〈보증금에서 당연공제문제〉 ㉠ 부동산임대차에 있어서 수수된 보증금은 차임채무, 목적물의 멸실·훼손 등으로 인한 손해배상채무 등 임대차에 따른 임차인의 모든 채무를 담보하는 것으로서, 그 피담보채무 상당액은 임대차관계의 종료 후 목적물이 반환될 때에 특별한 사정이 없는 한 별도의 의사표시 없이 보증금에서 당연히 공제되는 것이다(대판 2004.12.23, 2004다56554 등). ㉡ 그러나 임대차종료 전 임대차보증금이 임대인에게 교부되어 있더라도 임대인은 임대차관계가 계속되고 있는 동안에는 임대차보증금에서 연체차임을 충당할 것인지를 자유로이 선택할 수 있으므로, 임대차계약 종료 전에는 연체차임이 공제 등 별도의 의사표시 없이 임대차보증금에서 당연히 공제되는 것은 아니다(대판 2013.2.28, 2011다49608,49615).

(2) 종된 계약

보증금계약은 임대차에 종된 계약이며, 임대차관계에서 생길 수 있는 임차인의 모든 채무(차임채무에 한정되지 않음)를 담보하며 임대인은 이 보증금으로부터 다른 채권자에 우선하여 변제를 받을 수 있다. 판례는 보증금반환청구권만의 양도를 긍정한다.

판례 〈임대차보증금반환채권의 양도통지후 임대차계약의 갱신이나 임대차기간 연장에 관한 합의가 양수인에게 미치는 효력〉 임대인이 임대차보증금반환청구채권의 양도통지를 받은 후에는 임대인과 임차인 사이에 임대차계약의 갱신이나 계약기간 연장에 관하여 명시적 또는 묵시적 합의가 있더라도 그 합의의 효과는 보증금반환채권의 양수인에 대하여는 미칠 수 없다(대판 1989.4.25, 88다카4253,4260).

(3) 동시이행관계

통설과 판례는 보증금반환청구권과 목적물인도의무는 동시이행관계에 있다고 한다. 다만 그 시점에 대하여 정지조건설과 해제조건설의 대립이 있다. 판례인 해제조건설은 임차인이 임차목적물을 반환할 때 임차보증금반환채권을 행사할 수 있으며, 보증금의 반환을 전부 또는 일부 거부하려는 임대인이 임차인의 채무불이행을 이유로 한 채무의 존재를 주장·입증해야 한다고 한다(대판 1988.4.12, 86다카2476 등).

판례 ㉠ 〈보증금반환과 목적물반환의 동시이행관계〉 ① 임대차계약의 기간이 만료된 경우에 임차인이 임차목적물을 명도할 의무와 임대인이 보증금중 연체차임 등 당해 임대차에 관하여 명도시까지 생긴 모든 채무를 청산한 나머지를 반환할 의무는 모두 이행기에 도달하고 이들 의무상호간에는 동시이행의 관계가 있다고 보는 것이 상당하다 [대판(전합) 1977.9.28, 77다1241·1242]. ② 임차보증금반환채권에 대해 전부명령이 있는 경우, 그 전부명령의 효력은 그 전부명령의 송달에 의해 발생하지만, 그 보증금반환채권은 임대인의 채권이 발생할 것을 해제조건으로 하므로, 임대인의 채권을 공제한 잔액에 대해서만 전부명령이 유효하다고 한다(대판 1988.1.19, 87다카1315).
㉡ 〈건물매수인이 소유권을 취득하지 아니한 채 매도인의 동의를 얻어 제3자에게 임대하였으나 매수인(임대인)의 채무불이행으로 매매계약이 해제된 경우 임차인의 건물명도의무와 매수인(임대인)의 보증금반환의무가 동시이행관계에 있는지 여부(소극)〉 건물매수인이 아직 건물의 소유권을 취득하지 못한 채 매도인의 동의를 얻어 제3자에게 임대하였으나 매수인(임대인)의 채무불이행으로 매도인이 매매계약을 해제하고 임차인에게 건물의 명도를 구하는 경우 임차인은 매도인에 대한 관계에서 건물의 전차인의 지위와 흡사하다 할 것인바, 임대인의 동의 있는 전차인도 임차인의 채무불이행으로 임대차계약이 해지되면 특단의 사정이 없는 한 임대인에 대해서 전차인의 전대인에 대한 권리를 주장할 수가 없고, 또 임차인이 매매계약목적물에 대하여 직접 임차권을 취득했다고 보더라도, 대항력을 갖추지 아니한 상태에서는 그 매매계약이 해제되어 소급적으로 실효되면 그 권리를 보호받을 수가 없다는 점에 비추어 볼 때, 임차인의 건물명도의무와 매수인(임대인)의 보증금반환의무를 동시이행관계에 두는 것은 오히려 공평의 원칙에 반한다 할 것이다(대판 1990.12.7, 90다카24939).

(4) 임대차계약이 종료되었으나 그 목적물이 명도되지 않은 경우, 임차인이 임대차보증금이 있음을 이유로 연체차임의 지급을 거절할 수 있는지 여부(소극)

특별한 사정이 없는 한 임대차계약이 종료되었다 하더라도 목적물이 명도되지 않았다면 임차인은 임대차보증금이 있음을 이유로 연체차임의 지급을 거절할 수 없는 것이다(대판 2007.8.23, 2007다21856,21863).

(5) 입증책임

임대차계약에서 <u>보증금을 지급하였다는 입증책임</u>은 보증금의 반환을 구하는 임차인이 부담하고, 임대차계약이 성립하였다면 임대인에게 임대차계약에 기한 임료 채권이 발생하였다 할 것이므로 <u>임료를 지급하였다는 입증책임</u>도 임차인이 부담한다(대판 2005.1.13. 2004다19647).

(6) 부동산 임대인이 임차인을 상대로 차임연체로 인한 임대차계약의 해지를 원인으로 임대차목적물인 부동산의 인도 및 연체차임의 지급을 구하는 소송을 제기한 경우, 그 소송비용을 반환할 임대차보증금에서 당연히 공제할 수 있는지 여부(적극)

부동산임대차에서 임차인이 임대인에게 지급하는 임대차보증금은 임대차관계가 종료되어 목적물을 반환하는 때까지 임대차관계에서 발생하는 임차인의 모든 채무를 담보하는 것으로서, <u>임대인이 임차인을 상대로 차임연체로 인한 임대차계약의 해지를 원인으로 임대차목적물인 부동산의 인도 및 연체차임의 지급을 구하는 소송비용은 임차인이 부담할 원상복구비용 및 차임지급의무 불이행으로 인한 것이어서 임대차관계에서 발생하는 임차인의 채무에 해당하므로 이를 반환할 임대차보증금에서 당연히 공제할 수 있다</u>(대법원 2012.9.27. 선고 2012다49490 판결).

9. 권리금

(1) 의의

권리금의 지급은 임대차계약의 내용을 이루는 것은 아니고 권리금자체는 영업시설·비품 등의 유형물이나 거래처·신용 등, 또는 영업상의 이점 등 무형의 재산적 가치의 양도 또는 일정기간 동안의 이용대가라고 볼 수 있다(대판 2001.4.10. 2000다59050 등).

(2) 보증금과의 차이

<u>통상 권리금은 새로운 임차인으로부터만 지급받을 수 있을 뿐이고 임대인에 대하여는 지급을 구할 수 없는 것이다.</u> 따라서 임대인이 임대차계약서의 단서조항에 '모든 권리금을 인정함'이라는 기재를 하였다고 하더라도 임대차 종료시 임차인에게 권리금을 반환하겠다고 약정하였다고 볼 수 없다(대판 2000.4.11. 2000다4517·4524).

(3) 권리금계약은 임대차계약과의 관계

관련사례	임차권의 양수인 甲이 양도인 乙의 기망행위를 이유로 乙과 체결한 임차권양도계약 및 권리금계약을 각 취소 또는 해제한다고 주장한 사안에서, 임차권양도계약과 분리하여 권리금계약만이 취소되었다고 본 원심판결에 법리오해 등 위법이 있다고 본 사례(대법원 2013.5.9. 선고 2012다115120 판결).
해설	(a) 권리금계약은 임대차계약이나 임차권양도계약 등에 수반되어 체결되지만 임대차계약 등과는 별개의 계약이다(대법원 2013.5.9. 선고 2012다115120 판결). (b) 여러 개의 각 계약이 전체적으로 경제적, 사실적으로 일체로서 행하여진 것으로 그 하나가 다른 하나의 조건이 되어 어느 하나의 존재 없이는 당사자가 다른 하나를 의욕하지 않았을 것으로 보이는 경우 등에는, 하나의 계약에 대한 기망 취소의 의사표시는 법률행위의 일부무

효이론과 궤를 같이하는 법률행위 일부취소의 법리에 따라 전체 계약에 대한 취소의 효력이 있다.
(c) 위 권리금계약은 임차권양도계약과 결합하여 전체가 경제적·사실적으로 일체로 행하여진 것으로서, 어느 하나의 존재 없이는 당사자가 다른 하나를 의욕하지 않았을 것으로 보이므로 권리금계약 부분만을 따로 떼어 취소할 수 없는데도, 임차권양도계약과 분리하여 권리금계약만이 취소되었다고 본 원심판결에 임차권양도계약에 관한 판단누락 또는 계약의 취소 범위에 관한 법리오해 등 위법이 있다(대법원 2013.5.9. 선고 2012다115120 판결).

10. 임대인의 임차인에 대한 계약상 손해배상청구권의 행사기간

관련사례 甲은 2009.8.3. 렌트카업자인 乙로부터 자동차를 임차하여 이용하다 2009. 8. 5. 부주의로 자동차를 손상시켰고, 동년 8월 7일 乙에게 반환하였다. 乙은 8월 10일 위 손상사실을 알게 되었다. 乙의 甲에 대한 계약상의 손해배상청구권은 언제까지 행사해야 하는가?

해설 임대인이 임차물의 반환을 받은 날로부터 6월 내에 하여야 하기 때문에(민법 제617조, 제654조), 2010년 2월 7일이지 2월 10일이 아니다.

II. 주택임대차보호법

1. 주택임대차보호법의 목적과 적용범위

> **제1조 【목적】**
> 이 법은 주거용건물의 임대차에 관하여 민법에 대한 특례를 규정함으로써 국민의 주거생활의 안정을 보장함을 목적으로 한다.

임차인이 법인인 경우에는 주택임대차보호법이 적용되지 않음이 원칙이다(대판 1997.7.11. 96다72356). 즉 주택임대차보호법은 자연인인 서민들의 주거생활의 안정을 보호하려는 취지에서 제정된 것이지 법인을 그 보호 대상으로 삼고 있다고는 할 수 없는 점, 법인은 애당초 같은 법 제3조 제1항소정의 대항요건의 하나인 주민등록을 구비할 수 없는 점 등에 비추어 보면, 법인의 직원이 주민등록을 마쳤다 하여 이를 법인의 주민등록으로 볼 수는 없으므로, 법인이 임차 주택을 인도받고 임대차계약서상의 확정일자를 구비하였다 하더라도 우선변제권을 주장할 수는 없다고 봄이 판례이다(대판 1997.7.11. 96다7236).

2. 주택임대차보호법의 적용범위

(1) 주거용건물의 판단기준

공부상 표시만을 기준으로 할 것이 아니라 사실상 주거로 사용하는지 여부를 기준으로 결정한다. 따라서 주택임대차보호법 제2조가 주거용 건물의 전부 또는 일부의 임대차에 관하여 적용된다고 규정하고 있을 뿐 임차주택이 관할관청의 허가를 받은 건물인지, 등기를 마친 건물인지 아닌지를 구별하고 있지 아니하며, 건물 등기부상 '건물내역'을 제한하고 있지도 않으므로, 점포 및 사무실로 사용되던 건물에 근저당권이 설정된 후 그 건물이 주거용 건물로 용도 변경되어 이를 임차한 소액임차인도 특별한 사정이 없는 한 주택임대차보호법 제8조에 의하여 보증금 중 일정액을 근저당권자보다 우선하여 변제받을 권리가 있다(대판 2009.8.20, 2009다26879).

(2) 주택 소유자는 아니지만 적법한 임대권한을 가진 임대인과 임대차계약을 체결한 경우에도 주택임대차보호법이 적용되는지 여부(적극)

주택임대차보호법이 적용되는 임대차는 반드시 임차인과 주택 소유자인 임대인 사이에 임대차계약이 체결된 경우에 한정되는 것은 아니고, 주택 소유자는 아니더라도 주택에 관하여 적법하게 임대차계약을 체결할 수 있는 권한을 가진 임대인과 임대차계약이 체결된 경우도 포함된다(대법원 2012.7.26. 선고 2012다45689 판결).

(3) 미등기 또는 무허가 건물도 주택임대차보호법의 적용대상[대판(전합) 2007.6.21, 2004다26133]

(ㄱ) 주택임대차보호법은 주택의 임대차에 관하여 민법에 대한 특례를 규정함으로써 국민의 주거생활의 안정을 보장함을 목적으로 하고 있고, 주택의 전부 또는 일부의 임대차에 관하여 적용된다고 규정하고 있을 뿐 임차주택이 관할관청의 허가를 받은 건물인지, 등기를 마친 건물인지 아닌지를 구별하고 있지 아니하므로, 어느 건물이 국민의 주거생활의 용도로 사용되는 주택에 해당하는 이상 비록 그 건물에 관하여 아직 등기를 마치지 아니하였거나 등기가 이루어질 수 없는 사정이 있다고 하더라도 다른 특별한 규정이 없는 한 같은 법의 적용대상이 된다.

(ㄴ) 따라서 대항요건 및 확정일자를 갖춘 임차인과 소액임차인은 임차주택과 그 대지가 함께 경매될 경우뿐만 아니라 임차주택과 별도로 그 대지만이 경매될 경우에도 그 대지의 환가대금에 대하여 우선변제권을 행사할 수 있고, 이와 같은 우선변제권은 이른바 법정담보물권의 성격을 갖는 것으로서 임대차 성립시의 임차 목적물인 임차주택 및 대지의 가액을 기초로 임차인을 보호하고자 인정되는 것이므로, 임대차 성립 당시 임대인의 소유였던 대지가 타인에게 양도되어 임차주택과 대지의 소유자가 서로 달라지게 된 경우에도 마찬가지이다.

(ㄷ) 따라서 대항요건 및 확정일자를 갖춘 임차인과 소액임차인은 임차주택과 대지가 함께 경매될 경우뿐만 아니라 임차주택과 별도로 대지만이 경매될 경우에도 대지의 환가대금에 대하여 우선변제권을 행사할 수 있다(대법원 2012.7.26. 선고 2012다45689 판결).

3. 대항력 등

> **제3조【대항력 등】**
> ① 임대차는 그 등기가 없는 경우에도 임차인이 주택의 인도와 주민등록을 마친 때에는 그 익일부터 제3자에 대하여 효력이 생긴다. 이 경우 전입신고를 한 때에 주민등록이 된 것으로 본다.
> ② 국민주택기금을 재원으로 하여 저소득층의 무주택자에게 주거생활을 목적으로 전세임대주택을 지원하는 법인이 주택을 임차한 후 지방자치단체의 장 또는 해당법인이 선정한 입주자가 그 주택에 관하여 인도와 주민등록을 마친 때에는 제1항을 준용한다〈신설 2007.8.3〉.
> ③ 임차주택의 양수인(기타 임대할 권리를 승계한 자를 포함한다)은 임대인의 지위를 승계한 것으로 본다.〈신설 1983.12.30〉

(1) 대항력

'대항력(對抗力)이 있다'는 말은, 임대차관계를 주장할 수 있다는 것이고, 또한 임대인의 지위를 승계한 그 임차주택의 신소유자는 임차인에게 보증금반환채무를 부담한다는 의미이다. <u>주택임차권의 대항요건은 주택의 인도와 주민등록이다.</u> 또한 주민등록은 그 대항력 취득시 뿐만 아니라 그 대항력을 유지하기 위하여서도 계속 존속하고 있어야 한다.

> * ⟨ 대항력 : 주택의 인도 + 전입신고(주민등록)후 그 익일
>   우선변제효 : 대항력 + 확정일자
>   * 최우선변제효 : 소액임차인보호 : 대항력만으로 가능

판례 〔1〕〈양수인의 임대인지위승계〉 ㉠ 미등기 무허가 건물을 양도받아 사실상 소유권을 행사하는 양수인도 주택임대차보호법 제3조 제2항 소정의 임대주택 양수인에 해당한다(대판 1987.3.24, 86다카164). 따라서 주택의 임차인이 제3자에 대한 대항력을 구비한 후 임차주택의 소유권이 양도된 경우에는, 그 양수인이 임대인의 지위를 승계하게 되고, <u>임차보증금반환채무도 주택의 소유권과 결합하여 일체로서 이전하며, 이에 따라 양도인의 위 채무는 소멸한다</u>(대판 1993.7.16, 93다17324). 따라서 ㉡ 주택임대차보호법 제3조 제1항의 대항요건을 갖춘 임차인의 임대차보증금반환채권에 대한 압류 및 전부명령이 확정되어 임차인의 임대차보증금반환채권이 집행채권자에게 이전된 경우 제3채무자인 임대인으로서는 임차인에 대하여 부담하고 있던 채무를 집행채권자에 대하여 부담하게 될 뿐 그가 임대차목적물인 주택의 소유자로서 이를 제3자에게 매도할 권능은 그대로 보유하는 것이며, <u>위와 같이 소유자인 임대인이 당해 주택을 매도한 경우 주택임대차보호법 제3조 제2항에 따라 전부채권자에 대한 보증금지급의무를 면하게 되므로, 결국 임대인은 전부금지급의무를 부담하지 않는다</u>(대판 2005.9.9. 2005다23773).
〔2〕**임대주택 양도될 당시 임차인의 보증금이 가압류 상태라면 임대주택양수인에게도 가압류 효력 있다** ㉠ 주택임대차보호법이 정한 대항요건을 갖춘 임대주택의 양수인은 임대인의 임대차계약상의 권리·의무 일체를 그대로 승계하며, 그 결과 양수인이 임대차보증금반환채무를 면책적으로 인수하고, 양도인은 임대차관계에서 탈퇴해 임차인에 대한 보증금반환채무를 면하게 된다. ㉡ 임대주택이 양도됐음에도 그 양수인이 채권가압류의 제3채무자의 지위를 승계하지 않는다면 가압류권자는 장차 본집행절차에서 그 주택의 매각대금으로부터 우선변제를 받을 수 있는 권리를 상실하는 중대한 불이익을 입게되며, 가압류권자 또한 임대주택의 양도인이 아니라 양수인에 대하여만 가압류의 효력을 주장할 수 있다(대판(전합) 2013.1.17, 2011다49523).

(2) 대항력과 관련된 판례 정리

1) 익일의 의미

임차인이 주택의 인도와 주민등록을 마친 때에는 그 익일부터 제3자에 대하여 효력이 생긴다고 함은 익일 오전 영시부터 대항력이 생긴다는 취지이다(대판 1999.5.25, 99다9981).

2) 동거가족만 전입신고를 한 경우

임차인의 처나 자녀와 같이 임차인 본인과 공동생활을 영위하는 가족만이 주민등록 전입신고를 하여도 주택임대차보호법상의 대항요건인 주민등록을 마친 것으로 볼 수 있다(대판 1998.1.23, 97다43468).

3) 간접점유

간접점유자에 불과한 임차인 자신의 주민등록으로는 대항력의 요건을 적법하게 갖추었다고 할 수 없으며, 임차인과의 점유매개관계에 기하여 당해 주택에 실제로 거주하는 직접점유자가 자신의 주민등록을 마친 경우에 한하여 비로소 그 임차인의 임대차가 제3자에 대하여 적법하게 대항력을 취득할 수 있다고 할 것이다(대판 2001.1.19, 2000다55645). 따라서 주택임차인이 임차주택에 직접 점유하여 거주하지 않고 간접점유하여 자신의 주민등록을 이전하지 아니한 경우라 하더라도 임대인의 승낙을 받아 임차주택을 전대하고 그 전차인이 주택을 인도받아 자신의 주민등록을 마친 때에는 그 때로부터 임차인은 제3자에 대하여 대항력을 취득한다고 보아야 할 것이다(대판 1994.6.24, 94다3155).

판례 주택임차인이 임차주택을 직접점유하여 거주하지 않고 그곳에 주민등록을 하지 아니한 경우라 하더라도, 임대인의 승낙을 받아 적법하게 임차주택을 전대하고 그 전차인이 주택을 인도받아 자신의 주민등록을 마친 때에는, 이로써 당해 주택이 임대차의 목적이 되어 있다는 사실이 충분히 공시될 수 있으므로, 임차인은 주택임대차보호법에 정한 대항요건을 적법하게 갖추었다고 볼 것이다(대판 2007.11.29, 2005다64255 등).

4) 점유개정의 경우

자기 명의의 주택을 매도하면서 동시에 그 주택을 임차하는 경우, 매도인이 임차인으로서 가지는 대항력은 주택임대차보호법 제3조 제1항의 취지에 따라 매수인 명의의 소유권이전등기가 경료된 다음 날부터 효력이 발생한다(대판 2000.4.11, 99다70556 ; 대판 2000.2.11, 99다59306).

5) 전입신고의 오류

(ㄱ) 임차인이 전입신고를 올바르게(즉 임차건물 소재지 지번으로) 하였다면 이로써 그 임대차의 대항력이 생기는 것이므로 설사 담당공무원의 착오로 주민등록표상에 신거주지 지번이 다소 틀리게(안양동 545의5가 안양동 545의2로)기재되었다 하여 그 대항력에는 영향이 없다(대판 1991.8.13, 91다18118).

(ㄴ) 주민등록은 단순히 주민의 거주관계를 파악하고 인구의 동태를 명확히 하는 것 외에도 주민등록에 따라 공법관계상의 여러 가지 법률상 효과가 나타나게 되는 것으로서, 주민등록의 신고는 행정청에 도달하기만 하면 신고로서의 효력이 발생하는 것이 아니라 행정청이 수리한 경우에 비로소 신고의 효력이 발생한다. 따라서 주민등록 신고서를 행정청에 제출하였다가 행정청이 이를 수리하기 전에 신고서의 내용을 수정하여 위와 같이 수정된 전입신고서가 수

리되었다면 수정된 사항에 따라서 주민등록 신고가 이루어진 것으로 보는 것이 타당하다(따라서 잘못기재된 번지로 수리되어 기존번지의 대항력이 생기지 않는다)(대판 2009.1.30. 2006다17850).

6) 공동주택과 단독주택

또한 다세대 공동주택의 경우 주민등록상 동호수 표시가 기재되지 않은 경우라든가 잘못 기재된 경우도 보호받을 수 없다. 다만 다세대 공동주택이 아닌 다가구용 단독주택(1동의 주택에 출입문을 별도로 설치하는 등 2가구이상이 독립된 생활을 할 수 있도록 건축되었으나 아파트처럼 각 호실마다 구분등기를 할 수 없는 단독주택)의 층·호수는 편의상 구분하여 놓은 데 불과하고 주민등록법 시행령에 기재하도록 규정되어 있지 않기 때문에 임차인이 전입신고를 하면서 주택소재지의 지번만 기재하여도 주택임대차보호법의 보호를 받을 수 있다(대판 1997.11.14. 97다29530).

4. 보증금의 회수(우선변제권 등)

제3조의2 【보증금의 회수】
① 임차인이 임차주택에 대하여 보증금반환청구소송의 확정판결 기타 이에 준하는 집행권원에 기한 경매를 신청하는 경우에는 민사집행법 제41조의 규정에 불구하고 반대의무의 이행 또는 이행의 제공을 집행개시의 요건으로 하지 아니한다.
② 제3조 제1항의 대항요건과 임대차계약증서상의 확정일자를 갖춘 임차인은 민사집행법에 의한 경매 또는 국세징수법에 의한 공매시 임차주택(대지를 포함한다)의 환가대금에서 후순위권리자 기타 채권자보다 우선하여 보증금을 변제받을 권리가 있다.
제8조 【보증금중 일정액의 보호 - 최우선변제권】
① 임차인은 보증금중 일정액을 다른 담보물권자보다 우선하여 변제받을 권리가 있다. 이 경우 임차인은 주택에 대한 경매신청의 등기 전에 제3조 제1항의 요건(대항요건)을 갖추어야 한다.
② 제1항의 규정에 의하여 우선변제를 받을 임차인 및 보증금 중 일정액의 범위와 기준은 주택가액(대지의 가액을 포함한다)의 2분의 1의 범위안에서 대통령령으로 정한다.

(1) 주택임대차보호법상의 특례

주임법 제3조의 2, 제1항은 민사집행법 제41조의 규정에도 불구하고, 즉 임차인이 주택을 명도하지 않고도 강제경매를 신청할 수 있는 것으로 특례를 정한 것이다. 즉 개정법률에 따르면 임차인은 임차목적물인 주택의 점유를 이전하지 않고서도 임차보증금반환채권을 위해 경매를 신청할 수 있다(제3조의 2, 제1항).

(2) 확정일자의 취지

여기서 확정일자의 요건을 규정한 것은 임대인과 임차인 사이의 담합으로 임차보증금의 액수를 사후에 변경하는 것을 방지하고자 하는 취지일 뿐, 대항요건으로 규정된 주민등록과 같이 당해 임대차의 존재 사실을 제3자에게 공시하고자 하는 것은 아니다(대판 1999.3.23. 98다46938).

(3) 확정일자를 미리 갖춘 경우

동법 제3조의2 제1항에 규정된 확정일자를 입주 및 주민등록일과 같은 날 또는 그 이전에 갖춘 경우에는 우선변제적 효력은 대항력과 마찬가지로 인도와 주민등록을 마친 다음날을 기준으로 발생한다(대판 1999.3.23, 98다46938 ; 대판 1997.12.12, 97다22393 등).

(4) 주택 소액임차인의 우선변제권

주택임대차보호법상 대항력만 갖추면 보증금 중 일정액의 범위에 관하여 다른 담보물권자보다 우선하여 변제받을 권리를 말한다(동법 제8조 제1항). 이 경우 임차인은 주택에 대한 경매신청의 등기 전에 제3조 제1항의 요건(대항요건)을 갖추어야 한다.

판례 실제 임대차계약의 주된 목적이 주택을 사용·수익하려는 것인 이상, 처음 임대차계약을 체결할 당시에는 보증금액이 많아 주택임대차보호법상 소액임차인에 해당하지 않았지만 그 후 새로운 임대차계약에 의하여 정당하게 보증금을 감액하여 소액임차인에 해당하게 되었다면, 그 임대차계약이 통정허위표시에 의한 계약이어서 무효라는 등의 특별한 사정이 없는 한 그러한 임차인은 같은 법상 소액임차인으로 보호받을 수 있다(대판 2008.5.15. 2007다23203).

(5) 주택임대차보호법 시행령은 종전보다 최우선변제 보증금을 인상하였다(개정 2010.7.21; 서울특별시: 2천500만원). 즉 임차보증금을 우선 변제 받을 수 있는 대상이 보증금 7천5백만원 이하 임차인까지 확대되고 최우선변제권이 인정되는 보증금 액수도 최고 2천5백만원으로 인상되었다.

(6) 주택임대차보호법상 우선변제권을 가진 임차인으로부터 임차권과 분리하여 임차보증금반환채권만을 양수한 채권양수인이 주택임대차보호법상의 우선변제권을 행사할 수 있는 임차인에 해당한다고 볼 수 있는지 여부(소극)

비록 채권양수인이 우선변제권을 행사할 수 있는 주택임차인으로부터 임차보증금반환채권을 양수하였다고 하더라도 임차권과 분리된 임차보증금반환채권만을 양수한 이상 그 채권양수인이 주택임대차보호법상의 우선변제권을 행사할 수 있는 임차인에 해당한다고 볼 수 없다. 다만, 이와 같은 경우에도 채권양수인이 일반 금전채권자로서의 요건을 갖추어 배당요구를 할 수 있음은 물론이다(대판 2010.5.27, 2010다10276).

(7) 우선변제권 있는 주택임차인이 경매신청을 한 경우, 별도 배당요구를 하여야 우선변제를 받을 수 있는 지 여부(소극)

주택임대차 보호법상 대항력과 우선변제권을 모두 가지고 있는 임차인이 보증금을 돌려받기 위해 소송을 내 확정판결을 받아 임차주택에 대해 강제경매를 신청했다면 특별한 사정이 없는 한 대항력과 우선변제권 중 우선변제권을 선택해 행사한 것으로 봐야 한다. 따라서 이 경우 우선변제권을 인정받기 위해 배당요구 종기까지 별도로 배당요구를 해야 하는 것은 아니고, 경매신청 채권자인 임차인은 배당절차에서 후순위권리자나 일반채권자보다 우선해서 변제받을 수 있다(대판 2013.11.14, 2013다27831).

5. 임차권등기명령

> **제3조의3【임차권등기명령】**
> ① 임대차가 종료된 후 보증금을 반환받지 못한 임차인은 임차주택의 소재지를 관할하는 지방법원·지방법원지원 또는 시·군법원에 임차권등기명령을 신청할 수 있다.
> ② 임차권등기명령의 신청에는 다음 각 호의 사항을 기재하여야 하며, 신청의 이유 및 임차권등기의 원인이 된 사실은 이를 소명하여야 한다(특히 임차인이 제3조 제1항의 규정에 의한 대항력을 취득하였거나 제3조의2 제2항의 규정에 의한 우선변제권을 취득한 경우에는 그 사실)
> ④ 임차권등기명령신청을 기각하는 결정에 대하여 임차인은 항고할 수 있다.
> ⑤ 임차권등기명령의 집행에 의한 임차권등기가 경료되면 임차인은 제3조 제1항의 규정에 의한 대항력 및 제3조의2 제2항의 규정에 의한 우선변제권을 취득한다. 다만 임차인이 임차권등기 이전에 이미 대항력 또는 우선변제권을 취득한 경우에는 그 대항력 또는 우선변제권은 그대로 유지되며, 임차권등기 이후에는 제3조 제1항의 대항요건을 상실하더라도 이미 취득한 대항력 또는 우선변제권을 상실하지 아니한다.
> ⑥ 임차권등기명령의 집행에 의한 임차권등기가 경료된 주택(임대차의 목적이 주택의 일부분인 경우에는 해당 부분에 한한다)을 그 이후에 임차한 임차인은 제8조(소액임차인보호)의 규정에 의한 우선변제를 받을 권리가 없다.
> ⑦ 임차인은 제1항의 규정에 의한 임차권등기명령의 신청 및 그에 따른 임차권등기와 관련하여 소요된 비용을 임대인에게 청구할 수 있다.
> **제3조의4【민법의 규정에 의한 주택임대차등기의 효력등】**
> ① 제3조의3 제5항 및 제6항의 규정은 민법 제621조의 규정에 의한 주택임대차등기의 효력에 관하여 이를 준용한다.

(1) 임차권등기명령의 취지

이미 대항력과 우선변제권을 취득한 자가 법원에 의하여 임차권등기명령을 받아 임차권등기를 경료하면, 등기 이후에 주민등록을 퇴거하더라도 임차권의 대항력과 우선변제권을 유지할 수 있다. 따라서 임대차의 존속기간이 종료되더라도 임차권등기가 경료되지 않은 상태에서 주민등록을 이전하면 그 즉시 대항력을 상실한다(제3조의 3 참조). 따라서 임차권등기명령제도가 필요한 것이다.

(2) 임대인의 임대차보증금 반환의무와 임차인의 주택임대차보호법 제3조의3에 의한 임차권등기 말소의무가 동시이행관계에 있는지 여부(소극)

임대인의 임대차보증금의 반환의무가 임차인의 임차권등기 말소의무보다 먼저 이행되어야 할 의무이다(대판 2005. 6. 9, 2005다4529).

(3) 민법의 규정에 의한 주택임대차등기의 효력 등

주택임대차보호법상 임차권의 대항력과 우선변제효 규정은 민법 제621조의 규정에 의한 주택임대차등기의 효력에 관하여 이를 준용한다.

6. 경매에 의한 임차권소멸

> **제3조의5【경매에 의한 임차권의 소멸】**
> 임차권은 임차주택에 대하여 민사집행법에 의한 경매가 행하여진 경우에는 그 임차주택의 경락에 의하여 소멸한

다. 다만, 보증금이 전액 변제되지 아니한 대항력이 있는 임차권은 그러하지 아니하다《본조 신설 1998. 12. 통과》

(1) 임차 주택의 양수인에게 대항할 수 있는 임차권자라도 스스로 임대차관계의 승계를 원하지 아니할 때에는 승계되는 임대차관계의 구속을 면할 수 있다고 보아야 하므로, 임차주택이 임대차기간의 만료 전에 경매되는 경우 임대차계약을 해지함으로써 종료시키고 우선변제를 청구할 수 있다. 그 경우 임차인에게 인정되는 해지권은 임차인의 사전 동의 없이 임대차 목적물인 주택이 경락으로 양도됨에 따라 임차인이 임대차의 승계를 원하지 아니할 경우에는 스스로 임대차를 종료시킬 수 있어야 한다는 공평의 원칙 및 신의성실의 원칙에 근거한 것이므로, 해지통고 즉시 그 효력이 생긴다(대판 1996. 7. 12. 94다37646).
(2) 주택임대차보호법상의 대항력과 우선변제권의 두 가지 권리를 함께 가지고 있는 임차인이 우선변제권을 선택하여 제1경매절차에서 보증금 전액에 대하여 배당요구를 하였으나 보증금 전액을 배당받을 수 없었던 때에는 경락인에게 대항하여 이를 반환받을 때까지 임대차관계의 존속을 주장할 수 있을 뿐이고, 임차인의 우선변제권은 경락으로 인하여 소멸하는 것이므로 제2경매절차에서 우선변제권에 의한 배당을 받을 수 없다(대판 2006.2.10. 2005다21166).

판례 ㉠ 주택임대차보호법상의 대항력과 우선변제권의 두 가지 권리를 함께 가지고 있는 임차인이 우선변제권을 선택하여 제1경매절차에서 보증금 전액에 대하여 배당요구를 하였으나 보증금 전액을 배당받을 수 없었던 때에는 경락인에게 대항하여 이를 반환받을 때까지 임대차관계의 존속을 주장할 수 있을 뿐이고, 임차인의 우선변제권은 경락으로 인하여 소멸하는 것이므로 제2경매절차에서 우선변제권에 의한 배당을 받을 수 없다(대판 2006.2.10. 2005다21166). 또한 ㉡ 주택에 관하여 최선순위로 전세권설정등기를 마치고 등기부상 새로운 이해관계인이 없는 상태에서 전세권설정계약과 계약당사자, 계약목적물 및 보증금(전세금액) 등에 있어서 동일성이 인정되는 임대차계약을 체결하여 주택임대차보호법상 대항요건을 갖추었다면, 전세권자로서의 지위와 주택임대차보호법상 대항력을 갖춘 임차인으로서의 지위를 함께 가지게 된다. 이러한 경우 최선순위 전세권자로서 배당요구를 하여 전세권이 매각으로 소멸되었다 하더라도 변제받지 못한 나머지 보증금에 기하여 대항력을 행사할 수 있고, 그 범위 내에서 임차주택의 매수인은 임대인의 지위를 승계한 것으로 보아야 한다(대결 2010.7.26. 자 2010마900).

7. 주택임대차의 기간

제4조【임대차기간 등】
① 기간의 정함이 없거나 기간을 2년 미만으로 정한 임대차는 그 기간을 2년으로 본다. 다만 임차인은 2년 미만으로 정한 기간이 유효함을 주장할 수 있다.《개정 1998.12 통과》
② 임대차가 종료한 경우에도 임차인이 보증금을 반환받을 때까지는 임대차관계는 존속하는 것으로 본다.

제6조【계약의 갱신】
① 임대인이 임대차기간 만료전 6월부터 1월까지에 임차인에 대하여 갱신거절의 통지 또는 조건을 변경하지 아니하면 갱신하지 아니한다는 뜻의 통지를 하지 아니한 경우에는 그 기간이 만료된 때에 전임대차와 동일한 조건으로 다시 임대차한 것으로 본다. 임차인이 임대차기간 만료전 1월까지 통지하지 아니한 때에도 또한 같다.《개정 1998.12 통과》
② 제1항의 경우 임대차의 존속기간은 2년으로 본다.《개정 2009.5.8》
③ 2기의 차임액에 달하도록 차임을 연체하거나 기타 임차인으로서의 의무를 현저히 위반한 임차인에 대하여는

제1항의 규정을 적용하지 아니한다.

제6조의2 【묵시적 갱신의 경우에 계약의 해지】

① 제6조 제1항에 따라 계약이 갱신된 경우 같은 조 제2항에도 불구하고 임차인은 언제든지 임대인에 대하여 계약해지의 통고를 할 수 있다.

② 제1항의 규정에 의한 해지통고는 임대인이 그 통고를 받은 날로부터 3월이 경과하면 그 효력이 생긴다. 《본조신설 1998.12 통과》

주택임대차보호법 제6조 제1항에 따라 임대차계약이 묵시적으로 갱신되면 그 임대차기간은 같은 법 제6조 제2항, 제4조 제1항에 따라 2년으로 된다(대판 2002.9.24. 2002다41633). 따라서 현재법률은 갱신된 임대차존속기간을 2년으로로 본다고 개정하였다(개정 2009.5.8). 종전개정 전 법률에서는 "제1항의 경우 임대차의 존속기간은 정함이 없는 것으로 한다"고 하였다.

8. 주택의 임차권의 승계

주택의 임차인이 사망한 경우에 그 임차권이 누구에게 상속되는지가 문제된다. 민법의 상속법에 따른다면 임차인과 같이 동거생활을 한 상속인은 별 문제가 없을 것이나, 사실혼관계에 있는 배우자 등은 주거공간을 잃게 되어 민법의 특별법으로서 주택임대차보호법에서는 이에 대한 특별규정을 두고 있다. 즉 임차인이 상속권자 없이 사망한 경우'에 그 주택에서 가정공동생활을 하던 사실상의 혼인관계에 있는 자는 임차인의 권리와 의무를 승계한다(동법 제9조 1항).

Ⅲ. 상가건물임대차보호법

상가건물임대차보호법은 그 구조가 주택임대차보호법과 같다. 대항력은 전입신고 대신 사업자등록신청, 우선변제효는 대항력과 확정일자(세무서)이다. 가장 큰 차이점은 상가건물임대차보호법은 그 보증금의 금액이 환산보증금(보증금+[차임 × 100])으로 하여 일정금액을 초과할 때는 적용되지 않는다는 것과(제2조 참조), 사실혼 배우자를 보호하는 상속의 특례가 없다는 것이다(주임법은 사실혼배우자의 주거상속특례를 두고 있다-주임법 제9조 참조). 아래에서는 그 차이점만을 비교하기로 한다.

〈주택임대차와 상가건물임대차보호법과의 차이〉

제2조 【적용범위】

① 이 법은 상가건물(제3조 제1항의 규정에 의한 사업자등록의 대상이 되는 건물을 말한다)의 임대차(임대차 목적물의 주된 부분을 영업용으로 사용하는 경우를 포함한다)에 대하여 적용한다. 다만, 대통령령이 정하는 보증금액을 초과하는 임대차에 대하여는 그러하지 아니하다(서울특별시 환산보증금: 3억원).

제9조 【임대차기간 등】

① 기간의 정함이 없거나 기간을 1년 미만으로 정한 임대차는 그 기간을 1년으로 본다. 다만, 임차인은 1년 미만으로 정한 기간이 유효함을 주장할 수 있다.

제10조 【계약갱신 요구등】

① 임대인은 임차인이 임대차기간 만료전 6월부터 1월까지 사이에 행하는 계약갱신 요구에 대하여 정당한 사유없이 이를 거절하지 못한다. 다만, 다음 각호의 1의 경우에는 그러하지 아니하다.
  1. 임차인이 3기의 차임액에 달하도록 차임을 연체한 사실이 있는 경우 2호에서 8호사유 (생략)
② 임차인의 계약갱신요구권은 최초의 임대차 기간을 포함한 전체 임대차 기간이 5년을 초과하지 않는 범위 내에서만 행사할 수 있다.
④ 임대인이 제1항의 기간 이내에 임차인에게 갱신 거절의 통지 또는 조건 변경의 통지를 하지 아니한 경우에는 그 기간이 만료된 때에 전 임대차와 동일한 조건으로 다시 임대차한 것으로 본다. 이 경우에 임대차의 존속기간은 1년으로 본다.〈개정 2009.5.8〉
⑤ 제4항의 경우 임차인은 언제든지 임대인에게 계약해지의 통고를 할 수 있고, 임대인이 통고를 받은 날부터 3개월이 지나면 효력이 발생한다.
제14조 [보증금중 일정액의 보호]
① 임차인은 보증금중 일정액(소액보증금)을 다른 담보물권자보다 우선하여 변제받을 권리가 있다. 이 경우 임차인은 건물에 대한 경매신청의 등기 전에 제3조 제1항의 요건(대항요건)을 갖추어야 한다.
③ 제1항의 규정에 의하여 우선변제를 받을 임차인 및 보증금 중 일정액의 범위와 기준은 임대건물가액(임대인 소유의 대지 가액을 포함한다)의 3분의 1의 범위안에서 당해 지역의 경제여건, 보증금 및 차임 등을 고려하여 대통령령으로 정한다(서울특별시 : 5천만원이하 보증금에서 1천500만원).

(1) 상가건물 임대차보호법 적용대상인 '상가건물 임대차'의 의미 및 이러한 '상가건물'에 해당하는지에 관한 판단 기준

상가건물 임대차보호법의 목적과 같은 법 제2조 제1항 본문, 제3조 제1항에 비추어 보면, 상가건물 임대차보호법이 적용되는 상가건물 임대차는 사업자등록 대상이 되는 건물로서 임대차 목적물인 건물을 영리를 목적으로 하는 영업용으로 사용하는 임대차를 가리킨다. 그리고 상가건물 임대차보호법이 적용되는 상가건물에 해당하는지는 공부상 표시가 아닌 건물의 현황·용도 등에 비추어 영업용으로 사용하느냐에 따라 실질적으로 판단하여야 하고, 단순히 상품의 보관·제조·가공 등 사실행위만이 이루어지는 공장·창고 등은 영업용으로 사용하는 경우라고 할 수 없으나 그곳에서 그러한 사실행위와 더불어 영리를 목적으로 하는 활동이 함께 이루어진다면 상가건물 임대차보호법 적용대상인 상가건물에 해당한다(대판 2011.7.28, 2009다40967).

(2) 대항력

대항력과 관련하여 동법은 "대통령령이 정하는 보증금액을 초과하지 아니하는 임대차에 대하여"(제2조), "그 등기가 없는 경우에도 임차인이 건물의 인도와 부가가치세법 제5조에 의한 사업자등록을 신청한 때에는 그 다음 날부터 제3자에 대하여 효력이 생긴다"(제3조 제1항).

판례 〈상가건물을 임차하고 사업자등록을 마친 사업자가 임차 건물의 전대차 등으로 당해 사업을 개시하지 않거나 사실상 폐업한 경우, 임차인이 상가건물 임대차보호법상의 대항력 및 우선변제권을 유지하기 위한 방법〉 상가건물을 임차하고 사업자등록을 마친 사업자가 임차 건물의 전대차 등으로 당해 사업을 개시하지 않거나 사실상 폐업한 경우에는 그 사업자등록은 부가가치세법 및 상가건물 임대차보호법이 상가임대차의 공시방법으로 요구하는 적법한 사업자등록이라고 볼 수 없고, 이 경우 임차인이 상가건물 임대차보호법상의 대항력 및 우선변제권을 유지하기 위해서는 건물을 직접 점유하면서 사업을 운영하는 전차인이 그 명의로 사업자등록을 하여야 한다(대판 2006.1.13, 2005다64002).

(3) 우선변제효

우선변제효와 관련하여 '대항요건을 갖추고 관할세무서장으로부터 임대차계약서상의 확정일자'를 받은 임차인은 경매나 공매시 임차한 대지를 포함한 상가건물의 환가대금에서 후순위권리자 그 밖의 채권자보다 우선하여 변제받을 권리를 인정한다(제5조). 또한 소액임차인의 경우에는 <u>임대건물가액의 3분의 1의 범위안에서</u> 보증금 중 일정액을 다른 담보물권자보다 우선하여 변제받을 권리를 인정한다(제14조).

(4) 갱신요구

임차인의 계약갱신요구에 대하여 임대인은 이 법에 규정된 정당한 사유 없이는 이를 거절하지 못하게 하고, 임차인의 갱신요구권은 최초의 임대차기간을 포함한 전체 임대차기간이 <u>5년을 초과하지 않는 범위</u> 내에서만 행사할 수 있다(제10조).

판례 〈임차인의 계약갱신요구권에 관하여 전체 임대차기간을 5년으로 제한하는 구 상가건물 임대차보호법 제10조 제2항의 규정이 같은 조 제4항에서 정하는 법정갱신에 대하여도 적용되는지 여부(소극)〉 구 상가건물 임대차보호법 제10조 제1항에서 정하는 임차인의 계약갱신요구권은 임차인이 임대차기간이 만료되기 6개월 전부터 1개월 전까지 사이에 계약의 갱신을 요구하면 그 단서에서 정하는 사유가 없는 한 임대인이 그 갱신을 거절할 수 없는 것을 내용으로 하여서 임차인의 주도로 임대차계약의 갱신을 달성하려는 것이다. 이에 비하여 같은 조 제4항은 임대인이 위와 같은 기간 내에 갱신거절의 통지 또는 조건변경의 통지를 하지 아니하면 임대차기간이 만료된 때에 임대차의 갱신을 의제하는 것으로서, 기간의 만료로 인한 임대차관계의 종료에 임대인의 적극적인 조치를 요구한다. 이와 같이 이들 두 법조항상의 각 임대차갱신제도는 그 취지와 내용을 서로 달리하는 것이므로, <u>임차인의 갱신요구권에 관하여 전체 임대차기간을 5년으로 제한하는 같은 조 제2항의 규정은 같은 조 제4항에서 정하는 법정갱신에 대하여는 적용되지 아니한다. 따라서 합의갱신에 기하여 5년 이상 존속되어 온 이 사건 임대차계약은 2005. 7. 31.에 그 약정기간이 만료되나 임대인인 피고가 적시에 갱신거절 등의 통지를 하지 아니함으로써 구 상가건물임대차보호법 제10조 제4항에 기하여 갱신된 것으로 간주된다</u>(대판 2010.6.10. 2009다64307).

(5) 원상회복

임대차종료로 인한 임차인의 원상회복의무에는 임차인이 사용하고 있던 부동산의 점유를 임대인에게 이전하는 것은 물론, 임대인 또는 그 승낙을 받은 제3자가 임차건물 부분에서 다시 영업허가를 받는 데 방해가 되지 않도록 임차건물 부분에서의 영업허가에 대하여 폐업신고절차를 이행할 의무가 있다(대판 2008.10.9, 2008다34903).

(6) 임차권등기명령제도

주택임대차보호법과 같은 임차권등기명령제도를 두었다(제6조).

제7절 고 용

제655조 (고용의 의의)
고용은 당사자일방이 상대방에 대하여 노무를 제공할 것을 약정하고 상대방이 이에 대하여 보수를 지급할 것을 약정함으로써 그 효력이 생긴다.
---

1. 의의 및 성질

(1) 의의

고용은 당사자 일방이 상대방에 대하여 노무를 제공할 것을 약정하고 상대방이 이에 대하여 보수를 지급할 것을 약정함으로써 성립하는 계약이다(제655조). 고용은 어디까지나 노무자 자신에 의한 노무의 공급 그 자체를 목적으로 하는 계약이며(제657조 제2항 참조), 노무자가 제공하는 노무를 어떻게 이용해서 어떤 목적을 달성하느냐는 전적으로 사용자의 권한에 속한다. 따라서 그러한 목적달성을 위해 사용자는 노무자를 지휘·감독할 권한을 갖게 되며, 이 점은 고용의 중요한 특색이다.

(2) 성질

고용은 쌍무·유상·낙성·불요식의 계약이다. 이처럼 고용은 낙성계약인데 이 점과 관련하여 근로자가 미성년자인 때에는 특별규정이 있다. 민법에 따르면, 미성년자의 친권자나 후견인이 그 고용계약을 대리할 수 있기 위하여는 미성년자 본인의 동의를 얻어야 한다(제920조 단서·949조 제2항). 그러나 근로기준법에서는 친권자 또는 후견인은 미성년자의 근로계약을 대리할 수 없다고 규정한다(동법 제53조 제1항). 이와 관련하여 미성년자가 단독으로 근로계약을 맺을 수 있는가. 아니면 미성년자가 친권자 등의 동의를 얻어 계약을 체결하여야 하는가에 학설의 대립이 있다. 한편 임금청구에 대하여는 미성년자가 단독으로 청구할 수 있다는 것이 판례이다.

2. 보수지급

고용은 노무제공에 대한 사용자의 보수지급을 그 요소로 하기 때문에 보수에 관한 약정이 없는 경우에는 고용이 아니라 일종의 무명계약이 된다. 고용에서 보수에 관한 합의는 묵시적으로도 할 수 있다(대판 1999.7.9, 97다58767).

3. 피용자의 의무

피용자는 '선량한 관리자의 주의'를 가지고 노무를 제공하여야 하며, 고용이 계속적 채권관계인 만큼 신의성실의 원칙에 입각하여 업무상 비밀엄수·기계의 주의 깊은 관리 등의 부수적 주의의무(=충실의무)를 부담한다.

4. 사용자의 의무

판례는 사용자의 피용자에 대한 보호의무를 긍정한다.

판례 〈사용자의 안전배려의무〉 사용자의 노무자에 대한 안전배려의무는 명문의 규정으로 두는 것이 필요하다. 현재 판례도 사용자는 피용자가 노무를 제공하는 과정에서 생명·신체·건강을 해치는 일이 없도록 물적 환경을 정비하는 등 필요한 조치를 강구하여야 할 보호의무를 신의칙상의 부수적 의무로서 인정하고 있다(대판 1998. 11. 24, 98다25061).

제8절 도 급

> **제664조 (도급의 의의)**
> 도급은 당사자일방이 어느 일을 완성할 것을 약정하고 상대방이 그 일의 결과에 대하여 보수를 지급할 것을 약정함으로써 그 효력이 생긴다.
>
> **제665조 (보수의 지급시기)**
> ① 보수는 그 완성된 목적물의 인도와 동시에 지급하여야 한다. 그러나 목적물의 인도를 요하지 아니하는 경우에는 그 일을 완성한 후 지체없이 지급하여야 한다.
> ② 전항의 보수에 관하여는 제656조 제2항의 규정을 준용한다.

1. 일반론

(1) 의의

도급은 당사자 일방이 어느 일을 완성할 것을 약정하고 상대방이 그 일의 결과에 대하여 보수를 지급할 것을 약정함으로써 성립하는 계약이다(제664조). 도급계약은 쌍무·유상·낙성·불요식의 계약이다. 보수의 종류에는 제한이 없으며, 금전에 한하지 않는다.

(2) 도급계약의 특징

도급은 일의 완성을 목적으로 하는 계약으로서 '일'이란, 유형적인 것이든(예컨대 건물의 축조), 무형적인 것이든(예컨대 병의 치료·음악의 연주) 불문한다. 이처럼 '일의 완성'에 주안을 둔 점에서, '일의 처리'자체에 주안을 둔 위임(제680조)과 구별된다. 한편 도급인은 수급인이 일을 '완성'하는 것을 조건으로 보수를 지급한다. 완성시키지 못하는 한 보수의 일부도 청구할 수 없는 것이 원칙이다. <u>다만 수급인이 일을 미완성하였다고 하더라도 그 일의 결과에 대하여 도급인에게 이익이 되는 경우, 판례는 보수의 지급을 기성고비율에 따라 인정하고 있다</u>(후술함). 완성의 결과에 주안을 둠으로, 수급인은 원칙적으로 제3자(하수급인)를 사용할 수 있다.

(3) 동시이행관계

완성된 목적물에 하자가 있어 도급인이 하자의 보수에 갈음하여 손해배상을 청구한 경우에, <u>도급인은 수급인이 그 손해배상청구에 관하여 채무이행을 제공할 때까지 그 손해배상액에 상응하는 보수액에 관하여만 자기의 채무이행을 거절할 수 있을 뿐이다</u>(대판 1996.6.11, 95다12798).

판례 〈수급인의 의무불이행으로 도급인에게 하자확대손해가 발생한 경우, 수급인의 손해배상채무와 도급인의 보수지급채무가 동시이행의 관계에 있는지 여부(적극)〉 ㉠ <u>원단의 가공에 관한 도급계약에 의하여 납품된 물건에 하자가 발생함으로 말미암아 도급인이 외국에 수출하여 지급받기로 한 물품대금을 지급받지 못한 데 대한 손해배상</u>은, 민법 제667조 제2항 소정의 하자담보책임을 넘어서 수급인이 도급계약의 내용에 따른 의무를 제대로 이행하지 못함으로 인하여 도급인의 신체·재산에 발생한 이른바 '하자확대손해'에 대한 배상으로서, <u>수급인에게 귀책사유가 없었다는 점을 스스로 입증하지 못하는 한 도급인에게 그 손해를 배상할 의무가 있다.</u> ㉡ 그리고 채무불이행으로 인한 손해배상을 규정하고 있는 민법 제394조는 다른 의사표시가 없는 한 금전으로 배상하여야 한다고 규정하고 있는바, 위 법조 소정의 금전이라 함은 우리나라의 통화를 가리키는 것이다. ⓒ 수급인이 도급계약에 따른 의무를 제대로 이행하지 못함으로 말미암아 도급인에게 손해가 발생한 경우 그와 같은 하자확대손해로 인한 수급인의 손해배상채무와 도급인의 보수지급채무 역시 동시이행관계에 있는 것으로 보아야 한다(대판 2007.8.23, 2007다26455).

(4) 위험부담

(ㄱ) 도급계약은 쌍무계약이므로, 위험부담의 일반법리가 도급계약에도 그대로 적용되므로 수급인에게도 도급인에게도 책임 없는 사유로 수급인이 일을 완성하여 도급인에게 인도할 수 없는 경우에, 수급인은 도급인에 대한 보수청구권을 행사할 수 없다.

(ㄴ) 수급인이 일을 완성하여 도급인에게 인도하기 전에, 양당사자의 책임 없는 사유로 이행이 불가능하게 되었으면, 수급인(채무자)은 일을 완성하여 인도할 의무를 면하고, 보수청구권을 상실하게 된다.

(5) 수급인의 저당권설정청구권(제666조)

> **제666조 (수급인의 목적 부동산에 대한 저당권설정청구권)**
> 부동산공사의 수급인은 전조의 보수에 관한 채권을 담보하기 위하여 그 부동산을 목적으로 한 저당권의 설정을 청구할 수 있다.

1) 채권적 청구권

수급인의 보수대금채권을 확보하기 위해서 특히 부동산수급인에게는 저당권을 설정할 수 있는 청구권을 주고 있다(제666조). 통설에 따르면 이를 채권적 청구권으로 이해하므로 부동산공사수급인에게는 저당권설정을 위한 등기청구권이 주어진다고 볼 것이다. 따라서 '건물공사를 맡은 수급인은 자신의 보수채권을 확보하기 위해서 도급인에게 저당권설정을 청구할 수 있는데, 이 청구권을 행사하면 법정저당권이 양당사자 사이에 설정된다'는 표현은 청구권이 아닌 형성적인 성질을 나타내기 때문에 잘못된 것이다. 그러므로 부동산공사의 수급인은 일의 완성에 따른 보수에 관한 채권을 담보하기 위하여 그 부동산을 목적으로 한 저당권의 설정을 청구할 수 있으나, 위 청구권은 형성권이 아니며 등기하여야 저당권이 성립한다.

2) 사해행위문제

수급인의 저당권설정청구권을 규정하는 민법 제666조와 제406조 사해행위와 관련성에 대하여 판례는 "신축건물의 도급인이 민법 제666조가 정한 수급인의 저당권설정청구권의 행사에 따라 공사대금채무의 담보로 그 건물에 저당권을 설정하는 행위는 특별한 사정이 없는 한 사해행위에 해당하지 아니한다"고 판시한다(대판 2008.3.27, 2007다78616,78623).

2. 제작물공급계약

(1) 의의

제작물공급계약이란 수급인이 자기의 재료를 사용하여 도급인이 주문한 대체물·부대체물을 제작·완성하여 도급인에게 그 목적물의 소유권을 이전해야 할 의무를 부담하고, 도급인은 이에 대해 보수를 지급할 의무를 부담하는 쌍무·유상계약이다.

(2) 성질

제작물공급계약의 성질에 관하여 학설은 순수한 도급이라는 견해, 도급과 매매의 양자를 적용하여야 할 일종의 혼합계약이라는 견해, 제작물이 대체물인 때에는 매매·부대체물인 때에는 도급이라는 견해(대판 2006.10.13. 2004다21862) 등이 있다.

판례 제작물공급계약은 그 제작의 측면에서는 도급의 성질이 있고 공급의 측면에서는 매매의 성질이 있어 이러한 계약은 대체로 매매와 도급의 성질을 함께 가지고 있는 것으로서 그 적용법률은 계약에 의하여 제작공급하여야 할 물건이 대체물인 경우에는 매매로 보아서 매매에 관한 규정이 적용된다고 할 것이나 물건이 특정의 주문자의 수요를 만족시키기 위한 부대체물인 경우에는 당해 물건의 공급과 함께 그 제작이 계약의 주목적이 되어 도급의 성질을 강하게 띠고 있다 할 것이므로 이 경우에는 매매에 관한 규정이 당연히 적용된다고 할 수 없다(대판 1987.7.21. 86다카2446). 따라서 갑 회사가 을 회사와 승강기 제작 및 설치 공사계약을 체결한 사안에서, 갑 회사가 위 계약에 따라 제작·설치하기로 한 승강기가 을 회사가 신축하는 건물에 맞추어 일정한 사양으로 특정되어 있으므로, 그 계약은 대체가 어렵거나 불가능한 제작물의 공급을 목적으로 하는 계약으로서 도급의 성질을 갖고 있다(대판 2010.11.25. 2010다56685).

(3) 보수지급시기

제작물공급계약에서 보수의 지급시기에 관하여 당사자 사이의 특약이나 관습이 없으면 도급인은 완성된 목적물을 인도받음과 동시에 수급인에게 보수를 지급하는 것이 원칙이고, 이 때 목적물의 인도는 완성된 목적물에 대한 단순한 점유의 이전만을 의미하는 것이 아니라 도급인이 목적물을 검사한 후 그 목적물이 계약내용대로 완성되었음을 명시적 또는 묵시적으로 시인하는 것까지 포함하는 의미이다(대판 2006.10.13. 2004다21862).

(4) 입증책임

도급계약에 있어 일의 완성에 관한 주장·입증책임은 일의 결과에 대한 보수의 지급을 청구하는 수급인에게 있다(대판 2006.10.13. 2004다21862).

판례 도급계약에 있어 일의 완성에 관한 주장·입증책임은 일의 결과에 대한 보수의 지급을 청구하는 수급인에게 있고, 제작물공급계약에서 일이 완성되었다고 하려면 당초 예정된 최후의 공정까지 일단 종료하였다는 점만으로는 부족하고 목적물의 주요구조 부분이 약정된 대로 시공되어 사회통념상 일반적으로 요구되는 성능을 갖추고 있어야 하므로, 제작물공급에 대한 보수의 지급을 청구하는 수급인으로서는 그 목적물 제작에 관하여 계약에서 정해진 최후 공정을 일단 종료하였다는 점뿐만 아니라 그 목적물의 주요구조 부분이 약정된 대로 시공되어 사회통념상 일반적으로 요구되는 성능을 갖추고 있다는 점까지 주장·입증하여야 한다(대판 2006.10.13. 2004다21862).

관련사례 甲의 주문에 따라서 乙은 자신이 소유하는 재료를 사용하여 특수하게 제작한 자동차부품을 공급하고, 甲으로부터 이를 구입하는 외국인 丙 외에는 이를 다른 곳에 매각처분하기가 불가능한 부대체물의 제작공급 계약의 법률관계이다(대판 1990.3.9. 88다카31866 참조)

해설 (a) 제작·공급하여야 할 물건이 특정의 주문자의 수요를 만족시키기 위한 부대체물에 해당되므로 甲과 乙의 계약은 도급의 성질을 띤다. 대체물은 매매법리를 적용한다.

(b) 수급인 乙은 하자담보책임을 부담하지만, 甲이 하자있는 것을 알았거나 과실로 알지 못한 때에는 乙의 책임이 발생하지 않는다(×) - 수급인의 담보책임은 무과실책임이므로 매도인의 담보책임에 관한 민법 제580조 1항 단서는 적용되지 않는다.

(c) 수급인의 하자담보책임에는 과실상계에 관한 규정이 준용되지 않지만, 하자발생 및 그 확대에 가공한 도급인 甲의 잘못을 참작하여 손해배상의 범위를 정할 수 있다.

(d) 하자담보 책임에 관한 제척기간은 재판상 또는 재판외의 권리행사기간이며, 재판상 청구를 위한 출소기간이 아니다.

(e) 제작물의 완성에 대한 입증책임은 乙에게 있다.

(f) 甲이 목적물을 검사하고 목적물이 계약내용대로 완성되었음을 시인하는 것은 목적물의 인도에 포함 된다. 즉 이때 목적물의 인도는 완성된 목적물에 대한 단순한 점유의 이전만을 의미하는 것이 아니라 도급인이 목적물을 검사한 후 그 목적물이 계약내용대로 완성되었음을 명시적 또는 묵시적으로 시인하는 것까지 포함하는 의미이다(대판 2006.10.13, 2004다21862).

3. 하도급

(1) 의의

수급인이 맡은 일의 전부나 일부를 제3자로 하여금 독립하여 완성하게 하는 도급을 말한다.

(2) 특징

하도급은 원래의 수급인과 하수급인 사이의 독립된 계약이므로 원도급인과 하수급인 사이에는 권리의무관계가 발생하지 않는다. 다만 하수급인은 도급인에 대한 관계에서 원수급인의 이행보조자의 지위에 서게 되는 것이 원칙이다(제391조 참조).

판례 〈공사도급계약에 있어서 반드시 수급인 자신이 직접 일을 완성하지 않으면 계약불이행이 되는지 여부〉 공사도급계약에 있어서 당사자 사이에 특약이 있거나 일의 성질상 수급인 자신이 하지 않으면 채무의 본지에 따른 이행이 될 수 없다는 등의 특별한 사정이 없는 한 반드시 수급인 자신이 직접 일을 완성하여야 하는 것은 아니고, 이행보조자 또는 이행대행자를 사용하더라도 공사도급계약에서 정한 대로 공사를 이행하는 한 계약을 불이행하였다고 볼 수 없다(대판 2002.4.12, 2001다82545,82552)

(3) 도급인의 하수급인에 대한 동시이행

도급계약에 있어서 완성된 목적물에 하자가 있는 때에는 도급인은 수급인에 대하여 하자의 보수를 청구할 수 있고 그 하자의 보수에 갈음하여 또는 보수와 함께 손해배상을 청구할 수 있는바, 이들 청구권은 수급인의 공사대금채권과 동시이행관계에 있으므로 수급인의 하수급인에 대한 하도급 공사대금채무를 인수한 도급인은 수급인이 하수급인과 사이의 하도급계약상 동시이행의 관계에 있는 수급인의 하수급인에 대한 하자보수청구권 내지 하자에 갈음한 손해배상채권 등에 기한 동시이행의 항변으로써 하수급인에게 대항할 수 있다(대판 2007.10.11, 2007다31914).

4. 도급에 있어 완성물의 소유권귀속문제

(1) 특약이 있는 경우

당사자간 특약이 있으면 그에 의한다.

판례 일반적으로 자기의 노력과 재료를 들여 건물을 건축한 사람이 그 건물의 소유권을 원시취득하는 것이지만, 도급계약에 있어서는 수급인이 자기의 노력과 재료를 들여 건물을 완성하더라도 도급인과 수급인 사이에 도급인 명의로 건축허가를 받아 소유권보존등기를 하기로 하는 등 완성된 <u>건물의 소유권을 도급인에게 귀속시키기로 합의한 것으로 보일 경우에는 그 건물의 소유권은 도급인에게 원시적으로 귀속된다</u>(대판(전합) 2003.12.18, 98 다43601).

(2) 특약이 없는 경우

㈀ 도급인이 재료의 전부 또는 주요부분을 공급하는 경우 완성된 물건의 소유권은 그 물건이 동산이냐 부동산이냐에 관계없이 모두 원시적으로 도급인에 속한다(통설).

㈁ 수급인이 재료의 전부 또는 주요부분을 제공한 경우 학설은 대립하며, 판례는 완성된 물건의 소유권은 수급인에게 속한다고 하는 반면에, 학설 중 일부견해는 완성된 물건이 동산인 때에는 수급인에게 속하지만 부동산인 때에는 원시적으로 도급인에게 속한다고 한다.

(3) 도급에서 수급인의 보수채권을 확보하기 위한 유치권 문제

유치권은 타물권이므로, 완성물의 소유권이 도급인에게 있음을 전제하여야 한다.

판례 ㉠ <u>주택건물의 신축공사를 한 수급인이 그 건물을 점유하고 있고 또 그 건물에 관하여 생긴 공사금 채권이 있다면, 수급인은 그 채권을 변제받을 때까지 건물을 유치할 권리가 있다</u>고 할 것이고, 이러한 유치권은 수급인이 점유를 상실하거나 피담보채무가 변제되는 등 특단의 사정이 없는 한 소멸되지 않는다(대판 1995.9.15, 95다16202). ㉡ <u>건물신축공사를 도급받은 수급인이 사회통념상 독립한 건물이 되지 못한 정착물을 토지에 설치한 상태에서 공사가 중단된 경우, 위 정착물 또는 토지에 대하여 유치권을 행사할 수는 없다.</u> 또한 공사중단시까지 발생한 공사금 채권은 토지에 관하여 생긴 것이 아니므로 위 공사금 채권에 기하여 토지에 대하여 유치권을 행사할 수도 없는 것이다(대결 2008.5.30. 자 2007마98 결정).

5. 도급에서의 담보책임

제667조 (수급인의 담보책임)
① 완성된 목적물 또는 완성전의 성취된 부분에 하자가 있는 때에는 도급인은 수급인에 대하여 상당한 기간을 정하여 그 하자의 보수를 청구할 수 있다. 그러나 하자가 중요하지 아니한 경우에 그 보수에 과다한 비용을 요할 때에는 그러하지 아니하다(즉 손해배상만을 청구할 수 있다).
② 도급인은 하자의 보수에 갈음하여 또는 보수와 함께 손해배상을 청구할 수 있다(손해배상과 같이 청구할 수 있다).
③ 전항의 경우에는 제536조의 규정을 준용한다.

제668조 (동전-도급인의 해제권)
도급인이 완성된 목적물의 하자로 인하여 계약의 목적을 달성할 수 없는 때에는 계약을 해제할 수 있다. 그러나 건물 기타 토지의 공작물에 대하여는 그러하지 아니하다.

제669조 (동전-하자가 도급인의 제공한 재료 또는 지시에 기인한 경우의 면책)
전2조의 규정은 목적물의 하자가 도급인이 제공한 재료의 성질 또는 도급인의 지시에 기인한 때에는 적용하지 아

> 니한다. 그러나 수급인이 그 재료 또는 지시의 부적당함을 알고 도급인에게 고지하지 아니한 때에는 그러하지 아니하다.

(1) 의의

도급은 유상계약이므로, 그 담보책임에 관해서는 매도인의 담보책임에 관한 규정이 준용될 것이지만(제567조), 민법은 수급인의 담보책임에 관해 따로 특별규정을 두고 있다. 즉 도급은 유상계약이며 민법 제567조는 「본 절의 규정은 매매 이외의 유상계약에 이것을 준용한다」라고 규정하고 있으므로 본래라면 매매에 관한 담보책임은 도급에 있어서도 준용되어야 할 것이다. 그러나 도급의 목적물에 대한 하자는 단지 재료의 하자에 의해서 생길 뿐만이 아니고, 수급인의 일을 하는 방법에 불완전한 점이 있는 경우에도 생긴다. 그래서 수급인의 담보책임의 규정은 매매의 하자담보책임의 특칙이라고 해석된다.

(2) 특징

수급인의 담보책임은 무과실책임이나, 다만 손해배상의 요건과 범위에 관해서는 다양한 견해가 있다. 한편 수급인이 부담하는 담보책임은 완성된 목적물이 도급인에게 인도되기 전후와 상관없이 이미 발생한 하자에 대하여 적용된다.

판례 하자담보책임은 법이 특별히 인정한 무과실책임으로서, 여기에 민법 제396조의 과실상계규정이 준용될 수 없다하더라도 위 담보책임이 민법의 지도이념인 공평의 원칙에 입각한 것일진대 하자의 정도·확대에 가공한 원고의 잘못을 손해액 산정에서 참작하였음은 정당하다(대판 1980.11.11, 80다923·924).

(3) 구체적 내용

매매의 경우에는 권리의 하자는 1년(제573조 참조), 물건의 하자는 6개월이나(제582조), 도급의 경우에는 제670조 제1항에서 「인도를 받은 날로부터 1년 내」, 제2항에서 「일의 종료한 날로부터」라고 규정하고 있다. 결국 수급인의 담보책임은 하자를 알아차리지 못하여도 1년이 경과하면 소멸하는 것이다. 왜냐하면 수급인의 담보책임에 대하여 제척기간을 설정한 취지는 장기간 지나면 하자의 판정이 곤란하게 될 것이기 때문이다. 따라서 도급에서는 하자가 발견되는 일이 적지 않는 토지의 공작물에 대해서는 제671조에서 제척기간을 5년 내지 10년으로 하는 특칙이 설정되어 있다. 아래에서는 도급의 담보책임을 구체적으로 살펴보기로 한다.

1) 하자보수청구권과 손해배상청구권

(가) 손해배상

(ㄱ) 도급계약에 있어서 완성된 목적물에 하자가 있는 때에는 도급인은 수급인에 대하여 하자의 보수를 청구할 수 있고 그 하자의 보수에 갈음하여 또는 보수와 함께 손해배상을 청구할 수 있음이 원칙이다. 이들 청구권은 특별한 사정이 없는 한 수급인의 보수지급청구권과 동시이행의 관계에 있다.

(ㄴ) 도급계약에 의하여 납품된 물건에 하자가 발생함으로 말미암아 도급인이 외국에 수출

하여 지급받기로 한 물품대금을 지급받지 못한 데 대한 손해배상은, 민법 제667조 제2항 소정의 하자담보책임을 넘어서 수급인이 도급계약의 내용에 따른 의무를 제대로 이행하지 못함으로 인하여 도급인의 신체·재산에 발생한 이른바 '하자확대손해'에 대한 배상으로서, 수급인에게 귀책사유가 없었다는 점을 스스로 입증하지 못하는 한 도급인에게 그 손해를 배상할 의무가 있다(대판 2007.8.23. 2007다26455,26462).

판례 ① 〈도급계약에 의하여 완성된 목적물에 하자가 있는 경우, 수급인의 담보책임에 의한 하자보수의무와 채무불이행책임에 의한 손해배상의무의 관계〉 액젓 저장탱크의 제작·설치공사 도급계약에 의하여 완성된 저장탱크에 균열이 발생한 경우, 보수비용은 민법 제667조 제2항에 의한 수급인의 하자담보책임 중 하자보수에 갈음하는 손해배상이고, 액젓 변질로 인한 손해배상은 위 하자담보책임을 넘어서 수급인이 도급계약의 내용에 따른 의무를 제대로 이행하지 못함으로 인하여 도급인의 신체·재산에 발생한 손해에 대한 배상으로서 양자는 별개의 권원에 의하여 경합적으로 인정된다(대판 2004.8.20. 2001다70337).
② 〈불가항력인지여부〉 천재지변이나 이에 준하는 경제사정의 급격한 변동 등 불가항력으로 인하여 목적물의 준공이 지연된 경우에는 수급인은 지체상금을 지급할 의무가 없다고 할 것이지만, 이른바 IMF 사태 및 그로 인한 자재 수급의 차질 등은 그와 같은 불가항력적인 사정이라고 볼 수 없다(대판 2002.9.4. 2001다1386).

(나) 보수지급거절

도급인이 인도받은 목적물에 하자가 있는 것만을 이유로, 하자의 보수나 하자의 보수에 갈음하는 손해배상을 청구하지 아니하고 막바로 보수의 지급을 거절할 수는 없다.

(다) 상응하는 동시이행의 관계

도급인이 하자의 보수에 갈음하여 손해배상을 청구하는 경우에는 수급인이 그 손해배상청구에 관하여 채무이행을 제공할 때까지 그 손해배상의 액에 상응하는 보수의 액에 관하여만 자기의 채무이행을 거절할 수 있을 뿐, 그 나머지 액의 보수에 관하여는 지급을 거절할 수 없다(대판 1991.12.10. 91다33056).

판례 ㉠ 〈하자보수청구(제667조 제1항)와 손해배상청구(제667조 제2항)의 관계〉 ① 하자가 중요하지 아니하면서 동시에 그 보수에 과다한 비용을 요하는 경우에는 도급인은 하자보수나 하자보수에 갈음하는 손해배상을 청구할 수 없고, 그 하자로 인하여 입은 손해의 배상만을 청구할 수 있다. 이 때 그 하자로 인하여 입은 통상의 손해는 특별한 사정이 없는 한 수급인이 하자 없이 시공하였을 경우의 목적물의 교환가치와 하자가 있는 현재 상태의 교환가치와의 차액이고, 그 하자의 보수에 갈음하는 손해배상이 아니다(대판 1998. 3. 13. 97다54376). ② 한편 하자가 중요한 경우의 그 손해배상의 액수, 즉 하자보수비는 목적물의 완성시가 아니라 하자보수청구시 또는 손해배상청구시를 기준으로 산정함이 상당하다. 즉 하자보수에 갈음한 손해배상청구권은 하자가 발생하여 보수가 필요하게 된 시점에서 성립된다(대판 2000.3.10. 99다55632). ㉡ 〈이행지체시점〉 집합건물법 제9조에 의하여 준용되는 민법 제667조가 정하는 수급인의 하자보수에 갈음하는 손해배상채무는 이행의 기한이 없는 채무로서 이행청구를 받은 때부터 지체책임이 있다(대판 2009 2 26. 2007다83908).

(라) 상계인정

도급인이 하자보수나 손해배상채권을 자동채권으로 하고 수급인의 공사잔대금 채권을 상계의 의사표시를 할 수 있다(대판 1996.7.12. 96다7250). 부대체적인 하자보수가 아닌 한 원칙적으로 동종의 손해배상으로 변화된 경우, 결제의 간편을 위하여 동시이행의 관계를 긍정함이 타당하다.

2) 계약해제

완성된(또는 건물을 철거하는 것이 국가 경제적으로 손실이 있는 경우 등) 건물 기타 공작물의 하자에 대해서는 도급인에게 해제권이 인정되지는 않지만 손해배상청구권은 인정된다(제668조 참조). 그 이외의 경우에는 도급인이 완성된 목적물의 하자로 인하여 계약의 목적을 달성할 수 없는 때에는 계약을 해제할 수 있다.

3) 도급인의 지시에 따른 경우와 담보책임(제669조)

건축 도급계약의 수급인이 설계도면의 기재대로 시공한 경우, 이는 도급인의 지시에 따른 것과 같아서 수급인이 그 설계도면이 부적당함을 알고 도급인에게 고지하지 아니한 것이 아닌 이상, 그로 인하여 목적물에 하자가 생겼다 하더라도 수급인에게 하자담보책임을 지울 수는 없다(대판 1996.5.14. 95다24975).

(4) 기타 관련된 문제

1) 공사도급계약의 해제 또는 해지 등으로 수급인이 도중에 선급금을 반환하여야 할 사유가 발생한 경우, 별도의 상계 의사표시 없이 미지급 기성공사대금이 선급금으로 충당되는지 여부(적극)

공사도급계약에서 수수되는 이른바 선급금은 자금 사정이 좋지 않은 수급인으로 하여금 자재 확보·노임 지급 등에 어려움이 없이 공사를 원활하게 진행할 수 있도록 하기 위하여 도급인이 장차 지급할 공사대금을 수급인에게 미리 지급하여 주는 것으로서, 선급금을 지급한 후 계약이 해제 또는 해지되는 등의 사유로 수급인이 도중에 선급금을 반환하여야 할 사유가 발생하였다면, 특별한 사정이 없는 한 별도의 상계 의사표시 없이도 그 때까지의 기성고에 해당하는 공사대금 중 미지급액은 선급금으로 충당된다(대판 2010.5.13. 2007다31211).

2) 공사도급계약에서 계약이행보증금의 성질

(가) 개념

일반적으로 도급계약에 있어 계약이행보증금과 지체상금의 약정이 있는 경우에는 특별한 사정이 없는 한 계약이행보증금은 위약벌 또는 제재금의 성질을 가지고, 지체상금은 손해배상의 예정으로 봄이 상당하나(대판 1997. 10. 28. 97다21932), 근래에는 그러한 유형이 복잡하게 전개되어 가고 있다.

(나) 판례의 경향

판례는 대체로 손해배상예정으로 보기 때문에, 공사도급계약에서 계약이행보증금과 별도로 지체상금의 약정이 있는 경우에 종전에는 보증금을 위약벌로 본 데 반해 최근의 판례에서는 배상액의 예정으로 그 변화를 보이고 있다는 것이다(김준호 민법판례강의 p.544이하 참조).

(다) 위약벌인 경우

판례는 도급계약상 위약벌로 해석되는 한 손해배상예정액 또는 위약금과 달리 제398조 제2항에 기한 감액을 할 수 없다고 한다. 한편, 도급계약서에 계약보증금 외에 지체상금도 규정되어 있다는 점만을 이유로 하여 계약보증금을 위약벌이라고 보기는 어렵다 할 것이다(대판 2005.11.10. 2004다40597).

3) 특수한 손해배상예정

판례는 공사도급계약서 또는 그 계약내용에 편입된 약관에 "수급인이 하자담보책임기간 중 도급인으로부터 하자보수요구를 받고 이에 불응한 경우 하자보수보증금은 도급인에게 귀속한다."는 조항이 있을 때 이 하자보수보증금은 특별한 사정이 없는 한 손해배상액 예정으로 볼 것이고, 다만 하자보수보증금의 특성상 실손해가 하자보수보증금을 초과하는 경우에는 그 초과액의 손해배상을 구할 수 있다는 명시규정이 없다고 하더라도 도급인은 수급인의 하자보수의무 불이행을 이유로 하자보수보증금의 몰취 외에 그 실손해액을 입증하여 수급인으로부터 그 초과액 상당의 손해배상을 받을 수도 있는 특수한 손해배상액의 예정으로 봄이 상당하다고 하였다(대판 2002.7.12. 2000다17810).

4) 지체상금의 시기와 종기

수급인이 완공기한 내에 공사를 완성하지 못한 채 완공기한을 넘겨 도급계약이 해제된 경우에 있어서 그 지체상금 발생의 시기는 완공기한 다음날이고, 종기는 수급인이 공사를 중단하거나 기타 해제사유가 있어 도급인이 이를 해제할 수 있었을 때를 기준으로 하여 도급인이 다른 업자에게 의뢰하여 같은 건물을 완공할 수 있었던 시점이다(대판 2001.1.30. 2000다56112).

5) 도급인의 위자료청구권

위 건물의 하자로 인하여 도급인이 정신적 고통을 받은 경우, 위자료의 배상청구가 가능하다. 즉 도급계약에서 계약위반을 이유로 정신적 고통인 위자료청구는 특별사정에 의한 손해로 취급한다. 따라서 그 사정을 알았거나 알 수 있는 경우에는 가능하다(대판 1996.6.11. 95다12798).

관련사례	甲은 자신의 나대지에 연립주택을 건설하기 위하여 乙에게 건물도급계약을 3억원에 체결하였다. 乙이 2억원의 비용을 들여 공사를 진행하던 중, 일신상의 이유로 공사를 완성할 수 없게 되고 사망하였다(상속인 丁). 甲은 乙과의 도급계약을 종료시키고(중도해제) 丙에게 나머지 잔여공사를 완성하기 위하여 도급을 주었다. 그 잔여공사를 하는데 드는 비용은 1억 5천만원이 든다. 판례에 의할 때 상속인 丁은 甲에게 얼마의 공사비를 청구할 수 있는가?
해설	(a) 건축도급계약에 있어서 미완성부분이 있는 경우라도 공사가 상당한 정도로 진척되어 그 원상회복이 중대한 사회적·경제적 손실을 초래하게 되고 완성된 부분이 도급인에게 이익이 되는 경우에 수급인의 채무불이행을 이유로 도급인이 도급계약을 해제한 때에는 그 미완성

부분에 대해서만 도급계약이 실효된다고 보아야 할 것이고, 따라서 이 경우 수급인은 해제한 때의 상태 그대로 그 건물을 도급인에게 인도하고 도급인은 그 건물의 완성도 등을 참작하여 인도받은 건물에 상당한 보수를 지급하여야 할 의무가 있다(대판 1986.9.9, 85다카1751 등).

(b) 수급인이 공사를 완성하지 못한 채 공사도급계약이 해제되어 기성고에 따른 공사비를 정산하여야 할 경우에 특별한 다른 사정이 없는 한, 그 공사비는 약정 총공사비에서 막바로 미시공 부분의 완성에 소요될 공사비를 산정할 것이 아니라, 이미 완성된 부분에 소요된 공사비에 미시공 부분을 완성하는데 소요될 공사비를 합친 전체 공사비 가운데 이미 완성된 부분에 소요된 비용이 차지하는 기성고비율을 약정공사비에 적용하여 산정하여야 한다(대판 1998.8.25, 97다22737; 대판 1992.3.31, 91다42630).

(c) 건축도급계약의 수급인이 설계도면의 기재대로 시공한 경우, 이는 도급인의 지시에 따른 것과 같아서 수급인이 그 설계도면이 부적당함을 알고 도급인에게 고지하지 아니한 것이 아닌 이상, 그로 인하여 목적물에 하자가 생겼다 하더라도 수급인에게 하자담보책임을 지울 수는 없다(제669조 참조; 대판 1996.5.14, 95다24975).

(d) 도급인이 완성된 목적물의 하자를 알지 못하고 과실이 없는 경우에 한하여 도급인은 수급인의 담보책임을 물을 수 있다(×, 수급인의 담보책임은 수급인의 귀책사유를 요하지 않는 무과실책임이므로 매매에 관한 제580조 1항 단서의 조항이 적용될 여지가 없다). 즉 도급인의 악의·과실은 고려되지 않는다(대판 1990.3.9, 88다카31866).

(5) 담보책임의 감면

제672조 (담보책임면제의 특약)
수급인은 제667조, 제668조의 담보책임이 없음을 약정한 경우에도 알고 고지하지 아니한 사실에 대하여는 그 책임을 면하지 못한다.

수급인의 담보책임감면특약은 유효하다. 다만 민법 제672조에서 수급인이 담보책임이 없음을 약정한 경우에도 알고 고지하지 아니한 사실에 대하여는 그 책임을 면하지 못한다고 규정한 취지는 그와 같은 경우에도 담보책임을 면하게 하는 것은 신의성실의 원칙에 위배된다는데 있다.

판례 〈담보책임 감면과 신의칙위반〉 담보책임을 면제하는 약정을 한 경우뿐만 아니라 담보책임기간을 단축하는 등 법에 규정된 담보책임을 제한하는 약정도 유효하나 다만 이러한 경우에도 수급인이 알고 고지하지 아니한 사실에 대하여 그 책임을 제한하는 것이 신의성실의 원칙에 위배된다면 위 규정의 취지를 유추하여 그 사실에 대하여는 담보책임이 제한되지 않는다(대판 1999.9.21, 99다19032).

(6) 제척기간

제670조 (담보책임의 존속기간)
① 전3조의 규정에 의한 하자의 보수, 손해배상의 청구 및 계약의 해제는 목적물의 인도를 받은 날로부터 1년내에 하여야 한다.
② 목적물의 인도를 요하지 아니하는 경우에는 전항의 기간은 일의 종료한 날로부터 기산한다.
제671조 (수급인의 담보책임-토지, 건물등에 대한 특칙)
① 토지, 건물 기타 공작물의 수급인은 목적물 또는 지반공사의 하자에 대하여 인도후 5년간 담보의 책임이 있다. 그러나 목적물이 석조, 석회조, 연와조, 금속 기타 이와 유사한 재료로 조성된 것인 때에는 그 기간을 10년으로 한다.

> ② 전항의 하자로 인하여 목적물이 멸실 또는 훼손된 때에는 도급인은 그 멸실 또는 훼손된 날로부터 1년내에 제667조의 권리를 행사하여야 한다.

(ㄱ) 담보책임상의 권리의 존속기간은 완성된 목적물의 인도를 받은 날로부터(혹은 인도가 필요하지 아니한 경우에는 일의 완성시), 기산하여 원칙적으로 1년이다(제670조. 그러나 제671조의 특칙이 있다).

(ㄴ) 유의할 것은 매도인의 담보책임은 매수인이 선의시 하자의 존재를 알고서부터 1년 등으로 소멸하는 것에 대하여, 토지의 공작물 이외의 수급인의 담보책임은 도급인이 하자를 알지 못하여도 인도가 필요한 경우는 인도시부터, 인도를 요하지 않는 경우는 일 종료시부터 1년으로 소멸한다는 것이다(제670조).

판례[1] ① 민법 제671조에 의하면 토지, 건물 기타 공작물 수급인의 담보책임에 대하여는 같은 법 제670조의 제척기간에 대한 특칙으로 그 제척기간을 공작물의 종류에 따라 5년 또는 10년으로 규정하고 있어 건물수급인에 대하여 담보책임을 묻는 하자보수청구권에 대하여는 1년간의 제척기간을 규정한 민법 제670조가 적용되지 않는다(대판 1988.3.8, 87다카2083·2084). ② 민법상 수급인의 하자담보책임에 관한 기간은 제척기간으로서 재판상 또는 재판 외의 권리행사기간이며 재판상 청구를 위한 출소기간이 아니라고 할 것이다(대판 2000. 6. 9, 2000다15371).

판례 [2] 수급인의 담보책임에 기한 하자보수에 갈음하는 손해배상청구권에 대하여 소멸시효 규정이 적용되는지 여부 (적극) ① 수급인의 담보책임에 기한 하자보수에 갈음하는 손해배상청구권에 대하여는 민법 제670조 또는 제671조의 제척기간이 적용되고, 이는 법률관계의 조속한 안정을 도모하고자 하는 데에 취지가 있다. ② 그런데 이러한 도급인의 손해배상청구권에 대하여는 권리의 내용·성질 및 취지에 비추어 민법 제162조 제1항의 채권 소멸시효의 규정 또는 도급계약이 상행위에 해당하는 경우에는 상법 제64조의 상사시효의 규정이 적용되고, 민법 제670조 또는 제671조의 제척기간 규정으로 인하여 위 각 소멸시효 규정의 적용이 배제된다고 볼 수 없다(대법원 2012.11.15. 선고 2011다56491 판결). 이처럼 소멸시효기간은 하자가 발생한 때부터 진행하고, 제척기간은 건물의 인도시부터 진행한다. 위 두가지 기간은 병렬적으로 진행된다고 이해하여야 한다.

6. 집합건물의 하자

(1) 의의

집합건물에 하자가 있는 경우에는 집합건물법에서 민법의 도급에 관한 담보책임을 준용하고 있다. 즉 집합건물법 제9조는 건축업자 내지 분양자로 하여금 견고한 건물을 짓도록 유도하고 부실하게 건축된 집합건물의 소유자를 두텁게 보호하기 위하여 집합건물의 분양자의 담보책임에 관하여 민법상 수급인의 담보책임에 관한 규정을 준용하도록 함으로써 분양자의 담보책임의 내용을 명확히 하는 한편 이를 강행규정화한 것이다(대판 2003.2.11, 2001다47733).

(2) 내용

집합건물법상 분양자가 수분양자에게 도급에 관한 담보책임을 지는 것은 분양자가 부담하는 책임의 내용이 민법상 수급인의 담보책임이라는 것이지 그 책임이 분양계약에 기한 것이라거나 아니면 분양계약의 법률적 성격이 도급이라는 취지는 아니다. 따라서 「집합건물의 소유 및 관리에 관한 법률」 제9조에 의한 하자담보추급권은 집합건물의 수분양자가 집합건물을 양도한 경우 양도 당시 양도인이 이를 행사하기 위하여 유보하였다는 등의 특별한 사정이 없는 한 현재의 집합건물의 구분소유자에게 귀속한다(대판 2009.5.28, 2009다9539 등). 아래에서는 집합건물과 관련된 담보책임과 그와 관련된 판례를 정리하기로 한다.

1) 집합건물의 소유 및 관리에 관한 법률 제9조에 정한 집합건물 분양자 담보책임의 법적 성질(=법정책임) 및 그에 따른 손해배상책임의 소멸시효기간(=10년)

(ㄱ) 집합건물 분양자의 담보책임에 관하여 민법상 도급인의 담보책임에 관한 규정을 준용하도록 함으로써 분양자의 담보책임의 내용을 명확히 하는 한편 이를 강행규정화한 것으로서, 같은 조에 의한 책임은 분양계약에 기한 책임이 아니라 집합건물의 분양자가 집합건물의 현재의 구분소유자에 대하여 부담하는 법정책임이므로 이에 따른 손해배상청구권에 대하여는 민법 제162조 제1항에 따라 10년의 소멸시효기간이 적용된다(대판 2008.12.11, 2008다12439).

(ㄴ) 또한 임대아파트가 분양전환된 경우에도 이러한 법리가 적용되며, 그 하자담보책임기간을 따질 때는 최초 임차인들에게 인도된 때부터 10년간으로 본다(대법원 2012.5.10. 선고 2011다66610 판결).

2) 완공된 집합건물의 하자로 인하여 계약의 목적을 달성할 수 없는 경우 수분양자는 이를 이유로 분양계약을 해제할 수 있는지 여부(적극)

민법 도급에 관한 담보책임과 가장 큰 차이점은, 집합건물이 완공된 후 개별 분양계약이 해제되더라도 분양자가 집합건물의 부지사용권을 보유하고 있으므로 계약해제에 의하여 건물을 철거하여야 하는 문제가 발생하지 않기 때문에, 집합건물법상 집합건물의 분양계약에 있어서는 민법 제668조 단서가 준용되지 않고 따라서 수분양자는 집합건물의 완공 후에도 분양 목적물의 하자로 인하여 계약의 목적을 달성할 수 없는 때에는 분양계약을 해제할 수 있다고 할 것이다(대판 2003. 11. 14. 2002다2485).

3) 공동주택에 하자가 있는 경우, 입주자대표회의가 구 집합건물의 소유 및 관리에 관한 법률 제9조에 의한 하자담보추급권인 손해배상청구권을 가지는지 여부(소극)

집합건물법상 하자담보추급권은 특별한 사정이 없는 한 집합건물의 구분소유자에게 귀속하는 것이고, 입주자대표회의에게 하자보수청구권 외에 하자담보추급권까지 부여하는 것이라고 볼 수는 없다. 그러므로 공동주택에 하자가 있는 경우 입주자대표회의로서는 주택법상 사업주체에 대하여 하자보수를 청구할 수 있을 뿐이며, 구 집합건물법 제9조에 의한 하자담보추급권인 손해배상청구권을 가진다고 할 수 없다(대판 2010.1.14. 2008다88368).

판례 〈입주자대표회의가 공동주택을 건축·분양한 사업주체에 대하여 하자보수청구를 한 경우, 이를 입주자대표회의가 구분소유자들을 대신하여 하자보수에 갈음한 손해배상청구권을 행사한 것으로 볼 수 있는지 여부(원칙적 소극)〉 입주자대표회의가 여러 차례에 걸쳐 보수공사를 요구한 적이 있다는 사정만으로 입주자대표회의가 구분소유자를 대신하여 위 손해배상청구권을 행사한 것으로 단정할 수 없다. 또한 사업주체가 입주자대표회의에 대하여 하자보수책임을 승인하였다고 하더라도, 이로써 사업주체가 구분소유자들에 대하여 구 집합건물의 소유 및 관리에 관한 법률에 의한 하자담보책임까지 승인하였다고 볼 수도 없다(대판 2011.3.24, 2009다34405).

4) 아파트에 발생한 하자와 관련된 손해배상청구가 구분소유자들 전원이 원고가 되어 소를 제기해야만 하는 필수적 공동소송에 해당하는지 여부(소극)

구 집합건물의 소유 및 관리에 관한 법률 제9조에 의한 하자보수에 갈음하는 손해배상청구권은 특별한 사정이 없는 한 구분소유자 등 권리자에게 전유부분의 지분비율에 따라 분할 귀속하는 것이 원칙이므로, <u>구분소유자 등 권리자는 각자에게 분할 귀속된 하자담보추급권을 개별적으로 행사하여 분양자를 상대로 손해배상청구의 소를 제기할 수 있다</u>(대판 2012.9.13. 2009다23160).

7. 민법 제673조 도급계약의 해제에 따른 법률관계

> **제673조 (완성전의 도급인의 해제권)**
> 수급인이 일을 완성하기 전에는 도급인은 손해를 배상하고 계약을 해제할 수 있다.

도급인은 수급인이 일을 완성하기 전에는 채무불이행여부와 상관 없이 도급인은 손해를 배상하고 계약을 해제할 수 있다.

(1) 해제와 더블어 부정되는 경우(과실상계·손해배상예정에 의한 감액청구)

도급인의 해제권행사로 인한 손해배상청구권에 대하여 과실상계나 손해배상액의 예정에 기한 감액청구는 부정된다(통설). <u>판례도 도급인은 수급인에 대한 손해배상에 있어서 과실상계나 손해배상예정액의 감액을 주장할 수는 없다고 판시하였다</u>(대판 2002.5.10, 2000다37296).

(2) 해제와 더블어 긍정되는 경우(손익상계)

손익상계는 형평성에 따라 인정된다(통설과 판례). 즉 민법 제673조에 의하여 도급계약이 해제된 경우에도, 그 해제로 인하여 수급인이 그 일의 완성을 위하여 들이지 않게 된 자신의 노력을 타에 사용하여 소득을 얻었거나 또는 얻을 수 있었음에도 불구하고 태만이나 과실로 인하여 얻지 못한 소득 및 일의 완성을 위하여 준비하여 둔 <u>재료를 사용하지 아니하게 되어 타에 사용 또는 처분하여 얻을 수 있는 대가 상당액은 당연히 손해액을 산정함에 있어서 공제되어야 할 것이다</u>(대판 2002.5.10, 2000다37296).

관련사례 甲은 자기 소유의 대지 위에 건물을 신축하기로 하는 도급계약을 乙과 체결하였다. 당사자간의 법률관계?

해설
(a) 당사자 사이에 다른 합의가 없으면 도급계약상의 보수채무는 완성된 목적물의 인도와 동시에 이행되어야 한다(제665조 제1항, 제2항).
(b) 당사자 사이의 특약이나 특별한 사정이 없는 한, 乙이 임의로 이행대행자를 사용하여 도급계약에서 정한 공사를 이행하더라도 계약채무 불이행으로 볼 수 없다(대판 2000.7.7, 97다29264).
(c) 甲은 일의 완성 전에 언제든지 도급계약을 해제할 수 있지만 乙이 입은 손해를 배상하여야 하는데, 이 때 甲은 乙에 대한 손해배상에 있어서 과실상계를 주장할 수 없다(제673조 참조; 대판 2002.5.10, 2000다37296,37302).
(d) 완성된 건물의 하자가 甲의 지시에 의한 것이더라도, 그 지시가 부적당함을 알면서도 甲에게 고지하지 않았다면 乙은 담보책임을 진다(제669조 참조; 대판 1996. 5. 14, 95다24975).
(e) 기성고에 따라 공사대금을 분할하여 지급하기로 약정한 경우라도 특별한 사정이 없는 한 하자보

수의무와 동시이행관계에 있는 공사대금지급채무는 당해 하자가 발생한 부분의 기성공사대금에 한정되는 것은 아니라고 할 것이다. 왜냐하면, 이와 달리 본다면 도급인이 하자발생사실을 모른 채 하자가 발생한 부분에 해당하는 기성공사의 대금을 지급하고 난 후 뒤늦게 하자를 발견한 경우에는 동시이행의 항변권을 행사하지 못하게 되어 공평에 반하기 때문이다(대판 2001.9.18. 2001다9304). 원칙적으로 "도급계약에 있어서는 완성된 목적물에 하자가 있을 경우, 수급인의 채무는 아직 완전히 이행되었다고 할 수 없을 것이므로 쌍무계약의 원칙에 따라 특단의 사정이 없는 한 도급인은 하자의 보수를 청구하여 보수가 될 때까지 공사대금의 지급을 거절할 수 있는 동시이행의 항변권을 가지고 있기 때문이다"(대판 1965.11.16, 65다1711).

(f) 건축공사도급계약이 중도해제된 경우 도급인이 지급하여야 할 미완성건물에 대한 보수의 결정기준과 관련하여 "건축공사도급계약이 중도해제된 경우 도급인이 지급하여야 할 미완성 건물에 대한 보수는 특별한 사정이 없는 한 당사자 사이에 약정한 총 공사비를 기준으로 하여 그 금액에서 수급인이 공사를 중단할 당시의 공사기성고비율에 의한 금액이 되는 것이지 수급인이 실제로 지출한 비용을 기준으로 할 것은 아니다(대판 1992.3.31, 91다42630).

제9절 현상광고

> **제675조 (현상광고의 의의)**
> 현상광고는 광고자가 어느 행위를 한 자에게 일정한 보수를 지급할 의사를 표시하고 이에 응한 자가 그 광고에 정한 행위를 완료함으로써 그 효력이 생긴다.
>
> **제676조 (보수수령권자)**
> ① 광고에 정한 행위를 완료한 자가 수인인 경우에는 먼저 그 행위를 완료한 자가 보수를 받을 권리가 있다.
> ② 수인이 동시에 완료한 경우에는 각각 균등한 비율로 보수를 받을 권리가 있다. 그러나 보수가 그 성질상 분할할 수 없거나 광고에 1인만이 보수를 받을 것으로 정한 때에는 추첨에 의하여 결정한다.

1. 일반론

(1) 의의

현상광고(懸賞廣告)란 광고자가 어느 행위를 한 자에게 일정한 보수를 지급할 의사를 광고에 의하여 표시하고, 이에 응한 자가 그 광고에 정한 행위를 완료함으로써 성립하는 계약이다(제675조). 미아·범인·유실물 등을 찾아 주는 사람이나, 문학작품에 당선된 사람 등에게 일정액의 보수(현상금)를 지급하겠다는 광고를 내는 경우가 이에 해당한다. 광고는 어느 행위를 한 자에게 일정한 보수를 지급한다는 내용의 불특정 다수인에 대한 의사표시이다. 따라서 상품의 선전광고·구인광고·전세방 광고 등은 현상광고가 아니다.

(2) 법적 성질

계약설로 보는 것이 통설적 견해이다(소수설인 단독행위설이 있다). 이러한 통설적 견해에 의하면, 광고자의 광고를 계약의 '청약'으로 보고 지정행위의 완료를 '승낙'으로 보며, 따라서 현상광고를 이러한 특수한 청약과 승낙에 의하여 성립하는 도급과 유사한 계약으로 본다(다수설).

다만 제677조의 법률관계를 계약이 아닌 준현상광고로 파악할 뿐이다. 아무튼 현상광고를 계약으로 볼 경우, 현상광고는 의사의 합치만으로는 성립하지 않고 지정행위가 완료됨으로써 성립한다는 점에서 '요물'계약이다(제675조 참조). 그리고 성립시 일방만이 의무를 부담한다는 점에서 '편무'계약이며, 계약의 전과정을 고찰할 때 재산적 출연이 있기 때문에 '유상'계약이다(통설).

> **제677조 (광고부지의 행위)**
> 전조의 규정은 광고있음을 알지 못하고 광고에 정한 행위를 완료한 경우에 준용한다.
> **제679조 (현상광고의 철회)**
> ① 광고에 그 지정한 행위의 완료기간을 정한 때에는 그 기간만료 전에 광고를 철회하지 못한다.
> ② 광고에 행위의 완료기간을 정하지 아니한 때에는 그 행위를 완료한 자 있기 전에는 그 광고와 동일한 방법으로 광고를 철회할 수 있다.
> ③ 전광고와 동일한 방법으로 철회할 수 없는 때에는 그와 유사한 방법으로 철회할 수 있다. 이 철회는 철회한 것을 안 자에 대하여만 그 효력이 있다.

(3) 준현상광고

계약설에 따르면, 광고 있음을 모르고 지정행위를 완료한 때에는 이를 예외적으로 '준현상광고'라고 한다(제677조 참조). 그러나 계약설이든 단독행위설이든 광고 있음을 알지 못하고 광고에 정한 행위를 완료한 경우에도 보수청구권이 있는 것이다.

(4) 현상광고의 철회

광고에 지정행위의 완료기간을 정한 때에는, 그 기간만료 전에는 광고를 철회하지 못한다(제679조 제1항). 그리고 완료기간을 정하지 않은 때에는, 지정행위를 완료한 자가 있기 전에 한해서 전광고와 동일한 방법으로 철회할 수 있다(제679조 제2항). 다만 전의 광고와 동일한 방법으로 철회할 수 없는 때에는 그와 유사한 방법으로 철회할 수 있지만, 이 철회는 철회한 것을 안 자에 대하여만 그 효력이 있다(제679조 제3항 후단).

2. 우수현상광고(제678조)

> **제678조 (우수현상광고)**
> ① 광고에 정한 행위를 완료한 자가 수인인 경우에 그 우수한 자에 한하여 보수를 지급할 것을 정하는 때에는 그 광고에 응모기간을 정한 때에 한하여 그 효력이 생긴다.
> ② 전항의 경우에 우수의 판정은 광고 중에 정한 자가 한다. 광고중에 판정자를 정하지 아니한 때에는 광고자가 판정한다.
> ③ 우수한 자 없다는 판정은 이를 할 수 없다. 그러나 광고 중에 다른 의사표시가 있거나 광고의 성질상 판정의 표준이 정하여져 있는 때에는 그러하지 아니하다.
> ④ 응모자는 전 2항의 판정에 대하여 이의를 하지 못한다.
> ⑤ 수인의 행위가 동등으로 판정된 때에는 제676조제2항의 규정을 준용한다.

(1) 의의

우수현상광고란 광고에 정한 행위를 완료한 자가 수인인 경우에 그 우수한 자에 한하여 보수를 지급할 것을 정하는 것을 말한다. 이러한 경우에 있어서 판정은 상대적 우열을 결정하는 것이므로 원칙적으로 우수자가 없다는 판정을 할 수가 없지만, 이미 우수자에 관한 객관적인 기준이 예정된 경우는 예외이다(제678조 제3항).

(2) 소멸시효기간

우수현상광고의 광고자로서 당선자에게 일정한 계약을 체결할 의무가 있는 자가 그 의무를 위반함으로써 계약의 종국적인 체결에 이르지 않게 되어 상대방이 그러한 계약체결의무의 채무불이행을 원인으로 하는 손해배상을 청구한 경우 그 손해배상청구권의 소멸시효기간은 계약이 체결되었을 때 취득하게 될 이행청구권에 적용되는 소멸시효기간에 따른다(대판 2005.1.14. 2002다57119 판결). 즉 채무불이행으로 인한 손해배상청구권의 소멸시효기간은 채무불이행시부터 진행하는데 그 시효기간은 본래채권에 적용될 기간에 의한다는 것이다.

3. 조건부 현상광고(신창원사건)

(1) 조건부현상광고

민법 제675조에 정하는 현상광고라 함은, 광고자가 어느 행위를 한 자에게 일정한 보수를 지급할 의사를 표시하고 이에 응한 자가 그 광고에 정한 행위를 완료함으로써 그 효력이 생기는 것으로서, 그 광고에 정한 행위의 완료에 조건이나 기한을 붙일 수 있다(대판 2000. 8. 22. 2000다3675).

(2) 지정행위완료조건성취

경찰이 탈옥수를 수배하면서 「제보로 검거되었을 때에 신고인 또는 제보자에게 현상금을 지급한다」는 내용의 현상광고를 한 경우, 현상광고의 지정행위는 탈옥수의 거처 또는 소재를 경찰에 신고 내지 제보하는 것이고 탈옥수가 '검거되었을 때'는 지정행위의 완료에 조건을 붙인 것인데, 제보자가 탈옥수의 소재를 발견하고 경찰에 이를 신고함으로써 현상광고의 지정행위는 완료되었고, 그에 따라 경찰관 등이 출동하여 탈옥수가 있던 호프집 안에서 그를 검문하고 나아가 차량에 태워 파출소에까지 데려간 이상 그에 대한 검거는 이루어진 것이므로, 현상광고상의 지정행위 완료에 붙인 조건도 성취된다(대판 2000. 8. 22. 2000다3675).

제10절 위 임

제680조 (위임의 의의)
위임은 당사자일방이 상대방에 대하여 사무의 처리를 위탁하고 상대방이 이를 승낙함으로써 그 효력이 생긴다.
제681조 (수임인의 선관의무)
수임인은 위임의 본지에 따라 선량한 관리자의 주의로써 위임사무를 처리하여야 한다.

1. 일반론

(1) 의의와 구별

위임은 위임인의 위탁에 의해 수임인이 위임사무를 처리해 주는 것을 내용으로 하는 계약이다(제680조). 타인의 노무를 이용하는 계약이라는 점에서 고용 및 도급과 공통되지만, 수임인이 위탁받은 사무를 그의 재량에 의하여 처리한다는 점에서 고용과 구별되고, 타인의 사무를 처리한다는 활동 그 자체에 목적을 두는 점에서 도급과 구별된다.

판례 〈위임인지여부〉 ㉠ 경찰관직무집행법에 의하면 경찰관이 병자, 부상자 등으로서 적당한 보호자가 없으며 응급의 구호를 요한다고 인정되는 자를 발견한 때에는 보건의료기관 또는 공공구호기관에 긴급구호를 요청할 수 있고, 이러한 긴급구호요청을 받은 보건의료기관이나 공공구호기관은 정당한 이유없이 긴급구호를 거절할 수 없다고 규정하고 있을 뿐이고(경찰관직무집행법 제4조 제1항, 제2항), 응급의 구호를 요하는 자의 치료가 국가의 사무라거나 국가가 응급의 구호를 요하는 자에 대하여 응급의 구호에 필요한 치료의 의무를 부담한다는 규정을 두고 있지 아니하므로 경찰관이 응급의 구호를 요하는 자를 보건의료기관에게 긴급구호요청을 하고, 보건의료기관이 이에 따라 치료행위를 하였다고 하더라도 국가와 보건의료기관 사이에 국가가 그 치료행위를 보건의료기관에 위탁하고 보건의료기관이 이를 승낙하는 내용의 치료위임계약이 체결된 것으로는 볼 수 없다(대판 1994.2.22. 93다4472). ㉡콘도미니엄 시설의 공유제 회원은 콘도미니엄 시설 중 객실의 공유지분에 대한 매매계약 이외에 콘도미니엄 시설 전체를 관리 운영하는 시설경영기업과 사이에 시설이용계약을 체결함으로써 공유지분을 가진 객실 이외에 콘도미니엄 시설 전체를 이용할 수 있게 되는바, 공유제 회원과 시설경영기업과 사이의 시설이용계약이 민법상의 위임계약에 해당된다고 할 수는 없고, 따라서 시설경영기업이 파산선고(제690조 참조)를 받는다고 하여 회원과 시설경영기업 사이의 시설이용계약이 당연히 종료된다고 할 수 없다(대판 2005.1.13. 2003다63043).

(2) 법적 성질

민법상의 위임은 편무·무상·낙성·불요식계약이 원칙이다. 실제에 있어서는 위임장을 교부하는 경우가 있으나, 이는 단순한 증거방법에 지나지 않고 위임의 성립요건이 되는 것은 아니다.

(3) 사무의 처리

위임에 있어 '사무'는 법률상(계약을 체결하는 행위)·준법률행위(등기신청·채무의 변제) 또는 사실상(서류의 정리·축사의 대독) 등의 모든 행위를 포함한다. 다만 성질상 가족법상의 행위(혼인·입양 등)는 그러하지 아니하다. 한편, 위임이 법률행위의 위탁을 목적으로 하는 경우에는 수임인에게 대리권이 수여되는 경우가 많지만, 위임계약과 대리권의 수여는 별개의 행위이다(제128조 참조). 즉 위임은 위임인과 수임인간의 내부적인 채권·채무관계를 말하고, 대리권은 대리인의 행위의 효과가 본인에게 미치는 대외적 자격을 말하는 것이다.

(4) 특정물채권

수임인이 위임사무를 처리함에 있어 받은 것으로서 위임인에게 인도할 목적물이 대체물이라도 이는 당사자간에 있어서 특정된 물건으로 보아야 한다는 것이 판례이다.

2. 법률관계의 특징

(1) 선관주의의무

위임에 있어서는 <u>무상인 경우에도 선관주의의무를 수임인이 부담함이</u> 특징이다. 즉 유상위임은 물론이고 무상위임의 경우에도 수임인은 위임의 본지에 따라 <u>선량한 관리자의 주의의무로써</u> 위임사무를 처리할 의무가 있다(제681조).

1) 부동산중개업자와 의뢰인과의 법률관계

(ㄱ) 중개업자는 선량한 관리자의 주의와 성실로써 매도 등 처분하려는 자가 진정한 권리자와 동일인인지의 여부를 부동산등기부와 주민등록증 등에 의하여 조사 확인할 의무가 있다(대판 1993. 5. 11. 92다55350).

(ㄴ) 한편 매매중개료청구권은 매매가 성립함을 조건으로 발생하는 것이므로 매매가 성립하지 않는 이상 중개인이 중개의 노력을 하였을지라도 그 노력의 비율에 상당하는 보수를 청구할 수는 없다(판례).

판례 건물임대중개의 완료를 조건으로 중개료 상당의 보수를 지급받기로 하는 내용의 계약과 같은 <u>유상위임계약</u>에 있어서는 시기여하에 불문하고 중개완료 이전에 계약이 해지되면 당연히 그에 대한 보수청구권을 <u>상실하는 것이다</u>(대판 1991.4.9, 90다18968).

2) 법무사의 적절한 설명의무(긍정)

일반인이 법무사에게 등기의 신청대리를 의뢰하고 법무사가 이를 승낙하는 법률관계는 민법상의 위임에 해당하는 것인데, 수임인은 위임의 본지에 따라 선량한 관리자의 주의로써 위임사무를 처리하여야 하므로, <u>수임인인 법무사는 우선적으로 위임인인 의뢰인의 지시에 따라야 할 것이지만 이 지시에 따르는 것이 위임의 취지에 적합하지 않거나 또는 의뢰인에게 불이익한 때에는 그러한 내용을 의뢰인에게 알려주고 그 지시의 변경을 요구 또는 권고할 수 있다</u>(대판 2011.9.29, 2010다5892; 대판 2006.9.28. 2004다55162 등).

판례 따라서 압류등기가 되어 있는 부동산상에 설정된 의뢰인의 처 명의의 기존근저당설정등기를 말소하고 의뢰인을 근저당권자로 하는 새로운 근저당설정등기를 의뢰받은 법무사에게 근저당권이전의 부기등기의 방법 등을 권유할 직무상 의무가 있다(대판 2003. 1. 10, 2000다61671).

3) 의사가 선량한 관리자의 주의의무를 다하지 못하여 의료사고가 발생한 경우 그 수술비나 치료비의 지급을 청구할 수 있는지 여부(소극)

의사가 환자에게 부담하는 진료채무는 질병의 치료와 같은 결과를 반드시 달성해야 할 <u>결과채무가 아니라 환자의 치유를 위하여 선량한 관리자의 주의의무를 가지고 현재의 의학 수준에 비추어 필요하고 적절한 진료조치를 다해야 할 채무 즉 수단채무라고 보아야 할 것</u>이므로, 위와 같은 주의의무를 다하였는데도 그 진료 결과 질병이 치료되지 아니하였다면 치료비를 청구할 수 있으나, 의사가 위와 같은 <u>선량한 관리자의 주의의무를 다하지 아니한 탓으로 오히려 환자의 신체기능이 회복불가능하게 손상되었고, 또 위 손상 이후에는 그 후유증세의 치유 또는 더 이상의 악화를 방지하는 정도의 치료만이 계속되어 온 것뿐이라면</u>

의사의 치료행위는 진료채무의 본지에 따른 것이 되지 못하거나 손해전보의 일환으로 행하여진 것에 불과하여 병원측으로서는 환자에 대하여 그 수술비 내지 치료비의 지급을 청구할 수 없다(대판 1993.7.27, 92다15031).

4) 회사와 임원 또는 대표이사의 위임관계

(ㄱ) 회사와 회사의 대주주는 서로 별개의 법인격을 갖고 있을 뿐만 아니라, 회사의 임직원이 회사와의 위임관계에 따른 임무에 위배하여 대주주의 지시를 따라야 할 법률상 의무가 있다고 볼 수 없다(대판 2008.12.11, 2005다51471).

(ㄴ) 대표이사나 이사를 상대로 주식회사에 대한 임무 해태를 내세워 채무불이행으로 인한 손해배상책임을 물을 경우, 대표이사나 이사의 직무수행상 채무는 미회수금 손해 등의 결과가 전혀 발생하지 않도록 하여야 할 결과채무가 아니라, 회사의 이익을 위하여 선량한 관리자로서의 주의의무를 가지고 필요하고 적절한 조치를 다해야 할 채무이므로, 회사에 대출금 중 미회수금 손해가 발생하였다는 결과만을 가지고 곧바로 채무불이행사실을 추정할 수도 없다(대판 2011.10.13, 2009다80521).

판례 따라서 금융기관 이사가 이른바 프로젝트 파이낸스 대출을 하면서 단순히 회사의 영업에 이익이 될 것이라는 일반적·추상적인 기대하에 일방적으로 임무를 수행하여 회사에 손해를 입힌 경우, 필요한 정보를 충분히 수집·조사하고 검토하는 절차를 거친 다음 이를 근거로 회사의 최대 이익에 부합한다고 합리적으로 신뢰하고 신의성실의 원칙에 따라 경영상의 판단을 내린 것이라고 볼 수 없으므로, 그와 같은 이사의 행위는 허용되는 경영판단의 재량 범위 내에 있는 것이라고 할 수 없다(대판 2011.10.13, 2009다80521).

(2) **자기복무의 원칙**(복위임의 금지)

> **제682조 (복임권의 제한)**
> ① 수임인은 위임인의 승낙이나 부득이한 사유없이 제3자로 하여금 자기에 갈음하여 위임사무를 처리하게 하지 못한다.
> ② 수임인이 전항의 규정에 의하여 제3자에게 위임사무를 처리하게 한 경우에는 제121조·제123조의 규정을 준용한다.

위임은 당사자 사이의 인적 신뢰를 기초로 하므로 원칙적으로 수임인 이외의 다른 사람이 위임사무를 처리할 수 없으나 위임인이 승낙하거나 부득이한 사유가 있는 경우에는 제3자로 하여금 자기에 갈음하여 위임사무를 처리하도록 할 수 있다(제682조 제1항). 즉 수임인은 원칙적으로 스스로 위임사무를 처리하여야 하나, 위임인의 승낙이나 부득이한 사유가 있는 때에 한하여 예외적으로 복위임을 할 수 있다(제682조 제1항). 수임인이 복위임을 한 경우에는 위임인에게 대하여 그 선임·감독에 관한 책임이 있다(제682조 제2항·제121조 제1항).

(3) **취득물인도의무**(제684조)

> **제684조 (수임인의 취득물등의 인도, 이전의무)**
> ① 수임인은 위임사무의 처리로 인하여 받은 금전 기타의 물건 및 그 수취한 과실을 위임인에게 인도하여야 한다.
> ② 수임인이 위임인을 위하여 자기의 명의로 취득한 권리는 위임인에게 이전하여야 한다.

1) 인도시기

수임인은 위임사무의 처리로 인하여 받은 금전 기타의 물건 및 그 수취한 과실을 위임인에게 인도하여야 한다. 판례는 이때 인도 시기는 "당사자간에 특약이 있거나 위임의 본뜻에 반하는 경우 등과 같은 특별한 사정이 있지 않는 한 위임계약이 종료한 때"라고 하고 있다.

판례 〈위임인에게 인도의무시기〉 민법 684조에는 "수임인은 위임사무의 처리로 인하여 받은 금전 기타의 물건 및 그 수취한 과실을 위임인에게 인도하여야 한다"고만 하고 있고, 그 시기에 관하여 침묵하고 있으나 판례는 이때 인도 시기는 "당사자간에 특약이 있거나 위임의 본뜻에 반하는 경우 등과 같은 특별한 사정이 있지 않는 한 위임계약이 종료한 때"라고 하고 있으므로 "즉시"는 부당하다(대판 2007.2.8. 2004다64432).

2) 반환범위

토지의 실소유자로부터 신탁받은 토지의 매도를 위임받은 수임인이 1, 2차 매매계약을 체결하고 주택조합에 소유권이전등기를 해 주었으나, 그 후 용도변경이 부결될 경우 매매계약을 무효로 하기로 한 약정에 따라 위 매매계약의 무효를 주장하여 주택조합과 매매대금을 증액하기로 하는 3차 매매계약을 체결하고 그 추가 매매대금을 지급받으면서 아파트 사업승인과 관련하여 어떠한 이의도 제기하지 않겠다는 취지의 확약서 및 가처분 해제 신청서를 작성해 준 사안에서, 수임인은 위 추가 매매대금 중 토지의 '정당한 시가'에 상응하는 금원을 민법 제684조 제1항에 따라 위임인에게 반환하여야 한다(대판 2010.5.27. 2010다4561).

(4) 보수청구권 · 비용상환청구권과 손해배상청구권 등

제686조 (수임인의 보수청구권)
① 수임인은 특별한 약정이 없으면 위임인에 대하여 보수를 청구하지 못한다.
② 수임인이 보수를 받을 경우에는 위임사무를 완료한 후가 아니면 이를 청구하지 못한다. 그러나 기간으로 보수를 정한 때에는 그 기간이 경과한 후에 이를 청구할 수 있다.
③ 수임인이 위임사무를 처리하는 중에 수임인의 책임없는 사유로 인하여 위임이 종료된 때에는 수임인은 이미 처리한 사무의 비율에 따른 보수를 청구할 수 있다.

제687조 (수임인의 비용선급청구권)
위임사무의 처리에 비용을 요하는 때에는 위임인은 수임인의 청구에 의하여 이를 선급하여야 한다.

제688조 (수임인의 비용상환청구권등)
① 수임인이 위임사무의 처리에 관하여 필요비를 지출한 때에는 위임인에 대하여 지출한 날 이후의 이자를 청구할 수 있다.
② 수임인이 위임사무의 처리에 필요한 채무를 부담한 때에는 위임인에게 자기에 갈음하여 이를 변제하게 할 수 있고 그 채무가 변제기에 있지 아니한 때에는 상당한 담보를 제공하게 할 수 있다.
③ 수임인이 위임사무의 처리를 위하여 과실없이 손해를 받은 때에는 위임인에 대하여 그 배상을 청구할 수 있다.

1) 위임에서는 보수청구권이 인정되지 않는다. 수임인이 보수를 받을 경우에는 위임사무를 완료한 후가 아니면 이를 청구하지 못한다. 그러나 기간으로 보수를 정한 때에는 그 기간이 경과한 후에 이를 청구할 수 있다(제686조). 다만 변호사에게 계쟁 사건의 처리를 위임함에 있어서 그 보수 지급 및 수액에 관하여 명시적인 약정을 아니하였다 하여도, 무보수로 한다

는 등 특별한 사정이 없는 한 응분의 보수를 지급할 묵시의 약정이 있는 것으로 봄이 상당하다는 것이 판례이다(대판 1995. 12. 5, 94다50229).

2) 수임인이 위임사무를 처리하는 중에 <u>수임인의 책임 없는 사유로 인하여 위임이 종료된 때</u>에는 수임인은 <u>이미 처리한 사무의 비율에 따른 보수를 청구할 수 있다</u>(제686조 제3항).

3) 위임인은 사무처리의 비용을 요하는 경우에 수임인의 청구에 따라 비용을 선급할 의무를 부담한다(제687조. 따라서 그 비용의 선급이 없으면 위임사무의 처리를 하지 않더라도 이행지체에 해당되지 않는다). 그리고 위임인은 필요비 및 이를 지출한 날 이후의 이자를 상환할 의무를 부담한다(제688조 제1항).

4) <u>수임인이 위임사무의 처리를 위하여 자기의 과실 없이 손해를 받은 때에는 위임인에 대하여 그 배상을 청구할 수 있다</u>(제688조 3항). <u>이것은 위임인의 과실을 요건으로 하지 않으므로, 위임인의 일종의 무과실책임이다.</u>

5) 대변제청구권

수임인이 가지는 민법 제688조 제2항 전단 소정의 대변제청구권은 통상의 금전채권과는 다른 목적을 갖는 것이므로, 수임인이 이 대변제청구권을 보전하기 위하여 채무자인 위임인의 채권을 대위행사하는 경우에는 채무자의 무자력을 요건으로 하지 아니한다(대판 2002.1.25, 2001다52506).

> **판례** 〈대변제청구권을 보전하기 위하여 위임인의 상계권을 대위행사할 수 있는가?(긍정)〉 甲은 주식회사인 乙의 이사이므로 그들 사이에는 상법 제382조 제2항에 의하여 위임의 규정이 준용되고, 甲이 乙의 공장 매수대금 일부를 마련하기 위하여 丙으로부터 대출금을 차용하여 乙에게 교부함으로써, 甲은 위임사무의 처리에 관하여 대출금 채무를 부담한 것으로 되어, 민법 제688조 제2항 전단의 규정에 의하여 乙에게 자신에 갈음하여 대출금 채무를 변제할 것을 청구할 권리가 있다 할 것이고, <u>이 대변제청구권을 보전하기 위하여 乙의 丙에 대한 확정판결상의 부당이득반환채권과 위 대출금 채무를 대등액에서 상계할 권리를 대위행사(제404조)</u>할 수 있다(대판 2002.1.25, 2001다52506).

3. 해지의 자유

> **제689조 (위임의 상호해지의 자유)**
> ① 위임계약은 각당사자가 언제든지 해지할 수 있다.
> ② 당사자일방이 부득이한 사유없이 상대방의 불리한 시기에 계약을 해지한 때에는 그 손해를 배상하여야 한다

(1) 해지의 자유

위임관계에서는 사실상 '해지의 자유'가 인정되는데, 위임인과 수임인은 유·무상, 기간의 약정유무에 상관없이 언제든지 계약을 해지할 수 있다(제689조 제1항). 그러나 상대방이 불리한 시기에 부득이한 사유 없이 계약을 해지한 때에는 그로 말미암아 생기는 손해를 배상하여야 한다(제689조 제2항). 즉 민법상의 <u>위임계약은 그것이 유상계약이든 무상계약이든 당사자 쌍</u>

방의 특별한 대인적 신뢰관계를 기초로 하는 위임계약의 본질상 각 당사자는 언제든지 이를 해지할 수 있고 그로 말미암아 상대방이 손해를 입는 일이 있어도 그것을 배상할 의무를 부담하지 않는 것이 원칙이며(대판 2005.11.24, 2005다39136), 다만 상대방이 불리한 시기에 해지한 때에는 그 해지가 부득이한 사유에 의한 것이 아닌 한 그로 인한 손해를 배상하여야 한다(대판 2000.6.9, 98다64202).

판례 위임인으로서는 해지 자체는 정당한 이유 유무에 관계없이 할 수 있다 하더라도 정당한 이유 없이 해지한 경우에는 상대방인 수임인에게 그로 인한 손해를 배상할 책임이 있다고 판시한다(대판 2000. 4. 25, 98다47108). 이 경우 그 배상의 범위는 위임이 해지되었다는 사실로부터 생기는 손해가 아니라 적당한 시기에 해지되었더라면 입지 아니하였을 손해에 한한다고 볼 것이다"라고 한다(대판 1991. 4. 9, 90다18968).

(2) 등기대리상 위임해지의 자유제한(복수의 위임계약)

등기권리자와 등기의무자 쌍방으로부터 등기절차의 위촉을 받고 그 절차에 필요한 서류를 교부받은 법무사는 절차가 끝나기 전에 등기의무자로부터 등기신청을 보류해 달라는 요청이 있었다 하여도 등기권리자에 대한 관계에 있어서는 그 사람의 동의가 있는 등 특별한 사정이 없는 한, 그 요청을 거부해야 할 위임계약상의 의무가 있는 것이므로 등기의무자와 법무사간의 위임계약은 계약의 성질상 민법 제689조 1항의 규정에 관계없이 등기권리자의 동의 등 특별한 사정이 없는 한 해지할 수 없다(대판 1987.6.23, 85다카2239). 따라서 이러한 의무위반으로 인해 위임인이 입은 손해에 대해서는 위임계약상의 채무불이행 또는 불법행위를 이유로 법무사(수임인)에게 그 배상을 청구할 수 있다(대판 2001.2.27, 2000다39629).

〈전형계약상 해지자유 등과 그 제한〉

유 형	내 용
위임(제689조)	① 위임계약은 각 당사자가 언제든지 해지할 수 있다. ② 당사자일방이 부득이한 사유 없이 상대방의 불리한 시기에 계약을 해지한 때에는 그 손해를 배상하여야 한다.
임치	① 기간약정이 있는 경우(제698조) : 임치기간의 약정이 있는 때에는 수치인은 부득이한 사유없이 그 기간 만료전에 계약을 해지하지 못한다. 그러나 임치인은 언제든지 계약을 해지할 수 있다.
	② 기간 약정이 없는 경우(제699조) : 임치기간의 약정이 없는 때에는 각 당사자는 언제든지 계약을 해지할 수 있다.
소비임치(제702조)	수치인이 계약에 의하여 임치물을 소비할 수 있는 경우에는 소비대차에 관한 규정을 준용한다. 그러나 반환시기의 약정이 없는 때에는 임치인은 언제든지 그 반환을 청구할 수 있다.
소비대차(제603조)	① 차주는 약정시기에 차용물과 같은 종류, 품질 및 수량의 물건을 반환하여야 한다. ② 반환시기의 약정이 없는 때에는 대주는 상당한 기간을 정하여 반환을 최고하여야 한다. 그러나 차주는 언제든지 반환할 수 있다.
사용대차(제613조)	① 차주는 약정시기에 차용물을 반환하여야 한다.

	② 시기의 약정이 없는 경우에는 차주는 계약 또는 목적물의 성질에 의한 사용, 수익이 종료한 때에 반환하여야 한다. 그러나 사용, 수익에 족한 기간이 경과한 때에는 대주는 언제든지 계약을 해지할 수 있다.

4. 법정해제문제(위임해지자유와 구별할 것)

위임도 계약인 이상 채무불이행을 이유로 한 계약해제가 가능하다. 판례는 '수임인이 위임계약상의 채무를 제대로 이행하지 않은 경우, 채무불이행을 이유로 위임계약을 해제하기 위한 요건'으로서 "수임인이 위임계약상의 채무를 제대로 이행하지 아니하였다 하여 위임인이 언제나 최고 없이 바로 그 채무불이행을 이유로 하여 위임계약을 해제할 수 있는 것은 아니고, 아직도 수임인이 위임계약상의 채무를 이행하는 것이 가능하다면 위임인은 수임인에 대하여 상당한 기간을 정하여 그 이행을 최고하고, 수임인이 그 기간 내에 이를 이행하지 아니할 때에 한하여 계약을 해제할 수 있다"고 판시한다(대판 1996.11.26. 96다27148).

5. 위임종료

(1) 위임의 종료원인

종전 민법	현행 민법
제690조 (사망, 파산등과 위임의 종료) 위임은 당사자일방의 사망 또는 파산으로 인하여 종료한다. 수임인이 금치산선고를 받은 때에도 같다.	제690조(사망·파산 등과 위임의 종료) 위임은 당사자 한쪽의 사망이나 파산으로 종료된다. 수임인이 성년후견개시의 심판을 받은 경우에도 이와 같다.

위임의 특별한 종료원인으로 민법은 당사자에 의한 해지(제689조)·당사자의 사망 또는 파산·수임인의 성년후견개시심판을 들고 있다. 위임인의 성년후견개시 심판선고는 위임종료의 원인이 아니다.

(2) 위임종료시의 긴급처리

제691조 (위임종료시의 긴급처리)
위임종료의 경우에 급박한 사정이 있는 때에는 수임인, 그 상속인이나 법정대리인은 위임인, 그 상속인이나 법정대리인이 위임사무를 처리할 수 있을 때까지 그 사무의 처리를 계속하여야 한다. 이 경우에는 위임의 존속과 동일한 효력이 있다.

위임종료의 경우에 급박한 사정이 있는 때에는 수임인(또는 그 상속인이나 법정대리인)은 위임인(또는 그 상속인이나 법정대리인)이 위임사무를 처리할 수 있을 때까지 그 사무의 처리 계속하여야 한다. 이 경우에는 위임의 존속과 동일한 효력이 있다(제691조).

(3) 위임종료의 대항요건

> **제692조 (위임종료의 대항요건)**
> 위임종료의 사유는 이를 상대방에게 통지하거나 상대방이 이를 안 때가 아니면 이로써 상대방에게 대항하지 못한다.

위임종료의 사유는 이를 상대방에게 통지하거나 상대방이 이를 안 때가 아니면, 이로써 상대방에게 대항하지 못한다(제692조).

제11절 임 치

> **제693조 (임치의 의의)**
> 임치는 당사자일방이 상대방에 대하여 금전이나 유가증권 기타 물건의 보관을 위탁하고 상대방이 이를 승낙함으로써 효력이 생긴다.

1. 일반론

(1) 의의와 성질

임치는 당사자일방이 상대방에게 대하여 금전이나 유가증권 기타 물건의 보관을 위탁하고 상대방이 이를 승낙함으로써 성립하는 계약이다(제693조). 민사상 임치는 원칙적으로 편무·무상·낙성·불요식의 계약이다.

(2) 민법상 임치의 특색

타인의 노무를 이용하는 계약의 일종이지만, 타인의 물건 등을 보관하는 특수한 노무라는 점이 임치의 특색이다. 임치의 목적물은 금전이나 유가증권 기타 물건이다. 물건에는 동산에 한하지 않고 부동산도 포함된다. 이때 목적물의 소유자가 임치인인가 여부는 문제되지 않는다. 임치에서 보관은 수치인이 목적물을 자기의 지배 아래에 두어 그 원상을 유지하고, 당해 목적물을 반환하는 것을 원칙으로 하는 것이기 때문에 수치인은 특정물채무를 부담하고, 따라서 선관주의의무를 부담하여야 할 것이나, 무상임치의 경우는 특칙을 두고 있다(제374조와 제695조를 비교를 하시오). 그리고 단순히 보관장소만을 제공하는 것은 사용대차나 임대차에 지나지 않는다(예컨대 은행의 금고대여 등).

(3) 의사실현에 의한 계약성립여부(제532조)

여관부설주차장에 시정장치가 된 출입문이 설치되어 있거나 출입을 통제하는 관리인이 배치되어 있는 등 여관 측에서 그 주차장에의 출입과 주차시설을 통제하거나 확인할 수 있는 조치가 되어 있다면 그러한 주차장에 여관투숙객이 주차한 차량에 관하여는 명시적인 위탁의 의사표시가 없어도 여관업자와 투숙객 사이에 임치의 합의가 있는 것으로 보아야 한다(대판 1998.12 8, 98다37507).

(4) 주의의무

제695조에서는 무상수치인의 주의의무에 관하여 보수없이 임치를 받은 자는 임치물을 자기 재산과 동일한 주의로 보관하여야 한다(제695조 참조). 따라서 유상인 경우에는 선관주의의무를 부담한다(통설·판례).

판례 〈**부설주차장의 관리자가 주차장이용계약에서 정한 이용시간이 경과된 후에도 주차한 자동차의 보관에 관하여 선관주의의무를 부담하는지 여부(소극)**〉 구 주차장법상의 규정에 의하면, 부설주차장의 관리자는 주차장에 주차하는 자동차의 보관에 관하여 선량한 관리자의 주의의무를 태만히 하지 아니하였음을 증명한 경우를 제외하고는 그 자동차의 멸실 또는 훼손으로 인한 손해배상의 책임을 면하지 못하도록 되어 있는데, 이때 부설주차장의 관리자가 주차장이용계약에 의해 주차한 자동차의 보관에 관하여 부담하는 선관주의의무는 특별한 사정이 없는 한 그 주차장이용계약에서 정한 주차장 이용시간에 한한다(대판 2011.3.10, 2010다72625).

관련사례 | 아파트에 거주하는 甲은 급한 약속이 있어 외출하려고 막 단지 입구의 경비실을 지나다가 전에 자신이 인터넷으로 할인가격인 30만원에 구입한 물건이 택배로 배달되어 오자, 아파트경비원 乙에게 1시간만 보관하여달라고 부탁하여 乙이 이를 경비실 안에 들여놓았는데, 그만 乙이 졸고 있는 사이에 행인 丙이 그 물건을 훔쳐 달아났다. 당시부터 현재까지 위 물건의 시가는 50만원이라고 할 때 乙의 책임은?

해설 | (a) 乙이 甲의 부탁에 따라 물건의 보관을 승낙한 이상 선량한 관리자의 주의로써 위 물건을 보관할 의무가 있으므로, 乙은 이러한 보관의무위반으로 인하여 甲이 입은 손해를 배상할 책임이 있다(×) - 주의의무가 감경된다. 즉 甲과 乙 사이에 물건의 보관에 관한 위탁과 이에 대한 승낙이 있으므로 甲·乙간 임치계약이 성립하였고, 乙은 수치인으로서 주의의무를 다하여 물건을 보관하였다가 甲에게 반환할 의무를 진다. <u>다만 그 보관의무를 이행함에 있어서 乙은 무상수치인이므로 자기재산과 동일한 주의의무를 다하면 된다(민법 제695조).</u>
(b) 사례에서는 乙이 이러한 경감된 주의의무도 위반하여 임치계약에 따라 물건을 반환하여야 할 본래의 급부의무가 이행불능에 빠졌다고 보아야 하고, 따라서 임치인인 甲에게 불능시의 시가 상당액인 50만원의 손해를 배상할 책임이 있다.

(5) 위임에 관한 규정준용

일정한 경우 임치인의 승낙을 얻거나 혹은 부득이한 경우에 한하여 임치물을 제3자로 하여금 보관케 하는 복임권이 수임인과 마찬가지로 수치인에게도 인정된다(제701조에서 제682조 준용).

(6) 특정물채무

임치가 종료하면 수치인은 임치물을 반환하여야 한다. 이때 반환의 목적물은 수치인이 받은 물건이나 금전 또는 유가증권 '그 자체'이며(통설·판례), 임치물이 대체물이라고 해서 동종·동량·동질의 물건을 반환하는 것은 아니다.

(7) 계약의 해지

제698조 (기간의 약정 있는 임치의 해지)
임치기간의 약정이 있는 때에는 수치인은 부득이한 사유 없이 그 기간 만료전에 계약을 해지하지 못한다. 그러나 <u>임치인은 언제든지 계약을 해지할 수 있다.</u>

> **제699조 (기간의 약정 없는 임치의 해지)**
> 임치기간의 약정이 없는 때에는 각 당사자는 언제든지 계약을 해지할 수 있다.

임치기간의 약정이 있는 경우에는 임치인은 언제든지 계약을 해지할 수 있으나, 수치인은 부득이한 사유 없이는 기간만료전에 계약을 해지할 수 없다(제698조). 다만 임치기간의 약정이 없는 때에는 각 당사자는 언제든지 계약을 해지할 수 있다(제699조). 그러나 소비임치에서는 목적물의 반환시기는 계약으로 정한 때에는 그 정해진 시기에, 약정이 없으면 임치인은 언제든지 반환을 청구할 수 있다(제702조 후단).

관련사례 X 공작기계제작회사는 甲에게 신형 프레스기를 매도하기로 한 후 공장에서 출고된 프레스기를 유료보관창고를 운영하는 乙에게 10일간 보관하였다.

해설
(a) X와 乙 사이에는 임치계약이 성립하였으며, 乙은 선량한 관리자의 주의로 프레스기를 보관할 의무가 있다(제374조).
(b) 乙은 다른 약정이 없는 한 위 창고에서 프레스기를 반환하면 된다(제700조).
(c) 乙은 맡긴 프레스기 자체를 X에게 반환하여야 하며, 같은 종류의 다른 프레스기로 반환할 수 없다.
(d) 乙이 보관중인 프레스기를 분실하자 X는 다른 프레스기를 甲에게 인도하였는데, 한달 후 乙이 분실한 프레스기를 찾아 X에게 반환하면 X는 그 수령을 거절하고 이행에 갈음하는 손해배상을 청구할 수도 있다(제395조).
(e) 乙이 보관중인 프레스기를 분실하여 찾지 못한 경우 X는 乙에게 손해배상을 청구할 수 있고, 이 경우 손해배상의 범위에는 다른 프레스기를 출고해 줌으로써 이중으로 부담하게 된 프레스기의 가액과 출고·등록·차량 탁송에 소요된 비용과 제세공과금이 포함된다(대판 1990. 12. 11, 90다카27129 참조).
〈유사판례-건고추사건〉 수령지체로 미반환된 임치물이 훼손된 경우에 있어서 수치인의 배상책임 요건 : ㉠ 수치인이 적법하게 임치계약을 해지하고 임치인에게 임치물의 회수를 최고하였음에도 불구하고 임치인의 수령지체로 반환하지 못하고 있는 사이에 임치물이 멸실 또는 훼손된 경우에는 수치인에게 고의 또는 중대한 과실이 없는 한 채무불이행으로 인한 손해배상책임이 없다(제401조). ㉡ 수치인이 임치인에게 보관중인 건고추를 속히 처분하지 않으면 벌레가 먹어 못쓰게 되니 빨리 처분하든지 인도받아 가라고 요구하였다면 이는 임치계약을 해지하고 임치물의 회수를 최고한 의사표시라고 볼 여지가 있고 이에 대하여 임치인이 시세가 싸다는등 이유로 그 회수를 거절하였다면 이때로부터 수령지체에 빠진 것이라고 하겠다(대판 1983.11.8, 83다카1476).

2. 예금계약(소비임치)

> **제702조 (소비임치)**
> 수치인이 계약에 의하여 임치물을 소비할 수 있는 경우에는 소비대차에 관한 규정을 준용한다. 그러나 반환시기의 약정이 없는 때에는 임치인은 언제든지 그 반환을 청구할 수 있다.

(1) 의의

소비임치(통상의 예금계약)란 수치인이 임치물을 소비하고 이와 동종·동질·동량의 물건을 반환할 것을 내용으로 하는 계약이다. 따라서 임치물의 소유권은 수치인에게 이전한다. 따라서 이 임치는 소비대차와 비슷하므로, 소비대차의 규정이 준용된다(제702조). <u>그러나 기간의 약정이 없는 경우의 반환시기에 관해서는, 소비대차와는 달리</u>(제603조 제2항 참조) <u>임치인은 언제든지 그 반환을 청구할 수 있다</u>(※ 다음의 조문을 비교하시오 : 제603조·제613조·제689조·제698조·제699조·제702조).

(2) 예금계약의 성질

예금계약의 법적 성질에 관하여는, 소비임치라고 함이 일반적 견해이며, 판례의 입장이다.

(3) 예금계약은 요물계약인가 여부와 착오송금의 문제

1) 소비임치는 낙성계약이다.

판례 그러나 금융실무에 있어서는, 예금주와 금융기관간의 단순한 합의에 의하여 예금계약을 체결하기보다는, 예금주가 예금할 금전을 금융기관에 현실적으로 인도하면서 예금계약의 청약을 하고, 금융기관이 그 금전을 수령하여 확인하는 방법으로 예금계약을 체결하는 것이 일반적이다(대판 1977.4.26, 74다646). 따라서 그 뒤에 그 돈이 업무규정에 따른 예금절차를 밟음이 없이 직원에 의하여 유용되었더라도 금융기관과 예금주 사이에는 적법한 예금계약이 성립한 것으로 보아야 한다. 이러한 예금계약성립의 특수성에 대하여 학자들은 요물계약으로 보는 설과 의사실현에 의한 계약성립으로 이해하는 견해가 대립한다.

2) 은행을 통하여 송금하는 경우, 계좌이체는 특별한 사정이 없는 경우 송금의뢰인이 수취인의 예금구좌에 계좌이체를 한 때에는, 송금의뢰인과 수취인 사이에 계좌이체의 원인인 법률관계가 존재하는지 여부에 관계없이 수취인과 수취은행 사이에는 계좌이체금액 상당의 예금계약이 성립하고, 수취인이 수취은행에 대하여 위 금액 상당의 예금채권을 취득한다. 이때, 송금의뢰인과 수취인 사이에 계좌이체의 원인이 되는 법률관계가 존재하지 않음에도 불구하고, 계좌이체에 의하여 수취인이 계좌이체금액 상당의 예금채권을 취득한 경우에는, <u>송금의뢰인은 수취인에 대하여 위 금액 상당의 부당이득반환청구권을 가지게 되지만, 수취은행은 이익을 얻은 것이 없으므로 수취은행에 대하여는 부당이득반환청구권을 취득하지 아니한다</u>(대판 2007.11.29, 2007다51239).

제12절 조 합

> **제703조 (조합의 의의)**
> ① 조합은 2인이상이 상호출자하여 공동사업을 경영할 것을 약정함으로써 그 효력이 생긴다.
> ② 전항의 출자는 금전 기타 재산 또는 노무로 할 수 있다.

1. 조합의 의의

(1) 의의

조합이란 2인 이상의 특정인이 서로 출자하여 공동사업을 경영할 목적으로 결합한 단체를 말한다(제703조). 민법상 조합원의 인원수 상한에 관하여는 제한이 없다. 광업법에 따르면 공동광업출원인은 조합계약을 체결한 것으로 간주한다. 그리고 판례는 순번계는 다수의 자가 서로 약정한 금액을 갹출하여 금융·저축이라는 목적 내지 공동사업을 경영하는 것이므로 일반적으로 조합의 일종으로 볼 수 있다고 한다. 또한 조합은 단체의 일종이므로 그 성립에는 적어도 두 사람 이상의 당사자를 필요로 한다. 그리고 공동사업을 경영하는 것을 목적으로 하므로, 따라서 <u>그 이익은 조합원 전원에게 배분되어야 하며, 일부의 조합원만이 이익분배를 받는 경우는 조합이 아니다</u>(대판 2000.7.7. 98다44666).

판례 ㉠ 〈**사업을 공동경영하는 약정이 민법상 조합계약이 되기 위한 요건**〉 ① 민법상 조합계약은 2인 이상이 상호 <u>출자하여 공동으로 사업을 경영할 것을 약정하는 계약으로서, 특정한 사업을 공동경영하는 약정에 한하여 이를 조합계약이라 할 수 있고, 공동의 목적 달성이라는 정도만으로는 조합의 성립요건을 갖추었다고 할 수 없다</u>(대판 2008.7.10, 2007다44965). ② 부동산의 공동매수인들이 전매차익을 얻으려는 '공동의 목적 달성'을 위해 상호 협력한 것에 불과하고 이를 넘어 '공동사업을 경영할 목적'이 있었다고 인정되지 않는 경우, 이들 사이의 법률관계는 공유관계에 불과할 뿐 민법상 조합이 아니다(대판 2007.6.14. 2005다5140).
㉡ 〈**출자의무불이행과 이익분배문제**〉 건설공동수급체는 기본적으로 민법상 조합의 성질을 가지는 것인데, 건설공동수급체의 구성원인 조합원이 그 출자의무를 불이행하였더라도 그 조합원을 조합에서 제명하지 않는 한 건설공동수급체는 조합원에 대한 출자금채권과 그 연체이자채권, 그 밖의 손해배상채권으로 조합원의 이익분배청구권과 직접 상계할 수 있을 뿐이고, <u>조합계약에서 출자의무의 이행과 이익분배를 직접 연계시키는 특약을 두지 않는 한 출자의무의 불이행을 이유로 이익분배 자체를 거부할 수는 없다</u>(대판 2006.8.25, 2005다16959).

(2) 법인과의 차이

㉠ 조합은 단체이기는 하지만 사단과 같이 그 자체가 구성원과는 독립된 개별성을 갖지 못한다. 조합의 특징으로는 조합은 조합원 상호간의 채권관계에 지나지 않는 것이고, 조합원들과 구별되는 독립된 권리·의무의 주체가 조합이라는 이름으로 존재하는 것은 아니다. 따라서 민법이 조합재산이란 관념을 인정한다고 하더라도(합유), <u>조합이 조합채권의 채권자나 조합채무의 채무자가 되는 것을 인정할 수 없다</u>(즉 조합자체가 권리의무의 주체가 되는 것이 아니다).
㉡ <u>조합자체에는 법인격이 없으며, 또한 민사소송법상 "비법인의 당사자능력"의 규정이 적용되지 않는다</u>(다수설).

민법상 사단과 조합의 차이	
사 단	조 합
개개의 구성원은 단체 속에서 그 개성이나 중요성을 상실하며 단체가 그 구성원의 개성을 초월한 독립한 단일체로 존재한다. 따라서 원칙적으로 법인격이 주어진다.	구성원인 개인은 여전히 독립한 존재를 가지고 있고, 공동의 목적을 달성하는 데 필요한 한도에서 그 제한을 받을 뿐이다. 따라서 원칙적으로 법인격이 주어지지 않는다.
통일적인 조직과 기관을 가지고 있고, 그 기관에 의하여 행동하며, 기관의 행위의 효과는 모두 단체 자체에 귀속된다.	조합원 각자에 의해서 또는 구성원 전원으로부터 대리권이 주어진 자에 의해 활동하고 그 법률효과는 각 조합원에 귀속한다.
자산이나 부채는 모두 사단에 귀속하며, 사원은 사단의 부담에 관하여 <u>유한책임</u>을 진다(청산절차법규정의 강행규정성).	재산은 각자의 소유에 속하지만 단체적 구속을 받는 합유이며, 부채도 역시 각자의 부채여서 조합원으로서 소유하는 재산 이외에, 각자의 개인재산으로도 책임을 져야 한다(무한책임).-청산절차 법규정의 임의규정성

2. 조합계약의 법적 성질

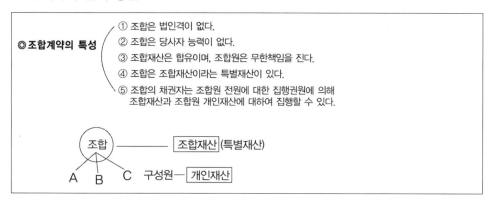

◎ **조합계약의 특성**
① 조합은 법인격이 없다.
② 조합은 당사자 능력이 없다.
③ 조합재산은 합유이며, 조합원은 무한책임을 진다.
④ 조합은 조합재산이라는 특별재산이 있다.
⑤ 조합의 채권자는 조합원 전원에 대한 집행권원에 의해 조합재산과 조합원 개인재산에 대하여 집행할 수 있다.

조합 ——— 조합재산 (특별재산)
A B C 구성원 — 개인재산

조합계약이란, 조합이란 단체를 설립하기 위한 계약으로, 조합은 단순히 개인간의 관계에 그치지 않고, 단체적 구속의 면이 있다. 여기서 조합계약의 법적 성질에 관하여는 학설이 대립하고 있다. 다수설은 조합계약을 계약(특히 쌍무·유상계약으로 봄)으로 보는 반면, 소수설은 조합계약을 합동행위라고 한다. 법적 성질에서 특히 문제되는 것은 소급효의 제한이다(일부견해는 사실적 조합의 이론이라 함).

판례 〈수인이 부동산을 공동으로 매수한 것이 조합관계로 인정되기 위한 요건〉 수인이 부동산을 공동으로 매수한 경우, 매수인들 사이의 법률관계는 공유관계로서 단순한 공동매수인에 불과할 수도 있고, 그 수인을 조합원으로 하는 동업체에서 매수한 것일 수도 있는바, 공동매수의 목적이 전매차익의 획득에 있을 경우 그것이 공동사업을 위해 동업체에서 매수한 것이 되려면, 적어도 공동매수인들 사이에서 그 매수한 토지를 공유가 아닌 동업체의 재산으로 귀속시키고 공동매수인 전원의 의사에 기해 전원의 계산으로 처분한 후 그 이익을 분배하기로 하는 명시적 또는 묵시적 의사의 합치가 있어야만 할 것이고, 이와 달리 공동매수 후 매수인별로 토지에 관하여 공유에 기한 지분권을 가지고 각자 자유롭게 그 지분권을 처분하여 대가를 취득할 수 있도록 한 것이라면 이를 동업체에서 매수한 것으로 볼 수는 없다(대판 2007.6.14. 2005다5140).

(1) 계약해제

광업법상의 공동광업권자는 조합계약을 한 것으로 간주되므로 그 조합의 해산을 청구하거나 탈퇴 또는 제명을 할 수 있을 뿐, 계약해제에 관한 계약법 총칙규정에 의하여 그 조합계약을 해제할 수는 없는 것이다(대판 1969.11.25. 64다1057; 대판 1994.5.13. 94다7157).

(2) 법률행위취소

공동광업권자는 조합계약을 한 것으로 간주되며 그 조합이 사업을 개시하고 제3자와의 간에 거래관계가 이루어지고 난 다음에는 조합계약 체결 당시의 의사표시의 하자를 이유로 취소하여 조합 성립 전으로 환원시킬 수 없다(대판 1972. 4. 25. 71다1833).

3. 조합의 사무집행

제706조 (사무집행의 방법)
① 조합계약으로 업무집행자를 정하지 아니한 경우에는 조합원의 3분의 2이상의 찬성으로써 이를 선임한다.

> ② 조합의 업무집행은 조합원의 과반수로써 결정한다. 업무집행자가 수인인 때에는 그 과반수로써 결정한다.
> ③ 조합의 통상사무는 전항의 규정에 불구하고 각 조합원 또는 각 업무집행자가 전행할 수 있다. 그러나 그 사무의 완료전에 다른 조합원 또는 다른 업무집행자의 이의가 있는 때에는 즉시 중지하여야 한다.

(1) 문제의 소재

민법 제272조에 의하면 조합재산을 처분하거나 변경하기 위하여 조합원 전원의 동의를 필요로 하지만, 민법 제706조에 의하면 조합재산의 처분이나 변경에 조합원 전원의 일치된 의사가 요구되지 아니한다는 결과가 된다. 따라서 이러한 조항 상호간에 서로 모순·충돌하는 규정을 어떻게 해석하여야 하는가에 대하여 논란이 있다.

(2) 특별사무는 조합원의 과반수(판례)

(ㄱ) 조합재산의 처분·변경에 관한 행위는 다른 특별한 사정이 없는 한 조합의 특별사무에 해당하는 업무집행이며, 이에 대하여는 특별한 사정이 없는 한 민법 제706조 제2항이 민법 제272조에 우선하여 적용되므로, 조합재산의 처분·변경은 업무집행자가 없는 경우에는 조합원의 과반수로 결정하고, 업무집행자가 수인 있는 경우에는 그 업무집행자의 과반수로써 결정하며, 업무집행자가 1인만 있는 경우에는 그 업무집행자가 단독으로 결정한다(대판 2010.4.29. 2007다18911).

(ㄴ) 조합의 임원회의 결의로 그 조합재산인 채권을 타인에게 양도한 경우, 그 조합 임원들이 조합의 업무집행조합원들이고 그 채권의 양도는 조합의 특별사무에 해당하는 조합재산의 처분이라는 이유로 그 임원회의 과반수 결의로 이루어진 채권의 양도는 유효한 업무집행이다(대판 2000.10.10. 2000다28506, 28513).

판례 ① 〈조합의 업무집행자 선임 등의 의결정족수를 정한 민법 제706조에 규정된 '조합원'의 의미(=조합원의 인원수) 및 위 규정이 임의규정인지 여부(적극)〉 민법 제706조에서는 조합원 3분의 2 이상의 찬성으로 조합의 업무집행자를 선임하고 조합원 과반수의 찬성으로 조합의 업무집행방법을 결정하도록 규정하고 있는바, 여기서 말하는 조합원은 조합원의 출자가액이나 지분이 아닌 조합원의 인원수를 뜻한다. 다만, 위와 같은 민법의 규정은 임의규정이다(대판 2009.4.23. 2008다4247).

② 〈조합계약에서 개괄적으로 조합원 지분의 양도를 인정하고 있는 경우, 그 지분 일부의 양도도 허용되는지 여부(원칙적 소극)〉 조합계약에 '동업지분은 제3자에게 양도할 수 있다'는 약정을 두고 있는 것과 같이 조합계약에서 개괄적으로 조합원 지분의 양도를 인정하고 있는 경우 조합원은 다른 조합원 전원의 동의가 없더라도 자신의 지분 전부를 일체로써 제3자에게 양도할 수 있으나, 그 지분의 일부를 제3자에게 양도하는 경우까지 당연히 허용되는 것은 아니다. 왜냐하면, 민법 제706조에 따라 조합원 수의 다수결로 업무집행자를 선임하고 업무집행방법을 결정하게 되어 있는 조합에 있어서는 조합원 지분의 일부가 제3자에게 양도되면 조합원 수가 증가하게 되어 당초의 조합원 수를 전제로 한 조합의 의사결정구조에 변경이 생기기 때문이다(대판 2009.4.23. 2008다4247).

③ 〈합유물의 처분변경문제〉 민법 제272조에 따르면 합유물을 처분 또는 변경함에는 합유자 전원의 동의가 있어야 하나, 합유물 가운데서도 조합재산의 경우 그 처분·변경에 관한 행위는 조합의 특별사무에 해당하는 업무집행으로서, 이에 대하여는 특별한 사정이 없는 한 민법 제706조 제2항이 민법 제272조에 우선하여 적용되므로, 조합재산의 처분·변경은 업무집행자가 없는 경우에는 조합원의 과반수로 결정하고, 업무집행자가 수인 있는 경우에는 그 업무집행자의 과반수로써 결정하며, 업무집행자가 1인만 있는 경우에는 그 업무집행자가 단독으로 결정한다(대판 2010.4.29. 2007다18911).

(3) 업무집행조합원과 조합의 관계

(ㄱ) 일부 조합원이 동업계약에 따라 동업자금을 출자하였는데 업무집행 조합원이 본연의 임무에 위배되거나 혹은 권한을 넘어선 행위를 자행함으로써 끝내 동업체의 동업 목적을 달성할 수 없게끔 만들고, 조합원이 출자한 동업자금을 모두 허비한 경우에 그로 인하여 손해를 입은 주체는 동업자금을 상실하여 버린 조합, 즉 조합원들로 구성된 동업체라 할 것이고, 이로 인하여 결과적으로 동업자금을 출자한 조합원에게 손해가 발생하였다 하더라도 이는 조합과 무관하게 개인으로서 입은 손해가 아니고, 조합체를 구성하는 조합원의 지위에서 입은 손해에 지나지 아니하는 것이므로, 결국 피해자인 조합원으로서는 조합관계를 벗어난 개인의 지위에서 그 손해의 배상을 구할 수는 없다(대판 1999. 6. 8. 98다60484).

(ㄴ) 다만 배임행위로 인하여 조합관계가 종료되고 달리 조합의 잔여업무가 남아 있지 아니한 상황에서 조합의 유일한 재산이 배임행위를 한 조합원에 대한 손해배상채권의 형식으로 잔존하고 있는 경우라면, 다른 조합원은 배임행위를 한 조합원에게 그 손해배상채권액 중 자신의 출자가액 비율에 의한 몫에 해당하는 돈을 잔여재산분배금으로 청구할 수 있을 뿐이라고 할 것이다(대판 1992. 4. 24.92다2509).

4. 조합대리

제709조 (업무집행자의 대리권추정)
조합의 업무를 집행하는 조합원은 그 업무집행의 대리권 있는 것으로 추정한다.

(1) 대리권추정

민법 제709조에 의하면 조합계약으로 업무집행자를 정하였거나 또는 선임한 때에는 그 업무집행조합원은 조합의 목적을 달성하는 데 필요한 범위에서 조합을 위하여 모든 행위를 할 대리권이 있는 것으로 추정되지만, 위 규정은 임의규정이라고 할 것이다(대판 2002.1.25. 99다62838).

판례 〈민법 제709조의 의미〉 조합계약으로 업무집행자를 정하였거나 또는 선임한 때에는 그 업무집행조합원은 조합의 목적을 달성하는 데 필요한 범위에서 조합을 위하여 모든 행위를 할 대리권이 있는 것으로 추정되지만, 위 규정은 임의규정이라고 할 것이므로 당사자 사이의 약정에 의하여 조합의 업무집행에 관하여 조합원 전원의 동의를 요하도록 하는 등 그 내용을 달리 정할 수 있다(대판 2002.1.25. 99다62838).

(2) 현명주의

민법 제114조 제1항은 "대리인이 그 권한 내에서 본인을 위한 것임을 표시한 의사표시는 직접 본인에게 대하여 효력이 생긴다"라고 규정하고 있으므로, 원칙적으로 대리행위는 본인을 위한 것임을 표시하여야 직접 본인에 대하여 효력이 생기는 것이고, 한편 민법상 조합의 경우 법인격이 없어 조합 자체가 본인이 될 수 없으므로, 이른바 조합대리에 있어서는 본인에 해당하는 모든 조합원을 위한 것임을 표시하여야 하나, 반드시 조합원 전원의 성명을 제시할 필요는 없고, 상대방이 알 수 있을 정도로 조합을 표시하는 것으로 충분하다(대판 2009.1.30. 2008다79340).

(3) 표현대리

대리권 없이 어느 조합원이 대외적 법률행위를 한 경우, 제3자는 표현대리의 성립을 주장할 수 있을 것이다.

5. 합유재산의 특성

> **제704조 (조합재산의 합유)**
> 조합원의 출자 기타 조합재산은 조합원의 합유로 한다.

(1) 합유

조합재산의 소유는, 조합 자체가 법인격이 없으므로 조합원 전원이 공동으로 소유하는 수밖에 없다. 이를 합유라 한다. 합유의 내용은 일차적으로는 조합계약서의 정함에 따르고, 그에 정함이 없는 경우에는 민법의 합유에 관한 규정(제271조~제274조)이 적용된다.

판례 부동산의 소유자가 동업계약(조합계약)에 의하여 부동산의 소유권을 투자하기로 하였으나 아직 그의 소유로 등기가 되어 있고 조합원의 합유로 등기되어 있지 않다면, 그와 조합 사이에 채권적인 권리의무가 발생하여 그로 하여금 조합에 대하여 그 소유권을 이전할 의무 내지 그 사용을 인용할 의무가 있다고 할 수는 있지만, 그 동업계약을 이유로 조합계약 당사자 아닌 사람에 대한 관계에서 그 부동산이 조합원의 합유에 속한다고 할 근거는 없으므로, 조합원이 아닌 제3자에 대하여는 여전히 소유자로서 그 소유권을 행사할 수 있다(대판 2002.6.14, 2000다30622).

(2) 합유지분

조합재산을 구성하는 '개개의 물건'에 대하여 각 조합원은 지분을 가질 뿐만 아니라, '전체로서의 조합재산'에 대해서도 지분을 가진다는 것이다. 따라서 계원(조합원)의 변동(지분의 양도 등)은 그 의무의 이행 등에 중요한 의미가 있으므로 전 계원의 동의를 필요로 한다(제273조 참조).

판례 〈전원동의〉 ㉠ 공동으로 공유수면매립면허를 받아 매립공사를 동업하는 두 회사 중 한 회사가 조합재산인 위 면허권 전부를 다른 회사의 동의 없이 타인에게 양도하였다면 이는 합유물을 합유자전원의 동의없이 처분한 것이 되어 무효이다(대판 1991.5.15, 91마186). ㉡ 조합이 해산되고 청산이 종료할 때까지 일부 조합원이 다른 조합원들의 동의를 얻지 않고 조합재산인 채권을 타인에게 양도한 행위는 무효이다(대판 1992.10.9, 92다28075).

(3) 조합원의 지분양도

조합원은 다른 조합원 전원의 동의가 있으면 그 지분을 처분할 수 있으나 조합의 목적과 단체성에 비추어 조합원으로서의 자격과 분리하여 그 지분권만을 처분할 수는 없으므로, 조합원이 지분을 양도하면 그로써 조합원의 지위를 상실하게 되며, 이와 같은 조합원 지위의 변동은 조합지분의 양도ㆍ양수에 관한 약정으로써 바로 효력이 생긴다(대판 2009.3.12, 2006다28454).

(4) 특별재산

제714조 (지분에 대한 압류의 효력)
조합원의 지분에 대한 압류는 그 조합원의 장래의 이익배당 및 지분의 반환을 받을 권리에 대하여 효력이 있다.
제715조 (조합채무자의 상계의 금지)
조합의 채무자는 그 채무와 조합원에 대한 채권으로 상계하지 못한다.

1) 취지

민법이 조합재산이라는 특별재산을 별도로 인정하는 것은 조합의 목적달성을 도와주기 위한 목적이다. 따라서 제714조에서는, "조합원의 지분에 대한 압류는 그 조합원의 장래의 이익배당 및 지분의 반환을 받을 권리에 대하여 효력이 있다"고하여 현재의 조합재산을 지켜주려는 것이고, 제715조에서는 "조합의 채무자는 그 채무와 조합원에 대한 채권으로 상계하지 못한다"고 하여, 조합원 개인 때문에 조합재산이 줄어드는 것을 막고 있다. 아래에서는 조합재산과 관련된 판례를 정리하기로 한다.

2) 조합재산을 구성하는 개개의 재산에 대한 합유지분에 관하여 압류 기타 강제집행이 가능한지 여부(소극)

조합의 재산은 특별재산으로 되도록 유지시킬려는 것이 법의 목적이다. 따라서 민법 제714조는 "조합원의 지분에 대한 압류는 그 조합원의 장래의 이익배당 및 지분의 반환을 받을 권리에 대하여 효력이 있다."고 규정하여 조합원의 지분에 대한 압류를 허용하고 있으나, 여기에서의 조합원의 지분이란 전체로서의 조합재산에 대한 조합원 지분을 의미하는 것이고, 이와 달리 조합재산을 구성하는 개개의 재산에 대한 합유지분에 대하여는 압류 기타 강제집행의 대상으로 삼을 수 없다 할 것이다(대결 2007.11.30. 2005마1130).

판례[1] 〈공동수급체와 도급인 사이에 공동수급체 개별 구성원이 출자지분 비율에 따라 공사대금채권을 직접 취득하도록 하는 묵시적인 약정이 있다고 볼 수 있는지 여부(원칙적 적극)〉
[다수의견] ㉠ 공동이행방식의 공동수급체는 기본적으로 민법상 조합의 성질을 가지는 것이므로, 공동수급체가 공사를 시행함으로 인하여 도급인에 대하여 가지는 채권은 원칙적으로 공동수급체 구성원에게 합유적으로 귀속하는 것이어서 특별한 사정이 없는 한 구성원 중 1인이 임의로 도급인에 대하여 출자지분 비율에 따른 급부를 청구할 수 없고, 구성원 중 1인에 대한 채권으로써 그 구성원 개인을 집행채무자로 하여 공동수급체의 도급인에 대한 채권에 대하여 강제집행을 할 수 없다.
㉡ 그러나 공동이행방식의 공동수급체와 도급인이 공사도급계약에서 발생한 채권과 관련하여 공동수급체가 아닌 개별 구성원으로 하여금 지분비율에 따라 직접 도급인에 대하여 권리를 취득하게 하는 약정을 하는 경우와 같이 공사도급계약의 내용에 따라서는 공사도급계약과 관련하여 도급인에 대하여 가지는 채권이 공동수급체 구성원 각자에게 지분비율에 따라 구분하여 귀속될 수도 있고, 위와 같은 약정은 명시적으로는 물론 묵시적으로도 이루어질 수 있다(대판(전합) 2012.5.17, 2009다105406).
㉢ 이와 달리 기성대가 등을 공동수급체 구성원 각자에게 구분하여 직접 지급하는 내용으로 개정된 공동도급계약운용요령 제11조가 시행된 1996. 1. 8. 이후에 기성대가 등을 공동이행방식의 공동수급체 구성원별로 직접 지급받기로 하는 약정 내용이 기재된 공동수급협정서가 제출되어 체결된 공동도급계약에 관한 사안에서 공사대금채권이 공동수급체의 구성원들에게 합유적으로 귀속한다는 취지로 판시한 대법원 2000. 11. 24. 선고 2000다32482 판결 등은 모두 이 판결의 견해에 배치되는 범위 내에서 이를 변경하기로 한다(대판(전합) 2012.5.17, 2009다105406).

판례[2] 공동이행방식의 공동수급체와 도급인 사이에 공동수급체 개별 구성원이 지분비율에 따라 공사대금채권을 직접 취득하도록 하는 약정이 있었으나 일부 구성원만이 실제로 공사를 수행하거나 일부 구성원이 공사대금채권에 관한 자신의 지분비율을 넘어서 공사를 수행한 경우, 도급인에 대한 공사대금채권 자체가 실제의 공사비율에 따라 귀속하는 지 여부(원칙적 소극) : 공동이행방식의 공동수급체와 도급인 사이의 공사도급계약에서 공동수급체의 <u>개별 구성원</u>으로 하여금 공사대금채권에 관하여 지분비율에 따라 직접 도급인에 대하여 권리를 취득하게 하는 약정이 이루어진 경우, 특별한 사정이 없는 한, 개별 구성원들은 실제 공사를 누가 어느 정도 수행하였는지에 상관없이 도급인에 대한 관계에서 공사대금채권 중 각자의 지분비율에 해당하는 부분을 취득한다. 다만 공사도급계약의 이행에 있어서의 실질적 기여비율에 따른 공사대금의 최종적 귀속 여부는 도급인과는 무관한 공동수급체 구성원들 내부의 정산문제일 뿐이라고 할 것이다(대법원 2013.2.28. 선고 2012다107532 판결).

3) 채권의 합유문제

(ㄱ) 제3자가 불법하게 조합재산을 침해한 경우 이로 인하여 발생한 손해배상청구권은 <u>조합재산으로 조합원의 합유에 속하는 것</u>이고 그 채권이 지분의 비율에 의하여 조합원에게 분해되어 귀속하는 것은 아니므로 조합이 해산되어 청산의 방법으로 조합채권을 분해귀속키로 하였다면 별문제이지만 그렇지 아니한 경우 <u>조합원의 한 사람은 그 채권을 직접 청구할 수 없다</u> 할 것이다(대판 1963.9.5. 63다330). 이처럼 <u>조합의 채권은 조합원 전원에게 합유적으로 귀속하는 것</u>이어서, 특별한 사정이 없는 한 조합원 중 1인이 임의로 조합의 채무자에 대하여 출자지분의 비율에 따른 급부를 청구할 수 없다(대판 1997.8.26. 97다4401).

판례 〈조합재산에 속하는 채권에 관한 소송이 조합원들이 공동으로 제기하여야 하는 고유필수적 공동소송에 해당하는 지 여부(원칙적 적극)〉 : 민법상 조합계약은 2인 이상이 상호 출자하여 공동으로 사업을 경영할 것을 약정하는 계약으로서, 조합재산은 조합의 합유에 속하므로 조합재산에 속하는 채권에 관한 소송은 합유물에 관한 소송으로서 특별한 사정이 없는 한 조합원들이 공동으로 제기하여야 하는 고유필수적 공동소송에 해당한다(대판 2012.11.29. 2012다44471 판결).

(ㄴ) 따라서 공동명의 예금채권자들 각자가 분담하여 출연한 돈을 동업(조합의 특별재산-채권의 준합유가 됨) 이외의 특정 목적을 위하여 공동명의로 예치해 둠으로써 그 목적이 달성되기 전에는 공동명의 예금채권자가 단독으로 예금을 인출할 수 없도록 방지·감시하고자 하는 목적으로 공동명의로 예금을 개설한 경우라면, 순수한 동업재산이 아니기 때문에 하나의 예금채권이 분량적으로 분할되어 각 공동명의 예금채권자들에게 공동으로 귀속되고, 각 공동명의 예금채권자들이 예금채권에 대하여 갖는 각자의 지분에 대한 관리처분권은 각자에게 귀속되는 것이다.

판례 〈공동명의의 예금채권의 법률관계〉 ① 공동명의 예금채권자가 단독으로 예금을 인출할 수 없도록 방지·감시하고자 하는 목적으로 공동명의로 예금을 개설한 경우라면, 하나의 예금채권이 분량적으로 분할되어 각 공동명의 예금채권자들에게 공동으로 귀속되고, 각 공동명의 예금채권자들이 예금채권에 대하여 갖는 각자의 지분에 대한 관리처분권은 각자에게 귀속되는 것이고, 다만 은행에 대한 지급 청구만을 공동반환의 특약에 의하여 공동명의 예금채권자들 모두가 공동으로 하여야 하는 것이므로, 공동명의 예금채권자 중 1인에 대한 채권자로서는 그 1인의 지분에 상응하는 예금채권에 대한 압류 및 추심명령 등을 얻어 이를 집행할 수 있고, 한편 이러한 압류 등을 송달받은 은행으로서는 압류채권자의 압류 명령 등에 기초한 단독 예금반환청구에 대하여, ″공동명의 예금채권자가 공동으로 그 반환을 청구하는 절차를 밟아야만 예금청구에 응할 수 있다." 는 공동명의 예금채권자들과 사이의 공동
반환특약을 들어 그 지급을 거절할 수는 없다고 보아야 할 것이다. 왜냐하면, ② 위와 같이 해석하지 않을 경우,
공동명의 예금채권자들로서는 각자의 은행에 대한 예금채권의 행사를 불가능하게 하거나 제한하는 내용의 공동반
환특약을 체결하는 방법에 의하여, 그들의 예금채권에 대한 강제집행 가능성을 사실상 박탈 내지 제한함으로써 그
들에 대한 압류채권자의 권리 행사를 부당하게 제한하는 결과가 되기 때문이다(대판 2005.9.9, 2003다7319).

4) 상계금지

(ㄱ) 조합의 재산은 특별재산으로 되도록 유지시킬려는 것이 법의 목적이므로, 조합의 채무
자는 그 채무와 조합원에 대한 개인채권으로 상계하지 못한다(제715조). 따라서 조합으로
부터 부동산을 매수하여 잔대금채무를 지고 있는 자가 조합원 중의 1인에 대하여 개인 채권
을 가지고 있다고 하더라도 그 채권과 조합과의 매매계약으로 인한 잔대금채무를 서로 대등
액에서 상계할 수는 없다(대판 1998.3.13, 97다6919).

(ㄴ) 그러나 조합의 채권자로부터 채무의 변제를 청구받은 조합원은 그 채권자에 대한 자기의
채권으로서 상계할 수 있다(왜냐하면 그러한 상계에 의해 조합의 재산이 감소하는 것은 아니기 때문이다).

판례 〈탈퇴 조합원의 출자지분 반환청구권과 조합의 횡령금반환 채권과의 상계〉 탈퇴한 동업자의 출자금반환청구
에 있어서 그 탈퇴자가 공동영업사무집행중 동업체의 금원을 횡령하였다면 탈퇴자는 동업체에 이를 변상할
책임이 있다고 할 것이므로 동업체의 업무집행자는 위 손해배상채권을 자동채권으로 하여 탈퇴자의 출자금
반환청구와 상계를 주장할 수 있다(대판 1983.10.11, 83다카542).

(5) 상속시 법률관계

부동산의 합유자 중 일부가 사망한 경우 합유자 사이에 특별한 약정이 없는 한 사망한 합유
자의 상속인은 합유자로서의 지위를 승계하지 못하므로, 해당 부동산은 잔존 합유자가 2인
이상일 경우에는 잔존 합유자의 합유로 귀속되고 잔존 합유자가 1인인 경우에는 잔존 합유자
의 단독소유로 귀속된다(대판 1996.12.10, 96다23238).

(6) 조합원들 명의로 마친 공유등기

(ㄱ) 동업을 목적으로 하는 조합이 조합재산으로 취득한 부동산에 관하여 합유등기를 하지
않고 조합원 1인 명의로 소유권이전등기를 한 경우 조합체가 그 조합원에게 명의신탁한
것으로 보아야 한다.

(ㄴ) 그리고 조합이 조합재산으로 취득한 부동산에 관하여 조합원들 명의로 마친 공유등기
는 부동산실권리자명의에관한법률에 의하여 무효가 된다. 따라서 명의수탁자인 조합원들
명의의 소유권이전등기는 무효이어서 그 부동산 지분은 조합원들의 소유가 아니기 때문에
이를 일반채권자들의 공동담보에 공하여지는 책임재산이라고 볼 수 없다. 그러므로 조합원
들 중 1인이 조합에서 탈퇴하면서 나머지 조합원들에게 그 지분에 관한 소유권이전등기를 경
료하여 주었다 하더라도 그로써 채무자인 그 해당 조합원의 책임재산에 감소를 초래한 것이
라고 할 수 없으므로, 이를 들어 일반채권자를 해하는 사해행위라고 볼 수는 없는 것이다(대
판 2002.6.14, 2000다30622).

6. 조합채무

> **제711조 (손익분배의 비율)**
> ① 당사자가 손익분배의 비율을 정하지 아니한 때에는 각 조합원의 출자가액에 비례하여 이를 정한다.
> ② 이익 또는 손실에 대하여 분배의 비율을 정한 때에는 그 비율은 이익과 손실에 공통된 것으로 추정한다.
> **제712조 (조합원에 대한 채권자의 권리행사)**
> 조합채권자는 그 채권발생당시에 조합원의 손실부담의 비율을 알지 못한 때에는 각 조합원에게 균분하여 그 권리를 행사할 수 있다.
> **제713조 (무자력조합원의 채무와 타조합원의 변제책임)**
> 조합원 중에 변제할 자력 없는 자가 있는 때에는 그 변제할 수 없는 부분은 다른 조합원이 균분하여 변제할 책임이 있다.

(1) 균분주의와 분담주의

(ㄱ) 조합은 쌍무계약적 성질을 갖고 있기 때문에 당사자가 노무 등을 포함하여 출자를 하게 되는데, 당사자가 손익분배의 비율을 정하지 아니한 때에는 각 조합원의 출자가액에 비례하여 이를 정하고, 이익 또는 손실에 대하여 분배의 비율을 정한 때에는 그 비율은 이익과 손실에 공통된 것으로 추정한다(제711조).

(ㄴ) 조합의 채권자는 그 채권발생당시에 조합원의 손실부담의 비율을 알지 못한 때에는 각 조합원에게 균분하여 그 권리를 행사할 수 있다(제712조). 즉 조합채무는 각 조합원의 채무로서 그 채무가 불가분채무이거나 연대특약이 없는 한 조합채권자는 각 조합원에 대하여 지분의 비율에 따라 또는 균일적으로 변제를 청구할 수 있을 뿐이지 달리 그 금원전부나 연대의 지급을 구할 수는 없다(대판 1985.11.12, 85다카1499).

(ㄷ) 그리고 특히 무자력조합원이 있는 경우 다른 조합원의 변제책임과 관련하여서는, 제713조에서 "그 변제할 수 없는 부분은 다른 조합원이 '균분(均分)하여 변제'할 책임이 있다"고 하고 있다(입법론상 문제점이 제기되고 있음에 유의).

(2) 병존적 책임

조합채무는 각 조합원이 그의 개인재산을 가지고 책임을 지는 외에, 조합원전원이 조합재산을 가지고 공동으로 책임을 진다. 이때 조합의 채권자는 먼저 조합재산으로부터 변제를 받고, 변제받지 못한 한도에서 각 조합원에게 청구하여야 하는 것은 아니다(즉 병존적이다. 판례). 따라서 조합채권자가 각 조합원의 개인재산에 대하여 강제집행하는 데는 각 조합원을 상대로 소를 제기하여 그 집행권원으로 할 수 있음은 물론, 그밖에 조합원 전원에 대한 집행권원을 가지고서도 각 조합원이 부담하는 책임액을 증명하여 그 개인재산에 대해 강제집행을 할 수 있는 것으로 해석된다.

7. 조합원간의 관계

(1) 조합원의 탈퇴

조합원이 자발적으로 탈퇴하는 임의탈퇴와 강제적으로 탈퇴하는 비임의탈퇴가 있다. 비임의탈퇴 중 제명이 있으며, 탈퇴시 출자종류여하에 불구하고 금전으로 지분계산을 할 수 있다.

> **제716조 (임의탈퇴)**
> ① 조합계약으로 조합의 존속기간을 정하지 아니하거나 조합원의 종신까지 존속할 것을 정한 때에는 각 조합원은 언제든지 탈퇴할 수 있다. 그러나 부득이한 사유 없이 조합의 불리한 시기에 탈퇴하지 못한다.
> ② 조합의 존속기간을 정한 때에도 조합원은 부득이한 사유가 있으면 탈퇴할 수 있다.

종전 민법	현행 민법
제717조 (비임의탈퇴) 전조의 경우외에 조합원은 다음 각호의 사유로 인하여 탈퇴된다. 1. 사망 2. 파산 3. 금치산 4. 제명	제717조(비임의 탈퇴) 제716조의 경우 외에 소합원은 다음 각 호의 어느 하나에 해당하는 사유가 있으면 탈퇴된다. 1. 사망 2. 파산 3. 성년후견의 개시 4. 제명(제명)

> **제718조 (제명)**
> ① 조합원의 제명은 정당한 사유있는 때에 한하여 다른 조합원의 일치로써 이를 결정한다.
> ② 전항의 제명결정은 제명된 조합원에게 통지하지 아니하면 그 조합원에게 대항하지 못한다.
> **제719조 (탈퇴조합원의 지분의 계산)**
> ① 탈퇴한 조합원과 다른 조합원간의 계산은 탈퇴당시의 조합재산상태에 의하여 한다.
> ② 탈퇴한 조합원의 지분은 그 출자의 종류여하에 불구하고 금전으로 반환할 수 있다.
> ③ 탈퇴당시에 완결되지 아니한 사항에 대하여는 완결 후에 계산할 수 있다.

1) 민법 제716조에 의한 조합의 탈퇴는 잔존 조합원이 동업사업을 계속 유지·존속함을 전제로 하는지 여부(적극)

여기서 조합의 탈퇴라 함은 특정 조합원이 장래에 향하여 조합원으로서의 지위를 벗어나는 것으로서, 이 경우 조합 그 자체는 나머지 조합원에 의해 동일성을 유지하며 존속하는 것이므로 결국 탈퇴는 잔존 조합원이 동업사업을 계속 유지·존속함을 전제로 하는 것이라 할 것이다(대판 2007.11.15, 2007다48370).

2) 민법상 조합원의 조합탈퇴권이 채권자대위권의 목적이 될 수 있는지 여부(적극)

조합원이 조합을 탈퇴할 권리는 그 성질상 조합계약의 해지권으로서 그의 일반재산을 구성하는 재산권의 일종이라 할 것이고 채권자대위가 허용되지 않는 일신전속적 권리라고는 할 수 없다. 따라서 채무자의 재산인 조합원 지분을 압류한 채권자는, 당해 채무자가 속한 조합에 존속기간이 정하여져 있다거나 기타 채무자 본인의 조합탈퇴가 허용되지 아니하는 것과 같은 특별한 사유가 있지 않은 한, 채권자대위권에 의하여 채무자의 조합 탈퇴의 의사표시를 대위행사할 수 있다(대결 2007.11.30, 2005마1130).

3) 2인조합에서 1인이 탈퇴한 경우 조합재산에 대한 법률관계

㈀ 2인으로 된 조합관계에 있어 그 중 1인이 탈퇴하면 조합관계는 종료된다 할 것이나 특별한 사정이 없는 한 조합은 해산되지 아니하고 따라서 청산이 뒤따르지 아니하며, 다만 조합

원의 합유에 속한 조합재산은 남은 조합원의 단독소유에 속하며 탈퇴자와 남은 자 사이에는 탈퇴로 인한 계산을 하는데 불과하다(대판 1987.11.24. 86다카2484). 즉 탈퇴하는 조합원은 특별한 사정이 없는 한 해산청구를 할 수 없다고 할 것이다.

ⓛ 탈퇴한 조합원의 지분은 그 출자의 종류 여하에 불구하고 금전으로 반환할 수 있고, 이 경우 탈퇴 조합원의 지분 계산에 있어서 자산평가의 기준 시기는 탈퇴 당시이며, 조합원이 지분의 정산을 장기간 거부하였다거나 금전으로 정산하겠다는 의사표시를 뒤늦게 하였다 하여 달리 볼 것이 아니다(대판 1998.10.27. 98다15170).

(2) 잔여재산의 분배청구의 소

1) 조합원간의 분배청구의 소

조합관계가 종료된 경우 당사자 사이에 별도의 약정이 없는 이상, 청산절차를 밟는 것이 통례로서 조합원들에게 분배할 잔여재산과 그 가액은 청산절차가 종료된 때에 확정되는 것이므로 원칙적으로 청산절차가 종료되지 아니한 상태에서 잔여재산의 분배를 청구할 수는 없는 것이지만 조합의 잔무로서 처리할 일이 없고, 잔여재산의 분배만이 남아 있을 때에는 따로 청산절차를 밟을 필요가 없이 각 조합원은 자신의 잔여재산 분배비율의 범위 내에서 그 분배비율을 초과하여 잔여재산을 보유하고 있는 조합원에 대하여 바로 잔여재산의 분배를 청구할 수 있다(대판 1998.12.8. 97다31472). 즉 필수적 공동소송이 아님에 유의하여야 한다.

2) 조합과 관련된 소송

조합에 관한 소송이라고 하더라도 대체로 능동소송인 경우에는 필수적 공동소송이고, 수동소송인 경우에는 필수적 공동소송이 아니다. 예컨대 조합원 전원이 부동산을 매수한 경우 부동산에 관한 소유권이전등기청구의 소, 조합재산에 속하는 채권에 관한 소송은 필수적 공동소송이다. 그러나 제3자가 조합채무의 이행을 구하는 소송(수동소송) 또는 조합원이 다른 조합원에 대하여 출자금청구의 이행을 구하는 소송은 필수적 공동소송이 아니다. 위에서 문제된 조합해산시의 잔여재산분배청구권은 조합내부관계에서 발생하는 것으로, 조합원들이 반드시 공동으로 행사하여야 하는 것은 아니다. 따라서 이를 행사하는 것이 필수적 공동소송에 해당한다고 보아야 할 필요는 없다는 것이 판례이다.

8. 해산과 청산

제720조 (부득이한 사유로 인한 해산청구)
부득이한 사유가 있는 때에는 각 조합원은 조합의 해산을 청구할 수 있다.
제721조 (청산인)
① 조합이 해산한 때에는 청산은 총 조합원 공동으로 또는 그들이 선임한 자가 그 사무를 집행한다.
② 전항의 청산인의 선임은 조합원의 과반수로써 결정한다.
제724조 (청산인의 직무, 권한과 잔여재산의 분배)
① 청산인의 직무 및 권한에 관하여는 제87조(법인의 청산인의 직무)의 규정을 준용한다.

(1) **조합원 사이의 반목·불화로 인한 대립으로 신뢰관계가 파괴되어 조합의 원만한 공동운영을 기대할 수 없게 된 경우가 조합의 해산사유에 관한 민법 제720조 소정의 부득이한 사유에 해당되는지 여부**(적극)

(ㄱ) 민법 제720조에 규정된 조합의 해산사유인 부득이한 사유에는 경제계의 사정변경이나 조합의 재산상태의 악화 또는 영업부진 등으로 조합의 목적달성이 현저히 곤란하게 된 경우 외에 조합원 사이의 반목·불화로 인한 대립으로 신뢰관계가 파괴되어 조합의 원만한 공동운영을 기대할 수 없게 된 경우도 포함되며, <u>위와 같이 공동사업의 계속이 현저히 곤란하게 된 이상 신뢰관계의 파괴에 책임이 있는 당사자도 조합의 해산청구권이 있다</u>(대판 1993.2.9, 92다21098).

(ㄴ) 한편 <u>조합의 해산결의 이후 조합원의 자동제명 사유가 발생하였다 하더라도 그 조합원은 해산결의에서 정한 청산방법에 따라 출자지분에 비례한 잔여재산의 분배를 구할 수 있다</u>(대판 2007.2.9, 2006다3486).

(2) **민법의 조합의 해산사유와 청산에 관한 규정이 강행규정인지 여부**(소극)

민법의 조합의 해산사유와 청산에 관한 규정은 그와 내용을 달리하는 당사자의 특약까지 배제하는 강행규정이 아니므로 당사자가 민법의 조합의 해산사유와 청산에 관한 규정과 다른 내용의 특약을 한 경우, 그 특약은 유효하다(대판 1985.2.26, 84다카1921).

9. 사례연습(조합의 법률관계)

관련사례　甲·乙·丙은 동업으로 배달서비스업을 하기로 하여, 甲은 사무실로 사용할 건물을 출자하고, 乙은 자본금을 출자하며, 丙은 직접 배달을 맡아 하기로 약정한 경우, 甲·乙·丙의 법률관계는 ? (판례에 따름)

해설

(a) 취소의 제한 : 丙이 미성년자로서 법정대리인의 동의를 받지 못한 경우에는, 甲·乙·丙의 동업계약은 무효가 된다(×) - 조합계약의 당사자 일부가 제한능력자인 경우에는 일부무효의 법리가 적용되어, 나머지 조합원만으로 조합을 계속할 의사가 인정되면 그 조합원들 사이에서의 조합계약은 유효하다.

(b) 해제의 제한 : 甲은 건물을 출자하였으나, 乙이 약정한 대로 금전을 출자하지 않을 경우에는 甲은 위 계약을 해제할 수 있다(×) - 동업계약과 같은 조합계약에 있어서는 조합의 해산청구를 하거나 조합으로부터 탈퇴를 하거나 또는 다른 조합원을 제명할 수 있을 뿐이지 일반계약에 있어서처럼 조합계약을 해제하고 상대방에게 그로 인한 원상회복의 의무를 부담지울 수는 없다(대판 1994.5.13, 94다7157).

(c) 손익분배 : 영리사업을 목적으로 하면서 당사자 중의 일부만이 이익을 분배받고 다른 자는 전혀 이익분배를 받지 않는 경우에는 조합관계(동업관계)라고 할 수 없다(대판 2000.7.7, 98다44666). 그리고 조합원들이 손익분배의 비율을 정하지 아니한 때에는 손익분배의 비율은 출자가액에 비례하여 이를 정한다(제711조 1항). 그리고 이익 또는 손실에 대하여 분배의 비율을 정한 때에는 그 비율은 이익과 손실에 공통된 것으로 추정한다(제711조 2항).

(d) 제35조 준용문제 : 甲·乙·丙이 사업을 진행하는 과정에서 업무상 타인에게 가해행위를 하여 손해가 발생한 경우에는 법인의 불법행위책임에 관한 민법 규정이 준용된다(×) - 조합에는 권리능력이 인정되지 않으므로 법인의 불법행위책임에 관한 민법 제35조는 조합에 준용될 수 없다.

제13절 종신정기금

> **제725조 (종신정기금계약의 의의)**
> 종신정기금계약은 당사자일방이 자기, 상대방 또는 제3자의 종신까지 정기로 금전 기타의 물건을 상대방 또는 제3자에게 지급할 것을 약정함으로써 그 효력이 생긴다.

1. 계속적 채권관계

(1) 종신정기금계약이란, 정기금채무자가 자기, 상대방 또는 제3자의 종신(사망)까지 정기로 금전 기타의 물건을 상대방 또는 제3자에게 지급할 것을 약정함으로써 성립하는 계약이다(제725조). 정기금을 받는 자가 제3자인 경우에는, 제3자를 위한 계약이 된다. 다만 종신정기금채권의 채무자는 언제나 계약의 일방 당사자이다.

(2) 종신정기금계약은 당사자의 의사만으로 성립하는 낙성·불요식의 계약이며, 어느 누구의 종신까지 정기적으로 급부가 반복되는 계속적 채권관계가 특징이다(제725조 참조). 그리고 종신정기금계약은 유상 또는 무상 어느 것도 가능하며, 유인적이다.

(3) 종신정기금채무의 급부목적물은 금전 기타 대체물이다. 따라서 부대체물은 제외된다.

판례 〈조건부종신정기금청구의 유효성〉 원고는 피고의 불법행위로 인하여 입게 된 상해를 치료하기 위하여 앞으로 계속하여 욕창방지와 관절고정방지를 위한 물리치료비 등이 필요하므로, 이 사건 변론종결시부터 향후 30년동안 원고가 생존할 것을 조건으로 매년 위 금 9만3천400원씩의 지급을 청구한다는 취지의 주장은 원고가 앞으로 30년 이내에 사망한다면, 그 생존을 조건으로 하는 정기금 청구권은 이로써 소멸하는 것에 지나지 아니하므로, 무효가 아니고 유효하다(대판 1967.8.29, 67다1021).

2. 단독행위의 경우

유증에 의해서도 종신정기금채권이 발생하며, 이 경우에는 유언의 방식에 따라야 한다(제730조 참조).

3. 해지불가원칙

> **제727조 (종신정기금계약의 해제)**
> ① 정기금채무자가 정기금채무의 원본을 받은 경우에 그 정기금채무의 지급을 해태하거나 기타 의무를 이행하지 아니한 때에는 정기금채권자는 원본의 반환을 청구할 수 있다. 그러나 이미 지급을 받은 채무액에서 그 원본의 이자를 공제한 잔액을 정기금채무자에게 반환하여야 한다.
> ② 전항의 규정은 손해배상의 청구에 영향을 미치지 아니한다.
> **제728조 (해제와 동시이행)** 제536조의 규정은 전조의 경우에 준용한다.

(1) 종신정기금계약은 계약의 특성상 특약이 없는 한 해지가 없고 해제만이 있다(제727조).

(2) 종신정기금계약을 해제하여 상호간 원상회복을 하여야 할 때, 그 반환은 동시이행관계에 있다(제728조).

제14절 화 해

제731조 (화해의 의의)
화해는 당사자가 상호양보하여 당사자간의 분쟁을 종지할 것을 약정함으로써 그 효력이 생긴다.

1. 일반론

(1) 의의

화해는 당사자가 서로 양보하여 당사자 사이의 분쟁을 종료시킬 것을 약정함으로써 성립하는 계약이다(제731조). 화해는 당사자간에 분쟁이 있어야 하므로, 다툼이 없고 단순히 법률관계가 불명확한 경우에 이를 확정하기 위한 계약은 화해가 아니다.

(2) 법적 성질

재판상 화해와는 달리 민법상 화해계약은 낙성·불요식계약이다. 쌍무·유상성에 대하여는 논란이 있으나 당사자 일방만의 양보는 화해가 아니기 때문에 긍정적으로 이해함이 타당하다(다수설).

(3) 화해의 대상

화해의 경우, 다툼이 있는 법률관계의 종류에는 제한이 없다. 따라서 확정판결로 확정된 법률관계는 당사자가 재판상으로는 다툴 수 없으나(기판력 때문), 사실상 다툼이 있으면 화해를 할 수 있다. 그러나 당사자가 자유롭게 처분할 수 없는 법률관계(특히 신분행위-친자관계와 관련된 인지청구 등)는 화해의 목적이 될 수 없다(판례동지).

판례 〈성질상 당사자가 임의로 처분할 수 없는 사항을 대상으로 한 조정이나 재판상 화해가 허용되는지 여부(소극)〉
조정이나 재판상 화해의 대상인 권리관계는 사적 이익에 관한 것으로서, 당사자가 자유롭게 처분할 수 있는 것이어야 하므로, 성질상 당사자가 임의로 처분할 수 없는 사항을 대상으로 한 조정이나 재판상 화해는 허용될 수 없고(예 : 재심대상판결 및 제1심판결을 각 취소한다'는 조정조항은 법원의 형성재판 대상으로서 당사자들이 자유롭게 처분할 수 있는 권리에 관한 것이 아니어서 당연무효이다), 설령 그에 관하여 조정이나 재판상 화해가 성립하였더라도 효력이 없어 당연무효이다(대법원 2012.9.13. 선고 2010다97846 판결).

(4) 처분능력

화해계약의 당사자는 분쟁내용에 관하여 처분권이나 처분능력이 있어야 하므로, 타인의 채무에 관하여 화해계약을 체결하려는 자는 본인으로부터 이에 관한 수권(즉, 대리권의 수여)이 존재하여야 한다.

(5) 창설적 효력

화해에 의하여 분쟁의 내용이었던 화해전의 법률관계는 소멸하고 당사자는 새로운 채무를 부담한다(제732조, 화해의 창설적 효력, 임의규정). 따라서 화해계약이 유효하게 성립하면 화해전의 법률관계가 소멸하게 되어 그에 기초한 소송으로 권리구제를 받을 수 없게 되며, 그러한 사실은 본안판결에 의해 청구기각의 실체판결을 받게 된다.

2. 화해계약의 특색

(1) 계약의 법리

(ㄱ) 화해계약도 계약의 일종으로서 의사표시를 요소로 하므로 의사표시의 무효·취소에 관한 규정이 모두 적용된다(제104조 폭리행위 등). 다만 착오에 관해서는 제733조의 특칙이 있어 화해계약을 착오를 이유로 취소할 수 없도록 하고 있다.

(ㄴ) 피해자가 그의 궁박·경솔 등으로 인하여 적정한 배상액보다 현저하게 소액의 배상금을 합의한 경우에 그 합의는 불공정한 계약으로 무효이다(제104조).

판례 따라서 판례는 "민법 제733조의 규정에 의하면, 화해계약은 화해당사자의 자격 또는 화해의 목적인 분쟁이외의 사항에 착오가 있는 경우를 제외하고는 착오를 이유로 취소하지 못하지만, 화해계약이 사기로 인하여 이루어진 경우에는 화해의 목적인 분쟁에 관한 사항에 착오가 있는 때에도 민법 제110조에 따라 이를 취소할 수 있다"고 판시한다(대판 2008.9.11. 2008다15278).

(2) 착오의 특별규정

> **제733조 (화해의 효력과 착오)**
> 화해계약은 착오를 이유로 하여 취소하지 못한다. 그러나 화해당사자의 자격 또는 화해의 목적인 분쟁이외의 사항에 착오가 있는 때에는 그러하지 아니하다.

(ㄱ) 화해의 목적(내용)자체의 착오취소는 안되지만, 화해당사자의 자격에 대한 착오 또는 화해의 목적인 분쟁 이외의 사항에 착오가 있는 때에는 제109조의 요건에 따라 취소할 수 있다.

(ㄴ) 그러나 화해계약이 사기로 인하여 이루어진 경우에는 화해의 목적인 분쟁에 관한 사항에 착오가 있는 때에도 민법 제110조에 따라 이를 취소할 수 있다(대판 2008.9.11. 2008다15278).

판례 ㉠ 〈화해와 착오〉① 민법상의 화해계약을 체결한 경우 당사자는 착오를 이유로 취소하지 못하고 다만 화해당사자의 자격 또는 화해의 목적인 분쟁 이외의 사항에 착오가 있는 때에 한하여 이를 취소할 수 있으며, 여기서 '화해의 목적인 분쟁 이외의 사항'이라 함은 분쟁의 대상이 아니라 분쟁의 전제 또는 기초가 된 사항으로서, 쌍방 당사자가 예정한 것이어서 상호 양보의 내용으로 되지 않고 다툼이 없는 사실로 양해된 사항을 말한다(대판 1997.4.11. 95다48414). ② 예컨대, 교통사고에 가해자의 과실이 경합되어 있는데도 오로지 피해자의 과실로 인하여 발생한 것으로 착각하고 치료비를 포함한 합의금으로 실제 입은 손해액보다 훨씬 적은 금원인 금 7백원만을 받고 일체의 손해배상청구권을 포기하기로 합의한 경우, 그 사고가 피해자의 전적인 과실로 인하여 발생하였다는 사실은 쌍방 당사자 사이에 다툼이 없어 양보의 대상이 되지 않았던 사실로서 화해의 목적인 분쟁의 대상이 아니라 그 분쟁의 전제가 되는 사항에 해당하는 것이므로 피해자측은 착오를 이유로 화해계약을 취소할 수 있다고 하였다. ③ 의사의 치료행위 직후 환자가 사망하여 의사가 환자의 유족에게 거액의 손해배상금을 지급하기로 합의하였으나 그 후 환자의 사망이 의사의 치료행위와는 전혀 무관한 것으로 밝혀진 사안에서, 의사에게 치료행위상의 과실이 있다는 점은 위 합의의 전제이었지 분쟁의 대상은 아니었다고 보아 착오를 이유로 화해계약의 취소를 인정하였다(대판 2001. 10. 12. 2001다49326).
㉡ 〈화해와 사기〉민법 제733조의 규정에 의하면, 화해계약은 화해당사자의 자격 또는 화해의 목적인 분쟁 이외의 사항에 착오가 있는 경우를 제외하고는 착오를 이유로 취소하지 못하지만, 화해계약이 사기로 인하여 이루어진 경우에는 화해의 목적인 분쟁에 관한 사항에 착오가 있는 때에도 민법 제110조에 따라 이를 취소할 수 있다(대판 2008.9.11. 2008다15278).

3. 화해계약의 효력범위

(1) 원칙

가해자가 일정금액의 지급을 약속하고, 피해자가 기타의 가능한 청구권을 포기할 것을 약속하여 합의가 성립한 이상, 피해자는 합의 당시 또는 그후에 그 이상의 손해가 존재하였거나 발생하더라도 원칙적으로 추가청구는 허용되지 않는다.

(2) 후유증

합의에 의한 권리포기는 합의 당시에 예상할 수 있었던 손해의 배상청구에만 한정되고, 불측의 수술이나 후유증으로 인하여 발생된 손해의 배상청구에는 효력이 미치지 않는다고 새기는 것이 당사자의 합리적 의사(=보충적 해석=가상적 의사)에 합치한다고 본다. 즉 당사자간의 화해는 불측의 후유증과 같은 그후에 발생한 손해에 대한 청구권까지도 포기한다는 취지로 새길 것은 아니다(학설과 판례).

(3) 인적 범위

㈀ 교통사고 피해자가 가해자와 합의에 의하여 합의금을 수령하고 나머지 손해배상청구권을 포기하기로 하였더라도 가족에게는 특별한 사정이 없는 한 그 효력이 없다(대판 2000.9.2, 2000다3654).

㈁ 마찬가지로 보험계약의 사망보험금 수익자가 미성년자 甲으로 정해져 있음에도 보험회사가 보험수익자가 망인의 법정상속인인 것으로 착각하여 법정상속인 중 1인인 배우자 乙에게 보험금을 지급하고, 乙도 보험회사 직원인 보상담당자의 말만 믿고 망인의 배우자로서 법정상속인의 지위에서 그 보험금을 수령하고 확인서를 작성해 준 경우, 그 합의의 효력이 甲에게 미치지 않는다(대판 2010.9.30, 2010다12241,12258).

제15절 리스계약(신종계약)

1. 의의 및 성질

⑴ 리스계약은 실질에 있어 대여시설을 취득하는 데 소요되는 자금에 관한 금융의 편의를 제공하는 것을 내용으로 하는 물적금융으로서 그의 구체적 사항은 당사자 사이의 약정에 의하여 정하여진다(대판 1999.9.3, 99다23055).

⑵ 리스계약은 물건의 인도를 계약성립의 요건으로 하지 않는 낙성계약이며, 그 목적이 리스이용자가 선정한 특정 물건을 그로 하여금 사용 수익할 수 있도록 리스물건 공급자로부터 이를 구입하는 데에 있으므로 통상의 매매계약과 다르다(대판 1997.11.28, 97다26098).

2. 리스기간개시

리스계약은 물건의 인도를 계약성립의 요건으로 하지 않는 낙성계약으로서 <u>이용자가 리스물건수령증서를 리스회사에 발급한 이상 현실적으로 리스물건이 인도되기 전이라고 하여도 이때부터 리스기간이 개시되고 이용자의 리스료 지급의무도 발생한다</u>(대판 1995.5.12, 94다2862).

3. 소멸시효기간

리스료 채권은 그 채권관계가 일시에 발생하여 확정되고 다만 그 변제방법만이 일정 기간마다의 분할 변제로 정하여진 것에 불과하기 때문에(그 기본적 정기금채권에 기하여 발생하는 지분적 채권이 아니다) <u>3년의 단기 소멸시효가 적용되는 채권이라고 할 수 없다</u>(대판 2001.6.12, 99다19490).

3. 임대차와 차이

시설대여(리스)는 형식에서는 임대차계약과 유사하나 그 실질은 대여 시설을 취득하는 데 소요되는 자금에 관한 금융의 편의를 제공하는 것을 본질적인 내용으로 하는 물적 금융이고 임대차계약과는 여러 가지 다른 특질이 있기 때문에 이에 대하여는 <u>민법의 임대차에 관한 규정이 바로 적용되지 아니한다</u>(대판 1997.10.24, 97다27107). 따라서 민법 제623조의 "임대인의 수선의무"규정, 제627조의 "일부멸실 등과 감액청구, 해지권"의 규정을 리스회사에게 적용하지 않았다(결과적으로 이용자가 불리함).

제3장 사무관리

I. 사무관리

1. 의의 및 본질

> **제734조 (사무관리의 내용)**
> ① 의무없이 타인을 위하여 사무를 관리하는 자는 그 사무의 성질에 좇아 가장 본인에게 이익되는 방법으로 이를 관리하여야 한다.
> ② 관리자가 본인의 의사를 알거나 알 수 있는 때에는 그 의사에 적합하도록 관리하여야 한다.
> ③ 관리자가 전2항의 규정에 위반하여 사무를 관리한 경우에는 과실 없는 때에도 이로 인한 손해를 배상할 책임이 있다. 그러나 그 관리행위가 공공의 이익에 적합한 때에는 중대한 과실이 없으면 배상할 책임이 없다.
>
> **제735조 (긴급사무관리)**
> 관리자가 타인의 생명, 신체, 명예 또는 재산에 대한 급박한 위해를 면하게 하기 위하여 그 사무를 관리한 때에는 고의나 중대한 과실이 없으면 이로 인한 손해를 배상할 책임이 없다.

(1) 의의

사무관리란 법률상 또는 계약상 의무없이 타인을 위하여 그의 사무를 처리하는 행위를 말한다(제734조 제1항). 예컨대 자발적으로 타인의 사무를 처리하거나, 부탁을 받지 않고 타인의 채무를 변제해 주거나, 타인의 자식을 부양 및 교육시켜 주는 것 등이다. 사무관리는 로마 공화정 이래로 인정되었고, 법률사실은 혼합사실행위라고 함이 일반이다. 민법은 이러한 사무관을 적법한 행위로 평가(사무관리는 행위의 위법성을 조각한다)하여, 관리자와 본인 사이에 일정한 법정채권관계를 인정한다.

(2) 사무관리의 인정이유(사회부조설)

본인의 허락이나 부탁 없이 함부로 타인의 사무에 간섭하는 것은 원칙적으로 위법하지만 일정한 경우에는 타인의 사무에 개입하여 처리하는 것이 결과적으로 타인에게 이익이 될 수도 있기 때문에, 이 경우에는 사회연대·상호부조의 이상에서 타인의 사무를 관리하는 행위를 적법한 것으로 인정하고 이에 대한 타당한 법적 규율을 위하여 사무관리제도가 생성된 것이라고 한다(통설).

2. 성립요건

(1) 통설과 판례

통설인 '사회부조설'에 따라 사무관리가 성립하기 위해서는, ① 타인의 사무의 관리가 있을 것, ② 타인을 위하여 한다는 의사(= 관리의사)가 있을 것(주관설), ③ 법률상 또는 계약상 의무의 부존재, ④ 본인에게 불리하거나 본인의사에 명백히 반하지 않을 것을 요건으로 한다. 처음부터 사무관리가 본인의 의사에 반하면 사무관리가 성립할 수 없으나, 본인의 의사는 강행법규 또는 사회질서에 위반해서는 안 된다(따라서 자살자를 살리기 위해 의사를 부르는 경우 사무관리가 성립한다).

판례 〈사무관리의 성립 요건과 비용청구문제〉 : ㉠ 사무관리가 성립하기 위하여는 우선 그 사무가 타인의 사무이고 타인을 위하여 사무를 처리하는 의사(관리의 사실상의 이익을 타인에게 귀속시키려는 의사)가 있어야 하며, 나아가 그 사무의 처리가 본인에게 불리하거나 본인의 의사에 반한다는 것이 명백하지 아니할 것을 요한다. ㉡ 여기에서 '타인을 위하여 사무를 처리하는 의사'는 관리자 자신의 이익을 위한 의사와 병존할 수 있고, 반드시 외부적으로 표시될 필요가 없으며, 사무를 관리할 당시에 확정되어 있을 필요가 없다. ㉢ 이 경우 <u>의무 없이 타인을 위하여 사무를 관리한 자는 타인에 대하여 민법상 사무관리 규정에 따라 비용상환 등을 청구할 수 있는 외에 사무관리에 의하여 결과적으로 사실상 이익을 얻은 다른 제3자에 대하여 직접 부당이득반환을 청구할 수는 없는 것이 원칙이다</u>(대판 2013.06.27, 2011다17106). 그러나 ㉣ 채권자가 자신의 채권을 보전하기 위하여 채무자가 다른 상속인과 공동으로 상속받은 부동산에 관하여 공동상속등기를 대위신청하여 등기가 행하여진 경우, 채권자가 채무자가 아닌 제3자에 대하여 사무관리에 기하여 등기에 소요된 비용의 상환을 청구할 수 있다(왜냐하면 부동산등기규칙상 공동상속인 전원에 대하여 상속으로 인한 소유권이전등기를 신청하여야 하기 때문이다)(대판 2013.08.22, 2013다30882).

(2) 구체적 내용검토

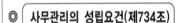

◎ **사무관리의 성립요건(제734조)** ──**효과**──▶ ① 비용반환문제(제739조)
② 관리자의 무과실책임(제734조 제3항)
③ 무과실 손해보상청구권(제740조)

1) 타인의 사무일 것
2) 타인을 위하여 관리할 것
3) 의무가 없을 것
4) 본인에게 불리하거나 본인의사에 명백히 반하지 않을

1) 타인사무의 처리

㈀ 사무관리에 있어서 그 타인은 관리의 당시에 확정되어 있을 필요는 없으며, <u>그 타인에 관하여 착오가 있더라도 상관이 없다</u>. 이 경우 진정한 타인에 대하여 사무관리가 성립한다. ㈁ 사무관리의 내용이 되는 행위는 법률행위일 수도 있고 사실행위일 수도 있으며, 보존·개량행위뿐만 아니라 본인의 의사에 반하지 않는 한 처분행위도 포함된다. 그러나 단순한 부작위는 사무가 될 수 없다(통설).

2) 관리의사

사무관리가 성립하기 위해서 통설과 판례는 이른바 '타인을 위한 관리의사'가 존재하여야 하나(주관설), 이는 사무관리에서 다루어지는 법률효과를 발생시키려는 의사표시가 아니라 사무처리상의 사실상 이익을 본인에게 귀속시키려는 의사를 말한다.

판례 〈사무관리의 성립요건에서 관리의사 문제〉 ㉠ 공유수면매립면허가 그 준공 기한의 도과로 자동 실효된 사실이 통지된 후에 원고가 동 매립면허자와 동업계약을 체결하고 공사비 1700만원을 투입하여 매립공사를 완료하였다고 하더라도 원고의 위 매립공사는 주관적으로 타인을 위한다는 의사가 있었다고 볼 수 없고, 객관적으로 타인인 피고 나라(공유수면 소유자)나 도(그 관리자)의 의사에 반하는 것임이 명백하므로 위 공사비 1700만원은 피고들을 위한 사무관리로 지출한 필요비라고 할 수 없다(대판 1981.10.24. 81다563). 그러나 ㉡ 연대보증인이 보증기간 이전의 채무에 관하여 채무변제를 한 경우, 그 자체가 채무자를 위하여 유익한 것이므로 반증이 없는 한 그 변제는 일종의 사무관리로 보아야 한다(판례). 또한 ㉢ A 조합이 B 조합의 해산 후 별도의 절차에 따라 새로 설립되었으나 B 조합과 조합업무 위임계약 및 조합업무대행 수수료 지급약정을 체결한 갑이 실제로 B 조합에 이어 A 조합의 업무를 상당 부분 대행해 왔고, A 조합도 그 법률적 효과와 경제적 이익을 누려왔다면, A 조합과 갑 사이에 사무관리에 의한 법정채권관계가 성립하였다(대판 2010.6.10. 2009다98669).

3) 의무의 부존재

법률상으로나 계약상 의무가 없어야 한다. 따라서 乙이 甲의 위탁을 받아 丙의 가옥을 수리한 경우 乙과 丙 사이에는 사무관리가 성립하지 않음이 원칙이다. 이는 관리자와 제3자와의 약정에 따라 타인의 사무를 처리한 경우로서 제3자는 의무 없이 타인의 사무를 처리한 것이 아니므로 이는 사무관리가 된다고 볼 수 없다(대판 2013.09.26. 2012다43539).

판례 혼인외 출생자를 양육 및 교육한 자가 동 혼인외 출생자의 생부에 대하여 하는 부당이득반환 또는 사무관리 비용 상환청구의 가부(소극) : 제3자인 원고가 피고의 혼인외 출생자를 양육 및 교육하면서 그 비용을 지출하였다고 하여도 피고가 동 혼인외 출생자를 인지하거나 부모의 결혼으로 그 혼인중의 출생자로 간주되지 않는 한 실부인 피고는 동 혼인외 출생자를 부양할 법률상 의무는 없으므로 피고가 원고의 위 행위로 인하여 부당이득을 하였다거나 원고가 피고의 사무를 관리하였다고 볼 수 없다(대판 1981.5.26. 80다2515).

4) 능력문제

타인(본인)의 사무를 관리하는 데에 있어서 그 타인의 의사능력의 유무는 사무관리성립에 문제되지 않는다(즉 본인은 권리능력자이면 된다). 다만 관리자의 행위능력이 요구되는가는 학설상 대립이 있다. 예컨대 아래 사안처럼 주방장이 제한능력자인 경우 그 책임을 과중하게 지울 수 있는가의 문제이다. 즉 사무관리는 법률행위가 아니기 때문에 사무관리자를 미성년자 또는 제한능력자도 가능하다면 그 책임부담이 제한능력자에게 과중되기 때문이다.

판례 〈사안검토〉 甲 경영의 레스토랑 부근 A 레스토랑 주방장으로 일하던 乙이 甲 레스토랑에 들렀다가 마침 손님이 들어와서 식사가 되느냐고 묻자 으레 식사를 주문할 것으로 알고 주방에 들어가 기름용기 등이 올려져 있는 가스레인지에 불을 켜 놓았다가, 손님이 식사를 주문하지 아니하고 음료수만을 주문하여 위 가스레인지의 불이 불필요하게 되었음에도 위 가스레인지의 불을 끄지 아니하고 줄여만 놓은 채 위 레스토랑을 나가는 바람에 위 가스레인지 위의 기름용기가 과열되어 기름이 용기 밖으로 넘치면서 화재가 발생한 경우, 乙이 甲을 대신하여 손님이 주문할 음식의 조리를 위한 준비로 위 가스레인지를 점화하여 甲의 사무를 개시한 이상 위 가스레인지의 사용이 필요없게 된 경우 스스로 위 가스레인지의 불을 끄거나 위 레스토랑의 종업원으로 하여금 그 불을 끄도록 조치하는 등 甲에게 가장 이익되는 방법으로 이를 관리하여야 함에도 이를 위반하였으므로 乙은 사무관리자로서 이로 인하여 발생한 손해에 대하여 본인인 甲이 입은 손해를 배상할 책임이 있다(민법 제734조 제1항 , 제734조 제3항→제750조→제393조 , 제763조 ; 대판 1995.9.29. 94다13008).

3. 효 과

(1) 위임의 규정적용여부

1) 적용되는 것

사무관리의 제738조는 위임에 관한 많은 규정이 준용된다. 즉 관리자에게 보고의무가 있는 것(제683), <u>관리자의 취득물 등의 인도·이전의무</u>(제684조), <u>관리자의 금전소비책임</u>(제685조), 본인에게 변제시키거나 담보를 제공시킬 수 있는 것(제688조 제2항) 등이 이에 해당한다.

2) 적용되지 않는 것

사무관리에서는 위임에 관한 <u>보수청구권</u>의 규정은 적용되지 않고, 그리고 '수임자'는 위임사무의 처리에 관한 비용이 필요하다고 위임자에 대해 <u>선급을 청구</u>할 수 있지만(제687조), '관리자'는 사무의 관리에 의해 발생할 비용의 선급을 청구할 수 없다.

(2) 비용상환청구권

> **제739조 (관리자의 비용상환청구권)**
> ① 관리자가 본인을 위하여 필요비 또는 유익비를 지출한 때에는 본인에 대하여 그 상환을 청구할 수 있다.
> ② 관리자가 본인을 위하여 필요 또는 유익한 채무를 부담한 때에는 제688조 제2항의 규정을 준용한다.
> ③ 관리자가 <u>본인의 의사에 반하여</u> 관리한 때에는 본인의 현존이익의 한도에서 전2항의 규정을 준용한다.

사무관리가 성립한 경우, 본인은 현존이익 불문하고 관리자가 지출한 필요비와 유익비의 전액을 상환하여야 하나(제739조 제1항, 부당이득의 특칙), <u>관리자가 본인의 의사에 반하여 관리한 때에는</u> 본인에게 이익이 현존하는 한도에서 상환하면 된다(제739조 제3항).

판례 〈구체적 사례〉 ㉠ 이웃집 주인 乙의 부재 중에 그 집의 지붕이 파손되어 비가 새는 것을 발견한 甲은 자기 돈 5만원을 들여 수리를 했다. 수일 후 돌아온 乙은 甲의 호의가 없었다면 마루에 있는 20만원 상당의 화문석이 못쓰게 되었다고 말하며 기뻐했다. 그런데 다음날 폭우로 甲이 수리한 부분이 다시 파손되어 甲의 수리가 아무 의미가 없게 되었고, 결국 화문석도 전혀 쓰지 못하게 됐다. 이 경우 甲은 乙에게 5만원을 청구할 수 있다. ㉡ 공유수면매립면허가 그 준공기간의 경과로 자동실효된 사실이 통지된 후에, 그 매립면허자와 동업계약을 체결하고 공사비를 들여 공사를 완료하였다 하더라도, 위 공사비는 <u>객관적으로 타인인 국가</u>(공유수면 소유자)나 도(지방자치단체)의 의사에 반하는 것임이 명백하므로 국가나 도를 위한 사무관리로 지출한 필요비로 볼 수 없다(대판 1981. 10. 24. 81다563).

(3) 사무관리자의 무과실책임 등

1) 관리자가 사무관리규정에 위반하여 사무를 관리한 경우에는 과실 없는 때에도 이로 인한 손해를 배상할 책임이 있다. 즉 관리자는 무과실책임을 진다(제734조 3항 본문-레스토랑사건 참조). 다만 다음의 경우에는 그 책임이 완화된다. 관리행위가 공공의 리익에 적합한 때에는 중대한 과실이 없으면 배상할 책임이 없고(제743조 3항 단서), 또 관리자가 타인의 생명·신체·명예 또는 재산에 대한 급박한 위해를 면하게 하기 위하여 그 사무를 관리(긴급사무관리)한 때에는, 고의나 중대한 과실이 없으면 이로 인한 손해를 배상할 책임이 없다(제735조).

2) 한편 관리자는 통지의무를 부담한다(제736조), 관리자가 관리를 개시한 때에는 지체 없이 본인에게 통지하여야 한다. 그러나 본인이 이미 이를 안 때에는 그러하지 아니하다. 판례는 "원고가 사무관리로서 피고의 채무를 변제한 경우 원고가 이를 피고에게 통지하지 아니함으로써 어떠한 손해도 발생하였다고 볼 수 없다면 원고는 채무변제를 위하여 지출한 비용 전액의 상환청구권이 있다"고 하여 관리자를 보호하고 있다(대판 1975. 2. 25, 73다1326).

3) 관리자는 관리계속의무가 있다(제737조). 즉, 관리자는 본인, 그 상속인이나 법정대리인이 그 사무를 관리하는 때까지 관리를 계속하여야 한다. 그러나 관리의 계속이 본인의 의사에 반하거나 본인에게 불리함이 명백한 때에는 그러하지 아니하다(제737조 단서).

(4) 본인의 손해보상의무(관리자의 무과실손해보상청구권)

> **제740조 (관리자의 무과실손해보상청구권)**
> 관리자가 사무관리를 함에 있어서 과실 없이 손해를 받은 때에는 본인의 현존이익의 한도에서 그 손해의 보상을 청구할 수 있다.

관리자가 사무관리를 함에 있어서 과실 없이 손해를 받은 때에는 본인의 현존이익의 한도에서 그 손해의 보상을 청구할 수 있다(제740조 참조).

4. 사례검토

관련사례 평소에 乙은 자기가 소유하는 애완견을 병원에 데려가서 검진을 받아야 한다고 하였는데, 이를 전해들은 甲이 마침 乙의 휴가 중에 乙의 애완견을 동물병원 丙에 데려가서 검진을 받고 7일간 진료를 받은 경우의 법률관계는?

해설
(a) 乙의 의사에 반하지 않는 경우에는 甲은 乙에 대하여 필요비 및 유익비의 전액을 상환청구할 수 있다(제739조 제1항).
(b) 甲이 丙에게 부담하게 된 채무는 甲이 乙로 하여금 대신 변제케 할 수 있고 이에 대한 담보제공을 요구할 수도 있다(제739조 제2항, 제688조 2항).
(c) 그러나 乙의 의사에 반하는 경우에는 애완견에 이익이 현존하는 한도에서 그러한 상환의무 혹은 대변제의무 및 담보제공의무를 부담한다(제739조 제3항).
(d) 사무관리에 기인하여 관리자는 일단 사무의 관리를 시작하면 본인 혹은 상속인 등이 관리를 할 수 있을 때까지 그 관리를 계속하여야 한다(제737조).

Ⅱ. 준사무관리(부진정사무관리)

1. 문제의 제기

준사무관리(무단사무관리·불법사무관리)란 사무관리요건 중 본인을 위한다는 관리의사가 결여된 경우를 말한다. 즉, 타인의 사무라는 사실을 알면서 자기(혹은 제3자)의 사무로 한다는 의사를 가지고 관리행위를 하는 경우이다. 무단사무관리에도 사무관리를 인정할 것인가에 대하여 설이 대립한다.

2. 실 익

준사무관리의 인정실익은 무단사무관리를 준사무관리로 인정할 경우 관리자의 반환범위가 다르게 된다는 점에 있다.

3. 학 설

(1) 준사무관리긍정설

준사무관리긍정설은 사무관리의 경우에는 관리자가 그 관리에 의해 얻은 금전 기타의 물건이나 수취한 과실 모두를 본인에게 인도할 의무를 부담하는 데 반해, 불법관리의 경우에는 관리자의 의무가 이것보다 경감되는 결과가 된다면, 이는 부당한 것으로 불법관리자도 이득의 전부를 반환할 수 있도록 사무관리의 규정이 유추적용되어야 한다는 견해이다.

(2) 준사무관리부정설

준사무관리부정설은 준사무관리 긍정설과 달리, 불법관리자가 자신의 뛰어난 재능에 의해 본인으로서는 얻을 수 없었던 이익을 얻었다면 이 경우에 본인은 본인이 직접 그 사무를 관리하였을 경우에 얻을 수 있었을 것이라고 객관적으로 인정되는 범위의 것만을 반환받도록 함으로써 충분히 보호된다고 한다. 그런데 이러한 범위의 본인보호는 불법행위에 기한 손해배상의무 또는 부당이득반환에 의해 달성될 수 있으므로, 반드시 준사무관리를 인정할 필요는 없다고 한다.

4. 준사무관리 연습

관련사례	甲과 乙은 선박을 공유하고 있었는데 편의상 乙의 단독명의로 등록해 두었다. 이를 기화로 乙은 甲의 동의 없이 통상의 시가보다 훨씬 좋은 조건으로 선박을 다른 사람에게 매각 처분하였다. 이후 이런 사실을 안 甲은 乙에 대하여 그 매각대금을 지분에 따른 비율로 분할해 줄 것을 청구하였다. 이러한 甲의 청구권의 기초는 무엇인가? (김형배 민법학강의)
해설	(a) 위 사례는 위임계약상의 취득물인도청구권은 인정되지 않는다. 왜냐하면 당사자간 목적물 처분에 대한 위임이 없기 때문이다. (b) 불법행위에 기한 손해배상청구권이나 부당이득반환청구권은 손해나 이득(또는 손실)을 한도로 하기 때문에 이를 기초로 그 매각대금을 비율에 따라 청구할 수도 없다. (c) 따라서 준사무관리를 긍정할 때 지분에 따른 비율로 대금을 청구할 수 있게 된다.

제4장 부당이득

Ⅰ. 일반부당이득

1. 서 론

> **제741조 (부당이득의 내용)**
> 법률상 원인 없이 타인의 재산 또는 노무로 인하여 이익을 얻고 이로 인하여 타인에게 손해를 가한 자는 그 이익을 반환하여야 한다.

(1) 의의

법률상 원인 없이 타인의 재산 또는 노무로 인하여 이익을 얻고 이로 인하여 타인에게 손해를 가한 자는 그 이익을 반환하여야 한다(제741조). 즉, 정당한 이유 없이 타인의 손실하에 재산적 이득을 얻고 있는 자는 당연히 그 이득을 손실자에게 반환할 의무 내지 채무를 법률상 부담하게 되고, 그에 대응하는 손실자는 부당이득반환청구권이 법률상 당연히 인정되게 된다. 이는 사무관리·불법행위와 더불어 '법정' 채권발생원인의 일종이다. 무엇이 부당이득인지에 관해서는, 연혁적으로 개별적인 유형을 중심으로 이를 파악하는 방법(로마법주의)과 일반적·통일적으로 파악하는 방법(독일법주의)이 있다.

(2) 법적 성질

부당이득의 법적 성질은 법률상 원인 없는 이득이 생겼다는 사실 그 자체만으로 이득반환의무를 발생케 하는 것으로 "사건의 일종"이다.

(3) 불법행위와 비교

부당이득반환청구권과 불법행위로 인한 손해배상청구권은 각각 목적하는 바가 다르다. 즉 불법행위로 인한 손해배상청구권은 위법한 행위로서 「손해의 전보」를 목적으로 하는 반면 부당이득반환청구권은 「재산적 가치의 이동을 조절」하는 것을 목적으로 한다. 따라서 그 요건이나 효과에 있어서도 차이가 있게 되며 두 청구권의 병존 내지 경합이 인정된다. 부당이득은 고의·과실 불문하고 인정되는 점, 손실과 이득의 적은 범위에서 반환하면 되는 점 등이 불법행위와 구별된다(불법행위는 손해를 한도로 한다).

판례 부당이득반환청구권을 행사하여 임료 상당액을 지급받는 것으로 확정된 경우, 이와 중첩적으로 불법행위로 인한 손해배상을 청구할 수는 없다(대판 2003.9.26. 2003다4068).

(4) 부당이득의 특별규정

먼저 그 본질은 부당이득이면서도 민법이 특별규정을 두고 있는 것이 있다. 이러한 경우에는 그 규정에 의해서만 해결되고, 따로 부당이득반환청구권이 성립하지는 않는다. 예를 든다면,

점유자와 본권자 사이의 관계에 관한 규정(제201조~제203조), 유치권자의 상환청구권(제325조), 연대채무나 보증채무에 있어서의 구상권(제425조 이하·제441조 이하), 사무관리자의 비용상환청구권(제688조·제739조) 등의 규정이 바로 그것이다.

판례 〈행정처분의 경우〉 ㉠ 국세의 오납이 다만 <u>취소할 수 있는 위법한 과세처분에 의하여</u> 한 것이라면 그 과세처분은 행정행위의 공정력 또는 집행력이 있어 그것이 적법한 기관 또는 행정쟁송절차에 의하여 취소되기까지는 <u>유효하므로 이와 같은 경우의 오납으로 인한 부당이득반환청구는 그 과세처분이 적법하게 취소될 때부터 행사할 수 있다</u>(대판 1987.7.7. 87다카54). ㉡ 지방재정법 제87조 제1항에 의한 변상금부과처분이 <u>당연무효인 경우</u>에 이 변상금부과처분에 의하여 납부자가 납부하거나 징수당한 오납금은 지방자치단체가 법률상 원인 없이 취득한 부당이득에 해당하고, <u>이러한 오납금에 대한 납부자의 부당이득반환청구권은 처음부터 법률상 원인이 없이 납부 또는 징수된 것이므로 납부 또는 징수시에 발생하여 확정되며, 그 때부터 소멸시효가 진행한다</u>(대판 2005.1.27. 2004다50143).

2. 부당이득에서 통일설과 비통일설(유형설)

(1) 문제의 제기
부당이득을 통일설에 따라 파악할 것이냐, 아니면 비통일설(유형론)에 따라 파악할 것이냐에 따라 부당이득의 성립요건은 달라진다.

(2) 성립요건검토

1) 통일설(독일법주의)
우선 통설적 견해인 '통일설'은 모든 부당이득의 공통된 성립요건으로서 ㉠ 타인의 재산 또는 노무로 인하여 이익을 얻었을 것. ㉡ 일방의 이득으로 인하여 상대방이 손해를 입었을 것. ㉢ 수익과 손해 사이에 인과관계가 있을 것. ㉣ 법률상의 원인이 없을 것을 요구한다. <u>여기서 이득과 손실 사이의 인과관계는 반드시 직접적이어야 할 필요는 없으나, 사회관념상 그 연결을 인정할 수 있는 정도면 충분하다</u>(이른바 사회적 상당설).

2) 비통일설(로마법주의)
'비통일설'(유형론)은 통일설을 기초로 한 부당이득의 성립요건을 부당이득의 유형에 관계없이 모두 동일하게 요구할 수는 없다고 한다. 즉 비통일설에 따르면 모든 부당이득에 공통하는 성립요건은 존재하지 않는다는 것이다.

3. 부당이득 성립요건의 구체적 검토

(1) 이득과 손실의 발생
부당이득이 성립하기 위하여는 수익자의 이득과 상대방의 손실이 발생하여야 한다. 이때 부당이득에서 '이득'이란 재산이 적극적으로 증가한 경우와 소극적으로 재산의 감소를 면한 경우를 포함한다(실질설). 한편 부당이득반환의무는 이행기한의 정함이 없는 채무이므로 그 채무자는 이행청구를 받은 때에 비로소 지체책임을 진다(제387조 제2항; 대판 2010.1.28, 2009다24187).

판례 [1] ㉠ 〈부당이득에서 이득의 의미 (실질설)〉 ① 법률상 원인 없이 이득하였음을 이유로 하는 부당이득반환에 있어서 이득이라 함은 실질적인 이익을 가리키는 것이므로, 법률상 원인 없이 건물을 점유하고 있더라도 이를 사용·수익하지 못하였다면 실질적인 이익을 얻었다고 볼 수 없다(대판 1984. 5. 15, 84다카108). 마찬가지로 임차인이 임대차계약 종료 후 동시이행의 항변권을 행사하면서 임대건물을 계속 점유하였으나 본래의 임대차계약상의 목적에 따라 사용·수익하지 않은 경우, 부당이득반환의무는 성립하지 않는다(대판 2008.4.10. 2007다76986,76993). ② 다만 타인 소유의 토지 위에 권한 없이 건물을 소유하고 있는 자는 그 자체로서 특별한 사정이 없는 한 법률상 원인 없이 타인의 재산으로 토지의 차임에 상당하는 이익을 얻고 그로 인하여 타인에게 동액 상당의 손해를 주고 있다고 보아야 한다(대판 2007.8.23, 2007다21856·21863; 대판 2011.9.8, 2010다37325,37332). 마찬가지로 ③국가가 그 토지 위에 군사시설 등을 설치하여 그 부지 등으로 계속적, 배타적으로 점유·사용하는 경우에는(gop철책, 콘크리트옹벽 등), 국가가 그 토지를 점유·사용할 수 있는 정당한 권원이 있음을 주장·증명하지 아니하는 이상, 그 토지에 관하여 차임 상당의 이익을 얻고 이로 인하여 원고에게 동액 상당의 손해를 주고 있다고 봄이 타당하다(대법원 2012.12.26. 선고 2011다73144 판결).
㉡ 〈건물소유자가 부지 부분에 관한 소유권을 상실한 경우, 건물임대차계약 종료 이후 계속 건물을 점유·사용하는 건물임차인의 토지소유자 또는 건물소유자에 대한 부당이득반환의무 유무와 그 범위〉 건물에 관한 임대차계약이 종료된 이후 이를 건물임대인에게 반환하지 않고 그대로 계속 점유·사용하는 자는 점유기간 동안 건물의 사용·수익에 따른 차임 상당액을 부당이득으로 반환할 의무가 있는데, 여기서 차임 상당액을 산정할 때 통상적으로 건물을 임대하는 경우 당연히 부지 부분의 이용을 수반하는 것이고 차임 상당액 속에는 건물 차임 외에도 부지 부분 차임(지대)도 포함되므로, 건물 차임은 물론이고 부지 부분 차임도 함께 계산되어야 한다. 그리고 건물소유자가 부지 부분에 관한 소유권을 상실하였다 하여도 건물소유자는 의연 토지소유자와 관계에서는 토지 위에 있는 건물의 소유자인 관계로 건물 부지의 불법점유자라 할 것이고, 따라서 건물 부지 부분에 관한 차임 상당의 부당이득 전부에 관한 반환의무를 부담하게 되며, 건물을 점유하고 있는 건물임차인이 토지소유자에게 부지점유자로서 부당이득반환의무를 진다고 볼 수 없다. 그러므로 건물소유자는 이러한 채무의 부담한도 내에서 건물임차인의 건물 불법점유에 상응하는 부지 부분의 사용·수익에 따른 임료 상당의 손실이 생긴 것이고, 건물에 관한 임대차계약 종료 이후 이를 계속 점유·사용하는 건물임차인은 건물소유자에 대한 관계에서 건물 부지의 사용·수익으로 인한 이득이 포함된 건물임료 상당의 부당이득을 하였다고 보아야 한다(대법원 2012.5.10. 선고 2012다4633 판결).

판례 [2] 〈기타 부당이득성립여부〉 ① 판례는 "전세권설정자는 전세권이 소멸한 경우 전세권자로부터 그 목적물의 인도 및 전세권설정등기의 말소등기에 필요한 서류의 교부를 받는 동시에 전세금을 반환할 의무가 있을 뿐이므로, 전세권자가 그 목적물을 인도하였다고 하더라도 전세권설정등기의 말소등기에 필요한 서류를 교부하거나 그 이행의 제공을 하지 아니하는 이상, 전세권설정자는 전세금의 반환을 거부할 수 있고, 이 경우 다른 특별한 사정이 없는 한 그가 전세금에 대한 이자 상당액의 이득을 법률상 원인 없이 얻는다고 볼 수 없다"고 판시하였다(대판 2002.2.5, 2001다62091). ② 유치권자가 유치권행사로 유치물건을 사용한 경우에는 특별한 사정이 없는 한, 차임상당의 이득을 반환할 의무가 있다(대판 1962. 8. 30, 62다294). ③ 상계계약은 상호의 채무를 면제시키는 것을 내용으로 하는 계약으로서 일방의 채권이 불성립 또는 무효이어서 그 면제가 무효가 되면 타방의 채무면제도 당연히 무효가 되어 그 채권은 여전히 존재하는 것이므로, 단순히 그 채무를 이행하지 않고 있다는 점만으로 법률상 원인 없이 이득을 얻었다 할 수 없는 것이고, 가사 그 채권이 시효로 소멸하게 되었다 하더라도 달리 볼 것은 아니다(대판 2005.4.28, 2005다3113). ④ 판례는 "토지소유자가 고압전선이 설치된 토지를 농지로만 이용해 온 경우에도, 그 토지 상공에 대한 구분지상권에 상응하는 임료 상당액의 손해를 입었다고 볼 수 있다"는 태도이다(대판 2006.4.13. 2005다14083).

(2) 채권취득

채권도 물권과 같이 재산권의 하나이므로 그 취득도 당연히 이득이 되는 것이므로 가등기담보 부동산을 매도하여 그 매매대금 중 일부만을 수령하고 나머지를 아직 수령하지 않았다 하더라도 매매잔대금 채권의 취득 역시 반환하여야 할 부당이득의 대상이 된다(대판 1984.2.14. 83다카1645).

판례 다만 ㉠ 채권을 현실적으로 추심하지 못한 경우에는 손실자는 채권의 이득자에 대하여 그 채권의 반환을 구하여야 하고 그 채권 가액에 해당하는 금전의 반환을 구할 수는 없으며, 이는 결국 부당이득한 채권의 양도와 그 채권 양도의 통지를 그 채권의 채무자에게 하여 줄 것을 청구하는 형태가 된다(대판 1995. 12. 5. 95다22061). ㉡ 전부명령이 확정된 후 그 집행권원인 집행증서의 기초가 된 법률행위 중 전부 또는 일부에 무효사유가 있는 것으로 판명된 경우에는 그 무효 부분에 관하여는 집행채권자가 부당이득을 한 셈이 되므로, 그 집행채권자는 집행채무자에게, 위 전부명령에 따라 전부받은 채권 중 실제로 추심한 금전 부분에 관하여는 그 상당액을 반환하여야 하고, 추심하지 아니한 나머지 부분에 관하여는 그 채권 자체를 양도하는 방법에 의하여 반환하여야 한다(대판 2005.4.15. 2004다70024).

(3) 우선변제권자의 지위(선순위저당권자와 임금채권자의 지위비교)

㉠ 저당권이 설정된 부동산의 경매에서 후순위저당권자가 선순위저당권자보다 앞서 배당 받은 경우, 선순위저당권자는 후순위저당권자에 대하여 부당이득반환을 청구할 수 있다. 그리고 확정된 배당표에 의하여 배당을 실시하는 것은 실체법상의 권리를 확정하는 것이 아니므로 배당을 받아야 할 자가 배당을 받지 못하고, 배당을 받지 못할 자가 배당을 받은 경우에는 배당에 관하여 이의를 한 여부 또는 형식상 배당절차가 확정되었는가의 여부에 관계없이 배당을 받지 못한 우선채권자는 부당이득반환청구권이 있다(대판 1999.5.25. 99다410). ㉡ 다만 임금채권과 같이 실체법상 우선변제청구권이 있는 채권자는 배당요구를 한 경우에 한하여 비로소 배당을 받을 수 있다. 따라서 적법한 배당요구를 하지 아니한 경우에는 그 경락대금으로부터 배당을 받을 수 없을 것이므로, 이러한 배당요구채권자가 적법한 배당요구를 하지 아니하여 그를 배당에서 제외하는 것으로 배당표가 작성·확정되고 그 확정된 배당표에 따라 배당이 실시되었다면, 그가 적법한 배당요구를 한 경우에 배당 받을 수 있었던 금액 상당의 금원이 후순위 채권자에게 배당되었다 하여 이를 법률상 원인이 없는 것이라고 할 수 없다(대판 2008.12.24. 2008다65242; 대판 1996.12.20. 95다28304). ㉢ 유념하여야 할 것은 우선변제권을 가진 주택임차인이 경매신청했다면 별도의 배당요구가 없어도 우선변제권를 받을 수 있다는 것이다(대판 2013.11.14. 2013다27831).

판례 〈우선변제권자의 예외적 지위〉 ① 민법 제370조·제342조 단서가 저당권자는 물상대위권을 행사하기 위하여 저당권설정자가 받을 금전 기타 물건의 지급 또는 인도 전에 압류하여야 한다고 규정한 것은 물상대위의 목적인 채권의 특정성을 유지하여 그 효력을 보전함과 동시에 제3자에게 불측의 손해를 입히지 않으려는 데에 그 취지가 있다. 따라서 저당목적물의 변형물인 금전 기타 물건에 대하여 이미 제3자가 압류하여 그 금전 또는 물건이 특정된 이상 저당권자가 스스로 이를 압류하지 않고서도 물상대위권을 행사하여 일반채권자보다 우선변제를 받을 수 있으나, 그 행사방법은 민사집행법 제273조에 의하여 담보권의 존재를 증명하는 서류를 집행법원에 제출하여 채권압류 및 전부명령을 신청하는 것이거나 민사집행법 제247조 제1항에 의하여 배당요구를 하는 것이므로, 이러한 물상대위권의 행사에 나아가지 아니한 채 단지 수용대상토지에 대하여 담보물권의 등기가 된 것만으로는 그 보상금으로부터 우선변제를 받을 수 없다. 그렇다면 저당권자가 물상대위권의 행사에 나아가지 아니하여 우선변제권을 상실한 이상, 다른 채권자가 그 보상금 또는 이에 관한 변제공탁금으로부터 이득을 얻었다고 하더라도 저당권자는 이를 부당이득으로서 반환청구할 수 없다(대판 2010.10.28, 2010다46756 ; 대판 2002.10.11, 2002다33137). ② 그러나 근로기준법상 우선변제권이 있는 임금채권자가 경매절차개시 전에 경매 목적 부동산을 가압류하고 배당표가 확정되기 전까지 그 가압류의 청구채권이 우선변제권 있는 임금채권임을 소명하였음에도 경매법원이 임금채권자에게 우선배당을 하지 아니한 경우, 임금채권자는 배당을 받은 후순위 채권자를 상대로 부당이득반환청구권을 갖는다(대판 2004.7.22, 2002다52312).

(4) 장래 부당이득

부당이득은 현재의 부당이득뿐만 아니라 장래의 부당이득도 그 이행기에 지급을 기대할 수 없어 미리 청구할 필요가 있으면 미리 청구할 수 있다(대판 1975.4.22, 74다1184). 이렇게 장래 부당이득반환청구가 가능한 것이 불법행위와 차이가 있다.

판례 판례는 토지소유자가 임료 상당 부당이득의 반환을 구하는 장래이행의 소를 제기하여 승소판결이 확정된 후 임료가 상당하지 아니하게 되는 등 사정이 있는 경우 새로 부당이득반환을 청구할 수 있다고 한다 〔대판(전합) 1993.12.21, 92다46226〕.

(5) 계약상 상대방이 아닌 자에 대한 부당이득

계약상의 급부가 계약의 상대방뿐만 아니라 제3자의 이익으로 된 경우에 계약상의 급부를 한 계약당사자는 이익의 귀속 주체인 제3자에 대하여 직접 부당이득반환을 청구할 수는 없다고 보아야 한다(대판 2002.8.23, 99다66564,66571; 대법원 2010.3.11, 2009다98706). 이는 전용물소권(轉用物訴權)을 부정한 것으로, 즉 계약에 의한 급부가 제3자의 이득으로 된 경우, 급부한 계약당사자의 그 제3자에 대한 부당이득반환청구권을 부정한다는 것이다(제747조 2항). 이러한 법리는 급부가 사무관리에 의하여 이루어진 경우에도 마찬가지라는 것이 판례이다(대판 2013.06.27, 2011다17106).

판례 마찬가지로 예컨대,「甲은 X상가를 신축한 후 가인유통(乙)과 대금 230억 원에 매도하는 매매계약을 체결하고, 乙은 X상가를 호수별로 분할하여 丙에게 분양하였다. 丙은 乙과 사이에 분양계약을 체결한 후 분양대금 중 일부를 乙에 지급하거나 乙의 지시에 따라 무통장입금의 방법으로 甲이 개설한 계좌로 송금하고, 무통장입금표를 乙에 제시하고 乙로부터 다시 입금표를 교부받았다. 乙은 매도인 甲에게 중도금 및 잔금을 지급하기로 한 약정을 이행하지 못하여 계약을 해제 당하였다. 여기서 甲이 丙에 대하여 계약이행책임을 부인하고 있다면 특별한 사정이 없는 한 丙은 甲에게 그 지급받은 대금을 부당이득으로 반환을 요구할 수 있는가 ?」丙이 위 분양계약을 적법하게 해제하였다고 하더라도 그 계약관계의 청산은 계약의 상대방인 乙과 사이에 이루어져야 하고, 甲을 상대로 분양대금을 지급한 것이 부당이득이라는 이유로 그 반환을 구할 수 없다고 보아야 한다. 왜냐하면, 丙이 제3자인 甲에 대하여 직접 부당이득반환청구를 할 수 있다고 보면, 자기 책임하에 체결된 계약에 따른 위험부담을 제3자에게 전가시키는 것이 되어 계약법의 기본원리에 반하는 결과를 초래할 뿐만 아니라 수익자인 제3자가 계약상대방에 대하여 가지는 항변권 등을 침해하게 되어 부당하기 때문이다((대판 2011.11.10, 2011다48568; 대판 2003.12.26, 2001다46730 등).

(6) 공유토지와 제3자의 부당이득

과반수 지분의 공유자로부터 공유물의 특정 부분의 사용·수익을 허락받은 점유자는 소수지분권자에 대하여 그 점유로 인하여 법률상 원인 없이 이득을 얻고 있다고 볼 수 없다.

즉 그 과반수 지분의 공유자로부터 다시 그 특정 부분의 사용·수익을 허락받은 제3자의 점유는 다수지분권자의 공유물관리권에 터잡은 적법한 점유이므로 그 제3자는 소수지분 권자에 대하여도 그 점유로 인하여 법률상 원인 없이 이득을 얻고 있다고는 볼 수 없다(대 판 2002.5.14, 2002다9738).

> **판례**　〈공유자간 부당이득〉 일부 공유자가 배타적으로 점유·사용하는 공유 토지의 특정된 한 부분이 그 지분 비 율에 상당하는 면적의 범위 내라고 할지라도, 공유 토지를 전혀 사용·수익하지 않고 있는 다른 공유자에 대하여 그 지분에 상응하는 부당이득 반환의무가 있다(대판 2001.12.11, 2000다13948).

(7) 판결에 기한 집행의 경우

부정한 방법으로 실체의 권리관계와 다른 내용의 확정판결을 취득한 후 그 판결에 기하여 강제집행을 하더라도, 부당이득을 한 것이 아닌데 그 이유는 위 강제집행으로 얻은 이익을 부당이득반환청구의 대상이 될 수 있다고 하는 것은 확정판결의 기판력에 저촉되기 때문이 다(대판 2001.11.13, 99다32905).

(8) 운송사업등록명의이용과 부당이득

화물자동차에 대한 지입계약이 해지되었음에도 지입회사가 지입차량의 소유명의를 보유하고 있는 동안 지입차주가 지입회사의 화물자동차운송사업등록명의를 이용하여 화물자동차운송사업 을 영위한 경우 지입차주가 지입료상당을 부당이득한 것으로 볼 수 있다(대판 2003.11.28, 2003 다37136).

(9) 계약명의신탁과 부당이득

(ㄱ) 계약명의신탁약정이 부동산실권리자명의등기에관한법률 시행 후인 경우에는 명의신탁자 는 애초부터 당해 부동산의 소유권을 취득할 수 없었으므로 위 명의신탁약정의 무효로 인하 여 명의신탁자가 입은 손해는 당해 부동산 자체가 아니라 명의수탁자에게 제공한 매수자금 이라 할 것이고, 따라서 명의수탁자는 당해 부동산 자체가 아니라 명의신탁자로부터 제공받 은 매수자금을 부당이득하였다고 할 것이다(대판 2005.1.28, 2002다66922).

(ㄴ) 명의신탁자와 계약명의신탁 약정을 맺고 토지를 매수하여 자신 앞으로 소유권이전등기를 경료한 명의수탁자가 그 토지(계약명의신탁으로 명의신탁약정은 무효라고 하더라도 물권변동은 유효) 를 지방자치단체에 매도하여 수령하게 된 보상금 중 일부를 제3자에게 지급한 경우, 제3자가 명의신탁자와의 관계에서 부당이득한 것으로 볼 수 없다(대판 2008.9.11, 2007다24817).

(10) 송금의 착오

송금의뢰인이 수취인의 예금구좌에 계좌이체를 한 때에는, 송금의뢰인은 수취인에 대하여 위 금액 상당의 부당이득반환청구권을 가지게 되지만, 수취은행은 이익을 얻은 것이 없으므 로 수취은행에 대하여는 부당이득반환청구권을 취득하지 아니한다(대판 2007.11.29, 2007다 51239; 대판 2010.11.11, 2010다41263,41270).

(11) 무단양도·전대

임차인이 임대인의 동의를 받지 않고 제3자에게 임차권을 양도하거나 전대하는 등의 방법으로 임차물을 사용·수익하게 하더라도, 임대인이 이를 이유로 임대차계약을 해지하거나 그 밖의 다른 사유로 임대차계약이 적법하게 종료되지 않는 한 임대인은 임차인에 대하여 여전히 차임청구권을 가지므로, 임대차계약이 존속하는 한도 내에서는 제3자에게 불법점유를 이유로 한 차임 상당 손해배상청구나 부당이득반환청구를 할 수 없다(대판 2008.2.28, 2006다10323).

(12) 사해행위취소의 소와 함께 원상회복으로 배당이의의 소를 제기하여 승소한 채권자가 배당표 경정으로 자신이 배당받아야 할 금액을 초과하여 배당받은 경우, 그 초과 부분에 대한 반환의무의 상대방(=적법하게 배당요구를 하였으나 배당이의의 소에 참여하지 못한 다른 채권자)

배당이의 소송을 통하여 자신이 배당받아야 할 금액보다 초과하여 배당받은 채권자는, 그 초과 부분을 적법하게 배당요구를 하였으나 배당이의 소송에 참여하지 못한 다른 채권자에게 부당이득으로서 반환할 의무가 있을 뿐 사해행위를 한 채무자에게 반환할 의무는 없다(대판 2011.2.10, 2010다90708).

(13) 저당권설정 또는 가압류집행이 된 토지가 수용된 경우

관련사례 (가) 저당권자 甲은 설정자 乙에 대한 대여금채권을 확보하기 위하여 乙소유이던 X부동산에 저당권설정등기를 경료한 후, 乙의 부동산은 丙에게 증여로 이전되어 등기가 완료되었다. 그 후 한국도로공사가 당해 부동산을 수용하면서 丙 앞으로 수용보상금을 공탁하였는바, 甲이 위 공탁금의 출급청구권을 압류하기 전에 丙이 위 공탁금을 모두 찾아갔다. 여기서 甲은 X부동산의 수용으로 인한 근저당권의 소멸로 피담보채권액 상당의 손실을 입었고 이로 인하여 丙이 위 근저당권의 부담을 면하는 이득을 얻었다고 주장하면서, 丙에게 그 이득의 반환을 청구할 수 있는가?(대판 2009.5.14, 2008다17656). 한편 (나) 위 X부동산에 저당권대신 가압류가 있다면, 즉 기존의 가압류의 효력이 소멸한 경우, 가압류 집행 후 토지의 소유권을 취득한 제3취득자가 보상금을 전액 수령하는 것은 부당이득반환청구의 대상이 되는가? (대판 2009.9.10, 2006다61536,61543).

해설 (a) (가)의 경우, 판례는 "저당목적물 소유자가 얻은 위와 같은 이익은 저당권자의 손실로 인한 것으로서 인과관계가 있을 뿐 아니라, 공평의 관념에 위배되는 재산적 가치의 이동이 있는 경우 수익자로부터 그 이득을 되돌려받아 손실자와 재산상태의 조정을 꾀하는 부당이득제도의 목적에 비추어 보면 위와 같은 이익을 소유권자에게 종국적으로 귀속시키는 것은 저당권자에 대한 관계에서 공평의 관념에 위배되어 법률상 원인이 없다고 봄이 상당하므로, 저당목적물 소유자는 저당권자에게 이를 부당이득으로 반환할 의무가 있다"고 판시한다(대판 2009.5.14, 2008다17656).
(b) (나)의 경우, 가압류는 담보물권과는 달리 목적물의 교환가치를 지배하는 권리가 아니고, 담보물권의 경우에 인정되는 물상대위의 법리가 여기에 적용된다고 볼 수도 없다. 그러므로 토지에 대하여 가압류가 집행된 후에 제3자가 그 토지의 소유권을 취득함으로써 가압류의 처분금지효력을 받고 있던 중 그 토지가 『공익사업을 위한 토지 등의 취득 및 보상에 관한 법률』에 따라 수용됨으로 인하여 기존 가압류의 효력이 소멸되는 한편 제3취득자인 토지소유자는 위 가압류의 부담에서 벗어나 토지수용보상금을 온전히 지급받게 되었다고 하더라도, 이는 위 법에 따른 토지수용의 효과일 뿐이지 이를 두고 법률상 원인 없는 부당이득이라고 할 것은 아니다(대판 2009.9.10, 2006다61536·61543).

Ⅱ. 특수한 부당이득

부당이득의 일반적 성립요건을 갖추기는 하였지만, 한편 특수한 경우에 관해서는 민법은 제
742조 내지 제746조에서 그 반환청구를 금지하는 특칙을 규정하고 있다. 대별하여 비채변제
와 불법원인급여로 나누어 볼 수 있다. 다시 넓은 의미로 비채변제(非債辨濟)라 함은 채무가 없
음에도 불구하고 변제로서 급부하는 것을 말한다. 민법은 다음의 경우와 같이 일정한 비채변
제에 관해서는 부당이득반환청구를 금지하는 특칙을 규정한다(제742조~제745조).

1. 비채변제

비채변제에 관해서는 원칙적으로 부당이득반환청구권이 인정된다. 그러나 부당이득의 성립
이 제한되는 비채변제가 있는바 ㉠ 협의의 비채변제, ㉡ 변제기 전의 변제(제743조), ㉢ 타인
채무의 변제(제745조) 등이 있다. 협의의 비채변제에는 악의의 비채변제(제742조)와 도의관념
에 적합한 비채변제(제744조)가 있다.

(1) 악의의 비채변제

> **제742조 (비채변제)**
> 채무없음을 알고 이를 변제한 때에는 그 반환을 청구하지 못한다.

1) 요건

악의의 비채변제의 요건은 ㉠ 변제당시 채무가 존재하지 않을 것 ㉡ 변제로서 급부하였을 것
(대물변제나 제3자의 변제도 이에 해당한다) ㉢ 변제자가 변제당시 채무 없음을 알았을 것 등이다.

판례 〈민법 제742조 소정의 비채변제의 적용 요건 등〉 ① 민법 제742조 소정의 비채변제에 관한 규정은 변제자가
채무 없음을 알면서도 변제를 한 경우에 적용되는 것이고, 채무 없음을 알지 못한 경우에는 그 과실 유무를 불
문하고 적용되지 아니한다. 따라서 ② 지방자치단체가 구 하천법에 의하여 이미 하천구역으로 편입된 토지에 대
하여는 위 법령에 근거한 보상금을 지급하여야 할 아무런 의무가 없음에도 불구하고, 이러한 토지에 대하여도 자
신에게 보상책임이 있는 것으로 잘못 알고 위 토지에 대한 보상금을 변제공탁하고 위 토지 소유자가 공탁금을 출
급한 경우, 지방자치단체가 자신에게 위 토지에 대한 보상의무가 없음을 알지 못한 데에 어떠한 과실이 있다 하
더라도 위 토지 소유자에 대하여 그 반환을 청구할 수 있다고 보아야 한다(대판 1998. 11. 13, 97다58453).

2) 입증문제

비채변제를 원인으로 부당이득금반환을 청구하는 자는 변제한 채무가 존재하지 아니한 사실
만 주장·입증하면 족하고, 그 채무가 존재하지 아니함을 알지 못하고 지급하였음을 주장·
입증할 책임은 없는 것이다(대판 1962. 6. 28, 4294민상1453). 즉 채무없는데 변제하였다는 사실
은 변제자가, 악의여부에 대하여는 반환을 면하려는 수령자가 하여야 한다는 것이다.

3) 부득이한 지급

채무 없음을 알았다 하더라도 임의로 지급한 것이 아니라 부득이한 사정으로 자기의 진의에
반하여 지급한 경우는 이것에 포함되지 않는다(대판 1988. 2. 9, 87다432 등). 따라서 이러한 경
우에는 반환청구가 가능하다. 즉 비채변제가 지급자의 자유로운 의사에 반하여 이루어진
경우에는 그 반환청구권을 상실당하지 않는다(대판 2010.7.15. 2008다39786).

판례 지급자가 채무 없음을 알면서도 임의로 지급한 경우에는 민법 제742조 소정의 비채변제로서 수령자에게 그 반환을 구할 수 없으나, 지급자가 채무 없음을 알고 있었다고 하더라도 변제를 강제당한 경우나 변제거절로 인한 사실상의 손해를 피하기 위하여 부득이 변제하게 된 경우 등 그 변제가 자유로운 의사에 반하여 이루어진 것으로 볼 수 있는 사정이 있는 때에는 지급자가 그 반환청구권을 상실하지 않는다. 따라서 ㉠ 甲이 공장을 매수할 당시 매도인인 A의 전기요금체납사실을 알지 못하였는데, 한국전력공사 乙이 전기공급을 해 주지 아니하므로 이를 공급받기 위하여 부득이 인수하지도 아니한 A의 체납전기요금채무를 그 반환청구권을 유보하고 변제하였다면 매수 당시부터 그 체납사실을 알면서도 이를 매수한 경우와 달리 민법 제742조의 비채변제에 해당하지 않는다. 따라서 부당이득반환청구가 허용된다(대판 2004.1.27. 2003다46451; 대판 1992.2.14. 91다17917). ㉡ 기업개선작업을 통해 구조조정을 마치고 회사분할을 추진 중이던 연대보증인이 당초 이자채무가 면제되었다는 견해를 갖고 있었음에도 대출은행의 요구대로 이자채무를 포함하여 연대보증채무를 변제한 것은, 대출은행으로부터 그 은행 주장의 연대보증채무 상당액을 변제하지 아니하면 연대보증인 소유의 생산공장들에 설정된 근저당권에 기하여 경매절차를 실행하겠다는 통지를 받고, 그 경매절차가 진행될 경우 생산활동에 차질이 생길 뿐만 아니라 대외적인 신인도가 다시 추락함으로써 정상적인 기업으로서의 존속 자체가 불투명해지는 심각한 사태 등이 발생할 수 있으며, 당시 추진 중이던 회사분할 절차에도 타격을 입을 우려가 있어, 변제거절에 따른 손해를 피하기 위해 자유로운 의사에 반하여 부득이하게 지급한 것이므로 그 반환청구권을 상실하지 않는다(대판 2010.7.15. 2008다39786)

(2) 기한 전의 변제

> **제743조 (기한전의 변제)**
> 변제기에 있지 아니한 채무를 변제한 때에는 그 반환을 청구하지 못한다. 그러나 채무자가 착오로 인하여 변제한 때에는 채권자는 이로 인하여 얻은 이익을 반환하여야 한다.

1) 중간이자

기한 전에 채무를 변제한 때에는 그 반환을 청구하지 못하나, 다만 채권자가 미리 변제된 것을 변제기까지 이용함으로써 사실상 얻은 이익은 법률상의 원인이 없는 것이므로 반환하도록 하고 있다. 즉 甲이 자기의 채무가 기한도래 전에 있음에도 변제기가 도래한 것으로 오신해서 변제한 경우, 甲은 그(원금) 반환을 청구할 수 없다(제743조). 단 중간이자(이익)의 반환청구는 가능하다.

2) '착오로 인하여'의 의미

민법 제743조 소정의 '착오로 인하여'라 함은 변제기 전임을 알지 못하였음을 의미하므로 변제기가 도래했다고 오신하고서 변제한 경우에 한하고, 변제기 전임을 알면서 변제한 자는 기한의 이익을 포기한 것으로 볼 것이다(대판 1991.8.13. 91마6856).

판례 〈사용자가 근로자에 대하여 중간퇴직처리를 하면서 퇴직금을 지급하였으나 그 퇴직처리가 무효로 된 경우〉 사용자가 근로자에 대하여 중간퇴직처리를 하면서 퇴직금을 지급하였으나 그 퇴직처리가 무효로 된 경우 이는 착오로 인하여 변제기에 있지 아니한 채무를 변제한 경우에 해당한다고 할 수 없으므로, 이미 지급한 퇴직금에 대한 지급일 다음날부터 최종 퇴직 시까지의 연 5푼의 비율에 의한 법정이자 상당액은 부당이득에 해당하지 않는다(대판 2005.2.25. 2004다34790). 다만 이미 지급한 퇴직금에 대하여는 무효를 이유로 부당이득반환을 청구할 수 있다.

(3) 도의관념에 적합한 비채변제

> **제744조 (도의관념에 적합한 비채변제)**
> 채무 없는 자가 착오로 인하여 변제한 경우에 그 변제가 도의관념에 적합한 때에는 그 반환을 청구하지 못한다.

예컨대, 법률상의 부양의무가 없는 자가 그 의무가 있는 것으로 잘못 알고 부양을 한 경우, 소멸시효가 완성된 채무를 모르고 변제한 경우(절대적 소멸설에 따를 때) 등이다. 이는 비채변제이지만, 그러나 '도의관념에 적합한 변제'에 해당하므로 부당이득이라 하여 반환을 청구하지 못한다(제744조).

> **판례 〈도의관념에 적합한 비채변제문제〉** ㉠ 보상금을 지급하여야 할 아무런 의무가 없음에도 불구하고 지방자치단체가 (하천법)법령을 잘못 해석하여 자신에게 그 보상의무가 있는 것으로 알고 그 보상금 상당액을 공탁하여 위 토지 소유자가 이를 수령한 경우, 이는 채무자 아닌 자가 착오로 인하여 타인의 채무를 변제한 것이므로, 특별한 사정이 없는 한 그 반환을 청구할 수 있는바, 위 토지가 하천구역으로 편입됨으로써 토지 소유자가 소유권을 상실하였고 위 공탁금이 위 토지에 대한 보상금으로 공탁된 것이라고 하더라도 그러한 사유만으로 채무자도 아닌 지방자치단체가 한 위 변제공탁이 도의관념에 적합한 비채변제에 해당하는 것이라고 볼 수는 없다(대판 1998. 11. 13, 97다58453). ㉡ '민법' 제744조가 정하는 도의관념에 적합한 비채변제에 있어서 그 변제가 도의관념에 적합한 것인지 여부는, 객관적인 관점에서 그 비채변제의 급부가 수령자에게 그대로 보유되는 것이 일반인의 법감정에 부합하는 것으로서, 그 대상인 착오에 의한 비채변제가 강행법규에 위반한 무효의 약정 또는 상대방의 고의·중과실의 위법행위에 기하여 이루어진 것인 경우에는 그러한 변제행위를 도의관념에 적합한 비채변제라고 속단하여서는 아니된다(대판 2008.10.9. 2007다67654).

(4) 타인채무의 변제

> **제745조 (타인의 채무의 변제)**
> ① 채무자 아닌 자가 착오로 인하여 타인의 채무를 변제한 경우에 채권자가 선의로 증서를 훼멸하거나 담보를 포기하거나 시효로 인하여 그 채권을 잃은 때에는 변제자는 그 반환을 청구하지 못한다.
> ② 전항의 경우에 변제자는 채무자에 대하여 구상권을 행사할 수 있다.

1) 요건
제3자변제는 유효하나(제469조 참조), 일방이 타인채무를 자기의 채무로 '오신'하여 변제한 경우에는 부당이득반환청구가 가능한 것이다. 다만 채권자가 채권증서를 훼멸하거나 또는 담보를 포기하거나 시효로 인하여 그 채권을 잃은 때에는 선의의 채권자를 보호하기 위하여 변제자에게 반환청구를 인정하지 않는다(제745조 제1항).

> 甲이 자기의 채무를 타인의 채무로 오신해서 변제한 경우, 甲은 반환청구할 수 없다(변제는 준법률행위이고 객관적으로 일치하면 변제가 된다 즉 채무가 소멸한다는 것이다).

2) 구상권
물론 변제자는 채무자에게 구상권(즉, 부당이득 반환청구권)을 행사함으로써 보상받을 수 있다(제745조 제2항 참조).

2. 불법원인급여

> **제746조 (불법원인급여)**
> 불법의 원인으로 인하여 재산을 급여하거나 노무를 제공한 때에는 그 이익의 반환을 청구하지 못한다. 그러나 그 불법원인이 수익자에게만 있는 때에는 그러하지 아니하다.

(1) 불법원인급여의 의의 및 취지

불법을 원인으로 급여한 자에게 반환청구를 원칙적으로 금지하는 것을 불법원인급여의 문제이다. 이는 불법원인에 가담한 급여자의 반환청구에 법이 협력하지 않겠다는 의미이다. 법률은 한편에서는 사회적 타당성이 없는 행위를 한 자가 그 실현을 바랄 때에 이에 협력할 것을 거절하고(제103조), 다른 한편으로는 사회적 타당성이 없는 행위의 결과를 복구하려는 자에 대하여도 협력을 거절하려고 한다(제746조). 제746조는 불법원인급여를 한 자로 하여금 급여한 것의 반환을 청구할 수 없도록 함으로써 공서양속에 어긋나는 행위에 대해 제재를 가하는 면도 아울러 갖고 있다고 볼 수 있다.

(2) 불법의 의미

제746조 본문에서 말하는 불법은 제103조에서 말하는 선량한 풍속 기타 사회질서에 위반하는 것을 의미하고, 강행법규 위반은 포함하지 않는다는 것이 통설적 견해 및 판례이다(대판 2008.10.9, 2007도2511).

판례 [1] 불법원인이라 함은 그 원인되는 행위가 선량한 풍속 기타 사회질서에 위반하는 경우를 말하는 것으로, 법률행위의 목적인 권리의무의 내용이 선량한 풍속 기타 사회질서에 위반되는 경우뿐만 아니라, 그 내용 자체는 반사회질서적인 것이 아니라고 하여도 법률적으로 이를 강제하거나 그 법률행위에 반사회질서적인 조건 또는 금전적 대가가 결부됨으로써 반사회질서적 성질을 띠게 되는 경우 및 표시되거나 상대방에게 알려진 법률행위의 동기가 반사회질서적인 경우에도 불법원인급여에 해당될 수 있다(대판 2008.10.9, 2007도2511).

판례 [2] 〈첫째, 불법원인급여로 본 사례를 적시한다면〉 ㉠ 관계공무원에의 청탁이 대표적으로 이에 해당한다(도지사에게 청탁하여 택시운송사업면허를 받아줄 것을 부탁하면서도 도지사에 대한 청탁교제비로 금원을 교부한 경우 — 대판 1991.3.22, 91다520). ㉡ 그리고 송금액에 해당하는 수입품에 대한 관세포탈의 범죄를 저지르기 위하여 환전상 인가를 받지 아니한 자에게 비밀송금을 위탁한 행위는 불법원인급여로 본다(대판 1992.12.11, 92다33169). ㉢ 윤락행위를 할 자를 고용·모집하거나 그 직업을 소개·알선한 자가 윤락행위를 할 자를 고용·모집함에 있어 성매매의 유인·강요의 수단으로 제공한 선불금 등이 불법원인급여에 해당한다(대판 2004.9.3, 2004다27488·27495).

〈둘째, 불법원인급여를 부정한 사례를 적시한다면〉 : ㉠ 무허가로 해외취업알선업을 하는 사람에게 미리 그 보수를 지급한 사람이 그 취업알선이 이루어지지 아니하였음을 이유로 이미 지급한 보수의 반환을 청구하는 경우(대판 1983.11.22, 83다430), ㉡ 부동산실권리자명의등기에관한법률에 위반되어 무효인 명의신탁약정에 기하여 경료된 타인 명의의 등기는 불법원인급여에 해당하지 않는다. 즉 무효인 명의신탁약정에 기하여 타인 명의의 등기가 마쳐졌다는 이유만으로 그것이 당연히 불법원인급여에 해당한다고 볼 수 없다(대판 2003.11.27, 2003다41722). ㉢ 담배사업법에 위반된 행위(대판 2001.5.29, 2001다1782). ㉣ 구 수산업법 제33조가 어업권의 임대차를 금지하고 있는 취지 등에 비추어 보면, 위 규정에 위반하는 행위가 무효라고 하더라도 그것이 선량한 풍속 기타 사회질서에 반하는 행위라고 볼 수는 없다. 따라서 어업권의 임대차를 내용으로 하는 임대차계약이 구 수산업법 제33조에 위반되어 무효라고 하더라도 그것이 부당이득의 반환이 배제되는 '불법의 원인'에 해당하는 것으로 볼 수는 없으므로, 어업권을 임대한 어업권자로서는 그 임대차계약에 기해 임차인에게 한 급부로 인하여 임차인이 얻은 이익, 즉 임차인이 양식어장(어업권)을 점유·사용함으로써 얻은 이익을 부당이득으로 반환을 구할 수 있다(대판 2010.12.9. 2010다57626,57633).

관련사례	매수인 甲은 담배 값이 인상되기 전에 담배 사재기를 하면 물품창고에 담배를 보관하여 줄 터이니 담배 값이 인상된 후 반출하여 가라는 한국담배인삼공사(乙)물품창고 직원 丙의 권유를 받고서 담배 소매인이 구입하지 않은 담배를 마치 소매인들이 구입하는 것처럼 가장하여 담배량을 추가하여 주문하였다(법규정에 반하여 무효). 여기서 담배구입계약이 무효인 경우 그 대금의 반환청구는 허용되는가? (대판 2001.5.29, 2001다1782).
해설	(a) 한국담배인삼공사가 제조한 담배는 소정의 도매업자 또는 소매인에게만 판매하도록 규정한 구 담배사업법에 위반한 행위는 강행규정에 반하여 무효이다. 따라서 甲이 담배공사에 담배구입대금으로 입금함으로써 그 대금에 해당하는 담배매매계약이 성립되었다고 하면서, 담배를 인도받지 못한 부분에 대한 담배매매계약을 乙의 채무불이행을 이유로 해제하고 원상회복으로서 그 대금의 반환을 구할 수 없다(계약이 무효인 경우 채무불이행이나 계약해제는 인정되지 않는다-대판 1992.12.11, 92다33169).
	(b) 구 담배사업법 소정의 등록도매업자 또는 지정소매인이 아닌 자가 담배사재기를 위하여 한국담배인삼공사로부터 담배를 구입키로 하고 지급한 담배구입대금은 불법원인급여에 해당하지 않는다. 따라서 구 담배사업법 소정의 등록도매업자 또는 지정소매인이 아닌 자가 담배사재기를 위하여 한국담배인삼공사로부터 담배를 구입키로 하고 지급한 담배구입대금은 불법원인급여에 해당하지 않아 그 반환을 청구할 수 있다고 보아야 한다(대판 2001.5.29, 2001다1782).
	(c) 강행법규위반의 무효행위에 의하여 급부한 것이라 하여도 그 행위가 선량한 풍속 기타 사회질서를 해치는 것이라 볼 수 없는 때에는 부당이득이나 불법행위의 원칙에 의하여 그 이익의 반환 또는 손해배상을 구할 수 있다 할 것이다(대판 1969.11.11, 69다925). 따라서 불법원인으로 급여한 사람은 부당이득반환청구나 불법행위를 이유로 손해배상을 청구할 수 없다(통설).

(2) 급여의 의미

급여는 종국적 급여를 의미한다. 수익자가 그 이익을 향수하려면 경매신청을 하는 등 별도의 조치를 취하여야 하는 경우(수익자가 저당권자인 경우)에는 그 불법원인급여로 인한 이익이 종국적인 것이 아니므로(일시적 급여), 설정자는 수익자에게로 등기된 무효인 저당권등기의 말소를 구할 수 있다(대판 1995.8.11, 94다54108).

(3) 불법원인급여와 물권적 반환청구권

(ㄱ) 급여한 사람은 수익자에게 부당이득반환채권을 갖지 못한다. 그렇다면 급여자는 물권적 청구권을 주장하여 목적물의 반환을 주장할 수 있는가(특히 채권행위와 물권행위의 관련성에서 유인주의 입장에서 이러한 문제가 제기될 수 있다).

(ㄴ) 종전 판례는 채권에 기한 청구는 제746조에 의해 부정된다고 하더라도 물권적 청구권은 허용될 수 있다는 입장이었으나, 현재 판례는 물권적 청구권에 기한 청구도 부정하고 있다(통설과 판례). 따라서 급여한 물건의 소유권은 급여를 받은 상대방에게 반사적으로 귀속된다 [(대판 2013.08.22, 2013다35412). 대판(전합) 1979.11.13, 79다483].

(4) 불법성 비교론

불법원인급여에 있어서 수익자의 불법성이 급여자의 불법성보다 현저하게 큰 경우, 급여자의 부당이득청구가 허용된다(대판 1997.10.24. 95다49530).

판례　㉠ 〈**포주와 윤락녀간의 화대에 대한 법률관계(형사사건 중)**〉 포주인 피고인이 피해자가 손님을 상대로 윤락행위를 할 수 있도록 업소를 제공하고, 윤락녀인 피해자가 윤락행위의 상대방으로부터 받은 화대를 피고인에게 보관하도록 하였다가 이를 분배하기로 한 약정은 선량한 풍속 기타 사회질서에 위반되는 것이고, 따라서 피해자가 그 약정에 기하여 피고인에게 화대를 교부한 것은 불법원인 급여에 해당한다고 할 것이나, 피고인과 피해자의 사회적 지위, 그 약정에 이르게 된 경위 등을 종합하여 볼 때, <u>피고인측의 불법성이 피해자측의 그것보다 현저하게 크다고 봄이 상당하므로, 민법 제746조 본문의 적용은 배제되어 피해자가 피고인에게 보관한 화대 전부의 반환을 청구할 수 있고, 따라서 피고인이 이를 임의로 소비한 행위는 횡령죄를 구성한다</u>(대판 1999.9.17. 98도2036).

㉡ 〈**사기도박**〉 급여자가 수익자에 대한 도박 채무의 변제를 위하여 급여자의 주택을 수익자에게 양도하기로 한 것이지만 내기바둑에의 계획적인 유인, 내기바둑에서의 사기적 행태, 도박자금 대여 및 회수 과정에서의 폭리성과 갈취성 등에서 드러나는 <u>수익자의 불법성의 정도가 내기바둑에의 수동적인 가담, 도박 채무의 누증으로 인한 도박의 지속, 도박 채무 변제를 위한 유일한 재산인 주택의 양도 등으로 인한 급여자의 불법성보다 훨씬 크다고 보아 급여자로서는 그 주택의 반환을 구할 수 있다</u>(대판 1997.10.24. 95다49530,49547).

(5) 임의반환약정

㉠ 제746조는 불법원인급여자의 급여물반환청구를 법률상 보호하지 않는 데 입법취지가 있을 뿐이므로 <u>수령자가 임의로 급여물이나 그의 대상물을 반환하는 것까지 선량한 풍속 기타의 사회질서에 위배된다고 하는 취지가 아니다. 임의반환은 현실적인 반환을 하였을 경우만을 가르키며, <u>반환의 약정과 같이</u> 그 약정의 이행청구에서 약정원인인 불법원인급여에 관한 사실을 주장하게 되는 경우는 포함되지 않는다(대판 1964.10.27. 64다 798,799).

㉡ 그러므로 불법원인급여 후 급부를 이행받은 자가 별도의 약정으로 급부 그 자체 또는 그에 갈음한 대가물을 반환하기로 하는 특약은 원칙적으로 유효하다고 한다(대판 2010.5.27. 2009다12580).

㉢ <u>한편 반환약정이 사회질서에 반하여 무효라는 점은 수익자가 이를 입증하여야 한다</u>(대판 2010.5.27. 2009다12580).

관련사례　미술애호가 甲은 화랑 A의 그림을 절취하도록 乙에게 의뢰하고 그 보수로서 1000만원을 지급하였다. 그러나 乙은 양심에 가책을 느끼고 절도를 단념하고 말았다.

해설

(a) 불법의 원인으로 소유권을 이전하는 경우 부당이득으로서는 그 반환을 청구할 수 없고, 소유권에 기한 반환청구도 부정된다는 것이 통설과 판례이다. 급부는 단순히 사실상의 이익을 주는 것도 포함된다.

(b) 불법은 급여자가 급부할 당시에 이를 인식하지 못해도 상관없다.

(c) 乙은 절도를 단념하였어도 甲에 대하여 채무불이행책임을 부담하지 않는다.

(d) <u>甲은 乙에 대하여 부당이득으로 1000만원의 반환청구를 할 수 없고, 불법행위에 기한 손해배상의 청구도 할 수 없다</u>(즉 불법의 원인으로 재산을 급여한 사람은 상대방 수령자가 그 '불법의 원인'에 가공하였다고 하더라도 상대방에게만 불법의 원인이 있거나 그의 불법성이 급여자의 불법성보다 현

> 저히 크다고 평가되는 등으로 제반 사정에 비추어 급여자의 손해배상청구를 인정하지 아니하는 것이 오히려 사회상규에 명백히 반한다고 평가될 수 있는 특별한 사정이 없는 한 상대방의 불법행위를 이유로 그 재산의 급여로 말미암아 발생한 자신의 손해를 배상할 것을 주장할 수 없다고 할 것이다(대판 2013.08.22, 2013다35412)).

III. 부당이득의 효과(부당이득의 반환)

제747조 (원물반환불능한 경우와 가액반환, 전득자의 책임)
① 수익자가 그 받은 목적물을 반환할 수 없는 때에는 그 가액을 반환하여야 한다.
② 수익자가 그 이익을 반환할 수 없는 경우에는 수익자로부터 무상으로 그 이익의 목적물을 양수한 악의의 제3자는 전항의 규정에 의하여 반환할 책임이 있다.

제748조 (수익자의 반환범위)
① 선의의 수익자는 그 받은 이익이 현존한 한도에서 전조의 책임이 있다.
② 악의의 수익자는 그 받은 이익에 이자를 붙여 반환하고 손해가 있으면 이를 배상하여야 한다.

제749조 (수익자의 악의인정)
① 수익자가 이익을 받은 후 법률상 원인 없음을 안 때에는 그때부터 악의의 수익자로서 이익반환의 책임이 있다.
② 선의의 수익자가 패소한 때에는 그 소를 제기한 때부터 악의의 수익자로 본다.

1. 일반론

(1) 원칙(원물반환원칙)

부당이득반환의무자의 반환내용에 관하여 통일설(다수설)은 이득자가 손실자의 손실 이상의 이득을 얻은 경우에 이득자는 초과된 이득의 부분은 반환할 필요가 없고, 이득자가 손실자의 손실보다 훨씬 적게 이득을 얻은 경우에 이득자는 이득액만 반환하면 된다고 해석한다.

(2) 다른 법규정과의 관련성

부당이득이 성립하면 손실자는 이득자에게 부당이득의 반환을 청구할 수 있다. 반환은 원물반환을 원칙으로 하며, 원물반환시 제201조 내지 제203조를 우선한다(다수설). 다만 최근 판례는 이점에 대하여 다수설과 견해를 달리하고 있음에 유의하여야 한다(아래에서 다시 설명함-대판 2003.11.14, 2001다61869).

> **판례 〈제201조 이하 점유자와 회복자와의 관계와 부당이득문제〉** 악의 점유자는 과실을 반환하여야 한다고만 규정한 민법 제201조 제2항이, 민법 제748조 제2항에 의한 악의 수익자의 이자지급의무까지 배제하는 취지는 아니기 때문에, 악의 수익자의 부당이득금 반환범위에 있어서 민법 제201조 제2항이 민법 제748조 제2항의 특칙이라거나 우선적으로 적용되는 관계를 이루는 것은 아니다(대판 2003.11.14, 2001다61869).

(3) 가액반환

원물반환이 불가능한 경우에는 가액을 반환하여야 한다(제747조 제1항). 예컨대, 부합 혹은 혼화 등으로 목적물을 제3자가 소유하는 경우에는 '가액'으로 반환하여야 한다. 판례는 일반적으로 수익자가 법률상 원인 없이 이득한 재산을 처분함으로 인하여 원물반환이 불가능한 경우에 있어서 반환하여야 할 가액은 특별한 사정이 없는 한 그 '처분 당시의 대가'라고 한다(대판 1995.5.12. 94다25551).2) 이 경우에 수익자가 그 법률상 원인 없는 이득을 얻기 위하여 지출한 비용은 수익자가 반환하여야 할 이득의 범위에서 공제되어야 하고, 수익자가 자신의 노력 등으로 부당이득한 재산을 이용하여 남긴 이른바 운용이익도 그것이 사회통념상 수익자의 행위가 개입되지 아니하였더라도 부당이득된 재산으로부터 손실자가 당연히 취득하였으리라고 생각되는 범위 내의 것이 아닌 한 수익자가 반환하여야 할 이득의 범위에서 공제되어야 한다(대판 1995.05.12. 94다25551).

판례[1] ㉠ 일반적으로 타인의 토지를 법률상 권원 없이 점유·사용함으로 인하여 수익자가 얻는 이득은 특별한 사정이 없는 한 그 토지의 임료 상당액이라 할 것이고, 구체적인 점유·사용의 일환으로 수익자가 토지에 나무를 식재한 후 이를 처분하였다고 하더라도 그 처분대금 중에는 수익자의 노력과 비용이 포함되어 있을 뿐만 아니라, 이를 제외한 나머지 대금 상당액이 임료 상당의 부당이득과 서로 별개의 이득이라고 보기는 어렵다고 할 것이므로, 수익자가 임료 상당액과는 별도로 그 처분대금을 부당이득으로 반환해야 하는 것은 아니다"(대판 2006.12.22. 2006다56367). ㉡ 부당이득반환의 경우 수익자가 반환해야 할 이득의 범위는 손실자가 입은 손해의 범위에 한정되고, 여기서 손실자의 손해는 사회통념상 손실자가 당해 재산으로부터 통상 수익할 수 있을 것으로 예상되는 이익 상당이라 할 것이며, 부당이득한 재산에 수익자의 행위가 개입되어 얻어진 이른바 운용이익의 경우, 그것이 사회통념상 수익자의 행위가 개입되지 아니하였더라도 부당이득된 재산으로부터 손실자가 통상 취득하였으리라고 생각되는 범위 내에서는 반환해야 할 이득의 범위에 포함된다(따라서 매매계약이 무효인 경우, 매도인이 매매대금으로 받은 금전을 정기예금에 예치하여 얻은 이자가 반환해야 할 부당이익의 범위에 포함된다. 대판 2008.01.18. 2005다34711)).

판례 [2] 〈무권리자가 타인의 권리를 제3자에게 처분하였으나 선의의 제3자 보호규정에 의하여 원래 권리자가 권리를 상실하는 경우, 권리자가 무권리자를 상대로 제3자에게서 수령한 대가를 반환청구할 수 있는지 여부(적극) 및 타인 소유의 부동산을 처분하여 매매대금을 수령한 수익자가 양도소득세 기타 비용을 반환하지 않아도 되는지 여부(소극)〉 ㉠ 무권리자가 타인의 권리를 제3자에게 처분하였으나 선의의 제3자 보호규정에 의하여 원래 권리자가 권리를 상실하는 경우, 권리자는 무권리자를 상대로 제3자에게서 처분의 대가로 수령한 것을 이른바 침해부당이득으로 보아 반환청구할 수 있다. ㉡ 한편 수익자가 법률상 원인 없이 이득한 재산을 처분함으로 인하여 원물반환이 불가능한 경우에 반환하여야 할 가액을 산정할 때에는 법률상 원인 없는 이득을 얻기 위하여 지출한 비용은 수익자가 반환하여야 할 이득의 범위에서 공제되어야 할 것이나, 타인 소유의 부동산을 처분하여 매각대금을 수령한 경우, 수익자는 그러한 처분행위가 없었다면 부동산 자체를 반환하였어야 할 지위에 있던 사람이므로 자신의 처분행위로 인하여 발생한 양도소득세 기타 비용은 수익자가 이익 취득과 관련하여 지출한 비용에 해당한다고 할 수 없어 이를 반환하여야 할 이득에서 공제할 것은 아니다(예 : 갑이 취득한 토지가 친일반민족행위자 재산의 국가귀속에 관한 특별법 제3조 제1항 전문에 의하여 원인행위 시 국가에 귀속되었으나 이를 양수한 을, 병이 같은 법 제3조 제1항 후문의 선의의 제3자에 해당하여 토지를 반환받을 수 없었던 사안에서, 갑은 부당이득한 매매대금을 반환할 의무가 있고 양도소득세 및 주민세 상당액을 공제할 것은 아니다(대판 2011.6.10. 2010다40239 판결)).

1) 선의의 수익자

㉠ 부당이득의 반환에서 선의의 수익자는 그 받은 이익이 '현존한 한도'에서 반환할 책임이 있다. 생활비, 학비, 병원비는 현존이익이 있는 것으로 해석되나, 음주나 도박은 현존이익이 없는 것으로 평가된다.

㉡ 현존이익의 여부를 판단하는 시기에 관해서 학설이 대립하는바, 부당이득반환을 청구하

거나 또는 그 소를 제기한 때를 기준으로 하는 설이 다수설이다.

판례 〈현존이익 추정〉 ① 판례는 금전의 경우에는 이득의 현존을 추정한다(대판 1987.8.18, 87다카768). 한편 ② 부당이득으로 금전과 유사한 대체물(비디오폰)을 취득한 경우, 그 소비 여부를 불문하고 현존하는 것으로 추정한다. 즉 법률상 원인 없이 타인의 재산 또는 노무로 이익을 얻고 그로 인하여 타인에게 손해를 가한 경우, 그 취득한 것이 금전상의 이득인 때에는 그 금전은 이를 취득한 자가 소비하였는가의 여부를 불문하고 현존하는 것으로 추정되고, 그 취득한 것이 성질상 계속적으로 반복하여 거래되는 물품으로서 곧바로 판매되어 환가될 수 있는 금전과 유사한 대체물인 경우에도 마찬가지다(대판 2009.5.28. 2007다20440,20457).

2) 악의의 수익자

악의의 수익자는 그 받은 이익에 이자를 붙여서 반환하고 손해가 있으면 이를 배상하여야 한다(제748조 제2항).

판례 ㉠ 〈악의의 의미와 입증〉 여기서 '악의'라고 함은, 자신의 이익 보유가 법률상 원인 없는 것임을 인식하는 것을 말하고, 그 이익의 보유를 법률상 원인이 없는 것이 되도록 하는 사정, 즉 부당이득반환의무의 발생요건에 해당하는 사실이 있음을 인식하는 것만으로는 부족하다. 부당이득반환의무자가 악의의 수익자라는 점에 대하여는 이를 주장하는 측에서 입증책임을 진다(대판 2010.1.28, 2009다24187,24194).
㉡ 〈사례검토〉 따라서 계약명의신탁에서 명의수탁자가 수령한 매수자금이 명의신탁약정에 기하여 지급되었다는 사실을 알았다고 하여도 그 명의신탁약정이 부동산 실권리자명의 등기에 관한 법률 제4조 제1항에 의하여 무효임을 알았다는 등의 사정이 부가되지 아니하는 한 명의수탁자가 그 금전의 보유에 관하여 법률상 원인 없음을 알았다고 쉽사리 말할 수 없다(대판 2010.1.28, 2009다24187,24194).

2. 타인 소유물을 권원 없이 점유함으로써 얻은 사용이익을 반환하는 경우, 민법 제748조 제2항과 제201조 제2항의 반환범위의 관계(대판 2003.11.14, 2001다61869)

> **제201조 (점유자와 과실)**
> ① 선의의 점유자는 점유물의 과실을 취득한다.
> ② 악의의 점유자는 수취한 과실을 반환하여야 하며 소비하였거나 과실로 인하여 훼손 또는 수취하지 못한 경우에는 그 과실의 대가를 보상하여야 한다.
> **제748조 (수익자의 반환범위)**
> ① 선의의 수익자는 그 받은 이익이 현존한 한도에서 전조의 책임이 있다.
> ② 악의의 수익자는 그 받은 이익에 이자를 붙여 반환하고 손해가 있으면 이를 배상하여야 한다.

관련사례 피고(전력공사)는 아무런 권원 없이 원고소유 토지의 상공에 송전선을 설치하여 이를 점유·사용하고 있다. 원고는 피고를 상대로 ① 점유·사용하는 기간 동안의 구분지상권에 상응하는 임료상당액, ② 이에 대한 부당이득일 이후 소장부본 송달까지의 법정이자(임료에 대한 이자), ③ 소장부본 송달일 이후부터 완제일까지 ①②에 대한 지연손해금을 청구하였다(※ 부당이득반환청구권은 기한의 정함이 없는 채권이므로 이것은 채무자가 이행청구를 받은 때(소제기의 경우는 소장부본 송달일)부터 이행지체에 놓이게 된다–제387조 제2항)

해설 (가) 파기된 원심 : 원심은, 피고가 아무런 권원 없이 원고 소유 토지의 상공에 송전선을 설치하여 소유함으로써 판시 면적에 해당하는 부분을 사용·수익하였으니 그 구분지상권에 상응하는 임료 상당액(위의 ①)을 반환할 의무가 있다고 인정한 다음 나아가 이에 대하여 점유일 이후 소장부본 송달일까지의 법정이자(위 ②) 및 그 이자에 대한 지연손해금(위③)을 구하는 청구에 대하여는 민법 제201조 제2항이 민법 제748조 제2항에 우선하여 적용되므로 악의의 점유자는 수취한 과실(①)만을 반환하면 족하고 여기에 이자를 가산하여 지급할 필요가 없다는 이유로 이를 배척하였다(②와 ②에 대한 지연손해금부정하고 ①과 ①에 대한 지연손해금만 긍정).

(나) 대법원의 태도 : ㉠ 타인 소유물을 권원 없이 점유함으로써 얻은 사용이익을 반환하는 경우 민법은 선의 점유자를 보호하기 위하여 제201조 제1항을 두어 선의 점유자에게 과실수취권을 인정함에 대하여, 이러한 보호의 필요성이 없는 악의 점유자에 관하여는 민법 제201조 제2항을 두어 과실수취권이 인정되지 않는다는 취지를 규정하는 것으로 해석되는바, 따라서 악의 수익자가 반환하여야 할 범위는 민법 제748조 제2항에 따라 정하여지는 결과 그는 받은 이익에 이자를 붙여 반환하여야 한다 . ㉡ 즉, <u>악의 점유자는 과실을 반환하여야 한다고만 규정한 민법 제201조 제2항이, 민법 제748조 제2항에 의한 악의 수익자의 이자지급의무까지 배제하는 취지는 아니기 때문에, 악의 수익자의 부당이득금 반환범위에 있어서 민법 제201조 제2항이 민법 제748조 제2항의 특칙이라거나 우선적으로 적용되는 관계를 이루는 것은 아니다.</u> ㉢ 그리고 위 조문에서 규정하는 이자는 당해 침해행위가 없었더라면 원고가 위 임료로부터 통상 얻었을 법정이자상당액을 말하는 것이므로 <u>악의 수익자는 위 이자의 이행지체로 인한 지연손해금도 지급하여야 할 것이다.</u> ㉣ 그럼에도 <u>원심은 민법 제201조 제2항이 민법 제748조 제2항의 특칙이라는 이유로 임료상당의 부당이득에 대한 점유일 이후 소장본부 송달일까지의 법정이자 및 그 이자에 대한 지연손해금 청구 부분을 배척하고 말았으니 이러한 원심판결에는 부당이득 반환의무의 범위에 관한 법리오해로 인하여 판결 결과에 영향을 미친 위법이 있다</u>(대판 2003.11.14, 2001다61869).

〈유사판례〉시가 토지소유자의 승낙없이 도로로 포장하여 주민 및 차량의 통행에 제공한 경우 부당이득의 성부(적극) : 원고 소유인 이 건 토지는 그 일대에 동리가 형성되면서부터 그 곳 주민들이 통행하기 시작하여 그 일대의 간선도로의 부지로 되어 주민과 차량이 통행하던 중, 피고 서울특별시가 이 건 토지를 포함한 기존도로를 도로예정지로 고시하고 그 후 지적 고시한 뒤, 위 도시계획과는 별도로 원고의 승낙없이 도로포장공사를 시행하여 주민과 노선버스를 포함한 차량 의 통행에 제공하였다면 그때부터 피고시는 원고에 대한 관계에 있어서 이 건 토지를 법률상 원인 없이 도로부지로서 점유 관리하고 있고, 그로 인하여 차임 상당의 부당이득을 하고 있다고 할 것이다(대판 1981.10.24, 81다96)

Ⅳ. 횡령한 금전을 채권자에 대한 채무변제에 사용한 경우

관련사례 | 甲은 A회사의 출납담당 과장으로서 각종 자금의 출납업무를 담당하고 있다. 공씨는 甲의 고등학교 동기동창으로서 절친한 친구이다. 甲은 주식투자의 실패 등으로 이미 7차례에 걸쳐 A의 공금을 횡령하여 공씨에 대한 1억원 송금 이전에 횡령한 금액이 7억 원에 이르고 있었다. 공씨에 대한 甲의 송금의뢰는 甲개인 명의가 아닌 A의 명의로 되어 있었다. 여기서 공씨는 자신의 대여금조로 그 송금을 수령받았다면 A는 공씨에게 부당이득반환을 청구할 수 있는가?(대판 2003.6.13, 2003다8862)

해설 | **(a) 판례의 태도 :** 부당이득제도는 이득자의 재산상 이득이 법률상 원인을 결여하는 경우에 공평·정의의 이념에 근거하여 이득자에게 그 반환의무를 부담시키는 것인바, <u>채무자가 피해자로부터 횡령한 금전을 그대로 채권자에 대한 채무변제에 사용하는 경우</u> 피해자의 손실과 채권자의 이득 사

이에 인과관계가 있음이 명백하고, 한편 채무자가 횡령한 금전으로 자신의 채권자에 대한 채무를 변제하는 경우 채권자가 그 변제를 수령함에 있어 악의 또는 중대한 과실이 있는 경우에는 채권자의 금전 취득은 피해자에 대한 관계에 있어서 법률상 원인을 결여한 것으로 봄이 상당하나, 채권자가 그 변제를 수령함에 있어 단순히 과실이 있는 경우에는 그 변제는 유효하고 채권자의 금전 취득이 피해자에 대한 관계에 있어서 법률상 원인을 결여한 것이라고 할 수 없다.

(b) 〈유사판례〉: 甲이 지방세무공무원으로 재직하던 중 허위로 서류를 작성하여 친정아버지인 乙 등 명의 계좌로 과오납금을 송금하는 등의 방법으로 수차례 횡령을 하였는데, 乙이 자신에게 송금되거나 별도로 교부받은 돈을 집수리비용 등으로 사용한 사안에서, 위 돈이 횡령한 것이라는 점에 대하여 乙에게 악의 또는 중대한 과실이 있었는지에 관하여 심리함이 없이 선의취득 여부만을 살펴 乙의 부당이득반환의무를 인정하는 것은 잘못이다(대법원 2012.1.12. 선고 2011다74246 판결).

제5장 불법행위

Ⅰ. 불법행위 총설

1. 계약책임과 불법행위에 의한 손해배상청구권과 비교

불법행위책임이란 고의 또는 과실로 인한 위법행위로 타인에게 손해를 가한 자가 지는 책임을 말한다(제750조). 이러한 과실책임주의는 불법행위의 영역에 국한되지 않고, 계약책임인 채무불이행으로 인한 손해배상에서도 인정된다(제390조). 과실책임 중 계약책임으로서 채무불이행은 계약을 체결한 당사자 사이에서만 생기는 데 반하여, 불법행위책임은 널리 일반적으로 누구와의 사이에서도 일어날 수 있다. 이 두 책임을 비교한다는 아래와 같다.

〈계약책임과 불법행위책임의 비교〉

비교대상	계약 책임	불법행위 책임
입증책임	채무자가 채무불이행에 관하여 자기에게 고의나 과실이 없었음을 증명하여야 한다(제390조·제397조).	피해자가 가해자에게 고의나 과실이 있었음을 증명하여야 한다(제750조).
손해배상의 범위·방법, 과실상계, 손해배상자의 대위	제393조, 제394조, 제396조, 제399조	제763조에 의해 모두 준용된다.
연 대 책 임		공동불법행위의 경우 연대책임이 발생(제760조)
시　　효	10년(제162조 제1항)	피해자나 그 법정대리인이 손해 및 가해자를 안 날로부터 3년 또는 불법행위를 한 날로부터 10년(제766조)
상　　계		불법행위에 의한 손해배상채무를 수동채권으로 하는 상계의 금지(제496조)
특별법의 적용	상법 등	'실화책임에 관한 법률'의 적용
태아의 지위		손해배상청구권의 주체가 된다(제762조).
제3자에 의한 책임	이행보조자에 의한 채무자의 책임(제391조) 면책사유 없음	피용자에 의한 사용자의 책임(제756조). 법에 면책사유 있음

2. 손해배상청구권의 경합문제(불법행위책임과 계약책임은 경합되는가?)

예컨대 택시운전수가 승객을 태우고 가다가 부주의로 승객이 부상을 당한 때와 같이 불법행위의 당사자 사이에 어떤 계약관계가 있고, 가해사실이 계약과 관련을 가지는 경우에 두 청구권을 모두 인정할 것인가 혹은 어느 하나만을 인정할 것인가에 대하여 설이 대립한다. 이 경우 두 책임은 그 요건과 효과가 다르다는 점에서 두 청구권의 경합을 인정하는 견해(청구권경합설)가 통설·판례이고, 특수한 관계인 계약책임을 인정하여야 한다는 견해(법조경합설)가 소수설이다.

(1) 청구권경합설 (통설과 판례의 기본적 태도)

청구권경합설은 피해자인 채권자는 그 선택에 따라서 가해자인 채무자에 대하여 계약책임을 묻거나 혹은 불법행위책임을 물을 수 있다고 보는 견해이다. 청구권경합설은 두 책임은 요건과 효과가 각각 다른 별개의 청구권으로 그 경합을 부정할 만한 특별한 이유가 없고 양자 사이의 자유로운 선택을 인정하는 태도가 피해자인 채권자에게 유리하다고 주장한다.

(2) 법조경합설(법규경합설)

법조경합설은 불법행위책임과 계약책임은 마치 일반법·특별법과 같은 관계에 있는 결과, 먼저 특수한 관계인 계약책임을 적용하여야 하고 계약책임이 적용되는 때에는 일반적인 불법행위책임은 배제된다고 보는 견해이다. 법조경합설에 의하면, 양자는 손해배상청구권이라는 같은 본질을 가지므로 청구권의 실질적인 경합이 일어나지 않고 <u>단지 조문상으로만 경합이 생길 뿐이고</u>, 실제상으로도 보통 계약책임이 채권자에게 유리하여 계약책임만을 인정하더라도 채권자에게 불리하지 않다고 본다.

3. 과실책임과 무과실책임 그리고 중간책임

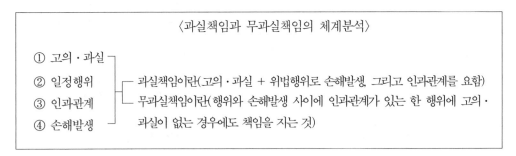

〈과실책임과 무과실책임의 체계분석〉

① 고의·과실
② 일정행위
③ 인과관계
④ 손해발생

— 과실책임이란(고의·과실 + 위법행위로 손해발생, 그리고 인과관계를 요함)
— 무과실책임이란(행위와 손해발생 사이에 인과관계가 있는 한 행위에 고의·과실이 없는 경우에도 책임을 지는 것)

(1) 의의

과실책임이란 고의 또는 과실로 인한 위법행위로 손해발생한 경우 책임을 지는 것이고, 무과실책임이란 행위와 손해발생 사이에 인과관계가 있는 한 행위에 고의·과실이 없는 경우에도 책임을 지는 것을 말한다. 한편 중간책임이란 과실책임과 무과실책임의 중간에 위치한다고 <u>볼 수 있는 이 책임은 손해의 결과발생에 관하여 결과책임이 아닌 과실을 요구하되</u>(과실책임주의), <u>피해자를 보호하기 위해 입증책임(=증명책임)을 가해자에게 돌리는 것을 말한</u>

<u>다. 이는 당사자의 형평을 위하여 일반적으로 입법에 의하여, 예외적으로 해석으로 인정되고 있다. 민법이 불법행위에서 중간책임의 형태로 입법하고 있는 것은 여러 가지가 있다. 대표적으로 제755조의 책임무능력자의 감독자의 책임·제756조의 사용자책임·제758조 공작물의 점유자의 책임</u>(유의 : 공작물소유자의 책임은 무과실책임이다)<u>·제759조의 동물점유자의 책임 등이다.</u>

(2) 무과실책임주의

1) 의의

근대사법은 과실책임주의를 원칙으로 하면서, 예외적·제한적으로 일정한 위험한 시설 또는 물건의 운용으로 인하여 입은 타인의 손해에 대해서는, 그 운용자의 귀책사유를 불문하고 손해를 배상하게 하려고 한다. 이를 무과실책임(주의)이라고 한다. <u>즉, 가해자에게 과실이 없더라도 그 가해자의 행위에 의하여 손해가 발생한 관계가 연관성이 있으면</u>(즉 인과관계는 필요) <u>손해배상책임이 인정되는 경우를 가리킨다.</u>

2) 무과실책임의 이론적 근거

과실책임주의에 대립하는 무과실책임주의에 대한 근거는 무엇인가에 대하여 아래와 같은 학설의 대립이 있다(김민중 「민법학」 pp. 491~492 참조). <u>우리나라에서는 이러한 무과실책임의 이론적 근거를 중간책임에 응용하고 있다.</u>

(가) 보상책임설

보상책임설은 가해자가 이익을 얻는 과정에서 타인에게 손해를 가한 경우라고 하면 그 이익에서 타인에게 생긴 손해도 배상하게 하여야 한다고 보는 견해이다. 일반적으로 민법 제756조에 의한 사용자책임은 보상책임설에 입각하고 있다고 본다(판례동지).

(나) 위험책임설(危險責任說)

위험책임설은 위험한 시설의 관리자는 그 위험원으로부터 생긴 손해에 대하여도 책임을 부담하여야 한다고 보는 견해이다. 일반적으로 민법 제758조의 공작물책임은 위험책임의 원리를 포함하고 있다고 본다(판례동지).

3) 무과실책임의 운영

(ㄱ) 무과실책임은 개인의 자유를 위협하는 위험을 내포하고 있기 때문에, 이것은 이를 감수하고서라도 인정하여야 할 필요성이 있는 경우에 한해 예외적으로 인정되어야 한다. 그래서 무과실책임을 인정하여야 할 경우는 보통 법률에 의해 규제하는 방식을 취한다.

(ㄴ) 민법상 무과실책임으로는 금전채무불이행의 손해배상에 관하여는 채권자는 손해의 증명을 요하지 아니하고 채무자는 과실 없음을 항변하지 못한다(제397조 제2항)고 하여 무과실책임주의를 인정하고, 불법행위편에서는 공작물의 소유자의 책임(제758조 제1항 단서)이 있다.

(ㄷ) 특별법상 무과실책임이 인정되는 경우로는, 입증책임전환(사실상 무과실책임에 가까운)에 의

한 자동차손해배상(자동차손해배상보장법) · 원자로의 운전으로 인한 손해(원자력손해배상법) · 오염물
질로 인한 생명과 신체의 침해(환경정책기본법) · 광물의 채굴과정에서 타인에게 손해가 발생한 경우
(광업법) 등에서 대표적으로 무과실책임을 인정하고 있다(김형배 「민법요점강의 Ⅳ」, p. 654 참조).

3. 불법행위와 부당이득의 차이

> **제741조 (부당이득의 내용)**
> 법률상 원인없이 타인의 재산 또는 노무로 인하여 이익을 얻고 이로 인하여 타인에게 손해를 가한 자는 그 이익을
> 반환하여야 한다.
> **제750조 (불법행위의 내용)**
> 고의 또는 과실로 인한 위법행위로 타인에게 손해를 가한 자는 그 손해를 배상할 책임이 있다.

(1) 차이점
제750조의 불법행위로 인한 손해배상청구권(A)과 제741조의 부당이득반환청구권(B)과의
차이점을 살펴본다면,

1) 책임능력
A의 성립에는 주관적 요소로서 고의 또는 과실과 책임능력이 존재함을 요하나, B의 성립에
는 이와 같은 요건이 필요치 않다.

2) 위법성
A에는 위법성이 요구되고, B에 있어서는 이득이 부당성을 띠어야 한다.

3) 이행지체
B의 채무는 기한의 정함이 없는 채무이기 때문에, 부당이득한 사실의 발생시점부터 지체
책임을 지는 것이 아니라, 청구시점부터이다. 그러나 A는 불법행위가 성립한 때부터 지체
책임을 진다.

4) 정신적 손해
A는 재산적 손해뿐만 아니라 정신적 손해도 포함하나, B는 재산적 손해에 한한다.

5) 반환범위
A는 행위자는 선·악의에 따른 배상범위에 차이를 두고 있지 않으나, B는 수익자의 선·악
의에 따라 반환범위가 다르다.

6) 금전배상
A는 금전배상을 원칙으로 하나, B는 원물반환을 원칙으로 한다.

(2) 중첩적 적용문제
불법행위로 인한 손해배상청구권과 부당이득반환청구권은 경합이 인정되나 중첩적 적용은
부정된다.

판례 〈부당이득반환청구권을 행사하여 임료 상당액을 지급받는 것으로 확정된 경우 이와 중첩적으로 불법행위로 인한 손해배상을 청구할 수 있는지 여부(소극)〉 타인 소유의 토지를 법률상 권원 없이 점유함으로 인하여 그 토지소유자가 입은 통상의 손해는 특별한 사정이 없는 한 그 점유 토지의 임료 상당액이며, 또한, 원고는 이 사건 암거와 그 유지·관리에 필요한 부지에 관하여 피고를 상대로 <u>부당이득반환청구권을 행사하여 임료 상당액을 지급받는 것으로 확정되었음이 명백하므로 이와 중첩적으로 이 사건 암거의 불법 설치로 인한 임료 상당액의 손해배상을 구할 수도 없다</u>(대판 2003. 9. 26. 2003다4068).

(3) 부당이득반환청구권과 불법행위로 인한 손해배상청구권은 서로 실체법상 별개의 청구권으로 존재하는지(적극)

부당이득반환청구권과 불법행위로 인한 손해배상청구권 중 어느 하나에 관한 소를 제기하여 승소 확정판결을 받았으나 채권의 만족을 얻지 못한 경우, 나머지 청구권에 관한 이행의 소를 제기할 수 있으며, 손해배상청구의 소를 먼저 제기하여 과실상계 등으로 승소액이 제한된 경우, 제한된 금액에 대한 부당이득반환청구권을 행사할 수 있다(대법원 2013.09.13. 선고 2013다45457 판결).

판례 ㉠ 부당이득반환청구권과 불법행위로 인한 손해배상청구권은 서로 실체법상 별개의 청구권으로 존재하고 그 각 청구권에 기초하여 이행을 구하는 소는 소송법적으로도 소송물을 달리하므로, 채권자로서는 어느 하나의 청구권에 관한 소를 제기하여 승소 확정판결을 받았다고 하더라도 아직 채권의 만족을 얻지 못한 경우에는 다른 나머지 청구권에 관한 이행판결을 얻기 위하여 그에 관한 이행의 소를 제기할 수 있다. ㉡ 그리고 채권자가 먼저 부당이득반환청구의 소를 제기하였을 경우 특별한 사정이 없는 한 손해 전부에 대하여 승소판결을 얻을 수 있었을 것임에도 우연히 손해배상청구의 소를 먼저 제기하는 바람에 과실상계 또는 공평의 원칙에 기한 책임제한 등의 법리에 따라 그 승소액이 제한되었다고 하여 그로써 제한된 금액에 대한 부당이득반환청구권의 행사가 허용되지 않는 것도 아니다(대법원 2013.09.13. 선고 2013다45457 판결).

II. 일반불법행위

> **제750조 (불법행위의 내용)**
> 고의 또는 과실로 인한 위법행위로 타인에게 손해를 가한 자는 그 손해를 배상할 책임이 있다.

불법행위책임의 일반적 성립요건으로서는 ㉠ 가해행위가 있을 것 ㉡ 그 가해행위로 인하여 손해가 발생하였을 것 ㉢ 가해행위자에게 고의·과실 및 책임능력이 있을 것 ㉣ 그 행위가 위법성을 띨 것을 요건으로 된다.

1. 고의 또는 과실 있는 행위

(1) 행위

과실책임주의 원칙상 가해자가 책임을 부담하기 위해서는 가해자의 고의 또는 과실 있는 행위이어야 한다. 이러한 행위는 적극적 작위는 물론 부작위도 포함될 수 있는데, <u>부작위의 행위가 불법행위가 되기 위하여는 작위의무 있는 경우에 한한다.</u>

판례 인터넷 종합 정보제공 사업자가 제공하는 인터넷 게시공간에 게시된 명예훼손적 게시물의 불법성이 명백한 경우, 위 사업자에게 그 게시물을 삭제하고 향후 같은 인터넷 게시공간에 유사한 내용의 게시물이 게시되지 않도록 차단할 주의의무가 있고, 그 게시물 삭제 등의 처리를 위하여 필요한 상당한 기간이 지나도록 그 처리를 하지 아니함으로써 타인에게 손해가 발생한 경우에는 부작위에 의한 불법행위책임이 성립한다[대판(전합) 2009.4.16, 2008다53812].

(2) 고의 또는 과실

1) 고의

불법행위에 있어서 고의는 일정한 결과가 발생하리라는 것을 알면서 감히 이를 행하는 심리상태로서, 그것이 위법한 것으로 평가된다는 것까지 인식하는 것을 필요로 하는 것은 아니다(대판 2002.7.12. 2001다46440).

2) 과실

그 위반의 판단기준으로서 법문상으로는 일반적으로 '선량한 관리자의 주의'로 표현된다. 불법행위에 있어서의 과실은 언제나 추상적 과실이다(구체적 과실은 제695조 무상임치에서 수치인의 자기재산과 동일한 주의의무가 있다). 과실의 유무와 그 과실의 경중에 관한 표준은 개인의 구체적 사정에 의하여 결정되는 것이 아니고 보통인으로서 할 수 있는 주의의 정도를 표준으로 하여야 한다(판례).

판례 ㉠ 〈보전처분 집행 후 집행채권자가 본안소송에서 패소하여 판결이 확정된 경우, 보전처분 집행으로 채무자가 입은 손해에 대하여 집행채권자에게 고의 또는 과실이 있다고 추정되는지 여부(원칙적 적극)〉 가압류나 가처분 등 보전처분은 법원의 재판에 의하여 집행되는 것이기는 하나, 실체상 청구권이 있는지는 본안소송에 맡기고 단지 소명에 의하여 채권자의 책임 아래 하는 것이므로 그 집행 후에 집행채권자가 본안소송에서 패소 확정되었다면 보전처분 집행으로 인하여 채무자가 입은 손해에 대하여는 특별한 반증이 없는 한 집행채권자에게 고의 또는 과실이 있다고 추정되고, 따라서 그 부당한 집행으로 인한 손해에 대하여 이를 배상할 책임이 있다(대법원 2012.8.23. 선고 2012다34764 판결). ㉡ 〈공무원이 경과규정을 두는 등의 조치 없이 새 법령을 그대로 시행하거나 적용한 경우〉 행정입법에 관여한 공무원이 입법 당시의 상황에서 다양한 요소를 고려하여 나름대로 합리적인 근거를 찾아 어느 하나의 견해에 따라 경과규정을 두는 등의 조치 없이 새 법령을 그대로 시행하거나 적용하였다면, 그와 같은 공무원의 판단이 나중에 대법원이 내린 판단과 같지 아니하여 결과적으로 시행령 등이 신뢰보호의 원칙 등에 위배되는 결과가 되었다고 하더라도, 이러한 경우에까지 국가배상법 제2조 제1항에서 정한 국가배상책임의 성립요건인 공무원의 과실이 있다고 할 수는 없다(대법원 2013.4.26. 선고 2011다14428 판결).

(3) 민법상 실익

불법행위의 성립요건에서는 고의나 과실은 구별필요가 없다(책임의 성립에는 차이가 없다). 그러나 손해배상의 책임을 귀속시키는 데는(효과면) 구별실익이 있다. 구체적으로 손해배상의 범위(제393조 제2항), 가해자의 손해배상액에 관한 법원의 경감(제765조) 등이다.

2. 책임능력

> **제753조 (미성년자의 책임능력)**
> 미성년자가 타인에게 손해를 가한 경우에 그 행위의 책임을 변식할 지능이 없는 때에는 배상의 책임이 없다.
> **제754조 (심신상실자의 책임능력)**
> 심신상실 중에 타인에게 손해를 가한 자는 배상의 책임이 없다. <u>그러나 고의 또는 과실로 인하여 심신상실을 초래</u>
> <u>한 때에는 그러하지 아니하다</u>(원인에 있어서의 자유로운 행위).

(1) 소극적 요건

우리 민법은 책임능력에 관하여 일반규정을 두지 않고, 제753조와 제754조에서 소극적으로 규정할 뿐이다. 따라서 책임능력은 보통 추정되기 때문에 책임능력이 없음을 가해자쪽에서 증명하여야 한다. 미성년자의 책임능력에 관하여는 연령주의(독일)와 지능주의가 있는데, <u>우리 민법은 지능주의를 취하고 있다</u>(제753조 참조).

(2) 증명책임

책임능력은 일반인에게 갖추어져 있는 것이 보통이기 때문에 배상을 청구하는 피해자가 가해자에게 책임능력이 있음을 입증할 필요는 없고, 가해자 쪽에서 책임을 면하려면 책임무능력자임을 입증하여야 한다.

(3) 피성년후견인과의 관계

피성년후견인이 아니더라도 심신상실자이면 배상책임이 없으나, 반대로 피성년후견인이더라도 행위 당시에 심신상실의 상태가 아니었다면 그는 책임능력을 갖춘 것이 되고, 따라서 배상책임을 지게 된다.

(4) 원인에 있어서의 자유로운 행위

심신상실중에 타인에게 손해를 가한 자는 배상의 책임이 없다(제754조). 다만 고의 또는 과실로 심신상실을 초래한 때에는, 초래한 원인에 귀책사유가 있으므로 그 심신상실중의 행위, 책임능력 없는 상태하에 한 행위에 대하여도 책임을 진다. 이를 "원인에 있어서 자유로운 행위"라고 한다(제754조 단서).

판례 〈책임능력과 과실능력의 비교〉 사고 당시 불과 8세의 미성년자라 하여도 특별한 사정이 없는 한 <u>책임능력은 없어도 사리를 변식할 능력있다</u> 할 것이어서 피해자로서의 소위 과실능력(제396조 참조)을 인정할 수 있을 것임에도 불구하고 이를 부정한 원판단에는 과실능력에 관한 법리를 오해한 위법이 있다(대판 1968.8.30, 68다1224).

3. 위법행위

(1) 위법성 판단

1) 판단기준

불법행위가 인정되기 위하여는 가해행위가 위법성이 있어야 한다. 고의나 과실 있는 행위는 위법행위로 추정된다. 따라서 위법성도 책임능력처럼 추정되기 때문에 그 위법성 없다는 것은 가해자쪽에서 증명하여야 한다. 그리고 위법성은 사회질서를 해치는 것으로 허용될 수 없는 행위에 대한 평가라고 하며, 이 경우에 평가의 기준이 되는 것은 실정법질서와 사회질서를 표준으로 하여 객관적·실질적으로 해져야 한다고 한다. 판례는 불법행위 성립요건으로서의 위법성은 관련 행위 전체를 일체로만 판단하여 결정하여야 하는 것은 아니고, 문제가 되는 행위마다 개별적·상대적으로 판단하여야 한다고 한다(대판 2010.7.15. 2006다84126).

판례 ㉠〈공용에 제공한 시설로부터 발생하는 유해배출물로 인하여 제3자가 손해를 입은 경우, 그 위법성의 판단 기준〉 불법행위 성립요건으로서의 위법성은 관련 행위 전체를 일체로만 판단하여 결정하여야 하는 것은 아니고, 문제가 되는 행위마다 개별적·상대적으로 판단하여야 할 것이므로 어느 시설을 적법하게 가동하거나 공용에 제공하는 경우에도 그로부터 발생하는 유해배출물로 인하여 제3자가 손해를 입은 경우에는 그 위법성을 별도로 판단하여야 하며, 이러한 경우의 판단 기준은 그 유해의 정도가 사회생활상 통상의 수인한도를 넘는 것인지 여부인데, 그 수인한도의 기준을 결정함에 있어서는 일반적으로 침해되는 권리나 이익의 성질과 침해의 정도뿐만 아니라 침해행위가 갖는 공공성의 내용과 정도, 그 지역환경의 특수성, 공법적인 규제에 의하여 확보하려는 환경기준, 침해를 방지 또는 경감시키거나 손해를 회피할 방안의 유무 및 그 난이 정도 등 여러 사정을 종합적으로 고려하여 구체적 사건에 따라 개별적으로 결정하여야 한다(대판 2010.7.15. 2006다84126).

판례 ㉡〈정보주체의 동의 없이 개인정보를 공개함으로써 침해되는 인격적 법익과 정보주체의 동의 없이 자유롭게 개인정보를 공개하는 표현행위로서 보호받을 수 있는 법적 이익이 하나의 법률관계를 둘러싸고 충돌하는 경우, 그 행위의 위법성에 관한 판단 방법〉 ① 변호사 정보 제공 웹사이트 운영자가 변호사들의 개인신상정보를 기반으로 변호사들의 '인맥지수'를 산출하여 공개하는 서비스를 제공한 사안에서, 위 인맥지수 서비스 제공행위가 변호사들의 개인정보에 관한 인격권을 침해하는 위법한 것이라고 한 사례. 그러나 ② 변호사 정보 제공 웹사이트 운영자가 대법원 홈페이지에서 제공하는 '나의 사건검색' 서비스를 통해 수집한 사건정보를 이용하여 변호사들의 '승소율이나 전문성 지수 등'을 제공하는 서비스를 한 사안에서, 위 행위는 변호사들의 개인정보에 관한 인격권을 침해하는 위법한 행위로 평가할 수 없다고 하였다〔대판(전합) 2011.9.2. 2008다42430〕.

2) 위법성 긍정여부 관련된 판례정리

(가) 설명의무위반
의사가 설명의무를 위반하여 설명을 하지 아니한 채 환자의 승낙 없이 의료행위를 한 경우에는 설령 의사에게 치료상의 과실이 없는 경우에도 그 의료행위는 환자의 승낙권을 침해하는 위법한 행위가 된다(대판 1999.12.21. 98다29261).

(나) 보호의무위반
사용자는 근로계약에 수반되는 신의칙상의 부수적 의무로서 피용자가 노무를 제공하는 과정에서 생명, 신체, 건강을 해치는 일이 없도록 물적 환경을 정비하는 등 필요한 조치를 강구하여야 할 보호의무를 부담하고, 이에 위반시 위법성이 있다(대판 1997.4.25. 96다53086).

(다) 투자권유
고객의 투자상황에 비추어 과대한 위험성을 수반하는 거래를 적극적으로 권유한 경우 고객에 대한 보호의무를 저버린 경우가 이에 해당한다(대판 1999.6.11. 97다58477).

(라) 계약교섭의 부당한 중도파기가 불법행위를 구성하는지 여부(적극)

어느 일방이 교섭단계에서 계약이 확실하게 체결되리라는 정당한 기대 내지 신뢰를 부여하여 상대방이 그 신뢰에 따라 행동하였음에도 상당한 이유 없이 계약의 체결을 거부하여 손해를 입혔다면 이는 신의성실의 원칙에 비추어 볼 때 <u>계약자유원칙의 한계를 넘는 위법한 행위</u>로서 불법행위를 구성한다(대판 2004.5.28. 2002다32301).

(2) 위법성조각사유

위법성이 있는 행위라도 일정한 경우에는 위법성이 조각된다. 위법성이 조각되면 적법행위가 된다. 위법성조각사유에는 정당방위·긴급피난·정당행위·피해자의 승낙 등이 있다. 특히 방송 등 언론 매체가 사실을 적시하여 개인의 명예를 훼손하는 행위를 한 경우에도 그것이 공공의 이해에 관한 사항으로서 그 목적이 오로지 공공의 이익을 위한 것일 때에는 적시된 사실이 진실이라는 증명이 있으면 그 행위에 위법성이 없다 할 것이고, <u>그 증명이 없다 하더라도 행위자가 그것을 진실이라고 믿었고 또 그렇게 믿을 상당한 이유가 있으면 그 행위에 대한 고의·과실이 없다고 보아야 한다</u>(대판 1998.2.27. 97다19038).

1) 정당방위와 긴급피난

(ㄱ) 정당방위(제761조 제1항)와 긴급피난(제761조 제2항)의 가장 큰 차이점은 전자가 위법한 침해에 대한 반격인데 대하여 후자는 위법하지 않은 침해사태에 대한 피난이라는 점이다.

(ㄴ) 긴급피난이나 정당방위는 제3자에 대하여도 할 수 있다(제761조 참조). 그리고 피해자는 정당방위나 긴급피난의 원인을 야기한 자에 대하여 손해의 배상을 청구할 수 있다.

2) 정당행위

근로자의 쟁의행위, 친권자의 징계행위(제915조) 등이 위법성조각으로 이해될 수 있다.

3) 피해자의 승낙

피해자의 승낙은 원칙적으로 위법성을 조각시킬 뿐, 언제나 위법성이 조각되는 것은 아니다.

판례 〈대판 1998.9.4. 96다11327〉 ㉠ 본인의 승낙을 받고 승낙의 범위 내에서 그의 사생활에 관한 사항을 공개할 경우 이는 위법한 것이라 할 수 없다 할 것이나, 본인의 승낙을 받은 경우에도 승낙의 범위를 초과하여 승낙 당시의 예상과는 다른 목적이나 방법으로 이러한 사항을 공개할 경우 이는 위법한 것이라 아니할 수 없다. ㉡ 피해자가 자신을 알아볼 수 없도록 해 달라는 조건하에 사생활에 관한 방송을 승낙하였는데 방영 당시 피해자의 모습이 그림자 처리되기는 하였으나 그림자에 옆모습 윤곽이 그대로 나타나고 음성이 변조되지 않는 등 방송기술상 적절한 조치를 취하지 않음으로써 피해자의 신분이 주변 사람들에게 노출된 사안에서, 피해자의 승낙 범위를 초과하여 승낙 당시의 예상과는 다른 방법으로 부당하게 피해자의 사생활의 비밀(유방확대수술)을 공개하였다고 하여 불법행위에 의한 손해배상책임을 인정하였다.

4. 손해발생

(1) 타인의 현실적 손해

민법은 불법행위가 인정되기 위하여는 위법행위로 인한 타인의 손해를 요건으로 한다. 이 때의 손해란 피해자가 누리고 있던 보호법익에 대한 평가를 말하며, 손해는 이미 현실적으로 발생하였어야 한다. 발생할 우려가 있는 손해는 책임을 발생시키지 않는다.

판례 〈손해의 이미(차액설)〉 ㉠ 불법행위로 인한 재산상의 손해는 위법한 가해행위로 인하여 발생한 재산상의 불이익, 즉 불법행위가 없었더라면 존재하였을 재산상태와 불법행위가 가해진 이후의 재산상태의 차이를 말하는 것이다. ㉡ 이러한 손해의 액수에 대한 증명책임은 손해배상을 청구하는 피해자인 원고에게 있으므로, 원고는 불법행위가 없었더라면 존재하였을 재산상태와 불법행위가 가해진 이후의 재산상태가 무엇인지에 관하여 이를 증명할 책임을 진다(대법원 2012.12.13. 선고 2011다25695 판결).

(2) 법률상 보호할 이익

법률상 보호되어야 할 이익은 생활이익(환경권 등, 대판 1999.7.27. 98다47528) 등이 있다. 다만 반사적 이익(예 : 카지노 지역 주민 혜택은 반사적 이익)은 제외된다.

(3) 소유자가 상대방이 목적물을 권원 없이 점유·사용하여 소유권을 침해함으로써 재산상 손해를 입었다며 손해배상을 청구하는 경우, 손해의 유무가 상대방이 물건을 점유하는지에 의해 좌우되는지 여부(소극)

소유자가 상대방이 목적물을 권원 없이 점유·사용하여 소유권을 침해함으로 말미암아 재산상 손해를 입었다고 주장하여 그 손해의 배상을 청구하는 경우, 손해의 유무는 상대방이 당해 물건을 점유하는지에 의하여 좌우되지 아니하며, 점유 여부는 단지 배상되어야 할 손해의 구체적인 액을 산정함에 있어서 고려될 여지가 있을 뿐이다(대법원 2012.1.27. 선고 2011다74949 판결).

5. 인과관계

불법행위로 인한 손해배상청구권이 인정되려면 위법행위와 타인의 손해(결과)간에 원인과 결과의 인과관계가 요구된다. 이러한 인과관계와 관련된 학설로는 조건설, 상당인과관계설 등이 대표적이다. 그리고 한편으로 현대불법행위에서는 피해자를 보호하기 위한 사실상의 입증책임의 전환이론이 대두되고 있다.

(1) 인과관계학설

1) 조건설

결과발생의 원인이 된 모든 조건에 관하여 인과관계를 인정한다. 피해자의 구제에 유리할 수 있는 이론이다. 일부 판례가 예외적으로 조건설을 취하기도 한다(대판 1998.9.18. 97다47507 등).

2) 상당인과관계설

원인·결과관계에 있는 무한히 연결되는 사실 가운데서 객관적으로 보아서 어떤 선행 사실로부터 보통 일반적으로 초래되는 후행사실이 있는 때에 양자는 상당인과관계에 있다고 한다.

상당인과관계설은 어느 정도의 사정을 고찰대상으로 할 것인가를 놓고 다시 견해가 나뉜다.

(가) 주관적 상당인과관계설

가해자가 가해행위 당시에 인식한 사정을 기초로 책임을 판단한다. 이 설을 취하는 견해는 없다.

(나) 객관적 상당인과관계설

사후의 심사에 의하여 제3자가 일반적으로 알 수 있는 모든 사정을 기초로 하여 고찰하여야 한다는 설이다.

(다) 절충적 상당인과관계설

가해행위 당시에 평균인이 알 수 있었던 사정과, 가해자가 특히 알고 있었던 사정을 함께 고려한다. 원칙적으로 통설과 판례는 이 설을 따르고 있다. 판례는 예외적으로 조건적 인과관계에 입각한 사안도 있다.

판례 〈**변호사비용이 손해배상청구의 원인이 된 불법행위 자체와 상당인과관계 있는 손해인지 여부(소극)**〉 무릇 불법행위로 인한 손해배상의 범위를 정함에 있어서는 불법행위와 손해와의 사이에 자연적 또는 사실적 인과관계가 존재하는 것만으로는 부족하고 이념적 또는 법률적 인과관계 즉 상당인과관계가 있어야 할 것이다. 그런데 변호사강제주의를 택하지 않고 있는 우리나라 법제 아래에서는 손해배상청구의 원인된 불법행위 자체와 변호사 비용 사이에 상당인과관계가 있음을 인정할 수 없으므로 변호사 비용을 그 불법행위 자체로 인한 손해배상채권에 포함시킬 수는 없다(대판 2010.6.10. 2010다15363,15370). 다만 부당고소로 인하여 피고소인 등이 그에 대응하기 위하여 변호사선임비용을 지출하게 되었다면 고소인 등은 위 비용을 상당하다고 인정되는 범위 내에서 배상할 의무가 있다(대판 2009.6.23. 2007다3650,3667).

(2) 피해자를 보호하기 위한 사실상의 입증책임의 전환문제

피해자가 가해행위로 인해 손해가 발생하였음을 입증한 때에는 가해자에게 과실이 있는 것으로 일응 추정하는 것이고, 따라서 피해자의 입증책임을 완화(전환이 아님에 유의)하는 것인데, 그 근거는 손해의 공평·타당한 부담이라는 손해배상제도의 이상에서 찾는다. 실제 현대 불법행위의 책임에서 주로 이러한 것이 문제된다. 예컨대 공해소송·의료소송·제조물책임 등의 경우, 피해자가 일반불법행위에 의한 손해배상을 청구함에 있어, 인과관계를 입증하여야 하는바, 이는 피해자에게 실제 곤란을 주고, 이러한 원칙을 강요한다면 피해구제를 외면하게 되는 결과가 된다. 따라서 판례나 학설은 피해자의 손해배상청구권을 보호하기 위하여 여러 가지의 입증책임을 완화하는 이론을 강구하는데, 특히 개연성이론 등이 이러한 피해자 보호의 방안이다. 즉 법문에 반하지 않는 범위에서 피해자를 보호하는 이론이다.

판례 〈**불법행위로 인한 손해배상청구 소송에서 가해행위와 손해 사이의 인과관계를 비율적으로 인정할 수 있는지 여부(소극)**〉 불법행위로 인한 손해배상청구 소송에서 가해행위와 손해 발생 사이의 인과관계는 존재하거나 부존재하는지를 판단하는 것이고, 이를 비율적으로 인정할 수는 없으므로, 이른바 비율적 인과관계론은 받아들일 수 없다(대법원 2013.07.12. 선고 2006다17539 판결).

Ⅲ. 책임무능력자의 불법행위에 대한 감독자의 책임

종전 민법	현행 민법
제755조 (책임무능력자의 감독자의 책임) ① 전2조의 규정에 의하여 무능력자에게 책임없는 경우에는 이를 감독할 법정의무있는 자가 그 무능력자의 제3자에게 가한 손해를 배상할 책임이 있다. 그러나 감독의무를 해태하지 아니한 때에는 그러하지 아니하다. ② 감독의무자에 갈음하여 무능력자를 감독하는 자도 전항의 책임이 있다.	제755조(감독자의 책임) ① 다른 자에게 손해를 가한 사람이 제753조 또는 제754조에 따라 책임이 없는 경우에는 그를 감독할 법정의무가 있는 자가 그 손해를 배상할 책임이 있다. 다만, 감독의무를 게을리하지 아니한 경우에는 그러하지 아니하다. ② 감독의무자를 갈음하여 제753조 또는 제754조에 따라 책임이 없는 사람을 감독하는 자도 제1항의 책임이 있다.

1. 의 의

책임무능력자의 위법한 가해행위에 관하여 행위자 자신은 책임을 지지 않고 그의 감독의무자가 직접 피해자에 대하여 손해배상의무를 지는 것을 감독자책임이라 한다(제755조).

2. 특 징

(1) 중간책임

통설은 감독자의 책임을 중간책임이라고 이해한다. 감독자의 책임은 책임무능력자의 가해결과에 관한 책임이고 감독의무자가 스스로 가해행위를 한 데 대한 책임은 아니다.

(2) 대리감독자의 책임

책임무능력자인 子 A가 B에게 불법행위를 한 경우에 불법행위책임이 귀속되는 자는 친권자뿐만 아니라 친권자에 갈음하여 A를 감독하는 유치원장 등도 부담할 수 있다(제755조 제2항 참조).

> **판례** 〈학교교장이나 교사의 학생에 대한 보호 · 감독의무의 범위〉 ⊙ 초등학교의 교장이나 교사의 학생에 대한 보호 · 감독의무는 학교 내에서의 모든 생활관계에 미치는 것이 아니고 학교에서의 교육활동 및 이에 밀접불가분의 관계에 있는 생활관계에 한하며, 그 의무의 범위내의 생활관계라 하더라도 사고가 학교생활관계에서 통상 발생할 수 있다고 하는 것이 예측되거나 또는 예측가능성이 있는 경우(사고발생의 구체적 위험성)에만 교장이나 교사는 보호 · 감독의무위반에 대한 책임을 진다고 할 것이고, 그 예측가능성에 대하여는 교육활동의 때, 장소 등 기타 여러 사정을 고려하여 판단하여야 한다(대판 2007.4.26, 2005다24318; 대판 1999.1.29, 98다51657). ⓒ 유치원생이나 그와 비슷한 연령, 사회적 경험 및 판단능력을 가진 초등학교 저학년생을 통학차량으로 운송하는 방식을 취하고 있는 경우에는 그 유치원·학교 또는 학원의 운영자나 교사 등으로서는 보호자로부터 학생을 맞아 통학차량에 태운 때로부터 학교 등에서의 교육활동이 끝난 후 다시 통학차량에 태워 보호자가 미리 지정한 장소에 안전하게 내려줄 때까지 학생을 보호·감독할 의무가 있는 것으로 보아야 한다(대판 2008.1.17. 2007다40437).

(3) 책임능력

행위자가 책임무능력자이어서 불법행위책임을 부담하지 않아야 한다(제753조, 제754조 참조). 그러나 독일민법은 가해자의 책임능력의 유무를 묻지 않고 감독자가 불법행위책임을 부담한다고 하고 있다.

(4) 판단기준

손해배상범위 등과 관련하여 판례는 특별한 사정에 대한 예견가능성에 대하여 감독의무자를 기준으로 판단한다(제393조 제2항).

(5) 과실상계

피해자가 책임무능력자인 때에 피해자에게 과실이 없어도 그 부모에게 과실이 있는 때에는 과실상계를 하여야 한다(판례 - 피해자측의 과실).

(6) 부진정연대채무

친권자 등의 법정감독자와 대리감독자의 책임이 모두 긍정될 때, 그들 상호간의 책임은 부진정연대채무관계에 있다(통설·판례).

3. 책임능력 있는 미성년자의 불법행위에 대한 감독자의 책임

미성년자라도 책임능력이 있는 경우에는, 제755조의 규정의 문언상 그의 친권자가 배상책임을 진다고 보기는 어렵다. 따라서 이때에는 미성년자 자신이 배상책임을 져야 한다는 결과에 이르게 되는데, 미성년자는 대부분 배상능력이 없기 때문에 피해자는 현실적으로 아무런 배상을 받지 못하게 되는 문제가 생긴다. 따라서 종전판례는 친권자의 배상책임을 인정하기 위해 책임능력 있는 미성년자에게도 무리하게 책임능력을 부정하여 학설의 비판을 받았었다. 그러면 피해자를 보호하기 위하여 책임능력 있는 가해자의 부모(법정대리인)에게 책임을 묻기 위한 방법은 어떠한 것이 있을까?

(1) 제750조 적용설

통설과 판례에 따르면 제755조는 가해자에게 책임능력이 없는 경우에 한하여 적용되는 것이고, 다만 감독상의 부주의와 손해의 발생과의 사이에 상당인과관계가 있으면 감독의무자는 제750조상의 책임을 진다고 한다(보충책임설).

> **판례** 〈보충책임설의 판례〉 미성년자가 책임능력이 있어 그 스스로 불법행위책임을 지는 경우에도 그 손해가 당해 미성년자의 감독의무자의 의무위반과 상당인과관계가 있으면 감독의무자는 일반불법행위자로서 손해배상책임이 있고 이 경우에 그러한 감독의무위반사실 및 손해발생과의 상당인과관계의 존재는 이를 주장하는 자가 입증하여야 한다(대판 1994.2.8, 93다13605).

(2) 제755조 확대적용설

종전판례의 입장으로 감독의무자의 책임은 피감독자(책임무능력자)의 책임을 보충하는 것이 아니라 감독의무자의 책임과 피감독자의 책임은 병존하는 것이라고 본다(병존책임설).

> **관련사례** ｜ 丙은 재수생으로서 학원에 다니면서 수학능력평가시험을 준비하고 있던 중 연장자인 甲을 폭행하여 상처를 입혔다. 그러나 丙이 타인을 폭행하거나 비행을 저지르는 등 평소 행실에 문제가

있었다는 것도 아니었다고 한다. 현재 丙은 父 乙과 동거를 하면서 경제적인 면에서 乙에게 전적으로 의존하고 있다. 乙의 책임여부? (대판 2003.3.28, 2003다5061).

해설   (a) 미성년자가 책임능력이 있어 그 스스로 불법행위책임을 지는 경우에도 그 손해가 당해 미성년자의 감독의무자의 의무위반과 상당인과관계가 있으면 감독의무자는 일반불법행위자로서 손해배상책임이 있다 할 것이지만, 이 경우에 그러한 감독의무위반사실 및 손해발생과의 상당인과관계의 존재는 이를 주장하는 자가 입증하여야 한다.

(b) 재수생으로서 학원에 다니며 수학능력평가시험을 준비하던 책임능력 있는 미성년자가 타인을 폭행한 사안에서 감독의무자인 父에게 당해 미성년자에 대한 감독의무를 게을리 한 과실을 인정할 수 없다고 하여 父의 책임을 인정한 원심을 파기한 사안이다.

Ⅳ. 사용자책임

> **제756조 (사용자의 배상책임)**
> ① 타인을 사용하여 어느 사무에 종사하게 한 자는 피용자가 그 사무집행에 관하여 제3자에게 가한 손해를 배상할 책임이 있다. 그러나 사용자가 피용자의 선임 및 그 사무감독에 상당한 주의를 한 때 또는 상당한 주의를 하여도 손해가 있을 경우에는 그러하지 아니하다.
> ② 사용자에 갈음하여 그 사무를 감독하는 자도 전항의 책임이 있다.
> ③ 전2항의 경우에 사용자 또는 감독자는 피용자에 대하여 구상권을 행사할 수 있다.

1. 의 의

(1) 의의

사용자책임이란 자기와 사용관계에 있는 피용자가 그 사무집행에 관하여 제3자에게 가해행위를 한 경우, 사용자가 이로 인한 손해배상의무를 직접 피해자에 대하여 부담하는 것을 말한다. 현행법은 사용자책임이 중간책임으로 되어 있다(고의·과실의 입증전환).

판례 〈보상책임으로서 사용자책임〉 민법이 불법행위로 인한 손해배상으로서 사용자의 책임을 규정한 것은 피용자의 행위로 인해 타인에게 가해진 손해를 이익귀속자인 사용자로 하여금 부담케 하는 것이 공평의 이상에 합치된다는 보상책임의 원리에 입각한 것이다(대판 1985.8.13, 84다카979).

(2) 책임의 근거

(ㄱ) 대위책임설은 사용자책임의 목적이 피해자의 피용자에 대한 손해배상청구권을 보장해 줌에 있다는 견해이다(판례). 따라서 사용자의 배상의무는 피용자가 불법행위책임을 부담하는 경우에만 발생한다.

판례 〈대위책임설〉 피용자와 제3자가 공동불법행위로 피해자에게 손해를 가하여 그 손해배상채무를 부담하는 경우에 피용자와 제3자는 공동불법행위자로서 서로 부진정연대관계에 있고, 한편 사용자의 손해배상책임은 피용자의 배상책임에 대한 대체적 책임이어서 사용자도 제3자와 부진정연대관계에 있다고 보아야 할 것이다(대판 1992.6.23, 91다33070).

(ㄴ) 한편 고유책임설은 사용자는 대외적으로 자신이 부담해야 할 손해배상책임을 진다는 견해이다. 따라서 사용자는 피용자의 과실이나 책임능력이 없는 경우에도 책임을 부담한다.

2. 사용자책임과 다른 책임과 구별

(1) 이행보조자책임(제391조)

채무이행을 전제로 하는 이행보조자의 책임은 채권관계를 전제로 하며, 면책사유가 없음이 사용자책임과 구별된다. 그러나 사용자책임은 사용관계가 필요한 점이 별도의 요건이다.

판례 〈항공화물운송인 및 그 국내 대리점인 운송취급인이 영업용보세창고업자에 대하여 민법상 사용자의 지위에 있다고 볼 수 있는지 여부(소극)〉 영업용 보세창고업자는 공항에 도착한 항공화물이 수하인에게 인도되기 전까지 운송인을 위하여 화물을 보관하는 자로서 운송인 및 그 국내대리점인 운송취급인에 대하여 통관이 끝날 때까지 화물을 보관하고, 적법한 화물의 수령인에게 화물을 인도하는 등 운송인의 의무이행을 보조하는 지위에 있으나, 영업용 보세창고는 독립적인 사업자로서의 지위에서 자신의 책임과 판단에 따라 화물을 보관하고 인도하는 업무를 수행할 뿐 일반적으로는 운송인 및 운송취급인으로부터 지휘·감독을 받아 그와 같은 화물의 보관 및 인도 업무를 수행하는 것으로 볼 수 없으므로, 특별한 사정이 없는 한 우리의 항공화물인도절차상 운송인 및 그 국내대리점인 운송취급인은 영업용 보세창고업자에 대하여 민법상 사용자의 지위에 있다고는 볼 수 없다(대판 2004.7.22. 2001다67164).

(2) 제35조 법인의 불법행위책임과의 관계

법인에 있어서 그 대표자가 직무에 관하여 불법행위를 한 경우에는 민법 제35조 제1항에 의하여, 법인의 피용자가 사무집행에 관하여 불법행위를 한 경우에는 민법 제756조 제1항에 의하여 각기 손해배상책임을 부담한다. 그러므로 법인의 대표자가 그 직무에 관한 불법행위에 관하여는 민법 제35조 제1항에 의한 손해배상책임을 지게 되는 것이고, 사용자책임을 규정한 민법 제756조 제1항이 적용된다고 할 수 없다(대판 2009.11.26. 2009다57033).

(3) 국가배상법상의 책임

> **국가배상법 제2조**
> ① 국가나 지방자치단체는 공무원 또는 공무를 위탁받은 사인(이하 "공무원"이라 한다)이 직무를 집행하면서 고의 또는 과실로 법령을 위반하여 타인에게 손해를 입히거나, 「자동차손해배상 보장법」에 따라 손해배상의 책임이 있을 때에는 이 법에 따라 그 손해를 배상하여야 한다. 다만, 군인·군무원·경찰공무원 또는 향토예비군대원이 전투·훈련 등 직무 집행과 관련하여 전사·순직하거나 공상을 입은 경우에 본인이나 그 유족이 다른 법령에 따라 재해보상금·유족연금·상이연금 등의 보상을 지급받을 수 있을 때에는 이 법 및 「민법」에 따른 손해배상을 청구할 수 없다. 〈개정 2009.10.21〉
> ② 제1항 본문의 경우에 공무원에게 고의 또는 중대한 과실이 있으면 국가나 지방자치단체는 그 공무원에게 구상할 수 있다.

1) 국가배상법상의 책임(국가배상법 제2조 제1항 본문 및 제2항의 입법 취지)

국가배상법 제2조 제1항 본문 및 제2항의 입법 취지는 공무원의 직무상 위법행위로 타인에게 손해를 끼친 경우에는 변제자력이 충분한 국가 등에게 선임감독상 과실 여부에 불구하고 손해배상책임을 부담시켜 국민의 재산권을 보장하되, 공무원이 직무를 수행함에 있어 경과실로 타인에게 손해를 입힌 경우에는 그 직무수행상 통상 예기할 수 있는 흠이 있는 것에 불과하므로, 이러한 공무원의 행위는 여전히 국가 등의 기관의 행위로 보아 그로 인하여 발생한 손해에 대한 배상책임도 전적으로 국가 등에만 귀속시키고 공무원 개인에게는 그로 인한 책임을 부담시키지 아니하여 공무원의 공무집행의 안정성을 확보하고, 반면에 공무원의 위법행위가 고의·중과실에 기한 경우에는 비록 그 행위가 그의 직무와 관련된 것이라고 하더라도 그와 같은 행위는 그 본질에 있어서 기관행위로서의 품격을 상실하여 국가 등에게 그 책임을 귀속시킬 수 없으므로 공무원 개인에게 불법행위로 인한 손해배상책임을 부담시키되, 다만 이러한 경우에도 그 행위의 외관을 객관적으로 관찰하여 공무원의 직무집행으로 보여질 때에는 피해자인 국민을 두텁게 보호하기 위하여 국가 등이 공무원 개인과 중첩적으로 배상책임을 부담하되 국가 등이 배상책임을 지는 경우에는 공무원 개인에게 구상할 수 있도록 함으로써 궁극적으로 그 책임이 공무원 개인에게 귀속되도록 하려는 것이라고 봄이 합당하다 [대판(전합) 1996.2.15. 95다38677; 대판 2011.9.8. 2011다34521] .

2) 자동차손해배상보장법상의 책임

일반적으로 공무원의 공무집행상의 위법행위로 인한 공무원 개인 책임의 내용과 범위는 민법과 국가배상법의 규정과 해석에 따라 정하여 질 것이지만, 자동차의 운행으로 말미암아 다른 사람을 사망하게 하거나 부상하게 함으로써 발생한 손해에 대한 공무원의 손해배상책임의 내용과 범위는 이와는 달리 자동차손해배상보장법이 정하는 바에 의할 것이므로, 공무원이 직무상 자동차를 운전하다가 사고를 일으켜 다른 사람에게 손해를 입힌 경우에는 그 사고가 자동차를 운전한 공무원의 경과실에 의한 것인지 중과실 또는 고의에 의한 것인지를 가리지 않고, 그 공무원이 자동차손해배상보장법 제3조 소정의 '자기를 위하여 자동차를 운행하는 자'에 해당하는 한 자동차손해배상보장법상의 손해배상책임을 부담한다(대판 1996.3.8. 94다23876).

3. 성립요건

(1) 타인을 사용하여 어느 사무에 종사하게 할 것

1) 사용관계

(ㄱ) 일반적 고용이거나 사용관계의 기초가 되는 계약이 존재하지 않더라도 피용자의 행위에 대하여 책임을 진다. 그리고 사용자책임이 인정되기 위해서는 사용관계, 즉 사용자가 선임하고 지휘감독하는 관계가 있어야 한다. 이러한 관계는 사실상의 것으로 충분하다.

판례 〈퇴직자와 사용자책임 문제〉 ① 증권회사의 전 지점장이 회사를 퇴직한 후 같은 지점에서 투자상담사로 근무하다가 그 직을 그만두었음에도 불구하고 이를 숨기고 고객들을 상대로 투자상담사로서의 업무를 계속하였고, 증권회사에서도 그의 업무수행을 묵인하고 회사의 투자상담사로서 업무를 수행하는 것처럼 외관을 갖게 하였다면, 그가 고객들의 증권카드와 인감을 사용하여 금원을 인출한 행위에 대하여 증권회사는 사용자책임을 면할 수 없다(대판 2001. 3. 9. 2000다66119). 그러나 ② 甲 주식회사 해외영업팀장 乙이 甲 회사에서 퇴직한 후 甲 회사와 전략적 사업제휴계약을 체결한 丙 주식회사에 입사하면서 甲 회사의 영업비밀문서들을 복사하여 丙 회사가 지급한 노트북 컴퓨터에 저장·보관한 사안에서, 이러한 사정만으로 丙 회사 대표이사 등이 乙의 영업비밀 침해행위에 관하여 공모하였다거나 영업비밀문서들을 취득·사용하였다고 단정하기 어렵고, 병 회사의 사용자책임도 인정하기 어렵다고 한 사례도 있다(대판 2011.7.14, 2009다12528).

(ㄴ) 의사·변호사·법무사와 같은 전문직 종사자가 위임인으로부터 일을 수임하여 독립적으로 처리하는 경우에 그 위임인은 사용자가 아니다. 그러므로 일을 처리하는 전문직 종사자는 독자적으로 피해자에 대하여 일반불법행위책임을 진다(다수설). 그러나 판례는 위임의 경우에도 지휘·감독관계가 인정될 수 있다면 사용자책임을 긍정하며(대판 1998.4.28, 96다25500), 또한 동업으로 합동법무사사무소를 경영하는 법무사 상호간에 업무집행을 위임하여 그 법무사 중 1인이 다른 법무사의 명의로 업무집행을 한 경우, 명의자인 법무사는 실제 업무를 처리한 법무사를 지휘·감독할 사용자관계에 있다고 볼 수 있다고 한다(대판 2006.3.10, 2005다65562).

판례 ① 위임의 경우에도 위임인과 수임인 사이에 지휘·감독관계가 있고 수임인의 불법행위가 외형상 객관적으로 위임인의 사무집행에 관련된 경우 위임인은 수임인의 불법행위에 대하여 사용자책임을 진다. 상속재산 분할 등의 사무를 수임한 변호사가 당해 부동산을 타에 처분하여 매각대금을 편취한 사안에서 위임인의 사용자책임을 인정하였다(대판 1998. 4. 28, 96다25500). ② 동업관계에 있는 자들이 공동으로 처리하여야 할 업무를 동업자 중 1인에게 맡겨 그로 하여금 처리하도록 한 경우 다른 동업자는 그 업무집행자의 동업자인 동시에 사용자의 지위에 있다 할 것이므로, 업무집행과정에서 발생한 사고에 대하여 사용자로서 손해배상책임이 있다(대판 2006.3.10, 2005다65562 ; 대판 1999.4.27, 98다36238 ; 대판 1998.4.28, 97다55164 등).

(ㄷ) 타인에게 위탁하여 계속적으로 사무를 처리하여 온 경우 객관적으로 보아 그 타인의 행위가 위탁자의 지휘·감독의 범위 내에 속한다고 보이는 경우 그 타인은 민법 제756조에 규정한 피용자에 해당한다(대판 1998.8.21, 97다13702).

(ㄹ) 한편 이삿짐센터와 고용관계에 있지는 않았으나, 오랫동안 그 이삿짐센터의 이삿짐 운반에 종사해 온 작업원들을 사용자의 손해배상책임에 있어서 피용자라고 볼 수 있다(대판 1996.10.11, 96다30182).

(ㅁ) 어음이 위조된 경우에 피위조자는 민법상 표현대리에 관한 규정이 유추적용될 수 있다는 등의 특별한 경우를 제외하고는 원칙적으로 어음상의 책임을 지지 아니하나, 피용자가 어음위조로 인한 불법행위에 관여한 경우에 그것이 사용자의 업무집행과 관련한 위법한 행위로 인하여 이루어졌으면 그 사용자는 민법 제756조에 의한 손해배상책임을 지는 경우가 있고, 이 경우에 사용자가 지는 책임은 어음상의 책임이 아니라 민법상의 불법행위책임이므로 그 책임의 요건과 범위가 어음상의 그것과 일치하는 것이 아니다[대판(전합) 1994.11.8. 93다21514].

(ㅂ) 오피스텔 건축 시행사와 분양대행용역계약을 체결하여 분양대행업무를 수행하는 경우에도 사실상 시행사의 지휘·감독 아래 시행사의 의사에 따라 분양대행업무를 수행하였다면 사용자, 피용자의 관계에 있다고 할 수 있다(대판 2010.10.28. 2010다48387).

㈘ 불법행위에 있어 사용자책임이 성립하려면 사용자와 불법행위자 사이에 사용관계 즉 사용자가 불법행위자를 실질적으로 지휘·감독하는 관계가 있어야 하는바 <u>포털 사이트업자는 회원으로 가입한 인터넷 이용자들을 실질적으로 지휘·감독하는 관계에 있었다고 볼 수 없기 때문에</u> 회원들의 저작권 침해행위에 대하여 사용자로서의 손해배상책임을 부담하지 아니한다(대판 2010.3.11. 2009다5643).

2) 도급인의 사용자책임

도급인의 책임이 인정되는 제757조의 경우에는 수급인의 수급사무의 처리에 대하여 도급인의 구체적인 지시·감독권이 없어야 한다. 만약 도급인이 수급인에게 지시·감독권이 있다면 제756조의 사용자책임이 도급인에게 인정될 수 있다(판례). 판례는 감독(제756조 책임긍정)과 감리(제756조 책임 부정)를 비교한다(도급인이 수급인의 공사에 대하여 감리적인 감독을 함에 지나지 않을 때에는 양자의 관계를 사용자 및 피용자의 관계와 같이 볼 수 없다 - 대판 1988.6.14, 88다카102).

판례 〈수급인이 고용한 제3자의 불법행위로 인한 손해에 대하여 도급인이 사용자 책임을 지는 경우〉 도급인이 수급인의 일의 진행 및 방법에 관하여 <u>구체적인 지휘감독권을 보유한 경우</u>에는 도급인과 수급인의 관계는 실질적으로 사용자 및 피용자의 관계와 다를 바 없으므로 수급인이 고용한 제3자의 불법행위로 인한 손해에 대하여 도급인은 민법 제756조에 의한 사용자책임을 면할 수 없다(대판 1988.6.14, 88다카102).

(2) 피용자가 사무집행에 관하여 제3자에게 손해를 주었을 것

1) 외형이론

㈔ 민법 제756조 제1항의 이른바 「사무집행에 관하여」라 함은 '사무집행과정에서'라는 뜻으로서, <u>실제상 피용자가 집행할 사무인지 아닌지 또는 사용자를 위하여 행하는지의 여부를 가리지 않고 객관적으로 보아 사무집행으로 볼 수 있는 행위는 물론, 이것과 견련관계에 있는 것은</u> 피용자가 그의 지위를 남용하여 자기의 이익을 꾀할 목적으로 행한 경우에도 사무의 집행에 관하여 행한 행위라고 하는 것이 통설과 판례이다(외형이론). 따라서 피용자가 직무범위 내에서 행위를 하였으나 사용자의 지시를 벗어난 경우에도 사용자의 불법행위책임은 인정될 수 있다.

판례 ① 민법 제756조에 규정된 사용자책임의 요건인 '사무집행에 관하여'라는 뜻은 피용자의 불법행위가 <u>외형상 객관적으로 사용자의 사업활동 내지 사무집행행위 또는 그와 관련된 것이라고 보여질 때에는 행위자의 주관적 사정을 고려함이 없이 이를 사무집행에 관하여 한 행위로 본다</u>는 것이다(대판 2007.4.12, 2006다29839). 대표적 사례로 "사용자의 배상책임을 규정한 민법 제756조 소정의 '그 사무집행에 관하여'라 함은 사용자의 사업집행 자체 또는 이에 필요한 행위뿐만 아니라 이와 관련된 것이라고 일반적으로 보여지는 행위는 설사 그것이 피용자의 이익을 도모하기 위한 경우라도 이에 포함된다고 보아야 할 것이므로 <u>택시회사의 운전수가 택시의 승객을 태우고 운행중 차속에서 부녀를 강간한 경우</u> 위 회사는 사용자로서 손해배상책임이 있다"는 사례가 있다(대판 1991.1.11, 90다8954). ② 소위 지입차량의 소유명의자는 그 지입차량의 운전자를 직접 고용하여 지휘감독을 한 바 없더라도 <u>명의대여자로서</u> 뿐만 아니라 객관적으로 지입차량의 운전자를 지휘 감독할 관계에 있는 사용자의 지위에 있다고 하며, <u>지입회사는 명의대여자로서 제3자에 대하여 지입차량이 자기의 사업에 속하는 것을 표시하였을 뿐 아니라, 객관적으로 지입차주를 지휘 감독하는 사용자의 지위에 있다</u> 할 것이므로 이러한 불법행위에 대하여는 그 사용자책임을 부담한다(대판 2000.10.13. 2000다20069 등). ㉢ 여기에서 외형상 객관적으로 사용자의 사무집행에 관련된 것인지 여부는 피용자의 본래 직무와 불법행위와의 관련 정도 및 사용자에게 손해발생에 대한 위험 창출과 방지조치 결여의 책임이 어느 정도 있는지를 고려하여 판단하여야 할 것이다(대판 2001.3 9. 2000다66119).

㈐ 다만 피용자의 불법행위가 외관상 사용자의 사무집행의 범위 내에 속하는 것으로 보여지는 경우에 있어서도, 피용자의 행위가 사용자의 사무집행행위에 해당하지 않음을 피해자 자신이 알았거나 중과실로 알지 못한 경우에는 사용자책임을 물을 수 없다함이 판례이다(대판 2007.4.12. 2006다21354; 대판 2011.11.24. 2011다41529).

판례 ① 판례는 농지개량조합의 조합장이 개인적으로 금전을 차용하면서 조합명의의 당좌수표를 발행한 사안에서, 피용자의 불법행위가 외관상 사용자의 사무집행의 범위 내에 속하는 것으로 보여지는 경우에 있어서도, 피용자의 행위가 사용자의 사무집행행위에 해당하지 않음을 피해자 자신이 알았거나 중과실로 알지 못한 경우에는 사용자책임을 물을 수 없는 것으로 해석한다(대판 1983. 6. 28. 83다카217). ② 증권회사 지점장의 투자권유와 그에 따른 금원수령행위가 그의 사무집행의 범위를 벗어난 것이라는 사실을 피해자가 알았다거나 중대한 과실로 알지 못하였다고 단정할 수 없다면 증권회사는 사용자책임을 부담하여야 한다(대판 2007.4.12. 2006다11562).

㈑ 명의대여자도 사용자책임의 구성요건을 충족시킬 수 있다. 판례는 명의대여자는 그 명의를 빌린 자의 고용인 내지 피용자의 업무상 불법행위에 대해 명의차용자와 함께 사용자책임을 진다고 한다(대판 2001.6.1. 2001다28476 등). 즉 민법 제756조가 규정하고 있는 사용자책임의 요건으로서의 사용관계가 있느냐 여부는 실제적으로 지휘·감독을 하였느냐의 여부에 관계없이 객관적·규범적으로 보아 사용자가 그 불법행위자를 지휘·감독해야 할 지위에 있었느냐의 여부를 기준으로 결정하여야 할 것이다(대판 2005.2.25. 2003다36133).

판례 ① 자신의 이름을 민간보육시설사업의 대표자명의로 사용하도록 했을 때 명의를 대여한 자는 객관적·규범적으로 보아 명의차용자 또는 그의 피용자가 불법행위로 인해 타인에게 손해를 입히지 않도록 지휘·감독할 의무와 책임이 있다(대판 2001. 8. 21. 2001다3658). 사안은 보육교사의 과실로 3세밖에 안된 위탁아가 어린이집을 빠져나가 부근 철로 위에 올라가 있다가 열차에 치어 사망한 사안이다. 또한 ② 지입차량의 차주 또는 그가 고용한 운전자의 과실로 타인에게 손해를 가한 경우에는 지입회사는 명의대여자로서 제3자에 대하여 지입차량이 자기의 사업에 속하는 것을 표시하였을 뿐 아니라, 객관적으로 지입차주를 지휘·감독하는 사용자의 지위에 있다 할 것이므로 이러한 불법행위에 대하여는 그 사용자책임을 부담한다고 할 것이다(대판 2000. 10. 13. 2000다20069).

2) 제3자에게 손해발생
제3자란 사용자와 가해행위를 한 피용자 이외의 자를 말한다. 따라서 제3자는 사용자의 다른 피용자일 수도 있다.

(3) 피용자의 불법행위
다수설과 판례는 사용자책임이 인정되기 위하여는 피용자의 행위가 제750조의 요건을 갖추어야 한다고 한다. 다수설 및 판례의 태도를 비판하는 견해(고유책임설)에 따르면 피용자와 제3자 사이에 필요한 일반불법행위요건 가운데 피용자의 주관적 요건인 과실 및 책임능력의 여부는 불문한다고 한다.

판례 〈다단계판매원이 다단계판매업자와의 관계에서 민법 제756조에 규정한 피용자에 해당하는지 여부(적극)〉 : 다단계판매원은 다단계판매업자의 지휘·감독을 받으면서 다단계판매업자의 업무를 직접 또는 간접으로 수행하는 자로서 다단계판매업자와의 관계에서 민법 제756조에 규정한 피용자에 해당한다(대판 2008.11.27, 2008다56118).

(4) 사용자가 면책사유를 입증하지 못할 것(입증책임의 전환-중간책임)

사용자책임은 중간책임으로서 사용자의 면책사유에 관하여는 사용자측에서 증명책임을 진다(대판 2003.10.9, 2001다24655 참조).

4. 효 과

(1) 부진정연대채무

사용자와 피용자는 각각 민법 제756조와 제750조에 의해 책임을 지는데, 이는 각자 독자적 책임이므로 부진정연대채무이다〔대판(전합) 1992.6.23, 91다33070; 대판 2006.2.9, 2005다28426 참조〕. 그런데 부진정연대채무자 상호간에 있어서 채권의 목적을 달성시키는 변제와 같은 사유는 채무자 전원에 대하여 절대적 효력을 발생하지만, 그 밖의 사유는 상대적 효력을 발생하는 데에 그치는 것이다(대판 2006.1.27, 2005다19378). 한편 공동의 불법행위를 한 경우에는 공동불법행위책임을 부담한다(제760조 참조).

판례 ㉠ 피용자 자신의 손해배상의무와 그 사용자의 손해배상의무는 별개의 채무이고, 불법행위로 인한 손해의 발생에 관한 피해자의 과실을 참작하여 과실상계를 한 결과 피용자와 사용자가 피해자에게 배상하여야 할 손해액의 범위가 각기 달라질 수 있다(대판 2001.11.13, 2001다12362). ㉡ 연대채무에 있어서 소멸시효의 절대적 효력에 관한 민법 제421조의 규정은 부진정연대채무에 대하여는 그 적용이 없다(대판 1997.12.23, 97다42830).

(2) 구상권

대위책임설은 사용자가 책임을 진 후 피용자에 대하여 전액구상을 긍정한다. 그러나 판례는 제한적으로 이해한다. 즉 사용자가 피용자의 제3자에게 가한 손해를 배상한 경우, 사용자는 제756조 제3항에 의하여 사용자가 제3자에게 배상한 금액을 구상할 수 있으나 전액배상이 항상 인정되는 것은 아니고 신의칙에 기하여 제한할 수 있다고 이해한다(대판 1994.12.13, 94다17246).

판례 일반적으로 사용자가 피용자의 업무수행과 관련하여 행해진 불법행위로 인하여 직접 손해를 입었거나 그 피해자에게 사용자로서의 손해배상책임을 부담한 결과로 손해를 입게 된 경우에 있어서 사용자는 그 사업의 성격과 규모, 시설의 현황 등 기타 제반 사정에 비추어 손해의 공평한 분산이라는 견지에서 신의칙상 상당하다고 인정되는 한도 내에서만 피용자에 대하여 그 구상권을 행사할 수 있다고 보아야 할 것이다. 따라서 곤돌라 기사인 피용자의 근무조건과 그러한 근무조건이 사고발생에 미친 영향의 정도, 피해자가 사고를 당하게 된 경위, 사고 후 피용자가 실형을 복역한 후 현재 면직되어 있음에 반하여, 사용자는 국내 유수의 공동주택관리업체로서의 지위를 그대로 유지하고 있는 점 등 제반 사정을 참작하여 사용자의 피용자에 대한 구상권 행사가 신의칙에 반하여 허용되지 아니한다(대판 1994.12.13, 94다17246).

(3) 고의의 불법행위채권을 수동채권으로 하는 상계금지

사용자는 피해자의 손해배상 채권과 피해자에 대한 자신의 채권의 상계를 주장할 수 없다는 것이 판례이다. 판례의 판시내용은 "피용자의 고의의 불법행위로 인하여 사용자책임이 성립하는 경우에 민법 제496조의 적용을 배제하여야 할 이유가 없으므로 사용자책임이 성립하는 경우 사용자는 자신의 고의의 불법행위가 아니라는 이유로 민법 제496조의 적용을 면할 수는 없다"(대판 2006.10.26. 2004다63019). 따라서 가해자의 사용자가 피해자에게 별도의 채권이 있더라도 그 채권을 자동채권으로 하고, 피용자의 고의 불법행위채권을 수동채권으로 한 상계는 허용되지 아니한다.

V. 도급인의 책임

> **제757조 (도급인의 책임)**
> 도급인은 수급인이 그 일에 관하여 제3자에게 가한 손해를 배상할 책임이 없다. 그러나 도급 또는 지시에 관하여 도급인에게 중대한 과실이 있는 때에는 그러하지 아니하다.

1. 도급인책임의 요건

제757조의 도급인에게 불법행위책임을 인정하기 위한 요건으로는, 도급인이 도급 또는 지시에 관하여 도급인에게 중대한 과실이 있어야 한다. 따라서 피해자는 도급인의 중과실을 입증하여 그에게 손해배상을 청구할 수 있다. 즉 수급인에게 고의 또는 과실이 있음을 요하지 아니한다.

> **판례** 세차를 의뢰하는 법률관계는 세차작업의 완료를 목적으로 하는 도급계약 관계이므로 세차작업중의 차량의 지배권은 세차업자에게 있다할 것이니 특단의 사정이 없는 한 세차작업 중의 차량으로 인하여 야기된 사고에 의한 책임은 세차업자에게 있다(대판 1976.10.26. 76다517).

2. 도급인의 사용자책임

(1) 도급인의 책임이 인정되는 제757조의 경우에는 수급인의 수급사무의 처리에 대하여 도급인의 구체적인 지시·감독권이 없어야 한다. 도급인이 수급인에게 지시·감독권이 있다면 제756조의 사용자책임이 도급인에게 인정될 수 있다(판례).

(2) 도급인이 수급인에 대하여 특정한 행위를 지휘하거나 특정한 사업을 도급시키는 경우와 같은 이른바 노무도급의 경우에 있어서는 도급인이라고 하더라도 민법 제756조가 규정하고 있는 사용자책임의 요건으로서의 사용관계가 인정된다(대판 1998.6.26. 97다58170).

3. 하도급

(1) 하도급의 경우는 하도급인과 하수급인사이의 계약에 의하여 성립한다. 하수급인은 하도급인의 이행보조자이다.

(2) 판례는 도급인과 수급인간의 제3자에 대한 손해배상책임은 수급인이 부담한다는 특약은

내부적인 손해부담의 약정에 불과하고 제3자에 대한 도급인의 책임을 면제하는 효력이 있는 것은 아니라고 한다(대판 1972.6.13. 72다556).

(3) 하도급인과 하수급인 사이에 지휘·감독의 관계가 있으면 사용관계를 인정하여야 하므로, 하도급인은 사용자로서의 책임을 부담하여야 한다.

VI. 공작물 등의 점유자와 소유자의 책임

> **제758조 (공작물 등의 점유자·소유자의 책임)**
> ① 공작물의 설치 또는 보존의 하자로 인하여 타인에게 손해를 가한 때에는 공작물점유자가 손해를 배상할 책임이 있다. 그러나 점유자가 손해의 방지에 필요한 주의를 해태하지 아니한 때에는 그 소유자가 손해를 배상할 책임이 있다.
> ② 전항의 규정은 수목의 재식 또는 보존에 하자있는 경우에 준용한다.
> ③ 제2항의 경우에 점유자 또는 소유자는 그 손해의 원인에 대한 책임 있는 자에 대하여 구상권을 행사할 수 있다.

1. 의의 및 구별

(1) 의의

민법 제758조 제1항에서 말하는 '공작물 설치·보존상의 하자'라 함은 공작물이 그 용도에 따라 통상 갖추어야 할 안전성을 갖추지 못한 상태에 있음을 말하는 것으로서, 이와 같은 안전성의 구비 여부를 판단함에 있어서는 당해 공작물의 설치·보존자가 그 공작물의 위험성에 비례하여 사회통념상 일반적으로 요구되는 정도의 방호조치 의무를 다하였는지의 여부를 기준으로 판단하여야 하고, 그 시설이 관계 법령이 정한 시설기준 등에 부적합한 것이라면 특별한 사정이 없는 한 이러한 사유는 공작물의 설치·보존상의 하자에 해당한다고 볼 수 있다(대판 2010.2.11. 2008다61615).

(2) 위험책임

공작물(인공적 작업에 의하여 제작된 물건)의 설치 또는 보존의 하자로 인해, 또는 수목의 재식 또는 보존의 하자로 인한 손해에 대하여 점유자책임은 1차적 책임이며, 중간책임이다. 그리고 소유자책임은 2차적 책임이며 무과실책임이다(부진정연대채무가 아니다). ⓛ 민법 제758조(공작물 소유자의 책임 등)는 위험책임의 법리에 따라 책임을 가중시킨 규정일 뿐이고, 그 공작물 시공자의 일반불법행위의 책임을 배제하는 것은 아니다(대판 1996.11.22. 95다39219).

판례 판례는 '공작물의 설치 또는 하자가 있어 타인에 손해가 생긴 때에는 1차적으로 그 공작물의 점유자로 하여금 배상을 부담시키고 그 점유자가 손해발생의 방지에 필요한 주의를 하였을 때에는 2차적으로 그 공작물의 소유자로 하여금 그 배상책임을 부담시키되 그 소유자의 책임에 관하여는 고의·과실 등의 면책조건을 인정치 아니할 뿐만 아니라 그 하자로 인한 것인 이상, 자연력이나 피해자 또는 제3자의 행위가 그 공동원인이 되었을 때라도 점유자 또는 소유자로 하여금 배상책임을 부담시키는 것이다'라고 하고 있다(대판 1975.3.25. 73다1077).

2. 요 건

(1) 공작물의 설치보존상 하자

(ㄱ) 공작물은 토지의 공작물에 한하는 것은 아니다(아래 판결참조).

판례 판례는 경사로에 주차중인 석유 배달 차량에서 원인 미상의 화재가 발생하여 보조잠금장치가 풀리면서 차량이 움직여 인근 건물을 들이받고 불이 옮겨 붙은 경우, 그 건물 화재는 공작물인 차량의 설치·보존상의 하자에 의하여 직접 발생한 것에 해당한다고 보았다(대판 1998.3.13, 97다34112).

(ㄴ) 공작물이 설치 또는 보존상의 하자라 함은 공작물이 그 용도에 따라 통상 갖추어야 할 안전성을 갖추지 못한 상태에서 있음을 말하는 것이다(객관적으로 요구되는 안전성).

판례 〈공작물의 설치보존상 하자〉 ① 민법 제758조 제1항에 규정된 공작물의 설치·보존상의 하자라 함은 공작물이 그 용도에 따라 통상 갖추어야 할 안전성을 갖추지 못한 상태에 있음을 말하는 것으로서, 이와 같은 안전성의 구비 여부를 판단함에 있어서는 당해 공작물의 설치·보존자가 그 공작물의 위험성에 비례하여 사회통념상 일반적으로 요구되는 정도의 방호조치 의무를 다하였는지의 여부를 기준으로 삼아야 할 것이다(대판 2006.1.26, 2004다21053). ② 이사짐 사다리차의 조작 도중 사다리가 고압전선에 접촉되어 전류가 사다리차 옆에 주차된 이사짐 트럭에 옮겨붙는 바람에 그 주위에서 작업하던 인부가 감전되어 사망한 사고에 대하여, 사다리차 조작과정에서의 실수가 개입되어 있다하더라도 사고 당시 한전의 설치·보존상의 하자와 피해자 사망 사이의 상당인과관계를 인정할 수 있다(대판 2007.6.28, 2007다10139). ③ 계단의 위쪽에 서 있던 피해자가 지상으로 추락하여 사망한 사안에서, 건물 벽면 바깥으로 돌출되어 난간으로 둘러싸인 곳은 추락사고를 방지하기 위하여 높이 1.1m 이상의 난간을 설치하여야 함에도, 이에 현저히 미달한 76cm∼99cm의 난간을 설치하여 평균적 체격의 성인 남자가 추락하지 않도록 방호할 수 있는 통상의 안전성을 갖추지 못한 설치·보존상의 하자와 피해자가 추락한 것 사이에는 상당한 인과관계가 있다고 볼 여지가 있다(대판 2010.2.11, 2008다61615).

(ㄷ) 하자에 관하여 점유자나 소유자의 고의·과실이 있는가는 문제되지 않는다. 위험한 공작물에 관하여는 손해방지에 충분한 설비나 조치를 하지 않는 것 자체가 하자로 인정된다.

(ㄹ) 하자의 판단에 있어서는 법령이나 행정규칙을 준수하였다는 사실은 하자유무를 판단하기 위한 하나의 기초사실이 될 뿐이며, 그로써 곧 공작물의 책임이 면제되지는 않는다.

판례 판례는 "공작물에서 발생한 사고라도 그것이 공작물의 통상의 용법에 따르지 아니한 이례적인 행동의 결과(학교난간에서 담배를 피우는 행위 등) 발생한 사고라면, 특별한 사정이 없는 한 공작물의 설치·보존자에게 그러한 사고에까지 대비하여야 할 방호조치 의무가 있다고 할 수는 없다"고 한다. 행인이 음주를 한 상태에서 여관의 내부를 들여다 보기 위하여 그 보호벽을 타고 올라가다가 보호벽이 무너지는 바람에 사고를 당하게 된 경우, 여관 주인에게 이러한 경우까지 대비한 방호조치를 취할 의무는 없다는 이유로 그 보호벽의 설치·보존상의 하자를 부인하였다(대판 1998.1.23, 97다25118).

(2) 입증책임

(ㄱ) 하자의 존재에 관한 입증책임은 피해자가 지는 것이 원칙이다(판례동지). 다만 학설과 판례는 공작물로 인하여 손해가 발생한 경우에는 공작물의 하자 있음이 (사실상) 추정된다고 하여 입증책임을 전환시키려 한다.

(ㄴ) 다만 객관적으로 보아 시간적·장소적으로 영조물의 기능상 결함으로 인한 손해발생의 예견가능성과 회피가능성이 없는 경우 즉 그 영조물의 결함이 영조물의 설치관리자의 관리행

위가 미칠 수 없는 상황 아래에 있는 경우에는 영조물의 설치관리상의 하자를 인정할 수 없다(대판 2000.2.25, 99다54004).

판례 100년 발생빈도의 강우량을 기준으로 책정된 계획홍수위를 초과하여 600년 또는 1,000년 발생빈도의 강우량에 의한 하천의 범람은 예측가능성 및 회피가능성이 없는 불가항력적인 재해로서 그 영조물의 관리청에게 책임을 물을 수 없다(대판 2003.10.23, 2001다48057).

3. 공작물책임의 효과

(1) 중간책임과 무과실 책임

위 요건을 갖추면 점유자가 손해배상책임을 지고, 점유자가 면책된 때에는 소유자가 그 책임을 진다.

판례 건물 일부의 임차인이 건물 외벽에 설치한 간판이 추락하여 행인이 부상한 경우 건물공유자는 건물 외벽의 직접점유자로써 임차인은 간판의 점유자 및 소유자로서 건물소유자와 공동점유로서 민법 제758조 제1항 소정의 손해배상책임을 부담한다(대판 2003.2.28, 2002다65516).

(2) 점유자가 피해자인 경우

공작물의 직접점유자인 임차인이 공작물의 하자로 손해를 입은 경우에는 임차인에게 그 보존에 관한 과실이 있더라도 임대인인 소유자는 무과실의 배상책임을 부담하고, 다만 과실상계의 법리를 적용한다(대판 1993.11.9, 93다40560).

판례 〈가옥의 설치 보존상의 하자로 그 가옥 임차인이 피해를 입은 경우의 법률관계〉 가옥의 임차인인 직접점유자가 공작물의 설치보존상의 하자로 인하여 피해를 입을 경우에 소유자는 이에 대하여 손해배상을 하여줄 책임이 있고 피해자인 직접점유자에게 그 보존상의 과실이 있으면 과실상계사유가 된다(대판 1989.3.14, 선고 88다카11121).

(3) 공작물의 설치·보존상의 하자에 의한 화재의 법률관계

1) 종전 대법원의 태도

공작물 자체의 설치·보존상의 하자에 의하여 직접 발생한 화재로 인한 손해배상책임에 관하여는 민법 제758조 제1항이 적용될 뿐 실화책임에 관한 법률은 적용되지 아니한다(대판 1999.2.23, 97다12082). 다만 그 화재로부터 연소한 부분에 대한 손해배상책임에 대하여는 실화책임에 관한 법률을 적용한다(대판 1993.12.10, 93다20405).

2) 현재 대법원의 태도

공작물의 설치 보존상의 하자에 의하여 직접 발생한 화재로 인한 손해배상책임뿐만 아니라 그 화재로부터 연소한 부분에 대한 손해배상책임에 관하여도 공작물의 설치 보존상의 하자와 그 손해사이에 상당인과관계가 있는 경우에는 민법 제758조가 적용되고, 다만 실화가 중대한 과실로 인한 것이 아닌 한 그 화재로부터 연소한 부분에 대한 손해배상의무자는 개정 실화책임법 제3조에 의하여 손해배상액 경감을 받을 수 있다(대판 2012.6.28, 2010다58056).

VII. 동물점유자의 책임

> **제759조(동물의 점유자의 책임)**
> ① 동물의 점유자는 그 동물이 타인에게 가한 손해를 배상할 책임이 있다. 그러나 동물의 종류와 성질에 따라 그 보관에 상당한 주의를 해태하지 아니한 때에는 그러하지 아니하다.
> ② 점유자에 갈음하여 동물을 보관한 자도 전항의 책임이 있다.

동물이 타인에게 손해를 준 경우에 그 점유자가 책임을 지는 것을 말한다. 점유자나 보관자는 동물을 사실상 지배하는 자라고 이해된다. 위험책임이며 중간책임이다.

VIII. 공동불법행위

> **제760조 (공동불법행위자의 책임)**
> ① 수인이 공동의 불법행위로 타인에게 손해를 가한 때에는 연대하여 그 손해를 배상할 책임이 있다.
> ② 공동 아닌 수인의 행위 중 어느 자의 행위가 그 손해를 가한 것인지를 알 수 없는 때에도 전항과 같다.
> ③ 교사자나 방조자는 공동행위자로 본다.

1. 서 설

(1) 의의

공동불법행위란 수인이 공동으로 타인에게 불법행위를 하는 것을 말한다. 민법이 연대책임으로 하는 취지는 피해자를 보호하기 위함이다. 그러나 통설과 판례는 민법의 연대책임을 부진정연대책임으로 구성하고 있다. 왜냐하면 부진정연대가 진정연대보다 피해자 보호에 더 유리하기 때문이다. 이처럼 공동불법행위는 불법행위자 각자가 각기 독립하여 불법행위요건을 갖추고 있고, 서로간 관련성이 있으며, 공동하여 위법행위로 손해를 주는 것이다.

(2) 유형

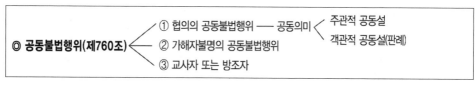

1) <u>협의의 공동불법행위</u>(제1항)의 경우 각 행위자의 행위가 각각 불법행위의 요건을 충족하고 있어야 한다고 이해한다(다수설).

2) <u>가해자불명의 공동불법행위</u>의 경우(제2항), 일단 공동불법행위책임을 지우고 인과관계는 피해자 측에서 입증할 필요가 없게끔 입증을 완화한다(입증의 전환).

3) 제3항(교사자나 방조자의 불법행위)의 경우, 교사자나 방조자는 공동불법행위자로서 책임을 지운다. 특히 방조자에게 공동불법행위자로서의 책임을 지우기 위하여는 방조행위와 피방조자의 불법행위 사이에 상당인과관계가 있어야 한다(대판 1998.12.23. 98다31264).

2. 공동의 의미

(1) 의의

760조의 공동불법행위에 있어서 제1항이 적용되는 경우(공동행위자의 면책이나 감액이 허용되지 않는다)는 공동의 의미를 어떻게 이해하는가에 따라 범위가 달라지게 된다.

(2) 학설

1) 주관적 공동설

공동불법행위의 성립에는 가해행위자 사이에 공모 내지 의사의 공통이나 공동의 인식, 즉 주관적 공동관계가 필요하다고 본다.

2) 객관적 공동설(다수설·판례)

(ㄱ) 가해행위가 단지 객관적으로 관련공동하고 있으면 공동불법행위가 된다고 본다. 판례는 객관적 공동설에 따라서 공동불법행위의 성립에는 공동불법행위자 상호간의 의사의 공통이나 공동의 인식이 필요하지 아니하고 객관적으로 그 행위에 관련공동성이 있으면 족하다고 본다(대판 2012.8.17, 2010다28390; 대판 1988.4.12, 87 다카 2951).

(ㄴ) 즉 수인이 공동하여 타인에게 손해를 가하는 민법 제760조 제1항의 공동불법행위가 성립하려면 각 행위가 독립하여 불법행위의 요건을 갖추고 있으면서 객관적으로 관련되고 공동하여 위법하게 피해자에게 손해를 가한 것으로 인정되어야 한다(대판 1998.2.13, 96다7854).

> 과실이 경합하여 손해가 발생한 경우에는 객관적 공동설을 채택할 때 제1항의 적용가능성이 넓게 인정된다. 그러나 행위자 사이의 공모가 있는 경우에는 어느 설을 채택하던 차이가 없다.

판례 〈공동불법행위가 인정되지 않으면 각각의 손해에 대해서 따로 배상액을 산정하여야 한다(대판 1989.5.23, 87다카2723)〉

㉠ 〈**교통사고**〉 피해자가 교통사고를 당해 상해를 입고, 1달 후 병원에 입원하여 치료하던 중 병원시설의 하자로 인하여 비상계단에서 사망한 사안에서 교통사고 가해자와 병원사이 공동불법행위 책임을 부정하는 것이 판례이다. 그러나 관광버스가 국도상에 생긴 웅덩이를 피하기 위하여 중앙선을 침범 운행한 과실로 마주 오던 트럭과 충돌하여 교통사고가 발생한 경우, 도로관리책임자로서의 국가와 관광버스회사 사이 공동불법행위 책임을 긍정하는 것이 판례의 태도이다(대판 1993.6.25, 93다14424). 한편 교통사고로 인하여 상해를 입은 피해자가 치료를 받던 중 치료를 하던 의사의 과실로 인한 의료사고로 증상이 악화되거나 새로운 증상이 생겨 손해가 확대된 경우, 의사에게 중대한 과실이 있다는 등의 특별한 사정이 없는 한 확대된 손해와 교통사고 사이에도 상당인과관계가 있고, 이 경우 교통사고와 의료사고가 각기 독립하여 불법행위의 요건을 갖추고 있으면서 객관적으로 관련되고 공동하여 위법하게 피해자에게 손해를 가한 것으로 인정되면 공동불법행위가 성립한다(대판 1998.11.24, 98다32045).

㉡ 〈**일조권침해**〉 동시에 또는 거의 같은 시기에 건축된 가해 건물들이 피해 건물에 대하여 전체적으로 수인한도를 초과하는 일조 침해의 결과를 야기한 경우, 각 가해 건물들이 함께 피해 건물의 소유자 등이 종래 향유하던 일조를 침해하게 된다는 점을 예견할 수 있었다면 특별한 사정이 없는 한 각 가해 건물의 건축자 등은 일조 침해로 피해 건물의 소유자 등이 입은 손해 전부에 대하여 공동불법행위자로서의 책임을 부담한다(대판 2006.1.26,

2005다47014,47021,47038).

ⓒ〈**불법쟁의**〉 일반조합원이 불법쟁의 행위시 노동조합 등의 지시에 따라 단순히 노무를 정지한 것만으로는 노동조합 또는 조합간부 들과 함께 공동불법행위책임을 진다고 볼 수 없다(대판 2006.9.22, 2005다30610).

ⓔ〈**학교폭력의 피해자**〉 학교폭력 가해학생들의 부모의 과실과 담임교사, 교장의 과실이 경합하여 피해학생의 자살 사건이 발생하였다는 이유로, 가해학생의 부모들과 지방자치단체에게 공동불법행위자로서의 손해배상책임을 인정할 수 있다(대판 2007.4.26, 2005다24318).

ⓜ〈**초상권침해**〉 외주제작사가 무단촬영한 장면에 관하여 방송사업자가 피촬영자의 방송 승낙 여부를 확인하지 않고 피촬영자의 식별을 곤란하게 하는 별도의 화면조작 없이 그대로 방송한 경우에는 피촬영자의 초상권 침해에 대하여 방송사는 외주제작사와 공동불법행위책임을 진다(대판 2008.1.17, 2007다59912).

ⓗ〈**허위아파트분양광고**〉 아파트 최상층 분양에 있어 중요한 사항인 다락의 형상에 관하여 신의성실의 의무에 비추어 비난받을 정도로 허위·과장한 내용의 분양광고를 한 경우 분양자(시행사) 뿐만 아니라 시공사도 공동불법행위로 인한 손해배상책임을 부담한다(대판 2009.4.23, 2009다1313).

ⓢ〈**의료행위**〉 의사가 간경화증이 상당히 진행되어 간이식 수술 외에 효과적인 치료방법이 없는 상태의 환자 등에게 임상단계에 있는 중간엽 줄기세포 이식술을 시행하면서 줄기세포 공급업체 대표이사와의 기자회견 등을 통하여 그릇된 정보를 제공하는 등 환자들에 대한 설명의무를 위반한 잘못이 있고, 줄기세포 공급업체 대표이사 역시 임상시험 단계에 있는 줄기세포를 판매하면서 위 기자회견 등을 통하여 그릇된 정보를 제공하는 등 줄기세포 구입자들에 대한 설명의무 내지 고지의무를 위반한 잘못이 있는 경우, 객관적 관련성을 인정하여 공동불법행위가 성립된다고 하였다(대판 2010.10.14, 2007다3162).

3. 가해자 불명의 공동불법행위

㈀ 공동 아닌 수인의 행위 중 어느 자의 행위가 그 손해를 가한 것인지를 알 수 없는 경우가 이에 해당한다(제760조 제2항).

> 예컨대 데모 장소에서 3명이 돌을 던졌는데 그 중 어느 한 사람의 돌에 갑이란 정치인이 맞아 상해를 입은 경우인데, 이 때에는 상해에 관해 행위자간에 객관적 공동성이 없는 점에서 협의의 공동불법행위와 다르다.

㈁ 본 조항은 피해자의 입증 곤란을 덜어주자는 데 그 취지가 있기 때문에 손해발생과 인과관계가 없다는 점을 행위자가 입증하면 면책될 수 있다. 즉 민법 제760조 제2항에 따라 가해자불명의 공동불법행위로 인한 손해에 해당한 경우, 행위자 각각의 행위와 위 손해발생 사이의 상당인과관계가 법률상 추정되므로, 오히려 입증은 가해자 쪽에서 하여야 한다(대판 2008.4.10, 2007다76306).

판례 〈**제760조 제2항의 판례검토**〉 ㉠ 다수의 의사가 의료행위에 관여한 경우 그 중 누구의 과실에 의하여 의료사고가 발생한 것인지 분명하게 특정할 수 없는 때에는 일련의 의료행위에 관여한 의사들 모두에 대하여 민법 제760조 제2항에 따라 공동불법행위책임을 물을 수 있다고 봄이 상당하다(대판 2005.9.30, 2004다52576). ㉡ 민법 제760조 제2항은 여러 사람의 행위가 경합하여 손해가 생긴 경우 중 같은 조 제1항에서 말하는 공동의 불법행위로 보기에 부족할 때, 입증책임을 덜어줌으로써 피해자를 보호하려는 입법정책상의 고려에 따라 각각의 행위와 손해 발생 사이의 인과관계를 법률상 추정한 것이므로, 이러한 경우 개별 행위자가 자기의 행위와 손해 발생 사이에 인과관계가 존재하지 아니함을 증명하면 면책되고, 손해의 일부가 자신의 행위에서 비롯된 것이 아님을 증명하면 배상책임이 그 범위로 감축된다(대판 2008.4.10, 2007다76306).

4. 민법 제760조 제3항의 교사자 또는 방조자의 책임

(ㄱ) 민법 제760조 제3항은 교사자나 방조자는 공동행위자로 본다고 규정하여 교사자나 방조자에게 공동불법행위자 책임을 부담시키고 있다.

(ㄴ) 교사란 타인으로 하여금 불법행위에 대한 의사결정을 하게 하는 것이고, 방조란 불법행위를 용이하게 하는 직접·간접의 모든 행위를 가리키는 것으로서 <u>작위에 의한 경우뿐만 아니라 작위의무 있는 자가 그것을 방지하여야 할 여러 조치를 취하지 아니하는 부작위로 인하여 불법행위자의 실행행위를 용이하게 하는 경우도 포함한다.</u> 여기서 작위의무는 법적인 의무이어야 하므로 단순한 도덕상 또는 종교상 의무는 포함되지 않는다(대법원 2012.4.26. 선고 2010다8709 판결).

판례 〈**공동불법행위에서 과실에 의한 방조**〉 ㉠ 방조라 함은 불법행위를 용이하게 하는 직접·간접의 모든 행위를 가리키는 것으로서 형법과 달리 손해의 전보를 목적으로 하여 <u>과실을 원칙적으로 고의와 동일시하는 민법의 해석으로서는 과실에 의한 방조도 가능하다고 할 것이며,</u> 이 경우의 과실의 내용은 불법행위에 도움을 주지 않아야 할 주의의무가 있음을 전제로 하여 이 의무에 위반하는 것을 말한다(그룹 부회장의 배임행위에 관하여 그룹 회장에게도 방조의 책임이 있다고 인정한 사례)(대판 2003.1.10, 2002다35850). ㉡ 증권회사 지점장이 고객에 불과한 사람에게 사무실을 제공하면서 '실장' 직함으로 호칭되도록 방치한 행위와 그가 위 지점의 직원이라고 기망하여 투자금을 편취한 불법행위로 고객들이 입은 손해 사이에 상당인과관계가 있다고 보아 <u>증권회사 측에 과실에 의한 방조로 인한 사용자책임을 인정할 수 있다(대판 2007.5.10, 2005다55299).

5. 공동불법행위의 효과

(1) 부진정연대채무

공동불법행위자의 손해배상책임을 연대채무로 보는데, 통설과 판례는 그 내용을 '부진정연대채무'로 이해한다. <u>통설은 채무자 1인에 대한 사유 중에서 변제·대물변제·공탁·상계 등은 절대적 효력을 갖는다고 한다. 판례는 종전에 상계에 상대적 효력을 인정하였으나 근래에 절대적 효력으로 견해를 변경하였다〔대판(전합) 2010.9.16. 2008다97218〕.

판례 ㉠ 공동불법행위책임에 있어서 가해자 중 1인이 다른 가해자에 비하여 불법행위에 가공한 정도가 경미하더라도 피해자에 대한 관계에서 그 가해자의 책임범위를 제한할 수 없다(대판 2007.6.14, 2005다32999; 대판 2001.9.7, 99다70365 등). ㉡ 공동불법행위자 중 1인이 자기의 부담 부분 이상을 변제하여 공동의 면책을 얻게 하였을 때에는 다른 공동불법행위자에게 그 부담 부분의 비율에 따라 구상권을 행사할 수 있다(대판 2005.7.8, 2005다8125). ㉢ <u>부진정연대채무자 중 1인이 자신의 채권자에 대한 반대채권으로 상계를 한 경우에도 채권은 변제, 대물변제, 또는 공탁이 행하여진 경우와 동일하게 현실적으로 만족을 얻어 그 목적을 달성하는 것이므로, 그 상계로 인한 채무소멸의 효력은 소멸한 채무 전액에 관하여 다른 부진정연대채무자에 대하여도 미친다고 보아야 한다.</u> 이는 부진정연대채무자 중 1인이 채권자와 상계계약을 체결한 경우에도 마찬가지이다. 나아가 이러한 법리는 채권자가 상계 내지 상계계약이 이루어질 당시 다른 부진정연대채무자의 존재를 알았는지 여부에 의하여 좌우되지 아니한다(대판(전합) 2010.9.16. 2008다97218).

1) 절대적 효력

공동불법행위자 중 1인의 변제는 변제금액의 한도 내에서 다른 공동불법행위자를 위하여 공동면책의 효력이 있다(대판 1997.12.12. 96다50896).

2) 상대적 효력

피해자가 부진정연대채무자 중 1인에 대하여 손해배상에 관한 권리를 포기하거나 채무를 면제하는 의사표시를 하였다 하더라도 다른 채무자에 대하여 그 효력이 미친다고 볼 수는 없다. 다만 상계는 판례가 상대적 효력에서 절대적 효력으로 변경되었다는 점은 언급하였다.

(2) **구상권**

(ㄱ) 어느 채무자가 변제 기타 자기의 출재로 공동면책되면 다른 연대채무자의 부담부분에 대하여 구상권을 행사할 수 있다(제425조 참조).

(ㄴ) 공동불법행위자의 연대책임은 <u>각자의 과실정도에 따라 부담부분이 정하여지는 것</u>이므로 그중 1인이 단독으로 피해자에게 손해를 배상하였다면 다른 불법 행위자에 대한 구상권에 의하여 부담부분을 청구할 수 있다.

(ㄷ) 공동불법행위자 중 1인에 대하여 구상의무를 부담하는 다른 공동불법행위자가 수인인 경우에는 특별한 사정이 없는 이상 그들의 구상권자에 대한 채무는 이를 <u>부진정연대채무로 보아야 할 근거는 없으며, 오히려 다수 당사자 사이의 분할채무의 원칙이 적용되어 각자의 부담 부분에 따른 분할채무로 봄이 상당하다</u>(대판 2002.9.27, 2002다15917). <u>다만 구상권자인 공동불법행위자 측에 과실이 없는 경우</u>(보험자대위의 경우), <u>즉 내부적인 부담부분이 전혀 없는 경우에는 이와 달리 그에 대한 수인의 구상의무 사이의 관계를 부진정연대관계로 봄이 상당하다</u>(대판 2012.3.15, 2011다52727; 대판 2005.10.13, 2003다24147).

판례 ① 공동불법행위자 중 1인이 다른 공동불법행위자에 대하여 구상권을 행사하기 위하여는 <u>자기의 부담부분 이상을 변제하여 공동의 면책을 얻었음을 주장·입증하여야 하며,</u> 위와 같은 법리는 피해자의 다른 공동불법행위자에 대한 손해배상청구권이 시효소멸한 후에 구상권을 행사하는 경우라고 하여 달리 볼 것이 아니다(대판 1997.12.12, 96다50896). ② 공동불법행위자의 다른 공동불법행위자에 대한 구상권의 소멸시효는 그 구상권이 발생한 시점, 즉 구상권자가 공동면책행위를 한 때로부터 기산하여야 할 것이고, 그 기간도 <u>일반 채권과 같이 10년으로 보아야 한다</u>(대판 1996.3.26, 96다3791).
③ 〈**통지의무**〉 민법 제426조가 연대채무에 있어서의 변제에 관하여 채무자 상호간에 통지의무를 인정하고 있는 취지는, 연대채무에 있어서는 채무자들 상호간에 공동목적을 위한 주관적인 연관관계가 있는 경우에 적용되는 것이고 출연분담에 관한 주관적인 밀접한 연관관계가 없고 단지 채권만족이라는 목적만을 공통으로 하고 있는 부진정연대채무에 있어서는 그 변제에 관하여 채무자 상호간에 통지의무 관계를 인정할 수 없고, 변제로 인한 공동면책이 있는 경우에 있어서는 채무자 상호간에 어떤 대내적인 특별관계에서 또는 형평의 관점에서 손해를 분담하는 관계가 있게 되는데 불과하다고 할 것이므로, 부진정 연대채무에 해당하는 공동불법행위로 인한 손해배상채무에 있어서도 채무자 상호간에 구상요건으로서의 통지에 관한 민법의 위 규정을 유추 적용할 수는 없다(대판 1998.6.26, 98다5777).

(3) 부진정연대채무에서 일부변제의 경우

불법행위자 등의 손해배상채무액이 동일한 경우, 불법행위자 1인이 그 손해액의 일부를 변제하면 절대적 효력으로 인하여 다른 불법행위자의 채무도 변제금 전액에 해당하는 부분이 소멸한다. 그렇다면 부진정연대채무자간의 금액이 다른 경우에는 일부변제의 경우, 그 효과는 어떻게 나타나는가?(아래 사례 참조)

관련사례

甲회사의 乙경리 과장은 S레미콘회사가 丙 은행으로부터 대출을 쉽게 받게 해주려고 甲회사명의의 대출보증서를 허위로 작성하여 S대표에게 교부하여 4억원의 대출을 받게 해주었다(보증은 권한없는 자에 의한 것으로 무효가 되었다). 따라서 丙은 甲에게 사용자책임을 乙에게는 일반불법행위책임을, S회사에 대하여는 대출상 채무이행을 요구할 수 있다.

해설

〔1〕 (a) 피해자 丙은 대출금 4억원을 S에게 청구할 수 있고, 甲회사에게는 사용자책임을 乙과장에게는 불법행위책임을 물을 수 있으며, 이들 간에는 부진정연대채무관계가 된다.

(b) 甲이 丙의 불법행위에 기한 손해배상의 청구에 과실상계사유가 생겨 그 금액이 3억원으로 인정된 경우, S가 1억원을 변제하였다면 S의 채무는 4억원에서 3억원으로, 甲의 채무는 3억원에서 2억원으로 줄어들게 된다(X). 甲의 사용자책임으로 인한 위 손해배상채무와 S의 차용금채무는 서로 별개의 원인으로 발생한 독립된 채무이나 동일한 경제적 목적을 가진 채무로서 서로 중첩되는 부분에 관하여는 일방의 채무가 변제 등으로 소멸하면 타방의 채무도 소멸하는 이른바 부진정연대의 관계에 있고, 위와 같이 금액이 다른 채무가 서로 부진정연대의 관계에 있을 때 <u>금액이 많은 채무의 일부가 변제 등으로 소멸하는 경우 그 중 먼저 소멸하는 부분은 당사자의 의사와 채무 전액의 지급을 확실히 확보하려는 부진정연대채무제도의 취지에 비추어 볼 때 다른 채무자와 공동으로 채무를 부담하는 부분이 아니라 단독으로 채무를 부담하는 부분으로 보아야 한다</u>(대판 2010.2.25. 2009다87621).

〔2〕 부진정연대채무자 중 소액 채무자가 자신의 채무 중 일부를 변제한 경우, 다액 채무자의 채무도 같은 범위에서 소멸하는지 여부(적극) : 부진정연대채무자 중 소액 채무자가 자신의 채무 중 일부를 변제한 경우, 변제된 금액은 <u>소액 채무자가 다액 채무자와 공동으로 부담하는 부분에 관하여 민법의 변제충당 일반원칙에 따라 지연손해금, 원본의 순서로 변제에 충당되고 이로써 공동 부담 부분의 채무 중 지연손해금과 일부 원금채무가 변제로 소멸하게 된다.</u> 그리고 부진정연대채무자 상호간에 채권의 목적을 달성시키는 변제와 같은 사유는 채무자 전원에게 절대적 효력이 있으므로, 이로써 다액 채무자의 채무도 지연손해금과 원금이 같은 범위에서 소멸하게 된다(대판 2012.2.9, 2009다72094).

〔3〕 공동불법행위와 관련된 부진정연대채무에서 일부변제의 법률관계 : 불법행위자의 피해자에 대한 과실비율이 달라 배상할 손해액의 범위가 달라지는 경우,

(a) 적은 손해액을 배상할 의무가 있는 자가 불법행위의 성립 이후에 손해액의 일부를 변제한 경우에는 많은 손해액을 배상할 의무 있는 자의 채무가 그 변제금 전액에 해당하는 부분이 소멸한다.

(b) 그러나 많은 손해액을 배상할 의무가 있는자가 손해액의 일부를 변제하였다면 그중 적은 범위의 손해액을 배상할 의무가 있는 자의 채무는 그 변제금 전액에 해당하는 채무가 소멸하는 것이 아니라 적은 범위의 손해배상 책임만을 부담하는 쪽의 과실비율에 상응하는 부분만큼만 소멸하는 것으로 보아야 할 것이다(대판 1995.7.14. 94다19600).

Ⅸ. 운행자책임

1. 의의 및 적용범위

(1) 의의

운행자책임이란 자동차운행으로 인하여 자동차사고가 난 경우, 특별법인 "자동차손해배상보장법"상 책임을 부담하는 것을 말한다. 자동차 사고에 대한 책임은 운전자책임과 운행자책임으로 구별된다. <u>운전자책임</u>은 자동차를 직접 운전하는 자가 그의 주의의무에 위반하여 승객 또는 제3자에 대하여 손해를 입힌 경우에 부담하는 민법상 불법행위책임 또는 채무불이행책임을 말한다(과실책임). 이와는 달리 <u>운행자책임</u>은 자동차의 운행으로 타인에게 발생된 <u>인체손해</u>에 대하여 자동차를 운행하는 자가 특별법인 자동차손해배상보장법에 의하여 위험책임으로서 손해배상책임을 시는 것을 말한다(사실상 무과실책임).

판례 ㉠ 자동차손해배상보장법의 규정은 민법의 특별규정이므로 당사자의 주장유무에 불구하고 민법에 우선하여 적용한다(대판 1977.10.11, 77다978). ㉡ 자동차 운행자가 자배법상의 손해배상책임을 지는 경우는 <u>그 자동차의 운행으로 다른 사람을 사망하게 하거나 부상하게 한 때이고</u>(자배법 제3조), 따라서 그 자동차의 운행으로 발생한 물적 손해에 대해서는 자배법상의 손해배상책임을 지지 않는 것이다(대판 2006.7.27, 2005다56728). ㉢ 자배법은 자동차보유자의 책임 및 책임보험의 가입강제를 규정하고 있다. 자배법에 의하여 인체손해에 관한 보유자의 책임을 묻게 되면, 책임보험금의 한도에서 불법행위의 책임은 발생하지 않는다. ㉣ 책임보험금의 한도를 넘는 인체손해 및 물적 손해에 관해서는 민법상 채무불이행 및 불법행위책임이 발생한다.

2. 자동차운행자책임요건

① 자기를 위하여 자동차를 운행할 것, ② 다른 사람의 인체에 대하여 손해가 발생할 것, ③ 인체손해가 자동차의 운행으로 생길 것, ④ 면책사유가 없을 것 등이다.

(1) 자기를 위하여 자동차를 운행하는 자일 것

<u>호의동승자・대리운전자・무단운전자</u> 등에게는 운행자성을 인정할 수 없다(단, 절도운전자는 운행자로 평가된다). 자동차의 등록원부상 소유 명의를 대여한 자가 자동차의 운행지배와 운행이익을 상실하였다고 볼 특별한 사정이 있는 경우(신용불량자를 위한 명의대여 등), 명의대여자가 당해 사고에 있어 운행자로서의 책임을 부담하지 않는다(대판 2009.9.10, 2009다37138).

(2) 자동차운행으로 피해가 발생할 것

그 '운행'이라 함은 사람 또는 물건의 운송 여부에 관계없이 자동차를 그 용법에 따라 사용 또는 관리하는 것을 말한다.

(3) 다른 사람을 사망하거나 부상케 하였을 것

자기를 위하여 자동차를 운행하는 자는 그 운행으로 인하여 다른 사람을 <u>사망하게 하거나 부상하게 한 때</u>에는 그 손해를 배상할 책임을 진다(제3조). 운행자・운전자 및 운전보조자(조수)는 다른 사람에 해당하지 않는다. 호의 동승자는 운행자가 아닌 다른 사람에 포함된다(대판 1991.1.15, 90다13710). 다만 호의동승자에게도 과실이 있는 때에는 과실상계사유로 삼을 수 있다.

(4) 자동차운행자에게 면책사유가 없을 것

자배법상의 책임은 면책사유의 제한으로 인한 위험책임적 성격을 갖는다(사실상 무과실책임이다). 즉 자동차운행자는 자신 또는 자신의 운전자가 주의의무를 다했음을, 즉 자기 쪽에 과실이 없었음을 입증하는 것만으로는 면책되지 않는다. 즉 승객이 아닌 자가 사망하거나 부상한 경우에 자기와 운전자가 자동차의 운행에 주의를 게을리 하지 아니하였고, 피해자 또는 자기 및 운전자 외의 제3자에게 고의 또는 과실이 있으며, 자동차의 구조상의 결함이나 기능상의 장해가 없었다는 것을 증명한 경우(동법 제3조 제1호), 또는 승객이 고의나 자살행위로 사망하거나 부상한 경우(제3조 제2호)를 입증하여야만 면책이 인정된다.

3. 효 과

자배법에 의하여 손해에 관한 운행자의 책임을 묻게 되면, 그 보험금의 한도내에서 동일인에 대한 불법행위(제750조·제756조)는 발생하지 않는다. 그러나 책임보험금의 한도를 넘는 손해에 관해서는 민법상의 채무불이행 및 불법행위책임이 발생한다고 보아야 한다.

X. 환경오염책임

1. 환경오염피해에 대한 법적 구제

(1) 환경정책기본법에 의한 구제(환경오염피해에 대한 무과실책임)

환경정책기본법에서는 환경오염으로 발생한 손해가 사업장 등에서 발생되는 오염원에 의한 손해라는 것만 증명되면 당해 사업자는 그의 과실과 상관없이 그 손해를 배상하여야 한다고 하고 있다(특별법상 무과실책임). 다만 무과실책임이라고 하여도 환경오염과 피해발생간의 인과관계는 입증하여야 한다.

> **판례** 환경정책기본법 제3조 제4호는 "환경오염이라 함은 사업활동 기타 사람의 활동에 따라 발생되는 대기오염, 수질오염, 토양오염, 해양오염, 방사능오염, 소음·진동, 악취 등으로서 사람의 건강이나 환경에 피해를 주는 상태를 말한다."고 규정하고 있으므로, 원전냉각수순환시 발생되는 온배수의 배출은 사람의 활동에 의하여 자연환경에 영향을 주는 수질오염 또는 해양오염으로서 환경오염에 해당한다(대판 2003.6.27, 2001다734).

(2) 민법에 의한 구제

환경오염피해에 대한 민법상의 구제책으로는 불법행위에 기초한 손해배상청구(제750조)와 물권법에 규정된 물권적 방해제거·예방청구권(제205조·제206조·제214조)과 매연 등에 의한 생활방해금지(제217조)가 있다. 특히 환경오염 등과 관련하여 수인한도론과 개연성이론이 판례에 의하여 형성되어 있다.

2. 수인한도론(위법성)

불법행위 성립요건의 하나인 위법성 판단기준에 관하여 수인한도를 넘은 경우에는 위법성을 인정하고, 이 경우에는 과실도 추정하여 불법행위성립을 긍정한다.

판례 고속도로의 확장으로 인하여 소음·진동이 증가하여 인근 양돈업자가 양돈업을 폐업하게 된 사안에서, 양돈업에 대한 침해의 정도가 사회통념상 일반적으로 수인할 정도를 넘어선 것으로 보아 한국도로공사의 손해배상책임을 인정하였다(대판 2001.2.9, 99다55434).

3. 개연성이론(인과관계)

(1) 문제의 소재

환경소송에 있어서 피해자에게 일반불법행위와 같은 인과관계의 입증을 요구한다면, 피해자는 거의 구제 받지 못하게 된다. 따라서 피해자의 구제라는 주된 근거에서 인과관계 입증의 완화문제가 대두되었는데, 가장 지지를 받고 있는 이론은 개연성이론이다(판례).

(2) 공해의 인과관계의 입증완화 (개연성이론)

공해소송에서 원고는 ① 피고의 유해물질 배출, ② 피해물(물건 또는 시설)에의 도달, ③ 피해를 일으키는 메카니즘의 해명, ④ 그 메카니즘을 발동시키기에 족한 성질 및 양을 가진 유해물질의 존재, ⑤ 피해의 발생중 원고가 이 중에서 ①, ② 및 ⑤을 입증하면 "일응" 인과관계는 입증된 것으로 보아야 하고, 이를 뒤집으려면 오히려 피고가 ③및 ④에 대하여 반증을 들어야 한다(대판 1997.6.27, 95다2692 등 참조).

판례 〈공해소송에서 인과관계에 관한 증명책임의 분배〉 일반적으로 불법행위로 인한 손해배상청구사건에서 가해행위와 손해발생 간의 인과관계의 증명책임은 청구자인 피해자가 부담하나, 대기오염이나 수질오염에 의한 공해로 인한 손해배상을 청구하는 소송에서는 기업이 배출한 원인물질이 대기나 물을 매체로 하여 간접적으로 손해를 끼치는 수가 많고 공해문제에 관하여는 현재 과학수준으로도 해명할 수 없는 분야가 있기 때문에 가해행위와 손해 발생 사이의 인과관계를 구성하는 하나하나의 고리를 자연과학적으로 증명한다는 것이 매우 곤란하거나 불가능한 경우가 많다. 그러므로 이러한 공해소송에서 피해자에게 사실적인 인과관계의 존재에 관하여 과학적으로 엄밀한 증명을 요구한다는 것은 공해로 인한 사법적 구제를 사실상 거부하는 결과가 될 수 있는 반면에, 가해기업은 기술적·경제적으로 피해자보다 훨씬 원인조사가 용이한 경우가 많을 뿐만 아니라 원인을 은폐할 염려가 있기 때문에, 가해기업이 어떠한 유해한 원인물질을 배출하고 그것이 피해물건에 도달하여 손해가 발생하였다면 가해자 측에서 그것이 무해하다는 것을 증명하지 못하는 한 책임을 면할 수 없다고 보는 것이 사회형평의 관념에 적합하다(대법원 2012.1.12. 선고 2009다84608,84615,84622,84639 판결: 김포시 및 강화군 부근 해역에서 조업하던 어민 甲 등이 수도권매립지관리공사를 상대로 수질오염으로 인한 손해배상을 구한 사안이다).

XI. 제조물책임

1. 의 의

제조물책임이란 제조자가 안전성과 내구성을 갖추지 못한 제조물의 결함 내지 하자로 발생한 손해를 입은 피해자에 대해서도 계약관계에 있지 않더라도 책임을 부담하는 것을 말한다. 제조물책임법은 무과실책임을 채택하고 있다. 그 상품자체의 손해는 보통 매도인의 하자담보책임으로 다루어진다(판례동지). 제조물책임은 보통 상품의 결함으로 인하여 야기된 완전물의 이행이익을 초과하여 이용자의 신체나 기타 재산에 발생한다는 점이다(확대손해).

2. 법적 구성의 변천

(1) 계약책임

㉠ 제조물책임은 물건의 결함은 인정되나 손해발생에 과실은 없는 경우에도 담보책임의 법리로 구성할 때 제조자는 책임을 질 수 있다. 그러나 직접적 계약관계가 없는 경우에는 상품의 매수인이 아닌 피해자를 구제하기에는 난점이 있다.

㉡ 불완전이행으로 구성하는 경우에도 계약관계가 없는 경우는 문제가 있다.

(2) 불법행위책임

제조물책임법 시행전 다수설과 판례는 제조물책임을 일반불법행위책임으로 구성하였다. 현재는 제조물책임법이 제정되어 있고 그 책임은 무과실책임으로 구성되어 있다(2002년 7월 1일부터 시행). 따라서 제조물의 결함에 의한 손해배상책임에 관하여 제조물책임법에 규정된 것을 제외하고는 민법의 규정에 따라야 하므로, ① 결함의 존재, ② 손해의 입증, ③ 인과관계의 입증에 관해서는 법률요건의 일반론에 따라 피해자가 부담하여야 한다. 피해자는 제조물에 존재하는 결함이 제조업자 등의 과실에 기인하였다는 점에 대한 입증부담에서 해방되었을 뿐이다.

> **판례 〈제조업자 등으로부터 제품을 구매하여 이를 판매한 자가 매수인에 대하여 부담하는 민법 제580조 제1항의 하자담보책임에 제조물책임의 증명책임 완화 법리가 유추적용되는지 여부(원칙적 소극)〉** ㉠ 제조물책임에서 증명책임을 완화하는 것은 소비자 측이 제품의 결함 및 그 결함과 손해의 발생과의 사이의 인과관계를 과학적·기술적으로 입증한다는 것은 지극히 어렵다는 정보의 편재 내지 불균형을 감안하여 손해의 공평·타당한 부담을 이루기 위한 것이다. ㉡ 그러므로 특별한 사정이 없는 한 제조업자나 수입업자로부터 제품을 구매하여 이를 판매한 자가 그 매수인에 대하여 부담하는 민법 제580조 제1항의 하자담보책임에는 제조업자에 대한 제조물책임에서의 증명책임 완화의 법리가 유추적용된다고 할 수 없다(대법원 2011.10.27. 선고 2010다72045 판결).

3. 제조물책임의 요건

(1) 배상책임자

'제조업자'라 함은 제조물의 제조·가공 또는 수입을 업으로 하는 자, 제조물에 성명·상호·상표 기타 식별가능한 기호 등을 사용하여 자신을 제조자 등으로 표시한 자 또는 오인시킬 수 있는 표시를 한 자 등이다(제3조).

(2) 제조물

'제조물'이라 함은 다른 동산이나 부동산의 일부를 구성하는 경우를 포함한 제조 또는 가공된 동산을 말한다(제2조). 적용되지 않는 목적물은 무형의 서비스, 부동산, 미가공된 농산물, 소프트웨어, 정보의 결함 등이다.

판례 〈특정 소비자와의 공급계약에 따라 그 소비자에게 직접 납품되어 사용되는 것이 제조물에 포함되는지 여부(적극)〉 제조물책임을 부담하는 제조업자는 제조물의 제조·가공 또는 수입을 업으로 하는 자 또는 제조물에 성명·상호·상표 기타 식별 가능한 기호 등을 사용하여 자신을 제조업자로 표시하거나 제조업자로 오인시킬 수 있는 표시를 한 자를 말하고, 정부와의 공급계약에 따라 <u>정부가 제시한 제조지시에 따라 제조물(고염제)을 제조·판매한 경우에도 제조물에 결함이 발생한 때에는 제조물책임을 부담한다</u>(대법원 2013.07.12. 선고 2006다17539 판결).

(3) 제조물의 결함

'결함'이라 함은 당해 <u>제조물에 제조·설계 또는 표시상의 결함</u>이나 기타 통상적으로 기대할 수 있는 안전성이 결여되어 있는 것을 말한다. 특히 '표시상의 결함'이라 함은 제조업자가 합리적인 설명·지시·경고 기타의 표시를 하였더라면 당해 제조물에 의하여 발생될 수 있는 피해나 위험을 줄이거나 피할 수 있었음에도 이를 하지 아니한 경우를 말한다(제2조 제2항 참조).

판례 〈감기약 콘택600 제조물 책임 사건〉 ① 합성 교감신경흥분제인 페닐프로판올아민함유 일반의약품인 감기약 '콘택600'을 복용한 사람이 출혈성 뇌졸중으로 사망한 사안에서, 그 제조 및 공급 당시의 페닐프로판올아민과 출혈성 뇌졸중의 상관관계에 관한 연구 결과와 기술 수준 및 경제성 등에 비추어 위 감기약이 이를 복용하였다가 피해를 입은 소비자에 대하여 불법행위책임을 부담하게 할 정도의 설계상 결함을 지니고 있다고 보기 어렵다. ② 합성 교감신경흥분제인 페닐프로판올아민함유 일반의약품인 감기약 '콘택600'을 복용한 사람이 출혈성 뇌졸중으로 사망한 사안에서, 사용설명서에 부작용으로 출혈성 뇌졸중이 표시되어 있고, 그 병력이 있는 환자 등에게 투여하지 말라는 등의 지시사항이 기재되어 있는 점 등에 비추어 위 의약품에 <u>표시상의 결함이 없다</u>(대판 2008.2.28. 2007다52287).

4. 배상책임자의 면책

손해배상책임을 지는 자는 아래의 사실이 입증된 경우 손해배상책임을 면한다(면책사유 - 특히 아래 ②를 개발위험의 항변이라 한다).
① 제조업자가 당해 제조물을 공급하지 아니한 사실, ② <u>제조업자가 당해 제조물을 공급한 때의 과학·기술수준으로는 결함의 존재를 발견할 수 없었다는 사실</u>, 등이다.

5. 효 과

(1) 입증책임

불법행위의 일반원칙에 따라 피해자가 ㉠ 결함의 존재, ㉡ 손해의 발생, ㉢ 결함과 손해사이 인과관계의 존재 등을 입증하여야 한다. 다만 과실에 대한 입증은 필요 없다(무과실책임).

(2) 소멸시효

㉠ 이 법에 의한 손해배상의 청구권은 피해자 또는 그 법정대리인이 손해 및 손해배상책임을 지는 자를 안 날부터 3년간 이를 행사하지 아니하면 시효로 인하여 소멸한다.
㉡ 제조업자가 손해를 발생시킨 제조물을 <u>공급한 날부터 10년 이내</u>에 이를 행사하여야 한다. <u>다만, 신체에 누적되어 사람의 건강을 해하는 물질에 의하여 발생한 손해 또는 일정한 잠복기간이 경과한 후에 증상이 나타나는 손해에 대하여는 그 손해가 발생한 날부터 기산한다</u>(제7조).

관련사례	甲은 오래 전 A사의 乙대리점에서 TV를 구입했다. 어느 날 좋아하는 축구게임을 시청하다가 정상적으로 수신하는 상태에서 그 TV가 발화·폭발하고 말았다. 甲은 A사를 상대로 해서 손해배상을 청구하려고 한다.
해설	(a) 텔레비전 그 자체의 하자로 인한 손해에 대하여는 담보책임이 적용된다(대판 2000.7.28, 98다35525).
	(b) 甲은 그 사고가 A사의 배타적 영역에서 발생한 결함을 입증하여야 한다. 제조물책임법에 의하면 텔레비전의 하자에 A사의 과실여부를 묻지 않는 무과실책임으로 구성되어있다.
	(c) 판례는 甲이 결함의 존재를 어느 정도(개연성) 입증하면, 제조업자 A사는 제품의 결함이 아닌 다른 원인으로 발생한 사고인 것을 증명하지 못하면 안전성을 갖추지 못한 결함으로 사고가 발생하였다고 추정하여 손해배상책임을 지울 수 있도록 증명책임을 완화하는 것이 손해의 공평·타당한 부담을 그 지도원리로 하는 손해배상제도의 이상에 맞다고 한다(대판 2000.2.25, 98다15934). 따라서 <u>소비자 측으로서는 제품이 통상적으로 지녀야 할 품질이나 요구되는 성능 또는 효능을 갖추지 못하였다는 등 일응 제품에 하자가 있었던 것으로 추단할 수 있는 사실과 제품이 정상적인 용법에 따라 사용되었음에도 손해가 발생하였다는 사실을 증명하면, 제조업자 측에서 손해가 제품의 하자가 아닌 다른 원인으로 발생한 것임을 증명하지 못하는 이상, 제품에 하자가 존재하고 하자로 말미암아 손해가 발생하였다고 추정하여 손해배상책임을 지울 수 있도록 증명책임을 완화하는 것이 손해의 공평·타당한 부담을 지도 원리로 하는 손해배상제도의 이상에 맞다(대판 2013.09.26, 2011다88870).</u>
	(d) 甲의 손해배상청구권은 그 손해를 안 때로부터 3년, 손해가 발생한 때로부터 10년 이내에 행사하여야 한다(×) — 제조물책임법 제7조에 의해 甲의 손해배상청구권은 그 손해를 안 때부터 3년, A사가 텔레비전을 <u>공급한 때로부터</u> 10년 이내에 행사해야 하여야 함이 원칙이다. 다만, 신체에 누적되어 사람의 건강을 해하는 물질에 의하여 발생한 손해 또는 일정한 잠복기간이 경과한 후에 증상이 나타나는 손해에 대하여는 <u>그 손해가 발생한 날부터 기산한다(제7조).</u>

XII. 의료과오책임

1. 의료과오책임의 법적 성질

(1) 청구권경합

의료계약에 기한 의사의 시술 중 의사의 과실로 인하여 환자에게 손해를 입힌 때에는 불법행위의 성립요건을 갖추는 경우가 많을 것이므로, 이 경우에는 계약상 채무불이행책임과 불법행위책임과의 경합이 인정된다. 다만 의사를 고용하여 병원을 경영하는 종합병원의 경우에는 계약의 당사자를 병원으로 보아야 할 것이고, 불법행위의 경우에는 종합병원이 의사 등의 과실로 인한 사용자책임을 부담한다고 보아야 한다.

판례 〈의료과오사건에서 의사의 과실을 인정하기 위한 요건〉 ㉠ <u>의료과오사건에 있어서 의사의 과실을 인정하려면 결과 발생을 예견할 수 있고 또 회피할 수 있었음에도 이를 하지 못한 점을 인정할 수 있어야 하고, 위 과실의 유무를 판단함에는 같은 업무와 직무에 종사하는 일반적 보통인의 주의 정도를 표준으로 하여야 하며, 이때 사고 당시의 일반적인 의학의 수준과 의료환경 및 조건, 의료행위의 특수성 등을 고려하여야 한다</u>(대판 2011.9.8,

2009도13959; 대판 2008.8.11, 2008도3090). ⓒ 주의의무의 기준은 진료 당시의 이른바 임상의학의 실천에 의한 의료수준에 의하여 결정되어야 하나, 그 의료수준은 규범적으로 요구되는 수준으로 파악되어야 하고, 해당 의사나 의료기관의 구체적 상황을 고려할 것은 아니다(대판 2003.1.24, 2002다3822).

(2) 진료채무의 특성

㈀ 의사가 환자에게 부담하는 진료채무는 질병의 치유와 같은 결과를 반드시 달성해야 할 결과채무가 아니라, 환자의 치유를 위하여 선량한 관리자의 주의의무를 가지고 현재의 의학수준에 비추어 필요하고 적절한 진료조치를 다해야 할 채무, 이른바 수단채무라고 보아야 하므로, 진료의 결과를 가지고 바로 진료채무불이행사실을 추정할 수는 없으며, 이러한 이치는 진료를 위한 검사행위에 있어서도 마찬가지이다(대판 1988.12.13, 85다카1491).

㈁ 의료소송이라고 해서 일반불법행위와 달리 과실의 입증책임이 가해자인 피고에게로 전환되는 것이 아니라, 그 입증책임은 여전히 피해자인 원고에게 있다고 해야 한다는 것이 통설·판례이다(단 인과관계의 개연성이론 등이 피해자보호방안으로 강구되어야 한다). 이 경우에도 일련의 의료행위 과정에 있어서 일반인의 상식에 바탕을 둔 의료상 과실의 존재는 환자측에서 입증하여야 하는 것이지 의사에게 무과실의 입증책임을 지우는 것까지 허용되는 것은 아니다(대판 2007.5.31, 2005다41863).

> **판례** 〈의사의 진료방법 선택에 과실이 있는지에 관한 판단 기준〉 의사는 환자 상황과 당시 의료수준 그리고 자기의 지식경험에 따라 적절하다고 판단되는 방법을 선택하여 진료할 수 있으므로, 진료방법 선택에 관한 의사 판단이 합리적인 범위를 벗어난 것이 아닌 한 특정한 진료방법을 선택한 결과가 좋지 않았다는 사정만으로 바로 의료과실이 있다고 평가할 수는 없다(대법원 2012.6.14. 선고 2010다95635 판결).

2. 설명의무(위법성)

(1) 필요성

의사는 진료계약상 고도의 주의의무를 부담하며, 그리고 설명의무를 부담한다(대판 1984.6.12, 82도3199). 충분한 설명을 받지 못한 상태에서 이루어진 환자의 승낙은 무효이며, 그 치료행위는 위법한 것으로 평가할 수 있다.

> **판례** 이러한 설명을 하지 아니한 채 환자의 승낙 없이 의료행위를 한 경우에는 설령 의사에게 치료상의 과실이 없는 경우에도 그 의료행위는 환자의 승낙권을 침해하는 위법한 행위가 된다(대판 1999. 12.21, 98다29261).

(2) 인정범위

의사가 수술 등에 대한 환자의 승낙을 얻기 위한 설명의무는 그 의료행위에 따르는 후유증이나 부작용 등의 위험발생 가능성이 희소하다는 사정만으로 면제될 수 없으며, 그 후유증이나 부작용이 당해 치료행위에 전형적으로 발생하는 위험이거나 회복할 수 없는 중대한 것인 경우에는 그 발생가능성의 희소성에도 불구하고 설명의 대상이 된다는 것이 판례이다(대판 1996.4.12, 95다56095). 그리고 의약품에 위험성이 있다는 점이 밝혀졌을 뿐 위험성의 구체적인 발현기전이 밝혀지지 아니한 단계에서도 의사로서는 환자에게 해당 의약품에 위험성이 있다는 점을 설명할 필요가 있고, 이는 한의사가 한약을 투여하는 경우에도 마찬가지이다 (대판 2011.10.13, 2009다102209).

판례 〈환자가 이미 알고 있거나 상식적인 내용까지 의료진이 설명하여야 하는지 여부(소극) 및 환자가 위험성을 알면서도 스스로의 결정에 따라 진료를 거부한 경우, 설명의무 위반에 대하여 의료진의 책임을 물을 수 있는지 여부(원칙적소극)〉 의료진은 환자의 증상, 진료의 내용 및 필요성, 예상되는 위험성과 함께 진료를 받지 않을 경우 예상되는 위험성 등 합리적인 사람이 진료의 동의 또는 거절 여부를 판단하는 데 중요하다고 생각되는 사항을 설명할 의무가 있다. 한편 이러한 의료진의 설명은 의학지식의 미비 등을 보완하여 실질적인 자기결정권을 보장하기 위한 것이므로, 환자가 이미 알고 있거나 상식적인 내용까지 설명할 필요는 없고, 환자가 위험성을 알면서도 스스로의 결정에 따라 진료를 거부한 경우에는 특별한 사정이 없는 한 위와 같은 설명을 하지 아니한 데 대하여 의료진의 책임을 물을 수는 없다(대판 2011.11.24, 2009다70906).

(3) 설명의무위반과 손해배상의 청구

의사의 설명의무위반이 있으면 환자나 그 유족은 설명의무위반을 이유로 위자료 청구를 할 수 있다. 다만 의사가 설명의무를 위반한 채 수술 등을 하여 환자에게 사망 등의 중대한 결과가 발생한 경우에 환자 측에서 선택의 기회를 잃고 자기결정권을 행사할 수 없게 된 데 대하여 위자료만이 아닌 전 손해의 배상을 구하는 경우에는 일정한 제한이 있다(아래 판결참조).

판례 ㉠ 판례는 "의사가 설명의무를 위반한 채 수술 등을 하여 환자에게 사망 등의 중대한 결과가 발생한 경우에 환자측에서 선택의 기회를 잃고 자기결정권을 행사할 수 없게 된 데 대하여 위자료만이 아닌 전 손해의 배상을 구하는 경우에는, 그 설명의무의 위반이 구체적 치료과정에서 요구되는 의사의 주의의무의 위반과 동일시할 정도의 것이어야 하고, 그러한 위반행위와 환자의 사망과의 사이에 인과관계가 존재함이 입증되어야 한다"고 하여 설명의무위반에 따른 모든 손해배상의 청구에 제한을 가하고 있다(대판 2010.7.8. 2007다55866; 대판 1996.4.12, 95다56095). ㉡ 즉 의료행위로 인하여 환자에게 나쁜 결과가 발생하였는데 의사의 진료상 과실은 인정되지 않고 설명의무 위반만 인정되는 경우, 설명의무 위반에 대한 위자료의 명목 아래 사실상 재산적 손해의 전보(원심이 제1심보다 3.5배 인정하여 7천여만원인용)를 꾀하여서는 아니 된다(대법원 2013.4.26. 선고 2011다29666 판결).

XIII. 명예훼손

> **제764조 (명예훼손의 경우의 특칙)**
> 타인의 명예를 훼손한 자에 대하여는 법원은 피해자의 청구에 의하여 손해배상에 갈음하거나 손해배상과 함께 명예회복에 적당한 처분을 명할 수 있다.
> 〔89헌마160 1991.4.1민법 제764조(1958.2.22. 법률 제471호)의 "명예회복에 적당한 처분"에 사죄광고를 포함시키는 것은 헌법에 위반된다.〕

1. 의 의

민법은 제764조에서 "타인의 명예를 훼손한 자에 대하여는 법원은 피해자의 청구에 의하여 손해배상에 갈음하거나 손해배상과 함께 명예회복에 적당한 처분을 명할 수 있다"고 하고 있다. 헌법재판소(헌재 1991.4.1, 89헌마160)는 '명예회복에 적당한 처분'에 사죄광고를 포함시키는 것은 양심의 자유를 침해하는 것으로 위헌으로 결정하였다. 그리고 여기서 '명예'란 일반인으로부터 받는 객관적 평가를 말한다(주관적 명예는 보호하기 어렵다). 특히 명예훼손과 관련하여서는 '개인의 명예'와 '표현의 자유'의 법익이 충돌하는 면이 있어 법익형량이 문제되기도 한다.

판례 ㉠ 역사드라마가 그 소재로 된 역사적 인물의 명예를 단순히 주관적으로 명예감정이 침해되었다고 주장하는 것만으로 민법 제764조에 정한 명예훼손이 되지는 않는다(대판 2010.6.10. 2010다8341,8358). ㉡ 언론·출판의 자유와 명예보호 사이의 한계를 설정함에 있어서는, 당해 표현으로 인한 피해자가 공적인 존재인지 사적인 존재인지 등을 따져보아 심사기준에 차이를 두어야 한다. 그러므로 당해 표현이 공적인 존재의 정치적 이념에 관한 것인 경우, 더욱 철저히 공개되고 검증되어야 한다(대판 2004.2.27. 2001다53387).

2. 명예훼손의 유형

(1) 사실의 적시

㉠ 민법상 불법행위가 되는 명예훼손이란 사람의 품성, 덕행, 명성, 신용 등 인격적 가치에 대하여 사회로부터 받는 객관적인 평가를 침해하는 행위를 말하고, 그와 같은 객관적인 평가를 침해하는 것인 이상, 의견 또는 논평을 표명하는 표현행위에 의하여도 성립할 수 있다.

판례 ① 사실의 적시란 반드시 사실을 직접적으로 표현한 경우에 한정할 것은 아니고, 간접적이고 우회적인 표현에 의하더라도 그 표현의 전 취지에 비추어 그와 같은 사실의 존재를 암시하고, 또 이로써 특정인의 사회적 가치 내지 평가가 침해될 가능성이 있을 정도의 구체성이 있으면 족하다(대판 2000.7.28. 99다6203). ② 언론매체가 보도한 수개의 기사가 타인의 명예를 훼손하였는지 여부를 판단함에 있어서 그 기사들이 연재기사로 기획되어 게재되었다는 등의 특별한 사정이 없는 한 각 기사별로 불법행위의 성립 여부를 판단하여야 한다(대판 2009.4.9. 2005다65494).

㉡ 한편 명예훼손에 의한 불법행위가 성립하려면 피해자가 특정되어 있어야 하지만, 그 특정을 할 때 반드시 사람의 성명이나 단체의 명칭을 명시해야만 하는 것은 아니고, 사람의 성명을 명시하지 않거나 또는 두문자(頭文字)나 이니셜만 사용한 경우라도 그 표현의 내용을 주위사정과 종합하여 볼 때 그 표시가 피해자를 지목하는 것을 알아차릴 수 있을 정도이면 피해자가 특정되었다고 할 것이다(대판 2002.5.10. 2000다50213).

판례 영화가 허위의 사실을 표현하여 개인의 명예를 훼손한 경우에도 행위자가 그것을 진실이라고 믿었고 또 그렇게 믿을 만한 상당한 이유가 있어 그 행위자에게 명예훼손으로 인한 불법행위책임을 물을 수 없다면 그 광고·홍보의 내용이 영화에서 묘사된 허위의 사실을 넘어서는 등의 특별한 사정이 없는 한 그 광고·홍보행위가 별도로 명예훼손의 불법행위를 구성한다고 볼 수 없다(대판 2010.7.15. 2007다3483).

(2) 단체에서의 명예훼손

법인의 경우에도 법인의 명예가 훼손된 경우에 그 법인은 상대방에 대하여 불법행위로 인한 손해배상과 함께 명예 회복에 적당한 처분을 청구할 수 있고, 종중과 같이 소송상 당사자능력이 있는 비법인사단 역시 마찬가지이다(대판 1997.10.24. 96다17851).

판례 ㉠ '대전 지역 검사들'이라는 표시에 의한 명예훼손은 그 구성원 개개인에 대하여 방송하는 것으로 여겨질 정도로 구성원의 수가 적고, 한 달 여에 걸친 집중적인 관련 방송 보도 등 당시의 주위 정황 등으로 보아 집단 내 개별구성원을 지칭하는 것으로 여겨질 수 있다(대판 2003.9.2, 2002다63558). ㉡ 텔레비전 방송보도 중 사용된 '○○지방경찰청 기동수사대'라는 표시에 의하여, 방송보도의 대상인 수사 당시 위 기동수사대에 근무하였던 경찰관들이 명예훼손의 피해자로 특정되었다고 한 사례도 있다(대판 2006.5.12, 2004다35199)

(3) 사자(死者)에 대한 명예훼손

사망한 자의 명예가 훼손되어 그 유족 자신의 명예가 함께 훼손된 경우에도 손해배상 내지 명예훼복처분을 구할 수 있다.

3. 명예훼손의 경우 피해자보호방안

(1) 불법행위로 인한 손해배상의 청구

명예도 인격권으로서 그 침해시 불법행위가 성립한다(제751조 참조). 불법행위가 성립하면 피해자는 손해배상청구권을 취득하게 되는데, 인격권은 자연인 뿐만 아니라 법인도 향유할 수 있다.

(2) 입증책임 문제

언론·출판을 통해 사실을 적시함으로써 타인의 명예를 훼손한 경우, 원고가 청구원인으로 그 적시된 사실이 허위사실이거나 허위평가라고 주장하며 손해배상을 구하는 때에는 그 허위성에 대한 입증책임은 원고에게 있고(대판 2013.3.28, 2010다60950), 다만 피고가 그 적시된 사실이 진실한 사실로서 오로지 공공의 이익에 관한 것이므로 위법성이 없다고 항변할 경우 그 위법성을 조각시키는 사유에 대한 증명책임은 피고에게 있다(대판 2008.1.24, 2005다58823).

판례[1] 따라서 신문·방송 등 언론매체가 사실을 적시하여 개인의 명예를 훼손하는 행위를 한 경우에도 그것이 공공의 이해에 관한 사항으로서 그 목적이 오로지 공공의 이익을 위한 것일 때에는 적시된 사실이 진실이라는 증명이 있거나 그 증명이 없다 하더라도 행위자가 그것을 진실이라고 믿었고 또 그렇게 믿을 상당한 이유가 있으면 위법성이 없다고 보아야 할 것이되, 그에 대한 증명책임은 어디까지나 명예훼손행위를 한 신문·방송 등 언론매체에 있다(대판 2007.12.27, 2007다29379 ; 대판 1998.5.8, 97다34563 등).

판례[2] 〈사생활의 비밀과 자유 또는 초상권에 대한 부당한 침해〉 ㉠ 불법행위를 구성하는 사생활의 비밀과 자유 또는 초상권에 대한 부당한 침해가 공개된 장소에서 이루어졌다거나 민사소송의 증거를 수집할 목적으로 이루어졌다고 하여 정당화되는 것은 아니다. ㉡ 그리고 일단 권리의 보호영역을 침범함으로써 불법행위를 구성한다고 평가된 행위가 위법하지 아니하다는 점은 이를 주장하는 사람이 증명하여야 한다. ㉢ 사생활의 비밀과 자유 또는 초상권의 침해를 당한 사람에게는 특별한 사정이 없는 한 정신적 고통이 수반된다고 봄이 상당하고, 한편 불법행위로 입은 정신적 고통에 대한 위자료 액수에 관하여는 사실심 법원이 여러 사정을 참작하여 그 직권에 속하는 재량에 의하여 이를 확정할 수 있다(대법원 2013.06.27. 선고 2012다31628 판결).

(3) 사전적 구제수단

인격권은 그 특성상 사후적인 방법에 의한 완전한 구제는 거의 불가능하고 손해전보라는 것이 실효성을 갖기 어려우므로, 사전예방적인 구제책, 즉 침해행위의 정지 내지 방지 청구권의 인정필요성이 크다 하겠다.

판례 ㉠ 명예는 생명, 신체와 함께 매우 중대한 보호법익이고 인격권으로서의 명예권은 물권의 경우와 마찬가지로 배타성을 가지는 권리라고 할 것이므로, 사람의 품성, 덕행, 명성, 신용 등의 인격적 가치에 관하여 사회로부터 받는 객관적인 평가인 명예를 위법하게 침해당한 자는 손해배상(민법 제751조) 또는 명예회복을 위한 처분(민법 제764조)을 구할 수 있는 이외에 인격권으로서 명예권에 기초하여 가해자에 대하여 현재 이루어지고 있는 침해행위를 배제하거나 장래에 생길 침해를 예방하기 위하여 침해행위의 금지를 구할 수도 있다(대법원 2013.3.28. 선고 2010다60950 판결). 이 경우 ㉡ 피고가 그 기사가 진실이라고 믿은 데 상당한 이유가 있었다는 등의 사정은 형사상 명예훼손죄나 민사상 손해배상책임을 부정하는 사유는 될지언정 기사삭제를 구하는 방해배제청구권을 저지하는 사유로는 될 수 없다(대법원 2013.3.28. 선고 2010다60950 판결).

관련사례 [1] 비방광고로 인한 인격권 침해에 대한 사전 구제수단으로서 광고중지청구를 인정할 수 있는가? 부작위채무에 관한 판결절차에서 장래의 채무불이행에 대비한 배상을 명할 수 있는가? 예를 들어 A 회사가 신문에 자기제품의 광고를 게제하면서 경쟁사인 타회사의 제품비방광고시, 피해예정회사(B)는 A에 대하여 손해배상과 동시에 그 광고의 중지를 요구할 수 있는가?

해설 (a) **광고중지** : A회사의 비방광고는 그 광고내용이 진실한 것이고 또한 그러한 광고를 할 만한 공익적인 이유가 있음을 증명하지 않는 한 명예훼손에 해당하고, A의 광고가 명예훼손에 해당하는 경우에는 B에 대하여 신용실추로 인한 손해배상과 더불어 광고의 중지 및 해명광고 등을 할 의무가 있다는 것이 판례의 태도이다. 즉 판례는 "인격권은 그 성질상 일단 침해된 후의 구제수단(금전배상이나 명예회복처분 등)만으로는 그 피해의 완전한 회복이 어렵고 손해전보의 실효성을 기대하기 어려우므로, 인격권 침해에 대하여는 사전(예방적) 구제수단으로 침해행위 정지·방지 등의 금지청구권도 인정된다는 이유로 광고중지 청구를 인정"하고, "부작위채무를 명하는 판결의 실효성 있는 집행을 보장하기 위하여는, 채무자가 이를 단기간 내에 위반할 개연성이 있고, 또한 그 판결절차에서 민사집행법상 적정한 배상액을 산정할 수 있는 경우에는, 그 부작위채무에 관한 판결절차에서도 위 법조에 의하여 장차 채무자가 그 채무를 불이행할 경우에 일정한 배상을 할 것을 명할 수 있다"고 하였다(대판 1996.4.12, 93다40614).
(b) **한정위헌결정** : 헌법재판소는 '명예회복에 적당한 처분'으로 종래 사죄광고를 활용하는 것에 대하여 제동을 걸었다. 즉, '명예회복에 적당한 처분에 사죄광고를 포함시키는 것은 헌법에 위반한다'(헌재 1991.4.1, 89헌마160)고 하여 한정위헌 결정을 내렸다. 명예회복에 적당한 처분에 사죄광고를 포함시키는 것은 헌법에 위반한다(헌재 1991.4.1, 89헌마160). 동결정에서는 명예회복의 적당한 처분으로 가해자의 비용으로 그가 패소한 민사판결의 게재나 명예훼손기사의 취소광고를 예시하였다.

관련사례 [2] 인터넷 종합 정보제공 사업자의 명예훼손 게시물에 대한 삭제의무는 사업자가 피해자로부터 명예훼손의 내용이 담긴 게시물을 '구체적·개별적으로 특정'하여 '삭제하여 달라는 요구'를 받았는데도 이를 이행하지 않는 경우, 사업자의 명예훼손에 따른 손해배상책임이 인정되는가? 〔대판(전합) 2009.4.16. 2008다53812〕

해설 (a) 인터넷 종합 정보제공 사업자는 명예훼손적 기사를 보도한 보도매체와 마찬가지로 그로 인하여 명예가 훼손된 피해자에 대하여 불법행위로 인한 손해배상책임을 진다.
(b) 명예훼손적 게시물이 명예를 훼손당한 피해자로부터 구체적·개별적인 게시물의 삭제 및 차단 요구를 받은 경우는 물론, 피해자로부터 직접적인 요구를 받지 않은 경우라 하더라도 그 게시물이 게시된 사정을 구체적으로 인식하고 있었거나 그 게시물의 존재를 인식할 수 있었음이 외관상 명백히 드러나며, 또한 기술적, 경제적으로 그 게시물에 대한 관리·통제가 가능한 경우에는, 그 게시물 삭제 등의 처리를 위하여 필요한 상당한 기간이 지나도록 그 처리를 하지 아니함으로써 타인

에게 손해가 발생한 경우에는 부작위에 의한 불법행위책임이 성립한다. 즉 다수의견은 삭제요구가 없는 경우에도 인정될 수 있다는 입장이다.

XIV. 불법행위의 효과

> **제750조 (불법행위의 내용)**
> 고의 또는 과실로 인한 위법행위로 타인에게 손해를 가한 자는 그 손해를 배상할 책임이 있다.
> **제763조 (준용규정)**
> 제393조, 제394조, 제396조, 제399조의 규정은 불법행위로 인한 손해배상에 준용한다.

1. 배상액산정의 시기

판례는 손해액을 산정하는 기준은 <u>특별한 사정이 없는 한 원칙적으로 불법행위 당시를</u> 기준으로 하여 그 때의 교환가격에 의하여야 한다는 태도이다. 따라서 불법행위에서 위법행위 시점과 손해발생 시점 사이에 시간적 간격이 있는 경우에 불법행위로 인한 손해배상청구권의 지연손해금은 손해발생 시점을 기산일로 하여 발생한다(대판 2011.7.28, 2010다76368). 그리고 불법행위 후의 특별사정에 의한 손해는 그 예견가능성이 있었던 경우에 한하여 배상책임이 있다(대판 1963.6.20, 63다242).

판례 특정물의 소유권침해를 원인으로 한 손해배상청구에 있어서는 원칙적으로 <u>불법행위시를 기준하여</u> 그때의 교환가격으로 손해액을 산정하고 <u>그 불법행위 후의 목적물의 가격등귀와 같은 특별사정에 의한 손해는 그 예견가능성이 있었던 경우에 한하여 배상책임이 있다</u>(대판 1963.6.20, 63다242).

2. 손해의 유형

손해는 '재산적 손해'와 '정신적 손해'로, 다시 재산적 손해는 기존이익의 상실인 '적극손해'와 장래 이익상실인 '소극손해'(일실이익)가 있다(손해 3분설).

(1) 적극손해

1) 교환가격

소유물건이 멸실 · 훼손 등으로 적극적 침해가 있는 경우, 원칙적으로 멸실된 당시의 교환가격이 통상 생기는 손해가 된다(건물이 훼손된 경우, 수리가 가능하다면 그 수리비가 통상의 손해이다 - 대판 2004.2.27, 2002다39456).

판례 판례는 "불법행위 등으로 인하여 건물이 훼손된 경우, 수리가 가능하다면 그 수리비가 통상의 손해이며, 훼손 당시 그 건물이 이미 내용연수가 다 된 낡은 건물이어서 원상으로 회복시키는 데 소요되는 수리비가 건물의 교환가치를 초과하는 경우에는 형평의 원칙상 그 손해액은 그 건물의 교환가치 범위 내로 제한되어야 할 것이고, <u>또한 수리로 인하여 훼손 전보다 건물의 교환가치가 증가하는 경우에는 그 수리비에서 교환가치 증가분을 공제한 금액이 그 손해이다</u>"라고 하고 있다(대판 2004.2.27, 2002다39456).

2) 수리비문제

<u>교환가격보다 높은 수리비를 지출하고도 차량을 수리하는 것이 사회통념에 비추어 시인될 수 있을 만한 특별한 사정이 있는 경우라면 그 수리비전액을 손해배상액으로 인정할 수도 있다</u>(대판 1998.5.29, 98다7735).

3) 휴업손해

휴업손해와 관련하여 종전판례는 물건의 멸실시에는 부정하고, 훼손의 경우에는 긍정하였으나, 대법원은 전원합의체판결로 전부멸실의 경우에도 이제는 긍정하고 있다. 즉 불법행위로 영업용 물건이 멸실된 경우, 이를 대체할 다른 물건을 마련하기 위하여 필요한 합리적인 기간 동안 그 물건을 이용하여 영업을 계속하였더라면 얻을 수 있었던 이익, 즉 <u>휴업손해는 그에 대한 증명이 가능한 한 통상의 손해로서 그 교환가치와는 별도로 배상하여야 하고</u>, 이는 영업용 물건이 일부 손괴된 경우, 수리를 위하여 필요한 합리적인 기간 동안의 휴업손해와 마찬가지라고 보아야 할 것이다(대판(전합) 2004.3.18, 2001다82507).

4) 면허·허가 등 법령상 절차를 위반한 사업 등과 관련된 물건의 소지와 판매 등을 금지하고 있는 경우, 그러한 사정만으로 물건의 멸실 또는 훼손으로 인한 손해의 배상을 구할 수 없는 것으로 볼 것인지 여부(소극)

법령이 특정한 사업을 영위하거나 특정한 행위를 하는 데에 면허, 허가 등을 받거나 신고 등을 하도록 요구하면서 그러한 절차를 위반하여 사업 또는 행위를 한 경우에는 위반행위와 관련된 물건의 소지와 판매 등을 금지하고 있다고 하더라도, 그러한 사정만을 들어 물건의 멸실 또는 훼손으로 인하여 입게 된 손해의 배상을 구할 수 없는 것이라고 볼 수는 없고, 그와 같은 경우에 물건의 멸실 또는 훼손으로 인한 손해의 배상을 구할 수 있는지는 법령의 입법 취지와 행위에 대한 비난가능성의 정도 특히 위반행위가 가지는 위법성의 강도 등을 종합하여 구체적, 개별적으로 판단하여야 할 것이다(대법원 2012.1.12. 선고 2010다79947 판결).

판례 〈**수산업법상의 무면허 어업행위에 의한 수입**〉 불법행위를 계속함으로써 얻을 수 있는 이른바, 위법소득은 손해액 산정의 기초로 삼을 수는 없으나, 위법소득인지 여부는 법이 금하고 있다고 하여 일률적으로 이를 위법소득으로 볼 것이 아니고 그 법규의 입법취지와 법률행위에 대한 비난 가능성의 정도 특히, 그 위반행위가 가지는 위법성의 강도 등을 종합하여 구체적·개별적으로 판단하여야 할 것이므로 <u>수산업법상의 무면허 어업행위에 의한 수입이라는 이유만으로 그것이 곧 위법소득에 해당된다고는 볼 수 없다</u>(대판 2004.4.28, 2001다36733).

(2) **일실이익배상**[(사망당시 수입액 × 가동연한) - 생활비 - 중간이자]

1) 사고발생시기준

<u>일실수입산정기준</u>(소극적 손해)은 사고발생 당시 소득을 기준으로 함이 원칙이다(대판 1998.12.11, 98다25849).

2) 일실이익과 통상손해

불법행위로 인하여 노동능력을 상실한 급여소득자의 일실이득은 원칙적으로 노동능력 상실 당시의 임금수익을 기준으로 산정할 것이지만, 장차 그 임금수익이 증가될 것을 상당한 정도로 확실하게 예측할 수 있는 객관적인 자료가 있을 때에는 장차 증가될 임금수익도 일실이득을 산정함에 고려되어야 할 것이고, 이와 같이 장차 증가될 임금수익을 기준으로 산정된 일실이득 상당의 손해는 당해 불법행위에 의하여 사회관념상 통상 생기는 것으로 인정되는 통상손해에 해당하는 것으로 본다(대판 2004.2.2, 2003다6873).

3) 가동연한

㈎ 가동연한에 대해서는 피해자의 건강과 직업 등에 따라 구체적으로 판단되고 획일적 기준은 존재하지 않는다. 육체노동자를 55세까지로 가동연한을 본 종전 판례는 폐기되었다[대판 (전합) 1989.12.26, 88다카16867].

㈏ 한편 정신노동자는 일반적으로 육체노동자보다 가동연한이 긴데, 특수한 사정을 고려함이 없이 일률적으로 65세로 보아서는 아니된다고 하였다(대판 1984.4.10, 83다카614).

㈐ 가동일수와 관련하여서는(일용직 배전활선전공의 월 가동일수가 문제 된 사안에서), 합리적인 사실인정 과정을 거치지 아니한 채 경험칙을 내세워 월 22일로 인정한 것은 위법이 있다고 한다(대법원 2013.09.26. 선고 2012다60602 판결).

4) 차액설과 평가설

판례는 일실이익배상에서 차액설과 평가설의 임의선택을 긍정한다. 노동능력상실율의 경우, 노동능력상실로 인하여 종전의 직장에 계속 종사할 수는 없으나 노동능력이 남아 있어 다른 직업에 종사할 수 있는 경우에, 그 일실이익을 산정하는 방식으로는 평가설(노동능력상실설)과 차액설(수입상실설)의 견해가 있다. 평가설은 정상수입에 상실율을 곱하는 것이고, 차액설은 현재수입액에서 남은 노동력으로써 재취업이 가능한 직업상의 수입을 공제한 차액이 수입손실액이 되는 것이다. 대법원은 종전에는 차액설의 입장으로 일관하였으나, 판례는 둘 중 어느 방법에 의하더라도 무방하다고 보고 있다(아래 판례는 평가설적인 판례이다)

판례 〈평가설〉 불법행위로 인한 일실이익손해를 피해자의 노동능력상실률을 인정평가하는 방법에 의하여 산정할 경우 피해자가 후유증에도 불구하고 종전과 같은 직장에서 종전과 다름없이 수입을 얻고 있다고 하더라도 달리 특별한 사정이 없는 한 피해자가 신체적인 기능의 장애로 인하여 아무런 재산상 손해도 입지 않았다고 단정할 수는 없고, 또한 피해자가 사실심의 변론종결시까지 종전 직장으로부터 종전과 같은 보수를 지급받았다고 하더라도 그것이 사고와 상당인과관계에 있는 이익이라고는 볼 수 없어 가해자가 배상하여야 할 손해액에서 그 보수액을 공제할 것은 아니다(대판 2006.12.22, 2006다48991; 대판 1993.7.27, 92다15031).

5) 생계비공제

생명침해의 경우에 사자는 장래에 얻을 수입을 잃은 반면에 장래의 생활비의 지출을 면하게 되기 때문에 일실이익의 총액에서 이 장래의 지출비를 공제하여야 한다(유의할 것은 부상의 경우에는 그러하지 않다는 것이다).

(3) 정신적 손해배상의 청구(위자료청구권의 인정)

> **제751조 (재산이외의 손해의 배상)**
> ① 타인의 신체, 자유 또는 명예를 해하거나 기타 정신상 고통을 가한 자는 재산이외의 손해에 대하여도 배상할 책임이 있다.
> ② 법원은 전항의 손해배상을 정기금채무로 지급할 것을 명할 수 있고 그 이행을 확보하기 위하여 상당한 담보의 제공을 명할 수 있다.
>
> **제752조 (생명침해로 인한 위자료)**
> 타인의 생명을 해한 자는 피해자의 직계존속, 직계비속 및 배우자에 대하여는 재산상의 손해없는 경우에도 손해배상의 책임이 있다.

1) 의의

위자료란 불법행위 또는 기타의 불법원인으로 피해자가 입은 고통 등의 정신적 손해를 금전으로 배상해주는 손해배상금을 말한다.

판례 〈불법행위에 의하여 재산권이 침해된 경우, 위자료를 인정하기 위한 요건〉 일반적으로 타인의 불법행위 등에 의하여 재산권이 침해된 경우에는 그 재산적 손해의 배상에 의하여 정신적 고통도 회복된다고 보아야 할 것이므로 재산적 손해의 배상에 의하여 회복할 수 없는 정신적 손해가 발생하였다면, 이는 특별한 사정으로 인한 손해로서 가해자가 그러한 사정을 알았거나 알 수 있었을 경우에 한하여 그 손해에 대한 위자료를 청구할 수 있다(대판 2004.3.18, 2001다82507).

2) 채무불이행의 경우

다수설과 판례는 정신적 손해에 관하여 채무불이행과 불법행위간에 차이를 두어야 할 아무런 이유가 없다는 이유로 채무불이행에 있어서도 위자료청구권을 인정한다. 다만 유의하여야 할 것은 채무불이행으로 채권자의 가족이 정신적 고통을 당한 경우 그 가족의 위자료청구권까지 채무불이행으로 인정되는 것은 아니라는 것이다.

판례 ㉠ 일반적으로 임대차계약에 있어서 임대인의 채무불이행으로 인하여 임차인이 임차의 목적을 달할 수 없게 되어 손해가 발생한 경우, 이로 인하여 임차인이 받은 정신적 고통은 그 재산적 손해에 대한 배상이 이루어짐으로써 회복된다고 보아야 할 것이므로, 임차인이 재산적 손해의 배상만으로는 회복될 수 없는 정신적 고통을 입었다는 특별한 사정이 있고, 임대인이 이와 같은 사정을 알았거나 알 수 있었을 경우에 한하여 정신적 고통에 대한 위자료를 인정할 수 있다(대판 1994.12.13, 93다59779). ㉡ 숙박업자가 숙박계약상의 고객 보호의무을 다하지 못하여 투숙객이 사망한 경우, 숙박계약의 당사자가 아닌 그 투숙객의 근친자가 그 사고로 인하여 정신적 고통을 받았다 하더라도 숙박업자의 그 망인에 대한 숙박계약상의 채무불이행을 이유로 위자료를 청구할 수는 없다(대판 2000.11.24, 2000다38718,38725).

3) 제750조 · 제751조 · 제752조의 상호관계

제750조는 원칙적(일반적) 규정이고, 제751조는 신체·명예 등의 침해시 침해를 받은 피해자에게 위자료청구권을 인정하는 당연(주의적 내지는 보충적) 규정이고, 제752조는 생명침해시 가까운 친족은 재산상의 손해가 없는 경우에도 손해배상을 청구할 수 있다는 규정으로 근친자이외의 다른 사람도 정신적 손해와 재산적 손해에 대하여 배상을 부정하는 것으로 보지 않음이 다수설과 판례이다(예시적 규정).

판례 ㉠ 〈**제750조·제751조·제752조의 상호관계**〉① 제752조에 규정된 친족이외에도 그들의 정신적 손해를 입증하면, 제750조 및 제751조에 의하여 위자료를 청구할 수 있다고 한다. 따라서 제750조와 제751조는 손해배상청구권의 범위를 확대하는 기능을 가지고 있다. 그러므로 ② 미성년자의 생명침해 아닌 신체의 침해로 말미암은 그 부모의 정신적 고통에 대하여도 손해배상을 청구할 수 있다(대판 1965.8.24, 65다1083).③ 동일호적에 있으며 함께 생활하고 있는 외조부는 외손자가 교통사고로 노동력의 6할의 감퇴를 볼 정도의 부상을 입었다면 이로 인하여 정신상 고통을받을 것이라 함은 경험칙상 당연하다(대판 1967.12.26, 67다2460). ④ 생명침해의 불법행위로 인한 피해자 본인의 위자료 청구권과 배우자 등 유족 고유의 위자료 청구권에 관한 소멸시효 완성 여부는 각각 별개로 판단하여야 한다(대법원 2013.08.22. 선고 2013다200568 판결).

㉡ 〈**당사자의 일시금지급청구에 불구하고 법원이 정기금지급에 의한 배상을 명할 수 있는 경우**〉 불법행위로 입은 상해의 후유장애로 인하여 장래에 계속적으로 치료비나 개호비 등을 지출하여야 할 손해를 입은 피해자가, 그 손해의 배상을 정기금에 의한 지급과 일시금에 의한 지급 중 어느 방식에 의하여 청구할 것인지는 원칙적으로 손해배상청구권자인 그 자신이 임의로 선택할 수 있는 것으로서 다만 식물인간 등의 경우와 같이 그 후유장애의 계속기간이나 잔존여명이 단축된 정도 등을 확정하기 곤란하여 일시금지급방식에 의한 손해의 배상이 사회정의와 형평의 이념에 비추어 현저하게 불합리한 결과를 초래할 우려가 있다고 인정될 때에는, 손해배상청구권자가 일시금에 의한 지급을 청구하였더라도 법원이 재량에 따라 정기금에 의한 지급을 명하는 판결을 할 수 있다(대판 1994.1.25. 93다48526).

㉢ 〈**불법행위책임에서 신뢰이익과 이행이익의 비교**〉① 폐기된 종전의(**이행이익적 손해**) 국가가 최종등기명의인을 상대로 하여 제기한 소유권이전등기의 말소등기소송이 국가승소로 확정되었다면 현실적으로 그 말소등기가 되지 않았고 또 그 부동산이 국가에 인도되지 아니한 채 위 등기명의인이 계속 사용하고 있다고 하더라도 공무원의 불법행위로 인하여 최종등기명의인이 입은 손해는 위 말소소송이 국가승소로 확정된 때 위 등기 명의인에게 확정적으로 손해가 발생하였다고 할 것이고 그 손해액은 부동산에 대한 소유권을 취득할 수 없게 됨으로써 발생된 손해라고 보아야 한다(대판 1988.10.11. 85다카693). ② **현재 대법원의 태도(신뢰이익적 손해)** 타인 소유의 토지에 관하여 매도증서, 위임장 등 등기관계서류를 위조하여 원인무효의 소유권이전등기를 경료하고 다시 이를 다른 사람에게 매도하여 순차로 소유권이전등기가 경료된 후에 토지의 진정한 소유자가 최종 매수인을 상대로 말소등기청구소송을 제기하여 그 소유자 승소의 판결이 확정된 경우 위 불법행위로 인하여 최종 매수인이 입은 손해는 무효의 소유권이전등기를 유효한 등기로 믿고 위 토지를 매수하기 위하여 출연한 금액, 즉 매매대금으로서 이는 기존 이익의 상실인 적극적 손해에 해당하고, 최종 매수인은 처음부터 위 토지의 소유권을 취득하지 못한 것이어서 위 말소등기를 명하는 판결의 확정으로 비로소 위 토지의 소유권을 상실한 것이 아니므로 위 토지의 소유권상실이 그 손해가 될 수는 없다[대판(전합) 1992.6.23. 91다33070].

4) 손해배상청구의 주체

(가) 법인

자연인뿐만 아니라 법인도 권리·의무의 주체이기 때문에 법인이라 할지라도 <u>위자료청구의 주체가 될 수 있다</u>(판례동지).

(나) 유아·태아

㉠ 판례는 고통을 느낄 수 없는 유아에게도 인정한다. 다만 아직 출생하지 않은 태아에게는 <u>출생을 조건으로 한다</u>(정지조건설).

㉡ 임신한 모체에 유해한 약물을 투여하여 <u>태아가 기형아로 태어난 경우</u>에 신생아는 자신의 신체침해를 이유로 母와는 별도의 손해배상청구권을 가진다.

(다) 사실상 친족

판례는 피해자의 사실상의 배우자나 사실상 양자 등 사실상 친족관계에 있는 경우도 손해배상청구를 인정한다.

판례 ㉠ 즉 판례는 "민법 제752조에 친족관계는 호적상의 친족만이 아니고 사실상의 친족관계에 있는 경우도 포함한다"는 것이다(대판 1975.12.23, 75마413). ㉡ 민법 제752조는 예시적 규정에 불과하므로 동조 소정 이외의 피해자의 형제자매도 위자료청구권이 있다(대판 1972.4.25, 72다331). 판례는 사고의 직접 피해자에게 중대한 후유증이 남는 경우에는 그의 부모도 손해배상으로 위자료의 지급을 청구할 수 있다고 한다.

5) 입증책임

피해자가 입은 정신적 고통에 대한 손해액은 법원이 제반사정을 참작하여 재량으로 정한다. 즉 판례는 위자료액은 이를 증거에 의하여 입증할 수 없는 성질의 것으로 그 산정에 관하여 아무런 증거를 필요로 하지 않으며, 사실심이 제반사정을 참작하여 그 직권으로서 결정하여야 한다고 한다(대판 2003.7.11, 99다24218).

판례 불법행위로 입은 정신적 고통에 대한 위자료 액수에 관하여는 사실심 법원이 제반 사정을 참작하여 그 직권에 속하는 재량에 의하여 이를 확정할 수 있다(대판 2006.1.26, 2005다47014,47021,47038).

6) 불법행위로 인한 재산상 손해의 산정 방법 및 손해액 산정의 기준시점(=불법행위시)

㉠ 불법행위로 인한 재산상 손해는 위법한 가해행위로 인하여 발생한 재산상 불이익, 즉 그 위법행위가 없었더라면 존재하였을 재산상태와 그 위법행위가 가해진 현재의 재산상태의 차이를 말하는 것이며, 그 손해액은 원칙적으로 불법행위시를 기준으로 산정하여야 한다. 즉, 여기에서 '현재'는 '기준으로 삼은 그 시점'이란 의미에서 '불법행위시'를 뜻하는 것이지 '지금의 시간'이란 의미로부터 '사실심 변론종결시'를 뜻하는 것은 아니다. 따라서 매수인이 매도인의 기망행위로 인하여 부동산을 고가에 매수하게 됨으로써 입게 된 손해는 부동산의 매수 당시 시가와 매수가격과의 차액이고, 그 후 매수인이 위 부동산 중 일부에 대하여 보상금을 수령하였다거나 부동산 시가가 상승하여 매수가격을 상회하게 되었다고 하여 매수인에게 손해가 발생하지 않았다고 할 수 없다(대판 2010.4.29, 2009다91828).

㉡ 한편 불법행위로 인한 손해배상채무의 지연손해금의 기산일은 불법행위 성립일임이 원칙이고, 불법행위에 있어 위법행위 시점과 손해발생 시점 사이에 시간적 간격이 있는 경우에는 손해발생 시점이 기산일이 된다고 할 것이다(대판 2012.2.23, 2010다97426).

판례 〈불법행위시부터 사실심 변론종결시까지 장기간(40년)이 경과하고 통화가치 등에 상당한 변동이 생긴 경우 예외적으로 사실심 변론종결일부터 지연손해금이 발생한다고 판단한 대법원 2011. 1. 27, 2010다6680 판결이 불법행위로 인한 손해배상채무의 지연손해금 기산일에 관한 대법원의 종전 의견을 변경한 것인지 여부(소극)〉 불법행위로 인한 손해배상채무에 대하여는 원칙적으로 성립과 동시에 불법행위시로부터 지연손해금이 발생한다고 할 것이지만, 불법행위시와 사실심 변론종결시 사이에 40년 이상의 오랜 세월이 경과되어 "위자료"를 산정함에 반드시 참작해야 할 변론종결시 통화가치 또는 국민소득수준 등에 불법행위시와 비교하여 상당한 변동이 생긴 때에는, 합리적인 이유 없이 과잉손해배상이 이루어지는 것을 방지하기 위하여, 예외적으로 위자료 산정의 기준시인 사실심 변론종결일부터 지연손해금이 발생한다고 판단한 것이다. 그렇다고 하여 종전 대법원판결을 변경한 경우로 볼 필요는 없고, 예외적 기준을 제시한 것으로 이해하여야 한다[대판(전합) 2011.7.21, 2011재다199].

(4) 손익상계

1) 의의
불법행위의 피해자 또는 상속인이 불법행위로 불이익을 받음과 동시에 그로 인하여 비용을 절감한 경우에 절감한 비용 상당액은 배상액에서 공제되는 것을 말한다.

2) 대상
손익상계에서 공제되는 이득은 배상원인과 상당인과관계를 가지는 것에 한정된다(통설). 사망피해자의 생활비는 공제되나, 부양가족의 생활비는 공제되어서는 아니될 것이다. 판례는 부의금은 공제의 대상이 아니라고 한다.

3) 유족보상금에 대한 전원합의체
유족 보상금에 대하여 "공무원이 공무집행 중 다른 공무원의 불법행위로 사망한 경우 손해배상금은 공무원연금법에 따라 이미 지급된 유족보상금이 있다면 이를 공제한 후 지급해야 한다"는 것이다[대판(전합) 1998.11.19, 97다36873].

4) 손해배상액 산정에서 손익상계가 허용되기 위한 요건
손해배상액 산정에서 손익상계가 허용되기 위해서는 손해배상책임의 원인이 되는 행위로 인하여 피해자가 새로운 이득을 얻었을 뿐만 아니라 그 이득은 배상의무자가 배상하여야 할 손해의 범위에 대응하는 것이어야 한다(대판 2011.4.28, 2009다98652).

(5) 과실상계유추적용문제
1) 과실상계는 원칙적으로 채무불이행 내지 불법행위로 인한 손해배상책임에 대하여 인정되는 것이지 채무내용에 따른 본래 급부의 이행을 구하는 경우에 적용될 것은 아니다.

판례 〈과실상계의 제한〉 따라서 예금주가 인장관리를 다소 소홀히 하였거나 입·출금 내역을 조회하여 보지 않음으로써 금융기관 직원의 불법행위가 용이하게 된 사정이 있다고 할지라도 정기예탁금 계약에 기한 정기예탁금 반환청구사건에 있어서는 그러한 사정을 들어 금융기관의 채무액을 감경하거나 과실상계할 수 없다(대판 2001.2.9, 99다48801).

2) 불법행위 피해자는 그로 인한 손해의 확대를 방지하거나 감경하기 위하여 노력하여야 할 일반적 의무가 있으므로, 피해자는 관례적이고 상당한 결과의 호전을 기대할 수 있는 수술을 용인할 의무가 있다. 따라서 그와 같은 수술을 거부함으로써 손해가 확대된 경우 그 손해부분은 피해자가 부담하여야 한다(대판 2010.11.25, 2010다51406).

3. 손해배상청구권의 성질

(1) 양도성 및 상속성

불법행위에 의한 손해배상청구권은 다른 채권과 마찬가지로 양도성이 인정되며, 상속 또한 부정되지 않는다(통설·판례). 위자료청구권도 판례는 재산상의 손해배상청구권과 달리 볼 아무런 이유가 없다고 한다.

> **판례** 정신적 손해에 대한 배상(위자료)청구권은 피해자가 이를 포기하거나 면제했다고 볼 수 있는 특별한 사정이 없는 한 생전에 청구의 의사를 표시할 필요 없이 원칙적으로 상속되는 것이라고 해석함이 상당하다(대판 1966.10.18, 66다1335).

(2) 피해자의 즉사와 생명침해에 의한 손해배상청구권

통설과 판례는 피해자가 즉사하더라도 피해자가 치명상을 입은 시점과 사망시점 사이에는 규범적으로 보아 '시간적 간격'이 있다고 평가함으로써, 즉사한 피해자에게도 일단 손해배상청구권이 발생한 것으로 본다. 그리고 이러한 손해배상청구권은 상속성도 인정된다고 본다.

(3) 생명침해로 인한 정신적 손해의 배상청구권의 상속성

다수설과 판례는 피해자의 재산상의 손해로 일실이익에 대한 손해배상청구권이든, 정신적 고통으로 인한 위자료이든 간에 손해배상청구권은 일단 사망자에게 귀속되었다가 상속인에게 승계된다고 한다.

4. 손해배상액의 경감청구

> **제765조 (배상액의 경감청구)**
> ① 본장의 규정에 의한 배상의무자는 그 손해가 고의 또는 중대한 과실에 의한 것이 아니고 그 배상으로 인하여 배상자의 생계에 중대한 영향을 미치게 될 경우에는 법원에 그 배상액의 경감을 청구할 수 있다.
> ② 법원은 전항의 청구가 있는 때에는 채권자 및 채무자의 경제상태와 손해의 원인 등을 참작하여 배상액을 경감할 수 있다.

(1) 배상액의 경감청구

배상의무자는 그 손해가 고의 또는 중대한 과실에 의한 것이 아니고 그 배상으로 인하여 배상자의 생계에 중대한 영향을 미치게 될 경우에는 법원에 그 배상액의 경감을 청구할 수 있다(제765조 제1항). 이 때 법원은 채권자 및 채무자의 경제상태와 손해의 원인 등을 참작하여 배상액을 경감할 수 있다(동조 제2항). 가해자의 배상액의 경감은 불법행위가 고의 또는 중대한 과실에 의한 것이 아니어야 하며, 손해배상을 함으로써 생계에 중대한 영향을 미칠 경우이어야 하고, 당사자의 청구를 요건으로 한다.

(2) **실화책임에 관한 법률과 제765조의 확대적용**(헌법재판소의 불합치결정-적용 중지 후 전부개정된 법률)

> **실화책임에 관한 법률[전부개정 2009.05.08]**
>
> **제1조 (목적)**
> 이 법은 실화의 특수성을 고려하여 실화자에게 중대한 과실이 없는 경우 그 손해배상액의 경감에 관한 「민법」 제765조의 특례를 정함을 목적으로 한다.
>
> **제2조 (적용범위)**
> 이 법은 실화로 인하여 화재가 발생한 경우 연소로 인한 부분에 대한 손해배상청구에 한하여 적용한다.
>
> **제3조 (손해배상액의 경감)**
> ① 실화가 중대한 과실로 인한 것이 아닌 경우 그로 인한 손해의 배상의무자는 법원에 손해배상액의 경감을 청구할 수 있다.
> ② 법원은 제1항의 청구가 있을 경우에는 다음 각 호의 사정을 고려하여 그 손해배상액을 경감할 수 있다.
> 1. 화재의 원인과 규모
> 2. 피해의 대상과 정도
> 3. 연소 및 피해 확대의 원인
> 4. 피해 확대를 방지하기 위한 실화자의 노력
> 5. 배상의무자 및 피해자의 경제상태
> 6. 그 밖에 손해배상액을 결정할 때 고려할 사정
>
> **부칙 〈제9648호, 2009.5.8〉**
> ① (시행일) 이 법은 공포한 날부터 시행한다.
> ② (적용례) 이 법은 2007년 8월 31일 이후 이 법 시행 전에 발생한 실화에 대하여도 적용한다(헌재 2007.8.30, 2004헌가25결정 후 제정된 법이기 때문이다)

(3) **2007. 8. 30. 이전에 발생한 실화라 하더라도 구 실화책임에 관한 법률의 위헌 여부가 쟁점이 되어 법원에 계속 중인 사건에 대하여는 2009. 5. 8. 법률 제9648호로 전부 개정된 '실화책임에 관한 법률'이 유추 적용되는지 여부**(적극)

구 실화책임에 관한 법률(2009.5.8. 법률 제9648호로 전부 개정되기 전의 것)은 실화의 경우에 중대한 과실이 있을 때에 한하여 민법 제750조의 규정을 적용하도록 함으로써 경과실이 있을 때에는 손해배상책임을 지지 않도록 규정하고 있었다. 그런데 헌법재판소는 2007.8.30. 2004헌가25 결정에서, 구 실화책임법에 대하여 헌법불합치를 선언하여 개선입법을 촉구함과 아울러 법원 기타 국가기관과 지방자치단체는 입법자가 위 법률을 개정할 때까지 그 적용을 중지하도록 하였다. 이에 따라 2009.5.8. 법률 제9648호로 전부 개정된 실화책임에 관한 법률(이하 '개정 실화책임법'이라 한다)은 구 실화책임법과는 달리 실화로 인한 손해배상책임의 성립요건에 관하여 아무런 제한규정을 두지 아니한 채 실화가 중대한 과실에 의한 것이 아닌 경우에는 연소로 인하여 생긴 손해 부분에 대하여 배상의무자가 법원에 손해배상액의 경감을 청구할 수 있도록 하면서 '그 배상으로 인하여 배상자의 생계에 중대한 영향을 미치게 될 경우'라는 요건을 두지 아니하는 등으로 민법 제765조에 대한 특례를 규정하고 있고, 부칙 제2항에서 위 헌법불합치결정이 이루어진 다음날인 2007. 8. 31.부터 그 시행 전에 발생한 실화에 대하여도 개정 실화책임법을 소급적용하도록 규정하였다. 이와 같이 2007. 8. 30. 이전에 발생한 실화는 원칙적으로 개정 실화책임법의 적용 범위에 포함되지 않지만, 위 헌법불합치결정의 취지나 위헌심판에서의 규범통제의 실효성 보장 및 개정 실화책임법 부칙의 소급적용 취지를 고려하면, 비록 2007. 8. 30. 이전에 발생한 실화라 하더라도 위 헌법불합치결정 당시에 구 실화책임법의 위헌 여부가 쟁점이 되어 법원에 계속 중인 사건에 대하여는 위 헌법불합치결정의 효력이 미쳐 구 실화책임법이 적용되지 않고 위헌성이 제거된 개정 실화책임법이 유추 적용되는 것으로 보아야 한다(대판 2010.6.24. 2006다61499).

5. 소멸시효

> **제766조 (손해배상청구권의 소멸시효)**
> ① 불법행위로 인한 손해배상의 청구권은 피해자나 그 법정대리인이 그 손해 및 가해자를 안 날로부터 3년간 이를 행사하지 아니하면 시효로 인하여 소멸한다.
> ② 불법행위를 한 날로부터 10년을 경과한 때에도 전항과 같다.

(1) 의의

제766조 제1항의 불법행위로 인한 손해배상청구권의 3년의 기간은 소멸시효로 봄이 통설과 판례이나, 제2항의 10년의 경우 통설은 제척기간으로, 판례는 소멸시효로 해석한다.

판례[1] ㉠ 채무불이행으로 인한 손해배상청구권에 대한 소멸시효 항변이 불법행위로 인한 손해배상청구권에 대한 소멸시효 항변을 포함한 것으로 볼 수는 없다(대판 1998.5.29, 96다51110). ㉡ 불법행위로 인한 손해배상청구권에도 소멸시효의 기산점에 관한 규정인 민법 제166조 제1항이 적용되어 시효기간은 권리를 행사할 수 있는 때로부터 진행한다.
판례[2] '진실·화해를 위한 과거사정리 기본법'에 의한 진실규명결정 등에 기한 상당한 기간 내'에 자신의 권리를 행사하여야 한다고 했을 때 그 기간문제 : 위 권리행사의 '상당한 기간'은 특별한 사정이 없는 한 민법상 시효정지의 경우에 준하여 단기간으로 제한되어야 한다. 그러므로 개별 사건에서 매우 특수한 사정이 있어 그 기간을 연장하여 인정하는 것이 부득이한 경우에도 불법행위로 인한 손해배상청구의 경우 그 기간은 아무리 길어도 민법 제766조 제1항이 규정한 단기소멸시효기간인 3년을 넘을 수는 없다고 보아야 한다(대판(전합) 2013.5.16, 2012다202819).

(2) 제766조 제1항

1) 의미

㉠ 민법 제766조 제1항에서 말하는 '손해'란 위법한 행위로 인한 손해발생의 사실을, '가해자'란 손해배상 청구의 상대방이 될 자를 의미하고, '안 날'이란 피해자나 그 법정대리인이 위 손해 및 가해자를 현실적이고도 구체적으로 인식함을 뜻하는 것이므로, 결국 여기에서 말하는 '손해를 안 날'이란 불법행위의 요건 사실에 대한 인식으로서 위법한 가해행위의 존재, 가해행위와 손해발생과의 사이에 상당인과관계 등이 있다는 사실까지 피해자가 알았을 때를 의미하는 것이다(대판 2011.11.10, 2011다54686; 대판 2010.2.11, 2009다79897; 대판 1997.12.26, 97

다28780). 그러나 손해의 액수나 정도를 구체적으로 알아야 할 필요까지 있는 것은 아니다 (대판 2007.1.11, 2005다28082).

(ㄴ) 피해자 또는 법정대리인이 손해 및 가해자를 인식할 만한 지능이 없는 경우에는 소멸시효 는 진행하지 않는다.

판례 따라서 ① 부당파면을 받았음을 이유로 그 무효확인의 소를 제기한 경우에는 그 승소판결이 확정된 때 비로소 손해를 안 것이 된다. 후유증으로 인하여 불법행위 당시에 전혀 예견할 수 없었던 새로운 손해가 발생한 경우에는 그러한 사유가 판명된 때로부터 새로운 소멸시효기간이 진행된다(대판 2001.1.19, 2000다11836). ② 피해자 또는 법정대리인이 손해 및 가해자를 인식할 만한 지능이 없는 경우에는 소멸시효는 진행하지 않는다. 그러나 손해의 액수나 정도를 구체적으로 알아야 할 필요까지 있는 것은 아니다(대판 2007.1.11, 2005다28082).

2) 가해자를 안 날

민법 제766조 제1항 소정의 "손해 및 가해자를 안 날"이라 함은 피해자의 주관적 인식에 기 초한다. 따라서 현실적으로 손해의 발생과 가해자를 알아야할 뿐만 아니라 그 가해행위가 불 법행위로서 이를 이유로 손해배상을 청구할 수 있다는 것을 안 때라고 할 것이다(대판 2010.12.9, 2010다71592; 대판 1989.9.26, 89다카6584).

판례 ㉠ 〈**불법행위 당시에는 전혀 예견할 수 없었던 새로운 손해가 발생하거나 손해가 확대된 경우, 그 부분에 대한 손해배상청구권의 소멸시효 기산점**〉 불법행위로 인한 손해배상청구권은 피해자나 그 법정대리인이 그 손해 및 가해자를 안 날부터 3년간 행사하지 아니하면 시효로 인하여 소멸하는 것인바, 여기에서 '손해를 안 날'이라 함은 피해자나 그 법정대리인이 손해를 현실적이고도 구체적으로 인식하는 것을 뜻하고 손해발생의 추정이나 의문만으로는 충분하지 않으며, 통상의 경우 상해의 피해자는 상해를 입었을 때 그 손해를 알았다고 볼 수가 있지만, 그 후 후유증 등으로 인하여 불법행위 당시에는 전혀 예견할 수 없었던 새로운 손해가 발생하였다거나 예상 외로 손해가 확대된 경우에는 그러한 사유가 판명된 때에 새로이 발생 또는 확대된 손해를 알았다고 보아야 하고, 이와 같이 새로이 발생 또는 확대된 손해 부분에 대하여는 그러한 사유가 판명된 때로부터 시효소멸기간이 진행된다(대판 2010.4.29, 2009다99105). ㉡ 〈**불법행위로 인한 손해배상청구권의 단기소멸시효 기산점인 민법 제766조 제1항에서 정한 '손해 및 가해자를 안 날'의 의미**〉 ① 민법 제766조 제1항의 '가해자를 안다'는 것은 사실에 관한 인식의 문제이지 사실에 대한 법률적 평가의 문제가 아니다. ② 그리고 사용자의 손해배상책임은 사용자와 피용관계에 있는 자가 사용자의 사무집행에 관하여 제3자에게 손해를 가한 것에 의하여 발생하므로, 이 경우 피해자가 가해자를 안다는 것은 피해자가 사용자 및 그 사용자와 불법행위자 사이에 사용관계가 있다는 사실을 인식하는 것 외에 일반인이 당해 불법행위가 사용자의 사무집행과 관련하여 행하여진 것이라고 판단하기에 족한 사실까지도 인식하는 것을 말한다(대법원 2012.3.29. 선고 2011다83189 판결).

3) 계속적 불법행위

불법행위가 계속적으로 행하여지는 결과 손해도 역시 계속적으로 발생하는 경우에는 특별한 사정이 없는 한 그 손해는 날마다 새로운 불법행위에 기하여 발생하는 손해로서 민법 제766 조 제1항을 적용함에 있어서 그 각 손해를 안 때로부터 각별로 소멸시효가 진행된다고 보아 야 한다(유의 : 전손해를 한 개로 손해로 파악하여 손해발생이 종료한 때를 말하는 것이 아니다).

판례 〈**위법한 건축행위로 일조방해가 발생한 경우 손해배상청구권의 소멸시효 기산점**〉 일반적으로 위법한 건축행위에 의하여 건물 등이 준공되거나 외부골조공사가 완료되면 그 건축행위에 따른 일영의 증가는 더 이상 발생하지 않게 되고 해당 토지의 소유자는 그 시점에 이러한 일조방해행위로 인하여 현재 또는 장래에 발생 가능한 재산상 손해나 정신적 손해 등을 예견할 수 있다고 할 것이므로, 이러한 손해배상청구권에 관한 민법 제766조 제1항 소정의 소멸시효는 원칙적으로 그 때부터 진행한다. 다만, 위와 같은 일조방해로 인하여 건물 등의 소유자 내지 실질적 처분권자가 피해자에 대하여 건물 등의 전부 또는 일부에 대한 철거의무를 부담하는 경우가 있다면, 이러한 철거의무를 계속적으로 이행하지 않는 부작위는 새로운 불법행위가 되고 그 손해는 날마다 새로운 불법행위에 기하여 발생하는 것이므로 피해자가 그 각 손해를 안 때로부터 각별로 소멸시효가 진행한다(대판 2008.4.17. 2006다35865 전원합의체).

(3) 제2항의 성질

(ㄱ) 불법행위를 한 날로부터 10년이 경과하면 시효로 소멸한다는 규정에 대하여 다수설은 제척기간으로 이해하나 판례는 소멸시효로 본다 [대판(전합) 1996.12.19. 94다22927].

(ㄴ) 불법행위를 한 날이란 피해자가 손해의 발생을 알았는지 여부에 관계없이 가해행위로 인하여 손해가 현실적으로 발생한 때를 의미한다(대판 2005.5.13. 2004다71881).

(ㄷ) 불법행위에 기한 손해배상채권에서 민법 제766조 제2항에 의한 장기소멸시효의 기산점이 되는 '불법행위를 한 날'은 객관적·구체적으로 손해가 발생한 때, 즉 손해의 발생이 현실적인 것으로 되었다고 할 수 있을 때를 의미하고, 그 발생 시기에 대한 증명책임은 소멸시효의 이익을 주장하는 자에게 있다(대법원 2013.07.12. 선고 2006다17539 판결).

판례 따라서 손해의 결과발생이 현실적인 것이 되었다면, 피해자가 손해의 결과발생을 알았거나 예상할 수 있는가 여부에 관계없이, 가해행위로 인한 손해가 현실적인 것으로 되었다고 볼 수 있는 때로부터 소멸시효는 진행한다(대판 2005.5.13. 2004다71881). 한편 감염의 잠복기가 길거나, 감염 당시에는 장차 병이 어느 단계까지 진행될 것인지 예측하기 어려운 경우, 손해가 현실화된 시점을 일률적으로 감염일로 보게 되면, 피해자는 감염일 당시에는 장래의 손해 발생 여부가 불확실하여 청구하지 못하고 장래 손해가 발생한 시점에서는 소멸시효가 완성되어 청구하지 못하게 되는 부당한 결과가 초래될 수 있다. 따라서 위와 같은 경우에는 감염 자체로 인한 손해 외에 증상의 발현 또는 병의 진행으로 인한 손해가 있을 수 있고, 그러한 손해는 증상이 발현되거나 병이 진행된 시점에 현실적으로 발생한다고 볼 수 있다[AIDS(후천성면역결핍증, Acquired Immune Deficiency Syndrome)의 잠복기는 약 10년 정도로 길기 때문에 실익이 있다](대판 2011.9.29. 2008다16776)].

(4) 3년과 10년 양자의 관계

위 두 기간 중 어느 하나가 완성하면 불법행위로 인한 손해배상청구권은 소멸한다. 한편 어떤 권리의 소멸시효기간이 얼마나 되는지에 관한 주장은 단순한 법률상의 주장에 불과하므로 변론주의의 적용대상이 되지 않고 법원이 직권으로 판단할 수 있다는 것이 판례의 입장이다(대판 2008.3.27. 2006다70929,70936 ; 대판 1977.9.13. 77다832 등 참조). 따라서 당사자가 민법에 의한 10년의 소멸시효완성을 주장하였는데 법원이 구 예산회계법에 의한 5년의 소멸시효를 적용한 것이 변론주의를 위반한 것이 아니라는 입장이다.

(5) 법인이 피해자인 경우 소멸시효기산점

관련사례 乙은 신안금고(甲)의 대표이사이며, 대주주이다. 乙은 재직 당시 동일인 대출한도를 초과한 대출을 하여 채무자들로부터 대출원리금을 지급받지 못해 회수불능의 부실채권이 발생하여 甲에 손실을 주었다. 그 후 금고의 파산관재인(A)가 乙에게 책임을 물을 경우 소멸시효의 기산점은? (대판 2002. 6. 14, 2002다11441).

해설 (a) 법인의 경우 불법행위로 인한 손해배상청구권의 단기소멸시효의 기산점인 '손해 및 가해자를 안 날'을 정함에 있어서 법인의 대표자가 법인에 대하여 불법행위를 한 경우에는 법인과 그 대표자는 이익이 상반하게 되므로 현실로 그로 인한 손해배상청구권을 행사하리라고 기대하기 어려울 뿐만 아니라 일반적으로 그 대표권도 부인된다고 할 것이므로 단지 그 대표자가 그 손해 및 가해자를 아는 것만으로는 부족하고, 적어도 법인의 이익을 정당하게 보전할 권한을 가진 다른 임원 또는 사원이나 직원 등이 손해배상청구권을 행사할 수 있을 정도로 이를 안 때에 비로소 위 단기소멸시효가 진행한다(대판 2012.7.12, 2012다20475; 대판 2002.6.14, 2002다11441).

저자 오양균

약력

(현) : 강남 합격의 법학원 변리사 민법전임·고시계사 특강강사·월비스 사법·변호사 민사법전임
(전) : 합격의 법학원 · 한림법학원 사시민법대표강사·한국노동경제교육원 민법전임
　　　연세대학교 등 대학 특강강사
　　　EBS TV 민법강사, 한국경제 TV 민법 강사
　　　한성대학교·방통대·동국대학교 민법객원교수

저서

사법시험대비 완벽민법 시리즈 민법총칙/물권법/채권법/가족법(형설출판사 刊)
사법시험대비 신경향객관식 민법학(한누리 刊)
사법시험대비 포인트 민법 Ⅰ(민법총칙, 물권법),Ⅱ(채권법, 가족법)(고시계 刊)
사법시험대비 판례민법정리(고시계 刊)
각종국가고시 대비 민법기출문제정리(고시계 刊)
EBS 민법(민법총칙, 채권법)(고시계 刊)
EBS 객관식 민법(민법총칙, 채권법)(고시계 刊)
사법·변리사·변호사 시험대비 "통합기본서" 『포인트 민법』(고시계 刊)
사법·변리사·변호사 시험대비 포인트『객관식 민법』(고시계 刊)
사시·변리사·변호사 시험대비 조문·판례집(고시계 刊)
가족법 개정판(근간)

* 질문사항 : daum 카페 "오양균 교수의 민법교실"〔cafe.daum.net/nwou〕
** 이메일 주소 : 〔oykung 0827@hanmail.net〕

통합기본서 포인트 민 법

초 판 발 행	2010년 5월 5일	
전면개정판 발행	2011년 5월 2일	
전면개정판 발행	2012년 3월 5일	
전면개정판 발행	2013년 1월 7일	
전면개정판 발행	2014년 1월 10일	

저　　　자　　오 양 균
발　행　인　　鄭 相 薰
발　행　처　　考試界社

서울특별시 관악구 봉천동 861-7
코업레지던스 B1층 고시계사
대 표 817-2400　　　편집부 817-0367~8
영업부 817-0418~9　　팩 스 817-8998
등 록 2001. 4. 10. 제16-2381호

www.gosi-law.com / www.eduall.kr　E-mail : goshigye@chollian.net

정가 42,000원　　ISBN 978-89-5822-464-8　　93360

법치주의의 길잡이 60여년 月刊 考試界